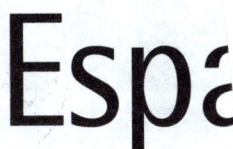

Steve Marsh
26 / 2 / 2002
Salamanca

Título original: *The Rough Guide to Spain* (8.ª edición)
Autores: Mark Ellingham y John Fisher
Colaboradores: Graham Kenyon y Jules Brown
Traducción: equipo editorial de Ediciones B

© 1999, Mark Ellingham y John Fisher

© 1999, Rough Guides Ltd.
  62-70 Short Gardens
  Londres WC2H 9AB
  www.roughguides.com

© 2000, Ediciones B, S.A., en español para España
  y países de habla hispana
  Bailén, 84 - 08009 Barcelona (España)
  www.edicionesb.com

Créditos fotográficos:
Edward Briant es el autor de las ilustraciones que aparecen en la primera y tercera parte.
Simon Fell es el autor de la ilustración de la pág. 1 y David Lofus es el autor de la ilustración de la pág. 934.
Fotografía de portada: Museo Dalí de Figueres (Girona), Superstock
Fotografía de contraportada: Paisaje de Andalucía, Superstock

1.ª edición: 2000

Impreso en España - Printed in Spain
ISBN: 84-406-9538-1
Depósito legal: B. 24.087-2000

Impreso por CREMAGRAFIC, S.A.

Reservados todos los derechos. Queda rigurosamente prohibida, sin autorización escrita
de los titulares del *copyright*, la reproducción total o parcial de esta obra por cualquier medio
o procedimiento, comprendidos la reprografía y el tratamiento informático, así como la
distribución de ejemplares mediante alquiler o préstamo públicos.

El equipo editorial ha hecho todo lo posible para confirmar la información que aparece en esta
Guía Sin Fronteras a España, por lo que no se hace responsable de los posibles contratiempos
que puedan afectar al viajero como consecuencia de los datos y consejos que contiene la obra.

España

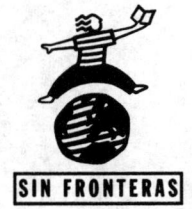

España

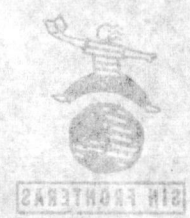

SIN FRONTERAS nace con la intención de servir de brújula en cualquier rincón del mundo, y el objetivo de ofrecer la más completa y fiable información cultural, práctica y anecdótica. Con este ideario, deseamos responder a los intereses de viajeros del más amplio espectro. El ávido de aventuras, el que busca comodidad, el sediento de monumentos y cultura, el que realiza un viaje organizado y el independiente que desea descubrir por sí mismo el sabor genuino de la vida local y alejarse de las rutas más convencionales.

Desde los preparativos previos hasta las necesidades del día a día en el lugar de destino, SIN FRONTERAS presenta las herramientas imprescindibles para emprender cualquier periplo. La más completa información sobre el contexto histórico y la actualidad, el arte y todas las facetas de la cultura, así como datos prácticos profusos y detallados: posibilidades de alojamiento, alimentación, transporte y ocio; y abundantes mapas, todo perfectamente actualizado y contrastado.

SIN FRONTERAS inicia su andadura con la adaptación al español de una selección de guías de ciudades, regiones y países publicadas originariamente por The Rough Guide, uno de los sellos anglosajones más prestigiosos. Desde la publicación de su primera guía, en 1982, The Rough Guide supuso una innovación en el ámbito de la literatura práctica de viajes, al incorporar aspectos de la vida contemporánea del país (política, cultura, estilo de vida, entretenimiento y ocio), y al aportar la más completa información al respecto; abundantes detalles prácticos mezclados con toques de humor e irreverencia y un extraordinario entusiasmo.

Ayúdanos a actualizar
Hemos intentado hacer esta guía lo más rigurosa y actualizada posible. Sin embargo, las cosas cambian: los lugares agradables poco frecuentados dejan de serlo; los horarios varían; los precios de alojamientos, restaurantes y bares suelen modificarse al alza; se crean nuevas líneas de autobuses y otras quedan fuera de servicio... Si descubres algún dato equivocado o bien crees que hemos dejado fuera alguna información de interés, nos gustaría saberlo, lo tendremos en cuenta en la siguiente edición. Escríbenos a:

Ediciones B, S. A.
Sin Fronteras
C/ Bailén, 84 – 08009 Barcelona

SUMARIO

Introducción xiv

PRIMERA PARTE — LO BÁSICO   1

Advertencia al lector 3
Llegar a España 3
Pasaportes y visados 5
Salud y seguros 6
Viajeros minusválidos 7
Información y mapas 8
Precios, dinero y bancos 11
Medios de transporte 13
Correos, teléfonos
 y medios de comunicación 18
Alojamiento 20
Comida y copas 23
Horarios de apertura y días
 festivos 26
Fiestas, toros, fútbol
 y música 27
Problemas, policía y acoso
 sexual 31
Trabajo 33
Información práctica 33

SEGUNDA PARTE — LA GUÍA   37

• CAPÍTULO 1: MADRID 39-108

Orientación, llegada e información 40
Transporte urbano 45
Alojamiento 47
La ciudad 54
Restaurantes y bares de tapas 77
Vida nocturna 88
Espectáculos: música, cine y teatro 95
Compras 100
Direcciones 104
Transportes 107

• CAPÍTULO 2: ALREDEDORES DE MADRID 109-152

Toledo 111
Aranjuez y Chinchón 125
El Escorial, el Valle de los Caídos
 y la sierra de Guadarrama 127
Ávila 132
La sierra de Gredos 138
Segovia y alrededores 140
Alcalá de Henares 149
Nuevo Baztán 149
Guadalajara 150
La Alcarria 150
Transportes 151

• CAPÍTULO 3: CASTILLA-LA MANCHA 153-171

Sigüenza 153
Cuenca y alrededores 158
Provincia de Albacete 163
Consuegra 164
Ciudad Real 165
Los montes de Toledo 168
Transportes 170

SUMARIO/vii

- ## CAPÍTULO 4: EXTREMADURA 172-202

La Vera y el monasterio de Yuste 173
Plasencia 175
Las Hurdes y la sierra de Gata 178
El parque Natural de Monfragüe 180
Trujillo 181
Guadalupe 184

Cáceres 186
Arroyo y Alcántara 190
Mérida 192
Badajoz 196
El sur de Extremadura 199
Transportes 202

- ## CAPÍTULO 5: ANDALUCÍA 203-334

Málaga 208
La garganta del Chorro y Antequera 216
Al este de Málaga: la costa de Almería 218
Los centros turísticos de la Costa del Sol 220
Gibraltar 224
Algeciras 230
Ronda y los Pueblos Blancos 232
Sevilla 240
La Sierra Morena 260
La Costa de la Luz 264
Cádiz 268

Provincia de Huelva 275
Córdoba 280
Provincia de Jaén 292
Granada 298
La Sierra Nevada 315
Las Alpujarras 317
Guadix 325
Provincia de Almería 326
Ceuta 331
Melilla 332
Transportes 333

- ## CAPÍTULO 6: CASTILLA Y LEÓN Y LA RIOJA 335-398

Salamanca y alrededores 339
Ciudad Rodrigo
  y la sierra Peña de Francia 347
De Zamora a Valladolid 351
Valladolid 356
Palencia 360
Castillos del sur del Duero 361
A lo largo del Duero:
  de Valladolid a Soria 362
Soria y alrededores 366

El cañón del río Lobos y la sierra
  de Urbión 369
La Rioja 370
Logroño 371
La ruta desde Logroño hacia el oeste 375
Burgos 376
Sureste de Burgos 383
León 388
Astorga y más allá 393
Transportes 397

- ## CAPÍTULO 7: PAÍS VASCO 399-434

Irún y alrededores 404
Donostia-San Sebastián 406
Un circuito por Guipúzcoa 414
La costa vasca 416

Bilbao 421
Recorridos hacia el interior desde Bilbao 428
Vitoria-Gasteiz y alrededores 429
Transportes 434

- ## CAPÍTULO 8: NAVARRA 435-453

Pamplona/Iruña 436
Sur de Navarra 443
El Camino de Santiago 445

Los Pirineos 449
Transportes 453

CAPÍTULO 9: CANTABRIA Y ASTURIAS 454-499

Santander 457
Al este por la costa hacia
  Castro Urdiales 463
Santillana y las cuevas Prehistóricas 466
Al sur de Santander:
  Reinosa y el Ebro 468
La costa: de Comillas a Gijón 469
Gijón y Avilés 474
Los picos de Europa 478
Oviedo 490
De Avilés y Oviedo hacia Galicia 496
Transportes 498

CAPÍTULO 10: GALICIA 500-549

La costa norte 504
El interior: hacia Santiago 511
Santiago de Compostela 515
La Costa da Morte 525
Ría de Arousa 531
Ría de Pontevedra 534
Ría de Vigo 538
La ruta de la costa hacia Portugal 544
El curso del Miño 545
Transportes 548

CAPÍTULO 11: ARAGÓN 550-593

Zaragoza 552
Alrededores de Zaragoza 560
Tarazona y alrededores 562
Calatayud, el monasterio de Piedra
  y Daroca 563
Teruel 565
Albarracín 568
El Maestrazgo 569
Los Pirineos aragoneses 571
Huesca y alrededores 574
Jaca y alrededores 577
Hecho y Ansó 583
Parque Nacional de Ordesa 586
La zona de Benasque 591
Transportes 592

CAPÍTULO 12: BARCELONA 594-660

Orientación 595
Llegada e información 595
Transporte urbano 599
Alojamiento 602
Las Ramblas y Ciutat Vella 608
Desde la Ciutadella hasta Montjuïc 620
El Eixample 628
Los barrios periféricos 633
Las afueras de la ciudad 637
Comida 639
Copas y vida nocturna 646
La música, las artes y los
  festivales 651
Compras y mercados 655
Direcciones prácticas 657
Transportes 660

CAPÍTULO 13: CATALUÑA 661-774

La Costa Brava 666
Blanes 667
Lloret de Mar 669
Tossa de Mar 670
De Sant Feliu a Palamós 671
Palafrugell y alrededores 673
Tierra adentro: La Bisbal, Pals
  y Torroella 676
L'Escala y Empúries 677
Figueres y alrededores 680
El golfo de Roses 683
Cadaqués 685
Port de la Selva y Sant Pere
  de Rodes 687
Llançà 688
Colera 688
Portbou 689
Girona 690
Banyoles 697
Besalú 699

SUMARIO/ix

La comarca de la Garrotxa 700
Olot 704
La región del Montseny 707
Vic 708
Ripoll 710
El noreste: la ruta del románico 712
El valle superior del Freser y Núria 716
El Berguedà 718
Hacia la frontera francesa: la Cerdanya 720
La Seu d'Urgell 725
Andorra 727
El valle del Noguera Pallaresa 731

El valle de Arán 734
El Parc Nacional d'Aigüestortes i Estany de Sant Maurici 739
Sitges 747
Vilanova i la Geltrú 752
Tarragona 754
Salou-Cambrils 761
Tortosa 763
El delta del Ebro 764
Tierra adentro: hacia Lleida 766
Lleida 768
Transportes 774

- **CAPÍTULO 14: VALENCIA Y MURCIA 775-823**

Valencia 777
La Costa del Azahar 792
La Costa Blanca 797
Alicante/Alacant 805
Elche/Elx y Orihuela 810

Murcia 812
La costa al sur de Torrevieja 816
El golfo de Mazarrón 819
Tierra adentro hacia Lorca 821
Transportes 823

- **CAPÍTULO 15: LAS ISLAS BALEARES 824-879**

Eivissa (Ibiza) 826
Formentera 838
Mallorca 842

Menorca 862
Transportes 878

- **CAPÍTULO 16: LAS ISLAS CANARIAS 880-932**

Tenerife 884
Santa Cruz de Tenerife 886
Ruta de La Laguna y Puerto de la Cruz 890
La Palma 898
Gomera 902
Hierro 907

Gran Canaria 910
Las Palmas de Gran Canaria 910
Por la zona norte 916
Fuerteventura 919
Lanzarote 925
Transportes 931

TERCERA PARTE — EL CONTEXTO 933

El marco histórico 935
Cronología de monumentos 945
Arquitectura 948

La pintura española 957
Fauna y flora 963
Libros 975

Índice 981

LISTA DE MAPAS

España	xii-xiii
España: Red ferroviaria	14-15
División de capítulos	37
Centro de Madrid	42-43
Metro de Madrid	46
Alojamiento de Madrid	48-49
Palacio Real	59
Parque del Retiro	70
Alrededores de Madrid	109
Toledo	112-113
Catedral de Toledo	117
Monasterio de San Lorenzo de El Escorial	129
Ávila	133
Segovia	142-143
Castilla-La Mancha	154-155
Sigüenza	157
Cuenca	160
Extremadura	172
Plasencia	176
Trujillo	182
Cáceres	187
Mérida	193
Badajoz	197
Andalucía	204-205
Málaga	210-211
Gibraltar	226-227
Sevilla	242-243
Centro de Sevilla	246
Catedral de Sevilla	249
Alcázar (Palacio de Pedro I)	251
Cádiz	270-271
Córdoba	282-283
Mezquita de Córdoba	285
Jaén	293
Granada	300-301
La Alhambra	306-307
Almería	327
Castilla y León y La Rioja	336-337
Salamanca	340
Ciudad Rodrigo	348
Zamora	352
Valladolid	357
Soria	367
Logroño	372
Burgos	378-379
León	390-391
Astorga	394
País Vasco	399
Donostia-San Sebastián	408-409
Bilbao	424-425
Vitoria-Gasteiz	430
Navarra	436
Pamplona/Iruña	440
Cantabria y Asturias	454-455
Santander	458-459
Centro de Santander	460-461
Picos de Europa	479
Oviedo	492
Galicia	500
A Coruña	510
Lugo	514
Santiago de Compostela	516-517
Rías Baixas	530
Pontevedra	535
Vigo	541
Aragón	551
Zaragoza	554-555
Teruel	566
Huesca	576
Jaca	578
Barcelona	598-599
Metro de Barcelona	601
Centro de Barcelona	604
Barcelona: Ciutat Vella	609
Montjuïc	623
Catalunya	662-663
Empúries	678
Figueres	680
Girona	691
Parc Nacional d'Aigüestortes i estany de Sant Maurici	740-741
Sitges	747
Tarragona	754
Lleida	770-771
Valencia y Murcia	776
Valencia	780-781
Gandía	800
Benidorm	803
Alicante/Alacant	806-807
Murcia	813

LISTA DE MAPAS/xi

Islas Baleares	825	Ciutadella de Menorca	873
Eivissa	828	**Islas Canarias**	881
Centro de Eivissa	832	Tenerife	885
Formentera	839	Santa Cruz de Tenerife	887
Mallorca	843	Provincia de Santa Cruz de tenerife	897
Centro de Palma	845	Gran Canaria	911
Menorca	863	Las Palmas de Gran Canaria	914
Mahón (Maó)	866	Provincia de Las Palmas	919

SÍMBOLOS DE LOS MAPAS

Símbolo	Descripción	Símbolo	Descripción
	Autopista		Cueva
	Autovía		Balneario
	Carretera principal		Mirador
	Carretera secundaria		Campo de golf
	Otras carreteras		Faro
	Camino		Deportes de invierno
	N.º orden de carreteras	▲	Montaña (pico)
	Ferrocarril		Cadena montañosa
	Frontera internacional	P	Aparcamiento
	Frontera autonómica	ⓘ	Oficina de turismo
✈	Aeropuerto	✉	Correos
m	Conjunto monumental		Edificios de interés
	Castillo		Parque
	Monasterio		Parque natural
▲	Iglesia/Ermita (mapas)		Playa
∴	Ruinas		Cementerio
	Refugio de montaña	✝	Iglesia (planos)
▲	Cámping		Metro
P	Parador de turismo		

xii/*ESPAÑA*

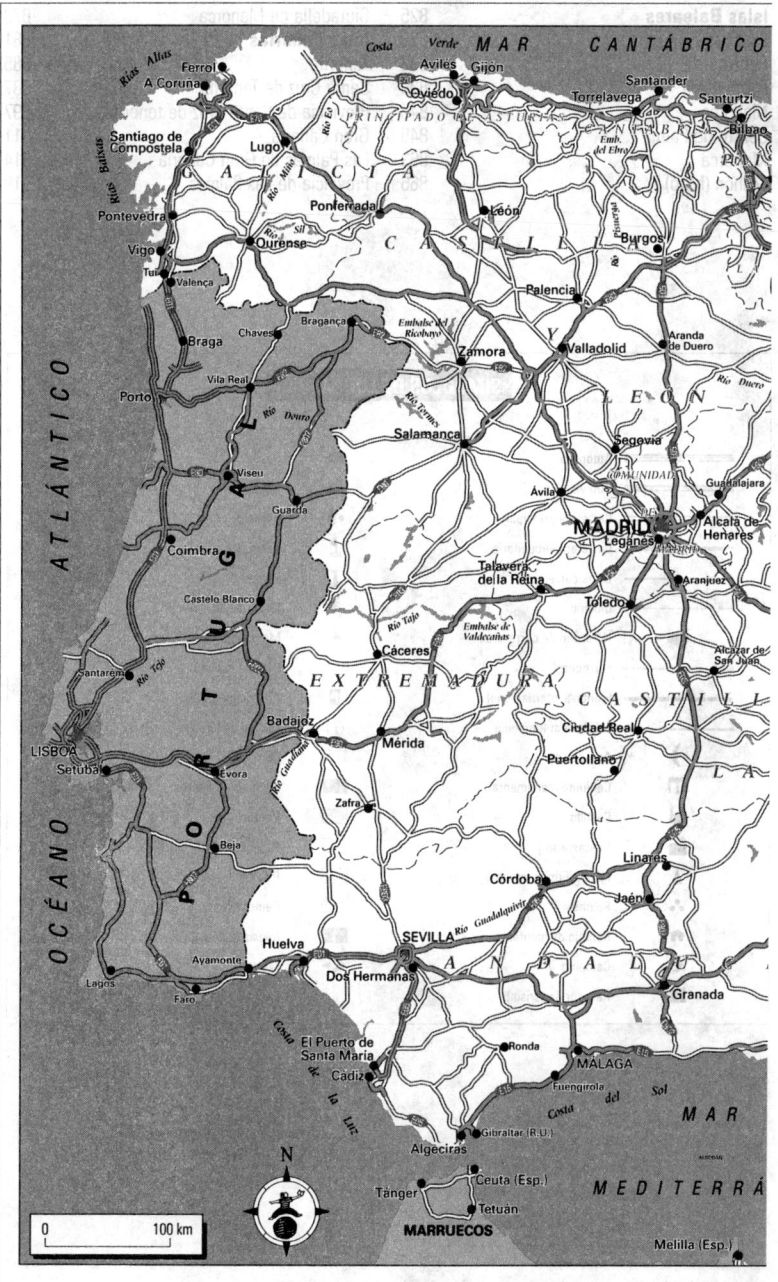

ESPAÑA/xiii

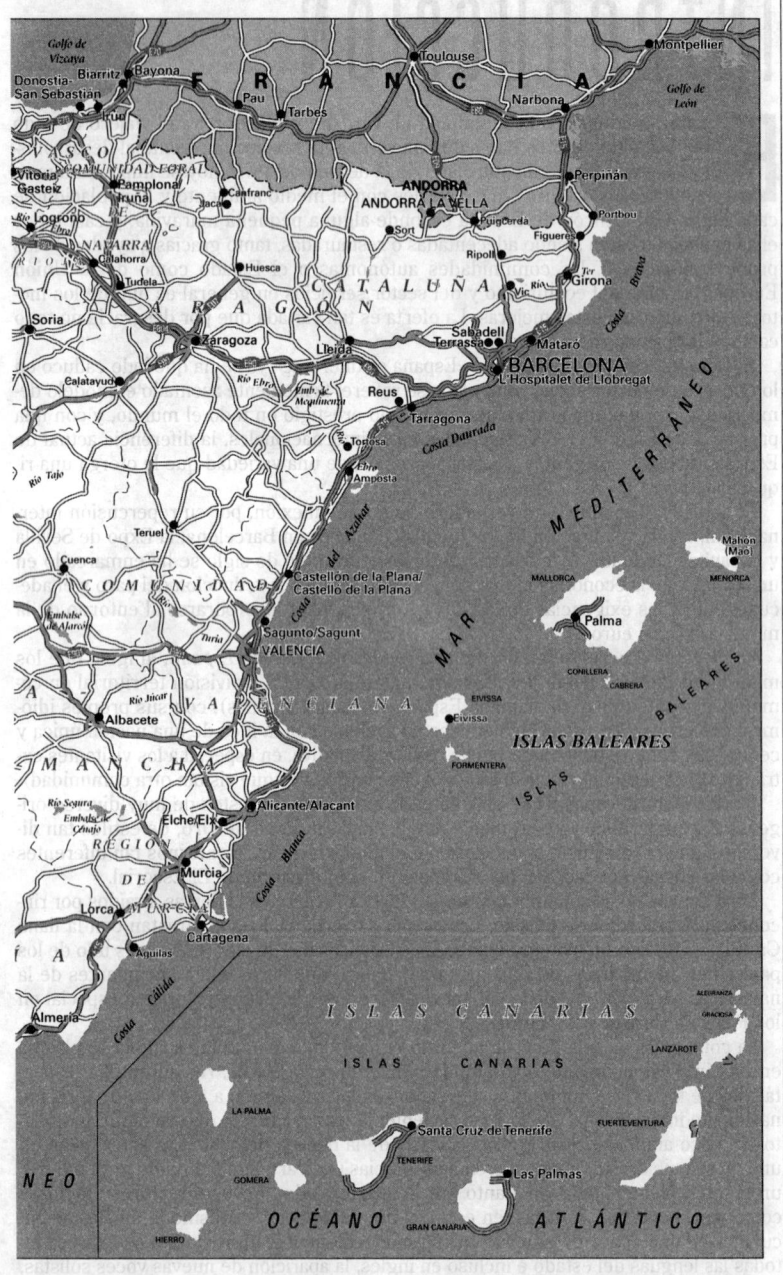

INTRODUCCIÓN

España constituye en la actualidad un verdadero placer para el viajero de todo tipo. Los últimos años han sido una verdadera revolución; frente al desarrollismo y el crecimiento incontrolado de la década de 1970, hoy se imponen a marchas forzadas criterios más acordes con el medio ambiente y la población de cada lugar. Cada rincón de España esconde alguna pequeña maravilla, y casi todas ellas han sido o están siendo adecentadas o restauradas, tanto gracias a ayudas de los propios municipios, las comunidades autónomas o el Estado como de la Unión Europea; el auge del ecoturismo y del sector servicios en general es uno de los motores que impulsan estas mejoras. La oferta es tan variada que por desgracia no todo cabe en las páginas de esta guía.

El viejo eslogan promocional de «España es diferente» ya se ha quedado caduco en lo que a sus aspectos socioeconómicos se refiere; firmemente asentado el modelo democrático, con una monarquía de reconocido prestigio en todo el mundo, y con una presencia de España en los principales foros internacionales, la diferencia actual de España radica en sus gentes y paisajes propios, de una variedad que le otorga una riqueza sin par.

El año 1992 constituyó un verdadero punto de inflexión, por su repercusión internacional, con la celebración de los Juegos Olímpicos en Barcelona, la Expo de Sevilla y la capitalidad cultural de Madrid. Además, el cambio de siglo se ha enmarcado en un resurgir de la economía global del país, que incluye la reducción del paro y el adecuamiento a las exigencias de la Unión Europea, para incorporarse al entorno de la moneda única o euro.

La diversidad permite hablar de *las Españas* más que de *España*, al igual que los madrileños hablan más de *los Madriles* que de *Madrid*. La división territorial en comunidades autónomas (la llamada España de las autonomías), con sus propios idiomas, gobiernos y recursos económicos ha acabado con la idea de una nación única y centralista. Esta particularidad puede resultar llamativa, en especial a los visitantes extranjeros (en ocasiones incluso también a los nacionales que visitan otra comunidad).

La rica historia española se plasma en la existencia de restos de muy diverso origen, ya sean prehistóricos, romanos, árabes o de la Edad de Oro, de estilos tan diversos como el románico, el neoclásico o el modernista, o de entornos tan diferentes como las cuevas del Sacromonte (Granada) o el monasterio de El Escorial.

Pero España no es sólo monumentos. Muchos recorren sus tierras atraídos por rincones de extraordinario paisaje. Las rías de la verde Galicia contrastan con la llana Castilla, o con las cinematográficas áreas desérticas de Almería. España es uno de los países más montañosos de Europa, circunstancia que aprovechan los amantes de la naturaleza para disfrutar de la vida al aire libre y su rica fauna y flora, en especial en los Picos de Europa y los Pirineos.

La contagiosa alegría de vivir que impregna toda la geografía española se plasma en una infraestructura de ocio amplia y diversificada. Bares, restaurantes y espectáculos de toda clase, tanto en locales como callejeros, atraen a todo tipo de turismo, nacional e internacional, de forma creciente; la vida nocturna, que en algún momento era poco animada, resurge tras la crisis de la década de 1990. Las artes están en uno de sus mejores momentos creativos, gracias una cartelera teatral de gran interés, un cine en plena expansión (tanto por la aparición de nuevos directores y actores como por la eclosión de salas, en especial de multicines); asimismo la música se encuentra en una época de innovación (un nuevo flamenco, un rock que se expresa en todas las lenguas del estado e incluso en inglés, la aparición de nuevas voces solistas,

etc.). También hay un resurgir de las galerías de arte y los museos (como el nuevo Guggenheim en Bilbao), y no falta quien recorre el país en busca de la obra de artistas como Dalí, Miró o Picasso.

Las fiestas tradicionales han visto renacer el interés por ellas: las Fallas valencianas, los Sanfermines pamplonicas, la Feria de Abril de Sevilla y otras celebraciones que tienen en la calle su escenario natural (batallas de flores o tomates, pasacalles, gigantes y cabezudos, conciertos populares, etc.).

Adónde ir: algunos puntos esenciales

La identidad y las características especiales de cada región se explora en la introducción correspondiente del capítulo dedicado a cada una de ellas. Con seguridad, a la hora de viajar se elegirá alguno de los muchos destinos tratados en esta guía, pero si el viajero tiene intención de hacer un circuito por la Península, hay una serie de **puntos esenciales** que no deben olvidarse:

Barcelona. La capital catalana es conocida por la imaginativa arquitectura de Antoni Gaudí, el escaparate callejero de las Ramblas, el Museu Picasso, sus numerosos bares y restaurantes y su vida nocturna, sin olvidar un equipo de fútbol como el F. C. Barcelona.

Madrid. No es tan bonita como Barcelona, pero posee un estilo único y bares animados, tanto tradicionales como modernos, así como tres de los grandes museos españoles: el Prado, el Thyssen-Bornemisza y el Centro de Arte Reina Sofía.

Sevilla. Patria del flamenco y de todos los clichés que existen acerca de Andalucía (e incluso de España en el extranjero), posee unos hermosos barrios, monumentos árabes y cristianos sin igual, una Semana Santa de renombre internacional y la Feria de Abril.

Toledo. Capital de la España medieval, conserva sinagogas, antiguas mezquitas y una extraordinaria catedral, así como numerosas obras de El Greco.

Salamanca. La ciudad que alberga la universidad más antigua de España, núcleo universitario por excelencia, permanece fiel a sí misma y envuelta en edificios góticos y renacentistas.

Monumentos árabes. Los mejores se encuentran en Andalucía: la Alhambra de Granada, la Mezquita de Córdoba, y los Alcázares y la Giralda de Sevilla.

Catedrales, iglesias y monasterios. Un recorrido por las cinco mejores catedrales góticas llevará al viajero a las ciudades castellanas de Toledo, León, Burgos, Salamanca y Segovia. Las iglesias románicas salpican el Camino de Santiago, en particular en los Pirineos, mientras la vetusta Oviedo y la provincia de Asturias albergan un estilo prerrománico único. La fachada de la catedral de Santiago de Compostela constituye la culminación del Barroco español, las iglesias y torres de Aragón la del espléndido mudéjar, y el palacio-monasterio de El Escorial la mayor expresión del Renacimiento tardío en España.

Playas. El extenso litoral español posee numerosas playas que se agrupan en las llamadas *costas*. Excelentes y poco frecuentadas son las de los alrededores de Cádiz y Almería en el sur, y las de Asturias y Galicia en el norte. Si el viajero quiere acción y vida nocturna, la isla de Ibiza es el destino ideal, una de las capitales mundiales de los clubes y discotecas.

Ciudades medievales. Ciudades en pequeña (o gran) escala, ahora apenas significativas, albergan lo mejor de España. Resulta imprescindible visitar Ciudad Rodrigo (Salamanca), Baeza y Úbeda (Andalucía), Trujillo y Cáceres (Extremadura), Albarracín (Aragón) y Santillana del Mar (Cantabria).

Ruinas romanas. Mérida conserva los restos romanos más importantes y un magnífico museo, y Segovia un acueducto asombroso. Entre otros restos romanos destacan los de Itálica (cerca de Sevilla), Carmona, Tarragona y Empúries.

PROMEDIO DE TEMPERATURAS MÁXIMAS (°C)

	Enero	Marzo	Mayo	Jul.	Sept.	Nov.
Madrid *Castilla*	9	15	21	31	25	13
Málaga *Costa del Sol*	17	19	23	29	29	20
Sevilla *Andalucía interior*	15	21	26	35	32	20
Pontevedra *Galicia*	14	16	20	25	24	16
Santander *Cantabria*	12	15	17	22	21	15
Barcelona *Cataluña*	13	16	21	28	25	16
Begur *Costa Brava*	14	16	20	27	25	16
Alicante *Costa Blanca*	16	20	26	32	30	21
Mallorca *Islas Baleares*	14	17	22	29	27	18
Las Palmas *Islas Canarias*	22	22	27	24	26	23

Senderismo. Las mejores áreas se encuentran en los Picos de Europa, en Cantabria y Asturias, y los Pirineos, desde sus estribaciones en el País Vasco, pasando por Aragón, hasta llegar a Cataluña.

Vida natural y parques naturales. Los parques más visitados son Monfragüe (Extremadura) y Ordesa (Pirineos aragoneses), junto con los del Teide y Timanfaya, en Canarias (para más detalles, véase la sección «El Contexto»).

Cuándo viajar

Evidentemente, la primavera y el verano son las dos mejores estaciones para recorrer España, pero cualquier época del año resulta atractiva, teniendo en cuenta las temperaturas propias de cada región y estación. El contraste entre la Meseta, la costa cantábrica y la mediterránea, es evidente, y tal vez sea más agradable visitar cada rincón en una estación del año diferente, dependiendo también de las preferencias de cada uno.

El viajero debe tener en cuenta que las épocas de verano y Semana Santa son las de mayor movimiento interno, por lo que quizá resulte más complicado encontrar alojamiento; sólo tendrá que hacer las reservas con suficiente antelación. Si uno va a Canarias, por ejemplo, el clima favorable de las islas permite una ocupación hotelera casi continua, y la previsión es siempre necesaria.

PRIMERA PARTE
LO
BÁSICO

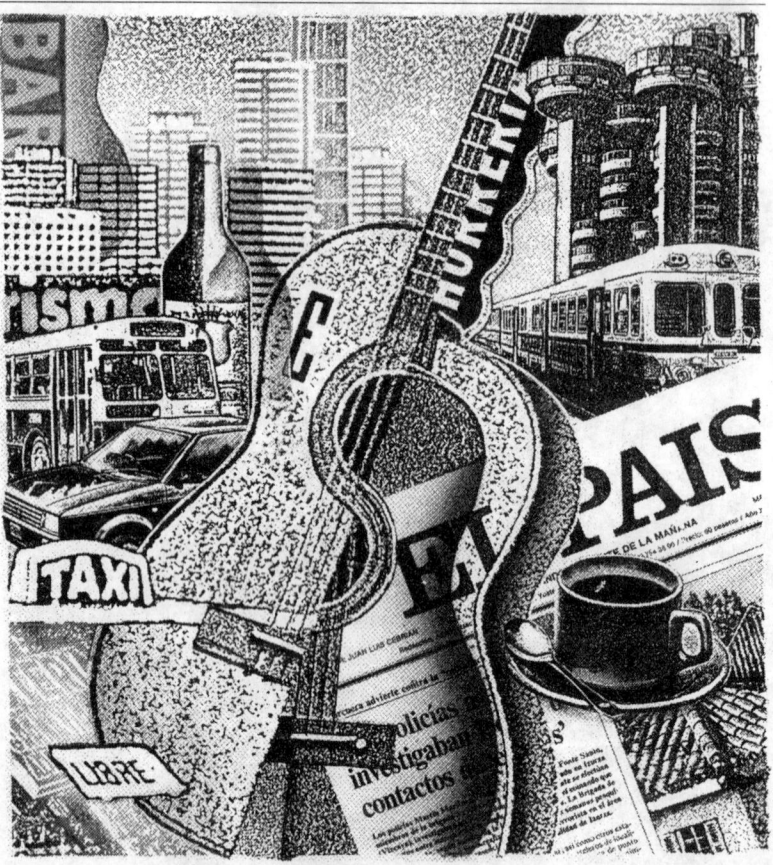

ADVERTENCIA AL LECTOR

La información de la presente sección está pensada sobre todo para los turistas no españoles que visiten España. Muchas de las indicaciones que se recogen son cotidianas para cualquier español, por lo que, en la mayoría de los casos, pueden parecer innecesarias o superfluas; aun así es posible que encuentre útiles algunos de sus apartados, en especial cuando se viaja a una comunidad autonómica diferente.

LLEGAR A ESPAÑA

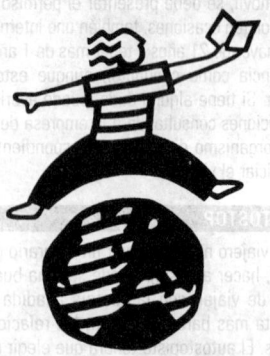

La mejor forma de llegar a España desde cualquier rincón del mundo es en avión. Si viaja desde otro país europeo el visitante puede utilizar también el automóvil y el ferrocarril, e incluso el barco.

EN AVIÓN

Las ofertas de viajes a España son numerosas y con unos precios muy competitivos. El visitante puede encontrar billetes más económicos, dependiendo del punto de origen, si viaja en vuelos chárter; sin embargo, los vuelos regulares ofrecen una mayor comodidad y regularidad en los vuelos transoceánicos.

Es conveniente consultar las ofertas de temporada, así como los precios especiales para jóvenes, niños y grupos.

Cada vez se está imponiendo más la venta directa de billetes en las propias líneas aéreas, en perjuicio de las agencias de viajes; cobran precios más reducidos, por lo que se recomienda consultar sus tarifas.

Asimismo, está en alza la venta de billetes por Internet; de hecho, a veces hay ofertas muy interesantes y competitivas.

PAQUETES Y OFERTAS ESPECIALES

Naturalmente, el precio del viaje variará dependiendo de la época del año en que se desplace; no es igual ir a España en verano, en Navidad o Semana Santa que en temporada baja.

Las agencias de viajes proporcionan información sobre toda clase de ofertas, tanto si el viajero quiere hacer un circuito por todo el país como un recorrido por las principales ciudades o cualquier otra ruta (paradores, Camino de Santiago, románico, senderismo, etc.). Hay compañías especializadas en cualquier servicio y actividad turísticos.

El viajero no debe olvidar que puede alquilar un vehículo en casi cualquier rincón de España, ya sea al llegar al país o antes de partir, mediante los paquetes *fly-and-drive*.

EN FERROCARRIL

Si viaja a España desde otro país europeo, el ferrocarril constituye un medio de transporte económico y seguro, ya que el viajero podrá obtener billetes a buen precio, o recurrir a los pases de InterRail o Eurodómino, que es posible obtener en Rail Europe (☎915 478 442) o mediante las agencias de viaje.

Si España constituye una etapa de un viaje más extenso por Europa, tal vez ésta sea una buena opción.

EN AUTOBÚS

El autobús es el medio de transporte que se utiliza cuando no hay servicio de tren disponible; en general, se usa para hacer desplazamientos puntuales, sobre todo localmente, ya que cuando se trata de viajes de larga distancia entre las principales capitales, el autobús suele ser más lento,

incómodo y no tan barato, más aún si el viajero ya dispone de un abono de tren. Sin embargo, si quiere cubrir un itinerario limitado, un **abono de autobús** o un **billete de autobús circular** puede resultar más económico que un abono de tren, sobre todo para los mayores de 26 años. Un buen abono es el de **Eurolines** para 30 y 60 días, que puede obtener en ENATCAR-SAIA (Alcalá 478, 28027 Madrid; ☎913 271 381; fax 913 271 329) y en Eurolines Peninsular-Julià/Vía (Santa Eulàlia 176-180, 08902 L'Hospitalet de Llobregat, Barcelona; ☎934 026 900; fax 934 226 793; e-mail *info@eurolines.es; http://www.eurolines.es/*).

EN AUTOMÓVIL

Para conducir en España se necesita tener un **permiso de conducción** vigente; si el viajero no es un ciudadano de la Unión Europea, es preferible solicitar un Permiso de Conducción Internacional, en especial si quiere alquilar un automóvil. Podrá obtener este carné en el organismo nacional de tráfico del país de origen por un módico precio, tras mostrar el permiso de conducir vigente, el pasaporte, una fotografía de pasaporte y un certificado de mayoría de edad (18 años o más). Asimismo, deberá tener a mano en todo momento los papeles del registro del automóvil (si el propietario que figura en dicho documento no es el que conduce, necesitará una autorización escrita de éste para el uso del vehículo). El viajero no debe olvidar que si viaja en su propio vehículo, deberá tenerlo asegurado; tal vez la póliza de seguros ya cubra los daños a terceros durante un determinado período, pero quizá sea necesario contratar una póliza complementaria. Como prueba de la cobertura del seguro, se recomienda solicitar una Carta Verde Internacional a la compañía. Si quiere estar cubierto ante una avería, puede contratar (con un coste adicional) la extensión de la cobertura que ofrecen algunos clubes de automóvil, aunque las organizaciones automovilísticas de la mayoría de los países contemplan alguna clase de acuerdo recíproco sobre averías, del que se benefician sus miembros, de modo que si es miembro de alguna de ellas, sería conveniente que llevara los documentos que le acrediten como tal. La asociación del propio país puede proporcionar una lista de los países con los que tienen concertados acuerdos. El vehículo debe llevar visible en la parte trasera un adhesivo o una placa con la nacionalidad, y en toda Europa se requiere o se aconseja disponer de un triángulo de señalización y un botiquín. En las autopistas se exige el pago de peaje. El precio del combustible no resulta barato, y se está retirando la gasolina con plomo, que en 2002 dejará de estar disponible.

La alternativa a conducir el vehículo propio es **alquilar** uno allá donde vaya. Las tarifas son elevadas y tal vez al viajero le convenga más acudir antes a una de las cadenas multinacionales para contratar el alquiler, o bien llegar a algún acuerdo que incluya el vuelo y el alquiler de un automóvil *(fly-and-drive)*. El kilometraje ilimitado (a diferencia del pago por kilómetro) resulta más económico y ofrece una mayor flexibilidad. Para alquilar un automóvil, se debe presentar el permiso de conducción (en ocasiones, también uno internacional), ser mayor de 21 años y tener más de 1 año de experiencia como conductor, aunque esto puede variar. Si tiene alguna duda, puede averiguar las condiciones consultando a la empresa de alquiler o al organismo de tráfico correspondiente antes de iniciar el viaje.

AUTOSTOP

Si el viajero no va a seguir un itinerario determinado, hacer autostop puede ser una buena manera de viajar, con la ventaja añadida de que resulta más barato y facilita las relaciones sociales. El autostopista tendrá que elegir un lugar donde los conductores puedan verlo con tiempo y en el que tengan sitio para desviarse si deciden recogerle. En España es ilegal el autostopismo en las autopistas; en tal caso, debe intentarse en las estaciones de servicio de éstas o en los carriles de acceso a ellas, aunque en éstos es más difícil que un conductor se detenga. Se recomienda viajar ligero de equipaje —las enormes mochilas suelen disuadir a los conductores— y llevar un buen mapa de carreteras. El viajero deberá procurar tener siempre un aspecto aseado, y sonreír aunque lleve horas esperando. Usar o no un cartel depende de cada persona, ya que las opiniones difieren en cuanto a su eficacia, pero lo que sí puede ocurrir es que al verlo, muchos conductores que podrían llevarle una parte del trayecto no se detengan. Las mujeres, como en todas partes, deben ser prudentes si hacen autostop solas. Por lo que respecta al mejor momento, obviamente se deben evitar en lo posible los domingos y días festivos, pues hay más tráfico, pero menos posibilidades; es mejor intentarlo en los primeros días de la semana, ya que entonces circula la mayor parte del tráfico de larga distancia.

PASAPORTES Y VISADOS

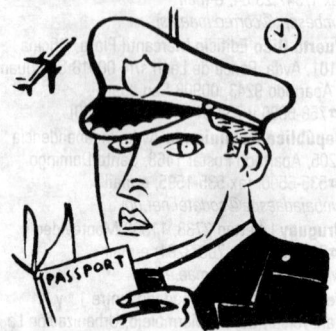

Desde que en enero de 1993 se eliminaron muchas restricciones de inmigración entre los estados miembros de la Unión Europea, cruzar una frontera se ha convertido para los ciudadanos europeos en un acto mucho menos formal, ya que sólo tienen que mostrar de forma superficial sus documentos a los funcionarios de aduanas. El control de aduanas entre algunos países (en particular, los nórdicos) prácticamente ha desaparecido, y diez países de la Unión Europea (Alemania, Austria, Bélgica, España, Francia, Grecia, Países Bajos, Italia, Luxemburgo y Portugal), conocidos por el nombre de Grupo Schengen, tienen en la actualidad un acuerdo que permite a sus ciudadanos viajar con libertad por estos países sin pasar por los controles de inmigración, aunque esto puede significar que haya más control de documentos de identidad. Otros países de la Unión Europea quieren pertenecer al grupo, pero lo cierto es que dos de los miembros ya lo han abandonado y otros albergan dudas sobre dicho organismo.

Cuando el viajero tenga que **cruzar una frontera**, conviene que lo haga bien vestido y siendo educado en todo momento, incluso ante el funcionario más arrogante. Al entrar tal vez le pidan que muestre un billete para continuar el viaje, o la prueba de que cuenta con fondos suficientes para mantenerse. Hay que recordar que cualquier gobierno prefiere la visita de turistas ricos, pero toleran apenas a los mochileros desaliñados y con poco dinero.

Por último, se recomienda no dejar para última hora la solicitud del pasaporte, ya que es un trámite que en ocasiones tarda bastante y puede resultar muy pesado tener que hacerlo en persona.

EMBAJADAS ESPAÑOLAS EN EL EXTRANJERO

Argentina Mariscal Ramón Castilla 2720, 1425 Buenos Aires (☎4801-8228 y 4802-6611; fax 4805-5959).
Bolivia Avda. 6 de Agosto 2827, La Paz (☎433518, 431203 y 430118; e-mail *embespbo@correo.mae.es*).
Brasil SES, Avda. Das Nações, QD. 811, Lote 44, CEP 70429-900 Brasilia D.F. (☎244-2121, 244-2023 y 244-2776; fax 242-1781; e-mail *embespa@tba.com.br*).
Chile Avda. Andrés Bello 1895, Santiago de Chile (☎2352754 y 2352755; fax 2351049; e-mail *embespcl@correo.mae.es*).
Colombia Calle 92, 12-68, Santa Fe de Bogotá (☎6161888 y 6164846; fax 6166104).
Costa Rica Calle 32 (entre Paseo Colón y Avda. Segunda), 1000, San José de Costa Rica (☎222-5745 y 221-7005; fax 222-4180).

Cuba Cárcel 51 (esquina a Zulueta), La Habana (☎33-8025, 33-8026, 33-8031, 33-0250 y 33-0251; fax 33-8006 y 62-3901; e-mail *embespcu@ceniai-inf.cu*).
Ecuador Calle de la Pinta 455 y Amazonas, Apartado 17-01-9322, Quito (☎564373, 564377 y 564390; fax 500826).
El Salvador Calle La Reforma 164 bis, Colonia San Benito, San Salvador (☎298-1188 y 223-6168; fax 298-0402; e-mail *embespa@vianet.com.sv*).
Guatemala 6 A, Calle 6-48, Zona 9, Guatemala (☎3343757 y 3343756; fax 3322456).
Honduras Colonia Residencial Matamoros, 801, calle Santander, Tegucigalpa D.C. (☎236-68-75 y 236-65-89; fax 236-86-82).
México Galileo 114 esquina Horacio, Col. Polanco, 11550 México D.F. (☎282.24.59,

EMBAJADAS ESPAÑOLAS EN EL EXTRANJERO (Cont.)

282.29.82, 282.22.71, 282.27.63 y 282.19.90 (embajador); fax 282.15.20 y 282.13.02).
Nicaragua Avda. Central 13, Las Colinas, Apdo. Postal 284, Managua (☎760966, 760967, 760968 y 760969; fax 760937; e-mail *embespni@correo.mae.es*).
Panamá Plaza de Belisario Porras (entre Avda. Perú y Calle 34), Zona 1, Panamá (☎227.51.22 y 227.54.72; fax 227.49.26 y 227.62.84).
Paraguay Calle Yegros 437, Edificio San Rafael, 5.ª y 6.ª plantas, Asunción (☎49.06.86 y 49.06.87; fax 44.53.94).
Perú Avda. Jorge Basadre 498 (San Isidro), Lima 27 (☎212-5155; fax 440-2020; e-mail *embesppe@correo.mae.es*).
Portugal Rua do Salitre 1, 1269-052 Lisboa (☎1/347 23 81, 1/347 23 82 y 1/347 23 83;
fax 1/347 23 84; e-mail *embesppt@correo.mae.es*).
Puerto Rico Edificio Mercantil Plaza, Oficina 1101, Avda. Ponce de León s/n, 00918 San Juan; y Apartado 9243, 00908 San Juan (☎758-6090 y 758-6142; fax 763-0190).
República Dominicana Avda. Independencia 1205, Apartado Postal 1468, Santo Domingo (☎535-6500; fax 535-1595; e-mail *embajadaespa@codetel.net.do*).
Uruguay Libertad 2738, 11300 Montevideo (☎708-6010; fax 708-3291; e-mail *empespuy@correo.mae.es*).
Venezuela Avda. Mohedano, entre 1.ª y 2.ª transversal, Quinta Marmolejo, Urbanización La Castellana, Caracas (☎263-2855 y 263-2980; fax 261-0892; e-mail *embespve@correo.mae.es*).

SALUD Y SEGUROS

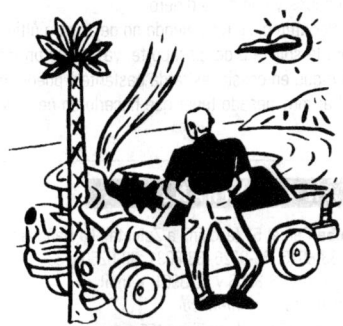

Como país perteneciente a la Unión Europea, España mantiene acuerdos recíprocos con los otros estados miembros referentes a Sanidad (el viajero tendrá que llevar un impreso E-111, que podrá conseguir en sus respectivas oficinas de la Seguridad Social); este tipo de acuerdos se han establecido también con países de América Latina (hay que comprobar los requisitos antes de iniciar el viaje). No obstante, sería conveniente que el viajero contratara algún seguro de viaje. Debe tener en cuenta que las tarjetas de crédito (especialmente American Express) ofrecen ciertos seguros médicos y de otras clases, y tal vez si utiliza una para pagar el viaje se incluya un seguro en el precio. Si el viajero dispone de él podrá reclamar la devolución del coste de cualquier medicamento prescrito y suministrado por las farmacias; las políticas europeas cubren por lo general el equipaje y el billete en caso de robo, siempre y cuando se denuncie en la policía local.

No se necesitan **vacunas** para viajar por España, pero si el viajero tiene intención de continuar el viaje por el norte de África sería conveniente que se vacunara contra el tifus y la polio. Lo peor que puede pasar es que sufra algún trastorno gastrointestinal. En tal caso, deberá tomar las precauciones pertinentes: lavar la fruta, no tomar tapas que parezcan cocinadas la semana anterior ni platos elaborados con salsas sospechosas.

Si tiene un problema menor, diríjase a una **farmacia**; aparecen indicadas en el listín telefónico de las grandes ciudades y las encontrará en prácticamente cualquier pueblo. Los farmacéuticos están bien preparados; suelen aconsejar y dispensar muchas medicinas que en otros países sólo podría conseguir con prescripción facultativa. Tienen horario comercial (9-13 h y 16-19 h),

pero algunas abren hasta tarde y siempre hay una de guardia las 24 horas (aunque ahora en muchas capitales algunas farmacias abren las 24 horas o mantienen un horario continuado de 9-22 h). Las que están de guardia se indican en la puerta de cada farmacia; también podrá consultar en los periódicos locales en el apartado «Farmacias de guardia».

En caso de un problema mayor, el viajero podrá conseguir la dirección de un médico en el consulado más próximo, en una farmacia o incluso en la comisaría de policía o la oficina de turismo. Si necesita atención médica o farmacológica especial, se recomienda que lleve una carta del médico de cabecera o especialista, en la que se indique la naturaleza de la dolencia y el tratamiento necesario. En caso de **emergencia**, llame al ☎061 (servicio de urgencias), número de teléfono que sirve en todo el país, donde es posible conseguir un servicio de ambulancias si es necesario. El tratamiento en hospitales es gratuito para los ciudadanos de la Unión Europea que dispongan del **impreso E-111**; de no ser así se cobrará la tarifa de un hospital privado, que puede ascender a 14.000 pesetas por visita. Por ello, se aconseja contratar un seguro de viaje.

VIAJEROS MINUSVÁLIDOS

España no es precisamente un país a la vanguardia en cuanto a la oferta de servicios para viajeros minusválidos. Sin embargo hay hoteles accesibles en las grandes ciudades y centros turísticos y, por ley, los edificios públicos de reciente construcción tienen que ser accesibles; la celebración de los Juegos Paralímpicos de 1992 en Barcelona ha contribuido a que se produzcan mejoras. También hay algunas asociaciones importantes de minusválidos: la ONCE (Organización Nacional de Ciegos de España) es bastante activa; a ello contribuye los cupones que venden, de los que proceden los ingresos económicos de la organización.

No obstante, el **transporte** constituye el problema principal, pues si el viajero va en silla de ruedas le resultará imposible subir a la mayoría de los autobuses. El panorama en los trenes es algo mejor; de hecho, hay sillas de ruedas en las grandes estaciones y espacio para ellas en algunos vagones, sobre todo en los trenes más modernos como el AVE, que circula entre Madrid y Sevilla, o el EuroMed entre Barcelona y Valencia. La empresa Hertz dispone de automóviles con controles manuales en Madrid y Barcelona (si el viajero avisa con tiempo) y los taxistas suelen ser atentos.

Una vez fuera de las ciudades y lejos de la costa, las dificultades aumentan. La superficie de las carreteras en las regiones montañosas a veces es desigual, y los servicios de retretes para minusválidos son escasos. Si el viajero dispone de dinero, puede ir a los paradores nacionales, una solución al problema del **alojamiento** inadecuado. Muchos son castillos y monasterios reconvertidos y, aunque no se construyeran pensando en los huéspedes con minusvalías, sus dimensiones permiten maniobrar con una silla de ruedas por el interior.

Global Access es una **web site** para viajeros minusválidos; la encontrará en *www.geocities.com/Paris/1502/*.

CONTACTOS PARA VIAJEROS MINUSVÁLIDOS

Instituto de Turismo de España (TURESPAÑA) José Lázaro Galiano 6, 28071 Madrid (☎913 433 500; fax 913 433 446 y 913 433 689). Dependiente del Ministerio de Economía y Hacienda, dispone de oficinas por todo el país, donde se pueden conseguir mapas, planos, folletos y listados de alojamientos.

ECOM Gran Vía de les Corts Catalanes 562, pral. 2.ª, 08011 Barcelona (☎934 516 904). Federación de organizaciones de minusválidos. Publica una guía de Barcelona para minusválidos.

Organización Nacional de Ciegos Españoles (ONCE) Prado 24, 28014 Madrid (☎915 894 600; fax 914 293 118); Calabria 66-76, 08015 Barcelona (☎933 259 200; fax 934 249 144). Dispone de mapas en braille, y puede organizar viajes para viajeros ciegos; escriba para más detalles. Posee una interesante página web *(www.once.es)*, con versión accesible a ciegos.

INFORMACIÓN Y MAPAS

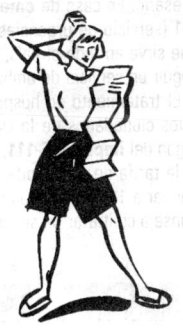

La **Dirección General de Turismo** publica una gran variedad de mapas y folletos. El viajero puede visitar una de las oficinas de turismo repartidas por todo el país para conseguir alguno de ellos, en especial los planos de ciudades, así como listados provinciales de hoteles, hostales y cámpings.

OFICINAS DE INFORMACIÓN

El viajero encontrará oficinas de turismo en todas las grandes ciudades; en ellas obtendrá información local más específica. Las oficinas nacionales de información se complementan con otras municipales o provinciales independientes. Éstas varían bastante en cuanto a la calidad y, aunque por lo general resultan muy útiles para conseguir información regional o mapas locales, no son fiables en lo que se refiere a la información sobre algo que quede fuera de su zona.

Las oficinas de turismo españolas tienen un horario comercial (lun.-vier., 9-13 h y 15.30-18 h; sáb., 9-13 h), pero el viajero no siempre podrá confiar en el cumplimiento de tales horarios, en especial en los lugares menos concurridos.

MAPAS

Además de los diversos folletos gratuitos, tal vez el viajero quiera conseguir un **mapa de carreteras**. Es mejor comprarlo en España, donde encontrará una buena selección en la mayoría de las librerías y quioscos callejeros o las gasolineras. Entre los mejores destaca el mapa oficial editado por el MOPU (Ministerio de Obras Públicas y Urbanismo), y el de Campsa, que incluye información sobre la ubicación de gasolineras; asimismo, existen numerosos **callejeros** con índice de las principales ciudades.

Si decide comprarlo antes de llegar a España una buena alternativa son los mapas a escala 1:300.000 *Euro Road Atlas* de RV (que en España distribuye Plaza & Janés) o menos detallados los de Michelin, Firestone o Rand McNally. Los ca-

OFICINAS DE TURISMO EN EL EXTRANJERO

Argentina Florida 744, 1.º, 1005 Buenos Aires (☎4322-7264; fax 4322-5923; buenosaires@tourspain.es).
Brasil rua Zequinha de Abreu 78, CEP 01250 São Paulo (☎3865-5999; fax 3872-0733; saopaulo@tourspain.es).
México Alejandro Dumas 211, Colonia Polanco, 11560 México D. F. (☎531.1785; fax 255.4782).
Portugal avenida Sidónio Pais 28, 3.º Dto, 1050-216 Lisboa (☎1/357 19 92; fax 1/354 0332; lisboa@tourspain.es).

PÁGINAS WEB
España www.tourspain.org
Andalucía www.andalucia.org
Aragón www.aragon.es
Asturias www.princast.es
Baleares www.gob.caib.es
Canarias www.gobcan.es
Castilla y León www.jcyl.es
Castilla-La Mancha www.jccm.es
Cataluña www.gencat.es/index.htm
Ceuta www.ciceuta.es
Extremadura www.extremadura.com
Galicia www.xunta.es
La Rioja www.calarioja.es
Madrid www.comadrid.es
Melilla www.melilla500.com
Murcia www.carm.es
Navarra www.cfnavarra.es
País Vasco www.euskadi.net
Valencia www.gva.es

llejeros de ciudades más completos incluyen las zonas del extrarradio e índices de calles completos; los hay referentes a las grandes ciudades como Madrid, Barcelona y Sevilla.

Los **aficionados al senderismo** conseguirán mapas más detallados en La tienda verde, Maudes 38 (Madrid) y la Librería Quera, calle Petritxol 2 (Barcelona). Estas dos tiendas, como muchas otras librerías en España y unas cuantas especializadas en ultramar, tienen todo el surtido de **mapas topográficos** editados por las dos agencias gubernamentales: IGN (Instituto Geográfico Nacional) y SGE (Servicio Geográfico del Ejército). Los podrá conseguir en las escalas 1:200.000; 1:100.000; 1:50.000 e incluso a veces 1:25.000. Las diversas series del SGE son las más actualizadas.

Editorial Alpina, ubicada en Barcelona, edita **mapas** y **folletos** en escala 1:40.000 o 1:25.000 de la mayoría de las montañas y estribaciones españolas de interés, que también se venden en muchas librerías; las ediciones importantes se reseñan en el texto cuando corresponde.

ESPAÑA EN INTERNET

España está muy presente en Internet; de hecho, hay páginas web en español e inglés que ofrecen información sobre cualquier tema. Las páginas web que se detallan a continuación son útiles puntos de partida; la mayoría de ellas contienen bastantes enlaces prácticos hacia zonas más detalladas. También encontrará grupos de noticias, donde tal vez obtenga información sobre numerosos temas.

TURISMO E INTERCAMBIO DE JÓVENES Y ESTUDIANTES (TIVE) EN ESPAÑA

Albacete Oficina Nacional de Turismo e Intercambio de Jóvenes y Estudiantes (TIVE), avenida de la Estación 2, 3.º, 02001 Albacete (☎967 215 012 [ext. 246]; fax 967 216 153).

Alicante Oficina Nacional de Intercambio de Jóvenes y Estudiantes (TIVE), avenida Aguilera 1, 03007 Alicante (☎965 900 770; fax 965 900 771).

Asturias Oficina de Turismo Juvenil, Dirección Regional de Juventud, Calvo Sotelo 5, 33007 Oviedo (☎985 236 058; fax 985 275 717).

Badajoz Oficina TIVE, pasaje de San Juan, local B-10, 06002 Badajoz (☎924 224 449; fax 924 210 110); Oficina TIVE, Concordia 1, 06800 Mérida (☎924 303 267; fax 924 380 133).

Baleares Oficina Nacional de Intercambio de Jóvenes y Estudiantes (TIVE), Jerónimo Antich 5, 07003 Palma de Mallorca (☎971 711 785; fax 971 712 405).

Barcelona Oficina de Turismo Juvenil TUJUCA-TIVE, Generalitat de Catalunya, Calabria 147, 08015 Barcelona (☎934 838 378; fax 934 838 370).

Burgos Oficina Nacional de Turismo e Intercambio de Jóvenes y Estudiantes (TIVE), Casa de la Cultura, avenida General Yagüe 20, 09004 Burgos (☎947 209 881; fax 947 278 879).

Cáceres, Oficina TIVE, Tiendas 3-2, 10003 Cáceres (☎927 214 403; fax 927 210 066).

Cantabria Oficina Nacional de Turismo e Intercambio de Jóvenes y Estudiantes (TIVE), Canarias 2, bajos, 39007 Santander (☎942 332 215; fax 942 358 451).

Castellón Oficina Nacional de Turismo e Intercambio de Jóvenes y Estudiantes (TIVE), avenida del Mar 23, 12003 Castellón (☎964 358 445; fax 964 358 451).

Ceuta, Oficina Nacional de Turismo e Intercambio de Jóvenes y Estudiantes (TIVE), avenida de África s/n, 11702 Ceuta (☎956 518 844; fax 956 510 295).

Ciudad Real Oficina Nacional de Turismo e Intercambio de Jóvenes y Estudiantes (TIVE), Paloma 7, 13001 Ciudad Real (☎926 251 476; fax 926 221 715).

Córdoba Oficina Nacional de Turismo e Intercambio de Jóvenes y Estudiantes (TIVE), paseo de la Victoria 37, 14004 Córdoba (☎957 204 373/204 341; fax 957 204 373).

Coruña (A) Oficina TIVE, Sección Provincial Juventud, Durán Loriga 9, 1.º, 15003 Coruña A (☎981 221 336, 981 221 336); Oficina Nacional de Turismo e Intercambio de Jóvenes y Estudiantes (TIVE), Magdalena 123, 1.º, 15402 Ferrol (☎981 350 300; fax 981 350 300); Oficina Nacional de Turismo e Intercambio de Jóvenes y Estudiantes (TIVE), Casa da Xuventude, plaza Matadero s/n, 15703 Santiago de Compostela (☎981 572 426; fax 981 544 802).

Cuenca Oficina Nacional de Turismo e

TURISMO E INTERCAMBIO DE JÓVENES Y ESTUDIANTES (TIVE) EN ESPAÑA (Cont.)

Intercambio de Jóvenes y Estudiantes (TIVE), Diego Jiménez 8, 2.º, 16001 Cuenca (☎969 214 726).

Granada Oficina Nacional de Turismo e Intercambio de Jóvenes y Estudiantes (TIVE), Martínez Campos 21, 18002 Granada (☎958 521 131; fax 958 250 211).

Guadalajara Oficina Nacional de Turismo e Intercambio de Jóvenes y Estudiantes (TIVE), plaza de San Esteban 1, 19001 Guadalajara (☎949 226 452; fax 949 222 062).

Guipúzcoa Oficina Nacional de Turismo e Intercambio de Jóvenes y Estudiantes (TIVE), Tomás Gros 3, local, 20001 Donostia-San Sebastián (☎943 276 934; fax 943 320 494).

Huesca Oficina Nacional de Turismo e Intercambio de Jóvenes y Estudiantes (TIVE), Ricardo del Arco 6, 22003 Huesca (☎974 293 025; fax 974 293 026).

Las Palmas Oficina Nacional de Turismo e Intercambio de Jóvenes y Estudiantes (TIVE), Tomás Morales 48, local 2, 35003 Las Palmas (☎928 369 196/370 001; fax 928 370 001).

León Oficina Nacional de Turismo e Intercambio de Jóvenes y Estudiantes (TIVE), Arquitecto Torbado 4, 24003 León (☎987 200 951; fax 987 200 303).

Lugo Oficina Nacional de Turismo e Intercambio de Jóvenes y Estudiantes (TIVE), Carril dos Loureiros 12, bajos, 27002 Lugo (☎982 253 583).

Madrid Oficina Nacional de Turismo e Intercambio de Jóvenes y Estudiantes (TIVE), José Ortega y Gasset 71, 28006 Madrid (☎913 477 778 y 934 019 501; fax 914 018 160); Oficina Nacional de Turismo e Intercambio de Jóvenes y Estudiantes (TIVE), Fernando el Católico 88, 28015 Madrid (☎915 437 412 y 915 430 208; fax 915 440 062).

Málaga Oficina Nacional de Turismo e Intercambio de Jóvenes y Estudiantes (TIVE), Huéscar 2, edificio Ochoa, 29007 Málaga (☎952 278 413; fax 952 613 680).

Melilla Oficina Nacional de Turismo e Intercambio de Jóvenes y Estudiantes (TIVE), Músico Granados 5, 29804 Melilla (☎952 671 235; fax 952 674 394).

Murcia Oficina Nacional de Turismo e Intercambio de Jóvenes y Estudiantes (TIVE), Conde de Roche s/n, bajos, 30004 Murcia (☎968 213 261; fax 968 216 291).

Navarra Oficina Nacional de Turismo e Intercambio de Jóvenes y Estudiantes (TIVE), Paulino Caballero 4, 5.º, 31002 Pamplona (☎948 212 404; fax 948 221 265).

Ourense Oficina Nacional de Turismo e Intercambio de Jóvenes y Estudiantes (TIVE), avenida de La Habana 107, bajos, 32004 Orense (☎988 250 707; fax 988 220 839).

Pontevedra Oficina Nacional de Turismo e Intercambio de Jóvenes y Estudiantes (TIVE), Benito Corbal 47, 2.º, 36001 Pontevedra (☎986 805 532; fax 986 805 554); Oficina Nacional de Turismo e Intercambio de Jóvenes y Estudiantes (TIVE), María Berdiales 20, entreplanta, 36203 Vigo (☎986 817 079; fax 986 817 082).

Salamanca Oficina Nacional de Turismo (TIVE), paseo Carmelitas 83, planta baja, 37002 Salamanca (☎923 267 731; fax 923 210 602).

Santa Cruz de Tenerife Oficina Nacional de Turismo e Intercambio de Jóvenes y Estudiantes (TIVE), avenida Heraclio Sánchez 40, 38204 La Laguna (☎922 259 630; fax 922 259 340).

Sevilla Oficina Nacional de Turismo e Intercambio de Jóvenes y Estudiantes (TIVE), Jesús de la Veracruz 27, local, 41002 Sevilla (☎954 906 022; fax 954 906 038).

Toledo Oficina Nacional de Turismo e Intercambio de Jóvenes y Estudiantes (TIVE), Trinidad 8, 45002 Toledo (☎925 267 737; fax 925 267 760).

Valencia Oficina Nacional de Turismo e Intercambio de Jóvenes y Estudiantes (TIVE), Hospital 11, 46001 Valencia (☎963 869 881; fax 963 869 903).

Valladolid Oficina Nacional de Turismo e Intercambio de Jóvenes y Estudiantes (TIVE), Jesús Rivero Meneses 2, 3.º, 47014 Valladolid (☎983 354 563; fax 983 375 228).

Vizcaya Oficina Nacional de Turismo e Intercambio de Jóvenes y Estudiantes (TIVE), Iparraguirre 3, lonja, 48009 Bilbao (☎944 231 862; fax 944 236 529).

Zaragoza Oficina Nacional de Turismo e Intercambio de Jóvenes y Estudiantes (TIVE), Residencial Paraíso 4, local 40, 50008 Zaragoza (☎976 218 315; fax 976 219 295).

PRECIOS, DINERO Y BANCOS/11

Dirección General de Tráfico
www.dgt.es
Toda la información sobre el tráfico y las carreteras; posee un buen recurso para localizar el mejor itinerario entre dos puntos.

El País Digital
www.elpais.es/
Impresionante versión digital de uno de los grandes periódicos españoles.

El Periódico
www.elperiodico.es
Página web de uno de los principales diarios españoles; en la dirección *www.elperiodico.es/viajes* pueden encontrarse informaciones muy útiles.

Federación Española de Naturismo
www.ociototal.com/naturismo
Información sobre las asociaciones naturistas.

Fútbol en España
http://ibgwww.colorado.edu/~gayan/futbol/indice.html
Gran cantidad de estadísticas, más enlaces a páginas web, referentes a la mayoría de los equipos españoles de primera división.

Grupos Españoles en la Telaraña
www.get.es/
Sitio colectivo referente a un cierto número de grupos españoles de rock. También proporciona información sobre festivales de rock.

Inicia
www.inicia.es
Información y enlaces a multitud de temas (incluidos los viajes), desde uno de los principales portales españoles.

Renfe
www.renfe.es
Toda la información sobre los ferrocarriles españoles.

Si Spain
www.DocuWeb.ca/SiSpain/spanish/index.html
Dispuesta por la embajada española en Ottawa, es el mayor y el mejor sitio (en inglés) en la web, con información sobre todos los aspectos de la cultura española, política, historia e información turística además de remitir a un montón de sitios especializados. Una parte especialmente cuidada es Fiesta Directory.

Terra
www.terra.es
El portal de Telefónica, que intenta liderar el mercado hispano.

Turespaña
www.tourspain.com
Esta excelente página web incluye listas de hoteles, restaurantes, cámpings, espectáculos y cualquier otra clase de información turística de toda España.

PRECIOS, DINERO Y BANCOS

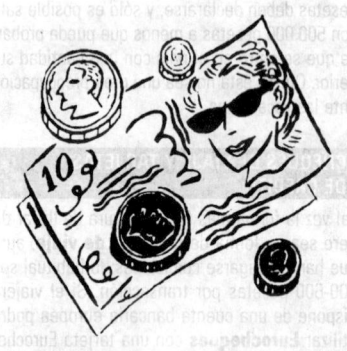

Aunque aún se considere un destino económico, los precios hoteleros en España han subido de manera considerable en los últimos 5 años; si el viajero tiene intención de pasar una buena parte del tiempo en ciudades, deberá tener en cuenta que necesitará casi tanto dinero como en casa. Sin embargo hay pocos lugares en Europa donde podrá conseguir mejores precios en comidas sencillas y bebida.

Como promedio, si el viajero está dispuesto a comprar la comida, alojarse en pensiones económicas y comer en restaurantes sencillos o bares, podría mantenerse con unas 3.750-4.000 pesetas diarias. Si busca un alojamiento de más calidad,

EL EURO

España es uno de los once países que el 1 de enero de 1999 formaron una unión económica y monetaria y empezaron a utilizar una moneda única, el euro, fijado permanentemente a 166,386 pesetas. Sin embargo, en un principio sólo podrán hacerse transacciones bancarias en esta nueva moneda (si dispone, por ejemplo, de un eurobanco o cuenta corriente), y la peseta continuará siendo, en forma efectiva, la unidad monetaria española. Los billetes y monedas en euros no se acuñarán hasta principios del 2002, y reemplazarán a la peseta por completo en julio de ese año.

piensa disfrutar de la vida nocturna y comer bien, necesitará unas 10.000 pesetas diarias. A partir de 12.500-15.000 pesetas al día, el único límite serán sus reservas, aunque si va a alojarse en hoteles de cuatro o cinco estrellas, o en los magníficos paradores, con eso no tendrá ni para pagar la habitación.

Los **precios de las habitaciones** varían de forma considerable según la temporada. En verano el viajero encontrará poca cosa por menos de 1.500 pesetas la habitación sencilla y 2.500 la doble; 2.000 pesetas la sencilla y 3.000 la doble podría ser un promedio más realista. Los cámpings cuestan unas 400 pesetas por persona y noche (más cerca de las 600-700, e incluso las 1.000 pesetas, en algunos de los mayores centros turísticos), además de un precio similar por la tienda.

El coste de la **comida** puede variar mucho pero en la mayoría de las ciudades hay restaurantes que ofrecen un menú sencillo de tres platos por unas 800-1.500 pesetas. A menudo el viajero irá de un bar a otro probando tapas sin llegar a tomar una auténtica comida sentado; esta opción es sabrosa aunque raramente más económica (véase pág. 23). La bebida, y el vino en particular, cuestan poco; de hecho, por unas 750 pesetas pasará la noche tomando vino joven del lugar.

Si utiliza con frecuencia el **transporte** de largo recorrido, tal vez gaste mucho dinero. Aunque los precios son comparables con los del resto de Europa, España es un país muy grande. Madrid-Sevilla, por ejemplo, un trayecto de unos 500 km cuesta alrededor de 3.500 pesetas en autobús o tren. El transporte urbano siempre funciona a base de una tarifa plana de unas 150-250 pesetas.

Toda la información anterior varía dependiendo de dónde vaya y cuándo. Las grandes ciudades y los centros turísticos son más caros que las zonas alejadas, y algunas regiones suelen tener asimismo precios más altos, sobre todo en el norte, como País Vasco, Cataluña y Aragón, y en las islas Baleares y Canarias. Los precios también se incrementan de repente para obtener ganancias durante acontecimientos especiales. A pesar de las previsiones oficiales, será una verdadera fortuna si el viajero encuentra una habitación en Sevilla durante la Feria de Abril, o en Pamplona durante los Sanfermines por menos del doble del precio habitual. Como siempre, si viaja solo acabará gastando mucho más que en un grupo a partir de dos personas; si comparte habitación ahorrará bastante. Vale la pena llevar una tarjeta ISIC de estudiante, ya que con ella entrará gratis o pagará entrada reducida en museos y monumentos, además de otros descuentos ocasionales; la tarjeta FIYTO (para menores de 26 años) es casi igual de buena.

Algo que se recomienda mirar generalmente en los precios es la carga de impuestos **(IVA)**, que puede representar un gasto extra inesperado (en la actualidad un 7 % en los hoteles y restaurantes, 16 % para otras mercancías y servicios) al pagar la cuenta por la comida o el alojamiento, en especial en los establecimientos de precio más elevado.

DINERO

La moneda española es la peseta. Las **monedas** se presentan con los valores de 1, 5, 10, 25, 50, 100, 200 y 500 pesetas; los **billetes** con valores de 1.000, 2.000, 5.000 y 10.000. La única singularidad es que al pagar en una tienda tal vez le pidan un duro (5 pesetas) o cinco duros (25 pesetas), para darle el cambio.

El viajero puede entrar en España con tanto dinero como quiera (en cualquiera de sus formas), aunque las sumas superiores al millón de pesetas deben declararse, y sólo es posible salir con 500.000 pesetas a menos que pueda probarse que se entró en el país con una cantidad superior. Quizás ésta no sea una gran preocupación ante las vacaciones.

CHEQUES DE VIAJE Y TARJETAS DE CRÉDITO

Tal vez la forma más fácil y segura de llevar dinero sea en forma de **cheques de viaje**, aunque han de pagarse comisiones: lo habitual son 500-600 pesetas por transacción. Si el viajero dispone de una cuenta bancaria europea podrá utilizar **Eurocheques** con una tarjeta Euroche-

> Para cancelar tarjetas de crédito perdidas o robadas, telefonee a los siguientes números:
> **American Express** ☎915 720 303
> **Diners Club** ☎915 474 000
> **Mastercard** ☎915 192 100
> **Visa** ☎913 152 512

que en muchos bancos; también extender cheques en pesetas en algunas tiendas y hoteles, aunque debe tener en cuenta que la utilización de cheques no está tan extendida en España como en otros lugares de Europa.

Asimismo podrá usar la mayoría de las tarjetas Eurocheque, Visa, Mastercard, Cirrus o Plus para **conseguir dinero en efectivo** en los cajeros automáticos (pregunte en su banco sobre acuerdos recíprocos); el sistema es muy sofisticado y las instrucciones están en varios idiomas.

Las principales **tarjetas de crédito** también se aceptan y son útiles para alquilar automóviles, pagar en hoteles y restaurantes además de para conseguir dinero en efectivo en los bancos. American Express y Visa son las más habituales; Mastercard tiene una menor difusión.

CAMBIO DE MONEDA

Los **bancos** y las **cajas de ahorros** en España cuentan con sucursales en casi todos los pueblos por pequeños que sean, y la mayoría de ellos están preparados para cambiar cheques de viaje (aunque a veces con cierta reticencia si son de alguna clase poco difundida, y a menudo cobran importantes comisiones). El viajero tendrá que guardar cola ante dos o tres ventanillas, proceso que dura de 20 a 30 minutos (es mejor usar una tarjeta de crédito o tarjeta bancaria, si dispone de ellas).

El **horario de los bancos** (lun.-vier., 8-14 h) puede variar de una entidad a otra. Fuera de este horario podrá conseguir cambio en los grandes hoteles (por lo general con un mal cambio y comisiones bajas) o en las agencias de viaje, que en principio protestan, pero que al final ofrecen un cambio con la comisión incluida, útil para cantidades pequeñas en un momento de premura.

En las zonas turísticas se encuentran **casas de cambio** especializadas, con horarios más adecuados (aunque varía el índice de cambio), y la mayoría de las sucursales de El Corte Inglés, cuyos grandes almacenes están presentes por toda España, ofrecen un índice de cambio competitivo y por lo general una comisión mucho más baja que los bancos (aunque van peor para el dinero en efectivo).

Asimismo resultan útiles las oficinas de **American Express**; sus direcciones aparecen en esta guía en las ciudades en las que tiene representación.

MEDIOS DE TRANSPORTE

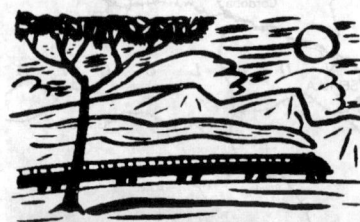

La mayor parte de España está cubierta tanto por una red de autobuses como de trenes; para viajar entre las principales ciudades no hay grandes diferencias de velocidad o precio que ayuden a elegir entre un sistema u otro. En distancias más cortas los autobuses suelen ser más rápidos y por lo general dejan al viajero más cerca de su destino; algunas estaciones de ferrocarril se hallan a varios kilómetros de la ciudad o pueblo al que pertenecen y no se tienen garantías de que haya servicio de autobuses que los una. El tiempo y frecuencia aproximada de los trayectos aparecen en el apartado «Transportes» al final de cada capítulo; las peculiaridades locales también se indican en el texto de la guía. Quizá valga la pena alquilar un automóvil; de hecho, los precios son de los más bajos de Europa.

AUTOBUSES

A menos que el viajero haya adquirido un pase de tren, probablemente los **autobuses** cubrirán la mayor parte de sus necesidades; muchos de

14/LO BÁSICO

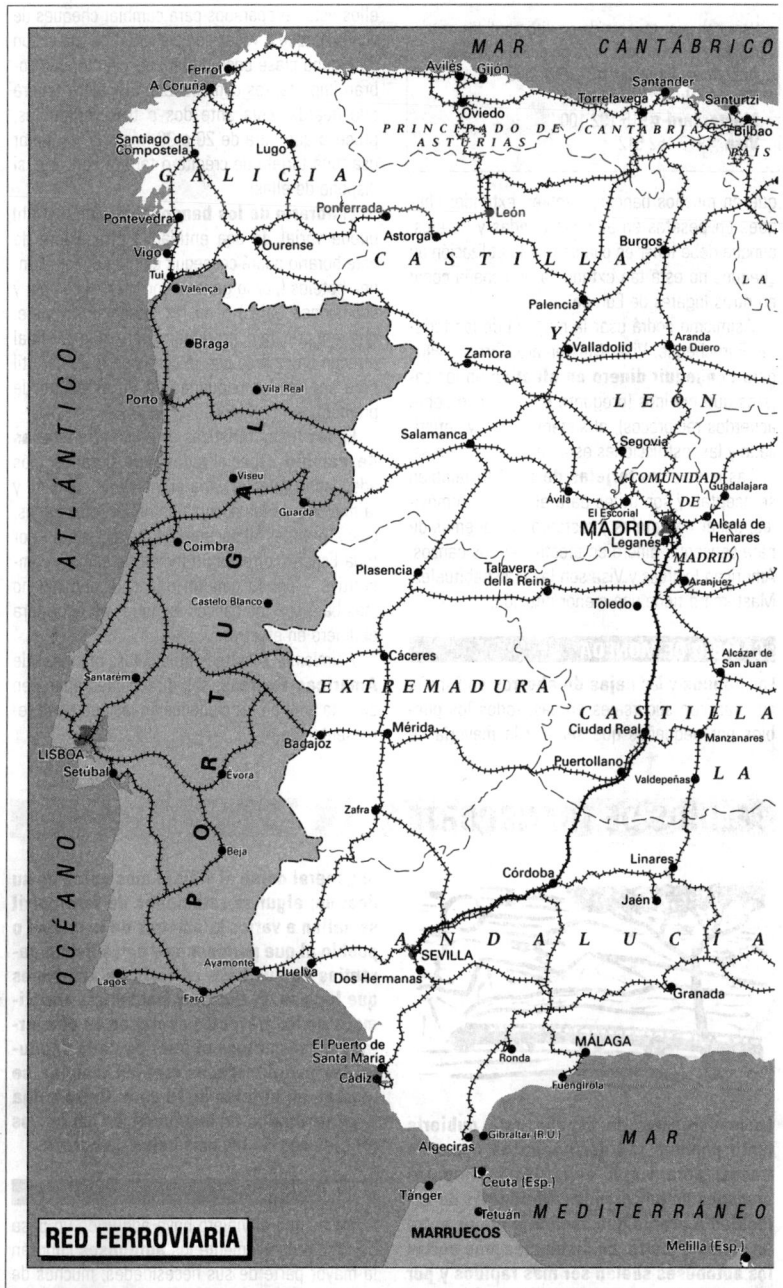

RED FERROVIARIA

RED FERROVIARIA/15

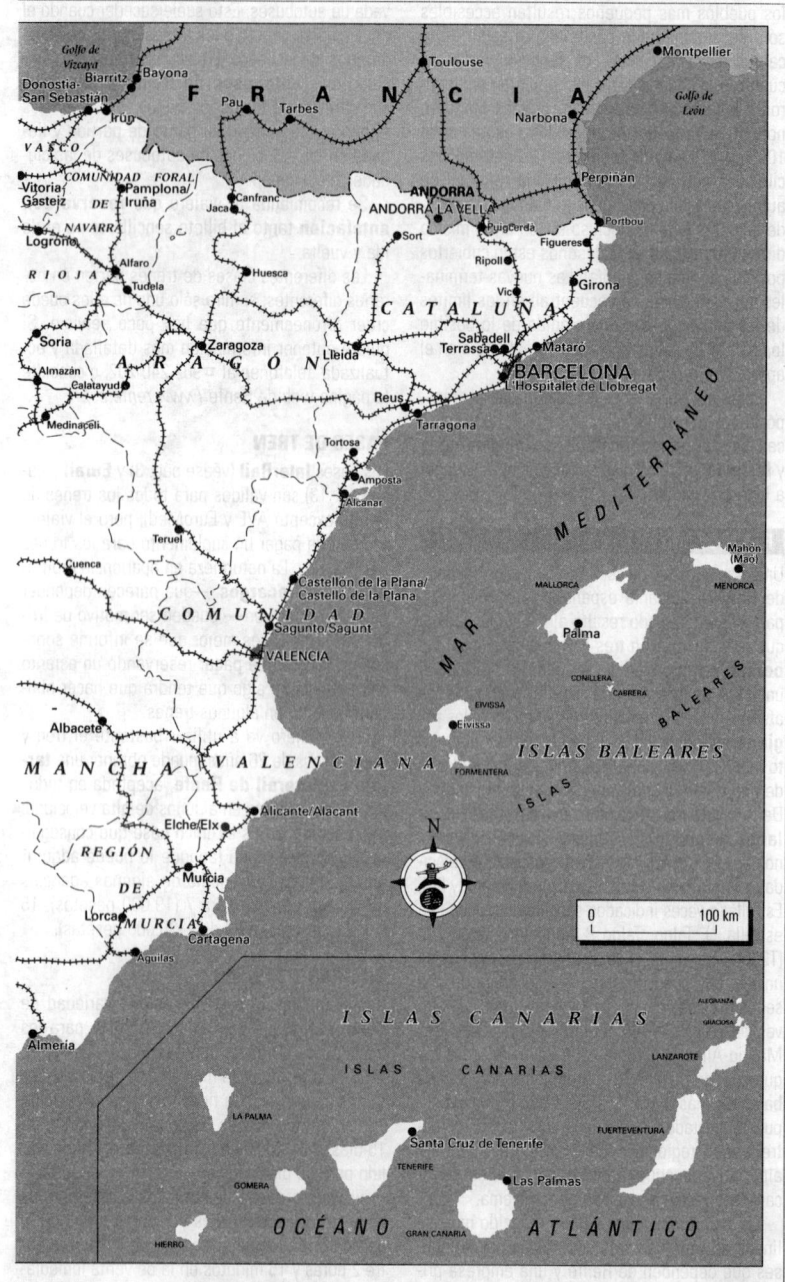

los pueblos más pequeños resultan accesibles sólo en autobús, que casi siempre salen de la capital de la provincia. Los servicios varían en cuanto a la calidad, pero en conjunto son seguros y bastante cómodos, con precios bastante normales (alrededor de unas 850 pesetas cada 100 km). El único problema real es que muchas ciudades aún no cuentan con una terminal de autobuses y, en consecuencia, éstos parten desde distintos lugares (incluso si van en la misma dirección, pues algunos destinos están cubiertos por más de una compañía). Las nuevas terminales con frecuencia se encuentran en los límites de las poblaciones. En la medida de lo posible los puntos de salida aparecen en el texto o en el apartado «Transportes».

El viajero debe tener en cuenta que el transporte público, sobre todo el servicio de autobuses, se reduce de forma drástica los **domingos** y **festivos**; en tales días se recomienda no viajar a lugares remotos.

FERROCARRILES

Una gran variedad de servicios de trenes depende de **Renfe**, compañía española de ferrocarriles; para el no habituado resulta algo complicado, ya que está dividido en tres grandes secciones: los **cercanías** son trenes de recorrido corto que unen las grandes ciudades con los barrios de las afueras o pueblos próximos de su entorno; los **regionales**, equivalente a los autobuses en cuanto a precio y velocidad, son trenes entre ciudades de una determinada zona (los Regional Exprés y Delta pueden cubrir distancias mayores); los de **largo recorrido** son rápidos y tienen diversos nombres. En orden ascendente respecto a velocidad y lujo son los siguientes: Diurno, Intercity (IC), Estrella (a veces indicados sencillamente con una estrella *), Talgo, Talgo P (Pendular), Talgo 200 (T200) y Tren hotel. Cualquier tren por encima de un Intercity puede costar más del doble de una segunda clase normal. También hay trenes de alta velocidad como el AVE Madrid-Sevilla y EuroMed, Madrid-Alicante y Barcelona-Valencia; para los que puedan pagárselo, el tiempo del trayecto es bastante más corto. Los viajeros con un presupuesto ajustado tendrán que hacer transbordo entre trenes regionales para encontrar una ruta alternativa; aunque tal vez el personal del ferrocarril sea reacio a resolverle el problema.

En los últimos años, se han reducido muchas líneas de tren; han sido sustituidas por autobuses que dependen de Renfe y una empresa privada de autobuses. Esto suele suceder cuando el enlace no es directo o los trenes diarios parten a horarios inadecuados. En algunas rutas, salen incluso más **autobuses de Renfe**. Los precios son parecidos a los de los trenes, y los servicios tienen por lo general su punto de partida y llegada en las estaciones de autobuses de las ciudades en cuestión.

Se recomienda al viajero que **reserve con antelación** tanto el billete sencillo como el de ida y vuelta.

Las diferentes clases de trenes parten en horarios diferentes; si mira sólo uno de ellos puede creer erróneamente que hay poco servicio. Si quiere obtener información más detallada y actualizada, telefonee al ☎902 240 202, o consulte la página web de Renfe *(www.renfe.es).*

PASES DE TREN

Los pases **InterRail** (véase pág. 3) y **Eurail** (véase pág. 13) son válidos para todos los trenes de Renfe (excepto AVE y EuroMed); pero el viajero tendrá que pagar un suplemento para los trenes más rápidos. La naturaleza en apariencia arbitraria de tales **recargos** —que parecen depender del revisor del tren— pueden ser motivo de irritación. Por ello, es mejor que se informe sobre cuánto tendrá que pagar reservando un asiento con antelación, algo que tendrá que hacer obligatoriamente en algunos trenes.

Si el viajero va a utilizar bastante el tren y tiene menos de 26 años, puede obtener una **tarjeta Explorerail de Renfe**, aceptada en todos los trenes, excepto en algunos de alta velocidad; en la actualidad es el único pase que conseguirá dentro de España (aunque lo puede adquirir antes de viajar por medio de algunas agencias de viajes). Los hay para 7 (19.000 pesetas), 15 (23.000 pesetas) o 30 días (30.000 pesetas).

BILLETES Y TARIFAS

Renfe también ofrece una amplia variedad de **descuentos** que van del 25 al 40 % para los mayores de 60 años, minusválidos, niños entre 4-12 años y grupos de más de diez personas. Las tarifas de ida y vuelta tienen un descuento de un 10 % en los trenes regionales (válido para 15 días) y un 20 % en los de largo recorrido (válido para 60 días).

El viajero puede comprar los billetes en las estaciones entre 60 días y 2 horas antes de la partida en la taquilla de venta anticipada, o entre 2 horas y 15 minutos en la de venta inmedia-

ta. No conviene dejarlo para el último minuto, pues por lo general suele haber colas. También es posible que haya taquillas diferentes para los trenes de largo recorrido y los regionales o cercanías. Si el viajero sube al tren sin billete, el revisor le cobrará el doble de la tarifa normal; si no dispone de dinero en efectivo llamará a la policía. Si sube a un tren sin billete porque no le ha dado tiempo a comprarlo es mejor buscar al revisor y explicárselo, en lugar de esperar a que él se dé cuenta.

La mayoría de las grandes ciudades cuentan además con una oficina de Renfe situada en el centro de la ciudad, que vende **billetes con antelación** y distribuye folletos con los horarios. Asimismo el viajero puede comprar los billetes en las agencias de viajes con el distintivo de Renfe; cuestan lo mismo que en la estación. Antes de comprarlos, conviene comprobar que la agencia cuenta con un sistema de reserva por ordenador; la alternativa, reservar por fax, puede causar problemas innecesarios. Si tiene que hacer un viaje largo, reserve un asiento, pues muchos trenes van llenos.

Puede cambiar la fecha de salida de un billete expedido electrónicamente, con reserva de asiento, de un tren de largo recorrido hasta 1 hora antes de la salida prevista, aunque tendrá una penalización de 200 pesetas. Si quiere cancelarlo (siempre y cuando se haga al menos 30 min. antes de la salida) le devolverán el 85 % del precio del billete.

CONDUCCIÓN Y ALQUILER DE VEHÍCULOS

Aunque viajar en transporte público es bastante fácil, evidentemente el viajero tendrá mucha más libertad si dispone de **vehículo propio**. Las carreteras nacionales suelen estar en buen estado; no obstante, el tráfico resulta algo enloquecedor en los grandes núcleos de población. Sin embargo, gastará más dinero, incluso si el automóvil va lleno; los precios de la gasolina son elevados, y en las grandes ciudades como poco tendrá que pagar un extra por aparcar en el hotel, o se verá obligado a alojarse en el extrarradio. Además, como en toda zona turística, los automóviles son un objetivo fácil para los delincuentes, por lo que no debe dejar jamás objetos visibles en el automóvil.

La mayoría de los **permisos de conducción** son aceptados en España. Si viaja con automóvil propio, deberá llevar una Carta Verde de la aseguradora; también es conveniente incluir una fianza o cobertura extra para los costes legales en caso de accidente. Sin esa fianza o cobertura extra, tanto al automóvil como al viajero no se podrá mover, pendientes de la investigación.

Fuera de las principales carreteras se cede el paso a los vehículos que salen por la derecha. Los **límites de velocidad** están indicados: máximo de 50 km/h en las ciudades, 90 km/h en las carreteras, y en las autopistas 120 km/h (son frecuentes las multas por exceso de velocidad). Si la policía para a un vehículo por cualquier infracción, puede imponer al conductor (y por lo general lo hace) una multa que deberá pagar allí mismo, antes de permitirle que siga su camino; sobre todo si es extranjero, porque tal vez no quiera, o no pueda, personarse ante la justicia.

Las **normas de aparcamiento** se cumplen de manera rigurosa en las ciudades, y cualquier vehículo mal aparcado es retirado de forma inmediata por la grúa municipal, que deja una pegatina en la calle, donde se indica dónde pagar la multa (elevada) para recuperarlo.

ALQUILER DE VEHÍCULOS

Alquilar un vehículo evita bastantes problemas y no resulta caro. En cualquier gran población, el viajero dispondrá de una serie de compañías; las más importantes (Hertz, Avis, Europcar, etc.), tienen representante en los aeropuertos. Hay que tener 21 años o más (y un carné con una antigüedad mínima de 1 año); el viajero pagará unas 5.000 pesetas al día por un automóvil pequeño, más barato si lo alquila por semanas (se hacen precios especiales los fines de semana).

Los ofertas **fly-and-drive** (vuelo y alquiler de automóvil) de Iberia y otras compañías pueden resultar económicas si el viajero lo sabe con antelación y quiere alquilar un automóvil. Todas las grandes compañías ofrecen algún descuento, pero generalmente se consigue mejor precio por medio de alguien que tenga trato con las agencias locales. Si viaja en temporada alta deberá hacer la reserva con bastante antelación.

Asimismo se pueden alquilar **motocicletas** (3.000-4.000 pesetas al día, más económico por semanas). Se han de tener 14 años o más para llevar una moto de menos de 75 cc., 18 para una de más de 75 cc.; el uso de casco es obligatorio. El visitante debe tener en cuenta que los ciclomotores y motos se alquilan a menudo con un seguro que no incluye el robo; deberá comprobarlo

con la compañía antes de aceptarlo. En muchos casos se solicita la presentación de un permiso de conducción como depósito.

AUTOSTOP

Como ocurre en muchos países en la actualidad, no se recomienda hacer autostop. Pero si el viajero está decidido a hacerlo, debe saber que las carreteras que bajan por la costa de Levante (Barcelona-Valencia-Murcia) son inadecuadas para ello e intentar salir de Madrid o Barcelona puede resultar una pesadilla (es mejor tomar el autobús hacia un lugar más pequeño en la carretera principal). Hacer autostop en las carreteras secundarias suele ser mejor; de hecho, cuantos menos automóviles pasen más probabilidad habrá de que paren.

También hay una considerable diferencia según las regiones: en el País Vasco, y el norte en general, resulta más fácil, mientras que hacer autostop en Andalucía suele implicar largas (y tórridas) esperas.

En verano, se recomienda ir provisto con agua y alguna gorra o sombrero, pues los trayectos en automóvil a menudo acaban en un cruce sin sombra en medio de ninguna parte.

CICLISMO

Llevar la propia bicicleta puede ser una forma económica y flexible de desplazarse de un sitio a otro, y de ver buena parte del país que de otra forma resultaría difícil. Sin embargo, conviene recordar que España es uno de los países más montañosos de Europa. Los españoles son amantes del ciclismo, aunque su interés se centra sobre todo en las carreras; los ciclistas serán bien recibidos y encontrarán facilidades. Hay tiendas de bicicletas en las grandes ciudades y el viajero conseguirá repuestos en los talleres de reparación de automóviles (busque el indicativo de Michelin). Los automóviles suelen tocar la bocina antes de adelantar a los ciclistas, lo que puede ser alarmante al principio, pero resulta útil al acostumbrarse.

El viajero podrá adquirir en las librerías españolas guías ciclistas sobre las mejores zonas (en especial en el norte y este).

Llevar la bicicleta hasta allí presenta pocos problemas. La mayoría de las **líneas aéreas** las aceptan como un equipaje normal, con tal de que vayan incluidas dentro de su seguro de viaje (aunque se recomienda comprobarlo primero y conseguir un acuerdo escrito de su agente o línea aérea, ya que tal vez intenten cobrarle hasta unas 15.000 pesetas en el aeropuerto); si toma un vuelo chárter que vaya lleno tal vez haya más reticencias. Conviene desinflar las ruedas, para evitar explosiones en la zona despresurizada.

Los **trenes** son también accesibles, aunque las bicicletas deben ir en el furgón y hay que facturarlas; el viajero tendrá que ir al mostrador de Equipajes de la estación. Si no toma el tren con la bicicleta, la puede enviar como paquete. La mayoría de los alojamientos disponen de un lugar seguro donde guardarlas por la noche. En los llamados trenes de cercanías es posible llevar la bicicleta, siempre en la plataforma central del vagón.

VUELOS

Hay una amplia red de vuelos internos. Aunque sus precios son bastante razonables para los estándares internacionales, aún resultan caros; sólo merece la pena tenerlos en cuenta si el viajero tiene prisa y necesita cruzar toda la Península. La principal excepción es si debe viajar a, o entre, las islas Baleares y Canarias, donde los vuelos son sólo más caros que los transbordadores. En temporada alta es mejor hacer la reserva con mucha antelación.

CORREOS, TELÉFONOS Y MEDIOS DE COMUNICACIÓN

Las oficinas de correos se encuentran cerca del centro y abren entre 8-14 h y 17-19.30 h, aunque las grandes oficinas de las ciudades más importantes pueden tener horarios más amplios y no suelen cerrar al mediodía. Excepto en las ciudades, en los pueblos sólo hay una oficina de correos, y las colas pueden ser largas; los sellos se venden también en los estancos (busque la señal amarilla y marrón de «Tabacos»).

El viajero puede recibir cartas en **lista de correos** en cualquier oficina de España; deben dirigirse a «Lista de Correos», preferiblemente con el nombre subrayado y en mayúsculas, se-

CORREOS, TELÉFONOS Y MEDIOS DE COMUNICACIÓN/19

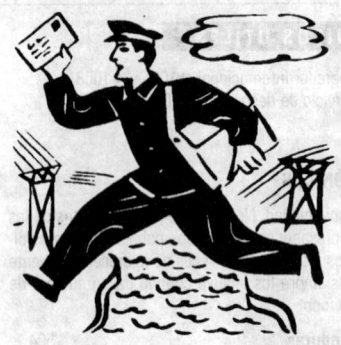

guido del nombre del pueblo y la provincia. Para recogerlas, deberá llevar su pasaporte y, si espera correo, preguntar al empleado que compruebe buscando por su nombre y apellido, para asegurarse de que las cartas no están mal clasificadas.

American Express en Madrid y Barcelona guarda correo a sus clientes, y dispone de ventanillas especiales para recogerlo.

El **correo hacia el extranjero** es seguro y las cartas y postales tardan un tiempo razonable en llegar a su destino.

TELÉFONOS

Los **teléfonos** públicos funcionan bien y tienen instrucciones en español y otros idiomas. Si el viajero no encuentra uno, muchos bares disponen de teléfonos de pago que podrá utilizar. Las cabinas aceptan monedas de 5, 25 o 100 pesetas, o tarjetas telefónicas de 1.000 o 2.000 pesetas que se compran en los estancos; el visitante deber seguir las instrucciones. El **tono de llamada** es largo; el de comunicando, corto y rápido. La respuesta habitual a una llamada es «diga» o «dígame».

Si el viajero quiere hacer **llamadas internacionales** puede usar cualquier cabina o ir a una oficina de **Telefónica**, donde se abonará la llamada después de haberla efectuado. Las llamadas son algo más económicas a partir de ciertas horas (metropolitana, 18 h; nacional e internacional, 20 h), y los sábados y domingos todo el día. Si utiliza una cabina para llamar al extranjero, tendrá que introducir como mínimo 200 pesetas para asegurar la conexión, y comprobar que tiene bastantes monedas de 100 pesetas para continuar hablando.

Si quiere hacer una **llamada a cobro revertido** deberá ir a una oficina de Telefónica, donde suele haber colas en los horarios de llamadas más económicas. Algunos hoteles permiten las llamadas a cobro revertido, pero al igual que ocurre con las normales, resultan caras.

MEDIOS DE COMUNICACIÓN

Entre los **periódicos españoles**, destacan *El Periódico*, *El País* y *El Mundo*, que son independientes y cubren bien las noticias del extranjero; además, incluyen amplia información regional sobre espectáculos y suplementos en determinados días. Otros diarios nacionales son, por ejemplo, *ABC*, de carácter conservador y con una dura línea moral contra el divorcio y el aborto; *Diario 16* y el periódico barcelonés *La Vanguardia* son centristas. La prensa regional suele estar dirigida por magnates locales y es predominantemente de derechas, aunque a veces apoyan a movimientos autónomos locales. Entre la prensa nacionalista se encuentra *Avui*, en Cataluña, impreso en catalán, y los periódicos vascos *El Correo Español-El Pueblo Vasco*, *Deia* y *Gara*, este último del entorno *abertzale*, independentistas radicales. Las **revistas periódicas** son muy variadas (puede comprobarlo en cualquier quiosco).

En muchas ciudades y centros turísticos podrá conseguir sin dificultad prensa extranjera en los quioscos y librerías del centro.

TELEVISIÓN Y RADIO

Sin darse cuenta el viajero verá más **televisión** de la que le apetecería, sólo por el hecho de sentarse en bares y restaurantes; en conjunto, resulta entretenida. Las series o culebrones son una especialidad, ya sean telenovelas suramericanas o series de producción nacional, junto a los inevitables concursos y magazines. Los aficionados al deporte están bien servidos, pues hay retransmisiones en directo de los partidos de **fútbol** y baloncesto, que podrán ver en muchos bares.

NÚMEROS TELEFÓNICOS ÚTILES

Información ☎1003
Información internacional ☎025
Información meteorológica ☎906 365 365

Operador internacional ☎1005 y ☎1008
Servicio de despertador ☎096

CÓDIGOS TELEFÓNICOS

Desde 1998 todos los prefijos provinciales se han integrado a los números telefónicos. Por ejemplo, en Madrid los dos primeros dígitos de todos los números de teléfono son 91, y hay que marcarlos incluso cuando se hace una llamada dentro de la propia ciudad. No obstante, en las tarjetas de las empresas y otros anuncios publicitarios estos dígitos preliminares a veces no aparecen y la gente no siempre los incluye cuando da un número de teléfono.

Telefonear desde España
Código internacional **(00)** + código del país (véase a continuación) + número de área (si corresponde) + número del abonado.

País	Código
Argentina	54
Bolivia	591
Brasil	55
Chile	56
Colombia	57
Costa Rica	506
Cuba	53
Ecuador	593
El Salvador	503
Guatemala	502
Honduras	504
México	52
Nicaragua	505
Panamá	507
Paraguay	595
Perú	51
Portugal	351
Puerto Rico	1 787
República Dominicana	1 809
Uruguay	598
Venezuela	58

Telefonear a España
Código internacional (que corresponda a su país) + **34** + número del abonado (de nueve dígitos).

ALOJAMIENTO

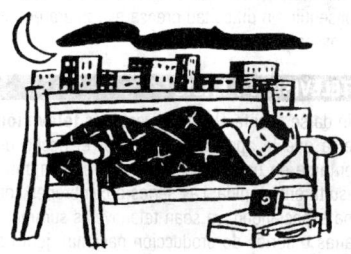

El viajero podrá conseguir sin problema habitaciones individuales por un precio razonable; en casi cada pueblo encontrará una habitación doble por unas 2.500-3.000 pesetas, o una sencilla por 1.500-2.500 pesetas. Sólo en determinados centros de vacaciones y algunas ciudades turísticas (como Toledo o Sevilla) tendrá que pagar más.

En esta guía se detalla dónde encontrar alojamiento en la mayoría de los destinos reseñados, y se incluye el precio (véase a continuación), desde las habitaciones más sencillas a los hoteles más lujosos. Como norma general, el viajero puede encaminarse a la catedral o la plaza principal de cualquier pueblo, que suele estar rodeada por un barrio antiguo con alojamientos. En España, al contrario que en muchos países, no siempre hay que pagar más por un emplazamiento céntrico (esto también sucede con bares y cafés), aunque en comparación se acaba pagando más si el viajero va solo, pues no suele haber tantas habitaciones individuales. En muchos establecimientos podrá negociar un descuento en el precio de una habitación doble.

Si viajan más de dos personas, muchos lugares disponen de habitaciones de tres o cuatro camas y no resulta más cara que una doble, una ganga si el viajero va con niños.

Los **bonos de hotel**, que puede conseguir en las agencias de viaje locales, a menudo proporcionan descuentos sustanciales en hoteles de categoría media a alta; sólo deberá presentar el bono en el hotel en lugar de efectuar el pago.

FONDAS, PENSIONES, HOSTALES Y HOTELES

Lo que sí necesitan dominar los viajeros es la compleja variedad de clases y establecimientos donde alojarse. Los menos caros son las **fondas** (identificables por un signo cuadrado azul con una **F** en blanco, con frecuencia situadas sobre un bar), seguidas de cerca por las **casas de huéspedes** (**CH** en un signo similar), **pensiones (P)** y, menos comunes, **hospedajes**. La distinción entre todos ellos es bastante difusa, pero en general se sirven comidas en las fondas y pensiones (algunas de las cuales ofrecen habitación sólo en un paquete con la comida incluida). Las casas de huéspedes son tradicionalmente para estancias largas; en cierto modo así son aún en los antiguos centros turísticos de la costa dirigidos a familias.

Algo más caros pero mucho más comunes son los **hostales** (indicados **Hs**) y los **hostales-residencia (HsR)**. Su categoría se indica de una a tres estrellas, pero aun así los precios varían bastante según la localización; en general, cuanto más lejos del centro menos caros resultan. Muchos hostales disponen de habitaciones funcionales, por lo general con ducha individual y, al menos en las dobles, con una excelente relación calidad-precio. La designación residencia significa que no se sirven comidas, excepto quizás el desayuno.

Luego están los **hoteles (H)** totalmente equipados, también con categorías de estrellas (de una a cinco). Los de una estrella no cuestan más que los hostales de tres —a veces son menos caros—, pero en los de tres estrellas se paga mucho más, y en los de cuatro y cinco se ofrecen bastantes lujos, acordes con el precio. Los **paradores**, de dirección estatal, son bonitos establecimientos, a menudo castillos, monasterios o monumentos menores reconvertidos. Si el viajero los puede pagar, disfrutará de su estancia. Incluso si no puede alojarse en ellos, se recomienda visitarlos; por lo general, cuentan con bares y restaurantes agradables y elegantes.

Además de estos establecimientos, con frecuencia suele haber anuncios de **camas** y **habitaciones** en casas particulares o encima de bares. Si el viajero dispone de un presupuesto ajustado, tal vez valga la pena tenerlas en cuenta, en especial si le ofrecen habitaciones cerca en una terminal de autobuses y el dueño está dispuesto a regatear el precio.

También hay sencillas **casas rurales**, que se enmarcan en el llamado turismo rural. El alojamiento en estos lugares puede variar desde cama y desayuno en una granja a una casita alquilada. Las oficinas locales de turismo proporcionan más información.

El viajero debe saber que, si tiene algún **problema** con la habitación —en general un exceso en el precio—, conseguirá una solución inmediata pidiendo el libro de reclamaciones. Por ley, todos los establecimientos están obligados a tener uno a disposición del cliente y listo para una inspección regular. Casi nunca hay nada escrito en ellos.

CÓDIGOS DE LOS PRECIOS DE ALOJAMIENTO

En esta guía, los precios de alojamiento se reseñan en una escala de ① a ⑧. Los precios indicados corresponden a la **habitación doble más barata en temporada alta**; esto significa que los establecimientos ① y la mayoría de los ② no disponen de baño individual aunque por lo general hay un lavabo en la habitación. En la categoría ③ y superiores tal vez encontrará servicios privados. Sin embargo, conviene recordar que muchos de los establecimientos económicos cuentan también con habitaciones más caras con baño. Los albergues están clasificados como ①, pues el precio por persona es inferior a la mitad de los indicados en la categoría superior. Todos los alojamientos tienen una carga del 7 % en impuestos **(IVA)**. Los precios, señalados por los códigos, son los siguientes:

① menos de 2.000 pesetas/12 euros
② 2.000-3.000 pesetas/12-18 euros
③ 3.000-4.500 pesetas/18-27 euros
④ 4.500-6.000 pesetas/27-36 euros
⑤ 6.000-8.000 pesetas/36-48 euros
⑥ 8.000-12.000 pesetas/48-72 euros
⑦ 12.000-17.500 pesetas/72-105 euros
⑧ más de 17.500 pesetas/105 euros

ALBERGUES DE JUVENTUD, REFUGIOS DE MONTAÑA Y MONASTERIOS

Los **albergues de juventud** pocas veces son prácticos, excepto en la parte septentrional de España (en especial en los Pirineos), donde a un viajero solitario y que desee alojamiento para un período corto le resultará difícil encontrar alguna otra cama en verano. Sólo una veintena de albergues permanecen abiertos todo el año; el resto funciona en verano (o en primavera y verano) en establecimientos temporales, y en las ciudades suelen estar mal situados. Los más útiles aparecen en la guía; el viajero conseguirá una relación completa (con horarios de apertura y número de teléfono) en los clubes de alberguistas. Debe tener en cuenta que suele haber toque de queda en ellos, que con frecuencia están reservados por grupos escolares y que piden carné de alberguista (aunque lo puede conseguir en el mismo lugar si no lo ha obtenido en la propia organización nacional). Por unas 1.000 pesetas por persona, tal vez le resulte comparativamente más caro que por compartir una habitación doble en una fonda o casa de huéspedes.

En zonas aisladas de montaña, la Federación Madrileña de Montañismo, Apodaca 16, 28004 Madrid (☎914 485 056), y dos clubes catalanes, Federació d'Entitats Excursionistes de Catalunya (Rambla 41, pral., 08002 Barcelona; ☎934 120 777; www.feec.es) y la Unió Excursionista de Catalunya de Gràcia (Santa Àgata 30, 08012 Barcelona; ☎932 175 650; www.gencat.es/entitats/unexcag.htm), cuentan con una serie de **refugios**: sencillas y baratas cabañas-dormitorio para escaladores y senderistas, por lo general equipadas sólo con literas y una cocina muy sencilla, con un coste de unas 500 pesetas por persona. De nuevo fuera de los caminos trillados, a veces es posible alojarse en **monasterios** o **conventos**. A menudo casi vacíos, permiten utilizar las celdas desocupadas por un módico precio. El viajero puede acercarse y preguntar —muchos aceptan a los visitantes sin consideración de su sexo—; pero si quiere asegurarse la recepción, lo mejor es acercarse a la oficina local de turismo y telefonear con antelación. Hay algunos monasterios maravillosos en Galicia, Cataluña y Mallorca.

Los que hagan el **Camino de Santiago** también pueden aprovechar el alojamiento monástico reservado a los peregrinos a lo largo de la ruta; algunos de los mejores sitios se detallan a lo largo de la guía.

CÁMPING

España cuenta con unos 350 **cámpings** autorizados, sobre todo en la costa. Suelen costar unas 400-500 pesetas por persona más una cantidad igual por una tienda (una vez más los viajeros que van solos resultan discriminados), lo

---

ALBERGUES DE JUVENTUD

Argentina Red Argentina de Alojamiento para Jóvenes (RAAJ), Florida 835, 3.º, oficina 319, 1005 Buenos Aires (☎511-8712; fax 312-0089; raaj@hostels.org.ar).

Chile Asociación Chilena de Albergues Turísticos Juveniles, Hernando de Aguirre 201, oficina 602, Santiago de Chile (☎2333230; fax 2332555; achatj@hostelling.co.cl).

Colombia Federación Colombiana de Albergues Juveniles, Carrera 7, 6-10, P.O. Box 240167, Santafé de Bogotá (☎2803202, 2803041 y 2803318; fax 2803460).

Costa Rica Red Costarricense de Albergues Juveniles, P.O. Box 1355-1002 P E, avenida Central, calles 29 y 31, San José (☎234-8186 y 253-6588; fax 224-4085).

Ecuador Asociación Ecuatoriana de Albergues, Pinto 325 y Reina Victoria, Quito (☎543995; fax 508221; ecuatori@pi.pro.ec).

España Red Española de Albergues Juveniles, José Ortega y Gasset 71, 28006 Madrid (☎913 477 700; fax 914 018 160).

México Red Mexicana de Alojamiento para Jóvenes, Insurgentes Sur 1510-D, 03920 México D.F. (☎661.32.33; fax 663.15.56; info@mundojoven.com.mx).

Uruguay Asociación de Alberguistas del Uruguay, Pablo de María 1583/008, PC 11200, P.O. Box 10680, Montevideo (☎2/404245 y 2/400581; fax 2/401326; aau@adinet.com.uy).

Venezuela Hostelling International-Venezuela, avenida Lecuna, Parque Central, edificio Tajamar, nivel OFC 1, oficina 107, Caracas (☎576-4493; fax 577-4915).

mismo por cada automóvil o caravana y tal vez el doble por una furgoneta. Sólo unos cuantos de los mejor situados o más populares son algo más caros. En el texto de la guía se detallan los más útiles, pero, si el viajero tiene intención de utilizar bastante el sistema de cámping, se recomienda el *Mapa de cámpings* (gratuito) que publica la Dirección General de Turismo y en el que aparecen prácticamente todos los existentes. Podrá conseguir en la mayoría de las librerías una *Guía de cámpings*, con indicación completa de precios, servicios y localizaciones exactas.

Acampar fuera de un cámping es legal, pero con algunas restricciones. Debe haber menos de diez personas en el grupo, y no se permite acampar en «zonas urbanas, áreas prohibidas por razones militares o turísticas, o en un radio de 1 km de un cámping oficial». En la práctica, esto significa que no está permitido acampar en las playas turísticas (aunque puede hacerlo cerca con discreción) pero con un poco de delicadeza el viajero podrá instalar una tienda durante poco tiempo en casi cualquier zona del país. Cuando sea posible, pregunte primero en la localidad.

Si el viajero tiene intención de acampar a menudo, puede conseguir un **carné internacional de campista** en cualquier organización del país de origen. El carné sirve como útil sistema de identificación y cubre una tercera parte del seguro cuando se acampa.

COMIDA Y COPAS

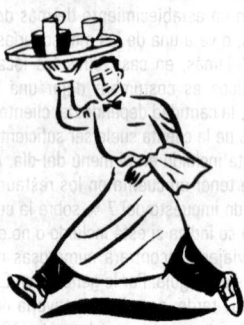

En España hay dos formas posibles de comer: ir a un restaurante y tomar una comida completa, o bien probar una serie de tapas o raciones en uno o más bares.

El viajero podrá comer en algunos restaurantes y quedarse saciado con tres platos y la bebida (el **menú del día**), la opción más barata. Los bares suelen resultar más caros pero son mucho más interesantes ya que le permitirá probar especialidades locales o caseras.

DESAYUNOS, TENTEMPIÉS Y BOCADILLOS

Los hostales y fondas sirven el desayuno continental sencillo, pero puede resultar mejor **desayunar** en un bar o café. El desayuno tradicional varía de unas regiones a otras; no obstante, en diversos lugares sirven chocolate con churros. Muchos establecimientos ofrecen también tostadas con aceite o mantequilla, y mermelada, o huevos fritos. Asimismo la tortilla es un excelente desayuno.

El viajero podrá tomar café y pastas en las cafeterías o cafés, pero si le apetece una selección más amplia de pasteles, tendrá que ir a una de las excelentes pastelerías o confiterías. En las grandes ciudades, sobre todo, en Cataluña, las panaderías o croissanterías suelen ofrecer una amplia selección de apetitosas pastas además de panes, cruasanes y pizzas.

Algunos bares están especializados en bocadillos, por lo general de pan de barra, que sirven para el desayuno o la comida. En un bar de tapas (véase a continuación) podrá tomar uno o bien comprar en la tienda de comestibles el fiambre. Asimismo se venden sándwiches de pan inglés.

TAPAS Y RACIONES

Una de las ventajas de comer en los **bares** es que el viajero puede experimentar más. Muchos establecimientos exponen los platos en el mostrador, por lo que podrá ver lo que ofrecen y pedirlo, incluso señalando sin necesidad de saber los nombres; otros disponen de pizarras donde indican los platos o tapas que sirven. Las **tapas** son porciones pequeñas de casi cualquier tipo de plato, que antes tradicionalmente se servía con una bebida. Hoy en día el cliente tiene que pagar todo, excepto en algunos lugares, pero una tapa

sencilla no suele costar más de 200-400 pesetas, a menos que vaya a un establecimiento lujoso. Las **raciones** son una mayor cantidad de lo mismo, y a veces llenan lo bastante para constituir una comida. Cuanta más gente vaya en el grupo, mejor; de hecho, media docena de tapas o pinchos y tres raciones constituyen una comida variada y suficiente para tres o cuatro personas.

Tascas, bodegas, cervecerías y **tabernas** son tipos de bares donde el viajero encontrará tapas y raciones. La mayoría de ellas cobran diferentes precios dependiendo de si el cliente las toma en la barra (el precio más económico) o sentado en una mesa; más aún si se sienta en una terraza (hasta un 50 % más caro).

Siempre que vaya de tapas, debe enterarse de cuál es la **especialidad** del local y pedirla. Mucha gente va de un bar a otro para tomar el plato de la casa. No obstante, en algunos bares de poca calidad pasan los platos por el microondas, lo que no es una buena forma de preparar, por ejemplo, calamares fritos.

COMIDAS Y RESTAURANTES

El viajero encontrará muchas clases de establecimientos; de hecho, podrá tomar una comida completa en una cafetería, un restaurante o una marisquería, además de los bares que sirven comidas.

En cierto modo, las **cafeterías** están sustituyendo a los restaurantes modestos; se clasifican de una a tres tazas (como sucede con los restaurantes, la clasificación se basa más en los servicios que se ofrece que en la calidad de la comida). Suelen tener una buena relación calidad-precio, sobre todo los autoservicios, pero los platos son más de tipo noreuropeo y las comidas ligeras que sirven tienden a ser monótonas, tipo **plato combinado**: por ejemplo huevo con patatas o calamares y ensalada (a veces incluso una combinación extraña como filete y una pieza de pescado); por lo general se incluye en el precio la bebida y el pan. Cuesta entre 700-1.000 pesetas. Con frecuencia las cafeterías ofrecen también menú del día. Tal vez el viajero prefiera tomar su plato combinado en un bar; en muchos pueblos puede ser la única forma económica de comer.

En muchos lugares, los restaurantes más sencillos son **comedores**, ideales si busca buena calidad y precio. A veces los encontrará adjuntos a un bar (en una sala de atrás) o como comedor de una pensión o fonda, pero a menudo no están indicados y sólo los descubrirá al atravesar una puerta abierta. Como son lugares donde comen los trabajadores, suelen servir comidas más sustanciales al mediodía que por la noche (cuando la mayoría de ellos están cerrados). Si el viajero encuentra alguno quizá pague entre 750-1.300 pesetas por un **menú del día**, **cubierto** o **menú de la casa** —todo significa lo mismo—, una comida completa de tres platos, por lo general con vino.

A continuación, están los **restaurantes** propiamente dichos (clasificados de uno a cinco tenedores), entre ellos las **marisquerías**, que sólo sirven pescado y marisco. Los restaurantes más sencillos no se diferencian mucho en cuanto al precio con los comedores, y también ofrecen platos combinados. Pero el menú del día con precio fijo resulta económico: dos o tres platos con vino y pan incluidos oscilan entre 750-1.500 pesetas. Los precios aumentan enseguida si el viajero come en un establecimiento de más de dos tenedores, o va a una de las marisquerías más lujosas. Además, en casi todos los locales más económicos es costumbre dejar una pequeña propina; la cantidad depende del cliente, aunque un 10 % de la cuenta suele ser suficiente. El servicio está incluido en el menú del día. Algo que se debe tener en cuenta en los restaurantes es el **IVA**, un impuesto del 7 % sobre la cuenta. En el menú se indica si está incluido o no en el precio. El viajero encontrará numerosas recomendaciones en la guía. Por lo general, en España se come muy tarde; por ello, la mayoría de los establecimientos sirven comidas entre 13 y 16 h y de 20 h a medianoche. Muchos restaurantes cierran el **domingo por la tarde.**

QUÉ COMER

En esta guía se mencionan las especialidades nacionales y las locales. En cualquier caso, se pueden hacer algunas generalizaciones sobre la comida en España. Si al viajero le gusta el **pescado** y el **marisco**, este país es ideal, pues son la base de muchas tapas; el pescado suele ser fresco y excelente incluso en lugares a cientos de kilómetros del mar. Lamentablemente no resulta barato, por lo que rara vez forma parte de los menús más económicos (aunque encontrará los pescados más comunes —bacalao, a menudo salado, y merluza— o calamar), pero debe probar lo que se ofrece. Las zarzuelas (pescado con salsa) y las paellas (también con carne, ya sea conejo o pollo) son sabrosas en los res-

taurantes especializados en pescado. La paella es un plato típico de Valencia; de hecho, allí se sirve la mejor, pero el viajero podrá probarla en cualquier lugar de España.

En los locales más económicos, la **carne** suele cocinarse a la plancha y se sirve con patatas fritas y ensalada; si no, también hay carne de todas clases, de excelente calidad y preparada de muchas maneras. Asimismo, son deliciosos los embutidos y encurtidos servidos como entrante o en bocadillos. Se recomienda el jamón serrano, aunque las mejores variedades (de Extremadura y el suroeste) resultan muy caras. En las zonas rurales la caza se ofrece con frecuencia en el menú; en el centro de España encontrará especialidades de animales como el cochinillo.

La **verdura** más habitual suele ser patatas fritas o hervidas con el plato principal, salvo que el viajero pida un plato de verduras de la carta. Se suele empezar la comida con una **ensalada** o, sobre todo en el norte, con sopas de verdura o un plato de patatas hervidas con judías verdes como entrante. El **postre** en los lugares más económicos es casi siempre fruta fresca, queso o flan, que en restaurantes más lujosos se complementa con variedades de pudín, arroz con leche o pasteles de toda clase.

Los **vegetarianos** no tendrán problema a la hora de comer, tanto por la variedad de alimentos como de establecimientos, ya que hay restaurantes vegetarianos incluso en poblaciones pequeñas.

BEBIDAS ALCOHÓLICAS

El **vino**, ya sea tinto, blanco o rosado/clarete es un acompañamiento habitual de las comidas y, en general, resulta barato. La variedad embotellada más común es Valdepeñas, un vino de buena calidad procedente de Castilla; el Rioja, de la región homónima tiene más calidad pero sale más caro. Podrá conseguir ambos en cualquier rincón del país. También hay una serie de vinos locales; algunos de los mejores son los catalanes (Bach, Raimat, Sangre de Toro, de bodegas Torres), así como el cava, y los gallegos (Ribeiro y Albariño) pero pocas veces podrá elegir, a menos que coma en un buen restaurante.

Si no es así, beberá vino de barril o embotellado de la casa (o del caserío). Puede ser bueno, o de mala calidad, pero siempre del local. En un bar, un vaso pequeño cuesta unas 50-100 pesetas; en un restaurante, si el vino no está incluido en el menú, los precios oscilan entre 300-350 pe-

setas la botella. Si se incluye, normalmente ofrecen una botella para dos personas y media (de un tercio o de 500 ml) para una persona.

El vino típico andaluz es el **jerez**. Se sirve frío o a temperatura de bodega, y resulta ideal para las tapas; hay una gran variedad. Las principales distinciones son entre fino o seco, amontillado y oloroso o jerez dulce; éstos son los términos que el viajero tendrá que utilizar para pedirlos. Parecidos y también excelentes, pero no idénticos, son montilla y manzanilla, vinos tipo jerez seco procedentes de las provincias de Córdoba y Huelva.

La **cerveza**, tipo lager, suele ser buena, aunque más cara que el vino. Se presenta en botellas de 300 ml (botellines o medianas) o, por casi el mismo precio, de barril; una caña de cerveza de barril es un vaso pequeño, una jarra es más grande. En muchos bares darán por supuesto que quiere una jarra; si no, tendrá que decirlo. Las marcas locales, como Alhambra en Granada, son a menudo mejores que las nacionales. Una **clara** es cerveza con limonada o gaseosa.

La **sangría**, asimismo refrescante, aunque a veces muy fuerte, se elabora a base de vino y fruta; se sirve en fiestas y bares turísticos. El tinto de verano es vino tinto con gaseosa o limonada.

A media tarde —o incluso con el desayuno— hay españoles que toman una copa de **licor** con el café. Las mejores son el anís o el coñac, un brandy local excelente con un distintivo aroma (se recomienda Magno, Soberano o 103).

Muchas **bebidas alcohólicas** se piden por el nombre de la marca, pues por lo general hay equivalentes españoles menos caros que los de importación. La ginebra Larios, por ejemplo, cuesta la mitad que la Gordon. Especifique nacional para evitar que le sirvan una cara marca extranjera. Las bebidas alcohólicas pueden resultar muy caras en los bares más lujosos; sin embargo, las sirven con generosidad: el personal del bar vierte directamente de la botella hasta que le diga que pare.

Las mezclas de bebida son universalmente conocidas, aunque a veces la denominación *cubalibre* o *cubata* abarque algo más que el ron con Coca-Cola.

REFRESCOS Y BEBIDAS CALIENTES

Los refrescos son casi los mismos que en cualquier lugar del mundo; no obstante se recomienda el granizado (casi helado) y la horchata (una bebida elaborada a base de chufas) en alguno de los puestos callejeros que proliferan

en verano. El viajero también podrá tomar estas bebidas en las horchaterías y heladerías, o en Cataluña en los bares conocidos como granjas. Aunque podrá beber **agua** en casi todas partes, el cloro y otros aditivos le dan mal sabor, por lo que mucha gente la bebe embotellada; además, resulta económica y se presenta con gas o sin gas.

El **café**, que se sirve en toda clase de establecimiento, es exprés, ligeramente amargo y, a menos que diga otra cosa, negro (café solo); en realidad, esto depende de la región, pues en algunos lugares si no se especifica «solo», es con leche. Si lo prefiere puede pedirlo cortado (una taza pequeña de café con un poco de leche) o con leche. Si el viajero prefiere una taza grande, tendrá que pedir uno doble o grande. El café se toma muchas veces mezclado con brandy, coñac o whisky; estas mezclas se denominan carajillo. También puede tomar el café con hielo. En la mayoría de los bares sirven también **té**, aunque debe de tener en cuenta que los españoles suelen beberlo solo. Si quiere tomarlo con leche, es mejor pedirla una vez servido el té, pues si lo pide con leche tal vez le sirvan un vaso de leche con una bolsita de té flotando. Asimismo en la mayoría de los locales ofrecen otras clases de infusiones (manzanilla, etc.).

HORARIOS DE APERTURA Y DÍAS FESTIVOS

Casi todos los sitios en España —tiendas, museos, iglesias y oficinas de turismo— cierran al menos 2 horas al mediodía, aunque la sana costumbre de la siesta se ha perdido bastante. Existen variaciones (la siesta suele ser más larga en el sur), pero el horario básico en verano es 9.30-13.30 h y 16.30-20 h. Algunas tiendas no abren todo el día; hay una tendencia a adoptar las horas «normales» de trabajo. Sin embargo, el viajero se sentirá menos incomodado si acepta que las primeras horas de la tarde es mejor pasarlas durmiendo o en un bar.

Los **museos**, con muy pocas excepciones, siguen esta pauta, con una parada entre 13 y 16 h; el viajero debe tener en cuenta que la mayoría de ellos abre los domingos sólo por la mañana y los lunes suelen permanecer cerrados. El precio de entrada varía, pero por lo general se hacen descuentos o la entrada es gratuita si se lleva tarjeta o carné de estudiante. Cualquier museo que pertenezca al Patrimonio Nacional es gratuito los miércoles para los ciudadanos de la Unión Europea. Esto afecta a algunos de los edificios más importantes de España, como El Escorial y el Palacio Real de Madrid.

El inicio oficial del **horario de verano** para los monumentos del Patrimonio Nacional —y algunos de los de propiedad privada— varía de un año a otro, y se suele anunciar en abril/mayo. En la guía se indican los horarios de verano e invierno; no obstante, conviene contactar con la oficina de turismo local para conseguir información más actualizada.

Entrar en las **iglesias** puede constituir algún problema. Las más importantes, incluso la mayoría de las catedrales, funcionan de forma similar a los museos, y casi siempre cobran entrada para ver los tesoros y pinturas más valiosos o sus claustros.

Sin embargo, otras iglesias suelen estar cerradas y abren sólo para el culto por la mañana temprano y/o por la tarde (entre 17-21 h, aprox.), por lo que el visitante tendrá que ir a esas horas o buscar a alguien que disponga de la llave. Esto lleva tiempo pero no suele ser difícil, pues casi siempre hay un sacristán o un guarda que vive cerca, y la mayoría de las per-

DÍAS FESTIVOS DE ÁMBITO NACIONAL
1 de enero Año Nuevo
6 de enero Epifanía, Reyes
Viernes Santo
Domingo de Resurrección
Lunes de Pascua
1 de mayo Fiesta del Trabajo
15 de agosto La Asunción
12 de octubre Día de la Hispanidad
1 de noviembre Todos los Santos
6 de diciembre Día de la Constitución
8 de diciembre Fiesta de la Inmaculada
25 de diciembre Navidad

sonas sabrán indicar el camino. Se espera que el visitante entregue una pequeña donación o propina. En todas las iglesias se debe ir vestido «con decoro», es decir, sin pantalones cortos o los hombros al aire, por ejemplo.

DÍAS FESTIVOS

Los **días festivos** pueden entorpecer los planes del viajero en un momento u otro. Además de las numerosas fiestas nacionales (véase pág. 43) hay otras locales (diferentes en cada comunidad, provincia y población, por lo general referidas al santo del lugar); esto significa que menos los bares, hostales, etc., todos los establecimientos estarán cerrados.

Además, **agosto** es el mes de vacaciones en España; las grandes ciudades —sobre todo Madrid— se quedan desiertas y muchas tiendas y restaurantes, incluso museos, cierran. En contraste, por esas fechas puede ser casi imposible encontrar habitación en los centros turísticos costeros y montañosos; de forma similar, los billetes de avión, tren y autobús para esta época deberían reservarse con antelación.

FIESTAS, TOROS, FÚTBOL Y MÚSICA

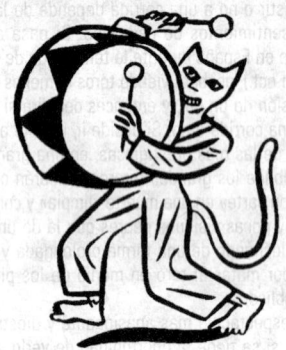

Resulta una experiencia inigualable llegar a algún pequeño pueblo con la única esperanza de encontrar una cama para pernoctar y descubrir las calles llenas de banderolas y serpentinas, una banda que toca en la plaza y toda la población en fiestas. Por todo el país, desde la aldea más pequeña a las grandes ciudades disfrutan al menos de 1 día de fiesta al año para celebrar el santo patrón; pero también hay celebraciones dedicadas a la cosecha, la liberación del dominio musulmán, o la pérdida de antiguos fueros; cualquier excusa vale.

Cada fiesta es diferente. En el País Vasco suele haber encierros de toros o exhibición de los tradicionales deportes vascos; en Andalucía, los caballos, el flamenco y las guitarras son algo esencial para cualquier celebración; en Valencia, podrá asistir a batallas entre moros y cristianos, grandes hogueras y espectaculares fuegos artificiales. En general, siempre hay música, baile, trajes regionales y muchas ganas de divertirse.

El momento principal de la mayoría de las fiestas es una procesión, ya sea detrás de una imagen santa reverenciada o un desfile con disfraces y gigantones, o gigantes y cabezudos, grotescas figuras carnavalescas que recorren las calles asustando a las criaturas.

Aunque estas fiestas se celebran durante todo el año —y con frecuencia el festejo más desconocido e inesperado es al final el más divertido— hay ciertas ocasiones especialmente notorias. La **Semana Santa** y **Corpus Christi** (a principios de jun.) se celebran por todo el país con procesiones religiosas. Destacan la Semana Santa de Sevilla, Málaga, Granada o Córdoba, donde los pasos (las escenas religiosas), recorren las calles acompañados por penitentes encapuchados que expían sus culpas.

Entre otras **fiestas populares**, se encuentran los carnavales de Cádiz (entre la primera y la tercera semana de feb.); las Fallas de San José en Valencia (15-19 de marzo); la impresionante Feria de Abril de Sevilla (una semana hacia finales del mes); la Feria del Caballo de Jerez (a principios de mayo); la Romería del Rocío, una extraordinaria peregrinación a El Rocío, cerca de Huelva (adonde se llega el domingo de Pentecostés); las multitudinarias fiestas de San Fermín, de Pamplona, los encierros más famosos (6-14 de jul.); las fiestas de Santiago en Santiago de Compostela (25 de jul.); y las batallas ficticias entre moros y cristianos en Elche (10-15 de agos.), que terminan con la

representación de El Misterio, una pieza teatral de varios siglos de antigüedad.

Hay muchas más, aunque el viajero encontrará las fiestas detalladas al principio de cada capítulo.

Las oficinas locales de turismo proporcionan más información al respecto. Los extranjeros son siempre bienvenidos en las fiestas españolas; el único problema es que, durante las más populares, resulta difícil encontrar alojamiento (y es caro). Si el viajero tiene intención de ir durante alguna de las fiestas, deberá reservar alojamiento con antelación.

Además, **debe tener** en cuenta que las festividades de los patronos —en realidad todas las celebraciones en España— pueden **variar de fecha** y, a menudo, se trasladan al fin de semana más próximo a las fechas dadas en las relaciones indicadas en el apartado correspondiente de cada capítulo. Las festividades de carnavales y la Feria de Abril dependen de la fecha en que caiga Semana Santa, una fiesta religiosa que cambia de fecha todos los años.

CORRIDAS DE TOROS

Las **corridas de toros** son parte integral de muchas fiestas españolas. En el sur, sobre todo, cualquier pueblo que pueda pagarlo ofrecerá una por la tarde, mientras que en las grandes ciudades, como Madrid o Sevilla, las grandes festividades van acompañadas de una semana de corridas importantes. De hecho, los **toros** son un gran negocio. Cada año se matan unos 24.000 ante un público en directo, unos 30 millones de personas, muchas más por televisión. Se dice que unas 150.000 personas están implicadas de alguna forma en la industria; los **matadores** son los que más ganan junto con las grandes estrellas de música del país. Algunos grupos de sociedades protectoras de animales se oponen a esta actividad, pero no reciben mucho apoyo. Si en alguna ocasión los españoles le dicen que la fiesta de los toros es muy controvertida, se refieren a determinadas prácticas en el negocio. En los últimos años, las críticas taurinas (que aparecen en las páginas dedicadas a críticas de actualidad de los periódicos) han hecho hincapié en el escándalo de la extendida pero ilegal práctica del afeitado de los cuernos de los toros antes de la corrida; éstos son sensibles como las uñas, y cortarlos unos milímetros hacia el interior disuade al animal de atacar; también le afecta en el equilibrio, lo que reduce el peligro para el matador.

A pesar de tal práctica, los toros aún tienen aficionados en todo el país. Más aún, están en alza: las emisoras de televisión pagan mucho dinero por transmitir las grandes corridas. Para los aficionados (palabra que implica un cierto grado de conocimiento y apreciación, no sólo entusiasmo), los toros son una cultura y un ritual, en la que la forma en que el hombre y el toro «representan» juntos tiene una gran importancia y en la que el espectáculo es más una cuestión de arte que de crueldad. Si se les habla del tema de la muerte de un animal, los aficionados no lo entenderán. Según ellos, los toros de lidia se crían para eso; y si la corrida desapareciera también lo harían los toros.

Asistir o no a una corrida depende de la ética y sentimientos de cada uno. Si pasa algún tiempo en España durante la temporada de toros (marzo-oct.), acabará viendo toros al menos en la televisión de un bar, y entonces decidirá si asiste a una corrida o no. Si decide ir, intente asistir a una de las más prestigiosas, en una gran ciudad, donde los grandes toreros acabarán con el toro con «arte» en una muerte «limpia» y con éxito. Hay pocas visiones peores que la de un matador luchando de una forma prolongada y confusa por matar al toro en medio de los pitidos del público.

El espectáculo más apasionante y diestro de todos, si se tiene la oportunidad de verlo, es la *corrida de rejoneadores*, **matadores montados a caballo**, la forma más antigua de corrida, que se desarrolló en Andalucía en el siglo XVII.

LA CORRIDA

La corrida empieza con un **desfile**, acompañado por la banda con música de pasodoble. A la cabeza van dos alguaciles a caballo y vistiendo traje tradicional; le siguen los tres matadores, cada uno de los cuales toreará dos toros, y sus cuadrillas, el personal que le ayuda, entre ellos dos picadores y tres banderilleros. Al final van las mulillas que arrastrarán los toros una vez muertos.

En cuanto la plaza está llena, el alguacil abre el toril (el lugar donde están encerrados los toros) y sale el primer toro —un momento de gran belleza física—, que será «probado» por el matador o sus banderilleros con capas de color rosa y dorado. Estos preliminares (que pueden ser cortos si el toro es bravo) conducen a la **suerte**

de varas, en la que los picadores salen y toman posición en lados opuestos del albero mientras los otros toreros distraen al animal. Una vez en su lugar, se hace cargar al toro contra uno de los caballos; el picador dirige su pica (especie de lanza de punta corta) al morrillo del toro (parte superior del cuello), mientras éste intenta embestir con los cuernos el acolchado de protección del caballo que lleva los ojos vendados; con ello se intenta evitar que el toro pueda levantar la cabeza al embestir. Puede repetirse hasta tres veces hasta que suene el clarín avisando de la partida de los picadores. Para los espectadores menos entusiastas es la parte más desagradable de la corrida y no resulta una experiencia agradable para los caballos.

En el siguiente paso, la **suerte de banderillas**, hay que colocar tres pares de banderillas (varillas de colores con un extremo incisivo) en el morrillo del toro.

Cada uno de los tres banderilleros coloca las suyas siguiendo un turno, atrayendo la atención del toro con el movimiento de su propio cuerpo en lugar de hacerlo con la capa, y colocando las banderillas cuando ambos, toro y banderillero, corren uno hacia el otro. Éste se aparta a continuación fuera de la línea de visión del toro, a veces con la ayuda de la cuadrilla.

Una vez que las banderillas han sido colocadas, empieza la **suerte de matar**; entonces el matador se queda solo en el ruedo, tras cambiar la capa rosa y dorada por la muleta roja. Saluda al presidente y dedica la muerte del toro a alguien a quien entrega su montera, o al público, lanzándola entonces al aire en el centro del ruedo. Ésta es la parte central cuando se enjuicia la faena, y cuando el matador muestra su habilidad con el (ya exhausto) toro. Utiliza los movimientos de la muleta para atraerlo, mientras su cuerpo permanece inmóvil.

Si lo hace bien, la banda comenzará a tocar mientras el público grita «¡olé!» a cada pase. Esta parte dura unos 10 minutos y termina con la muerte del toro. El matador intenta colocarlo en una posición que le permita introducir una espada entre sus hombros y vaya directa al corazón. En la práctica no siempre sucede así; entonces toma una segunda espada, con una cruceta, para cortar la médula espinal del toro, lo que causa su muerte instantánea.

Si el público se queda impresionado por la actuación del matador, agita los pañuelos y pide un premio que tendrá que conceder el presidente de la corrida. Puede concederle una o dos orejas y un rabo; cuanto mejor haya sido la actuación más piezas conseguirá; si el matador es excelente, será sacado del ruedo por la multitud a través de la puerta grande, que por lo general está cerrada. El toro también puede ser aplaudido por su actuación, cuando es arrastrado por las mulillas.

Las **entradas** para una corrida cuestan a partir de 2.000 pesetas, mucho más los asientos de primera fila y las corridas de prestigio. Los asientos baratos son las gradas, las filas más altas del fondo, desde donde los espectadores pueden ver todo lo que pasa sin demasiado detalle; las filas frontales se llaman barreras. Los asientos se dividen también entre los de sol, de sombra y de sol y sombra, aunque tales distinciones son ahora menos importantes pues cada vez más las corridas empiezan tarde, a las 18 o 19 h, en lugar de las tradicionales 17 h. Los asientos de sombra son los más caros no por la comodidad personal del espectador, sino porque la mayor parte de la acción se produce en la zona de sombra.

Al entrar, pueden alquilar **cojines**, pues 2 horas sentado sobre cemento no resultan muy agradables. Dentro se venden bebidas y comida.

GRUPOS ANTICORRIDA

No existe una verdadera oposición a las corridas de toros, una fiesta que es aplaudida desde todos los estamentos sociales, empezando por la misma Casa Real. La principal oposición a las corridas está organizada en España por ADDA (Asociación para la Defensa de los Derechos de los Animales). Poseen su propia página web *(www.intercom.es/adda/)* y oficinas en Madrid (Costanilla de los Ángeles 13, 3.º dcha., puerta G; ☎ y fax 915 421 830) y Barcelona (Bailén 164, local 2, interior E; e-mail *adda@lix.intercom.es*). Coordinan una campaña internacional y también editan un informe bianual en español e inglés. Con escasa incidencia en el tema de los toros, la asociación tiene más resonancia con otras campañas, como las organizadas contra los abrigos de pieles, la ganadería intensiva o la experimentación con animales, por ejemplo.

FÚTBOL

Para los extranjeros, las corridas es tal vez el espectáculo más celebrado de España. Sin embargo, en cuanto a número de seguidores en la Es-

paña moderna queda por detrás del **fútbol**. Si el viajero quiere sentir la emoción de una tarde genuinamente española, encontrará más pasión en un estadio de fútbol que en cualquier plaza de toros.

Durante muchos años, los dos equipos principales han sido el **Real Madrid** y el **F. C. Barcelona**. Ambos compartían los honores de la Copa y la Liga con bastante frecuencia. Pero desde hace algún tiempo, sin embargo, ambos equipos han tenido que enfrentarse a una mayor oposición de la habitual con equipos como el **Atlético de Bilbao, Sporting de Gijón, Atlético de Madrid, Real Sociedad** (de San Sebastián), **Real Zaragoza** y **Deportivo de La Coruña**. En Andalucía, el **Betis** y el **Sevilla**, donde Maradona acabó su carrera europea, son los principales equipos.

Con excepción de algunos partidos —el derbi entre el Madrid y el Atlético, o entre estos equipos y el Barcelona— es fácil conseguir **entradas**; cuestan a partir de 1.200 pesetas, para los partidos de primera división. No suele haber problemas; de hecho, a los aficionados extranjeros les extrañará el ambiente familiar y tranquilo, y la mezcla de sexos en la multitud.

Si no va a un partido, puede encontrar un buen ambiente **viendo la televisión** en un bar, sobre todo en una ciudad cuyo equipo juegue fuera. Muchos bares anuncian los partidos que se transmiten.

MÚSICA

Merece la pena asistir a todo lo que haya en cartel, pues tendrá oportunidad de ver a numerosos artistas tanto españoles como extranjeros, y los estilos más variados.

Es mejor disfrutar el **flamenco** tradicional —la música más famosa del país— en su tierra natal, Andalucía, y especialmente en una de las grandes fiestas. Hay también algunos festivales dedicados al flamenco en verano, en concreto en Cartagena y los alrededores de Granada. Los clubes y bares que ofrecen espectáculos de flamenco resultan caros por lo general y están orientados al turismo, mientras que las peñas son a menudo sólo para socios. Sin embargo, es posible encontrar lugares accesibles para aficionados, y en la misma Andalucía los guitarristas suelen ser por lo general muy buenos. Debe tener cuidado, ya que el precio de las bebidas es caro. En los últimos años han surgido nuevos grupos de flamenco, algunos de los cuales han intentado introducir jazz, rock y elementos africanos en su música. Podrá ver parte de los mejores artistas en Madrid.

Si está en España entre el 18 de diciembre y el 3 de enero, intente asistir a la representación de **villancicos** en las iglesias locales. Estas tradicionales canciones de Navidad (pueden ser en estilo flamenco, música ligera o polifónica) las cantan grandes grupos corales o rondallas de instrumentalistas y vocalistas de ambos sexos. Le gustará, aunque se trata de espectáculos orientados a las familias.

La **música rock** en España suele seguir las modas británicas y estadounidenses, pero el panorama es más animado que en casi cualquier otro país de Europa Occidental, y su mayor atractivo proviene de las influencias que reciben, entre ellas la música tradicional española y los ritmos latinoamericanos. Hay excelentes grupos locales, y se ofrecen conciertos en la mayor parte de las grandes ciudades, sobre todo en el norte. Tanto Madrid como Barcelona programan grandes **conciertos internacionales** de vez en cuando, que por lo general se llevan a cabo en sus enormes estadios de fútbol o palacios de los deportes.

En cualquier lugar, conviene prestar atención a las informaciones o comprobar en las secciones de espectáculos de la prensa local, donde encontrará grupos locales que actúan en casi todas las fiestas.

Debido a la relativamente amplia población de expatriados, Madrid y Barcelona son también buenos lugares para oír música **latinoamericana** y **africana**; una vez más se aconseja fijarse en los carteles anunciadores y comprobar la información sobre clubes y salas de fiesta en los periódicos locales.

Hay varios **festivales de jazz** excelentes en verano, en San Sebastián a mediados de julio y Barcelona, Santander y Sitges.

También se recomienda comprobar las fechas del Festival Internacional de Guitarra, que se celebra en Córdoba (principios jul.); actúan los grandes de la **guitarra clásica**, además de exponentes de los estilos latinoamericano y flamenco.

PROBLEMAS, POLICÍA Y ACOSO SEXUAL

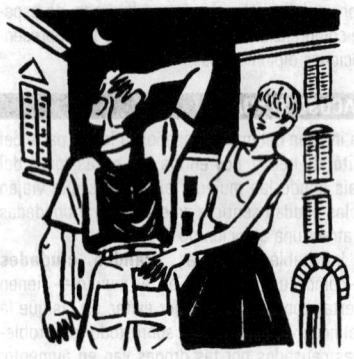

Aunque es improbable que el viajero tenga problemas durante el transcurso de una visita normal, conviene recordar que la policía española suele ser correcta, lo que no impide que pueda llegar a ser desagradable si intenta hacer algo que no esté permitido. Hay tres cuerpos básicos: la Guardia Civil, la Policía Municipal, y la Policía Nacional, además de las diferentes policías autonómicas.

EVITAR PROBLEMAS

Casi todos los problemas con que se tropiezan los turistas están relacionados con la delincuencia menor —robo de carteras o tirón del bolso— más que enfrentamientos físicos, por lo que el viajero deberá estar en guardia y saber dónde se encuentran siempre sus pertenencias. Éstas son algunas de las **precauciones** que deberá tomar. Lleve los bolsos en bandolera no colgados del hombro; no lleve nada en los bolsillos con cremallera; haga fotocopias del pasaporte y déjelo (también los billetes) en la caja fuerte del hotel; apunte los números de los cheques de viaje y las tarjetas de crédito. Hay también diversos trucos que deberá tener en cuenta y situaciones que conviene evitar cuando recorra la ciudad.

A menudo los delincuentes van en pareja, por lo que tendrá que estar atento si alguien se acerca demasiado cuando esté mirando postales o periódicos en los puestos; mantenga su cartera vigilada aunque aparente estar distraído. Entre las **estratagemas** o **trucos** (que llevan a cabo auténticos expertos) se encuentran las siguientes: una persona «afable» le comenta que tiene una mancha de excrementos de pájaro (o crema de afeitar o algo similar) en la chaqueta, mientras que su «socio» le roba el dinero; alguien se ofrece a leer una tarjeta o un periódico en la calle para distraer su atención; en un café alguien le cambia de lugar la bebida con una mano (mientras con la otra le roban la cartera cuando usted reacciona para recuperar la bebida).

Si lleva **automóvil** no debe dejar nada a la vista cuando aparque, ni siquiera la radio. Los vehículos no suelen robarse, pero el equipaje y los objetos de valor que pueda haber en su interior son un objetivo tentador y los automóviles de alquiler son fáciles de detectar.

Mientras busca una habitación de hotel, debe vigilar las maletas o bolsas; sobre todo en establecimientos donde el alojamiento está en los pisos superiores y deje el equipaje a medio camino o en el vestíbulo de la planta baja.

También se han dado casos de robos en las áreas de servicio de las autopistas, por lo que tendrá que llevar encima los objetos de valor cuando pare a descansar o repostar gasolina.

QUÉ HACER EN CASO DE ROBO

En primer lugar, tendrá que **acudir a la policía** para informar de ello, pues la compañía de seguros le pedirá la denuncia policial. No espere demasiado, aunque el robo sea de poco valor; debe tener en cuenta que tardará bastante en rellenar formularios y hacer otras gestiones. En el improbable caso de que sea víctima de un **asalto** u otro tipo de amenaza, no debe resistirse; entregue lo que le pidan los asaltantes y luego vaya directo a la policía, que en tales ocasiones suele ser bastante comprensiva.

Si le roban el pasaporte o pierde todo el dinero, tendrá que ponerse en contacto con la **embajada** o **consulado** correspondiente, que tiene la obligación de atenderle hasta cierto punto.

LA POLICÍA

Hay tres cuerpos de **policía**: la Guardia Civil, la Policía Municipal y la Policía Nacional.

La **Guardia Civil**, con uniforme verde, suele patrullar por las carreteras, en las pequeñas poblaciones y las áreas rurales.

Si necesita la presencia de la policía —y sobre todo si denuncia un delito grave, como una violación— debe dirigirse siempre a la **Policía Municipal**, más comprensiva, con uniforme azul y blanco con bordes rojos. En el campo tal vez sólo encuentre Guardia Civil.

La **Policía Nacional**, de uniforme azul, actúa sobre todo en las ciudades, patrullando las calles y montando guardia ante instalaciones tales como embajadas, estaciones, edificios de correos y sus propios cuarteles.

Además, existen diversos cuerpos de policía autonómica, aunque todavía no tienen el ciento por ciento de sus atribuciones. En el País Vasco está la Ertzaintza (con su característica gorra roja) y en Cataluña los Mossos d'Esquadra.

DELITOS

Hay una serie de **delitos** o **infracciones** que el viajero puede cometer de forma involuntaria; es mejor tener conciencia de ello.

En teoría siempre debe llevar encima algún tipo de **identificación**; la policía puede parar a alguien en la calle y pedírsela, aunque en la práctica no suele ocurrir si se nota claramente que es un turista.

Bañarse desnudo o **acampar en lugares donde no esté permitido** puede causar problemas, aunque lo más frecuente es que la policía se limite a pedirle que se cubra o que se cambie de sitio. Tomar el sol en **top less** es algo habitual en los centros turísticos más de moda, pero en las zonas rurales (donde la actitud de los lugareños es más tradicional) debe tener cuidado de no herir su sensibilidad.

Las **leyes antidroga** en España son en la actualidad algo curiosas. Cuando los socialistas llegaron al poder, se despenalizó el uso del cannabis (posesión de hasta 8 g de lo que se conoce popularmente como chocolate). Debido a presiones posteriores y al influjo de drogas más duras se cambió esta política y —al menos en teoría— cualquier droga está prohibida ahora. En algunos bares verá carteles que rezan «porros no»; deberá obedecer tal advertencia. Sin embargo, la policía no parece muy preocupada por lo referente al uso personal. Las cantidades considerables (y cualquier otra droga) son algo muy diferente.

Si le **arrestan** bajo cualquier cargo, tiene derecho a ponerse en contacto con la **embajada** o **consulado** correspondiente, aunque éstos suelen mostrarse poco dispuestos a verse implicados en esta clase de delitos. Si ha sido detenido por un delito relacionado con la droga, no espere comprensión o ayuda alguna de las representaciones diplomáticas.

ACOSO SEXUAL

La imagen del macho español ya forma parte del mito; de hecho, hoy en día hay pocas zonas del país donde las mujeres extranjeras que viajan solas puedan sentirse amenazadas, intimidadas o atraer una atención no deseada.

Inevitablemente, las **grandes ciudades** —como cualquier otra en el mundo— tienen ciertas zonas que es mejor evitar, en las que la delincuencia callejera y sobre todo los problemas causados por las drogas van en aumento; pero los acosos o proposiciones son menos frecuentes, por ejemplo, que en las grandes ciudades francesas o italianas. La cultura de los bares con terraza y la tendencia de los españoles a moverse en grandes grupos mixtos que llenan los bares del centro, clubes y calles hasta altas horas de la noche, ayudan a diluir este problema. Si tiene dudas, siempre puede tomar un **taxi**, la manera más segura de trasladarse avanzada la noche. Utilícelos con frecuencia, especialmente en Madrid y Barcelona.

Los grandes **centros turísticos** de las costas tienen su propia cultura festiva. Los españoles que van a las discotecas o a las ferias de las fiestas no causan mayores o menores problemas que sus equivalentes en el país del viajero.

Como sería de esperar, los mayores problemas pueden producirse en **áreas aisladas** y poco desarrolladas. En algunas áreas caminar durante horas sin tropezarse con una granja o casa habitadas; aun así, tal vez se encuentre con pastores. Pero no suele haber problema —la afabilidad y la hospitalidad son a menudo la norma—, aunque en zonas así se es más vulnerable.

Dicho esto, conviene saber que el **senderismo** es cada vez más popular en España y muchas mujeres recorren solas los senderos, desde Galicia a Sierra Nevada. No obstante, en el sur sobre todo vale la pena buscar habitación en los pueblos más grandes o, si quiere acampar, pedir permiso para hacerlo en algún terreno privado, mejor que caminar solo por cuenta propia.

TRABAJO

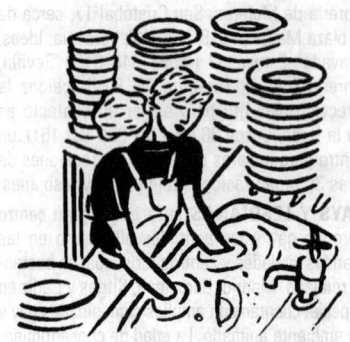

A menos que el viajero tenga una habilidad especial o haya solicitado un empleo mediante un anuncio aparecido en el país de origen, como por ejemplo de *au pair*, la única oportunidad real de conseguir trabajo de larga duración en España es (si la lengua materna no es el español) trabajando en las escuelas de idiomas. Si intenta permanecer en España más de 3 meses, necesitará un permiso de residencia (véase pág. 5). Un aviso: la policía castiga con severidad a las personas que no lo tienen, y puede solicitar su pasaporte y el permiso de residencia, en especial fuera de la temporada turística.

Los ciudadanos de la Unión Europea que tengan intención de vivir o trabajar en el extranjero dentro de la propia Unión, encontrarán una fuente útil de información en la página web de la Unión Europea *(http://citizens.EU.int/)*.

ENSEÑANZA Y TRABAJO DE OFICINA

Encontrar empleos en la enseñanza es sobre todo cuestión de recorrer las calles preguntando en las escuelas de idiomas si hay vacantes. Respecto a las direcciones de las escuelas, aparecen en las *Páginas Amarillas* como «Idiomas o Escuelas de idiomas». Sin embargo, hay mucho menos trabajo que hace unos años, y el viajero tendrá que perseverar si quiere conseguir algo. Necesitará algún tipo de certificado como el TEFL (Profesor de Inglés como Lengua Extranjera) para conseguir un trabajo así.

Otras posibilidades son, por ejemplo, poner anuncios para dar **clases particulares** (mejor pagadas, unas 1.500-2.000 pesetas la hora, pero es más difícil asegurarse así un modo de vida) en los tablones de anuncios de las facultades de filología de las universidades.

Otra posibilidad es trabajar como **traductor**, la mayoría de las veces de correspondencia comercial; tendrá que buscar en las *Páginas Amarillas* en el epígrafe «Traductores». Si piensa trabajar con una agencia necesitará tener acceso a un fax y una computadora.

TRABAJO TEMPORAL

Si busca **trabajo temporal**, las mejores oportunidades se encuentran en los **bares** y **restaurantes** de los grandes centros turísticos del Mediterráneo. Tal vez se lo pase bien, pero no ganará mucho dinero; el salario (a menudo pagado por los dueños alemanes o británicos de los bares) refleja la falta de legalidad o de permiso de trabajo. Si llega en primavera y tiene intención de permanecer toda la temporada, deberá buscar algo mejor; tal vez lo consiga si ofrece alguna capacidad especial, como por ejemplo windsurf (están proliferando escuelas a lo largo de las costas). Con frecuencia hay trabajo también en los **puertos deportivos**, limpiando y repintando los barcos; quizá tenga suerte si se deja caer por allí y pregunta, sobre todo de marzo a junio. Como extranjero no existe casi ninguna posibilidad de trabajar en las cosechas; en Francia esto es mucho más viable.

INFORMACIÓN PRÁCTICA

CINE Ir al cine continúa siendo un entretenimiento barato y popular; los cines suelen llenarse en casi todas las ciudades. La mayoría de los filmes son estadounidenses doblados al español, aunque en las ciudades no faltan las salas que ofrecen filmes en versión original (v.o.) o con subtítulos (v.o.s.).

CONSIGNAS Tras un largo período sin funcionar debido a las acciones terroristas a finales de

la década de 1970, las consignas en autoservicio funcionan de nuevo en las principales estaciones de ferrocarril. Hay armarios con llave bastante grandes como para que quepa una mochila y una bolsa pequeña, por unas 400-600 pesetas diarias; tendrá que introducir las monedas para poder llevarse la llave. No es posible utilizarlas para guardar el equipaje mucho tiempo, pues el personal de la estación las vacía periódicamente. Las terminales de autobuses disponen de consignas con personal donde tendrá que presentar un resguardo para recuperar su equipaje; el coste es similar.

CONSULADOS Prácticamente todos los países cuentan con embajada en Madrid; también hay consulados en Barcelona, Alicante, Bilbao, Ibiza, Málaga, Palma de Mallorca, Sevilla y Tarragona.

CURSOS DE LENGUA En la mayoría de las universidades españolas se ofrecen cursos de lengua, así como en muchas escuelas de idiomas para extranjeros. Si quiere obtener más información y una relación completa, escriba a una de las oficinas del Instituto Cervantes *(www.cervantes.es/)*.

DIRECCIONES Se escriben, por ejemplo, C/ Picasso 2, 4.º izqda., lo que significa calle Picasso número 2, cuarto piso, izquierda (sea piso u oficina). Algunas confusiones en las direcciones en España provienen de la diferente escritura, a veces distintas palabras, utilizadas en catalán, vasco y gallego, que en cierta medida están reemplazando a sus equivalentes castellanos, y de la convivencia de nombres tradicionales con los oficiales.

ELECTRICIDAD En la mayor parte de España la corriente es actualmente de 220 o 225 V (aunque aún puede encontrarse ocasionalmente 110 o 125 V); los enchufes son los estándar de dos conectores.

ESQUÍ Hay centros de esquí en los Pirineos, Sierra Nevada y en cercanías de Madrid y Santander, todos ellos se detallan en los capítulos pertinentes. Si quiere contratar un fin de semana o más mientras visita España, existen numerosas agencias de viajes en el país que ofrecen excursiones económicas con todo incluido.

FEMINISMO El movimiento feminista español, a pesar de tener que enfrentarse con temas básicos (como conseguir que la contracepción resulte asequible mediante la Seguridad Social) es bastante radical y no para de crecer. Sin embargo, pocos grupos cuentan con oficinas permanentes; si quiere ponerse en contacto con ellos es mejor hacerlo por medio de la red de librerías feministas de las grandes ciudades. Algunas de las más establecidas son: Madrid, Librería de Mujeres, San Cristóbal 17, cerca de la plaza Mayor (☎915 217 043); Valencia, Ideas, Gravador Esteve 33 (☎963 348 318); Sevilla, Librería Fulmen, Zaragoza 36. En Barcelona la dirección más útil para entrar en contacto es Ca la Dona, Caspe 38 (☎ y fax 934 127 161), un centro para mujeres utilizado para reuniones de unas 30 organizaciones feministas y lesbianas.

GAYS Y LESBIANAS Ibiza es un gran centro europeo gay y las actitudes allí, como en las grandes ciudades y centros turísticos, es bastante relajada. Madrid, Barcelona, Sitges y Cádiz en especial cuentan con amplias comunidades gay y un ambiente animado. La edad de consentimiento es 18 años.

LAVANDERÍAS Encontrará algunas lavanderías automáticas en las grandes ciudades españolas, pero en general son poco frecuentes; tendrá que dejar la ropa para que le hagan un servicio completo (un poco caro). No se permite tender la ropa lavada fuera de las ventanas que dan a la calle. El servicio de limpieza en seco se realiza en las tintorerías.

NIÑOS/BEBÉS En general todos los alojamientos los reciben con agrado y ofrecen habitaciones con tres o cuatro camas; Renfe permite a los niños menores de 4 años viajar sin billete; y hace un descuento del 40 % para los comprendidos entre 4-12 años; en algunas ciudades y centros turísticos —Barcelona por ejemplo— cuentan con largas listas o folletos con información sobre atracciones para niños. En lo referente a los bebés, el tema de la comida parece funcionar bastante bien (a menudo en los alojamientos preparan comida especial o permiten utilizar la cocina para elaborarla uno mismo). Tal vez quiera llevar leche en polvo; los bebés aceptan muy bien la leche UHT, que se consigue sin dificultad alguna. No obstante, si viaja por el norte o fuera de temporada debe tener en cuenta que muchos alojamientos económicos (al contrario que los hoteles más caros) no tienen sistema de calefacción, y puede hacer frío. No hay problema para conseguir mantas. Muchos establecimientos disponen de servicio de atención de bebés, o cuando menos no les molesta escucharlos. Esto es más evidente aún si se aloja en un antiguo hotel familiar en lugar de un hotel más lujoso.

PESCA Podrá obtener permisos quincenales de forma fácil y económica de la oficina de Icona (Instituto para la Conservación de la Naturaleza); hay una en cada ciudad importante (conseguirá las direcciones en las oficinas locales de turismo).

PISCINAS Incluso hasta los pueblos más pequeños disponen de una piscina pública (piscina municipal), con socorrista en verano; una buena razón para no visitar exclusivamente la costa.

TASAS DE AEROPUERTO Puede gastar sin problema las últimas pesetas, pues no se paga tasa de salida.

SEGUNDA PARTE

LA GUÍA

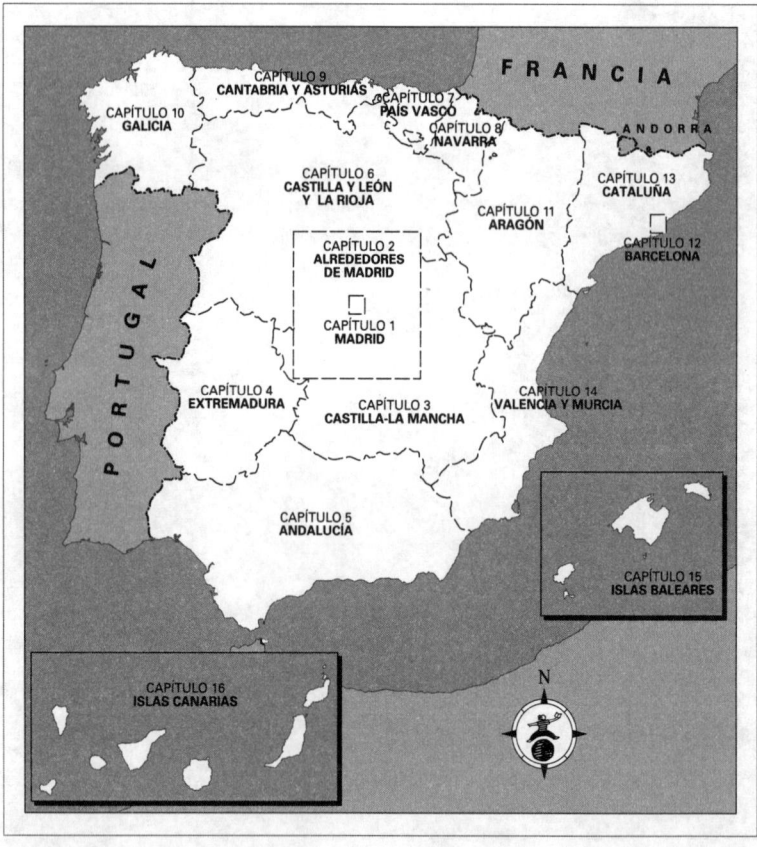

LA GUÍA

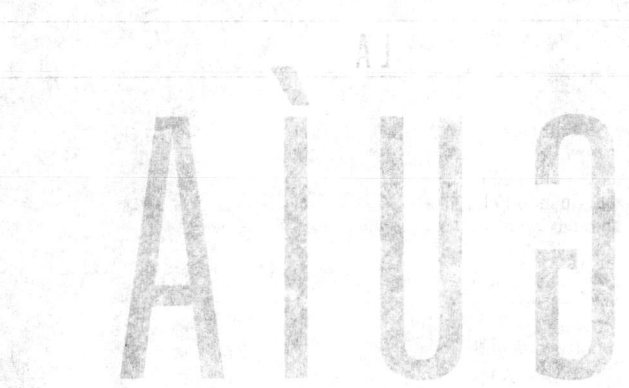

CAPÍTULO UNO

MADRID

Madrid se convirtió en la capital de España gracias a su posición geográfica central. Cuando Felipe II trasladó la sede del Gobierno a Madrid en 1561, su objetivo era crear un símbolo de la unificación y centralización del país, y una capital a la cual llegaran con mayor rapidez el correo y las comunicaciones desde todos los puntos de España. El emplazamiento tenía pocas ventajas naturales: a 300 km de distancia del mar, está situado en una meseta de 650 m de altura, fría en invierno y calurosa en verano; Madrid sólo sobrevivió y prosperó debido a que los sucesivos gobernantes impulsaron la creación de una poderosa capital central.

La empresa tuvo éxito y, en la actualidad, Madrid es una gran ciudad de aire moderno, con una población cercana a los 3 millones de habitantes. El acceso, a través de una sucesión de edificios muchas veces antiestéticos, puede resultar desalentador, pero las calles del corazón de la ciudad constituyen una agradable sorpresa, gracias a los edificios medievales y las callejuelas estrechas, salpicadas de toda clase de tiendas y bares, entre las cuales surgen manzanas borbónicas del siglo XVIII. Si la compara con otras ciudades españolas, quizás el viajero considere que hay pocos puntos de interés arquitectónico, pero las excelentes colecciones de pintura adquiridas por los monarcas españoles y que formaron la base del **Museo del Prado** han asegurado a Madrid un puesto en los circuitos artísticos europeos hace tiempo, en especial tras la creación en los años noventa de los museos **Reina Sofía** y **Thyssen-Bornemisza**, situados a pocos pasos del Prado y que albergan espléndidas colecciones de pintura moderna española (incluido el *Guernica*, de Picasso), así como de maestros europeos y americanos.

Cuando el visitante empieza a familiarizarse con la capital, se da cuenta enseguida de que su principal atractivo son sus habitantes, los **madrileños**, que suelen reunirse en los cafés tradicionales o las terrazas veraniegas, que se aglomeran en las callejuelas del mercadillo del Rastro los domingos o se divierten hasta altas horas de la noche en los numerosos **bares**, tascas, clubes y discotecas. A pesar de lo que puedan sostener Barcelona o San Sebastián, el ambiente de Madrid, inmortalizado en los filmes de Pedro Almodóvar, continúa siendo el más animado y divertido del país. La ciudad también está en mejor estado que hace años, debido a la restauración llevada a cabo tras ser declarada Capital Europea de la Cultura en 1992 y al impacto continuo de una serie de planes urbanísticos, financiados conjuntamente por la Unión Europea y el Gobierno de la Comunidad de Madrid, y aplicados en especial en los barrios más antiguos.

El desarrollo de la ciudad

La llegada al Madrid moderno puede defraudar, ya que está rodeado de algunos suburbios nada agradables; de hecho, hay kilómetros de edificios de cemento desperdigados por la llanura castellana. La gran extensión de los suburbios fue impulsada durante el Gobierno de Franco —que también amplió la ciudad hacia el norte a lo largo del paseo de la Castellana— para alojar a sus ministros y correligionarios durante el «desarrollismo» de los años cincuenta y sesenta. Grandes, imponentes y estériles, estas construcciones dejan poco espacio a la imaginación; pero, de todos modos, es improbable que el viajero pase mucho tiempo en esta zona de la ciudad.

En el centro, el paisaje es muy diferente. Las calles más antiguas del corazón de Madrid están repletas de viejos edificios; se extienden en círculos concéntricos que revelan el desarrollo de la ciudad a lo largo de los siglos. Sólo el apretujado mapa ca-

llejero ofrece un indicio de lo que había aquí, antes de que Madrid se convirtiera en la capital de los **Habsburgo** (1561); pero las estrechas callejuelas que rodean la plaza Mayor aún son las más animadas y donde hay más ambiente. El progreso posterior debe mucho al gusto por lo francés de la dinastía de los **Borbón** durante el siglo XVIII, cuando por primera vez Madrid empezó a desarrollar un estilo propio.

A principios del **siglo XIX**, cuando Napoleón puso a su hermano José en el trono de España, causando así la guerra de la Independencia y el levantamiento del 2 de mayo (ahora fiesta local de la Comunidad Autónoma de Madrid), la fisonomía de la ciudad cambió. Sin embargo, la capital siguió prosperando, y ganó algunos edificios y plazas de gran belleza. Con la llegada del siglo XX, se convirtió en un hervidero de discusiones políticas e intelectuales que dividieron al país; las tertulias proliferaban en todos los cafés (algunas aún continúan), a medida que el país entraba en los años turbulentos del fin de la monarquía y la proclamación de la Segunda República.

Por supuesto, la **Guerra Civil** causó daños incalculables y condujo a 40 años de aislamiento internacional, que dejó su huella en la idiosincrasia de Madrid. Sin embargo, ya no es provinciana, puesto que ha cambiado de manera radical desde la muerte de Franco (1975), y la restauración de la democracia y la monarquía: primero, bajo la dirección de un alcalde intelectual y socialista, el fallecido y llorado Enrique Tierno Galván; más tarde, con las numerosas obras del alcalde Álvarez del Manzano. Los años de Tierno Galván dejaron el camino expedito a la creación de parques y la restauración de los espacios y la vida públicos, un legado duradero y un ingrediente esencial de la llamada «movida» madrileña, mediante la cual la ciudad se recreó a sí misma en los años ochenta. Capital de la nación y la comunidad autónoma homónima (el resto de ella se trata en el capítulo 2), en la actualidad Madrid ha logrado superar su antigua condición de páramo provinciano y se ha convertido en una importante capital europea, sin perder por ello su identidad.

Orientación, llegada e información

La disposición de la ciudad es bastante sencilla. El corazón de Madrid, que es el de España ya que todas las distancias se miden desde aquí, es la **Puerta del Sol** (a la que suele denominarse simplemente «Sol»). A su alrededor se encuentran las partes más antiguas de Madrid, limitadas al oeste por el **río Manzanares**, al este por el **parque del Retiro** y al norte por la principal vía pública de la capital, la **Gran Vía**.

Lo más probable es que el viajero pase la mayor parte del tiempo en esta zona. Los tres grandes museos de la ciudad (**Prado**, **Thyssen-Bornemisza** y **Reina Sofía**) se hallan dentro de este «triángulo mágico» situado al oeste del Retiro, mientras que en dirección al río está la zona más antigua de la ciudad, construida bajo los Habsburgo, y centrada alrededor de la porticada **plaza Mayor**. Después de la Gran Vía, las calles más importantes son la de **Alcalá**, y su prolongación, la **calle Mayor**, que atraviesa el centro desde Correos, situado en la **plaza de la Cibeles**, hasta el borbónico **Palacio Real**.

Llegada

Si el viajero llega a Madrid, ya sea en **avión**, **ferrocarril** o **autobús**, probablemente el punto de llegada se encuentre un poco alejado del centro; pero trasladarse al centro resulta fácil y el transporte es bastante eficaz.

En avión
El **aeropuerto de Barajas**, pendiente de una profunda remodelación y víctima del caos aéreo, se halla a 16 km al este de la ciudad, al final de avenida de América (la ca-

rretera N-II). Ha sido ampliado y modernizado, y en la actualidad dispone de tres terminales que se comunican: la T1 para casi todos los vuelos internacionales; la T2 para los vuelos nacionales, además de algunos de los vuelos de Iberia a Europa, y la T3, de la que parte el puente aéreo a Barcelona y los vuelos regionales de Iberia. El desplazamiento hasta el centro de Madrid es muy variable, ya que depende del tráfico que haya en las horas punta; de hecho, se puede tardar desde 20 minutos y 1 hora.

Hay un **autobús** que sale cada 10-15 minutos (5.17-1.51 h; 385 pesetas) ante la terminal y que llega hasta una terminal subterránea situada en la céntrica plaza Colón; la entrada peatonal se encuentra en la calle Goya o la estación de Metro Serrano. Si el avión aterriza a otras horas, debería disponerse de un servicio de autobús suplementario. Suele haber **taxis** disponibles en la terminal, y el viaje al centro cuesta unas 2.000 pesetas, salvo que haya atascos.

El viajero encontrará alrededor de media docena de empresas de **alquiler de automóviles** en el aeropuerto, que proporcionan planos y orientación (para direcciones y números de teléfono de las oficinas de alquiler de automóviles de la ciudad, véase pág. 104). En el aeropuerto se puede cambiar dinero las 24 horas, hay también una estafeta de correos, una oficina de Renfe para reservar billetes de tren (todos los días, 8-21 h), una oficina de turismo y un mostrador para hacer reservas de hotel.

En ferrocarril

Los trenes desde **Francia** y el **norte** y **nordeste de España** llegan a la **estación de Chamartín**, una terminal moderna situada al norte de la ciudad; dispone de todos los servicios de una gran estación incluido cambio de moneda. Hay una línea de Metro que une Chamartín con el centro y también hay trenes de cercanías regulares que enlazan con la más céntrica estación de Atocha; el viajero puede tomar cualquier tren de cercanías en esta dirección.

La **estación de Atocha**, recientemente ampliada y restaurada de manera imaginativa, tiene dos terminales: una a **Toledo** y otros destinos locales, y la otra para todos los puntos del **sur** y el **este de España**, incluidos los AVE de alta velocidad.

Si el visitante llega desde ciudades situadas en los alrededores de Madrid, tal vez llegue a **Príncipe Pío** (también conocida como estación del Norte), que está bastante cerca del centro y el Palacio Real.

En autobús

Hay varias terminales en el centro de la ciudad, pero la mayor de ellas, utilizada por todos los servicios internacionales de autobús, es la **estación Sur de autobuses**, en la calle Méndez Álvaro, esquina con Retama, a 1,5 km al sur de la estación de Atocha (Metro Méndez Álvaro). Para más detalles sobre otras estaciones, véase el apartado «Transportes», al final de este capítulo en la página 107.

En automóvil

Todas las carreteras principales que llegan a Madrid conducen al centro de la ciudad, aunque la excéntrica señalización y conducción pueden resultar bastante desconcertantes. La carretera de circunvalación interior, la M-30, y el paseo de la Castellana suelen sufrir atascos, aunque casi todo el centro puede estar así durante las horas puntas (lun.-vier., 7.30-9.30 h y 18-20.30 h). Hay que estar preparado para dar muchas vueltas antes de aparcar el automóvil o, menos arriesgado, estacionarlo en uno de los numerosos aparcamientos señalizados. El vehículo propio sólo sirve para hacer excursiones fuera de la ciudad; de manera que se aconseja encontrar un hotel con aparcamiento y dejar el automóvil allí durante la estancia en la ciudad. Si el visitante se queda más de 2 semanas, puede conseguir precios de estancia prolongada en los garajes de la vecindad.

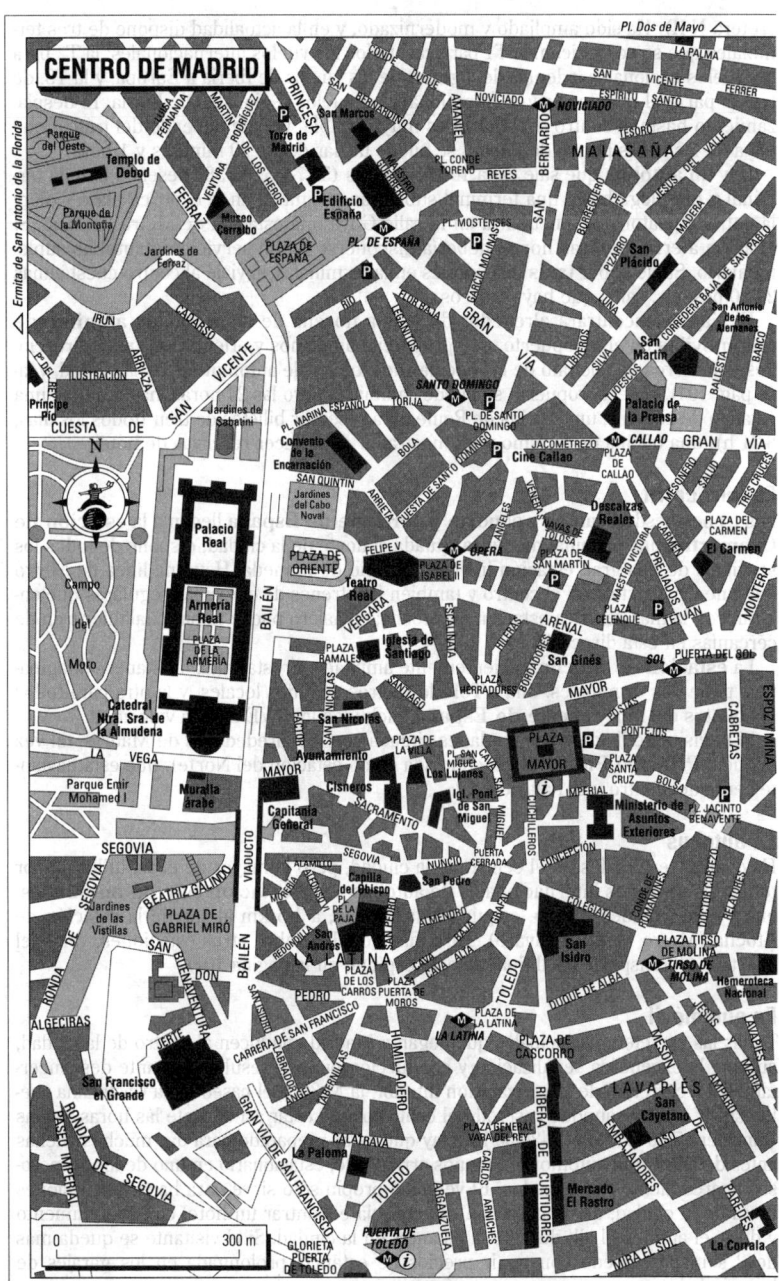

CENTRO DE MADRID/43

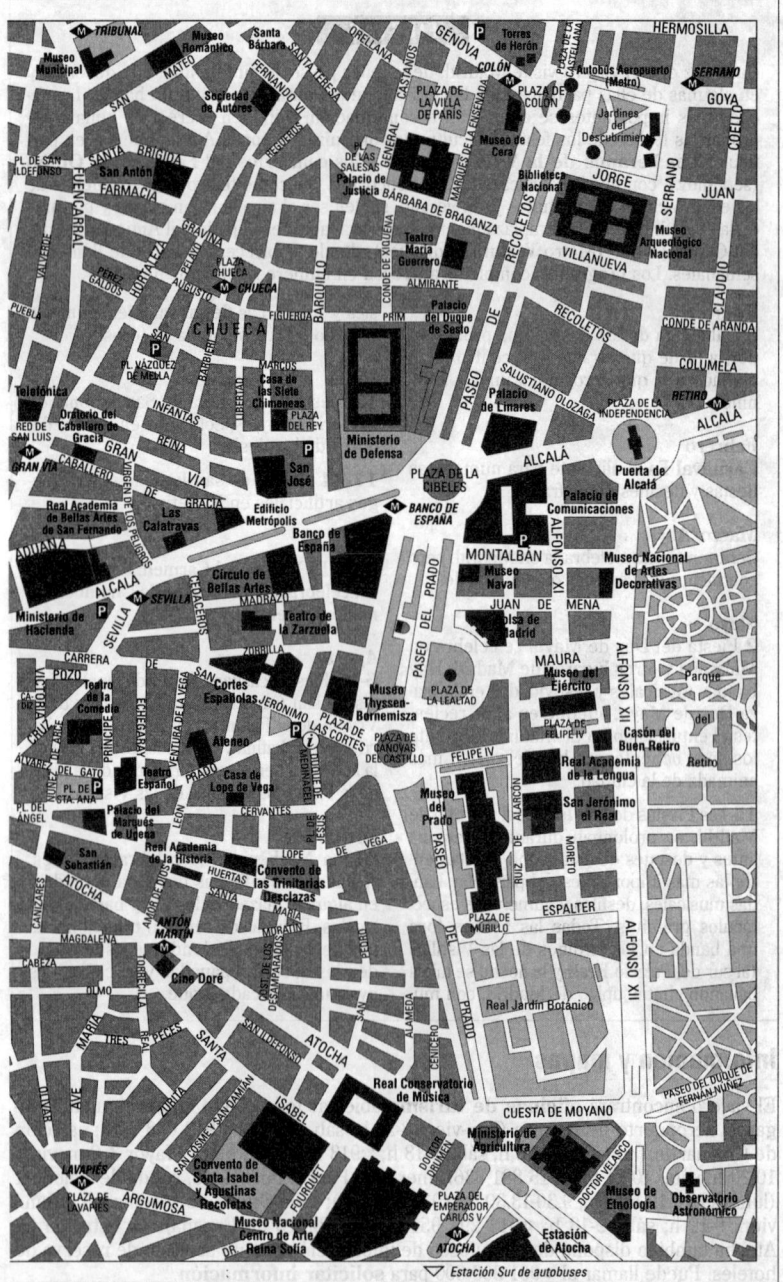

FIESTAS

Cada vez que el viajero visite Madrid, debe tener presente sus **fiestas**; hay docenas, y en algunas de ellas participa toda la ciudad, aunque otras se ciñen a un barrio. Las fechas más importantes se enumeran a continuación. También merece la pena comprobar las fechas de los festivales culturales organizados por el Ayuntamiento, en particular **Los Veranos de la Villa** (jul.-sept.) y los conciertos del **Festival de Otoño** (sept.-nov.), con música clásica, rock, flamenco, etc., así como teatro y cine. Muchos de los espectáculos son gratuitos y, en verano, suelen ser al aire libre en plazas y parques de la ciudad. Uno de los emplazamientos más agradables es el patio del Antiguo Cuartel del Conde Duque (Metro Ventura Rodríguez), donde se ofrecen recitales de flamenco semanales. Los programas completos aparecen en numerosos folletos turísticos.

Enero
5 Cabalgata de los Reyes: una procesión por la tarde en la que atraviesa el centro de la ciudad en la que arrojan caramelos a los niños.

Febrero
Carnaval Es el aliciente para numerosas fiestas y desfiles de disfraces.

Marzo/Abril
Semana Santa Celebrada en Madrid, pero con menos procesiones que en Toledo.

Mayo
2 Fiesta del Dos de Mayo: se celebra en Malasaña y otros lugares de Madrid. Hay bandas musicales y festividades en la plaza Dos de Mayo, aunque en años recientes el entusiasmo ha disminuido. Durante los años ochenta, era la celebración más animada de la ciudad.

15 Las Fiestas de San Isidro, el patrono de Madrid, se prolongan durante 1 semana antes y después de esta fecha, y están entre las más importantes del país. Hay bandas musicales, desfiles y numerosos espectáculos gratuitos. Todas las noches toca una banda en los jardines de las Vistillas (al sur del Palacio Real) y la noche se inicia bailando chotis, típico de Madrid, con música y bailes. Las fiestas también anuncian el inicio de la temporada de toros.

Junio
13 Fiesta de la ermita de San Antonio de la Florida; hay espectáculos en los alrededores de la iglesia.

17-24 Fiestas de san Juan: fogatas y fuegos artificiales en El Retiro.

Julio
9-16 La Virgen del Carmen: una fiesta local celebrada en el barrio de Chamberí, al norte del centro.

Agosto
6-15 Fiestas castizas: las tradicionales fiestas de san Cayetano, san Lorenzo y de la Virgen de la Paloma, celebradas en los barrios de La Latina y Lavapiés. Gran parte de la actividad tiene lugar alrededor de la plaza de la Paja y los jardines de las Vistillas.

Diciembre
31 La Nochevieja se celebra en bares, restaurantes y fiestas por toda la ciudad; en algunas plazas incluso hay bandas musicales. El lugar de reunión tradicional es la Puerta del Sol, donde se espera que den las doce campanadas y se comen las uvas: una por cada toque.

Información y mapas

El viajero encontrará **oficinas de turismo** abiertas todo el año en los siguientes lugares: aeropuerto de Barajas (lun.-vier., 8-20 h; sáb., 9-13 h; ☎913 058 656); estación de Chamartín (lun.-vier., 8-20 h; sáb., 9-13 h; ☎913 159 976); plaza Mayor 3 (lun.-vier., 10-20 h; sáb., 10-14 h; ☎915 881 836); mercado Puerta de Toledo, ronda de Toledo 1 (lun.-vier., 9-19 h; sáb., 9.30-13.30 h; ☎913 641 876); calle Duque de Medinaceli 2 (lun.-vier., 9-19 h; sáb., 9-13 h; ☎914 294 951; Metro Banco de España). La estación de Atocha también dispone de un quiosco de información con un servicio de reserva de hoteles. Puede llamar al ☎901 300 600 para **solicitar información**.

En **verano**, hay puestos de turismo en lugares como la Puerta del Sol y el Prado, y personal con uniformes de color azul y amarillo ante el Palacio Real, ayuntamiento y el Prado, así como en la plaza Mayor y la Puerta del Sol.

En cualquiera de estos puestos de turismo proporcionan **mapas** de Madrid. Sin embargo, si la estancia fuera más prolongada, se recomienda adquirir el mapa Almax *Madrid Centro* (350 pesetas), disponible en casi cualquier quiosco de la ciudad; es muy claro, a escala de 1:10.000 y figuran todas las calles; en el anverso aparece un mapa en color del Metro. La zona que abarca contiene prácticamente todos los puntos de interés; Almax también edita un mapa a mayor escala, 1:12.000, pero menos claro: el *Madrid ciudad* (750 pesetas), que abarca los suburbios.

Seguridad y delitos

La seguridad no es un problema preocupante. El centro de Madrid está tan concurrido a cualquier hora del día o la noche, que el visitante no tiene la sensación de peligro habitual que en cualquier gran ciudad. Lo que no significa que no se produzcan **delitos** ni que haya zonas sórdidas que se recomienda evitar. En algunas zonas de Madrid hay problemas con las drogas, algo evidente en los alrededores de la plaza de España y algunas calles al norte de la Gran Vía. Se calcula que el 90 % de los delitos están relacionados con las drogas; si el viajero tiene la mala suerte de ser atracado, es mejor no resistirse.

Al igual que en otras partes, los turistas son los principales objetivos de carteristas y ladronzuelos. Suelen frecuentar las zonas comerciales, los parques, el Metro y cualquier lugar con aglomeraciones, sobre todo las hamburgueserías y el mercado del Rastro. Hay que tener en cuenta que suelen trabajar en grupo; por eso mientras uno distrae la atención del visitante, el otro le sustrae la cartera. Salvo que haya dejado el automóvil en un aparcamiento caro, quizá le rompan los cristales o le violenten la puerta del automóvil y roben la radio. La **policía** suele ser amable ante estos casos y proporciona un informe para el seguro. Para cualquier emergencia, marque el ☎112.

Transporte urbano

Es fácil trasladarse por Madrid. Las zonas céntricas se pueden recorrer a pie, el Metro es moderno y eficaz, hay autobuses que van a los barrios alejados y abundan los taxis.

Si el visitante tiene intención de utilizar bastante el transporte público y va a quedarse en la ciudad durante unos días, vale la pena obtener un **abono** que sirve para Metro, tren y autobús. Si dispone de un abono InterRail o Eurail, puede viajar en los trenes de cercanías de Renfe de manera gratuita; para algunos desplazamientos ciudadanos más largos representan una alternativa al Metro.

Metro

El **Metro** es la manera más rápida para desplazarse por Madrid, ya que llega a casi todos los puntos de interés. Funciona desde las 6 hasta la 1.30 h; el billete sencillo cuesta 135 pesetas, y hay un abono de diez viajes (Metrobús) que asciende a 705 pesetas, también válido para los autobuses. Las líneas están codificadas por colores y la dirección del viaje se indica por la estación final. En la actualidad, la red existente se sigue ampliando, de modo que tal vez los recorridos y las estaciones sufran alguna modificación. El viajero puede conseguir un mapa del Metro en cualquier estación.

Autobuses

La **red de autobuses** urbanos es amplia pero bastante compleja; en el caso de no haber una estación de Metro, se indica en el texto qué autobús hay que tomar. Hay taquillas de información en la plaza Cibeles y la Puerta del Sol; allí proporcionan un amplio mapa de los transportes de Madrid y, además de otros puntos de venta, venden

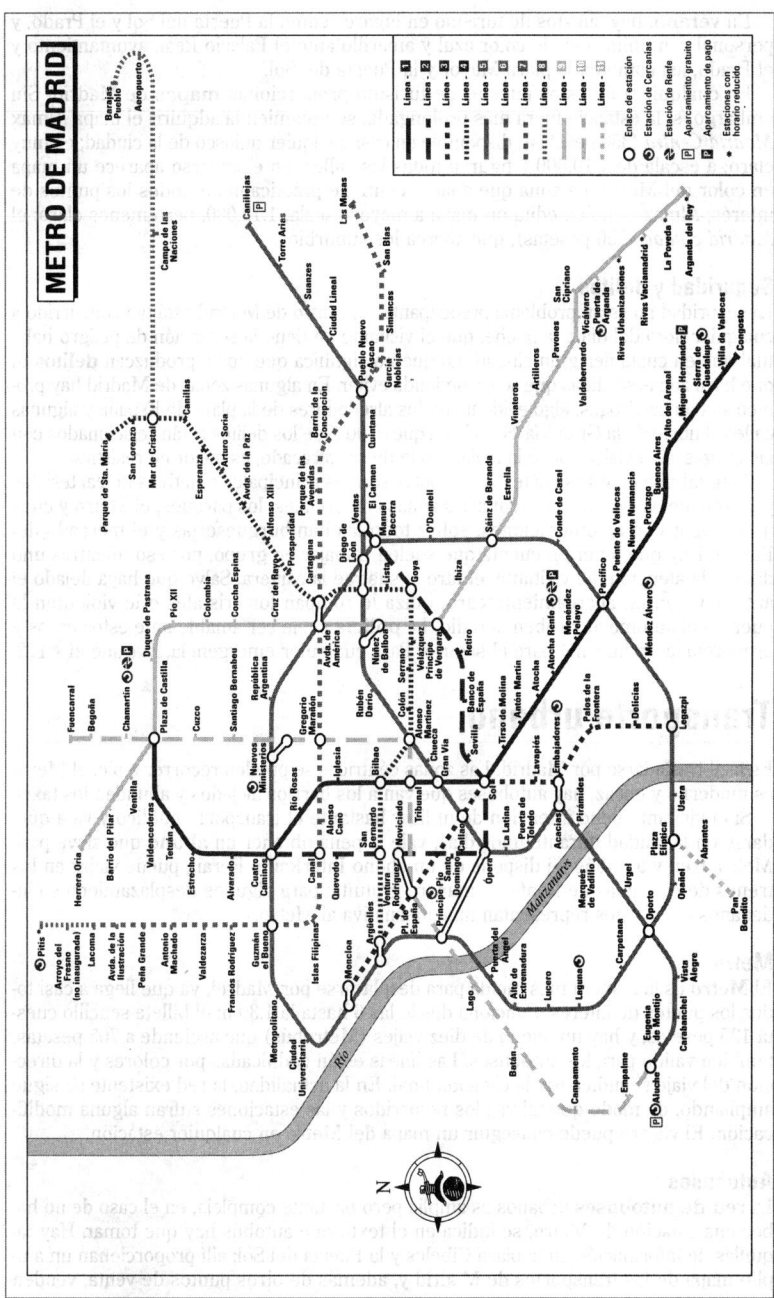

abonos. El precio de los billetes es el mismo que para el Metro, 135 pesetas uno sencillo o 705 pesetas un abono de diez viajes, que sirve tanto para autobús como para Metro. El viajero valida el billete en una máquina situada a la entrada del autobús en cuanto sube. Los autobuses funcionan desde las 6 hasta 24 h. Además, varias líneas **nocturnas** circulan por la zona central; salen cada media hora desde las 00.30 a las 2 h, y cada hora entre 2-6 h desde plaza Cibeles y Puerta del Sol.

Taxis

Una de las ventajas de Madrid es que nunca faltan los **taxis**, automóviles de color blanco con una franja roja en diagonal a los lados; no suelen ser muy caros: por 700 pesetas el visitante puede llegar a cualquier punto céntrico y, aunque la tarifa se suele redondear, las propinas no son obligatorias. Cobran suplementos por el equipaje, por salir de los límites de la ciudad (incluido el traslado al aeropuerto) y los desplazamientos nocturnos (23-6 h). En cualquier zona del centro, tanto de día como de noche, el viajero puede encontrar taxis (los que están libres tienen una luz verde en el techo) sin tener que esperar demasiado. Para pedir uno, puede telefonear al ☎915 478 200, ☎914 051 213 o ☎914 459 008.

Alojamiento

Madrid dispone de muchos hoteles y, salvo los destinados a ejecutivos, la mayoría son bastante céntricos. Suelen ser bastante funcionales. Hay pocos con solera, sean del precio que sean, y fundamentalmente se paga por el alojamiento y las instalaciones. En la gama inferior se pueden encontrar algunas gangas, con habitaciones dobles por 3.000 pesetas la noche, y menos si la estancia es prolongada. Subiendo de categoría tal vez encuentre alojamiento por 5.000-6.000 pesetas la noche, habitaciones cómodas con baño incluido o (más frecuente) con ducha. Sin embargo, hay pocos establecimientos que justifiquen un gasto mayor y, suponiendo que el viajero disponga de un presupuesto ajustado y Madrid no sea el único destino, merece la pena pagar más en otros lugares.

El viajero encontrará servicios de alojamiento en el aeropuerto, la estación Sur de autobuses, la de Chamartín y otros sitios. La empresa de información turística Brújula dispone de oficinas en la estación de Atocha, la terminal de autobuses de la plaza Colón y el centro situado en la sexta planta de la Torre de Madrid, que se halla en la calle Princesa (☎915 599 705), cerca de la plaza de España. El visitante puede reservar habitaciones en toda España y el servicio es gratuito, salvo las llamadas telefónicas de larga distancia.

Pensiones, hostales y hoteles

Al elegir un hotel, el principal factor que se debe tener en cuenta es la situación. Si el visitante quiere alojarse en el corazón del casco antiguo probablemente elegirá las zo-

---

CÓDIGOS DE LOS PRECIOS DE ALOJAMIENTO

En esta guía, los precios de alojamiento se reseñan en una escala de ① a ⑧, indicando el precio **más bajo** que puede esperar pagar por noche en un establecimiento por una **habitación doble**, en temporada alta. Los precios, señalados por los códigos, son los siguientes:

① menos de 2.000 pesetas/12 euros
② 2.000-3.000 pesetas/12-18 euros
③ 3.000-4.500 pesetas/18-27 euros
④ 4.500-6.000 pesetas/27-36 euros
⑤ 6.000-8.000 pesetas/36-48 euros
⑥ 8.000-12.000 pesetas/48-72 euros
⑦ 12.000-17.500 pesetas/72-105 euros
⑧ más de 17.500 pesetas/105 euros

48 / MADRID

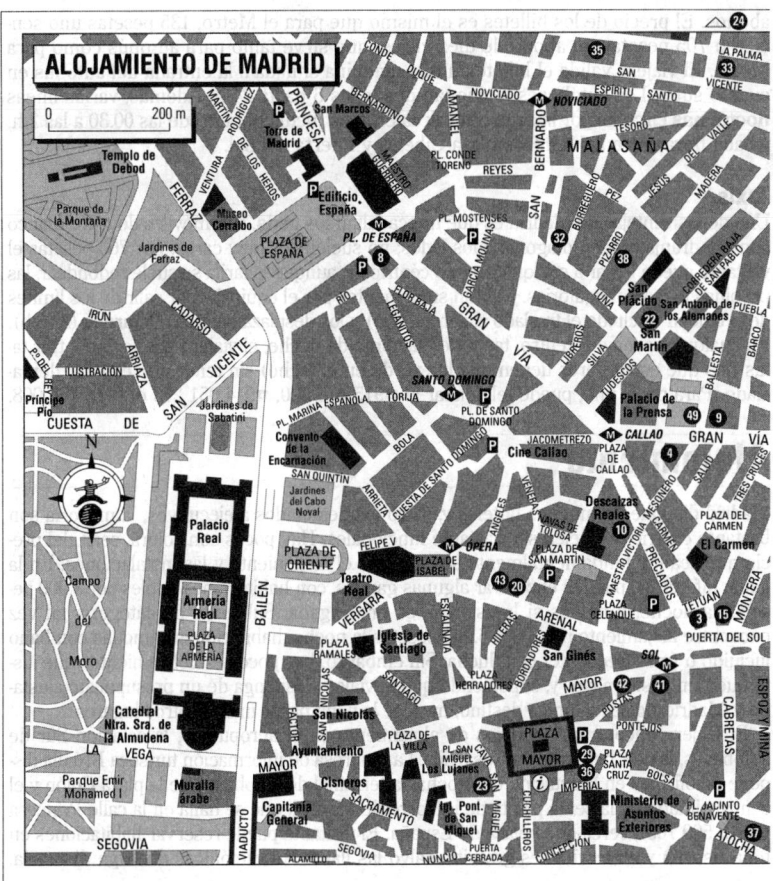

nas de los alrededores de la **plaza de Santa Ana** o **plaza Mayor**; la vida nocturna se concentra en **Malasaña** o **Chueca**. Si prefiere alojarse en una zona de más categoría, se recomienda el **paseo del Prado**, **Recoletos** o el barrio de **Salamanca**. Los edificios de las zonas de hoteles/hostales más populares suelen albergar dos o tres establecimientos, cada uno en una **planta** diferente, y por lo general son independientes. Los hostales situados en los edificios más grandes, como los de la Gran Vía, suelen ser inaccesibles por la noche, salvo que disponga de una llave para la puerta de entrada, ya que no siempre tienen portero electrónico o timbre. Si el viajero reserva una habitación y llega después de las 21 h, tendrá que comprobar que le abrirán la puerta.

Alrededores de la estación de Atocha

Gran parte del alojamiento más barato de Madrid se encuentra en las inmediaciones de la estación de Atocha. Pero las pensiones más cercanas a la estación suelen ser lúgubres y alojan a trabajadores itinerantes en busca de trabajo. Se recomienda no pasear por allí a altas horas de la noche. Sin embargo, los tres hoteles que figuran a continuación son buenos y seguros.

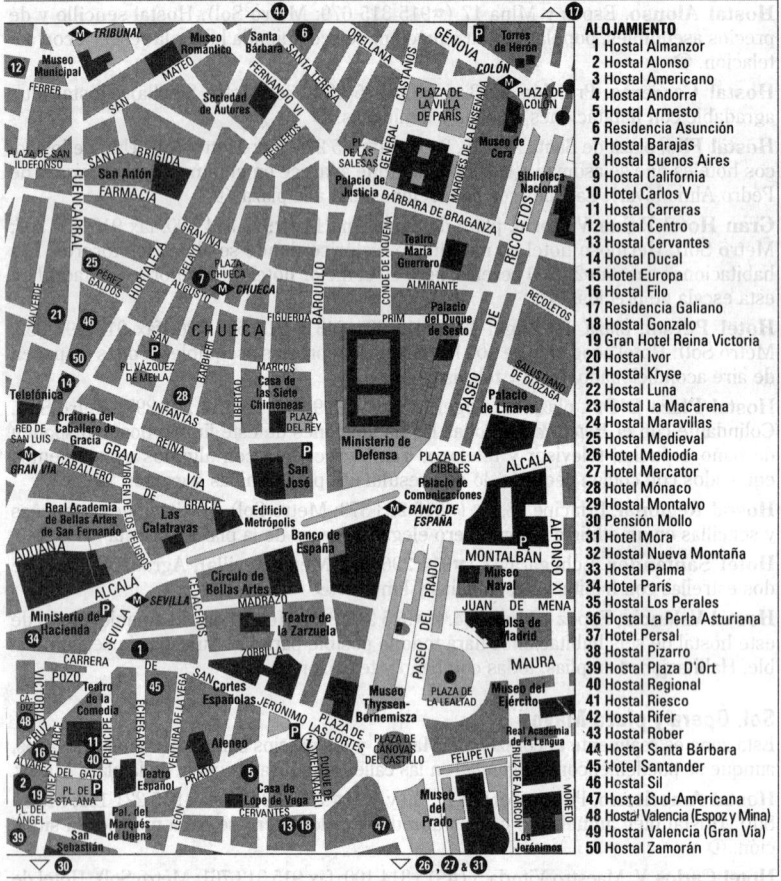

Hotel Mediodía, plaza del Emperador Carlos V 8 (☎915 273 060; fax 915 307 008; Metro Atocha). Gran hotel de 165 habitaciones junto al Reina Sofía y la estación de Atocha. Las habitaciones, sencillas pero cómodas, están muy bien de precio. ⑤

Hotel Mercator, Atocha 123 (☎914 290 500; fax 913 691 252; Metro Atocha). Hotel elegante y popular frecuentado por grupos en viajes organizados. Precios asequibles y cerca de la estación. ⑦

Pensión Mollo, Atocha 104, 4.º (☎915 287 176; Metro Atocha/Antón Martín). El hostal aceptable más cercano a la estación, aunque hay que subir una cuesta empinada; poco práctico si se lleva mucho equipaje. ③

Alrededores de la plaza Santa Ana

El corazón de la vida nocturna madrileña se concentra en la plaza Santa Ana; de hecho, algunos cafés permanecen abiertos hasta muy tarde. Los siguientes hoteles y hostales se hallan a una o dos manzanas de la plaza. Las estaciones de Metro de Antón Martín, Sevilla y Sol se encuentran cerca de la plaza.

Hostal Alonso, Espoz y Mina 17 (☎915 315 679; Metro Sol). Hostal sencillo y de precios asequibles, popular por su situación. Se recomienda hacer la reserva con antelación. ②
Hostal Carreras, Príncipe 18, 3.º izq. (☎915 220 036; Metro Sevilla). Hostal muy agradable con habitaciones amplias y luminosas. ③
Hostal Filo, plaza de Santa Ana 15, 2.º izq. (☎915 224 056; Metro Sol). Uno de los pocos hoteles que se asoman a la Villa Rosa (que aparece en el filme *Tacones lejanos* de Pedro Almodóvar). Las mejores habitaciones dan a la plaza. ④
Gran Hotel Reina Victoria, plaza de Santa Ana 14 (☎915 314 500; fax 915 220 307; Metro Sol). Hermoso hotel en un edificio histórico donde se alojan los toreros. Las habitaciones cuestan 25.000 pesetas, pero es el mejor hotel de categoría de Madrid en esta escala de precios. ⑧
Hotel Persal, plaza del Ángel 12 (☎913 694 643 y 913 683 726; fax 913 691 952; Metro Sol). Hotel acogedor de 100 habitaciones y precios asequibles. Todas disponen de aire acondicionado, baño y televisor. ⑤
Hostal Plaza D'Ort, plaza del Ángel 13 (☎914 299 041; fax 914 201 297; Metro Sol). Colindante con el *Hotel Persal*; todas las habitaciones de este limpio hostal disponen de baño o ducha, televisor y teléfono. También cuenta con algunos apartamentos equipados con cocina pequeña, lo que resulta útil para familias o grupos. ④
Hostal Regional, Príncipe 18, 4.º (☎915 223 373; Metro Sol). Habitaciones pequeñas y sencillas en un edificio antiguo pero elegante, cerca de la plaza de Santa Ana. ③
Hotel Santander, Echegaray 1 (☎914 296 644; Metro Sevilla). Agradable hotel de dos estrellas con habitaciones amplias y limpias. ⑤
Hostal Valencia, Espoz y Mina 7, 4.º (☎915 211 845; Metro Sol). El amable dueño de este hostal de seis habitaciones hará todo lo posible para que su estancia sea agradable. Habitaciones amplias, todas con baño y televisor. ③

Sol, Ópera y plaza Mayor
Esta zona es realmente el corazón de Madrid, y los precios son un poco más elevados, aunque se pueden encontrar gangas en las calles algo dejadas cerca de la plaza Mayor.
Hostal Americano, Puerta del Sol 11, 3.º y 4.º (☎915 222 822; fax 915 221 192; Metro Sol). Hostal bien amueblado con un agradable salón, pero se paga más por la situación. ④
Hotel Carlos V, Maestro Vitoria 5 (☎915 314 100; fax 915 313 761; Metro Sol). Hotel de principios del siglo XX, dispone de habitaciones grandes y lujosas. Situado en una zona peatonal, cerca de Preciados y detrás del monasterio de las Descalzas Reales. ⑦
Hotel Europa, Carmen 4 (☎915 212 900; fax 915 214 696; Metro Sol). Administrado por una familia; habitaciones renovadas. ⑥
Hostal Ivor, Arenal 24, 2.º (☎915 471 054; Metro Ópera). Buen hostal estándar con habitaciones con baño adjunto, todas con televisor. ④
Hostal La Macarena, Cava de San Miguel 8, 2.º (☎913 659 221; fax 913 642 757; Metro Sol). Buen hostal familiar restaurado, aunque las habitaciones son un tanto pequeñas, situado en una callejuela cerca de la plaza Mayor. ⑤
Hostal Montalvo, Zaragoza 6 (☎913 655 910). Situado entre la plaza de Santa Cruz y la plaza Mayor; habitaciones pequeñas y sencillas (algunas con buenas vistas), con y sin baño. ④
Hotel París, Alcalá 2 (☎915 216 496; fax 915 310 188; Metro Sol). Hotel tradicional y elegante situado en la misma Puerta del Sol. Muy buenos precios para ser tan céntrico. ⑥

Hostal La Perla Asturiana, plaza Santa Cruz 3 (☎913 664 600; fax 913 664 608; Metro Sol). Hostal bien situado con habitaciones pequeñas que dan a una plaza agradable. ④
Hostal Riesco, Correo 2 (☎915 222 692; fax 915 329 088; Metro Sol). Hostal tradicional en una calle cerca de Sol. Todas las habitaciones disponen de baño adjunto. ④
Hostal Rifer, Mayor 5, 4.º (☎915 323 197; Metro Sol). Habitaciones limpias y luminosas en el edificio más elevado de la manzana, por lo tanto silenciosas. ③
Hostal Rober, Arenal 26, 5.º (☎915 419 175; Metro Ópera). Uno de varios hostales aceptables situados cerca de Ópera de la calle Arenal. Las trece habitaciones disponen de baño y televisor. ④

Alrededores del paseo del Prado
Es una zona más tranquila, aunque muy céntrica, donde se hallan algunos de los hoteles más caros de la ciudad, además de algunas opciones más modestas.
Hostal Almanzor, Carrera de San Jerónimo 11, 2.º (☎914 293 801; Metro Sol). Limpio y acogedor. ④
Hostal Armesto, San Agustín 6, 1.º (☎914 299 031; Metro Antón Martín). Otra opción limpia y acogedora, en una calle tranquila cerca de la oficina de turismo. Las mejores habitaciones dan al pequeño jardín de la colindante Casa de Lope de Vega. ④
Hostal Cervantes, Cervantes 34, 2.º (☎914 292 745; fax 914 298 365; Metro Antón Martín). Si no hubiera plaza en el *Gonzalo*, situado en la planta superior, este hostal también es acogedor, aunque un poco más caro. Todas las habitaciones disponen de baño, televisor, ventilador y están bien amuebladas. ④
Hostal Gonzalo, Cervantes 34, 3.º (☎914 292 714; fax 914 202 007; Metro Antón Martín). No hay que desanimarse por el ascensor antiguo, ya que este hostal recientemente restaurado tiene habitaciones luminosas con baño adjunto y su propietario es encantador. Muy recomendable. ④
Hotel Mora, paseo del Prado 32 (☎914 201 569; fax 914 200 564; Metro Atocha). Hotel acogedor, restaurado hace poco, con 62 habitaciones; todas disponen de aire acondicionado y algunas dan al paseo del Prado. Muy bien situado para todas las galerías que se encuentran en el paseo del Arte. ⑤
Hostal Sud-Americana, paseo del Prado 12, 6.º (☎914 292 564; Metro Antón Martín). Este hostal de precios asequibles dispone de habitaciones amplias y limpias con vistas sombreadas (aunque los baños son compartidos). Agos., cerrado ④

Por la Gran Vía
Los edificios grandes y antiguos de la Gran Vía, que se extiende desde la plaza de España hasta la calle Alcalá, ocultan una gran cantidad de hoteles y hostales de todos los precios; suelen ser decadentes, aunque con encanto, a pesar del ruido del tráfico. Por las noches, la zona puede dar una mala impresión.
Hostal Andorra, Gran Vía 33, 7.º (☎915 316 603; fax 915 217 931; Metro Callao). Elegante, limpio y tranquilo; todas las habitaciones disponen de baño. ⑤
Hostal Buenos Aires, Gran Vía 61, 2.º (☎915 422 250; fax 915 422 869; Metro Plaza de España). Hostal bien equipado, cerca de la plaza de España. ⑤
Hostal California, Gran Vía 38 (☎915 224 703; fax 915 316 101; Metro Callao). Hostal bien situado, pero algo caro. Habitaciones nuevas, luminosas y relativamente tranquilas. ⑥
Hostal Valencia, Gran Vía 44, 5.º (☎915 221 115; fax 915 221 113; Metro Callao). El mejor de toda una manzana de hostales, pero las habitaciones delanteras pueden ser ruidosas. ④

Al norte de la Gran Vía

Al norte de la Gran Vía hay más hostales, en la calle Fuencarral y la calle Hortaleza y sus alrededores, cerca del Metro Gran Vía, y la calle Luna, detrás del Metro Callao. Sin embargo, Fuencarral puede ser tan ruidosa como la Gran Vía; hay que pedir una habitación que no dé a la calle. En las situadas al sur hay prostitución, por lo que se recomienda tener cuidado por las noches. Cuanto más elevada sea la numeración callejera de estas calles, más lejos estarán de la Gran Vía y más cerca de Malasaña (véase abajo).

Hostal Ducal, Hortaleza 3, 2.º (☎915 211 045; fax 915 215 064; Metro Gran Vía). Hostal agradable con balcones floridos y vistas a la ciudad. Todas las habitaciones disponen de baño adjunto. ④

Hostal Kryse, Fuencarral 25, 1.º (☎915 311 512; fax 915 228 153; Metro Gran Vía). Uno de tres hostales limpios y acogedores administrados por las mismas personas. ④

Hostal Luna, Luna 6 (☎915 324 585; Metro Callao). Hostal de buen precio con baños compartidos. Da a una plaza monótona de ambiente chino. ③

Hostal Medieval, Fuencarral 46, 2.º (☎915 222 549; Metro Chueca). Hostal bien administrado y acogedor con diversas habitaciones, situadas en un antiguo edificio que da a una plaza. ③-④

Hotel Mónaco, Barbieri 5 (☎915 224 630; fax 915 211 601; Metro Gran Vía/Chueca). Hotel con solera situado en un antiguo burdel; las habitaciones, muy ornamentadas, disponen de baño separado por cortinajes o mamparas. Muy recomendable. ⑥

Hostal Nueva Montaña, Luna 30 (☎915 216 085; Metro Plaza de España). Opción decente y barata; situado enfrente de una comisaría en una calle pintoresca. Baños compartidos. ②

Hostal Pizarro, Pizarro 14, 1.º (☎915 319 158; Metro Plaza de España). Hostal cómodo de buena categoría, situado cerca de la calle Luna. ④

Hostal Sil, Fuencarral 95, 3.º (☎914 488 972; Metro Tribunal). Hostal tranquilo con aire acondicionado; cerca de Malasaña. ④

Hostal Zamorán, Fuencarral 18 (☎915 322 060; Metro Gran Vía). Hostal de buen precio con aire acondicionado y habitaciones grandes, limpias y con baño adjunto; todas con televisor. ④

Malasaña

Malasaña, situado al oeste de la calle Fuencarral y centrado alrededor de la plaza Dos de Mayo, es un antiguo barrio obrero y una de las principales zonas de vida nocturna de Madrid. Los hostales de la zona suelen ser sencillos, pero si el viajero se aloja aquí, apreciará el auténtico carácter de la ciudad sin alejarse de los puntos de interés turístico.

Hostal Barajas, Augusto Figueroa 17 (☎915 324 078; fax 915 310 209; Metro Tribunal/Chueca). Hostal muy elegante para esta zona; habitaciones con baño adjunto, todas con televisor. ④

Hostal Centro, Palma 11, 1.º (☎914 470 047; Metro Tribunal). Opción barata y acogedora en una antigua casa de familia; baño compartido. ②

Hostal Maravillas, Manuela Malasaña 23, 1.º izq. (☎914 484 000; Metro Noviciado). Hostal barato situado en una zona animada. ③

Hostal Palma, Palma 17, 1.º (☎914 475 488; Metro Tribunal). Habitaciones sencillas pero limpias, algunas con balcón, situado detrás de la estación del Metro. ②

Hostal Los Perales, Palma 61, 1.º (☎915 227 191; Metro Noviciado). La mejor opción barata en un edificio con diversos hostales. ②

Chueca y Santa Bárbara
Chueca, situado al este de la calle de Fuencarral, constituye otro centro de vida nocturna, incluso más que Malasaña, de hecho, abundan los bares musicales; también es la zona gay de la ciudad. Sin embargo, en la plaza Chueca proliferan los yonquis y vendedores de droga. El tramo norte de Chueca, en los alrededores de la plaza Santa Bárbara (Metro Alonso Martínez), no resulta problemático y continúa estando animado por las noches.

Residencia Asunción, plaza Santa Bárbara 8 (☎913 082 348; fax 913 100 478; Metro Alonso Martínez). Habitaciones pequeñas pero bien equipadas con baño, televisor y minibar. Buena situación con vistas a la plaza. ④-⑤

Hostal Santa Bárbara, plaza Santa Bárbara 4 (☎914 457 334; fax 914 462 345; Metro Alonso Martínez). Bonito hostal recién reformado y bien situado; el propietario es italiano. ⑥

Recoletos y Salamanca
Ésta es la zona más elegante de Madrid, equivalente en Europa a la de Bond Street o Rue de Rivoli, hay tiendas de categoría y edificios de pisos. Se trata de una zona segura y agradable, situada al norte del parque del Retiro, pero las aceras suelen estar cubiertas de heces de perros; de hecho, aquí los caniches abundan tanto como los abrigos de visón.

Residencia Don Diego, Velázquez 45, 5.º (☎914 350 760; fax 914 314 263; Metro Velázquez). Hotel pequeño y agradable; buen precio para la zona. ⑥

Residencia Galiano, Alcalá Galiano 6 (☎913 192 000; fax 913 199 914; Metro Colón). Oculto en una calle tranquila cerca del paseo de la Castellana, este hotel pequeño es sofisticado y el servicio acogedor. Tiene aparcamiento. ⑥

Hotel Serrano, Marqués de Villamejor 8 (☎914 355 200; fax 914 354 849; Metro Rubén Darío). Hotel pequeño y moderno, bien situado entre la calle Velázquez y el paseo de la Castellana. Como las habitaciones dan a un patio trasero, resulta bastante tranquilo. ⑦

Albergues de juventud y cámpings

Madrid dispone de dos albergues de juventud y, tras el cierre del *Cámping Madrid* (que aún figura en algunas guías), sólo de un cámping «local».

Richard Schirmann, en la Casa de Campo (☎914 635 699; fax 914 644 685; Metro Lago o autobús 33). No muy bien situado (a unos 45 min. a pie desde Sol), pero acogedor, cómodo y limpio, con mucho aire puro y un bar agradable. Puede telefonear para que pasen a recogerle a la estación de Metro Lago, aproximadamente a 1 km de distancia; de ningún modo debe hacer el recorrido a solas por la noche: la zona está frecuentada por prostitutas y sus clientes. ①

Santa Cruz de Marcenado, Santa Cruz de Marcenado 28 (☎915 474 532; Metro Argüelles). Situado al noroeste, a 20 minutos a pie desde el centro (también se puede ir en Metro), y al este de la calle Princesa. Se trata de un edificio moderno relativamente agradable, con buenos bares. La recepción está abierta entre 9-22 h y las puertas permanecen abiertas hasta la 1.30 h. Se recomienda hacer la reserva con antelación. ①

Cámping Osuna, avenida de Logroño, situado cerca del aeropuerto, al norte de la carretera N-II a Barcelona (☎917 410 510; Metro Canillejas y después autobús 105). Acogedor, bien equipado, con precios razonables y sombreado, pero el suelo es muy duro y, debido al tráfico aéreo, bastante ruidoso. ①

La ciudad

Los principales puntos de interés de Madrid ocupan una zona compacta situada entre el **Palacio Real** y los jardines del **Retiro**. Los tres grandes museos **(Prado, Thyssen-Bornemisza** y **Reina Sofía)** se encuentran a lo largo del paseo del Prado, cerca del Retiro. La parte más vieja de la ciudad, una zona conocida como el **Madrid de los Austrias**, que debe su nombre a los monarcas de la dinastía de los Habsburgo que la mandaron construir, se centra alrededor de la porticada **plaza Mayor**, situada al este del Palacio Real.

Si el viajero dispone de poco tiempo, tal vez éstos sean los sitios que debe visitar. Sin embargo, lo más importante de Madrid no son sus monumentos, pues para conocer la ciudad hay que experimentar el ambiente de los diversos barrios. Los más céntricos e interesantes son los que se encuentran en los alrededores de la **plaza de Santa Ana** y la **calle Huertas**, al este de la Puerta del Sol; **La Latina** y **Lavapiés**, al sur de la plaza Mayor, donde se monta el mercado dominical del **Rastro**, y **Malasaña** y **Chueca**, situadas al norte de la Gran Vía. Da la casualidad de que en estos barrios se concentran los mejores bares de tapas y restaurantes de la ciudad (véase pág. 77).

Sol, plaza Mayor y Ópera: el Madrid de los Austrias

El **Madrid de los Austrias** (o lo que es lo mismo, de los Habsburgo) es una mezcla de planificación formal, con su rincón más impresionante en la magnífica plaza Mayor, y áreas de la época del desarrollismo de los años sesenta que crecieron sin control y que incrementaron de forma espectacular la población de la capital. La parte central del viejo Madrid es un torbellino de calles, callejones y callejuelas escalonadas, y de arquitectura de inspiración flamenca de ladrillo rojo y piedra gris, torres de tejas de pizarra y puertas renacentistas.

Puerta del Sol

El mejor punto de partida para explorar el Madrid de los Austrias (y la mayoría de las demás zonas del centro) es la **Puerta del Sol** (Metro Sol). Esta plaza es el epicentro de la ciudad, y también de España. Desde este punto se miden todas las distancias y aquí empiezan oficialmente seis de las rutas nacionales (las carreteras conocidas como la N-I, N-II, etc.). En el pavimento ante el edificio de la torre del reloj, al sur de la plaza, hay un mojón que indica el kilómetro cero.

La plaza es un lugar de encuentro popular, especialmente junto a la fuente, o en la esquina de la calle del Carmen, donde se halla la estatua de un oso y un madroño, el emblema de la ciudad. Aparte de esto hay poco que llame la atención, aunque en la

---

EL VERANO EN MADRID

En verano, Madrid prácticamente cierra: a partir del 20 de julio la mitad de los bares, restaurantes y oficinas están cerrados, ya que los habitantes se marchan a la costa o al campo. En realidad, la ciudad sólo vuelve a abrir en septiembre.

Por fortuna, la mayoría de los monumentos y museos permanecen abiertos para turistas y residentes, y la vida nocturna veraniega adquiere una vida propia en las terrazas de los bares. Además, desde hace unos años el Ayuntamiento ha emprendido un programa importante de espectáculos veraniegos, **Los Veranos de la Villa**. Si el viajero no tiene que hacer otra cosa es un buen momento para estar en Madrid.

Hay que tener en cuenta que durante todo el año la mayoría de los museos (y muchos bares y restaurantes) **cierran los lunes**. El Reina Sofía y el Palacio Real son dos de los puntos de interés que permanecen abiertos este día.

plaza se suelen celebrar manifestaciones o celebraciones, como por ejemplo la Nochevieja, cuando miles de personas se reúnen hasta que el reloj da las doce campanadas. Allí están las sucursales de los **grandes almacenes**, como El Corte Inglés y la cadena FNAC, situada en la calle Preciados, a un lado de la plaza.

La plaza Mayor
Si el viajero recorre la calle Mayor (que era la vía principal de la ciudad medieval) hacia el oeste desde Puerta del Sol, tal vez pase junto al monumento histórico más importante de Madrid sin darse cuenta: la **plaza Mayor**. No da a la calle y se accede a ella a través de callejuelas escalonadas, lo que le confiere un aspecto aún más imponente debido a los edificios porticados. Felipe II, que convirtió Madrid en capital, quiso que esta plaza fuera el lugar público de reunión de la ciudad; se terminó de construir en 1619, 30 años después, durante el reinado de Felipe III, cuya estatua ecuestre se halla en el centro. El arquitecto fue Juan Gómez de Mora, que también proyectó numerosos edificios civiles y regios de este barrio.

La plaza, en la que destacan sus cientos de balcones, fue diseñada como un teatro para la celebración de eventos públicos, y ha cumplido con esta función a lo largo de su historia. Fue el escenario de los autos de fe de la Inquisición y las subsiguientes ejecuciones. Aquí fueron coronados reyes, se celebraron festivales y manifestaciones, así como las primeras funciones de las obras de Lope de Vega y otros autores; asimismo había corridas de toros y se chismorreaba. La realeza solía ver los acontecimientos más importantes desde sus dependencias situadas en la central **Casa de la Panadería**, un palacio (en la actualidad, oficinas municipales) que debe su nombre a la panadería a la que reemplazó. Fue reconstruida después de un incendio en 1692 y decorada con una serie de figuras alegóricas que recientemente han recuperado todo su esplendor (aunque hoy se consideraría *kitsch*).

En la actualidad, la plaza Mayor es sobre todo un lugar frecuentado por los turistas; abundan los cafés caros y restaurantes con terrazas (se recomienda limitarse a tomar una copa). Sin embargo, conserva un cierto aire de grandeza, y aún cumple con funciones públicas. Durante los meses de verano, se convierte en **teatro** y **escenario musical** al aire libre; en otoño se celebra una **feria del libro** y en invierno, antes de Navidad, se convierte en un **mercadillo** donde se venden motivos navideños. Todos los domingos se reúnen los coleccionistas de sellos, y los numismáticos se dedican a revisar cajas de monedas raras en un mercadillo al aire libre.

En las callejuelas junto a la plaza, como las calles Cuchilleros y Cava de San Miguel, se encuentran algunos de los **mesones** más antiguos de la ciudad. Si el visitante toma una copa al atardecer, tal vez reciba una serenata de las tunas, compuestas por músicos y cantantes vestidos con el traje tradicional de calzón y chaleco, que recorren la ciudad cantando y pasando el sombrero. Estos grupos compuestos antes exclusivamente por varones pertenecen a diversas facultades de la universidad, y los alumnos se ganan así unos ingresos para sus estudios.

Plaza de la Villa, y plazas San Miguel y San Ginés
Siguiendo por la calle Mayor en dirección al Palacio Real se encuentra la **plaza de la Villa**, un perfecto ejemplo de 3 siglos de desarrollo arquitectónico español. El edificio más antiguo que aún queda en pie es la **torre de los Lujanes** del siglo XV, una excelente muestra de arquitectura mudéjar (los mudéjares eran población musulmana que vivían en zonas reconquistadas por los cristianos), donde se cuenta que fue encarcelado Francisco I de Francia en 1525, tras ser capturado en la batalla de Pavía, en Italia. Enfrente se halla el antiguo **ayuntamiento**, cuya construcción se inició en el siglo XVII, pero que fue restaurado según el estilo barroco (visitas, lun., 17 h). En la fachada principal de la plaza destaca la **Casa de Cisneros**, construida por un sobrino del cardenal Cisneros en estilo plateresco del siglo XVI.

El barroco es aún más pronunciado en la calle San Justo, donde está la iglesia parroquial de **San Miguel**; la desenfrenada imaginación de los arquitectos italianos del siglo XVIII que la diseñaron luce en todo su esplendor.

Otra magnífica iglesia, pero mucho más antigua, es **San Ginés**, situada al norte de la plaza Mayor en la calle Arenal. De origen mozárabe (construida por población de la España musulmana que conservó la religión cristiana) contiene un cuadro de El Greco en el que aparece la expulsión de los mercaderes del templo. Sólo permanece abierta durante los oficios religiosos. Frente a la iglesia se encuentra un templo de culto del siglo XX, la discoteca *Joy Eslava*, y detrás, la **Chocolatería San Ginés**, toda una institución madrileña, que en una época era frecuentada por obreros madrugadores, pero que en la actualidad sirve churros y chocolate caliente a los noctámbulos (véase pág. 95).

Los conventos de las Descalzas Reales y de la Encarnación

A dos manzanas al norte de San Ginés se encuentra uno de los tesoros ocultos de Madrid: el **monasterio de las Descalzas Reales**, situado en la plaza de las Descalzas Reales 3 (Metro Sol/Callao). Fue fundado por Juana de Austria, hija del emperador Carlos V, y hermana de Felipe II, que a los 19 años ya era la viuda del príncipe don Juan de Portugal. Tras ella llegó una sucesión de damas tituladas, las *Descalzas Reales*, que aportaron fama y, sobre todo, fortuna. Se trata de un lugar muy suntuoso, aunque también hermoso y tranquilo; hoy en día aún funciona como convento, en el que unas monjas de las descalzas cultivan hortalizas.

Hay **visitas guiadas** (mar.-jue. y sáb. 10.30-12.45 h y 16-17.45 h; vier., 10.30-12.45 h; dom. y festivos, 11-13.30 h; 700 pesetas; miér., entrada gratuita para ciudadanos de la UE) que recorren los claustros y una escalera muy elegante hasta llegar a una serie de salas repletas de obras de arte y tesoros de toda clase. Quizá las habitaciones sean lo más destacado: están decoradas con una serie de tapices flamencos diseñados por Rubens, y hay un retrato de san Francisco pintado por Zurbarán. Éstos fueron los dormitorios de todas las monjas (entre ellas santa Teresa de Ávila, que vivió aquí durante

---

MUSEOS Y CENTROS GRATUITOS DE MADRID

Se puede **entrar gratuitamente** a muchos de los puntos de interés de Madrid. En los lugares clasificados como *Patrimonio Nacional*, como el Palacio Real, el convento de la Encarnación, El Pardo (véase pág. 76) y el monasterio de las Descalzas Reales, la entrada es gratuita para los ciudadanos de la UE los miércoles (hay que llevar el pasaporte). La mayoría de los museos son también gratuitos para menores de 18 años y jubilados, y hacen importantes descuentos a los estudiantes (lleve identificación en todos los casos). Además, muchos museos y monumentos que suelen cobrar entrada reservan ciertos horarios en los que ésta resulta gratuita. Incluyen los siguientes:

Ermita de San Antonio de la Florida: miér., 10-14 h y 16-20 h; dom., 10-14 h.
Museo de América: sáb., 14-15 h; dom., 10-14.30 h.
Museo Arqueológico Nacional: sáb., 14.30-20.30 h; dom., 9.30-14.30 h.
Museo Nacional de Artes Decorativas: dom., 10-14 h.
Museo Cerralbo: dom., 10-14 h; miér., 9.30-14.30 h.
Museo del Ejército: sáb., 10-14 h.
Museo Lázaro Galdiano: sáb., 10-14 h.
Museo Municipal. dom., 10-14 h; miér., 9.30-20 h.
Museo Nacional Centro de Arte Reina Sofía: sáb., después de las 14.30 h y dom., 10-14.30 h.
Museo del Prado: sáb., después de las 14.30 h; dom., 9-14 h.
Museo Romántico: dom., 10-14 h.
Real Academia de Bellas Artes de San Fernando: sáb.-dom., 9-14.30 h.

un tiempo), a excepción de la emperatriz María de Alemania, que donó sus lujosas cámaras privadas al convento. El otro punto culminante de la visita es la Joyería, repleta de joyas y reliquias de origen incierto. Las monjas no llevaban un registro de los regalos, de manera que se desconoce de quién son —hay un extraño modelo de Cristo en corte transversal— ni a qué santo pertenecían los huesos. Sea como fuere, es un tesoro excepcional. Hay una entrada conjunta con el convento de la Encarnación (825 pesetas).

El **convento de la Encarnación** se halla en la plaza de la Encarnación, cerca del Palacio Real (miér. y sáb., 10.30-12.45 h y 16-17.45 h; dom., 11-13.45 h; 475 pesetas; miér., entrada gratuita para ciudadanos de la UE; Metro Ópera). Fue fundado algunos años después del convento de las Descalzas por Margarita, la esposa de Felipe III, aunque fue reformado durante el siglo XVIII. Alberga una amplia pero decepcionante colección de arte español del siglo XVII y un relicario similar a una biblioteca, supuestamente el más importante del mundo católico.

Ópera: la plaza de Oriente y la catedral

Al oeste de Sol, la calle Arenal conduce al **Teatro Real** u Ópera (Metro Ópera), que da su nombre a esta zona. Construido a mediados del siglo XIX, estuvo a punto de desaparecer unas décadas después debido al hundimiento causado por unos canales subterráneos; recientemente se ha vuelto a abrir después de una restauración que ha durado 10 años, aunque sólo deberían haber sido 4, y ha costado la friolera de 25.000 millones de pesetas.

En la parte de atrás, la Ópera está separada del Palacio Real por la **plaza de Oriente**, agradable pero poco frecuentada, tal vez por el recuerdo de aquellos días en que Franco solía dirigirse aquí a la multitud; grupos de extrema derecha siguen reuniéndose en este lugar el 20 de noviembre, el aniversario de la muerte de Franco. Sin embargo, la plaza ha sido restaurada recientemente: se ha completado la peatonalización, desviando la ajetreada calle Bailén por debajo de la plaza, y convirtiéndola así en uno de los espacios abiertos más agradables de Madrid. Uno de sus principales atractivos, y el centro de su animación, es el elegante *Café de Oriente*, en verano una de las paradas obligatorias de la vida nocturna madrileña. El café (también un restaurante con solera) tiene un aspecto tan tradicional como cualquier otro de la ciudad, pero en realidad fue inaugurado en los años ochenta del siglo XX por un sacerdote, el padre Lezama, que dona las ganancias a diversas asociaciones de caridad. Además del café, lo más destacable de la plaza de Oriente son las estatuas: hay 44 y representan a reyes y reinas de España; en un principio, su función era decorar la fachada del palacio, pero resultaron demasiado pesadas (algunos sostienen que demasiado feas) para el tejado. La **estatua ecuestre de Felipe IV**, situada en el centro, tiene otra categoría, ya que está basada en unos dibujos de Velázquez y se dice que Galileo ayudó a hacer los cálculos para equilibrarla.

Frente al Palacio Real, hacia el sur, al otro lado de la plaza de la Armería carente de árboles, se encuentra la catedral de Madrid, **Nuestra Señora de la Almudena** (lun.-sáb., 10-13.30 h y 18-20.30 h; dom., 10-14.30 h y 18-20.30 h; Metro Ópera). Fue proyectada hace siglos, bombardeada durante la Guerra Civil, restaurada ocasionalmente, afectada por la falta de fondos y por último inaugurada en 1993 por el papa Juan Pablo II. El exterior de su mole neoclásica es tan mediocre como el interior, aunque la capilla Opus Dei, parecida a una boutique, al menos tiene la ventaja de ser una novedad entre el montón de hornacinas vacías.

Al sur de aquí, la calle Bailén atraviesa la de Segovia por un **viaducto** elevado, que fue construido como un camino regio desde el palacio hasta la iglesia de San Francisco el Grande, para evitar la plebe y el río que discurrían por debajo. A pocos pasos hay un tramo de la **muralla árabe** perteneciente a la fortaleza medieval situada aquí, y que fue reemplazada por el Palacio Real. Al otro lado del acueducto se hallan los **jardines de las Vistillas**, en los que destacan las terrazas veraniegas asomadas al río.

El Palacio Real

El **Palacio Real** (abril-sept., lun.-sáb., 9-18 h; dom. y festivos, 9-15 h; oct.-marzo, lun.-sáb., 9.30-17 h; dom. y festivos, 9-14 h; cerrado durante las visitas de Estado; miér., entrada gratuita para ciudadanos de la UE) es impresionante: tiene más habitaciones que cualquier otro palacio europeo; una biblioteca con una de las mayores colecciones de libros, manuscritos, mapas y partituras del mundo y una armería con una inigualable colección de armas que se remontan al siglo XV. Si el viajero se encuentra por allí el primer miércoles de cada mes entre las 12-13 h, podrá contemplar el cambio de guardia ante el palacio, una tradición recientemente restaurada.

Desde hace unos años, las **visitas guiadas** en diversos idiomas (1.000 pesetas, en general hay que esperar que se forme un grupo) han sido abreviadas: ahora se ven 25 salas y dependencias en lugar de 90, incluido el Museo Real de Armería (cuando está abierto) y la Farmacia Real. Pero no deja de ser extenuante, y no suele quedar tiempo para apreciar su extraordinaria opulencia: metros y más metros de tapices flamencos y españoles, interminables decoraciones rococó, relojes enjoyados y retratos pomposos de monarcas, además de una exposición permanente de los cartones y los tapices de Goya. Tal vez la visita resulte más productiva **sin un guía** (900 pesetas), ya que cada habitación dispone de una descripción clara; la principal desventaja es que hay que abrirse paso a través de los grupos de las visitas guiadas.

El palacio y los edificios anexos

El palacio original de los Habsburgo se incendió el día de Navidad de 1734. Fue sustituido por el edificio actual, basado en unos bocetos que Bernini realizó para el Louvre. Construido a mediados del siglo XVIII, fue la principal residencia real hasta que Alfonso XIII se exilió en 1931; tanto José Bonaparte como el duque de Wellington vivieron aquí durante un corto período. La familia real actual habita en una residencia bastante más modesta, situada en el extrarradio occidental de la ciudad, y sólo utiliza el Palacio Real para actos oficiales.

Para la mayoría de los visitantes, lo más destacado es el **Salón del Trono**; contiene unos tronos nuevos instalados para los reyes Juan Carlos y Sofía, además de un espléndido cielorraso pintado por Tiépolo: un enorme fresco que representa la gloria de España, sin duda un logro extraordinario para un artista que entonces tenía setenta y tantos años.

Los edificios anexos al palacio incluyen la **Armería Real**, una gran sala repleta de armas, sables y armaduras, con curiosidades como la espada del Cid y la armadura que llevó Carlos V en el retrato ecuestre pintado por Tiépolo, que se encuentra en El Prado. Los juegos completos de armaduras son fascinantes, ya que tienen todos los respuestos originales y artilugios para hacer ajustes. La **Biblioteca Real** (fuera del circuito de visitas) también resulta imponente, entre los innumerables volúmenes sobresale una primera edición de *Don Quijote*. También hay una **Farmacia** del siglo XVIII, una curiosa mezcla de gabinete de alquimista y laboratorio, cuyas paredes están cubiertas de envases etiquetados, que contienen diversos remedios.

Los jardines y el Museo de Carruajes

Al norte del palacio, se encuentran los **jardines Sabatini**, también abiertos al público, mientras que detrás está el más amplio y más hermoso parque del **Campo del Moro** (sólo se puede acceder por el lado occidental, cerca del paseo de la Virgen del Puerto). Dentro se halla el **Museo de Carruajes** (cerrado por reformas), que expone una colección de carruajes de gala desde el siglo XVI hasta el presente.

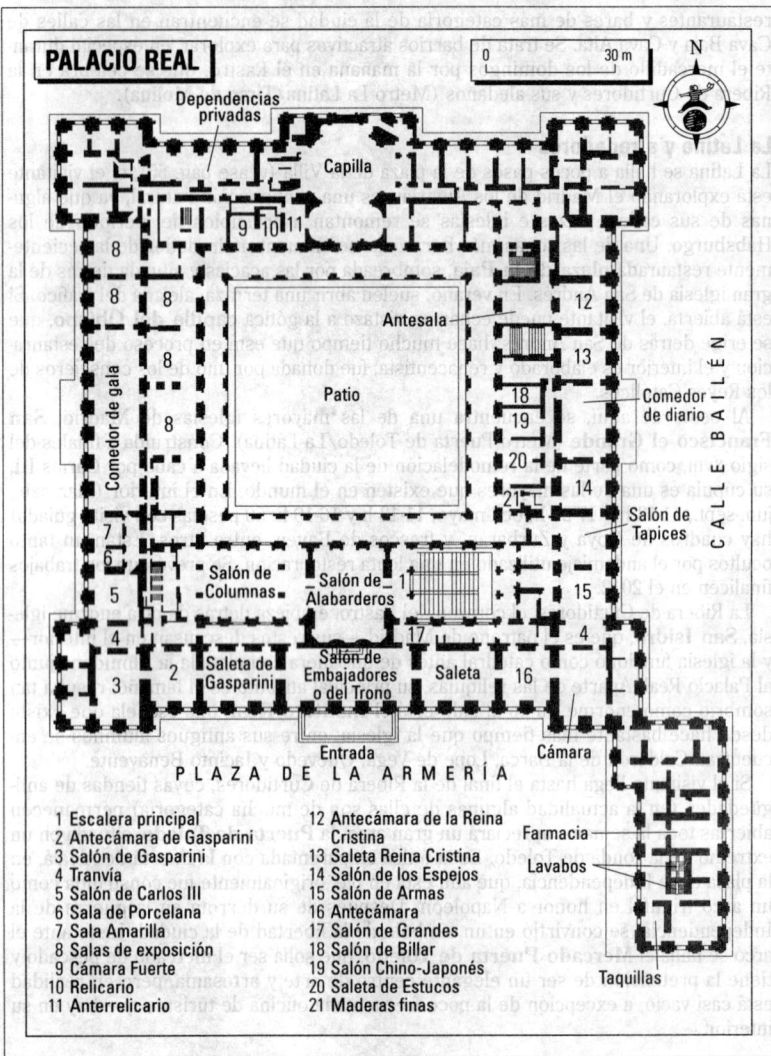

Al sur de la plaza Mayor: La Latina, Lavapiés y el Rastro

Tradicionalmente, en la zona al sur de la plaza Mayor solía vivir gente humilde; de hecho eran barrios obreros con casas de vecinos construidas para albergar al gran aumento de población que se produjo durante los siglos XVIII y XIX. En muchos lugares, estas viejas casas aún permanecen en pie, apiñadas en callejuelas estrechas; pero el carácter de **La Latina** y **Lavapiés** está empezando a cambiar, a medida que sus habitantes, y también los barrios, son más jóvenes y elegantes. Algunos de los

restaurantes y bares de más categoría de la ciudad se encuentran en las calles de Cava Baja y Cava Alta. Se trata de barrios atractivos para explorar, en especial durante el mercadillo de los domingos por la mañana en el Rastro, que se celebra en la Ribera de Curtidores y sus aledaños (Metro La Latina/Tirso de Molina).

La Latina y alrededores

La Latina se halla a pocos pasos de la plaza de la Villa (véase pág. 55); si el visitante está explorando el Madrid de los Austrias, es una continuación natural, ya que algunas de sus calles, plazas e iglesias se remontan a principios del período de los Habsburgo. Una de las zonas más hermosas se encuentra alrededor de la recientemente restaurada **plaza de la Paja**, sombreada por las acacias y situada detrás de la gran iglesia de San Andrés. En verano, suelen abrir una terraza, alejada del tráfico. Si está abierta, el visitante puede echar un vistazo a la gótica **capilla del Obispo**, que se erige detrás de San Andrés; hace mucho tiempo que está en proceso de restauración y el interior es elaborado y renacentista; fue donada por uno de los consejeros de los Reyes Católicos.

Al oeste de aquí, se encuentra una de las mayores iglesias de Madrid, **San Francisco el Grande** (Metro Puerta de Toledo/La Latina). Construida a finales del siglo XVIII, como parte de la remodelación de la ciudad llevada a cabo por Carlos III, su cúpula es una de las mayores que existen en el mundo. En el interior (mar.-sáb., jun.-sept., 11-13 h y 17-20 h; oct.-mayo, 11-13 h y 16-19 h; 50 pesetas con visita guiada) hay cuadros de Goya y Zurbarán, y frescos de Bayeu, entre otros. Están un tanto ocultos por el andamiaje utilizado en una lenta restauración. Se prevé que los trabajos finalicen en el 2012.

La Ribera de Curtidores, el corazón del Rastro, empieza detrás de otra enorme iglesia, **San Isidro**, que es el patrón de Madrid —sus restos descansan en el interior— y la iglesia funcionó como catedral antes de que fuera completada la Almudena junto al Palacio Real. Aparte de las reliquias, su principal atributo es el tamaño; resulta tan sombrío como enorme. Justo al lado está el **Instituto Real**, una escuela que existe desde hace bastante más tiempo que la iglesia; entre sus antiguos alumnos se encuentran Calderón de la Barca, Lope de Vega, Quevedo y Jacinto Benavente.

Si el visitante llega hasta el final de la Ribera de Curtidores, cuyas tiendas de antigüedades (en la actualidad algunas de ellas son de mucha categoría) permanecen abiertas toda la semana, apreciará un gran arco, la **Puerta de Toledo**, situada en un extremo de la ronda de Toledo. Es la única emparentada con la Puerta de Alcalá, en la plaza de la Independencia, que aún está en pie; originalmente fue construida como un arco triunfal en honor a Napoleón. Después de su derrota en la guerra de la Independencia, se convirtió en un símbolo de la libertad de la ciudad. Justo ante el arco se halla el **Mercado Puerta de Toledo**, que solía ser el mercado de pescado y tiene la pretensión de ser un elegante centro de arte y artesanía, pero en realidad está casi vacío, a excepción de la poco frecuentada oficina de turismo que hay en su interior.

Lavapiés y el cine Doré

Un buen punto de partida para empezar a explorar Lavapiés es la plaza Tirso de Molina (Metro Tirso de Molina). Desde aquí, el viajero puede seguir por la calle Mesón de Paredes y tomar una copa en la *Taberna Antonio Sánchez*, en el n.° 13, para después continuar hasta **La Corrala**, en la esquina de la calle Sombrerete. Se trata de una de las tradicionales corralas del barrio y tiene apartamentos con balcón que dan a un patio central. Aquí se solían representar farsas y zarzuelas, y en verano este espacio abierto suele albergar algunos espectáculos. Está muy bien restaurada y ha sido declarada monumento nacional.

EL RASTRO

Visitar **el Rastro**, el mercadillo más famoso de Madrid, forma parte del ritual de fin de semana de la ciudad, al igual que ir a misa o dar un paseo. Este animado mercado callejero se extiende hacia el sur desde la estación de Metro La Latina hasta la ronda de Toledo, y especialmente a lo largo de la Ribera de Curtidores. La muchedumbre acude todos los domingos entre las 10-15 h, y cada vez más los viernes, sábados y festivos. Allí se puede comprar ropa de segunda mano, artículos militares, periquitos, canarios, sombrillas, navajas de afeitar, excelentes antigüedades, transistores japoneses, cubiertos y cucharillas para preparar cocaína... de hecho, todo lo que podría resultar necesario (o, quizás, innecesario).

Algunos artículos, como discos de teléfonos estropeados, botellas de plástico de champú medio llenas de algo que podría ser el contenido original —o no— están tan deteriorados que tal vez no se vendan jamás. Hay otros artículos que pueden tener bastante valor, pero, en general, lo que se encuentra por aquí es lo mismo que en los mercadillos de todo el mundo: ropa de diseño, bolsos y camisetas falsificadas. No hay que hacerse ilusiones: no encontrará ni gangas fabulosas ni grandes maestros de la pintura, como cuenta el mito popular; casi todo el comercio de antigüedades serio se ha desplazado de la calle a las tiendas que lo bordean, mientras que los auténticos cachivaches sólo se hallan en la periferia del mercadillo. Sin embargo, el ambiente de el Rastro siempre es agradable y los bares de alrededor son tan buenos como cualquier otro de la ciudad.

Se recomienda vigilar bien el bolso y la cartera, las cámaras (mejor dejarlas en el hotel), así como las joyas. En El Rastro suele haber numerosos robos a turistas.

El Centro de Arte Reina Sofía (véase pág. 68) se encuentra cerca de Lavapiés, mientras que al norte del barrio, cerca del Metro Antón Martín, se halla el **cine Doré**, el más antiguo de Madrid (1922) y que luce una fachada modernista. Ha sido reformado para albergar la Filmoteca Nacional (véase pág. 99), y dispone de un café-restaurante agradable y barato.

Al este de Sol: plaza de Santa Ana y Huertas

La zona de la **plaza de Santa Ana y Huertas** tiene forma triangular; limita al este con el paseo del Prado, al norte con la calle Alcalá y al sur con la calle Atocha; la Puerta del Sol se halla en el extremo occidental. La ciudad llegó hasta este barrio tras extenderse más allá del Palacio Real y la plaza Mayor, de modo que los edificios datan sobre todo del siglo XIX. Muchos de ellos tienen asociaciones literarias e incluso varias calles llevan el nombre de famosos escritores, como Cervantes y Lope de Vega (donde uno vivió y el otro murió); además el barrio alberga el Ateneo, el Círculo de Bellas Artes, el Teatro Español y las Cortes. Al norte de aquí hay un museo importante, la **Real Academia de Bellas Artes de San Fernando**. Pero el mayor atractivo para muchos visitantes es que en esta zona se encuentran algunos de los bares y tascas más hermosas de la ciudad. Se concentran sobre todo en la plaza de Santa Ana que, después de un período más bien sórdido, ha sido restaurada por el ayuntamiento, y en la actualidad es una de las plazas más bonitas de Madrid.

Santa Ana y alrededores

Se recomienda visitar los bares de los alrededores de la **plaza de Santa Ana** (Metro Sol/Sevilla). En la misma plaza destaca la **Cervecería Alemana**, revestida de madera oscura, que era uno de los establecimientos favoritos de Hemingway y casi no ha cambiado desde principios del siglo XX. Se trata de un buen local para tomar cerveza y no

pasarse con las tapas (las empanadillas son sabrosas) si no quiere pagar una cuenta considerable. Asimismo se recomienda **Viva Madrid**, situado en la esquina nordeste en la calle Manuel Fernández y González 7, aunque sólo sea para admirar sus azulejos, el bar de cinc y el cielorraso apoyado sobre cariátides de madera. Otro sitio interesante es el *Bar Torero* del **Gran Hotel Reina Victoria**, elegante y que da a la plaza de Santa Ana; aquí se alojan los toreros y por ello el bar está repleto de recuerdos taurinos.

A una manzana al este se encuentra la **calle Echegaray**, donde se halla **Los Gabrieles**, en el n.º 17. Es un bar con azulejos de museo, donado por las empresas elaboradoras de jerez a finales del siglo XIX: en algunos aparecen esqueletos trepando por encima de barriles, caprichos goyescos con jerez y toros, y una reproducción de *Los borrachos*, de Velázquez.

Huertas, las Cortes y el Círculo de Bellas Artes

La zona que rodea la calle de las Huertas es bastante prosaica y también está repleta de bares. Hacia el norte y paralela a Huertas, hay dos calles que llevan el nombre de los principales escritores del Siglo de Oro, la literatura española del siglo XVII: Cervantes y Lope de Vega. En vida fueron grandes rivales, pero ahora, ironías del destino, Cervantes está enterrado en el convento de las Trinitarias, situado en la calle Lope de Vega, mientras que la **Casa de Lope de Vega** (mar.-vier., 9.30-14 h; sáb., 10-13.30 h; mediados jul.-mediados agos., cerrado; 200 pesetas) se encuentra en la calle Cervantes 11 (Metro Antón Martín). Merece la pena visitar esta última para contemplar la reconstrucción de la vida del Madrid del siglo XVII; llame al timbre y alguien lo acompañará en un breve recorrido.

Una manzana más al norte se hallan las **Cortes** (Metro Sevilla), un edificio poco atractivo que alberga el Congreso. Sólo se pueden presenciar las sesiones concertando una visita, aunque los sábados por la mañana (10.30-13 h; agos., cerrado), cualquiera puede entrar a visitarlo tras mostrar el carné de identidad o pasaporte. El viajero verá los impactos de bala que dejaron el teniente-coronel Tejero y un grupo de la Guardia Civil durante el intento de golpe de Estado el 23 de febrero de 1981.

Desde la plaza de las Cortes hay que tomar por la calle Alcalá para llegar al **Círculo de Bellas Artes**, situado en Marqués de la Casa Riera 2 (Metro Sevilla), un edificio de los años veinte del siglo XX, de aspecto extraño y coronado por una estatua de Palas Atenea. Se trata del mejor centro de arte de Madrid e incluye teatro, cine, galerías de arte y un bar muy agradable, todo de mármol y piel; destaca una estatua desnuda reclinada en el centro del suelo. Es frecuentado por la gente de las artes y los medios de comunicación pero no es en absoluto exclusivo ni caro, y dispone de una terraza colindante. En teoría, sólo pueden entrar los socios, pero venden una tarjeta de socio válida por 1 día (100 pesetas), que permite acceder a todas las dependencias.

Desde la calle de Alcalá hasta Cibeles

El Círculo de Bellas Artes se halla en la esquina de la Gran Vía (véase pág. 72) y, a sólo 100 m hacia el este, la calle de Alcalá se encuentra con el paseo del Prado en la **plaza de la Cibeles**. El edificio en forma de tarta de bodas situado al otro lado de la plaza es la principal oficina de correos de Madrid, llamado acertadamente el **Palacio de Comunicaciones**. Construido entre 1904-1917, es mucho más imponente que las Cortes, y se aproxima bastante al Palacio Real. Está flanqueado por unos buzones de bronce pulido que corresponden a cada provincia; el servicio interior es bizantino: hay numerosas taquillas que sólo ofrecen un servicio específico, desde telegramas hasta paquetes.

En el centro de la plaza, rodeada por el tráfico, está la **fuente** y la estatua de la diosa Cibeles, que sobrevivió a los bombardeos de la Guerra Civil porque la cubrieron con sacos de arena. Al igual que las otras dos fuentes del paseo del Prado, fue dise-

ñada por Ventura Rodríguez, honrado por el Madrid moderno en una estación de Metro y una calle. La fuente es el escenario de las celebraciones de las victorias del Real Madrid (los seguidores del Atlético de Madrid se bañan en la fuente de Neptuno, un poco más allá).

Los tres principales museos de Madrid, el Prado (véase más abajo), el Thyssen-Bornemisza (véase pág. 66) y el Centro Reina Sofía (véase pág. 68), se encuentran hacia el sur, siguiendo por el paseo del Prado. Hacia el norte, en paseo de Recoletos, se hallan dos de los **cafés más tradicionales** de Madrid: el *Café Gijón*, en el n.º 21, y el *Café del Espejo*, en el n.º 31 (véase recuadro, pág. 84).

La Real Academia de Bellas Artes de San Fernando

Los aficionados al arte a los que aún les queden ánimos tras visitar los museos de el Prado, Thyssen-Bornemisza y Reina Sofía, pueden ir a la **Real Academia de Bellas Artes de San Fernando**, en calle Alcalá 13 (mar.-vier., 9-19 h; lun., sáb.-dom. y festivos, 9-14.30 h; 400 pesetas; sáb.-dom., entrada gratuita; Metro Sevilla). Aunque hay que contemplar unos cuantos cuadros académicos y aburridos, también se pueden ver algunas joyas ocultas, en especial en la segunda y tercera sala. Entre éstas se encuentra un grupo de pequeños cuadros de **Goya**, en concreto *El entierro de la sardina*; retratos de los monjes de la orden de los mercedarios, de Zurbarán y otros artistas, y una curiosa *Familia de El Greco*, cuyo autor pudo haber sido el mismo El Greco o su hijo. Hay otras dos salas dedicadas a pintores extranjeros, en especial Rubens. En la planta superior se expone una serie de grabados de Picasso y, por todo el museo, fragmentos de *La degollación de los Inocentes*, del escultor José Ginés.

El Museo del Prado

El **Museo del Prado** (mar.-sáb., 9-19 h; dom. y festivos, habitualmente 9-14 h, pero cerrado ciertos festivos; 500 pesetas; sáb., después de las 14.30 h y dom., entrada gratuita; Metro Banco de España/Atocha) es el principal atractivo turístico de Madrid; además, contiene una de las colecciones de arte más antiguas e importantes del mundo. Fue construido en 1775 como museo de historia natural, y abierto al público en 1819. Alberga las mejores obras coleccionadas por la realeza española —que en su mayoría fueron compradores ávidos, entendidos y adinerados—, así como pinturas españolas provenientes de otras fuentes y reunidas durante los 2 últimos siglos. En total hay 7.000 cuadros, de los que unos 1.500 (una cifra impresionante) están expuestos de forma permanente. El proyecto de modernización y ampliación del museo (con la incorporación de tres edificios cercanos) permitirá que el Prado duplique el número de pinturas expuestas.

Lo más destacado del museo son las obras flamencas, incluidas casi todas las mejores de **El Bosco**, y por supuesto la incomparable colección de artistas españoles, en particular las pinturas de **Velázquez** (incluidas *Las Meninas*), **Goya** (entre ellas las *Majas* y la serie *Pinturas negras*) y de **El Greco**. También hay una gran colección de arte italiano (entre cuyos cuadros destacan los de **Tiziano**) que reunieron Carlos V y Felipe II, ambos grandes mecenas del Renacimiento, y una excelente colección (inaugurada hace poco) de pintura flamenca y holandesa recopilada por Felipe IV. Ni siquiera 1 día entero resulta suficiente para visitar todas las salas; por ello se recomienda dedicar un par de visitas a obras específicas. Si el visitante quiere aprovechar el prolongado horario de apertura, en el sótano hay una cafetería y restaurante.

Organización, catálogos y entradas

Hace años que el museo está siendo reorganizado; además, se ha emprendido la instalación de aire acondicionado y la remodelación del techo para proporcionar más luz

natural y, aunque algunas de las escuelas españolas parecen haber encontrado un hogar permanente (seguramente la principal colección española, así como la flamenca y holandesa del siglo XVII permanecerán en la primera planta), se desconoce dónde acabarán las otras. Lo mejor es conseguir uno de los **mapas gratuitos** que proporcionan en la entrada, y que vuelven a imprimir cada vez que las colecciones son trasladadas.

Lo que sigue a continuación es sólo una breve guía de los contenidos del museo. En la tienda del museo venden **guías** y **catálogos** ilustrados (1.100-2.200 pesetas) en las que se describen y explican las obras, y se pueden adquirir **folletos en color** (100 pesetas) sobre la obra de Velázquez, Goya, El Greco, Tiziano y El Bosco en sus respectivas salas.

En el museo hay dos **entradas** principales: la **puerta de Goya**, que tiene una entrada superior e inferior situadas frente al Hotel Ritz, en la calle Felipe IV, y la **puerta de Murillo**, situada en plaza de Murillo, enfrente de los jardines botánicos. La puerta de Goya conduce a la primera planta, donde se exponen las obras flamencas y holandesas del siglo XVII, que después dan paso a las principales colecciones españolas; hoy en día, la entrada de la planta baja lleva a las *Pinturas negras* de Goya (tal vez sea mejor visitarla después de haber contemplado el resto de su obra, expuesta en la planta superior) y hacia las salas que albergan la pintura flamenca primitiva; por último se llega a la sala de las esculturas clásicas, situada junto a la puerta de Murillo.

La pintura española

La colección de obras españolas del Prado empieza con los ciclos de los **frescos románicos** del siglo XII, reconstruidos a partir de un par de iglesias de Soria y Segovia de la época mozárabe. Las **primitivas tablas pintadas**, dedicadas a temas exclusivamente religiosos de los siglos XIV y XV, incluyen un gran retablo de Nicolás Francés; el anónimo *Virgen de los Reyes Católicos*; el *Santo Domingo de Silos*, de Bermejo, y el *Auto de fe*, de Pedro Berruguete.

EL SIGLO DE ORO: VELÁZQUEZ Y EL GRECO

Las colecciones provenientes del Siglo de Oro español (finales de los siglos XVI y XVII bajo los Habsburgo) están prefiguradas por las pinturas de **El Greco** (1540-1614), el artista nacido en Creta que trabajó en Toledo a partir de 1570. Hay que ir a Toledo para poder apreciar su genialidad, pero los retratos y las obras religiosas expuestas aquí, desde la *Trinidad*, de estilo italiano, hasta la visionaria *Adoración de los pastores*, constituyen una buena introducción.

Aquí el visitante también se encuentra con el pintor más importante de la España de los Habsburgo, **Diego de Velázquez** (1599-1660). Nacido en Sevilla, se convirtió en el pintor de la corte de Felipe IV, cuya familia aparece en muchas de las obras. Se dice que cuando lo nombró pintor cortesano, el rey comentó: «He encontrado a mi Tiziano.» La obra maestra de Velázquez, *Las Meninas*, se expone junto a algunos de los bocetos para el cuadro; al ver la obra, el pintor francés Manet dijo: «Después de ver esto, no sé por qué pintamos los demás», y cuando lo vio Théophile Gautier, el poeta francés, preguntó: «Pero ¿dónde está el cuadro?», ya que le pareció una continuación de la habitación. Otras de sus magníficas obras son *Las hilanderas*, en la que aparece la Real Fábrica de Tapices, el *Cristo crucificado*, *Los borrachos*, y la *Rendición de Breda* (nótese la composición basada en las lanzas). De hecho, casi todas las 50 obras expuestas (que constituyen alrededor de la mitad de la producción que queda del artista) merecen la atención del visitante. Se recomienda asimismo ver las dos pequeñas tablas pintadas en Roma en 1650 de la *Villa Médici*, casi de un estilo impresionista.

En las salas adyacentes hay obras de casi todos los pintores importantes del siglo XVII, incluidas algunas de las mejores de **Francisco Zurbarán** (1598-1664), **Bartolomé Esteban Murillo** (1618-1682), **Alonso Cano** (1601-1667), **Juan de Valdés Leal** (1622-1660) y **Juan Carreño** (1641-1685). Especial atención merece el re-

trato de Carreño sumamente realista del último monarca Habsburgo, Carlos II, que era endogámico y retrasado mental. También se muestra una excelente selección de obras de **José Ribera** (1591-1625), que trabajó sobre todo en Nápoles y allí recibió la influencia de Caravaggio. Se considera *El martirio de san Bartolomé* y el retrato oscuro y realista de *Arquímedes* sus obras maestras.

GOYA

La última serie de salas españolas proporciona una impresionante y completa visión general de las pinturas de **Francisco de Goya y Lucientes** (1746-1828), que es la colección de sus obras más amplia y valiosa del mundo, compuesta por unas 140 pinturas y 500 dibujos y grabados. Goya fue el pintor más importante de la España borbónica, un cronista de su tiempo y considerado por muchos el inspirador y precursor de los impresionistas y el arte moderno. Era un artista muy versátil: basta con comparar la voluptuosidad de la *Maja vestida* y la *Maja desnuda* con los horrores inspirados en el 2 y 3 de mayo de 1808 (*La lucha con los mamelucos* y *Los fusilamientos de la montaña del Príncipe Pío*). Después está la serie de cartones pastoriles —diseños para tapices— y, en la planta inferior, las extraordinarias *Pinturas negras*, una serie de murales pintados en las paredes de su casa por el ya anciano pintor, sordo y amargado. Los numerosos retratos de su mecenas, Carlos IV, son notables por la carencia de cualquier intento halagador, mientras que los de la reina María Luisa, a quien odiaba, son bastante feos.

La pintura italiana

Las salas del Prado dedicadas a los primeros pintores italianos se distinguen sobre todo por *La Anunciación*, de **Fra Angelico** (c. 1445) y por un tríptico de **Botticelli** (1445-1510). Este último ilustró una historia profundamente desagradable del *Decamerón*, en la que aparece una mujer perseguida; la cuarta tabla (pertenece a una colección privada estadounidense) ofrece un final más feliz.

La colección se luce con las obras del Renacimiento del siglo XVI, en particular las venecianas. Se dice que el Prado posee la colección más completa de obras de Tiziano y artistas de la escuela de Venecia. Hay pinturas importantes de **Rafael** (1483-1520), incluido el *Retrato de un cardenal*, y obras maestras de los venecianos, como **Tintoretto** (1518-1594), incluido *El lavatorio*, adquirido por Felipe IV cuando Carlos I de Inglaterra fue ejecutado y su colección de arte subastada, y **Veronese** (1528-1588), además de **Caravaggio** (1573-1610). Sin embargo, las más importantes son de **Tiziano**. Incluye los retratos de los emperadores españoles *Carlos V* y *Felipe II* (la armadura de Carlos V se conserva en el Palacio Real), y una obra erótica: *Venus, con organista y perrito* (hay dos versiones expuestas), cuyo propietario era un obispo.

Las pinturas flamencas, holandesas y alemanas

El pintor más destacado de las primeras **colecciones flamencas** es **El Bosco** (1450-1516). El Prado posee varios de sus trípticos más importantes: *El carro de heno* del primer período, *El jardín de las delicias*, del segundo y la tardía *Adoración de los Magos*, todas conocidas gracias a las numerosas reproducciones, pero mucho más impresionantes en el original. En estos trípticos se observa el genio alucinado de El Bosco por lo macabro, pero éste también se ve reflejado en otras obras, incluidas tres versiones de *Tentaciones de san Antonio* (aunque sólo la más pequeña es una obra original). Asimismo se aconseja contemplar la sorprendente mesa de mármol, en la que aparecen *Los siete Pecados Capitales*.

Las visiones de El Bosco se ven reflejadas en las pinturas de **Pieter Brueguel el Viejo** (1525-1569), cuyo *Triunfo de la Muerte* debe de ser el cuadro más terrorífico pintado jamás. Otro pintor esquivo, **Joachim Patinir**, está representado por cuatro

de sus obras más importantes. *La Deposición*, de **Rogier van der Weyden**, que pertenece a una generación anterior, es estupenda; sus figuras monumentales contrastan con *La Piedad*, parecida a una miniatura. También hay obras importantes de Memling, Bouts, Gerard David y Massys.

La colección de más de 160 obras de arte **tardías flamencas y holandesas** se halla en una docena de salas nuevas decoradas con muy buen gusto y situadas en la primera planta; están agrupadas por temas, como religión, vida cotidiana, mitología y paisajes. Muchas obras han recuperado su colorido original tras ser restauradas. De hecho, hay suficientes para poder comparar entre la propaganda contrarreformista de Flandes y los gustos burgueses y más austeros de Holanda.

Rubens (1577-1640) está bien representado por las restauradas *Las tres Gracias*, *El juicio de París* y una serie compuesta por 18 temas mitológicos diseñados para el pabellón de caza de Felipe IV en el Pardo (aunque éstos fueron supervisados pero no realizados por Rubens). También hay una excelente colección de obras de sus contemporáneos, como la dramática *Piedad* de **Van Dyck**, y el magnífico autorretrato, donde aparece junto a sir Endymion Porter. Los cuadros de **Jan Brueguel** representando los cinco sentidos y los de **David Tenier**, en los que aparecen campesinos de mala reputación, merecen asimismo una visita. Por motivos políticos, los monarcas españoles coleccionaron pocas obras de la Holanda protestante del siglo XVII; un **Rembrandt** de la primera época, *Artemesia*, en el que su mujer, entonces embarazada, sirvió de modelo, constituye una importante excepción.

En las **salas alemanas** predomina **Durero** (1471-1528) y **Lucas Cranach el Viejo** (1472-1553). El magnífico *Adán y Eva* de Durero se salvó de ser destruido por orden del mojigato Carlos III gracias a la intervención de Mengs, su pintor cortesano. Las dos obras más interesantes de Cranach son dos cuadros en los que aparece Carlos V cazando con Fernando I de Austria.

El Casón del Buen Retiro

Al este del Prado se encuentra el **Casón del Buen Retiro** (en restauración); era un salón de baile del palacio de Felipe IV, pero ahora se exponen obras españolas del siglo XIX. El visitante puede acceder con el billete de entrada al Prado.

El Museo Thyssen-Bornemisza

El **Museo Thyssen-Bornemisza** (mar.-sáb., 10-19 h; 700 pesetas; Metro Banco de España) se encuentra en el antiguo palacio de Villahermosa, situado enfrente del Museo del Prado, al final de la Carrera de San Jerónimo. Este emplazamiento de prestigio desempeñó un papel importante en la adquisición hecha por España —por el precio rebajado de 350 millones de dólares en junio de 1993— de lo que muchos afirman que constituía el mayor tesoro artístico privado del mundo, después del de la familia real británica: 700 obras acumuladas por unos magnates de la industria germano-húngaros, padre e hijo. Otra carta a favor de España fue la quinta esposa del barón Thyssen, Tita Cervera, una antigua Miss España que en una época estuvo casada con Lex Barker, actor que interpretó *Tarzán*; ella impulsó la adquisición española, frente a los esfuerzos realizados por el príncipe Carlos de Gales, los Gobiernos suizo y alemán, la fundación Getty y otros aspirantes.

El visitante verá un retrato de Tita, una sorprendente obra *kitsch* colgada en el gran salón del museo, junto con otros en los que aparece su marido, el rey Juan Carlos y la reina Sofía. Sin embargo, más allá se llega a salas con obras de primera categoría: en la planta superior se encuentran las **medievales** y del **siglo XVIII**; en la primera planta, las **flamencas del siglo XVII**, y las **rococó y neoclásicas** hasta llegar a los **fauvistas y expresionistas**; los **surrealistas**, el **pop art** y la **vanguardia** están en la planta baja. Hay muchas obras destacadas en esta colección tan completa; de hecho,

se exponen pinturas pertenecientes a casi todos los artistas y movimientos importantes. Cómo lograron los Thyssen conseguir obras clásicas de todo el mundo, desde Duccio y Holbein, pasando por El Greco y Caravaggio, hasta Schiele y Rothko, quita el aliento.

El museo, en cuyo diseño no se escatimó gasto alguno, tiene paredes estucadas (Tita insitió en que fueran de color salmón) y suelos de mármol, una cafetería y un restaurante en el jardín que funciona en verano; además, permiten volver a entrar (ponen un sello en la mano a la salida). En el sótano hay un espacio dedicado a exposiciones temporales, en el que se han celebrado varias que han tenido mucho éxito (billete de entrada independiente, 500 pesetas). Asimismo cuenta con una tienda donde el visitante puede comprar los primeros números de un catálogo de quince volúmenes de la colección del barón, además de la más modesta pero ilustrativa **guía** del museo (1.800 pesetas). Alrededor de la mitad de la colección está expuesta, ya sea aquí o en el monestir de Pedralbes, de Barcelona, que alberga unas 80 obras de arte sacro (véase pág. 636).

Los grandes maestros de la pintura europea: la segunda planta
Si el visitante toma un ascensor hasta la segunda planta llegará al inicio cronológico de las colecciones del museo: pinturas y algunas esculturas de los siglos XIV-XVIII. El núcleo de estas colecciones se originó en la década de los veinte y treinta del siglo XX, gracias a Heinrich, el padre del barón actual y amigo de los críticos de arte Bernard Berenson y Max Friedländer, de los que es evidente que recibió buenos consejos. Las primeras pinturas incluyen unas tablas devocionales muy buenas (y poco comunes) de **Duccio di Bouninsegna**, el pintor de Siena, y los artistas flamencos **Jan van Eyck** y **Rogier van der Weyden**. Después aparece un espléndido despliegue de retratos renacentistas, que incluyen a tres de los más importantes del período: el *Retrato de Giovanna Tornabuoni*, de **Ghirlandaio**, *Enrique VIII de Inglaterra*, de **Hans Holbein** (el único de las numerosas variantes existentes que es auténtico), y *El retrato de un joven*, de **Rafael**. Tal vez *Una infanta española*, de **Juan de Flandes**, represente a Catalina de Aragón, la primera esposa de Enrique VIII, mientras que *El joven caballero*, de **Carpaccio**, es uno de los primeros retratos de cuerpo entero conocidos. Más allá se pueden ver cuadros de **Durero** y **Cranach** que rivalizan con los del Prado y, a medida que se avanza a través de esta extraordinaria panoplia, se aprecian vitrinas situadas a lo largo de los pasillos que contienen obras de escultura, cerámica y orfebrería no menos espectaculares.

Las siguientes obras pertenecen a **Tiziano** y **Tintoretto** y hay tres cuadros de **El Greco**, uno de su primera época y dos tardíos, a los que resulta interesante comparar entre ellos y con los del Prado. *Santa Catalina de Alejandría*, de **Caravaggio**, es la pieza central de una importante muestra de obras realizadas por seguidores de este maestro del claroscuro. Y, por último, cuando llegue al siglo XVIII, el visitante verá una sala que contiene tres impecables obras de **Canaletto** con paisajes venecianos.

Los impresionistas y expresionistas estadounidenses: la primera planta
Según el actual barón Thyssen, empezó a coleccionar para cubrir los huecos de la colección de su finado padre después de que fuera repartida entre sus hermanos. Él también comenzó por los grandes maestros: su padre creía que el arte de los siglos XIX y XX no tenía valor, pero en 1960 empezó a reunir obras de los expresionistas alemanes, luego de cubistas, futuristas, vorticistas y miembros de De Stijl, y también pinturas estadounidenses del siglo XIX. Por ello el contenido de la primera planta se debe en gran parte a su empeño.

Tras una amplia perspectiva de la pintura holandesa del siglo XVII de diversas clases, y obras rococó y neoclásicas, se llega a las salas 29 y 30, en las que se encuentra la **pintura estadounidense**. La colección, una de las mejores fuera de Estados Unidos,

se compone sobre todo de paisajes, con obras de James Goodwin Clonney, James Whistler, Winslow Homer y John Singer Sargent. Le sigue un grupo de **románticos** y **realistas** europeos, incluido *La esclusa* de Constable, adquirido hace poco tiempo por cerca de 2.900 millones de pesetas y que forma parte de uno de los grupos de representantes británicos del museo, junto con Henry Moore (sala 45) y Sisley (sala 32).

Otro punto fuerte de la colección es el **impresionismo** y el **postimpresionismo**: obras de Manet, Monet y Renoir, así como Gauguin, Degas, Toulouse-Lautrec y Cézanne (sala 33), e inclusive algunos de los grandes cuadros de Van Gogh, entre ellos una de sus últimas obras, *Les Vessenots*. Mientras tanto, los representantes del **expresionismo** incluyen un Edvard Munch inusualmente pastoral: *Atardecer* (sala 35), *Casas sobre el río*, la obra de Egon Schiele en la línea de Piet Mondrian, y algunas obras excepcionales de Ernst Ludwig Kirchner, Vasili Kandinsky y Max Beckmann.

Las vanguardias: la planta baja

Las obras de la planta baja van desde principios del siglo XX hasta la década de los setenta. Al parecer, al barón no le agrada el arte contemporáneo: «si ellos pueden arrojar colores, yo tengo derecho a esquivar», explicaría tras la inauguración de la galería.

Las obras más interesantes de las secciones dedicadas a la «vanguardia experimental» pertenecen a los **cubistas**. Hay estudios de Picasso *(Hombre con clarinete)*, de Braque y Mondrian, colgados de manera paralela (sala 41). Asimismo se exponen pinturas posteriores: unas cuantas de Miró, Jackson Pollock, Magritte y Dalí, que no hacen justicia a los artistas y los movimientos a los que pertenecían, aunque hay una obra importante de Edward Hopper, *Habitación del hotel*, y un fascinante **Lucien Freud**: *Retrato del barón Thyssen*, donde éste posa ante el *Pierrot*, de Watteau, que se encuentra en la planta superior.

El Museo Nacional Centro de Arte Reina Sofía

Por fortuna, el **Museo Nacional Centro de Arte Reina Sofía** (lun. y miér.-sáb., 10-21 h; dom., 10-14.30; 500 pesetas; sáb., después de las 14.30 h y dom., entrada gratuita; Metro Atocha), situado enfrente de la estación de Atocha al final del paseo del Prado, tiene unos horarios y días de apertura diferentes a los de sus vecinos. Este importante espacio para exposiciones y galería permanente del arte español moderno —la pieza central es el *Guernica* de Picasso— es otro punto de parada esencial del circuito artístico de Madrid; se aconseja no visitarlo después de ver las obras de los museos del Prado y Thyssen-Bornemisza.

El museo, que era un enorme hospital, posee unos ascensores transparentes, que elevan a los visitantes por los muros exteriores del edificio, en cuyas plantas hay cine, excelentes librerías de arte y diseño, biblioteca dedicada a las reproducciones, la música y fotografía, restaurante, bar y café en el sótano y un patio ajardinado interior, además de las salas de exposiciones y la colección permanente de arte del siglo XX (segunda y cuarta planta).

La colección permanente

La mayoría de los visitantes acude al Reina Sofía para ver el **Guernica**. Muy bien expuesto, este icono del arte y la política españolas del siglo XX provoca una gran impresión. Picasso lo pintó tras el bombardeo de la ciudad vasca de Gernika (Guernica) llevado a cabo por la Luftwaffe alemana, con el beneplácito de Franco, durante la Guerra Civil española. En los estudios preliminares, expuestos en la sala, se puede apreciar cómo desarrolló los símbolos: el caballo moribundo, la mujer llorando a sus muertos, el toro, el sol, la flor, la bombilla de luz, y después volver al cuadro para maravillarse de la composición.

La obra se expuso por primera vez en París, en 1937; formaba parte del pabellón de la República Española incluido en la Exposición Universal; después fue prestado al Museo de Arte Moderno de Nueva York hasta que, como dijo Picasso, España se librara del Gobierno de Franco. El artista no lo llegó a ver, pero en 1981, después de la instauración de la democracia, el cuadro fue trasladado a Madrid rodeado de una gran controversia, para acabar (como Picasso había estipulado), en el Prado. Su reciente traslado al Reina Sofía volvió a provocar protestas, aunque para cualquiera que lo haya visto en el Casón del Buen Retiro, en su emplazamiento actual parece por fin libre de verdad.

El *Guernica* ocupa una posición central en la colección permanente de la segunda planta, aunque Picasso es en realidad un punto de partida: simbólicamente, ninguno de los pintores representados aquí nació antes que él (1881). Está precedida por importantes secciones dedicadas al **cubismo** y la **escuela de París**; en el primero, Picasso vuelve a estar bien representado y aparece junto a una curiosa obra cubista de Dalí. También se pueden contemplar obras de otros españoles vanguardistas de la década de los años veinte y los treinta del siglo XX, incluido Juan Gris.

En las salas que hay después del *Guernica*, el surrealismo más familiar de **Dalí** parece trillado, y **Miró** pierde encanto. Las últimas salas resultan estimulantes: tituladas «Propuestas», comprenden una muestra evolucionista del arte contemporáneo, tanto español como extranjero.

Los realistas españoles, como **Antonio López**, están en la cuarta planta, donde se expone una obra de **Francis Bacon** y otra de **Henry Moore**, junto a otras interesantes de **Antoni Tàpies** y **Eduardo Chillida**.

El parque del Retiro y alrededores

Si el viajero se ha cansado de visitar tantos lugares de interés, los numerosos parques de Madrid son ideales para escaparse durante algunas horas. El más céntrico y popular es el parque del **Retiro**, una agradable mezcla de jardines formales y espacios abiertos. Además del Prado, el Thyssen-Bornemisza y el Reina Sofía, está rodeado de **museos más pequeños**, así como del tranquilo **Real Jardín Botánico**.

El parque del Retiro

En un principio destinado al retiro real y diseñado al estilo francés, el **parque del Retiro** (Metro Retiro) es de propiedad pública desde hace más de 100 años. En sus 132 Ha el visitante puede practicar jogging (hay una pista patrocinada por el Ayuntamiento), remar en el lago del **estanque** (puede alquilar barcas junto al monumento a Alfonso XII), merendar (aunque no sobre el césped), hacerse leer la buenaventura y, sobre todo, pasear. El día más concurrido es el domingo, cuando medio Madrid, matrimonios, abuelos y niños, salen a pasear. Elegantemente vestidos, saludan a los vecinos y abren el apetito para el prolongado almuerzo de los domingos.

Además de los paseos, casi siempre se puede asistir a algún **concierto** o **feria** organizados por el Ayuntamiento. Los conciertos suelen celebrarse en el quiosco de música, situado al norte del parque. La feria más popular es la del Libro, a principios de junio, cuando todos los editores y la mitad de las librerías del país montan sus puestos. Los fines de semana se ofrecen **espectáculos de marionetas** junto a la entrada de la Puerta de Alcalá (13, 19 y 20 h), los domingos suelen actuar grupos musicales peruanos y hay catalanes que bailan la **sardana**.

El hermoso **Palacio de Velázquez** suele albergar exposiciones de arte itinerantes (jun.-sept., lun. y miér.-sáb., 11-20 h; dom., 11-18 h; oct.-mayo, lun. y miér.-sáb., 10-18 h; dom., 10-16 h; entrada gratuita), así como el cercano **Palacio de Cristal** (que ha sido restaurado y alberga exposiciones temporales; entrada gratuita) y la **Casa de Vacas** (todos los días, 10.30-14.30 h y 16-20 h; agos., cerrado; entrada gratuita). Se recomienda echar un vistazo al **Ángel Caído**, la única estatua del mundo dedicada a

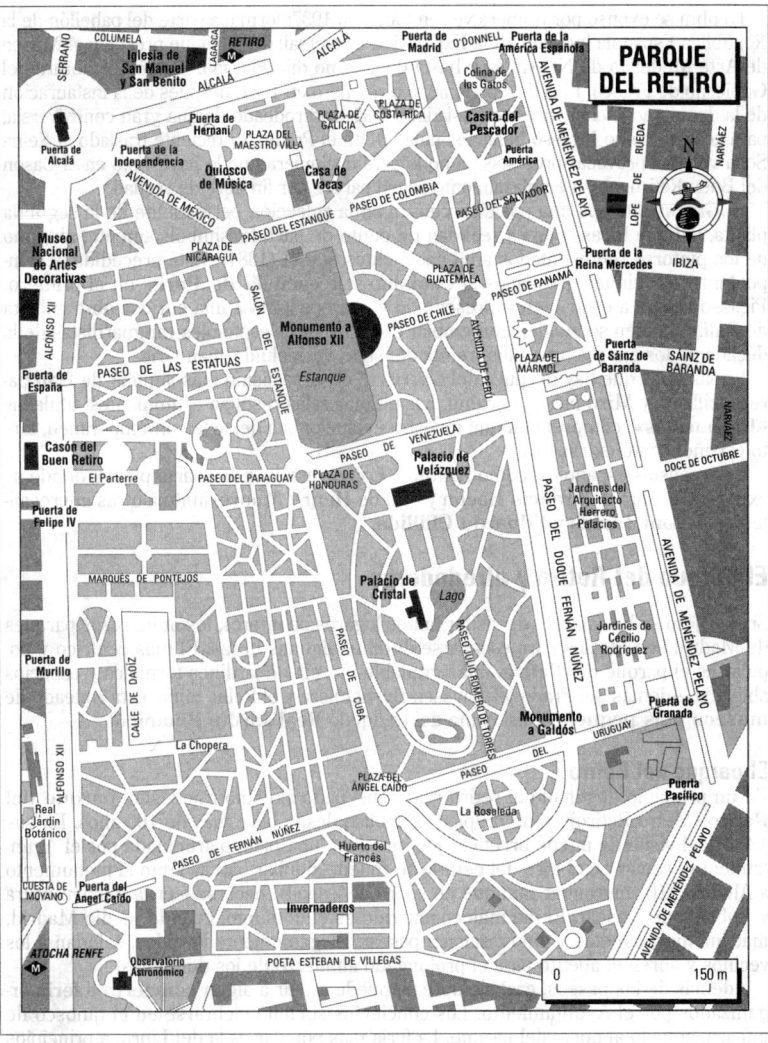

Lucifer, situada al sur del parque. Junto al Salón del Estanque hay varios **puestos** y **cafés** donde venden bebidas, bocadillos y pipas (semillas de girasol), y terrazas para tomarse una horchata o un granizado. El parque tiene fama de ser seguro, al menos de día; se aconseja no pasear solo después del atardecer. También hay que tener en cuenta que en la zona al este de La Chopera prolifera la prostitución gay.

Desde la Puerta de Alcalá hasta San Jerónimo: algunos museos menores

Saliendo del parque por la esquina noroeste se llega a la plaza de la Independencia, en cuyo centro se encuentran dos de las puertas de las antiguas murallas de la ciudad

que aún se conservan. Construida a finales del siglo XVIII, la **Puerta de Alcalá** era la mayor de Europa y, al igual que el oso y el madroño, se ha convertido en uno de los emblemas de Madrid.

Al sur se halla el **Museo Nacional de Artes Decorativas** (mar.-vier., 9.30-15 h; sáb.-dom., 10-14 h; 400 pesetas; dom., entrada gratuita; Metro Banco de España/Retiro), cuya entrada está en la calle de Montalbán 12. Los muebles y la decoración expuestas no son demasiado interesantes, pero hay algunos azulejos y cerámicas notables.

Un par de manzanas hacia el oeste se encuentra el **Museo Naval**, en la calle Montalbán 2 (mar.-dom., 10.30-13.30 h; entrada gratuita; Metro Banco de España), que expone numerosas maquetas, planos y artilugios de navegación, pertenecientes o relacionados con los viajes españoles de descubrimiento. El **Museo del Ejército**, situado al sur del anterior, en la calle Méndez Núñez 1 (mar.-dom., 10-14 h; 100 pesetas; sáb., entrada gratuita; Metro Retiro), muestra una exposición tradicional dedicada a las armas y armaduras (incluida Tizona, la espada de El Cid, y petos de los conquistadores), además de maquetas y recuerdos de varias batallas, desde las épocas más remotas hasta la Guerra Civil, en la que al menos aquí Franco no sale mal parado.

Siguiendo hacia el sur, pasado el Casón del Buen Retiro que formaba parte del palacio del Retiro original (véase pág. 66), está **San Jerónimo el Real**, la iglesia de la sociedad madrileña, donde el rey Juan Carlos (al igual que sus predecesores) fue coronado en 1975. Enfrente se encuentra la **Real Academia Española**, cuyo objetivo consiste en evitar que el idioma castellano se corrompa con la introducción de palabras extranjeras o no adecuadas; los resultados aparecen en el *Diccionario de la Lengua Española*, aunque el castellano que se habla en la calle aleje de la perfección a la que aspiran los académicos.

Los jardines botánicos y Atocha

Inmediatamente al sur del Prado, se encuentra el **Real Jardín Botánico** (todos los días, 10-atardecer; 250 pesetas). Inaugurados en 1781 por Carlos III, llamado El Alcalde debido a su programa de reformas urbanas), en una época albergaban más de 30.000 plantas. En la actualidad, la cifra ha disminuido, aunque tras años de abandono los jardines fueron restaurados en los años ochenta y la colección de flora de todo el mundo fascina a cualquier botánico aficionado; se recomienda visitar el invernadero, en el que destaca la colección de plantas tropicales y cactus. Según un edicto de la época de su inauguración, los madrileños, en teoría, aún tienen derecho a llevarse esquejes de cualquier planta o hierba medicinal.

Al otro lado de los jardines botánicos se halla la cuesta de Moyano, flanqueada por **puestos de libros** y **revistas**. El visitante puede adquirir aquí cualquier ejemplar, nuevo o viejo, desde copias de segunda mano del Capitán Marvel hasta obras de Cervantes. Siempre se puede encontrar algo interesante —aunque conseguir un libro de valor es improbable— y supone un paseo agradable. El domingo es el día más concurrido, pero algunos tenderetes abren todos los días.

Al otro lado de la avenida está la **estación de Atocha**, que merece un vistazo aunque el visitante no viaje fuera de Madrid. En realidad, son dos estaciones: una vieja y otra nueva; la primera, un maravilloso invernadero construido en la década de 1880, ha sido recientemente convertido en una especie de jardín tropical. Hay excelentes vistas desde las pasarelas superiores y los aficionados a los trenes podrán echar un vistazo al AVE (el tren de alta velocidad que llega a Sevilla en 2 h 30 min.).

La **Real Fábrica de Tapices**, en la calle Fuenterrabía 2 (lun.-vier., 9-12.30 h; agos., cerrado; 250 pesetas; Metro Menéndez Pelayo), también está situada en esta zona y sigue produciendo tapices tejidos a mano, muchos de ellos basados en los cartones de Goya que se exponen en el Prado. Son muy caros, pero el precio de la entrada resulta barato si el visitante solicita ver el proceso de manufacturación.

Por último, al sur de esta zona, se encuentra el parque Enrique Tierno Galván (Metro Méndez Álvaro), que alberga el **Planetario** (espectáculos, mar.-vier., 17.30 y 18.45 h; sáb.-dom., 11.30, 12.45, 17.30 y 18.45 h; 500 pesetas), una impresionante cúpula de 170 m que contiene proyectores sofisticados para explicar el movimiento de las estrellas, y el futurista cine Imax (véase pág. 99).

La Gran Vía, Chueca y Malasaña

La **Gran Vía** de Madrid se extiende desde la plaza de la Cibeles a la plaza de España, separando la ciudad vieja al sur de las zonas más nuevas situadas al norte. Siempre repleta de tráfico y frecuentada por compradores y visitantes, es el corazón comercial de la ciudad; de hecho, si el visitante mira hacia arriba verá numerosos edificios de bancos y oficinas palaciegas de finales del siglo XIX y los grandes afiches pintados a mano de los cines. También destaca el impresionante edificio de la **Telefónica**, que fue el principal puesto de observación de la artillería republicana durante la Guerra Civil, cuando la vanguardia nacional recorría la Casa de Campo hacia el oeste. Se recomienda tomar un cóctel en el **Museo Chicote**, de estilo Art Déco, situado en Gran Vía 12 (véase pág. 91).

Hacia el norte del edificio de Telefónica, la calle Fuencarral conduce al norte hasta la glorieta de Bilbao. A ambos lados de esta calle se hallan dos de los barrios más pintorescos de Madrid: **Chueca** al este y **Malasaña** al oeste. Su principal atractivo es la gran concentración de bares, restaurantes y, en especial, locales nocturnos. Sin embargo, durante el día ofrece pocos motivos, bares incluidos, para permanecer aquí.

Chueca

La **plaza Chueca** (Metro Chueca) estuvo a punto de deteriorarse debido a la proliferación de traficantes de drogas y prostitutas. Pero si a alguien le parece un lugar que debe evitar, es que no está a tono con Madrid, ya que la mayoría de los drogadictos ya no frecuentan este lugar y ahora hay un ambiente diferente: niños y abuelas durante el día y una gran concurrencia de gays por las noches (aunque algunos de ellos ya viven en el barrio). Aquí se encuentra uno de los mejores bares tradicionales de la capital para tomar el aperitivo: la *Bodega Ángel Sierra*, en la calle Gravina, esquina noroeste.

Desde la plaza Chueca hacia el este hasta el **paseo de Recoletos** (principio del largo paseo de la Castellana), el viajero verá algunas de las calles más atractivas de la ciudad. Destacan numerosos restaurantes poco convencionales, pequeñas galerías de arte, tiendas en las esquinas y, en la **calle Almirante**, algunas de las tiendas de ropa más elegantes. En la calle paralela, Prim, se halla la sede central de la **ONCE**, la Organización Nacional de Ciegos Españoles. La ONCE se financia mediante un sorteo diario; los invidentes acuden aquí para recoger los cupones que venderán durante el día. El sorteo de la ONCE se ha convertido en una actividad tan rentable que, en la actualidad, la organización es una de las empresas más ricas de España; curiosamente, también patrocina uno de los mejores equipos de ciclismo del mundo.

Hacia el sur está el Ministerio de Cultura, frente a la **plaza del Rey**, que también merece un vistazo para contemplar algunos de los edificios que la rodean, en especial la **Casa de las Siete Chimeneas**, de la que se cuenta está habitada por el fantasma de una amante de Felipe II, que desapareció en extrañas circunstancias.

Al norte, en el límite del barrio de Santa Bárbara, en la calle Fernando VI, se encuentra la **Sociedad de Autores**, situada en el único edificio modernista importante de Madrid, diseñado por José Grasés Riera, miembro de la escuela de Gaudí. Cerca se halla el **Museo Romántico**, calle San Mateo 13 (mar.-sáb., 9-15 h; dom., 10-14 h; 400 pesetas; dom., entrada gratuita; Metro Tribunal), que tiene sus admiradores debido a su mobiliario de finales del Romanticismo, aunque tal vez no impresione a un

visitante ocasional. El **Museo Municipal**, en la calle Fuencarral 78 (mar.-vier., 9.30-20 h; sáb.-dom., 10-14 h; 300 pesetas; miér. y dom., entrada gratuita; Metro Tribunal) es más interesante debido a sus maquetas y mapas del viejo Madrid, en los que se observa la expansión de la ciudad ocurrida durante el siglo XX. En la tienda del museo se pueden comprar reproducciones, carteles y libros a precios razonables. El edificio luce una soberbia fachada churrigueresca.

Malasaña

En todos los sentidos, el corazón de Malasaña es la **plaza del Dos de Mayo**, cuyo nombre hace alusión a la insurrección del pueblo de Madrid contra Napoleón el 2 de mayo de 1808; el levantamiento y sus repercusiones aparecen en una serie de obras de Goya, en el Museo del Prado. El nombre del barrio se debe a una de sus mártires, Manuela Malasaña, de 15 años, también conmemorada en una calle (al igual que otros héroes de la época). La noche del 1 de mayo, todo Madrid rinde homenaje a sus héroes y en la plaza hay celebraciones hasta bien entrada la madrugada.

Más recientemente, a finales de los años setenta y principios de los ochenta el barrio fue el centro de la llamada *movida* madrileña. Tras la muerte de Franco y en plena transición democrática, la ciudad se convirtió en una capital moderna bajo el liderazgo del querido alcalde Enrique Tierno Galván; Malasaña era entonces La Meca de los jóvenes: se abrieron numerosos bares, las drogas se vendían abiertamente en la calle y había un ambiente de libertad no visto desde hacía 40 años. Pero los tiempos han cambiado; de hecho, tanto los vecinos como la policía son ahora menos tolerantes con los vendedores de chocolate (hachís). En los últimos años se ha llevado a cabo una restauración considerable; no obstante, el barrio continúa siendo un tanto alternativo: la clientela de los bares se desparrama por las calles y hay mucho ambiente en las terrazas de la plaza.

En este barrio no abundan los puntos de interés, pero las calles son interesantes y cuentan con algunos bares tradicionales, como *Casa Camacho*, calle San Andrés 2, un buen establecimiento para tomar el aperitivo. Asimismo, el visitante verá tiendas con bonitos carteles y detalles arquitectónicos; destacan los de la **vieja farmacia**, en la esquina de las calles San Andrés y San Vicente Ferrer, en la que sobresalen sus azulejos de la década de los años veinte, decorados con escenas donde aparecen remedios para la diarrea y el dolor de cabeza, entre otros.

La plaza de España, el parque del Oeste y la Casa de Campo

Hasta la reciente construcción de edificios de empresas en el norte de Madrid, la **plaza de España** (Metro Plaza de España), situada en el extremo oeste de la Gran Vía, albergaba dos de los edificios más altos de la ciudad: la **Torre de Madrid**, que tiene un bar en la última planta, y el **Edificio España**. Estas elegantes construcciones de los años cincuenta se asoman al centro de la plaza, donde hay un monumento a Cervantes, que a su vez predomina sobre las figuras de aspecto desconcertado de Don Quijote y Sancho Panza.

La plaza en sí es un lugar algo destartalado, y en parte un sitio donde se reúnen los yonquis. Sin embargo, la **calle Martín de los Heros** situada al norte, es más animada, tanto de día como de noche, ya que allí se encuentran tres de los mejores cines de Madrid; detrás de éstos se halla el **Centro Princesa**, que contiene tiendas, clubes, bares y una sucursal abierta las 24 horas de los VIPS: el lugar más indicado para revelar películas a las 4 de la mañana, o tomar un tentempié antes de dirigirse a un club.

A una manzana al oeste está el **Museo Cerralbo**, en calle Ventura Rodríguez 17 (mar.-sáb., 9.30-14.30 h; jul., cierra a las 14 h; dom., 10-14 h; agos., cerrado; 400 pesetas; miér. y dom., entrada gratuita; Metro Ventura Rodríguez), una elegante mansión

cuyas colecciones fueron donadas por el marqués de Cerralbo. Las salas, repletas de cuadros, muebles, armaduras y objetos, permiten echar un vistazo al estilo de vida de la aristocracia del siglo XIX, aunque destacan pocos objetos personales.

El parque del Oeste y los frescos de Goya en la Florida

El **parque del Oeste** se extiende hacia el noroeste desde la plaza de España, siguiendo las vías férreas de la estación de Príncipe Pío hasta los suburbios de Moncloa y la Ciudad Universitaria (véase abajo). En el lado sur, a 5 minutos a pie desde la plaza, se erige el **templo egipcio de Debod**, del siglo IV a.C., donado a España en reconocimiento a la labor de los ingenieros españoles que trabajaron en la construcción de la presa de Asuán (que inundó su emplazamiento original). Aquí fue reconstruido piedra por piedra y aunque parece un tanto incongruente, es un marco precioso para ofrecer conciertos. En verano, se abren numerosas terrazas en el parque, mientras que todo el año, un **teleférico** (abril-sept., todos los días, 11-14.30 h y 16.30-atardecer; oct.-marzo, sáb.-dom. y festivos, 12-14.30 h y 16.30-atardecer; 375 pesetas, ida; 535 pesetas, ida y vuelta; Metro Argüelles/Ventura Rodríguez) transporta los pasajeros por encima del río, desde el paseo del Pintor Rosales hasta el centro de la Casa de Campo (véase pág. siguiente). Fue construido para competir con el de Barcelona, pero la topografía no acompaña.

Las líneas férreas provenientes del norte de Madrid acaban en **Príncipe Pío** (estación del Norte), una construcción blanca, de acero y cristal, que aparece en *Rojos (Reds)*, el filme protagonizado por Warren Beatty y Diane Keaton. A unos 300 m más allá de la estación, por el paseo de la Florida, se encuentra el restaurante *Casa Mingo* (véase «Restaurantes»), vende pollos asados y sidra para llevar y merendar en la Casa de Campo; casi junto al restaurante, en glorieta de la Florida 5, se halla la **ermita de San Antonio de la Florida** (mar.-vier., 10-14 h y 16-20 h; jul.-agos., cerrado por la tarde; sáb.-dom., 10-14 h; 300 pesetas; miér. y dom., entrada gratuita; Metro Príncipe Pío). Esta pequeña iglesia, construida según un plano en forma de cruz griega, fue erigida entre 1792-1798 por el italiano Felipe Fontana y decorada por **Goya**, cuyos frescos son el único motivo para visitarla. En la cúpula hay una imagen de un milagro realizado por san Antonio de Padua. A su alrededor, huestes de ángeles y querubines sostienen unas cortinas que revelan la escena principal: el santo que reanima a un muerto con el fin de que ofrezca pruebas a favor de un prisionero falsamente acusado de asesinato (el padre del santo). Más allá de este grupo central, Goya creó toda una galería de personajes muy realistas: los modelos fueron personajes cortesanos y de la sociedad, mientras que para un fresco menor de ángeles adorando la Trinidad utilizó a unas prostitutas. La ermita también alberga el mausoleo del artista.

Moncloa

El próspero suburbio de **Moncloa** alberga el hogar del jefe de Gobierno de España y merece una visita, incluso si el visitante no utiliza la terminal de autobuses para El Pardo y El Escorial (véase pág. 76). Al salir del Metro, se encontrará ante el Ministerio de Defensa y el arco de la Victoria, que marca la salida de Napoleón de la capital. Más allá, están los terrenos sombreados del parque del Oeste y los campus de la **Ciudad Universitaria**. Durante el período lectivo, la zona está muy animada al final del día, pues suele haber grupos de estudiantes que meriendan bajo los árboles y otros que cantan. Si sale por la salida del Metro que da a plaza de Moncloa y toma el sendero a la derecha a través de los árboles, llegará al **Faro de la Moncloa** (mar.-dom., 10.30-13.45 h y 16.30-19.15 h; 200 pesetas), una torre futurista de 92 m de altura, desde la que se contemplan excelentes vistas de la ciudad y las montañas situadas más allá. A unos pasos se halla el **Museo de América**, cuya entrada principal está en avenida de los Reyes Católicos 6 (mar.-sáb., 10-15 h; dom., 10-14.30 h; 500 pesetas;

sáb., después de las 14 h y dom., entrada gratuita), que muestra una buena colección de cerámica y orfebrería de oro y plata, proveniente de las antiguas colonias españolas de Latinoamérica, y también un chal de plumas que se remonta al 2000 a.C.

La Casa de Campo

Si el visitante quiere practicar jogging, nadar, merendar, ir al parque de atracciones o ver los osos panda, la **Casa de Campo** es el lugar indicado. Esta enorme extensión de brezos y matorrales tiene algunas zonas sorprendentemente silvestres para ser un lugar de tan fácil acceso desde la ciudad; otros sectores han sido acondicionados para la práctica de los pasatiempos más convencionales. Es mucho más amplia y natural que los parques de la ciudad, y se puede llegar en Metro (Batán/Lago), diversos autobuses (el 33 es el mejor) o el teleférico mencionado antes. El paseo desde la estación Príncipe Pío por el puente del Rey tampoco resulta agotador.

Hay mesas para merendar y café-bares diseminados por todo el parque, una **pista de jogging** con postes para hacer ejercicio, una **piscina** municipal al aire libre (jun.-sept., todos los días, 10.30-20 h; 500 pesetas) cerca de la estación de Metro Lago, pistas de tenis y barcas de remos que se alquilan en el **lago** (también cerca de la estación de Metro Lago).

Entre los puntos de interés destacan un **zoo** (todos los días, 10-atardecer; 1.560 pesetas), siempre popular y que dispone de un impresionante acuario. Colindante al zoo, hay un **parque de atracciones** amplio y recién reformado (jul.-agos., todos los días, 12-24 h; vier.-sáb., hasta las 2 h; sept.-jun., todos los días, 12-23 h; sáb., hasta la 1 h; entrada, sólo 600 pesetas; 2.600 pesetas, un billete para todo el día, que incluye la mayoría de las atracciones), que dispone de diversos restaurantes y cafés; en verano se ofrecen numerosos **conciertos** en el auditorio interior. La manera más fácil de llegar es en autobús (el 33 desde Príncipe Pío), que llega hasta la puerta de entrada; la estación de Metro Batán está 10 minutos a pie a través de un monte bajo. Hay que tener en cuenta que muchos de los caminos principales de acceso al parque han sido tomados por las prostitutas (que el Ayuntamiento ha echado de la ciudad), y puede llenarse de conductores que buscan sus servicios, tanto de día como de noche.

Salamanca y el paseo de la Castellana

El barrio de **Salamanca**, situado al norte del parque del Retiro, es un lugar de viviendas y tiendas elegantes, frecuentado por pijos (los niños ricos); además, la cuadrícula de calles situadas entre las de Goya y José Ortega y Gasset abarca la mayoría de las tiendas de diseño de la ciudad. Casi todos los edificios son modernos y sin interés, aunque hay algunos museos y galerías de arte que pueden resultar atractivos, en especial el Lázaro Galdiano, el mejor museo pequeño de Madrid.

Si el visitante recorre la zona de sur a norte, el primer punto de interés es la **plaza de Colón** (Metro Colón), donde se erige una estatua de Colón a nivel de calle y algunos grandes bloques de piedra dispuestos en forma de monumento megalítico, dedicado al descubrimiento de América. Debajo de éste se encuentra el **Centro Cultural de la Villa de Madrid** construido en la década de los años setenta, que continúa siendo un buen lugar para asistir al cine, teatro o las exposiciones ocasionales.

Al otro lado de la plaza, si al viajero le interesan temas tales como retablos de matadores corneados por toros o el vano intento de reconocer al rey Juan Carlos, quizá le parezca entretenido el **Museo de Cera**, en paseo de Recoletos 41 (todos los días, 10.30-14 h y 16-20.30 h; 1.000 pesetas; Metro Colón).

Cerca de la plaza y con la entrada por la calle de Serrano 13, se halla el **Museo Arqueológico Nacional** (mar.-sáb., 9.30-20.30 h; dom., 9.30-14.30 h; 500 pesetas; sáb., 14.30-20.30 h y dom., entrada gratuita; Metro Serrano). Al ser la colección nacional, posee algunas piezas impresionantes, entre ellas dos célebres bustos celtibé-

ricos, conocidos como *La dama de Elche* y *La dama de Baza*, y un maravilloso conjunto de tesoros visigóticos hallados en Toledo. Sin embargo, la exposición es muy anticuada y las salas suelen estar cerradas por reformas, a veces sin previo aviso. En los jardines, situados en la planta baja a la izquierda de la entrada principal, hay una reconstrucción de las cuevas de Altamira, con sus pinturas rupestres prehistóricas.

El **Museo Lázaro Galdiano** (mar.-dom., 10-14 h; agos., cerrado; 500 pesetas; miér., entrada gratuita; Metro Núñez de Balboa/Rubén Darío) se encuentra en la calle Serrano 122, un poco más al norte. Esta colección, que era privada, fue donada al Estado por José Galdiano en 1947, y se extiende por las cuatro plantas y las 37 habitaciones de lo que fue su domicilio. Se trata de una serie de obras de arte con algunas atribuciones sumamente dudosas, pero incluye algunas piezas valiosas, entre ellas pinturas de El Bosco (hay dos obras: una, *San Juan Evangelista en Patmos*, es importante; la otra tal vez no sea auténtica), una obra de Gerard David, otra de Durero (dudoso) y un Rembrandt, además de numerosos cuadros de artistas españoles, incluidos Berruguete, Murillo, Zurbarán y Velázquez. El Greco —cuya *Adoración de los Magos* fue pintado mucho antes de su llegada a España— y Goya, están bien representados. *El Salvador*, oculto en una sala de escultura renacentista en la planta baja, se atribuyó en una época a Leonardo da Vinci. Otras piezas incluyen una colección de relojes, muchos de los cuales pertenecieron a Carlos V.

Cerca de aquí, hacia el oeste, al otro lado del paseo de la Castellana, está el **Museo Sorolla**, calle general Martínez Campos 37 (mar.-sáb., 10-15 h; jul.-agos., cierra a las 14.30 h; dom., 10-14 h; 400 pesetas; dom., entrada gratuita; Metro Rubén Darío/ Iglesia), lugar donde vivía y trabajaba Joaquín Sorolla (1863-1923). En él se expone una amplia colección de sus obras. Las mejores son un llamativo juego impresionista de luz y textura, otras están dedicadas a escenas en la playa, cuerpos desnudos y sus reflejos y refracciones en el agua.

Más al norte, por el paseo de la Castellana, se llega a la **Zona Azca** (Metro Nuevos Ministerios/Santiago Bernabeu), el barrio comercial más nuevo de Madrid en el que se encuentra el rascacielos más alto, la Torre Picasso (diseñada por Minoru Yamasaki, que también diseñó las Torres Gemelas de Manhattan) y las sedes centrales de las empresas. Un poco más allá, se halla uno de los puntos de interés más célebres: el estadio de fútbol **Santiago Bernabeu**, sede del Real Madrid.

El Pardo

EL PARDO era un antiguo coto de caza real; situado a 9 km al noroeste del centro de Madrid, allí estaba la residencia principal de Franco. Aún hay una guarnición en la ciudad, que era la base de la mayoría del personal del Generalísimo, pero con los años el lugar ha ido perdiendo su estigma y en la actualidad los madrileños hacen excursiones y celebran prolongados almuerzos en las terrazas de los restaurantes, o juegan al tenis y nadan en los cercanos centros deportivos.

El principal atractivo turístico es el **Palacio del Pardo** (abril-sept., lun.-sáb., 10.30-18 h; dom., 9.30-13.30 h; oct.-marzo, lun.-sáb., 10.30-17 h; dom., 9.30-13.30 h; cerrado ocasionalmente por visita oficial; visitas guiadas, 700 pesetas; miér., entrada gratuita para ciudadanos de la UE), que fue reconstruido por los Borbones en el emplazamiento de un pabellón de caza de Carlos V. El interior es bastante agradable; hay una capilla y un teatro, un retrato de Isabel la Católica realizado por Juan de Flandes, su pintor cortesano, y una excelente colección de tapices, muchos realizados según los dibujos de Goya que se encuentran en el Prado. Los guías suelen explicar el uso que Franco hizo del palacio, pero silencian algunos hechos curiosos, como que conservara la mano momificada de santa Teresa de Ávila junto a su cama. Con el billete para entrar al palacio también se puede visitar la **Casita del Príncipe**, aunque no es posible acceder desde los jardines y por ello el visitante deberá regresar a la carretera princi-

pal. Al igual que las casitas (pabellones) de El Escorial, ésta fue construida por Juan de Villanueva y está muy ornamentada.

Se puede ir al Pardo en un **autobús** local (cada 15 min. hasta medianoche desde la terminal situada en el Metro Moncloa), o en **taxi** desde el centro.

Restaurantes y bares de tapas

En las siguientes secciones aparecen los mejores establecimientos de Madrid para **comer** y **tomar copas**. No se incluyen los bares nocturnos, donde los madrileños acuden más tarde por la noche para tomar copas, bailar, escuchar música y dejarse ver; éstos aparecen en la siguiente sección, dedicada a la vida nocturna.

Aquí figuran los bares, cafés, cervecerías, marisquerías y restaurantes, pero han sido divididos en **bares de tapas** y **restaurantes**, según suelan servir platos en la barra o las mesas. Algunas veces tal división resulta arbitraria, ya que muchos establecimientos disponen de un bar donde se pueden consumir tapas, junto a un comedor o restaurante más formal en la parte posterior o la primera planta. En casi cualquiera de los locales recomendados el visitante puede satisfacer el apetito, si su presupuesto se lo permite, aunque en los bares, los madrileños suelen tomar una tapa o compartir una ración de la especialidad de la casa, y después hacer lo mismo en el siguiente establecimiento.

Horarios

El horario para tomar **cañas** y **copas** se extiende desde alrededor del mediodía hasta las 14 h, y a partir de las 19 hasta las 22 h, aunque en la mayoría de los bares suelen preparar un tentempié a cualquier hora del día, y en general permanecen hasta medianoche e incluso más tarde. En verano, el horario se prolonga y los domingos la gente se acuesta temprano.

En los restaurantes se come muy tarde: pocos madrileños almuerzan antes de las 14 h o cenan antes de las 22 h; si el visitante llega más temprano tal vez sea el único comensal, o por la noche, quizás el restaurante aún no haya abierto. La mayoría llega a las 22.30 h para cenar; pero como Madrid es muy especial, hay muchas opciones para hacerlo más tarde: todas las revistas dedicadas a los espectáculos disponen de secciones dedicadas a restaurantes abiertos después de medianoche. Muchos restaurantes cierran los domingos y/o los lunes, y todo o parte de julio y agosto.

La cocina

Los restaurantes y bares de Madrid ofrecen todas las variantes de la **cocina regional española**: asados y guisos castellanos (como cocido de carne y garbanzos), marisco

---

LOS PRECIOS DE LOS RESTAURANTES DE MADRID

Los **restaurantes** han sido calificados como baratos (menos de 2.000 pesetas por persona, por una comida con vino incluido), moderados (2.000-3.500 pesetas) y caros (más de 3.500 pesetas). Por supuesto, se pueden pagar cantidades muy distintas en cualquier restaurante (o bar de tapas), según lo que se pida y el horario: el pescado y los mariscos suelen aumentar la cuenta, mientras que un menú del día fijo al mediodía puede resultar barato (desde tan sólo 800 pesetas por tres platos).

La mayoría de los restaurantes —pero no todos— que figuran como «moderados» o «caros» aceptan **tarjetas de crédito**. Si hubiera dudas, telefonee antes para comprobarlo.

gallego, pescaditos fritos andaluces, paellas y arroces valencianos y alicantinos, guisos asturianos en invierno, como la fabada, y platos vascos, que son el súmmum de la gastronomía (con los precios correspondientes).

A lo largo de los últimos años, han aparecido docenas de **restaurantes extranjeros**. Hay unos cuantos peruanos, argentinos e italianos bastante buenos; también algunos indonesios y japoneses. Salvo algunas excepciones que confirman la regla, los restaurantes chinos, indios, mexicanos y brasileños, son, lamentablemente, bastante malos.

Sol, plaza Mayor y Ópera

La zona central de Madrid es la que ofrece una mayor variedad en cuanto a precios y opciones culinarias. Pocos lugares del mundo pueden compararse con las calles que rodean la Puerta del Sol en cuanto al número de establecimientos para comer y tomar copas. En la zona más elegante del barrio de la **Ópera**, hay que ser más selectivo, mientras que en la misma **plaza Mayor**, se recomienda limitarse a tomar copas. Salvo que se indique lo contrario, todos estos locales son de fácil acceso desde el **Metro Sol**.

Bares de tapas

Las Bravas, Espoz y Mina 13. Como sugiere su nombre, la especialidad de este bar, situado al sur de la Puerta del Sol, son las patatas bravas; las tortillas también son sabrosas. En la fachada hay espejos, un recuerdo de la época en que era una barbería y fue el tema de un cuento de Valle-Inclán. Hay otras sucursales en las cercanías: calle Álvarez Gato 3 y pasaje Matheu 5. Comida y cerveza baratas.

Casa del Abuelo, Victoria 12. Bar pequeño con mucho ambiente donde sólo sirven el vino dulce de la casa y camarones, ya sea al ajillo o a la plancha.

Casa del Labra, Tetuán 12 frente a El Corte Inglés. Hay que pedir una copa en la barra y una ración de bacalao rebozado en el mostrador, situado a la derecha de la puerta (véase también «Restaurantes», pág. siguiente).

La Gaditana, Cádiz 10. Un letrero en el exterior afirma que éste es el mayor bar del mundo, ya que uno «entra en Cádiz y sale en Barcelona», algo cierto, ya que se encuentra en la esquina de ambas calles. La especialidad es el pescadito frito.

Lhardy, Carrera de San Jerónimo 8 (☎915 213 385). Uno de los restaurantes más célebres y caros de Madrid. En una época era frecuentado por la realeza; establecimiento bonito pero excesivamente caro. Sin embargo, en la planta inferior hay un bar donde puede saborear canapés y conservar un fino o un consomé sin arruinarle.

Mejillonera El Pasaje, pasaje Matheu. Uno de los numerosos bares de esta callejuela peatonal, situada entre Espoz y Mina y la calle Victoria, al sur de Puerta del Sol, sirven mejillones preparados de muchas maneras.

Mesón de los Champiñones y **Mesón de la Tortilla**, Cava de San Miguel 15 y 17. Dos de las tabernas más antiguas de Madrid, situadas bajando los escalones que hay en la esquina sudoeste de la plaza Mayor. Están especializados en champiñones y tortillas, respectivamente. Los fines de semana ambos establecimientos se animan cuando la gente se reúne para beber sus excelentes vinos y sangrías.

Mesón Real, Vergara 12, al sur del Teatro Real (Metro Ópera). Taberna tradicional con tapas a precios razonables.

Museo del Jamón, Carrera de San Jerónimo 6. La mayor sucursal de esta cadena madrileña, de cuyos techos cuelgan cientos de jamones. Los mejores, y no son baratos, son los jabugos de sierra Morena, aunque un cruasán con jamón cuesta menos de 200 pesetas.

La Oreja de Oro, Victoria. Este bar situado justo enfrente de la *Casa del Abuelo* siempre está repleto. Sirve un excelente pulpo a la gallega, que se saborea junto a un

ribeiro que sirve en tazones de terracota. También hay muchas otras tapas de marisco. Agos., cerrado.

El Oso y el Madroño, Bolsa 4. Pequeño bar castizo donde se puede tomar una copa acompañada de un chotis y charlar con los camareros que siempre parecen haber estado ahí. Las especialidades son el cocido, los caracoles, la sangría y el jerez.

Restaurantes

El Abuelo, Núñez de Arce 3. En la parte posterior de este bar hay un comedor, donde se puede pedir una selección de raciones deliciosas y baratas con una jarra de vino de la casa. Barato.

El Botín, Cuchilleros 17 (☎913 664 217; Metro Sol/Tirso de Molina). Uno de los restaurantes más antiguos y pintorescos de Madrid; inaugurado en 1725, era frecuentado por el escritor estadounidense Hemingway. Por eso siempre está lleno de turistas; sirve carne asada aceptable, en especial cochinillo y lechal. El menú cuesta 4.000 pesetas, pero se puede comer por menos. Caro.

Casa Ciriaco, Mayor 84 (☎915 485 066; Metro Ópera). Agradable taberna tradicional, célebre por sus platos tradicionales castellanos, entre otros trucha y pollo, servido en porciones abundantes. El menú cuesta 2.100 pesetas; los platos principales de la carta un poco menos. Miér. y agos., cerrado. Moderado.

Casa Gallega, Bordadores 11 (☎915 419 055; Metro Ópera/Sol). Marisquería acogedora; importa el marisco fresco de Galicia desde que abrió en 1915. El precio varía mucho y depende de la rareza del pescado o marisco que se pida. Los platos tradicionales gallegos, como el pulpo y los pimientos de Padrón son excelentes y baratos, pero las delicias exóticas más de temporada subirán la cuenta para dos personas hasta cinco cifras. Hay otra sucursal en la plaza San Miguel. (☎915 473 055). Caro.

Casa Labra, Tetuán 12 (☎915 310 081). Establecimiento tradicional donde fue fundado el Partido Socialista Obrero Español; conserva gran parte de su interior original de 1869. El restaurante se encuentra más allá del bar, a la derecha; es una antigua sala revestida de madera donde sirve platos madrileños clásicos. Moderado a caro.

Casa Santa Cruz, Bolsa 12 (☎915 218 623). Este establecimiento, que solía ser una ermita y que después albergó la Bolsa, es bastante caro pero la comida tiene la misma categoría que la decoración. Caro.

Pozo Real, Pozo 6 (☎915 217 951). Establecimiento frecuentado por empresarios, aunque está situado en un hermoso edificio antiguo y el menú del día suele ser barato. Moderado a caro.

Taberna del Alabardero, Felipe V 6 (☎915 472 577; Metro Ópera). Excelente taberna situada en una de las calles más bonitas de la zona, justo detrás de la plaza de Oriente. La comida es vasca y, los precios relativamente bajos, con un menú del día a 1.100 pesetas. Barato a moderado.

Alrededores de Santa Ana y Huertas

El visitante debería pasar al menos una noche tomando copas y comiendo en alguno de los históricos bares de azulejos de esta zona céntrica. Los restaurantes también son buenos, frecuentados por turistas y lugareños.

Bares de tapas

La Costa de Vejer, Núñez de Arce con Álvarez del Gato (Metro Sol). Su especialidad son las gambas al ajillo.

España Cañí, plaza del Ángel 14 (Metro Sol). Bar con una bonita fachada azulejada;

RESTAURANTES VEGETARIANOS DE MADRID

Tal vez Madrid resulte intimidante para los vegetarianos, debido al jamón, pescado y marisco expuestos en los escaparates y mostradores de bares y restaurantes. Sin embargo, el viajero puede pedir verduras aparte en casi cualquier restaurante de la ciudad, quizás a excepción de las parrillas argentinas, y comer buenas pizzas y pastas en diversos establecimientos italianos. Incluso es posible que sirvan una paella vegetariana.

Pero lo más importante es que en la actualidad Madrid dispone de media docena de **restaurantes vegetarianos** buenos y baratos, diseminados por el centro. Entre ellos destacan:

Artemisa, Ventura de la Vega 4 (☎914 295 092; Metro Sevilla). Establecimiento popular (quizás haya que esperar mesa); lo mejor son las pizzas vegetales y las ensaladas. No se puede fumar, algo aún más novedoso en Madrid que un restaurante vegetariano. Dom. noche, cerrado. Moderado.

El Estragón, plaza de la Paja 10 (☎913 658 982; Metro La Latina). Buenas tapas vegetarianas, pastel de puerros y tarta de chocolate. Menú del día económico a 1.000 pesetas y bien situado en el borde de esta antigua plaza. Barato a moderado.

El Granero de Lavapiés, Argumosa 10 (☎914 677 611; Metro Lavapiés). Excelente comida macrobiótica y vegetariana en una calle de La Latina muy agradable. Lun.-vier., sólo 13-16 h. Agos., cerrado. Barato.

La Granja, San Andrés 11 (☎915 328 793; Metro Bilbao/Tribunal). Buen menú fijo que cambia todos los días; sopa, ensalada, un plato principal de verduras, arroz y fruta con una salsa, postre y bebidas. Lun.-miér., 13.30-16.30 h y 21-24 h; jue.-dom., 13.30-16.30 h. Barato.

Vegetariano, Marqués de Santa Ana 34 (☎915 320 927; Metro Tribunal). Excelentes ensaladas y verduras mediterráneas. No se puede fumar. Dom. noche y lun., cerrado. Barato.

---

sirve una buena selección de tapas. Un buen lugar para escuchar flamenco y beber la sangría de la casa.

El Lacón, Manuel Fernández y González 8 (Metro Sol). Amplio restaurante-bar gallego con muchas mesas en la planta superior. El pulpo, el caldo gallego y las empanadas de atún son muy buenas. Agos., cerrado.

La Moderna, plaza de Santa Ana 12 (Metro Sol). Más popular entre los españoles que los turistas, y más barato que las cervecerías colindantes. Siempre está animado por las noches.

La Taberna de Dolores, plaza de Jesús 4 (Metro Antón Martín). En este bar popular y revestido de azulejos, situado al final de la calle Huertas, sirven estupendos canapés. La cerveza es muy buena y las especialidades incluyen canapés de anchoas, roquefort y salmón ahumado. Si quiere ocupar un lugar en la barra hay que llegar temprano.

La Trucha, Manuel González y Fernández 3 (Metro Antón Martín). Si no come en el restaurante (véase pág. siguiente), al menos hay que tomar unas tapas en el bar. Las especialidades son el pescado ahumado y los pimientos de Padrón. Suele estar abarrotado. Dom., cerrado.

Viña P, plaza de Santa Ana 3 (Metro Sol). Los camareros son muy simpáticos; gran variedad de tapas en un bar decorado con recuerdos taurinos. Se recomiendan los espárragos, los mejillones rellenos y las excelentes almejas a la marinera.

Restaurantes

Asturias, Álvarez del Gato 5 (☎915 320 784; Metro Sol). Hay jamones colgados y cabezas de animales decorando la pared. La carne es buena y el pescado también, al igual que las tapas. Barato a moderado.

Casa Alberto, Huertas 18 (☎914 299 356; Metro Antón Martín). Taberna tradicional con una barra de cinc y un pequeño comedor en la parte de atrás. Dom. noche y lun., cerrado. Moderado a caro.

Domine Cabra, Huertas 54 (☎914 294 365; Metro Antón Martín). Interesante combinación entre lo tradicional y lo moderno, sirve platos tradicionales madrileños al estilo nueva cocina. Dom. noche, cerrado. Moderado.

Donzoko, Echegaray 3 (☎914 295 720; Metro Antón Martín). Restaurante japonés de precios razonables donde se sirve un *sushi* aceptable y un *tempura* delicioso. Dom., cerrado. Moderado.

La Farfalla, Santa María 17 (☎913 694 691; Metro Antón Martín). El local adecuado para comer de madrugada y disfrutar de un ambiente festivo en la zona de Huertas. Buena selección de sabrosas pizzas y carne argentina. Abierto hasta las 4 h los fines de semana. Barato.

El Inti de Oro, Ventura de la Vega 12 (☎914 296 703; Metro Sevilla). Es una introducción ideal a la cocina peruana. Se recomienda el cebiche de merluza y el ají de gallina (gallina con salsa de nueces); también vale la pena probar los licores locales. Moderado.

Lerranz, Echegaray 26 (☎914 291 206; Metro Sevilla). La comida y el decorado de este pequeño bar-restaurante tienen un toque de diseño; el menú fijo cuesta unas 1.000 pesetas. Moderado.

La Sanabresa, Amor de Dios 12 (☎914 290 338; Metro Antón Martín). Local de barrio auténtico con un televisor en un rincón y numerosos clientes que acuden para comer excelentes platos a precios razonables. Se recomienda las berenjenas a la parrilla. Dom., cerrado. Barato.

La Trucha, Manuel Fernández y González 3, cerca de Echegaray (☎914 295 833; Metro Antón Martín). Vale la pena darse el gusto de comer aquí; se aconseja al visitante reservar una mesa mientras se toma unas copas en *Los Gabrieles* o en el *Venecia*; después se atraviesa el bar y se llega a media docena de mesas situadas en el fondo (o el sótano). Destaca su plato de verbena (canapés de salmón y caviar) y la fritura de pescado variada; en lugar de tomar el vino de la casa, pida una botella. Moderado.

Gran Vía y plaza de España

En la **Gran Vía**, las hamburgueserías ocupan todos los huecos libres entre las tiendas y los cines. Pero algunas manzanas hacia dentro hay muchas opciones, entre ellas varios restaurantes étnicos en la calle San Bernardino (al norte de la plaza de España).

Bares de tapas

Bar La Mina, Martín de los Heros 27 (Metro Plaza de España). Bar agradable, sirve diversas tapas y bocadillos.

Stop Madrid, Hortaleza 11 (Metro Gran Vía). Antiguo bar tradicional, que ha revivido gracias a las cervezas belgas y el vermú; tapas de jamón y chorizo.

Restaurantes

Adrish, San Bernardino 1 (☎915 429 498; Metro Plaza de España). Uno de los buenos restaurantes indios de la ciudad, bien decorado y con una amplia selección de platos. La comida no es picante, por lo que si quiere comer muy picante tendrá que decírselo al camarero. Dom., cerrado. Moderado.

Bali, San Bernardino 6 (☎915 419 122; Metro Plaza de España). Comida indonesia; la especialidad es el *rijsttafel*, que lo abarca todo. Dom. noche, cerrado. Moderado.

El Buey, plaza de la Marina Española 1 (☎915 413 041; Metro Santo Domingo). Un paraíso para comedores de carne, especializado en bistés: que el cliente asa en un hornillo individual. Muy buenos platos para acompañar, incluida una tarta de puerros y marisco, además de excelentes postres caseros. Moderado.

Las Dos Castillas, Caballero de Gracia 10 (☎915 221 815; Metro Gran Vía). Restaurante y bar informal; sirve sabrosos platos castellanos tradicionales. Barato.

Nova Galicia, Conde Duque 3 (☎915 594 260; Metro Plaza de España). Restaurante gallego de muy buen precio especializado en tapas de marisco y arroz con bogavante. Hay que atravesar el bar y entrar en el comedor situado en la parte de atrás. Segunda mitad de agos., cerrado. Moderado.

Paellería Valenciana, Caballero de Gracia 12 (☎915 311 785; Metro Gran Vía). Sirve abundantes paellas valencianas, sólo abierto al mediodía. Moderado.

La Latina y Lavapiés: la zona del Rastro

Al sur de Sol y Huertas se encuentran los barrios de **La Latina** y **Lavapiés**, cuyas callejuelas mantienen un ambiente de barrio popular; hay una gran selección de bares y restaurantes.

Bares de tapas

Almacén de Vinos, Calatrava 21 (Metro La Latina). Tradicional bar de tapas de barrio que se aconseja visitar.

El Almendro, calle del Almendro 27 (Metro La Latina). Situado en la esquina de la plaza de San Andrés, es un lugar ideal para tomar tapas muy originales, bien presentadas y muy sabrosas.

Almendro 13, calle del Almendro 13 (Metro La Latina). Bar de moda revestido de madera, donde sirven un fino de buena calidad en botellas negras enfriadas. Se recomienda los huevos rotos y las roscas rellenas de carne.

Barranco, San Isidro Labrador 14 (Metro La Latina). Aquí se pueden comer gambas después de pasear por el Rastro. Muy popular.

Los Caracoles, plaza del Cascorro 18 (Metro La Latina). Popular desde 1940; buena selección de tapas y caracoles.

Cervecería el Doblete, Costanilla de San Andrés 10, junto a la plaza de la Paja (Metro La Latina). Bar de moda, abierto hasta tarde; sirven buenos canapés.

Taberna de Antonio Sánchez, Mesón de Paredes 13 (☎915 397 826; Metro Tirso de Molina). Bar del siglo XVII, supuestamente la taberna más antigua de Madrid, revestido de madera y decorado con una cabeza de toro (uno de ellos mató a Antonio Sánchez, el hijo del dueño). Sirve finos, tapas de jamón y queso o tortilla de San Isidro (con bacalao). Dom. noche, cerrado.

Restaurantes

La Cacharrería, Morería 9 (☎913 653 930; Metro La Latina). Restaurante argentino; sirve grandes bistés y costillas, muy bien asadas. Hay que pedir una ensalada ya que las verduras no abundan. Dom. y agos., cerrado. Moderado.

El Económico, Argumosa (Metro Lavapiés). Comedor de obreros tradicional; sirve un inmejorable menú de 800 pesetas al mediodía. Barato.

El Frontón, Tirso de Molina 7-10; la entrada está junto a la plaza (Metro Tirso de Molina). Antiguo restaurante vecinal con mucho encanto, donde los editores y gente del ramo hacen un almuerzo prolongado. Gran selección de platos castellanos tradicionales, todos deliciosos. Moderado.

El Juglar, Lavapiés 37 (Metro Lavapiés). Frecuentado por los lugareños; sirve platos españoles tradicionales y abundantes. Barato.

Casa Lucio, Cava Baja 35 (☎913 653 252; Metro La Latina). Los madrileños acuden para consumir clásicos platos castellanos, como cocido, callos y asados, preparados a la perfección. Los precios han aumentado un poco desde que fue visitado por el rey, pero aún se puede comer bien por menos de 4.000 pesetas. Hay que hacer la reserva. Sáb. mediodía y agos., cerrado. Caro.

Posada de la Villa, Cava Baja 9 (☎913 661 860; Metro La Latina). El restaurante más atractivo de La Latina; se extiende por las tres plantas de una mansión del siglo XVII. La cocina es típicamente madrileña e incluye un soberbio cordero asado. La cuenta subirá a unas 7.000 pesetas, pero se puede comer por menos. Dom. noches y agos., cerrado. Caro.

El Schotis, Cava Baja 11 (☎913 653 230; Metro La Latina). Antigua tasca con un bar tradicional en la parte delantera. Al igual que en otros locales de esta calle, la comida es típicamente castellana: muchas carnes rojas y asados, pero también sirven pescado y marisco. Dom. noche y agos., cerrado. Moderado a caro.

Viuda de Vacas, Cava Alta 23 (☎913 665 847; Metro La Latina). Restaurante muy tradicional; sirve platos castellanos. Mar., cerrado. Barato a moderado.

Chueca y Santa Bárbara

Los barrios de **Chueca** y **Santa Bárbara**, más al norte, disponen de algunos buenos bares tradicionales y varios restaurantes modernos, y suelen estar muy animados por las noches. Sin embargo, en la zona sur de Chueca, en los alrededores de la estación de Metro, venden droga y por la noche puede ser un lugar poco recomendable.

Bares de tapas

Cervecería Santa Bárbara, plaza Santa Bárbara 8 (Metro Alonso Martínez). Lugar de reunión popular; sirve cañas y camarones.

Santander, Augusto Figueroa 25 (Metro Chueca). Merece la pena visitar este bar por su amplia selección de tapas, incluidas empanadas, tortillas y quiche lorraine, además de diversos canapés caseros a precios razonables. Agos., cerrado.

Taberna Ángel Sierra, Gravina 11 en la plaza Chueca (Metro Chueca). Uno de los grandes bares de Madrid, con una tradicional barra de cinc que lavan a menudo. Todos beben vermú, de barril pero delicioso, y consumen tapas gratuitas de exquisitos boquerones en vinagre (también sirven raciones, pero son caras).

Restaurantes

Al Hoceima, Farmacia 8 (☎915 319 411; Metro Tribunal). Pequeño y elegante restaurante marroquí; sirven buen cuscús y *tahina*. Lun., cerrado. Moderado.

Annapurna, Zurbano 5 (☎913 198 716; Metro Colón). Decir que se trata del mejor restaurante indio de Madrid es poco: lo mejor son los platos *tanduri* o *thali*. Sáb. noche, dom. y festivos., cerrado. Moderado.

Carmencita, Libertad 16 (☎915 316 612; Metro Chueca). Hermoso restaurante inaugurado en 1830; revestido de madera, con adornos de bronce y mesas de mármol... y una nueva influencia vasca. El menú de mediodía sólo cuesta 1.200 pesetas. Sáb. noche, dom. y festivos., cerrado. Barato a moderado.

La Carreta, Barbieri 10 (☎915 327 042; Metro Chueca/Banco de España). Restaurante argentino; sirven bistés y carnes rojas. De miércoles a domingo, hay un trío que toca tangos; los martes se puede aprender a bailarlo. Todos los días, hasta las 5 h. Moderado a caro.

Casa Gades, Conde de Xiquena 4 (☎915 323 051; Metro Chueca/Banco de España). Restaurante muy atractivo en una zona elegante en el límite de Chueca; el propietario es el bailarín Antonio Gades. Sirve platos españoles e italianos. Dom. noche y lun., cerrado. Moderado.

El Comunista (Tienda de Vinos), Augusto Figueroa 35, entre las calles Libertad y Barbieri (Metro Chueca). Comedor abierto hace mucho tiempo; su nombre no oficial (pero siempre utilizado) se remonta a la época de Franco, en que era frecuentado por estudiantes. Se recomienda la sopa de ajo. Barato.

Hard Rock Café, paseo de la Castellana 2 (☎914 350 200; Metro Colón). Comida rá-

VIDA DE CAFÉ

En Madrid hay varios cafés que son toda una institución. Sirven comida, pero en realidad son establecimientos para tomar un café, una copa o caña, o bien leer los periódicos. También son el sitio de reunión de las tertulias semiformales, que eran populares entre los intelectuales madrileños del pasado y que han vuelto a ponerse de moda. Muchos cafés disponen de terrazas abiertas en verano o durante todo el año; el visitante debe tener en cuenta que sentarse en el exterior aumenta el precio. Hay otros cafés y pastelerías más sencillas, donde desayunar o tomar un tentempié.

Café de los Austrias, plaza de Ramales (Metro Ópera). Café tranquilo con mesas de mármol y revestido de madera oscura; adecuado para detenerse tras visitar el Palacio Real.

Café Barbieri, Ave María 45 (Metro Lavapiés). Café con una vaga reputación intelectual. Establecimiento tranquilo con música suave, mesas de madera, decoración tradicional, periódicos y una gran selección de cafés.

Café El Botánico, Espalter/plaza Murillo (Metro Atocha). Tranquilo e ideal para tomar una copa; frente a la entrada sur del Prado.

Café Central, plaza del Ángel 10 (Metro Sol). De noche es un club de jazz, de día un café normal; dispone de periódicos.

Café Comercial, Glorieta de Bilbao (Metro Bilbao). Uno de los locales de reunión más populares de la ciudad; hermoso café tradicional, bien situado para la zona de Chueca/Santa Bárbara.

Café del Espejo, paseo de Recoletos 31 (Metro Colón). Aunque nadie lo diría, fue inaugurado en 1991: espejos, dorados y un maravilloso pabellón acristalado, además de una terraza sombreada.

Café Gijón, paseo de Recoletos 21 (Metro Banco de España). Célebre café literario y centro de la movida intelectual y artística de los años ochenta, decorado con madera de caoba cubana y espejos. Dispone de terraza en verano.

Café Manuela Malasaña, San Vicente Ferrer 29 (Metro Tribunal). Preciosos espejos y decorados; ambiente encantador. Música de piano en vivo y casi todas las noches, tertulias multilingües.

Café de Oriente, plaza de Oriente 2 (Metro Ópera). Café elegante y tradicional, fundado hace alrededor de una década por un sacerdote como parte de un programa de rehabilitación caritativa para ex convictos. Posee una terraza bastante popular.

Círculo de Bellas Artes, Alcalá 42 (Metro Banco de España). Hacerse socio del Círculo por 1 día cuesta 100 pesetas, y da acceso a las exposiciones y un bar muy lujoso, donde el visitante puede sentarse cómodamente en un sofá y tomar una copa a precios módicos. Cuenta con una terraza abierta todo el año.

Croissantería, Corredera Alta de San Pablo, junto a plaza San Ildefonso (Metro Tribunal). Sirven algunos de los mejores cruasanes rellenos de la ciudad; también sirven excelentes helados y café.

La Mallorquina, Puerta del Sol 2 (Metro Sol). Buenos desayunos y tentempiés; se recomienda tomar una napolitana en el soleado salón de la primera planta.

Yenes, Mayor 1 (Metro Sol). Hay que montarse en un taburete de bar y disfrutar del despliegue de tartas y cruasanes; menos ajetreado que *La Mallorquina.*

pida estadounidense y música fuerte, pero tiene una terraza agradable que da a la plaza de Colón. Todos los días, hasta la 1.30 h. Barato.

El 26 de Libertad, Libertad 26 (☎915 222 522; Metro Chueca). Cocina imaginativa servida en un restaurante bien decorado, popular entre los vecinos de Chueca. Dom. noche, jul.-agos., cerrado. Moderado.

Momo, Augusto Figueroa 41 (☎915 327 162; Metro Chueca). Restaurante situado en el corazón de Chueca; decoración *kitsch*, pero sus platos son creativos y de precio razonable: 1.200 pesetas el menú del día.

Nabucco, Hortaleza 108 (☎913 100 611; Metro Alonso Martínez). Pequeño y agradable restaurante italiano que sirve buenas pizzas y algunos platos de pastas. Todos los días y fines de semana, hasta la 1 h. Barato.

La Tasca Suprema, Argensola 7 (☎913 080 347; Metro Alonso Martínez). Restaurante de barrio muy popular; se recomienda hacer la reserva con antelación. Excelente cocina castellana casera, incluido cocido los lunes y jueves. Dom. y agos., cerrado. Barato.

Malasaña y al norte hacia Bilbao

Malasaña es otra zona característica con mucha vida nocturna y docenas de bares. Más al norte, en los alrededores de la plaza de Olavide, auténtica de barrio, hay algunos locales con precios muy razonables, alejados de cualquier circuito turístico.

Bares de tapas

Casa Camacho, San Andrés 2, cerca de plaza del Dos de Mayo (Metro Tribunal). Antigua e irresistible bodega con una barra tradicional, vermú de barril y tapas sencillas. Un lugar ideal para empezar la noche. Repleto los fines de semana.

La Camocha, Fuencarral 15 (Metro Bilbao). Bar asturiano donde sirven sidra, muy buen pulpo y almejas a la sidra. Los botellones especiales para servir la sidra debidamente aireada cuelgan de las paredes.

Taberna La Nueva, Arapiles 7 (Metro Quevedo). Taberna centenaria con un gran surtido de tapas.

Restaurantes

Balear, Sagunto 18 (☎914 479 115; Metro Iglesia). Restaurante levantino donde sirven excelentes platos de arroz. Hay un cava de la casa barato y se puede llegar a cualquier hora antes de medianoche. ¿Qué más se puede pedir? Dom. y lun. noches, cerrado. Moderado.

Bar Maragato, San Andrés 14 (Metro Bilbao). Establecimiento sencillo para alternar con los lugareños. Lo mejor es pedir huevos con patatas fritas y vino de la casa. Barato.

La Gata Flora, plaza del Dos de Mayo 1 (☎915 212 020; Metro Tribunal). Cocina argentino-italiana de bastante categoría, teniendo en cuenta los precios bajos. Los fines de semana sirve hasta medianoche; los viernes y sábados hasta la 1 h. Barato.

La Giralda, Hartzenbush 12 (☎914 457 779; Metro Bilbao). Restaurante andaluz de mucha categoría, donde se ofrece pescado y marisco; los calamares, chipirones y todos los pescados normales están muy bien preparados, al igual que el mero. Otra sucursal, situada al otro lado de la calle en el n.º 15, sirve unos excelentes pescaditos fritos. Dom. y festivos, cerrado. Moderado a caro.

La Glorieta, Manuela Malasaña 37 (☎914 484 016; Metro Bilbao). Cocina española moderna, imaginativa y sabrosa. Dom. noche y lun., cerrado. Moderado.

Ma Bretagne, San Vicente Ferrer 91 (☎915 817 774; Metro Tribunal). Pequeño; sirve buenos crepes y está abierto hasta después de medianoche. Lun., cerrado. Barato.

Mesón Do Anxó, Cardenal Cisneros 6 (Metro Bilbao). Café-restaurante gallego con mesas de formica; sin pretensiones pero sirve un pulpo soberbio, pimientos del Padrón y otras especialidades regionales. Dom., cerrado. Moderado.

Taberna Griega, Tesoro 6 (☎915 321 892; Metro Tribunal). Restaurante griego agradable con *bouzouki* en vivo la mayoría de las noches. Abierto hasta pasada la medianoche. Barato.

La Zamorana, Galileo 21 (☎914 471 169; Metro San Bernardo). Bonito restaurante de azulejos. Sirve cocina vasca a buen precio; así como muchos platos de bacalao. Sáb. mediodía y dom., cerrado. Moderado (más o menos).

Paseo del Prado, Recoletos y Retiro

Es una zona más elegante donde hay pocos bares notables, pero algunos restaurantes sumamente buenos; aunque uno no se aloje en el Ritz, merece la pena tenerlos en cuenta.

Bares de tapas

Mesón la Pilarica, paseo del Prado 39 (Metro Atocha). Uno de los mejores establecimientos de esta calle más cercanos al Prado; se recomienda saborear el jamón serrano.

Restaurantes

Al Mounia, Recoletos 5 (☎914 350 828; Metro Banco de España). La mejor cocina marroquí; de hecho sólo lo igualan un par de restaurantes de París y Marruecos. Hay que probar la *bastilla* (pastel de pichón). Dom.-lun. y agos., cerrado. Caro.

La Ancha, Zorrilla 7 (☎914 298 186; Metro Sevilla/Banco de España). Restaurante muy considerado, situado en una calle un tanto lúgubre detrás de las Cortes y frecuentado por políticos. Está revestido de caoba y sirve variantes de platos castellanos tradicionales. Menú de mediodía a buen precio. Dom. y festivos, cerrado. Moderado a caro.

Dorna, Atocha 118 (☎915 275 299; Metro Atocha). Lugar ajetreado; camareros algo bruscos, pero es una buena parada antes (o después) de visitar el Reina Sofía. Barato a moderado.

Paradis Madrid, Marqués de Cubas 14 (☎914 297 303; Metro Banco de España). Cadena administrada por dos catalanes, tiene otras sucursales en Barcelona y Nueva York. La influencia estadounidense es evidente en detalles como una carta de aceites de oliva, pero la comida es ligera, mediterránea y sabrosa; se recomienda el arroz negro con marisco. Abierto hasta la 1.30 h si hay público. Sáb. mediodía, dom. y agos., cerrado. Moderado.

Viridiana, Juan de Mena 14 (☎915 234 478; Metro Retiro). Curioso templo de la nueva cocina madrileña; sirve platos exquisitos como solomillo con trufas o arenques con aguacate y mango; presenta los platos decorados con pequeños artilugios de pirotecnia. Primero habrá que pasar por el banco, ya que los platos principales cuestan unas 2.500 pesetas y no aceptan tarjetas. Dom. y agos., cerrado. Caro.

Salamanca

El barrio de Salamanca es el equivalente madrileño de Bond Street o la Quinta Avenida de Nueva York, repleto de tiendas de diseño de aspecto próspero. Los establecimientos que aparecen a continuación son caros, pero de mucha categoría.

Bares de tapas

Alkalde, Jorge Juan 10 (☎915 673 359; Metro Serrano). Sirve tapas vascas, que pueden convertirse en una comida.

Hevia, Serrano 118 (Metro Núñez de Balboa). Establecimiento y clientela elegantes; tapas y canapés caros: los de camembert caliente son exquisitos.

José Luis, Serrano 89 (☎915 630 958; Metro Serrano). Bar muy elegante; sirve sándwiches deliciosos. El cliente se sirve lo que quiere, con la seguridad de que el barman habrá apuntado algunos cientos de pesetas más, con el fin de extender su cadena de bares por las Américas (hay una sucursal en Barcelona).

Restaurantes

El Amparo, callejón Puigcerdá 8 (☎914 316 456; Metro Serrano). Para la mayoría de los expertos, este restaurante de diseño es uno de los cinco mejores de Madrid; hay que reservar mesa con 2 semanas de antelación. Si tiene suerte, la recompensa es una excelente comida vasca preparada por Carmen Guasp, más conocida como «Guaspi». Los platos principales cuestan unas 3.000 pesetas, por lo que la cuenta subirá unas 6.000 pesetas por persona. Sáb. mediodía y dom., cerrado. Caro.

Casa Portal, Doctor Castelo 26 (☎915 742 026; Metro Retiro). Excelente cocina asturiana; se recomienda la fabada o el besugo. Dom.-lun., noches, festivos y agos., cerrado. Moderado.

El Pescador, José Ortega y Gasset 75 (☎914 031 290; Metro Lista). Uno de los mejores restaurantes de marisco de la ciudad, regentado por gallegos; cada mañana llegan especialidades del Atlántico. La clientela puede ser un tanto intimidante: al parecer es uno de los establecimientos favoritos de Felipe González, pero hay pocos lugares mejores para comer marisco. Dom. y agos., cerrado. Caro.

Ribeira do Minho, Doctor Fleming 52 (☎913 597 917; Metro Cuzco). Un buen lugar para saborear platos y vinos gallegos tradicionales de la mejor calidad. Caro.

Suntory, paseo de la Castellana 36 (☎915 773 733; Metro Rubén Darío). Restaurante japonés de mucha categoría; un *sushi* mixto cuesta unas 4.000 pesetas. Dom. y festivos, cerrado. Caro.

Teatriz, Hermosilla 15 (☎915 775 379; Metro Serrano). Como indica su nombre, antes era un teatro y la disposición ha sido conservada por sus diseñadores, Philippe Starck y Mariscal. Establecimiento de estilo europeo muy de moda. Aunque se trata de un club nocturno (véase pág. 94), tiene un buen restaurante en el antiguo patio de butacas, donde sirve platos ligeros tipo *nouvelle cuisine*. Sorprendentemente moderado.

El oeste

Al margen de los picnics en la Casa de Campo, al oeste no abundan los locales interesantes, pero sí hay un excelente restaurante.

Restaurantes

Casa Mingo, paseo de la Florida 2, junto a la capilla de San Antonio de la Florida (☎915 477 918; Metro Príncipe Pío). Célebre café-restaurante asturiano donde básicamente se sirve pollo asado, acompañado de sidra y seguido por yemas o queso cabrales. Bien de precio y agradable. También puede comprar comida (pollo y sidra) para llevar y consumir en la Casa de Campo. Moderado.

TERRAZAS Y CHIRINGUITOS

En verano, Madrid se convierte en una ciudad diferente cuando la temperatura supera los 40 ºC y la vida se desplaza al exterior, volviéndose aún más noctámbula. En julio y agosto, los madrileños que no han viajado a la costa se encuentran a partir de las 22 h, en una u otra de las populares **terrazas** de la ciudad. Éstas pueden consistir en algunas mesas montadas ante un café o junto a un **chiringuito** —un bar improvisado— en una de las plazas, y también en modernos bares de diseño (muy caros), que forman el anexo veraniego de los principales clubes y discotecas. En casi todos sirven cócteles, además de copas normales; los mejores y más tradicionales también sirven horchata y granizados. Algunas de las terrazas permanecen abiertas todo el año.

Las terrazas regentadas por **clubes**, como *Stella* o *Zanzíbar*, varían su emplazamiento todos los años; algunas veces se sitúan en algún suburbio alejado del centro, lo que supone un largo y caro trayecto en taxi. Pero si el visitante quiere encontrarse a Pedro Almodóvar, Alaska y sus amigos, hay que rastrear el *Stella*, dondequiera que se encuentre.

Paseo de Recoletos y paseo de la Castellana
La mayor concentración de terrazas se encuentra a lo largo de la franja de césped situada en el centro del paseo de Recoletos y su prolongación, el paseo de la Castellana. En los tramos inferiores del paseo de Recoletos están las terrazas de los **cafés tradicionales**: *Gran* (n.º 8), *Gijón* (n.º 21) y *Espejo* (n.º 31), sitios de reunión populares para madrileños de toda clase.

Las **terrazas más de moda** empiezan pasada la plaza de Colón; en la mayoría hay música y en algunas, espectáculos, sobre todo a mediados de semana, cuando necesitan atraer clientes. Son sitios muy pretenciosos y los clientes van vestidos de manera correspondiente para hacer un recorrido nocturno por todos ellos: una operación costosa con cócteles a 1.000 pesetas; incluso una caña puede costar 600 pesetas. Se pueden visitar varios remontando el paseo de la Castellana desde la plaza de Colón durante unos 500 m. Otra posibilidad consiste en tomar un taxi o el Metro hasta la plaza de Lima, donde se halla el *Castellana 99*, una terraza y bar de moda abierto todo el año. Por algún motivo, la mayoría de las terrazas de la Castellana se conocen por su número de calle (aproximado).

Vida nocturna

La **vida nocturna** de Madrid es un fenómeno bastante importante. Se trata de la única ciudad europea donde se producen atascos a las 4 de la mañana, cuando los clientes de las discotecas y bares regresan a casa o se desplazan a una de las discotecas que cierran por la mañana.

Al igual que todo lo madrileño, hay una variedad de locales nocturnos; la mayoría de ellos aparecen en las siguientes secciones. Lo más común son los **bares musicales**: bares tanto gays como heterosexuales donde tocan toda clase de música (algunas veces en vivo). Suelen abrir a las 23 h y siguen hasta las 2 o 3 h, al igual que las **coctelerías** y los **pubes**, más tranquilos.

Las **discotecas**, enumeradas más adelante, no merecen una visita hasta alrededor de la 1 h. En casi todas ellas se elige a la clientela según la vestimenta, y en ocasiones el cliente tiene que congraciarse con el portero para poder acceder, algo que a veces es más fácil para algunos extranjeros. El **precio de entrada** de las discotecas (y de algunos de los bares musicales tipo discoteca) suele ser bastante elevado (600-3.000 pesetas), pero incluye casi siempre la primera copa. Algunas veces reparten entradas gratuitas en las oficinas de turismo o los bares. El visitante debe tener en cuenta que muchas de las discotecas españolas cierran tras permanecer abiertas durante una tem-

Otros lugares de Madrid

Antiguo Cuartel del Conde Duque (Metro Ventura Rodríguez). Se trata de un patio hermoso en el interior de un antiguo cuartel. En julio y agosto, el Ayuntamiento organiza recitales de flamenco y conciertos semanales; las entradas son baratas, pero casi todas las noches la entrada es gratuita.

Jardines de Conde Duque, situados en la esquina de la calle del Conde Duque 11 y la de Santa Cruz del Marcenado (Metro Ventura Rodríguez). En años recientes ha sido el emplazamiento veraniego de *Zanzíbar*.

Jardines Las Vistillas, Bailén, en el lado sur del viaducto (Metro La Latina, aunque no queda muy cerca). Esta zona situada al sur del Palacio Real dispone de numerosas terrazas y chiringuitos. Su nombre se debe a «las vistillas» que se contemplan de la sierra Guadarrama.

Paseo del Pintor Rosales (Metro Argüelles). Hay un grupo de terrazas que cierran tarde situadas alrededor del pie del teleférico, con vistas más allá del río sobre la Casa de Campo.

Plaza de Comendadoras (Metro Ventura Rodríguez). Una de las plazas más bonitas de la ciudad; dispone de un par de terrazas, pertenecientes al *Café Moderno* y un restaurante mexicano bastante malo.

Plaza Dos de Mayo (Metro Tribunal). El chiringuito de la plaza principal de Malasaña siempre resulta divertido, aunque suele haber drogadictos por la plaza.

Plaza de Olavide (Metro Quevedo). Atractiva plaza de barrio, con terrazas que funcionan casi todo el año, pertenecientes a cuatro o cinco cafés y bares de tapas.

Plaza de Oriente (Metro Ópera). La terraza del *Café de Oriente* es una parada obligada de la vida nocturna madrileña.

Plaza de Santa Ana (Metro Sol). Varias de las cervecerías tienen mesas en el exterior; en el centro de la plaza hay un chiringuito abierto de junio a septiembre.

La Vieja Estación, Glorieta de Carlos V (Metro Atocha). Situada encima de la entrada principal de la estación de Atocha, atrae a una clientela elegante, desde estrellas del fútbol hasta personajes de la televisión. Si uno no disfruta observando al personal, hay conciertos, concursos y exposiciones. Abierto 21-2 h.

porada, antes de abrir en otra parte con otro nombre, por lo que se aconseja consultar la *Guía del Ocio* o *Metrópoli* (véase pág. 96) para obtener información de última hora.

Los locales donde tocan música en vivo como rock, flamenco, jazz, salsa y clásica, aparecen en el apartado «Espectáculos» (véase pág. 95).

Bares

La movida de los bares de Madrid se ha vuelto más frenética a lo largo de los últimos años, en gran parte debido al bakalao, una versión española (originalmente ibicenca) de la música house. Muy popular, tanto en bares musicales como discotecas, los madrileños se han dedicado con entusiasmo a la música rave.

Tal vez como reacción frente al bakalao, también ha aumentado el número de los establecimientos más tradicionales. En el listado que aparece a continuación figuran numerosos bares de copas donde la música es suave; incluso hay un par de ellos donde tocan música de cámara.

Sol, Ópera y plaza de Santa Ana

Cervecería Alemana, plaza de Santa Ana (Metro Sol). Cervecería antigua y elegante que solía frecuentar Hemingway; en la actualidad casi todos los turistas son esta-

MADRID GAY Y LESBIANO

Gran parte de la vida nocturna de Madrid está animada por los gays, que se encontrarán como en casa en la mayoría de los clubes/discotecas de la sección dedicada a éstos. Sin embargo, en los alrededores de la plaza de Chueca, las paredes cubiertas de pintadas proclaman la existencia de una zona gay, y las calles circundantes, en especial Pelayo, albergan al menos una docena de bares y clubes exclusivamente gays, además del café gay tradicional: el *Café Figueroa*, situado en la calle Augusto Figueroa 17. Si el viajero pasea por la zona, deberá tener en cuenta que Chueca también es un centro de venta de drogas, por lo que de noche se recomienda tomar un taxi. Actualmente, las lesbianas se concentran en Lavapiés.

Bares y discotecas gay

Café Acuarela, Gravina 10 (Metro Chueca). Café muy cómodo, decorado de manera elegante y el sitio ideal para tomar una copa. Popular entre grupos mixtos.

Bar LL, Pelayo 11 (Metro Chueca). Hay un bar en la parte delantera y una sala más íntima en el interior, donde los clientes charlan o ven filmes pornográficos. Público un tanto mayor y especialmente sin pareja. El bar ofrece entrada gratuita a una sauna abierto toda la noche: Cristal, situada en Augusto Figueroa 17.

Cruising, Pérez Galdós 5 (Metro Chueca). Este discobar es sólo para los chicos del cuero; en la planta superior hay un bar y una sala oscura, y una pequeña e íntima discoteca en la inferior. El ambiente es algo tenso y hay que pedir las copas antes de entrar.

New Leather Bar, Pelayo 42 (Metro Chueca). El nombre supone un ambiente de cuero, pero reúne gays de distinto tipo.

Ricks, Infantas 26 (Metro Banco de España). Discobar mixto gay/heterosexual que se vuelve muy animado los fines de semana cuando se baila en todo el espacio disponible. Abierto y luminoso, de ambiente acogedor; dispone de un futbolín en la parte posterior. Copas caras.

Shangay Tea Dance, en el *Flamingo Club*, Mesonero Romanos 13 (Metro Callao). Parada obligatoria de los domingos por la noche; se ofrecen espectáculos en vivo y suenan éxitos disco de la década de los setenta. Entrada 1.000 pesetas, incluye la primera copa. Dom., 21-2 h.

Bares y discotecas de lesbianas

Ambient, San Mateo 21 (Metro Alonso Martínez). Bar con billares, futbolines, exposiciones y ocasionales espectáculos en vivo. Los domingos suele haber un mercado.

Frágil, Lavapiés 11 (Metro Lavapiés). Discobar lesbiano animado.

Medea, Cabeza 33 (Metro Lavapiés). La principal discoteca lesbiana de la ciudad, aunque los hombres pueden entrar si están acompañados. La entrada (900 pesetas) incluye un cabaré los jueves y domingos. Decoración elegante, buena música, billares.

La Rosa, Tetuán 27 (Metro Sol). Discoteca lesbiana regentada por un colectivo de mujeres; admiten la entrada de hombres acompañados. Buena selección de música y ambiente agradable.

Truco, Gravina 10 (Metro Chueca). Se llena de gente, pero el ambiente es relajado.

---

dounidenses. Hay que pedir una caña y no exagerar con las tapas, ya que la cuenta aumenta enseguida.

Cervecería Santa Ana, plaza de Santa Ana (Metro Sol). Más barata que la *Alemana*, mesas en la acera, camareros solícitos y una buena selección de tapas.

La Comedia, Príncipe 16 (Metro Sol). Bar moderno y tranquilo para tomar una copa durante el día; se anima a medida que avanza la noche; de jueves a sábado permanece abierto hasta las 9 de la mañana y suele estar frecuentado por el personal de los bares que cierran más temprano.

La Fídula, Huertas 57 (Metro Antón Martín). Bar elegante ideal para beber un fino acompañado mientras escucha melodías clásicas que interpretan en el pequeño escenario.

Los Gabrieles, Echegaray 17 (Metro Sol). Bar con azulejos, todo clásico de Madrid; vale la pena ir temprano para apreciar los azulejos creados por las empresas elaboradoras de jerez en la década de 1880. El precio de las copas es aceptable, teniendo en cuenta la categoría del local; tapas a base de olivas y patatas fritas. Abarrotado después de las 22 h, sobre todo los fines de semana.

Kasbah, Santa María 17 (Metro Antón Martín). El decorado es surrealista y la música el no va más; los fines de semana hay mucha animación y las copas que sirve son explosivas.

Naturbier, plaza de Santa Ana 9 (Metro Sol). Puerta con puerta con la *Cervecería Alemana* y la *Santa Ana, Naturbier* elabora su propia sabrosa cerveza y sirve salchichas alemanas para acompañarla.

No se lo digas a nadie, Ventura de la Vega 7 (Metro Sol). Fue fundado (y aún está regentado) por una cooperativa de mujeres, aunque desde hace unos años se ha vuelto menos radical (en los lavabos ya no hay carteles que rezan «Ellos» y «Nosotras»). Sin embargo, el ambiente sigue politizado y a veces se celebran espectáculos benéficos; al ambiente es diferente de los demás bares de la zona. Entrada libre; los clientes pueden ir vestidos como quieran y el precio de las copas no resulta excesivo. En la planta superior hay una mesa de billar americano y numerosos asientos; en la planta baja, una discoteca.

Salón del Prado, Prado 4 (Metro Sol). Café-bar elegante donde se celebran conciertos de música clásica los jueves a las 23 h. Hay que llegar temprano para conseguir una mesa.

La Venencia, Echegaray (Metro Sol). Aquí se puede apreciar el Madrid tradicional: una barra estrecha donde sólo sirve jerez, queso, atún y olivas. La decoración no ha cambiado en las últimas décadas y consiste en antiguos barriles y carteles.

Viva Madrid, Manuel Fernández y González 7 (Metro Antón Martín). Bar con azulejos en la fachada y el interior. Sirve vinos y jerez, además de tapas sencillas. Abierto hasta las 2.30 h, siempre está repleto.

Gran Vía

Carpe Diem, plaza Conde Toreno 2 (Metro Plaza de España/Noviciado). Una parte de los ingresos generados por este bar de una sola sala se destinan a las ONG, suelen organizar ferias para ayudar a los países en desarrollo. Las consumiciones de precio reducido se prolongan hasta la medianoche; tocan pop español y salsa.

El Cock, Reina 16, justo detrás del Museo Chicote (Metro Gran Vía). Bar elegante revestido de madera tipo club inglés y muy de moda. La música es buena, pero no se puede bailar. Las cañas o una copa de vino cuestan 600 pesetas.

El Morocco, Marqués de Leganés 7 (Metro Santo Domingo). La última empresa de la cantante Alaska, antigua representante de la movida madrileña. La clientela podría aparecer en cualquier filme de Pedro Almodóvar (tal vez algunos lo hayan hecho). El club se corresponde con esta imagen, incluido el espectáculo de cabaré a las 2 h, un concierto ocasional y una pista de baile abierta hasta las 9 h. Suelen cobrar entrada y hay que estar vestido de manera adecuada para que el portero deje pasar.

Museo Chicote, Gran Vía 12 (☎915 326 737; Metro Gran Vía). *Chicote* prácticamente no ha cambiado desde que fue inaugurado en 1931; la decoración es Art Déco, dispone de reservados y era frecuentado por Buñuel y Hemingway. Sirve cócteles de toda clase, con y sin alcohol. Se llena después de medianoche. Lun.-sáb., 17-1.30 h.

PUBES IRLANDESES

Aunque hace tiempo mucho que en Madrid se puede tomar una pinta de Guinness, en los últimos años han aparecido unos cuantos **pubes irlandeses** especializados. Han surgido pubes temáticos inspirados en tiendas de pueblo, calles de Dublín, casitas campesinas y fábricas de cerveza, mientras que la música celta ha prendido con fuerza, y hay varias bandas establecidas en el circuito de los pubes.

Finbars, Marqués de Urquijo 10 (Metro Argüelles). Buena selección de música la mayoría de las noches en este pub/tienda de música.

Finnegans, plaza de las Salesas 9 (Metro Colón). Bar amplio con varias salas; la barra y los suelos de madera han sido importados de Irlanda. El personal habla inglés y pasan deportes por el televisor.

La Fontana de Oro, Victoria 1 (Metro Sol). Aunque es una herejía haber convertido este antiguo bar (que tiene 200 años de antigüedad y aparece en la obra de Benito Pérez Galdós del mismo nombre) en un pub irlandés, se trata de un lugar atractivo y animado donde tocan música celta.

The Harp, Jesús del Valle (Metro Tribunal). Bar ruidoso, repleto los fines de semana. Algunas veces hay música en vivo.

The Irish Rover, avenida Brasil 7 (Metro Lima). Ambientado como una calle irlandesa, está situado detrás de la jungla de cemento de Azca, cerca del paseo de la Castellana. Popular entre los madrileños jóvenes y repleto los fines de semana.

The Quiet Man, Valverde 44 (Metro Tribunal). Uno de los primeros, diseñado al estilo de un pub de Dublín de principios de siglo y lleno de accesorios auténticos.

Taberna del León de Oro, León 10 (Metro Antón Martín). Bar popular; sirve Guinness y Newcastle Brown Ale.

Soma, Leganitos 25 (Metro Plaza de España). Popular bar «alternativo» situado en una serie de salas laberínticas y oscuras.

La Latina y Lavapiés

Aloque, Torrecilla del Real 20 (Metro Antón Martín). Bar tranquilo donde se sirven copas de vino de excelente calidad; las tapas también son buenas.

Avapiés, Lavapiés 5 (Metro Lavapiés/Tirso de Molina). Música excelente y cabaré todas las noches a las 22 h. Cierra a las 3.30 h.

Maravillita, Zurita 39 (Metro Lavapiés). Música fuerte y público ruidoso. Abierto hasta tarde.

El Tempranillo, Cava Baja 38 (Metro La Latina). Bar pequeño donde se sirven copas de una gran variedad de vinos españoles; un buen lugar para descubrir cuál prefiere.

Chueca y Santa Bárbara

La Cervecería Internacional, Regueros 8 (Metro Alonso Martínez). Amplia cervecería con aspecto de festival cervecero, situado en el corazón de la zona de discotecas juveniles en los alrededores de la plaza Santa Bárbara. Sirve diferentes cervezas de barril y buenas tapas; pasa vídeos musicales.

Cliché, Barquillo (Metro Chueca). El mejor de los numerosos bares de esta calle; tranquilo y en la onda: la clientela es tan ecléctica como el decorado, desde 15 a 50 años. Abierto hasta las 3 h.

La Fábrica de Pan, Regueros (Metro Chueca). Situado en el corazón de Chueca, su ambiente es tranquilo y la música buena. Cualquier día de la semana hay gente tomando copas hasta las 4 h o practicando juegos de mesa en la sala posterior. Se recomienda acudir durante la semana, ya que es un lugar pequeño que se llena los fines de semana. Las cañas cuestan 350 pesetas.

Impacto, Campoamor 3 (Metro Alonso Martínez). En el interior hay un minilaberinto de pequeñas salas y barras en cada rincón. El público es algo mayor. Copas a precios razonables y una buena selección de música, aunque sin pista de baile. La entrada depende del portero.
Kingston's, Barquillo 29 (Metro Chueca). Discobar tranquilo y multicultural. Música soul, funk, reggae y rap. Los fines de semana hay bailarines profesionales que animan el ambiente.

Malasaña y zona norte
Al Lab'Oratorio, Colón 14 (Metro Tribunal). Célebre bar de los años ochenta donde tocan música rock a todo volumen; algunas veces se ofrecen recitales en vivo en la planta inferior. No cobran entrada, pero las copas resultan caras.
Bar Plaza Dos de Mayo, plaza Dos de Mayo (Metro Tribunal). Bar tradicional decorado con madera y azulejos, repleto los fines de semana. Buena música y precios módicos; en verano abre las puertas para poder observar lo que pasa en la plaza.
Café del Foro, San Andrés 38 (Metro Tribunal). Bar caro pero agradable; casi todas las noches tocan música en vivo o se ofrece algún espectáculo. El público es mayor y elegante. El decorado fue diseñado por Costus, un amigo de Almodóvar. Abierto 19-3/4 h.
Casa Quemeda, Cardenal Cisneros 56 (Metro Quevedo). Bar antiguo, revestido de madera y muy tranquilo. Hay un automóvil metido en el escaparate, uno de los primeros del país ensamblado en una línea de montaje. Una jarra de sangría cuesta 900 pesetas.
Hotel California, San Vicente Ferrer 28 (Metro Tribunal). El interior parece el decorado de un filme, con muchos reservados íntimos. Música de rock, pero no ensordecedora y público variado. Las copas son bastante caras.
Las Noches del Cuplé, Palma 51 (Metro Tribunal). Por las 6.500 pesetas de entrada, ofrecen música en vivo y comida; el precio es bueno si el visitante disfruta de las revistas de variedades españolas, las canciones francesas y los tangos.
Pepe Botella, San Andrés 12, cerca de plaza Dos de Mayo (Metro Tribunal). Antes era un restaurante y ahora es un bar de vinos con camareros amables y buena música, pero sin máquinas tragaperras.
Tupperware, Corredera Alta de San Pablo 26 (Metro Tribunal). El local ideal para apreciar lo último de la escena indie: tocan grunge, pop británico y clásicos de la época punk.
La Vaca Austera, Palma 20 (Metro Tribunal). Bar de rock al estilo estadounidense, donde tocan clásicos punk/indie; dispone de mesas de billar americano, la clientela es mixta y el ambiente agradable.
Vía Láctea, Velarde 18 (Metro Tribunal). Éste es el establecimiento donde se inició la movida. Fue un lugar de encuentro clave para diseñadores, directores de cine, estrellas del pop y pintores españoles de los años ochenta, y conserva el decorado original de entonces, incluidas las mesas de billar. Hay un escenario en el sótano. Frecuentado por estudiantes.
Warhol's Club, Luchana 20 (Metro Bilbao). Discobar muy popular abierto hasta las 10 h; los domingos hasta mediodía. Se extiende por dos plantas en cuya decoración destaca el cristal, cromados, pantallas de vídeo e iluminación ultravioleta. Público veinteañero. Entrada sin restricciones.

Salamanca
Avión Club, Hermosilla 99 (Metro Goya). Fue uno de los clubes más populares durante los años posteriores a la Guerra Civil, cuando era frecuentado por lo que queda-

ba de la izquierda. No ha cambiado en absoluto durante los últimos 60 años e incluso el pianista, que debe tener unos 90 años, es el de entonces. Todos los días, 19-3 h.

El Cabaret de Madrid, Jorge Juan 20 (Metro Colón). Bar tranquilo y característico; en el sótano se ofrecen espectáculos de cabaré que empiezan después de la 1 h.

Teatriz, Hermosilla 15 (Metro Serrano). Antes era un teatro y luego fue rediseñado por Mariscal y Philippe Starck, y lo convirtieron en un club/bar tan elegante como cualquier otro europeo. Hay bares en lo que eran los palcos y un restaurante en la platea. En el sótano se encuentra una zona tipo biblioteca y una pequeña discoteca. Las copas son bastante caras (bebidas alcohólicas, 1.500 pesetas), pero no se cobra entrada. Bar, 21-3 h; restaurante, 13.30-16.30 h y 21-1 h; sáb. mediodía, dom. y agos., cerrado.

Discotecas

Las **discotecas** —o los clubes— no siempre difieren de los discobares, aunque suelen ser más grandes y espectaculares: la iluminación, el sistema de sonido y el decorado están muy cuidados, además permanecen abiertas hasta muy tarde: la mayoría hasta las 4 h; otras cierran a las 6 h y un par de ellas al mediodía. En verano, muchos de los clubes más de moda cierran sus recintos y montan terrazas (véase pág. 88).

Sol, Ópera y plaza de Santa Ana

Joy Eslava, Arenal 11 (Metro Sol). Importante discoteca frecuentada por músicos, modelos y gente de los medios de comunicación, para quienes la entrada (2.000 pesetas) y la política del portero no suponen un problema. Si no consigue entrar —y de las 3 h hasta las 5 h puede ser bastante difícil— tendrá que conformarse con la *Chocolatería San Ginés* (véase recuadro, pág. siguiente), situada en la calle de atrás.

Kapital, Atocha 125 (Metro Atocha). Siete plantas para todos los gustos, con dos pistas de baile, un cine y una terraza en la última planta. Miér.-sáb., 00-6 h.

Palacio de Gaviria, Arenal 9 (Metro Ópera/Sol). Aristocrático palacio del siglo XIX, donde puede pasear por una serie de extravagantes salones, escuchar música de cámara en el salón de baile, ver un espectáculo en vivo o bailar. La entrada cuesta 2.000 pesetas e incluye la primera copa. Las siguientes cuestan 1.500 pesetas.

Stella, Arlabán 7 (Metro Sevilla). Uno de los lugares *after-hours* más de moda desde que fue inaugurado por Alaska (véase *El Morocco*, apartado «Bares»). Frecuentado por una mezcla de gays/heterosexuales, se anima alrededor de las 5.30 h; la música es (o era) una mezcla de salsa y música disco de los años setenta; si se aburre, puede ir a la bolera situada en la planta baja. Hay que ir elegante.

Gran Vía

Arena, Princesa 1 (Metro Plaza de España). Es grande, moderno, y solía ser un cine popular; los fines de semana aparece el conde Lecquio, el italiano más famoso de las revistas del corazón. El reggae y el funk se convierten en música house a medida que avanza la noche.

El Calentito, Jacometrezo 15 (Metro Callao). Local ideal para vivir una noche loca. Es pequeño y sólo tocan música latina: hay que estar preparado para bailar con cualquiera. Las copas no son caras. Abre a partir de las 22 h, pero no se anima hasta las 4 h. Resulta difícil descubrir la entrada: busque la ventana pintada.

Davai, Flor Baja 1, esquina Gran Vía 59 (Metro Santo Domingo/Plaza de España). Se trata de un club múltiple que funciona bajo varios nombres diferentes durante la semana. En la actualidad lo más destacado es el jueves por la noche, cuando los años setenta reviven con el nombre de Starsky y Hutch: una gran oportunidad para lucir

> **CHOCOLATE ANTES DE ACOSTARSE**
>
> Si el viajero se queda despierto durante toda una noche, tendrá que visitar una de las grandes instituciones de la ciudad: la **Chocolatería San Ginés**, situada en el pasadizo de San Ginés, cerca de la calle Arenal, entre la Puerta del Sol y el Teatro Real. Establecida en 1894, sirve un excelente chocolate con churros, ideal después de una noche de excesos. Hay una costumbre madrileña, casi mítica, que consiste en acabar en San Ginés después del cierre de las discotecas (que ya no cierran), antes de volver a casa, ducharse e ir a trabajar. ¿Y por qué no?
> San Ginés está abierto de martes a domingo, entre 1-7.30 h, y además de viernes a domingo, 19-22 h, un horario aprovechado por los compradores de fin de semana, cuando el chocolate cuesta la mitad.

zapatos de plataformas y pantalones de campana, y regodearse con clásicos de la música disco y funk.

Chueca y Santa Bárbara
Boccaccio, Marqués de la Ensenada 16 (Metro Colón). Está abierto toda la noche y se anima alrededor de las 24 h: primero con empresarios y después con una clientela más joven, que aparece a las 2 h y se queda hasta mediodía. Decorado elegante con un bar en la primera planta y una discoteca en la inferior; suena sobre todo bakalao. Los hombres pagan 1.000 pesetas la entrada, para las mujeres es gratuita.

Pachá, Barceló 11 (Metro Tribunal). Eterno superviviente de la escena discotequera de Madrid. Antes era un teatro, aunque de hecho continúa siendo muy teatral; durante la semana es bastante tranquilo y los fines de semana se anima cuando llegan los forasteros. Bueno si le gusta el tecno.

Speakeasy, Fernando VI 6 (Metro Alonso Martínez). Discoteca no muy cara y acogedora; celebra «Fiestas Internacionales» para extranjeros. Buen disc-jockey.

Fuera del centro
Cats, Julia Romeo 4 (Metro Guzmán el Bueno). Moncloa es un popular barrio estudiantil situado al final de la calle Princesa; dispone de numerosos bares y discotecas, y *Cats* es una de las mejores; se trata de un amplio bar rodeado de diversas pistas de baile, podios y lugares para refrescarse. El público es joven y se dedica a bailar house y bakalao. Todos los días, 21-5.30 h.

Galileo Galilei, Galileo 100 (Metro Ríos Rosas). Bar, sala de conciertos y discoteca. Hay que comprobar si la noche está dedicada al cabaré, la salsa o los cantautores en la *Guía del Ocio*.

Space of Sound, estación de Chamartín (Metro Chamartín). Si aún le quedan fuerzas, puede seguir bailando bakalao toda la mañana en este local *after-hours* situado encima de la estación de Chamartín. Sáb.-dom. y festivos, 6.30-12 h.

Espectáculos: música, cine y teatro

En Madrid, la mayoría de las noches se puede disfrutar de un espectáculo dedicado a **flamenco**, **salsa**, **rock** (local e importado), **jazz**, **música clásica** y **ópera** en alguna sala de la ciudad. Los clubes pequeños y menos convencionales suelen ofrecer lo mejor, aunque hay muchos auditorios grandes, incluidos los estadios de fútbol y las plazas de toros, donde se celebran conciertos importantes. En verano, se complementan

con el programa cultural de **Los Veranos de la Villa** organizados por el Ayuntamiento, y en otoño con el **Festival de Otoño**. Ambos abarcan espectáculos **teatrales** y **cinematográficos** durante todo el año.

Flamenco

Durante los años noventa se ha producido en Madrid un nuevo interés por el flamenco, en gran parte debido a los artistas del «nuevo flamenco», como Ketama y Joaquín Cortés, que no temen combinarlo con otras músicas, como blues, jazz e incluso rock. Los clubes que se enumeran a continuación abarcan desde el flamenco puro al de fusión; la mayoría de los artistas, incluso las grandes estrellas, actúan en ellos. La excepción es Paco de Lucía: cuando actúa en Madrid suele hacerlo en la plaza de Las Ventas. Entre los clubes y cafés destacan:

Café de Chinitas, Torija 7 (☎915 595 135; Metro Santo Domingo). Uno de los clubes de flamenco más antiguos de Madrid, donde suele haber un espectáculo de cena y baile. Resulta caro, pero la música es auténtica y el público predominantemente español. Hay que hacer la reserva, pero algunas veces se puede entrar a última hora, cuando la gente empieza a abandonar la sala (a esta hora no es obligatorio cenar y la entrada, de 4.000 pesetas, incluye la primera copa). Lun.-sáb., 21-2 h.

Candela, Olmo 2 (☎914 673 382; Metro Antón Martín). Bar legendario frecuentado por músicos, donde a veces se ofrecen espectáculos; al parecer, Camarón de la Isla cantó aquí en una ocasión hasta las 11 de la mañana.

Caracol, Bernardino Obregón 18 (☎915 308 055; Metro Embajadores). Aquí suelen actuar las estrellas y es un lugar popular entre los jóvenes; merece la pena hacer la reserva con antelación. Suelen tocar flamenco combinado con jazz y blues; jueves noche flamenco puro.

Casa Patas, Cañizares 10 (☎913 690 496; Metro Antón Martín). Club pequeño donde suelen tocar los artistas importantes. Las mejores noches son jueves y viernes Entrada 1.500-2.000 pesetas. Dom., cerrado.

Corral de la Morería, Morería 17 (☎913 658 446; Metro La Latina). Buen local para apreciar algunos espectáculos no dedicados a los turistas; caro: la entrada de 4.000 pesetas incluye el espectáculo y una copa.

Peña Chaquetón, Canarias 39 (☎916 712 777; Metro Palos de la Frontera). Sólo abre los viernes por la noche pero merece la pena; si toca un artista importante se reco-

---

DIRECCIONES PRÁCTICAS

En los periódicos de Madrid se publican numerosas direcciones prácticas; en *El País* y *El Mundo* figuran excelentes listados diarios; los viernes, ambos publican secciones dedicadas a los espectáculos, bares y restaurantes de la capital. No obstante, la mejor es la revista **Metrópoli**, publicada por *El Mundo*, se trata de un suplemento en color donde se publican los estrenos y las exposiciones de la semana, además de filmes, teatros y conciertos, así como amplias listas de clubes, bares y restaurantes (incluido los horarios de apertura y los precios promedio, que suelen ser más elevados que lo que se acaba por gastar).

Si la estancia en Madrid no coincide con la publicación de *Metrópoli*, el suplemento de los viernes, o el visitante quiere obtener más información, tendrá que comprar la **Guía del Ocio** (125 pesetas) en cualquier quiosco, una revista semanal. No es tan clara ni selectiva como *Metrópoli*, pero resulta bastante práctica. Asimismo el Ayuntamiento publica un folleto informativo mensual: **En Madrid**, gratuito en cualquiera de las oficinas de turismo, en el que aparecen los espectáculos de la ciudad.

mieda llegar temprano o no se podrá entrar. No hay que tener en cuenta el cartel de la entrada que anuncia «reservado para socios».
La Soleá, Cava Baja 34 (☎913 653 308; Metro La Latina). Auténtico bar flamenco que funciona desde hace mucho tiempo. La gente está sentada en la sala, toma una guitarra o empieza a cantar y el ambiente se anima hasta que todos acaban bailando o dando palmas. Hay que verlo para creerlo. Lun.-sáb., 20.30-3 h.

Rock y blues

Madrid forma parte del circuito internacional de rock; de hecho, se puede escuchar a grupos estadounidenses y británicos que actúan ante un público enfervorizado. Puede comprar **entradas** para la mayoría de los grandes conciertos de rock en Madrid Rock, Gran Vía 25 (Metro Callao), FNAC, Preciados 28 (Metro Callao), y El Corte Inglés, Preciados 1-4 (Metro Sol).

En los clubes más pequeños puede escuchar una amplia selección de bandas locales. Hace tiempo que Madrid es el centro de la escena del rock español.

Clubes
La Coquette, Arenal 22, entrada por la calle Hileras 14 (Metro Ópera). Pequeño bar de blues, donde el público está sentado en semioscuridad mientras ve el espectáculo ante un pequeño escenario. Casi todas las noches hay música en vivo.
Maravillas, San Vicente Ferrer 33 (☎915 233 071; Metro Tribunal). Pequeño local indie en el que suele haber lugar; tocan cualquier cosa, desde jazz a funk y reggae, hasta las 4 h.
Siroco, San Dimas 3 (☎915 933 070; Metro San Bernardo). En este popular club de soul, situado al norte de la Gran Vía, tocan música en vivo casi todas las noches. Dom., cerrado.
Ya'stá La Trup, Valverde 3 (Metro Gran Vía). Lugar curioso para insomnes incurables. La mayoría de las noches, rockeros locales hacen una *jam-session*, después hay música rock y funk en la discoteca hasta alrededor de las 8 h. Los porteros se vuelven estrictos a partir de las 4 h; se recomienda llegar temprano.

Recitales
Auditorio del Parque de Atracciones, Casa de Campo (Metro El Lago). Veraniego y al aire libre.
Canciller 2, Pobladura del Valle 21 (Metro San Blas). Suelen tocar rock duro pero también actúan grupos de música celta y blues.
La Katedral, Fundadores 7 (Metro Manuel Becerra/O'Donnell). Local nuevo que reemplaza al antiguo *Revólver*; se inició con conciertos de grupos indie, incluidos Echobelly y Supergrass.
Palacio de Deportes, avenida Felipe II (Metro Goya). Estadio deportivo cubierto, donde suele jugar el equipo de baloncesto del Real Madrid; también actúan las estrellas importantes en el tramo español de sus giras. Tiene capacidad para 15.000 espectadores, pero la acústica deja bastante que desear. Aquí actuaron Oasis y las Spice Girls.
Plaza de Toros de Las Ventas, Las Ventas (☎913 562 200/917 264 800; Metro Las Ventas). La plaza de toros es un buen lugar para celebrar conciertos y se utiliza durante los festivales de verano. Los billetes suelen ser de un solo precio, pero un asiento reservado cuesta más caro.
La Riviera, paseo Bajo Virgen del Puerto s/n.º, Puente de Segovia (Metro Puerta del Ángel). Se convierte en discoteca y además se celebran recitales; situado junto al río.

Allí han actuado algunas estrellas importantes, desde Lenny Kravitz hasta Lynyrd Skynyrd, menos conocido.

Sala Caracol, Bernardino Obregón 18 (Metro Embajadores). Antes era un importante local de flamenco, pero en la actualidad es uno de los locales más populares para grupos de gira, incluido Eagle Eye Cherry y los Manic Street Preachers. Buena acústica y visibilidad.

Música latina

Madrid atrae a importantes artistas latinos; y si el visitante coincide con el festival de verano, quizá pueda asistir a un concierto de Joe Arroyo o Juan Luis Guerra. Estos artistas suelen actuar en los lugares enumerados más arriba. La escena local es bastante más discreta, pero en diversos clubes es posible escuchar música salsa de calidad.

Café del Mercado, ronda de Toledo 1, en el Centro Artesano Puerta de Toledo (☎913 653 786; Metro Puerta de Toledo). Música en vivo todos los días en un club amplio y cómodo. Los viernes y sábados a las 2 h se celebra un gran baile de salsa.

Massai, Victoria 6 (Metro Sol). Salsa todas las noches, con la actuación de algunos grupos importantes.

Oba-Oba, Jacometrezo 4 (Metro Callao). Samba y lambada, acompañadas por las letales *caipirinhas* que sirven en la barra.

Pasadena, Fuencarral 9 (Metro Gran Vía). Local amplio y popular, especializado en salsa.

Salsipuedes, Puebla 6 (☎915 228 417; Metro Callao/Gran Vía). Casi todos los días de la semana hay salsa en vivo para bailar; el ambiente es «tropical». Los porteros suelen poner dificultades. Abierto entre 23-6 h.

Jazz

Madrid no está al mismo nivel que Londres, París o Nueva York, pero los clubes de jazz suelen ser agradables y poco pretenciosos. En noviembre se celebra un festival de jazz anual en diversos locales.

Bar Clamores, Albuquerque 14 (☎914 457 938; Metro Bilbao). Jazz bar amplio, poco pretencioso y agradable, donde actúan artistas de talento (pero no muy famosos); el precio de las copas no resulta excesivo y sirven una amplia selección de tentempiés. El último espectáculo suele terminar a la 1.30 h, pero el bar está abierto hasta las 4 h.

Café Central, plaza del Ángel 10 (☎913 694 143; Metro Sol). Ocupó el n.º 6 en una reciente encuesta de la revista *Wire*, referida a los «Mejores clubes de jazz del mundo». No cabe duda de que se trata de un lugar atractivo: pequeño y tranquilo; algunas veces actúa un artista importante, además de grupos locales. Merece la pena visitar el café estilo Art Déco.

Café Jazz Popular, Huertas 22 (☎914 298 407; Metro Antón Martín). Todas las noches hay grupos de jazz y blues. Abre a partir de las 18 h, sirve platos alrededor de las 23 h y permanece abierto hasta las 2 h.

Segundo Jazz, Comandante Zorita 8 (☎915 549 437; Metro Nuevos Ministerios). Típico club de sótano con ambiente; sólo se ofrece música en vivo los días laborables. Último espectáculo a las 2.15 h.

Triskel Tavern, San Vicente Ferrer 3 (☎915 232 783; Metro Tribunal). En este bar irlandés tocan jazz los martes por la noche; merece la pena darse una vuelta para ver el ambiente.

Música clásica y ópera

El **Teatro Real** alberga la prestigiosa ópera de la ciudad y, junto al **Auditorio Nacional de Música**, a la Orquesta Nacional de España. También hay salas y pequeños auditorios donde actúan orquestas de cámara y grupos.

Auditorio Nacional de Música, Príncipe de Vergara 146 (☎913 370 100; Metro Cruz del Rayo). Es la sede de la Orquesta Nacional de España y aquí actúan la mayoría de las orquestas internacionales.

La Corrala, Mesón de Paredes (☎915 309 600; Metro Lavapiés). Edificio que solía albergar a la típica clase obrera madrileña, aquí organizan zarzuelas durante los Veranos de la Villa.

La Fídula, Huertas (Metro Antón Martín). En este café actúa una orquesta de cámara a las 23.30 h casi todas las noches.

Fundación Juan March, Castelló 77 (☎914 354 240; Metro Núñez de Balboa). Pequeño auditorio donde se celebran recitales dos o tres veces a la semana.

Museo Nacional Centro de Arte Reina Sofía, Santa Isabel (Metro Atocha). En este centro de arte se suelen ofrecer conciertos de música contemporánea.

Salón del Prado, Prado 4 (Metro Sol). Otro café en el que se puede escuchar música clásica los jueves a las 23 h.

Teatro Calderón, Atocha 18 (☎916 320 114; Metro Sol). Aquí ofrecen funciones operísticas anuales muy populares y es mucho más fácil conseguir billetes que en el Teatro Real.

Teatro Monumental, Atocha 65 (☎914 298 119; Metro Atocha). Teatro grande donde ofrecen conciertos para orquesta, ópera, zarzuelas y flamenco. Las entradas dan acceso a la butaca de patio o los entresuelos.

Teatro Real, plaza Isabel II (☎915 160 660; Metro Ópera). Alberga la ópera de Madrid.

La Zarzuela, Jovellanos 4 (☎915 245 400; Metro Sevilla). Como indica su nombre, aquí representan zarzuelas.

Cine

Hay cines en todo el centro de Madrid. Los estrenos importantes están doblados al castellano, aunque en varios se pasan filmes en **versión original** con subtítulos, y en los periódicos aparecen en una sección diferente. Las **entradas** cuestan unas 750 pesetas, pero en la mayoría de los cines existe el día del espectador, que suele ser lunes o jueves, en el que cuestan 400 pesetas. Los domingos por la noche medio Madrid va al cine y las colas son interminables.

Alphaville, **Renoir** y **Lumière**, Martín de los Heros, justo al norte de la plaza de España (Metro Plaza de España). En estos multicines situados a 200 m unos de otros ofrecen filmes en versión original.

Filmoteca/Cine Doré, Santa Isabel 3 (Metro Antón Martín). Se trata de un cine hermoso que en la actualidad alberga la filmoteca; programan filmes clásicos y contemporáneos, todos en versión original; la entrada cuesta 225 pesetas. En verano, proyectan filmes al aire libre en una pequeña terraza. Es muy popular y hay que comprar las entradas con antelación.

Cines Ideal, Doctor Cortezo 6 (Metro Sol/Tirso de Molina). Multicine de seis salas; la mayoría de los filmes son en versión original.

Imax Madrid, parque Tierno Galván, Meneses (Metro Méndez Álvaro). En este cine futurista hay tres clases diferentes de pantalla: una enorme y plana, una abovedada y

otra para proyecciones en tres dimensiones. Las sesiones son continuas. Lun.-vier., 11.20-13 h y 15.45-1 h; sáb.-dom., 11.20-14.15 h y 15.45-1 h; 850-1.000 pesetas.

Teatro y cabaré

Madrid está experimentando un resurgir del teatro; de hecho, el visitante puede ver toda clase de obras, desde Lope de Vega hasta producciones contemporáneas y experimentales. También hay un auge de espectáculos de cabaré y comedia.

Círculo de Bellas Artes, Alcalá 42 (☎915 317 700; Metro Sevilla). El Círculo alberga un hermoso teatro en el que se estrenan producciones innovadoras.

Centro Cultural de la Villa, plaza de Colón (☎915 756 080; Metro Colón). Centro de arte donde es probable que pueda asistir a los espectáculos montados por las compañías experimentales en gira, además de obras populares y zarzuelas.

Teatro Alfil, Pez 10 (☎915 215 827; Metro Noviciado). Espectáculos de teatro alternativo y comedias.

Teatro Español, Príncipe 25 (☎914 296 297; Metro Sol/Sevilla). Teatro clásico español.

Teatro María Guerrero, Tamayo y Baus 4 (☎913 194 769; Metro Colón). Ésta es la sede central del Centro Dramático Nacional, que estrena producciones españolas e internacionales de categoría en una sala de estilo neomudéjar.

Teatro Muñoz Seca, plaza del Carmen 1 (☎915 213 790; Metro Sol). Suelen representar sainetes.

Teatro Nuevo Apolo, plaza Tirso de Molina 1 (☎914 295 238; Metro Tirso de Molina). En esta sala se representan los musicales importantes.

Compras

Las zonas comerciales de Madrid están bastante delimitadas. Hay un gran número de tiendas a lo largo de la Gran Vía y en los alrededores de la Puerta del Sol; allí se encuentran las principales sucursales de los **grandes almacenes** como El Corte Inglés. Las mejores boutiques de **moda** están en las calles Serrano, Goya y Velázquez, al norte del Retiro, mientras que los diseñadores más alternativos tienen sus establecimientos en Malasaña y Chueca (en especial, en la calle Almirante). Las **tiendas de antigüedades** se hallan cerca del Rastro, en la Ribera de Curtidores y sus alrededores, o el centro comercial de la Puerta de Toledo (Metro Puerta de Toledo); para encontrar los **objetos más extraños**, se recomienda las tiendas situadas cerca de la plaza Mayor, donde el viajero podrá encontrar, entre otros, santos luminosos, aparatos ortopédicos y recuerdos fascistas. Los **recuerdos** más baratos y vulgares se pueden adquirir en las tiendas «Todo a Cien», diseminadas por toda la ciudad. Si lo que busca el visitante son tiendas internacionales o especiales, tendrá que dirigirse a Madrid 2, un enorme hipermercado junto al Metro Barrio del Pilar, o al ABC situado en Serrano 61 y el paseo de la Castellana 34, Metro Núñez de Balboa, que son de más categoría.

En la mayoría de los barrios de la ciudad hay un **mercado**, donde se venden todo tipo de alimentos. Entre los mejores y más céntricos destaca el de la plaza San Miguel (al oeste de la plaza Mayor); La Cebada en plaza de la Cebada (Metro La Latina); Antón Martín, en calle Santa Isabel (Metro Antón Martín); detrás de la Gran Vía, en plaza Mostenses (Metro Plaza de España); otro en la calle Gravina, Chueca (Metro Chueca); en la calle Barceló, Malasaña (Metro Tribunal) y Las Maravillas, situado en calle Bravo Murillo 122 (Metro Cuatro Caminos). El mayor mercado de Madrid es el **Rastro**, los domingos en el barrio de La Latina, al sur de la plaza Mayor (para más

detalles sobre esta gran institución madrileña, véase recuadro, pág. 61). Otro mercado especializado es el de **libros** de segunda mano de la cuesta de Moyano, situado en el ángulo suroeste del Retiro.

Artesanía y otros productos

Álvarez Gómez, Serrano 14 (Metro Serrano). Gómez elabora una serie de perfumes dentro de las mismas botellas desde hace 1 siglo. Sus aromas (clavel, rosa, violeta) son sencillos. Lun.-sáb., 9.30-14 h y 16.45-20.15 h.

El Arco de los Cuchilleros, plaza Mayor 9, junto a los escalones (Metro Sol). Quizás esta tienda esté situada en el corazón del Madrid turístico, pero los artículos que vende no guardan relación alguna con las espadas, puntillas y castañuelas que llenan las demás. El Arco administra la producción de unos 30 talleres y artesanos que elaboran lo más innovador y contemporáneo de la artesanía española, y que abarca cerámica (producida por seis de los ceramistas más importantes de Madrid), cuero (de Oviedo), madera (incluidos algunos excelentes juegos de mesa), joyería y textiles. Lun.-sáb., 11-20 h; dom., 11-14.30 h.

Conde Hermanos, Felipe II 2 (Metro Ópera). Lun.-vier., 9.30-13.30 h y 16.30-20 h.

José Ramírez, calle Concepción Jerónima (Metro Sol/Tirso de Molina). Se trata de dos de los fabricantes más importantes de guitarras de España; el último dispone de un museo de instrumentos antiguos. Los instrumentos cuestan unas 15.000 pesetas y el precio aumenta de manera proporcional según la calidad de los modelos y su madera. Lun.-vier., 9.30-14 h y 17-20 h; sáb., 10-14 h.

El Flamenco Vive, Unión 4 (Metro Ópera). Especializado en toda clase de artículos andaluces: partituras de flamenco, guitarras, percusión, accesorios para el baile y libros, entre otros. Lun.-sáb., 10.30-14 h y 17-21 h.

Fútbol Total, Cardenal Cisneros 80 (Metro Quevedo). El lugar ideal para comprar la camiseta del Real Madrid, el Atlético o el Rayo Vallecano. De hecho, puede comprar la bufanda de prácticamente cualquier equipo español por unas 7.000 pesetas. Lun.-sáb., jul.-sept., 10.30-14 h y 17.30-20.30 h; oct.-jun., 10.30-14 h y 17-21 h.

Casa Jiménez, Preciados 42 (Metro Callao). El sitio ideal para comprar un hermoso abanico. Lun.-sáb., 10-13.30 h y 17-20 h; sáb., tarde en jul. y todo el día en agos., cerrado.

Palomeque, Hileras 12 (Metro Ópera). Una tienda de artículos religiosos, donde

HORARIOS DE APERTURA Y COMPRAS DESPUÉS DE MEDIANOCHE

Los **horarios de apertura** habituales son de lunes a viernes, entre 9.30-14 h y 17-20 h, y sábado, 10-14 h. Casi todas las tiendas cierran los domingos, pero los grandes almacenes suelen abrir el primer domingo de cada mes (no en agos.). Sin embargo, existen dos cadenas de tiendas abiertas después de medianoche y los domingos: Vip's y 7 Eleven. Cada sucursal vende periódicos, cigarrillos, comestibles, libros y CD: todo lo que podría ser necesario a las 3 de la mañana. Las sucursales más grandes también disponen de café-restaurantes, revelado de fotos en 1 hora y otros servicios. Entre las sucursales centrales destacan:

Vip's (todos los días, 9-3h): Glorieta de Quevedo (Metro Quevedo); Gran Vía 43 (Metro Gran Vía); Fuencarral 101 (Metro Bilbao); Miguel Ángel 11 (Metro Rubén Darío); Serrano 41 (Metro Serrano); Velázquez 84 y 136 (Metro Velázquez).

7 Eleven (todos los días, 24 horas); Arenal 28 (Metro Sol/Ópera); Toledo 80 (Metro La Latina); Agustín de Foxá 25 (Metro Plaza de Castilla); avenida de América 18 (Metro Avenida de América); Capitán Haya 17-19 (Metro Lima); San Bernardo 33 (Metro Noviciados).

puede comprar desde rosarios y hábitos hasta un Jesús de plástico. Se trata de un buen establecimiento para completar una colección de tarjetas postales de santos y vírgenes españoles. Lun.-vier., 10-14 h y 17-20 h; sáb., 10-14 h.

Puck, Duque de Sesto 20 (Metro Goya). La mejor juguetería de Madrid y en realidad la única buena. Lun.-sáb., 10-13.30 h y 16.30-20 h.

Centro comercial Puerta de Toledo, Metro Puerta de Toledo. Contiene más de 70 tiendas especializadas en antigüedades, joyas y artesanía. Lun., cerrado.

Seseña, Cruz 23 (Metro Sol). Sastrería especializada en las tradicionales capas madrileñas, destinadas a la realeza y los famosos. Entre sus clientes estaban Luis Buñuel y Gary Cooper. Lun.-sáb., 10-13.30 h y 16.30-20 h.

Casa Yustas, plaza Mayor 30 (Metro Sol). La sombrerería más antigua de Madrid, establecida en 1894. Venden sombreros tradicionales para hombres y mujeres, gorras y boinas. No aceptan tarjetas de crédito. Lun.-vier., 9.45-13.30 h y 16.30-20 h; sáb., 9.45-13.30 h.

Libros, tebeos y mapas

Casa del Libro, Gran Vía 29 y calle Maestro Victoria 3 (Metro Callao). La mayor librería de la ciudad, con tres plantas que abarcan prácticamente todo. Lun.-sáb., 9.30-21.30 h.

FNAC, Preciados 28 (Metro Callao). Gran tienda especializada en libros, vídeos y electrónica.

Librería Antonio Machado, Fernado VI 17 (Metro Alonso Martínez). La mejor librería literaria de Madrid. Aceptan tarjetas de crédito. Lun.-sáb., 10-14 h y 17-20 h.

Servicio de Publicaciones del Instituto Geográfico Nacional, General Ibáñez de Íbero (Metro Guzmán el Bueno). El mejor establecimiento para adquirir mapas de España de escalas aceptables.

La Tienda Verde, Maudes 23 y 38 (Metro Cuatro Caminos). Libros dedicados al trekking y el montañismo, además de guías y mapas topográficos. Lun.-sáb., 9.30-14 h y 16.30-20 h.

Moda: ropa y zapatos

Adolfo Domínguez, José Ortega y Gasset 4, y Serrano 96 (Metro Serrano). El clásico *look* español moderno. La ropa de Domínguez es bastante cara, pero hay una gama básica más barata. Ambas sucursales venden ropa de hombre, pero sólo hay moda femenina en la de Ortega y Gasset. Lun.-sáb., 10-14 h y 17-20.30 h (la sucursal de Serrano no cierra al mediodía).

Ararat, Conde Xiquena 13 (Metro Chueca) y calle Almirante 10-11 (Metro Chueca). Un trío de tiendas con ropa española y extranjera a precios no muy caros; ropa de hombre en Conde Xiquena, de mujer en Almirante. Lun.-sáb., 11-14 h y 17-20.30 h.

Berlín, Almirante 10 (Metro Chueca). Moda de mujer de diseñadores vanguardistas europeos. Lun.-sáb., 11-14 h y 17-20.30 h.

Blackmarket, Colón 3 (Metro Chueca). Moda femenina innovadora. Lun.-sáb., 10.30-14 h y 17-20.30 h.

Camper, Gran Vía 54 (Metro Callao). La mejor cadena de zapaterías de España; buenos diseños y precios moderados. Hay muchas sucursales por toda la ciudad. Calzado femenino y masculino. Lun.-sáb., 10-14 h y 17-20.30 h.

Caracol Cuadrado, Justiniano 6 (Metro Serrano). Tienda de gangas donde venden los diseños de la temporada anterior, incluidos los de Sybilla, la diseñadora más de moda de España. Moda de hombre y mujer. Lun.-sáb., 10.30-14.30 h y 17-20.30 h.

Ekseptión, Velázquez 28 (Metro Velázquez). Una pasarela conduce hasta algunos de los modelos de ropa más modernos de Madrid, diseñados por Sybilla y Antonio Miró, entre otros. Caro. Hombres y mujeres. Lun.-sáb., 10.30-14.30 h y 17-20.30 h.

Excrupulus Net, Almirante 7 (Metro Chueca). Zapatos de moda de diseño español, Muxart y Looky. Hombres y mujeres. Lun.-sáb., 11-14 h y 17-20.30 h.

Glam, Fuencarral 35 (Metro Gran Vía/Chueca), y calle Hortaleza 62 (Metro Chueca). Los clientes y la ropa encajarían en un filme de Almodóvar. Lun.-sáb., 10-14 h y 17-21 h.

Hernanz, Toledo 30 (Metro Tirso de Molina). En esta zapatería disponen de alpargatas de todos los colores. No aceptan tarjetas de crédito. Lun.-vier., 9.30-13.30 h y 17-20.30 h; sáb., 9.30-13.30 h.

Manuel Herrero, Preciados 7 (Metro Sol). Tienda tradicional especializada en artículos de cuero; muy buenos abrigos y chaquetas.

Sybilla, Jorge Juan 12 (Metro Retiro). Sybilla fue la diseñadora española más importante de los años ochenta. Sigue estando entre las primeras, y sus precios lo demuestran. Sólo mujeres. Se aceptan tarjetas de crédito. Lun.-sáb., 10-14 h y 16.30-20.30 h.

Comida y copas

Baco-La Boutique del Vino, San Bernardo 117 (Metro Quevedo). Buena selección de viños españoles de calidad, cavas, coñás e incluso sidra asturiana. No se aceptan tarjetas. Lun.-vier., 11-14 h y 17-20 h; sáb., 10-14 h.

Casa Mira, Carrera de San Jerónimo 30 (Metro Sol). Pastelería antigua donde venden deliciosos turrones, mazapán y frutas glaseadas, entre otras exquisiteces. Todos los días, 10-14 h y 17-21 h.

Lafuente, Luchana 28 (Metro Bilbao). Vinos españoles y extranjeros, incluidos riojas, de la ribera del Duero y gallegos, además de cavas. Lun.-sáb., 10-14 h y 17-20.30 h.

Lhardy, Carrera de San Jerónimo 8 (Metro Sol). Este bar y rotisería está junto a uno de los mejores restaurantes de Madrid, y es bastante más barato. Se pueden comprar los ingredientes para hacer estupendas meriendas (las croquetas y empanadillas son legendarias). Lun.-sáb., 9.30-15 h y 17-21 h; dom., 9-14 h.

Mallorca, Serrano 6 (Metro Serrano). La sucursal principal de la mejor cadena de rotiserías de Madrid; tan cara como *Lhardy*, pero con excelentes productos, además de tartas o chocolate para regalos. Todas las sucursales disponen de pequeñas barras para tomar una copa o un café. Todos los días, 9.30-21 h.

Mariano Aguado, Echegaray 19 (Metro Sevilla). Buena selección de vinos españoles, especialmente de Jerez. Lun.-sáb., 9.30-14 h y 17.30-20.30 h.

Mariano Madueño, Postigo de San Martín 3 (Metro Callao). El establecimiento ideal para adquirir vinos y licores, como pacharán. Lun.-vier., 9.30-14 h y 17-20 h; sáb., 9.30-14 h.

Tienda Olivarero, Mejía Lequerica 1 (Metro Alonso Martínez). Tienda de la cooperativa de olivareros; disponen de folletos informativos para adquirir el mejor aceite de oliva. Lun.-sáb., 9.30-14 h y 17.30-19.30 h.

Discos y CD

FNAC, Preciados 28 (Metro Callao). Amplia tienda francesa con una gran selección de casetes y CD.

Madrid Rock, Gran Vía 25 —subterránea— (Metro Gran Vía). Gran tienda un tanto caótica, buena para CD de rock y entradas a conciertos. Todos los días, 10-22 h.

Toni Martín, Martín de los Heros 18 (Metro Plaza de España). Discos y CD de rock, nuevos y de segunda mano. Lun.-sáb., 10.30-14 h y 17.30-20.15 h.

Direcciones prácticas

Agencias de venta de entradas Puede obtener entradas para espectáculos teatrales y conciertos mediante el servicio telefónico de Tele-Entrada (☎915 383 333) o de Servi-Caixa (☎902 332 211). Ninguna de las dos cobra comisión. En Localidades Galicia, plaza del Carmen 1 (☎915 312 732 y 915 319 131; Metro Sol), venden entradas para partidos de fútbol, corridas de toros, teatros y conciertos.

Agencias de viaje Viajes Zeppelin, plaza Santo Domingo 2 (☎915 477 904; Metro Santo Domingo); son muy eficaces y ofrecen vuelos y vacaciones a precios excelentes. En Nuevas Fronteras, Luisa Fernanda 2 (☎915 423 990; Metro Ventura Rodríguez, y la Torre de Madrid, plaza de España (☎912 474 200), ofrecen vuelos a precios razonables; otra opción es Top Tours, Capitán Haya 20 (☎915 550 604; Metro Cuzco). TIVE, Fernando el Católico 85 (☎915 430 208; Metro Moncloa), se dedica a organizar viajes para estudiantes y jóvenes. En Gran Vía y la calle Princesa hay numerosas agencias de viajes.

Agrupaciones de mujeres Se puede contactar mediante el Centro de la Mujer, Barquillo 44 (☎913 193 689; Metro Chueca) y de la librería feminista de Madrid, la Librería de Mujeres, San Cristóbal 17, situada al este de la plaza Mayor (☎915 217 043; Metro Sol).

Alquiler de automóviles Las principales agencias disponen de sucursales en el aeropuerto de Barajas y Madrid. Entre ellas: Atesa, Infanta Mercedes 90 (☎915 711 931; Metro Estrecho); Avis, Gran Vía 60 (☎915 472 048; Metro Plaza de España); Europcar, calle San Leonardo 8 (☎917 211 222; Metro Plaza de España), y también hay una oficina en la estación de Atocha; y Hertz, en la estación de Atocha (☎914 681 318; Metro Atocha). Rent Me, plaza de Herradores 6, cerca de la plaza Mayor (☎915 590 822; Metro Sol), es una buena empresa local con precios módicos.

Alquiler de motocicletas Se puede alquilar una motocicleta que será entregada y recogida en el hotel por Alquiler de Scooter (☎902 102 020); cobran 2.000 pesetas diarias. También se pueden alquilar en Motoalquiler, Conde Duque 13 (☎915 420 657; Metro Noviciado).

Alquiler y reparación de bicicletas Bicicletas Chapinal, Alcalá 242 (lun.-vier., 10-13.30 h y 16.30-20 h; sáb., 10-14 h; ☎914 041 853; Metro El Carmen); Calmera, Atocha 98 (lun.-sáb., 9.30-13.30 h y 16.30-20 h; ☎915 277 574; Metro Antón Martín) y Karacol, Montera 32 (lun.-vier., 10.30-14 h y 17.30-20 h; sáb., 10.30-14 h; ☎915 329 073; Metro Gran Vía/Sol).

American Express Plaza de las Cortes 2, entrada por la calle Marqués de Cubas (lun.-vier., 9-17.30 h; sáb., 9-12 h para recoger correo y hacer transacciones; ☎915 720 303; Metro Sevilla).

Bancos y cambio de moneda Los principales bancos españoles se hallan en la calle Alcalá y Gran Vía. Suelen abrir de lunes a viernes, entre 9-14 h, pero también los sábados, entre 9-13 h, de octubre a mayo. Además de los bancos, en las sucursales de El Corte Inglés hay oficinas de cambio con horarios amplios y tipos de cambio muy competitivos; la más céntrica está en la Puerta del Sol. En el aeropuerto de Barajas se encuentra una oficina de cambio que funciona durante las 24 h.

Consignas Las maletas se pueden dejar en las consignas de la estación Sur, de Auto-Res y en las de las estaciones Continental Auto, así como en las estaciones de Atocha y Chamartín.

Correos La oficina principal se encuentra en el Palacio de Comunicaciones, situado en la plaza de Cibeles (lun.-sáb., 8-24 h; dom., 8-22 h para comprar sellos y enviar telegramas; lista de correos, lun.-vier., 9-20 h; sáb., 9-14 h). Las sucursales, como la de la calle Cruz Verde en el límite de Malasaña, permanecen abiertas entre lun.-sáb., 9-14 h, pero es más fácil comprar sellos en los estancos.

Corridas de toros Las Ventas (Alcalá 237; Metro Ventas), la principal plaza de toros de Madrid, alberga algunos de los mejores espectáculos del año, en especial durante las fiestas de San Isidro, en mayo, aunque la temporada principal dura de marzo a octubre. Las entradas se pueden comprar en la taquilla de Las Ventas (☎917 264 800 y 913 652 200; marzo-oct., jue.-sáb., 10-14 h y 17-20 h) o en Localidades Galicia (véase «Agencias de venta de entradas», en pág. anterior); en esta última se paga más del 50 % del precio impreso, que es el correspondiente a entradas de temporada vendidos conjuntamente. En el barrio de Carabanchel hay otra plaza de toros (avenida Matilde Hernández; Metro Vista Alegre), situado a unos 4 km al sudoeste del centro.

Embajadas Argentina, calle Pedro de Valdivia 21, 28006 Madrid (☎915 622 800; fax 915 635 185); Bolivia, calle Velázquez 26, 3.º, 28001 Madrid (☎915 780 835, 915 781 018, 915 782 035 y 915 766 942; fax 915 773 945); Brasil, calle Fernando el Santo 6, 28010 Madrid (☎917 004 669; fax 917 004 660); Chile, calle Lagasca 88, 6.º, 28001 Madrid (☎914 319 160; fax 915 775 560); Colombia, calle General Martínez Campos 48, 28010 Madrid (☎917 004 770; fax 913 102 869); Costa Rica, P.º de la Castellana 164, 17 A, 28046 Madrid (☎913 459 622; fax 913 533 709); Cuba, P.º de la Habana 194, 28036 Madrid (☎913 592 500; fax 913 596 145); Ecuador, calle Príncipe de Vergara 73, 7.º, 28006 Madrid (☎915 627 215 y 915 627 216; fax 915 613 067); El Salvador, calle Serrano 114, 2.º-izq., 28006 Madrid (☎915 628 002 y 915 626 802; fax 915 630 584); Guatemala, calle Rafael Salgado 3, 10.º der., 28036 Madrid (☎913 440 347 y 913 441 417; fax 914 587 894); Honduras, calle Rosario Pino, 6, 4.º A, 28020 Madrid (☎915 793 149 y 915 790 251; fax 915 721 319); México, Carrera de San Jerónimo 46, 28014 Madrid (☎913 692 814 y 913 690 459; fax 914 202 292); Nicaragua, P.º de la Castellana 127, 1.º-B, 28046 Madrid (☎915 555 510 y 915 555 754; fax 915 555 737); Panamá, calle Claudio Coello 86, 1.º, 28006 Madrid (☎915 765 001 y 915 767 668; fax 915 767 161 y 915 630 628); Paraguay, calle Eduardo Dato 21, 4.º-izq., 28010 Madrid (☎913 082 746; fax 913 084 905); Perú, calle Príncipe de Vergara 36, 5.º-der., 28001 Madrid (☎915 756 123 y 914 314 242; fax 915 776 861); Portugal, calle Pinar 1, 28006 Madrid (☎915 617 800 y 915 617 808; fax 914 119 172 y 915 644 248); República Dominicana, P.º de la Castellana 30, 1.º-der., 28406 Madrid (☎914 315 395; fax 914 358 139); Uruguay, P.º Pintor Rosales 32, 1.º-D, 28008 Madrid (☎915 428 038 y 915 428 288; fax 915 428 177); Venezuela, calle Capitán Haya 1, Edif. Eurocentro, 13.º, 28020 Madrid (☎915 981 200; fax 915 971 583).

Emergencias Para llamar a una ambulancia, marque el ☎112 o ☎915 884 500-915 222 222, o bien tome un taxi: será más rápido si no necesita enfermera; el ☎112 también es el número de la **policía**. Hay puestos de **primeros auxilios** en diversos puntos de la ciudad que permanecen abiertos las 24 h; uno de los más céntricos se encuentra en la calle Navas de Tolosa (☎915 210 025; Metro Callao).

Excursiones en tren El tren de la Fresa es un tren a vapor que funciona los sábados y los domingos (abril-oct.) y que hace el recorrido desde Atocha a Aranjuez. Durante el viaje, unas mujeres vestidas con trajes tradicionales reparten fresas gratuitas. Reservas en agencias de viajes o las oficinas de Renfe (véase «Transportes», pág. 107), o llame al ☎902 228 822. La hora de salida es a las 10 h y regresa a las 19.30 h; el billete cuesta 2.900 pesetas.

Farmacias Están indicadas por una cruz de color verde; cada barrio dispone de una farmacia de guardia toda la noche; compruebe las que están de turno en la lista que figura en la farmacia más cercana o en los listados de revistas y periódicos. Madrid

también dispone de varios **herbolarios** tradicionales; el más conocido es Maurice Messegué, Goya 64 (Metro Goya); lun.-vier., 10-14 h y 17-20 h; sáb., 10-14 h.

Fútbol Los grandes equipos son el Real Madrid, el reciente campeón de Europa, y el Atlético de Madrid. Las entradas para la mayoría de los partidos se pueden adquirir con antelación (y generalmente el mismo día) en el estadio, aunque las correspondientes a los derbis entre el Real Madrid y el Atlético, o cuando juegan contra el Barcelona, suelen agotarse. **Real Madrid:** estadio Santiago Bernabeu, calle Concha Espina s/n (☎913 440 052; Metro Santiago Bernabeu). Las taquillas permanecen abiertas entre lun.-vier., 18-21 h; los días del partido entre 11-13.30 h. Las entradas, a partir de 2.000 pesetas, se venden 3 días antes de cada partido. **Atlético de Madrid:** estadio Vicente Calderón, paseo de la Virgen del Puerto 67 (☎913 664 707; Metro Pirámides). Las taquillas están abiertas entre lun.-vier., 17-20 h; 2 días antes de cada partido también 11-14 h. Entradas a partir de 3.000 pesetas.

Gimnasios Puede acudir a los gimnasios Holiday en la plaza de la République Dominicana 8 (☎914 578 000; Metro Colombia) y en calle Serrano Jover 3 (☎915 474 033; Metro Argüelles). En el parque del Retiro, la Casa de Campo y el campus de la Universidad Complutense hay pistas deportivas municipales.

Hospitales Los más céntricos son: Hospital Clínico, plaza de Cristo Rey (☎913 303 747; Metro Moncloa); Gregorio Marañón, calle Doctor Esquerdo 46 (☎915 868 000; Metro O'Donnell); y la Ciudad Sanitaria La Paz, paseo de la Castellana 261 (☎913 582 831; Metro Diego de León).

Información del aeropuerto ☎913 058 343; fax 913 936 200; para más detalles sobre el transporte al aeropuerto, véase la página 41.

Lavanderías Entre las más céntricas se encuentran las de la calle del Barco 26 (Metro Gran Vía); Cervantes 1-3 (Metro Sol); Donoso Cortés 17 (Metro Quevedo); Hermosilla 121 (Metro Goya) y Palma 2 (Metro Tribunal).

Líneas aéreas La mayoría tiene las oficinas en la Gran Vía o en la calle Princesa, que es su prolongación más allá de la plaza de España. Avianca, Gran Vía 88 (☎912 054 320; Metro Plaza de España); British Airways, Serrano 60, 5.º (☎913 054 212 y 912 054 317; Metro Serrano); Iberia, Goya 29 (☎915 878 156; Metro Serrano); KLM, Gran Vía 59 (☎912 478 100; Metro Santo Domingo) y TWA, plaza de Colón 2 (☎913 103 094; Metro Colón). En el mostrador de Iberojet en el aeropuerto, venden billetes a precios reducidos para todos los vuelos regulares, a condición de hacer cola y arriesgarse a no obtener plaza. Los billetes para el puente aéreo a Barcelona están disponibles en la terminal 2.

Minusvalías Madrid no está especialmente organizada para los minusválidos, aunque la situación mejora gradualmente. La Organización Nacional de Ciegos Españoles (ONCE), situada en la calle Prado 24 (☎915 894 600 y 915 773 756), proporciona los mejores consejos especializados. En Radio Taxi (☎915 478 200) se pueden pedir taxis adaptados para sillas de ruedas.

Paseos En las oficinas de turismo de Madrid proporcionan detalles de paseos con guía; el paseo cuesta 500 pesetas.

Piscinas y parques acuáticos La piscina Canal Isabel II, en avenida de Filipinas 54 (todos los días, 10-20.30 h; Metro Ríos Rosas), es una piscina al aire libre, amplia y limpia, y la mejor de las céntricas. Otra posibilidad es la piscina de la Casa de Campo (todos los días, 10-20.30 h; Metro El Lago), más antigua pero más limpia por las mañanas. Ambas disponen de cafés-bar. Otras opciones son las piscinas del barrio del Pilar, avenida Monforte de Lemos (Metro Barrio del Pilar/Begoña) y La Elipa, parque de La Elipa, O'Donnell s/n (Metro Estrella). En los alrededores de Madrid también hay diversos parques acuáticos. El más cercano es Aquamadrid, situado a 16 km

por la N2 a Barcelona (autobús Continental Auto 281, 282 o 385 desde avenida De América). Casi todas las piscinas al aire libre sólo permanecen abiertas de mayo a septiembre.

Robo Para denuncias, llame al ☎900 100 333.

Teléfono Puede hacer llamadas internacionales desde cualquier cabina o sucursal de Telefónica. La principal, en Gran Vía 30 (Metro Gran Vía), está abierta hasta medianoche. Las tarjetas telefónicas cuestan 1.000 o 2.000 pesetas y se pueden comprar en cualquier oficina de correos o estanco.

transportes

Ferrocarriles

Para **información** y **reservas** de trenes, telefonee al ☎913 289 020. Los **billetes** se pueden comprar en las estaciones, el aeropuerto de Barajas y la oficina central de Renfe, Alcalá 44 (lun.-vier., 8-20 h; ☎915 623 333; Metro Banco de España). Todos los trenes que circulan por Madrid pasan por una o más de las estaciones que se enumeran más abajo. Por **Chamartín**, situada al norte, pasa la mayoría de los trenes, incluido uno directo a **Atocha**. Si el viajero llega (o parte) de Chamartín, puede tomar un tren de cercanías a/desde Atocha, o tomar el Metro. Algunos trenes directos también paran en las estaciones de Recoletos y Nuevos Ministerios. Los **AVE de alta velocidad** a Córdoba y Sevilla salen de Atocha. Hay que reservar el billete con antelación, ya sea personalmente en Atocha, en la estación de Renfe de Alcalá 44, o por teléfono (☎913 289 020).

Estación de Atocha (Metro Atocha): Algeciras (1 diario; 11 h); Almería (1-2 diarios; 6 h 45 min.); Aranjuez (cada 15/30 min.; 40 min.); Badajoz (3 diarios; 5 h 40 min.-7 h); Cáceres (5 diarios; 4 h-4 h 30 min.); Cádiz (2 diarios; 5 h); Córdoba (15 diarios; 2 h; 1 h 40 min., AVE); Cuenca (4 diarios; 2 h 30 min.); Granada (4 diarios; 6 h); Huelva (1 diario; 4 h 30 min.); Jaén (3 diarios; 4 h 15 min.); Jerez (3 diarios; 4 h 10 min.); Málaga (11 diarios; 4 h 30 min.-6 h 50 min.); Mérida (6 diarios; 4-7 h); Segovia (7 diarios; 2 h); Sevilla (19 diarios; 3 h 15 min..; 2 h 30 min., AVE); Torremolinos (3 diarios; 4-5 h); Valencia (6 diarios; 3 h 45 min.). Además de la mayoría de los destinos situados al sur y al oeste.

Chamartín (Metro Chamartín): Albacete (22 diarios; 2 h); Alicante (7 diarios; 4 h); Astorga (1 diario; 5 h); Ávila (17 diarios; 2 h); Barcelona (9 diarios; 7 h); Bilbao (2 diarios; 5 h 30 min.-8 h 45 min.); Burgos (7 diarios; 3 h 45 min.); Cáceres (7 diarios; 4-5 h); Cartagena (4 diarios; 5 h); El Ferrol (1 diario; 11 h); Guadalajara (cada 30 min.; 1 h); La Coruña (2 diarios; 8 h 30 min.-11 h); León (8 diarios; 4 h-4 h 30 min.); Lisboa (1 diario; 10 h); Lugo (1 diario; 9 h 30 min.); Oviedo (3 diarios; 6 h); Pamplona (2 diarios; 5 h); París (1 diario; 13 h 30 min.); Pontevedra (2 diarios; 8 h 30 min.-10 h 30 min.); Salamanca (3 diarios; 3 h 15 min.); San Sebastián (3 diarios; 6 h 30 min.); Santander (3 diarios; 5 h 30 min.); Santiago (2 diarios; 7 h 15 min.-9 h 30 min.); Vigo (2 diarios; 7 h 45 min.-8 h 30 min.); Zamora (2 diarios; 3 h-3 h 30 min.); Zaragoza (13 diarios; 3 h). Además de la mayoría de los demás destinos situados al este, el nordeste y noroeste.

Autobuses

Hay numerosas empresas de autobuses que salen de Madrid, cada una de su propio garaje o terminal. Sin embargo, muchas líneas pasan por la **estación Sur de autobuses** (☎914 684 200), situada al sur de Atocha en la línea 6 del Metro circular.

Las empresas y los recorridos cambian con mucha frecuencia; por ello, se recomienda comprobar los horarios en las oficinas de turismo o telefoneando a **Información** (☎914 352 266).

Estación Sur de autobuses, Méndez Álvaro s/n (Metro Méndez Álvaro): Albacete (11 diarios; 3 h); Alicante (8 diarios; 5 h); Almería (3 diarios; 6 h 30 min.); Barcelona (15 diarios; 7 h 30 min.-8 h); Ciudad Real (2-4 diarios; 3 h); Córdoba (7 diarios; 4 h 30 min.); Gijón (12 diarios; 5 h); Granada (13 diarios; 5 h); Jaén (2-6 diarios; 5 h); León (11 diarios; 4 h 15 min.); Málaga (9 diarios; 6 h); Palencia (5 diarios; 3 h); Santiago (4 diarios; 9 h); Sevilla (11 diarios; 5 h 30 min.); Toledo (cada 15 min.; 1 h); Zaragoza

(17 diarios; 4 h); además de servicios internacionales a Francia y Portugal.

Auto-Res, calle Fernández Shaw 1 (☎915 517 200; Metro Conde Casal): Badajoz (10 diarios; 4 h 30 min.-5 h 15 min.); Cáceres (10 diarios; 3 h 30 min.-4 h 15 min.); Cuenca (10 diarios; 2 h-2 h 30 min.); Mérida (10 diarios; 4-5 h); Salamanca (24 diarios; 2 h 30 min.-3 h); Trujillo (10 diarios; 4-5 h); Zamora (9 diarios; 2 h 45 min.-3 h 15 min.).

Continental Auto, calle Alenza 20 (☎915 330 400; Metro Ríos Rosas): Aranda (4 diarios; 4 h); Bilbao (4 diarios; 4 h 30 min.); Burgos (11 diarios; 2 h 45 min.); El Burgo de Osma (2 diarios; 4 h); Guadalajara (13 diarios; 45 min.); Logroño (5 diarios; 4 h 30 min.-5 h 30 min.); Pamplona (2 diarios; 5-6 h); San Sebastián (9 diarios; 6-8 h); Santander (8 diarios; 5 h 45 min.); Soria (6 diarios; 2 h 30 min.-3 h).

La Sepulvedana, Paseo de la Florida 11 (☎915 304 800; Metro Príncipe Pío): Ávila (4 diarios; 1 h 30 min.); Segovia (22 diarios; 1 h 30 min.); además de otros destinos en Castilla y León.

Herranz, Intercambiador de Autobuses de Moncloa, una terminal subterránea situada encima del Metro Moncloa: El Escorial (aproximadamente cada 30 min.). Enlaces al Valle de los Caídos.

CAPÍTULO DOS

ALREDEDORES DE MADRID

La ausencia de monumentos históricos de Madrid queda más que compensada por los existentes en los alrededores de la capital. Dentro de un radio de 100 km, y a 1 hora en tren o autobús, se encuentran algunas de las ciudades más notables de España, en particular Toledo, que precedió a Madrid como capital del reino. Inmortalizada por El Greco, que vivió y trabajó en Toledo durante la mayor parte del último período de su carrera, la ciudad es un museo viviente de las numerosas culturas: visigótica, morisca, judía y cristiana, que conformaron el destino

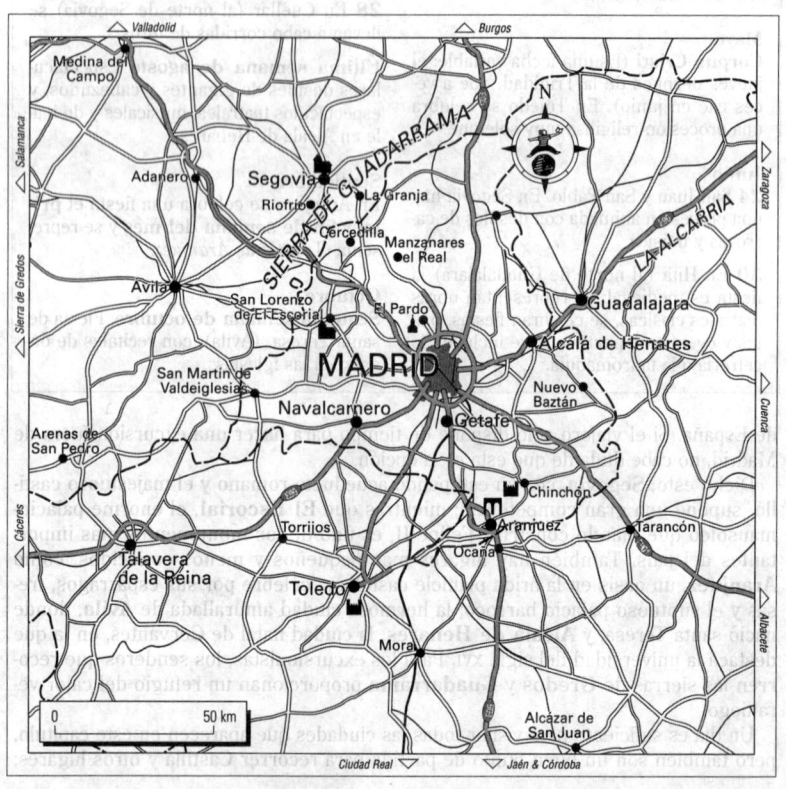

FIESTAS

Febrero
Segundo fin de semana Fiesta femenino de Santa Águeda en Segovia, cuando las mujeres se hacen cargo de la administración de la ciudad y desfilan vestidas con trajes tradicionales. Hasta cierto punto, se celebra en toda la provincia, en especial en Zamarramala, en las afueras de la ciudad.

Semana antes de la Cuaresma El Carnaval supone la celebración de fiestas animadas en todas partes.

Marzo/abril
Semana Santa La Semana Santa se celebra en todas partes, pero en Toledo hay procesiones y el sábado se representa la Pasión en Chinchón.

Mediados de abril Fiesta del anís y del vino en Chinchón.

Mayo
Corpus Cristi (Es una fecha variable: el jueves después de la Trinidad, que a veces cae en junio). En Toledo se celebra una procesión religiosa muy solemne.

Junio
24 San Juan y San Pablo. En Segovia hay una procesión animada con desfiles de carrozas y música.

30 En Hita (al norte de Guadalajara) la fiesta es medieval: se representan obras teatrales clásicas, se celebran fiestas, bailes y eventos deportivos, que incluyen la cetrería o la tauromaquia.

Julio
Mediados de julio Se celebran grandes festejos en Ávila, con corridas de toros, música y bailes. En Segovia, las fiestas se prolongan durante los meses de **julio** y **agosto**, con música, y bailes folclóricos.

Agosto
15 Celebración en honor a la Virgen de la Asunción (Chinchón), con un encierro, donde los toros corren por las calles.

25 Hay fiestas en La Granja (cerca de Segovia) y Orgaz (cerca de Toledo).

Tercera semana de agosto Se celebran las fiestas de agosto en Toledo, en honor a la Virgen del Sagrario; el último fin de semana se ofrecen unos estupendos fuegos artificiales.

28 En Cuéllar (al norte de Segovia) se llevan a cabo corridas de toros.

Última semana de agosto Espectaculares desfiles de gigantes y cabezudos, y espectáculos teatrales, musicales y de baile en Alcalá de Henares.

Septiembre
En Aranjuez se celebra una fiesta el **primer fin de semana del mes** y se representa el *Motín de Aranjuez*.

Octubre
Segunda semana de octubre, Fiesta de santa Teresa. (Ávila), con recitales de órgano en las iglesias.

---

de España. Si el viajero sólo dispone de tiempo para hacer una excursión fuera de Madrid, no cabe duda de que ésta es la opción.

Dicho esto, **Segovia**, con su estupendo acueducto romano y el majestuoso castillo, supone una gran competencia; mientras que **El Escorial**, el enorme palacio-mausoleo que mandó construir Felipe II, es uno de los monumentos más importantes del país. También hay lugares más pequeños y menos conocidos, como **Aranjuez**, un oasis en la árida planicie castellana célebre por sus espárragos, fresas y el suntuoso palacio barroco; la hermosa ciudad amurallada de **Ávila**, donde nació santa Teresa, y **Alcalá de Henares**, la ciudad natal de Cervantes, en la que destaca la universidad del siglo XVI. Para los excursionistas, los senderos que recorren las sierras de **Gredos** y **Guadarrama** proporcionan un refugio del calor veraniego.

Un día es suficiente para visitar todas las ciudades que aparecen en este capítulo, pero también son un buen punto de partida para recorrer Castilla y otros lugares;

después de cada sección principal se detallan excursiones a lugares más alejados. Independientemente del destino, merece la pena conseguir los folletos que proporcionan en las oficinas de turismo de Madrid.

Toledo

A pesar de su reputación como una de las ciudades más notables de España, **TOLEDO** puede resultar un tanto decepcionante. No cabe duda de que evoca glorias pasadas y que abundan los puntos de interés, de ahí su categoría como Monumento Nacional; pero la abrumadora cantidad de turistas ha estropeado lo que en su día era una de las experiencias más peculiares que podía vivir el viajero que visitaba España. No obstante su emplazamiento es deslumbrante y, si le gusta **El Greco**, disfrutará con esta visita.

Toledo está emplazada en un paisaje desolado, sobre un monte rocoso rodeado por una curva de la garganta recorrida por el río Tajo. Cada centímetro cuadrado de este monte está cubierto por edificaciones de toda clase: iglesias, sinagogas, mezquitas y casas se amontonan formando una espiral cortada por callejuelas empedradas. Para poder apreciar la ciudad al completo hay que quedarse al menos durante 1 noche, ya que una excursión de 1 día no permitirá al viajero verlo todo. Además, por la noche cuando no suele haber tanta aglomeración y Toledo está alumbrada por los reflectores, parece uno de los cuadros de El Greco iluminados por la luz de la luna y se convierte en una ciudad diferente.

En Toledo también se lleva a cabo una de las celebraciones más originales del **Corpus Cristi** del país, con procesiones callejeras y otros espectáculos. Hay otros festivales el 25 de mayo, y el 15 y 20 de agosto.

Breve historia de Toledo

Toledo, llamada *Toletum* por los romanos, que la tomaron en el 193 a.C., era una ciudad pequeña pero bien defendida. Conquistada por los visigodos, que la convirtieron en su capital, ya era un importante centro cultural y comercial cuando los **árabes** la ocuparon en el 712. El período siguiente, en que árabes, judíos y mozárabes vivían juntos en relativa igualdad, fue próspero y la ciudad se desarrolló con rapidez; así Toledo se convirtió en el puesto de avanzada septentrional más importante de los emiratos musulmanes. Aunque quedan pocos restos físicos de aquel período, a excepción de la pequeña mezquita del **Cristo de la Luz**, tan prolongado dominio marcó el ambiente y aspecto de toda la población.

Cuando Alfonso VI, el rey cristiano, la «reconquistó» en 1085 con la ayuda del Cid, la influencia árabe apenas disminuyó. Aunque Toledo se convirtió en la capital de Castilla y en la base para las campañas contra los musulmanes que se encontraban al sur, la ciudad era un oasis de tolerancia cultural. No sólo había una escuela de traductores que revelaban los logros científicos y filosóficos de Oriente, sino que los artesanos y las técnicas árabes continuaron siendo las responsables de la construcción de muchos de los mejores edificios de la época, como las iglesias de **San Román** o **Santiago del Arrabal**, o cualquiera de las antiguas puertas de la población.

Al mismo tiempo, la cultura judía siguió ejerciendo su influencia. En una época había al menos siete **sinagogas**, de las que sobreviven dos: **Santa María la Blanca** y **Tránsito**; además los judíos ocupaban muchos puestos de poder. El más famoso fue Samuel Leví, que era el tesorero y brazo derecho de Pedro el Cruel, hasta que el rey hizo honor a su nombre y lo mandó asesinar, y más tarde se apoderó de sus bienes. A este período también pertenece el monumento puramente cristiano más importante, la impresionante **catedral** de Toledo (hoy en día, la ciudad es aún la sede del primado católico).

Esta edad dorada terminó de manera abrupta en el siglo XVI, cuando la capital fue

112/ALREDEDORES DE MADRID

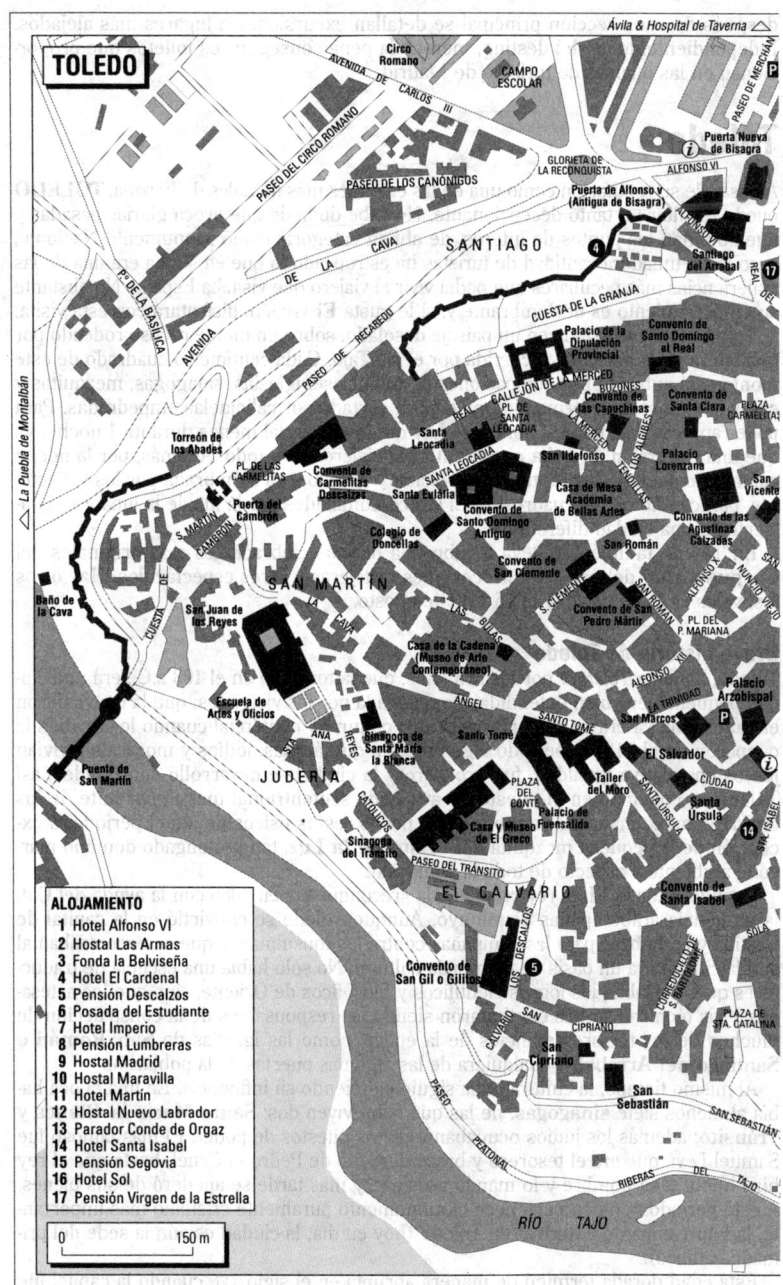

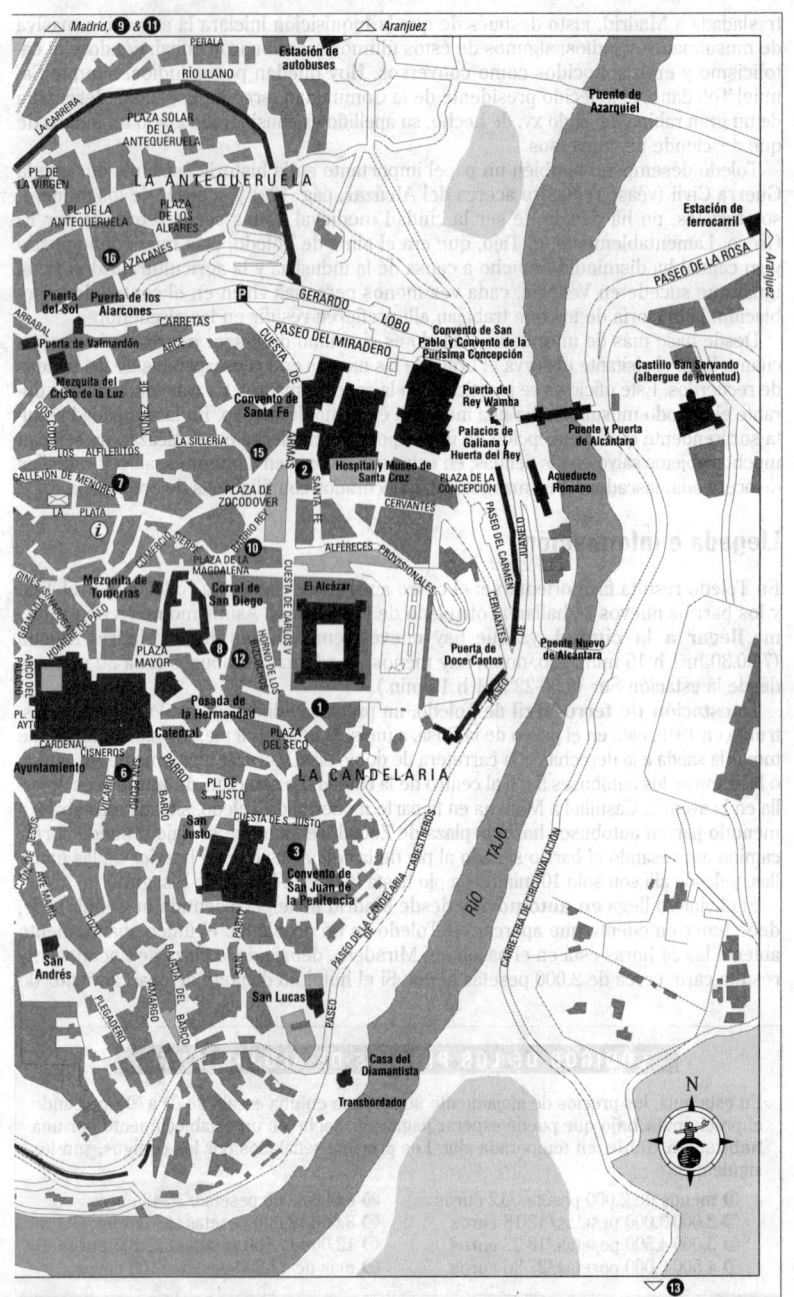

trasladada a Madrid, justo después de que la Inquisición iniciara la expulsión masiva de musulmanes y judíos; algunos de estos últimos reaccionaron convirtiéndose al catolicismo y eran conocidos como conversos. Hoy quedan pocos judíos, aunque Samuel Toledano, el fallecido presidente de la Comunidad Israelita Española, descendía de un gran rabino del siglo XV; de hecho, su apellido es considerado como un indicio de que desciende de conversos.

Toledo desempeñó también un papel importante en la historia española durante la Guerra Civil (véase recuadro acerca del **Alcázar**, pág. 122) y, a pesar de los numerosos turistas, no ha dejado de ser la ciudad medieval tantas veces retratada por El Greco. Lamentablemente, el Tajo, que era el alma de Toledo, está muy contaminado y su caudal ha disminuido mucho a causa de la industria y la agricultura. Además, al igual que sucede en Venecia, cada vez menos personas viven en el centro de la población; la mayoría de los que trabajan allí prefieren residir en los alrededores.

Desde hace más de un milenio, Toledo es sinónimo del mejor **acero**; de hecho, en cuanto llega el visitante observa el brillo de las navajas en los escaparates de las tiendas de recuerdos. Este oficio ya se practicaba en la época romana, y no cabe duda de que durante el período musulmán fue una industria en pleno desarrollo. En la actualidad resulta sorprendente que, a excepción de una exposición moderna en el Alcázar, no se vean muchos objetos salvo en las tiendas; en éstas aún se pueden admirar espadas y cuchillos de acero adamascado, cuyos mangos están decorados con filigranas de oro y plata.

Llegada e información

En Toledo resulta fácil orientarse: el casco antiguo se encuentra rodeado por el Tajo y los barrios nuevos se hallan al otro lado de los puentes. Asimismo no es un problema **llegar a la ciudad**, ya que hay nueve trenes diarios desde Madrid Atocha (7-20.30 h; 1 h 15 min.; sáb.-dom., hay menos), y además autobuses cada 30 minutos desde la estación Sur (6.30-22 h; 1 h 15 min.).

La **estación de ferrocarril** de Toledo, un precioso edificio de estilo mudéjar construido en 1919, está en el paseo de la Rosa, a unos 20 minutos a pie: el visitante tiene que tomar la salida a la derecha de la carretera de doble pista y cruzar el puente de Alcántara, o bien tomar los autobuses 5 o 6 al centro de la ciudad. La **estación de autobuses** se halla en la avenida Castilla-La Mancha en la parte moderna de Toledo, situada más abajo; a menudo parten autobuses hasta la plaza de Zocodover, aunque el viajero puede cortar camino atravesando el barrio situado al pie de la colina, justo en el interior de las murallas, y desde allí son sólo 10 minutos a pie hasta la Puerta Nueva de Bisagra.

Si el viajero llega **en automóvil** y desde Madrid tiene poco sentido no seguir viaje, debe tener en cuenta que aparcar en Toledo es un problema: el único aparcamiento abierto las 24 horas está en el paseo del Miradero, debajo de la plaza de Zocodover, y resulta caro: cerca de 2.000 pesetas al día. Si el hotel no dispone de aparcamiento (lo

---

CÓDIGOS DE LOS PRECIOS DE ALOJAMIENTO

En esta guía, los precios de alojamiento se reseñan en una escala de ① a ⑧, indicando el precio **más bajo** que puede esperar pagar por noche en un establecimiento por una **habitación doble**, en temporada alta. Los precios, señalados por los códigos, son los siguientes:

① menos de 2.000 pesetas/12 euros
② 2.000-3.000 pesetas/12-18 euros
③ 3.000-4.500 pesetas/18-27 euros
④ 4.500-6.000 pesetas/27-36 euros

⑤ 6.000-8.000 pesetas/36-48 euros
⑥ 8.000-12.000 pesetas/48-72 euros
⑦ 12.000-17.500 pesetas/72-105 euros
⑧ más de 17.500 pesetas/105 euros

que cada vez resulta más probable debido a la peatonalización), se recomienda aparcar fuera de las murallas, por ejemplo en el paseo de Merchán, y tener en cuenta que la grúa es muy activa.

Información
La principal **oficina de turismo** de Toledo (jul.-agos., lun.-sáb., 9-19 h; dom., 9-15 h; sept.-jun., lun.-vier., 9-18 h; ☎925 220 843) se encuentra fuera de las murallas, frente a la Puerta de Bisagra y junto a una parada de taxis; dispone de un listado completo de los alojamientos y planos de los monumentos, horarios y precio de entrada.

Hay otra oficina de turismo más pequeña pero más céntrica en la plaza situada frente a la catedral (lun.-vier., 9-14 h y 16-18 h), gestionada por el ayuntamiento.

Alojamiento

Se recomienda reservar una **habitación** con antelación, sobre todo los fines de semana o durante el verano. Si el visitante tiene un presupuesto ajustado, siempre puede optar por las habitaciones particulares, pero habrá que llegar temprano. Durante la temporada baja, numerosos «agentes» pululan por la plaza de Zocodover y se abalanzan sobre los turistas que llegan en autobús; por una módica suma se ofrecen para encontrarles habitación. Como éstas se hallan diseminadas por toda la ciudad —y los guías saben por lo general dónde hay lugar— puede suponer un ahorro de tiempo.

Opciones baratas
Hostal Las Armas, Armas 7 (☎925 221 668). Habitaciones pequeñas en una casa vieja y agradable cerca de la plaza de Zocodover; puede ser ruidoso por las noches. Abril-oct. ③

Fonda La Belviseña, cuesta del Can 7 (☎925 220 067). Fonda barata y popular, situada al sur del Alcázar; sus doce habitaciones se llenan enseguida. ②

Castillo San Servando (☎925 224 554). El albergue de juventud y residencia de estudiantes de Toledo se encuentra fuera de la ciudad, en un ala del castillo de San Servando, del siglo XIV; está a 15 minutos a pie (señalizado) desde la estación de ferrocarril. Se trata de una buena opción, se contemplan excelentes vistas de la ciudad y se recomienda reservar. Mediados agos.-sept., cerrado. ①

Posada del Estudiante, callejón de San Pedro 2 (☎925 214 734). Oculta en una calle lateral cerca de la catedral, esta antigua residencia de estudiantes ofrece un alojamiento barato. ②

Pensión Lumbreras, Juan Labrador 9 (☎925 221 571). Habitaciones sencillas dispuestas alrededor de un patio; las del piso superior tienen vistas de los tejados. Hay habitaciones con baño. ②

Pensión Segovia, Recoletos 2 (☎925 211 124). Situada en una calle estrecha cerca de la calle Armas. Bien conservada y barata; las habitaciones disponen de lavabos y las duchas se pagan aparte. ②

Pensión Virgen de la Estrella, Real del Arrabal 18 (☎925 253 134). Es pequeña, bastante decente y los servicios son compartidos; situada en la carretera principal cerca de la Puerta de Bisagra: pregunte en el bar del mismo nombre que hay al otro lado de la calle. ②

Opciones moderadas y caras
Hotel Alfonso VI, General Moscardó 3 (☎925 222 600; fax 925 214 458). Hotel agradable frente al Alcázar; algunas de las habitaciones con balcón tienen vistas al río Tajo. ⑦

Hotel El Cardenal, paseo de Recaredo 24 (☎925 224 900; fax 925 222 991). Espléndido palacio antiguo con restaurante famoso, situado fuera de las murallas cerca de la Puerta Nueva de Bisagra. ⑥

Pensión Descalzos, Descalzos 30 (☎ y fax 925 222 888). Pensión céntrica, práctica para visitar los principales puntos de interés. Moderna y un poco cara, aunque algunas habitaciones sin servicios son más baratas. ④

Hotel Imperio, Cadenas 5 (☎925 227 650; fax 925 253 183). Moderno y bien amueblado; dispone de cafetería y hay un restaurante de precios módicos justo al lado. Cerca de la plaza de Zocodover. ⑤

Hostal Madrid, Marqués de Mendigorría 7 (☎925 221 114). Cómodo, pero un poco alejado del casco antiguo. ④

Hostal Maravilla, Barrio Rey 5 y 7 (☎925 223 304; fax 925 228 155). Situado cerca de la plaza de Zocodover; dispone de aire acondicionado. ⑤

Hotel Martín, Covachuelas 12 (☎ y fax 925 221 733). Relativamente nuevo y bien de precio; se encuentra en una zona residencial cerca de la estación de autobuses. ⑤

Hostal Nuevo Labrador, Juan Labrador 10 (☎925 222 620; fax 925 229 399). Hostal bien situado; dispone de más habitaciones que la mayoría. ④

Parador Conde de Orgaz, cerro del Emperador (☎925 221 850; fax 925 225 166). Desde la terraza del mejor hotel de Toledo hay unas vistas soberbias de la ciudad, pero está bastante lejos del centro. ⑦

Hotel Santa Isabel, Santa Isabel 24 (☎925 253 120; fax 925 253 136). El mejor de los hoteles de precio medio, situado en el centro y con un aparcamiento vigilado. ④

Hotel Sol, Azacanes 15 (☎925 213 650; fax 925 216 159). Los precios son módicos y está en una calle tranquila cerca de la carretera principal que da a la plaza de Zocodover, antes de la Puerta del Sol. Los dueños también regentan el hostal más barato al otro lado de la calle; pregunte en recepción. ④

Cámpings

Cámping El Greco (☎925 220 090). Se trata del mejor cámping de la zona y se encuentra a 30 minutos a pie desde la Puerta de Bisagra; el visitante tiene que atravesar el puente de la Cava hacia Puebla de Montalbán y después seguir las señales. Desde aquí hay excelentes vistas de la ciudad —y un bar para disfrutarlas— además de una piscina para refrescarse después del paseo turístico. Abierto todo el año.

Cámping Circo Romano, avenida Carlos III 19 (☎925 220 442). Se halla más cerca de la ciudad, pero está bastante destartalado; una opción sólo cuando en el *El Greco* no hay plazas. Abierto todo el año.

Cámping Toledo, autovía Madrid-Toledo km 63 (☎925 353 013). Situado a 9 km al nordeste de Toledo, cerca de la carretera a Madrid y junto al pueblo de Olías del Rey. Es un lugar práctico si el viajero dispone de vehículo propio. Abril-sept.

La ciudad

La disposición y señalización de Toledo puede resultar confusa, pero el casco antiguo es tan pequeño que el visitante se orienta enseguida; parte de su encanto reside en que es un lugar para recorrer y disfrutar, aunque se recomienda evitar la «sobredosis» de los puntos de interés turístico. No hay que marcharse sin ver los cuadros de El Greco, la catedral, las sinagogas y el Alcázar, pero se aconseja disponer de tiempo para descubrir sitios que no están enumerados ni en esta guía ni en otra. Al traspasar cualquier umbral el viajero puede encontrar estupendos patios, salas y cubiertas, a menudo de artesanía mudéjar.

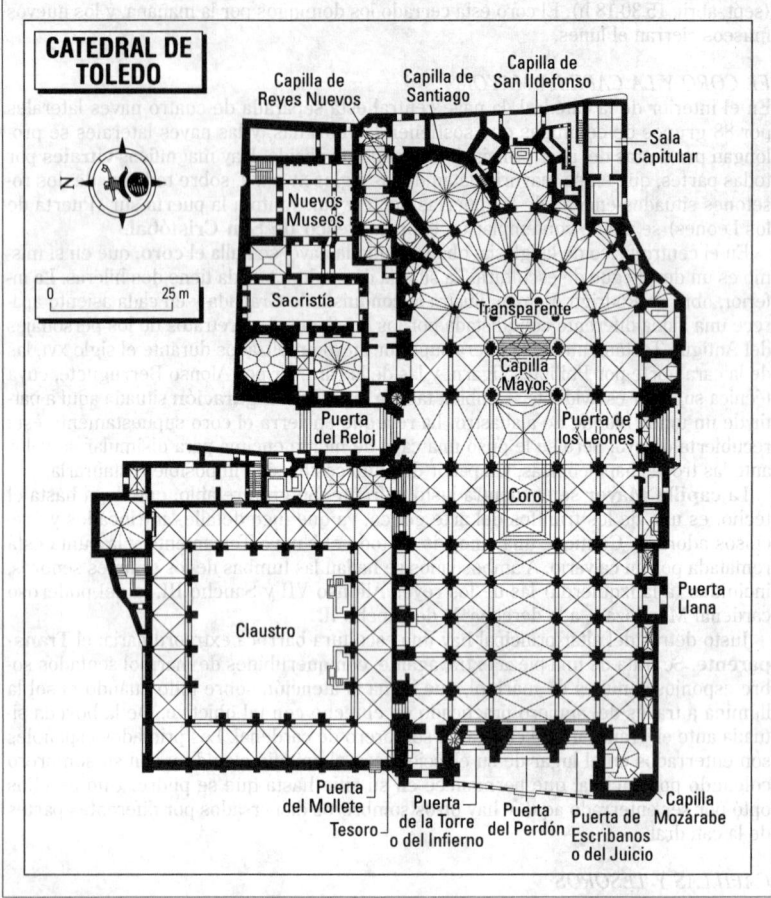

La catedral

En un país donde abundan las grandes instituciones religiosas, está claro que la **catedral** metropolitana tiene que ser algo especial, y de hecho lo es. Se trata de un edificio gótico que se tardó en construir más de 250 años (1227-1493); su rica decoración interior responde a varios estilos: desde obras maestras del Gótico, hasta el Renacimiento y el Barroco. El exterior se ve mejor desde fuera de la ciudad, donde destacan la aguja de 100 m de altura y los enormes contrafuertes. Desde la calle resulta menos impresionante, ya que la catedral está encerrada entre las casas circundantes y su escala y grandiosidad no se aprecian tan bien. Posee ocho puertas, pero en la actualidad se accede a través de la **Puerta Llana**, que se halla en el lado sur de la catedral. Las entradas (700 pesetas) que dan acceso a las diversas capillas, salas capitulares y tesoros, donde las exigen, se venden en la tienda de la catedral, situada enfrente. La parte principal permanece cerrada entre 13-15.30 h; las partes para las que es necesario disponer de una entrada se pueden visitar todos los días entre 10.30-13 h y 15.30-18.30 h

(sept.-abril, 15.30-18 h). El coro está cerrado los domingos por la mañana, y los nuevos museos cierran el lunes.

EL CORO Y LA CAPILLA MAYOR

En el interior de la catedral, la nave central está separada de cuatro naves laterales por 88 grupos de columnas que sostienen las bóvedas, y las naves laterales se prolongan por detrás del altar principal, formando un ábside. Hay magníficos **vitrales** por todas partes, que en su mayoría datan de los siglos XV y XVI, sobre todo los de dos rosetones situados encima de las puertas norte y sur. Junto a la puerta sur (Puerta de los Leones) se puede contemplar un enorme **fresco de San Cristóbal**.

En el centro físico de la iglesia, obstruyendo la nave, se halla el **coro**, que en sí mismo es un despliegue de escultura. La sillería de madera tallada tiene dos hileras. La inferior, obra de Rodrigo Alemán, ilustra la conquista de Granada y en cada asiento aparece una aldea diferente conquistada por los cristianos. Los retratos de los personajes del Antiguo Testamento de la hilera superior fueron realizados durante el siglo XVI, las de la cara norte por Philippe Vigarni y las de la cara sur por Alonso Berruguete, cuya técnica superior es evidente. También talló la gran **Transfiguración** situada aquí a partir de un único bloque de alabastro. La reja que encierra el coro supuestamente está recubierta de oro, pero se le puso una capa de hierro encima para disimular su valor ante las tropas napoleónicas, y a partir de entonces ha sido imposible restaurarla.

La **capilla Mayor** se encuentra justo enfrente. Su gran retablo, que llega hasta el techo, es uno de los triunfos del arte gótico, ya que luce detalles intrincados y preciosos adornos. Contiene una sinopsis de todo el Nuevo Testamento y la punta está rematada por un calvario. A ambos lados se hallan las tumbas de los grandes señores, incluidas (a la izquierda) las de los reyes Alfonso VII y Sancho III, la del poderoso cardenal Mendoza y, a la derecha, la de Sancho II.

Justo detrás del altar principal hay una escultura barroca extraordinaria: el **Transparente**. Se trata de una pieza extravagante, con querubines de mármol sentados sobre esponjosas nubes de mármol, que llama la atención sobre todo cuando el sol la ilumina a través del agujero practicado en el techo con tal objetivo. De la bóveda situada ante el Transparente cuelga un sombrero de cardenal. Los primados españoles son enterrados en el lugar de su elección, con el epitafio elegido y con su sombrero colgando por encima, que permanece en su sitio hasta que se pudre. Uno de ellos optó por ser enterrado aquí, y hay otros sombreros dispersados por diferentes partes de la catedral.

CAPILLAS Y TESOROS

Hay más de 20 **capillas** situadas alrededor de los muros y todas tienen cierto interés. Muchas albergan tumbas estupendas, sobre todo la **capilla de Santiago**, la octogonal **capilla de San Ildefonso** y la dorada **capilla de los Reyes Nuevos**.

En la **capilla Mozárabe** aún se celebra misa todos los días según el antiguo rito visigodo. Cuando en 1086 la Iglesia intentó prohibir el antiguo rito, el pueblo de Toledo se irritó. La disputa se resolvió con un combate, en el que venció el campeón mozárabe, pero la Iglesia exigió más pruebas: un juicio por fuego. Éste no consumió ninguna de las dos versiones del devocionario: la romana y la mozárabe, y finalmente se permitió la coexistencia de ambos ritos. Si el viajero quiere asistir a misa, tendrá que ir a las 9.30 h y prestar atención al sacerdote, ya que quizá sea el único asistente.

La capilla de San Juan alberga las riquezas del **tesoro** de la catedral, entre las que destaca una custodia de plata maciza de 3,50 m de altura que pesa más de 200 kg. Fue confeccionada en el siglo XVI por Enrique de Arfe, un orfebre de origen alemán, y dorada 70 años después. En la **sacristía** hay un despliegue de riquezas aún más impresionante, entre ellas pinturas como *El Expolio* y retratos de los apóstoles, de El Greco; el retrato del cardenal Borja realizado por Veláquez, y *El Prendimiento*, de Goya.

En las salas adjuntas, los llamados **nuevos museos** albergan obras de arte previamente guardadas o mal expuestas. Destacan cuadros de Caravaggio, Gerard David y Morales, así como la escultura más importante de El Greco, de la que sólo han sobrevivido algunos fragmentos: un grupo de madera policromada representando a san Ildefonso y la Virgen. La **Sala Capitular** luce un magnífico techo artesonado del siglo XVI y retratos de todos los arzobispos españoles hasta la actualidad.

Santo Tomé y la casa de El Greco
El principal punto de interés de Toledo, que incluso eclipsa a la catedral, es la obra maestra de El Greco: *El entierro del conde de Orgaz*. Se encuentra en un pequeño anexo de la **iglesia de Santo Tomé** (todos los días, 10-18.45 h; invierno, 17.45 h; 200 pesetas); en ella se representa el entierro del conde, con san Esteban y san Agustín que parecen bajarlo a la tumba. Esta pintura combina la capacidad mística de El Greco —ejemplificada en la parte superior del cuadro, en la que el alma del conde es recibida en el cielo— con su gran talento como retratista y maestro del color. La identidad de los personajes sombríos que observan el entierro ha sido fuente de interminables especulaciones. Sin embargo, hay dos imágenes sobre las que existe un acuerdo universal: la sexta de la izquierda es un autorretrato de El Greco, y su hijo aparece en la parte delantera. La identidad del resto de los dolientes no está tan clara; es improbable que Cervantes y Lope de Vega hayan sido incluidos, ya que en 1586, ninguno de los dos había alcanzado la fama, pero probablemente Felipe II esté entre los personajes celestiales, a pesar de que en la época en que El Greco pintó la obra el rey aún vivía. Quizás el retrato de la sociedad del siglo XVI que se puede observar en esta pintura sea más interesante que intentar «descubrir al famoso». Según Jan Morris, «el cuadro supone la personificación de la alianza entre Dios y las clases dirigentes españolas, para las cuales los milagros son una cuestión de política, y que observan el trabajo de los santos al igual que observarían a un experto extranjero enviado para realizar una tarea».

Desde Santo Tomé, la calle de los Amarillos conduce hasta la antigua **judería** y la **Casa y Museo de El Greco** (mar.-sáb., 10-14 h y 16-18 h; dom., 10-14 h; 400 pesetas; sáb., 16-18 h y dom., entrada gratuita) que, a pesar de su nombre no fue el hogar del artista; de hecho, el edificio data de principios del siglo XX, aunque hay indicios de que El Greco vivía en los alrededores. Las dependencias, amuebladas al estilo del siglo XVI, permanecen cerradas por restauración, pero en las que están destinadas al museo (cobran la mitad de la entrada, 200 pesetas) hay numerosas obras clásicas del artista, entre ellas la célebre *Vista de Toledo*, además de otra serie completa de los Doce Apóstoles, acabada más tarde que la serie de la catedral y sutilmente diferente.

El Taller del Moro, las dos sinagogas y San Juan de los Reyes
Entre Santo Tomé y la casa de El Greco, el visitante pasará ante la entrada al **Palacio de Fuensalida**, una hermosa mansión del siglo XV donde murió Isabel, la esposa portuguesa de Carlos V. Antes se podían ver sus tesoros, pero en la actualidad, el palacio permanece cerrado al público. Un jardín lo separa del **Taller del Moro** (mar.-sáb., 10-14 h y 16-18.30 h; dom., 10-14 h; 100 pesetas; entrada combinada para el Museo de Arte Contemporáneo y el Museo de la Cultura Visigótica, 150 pesetas), compuesto por tres salas de un palacio mudéjar del siglo XIV, cuyos elementos fueron utilizados después por los albañiles que construían la catedral, y cuyos estupendos decorados y umbrales mudéjares han permanecido intactos. Tiene su propia entrada en la calle del Taller del Moro.

Casi al lado de la Casa de El Greco, en la calle de los Reyes Católicos, se encuentra la **sinagoga del Tránsito**, construida en estilo mudéjar por Samuel Leví en 1366,

EL GRECO Y UNA VISIÓN DE TOLEDO

Aunque el viajero nunca haya estado en Toledo y no sepa qué encontrará allí, la primera visión de la ciudad resulta desconcertantemente familiar, con el Alcázar y la aguja de la catedral predominando sobre la masa pardorrojiza de la ciudad. Ello se debe a los numerosos cuadros de Toledo pintados por **El Greco** (que incluso la utilizó como fondo de sus escenas de la *Crucifixión*), que parecen haber quedado grabados, aunque sea de manera involuntaria, en la conciencia de todos. Doménikos Theotokópulos *el Griego* nació en Creta en 1541 y se estableció en Toledo alrededor de 1577, al no conseguir que lo contrataran en El Escorial. Sus pinturas, la visión más individual y espiritual de todo el arte español, son extraordinarias: a pesar de repetir el mismo tema, siempre resultan sorprendentes.

Si el visitante quiere disfrutar de una **visión** emocionante y despejada de Toledo tendrá que pasear a lo largo de la carretera de Circunvalación que recorre la orilla sur del Tajo, al otro lado de la ciudad, desde uno de los puentes fortificados medievales hasta el siguiente. Se tarda 1 hora, pero así apreciará el perfil de la ciudad, tan conocido gracias a las obras de El Greco (aunque hay varios puentes que han desaparecido durante los últimos siglos). Para observar el panorama que más se parece a *Tormenta sobre Toledo* (que en la actualidad se expone en el Museum Metropolitan of Art de Nueva York), se recomienda remontar la colina situada por encima del puente de San Martín.

A mitad de camino entre ambos puentes se puede acceder a un pequeño embarcadero junto a un antiguo transbordador de cadena, donde durante la mayor parte del año un **barquero** transporta a los pasajeros a la otra orilla del río. Se trata de un servicio informal y el barquero responde a las señales o los gritos desde una u otra orilla; se paga la propina que cada uno considera adecuada.

que se convirtió en iglesia después de la expulsión de los judíos. El interior consiste en un sencillo vestíbulo con una galería, soberbiamente decorada con estuco policromado y ventanas de filigrana. En las paredes hay inscripciones en hebreo en las que se alaba a Dios, al rey Pedro y Samuel Leví. Hoy en día alberga un pequeño **Museo Sefardí** (mar.-sáb., 10-14 h y 16-18 h; dom., 10-14 h; 400 pesetas) que muestra las tradiciones y el desarrollo de la cultura judía en España.

La única sinagoga que aún existe, **Santa María la Blanca** (todos los días, 10-14 h y 15.30-19 h; invierno, 18 h; 200 pesetas), está un poco más allá sobre la misma calle. Al igual que el Tránsito, a la que antecede por más de 1 siglo, ha sido tanto iglesia como sinagoga, aunque en realidad se parece más a una mezquita. Cuatro hileras de columnas octogonales sostienen siete arcos en forma de herradura, recubiertos por diseños individuales moldeados en yeso, mientras que un espléndido retablo del siglo XVI se conserva desde la época en que era una iglesia. En conjunto, el efecto es deslumbrante, acentuado por un suelo de color rojo oscuro revestido de azulejos decorativos.

Si continúa por la calle de los Reyes Católicos, el viajero llegará hasta la iglesia de **San Juan de los Reyes** (todos los días, 10-13.45 h y 15.30-18.45 h; invierno, 17.45 h; 200 pesetas), cuyo exterior está adornado por las cadenas de los prisioneros cristianos capturados en Granada, y que fueron liberados tras la reconquista de la ciudad. En un principio era un convento franciscano fundado por los Reyes Católicos Fernando e Isabel, para celebrar su victoria en la batalla de Toro, y en el cual, hasta la caída de Granada, pensaban ser enterrados. Fue proyectada por Juan Guas en el estilo gótico tardío conocido como isabelino; destaca sobre todo su claustro de dos plantas. En el piso superior hay un elaborado techo mudéjar, y los escudos de Castilla y Aragón (siete flechas y un yugo) aparecen por todas partes, afirmando así la nueva unión surgida a raíz del matrimonio regio. El mismo motivo se prolonga en la iglesia, donde unas águilas arrogantes sostienen los escudos reales.

Desde la Puerta del Cambrón hasta el Cristo de la Luz
Si el visitante deja la ciudad por la **Puerta del Cambrón**, podrá seguir por el paseo de Recaredo, que recorre las murallas árabes, hasta llegar al **Hospital de Tavera** (todos los días, 10.30-13.30 h y 15.30-18 h; 500 pesetas). Este palacio renacentista con dos hermosos patios iguales alberga la colección privada de la duquesa de Lerma. El interior es una reconstrucción de una mansión del siglo XVI que contiene numerosas pinturas, incluido el *Juicio Final*, de Bassano; el retrato del Carlos V, de Tiziano, es una copia del original que se encuentra en el Prado. Aquí también se guardan los archivos del hospital, miles de páginas manuscritas que registran las enfermedades tratadas. El museo expone diversas obras de El Greco y el retrato de una mujer barbuda, de Ribera. Aquí también se encuentra la máscara funeraria del cardenal Tavera, el fundador del hospital, y en la iglesia de éste se halla su ornada tumba de mármol, la última obra de Alonso Berruguete.

La **Puerta Nueva de Bisagra**, la principal de Toledo, siempre está atestada de tráfico, aunque no deja de parecer un obstáculo considerable para cualquier posible invasor. En su parte superior aparece el escudo de Carlos V. Junto a ella se encuentra la puerta a la que reemplazó, árabe y del siglo IX, a través de la cual Alfonso VI y el Cid condujeron a sus ejércitos triunfantes en 1085. La calle principal dobla a la izquierda, pero el visitante puede subir hasta el centro de la ciudad a pie —después de echar un vistazo a la iglesia mudéjar de **Santiago del Arrabal**— por unas callejuelas con escalones.

La cuesta del Cristo de la Luz conduce hasta aquí, pasando ante la pequeña **mezquita del Cristo de la Luz**. Aunque se trata de uno de los monumentos árabes más antiguos de España (fue construido por Musa ibn Alí en el siglo X sobre los cimientos de una iglesia visigótica), sólo la nave, con sus nueve cúpulas diferentes, pertenece a la construcción original. El ábside fue añadido cuando el edificio se convirtió en iglesia, y supuestamente se trata de la primera construcción de estilo mudéjar. La cabeza del visigodo asomada a uno de los capiteles es una prueba, si alguna fuera necesaria, de la tolerancia musulmana. Según la leyenda, cuando el rey Alfonso entró en la ciudad, su caballo se arrodilló ante la mezquita. Las excavaciones desvelaron una imagen del Cristo, aún iluminado por una lámpara que ardió durante 3 siglos y medio de dominio musulmán, de ahí el nombre de Cristo de la Luz.

La mezquita, situada en un pequeño parque, es tan pequeña que más bien parece un pabellón veraniego en miniatura, pero su diseño sencillo y elegante compite con el de muchos monumentos más importantes. Hace poco ha sido rodeada por una verja y por lo general resulta imposible visitarla; no obstante el encargado vive al otro lado de la calle, en Cristo de la Luz 11, y algunas veces franquea la entrada a los turistas; en ocasiones también muestra el jardín, desde el que se pueden escalar las murallas de la **Puerta del Sol**, de estilo mudéjar (siglo XIV). A veces hay visitantes musulmanes orando en la mezquita.

El Alcázar
En el corazón del Toledo moderno se halla la **plaza de Zocodover** (el nombre deriva de *souq*, una palabra árabe que significa «zoco»), donde por las tardes acuden los lugareños para tomar una copa. Esta plaza, y de hecho todo Toledo, está dominada por el imponente **Alcázar** (mar.-dom., 9.30-14.30 h; 200 pesetas), cuya entrada se encuentra cerca de la cuesta del Alcázar. Tal vez siempre haya habido una fortaleza en este emplazamiento dominante, aunque el edificio actual lo mandó construir Carlos V; no obstante, ha sido quemado y bombardeado tantas veces que casi no queda nada de la construcción original. La destrucción más reciente ocurrió en 1936, durante uno de los episodios más simbólicos y extraordinarios de la Guerra Civil, durante un sitio de 2 meses del Alcázar por los republicanos, que estaba ocupado por los nacionales (véase recuadro, pág. siguiente).

EL SITIO DEL ALCÁZAR

Durante el inicio de la Guerra Civil española, el 20 de julio de 1936, el coronel José Moscardó —que era uno de los principales rebeldes nacionales— y los cadetes de la academia militar bajo su mando, tuvieron que refugiarse en el Alcázar. Se encerraron tras unas barricadas, junto a un numeroso grupo que incluía a 600 personas, entre mujeres y niños, y a unos 100 rehenes de izquierdas (de los que nunca más se supo).

Tras numerosas llamadas telefónicas desde Madrid instándolos a rendirse, un abogado de Toledo telefoneó a Moscardó con un ultimátum: si no se entregaba en 10 minutos, los republicanos fusilarían a su hijo, capturado aquella mañana. Moscardó dijo que nunca se rendiría y le dijo a su hijo que «si fuera cierto, encomienda tu alma a Dios, grita Viva España y muere como un héroe» (su hijo fue fusilado junto a otros 1 mes después, en represalia por un ataque aéreo). En el interior del Alcázar, los víveres eran tan escasos —aunque disponían de abundante munición— que tuvieron que comerse los caballos.

La cifra de los atacantes republicanos oscilaba entre 1.000 y 5.000, y había gente que acudía desde Madrid y disparaba al azar contra la fortaleza. Dos o tres de las minas que colocaron debajo de las torres explotaron, pero no afectaron a los cimientos de roca. Los republicanos rociaron los muros con gasolina e intentaron incendiarlos, pero sin éxito. Finalmente, el general Franco decidió relevar a Moscardó y envió un ejército a Toledo, que iba camino de Madrid. El 27 de septiembre, el general José Varela dirigió el ataque victorioso a la ciudad, seguido por el baño de sangre habitual: no se tomó ni un solo prisionero.

Como señaló el historiador Raymond Carr, «en una guerra civil, los símbolos son importantes». Un día después de que Franco entrara en Toledo para consolidar la victoria, fue declarado en Burgos jefe de Gobierno y Generalísimo y habló a la nación; según Radio Castilla, era «la auténtica voz de España en la plenitud de su poder».

Después de la guerra, Franco lo mandó reconstruir por completo, como monumento en honor a sus defensores, y aún se muestran las maquetas y fotografías propagandísticas. Se trata de una historia fascinante y desde el Alcázar también se disfruta de las mejores vistas de la ciudad; además, las ventanas superiores se encuentran al mismo nivel que la punta de la aguja de la catedral (aunque desde hace pocos años, el acceso ha sido restringido, ya que una parte del edificio aún está ocupado por el ejército). Al otro lado del río, junto a una academia militar, se erige el antiguo **castillo de San Servando**, una de cuyas alas ha sido convertida en un albergue de juventud.

Otros museos

El **Hospital y Museo de Santa Cruz** (lun., 10-14 h y 16-18.30 h; mar.-sáb., 10-18.30 h; dom., 10-14 h; 200 pesetas), un soberbio edificio renacentista, alberga algunos de los cuadros de El Greco más importantes de Toledo, incluida *La Asunción*, una obra heterodoxa y audaz de una gran intensidad espiritual, y una *Crucifixión*, con la ciudad como telón de fondo. Además de obras notables de Goya y Ribera, en el museo se expone una gran colección de alfombras antiguas y tapices (incluido un tapiz flamenco del siglo XV llamado *El Astrolabio*), un despliegue de emblemas militares (por ejemplo las banderas que portaba don Juan de Austria en la batalla de Lepanto), esculturas y una pequeña colección arqueológica. Se recomienda visitar el patio con su ornada escalera; la entrada está junto a la taquilla.

El **Museo de los Concilios y de la Cultura Visigótica** (mar.-sáb., 10-14 h y 16-18.30 h; dom., 10-14 h; 100 pesetas; entrada combinada para el Museo de Arte Contemporáneo y el Museo de la Cultura Visigótica, 150 pesetas) se halla en un edificio muy diferente pero asimismo impresionante: la **iglesia de San Román**. Los elemen-

tos árabes y cristianos, como los arcos de herradura y una espléndida cúpula renacentista, se combinan para convertirla en la iglesia más interesante de Toledo. En un principio, la torre mudéjar del siglo XII estaba separada del cuerpo principal de la iglesia, a la manera de los minaretes musulmanes. La parte principal de la colección está compuesta por joyas, documentos y fragmentos arqueológicos visigóticos.

Recientemente, han abierto algunos nuevos museos en Toledo. Cerca del museo visigótico, en el **monasterio de Santo Domingo el Antiguo**, las monjas muestran sus tesoros artísticos en el antiguo coro (lun.-sáb., 11-13 h y 16-19 h; dom., 16-19 h; invierno, sólo sáb.-dom. y festivos; 150 pesetas). Más interesante resulta el retablo principal de la iglesia, que fue el primer encargo importante realizado por El Greco en Toledo. Lamentablemente, la mayoría de los cuadros han ido a parar a los museos y han sido sustituidos por copias; los únicos originales que quedan son dos retratos de *San Juan* y una *Resurrección*. La **Posada de la Hermandad**, situada cerca de la plaza del mercado detrás de la catedral, es un edificio gótico restaurado hace poco tiempo, que ahora alberga exposiciones temporales. Hay otras exposiciones en el **Museo de Arte Contemporáneo** (mar.-sáb., 10-14 h y 16-18.30 h; dom., 10-14 h; 100 pesetas; entrada combinada para el Museo de Arte Contemporáneo y el Museo de la Cultura Visigótica, 150 pesetas), situado en la Casa de la Cadena, una casa restaurada del siglo XVI cerca de Santo Tomé. En la **mezquita de las Tornerías**, en la calle de las Tornerías, el **Centro de Promoción de la Artesanía** (mar.-sáb., 10-14 h y 17-20 h; dom., 10-14 h; entrada gratuita) contiene exposiciones de artesanía local, sobre todo cerámica. Asimismo, merece una visita la restaurada mezquita del siglo XI, consagrada como iglesia por los Reyes Católicos alrededor de 1500.

Comida, copas y vida nocturna

Toledo es un importante centro turístico, por ello, muchos de los cafés, bares y restaurantes están dedicados a los visitantes. Sin embargo, la ciudad es popular tanto entre los turistas españoles como los extranjeros, de manera que hay algunos establecimientos auténticos y agradables, y también vida nocturna dedicada a la población local. En la mayoría de los **restaurantes** de la ciudad sirven un buen menú de mediodía, con platos como perdices, faisán o codorniz en los locales de más categoría; en todos se puede disfrutar de una sabrosa especialidad local: la carcamusa, un guiso de carne con salsa de tomate. Si el viajero dispone de un presupuesto ajustado, por la noche hay que ser selectivo, ya que Toledo puede resultar caro. Como regla general, cuanto más céntrico sea el local, más elevados serán los precios.

Restaurantes baratos

Alex, plaza Amador de los Ríos, al final de la calle Nuncio Viejo. Restaurante de precios módicos, con un café adjunto mucho más barato. Bien situado y con una terraza sombreada.

Bar Alcázar (también conocido como *Champi*), Sierpe 5. Buena selección de tapas y raciones.

Bar Ludeña, plaza de la Magdalena 10. Uno de los numerosos establecimientos situados alrededor de esta plaza; sirve un menú barato y la mejor carcamusa de la ciudad.

Bar El Tropezón, travesía de Santa Isabel 2. Situado a pocos pasos de la catedral, este bar al aire libre ofrece comidas abundantes por menos de 1.000 pesetas. El pescado es sabroso.

Cafetería Nano, Santo Tomé 10. Cadena con precios módicos donde se puede comer bien por 1.500 pesetas. Situada bajo los árboles, cerca de la entrada de la iglesia.

La Catedral, Nuncio Viejo 1. Bar moderno en el corazón de la ciudad; sirve una amplia selección de tapas y vinos.
La Cepa Andaluza, avda. Méjico 11. Bar donde ofrecen buenos platos andaluces, como pescadito frito y delicias por el estilo.
Pastucci Pizzería, Sinagoga 10. Pizzería con precios módicos y ambiente agradable.
Posada del Estudiante, callejón de San Pedro 2. Café frecuentado por trabajadores, está algo apartado, situado cerca de la catedral; sólo permanece abierto al mediodía y sirven menús baratos. Merece la pena buscarlo.
Restaurante Bisagra, Real del Arrabal 14. Menú a precios razonables en un ambiente elegante.
Restaurante Palacios, Alfonso X El Sabio 3. Restaurante local agradable y popular con dos menús: el más barato cuesta 900 pesetas.

Restaurantes moderados y caros

Casón Los López de Toledo, Sillería 3. Restaurante de categoría emplazado en una calle tranquila cerca de la plaza de Zocodover; ofrece un menú sabroso por 3.000 pesetas.
La Lumbre, Real de Arrabal 3. Restaurante bien considerado, situado justo por encima de la Puerta de Bisagra; sirve carnes y platos locales.
Plácido, Santo Tomé 6. Buena cocina toledana estándar; cuenta con una terraza fresca y un patio veraniego.
Restaurante Adolfo, Granada 6. Uno de los mejores restaurantes de la ciudad, situado detrás de un café, en una antigua casa judía (pida que le muestren el techo pintado de la planta baja); sirve platos muy imaginativos. Unas 5.000 pesetas por persona. Dom. noche, cerrado.
Restaurante Los Cuatro Tiempos, Sixto Ramón Parra 5, emplazado en la esquina sudeste de la catedral. Excelente restaurante de precios moderados que ofrece especialidades locales y tapas.
Restaurante Maravilla, Barrio Rey 7. Se encuentra en el hostal del mismo nombre y sirve un excelente menú, que incluye perdices preparadas a la manera tradicional.
Venta de Aires, paseo del circo Romano 35. Restaurante popular en una célebre posada antigua, un poco alejado del centro; en verano se come al aire libre. Cuesta unas 4.000 pesetas por persona.

Bares que cierran tarde y espectáculos

Desde el punto de vista español, la **vida nocturna** de Toledo no es gran cosa. La mayoría de los bares que cierran tarde se encuentran en la calle La Sillería y su prolongación, la calle Los Alfileritos, al oeste de la plaza de Zocodover. *La Abadía*, de Núñez de Arce 3, es un bar de moda; la clientela tiende a ser mayor que la de la mayoría de los bares de la zona. Sirve una amplia selección de cervezas de importación.

Otras opciones son el *Broadway Jazz Club*, en plaza Marrón cerca del Taller del Moro, y la *Boîte de Garcilaso*, un establecimiento similar muy cercano, en la esquina de Alfonso XII y Rojas; en ambos suelen tocar jazz en vivo.

Durante la temporada baja (sept.-marzo) se celebran **conciertos de música clásica** en la catedral y otras iglesias; en la oficina de turismo proporcionan los detalles.

Más allá de Toledo

El tren sólo llega hasta Toledo, pero hay enlaces de **autobús** en dirección al sur a **Ciudad Real** (véase pág. 165); al oeste a **La Puebla de Montalbán** (véase pág. 168)

y **Talavera de la Reina** (véase pág. 169), situada en la carretera de Extremadura; y al este a **Cuenca** (véase pág. 158). Si el viajero dispone de vehículo propio, o prefiere desplazarse lentamente en autobús o a pie, los **montes de Toledo** (véase pág. 168), al sudoeste de la ciudad, tienen características rurales muy interesantes.

El viajero puede hacer excursiones más cortas en autobús al sur de Toledo; por ejemplo a **Guadamur**, a 14 km de Toledo, cuyo castillo se erige sobre la cima de una colina cercana, y **Orgaz**, que fue el hogar del conde que aparece en la obra maestra de El Greco, *El entierro del conde de Orgaz*; hoy en día es una aldea tranquila con una hermosa plaza y un pequeño castillo del siglo XV, asomado a la carretera principal que va a Ciudad Real.

Aranjuez y Chinchón

Entre Madrid y Toledo circulan frecuentes trenes que pasan por **Aranjuez**, un pequeño oasis situado en el límite de Madrid y Castilla-La Mancha, donde se refugiaban los soberanos borbones del siglo XVIII en primavera y otoño. Los palacios y frondosos jardines, así como las fresas con nata que en verano venden en los tenderetes, suponen una parada agradable. En verano (mediados abril-jul. y sept.-mediados oct., sáb.-dom.) hay un antiguo **tren de vapor**, el tren de la Fresa (☎902 228 822), que hace el recorrido entre Madrid y Aranjuez; sale de la estación de Atocha a las 10 h y regresa de Aranjuez a las 18.30 h; llega a Atocha a las 19.30 h. A los aficionados a este transporte no les preocupará el coste adicional (adultos, 3.250 pesetas; niños 2-12 años, 2.000 pesetas), que incluye una visita guiada en autobús por Aranjuez, las entradas a los monumentos y las fresas con nata que sirven en el tren.

Chinchón, un pequeño pueblo que produce el anís más célebre de España, también está cerca, unido con Aranjuez por un servicio de autobuses esporádico que parte de la calle Almíbar 138 en Aranjuez (lun.-vier., 4 diarios; sáb., 2 diarios).

Aranjuez

La belleza de **ARANJUEZ** es su verdor: cuando el viajero llega a esta ciudad de palacios exuberantes y jardines frondosos, se olvida enseguida de que la zona central de España es seca y polvorienta. En verano, Aranjuez constituye un refugio de fin de semana para los madrileños y la mayoría de los visitantes pasan el día aquí, o se detienen en el camino hacia o desde Toledo. Si el viajero decide hacer un alto en este lugar, tendrá que acampar o reservar una habitación, ya que no abunda el alojamiento.

El **Palacio Real** del siglo XVIII (mar.-sáb., abril-sept., 10-18.15 h; oct.-marzo, 10-17.15 h; 700 pesetas; miér., entrada gratuita para ciudadanos de la UE) y sus **jardines** (todos los días, abril-sept., 8-20.30 h; oct.-marzo, 8-18.30 h; entrada gratuita) fueron un intento de los monarcas borbones españoles de recrear Versalles; pero obviamente, Aranjuez no es Versalles, aunque sí un lugar agradable para pasar algunas horas. El palacio destaca más por su decoración interior que por sus virtudes arquitectónicas. Parece que tuviera cientos de habitaciones, todas amuebladas de manera exótica; entre ellas destaca la **Sala de Porcelana**, revestida por completo de azulejos decorativos, que provienen de la fábrica que estaba en el parque del Retiro de Madrid. La **Sala de Fumadores** es una copia de una de las más espléndidas salas de la Alhambra de Granada, aunque realizada con menos sutileza. Gran parte del palacio data del reinado de la reina Isabel II, y muchos de los escándalos y las intrigas que finalmente causaron su abdicación se desarrollaron aquí.

En el exterior, en una pequeña isla, se encuentran las fuentes del **jardín de la Isla**. El **jardín del Príncipe**, al otro lado de la carretera principal, es más bonito y el visitante se puede pasear a lo largo del río; además hay muchos lugares para echarse una siesta. En un extremo se halla la **Casa del Labrador** (mar.-sáb., abril-sept., 10-

18.15 h; oct.-marzo, 10-17.15 h; ☎918 910 305, sólo visitas concertadas; 700 pesetas; miér., entrada gratuita para los ciudadanos de la UE), que no tiene relación alguna con su nombre. Hace más de 1 siglo, Richard Ford la describió como «otro juguete de ese tonto de Carlos IV, un entretenimiento necio para los niños mimados de la fortuna, en el que se combinan mucho dinero y poco gusto para producir algo perfectamente inútil». La casa contiene más sedas, mármoles, cristales y dorados de los que se podrían meter en un espacio tan reducido, además de una gran colección de relojes. Durante la visita guiada se detalla el peso y el valor de cada objeto.

En el jardín, junto al río, también se encuentra la pequeña **Casa de los Marinos** (mar.-dom., abril-sept., 10-18.15 h; oct.-marzo, 10-17.15 h; 350 pesetas; miér., entrada gratuita para los ciudadanos de la UE), un museo que expone las barcas de vivos colores (fahías) en las que la realeza navegaba por el río.

Hay un servicio de autobús que a veces une los diversos monumentos, pero todos están cerca y la ciudad es un lugar muy agradable para pasear.

Aspectos prácticos

Los mejores **hostales** son el *Rusiñol*, San Antonio 76 (☎ y fax 918 910 155; ②), situado en el centro de la ciudad, y el *Hostal Castilla*, que se encuentra en la carretera de Andalucía (☎918 912 627; fax 918 916 133); ④). El **cámping**, *Soto del Castillo*, Soto del Rebollo (☎918 911 395; fax 918 914 197), está en una curva del río Tajo; dispone de piscina y el viajero puede alquilar bicicletas y barcas con remos. En la Casa de Infantes encontrará una **oficina de turismo**, situada frente a la plaza de San Antonio (mar.-dom., 10-14 h y 16-18 h; ☎918 910 427).

El espléndido mercado de Abastos de la calle Stuart es un buen lugar para adquirir los ingredientes básicos de un picnic, por ejemplo fresas y espárragos frescos. El visitante puede disfrutar de un almuerzo memorable en *Casa José*, en Abastos 32, donde sirve excelentes platos tipo *nouvelle cuisine*, mientras que *Casa Pablo*, en Almíbar 42, es más tradicional; de las paredes cuelgan numerosos retratos de dignatarios locales y toreros. En la calle Stuart se halla *Casa Pablete*, donde sirven buenas tapas (ambos están cerrados en agos.). Quizás el restaurante más célebre sea el agradable *La Rana Verde*, junto al río en Reina 1, inaugurado a finales del siglo XIX y que ofrece un surtido menú por 1.600 pesetas.

Chinchón

CHINCHÓN, situada a 45 km al sudeste de Madrid, es una población pequeña y elegante, donde hay un castillo del siglo XV y una bonita plaza Mayor, junto a la que se erige la **iglesia de la Asunción**; ésta contiene un panel pintado por Goya en el que aparece la *Asunción de la Virgen*. Pero Chinchón es más conocida porque allí se elabora el anís, y la mayoría de los turistas van a visitar las tres **destilerías**; dos de ellas se encuentran en el castillo. Después de degustar algunas copas de anís, el viajero puede comer en el *Mesón del Comendador*, uno de los buenos restaurantes de la plaza Mayor, o el *Mesón del Duende*, ambos de precios moderados. Más caro resulta el *Mesón Cuevas del Vino*, que antes era un molino de aceite de oliva, y que en la actualidad dispone de bodega propia. Alojarse en la población es caro, pero por el precio de un café el viajero puede visitar el parador, situado en un convento del siglo XVI.

Si visita Chinchón durante la Semana Santa, podrá disfrutar de la representación de la *Pasión de Jesucristo*, en la que participantes y público se desplazan por la ciudad. En abril de 1995, la ciudad celebró la Fiesta del Anís y el Vino, una orgía degustativa de anís y vino que fue un gran éxito, y que ahora se celebra todos los años a mediados de abril. El 25 de julio se celebra una tradición anual más antigua: la fiesta de Santiago, con una corrida de toros en la plaza Mayor.

El Escorial, el Valle de los Caídos y la sierra de Guadarrama

Al noroeste de Madrid, en las estribaciones de la sierra de Guadarrama, se alza uno de los monumentos más conocidos y visitados de España: el enorme monasterio-palacio de **El Escorial**, que mandó construir Felipe II. Los autores de libros de viajes tienden a enfervorizarse con el simbolismo de este edificio: «una imagen pétrea de la mente de su fundador», así lo describe Augustus Hare, un autor del siglo XIX, y no cabe duda de que es un monumento histórico. La ciudad en la que está situado, **San Lorenzo de El Escorial**, se encuentra a poca distancia de Madrid y, si la intención del viajero es continuar el viaje, el tren y la carretera siguen hasta Ávila (véase pág. 132) y Segovia (véase pág. 140). Al norte se halla la **sierra de Guadarrama**, a la que resulta fácil llegar desde Madrid.

Las excursiones desde Madrid a El Escorial también suelen pasar por el **Valle de los Caídos**, 9 km al norte. Se trata de un monumento asimismo megalómano, pero mucho más siniestro: una basílica subterránea excavada por orden de Franco, supuestamente en memoria de los caídos de ambos bandos de la Guerra Civil, aunque en realidad es un monumento en honor al general Franco y su régimen.

El Escorial

El monasterio de **EL ESCORIAL** era el mayor edificio del Renacimiento de España: rectangular y severo, el exterior se parecía más a una cárcel que a un palacio. Edificado entre 1563-1584, en un principio era una creación de Juan Bautista de Toledo, aunque su ayudante, **Juan de Herrera**, acabó haciéndose cargo de la construcción y a éste se suele adjudicar su realización. **Felipe II** planificó el complejo como monasterio y mausoleo, donde llevaría una vida de monje y «gobernaría el mundo con 5 cm de papel». El estilo de vida de los soberanos que reinaron después fue menos ascético, de hecho ampliaron y decoraron las dependencias del palacio. No obstante lo más fascinante continúan siendo las sencillas habitaciones de Felipe, en las que destacan la silla sobre la que apoyaba su pierna atacada por la gota, y su lecho de muerte, desde el que podía divisar la iglesia en la que se celebraba misa de manera constante.

El Escorial es enorme y el viajero necesitará más de 1 día para poder visitarlo al completo.

Llegada, información y alojamiento

Desde **Madrid** salen hasta 27 **trenes** diarios (5.45-23.30 h desde Atocha que se detienen en Chamartín, y todos los días de la semana parten hasta doce trenes que siguen hasta Ávila); además hay **autobuses** que salen cada 30 minutos de lunes a viernes, y cada hora los fines de semana. Si el viajero llega en tren tendrá que tomar el autobús local que llega hasta el centro de la localidad: salen puntualmente y el recorrido a pie supondría una larga caminata cuesta arriba. Si lo hace en autobús, deberá bajarse al llegar al monasterio. La **oficina de turismo** (verano, lun.-sáb., 11-18 h; dom., 10-15 h; invierno, lun.-vier., 10-14 h y 15-17 h; sáb.-dom., 10-15 h; ☎918 901 554) se encuentra en Floridablanca 10, al norte de la entrada para visitantes del monasterio.

Si el viajero quiere **alojarse** en el pueblo de San Lorenzo de El Escorial, existen diversas opciones, pero ninguna resulta barata y en verano es imprescindible hacer la reserva con antelación. Entre los alojamientos baratos destacan, el *Hotel Tres Arcos*, Juan de Toledo 42 (☎918 906 897; fax 918 907 997; ④). Un poco más caros son el *Hostal Cristina*, en Juan de Toledo 6 (☎918 901 961; fax 918 901 204; ④-⑤) y *Hotel Parrilla Príncipe*,

Floridablanca 6, cerca de la oficina de turismo (☎918 901 611; fax 918 907 601; ⑤). Si dispone de dinero suficiente para darse un lujo, se recomienda el *Hotel Florida*, situado al lado de la oficina de turismo (☎918 901 721; fax 918 901 715; ⑥), y el recién inaugurado y elegante *Hotel Botánico*, Timoteo Padrós 16 (☎918 907 879; fax 918 908 158; ⑦), en el parque de un antiguo palacio.

También hay un **cámping** bien equipado a 6 km por la carretera a Ávila: el *Caravaning El Escorial* (☎918 902 412; fax 918 961 062), y dos **albergues de juventud**: *El Escorial*, Residencia 14 (☎918 905 924; fax 918 905 925; ②), y el *Santa María del Buen Aire*, Finca de la Herrería (☎918 903 640; sólo socios; ②), que dispone de piscina y lugar para acampar; pero suele estar repleto de grupos de colegiales. Lo mejor es llegar temprano a El Escorial, pasar el día allí y después seguir hasta Ávila o regresar a Madrid. Desplazarse a Segovia en tren resulta un poco complicado, ya que hay que regresar a Villalba (15 min.) y desde allí tomar un tren Madrid-Segovia.

El monasterio
Las visitas al **Real Monasterio de El Escorial** (mar.-dom., abril-sept., 10-18 h; oct.-marzo, 10-17 h; 900 pesetas; visita guiada, 1.000 pesetas; miér., entrada gratuita para ciudadanos de la UE) solían estar muy reglamentadas, con visitas guiadas para cada sector. No obstante, recientemente el reglamento se ha vuelto menos estricto y la entrada (que se adquiere en la **entrada para visitantes**), sirve para acceder a la basílica, sacristía, biblioteca, salas capitulares y dependencias reales en el orden que prefiera. La entrada para las más alejadas **Casita del Príncipe** (asimismo conocida como **Casita de Abajo**) y la **Casita del Infante** (también conocida como **Casita de Arriba**) se cobra aparte. Para no toparse con la muchedumbre hay que evitar los miércoles e ir justo antes de la hora de almorzar o visitar las dependencias reales, a las que acuden todos los que hacen la excursión en autobús. En la actualidad, la Sala de Batallas —una larga galería que contiene numerosos cuadros de importantes batallas imperiales— y la Casita del Príncipe, permanecen cerradas por obras.

La **cafetería** y los **lavabos** se encuentran cerca de la taquilla; las bebidas son baratas, pero la comida resulta muy cara.

LA BIBLIOTECA, EL PATIO DE LOS REYES, LA BASÍLICA Y LOS PATIOS
La mejor manera de empezar la visita es dirigirse a la puerta oeste frente a las montañas y entrar por la **entrada principal** tradicional. Encima de ésta se encuentra una enorme estatua de san Lorenzo sosteniendo una parrilla, que es el emblema de su martirio. En el interior se halla la **biblioteca**, una sala espléndida con estantes diseñados por Herrera a juego con la arquitectura, y frescos realizados por Tibaldi y sus ayudantes que ilustran las siete artes liberales. Sus colecciones incluyen el *Codex Albeldensis*, el diario personal de santa Teresa, algunos manuscritos árabes y un planetario florentino de 1572, que muestra el movimiento de los planetas según los sistemas tolomeico y copernicano.

Más allá está el **patio de los Reyes**, cuyo nombre se debe a las seis estatuas de los reyes de Israel, situadas en la fachada de la basílica. A la izquierda se erige una escuela y a la derecha el monasterio, que aún siguen en uso.

En la **basílica** destaca la bóveda plana del coro, situado por encima de la cabeza cuando se entra, que aparentemente carece de cualquier soporte, y el Cristo de mármol blanco tallado por Benvenuto Cellini, que fue transportado hasta aquí desde Barcelona a hombros de obreros. Se trata de uno de los pocos objetos permanentemente iluminados en el interior frío y oscuro; pero si el visitante introduce una moneda en la ranura para iluminar el retablo principal, toda la iglesia cambiará de aspecto. El extremo oriental fue decorado por artistas italianos; de hecho las esculturas son obras de Leone y Pompeo Leoni, padre e hijo, que también tallaron los dos grupos

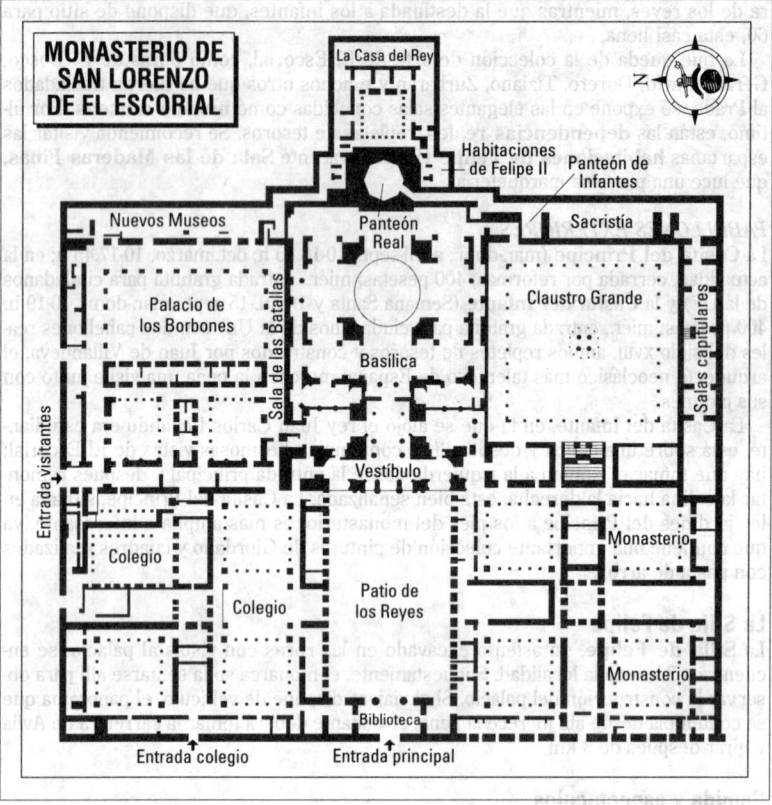

de estatuas enfrentadas que representan a Carlos V junto a su familia, y a Felipe II con tres de sus esposas, a excepción de María Tudor.

Asimismo puede pasear por algunos de los patios de El Escorial; el más notable es el **Claustro Grande**, donde hay frescos de la vida de la Virgen realizados por Tibaldi, y el **jardín de los Frailes**, en el lado sur.

LOS TESOROS, LOS MAUSOLEOS Y LAS DEPENDENCIAS REALES
La **sacristía** y las **salas capitulares** contienen numerosos tesoros pertenecientes al monasterio, incluidos pinturas de Tiziano, Velázquez y José Ribera. Una escalera junto a la sacristía conduce al **Panteón Real**, la última morada de todos los reyes de España desde Carlos V, a excepción de Felipe V y Fernando VI. Los restos mortales de Alfonso XIII, que murió en Roma en el exilio, fueron trasladados aquí recientemente, junto a sus antepasados.

Los monarcas fallecidos yacen en doradas tumbas de mármol, los reyes (e Isabel II) a un lado, las esposas al otro. Encima de la entrada se halla el Pudridero, una habitación separada en la que los cuerpos se descomponen durante unos 20 años, antes de que los esqueletos limpios sean trasladados a sus tumbas definitivas. Los niños de la realeza yacen en el **Panteón de los Infantes**; la tumba de don Juan, el hermano bastardo de Felipe II, es más espléndida que la de cualquie-

ra de los reyes, mientras que la destinada a los infantes, que dispone de sitio para 60, está casi llena.

Lo que queda de la colección de arte de El Escorial, como obras de El Bosco, Gerard David, Durero, Tiziano, Zurbarán y muchos otros que no fueron trasladados al Prado, se expone en las elegantes salas conocidas como **nuevos museos**. Por último, están las **dependencias reales**, repletas de tesoros. Se recomienda visitar las espartanas **habitaciones de Felipe II** y la adyacente **Sala de las Maderas Finas**, que luce una preciosa marquetería.

PABELLONES EXTERIORES
La **Casita del Príncipe** (mar.-dom., abril-sept., 10-18.45 h; oct.-marzo, 10-17.45 h; en la actualidad, cerrada por reformas; 400 pesetas; miér., entrada gratuita para ciudadanos de la UE) y la **Casita del Infante** (Semana Santa y 16 jul.-15 sept., mar.-dom., 10-19 h; 400 pesetas; miér., entrada gratuita para ciudadanos de la UE) son dos pabellones reales del siglo XVIII, ambos repletos de tesoros y construidos por Juan de Villanueva, el arquitecto neoclásico más talentoso de España; merecen la pena una visita junto con sus jardines.

La Casita del Infante, en la que se alojó el rey Juan Carlos I cuando era estudiante, está sobre una colina y desde allí se contemplan hermosas vistas de El Escorial; hay que tomar el camino a la izquierda desde la entrada principal y después remontar la colina hacia la derecha, está bien señalizada. La Casita del Príncipe, situada en los jardines del Príncipe a los pies del monasterio, es más amplia e interesante, ya que contiene una importante colección de pinturas de Giordano y cuadros realizados con pasta de arroz.

La Silla de Felipe

La **Silla de Felipe**, un asiento excavado en las rocas con vistas al palacio, se encuentra a 7 km de la localidad. Supuestamente, el monarca solía sentarse allí para observar la construcción del palacio. Si el viajero dispone de vehículo, el panorama que se contempla desde allí merece la pena; el visitante deberá tomar la carretera de Ávila y girar después de 3 km.

Comida y espectáculos

Para **comer**, hay que alejarse del monasterio y tomar la calle Reina Victoria que conduce a la localidad. El *Hotel Parrilla Príncipe* dispone de un buen restaurante, mientras que *La Cueva*, en San Antón 4, es elegante pero caro. *Charolés*, asimismo un restaurante de categoría situado en Floridablanca 24, destaca por sus pescados y guisos. Mejor de precio resulta *La Fonda Genara*, en plaza de las Ánimas 2, cerca del coliseo, que luce numerosos recuerdos teatrales. En la *Cervecería Los Pescaítos*, Joaquín Costa 8, un bar agradable que sirve platos de pescado. Otra posibilidad es comer un bocadillo en un puesto de la calle Floridablanca y dejar el apetito para más tarde. El viajero puede tomar una copa o un refresco en el *Bar Erriuga*, Ventura Rodríguez 7.

Si el visitante pasa la noche en El Escorial, la ciudad dispone de ocho **cines**, el **coliseo** del siglo XVIII, ofrece **conciertos** de jazz y música clásica, y celebra espectáculos teatrales durante todo el año. En la oficina de turismo proporcionan detalles de los espectáculos, así como en *La Semana de El Escorial*, un semanario gratuito.

El Valle de los Caídos

La entrada al **Valle de los Caídos** se halla a 9 km al norte de El Escorial desde donde hay una carretera (en la que está prohibido detenerse) de 6 km de largo hasta la basílica subterránea. Encima de ésta se encuentra una enorme cruz, supuestamente la

mayor del mundo y visible desde muchos kilómetros de distancia desde la carretera a Segovia. Un autobús local de la empresa Herranz recorre la distancia entre El Escorial y el Valle de los Caídos; los billetes se compran en el *Bar Manises*, frente a correos. El autobús sale de El Escorial a las 15.15 h y regresa a las 17.30 h (mar.-dom.).

Casi a primera vista, el **complejo de la basílica** (mar.-dom., abril-sept., 9.30-19 h; oct.-marzo, 10-18 h; 700 pesetas; miér., entrada gratuita para ciudadanos de la UE) niega la pretensión de ser un monumento «dedicado a los muertos de ambos bandos de la Guerra Civil». Las formas arquitectónicas degradadas y grandilocuentes, las estatuas marciales, las inscripciones constantes de «Caídos por Dios y por España» y la proximidad a El Escorial son un indicio de su auténtica función: glorificar al general Franco y su régimen. El dictador está enterrado detrás del altar principal, mientras que la otra tumba que hay inscripta con el nombre «José Antonio», alberga los restos del líder falangista José Antonio Primo de Rivera, fusilado por los republicanos al inicio de la guerra. El «otro bando» sólo está presente por el hecho de que el complejo fue construido por prisioneros políticos del ejército republicano, que fueron obligados a picar piedras.

Un funicular un tanto tambaleante (mar.-dom., abril-sept., 11-13.30 h y 16-18.30 h; oct.-marzo, 11-13.30 h y 15-17.30 h; 375 pesetas) sale desde la entrada y asciende hasta la base de la **cruz**, lo que proporciona al visitante unas vistas estupendas de la sierra de Guadarrama; además, permite observar más de cerca las imágenes grotescas y gigantescas que sostienen la base de la cruz.

La sierra de Guadarrama

Las rutas que van desde Madrid y El Escorial a Segovia atraviesan el corazón de la **sierra de Guadarrama**, un hermoso recorrido que merece la pena hacer. Algunos tramos han quedado estropeados por el desarrollo suburbano, sobre todo en los alrededores de **Navacerrada**, la principal estación de esquí de Madrid, pero en tren éste resulta casi inapreciable. El viajero puede hacer numerosos paseos, pero se aconseja comprar los mapas adecuados en Madrid.

El mejor lugar para alojarse en las montañas es **Cercedilla**, situado a 75 minutos en tren desde Madrid, en la línea Madrid-Segovia, y un poco alejado de la carretera principal. Otra opción es **Manzanares el Real**, emplazado junto a un embalse y situado al este, donde hay un castillo medieval.

Cercedilla y el puerto de Navacerrada

CERCEDILLA es una aldea de aspecto alpino y una base excelente para realizar excursiones en verano, muy frecuentada por los madrileños los fines de semana. El **alojamiento** se reduce al *Hostal El Aribel*, situado cerca de la estación (☎918 521 511; fax 918 521 561; ④), y los dos **albergues de juventud** que se encuentran en la carretera de las Dehesas: *Villa Castora* (☎918 520 334; fax 918 522 411; ②) y, 2 km más allá, *Las Dehesas* (☎918 520 135; fax 918 521 836; ②). Un poco más arriba el visitante encontrará una oficina de información (☎918 522 213). En la localidad hay diversos establecimientos para **comer**; la estación dispone de un restaurante en la primera planta y también se puede comer en el restaurante del *Hostal El Aribel*.

Desde Cercedilla el viajero puede hacer un viaje corto y muy agradable en tren hasta el **puerto de Navacerrada**, el paso montañoso más importante y el centro de la zona de esquí. El tren circula cada hora durante los fines de semana y los festivos; atraviesa el **Parque Natural de Peñalara**, una prolongación de la cuenca alta del Manzanares, donde se pueden ver ciervos y jabalíes. El **tren de la Naturaleza** (mayo-oct., todos los días; plazo mínimo de diez personas, aunque a veces se admiten viajeros individuales; ☎915 066 356) sale de la estación de Cercedilla a las 10.25 h para hacer una excursión educativa a través del parque y regresa a las 16.45 h. Los más

activos pueden recorrer un **circuito** de 5 horas de duración a lo largo de la calzada romana, rodeada de pinos, hasta el puerto de la Fuenfría (1.796 m), desde donde se contemplan excelentes vistas de la provincia de Segovia.

Hay más de 20 **trenes** diarios desde **Madrid** a Cercedilla (6-23 h desde Atocha, parando en Chamartín, y 9 diarios que van hasta Segovia), y **autobuses** que parten cada 30 minutos desde el Intercambiador de Autobuses de Moncloa.

Manzanares el Real

A unos 50 km de Madrid, en las orillas del embalse de Santillana, se halla **MANZANARES EL REAL**, una localidad que solían disputarse la capital y Segovia. Hoy en día es un balneario algo dejado, destinado a los domingueros madrileños, cuyos chalés están diseminados por el paisaje. Sin embargo, el cercano y hermoso ramal de **La Pedriza** ha sido declarado parque regional, y permite hacer algunas excursiones agradables, además de escaladas técnicas, sobre todo a la Peña del Diezmo. También alberga una gran colonia de buitres.

En el mismo Manzanares, el único punto de interés es el **castillo** (todos los días, 10-13 h y 15-17.30 h; entrada gratuita), que a pesar de su aspecto excéntrico es un edificio genuino del siglo XV, erigido alrededor de una capilla más antigua. En poco tiempo fue convertido en palacio por el arquitecto Juan Guas, que construyó una elegante galería en el lado sur, unos matacanes falsos en el otro, y tachonó los muros con piedras parecidas a balas de cañón. El interior ha sido bastante restaurado. En Manzanares, el **alojamiento** es caro y se limita al *Hostal Tranco* (☎918 530 063; ④) y el *Hotel Parque Real* (☎918 539 912; fax 918 539 960; ⑤). Sin embargo, suele haber lugar en uno de los dos **cámpings**: *El Ortigal* (☎918 530 120) al pie de La Pedriza, o en el bien equipado *La Fresneda* (☎ y fax 918 476 523), situado en la carretera M-608 a Soto del Real. Los **autobuses** desde Madrid salen cada hora (7.30-21.30 h) de la calle Mateo Inurria 11 (Metro Plaza de Castilla).

Ávila

ÁVILA destaca por sus murallas del siglo XI, cuyo tramo de 2 km de largo perfectamente conservado rodea el casco antiguo, y **santa Teresa**, la escritora mística, que nació aquí y cuyos santuarios atraen a numerosos peregrinos. Emplazada en una planicie elevada, con los picos de la sierra de Gredos al fondo, la ciudad tiene un aspecto impresionante sobre todo si el viajero llega cuando el sol del atardecer destaca el tono dorado de las murallas y los detalles de las 88 torres.

Las murallas fueron construidas por orden de Alfonso VI, tras tomar la ciudad en 1090, que estaba ocupada por los musulmanes; los prisioneros musulmanes tardaron 9 años en levantarlas. Si el visitante las observa desde más cerca, comprobará que tienen cierto aspecto de fachada, ya que la ciudad vieja que rodean está poco habitada y se encuentra un tanto dejada; en gran parte, la vida moderna se ha trasladado a nuevas urbanizaciones situadas fuera de las murallas. Sin embargo, las estupendas **iglesias románicas** diseminadas por el casco antiguo —y los paseos que se pueden dar alrededor de las murallas— hacen que merezca la pena pernoctar, ya sea combinado con una visita a El Escorial o de camino a Salamanca.

Llegada e información

Desde **Madrid** circulan hasta 17 **trenes** diarios a Ávila; los **autobuses** son menos frecuentes (lun.-vier., 7; fines de semana, 3). La estación de ferrocarril se encuentra a 15 minutos a pie al este del casco antiguo; el viajero también puede tomar un autobús local a la plaza de la Victoria. Si llega a pie, tendrá que ir hasta el final de la avenida

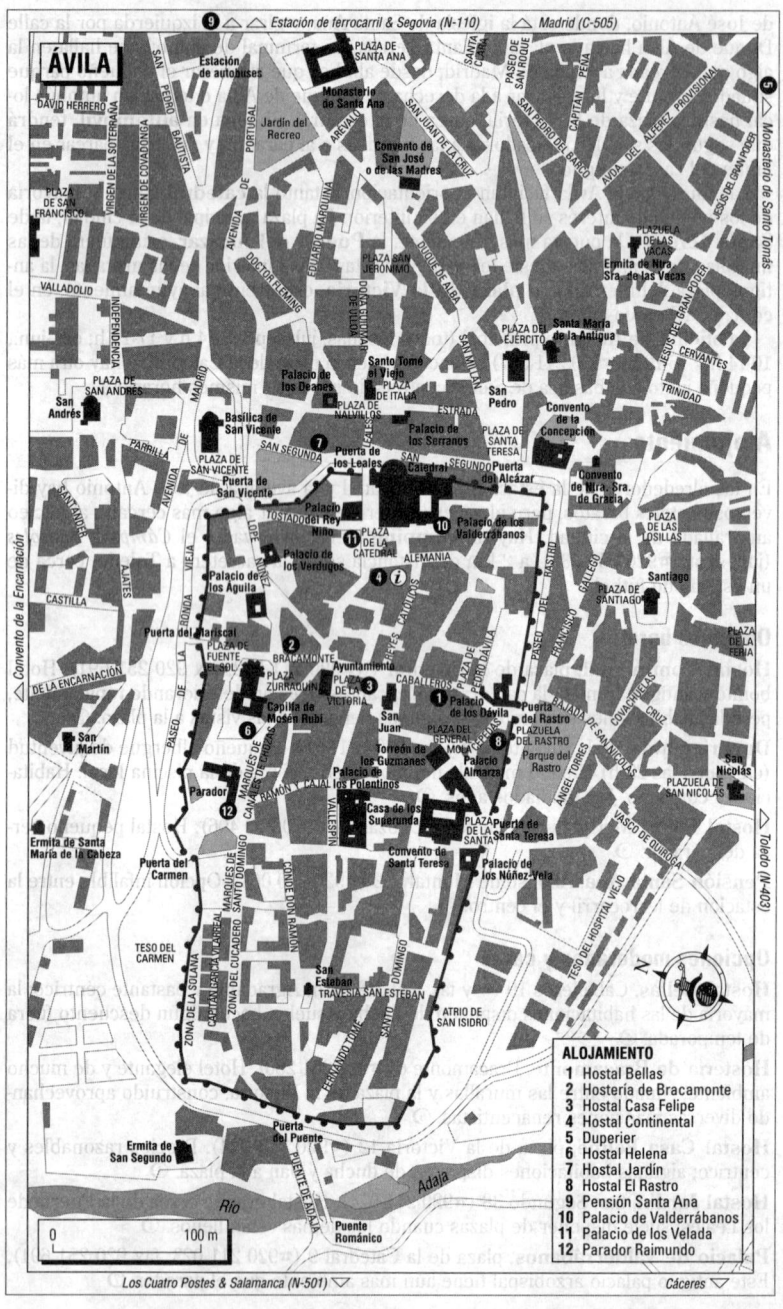

de José Antonio, donde está la iglesia de Santa Ana, y girar a la izquierda por la calle Duque de Alba hasta la plaza de Santa Teresa. La terminal de autobús se halla en la algo más cercana avenida de Madrid; desde allí hay que atravesar el pequeño parque situado enfrente y luego girar a la derecha por Duque de Alba o tomar un autobús local hasta la plaza de la Victoria, cerca de la catedral. Si llega en **automóvil**, tendrá que seguir las señales indicadoras a las murallas o al parador, y debería aparcar en el límite del casco antiguo.

Las murallas de Ávila facilitan la orientación, y tanto la **catedral** como la mayoría de los puntos de interés se hallan en su interior. La plaza principal de la ciudad, la de **Santa Teresa** y la puerta más imponente, la **Puerta del Alcázar**, están fuera de las murallas, en el ángulo sudeste formado por éstas. En el interior de las murallas, la antigua plaza del mercado, la **plaza de la Victoria**, está frente al ayuntamiento, en el corazón del casco antiguo.

La **oficina de turismo** principal (todos los días, jul.-sept., 9-14 h y 17-19 h; oct.-jun., 10-14 h y 16-19 h; ☎920 211 387) se encuentra en la plaza de la Catedral, y hay otra más pequeña junto a la basílica de San Vicente (sólo jul.-sept., mismos horarios).

Alojamiento

En los alrededores de la estación de ferrocarril y la avenida de José Antonio hay diversos hostales baratos, pero el viajero debería encontrar algo más cercano al núcleo amurallado de la ciudad. Hay un **cámping** bien conservado, el *Cámping Sonsoles* (jun.-sept.; ☎920 256 336), a 2 km de distancia sobre la carretera a Toledo, cerca de un estadio de fútbol.

Opciones baratas

Hostal Continental, plaza de la Catedral 4 (☎920 211 502; fax 920 251 691). Hotel bonito y antiguo frente a la catedral; sus encantos se están deteriorando rápidamente, pero las habitaciones son amplias y algunas tienen buenas vistas a la plaza. ③

Duperier, avda. de la Juventud (☎ y fax 920 221 716). Pequeño albergue de juventud (cierran a las 23 h) situado más allá del monasterio, cerca de la piscina local. Habitaciones con baño. Jul.-mediados agos. ②

Hostal Elena, Marqués de Canales y Chozas 1 (☎920 252 496). Hostal pequeño cerca del parador. ③

Pensión Santa Ana, Alfonso de Montalvo 2 (☎920 220 063). Opción infalible entre la estación de ferrocarril y el centro. ③

Opciones moderadas y caras

Hostal Bellas, Caballeros 19 (☎ y fax 920 212 910). Agradable y bastante céntrico; la mayoría de las habitaciones disponen de ducha y suelen hacer algún descuento fuera de temporada. ④

Hostería de Bracamonte, Bracamonte 6 (☎920 251 280). Hotel elegante y de mucho ambiente, situado entre las murallas y la plaza de la Victoria; construido aprovechando diversas mansiones renacentistas. ⑥

Hostal Casa Felipe, plaza de la Victoria 12 (☎920 213 924). Precios razonables y céntrico; algunas habitaciones disponen de ducha y dan a la plaza. ④

Hostal Jardín, San Segundo 38 (☎920 211 074). Hostal grande cerca de la Puerta de los Leales; suele disponer de plazas cuando los demás están llenos. ④

Palacio de Valderrábanos, plaza de la Catedral 9 (☎920 211 023; fax 920 251 691). Este antiguo palacio arzobispal tiene aún más ambiente que el parador. ⑦

Palacio de la Velada, plaza de la Catedral 10 (☎920 255 100; fax 920 254 900). Hermoso palacio reformado del siglo XVI, y el hotel más caro de la ciudad; forma parte de la cadena Meliá y tiene su habitual sello de elegancia. ⑧
Parador Raimundo de Borgoña, Marqués de Canales y Chozas 2 (☎920 211 340; fax 920 226 166). Mansión reformada del siglo XV, pero no es el parador más interesante de España, aunque sí bastante agradable y dispone de los servicios habituales. El más barato de los hoteles de categoría de Ávila. ⑦
Hostal El Rastro, plaza del Rastro 1 (☎920 211 218; fax 920 251 626). Hostal antiguo y con solera; una buena opción de categoría media. Situado junto a las murallas, dispone de un agradable jardín y un restaurante popular. ④

La ciudad

Inevitablemente, **santa Teresa** concentra el interés turístico de los numerosos conventos e iglesias que presumen de un vínculo con la santa. Los laicos pueden pasear por el exterior de las **murallas** y, desde la Puerta del Alcázar, subir a ellas y explorar un tramo.

Santa Teresa en Ávila

El punto para iniciar una excursión por la Ávila de santa Teresa es el **convento de Santa Teresa** (todos los días, 8.30-13.30 h y 15.30-19.30 h; entrada gratuita), construido en el lugar donde nació la santa, junto al interior de la puerta sur de la ciudad, a la que se accede por el paseo del Rastro. La mayor parte del convento continúa siendo de clausura, pero el visitante puede ver el lugar donde nació, hoy en día una elaborada capilla situada en el interior de la iglesia barroca, decorada con escenas de la santa en las que demuestra su capacidad para levitar a diversos personajes augustos. En un pequeño relicario (todos los días, 9.30-13.30 h y 15.30-19.30 h; verano, 10-13 h y 16-19.30 h; entrada gratuita), junto a la tienda de souvenirs, hay recuerdos de la vida de Teresa, incluidos no sólo su rosario, sino también uno de sus dedos.

Si el viajero atraviesa el casco antiguo y sale por la Puerta del Carmen, podrá recorrer la callejuela de la Encarnación hasta el **convento de la Encarnación** (todos los días, 9.30-13 h y 16-19 h; invierno, 15.30-18 h; 150 pesetas). Cada una de las habi-

---

SANTA TERESA DE JESÚS

Santa Teresa (1515-1582) nació en el seno de una familia noble de Ávila y desde que era una niña empezó a experimentar visiones y éxtasis religiosos. A los 7 años intentó escaparse junto a su hermano con el fin de ser martirizada por los musulmanes: el punto donde los encontraron, **Los Cuatro Postes**, es un lugar estratégico para admirar los muros de la ciudad.

La carrera religiosa de Teresa se inició en el convento carmelita de la Encarnación, donde vivió como monja durante 27 años. Desde allí se dedicó a reformar la orden y a fundar conventos por toda España. Era una asceta, pero su atractivo —y su importancia para la Contrarreforma— consistía en la sensualidad mística de su experiencia de Cristo, como revela su autobiografía, que durante siglos ha sido un éxito de ventas en el país. Como santa patrona de España (junto con Santiago), continúa siendo una figura central del catolicismo español; de hecho muchas alumnas de colegios católicos son transportadas a Ávila en autobús para obtener una experiencia directa de la vida de la mujer que deberían imitar.

Curiosamente, uno de los brazos momificados de santa Teresa ha sido devuelto a Ávila, después de pasar los años del Gobierno de Franco en la mesilla del dictador.

taciones lleva el nombre de una acción llevada a cabo por la santa, y se exponen todos los objetos que pudo haber tocado o mirado. Una pequeña sección es asimismo una introducción a la vida de santa Teresa, con mapas en los que se indican los conventos y una selección de sus dichos.

Otro punto de interés teresiano se halla a un par de manzanas al este de la plaza de Santa Teresa. Se trata del **convento de San José** (todos los días, 10-13.30 h y 16-19 h; 150 pesetas), que fue el primer convento fundado por la santa en 1562. Su museo alberga reliquias y objetos de interés, entre ellos el ataúd en el que Teresa solía dormir, además de diversos objetos personales. La tumba de su hermano Lorenzo está en la mayor de las dos iglesias.

Por último, el viajero puede acercarse hasta **Los Cuatro Postes**, un pequeño santuario con cuatro postes, situado a 1,5 km por la carretera de Salamanca, al oeste de la ciudad. Allí, cuando tenía 7 años, la pequeña Teresa fue alcanzada por su tío cuando se escapaba junto a su hermano con el fin de ser martirizada por los musulmanes.

La catedral y otros puntos de interés

Las tres iglesias más hermosas de Ávila, la catedral, San Vicente y el monasterio de Santo Tomás, tienen un vínculo menos directo con su residente más célebre. En los alrededores de la catedral y Santo Tomé el Viejo (justo en el exterior del ángulo nordeste de las murallas), hay asimismo diversas **mansiones renacentistas,** pero ninguna de ellas está abierta para los visitantes, aunque sus escudos de armas y las fachadas decorativas son una muestra de la antigua riqueza castellana.

La **catedral** de Ávila (todos los días, abril-oct., 10-19 h; nov.-marzo, 10-13.30 h y 15.30-17.30 h; 1-6 enero, 15 oct. y 25 dic., cerrado; 250 pesetas) se empezó a construir en el siglo XII, pero nunca ha sido terminada, como demuestra la torre que falta encima de la entrada principal. Las partes románicas más antiguas funcionaban como fortaleza e iglesia, y el ábside forma parte integral de las murallas de la ciudad. Cumplían con una auténtica función defensiva; de hecho el obispo Sancho proporcionó refugio al joven Alfonso IX antes de que éste accediera a la corona.

En el interior se aprecian enseguida los sucesivos cambios de estilo; las partes **románicas** están construidas de una extraña piedra roja y blanca, que después se interrumpe de manera brusca para continuar con la estructura principal, elaborada con piedra blanca y que tiene formas **góticas.** Aunque las proporciones son exactamente las mismas, esta mitad más nueva de la catedral parece mucho más amplia. El coro, cuya parte posterior tallada de manera elaborada se aprecia al entrar, y dos capillas situadas en la nave lateral de la izquierda, son añadidos de estilo **renacentista.** Aquí se pueden admirar las sillerías talladas del coro (obra de Cornelius, un escultor holandés) y la elaborada tumba de mármol de un obispo del siglo XV, conocido como El Tostado. También se recomienda visitar la sacristía del siglo XIII, en la que destaca la cúpula en forma de estrella y sus incrustaciones doradas, además del museo del tesoro con la gran custodia de plata y las antiguas imágenes religiosas.

Al igual que la catedral, la **basílica de San Vicente** (todos los días, 10-13.30 h y 16-18.30 h; 200 pesetas) es una combinación de estilos arquitectónicos. Sus puertas del siglo XII y el pórtico que las protege son magníficos ejemplos del arte románico, mientras que la iglesia muestra la influencia de tendencias posteriores. San Vicente fue martirizado en este lugar y en su tumba se ilustran una serie de muertes horrendas; en la cripta se puede observar el bloque en el que él y su hermana fueron ejecutados por los romanos. Esta iglesia comparte, junto con la de **San Pedro**, en la plaza de Santa Teresa, un cálido resplandor de color rosa proveniente de la arenisca empleada en sus respectivas construcciones: una característica abulense que aquí se aprecia con claridad.

El monasterio dominico de **Santo Tomás** (todos los días, 11-13 h y 16-19 h; coro y claustros, 150 pesetas), fundado en 1482, fue muy ampliado en la década siguiente

por Fernando e Isabel, convirtiéndose así en su palacio de verano. En el interior hay tres claustros excepcionales, y el mayor de ellos contiene una **colección oriental**, un despliegue incongruente reunido por los monjes a lo largo de siglos de trabajos misioneros en Oriente. Todas las superficies posibles están decoradas con el motivo del yugo y las flechas perteneciente a los Reyes Católicos, rodeado de granadas, el símbolo de la entonces recién conquistada Granada. La **iglesia** alberga la tumba del príncipe Juan, el único hijo de Fernado e Isabel, cuya temprana muerte dejó paso a la sucesión de Carlos V y provocó tanto dolor a sus padres que abandonaron el hogar recién terminado. Más adelante sufrió daños cuando las tropas de Napoleón usaron la iglesia como cuadra para los caballos. Asimismo, se recomienda ver la tumba de los tutores del príncipe, casi tan ornada como la suya, y los tronos que ocupaban el rey y la reina durante los oficios religiosos. El inquisidor Torquemada está enterrado en la sacristía. Santo Tomás se encuentra colina abajo en la parte sur de la ciudad; para regresar, el viajero puede tomar el autobús 1, cuya ruta circular recorre gran parte del casco antiguo.

El pequeño **Museo Provincial** se halla en el palacio de los Deanes del siglo XVI (mar.-sáb., 10.30-14 h y 16.30-19.30 h; dom., 10-14 h; 200 pesetas; sáb.-dom., entrada gratuita), que en una época albergaba a los deanes de la catedral. En la actualidad, sus piezas eclécticas incluyen colecciones de restos arqueológicos, cerámicas, herramientas para la agricultura, trajes y mobiliario tradicionales de la provincia de Ávila, además de algunas estatuas románicas y un maravilloso tríptico del siglo XV con imágenes de la vida de Cristo. La entrada también permite acceder a la tienda del museo, situada en la iglesia de Santo Tomé el Viejo, justo enfrente.

El visitante puede recorrer la parte superior de las **murallas de la ciudad** desde la Puerta del Alcázar hasta la Puerta del Rastro (mar.-dom., 10-20 h; 200 pesetas); la vista de la ciudad es asombrosa. Puede comprar las entradas en el quiosco verde junto a la Puerta del Alcázar.

Comida y copas

Ávila dispone de una buena selección, aunque no excepcional, de **bares** y **restaurantes**, algunos de ellos emplazados en el exterior de las murallas. En el interior, un recorrido desde la plaza de la Victoria por la calle Vallespín permitirá comparar menús y precios. Las **especialidades locales** incluyen típicos platos castellanos como cordero asado, judías del barco con chorizo, mollejas y yemas de Santa Teresa; estas últimas se venden en todas las pastelerías de la ciudad. La **vida nocturna** se desarrolla en el exterior de las murallas, en la calle Capitán Peña, donde hay cuatro discobares, uno junto al otro.

Bar El Rincón, plaza Zurraquín 4. Al norte de la plaza de la Victoria; sirve un abundante menú de tres platos por 1.500 pesetas.

Las Cancelas, Cruz Vieja 6. Junto a la catedral y situado en el hotel del mismo nombre, este agradable restaurante es popular entre los lugareños; el menú cuesta 1.750 pesetas.

Casa Patas, San Millán 4. Bar agradable donde sirven buenas tapas, un pequeño comedor (sólo noches), que se encuentra cerca de la iglesia de San Pedro. Miér. y sept., cerrado.

La Casona, plaza de Pedro Dávila 6. Restaurante popular especializado en cordero; ofrece menús a partir de 1.600 pesetas.

Mesón del Rastro, plaza del Rastro 1. Bar excelente adjunto al hostal del mismo nombre; sirve una variada selección de tapas. Detrás hay un restaurante de precios módicos: un establecimiento donde ofrecen platos tradicionales.

El Molino de la Losa, Bajada de la Losa 12 (☎920 211 101). Molino reformado del siglo XV, que se encuentra fuera de la ciudad, en Los Cuatro Postes; tiene una fama merecida y resulta cómodo para ir con niños (hay una zona de juegos en el jardín). El menú cuesta 3.000 pesetas. Lun. y mediados oct.-mediados marzo, cerrado.

La Posada de la Fruta, plaza de Pedro Dávila 8. Dispone de un agradable y soleado patio cubierto ideal para tomar una copa.

Más allá de Ávila

Ávila está bien comunicada con Salamanca y Valladolid a través de carreteras y vías férreas; desde estas ciudades el viajero puede llegar a cualquier punto del norte de España. Segovia (véase pág. 140), situada al este, está a menos de 2 horas en autobús y la sierra de Gredos, al sur (véase abajo), también se encuentra cerca.

En la **ruta a Salamanca**, tanto la carretera como las vías del ferrocarril atraviesan **Peñaranda de Bracamonte**, una población vieja y destartalada con un par de amplias plazas y algunas iglesias antiguas. Desde este punto, si el viajero dispone de un vehículo, puede seguir hasta Salamanca por una ruta un poco más larga, atravesando **Alba de Tormes**. Aquí murió santa Teresa, y el convento carmelita que contiene sus restos (no en cantidad excesiva, a juzgar por las numerosas reliquias diseminadas por España) es otro importante objetivo de peregrinaje. Aquí también se encuentran los restos de un castillo y otras iglesias interesantes.

Tanto la carretera como la vía férrea a **Valladolid** atraviesan **Medina del Campo**, donde se erige su hermoso castillo (véase pág. 355).

La sierra de Gredos

La **sierra de Gredos**, que es la prolongación de la sierra de Guadarrama, rodea Madrid por el norte y el oeste. Se trata de una sierra importante, con picos que sobrepasan los 2.500 m y circos glaciares, y ofrece la mejor oportunidad para hacer senderismo en la zona central de España, incluidas unas rutas a mucha altura que atraviesan los pasos, además de paseos más sosegados por las aldeas.

En autobús, el mejor acceso desde Madrid es ir a **Arenas de San Pedro**; desde allí el viajero puede explorar la sierra, para después seguir hacia el oeste por el valle de La Vera, situado en Extremadura (véase pág. 173). Si dispone de vehículo propio, puede llegar a la sierra desde el sur partiendo de Ávila, tomar la C-502, alojarse en una de las aldeas de la ladera norte de la sierra, a lo largo del **valle del Tormes**, y hacer excursiones a partir de allí.

Arenas de San Pedro y Mombeltrán

ARENAS DE SAN PEDRO es una población bastante grande con un **castillo** un tanto engalanado y amplias opciones para **alojarse**: algunas de las más agradables son la *Hostería Los Galayos* (☎ y fax 920 371 379; ⑤), que asimismo dispone de un buen restaurante, y el *Hostal Castillo* (☎920 370 091; ③). Si el visitante no dispone aún de **mapas** de Gredos, puede obtener un práctico folleto en la oficina de turismo (sólo abierto jul.-sept.), o comprar uno más detallado en la Librería Nava.

MOMBELTRÁN, 12 km al norte desde Arenas supone un paseo agradable, en su mayor parte cuesta abajo), es un bonito lugar para detenerse; destaca el **castillo** del siglo XVI de los duques de Alburquerque, emplazado contra un impresionante fondo de montañas. La aldea dispone de dos **hostales**: el *Alburquerque* (☎920 386 032; ④), y el *Marji* (☎920 386 031; ④), y un **cámping** sólo abierto en verano, el *Prados Abiertos* (☎920 386 061), que se encuentra a 4 km del centro.

El Arenal y El Hornillo
El principal motivo para detenerse en Arenas de San Pedro es subir hasta las aldeas de El Hornillo y El Arenal, situadas respectivamente a 6 y 9 km al norte, puntos de partida para hacer algunas excelentes **excursiones**. No hay servicio de autobús, pero el paseo desde Arenas hasta El Arenal, a lo largo de un sendero que transcurre entre la carretera y el río, resulta muy agradable; sale desde más allá del centro deportivo y la piscina de Arenas.

En **EL ARENAL** el viajero puede alojarse en el *Hostal Isabel* (☎920 375 148; ③), cuyo propietario conoce las rutas que recorren la sierra. Desde El Arenal puede escalar las cimas de Gredos —el sendero que atraviesa el puerto de la Cabrilla ha sido recientemente mejorado— y recorrer la cresta en una u otra dirección, siguiendo hasta la carretera principal del puerto del Pico, o regresando a El Arenal. Sin embargo, el principal punto de partida suele ser **EL HORNILLO**, y también es donde empieza el circo de Gredos, uno de los principales circuitos de senderismo que recorre la divisoria de las aguas de la sierra de Gredos.

Otra opción consiste en dirigirse al sur desde El Arenal por un sendero bien definido y atravesar un paso ancho hasta Candeleda (véase pág. siguiente); se tarda todo el día, pero es casi todo cuesta abajo.

El circo de Gredos
Se tarda casi 1 día en recorrer la ruta que sale de El Hornillo y pasa por la **divisoria de las aguas de Gredos**, donde los pinos y el granito de las escarpadas laderas meridionales son reemplazados por matorrales, prados de pastoreo y amplios horizontes de la cara meridional. Después de alcanzar la cima, se sale a un tramo de 12 km de longitud de una carretera pavimentada que une Hoyos del Espino, una aldea situada en el valle del Tormes, con la llamada **Plataforma**, el punto de partida para llegar hasta los picos más elevados de la sierra de Gredos. Es mejor detenerse una vez alcanzada la Plataforma, donde hay mucho espacio para acampar en las elevadas praderas de Pozas. Desde aquí, el viajero puede seguir hasta el circo de Laguna Grande, que se encuentra a 2 horas a pie más allá de Pozas, a lo largo de un sendero bien definido.

Circo de Laguna Grande y circo de las Cinco Lagunas
El **circo de Laguna Grande** es el eje de la sierra de Gredos, donde destaca su pico más elevado, el **Almanzor** (2.593 m), rodeado de pináculos de formas improbables. El valle, con su gran lago, es popular entre los turistas de fin de semana, ya que se puede llegar en automóvil desde Hoyos del Espino, y el **refugio** suele estar repleto, sobre todo los fines de semana, pero también se puede acampar.

El sendero que atraviesa el valle, que era la antigua ruta de caza de Alfonso XIII, continúa hacia el oeste durante 2 horas y acaba de manera abrupta en el borde de una ladera empinada cubierta de matorrales, que lleva al **circo de las Cinco Lagunas**. El recorrido supone disfrutar de una completa soledad, incluso en pleno verano, y de observar algún ejemplar de *capra pyrenaica gloriae*, la elegante (y casi domesticada) cabra montañesa de Gredos. Protegidas legalmente desde 1920, en la actualidad suman varios miles de ejemplares, que frecuentan las laderas septentrionales de la sierra de Gredos durante los meses más cálidos.

El valle del Tormes: Navarredonda
Al norte de Gredos se encuentra el valle del Tormes, recorrido por la C-500 hasta la N-110 principal, situada en El Barco de Ávila. En **NAVARREDONDA** es posible alojarse en un **albergue de juventud** (☎920 348 005; ②), un **cámping**, el *Cámping Navagredos* (mayo-sept.; ☎920 207 476) y en el primer **parador** inaugurado en España (☎920 348 048; fax 920 348 205; ⑦), que se halla en el km 43 sobre la C-500.

Candeleda y Madrigal de la Vera

La aldea de **CANDELEDA**, que está sobre la carretera Arenas-Jarandilla, no tiene nada de especial, pero es muy popular entre los veraneantes españoles, que reservan habitación en sus hostales con muchas semanas de antelación. Si el viajero tiene intención de ir, de precios más módicos es el *Hostal La Pastora* (☎920 382 127; ③), y el más elegante, el *Hostal Padrós* (☎920 380 951; ③). Algunos campistas suelen instalar sus tiendas junto al río, al oeste de la ciudad.

En **MADRIGAL DE LA VERA**, una aldea más bonita a 12 km al oeste de Candeleda, hay un cámping oficial, el *Alardos* (marzo-sept.; ☎927 565 066) y otra ruta más que atraviesa la sierra de Gredos, que en este caso conduce a **Bohoyo**, una pequeña aldea a 4 km al sudoeste de El Barco de Ávila.

Segovia y alrededores

Después de Toledo, **SEGOVIA** es el principal destino desde Madrid. Se trata de una ciudad relativamente pequeña, situada sobre una cresta rocosa; profunda y muy castellana, destacan una serie de plazas y mansiones que datan de su época dorada, cuando era un balneario real y albergaba las Cortes. En la iglesia de San Miguel, cerca de la plaza Mayor, Isabel la Católica fue proclamada reina.

Para ser una ciudad de su tamaño, posee numerosos monumentos arquitectónicos. Los más célebres son el **acueducto romano**, la **catedral** y el original **Alcázar**, pero los puntos de interés menos evidentes, como las iglesias antiguas y numerosas mansiones que se encuentran en las callejuelas del casco antiguo, todas construidas con piedra de un cálido color miel, son los que hacen que valga la pena visitarla. A algunos kilómetros de la ciudad y accesibles desde Segovia, hay dos palacios borbones, **La Granja** y **Riofrío**.

Llegada e información

Como dispone de buenos enlaces por carretera y en tren, resulta fácil llegar a Segovia desde Madrid; hay 9 trenes diarios y 27 autobuses (administrados por La Sepulvedana, paseo de la Florida 11; Metro Príncipe Pío). La **estación de ferrocarril** de Segovia se halla fuera de la ciudad; hay que tomar el autobús 3 hasta la céntrica plaza Mayor; la **estación de autobuses** está sobre la misma ruta.

La **oficina de turismo** (lun.-vier., 10-14 h y 17-20 h; sáb., 10-14 h; verano, lun.-sáb., 10-14 h y 17-20 h; dom., 10-14 h; ☎921 460 334), situada en la **plaza Mayor**, proporciona una lista de alojamientos, además de una *Guía Semanal* que incluye horarios de transportes y espectáculos actuales; si estuviera cerrada, la mayoría de los datos importantes se exponen en el escaparate. En la **plaza de Azoguejo** hay una segunda oficina de turismo (todos los días, 10-20 h).

Alojamiento

La mayor parte de los establecimientos para **alojarse** se encuentran en las calles que rodean la plaza Mayor y la plaza del Azoguejo, pero suele ser difícil conseguir una habitación incluso fuera de temporada, de modo que vale la pena reservarla si el viajero tiene intención de quedarse más de 1 día. Debe tener en cuenta que en invierno, a más de 1.000 m de altura, las noches pueden ser muy frías y algunas veces nieva; además, las habitaciones más sencillas no suelen disponer de calefacción.

Opciones baratas

Pensión Aragón (☎921 460 914) y **Pensión Cubo** (☎921 460 917), ambas en la plaza Mayor 4. Las habitaciones son un desastre pero resultan muy baratas, y la situación es ideal. ②

Emperador Teodosio, paseo Conde de Sepúlveda 4 (☎921 441 111). Albergue de juventud amplio y agradable, situado entre la estación de ferrocarril y la de autobuses. Se puede llegar a cualquier hora de la noche. ②

Pensión Ferri, Escuderos 10 (☎921 460 957). Situada en una calle cerca de la plaza Mayor; tranquila, limpia y con un pequeño jardín. ②

Hostal Juan Bravo, Juan Bravo 12 (☎921 463 413). Dispone de muchas habitaciones amplias y cómodas, y baños llenos de plantas. ③

Opciones moderadas y caras

Hotel Acueducto, Padre Claret 10 (☎921 424 800; fax 921 428 446). Hotel agradable situado fuera de las murallas de la ciudad, cerca del acueducto. Durante el día, el restaurante está repleto de turistas que llegan en autocar, pero por las noches suele ser tranquilo. ⑥

Hostal Don Jaime, Ochoa Ondategui 8 (☎921 444 787). Hostal excelente cercano a la plaza del Azoguejo. Todas las habitaciones dobles disponen de baño. ④

Hostal Hidalgo, José Canalejas 3 (☎921 463 529; fax 921 463 531). Se encuentra en un pequeño, hermoso y antiguo edificio que da a la iglesia de San Martín, con un buen restaurante. Otra opción posible es el recientemente inaugurado *El Hidalgo 2*, en Juan Bravo 21 (☎921 463 529); ambos. ④

Hotel Infanta Isabel, Isabel la Católica 1 (☎921 461 300; fax 921 462 217). Hotel nuevo y cómodo, cuyos precios son más módicos que los del parador; situado en la plaza Mayor. ⑦

Hotel Los Linajes, Dr. Velasco 9 (☎921 460 475; fax 921 460 479). Hotel cómodo y de precios módicos; se encuentra en un rincón tranquilo en el interior de las murallas y dispone de un bonito jardín que se asoma al valle del río. ⑥

Parador de Segovia, carretera de Valladolid (☎921 443 737; fax 921 437 362). No resulta muy cómodo para visitar la ciudad (hay que disponer de automóvil), pero los servicios y la vista sobre la ciudad, hermosa sobre todo durante la iluminación nocturna, son inmejorables. ⑧

Hostal Plaza, Cronista Lecea 11 (☎921 460 303; fax 921 460 305). Céntrico y cerca de la plaza Mayor, este hostal recientemente reformado es limpio y dispone de garaje. ④

Cámping

Cámping Acueducto, (abril-sept.; ☎ y fax 921 425 000). Se trata del cámping más cercano y se halla a 2 km de distancia por la carretera de La Granja; hay que tomar el autobús 2 de la línea *Nueva Segovia*, que sale de la plaza Mayor.

La ciudad

Para visitar todos los puntos de interés de Segovia, el viajero tendrá que disponer de más de 1 día. Si hace una visita rápida desde Madrid, lo prioritario es visitar la **catedral** y el **Alcázar**, situados en el casco antiguo, y la iglesia de **Vera Cruz** y el **acueducto**, que se encuentran fuera de las murallas, al oeste y este respectivamente. Si dispone de más tiempo, se recomienda dar un paseo por las afueras de la ciudad para

142/ALREDEDORES DE MADRID

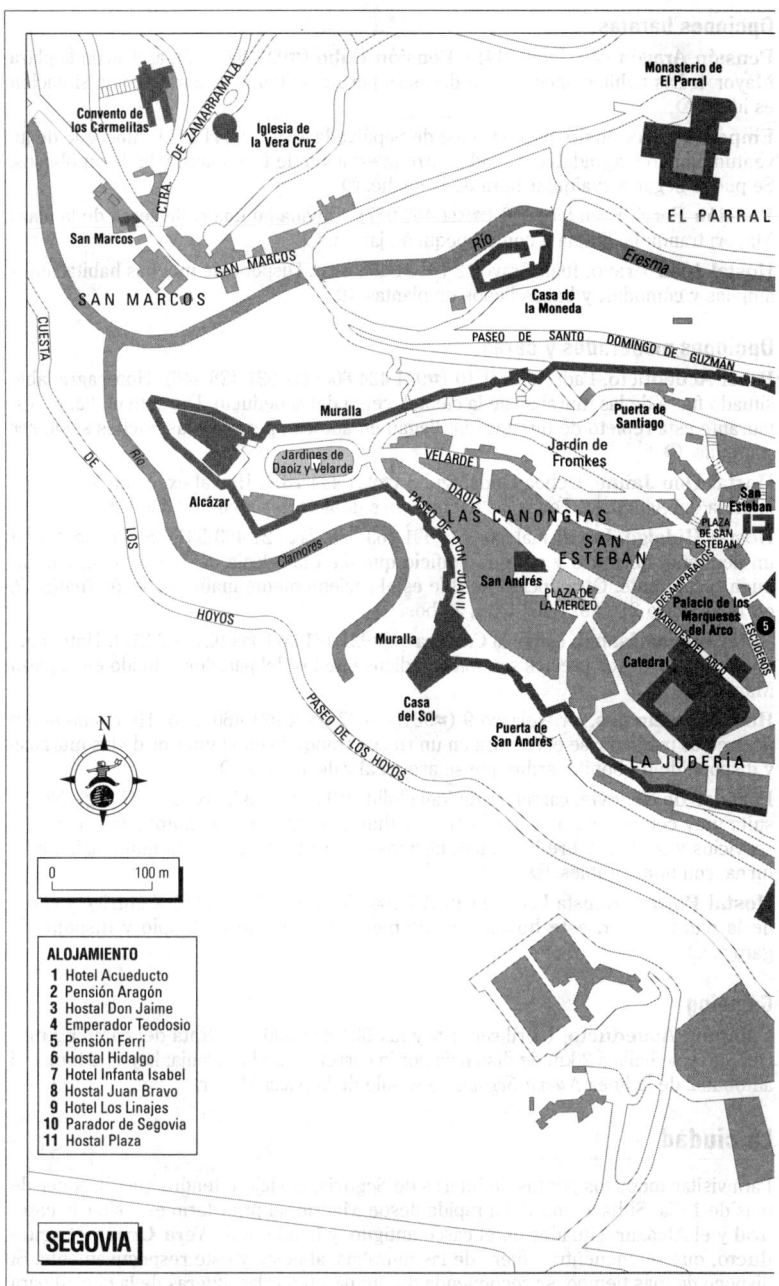

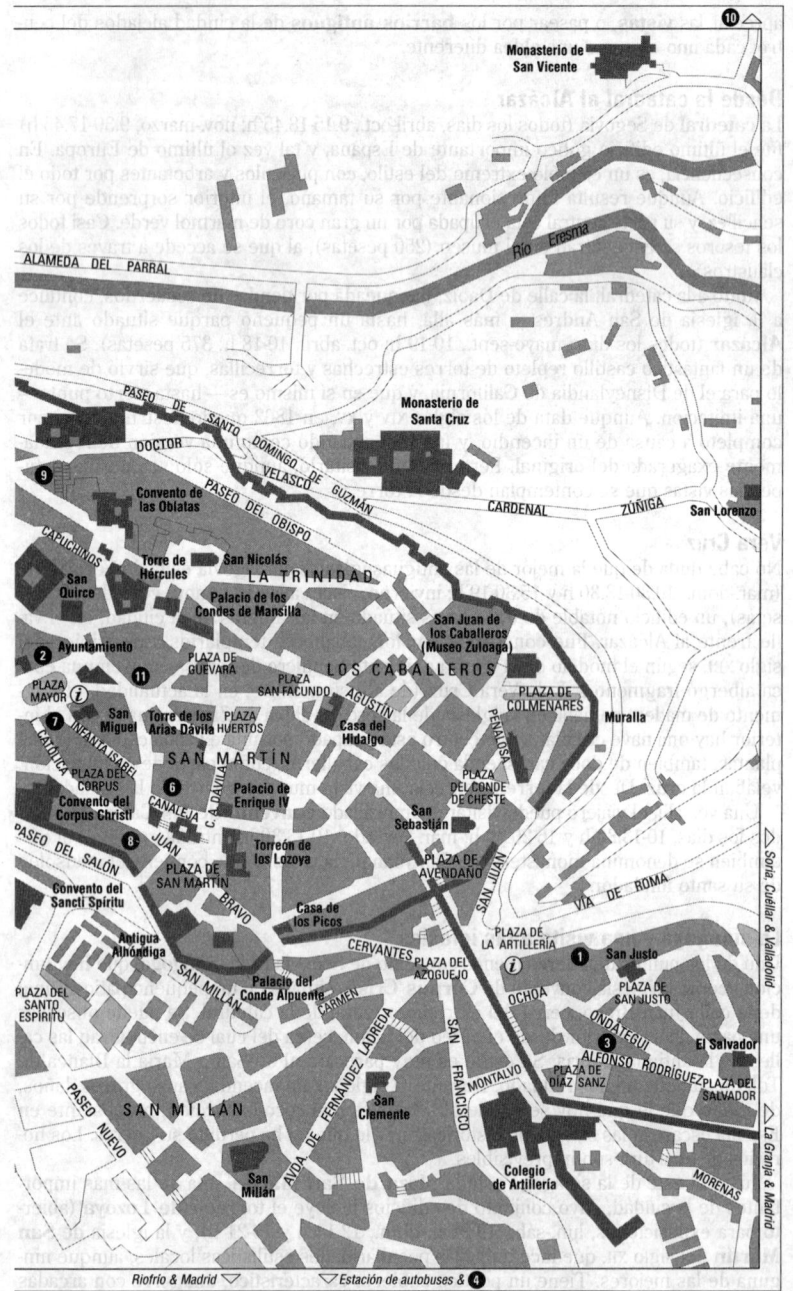

apreciar las **vistas**, o pasear por los **barrios antiguos** de la ciudad alejados del centro: cada uno es como una aldea diferente.

Desde la catedral al Alcázar
La **catedral** de Segovia (todos los días, abril-oct., 9.15-18.45 h; nov.-marzo, 9.30-17.45 h) fue el último edificio gótico importante de España, y tal vez el último de Europa. En consecuencia, es un ejemplo extremo del estilo, con pináculos y arbotantes por todo el edificio. Aunque resulta impresionante por su tamaño, el interior sorprende por su sencillez, y su parte central está ocupada por un gran coro de mármol verde. Casi todos los tesoros se encuentran en el museo (250 pesetas), al que se accede a través de los claustros.

Junto a la catedral, la calle de Daoiz, flanqueada por tiendas de recuerdos, conduce a la iglesia de San Andrés y, más allá, hasta un pequeño parque situado ante el **Alcázar** (todos los días, mayo-sept., 10-19 h; oct.-abril, 10-18 h; 375 pesetas). Se trata de un fantástico castillo repleto de torres estrechas y torrecillas, que sirvió de modelo para el de Disneylandia de California, y que en sí mismo es —hasta cierto punto— una imitación. Aunque data de los siglos XIV y XV, en 1862 quedó destruido casi por completo a causa de un incendio, y fue reconstruido como una versión deliberadamente exagerada del original. Pero hay que visitarlo, aunque sólo sea por las estupendas vistas que se contemplan desde la torre.

Vera Cruz
No cabe duda de que la mejor de las antiguas iglesias de Segovia es la de **Vera Cruz** (mar.-dom., 10.30-13.30 h y 15.30-19 h; invierno, cierra las 18 h; nov., cerrado; 200 pesetas), un edificio notable de doce caras situado en las afueras de la ciudad, en el valle frente al Alcázar. Fue construida por los caballeros templarios a principios del siglo XIII, según el modelo de la iglesia del Santo Sepulcro de Jerusalén, y en una época albergó fragmentos de la Vera Cruz (de ahí su nombre; en la actualidad, el fragmento de madera se halla en la iglesia de la cercana aldea de Zamarramala). En el interior hay una nave circular, cuyo centro está ocupado por una extraña cámara de dos plantas, también de doce caras, en la cual los caballeros, como parte de su iniciación, velaban la cruz. Desde la torre se aprecia una vista muy fotogénica de la ciudad.

Una vez allí, el viajero puede visitar el amurallado **convento de las Carmelitas** (todos los días, 10-13.30 h y 16-20.30 h; mar. cerrado, 10-13.30 h; entrada gratuita), al que también se denomina monasterio de San Juan de la Cruz, y que contiene el mausoleo de su santo fundador.

La sinagoga y una visita a las iglesias
Uno de los puntos de interés menos conocido de Segovia es la **sinagoga**, que hoy funciona como la iglesia-convento de **Corpus Cristi**, situada en un pequeño patio al final de la calle Juan Bravo, cerca del extremo oriental de la catedral. Se puede observar una parte de su exterior desde el paseo del Salón, cerca del cual se encuentran las calles de la antigua judería. Su estilo es muy parecido al de Santa María la Blanca de Toledo, aunque menos refinado. Durante el siglo XIX un incendio causó graves daños, de modo que lo que hoy se puede observar es una reconstrucción; no obstante en España escasean las sinagogas históricas, por lo que no ha perdido su interés. Los horarios de apertura son imprevisibles.

Justo al este de la sinagoga está la **plaza de San Martín**, una de las más importantes de la ciudad, cuyo conjunto de edificios incluye el **torreón de Lozoya** (abierto para exposiciones, lun.-sáb., 19-21 h; dom., 12-14 h y 19-21 h), y la iglesia de **San Martín** del siglo XII, que luce todas las peculiaridades estilísticas locales, aunque ninguna de las mejores. Tiene un pórtico cubierto característico, una torre con arcadas

y un aspecto típicamente románico; además, al igual que la mayoría de las iglesias segovianas, sólo se puede visitar durante la celebración de los oficios religiosos matutinos o vespertinos. En el centro de la plaza se erige la **estatua de Juan Bravo**, un héroe folclórico local que dirigió la rebelión de los comuneros contra Carlos V, cuando éste intentó despojarlos de sus derechos tradicionales. Las fachadas de los edificios que rodean la plaza ostentan el gusto local por los esgrafados de yeso, que suele decorar tanto los edificios antiguos como los nuevos. Un buen ejemplo de ello es el **Teatro Juan Bravo**, en la cara norte, e inaugurado en 1918.

Al norte de aquí, la iglesia de **La Trinidad** (todos los días, 10-14 h y 16.30-19.30 h) conserva el estilo románico más puro de Segovia: cada tramo de su ábside de doble arcada tiene capiteles tallados, y cada uno es único. En las cercanías se encuentra la **plaza de San Esteban** restaurada hace poco, y que merece una visita por su soberbia torre de cinco plantas, del siglo XII.

El acueducto y otras iglesias

El **acueducto**, que supera los 800 m de largo y cuyo tramo más elevado predomina unos 30 m por encima de la plaza del Azoguejo, se mantiene firme sin una sola gota de argamasa ni cemento. Se desconoce la fecha exacta de su construcción; tal vez fue levantado a finales del siglo I d.C., bajo el mandato del emperador Domiciano o Trajano. Después de mucho tiempo, vuelve a llevar el agua desde el río Frío a la ciudad, una vez ha sido restaurado, pues desde hace años las vibraciones que causa el tráfico y la contaminación, han amenazado con minar toda la estructura. Si se remontan las escaleras junto al acueducto, el viajero lo podrá contemplar desde arriba, desde un tramo sobreviviente de las murallas de la ciudad.

San Millán (todos los días, 10-14 h y 16.30-19.30 h) es otra magnífica iglesia románica construida en el típico estilo segoviano, con una torre y pórticos abiertos, que se encuentra entre el acueducto y la estación de autobuses. Su interior ha sido restaurado, recuperando así su aspecto original. También, detrás del acueducto, se halla **San Justo** (mar.-sáb., verano, 12-14 h y 17-19 h; invierno, 12-14 h y 16-18 h), cuyo ábside luce un precioso mural románico.

Museos

El **Museo de Segovia** (mar.-sáb., 10-14 h y 17-19 h; dom., 10-14 h; 100 pesetas; ☎921 460 615), recientemente vuelto a inaugurar en la Casa del Sol, que antes era el matadero y que está sobre las murallas entre la Puerta de San Andrés y el Alcázar, ha vuelto a cerrar sus puertas debido a nuevas reformas. Tal vez su amplia colección de arte, escultura y cerámica, además de piezas etnológicas y arqueológicas, vuelva a abrirse al público en poco tiempo. El **Museo de Zuloaga**, cerca del acueducto en la iglesia de San Juan de los Caballeros, plaza de Colmenares s/n (mar.-sáb., 10-14 h y 17-19 h; dom., 10-14 h; 200 pesetas; sáb.-dom., entrada gratuita), acoge obras de este excepcional artista. En la **Casa-Museo de Antonio Machado**, en Desamparados 5 (mar.-dom., 10-14 h y 16.30-19.30 h; invierno, sólo 16-18 h), el visitante puede apreciar las dependencias y el mobiliario espartano de uno de los poetas españoles más importantes de principios del siglo XX; por lo general lo vinculan con Soria, pero pasó los últimos años de su vida dictando clases en Segovia.

Comida y copas

La comida segoviana es un asunto serio, y el precio y la categoría de los restaurantes son equiparables a los de Madrid. Entre las **especialidades culinarias** destacan el cochinillo asado, que se muestra crudo en los escaparates de muchos restaurantes, y los judiones, unas judías grandes y blancas provenientes de La Granja. En la calle de la Infanta Isabel, cerca de la plaza Mayor, hay una serie de **bares restaurantes** más

PASEOS POR LOS ALREDEDORES DE SEGOVIA Y EL MONASTERIO DEL PARRAL

Segovia es un lugar excelente para **pasear**. El viajero puede tomar la carretera de circunvalación señalizada que rodea el lado sur de la ciudad, desde donde disfrutaría de vistas siempre diferentes de la catedral y el Alcázar, situados al otro lado del valle. Después la carretera vuelve sobre sus pasos al otro lado del Alcázar y pasa cerca del convento de las Carmelitas y la iglesia de Vera Cruz.

Desde allí puede continuar hasta el **monasterio del Parral** (lun.-sáb., 10-12.30 h y 16-18 h; dom., 10-11.30 h; entrada gratuita), o aún mejor, tomar el sendero que circunda la iglesia de Vera Cruz y llega hasta el monasterio. El Parral es un complejo amplio y parcialmente ruinoso ocupado por los Jerónimos, una orden que sólo existe en España. Hay que llamar a la campana para acceder al claustro y la iglesia; esta última es un edificio del Gótico tardío, en el que destacan las esculturas del extremo oriental.

Sin embargo, para disfrutar de las **mejores vistas** de Segovia, tendrá que recorrer la carretera principal durante 2 km en dirección a Cuéllar. Poco a poco podrá apreciar un panorama de toda la ciudad, incluido el acueducto.

---

baratos; los bares nocturnos se agrupan en la calle Escuderos y la de Judería Vieja, y también a lo largo de la avenida de Fernández Ladreda.

Restaurantes y bares baratos

Bar José María, Cronista Lecea 11, cerca de la plaza Mayor. Anexo de uno de los mejores restaurantes de Segovia (véase pág. siguiente), donde sirven tapas deliciosas a precios módicos.

Bar-Mesón Cuevas de San Esteban, Valdeláguila 15, cerca del extremo superior de la plaza de San Esteban. Se trata de un restaurante-bar situado en una caverna donde sirven cerveza de barril, popular entre los lugareños y de precios módicos.

Cafetería-Restaurante Castilla, Juan Bravo 58. Platos abundantes y servicio amable; se puede comer en la terraza.

La Codorniz, Escultor Marinas 3, frente a la iglesia de San Millán. Menús baratos y numerosos combinados con codornices.

El Cordero, Carmen 4 y 6. Disponen de nada menos que siete menús diferentes para elegir, que cuestan entre 1.250 y 2.500 pesetas.

La Escuela, San Millán 5. Bar juvenil donde algunas veces tocan música en vivo.

Mesón El Campesino, Infanta Isabel 14. Uno de los mejores restaurantes baratos de la ciudad; sirven menús y combinados a precios razonables a una clientela joven. Agos., cerrado.

Restaurante La Almuzara, Marqués del Arco 3. Situado justo detrás de la catedral; se trata de un auténtico restaurante vegetariano de precios módicos, y también sirven algunos platos no vegetarianos. Agos., cerrado.

Tasca La Posada, Judería Vieja 19. Buen bar-mesón, donde sirven tapas, raciones o un menú.

La Vinatería de José Luis, Herrería 3. En este bar agradable situado cerca de la calle de Juan Bravo ofrecen tapas imaginativas y disponen de una buena selección de vinos.

Restaurantes moderados y caros

Casa Amado, avda. Fernández Ladreda 9 (☎921 432 077). Restaurante popular donde sirven platos tradicionales, cerca de la plaza Mayor. Unas 4.000 pesetas por persona. Miér. y nov., cerrado.

La Cocina de San Millán, San Millán 3 (☎921 436 226). Situado bajo los escalones que conducen al casco antiguo, este agradable restaurante ofrece platos interesantes a precios razonables. Dom., noches y 7-31 enero, cerrado.

Mesón de Cándido, plaza del Azoguejo 5 (☎921 428 103). El restaurante más famoso de la ciudad; el hijo de su fundador lo volvió a abrir en 1992 y aún es el lugar ideal para saborear cochinillos y delicias por el estilo. El menú cuesta 3.000 pesetas, aunque si incluye cochinillo quizá pague más de 4.000 pesetas.

Mesón del Duque, Cervantes 12 (☎921 430 537). Rivaliza con el cercano *Cándido* y también sirven asados castellanos.

Mesón José María, Cronista Lecea 11, cerca de la plaza Mayor (☎921 461 111). Actualmente es considerado el mejor restaurante y el más imaginativo de la ciudad; sirven variantes modernas de platos tradicionales castellanos. El menú asciende a 4.000 pesetas, pero existen combinaciones que cuestan 2.000 pesetas.

Narizotas, plaza Medina del Campo 1 (☎921 462 679). Bar-restaurante de ambiente tranquilo; buen servicio y menús innovadores.

Santa Bárbara, Ezequiel González 32 (☎921 434 806). Menú variado y marisco excelente.

Fuera de la ciudad
La Posada de Javier, situada en la aldea de Torrecaballeros, a 8 km al nordeste por la N-110 (☎921 401 136). Los *gourmet* madrileños y segovianos suelen comer en las aldeas de la zona, y esta hermosa granja antigua es una de las opciones más populares, aunque resulta bastante caro: el menú cuesta al menos 4.000 pesetas. Los fines de semana es imprescindible reservar mesa. Dom. noche, lun. y jul., cerrado.

La Granja y Riofrío

Uno de los puntos de interés turístico situado en los alrededores de Segovia es **La Granja** y sus jardines, el palacio veraniego de los Borbón, situado a 10 km al sudeste de la ciudad por la carretera N-601 de Madrid, y comunicada con líneas regulares de autobús. Los aficionados a lo borbónico pueden visitar un segundo palacio y museo de caza que se halla a 12 km al oeste de La Granja, en **Riofrío**.

La Granja
LA GRANJA (o San Ildefonso de la Granja, para otorgarle su título completo) fue construida por Felipe V, el renuente primer rey borbónico de España, que quizá sentía nostalgia por los lujos de Versalles. Destaca por su emplazamiento montañoso y el parque arbolado, pero también vale la pena echar un vistazo al **palacio** (abril-mayo, mar.-sáb., 10-13.30 h y 15-17 h; dom., 10-14 h; jun.-sept., mar.-dom., 10-18 h; oct.-marzo, mar.-sáb., 10-13.30 h y 15-17 h; dom., 10-18 h; visita guiada obligatoria, 650 pesetas; miér., entrada gratuita para ciudadanos de la UE). Aunque fue destruido en parte y un incendio causó grandes daños en 1918, muchas salas han sido restauradas. Lo más llamativo de la extensa serie de habitaciones es su perfecta simetría: al mirar a través de las puertas abiertas, el visitante tiene la extraña sensación de mirar un espejo que refleja interminablemente la misma habitación. Están amuebladas el estilo imperio francés, pero casi todos los muebles son de origen español; la mayoría de las enormes arañas, por ejemplo, fueron realizadas en la **fábrica de cristal** que aún funciona en la población de San Ildefonso (abril-sept., mar.-dom., 11-20 h; oct.-marzo, mar.-dom., 11-19 h; 400 pesetas). El palacio también alberga una soberbia colección de tapices del siglo XVI, una de las más valiosas del mundo.

Lo más destacado de los **jardines** (todos los días, 10-19 h; 325 pesetas; miér.,

entrada gratuita para ciudadanos de la UE) es la serie de fuentes, que culmina en el chorro de agua de La Fama, de 150 m de altura. Son extraordinarias y se recomienda verlas, lo que significa que hay que llegar después de las 17.30 h los miércoles o los fines de semana, cuando algunas de las fuentes se ponen en funcionamiento. El conjunto sólo funciona en algunas fechas concretas, que suelen ser el 30 de mayo, 25 de julio y 25 de agosto, y suele estar rodeado por una muchedumbre embelesada.

La **aldea** de San Ildefonso de la Granja es un lugar animado, con diversos **bares** y **restaurantes**, donde el viajero puede pasar un rato agradable; por ejemplo, tomando unas tapas en el *Bar La Villa*, cerca de la plaza principal, almorzando en el *Bar Zaca*, asimismo situado cerca de la plaza, o el *Bar Madrid*, no lejos del palacio. Si el visitante prefiere **alojarse** aquí en lugar de hacerlo en Segovia, tiene diversas opciones: el *Hotel Roma* (☎921 470 752; ⑤), justo ante las puertas del palacio, o la más barata *Pensión Pozo de la Nieve*, Baños 4 (☎921 470 598; ③).

Riofrío

El Palacio de **RIOFRÍO** (jun.-sept., mar.-dom., 10-18 h; oct.-mayo, mar.-sáb., 10-13.30 h y 15-17 h; dom., 10-14 h; 650 pesetas) fue construido por Isabel, la esposa de Felipe V; éste temía que fuera expulsada del palacio de La Granja por su hijastro Fernando VI. Pero murió, dejando el trono al hijo de Isabel, Carlos III, y Riofrío no estuvo habitado hasta el siglo XIX, cuando Alfonso XII se mudó allí para llorar la muerte de Mercedes, su joven reina. Él también murió al poco tiempo, y tal vez sea éste el motivo por el que el palacio tiene un aspecto un tanto espartano y destartalado; éste y sus dependencias están pintados de color rosa sucio, y las persianas son verdes; no está rodeado por jardines, sino por un **parque con ciervos**, que el visitante puede recorrer en automóvil pero no a pie. En el interior del palacio hay que unirse a una visita guiada, que atraviesa una interminable serie de habitaciones, ninguna con un mobiliario destacable. Casi la mitad de la visita está dedicada a un **museo de caza**, cuyas piezas más interesantes son reproducciones de pinturas rupestres, incluidas las célebres de Altamira.

Al norte de Segovia

Al **norte de Segovia** hay diversas rutas por las que el viajero puede optar. El tren va al noroeste hacia Valladolid y León, pasando junto a los castillos de **Coca** y **Medina del Campo**, dos de los más soberbios de España. Si el viajero dispone de vehículo propio, o de tiempo para hacer complicados recorridos en autobús, podrá apreciar otros impresionantes castillos de la provincia de Segovia, como los de **Pedraza**, **Turégano** y **Cuéllar**, y aún más si se dirige al norte hasta **Peñafiel** y la serie de castillos situados a lo largo del río Duero. Pedraza y Turégano, que se encuentran a unos 40 km de Segovia, son pequeñas localidades ideales para pernoctar.

Para más detalles acerca de esta zona, véase el capítulo dedicado a Castilla y León.

Al este de Madrid: Alcalá de Henares, Nuevo Baztán, Guadalajara y La Alcarria

La zona situada al este de la capital no es tan interesante. Las únicas excursiones de 1 día que son tentadoras consisten en una visita a la antigua ciudad universitaria de **Alcalá de Henares**, donde nació Cervantes y, para los aficionados al barroco, a **Nuevo Baztán**, una población nueva del siglo XVIII planificada por José de Churriguera. Un poco más allá, **Guadalajara**, que en gran parte es una ciudad moderna, no llama mucho la atención; no obstante la zona situada al sudeste de allí, **La Al-**

carria, ofrece la posibilidad de seguir los pasos de Camilo José Cela, el premio Nobel de Literatura que describió sus viajes por la zona en 1940, en la obra, *Viaje a La Alcarria*.

Alcalá de Henares

ALCALÁ DE HENARES, que se encuentra a unos 30 km de Madrid, es una de las ciudades universitarias más antiguas de Europa, y célebre por ser el lugar donde nació **Miguel de Cervantes**. Durante el siglo XVI la universidad rivalizaba con la de Salamanca, pero en 1836 las facultades se trasladaron a Madrid y la ciudad entró en decadencia. Casi todo el patrimonio artístico se perdió durante la Guerra Civil, y hoy en día se ha convertido prácticamente en un suburbio de Madrid. No vale la pena dedicarle más tiempo que el que supone visitar los puntos de interés, tarea que resulta fácil gracias al servicio regular de trenes (Chamartín o Atocha; cada 15-30 min.) y autobuses (cada 15 min., administrados por Continental Auto) que salen de Madrid durante todo el día.

La **Universidad Antigua** (visitas guiadas, lun.-vier., 11.30, 12.30, 13.30, 17 y 18 h; sáb.-dom. y festivos, 11-14 h y 17-20 h; 300 pesetas) se halla en el corazón del casco antiguo, en la plaza de San Diego. Fue fundada por el cardenal Francisco Jiménez de Cisneros a principios del siglo XVI, y luce una preciosa fachada plateresca y una Gran Sala, el **Paraninfo** (a la que se accede a través de la *Hostería del Estudiante*, un restaurante caro situado en la parte de atrás), que tiene un cielorraso artesonado de estilo mudéjar. Junto a esta sala, la **capilla de San Ildefonso** ostenta otra soberbia cubierta, paredes estucadas y la tumba de mármol italiano del cardenal Cisneros.

Hay dos edificios que reivindican como suyo el lugar de nacimiento de Cervantes. El **Museo Casa Natal de Cervantes**, en la calle Imagen 2 (mar.-dom., 10.15-13.45 h y 16-18.45 h; entrada gratuita), es el más interesante; aunque el edificio apenas tiene 30 años de antigüedad, su estilo es auténtico y está amueblado con objetos del siglo XVI; además alberga un pequeño museo que muestra algunas de las primeras ediciones de *El ingenioso hidalgo don Quijote de la Mancha* y otros objetos relacionados con el autor.

Al oeste de la universidad se halla el **monasterio de San Bernardo**, Vía Complutense (visitas guiadas, lun.-vier., 18 h; sáb., 12.30, 13.30, 17, 18 y 19 h; dom., 17, 18 y 19 h; 350 pesetas), fundado por los cistercienses en 1617 y que recientemente ha abierto sus puertas como museo de arte religioso; en él se recrea el ambiente de un monasterio de aquella época, con sus celdas y la cocina. Cerca de la céntrica plaza Cervantes está el **Teatro Cervantes**, cuya restauración, iniciada hace 18 años, está a punto de terminarse. Descubierto debajo de un destartalado cine por dos estudiantes de teatro en 1980, el teatro, al igual que el Globe Shakespeariano, fue un animado foro de controversia durante la primera mitad del siglo XVII.

En la **oficina de turismo** (todos los días, 10-14 h y 17-19.30 h; jul.-sept., lun., cerrado; ☎918 892 694), cerca de la céntrica plaza de Cervantes, disponen de planos y más información, y todos los puntos de interés se hallan a pocos pasos de aquí. En el centro hay numerosos lugares para comer, y si el viajero quiere **alojarse**, encontrará diversas pensiones en la misma plaza de Cervantes, además del *Hostal Jacinto* (☎918 891 432; ③-④), situado junto a la estación de ferrocarril.

Nuevo Baztán

NUEVO BAZTÁN, a 20 km al sudeste de Alcalá y a 45 km de Madrid, interesará a los aficionados a la arquitectura, el urbanismo o lo meramente curioso. Fue diseñado y construido entre 1709-1713 por José de Churriguera, por encargo del tesorero real, cuyo objetivo era el desarrollo de una industria local dedicada a las artes decorativas.

En la actualidad se encuentra casi deshabitado, aunque en las cercanías se están construyendo nuevas casas para prósperos habitantes de la capital. Como núcleo central, Churriguera construyó un **palacio** y una **iglesia** en forma de una única unidad arquitectónica; esta última luce una enorme fachada con dos torres gemelas, y en el interior hay una cúpula central y unos retablos, que son obra del arquitecto. Detrás del palacio, rodeado por una verja infranqueable, se halla la **plaza de Fiestas**, que dispone de balcones para observar los espectáculos. El resto del complejo está ocupado por las casas de los obreros.

El mejor día para visitar Nuevo Baztán es el domingo. Dos autobuses diarios de la Empresa Izquierdo, calle Goya 80 (Metro Goya), circulan desde Madrid, pero hacen una parada prolongada en Nuevo Baztán sólo los domingos, que es el único día en el que la iglesia permanece abierta.

Guadalajara

A pesar de la fama de su nombre, **GUADALAJARA**, situada al norte de Alcalá de Henares, no es un lugar muy atractivo. Muy dañada durante la Guerra Civil, hoy es una pequeña ciudad industrial, provinciana y desaliñada. No obstante, algunos edificios interesantes sobrevivieron a los bombardeos, en especial el **Palacio del Infantado** (mar.-sáb., 10.15-14 h y 16.30-19 h; dom., 10.15-14 h; 200 pesetas) y diversas iglesias medievales. El palacio, que fue el hogar del duque de Mendoza, ostenta una hermosa fachada y un patio enclaustrado, y en la actualidad alberga un museo de arte local. Se encuentra a pocas manzanas al noroeste de la plaza Capitán Beixareu Rivera, la plaza central de la ciudad.

Frente al Palacio del Infantado hay una **oficina de turismo** (lun.-vier., 9-15 h y 16-18 h; sáb., 10-18 h; dom., 10-15 h; ☎949 220 698). Si el viajero tiene que **alojarse**, el *Hotel España*, en Teniente Figueroa 3 (☎ y fax 949 211 303; ④), es bastante barato y decente; aún más barata resulta la *Pensión Galicia*, San Roque 16 (☎949 220 059; ③). Asimismo abundan los **bares** y **restaurantes**. *Can Vic*, situado en la plaza Fernando Beládiez, es un buen restaurante barato, y para comer pescado o marisco se recomienda *Casa Víctor*, en Bardales 6. En la calle Sigüenza se encuentran la mayoría de los **bares musicales** y **nocturnos**.

Más allá

Tanto las carreteras como las vías de ferrocarril que van desde Madrid a Zaragoza y Barcelona atraviesan Alcalá y Guadalajara, y recorren un camino más o menos paralelo hasta sus respectivos destinos. Sigüenza (véase pág. 153) y Medinaceli (véase pág. 365) son excelentes puntos para hacer un alto en el camino. Desde Guadalajara, el viajero también puede llegar a Cuenca; a partir de esta ciudad tiene la opción de seguir ruta hacia Valencia y la costa. Se trata de un viaje muy agradable, que pasa junto a los grandes embalses de Entrepeñas y Buendía, atravesando el corazón de La Alcarria.

La Alcarria

La Alcarria posee pocos monumentos, pero el paisaje agreste y las ocasionales aldeas impresionan al viajero, sobre todo porque se hallan tan cerca de Madrid. Muchas de las aldeas de las sierras, situadas al norte de la N-320, fueron abandonadas durante el avance de los nacionales hacia Madrid en la Guerra Civil, y hoy sólo se encuentran habitadas por unas pocas personas, además de algunos visitantes de fin de semana madrileños, que están restaurando las antiguas casas.

PASTRANA, a 15 km al sur sobre la N-320 y la mayor localidad de la región, me-

rece una visita. El museo de su gran iglesia **Colegiata** (todos los días, 10.30-13.30 h y 16.30-18.30 h; 300 pesetas) expone algunos maravillosos tapices del siglo XV, en los que aparece la conquista de Tánger y Arcila de Alfonso V de Portugal, además de retablos de Filipinas decorados con ébano y bronce. Fueron llevados a Pastrana por la princesa de Éboli, duquesa de Pastrana, que tras un escándalo en la corte fue encarcelada en el palacio que se asoma a la plaza central, donde le permitían sentarse en el balcón que daba a la plaza (hoy llamada plaza de la Hora) durante 1 hora al día. También resulta interesante el **convento del Carmen**, a 10 minutos a pie del centro. Fue fundado por santa Teresa y en su interior alberga un pequeño museo de arte religioso y más reliquias de la santa (todos los días, 9.30-13 h y 15.30-19 h; 300 pesetas). Hace poco tiempo, una parte de este convento fue convertido en un **hotel**, la *Hospedería Real de Pastrana* (☎949 371 060; ⑤). El otro establecimiento para alojarse está en la localidad, el *Hostal Moratín*, en Moratín 3 (☎949 370 116; ③), limpio, cómodo y situado sobre la carretera principal. Las sinuosas calles de Pastrana, incluidos los antiguos **barrios judíos** y **cristianos**, permiten dar paseos interminables, y hay una modesta **oficina de turismo** (☎949 370 672) en el límite de la localidad, pero por las noches no hay mucha diversión.

transportes

Autobuses
Desde Madrid
Estación Sur de autobuses, calle Méndez Álvaro s/n (Metro Méndez Álvaro) a: Aranjuez (17 diarios; 1 h); Toledo (cada 30 min.; 1 h 15 min.); Arenas de San Pedro (5 diarios; 2 h 15 min.).

La Veloz, avenida del Mediterráneo 49 (Metro Conde de Casal) a: Chinchón (15 diarios; 1 h).

Argabús, avenida del Mediterráneo 49 (Metro Conde de Casal) a: Nuevo Baztán (2-3 diarios; 1 h 15 min.).

Herranz, Intercambiador de Autobuses Moncloa, Moncloa (Metro Moncloa) a: El Escorial (cada 30 min.; 1 h).

La Sepulvedana, Intercambiador de Autobuses Moncloa (Metro Moncloa) a: Cercedilla (cada 30 min.; 45 min.).

La Sepulvedana, paseo de la Florida 11 (Metro Príncipe Pío) a: Ávila (3-7 diarios; 1 h 45 min.); Segovia (27 diarios; 1 h 30 min.).

Continental Auto, avenida de América (Metro Avenida de América) a: Alcalá (cada 15 min.; 40 min.); Guadalajara (cada 30 min.; 45 min.).

Intercambiador de Autobuses, plaza de Castilla (Metro Plaza de Castilla) a: Manzanares del Real (cada hora; 40 min.).

Ávila a: Arenas de San Pedro (1 diario; lun.-vier.; 1 h 30 min.); Madrid (7 diarios; 1 h 45 min.); Salamanca (4 diarios; 1 h 30 min.); Segovia (2-3 diarios; 1 h).

El Escorial a: Guadarrama (8 diarios; 20 min.); Madrid (cada 30 min.; 1 h); Valle de los Caídos (1 diario; 15 min.).

Segovia a: Ávila (2-3 diarios; 1 h); La Granja (12 diarios; 20 min.); Madrid (cada 30 min.; 1 h 30 min.); Salamanca (1-3 diarios; 2-3 h); Valladolid (5-9 diarios; 2 h 30 min.).

Toledo a: Ciudad Real y el sur (1 diario; 2 h); Cuenca (1 diario; lun.-vier.; 2 h 30 min.); Guadamur (3-6 diarios; 20 min.); Madrid (cada 30 min.; 1 h 15 min.); Orgaz (3-11 diarios; 40 min.); La Puebla de Montalbán (6 diarios; lun.-vier.; sáb., 1 diario; 30 min.); Talavera de la Reina, enlace a Extremadura (10 diarios; 1 h 30 min.).

Ferrocarriles
Desde Madrid
Estación de Atocha (Metro Atocha a: Alcalá vía Chamartín (cada 15-30 min.; 30 min.); El Escorial vía Chamartín (27 diarios; 1 h); Guadalajara vía Chamartín (44 diarios; 50 min.); Segovia vía Chamartín (9 diarios; 2 h); Toledo vía Aranjuez (9 diarios; 1 h 15 min.).

Chamartín (Metro Chamartín a: Ávila (17 diarios; 2 h); Cercedilla (23 diarios; 1 h 25 min.).

Aranjuez a: Cuenca (5 diarios; 2 h); Madrid (8 diarios; 45 min.); Toledo (9 diarios; 30 min.).

Ávila a: Madrid (35 diarios; 1 h 30 min.-2 h); El

Escorial (7 diarios; 1 h 10 min.); Medina del Campo (14 diarios; 40 min.); Salamanca (3 diarios; 2 h); Valladolid (14 diarios; 1 h).

Cercedilla a: Madrid (23 diarios; 1 h 25 min.); Puerto de Navacerrada (12 diarios; 30 min.); Segovia (9 diarios; 1 h).

El Escorial a: Ávila (7 diarios; 1 h 10 min.); Madrid (27 diarios; 1 h).

Segovia a: Cercedilla (9 diarios; 1 h); Madrid (9 diarios; 2 h).

Toledo a: Aranjuez (9 diarios; 30 min.); Madrid (9 diarios; 1h 15 min.).

CAPÍTULO TRES

CASTILLA-LA MANCHA

La amplia extensión que cubre este capítulo corresponde a una de las zonas más recorridas, aunque no visitadas, de España. La mayoría de los turistas que llegan al sur de Toledo (del que nos ocupamos en el capítulo precedente, «Alrededores de Madrid») cruza las llanuras de Castilla-La Mancha sin detenerse hasta llegar a Valencia o Andalucía, o sigue los grandes ríos que surcan Extremadura hacia Portugal. A primera vista, puede ser comprensible. De hecho, **Castilla-La Mancha** es la zona más inhóspita de España por su geografía, caracterizada por su llanura vasta y desnuda, ardiente en verano y expuesta a un frío glacial en invierno. Pero la primera impresión es engañosa, ya que los pueblos apartados de las principales carreteras son tan acogedores como los del resto del país, y en el nordeste, donde empiezan las montañas, se halla la extraordinaria ciudad colgante de **Cuenca** y la histórica población de **Sigüenza**, en la que destaca su preciosa catedral. Castilla-La Mancha es también el centro agrícola y vinícola más importante de España, y el lugar por donde don Quijote anduvo desfaciendo entuertos.

Esta región fue denominada durante mucho tiempo **Castilla La Nueva**, y hasta la década de 1980 incluía también a Madrid; en la actualidad recibe el nombre de **Castilla-La Mancha**, aunque sus llanuras intensamente cultivadas cubren hoy en día la mayor parte de la tierra, consiguiendo así que sea menos yerma de lo que indica su nombre (La Mancha procede del árabe *manxa*, que significa «estepa»). Los principales puntos de interés de esta autonomía se encuentran diseminados en un hipotético arco trazado desde Madrid, sin que existan a medio camino puntos de interés que recompensen el trayecto. Si el viajero se dirige al este tomando **trenes** y **autobuses** a Aragón, no hay muchos destinos que justifiquen una parada, a excepción de Sigüenza (camino de Zaragoza) y Cuenca (camino de Teruel). Hacia el sur, Toledo tiene enlaces en autobús dentro de su propia provincia, pero si va hacia Andalucía o Extremadura es mejor que vuelva a Madrid y salga desde allí. La línea ferroviaria de Toledo para en la ciudad.

Si el viajero dispone de **vehículo propio** y se dirige **hacia el sur**, tanto la carretera de Toledo a Ciudad Real como los montes de Toledo y las marismas del Parque Nacional de las Tablas de Daimiel son lugares que ofrecen buenas alternativas a la sofocante N-IV. Si va **hacia el este**, de Cuenca a Teruel, se aconseja seguir el río Júcar hasta salir de la provincia por la ruta de las extrañas formaciones rocosas de la Ciudad Encantada y el nacimiento del río Tajo. **Hacia el oeste**, la N-V que cruza Extremadura es una de las carreteras más monótonas y calurosas de España, por lo que se recomienda tomar la C-501 que pasa a través de la sierra de Gredos (véase capítulo anterior, «Alrededores de Madrid»), o cortar por Talavera de la Reina, que conduce al monasterio de Yuste por el exuberante valle de La Vera.

Las siguientes secciones cubren las vistas y carreteras principales de Castilla-La Mancha en el sentido de las agujas del reloj, del nordeste al sudoeste de Madrid.

Sigüenza

SIGÜENZA, a 120 km al nordeste de Madrid, es una población con una hermosa catedral. A primera vista parece inmerso en el pasado, aunque las apariencias engañan: en 1936 Sigüenza fue tomada por las tropas franquistas, y el pueblo estuvo en la vanguardia del frente nacional durante la mayor parte de la Guerra Civil, lo que tuvo cos-

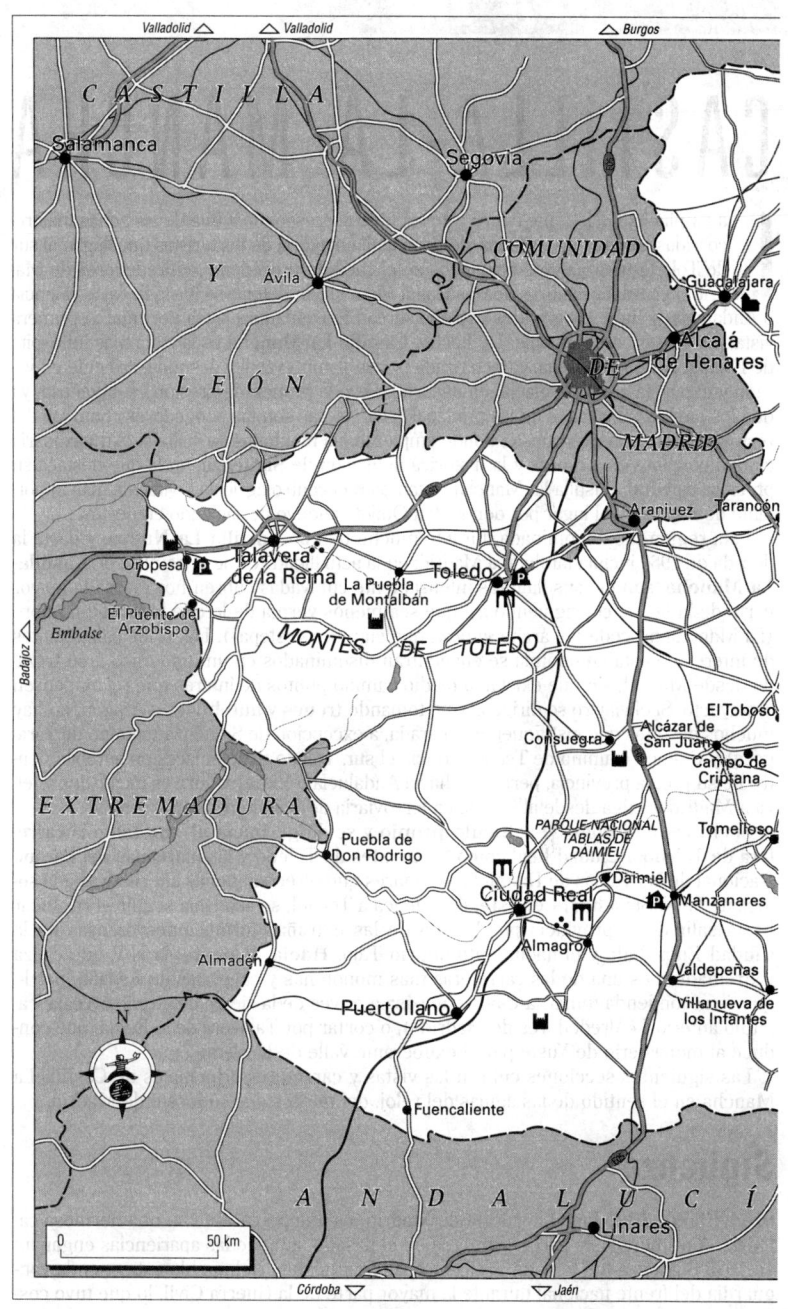

CASTILLA-LA MANCHA/155

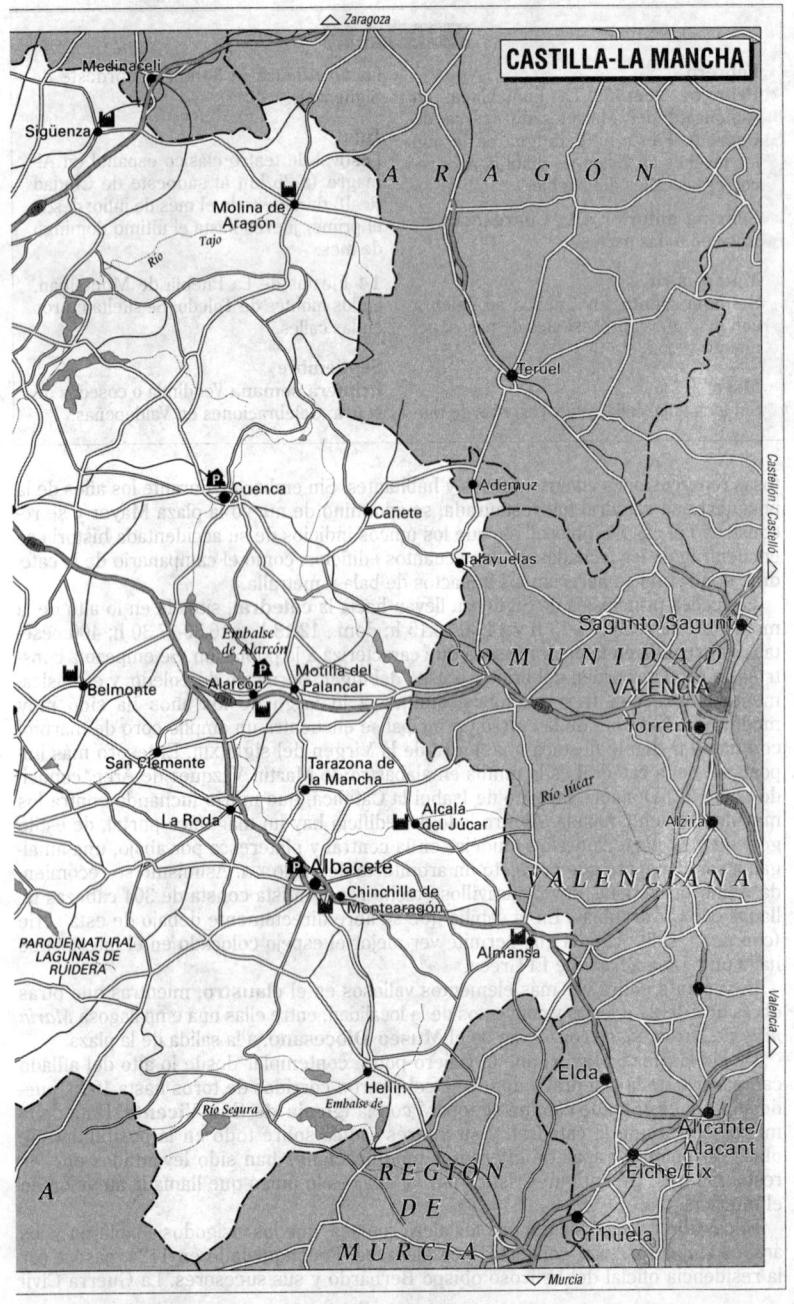

FIESTAS

Febrero
Primera semana La Endiablada, en Almonacid del Marquesado (cerca de Cuenca). Fiesta muy antigua en la que los jóvenes se visten de diablos para recorrer las calles del pueblo.

Semana anterior a la Cuaresma Carnaval en todas partes.

Marzo/abril
Semana Santa En Cuenca se celebra con magníficas procesiones de pasos, penitentes, etc.

Mayo
Sin fecha fija, cabalgata y carreras de mulas en Atienza (a 30 km al nordeste de Sigüenza).

Julio
Festival de teatro clásico español en Almagro (a 25 km al sudoeste de Ciudad Real), durante todo el mes de julio: desde el primer jueves hasta el último domingo de mes.

14 Fiestas de La Puebla de Montalbán, en los montes de Toledo. Se sueltan toros en las calles.

Septiembre
Primera semana Vendimia o cosecha de la uva. Celebraciones en Valdepeñas.

---

tosas repercusiones en sus edificios y habitantes. Sin embargo, durante los años de la posguerra su catedral fue restaurada, se adoquinó de nuevo la plaza Mayor y se reconstruyó el castillo obispal; así que los únicos indicios de su accidentada historia se encuentran en las fachadas de unos cuantos edificios, como el campanario de la catedral, donde aún se aprecian los impactos de bala y metralla.

Las calles principales de Sigüenza llevan hacia la **catedral**, situada en lo alto de la montaña (mar.-sáb., 11-13 h y 14.30-18.15 h; dom., 12-13 h y 16.30-17.30 h; 400 pesetas), construida en la piedra rosada que caracteriza a la población. Se empezó a construir en 1150 por orden del primer obispo del lugar, Bernardo de Toledo, y es básicamente gótica, con tres rosetones, aunque a lo largo de los años ha sido muy modificada. Enfrente de la entrada principal se encuentra un amplio coro de mármol con un altar donde destaca una figura de la Virgen del siglo XIII. El tesoro más importante de la catedral es la tumba en alabastro de Martín Vázquez de Arce, conocido como «El Doncel», favorito de Isabel la Católica, que murió luchando contra los musulmanes en Granada. Al otro lado del edificio hay un magnífico portal, de estilo gótico en su parte superior, mudéjar en la central y plateresca por abajo, una amalgama sorprendente que proyectó un arquitecto del siglo XVI. Asimismo se recomienda visitar la sacristía, cuyo maravilloso techo renacentista consta de 304 cabezas talladas por Covarrubias. En la capilla que se abre directamente debajo de esta serie (con una insólita cúpula que permite ver mejor el espejo colocado en el interior) se halla una *Anunciación* de El Greco.

El visitante podrá ver más elementos valiosos en el **claustro**, mientras que otras obras de arte de iglesias y conventos de la localidad, entre ellas una empalagosa *María niña* de Zurbarán, se conservan en el **Museo Diocesano**, a la salida de la plaza.

Desde la **plaza Mayor**, que el viajero podrá contemplar desde lo alto del afilado campanario de la catedral y donde se celebraron corridas de toros hasta 1985, puede subir al castillo; de camino se topará con la **iglesia de San Vicente**. Data de la misma época que la catedral, y su interés radica sobre todo en la posibilidad de observar cuántas capas de diferentes modificaciones han sido levantadas por los restauradores. Un antiguo Cristo sobre el altar es lo único que llama la atención en el interior.

El **castillo** empezó siendo una fortaleza romana, que los visigodos adaptaron y los árabes ampliaron para convertirlo en alcazaba. Reconquistado en 1124, pasó a ser la residencia oficial del belicoso obispo Bernardo y sus sucesores. La Guerra Civil

redujo el castillo a ruinas, pero fue reconstruido casi en su totalidad en la década de 1960 y convertido en parador.

Aspectos prácticos

Hay una oficina de **turismo** bastante deslustrada en el ayuntamiento, en el extremo superior de la plaza Mayor (mar.-vier., 9-14 h; sáb., 9-15 h y 16-19 h; dom., 9-15; ☎949 393 251). El **alojamiento** no suele ser un problema. Entre los establecimientos céntricos se encuentra la *Pensión Pérez*, en García Atance 9 (☎949 391 263; ①), el *Hostal El Doncel*, en paseo de la Alameda 3 (☎949 391 090; fax 949 390 080; ⑤) y *El Motor*, avenida Juan Carlos I 2 (☎949 390 827; fax 949 390 007). El *Villa Julia*, en paseo de las Cruces 27 (☎949 393 339; ⑤), es una casa rural (casa privada) cara pero muy cómoda, con tan sólo cinco habitaciones con baño, mientras que el *Parador de Sigüenza* (☎949 390 100; fax 949 391 364; ⑦) resulta un tanto solitario pero tiene hermosas vistas desde los pisos supe-

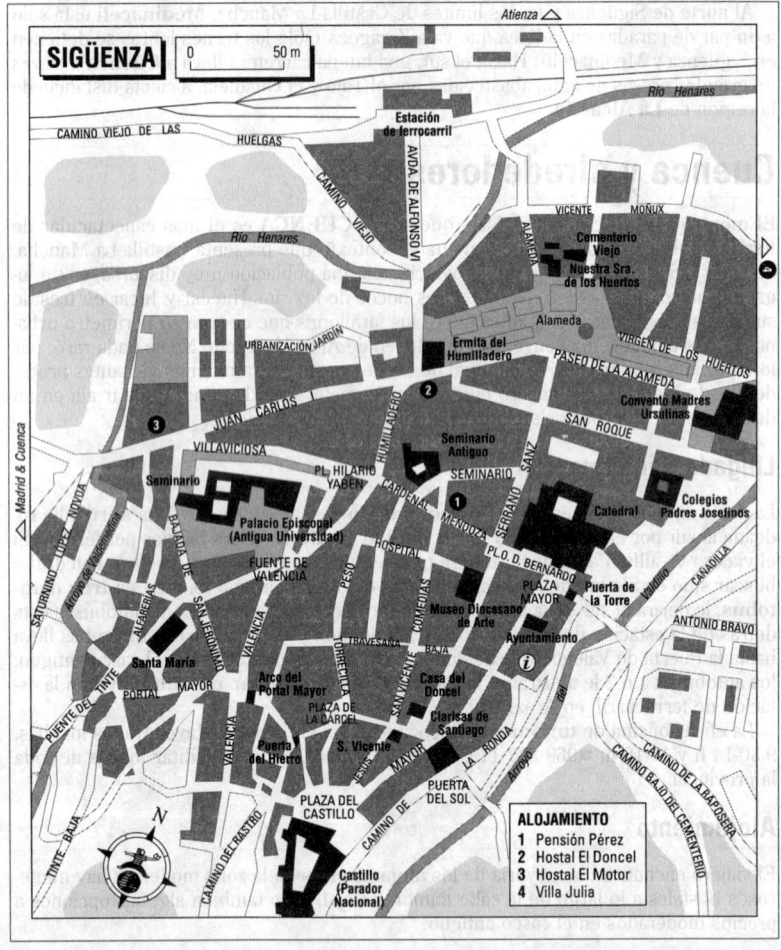

ALOJAMIENTO
1 Pensión Pérez
2 Hostal El Doncel
3 Hostal El Motor
4 Villa Julia

CÓDIGOS DE LOS PRECIOS DE ALOJAMIENTO

En esta guía, los precios de alojamiento se reseñan en una escala de ① a ⑨, indicando el precio **más bajo** que puede esperar pagar por noche en un establecimiento por una **habitación doble**, en temporada alta. Los precios, señalados por los códigos, son los siguientes:

- ① menos de 2.000 pesetas/12 euros
- ② 2.000-3.000 pesetas/12-18 euros
- ③ 3.000-4.500 pesetas/18-27 euros
- ④ 4.500-6.000 pesetas/27-36 euros
- ⑤ 6.000-8.000 pesetas/36-48 euros
- ⑥ 8.000-12.000 pesetas/48-72 euros
- ⑦ 12.000-17.500 pesetas/72-105 euros
- ⑧ más de 17.500 pesetas/105 euros

riores. Para **comer**, se recomiendan los restaurantes de los hoteles *El Motor* y *El Doncel*; asimismo se aconsejan las excelentes tapas en la *Cafetería Atrio* de la plaza Mayor.

Al norte de Sigüenza y en los límites de Castilla-La Mancha, **Medinaceli** está sólo a un par de paradas en la línea que va a Zaragoza (sólo los trenes lentos se detienen en Sigüenza y Medinaceli). Hacia el sur, una buena carretera lleva a **Cuenca** a través de grandes presas de agua abastecidas por el Tajo y el Guadiela, a cierta distancia de la región de **La Alcarria**.

Cuenca y alrededores

El montañoso y escarpado paisaje que rodea **CUENCA** es el más espectacular de España, sobre todo teniendo en cuenta el contexto que presenta Castilla-La Mancha. La propia ciudad, capital de una provincia con una población muy dispersa, es un lugar hermoso, pues está rodeada por las hoces de los ríos Huécar y Júcar en tres de sus caras y tiene casas colgantes sobre los farallones que cierran su perímetro urbano, la más bonita se ha convertido en Museo de Arte Abstracto. No es nada raro, por lo tanto, que sea un destino habitual de fin de semana para muchos visitantes procedentes de Madrid. Si el viajero quiere sacarle mejor partido, tendrá que ir allí en un día laborable, y pernoctar en la ciudad para captar su ambiente.

Llegada e información

La parte antigua de Cuenca —el **casco antiguo**— se levanta sobre una sierra alta rodeada al sur por el río Huécar y por la **ciudad moderna** y sus barrios periféricos. Si el viajero va allí en automóvil, tendrá que seguir las indicaciones hacia la catedral y buscar sitio en alguno de los aparcamientos del casco antiguo. Si viaja en **tren** o **autobús**, le dejará al sur de la parte moderna de la ciudad; la estación de autobuses está detrás de la estación de ferrocarril. La calle Ramón y Cajal que parte de ambas lleva hasta la Puerta de Valencia, desde donde hay un buen ascenso hasta el casco antiguo; los autobuses 1 o 2 le ahorrarán la caminata. Puede **alquilar un automóvil** en la estación de ferrocarril, en Arexi (☎969 234 148).

La eficaz oficina de **turismo** de Cuenca se halla en la plaza Mayor (todos los días, 9.30-14 h y 16-18 h; ☎969 232 119; fax 969 235 356), y suele facilitar mapas de toda la provincia.

Alojamiento

El viajero encontrará la mayoría de los **alojamientos** en la zona moderna; hay numerosos hostales a lo largo de la calle Ramón y Cajal, pero también algunas opciones a precios moderados en el casco antiguo.

Opciones económicas
Pensión Central, Alonso Chirino 9 (☎969 211 511). Pensión a buen precio que ofrece habitaciones grandes con baño aparte. ②
Pensión Cuenca, avenida de la República Argentina 8 (☎969 212 574). Pensión moderna cerca de las estaciones de ferrocarril y autobús; dispone de algunas habitaciones con ducha. ②-③
Pensión Marín, Ramón y Cajal 53 (☎969 221 978). Sencilla, pero limpia y céntrica. ②
Pensión Real, Larga 39 (☎969 229 977). El último edificio del casco antiguo, con vistas imponentes de Cuenca. Dispone de 19 habitaciones con baño o ducha para compartir. ③
Pensión Tabanqueta, Trabuco 13 (☎969 211 290). La mejor pensión de la ciudad, con maravillosas vistas y un bar concurrido donde sirven buena comida a precios moderados. Baño para compartir. ③

Opciones moderadas y caras
Hotel Alfonso VIII, Parque de San Julián 3 (☎969 212 512; fax 969 214 325). En un hermoso entorno, enfrente del parque de la zona nueva. Caro. ⑥
Hotel Arévalo, Ramón y Cajal 29 (☎969 223 812). Hotel céntrico con aparcamiento vigilado. ④
Hostal Avenida, avenida Carretería 25 (☎969 213 343; fax 969 212 335). Hostal funcional pero cómodo, cerca del parque, bien ubicado en el casco antiguo. Todas las habitaciones disponen de televisor y baño. ④
Hotel Figón de Pedro, Cervantes 17 (☎969 224 511). Hotel bien regentado en plena zona moderna, con un excelente restaurante. ④
Hotel Leonor de Aquitania, San Pedro 58-60 (☎969 231 000). Principal hotel de Cuenca, situado en el casco antiguo; maravillosas vistas, que se corresponden con el precio. ⑥
Parador de Cuenca, convento de San Pablo (☎969 232 320; fax 969 232 534). Caro y nada especial; decántese por el *Leonor de Aquitania*, que sale más a cuenta y tiene mejores vistas. ⑦
Hostal Posada de San José, Julián Romero 4 (☎969 211 300; fax 969 230 365). Edificio antiguo y encantador en el casco antiguo, cerca de la catedral. Sólo tiene 30 habitaciones (21 con baño), así que se recomienda reservar antes. ⑥

Cámping
Cámping Cuenca, a 6 km al norte de la ciudad por la CU-921 (☎969 231 656). Rodeado de espesos pinares. Mediados marzo-dic.

El casco antiguo

Después de cruzar cualquiera de los numerosos puentes que hay sobre el río Huécar el visitante encontrará una cuesta (la mayoría de las calles son empinadas) que asciende hacia el **casco antiguo**, una estrecha cuña de callejuelas que limitan sobre maravillosas vistas a este y oeste.

Aproximadamente en el centro del barrio se halla la plaza Mayor, un bonito espacio al que se accede por las arcadas barrocas del ayuntamiento y rodeada por varios cafés. La mayor parte de la cara este queda ocupada por la **catedral** (mar.-sáb., 11-14 h y 16-18 h; dom., 11-14 h; entrada gratuita), cuya fea e inconclusa fachada traiciona el intento de embellecer un sencillo edificio gótico. El interior es mucho más atractivo, sobre todo el arco esculpido en estilo plateresco al final de la nave norte, y la capilla adyacente, donde destacan esculturas paganas en la entrada. La capilla este, detrás del al-

160/CASTILLA-LA MANCHA

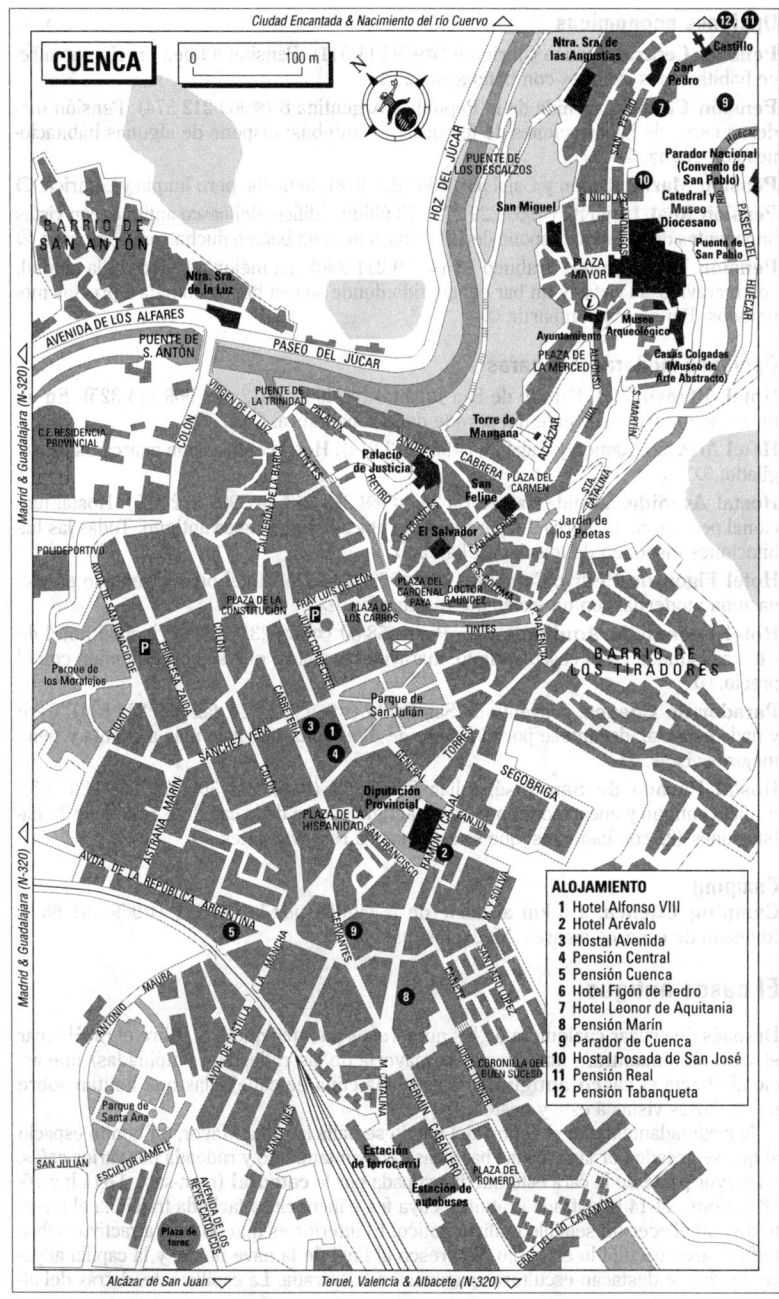

tar, luce un precioso techo artesonado que sólo puede contemplarse a través de la puerta cerrada.

Al lado de la catedral se encuentra el **Museo Catedralicio** (mar.-vier., 11-14 h y 16-18 h; sáb., 11-14 h y 16-20 h; dom., 11-14.30 h; 200 pesetas), que expone piezas de oro y plata, y puertas talladas por Alonso Berruguete. El techo de este edificio, que en la actualidad parece una tarta barroca de azúcar de alcorza, era originalmente un hermoso techo mudéjar como el que hay en la capilla este. El visitante podrá contemplar más tesoros religiosos en el **Museo Diocesano** de la calle Obispo Valero (mar.-sáb., 11-14 h y 16-18 h; dom., 11-14 h; 200 pesetas), donde se conservan dos lienzos de El Greco, una magnífica *Crucifixión* de Gerard David y un díptico bizantino único en España. Enfrente está el nuevo **Museo Arqueológico** (mar.-sáb., 10-14 h y 16-19 h; dom., 10-14 h; 300 pesetas), que muestra algunos hallazgos romanos de la localidad.

Sin embargo, la atracción artística más destacada de Cuenca es el **Museo de Arte Abstracto** (mar.-vier., 11-14 h y 16-18 h; sáb., 11-14 h y 16-20 h; dom., 11-14.30 h; 500 pesetas), una galería fundada en la década de 1960 por Fernando Zóbel, uno de los representantes españoles más destacados de la llamada generación-figurativa. En la actualidad, el museo depende de la prestigiosa Fundación Juan March, que expone en él obras de una colección completa de pinturas y esculturas abstractas firmadas, entre otros, por Eduardo Chillida, José Guerrero, Lucio Muñoz, Antonio Saura y Fernando Zóbel, además de mostrar las mejores exposiciones itinerantes que recorren las provincias españolas. El propio museo constituye una sorprendente adaptación de un par de casas colgantes del siglo XV, con balcones voladizos que cuelgan, literalmente, de la fachada del farallón.

Existen otros monumentos interesantes en Cuenca como el Museo de las Ciencias, en la plaza de la Merced (☎969 240 320), pero la mayor atracción es la ciudad en sí. Se recomienda tomarse una copa en uno de los bares situados frente a la catedral, en la plaza Mayor, e intentar sentir lo que debe experimentarse al vivir en una de las casas colgantes; o caminar bordeando la garganta del Huécar y levantar la vista hacia las casas colgantes y otros edificios de aspecto menos seguro que dan al río. De noche el efecto es aún más espectacular.

Comida, copas y vida nocturna

El núcleo turístico de Cuenca es la plaza Mayor; si el viajero quiere tomarse una copa al atardecer no encontrará un sitio mejor para hacerlo. Aquí también puede comer, aunque le servirán mejor en los **bares** y **restaurantes** de la parte moderna. Cuenca no tiene una **vida nocturna** muy intensa, ya que se trata de una ciudad castellana pequeña, pero hay algunos bares musicales en la calle Doctor Galíndez y sus alrededores, cerca de las estaciones de ferrocarril y autobuses. Algunos de los mejores establecimientos donde puede comer aparecen a continuación.

Figón de Pedro, Cervantes 15 (☎969 226 821). Restaurante de renombre que sirve el tradicional asado y un magnífico plato de mero. Dom. noche y lun., cerrado. Entre moderado y caro.

Mesón Casas Colgadas, Canónigos 3 (☎969 223 509). Un buen restaurante en una bonita casa colgante en lo alto del casco antiguo. Se recomienda el cochinillo y otras especialidades castellanas. Jue. noche, cerrado. Caro.

La Ponderosa, San Francisco 20. La mejor selección de tapas en una calle llena de mesones interesantes. Dom., cerrado.

Posada San Julián, De las Torres 1. Un bonito local con menús bastante buenos; precios moderados.

Restaurante Plaza Mayor, en la plaza principal. Sirve especialidades y licor (resoli) local. Entre 2.000 y 3.000 pesetas por persona.

Taberna Tintes, Tintes 7. Recién renovado, este local concurrido y popular sirve una amplia gama de platos de precios moderados. Lun., cerrado.
Togar, avenida de la República Argentina 3. Restaurante popular con bodega que sirve platos locales y especialidades regionales. Unas 3.000 pesetas por persona.

La Ciudad Encantada y alrededores

La típica excursión que se suele hacer desde Cuenca es a la **Ciudad Encantada**, un «parque» de formaciones de piedras calizas con una extensión de 20 km^2. La erosión ha esculpido en la piedra una serie de raras formas abstractas, naturales, de aspecto animal. Algunos de sus nombres —«lucha entre un elefante y un cocodrilo», por ejemplo— fuerzan un poco la imaginación del visitante, pero las rocas son sin duda sorprendentes, y muchas de sus formas parecen esculpidas por la mano del hombre.

La zona más interesante está cerrada (acceso todos los días, 10-atardecer; 300 pesetas). El aparcamiento y los restaurantes caros situados en el exterior delatan su popularidad entre los domingueros madrileños. Sin embargo, fuera de temporada y entre semana, el viajero podrá disfrutar del parque casi en solitario. Necesitará disponer de vehículo propio para llegar hasta él, ya que se halla a unos 20 km al nordeste de Cuenca por las carreteras secundarias que llevan a Albarracín. Si se queda sin transporte, puede pernoctar en el **hostal** del lugar, *Ciudad Encantada* (☎969 288 194; ⑤), frente a la puerta de entrada.

Hacia las fuentes del Tajo

Si el viajero dispone de vehículo propio debe saber que la carretera que parte del oeste de la Ciudad Encantada y va hacia Albarracín (véase capítulo, «Aragón») es una maravilla, pues remonta hacia la **garganta del Júcar** cruzando la frondosa y escasamente poblada serranía de Cuenca. Durante el trayecto, todavía en esta provincia, el visitante puede parar en **UÑA**, un pueblo asentado entre un lago y una presa donde se encuentra el *Hotel Agua Riscas* (☎969 281 332; ⑤), que además tiene restaurante panorámico y bar con jardín.

Ya en los límites de la provincia, al entrar en Teruel, la carretera entre Uña y Frías de Albarracín atraviesa un punto llamado García, donde verá una señalización de carretera que indica el acceso a la **garganta del río Tajo**. Por debajo de una horrible escultura de la década de 1960 rezuma el chorro de agua cenagosa que da lugar al curso de uno de los grandes ríos ibéricos, que se abre camino hacia el océano Atlántico para desembocar en Lisboa.

Belmonte, El Toboso y Alarcón

Yendo desde Cuenca hacia el sur, o al oeste desde Toledo, la provincia de Cuenca contiene un par de lugares más donde quizás el viajero quiera recalar durante su viaje, si dispone de vehículo propio: el pueblo que hay bajo el castillo de **Belmonte** (en la N-420) y **Alarcón** (a la salida de la N-III hacia Valencia).

Belmonte y El Toboso

El pueblecito de **BELMONTE** está en parte rodeado por una gran pared de piedra, en cuyo extremo se levanta un magnífico **castillo** del siglo XIV (todos los días, 10-14 h y 16-19 h; 200 pesetas). Parcialmente reconstruido durante el siglo XIX, en la actualidad es poco más que una carcasa vacía, aunque su tardía restauración revela lo que en una época debieron de ser unos sorprendentes techos de artesonado mudéjar. También el pueblo ha conocido mejores tiempos, aunque tiene una bonita iglesia colegial y un **hotelito** agradable, *La Muralla* (☎967 171 045; ②).

Prosiguiendo hacia el oeste desde Belmonte, los admiradores de Cervantes desea-

rán pasar por el atractivo pueblo de **EL TOBOSO**, situado en una carretera secundaria al sur de la N-301. De allí procedía la amada ideal de don Quijote, Dulcinea, cuya «casa» ha sido identificada y convertida en un pequeño museo (mar.-sáb., 10-14 h y 16-18.30 h; dom., 10-14 h; 100 pesetas), junto a un hostal contiguo y un restaurante. De nuevo al oeste, el viajero puede cruzar el campo —y pasar la N-IV— hacia **Consuegra** (véase pág. siguiente), donde hay una docena de molinos.

Alarcón

ALARCÓN ocupa un impresionante emplazamiento defensivo excavado por el río Júcar. Casi completamente cerrado por la muralla, el pueblo es accesible por una lengua de tierra lo bastante ancha como para permitir el paso de una carretera que atraviesa una serie de **puertas fortificadas**. A diferencia de Belmonte, Alarcón es un lugar animado, al menos durante los fines de semana, ya que muchas de sus casas con blasón han sido restauradas y convertidas en segunda residencia de algunos madrileños.

En lo alto del pueblo se erige un hermoso **castillo**, que data del siglo VIII y que fue conquistado por los musulmanes en 1184, tras un sitio de 9 meses. En la actualidad ha sido convertido en un caro **parador**, el *Parador Marqués de Villena* (☎969 331 350; fax 969 330 303; ⑧), uno de los más pequeños y peculiares del país. El viajero encontrará un alojamiento mucho más asequible en la *Pensión El Infante* de la calle Dr. Tortosa 6 (☎969 331 360; ④). Cualquiera de las dos opciones precisa reserva anticipada en verano o durante los fines de semana.

Provincia de Albacete

Si el visitante viaja de Madrid a Cuenca o Alicante y Murcia, atravesará la **provincia de Albacete**. Ocupada en su mayor parte por llanuras áridas, ésta es la imagen que suele atribuirse a Castilla-La Mancha, con su poco llamativa capital de provincia, **Albacete**, y una única atenuante geográfica: el **río Júcar** que, en su sector norte, inunda casi sin previo aviso la llanura.

El río Júcar: Alcalá del Júcar

Si el visitante viaja en automóvil, vale la pena que salga de las carreteras principales y dé un rodeo al este para cruzar el río Júcar, cortando por **Casas-Ibáñez** (en la N-322) y **Ayora** (en la N-330) para dirigirse al pueblo de **ALCALÁ DEL JÚCAR**. Casi totalmente rodeada por el río, esta población sorprende por sus casas construidas unas sobre otras y horadadas en la fachada blanca de la hoz. Algunas de estas **cuevas** han sido transformadas en bares y restaurantes, y vale la pena detenerse en ellos, ya que tienen salas que se adentran en la hoz hasta alcanzar una profundidad de 170 m y ventanas que dan sobre las dos curvas del meandro del río. En verano permanecen abiertos todos los días, el resto de año sólo los fines de semana. Alcalá tiene también un **castillo**, que ha experimentado varias remodelaciones en los últimos 1.500 años. Si el viajero quiere pernoctar aquí, hay un par de **hostales** en la carretera principal que pasa por la parte inferior del pueblo.

Albacete

ALBACETE, que los musulmanes llamaban *al-Basit* —«la llanura»—, es, a excepción de unos pocos callejones, una ciudad moderna. Su oficina de turismo sólo indica un par de lugares de interés en su mapa. Si el visitante no tiene mucho interés puede prescindir de uno de ellos, la **catedral**, en la que sólo destaca la utilización de colum-

nas jónicas a horcajadas de la nave central en lugar de los habituales pilares. El **Museo de Albacete** (mar.-sáb., 10-14 h y 16.30-17 h; dom., 9-14 h; 200 pesetas), sin embargo, muestra una exposición arqueológica y etnográfica más que respetable; entre sus obras más preciadas destacan cinco muñequitas romanas perfectamente esculpidas y ensambladas, y unos cuantos cuchillos, una especialidad de Albacete que, junto con Toledo, se remonta a la época musulmana. Si el viajero busca algo de cuchillería, ésta es su oportunidad.

Albacete tiene una gran oferta **hostelera**, pero no hay motivo alguno para quedarse allí. Tampoco se deje tentar por los anuncios del parador de Albacete, una creación moderna al sureste del pueblo, justo en la pista de aterrizaje de un aeropuerto militar.

Chinchilla de Monte-Aragón

A 13 km al sudeste de Albacete se halla **CHINCHILLA DE MONTE-ARAGÓN**, un pueblecito montañés donde vale la pena parar si el viajero pasa por allí, aunque la mayoría de sus mansiones e iglesias se encuentran deterioradas o están siendo restauradas. La **fortaleza** situada en lo alto de la montaña, tan impresionante desde la carretera inferior, es una ruina a los cuatro vientos que no merece el ascenso, pero el **convento de Santo Domingo**, en la parte baja del pueblo, conserva indicios de arte mudéjar del siglo XIV. Asimismo hay un pequeño **Museo de Cerámica** de alcance nacional en la calle de la Peñuela, abierto los sábados por la tarde y domingos.

Ciudad Real y el corazón de La Mancha

Existe un gran vacío en medio del mapa turístico de España, situado entre Toledo y los límites de Andalucía y entre Extremadura y la costa este. Corresponde a la provincia de **Ciudad Real**, el corazón de **La Mancha**. El departamento de turismo promociona la *Ruta de don Quijote* a través de las llanuras, con parada especial en los molinos de viento y otras visitas quijotescas; se trata de una ruta señalizada que el viajero puede hacer en un solo día pero que, a menos que esté enamorado del libro, tiene un interés menor. Sin embargo, hay unos cuantos lugares que merecen una visita si dispone de tiempo, sobre todo **Consuegra**, donde se halla el mejor molino de viento manchego, **Almagro**, que tiene una plaza con arcadas y un teatro medieval, y **Calatrava**, por las ruinas del castillo donde se ordenaban los caballeros de su época.

Consuegra

CONSUEGRA queda al oeste de la N-IV, más o menos a medio camino de Madrid a Andalucía. Se trata de uno de los asentamientos más pintorescos y típicos de La Mancha, y se encuentra debajo de doce molinos de viento restaurados (y muy fotogénicos). En el primero de ellos está la oficina de **turismo** del pueblo, con un horario de apertura un tanto temperamental, quijotesco incluso, aunque ofrecen una buena información sobre la *Ruta de don Quijote*, mientras que los demás contienen tiendas y talleres. Comparten escenario con un **castillo** en ruinas, que en el siglo XII era la sede de la orden de San Juan, y desde donde se contemplan espléndidas vistas de la llanura. A pesar de tener las carreteras con mayor número de baches de España, el pueblo situado debajo es también atractivo, con una plaza Mayor muy concurrida y muchas iglesias mudéjares.

Los **alojamientos** quedan limitados al agradable *Hostal-Restaurante San Paul* (☎925 481 315; ③), en el centro, y el cómodo *Hotel Las Provincias* (☎925 482 000; ③), a pocos pasos de la carretera principal, al norte del pueblo.

DON QUIJOTE

Las aventuras caballerescas de **don Quijote**, que tienen los castillos, molinos, viñedos y campos de trigo de La Mancha como escenario de fondo, han cautivado a los lectores desde que *El ingenioso hidalgo don Quijote de La Mancha* fuera publicado en 1604.

Sin ser una novela en el sentido contemporáneo del término, la obra de **Miguel de Cervantes** consta de una serie de episodios cuyo protagonista es un caballero rural de unos 50 años, con una mente alterada por la lectura de las novelas de caballerías. En un arrebato, cambia su nombre por el de don Quijote de La Mancha y monta a caballo, ataviado con una oxidada armadura, para salir a desfacer entuertos por el mundo. A su lado tendrá siempre a **Sancho Panza**, un campesino tosco y barrigón que a menudo suelta refranes. A lo largo de la novela don Quijote, que atrae enseguida la simpatía del lector, carga contra molinos de viento y ovejas (a los que confunde con gigantes y ejércitos enemigos), intenta desaforadamente ayudar a los demás y recibe las burlas de todos por su esfuerzo. Entristecido pero sensato, regresa a casa, donde fallece.

La **vida de Cervantes** fue casi tan variopinta como la de su personaje. Hijo de un pobre médico, luchó como soldado en la batalla marítima de **Lepanto**, donde perdió el brazo izquierdo y fue hecho prisionero por los piratas, que lo llevaron como esclavo a Argelia. Tras su rescate regresó a España; aquí pasó el resto de su vida en relativa pobreza como comisario de la Hacienda pública, escribiendo novelas y obras de teatro. Murió poco después de la publicación de la segunda parte del Quijote, siendo «viejo, soldado, caballero y pobre».

Los hispanistas han realizado tan profundas exégesis de la obra de Cervantes como sus colegas británicos han estudiado la de Shakespeare. La mayoría cree que *Don Quijote de la Mancha* es una sátira de las novelas de la época, y que sus dos protagonistas principales encarnan dos fuerzas ánimicas que rigen el carácter español: don Quijote representa al soñador poco pragmático, mientras que Sancho es la sabiduría popular y la franqueza. Asimismo algunos leen la obra como la expresión irónica de un visionario o un mártir frustrado en un mundo materialista, mientras otros la ven como un ataque a la Iglesia y a todo lo establecido. Polémicas aparte, se dice que esta divertida historia de aventuras, que contiene una gran riqueza de personajes y está protagonizada por un héroe adorable, ha sido reimpresa tantas veces en todo el mundo que sólo la Biblia la supera en número de ediciones.

El amable loco de Cervantes ha inspirado un abundante legado de reinterpretaciones artísticas (incluida el extraño y original relato de **Jorge Luis Borges**), de las que quizá las más perdurables sean la ópera popular de **Jules Massenet** y el poema sinfónico de **Strauss**, en el que el héroe está encarnado por un noble violonchelo.

Ciudad Real

CIUDAD REAL, capital de provincia en el corazón de esta llana región, constituye una buena base para hacer excursiones, ya que dispone de buenas comunicaciones en autobús con la mayoría de pueblos de su entorno. Asimismo tiene algunos puntos de interés, como la **Puerta de Toledo**, de estilo mudéjar, en el único tramo que conserva de sus murallas medievales, al norte de la ciudad en la carretera a Toledo. En el interior, el viajero puede visitar el espacioso edificio gótico de **San Pedro**, del siglo XIV, que contiene la tumba de alabastro de su fundador y un retablo barroco, además del **Museo Provincial** (mar.-sáb., 10-14 h y 17-19 h; dom., 17-19 h; entrada gratuita), una construcción moderna situada frente a la catedral que dedica dos de sus pisos a la arqueología local y el tercero a los artistas de la región.

La oficina de **turismo** (lun.-vier., 9-14 h; ☎926 212 003) se halla en la calle Alarcos 21, en el centro de la ciudad, y la **estación de autobuses** en la calle Inmaculada Concepción. La nueva **estación de ferrocarril** de Ciudad Real, por la que pasa el en-

lace del tren AVE con Madrid, se encuentra en las afueras, en la carretera de Daimiel; el autobús 5 lleva hasta la céntrica plaza del Pilar.

No siempre resulta fácil encontrar **alojamiento** en Ciudad Real, sobre todo en los establecimientos más económicos, así que se aconseja hacer la reserva. Entre los mejores destacan la *Pensión Esteban*, Reyes 15 (☎926 224 578; ③), *Pensión Angelo*, Galicia 49 (☎926 228 592; ③), la *Pensión Escudero*, Galicia 48 (☎926 252 309; ④) y el *Hotel Santa Cecilia*, Tinte 3 (☎926 228 545; fax 926 228 618; ⑦). Entre la impresionante oferta de **bares de tapas** están la *Casa Lucio*, Gato 5, y el *Gran Mesón*, Ronda Ciruela 34, que tiene además un restaurante de postín, el *Miami Park*, carretera abajo, en el n.º 48.

Almagro

A 20 km al este de Ciudad Real se encuentra **ALMAGRO**, una localidad elegante que entre los siglos XV-XVI fue casi una metrópoli en el sur de Castilla. Hoy en día tiene fama por su **Corral de las Comedias**, un teatro del siglo XVI al aire libre que se conserva muy bien, y único en España. En la actualidad se representan obras de los siglos XVI y XVII —el Siglo de Oro español— en su pequeño auditorio, y en julio acoge un importante festival de teatro. Durante el día, el teatro de la plaza Mayor permanece abierto para los visitantes (verano, mar.-vier., 10-14 h y 17-20 h; sáb., 10-14 h y 17-19 h; dom., 11-14 h; invierno, mar.-vier., 10-14 h y 16-19 h; sáb., 10-14 h y 16-18 h; dom., 11-14 h; 400 pesetas). Al otro lado de la plaza, en el callejón de Villar, el **Museo del Teatro** (mismo horario que el teatro) conserva fotografías, carteles, maquetas y demás parafernalia, pero quizá su interés es relativo para los que no son muy aficionados al teatro.

La **plaza Mayor** es magnífica: se trata más de una calle ancha que de una plaza, con arcadas a lo largo y ventanas de dinteles verdes en formación lineal sobre las pa-

LA ZONA HÚMEDA DE LA MANCHA Y LOS DOS PARQUES

La Mancha Húmeda es un oasis que proporciona un respiro en medio de la árida monotonía del paisaje castellano y que atrae a los amantes de las aves. Se trata de una zona de lagos y marismas, tanto salubres como de agua dulce, que se encuentran a lo largo de la cuenca del **río Cigüela** y del **río Guadiana**. Aunque el drenaje para el riego agrícola ha reducido de manera considerable la cantidad de agua, hasta el punto de que los lagos llegan a secarse en verano, en esta área hay una interesante diversidad de plantas y aves. Se recomienda visitarla entre abril y julio, cuando las aves están anidando, o entre septiembre y mediados de invierno, para presenciar las emigraciones.

Entre los parques importantes situados entre Ciudad Real y Albacete se encuentra el **Parque Nacional de las Tablas de Daimiel**, a 11 km al norte del pueblo de **Daimiel**, célebre por sus aves. Existe allí un **centro de información** (todos los días, 8-21 h; ☎926 693 118) que está junto a las marismas, pero como sólo puede accederse al parque en coche o taxi, y Daimiel tiene pocas posibilidades de alojamiento, es mejor reservar habitación en el *Hotel Las Tablas* (☎926 852 107; fax 926 852 189; ③).

El **Parque Nacional de las Lagunas de Ruidera** resulta más acogedor. Se halla al nordeste de Valdepeñas, y se accede a él mediante los frecuentes autobuses que se dirigen allí desde Albacete. Encontrará un **centro de información** (todos los días, 10-14 h y 17.30-21 h; ☎926 528 116) junto a la carretera, algunos itinerarios naturales dentro del parque y posibilidades de nadar y navegar en barca. También puede pernoctar allí; encontrará **alojamiento** en el cámping *Los Molinos* (jul.-mediados sept.; ☎926 528 089), la *Pensión La Noria* (☎926 528 032; ③) y el cómodo *Hotel Albamanjón* (☎926 699 048; fax 926 699 120; ⑥).

redes, un elemento de influencia nórdica que aportaron los miembros de la familia Fugger, banqueros de Carlos I, que se asentaron aquí. También durante un tiempo residieron en Almagro los caballeros de Calatrava (véase abajo), aunque su poder estaba en declive cuando se construyó el **convento de la Asunción de Calatrava** a principios del siglo XVI. Asimismo, las numerosas **mansiones renacentistas** son una muestra de la antigua importancia de Almagro y dan a la localidad cierta grandeza. De regreso a la plaza Mayor, el visitante puede tomarse un tentempié al aire libre o dar una vuelta por las tiendas que hay bajo las arcadas, donde verá a las **tejedoras de encaje** con sus agujas y bobinas de hilo. Los miércoles por la mañana suele haber un bullicioso **mercado** en la calle Ejido de San Juan.

Aspectos prácticos

Hay una pequeña oficina de **turismo** al sur de la plaza Mayor, en Carnicerías 5 (mar.-dom., 11-14 h y 18-20 h; ☎926 860 717). Almagro es un lugar ideal para quedarse, y tiene una amplia oferta de **alojamientos**. Las opciones más económicas son la *Fonda Peña*, en Emilio Piñuela 10 (☎926 860 317; ②), cerca de la iglesia de San Bartolomé, y próximo al convento, la *Hospedería Municipal*, en Ejido de Calatrava (☎926 882 087; fax 926 882 122; ③). El *Hotel Don Diego*, en la ronda de Calatrava (☎926 861 287; fax 926 860 574; ⑤), al este de la plaza, es hotel de calidad media. También hay un buen **parador** (☎926 860 100; fax 926 860 150; ⑧) en lo que antes era un convento franciscano.

En la plaza Mayor encontrará numerosos **bares de tapas**. También vale la pena tomarse una copa en la bodega del parador. El mejor **restaurante** del pueblo es el *Mesón El Corregidor* de Jerónimo Ceballos 2 (lun. y primera semana agos., cerrado); resulta moderadamente caro, a unas 3.250-4.000 pesetas por persona. Una opción más económica es *La Cuerda*, frente a la estación de ferrocarril, en la plaza del General Jorreto 6, que tiene un buen menú con especialidades de pescado y arroz por 1.200 pesetas (lun. noche y primera quincena sept., cerrado).

En cuanto a los desplazamientos, Almagro tiene un **tren** diario directo a Madrid, y cinco trenes y seis **autobuses** diarios a Ciudad Real; éstos paran cerca del *Hotel Don Diego*, en la ronda de Calatrava.

Calatrava La Nueva

La zona conocida como el **Campo de Calatrava**, al sur de Almagro y Ciudad Real, fue dominio de los **caballeros de Calatrava**, una orden cisterciense de monjes soldados que luchó en la vanguardia de la Reconquista española. Tanta influencia tuvieron en esta zona que Alfonso X creó Ciudad Real como obstáculo de la monarquía a su creciente poder. Aún hoy existen docenas de pueblos en kilómetros a la redonda que llevan su nombre en el topónimo.

Durante las primeras décadas del siglo XIII los caballeros desplazaron su enclave hacia el sur conforme avanzaba la Reconquista, desde Calatrava La Vieja, cerca de Daimiel, hacia la cima de una montaña a 25 km al sur de Almagro, desde la que protegían uno de los pasos importantes —el puerto de Calatrava— a Andalucía. Aquí fue donde en 1216 fundaron **Calatrava La Nueva**, un asentamiento mitad monasterio y mitad castillo, y cuya mayor gloria era su magnífica iglesia cisterciense. Se accede a este lugar (mar.-sáb., verano, 10-14 h y 17-20 h; invierno, 10-14 h y 16-18 h; 400 pesetas) tomando un desvío al oeste que sale de la carretera principal (C-410) y asciende por la montaña, siguiendo siempre las indicaciones. Una vez arriba, el viajero verá lo que debió de ser una gran fortaleza rica y bien protegida. La iglesia se encuentra en la actualidad completamente vacía, pero conserva el perfil exterior de lo que debió de ser un hermoso rosetón y un atrio abovedado.

En la montaña que hay enfrente se ven las ruinas de un castillo conocido como **Salvatierra**, que los caballeros conquistaron a los árabes.

Valdepeñas y alrededores

La carretera que procede de Ciudad Real y pasa por Almagro sigue hasta **VALDEPEÑAS**, centro de la región vinícola más próspera de España situado junto a la autovía principal Madrid-Andalucía. Por la carretera de acceso al pueblo procedente del norte y Madrid, el viajero pasará ante las mayores **bodegas**; en la mayoría de ellas ofrecen catas gratuitas. El visitante puede informarse en la oficina de **turismo** de la plaza Mayor (mar.-dom., 9-14 h y 16-20 h; ☎926 312 552). Al margen del vino, el único punto de interés es un **molino de viento** que, de nuevo, está en la carretera de Madrid, y del que se dice es el mayor de España; contiene un museo con las obras del artista local Gregorio Prieto. Detrás se halla la piscina pública.

Al sur de Valdepeñas

Si el viajero se dirige al sur desde Valdepeñas entrará en Andalucía por el estrecho llamado **garganta de Despeñaperros**, que en una época era escondrijo de bandoleros; en su espectacular paisaje natural se produce un cambio de clima y vegetación que el novelista estadounidense Richard Ford definió como «cambio del Edén al desierto».

Los primeros pueblos de interés de la frontera regional —o lugares que tentarán al viajero a quedarse más que cualquier otro punto de La Mancha— son **Úbeda** y **Baeza**. Ambos están comunicados por autobús con la estación de ferrocarril de **Linares-Baeza**, que es también donde el visitante tendrá que cambiar de tren si va hacia Córdoba. Comparada con estos pueblos, la capital de la provincia, **Jaén**, es poco llamativa.

Los montes de Toledo y la zona oeste, hacia Extremadura

Los **montes de Toledo** se abren camino por la franja superior de la región de La Mancha, entre Toledo, Ciudad Real y Guadalupe. Si el viajero se dirige hacia Extremadura y tiene tiempo y vehículo propio, las carreteras estrechas y desiertas que recorren estas montañas (que ascienden hasta una altura de 1.400 m) son una interesante alternativa a las rutas principales. Se trata de una región bastante aislada para encontrarse en el centro de España. A continuación se describe la **principal ruta hacia el oeste**, que va de Toledo a Extremadura pasando por el norte de las montañas.

De Toledo a Navalmoral

La C-502, al oeste de Toledo, es un acceso directo a **Extremadura** ya que enlaza con la N-V de Madrid a Trujillo y con carreteras que van hacia el norte y se adentran en el valle de **La Vera** (véanse apartados siguientes). Sigue el curso del río Tajo prácticamente al completo, hasta **Talavera de la Reina**, y más allá una bonita carretera secundaria que parte de **Oropesa** —donde hay un castillo parador— llega hasta **El Puente del Arzobispo** y, al sur del río, al asentamiento romano de **Los Vascos**.

La Puebla de Montalbán y el castillo de Montalbán
LA PUEBLA DE MONTALBÁN, primer pueblo que se encuentra al oeste de Toledo, ofrece uno de los mejores accesos a los montes de Toledo. Es pequeño e insignificante, pero tiene fama porque allí nació **Fernando de Rojas**, precursor de los dramaturgos españoles del Siglo de Oro. Su obra capital, *La Celestina*, fue publicada en 1500 y todavía se representa hoy en España. Hay una placa dedicada a él en la pared del ayuntamiento de la plaza Mayor, un edificio que, como los que lo rodean, luce

una hermosa fachada con columnas y balcones. Al otro lado de la plaza se erige el **Palacio de los Condes de Montalbán**, un edificio impresionante y enmarañado, que resulta amenazador tras sus pequeñas ventanas enrejadas.

Existe un **hostal** en el lado del pueblo más próximo a Toledo, el *Legázpiz* (☎925 750 032; ②), aunque el viajero tendrá pocos motivos para quedarse en él a menos que pase por allí durante las fiestas del mes de julio, cuando se celebran encierros en las calles.

Al sur de La Puebla de Montalbán, la C-403 llega hasta las faldas de los montes de Toledo. Del mojón kilométrico 31 (a 15 km al sur de La Puebla) parte un camino que lleva hasta el **castillo de Montalbán**, a 2 km al oeste. El castillo —un edificio bajo, de color tostado, con unas torres centrales— se aprecia imponente desde la carretera, pero de cerca descubrirá que sólo quedan de él los muros externos. El interior permanece abierto al público los sábados por la mañana.

Talavera de la Reina, Oropesa y Navalmoral de la Mata

Prosiguiendo hacia el oeste desde La Puebla de Montalbán llegará a **TALAVERA DE LA REINA**, un pueblo importante en el cruce de la carretera principal y las líneas ferroviarias. Desde hace mucho tiempo es uno de los principales centros comerciales de producción de cerámica en España, y todavía hay 30 fábricas de porcelana en funcionamiento en la actualidad. Si decide parar aquí, eche un vistazo a las numerosas tiendas que exhiben los productos locales en la calle principal: hay muchas porquerías fabricadas en serie para los turistas, pero también las obras magníficas de unos pocos artesanos auténticos. La parte más atractiva del pueblo es el parque a orillas del río Tajo, donde encontrará el trato amable de la **oficina de turismo**, un hostal y unos cuantos lugares donde comer.

Mucho más prometedor a la hora de pernoctar es **OROPESA**, a otros 33 km al oeste sobre la transitada N-V. El *Parador Virrey de Toledo* (☎925 430 000; fax 925 430 777; ⑦), que ocupa parte del **castillo** local, es un cálido edificio de piedra sobre un asentamiento romano que en el siglo XV fue reconstruido sobre cimientos árabes por don García Álvarez de Toledo. Por debajo de él todavía se conservan las murallas del pueblo antiguo, además de unas cuantas mansiones nobles y un par de iglesias renacentistas.

De nuevo al oeste, **NAVALMORAL DE LA MATA** no tiene nada que ofrecer al margen de su carretera, el ferrocarril y los enlaces de autobús que llevan a lugares más atractivos, como el **monasterio de Yuste** al otro lado de la rica plantación de tabaco del norte, **Plasencia** al oeste y **Trujillo** y **Guadalupe** al sur.

El Puente del Arzobispo y Los Vascos

EL PUENTE DEL ARZOBISPO, a 14 km al sur de Oropesa, es, como Talavera, célebre por su producción alfarera y sus azulejos. Se halla a ambos lados del río Tajo, y su acceso sur pasa por debajo del antiguo **puente** sobre el río que da nombre al pueblo. Según la leyenda, éste fue construido porque los aldeanos rogaron a un arzobispo del siglo XIV que levantara un puente para cruzar el río. Al principio el arzobispo se negó a hacerlo, pero como insistían, se sacó un anillo del dedo y lo arrojó al Tajo afirmando que construiría el puente cuando el anillo regresara a sus manos. Tres días después, al cortar un pescado de río que tenía para cenar, encontró el anillo dentro.

En la actualidad en la zona predomina la producción de cerámica; por todas partes hay fábricas pequeñas y tiendas que la venden y que, al mismo tiempo, dan colorido a la plaza Mayor, cuyos bancos están cubiertos de azulejos. Asimismo adorna la casa del arzobispo. La otra atracción local son las ruinas de la **ciudad romana de Los Vascos**, en un hermoso emplazamiento a unos 10 km al sudeste del pueblo, cerca del pueblo de Navalmoralejo. Allí queda poco que ver aparte de unos pocos muros, pero la excursión es agradable.

En las montañas

El camino más accesible a los montes de Toledo es la C-410 que pasa al sur de La Puebla de Montalbán y su castillo y cruza el somnoliento pueblo de **Las Ventas Con Peña Aguilera**. Unas montañas rocosas, entre ellas una curiosa formación parecida a tres dedos gordos, contemplan el pueblo desde lo alto —de ahí el nombre de Peña Aguilera—, mientras que al sur se halla el paso principal sobre los montes de Toledo, el **puerto del Milagro**, desde donde se contemplan hermosas vistas de las montañas a cada lado hasta llegar a la llanura.

Al sudoeste de Las Ventas, una pequeña carretera lleva hasta **San Pablo de los Montes**, un pueblecito encantador con preciosas casitas de piedra adosadas a la montaña. Más allá, el viajero podrá caminar por las montañas hasta llegar al balneario llamado de los **Baños del Robledillo**, en lo que constituye una caminata espectacular de unas 5 o 6 horas (pida instrucciones sobre el terreno).

Si sigue por la C-403 y deja atrás el puerto del Milagro, encontrará un hermoso paisaje camino de Ciudad Real, o bien podrá girar a la derecha por el cruce de El Molinillo para seguir la carretera a través de las montañas, pasando por un gran risco horadado 5 km más allá de Navas, lo que permite rodear Navahermosa y tomar la C-401 hacia Guadalupe.

Los pueblos occidentales

Si el viajero le interesan los pueblos aislados y las carreteras solitarias, debería avanzar hacia el sur por la C-401 o seguir al oeste por la C-403 (dejando atrás el puerto del Milagro) para internarse en la zona más apartada de los montes de Toledo. Este último acceso supone unos 54 km sin un solo pueblo hasta la llegada a **Valdeazores**, que tiene una población dispersa de 35 habitantes. El viajero puede evitar esta zona, si lo prefiere, siguiendo la carretera que cruza el embalse de Cijara, o la N-502 en Puerto Rey, que sólo atraviesa una extraña finca.

Si toma la C-401 el primer lugar que encontrará es **Robledo del Buey**, donde hay un único bar. De aquí hasta Los Alares, al sur, se extiende un gran bosque de pinos. Al oeste se halla el único lugar de la zona que recibe visitantes, **Piedraescrita**, un pueblo bien conservado con un bar muy limpio y una imagen de la Virgen que atrae a una tradición peregrina. Al oeste está el principal centro administrativo de esta zona, **Robledo del Mazo**, con un médico, una farmacia y un bar.

transportes

Autobuses

Albacete a: Alicante (6 diarios; 2 h 30 min.); Cuenca (2 diarios; 3 h); Madrid (8 diarios; 3 h); Murcia (6 diarios; 2 h 15 min.); Parque Natural de las Lagunas de Ruidera (lun.-sáb., 1 diario; 2 h); Valencia (9 diarios; 3 h).

Ciudad Real a: Almagro (8 diarios; 1 h); Córdoba (1 diario; 4 h 30 min.); Jaén (2 diarios; 4 h); Madrid (4 diarios; 4 h); Toledo (1 diario; 3 h); Valdepeñas (3 diarios; 2 h).

Cuenca a: Albacete (2 diarios; 3 h); Barcelona (2 diarios; 9 h); Madrid (7 diarios; 2 h 30 min.); Teruel (2 diarios; 3 h); Valencia (2 diarios; 4 h).

Madrid a: Albacete (7 diarios; 3 h 45 min.); Badajoz (7 diarios; 4 h 20 min.); Cáceres (4 diarios; 4 h); Cuenca (7 diarios; 2 h 30 min.); Jarandilla (1 diario; 3 h 30 min.); Mérida (7 diarios; 4 h); Plasencia (1-2 diarios; 4 h); Talavera de la Reina (6 diarios; 1 h 30 min.); Trujillo (8 diarios; 3 h 30 min.).

Navalmoral a: Jarandilla (2 diarios; 3 h); Plasencia (2 diarios; 2-4 h); Trujillo (6 diarios; 1 h).

Plasencia a: Cáceres (4-5 diarios; 1 h 30 min.); Jarandilla (2 diarios; 2 h); Madrid (2 diarios; 4 h); Salamanca (5 diarios; 2 h).

Talavera de la Reina a: Guadalupe (2 diarios;

2 h 30 min.); Madrid (15 diarios; 1 h 30 min.); Toledo (10 diarios; 1 h 30 min.).

Ferrocarriles

Albacete a: Alicante (6-7 diarios; 1 h 30 min.); Madrid (6-8 diarios; 2 h 30 min.); Valencia (4 diarios; 1 h 55 min.).

Cuenca a: Madrid (4 diarios; 2 h 30 min.); Valencia (3 diarios; 3 h 15 min.).

Madrid a: Albacete (15 diarios; 2 h 10 min.); Almagro (1 diario; 2 h 30 min.); Badajoz (3 diarios; 5 h 30 min.-7 h 30 min.); Cáceres (5 diarios; 3 h 30 min.-4 h 30 min.); Ciudad Real (7 diarios del servicio AVE; 55 min.; y 2 diarios ordinarios; 3 h); Cuenca (4-6 diarios; 2 h 30 min.); Mérida (6 diarios; 6 h); Navalmoral (5 diarios; 2 h 30 min.); Plasencia (5 diarios; 3 h 30 min.); Sigüenza (10 diarios; 1 h 30 min.-2 h); Talavera de la Reina (5-7 diarios; 2 h).

Plasencia a: Badajoz (3 diarios; 3 h 20 min.); Cáceres (4 diarios; 1 h 30 min.); Madrid (4 diarios; 3 h 30 min.); Mérida (2 diarios; 2 h 30 min.).

Sigüenza a: Barcelona (1 diario; al menos 6 h 30 min.), por Zaragoza (3-4 h); Madrid (9 diarios; 1 h 30 min.-2 h 15 min.); Medinaceli (1 diario; 15 min.).

CAPÍTULO CUATRO

EXTREMADURA

Algunos de los lugares más imprescindibles de España se encuentran en **Extremadura**: esta áspera región fue cuna de muchos de los conquistadores que partieron a buscar un nuevo mundo para el Imperio Español. Olvidada y remota desde entonces, disfrutó de una breve época dorada cuando los héroes regresaron con la fortuna que les permitiría vivir con esplendor. **Trujillo**, donde nació Pizarro, y **Cáceres** conservan aún pueblos enteros construidos gracias a la riqueza de los conquistadores, y sus calles están flanqueadas por mansiones ornamentadas que mandaron edi-

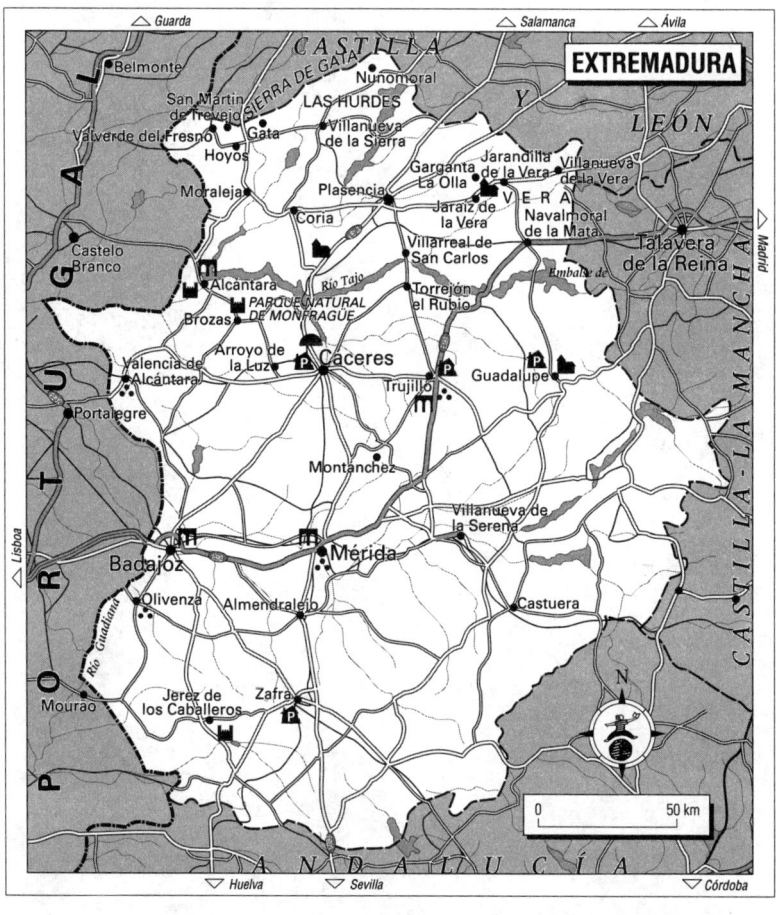

FIESTAS

Febrero/marzo
Semana anterior a la Cuaresma Carnaval en la mayoría de poblaciones.

Marzo/abril
Pascua de Resurrección Fiesta Mayor en Trujillo.

23 de abril San Jorge. Alegres celebraciones que se prolongan durante varios días en Cáceres.

Mayo
Primer fin de semana Festival WOMAD en Cáceres (véase pág. 186).
Final de mes Feria en Cáceres.

Junio
23-27 San Juan. Fiesta desenfrenada en el pintoresco pueblecito de Coria (a 50 km al oeste de Plasencia). Se suelta un toro durante unas cuantas horas al día, y todo el mundo baila y bebe en la calle hasta que aparece el toro y hay que echar a correr.

Julio
Festival de teatro en Mérida, durante todo el mes de julio. En agosto las representaciones se realizan en Alcántara.

Agosto
Primer jueves Fiesta del Martes Mayor en Plasencia.

24-25 San Bartolomé. Fiestas en todos los pueblos e iglesias que llevan el nombre de este santo, especialmente en Jerez de los Caballeros.

Septiembre
Primera semana Vendimia o cosecha de la uva. Fiesta principal en Trujillo a principios de mes.

7-17 Fiesta de la Virgen de los Llanos en Plasencia.

Semana anterior al tercer domingo Fiestas en Jarandilla y Madrigal de la Vera, con encierros de toros que se lidian en la fiesta final.

29 San Miguel. Fiestas en todos los pueblos e iglesias que llevan el nombre de este santo, sobre todo en Badajoz, que pueden prolongarse hasta la primera semana de octubre.

---

ficar los indianos. Asimismo destaca **Mérida**, la ciudad romana mejor conservada de España, y los monasterios de **Guadalupe** y **Yuste**, el primero muy rico, y el segundo lleno de recuerdos imperiales. Por último, si el viajero quiere visitar un escenario salvaje poco concurrido y con una magnífica fauna, en Extremadura se halla el **Parque Natural de Monfragüe**, donde hasta el menos avezado observador de aves puede contemplar águilas y buitres volando en círculos alrededor de las sierras que la delimitan.

Extremadura está entrando poco a poco en las rutas turísticas; desde luego, lo merece porque **Trujillo** y **Cáceres** constituyen excelentes paradas en la ruta hacia el sur desde Madrid o Salamanca a Andalucía, y porque posee una de las mejores ofertas de turismo rural.

Este capítulo está ordenado de norte a sur, empezando en las frondosas montañas y el valle de **La Vera**, primer vestigio de vegetación que aparece cuando el viajero conduce por la N-V hacia el oeste procedente de Madrid.

La Vera y el monasterio de Yuste

La Vera se encuentra al sur de la sierra de Gredos (véase pág. 138), una cadena montañosa que recorre la parte superior del valle del **río Tiétar**. Se caracteriza por los arroyos que descienden de sus montañas en primavera y verano, y que atraen cada vez a mayor número de madrileños los fines de semana. En el corazón de la región se halla el **monasterio de Yuste**, el retiro que Carlos I eligió para olvidarse de las preocupaciones imperiales.

CÓDIGOS DE LOS PRECIOS DE ALOJAMIENTO

En esta guía, los precios de alojamiento se reseñan en una escala de ① a ⑧, indicando el precio **más bajo** que puede esperar pagar por noche en un establecimiento por una **habitación doble**, en temporada alta. Los precios, señalados por los códigos, son los siguientes:

① menos de 2.000 pesetas/12 euros
② 2.000-3.000 pesetas/12-18 euros
③ 3.000-4.500 pesetas/18-27 euros
④ 4.500-6.000 pesetas/27-36 euros
⑤ 6.000-8.000 pesetas/36-48 euros
⑥ 8.000-12.000 pesetas/48-72 euros
⑦ 12.000-17.500 pesetas/72-105 euros
⑧ más de 17.500 pesetas/105 euros

Jarandilla y alrededores

La Vera está en su elemento entre Candeleda y Jarandilla de la Vera, a lo largo de la C-501, zona donde los arroyos bajan por las laderas de las montañas. En verano es muy frecuentada, ya que hay algunos magníficos **cámpings** de temporada: el *Minchones* (Semana Santa y jun.-mediados sept.; ☎927 565 403) queda en las afueras de **Villanueva de la Vera**, un pueblo famoso por su fiesta de *El Pero Palo*, una fiesta que contraste con un entorno rural idílico y la cuidada apariencia de pueblos como **Losar**, con sus setos y jardines recortados.

El pueblo principal de la zona es **JARANDILLA DE LA VERA**, un buen destino si el viajero busca cobijo, ya que permite elegir entre tres **hostales**: *Marbella* (☎927 560 218; ④), *Jaranda* (☎927 560 206; ⑤) y *Posada de Pizarro* (☎927 560 727; ⑤), además de un **castillo-parador** del siglo XV, el *Parador Nacional de Jarandilla de la Vera o Carlos V* (☎927 560 117; fax 927 560 088; ⑦); se trata del castillo donde se alojaba el emperador mientras se construía el monasterio de Yuste. Si el visitante lleva tienda, puede ir al atractivo *Cámping Jaranda* (abril-dic.; ☎927 560 454). En el pueblo encontrará unos cuantos bares y un puente romano. Los autobuses salen de allí en su ruta de Madrid a Plasencia; la parada se halla frente al *Bar Charly*, en la carretera principal.

Hay algunas excursiones que se pueden hacer a pie por los alrededores de Jarandilla. Un sendero montañoso lleva hasta el pueblo de **El Guijo de Santa Bárbara** (4,5 km), y termina dejando la cuesta del valle montañoso a cierta distancia de los caminantes. A 1 hora más de camino está el estanque conocido como El Trabuquete y un prado con cobertizos de pastores llamado Pimesaíllo. Al otro lado del valle —una excursión con dificultad, que precisa acampar por la noche y buenos mapas de la zona— está la garganta del Infierno y los estanques naturales conocidos como Los Pilones.

El monasterio de Yuste

El **monasterio de Yuste**, lugar donde se retiró Carlos I tras abdicar de la corona (todos los días, verano, 9-12.30 y 15-18.30 h; invierno, 9-12.30 h y 15-18 h; 100 pesetas; mañanas jue., entrada gratuita), no es demasiado espectacular, pero sí tiene cierta belleza natural; además, contiene los objetos personales propios del carácter melancólico del emperador. El monasterio ya llevaba casi 1 siglo en pie cuando el monarca se retiró a este lugar, tal como había previsto unos años antes, aunque se llevaron a cabo algunas modestas mejoras —entre ellas el jardín— cuando todavía dirigía el Imperio desde Flandes. Se instaló aquí con un séquito que incluía a un relojero italiano, Juanuelo Turriano, cuyas invenciones levantaron las últimas pasiones del rey.

Los aposentos imperiales están tapizados con telas negras, y entre los objetos visibles destacan el palanquín en el que Carlos I llegó aquí, así como una silla donde apoyaba sus pies aquejados de gota. Si hay que creer al guía, la cama y hasta las sábanas son exactamente las que arroparon al emperador cuando murió. Sin embargo, el mo-

nasterio fue saqueado durante la guerra de la Independencia y abandonado después de que se ordenara la supresión de los monasterios, por lo que probablemente no sea cierto. En su habitación hay una puerta que da a la iglesia y el altar, de modo que ni siquiera estando muy enfermo dejó de asistir a una misa.

Fuera del monasterio, el visitante encontrará un bar, espacio para picnic, y un camino señalizado que cruza los bosques hasta Garganta la Olla (véase abajo).

Cuacos

El monasterio se halla internado en las montañas boscosas, a 2 km de distancia de **CUACOS**, un atractivo pueblecito con un par de plazas; una de ellas es la pequeña plaza de Don Juan de Austria, que toma el nombre de la casa (con la planta superior reconstruida) donde se alojaba el hijo ilegítimo de Carlos I cuando visitaba a su padre. Las casas de los alrededores, con pisos superiores sobresalientes que se apoyan sobre columnas de madera retorcidas, son del siglo XVI, y de las vigas que las sostienen se colgaba el tabaco para que se secara. Hay también algunos **bares**, un buen **hotel** familiar, *La Vera* (☎927 172 178; ⑤) y un **cámping** sombreado, el *Carlos I* (abril-mediados sept.; ☎927 172 092).

Jaraíz de la Vera y Garganta la Olla

Si el viajero avanza al oeste hacia Plasencia, un último lugar donde quizá quiera parar es **JARAÍZ DE LA VERA**. Se trata de un pueblo agradable para dar una vuelta; además, cuenta con un par de **alojamientos** recomendables: el *Hostal Dacosta* (☎927 460 219; ③) y el cómodo *Hotel Jefi* (☎927 461 363; ④), que tiene un buen restaurante.

Al salir de Jaraíz hay un desvío a la izquierda que lleva hasta **GARGANTA LA OLLA**, un pueblecito montañés decadente y hermoso rodeado de campos de cerezas. No obstante, cuenta con algunos puntos de interés: la **Casa de las Muñecas** (antaño un burdel para los soldados del ejército de Carlos I, que en la actualidad es una carnicería, aún pintada del tradicional color azul) y la **Casa de la Peña**, cuyo balcón queda cerrado por un soporte de madera de tres puntas que se apoya en una roca. Resulta difícil encontrar esta última casa; el visitante tendrá que tomar la calle de la izquierda que sube desde la plaza, y luego preguntar.

De Garganta la Olla sale un atajo que va al monasterio de Yuste (véase arriba).

El valle del Jerte

Al norte de La Vera, la carretera principal Plasencia-Ávila sigue el valle del **río Jerte** hasta el paso del puerto de Tornavacas, que comunica con la provincia de Ávila. Los pueblos que hay aquí no son tan pintorescos como los de La Vera, pero el valle en sí es célebre por sus cerezos, que durante 10 días en verano cubren de flores blancas las laderas de las montañas. Si el viajero se encuentra por esta zona entonces, sin duda disfrutará del paisaje. Si viaja con vehículo propio puede seguir una carretera secundaria que cruza la sierra hacia el norte del valle desde **Cabezuela del Valle** hasta **Hervás**, donde encontrará un bonito barrio judío antiguo. Se trata de la carretera más alta de Extremadura, a unos 1.430 m.

En la **cara sur** del valle el principal punto de interés es el paso del **puerto del Piornal**, justo detrás del pueblo que lleva el mismo nombre. Se recomienda acceder a través de los pueblos de **Casas del Castañar** y **Cabrero**. Una vez en el paso, el viajero puede proseguir hasta Garganta la Olla en La Vera.

Plasencia

A la sombra de la sierra de Gredos, y rodeada en tres cuartas partes por el río Jerte (del griego *Xerte*, que significa «alegre»), **PLASENCIA** parece de lejos más impresionante de lo que realmente es. Una vez arriba, en el casco antiguo, resulta difícil en-

176/EXTREMADURA

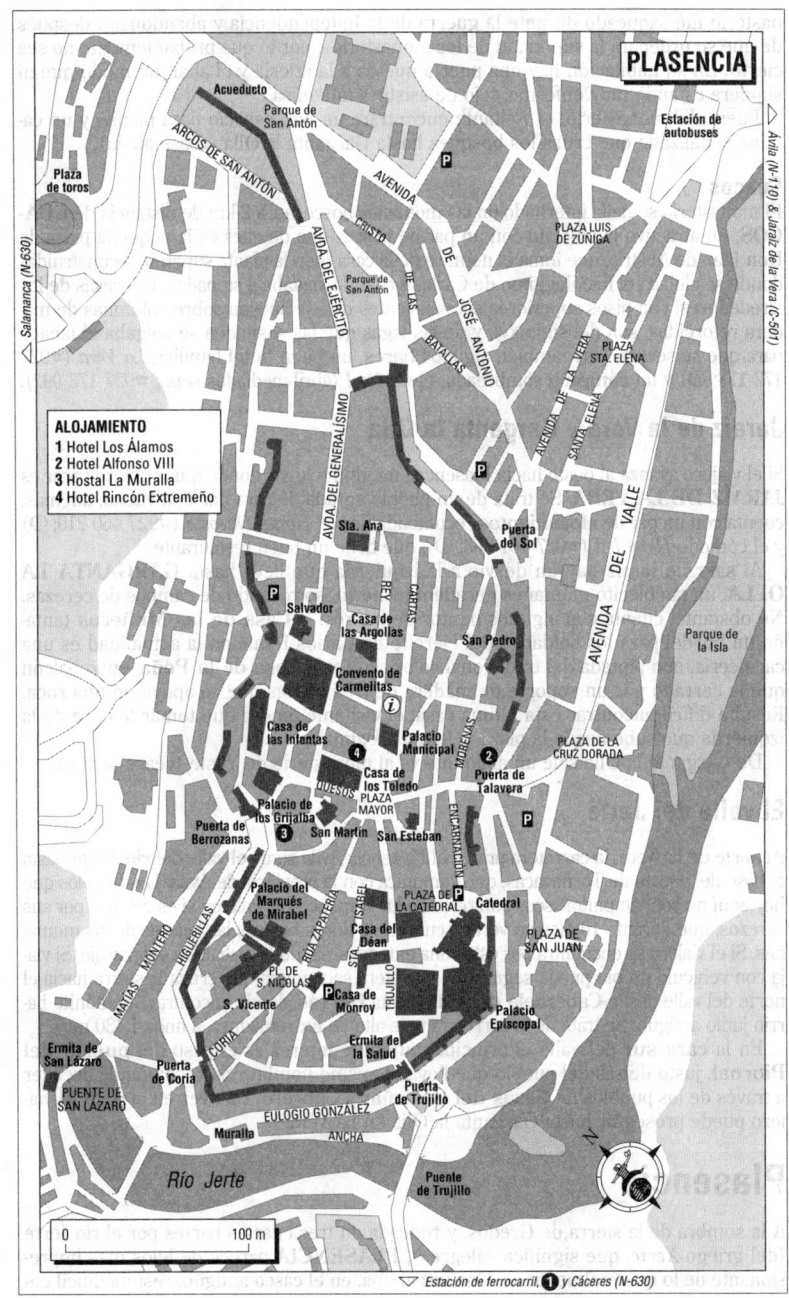

contrar las murallas —en su mayor parte utilizadas como pared posterior de las casas—, y la catedral en parte inacabada. Sin embargo, hay algunos bares concurridos y una hermosa **plaza Mayor** con arcadas, flanqueada por cafés, y donde todos los martes por la mañana se celebra un **mercado** agrícola que data del siglo XII.

Llegada e información

La oficina de **turismo** de Plasencia se encuentra en la calle del Rey 8, a la salida de la plaza Mayor (verano, mar.-vier., 9-14 h y 17-19.30 h; sáb.-dom., 9-14 h; invierno, mar.-vier., 9-14 h y 16-18.30 h; sáb.-dom., 9-14 h; fines de semana alternos, cerrado; ☎927 422 159). Si el viajero llega en **autobús** tendrá que caminar unos 15 minutos hasta el centro; la estación de **ferrocarril** está mucho más apartada; se recomienda tomar un taxi. Si dispone de vehículo propio, debería saber que resulta difícil transitar por el interior y los alrededores de la población. Hay hasta cinco trenes al día que van y vienen de Madrid, y muchos más autobuses.

Alojamiento

Entre los buenos **lugares donde alojarse** destacan un par de establecimientos económicos cerca de la plaza Mayor: el *Hostal La Muralla*, Berrozana 6 (☎927 413 874; ③) y el *Hotel Rincón Extremeño*, Vidrieras 6 (☎927 411 150; fax 927 420 627; ④), que dispone de doce habitaciones con baño, televisor y aire acondicionado. Si el viajero prefiere más comodidad, se aconseja el *Hotel Los Álamos*, en la carretera de Cáceres, frente a la fábrica de tabaco (☎927 411 550; fax 927 411 558; ④), y el *Hotel Alfonso VIII*, Alfonso VIII 32 (☎927 410 250; fax 927 418 042; ⑦), en la carretera principal, junto a la oficina de correos; ambos disponen de **restaurantes** muy buenos pero caros. Asimismo hay un **cámping** con piscina saliendo del pueblo, a 5 km por la carretera de Ávila, llamado *La Chopera* (marzo-sept.; ☎927 416 660).

La población

La **catedral** de Plasencia (verano, lun.-sáb., 9-13 h y 17-19 h; dom., 9-13 h; invierno, lun.-sáb., 9-12.30 h y 16-18 h; dom., 9-12.30 h) está compuesta, de hecho, por dos iglesias —la vieja y la nueva— una junto a la otra. Las obras de construcción de la segunda empezaron a principios del siglo XVI y siguieron bajo la dirección de dos arquitectos durante al menos 40 años; pero como no consiguieron terminarla, el extremo abierto del edificio fue cerrado sencillamente con una pared de ladrillos. El hecho de que la obra completa hubiera podido convertirse en un noble edificio gótico se suma a la sensación de escorzo que se percibe en el interior. Tiene algunos rasgos que la redimen, sobre todo los bancos renacentistas del coro, tallados por Rodrigo Alemán. La parte antigua y románica de la catedral alberga en la actualidad un **museo** ineludible; las 150 pesetas que cuesta la entrada permiten acceder también a los **claustros**, de la misma época. El viajero puede concertar visitas guiadas en la oficina de turismo más próxima.

Frente a la catedral está la **Casa del Deán**, que tiene un balcón interesante, parecido a la proa de un barco. Más allá de la catedral, siguiendo la calle Blanca se llega a la **plaza de San Nicolás**, donde se erige una iglesia que, según se cuenta, fue construida para evitar que los clanes locales se lanzaran flechas desde las casas contiguas. En la calle Trujillo, cerca del hospital, se halla el **Museo Etnográfico Textil Provincial Pérez Enciso** (sept.-jun., miér.-sáb., 11-14 h y 17-20 h; dom., 11-14 h; jul.-agos., lun.-sáb., 9.30-14.30 h; entrada gratuita), que merece una visita por los vistosos trajes y artesanías locales que expone, el edificio era un hospital en el siglo XIV. Muchos de los elementos que se muestran en el museo pueden verse aún en uso en los pueblos más aislados del norte de la comarca.

Comida y copas

Hay numerosos **bares** en Plasencia, unos 50 sólo en el casco antiguo. Ésta es la tierra del pincho, que se sirve con cerveza o el vino local típico, llamado pitarra. El visitante encontrará muchos bares en la calle Maldonado (también conocida como calle Patalón; tendrá que bajar por la calle Talavera desde la plaza principal, y la verá en el segundo cruce a la izquierda). En *La Herradura* sirven excelentes pinchos y pitarra, mientras que el *Asador el Refugio* ofrece pinchos de pescado, pulpo y calamar. Bajando por la siguiente calle se topará con el *Bar Media Luna*, famoso por su jamón; es caro, pero tendrá suerte si consigue probar uno de sus pinchos, y además hay mucho ambiente.

No resulta tan fácil encontrar buenos **restaurantes**, aunque el viajero puede ir a los situados entre la catedral y la plaza Mayor. El más económico es el que se halla en el *Hostal La Muralla*. Otro bueno y bastante más atractivo, *El Acueducto*, está en la calle Valentina Mirón 17, cerca del monumento al que debe su nombre.

Las Hurdes y la sierra de Gata

Las Hurdes, una abrupta extensión rocosa al norte de Plasencia, han sido tradicionalmente un lugar muy aislado y escenario de cuentos misteriosos. Según la leyenda, era una región desconocida hasta la época de Colón, cuando dos amantes que huían de la corte del duque de Alba se adentraron en ella. Se dice que la gente que los acogió desconocía la existencia de otras tierras o pobladores. La pareja descubrió allí escudos y restos de la época del rey godo Rodrigo y su corte que databan de hacía 7 siglos, lo que dio pie a la creencia de que los hurdanos son descendientes de reyes.

Hace 50 años, los habitantes de las tierras remotas de Las Hurdes todavía estaban tan poco acostumbrados a recibir forasteros que se escondían en sus casas si veían a algún extraño. En 1932, **Luis Buñuel** filmó allí un documental poco amable y grotesco titulado *Las Hurdes: tierra sin pan*, que permitía observar muy pocos indicios de descendencia real en sus protagonistas. En la actualidad estos pueblos se han modernizado, aunque aún acusan su aislamiento. Para explorar la región, el viajero necesitará vehículo propio y, por supuesto, un **mapa** local más detallado que los habituales de carreteras, que tienden al esquematismo.

Los pueblos de Las Hurdes

El viajero puede ir a Las Hurdes desde Plasencia, Salamanca o Ciudad Rodrigo (la región bordea la sierra Peña de Francia; véase pág. 349). Desde Plasencia o Salamanca tendrá que acceder por la C-512; luego salir de la carretera al llegar a Vegas de Coria y seguir hasta **NUÑOMORAL**, una buena base desde donde hacer excursiones, puesto que cuenta con un **hostal** excelente y económico, *El Hurdano* (☎927 433 012; ①), que sirve buenas cenas y tiene un banco cerca, algo poco frecuente por estos parajes. Para alquilar mulas, burros o caballos a un precio moderado, el viajero tendrá que preguntar por Amable en el *Bar Emiliano*, situado en lo alto del pueblo, enfrente del centro médico. Nuñomoral es también el pueblo mejor comunicado con el mundo exterior, ya que de aquí parten a primera hora de la mañana autobuses que van a Ciudad Rodrigo y Plasencia. En esta zona rocosa se han construido pequeñas terrazas junto al lecho del río para conseguir que la tierra produzca algún fruto. Al norte de Nuñomoral se encuentra la aldea de **La Huetre**, que merece una visita; para llegar, hay que tomar el desvío a la izquierda situado justo antes del pueblo de Casares de las Hurdes. Las casas tienen el típico techo de pizarra de la zona, están en mejores condiciones de lo habitual y cobran un aspecto impresionante entre las escarpadas montañas rocosas que las rodean. En los pueblecitos de **Avellanar, Horcajo, Fragosa y Erias** hay también casas tradicionales. Asimismo los caminantes pueden dirigirse hacia el remoto asentamiento de **El Gasco**, al oeste de Fragosa, donde destaca la amplia cascada bajo la garganta de La Miacera.

La sierra de Gata

La **sierra de Gata** constituye la frontera oeste de Las Hurdes. Se trata de una serie de montañas cubiertas de bosques y extrañas formaciones elevadas cuyos pueblos permanecen casi tan aislados como los de Las Hurdes —la gente todavía habla maniego, una mezcla de castellano y portugués—; algunos de sus valles boscosos son hermosos. Lamentablemente, gran parte de este paisaje ha quedado dañado por los incendios forestales durante los últimos veranos, un hecho que, al igual que en Las Hurdes, se atribuye en ocasiones a acciones deliberadas con el fin de cobrar la indemnización de las aseguradoras.

Para adentrarse en la región, el viajero debe seguir la C-513 hacia el oeste de **Villanueva de la Sierra**. Unos 2 km más allá del río Arrago, una carretera secundaria va al norte por **Robledillo de Gata**, una aldea de casas antiguas. Puede dar un rodeo más corto y fácil por el sur de la C-513, pasando por el pueblecito de **Santibáñez el Alto**, situado en la cima de la montaña y cuyas casas más viejas son todas de piedra, sin ventanas. En lo alto del pueblo encontrará una pequeña plaza de toros, los restos de un castillo y el cementerio viejo, desde donde contemplará hermosas vistas de la presa del Borbollón. A otros 3 km por la C-513 un desvío hacia el norte le conducirá por una carretera hasta **GATA**, un precioso pueblo que ofrece alojamiento en las habitaciones de la *Pensión Avenida* (☎927 441 079; ②).

Al oeste, siguiendo por la C-513, está **HOYOS**, el mayor pueblo de la región, en el que destacan algunas mansiones impresionantes. Sólo hay un hostal, la *Fonda Navarro*, en La Paz 33 (☎927 514 018; ②), pero el viajero encontrará un **cámping** agradable a 3 km con una piscina natural creada por un estancamiento del río. Por último, aún por la C-513, otro desvío al norte lleva hasta **SAN MARTÍN DE TREVEJO**, uno de los pueblos solitarios más bonitos de los alrededores. Si el viajero llega allí a la hora de comer, el *Bar Avenida del 82* (también llamado *Casa Julia*) ofrece comida casera, abundante y económica.

Al sur de Cáceres: Coria y Palancar

En dirección sur desde la sierra de Gata hacia Cáceres por la C-526, **CORIA** constituye una interesante parada. Desde la carretera principal no parece muy atrayente, pero su visita revela un pueblo bonito y tranquilo con muchas casas solariegas blanqueadas y alrededor una **muralla romana** de los siglos III y IV.

En su mayor parte, la muralla forma parte de las casas, pero todavía existe un buen tramo visible entre la torre abandonada del **castillo** del siglo XV, construido por los duques de Alba, y la **catedral** (todos los días, 10-13 h y 15-18.30 h), que tiene portales platerescos de estilo salmantino bellamente tallados en las fachadas oeste y al norte. En el interior destacan las sillas del coro y el retablo. El edificio se levanta sobre un puente medieval que sólo cruza los campos, ya que el río cambió su curso hace 300 años.

En Coria abunda el **alojamiento**. La *Pensión Casa Piro*, plaza del Rollo 6 (☎927 500 027; ②), es económica y está muy bien situada, frente a una puerta de la muralla; el *Hotel Los Kekes*, avenida Sierra de Gata 49 (☎927 500 901; fax 927 500 900; ③), ofrece más comodidades y un restaurante correcto.

Convento de El Palancar

Un desvío de la C-526, al sur de Coria, lleva al viajero hasta el **convento de El Palancar**, fundado por san Pedro de Alcántara en el siglo XVI, del que se dice que es el más pequeño del mundo, pues sólo ocupa 70 m^2. Es difícil imaginarse cómo una comunidad de diez monjes podía vivir en semejante cubículo, aunque el propio san Pedro sentara ejemplo durmiendo de pie en su celda. En la actualidad una pequeña comunidad mo-

nástica ocupa un monasterio más moderno que hay junto a éste; el visitante puede llamar a la puerta (todos los días, excepto miér., 9.30-13 h y 16-19.30 h) y un monje saldrá para mostrarle los alrededores.

Para llegar a Palancar, hay que tomar la salida de la C-526 a la izquierda, justo antes de Torrejoncillo, y seguir la carretera de **Pedroso de Acim**; antes de llegar al pueblo, un desvío a la izquierda le llevará al convento.

El Parque Natural de Monfragüe

Al sur de Plasencia un par de presas construidas en la década de 1960 han convertido el **río Tajo** en una serie de enormes depósitos. Si el viajero cruza en automóvil uno de sus seis puentes disfrutará de vistas impresionantes, puesto que se trata de una zona muy rica en fauna y flora. Podrá ver, casi al azar, cigüeñas, buitres e incluso águilas dando vueltas por el cielo.

El mejor lugar para contemplar animales en libertad es el **PARQUE NATURAL DE MONFRAGÜE**, que además ofrece algunos recorridos muy agradables. Es la única zona protegida de Extremadura, y se extiende a ambos lados de la carretera de Plasencia a Trujillo; las oficinas centrales del parque se encuentran en **Villarreal de San Carlos**. El paisaje contiene una gran diversidad de ríos, bosques, matorrales y pastos, y presenta una rica variedad de flora y fauna. Este núcleo ha salvado las tierras de los alrededores de la desertización, puesto que la construcción de las presas produjo la destrucción a gran escala de los hábitats de vida salvaje; más tarde se llevó a cabo una plantación indiscriminada de eucaliptos fácilmente consumibles por parte de las industrias del papel, a pesar del riesgo de incendio que ello implicaba.

En el parque viven unas 200 **especies de animales**, entre ellas el peculiar lince hispánico (que el visitante quizá no verá). Más importante aún es la **población de aves**, en particular la presencia de la cigüeña negra —la única población de esta especie que se reproduce en Europa Occidental— y de aves de presa como el buitre negro (que puede comer tortugas), el buitre leonado (cuya carroña preferida son los intestinos), el águila real, la rara águila imperial (identificable por sus visibles manchas blancas sobre el dorso), el águila perdicera y el búho real (la mayor lechuza de Europa).

Los ornitólogos deberían visitar Monfragüe en mayo y junio, los botánicos en marzo y abril, y todo el mundo tendría que evitar ir los meses de julio a septiembre, cuando el calor se hace insoportable.

Aspectos prácticos del parque

El **acceso más fácil** es por la C-524, que va de Plasencia a Trujillo, y que pasa por las oficinas centrales del parque en Villarreal de San Carlos. Es una ventaja llevar vehículo propio, a menos que el viajero tenga intención de hacer algunas caminatas. Sólo hay un **autobús** que pase por esta carretera, y lo hace diariamente entre Plasencia y Torrejón el Rubio, a 16 km al sur de Villarreal de San Carlos, mientras que los lunes y viernes cubre toda la distancia desde Trujillo. No es una carretera con muchas posibilidades para el autostop, aunque tal vez los fines de semana el viajero encuentre a algunos observadores de aves que quieran llevarle. La aldea de **VILLARREAL DE SAN CARLOS** tiene un par de bares y un restaurante, además de un **centro de información** (todos los días, 9-14.30 h y 16-18 h; ☎927 199 134), donde el visitante podrá conseguir un folleto en vivos colores con un mapa en el que se indican tres itinerarios calificados mediante un código de colores que parten del pueblo. En temporada alta podrá encontrar también una tienda que vende camisetas con estampados referentes a la fauna y flora y temas similares, así como el servicio del guía del parque, José Luis Rodríguez.

No hay **alojamiento** en Villarreal, y está prohibido acampar en el parque, pero el viajero hallará un par de pensiones acogedoras en **TORREJÓN EL RUBIO**: la pensión

Monfragüe (☎927 455 026; ②) y la *Avenida* (☎927 455 050; ③); más caro, aunque sale a cuenta, es el *Hotel Carvajal* de la plaza de Pizarro 54 (☎927 455 254; ④). El **cámping** más cercano, el *Cámping Monfragüe* (☎927 459 220), dispone de buenas instalaciones, piscina, restaurante, y permanece abierto todo el año; se encuentra a 12 km al norte de Villarreal por la carretera de Plasencia. Está cerca de la estación de ferrocarril de Palazuelo-Empalme (una parada para los trenes de lento recorrido de la línea Madrid-Cáceres) y **alquila bicicletas** (por unas 1.500 pesetas al día) para poder ir a Monfragüe.

Dentro del parque

Si el viajero va caminando a Monfragüe, es mejor seguir los **senderos** catalogados con colores que van hacia Villarreal de San Carlos. Cada uno de ellos está bien señalizado mediante pintadas, y conduce a algún punto de observación de aves que merece la pena. De otro modo no resulta fácil determinar cuáles son las zonas donde está permitido internarse, y puede encontrarse fuera del área del parque, en medio de un coto privado de caza.

La **ruta verde** que va al cerro Gimio es bastante buena, ya que se adentra en los bosques y cruza arroyos en un paisaje inimaginable desde Villarreal, hasta llegar a un espectacular punto panorámico en lo alto de la montaña. La **ruta roja**, más larga, conduce al sur de Villarreal; cruza un puente sobre el río Tajo y pasa por una fuente conocida como fuente del Francés en memoria del joven francés que murió aquí intentando salvar un águila. A 2 km de distancia hay un magnífico peñasco conocido como el Peñafalcón, que aloja a una gran colonia de buitres leonados; asimismo se encuentran las ruinas del castillo de Monfragüe en lo alto de una roca, con una capilla al lado; allí se abre un punto de observación. El viajero puede acceder a todos estos lugares desde la C-524; si viaja en autobús, puede pedir que le dejen aquí.

En la parte sur del parque, hacia Trujillo, el visitante atravesará la **dehesa**, una zona de bosque mediterráneo, que se cuenta entre las tierras boscosas más antiguas de Europa. Su economía se basa en el pastoreo, que abastece a los buitres de Monfragüe de su caza diaria.

Trujillo

TRUJILLO es el pueblo más atractivo de Extremadura: un típico conjunto de mansiones con los escudos de armas de los conquistadores, torres donde anidan cigüeñas y murallas fortificadas. En gran parte parece no haber cambiado desde el siglo XVI, cuando fue favorecido por las riquezas que llegaban de América; aquí nació Francisco Pizarro, conquistador de Perú, así como gran parte del grupo que lo acompañó en su empresa.

Llegada e información

El viajero puede visitar Trujillo fácilmente en una excursión de 1 día desde Cáceres; no obstante, si puede reservar alojamiento allí, vale la pena que se quede en el pueblo. No hay estación de ferrocarril, pero está bien comunicado por autobuses; de hecho, ocho diarios van y vienen de Madrid. Si el visitante llega en **autobús** se apeará en la parte baja del pueblo, a sólo 5 minutos a pie de la plaza Mayor o plaza de la Constitución, donde se encuentra la oficina de **turismo** (mar.-dom., verano, 9-14 h y 17-19 h; invierno, 9-14 h y 16-18 h; ☎927 322 677). Si viaja con vehículo propio, tendrá que seguir las indicaciones hasta la plaza Mayor, donde con un poco de suerte conseguirá aparcar.

Alojamiento

Hay una gran demanda de alojamiento, por lo que se recomienda hacer la reserva con antelación. La oficina de turismo facilita una lista de hospedajes. Los más bonitos se

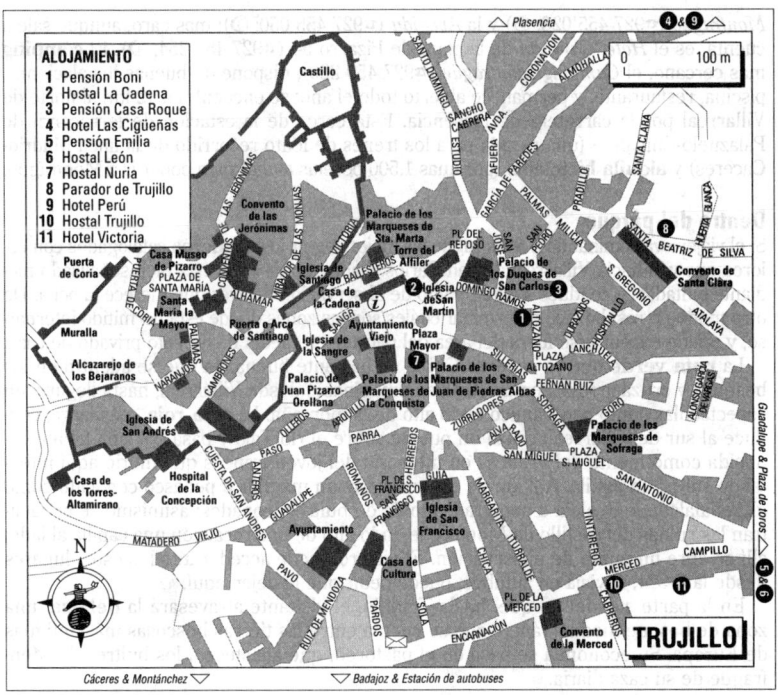

encuentran en torno a la plaza Mayor, y si el dinero no es un problema, el viajero puede ir al parador.

Opciones económicas

Pensión Boni, Domingo Ramos 7 (☎927 321 604). Económica y muy ordenada; la encontrará saliendo por la esquina nordeste de la plaza Mayor. ③

Pensión Casa Roque, Domingo Ramos 30 (☎927 322 313). Excelente y bien situada. Su dueño regenta también la tienda de regalos Margarita de la plaza Mayor. ③

Pensión Emilia, General Mola 28 (☎927 320 083). Limpia, pero un poco deteriorada. ③

Hostal Trujillo, Francisco Pizarro 4 (☎927 322 274). Pensión agradable entre la plaza Mayor y la estación de autobuses. ③

Opciones moderadas y caras

Hostal La Cadena, plaza Mayor 8 (☎927 321 463). Hotel atractivo, con habitaciones que dan al centro neurálgico del pueblo; tiene un restaurante correcto. ④

Hotel Las Cigüeñas, avenida Madrid (☎927 321 250; fax 927 321 300). Alojamiento agradable y moderno en la avenida principal, aunque un poco alejado de los puntos de interés. ⑥

Hostal León, General Mola 23-25 (☎927 321 792; fax 927 322 137). Pensión correcta, que tiene la ventaja de ofrecer aparcamiento vigilado. ⑤

Hostal Nuria, plaza Mayor 27 (☎927 320 907). Hostal cómodo, con bonitas vistas sobre la plaza Mayor. ④

Parador de Trujillo, plaza Santa Beatriz de Silva (☎927 321 350; fax 927 321 366). Lujoso alojamiento del siglo XVI en un antiguo convento al norte de la plaza Mayor. ⑦
Hotel Perú, avenida Madrid (☎927 320 745; fax 927 320 749). Hotel grande situado encima de un bar. Su única virtud es que suele tener habitaciones libres cuando todos los demás establecimientos están llenos. ④
Hotel Victoria, plaza de Campillo 22 (☎927 321 819; fax 927 323 084). De apertura reciente, es un hotel agradable, que dispone de piscina, un buen restaurante y cómodas habitaciones con baño equipadas con televisor. ⑥

El pueblo

Trujillo es una localidad muy pequeña, aunque supera un poco la extensión que tenía en la época de los conquistadores. En el centro de la densa red que componen sus calles está la **plaza Mayor** (también conocida como plaza de la Constitución), un gran cuadrado cerrado por iglesias, palacios, y media docena de cafeterías y restaurantes que resuelven la vida de la mayoría de sus visitantes. En el centro se alza una estatua en bronce de Pizarro que, curiosamente, regaló el escultor estadounidense Charles Rumsey en 1929. En la esquina sudoeste se halla el **Palacio de la Conquista** (en la actualidad cerrado por obras), la principal mansión de Trujillo, en cuyo tejado se erigen unas estatuas que representan los 12 meses del año. Es una de las muchas que mandaron construir los compañeros de armas de Pizarro, y originalmente fue habitada por el hermanastro y yerno de Pizarro, Hernando, que regresó de sus conquistas para instalarse aquí con su esposa medio inca (la hija de Pizarro). Enfrente y en diagonal, coronada de cigüeñas, se alza la abombada iglesia de **San Martín**. Entre sus tumbas se encuentran, entre otras, las de la familia de Francisco de Orellana, primer explorador del Amazonas. Al lado de la iglesia está el **Palacio de los Duques de San Carlos** (todos los días, 9-13 h y 16-18 h; 100 pesetas), donde se aloja un grupo de monjes que se trasladó aquí desde su ruinoso convento en lo alto de la montaña y restauró el palacio a cambio de su hospedaje. Las chimeneas del tejado recuerdan a las culturas conquistadas por el catolicismo en el Nuevo Mundo, ya que tienen forma de pirámides incas, aztecas o mayas.

Desde la plaza, la calle Ballesteros asciende hacia la parte superior y amurallada del pueblo pasando por la **torre del Alfiler**, con una cúpula, escudos de armas y nidos de cigüeñas. Al cruzar la puerta conocida como Arco de Santiago, a la izquierda, se halla **Santa María la Mayor** (todos los días, verano, 10.30-14 h y 17-19.30 h; invierno, 10.30-14 h y 16.30-18.30 h; 200 pesetas), la iglesia más interesante de las que hay en el pueblo. El edificio es en esencia gótico, pero contiene un hermoso coro renacentista notable por la maestría técnica de su bóveda casi plana. Asimismo, el visitante podrá ver un hermoso retablo hispano-flamenco de Fernando Gallego, y algunas tumbas, entre ellas las de la familia Pizarro —Francisco fue bautizado aquí— y la de Diego García de Paredes, conocido como «el Sansón extremeño». Se dice que este hombre de gran altura defendió solo un puente de la localidad de todo un ejército francés armado únicamente con una descomunal espada, y arrancó la pila bautismal que en la actualidad se encuentra en el coro para llevar agua bendita a su madre.

Subiendo un tramo más de la montaña se halla la primera residencia de los Pizarro. Se trata de la **Casa Museo de Pizarro** (todos los días, verano, 11-14 h y 16-20 h; invierno, 11-14 h y 16-18.30 h; 200 pesetas), un edificio pequeño, insípido y sobrevalorado que tiene poco más que el mobiliario de la época y unos cuantos paneles sobre la conquista de Perú. Hay una exposición más detallada sobre la conquista en el cercano **Museo de la Coria** (sáb.-dom., 11.30-14 h; entrada gratuita), que ocupa un antiguo convento franciscano.

El **castillo** (200 pesetas) se encuentra casi en medio del campo. En los últimos 100 m del ascenso el viajero no verá nada excepto los restos de un muro destruido por el

que trepan ovejas y perros. La **fortaleza** es de origen árabe, pero fue reedificada por sus posteriores defensores. Ha sido restaurada hace poco tiempo, pero su mayor atracción son las vistas panorámicas de la localidad y los alrededores que se aprecian desde sus almenas. En los márgenes del árido brezal que rodea Trujillo se hace evidente el deterioro que asola una gran extensión del casco antiguo, tan decadente como la posición defensiva de su castillo.

De las muchas otras mansiones del pueblo o solares, destaca el **Palacio de Juan Orellana-Pizarro**, al oeste de la plaza principal (todos los días, 9.30-14 h y 16-19 h; entrada gratuita). Para ir, el visitante tendrá que atravesar su imponente arcada de acceso renacentista para admirar el patio, decorado con los escudos de armas de los Pizarro —dos de ellos con un pino— y los Orellana.

Comida y copas

La plaza Mayor está llena de **bares-restaurantes**. Quizás el mejor de ellos sea el *Mesón La Troya*, que ofrece abundantes menús a un precio que oscila entre 1.900 y 2.500 pesetas; quizá le servirán una generosa ensalada o una tortilla antes de pedir lo que quiere comer, y como le volverán a llenar el plato enseguida, será mejor que lo reparta y coma de todo un poco. El *Pizarro*, también en la plaza, es un restaurante bastante más elegante (en torno a 3.000 pesetas por persona). Asimismo el viajero puede probar las excelentes raciones y tapas del *Bar Las Cigüeñas*, en el hotel del mismo nombre. Si lleva vehículo propio, puede acercarse a *La Majada*, a 4 km al sur del pueblo por la carretera de Mérida, donde sirve buen pescado, embutido local y perdiz.

Guadalupe

El pueblecito de GUADALUPE está dominado en todos los sentidos por el **monasterio de Nuestra Señora de Guadalupe**, que durante 5 siglos ha dado fama y atraído a peregrinos a este lugar. Fue creado en 1340, en el lugar donde apareció una antigua imagen de la Virgen que se cree fue tallada por el propio san Lucas, y que había sido encontrada por un pastor hacía 50 años. El monasterio tuvo que esperar a la llegada de la Reconquista a estas remotas tierras de bosques y arroyos para ser construido.

Llegada, información y alojamiento

La oficina de **turismo** de Guadalupe se encuentra en la plaza Mayor (mar.-dom., 9-14 h y 17-19 h; ☎927 154 128). Cerca de esta plaza cuadrada hay **bancos** y una **oficina de correos**, a los pies de la iglesia del monasterio. Los **autobuses** salen en ambas direcciones de la avenida de Barcelona que está en lo alto, junto al ayuntamiento, a 200 m de la plaza Mayor. Mirat cubre el servicio a Trujillo y Cáceres, y Doalde los enlaces con Madrid.

Alojamiento

Hay muchos **lugares donde alojarse** en Guadalupe, y los únicos períodos en que tal vez el viajero tenga problemas para encontrar una habitación sea en Semana Santa o en torno al 8 de diciembre, día de la Inmaculada. El **cámping** *Las Villuercas* (todo el año; ☎927 367 139) se halla a 2 km de Guadalupe, en dirección a Trujillo, cerca de la carretera principal.

Hostal Alfonso XI, Alfonso Onceno 21 (☎ y fax 927 154 184). Hostal cómodo y bien amueblado. ④

Hostal Isabel, plaza Santa María 13 (☎927 367 126). Hostal moderno que dispone de habitaciones con baño. Tiene un bar en la planta. ③

Hostal Lujuan, Gregorio López 19 (☎927 367 170). Habitaciones agradables a un precio medio situado en un lugar bastante céntrico. Tiene un restaurante fiable (hay un menú por 1.100 pesetas). ③

Parador de Guadalupe, Marqués de la Romana 12 (☎927 367 075; fax 927 367 076). Hermoso parador que ocupa el edificio de un hospital del siglo XV. Tiene piscina y un patio con jardín. ⑦

Hospedería del Real Monasterio, plaza Juan Carlos I (☎927 367 000; fax 927 367 177). En el ala del monasterio, y muy popular entre los peregrinos españoles. Es caro, pero sale más a cuenta que el parador. ⑥

Hostal Taruta, Alfonso Onceno 16 (☎927 154 144). Este hostal puede conseguir habitaciones en casas particulares cuando las suyas están al completo, y ofrece descuentos por pensión completa con comidas en su propio restaurante, situado cerca. ③

El pueblo

En los siglos XVI y XVII Guadalupe era uno de los centros de peregrinaje más importantes de España; prueba de ello es que Colón llamó así a una de las islas del Caribe en honor de la Virgen de la localidad, y México adoptó una de sus versiones locales como patrona nacional. De hecho, gran parte de su riqueza monástica se debe a los conquistadores, cuyas sucesivas aportaciones forjaron una interesante mezcla de estilos. El **monasterio** fue abandonado a raíz de la Desamortización del siglo XIX, pero a principios del siglo XX lo habitaron los franciscanos, que todavía lo conservan.

El pueblo es un complemento perfecto del monasterio y el paisaje, y consiste en un enjambre de callejuelas empedradas y casas colgantes en torno a una plaza con arcadas, todo ello a la sombra de las escarpadas murallas del monasterio. Si no fuera por el desarrollo urbano de la periferia y el activo comercio de copias de plástico de los tesoros religiosos, parecería que el tiempo se ha detenido en este pueblo.

La iglesia y el monasterio

La **iglesia del monasterio** (todos los días, 9-20.30 h; entrada gratuita) da a la plaza Mayor de la localidad (también conocida como plaza de Santa María). Su oscuro interior gótico está atestado, como el resto del monasterio, de riquezas que aportaron generaciones de ricos donantes. Se recomienda observar con especial atención las rejas, muy ornamentadas.

La **entrada** al monasterio (todos los días, 9.30-13 h y 15.30-18.30 h; 300 pesetas) se encuentra a la izquierda de la iglesia. La visita guiada empieza en el **claustro** mudéjar —dos pisos de arcos de herradura con un extraño pabellón o tabernáculo en el centro— y prosigue por el **museo**, que muestra una serie de ricas vestiduras, antiguos manuscritos ilustrados y demás parafernalia religiosa, así como algunas preciosas obras de arte, entre ellas un tríptico de Isenbrandt y un pequeño Goya. Más allá, la **sacristía** es la sala más hermosa del convento. Se conserva igual que cuando fue construida en el siglo XVII; contiene ocho pinturas de Zurbarán que, de manera privilegiada, pueden verse en su auténtico contexto: los marcos hacen juego con los de las ventanas, y hasta las figuras siguen un trazado acorde con la habitación.

Al adentrarse en el monasterio, el visitante pasará por varias salas llenas de joyas y reliquias antes de ascender al sanctasanctórum. Desde una pequeña habitación situada encima del altar principal puede mirar hacia abajo, al punto de la iglesia que capta toda la atención y constituye el principal punto de interés de la visita: la **imagen de la Virgen**, enjoyada, ricamente vestida y ennegrecida por el humo que las velas desprenden desde hace siglos (en el pueblo se venden réplicas de esta imagen en muchas tiendas de recuerdos).

Al salir de la localidad, el viajero puede detenerse en la **Hospedería del Real**

Monasterio, a la derecha. El bar que ocupa el claustro gótico, con jardines dentro, es uno de los lugares más exóticos del mundo para tomarse un cuba libre.

Comida y copas

El visitante puede **comer** en la mayoría de los hostales y pensiones de la zona. El *Hostal Lujuan* tiene un buen menú por 1.100 pesetas, mientras que la *Hospedería del Real Monasterio* cuenta con un restaurante en el patio. Quizás el mejor restaurante del pueblo sea el *Mesón del Cordero* de la calle Alfonso Onceno 27; sirven comida casera a precios moderados y el establecimiento ofrece estupendas vistas desde el comedor. Más moderno y con una clientela más joven, el *Restaurante Castillo*, de la calle Huerta del Hospital 6, sirve especialidades como la trucha extremeña y las chuletas de cerdo.

La sierra de Guadalupe: rutas hacia Trujillo

Desde la carretera al norte de Navalmoral (C-713) se contemplan hermosas vistas del pueblo acostado en la sierra. Al cabo de 5 km, la **ermita del Humilladero** señala el lugar donde los peregrinos que se dirigían al santuario veían por primera vez el monasterio.

La **sierra de Guadalupe**, que abraza la región, es un espacio salvaje y hermoso; destacan los peñascos rocosos empinados que acotan los lados de los valles. Si el viajero dispone de vehículo propio, puede dirigirse hacia el noroeste de la C-401 por **Cañamero** hasta llegar a la aldea de **Cabañas del Castillo**, unas cuantas casas —la mayoría de ellas vacías, ya que sólo quedan doce habitantes— agrupadas bajo un enorme peñasco y un castillo en ruinas. Un poco más allá podrá retomar la **carretera principal Navalmoral-Trujillo** cerca del **puerto de Miravete**, un excelente punto panorámico con vistas de Trujillo a lo lejos. Otra buena ruta para los conductores, también saliendo de la C-401 a la altura de Cañamero, es seguir la carretera estrecha que va a Trujillo **pasando por Berzocana**.

Cáceres

CÁCERES es en muchos sentidos similar a Trujillo. En el centro se halla un pueblo amurallado casi en perfecto estado, la Ciudad Monumental formada por casas solariegas que se construyeron con la riqueza procedente de América. Aquí incluso abundan más que en Trujillo las torres y agujas coronadas por nidos de cigüeñas. Sin embargo, por ser capital de provincia, Cáceres es mayor y más bulliciosa, sobre todo durante el curso académico, cuando están los estudiantes de la Universidad de Extremadura. Con sus monumentos romanos, árabes y numerosos vestigios de los conquistadores, se trata de una ciudad atractiva e interesante. Asimismo aquí se celebra todos los años durante el primer fin de semana de mayo el festival **WOMAD** (World of Music Arts and Dance), al que asisten hasta 20.000 espectadores.

El **casco antiguo** amurallado se encuentra en el corazón de Cáceres, donde destaca una pintoresca **plaza Mayor** en la parte exterior de las murallas. Casi todos los monumentos de interés están en este núcleo o a poca distancia a pie, por lo que se recomienda permanecer lo más cerca posible de la zona.

Llegada e información

Si el viajero llega en **tren** o **autobús** se encontrará a unos 3 km de distancia del casco antiguo, en el extremo más alejado de la avenida de Alemania. No es un paseo agradable, por lo que se aconseja tomar el autobús 1, que baja por la avenida hasta la

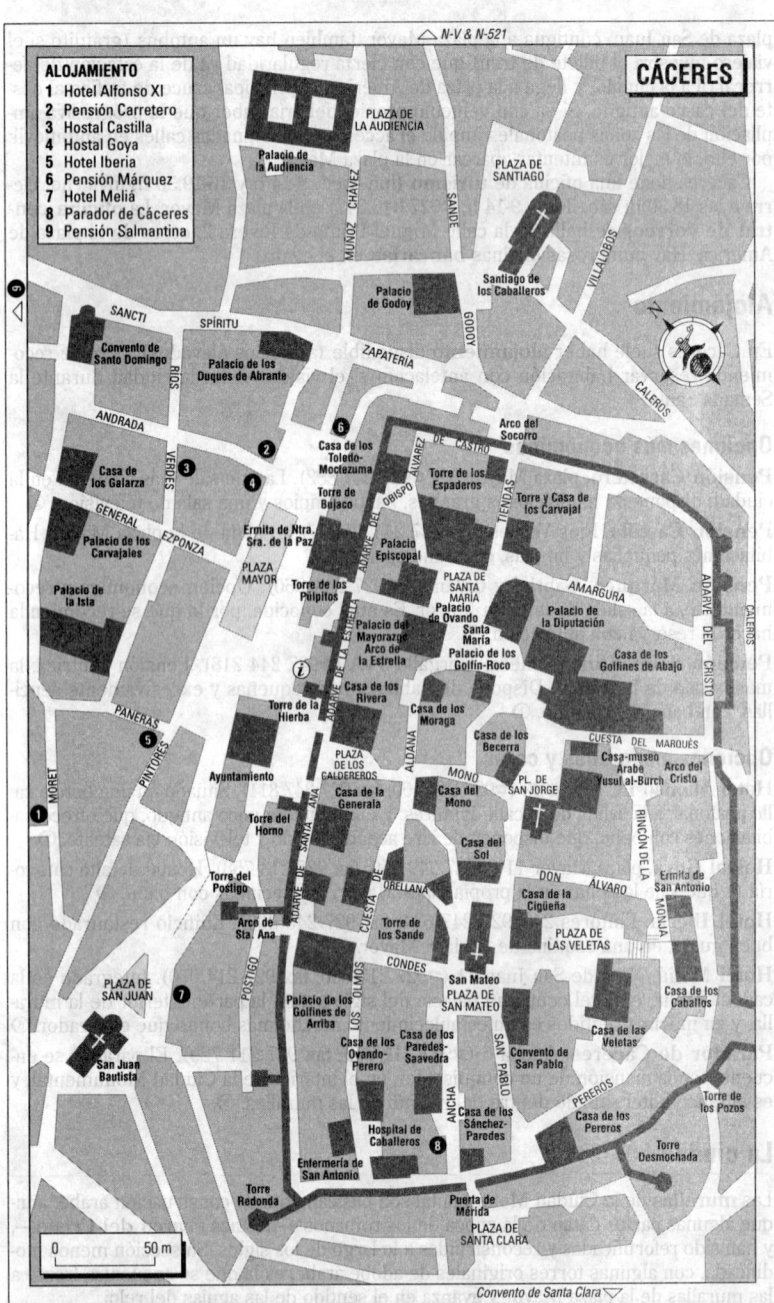

plaza de San Juan, contigua a la plaza Mayor; también hay un autobús (gratuito si el viajero muestra el billete de tren) que con cierta regularidad va de la estación del ferrocarril a la ciudad, y llega a la plaza de América, el principal cruce de tráfico al oeste del casco antiguo. Si va con vehículo propio, debería saber que la progresiva ampliación de las zonas peatonales impide el acceso a determinadas calles en automóvil; por ello, lo mejor es intentar aparcar en la plaza Mayor.

Cáceres tiene una oficina de **turismo** (lun.-vier., 9-14 h y 16-19.30 h; invierno, cierra a las 18.30 h; sáb.-dom., 9-14 h; ☎927 246 347) en la plaza Mayor. La **oficina central de correos** se halla en la calle Miguel Primo de Rivera 2, cerca de la plaza de América. Hay numerosas oficinas **bancarias** en el centro.

Alojamiento

En Cáceres suele haber **alojamiento** disponible (a precios elevados), pero se recomienda reservar habitación con antelación si el viajero visita la ciudad durante la Semana Santa.

Opciones más económicas

Pensión Carretero, plaza Mayor 23 (☎927 247 882). La que sale más a cuenta en la ciudad; dispone de habitaciones grandes, baños limpios y una sala de televisión. ②

Pensión Castilla, Ríos Verdes 3 (☎927 244 404). A la salida de la plaza Mayor. Habitaciones pequeñas y limpias, con baño aparte. ③

Pensión Márquez, Gabriel y Galán 2 (☎927 244 960). Opción económica y recomendable, a la salida de la plaza Mayor. Es muy conocida, por lo que se recomienda hacer la reserva con antelación. ②

Pensión Salmantina, General Margallo 36-A (☎927 244 218). Pensión céntrica; la más barata de la ciudad. Dispone de habitaciones pequeñas y excesivamente sencillas, con baño compartido. ①

Opciones moderadas y caras

Hotel Alfonso IX, Moret 20 (☎927 246 400; fax 927 247 811). Situado en una bonita calle peatonal, a la salida de la calle Pintores. Es un hotel un poco antiguo, que ofrece habitaciones con baño, que disponen de aire acondicionado y televisión vía satélite. ⑤

Hostal Goya, plaza Mayor 11 (☎927 249 950; fax 927 213 758). Hostal de alta categoría (y que vale la pena) en la propia plaza Mayor; habitaciones con baño. ⑤

Hotel Iberia, Pintores 2 (☎927 247 634; fax 927 248 200). Edificio restaurado con buen gusto, en una esquina de la plaza Mayor. ④

Hotel Meliá, plaza de San Juan 11 (☎927 215 800; fax 927 214 070). Integrado en la cadena Meliá, el hotel ocupa un palacio del siglo XVI en la parte exterior de la muralla, y en muchos sentidos es un establecimiento mucho más bonito que el parador. ⑧

Parador de Cáceres, Ancha 6 (☎927 211 759; fax 927 211 729). El parador se encuentra en la mansión de un conquistador, en el interior de la Ciudad Monumental, y es el único hotel situado dentro del recinto de las murallas. ⑧

La ciudad

Las **murallas** de la Ciudad Monumental son básicamente de construcción árabe, aunque algunas partes datan de la época de los romanos —destaca el **arco del Cristo**—, y han sido refortificadas y reconstruidas a lo largo de los siglos. Su sección menos modificada, con algunas torres originales de adobe árabe, es la que se encuentra frente a las murallas de la plaza Mayor y avanza en el sentido de las agujas del reloj.

Alrededores de la ciudad

Al entrar en el casco antiguo —también llamado **parte vieja**— desde la plaza Mayor, el viajero pasará por el bajo **arco de la Estrella**, construido por Manuel de Larra Churriguera en el siglo XVIII. A la izquierda, en la esquina que forman las murallas, se halla una de las casas solariegas de los conquistadores más impresionantes, la **Casa de los Toledo-Moctezuma**, con una torre con cúpula. Fue a esta casa adonde uno de los seguidores de Cortés llevó uno de los botines más exóticos del Nuevo Mundo: la hija del emperador azteca en calidad de prometida. El edificio ha sido restaurado hace poco tiempo —amenazaba con un inminente peligro de hundimiento— para alojar los archivos históricos provinciales, y también algunas exposiciones ocasionales.

Si el visitante sigue recto a partir del arco de la Estrella, llegará hasta la **plaza de Santa María**, flanqueada por otro solar importante, la Casa de los Golfines de Abajo, el Palacio Episcopal y la iglesia gótica de Santa María, la más hermosa de Cáceres. Dentro, podrá ver un retablo tallado en madera del siglo XVI, que puede iluminarse; en el lóbrego entorno yacen las tumbas de las grandes familias locales.

Un par de calles más allá, en el lugar más alto de la ciudad, se encuentra la plaza de San Mateo, junto a la que se levanta la iglesia gótica de **San Mateo** con sus bonitas capillas y la **Casa de la Cigüeña**, cuya estrecha torre fue la única que pudo conservar las almenas originales cuando las otras fueron despojadas de ellas por real decreto. En la actualidad es una plaza militar y, aunque la torre aparece en la mitad de las postales de Cáceres, la presencia de los soldados disuade de toda intención de tomar fotografías.

En la plaza de las Veletas está la **Casa de las Veletas**, que alberga las secciones de arqueología y etnología del **Museo Provincial** (mar.-sáb., 9.30-14.30 h; dom., 10.15-14.30 h; 300 pesetas; entrada gratuita para ciudadanos de la UE). La exposición queda en segundo plano respecto al edificio en sí, construido en el típico estilo local; destacan los salones dispuestos en torno a un pequeño patio que conserva el aljibe o cisterna del alcázar árabe original, con sus arcos de herradura. Asimismo tiene una preciosa balaustrada hecha de jarrones de cerámica de Talavera.

Desde aquí, un puente peatonal lleva hasta la sección de arte contemporáneo del museo, en la **Casa de los Caballos**. En sus dos pisos, donde se expone arte y escultura moderna, hay obras de Miró, Picasso y Eduardo Arroyo, además de las producidas por artistas contemporáneos. Podría decirse algo de casi todos los edificios situados en el recinto de las murallas, aunque quizá lo que más destaca son los **blasones familiares** —sobre todo en la **Casa del Sol**— y la magnífica fachada de la **Casa de los Golfines de Abajo**. Cerca de la Casa del Sol se erige otro edificio, la **Casa del Mono**, que hoy en día es una biblioteca pública; su fachada está adornada con grotescas gárgolas, y hay un mono de piedra encadenado a la escalera del patio.

En el exterior de las murallas

Extramuros, el viajero puede ir hacia la iglesia de **Santiago de los Caballeros**, del siglo XVI, que se halla enfrente de la plaza del mismo nombre y de una mansión más o menos de la misma época, el **Palacio de Godoy**, con un balcón en la esquina. La iglesia, que sólo abre para los oficios, luce un hermoso retablo de Alonso Berruguete.

Se recomienda visitar la **Casa-museo Árabe Yusuf al-Burch** (todos los días, 10.30-14 h y 18-20 h; 200 pesetas), a la salida de la plaza San Jorge, en la cuesta del Marqués 4. El dueño de esta casa morisca ha tenido la brillante idea de decorarla más o menos como si estuviera habitada por su primer propietario. No es como la Alhambra, y las luces rojas dan al «harén» un toque un tanto equívoco, pero al menos ofrece un contexto adecuado a los arcos de herradura y los techos de ladrillos curvos.

Si el viajero quiere disfrutar de una buena **vista** del casco antiguo, puede cruzar el arco del Cristo y bajar hacia la carretera principal; luego doblar a la derecha en la calle Fuente de Concejo y seguir las indicaciones durante unos 5 minutos. Tendrá toda la ciudad a sus pies.

Comida y copas

Hay una amplia oferta de **bares**, **restaurantes** y **bodegas** en la plaza Mayor y sus alrededores, mientras que el casco antiguo ofrece un poco más de ambiente y precios moderados.

Restaurantes

El Asador, Moret 34. Restaurante con precios razonables a la salida de calle Pintores. Sirve platos locales y enfrente hay un bar de tapas muy popular.

Atrio, avenida de España 30. Restaurante de buena calidad al suroeste de la plaza Mayor, con un amplio menú. Dom. noche, cerrado. Unas 4.500-5.500 pesetas por persona.

El Corral de las Cigüeñas, cuesta de Aldana 6. Precioso establecimiento en el casco antiguo donde el viajero podrá disfrutar de una buena comida; tiene mesas dispuestas en un gran patio con palmeras. Sirve platos combinados. Precios moderados.

El Figón de Eustaquio, plaza de San Juan 12. Ofrece una larga lista de especialidades regionales, cocinadas con mimo y cuidado. No es barato, unas 3.000-5.000 pesetas por persona.

El Palacio del Vino, Ancha 4. Mesón tradicional muy agradable cerca del parador, en el casco antiguo. Unas 2.500 pesetas por persona.

El Pato, plaza Mayor 24. Restaurante popular un poco más caro que los demás de la plaza, aunque tal vez la diferencia vale la pena.

El Puchero, plaza Mayor 10. El restaurante más económico de la plaza, con una terraza siempre llena.

Rialto, plaza de la Concepción 29. Restaurante sin sofisticaciones, pero de buena calidad y ambiente joven.

Bares

Bar del Jamón, plaza de San Juan 10. Establecimiento pequeño donde el viajero puede tomar buenos pinchos y pitarra.

El Extremeño, plaza del Duque 10, a la salida de la plaza Mayor. El favorito de los estudiantes; sirven cervezas de todo tipo.

La Machacona, Andrada 8, bajando por un callejón que sale de las arcadas de la plaza Mayor. Local interesante por su música latina y ocasionales actuaciones en vivo.

La Torre de Babel, Pizarro 8. Café tranquilo; a veces ofrecen actuaciones en vivo; en el sótano hay puestos de ropa y bisutería.

Al noroeste de Cáceres: Arroyo y Alcántara

Al noroeste de Cáceres se encuentra el enorme **embalse de Alcántara**, uno de los muchos que controlan el caudal del río Tajo en los últimos kilómetros que recorre antes de entrar en Portugal. Su construcción afectó a una gran extensión de terreno; de hecho, la vieja carretera y la línea del ferrocarril a Palencia desaparecen en el fondo del embalse (los que los reemplazaron cruzan las ensenadas pasando por puentes de ladrillos de dos pisos), de donde asoma la torre de un castillo.

La C-523 rodea la parte sur del embalse por **Arroyo de la Luz** y **Brozas**, dos pueblos que tienen bonitas iglesias, antes de llegar a **Alcántara** y su magnífico puente romano sobre el Tajo. La frontera portuguesa —y la carretera a Costelo Branco y Coimbra— queda tan sólo a unos 12 km.

Arroyo de la Luz y Brozas

ARROYO DE LA LUZ es, a pesar de su romántico nombre, uno de los pueblos menos llamativos de Extremadura. Sin embargo, destaca un monumento: la iglesia gótica de **La Asunción**, que luce un gran retablo de 20 paneles, obra de Luis Morales. Este artista extremeño (1509-1586), conocido como «el Divino», no ha tenido mucho éxito entre los historiadores de arte, a pesar de su estilo franco y directo. Desde luego, su obra es mucho más impresionante si se ve aquí, en lugar de en un museo. Para entrar a ver el retablo el visitante tendrá que pedir las llaves en la comisaría de policía local, situada enfrente del lado sur de la iglesia, junto al ayuntamiento, y dejar unas 200 pesetas como contribución.

Arroyo sólo tiene un **hostal**, *Divino Morales* (☎927 270 257; ③); se encuentra en los límites del pueblo, donde para el autobús. También hay un par de restaurantes sencillos. Un lugar más agradable donde comer, beber o pernoctar es el viejo *Hostal La Posada* (☎927 395 019; ③), en **BROZAS**, a 35 km en dirección a Alcántara. Se trata de un pueblo de conquistadores que creció en torno a un castillo del siglo XVII. Su iglesia gótica, Santa María la Mayor, tiene un espectacular retablo barroco. Aún son más impresionantes las vistas de la llanura y las montañas bajas que se ven hacia el sur.

Alcántara

El nombre de **ALCÁNTARA** procede del término árabe que significa «puente», en este caso referido a un hermoso **puente romano** de seis arcos que se asienta sobre la garganta del río Tajo. Terminado en el 105 d.C., y ensamblado sin cemento, estaba considerado el puente más alto del Imperio Romano, aunque no puede darse por seguro que queden vestigios (si acaso existen algunos), genuinamente romanos. Se halla bastante apartado del pueblo, que se sitúa a una considerable altura por encima del río. Si el viajero va a pie, no debe seguir las indicaciones que llevan hasta él por la carretera, sino dirigirse al punto más apartado del pueblo y bajar por el sendero empinado de piedra.

En Alcántara hay más restos romanos: un **arco del triunfo** dedicado a Trajano y un pequeño **templo clásico**. Sin embargo, su monumento más distintivo es el recientemente restaurado **convento de San Benito**, donde en una época vivían los caballeros de la Orden de Alcántara, una de las grandes órdenes de la Reconquista. El convento y la iglesia sólo componen una parte de su enorme tamaño; la nave de la iglesia nunca llegó a edificarse. Afuera, el elemento principal es la galería renacentista de doble arcada al fondo, que sirve de escenario para el Festival de Teatro Clásico que se celebra aquí en agosto. Se accede al convento (lun.-vier., 10-13.45 h y 17-19 h; sáb., 10.45-13.45 h; entrada gratuita) por el edificio contiguo de la Fundación de San Benito, que ha intentado restaurar el claustro y el lado este, de estilo plateresco, con sus preciosas tumbas excavadas en el muro.

Alcántara conserva también los escasos restos de un **castillo**, numerosas **mansiones** y una serie de humildes casas encaladas. Se trata de un lugar precioso para dar un paseo, ya sea por el pueblo, a las orillas del Tajo, o —lo mejor de todo— por las montañas de la otra orilla.

Aspectos prácticos

La oficina de **turismo** está en avenida de Mérida 21 (mayo-sept., mar.-vier., 10-14 h y 16-18 h; sáb.-dom., 10.30-12.30 h; oct.-abril, mar.-vier., 10-14 h y 16.30-18.30 h; sáb.-dom., 10.30-12.30 h; ☎927 390 863) y proporciona un plano del pueblo.

El viajero encontrará en Alcántara un **hostal** oficial, el *Kantara Al Saif*, situado en avenida de Mérida s/n (☎927 390 246; fax 927 390 833; ③), con un restaurante y un café contiguos, que dispone de habitaciones con baño limpias y cómodas. Dos **autobuses** diarios que van a Cáceres paran en una placita rodeada de cafés a la entrada

EL JAMÓN SERRANO: UNA NOTA GASTRONÓMICA

Para muchos españoles, Extremadura es sinónimo de **jamón**. La sierra extremeña es —junto con sierra Morena, en Andalucía— el lugar de la península Ibérica donde se cría la raza pura de cerdo ibérico con el que se elabora el jamón serrano. Para que éste sea lo más sabroso posible, estos cerdos, una subespecie del jabalí europeo que se reproduce exclusivamente en la Península, viven en estado salvaje y comen bellotas durante algunos meses del año. Los mejores jamones de la zona, son sin duda los procedentes del pueblo de **Montánchez**, al sur de la región y a medio camino entre **Cáceres** y **Mérida**. Si el viajero entra en algún bar de la zona, puede probarlo acompañado de un buen vino. No obstante, el jamón de esta procedencia resulta muy caro; de hecho unas pocas lonchas pueden costar lo mismo que una comida completa. El vino local o pitarra es su acompañamiento ideal.

de la zona histórica del pueblo. El viajero puede **comer** por un módico precio en el *Restaurante El Gorrón* y *Restaurante Antonio*, cerca del edificio de turismo.

Mérida

Antigua capital de la provincia romana de Lusitania, **MÉRIDA** (nombre que deriva de *Augusta Emerita*) es la población de España donde se conservan más **restos romanos**. La extensión y variedad de las ruinas hace que su encanto sea irresistible incluso para los menos interesados en ello, pues en Mérida hay desde obras de ingeniería hasta villas romanas, pasando por cementerios y lugares sagrados, centros de ocio y de cultura. Con un poco de imaginación y la visita a un museo moderno, al visitante no le resultará difícil imaginarse la ciudad romana, que aflora dispersa en medio de una ciudad moderna mucho menos interesante.

Todos los años, entre julio y agosto, el teatro romano de Mérida acoge el **Festival de Teatro Clásico** que permite asistir a las representaciones de obras de los grandes autores clásicos españoles y extranjeros.

Llegada e información

Mérida recibe numerosos visitantes, para los que dispone de una amplia variedad de instalaciones. Si el viajero quiere conseguir mapas, guías o información de la zona, tendrá que ir a la oficina de **turismo** (verano, lun.-vier., 9-13.45 h y 17-18.45 h; sáb.-dom., 9-13.45 h; invierno, lun.-vier., 9-13.45 h y 16-17.45 h; sáb.-dom., 9-13.45 h; ☎924 315 353), situada a las puertas del recinto del teatro y el anfiteatro.

La **estación de ferrocarril** es bastante céntrica, a unos 10 minutos a pie del recinto del teatro y la plaza de España. La **estación de autobuses** está al otro lado del río y requiere una caminata más ardua de 20 minutos desde el centro de la población por la avenida de la Libertad, que parte del puente nuevo con un solo arco.

Alojamiento

El **alojamiento** no escasea en Mérida, pero los precios suelen ser elevados; si el viajero dispone de un presupuesto ajustado, tendrá que buscar bien antes de encontrar el establecimiento adecuado.

Opciones económicas

Pensión El Arco, Cervantes 16 (☎924 318 321). Pensión barata y agradable. ②

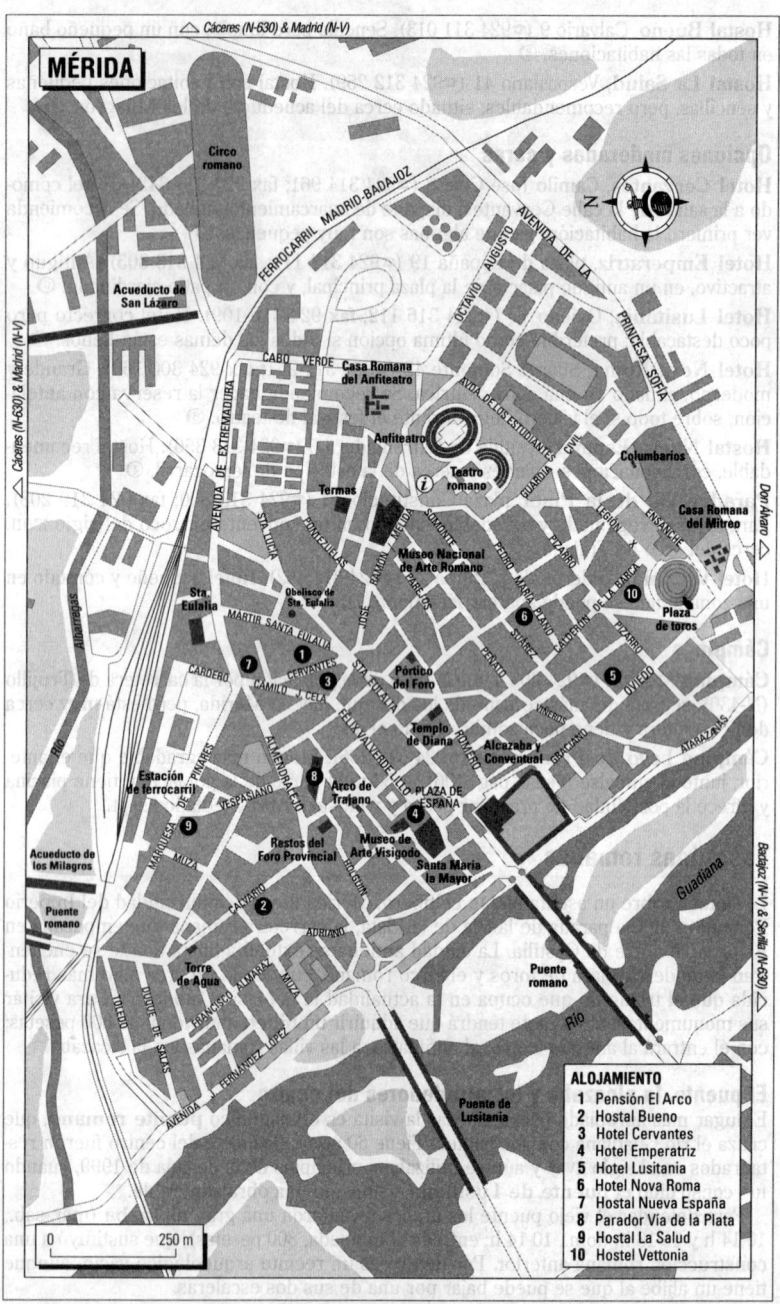

Hostal Bueno, Calvario 9 (☎924 311 013). Sencillo pero limpio, con un pequeño baño en todas las habitaciones. ③
Hostal La Salud, Vespasiano 41 (☎924 312 259). Hostal con habitaciones pequeñas y sencillas, pero recomendables; situado cerca del acueducto de los Milagros. ③

Opciones moderadas y caras

Hotel Cervantes, Camilo José Cela 8 (☎924 314 961; fax 924 311 342). Hotel cómodo a la salida de la calle Cervantes; dispone de aparcamiento vigilado. Se recomienda ver primero la habitación, ya que algunas son muy pequeñas. ⑥
Hotel Emperatriz, plaza de España 19 (☎924 313 111; fax 924 313 305). Antiguo y atractivo, en un antiguo palacio de la plaza principal, y con un patio ajardinado. ⑥
Hotel Lusitania, Oviedo 12 (☎924 316 112; fax 924 316 109). Hotel correcto pero poco destacable; preferible como última opción si todos los demás están llenos. ⑤
Hotel Nova Roma, Suárez Somonte 42 (☎924 311 261; fax 924 300 160). Grande y moderno, situado en una zona céntrica. Se recomienda hacer la reserva con antelación, sobre todo si el viajero llega durante el festival de teatro. ⑥
Hostal Nueva España, avenida de Extremadura 6 (☎924 313 356). Hostal recomendable, con habitaciones grandes y cerca de la estación de ferrocarril. ④
Parador Vía de la Plata, plaza Constitución 3 (☎924 313 800; fax 924 319 208). Parador bien regentado y agradable; situado en un convento barroco del siglo XVIII, cerca del arco de Trajano. ⑦
Hotel Vettonia, Calderón de la Barca 26 (☎924 311 462). Hotel pequeño y cómodo en una zona donde se puede aparcar fácilmente. ④

Cámpings

Cámping Mérida (☎924 303 453). A 4 km de la población por la carretera de Trujillo (N-430); se trata del más cercano de los dos que hay en Mérida, pero está muy cerca de la carretera y tiene poca sombra. Todo el año.
Cámping Lago de Proserpina (☎924 313 236). Mucho más agradable que el anterior, junto al embalse (véase pág. 196). A 5 km al norte de la población, tiene piscina y ofrece la posibilidad de practicar pesca y windsurf. Abril-mediados sept.

Las ruinas romanas

Levantada sobre un asentamiento celtíbero, Mérida fue la décima ciudad del Imperio Romano y última parada de la Vía de la Plata, la carretera romana que empezaba en Astorga, al norte de Castilla. La ciudad antigua se extendía hasta donde se encuentran la moderna plaza de toros y el circo romano, cubriendo un área algo más reducida que el triángulo que ocupa en la actualidad la población moderna. Para visitar sus monumentos, el visitante tendrá que adquirir un **billete** individual de 800 pesetas; con él entrará al antiguo teatro, al anfiteatro, a las villas romanas y a la alcazaba.

El puente, la alcazaba y los alrededores del centro

El lugar más apropiado para empezar la visita es el magnífico **puente romano**, que cruza el río Guadiana con sus islotes. Tiene 60 arcos (los siete del centro fueron restaurados en el siglo XVII) y aún se utilizaba a principios de la década de 1990, cuando fue construido el **puente de Lusitania**, asimismo una obra admirable.

Para defender el viejo puente los árabes levantaron una gran **alcazaba** (mar.-sáb., 10-14 h y 16-18 h; dom., 10-14 h; entrada combinada, 800 pesetas), que sustituyó a una construcción romana anterior. Por dentro es un recinto arqueológico vacío, aunque tiene un aljibe al que se puede bajar por una de sus dos escaleras.

Al norte de la alcazaba, pasada la plaza de España del siglo XVI y en pleno centro de la ciudad moderna, se halla el llamado **templo de Diana**, que fue habilitado como mansión renacentista. Un poco más allá están los restos del **foro**, centro de la ciudad romana. Al oeste de la plaza hay un convento en cuyo interior se encuentra el **Museo de Arte Visigodo** (mar.-dom., verano, 10-14 h y 17-19 h; invierno, 10-14 h y 16-18 h; entrada gratuita), que expone una colección de unos 100 objetos lapidarios. Justo detrás del museo se alza el magnífico **arco de Trajano**, del que antiguamente se pensaba de forma errónea que era un arco de triunfo; de hecho, es una puerta monumental de entrada al foro.

El teatro y el anfiteatro

A 10 minutos a pie en dirección nordeste desde la plaza de España se encuentra el yacimiento arqueológico más importante de Mérida (todos los días, verano, 9-13.45 h y 17-19.15 h; invierno, 9-13.45 h y 16-18.15 h; entrada combinada, 800 pesetas), donde se erige el teatro y el anfiteatro. Al lado se halla una villa romana y el museo de arte romano.

El complejo y hermoso **teatro romano** es uno de los mejor conservados del Imperio Romano. Construido en torno al 15 a.C., fue un regalo de Agripa a la ciudad, tal como indica una gran inscripción situada encima del corredor que queda a la izquierda del escenario. Éste tiene dos niveles sostenidos por columnas; se conserva en muy buen estado, y muchos de los asientos han sido reconstruidos para que los espectadores que asisten a las representaciones clásicas de julio y agosto se sientan cómodos.

Junto al teatro está el **anfiteatro**, una construcción algo posterior y mucho más sencilla. Tiene aforo para 15.000 personas —casi la mitad de la población actual de Mérida—, que en sus tiempos se sentaban a presenciar combates de gladiadores y luchas con animales salvajes.

La **Casa Romana del Anfiteatro** (todos los días, verano, 9-13.45 h y 17-19.15 h; invierno, 9-13.45 h y 16-18.15 h; entrada combinada, 800 pesetas) se halla inmediatamente debajo del museo, y ofrece información complementaria del lugar. Luce maravillosos mosaicos, entre los que aparece una representación del comercio de la uva.

El Museo Nacional de Arte Romano

El **Museo Nacional de Arte Romano** (mayo-sept., mar.-dom., 10-14 h y 17-19 h; oct.-abril, mar.-dom., 10-14 h y 16-18 h; 400 pesetas), construido en 1986 sobre las murallas romanas, es un edificio con mucha luz y bastante accesible, que interpreta libremente las formas clásicas para presentar los mosaicos y las esculturas como si emergieran de las ruinas. Su arquitecto, el español Rafael Moneo, consiguió su objetivo: que los visitantes pudieran «ver toda la colección de un vistazo».

Las muestras, presentadas en los tres niveles de un vestíbulo parecido a una basílica, mantienen una perfecta armonía con el espacio que las rodea. Entre ellas destacan estatuas del teatro, la villa romana de **Mithraeus** o «Mitreo» (véase abajo) y el foro, así como unos cuantos mosaicos, el más grande de ellos colgado de la pared para que pueda ser contemplado desde cada nivel. También hay frescos, como los que componen una habitación completa reconstruida. Tal vez las mejores piezas sean las tres estatuas expuestas juntas que representan a Augusto, el primer emperador romano, a su hijo Tiberio —segundo emperador— y Druso, que al parecer era el heredero de Augusto hasta que, según se cuenta, fue asesinado por Livia, la madre de Tiberio.

Más allá: el hipódromo, los acueductos y Mitreo

Los monumentos que quedan están mucho más apartados del centro, al otro lado de las vías del ferrocarril. Desde el museo, se tarda 10 minutos caminando si el viajero quiere ver el **circo romano**. Tendrá que tomar la avenida de Extremadura. Actualmente queda en pie el recinto externo y donde se celebraban carreras de carros y ca-

ballos. Desde aquí y al cruzar la carretera, hay un tramo del **acueducto de San Lázaro** que lleva hacia el río Albarregas. No obstante, el más impresionante es el **acueducto de los Milagros**, del que se conserva una considerable extensión en medio de los jardines situados al oeste de la estación de ferrocarril. Sus altos arcos de granito con canales de ladrillo transportaban el agua hasta la ciudad cuando no existía el embalse de Proserpina, a 5 km de aquí (véase abajo). La mejor vista del acueducto es la que se aprecia desde un **puente romano** bajo y discreto que cruza el río Albarregas; por este punto, la antigua Vía de la Plata entraba en la ciudad.

Otros dos puntos de interés son la **iglesia de Santa Eulalia**, junto a la estación de ferrocarril, cuyo porche está hecho de fragmentos de un antiguo templo de Marte, y una segunda villa romana, el **Mitreo**, a la sombra de la plaza de toros y al sur del museo y los teatros. La villa luce un mosaico magnífico, aunque deteriorado, que representa a los dioses del río. A poca distancia de aquí se encuentra una tumba romana con dos sepulcros familiares.

Los embalses de Proserpina y Cornalvo

Si le apetece, el viajero podrá nadar en el **embalse de Proserpina**, una presa construida por los romanos a 5 km al norte de la población, rodeada de casas veraniegas y destino popular de excursiones. Otra alternativa, si dispone de vehículo propio, es ir al **embalse de Cornalvo**, a 18 km al este de Mérida (hay que girar a la izquierda después del pueblo de Trujillanos). Allí verá un dique romano y un pequeño parque nacional recientemente creado en esta zona.

Comida y copas

Entre la estación de ferrocarril de Mérida y la plaza de España el viajero encontrará varios **bares y restaurantes económicos**; le llenarán de propaganda sobre ellos a la entrada del teatro. Otra alternativa es probar uno de los siguientes.

Bar-restaurante Briz, Félix Valverde Lillo 5, a la salida de la plaza de España. Restaurante recomendable (con bar de tapas al lado) que ofrece especialidades locales y un menú de 1.350 pesetas. Dom. noche, cerrado.

Casa Benito, San Francisco 3. Numerosos toreros famosos cuelgan de las paredes de este bar, que sirve las típicas tapas y vino pitarra del lugar. Puede comer por 1.300 pesetas. Dom., cerrado.

Mesón Restaurante Casa Nano, Castelar 3. Bonito restaurante con un menú de unas 3.000 pesetas.

Restaurante Nicolás, Félix Valverde Lillo 13. Sirve una buena variedad de platos extremeños y un menú de 3.500 pesetas. Dom. noche y mediados sept., cerrado.

Restaurante Rufino, plaza de Santa Clara 2 (☎924 312 001). Céntrico, sirve platos tradicionales en un ambiente agradable. A unas 3.500 pesetas por persona.

Badajoz

El valle del río Guadiana, que se puede cruzar por carretera o en ferrocarril, sustenta los ricos cultivos que se extienden entre Mérida y **BADAJOZ**. La principal razón para visitar la capital de provincia, puerta tradicional de acceso a Portugal y objeto de numerosos sitios, continúa siendo cruzar la frontera, pues no se trata de un lugar que invite a quedarse mucho tiempo. El implacable desarrollo moderno se ha impuesto sobre lo que en una época debió de ser un hermoso casco antiguo, y sólo han sobrevivido unos cuantos monumentos. La agitada historia de Badajoz, que creció por su

BADAJOZ/197

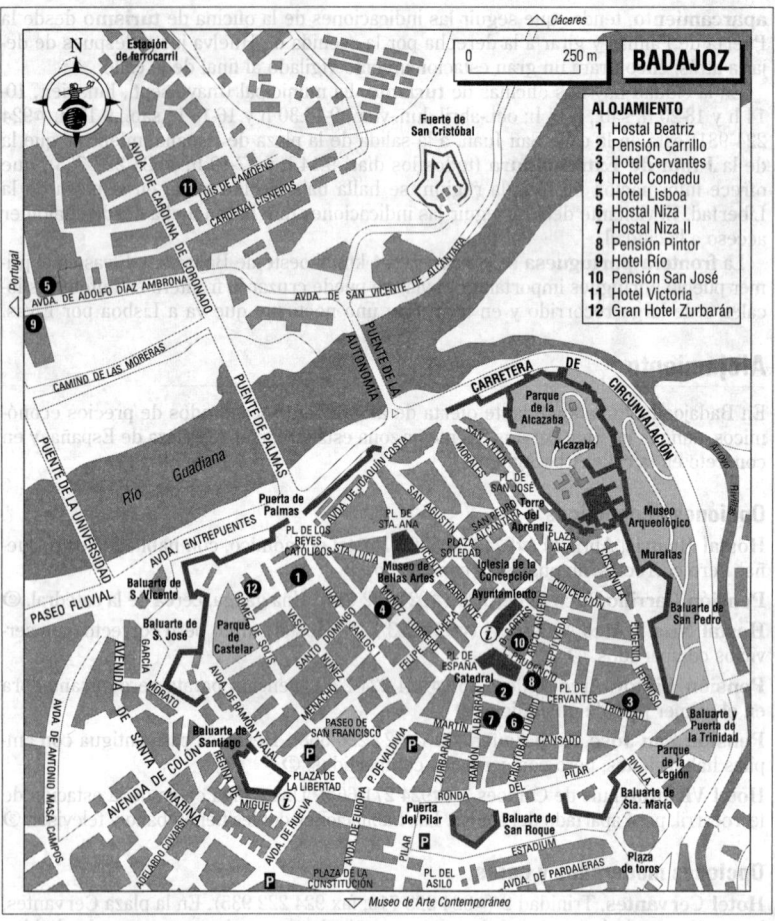

importancia estratégica junto al río Guadiana, es en muchos sentidos mucho más interesante que su estado actual. Fundada por los árabes en 1009, la ciudad fue tomada por los ejércitos cristianos de Alfonso IX en 1230, utilizada como cuartel de las tropas de Felipe II contra los portugueses en 1580, asaltada por los soldados británicos del duque de Wellington en 1812 y tomada por las tropas nacionales de Franco en 1936.

Llegada e información

Si el viajero llega a Badajoz en **autobús**, tendrá que caminar unos 15 minutos para alcanzar el centro, ya que la estación se encuentra en un terreno baldío situado al otro lado de la carretera de circunvalación, en el extremo sur de la ciudad. Lo mejor es que tome los autobuses 3 o 4. La **estación de ferrocarril** queda aún más lejos, en lo alto de la carretera que cruza el puente de Palmas. Cualquier autobús que atraviese el puente le llevará hasta allí; el trayecto en taxi resulta barato. Si el viajero busca

aparcamiento, tendrá que seguir las indicaciones de la oficina de **turismo** desde la Puerta de Palmas y girar a la derecha por la avenida de Huelva justo después de dejarla atrás; encontrará un gran estacionamiento vigilado al final de la calle.

En la ciudad hay dos oficinas de **turismo**. La municipal (mayo-sept., lun.-vier., 10-14 h y 18-20 h; sáb., 9-13 h; oct.-abril, lun.-vier., 9-13.30 h y 16-18 h; sáb., 9-13 h; ☎924 224 981) está en la calle San Juan, a la salida de la plaza de España, mientras que la de la **Junta de Extremadura** (todos los días, 9-14 h y 17-19 h; ☎924 222 763), que ofrece información de toda la región, se halla bajando la colina, en la plaza de la Libertad. El visitante deberá seguir las indicaciones que llevan a ella desde cualquier acceso a la ciudad.

La **frontera portuguesa** se encuentra a 4 km al oeste de Badajoz; y Elvas es el primer pueblo portugués importante. El viajero puede cruzar la frontera en autobuses locales o de largo recorrido y en tren. Hay uno nocturno que va a Lisboa por Elvas.

Alojamiento

En Badajoz hay una abundante oferta de **alojamiento**, casi todos de precios económicos, aunque no muy baratos. La mejor zona está en torno a la plaza de España, y en concreto en la calle Arco Agüero.

Opciones económicas

Hostal Beatriz, Abril 20 (☎924 233 556). Hostal económico, con habitaciones pequeñas pero correctas, algunas sólo con lavabo. ③

Pensión Carrillo, Arco Agüero 39 (☎924 222 014). Una ganga, cerca de la catedral. ②

Hostal Niza I, Arco Agüero 34 (☎924 223 173). Hostal barato pero correcto, con servicios compartidos. ②

Pensión Pintor, Arco Agüero 26 (☎924 224 228). Pensión barata pero encantadora en el primer piso de un edificio. ②

Pensión San José, Arco Agüero 39 (☎924 220 568). Hermosa casa antigua con amplias habitaciones, pero con servicios compartidos. ②

Hotel Victoria, Luis de Camões 3 (☎924 271 662). Una ganga cerca de la estación de ferrocarril, pero apartado del centro. Las habitaciones dobles tienen baño y televisor. ③

Opciones moderadas y caras

Hotel Cervantes, Trinidad 2 (☎924 223 710; fax 924 222 935). En la plaza Cervantes, junto a la catedral, este hotel tiene unos vestíbulos impresionantes, pero las habitaciones son bastante corrientes. ④

Hotel Condedu, Muñoz Torrero 27 (☎924 224 641; fax 924 220 003). Hotel cómodo y bien ubicado, también conocido como *Hotel Conde Duque*. Cerca del museo y la catedral. ⑤

Gran Hotel Zurbarán, paseo Castelar (☎924 223 741; fax 924 220 142). El más caro de la ciudad, con piscina y un restaurante de renombre. ⑧

Hotel Lisboa, avenida de Adolfo Díaz Ambrona 13 (☎924 223 741; fax 924 220 142). Grande y cómodo; habitaciones con baño y un restaurante con precios razonables. ⑤

Hostal Niza II, Arco Agüero 45 (☎924 223 173). Pequeño y cómodo; habitaciones con baño (reserve con antelación, ya que se llena enseguida). ④

Hotel Río, avenida Adolfo Díaz Ambrona 13 (☎924 272 600; fax 924 273 874). En el extremo más apartado del puente de la Universidad; dispone de piscina, aparcamiento y un buen restaurante. Fines de semana y agos., cerrado. ⑦

La ciudad

En el centro de Badajoz se encuentra la **plaza de España** y la **catedral** del siglo XIII (mar.-sáb., 11-13 h; entrada gratuita), un edificio parecido a una fortaleza al que durante el Renacimiento se intentó embellecer mediante la adición de un portal y los adornos de la torre.

Al nordeste de la plaza, la calle de San Juan lleva hasta la **plaza Alta**, que en una época era una elegante explanada con arcadas y que actualmente está muy deteriorada. Allí se halla asimismo la fortaleza de la ciudad o **alcazaba**, en gran parte en ruinas, pero que conserva las puertas de entrada árabes y restos de un palacio renacentista en el interior. Dentro alberga el **Museo Arqueológico** (mar.-dom., 10-17 h; entrada gratuita), que expone hallazgos romanos y visigóticos del lugar. Sobre la cara que da a la ciudad se erige la **torre del Aprendiz** o torre Espantaperros (que alude a los «perros» cristianos), de carácter defensivo, estilo árabe y forma octogonal.

El río Guadiana es el otro emblema de Badajoz, sobre todo el **puente de Palmas** o puente Viejo que lo cruza. Fue proyectado por Herrera (el arquitecto de El Escorial) con la idea de dar una buena impresión de España al entrar desde Portugal. Desde él se accede a la ciudad por la **Puerta de Palmas**, que formaba parte de la muralla y que hoy se levanta como una especie de arco triunfal solitario.

Desde la plaza que se abre detrás de este arco, la calle Santa Lucía conduce hacia el **Museo de Bellas Artes** (lun.-sáb., 9-14 h; entrada gratuita), donde se muestran las obras del pintor local Luis Morales y un par de murales de Zurbarán. Cerca de la plaza Constitución y a la salida de la avenida Calzadillas Maestre está el **Museo de Arte Contemporáneo** (mar.-sáb., 10.30-13 h y 17-20 h; dom., 10.30-13 h; entrada gratuita). Este impresionante edificio contiene una rica colección de pinturas modernas, estructuras y esculturas de artistas españoles, portugueses y latinoamericanos.

Comida y copas

La zona que rodea la calle Conde Duque, un par de calles por debajo de la plaza de España, es la mejor para comer a un precio razonable y entrar en bares con buen ambiente.

Bar-Restaurante El Tronco, Muñoz Torrero 16. Quizá la mejor excusa para quedarse en la ciudad: ofrece una amplia variedad de tentempiés a precios de ganga en el bar y comida regional picante en el restaurante.

Los Gabrieles, Vicente Barrantes 21 (☎924 220 001). Cocina local clásica; generosas raciones y precio muy razonable. Dom. y mediados jun., cerrado (pregunte antes de ir).

El Sótano, Virgen de la Soledad 6. Platos extremeños en una calle peatonal cerca de la catedral. Unas 3.500 pesetas por persona.

La Toja, avenida Elvas 22, carretera de Portugal. El restaurante más selecto de Badajoz, regentado por un gallego que sirve comida extremeña y gallega. Precios moderados. Dom. noche y mediados agos., cerrado.

El sur de Extremadura

Las rutas que van al **sur desde Mérida** o **Badajoz** cruzan una región en gran parte árida y poco atractiva, a excepción de las ovejas y campos de alcornoques y olivos que se ven por el camino, hasta llegar a las faldas de sierra Morena y los límites de Andalucía. Por el trayecto, el viajero encontrará **Olivenza**, un pueblo que ha pasado más tiempo en Portugal que en España, y que quizá sea el punto más conveniente para hacer un alto. Tiene un acceso por carretera a Évora, la ciudad más interesante del sur de Portugal.

Olivenza

A 25 km al sudoeste de Badajoz, la encalada localidad de **OLIVENZA** parece hallarse en el lugar equivocado; durante mucho tiempo España y Portugal se la disputaron, hasta que pasó a ser española en 1801. Sus edificios y esencia son claramente portugueses, y los ancianos del lugar todavía hablan la lengua lusa; el viajero podrá comprobarlo si los escucha en la plaza principal, junto a la parada de autobús. Según un dicho local, «las mujeres de Olivenza no son como las demás, pues son hijas de España y nietas de Portugal».

El visitante encontrará un quiosco de **turismo** en la plaza principal (mar.-vier., 9-14 h y 17-19 h; sáb.-dom., 9.15-14 h; fines de semana alternos, cuando el museo del castillo facilita información, cerrado; ☎924 490 151). Se trata de una localidad fortificada, en la que todavía pueden verse **murallas y puertas** de otra época, aunque se han construido casas adosadas a ellas. Ascienden hasta el **castillo**, donde aún se conservan tres torres y hay un **museo** etnográfico (verano, sáb., 19-21 h; dom., 11-14 h; invierno, sáb., 16.30-18 h; dom., 11-14 h).

Junto al castillo está la iglesia de **Santa María del Castillo**, del siglo XVII, una sobria obra renacentista con tres naves de la misma altura y un notable retablo del «Árbol de Jesé». Al doblar la esquina se encuentra la iglesia de **Santa María Magdalena**, construida 100 años después en estilo manuelino portugués, con arcos de columnas en espiral. Las dos tienen unos sólidos campanarios y mucha luz en su espacioso interior adornado con azulejos y dotado de altares barrocos. Ambas abren sólo por las mañanas.

Al cruzar la calle desde Santa María Magdalena se halla el antiguo **palacio**, en la actualidad, la biblioteca pública, con una vistosa puerta manuelina. Siguiendo calle abajo, y girando por la primera calle a la izquierda, que es la de Caridad, el visitante llegará a un **hospital** de principios del siglo XVI que todavía sigue funcionando como tal, y en cuya capilla (el personal la abrirá si se lo pide) está recubierta de azulejos de principios del siglo XVIII.

Si el viajero quiere quedarse en Olivenza, encontrará un **hotel** a la salida de la localidad en dirección a Badajoz (C-246, km 23,7), el *Heredero* (☎924 490 835; fax 924 491 261; ⑤), que tiene restaurante. Si dispone de un presupuesto más ajustado, puede ir a *Los Amigos* (☎924 490 725; ②), en la avenida de Perú 1. Hay una **piscina** pública junto al campo de fútbol, en la avenida Portugal, cerca de la salida hacia Badajoz.

Hacia Portugal

A 12 km al noroeste de Olivenza hay una carretera que va hacia Portugal y que se interrumpe de repente en las ruinas del **puente Ayuda**, donde el río Guadiana marca la frontera entre los dos países. No queda más remedio que nadar; sin embargo, resulta un lugar agradable para hacer un picnic. El río cruza lechos rocosos donde abunda la pesca, y además es un sitio ideal para acampar discretamente. Para **entrar en Portugal**, el viajero tendrá que tomar la C-436 al sur de Olivenza durante 39 km hasta llegar a la frontera española en **Villanueva del Fresno**. Desde aquí hay otros 16 km hasta Mourao, primer pueblo portugués que se encuentra en la carretera principal (por donde también pasan los autobuses) a Évora.

Al sur, hacia Jerez de los Caballeros

La carretera de **Badajoz a Jerez de los Caballeros** es típica del sur de Extremadura, ya que cruza un paisaje seco cuyas aldeas —compuestas por casas bajas y una iglesia encalada que se alinean junto a la carretera— parecen trasplantadas de un pueblo fronterizo del Lejano Oeste estadounidense o de México. Se trata de una tierra con una historia terrible, como sugieren nombres de pueblos como Valle de Matamoros; el via-

jero comprenderá enseguida por qué muchos de sus habitantes se fueron al Nuevo Mundo a buscar riqueza.

No sorprende, pues, que **JEREZ DE LOS CABALLEROS** produjera una gran estirpe de conquistadores. Los dos más célebres son Vasco Núñez de Balboa, descubridor del océano Pacífico, y Hernando de Soto (conocido como el conquistador de Florida), que al explorar el Mississippi se convirtió en uno de los primeros europeos que pisaba Norteamérica. Son recordados en muchos sitios: la estación de autobuses está en la plaza de Vasco Núñez de Balboa, donde se erige una estatua de Vasco en el acto del descubrimiento, y de allí parte la calle Hernando de Soto hasta el centro del pueblo, tranquilo y agradable; de hecho, lo cruzan muchos turistas, aunque pocos se quedan. La hierba crece entre los adoquines de las calles, y no parece haber prisa por nada. A cierta distancia se alzan las torres de la iglesia que domina el casco antiguo amurallado: la pasión por las agujas se propagó por el lugar en el siglo XVIII, cuando se construyeron tres iglesias que aún las conservan. Sus siluetas están sin duda inspiradas en la de la Giralda de Sevilla, pero cada una está decorada de un modo peculiar: la primera es **San Miguel**, en la céntrica plaza de España, hecha con ladrillo tallado; la segunda, la inconfundible torre roja, azul y ocre de **San Bartolomé**, situada en la colina superior, luce una llamativa fachada de azulejos; la tercera, bastante deteriorada, pertenece a **Santa Catalina**, a extramuros.

Por encima de la plaza de España las calles ascienden hacia los restos restaurados de un **castillo** de los caballeros templarios (éste era en una época un pueblo fronterizo), en su mayor parte construido a finales del siglo XIII pero de evidente influencia árabe. Junto al castillo, al que precedió en unos 100 años (como las murallas del pueblo), se halla la iglesia de **Santa María**. Construida sobre un yacimiento visigótico, resulta más interesante vista desde las almenas superiores que desde el interior. En el pequeño parque situado debajo de los muros del castillo hay un café, desde donde se contemplan hermosas vistas de los campos de los alrededores, sobre todo al atardecer.

No abundan los **establecimientos** donde pernoctar. El más económico es la *Pensión El Gordito*, avenida de Portugal 104 (☎924 731 452; ①), con buena relación calidad-precio. Otras alternativas más caras son el *Hotel Oasis*, El Campo 18 (☎ y fax 924 731 453; ④) y el *Hostal Las Torres*, en la carretera a Oliva de la Frontera (☎924 731 168; ②). El *Oasis* tiene el único **restaurante** de verdad del pueblo. Para tomar unas tapas y pitarra, se recomienda *La Ermita*, una antigua capilla de la calle Dr. Benítez. Hay una pequeña oficina de **turismo** en el ayuntamiento (todos los días, 8.30-15 h y 17.30-19.30 h; ☎924 730 384).

Zafra

Si el viajero va a seguir únicamente las carreteras principales o si se dirige al sur desde Mérida, llegar a **ZAFRA** supondrá tan sólo un pequeño rodeo, y es muy frecuentada por los turistas. Su fama se debe sobre todo al **castillo** —en la actualidad convertido en parador—, que tiene un patio renacentista de mármol blanco proyectado por Juan de Herrera. Dos hermosas plazas con arcadas, la plaza Grande y la plaza Chica, se unen en el centro del pueblo.

En Zafra hay algunas iglesias interesantes, aunque destaca **Nuestra Señora de la Candelaria** (todos los días, 19-19.30 h), que luce un retablo con nueve pinturas de Zurbarán y una capilla de Churriguera. Se accede a ella por la calle José a través de una pequeña puerta lateral de la iglesia. Merecen una visita las tumbas de la familia Figueroa (los primeros habitantes del castillo), en el **convento de Santa Clara** (todos los días, 17-18.30 h), a la salida de la calle Sevilla, la más comercial; el visitante tendrá que llamar a la puerta para entrar.

La región es famosa por sus vinos; por ello, se recomienda visitar la **Bodega Medina**, en la calle Cestria (lun.-vier., 14-20 h); es necesario telefonear a la oficina de

turismo de la plaza de España (lun.-vier., 9.30-16.30 h; sáb.-dom., 10.30-14.30 h; ☎924 551 036) para concertar una visita. Entre las opciones de **alojamiento** destacan: el parador (☎924 554 540; fax 924 551 018; ⑦), el *Hotel El Ancla* en la plaza de España 8 (☎924 554 382; ⑥); *Hotel Las Palmeras*, plaza Grande 14 (☎924 552 208; ④), y *Hostal del Carmen*, avenida Estación 9 (☎924 551 439; ④), que dispone de un excelente restaurante de precio moderado. El establecimiento más económico es el acogedor *Hostal Arias* (☎924 554 855; fax 924 554 888; ③), a 200 m del pueblo por la carretera Badajoz-Granada; dispone de habitaciones con baño y un buen restaurante, que sirve un menú por 1.200 pesetas.

Al sur de Zafra: sierra Morena

Más allá de Zafra la carretera principal y el ferrocarril van directamente hacia el sur por la **sierra Morena** hacia **Sevilla**. El trayecto más interesante por **carretera** —aunque los servicios de autobús son poco frecuentes— es pasando por **Fregenal de la Sierra** (donde desemboca la carretera de Jerez de los Caballeros) hasta llegar al corazón de sierra Morena, en los alrededores de Aracena. En **tren** el viajero puede llegar a otra zona interesante si baja en la estación de Cazalla-Constantina; si se dirige hacia **Córdoba** y el este de Andalucía tendrá que cambiar de tren en Los Rosales, antes de llegar a Sevilla.

transportes

Autobuses

Badajoz a: Cáceres (4 diarios; 2 h); Caya (frontera portuguesa, 4 diarios; 30 min.); Córdoba (3 diarios; 5 h); Lisboa (4 diarios; 7 h); Madrid (7 diarios; 4 h 30 min.-5 h); Mérida (10 diarios; 45 min.); Olivenza (12 diarios; 30 min.); Sevilla (4 diarios; 4 h 30 min.); Zafra (8 diarios; 1 h 30 min.).

Cáceres a: Alcántara (2 diarios; 1 h 30 min.); Arroyo de la Luz (lun.-sáb., 11 diarios; 30 min.); Badajoz (4 diarios; 1 h 45 min.); Coria (4 diarios; 1 h 30 min.); Guadalupe (2 diarios; 4 h); Madrid (7 diarios; 4 h); Mérida (3 diarios; 1 h); Plasencia (4-5 diarios; 1 h 30 min.); Salamanca (3 diarios; 3 h 30 min.); Sevilla (5-7 diarios; 4 h); Trujillo (9 diarios; 45 min.).

Guadalupe a: Cáceres (2 diarios; 4 h); Madrid (2 diarios; 4 h); Trujillo (2 diarios; 2 h-2 h 30 min.).

Mérida a: Badajoz (10 diarios; 45 min.); Cáceres (2-4 diarios; 1 h); Guadalupe (4 diarios; 2 h); Jerez de los Caballeros (1 diario; 2 h); Madrid (6-7 diarios; 5 h); Sevilla (12 diarios; 3 h 30 min., algunos paran en Zafra); Trujillo (4 diarios; 1 h); Zafra (5 diarios; 1 h).

Trujillo a: Cáceres (7 diarios; 1 h 30 min.); Guadalupe (2 diarios; 2 h); Madrid (9-11 diarios; 3 h); Mérida (2 diarios; 2 h).

Ferrocarriles

Badajoz a: Cáceres (4 diarios; 2 h); Lisboa vía Elvas (2 diarios; 5 h); Madrid (4 diarios; 5-7 h); Mérida (7 diarios; 1 h); Plasencia (3 diarios; 3 h 20 min.); Sevilla (1 diario; 5 h, vía Mérida).

Cáceres a: Badajoz (4 diarios; 2 h); Lisboa (1 nocturno; 5 h); Madrid (5 diarios; 3 h 30 min.-5 h); Mérida (5 diarios; 1 h); Plasencia (4 diarios; 1 h 30 min.); Sevilla (1 diario; 5 h 30 min.); Zafra (2 diarios; 2 h 10 min.).

Mérida a: Badajoz (7 diarios; 1 h); Cáceres (1-2 diarios; 1 h); Madrid (3 diarios; 4-6 h); Plasencia (2 diarios; 2 h 30 min.); Sevilla (1 diario; 4 h 30 min.).

CAPÍTULO CINCO

ANDALUCÍA

Los monumentos —y hay muchos— que más atraen al viajero a **Andalucía** son los **edificios árabes**. Los musulmanes mezcla de beréberes y árabes que entraron en España desde Marruecos y el norte de África, ocuparon al-Andalus durante unos 700 años: sus primeros ejércitos llegaron a Tarifa en el 711 d.C., y 4 años después habían conquistado gran parte de la península Ibérica; su último reino, Granada, no sucumbió a la Reconquista cristiana hasta 1492. Entre esas fechas desarrollaron la civilización más sofisticada de la Edad Media, que se concentró en las tres ciudades principales de su territorio: **Córdoba, Sevilla y Granada**. Cada una de ellas conserva hermosos monumentos, aunque el más importante es el **Palacio de la Alhambra** de Granada. **Sevilla** no le queda a la zaga, ya que tiene un fabuloso Alcázar, y la mayor de las catedrales góticas. Actualmente capital de Andalucía y sede del Parlamento autónomo, es una bulliciosa ciudad a la que ningún viajero puede resistirse. La imponente **mezquita de Córdoba**, la mayor construida por los árabes en España, es un edificio de referencia obligada en la arquitectura mundial, y que se recomienda visitar.

Por supuesto, estas tres ciudades se han convertido en destinos turísticos de primer orden, pero los **pueblecitos del interior** ofrecen la auténtica esencia de Andalucía. Su potencial es enorme; de hecho, hay localidades renacentistas como **Úbeda, Baeza y Osuna; Guadix** tiene un barrio en las cuevas, **Carmona** es morisca y los pueblos montañeses de los alrededores de **Ronda** están encalados; además, el viajero puede acceder a ellos en autobús. Si el visitante viaja durante algún tiempo por estas tierras se acostumbrará al paisaje de Andalucía: en algunos puntos espectacular, pero a menudo más impresionante por el peculiar mosaico de colores que lo compone y la interacción de los edificios con su entorno, así como por la gradual aparición de pueblecitos agrupados bajo un castillo y una iglesia.

Asimismo se trata de una región montañosa; destaca **Sierra Nevada**, la cordillera más alta de España, donde el viajero puede esquiar en pleno mes de febrero y el mismo día ir hasta la costa para bañarse y tomar el sol. Quizá atractivas aún sean sus posibilidades de excursionismo por las faldas de la sierra, en **Las Alpujarras**. Otra alternativa son las caminatas por las más suaves (y casi desconocidas) montañas de **sierra Morena**, al norte de Sevilla.

En cuanto a la **costa**, a ambos lados de la ciudad de **Málaga** se extiende la **Costa del Sol**, donde se encuentra el sector turístico más desarrollado de Europa y hay playas ocultas detrás de numerosos hoteles de hormigón y edificios de apartamentos. Sin embargo, el viajero puede ir a otras playas menos frecuentadas y de las mejores de España: las de los pueblos situados entre **Tarifa** y **Cádiz**, en el Atlántico, y las de los **alrededores de Almería**, en el sureste mediterráneo. Además, las costas de Almería permiten nadar en aguas templadas durante todo el año, excepto los meses de invierno; la zona más próxima a Cádiz, mucho más accesible, tiene su mejor época entre junio y septiembre. Cerca de Cádiz se halla el **Coto de Doñana**, la mayor reserva natural de España y también la más importante.

Las condiciones de vida en la **Andalucía contemporánea** son muy sorprendentes. Se trata de la comunidad autónoma con mayor índice de **desempleo** —casi el 30 %— de España; y un gran porcentaje de la población se dedica a la agricultura. La vida del campo es difícil, algo que se aprecia enseguida, a juzgar por su estructura económi-

204/ANDALUCÍA

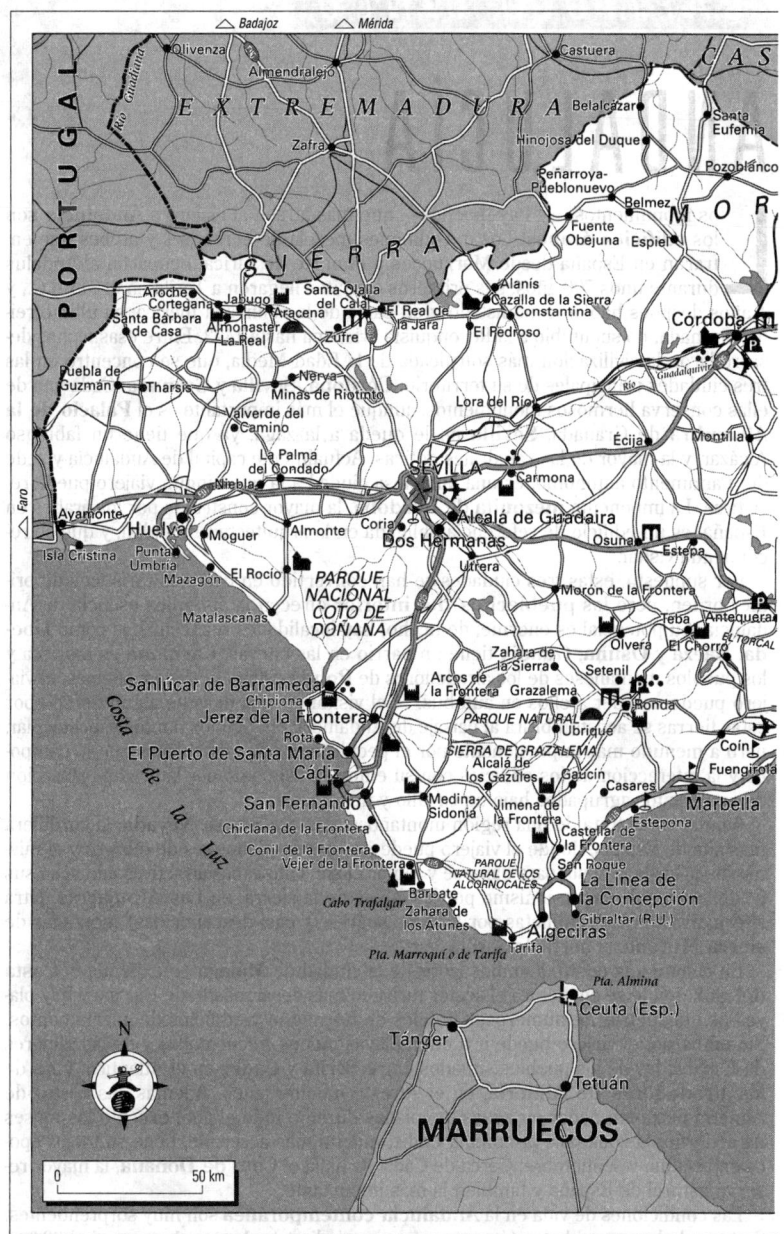

ANDALUCÍA/205

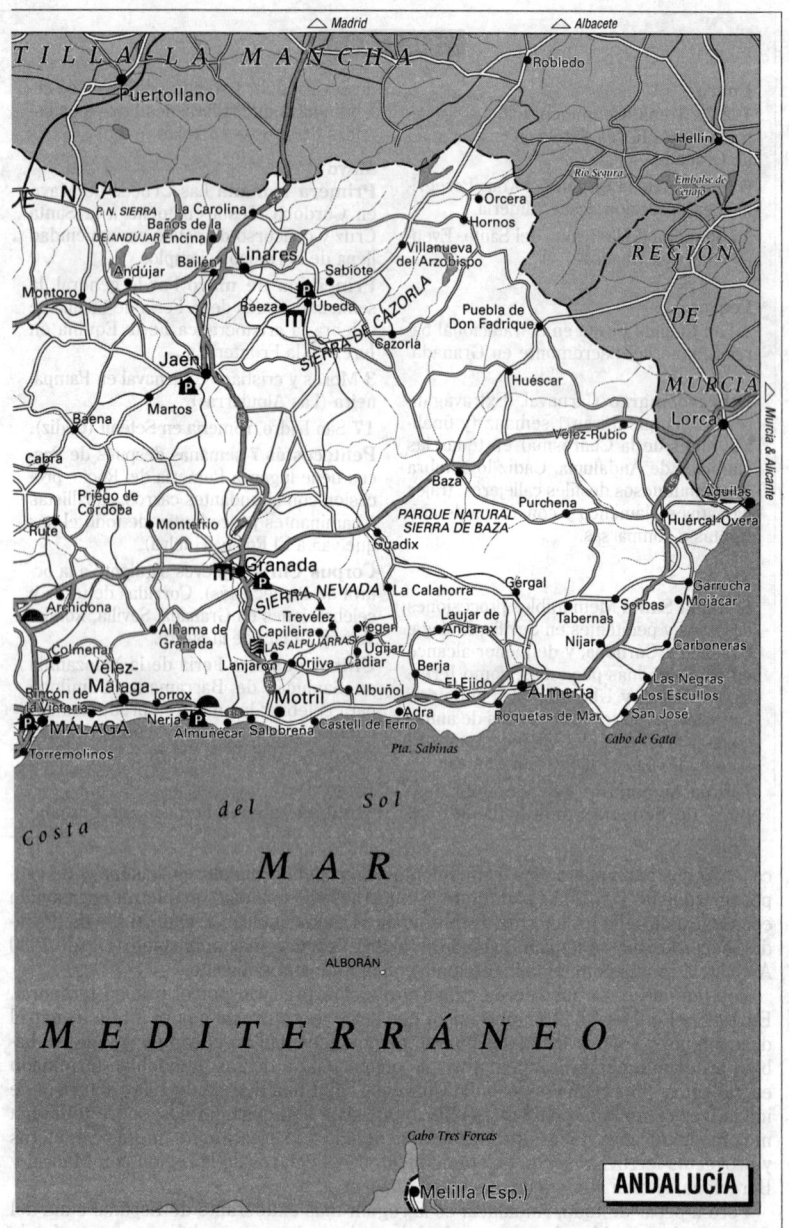

FIESTAS

Enero
1-2 La Toma. Conmemoración de la entrada de los Reyes Católicos en la ciudad de Granada.
6 Romería de la Virgen del Mar. Peregrinaje en procesión desde Almería.
17 Romería de la Ermita del Santo. Evento similar en Guadix.

Febrero
1 San Cecilio. Fiesta en el tradicional barrio gitano del Sacromonte en Granada.

Febrero/marzo Carnaval. Extravagantes fiestas que duran 1 semana (y finalizan antes de la Cuaresma) en todas las ciudades de Andalucía. Cádiz lo celebra con tumultuosos desfiles callejeros, trajes llamativos, flamenco y concursos de chirigotas o comparsas.

Abril
Semana Santa Memorables procesiones de pasos y penitentes en Sevilla, Málaga, Granada y Córdoba, y de menor alcance en ciudades más pequeñas, como Jerez, Arcos, Baeza y Úbeda. Todas culminan con espectaculares procesiones de antorchas el amanecer del Viernes Santo. El día de Pascua es mucho más familiar.
Última semana o 1-2 semanas después de Semana Santa Feria de Abril de Sevilla; dura 1 semana. También se celebra una pequeña feria de abril —con corridas de toros— en Vejer.

Mayo
Primera semana Las Cruces de Mayo en Córdoba, fiesta en torno a la Santa Cruz y concurso de patios en una ciudad llena de hermosos ejemplos.
Principios de mayo Por lo general, la semana después de la Feria de Sevilla se celebra la aristocrática Feria Equina en Jerez de la Frontera.
3 Moros y cristianos, carnaval en Pampaneira (Las Alpujarras).
17 San Isidro, romería en Setenil (Cádiz).
Pentecostés 7 semanas después de Pascua tiene lugar la Romería del Rocío, procesión con abundantes carros, caballistas y caminantes procedentes de todo el sur que van a El Rocío (Huelva).
Corpus Christi (jueves siguiente a la octava de Pentecostés). Corridas de toros y celebraciones en Granada, Sevilla, Ronda, Vejer y Zahara de la Sierra.
Última semana Feria de la Manzanilla en Sanlúcar de Barrameda. Comilona para celebrar los mejores productos del pueblo, con flamenco y competiciones deportivas a la orilla del río.

Junio
Segunda semana Feria de San Bernabé

---

ca, en la que aún imperan los terratenientes. Los pueblos andaluces, bastiones de grupos anarquistas y socialistas durante la Guerra Civil española, recibieron poca ayuda económica durante los años del Gobierno de Franco e incluso cuando el PSOE (Partido Socialista Obrero Español) se convirtió en el partido más importante. Desde 1980 Andalucía es una comunidad autónoma con amplio autogobierno.

Los temporeros o jornaleros ganan un sueldo precario por el trabajo temporal. En 1986, el gobierno autónomo inició una serie de reformas con el fin de frenar el descontento y sofocar cualquier intento de conflictividad en el campo, ya que se habían producido numerosas tentativas de ocupación de tierras que habían terminado en violentos enfrentamientos con la Guardia Civil. En la década de 1990, el turismo e iniciativas como la Expo'92 de Sevilla impulsaron algunos cambios, sobre todo una mejora significativa de las infraestructuras debido a la creación de nuevas carreteras y proyectos ferroviarios con objeto de mejorar los enlaces de la región con Madrid y Barcelona, si bien aún queda mucho por hacer.

Pero a pesar de todo, Andalucía es la región más exuberante de España: cuna del flamenco, las corridas de toros y crisol de varias culturas que dejaron una profunda huella en su paisaje. Todo ello existe de verdad, y el viajero lo puede captar en cualquiera de las muchas **fiestas, ferias** y **romerías** que se celebran anualmente. Entre

en Marbella; espectacular, ya que es la localidad más rica de Andalucía.
13 San Antonio. Fiesta de Trevélez (Las Alpujarras), con representaciones de batallas entre moros y cristianos.
Tercera semana Feria y fiesta de Algeciras, otro gran acontecimiento en el sur.
23-24 Candelas de San Juan: hogueras y muñecos en Vejer y otros lugares.
30 Feria de Conil.
Finales de junio/principios de julio Festival Internacional de Música y Danza: importantes grupos de bailaores, cantaores y orquestas de cámara actúan en el Palacio de la Alhambra de Granada, en el Generalife y el Palacio de Carlos V.

Julio
Principios de julio El Festival Internacional de Guitarra de Córdoba en el que se ofrecen actuaciones internacionales de música clásica, flamenca y latinoamericana.
Finales de mes Virgen del Mar: la fiesta anual más importante de Almería, con desfiles, competiciones equinas, conciertos y mucha bebida.

Agosto
5 En Trevélez se celebra una romería de medianoche hasta Mulhacén.
13-21 Feria de Málaga: una de las fiestas más acogedoras de Andalucía con los forasteros, que son muy bien recibidos.

15 Ascensión de la Virgen. Feria con casetas en Vejer y otros lugares. Tumultuosa Noche del Vino en Competa (Málaga).
Tercera semana Primer ciclo de carreras de caballos por la playa de Sanlúcar de Barrameda, con posibilidad de hacer apuestas oficiales y clandestinas. La segunda ronda se celebra 1 semana después.
23-25 Festival del Guadalquivir en Sanlúcar de Barrameda; hay corridas de toros y un importante concurso de flamenco.

Septiembre
Primeras dos semanas Feria anual de Ronda; concursos de flamenco y corrida goyesca con toreros vestidos al estilo del siglo XVIII.
1-3 Celebración de la Virgen de la Luz en Tarifa; hay procesiones y paseos a caballo.
Primera/segunda semana Vendimia en Jerez.
29 San Miguel. Fiesta en el barrio del Albaicín de Granada y en otros muchos lugares, incluido Torremolinos.
29-2 octubre Feria de Órgiva (Las Alpujarras).

Octubre
15-23 Feria de San Lucas. Fiesta mayor de Jaén, que se remonta al siglo XV.

ellas destacan la **Feria de Abril** de Sevilla, la **romería del Rocío** de Huelva en el mes de mayo y las espectaculares procesiones de **Semana Santa** en Málaga, Granada, Sevilla, Córdoba y Jerez, además de otros pueblecitos.

Se han incluido en este capítulo las ciudades autónomas de **Ceuta** y **Melilla**, situadas al otro lado del Estrecho, en la costa norafricana, e íntimamente ligadas a Andalucía.

LA COSTA DEL SOL

La característica más destacada de la **Costa del Sol** es su fácil acceso. Todas las semanas aterrizan allí cientos de vuelos chárter, y a menudo es posible adquirir un billete muy barato con destino a otras ciudades de Europa, sobre todo Londres. El **aeropuerto de Málaga** está a medio camino entre Málaga, la ciudad principal de la costa, y **Torremolinos**, su centro turístico más frecuentado. El viajero puede llegar a ambos destinos tomando el tren eléctrico que recorre cada 30 minutos (todos los días, 6.30-23.30 h) la costa entre Málaga y **Fuengirola**. Granada, Córdoba y Sevilla son fácilmente accesibles desde Málaga, y también, como se verá en esta sección, **Ronda** y

LA CARRETERA NACIONAL N-340

Hay que hacer una advertencia especial sobre la **carretera principal** de la Costa del Sol, ya que es una de las más peligrosas de Europa. Calificada de carretera nacional, es en realidad una avenida urbana de 100 km de longitud, ya que atraviesa pueblos y urbanizaciones. Los conductores la utilizan como si fuera una autopista aunque continuamente crucen peatones, y entren y salgan otros automóviles, lo que redunda en un elevado número de accidentes, que alcanza una media de 100 anuales. Un gran número de ellos están causados por turistas británicos ebrios que carecen de habilidad en el manejo de vehículos con el volante a la izquierda y las normas de tráfico. Los primeros kilómetros de esta carretera, es decir, los comprendidos entre el aeropuerto —o sus oficinas de alquiler de automóviles— y Torremolinos, son los más peligrosos de la N-340. El peor tramo es el que va hacia el oeste desde Marbella: se producen unos 30 accidentes anuales por cada kilómetro comprendido entre Marbella y San Pedro.

Actualmente se ha construido una cuarta **autopista** de peaje para sustituir a la anterior autovía que unía Nerja, al este de Málaga, con Estepona y Fuengirola al oeste. En cualquier caso, se recomienda evitar las desviaciones repentinas y peligrosas y dedicar una especial atención a la carretera cuando haya llovido, ya que su superficie caliente y aceitosa es muy resbaladiza. Los peatones pueden cruzar por los semáforos que cruzan la ruta, por los pasos a nivel o subterráneos o cuando les parezca posible.

---

los llamados Pueblos Blancos del oeste, además de algunos pueblos costeros al este. Las **playas** de esta zona suelen ser de color gris pizarra en lugar de doradas, pero el mar está muy limpio gracias a las obras llevadas a cabo en el sistema de alcantarillado.

En el aspecto económico, la zona costera está experimentando un impulso gradual, en contraposición al resto de Andalucía, más estancada. En los últimos años el cultivo de frutas tropicales como mangos, papayas, guayabas, lichis y aguacates ha sustituido al más tradicional de naranjas, limones y almendros. Sin embargo, muchos agricultores no pueden permitirse comprar tierras en la costa; los que lo hacen son a menudo los trabajadores que emigraron a Francia o Alemania y que tuvieron que regresar a causa del desempleo existente en estos países.

Málaga

A primera vista **MÁLAGA** parece un lugar inhóspito. Es la segunda ciudad del sur (después de Sevilla) con una población de medio millón de habitantes, y una de las más pobres; según las oficinas del Inem (Instituto Nacional de Empleo), una de cada cuatro personas en edad de trabajar están desempleadas. Sin embargo, aunque mucha gente no va más allá de su estación de autobuses o de ferrocarril, y aunque sus aglomeraciones de edificios altos son bastante feas, también tiene sus atractivos. En el centro de la ciudad hay algunas iglesias y museos interesantes, como la **Casa Natal de Picasso** y el nuevo **Museo Picasso**, con una importante colección de obras del hijo más famoso de Málaga. En torno a los viejos pueblecitos pesqueros de **El Palo** y **Pedregalejo**, actualmente conurbación urbana, se encuentran una serie de playas y un paseo flanqueado por los mejores **locales para tomar pescado** y **marisco** de la provincia. Sobre la ciudad y su puerto se erigen las ciudadelas árabes: la **Alcazaba** y **Gibralfaro**, excelentes introducciones a la arquitectura antes de llegar a los principales puntos de Córdoba y Granada.

Llegada e información

Desde el **aeropuerto**, el **tren** es el medio más sencillo para llegar hasta Málaga (cada 30 min.; 135 pesetas). Desde el vestíbulo de «Llegadas» hay que subir al piso de

«Salidas» del aeropuerto, tomar cualquier salida y luego dirigirse a la derecha hasta llegar a un paso peatonal situado al final del edificio del aeropuerto. El viajero debe seguir las indicaciones de «Ferrocarril» y cruzar el paso peatonal hasta la estación sin nombre; la taquilla, si está abierta, vende los billetes, que de lo contrario podrá comprar en el propio tren. El viajero debe asegurarse de que se halla en el andén en dirección a Málaga (la más alejada), y quedarse en el tren hasta el final del trayecto, la parada de **Guadalmedina** (unos 12 min.). La parada anterior de Renfe, la **estación de ferrocarril**, le obligaría a dar un paseo algo más largo para llegar al centro de la ciudad (el autobús 3 lleva desde aquí al centro cada 10 min. aprox.).

La **estación de autobuses** está detrás de la estación de Renfe, un poco a la derecha del logotipo de Renfe que hay en la explanada. Todos los autobuses (que pertenecen a diferentes compañías) salen de esta terminal. En pleno verano se aconseja ir 1 hora antes de la salida de los autobuses que van a Granada, ya que pueden agotarse los billetes.

Si el viajero llega a Málaga en **automóvil** se enfrentará al problema del aparcamiento. Encontrará diversos de ellos (vigilados incluso) repartidos por la ciudad; pregunte en la oficina de turismo para conocer su ubicación, o consulte con el ayuntamiento (☎952 604 410). Como en Málaga se producen frecuentes **robos de automóviles**, debería llevarse todos los objetos valiosos que lleve en el vehículo antes de dejarlo en la calle, o alojarse en un hotel con garaje. También sería prudente quitar todos los adhesivos visibles del nombre o logotipo de la compañía de alquiler de automóviles, ya que son un imán para los ladrones.

Asimismo existe en Málaga un **puerto de transbordadores de pasajeros**, aunque en la actualidad sólo funciona un servicio que va a Melilla. Si el visitante se dirige a Fez y al este de Marruecos, éste es un enlace de uso frecuente —sobre todo si quiere llevar el automóvil— si bien la mayoría de pasajeros prefiere utilizar los servicios más rápidos que salen de Algeciras y Tarifa hacia el oeste. Las salidas son diarias excepto los domingos, y suelen ser a las 13 h; se tarda unas 7 horas y 30 minutos en cruzar el mar. El viajero puede adquirir los billetes en Transmediterránea, Juan Díaz 4 (☎952 224 391).

La **oficina de turismo** se halla en pasaje de Chinitas 4 (lun.-vier., 9.30-13.30 h; sáb., 9.30-13 h; ☎952 213 445); allí facilitan listados de alojamiento y un plano detallado de la ciudad. Tiene una eficiente delegación en la estación de autobuses.

Alojamiento

Málaga dispone de docenas de **fondas** y **hostales**, por lo que suele ser fácil encontrar habitaciones económicas, y en invierno es posible disfrutar de auténticas gangas. Tal vez el viajero vea ofertas en la estación de ferrocarril (o autobús) y, siempre que se trate de establecimientos situados en el centro, quizá se trate de buenas habitaciones. En cuanto a las opciones de mayor calidad, en Málaga hay numerosos **hoteles** céntricos de todas las categorías, algunos de los más lujosos al este de la plaza de to-

---

CÓDIGOS DE LOS PRECIOS DE ALOJAMIENTO

En esta guía, los precios de alojamiento se reseñan en una escala de ① a ⑧, indicando el precio **más bajo** que puede esperar pagar por noche en un establecimiento por una **habitación doble**, en temporada alta. Los precios, señalados por los códigos, son los siguientes:

① menos de 2.000 pesetas/12 euros
② 2.000-3.000 pesetas/12-18 euros
③ 3.000-4.500 pesetas/18-27 euros
④ 4.500-6.000 pesetas/27-36 euros
⑤ 6.000-8.000 pesetas/36-48 euros
⑥ 8.000-12.000 pesetas/48-72 euros
⑦ 12.000-17.500 pesetas/72-105 euros
⑧ más de 17.500 pesetas/105 euros

210 / ANDALUCÍA

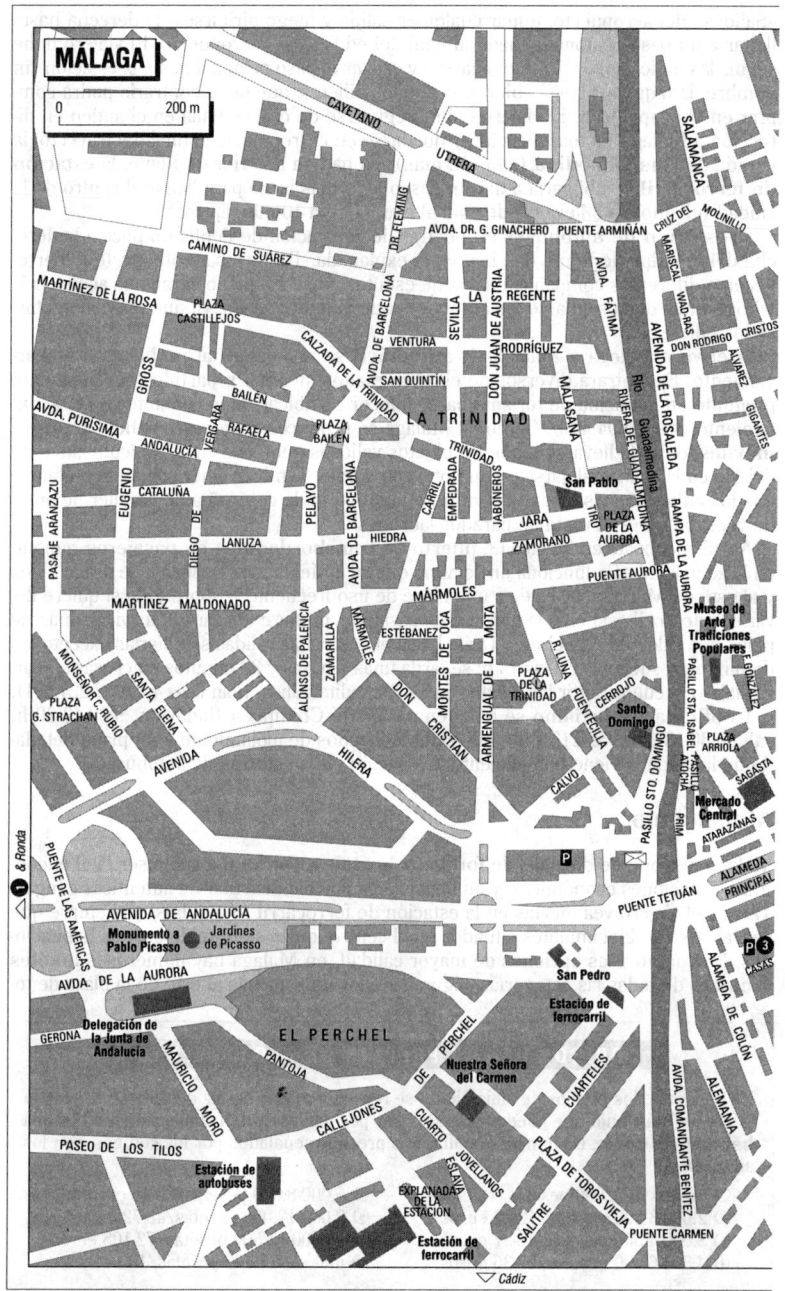

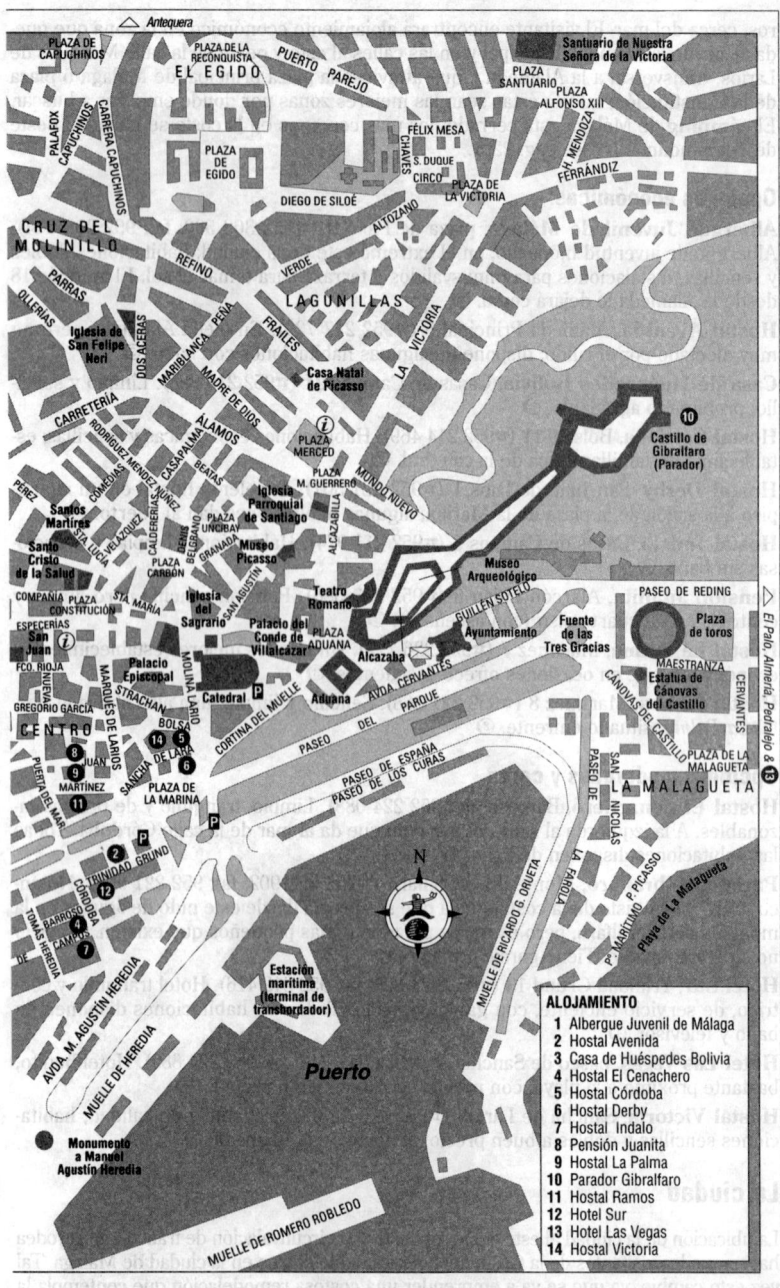

ros, cerca del mar. El visitante encontrará alojamiento económico en la zona que queda al sur de la Alameda Principal y en las calles al este y oeste de la calle Marqués de Larios, transversal a la Alameda y que atraviesa la plaza principal de Málaga o plaza de la Constitución; tal vez éstas sean las mejores zonas por donde empezar a buscar. El **cámping** de Málaga está cerrado; los más cercanos en la costa se hallan al oeste de Torremolinos (véase pág. 220).

Opciones económicas
Albergue Juvenil de Málaga, plaza de Pío XII (☎952 308 500; fax 952 308 504). Albergue de juventud moderno, en el extremo este de la ciudad; habitaciones dobles y sencillas, instalaciones para minusválidos y terraza para tomar el sol. El autobús 18 desde la Alameda le dejará cerca. ①
Hostal Avenida, Alameda Principal 5 (☎952 217 729). En plena Alameda, pero no muy afectado por el ruido; dispone de algunas habitaciones con baño. ③
Casa de Huéspedes Bolivia, Casas de Campos 24 (☎952 218 826). Limpio y sencillo; propietario agradable. ③
Hostal Córdoba, Bolsa 9-11 (☎952 214 469). Habitaciones económicas y sencillas; establecimiento familiar cerca de la catedral. ②
Hostal Derby, San Juan de Dios 1 (☎952 221 301). Excelente hostal en un cuarto piso a la salida de la plaza de la Marina; algunas habitaciones dan al puerto. ③
Hostal Indalo, Casas de Campos 5 (☎952 211 974). Habitaciones limpias y espaciosas sin baño. ①
Pensión Juanita, Alarcón Luján 8 (☎952 213 586). Pensión sencilla pero limpia y céntrica, en un cuarto piso (con ascensor). ③
Hostal La Palma, Martínez 7 (☎952 226 772). Uno de los mejores establecimientos económicos, que en ocasiones ofrece descuentos. ③
Hostal Ramos, Martínez 8 (☎952 227 268). Sencillo y limpio; una alternativa al hostal *La Palma*, situado enfrente. ②

Opciones moderadas y caras
Hostal El Cenachero, Barroso 5 (☎952 224 088). Limpio, tranquilo y de precios razonables. A la izquierda al salir del extremo que da al mar de la calle Córdoba. Todas las habitaciones disponen de baño. ④
Parador Gibralfaro, Monte de Gibralfaro (☎952 221 902; fax 952 221 904). No encontrará mejor vista de la costa que la que se aprecia desde este nido de águilas en la montaña de Gibralfaro, pero es de los paradores más pequeños que existen. Servicio no siempre amable. Tiene garaje propio. ⑦
Hotel Sur, Trinidad Grund 13 (☎952 224 803; fax 952 212 416). Hotel tranquilo y céntrico, de servicio eficiente, con garaje vigilado. Todas las habitaciones disponen de baño y televisor. ④
Hotel Las Vegas, paseo de Sancha 22 (☎952 217 712; fax 952 224 889). Hotel bonito, bastante próximo a la playa, con piscina y aparcamiento propios. ⑥
Hostal Victoria, Sancha de Lara 3 (☎952 224 223). Agradable y de calidad; habitaciones sencillas y dobles a buen precio, al norte de la Alameda. ⑤

La ciudad

La ubicación de la ciudad al este del aeropuerto y la circunvalación de tráfico que la rodea hacen que los visitantes de la Costa del Sol raramente entren en la ciudad de Málaga. Tal vez esto cambie, ya que se va a emprender una costosa remodelación que contempla la

creación de enormes paseos flanqueados por hoteles a lo largo de las playas del este y el oeste, y que ya están bastante avanzados. Al margen del cambio en el paseo marítimo, sin embargo, se espera que el carácter singular y activo de la ciudad sobreviva al desarrollo.

La Alcazaba y Gibralfaro

La **Alcazaba** (todos los días, excepto mar., 9.30-20 h; entrada gratuita hasta ahora, aunque pueden producirse cambios tras la restauración) es el lugar adonde ir si el viajero está haciendo tiempo entre dos enlaces. Se halla a sólo 15 minutos a pie desde las estaciones de ferrocarril o de autobuses, y se ve desde ambos puntos. A su entrada se encuentra un **teatro romano** deteriorado, descubierto accidentalmente en 1951 cuando se llevaban a cabo unas excavaciones, y en la actualidad centro de diversos actos al aire libre. También la ciudadela es de origen romano, de modo que con los mosaicos árabes y las puertas con dobles y triples arcos se entremezclan bloques y columnas de mármol. Las estructuras principales (actualmente en proceso de restauración, por lo que sólo se permite visitar determinadas partes) fueron construidas por los árabes en el siglo VIII, poco después de su llegada a la península Ibérica, ya que Málaga era un puerto importante. El palacio situado en lo alto de la montaña data de las primeras décadas del siglo XI. Fue la residencia de los emires árabes de Málaga, que forjaron un reino independiente tras romper con el califato occidental. Su independencia sólo duró 30 años, pero durante ese tiempo el reino creció hasta integrar Granada, Carmona y Jaén. El palacio, restaurado para alojar un **museo arqueológico**, luce hermosos estucados, cubiertas de la década de 1920 de estilo árabe y buenas colecciones de cerámica, que dieron fama a Málaga durante los siglos XIII y XIV.

Encima de la Alcazaba, y comunicado con ella mediante una larga pared doble, se erige el **castillo de Gibralfaro** (todos los días, 9.30-20 h; entrada gratuita). Para llegar, hay que tomar la carretera que está a la derecha de la Alcazaba y luego el sendero que asciende entre los jardines, rodear las torres, las murallas cubiertas de buganvillas y las fuentes árabes en forma de garita (el visitante también puede acceder al castillo desde la ciudad, como los autobuses turísticos, pero se trata de un trayecto muy poco atractivo y que no se aconseja recorrer en solitario después de la puesta del sol). El castillo fue utilizado por última vez durante la Guerra Civil de 1936, y desde él se contemplan hermosas vistas de la ciudad. Junto a él, el parador ofrece un agradable café y restaurante con terraza.

La catedral y el Museo de Bellas Artes

Lo más llamativo desde las alturas es la peculiar e inacabada **catedral** de Málaga (lun.-sáb., abril-sept., 10-18.45 h; oct.-marzo, 10-12.45 h y 16-18.45 h; 400 pesetas). Construida entre los siglos XVI-XVIII, aún se tiene que terminar la torre oeste, ya que un obispo malagueño entregó las limosnas donadas para tal fin para la causa de la guerra de la Independencia americana contra los británicos. Lamentablemente, y a pesar de su grandeza, decir también de gracia; lo más destacable de ella es la compleja sillería del siglo XVII, tallada por el escultor Pedro de Mena.

El **Museo de Bellas Artes**, ubicado en el Palacio de los Condes de Buenavista y situado al doblar la esquina de la catedral por la calle San Agustín, va a ser rebautizado como **Museo Picasso**, y a albergar una importante colección de cuadros de la infancia y juventud del pintor, así como 140 obras importantes cedidas por la familia parisina del pintor. Compruebe en la oficina de turismo si se ha inaugurado. Parte de la colección del Museo de Bellas Artes —con obras de Zurbarán, Murillo y Pedro de Mena— se expone temporalmente en el **Palacio de la Aduana**, y no se conoce a ciencia cierta su futura ubicación; no obstante, se recomienda confirmar su fecha de inauguración en la oficina de turismo. Picasso nació a 100 m de distancia del museo que lleva su nombre, en la plaza de la Merced, donde se halla la **Casa Natal de**

Picasso (lun.-sáb., 10-14 h y 18-20 h; dom., 10-14 h; entrada gratuita) sede de la Fundación Picasso, un centro para los estudiosos de la vida y la obra del pintor. Aquí, el viajero podrá ver un reportaje fotográfico de la vida de Picasso y algunas exposiciones temporales, pero al margen de sus afables recepcionistas hay poco más que ver allí. En los establecimientos que rodean la plaza, el artista vio, cuando sólo era un niño, la primera forma sólida que quiso trasladar al papel: los churros que los malagueños mojan en el chocolate para el desayuno.

El Jardín Botánico La Concepción y El Retiro

El viajero puede hacer un par de excursiones agradables cerca de la ciudad para recuperarse un poco de la contaminación y el cemento. El recientemente abierto **Jardín Botánico La Concepción** (visitas guiadas, todos los días, excepto lun., jun.-sept., 10-19.30 h; oct.-mayo, 10-17.30 h; 435 pesetas) es un espectacular jardín tropical cuyas numerosas especies botánicas fueron plantadas en el siglo XIX. Para llegar hasta allí, hay que tomar el autobús 2 desde el norte de la Alameda, que dejará al visitante en sus puertas los sábados y domingos, y durante los días de la semana en una terminal que está a 700 m de distancia, es decir a unos 10 minutos a pie de la entrada. Otra alternativa es tomar un taxi desde la ciudad, que suele costar unas 750 pesetas por trayecto. El jardín no tiene ni bar ni restaurante, pero constituye un sitio ideal para hacer un picnic discreto.

El Retiro (abril-sept., 9-20 h; oct.-marzo, 9-18 h; 1.250 pesetas), jardín botánico y ornitológico, está al oeste del aeropuerto, en Churriana, y es un lugar excelente donde el viajero suele pasar un par de horas mientras espera su vuelo. Creado por un obispo malagueño del siglo XVIII, sus tranquilos jardines están llenos de fuentes, lagos y esculturas; además, hay unas 800 especies de plantas y árboles. También se encuentra el mayor **aviario** de Andalucía, con más de un centenar de pájaros exóticos de todo el mundo encerrados en deprimentes jaulas. En El Retiro hay un bar y restaurante, pero carece de buenos enlaces de transporte público; el viajero puede llegar hasta allí en vehículo propio tomando la N-340 que va de Málaga al aeropuerto, y luego salir por el desvío hacia Coín-Churriana, más allá de la salida del aeropuerto. El jardín se halla unos 4 km más allá del pueblo de Churriana por la autovía, y está indicado a la derecha.

Comida y copas

En Málaga abundan los establecimientos para **comer** y **beber**; aunque no pueda considerarse un paraíso para los *gourmets*, la ciudad tiene una buena reputación por su pescado.

Lo más célebre de Málaga es, sin duda, su **pescadito frito**, reconocido como el mejor de España. El viajero encontrará muchos restaurantes de pescado en los alrededores de la Alameda, aunque si busca los mejores tendrá que ir a los barrios de Pedregalejo y El Palo, adonde llega el autobús 11 (que sale del paseo del Parque). En el paseo marítimo de **Pedregalejo** casi todos los cafés y restaurantes sirven un pescado estupendo. Más allá, terminado el paseo, verá chiringuitos de pescado y cafés más pequeños, a veces bastante destartalados. Se trata de **El Palo**, una zona en su mayor parte sin asfaltar, con playa y cobertizos de pesca, que en verano o durante los fines de semana se convierte en un lugar aún mejor para comer.

Restaurantes económicos

Bar Los Pueblos, Atarazanas, casi enfrente del mercado. Sirve buenas comidas a precios moderados durante todo el día. La sopa de judías y los estofados son su especialidad; el gazpacho se sirve en grandes tazones.

Bar El Puerto, Comisario. Una buena marisquería en un callejón estrecho del lado norte de la Alameda.

La Cancela, Denis Belgrano 3, a la salida de la calle Granada. Toda una institución malagueña, sirve un menú económico en sus mesas instaladas en una agradable calle peatonal.

Er Compá, Compás de la Victoria 24, enfrente de la iglesia de Nuestra Señora de la Victoria. Mesón pequeño y agradable; sirve un menú que es una ganga por menos de 1.000 pesetas.

Maite, Esparteros 5. En un callejón un poco difícil de encontrar, al oeste de la calle Larios. Menú muy barato.

Mesón del Jamón, plaza María Guerrero 5, a la salida de la plaza Merced. Menú muy barato; además, sirve una buena selección de jamones y tapas de queso.

Restaurante Arcos, Alameda 31. Establecimiento céntrico donde se sirve platos combinados todo el día y comidas a última hora de la noche. En el desayuno también ofrece tostadas de pan integral.

La Tarantela, Granada 67. Sabrosas pizzas y ensaladas.

El Tintero II, El Palo. En el extremo este del paseo marítimo, antes de llegar al *Club Náutico* (en el autobús 11, pregunte por «Tintero Dos»). Es un gran restaurante en la playa donde puede pedir o tomar lo que quiera (todos los platos al mismo precio). Los pescados más recomendables son el mero y la rosada, además de los típicos boquerones, gambas, calamares, chopos, jibias y sepias.

La Traya, Circo 1, al final de la calle Victoria. Un buen bar de pescado, económico y muy popular. Pregunte por él en la plaza Victoria; no es difícil llegar. Jue., cerrado.

Restaurantes moderados y caros

Al-Yamal, Blasco de Garay 3, cerca del *Hostal El Cenachero*. Buen restaurante árabe, que sirve carne de calidad con salsas picantes, cuscús y otras especialidades árabes.

Antonio Martín, paseo Marítimo. Uno de los más reputados (y caros) restaurantes de pescado de Málaga, establecimiento predilecto de los matadores que celebran su éxito en la cercana plaza de toros.

Parador Gibralfaro, Monte Gibralfaro (autobús 35). Ideal para cenar en la terraza; tiene vistas a la ciudad y toda la costa. El menú es una ganga, unas 3.000 pesetas.

Bares

Numerosos **bares tradicionales** sirven el dulce **vino de Málaga**, elaborado con la uva moscatel y conservado en grandes barricas; el viajero puede probarlo junto con el marisco en la *Antigua Casa Guardia*, una gran bodega del siglo XIX en la esquina de la calle Pastora, en el lado norte de la Alameda. El vino nuevo es muy dulce; el seco añejo, que ha madurado durante 1 año resulta mucho más agradable al paladar.

Málaga está plagada de buenos **bares de tapas**: el *Gorki* de la calle Strachan, cerca de la oficina de turismo, es un establecimiento popular a la hora del aperitivo, mientras que el pequeño *Orellana*, en Moreno Monroy 5, un poco más al norte, es el mejor bar de tapas de la ciudad. Entre las ofertas más económicas y sencillas destacan *La Manchega*, al oeste de la calle Larios, y *Antigua Reja*, en la plaza de Uncibay, a la salida de la calle Méndez Núñez.

Vida nocturna

La **vida nocturna** malagueña se desarrolla, sobre todo, al noreste de la catedral, entre las calles Granada, Beatas y Comedias y los alrededores de la plaza de Uncibay, así como en Malagueta, al sur de la plaza de toros. Durante los fines de semana y los días festivos los jóvenes llenan los bares musicales y las calles de estas zonas sumi-

das en el ruido; en verano, el bullicio se expande por todo el paseo marítimo del Pedregalejo, que en invierno parece muerto. Aquí, la actividad se concentra en las calles situadas detrás de la playa; hay docenas de discotecas y bares pequeños en la calle principal, Juan Sebastián Elcano, y sus proximidades.

Andén, plaza de Uncibay. Bar musical con un público enloquecido. Abierto hasta muy tarde.

Chotis, paseo de Reding, cerca de la plaza de toros. Bar con música en vivo y mucho ambiente, abierto entre 23.30-madrugada. El vecino bar musical *Pries 18* es también recomendable, y abre a las mismas horas.

La Chancla, en la playa de Pedregalejo. Uno de los bares que han abierto recientemente en la playa. Se anima a medianoche y sigue abierto hasta las 3 h o más tarde.

El Pimpi, Granada 62. Cavernoso reducto nocturno con pantallas de televisión y una variada selección musical.

Salsa, en lo alto de la calle Denis Belgrano, a la salida de la calle Granada. Salsa, karaoke, samba y mambo por las noches los fines de semana. También ofrecen clases de baile a quienes quieran perfeccionar sus pasos.

Sancha 21, Salvador Rueda, cerca del cruce con el paseo Sancha de la Malagueta. Abierto a altas horas de la noche (abre a partir de las 23 h), es frecuentado por un público muy movido que baila música española e internacional.

Siempre Así, Convalecientes, al norte de la plaza Uncibay. Otro bar nocturno que abre entre 23-3.30 h, especializado en rock y tecno español.

Vankuver, pasaje Mitjana, a la salida de la plaza Uncibay. Gran variedad de música internacional; abierto hasta el amanecer. El contiguo *La Botellita* ofrece un panorama distinto, con música española y una amplia carta de bebidas a precios ajustados.

La garganta del Chorro y Antequera

Al norte de Málaga, el viajero puede ir a dos impresionantes puntos de interés: la **garganta** de piedra caliza cerca de **El Chorro** y los prehistóricos **enterramientos megalíticos de Antequera**. Se encuentran cerca del cruce de carreteras que hay entre Sevilla, Córdoba y Granada, están comunicados por trenes directos, y es posible visitarlos en una excursión de 1 día desde Málaga. Al aproximarse a Antequera por la vieja carretera que va de Málaga a Almogía y Villanueva de la Concepción, el visitante pasará ante la entrada a un parque nacional popular, **El Torcal**.

La garganta del Chorro

A 50 km al norte de Málaga se halla la garganta del Chorro un lugar espectacular —una enorme grieta en un vasto macizo de piedra caliza—, pero su característica más sorprendente es un sendero de cemento, El Camino del Rey, que recorre toda la longitud de la garganta colgado sobre el precipicio. Construido en la década de 1920 como parte de un proyecto hidroeléctrico, solía figurar en todas las guías como una de las maravillas de España; en la actualidad se halla muy deteriorado, aunque las Administraciones de Málaga y Madrid llegaron a un acuerdo para que en 1999 se emprendiesen las obras de mejora del camino. En la actualidad, a pesar de que existen algunos tramos inseguros y bastante peligrosos —una turista se cayó y murió aquí en 1998—, con inesperados agujeros en el pavimento por los que el visitante podrá ver la garganta a muchos metros de profundidad, no tendrá problema para recorrer gran parte de su extensión. Sin embargo, hay que ser inmune al vértigo y dedicar 1 día entero a la excursión si el viajero sale de Málaga. Si esto no es posible podrá

contemplar la garganta y el camino desde cualquiera de los trenes que van al norte desde Málaga, una línea ferroviaria que atraviesa túneles y sigue el curso del río durante un considerable tramo hasta adentrarse en un último y largo túnel un poco más adelante.

Si quiere explorar la garganta y recorrer el camino el viajero puede ir a **EL CHORRO**, adonde llegan trenes directos desde Málaga. En el pueblo hay un excelente **cámping** (☎952 112 696) con piscina, al que llegará si se dirige a la derecha a la salida de la estación de ferrocarril y recorre 400 m cuesta abajo. Cerca de aquí, el *Bar-restaurante Garganta del Chorro* (☎952 497 219; ③) ofrece habitaciones agradables en un molino restaurado. Desde la estación verá también indicaciones que llevan a la *Finca La Campana*, a 2 km (☎ y fax 952 112 019), que dispone de un refugio con literas barato (①) y un par de apartamentos (③), y que ofrece asimismo cursillos de escalada, espeleología y parapente, alquila bicicletas de montaña y puede concertar excursiones a caballo y a pie.

En el interior de la garganta

Desde El Chorro hay una distancia de 12 km antes de empezar el ascenso por el camino y la garganta. El visitante tendrá que seguir la señal de carretera que indica el «Pantano de Guadalhorce» desde la estación de ferrocarril, y cruzar el embalse, doblar a la derecha y dirigirse a la planta hidroeléctrica. Al cabo de 10 km llegará al bar-restaurante *El Mirador*, situado por encima de varios lagos y embalses del Guadalhorce. De la derecha del bar sale un sendero enmarañado (sólo accesible en automóvil) que cubre los 2 km que faltan para llegar a la central eléctrica abandonada que hay en la desembocadura de la garganta. El sendero de la izquierda de ésta le llevará hasta la sima y al inicio de **El Camino**.

Aunque indica «No entrar», probablemente el viajero encontrará algunos jóvenes explorando el sendero. El primer tramo, al menos, parece bastante seguro —aunque en algunos puntos sólo tiene 1 m de ancho y faltan trozos de barandilla—, y de hecho es la parte más espectacular del cañón. Hacia el final, cuando su recorrido se vuelve bastante peligroso, la garganta se hace más ancha y es posible bajar hasta la orilla o darse un baño.

Antequera y alrededores

ANTEQUERA, en la principal línea ferroviaria que va a Granada, es una población moderna y corriente, pero con algunos puntos de interés en la periferia: la iglesia barroca de **El Carmen** (mar.-vier. y dom., 10-14 h; sáb., 10-14 h y 16-19 h; 200 pesetas), donde se encuentra uno de los mejores retablos de Andalucía, y tres **cuevas prehistóricas con enterramientos megalíticos**. La más impresionante y famosa de ellas es la **cueva de Menga** (mar.-vier., 10-14 h y 15-17.30 h; sáb.-dom., 10-14 h; entrada gratuita), cuyo techo está formado por un inmenso monolito de 180 t. Para llegar hasta ella y la cercana **cueva de Viera** (mismo horario), el viajero tendrá que tomar la carretera de Granada desde la población, donde al cabo de 1 km encontrará un desvío a la izquierda con una señal poco visible. La tercera cueva, **El Romeral** (mismo horario), tiene una estructura bastante distinta y es posterior a las otras dos; destaca su techo en forma de cúpula hecho de piedras planas. También queda a la izquierda por la carretera de Granada, a 2 km más de distancia, detrás de una fábrica de azúcar con chimenea.

Si el visitante quiere quedarse en Antequera hay una buena **pensión**, *Madrona*, en Calzada 25 (☎952 840 014; ③), cerca del mercado, que sirve excelente comida. Otras opciones son un parador moderno y poco atractivo y algunos hostales de carretera dentro y fuera del pueblo.

El Torcal, a 13 km al sur de Antequera, es en el aspecto geológico el parque nacional español más admirable. Se trata de una gigantesca altiplanicie de piedra caliza helada, templada por el crecimiento de espinos, hiedra y rosas silvestres, que se

puede recorrer con menor dificultad siguiendo los **caminos** que salen en sentido radial desde el centro del parque. Están detallados en un folleto que proporcionan en el **centro de recepción** (mar.-dom., 10.30-14 h y 16-18 h; ☎952 225 800). La única **ruta señalizada** (en verde) es la más corta (1,5 km) y concurrida; tal vez en verano el visitante tenga que competir con grupos de escolares que llegan en masa para hacer excursiones. El recorrido de 5 km es más tranquilo, y perfecto para dar un paseo contemplando las formaciones de piedra caliza, cuya erosión forma enormes esculturas surrealistas. Ya no está permitido acampar dentro del parque, pero hay un **cámping**, el *Cámping Torcal* (abril-sept.), a la salida de la A-3310, a 6 km al sur de Antequera. Cinco autobuses diarios (lun.-vier.) llegan aquí desde Málaga (uno los dom.).

Al este de Málaga: la costa de Almería

El extremo este de la **Costa del Sol**, desde Málaga hasta Almería, es muy poco inspirador. Aunque mucho menos masificado que la proliferación de bloques de cemento que tapiza la costa entre Torremolinos y Marbella, no se trata tampoco de una zona virgen. Si el viajero busca un pueblo y una playa tendrá que seguir adelante al menos hasta Almería.

Nerja y alrededores

Hay pocos lugares tentadores antes de llegar a **NERJA**, que fue un pueblo antes de convertirse en centro turístico, por lo que conserva ciertas características propias, a las que se ha adaptado el posterior desarrollo (chalés y unos pocos bloques de apartamentos). Sus playas son bastante bonitas, con algunas calas accesibles a pie si el visitante quiere escapar de la multitud. Bici Nerja, en el pasaje Canterero 1, cerca de la estación de autobuses, y Mountain Bike Holidays, en Cristo 10, **alquilan bicicletas** si el viajero quiere tener un poco más de libertad de movimiento al salir a buscar playas por los alrededores. En las cercanías de Nerja encontrará muchas posibilidades de **pasear**, bien indicadas en una guía que venden en la localidad, *Doce excursiones por Nerja*, de Elma y Denis Thompson. Elma también organiza excursiones guiadas de noviembre a mayo (☎952 521 341).

La mayor atracción turística de la localidad, las **cuevas de Nerja** (todos los días, 10.30-14 h y 16-20 h; 650 pesetas), a 3 km del pueblo, son una serie de cavernas muy comercializadas que impresionan por su tamaño —allí el visitante verá la mayor **estalactita** conocida del mundo, de 63 m—, pero que por lo demás son poco interesantes. Asimismo hay algunas pinturas prehistóricas, pero no se muestran al público.

Aspectos prácticos

El mayor inconveniente de Nerja, problema capital durante casi todo el verano, es su escasa capacidad de **alojamiento**. Hay en torno a una docena de hostales, la mayoría con habitaciones reservadas con antelación, aunque en algunos ofrecen la posibilidad de alojamiento en casas privadas que acogen a huéspedes. Entre las ofertas más económicas está el *Hostal Montesol*, en Pintada 130, a la salida de la plaza Cantarero y cerca de la estación de autobuses (☎952 520 014; ③), o junto a la oficina de turismo, el *Hostal Atenbeni* en Diputación 12 (☎952 521 341; ③). El excelente *Hotel Cala-Bella*, en Puerta del Mar 10 (☎952 520 700; ④), tiene hermosas vistas del mar y restaurante propio. Frente a la playa de Burriana, una de las más populares de Nerja, está el parador nacional, en Almuñécar 8 (☎952 520 050; fax 952 521 997; ⑦), con un ascensor que baja la montaña. Comparte vistas con el *Hotel Paraíso del Mar*, Carabeo 22 (☎952 521 621; ⑤). El **cámping** *Nerja Cámping* (todo el año; ☎952 529 714) tiene piscina, bar y restaurante, y está a 4 km del pueblo. El viajero

conseguirá listas completas de alojamientos en la **oficina de turismo**, Puerta del Mar 2 (abril-sept., 10-14 h y 17-21 h; ☎952 521 531). La **estación de autobuses** se encuentra en la avenida de Pescia, cerca de la plaza Cantarero, de donde a cada hora salen autobuses hacia las cuevas.

Almuñécar

Más allá de Nerja la carretera asciende tierra adentro, se levanta sobre la costa y se dirige a **LA HERRADURA**, un pueblo de pescadores que hace las veces de conurbación turística de Almuñécar y constituye un buen lugar para bañarse. Asimismo hay un cámping de verano, *La Herradura* (☎958 640 056).

ALMUÑÉCAR está rodeado de bloques de apartamentos veraniegos, pero si el viajero no ha encontrado habitación en Nerja tal vez quiera quedarse aquí a pasar la noche. Las playas son rocosas y de arena gris y frecuentadas por bastante gente, pero la explanada que se abre detrás de ellas, donde hay bares de techos hechos de hojas de palmera (muchos sirven tapas gratuitas con la bebida) y restaurantes al aire libre, anima el ambiente; además, el pueblo antiguo es bonito.

Hay media docena de **fondas** y **hostales** a precios de ganga en la céntrica plaza de la Rosa, en el casco antiguo; el concurrido *Hostal Plaza Damasco*, en Cerrajos 8 (☎958 630 165; ③), y el *Hostal Victoria*, en plaza de la Victoria (☎958 630 022; ③), son dos de los mejores. Si el viajero quiere estar en la misma playa, se recomienda el *Hostal Tropical*, avenida de Europa (☎958 633 458; ③), cómodo y a buen precio considerando su situación. El **cámping** del lugar, *El Paraíso* (todo el año; ☎958 632 370), en el extremo este del paseo marítimo, puede convertirse en un agujero superpoblado e insoportable en verano; una alternativa es el *Cámping Don Cactus* (todo el año; ☎958 623 109), en la playa de Motril, a 12 km de distancia.

El visitante puede conseguir un plano del pueblo en la **oficina de turismo** (lun.-sáb., 10-14 h y 16-19 h; ☎958 631 125), que se encuentra en una imponente mansión neoárabe de la avenida de Europa. Encontrará la **estación de autobuses**, con frecuentes servicios a Málaga y Granada, en el cruce de la avenida Juan Carlos I con la avenida Fenicia, al noreste del centro.

Más allá de Salobreña

SALOBREÑA, a 10 km más hacia el este por la carretera de la costa, es mejor que Almuñécar. Se trata de un pueblo de montaña al abrigo de un castillo árabe y rodeado por campos de caña de azúcar, a 2 km del mar y —por este motivo— relativamente poco desarrollado. Su playa —una franja de guijarros, flanqueada por hoteles y chiringuitos frente al mar— es mucho más tranquila que la de Almuñécar. A lo largo y a la salida de la calle Hortensia, la principal avenida que baja del pueblo a la playa, hay **pensiones y hostales**: *Pensión Arnedo*, Nueva 15 (☎958 610 227; ②), dispone de las habitaciones más económicas. La *Pensión Mari Carmen* (☎958 610 906; ②), en la carretera, es igual de buena y dispone de ventiladores en las habitaciones. Los autobuses llegan y parten de la plaza de Goya, cerca de la **oficina de turismo** (mar.-dom., 9.30-13.30 h y 17-20 h; ☎958 610 314).

Justo antes de llegar a **Motril**, la N-323 se dirige al norte hacia Granada por una preciosa ruta que pasa por las faldas de Sierra Nevada. La carretera de la costa prosigue hasta Almería pasando por una serie de anodinos centros turísticos entre los que destaca **CASTELL DE FERRO**. Bastante preservado del turismo debido a que conserva parte de su actividad como antiguo pueblecito pesquero, tiene playas bonitas y amplias al este y oeste. Se recomienda evitar el pequeño núcleo playero, ya que está sucio y es poco agradable. Si el viajero quiere quedarse, se aconseja el frente marítimo, donde encontrará numerosas posibilidades: merece la pena probar

el *Hostal Bahía*, plaza de España 12 (☎958 656 060; ③). El **cámping** más próximo al pueblo es *El Sotillo* (jun.-sept.; ☎958 656 078), cerca de la playa (para la costa este, véase pág. 329).

Los centros turísticos de la Costa del Sol

Al oeste de Málaga —o más exactamente, al oeste del aeropuerto de Málaga— la **Costa del Sol** alcanza su punto de máximo desarrollo turístico; de hecho, si el viajero no ha visto antes nada igual, le parecerá chocante. Sin duda no se trata del tipo de centros turísticos que hay en Grecia o incluso en Portugal, con sus hoteles y bloques de apartamentos de las décadas de 1960-1970. En los últimos años se ha producido una segunda oleada de desarrollo urbanístico, que esta vez ha supuesto la construcción de chalés y complejos de ocio erigidos gracias a una cuantiosa inversión internacional. Se calcula que 300.000 extranjeros viven hoy en día en la Costa del Sol. La mayoría de ellos son británicos y de otros países del norte de Europa, aunque la construcción de puertos marítimos como Puerto Banús ha atraído también capital árabe.

Si el viajero está de humor podrá divertirse en **Torremolinos** y, por un precio más alto, en **Marbella**. Pero si lo que se desea es captar la esencia de la tierra o sencillamente olvidar el aspecto de los barrios céntricos de las ciudades, lo mejor es pasar de largo y seguir al menos hasta llegar a Estepona.

Torremolinos

La llegada a Torremolinos —adonde se accede sin problema en el tren eléctrico desde Málaga— es bastante deprimente: hay media docena de playas y estaciones, pero se trata de un paisaje gris y desolado con apartahoteles e instalaciones a medio construir.

TORREMOLINOS es diferente: un exclusivo centro turístico marítimo que, a su modo, resulta fascinante. Este lugar de largas playas profundas (pero atestadas de gente) e interminables arcadas donde se apretujan comercios y auténticos pubes irlandeses, además de agencias inmobiliarias (tal vez menos auténticas), tiene una amplia población permanente de británicos, alemanes y escandinavos expatriados; una mezcla extraña que ha atraído, en el pasado, además de a cientos de jubilados, a una caterva de delincuentes británicos, a causa del antiguo desacuerdo en materia de extradiciones entre España y el Reino Unido. El panorama social de Torremolinos es también extraño, pues integra (en las discotecas de nivel medio) a una floreciente comunidad de travestidos. En resumen, se trata una mezcla de buen gusto y mal tono, de gangas y estafas.

Aspectos prácticos

Si alguna de estas posibilidades atrae al viajero —o bien siente curiosidad por el lugar—, no le resultará difícil encontrar **alojamiento** en Torremolinos. Está lleno de hostales baratos, comprimidos entre los rascacielos: la *Pensión Beatriz*, en Peligros 4 (☎952 385 110; ③), y el *Hostal Micaela*, Bajondillo 4 (☎952 383 310; ③), se encuentran cerca de la playa y son bastante baratos. El **cámping** del lugar (☎952 382 602) queda a 3 km al este del centro por la autopista de Málaga a Cádiz, y está a 500 m del mar; el visitante puede llegar allí con el tren de cercanías —estación de Los Álamos— o en el autobús Línea B que pasa ante el bar *Irish Corner* en la céntrica plaza Costa del Sol. La **oficina de turismo** de la plaza Picasso (todos los días, 8-15 h; ☎952 371 159) proporciona más información sobre alojamientos.

La intensa competencia que existe entre **restaurantes**, **clubes** y **bares** de Torremolinos hace que, si el viajero está dispuesto a dar una vuelta y comparar precios, pueda pasar una buena velada por poco dinero. La zona más elegante es la que

queda al este, en **La Carihuela**, donde hay una playa bonita, buenos restaurantes de pescado frente al mar y un hostal agradable, el *Prudencio*, en paseo del Carmen 41 (☎952 381 452; ③).

Fuengirola

FUENGIROLA se halla a media hora en el tren que sale de Torremolinos; menos masificado que Torremolinos, no es feo, pero está orientado a personas de mediana edad y familias. Su playa, ancha y larga, se encuentra dividida por las demarcaciones de los restaurantes playeros, cada una con su servicio de alquiler de tumbonas y patines. Al final hay una escuela de windsurf.

Resulta difícil encontrar **habitaciones** aquí en agosto, pero en otras épocas, el viajero puede ir al *Hostal Coca*, bastante sencillo, en calle de la Cruz 3 (☎952 474 189; ③), o el *Hostal Italia* (☎952 474 193; ③), que está al lado y dispone de habitaciones con baño, balcón y caja fuerte por un precio no muy superior. El **cámping** más próximo a Fuengirola, *La Rosaleda* (todo el año; ☎952 460 191), queda al este del pueblo; puede acceder a él por el desvío situado cerca del cruce de la N-340 y la carretera de Mijas. Si al viajero le apetece comer **pescado**, se recomienda el *Bar La Paz Garrido*, de precios módicos; se halla en la avenida de Mijas, al norte de la plaza de la Constitución. Otra opción barata son los establecimientos con el lema «todo lo que pueda comer por 750 pesetas», frente al mar, como el *Versalles* del paseo Marítimo 3 o *Las Palmeras*, cerca de éste.

Marbella y alrededores

MARBELLA supone un considerable contraste después de pasar por las urbanizaciones de apartamentos y de todo lo visto antes; es, sin duda, el «centro turístico de categoría» de la Costa del Sol. Hay restaurantes y bares muy elegantes y el nivel de vida es mucho más caro. Tiene la renta per cápita más alta de Europa, y se ven más Rolls Royce que en otra ciudad europea aparte de Londres (aunque se rumorea que la mayoría de los automóviles de lujo de la población han sido robados en otras partes y matriculados en España). Por ironías de la historia se ha producido una nueva y masiva entrada de árabes en esta zona, sobre todo desde que el rey Fahd de Arabia Saudí mandó construir algo parecido a una Casa Blanca con mezquita en las afueras de Marbella.

Todo es muy elegante, pues no se ve tanto bloque de cemento como en Torremolinos. Además, Marbella conserva casi todo su **casco antiguo**, se encuentra un poco apartado del mar y la parte moderna. Centrado en torno a la plaza de los Naranjos y aún en parte amurallado, el casco antiguo queda apartado de la carretera principal y se pasa de largo fácilmente; para llegar hasta él, el viajero tendrá que doblar a la izquierda desde la estación de autobuses, caminar recto unos 500 m y luego girar a la izquierda otra vez. El casco antiguo está siendo comprado de manera progresiva para instalar allí tiendas de ropa y restaurantes «originales», pero se trata de un proceso que no ha prosperado mucho. El visitante todavía puede sentarse en un bar corriente de una placita antigua y contemplar más allá de los callejones encalados las montañas de Ronda.

Los millonarios no viven en el centro de Marbella. Se retiran a sus chalés en las montañas de los alrededores o se tumban en enormes y lujosos yates que atracan en el club náutico y el casino de **Puerto Banús**, a 6 km en dirección a San Pedro. Si el viajero tiene poco presupuesto no debe preocuparse, ya que siempre puede encontrar trabajo limpiando o reparando yates... y lo pagan bien. En Puerto Banús abundan las coctelerías y los restaurantes de pescado, la mayoría muy buenos y caros.

Aspectos prácticos

El viajero encontrará las únicas **pensiones** económicas de toda Marbella en el casco antiguo. Las más baratas son el *Hostal Juan*, en Luna 18 (☎952 779 475; ③), y el *Hostal Isabel*, Luna 24 (☎952 771 978; ②), las dos recomendables y próximas a la carretera principal camino de la ciudad. En la calle Trapiche 2, al norte del casco antiguo, el *Albergue-Campamento Youth Hostel* (①) dispone de camas aún más baratas en habitaciones adjuntas de dos o cuatro personas y también un **cámping**, aunque no es demasiado céntrico. Además hay numerosos establecimientos más caros: el *Hostal Enriqueta*, en Los Caballeros 18 (☎952 827 552; ④), cómodo y tranquilo, como el pintoresco *Hostal La Pilarica*, San Cristóbal 31 (☎952 774 252; ③), una calle flanqueada por macetas con hermosas plantas. El mejor **cámping** junto al mar es el *Marbella Playa* (☎952 833 998), que se encuentra a 12 km al este del centro y tiene una buena playa.

Si el viajero necesita ayuda para encontrar una habitación libre, tal vez lo mejor sea acudir a la **oficina de turismo** de la plaza de los Naranjos (lun.-sáb., 9-21 h; ☎952 823 550), donde proporcionan un plano de la ciudad y una lista de alojamientos.

Más allá de Estepona

El visitante seguirá viendo un gran lujo turístico («la costa podrida de dinero», como dijo Laurie Lee) a lo largo del litoral hasta llegar a **ESTEPONA**, a unos 30 km al oeste, que es más o menos un centro turístico español, correcto para la zona. Carece del cerco de montañas que caracterizan a Marbella, pero los bloques de hoteles y apartamentos que se levantan frente al mar no son tan altos. La playa se ha animado tras la construcción de un paseo marítimo con flores y palmeras, el casco antiguo, apartado del frente marítimo, es muy hermoso, lleno de callejuelas empedradas y con un par de plazas muy agradables.

El **mercado de pescado** merece una visita; de hecho, Estepona tiene la mayor flota pesquera al oeste de Málaga. Por ello, el ritual diario de la llegada de las barcas al puerto durante el amanecer, y la subasta del pescado fresco, bien vale un madrugón. Se recomienda acudir hacia las 6 h, ya que a las 7 h ya ha terminado.

A partir de mayo, la temporada de **toros** de Estepona se celebra en una moderna plaza de toros que parece una escultura de Henry Moore. A principios de julio la semana de fiesta y feria transforma el lugar, ya que familias enteras se lanzan a la calle vestidos de flamencos.

Más allá de Estepona, a 8 km de la costa, hay una carretera secundaria que asciende por las montañas hasta **CASARES**, uno de los Pueblos Blancos de Andalucía más típicos (véase pág. 232). Acorde con la tradición, cuelga peligrosamente de la escarpada ladera de la montaña bajo la protección de un castillo, y ha atraído por igual a artistas y expatriados. Sin embargo, no es tan conocido, como otros puntos; los enlaces de autobús apenas permiten visitarlo en una excursión de 1 día.

Al oeste del pueblo de Manilva, 3 km tierra adentro, el viajero encontrará algunos **baños de sulfuro romanos** muy bien conservados. Si quiere beneficiarse de esta agua saludable, tendrá que bucear en una cueva subterránea y aguantar el intenso hedor del sulfuro, que impregnará su bañador durante semanas.

Las playas que verá a partir de Estepona son de color gris (algo característico de la Costa del Sol, pero que siempre resulta sorprendente; tendrá que doblar la punta de Tarifa para encontrar arena dorada), y están urbanizadas con más edificios de cemento. Luego la carretera va tierra adentro, hacia San Roque y Gibraltar.

Aspectos prácticos en Estepona

La **estación de autobuses** de Estepona está en la avenida de España, al oeste del centro y detrás del paseo marítimo. La **oficina de turismo** (lun.-vier., 9.30-21 h; sáb.-dom., 9.30-13.30 h; ☎952 800 913) se halla en avenida San Lorenzo 1, cerca del paseo marítimo.

Si el visitante busca **habitaciones**, se recomienda el *Hostal El Pilar* (☎952 800 018; ③), en la bonita plaza Las Flores, y la acogedora *Pensión San Miguel*, en Terraza 16 (☎952 802 616; ③), un poco hacia el oeste y con bar propio. El **cámping** más próximo a Estepona es *La Chullera III* (todo el año; ☎952 890 196), a 8 km al sur de la localidad, justo detrás del pueblo de San Luis de Sabanillas. En la localidad abundan los establecimientos para **comer**, entre ellos unas cuantas freidurías y marisquerías excelentes en la calle Terraza, que atraviesa el centro. Hay una churrería hacia el extremo sur de la calle Mayor (a una calle del paseo marítimo, y paralelo a él); se aconseja ir antes de las 11 de la mañana, ya que acaban pronto sus existencias. Otro buen lugar donde comprar comida es el **mercado** cubierto de las mañanas. Si el visitante se siente motivado, también puede salir fuera de Estepona a **comer**. Si toma la costa hacia el sur y pasa la nueva instalación náutica del Puerto de la Duquesa, hallará el pueblecito pesquero de **La Duquesa El Castillo**, donde encontrará dos restaurantes excelentes. El *Restaurante Antonio*, el mejor, tiene un estupendo bar de tapas muy barato.

San Roque y La Línea

Situado a 35 km más allá de Estepona y ya en la provincia de Cádiz, **SAN ROQUE** fue fundado por la población de Gibraltar que huía de los británicos que habían invadido el Peñón y saqueado sus hogares e iglesias en 1704. Esperaban poder volver al cabo de unos meses, ya que las tropas habían tomado el sitio en nombre del archiduque Carlos de Austria, cuyos derechos había defendido Gran Bretaña en la guerra de Sucesión española. Pero en el territorio conquistado se izó la bandera británica, que hasta ahora sigue ondeando.

La «frontera hispano-británica» está a 8 km, en **LA LÍNEA**, ensombrecida por la presencia de la enorme refinería de San Roque. Después de 16 años de aislamiento impuestos por España, las puertas de la frontera fueron abiertas de nuevo en febrero de 1985, y en la actualidad cruzarla es una mera rutina que exige el sellado del pasaporte. El viajero debe tener en cuenta que si quiere quedarse en Gibraltar los alojamientos son muy caros, y que en verano los pocos establecimientos económicos que hay suelen tener una gran demanda. En La Línea los precios son más razonables, aunque también elevados, y en la actualidad más altos que los de los pueblos próximos. No tiene monumentos; se trata de un pueblo de pescadores que ha crecido gracias a los empleos en Gibraltar y Algeciras.

Aspectos prácticos

En el centro de La Línea está la plaza de la Constitución, grande y moderna, donde el visitante encontrará la oficina de correos. La **oficina de turismo** (lun.-vier., 8-15 h; sáb., 9-13 h; ☎956 769 950) y la **estación de autobuses** se hallan en la avenida 20 de abril, a la salida de la plaza; el plano de la localidad que proporciona turismo tiene una lista de hostales muy útil. Al salir de la plaza por el lado este, el visitante verá una arcada que da a la plaza Cruz de Herrera, más pequeña y peatonal, con muchos **bares** y **restaurantes** que cobran precios razonables, entre ellos *Nuevo Mesón La Jerezana*, que sirve un buen fino y jamón. Un poco al norte se encuentra una calle comercial cerrada al tráfico y flanqueada por bares y cafés, la calle Real; al norte está *La Venta*, en Doctor Villar 19, donde sirven un menú barato y una excelente paella. Al sur de la calle Real, en la avenida de España 22, se halla la marisquería *Bar Aquarium*. La calle Clavel, indicada desde la plaza principal hasta la plaza de toros, ofrece más opciones, como el *Bar Alhambra*, a media calle. El **mercado** está al norte de la calle Real, y se recomienda ir si el viajero quiere comprar comida.

En las mismas zonas hay **hostales** económicos. El acogedor *La Campana*, Carboneras 3, a la salida de la plaza de la Constitución (☎956 173 059; ③), es un es-

tablecimiento limpio que dispone de habitaciones con baño y televisor; si está lleno, el *Hotel-Restaurante Carlos* (☎956 762 135; ③), casi enfrente, ofrece el mismo servicio. Hacia el norte, el *Hostal Florida*, Sol 37 (☎956 171 300; ③), cuenta con un buen restaurante en la planta. En la plaza de la Iglesia, al final de la calle Real, el sencillo *La Giralda* (②) tiene un dueño afable, duchas de uso gratuito y un hornillo en la cocina para preparar comidas.

Los **autobuses** locales tardan 30 minutos en ir de La Línea a Algeciras, y salen cada hora. La **estación de ferrocarril** más próxima es la de San Roque-La Línea, a 12 km. Desde aquí, el viajero puede tomar un tren a Ronda. Varios autobuses unen La Línea con Sevilla (todos los días; 4 h) y Ayamonte, en la frontera portuguesa (7 h).

Gibraltar

El principal interés de **GIBRALTAR** es su carácter novedoso: la poderosa atracción que ejerce la amenazadora presencia del Peñón, y su dudosa esperanza de continuar siendo una de las últimas colonias británicas. Gran parte de su historia se ha desarrollado entre dos mundos, de los que no ha llegado a formar parte; esto convierte a Gibraltar en un lugar curioso, hecho que se potencia, además, con su proceso de apertura a un turismo masivo procedente de la Costa del Sol. Paradójicamente, esto amenaza con destruir a una sociedad tan híbrida e individualista como la gibraltareña, decantándola hacia el componente británico dada la atracción que las comunidades de expatriados y los turistas sienten por los centros veraniegos de la Costa. En los últimos años el impulso económico que experimentó Gibraltar en la década de 1980 tras la reapertura de la frontera ha empezado a atenuarse, y el futuro más viable para la colonia —tanto si su comunidad está de acuerdo como si no— es la creación de lazos más estrechos con España.

Llegada, información y orientación

La población y el Peñón siguen un trazado urbano bastante sencillo. La **Main Street** (calle Real), que empieza a un par de calles del puerto, recorre casi toda la localidad a lo largo; desde la frontera supone un buen trecho en autobús o 10 minutos a pie. Si el viajero dispone de **automóvil**, se aconseja no entrar con él en Gibraltar, pues se forman grandes colas en la frontera y aparcar se convierte en una pesadilla. Se recomienda utilizar los aparcamientos subterráneos de La Línea, a 3 km (merece la pena pagar por la vigilancia), y tomar un **autobús** (cada hora, a los 20 min. y a menos 10 min.) desde la frontera o ir caminando. Si el visitante se une a la cola de entrada, no debe hacer caso de nadie que quiera venderle un «visado», ya que suele ser un billete de autobús caducado.

En Main Street y alrededores se encuentra la mayoría de las tiendas, y casi todos los pubes británicos y hoteles. La principal **oficina de turismo** (lun.-vier., 10-18 h; sáb., 10-14 h; ☎74805) está en Cathedral Square, y también hay oficinas en el aeropuerto, el Gibraltar Museum, Market Place y el aparcamiento de autobuses Waterport. El John Mackintosh Hall, en el extremo sur de Main Street, constituye una buena fuente de información ya que funciona como centro cultural, lugar de exposiciones y biblioteca. El periódico local es el *Gibraltar Chronicle*, un diario bastante mojigato de poco interés para los visitantes. Gran parte de Gibraltar —a excepción de las tiendas de bebidas baratas— cierra a partir del sábado al mediodía, pero los lugares turísticos siguen abiertos. Puede ser un buen momento para visitarlos.

La **moneda** que se utiliza aquí es la **libra gibraltareña** (que tiene el mismo valor que la británica, pero con billetes y monedas de cuño diferente); si el viajero paga en pesetas en Gibraltar, por lo general le cargarán un 5 % más. Por ello se recomienda cambiar dinero al llegar, ya que el cambio es algo más alto que en España y no se cobra comisión. Las libras gibraltareñas son difíciles de cambiar en España.

LLAMADAS A GIBRALTAR

Desde España: marque ☎9567 + número
Desde otros países: marque el código de acceso internacional, luego el ☎350 (código nacional de Gibraltar) + número.

Alojamiento

La falta de espacio en el Peñón redunda en su escasa **oferta de alojamiento**, muy solicitado, por lo que se aconseja visitar Gibraltar en una excursión de 1 día desde Algeciras (hay autobuses a la hora en punto y a la media; 30 min.) o La Línea. Las únicas camas relativamente económicas son las que ofrece el *Toc H Hostel* en Line Wall Rd (unas 5 libras por persona; ☎73431), no muy cómodas y que además suelen estar ocupadas por residentes de largo plazo, o las del pequeño *Seruya's Guest House*, 92 Irish Town (unas 15 libras, habitación doble; ☎73220), que casi siempre están al completo. Asimismo hay plazas en dormitorios colectivos en el básico **albergue de juventud** de Montagu Bastion, Line Wall Rd (unas 10 libras; ☎51106). De lo contrario, el visitante tendrá que pagar precios propios de Gran Bretaña en el *Queen's Hotel* de Boyd St (☎74000; fax 40030), *Bristol*, Cathedral Square (☎76800; fax 77613), o *Cannon Hotel*, en Cannon Lane (☎ y fax 51711), todos cobran unas 30-60 libras por habitación doble.

Si tales precios tientan al viajero a buscar un poco de arena donde echarse a dormir, debe olvidarlo, pues está prohibido acampar en la playa, y si le sorprenden durmiendo a la intemperie u ocupando búnkeres deshabitados seguramente será detenido y multado. Esta ley está apoyada por la política de Gibraltar y su ministro de Defensa, y a menudo se llevan a cabo redadas en las playas.

El Peñón y alrededores

Casi al término de Main Street, el visitante puede tomar un **tranvía** (lun.-sáb., 9.30-18 h; último trayecto de descenso, 17.45 h; 4,90 libras ida y vuelta) que le llevará hasta la cima del Peñón —conocida como **The Top of the Rock** entre los lugareños—; durante el ascenso pasará por **Apes' Den**, un mirador adecuado para avistar los macacos de Gibraltar y escuchar la leyenda que sobre ellos cuentan los guías. Desde The Top, el viajero podrá mirar hacia los montes Atlas y, abajo, hacia el pueblo, con su complejo sistema de recogida de aguas excavado en la ladera del Peñón, y sopesar entonces si vale la pena bajar a alguna de las playas. De Apes' Den parte un camino hacia el sur de Queens Road a la **cueva de Saint Michael** (entrada gratuita con el

TRABAJAR EN GIBRALTAR

Si el viajero va a quedarse durante algún tiempo, Gibraltar no es un mal lugar donde buscar trabajo; aunque como existe una gran competencia, debe ser persistente y, si encuentra un trabajo oficial, los impuestos son altos. Gibraltar Radio emite demandas de trabajo los martes hacia las 12 h, pero se recomienda al visitante que haga su propio recorrido llamando de puerta en puerta. Otra posibilidad es emplearse como tripulación en un yate; puede buscar demandas en la tienda de veleros de Marina Bay o poner un anuncio ofreciéndose. A finales del verano el puerto se llena de barcos con rumbo a las **islas Canarias**, **Madeira** y las **Antillas**, y pueden darle trabajo a bordo a cambio del pasaje.

226/ANDALUCÍA

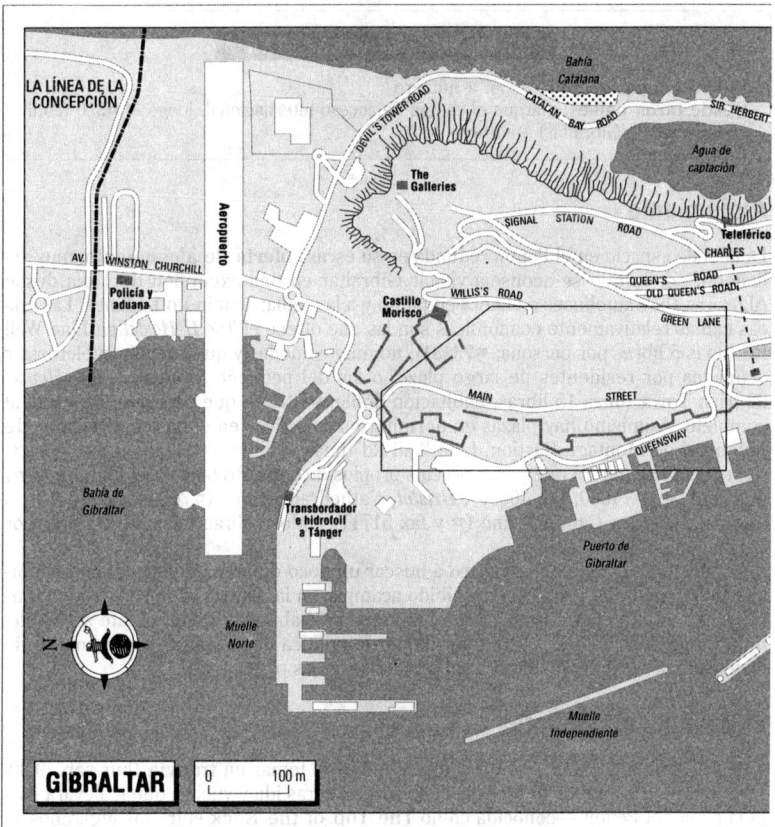

billete del tranvía), una enorme caverna natural que hizo que antiguamente se creyera que el Peñón estaba hueco, y que originó el nombre de *Mons Calpe* (montaña hueca). La cueva fue utilizada durante la Segunda Guerra Mundial como hospital militar a prueba de bombas, y en la actualidad allí se ofrecen algunos conciertos. Si el viajero tiene suerte, tal vez consiga en la oficina de turismo una visita guiada a la cueva, por una serie de cámaras que descienden hacia las profundidades y que terminan en un lago subterráneo.

Aunque puede tomar el tranvía en ambos sentidos, se recomienda subir a pie por Willis's Road para visitar la **Tower of Homage** (torre del homenaje). Data del siglo XIV, y es la parte más visible que queda del antiguo **castillo árabe**. Más arriba encontrará las **Upper Galleries**, excavadas con dinamita en el Peñón durante el gran sitio de 1779-1782 para poder apuntar con las armas hacia las alineaciones españolas. El viajero tendrá que bajar por la **Mediterranean Steps**, una escalera que no está muy bien señalizada; deberá subir hasta O'Hara's Battery, de donde parte un descenso muy abrupto que da al lado este, y dar la vuelta por la esquina sur del Peñón. Pasará por la Jews' Gate y Engineer Road. Desde aquí, se aconseja volver a la población por los Alameda Gardens y el **Trafalgar Cemetery**, exube-

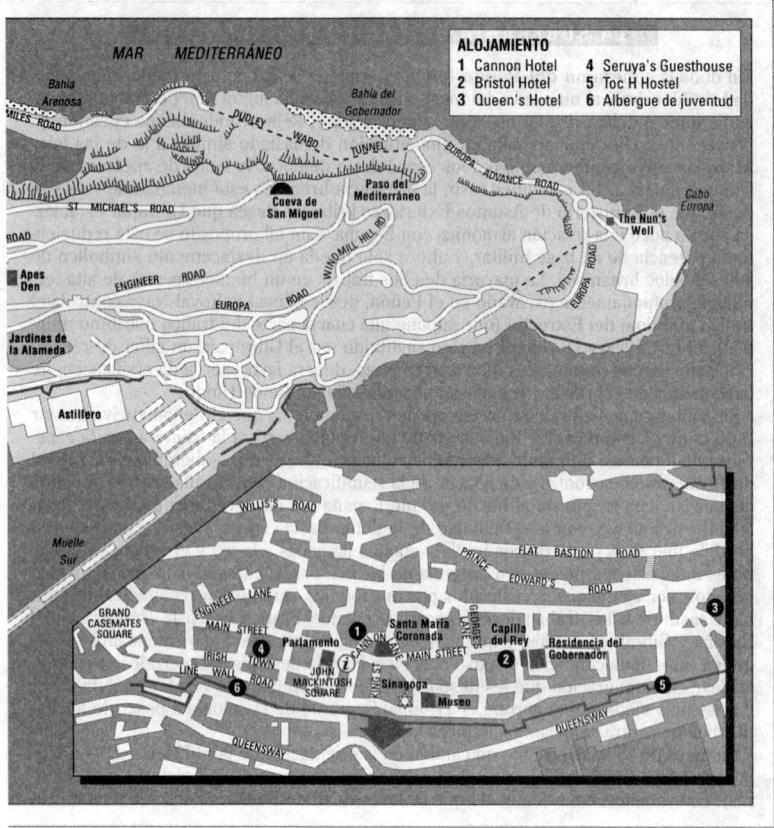

rante y evocador con su hilera de epitafios imperiales. Se tarda entre medio día y un día en dar la vuelta completa al Peñón, y todos los lugares que se visitan permanecen abiertos entre 10-19 h en verano, y 10-17.30 h en invierno; si el visitante quiere verlo todo, puede comprar un billete combinado de precio reducido en el que se incluye la entrada a la cueva.

De nuevo en la **población**, en el interior del **Gibraltar Museum** (lun.-vier., 10-18 h; sáb.-dom., 10-14 h; 2 libras) verá dos **baños árabes** del siglo XIV hermosos y bien conservados. Junto con el **casino** y el **mini golf**, esto es todo. Existe un proyecto para ganar al mar un área similar a la que ocupa hoy en día la población, y actualmente se estudia tal posibilidad bombeando arena del lecho marino. Hasta el momento, sin embargo, todo lo que hay aquí es un pequeño pueblo pesquero, **Catalan Bay**, donde el viajero hallará la playa más bonita del lugar. A los habitantes del pueblecito les gusta considerarse diferentes a los de los demás pueblos del otro lado del Peñón.

Hace poco se han excavado unos 48 km de túneles o **galerías** en el Peñón con fines militares; pero están siendo adaptados para solventar los problemas de tráfico causados por la entrada excesiva de automóviles.

LA SOBERANÍA BRITÁNICA EN GIBRALTAR

Sin duda la **soberanía del Peñón** (un territorio que ocupa un área menor que la ciudad de Algeciras, al otro lado del mar) volverá a España algún día, pero actualmente nadie tiene mucha prisa en que esto ocurra. Para el Reino Unido es una cuestión de precedentes: Gibraltar se halla en una situación demasiado similar a la de las islas Malvinas, cuyo conflicto obligó a los españoles a demorar la fecha de apertura de la frontera en 1982. En cualquier caso, la presencia británica está menguando y es evidente que el Ministerio de Asuntos Exteriores británico desea que Gibraltar establezca poco a poco una relación armónica con España. Con tal propósito se está reduciendo la potencia de su base militar, y ahora sólo queda un destacamento simbólico de 100 soldados británicos. La mayoría de ellos trabaja en un búnker secreto de alta tecnología profundamente excavado en el Peñón, desde el cual la Royal Navy controla el tráfico marítimo del Estrecho (que supone una cuarta parte del tráfico marítimo mundial). El Royal Navy Dockyard ha sido sustituido por el Gibrepair, un taller de reparaciones de barcos comerciales que, a largo plazo, deberá favorecer la diversificación de la economía de Gibraltar y reducir su dependencia del Reino Unido.

Sin embargo, los gibraltareños, se oponen firmemente a que el Peñón vuelva a estar **bajo control español**. En 1967, antes de que Franco cerrara la frontera con la esperanza de forzar así un rápido acuerdo, la colonia votó sobre su soberanía con un total de 12.138 votos en contra y 44 a favor de la reunificación con España. Tal vez muchos atribuirían esta respuesta al hecho de que España era entonces una dictadura, pero 30 años después, y con la estabilidad de la democracia española, este argumento ha perdido fuerza. A pesar de sus impresionantes llamadas a la ley y el orden, Gibraltar no es una sociedad modelo en ninguna de las dos cosas; casi todos los trabajos más pesados, por ejemplo, son realizados por marroquíes, que fueron reclutados en masa para sustituir a los trabajadores españoles cuando Franco cerró la frontera entre España y Gibraltar en 1969, y que han sido siempre tratados como ciudadanos de segunda clase. Esta condición se puso más en evidencia después del recrudecimiento de las leyes de inmigración que les despojaban de sus derechos de residencia, jubilación y asistencia médica, que aprobó el Tribunal Supremo de la colonia a pesar de los llamamientos contra semejante «limpieza étnica».

En mayo de 1996 se produjo un cambio en la orientación de la **política** exterior, tras la derrota del Gobierno laborista de Joe Bossano (después de dos victorias arrolladoras). Los votantes, conscientes de que la agresividad de Bossano contra la postura es-

Comida y copas

El visitante encontrará en Gibraltar muchos más **restaurantes** que alojamiento, aunque para la media española son todavía relativamente caros. Los tentempiés de los pubes y quioscos de *fish and chips* son recomendables para picar algo. En Main Street abundan los establecimientos turísticos, entre los que destaca *Smiths Fish and Chip Shop*, en el n.º 295 cerca del Convent (se recomienda evitar los platos al curry). Otras buenas opciones son el *Penny Farthing*, de King Street, siempre concurrido, que sirve comida casera a precios razonables (también comida para llevar). *La Cantina*, un restaurante mexicano, resulta algo más caro. En *Buddies Pasta Casa*, Cannon Lane, ofrecen buena pasta en todas sus variedades. El *Market Café* del mercado público y *Splendid Bar* de George's Lane sirven platos económicos y tapas. *Sacarrello's Coffe House* en Irish Town tiene más categoría, pero el visitante puede tomarse sólo una copa y contemplar su colección de postales antiguas que muestran la evolución de Gibraltar en el piso de arriba.

Todos los **pubes** tienden a imitar el estilo tradicional inglés (y sus precios), con la única diferencia de que aquí permanecen abiertos todos los días y a menudo hasta el amanecer. Entre los pubes que sirven algo de comida, están el *Royal Calpe*, de Main

pañola ponía en peligro un futuro económico viable en el que España participara de un modo efectivo, eligieron una nueva Administración socialdemócrata dirigida por Peter Caruana. Sin embargo, aunque éste había dicho que entablaría **un diálogo más constructivo con España**, cuando llegó al poder no lo hizo. Su aplastante triunfo electoral causó cierta consternación en Madrid y Londres, que apoyaban la oferta de España en 1997 de que Gibraltar obtuviera el rango de autonomía regional española, con una consideración similar a la de vascos y catalanes. La propuesta fue rechazada por Caruana, que había sido presionado por el Reino Unido (presionado, a su vez, por España) para terminar de manera definitiva con el contrabando de tabaco en la frontera española y con las actividades de 24.000 instituciones financieras *off-shore*, muchas de ellas acusadas por España de tráfico de drogas y limpieza de dinero negro.

Lo que muchos visitantes no advierten sobre la situación política del Peñón es que los gibraltareños se sienten muy vulnerables, atrapados entre los intereses de dos grandes Estados; saben bien que ambos Gobiernos tienen más intereses estratégicos y políticos de los que desearía la gente de Gibraltar. Hasta hace muy poco el Reino Unido enviaba allí a gente para cubrir los puestos de funcionarios del Estado y el Ministerio de Defensa, una práctica que, aunque en menor grado, aún continúa; el actual gobernador es Richard Luce, antiguo ministro británico. Grandes áreas del Peñón continúan siendo zonas de paso prohibido para los gibraltareños, y el South District, concretamente, está ocupado por instalaciones militares. Los lugareños protestan también por los submarinos nucleares de la Royal Navy que atracan con regularidad en la base naval, mientras se mantiene en secreto la cuestión de si hay cabezas nucleares o armas químicas y biológicas almacenadas en el arsenal, tal vez ocultas en lo más profundo del Peñón.

Aunque los gibraltareños todavía se atienen a los usos y costumbre británicos —quizá sólo porque no han conocido más que el gobierno británico desde que la antigua población fue desplazada—, y todas sus instituciones siguen estructuras netamente inglesas. En contra de lo que se suele creer, los gibraltareños no son de sangre predominantemente española o británica, sino que su mezcla étnica desciende de antepasados genoveses, portugueses, españoles, mallorquines, judíos, malteses y británicos. El inglés es su **lengua oficial**, pero lo que se habla más es algo que suena al oído foráneo como español con acento andaluz. En realidad es el **llanito**, un dialecto andaluz con palabras prestadas que refleja los diversos orígenes de sus hablantes; de manera paradójica —en vista de la antipatía de la mayoría de gibraltareños hacia sus vecinos del norte—, sólo un español del sur puede distinguir a un gibraltareño de un andaluz.

Street, *Calpe Hounds*, en Cornwalls Lane y el *Clipper*, en Irish Town, los mejores. Entre los que se apiñan en Main Street, destaca el jardín interior del *Royal Calpe* y la terraza exterior de *The Horseshoe* y del *Gibraltar Arms*; sin embargo, los locales de Main Street suelen ser ruidosos y conflictivos, ya que por la noche se llenan de soldados y marineros de permiso. Si el viajero busca algo más tranquilo, se recomienda el *Captain's Cabin*, en John Mackintosh Square, o *Cannon Bar*, Cannon Lane. El *Star Bar*, 12 Parliament Lane, a la salida de Main Street por el lado oeste, y cerca de la oficina de correos, está considerado el más antiguo de Gibraltar y lugar favorito de lord Nelson cuando aún llevaba su nombre original, *La Estrella*.

Continuación del viaje

Uno de los mayores atractivos de Gibraltar es su calidad de **puerta de Marruecos**. Los horarios de acceso están sujetos a las condiciones meteorológicas incluso en los períodos más tranquilos (el viaje resulta muy duro), y el aerodeslizador y el catamarán ya no zarpan. El único servicio que sigue funcionando en la actualidad es el transbordador a Tánger los lunes y miércoles a las 7.30 h y viernes a las 18.30 h, que regresa

domingos y martes a las 15 h y viernes a las 9 h; el viaje dura unas 3 horas. El billete cuesta alrededor de 18 libras sólo ida o 30 ida y vuelta, pero las condiciones suelen cambiar mucho, por lo que el viajero debería comprobar precios y horarios con el operador turístico. Tourafrica, en el International Commercial Centre, Casemates Square (☎77666; fax 76754). GB Airways tiene vuelos a y desde Casablanca (a 1 h de trayecto), que salen lunes, jueves y viernes; en invierno el servicio es reducido. Puede obtener información actualizada y billetes de avión en Bland Travel (☎77012; fax 76189), en Irish Town, que también vende billetes de **Renfe** para viajar por España.

Algeciras

ALGECIRAS ocupa la parte más alejada de la bahía de Gibraltar, y proyecta su humo y contaminación hacia el Peñón. Se trata del último pueblo mediterráneo de España, y en una época era un elegante centro turístico, pero hoy en día es un puerto desordenado y un centro industrial con barrios por todos lados; casi todas sus construcciones presentan un aspecto anticuado. Cuando Franco cerró la frontera con Gibraltar en La Línea, Algeciras optó por el desarrollo y la absorción de los trabajadores españoles que habían trabajado en los muelles navales británicos, rompiendo así con la dependencia del Peñón.

Muchos turistas critican la fealdad de Algeciras; si el viajero no va a tomar algún enlace de tren o autobús, o está de paso hacia Marruecos, descubrirá pocos motivos para detenerse allí. Sin embargo, los grupos de marroquíes que cruzan por el lugar vestidos con sus chilabas sueltas y babuchas amarillas, cargados con increíbles bultos de equipaje, aportan una nota de color (véase recuadro pág. siguiente). Algeciras tiene un auténtico ambiente portuario, y aunque el visitante esté de paso le resultará difícil resistirse a tomar un barco hacia el sur, aunque sólo sea para pasar un par de días en Tánger. En cuanto empiece a explorar la zona descubrirá que el casco antiguo tiene rincones muy atractivos, que apenas parecen haber cambiado en los últimos 50 años, sobre todo en torno a la plaza Alta. Debido a la cantidad de gente que pasa por la ciudad abundan los establecimientos para comer o tomar una copa.

Aspectos prácticos

Si el viajero está esperando un transbordador que salga a la mañana siguiente o quiere quedarse por un tiempo, podrá alojarse en alguna de las numerosas **pensiones** u **hostales** económicos situados en el entramado de callejuelas que se encuentran entre el puerto y la estación de ferrocarril. Algunas se hallan en las calles Duque de Almodóvar, José Santacana y Rafael de Muro. Se recomienda *Levante*, en Duque de Almodóvar 21 (☎956 651 505; ③), *Vizcaíno*, José Santacana 9 (☎956 655 756; ②), o el cómodo *González*, en José Santacana 7 (☎956 652 843; ③). El romántico *Hotel Anglo-Hispano* de avenida Villanueva 7 (☎956 572 590; ④), cerca del puerto, tiene un vestíbulo embaldosado en mármol que desprende cierta grandeza decadente. El lujoso y nuevo **albergue de juventud** de Algeciras, en la carretera N-340 (☎956 679 060; ①), dispone de piscina, pistas de tenis y habitaciones dobles con baño, pero queda 8 km al oeste de la población por la carretera de Tarifa; los autobuses que van a Tarifa dejarán allí al viajero si se lo pide al conductor. Si tiene problemas para encontrar alojamiento, se recomienda buscar en las listas de la **oficina de turismo**, en la calle Juan de la Cierva (lun.-vier., 9.30-13.30 h y 17-20 h; sáb., 9.30-13.30 h; ☎956 572 636), en dirección hacia el río y la línea ferroviaria desde el puerto. Los precios suelen subir de manera espectacular en temporada media, pero hay muchas casas de huéspedes alrededor del mercado.

Asimismo la zona portuaria está llena de **establecimientos donde comer**. Al otro lado de la vía del tren, desde la oficina de turismo, se halla la siempre concu-

MARROQUÍES EN ALGECIRAS

Es fácil sacar una conclusión romántica del bullicio que se observa en la zona portuaria, pero hay una historia triste detrás de las apariencias. Todos los años, Algeciras es el principal puerto al que llegan **trabajadores marroquíes emigrantes** en su camino de vuelta a casa por vacaciones; proceden de fábricas, granjas y minas de Francia, Alemania y los Países Bajos. Unos 500.000 cruzan España durante las 6 semanas que van de finales de junio a principios de agosto. A veces son víctimas de la discriminación racial (todavía se les llama «moros»): desde timos hasta ataques violentos, incluso robos.

---

rrida *Casa Gil*, en Segismundo Moret 2, con una excelente relación calidad-precio. A 50 m más abajo, en la misma calle, está la *Casa Sánchez*, esquina con calle Río, un buen local que ofrece menú y también **habitaciones** (②). Los **mercados** son el mejor lugar donde comprar comida; el principal es el de la plaza Palma, cerca del puerto. En el centro de Algeciras, sobre todo en los alrededores de la plaza Baja, hay muchos bares que sirven tapas de buena calidad. Los de la plaza Alta son mucho más caros.

Continuación del viaje

Si al viajero le atrae la idea de ir a Marruecos, no tendrá problema, ya que en verano hay ocho **salidas diarias a Tánger** (2 h 30 min.; 1 h 30 min. en el transbordador rápido) y seis a la ciudad autónoma de **Ceuta** (1 h 30 min.), con prósperos negocios de mercancías libres de impuestos y que constituye una vía fácil de entrada a Marruecos. Si el viajero desea obtener más información actualizada sobre los servicios de aerodeslizador y catamarán puede consultar a Viajes Transafric (véase abajo), Transmediterránea (☎956 663 850), Comarit (☎956 633 997) o en la oficina de turismo (véase pág. anterior). Los billetes (unas 3.200 pesetas por trayecto a Tánger) pueden adquirirse en las agencias de viajes situadas a lo largo del muelle y en la mayoría de las vías de acceso, entre ellas la reputada Viajes Transafric de avenida Marina 4 (☎956 654 311).

Se recomienda al viajero que espere a llegar a Tánger —y si va por Ceuta, a Tetuán— para cambiar moneda marroquí; el cambio de los puestos que hay en los embarcaderos son muy bajos. Asimismo, se aconseja comprar el billete para el próximo transbordador y recelar de los vendedores que se acercan a la entrada del muelle con insignias oficiales de Ceuta/Tánger, pues añaden una sorprendente «comisión» al precio normal del billete. Los usuarios de la tarjeta InterRail/Eurail tienen derecho a un 20 % de descuento sobre el precio estipulado del transbordador; si el viajero tiene problemas para que se lo hagan, puede acudir a las taquillas de venta oficial en el edificio del embarcadero.

De Algeciras parte la **línea de ferrocarril** que va al norte hacia Ronda, Córdoba y Madrid. El viaje hacia Ronda —uno de los mejores trayectos dentro de Andalucía— se detalla a continuación; hay siete salidas diarias. Para Madrid (y París) parte un tren expreso nocturno (actualmente con salida a las 23 h) y también autobuses de Linebus/Iberbus a París y Londres.

Los **autobuses** que van a Málaga salen cada hora del bar situado en la principal avenida del frente marítimo, detrás del puerto; de allí parten también los enlaces directos, menos frecuentes, a Granada. Los autobuses hacia Barcelona salen del otro lado de las oficinas del puerto, pero hacen un trayecto demasiado lento, que dura 21 h, con transbordo en Málaga. Para Sevilla, Cádiz, Tarifa y la mayoría de destinos restantes, el visitante tendrá que dirigirse a la **principal estación de autobuses** en calle San

Bernardo, detrás del puerto, cerca del *Hotel Octavio* y a poca distancia de la **estación de ferrocarril** así que para llegar puede seguir las vías del tren.

Ronda y los Pueblos Blancos

Andalucía está salpicada de pueblecitos encalados —los **Pueblos Blancos**—, que suelen estar colgados de la ladera de una montaña, protegidos por un castillo o una iglesia con torre. Lugares como **Mijas**, detrás de Fuengirola, son clásicos de las rutas turísticas, pero aun así su belleza natural es indiscutible. Todos son preciosos en la distancia, aunque muchos resultan menos interesantes vistos de cerca. Destacan los que ocupan un área triangular comprendida entre Málaga, Algeciras y Sevilla; en su centro, en una región de agreste belleza montañosa, se halla el espectacular pueblo de **Ronda**.

Hacia Ronda desde la costa

De los varios accesos posibles que hay para ir a Ronda desde la costa, el más aconsejable es la impresionante ruta panorámica que se abre desde Algeciras, e incluso merece un desvío para pasar por ella. Desde Málaga, la mayoría de los autobuses sigue la carretera de la costa a San Pedro antes de adentrarse en las montañas. Se trata de un trayecto impresionante pero bastante desierto, sin pueblos y sólo con unas vistas limitadas de la inhóspita cara rocosa de la serranía (una ruta alternativa por Álora y Ardales tal vez sea atractiva). El tren sube desde Málaga y tiene tres enlaces diarios, además de una salida a las 18 h, muy conveniente porque es posterior a la última salida de autobús.

El viajero puede hacer la **ruta de Algeciras** —vía Gaucín— en tren o autobús, o si tiene tiempo y energía suficientes, a pie en unos 4 o 5 días. Durante el trayecto tendrá siempre a poca distancia un río, y verá varios pueblos montañosos, a los que podrá optar como destinos diarios. Casares queda casi en la misma ruta, aunque es más accesible desde Estepona (véase pág. 221).

Castellar de la Frontera

El primer Pueblo Blanco que encontrará es **CASTELLAR DE LA FRONTERA**, un extraño pueblecito con un castillo cuya población fue trasladada río abajo en 1971 para ocupar el «nuevo pueblo» de La Almoraima. El proyecto de asentamiento fue abandonado poco después, y algunos lugareños regresaron a sus antiguas casas, pero la mayoría de ellas habían sido tomadas por hippies (en su mayor parte alemanes y ricos). El resultado no fue del todo satisfactorio, pues el recelo de los lugareños y las actitudes segregacionistas de algunos de los recién llegados alentaron tensiones que aún hoy persisten. Al parecer, el proyecto de reconstruir el pueblo para convertirlo en un centro turístico con un parador ha quedado interrumpido. Allí hay un par de bares regentados por alemanes, pero se respira cierto aire claustrofóbico. Tal vez el visitante prefiera salir y dar una vuelta por los alrededores. El único alojamiento que encontrará, el *Hostal El Pinar*, está en León Esquirel 4 (☎956 693 022; ②) del pueblo nuevo.

Jimena de la Frontera y Gaucín

JIMENA DE LA FRONTERA es un pueblo montañés mucho más grande y acogedor que el anterior. Se levanta bajo un gran castillo árabe con una entrada de tres pórticos. Tiene algunos bares, una hermosa **fonda** antigua (sin rótulo alguno; pregunte por la *Casa María*, en Sevilla 36; ①) y el *Hostal El Anon* (④) de la calle Consuelo, además del hostal de la estación de ferrocarril en las afueras del pueblo. El mejor es-

tablecimiento para **comer** es el *Restaurante-Bar Cuenca*, en la avenida de los Deportes que se adentra en el pueblo; sirve unas excelentes tapas y buenas comidas.

Más allá de Jimena hay un ascenso de 16 km entre bosques y olivares hasta llegar a **GAUCÍN**, aunque el visitante encontrará bares a medio camino en la aldea de San Pablo. Gaucín, casi un pueblo montañés, tiene unas impresionantes vistas (se puede ver Gibraltar y la costa marroquí en días claros), y constituye un lugar ideal para hacer un alto. Su encantadora fonda, el *Nacional*, en San Juan de Dios 8, después de 125 de servicio, forma parte de la historia y todavía sirve buenas **comidas**. Asimismo hay comida y **habitaciones** en el *Hostal Moncada*, calle Luis Armiñán (☎952 151 156; ②), junto a la gasolinera al entrar en el pueblo desde Jimena (se recomienda las habitaciones de atrás, con vistas). El viajero puede llegar al pueblo en autobús, pero se recomienda hacer la subida a pie de 13 km desde su **estación de ferrocarril**. Aunque se conoce como Gaucín, el nombre de la estación es El Colmenar, en los alrededores de la Reserva Natural de Cortes de la Frontera. Si el viajero necesita descansar antes de la subida (se tarda unas 3 h), hay un hostal, el *Bar-Restaurante Flores* (☎952 153 026; ②) y algunos bares. Si no tiene fuerzas, el hostal puede pedirle un taxi (por unas 2.000 pesetas el trayecto).

La línea ferroviaria entre Gaucín y Ronda pasa por unas cuantas aldeas pequeñas. Durante el trayecto, el visitante puede parar en la estación de Benaoján-Montejaque; desde allí es posible ir a pie (1 h) hasta la prehistórica **cueva de la Pileta** (véase pág. 236). Desde Benaoján, Ronda queda tan sólo a tres paradas (30 min.).

Ronda

Elevándose en medio de un cerco de montañas oscuras y angulosas, el espectacular escenario natural de **RONDA** se observa mejor al entrar en la población. Construida sobre una cresta aislada de la sierra, Ronda está dividida en dos por la garganta conocida como el **Tajo**, que desciende en caída libre de 130 m por tres de sus lados. Aún más espectacular, sobre la garganta se asienta un puente con arcadas del siglo XVIII, el **Puente Nuevo**, y de sus empinadas laderas cuelgan casas encaladas muy altas.

El atractivo de Ronda reside sobre todo en su extraordinaria panorámica, o en los descensos hasta llegar al río Guadalevín por los caminos de burros que cruzan el valle verde. A los que les guste observar las aves deben mirar hacia las cumbres, donde anidan los cernícalos menores, una especie rara en el norte de Europa, y que se lanzan desde los riscos sobre el parque de la Alameda. Más abajo se ve el martín pescador. El pueblo también tiene interés en sí mismo y, aunque parezca sorprendente, mantiene su encanto a pesar del turismo de paso procedente de la Costa del Sol.

Llegada, información y alojamiento

Las **estaciones de ferrocarril** y **autobuses** de Ronda están en el barrio del Mercadillo, al noreste de la plaza de toros. Los trenes llegan a la avenida Andalucía, a 10 minutos andando o a un breve tramo en autobús del centro. Todas las empresas de autobús utilizan la terminal situada cerca de la plaza Redondo. La **oficina de turismo** (lun.-vier., 10-14 h; ☎952 871 272) se halla en el extremo norte de la plaza de España, y ayuda al viajero a encontrar cama.

Todos los **alojamientos** se encuentran también en el barrio del Mercadillo, a poca distancia a pie de la céntrica plaza de España.

Pensión La Española, José Aparicio 3 (☎952 871 052). Habitaciones acogedoras y renovadas; disponen de baño, algunas tienen hermosas vistas. Restaurante con terraza. Situada en el callejón que hay detrás de la oficina de turismo. ⑤

Parador de Ronda, plaza de España (☎952 877 500; fax 952 878 188). El parador nuevo tiene unas vistas espectaculares de la garganta del Tajo, además de piscina, bar

terraza y restaurante, y todas las instalaciones que el viajero pueda esperar de un establecimiento de esta categoría. ⑦

Hotel Polo, Mariano Subirón 8 (☎952 872 447; fax 952 872 449). Una opción de lujo por si se siente derrochador. ⑥

Pensión La Purísima, Sevilla 10 (☎952 871 050). Pensión acogedora y con buena relación calidad-precio. ②

Ronda Sol, Cristo 11 (☎952 874 497). Opción correcta y económica, cerca del cruce con la calle Sevilla. ②

Hotel Royal, Virgen de la Paz 42 (☎952 871 141; fax 952 878 132). Alojamiento cómodo enfrente de la Alameda. ④

Hostal San Francisco, Cabrera-Prim 18 (☎952 873 299). Al término de la calle Sevilla y al salir de la plaza Carmen Abela. Hostal muy recomendable; todas las habitaciones disponen de baño. ②

Hostal Virgen del Rocío, Nueva 18 (☎952 877 425). Agradable hostal que ofrece habitaciones con baño; al salir por el lado este de la plaza de España. ③

La ciudad
Ronda se divide en tres partes: en la más próxima (noroeste) a la garganta, por donde se llega a Ronda, se halla el moderno barrio del **Mercadillo**. Al otro lado del puente está el antiguo pueblo árabe, la **Ciudad**, con el barrio de **San Francisco**.

La **Ciudad** conserva intacto su trazado árabe y muchas de sus casas, intercaladas con numerosas mansiones renacentistas. Se trata de un laberinto tan intrincado que el viajero no podrá sino vagar sin rumbo por él. Después puede orientarse hacia el otro lado del río y recorrer la calle Santo Domingo, también conocida como Marqués de Parada, que dobla a la izquierda. En el n.º 17 encontrará algo llamado de manera arbitraria la **Casa del Rey Moro**, una mansión de principios del siglo XVIII construida sobre cimientos árabes, que ha sido abierta al público recientemente, su precio de entrada es elevado (todos los días, 10-19 h; 600 pesetas). Desde su jardín desciende hasta el río una escalera subterránea, la *Mina* (con 365 peldaños que pueden ser resbaladizos después de las lluvias), que garantizaba el suministro de agua en tiempos de sitio, y que fue cortada por los esclavos cristianos en el siglo XIV.

Bajando por la misma calle se erige el **Palacio del Marqués de Salvatierra**, una espléndida mansión renacentista que está adornada con el sol del Perú y cuatro figuras incas, la casa está habitada por la familia de los propietarios, pero puede ser visitada (en estos momentos está cerrada, por lo que hay que consultar en la oficina de turismo si es posible visitarla). Al bajar la montaña, el viajero llegará a los dos puentes viejos del pueblo: el **puente Viejo** de 1616 y el **de San Miguel**, un puente árabe de una sola arcada. Cerca, en la orilla sureste del río, están las peculiares cúpulas en forma de joroba y las extrañas ventanas de cristal en el techo de los antiguos **baños árabes** (mar.-sáb., 9.30-13.30 h y 16-19 h; dom., 10.30-13 h; entrada gratuita). Datan del siglo XIII y están muy bien conservados; el techo de bóveda de cañón y las columnas octogonales de ladrillos que soportan arcos de herradura denotan la sofisticación de su época.

En el centro del barrio de la Ciudad se levanta la catedral de **Santa María la Mayor** (todos los días, 10-20 h; 200 pesetas), que en un principio era la mezquita de los viernes del pueblo árabe. El exterior es una graciosa combinación de los estilos árabe, gótico y renacentista, con el campanario superpuesto al antiguo minarete. El interior resulta menos interesante, pero el visitante podrá ver un arco cubierto de caligrafía árabe, y justo enfrente de la actual puerta de la calle, un fragmento del viejo *mihrab* árabe y una hornacina de plegarias. Al otro lado de la plaza —quizá la mejor de Ronda— está la **Casa de Mondragón**, tal vez palacio real de los reyes árabes (lun.-vier., 10-19 h; sáb.-dom., 10-15 h; 250 pesetas). En el interior, tres de los patios con-

servan su decoración original en estuco, y hay un techo magníficamente esculpido, además de un museo sobre arqueología local y aspectos de la Ronda árabe.

Casi al término de la Ciudad están las ruinas del **Alcázar** destruido por los franceses en 1809 («por puro amor a la destrucción», según el escritor estadounidense Richard Ford) y ahora ocupado en parte por una escuela. En su época era inexpugnable —como de hecho lo fue toda esta capital fortificada, donde se asentó un reino árabe independiente y aislado hasta 1485, sólo 7 años antes de la toma de Granada—, pero ahora está llena de desperdicios y ovejas extraviadas.

La puerta principal de la población, que cruzaron los conquistadores cristianos con el rey Fernando a la cabeza, se levanta al sureste del Alcázar y da acceso al barrio de San Francisco.

El barrio del **Mercadillo**, que prosperó a principios de la Reconquista cristiana, tiene en comparación poco interés, excepto por un par de edificios a los que se puede echar un vistazo. El primero, la **Posada de las Ánimas** (también conocida como Hogar del Pensionista), se halla en la calle Cecilia, se trata del edificio más antiguo del barrio. El otro es la **plaza de toros** (10-20 h; 400 pesetas), entre la plaza de España y el hermoso paseo que corona la montaña y desde el que se contemplan hermosas vistas del puente viejo y el nuevo. Ronda desempeñó un papel fundamental en el desarrollo del toreo, y fue cuna de las modernas corridas. En esta plaza, construida en 1781, una de las más antiguas de España, se celebran durante la feria de septiembre corridas de toros con los trajes característicos del siglo XVIII. Su temporada taurina es una de las más importantes del país. El viajero puede visitar la plaza de toros para dar una vuelta por la arena y ver su museo.

El edificio del Puente Nuevo (actualmente cerrado) era en un principio la prisión local, y se utilizó por última vez durante la Guerra Civil, cuando Ronda fue escenario de algunas de las peores matanzas perpetradas en el sur. En su obra *Por quién doblan las campanas*, Ernest Hemingway describe cómo los prisioneros eran arrojados vivos a la garganta. En la actualidad Ronda continúa siendo una plaza militar importante y acoge a gran parte de la Legión española de África, el antiguo regimiento de choque de Franco. Sus soldados pueden verse por la zona vestidos con el traje verde tropical y la gorra con borla.

Comida y copas
La mayoría de los **restaurantes** económicos se agrupan hacia el final de la plaza del Socorro, aunque también hay algunos cerca de la plaza de España.

Bar-Restaurant Royal, Virgen de la Paz 42. Sobre la plaza de toros y enfrente de la Alameda, sirve platos combinados y menús. También ofrece tapas y tiene terraza.

Bodega La Giralda, Nueva 19. Tapas tradicionales en un buen local.

Café Alba, Espinel 44. Churros calientes y un delicioso café para el desayuno.

Doña Pepa, plaza del Socorro. Establecimiento familiar con una cafetería-bar aparte; ofrece bocadillos y un zumo de naranja natural recién exprimido.

Don Miguel, plaza de España. Buen restaurante donde sirve especialidades rondeñas, menú y terraza desde la que se contemplan hermosas vista de el Tajo.

Hotel Polo, Mariano Soubirón 8 (☎952 872 447). Restaurante caro pero excelente.

Marisquería Paco, plaza del Socorro 8. Pescado fresco y buenas tapas para acompañar con cerveza en las mesas de la plaza.

Peking, Los Remedios 1. Restaurante chino a precios razonables, cerca de la plaza de España.

La Rosalejo, Borrego 7. Saliendo por la esquina nordeste de la plaza del Socorro, éste es otro buen bar con una amplia gama de tapas.

Alrededores de Ronda

Ronda constituye una excelente base desde donde el viajero puede explorar el magnífico entorno rural inmediato o visitar algunos Pueblos Blancos más. A sólo 15 km está **Setenil** que, excavado en las cumbres y con viviendas en las cuevas, es uno de los más peculiares.

Excursiones alrededor de Ronda

Las buenas rutas de senderismo que salen desde Ronda son muy limitadas. Una de las mejores, y un buen modo de captar el ambiente de la población en su faceta de centro de mercado rural asentado entre explotaciones agrarias, es tomar el sendero que desciende por la garganta desde la terraza del Palacio de Mondragón. En los campos de abajo hay una red de senderos que se comunican y se contemplan algunas vistas estupendas. Tras 2 horas de camino, el viajero llegará a la carretera principal del noroeste, desde donde puede hacer autostop o caminar unos 4 o 5 km hasta el mercadillo. Otra excursión es a un viejo **acueducto**, ahora inutilizado, que se asienta sobre los pastos rocosos: desde la plaza del mercado de las afueras de la Ciudad, en la zona de San Francisco, hay que tomar la calle recta y residencial que sube y sale del pueblo. Más o menos al cabo de 1 hora, el viajero llegará a un campo de olivos, pasará junto a un arroyo y un gran canal de agua. Desde allí un camino entre los olivares lo conducirá al acueducto.

Más allá, si está ágil y fuerte, podrá alcanzar las ruinas de un **teatro romano** en la zona conocida como **Ronda La Vieja**, a 12 km de la población y accesible por un desvío a 6 km que baja desde la carretera principal a Arcos y Sevilla. En el yacimiento arqueológico (mar.-vier., 10-18 h; sáb.-dom., 12-18.30 h; entrada gratuita) un amable campesino que también es el guardián regalará un mapa al visitante y apuntará su nacionalidad para llevar un control de estadísticas.

Sobre cimientos neolíticos —se recomienda observar los cobertizos de piedra prehistóricos recientemente descubiertos a la entrada— aquí se erigió un pueblo romano, Acinipo, que en el siglo I d.C. estaba en pleno auge. Al oeste del teatro el suelo desciende formando una pendiente bastante pronunciada, lugar desde el que el visitante podrá contemplar las vistas de los alrededores hasta el pueblo de Olvera, al norte. Desde aquí, un camino sale hacia el extraño «pueblo de las cuevas» de Setenil (véase pág. siguiente).

La cueva de la Pileta

Al oeste de Ronda está la prehistórica **cueva de la Pileta** (todos los días, 9-13 h y 16-18 h; 900 pesetas; ☎952 167 343), una serie de cavernas que contienen algunas pinturas de animales (sobre todo bisontes, pero también peces) y de lo que parecen símbolos mágicos. Datan aproximadamente del 25.000 a.C. —son por lo tanto anteriores a las famosas cuevas de Altamira—, a finales de la Edad de Bronce. La visita dura alrededor de 1 hora, pero a veces se prolonga más tiempo. En la cueva hay cientos de murciélagos, y no se ha instalado iluminación artificial, de modo que los visitantes deben llevar linternas propias; tal vez el viajero también quiera llevar algo de abrigo, ya que dentro suele hacer frío. Si el viajero deja el automóvil en el aparcamiento, debe saber que en la zona abundan los amigos de lo ajeno. Si no va en vehículo propio, puede hacerlo en un tren local dirección Algeciras (4 diarios; 35 min.) y bajar en la estación Benaoján-Montejaque, o tomar un autobús que le dejará un poco más cerca, en Benaoján. En la estación de ferrocarril hay un bar, por si el viajero quiere aprovisionarse de bebida antes de iniciar la caminata (6 km) hasta las cuevas. Tendrá que seguir un camino desde la orilla derecha del río hasta llegar a un cortijo (aprox. 30 min.), y desde allí tomar un sendero que asciende por la

montaña hasta la carretera principal, justo antes de la señalización del desvío hacia las cuevas. Si va en automóvil, deberá seguir la carretera a Benaoján y tomar el desvío, desde donde el pueblo queda a tan sólo 4 km.

Setenil, Olvera y Teba
Al norte de Ronda, y accesibles en una excursión de 1 día desde el pueblo, se hallan Setenil y Olvera. SETENIL, situado en una carretera secundaria que lleva a Olvera, es el mayor de los Pueblos Blancos, con algunas de sus calles horadadas bajo la repisa colgante de la garganta de tuba volcánica. Muchas de las casas —a veces de tres pisos de altura— tienen techos naturales de roca. Hay un par de bares y un **hotel** a un precio razonable, *El Almendral* (☎956 134 029; fax 956 134 444; ③), en la carretera a las afueras del pueblo. Allí llegan cuatro autobuses diarios desde Ronda, aunque el viajero también puede ir a pie desde Ronda La Vieja. La estación de ferrocarril se encuentra a 8 km desde el pueblo.

OLVERA, 15 km más allá, está dominada por un hermoso castillo. Hasta allí sólo llega un autobús diario desde Ronda, pero encontrará un par de **pensiones** si quiere quedarse a explorar la zona: *Maqueda*, Calvario 35 (☎956 130 733; ②), y *Olid*, en Llana 13 (☎956 130 102; ③), un emplazamiento hermoso junto al río, con olivares y la sierra de Lijar como telón de fondo.

TEBA es una pequeña aldea situada en las montañas a 5 o 6 km al sur de la N-342, entre Campillos y Olvera. Asimismo, el viajero puede llegar subiendo por la C-341 desde Ronda. Podrá acceder sin problema desde la N-342, tomando una carretera estrecha pero bien señalizada que asciende hasta la aldea. Abajo, la plaza de la Constitución, concentra todos los **alojamientos** del lugar: tres establecimientos limpios, acogedores y relativamente económicos, entre los que destaca el *Hostal Sevillano*, San Francisco 26 (☎952 748 011; ②), a la salida de la plaza. Entre los lugares visitables de la aldea está la enorme iglesia barroca de **Santa Cruz** (todos los días, 17-18 h), que luce numerosos tesoros, y la plaza de España, donde hay un monumento en granito escocés dedicado a Robert Bruce, cuyo corazón, recientemente descubierto, desempeñó un importante papel en la batalla contra los árabes que se produjo aquí en 1331; uno de sus caballeros lo transportó como un talismán y lo arrojó a los árabes para desafiar a sus tímidos soldados cristianos a cargar con decisión. En la montaña que hay sobre la aldea están los restos de un **castillo árabe** construido sobre ruinas romanas que tiene un magnífico torreón. Las vistas del campo que se aprecian desde él son espectaculares. Toda la aldea desprende cierto ambiente de serena prosperidad.

Hacia Cádiz y Sevilla
Ronda tiene buenos enlaces en la mayoría de direcciones (véase «Transportes» al final de este capítulo). Casi todas las rutas que van hacia el norte o el oeste merecen la pena, ya que pasan por una serie de Pueblos Blancos, la mayoría fortificados desde los días de la Reconquista, lo que explica la gran cantidad de topónimos que terminan en «de la Frontera».

Grazalema, Ubrique y Medina-Sidonia
Quizá la mejor ruta, aunque dé un rodeo y sea un tanto dificultosa si el viajero no dispone de vehículo propio, es la que va a **Cádiz** pasando por Grazalema, Ubrique y Medina-Sidonia. Pasa por los alrededores de la **Reserva Natural de Cortes de la Frontera** (que puede atravesar en automóvil siguiendo la carretera que hay más allá de Benaoján) y, hacia Alcalá de los Gazules, cruza bosques de alcornoques.

A 23 km de Ronda, se encuentra **GRAZALEMA**, un impresionante lugar, y hoy en

día centro del Parque Natural de la Sierra de Grazalema, con el **Puerto de las Palomas** (que con 1.350 m es el segundo paso más alto de Andalucía) detrás. Después de cruzarlo, el visitante descenderá hacia Zahara y la carretera principal hacia el oeste (véase abajo).
 UBRIQUE, a 20 km al sudoeste, es una fortaleza montañosa natural; fue una de las plazas fuertes de los republicanos durante la Guerra Civil. Según el libro de Nicholas Luard, *Andalucía*:

> *A los sitiadores nacionales les resultaba tan difícil tomar la plaza que optaron por mandar un avión desde Sevilla para que sobrevolara el pueblo y lanzase octavillas con el siguiente mensaje: «Ubrique: si dentro de 5 minutos todas las armas no están apiladas frente a la caserna de la Guardia Civil y los tejados de las casas cubiertos de banderas blancas, el pueblo será destruido con las bombas de este avión.» La amenaza fue efectiva, aunque no como habían previsto los nacionales. Sin extender ni una bandera blanca y sin entregar una sola arma, los habitantes de Ubrique abandonaron el pueblo y se refugiaron en las montañas que hay detrás.*

Se trata de una de las típicas historias de la Guerra Civil que se cuentan por estas tierras. Menos corriente, sin embargo, es la prosperidad que reina en la actualidad en el pueblo, donde se vive del curtido de la piel.
 MEDINA-SIDONIA, situada mucho más hacia el oeste por estas carreteras menores, es la sede ducal de los Guzmán, una de las familias más famosas de España. Hoy en día está despoblado y algo dejado, pero ofrece maravillosas muestras de su pasado esplendor del siglo XVI.

Zahara de la Sierra
Si el viajero se dirige directamente a Jerez o Sevilla desde Ronda por un hermoso trayecto rural, pasará por **ZAHARA DE LA SIERRA** (o *de los Membrillos*), tal vez el mejor ejemplo de los pueblos montañeses fortificados. Asentado en un bello entorno, punto destacado en kilómetros a la redonda, sus casas de tejas rojas se apiñan alrededor de una iglesia y un castillo sobre una empinada cornisa de roca. En una época fue un importante pueblo árabe, y su reconquista en 1483 abrió paso a la conquista de Ronda y, en último término, de Granada. También aquí hay algunos **alojamientos**: una casa de huéspedes, en San Juan 9, sin rótulo alguno, frente a la iglesia (②), la pensión *Los Estribos*, Fuerte 3 (☎956 137 445; ③), cerca de la piscina, y el excelente *Hostal Marqués de Zahara,* San Juan 3 (☎956 137 261; ④), con un buen **restaurante**. El agradable **cámping** de Zahara (abril-sept.) se halla a 3 km del pueblo, por la carretera vieja de Ronda; allí el viajero puede alquilar una tienda completa, con camas de campaña incluidas.

Arcos de la Frontera
ARCOS DE LA FRONTERA constituye un buen lugar para hacer un alto. La localidad fue tomada por los moros en 1264, unos 2 siglos antes de la caída de Zahara, un hecho impresionante dada su ubicación sobre el río Guadalete, en un doble risco que debía de ser una fortaleza inexpugnable. Este espectacular emplazamiento, donde resaltan las casas bajas y encaladas, así como hermosas iglesias de piedra arenisca, da al pueblo cierto aire y aspecto similares a Ronda; pero Arcos es más pobre, además de menos visitado. Lo más interesante son las calles de la localidad (a pesar de los grupos de ciclistas del lugar), sobre todo por su mezcla de edificios árabes y renacentistas. En el centro se halla la plaza de España, a la que se llega fácilmente siguiendo las indicaciones del parador, que se encuentra en uno de sus lados. Flanqueando otras dos caras de la misma plaza se alzan los muros del castillo y la gran

iglesia de estilo gótico-mudéjar de **Santa María de la Asunción**. El último lado de la plaza está abierto y permite contemplar el valle fluvial.

ASPECTOS PRÁCTICOS
El **alojamiento** económico del **casco antiguo** se reduce a la *Pensión del Callejón de las Monjas* (☎956 702 302; ③), justo detrás de la iglesia de Santa María, y el acogedor *Bar San Marcos*, Marqués de Torresoto 6 (☎956 700 721; ③), la mejor opción, con restaurante propio. De otro modo al visitante sólo le queda el elegante parador (☎956 700 500; fax 956 701 116; ⑦), colgado sobre un promontorio de roca, o el *Hotel Marqués de Torresoto* en el n.º 4 de la calle del mismo nombre (☎956 700 517; ⑤), en una mansión del siglo XVII restaurada, con un patio de columnas y una capilla barroca. En la **parte moderna** de la localidad hay un par de alojamientos a cada lado de la calle principal, Corredera, entre ellos el excelente *Hostal Fonda Comercio* (☎956 700 057; ③). Otras alternativas son el *Hostal Voy-Voy*, Ponce de León 9 (☎956 701 320; ④), un poco caro, y el *Hostal Andalucía* de la carretera N-342 (☎956 702 718; ③), los dos bastante próximos en la zona oeste de la localidad.

Tomar una copa y comer resulta caro en el casco antiguo, donde la mayoría de los hoteles tiene su propio restaurante. *El Convento*, Marqués de Torresoto 7, es caro, mientras que *La Terraza* ofrece una opción más modesta y económica en los jardines del paseo de Andalucía; sirve una gran variedad de platos combinados en mesas al aire libre.

A la salida del pueblo en dirección hacia Ronda una carretera desciende hasta un par de **playas** de arena formadas junto al río (autobuses, cada 30 min.), donde hay un hostal de dos estrellas bastante destartalado y un **cámping**, el *Arcos de la Frontera* (☎956 700 514), cerca del embalse de Bornos. Si el visitante se baña aquí, o en cualquier punto del tramo que llega hasta el pueblo del mismo nombre, debe tener cuidado, ya que al parecer en algunos puntos se forman remolinos.

SEVILLA, EL OESTE Y CÓRDOBA

A excepción de **Sevilla** —y, en menor medida, **Córdoba**—, el oeste y el centro de Andalucía no es una zona muy visitada. El área costera, o **Costa de la Luz**, en el Atlántico, no tiene mucho que ver con las urbanizaciones mediterráneas, ya que todo el tramo que va de Algeciras a Tarifa se ha declarado «zona potencialmente militar».

Aunque suene horrible —sobre todo en los lugares marcados con carteles de «Prohibido el paso»—, tal catalogación ha surtido asimismo un efecto positivo al evitar que los extranjeros compren estas tierras y ha permitido marcar estrictos controles de edificación incluso para los urbanistas españoles. En unos 100 km apenas se ven chalés, y sólo hay unos pocos hoteles y cámpings pequeños, accesibles y económicos aun en el próspero pueblo veraniego de **Conil**. También en la costa se halla la atractiva ciudad de **Cádiz**, una de las más antiguas y con un puerto que, aunque actualmente se encuentra en decadencia, fue de los más elegantes de Europa.

Tierra adentro, el viajero encontrará la recompensa de los pueblecitos situados entre Sevilla y Córdoba, entre los que destaca **Carmona**, de origen árabe. Pero las zonas más hermosas y descuidadas de la región son las montañas oscuras y recubiertas de encinas y los humildes pueblos de **sierra Morena**, al norte de Sevilla. El terreno se puede recorrer sin problema debido a la red de arroyos y embalses que se comunican entre los pequeños picos; además, es un paraíso para los botánicos, debido a la exuberancia de flores en primavera.

Si al viajero le gusta observar las aves, la fauna y flora, puede ir a la gran reserva natural del **Coto de Doñana**, que se extiende desde Huelva ocupando grandes áreas de marismas: dunas de arena, capas salinas y ciénagas. Doñana es la reserva más im-

portante de España, fundamental para la protección de aves migratorias y mamíferos en vías de extinción, como el lince ibérico. El viajero lo puede visitar saliendo en Land Rover desde el nuevo complejo turístico playero de **Matalascañas/Torre de Higuera**, accesible desde Huelva o Sevilla.

Sevilla

«Sevilla —escribió lord Byron—, es una ciudad agradable, célebre por sus naranjas y sus mujeres.» Y podría haber añadido que también por el calor; los veranos de **SEVILLA** son intensos y empiezan muy pronto, en abril. Pero su espíritu, asentado en un chauvinismo decimonónico, es excelente. Tiene tres monumentos importantes y una historia ilustre, pero sobre todo llama la atención el ambiente que se vive en sus calles; se trata de la mayor ciudad del sur, escenario de las andanzas de Carmen, don Juan y Fígaro, arquetipo del sueño andaluz. Su reputación de ciudad alegre y atractiva, donde se desarrolla una intensa vida social, es sin duda merecida, y se expresa a gran escala en sus dos grandes festividades: la **Semana Santa** y la **Feria de Abril** (que dura toda 1 semana) a las que se recomienda asistir. Por si fuera poco Sevilla es el segundo **centro de toreo** más importante de España, después de Madrid.

A pesar de su considerable encanto y tranquilidad, las condiciones de vida de esta ciudad han cambiado en los últimos años. De hecho, tiene una riqueza de cuño moderno desde que no se dedica a la industria armamentística y la exportación de armas a Latinoamérica; asimismo es el centro de un área agrícola empobrecida, como demuestra su elevado índice de desempleo, uno de los más altos de España junto con los de Málaga y Jaén. La remodelación total de su infraestructura, incluida la edificación de impresionantes carreteras y nuevos puentes, la vía ferroviaria de alta velocidad y la renovación del aeropuerto tal vez contribuyan a la recuperación de la ciudad, pero también tendrán efectos que habrá que asumir a largo plazo.

El hijo más famoso de la Sevilla moderna es el ex presidente del Gobierno **Felipe González**, quien dirigió la Administración socialista que gobernó en España durante 14 años, hasta 1996. Otro sevillano, más peculiar, es **Gregorio XVII**, que declara ser el auténtico papa; a pesar de que el Vaticano lo ha excomulgado, el «papa Gregorio» lidera una orden de carácter ultrarreaccionario que ha santificado a Franco y construido un nuevo «Vaticano» en las afueras (Palmar de Troya), al sur de la ciudad. Gregorio se da muy buena vida y aparece en los bares de la ciudad majestuosamente vestido con sus insignias e indumentaria de seda, acompañado por su «séquito papal».

La influencia de Felipe González tuvo algo que ver en el hecho de que Sevilla compartiera protagonismo mundial con Barcelona en 1992 para conmemorar el 500 aniversario del descubrimiento del Nuevo Mundo. Una gran inversión y la participación de 100 países justificó en cierto modo que la **Expo'92** fuera considerado el «acontecimiento del siglo», aunque tal exageración publicitaria sólo puede compararse con las colosales deudas (aún pendientes de pago) que tan descomunal empresa dejó a sus espaldas.

Llegada, orientación e información

Al estar dividida en dos por el río Guadalquivir, no resulta difícil orientarse en Sevilla (a menos que el viajero lo intente en medio de su tráfico infernal). El **casco antiguo** —donde el visitante querrá pasar la mayor parte del tiempo— ocupa la orilla este. En su centro, y uno junto a otro, se hallan los tres grandes monumentos de la ciudad: la **torre de la Giralda**, la **catedral** y el **Alcázar**, y al norte de ellos el laberinto de callejuelas del **barrio de Santa Cruz**, el barrio medieval judío, muy frecuentado por los turistas. Al oeste se encuentra la principal zona comercial, que tiene sus epicen-

tros en la **plaza Nueva** y **La Campana**, y la peatonal **calle Sierpes** que las une. Al otro lado del río está el popular barrio de **Triana**, tradicionalmente ocupado por la clase trabajadora, que limita al sur con el barrio de **Los Remedios**, la zona residencial más elegante y donde se celebra la Feria de Abril.

Los **puntos de llegada** son también céntricos, aunque la **estación de ferrocarril** de Santa Justa queda bastante apartada, en la avenida Kansas City, la carretera del aeropuerto. El autobús 27 llevará al viajero desde aquí hasta la plaza de la Encarnación (más o menos situada en el centro del plano adjunto); desde aquí, todos los monumentos quedan a poca distancia a pie. El autobús que va al **aeropuerto**, de la empresa Amarillos (cada hora; 750 pesetas), tiene la terminal en la Puerta de Jerez, en lo alto de la avenida de Roma, entre la oficina de turismo y la Fábrica de Tabacos. Sale más barato tomar un taxi (1.000 pesetas) si viajan a partir de dos personas juntas.

La **principal estación de autobuses** está en Prado de San Sebastián. La mayoría de las compañías y los destinos parten de aquí, excepto los autobuses a Badajoz, Extremadura y Huelva, que son de La Estrella y la Empresa Damas y tienen su estación en la plaza de Armas, junto al puente del Cachorro, en el río.

Hay una **oficina de turismo**, dependiente de la Junta de Andalucía, en avenida de la Constitución 21 (☎954 221 404).

Alojamiento

La zona más bonita para **alojarse** es sin duda el **barrio de Santa Cruz**, aunque esto afecta al precio. En plena temporada alta o durante las grandes festividades el visitante tendrá que pagar cantidades astronómicas por cualquier cuartucho; de hecho, las habitaciones son caras en todas partes. Sin embargo, hay establecimientos del barrio y su periferia (sobre todo al norte, y el sur en dirección a la estación de autobuses) que vale la pena probar antes de dirigirse hacia otro lado. Un poco más lejos se encuentra otra recomendable: al norte de la plaza Nueva, y en concreto en el sector próximo al río y la estación de autobuses de plaza de Armas. Se aconseja regatear un poco, aunque quizá no siempre tenga éxito.

En los períodos de mayor demanda, el viajero tendrá que dar algunas vueltas. En la siguiente lista aparecen sólo algunos de los establecimientos de la ciudad; asimismo se aconseja al visitante que pregunte en todos los que vaya encontrando a su paso.

Opciones económicas

Hostal Águilas, Águilas 15 (☎954 213 177). Hostal pequeño y tranquilo cerca de la Casa de Pilatos. ③

Albergue Juvenil de Sevilla, Isaac Peral 2 (☎954 613 150). Albergue de juventud muy concurrido en las afueras de la zona universitaria; hay que tomar el autobús 34 desde Puerta de Jerez o plaza Nueva. ①

Pensión Alcázar, Deán Miranda 12 (☎954 228 457; fax 954 421 659). Pequeña pensión en una callejuela junto al Alcázar; una ganga si tiene habitaciones libres. ③

Hostal Bienvenido, Arqueros 14 (☎954 413 655). Al este de calle Santa María la Blanca; dispone de habitaciones pequeñas y sencillas. Bonita terraza cubierta. ③

Hostal Gravina, Gravina 46 (☎954 216 414). Hostal agradable y familiar cerca del Museo de Bellas Artes. De los mismos dueños que el *Hostal Paco* (Pedro del Toro 7), dispone de habitaciones un poco más caras, con baño. Ambos. ③

Hostal Guadalquivir, Pagés del Corro 53 (☎954 332 100; fax 954 332 104). Único hostal del barrio de Triana, acogedor y con buen ambiente. Dispone de algunas habitaciones adjuntas. ③

Hostal San Pancracio, Cruces 9 (☎954 413 104). Tiene una interesante gama de habitaciones para elegir, algunas con baño. ③

242/ANDALUCÍA

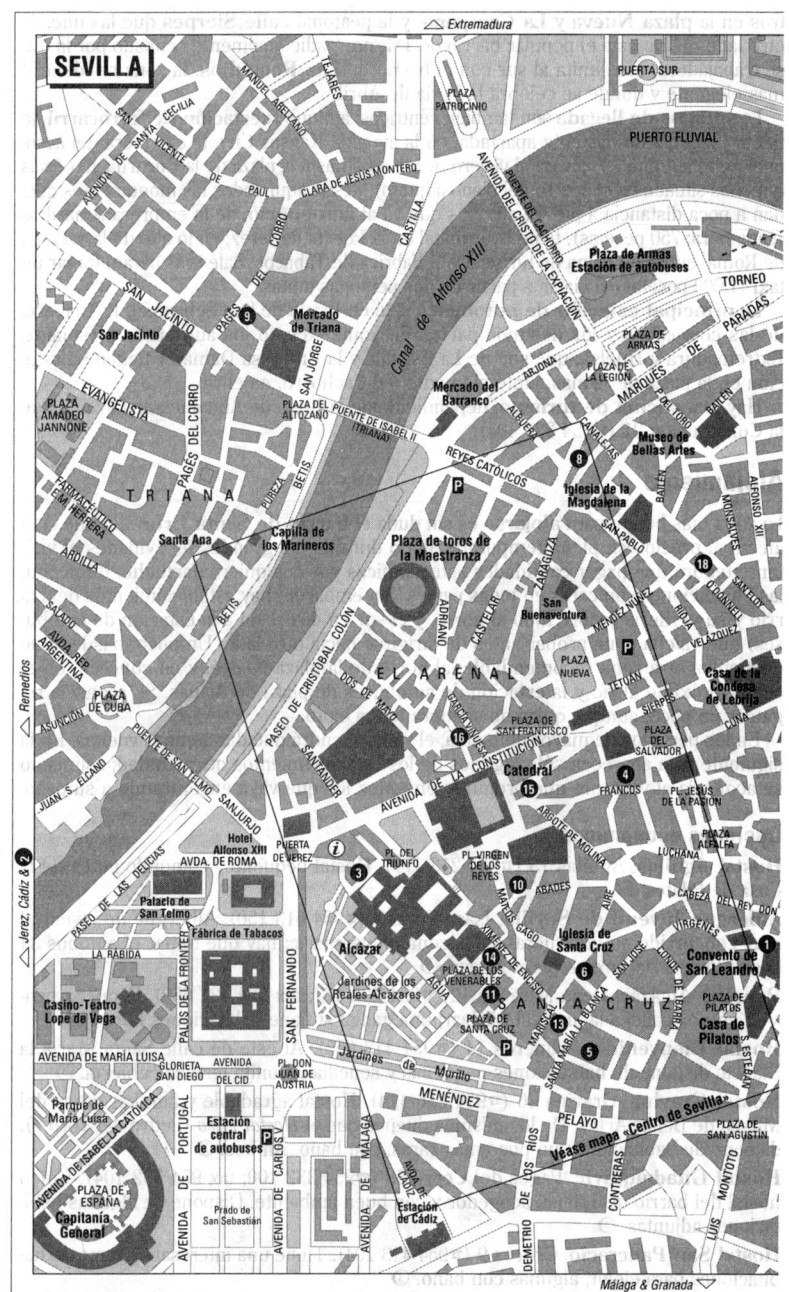

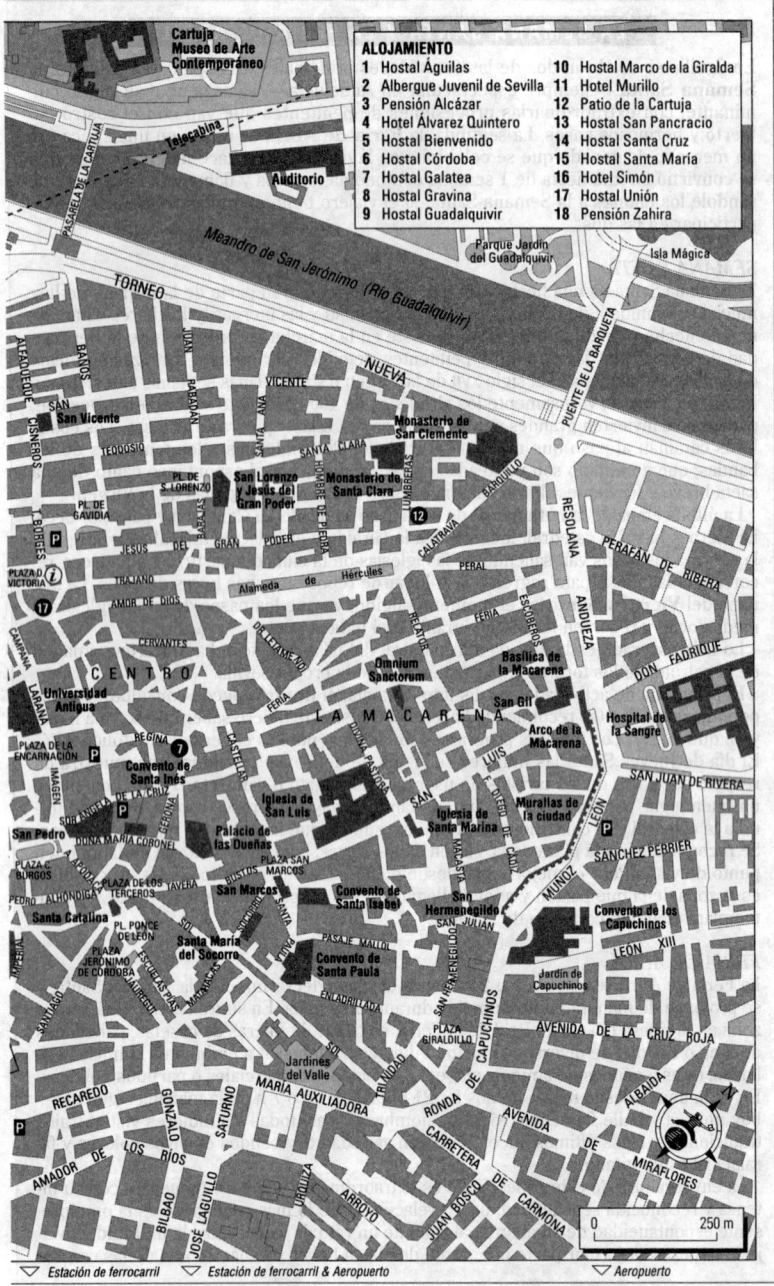

LA SEMANA SANTA Y LA FERIA DE ABRIL

En Sevilla se celebran dos de las festividades principales de España. La primera, la **Semana Santa** —siempre espectacular en Andalucía—, alcanza aquí su punto culminante, con extraordinarias procesiones de penitentes que van con el rostro cubierto y hermosos pasos. La segunda, la **Feria de Abril**, es única; en una época era un mercado de ganado que se celebraba en la ciudad, pero hace mucho tiempo que se convirtió en una fiesta de 1 semana con bebida, comida y flamenco. La feria va pisándole los talones a la Semana Santa: si el viajero tiene energías suficientes, puede participar en las dos.

SEMANA SANTA

La Semana Santa es una fiesta religiosa, pero durante gran parte de la semana no hay mucha solemnidad; de hecho, abundan la frivolidad y las juergas, y los bares están llenos de noche y de día. En esencia, consiste en la marcha en procesión de la hermandad de una iglesia (la cofradía) y penitentes, seguidos por pasos o carrozas en forma de plataforma con tallas del siglo XVII de la Virgen o Cristo. Unas semanas antes, las cofradías adornan fervorosamente los alrededor de 100 pasos que saldrán en procesión; para ello se invierten grandes sumas de dinero en telas y piedras preciosas. Los costaleros caminan al paso que marcan las tradicionales endechas y los tambores de las bandas, que a menudo son punteadas en las esquinas por el espontáneo canto de una saeta breve y ferviente, himno flamenco sobre la Pasión y las penas de la Virgen.

La última etapa de la **ruta** oficial de cada paso va desde La Campana y pasa por la calle Sierpes hasta la catedral, luego rodea la Giralda y el Palacio Obispal. A lo largo de la semana los pasos van saliendo de las iglesias de la ciudad a partir del amanecer, recorriendo la ciudad para regresar a su lugar de reposo muchas horas después. La mañana del **Viernes Santo** es el momento álgido, ya que los pasos dejan las iglesias a medianoche y recorren la ciudad durante casi toda la noche.

Lo más esperado es la llegada a la catedral del paso que lleva La Macarena, imagen de la patrona de los toreros y, por extensión, de la propia Sevilla.

El programa de actividades es distinto cada día; el **horario** puede consultarse en los periódicos locales (se recomienda hacerlo si el visitante quiere saber qué se va a hacer y en qué lugar). Los mejores programas son los que publica el periódico católico *ABC*. El día de Jueves Santo las mujeres se visten de negro; se considera una muestra de respeto por parte de los turistas no usar pantalón corto o camiseta. Triana constituye un buen lugar para pasar el día, aunque también hay numerosos espectadores en torno a la catedral y la calle Sierpes, punto de reunión que inspira más respeto religioso. Se recomienda ir a la plaza de la Virgen de los Reyes, bajo la Giralda, sin duda un buen punto de vista. Pero el mejor lugar desde donde se pueden ver todas las procesiones es la zona de la que parten y adonde llegan, en sus respectivos barrios; desde allí contemplará el auténtico teatro de la calle.

FERIA DE ABRIL

La Feria de Abril se celebra 1 o 2 semanas después del término de la Semana Santa, y se prolonga de manera ininterrumpida durante 1 semana. En su transcurso una amplia zona en la ribera del río, el Real de la Feria, se cubre de hileras de casetas, pabellones de lona o tiendas de diversos tamaños. Algunas pertenecen a eminentes familias sevillanas, otras a grupos de amigos, clubes, asociaciones comerciales o partidos políticos. En cada una —desde más o menos las 21 h hasta las 6 o 7 h de la mañana siguiente— hay música y baile flamenco. Muchos hombres y casi todas las mujeres visten trajes tradicionales; estas últimas, lucen una gran variedad de vestidos de vivos colores y faralaes al estilo gitano.

La envergadura de este espectáculo es extraordinaria, y el baile flamenco, con su intensa y reconocida sensualidad, una revelación. Pero lo más contagioso es la omnipresente espontaneidad de su alegría; al cabo de un rato de vagar entre la multitud, el viajero empezará a formar parte integrante de ella, a beber y bailar en una de las casetas

«abiertas» con bares comerciales. Entre éstas encontrará las animadas casetas del sindicato anarquista CNT y de varios grupos de izquierdas.

A primera hora de la tarde, entre 13-17 h, la sociedad sevillana **desfila** en torno a los terrenos de la feria en carretas o a caballo. Esta increíble extravagancia teatral contiene sutiles matices y grados de vestuario y estilo; se recomienda contemplarla al menos una vez. Cada día se celebran también **corridas de toros** (alrededor de las 17.30 h; venta de caras entradas con antelación en la plaza), que por lo general se consideran las mejores de la temporada.

Hostal Santa Cruz, Lope de Rueda 12 (☎954 217 695). Pequeño y encantador, con un bonito patio; situado cerca de la plaza Santa Cruz. Tiene algunas habitaciones con baño. ③

Hostal Santa María, Hernando de Colón 19 (☎954 228 505). Hostal pequeño en una calle ruidosa, pero a la sombra de la Giralda y con precios económicos. ③

Hostal Unión, Tarifa 4 (☎954 211 790). Un poco al este de la plaza Duque de la Victoria, y uno de los establecimientos más recomendables de la zona. Habitaciones limpias y económicas con baño. ③

Opciones moderadas y caras

Hotel Álvarez Quintero, Álvarez Quintero 12 (☎954 221 298; fax 954 564 141). Cerca de la catedral, esta antigua bodega remodelada tiene un hermoso patio del siglo XVII y magníficas vistas desde algunas de sus habitaciones, sobre todo las n.º 201-206. ⑦

Hostal Córdoba, Farnesio 12 (☎954 227 498). Un buen hostal de categoría media; dispone de algunas habitaciones con baño. Cerca de la iglesia de Santa Cruz. ④

Hostal Galatea, plaza San Juan de la Palma 4 (☎954 563 564; fax 954 563 517). Hostal acogedor en una casa de ciudad restaurada; situado en el centro del barrio de la Macarena. ④

Hostal Marco de la Giralda, Abades 30 (☎954 228 324). Una ganga para estar tan cerca de la catedral. ④

Hotel Murillo, Lope de Rueda 7 (☎954 216 095; fax 954 219 616). Hotel tradicional en una mansión restaurada; dispone de todas las instalaciones y una mezcla de divertidas curiosidades, como armaduras y llaveros en forma de paletas de pintura. Cerca de la plaza Santa Cruz. ⑤

Patio de la Cartuja, Lumbreras 8, a la salida por el lado oeste del extremo norte de la Alameda (☎954 900 200; fax 954 902 056). Hotel con estilo, a un precio muy recomendable, creado sobre un corral sevillano. Tiene apartamentos con balcones, cocina y salón alrededor del patio de tejas. ⑤

Hotel Simón, García de Vinuesa 19 (☎954 226 660; fax 954 562 241). Mansión bien amueblada en un excelente emplazamiento, enfrente de la catedral. En temporada baja puede ser una ganga. ⑤

Pensión Zahira, San Eloy 43 (☎954 221 061; fax 954 213 048). Habitaciones cómodas, con aire acondicionado y baño. ④

Cámpings

Cámping Sevilla (☎954 514 379). Situado junto al aeropuerto, y por ello muy ruidoso, aunque por lo demás no es un mal lugar. El viajero puede llegar en el autobús del aeropuerto, o tomar el 70 en la principal estación de autobuses de Prado de San Sebastián y pedir que le dejen en «Parque Alcosa».

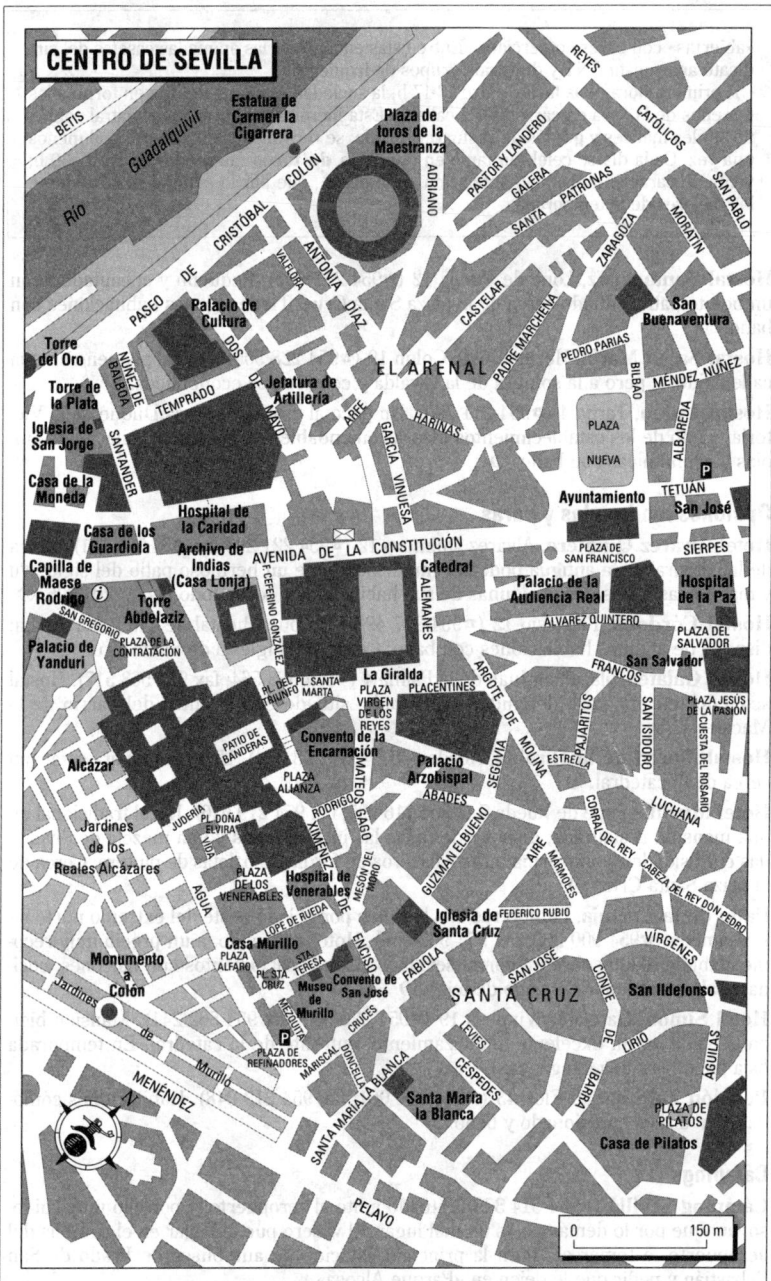

Club de Campo (☎954 720 250). A unos 12 km de Sevilla, en Dos Hermanas, y con piscina. Mejor que *Villsom*, cerca de la carretera principal de Cádiz. Accesible en los autobuses Amarillos que salen cada 30 minutos de la principal estación de autobuses.

La Sevilla árabe

Sevilla fue una de las primeras ciudades **conquistadas por los árabes** (en el 712) y, como parte del Califato de Córdoba, llegó a ser la segunda ciudad de al-Andalus. Al desintegrarse el Califato a principios del siglo XI Sevilla se convirtió en uno de los reinos independientes (taifas) más poderosos que surgieron; de hecho, su poder se extendía sobre el Algarve y con el tiempo hasta sobre Jaén, Murcia y Córdoba. Durante aquella época, estuvo gobernada por tres monarcas de la dinastía de los abadíes (1023-1091), y vivió una suerte de edad de oro. La corte de la ciudad no tenía parangón en lujo y riquezas, y era muy sofisticada: desarrolló un refinado gusto por lo caballeresco y la poesía; uno de sus más hábiles cultivadores fue el último monarca de la dinastía, al-Mutamid, el «rey poeta». Pero con la sofisticación llegó la decadencia, y en 1091 el gobernador abadí fue depuesto por una nueva fuerza, la de los **almorávides**, una tribu de fanáticos musulmanes beréberes del norte de África a los que los andaluces habían llamado para que les ayudaran a contener la creciente amenaza de los reinos cristianos del norte. A pesar de sus primeros éxitos militares, los almorávides fracasaron en su intento de consolidar sus conquistas en al-Andalus, e intentaron controlar la región mediante gobernantes militares que vivían en Marrakech. A mediados del siglo XII los almorávides fueron a su vez derrocados por una nueva incursión beréber, la de los **almohades**, que en torno a 1170 habían tomado prácticamente todos los territorios árabes. Sevilla, que había aceptado el gobierno almohade en 1147, se convirtió en capital del que fuera último imperio real de los árabes en España. El poder almohade se mantuvo hasta la desastrosa derrota que le infligieron los ejércitos cristianos de la Península en la batalla de las Navas de Tolosa en 1212. Durante aquel breve período Sevilla experimentó un impulso en la construcción de edificios públicos, caracterizado por un nuevo vigor y fluidez de estilo. Los almohades reconstruyeron el Alcázar, ampliaron la principal **mezquita** de la ciudad y erigieron un nuevo minarete, una torre de unos 100 m de altura coronada por cuatro esferas de cobre, que puede verse desde kilómetros a la redonda: la Giralda.

La Giralda
El minarete de Sevilla fue la culminación de la arquitectura almohade y sirvió como modelo para los de las capitales imperiales de Rabat y Marrakech. Los árabes la utilizaban para llamar a los fieles a las plegarias (función tradicional del minarete) y como observatorio; fue tan venerada que intentaron destruirla antes de que la ciudad se rindiera a la conquista cristiana. Pero fueron disuadidos de hacerlo por una amenaza de Alfonso (que más tarde sería el rey Alfonso X), quien advirtió que «si tocaban una sola piedra, serían todos pasados por la espada». Así que la **Giralda** (lun.-sáb., 10.30-17 h; dom., 14-18 h; entrada combinada con la catedral, 700 pesetas; dom., entrada gratuita), que toma su nombre del giraldillo o veleta del siglo XVI que la corona, se convirtió en el campanario de la catedral cristiana.

Se trata sin duda alguna del edificio más hermoso de Sevilla, y continúa dominando su perfil urbano. El visitante puede subir hasta su campanario para disfrutar de excelentes vistas de la ciudad y observar los asimismo notables detalles góticos de los contrafuertes y las estatuas. Pero lo más impresionante es la construcción interna de la torre, una serie de 35 rampas suavemente inclinadas y lo bastante anchas como para permitir el paso de dos guardias montados.

Los árabes tardaron 12 años en construir esta estructura (1184-1196), que consigue

su belleza sólida y sencilla gracias a las sombras formadas por los bloques de ladrillos dispuestos como un enrejado, diferente a cada lado, y compensadas por una serie de hornacinas arqueadas y ventanas. Su equilibrio original ha quedado en cierto modo estropeado por los balcones que se añadieron durante el Renacimiento y, en mayor grado, por los cuatro pisos del campanario, que se construyeron —junto con la figura de bronce italiana que los corona y que representa «la Fe»— en 1560-1568, después de que un terremoto derribara las cuatro esferas de cobre originales. Aun así, continúa siendo una perfecta síntesis de forma y decoración, y uno de los monumentos más importantes y hermosos del mundo islámico.

La Sevilla cristiana

Tras la **reconquista de Sevilla**, que culminó Fernando III en 1248, la mezquita almohade fue consagrada a la Virgen María, como era costumbre hacer con todas las mezquitas tomadas al Islam, y se convirtió en catedral católica. Así se conservó hasta 1402, año en que el cabildo de la catedral impulsó la construcción de un nuevo monumento dedicado a la glorificación cristiana, «un edificio a tan magna escala que la posteridad creerá que estábamos locos». La mezquita fue demolida y los canónigos, alentados por la idea de su futura reputación, renunciaron a casi todos sus ingresos para que todo se destinara al edificio. De la antigua construcción sólo queda la Giralda y la entrada árabe, el **patio de los Naranjos**. A éste se accede por el norte de la Giralda, desde la calle Alemanes, y a través de la **Puerta del Perdón**, que es la original y está sobrecargada de adornos renacentistas. En el centro del patio se conserva la fuente árabe, que a su vez fue creada sobre una pila bautismal visigótica del siglo VI, utilizada para hacer las abluciones rituales antes de entrar en la mezquita.

La catedral
La **catedral** (lun.-sáb., 10.30-17 h; dom., 14-18 h; entrada combinada con la Giralda, 700 pesetas; dom., entrada gratuita) fue construida en tan sólo 1 siglo (1402-1506), un logro extraordinario para lo que es, de acuerdo con los deseos del cabildo, la mayor iglesia gótica del mundo. Según Norman Lewis, «en el aspecto arquitectónico, transmite conquista y dominación». Aunque se levanta sobre los amplios cimientos rectangulares de la vieja mezquita, los arquitectos cristianos (tal vez por indicación del maestro francés que construyó la catedral de Rouen) añadieron una dimensión superior de altura. La nave central alcanza los 42 m, e incluso las capillas laterales parecen lo bastante altas como para albergar una iglesia corriente. En total, el edificio tiene 11.520 m^2; según los últimos cálculos basados en medidas cúbicas, se sitúa por delante de las catedrales de San Pablo de Londres y San Pedro de Roma; por tanto, la mayor iglesia del mundo.

Su tamaño y grandeza son, inevitablemente, las características principales de la catedral. Pero en cuanto la vista se acostumbra a la penumbra, destacan otras dos cualidades con la misma fuerza: el equilibrio que guardan las partes y su impresionante sencillez y mesura decorativa. Las sucesivas corrientes artísticas aportaron monumentos de una gran riqueza y estilo propio, pero éstos sólo ocupan las dos columnas de capillas laterales. En el cuerpo principal de la catedral destaca la enorme caja del **coro**, que ocupa la parte central de la nave.

Éste se extiende y abre a la **Capilla Mayor**, dominada por un **gran retablo gótico** compuesto por 45 escenas talladas de la vida de Cristo. El artesano Pierre Dancart tardó toda una vida en hacerlo. Se trata de la obra maestra de la catedral, ya que es el mayor retablo del mundo y uno de los mejores ejemplos de talla gótica. Los guías suelen comentar la gran cantidad de oro que se empleó en su elaboración.

Detrás de la Capilla Mayor (y justo a su izquierda al entrar en la catedral) el visitante encontrará la **Capilla Real** renacentista, abovedada y construida sobre el origi-

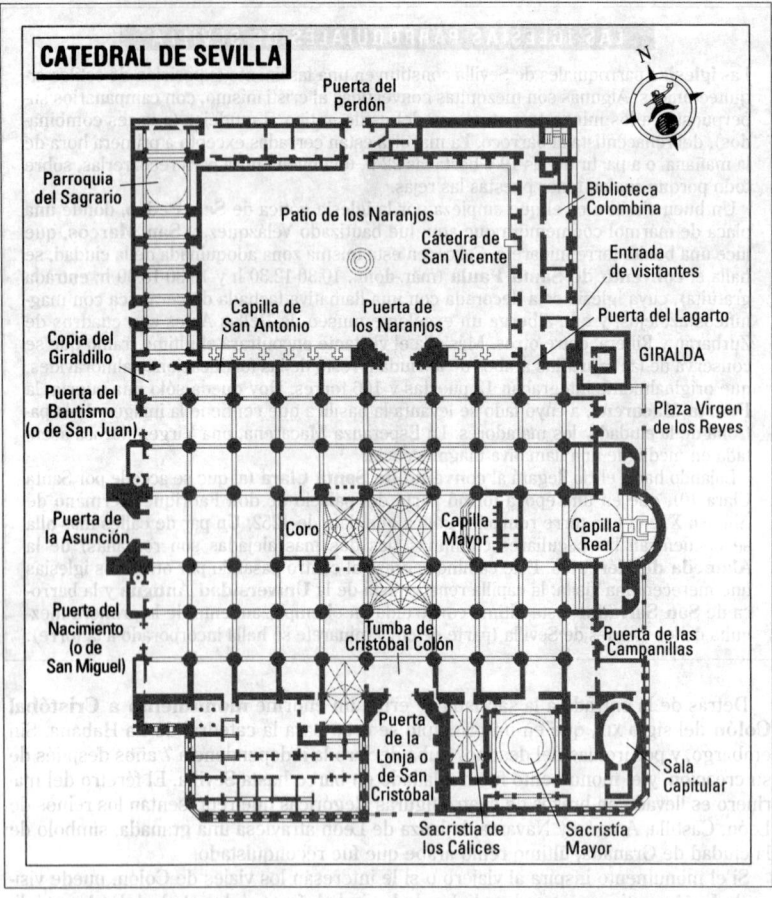

nal emplazamiento de la capilla funeraria real, y donde reposan los restos mortales de Fernando III el Santo, en un rico santuario de plata situado ante el altar. Las grandes tumbas a los lados corresponden a su esposa, Beatriz de Suabia, y a su hijo Alfonso X el Sabio. Al final de esta primera nave lateral hay varias salas de estilo plateresco proyectadas en 1530 por Diego de Riano, uno de los más eminentes representantes de este estilo de arquitectura decorativa de finales del Renacimiento español. A través de una pequeña antecámara el visitante podrá acceder a la curiosa **Sala Capitular** oval, cuyo elaborado techo abovedado se refleja en el mármol del suelo. Muestra algunas pinturas de Murillo; la mejor de ellas, una etérea *Concepción*, ocupa el lugar de honor sobre el trono del obispo. Al lado de esta sala se halla la **Sacristía Mayor**, en la cual se guarda el tesoro. En medio de una confusa colección de relicarios y custodias de plata de una riqueza prodigiosa se exponen las llaves que las comunidades judía y árabe de Sevilla presentaron a Fernando cuando la ciudad se rindió a los cristianos; en la última figuran inscritas en letra árabe las palabras «Que Alá devuelva eternamente a la dominación del Islam esta ciudad».

LAS IGLESIAS PARROQUIALES DE SEVILLA

Las **iglesias** parroquiales de Sevilla constituyen una fascinante exposición de estilos arquitectónicos. Algunas son mezquitas convertidas al cristianismo, con campanarios superpuestos a los minaretes; otras van del estilo gótico al mudéjar (a veces combinados), del renacentista al barroco. La mayoría están cerradas excepto a primera hora de la mañana, o a partir de las 19 y hasta las 22 h, una buena hora para recorrerlas, sobre todo porque suelen tener puestas las rejas.

Un buen circuito es el que empieza por la iglesia gótica de **San Pedro**, donde una placa de mármol conmemora que aquí fue bautizado Velázquez, y **San Marcos**, que luce una bonita torre minarete. Cerca, en esta misma zona adoquinada de la ciudad, se halla el **convento de Santa Paula** (mar.-dom., 10.30-12.30 h y 16.30-18.30 h; entrada gratuita), cuya iglesia está decorada con una llamativa fachada de cerámica con magníficos azulejos, y que alberga un excelente museo de Bellas Artes con cuadros de Zurbarán y Ribera, entre otros. Más allá el visitante encontrará el último tramo que se conserva de las **murallas** árabes de la ciudad, resto de las fortificaciones almorávides, que originalmente integraban 12 puertas y 166 torres. Hoy queda sólo una puerta, la **Puerta Macarena**, a cuyo lado se levanta la basílica que contiene la imagen de la patrona de la ciudad y los matadores: La Esperanza Macarena, una Virgen llorosa asentada en medio de una llamativa magnificencia.

Bajando hacia el río llegará al **convento de Santa Clara** (al que se accede por Santa Clara 40), que en una época formó parte del palacio de don Fadrique, hermano de Alfonso X, con una torre románica-gótica que data de 1252. Un par de calles más allá se encuentran las peculiares columnas (las dos más alejadas son romanas) de la **Alameda de Hércules**. Este camino regresa al centro pasando por otras dos iglesias que merecen una visita: la capilla renacentista de la **Universidad Antigua** y la barroca de **San Salvador**, esta última construida en el emplazamiento de la primera mezquita de los viernes de Sevilla (parte de cuyo minarete se halla incorporado a la torre).

Detrás de la entrada a la sacristía se erige un enorme **monumento a Cristóbal Colón** del siglo XIX, que en un principio se creó para la catedral de La Habana. Sin embargo, y por ironías del destino, Cuba declaró la independencia 7 años después de su creación, y el monumento fue trasladado en barco hasta Sevilla. El féretro del marinero es llevado en brazos de cuatro figuras alegóricas que representan los reinos de León, Castilla, Aragón y Navarra; la lanza de León atraviesa una granada, símbolo de la ciudad de Granada, último reino árabe que fue reconquistado.

Si el monumento inspira al viajero o si le interesan los viajes de Colón, puede visitar la **Lonja**, antiguo mercado o bolsa de la ciudad, frente a la catedral. En la actualidad allí se encuentran los **Archivos de Indias** (lun.-vier., 10-13 h; entrada gratuita). Entre los documentos expuestos figura el cuaderno de notas de Colón y una muestra de antiguos mapas y curiosidades.

El Alcázar

Los gobernantes de Sevilla han ocupado el **Alcázar** (mar.-dom., 9.30-19 h; 700 pesetas) desde la época de los romanos. Aquí se organizó la magnífica corte de los abadíes, que alcanzó un elevado grado de sofisticación y sensualidad bajo el gobierno del despiadado y arbitrario al-Mutadid, quien mandó ampliar el palacio para que cupiera un harén de 800 mujeres y decoró las terrazas con flores plantadas en los cráneos de sus enemigos. Más tarde, con los **almohades**, el conjunto se convirtió en ciudadela, formando así parte de las fortificaciones de la ciudad. Su extensión era entonces enorme, pues llegaba hasta la torre del Oro que hay a orillas del Guadalquivir.

Aún se conservan partes de la muralla almohade, pero el muro actual del palacio data

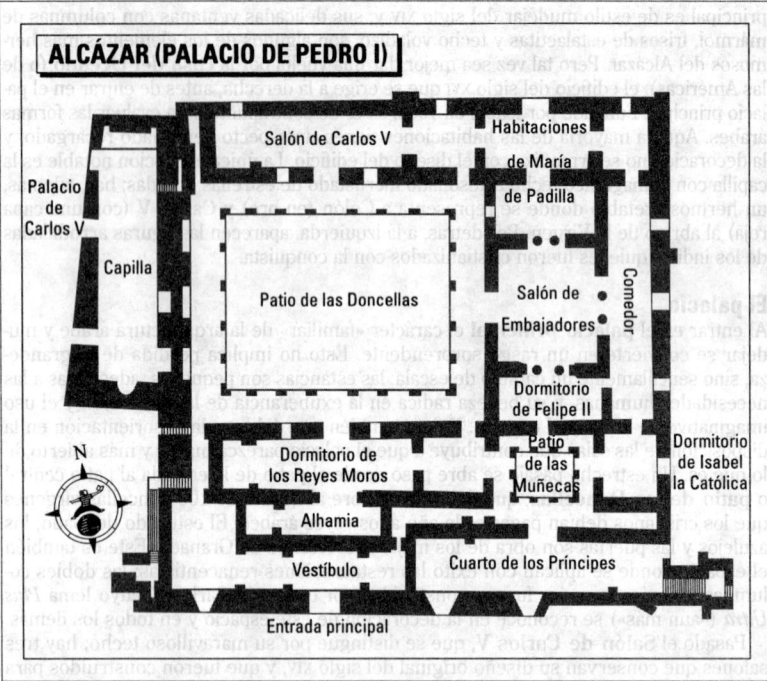

casi enteramente del período cristiano. Sevilla fue lugar favorito de residencia de los reyes españoles durante los 4 siglos posteriores a la Reconquista; sobre todo de **Pedro el Cruel** (1350-1369), que con su amante María de Padilla vivió y gobernó desde el Alcázar. Emprendió una remodelación completa del palacio; para ello empleó trabajadores de Granada y utilizó partes de edificios árabes anteriores procedentes de Sevilla, Córdoba y Valencia. La obra de este rey formó el núcleo del Alcázar tal como se conoce hoy en día y, a pesar de las múltiples restauraciones que necesitó el edificio a causa de incendios y terremotos, continúa siendo uno de los mejores ejemplos que se conservan de **arquitectura mudéjar**, el estilo desarrollado por los árabes que trabajaban bajo órdenes cristianas. Los posteriores monarcas, sin embargo, dejaron demasiadas huellas y elementos añadidos. La reina Isabel mandó construir una nueva ala desde donde organizaba nuevas expediciones a América y se controlaban los nuevos territorios; Carlos I (V de Alemania) se casó con una princesa portuguesa en palacio, y añadió grandes aposentos para la ocasión; y con Felipe IV (1624) se llevaron a cabo grandes modificaciones en los salones ya existentes. En el siglo XX, se instalaron cocinas para servir al general Franco cuando visitaba Sevilla y se alojaba en las estancias reales.

Entrada: la Casa del Océano
Al Alcázar se accede por la plaza del Triunfo que está junto a la catedral. El portal, flanqueado por las originales murallas almohades, da a un patio donde el rey Pedro (que fue conocido como «el Justo» además de cómo «el Cruel», según la suerte que corriera cada cual) solía dictar sentencias; a la izquierda se halla su **Sala de Justicia**. La fachada principal del palacio se levanta al final del patio interior o **patio de la Montería**; a cada lado se encuentran las galerías que mandó construir la reina Isabel. Esta fachada

principal es de estilo mudéjar del siglo XIV y; sus delicadas ventanas con columnas de mármol, frisos de estalactitas y techo voladizo, son algunos de los elementos más hermosos del Alcázar. Pero tal vez sea mejor dar una vuelta por la **casa del Océano** (o de las Américas), el edificio del siglo XVI que se erige a la derecha, antes de entrar en el palacio principal. Fundado por Isabel en 1503, sirve de contrapunto para evaluar las formas árabes. Aquí la mayoría de las habitaciones tienen un aspecto demasiado recargado, y la decoración no se armoniza con el diseño del edificio. La única excepción notable es la capilla con el magnífico techo artesonado incrustado de estrellas doradas; hay, además, un hermoso retablo donde se representa a Colón (en oro) y Carlos V (con una capa roja) al abrigo de la Virgen. Por detrás, a la izquierda, aparecen las figuras arrodilladas de los indios, quienes fueron cristianizados con la conquista.

El palacio

Al entrar en el **palacio principal** el carácter «familiar» de la arquitectura árabe y mudéjar se convierte en un rasgo sorprendente. Esto no implica pérdida de la grandeza, sino sencillamente un cambio de escala: las estancias son pequeñas, adecuadas a las necesidades humanas, y su belleza radica en la exuberancia de la decoración y el uso imaginativo de la luz y el espacio. Existe también una deliberada desorientación en la disposición de las salas que contribuye a que el palacio parezca mayor y más abierto de lo que es. Un estrecho pasaje se abre paso desde el patio de la entrada al patio central o **patio de las Doncellas**, que debe su nombre al tributo de 100 doncellas vírgenes que los cristianos debían pagar cada año a los reyes árabes. El estucado del patio, los azulejos y las puertas son obra de los mejores artesanos de Granada. Éste es también el espacio donde se aplican con éxito las restauraciones renacentistas: las dobles columnas y el piso superior fueron construidos por orden de Carlos V, cuyo lema *Plus Ultra* («aún más») se reconoce en la decoración de este espacio y en todos los demás.

Pasado el **Salón de Carlos V**, que se distingue por su maravilloso techo, hay tres salones que conservan su diseño original del siglo XIV, y que fueron construidos para María de Padilla (de quien se decía que utilizaba las artes mágicas para mantener su influjo sobre Pedro... y quizá también sobre otros galanes de la corte, que solían beber el agua de su baño). Éstos dan al **Salón de Embajadores**, la sala más espléndida del Alcázar, en la que destaca su magnífica cúpula de media naranja de madera con celdas de color rojo, verde y dorado y arcos de herradura inspirados en los del gran palacio de Medina Azahara que se levantaba a las afueras de Córdoba. Aunque lamentablemente Carlos V, lo mandó remodelar —se añadieron balcones y un incongruente friso de retratos reales que conmemoran su matrimonio con Isabel de Portugal en estas estancias—, el salón aún puede compararse con las magníficas salas de la Alhambra de Granada. Al lado se encuentra un comedor y una pequeña estancia que mandó acondicionar Felipe II a finales del siglo XVI.

Más allá se halla el último gran salón del Alcázar, el **patio de las Muñecas**, que debe su curioso nombre a los dos rostros diminutos que decoran la parte interna de uno de los arcos más pequeños. Se cree que éste era el lugar que ocupaba el harén del palacio original. También se dice que fue aquí donde Pedro mató a su hermano don Fadrique en 1358; otro de sus invitados reales, Abu Said de Granada, fue asesinado por sus joyas (entre ellas un enorme rubí que el rey Pedro entregó tiempo después a Eduardo, el «Príncipe Negro», y que ahora forma parte de las joyas de la corona británica). El piso superior del patio es muy posterior; de hecho, se debe a una ampliación del siglo XIX. Al otro lado del patio está el **dormitorio** de Isabel y de su hijo don Juan, y el arbitrariamente llamado dormitorio de los Reyes Moros.

El Palacio de Carlos V y los jardines

A la izquierda del palacio principal, el visitante verá los amplios y lúgubres aposentos del **Palacio de Carlos V**, en el que destacan sus tapices. Su estilo clásico despierta

una admiración diferente y menos intensa. Es mejor adentrarse en los hermosos **jardines del Alcázar**, producto de varias épocas, para tomarse un merecido descanso. Allí el visitante verá los baños abovedados que se supone utilizaba María de Padilla (en realidad, una reserva suplementaria de agua para el palacio), y la piscina especialmente construida para Felipe V en 1733, que pasó 2 años solo en el Alcázar, pescando en esta piscina y preparándose para la muerte. Asimismo, encontrará un insólito laberinto de arrayanes y el **pabellón de Carlos V**, el único que se conserva de los varios que el emperador mandó construir en estos jardines.

La plaza de España y el parque de María Luisa

Edificada en 1929 para celebrar una medio fallida «Feria de las Américas», la plaza de España y el contiguo parque de María Luisa figuran entre los espacios públicos más agradables —e impresionantes— de España. A tan sólo 10 minutos a pie al este de la catedral, son un lugar ideal para relajarse cuando hace calor. De camino, el visitante pasará por la **Fábrica de Tabacos**, la más antigua de la ciudad y escenario donde transcurre la *Carmen* de Bizet. En la actualidad forma parte de la universidad. Su sólida estructura, construida en la década de 1750, fue durante un tiempo el mayor edificio de España después de El Escorial. En su momento de más auge en el siglo XIX, fue también la fábrica del país que contaba con más empleados, ya que allí trabajaban 4.000 cigarreras. Según Richard Ford, eran «una clase por sí mismas», obligadas a pasar por «un registro rápido al salir del trabajo, ya que a veces se llevaban los restos de tabaco de un modo que su católica majestad nunca se habría imaginado».

La **plaza de España**, más allá, fue proyectada como pieza central de la Feria Iberoamericana de 1929. Se trata de un amplio conjunto semicircular, con fuentes, escaleras monumentales y una gran extensión de azulejos que resultaría inadecuada en la mayoría de las ciudades españolas pero que aquí parece natural. Durante la feria, la plaza de España se utilizó para exponer productos industriales y artesanales; en el perímetro curvo de la plaza los azulejos componen escenas y mapas de cada una de las provincias, interesante reflejo del país al término de una época de prosperidad.

Tanto españoles como turistas que visitan el lugar —en la actualidad un tanto descuidada— salen de ella en dirección a los botes que se alquilan en este pequeño tramo de canal o van a refugiarse del sol y la multitud para recorrer los estanques ornamentales y los paseos del **parque de María Luisa**. Como la plaza, es una mezcla de Art Déco de la década de 1920 y una réplica de arte mudéjar. Esparcidos por los alrededores, y en los límites del parque, hay más edificios de la feria, algunos bastante ricos, edificados unos meses antes del crack de Wall Street, lo que frenó el proyecto. Llama la atención el inspirado **edificio de Guatemala** a la salida del paseo de la Palmera.

Hacia el final del parque se hallan las mansiones más grandes de la feria, que han sido convertidas en **museos**. El más alejado expone las **colecciones de arqueología** de la ciudad (mar., 15-20 h; miér.-sáb., 9-20 h; dom., 9-14.30 h; 250 pesetas; entrada gratuita para los ciudadanos de la UE), a menudo frecuentado por escolares, pero que expone interesantes muestras sobre las artes tradicionales, la artesanía y la Feria de Abril.

El barrio de Santa Cruz, el río y Triana

El **barrio de Santa Cruz** conserva el carácter más fiel a la imagen romántica de la ciudad: calles estrechas y tortuosas donde no entra el sol, casas encaladas y ventanas con rejas donde tiempo atrás las muchachas tenían castos encuentros vespertinos con sus novios. Casi todas las casas tienen patios, a menudo bastante grandes, que en verano se convierten en el lugar de reunión de la familia. Uno de los más hermosos se

encuentra en el interior del **Hospital de los Venerables** (todos los días, 10-14 h y 16-20 h; visitas guiadas, cada 30 min.; 600 pesetas), de estilo barroco y cerca del centro, en una plaza del mismo nombre. Se trata de uno de los pocos edificios del barrio donde se atrae de manera afanosa a los turistas.

La mansión más hermosa es la **Casa de Pilatos** (todos los días, 9-19 h; 1.000 pesetas), que mandó construir el marqués de Tarifa a su regreso de la peregrinación a Jerusalén en 1519 y que popularmente se consideraba una réplica de la casa de Poncio Pilato. En realidad es una interesante y equilibrada mezcla de estilos mudéjar, gótico y renacentista; luce hermosos azulejos, una magnífica escalera del siglo XVI y el patio doméstico más elegante de la ciudad.

Bajando el **Guadalquivir** hay patines para dar una vuelta por la tarde; por la noche es muy frecuentado por las parejas. El principal distintivo de la orilla del río es la **torre del Oro**, de doce lados; fue construida por los almohades en 1220 y formaba parte de las fortificaciones del Alcázar. Estaba comunicada con otro pequeño fuerte al otro lado del río mediante una cadena, que tuvo que romper la flota castellana antes de la conquista de la ciudad (1248). La torre se utilizó más tarde como almacén del oro que llegaba a Sevilla procedente de las Américas; de ahí su nombre. Hoy en día alberga un pequeño **museo naval** (mar.-vier., 10-14 h; sáb.-dom., 11-14 h; 100 pesetas).

Una calle más allá, con acceso por la calle Temprado, está el **Hospital de la Caridad** (lun.-sáb., 9-13.30 h y 15.30-18.30 h; 400 pesetas), fundado en 1676 por don Miguel de Mañara, quien inspiró la figura del *Don Juan*. Según el testimonio de uno de los amigos de don Miguel, «no había locura que no cometiera, ni desenfreno juvenil al que no se arrojara... (hasta) que le ocurrió lo del ataúd en la calle». Lo que le ocurrió fue que don Miguel, que volvía de una desaforada orgía, tuvo una visión en la que se topaba con una procesión funeraria que transportaba su propio cadáver. Entonces se arrepintió de sus actos pasados, se unió a los Hermanos de la Caridad (cuya misión era enterrar los cuerpos de vagabundos y criminales) y más tarde fundó este hospital para alivio de moribundos y marginados, dedicado todavía a ello. Don Miguel encargó a Murillo una serie de once pinturas para la capilla, seis de las cuales todavía se conservan. A su lado cuelgan dos pinturas sobre el *Triunfo de la Muerte* de Valdés Leal. Una de ellas, que representa la descomposición de un obispo comido por los gusanos, bajo la balanza de la Justicia, con una inscripción que reza «Ni más, ni menos», es tan repulsiva que Murillo afirmó que «uno tiene que taparse las narices al mirarla».

Más allá, pasada la estación Plaza de Armas, se encuentra el **Museo de Bellas Artes** (mar., 15-20 h; miér.-sáb., 9-20 h; dom., 9-15 h; 250 pesetas; entrada gratuita para los ciudadanos de la UE). Se halla en las galerías recientemente modernizadas del que fue un hermoso convento, y sin duda merece una visita. Entre sus obras destacan las pinturas de los monjes cartujanos de Zurbarán, el retrato que El Greco hizo de su hijo y obras de Murillo, Ribera y Montañés.

El **Museo de Murillo**, en Santa Teresa 8 (mar.-vier., 10-14 h y 16-19 h; sáb., 10-14 h; dom., 10-14 h y 16-19 h; entrada gratuita), al final de los jardines de Murillo, ocupa la antigua casa del artista, y está decorado con obras de arte contemporáneas, artesanía y muebles, aunque no conserva obras originales del pintor.

Triana y La Cartuja

Sobre el río está el barrio de **Triana**, bullicioso y apartado de las rutas turísticas. En una época, era el corazón de la comunidad gitana de la ciudad, y más concretamente sede de las grandes dinastías flamencas de Sevilla, expulsadas por los nuevos pobladores a principio del siglo XX y que en la actualidad se hallan dispersas por toda la ciudad. Los gitanos vivían en extensas familias congregadas en pequeñas casas comunales llamadas corrales, organizadas en torno a patios llenos de flores; hoy en día sólo se conservan algunas. Sin embargo, Triana es todavía el punto de partida de la peregrinación hacia el Rocío (a finales de mayo), cuando numerosos carromatos de-

corados salen de la ciudad tirados por bueyes. Aquí también se encuentra la fábrica de cerámica más antigua de la ciudad, Santa Ana, donde los azulejos, muchos de diseño tradicional, con arabescos geométricos, son pintados a mano.

Al norte de Triana, el viajero verá **La Cartuja** (mar.-dom., 11-21 h; 300 pesetas, mar., entrada gratuita para los ciudadanos de la UE), un antiguo monasterio cartujo del siglo XIV que fue restaurado con motivo de la Expo'92. Parte del complejo está ahora ocupado por el **Museo de Arte Contemporáneo** (mar.-sáb., 10-21 h; dom., 10-15 h; 300 pesetas; mar., entrada gratuita para los ciudadanos de la UE), que además de exponer obras de artistas andaluces a menudo organiza importantes exposiciones temporales de pintores internacionales.

Los restos de gran parte del **recinto de la Expo'92** han sido incorporados a **Isla Mágica** (marzo/abril-oct., 11-23 h), un parque temático centrado en el siglo XVI español, con atracciones acuáticas y montañas rusas, espectáculos y actuaciones en las calles Hay precios diferentes por 1 día o medio día, a partir de 3.500/2.500 pesetas.

Las afueras de la ciudad: la Itálica romana

Las ruinas romanas y los notables mosaicos de **ITÁLICA** (mar.-sáb., 9-20 h; dom., 9-15 h; 250 pesetas; entrada gratuita para los ciudadanos de la UE) se encuentran a 9 km al norte de Sevilla, a las afueras de Santiponce. Existe también un **teatro romano** bien conservado en este pueblo; el viajero tendrá que seguir las indicaciones de la carretera principal.

En Itálica nacieron tres emperadores (Trajano, Adriano y quizá Teodosio) y fue uno de los primeros asentamientos romanos en España; fundada en el 206 a.C. por Escipión el Africano para sus veteranos, alcanzó una considerable importancia militar durante los siglos II y III d.C., recibió grandes dotaciones durante el reinado de Adriano (117-138), y no entró en decadencia como centro urbano hasta la llegada de los visigodos, que prefirieron Sevilla, entonces conocida como Hispalis. Finalmente la ciudad quedó deshabitada en la época de los árabes, cuando el río cambió su curso y destruyó las tierras de los alrededores.

Durante la Edad Media las ruinas de Itálica fueron utilizadas para abastecer de piedra a la ciudad de Sevilla, pero la estructura de su enorme **anfiteatro** —el tercero más grande del mundo romano— se ha conservado. En la actualidad está bastante deteriorado, pero aún se distinguen las graderías, los corredores y las celdas para los animales salvajes. Más allá, con un paseo y un descuidado enjambre de **calles** y **villas**, se han descubierto unos doce **mosaicos**. La mayoría están completos, incluidos los excelentes suelos de colores donde aparecen pájaros, Neptuno y las Estaciones, así como algunos hermosos diseños geométricos en blanco y negro.

Para **llegar a Itálica**, el viajero puede tomar los autobuses que salen cada 30 minutos de la estación Plaza de Armas (20 min.); puede preguntar por los servicios de la Empresa Casal a Santiponce, que salen del andén 33. En este pueblo no hay muchos establecimientos, pero la **Venta Canario**, casi frente a la entrada al yacimiento arqueológico de Itálica, ofrece platos combinados a buen precio. Son célebres sus carnes asadas servidas sobre tablas de madera acompañadas de *papas arrugadas* (patatas al horno en salsa picante o *mojo*).

Comida y copas

Sevilla está plagada de bares y restaurantes bulliciosos y agradables; por eso, el visitante encontrará algún establecimiento donde comer y beber a cualquier hora del día. Con pocas excepciones, los situados en los alrededores de los monumentos y el **barrio de Santa Cruz** son caros. Los dos lugares céntricos más recomendables son la **plaza de toros**, al norte, o cerca de la estación de autobuses Plaza de Armas. El área

de **plaza de Armas** está algo descuidada, pero sirve las comidas más baratas a este lado del río. El visitante tendrá que bajar por la calle Marqués de Paradas y subir por Canalejas y San Eloy; entonces verá lo que se ofrece en la zona. Al otro lado del río, en **Triana**, encontrará locales económicos en las calles Betis y Pureza.

Restaurantes

La Albahaca, plaza Santa Cruz 29. Restaurante tradicional, caro y encantador, con mesas al aire libre en una de las plazas más bonitas de la ciudad. Dom., cerrado.

El Arenal, García de Vinuesa. Excelente pescadito frito en la agradable zona que se extiende desde la plaza de toros hasta la catedral.

Bar Modesto, Cano y Cueto. Al norte de Santa Cruz, este bar-restaurante de precio medio ofrece un menú tentador (2.000 pesetas) y sabrosas tapas.

Bar-Pizzería El Artesano, Mateos Gago 11. Precios muy razonables; situado en el barrio de Santa Cruz y muy popular entre los jóvenes lugareños.

Bodegón Pez Espada, Hernando Colón 8. Cerca de la catedral, se trata de uno de los establecimientos más económicos para comer en el barrio de Santa Cruz. Excelente pescado y rica paella, con un bufé libre donde puede llenarse el plato tantas veces como quiera.

Café Rayuela, Miguel de Mañara 9. Local agradable donde sirven almuerzos, raciones y ensaladas en mesas al aire libre, dispuestas en una calle peatonal detrás de la oficina de turismo.

Café-Bar Veracruz, enfrente de la torre del Oro, junto al río. Café corriente, que sirve un menú por 1.000 pesetas, toda una ganga; buen lugar para almorzar.

Hotel Alfonso XIII, San Fernando 2 (☎954 222 850). El establecimiento más selecto de la ciudad. Vale la pena echar un vistazo a su hermoso edificio y al patio, aunque el visitante no se siente a comer en su carísimo restaurante.

Jalea Real, Sor Ángela de la Cruz 37, cerca de la iglesia de San Pedro. Excelente restaurante vegetariano regentado por una agradable y alegre sevillana. Lun., cerrado.

Jerez en Sevilla, San Eloy s/n, cerca de la plaza Duque de la Victoria. Sirve sabrosos churros con chocolate.

Kiosko de las Flores, al cruzar el puente de Triana (puente de Isabel II). Situado a un lado del puente, es uno de los emporios del pescado más populares de Sevilla. Sirve tapas en el bar y raciones en las mesas al aire libre dispuestas junto al río. Un sitio ideal para las noches de verano. Lun., cerrado.

La Mandrágora, Albuera 11, al norte de la plaza de toros de la Maestranza, al cruzar la calle Reyes Católicos. Es el segundo restaurante vegetariano de Sevilla; ofrece menú y una amplia gama de platos.

Restaurante de los Gallegos, Capataz Franco. Situado en un pequeño callejón que sale de la calle Martín Villa, cerca de la plaza del Duque de la Victoria. Tan bueno y barato que los lugareños hacen cola ante su puerta para poder comer.

Restaurante San Francisco, plaza San Francisco. Restaurante con estilo cerca de la catedral.

Río Grande, Betis 70. Desde la terraza de este restaurante de Triana se contemplan las mejores vistas de la ciudad; ofrece un menú de precio medio.

San Marco, Mesón del Moro 6, Santa Cruz. Deliciosa comida italiana a buen precio, servida en el interior de unos baños árabes del siglo XII. Los otros restaurantes de la cadena en Cuna 6, cerca de la plaza del Salvador, y Betis 68, en Triana, también son buenos.

La Sopa Boba, Bailén 34, a la salida de la plaza del Museo y a la entrada del Museo de Bellas Artes. Sabrosa comida casera experimental, con un menú que sale muy a cuenta.
Zucchero, Golfo, al este de la plaza de la Alfalfa. Acogedor restaurante vegetariano italiano.

Bares

Si el viajero sólo quiere tomar unas copas y tapas, puede ser mucho menos selectivo. Hay **bares** por toda la ciudad, y en los alrededores de Jerez y Sanlúcar abundan los que sirven jerez de barril (los lugareños beben fino seco y frío con las tapas, sobre todo si son gambas). El tinto de verano es la versión local de la sangría (vino con gaseosa, la popular bebida del verano). El visitante encontrará en los alrededores del centro bares muy concurridos en la zona de la **plaza de la Alfalfa**, y al cruzar el río en **Triana** (en concreto las calles Castilla, Betis y los alrededores de la calle Salado). Recientemente se ha creado un área donde se concentran artistas, estudiantes y homosexuales noctámbulos, la **Alameda** (de Hércules).

En verano la gente va a tomar copas a los bares situados en la **orilla este del río** o al norte del puente de Triana, así como al espectacular puente de la Barqueta, construido para la Expo'92. Muchos de ellos sólo abren en temporada alta, y al año siguiente cambian de nombre y dueño.

El **ambiente homosexual** de la ciudad se concentra en unos cuantos bares junto al puente de Isabel II, donde *Isbiliyya* y *Tócame*, entre otros, cobran vida a partir de medianoche.

Ánima, Miguel Cid 80, al norte del Museo de Bellas Artes. Hermoso bar antiguo, con azulejos, que organiza exposiciones periódicas de fotografía y arte.
La Barqueta, al sur del puente del mismo nombre. Bar de diseño al aire libre; ofrece música, conciertos, teatro y espectáculos durante todo el verano.
Bar Eslava, Eslava 3-5, cerca de la iglesia de San Lorenzo. Excelente bar de tapas con restaurante.
Bar Giralda, Mateus Gagos. Bar situado en unos antiguos baños árabes; sirve una variada selección de tapas.
Bar Modesto, Cano y Cueto, al norte del barrio de Santa Cruz (pregunte directamente por su nombre, es muy conocido). Quizás el mejor bar de tapas de la ciudad, que sirve todos los tentempiés imaginables.
Casa Morales, García de Vinuesa. Bonito bar tradicional que ofrece vino de barril.
La Gitanilla, Ximénez de Enciso. Uno de los establecimientos más concurridos de Santa Cruz; bebida barata pero tapas caras.
La Otra Orilla, paseo de Nuestra Señora de la «O» s/n, cerca del puente de Triana. Bar al aire libre, junto al río, de los mismos propietarios de *La Barqueta* (véase arriba) y con un ambiente parecido.
El Refugio, Huelva 5. Ligeramente al oeste de la plaza del Salvador, sirve una amplia gama de tentempiés, entre ellos tapas vegetarianas.
El Rinconcillo, Gerona, junto a la iglesia de Santa Catalina. El bar más antiguo de Sevilla (fundado en 1670). Gran selección de tapas y lugar de reunión de literatos.
El Siete, Goles 44, cerca del puente peatonal de pasarela La Cartuja. Un buen bar, pequeño y adosado a un multiespacio que es galería de arte y espectáculos.
Las Teresas, plaza Santa Teresa. Buena cerveza y excelente jerez servidos en un bar con mucho ambiente. Hay jamones colgados del techo y en las paredes de azulejos se alinean fotografías de corridas de toros. Vale la pena pararse a desayunar aquí a la mañana siguiente.

Vida nocturna

Sevilla es un lugar con una gran vida nocturna; de hecho, en verano y durante las fiestas las calles de las zonas céntricas están atestadas de gente hasta las 2 de la madrugada.

Flamenco
En la ciudad abundan los locales que ofrecen música y baile **flamenco** —o para ser más precisos, sevillanas—, aunque algunos son bastante vulgares y caros. A menos que al viajero le aconsejen otra cosa, se recomienda evitar los espectáculos fijos o tablaos (muchos de ellos son una parodia, e incluso la música es grabada). Resulta casi imposible apreciar la naturaleza espontánea del flamenco en las dos funciones por noche que imponen los empresarios del sector. Lo más auténtico que encontrará es el espectáculo que ofrece *Los Gallos*, en la plaza Santa Cruz, con artistas profesionales. Sin embargo, resulta caro (3.000 pesetas con una consumición), y tal vez quede igual de satisfecho en *El Tamboril*, un **bar** flamenco restaurado en la esquina opuesta de la plaza del mismo nombre. No hay garantías de que algunos cantaores se dejen caer por allí, pero si lo hacen, el viajero pasará una noche inolvidable.

Otro bar excelente donde el flamenco es espontáneo (se recomienda lun. o jue., después de las 22 h), *La Carbonería*, se halla en Leviés 18, al noreste de la iglesia de Santa Cruz. Era el edificio del comercio del carbón (de ahí su nombre), y ahora es un local amplio, sencillo y acogedor. *Quita Pesares*, en plaza Jerónimo de Córdoba cerca de la iglesia de Santa Catalina, está regentado por un cantaor flamenco, y a medianoche se convierte en un local caótico donde suena música improvisada y todo cobra vida.

Música en vivo y clubes
Si prefiere **música rock**, los bares de los alrededores de plaza de la Alfalfa y la Alameda de Hércules son los que están más al día. Entre los bares musicales de la Alameda, que a menudo ofrecen actuaciones en vivo, destacan el *Bulebar* (n.º 83), *La Habanilla* en el extremo norte, *El Barón Rampante* hacia la mitad de la calle Arias Montano, y el *Fun Club* en la propia Alameda. Ya en Triana, el *Druida*, en Rodrigo de Triana, tiene a menudo música en vivo. En *Bluemoon*, calle J. A. Cavestany s/n, cerca de la estación de Santa Justa, ofrecen **jazz en vivo**, así como en el recientemente abierto y popular *Naima*, a la salida de la Alameda, Trajano 47 (agos., ambos cerrados). En el café-bar *La Imperdible* de la plaza San Antonio de Padua, entre la Alameda de Hércules y el río, hay actuaciones de jazz en vivo los martes, y diversos espectáculos el resto de la semana. Los **recitales** más importantes de grupos estadounidenses o británicos o de grandes artistas españoles como Paco de Lucía, Alejandro Sanz o Ketama suelen celebrarse en el recinto de la Expo al otro lado del río, en La Cartuja, o en alguno de los estadios de fútbol. El visitante puede informarse en *El Giraldillo* (la publicación gratuita de actividades que distribuye la oficina de turismo), el periódico local *El Correo* o los carteles de las calles para ver qué se ofrece. El agente oficial de muchos conciertos es Viajes Meliá, avenida de la Constitución 30.

En Triana hay un sorprendente panorama nocturno de **clubes y discotecas** en la calle Betis, mientras que cruzando el río y cerca del puente de Isabel II se encuentra la disco-pub *Poseidón*, en la calle Marqués de Paradas, con entrada gratuita y bebidas a precios moderados. Abre hasta las 3 h.

Direcciones prácticas

Aeropuerto La mayor parte de los vuelos internos dependen de Iberia (calle Almirante Lobo; ☎954 228 901; para información sobre vuelos, ☎954 516 111). Los

autobuses Amarillos unen el aeropuerto con la Puerta de Jerez (véase «Llegada, orientación e información», pág. 240).

Alquiler de automóviles La mayoría de las agencias se encuentran en avenida de la Constitución. Atesa (☎954 419 712), uno de los operadores nacionales más económicos, tiene representación en el vestíbulo del *Hotel Alfonso XIII* (junto a la Fábrica de Tabacos). Otra opción es el operador local Triana Rent a Car, Almirante Lobo 7 (☎954 564 439), cerca de la torre del Oro.

Alquiler de bicicletas Hay motocicletas en Alkimoto, Recaredo 28 (☎954 441 115), al este de la Casa de Pilatos. Las bicicletas (un modo ideal de ver la ciudad) pueden alquilarse en Paco Mira, en los jardines de Murillo (frente al *Bar Modesto*); El Ciclismo, paseo Catalina de Ribera 2 (☎954 411 959), o Bike Rent Sevilla, plaza de España (☎954 219 474).

Bancos Hay numerosas oficinas en la avenida de la Constitución y los alrededores de la plaza Duque de la Victoria. American Express tiene representación en Viajes Alhambra (Coronel Seguí 3, a la salida de plaza Nueva; ☎954 212 923). Los departamentos de El Corte Inglés ofrecen buenas tasas de cambio, comisiones bajas y horarios amplios.

Cine La cartelera de filmes se publica en *El Giraldillo*, la revista de la oficina de turismo. Hay un nuevo local de filmes en versión original, el Cine Avenida, Marqués de Paradas 15. Los cines de verano al aire libre (jul.-agos.) son ideales porque se puede tomar una cerveza y tapas mientras ve un filme; los hay en Prado de San Sebastián, Pagés del Corro 39 en Triana, y el Buhaira en avenida Eduardo Dato, cerca del estadio de fútbol del Sevilla C.F.

Corridas de toros Información y venta de entradas en la plaza de toros o (con comisión) en los quioscos de la calle Sierpes.

Feminismo El mejor contacto es la Librería Feminista de Zaragoza 36.

Fútbol Sevilla tiene dos equipos principales, el Sevilla C.F. (que juega en el estadio Sánchez Pizjuán) y el Real Betis (actualmente el mejor, que utiliza el estadio Ruiz de Lopera). La programación de los partidos aparece en la prensa local o nacional.

Hospital Marque el ☎091 para las emergencias.

Información ferroviaria Para billetes e información, el viajero tendrá que ir a la oficina de Renfe, a la salida de plaza Nueva, Zaragoza 29 (para información y reservas, ☎954 422 693).

Libros/periódicos Se ofrece una buena selección de libros en varios idiomas en la Librería Pascuallazaro, Sierpes 4, y El Corte Inglés de la plaza Duque de la Victoria. El viajero encontrará asimismo un buen quiosco en el extremo que da a la Campana de calle Sierpes, y periódicos extranjeros en la librería internacional de calle Reyes Católicos.

Mapas de senderismo Los mapas militares a escala 1:50.000, 1:100.000 y 1:200.000 del Servicio Geográfico del Ejército (edificio de plaza de España, sector norte) son los mejores. El visitante también podrá encontrar otros mapas en CNIG, edificio Sevillas, San Francisco Javier 9 (☎954 644 256).

Mercadillo Los jueves por la mañana hay un mercadillo en la calle Feria, pasada la plaza Encarnación, y hay otro mayor los domingos en la Alameda de Hércules.

Oficina de correos Avenida de la Constitución 32, junto a la catedral; Lista de correos (apartados), lun.-vier., 9-20 h; sáb., 9-13 h.

Teléfonos Sierpes 11, bajando por un pasaje (lun.-sáb., 9-13 h y 17.30-21 h).

La sierra Morena

La **sierra Morena** es la más larga de las cordilleras montañosas de España, y se extiende casi por toda Andalucía, desde Rosal, en la frontera portuguesa, hasta el espectacular paso de Despeñaperros, al norte de Linares. Sus pueblos montañeses señalaron la frontera norte del antiguo califato árabe de Córdoba, y en muchos sentidos esta zona todavía marca un cambio, por ejemplo de clima y mentalidad, respecto a las llanuras del sur y los pueblos de Extremadura y Castilla-La Mancha. Poco conocida fuera de España —su punto más alto alcanza sólo 1.110 m, no es una sierra espectacular—, hay quien tiene problemas a la hora de situarla en el mapa.

Clima, flora y fauna

El clima de sierra Morena es templado —soleado en primavera, caluroso pero fresco en verano—; sin embargo, suele refrescar mucho al atardecer y de madrugada. Son más frecuentes los caminos que las carreteras, y el turismo, que el Gobierno andaluz promociona con entusiasmo, sólo puede encontrar hasta el momento algunas señalizaciones nuevas que indican áreas de especial interés.

Una buena **época para visitarla** es entre marzo y junio, cuando las flores, que aquí son variadas y abundantes, se abren en todo su esplendor. Tal vez al viajero le sorprenda una de las extrañas tormentas de rayos y truenos de la zona, pero por lo general la sierra es lo bastante cálida y soleada como para poderse bañar en sus embalses o chapotear en sus fuentes y arroyos, todos ellos potables. Si el visitante llega junto al río, verá muchas ranas y tortugas que saltarán al agua en cuanto se les acerque; así como lagartijas, libélulas, abejas, liebres y zorros que asoman discretamente de sus madrigueras... pero no encontrará a otros turistas en kilómetros a la redonda.

Según los lugareños, los osos desaparecieron hace poco tiempo, pero creen que todavía hay algunos lobos en zonas apartadas. No obstante, los que practiquen senderismo por sierra Morena, sí se toparán con **toros bravos**. Éstos deberían permanecer siempre en pastos cercados y con indicaciones de peligrosidad, pero a menudo los carteles desaparecen y no son reemplazados. Si el viajero tuviera la mala suerte de encontrarse con algunos, debe saber que los toros negros son los únicos peligrosos; se dice que los rojos, aunque luzcan amenazadoras astas, no son agresivos. Al parecer, hay que temer menos a un grupo de toros que a uno solo, y sólo si le cierra el paso y parece estar irritado. Según los expertos, en tal caso hay que demostrar tranquilidad y, sin atraer su atención, apartarse con discreción. Si el viajero advierte el resoplido de un toro de lidia, quizá sea mejor utilizar la técnica más antigua: arrojarlo todo y echar a correr.

Los alrededores de la sierra

Los medios de **transporte** de este a oeste de la sierra son muy limitados. La mayoría de servicios de autobús son radiales y de norte a sur, con Sevilla como centro; esto lleva a situaciones ridículas en las que, por ejemplo, para ir de Santa Olalla a Cazalla, separadas por unos 53 km, hay que tomar un autobús a Sevilla, a 70 km de distancia, y luego otro a Cazalla, lo que significa 1 día entero de viaje de casi 150 km sólo para ir de un pueblo al siguiente. La mejor solución si el viajero quiere pasar algún tiempo en sierra Morena es organizar rutas alrededor de los **senderos**. También puede ser útil una bicicleta, pero no tanto un automóvil, ya que no se trata de un paisaje ni una tierra para contemplarlos por una ventanilla. Si el visitante dispone de una **bicicleta**, necesitará utilizar todas las marchas, sobre todo en la carretera que va de El Real de la Jara a El Pintado (Santa Olalla-Cazalla), mientras que las carreteras de los alrededores de Almonaster, entre Cazalla y Constantina, son muy malas para ir en bicicleta.

Los **autobuses que van de Sevilla** a la sierra salen de la estación Plaza de Armas. Si sólo quiere hacer una breve incursión en la cordillera, **Aracena** es quizás el mejor destino (y el pueblo con mejores comunicaciones). Si el visitante quiere hacer algunas excursiones a pie, constituye un buen punto de partida, pero antes de dejar Sevilla deberá conseguir un buen **mapa** en el Servicio Geográfico de la plaza de España, bien hechos y baratos; aunque proporcionan mucha información innecesaria, indican el camino adecuado que hay que seguir para encontrar paisajes interesantes.

Aracena y su sierra

ARACENA, la localidad más alta de sierra Morena —resguardada al sur por un pequeño promontorio de la cordillera—, con su aire limpio y puro, es la población más destacada después de Sevilla. Capital del extremo oeste de una sierra de 10.000 habitantes, se trata de una localidad importante pero bonita, que trepa por la ladera de una montaña coronada por la **iglesia del Castillo**, de estilo gótico-mudéjar, construida por los caballeros templarios en torno a las ruinas de un castillo árabe.

Aunque sin duda la iglesia compensa el ascenso, la principal atracción de Aracena es la **gruta de las Maravillas** (todos los días, 10.30-13.30 h y 15-18 h; adultos, 1.000 pesetas; niños, 750 pesetas), la mayor cueva y se dice que la más impresionante de España. Cuentan que fue descubierta por un chico del lugar cuando buscaba a un cerdo extraviado. En la actualidad está iluminada y se hacen visitas guiadas si se reúnen al menos doce personas para verla. En domingo hay una procesión constante de gente, pero normalmente se deja tiempo suficiente para contemplar bien la cueva y vagar por ella, un lugar hermoso y divertido, la última sala de la visita se conoce como sala de los Culos, ya que sus paredes y techo son una exposición de esculturas naturales bañadas en luz rosada. Cerca de la entrada, el viajero verá un par de excelentes restaurantes que sólo abren a mediodía. Aracena es el corazón de una zona productora de jamones; se recomienda probarlos, así como los espárragos silvestres y caracoles, que se recogen en las cunetas de la carretera y los campos en primavera y verano, respectivamente.

Aspectos prácticos

En Aracena hay una **oficina de turismo**, situada en la gruta (lun.-sáb., 10-14.30 h y 15.30-18.30 h; ☎959 128 206). No abunda el **alojamiento**; el mejor establecimiento, al final de la lista de precios, es *Casa Manolo*, en Barberos 6, debajo de la plaza principal (☎959 128 014; ②). Otra alternativa, *Hotel Sierra de Aracena*, Gran Vía 21 (☎955 126 175; ①), ofrece un lujo relativo. Asimismo, el viajero encontrará un **cámping** (abril-sept.; ☎959 501 005) a unos 5 km por la carretera de Sevilla, y luego a 500 m por un desvío de la carretera hacia Corteconcepción. Para **comer**, se recomienda el *Restaurante José Vicente* de la avenida Andalucía 51, enfrente del parque, de precios moderados y especializado en jamón y platos de tocino, incluido un sabroso solomillo. Sirven buenas tapas y platos combinados en el más sencillo *Café-Bar Manzano*, en el extremo sur de la plaza principal. Si el visitante quiere hacer alguna **caminata por la sierra**, tendrá que preguntar en la oficina de turismo por el folleto titulado *Senderismo*, donde se detallan los senderos marcados entre los pueblos de la zona.

Alrededores de Aracena

El viajero encontrará alrededor de Aracena numerosos pueblecitos esparcidos, interesantes pero pobres. La mayoría de ellos depende de la **industria del jamón** y su fábrica de curado en Jabugo. El bocadillo de jamón serrano es típico en España y uno de los mejores; el jamón de bellotas procede de sierra Morena, donde las piaras de cerdos pastan entre los árboles. En otoño caen las bellotas, y los cerdos, que aguar-

dan pacientemente debajo, las comen hasta hartarse; cuando engordan, son sacrificados enseguida. Luego su jamón se cura al aire seco de la montaña.

Todos los **pueblos de la sierra** —Jabugo, Aguafría, Almonaster la Real— constituyen buenas bases desde donde el visitante puede salir a caminar por las montañas, aunque todos carecen de enlaces adecuados de transporte público. El más interesante es **ALMONASTER LA REAL**, cuyo castillo encierra una pequeña mezquita del siglo XIX, **La Mezquita** (todos los días, 10-atardecer), que luce, según dicen, el **mihrab** más antiguo de España. Junto a la mezquita está la plaza de toros local, donde se ofrecen corridas una vez al año, en agosto, durante las fiestas. El pueblo cuenta también con un par de **establecimientos donde comer y dormir**: la hospitalaria y céntrica *Pensión La Cruz* (☎955 143 135; ③), que tiene un buen restaurante, y el *Hostal Casa García* (☎955 143 109; ③), que asimismo dispone de un restaurante en el que sirven un magnífico jamón y ensaladilla. Hay algunos senderos bien señalizados con pintura al noroeste del pueblo, a la salida de la carretera de Cartagena; el viajero podrá conseguir un folleto que indica estas y otras rutas de la zona, en el ayuntamiento, plaza de la Constitución.

Zufre y el este, hacia Cazalla y Constantina

Desde Aracena sale un solo **autobús** diario —por lo general a las 17.45 h, y enlaza con el autobús de Sevilla— que cubre los 25 km al sudeste que hay hasta Zufre (para los que van más lejos, también parte un autobús directo a Lisboa). A 10 km de Aracena, el viajero encontrará el **embalse de Aracena**, uno de los que suministran agua a Sevilla. A partir de allí una ruta encantadora aunque enrevesada desciende hacia Zufre a lo largo de la **rivera de Huelva**. Desde el este de Zufre no hay autobuses que comuniquen directamente los pueblos situados en la ruta hacia Cazalla.

Zufre
ZUFRE es uno de los pueblos más espectaculares de España, ya que cuelga como una pequeña Ronda en una alta palizada al borde de una cadena montañosa. Por debajo de las deterioradas murallas árabes la ladera cae unos cientos de metros hasta alcanzar unas terrazas de frondosas huertas, naranjales y campos de hortalizas. Dentro del pueblo, el **ayuntamiento** y la **iglesia** son dos ejemplos interesantes de estilo mudéjar, la última construida en el siglo XVI sobre los cimientos de una mezquita. En el sótano del ayuntamiento hay una triste hilera de asientos de piedra que se dice que fueron usados durante la Inquisición. Sin embargo, lo más interesante del lugar es el **Paseo**, un parque pequeño con jardines de rosas, un mirador, un bar en un extremo y un casino (bar-club) en el otro. Allí se reúnen los lugareños durante gran parte del día, pues en Zufre y sus alrededores escasea el trabajo. El visitante no tendrá problemas para encontrar comida y tomar unas copas, pero en Zufre no hay **alojamientos** oficiales. Puede preguntar por ahí, ya que tal vez alguien le alquile una habitación.

Santa Olalla
SANTA OLALLA DEL CALA, el siguiente pueblo en dirección este, se halla a 16 km de Zufre, una distancia que se puede cubrir a pie. Se trata de un camino llano a campo traviesa, con cerdos y campos de trigo y cebada, que da paso a la imagen repentina del **castillo** árabe sobre el pueblo. Se ha intentado reconstruirlo pero la adaptación de éste durante el siglo pasado como cementerio local ha impedido que se pudiera llevar a cabo; los nichos para los ataúdes en las murallas estropean bastante el efecto. Debajo de éstas se alza la iglesia parroquial del siglo XV, en la que destacan sus naves renacentistas.

Al viajero le sorprenderá encontrar **hostales** en Santa Olalla si llega de Zufre; de

hecho, el pueblo está en la carretera principal de Sevilla a Badajoz, lo que hace que por allí pase mucho más tráfico, además de los autobuses regulares que van a ambas ciudades. Paran enfrente del *Bar Primitivo*, en Marina 3 (☎955 190 052; ②), un buen lugar para dormir, comer o beber por un precio muy razonable; su nombre se debe al del propio dueño, no es un juicio sobre el local.

Real de la Jara

Después de 4 km a través de olivares cercados por muros de piedra, la carretera se allana al llegar a un pequeño valle de hierba sobre el **río Calla**, una extensión donde los pueblos de Real y Olalla celebran su romería conjunta a finales de abril. Si el viajero se encuentra con alguna romería en sierra Morena hará bien en quedarse a verlas. La romería empieza con una procesión formal hacia la ermita local, pero pronto se convierte en una fiesta de música y baile; los jóvenes se bambolean sobre burros y mulas en una parodia de los grandes hidalgos de Sevilla y Jerez, los niños chillan y se lanzan al río, y todo el mundo baila sevillanas que suenan en casetes.

EL REAL DE LA JARA se halla a 8 km al este de Santa Olalla; hay dos castillos árabes (ambos en ruinas), una casa de huéspedes muy cara en la calle Real 66 (②), y una piscina pública. Cazalla de la Sierra, el siguiente pueblo, está a unos 45 km por una carretera de montaña que transitan muy pocos automóviles.

Cazalla y la sierra Central

Otra «capital» regional de la sierra es **CAZALLA DE LA SIERRA**, que parece casi una ciudad. No sólo hay **fondas** (la mejor en la plaza de la Iglesia y el resto en la calle Llana), sino también un hotel, la *Posada del Moro* (☎954 884 326; fax 954 161 437; ⑤), muchos bares y hasta un pub adonde los lugareños van a tomar combinados y escuchar jazz y rock. Si todo esto choca al viajero, puede ir a un bar-restaurante más tradicional, aunque también concurrido, el *Boleras*, plaza Manuel Nosea, junto al cuartel de la Guardia Civil, que ocupa el edificio de un antiguo convento de monjas.

El lugar adonde hay que dirigirse es **La Plazuela**, donde se encontrará el casino local. Éste es en esencia un lugar donde beber y relajarse (es más tranquilo y cómodo que la mayoría de bares), que se emplea como una especie de club, donde los lugareños pagan una cuota mensual. Muchas poblaciones de Cazalla poseen establecimientos similares, donde los turistas y visitantes ocasionales son bien recibidos y pueden utilizar sus servicios sin recargo alguno; naturalmente, los socios disfrutan de precios reducidos en sus consumiciones.

El monumento principal del lugar es la **iglesia de Nuestra Señora de la Consolación**, al sur de la localidad, un destacado ejemplo de la mezcla de estilos. Empezó a construirse en el siglo XIV; integró algunos elementos renacentistas y finalmente fue terminada en el siglo XVIII.

Asimismo, el visitante encontrará algunos lugares bonitos a poca distancia de Cazalla: un paseo de sólo 5 km hacia el este le llevará hasta la **ermita del Monte**, una pequeña iglesia del siglo XVIII en una montaña boscosa que se eleva sobre la rivera del Huesna.

Cazalla está bien comunicada con transporte público. Los **autobuses** salen de la estación de Cazalla y Constantina, a 20 minutos al este, a las 6.45 h y las 13 h. De aquí parten tres o cuatro **trenes** al día en dirección noroeste a Zafra y Extremadura, y un número parecido descienden río abajo hacia El Pedroso y Sevilla. Pero si el viajero se dirige hacia El Pedroso, tal vez prefiera ir caminando desde la estación, ya que el trayecto es maravilloso; de hecho, puede nadar en el río. Además, verá una gran variedad de flora y fauna en el valle; tardará unas 5 horas en recorrerlo. Diariamente salen autobuses que comunican Cazalla y Sevilla.

El Pedroso y Constantina

EL PEDROSO es un bonito pueblo con una iglesia mudéjar. Pero el viajero encontrará pocos establecimientos para alojarse; la mujer que regenta la cantina de la estación alquila **habitaciones**. Al otro lado de la carretera se encuentra un excelente **bar de tapas**, el *Serranía*, que sirve especialidades locales como carne de venado, liebre, faisán y perdiz.

Unos 18 km más al este —quizás un lugar tan bueno como cualquier otro para acortar el viaje a Sevilla si el viajero no tiene intención de recorrer a pie la extensión de toda la cordillera— se halla CONSTANTINA, un bullicioso pueblo de montaña con una población de casi 15.000 habitantes. Por encima de éste se alza el impresionante **castillo de la Armada**, rodeado por exuberantes jardines que descienden hasta el casco antiguo de la localidad formando terrazas. Al pie de los jardines se erige la **iglesia** parroquial, de nuevo con una torre mudéjar.

En la calle principal, Mesones, hay dos **fondas** y un hostal recomendable, la *Pensión Angelita*, en El Peso 28 (☎955 881 725; ②), que dispone de algunas habitaciones con baño. También existe un **albergue de juventud** (en verano) en Cuesta Blanca s/n (☎955 881 589; fax 955 881 619; ①), algo apartado del pueblo, con restaurante y piscina. Si el viajero quiere ir a Sevilla, podrá tomar alguno de los dos autobuses (6.45 h y 15 h).

La Costa de la Luz

Los pueblos situados a lo largo de la **Costa de la Luz**, entre Algeciras y Cádiz parecen de otro mundo después de los horribles centros turísticos de la Costa del Sol. El viaje hacia el oeste desde Algeciras ya es todo un alivio, puesto que la carretera asciende enseguida para adentrarse por montañas verdes, con vistas fantásticas de Gibraltar. A lo lejos, se adivinan las casas blancas y las mezquitas de los pueblos marroquíes. Más allá, las montañas del Rif se ciernen misteriosamente al fondo y, en días claros, a medida que el viajero se aproxima a Tarifa, es posible distinguir Tánger al borde de su bahía en forma de luna creciente.

Tarifa

TARIFA, que se extiende detrás de unas murallas árabes, era hasta mediados de la década de 1980 una tranquila localidad, conocida en España por su elevado índice de suicidios, consecuencia de la constante acción de los vientos que barren el pueblo y sus alrededores. Hoy en día es un próspero centro turístico, a veces muy concurrido, pues se ha convertido en el punto más importante de Europa para practicar **windsurf**. A lo largo de la calle principal abundan las tiendas de alquiler de material deportivo, y durante todo el año se celebran competiciones regulares. Por ello, la localidad se está desarrollando con rapidez, aunque de momento continúa siendo un lugar bastante atractivo.

Si el windsurf no motiva mucho al viajero, puede pasear por las murallas semiderruidas de Tarifa, o internarse en las callejuelas que rodean la **iglesia de San Mateo**, que data del siglo XV y luce una fachada barroca. El **castillo** fue objeto de numerosas luchas, ya que era una plaza fuerte. Lleva el nombre de Guzmán el Bueno, el infame gobernador de Tarifa durante el sitio árabe de 1292, que se ganó el apodo a raíz de un episodio dramático: su hijo de 9 años había sido tomado rehén por un traidor español, y se pedía la rendición de la ciudad sitiada a cambio de la vida del niño. Al elegir «un honor sin hijo, antes que un hijo sin honor», Guzmán entregó la vida del pequeño. La historia —un famoso episodio de la heroica resistencia española— tiene cierto paralelismo con la sucedida durante el sitio del Alcázar de Toledo en plena Guerra Civil, cuando un alto mando del ejército nacional rehusó un trato similar, hecho que fue muy explotado con fines propagandísticos.

Una nueva atracción en Tarifa son las excursiones populares para ver las **ballenas** y **delfines** del estrecho de Gibraltar que salen todos los días del puerto. El viaje cuesta 4.500 pesetas, pero se ofrece un segundo viaje gratuito si no se avistan estos animales. El visitante puede reservar los billetes por adelantado en el FIRMM (Foundation for Information & Research on Marine Mammals; ☎ y fax 956 627 008; teléfono móvil 619 459 441), en Pedro Cortés 3, al oeste de San Mateo, y saliendo por la calle El Bravo.

Aspectos prácticos

La **oficina de turismo** (lun.-vier., 10-14 h y 18-20 h; ☎956 680 993), en el céntrico paseo de la Alameda, proporciona mapas y listados de alojamiento. En Tarifa hay muchos **lugares donde hospedarse**, aunque quizá sea difícil encontrar una cama en verano, cuando llega una multitud de windsurfistas y ocupan todos los hostales libres. El *Hostal-Restaurante Villanueva*, en avenida Andalucía 11 (☎956 684 149; ②), es muy limpio y tiene un buen restaurante. En la misma zona se encuentran más hostales y un bonito hotel con vistas al mar, *La Mirada*, San Sebastián 43 (☎956 680 626; ④). Dos buenos establecimientos son el *Hostal La Calzada*, en Justina Pertiñes 7 (☎956 680 366; ③), junto a la iglesia de San Mateo, y la encantadora *Pensión Correo* de Coronel Moscardó 8 (☎956 680 206; ②), que ocupa la antigua oficina de correos, al sur de la entrada de la catedral. Por último, se recomiendan dos casas de huéspedes: *Casa Concha*, en calle Rosendo (②), al doblar la esquina de *La Calzada*, y *Facundo*, en calle Callao (☎956 680 624; ②), a 200 m por la carretera principal hacia Cádiz. A la salida de la autopista por la calle Amador de los Ríos, se halla el *Hostal las Fuserías* (③), mejor de lo que parece, pues tiene un área de lavandería y un patio sombreado, por lo que resulta mejor que la cara *Hostería Tarifa* (☎956 684 076; fax 956 681 078; ④) de la misma calle.

El viajero encontrará la **estación de autobuses**, un supermercado, una lavandería y muchos de los grandes hoteles en la carretera principal de Cádiz a Algeciras.

Para las **comidas**, se aconseja *Chan*, *Villanueva* y *Agobio*, a unos pocos cientos de metros uno de otro en la parte exterior de las murallas; ofrecen menús económicos. *Pizzería Tránsito Tropical*, en Sancho IV el Bravo 32, a un par de calles al este de la Alameda, sirve comida italiana. Para el almuerzo se recomienda el agradable *Bar Alameda*, de la Alameda, que ofrece platos combinados. Hay aproximadamente una docena de **bares** más, destaca el *Bistro Point*, regentado por alemanes y frecuentado por windsurfistas, además, es un buen sitio para encontrar alojamiento si el viajero quiere quedarse un tiempo, así como material de windsurf de segunda mano. En el centro y bajando hacia la iglesia de San Mateo, el *Mesón El Cortijo*, en calle General Copons, es de un nivel algo más alto y tiene un menú muy ajustado, mientras que el *Bar Morilla*, enfrente de la entrada principal de la iglesia, resulta ideal para tomar unas tapas.

Hacia Marruecos

Tarifa ofrece la posibilidad de hacer un viaje rápido a **Marruecos**; asimismo, el viajero puede ir a Tánger en una excursión de 1 día en barco; puede adquirir los billetes correspondientes en la oficina de Touráfrica en el muelle, que también ofrece información de última hora sobre los servicios de aerodeslizador, que en el momento en que se escribe esta guía están interrumpidos. El barco suele zarpar a las 9.30 h, y vuelve de Tánger a las 16.30 o 18 h. El trayecto dura 1 hora, lo que le permitirá echar un rápido vistazo al lugar. Se recomienda pasar allí la noche, sobre todo porque el billete de ida y vuelta cuesta unas 6.000 pesetas. Se aconseja hacer la reserva unos días antes, ya que las compañías turísticas suelen ocupar el barco por completo. Este viaje resulta mucho más caro que cruzar el Estrecho desde Algeciras, pero tal vez sea una alternativa preferible si en éste no quedan plazas, como sucede en pleno verano o cuando los marroquíes regresan a su país con motivo de las dos festividades islá-

LA PESCA DEL ATÚN

La pesca del **rojo** es un ritual que se celebra a lo largo de la Costa de la Luz desde hace 100 años, y que hoy en día todavía emplea muchos de los antiguos métodos de pesca. El rojo es el mayor de la familia de los atunes, ya que cada ejemplar pesa unos 200 kg. La temporada de pesca se extiende de abril a junio, cuando el atún emigra al sur del Mediterráneo, y de principios de julio a mediados de agosto, época en que regresa formando grandes bancos que se cazan con redes muy grandes. El mercado más importante es Japón, donde este pescado se come crudo, en platos como el *sushi*. Sin embargo, las cantidades de atunes están reduciéndose, y la temporada de pesca se acorta —tal vez, como consecuencia de un exceso de pesca—, lo que afecta sobre todo a la gente de Conil de la Frontera y Zahara de los Atunes, para quienes la pesca representa una importante fuente de ingresos.

---

micas más importantes (que suelen celebrarse entre enero-marzo). También existe un transbordador de automóviles desde Tarifa a Tánger que sale cada día a las 9.30 h y regresa a las 15.30 h.

La playa de Tarifa

Si el viajero avanza en dirección noroeste desde Tarifa encontrará las **playas** más espectaculares de la Costa de la Luz, amplias extensiones de arena amarilla o blanco plateado, que forman algunas dunas. No obstante, el viento que crea unas condiciones ideales para practicar windsurf puede ser un problema, ya que a veces resulta imposible tender la toalla para tomar el sol y el mar se encrespa formando remolinos de espuma.

Las playas quedan al oeste de la localidad. Mejoran a medida que el viajero pase los llanos de las mareas y el estuario plagado de mosquitos; luego empiezan las dunas y las primeras caravanas de acampada entre los arbustos. En una pequeña bahía a 9 km de la localidad, hay restaurantes, una escuela de windsurf, cámpings y un hostal (③) al pie de un risco boscoso.

Si el visitante prefiere un ambiente más tranquilo, se recomiendan los numerosos **cámpings de playa** señalizados desde la carretera principal y accesibles a pie desde la costa. Todos ellos están bien equipados, son económicos y permanecen abiertos todo el año; los principales son *Río Jara* (☎956 680 570), *Tarifa* (☎956 439 040), *Torre de la Peña* (☎956 684 903) y *Paloma* (☎956 684 203).

La costa oeste de Tarifa

Al otro lado de la costa, desde el cámping *Paloma*, se hallan las grandes ruinas del pueblo romano de **BOLONIA**, o *Baelo Claudia* según su nombre romano, donde el visitante podrá ver los restos de tres templos y un teatro, además de numerosas casas (mar.-dom.; sólo mediante visitas guiadas, a las 10, 11, 12, 13, 16, 17 y 18.15 h; 100 pesetas; entrada gratuita para los ciudadanos de la UE). Puede acceder al sitio por una pequeña carretera que sale de la principal que va a Cádiz, a 15 km de Tarifa. También hay una bonita playa con bares y establecimientos para comer. Otra alternativa es dar un buen paseo por la costa desde Paloma o, desde el oeste, Zahara de los Atunes (3-4 h).

En **ZAHARA**, un pueblecito pesquero que empieza a desarrollarse para el turismo, hay una playa de 8 km de largo, así como un hotelito elegante, *Hotel Antonio* (☎956 439 141; fax 956 439 135; ⑥), justo detrás, y tres hostales bastante caros, por lo general llenos hasta finales de septiembre. Sin embargo, el acogedor *Hostal Monte Mar* de la playa (☎956 430 947; ③) es una auténtica ganga. El viajero encontrará un cámping, pero se recomienda llevar un repelente para insectos.

Vejer de la Frontera

Mientras el viajero esté en la Costa de la Luz, puede acercarse a **VEJER DE LA FRONTERA**, un tradicional pueblo de montaña, encalado y de aspecto árabe, situado entre grandes montañas que se levantan a gran altura por encima de la carretera de Tarifa a Cádiz. Si llega en autobús, tal vez le deje debajo del pueblo, junto a un par de hostales-restaurantes; *La Barca de Vejer* (☎956 450 369; fax 956 451 083; ③) prepara unos sabrosos bocadillos de lomo. La carretera asciende durante otros 4 km, pero junto a uno de los cafés de la parada de autobús parte un camino de cabras que le llevará al pueblo en sólo 20 minutos. Se trata de la mejor forma de acceder a él, para contemplar el paisaje, ya que la espectacularidad de Vejer radica en su aislamiento y ubicación. Sin embargo, si al viajero no le apetece caminar encontrará taxis. La **oficina de turismo**, en Filmo 6 (lun.-vier., 10.30-14 h y 18.30-20.30 h; sáb., 10.30-13.30 h; ☎956 450 191), proporciona un plano del pueblo y una lista de alojamientos.

Hasta hace unos 10 años, las mujeres de Vejer vestían de negro, siempre muy tapadas; aunque esta imagen cada vez es menos habitual, el lugar parece anclado en el pasado y se respira cierto aire morisco. Hay un castillo y una iglesia con mezcla de varios estilos, pero dominan el gótico y el mudéjar. No obstante, lo más interesante es perderse en el laberinto de callejones con casas blancas, que lucen ventanas enrejadas, balcones y patios, así como la interminable sucesión de **bares**. Se recomienda el *Bar Chirino* en La Plazuela; en su interior se muestra la historia del pueblo en fotografías.

Excepto en el mes de agosto, no suele ser difícil encontrar **alojamiento**. Se aconseja un establecimiento algo caro pero excelente, el *Hostal la Janda*, en Cerro Clarisas s/n (☎956 450 142; ③); otra opción, el *Hotel Convento San Francisco*, tiene más categoría (☎956 643 570; ⑤); se halla en La Plazuela y también proporciona planos del pueblo cuando la oficina de turismo está cerrada. Ambos se encuentran bastante apartados del centro, así que el viajero tendrá que preguntar a alguien cómo ir. Puede encontrar habitaciones más baratas en una encantadora casa particular situada en la plaza de España 17, en el casco antiguo (☎956 450 843; ②). El **cámping** de Vejer (jun.-sept.; ☎956 450 098) se ubica debajo del pueblo, en la carretera N-340 de Málaga a Cádiz.

Conil

De vuelta a la costa, a unos 12 km de distancia, se halla **CONIL**, un pueblo veraniego cada vez más popular. A pesar de ello, y excepto en julio y agosto, constituye un buen lugar para descansar, aunque el único problema sea encontrar alojamiento. Visto desde la playa, el pueblo, que antes era una pobre aldea de pescadores, parece ahora moderno, aunque cuando el visitante se interne por sus calles comprobará que todavía conserva edificios antiguos. La mayoría de los turistas son españoles (y en menor número alemanes), por lo que el ambiente es agradable, y en plena temporada alta, bullicioso por la noche.

La **playa**, el motivo principal para visitar Conil, es una amplia bahía de arena que se extiende a kilómetros de distancia a cada lado del pueblo, bañada por las aguas del Atlántico, y sorprendentemente no tan salada. El viajero puede adentrarse en el agua haciendo pie, pues no hay mucha profundidad. El área que queda justo enfrente del pueblo es frecuentada por familias, mientras que al noroeste podrá llegar andando hasta calas más cerradas, y si cruza el río hacia el sureste encontrará la zona de nudismo y *top less*. Si el viajero recorre la costa en esta dirección la playa prosigue casi sin interrupción hasta el célebre cabo de **Trafalgar**, donde lord Nelson obtuvo su victoria y murió el 21 de octubre de 1805. Si sopla el viento, se trata de una de las playas más resguardadas de la zona. El visitante puede llegar hasta allí por la carretera, aunque tendrá que recorrer a pie los últimos 400 m de arena hasta la roca.

Aspectos prácticos
La mayoría de los **autobuses** paran en la estación de Transportes Comes. Desde allí, si camina hacia el mar, se encontrará en el centro del pueblo. Hay una **oficina de turismo** (lun.-vier., 8.30-14.30 h y 18-21 h; sáb., 10-14 h y 18-21 h; dom., 10-13 h; ☎956 440 501) en la calle Carretera, al norte de la plaza de España. Abundan los **alojamientos**. La céntrica *Pensión La Villa*, plaza de España 6 (☎956 441 053; ③), es una de las mejores. También se alquilan habitaciones en casas particulares; el visitante puede preguntar en el primer supermercado situado a mano derecha de la carretera hacia la playa de Fontanilla (pasa ante la discoteca al aire libre *Rinkon Way*); allí verá la lista. Se recomiendan las de Velázquez 1. Entre los **cámpings** próximos destaca el *Fuente del Gallo*, cerca de la urbanización del mismo nombre (marzo-oct.; ☎956 440 137), a 3 km a pie, aunque todas las señales indiquen otra cosa.

En Conil hay buenos **restaurantes** de pescado a lo largo del frente marítimo; le aconseja probar las *ortiguillas* —ortigas de mar fritas—, que sólo encontrará en la zona de Cádiz. Si al viajero le apetece comer bien y pagar poco, se recomienda el *Bar-Restaurante Peña Federata de Caza*, en la carretera que asciende por la montaña hasta Barbate. En verano, la mayor atracción de la **vida nocturna** de Conil son *Las Carpas*, una serie de discotecas en la playa que atraen a público de todas las edades; suena música tecno, salsa, dance y espectáculos flamencos. Se trata de un espacio municipal; lo mejor de todo: es gratuito.

Cádiz

CÁDIZ, uno de los asentamientos más antiguos de España, fue fundado hacia el año 1100 a.C. por los fenicios; desde entonces es uno de los principales puertos del país. Sin embargo, su mejor época fue el siglo XVIII. De hecho, la fisonomía actual del centro de la ciudad se trazó entonces; el río fue obstruido con sedimentos y el puerto se convirtió en la principal base para el comercio del oro y la plata que llegaban de América. Gracias a ello se construyeron la catedral —con bóveda de oro (o al menos de color dorado) y de aspecto casi oriental cuando se mira desde el mar—, las instituciones y oficinas públicas, así como iglesias más pequeñas.

El **interior de Cádiz**, construido en un terreno peninsular, se conserva tal y como debía de ser en aquella época, con sus grandes plazas abiertas, callejones marineros y casas altas con torres. Literalmente desmenuzándose por los efectos de la brisa marina sobre la piedra caliza, Cádiz tiene un ambiente muy peculiar, algo dejada, decadente y con cierto aire místico.

Llegada, información y alojamiento

Si el viajero llega en **tren** se encontrará en los límites del casco antiguo, cerca de la plaza de San Juan de Dios, la más bulliciosa de Cádiz. En **autobús** le dejarán a unas pocas calles más al norte, cerca del mar, tanto si llega a la terminal de Los Amarillos (que tiene servicios a Rota, Chipiona y los pueblos turísticos del oeste de Cádiz) como si se para en la estación de Comes, en la plaza de la Hispanidad (la utilizan los autobuses procedentes de Sevilla, Tarifa y la mayoría de los destinos en dirección a Algeciras). Los Amarillos tienen también dos servicios diarios que pasan por Arcos en dirección a Ubrique, con enlace hacia Ronda, la mejor ruta. Hay una **oficina de turismo** en la plaza de la Mina (lun.-vier., 9-14 h y 17-20 h; ☎956 241 001; el quiosco de la plaza abre sáb.-dom. y festivos, 10-13 h).

Alojamiento
Desde la plaza de San Juan de Dios parte una densa red de callejones en sentido radial tachonados de **hostales**, **fondas**, hospicios de beneficencia y burdeles. El viaje-

ro encontrará establecimientos más salubres un poco más allá, hacia la catedral o la plaza de la Candelaria.

Albergue de juventud, Diego Arias 1, cerca de la plaza Manuel de Falla (☎ y fax 956 221 939). Hostal nuevo, de excelente calidad, en una mansión restaurada; dispone de dormitorio colectivo, habitaciones dobles y sencillas. Alquila bicicletas a los residentes y ofrece cursos de flamenco y excursiones por la ciudad y a lugares de interés de los alrededores. ①-③

Hotel Atlántico, Parque Genovés 9 (☎956 226 905; fax 956 214 582). Parador moderno, con vistas al Atlántico y piscina descubierta. ⑦

Hostal Bahía, calle Plocia (☎956 259 061). Hostal excelente y acogedor; dispone de habitaciones con baño. ④

Pensión Cádiz, Feduchy 20 (☎956 285 801). Pensión sencilla pero limpia. ②

Las Cuatro Naciones, Plocia 3. (☎956 255 539). Establecimiento limpio y sin pretensiones, con habitaciones baratas, cerca de la plaza San Juan de Dios. ②

Hostal Fantoni, Flamenco 5 (☎956 282 704). Hostal muy recomendable; dispone de habitaciones con baño adjunto. ②

Hotel Francia y París, plaza San Francisco 2 (☎956 222 348; fax 956 222 431). Alojamiento cómodo en un hotel céntrico y tranquilo al estilo de la Belle Époque. ⑤

Hostal La Isleña, plaza de San Juan de Dios (☎956 287 064). Hostal sencillo pero limpio, en la misma plaza. ②

Hostal Manolita, Benjumeda 2 (☎956 211 577). Habitaciones sencillas en un establecimiento familiar y acogedor. ③

La ciudad

A diferencia de la mayoría de los puertos de su tamaño, el de Cádiz parece muy tranquilo, organizado y seguro, incluso de noche. Quizás esto se deba a su forma, resguardada y compacta; la presencia del mar hace que sea imposible perderse más allá de unas pocas calles. Pero tal vez también deba su ambiente sereno a la tradición liberal y tolerante de la ciudad, algo que se conservó durante los años de la dictadura de Franco, a pesar de ser una de las primeras ciudades que se rindió a su entrada y puerto desde el que las tropas nacionales iniciaron la invasión. Como dato peculiar, Cádiz ha aceptado siempre a una importante comunidad homosexual, como se pone de manifiesto durante los famosos carnavales.

Es más interesante por su ambiente —callejones sin salida, cafés y calles secundarias— que por los monumentos. Entre éstos destacan el **Museo de Cádiz**, en plaza de la Mina 5 (mar., 14-20 h; miér.-sáb., 9-20 h; dom., 9.30-14.30 h; 250 pesetas; entrada gratuita para los ciudadanos de la UE), enfrente de la oficina de turismo. Expone una impresionante muestra arqueológica local y una serie de pinturas de santos de **Francisco Zurbarán**, procedentes del monasterio cartujo de Jerez, donde se encontraban antes; se trata de una de las tres únicas colecciones de esta clase que se conservan intactas, o casi, y que pueden verse en todo el país (las otras están en Sevilla y Guadalupe). Con sus sombras profundamente definidas y su aire introspectivo e intenso, los santos de Zurbarán son muy impactantes y españoles, así como las figuras inglesas que representa, como Hugh de Lincoln o el cartujo John Houghton, martirizado por Enrique VIII por negarse a aceptarlo como dirigente de la Iglesia anglicana. Quizás este rasgo no sea muy sorprendente, habida cuenta de que el pintor pasó gran parte de su vida viajando por todos los monasterios cartujos de España y muchos de sus santos son, de hecho, retratos de los monjes que conoció.

Las **fortificaciones marítimas** y las **alamedas** junto al mar marcan el sentido de los paseos por la ciudad. Aun cuando al viajero no le atraiga el barroco tardío, le re-

270/ANDALUCÍA

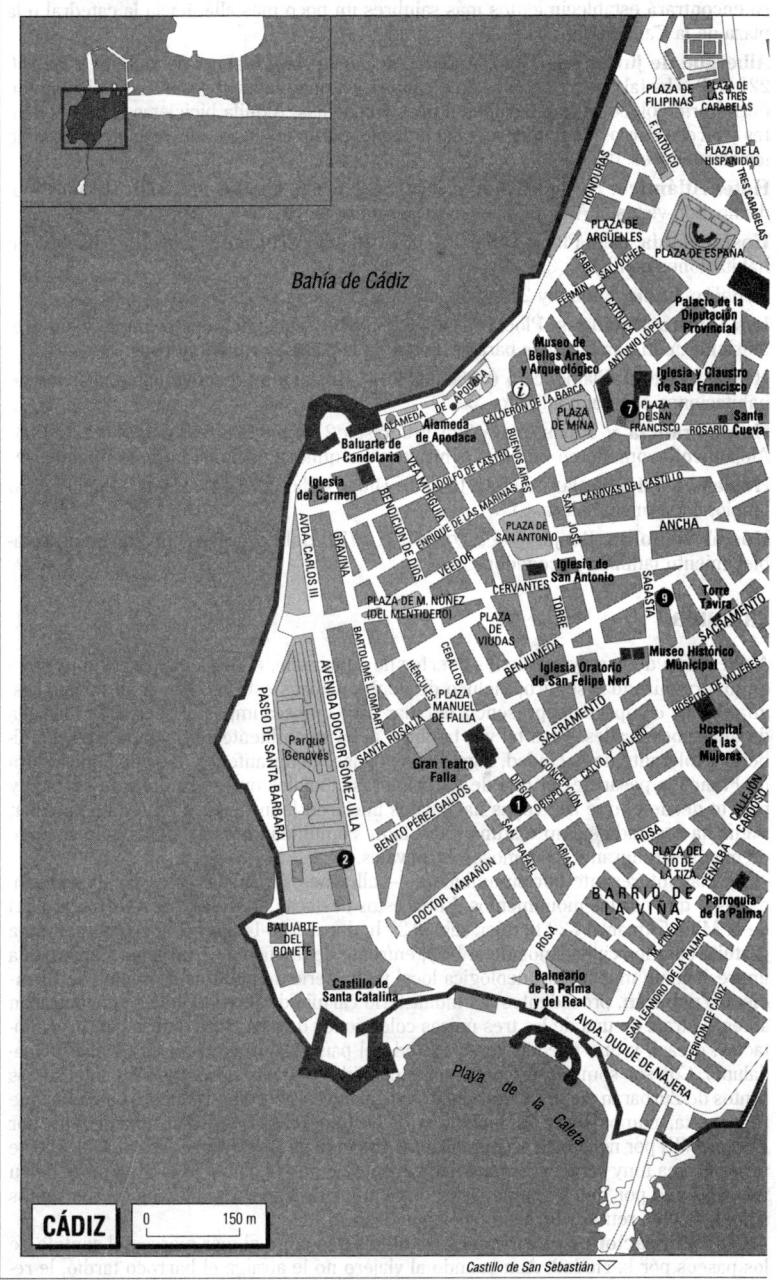

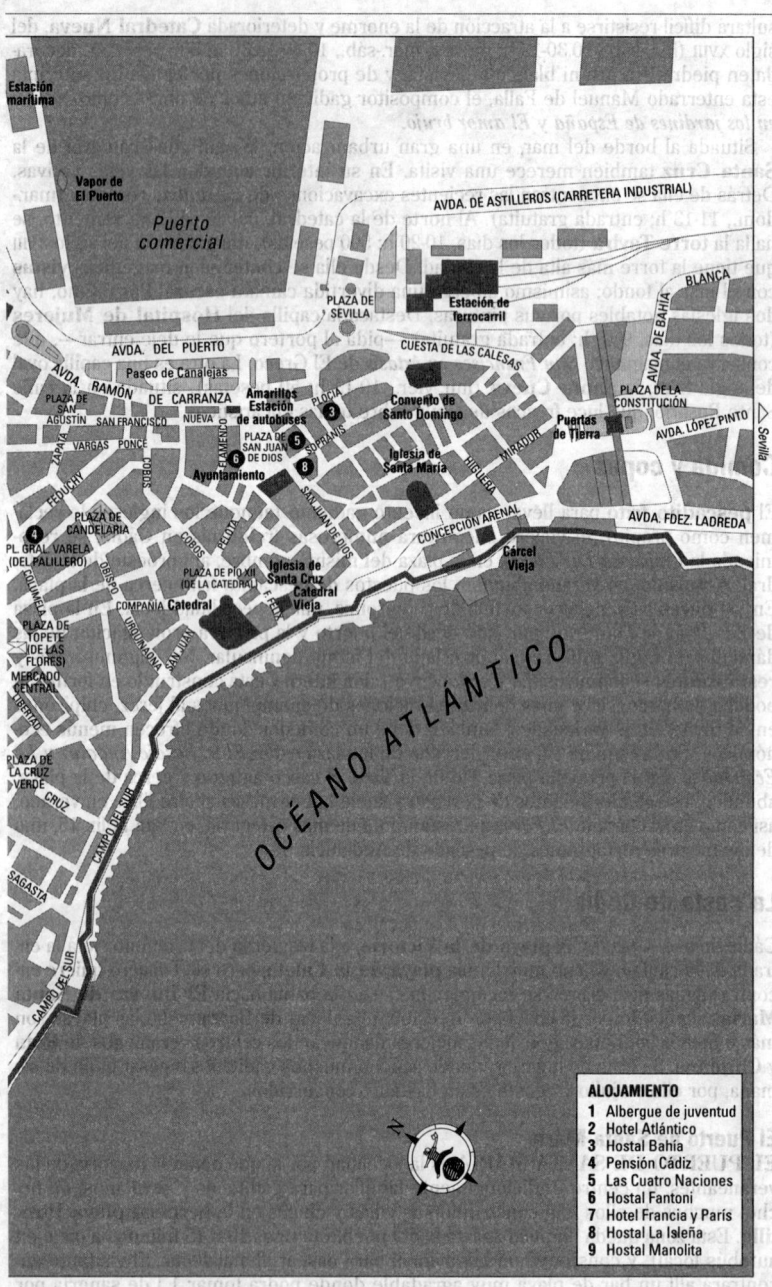

sultará difícil resistirse a la atracción de la enorme y deteriorada **Catedral Nueva**, del siglo XVIII (lun.-sáb., 10.30-13 h; museo, mar.-sáb., 10.30-12.30 h; 500 pesetas), decorada en piedra, sin oro ni blanco a la vista, y de proporciones perfectas. En su cripta está enterrado Manuel de Falla, el compositor gaditano autor de obras como *Noches en los jardines de España* y *El amor brujo*.

Situada al borde del mar, en una gran urbanización, la «antigua» catedral de la **Santa Cruz** también merece una visita. En su interior abundan las velas votivas. Detrás de ella se encuentran las recientes excavaciones de un **teatro romano** (mar.-dom., 11-13 h; entrada gratuita). Al norte de la catedral, por la calle Sacramento, se halla la **torre Tavira** (todos los días, 10-20 h; 500 pesetas), una mansión del siglo XVIII que tiene la torre más alta de la ciudad. Desde ella se contemplan magníficas **vistas** con el mar al fondo; asimismo alberga una divertida cámara oscura. Por último, hay dos iglesias notables por sus pinturas. Destaca la capilla del **Hospital de Mujeres** (todos los días, 9-18 h; entrada gratuita) —pida al portero que le deje entrar—, que conserva el magnífico *San Francisco en éxtasis* de El Greco. La otra es una capilla oval del siglo XVIII, la **Santa Cueva** (lun.-vier., 10-13 h; 50 pesetas), situada en la calle Santo Rosario, que luce frescos de Goya sobre temas eucarísticos.

Comida y copas

El **pescadito frito** para llevar es un invento gaditano (aunque los ingleses lo reclaman como propio); el viajero encontrará numerosas freidurías en Cádiz; se recomienda la *Freiduría Las Flores*, en la plaza del mismo nombre, al noroeste de la catedral. Asimismo, en verano abundan los puestos de pescadito frito cerca de la playa. En los **bares** suelen servir tortilla de camarones, una especialidad local. En la plaza de San Juan de Dios, que mirando desde el puerto y la primera prolongación de las dársenas de Cádiz sobresale al otro lado del istmo peninsular, hay algunos cafés y **restaurantes** económicos. *La Caleta*, cuyo salón interior está construido en forma de bodega de barco, sirve unas deliciosas raciones de champiñones al jerez, chipirones en su tinta y otras variedades; también tiene un comedor donde ofrecen menús económicos. En la esquina superior derecha de la plaza están *El 9, Pasaje Andaluz* y *La Económica*. En la pequeña plaza Tío de la Tiza, el casco antiguo y cerca de la playa, abundan los establecimientos de pescado y suele haber mesas al aire libre en verano, así como en el cercano *El Faro*, un restaurante de más categoría, en San Félix 15, uno de los mejores restaurantes de pescado de Andalucía.

La costa de Cádiz

Cádiz tiene dos playas: la **playa de la Victoria**, a la izquierda del promontorio a la entrada de la ciudad, y la no muy limpia **playa de la Caleta**; pero si el viajero quiere encontrar aguas más claras, se recomienda cruzar la bahía hacia **El Puerto de Santa María**. Siguiendo por la costa en dirección a Sanlúcar de Barrameda, las playas son más o menos continuas; una de las mejores flanquean los centros veraniegos de **Rota** y **Chipiona**. Se trata de lugares adonde acuden muchos gaditanos a pasar el fin de semana, por ello en julio y agosto están bastante concurridos.

El Puerto de Santa María
EL PUERTO DE SANTA MARÍA es la localidad por la que optan la mayoría de los veraneantes: un centro tradicionalmente familiar para gaditanos y sevillanos; de hecho, muchos de ellos han construido sus villas y chalés en la hermosa **playa Puntillo**. Esta zona queda un poco apartada del pueblo (a unos 10 o 15 minutos a pie o en autobús local), y constituye un lugar ideal para pasear al atardecer. El visitante encontrará allí un bar de playa muy agradable donde podrá tomar 1 l de sangría por

muy poco dinero (puede llevarse algo para comer). El principal interés de la localidad son las **bodegas de jerez:** locales alargados y encalados que flanquean las calles y orillas del río. Hasta que el tren llegó a Cádiz, todas las exportaciones de vino procedentes de Jerez pasaban por El Puerto de Santa María; en cierto modo, su puerto todavía se utiliza para ello. Casi todas las empresas dedicadas a ello ofrecen visitas y catas gratuitas (mar.-sáb., alrededor de 10-12 h), aunque no se trata de un servicio regular, así que el viajero tendrá que telefonear con antelación a la oficina de turismo para organizar una visita en Cádiz o El Puerto de Santa María. Puede elegir entre *Osborne y Cía* (☎956 861 600), *Luis Caballero* (☎956 861 300) o *Fernando A. Terry* (☎956 862 700), este último en un hermoso convento remodelado del siglo XVII.

Desde Cádiz, el **transbordador** es un medio de transporte más rápido y económico que el autobús; el viaje de 20 minutos a través de la bahía parte de la estación marítima a las 8.30 (sólo en verano), 10, 12, 14, 18.30 y 20.30 h (sólo en verano), y regresa a Cádiz a las 9, 11, 13, 15.30 y 19.30 h (sólo en verano). En temporada alta hay salidas extraordinarias que se organizan según demanda (sobre todo al atardecer). La oficina de **turismo** se encuentra en Guadalete 1 (todos los días, 10-14 h y 17.30-19.15 h; ☎956 542 413), cerca de la plaza de Galeras Reales, donde le dejará el transbordador. Allí hay también excelentes **restaurantes** de pescado. Un autobús que sale de la plaza Galeras Reales lleva hasta el **cámping** de la playa Las Dunas (todo el año; ☎956 870 112), cerca de la playa y con mucha sombra.

Rota y Chipiona

ROTA, situada a 16 km de la costa, está marcada por su proximidad a una de las tres mayores **bases de Estados Unidos** en España, instalada allí en la década de 1950 como parte de un acuerdo con el Gobierno de Franco, que cedió franjas de territorio de soberanía española a cambio de ayuda económica y «respeto» internacional. No es muy importante como centro turístico, pero hay un par de espléndidas playas y numerosas discotecas, bares y restaurantes de pescado, por lo que puede satisfacer las necesidades de quien decida quedarse.

CHIPIONA, el siguiente punto turístico, es más sencillo: se trata de una localidad veraniega junto al mar, donde abundan las pensiones familiares. Los turistas más viejos van allí para descansar en los **balnearios**, que canalizan un manantial de la iglesia de Nuestra Señora de Regla, pero por lo general las **playas** atraen a más gente. Al sur de la localidad y del faro está la alargada **playa de Regla**, donde —excepto en julio y agosto— no resulta difícil apartarse de la multitud; al nordeste, hacia Sanlúcar, el viajero encontrará franjas de arena y rocas. Si tiene intención de quedarse, se recomienda pernoctar en los **hostales** situados cerca de la playa; si quiere conseguir una habitación en plena temporada alta tendrá que pedir ayuda a la mujer que atiende a los recién llegados a la estación de autobuses. El **cámping** *Pinar de Chipiona* (todo el año; ☎956 372 321) se halla a 3 km de la localidad, en dirección hacia Rota.

Sanlúcar de Barrameda

Como El Puerto de Santa María, **SANLÚCAR DE BARRAMEDA** también está relacionado con el jerez. Asentado en la desembocadura del Guadalquivir, constituye el principal centro del vino **manzanilla**, una variedad pálida y seca que sirven en los bares, y que el viajero también puede probar durante una visita (reservada con antelación) a las **bodegas** del pueblo: la *Bodega Antonio Barbadillo*, en Eguilaz 11 (sólo jue., 12.30 h; 300 pesetas; ☎956 365 103), que pertenece al mayor productor de la localidad, y la *Vinícola Hidalgo*, en Banda Playa 24 (lun.-vier., 12.30 h; entrada gratuita; ☎956 360 516), que elabora la famosa marca La Gitana. Sanlúcar es también el lugar donde se organizan carreras de caballos por la playa durante las 2 últimas semanas de agosto, la mejor época para ir.

No hay mucho más que ver, aunque el casco antiguo y el barrio alto merecen una

visita. El puerto conoció algunos eventos importantes: Magallanes zarpó de allí para dar la vuelta al mundo, Pizarro embarcó desde este punto rumbo a la conquista de Perú, y 4 km río arriba, en Bonanza, Colón inició su tercer viaje a América. Los edificios de interés de Sanlúcar —los **palacios ducales de Medina Sidonia** (miér., 10-13 h; entrada gratuita) y **Montpensier** (lun.-vier., 10-14 h; entrada gratuita), este último conocido localmente como palacio de Orleans y Borbón y decorado en estilo neomudéjar, la iglesia de **Nuestra Señora de la O**, en la que destaca su hermoso portal gótico-mudéjar y los restos del **castillo de Santiago**— se encuentran todos en la parte más alta y principal de la localidad, la cuesta de Belén.

Lo mejor de Sanlúcar es su **playa fluvial** llena de conchas y de aguas templadas, a 2 km desde el centro de la localidad, y por lo general casi desierta. En la orilla opuesta empiezan los terrenos del **Parque Nacional del Coto de Doñana** (véase pág. 276), cuyas vastas extensiones de marismas (de acceso restringido) marcan el fin de la carretera de la costa hacia el oeste. En la actualidad es posible visitar el parque desde Sanlúcar en una excursión en barco; aunque no permite una exploración a fondo, sí sirve para que el viajero contemple en parte tan hermosa zona. El viaje dura unas 4 horas y permite hacer dos breves visitas guiadas a pie al interior del parque. El *Real Fernando* zarpa a diario del muelle del Bajo de Guía (abril-sept., 8.30 y 16.30 h; oct.-marzo, 10 h; 2.100 pesetas; ☎956 363 813).

No resulta fácil encontrar **alojamiento** aquí en verano, pero el viajero puede probar en *Pensión Blanca Paloma*, plaza San Roque 9 (☎956 363 644; ③), magníficamente ubicada, o la acogedora *Fonda Román*, Barrameda 17 (jul.-agos., ☎956 366 001; ②), al este del Ejército. También puede preguntar en la **oficina de turismo**, en calzada del Ejército (lun.-vier., 10-14 h; sáb.-dom., 11-14 h; ☎956 366 110), en la avenida que lleva hasta el mar, donde también proporcionan planos de la localidad.

Jerez de la Frontera

JEREZ DE LA FRONTERA, tierra adentro y en dirección a Sevilla, es la cuna del jerez y, aunque menos conocido pero igualmente importante, del brandy español. Se trata de un lugar que tienta a hacer una parada larga, ya que su actividad gira en torno a las bodegas de vino; pero tal vez el viajero sólo querrá quedarse para una visita rápida (y una cata) mientras hace tiempo para tomar un autobús, ya que la población, aunque agradable, tiene poco interés a menos que llegue durante uno de los dos grandes **festivales** que se celebran allí: la feria equina de mayo (quizá la feria andaluza más refinada) y la celebración de la vendimia hacia finales de septiembre. Además, Jerez tiene una larga y distinguida tradición **flamenca**; si al viajero le interesa saber más sobre el folclore andaluz, puede ir al **Centro Andaluz de Flamenco** en la plaza de San Juan (lun.-vier., 9-14 h; entrada gratuita), donde podrá ver vídeos de grandes figuras del flamenco y obtener información sobre los puntos donde se vive el flamenco en Jerez.

Las **visitas a las destilerías de jerez y brandy** pueden resultar interesantes —casi tanto como las catas con que finalizan— y, siempre que el visitante no llegue en agosto, cuando la mayor parte de ellas permanecen cerradas, hay muchas marcas importantes y bodegas entre las que elegir. La más céntrica es **González Byass** (todo el año; visitas, lun.-vier., 400 pesetas; sáb., 500 pesetas; reservas por anticipado, ☎956 357 000). Allí las visitas se hacen, como en la mayoría de las casas, entre 9-10 h y las 13 h, con una extra al atardecer durante los fines de semana; hay presentaciones en inglés, ya que en muchas fraternidades jerezanas éste es el segundo idioma. **Pedro Domecq**, en San Ildefonso 3 (todo el año; visitas, lun.-sáb., 500 pesetas; dom., 600 pesetas; reservas por anticipado, ☎956 151 500), es el segundo de los dos grandes del jerez, y tiene parecidos horarios de visitas, también en domingo. Muchas de las firmas fueron fundadas por los refugiados católicos ingleses, a los que la Ley de

Supremacía (Supremacy Act) prohibió el ejercicio de la profesión en su país durante el siglo XVI; aún ahora forman una especie de aristocracia angloandaluza vestida de *tweed* y aficionada al polo (lo que se hace más evidente durante la feria equina). Las bodegas de González Byass —las soleras— son tal vez las más antiguas de Jerez y, aunque ya no se usan, conservan una antigua cámara circular diseñada por Eiffel (el mismo que proyectó la torre). Si el viajero quiere ir a otras bodegas, puede recoger una lista de direcciones y horarios de apertura en la oficina de turismo (véase abajo) o en cualquier agencia de viajes del centro cuando ésta permanezca cerrada.

El edificio más interesante de la población incluida la imponente **catedral de San Salvador**, de estilo gótico-renacentista (todos los días, 17.30-20 h y durante los servicios matutinos) y un impresionante **Alcázar** árabe del siglo XI (lun.-vier., 10-14 h y 16-18 h; sáb., 10-14 h; 200 pesetas) junto a la bodega González Byass, se halla a 2 minutos a pie desde la céntrica plaza del Arenal. Se trata del excelente **Museo Arqueológico** (mar.-vier., 10-14 h y 16-19 h; sáb.-dom., 10-14.30 h; 250 pesetas), a 5 minutos al norte del centro, en la plaza del Mercado que está en los límites del antiguo barrio gitano de Jerez, el barrio de Santiago; entre las piezas más destacadas se encuentran un casco militar griego del siglo VII a.C., un sarcófago visigótico y un hermoso jarro califal.

Las pruebas del gran entusiasmo que despiertan los caballos en Jerez pueden verse en la **Real Escuela Andaluza de Arte Ecuestre**, en la avenida Duque de Abrantes s/n, que ofrece la posibilidad de ver actuar a los caballos con música (jue. mediodía espectáculos semanales; 2.500 pesetas; reservas, ☎956 307 798); resulta más barato asistir a los ensayos (lun.-miér. y vier., 11 h; 500 pesetas), pero son sin música.

Aspectos prácticos

La oficina de **turismo** (lun.-vier., 9-14 h y 17-19 h; sáb., 9-14 h; ☎ y fax 956 331 150) está en la Alameda Cristina 7, al norte de la céntrica plaza del Arenal; allí proporcionan un buen plano de la población, Si el viajero busca **alojamiento**, las habitaciones más baratas son las de la *Pensión Los Amarillos*, en Melina 39 (☎956 342 296; ②), adonde llegará girando a la izquierda desde la estación de autobuses y cruzando tres manzanas. El cercano *Hostal Las Palomas*, Higueras 17 (☎956 343 773; ②), dispone de habitaciones limpias y sencillas, mientras que un poco más allá se halla el **albergue de juventud**, avenida Carrero Blanco 30 (☎956 143 901; fax 956 143 263; ①), a 10 minutos a pie hacia el sur desde el centro, y fácilmente accesible en los autobuses 1 o 13 desde la plaza del Arenal. El excelente *Hotel San Andrés*, de más categoría, se encuentra en Morenos 12 (☎956 340 983; fax 956 343 196; ③), y ofrece habitaciones con baño; y el acogedor *Hostal Torres*, en Arcos 29 (☎956 323 400; ①), al norte de la estación de autobuses, dispone de parecidas instalaciones y dos preciosos patios.

Las estaciones de **ferrocarril** y **autobuses** están más o menos una junto a otra, a ocho calles al este de la bodega de González Byass y la céntrica plaza del Arenal.

Provincia de Huelva

La **provincia de Huelva** se extiende entre Sevilla y Portugal, pero aparte del espectacular tramo de sierra Morena (véase pág. 260) que se eleva al norte y de una cadena de hermosas **playas** al oeste de la capital, es una provincia bastante desconocida de Andalucía, con amplias extensiones de marismas y muchos mosquitos. Este sorprendente hábitat, sin embargo, alberga una vida salvaje muy diversa, sobre todo especies de aves, y se ha vallado un terreno de 24.000 Ha en el delta del río Guadalquivir (la mayor extensión virgen de carreteras de Europa Occidental) para formar el **Parque Nacional del Coto de Doñana**. Aquí, entre dunas de arena, bosques de

pinos, marismas y lagos de agua dulce viven colonias de flamencos y extrañas aves de presa, linces, mangostas y una sorprendente variedad de aves migratorias.

El Parque Nacional del Coto de Doñana

El dibujo estacional de las aguas del delta, que fluyen en invierno y menguan en primavera dejando ricos depósitos de sedimentos, bancos de arena e islotes, confieren al **Coto de Doñana** su especial interés. En invierno reúne unas condiciones perfectas para albergar patos y gansos, pero la primavera es más emocionante: el barro que queda expuesto por las filtraciones atrae a cientos de bandadas de aves que acuden para reproducirse. En las marismas y entre los bosques de alcornoques que hay detrás se pueden ver garzas reales, zancudas de alas negras, fumareles cariblancos, canasteras, además de flamencos, garcetas y buitres. A finales del verano y principios de otoño las marismas se secan y acogen a menos aves. También puede avistarse ocasionalmente el águila imperial española, una especie que en la actualidad se reduce a 14 parejas. Asimismo allí viven unas 25 parejas de linces.

Sin embargo, el equilibrio ambiental del parque está amenazado por la sequía —que incluso en sus niveles más habituales es muy severa—, la contaminación del río Guadalquivir debido a los pesticidas que arrojan las granjas, las industrias de Sevilla y las minas de Huelva. En 1998 ocurrió un grave desastre ecológico, al romperse una presa situada en la parte alta del río que se utilizaba para almacenar residuos tóxicos; se liberaron millones de litros de contaminantes en el río Guadiamar, que recorre el parque y la marea nociva se detuvo a tan sólo 2 km del parque, pero ya había causado un daño irreparable en las tierras de cultivo de los alrededores, afectado a los pájaros que anidaban y envenenado a miles de peces. Las consecuencias de esta tragedia aún son impredecibles.

Igualmente alarmantes son las propuestas para construir un nuevo centro turístico conocido como **Costa Doñana** en las lindes del parque. Las campañas de organizaciones nacionales e internacionales contribuyeron a paralizar este proyecto, aunque no a que fuera desestimado del todo, ya que los lugareños presionan para que se lleve a cabo y se creen así puestos de trabajo. Tanto un bando como el otro han organizado manifestaciones multitudinarias; mientras tanto, a menudo se producen ataques vandálicos contra las propiedades del parque.

La visita al parque

Visitar Doñana resulta algo complicado, ya que en la actualidad sólo se puede acceder mediante un crucero en barco desde Sanlúcar (véase pág. 273) y unas breves **visitas** organizadas (primavera y verano, mar.-dom., 8.30 y 15 h; 2.750 pesetas) en todoterreno; duran unas 4 horas por cualquiera de las cinco rutas marcadas de 18 km. Las visitas tienen como punto de partida el mismo lugar donde se hacen las reservas (en temporada alta se recomienda hacerlo con la máxima antelación posible): el Centro de Recepción del Acebuche (☎959 448 711 y 959 448 739), a 5 km al norte de Matalascañas en dirección hacia El Rocío y Almonte, o en la Cooperativa Marismas del Rocío, plaza del Acebuchal 16, El Rocío (☎959 430 432; fax 959 430 451). Son excursiones bastante orientadas al turismo, por lo que sólo se muestran las especies más vistosas, como flamencos, águilas imperiales, ciervos y jabalíes. Si el viajero es ornitólogo y está interesado en otros tipos de animales, la visita no le satisfará. En tal caso, se aconseja al visitante que pida al centro que organice un grupo de visita en privado; hay **observatorios** de aves (todos los días, 8-20 h) en El Acebuche, La Rocina y El Acebrón, además de un sendero de 1.500 m desde El Acebuche que crea un minitrayecto por los típicos cotos o terrenos que pueden encontrarse en la reserva. Aunque podrá alquilar prismáticos, a veces se agotan las existencias, por lo que se

recomienda llevar unos. La exposición sobre historia natural del centro merece por sí sola una visita.

Matalascañas

Al margen de las aves, fauna y flora, el centro turístico de **MATALASCAÑAS**, situado en el perímetro costero del parque con sus cinco grandes complejos hoteleros y un centro comercial de cemento, es difícil que atraiga a todo tipo de viajeros. Además, en verano resulta imposible encontrar **habitaciones**, y a menos que el viajero haya planeado la visita con antelación (cualquier agencia de viajes de Sevilla reserva alojamiento allí), tal vez terminará acampando por su cuenta o en el enorme *Cámping Rocío Playa* (todo el año; ☎959 430 238), que el visitante encontrará al bajar por la carretera de Huelva. Si no viaja con vehículo propio le resultará difícil acceder desde allí a Doñana, pero si sólo quiere disfrutar de la **playa**, no es una mala opción. La playa Doñana y su prolongación, la playa Mazagón (donde hay otro cámping, el *Doñana Playa*, todo el año; ☎959 536 281), se extienden hasta Huelva, y difícilmente encontrará turistas extranjeros en esta zona. Cubren la ruta tres autobuses diarios en ambas direcciones.

El Rocío

Otro acceso —más corriente— a Matalascañas es a través de Almonte, una aldea insignificante, y **EL ROCÍO**, un pueblecito de casas de campo blancas con una iglesia vallada donde por Pentecostés se lleva a cabo la que quizá sea la más famosa peregrinación anual del sur: la **romería del Rocío**, un espectáculo extraordinario en el que participan comunidades rurales y hermandades de Huelva, Sevilla y Málaga, reunidas en una procesión de caballos y carretas profusamente decoradas y tiradas por bueyes. Durante la romería, que alcanza su clímax el sábado al atardecer, se celebran bailes y fiestas, y cuando las carretas alcanzan El Rocío ya se les han sumado otros muchos peregrinos que viajan en autobús. Todos ellos llegan, al margen de la propia romería, a conmemorar el milagro de Nuestra Señora del Rocío, una estatua que según se dice fue hallada en este sitio y no pudo ser trasladada a otro lugar, a pesar de todos los intentos. La imagen, a la que se atribuyen toda clase de poderes e influencia en la fertilidad, es llevada en procesión por los fieles el domingo al amanecer.

El Rocío es un bonito lugar para quedarse un tiempo, con sus calles amplias y arenosas y su ambiente fronterizo. Encontrará dos buenos **hostales**: *Hostal Isidro*, avenida Los Ansares 59 (②), y *Hostal Cristina*, en Real 32 (☎959 406 513; ③). De más categoría son el acogedor *Hotel Toruño*, plaza Acebuchal 22 (☎959 442 323; fax 959 442 338; ⑤), y el aún más elegante *Puente del Rey*, avenida Canaliega 1 (☎959 442 575; fax 959 442 070; ⑤). En primavera el pueblo se convierte probablemente en el mejor lugar de toda la zona para **observar las aves**. Las marismas y los bosques de pinos de los alrededores están atestados de aves, y hay senderos al este y sureste de El Rocío que recorren los límites de la reserva, por lo que el viajero podrá ver muchas especies (más de 100 si tiene suerte).

Huelva y el descenso de la costa hacia Portugal

Grande, extensa e industrializada, **HUELVA** es la capital de provincia andaluza que atrae menos turismo. Se proclama «capital del flamenco», pero a menos que el viajero sea gran admirador de este arte, tal vez no quiera quedarse muchos días allí. De día —y también al atardecer— lo más tentador es tomar el transbordador que sale cada hora (sólo en verano) y cruza la bahía hacia **Punta Umbría**, el centro turístico del lugar, al que también se accede por un nuevo puente de carretera que se extien-

de sobre las marismas del estuario del río Odiel. Tampoco ésta es una localidad muy seductora, pero al menos tiene cierta actividad, una playa bonita, numerosos hostales y un cámping.

La ruta de Colón

Cerca de allí, al otro lado del estuario del río Tinto, se hallan el monasterio de La Rábida y los pueblos de Palos y Moguer, lugares vinculados a los viajes de Colón al Nuevo Mundo.

La Rábida (mar.-dom., 1 h, 10-13 h y 16-18.15 h; entrada gratuita), a 8 km de Huelva y fácilmente accesible en autobús, es un encantador monasterio franciscano; su abad fue una figura crucial para conseguir los fondos necesarios de los Reyes Católicos, destinados al viaje de Colón. En el nuevo **Puerto de las Carabelas** (abril-sept., mar.-vier., 10-14 h y 17-21 h; sáb.-dom., 11-20 h; oct.-marzo, mar.-vier., 10-14 h; sáb.-dom., 11-20 h; 420 pesetas) se encuentran las reproducciones a tamaño natural de las tres carabelas con las que Colón realizó su mítico viaje al Nuevo Mundo. En **Palos**, a 4 km al norte, está la iglesia de **San Jorge** donde Colón y su tripulación asistieron a misa antes de zarpar del puerto, en la actualidad inutilizado. A otros 8 km al norte se encuentra el pueblecito encalado de **MOGUER**, en el que destacan el **convento de Santa Clara** del siglo XIV, en cuya iglesia pasó Colón toda una noche rezando en acción de gracias por haber regresado sano y salvo. El pueblecito es hermoso; además allí nació el poeta y premio Nobel Juan Ramón Jiménez; asimismo hay una reproducción a escala natural de la Giralda de Sevilla junto a la **iglesia de Nuestra Señora de Granada**. Si el viajero quiere pernoctar allí, encontrará el *Hostal Pedro Alonso Niño*, en Pedro Alonso Niño 13 (☎959 372 392; ②), muy agradable, dispone de habitaciones con baño adjunto que ofrecen una excelente relación calidad-precio.

Al oeste, hacia Portugal

Desde Huelva se recomienda seguir tierra adentro hacia sierra Morena o continuar recto **por la costa hacia Portugal**. El viajero verá unas cuantas playas bonitas y algunos centros turísticos no muy caros que destacan por su excelente pescado, como **Isla Cristina**, en el tramo de costa que se extiende entre Huelva y el pueblo fronterizo de **Ayamonte**, aunque no hay mucho más que ver. Un buen servicio de autobús cubre esta ruta y pasa por el puente de carretera suspendido sobre el estuario del río Guadiana, uniendo así Ayamonte y **Villa Real de Santo Antonio**; fue creado para facilitar el paso a Portugal. Por este acceso, el mejor destino para pernoctar en Portugal es Tavira, en la línea ferroviaria del Algarve.

De Sevilla a Córdoba

El enlace directo de **Sevilla a Córdoba** cubre 135 km a lo largo del valle del Guadalquivir, y está comunicado por tren y algunos autobuses. Se trata de un trayecto llano y bastante insípido. Es mucho más interesante la ruta que queda al sur de ésta y pasa por **Carmona** y **Écija**, dos poblaciones atractivas, y más aún si el viajero se detiene también en **Osuna**. Hay muchos autobuses que transitan por estas carreteras, así que no existe una necesidad real de permanecer en estas localidades; **Carmona**, en particular, está muy cerca de Sevilla.

Carmona

Asentado en una montaña baja junto a una llanura fértil, **CARMONA** es una población pintoresca con una torre del siglo XV construida a imagen de la Giralda. Esto es

lo primero que se ve al llegar, y le da un tono adecuado al lugar, ya que comparte una historia similar a la de Sevilla, a tan sólo 30 km. Carmona fue un importante enclave romano (de aquella época conserva una necrópolis subterránea), que luego, bajo dominio árabe, fue gobernado por un hermano del gobernador de Sevilla. Más tarde, Pedro el Cruel mandó construir un palacio en el interior de su castillo, que utilizaba como residencia real «provincial».

Los autobuses paran junto a la antigua **Puerta de Sevilla**, una enorme puerta fortificada en ruinas, de origen árabe, por la que se entraba al antiguo pueblo. Dentro de sus murallas las calles estrechas pasan ante iglesias mudéjares y mansiones renacentistas. Hay un plano de la población sobre el pórtico de **San Pedro** (la iglesia situada junto a la torre que imita la Giralda); el viajero tendrá que orientarse y ascender hacia la **plaza San Fernando** (o plaza Mayor), no muy grande pero flanqueada por espléndidos edificios de estilo árabe. Detrás suele haber un bullicioso mercado de frutas y verduras casi todas las mañanas.

Hacia el este se alza **Santa María**, una iglesia gótica levantada sobre una antigua mezquita, cuyo elegante patio aún se conserva; como muchas de las iglesias de Carmona, está coronada por una torre mudéjar, que tal vez fue construida sobre una parte del antiguo minarete. Dominan los límites del pueblo los enormes restos del **Palacio de Pedro**, destruido por un terremoto en 1504, y en la actualidad convertido en un elegante pero caro parador nacional (véase abajo). A la izquierda, más adelante y abajo, la población queda interrumpida de manera romántica ante la romana **Puerta de Córdoba**, desde donde la antigua carretera de Córdoba (que hoy en día es un camino descuidado) desciende hacia una vasta llanura.

La extraordinaria **necrópolis romana** (visitas guiadas, jun.-sept., mar.-vier., 9-14 h; sáb.-dom., 10-14 h; oct.-mayo, mar.-vier., 10-14 h y 16-18 h; sáb.-dom., 10-14 h; 250 pesetas; entrada gratuita para los ciudadanos de la UE) se encuentra en una colina situada enfrente de Carmona: hay que bajar desde San Pedro, salir del pueblo y seguir la calle de Enmedio, que es la del centro (paralela a la principal carretera de Sevilla) durante unos 450 m. Allí, entre cipreses, el visitante encontrará más de 900 panteones que datan de entre el siglo II a.C. y el siglo IV d.C. Las criptas están en cámaras subterráneas excavadas en la roca, a menudo pintadas con frescos, y albergan series de nichos que todavía conservan intactas muchas de las urnas funerarias. Algunas de las tumbas más grandes disponen de antecámaras con bancos de piedra para celebrar banquetes funerarios, y otras conservan emblemas familiares excavados en la roca (hay una con un elefante, quizá símbolo de una larga vida). La más espectacular es la tumba de Servilia, un amplio templo con columnas y cámaras laterales abovedadas. Enfrente se halla el **anfiteatro**, parcialmente excavado, que aún no se incluye en la visita guiada.

Aspectos prácticos

La **oficina de turismo** (lun.-vier., 9-14 h; sáb.-dom., 10.30-13.30 h; ☎954 419 095) está en la plaza de Fernando (también llamada plaza de Arriba), en el centro del casco antiguo, y proporciona mapas a los visitantes. No abunda el **alojamiento** económico; la mejor opción es la *Pensión El Comercio* (☎954 140 018; ③), dentro de la puerta de la población, o *El Potro*, deteriorado pero limpio, en Sevilla 78 (☎954 141 465; ②), a 100 m por la carretera de Sevilla. El *Parador Alcázar del Rey Don Pedro* (☎954 141 010; fax 954 141 712; ⑧), en las ruinas del palacio, es el hotel de alta categoría con más carácter de Carmona, y aunque el viajero no se aloje en él vale la pena que acuda al bar para tomarse un café y disfrutar de las fabulosas vistas de su terraza.

En el casco antiguo la **comida** resulta cara; se recomiendan los bares de tapas de la calle Fuente, que desciende hacia la derecha poco antes de **San Pedro**. Más allá de la iglesia, el restaurante *Gamero* sirve platos combinados a precios razonables y ofrece menú; también es económico *El Potro*, pero algo desangelado.

Écija

Sevilla y Córdoba tienen la reputación de ser las ciudades más cálidas de España; ÉCIJA se encuentra a medio camino de las dos, en una cuenca rodeada de colinas arenosas; todo el mundo la conoce como la «sartén de Andalucía», y con razón. A mediados de agosto la única manera de recorrerla es deslizarse del cobijo de una sombra a otra, o armarse de valor para bajar a la orilla del río.

El esfuerzo merece la pena, ya que se trata de una de las poblaciones del sur de España con más sabor local; destacan sus once preciosas torres de iglesia, deterioradas pero relucientes con sus azulejos de colores. También tiene un peculiar estilo arquitectónico, con muchos adornos y de formas floridas, que se muestra en todo su esplendor en la **calle de los Caballeros** (a dos calles al sur de la plaza Mayor, donde paran los autobuses), flanqueada por mansiones y palacios. La iglesia más interesante es la de **Santa Cruz**, antigua mezquita.

En el centro de Écija hay un par de **hostales**. La *Pensión Santa Cruz*, Romero Gordillo 8 (☎954 830 222; ③), está saliendo de la plaza Mayor por el este; el viajero encontrará más alojamientos en la periferia, a la salida de la carretera Sevilla-Córdoba. Si quiere algo más lujoso, puede optar por el *Hotel Platería*, en calle Garci López, que dispone de aire acondicionado (☎954 835 010; ⑤). La **oficina de turismo** (lun.-vier., 9-15 h; ☎955 900 240) se encuentra en el ayuntamiento, en la plaza Mayor; allí proporcionan un buen plano del pueblo.

Osuna

OSUNA (como Carmona y Écija) es una de esas poblaciones andaluzas que se recomienda explorar por la tarde; tranquila y agradable, destacan sus elegantes calles de casas encaladas y embaldosadas, entre las que asoman **mansiones renacentistas**. Las mejores se hallan en la calle Carrera, que baja desde la plaza Mayor, y la calle San Pedro que la cruza (el n.º 16 tiene un precioso relieve geométrico que rodea una talla de la Giralda). En la plaza Mayor hay un **casino** —con decoración de la década de 1920 de estilo mudéjar y una cubierta de aire pomposo y extraño— que permanece abierto al público y constituye un lugar excelente para tomarse una copa.

En lo alto de la montaña se erigen grandes edificios de piedra: la antigua universidad (que cerró el reaccionario Fernando VII en 1820) y la recargada **Colegiata** del siglo XVI (visitas guiadas, mar.-vier., 10.30-13.30 h y 15.30-18.30 h; sáb.-dom., 10.30-13.30 h; 300 pesetas), que alberga el lóbrego pero impresionante **panteón** y la **capilla** de los duques de Osuna, descendientes de los reyes de León y uno de los «señoríos de Andalucía», además de un **museo** que muestra algunas obras de arte, entre ellas óleos de Ribera. Enfrente de la entrada de la Colegiata se alza el convento barroco de **La Encarnación** (mismo horario que arriba; 250 pesetas), que luce un hermoso plinto de azulejos sevillanos alrededor del claustro y la galería.

En Osuna abunda el **alojamiento**. Se recomienda la económica *Pensión Esmeralda*, en Tesoro 7 (☎955 821 073; ②), pasado el doble arco de la plaza Mayor. También hay algunos bares que ofrecen habitaciones ruidosas a lo largo de la calle Carrera. Otras alternativas de más categoría son el *Hostal Cinco Puertas*, Carrera 79 (☎954 811 243; ③) o, enfrente, el *Hostal Caballo Blanco*, Granada 1 (☎954 810 184; ④), que dispone de algunas habitaciones mejores que el anterior, con baño. Ambos sirven buena comida.

Córdoba

CÓRDOBA se asienta junto a un meandro del río Guadalquivir, en un punto más alto que el tramo que pasa por Sevilla; en el pasado el río era navegable hasta aquí. En la ac-

tualidad es una capital de provincia próspera dentro de sus posibilidades. Sin embargo, en un tiempo llegó a ser la mayor ciudad de la España romana, y durante 3 siglos fue el corazón del dominio islámico occidental, el magnífico Califato medieval de los árabes.

De aquella época data el mayor monumento de la ciudad: la **Mezquita**, la más grande y hermosa que construyeron los árabes en España. Se levanta en pleno centro, rodeada por los antiguos barrios judío y árabe; se trata de un edificio de un extraordinario poder místico y estético. Se recomienda visitarla enseguida en cuanto el viajero llegue, y luego otra vez durante su estancia en la ciudad; descubrirá que su belleza e influjo crecen en cada reencuentro; así debe ser, ya que este magnífico monumento fue creado como lugar para la congregación diaria.

Pero al margen de la Mezquita, Córdoba tiene un gran encanto. Hay varias plazas grandes, y su arquitectura tiende hacia la introversión; probablemente al visitante le llamarán la atención sus enormes y extravagantes **patios**. Siempre han sido muy apreciados, y el consejo municipal contribuye a conservarlos y mantenerlos organizando un Festival de Patios en mayo. A 7 km de la ciudad se hallan las ruinas del complejo palaciego de **Medina Azahara**, en el que se están llevando a cabo obras de reconstrucción.

Llegada e información

Al viajero no le resultará difícil orientarse en Córdoba. Desde la **estación de ferrocarril** de la avenida de América parte la amplia avenida del Gran Capitán, que desciende hacia el casco antiguo y la Mezquita. Las terminales de autobuses son muy numerosas y están diseminadas por la ciudad. La compañía principal, Alsina Graells, se encuentra en la avenida de Medina Azahara 29 (continuación de la calle Gondomar), a dos o tres calles al oeste de los jardines del paseo de la Victoria; tiene servicios que comunican Córdoba con Sevilla, Granada y Málaga.

La **oficina de turismo** (lun.-vier., 9.30-20 h; sáb., 10-20 h; dom., 10-14 h; nov.-marzo, lun.-sáb., cierra a las 18 h; ☎957 471 235) se halla en el Palacio de Congresos y Exposiciones de calle Torrijos, junto a la Mezquita. Hay también una pequeña oficina municipal cerca de la plaza Judá Leví, al oeste de la Mezquita (lun.-sáb., 9-14 h y 16.30-18.30 h; dom., 9-14 h; ☎957 200 522), que proporciona un folleto con ilustraciones de los lugares más importantes de la ciudad, junto con un plano. El visitante obtendrá información sobre teatro y música experimentales en la **Casa de Cultura**, plaza del Potro 10.

Alojamiento

El viajero encontrará **alojamientos** por toda Córdoba, pero los mejores se concentran en el pequeño laberinto de callejuelas cerca de la Mezquita. Menos llamativas son algunas fondas recientemente habilitadas de la plaza de la Corredera. Se trata de una plaza agradable, una versión decadente de la plaza Mayor de Madrid, y merece la pena visitarla tanto si se hospeda allí como si no. Por las mañanas suele haber un mercadillo.

Opciones económicas
Albergue de juventud, plaza Judá Leví (☎957 290 166; fax 957 290 500). Excelente y moderno albergue de juventud de Córdoba (con habitaciones adjuntas gemelas); sirve comidas. ①

Hostal Almanzor, Corregidor Luis de la Cerda 10 (☎957 485 400). Situado al este de la Mezquita, este hostal pequeño pero encantador dispone de habitaciones con o sin baño. ②-③

282/ANDALUCÍA

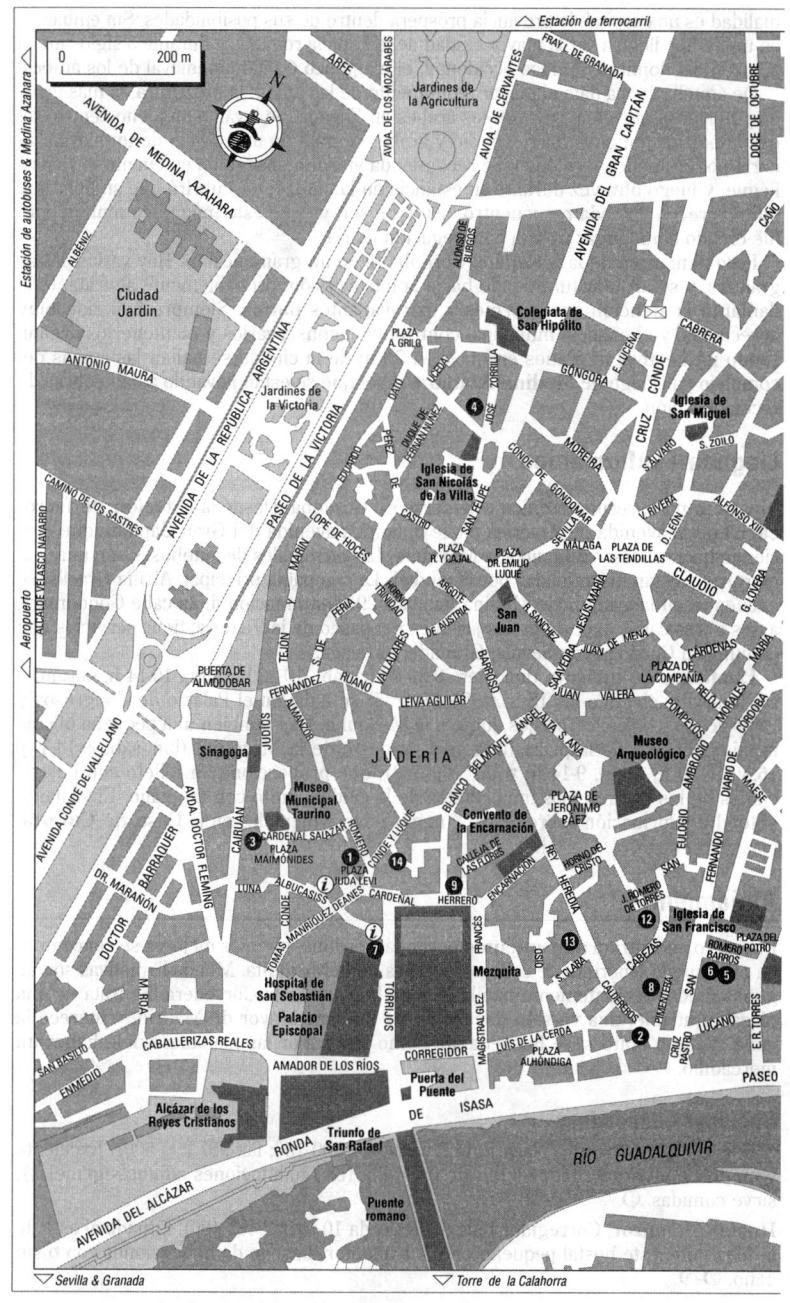

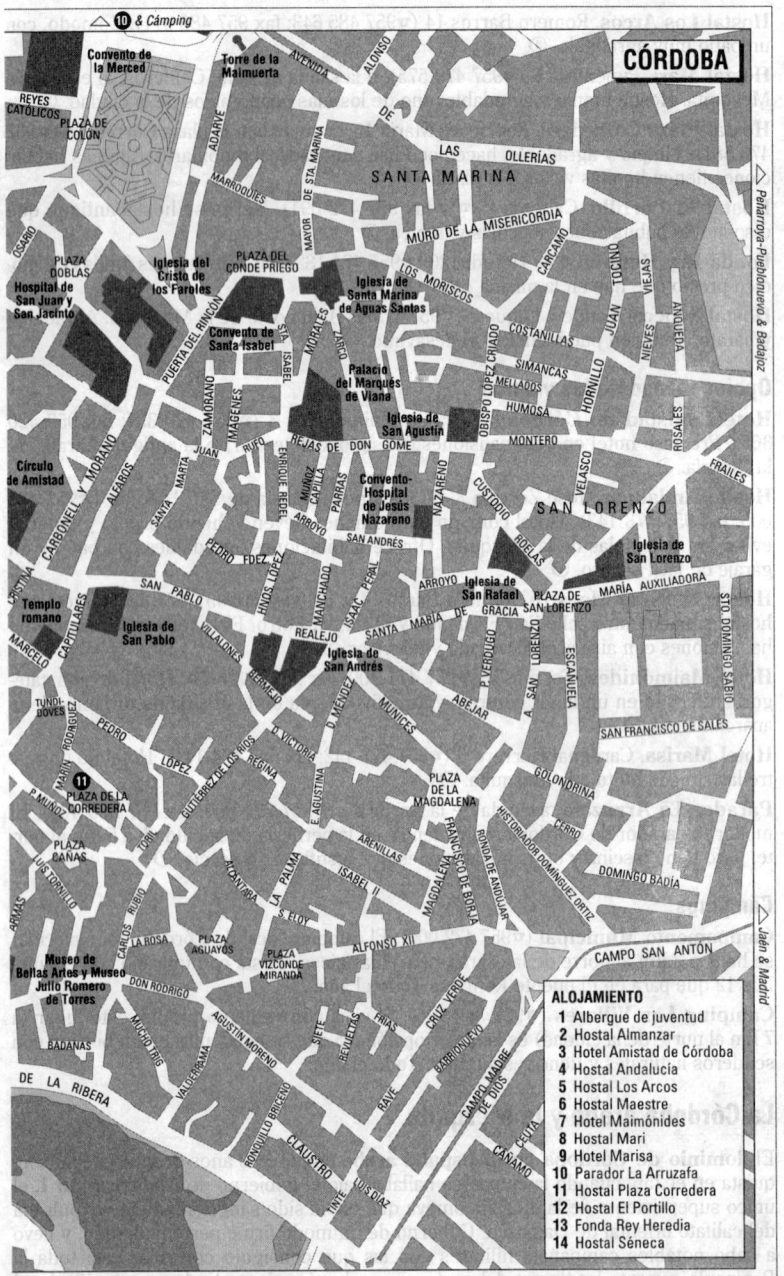

Hostal Los Arcos, Romero Barros 14 (☎957 485 643; fax 957 486 011). Cómodo, con un patio muy agradable. ③
Hostal Mari, Pimentera 6 (☎957 479 575), a la salida de calle Calderos, al este de la Mezquita. Hostal limpio y agradable; uno de los más económicos de la ciudad. ②
Hostal Plaza Corredera, Rodríguez Marín 15, esquina con la plaza Corredera (☎957 470 581). Limpio y agradable; hace poco han renovado el mobiliario. Algunas habitaciones tienen bonitas vistas a la plaza. ②
Hostal El Portillo, Cabezas 2 (☎ y fax 957 472 091). Hermoso hostal antiguo que dispone de habitaciones sencillas y dobles. ②
Fonda Rey Heredia, Rey Heredia 26 (☎957 474 182). Una de las tres fondas de módico precio que hay en la misma calle. ③
Hostal Séneca, Conde y Luque 7 (☎957 473 234), al norte de la Mezquita. Agradable y barato. También puede incluir el desayuno. ③

Opciones moderadas y caras

Hotel Amistad de Córdoba, plaza de Maimónides 3 (☎957 420 335; fax 957 420 365). Precioso hotel en dos mansiones del siglo XVIII, cerca de la antigua muralla de la Judería. ⑦
Hostal Andalucía, José Zorrilla 3, no lejos de la iglesia de San Hipólito (☎957 476 000; fax 957 478 143). Hotel cómodo para quienes lleven vehículo propio y quieran evitar las callejuelas de la Mezquita. Ofrece habitaciones agradables con baño y un garaje de fácil acceso. ④
Hostal & Hotel Maestre, Romero Barros 4 y 16 (☎ y fax 957 475 395). Excelente hostal situado entre calle San Fernando y plaza del Potro. El hotel anexo dispone de habitaciones con aire acondicionado y televisor. ④
Hotel Maimónides, Torrijos 4 (☎957 471 500; fax 957 483 803). Hotel de alta categoría; ubicado en un lugar céntrico y atractivo, cerca de la oficina de turismo; tiene aparcamiento. ⑦
Hotel Marisa, Cardenal Herrero 6 (☎957 473 142; fax 957 474 144). Hotel de dos estrellas situado junto a la Mezquita. ⑤
Parador La Arruzafa, avenida de la Arruzafa (☎957 275 900; fax 957 280 409). El moderno parador de Córdoba se encuentra en la periferia de la ciudad, a 5 km al norte, pero tiene piscina y otras instalaciones que justifican su precio. ⑦

Cámpings

Campamento Municipal (☎957 472 000). El cámping local de Córdoba (con piscina) se halla a 2 km al norte de la carretera a Villaviciosa, y está comunicado con el autobús 12 que para en el puente Romano. Todo el año.
Cámping Los Villares (☎957 330 145). Si viaja con vehículo propio, este lugar (a 7 km al norte de la ciudad) es la mejor opción, ya que se encuentra en un bosque con senderos naturales y tiene restaurante. Todo el año.

La Córdoba árabe y la Mezquita

El **dominio de Córdoba en la España árabe** empezó 30 años después de su conquista en el 756, cuando la ciudad se hallaba bajo el gobierno de **Abderramán I**, el único superviviente de la dinastía omeya que había sido sangrientamente expulsada del califato oriental de Damasco. Gobernó de un modo firme pero moderado, y llevó a cabo notables campañas militares con las que consiguió controlar casi toda la Península, excepto las tierras del norte; se proclamó emir, un título que significaba al

LA CÓRDOBA ÁRABE Y LA MEZQUITA/285

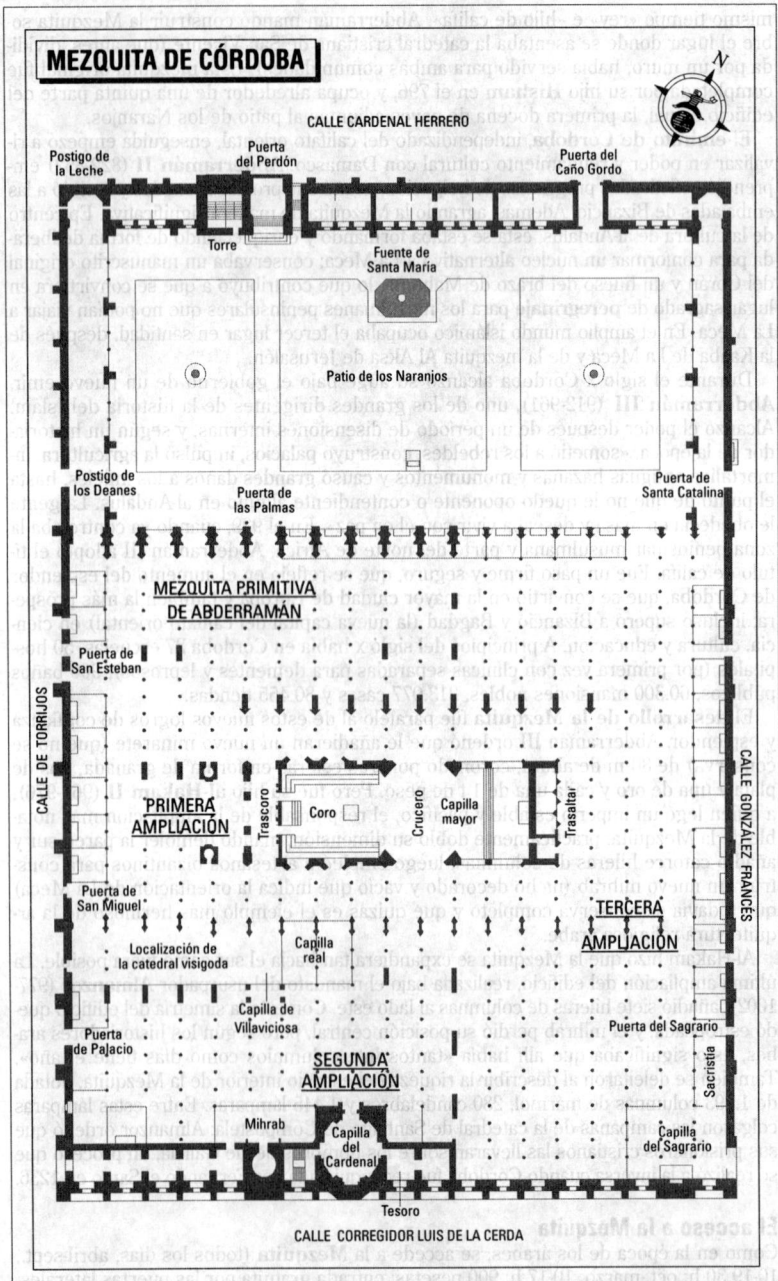

mismo tiempo «rey» e «hijo de califa». Abderramán mandó construir la Mezquita sobre el lugar donde se asentaba la catedral cristiana de San Vicente (que antes, dividida por un muro, había servido para ambas comunidades). Esta mezquita original fue completada por su hijo **Hisham** en el 796, y ocupa alrededor de una quinta parte del edificio actual, la primera docena de naves adjuntas al patio de los Naranjos.

El **emirato de Córdoba**, independizado del califato oriental, enseguida empezó a rivalizar en poder y refinamiento cultural con Damasco. **Abderramán II** (822-852) emprendió sofisticados programas de irrigación, acuñó sus propias monedas y recibió a las embajadas de Bizancio. Además, agrandó la Mezquita de manera significativa. Epicentro de la cultura de al-Andalus, ésta se estaba formando y enriqueciendo de forma deliberada para conformar un núcleo alternativo a La Meca; conservaba un manuscrito original del Corán y un hueso del brazo de Mahoma, lo que contribuyó a que se convirtiera en lugar sagrado de **peregrinaje** para los musulmanes peninsulares que no podían viajar a La Meca. En el amplio mundo islámico ocupaba el tercer lugar en santidad, después de la Kaaba de La Meca y de la mezquita Al Aksa de Jerusalén.

Durante el siglo X Córdoba alcanzó su auge bajo el gobierno de un nuevo emir, **Abderramán III** (912-961), uno de los grandes dirigentes de la historia del Islam. Alcanzó el poder después de un período de disensiones internas, y según un historiador de la época, «sometió a los rebeldes, construyó palacios, impulsó la agricultura, inmortalizó antiguas hazañas y monumentos y causó grandes daños a los infieles, hasta el punto de que no le quedó oponente o contendiente alguno en al-Andalus. La gente le obedecía en masa y deseaba vivir con él en paz». En el 929, cuando ya controlaba la zona peninsular musulmana y parte del norte de África, Abderramán III adoptó el título de califa. Fue un paso firme y seguro, que se reflejó en el aumento del esplendor de Córdoba, que se convirtió en la mayor ciudad de Europa y también la más próspera; incluso superó a Bizancio y Bagdad (la nueva capital del califato oriental) en ciencia, cultura y educación. A principios del siglo X había en Córdoba 27 escuelas, 50 hospitales (por primera vez con clínicas separadas para dementes y leprosos), 900 baños públicos, 60.300 mansiones nobles, 213.077 casas y 80.455 tiendas.

El **desarrollo de la Mezquita** fue paralelo al de estos nuevos logros de confianza y esplendor. Abderramán III ordenó que le añadieran un nuevo minarete (que no se conserva) de 80 m de altura, coronado por tres esferas en forma de granada, dos de plata y una de oro y cada una de 1 t de peso. Pero fue su hijo **al-Hakam II** (961-976), a quien legó un imperio estable y pacífico, el responsable de la ampliación más notable de la Mezquita: prácticamente dobló su dimensión, mandó demoler la pared sur y añadió catorce hileras de columnas; luego empleó a artesanos bizantinos para construir un nuevo mihrab (nicho decorado y vacío que indica la orientación de La Meca) que todavía se conserva completo y que quizás es el ejemplo más hermoso de la arquitectura religiosa árabe.

Al-Hakam hizo que la Mezquita se expandiera tan hacia el sur como fuera posible. La última ampliación del edificio, realizada bajo el mandato del usurpador **Almanzor** (977-1002), añadió siete hileras de columnas al lado este. Con esto la simetría del edificio quedó estropeada, y el mihrab perdió su posición central, pero según los historiadores árabes, esto significaba que allí había «tantos intercolumnios como días tiene el año». También se deleitaron al describir la riqueza del espacio interior de la Mezquita, dotada de 1.293 columnas de mármol, 280 candelabros y 1.445 lámparas. Entre estas lámparas colgaron las campanas de la catedral de Santiago de Compostela: Almanzor ordenó que sus prisioneros cristianos las llevaran sobre los hombros desde Galicia, un proceso que se realizó a la inversa cuando Córdoba fue reconquistada por Fernando el Santo en 1236.

El acceso a la Mezquita
Como en la época de los árabes, se accede a la **Mezquita** (todos los días, abril-sept., 10-19.30 h; oct.-marzo, 10-17 h; 900 pesetas; entrada gratuita por las puertas laterales,

8.30-10 h) por el **patio de los Naranjos**, un clásico patio islámico para las abluciones que conserva sus naranjos y fuentes para que los fieles realicen el ritual de purificación antes de la plegaria. Originalmente, cuando se acudía a la Mezquita para la plegaria de los viernes, sus 19 naves estaban abiertas a este patio; por ello, las hileras de columnas del interior parecían una extensión de los árboles entre filtraciones de brillantes destellos de sol. Hoy en día, todas las puertas de entrada excepto una permanecen cerradas y selladas, y el ambiente del edificio ya no es el de una abierta y sencilla mezquita, sino el de una catedral.

Sin embargo, el primer vistazo a su interior es muy emocionante. «Tan cerca del desierto bajo este bosque de columnas que parece una tienda —escribió Jan Morris—, y tan fiel a los principios de Mahoma sobre limpieza, abstinencia y regularidad.» De hecho, la profusión de columnas de soporte era una sofisticada innovación para ganar altura. El primer arquitecto disponía de columnas procedentes de la antigua catedral visigótica y de numerosos edificios romanos; podían soportar un gran peso pero no eran lo bastante altas, ni siquiera con arcos, para alcanzar la altura del techo de la Mezquita. Su solución (que parece inspirada en el diseño de los acueductos romanos) fue colocar una segunda hilera de columnas cuadradas encima de las más bajas, que serviría de base para los arcos semicirculares que soportarían el techo. Para aumentar la resistencia y estabilidad del conjunto (y quizá reproducir de manera deliberada la forma de las palmeras, tan apreciadas por los primeros árabes de la Península) se añadió un segundo arco en forma de herradura sobre las columnas inferiores. Una segunda innovación, ésta puramente estética, fue la alternancia de ladrillo y piedra en los arcos, lo que crea el diseño de bandas en rojo y blanco que caracteriza toda la obra.

El mihrab

Esta uniformidad sólo se rompía en el punto culminante de la Mezquita: el grupo de columnas coronadas por una bóveda que rodeaba el **mihrab** sagrado erigido bajo el mandato de al-Hakam II. En la liturgia islámica, el mihrab tenía dos funciones: indicaba la dirección de La Meca (y por tanto de la plegaria) y amplificaba las palabras del imam o jefe religioso. El de Córdoba era además de una belleza sublime; como escribió Titus Burckhardt en su libro *La civilización hispano-árabe*:

> *El maestro que proyectó el mihrab de Córdoba creó con él el modelo de incontables nichos de oración en España y en el norte de África. La entrada al nicho está coronada por un arco de herradura encuadrado en un alfiz rectangular. El arco, cuyas dovelas forman un abanico, posee una fuerza especial, debido a que su centro se desplaza de abajo arriba: el abanico de las dovelas irradia desde un punto situado en la base del arco y las circunferencias interior y exterior del mismo tienen dos puntos centrales distintos que se desplazan hacia arriba. De este modo, todo el arco emite sus rayos como el disco de la luna o del sol cuando se está elevando paulatinamente sobre el horizonte; el arco no es rígido, parece respirar, ensanchando su pecho con la plenitud de su felicidad interior, mientras el marco rectangular, que le encierra, compensa su dinamismo: energía irradiante y quietud estática llegan a un equilibrio insuperable. Precisamente en esto consiste la fórmula básica de la arquitectura musulmana occidental.*

El espacio interior del nicho (que está acordonado, por lo que el visitante tendrá que conformarse con echarle una ojeada si no quiere molestar a la congregación) es comparativamente sencillo, con un techo en forma de concha excavado en un solo bloque de mármol. Las cámaras que hay a cada lado, decoradas con exquisitos mosaicos bizantinos dorados, rojo óxido, turquesa y verde, constituyen la macsura, donde rezaban el califa y su séquito.

La catedral y otras partes añadidas

Según la idea original, la disposición de la Mezquita tenía que dirigir a los fieles hacia el mihrab. Sin embargo, hoy en día el visitante casi se tropieza con él, porque en el centro se levanta un **coro catedralicio** renacentista. Fue construido en 1523 —casi 3 siglos después de la restricción de la Reconquista cristiana—, a pesar de la oposición del municipio. Pero la construcción de un coro y una capilla mayor habían formado parte del ideal cristiano y los propósitos del cabildo de la catedral durante mucho tiempo, y por fin encontraron a un rey —Carlos V— dispuesto a apoyar el proyecto. En favor de este monarca hay que señalar que se dio cuenta del error que ello suponía (aunque no mandó detener la destrucción de ciertas partes de la Alhambra y el Alcázar de Sevilla); al ver la obra terminada; dijo ante el cabildo: «Habéis construido lo que podíais haber levantado en cualquier parte, pero habéis destruido algo único en el mundo.» A la izquierda del coro se halla una ampliación anterior y más adecuada al entorno, la **capilla de Villaviciosa**, de estilo mudéjar, construida por un artesano árabe en 1371 (y en la actualidad parcialmente clausurada). A su lado están la bóveda y los pilares del **antiguo mihrab** construido bajo el mandato de Abderramán II.

El **campanario**, en la esquina del patio de los Naranjos, data de la época en que se amplió la catedral. Cerca, se encuentra la **Puerta del Perdón**, entrada principal al patio, fue reconstruida en estilo árabe en 1377. No obstante, la decoración original «califal» (en concreto un magnífico enrejado), todavía puede apreciarse en las puertas que hay a lo largo de los lados este y oeste de la Mezquita.

El resto de la ciudad

Tal vez después de ver la Mezquita, al visitante no le parezcan muy llamativos los demás monumentos árabes de Córdoba —incluso los cristianos—. Sin embargo, el río, con sus magníficas **norias árabes**, así como el **puente** construido sobre cimientos romanos es una zona atractiva para pasear. Las norias y los molinos en ruinas a la orilla del río fueron utilizados durante varios siglos, tras la rendición de la ciudad musulmana, para moler trigo y abastecer de agua las fuentes del Alcázar o fortaleza palaciega. Éste se hallaba originalmente junto a la Mezquita, en el lugar que ocupa ahora el **Palacio Episcopal** (lun.-vier., 10.30-14 h y 16-18.30 h; sáb., 9.30-13.30 h; 150 pesetas, entrada gratuita con el billete de la Mezquita), en la actualidad museo de arte religioso, que expone algunos hermosos ejemplos de escultura medieval en madera; pero tras la Reconquista, Isabel y Fernando mandaron reconstruir el Alcázar un poco más hacia el oeste, de ahí el nombre de **Alcázar de los Reyes**. Los edificios (mar.-sáb., 10-14 h y 18-20 h; dom., 9.30-15 h; 450 pesetas; vier., entrada gratuita) tienen una historia desagradable, ya que sirvieron de sede a la Inquisición entre 1428-1821. Sin embargo, lucen algunos hermosos mosaicos de la Córdoba romana, entre los que destaca uno de los más grandes y completos que se conservan en todo el mundo. Los **jardines** son agradables.

La Judería

La **Judería** se extiende entre la Mezquita y el inicio de la avenida del Gran Capitán. Se trata del antiguo barrio judío de Córdoba, y alberga un fascinante laberinto de callejones con un ambiente más auténtico y menos comercializado que el de la Judería de Sevilla, aunque las tiendas de recuerdos están empezando a ganar terreno. Casi en el mismo centro del barrio, en Maimónides 18, está la **sinagoga** (mar.-dom., 10-14 h y 15.30-17.30 h; 50 pesetas; entrada gratuita para los ciudadanos de la UE), una de las tres que se conservan en buen estado en España —las otras dos se hallan en Toledo— y que sobrevivió a la expulsión de los judíos en 1492. Construida en 1316, esta pequeña sinagoga sobre todo si se compara con Santa María de Toledo, luce no obstante una hermosa y elaborada decoración en estuco con el motivo del sello de

Salomón, y conserva la galería de las mujeres. En el exterior hay una estatua de Maimónides, filósofo, físico y jurista talmúdico judío nacido en Córdoba en 1135.

Cerca hay un **zoco** poco auténtico —el *souq* árabe se ha convertido en arcadas con tiendas de artesanos—, y al lado un pequeño **Museo Taurino** (mar.-sáb., 10-14 h y 18-20 h; dom., 9.30-15 h; 450 pesetas; vier., entrada gratuita). Éste merece una visita, aunque sólo sea por su variopinta muestra: hileras de cabezas de toro (dos de ellas ostentan el «honor» de haber matado a los toreros) y, junto a una reproducción de la tumba de Manolete —el torero más famoso de la ciudad— se expone la piel de su ejecutor, *Islero*. Si al visitante le apasiona la tauromaquia, también puede hacer una visita guiada a la **plaza de toros** de la ciudad (visitas, cada hora, 10-13 h y 16-19 h); incluye incluso la entrada a la sala de urgencias de tecnología punta. Para más detalles, pregunte en la oficina de turismo.

Otros museos y mansiones

Quizá más interesante, y desde luego muy provechosa, es la visita al **Museo Arqueológico** (mar., 15-20 h; miér.-sáb., 9-20 h; dom., 9-15 h; 250 pesetas; entrada gratuita para los ciudadanos de la UE). Durante su primera remodelación se descubrió en esta pequeña mansión renacentista un auténtico patio romano. Por ello se ha convertido en uno de los museos menores más imaginativos y agradables del país; además, expone buenas colecciones locales de los períodos íbero, romano y árabe. Destaca un venado de bronce del siglo X que fue hallado en el palacio árabe de Medina Azahara (véase pág. siguiente), donde funcionaba como surtidor en una fuente.

Un par de calles por debajo del Museo Arqueológico, volviendo hacia el río, el viajero encontrará la hermosa **plaza del Potro**, llamada así por el potro que adorna su fuente. Como le indicarán con orgullo los guías locales, ésta se menciona en *El ingenioso hidalgo don Quijote de la Mancha*, e incluso se dice que el propio Cervantes se alojó en el mesón situado enfrente, el **Mesón del Potro**, donde en la actualidad se muestran exposiciones de artesanía y arte. En el lado opuesto de la plaza está el **Museo de Bellas Artes** (mar., 15-20 h; miér.-sáb., 9-20 h; dom., 9-15 h; 250 pesetas; entrada gratuita para los ciudadanos de la UE), que expone pinturas de Ribera, Valdés Leal y Zurbarán. Al otro lado de su patio se halla un pequeño museo (mar.-sáb., 10-14 h y 18-20 h; 450 pesetas; vier., entrada gratuita) dedicado al artista cordobés **Julio Romero de Torres** (1885-1930), pintor de óleos de una sublime melancolía, la mayoría de ellos retratos de desnudos femeninos con guitarristas de fondo.

Al norte de la ciudad, en dirección a la estación de ferrocarril, hay numerosas iglesias renacentistas —algunas son mezquitas convertidas, otras reciben obvias influencias en sus minaretes— y algunos conventos y palacios. El mejor de ellos, todavía propiedad particular, es el **Palacio del Marqués de Viana** (visitas guiadas, todos los días, excepto miér., abril-sept., 9-14 h; oct.-marzo, 10-13 h y 16-18 h; 500 pesetas), que tiene su mayor atractivo en los doce patios llenos de flores.

Comida y copas

Todos los **bares** y **restaurantes** de la ciudad tienen precios razonables; sólo se recomienda evitar los locales más turísticos, en los alrededores de la Mezquita. No muy lejos, en la Judería, abundan los establecimientos donde el viajero puede comer, como también en los barrios antiguos que se extienden hacia el este, sobre el paseo de la Ribera.

Restaurantes

Bar-Restaurante Federación de las Peñas, Conde y Luque 8. Restaurante en un patio de estilo árabe que, a pesar de su nombre, permanece abierto a todos los clientes, aunque no sean socios. Sirve varios menús económicos.

Bar-Restaurante Millán, avenida Dr. Fleming 14, al noroeste del Alcázar. Restaurante tranquilo y económico con un encantador salón de azulejos. Se recomienda probar el rabo de toro (plato típico de Córdoba, hecho con la pieza superior del rabo de buey) y el salmorejo (una versión cordobesa y muy espesa del gazpacho, que lleva trozos de huevo y jamón).

Casa Paco Acedo, detrás de la antigua torre de la Malmuerta, en el extremo norte de la ciudad. La especialidad de la casa es el rabo de toro.

El Churrasco, Romero 16 (no Romero Barros). Restaurante caro que se ha ganado una gran reputación por sus churrascos (cerdo asado con salsa a la pimienta) y salmorejo.

Restaurante Cafetín Halal, Rey Heredia 28. Centro cultural islámico donde se cocina una comida excelente, económica y con platos vegetarianos. No se sirve alcohol.

Restaurante La-la-la, Cruz del Rastro. Situado junto al río; sirve menús económicos.

Taberna Salinas, Tundidores 3, a la salida de la plaza Corredera. Excelente establecimiento donde sirven un magnífico salmorejo.

Taberna Santa Clara, Osio 2, esquina con Rey Heredia. Local acogedor; sus menús son una ganga y las mesas están dispuestas en un hermoso patio.

Bares

El **vino** local de barril suele ser de Montilla-Moriles —destilado en los pueblos del mismo nombre, en el sur—, que se parece vagamente al jerez seco añejo. Es delicioso tomarlo aquí, donde se cría. El *Bar Plateros*, situado enfrente del *Hostal Maestre* sirve montilla, y también tapas; la misma cadena tiene otro local en Deanes 5, cerca de la esquina superior izquierda de la Mezquita. El viajero podrá comer excelentes tapas y bocadillos en la pequeña *Casa Elisa*, en calle Almanzor, cerca de la Puerta de Almodóbar, al noroeste de la Mezquita. Un lugar que no debe pasar de largo es la centenaria *Taberna San Miguel*, detrás de la iglesia del mismo nombre, al norte de la plaza Tendillas. Se trata de un establecimiento antiguo, de cuyas paredes cuelgan guitarras y viejos carteles de corridas de toros; se recomienda probar sus deliciosas tapas, sobre todo los callos y las manitas de cerdo con salsa.

El visitante podrá asistir al mejor espectáculo de **flamenco** de la ciudad en el *Tablao Cardenal*, Torrijos 10 (junto a la oficina de turismo), aunque no resulta barato (3.000 pesetas la entrada). El espectáculo empieza a las 22.30 h y puede reservar una buena mesa por teléfono (dom.-lun., cerrado; ☎957 483 320).

Medina Azahara

A 7 km al noroeste de Córdoba se hallan las extensas y laberínticas ruinas de **Medina Azahara**, un complejo palaciego construido a magna escala por el **califa Abderramán III**, que las llamó así en honor de su favorita, Azahara (az-Zahra, «la Radiante»). Abderramán invirtió un tercio del presupuesto anual del estado en su construcción que duró desde el 936 hasta su muerte, en el 961. Para ello se emplearon 10.000 trabajadores y 1.500 mulas y camellos. El lugar tiene casi 2.000 m de largo por 900 m de ancho, y se divide en tres terrazas pendientes. Además de los edificios del palacio, albergaba un zoológico, un aviario, cuatro estanques de peces, 300 baños, 400 casas, fábricas de armas y dos cuarteles para la guardia real. Según las crónicas, los visitantes quedaban impresionados ante tanto esplendor; una sala de reuniones estaba provista de cristales puros que, al ser iluminados por el sol, creaban el arco iris; otra se organizaba en torno a un gran estanque de mercurio.

Medina Azahara fue el símbolo de la expansión y grandeza del califato occidental, pero duró menos de 1 siglo. **Al-Hakam II**, que sucedió a Abderramán, vivió en este palacio, lo amplió aún más y consolidó un reinado estable. Sin embargo, al estar lejos de la ciudad fue delegando cada vez más autoridad en sus colaboradores, sobre todo el visir Ibn Abi Amir, más tarde conocido como **Almanzor** (al-Mansur o «el Vencedor»). En el 976 al-Hakam fue sucedido por su hijo de 11 años Hisam II y, tras una serie de hábiles maniobras, Almanzor asumió plenos poderes; de hecho, Hisam vivía prácticamente prisionero en Medina Azahara, ya que los pasillos que unían los diferentes edificios del palacio estaban bloqueados por orden de Almanzor.

Asimismo, éste fue hábil y manipulador durante su amplio mandato dictatorial, pues recuperó grandes extensiones territoriales en el centro de la Península y atacó zonas tan apartadas como Galicia y Cataluña; en consecuencia, Córdoba vivió una época de gran prosperidad. Su muerte en 1002 condujo a una abrupta depresión; sus dos hijos asumieron sus funciones de manera alternativa, aunque sin éxito. El primero murió en 1008; el segundo, Abderramán Sanchuelo, mostró un desprecio manifiesto hacia el califato al obligar a Hisam a nombrarle su sucesor. Entonces se produjo una revuelta popular y el califato se desintegró en medio de una guerra civil que dio lugar a una serie de reinos de taifas. Medina Azahara fue saqueada por la muchedumbre, y de nuevo en 1010, cuando además fue incendiada por una banda de mercenarios beréberes en retirada.

El sitio arqueológico
Durante siglos, el **sitio arqueológico** de Medina Azahara (mayo-oct., mar.-sáb., 10-13.30 h y 18-20.30 h; dom., 10-13.30 h; 250 pesetas; entrada gratuita para los ciudadanos de la UE; telefonee para horarios de nov.-abril, ☎957 329 130) continuó siendo saqueado por quienes buscaban materiales de construcción; prueba de ello es que algunos fragmentos del palacio se utilizaron para el Alcázar de Sevilla. Pero en 1944 se desenterraron los restos de una parte fundamental del palacio: la **Casa Real**, donde se recibía a los invitados y se celebraban reuniones de ministros. Esta parte ha sido reconstruida de manera meticulosa; de momento su vestíbulo principal puede catalogarse entre los mayores salones árabes. Sus estucados son distintos a los de Granada o Sevilla, ya que están más próximos a las formas naturales y animales en los intrincados motivos sirios *Hom* (referentes a El Árbol de la Vida). A diferencia de las últimas dinastías árabes de la Península, los almorávides beréberes y almohades de Sevilla, los califas andaluces mostraban poca adhesión a las escrituras islámicas en su desinhibida representación de la naturaleza, los animales o incluso las figuras humanas —el hermoso friso del museo de Córdoba es un ejemplo de ello—, y tal vez fuera este aspecto del palacio el que motivara su celosa destrucción durante la guerra civil.

La reconstrucción del palacio devolverá su auténtica dimensión al recinto. A su alrededor no hay más que cimientos, piedras entre las que asoma una zona de ruinas escondidas bajo buganvillas donde cantan las cigarras. Quizás el edificio más destacado que aún debe ser excavado es el de la **mezquita**, situado detrás de la Casa Real, dispuesta en ángulo respecto a los demás edificios para orientarse hacia La Meca.

Para llegar a Medina Azahara, el visitante tendrá que seguir la avenida de Medina Azahara hasta salir de la ciudad por la carretera de Villarrubia y Posadas. A unos 4 km deberá girar a la derecha y seguir durante unos 2 o 3 km más. También puede tomar un autobús desde la estación Calle de la Bodega y pedirle al conductor que le deje en la intersección («Cruz de Medina Azahara»), para cubrir a pie los últimos 3 km. El taxi hasta allí cuesta unas 4.000 pesetas ida y vuelta (espera 1 h), y lleva hasta cinco personas.

LA ZONA ESTE DE ANDALUCÍA

No hay prueba más convincente de la diversidad de Andalucía que el paso por sus provincias orientales: **Jaén**, con sus montañas ondulantes llenas de olivares; **Granada**, dominada por los picos más altos de España, la Sierra Nevada y **Almería**, seca y en parte semidesierta.

Jaén está algo aislada de las principales rutas de Andalucía, pero si el viajero se dirige a Granada desde Madrid tal vez le apetezca detenerse en las poblaciones de **Úbeda** o **Baeza**, ambas plagadas de joyas arquitectónicas renacentistas y bien comunicadas por la principal línea de ferrocarril, que llega a la estación compartida de Linares-Baeza. Úbeda es, además, la puerta de entrada a **Cazorla** y su parque natural.

Granada, un destino de primera importancia en todos los viajes a España, es fácilmente accesible desde Sevilla, Córdoba, Ronda, Málaga o Madrid. Cuando el viajero se canse de la ciudad, encontrará docenas de alternativas en sus proximidades; las más seductoras tal vez sean **Sierra Nevada** y sus vertientes bajas del sur, **Las Alpujarras**. Las **playas de Almería**, las menos desarrolladas del Mediterráneo español en el aspecto urbanístico, se encuentran asimismo muy cerca de Granada y Málaga.

Provincia de Jaén

Se dice que en la **provincia de Jaén** hay más de 150 millones de olivos. Dominan el paisaje en forma de infinitas hileras de color verde sobre el fondo rojo anaranjado de la tierra, salpicadas a veces por los austeros edificios blancos de los cortijos. En conjunto, el paisaje es hermoso, pero su realidad económica preocupante. La mayoría de los olivares pertenecen a unas cuantas familias; por lo que la mayoría de los habitantes de la provincia viven de forma humilde.

Jaén

JAÉN, la capital es la mayor ciudad de la provincia. Se trata de un lugar tranquilo, y los indicios de su pasado árabe se circunscriben a un castillo en ruinas y los mayores baños árabes que se conservan en España. La ciudad se organiza en torno a la plaza de la Constitución y sus dos arterias urbanas, el paseo de la Estación y la avenida de Madrid. La **oficina de turismo** está a la salida del paseo de la Estación, en Arquitecto Bergés 1 (lun.-vier., 8.30-13 h y sáb., 10-12.30 h; ☎953 222 737); allí proporcionan planos de la ciudad. La **estación de ferrocarril** se halla más al norte, en la misma calle que la oficina de turismo. La estación de autobuses se encuentra al salir de la avenida Madrid, en Pío XII.

Al oeste de la plaza principal se erige la impresionante **catedral** renacentista (todos los días, 8.30-13 h y 17-20 h; entrada gratuita), y al norte, entre las iglesias de San Andrés y Santo Domingo, está el restaurado **hammam** o «baño árabe» (mar.-vier., 9-14 h y 17-20 h; sáb.-dom., 9.30-14.30 h; entrada gratuita). En sus orígenes, los baños formaban parte de un palacio árabe del siglo XI, sobre el que se construyó el palacio de Villadompardo. El **Museo Provincial** de Jaén, en paseo de la Estación 29 (mar.-vier., 10-14 h y 16-19.30 h; sáb.-dom., 10-14 h; 250 pesetas; entrada gratuita para los ciudadanos de la UE), expone una amplia colección arqueológica, entre sus piezas incluye algunas notables esculturas ibéricas del siglo V a.C.

Aspectos prácticos

Si el viajero quiere **alojarse** aquí, entre las opciones más económicas encontrará el sencillo *Hostal Martín*, en Cuatro Torres 5 (☎953 220 633; ②), cerca de la plaza de la

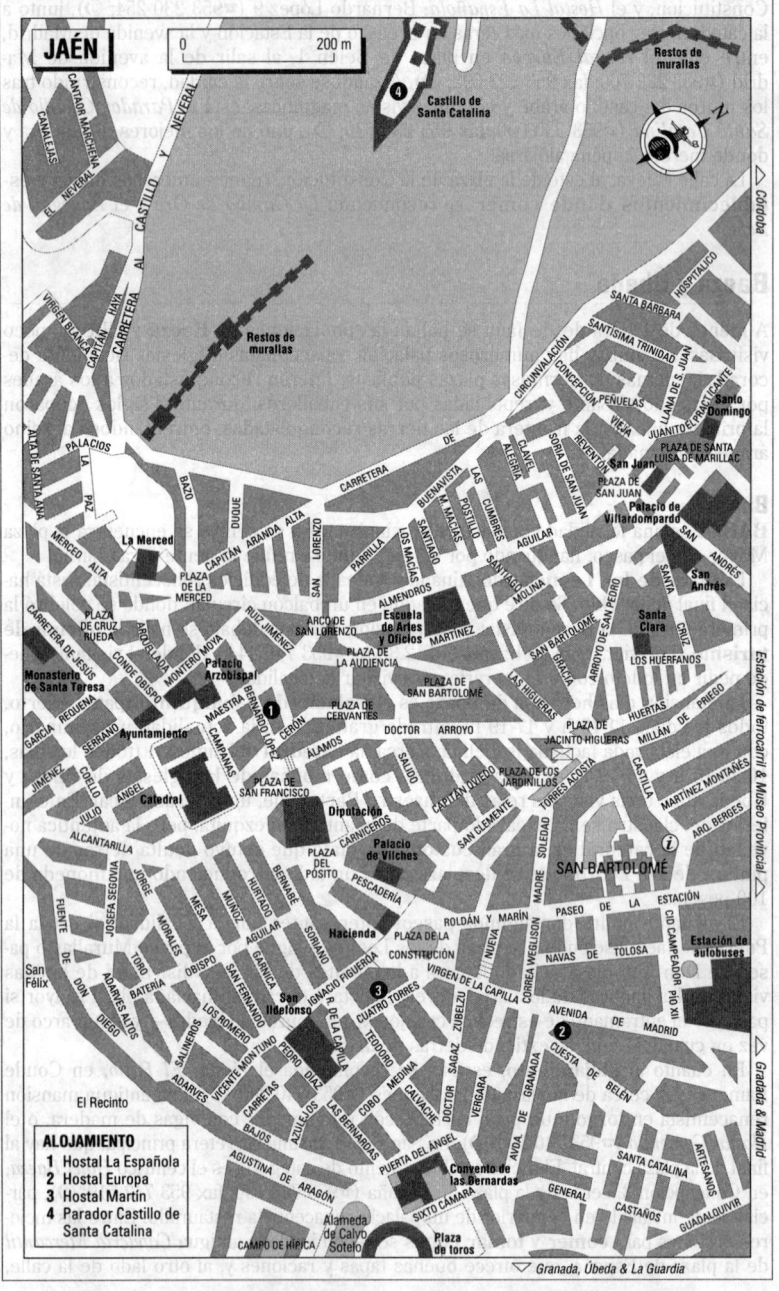

Constitución, y el *Hostal La Española*, Bernardo López 9 (☎953 230 254; ③), junto a la catedral. Hay opciones más caras en el paseo de la Estación y la avenida de Madrid, entre ellas el *Hostal Europa* en plaza de Belén 1, al salir de la avenida de Madrid (☎953 222 700; fax 953 222 692; ⑤). Alzándose sobre la ciudad, reconstruido tras los muros del castillo árabe y con unas vistas magníficas, está el *Parador Castillo de Santa Catalina* (☎953 230 000; fax 953 230 930; ⑦), uno de los mejores de España y donde merece la pena alojarse.

La calle Nueva, al este de la plaza de la Constitución, reúne numerosos **bares y establecimientos donde comer**; se recomienda *La Gamba de Oro* y el *Bodegón de Pepe*.

Baeza y Úbeda

A menos de 1 hora desde Jaén se hallan las poblaciones de **Baeza** y **Úbeda**, poco visitadas. En ambas hay numerosos palacios renacentistas e iglesias ricamente decoradas, además de hermosas plazas públicas. Fueron reconquistados a los árabes por Fernando el Santo y, repobladas por sus caballeros, durante 2 siglos ocuparon la primera línea en la frontera de las tierras reconquistadas, enfrentándose al reino árabe de Granada.

Baeza

BAEZA es una localidad compacta y provinciana. En su centro se encuentra la plaza Mayor con el paseo, flanqueado por cafés, donde se reúne la gente para charlar.

La **plaza de los Leones**, adoquinada y rodeada de edificios renacentistas, está hacia el final del pueblo. Se dice que fue aquí, en un balcón circular, donde se celebró la primera misa de la Reconquista; en la mansión que hay debajo se halla la **oficina de turismo** (lun.-vier., 9-14.30 h; sáb., 10-12.30 h; ☎953 740 444), donde el visitante puede pedir un folleto con un itinerario para visitar la localidad.

La mansión más hermosa de Baeza es el **Palacio de Jabalquinto** (patio abierto, todos los días, 11-13 h y 17-19 h; entrada gratuita), en la actualidad un seminario, con una elaborada fachada isabelina. Cerca, la **catedral** del siglo XVI (todos los días, 10.30-13 h y 17-19 h; entrada gratuita), como muchas de las iglesias de Baeza y Úbeda, luce unas vistosas rejas del maestro Bartolomé, un artesano local. En el interior del claustro se ha excavado parte de la antigua mezquita, pero la auténtica novedad de la catedral es la gran custodia de plata que estuvo oculta detrás de una pintura de san Pedro, que se desplaza hacia un lado introduciendo una moneda de 100 pesetas.

El visitante podrá dar algunos paseos interesantes por la localidad: si cruza la Puerta de Jaén, asciende a la plaza de los Leones y sigue por el paseo Murallas o paseo de Don Antonio Machado llegará a los límites de Baeza y disfrutará de buenas vistas de las llanuras de los alrededores. Acortará el camino hacia la plaza Mayor si pasa por el entramado de estrechos callejones con muros de piedra —y algún arco de vez en cuando— que se extiende detrás de la catedral.

En cuanto al **alojamiento**, escaso; se recomienda el *Hostal El Patio*, en Conde Ramones 13, cerca de la plaza de los Leones (☎953 740 200; ②), una antigua mansión renacentista en torno a un patio cerrado con un comedor con vigas de madera, o el *Hostal Comercio* (☎953 740 100; ②), en San Pablo 21, una carretera principal que hay al final de la plaza central. El mejor establecimiento de categoría es el céntrico *Hotel Baeza*, en Concepción 3, cerca de la plaza de España (☎953 748 130; fax 953 742 519; ⑥), parcialmente instalado en el interior de un palacio renacentista restaurado. Entre las mejores opciones para **comer** y **tomar copas** se recomienda la antigua *Cafetería Mercantil* de la plaza de España, que ofrece buenas tapas y raciones y, al otro lado de la calle,

La Góndola, que sirve un menú económico y sabrosas pizzas. Si el viajero prefiere un poco más de estilo puede ir a la agradable terraza del *Restaurante Sali*, al doblar la esquina, en Cardenal Benavides 9.

La **estación de ferrocarril** más próxima es la de Linares-Baeza, en la línea de Madrid y a 13 km de Baeza (hay un autobús combinado con la mayoría de trenes, excepto dom.). Casi todos los servicios de autobús pasan por Úbeda.

Úbeda

ÚBEDA, a 9 km al este de Baeza, es una localidad grande con barrios modernos. Si el viajero sigue las señalizaciones hacia la zona monumental, llegará a la **plaza de Vázquez de Molina**, de estilo renacentista, que destaca sobre cualquier otro sitio de Baeza.

La mayoría de los edificios situados alrededor de esta plaza son de finales del siglo XVI, obra de Andrés de Vandelvira, el arquitecto de la catedral de Baeza y de numerosas iglesias en ambos pueblos.

El ayuntamiento, que originalmente era un palacio para el secretario de Felipe II, alberga ahora la **oficina de turismo** (lun.-vier., 10-14 h; ☎953 750 897), donde el visitante conseguirá un plano de la localidad. En el lado opuesto de la plaza se alza la iglesia de **El Salvador**, construida por Vandelvira, aunque de hecho fue proyectada por Diego de Siloé (arquitecto de las catedrales de Málaga y Granada). Se trata de la más hermosa de Úbeda; llama la atención su retablo dorado y luminoso de la Transfiguración. Para entrar, el viajero tendrá que pasar por la sacristía, en el lateral: llame al vigilante desde la bonita puerta de la pared blanca de la calle Francisco de Cobos. Al otro lado del pueblo, la iglesia de **San Pablo**, en la plaza del Generalísimo, luce un balcón del siglo XIII (un rasgo común en Úbeda) y diversas ampliaciones renacentistas.

La mayoría de los **alojamientos** económicos se concentran en torno a la **estación principal de autobuses**, en la avenida de Ramón y Cajal, en la parte moderna de Úbeda. El *Hostal Castillo* del n.º 16 (☎953 750 430; ③) y el *Hostal Sevilla* del n.º 9 (☎953 750 612; ③) tienen precios razonables, y sus mejores habitaciones disponen de baño. Algunas de las más baratas del pueblo se encuentran en el *Hostal San Miguel*, avenida Libertad 69 (☎953 752 049; ②), a 15 minutos a pie desde la estación de autobuses. En el centro de Úbeda sólo está el *Parador Condestable Dávalos*, plaza de Vázquez de Molina 1 (☎953 750 345; fax 953 751 259; ⑦), en una mansión renacentista del siglo XVI.

Hay muchos **establecimientos donde comer** en torno a la avenida Ramón y Cajal: *El Gallo Rojo*, Torrenueva 3, dispone de mesas al aire libre por la noche; *El Olivo*, avenida Ramón y Cajal 6, sirve buenos platos combinados, y el *Hostal Castillo* tiene un excelente restaurante propio.

Cazorla y el parque natural

Durante la Reconquista de Andalucía, **CAZORLA**, comunicada con Úbeda, Jaén y Granada por autobús, sirvió de puesto avanzado para los ejércitos cristianos. Los dos castillos que dominan la localidad son un testimonio de su turbulento pasado; ambos eran originariamente árabes y pasaron a manos de los cristianos, que los modificaron y restauraron. En la actualidad constituye una base ideal desde donde hacer una excursión al **Parque Natural de las Sierras de Segura y Cazorla**, una amplia zona protegida con magníficos bosques y gargantas fluviales. En Cazorla se celebra asimismo la **fiesta del Cristo del Consuelo** entre el 16 y el 21 de septiembre, con ferias, fuegos artificiales y procesiones religiosas.

La actividad de la localidad gira en torno a tres plazas principales. Los autobuses llegan a la bulliciosa y comercial plaza de la Constitución, donde hay un **centro de**

información turística de carácter privado, Quercus; allí se programan excursiones diarias al parque en todoterreno (5.000 pesetas). La **oficina de turismo** oficial (abril-sept., lun.-vier., 10.30-14 h; ☎953 710 102) se encuentra en el paseo del Cristo 17, a 100 m al norte de la plaza de la Constitución, donde el viajero podrá obtener un plano útil de la localidad. La calle principal, Muñoz, comunica con la plaza de la Corredera (o *del Huevo*, por su forma). El ayuntamiento se halla al final de la plaza en un hermoso palacio de estilo árabe.

Más allá se abre un laberinto de intrincadas callejuelas que conducen a la **plaza Santa María**, la más activa de Cazorla. Se llama así por la antigua catedral que, dañada por las inundaciones del siglo XVII, fue más tarde arrasada por las tropas de Napoleón. Sus ruinas, que se conservan, y la hermosa plaza abierta forman un anfiteatro natural para conciertos y celebraciones locales, además de ser un popular punto de reunión. Domina la plaza **La Yedra**, una austera torre reconstruida donde está el **Museo de Artes y Costumbres** (lun.-sáb., 9.30-14.30 h), un interesante museo de folclore que expone utensilios domésticos y mobiliario.

Aspectos prácticos de Cazorla

En Cazorla hay una gran oferta de **alojamiento**. La *Pensión Taxi*, en travesía de San Antón 7 (☎953 720 525; ②), se encuentra a la salida de la plaza de la Constitución, en el extremo inferior; si el viajero se aloja allí, también podrá comer en su comedor por un precio módico. Encontrará mejores habitaciones en el *Hostal Guadalquivir*, Nueva 6 (☎953 720 268; ③), a la salida de la plaza de la Corredera, un establecimiento limpio y agradable, aunque quizá demasiado próximo al matadero local para quienes tengan el oído fino. En la misma plaza, el *Hostal Betis* (☎953 720 540; ②) dispone de algunas habitaciones que dan a la plaza; otra opción es el *Andalucía*, Martínez Falero 42 (☎953 721 268; ③). Asimismo verá algunos establecimientos de más categoría; el mejor, *Villa Turística de Cazorla*, se halla en la ladera de San Isidro s/n (☎953 710 100; fax 953 710 152; ⑥), a 5 minutos a pie desde la plaza de Santa María por la calle Fuente de la Peña. Si el viajero dispone de vehículo propio hay varias alternativas interesantes en la sierra, entre ellas el *Sierra de Cazorla* (☎953 720 015; fax 953 720 017; ⑤), a 2 km del pueblo y con piscina, y el *Parador El Adelantado* (☎953 727 075; fax 953 727 077; ⑦), un edificio moderno con piscina que está en un sitio privilegiado, a 25 km y dentro del parque. Cazorla tiene también **albergue de juventud**, en Mauricio Martínez 2 (☎953 710 329; ①), abierto de abril a octubre y en Pascua y Navidad. El visitante puede preguntar en el *Mesón la Cueva* (véase abajo) si prefiere **alquilar un apartamento** para una estancia larga.

Algunos **bares** algo dejados sirven buenas tapas en los alrededores de la plaza Santa María, además del rústico *Mesón la Cueva*, que ofrece auténtica comida local al fuego de leña, aunque en temporada alta la calidad suele caer en picado. Asimismo puede **comer** en los dos mesones de la plaza de la Corredera: el situado junto a la iglesia es una ganga, y el otro sirve un pescado exquisito; ambos preparan una gran variedad de tapas y raciones. Hay dos discotecas (abiertas sólo los fines de semana) y algunos «pubes» con la música muy alta.

El Parque Natural

Hasta los turistas más accidentales del lugar tendrán la posibilidad de descubrir su amplia variedad de flora y fauna, que incluye la cabra hispánica, el ciervo, el jabalí, aves y mariposas. Paradójicamente los mejores observatorios se encuentran en la periferia, e incluso fuera del parque, ya que la fauna se observa mejor si el visitante la busca a pie, y las oportunidades de adentrarse por el interior del parque son bastante limitadas.

LA EXCURSIÓN POR EL RÍO BOROSA

La excursión clásica al **río Borosa** puede hacerse en 1 día a pie, aunque el viajero dependa del transporte público (tendrá que consultar los horarios de autobuses para organizarla bien). El autobús matutino al Coto Ríos le dejará en el centro de recepción de la torre del Vinagre, donde empieza la ruta. Cruce la carretera y tome el sendero que hay al lado del jardín botánico. Cuando llegue al poste de electricidad doble a la izquierda por el camino que desciende por la montaña. Después de dejar atrás un cámping y un campo de deportes a la izquierda, cruce el puente peatonal del río y doble a la derecha, dirigiéndose hacia un edificio blanco que asoma entre los árboles. Pronto pasará junto a un pequeño cámping (con un bar al aire libre en verano), y al cabo de 1 km desde el puente peatonal encontrará un aparcamiento y una piscifactoría de truchas. Desde allí siga el sendero en dirección noroeste (derecha) hacia la orilla del Borosa, de aguas corrientes y frías hasta en verano. Al cabo de unos minutos verá una bifurcación señalizada a la derecha donde también se indica el inicio de la **garganta**. Desde aquí dos o tres puentes de madera cruzan el río de un lado a otro, que progresivamente va cerrándose entre abruptas paredes de piedra. En el punto más estrecho el sendero desemboca en pasarelas de tablones fijadas a las paredes de piedra caliza. Se tarda unas 2 horas en hacer la excursión desde la torre del Vinagre hasta el final de la garganta.

Luego el sendero retoma la ruta principal, y en otra media hora de camino encontrará una turbina y un largo conducto de metal que lleva agua a los **dos lagos** —uno natural, el otro es una pequeña presa— que hay montaña arriba. La carretera cruza un último puente sobre el Borosa y termina en la caseta de la turbina. Cuando alcance la puerta, detrás de la cual hay un barranco muy pronunciado, calcule que le queda 1 hora más de camino para llegar a los dos lagos. Cruce el puente y emprenda el abrupto ascenso por un camino estrecho sobre las rocas, bajo el acantilado (en determinado punto, el sendero pasa cerca de la base de la palizada; tenga cuidado con los desprendimientos). En lo alto del camino hay un anfiteatro cavernoso donde se forma una cascada en verano. El sendero termina a medio camino del acantilado, donde se ha excavado un túnel a través de las rocas; crúcelo para llegar al lago.

Aún le quedarán 3 o 4 horas de camino desde la torre del Vinagre hasta el punto culminante, y algo menos para el descenso. Se trata de una excursión de 1 día entero, pero tendrá mucho tiempo para descansar en el autobús de vuelta, que actualmente pasa por el centro de recepción a las 17.45 h.

INFORMACIÓN

La **oficina de información** oficial del parque se halla en Martínez Falero 11, Cazorla, a la salida de la plaza de la Constitución. Se recomienda solicitar allí un buen mapa del *Parque Natural de las Sierras de Segura y Cazorla* a escala 1:100.000 o bien su versión de 1:50.000, *Cazorla*.

TRANSPORTE Y ALOJAMIENTO

No abunda el transporte público dentro del parque. Hay dos **autobuses** diarios (excepto dom.) que comunican Cazorla con el **Coto Ríos** en medio del parque, uno a las 5.45 h y el otro a las 14.30 h; asimismo parte uno a las 18.30 h los sábados. El autobús de vuelta de Coto (dom. no) parte a las 17.30 h. Las distancias son enormes, así que para explorarlo todo bien, el viajero necesitará un automóvil o estar preparado para hacer largas caminatas. Tales problemas se complican por el hecho de que las áreas de acampada libre que muestra el mapa de 1:100.000 han sido recientemente clausuradas; una de las que todavía está en uso se encuentra detrás de El Tranco, en la presa. No obstante, en el Coto Ríos existen tres **cámpings** de propiedad privada y una serie de hostales. Antes de salir, el visitante debería comprobar a qué hora parte el último medio de transporte y asegurarse un alojamiento mediante la oficina de turismo de Cazorla.

EXCURSIONES
Sólo hay tres **caminos** señalizados en el parque, los tres lamentablemente cortos. Uno lleva del empalme de Vadillo al puente de la Herrera, pasando por la fuente del Oso (2 km en cada sentido); otro de unos 1.700 m rodea la cerrada de Utrero junto al pueblo de Vadillo-Castril; el sendero mejor indicado, que pasa por la garganta inferior del Borosa (véase pág. anterior), cubre también un recorrido de tan sólo 1.700 m.

Granada

Si el viajero sólo pudiera ver una ciudad de toda España, debería ser **GRANADA**. Allí, extraordinariamente bien conservada y en medio de un fabuloso paraje natural, se encuentra la **Alhambra**, el monumento más impactante y romántico de Europa. Fue el palacio fortificado de los sultanes nazaríes, que dirigieron el último reino árabe de la Península, y en su construcción el arte árabe alcanzó todo su esplendor, así como una serenidad conmovedora. Pero el edificio, además de ser una maravillosa obra de la arquitectura, revela el espíritu de la vida y la cultura árabes. Hay un pasaje en el libro de Jan Morris, *España*, donde describe el palacio: «La vida, que en el resto de Europa era considerada como un período de preparación para la muerte, era interpretada [por los árabes] como algo glorioso en sí mismo, algo que debía ser ennoblecido con el aprendizaje y animado con toda clase de placeres.»

LA GRANADA ÁRABE

Los tiempos de gran esplendor duraron poco en Granada. Fue constituida como un **reino independiente** en 1238 por **Muhammad I**, un príncipe de la tribu árabe de los nazaríes que había sido llevado al sur desde Zaragoza. Demostró ser un dirigente justo y capaz, pero los reinos cristianos estaban imponiendo su fuerza en toda la Península. Los árabes de Granada sobrevivieron a cambio del pago de tributos y de su alianza con Fernando III de Castilla —a quien tuvieron que ayudar en la conquista de la Sevilla árabe—; cuando murió Muhammad I (1275) el suyo era el único reino árabe que quedaba en la Península. Sin embargo, habían consolidado el territorio (que se extendía desde el norte de la ciudad hasta una franja costera entre Tarifa y Almería) y, con el impulso de los refugiados de otros reinos, desarrollaron el comercio, la industria y la cultura.

Mediante una serie de astutas maniobras, Granada conservó su autonomía durante 250 años, ya que sus gobernantes buscaron la protección, a su conveniencia, de los reinos cristianos de Aragón y Castilla y los musulmanes meriníes de Marruecos. La ciudad-estado disfrutó de un período particularmente próspero y estable bajo los mandatos de **Yusuf I** (1334-1354) y **Mohamed V** (1354-1391), los sultanes a los que se debe gran parte del palacio de la Alhambra. Pero hacia mediados del siglo XV se produjeron una serie de disensiones y luchas internas que condujeron a una rápida sucesión de gobernantes que poco hicieron para detener las incursiones cristianas: en 1479 los reinos de Aragón y Castilla se unieron mediante el matrimonio de Isabel y Fernando, que en 10 años conquistaron Ronda, Málaga y Almería. La ciudad de Granada estaba completamente sola, e inmersa en una trágica **guerra civil** entre los defensores de las dos esposas favoritas del sultán. Los Reyes Católicos intensificaron sus reclamaciones de la ciudad de Granada, y en 1490 estalló la guerra. **Boabdil**, el último rey árabe, pidió ayuda en vano a los musulmanes de Marruecos, Egipto y la Turquía otomana. **Isabel y Fernando** marcharon sobre Granada con un ejército de 150.000 hombres. Durante 7 meses, incluido el invierno de 1491, mantuvieron sitiada la ciudad, y el 2 de enero de 1492 Boabdil les entregó formalmente las llaves de Granada. La Reconquista cristiana de la península Ibérica había terminado.

Llegada e información

Prácticamente todos los elementos de interés en Granada —incluidas las montañas de la **Alhambra** (hacia el este) y del **Sacromonte** (al norte)— se hallan a poca distancia a pie del centro de la ciudad.

La **estación de ferrocarril** está a 1 km más o menos de la avenida de Andaluces, al salir de la avenida de la Constitución (avenida Calvo Sotelo); para adentrarse en la ciudad el viajero tendrá que tomar el autobús 4, que va por la Gran Vía, o el 11, que describe una ruta circular que enlaza con la Gran Vía de Colón y vuelve a salir por la Puerta Real y el Camino de Ronda. La parada más céntrica es la que hay junto a la catedral, en la Gran Vía.

La nueva **estación principal de autobuses** de la ciudad, en la carretera de Jaén s/n (☎958 185 011), queda un poco apartada del centro, en los barrios del norte, y cubre todos los servicios excepto los que llevan a Sierra Nevada, Valencia y Barcelona. El autobús 3 sale de la parte de afuera y deja a los viajeros cerca de la catedral (a un tramo de 15 min.). Para informarse sobre las salidas de los autobuses, se recomienda al viajero que consulte a las respectivas compañías: Alsina Graells (☎958 185 010), en la estación principal de autobuses, tiene servicios procedentes de Madrid, Jaén, Úbeda, Córdoba, Sevilla, Málaga, Alpujarras, Motril, Guadix, Almería y la costa; los autobuses de la Empresa Bonal (☎958 273 100), en avenida Calvo Sotelo 19, van al norte de Sierra Nevada; la Empresa Autedia (☎958 563 636), en Rector Martín 10, a la salida de la avenida Calvo Sotelo, se encarga sobre todo de los servicios a Guadix; y la Empresa Bacoma (☎958 284 251), de avenida Andalucía 12, cerca de la estación de ferrocarril, tiene autobuses a Valencia/Alicante y Barcelona. Todas las terminales quedan en el itinerario del autobús 11.

Si el viajero llega **al aeropuerto**, a 17 km al oeste de la ciudad, hay un autobús (5 diarios, excepto sáb.; 30 min.) que recorre la autovía A-92 hasta la plaza Isabel La Católica en ambos sentidos; el taxi hasta la ciudad cuesta unas 2.500 pesetas.

El viajero puede consultar más detalles y horarios de transporte urbano, además de otros temas en la **oficina de turismo** (lun.-sáb., 9-19 h; dom., 10-14 h; ☎958 225 990) de la calle Mariana Pineda, en el Corral del Carbón cerca de la catedral, a la salida por el lado este de la calle Reyes Católicos. Asimismo, allí puede comprar **mapas y guías** de Sierra Nevada, aunque hay una mayor selección en la Librería Dauro de Zacatín 3 (una calle peatonal entre la catedral y Reyes Católicos). Existe una eficaz **oficina municipal de turismo** (lun.-vier., 9.30-19 h; sáb., 10-14 h; ☎958 226 688) en plaza Mariana Pineda 10.

Alojamiento

No resulta difícil encontrar un **lugar donde quedarse** en el centro de la ciudad, tanto en la Gran Vía como en la calle Reyes Católicos o la plaza Nueva y la Puerta Real, excepto en temporada alta (en Semana Santa es imposible), y los precios no son más altos que en cualquier otro lugar de España. El visitante también puede probar en las calles que hay a cada lado de la Gran Vía, detrás de la plaza Nueva, alrededor de la Puerta Real y la plaza del Carmen (sobre todo en la calle de Navas), la plaza de la Trinidad en la zona universitaria (y al este de ella) o a lo largo de la cuesta de Gomérez, que van de la plaza Nueva hacia la Alhambra. Esta área está tan llena de **hostales** y **pensiones** —por lo general llenos— que resulta difícil recomendar algún establecimiento en particular. Los que aparecen a continuación no son más que una indicación o algunos que han demostrado ser muy buenos; en casi todos el gran problema es el **ruido**. Sin embargo, la nueva carretera que va a la Alhambra y evita el paso del tráfico por el centro ha mejorado mucho la cuesta de Gomérez, en la actualidad una calle semipeatonal (sólo pasan taxis). No se moleste en buscar un aloja-

300/*ANDALUCÍA*

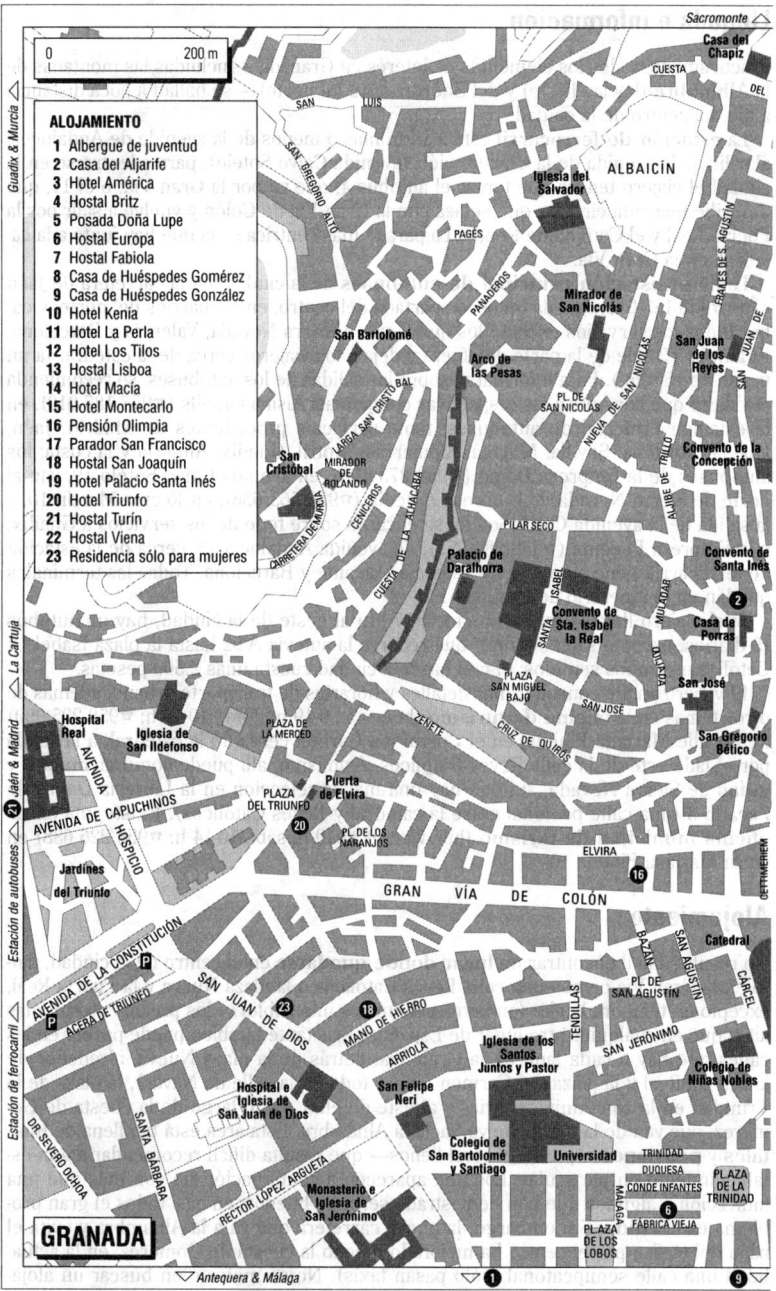

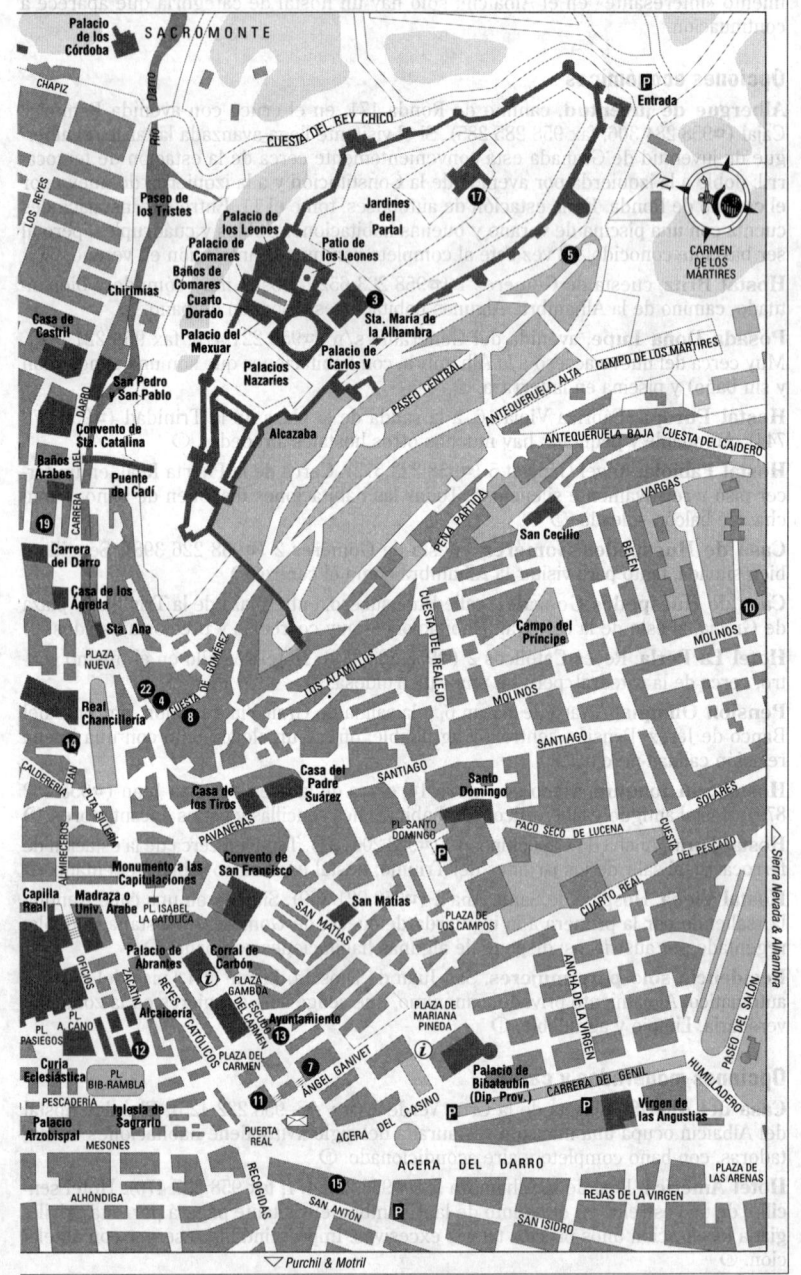

miento «interesante» en el Albaicín: sólo hay un hostal de categoría que aparece a continuación.

Opciones económicas

Albergue de juventud, camino de Ronda 171, en el cruce con avenida Ramón y Cajal (☎958 284 306; fax 958 285 285). Si el visitante llega avanzada la tarde, el albergue de juventud de Granada está convenientemente cerca de la estación de ferrocarril: doble a la izquierda por avenida de la Constitución y a la izquierda de nuevo por el camino de Ronda. En la estación de autobuses, tome el 11. Entre sus instalaciones cuenta con una piscina de verano y buenas habitaciones dobles y cuádruples, pero al ser bastante conocido, tal vez esté al completo con mucha antelación en verano. ①

Hostal Britz, cuesta de Gomérez 1 (☎958 223 652). Hostal muy cómodo y bien situado, camino de la Alhambra. Algunas habitaciones disponen de baño. ③

Posada Doña Lupe, avenida del Generalife s/n (☎958 221 473; fax 958 221 474). Muy cerca del nuevo acceso a la Alhambra, con habitaciones que son una ganga (con y sin baño) y piscina en la terraza. ②

Hostal Europa, Fábrica Vieja 16, a la salida de la plaza de la Trinidad (☎958 278 744). Agradable y pequeño; hay muchos otros hostales alrededor. ③

Hostal Fabiola, Ángel Ganivet 5 (☎958 223 572). Cerca de la Puerta Real, en un tercer piso y relativamente silencioso. Todas las habitaciones disponen de baño, y muchas de balcón soleado. ③

Casa de Huéspedes Gomérez, cuesta de Gomérez 2 (☎958 226 398). Sencilla y bien situada, tanto para visitar la Alhambra como el centro. ②

Casa de Huéspedes González, calle Buensuceso, entre plaza de la Trinidad y plaza de Gracia, al este de la catedral. Habitaciones muy correctas y precios ajustados. ②

Hotel La Perla, Reyes Católicos 2 (☎958 223 415). Hotel sencillo en el mismo centro, cerca de la catedral, pero en una calle ruidosa. ③

Pensión Olimpia, Álvaro de Bazán 6, a la salida de Gran Vía de Colón, enfrente del Banco de Jerez. Pensión céntrica y agradable; ofrece un alojamiento con una buena relación calidad-precio. ②

Hostal San Joaquín, Mano de Hierro 14, cerca de la iglesia de San Juan (☎958 282 879). Hostal antiguo y laberíntico, con habitaciones sencillas y patios encantadores. ③

Hostal Turín, Ancha de Capuchinos 16 (☎958 200 311). También cerca de la estación de ferrocarril, al salir de los jardines del Triunfo; hostal económico y bien regentado. ②

Hostal Viena, Hospital de Santa Ana 2 (☎958 221 859). Situado en una calle tranquila (saliendo por la primera a la izquierda de cuesta de Gomérez). Hostal agradable, regentado por austríacos; dispone de algunas habitaciones con baño. ③

Residencia sólo para mujeres, San Juan de Dios 14. Llame al 4.º piso del portero automático. Alojamiento privado y anónimo, que acoge sólo a mujeres en la zona universitaria. Limpio y agradable. ①

Opciones moderadas y caras

Casa del Aljarife, placeta de la Cruz Verde 2 (☎ y fax 958 222 425). El único hostal del Albaicín ocupa una mansión restaurada del siglo XVII y tiene habitaciones encantadoras, con baño completo y aire acondicionado. ⑤

Hotel América, Real de la Alhambra 53 (☎958 227 471; fax 958 227 470). Hotel sencillo, de una estrella, en el recinto de la Alhambra; el visitante pagará por esta privilegiada localización unos precios tal vez excesivos. Imprescindible reservar con antelación. ⑥

Hotel Kenia, Molinos 65 (☎958 227 506). Antigua mansión, bien restaurada; situado en un lugar tranquilo a los pies de la Alhambra y al sur del centro. ⑤
Hostal Lisboa, plaza del Carmen 27 (☎958 221 413). Hostal céntrico, limpio y cómodo; dispone de habitaciones con y sin baño. ③-④
Hotel Los Tilos, plaza de Bib-Rambla 4 (☎958 266 712; fax 958 266 801). Hotel sencillo de dos estrellas, situado cerca de la catedral. ⑤
Hotel Macía, plaza Nueva 4 (☎958 227 536; fax 958 227 535). Hotel céntrico, con habitaciones cómodas que dan a una plaza con mucho ambiente. ⑤
Hotel Montecarlo, Acera del Darro 44 (☎958 257 900; fax 958 255 596). Otro hotel céntrico; las habitaciones disponen de vídeo y aire acondicionado. ⑤
Parador San Francisco, Real de la Alhambra (☎958 221 440; fax 958 222 264). Sin duda alguna el mejor lugar —y el más caro— donde alojarse en Granada; es un monasterio reformado, en el recinto de la Alhambra. Imprescindible hacer reserva con antelación. ⑧
Hotel Palacio Santa Inés, cuesta de Santa Inés 9 (☎958 222 362; fax 958 222 465). Suntuoso hotel de seis habitaciones en una mansión restaurada del siglo XVI, en los límites del Albaicín y con vistas a la Alhambra. ⑧
Hotel Triunfo, plaza del Triunfo 19 (☎958 207 444; fax 958 207 673). Hotel muy recomendable y de alta categoría en las inmediaciones del Albaicín, flanqueado por un impresionante arco árabe, la Puerta de Elvira. ⑦

Cámpings
Cámping Sierra Nevada, avenida de Madrid 107 (marzo-oct.; ☎958 150 062). El más cercano al centro (autobús 3 desde el centro, y a 2 min. caminando desde la estación, doblando a la derecha al salir), y tal vez también el mejor.
El Último, Camino Huétor Vega 22 (☎958 123 069). No mucho más lejos, por la avenida de Cervantes, y con piscina.

La Alhambra

Hay tres grupos distintos de edificios en la montaña de la Alhambra: los **Palacios Nazaríes** (Palacio Real), los jardines del Palacio del **Generalife** y la **Alcazaba**. Esta última, una fortaleza de los gobernantes del siglo XI, era todo lo que había aquí cuando Muhammad I convirtió Granada en su capital, pero la montaña ya había tomado de sus paredes rojizas el nombre de *Al Qal'a al-Hamra*, que en árabe significa literalmente «el castillo rojo». Muhammad I mandó reconstruir la Alcazaba y la añadió al amplio cerco de murallas y torres, lo primero que se ve del castillo. Detrás de estos muros inició la construcción de un palacio; éste estaba abastecido con el agua del río Darro, que se desvió casi 8 km hasta llevarlo al pie de la montaña; el agua es una parte integral de la Alhambra, y las obras de ingeniería que se realizaron para incorporarla es la mayor contribución de Yusuf I. Los Palacios Nazaríes fueron esencialmente obra de sus sucesores en el siglo XIV, en particular Muhammad V, que hizo construir y redecorar muchas de sus habitaciones para celebrar su subida al trono (1354) y la toma de Algeciras (1369).

Tras conquistar la ciudad, **Isabel** y **Fernando** vivieron durante un tiempo en la Alhambra. Restauraron algunas salas y convirtieron la mezquita en iglesia, pero no alteraron la estructura del palacio. Como en Sevilla y Córdoba, fue el **emperador Carlos V**, su nieto, quien causó la más insensible destrucción al hacer demoler un ala entera de habitaciones para construir un palacio renacentista. Éste y la Alhambra fueron sencillamente ignorados por sus sucesores, de hecho, durante el siglo XVIII los Palacios Nazaríes se utilizaban como prisión. En 1812 fueron tomados y ocupados por

las **fuerzas de Napoleón**, que saquearon y destrozaron secciones enteras, y que en su retirada de la ciudad intentaron hacer explotar todo el conjunto. Su intento quedó frustrado gracias a la acción de un soldado mutilado, que se quedó atrás y quitó las mechas.

Dos décadas más tarde se produjo el «redescubrimiento» de la Alhambra debido al escritor norteamericano **Washington Irving**, que instaló su estudio en las salas vacías del palacio y empezó a escribir sus maravillosos *Cuentos de la Alhambra* (que se venden en toda Granada y son una buena lectura entre jardines y patios). Poco después de su publicación, la Alhambra fue declarada **monumento nacional** y se recogieron fondos para proceder a su restauración. Así continúa siendo hoy en día; incluso existe un sofisticado proyecto que consiste en retirar los añadidos de épocas posteriores para que las creaciones árabes originales queden expuestas y sean restauradas.

El acceso a la Alhambra
El **acceso** más corriente (a pie o en autobús) a la Alhambra es por la cuesta de Gomérez, la carretera semipeatonal que asciende por la montaña desde la céntrica plaza Nueva de Granada. Los únicos vehículos a los que se permite utilizar esta carretera durante el día son los taxis y el **Alhambrabús**, un servicio de microbús (todos los días, 7-22 h, cada 10 min.; 100 pesetas) que comunica la plaza Nueva con el palacio de la Alhambra. Para llegar hasta allí **en automóvil** el viajero tendrá que seguir la ruta señalada desde la Puerta Real, al sur de la catedral; llega hasta el estacionamiento de la Alhambra, cerca de la entrada nueva.

Si el visitante decide subir **a pie** a la montaña (un agradable paseo de 20 min. desde la plaza Nueva), llegará a la enorme **Puerta de las Granadas**, de estilo renacentista, que mandó levantar Carlos V. Desde allí se bifurcan dos senderos hacia cada lado de la carretera: el de la derecha asciende hacia un grupo de torres fortificadas, las **torres Bermejas**, que se remontan al siglo VIII. El camino de la izquierda atraviesa los bosques y pasa junto a una amplia fuente decorativa (de nuevo cortesía de Carlos V) para llegar hasta la entrada principal —la antigua entrada— de la Alhambra. Se trata de la **Puerta de la Justicia**, una magnífica torre que obligaba a efectuar tres cambios de dirección, lo que hacía que los intrusos quedaran expuestos y fueran vulnerables. La mandó erigir Yusuf I en 1340, y en la parte superior de su arco exterior conserva el símbolo coránico de la llave (para Alá el Abridor) y de una mano abierta, cuyos cinco dedos representan los cinco preceptos islámicos: plegaria, firmeza, donación de limosnas, peregrinaje a La Meca y unicidad de Dios. La **entrada nueva** a la Alhambra —en el lado este, cerca de los jardines del Generalife— se encuentra a unos 5 minutos más montaña arriba, dejando siempre la pared a la izquierda.

Dentro de la ciudadela se levantaba una «ciudad gubernamental» completa, con mansiones, casas pequeñas, baños, escuelas, mezquitas, cuarteles y jardines. De todo ello sólo quedan la **fortaleza de la Alcazaba** y los **Palacios Nazaríes**, que se hallan uno frente al otro, con una amplia terraza de por medio (construida en el siglo XVI sobre el barranco que los separaba), flanqueados por el majestuoso aunque discordante **Palacio de Carlos V**.

Dentro de las murallas de la ciudadela están también el hermoso *Parador San Francisco* (un antiguo monasterio remodelado, donde en un principio fue enterrada la reina Isabel; bar abierto al público en general) y el *Hotel América*. En los alrededores hay varios puestos de bebidas, entre ellos uno muy acogedor en los jardines del Portal (en dirección al Palacio de Carlos V al dejar los Palacios Nazaríes).

Entradas
Los billetes para acceder al conjunto (abril-sept., lun.-sáb., 9-20 h; dom., 9-18 h; oct.-marzo, todos los días, 9-18 h; 1.000 pesetas) pueden adquirirse en la entrada, pero

en temporada alta se forman colas de 1 o 2 horas. Es más, debido al gran número de visitantes que acuden actualmente a la Alhambra, los que dispongan de sólo un día para verla en temporada alta no tienen asegurada la entrada; por ello si el viajero dispone de poco tiempo para permanecer es imprescindible hacer la reserva con antelación, según los métodos que se describen a continuación, o bien acudir tan pronto como sea posible por la mañana (las ventanillas abren 30 min. antes que las puertas).

Una forma de **evitar las colas** es adquirir las entradas en las oficinas de la Caja General de Ahorros de Granada, plaza Isabel la Católica 6, en el centro de la ciudad. En la misma plaza pero en el n.º 1 está el BBVA, que también vende billetes y acepta reservas previas con las mismas condiciones que la oficina principal de la Alhambra (véase abajo). Ambos bancos sólo proporcionan las entradas durante su horario bancario habitual; además, añaden un recargo de 100 pesetas por cada una y están comunicados por ordenador con la Alhambra, de modo que cuando se alcanza la admisión máxima diaria de 8.400 visitantes ya no se venden más. El **sistema de reservas** de la Alhambra (☎958 220 912; fax 958 210 584; prefieren faxes) permitirá al viajero reservar la visita con 1 semana de antelación como mínimo y 1 año como máximo.

Los billetes están divididos en **secciones** que se corresponden con las partes del complejo —Alcazaba, Palacios Nazaríes, Generalife— y que deben utilizarse en un solo día. Para intentar regular la multitudinaria afluencia de visitantes de los últimos años las entradas se sellan, de modo que el visitante sólo las puede utilizar por espacio de 30 minutos (por lo general 1 hora antes del acceso), durante el cual hay que entrar en la sección de los Palacios Nazaríes; pero una vez dentro, puede quedarse tanto tiempo como quiera.

La Alhambra también permanece abierta a **visitas de iluminación nocturna** (limitadas a la parte central del complejo; 1.000 pesetas) desde las 22 h hasta la medianoche los martes, jueves y sábados de abril a septiembre (en temporada baja, sólo sáb., 20-22 h). En sus patios se celebran conciertos de vez en cuando. Los dos **museos** del Palacio de Carlos V tienen tarifas de entrada y horarios distintos (véase pág. 310).

El acceso a la Alhambra

La **nueva entrada** de la Alhambra es por el lado este del complejo palaciego, cerca de los jardines del Generalife. Sin embargo, como el visitante tendrá un límite de tiempo para acceder al Palacio Real (normalmente establecido con 1 hora de antelación), se recomienda empezar la visita por la Alcazaba, situada en la parte opuesta u oeste de la Alhambra. Para llegar allí desde la entrada, el visitante tendrá que subir por la corta avenida flanqueada de cipreses hasta llegar a una ramificación de tres caminos y tomar el que está señalizado con el rótulo de la Alhambra. Luego deberá cruzar el puente sobre el foso siguiendo las indicaciones hacia la Alcazaba y los Palacios Nazaríes, y pasar ante las puertas del *Parador de San Francisco* (a su derecha) y el *Hotel América* antes de adentrarse en la calle Real. Entonces deberá proseguir junto al Palacio de Carlos V y cruzar la **Puerta del Vino** —que en el siglo XVI se utilizaba como bodega— hacia la Alcazaba, la parte más antigua y deteriorada, de la fortaleza.

La Alcazaba

La **Alcazaba** es el mejor lugar por donde empezar la visita y tener un primer contacto con el lugar. Está coronada por la **torre de la Vela**, cuyo nombre se debe a la gran campana que hay en lo alto y que hasta hace pocos años se tocaba para indicar el horario de irrigación permitido a los campesinos de la vasta y fértil llanura de Granada. Fue aquí donde, a las 15 h del 2 de enero de 1492, la Cruz fue por primera vez alzada sobre toda la ciudad junto con los estandartes de Castilla y Aragón y la bandera de san Jorge. Boabdil, al abandonar Granada para exiliarse en Las Alpujarras, se volvió a

306/ANDALUCÍA

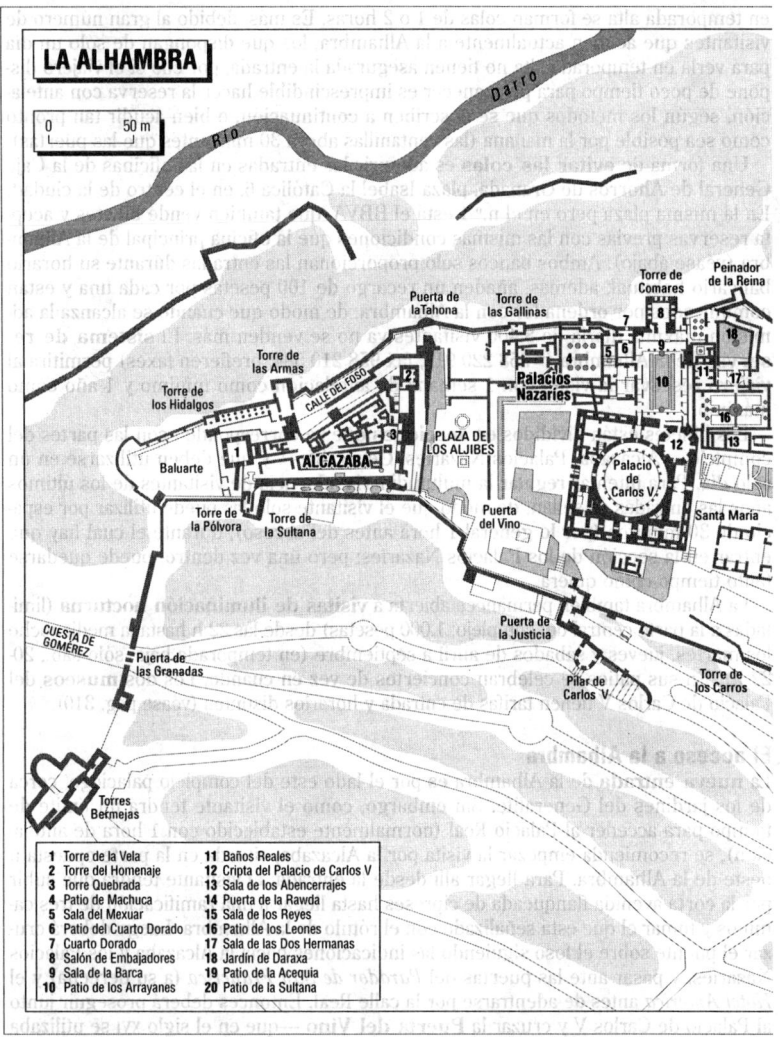

LA ALHAMBRA

1 Torre de la Vela
2 Torre del Homenaje
3 Torre Quebrada
4 Patio de Machuca
5 Sala del Mexuar
6 Patio del Cuarto Dorado
7 Cuarto Dorado
8 Salón de Embajadores
9 Sala de la Barca
10 Patio de los Arrayanes
11 Baños Reales
12 Cripta del Palacio de Carlos V
13 Sala de los Abencerrajes
14 Puerta de la Rawda
15 Sala de los Reyes
16 Patio de los Leones
17 Sala de las Dos Hermanas
18 Jardín de Daraxa
19 Patio de la Acequia
20 Patio de la Sultana

mirar la Alhambra y lloró amargamente, lo que le valió el famoso reproche de su madre, Aisha: «Llora como mujer lo que no supiste defender como un hombre.» El **Aljibe**, una cisterna situada debajo de la zona que se abre entre la Alcazaba y la Casa Real, está abierta a las visitas los lunes, miércoles y viernes, 9.30-13.30 h.

Los Palacios Nazaríes

Es sorprendente que los **Palacios Nazaríes** se hayan conservado, dado su profundo contraste respecto a la fortaleza de la Alcazaba y las murallas y torres que la

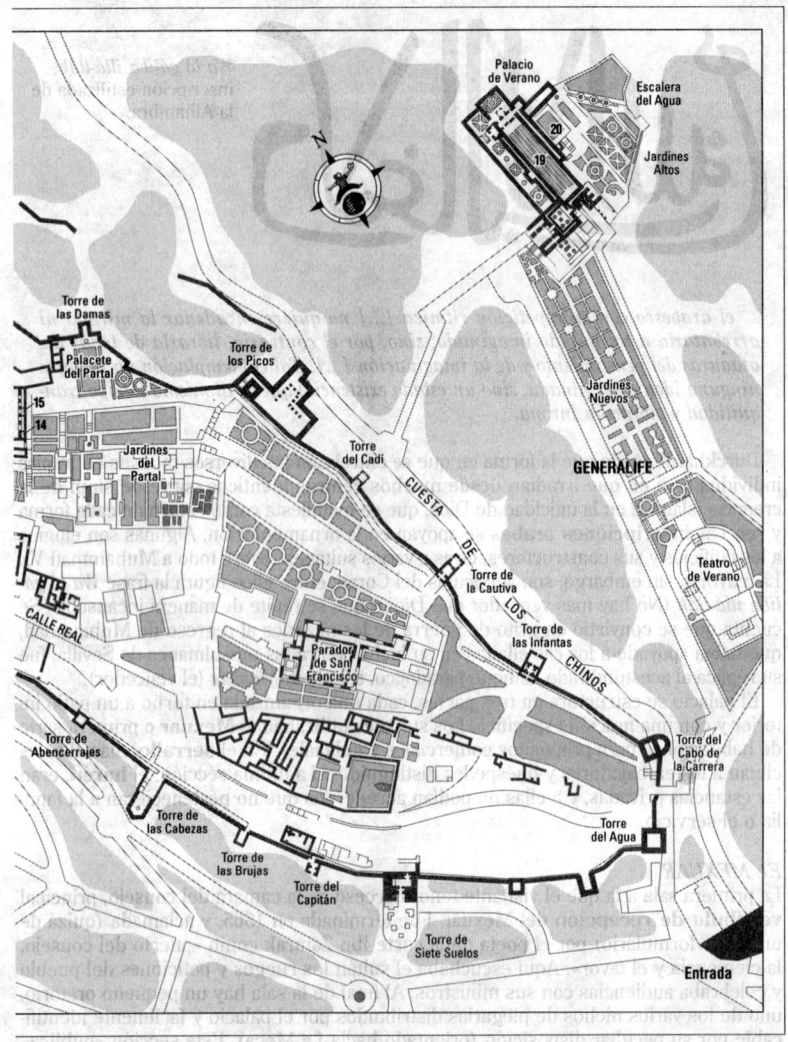

rodean. Fueron construidos de un modo ligero e incluso tosco; se utilizó madera, ladrillo y adobe, con la intención de que fueran remodelados por los sucesivos gobernantes. Estos edificios se caracterizan por su ingeniosa utilización de la luz y el espacio, pero son principalmente un soporte para una serie de hermosos estucados decorativos.

Esto, como explica Titus Burckhardt en *La civilización hispano-árabe*, era tanto una ciencia compleja como una filosofía del arte abstracto en contraste con la representación pictórica:

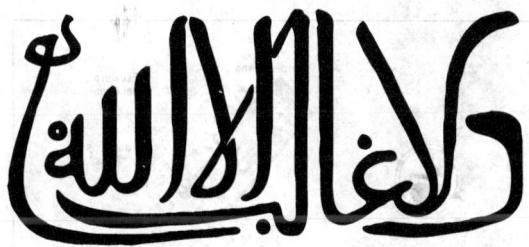

Wa lá gáliba illá-lláh, inscripción estilizada de la Alhambra.

... el arabesco con su repetición rítmica [...] no quiere encadenar la mirada ni arrebatarla a un mundo imaginado, sino, por el contrario, librarla de todas las ataduras del pensamiento y de la imaginación [...]. Tal contemplación no produce ninguna idea determinada, sino un estado existencial que es al mismo tiempo tranquilidad y vibración íntima.

Burckhardt añade que la forma en que se entrelazan los diversos motivos en franjas individuales o en que irradian desde muchos centros idénticos, sirve de símil de la creencia islámica en la unicidad de Dios, que se manifiesta como centro de cada forma y ser. Las **inscripciones árabes** se apoyan en la ornamentación. Algunas son elogios a los edificios y sus constructores, otras a varios sultanes (sobre todo a Muhammad V). La mayoría, sin embargo, son versículos del Corán; entre ellos figura la frase *Wa lá gáliba illá-lláh* (No hay más vencedor que Dios), que se repite de manera incansable. Se cuenta que se convirtió en grito de guerra de los nazaríes al regreso de Muhammad, que había apoyado a los castellanos en su lucha contra los musulmanes de Sevilla; fue su réplica al acostumbrado, aunque paradójico, saludo *al-Mansur* (el vencedor).

El palacio se estructura en tres partes, cada una organizada en torno a un patio interior y con una función específica. Los sultanes utilizaban el **Mexuar** o primera serie de habitaciones para propósitos comerciales y judiciales. En el **serrallo**, más allá, recibían a los embajadores y huéspedes distinguidos. La última sección, el **harén**, eran las estancias privadas, y a ellas no podían acceder los que no pertenecieran a la familia o el servicio.

EL MEXUAR

La primera sala a la que el visitante tendrá acceso es la cámara del consejo, principal **vestíbulo de recepción** del Mexuar. Fue terminada en 1365, y aclamada (quizá de un modo formulario) por el poeta de la corte Ibn Zamrak como «puerto del consejo, la clemencia y el favor». Aquí escuchaba el sultán los ruegos y peticiones del pueblo y celebraba audiencias con sus ministros. Al final de la sala hay un pequeño oratorio, uno de los varios nichos de plegarias distribuidos por el palacio y fácilmente identificable por su peculiar disposición (orientado hacia La Meca). Esta sección «pública» del edificio, que pocos podían traspasar, se completa con el **Cuarto Dorado** mudéjar decorado por Carlos V, cuya leyenda *Plus Ultra* aparece por todo el palacio, y por el **patio del Cuarto Dorado**. Éste luce quizá la fachada más hermosa de todo el palacio, ya que da entrada al esplendor formal del serrallo.

EL SERRALLO

El serrallo fue construido en gran medida bajo las órdenes de Yusuf I, un sultán muy culto y sensible que murió acuchillado por un loco mientras oraba en la mezquita de la Alhambra. Sus habitaciones dan al final del **patio de los Arrayanes**, al que se abren mediante delicadas arcadas de columnas de mármol.

En el lado norte del patio, ocupando dos pisos de una torre fortificada, está la sala del trono real, conocida como **Salón de Embajadores**. Como nadie podía dirigirse al sultán de manera directa, se levanta formando un ángulo respecto al Mexuar. Se trata de la sala más grande del palacio, cuadrada y cubierta de azulejos y estucado. Entre las inscripciones entrelazadas hay una que reza, sencillamente: «Yo soy el Corazón del palacio.» Aquí firmó Boabdil los términos de su rendición a los Reyes Católicos, cuyos escudos (los de Castilla y Aragón) fueron más tarde tallados en la sorprendente cúpula de cedro de la sala, un precioso ejemplo de lacería, una obra de «ebanistería de nudos» completamente geométrica. También se cuenta que aquí el rey Fernando se encontró con Colón para hablar de su proyecto de abrir una nueva ruta hacia la India (que más tarde llevaría al descubrimiento de América). La cúpula, acorde con el objetivo místico-matemático de la arquitectura árabe medieval, representa mediante un complejo simbolismo los siete cielos. Carlos V mandó derribar las salas que había en el lado este del patio; desde la arcada que hay allí se accede a la lúgubre **cripta de la capilla** de su palacio, que reproduce un curioso efecto de «galería de los susurros».

EL HARÉN
El **patio de los Leones**, que se ha convertido en una imagen típica de Granada, constituye el centro de la parte del palacio dedicada al harén. Los estilizados leones de aspecto arcaico que sostienen la fuente tal vez databa, al igual que el patio, de la época de Muhammad V, el sucesor de Yusuf; un poema inscrito en la pila viene a decir que los leones serían muy fieros si no se contuvieran por respeto al sultán. El patio fue diseñado como un jardín interior donde había arbustos y hierbas aromáticas; comunica con tres de las mejores salas del palacio, cada una de las cuales se orienta hacia la fuente.

Las dos salas más sofisticadas de esta parte del complejo, al parecer proyectadas para transmitir la sensación de rotación del movimiento de las estrellas, son las dos que se miran entre sí desde cada lado del patio. La mayor de ellas, la **Sala de los Abencerrajes**, luce el techo más hermoso del palacio de la Alhambra: tiene 16 lados, se sostiene mediante bóvedas de estalactitas y recibe luz de las ventanas de la cúpula, que se refleja sobre la fuente del suelo. Tal sensación de espacio y luminosidad contrasta con su nombre e historia, ya que aquí Abu-l-Hasan Alí (padre de Boabdil, más conocido por Muley Hacén), mató a 16 princesas de la familia de los Abencerrajes, cuyo patriarca se había enamorado de su favorita, Zoraya; según la leyenda las manchas de óxido de la fuente son las huellas indelebles de la sangre vertida.

En el extremo más alejado se encuentra la **Sala de los Reyes**, cuyas alcobas conservan una serie de extraordinarias pinturas sobre piel. Desafiando la ley del Corán, representan escenas con figuras humanas; se cree que fueron pintadas por un artista cristiano durante las últimas décadas de gobierno árabe. La segunda de las dos cámaras de la parte norte del patio, la **Sala de las Dos Hermanas**, tiene un nombre más vulgar —que alude a dos grandes losas de mármol que hay en el suelo— pero está decorada con una cúpula formada por 500 «celdillas de abeja». Era la habitación principal de la favorita del sultán, y daba a un apartamento interior y un balcón, el **mirador de Daraxa**; el romántico patio ajardinado inferior fue añadido tras la Reconquista.

Más allá, el viajero entrará en un circuito que cruza los **apartamentos** redecorados por Carlos V (al igual que en Sevilla, el emperador —criado en los países del norte— instaló chimeneas) y más tarde utilizados por Washington Irving. Luego saldrá al **Peinador** o torre de la Reina, un pabellón que sirvió como oratorio para las sultanas y como vestidor para la esposa de Carlos V. Se quemaban perfumes bajo el suelo para que se evaporaran a través de una losa de mármol de la esquina.

A partir de aquí, y después de cruzar el **patio de la Reja** añadido en el siglo XVII,

el visitante encontrará los **Baños Reales**. Son espectaculares, decorados en ricos mosaicos de cerámica e iluminados por estrellas perforadas y rosetas que habían estado cubiertas de vidrieras. La cámara central se utilizaba para descansar; todavía conserva la galería desde donde los músicos y cantantes —ciegos, para evitar que pudieran ver a las mujeres de palacio— entretenían a los que se bañaban.

LAS TORRES Y EL PALACIO DE CARLOS V

Antes de abandonar el complejo del palacio, hay algunas **torres** interesantes. Están ricamente decoradas —en especial la primera, **torre de las Damas**—, que se levanta enfrente de su propio patio (restaurado de acuerdo con su forma original).

La salida de los Palacios Nazaríes llevará al visitante hacia la entrada y el patio del **Palacio de Carlos V**, donde en una época se celebraban corridas de toros. El edificio (empezado en 1526 y nunca finalizado) parece fuera de lugar en este espacio, pero de hecho es una muestra excepcional de arquitectura renacentista; se trata de la única obra que se conserva de Pedro Machuca, antiguo discípulo de Miguel Ángel. En sus pisos superiores se halla el relativamente interesante **Museo de Bellas Artes** (mar., 14.30-18 h; miér.-sáb., 9-18 h; dom., 9-14.30 h; 250 pesetas; entrada gratuita para los ciudadanos de la UE), que muestra algunos ejemplos notables de escultura andaluza en madera. En el piso inferior se encuentra el **Museo Hispano-Musulmán** (mar.-sáb., 10-14 h; 250 pesetas; entrada gratuita para los ciudadanos de la UE), una colección reducida pero fascinante de arte formada por objetos descubiertos durante la restauración de la Alhambra; la joya de la exposición es un hermoso **jarrón de la Alhambra** del siglo XV hecho con la arcilla roja local y esmaltado en azul y oro. Sin embargo, ambos museos suelen abrir de manera irregular, no en los días establecidos.

Para llegar a los jardines del Generalife, el visitante tendrá que volver sobre sus pasos y bajar por la calle Real hasta la unión de los tres caminos junto a la entrada.

El Generalife

El paraíso se describe en el Corán como un jardín boscoso y exuberante, refrescado por corrientes de agua, donde «los afortunados» encontrarán su eterno descanso. Esta imagen concuerda a la perfección con el **Generalife**, los jardines y palacio de verano de los sultanes. Su nombre significa literalmente «jardín del arquitecto», y consiste en una fabulosa serie de patios, senderos y jardines cerrados. Por suerte se ha conservado una referencia sobre cómo eran éstos en la época de los árabes, escrita de un modo bastante poético por el visir de la corte e historiador del siglo XIV Ibn Zamrak. Su descripción no es del todo verosímil, pero sí una excelente fuente de inspiración mientras el visitante pasea entre los patios y las fuentes. Según él aquí se celebraban fiestas durante las cuales los caballos se precipitaban como flechas contra el polvo, a tal velocidad que los espectadores tenían que frotarse los ojos (una clase de celebración que todavía existe en las fantasías marroquíes); los cohetes se lanzaban al cielo para desafiar a las mismas estrellas; los funámbulos volaban por los aires como pájaros, y había hombres que rodaban por un magnífico aro de madera en forma de esfera astronómica.

Hoy en día, aunque desprovistos de tales entretenimientos, los jardines son aún evocadores; destaca sobre todo el **patio de los Cipreses**, un jardín vallado, oscuro y secreto de juníperos recortados en diversas formas donde se sospechaba que la sultana Zoraya se reunía con su amante Hamet, patriarca de los desafortunados Abencerrajes. Cerca está también el inspirado **camino de las Cascadas**, una escalera por cuyas balaustradas de piedra corre el agua. Todo ello a los pies de la entrada del pequeño **Palacio de Verano**, con sus belvederes decorados de diversos modos. Justo debajo de la entrada al Generalife, la **cuesta del Rey Chino** —una ruta alternativa para regresar a la ciudad— desciende hacia el río Darro y el antiguo barrio árabe del Albaicín (véase pág. siguiente).

El Albaicín y alrededores de la ciudad

Si el viajero sólo tiene intención de pasar un par de días en Granada, no podrá resistirse a dedicarlos por completo a la Alhambra. Sin embargo, hay varios monumentos árabes menores que merecen una visita. Subiendo desde el río Darro se encuentra el entramado de calles medievales del **Albaicín**, el mayor barrio árabe y también el más genuino que se conserva en España; se recomienda visitarlo. Además, vale la pena fijarse en los monumentos cristianos que se levantaron en la ciudad tras la conquista de Granada.

El Albaicín y otros monumentos árabes
El Albaicín se extiende sobre un área comprimida por el río, la montaña del Sacromonte, las murallas de la ciudad y la ventosa calle Elvira (paralela a la Gran Vía de Colón, la avenida principal que biseccciona el centro de Granada). El mejor acceso es por la carrera del Darro, junto al río. En el n.º 31 de esta calle se hallan los restos de los **baños árabes** (mar.-sáb., 10-14 h; entrada gratuita), unos preciosos baños públicos poco visitados. En el n.º 43 está la **Casa de Castril** (mar., 15-20 h; miér.-sáb., 9-20 h; dom., 9-15 h; 250 pesetas; entrada gratuita para los ciudadanos de la UE), una mansión renacentista que alberga el **Museo Arqueológico** de la ciudad, donde destacan los hallazgos neolíticos de la cueva de los Murciélagos de Las Alpujarras (compruebe que no está cerrado por obras); también hay muestras de la Granada fenicia, romana, visigótica y árabe. Junto al museo pasa una carretera que asciende hacia la iglesia de San Juan (con un minarete del siglo XIII que se conserva intacto) y la de **San Nicolás**, desde cuya plaza se contemplan hermosas **vistas de la Alhambra**, las mejores de la ciudad.

Fuera del Albaicín se encuentran dos de los edificios árabes más interesantes: el **Corral del Carbón**, un *caravasar* (un mesón donde se alojaban los mercaderes y en cuyo piso superior almacenaban sus mercancías) del siglo XIV, en la actualidad sede de la oficina de turismo, y la cercana **Casa de los Tiros**, que de hecho fue construida después de la Reconquista y luce una curiosa fachada adornada con deidades griegas y algunos mosquetes de piedra que se asoman desde las almenas superiores. Sin embargo, el edificio árabe más interesante de la parte baja de la ciudad tal vez sea uno menos conocido, el **Palacio de la Madraza**, pintado de un modo original y situado frente a la Capilla Real. Construido a principios del siglo XIV, era una madraza islámica, y conserva parte de su oratorio y un mihrab magníficamente decorado. Se abre de vez en cuando para exposiciones; el visitante tendrá que llamar para pedir que le dejen entrar.

La Capilla Real, la catedral y las iglesias
La **Capilla Real** (abril-sept., lun.-sáb., 10.30-13 h y 16-19 h; dom., 11-13 h; oct.-marzo, lun.-vier., 10.30-13 h; sáb.-dom., 11-13 h; 300 pesetas) es un edificio impresionante, de un vistoso estilo gótico tardío y levantado durante las primeras décadas de dominio cristiano como mausoleo para los Reyes Católicos, «liberadores» de la ciudad. Las **tumbas** actuales son tan sencillas como el visitante pueda imaginarse: Fernando (distinguido con una «F») e Isabel, junto a quien yacen su hija Juana (la Loca) y su esposo Felipe (el Hermoso), descansan en ataúdes de plomo en una humilde cripta. Pero encima de ellos —en respuesta a lo que su nieto Carlos V consideró «una sala muy pequeña para una gloria tan grande»— se halla el fabuloso **monumento** tallado en mármol de Carrara en 1517 por el florentino Domenico Fancelli; representa las efigies de los dos monarcas, esculpidas en estilo renacentista. La tumba de Juana y Felipe que hay a un lado es una obra muy inferior realizada por Ordóñez. Enfrente del monumento se alza una **reja** de comparable magnitud, obra del maestro Bartolomé de Baeza, y el espléndido **retablo** situado detrás representa a Boabdil entregando las llaves de Granada.

PROBLEMAS DE SEGURIDAD EN EL ALBAICÍN

Aunque sin duda ello no debe disuadirle de visitar el **barrio del Albaicín**, vale la pena que el viajero tenga en cuenta que en los últimos tiempos se ha registrado en esta zona un alarmante número de **robos** a turistas, por lo general perpetrados por drogadictos que necesitan dinero para pagar sus dosis. Para evitar cualquier problema, tome las precauciones habituales: no lleve encima grandes cantidades de dinero u objetos de valor, y guárdelos en bolsillos ocultos en lugar de llevarlos en bolsas colgadas. Si le atracan, no se resista; los delincuentes raramente llegan al ataque personal, pero exigirán con firmeza lo que quieren. Por último, intente no parecer un turista (evite llevar mapas o guías en la mano) y recorra calles concurridas, sobre todo de noche.

En cumplimiento de su voluntad, la reina Isabel fue enterrada primero en la montaña de la Alhambra (en la iglesia de San Francisco, que en la actualidad forma parte del parador), pero toda su riqueza y poder no consiguieron salvaguardar sus deseos, y hoy en día la vela que pidió que iluminara perpetuamente su tumba ha sido sustituida por una bombilla eléctrica. En la **sacristía** de la capilla se expone la espada de Fernando, la corona de Isabel y su excelente colección de pintores flamencos medievales —que incluye obras de Memling, Bouts y Van der Weyden— algunos cuadros de pintores italianos, entre ellos Botticelli, y también obras de Pedro Berruguete.

En comparación con esto, la voluminosa y austera **catedral** renacentista de Granada, situada junto a la Capilla Real, a la que se accede por la puerta lateral (todos los días, abril-sept., 10.30-13.30 h y 16-19 h; oct.-marzo, 10.30-13.30 h; 300 pesetas), es decepcionante. Fue empezada en 1521, cuando se terminó la capilla, pero quedó inconclusa hasta bien entrado el siglo XVIII. Sin embargo, destaca por su luminosidad y espacioso interior, y es divertido recorrerla echando monedas a los dispositivos de iluminación de las capillas, que celebran un *San Francisco* de El Greco y esculturas de Pedro de Mena y Montañés.

Hay otras iglesias más interesantes y el viajero puede tardar 1 día entero en visitarlas. Al norte de la catedral, a 10 minutos a pie por la calle San Jerónimo, se alza la iglesia barroca de **San Juan de Dios**, que luce un espectacular retablo; se halla junto al hospital (aún en funciones) del mismo nombre, que tiene un majestuoso portal. Cerca está el elegante **convento de San Jerónimo** de estilo renacentista (todos los días, abril-sept., 10-13.30 h y 16-19 h; oct.-marzo, 10-13.30 h; 300 pesetas), fundado por los Reyes Católicos aunque construido después de su muerte, con dos patios imponentes.

Por último, al norte de la ciudad se halla la **Cartuja** (abril-sept., lun.-sáb., 10-13.30 h y 16-19.30 h; dom., 10-12 h; oct.-marzo, lun.-sáb., 10-13.30 h; dom., 10-12 h; 300 pesetas), quizás el mayor monasterio cartujo y el más profusamente decorado. Fue edificado en pleno auge del barroco —según algunos con intención de rivalizar con la Alhambra—, y tiene una capilla de una riqueza sorprendente, en la que se alza un altar de mármol de colores. Se tarda unos 10 o 15 minutos más en llegar hasta San Juan de Dios (puede tomar el autobús 8 desde el centro, que va hacia el norte por la Gran Vía de Colón).

El museo Lorca de Fuente Vaqueros

Al oeste de la ciudad, en el pueblo de Fuente Vaqueros, se encuentra la casa natal de Federico García Lorca, uno de los mejores poetas y dramaturgos que ha dado Andalucía. Ha sido convertida en **museo** (visitas guiadas cada hora; mar.-dom., 10-13 h y 18-20 h; 200 pesetas), y alberga una colección muy sugerente de objetos personales del poeta. Los autobuses de Ureña (cada hora desde las 8 h; 20 min.) salen de la avenida de los Andaluces de Granada, frente a la estación de ferrocarril.

Comida y copas

Granada no es uno de los grandes centros gastronómicos de España, pero como muchas grandes ciudades en su centro urbano hay una serie de concurridos **bares** que sirven platos sabrosos y económicos y que permanecen abiertos hasta tarde. Por toda la calle Calderería Nueva, el viajero encontrará tiendas de comida sana y salones de té marroquíes. Esta calle y el mercado municipal, en el extremo sur de la calle Agustín, son los lugares perfectos para abastecerse si quiere hacer un **picnic** durante su visita a la Alhambra. También hay **restaurantes** económicos entre los inevitables puntos turísticos que abundan en Granada. En el laberinto de callejuelas que se abre entre la **plaza Nueva** y la **Gran Vía** encontrará numerosos establecimientos recomendables, sobre todo bares de tapas; también en la zona en torno a la **plaza del Carmen** (cerca del ayuntamiento) y a lo largo de la calle Navas que parte de ella. Asimismo se recomienda el **campo del Príncipe**, una plaza agradable a los pies de la cara sur de la montaña de la Alhambra; allí hay una serie de restaurantes al aire libre que sirven menús económicos.

El centro de la ciudad

Bar Gambino, plaza Mariana Pineda. Bar con comedor que sirve un delicioso pollo asado.

Bar-Restaurante Sevilla, calle Oficios, frente a la entrada de la Capilla Real. Uno de los pocos restaurantes que quedan de antes de la guerra, un establecimiento frecuentado por García Lorca. Sirve un menú muy barato.

Café-Bar Sampedro, plaza Mariana Pineda. Café-bar junto al *Gambino* que sirve unas buenas tapas.

Cafetería-Restaurante La Riviera, Cettimeriem 5. Popular café con un buen menú económico; también ofrece platos vegetarianos.

Cepillo, calle Pescadería, a la salida de la calle Príncipe, detrás de la Alcaicería. Muy popular entre los lugareños por sus estupendos menús. El pescado y el pulpo son especialidades de la casa.

Cunini, Pescadería 9. Uno de los restaurantes de más categoría, precio y renombre de Granada, especializado en pescado. Tiene un buen bar (más económico) de tapas.

Gargantúa, placeta Sillería 7, cerca de la calle Reyes Católicos. Excelente comida y buen ambiente.

El Mesón, plaza Gamboa 2. Detrás del ayuntamiento, restaurante de precios medios y altos que sirve comida típica de Granada, como las habas con jamón.

Mesón Gallego Noemi, Trinidad 8, a la salida de la plaza de la Trinidad. Restaurante gallego pequeño, bueno y barato.

Mesón Yunque, plaza San Miguel Bajo en el Albaicín. Magnífico ambiente, platos sabrosos servidos en el interior y mesas al aire libre; frecuentado sobre todo por estudiantes.

Naturi Albaicín, Calderería Nueva 10. Cocina vegetariana con imaginación; sirve sabrosas ensaladas, champiñones rellenos y platos por el estilo.

Nueva Bodega, Cettimeriem 3. Restaurante tradicional con un bar de precios módicos; frecuentado por los lugareños.

Patio Andaluz, Escudo del Carmen 10. Muy concurrido; sirve uno de los menús más económicos de la ciudad.

Restaurante León, Pan 3. Un buen establecimiento donde tomárselo con calma; ofrece menús de todos los precios. Durante la semana también ofrece tapas en el bar.

Alrededores de la ciudad

El Amir, General Narváez 3, al sur de la ciudad y cerca de la plaza de Gracia. Magnífico y caro restaurante árabe, sirve un delicioso hummus y falafel, excelentes platos de arroz y carne del lugar con piñones y canela, así como albóndigas con salsa picante.

Café-bar Ochando, avenida de los Andaluces. Situado junto a la estación de ferrocarril y abierto 24 h, este café es útil a los viajeros de última o primera hora, y ofrece un buen desayuno.

La Estancia, calle Pedro Antonio de Alarcón. Restaurante francés de precios moderados situado en el extremo este de la zona universitaria.

Hindi, de la Cruz 2, cerca de la plaza de Gracia. Restaurante vegetariano indio, una rareza en España.

El Mesón, *La Esquina*, *La Gotera* y *Sol*, calle Pedro Antonio de Alarcón. Una serie de bares de tapas en la misma calle.

Vida nocturna

Entre los **bares** céntricos más agradables destacan las *Bodegas Castañeda* en la esquina de las calles Elvira y Almicereros, en la parte alta de la Gran Vía, una bodega tradicional modernizada; *La Buhardilla* (sin rótulo) cerca de la calle Sillería, y el *Bar Sabanilla* en San Sebastián 14, saliendo por la esquina sureste de la plaza Bib-Rambla, que se proclama el más antiguo de Granada y sirve tapas gratuitas para acompañar las copas. Todos ellos permanecen abiertos hasta la medianoche.

Si el viajero quiere tomar una copa **a primera hora**, puede ir a las zonas estudiantiles que hay en torno a la universidad. La calle San Juan de Dios (y sus prolongaciones, Gran Capitán y plaza Gran Capitán), carril del Picón y la de Pedro Antonio de Alarcón son muy concurridas; se recomienda *Los Girasoles*, en San Juan de Dios 25. Durante el curso, los estudiantes también se reúnen en los **pubes** situados al oeste del centro, en Pedro Antonio de Alarcón y alrededores de Campo del Príncipe (área que está ganando popularidad), una plaza que queda en la ladera este de la Alhambra. Otro núcleo popular donde a menudo se abren bares es el que forman los alrededores de la plaza Nueva, calle Elvira y el paseo de los Tristes.

Entre los buenos **bares-discoteca** (en una ciudad poco dada a las modas) se encuentra *La Estrella*, en plaza Cuchilleros, a la salida de la plaza Nueva (con mezclas de rock y flamenco); el consolidado *Planta Baja*, en Horno de Abad, al salir de carril del Picón; el *Blus*, en calle Montalbán, también al salir de carril del Picón (se especializa en blues y rock), y el *Camborio*, un local de moda en el Sacromonte. *Granada 10*, en Cárcel Baja 10, cerca de la catedral, es un magnífico cine antiguo que abre como discoteca cuando terminan los pases de filmes. Dos buenos **bares de mujeres** son *La Sal*, en calle Marqués de Falces, y *Pie de la Vela*, en paseo de los Tristes, al salir de la plaza Nueva, mientras que el *Rincón de San Pedro* de la carrera del Darro es un **bar homosexual** donde se puede escuchar varios estilos de música.

Uno de los espectáculos de **flamenco** que más se promocionan para el turismo es el de *Los Jardines de Neptuno*, en calle Arabial (cerca del parque García Lorca, al sur de la ciudad), que el viajero debería evitar en verano. No obstante, en invierno es mejor, con un ambiente íntimo. *Echevarría*, en calle Postigo Cuna (a la salida de la Gran Vía), es un bar de jazz y flamenco con un buen ambiente y espectáculos en vivo.

El Sacromonte

Como muchas ciudades andaluzas, en Granada vive una importante comunidad gitana, de la que proceden muchos de los mejores guitarristas, bailaores y cantaores de

flamenco de España. Tradicionalmente los gitanos vivían en cuevas en la **montaña del Sacromonte**; de hecho, muchos aún lo hacen, y allí organizan zambras para los turistas. Aunque estos espectáculos pueden ser interesantes, muchos son un timo, que consiste en sacar al turista todo el dinero que puedan por un «espectáculo» (baile, música y castañuelas, acompañado de jerez aguado...). La solución más sencilla es llevar sólo el dinero que quiere gastar en ello. El visitante puede ir a media tarde. Las alineaciones de cuevas empiezan al salir del camino del Sacromonte, exactamente sobre la casa del Chapiz; durante el curso universitario algunas se transforman en **discotecas** y se llenan de estudiantes en fin de semana.

La Sierra Nevada

Las montañas de la **Sierra Nevada** (que han obtenido la categoría de parque natural) se levantan al sur de Granada, formando un hermoso paisaje de fondo; sus picos están nevados durante gran parte del año, por lo que es posible practicar esquí y trekking desde finales de noviembre hasta finales de mayo. Las pistas de esquí se encuentran en **Solynieve**, una estación poco imaginativa pero con buenas instalaciones a tan sólo 28 km de distancia. Desde allí, el viajero podrá hacer el ascenso a pie de 2 o 3 horas hasta el pico **Veleta** (3.470 m), el segundo más alto de la cordillera (y de España); se trata de una excursión que el visitante puede hacer sin problemas en un solo día desde Granada en autobús. Los más entusiastas deberían saber que el sendero que cruza la sierra se llama la **Ruta Integral de los Tres Mil**.

El mejor **mapa** de Sierra Nevada y las laderas inferiores de Las Alpujarras (véase pág. 317) es el realizado conjuntamente por el Instituto Geográfico Nacional y la Federación Española de Montañismo (1:50.000), que por lo general se puede adquirir en toda Granada.

Flora y fauna
Sierra Nevada es muy rica en **flores silvestres**; de hecho tiene 50 variedades autóctonas. Asimismo hay **vida salvaje** a cierta distancia de las carreteras; uno de los animales más interesantes que el viajero podrá ver, la cabra hispánica, suele asomarse a las cumbres, recortándose contra el cielo. También es un magnífico lugar para observar aves, sobre todo la abubilla, que emite un grito sobrecogedor e inolvidable.

El pico Veleta y el ascenso al Mulhacén

El viajero podrá acceder sin problema a Sierra Nevada desde Granada. Durante todo el año, los Autocares Bonal (☎958 273 100) tienen un servicio a la estación Solynieve, al sudeste de la ciudad, sobre el cual se encuentra el *Parador de Sierra Nevada* (véase pág. siguiente). El autobús sale del *Bar Ventorillo*, en el paseo Violón, junto al Palacio de Congresos situado al sureste del centro (el autobús 1 que va hacia el este por la Gran Vía le dejará muy cerca), todos los días a las 8 y 10 h (con un servicio extraordinario sáb.-dom., 15 h); regresa desde el parador todos los días a las 9 y 17.30 h (con servicios extraordinarios, sáb.-dom., 13 y 19.30 h) y pasa ante la estación Solynieve 10 minutos después. Si hay pasajeros, el autobús cubre la corta distancia que hay entre el parador y el *Albergue Universitario* (véase pág. siguiente).

Si el viajero dispone de vehículo propio, tendrá que tomar la Acera del Darro al este desde Puerta Real y seguir las indicaciones hasta Sierra Nevada. A los 22 km verá una señalización fuera de la carretera que pertenece al **Centro de Información del Parque Natural de Sierra Nevada** (todos los días, 10-14.30 h y 16.30-19 h; ☎958 340 625), donde se venden guías, mapas y gorras (la protección solar es fundamental en estas altitudes) y en el que hay una exposición permanente sobre la fauna

y flora del parque. Asimismo dispone de una agradable **cafetería**, desde donde se contemplan hermosas vistas.

Para ir al parador, la carretera de Capileira (cerrada al tráfico) prosigue el ascenso y de hecho sobrepasa el **pico Veleta**; en la actualidad asfaltada, se puede caminar muy bien —aunque es aburrida— por ella, pero la mayoría de los excursionistas siguen los atajos que cortan las obligadas curvas de la carretera. Con vehículo propio, el viajero se ahorrará unos 2 km de camino hasta la cumbre si pasa por alto las prohibiciones del aparcamiento que hay junto al *Albergue Universitario* y sigue hasta el segundo aparcamiento, más elevado, a partir del cual ya no podrá seguir por la carretera, que está clausurada. Aunque la cima de la montaña parece muy próxima vista desde allí, tendrá que calcular unas 2 o 3 horas de ascenso a pie y 3 horas más de bajada. Las **vistas** que se contemplan más allá de las pistas de esquí son fabulosas: la cordillera Subbética de Córdoba y la sierra de Guadix al norte, el Mediterráneo y la cordillera del Rif de Marruecos al sur, y más cerca, al sureste, la imponente masa del **Mulhacén** (3.479 m), el pico más alto de la España peninsular.

Si aún le queda energía, el viajero aún podría atravesar a pie la ruta de montaña que llega hasta Capileira, aunque esto significa 25 km más. A 1 hora de distancia del pico Veleta pasará junto al pie del Mulhacén, a 2 horas de curvas y viento de la carretera.

Solynieve

SOLYNIEVE es una fea estación de esquí que los auténticos esquiadores consideran una especie de broma. Pero como conserva sus nieves hasta muy avanzada la temporada, también tiene sus atractivos. La oficina de turismo de Granada informa sobre las condiciones de la nieve y las posibilidades de alojamiento en la estación (muchos hoteles sólo abren durante la temporada de esquí); el visitante puede telefonear a la Federación Andaluza de Esquí, en paseo de Ronda 78 (☎958 250 706) o al Sierra Nevada Club (☎958 249 111). Si busca **alojamiento** económico, se recomienda el moderno *Albergue Juvenil*, en Peñones 22 (todo el año; ☎958 480 305; fax 958 481 377), en los límites de la estación de esquí, donde podrá encontrar habitaciones dobles a muy buen precio (②), así como cuádruples (④). Asimismo alquilan esquíes y material de esquí durante la temporada. Los demás establecimientos son muy **caros** en plena temporada, e incluso las habitaciones más económicas sobrepasan a veces los precios más altos de la categoría ⑥ de precios.

A 3 km de distancia, en los aislados peñones de San Francisco, hay un par de opciones más: el *Albergue Universitario* (todo el año; ③, media pensión; ☎958 481 003; fax 958 480 122) dispone de dormitorios comunitarios, habitaciones dobles y restaurante, mientras que el ultramoderno *Parador Sierra Nevada* (☎958 480 661; fax 958 480 212; ⑤), que ya no forma parte de la cadena de paradores estatales, abre sólo durante la temporada de esquí. El único **cámping** de la zona se halla en la ruta del Purche (todo el año; ☎958 340 407), a 15 km de Granada y a medio camino de Solynieve; cuenta con supermercado y restaurante. El autobús dejará al viajero en la carretera que asciende hasta el lugar (a más de 1 km de camino).

Ruta Integral de los Tres Mil

La clásica **Ruta Integral de los Tres Mil**, una travesía completa por todos los picos de la sierra que tienen más de 3.000 m de altura, parte de Jerez del Marquesado, en el lado norte de Sierra Nevada (al sur de Guadix) y termina en Lanjarón, en Las Alpujarras; se trata de un agotador itinerario que se cubre en 4 días. Si el viajero va a un paso más lento puede pernoctar cerca de Puntal de Vacares (valle de Siete Lagunas), en el refugio de Félix Méndez y en el cobertizo de cerro Caballo. Existen

variaciones de la ruta que la acortan ligeramente y la hacen más practicable; salen del refugio de Vadillo, en el valle de Estrella (al noroeste de Vacares) o de Trevélez en Las Alpujarras, pudiendo pasar la primera noche en Siete Lagunas.

Elija el camino que elija, el viajero debe saber que la sección comprendida entre el pico Veleta y Elorrieta requiere sogas, piolet (y crampones hasta junio) y una buena práctica en escaladas. Existe otro tramo dificultoso entre peñón Colorado y cerro Caballo. Si no es un avezado escalador, puede dar un **rodeo** por la zona de Veleta-Elorrieta, pero terminará en el risco que flanquea el valle del río Lanjarón, es decir en la parte este en lugar de oeste; allí hay un sencillo cobertizo de cemento (el *Refugio Forestal*) muy bien situado para el último día de excursión a Lanjarón.

Para **cualquier excursión por Sierra Nevada**, el viajero debe ir provisto de una tienda y muchos víveres. Si no puede llegar hasta los refugios o no los encuentra (están bien indicados en el mapa de 1:50.000) y aumentan las inclemencias del tiempo, tendrá que apañárselas solo.

Una alternativa más sencilla
La ruta completa es probablemente más difícil de lo que la mayoría de la gente —incluso los buenos excursionistas— cree. Existe una versión modificada, que empieza en **Trevélez** y termina en **Lanjarón** (dando el rodeo que se apunta antes), más accesible, aunque desde luego ardua.

Se tarda unas 6 horas en **ascender el Mulhacén desde Trevélez**, y 4 horas en bajarlo, suponiendo que no se pierda por el camino o se pare a descansar (ambas cosas poco probables); no hay manto de nieve en la cara este del Mulhacén. Si el viajero decide probarlo, tendrá que prepararse para pernoctar al raso. Si se dirige hacia Trevélez, tendrá que asegurarse de empezar el camino más alto sobre el Crestón de Posteros, que comunica con las acequias que bajan de lo alto del valle del río Culo Perro; si toma el camino principal y más tentador, que atraviesa Jerez del Marquesado y luego dobla hacia la desembocadura del río Culo Perro, se hallará ante cenagales y zarzales. El lugar más habitual de **acampada** es el valle de Siete Lagunas que hay a los pies del pico, ya que permite el ascenso de buena mañana a la cumbre, antes de que suban las brumas.

Al **proseguir la travesía**, puede bajar por la cara oeste del Mulhacén (¡cuidado!, se trata de un descenso abrupto) hasta la descuidada carretera que procede del pico Veleta. Siguiéndola hacia el Veleta, el viajero puede abandonarla para pasar una segunda noche en el refugio de Félix Méndez (el área principal no abre hasta los deshielos primaverales, y el servicio de comidas también; el anexo del refugio con sus cuatro literas tiene que estar siempre abierto). Si prosigue hacia el oeste, puede planificar su tercera noche en el cerro Caballo o el *Refugio Forestal*, dependiendo de sus posibilidades.

Las Alpujarras

Detrás de las montañas, y más al sur desde Granada, se encuentran los magníficos **valles de Las Alpujarras**, cuyo primer asentamiento data del siglo XII, integrado por refugiados beréberes procedentes de Sevilla, aunque más tarde se convertiría en la última plaza fuerte de los árabes en España.

Los valles limitan al norte con Sierra Nevada, y al sur con las sierras inferiores de Lújar, La Contraviesa y Gador. Las nieves perpetuas de las sierras mantienen los valles y sus cerca de 70 pueblos abastecidos de agua durante todo el verano. Los ríos han excavado profundas gargantas en las blandas piedras de mica y esquisto de las montañas más altas, y durante siglos han depositado sedimentos y formado un suelo fértil en las montañas más bajas y los valles; en esta zona, y gracias al cultivo de la tierra, se han desarrollado localidades. Las terrazas que en la actualidad preservan tales

depósitos empezaron a hacerse hace 2.000 años, con los visigodos o los celtíberos; de hecho, se han hallado restos de estos pueblos en Capileira.

Los **árabes** aportaron su propia tradición, y modificaron el sistema de terrazas e irrigación para adaptarlo a su peculiar estilo. Transformaron Las Alpujarras en un paraíso terrenal, y se retiraron allí para consolarse de la pérdida de sus queridas tierras de al-Andalus, resistiéndose a una serie de edictos reales que los obligaban a convertirse al cristianismo. En 1568 protagonizaron una breve revuelta que terminó con la expulsión de todos los árabes de España. Sin embargo, incluso entonces se pidió que dos familias árabes se quedaran en cada pueblo para enseñar a los nuevos campesinos cristianos, que habían llegado desde Galicia y Asturias con el fin de repoblar los valles, cómo debían utilizar sus complejos sistemas de irrigación.

Durante los siglos siguientes las tierras fueron cayendo en manos de unas cuantas familias adineradas, mientras que el resto de la población se empobrecía. La Guerra Civil pasó de puntillas por Las Alpujarras: algunos grupos de jóvenes nacionales que pasaron por aquí procedentes de Granada rodearon a algunos lugareños y los fusilaron por «crímenes» que ellos ignoraban; también jóvenes republicanos que llegaron en camiones desde Almería hicieron lo mismo. Bajo el Gobierno de Franco, aumentó el poder de los terratenientes, lo que significó trabajo duro y sufrimiento. Hoy en día, la población de Las Alpujarras tiene una de las rentas per cápita más bajas de Andalucía, con —de acuerdo con un artículo publicado recientemente— «un nivel de alfabetización que roza el del Tercer Mundo, graves problemas de desertización, pocas comunicaciones y un elevado índice de desempleo».

Paradójicamente, la tierra es muy fértil —produce naranjas, castañas, plátanos, manzanas y aguacates—, y el incipiente **turismo** aporta unos limitados ingresos a la región. Las llamadas Alpujarras Altas son cada vez más visitadas por los turistas españoles; los pueblos de Pampaneira, Bubión y Capileira, todos ellos a 30 minutos en automóvil desde Lanjarón, han sido desbrozados y encalados. Aunque tienen un aire algo artificial, no han sido estropeados por el turismo, y hay tiendas interesantes, bares concurridos, buenos restaurantes sin pretensiones y pensiones familiares. Otros pueblos menos pintorescos o no tan accesibles sólo viven de la agricultura.

Accesos: Lanjarón y Órgiva

La carretera que va al **sur desde Granada hacia Motril** asciende bruscamente poco después de abandonar la ciudad, alcanzando 860 m por encima del nivel del mar cuando llega al **puerto del Suspiro del Moro**. Boabdil, el último rey árabe de Granada, recorrió este camino después de entregar las llaves de la ciudad a los Reyes Católicos (véase «La Alhambra»). Desde este punto, el viajero contemplará la ciudad y la Alhambra. Justo después de Béznar se encuentra el desvío a Lanjarón y Órgiva, el pueblo comercial de la región. Desde Granada y Motril parten algunos autobuses diarios hasta **Lanjarón** y **Órgiva**, y uno diario desde Almería, al este.

Asimismo desde Granada sale un autobús que va a Ugíjar, en Las Alpujarras Bajas; pasa por una ruta poco espectacular que cruza Lanjarón, Órgiva, Torvizcón, Cádiar, Yegen y Válor, con un trayecto de principio a fin que dura unas 4 horas. Un autobús directo a Las Alpujarras Altas sale a diario de la estación de autobuses de Granada a las 10.30 h (con término en Pitres), a mediodía y a las 17.15 h. Pasa por Trevélez y llega hasta Bérchules; en sentido inverso, parte de esta localidad a las 5 y 17 h, pasa por Trevélez 30 minutos después y llega a Granada a las 8.45 y 20.45 h respectivamente (con un servicio de Pitres a Granada a las 15.30 h).

Lanjarón

LANJARÓN es la localidad del valle que ha recibido más atención turística e influencia del mundo exterior, lo que tal vez sea razón suficiente como para ir a visi-

tarla. Su mayor atracción son los poderes curativos de sus aguas, que se venden embotelladas por toda España. Entre junio y octubre permanece abierto el balneario, y la localidad se llena de ancianos y enfermos. Hay algunos edificios, la mayoría de ellos modernos, que flanquean la carretera que cruza la localidad, la avenida Alpujarra y su continuación, la avenida Andalucía. Debajo, se halla una prueba del pasado medieval de Lanjarón como puerta de Las Alpujarras, el castillo árabe, actualmente derruido y apenas visible. Si el visitante da un paseo de unos 10 minutos contemplará un panorama espectacular; tendrá que seguir las indicaciones montaña abajo desde la calle principal y salir a las terrazas y valles que hay debajo del pueblo.

El entorno rural y las montañas que están a 1 día de camino de Lanjarón, sin embargo, no tienen comparación. Se recomienda ascender por las calles secundarias situadas detrás de la localidad y cruzar el camino empinado que lleva hasta el **Parque Natural de Sierra Nevada**. Si el viajero prefiere hacer una excursión de 1 día algo más sencilla desde Lanjarón, puede ir hasta el puente del río, al este del pueblo, y tomar el escarpado camino empedrado que asciende paralelo al **río**. Después de 2 horas o 2 horas y 30 minutos caminando entre granjas, verá un desvío hacia un puentecito de piedra, que le permitirá regresar a Lanjarón por la orilla opuesta. Tardará como mínimo 6 horas.

Si quiere someterse a un tratamiento en el **balneario** de la avenida Alpujarra (marzo-dic., abierto), una sesión sencilla le costará unas 1.500 pesetas, con suplemento por masaje y baño de arcilla, entre otros. Enfrente se halla el **quiosco de información** semioficial de Lanjarón (horario de oficinas; ☎958 770 282).

El viajero encontrará varios **hoteles** y **pensiones**. El magnífico *Hotel España* de la avenida Alpujarra 42 (☎ y fax 958 770 187; ③), junto al balneario, es muy acogedor y cuenta con piscina. Más adelante, una señalización en la carretera señala el desvío montaña abajo hacia los agradables *Apartamentos Castillo Alcadima*, General Rodrigo 3 (☎ y fax 958 770 809; ④), que dispone de excelentes apartamentos y estudios con cocina y balcones desde los que se contempla el castillo; además tiene piscina y restaurante con terraza. El propietario alquila bicicletas de montaña y ofrece paseos a caballo y cursos de escalada. Hacia el este de la localidad se encuentra el *Bar Gálvez*, Real 95 (☎958 770 702; ②), que sirve unas comidas excelentes por un módico precio, mientras que a 1 km al este del pueblo está la *Pensión El Mirador* (☎958 770 350; ②), que ofrece unas habitaciones con baño muy tranquilas y sirve excelentes tapas.

En Lanjarón abundan los **restaurantes** y bares de tapas. El *Manolete* de Queipo de Llano 107 es uno de los mejores, mientras que el *Bar Los Briscos*, en la plaza situada al salir de la avenida Andalucía, en el establecimiento ideal para comer pescado. El *Bar Suizo* parece un salón de té suizo, pero sirve una comida excelente. Más caro, *El Club*, avenida Andalucía 18, ofrece platos típicos de Las Alpujarras y está reconocido como el mejor restaurante de la localidad.

Hay incluso un pub nocturno, el *Noche Azul*, en la esquina con la plaza principal, que tiene dos quioscos de helados italianos enfrente.

Órgiva

A 11 km al este de Lanjarón está **ÓRGIVA** la «capital» de Las Alpujarras occidentales. Se halla más cerca del centro del valle, aunque aún es un punto de partida; si el autobús prosigue hasta Capileira, tal vez el viajero quiera quedarse aquí. Si dispone de **vehículo propio**, debería saber que a partir de aquí escasean las gasolineras.

Órgiva es una localidad bastante activa; hay un mercado de productos locales los jueves y unos cuantos bares y hoteles. En la calle principal se erige un palacio árabe del siglo XVI que en la actualidad alberga varios comercios. A tan sólo 1 km al este de Órgiva se halla un centro de yoga, el Cortijo Romero, que a menudo programa sesiones de shiatsu y otras actividades aparte del yoga, signo de los tiempos que corren, ya que esta localidad, así como las granjas y aldeas de los alrededores atraen a nu-

merosos europeos expatriados de la Nueva Era. El edificio del **mercado**, en el pueblo, está lleno de paradas de toda clase de alimentos y malabaristas; hay incluso una **aldea de tipis**, «El Beneficio», en las lindes de la localidad, donde una mezcolanza de europeos y su prole soportan los fríos inviernos bajo las tiendas.

Si el viajero busca **alojamiento** económico, uno de los lugares más bonitos es la hermosa *Alma Alpujarreña* (☎958 784 085; ③), un poco más allá de los semáforos que regulan el principal (y solitario) cruce de la localidad, tiene un restaurante con una frondosa terraza. Encontrará habitaciones más económicas en el *Bar El Semáforo* (②), un poco antes de llegar a los semáforos por la avenida González Robles; de camino se topará con el *Hostal Mirasol* (☎958 785 159; ②-③), recientemente reamueblado, que dispone de habitaciones con y sin baño. El **cámping** de Órgiva (todo el año; ☎958 784 307) tiene piscina, bar y restaurante, y se halla a 2 km al sur de la localidad; el viajero llegará siguiendo por la carretera (C-333) hasta el lugar donde para el autobús. Para **comer**, se recomienda el *Alma Alpujarreña* y el *Hostal Mirasol*, ambos preparan buenas tapas y unos menús aceptables. Las mejores tapas, sin embargo, son las del *Bar El Semáforo*, sobre todo los calamares. Para buenas comidas a precios razonables se aconseja el *Mirasierra*, tranquilo y familiar, situado al final de Órgiva.

Las montañas que se alzan detrás de Órgiva forman la **sierra de Lújar**, que se adentra en la **sierra de La Contraviesa**. Toda la cadena montañosa de la cara sur del valle era antiguamente muy boscosa; hace muchos años, Las Alpujarras estaban cubiertas de árboles pero en 1980 un gran incendio calcinó kilómetros de montañas, acabando así con la vida de los árboles sin llegar a dañar la madera. Miles de hectáreas de bosques quedaron arrasadas en una sola noche. Se cree que una empresa papelera pagó a los pirómanos para que prendieran el fuego; al día siguiente compraban los árboles calcinados por un precio muy inferior al real.

Las Alpujarras occidentales

El mejor modo de adentrarse en **Las Alpujarras occidentales** es a pie por uno de los varios senderos que hay entre Órgiva y Cádiar, en los límites más alejados de los valles occidentales (véase recuadro, pág. siguiente). Se recomienda adquirir un mapa de 1:50.000 del Instituto Geográfico Nacional/Federación Española de Montañismo, que cubre todo el territorio desde Órgiva hasta Berja, y llevar una brújula. Otra alternativa es tomar el autobús que sale todos los días de Lanjarón a las 13 h y que sube hasta los pueblos más altos de Las Alpujarras; asimismo, el viajero puede hacer autostop, aunque pasan pocos automóviles y de manera esporádica.

LAS CASAS DE LAS ALPUJARRAS

Las **casas de los valles** están construidas a base de piedra gris, tienen el tejado plano y son bajas; su encalado es una novedad. Los toscos muros tienen unos 750 cm de grueso para conservar fresco el interior en verano y soportar las tormentas en invierno. Tienen sólidas vigas de castaño o de fresno en los valles bajos, de una pared a otra; encima hay una esterilla de cañas o astillas de castaño sobre la que se apoya una pila de piedras planas recubierta por una capa de launa, la mica gris desmigajada que se encuentra en lo alto de Sierra Nevada. Según una antigua máxima que todavía se observa hoy en día, la launa debe colocarse durante la luna menguante, porque así se asienta bien y escupe la lluvia. Gerald Brenan describió en *Al sur de Granada* esta feroz tormenta: «Al observar la oscuridad de la noche tormentosa pude ver una figura sobre cada tejado del pueblo, apenas alumbrada por una antorcha de esparto, estampando arcilla en los agujeros de los tejados.»

SENDERISMO EN LAS ALPUJARRAS

Hace medio siglo el **Camino Real**, un camino de cabras que atravesaba todos los pueblos altos, constituía el único acceso a Las Alpujarras. En la actualidad, lo poco que queda de él es un recorrido tranquilo, pues sólo lo cruzan las mulas locales o los caminantes extranjeros. En sus mejores tramos, los senderos de Las Alpujarras siguen los arroyos de las montañas, se adentran en espesos bosques de robles, castaños y fresnos y cruzan praderas llenas de flores; en los peores, degeneran en cortafuegos muy polvorientos, carreteras forestales o caminos de tractores, o (lo que es peor) mueren en impenetrables espesuras de zarzas y ortigas. El progreso a través de ellos es lento, los pasos abruptos y el calor (mediados jun.-sept.) se cobra un alto precio.

Para quienes estén decididos a recorrerlos, los mejores **tramos** son los siguientes:
De Pitres a Mecina Fondales: unos 20 minutos de camino más 1 h desde la vecina Ferreirola a Busquístar.
De Busquístar a Trevélez: alrededor de 1 h de camino más 2 h andando por la carretera.
De Pórtugos a Trevélez: unas 2 h de camino, para reencontrarse con el asfalto poco después de terminar la ruta de Busquístar.
De Trevélez a Bérchules: unas 2 h de camino, con un sector intermedio por un sendero muy descuidado.
De Trevélez a Juviles: unas 3 h de camino, pasando por algunos tramos de cortafuegos.

Cáñar, Soportújar y Carataunas

Siguiendo desde Órgiva, los primeros asentamientos a los que llegará el viajero son **CÁÑAR** y **SOPORTÚJAR**, este último una serie de callejones sinuosos con vallas blancas. Como muchos de los pueblos de Las Alpujarras Altas, se apiñan en la ladera de la montaña perfectamente estratificada en terrazas, tienen muchos chopos y están enlazados por canales de irrigación. En ambos pueblos hay bares donde el visitante puede **comer**; en Soportújar, además, encontrará **habitaciones** que son una ganga; pregunte en el *Bar Correíllo* (☎958 787 578; ②) de la calle Real (detrás de la iglesia). Ambos pueblos están sobre un precipicio de la montaña; desde ellos se contemplan vistas de Órgiva y el valle inferior, y de las montañas de África por encima de las cordilleras del sur. Justo debajo de estos pueblos se halla la pequeña aldea de **CARATAUNAS**, preciosa, que cuenta con un establecimiento muy cómodo para alojarse: *El Montañero* (☎958 787 528; ④); tiene piscina y ofrece la práctica de diversas actividades, como ciclismo de montaña, equitación y senderismo.

La garganta del Poqueira y la ruta hasta Capileira

Poco después de Carataunas la carretera serpentea hacia el norte; el viajero verá enseguida la **garganta del Poqueira**, un profundo corte entre los picos de Sierra Nevada. El río Poqueira, que nace en el pico de Mulhacén, gotea profundamente hasta el lecho de la hendedura. Las paredes inclinadas de la garganta forman terrazas donde crece una exuberante vegetación de arriba abajo, salpicadas de pequeñas casas de campo. Desde lejos, gran parte del entorno rural parece estéril; pero a medida que el viajero se acerque descubrirá que abundan flores, bosques, manantiales y arroyos.

Tres pueblos —tres de los más espectaculares y conocidos de Las Alpujarras— mantienen el equilibrio sobre el abrupto borde de las terrazas. El primero es **PAMPANEIRA**, pulcro, bonito y próspero. En torno a su frondosa plaza principal se encuentra Nevadensis, un **centro de información** (lun.-mar., 10-15 h; miér.-sáb., 10-14 h y 16-18 h; dom., 10-15 h; ☎958 763 127) del Parque Natural de Sierra Nevada, además de unos cuantos bares, restaurantes y **pensiones**; se recomienda *Casa Diego*, situada junto a la fuente (☎958 763 015; ②) o el *Hostal Ruta del Mulhacén*, de más ca-

tegoría (☎y fax 958 763 010; ③), en la misma carretera y que dispone de habitaciones con baño. Un viejo taller al pie de la montaña se especializa en los tradicionales diseños alpujarreños. En lo más alto de la ladera oeste de la garganta del Poqueira se alza curiosamente un **monasterio budista tibetano**. Hace años se descubrió que un jefe lama llamado Yeshé se había reencarnado en un niño español, Osel. Desde entonces el niño está siendo educado según los preceptos budistas, preparándose para ser un lama. En el monasterio se dan regularmente conferencias sobre budismo y se facilita incluso la estancia allí para practicar el retiro (diríjase a Global Spirit, véase abajo).

BUBIÓN es el siguiente pueblo en sentido ascendente; tiene un hotel de moda, el *Villa Turística del Poqueira* (☎958 763 111; fax 958 763 136; ⑦) y una pensión cómoda, *Las Terrazas* (☎958 763 034; fax 958 763 252; ③), de la que también dependen los excelentes apartamentos de la calle Parras, montaña abajo (☎958 763 217; ④), con terraza, cocina y televisión satélite. Un **restaurante** recomendable, *La Artesa*, en Carretera 2, ofrece especialidades alpujarreñas y un menú económico. Asimismo hay un rancho, *Dallas*, donde el viajero podrá practicar **equitación** a 2 km del pueblo o concertar excursiones de 1 o 2 días a caballo con un guía (☎958 763 135, 958 763 034 y 958 763 038). La **oficina de turismo** privada, Global Spirit (☎958 763 054), en la carretera principal, concierta también excursiones a caballo y ayuda a encontrar alojamiento.

Capileira
CAPILEIRA es el más alto de los tres pueblos (la carretera de temporada que cruza Sierra Nevada o «carretera más alta de Europa» termina aquí; en la actualidad está cerrada a los automóviles, aunque no a los excursionistas), y tiene muchos **bares, hostales** y **restaurantes**. La *Casa Ibero* (también conocida como *Mesón Alpujarreño*) sirve una excelente comida y platos vegetarianos; el *Mesón-Hostal Poqueira* (☎ y fax 958 763 048; ③) resulta ideal por sus habitaciones; además ofrece uno de los mejores menús de la provincia. Uno de los lugares más tranquilos del pueblo, muy apartado de la carretera principal, es la *Fonda Restaurante El Tilo*, en plaza Calvario (☎958 763 181; ②), que también sirve menú. El **quiosco** de la localidad, cerca de donde para el autobús, distribuye mapas del pueblo y funciona como centro de información. Si el viajero baja la montaña a partir de este punto encontrará el **museo** local, que expone muestras de trajes regionales y artesanía, además de varios fragmentos y obras de, o producidas por, Pedro Antonio de Alarcón, el autor decimonónico español que hizo un viaje por Las Alpujarras y escribió un libro sobre ellas.

Además del **autobús** (que todas las tardes llega directo desde Granada), si prosigue hasta Murtas y Bérchules, cualquier otro transporte a Ugíjar y Berja le dejará muy cerca de Capileira; el que sale hacia Granada pasa a las 6.20, 15.50 y 18.20 h.

Capileira constituye una buena base para hacer **excursiones a pie de 1 día** a la garganta del Poqueira. Una no muy agotadora consiste en tomar el sendero más al norte de los tres que pasan por debajo del pueblo y que coinciden con puentes sobre el río. Este itinerario arranca de los exteriores del complejo *Pueblo Alpujarreño*. El sendero se interna entre cobertizos y terrazas de cultivo del valle fluvial sobre Capileira, y termina después de 1 hora y 30 minutos más o menos; desemboca en un camino poco cuidado en las inmediaciones de una central eléctrica que hay en lo alto del valle. El viajero puede volver desandando el camino o bien cruzar el arroyo por el puente para seguir por un camino descuidado hasta el pueblo. En mayo y junio se cultivan los campos de manera laboriosa y a mano, tal como impone la inclinación de las laderas. Asimismo hay senderos bastante limpios hasta **Pampaneira** (2-3 h, siguiendo el camino inferior hasta el puente situado debajo de Capileira) que continúan hasta Caratunas (1 h, principalmente de carretera) y Órgiva (45 min., un camino fácil), desde donde puede tomar un autobús para regresar. En sentido inverso, si el viajero toma la carretera de Sierra Nevada y luego el camino principal que sale a la derecha, junto a una casa de piedra en ruinas, llegará a **Pitres** (2 h), Pórtugos (30 min. más)

y Busquístar (45 min.). En la misma dirección, pero tomando el segundo camino de una dimensión considerable (junto a una señal que le anima a «conservar y respetar la naturaleza»), **Trevélez** está a unas 5 h de distancia; el viajero también puede llegar a Pórtugos por él.

Por la ruta principal hasta Trevélez
PITRES y **PÓRTUGOS**, los dos pueblos que se encuentran a continuación en la ruta principal, son tal vez los más «auténticos» y menos refinados. Es más probable que encuentre **habitaciones** aquí antes que en otro lugar durante la temporada alta, y en sus alrededores se concentra la zona más bonita para practicar senderismo en Las Alpujarras. Entre los **alojamientos** de Pitres destaca la *Fonda Sierra Nevada* (②), de la plaza principal, el *Refugio de los Albergues* (☎958 766 004; ①), al este del pueblo —un antiguo albergue de la Guerra Civil que dispone de económicas camas en un dormitorio común e instalaciones de cocina—, y el **cámping** *Balcón de Pitres* (marzo-oct.; ☎958 766 111), con restaurante y piscina, en las afueras del pueblo. En Pórtugos está el *Hostal Mirador* (☎958 766 014; ③), en la plaza principal, y una fonda (②) en Los Castaños, a 1 km al este.

Si el viajero baja por la carretera principal, llegará a Mecina Fondales, Ferreirola y Busquístar; junto con Pitres, forman un grupo de pueblos conocido como *Taha* en la época de los árabes. **FERREIROLA** y **BUSQUÍSTAR** son bastante bonitos, así como el sendero que los une y que asciende por la cara norte del valle del río Trevélez. Ahora se encuentra en zona no turística, y los pueblos muestran su lado más genuino. El viajero se topará con un **mesón** recientemente restaurado, el *Hostal Mirador de la Alpujarra* (☎ y fax 958 857 470; ①), subiendo por la montaña desde la iglesia de Busquístar, que también tiene restaurante. No se tarda más de 3 h en recorrer el circuito a pie por los tres pueblos desde Pitres o Pórtugos, aunque en la práctica tal vez el viajero querrá retrasarse por el camino.

Se supone que **TREVÉLEZ**, al final de un barranco excavado por el río Trevélez, es el asentamiento permanente más alto de España. En el más puro estilo alpujarreño, hay barrios altos y bajos que dan sobre un valle de hierba y chopos alineados donde el río empieza su largo descenso. En el pueblo abundan los **hostales**, tanto en el barrio alto como en el bajo, que anuncian sus camas en los pocos bares del lugar. Se recomiendan la *Pensión Regina* de la plaza Francisco Abellán (☎958 858 564; ③), el *Hostal Fernando* (☎958 858 565; ③), en la carretera del pueblo o el *Hotel La Fragua*, Antonio 4 (☎958 858 626; fax 958 858 614; ④), en el barrio alto, con un restaurante excelente. Asimismo se aconseja el **restaurante** *Río Grande*, junto al puente, que sirve comidas muy buenas y consistentes y a menudo es el único lugar abierto al atardecer. El jamón serrano es la especialidad local; para probarlo, el viajero puede ir al *Mesón del Jamón*, situado cerca de la plaza de la Iglesia.

Aunque tal vez Capileira sea más agradable para pernoctar, Trevélez es el punto de partida para hacer la excursión a los **picos altos de la sierra** (a los que lleva un camino fiable) y practicar senderismo por la cordillera (siguiendo un camino más bajo y visible). Este último todavía se usa, y empieza junto al río, al este del pueblo. Tras rodear el horcajo de Trevélez (3.182 m) y superar el puerto de Trevélez (2.800 m), el camino desciende de manera progresiva por el flanco norte de Sierra Nevada hasta Jerez del Marquesado (véase «Ruta Integral de los Tres Mil», pág. 316).

Hacia el este desde Trevélez
Si el viajero se dirige al este desde Trevélez llegará a **JUVILES**, un atractivo pueblecito a horcajadas de la carretera. En su centro se alza una iglesia encalada con un reloj que se retrasa un poco. Hay un establecimiento que hace de fonda, restaurante y tienda *todo-en-uno*, el *Bar Fernández* (☎958 769 168; ②; comidas por encargo), senci-

llo y agradable. Tiene magníficas vistas desde el segundo piso al este, donde está el valle del Cádiar. La *Pensión Tino* (☎958 769 174; ③), un poco más atrás en la calle principal, dispone de habitaciones con baño y sirve raciones.

BÉRCHULES, un pueblo con riachuelos frondosos y bosques de castaños, queda tan sólo a 4 km de Juviles, pero no podría concebirse mayor contraste entre los dos. Se trata de un asentamiento grande y de abruptas demarcaciones, con tres calles anchas, una en una ladera empinada que da a otro cañón. La *Fonda-Restaurante Carayol* (☎958 769 092; ②) y *La Posada* (☎958 852 541; ②), en la céntrica plaza Victoria, ofrecen **habitaciones** decentes, y además hay un colmado excelente, ideal si el viajero va a quedarse para hacer algunas excursiones por los alrededores, ya que la mayoría de las tiendas de los pueblos de Las Alpujarras son sencillas. Para **comer**, se recomienda el *Bar Vaqueras* de la plaza Victoria, que sirve buenas tapas.

CÁDIAR se halla justo debajo de Bérchules, y es el pueblo que queda más al centro de Las Alpujarras. Más bonito de lo que parece desde lejos, tiene algunos **hostales** y camas si el viajero quiere quedarse. El acogedor *Hostal Montoro* de San Isidro 20 (☎958 768 068; ②), cerca de la plaza central, dispone de habitaciones con calefacción; el *Bar-Restaurante La Pará de La Suerte*, muy bueno y cerca de la gasolinera por la entrada al pueblo desde Bérchules, pertenece a los mismos dueños. Los días 3 y 18 de cada mes suele haber un llamativo **mercado de productos agrícolas**, a veces con ganado, y del 5 al 9 de octubre una **feria de vino** que convierte las aguas de la fuente literalmente en vino.

Cádiar y Bérchules marcan el límite de Las Alpujarras occidentales y un cambio radical en el paisaje. El terreno espectacular y austero —aunque más o menos verde— del Guadalveo y de los valles de Cádiar abre paso a una tierra ondulante y mucho más árida, preludio de los desiertos de Almería que se extienden más allá.

Las Alpujarras orientales

Los pueblos de Las Alpujarras orientales comparten muchas de las características con los del oeste, pero en general son más pobres y reciben menos turistas. En las montañas del sur de esta región se ven viñedos; producen un buen tinto seco, asequible en la mayoría de los pueblos alpujarreños del este o el oeste; vale la pena preguntar por él.

Yegen y Ugíjar

En **YEGEN**, a unos 7 km al noreste de Cádiar, hay una placa que indica la casa donde vivió **Gerald Brenan** entre 1920-1934. Su autobiografía de aquella época, *Al sur de Granada*, es un excelente documento sobre la vida rural en España entre las dos guerras mundiales, asimismo describe la visita de Virginia Woolf, Bertrand Russell y Lytton Strachey. Cansado de la clase media inglesa posterior a la Primera Guerra Mundial, Brenan alquiló una casa en Yegen y trasladó en barco su biblioteca de unos 2.000 ejemplares; durante los siguientes 8 años se dedicó al autodidactismo. Más tarde se trasladó a las montañas que hay detrás de Torremolinos, donde murió en 1987; entonces ya era un escritor más conocido y respetado en España (realizó un importante estudio sobre San Juan de la Cruz) que en su Inglaterra natal.

Al margen del paso de Brenan por estas tierras, Yegen es uno de los pueblos más representativos de Las Alpujarras, con dos barrios bien diferenciados, caminos adoquinados y manantiales de agua fresca. Tiene una **fonda**, el *Bar La Fuente* (☎958 851 067; ②), frente a la fuente de la plaza, y habitaciones con baño en *El Tinao* (☎958 851 212; ③), en la carretera principal. Saliendo del pueblo hacia el este el viajero encontrará alojamiento de más categoría en *El Rincón de Yegen* (☎958 851 270; ④), donde hay habitaciones con calefacción y televisor, así como apartamentos para estancias largas, además de un restaurante que sirve un menú económico y piscina.

UGÍJAR, a 12 km de Yegen, es la comunidad más importante de esta zona oriental y un pueblo comercial tranquilo y modesto. Desde aquí, el viajero puede dar paseos agradables hasta los pueblos más próximos (subiendo al valle hasta Mecina-Alfahar, por ejemplo), y abundan los establecimientos donde **alojarse**; se recomienda la *Pensión Pedro* de la calle Fábrica, cerca de la iglesia (☎958 767 149; ②), en la carretera principal, que dispone de un restaurante con terraza. Si el visitante cuenta con un presupuesto muy ajustado puede recurrir a las camas económicas que se ofrecen en un lugar situado enfrente de la parada de autobús de la plaza central. Hay un servicio de **autobús** a Almería (3 h).

Las cordilleras del sur

Las pequeñas aldeas del sur de Las Alpujarras disfrutan de envidiables vistas del Mediterráneo, ya que la convexidad de las montañas consigue tapar el horrendo desarrollo urbanístico de la costa. Hay pocos pueblos, pero en estas montañas se encuentran los principales **viñedos** de Las Alpujarras. Para catar lo mejor que produce la zona, se recomienda ir a la venta de Haza del Lino; la especialidad de la casa es un rosado con mucho cuerpo.

Tierra adentro hacia Almería: Guadix

Una buena alternativa de viaje es la **ruta de Granada a Almería** pasando por **GUADIX**, un pueblo árabe en decadencia con un extraordinario barrio de cuevas. En el **barrio de Santiago** todavía viven unas 10.000 personas, y merece una visita. Tiene una extensión de unos 2 km^2, y se abre más allá de la **Alcazaba** en ruinas (todos los días, 9.30-13.30 h y 15-18.30 h; 100 pesetas), que aparece indicada junto al acceso por la parte antigua y amurallada del pueblo, desde la escuela teológica. La entrada al barrio se halla detrás de la iglesia encalada de Santiago. Las cuevas bajas, en la periferia, son en realidad viviendas con pisos superiores, electricidad, televisión y agua corriente. Pero a medida que el viajero vaya adentrándose en el barrio descubrirá que su diseño va simplificándose hasta convertirse en un frontal encalado, una puerta, una pequeña ventana y una chimenea. Si entra por la parte de atrás encontrará unas cuantas cuevas desocupadas: son demasiado pequeñas, insalubres, con fachadas desconchadas y parduzcas. Pero junto a ellas suele haber una parecida que está ocupada, un tugurio con la familia sentada en el exterior; otras figuras avanzan por los senderos descuidados que se adentran por las montañas. Una nueva **cueva museo** situada frente a la iglesia de San Miguel, en la plaza Padre (lun.-vier., 10-14 h y 16-18 h; sáb., 10-14 h; 200 pesetas), permite conocer la cultura de las cuevas con reconstrucciones de la vida troglodita.

Guadix es un pueblo antiguo, modesto y agradable, con una magnífica plaza Mayor y algunas mansiones. Si el viajero quiere **quedarse** aquí, se recomienda la *Fonda García* (☎958 660 596; ②), dentro de las murallas y junto a la Puerta de San Torcuato, de la época de los árabes; o bien los hostales de la carretera principal de Murcia, en los límites del pueblo: el *Hostal Río Verde* (☎958 660 729; ③) y la *Pensión Mulhacén* (☎958 660 750; ③). Para **comer**, el *Mesón Cato*, en el pasaje de la Purísima 6, al salir de la plaza Mayor, ofrece un menú; también se recomienda el *Restaurante El Albergue*, en avenida Medina Olmos 48, junto a la estación de autobuses.

Hay **autobuses** directos de Granada a Guadix (Empresa Autodia, en calle Rector Marín). La estación de autobuses de Guadix se encuentra fuera de las murallas, a 5 minutos a pie.

De Guadix en adelante

De camino hacia Almería, el viajero cruzará el paisaje extraño y atestado de toba en el que se excavaron las cuevas de Guadix. Lo más distintivo del lugar es un magnífi-

co castillo del siglo XVI encima de **La Calahorra** (si lo encuentra cerrado, las llaves están en Claveles 2). Los autobuses de Guadix a Almería suelen seguir el recorrido del tren por el último tramo de la carretera N-324. Si el viajero dispone de vehículo propio, tal vez prefiera ir también por allí hasta encontrar la de Almería-Sorbas, donde se levanta el lugar conocido como **Mini Hollywood** (véase pág. 329), que conserva el escenario de la película *Por un puñado de dólares (A fistful of dollars)*.

Provincia de Almería

La **provincia de Almería** es un extraño rincón de España. Tierra adentro su paisaje parece un **desierto lunar**, con montañas de arena y cauces de ríos secos. La costa se conserva en gran parte virgen; la escasez de agua y carreteras dificultó su desarrollo durante las décadas de 1960-1970, y sólo ahora empieza a despuntar. Hay **buenas playas** a las que el visitante puede acceder en autobús, pero tratándose de la provincia más cálida de España, se recomienda considerar primero cuál es la temporada adecuada para visitarla, ya que los veranos de Almería empiezan antes de Pascua y duran hasta entrado noviembre. En pleno verano el calor es insoportable (a menudo el termómetro alcanza los 38 ºC a la sombra), mientras que el resto del año la intensa luz del sol resulta deslumbrante. Esta peculiaridad y su extraño paisaje han convertido Almería en uno de los centros cinematográficos más populares de Europa; de hecho, gran parte del filme *Lawrence de Arabia* se rodó aquí, además de muchos *spaghetti western*.

Almería

ALMERÍA, una ciudad moderna y agradable, se extiende a los pies de una montaña gris. En su cima hay una imponente **Alcazaba** (todos los días, 9-13.30 h y 15.30-18.30 h; 250 pesetas; entrada gratuita para los ciudadanos de la UE), quizás el mejor ejemplo que se conserva de la fortificación militar árabe. Tiene tres grandes murallas en forma de cerco; en la segunda de ellas se conservan restos de una mezquita que los Reyes Católicos mandaron convertir en capilla. En el siglo XI, cuando Almería era un reino independiente y la ciudad más próspera y con mayor actividad comercial de España, en esta ciudadela había enormes jardines y palacios donde vivían unas 20.000 personas. Se dice que su esplendor era comparable al de la corte de Granada, aunque es imposible comprobarlo ya que apenas queda nada detrás de las murallas y las torres; los últimos restos de estucado fueron vendidos por los lugareños en el siglo XIX.

Sin embargo, desde la Alcazaba, el visitante podrá contemplar las mejores vistas de la costa, el **barrio de las cuevas** de Almería —o barrio de la Chanca, en una montaña baja a la izquierda— y la extraña **catedral** fortificada de la ciudad (lun.-vier., 10-17 h; sáb., 10-13 h; dom., durante las misas; 300 pesetas), construida en el siglo XVI, cuando la costa sur del Mediterráneo vivía bajo la constante amenaza de Barbarroja y otros piratas turcos y norteafricanos; las torres de las esquinas llegaron a soportar cañones. No hay mucho más que ver en la ciudad, y tal vez el viajero aprovechará mejor el tiempo si lo dedica a tomar café, frecuentar bares de tapas y terrazas en las calles de los alrededores de Puerta de Purchena, o bien a pasear por el paseo de Almería bajando hacia el puerto, de donde salen excursiones diarias en barco a las playas de la costa. La **playa** de la ciudad, al sudeste del centro y detrás de las vías del ferrocarril, es larga pero poco interesante.

Aspectos prácticos
La **oficina de turismo** (lun.-vier., 9-19 h; sáb., 10-14 h; ☎950 274 355) se halla en la calle Parque de Nicolás Salmerón, enfrente del puerto comercial. Allí proporcionan una lista con la mayoría de los autobuses que salen de Almería en todas direcciones,

ALMERÍA/327

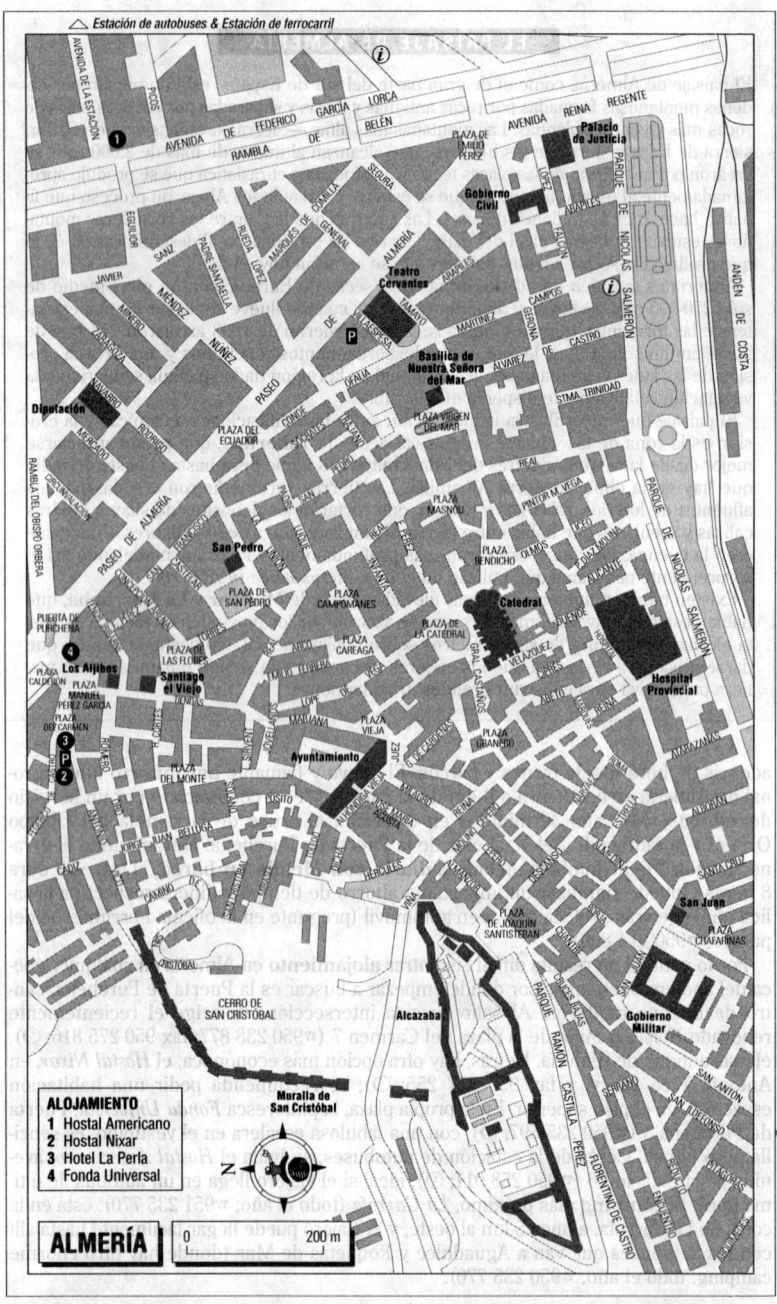

EL PAISAJE DE ALMERÍA

El paisaje de Almería, como el de gran parte del sur de España, está dominado por cadenas montañosas formadas por rocas antiguas y duras y separadas por cuencas bajas de rocas más jóvenes y blandas. Las montañas más altas —Sierra Nevada, sierra de Gádor, sierra de Baza y sierra de los Filabres, que alcanzan altitudes de más de 2.000 m— se crearon por la colisión de las placas tectónicas africana y eurasiática que se produjo aproximadamente al mismo tiempo en que se estaban formando los Alpes, un proceso que finalizó hace unos 10 millones de años. Las cuencas que hay entre las cordilleras montañosas estuvieron bajo el nivel del mar, y los ríos las erosionaron al desembocar en él, lo que produjo los sorprendentes paisajes que se aprecian hoy en día.

Almería es también una de las zonas más secas de Europa, con un nivel medio de sólo 250-300 mm de lluvia al año. Sin embargo, cuando llueve suele ser de manera intensa: las tormentas que asolaron la región en invierno de 1993 arrojaron 247 mm de lluvia en tan sólo 4 días, lo que causó desbordamientos repentinos y una brusca erosión de las laderas montañosas, algo habitual en la región dado su clima semiárido y la vegetación relativamente dispersa que la cubre.

El paisaje que mejor ilustra la interacción entre las edificaciones tectónicas y la erosión es la zona de las «tierras yermas» al oeste de **Tabernas**, que puede apreciarse mejor desde la carretera detrás del Mini Hollywood y que lleva hasta el poste de radio que hay en la cima de sierra Alhamilla. Las tierras yermas fueron creadas por los afluentes de los ríos Tabernas y Gérgal, que cortaron los depósitos de suaves piedras calizas y areniscas que había entre sierra Alhamilla y sierra de los Filabres. Cuando se creó la cuenca, los ríos erosionaron más profundamente el paisaje, modelando así el sorprendente panorama que utilizan muchos *westerns made in Almería*.

Existen también numerosas playas elevadas cerca de **Mojácar** y **La Garrucha**, que habían estado al nivel del mar pero que se alzaron por los movimientos tectónicos hasta alcanzar una altura de varios metros sobre la playa actual. No obstante, tendrá que darse prisa para verlas, ya que los mejores rincones están siendo dinamitados de manera progresiva para construir grandes urbanizaciones.

---

además de horarios de trenes y barcos. El nuevo y flamante **aeropuerto** internacional de Almería se encuentra a 8 km de la ciudad, y está comunicado por un servicio de autobús (14) cada 30 minutos en dirección al cruce de la rambla del Obispo Orbera y la rambla de Belén, al este de la Puerta de Purchena. Durante todo el verano, la ciudad tiene también un enlace **diario con Melilla en barco**; el trayecto dura 8 horas y puede significar un importante ahorro de tiempo y dinero respecto a la salida por Algeciras si el viajero va en automóvil (pregunte en la oficina Ferrimarroc del puerto, ☎950 274 800).

Por lo general no resulta difícil encontrar **alojamiento** en Almería en cualquier época del año; un buen lugar por donde empezar a buscar es la Puerta de Purchena, centro de la zona moderna. Al salir de esta intersección, se erige el recientemente renovado *Hotel La Perla* de la plaza del Carmen 7 (☎950 238 877; fax 950 275 816; ⑤), el más antiguo de Almería. Detrás, hay otra opción más económica, el *Hostal Nixar*, en Antonio Vico 24 (☎ y fax 950 237 255; ④); se recomienda pedir una habitación espaciosa, en el piso superior. En la propia plaza, la pintoresca *Fonda Universal*, Puerta de Purchena 3 (☎950 235 597; ②), con una fabulosa escalera en el vestíbulo, es sencilla pero limpia. Cerca de la estación de autobuses, se halla el *Hostal Americano*, avenida de la Estación 6 (☎950 258 011; ④), ideal si el viajero llega en un autobús de última hora. El **cámping** más próximo, *La Garrofa* (todo el año; ☎951 235 770), está en la costa de La Garrofa, a unos 5 km al oeste, y el viajero puede llegar fácilmente hasta allí con los autobuses que van a Aguadulce y Roquetas de Mar (donde hay otro enorme cámping; todo el año; ☎950 235 770).

En lo que a **comida** y **copas** se refiere, se recomienda ir a la Puerta de Purchena, sobre todo de noche. En el lado norte, en Marcos 6, el *Restaurante Alfareros* ofrece un excelente menú económico. Enfrente del cruce hay una marisquería popular, el *Bar El Alcázar* del paseo de Almería 4, que ofrece una gran variedad de tapas. De allí parte un callejón, Tenor Iribarne, flanqueado por mesas de otros establecimientos de tapas, y muy cerca, Fructuoso Pérez 3, se encuentra *Bodegas Las Botas*. El visitante encontrará **bares** en las calles de los alrededores de plaza Masnou, al sur de la Alameda.

Las playas y el interior

Las mejores **playas** de Almería están en la costa este; las del oeste de la ciudad, sobre todo Aguadulce y Roquetas de Mar, ya han sido explotadas y, aunque no son peor que la mayoría de las de la Costa del Sol, tampoco las superan en calidad. Todas quedan a poca distancia, y hay autobuses que cada hora recorren la costa.

El cabo de Gata y San José

Si el viajero avanza hacia el este, el primer centro veraniego que hallará con cierto atractivo es el modesto **CABO DE GATA**, una agradable extensión de arena gruesa adonde acuden cinco autobuses diarios desde Almería que hacen una parada intermedia en Retamar, un centro vacacional y de retiro. Al llegar al cabo pasará por un lago, la **laguna Rosa**, protegido por una sociedad de conservación y habitado por una colonia de flamencos y otras aves zancudas durante todo el verano. En los alrededores del centro de vacaciones hay muchas tiendas, bares y cafés, además de un mercado de pescado. No abunda el alojamiento, y en temporada alta resulta casi imposible encontrar alguno; las dos fondas (③) sobre los bares (*Playa* y *Mediterráneo*) de la playa son bastante caras. Cerca se encuentra un **cámping**, el *Cabo de Gata* (todo el año; ☎950 160 443). Por la tarde se levanta el viento en la playa, y el camino hacia **Las Salinas** del este, donde hay un bar y un café, se hace muy largo.

Detrás está **SAN JOSÉ**, adonde también lleva un autobús desde Almería. Se trata de un centro veraniego consolidado y popular, situado detrás de una playa de arena que tiene una cueva pequeña, con aguas poco profundas y unas hermosas playas que se pueden alcanzar andando. No obstante, resulta difícil encontrar **alojamiento** en pleno verano. La *Casa de Huéspedes Costa Rica* (③), un poco más allá por la carretera principal, es una de las más económicas y sirve un menú aceptable. El *Hostal Bahía* (☎950 380 114; ⑤), cómodo y moderno, se halla en pleno centro. Hay un buen **cámping** (abril-oct.; ☎950 380 166) en la playa, una última esperanza cuando todo lo demás está lleno. Asimismo abundan los bares y cafés de excelente calidad y encontrará un supermercado bien abastecido.

El siguiente pueblo de la costa, **LOS ESCULLOS**, tiene una playa bonita y un hotel-restaurante frente al mar, aunque de precios algo elevados: la *Casa Emilio* (☎950 389 761; ④). **LA ISLETA** es otro pueblo de pescadores con una playa y un **hostal** que da al puerto, el *Hostal Isleta del Moro* (☎951 389 713; ①); cobra unos precios razonables, cuenta con un bar célebre por sus tapas, pero que a menudo está lleno (o bien es selectivo con sus clientes). En **LAS NEGRAS**, un poco más lejos, hay una cala con una playa de guijarros y unos cuantos bares; tiene un **hostal** abierto hace poco, el *Carmen Ortiz* (☎950 388 081; ④), cerca del estanco del pueblo; si está lleno, el viajero puede preguntar allí por una habitación en una casa particular.

El interior: Mini Hollywood

Más divertido que los pueblos del este es la franja costera comprendida entre Carboneras y La Garrucha, cuyo centro es el pueblo de Mojácar. Se encuentra costa

arriba, y para llegar allí el viajero tendrá que atravesar parte del peculiar paisaje desértico de Almería (véase recuadro, pág. 328). Hay dos rutas posibles: pasando por Níjar y Carboneras, o vía Tabernas y Sorbas hasta Mojácar.

NÍJAR es un pueblo limpio, blanco, típicamente almeriense, con calles estrechas concebidas para procurar el máximo de sombra. Constituye una buena base desde donde explorar la costa. Hay dos o tres **hoteles** pequeños: el *Montes* (☎951 360 157; ③), que tiene comedor, situado en la carretera principal de entrada al pueblo. Asimismo en esta carretera encontrará una pizzería y varios locales más donde **comer**. La **cerámica** de Níjar es muy bonita, con diseños tradicionales y tintes minerales. El visitante también podrá adquirir mantas y alfombras hechas en los talleres locales.

Sin embargo, los paisajes más espectaculares, se encuentran más al norte, entre **TABERNAS** y **SORBAS**. Ambos pueblos tienen un aspecto extraordinario, sobre todo Sorbas; llaman la atención sus casas colgantes sobre una garganta cenicienta, pero no son lugares bien comunicados, ya que se ubican en medio del desierto. Al salir de Tabernas, en un paisaje espectacular entre barrancos, se halla **Mini Hollywood** (todos los días, abril-oct., 10-20 h; nov.-marzo, 10-20 h; 2.400 pesetas; niños 1.200 pesetas; zoológico incluido), el escenario de *Por un puñado de dólares (A fistful of dollars)* y otros *spaghetti western*. Se ha conservado y abierto en calidad de atracción turística; el visitante podrá entrar a tomarse una copa en el *saloon*, y en temporada alta presenciar tres espectáculos (12, 17 y 20 h) en que se representa un atraco a un banco. En el complejo se ha añadido un **zoológico**, aunque las jaulas son demasiado pequeñas.

Mojácar

MOJÁCAR, el centro turístico más importante de Almería, toma su nombre de un antiguo pueblo de montaña situado a unos 2 km de distancia del mar, una aglomeración de casas blancas en forma de cubo rodeadas por abruptas formaciones rocosas. En la década de 1960, cuando empezaba el desarrollo urbanístico de las principales costas españolas, éste era prácticamente un pueblo fantasma, ya que casi todos sus habitantes habían emigrado. Sin embargo, la suerte del pueblo cambió de repente cuando el alcalde, sirviéndose del ejemplo y la popularidad alcanzada por otros núcleos áridos de España, ofreció terrenos gratuitos a quienes quisieran edificar en la zona en el plazo de un año. La propuesta tuvo un moderado éxito, ya que atrajo a una de las «colonias de artistas» de la época, a los que ahora, 20 años después, se han unido empresas de promoción turística y segundas residencias de profesionales. En el pueblo se ha abierto un lujoso hotel de 280 habitaciones, además de un parador en la playa, y en la actualidad allí vive un bullicioso grupo de extranjeros de la alta sociedad que pasan medio año en la zona y se van en verano.

Si el viajero desea quedarse en la **parte superior del pueblo**, encontrará varios **hostales** pequeños; se recomienda *Casa Justa*, en Morote 5 (☎950 478 372; ③). Puede comer por poco dinero en el *Rincón de Embrujo*, en la plaza. Bajando hacia la **playa** verá un buen **cámping**, *El Cantal de Mojácar* (todo el año; ☎951 478 204), numerosos bares agradables en la playa, habitaciones de alquiler y algunos **hostales**. Entre estos últimos, se recomienda el acogedor *Puntazo* (☎951 478 229; fax 951 478 265; ①), al sur del centro comercial que hay frente al mar, o el cercano *Hostal Bahía* (☎951 478 010; ③), que tiene un buen restaurante de pescado. El moderno *Parador de los Reyes Católicos* (☎951 478 250; fax 951 478 183; ⑥) se halla en un bosque de palmeras al sur del centro comercial. La **playa** es excelente, y sus aguas (como en toda Almería) son cálidas y muy transparentes.

Los **servicios de autobuses**, curiosamente, reflejan la popularidad que tiene Mojácar entre los catalanes: puede pedir un billete a Barcelona desde la misma playa, donde encontrará la agencia de Viajes Solar dentro del complejo La Gaviota.

Carboneras y La Garrucha
Al sur de la playa de Mojácar hay una serie de calas pequeñas y aisladas; el viajero podrá llegar a la más accesible de ellas tomando el tosco camino costero que al cabo de 4 km por la carretera a Carboneras se desvía desde ésta hacia el mar. La carretera panorámica Mojácar-Carboneras serpentea peligrosamente entre las montañas hacia el interior, ofreciendo escasos accesos a algunas playas tentadoras. Los autobuses no recorren el tramo, y para aventurarse a conducir por este camino, el viajero tendrá que desear huir de la multitud.

CARBONERAS tiene una playa mediana y un par de **hostales**. Se recomienda *La Marina*, en General Mola 1 (☎951 454 070; ②), aunque queda algo ensombrecido por la proximidad de la enorme fábrica de cemento que rodea la bahía. Más allá, una pequeña carretera avanza hasta la pequeña aldea de **AGUA AMARGA**, un lugar mucho más atractivo, con una playa bonita detrás de la cual se asientan una serie de chalés de buen gusto y la solitaria *Pensión Family* (☎ y fax 950 138 014; ⑤), donde el viajero tendrá que hacer la reserva con antelación en temporada alta. Podrá ir en autobús desde Almería tanto a Carboneras como a Agua Amarga.

Al norte de Mojácar se encuentra **LA GARRUCHA**, fácilmente accesible mediante ocasionales autobuses o incluso a pie. Se trata de un pueblo bullicioso aunque no muy bonito, con puerto de pescadores. Se halla en vías de desarrollo; de hecho, hay muchos chalés habitados y otros tantos en construcción, pero además tiene vida propia al margen del turismo. Allí encontrará algunos **hostales** caros y un **albergue de juventud** sólo para el verano, aunque tal vez el viajero prefiera visitar La Garrucha en una excursión de tarde desde Mojácar. Asimismo hay algunos restaurantes de pescado frente al mar; se recomienda *Los Porrones*, en el extremo sur del paseo marítimo.

CEUTA Y MELILLA

Las ciudades de Ceuta (72.000 hab.) y Melilla (60.000 hab.), situadas en la costa norte de África, pertenecen a España desde hace más de 500 años, a pesar de que su situación les ha hecho protagonistas de un indeseado juego político. Marruecos reivindica su soberanía sobre ambos territorios, y la diplomacia española ha intentado no enemistarse con este país. Esta situación política impidió que ambas ciudades se incorporaran a la Comunidad Autónoma de Andalucía, al iniciarse la España de las autonomías, con la que poseen históricos lazos de afinidad. Por fin, en 1995, lograron un estatuto de Ciudad Autónoma, aunque no con las mismas transferencias políticas que poseen otras autonomías.

Ceuta

La ciudad autónoma de Ceuta está separada de la Península 23 km, en una estratégica posición sobre el estrecho de Gibraltar. Gracias a los transbordadores y los hidrodeslizadores que cubren el trayecto entre Algeciras y Ceuta son más rápidos que los que van a Tánger, esta avanzadilla española en suelo africano se ha convertido en el lugar más frecuente de entrada a Marruecos, a pesar de las crecientes medidas de seguridad impuestas para evitar la imparable inmigración de marroquíes.

Si se viaja a Ceuta **en transbordador** desde Algeciras, en general se puede llegar al puerto, comprar los pasajes y embarcar en tan sólo un par de horas. Una época particularmente difícil que se debe evitar es la última semana de agosto. Si se quiere utilizar el **servicio de hidrodeslizador**, que es más rápido, lo mejor es hacer las pertinentes reservas el día antes en temporada alta; en las agencias de viajes de ambas ciudades es posible consultar los detalles sobre este servicio y comprar los

pasajes, así como, en Ceuta, directamente en el n.° 6 del muelle Cañonero Dato, en la estación marítima del transbordador (☎956 509 439; fax 956 509 530).

Hay dos **oficinas de turismo**; la municipal se encuentra en Alcalde J. Victori Goñalons s/n (☎956 510 051; fax 956 515 198), mientras la autonómica está en paseo de las Palmeras 26 (☎956 514 092). Ambas ofrecen abundante información sobre la ciudad, con folletos y planos.

La visita a la ciudad incluye, de forma obligada, el **monte Hacho** (toda la península de hecho, con su fortaleza militar, sus miradores y la bella **ermita de San Antonio**). La actual fortaleza (conocida como castillo del Desnarigado) es del siglo XIX, pero a su alrededor se conservan restos de la edificación anterior del siglo XVII; en su interior hay un interesante Museo Militar (sáb.-dom. y festivos, 11-14 h y 16-18 h). La **catedral** gótica del siglo XV fue reconstruida en el XVIII, con una portada neoclásica de mármol negro; posee un destacable coro y un museo. Hay que recorrer, también, el **Parque Marítimo del Mediterráneo**, diseñado por el desaparecido artista canario César Manrique, un conjunto de 50.000 m^2 de cascadas, piscinas de agua salada y palmeras. No muy lejos se halla el foso de San Felipe y la **Muralla Real**, así como las **murallas meriníes**, que protegían antiguamente la ciudad, así como la llamada **Casa Grande**, donde falleció la heroína Agustina de Aragón. En el **santuario de la Virgen de África** se venera la imagen de la patrona de la ciudad, cuyo bastón de mando (*óleo*) se remonta a 1415. Hay un **Museo Municipal** (mar.-vier., 9-13 h y 17-19 h; sáb., 9-13 h; dom., 10-13.30 h; lun. y festivos, cerrado; entrada gratuita). La **iglesia de San Ildefonso**, en el barrio del Príncipe, posee una imagen muy venerada del Cristo de Medinaceli.

En Ceuta no resulta fácil encontrar habitación, y una vez hallada tampoco es económica. En las oficinas de turismo es posible obtener una lista completa de establecimientos; si las oficinas están cerradas, suelen exponer una lista en su escaparate. El **albergue de juventud**, en la plaza Rafael Gilbert 27 (☎956 514 009), está sólo abierto durante los meses de julio y agosto. Es posible alojarse también en *Parador La Muralla*, plaza Virgen de África 15 (☎956 514 940; fax 956 514 947; ③), que debe su nombre a estar instalado en la antigua muralla y donde dice la leyenda que estaban las míticas columnas de Hércules, y en el *Meliá Confort Ceuta*, paseo Alcalde Sánchez Prados 3 (☎956 511 200; fax 956 511 501; ⑥-⑦). Hay también alojamientos más económicos, como el hotel-residencia *Ulises*, en Camões 5 (☎956 514 540), y algunos hostales.

Para comer bien, puede acudir a la *Marisquería Silva*, Real 87 (☎956 513 715), un pequeño local donde es posible degustar pescado fresco, marisco y cocina casera por 3.500-4.500 pesetas (hay un menú algo más económico), aunque está cerrado los domingos.

Si el viajero va a la ciudad para pasar a Marruecos, es recomendable llegar temprano de manera que se disponga de tiempo para ir a Tetuán o incluso más lejos. En realidad, sólo se entra en Marruecos una vez pasada la línea fronteriza en Fnideq, a 3 km del centro, trayecto que cubre un autobús local que sale del paseo marítimo de Ceuta. Una vez pasada la frontera, el mejor y más rápido medio de transporte es un *grand taxi*, que se puede compartir entre varios viajeros, para llegar a Tetuán; los autobuses tienen horarios irregulares, aunque son un par de dirhams más baratos. En la frontera hay agencias donde se puede efectuar el cambio de divisas (sólo en billetes y efectivo).

Melilla

El otro gran núcleo español en la costa norafricana es **Melilla**, que posee también estatuto de ciudad autónoma y que es posesión española antes incluso que Ceuta, pues

fue ocupada por el duque de Medina-Sidonia en 1497. Melilla alberga una nutrida población militar, así como de origen magrebí, lo que ha motivado también el endurecimiento de la vigilancia de la frontera con Marruecos para evitar la inmigración ilegal. Su situación, en el tercio oriental de la costa marroquí, le aleja de las rutas terrestres más concurridas, a pesar de su comunicación con España, que es posible tanto por mar como por avión, pues existe un vuelo directo que enlaza la ciudad con Madrid. Existe una **oficina de turismo** en Fortuny 21 (☎952 675 444), donde se facilita información, y todo tipo de folletos y planos.

Lo que más sorprende de la ciudad es su aspecto, con dos áreas bien diferenciadas: la **Ciudad Vieja** y la Melilla moderna. La Ciudad Vieja o Pueblo se componía en la antigüedad de tres ciudadelas independientes, que se comunicaban por puentes levadizos, por lo que conserva numerosos elementos de fortificación en sus barrios. La **Puerta del Socorro** y la **iglesia de la Purísima Concepción** son sus puntos más destacados. La Melilla moderna, por su parte, tiene como eje central la avenida Juan Carlos I (o simplemente la *Avenida*), donde la arquitectura modernista (obra en gran medida de Enrique Nieto, discípulo de Gaudí) y los antiguos bazares, surgidos a socaire del antiguo privilegio de puerto franco, dan testimonio de un pasado más floreciente. Hay un **Museo Municipal** (10-13 h; lun., cerrado), que está ubicado en el **baluarte de la Concepción**, construcción del siglo XVI.

El alojamiento, como en Ceuta, es relativamente escaso y no muy económico, pero siempre es posible encontrar uno a la medida de cada necesidad. Puede elegirse entre el *Parador de Melilla*, avenida Cándido Lobera s/n (☎952 684 940; fax 952 683 486; ⊘), con instalaciones modernas y funcionales, y amplias habitaciones con vistas al mar y al monte Gurugú; y el *Rusadir*, Pablo Vallescas 5 (☎952 670 527; ⊘). Hay hostales más económicos.

Para comer, lo mejor es dirigirse a *Los Salazones*, Conde Alcaudete 15 (lun. y 20 días en oct., cerrado; ☎952 673 652), donde hay buen pescado y marisco por unas 3.000-5.000 pesetas, o el *Mesón La Choza*, avenida Alférez Guerrero Romero s/n (dom. noche, mar. y 28 jul.-29 agos., cerrado; ☎952 681 629), donde hay buenas carnes y se puede comer por 2.500-4.000 pesetas.

transportes

Ferrocarriles

Algeciras a: Córdoba (4 diarios; 4 h 30 min.); Granada (4 diarios; 4 h 45 min.-6 h); Madrid (3 diarios; 12 h 30 min.-15 h; 6 h 40 min. con AVE desde Córdoba). Todos los trenes de Algeciras pasan por Ronda y Bobadilla.

Almería a: Granada (3 diarios; 2 h); Guadix (3 diarios; 1 h 30 min.); Madrid (2 diarios; 6 h 30 min.-10 h); Sevilla (4 diarios; 5 h 30 min.).

Cádiz a: Madrid (AVE 2 diarios; 5 h); Sevilla (11 diarios; 1 h 45 min.).

Córdoba a: Algeciras (1 diario; 4 h 30 min.); Cádiz (2 diarios; 3 h); Jaén (1 diario; 1 h 40 min.); Madrid (5 diarios; AVE 4 h 30 min.-8 h; vía Linares-Baeza 2 h 30 min.-3 h; AVE 2 diarios; 2 h 10 min.); Málaga (2 diarios; 2 h 30 min.); Sevilla (6 diarios; 45 min.-1 h 20 min.).

Granada a: Algeciras (3 diarios; 4 h 30 min.); Almería (3 diarios; 2 h 45 min.); Antequera (3 diarios; 1 h 50 min.); Córdoba (2 diarios; 3 h); Guadix (3 diarios; 1 h 15 min.); Linares-Baeza (1 diario; 2 h 30 min.); Madrid (2 diarios; 6-8 h); Málaga (5 diarios; 2 h); Ronda (3 diarios; 3 h); Valencia (3 diarios; 8-12 h; 1 vía Linares-Baeza).

Huelva a: Sevilla (3 diarios; 1 h 30 min.); Madrid (AVE 1 diario; 4 h 15 min.); Zafra (2 diarios; 4 h 30 min.).

Jaén a: Córdoba (1 diario; 1 h 30 min.); Madrid (2 diarios; 4-5 h); Sevilla (1 diario; 3 h 15 min.).

Málaga a: Algeciras (3 diarios; 3 h); Córdoba (2 diarios; 3 h 10 min.; AVE 6 diarios; 2 h 10 min.); Fuengirola (cada 30 min.; 50 min.); Granada (3 diarios; 3 h 30 min.); Madrid (5 diarios; 7-10 h; AVE 5 diarios; 4 h 10 min.); Ronda (3 diarios; 3 h); Sevilla (6 diarios; 3-4 h); Torremolinos (cada 30 min.; 30 min.).

Sevilla a: Badajoz (4 diarios; 5-7 h); Cádiz (12 diarios; 1 h 30 min.-2 h); Córdoba (16 diarios; 45 min.-2 h); Huelva (2 diarios; 1 h 30 min.); Madrid (12 diarios; AVE 3 h 15 min. o 6-9 h); Mérida (4 diarios; 3 h 30 min.).

Autobuses

Algeciras a: Cádiz (9 diarios; 3 h); La Línea (por Gibraltar: a cada hora; 30 min.); Madrid (1 diario; 10 h); Sevilla (6 diarios; 3 h 30 min.); Tarifa (11 diarios; 30 min.).

Almería a: Agua Amarga (2 semanales, lun. y vier.; 1 h 30 min.); Alicante (2 diarios; 7 h); Carboneras (2 diarios; 1 h 45 min.); Córdoba (2 diarios; 6-8 h); Granada (5 diarios; 2 h 30 min.); Guadix (2 diarios; 2 h 30 min.); Laujar de Andarax (3 diarios; 1 h); Mojácar (4 diarios; 2 h); Níjar (1 diario; 1 h); Cabo de Gata/San José (2 diarios; 45 min.-1 h); Sevilla (3 diarios; 5-6 h); Tabernas (6 diarios; 45 min.); Ugíjar/Las Alpujarras (2 diarios; 1 h 30 min.).

Cádiz a: Algeciras (8 diarios; 2 h 45 min.); Arcos de la Frontera (5 diarios; 2 h); Chipiona (9 diarios; 1 h 30 min.); Conil (6 diarios; 1 h); Granada (2 diarios; 8 h); Jerez de la Frontera (8 diarios; 45 min.); Málaga (3 diarios; 5 h); El Puerto de Santa María (24 diarios; 40 min.); Sanlúcar de Barrameda (8 diarios; 1 h 15 min.); Sevilla (12 diarios; 1 h 30 min.); Tarifa (1 diario; 2 h); Vejer de la Frontera (7 diarios; 1 h 15 min.).

Córdoba a: Badajoz (1 diario; 6 h 30 min.); Écija (4 diarios; 1 h 15 min.); Granada (8 diarios; 2 h 30 min.); Jaén (5 diarios; 2 h); Málaga (5 diarios; 3 h); Madrid (6 diarios; 4 h 30 min.); Sevilla (12 diarios; 2 h 30 min.).

Granada a: Alicante (5 diarios; 4 h 45 min.-6 h 45 min.); Almería (10 diarios; 2 h 15 min.-4 h 15 min.); Cádiz (2 diarios; 5 h); Cazorla (2 diarios; 4 h 30 min.); Córdoba (8 diarios; 2 h 30 min.); Guadix (12 diarios; 1 h); Málaga (15 diarios; 2 h); Madrid (9 diarios; 5-6 h); Motril (9 diarios; 1 h 30 min.); Ronda (3 diarios; 3 h); Sevilla (9 diarios; 3 h 30 min.-4 h 30 min.); Sierra Nevada/Las Alpujarras (5 diarios a Lanjarón y Órgiva en 1 h; 2 diarios a casi todos los demás pueblos, por la mayoría de rutas); Solynieve (2 diarios; 45 min.); Valencia (5 diarios; 7 h 30 min.); Úbeda/Baeza (7 diarios; 2 h 30 min.-3 h 30 min.).

Huelva a: Aracena (2 diarios; 2-3 h vía Jaén); Ayamonte/frontera portuguesa (8 diarios; 1 h); Isla Cristina (1 diario; 1 h); Moguer/Palos (12 diarios; 45 min.); Punta Umbría (a cada hora; 30 min.); Sevilla (14 diarios, 6 directos; 1 h 45 min.).

Jaén a: Almería (1 diario; 4 h); Baeza (10 diarios; 1 h 15 min.); Cazorla (3 diarios; 1 h 45 min.); Córdoba (8 diarios; 2 h); Granada (12 diarios; 2 h); Madrid (6 diarios; 5 h 30 min.); Málaga (3 diarios; 4 h); Sevilla (3 diarios; 3 h 30 min.); Úbeda (10 diarios; 1 h 30 min.).

Málaga a: Algeciras (11 diarios; 3 h 30 min.); Almería (8 diarios; 4 h 30 min.); Almuñécar (11 diarios; 1 h 45 min.); Cádiz (3 diarios; 4 h 30 min.); Córdoba (5 diarios; 4 h); Fuengirola (cada 40 min.; 45 min.); Gibraltar (1 diario; 4 h 30 min.); Granada (16 diarios; 2 h 30 min.); Huelva (1 diario; 5 h 30 min.); Jaén (3 diarios; 4 h 30 min.); Jerez (1 diario; 4 h 30 min.); Madrid (6 diarios; 6 h); Marbella (cada 30 min.; 1 h 30 min.); Motril (10 diarios; 2 h 30 min.); Nerja (11 diarios; 1 h 30 min.); Ronda (11 diarios; 2 h 30 min.); Salobreña (11 diarios; 1 h 45 min.); Sevilla (10 diarios; 3-4 h 30 min.); Torremolinos (cada 15 min.; 30 min.); Úbeda-Baeza (1 diario; 5 h).

Ronda a: Arcos de la Frontera (3 diarios; 1 h 45 min.); Cádiz (2 diarios; 3 h 30 min.); Jerez (3 diarios; 2 h 30 min.); Olvera (2 diarios; 30 min.); San Pedro de Alcántara (6 diarios; 2 h, y sigue a Málaga); Setenil (2 diarios; 15 min.); Sevilla (4 diarios; 3 h 15 min.); Ubrique (2 diarios; 45 min.).

Sevilla a: Aracena (2 diarios; 2 h); Ayamonte (acceso al Algarve portugués: 3 diarios; 2 h 15 min.); Badajoz (2 diarios vía Zafra, 2 diarios vía Jerez de los Caballeros; 5 h); Cádiz (11 diarios; 1 h 30 min.-2 h 30 min.); Carmona (16 diarios; 45 min.); Córdoba (12 diarios; 1 h 45 min.-3 h 15 min.); Écija (3 diarios; 2 h); El Rocío (5 diarios; 2 h 30 min.); Granada (9 diarios; 3-4 h); Huelva (13 diarios; 1 h 30 min.); Jerez (9 diarios; 1 h 15 min.-2 h); Madrid (9 diarios; 6-10 h); Málaga (10 diarios; 3 h); Matalascañas (5 diarios; 2 h 30 min.); Mérida (6 diarios; 3 h 30 min.); Ronda (5 diarios; 2 h).

Transbordadores

Algeciras a: Ceuta (6 barcos diarios; 1 h 30 min.); Tánger (8 transbordadores diarios; 2 h 30 min.).

Almería a: Melilla, barco de temporada alta (todos los días, excepto dom.; 8 h).

Cádiz a: las islas Canarias, Tenerife (36 h) y Las Palmas (43 h), cada 2 días en temporada alta, cada 5 el resto del año; El Puerto de Santa María (4-6 diarios; 20 min.).

Gibraltar a: Tánger (tres transbordadores semanales, lun., miér. y vier.; 3 h).

Málaga a: Melilla (todos los días, excepto dom.; 7 h 30 min.).

Tarifa a: Tánger (todos los días, excepto dom.; 1 h).

CAPÍTULO SEIS

CASTILLA Y LEÓN Y LA RIOJA

Los cimientos de la España moderna se basan en el reino de **Castilla**. Tierra de fortalezas fronterizas —los castillos de los que toma su nombre—, se convirtió en la fuerza más poderosa y centralizadora de la Reconquista, y extendió su dominio por medio de victorias militares y alianzas matrimoniales. Hacia el siglo XI se había fundido con **León**. Mediante el matrimonio de Isabel y Fernando (1469) unió a Aragón, Cataluña y finalmente toda la Península. Los monarcas de aquella época expansionista eran entusiastas mecenas de las artes; de hecho, dotaron sus ciudades de monumentos de gran categoría, entre ellos las catedrales góticas de Salamanca, León y Burgos. Destacan **Salamanca** y **León**, dos puntos de interés y belleza equiparable al de otras grandes ciudades de España como Toledo, Sevilla y Santiago. También merecen una visita poblaciones y localidades de menor tamaño, como **Ciudad Rodrigo**, **El Burgo de Osma**, **Zamora** o **Covarrubias**. En todos ellos sorprende su riqueza en mansiones e iglesias, que no está en consonancia con su presente e incluso con sus circunstancias y estatus del pasado.

A lo largo de la última década, las ciudades históricas han crecido y llegado a dominar la región más que nunca. Aunque el suelo de Castilla es fértil, la extrema dureza de la tierra y el clima no favorecen los asentamientos rurales, y la gran meseta central —700 a 1.000 m de altitud— se dedica casi en exclusiva al cultivo de cereales. Grandes áreas se extienden hasta el horizonte sin nada que destaque, ni siquiera un árbol. Curiosamente, sin embargo, alberga al río Duero, cuya cuenca es la más extensa de España, antes de adentrarse en Portugal. A pesar de caracterizarse por paisajes mesetarios, hay algunos enclaves que rompen esta monotonía, sobre todo el **valle de Las Batuecas**, y la **sierra de Urbión**, donde nace el Duero.

Los pueblos, esporádicos y poco habitados, muy fríos en invierno y calurosos en verano, no resultan atractivos. El viaje consiste en llegar tan rápido como sea posible de una ciudad a otra. El problema de muchos de los lugares pequeños, e incluso algunos grandes, es que tienen poco interés, excepto sus monumentos: **Toro**, **Tordesillas** y **Valladolid**, por ejemplo, son importantes en el aspecto histórico, pero sus edificios notables no están situados en entornos que les hagan justicia. Los castillos más impresionantes son los de **Coca**, **Gormaz** y **Berlanga de Duero**. La otra característica arquitectónica de la región es la presencia de iglesias, monasterios y ermitas románicas, un legado del **Camino de Santiago**, que cruza la parte superior de la región.

En el aspecto técnico, parte de los **picos de Europa** se encuentran en la provincia de León, y es accesible desde el sur. Sin embargo, esta zona montañosa, con sus preciosos pueblos, fauna y flora y senderos, se comenta en el capítulo dedicado a «Cantabria y Asturias», por donde se extiende principalmente.

Se incluye también en este capítulo la comunidad uniprovincial de **La Rioja**, hasta 1982 integrada en Castilla La Vieja con el nombre de Logroño. Esta tierra, además

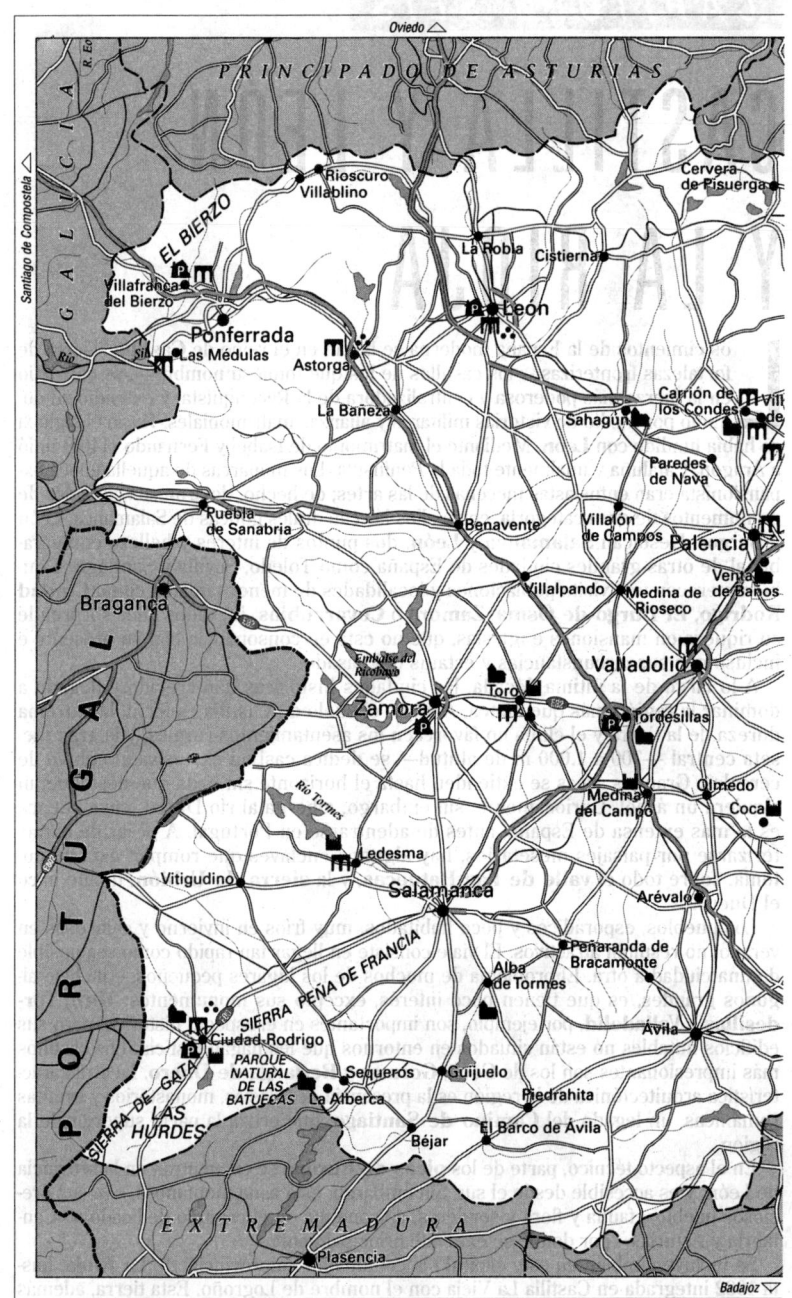

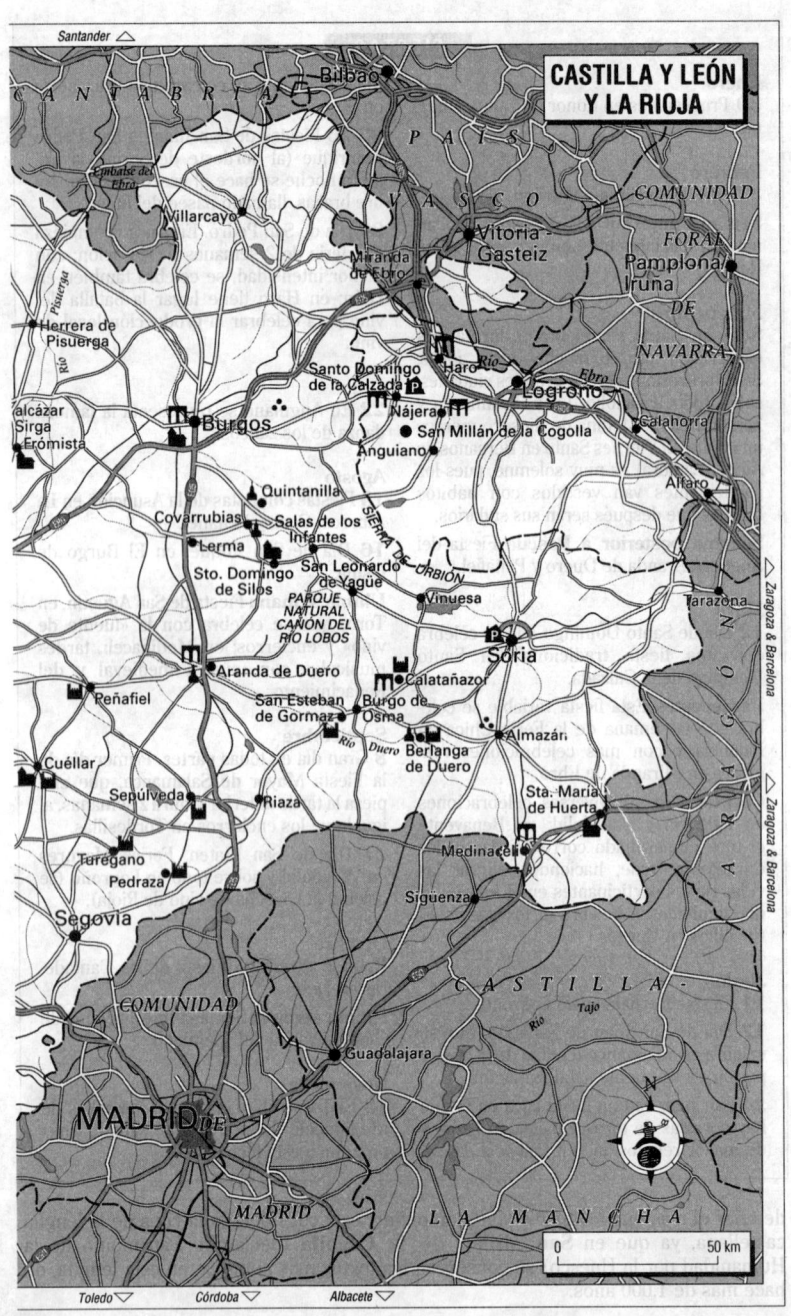

FIESTAS

Enero
30 Procesiones en honor de San Lesmes, en Burgos.

Febrero
3 Romería en Ciudad Rodrigo.

Semana anterior a Cuaresma El Carnaval, especialmente animado en Ciudad Rodrigo.

Marzo/Abril
Semana Santa Se celebra de forma más exacerbada que en muchas otras zonas. Salen procesiones en las grandes ciudades, sobre todo Valladolid, León, Salamanca y Zamora. La de Medina de Rioseco merece una visita. El Viernes Santo en Bercanos de Aliste (Zamora) es muy solemne, pues los participantes van vestidos con hábitos blancos que después serán sus sudarios.

Semana posterior a Pascua Fiesta del Ángel en Aranda de Duero y Peñafiel.

Mayo
12 Día de Santo Domingo que se celebra con una fiesta tradicional en Santo Domingo de la Calzada.

Pentecostés Esta fiesta variable se celebra con la semana de la Feria Chica en Palencia y con más celebraciones religiosas en Miranda de Ebro.

Corpus Christi Diversas celebraciones en Palencia y Valladolid; en Benavente el toro enmaronado corre por las calles durante la tarde, haciendo peligrar las vidas de los participantes en el festejo. El día siguiente se celebra el festival de El Curpillos en Burgos.

Junio
11 Fiestas Bernabeas de Logroño.

12 Día de San Juan de Sahagún, que se celebra en Salamanca (ciudad de la que es patrón), y su pueblo natal, Sahagún.

24 San Juan es una fiesta laica en la que hay corridas de toros y bailes en León, y de mayor religiosidad en Palencia. La semana siguiente se celebra una gran fiesta en Soria.

23-26 Fiestas de San Juan en San Pedro Manrique (al nordeste de Soria); la primera noche se hace el paseo descalzo sobre brasas, llamado paseo del fuego.

29 Día de San Pedro. En Burgos empieza una feria de 2 semanas de duración; con menor intensidad, se celebra también en León; en Haro tiene lugar la batalla del vino para celebrar la producción local de vino.

Julio
22 En Anguiano se representa la famosa danza de los zancos.

Agosto
15 Fiestas coloristas de la Asunción en La Alberca, Coca y Peñafiel.

16 Día de San Roque, en El Burgo de Osma.

Última semana Fiesta de San Agustín, en Toro, que se celebra con la «fuente de vino» y encierros; en Medinaceli, tardes musicales con música medieval y del Renacimiento.

Septiembre
8 Gran día en todas partes. Primer día de la Fiesta Mayor de Salamanca, que empieza la tarde anterior y dura 2 semanas, al igual que los encierros en Tordesillas.

21 Día de San Mateo. Ferias Mayores en Valladolid y sobre todo en Logroño (se celebra la cosecha de vino de Rioja).

Octubre
Primer domingo Fiesta de las Cantaderas en León.

Última semana Semana Internacional de Cine de Valladolid (Seminci).

Noviembre
13 El Toro Júbilo corre por las calles de Medinaceli, la noche del sábado más próximo a esta fecha.

---

de criar el más que estimable vino homónimo, está considerada la cuna de la lengua castellana, ya que en **San Millán de la Cogolla** (declarado Patrimonio de la Humanidad por la Unesco) se conservan los textos más antiguos en esta lengua, de hace más de 1.000 años.

EL SUR DE CASTILLA: DE SALAMANCA A SORIA

La primera parte del capítulo sigue una ruta a través del **sur de Castilla**, de oeste a este, que empieza en Salamanca y atraviesa las provincias de Salamanca, Zamora, Valladolid, Palencia y la parte norte de Segovia y Soria. A partir de Zamora continúa el curso del **río Duero**, con su plétora de magníficos castillos, hasta los riscos y lagos de la sierra de Urbión, más allá de Soria. En la mayor parte de esta región hay una buena red de **autobuses** y **trenes** y Salamanca es un nudo de transporte, con enlaces hacia Ávila/Madrid, Zamora/León, Valladolid/Burgos y otras poblaciones.

Salamanca y alrededores

SALAMANCA, la ciudad más elegante de España, es desde hace 4 siglos la sede de una de las universidades más prestigiosas del mundo y, a pesar de que ya no tiene la reputación anterior al siglo XVII, conserva el ambiente inconfundible de las sedes del saber. Se trata de una población pequeña, sin tanto edificio de cemento como otros lugares; de hecho, la piedra arenisca dorada en la que parece haber sido construida casi toda la ciudad proporciona a Salamanca una armonía que atrapa de inmediato al viajero.

Aquí se han desarrollado y lucen en todo su esplendor dos grandes estilos arquitectónicos. El primero de ellos es el **churrigueresco**, que debe su nombre a José Benito Churriguera (1665-1723), miembro destacado de una familia de escultores y arquitectos prodigiosamente creativa. Conocidos sobre todo por sus grandes retablos, fueron muy activos en Salamanca, en un estilo barroco bastante ornamentado, que fue muy criticado por los historiadores del arte de tradición protestante noreuropea. El estilo **plateresco**, anterior, es una técnica decorativa de relieves poco profundos y detalles complejos, denominada así porque se asemeja al arte de los plateros; la piedra arenisca procedente de Salamanca, blanda y fácil de tallar, tuvo un papel importante en su desarrollo. El arte plateresco cruza las líneas que delimitan el Gótico y el Renacimiento; los motivos decorativos de la universidad, por ejemplo, están tomados del Renacimiento italiano, pero la fachada de la Catedral Nueva es de inspiración gótica.

Llegada e información

El **casco antiguo** de Salamanca, cuyo centro es la **plaza Mayor**, se extiende desde el río Tormes, aún atravesado por un puente romano. Se trata de una zona compacta, que se puede recorrer a pie, rodeada por un conjunto de avenidas y paseos. Las **estaciones de ferrocarril** y **autobuses** se encuentran en los extremos opuestos de la ciudad, cada una a unos 15 minutos caminando desde el centro. Desde la estación de autobuses, en avenida Filiberto Villalobos 73-83, el viajero tendrá que girar a la derecha y llegará a la plaza Mayor. Si llega en tren, tendrá que ir hacia la izquierda por el paseo de la Estación hasta alcanzar la plaza de España, desde allí la calle Toro conduce a la plaza Mayor; como alternativa puede tomar el autobús 1 desde la estación a la plaza del Mercado.

La principal **oficina de turismo** (lun.-vier., 9-14 h y 17-19 h; sáb.-dom., 10-14 h y 17-20 h; ☎923 279 124) se halla en la plaza Mayor; hay otra oficina en la Casa de las Conchas, esquina de Rúa Mayor y calle Compañía. En la guía semanal *Lugares*, que se ofrece de forma gratuita en la oficina de turismo, aparece información sobre los espectáculos locales, además de los horarios de viajes.

340/CASTILLA Y LEÓN Y LA RIOJA

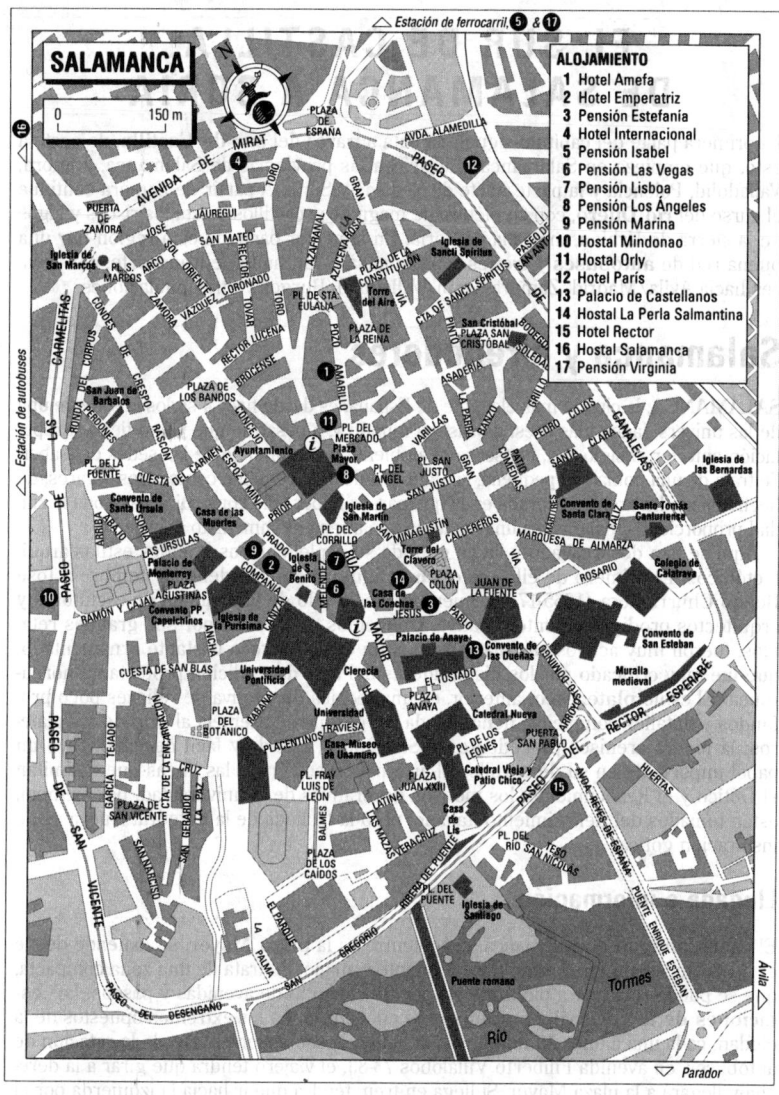

Alojamiento

Los precios del **alojamiento** en Salamanca suelen ser razonables, pero a veces resulta difícil encontrar habitación en temporada alta, sobre todo durante las fiestas de septiembre. En los meses de verano es posible que se ofrezca al viajero casas particulares en la misma estación de ferrocarril. Por lo general, son la opción más económica pues la mayoría de las pensiones están ocupadas por los estudiantes durante el curso académico.

> **CÓDIGOS DE LOS PRECIOS DE ALOJAMIENTO**
>
> En esta guía, los precios de alojamiento se reseñan en una escala de ① a ⑧, indicando el precio **más bajo** que puede esperar pagar por noche en un establecimiento por una **habitación doble**, en temporada alta. Los precios, señalados por los códigos, son los siguientes:
>
> ① menos de 2.000 pesetas/12 euros
> ② 2.000-3.000 pesetas/12-18 euros
> ③ 3.000-4.500 pesetas/18-27 euros
> ④ 4.500-6.000 pesetas/27-36 euros
> ⑤ 6.000-8.000 pesetas/36-48 euros
> ⑥ 8.000-12.000 pesetas/48-72 euros
> ⑦ 12.000-17.500 pesetas/72-105 euros
> ⑧ más de 17.500 pesetas/105 euros

Opciones económicas

Pensión Estefanía, Jesús 3 (☎923 217 372). Sencilla, pero de confianza, limpia y arreglada; situada en una calle tranquila. La mayoría de las habitaciones disponen de un pequeño balcón. ②

Hotel Internacional, avenida de Mirat 15 (☎923 262 799). Establecimiento céntrico cerca de la plaza de España; buena relación calidad-precio. ③

Pensión Isabel, plaza de Barcelona 24-25 (☎923 249 254). Una pensión moderna y pequeña, cerca de la estación de ferrocarril; dispone de tres habitaciones dobles y dos triples. ③

Pensión Lisboa, Meléndez 1 (☎923 214 333). La mejor pensión de la calle, quizás incluso de Salamanca. ③

Pensión Los Ángeles, plaza Mayor 10 (☎923 218 166). Servicio amable y habitaciones espaciosas y ventiladas; cuatro de ellas dan a la plaza Mayor. ②

Pensión Marina, Doctrinos 4, 3.º (☎923 216 569). Lugar acogedor y limpio, pero pequeño, por lo que se recomienda llegar a primera hora. ②

Hostal Mindonao, paseo de San Vicente 2 (☎923 263 080; fax 923 263 080). Hostal agradable; dispone de buenas habitaciones con baño. ③

Hostal La Perla Salmantina, Sánchez Barbero 7 (☎923 217 656). Bien situado con habitaciones cómodas y duchas separadas. ②

Hostal Salamanca, Escoto 13-15 (☎923 269 141). Albergue nuevo en un buen emplazamiento. ①

Pensión Las Vegas, Meléndez 13 (☎923 218 749). Una elección económica muy popular con grandes habitaciones y cuartos de baño decorados. ②

Pensión Virginia, paseo de la Estación 109-115, 2.º (☎923 241 016). Pensión bien regentada, situada enfrente mismo de la estación de ferrocarril. ③

Opciones moderadas y caras

Hotel Amefa, Pozo Amarillo 18-20 (☎923 218 189; fax 923 260 200). De buena calidad, en un emplazamiento excelente. ⑥

Hotel Emperatriz, Compañía 44 (☎923 219 200). Hotel céntrico situado en un edificio histórico. ④

Hostal Orly, Pozo Amarillo 3 (☎923 216 215). Pequeño pero bien equipado; muy cerca de la plaza Mayor. Dispone de aparcamiento propio. ④

Hotel París, Padilla 1-5 (☎923 262 970; fax 923 260 991). Las habitaciones disponen de cuarto de baño y televisor en color; situado junto al paseo de Canalejas, a poca distancia del centro de la ciudad. ⑤

Palacio de Castellanos, San Pablo 58-64 (☎923 261 818; fax 923 261 819). Hotel excepcional en un precioso edificio antiguo que data del siglo XV. Su característica más notable es el claustro, cubierto con techo de cristal y convertido en una gran sala. ⑤
Parador de Salamanca, Toso de Feria 2 (☎923 268 700; fax 923 215 438). Edificio moderno con piscina y grandes vistas, situado junto al puente romano. ⑦
Hotel Rector, paseo del Rector Esperabé 10 (☎923 218 482; fax 923 214 008). Soberbio hotel, suficientemente pequeño para conseguir un ambiente personal (sólo 14 habitaciones); estilo y lujo. ⑦

Cámping

Cámping Regio (☎923 138 888; fax 923 138 044). Este excelente cámping permanece abierto todo el año; situado a 4 km por la carretera de Ávila, detrás del *Hotel Regio*.

La ciudad

En la ciudad abundan los monumentos arquitectónicos: dos **catedrales**, una gótica y la otra románica, compiten en llamar la atención con **palacios** del Renacimiento y edificios de estilo plateresco. La **plaza Mayor** es la mejor de España, y los edificios universitarios son hermosos; todos se distinguen por estar construidos en la misma piedra cálida.

Si el viajero va hasta el extremo sur de la ciudad contemplará preciosas vistas al cruzar el monumento más antiguo, el **puente romano**, muy restaurado, de unos 400 m de largo.

La plaza Mayor y alrededores

La gran **plaza Mayor** es el centro de la vida salmantina. El viajero tendrá la impresión de que todo el mundo pasa por sus cafés y paseos porticados al menos diez veces al día. Su amplio centro vacío, en el que se celebraban corridas de toros hasta 1863, está rodeado por edificios de cuatro pisos decorados con balcones de hierro forjado y medallones con retratos. Fue obra de Andrea García Quiñones y Alberto Churriguera, hermano menor de José; de hecho su estilo destaca aquí de manera refinada.

Desde el lado sur de la plaza (frente al ayuntamiento), la Rúa Mayor lleva a la gran iglesia barroca de **La Clerecía**, sede de la Universidad Pontificia. En la actualidad sólo se puede visitar el patio (lun.-vier., 9-13.30 h y 16.30-20.30 h; sáb., 9-13 h), pues la iglesia sólo se abre para la misa. Enfrente se levanta la famosa **Casa de las Conchas**, de principios del siglo XVI, llamada así por su fachada decorada con conchas de vieira talladas, símbolo de la peregrinación a Santiago.

La universidad

Desde la Casa de las Conchas, la calle Libreros lleva al **patio de las Escuelas** y a la entrada renacentista de la **universidad** (lun.-vier., 9.30-13 h y 16-19 h; sáb.-dom., 10-13 h; 300 pesetas); de estilo plateresco, simboliza la gran reputación que tenía Salamanca a principios del siglo XVI.

La **fachada** está cubierta con medallones, emblemas heráldicos y una profusión de adornos florales, entre ellos una rana escondida; se dice que el que consiga verla sin ayuda tendrá buena suerte y se casará ese año. Ocupa el centro una representación de los reyes Isabel y Fernando, rodeada por una inscripción griega que conmemora su devoción a la universidad; sobre ellos aparece el escudo de armas de Carlos V, nieto y sucesor de Isabel.

Dentro, las antiguas **aulas**, sorprendentemente pequeñas para un centro del saber al que en una época acudían más de 7.000 estudiantes, están situadas alrededor de un patio. La **sala de Fray Luis de León** conserva los bancos originales y el púlpito don-

LA UNIVERSIDAD DE SALAMANCA

La Universidad de Salamanca fue fundada por Alfonso IX en la década de 1220, y tras la unión de León y Castilla, absorbió la de Palencia, convirtiéndose así en la más importante de España. Su ascenso a centro de estatus internacional fue fenomenal, y en los 30 años siguientes el papa Alejandro IV la comparó en calidad con las mejores universidades de la época. Al igual que en Oxford, París y Bolonia, las teorías formuladas aquí se aceptaron más tarde por toda Europa. Hizo importantes contribuciones al desarrollo de la ley internacional y la astronomía. La universidad continuó floreciendo con los Reyes Católicos, que incluso contrataron a una profesora, Beatriz Galindo, que enseñaba latín a la reina Isabel. En el siglo XVI ya era lo bastante fuerte como para resistir la ortodoxia de la Inquisición de Felipe II, pero finalmente la libertad de pensamiento quedó ahogada en el extremo clericalismo de los siglos XVII y XVIII. Se prohibieron libros por constituir una amenaza para la fe católica, y las matemáticas y la medicina desaparecieron de los programas. El declive se aceleró durante la guerra de la Independencia, cuando los franceses demolieron 20 de los 25 colegios universitarios; hacia finales del siglo XIX no había más de 300 estudiantes.

En las últimas décadas, los alumnos han aumentado, pero como tantas otras universidades españolas aún sufre ciertas deficiencias. Aunque prestigiosa en el aspecto social, en el plano académico se sitúa por detrás de Madrid, Barcelona y Sevilla. Sin embargo, tiene una buena escuela de idiomas; en ningún lugar de España se ven más estudiantes estadounidenses.

de daba clase. En 1573, la Inquisición entró aquí por la fuerza y arrestó a fray Luis, acusándolo de subversión de la fe; siguieron 5 años de tortura y prisión, pero tras su liberación, reanudó sus clases con las palabras *«Dicebamus hesterna die...»* («Decíamos ayer...»).

El patio de las Escuelas está rodeado por otros edificios universitarios, entre ellos las **Escuelas Menores** (mismo horario y entrada que la universidad). Luce un precioso artesonado con los signos del zodíaco, antes en la capilla, que fue trasladado a este sitio después de que parte de él fuera destruido a causa de los temblores producidos por el terremoto de Lisboa (1755). Aquí las aulas también se abren a un precioso claustro renacentista, cuyas paredes tienen inscripciones de éxitos académicos *(vitores)*.

Las catedrales y el Museo Art Nouveau

La **Catedral Nueva** (todos los días, abril-sept., 9-14 h y 16-20 h; oct.-marzo, 9-13 h y 16-18 h; entrada gratuita) se empezó a construir en 1512 para reafirmar el prestigio de Salamanca, en un estilo gótico. Se levantó a pocos metros de la universidad y actúa como contrafuerte de la Catedral Vieja, que corría peligro de derrumbarse. La fachada principal, gótico-plateresco, es contemporánea de la de la universidad y asimismo rica en detalles ornamentales. Pero por falta de fondos y construcción duró 2 siglos y, en consecuencia, el edificio incorporó varios estilos: algunos elementos del Renacimiento y el Barroco y una torre edificada según el modelo de la catedral de Toledo. Alberto Churriguera y su hermano José Benito trabajaron aquí, el primero en la sillería del coro, y el segundo en la cúpula.

La **Catedral Vieja**, de estilo románico (claustro y museo, todos los días; el resto, excepto sáb.; abril-sept., 9.30-13.30 h y 16-19.30 h; oct.-marzo, 9-13 h y 16-18 h; 300 pesetas), queda empequeñecida por su vecina, que ahora incluso le proporciona la entrada. Destaca sobre todo el gran retablo del siglo XV, de Nicolás Florentino, así como 53 pinturas de la vida de la Virgen y Cristo coronadas por una representación apocalíptica del Juicio Final; un fresco del siglo XIII del mismo tema se encuentra escondi-

do en la **capilla de San Martín**, en la parte trasera del edificio. La cúpula distintiva de la catedral, de «media naranja», formada según los gajos de una naranja, se inspira en modelos bizantinos y es similar a las de Zamora y Toro. El exterior se conoce como **torre del Gallo**, y puede verse desde el patio Chico junto a la entrada sur de la Universidad Nueva.

Las capillas que se abren a los claustros fueron utilizadas como aulas universitarias hasta el siglo XVI. En una de ellas, la **capilla del Obispo Diego de Anaya**, está el órgano más antiguo de Europa (mediados del siglo XIV); el instrumento muestra influencia árabe y, según Sacheverell Sitwell, «es uno de los objetos más románticos y poéticos que uno pueda imaginar». En la Sala Capitular hay un pequeño **museo** que expone una interesante colección de obras de Fernando Gallego, el pintor más famoso de Salamanca, de finales del siglo XV, y brillante imitador de los primeros artistas del Renacimiento del norte de Europa, como Roger van der Weyden.

Justo detrás de la Catedral Vieja se halla el **Museo Art Nouveau y Art Déco** (abril-mediados oct., mar.-vier., 11-14 h y 17-19 h: sáb.-dom., 10-21 h; mediados oct.-marzo, mar.-vier., 11-14 h y 16-19 h; sáb.-dom., 11-20 h; 300 pesetas; ☎923 121 425), bastante peculiar. El desarrollo de estos dos movimientos, claramente ligados —Modernismo o Art Nouveau y Art Déco— desde los años de la *belle époque*, a principios del siglo XX, hasta pasados los años treinta, se ilustra aquí mediante una miscelánea de objetos entre los que se incluyen pinturas, estatuas de bronce, figuras de porcelana, lámparas, jarrones y muebles. Destacan entre otros, jarrones de cristal y lámparas creados por Emile Gallé (sala 5) uno de los artistas más eminentes del Art Nouveau; los famosos frascos de perfume que René Lalique diseñó para Guerlain y Worth (sala 4); las figuras talladas muy estilizadas y que se reconocen al instante de Hagenauer (sala 13). El principal atractivo, sin embargo, radica en el propio edificio, la Casa Lis, que mandó edificar un entusiasta del Modernismo de principios del siglo XX y que parece estar casi toda ella construida de vidrio pintado. Con su aire juguetón, el museo contrasta bastante con los monumentos religiosos de Salamanca.

San Esteban, Santa Clara y alrededores

El trabajo de Churriguera es de nuevo evidente en los magníficos edificios monásticos. El **convento de San Esteban** (lun.-vier., 9-13.30 h y 16-20 h; sáb.-dom., 9.30-13.30 h y 16-20 h; 200 pesetas), cuya fachada es otro ejemplo del arte plaqueteresco, se encuentra a poca distancia, bajando por la calle del Tostado desde la gran plaza de Anaya al lado de la Catedral Nueva. Su fachada está dividida en tres secciones horizontales y cubierta por un tapiz esculpido, cuyo panel central representa la lapidación de su santo patrón, san Esteban. En el extremo este de la iglesia destaca un gran retablo barroco de José Churriguera, una profusa mezcla de columnas, estatuas y adornos florales. Los claustros monacales, a través de los que se entra, son también magníficos.

No obstante, los claustros más bonitos de la ciudad se hallan al otro lado de la calle, en el **convento de las Dueñas** (todos los días, 10.30-13 h y 16.30-19 h; 200 pesetas). Construido en planta pentagonal irregular, en estilo renacentista-plateresco, de principios del siglo XVI, los imaginativos capiteles del piso superior aparecen profusamente tallados con cabezas humanas y cráneos. En el lado opuesto de San Esteban está el monumental **Colegio de Calatrava**, de estilo churrigueresco.

Cerca, en la cercana plaza San Román, se alza el restaurado **convento de Santa Clara** (lun.-vier., 10-13.40 h y 16-18.40 h; sáb.-dom., 9-14.40 h; 100 pesetas), un edificio del siglo XIII, sencillo en apariencia pero con un precioso interior que presenta prácticamente todos los rasgos arquitectónicos y decorativos españoles de importancia. En 1976 se descubrió que las paredes de la capilla, blanqueadas durante una epidemia de cólera en el pasado, estaban cubiertas con una importante serie de frescos

de los siglos XIII al XVIII; más tarde se encontraron en el techo medallones similares a los de la plaza Mayor. Asimismo se hallaron columnas góticas y románicas en el claustro además de un asombroso techo polícromo del siglo XVI. Pero el descubrimiento más increíble se produjo en la iglesia, donde se comprobó que el techo construido por Churriguera era un techo falso; encima de él se pueden observar las vigas originales del siglo XIV decoradas con motivos heráldicos de los reinos de Castilla y León. La restauración ganó un premio; además, la guinda que corona el pastel es que desde allí se contemplan las mejores vistas de la Catedral Nueva.

El último monumento de este barrio, que merece una mención especial, es la **torre del Clavero**, una torreta octogonal del siglo XV. Se encuentra en el extremo de la plaza de Colón, detrás del convento de Las Dueñas.

Al oeste de la plaza Mayor

Los restantes edificios de interés de Salamanca se hallan en la **zona oeste de la ciudad**. Si el visitante sigue por la calle Compañía desde la Casa de las Conchas pasará por la plaza de San Benito, que contiene algunas bonitas casas, y llegará a la plaza de las Agustinas. Enfrente se alza el gran **Palacio de Monterrey**, del siglo XVI y terminado en torres que lamentablemente no se ven por la estrechez de la calle. Frente a él se erige el monasterio agustino, más conocido como **La Purísima**, para el que Ribera pintó varios retablos, entre ellos la *Inmaculada Concepción*.

Detrás del Palacio de Monterrey se levanta otro interesante convento, **Las Úrsulas** (todos los días, 11-13 h y 16.30-18 h; 100 pesetas). Allí está la tumba de mármol del arzobispo Alonso Fonseca, una soberbia pieza de escultura del Renacimiento realizada por Diego de Siloé. Frente a la pared este de la iglesia se ve la impresionante fachada de la **Casa de las Muertes**.

Diagonalmente opuesta al parque desde Las Úrsulas, la calle Fonseca lleva al magnífico palacio plateresco conocido como **Colegio de los Irlandeses**. Durante siglos sirvió como seminario irlandés, hasta que en la década de 1950 se decidió concentrar los recursos en casa. Se trata de una obra corporativa en la que participaron muchas de las principales figuras de la arquitectura española de principios del siglo XVI, dirigidos por Juan de Álava. El patio renacentista es una joya; destacan los medallones con retratos tallados, cada uno especialmente caracterizado. En la capilla hay un retablo con pinturas y esculturas de Alonso Berruguete. En la actualidad una escuela de formación de profesores, el patio y la capilla pueden, en teoría, ser visitados entre 10-14 h y 16-19 h, aunque en la práctica el permiso para entrar parece depender del capricho del guarda.

Comida y copas

Salamanca es un gran lugar para ir de bares y cafés. Los de la plaza Mayor cobran casi el doble que los demás, pero merecen cada peseta gastada. Muy cerca, en la plaza del Mercado (junto al **mercado**, una buena fuente de provisiones), existe una serie de **bares de tapas**, donde por una bebida el visitante tendrá la oportunidad de probar algunos pinchos, y desde donde puede acercarse a los bares situados alrededor del cine Van Dyck. Hay otra buena selección alrededor de la plaza de la Fuente; además, la zona de la universidad cuenta con gran cantidad de **bares** y **restaurantes**, con buena relación calidad-precio, adecuados a los presupuestos estudiantiles. Destaca el elegante café *Music Arte*, en plaza Corrillo, un oasis para bebedores de té en una tierra de café, y un buen establecimiento para **desayunar**.

Restaurantes y bares de tapas

Bar Marín, Prado 11. Buena reputación por su especialidad veraniega, ancas de rana rebozadas.

El Bardo, Compañía 8. Restaurante con muy buena relación calidad-precio; sirve un menú parcialmente vegetariano. Situado cerca de la Casa de las Conchas.

Chez Victor, Espoz y Mina 26. Restaurante de clase, de influencia francesa, especializado en caza. Tiene fama de ser el más elegante de Salamanca. Dom. noche, lun. y agos., cerrado.

La Covachuela, Portales de San Antonio 24 (junto a la plaza Mayor). Merece la pena tomarse una copa y unas tapas en este pequeño bar para ver al camarero y sus proezas lanzando una moneda, atracción turística salmantina por derecho propio.

Mesón Cervantes, plaza Mayor 15. Si quiere comer en la plaza Mayor sin arruinarse, este establecimiento prepara platos combinados baratos (pero no espere nada especial).

Restaurante Río de la Plata, plaza Peso 1. Cocina castellana casera de calidad a precios razonables, junto a calle San Pablo, al final de la plaza Mayor. Lun. y jul., cerrado.

Restaurante Roma, Ruiz Aguilera 8. Local barato para probar la chanfaina, un plato a base de arroz con carnes cocinadas en salsa de especias.

Vida nocturna

En Salamanca hay muchos **cafés** tranquilos donde el visitante puede disfrutar de música en vivo; para jazz se recomienda *El Corrillo*, en plaza San Benito, o *El Callejón*, Gran Vía 68, si le apetece escuchar folk, así como el excelente *Country Bar*, en Juan de Almeida 5 (rodeando la esquina desde *El Gran Café Moderno*, véase a continuación). No se ven rótulos, sólo una puerta negra, pero abajo se encuentra una pequeña taberna, con buen ambiente, cubierta de una pared a otra por originales azulejos (el propietario es admirador de Gaudí).

Abundan los **clubes** y disco-bares, muchos situados a lo largo de la Gran Vía: *El Gran Café Moderno* en el n.º 75 tiene un excelente disc-jockey y espectáculos en vivo; detrás de la esquina, *De Laval Genovés*, conocido popularmente como «Submarino» (debido a su decoración náutica), ofrece buena música, dispone de tres barras y permanece abierto hasta las 5 h. *Camelot*, junto al Palacio de Monterrey en calle Bordadores, y *El Puerto de Chus*, en plaza de San Julián, son muy frecuentados por estudiantes extranjeros.

Direcciones prácticas

Alquiler de automóviles Entre las grandes empresas se encuentran Avis, en paseo de Canalejas 49 (☎923 269 753); Europcar, Maestro Ávila 3 (☎923 262 334) y Hertz, avenida de Portugal 131 (☎923 243 134). También el operador local, Goyacar, paseo Dr. Torres Villarroel 49 (☎923 233 526).

American Express Viajes Salamanca, plaza Mayor 11 (☎923 211 414).

Correos La oficina principal está en Gran Vía 25.

Información de autobuses ☎923 236 717.

Información de ferrocarriles ☎923 120 202.

Lavanderías Hay un par de lavanderías autoservicio en la plaza del Oeste (al noroeste de la circunvalación) pero ninguna en el centro.

Librerías La mayor librería de Salamanca es Cervantes, en plaza de Santa Eulalia 13.

Taxis Hay dos compañías con servicio de 24 horas: Radio Tele-Taxi (☎923 250 000) y Radio Taxi (☎923 271 111).

Alrededores de Salamanca

El entorno de Salamanca es una atractiva franja de Castilla, sobre todo a lo largo del río Tormes, que desemboca en el Duero por el noroeste.

Alba de Tormes
El viajero puede ir al pequeño pueblo de **ALBA DE TORMES**, situado en una colina, 20 km al sudeste de la ciudad, en una excursión de 1 día. Su principal atractivo es el **convento de Carmelitas** (todos los días, 9-13.30 h y 16-18.30 h; oct.-abril, cierra a las 19.30 h), fundado por santa Teresa en 1571, destaca por su fachada renacentista y una reconstrucción bastante dudosa de la celda en que murió santa Teresa. Alba es un centro de manufactura de **alfarería** típica castellana; de hecho, el viajero podrá visitar la fabricación de Bernardo Pérez Correas, en calle Matadero, cerca del río. Si quiere **pasar la noche**, las habitaciones más económicas son las del *Hostal América*, al otro lado del puente en calle La Guía (☎923 300 071; ③). Si desea un alojamiento espacioso y con baño, se recomienda el *Hotel Alameda*, avenida Juan Pablo II (☎923 300 031; fax 923 370 281; ④), que también dispone de un buen restaurante. La ciudad está unida a Salamanca por un servicio local de autobuses.

Al norte de Zamora: Ledesma
Si el viajero se dirige al noroeste desde Salamanca, la carretera secundaria que pasa por Ledesma constituye una excelente ruta alternativa hacia **Zamora**. En la mayor parte de su trazado bordea el bonito río Tormes, donde abunda la pesca (enormes carpas), así como las garzas y cigüeñas, setas enormes y deliciosas en otoño y una gran diversidad de flores en primavera. **LEDESMA**, poco más que un gran pueblo en la actualidad, conserva sus antiguas murallas, restos de un puente romano y baños, además de un par de atractivas iglesias. Si quiere pasar la noche, se recomienda la *Fonda Mercado* (sin teléfono; ②). El verdor que rodea este lugar parece atípico de Castilla; proviene en gran parte del **embalse de Almendra**, una presa situada casi en la frontera portuguesa, que se extiende hasta Ledesma.

Ciudad Rodrigo y la sierra Peña de Francia

En el extremo suroeste de la provincia de Salamanca, la población fronteriza de **Ciudad Rodrigo** —a horcajadas entre la carretera y la línea férrea hacia Portugal— merece una visita incluso aunque el viajero no tenga intención de atravesar la fronte-

---

CIUDAD RODRIGO EN LA GUERRA DE LA INDEPENDENCIA

Junto con Badajoz, Ciudad Rodrigo fue un punto fronterizo fundamental en la guerra de la Independencia. Ningún ejército podía pasar tranquilo entre España y Portugal a menos que estas dos ciudades en su retaguardia estuvieran aseguradas. Ciudad Rodrigo cayó en manos francesas en 1810, a pesar de la valiente resistencia de la guarnición española del general Herrasti, a quienes, en reconocimiento a su valor, los franceses permitieron marchar de la ciudad devastada.

El británico duque de Wellington volvió a tomar Ciudad Rodrigo tras un rápido y devastador asedio en 1812. Sabedor de que se aproximaban refuerzos franceses, Wellington había anunciado: «Ciudad Rodrigo debe ser tomada esta tarde», y sus soldados actuaron según lo previsto, lanzándose al vandalismo y al pillaje. Cuando se restauró el orden, las tropas desfilaron vestidas con una mezcla de galas francesas robadas. Un confundido Wellington murmuró a su personal: *«Who the devil are those fellows?»* («Y ésos quién demonios son»)

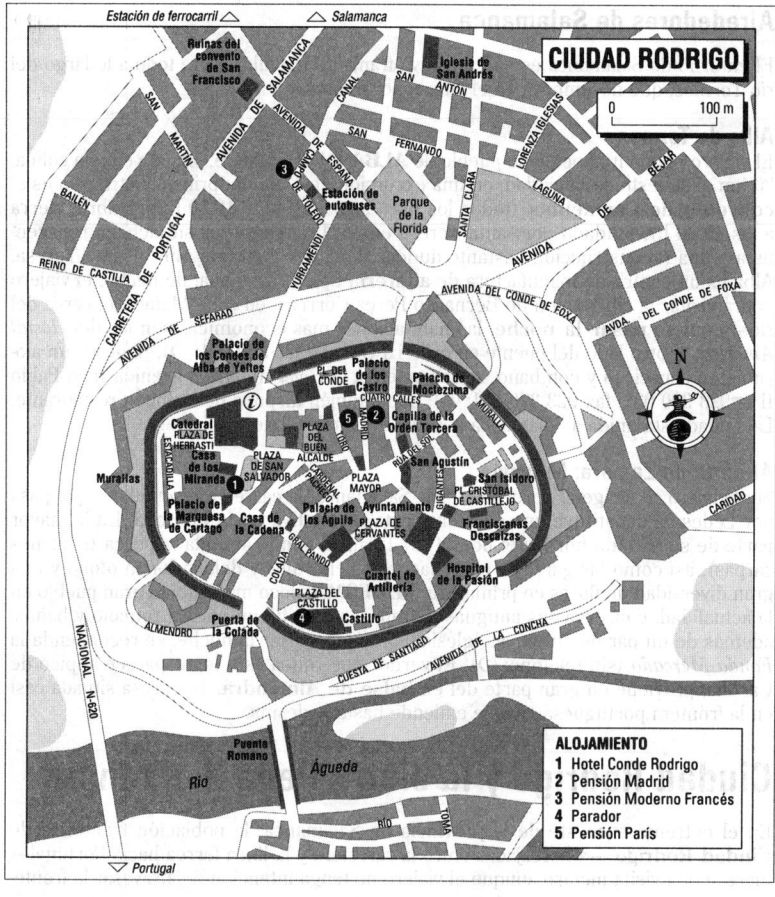

ra. Al este se encuentra la **sierra Peña de Francia**, que proporciona buenos paseos y el curioso pueblo de **La Alberca**, declarado en su conjunto monumento nacional.

Ciudad Rodrigo

CIUDAD RODRIGO es un lugar antiguo y tranquilo que, a pesar de la destrucción llevada a cabo durante la guerra de la Independencia, conserva calles flanqueadas por **mansiones renacentistas**. Si el viajero la rodea siguiendo la muralla —un paseo agradable y una buena forma de visitar el pueblo—, pasará junto a un austero castillo (ahora convertido en parador) que da a un puente romano sobre el río Águeda, desde donde se contempla Portugal.

El principal monumento es la **catedral** (todos los días, 10-13 h y 16-18.30 h), construida en varios estilos, el primero de ellos el gótico tardío; ejemplo de ello son las bóvedas de ocho lados, algo muy poco habitual, en forma de cúpula. Hay que recurrir al sacristán para ver los otros puntos interesantes del edificio: el coro, cuya sillería fue

tallada por Rodrigo Alemán, quien también creó las de Toledo y Plasencia; el nártex, en el que destacan las estatuas de los apóstoles; y el claustro (visita guiada, 200 pesetas), la mitad del siglo XIV y la otra del siglo XVI, con tallas magníficas de escenas bíblicas.

Un monumento, que parece una pagoda, dedicado al **general Herrasti** y sus hombres (véase recuadro pág. 347) se levanta en la plazoleta al lado de la catedral. Una placa en la esquina de las murallas cerca de allí indica el lugar de la «Gran Brecha» por donde los británicos entraron en Ciudad Rodrigo; desde el exterior, el agujero es bastante visible. Los cañones británicos estaban situados en las dos estribaciones de enfrente (el más bajo donde se halla el bloque de pisos, el más alto, detrás de la vía del tren). Por eso, esta parte de la catedral se encuentra cubierta de mellas causadas por balas de cañón; la mitad de la barandilla de la parte superior de la cúpula está quebrada y el tímpano sobre la puerta hundido.

Las vacías calles de Ciudad Rodrigo son ideales para pasear, aunque si el viajero siente curiosidad, los folletos turísticos locales proporcionan numerosos detalles sobre iglesias y palacios. Dos de los más imponentes son el **Palacio de los Castro** y el **Palacio de Moctezuma**, ambos en la plaza del Conde; el último funciona ahora como Casa de la Cultura, y se utiliza como biblioteca y centro de exposiciones.

Aspectos prácticos

Ciudad Rodrigo dispone de una **oficina de turismo** (lun.-vier., 9-14 h y 17-19 h; sáb.-dom., 10-14 h y 17-20 h; ☎923 460 561), situada frente a la catedral en la entrada de la ciudad.

Si el viajero busca un **alojamiento** económico puede preguntar en la *Pensión Madrid*, en Madrid 20 (☎923 462 467; ②), donde tal vez conseguirá una habitación cuádruple con frigorífico y fregadero. Otras opciones económicas son *Pensión Moderno Francés*, Campo de Toledo 8 (☎923 461 968; ②), limpia y bien situada frente a la estación de autobuses; y *Pensión París*, Toro 10 (☎923 461 372; ③), en el centro de la ciudad vieja. *Hotel Conde Rodrigo*, plaza de San Salvador (☎923 461 408; fax 923 461 408; ⑤), ofrece mayores comodidades y está en un barrio atractivo. *Parador Enrique II* (☎923 460 150; fax 923 460 404; ⑦) cuenta con una situación inigualable en un castillo. El viajero encontrará un **cámping**, *La Pesquera*, al lado del río, junto a la carretera de Cáceres (abril-sept.; ☎923 481 348).

Entre los **bares** de la plaza Mayor, *El Arco* sirve platos combinados bastante buenos. Hay también varios bares de *tapas* en las calles que parten de la plaza. Para cenar, se recomiendan varios **restaurantes** a lo largo de la calle de los Gigantes, entre ellos *El Rodeo*, en el n.º 10. Fuera de las murallas, el *Mesón los Cazadores*, San Martín 3, sirve unas tapas estupendas; si dispone de vehículo, le aconsejan los establecimientos situados a lo largo de la carretera de Salamanca hacia Portugal, en los que ofrecen generosos menús. El restaurante del parador es el mejor y el más caro de la ciudad.

La **estación de ferrocarril** de Ciudad Rodrigo se halla a unos 10 minutos caminando por la carretera de Lumbreras; diariamente parten un tren hacia Portugal a las 6 h, y otro hacia Irún, que sale a las 12.45 h.

La sierra Peña de Francia

El pueblo de La Alberca es un buen lugar al que dirigirse, y asimismo un punto de partida de senderos a través de la **sierra Peña de Francia**. A diario parten autobuses desde Salamanca, pero sólo el horario de los domingos permite hacer una excursión de 1 día de duración.

La Alberca

En **LA ALBERCA** hay una serie de casas, construidas en materiales diversos: madera, guijarros, piedras y cascotes que se levantan en medio de rocas. Debido a su condición de monumento nacional se están llevando a cabo numerosos arreglos, y abundan las tiendas de «artesanía local», sin embargo, conserva su carácter de comunidad rural; los caballos aún tienen preferencia sobre los automóviles, los restauradores utilizan burros en lugar de camiones, y con frecuencia cabras, ovejas y aves de corral bloquean las calles.

Las casas más elegantes se encuentran en la **plaza Mayor**, dominada por un calvario. Se recomienda visitar la iglesia para ver su púlpito de elaborada policromía, tallado en estilo popular. Hoy en día la mayoría de las casas de la plaza Mayor parecen funcionar como cafés para atender a los turistas, pero se respira cierto aire de atemporalidad en el lugar. Muchas antiguas tradiciones, como el vestuario típico, aún se mantienen y la celebración local de la fiesta de la Asunción, el 15 de agosto, está considerada como la mejor de España.

No abunda el **alojamiento** económico; el único lugar de confianza es la *Pensión Hernández*, junto a la plaza Mayor (☎923 415 039; ②). Si el viajero no tiene un presupuesto ajustado, el *Hotel Doña Teresa* (☎ 923 415 308; fax 923 415 309; ⑤), en la carretera de Mogarraz, es muy elegante y bien equipado (jacuzzi, gimnasio, sauna y tumbonas); el *Hotel Las Batuecas* (☎923 415 188; fax 923 415 055; ⑤), que funciona hace mucho tiempo, en la carretera a Las Batuecas, tiene un ambiente más rústico y un restaurante excelente. Hay un cámping (con piscina) en la carretera de Salamanca (abril-sept.; ☎923 415 195).

La Peña de Francia

Una carretera muy tortuosa en la parte posterior de La Alberca asciende a la cima de la **Peña de Francia**. La carretera surge de entre los árboles hacia medio camino; desde allí se contemplan hermosas vistas, no sólo de la montaña (desfigurada por una torre de televisión) y de la llanura a los pies, sino también de las colinas salvajes de Las Hurdes, al sur y la sierra de Gredos al este. El viajero podrá comer o tomarse un refresco en la cumbre en la hospedería del **monasterio Peña de Francia**, ocupado durante el verano por los dominicos de San Esteban (Salamanca).

Valle de Las Batuecas

Otra excelente excursión desde La Alberca es en dirección sur al **valle de Las Batuecas**, una reserva nacional que bordea Las Hurdes (véase pág. 178). Se trata de un impresionante paseo que dura 1 día o bien una excursión en automóvil; el viajero tendrá que llevar provisiones, pues aunque abunda el agua fresca, no hay bar, restaurante o una sencilla casa a la vista hasta el pueblo de Las Mestas, cerca de la frontera de Extremadura, a unos 19 km.

Desde La Alberca, el viajero debe tomar la carretera menor que sale del pueblo por el sur. Unos 2 km después llegará al paso de **El Portillo**, rodeado de escarpadas montañas. Desde allí la carretera desciende y serpentea de forma espectacular, ofreciendo un paisaje diferente en cada curva. Se alcanza el lecho del valle en el km 12; una carretera corta conduce a la puerta del **monasterio carmelita**, fundado a principios del siglo XVII por una comunidad de eremitas. Uno de los primeros cometidos del monasterio fue exorcizar los demonios y malos espíritus que supuestamente habitaban en los cercanos valles de Las Hurdes. En 1933, el gran cineasta **Luis Buñuel** se alojó en él —entonces funcionaba como hotel— mientras rodaba su documental de largometraje *Tierra sin pan*, sobre las duras condiciones de vida de los habitantes de estos valles. Hoy en día, dos monjes jubilados pasan sus últimos años en este lugar.

Un camino rodea el perímetro exterior del monasterio y sigue el curso del río, que da lugar a una garganta con espléndidas formaciones rocosas. Hay **cuevas** con pinturas prehistóricas, pero lamentablemente las más importantes han sido cerradas para preservarlas del deterioro y el vandalismo.

Si el viajero regresa a La Alberca caminando, después de explorar el valle, tendrá que enfrentarse a una subida difícil; no pasan muchos vehículos, aunque tal vez alguno se detenga para llevarle.

Si el visitante dispone de vehículo, puede ir hasta **Las Mestas**: gire hacia el este en el cruce en forma de T y vuelva a la provincia de Salamanca a través de **Miranda del Castañar**, donde podrá contemplar preciosos paisajes y su castillo en ruinas.

De Zamora a Valladolid

Zamora es la ciudad castellana más tranquila, con una población de 65.000 personas. No obstante, hay algunos puntos de interés histórico. La carretera al este de Zamora sigue el curso del **río Duero** hacia el corazón de Castilla, pasando por **Toro**, lugar de la batalla que estableció a Isabel y Fernando en el trono de España en 1476, y **Tordesillas**, donde en 1494 se firmó el tratado que ratificaba la división de las tierras descubiertas en el Nuevo Mundo.

Zamora

En los romances medievales se habla de **ZAMORA** como «la bien cercada», en alusión a sus seguras fortificaciones; uno de los asedios llegó a durar 7 meses. Sus antiguos barrios, aún amurallados y con aspecto medieval, se extienden a lo largo de las inclinadas orillas del río Duero (llamado Douro una vez se adentra en Portugal). En el casco antiguo y su entorno se erigen una docena de iglesias cuya sencilla belleza es el principal rasgo de la ciudad. La mayoría datan del siglo XI y reflejan la determinación castellana tras las victoriosas campañas contra los musulmanes llevadas a cabo por Alfonso VI y El Cid, sobre todo la recuperación de Toledo en 1085.

Llegada e información
La **estación de ferrocarril** y la **terminal de autobuses** se encuentran una junto a la otra, a un paseo de 15 minutos desde el centro; para llegar a la plaza Mayor, el viajero tendrá que seguir por la avenida de las Tres Cruces hasta la plaza de Alemania en el límite del casco antiguo. La **oficina de turismo** (lun.-vier., 9-14 h y 17-19 h; sáb.-dom., 10-14 h y 17-20 h; ☎980 531 845) se halla en Santa Clara 20, siguiendo la calle Pelayo, segunda por la izquierda, desde la plaza de Alemania. Hay un aparcamiento céntrico y gratuito en la plaza Claudio Moyano, detrás de la Casa de Cultura. La línea de ferrocarril parte de la ciudad en dirección noroeste hacia Ourense y Santiago, en Galicia. Si el viajero se dirige hacia el este siguiendo el Duero, la carretera secundaria hacia Toro (a lo largo de la orilla sur del río) ofrece buenas oportunidades para observar aves o pescar.

Alojamiento
Zamora dispone de un número razonable de **alojamientos**, la mayoría de ellos en el casco antiguo. Excepto durante Semana Santa pocos lugares se llenan; pero si el visitante no encuentra dónde pernoctar, la oficina de turismo puede prestarle ayuda.

Parador Condes de Alba de Aliste, plaza de Viriato 1 (☎980 514 497; fax 980 530 063). Uno de los paradores más bonitos de España, situado en un palacio ducal del siglo XV, con un restaurante soberbio. ⑥

352/*CASTILLA Y LEÓN Y LA RIOJA*

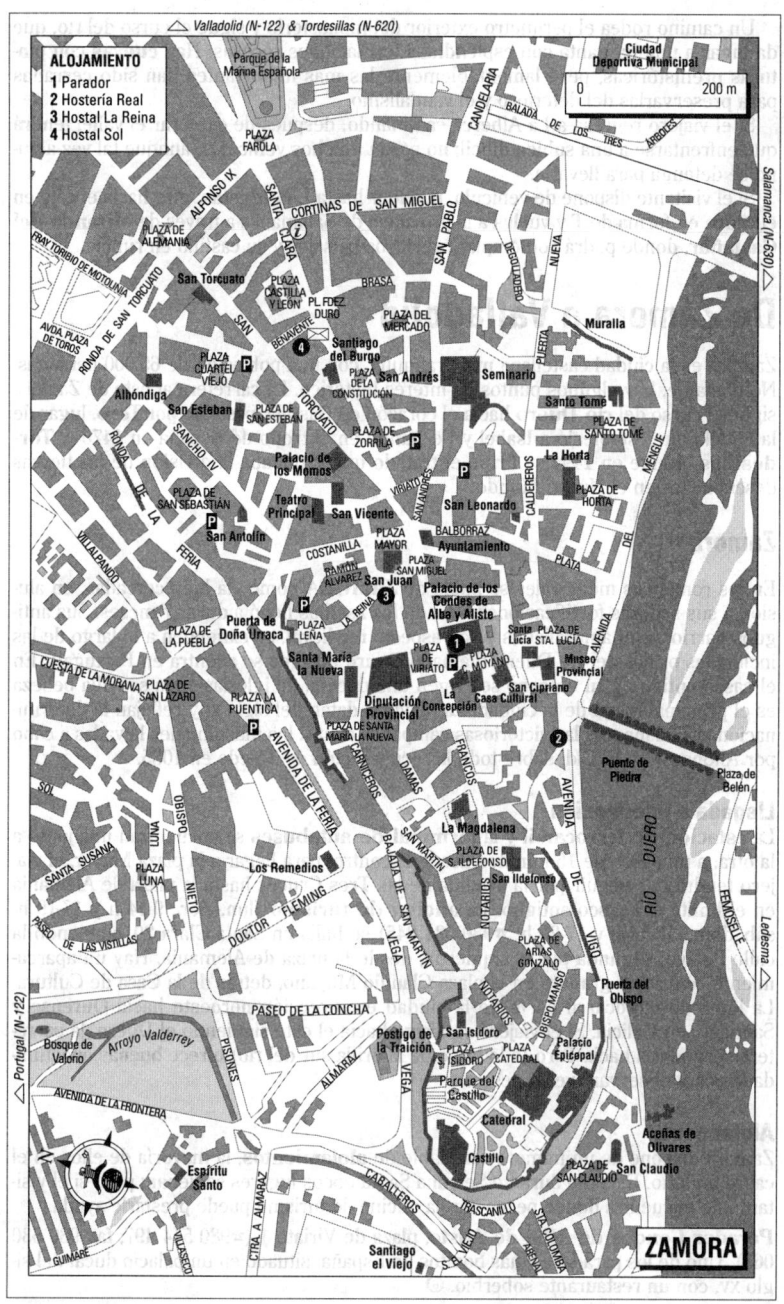

Hostería Real de Zamora, cuesta Pizarro 7 (☎980 534 545; fax 980 534 522). Antiguo palacio de Inquisidores, este edificio de 400 años de antigüedad dispone de un precioso patio renacentista y ahora es un pequeño y excelente hotel. ⑤
Hostal La Reina, La Reina 1 (☎980 533 939). El mejor alojamiento económico de la ciudad, con buenas habitaciones que dan a la plaza Mayor. Dueña muy amable. ②
Hostal Sol, Benavente 2, 3.º (☎980 533 152). Habitaciones modernas, un poco pequeñas pero elegantes y bien equipadas (todas con baño, televisor y teléfono). En el mismo bloque que otros dos hostales algo más caros: *Hostal Luz*, de los mismos dueños, y *Hostal Chiqui* (☎980 531 480). ③

La ciudad
La **catedral**, rodeada por las ruinas de la ciudadela, en el extremo de la ciudad, es la culminación de la serie de iglesias de Zamora. Empezada en 1151, es sobre todo románica, aunque la enorme entrada norte pertenece al estilo clásico del Renacimiento temprano. Destacan la cúpula, de inspiración bizantina, que parece fuera de lugar; luce las mismas torretas y tejas «de escama de pez» de la Catedral Vieja de Salamanca. La sillería tallada del coro, en la que se representan estrechas relaciones entre monjes y monjas, estuvo cerrada durante largo tiempo por orden de un obispo, pero ahora puede ser visitada de nuevo. El museo de la catedral (mar.-sáb., abril-sept., 11-14 h y 17-20 h; oct.-marzo, 11-14 h y 16-18 h; 300 pesetas) alberga los celebrados «tapices negros». Los patronos que encargaron estas obras maestras flamencas del siglo XV exigieron claramente lo que valía su dinero, pues cada centímetro está tejido con primor. Se eligieron temas tradicionales griegos y romanos pero a menudo aparecen vestidos y armas de la época lo que ilustra el gusto de los nobles de la Edad Media por ser representados como héroes del pasado.

Entre las demás iglesias románicas, destacan **San Juan de Puerta Nueva** (mar.-dom., 11-14 h y 17-20 h) y **Santiago del Burgo** (mismo horario), anexo a **Santa María la Nueva** se encuentra un inusual **Museo de la Semana Santa** (abril-sept., lun.-sáb., 10-14 h y 16-20 h; dom., 10-14 h; oct.-marzo, lun.-sáb., 10-14 h y 16-18 h; dom., 10-14 h; 300 pesetas). Expone los pasos —que representan la Pasión de Cristo— que desfilan por las calles durante la Semana Santa.

Comida y copas
La mayoría de los **restaurantes** y **cafés** se hallan en la plaza Mayor y alrededores, y en las calles laterales junto a la calle Santa Clara. Para tomar una copa de última hora y escuchar música hay que encaminarse a los bares de la parte alta de la calle Balborraz.
Café Cariátide, Benavente 5. Café agradable y amplio; sirve una gran variedad de tapas. Tiene un restaurante adjunto.
Café Viriato, calle Viriato. Frecuentado por los jóvenes noctámbulos (fines de semana, abierto hasta las 5 h); durante el día es un buen lugar para tomarse una copa en la terraza.
España, calle Ramón Álvarez. Restaurante barato y sencillo situado junto a la plaza Mayor; funciona desde hace mucho tiempo y es muy conocido entre los lugareños.

Toro
TORO, situada a 30 km de Zamora, aparece espectacular: «una población antigua, erosionada, de muros rojos que se extiende sobre la cima de una gran piedra plana» como la describió Laurie Lee cuando llegó allí con un grupo de músicos alemanes en gira. Su enclave en la ladera roja y áspera se observa mejor desde la vía del tren, varios me-

tros por debajo de la población, en el valle del Duero. No obstante, cuando el visitante se acerca parece una agradable ciudad provinciana, aunque embellecida por sus edificios románicos. Sin embargo, Toro desempeñó un papel de vital importancia en la historia de España y Portugal. La **batalla de Toro** (1476) puso fin a los intereses portugueses en los asuntos españoles y sentó las bases para la unificación de la Península. Tras la muerte de Enrique IV (1474), el trono de Castilla quedó en disputa; su hija Juana la Beltraneja tenía que ser la heredera por derecho, pero corrieron rumores acerca de su ilegitimidad y la hermana de Enrique, Isabel, subió al trono. Alfonso V de Portugal vio su oportunidad y apoyó a Juana. Los ejércitos se enfrentaron en Toro en 1476 y los Reyes Católicos —Isabel y Fernando— vencieron a sus rivales; a partir de ahí se inició uno de los períodos más gloriosos de la historia de España.

Toro había sido durante mucho tiempo una importante fortaleza militar que disfrutó de considerable patrocinio real; tal vez el monumento que destaca con más fuerza por su antigua importancia es la **colegiata de Santa María la Mayor** (todos los días, verano, 10.30-13.30 h y 17-19.30 h; invierno, 11.30-13.30 h). El Pórtico (hacia 1240) es uno de los ejemplos más hermosos y mejor preservados del arte románico, con sus siete arcos tallados que representan temas reales y bíblicos. En un principio, todas las puertas estaban pintadas en una variedad de colores, y ésta se conserva de manera muy parecida a su antiguo estado. Si permanece cerrada, pregunte por las llaves en la **oficina de turismo** (lun.-vier., 9-14 h y 17-19 h; sáb.-dom., 10-14 h y 17-20 h), en el **ayuntamiento**, situado en la plaza.

El **monasterio dominico Sancti Spiritus**, en el extremo occidental de la población (10.30-12.30 h y 17-19 h; último dom. del mes, Cuaresma y Adviento, cerrado; 300 pesetas), merece también una visita. Se trata de un laberíntico edificio del siglo XIV que alberga algunos tesoros genuinos, sobre todo una serie de tapices flamencos del siglo XVI que muestran la traición y Crucifixión de Cristo. En la iglesia se encuentra la tumba de Beatriz de Portugal (esposa de Juan I de Castilla, muerta en 1410), quien vivió en este lugar durante un tiempo después de enviudar a los 18 años de edad.

La **estación de ferrocarril** de Toro está a unos 20 minutos caminando por terreno escarpado, debajo de la población, y junto a ella se halla el **hostal** *La Estación* (☎980 692 936; ②). Ya en la población el viajero podrá elegir entre el *Hostal Doña Elvira*, en Antonio Miguélez 47 (☎ 980 690 062; ③) y, de más categoría, el *Hotel Juan II*, plaza del Espolón 1 (☎980 690 300; fax 980 692 376; ⑤).

Tordesillas

Al igual que Toro, **TORDESILLAS** desempeñó un importante papel en la historia de España. Aquí, bajo la mirada del papa Borgia Alejandro VI, se firmó el **tratado de Tordesillas** (1494), que dividió todas las tierras descubiertas o que se descubrieran en adelante hacia el oeste, entre España y Portugal, a lo largo de una línea de 370 leguas al oeste de las islas Cabo Verde. Brasil, que según se afirma se descubrió 6 años después, quedó en manos de Portugal, aunque se dijo que los portugueses ya conocían su existencia pero que habían guardado silencio para obtener ventajas. El resto del Nuevo Mundo, incluido México y Perú, fue para los españoles.

Más tarde, **Juana la Loca** proporcionó fama a Tordesillas, pues allí pasó 46 años en una celda sin ventanas. Había gobernado Castilla en unión de su esposo Felipe I el Hermoso desde 1504 a 1506, pero no pudo soportar la muerte prematura de su esposo y durante 3 años recorrió los monasterios de España, con el ataúd siempre a su lado, realizando paradas para ver el cuerpo. En 1509 llegó al convento de Santa Clara, en Tordesillas, donde primero Fernando (su padre) y después Carlos V (su hijo) la declararon loca; la mantuvieron encerrada durante medio siglo y ellos asumieron el trono de Castilla.

El lugar del encierro de Juana podría haber sido peor. El **Real Monasterio de Santa Clara** (abril-sept., mar.-sáb., 10-13 h y 15.30-18.30 h; dom., 10.30-13.30 h y 15.30-17.30 h; 425 pesetas; miér., entrada gratuita; baños árabes, 225 pesetas, previa reserva; ☎983 770 071) da al Duero y es conocido como «La Alhambra de Castilla» por su preciosa arquitectura mudéjar. Alfonso X el Sabio lo mandó construir como palacio real en 1340; sus aspectos más encantadores son el pequeño «patio árabe», con arcos de herradura y decoración morisca y el soberbio artesonado del techo de la capilla principal, de indescriptible esplendor, tan brillante como si contuviera cristales o lamas de nácar.

Entre los demás lugares de interés de Tordesillas se encuentra el largo **puente** medieval sobre el río Duero, la **plaza Mayor** porticada y la iglesia de **San Antolín** (abril-sept., todos los días, 10-14 h y 16-19 h; 200 pesetas), ahora convertida en museo que expone una impresionante colección de escultura, y proporciona unas vistas magníficas desde sus torres. Al lado, la Casa del Tratado alberga la pequeña pero útil **oficina de turismo** (todos los días, 10-14 h y 16-18 h; ☎983 771 067).

Aspectos prácticos

Si el viajero quiere **alojarse** en Tordesillas debe tener en cuenta que está situada en un importante cruce de carreteras (Madrid-Galicia y la ruta directa Salamanca-Valladolid) y, en consecuencia, los hostales tienden a ser caros. El más barato es *Lorenzo* (☎983 770 228; ③). Entre las opciones de mayor categoría se encuentra el moderno *Parador* (☎983 770 051; fax 983 771 013; ⑦) y *El Montico* (☎983 795 000; fax 983 795 008; ⑥), que dispone de pistas de tenis, piscina y gimnasio. Estos lugares se hallan en la carretera de Salamanca; si el visitante busca algo más céntrico se recomienda *Los Toreros*, avenida de Valladolid 26 (☎983 771 900; ⑤), que ofrece habitaciones inmaculadas y un buen restaurante. Existe, asimismo, un cámping bien equipado (abril-sept.; ☎983 770 953), al otro lado de la carretera, desde el *Parador*. Podrá encontrar lugares económicos **para comer**, entre ellos el concurrido *Viky*, en plaza Mayor y a lo largo de la calle San Antolín. Para un festín, se recomienda el restaurante del *Parador*.

Medina del Campo

Situada a 24 km al sur de Tordesillas, **MEDINA DEL CAMPO**, el cruce ferroviario más importante antes de Valladolid, se eleva bajo uno de los mayores castillos de la región. El estilo morisco del **castillo de La Mota** (todos los días, 11-14 h y 16-18 h), construido en ladrillo, es similar al de Coca, situado más al este, pero menos exótico y más sólido. Se construyó como otra plaza fuerte para la misma familia, los Fonseca, pero fueron expulsados por los ciudadanos en 1473. La reina Isabel vivió allí varios años (donde también murió en 1504, en una habitación que da a la plaza Mayor); más tarde fue convertido en prisión, luego en internado femenino, y más recientemente en Casa de la Cultura. Se puede entrar al interior de sus muros, pero no hay salas que ver, y lo que más impresiona es su exterior.

Durante los siglos XV-XVI Medina del Campo fue una de las ciudades comerciales más importantes de Europa (Medina significa mercado), a la que acudían mercaderes desde lugares tan lejanos como Italia o Alemania. Aún se celebra aquí el mayor mercado ovejero de España, y la **plaza Mayor**, algo desvencijada, evoca los días en que sus banqueros determinaban el valor de las monedas europeas.

El viajero puede conseguir **habitaciones** económicas en la *Pensión Medina* (☎983 802 603; ②) y en el más elegante *Mesón La Plaza* (☎983 811 246; ③), ambos en la plaza Mayor (también conocida como plaza de la Hispanidad). Asimismo puede probar en el *Hostal La Mota* (☎983 800 450; ④), Fernando el Católico 4, al otro lado del puente llegando desde el centro. Para **comer**, se aconseja el *Restaurante Mónaco*, en la plaza Mayor, un excelente establecimiento que sirve un menú de buen precio.

Valladolid

VALLADOLID, situada en el centro de la Meseta, debería de ser interesante. Muchas de las grandes figuras españolas de la Edad de Oro —Fernando e Isabel, Colón, Cervantes, Felipe II— vivieron en esta ciudad en algún momento de su vida y, durante muchos años, compitió con Madrid como capital real. Pero en la actualidad, su casco antiguo es un laberinto de calles oscuras, y los palacios que quedan en pie están bastante deteriorados. Muchos de los más bonitos fueron derruidos debido a la especulación y han sido reemplazados por una serie de edificios de cemento. El Valladolid moderno tal vez sea una población industrial en expansión, con 320.000 habitantes, pero ha perdido numerosos monumentos únicos. Se recomienda visitar la ciudad durante la **Semana Santa**, cuando se celebran algunas de las procesiones más curiosas y solemnes de España.

Llegada e información

Los puntos de llegada e información se hallan alrededor de Campo Grande, un gran parque triangular donde en una ocasión Napoleón arengó a sus tropas. La **estación de ferrocarril** está en el paseo del Campo Grande; la de **autobuses**, 30 minutos a pie hacia el oeste, en Puente Colgante 2. El viajero encontrará dos **oficinas de turismo**, una en la esquina de Campo Grande y plaza de Zorrilla 3 (mar.-sáb., 10-13.30 h y 17-19.30 h; dom., 10-14 h), y la otra en la calle Santiago 19 (lun.-sáb., 10-14 h y 17-19 h; dom., 10-14 h; ☎983 344 013). En Cascajares 2 (frente a la catedral) hay una buena **librería de libros de viaje**, Beagle, que ofrece una interesante selección de mapas.

Alojamiento

Si el viajero quiere pernoctar en Valladolid, hay una oferta razonable de **habitaciones**, pero están desperdigadas por toda la ciudad. Cerca de la estación de ferrocarril hallará establecimientos económicos, al igual que en la sórdida zona alrededor de la catedral.

Opciones económicas

Pensión Dani, Perú 11, 1.º (☎983 300 249). Excelente relación calidad-precio; habitaciones limpias con suelos de madera. Junto a la calle que conduce a la plaza de Zorrilla. ②

Pensión Dos Rosas, Perú 11, 2.º (☎983 207 439). La segunda de dos buenas pensiones, propiedad de dos hermanas y situadas en el mismo edificio. ②

Residencia Juvenil Río Esgueva, Cementerio 2 (☎983 251 550 y 983 340 044). Necesario reservar plaza con antelación en este albergue que, como otros muchos en España, suele estar lleno de grupos escolares. ①

Hostal Val II, plaza del Val 6 (☎983 375 752). Habitaciones en la zona comercial, al norte de la plaza Mayor. ③

Opciones moderadas y caras

Pensión La Cueva, Correos 4 (☎983 330 072). Habitaciones con baño. Céntrica. ④

Hotel La Enara, plaza de España 5 (☎983 300 211; fax 983 300 311). Establecimiento céntrico, con mucho carácter. ④

Hotel Imperial, del Paseo 4 (☎983 330 300; fax 983 330 813). Hotel encantador en un precioso edificio del siglo XVI, cerca de la plaza Mayor. ⑥

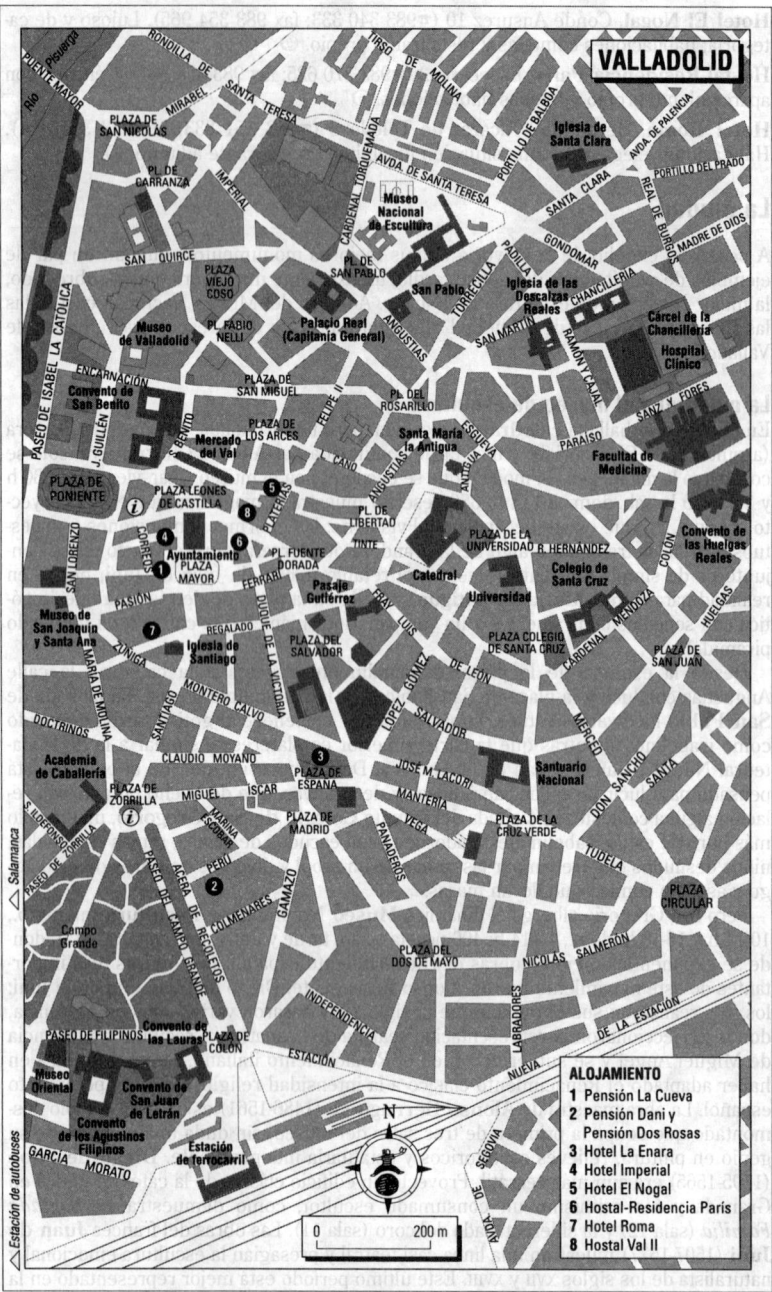

Hotel El Nogal, Conde Ansurez 10 (☎983 340 333; fax 983 354 965). Lujoso y de categoría; habitaciones cómodas y restaurante propio. ⑤
Hostal-Residencia París, Especería 2 (☎983 370 625; fax 983 358 301). Céntrico con aparcamiento propio y buenas habitaciones. ⑤
Hotel Roma, Héroes del Alcázar de Toledo 8 (☎983 351 833; fax 983 355 461). Habitaciones elegantes y una situación ideal; buen restaurante adjunto. ⑥

La ciudad

A pesar del expolio de la mayoría de sus mejores monumentos, quedan un par de ejemplos de arquitectura del gótico tardío, un excelente museo oriental y, sobre todo, la mejor colección de escultura de España. Además del Museo Nacional, casi todas las iglesias históricas de la ciudad albergan muestras de la escultura religiosa de Valladolid.

La catedral y el museo de escultura

En el centro se halla la **catedral**, proyectada, pero no terminada, por Juan de Herrera (arquitecto de El Escorial); y más tarde continuada por Alberto Churriguera; sólo se construyó la mitad, pero el modelo que se encuentra en el museo (mar.-vier., 10-13.30 h y 16.30-19 h; sáb.-dom., 10-14 h; 350 pesetas) muestra lo magnífico que era el proyecto original. Lo que existe decepciona al visitante: las enormes dimensiones y majestuosas arcadas transmiten algo de la grandeza de Herrera, pero el efecto en su conjunto es de simpleza. Dentro, destaca el retablo mayor de Juan de Juni, hecho en realidad para **Santa María la Antigua**, situada en la plaza de detrás, una iglesia gótica con sencillos contrafuertes y un campanario románico que culmina en un tejado piramidal.

Desde la esquina de la plaza, diagonalmente opuesta a la catedral, la calle Angustias conduce a la plaza de San Pablo y su inconfundible iglesia. La fachada de **San Pablo** luce varios estilos; la parte inferior pertenece al gótico tardío conocido como isabelino, mientras que la parte superior es plateresca, similar a la de la Catedral Nueva y San Esteban de Salamanca. Da la impresión de que el edificio está pensado para lucir las tallas caprichosas y decorativas, que de hecho no guardan relación alguna con éste. La fachada del adjunto **Colegio de San Gregorio**, un ejemplo más puro de estilo isabelino, está adornada con escudos de armas, ramas esculpidas, niños desnudos que trepan por las ramas de un árbol y diversos hombres de pelo largo y aspecto cómico que llevan mazas.

Pero San Gregorio alberga el dinámico **Museo Nacional de Escultura** (mar.-sáb., 10-14 h y 16-18 h; dom., 10-14 h; 400 pesetas; sáb. tarde y dom., entrada gratuita), donde se exponen las mejores obras del Renacimiento español. Las figuras más importantes de este movimiento fueron Alonso Berruguete, Diego de Siloé y Juan de Juni: los tres realizaron sus obras durante el siglo XVI y pasaron varios años en Florencia, donde perfeccionaron la representación realista de la anatomía, recibieron influencia de Miguel Ángel y se sumergieron en el Renacimiento italiano. Su genio radica en haber adaptado el Renacimiento clásico a la intensidad religiosa del temperamento español. La obra maestra de **Alonso Berruguete** (1486-1561) es un gran retablo desmontado que ocupa la primera de tres salas del museo, sin duda una muestra de su genio en pintura, relieves escultóricos y estatuaria independiente. **Diego de Siloé** (1495-1565) era aún más versátil. Proyectó un edificio clásico de la catedral gótica en Granada y fue asimismo un consumado escultor, como demuestra su *Sagrada Familia* (sala 12) y la sillería tallada del coro (sala 11). Las obras del francés **Juan de Juni** (1507-1577) muestran una línea casi teatral y presagian la escultura emocional y naturalista de los siglos XVII y XVIII. Este último período está mejor representado en la

obra realista de **Gregorio Fernández** (salas 4 y 5, cerca de la taquilla) y **Juan Alonso Villabrille** (sobre todo su *Cabeza degollada de san Pablo*, sala 27).

Merece la pena entrar en el precioso **patio** con tracería que parece encaje, y contemplar varios techos de inspiración árabe tomados de otros edificios de la ciudad. En la capilla (entrada justo a la izquierda de la puerta principal, frente a las taquillas) se exponen diversas obras interesantes, entre ellas otro retablo de Alonso Berruguete, esta vez intacto (mismo horario que el museo).

La universidad y una miscelánea de museos

Valladolid es también un centro académico famoso. La **universidad**, situada detrás de la catedral, luce una puerta de Narciso Tomé, quien construyó el *Transparente* en la catedral de Toledo, una de las pocas obras de este artista que se han conservado. Más allá, parte de la administración de la universidad se halla en el **Colegio de Santa Cruz**, un edificio de finales del siglo XV que marca la introducción de la arquitectura renacentista en España. El precioso patio, de tres pisos, y el claustro permanecen abiertos al público durante las horas de oficina.

El magnífico **Museo Oriental** (lun.-sáb., 16-19 h; dom., 10-14 h; 350 pesetas) se encuentra en el paseo de los Filipinos, junto a Campo Grande. Ocupa una docena de salas en el Colegio de los Agustinos, quienes enviaron misioneros a China y Filipinas a lo largo de 4 siglos hasta su expulsión en 1952. Se exponen numerosas obras de arte chino. Las más curiosas son algunos bonitos dibujos naturales en papel de arroz (sobre todo de la dinastía Sung; sala 9), tres preciosas piezas de porcelana conocidas como *Los tres chinos felices: Fu, Shou y Lou* (época Qing; sala 2) y algunas tallas de marfil de Filipinas (sala 14). Al salir, el visitante podrá admirar el interior profusamente decorado de la iglesia, un buen ejemplo del estilo académico de Ventura Rodríguez, de moda a finales del siglo XVIII.

Otros museos son el **Museo de Valladolid** (mar.-vier., 9.45-14 h y 16-19.15 h; sáb.-dom., 9.45-14.15 h; 200 pesetas; sáb.-dom., entrada gratuita), museo arqueológico y galería de arte, junto a la plaza de San Miguel, ubicado en una mansión renacentista. El **Museo de San Joaquín y Santa Ana** (lun., 17-20 h; mar.-sáb., 10-13 h y 17-20 h; dom., 10-13 h; 300 pesetas) muestra sobre todo objetos religiosos, pero también varias estatuas y más tres pinturas de Goya en la capilla.

Comida, copas y vida nocturna

La zona central es el mejor lugar para **comer** y **tomarse una copa**. Las cercanías de Santa María la Antigua, en calles Marqués del Duero, Paraíso y Esgueva están flanqueadas por buenos bares de tapas; la plaza Mayor es también un sitio popular para pasear. La juventud de Valladolid se congrega por las noches en los **bares** modernos de la zona de Paco Suárez, alrededor de la plaza Coca y la calle San Lorenzo. Si el viajero busca algo un poco especial, el antiguo *El Penicilino*, en plaza de la Libertad, tiene un ambiente más parecido a una farmacia que a un bar; su especialidad es un misterioso brebaje de color rosa. Podrá disfrutar de **jazz en vivo** en el *Café España*.

Café León d'Or, plaza Mayor. Tranquilo y céntrico café; un buen establecimiento para ver pasar a la gente.

Casa de Galicia, frente al Colegio de Santa Cruz. Comidas excelentes y económicas.

Casa San Pedro Regalado, plaza del Ochavo 1 (cerca del *Hostal París*). Centro castellano tradicional con buen ambiente, cerca de la plaza Mayor.

La Criolla, calle Correos. Uno de los restaurantes de la ciudad que sirven la especialidad vallisoletana, el lechazo asado.

Mesón Panero, Marina Escobar 1 (dom. noche, cerrado; ☎983 301 673). El templo gastronómico de la ciudad, caro pero no tanto.
La Mina, calle Correos. Un agradable bar detrás de la plaza, cerca de la oficina de correos.
La Pedriza, Colmenares 10. No disponen de menú; sólo sirven cordero asado (en su mejor punto); moderadamente caro.
Taberna Pan con Tomate, plaza Mayor 18. Buen bar de tapas con un modesto restaurante adjunto.
Taberna el Pozo, Campañas 2 (junto a correos). Especialidades castellanas de precios más o menos caros. Muy popular entre los lugareños.

Palencia

PALENCIA es la provincia menos impresionante, y por ello no tan conocida de Castilla. A pesar de su rico pasado, en la capital no hay grandes monumentos. El viajero sí verá numerosas plazas, en general dominadas casi siempre por iglesias románicas construidas en piedra blanca; no obstante, ninguna destaca demasiado.

La **catedral** (todos los días, 9.30-13.30 h y 16-18.30 h; dom. tarde, cerrado), un edificio gótico de los siglos XV-XVI, es sencilla para lo que suele ser habitual en España, excepto por las dos puertas del lado sur. Dentro, casi toda la decoración es contemporánea o algo posterior a la construcción de la catedral, erigida bajo el patrocinio del obispo Fonseca. Poco después de ser terminada empezó el declive de Palencia, de ahí la casi total ausencia de adornos barrocos. El viajero podrá adquirir la entrada en la sacristía para ver los tesoros artísticos; una persona acompaña a los visitantes a la cripta (en parte visigótica y en parte románica) y al museo en el claustro, que incluye un *San Sebastián* de la primera etapa de El Greco y tapices flamencos. Además, encienden las luces para que los visitantes puedan observar los diversos altares, y abren las puertas de las capillas, algo no siempre posible en otros lugares de España. Tal vez lo más importante sea el retablo mayor, que luce doce preciosos paneles pequeños, diez de ellos pintados por Juan de Flandes, pintor de la corte de Isabel la Católica; ésta es la mejor colección de sus obras.

No lejos de la catedral se encuentra el río Carrión, atravesado por un antiguo y pintoresco puente conocido como **Puentecillas**, que contrasta con el **puente Mayor**, más sólido y posterior. Si dispone de tiempo, el viajero puede visitar uno de los museos más personales e idiosincráticos de España, el **Museo de la Historia del Calzado** (todos los días, excepto jue. y dom., 12-14 h y 19-21 h), situado sobre la tienda de un maestro zapatero, Julio Vibot Tristán, en Barrio y Mier 10, junto a la calle Mayor. El señor Vibot es zapatero de la familia real; tendrá, pues, la oportunidad de enterarse del gusto del rey Juan Carlos sobre calzados; hay una exposición de preciosos zapatos artesanales, fruto de 60 años en el oficio, además de otros de diferentes épocas que han pertenecido a diversas figuras históricas.

Aspectos prácticos

Las **estaciones de ferrocarril** y **autobuses** de Palencia se hallan ambas en la plaza Calvo Sotelo; en su extremo se abre la larga calle Mayor, cerca de cuyo final se encuentra la **oficina de turismo** (todos los días, 9-14 h y 17-19 h; ☎979 740 068). Cerca está el acogedor y limpio *El Salón*, avenida República Argentina 10 (☎979 726 442; ③); el *Hostal Ávila*, en Conde Vallellano 5 (☎ y fax 970 711 910; ④), más lujoso, presenta una buena relación calidad-precio. Si el viajero quiere tomar unas buenas tapas y raciones, se recomienda *La Taberna Plaza Mayor*, en el extremo sureste de la plaza, o *Don Jamón*, junto al extremo noreste. *Lorenzo*, en avenida Casado del Alisal 10 (10 sept.-10 oct., cerrado), es el mejor restaurante y algo caro.

Alrededores de Palencia

Al sur de Palencia se halla el pueblo moderno de **Venta de Baños**, un importante nudo ferroviario. Si el viajero tiene que hacer transbordo allí, vale la pena seguir las indicaciones hacia el pueblo de **BAÑOS DE CERRATO** a unos 2 km. En este lugar se alza la iglesia más antigua de la Península, el Monumento Nacional n.º 1 en el catálogo; se trata de una basílica del siglo VII (mar.-dom., 10-13 h y 16-19 h), que el rey visigodo Recesvinto dedicó a **San Juan**. Luce pequeñas ventanas de celosía y arcos de herradura; incorpora material de construcciones romanas. El guarda vive enfrente. Al otro lado de la carretera hay una fuente con un agua excelente.

En **PAREDES DE NAVA**, situada en la línea férrea hacia León, se encuentra otra iglesia de interés, **Santa Eulalia** (verano, 11-14 h y 16-19 h; invierno, cierra a las 18 h). Allí nació el gran escultor Alonso Berruguete, al igual que varios de sus familiares menos conocidos; la iglesia parroquial (cuya torre románica luce preciosos mosaicos) ha sido convertida en un pequeño museo donde se exponen muchas de sus obras. La colección ocupa todo el espacio disponible, e incluye piezas de algunos de los artistas contemporáneos de Berruguete más conocidos procedentes de todas las iglesias de la localidad. En Paredes hay tres **fondas** todas ellas con restaurante.

Para los interesados en seguir la **ruta de peregrinación**, desde Palencia se llega fácilmente al pueblo de Frómista (véase pág. 385) en la carretera de Santander. Otra opción es la zona de castillos hacia el sur.

Castillos del sur del Duero

Se cuenta que en una época había 10.000 castillos en España. De los que quedan en pie, unos 500 se conservan relativamente bien, y buena parte de ellos se encuentran en Castilla. En la zona al sur de Valladolid, y hacia Segovia, abundan los castillos, rodeados por una serie de fortalezas, muchas de ellas construidas en el siglo XV para proteger los cuarteles reales.

Coca

Situada a 60 km al sur de Valladolid, y accesible en autobús, **COCA** es la fortaleza más hermosa que el viajero pueda imaginar. Más que una pieza de arquitectura militar se trata de una residencia que actúa como tal; construida con estrechos ladrillos rojizos, está rodeada por un profundo foso y decorada con torretas octogonales, merlones y almenas, un diseño influido por la arquitectura árabe. El edificio data de alrededor de 1400 y fue la base de la poderosa **familia Fonseca**. El interior (lun.-jue., 8-20.30 h; vier., 8.30-15 h) lo utiliza el Ministerio de Agricultura, por lo que se recomienda telefonear con antelación para comprobar cuáles son las horas de apertura (☎911 586 062).

El pueblo de Coca en sí es poco animado, pero hay unos cuantos bares y, si el viajero pregunta en ellos tal vez encuentre alojamiento para pasar la noche. Una vez allí, se aconseja visitar el interior de la iglesia parroquial de **Santa María**, donde hay cuatro tumbas de la familia Fonseca talladas en mármol blanco en estilo renacentista italiano. El hecho de que pudieran contratar a Bartolomé Ordóñez, escultor de la tumba de los Reyes Católicos en Granada, es una prueba del poder que tenía esta familia.

Cuéllar, Turégano, Pedraza y Sepúlveda

La ruta sur, por carretera desde Valladolid, pasa por otro impresionante castillo antiguo en **Cuéllar**. Aún más asombroso es el de **Turégano**, 28 km al norte de Segovia; en esencia una estructura del siglo XV que alberga una iglesia de principios del siglo XIII; el viajero tendrá que localizar al sacristán de la iglesia parroquial para poder entrar.

Al este de Turégano, junto a la carretera principal de Segovia a Soria, puede hacer desvíos interesantes a Pedraza y Sepúlveda, ambos pueblos muy bonitos. **PEDRAZA** se conserva bastante bien desde el siglo XVI, una homogeneidad realzada por la rica piedra marrón con que está construida. El pueblo está protegido en tres de sus lados por un escarpado valle; la única entrada es la puerta original (que antes era la prisión del pueblo) desde donde estrechos caminos serpentean hacia una gran **plaza Mayor**; ésta aún se utiliza durante el festival taurino que se celebra la primera semana de septiembre. Asimismo en Pedraza podrá ver un **castillo** (propiedad privada) donde el delfín de Francia, entonces de 8 años, y su hermano menor estuvieron encarcelados en 1526, cuando su padre Francisco I obtuvo la libertad a cambio de entregarlos tras ser capturado en la batalla de Pavía.

SEPÚLVEDA es menos armonioso en su conjunto, pero está emplazado en un lugar más espectacular, extendido en la parte alta de una estrecha franja de tierra entre los valles de los ríos Castilla y Duratón. Destaca la característica iglesia románica de **El Salvador** (tercer dom. de mes, abierta), bajo la cual se encuentran las ruinas de un castillo sobre el que sobresale el ayuntamiento.

Ambos pueblos son accesibles en autobús desde Valladolid, pero se recomienda evitarlos los fines de semana, cuando los jóvenes madrileños con automóvil frecuentan estos parajes para degustar la especialidad local, cordero asado. Si el viajero busca **alojamiento** se aconseja intentarlo en Sepúlveda, que cuenta con tres hostales. *Hernanz*, en Conde Sepúlveda 4 (☎921 540 378; fax 921 540 520; ④); *Postigo*, situado unos portales más allá (☎921 540 172; ③); y *Villa de Sepúlveda*, en la carretera Boceguillas (☎921 500 302; ④). En Pedraza hay dos hoteles, ambos caros (y lujosos): *De la Villa*, en calle Calzada (☎921 508 651; fax 921 508 652; ⑦), y *La Posada de Don Mariano*, Mayor 14 (☎ y fax 921 509 886; ⑥).

El pantano de Burgomillodo y Riaza

Además de castillos, en esta zona de Castilla abunda la **fauna** y **flora**. El **pantano de Burgomillodo**, un embalse situado al oeste de Sepúlveda, es un lugar interesante para aquellos que les guste observar las aves, ya que está rodeado de matas de lavanda silvestre que son guarida de alimoches y otras especies exóticas. Desde allí el viajero puede dirigirse hacia El Burgo de Osma por la carretera que atraviesa **RIAZA**, bordeando las laderas de la sierra de Guadarrama. Se trata de una ruta encantadora, y Riaza es un pueblo agradable para detenerse; cuenta con varios bares (como *El Museo*) y restaurantes, además de un par de establecimientos que ofrecen habitaciones. Asimismo hay una estación de ferrocarril en la línea principal Madrid-Burgos.

A lo largo del Duero: de Valladolid a Soria

El **Duero**, al este de Valladolid en dirección hacia Soria, está bordeado por otra serie de castillos y antiguas ciudades comerciales; durante mucho tiempo el río marcó la frontera entre Castilla y el territorio árabe. La carretera (y la ruta del autobús) siguen el río, lo que permite que el viajero haga agradables paradas en pequeños pueblos.

Peñafiel

Se recomienda parar en **PEÑAFIEL**, a unos 60 km al este de Valladolid, para visitar su alargado **castillo** (mar.-dom., 11-13.30 h y 16-20 h; invierno, cierra a las 19 h; 200 pesetas); a primera vista, da la impresión de que es un gran barco varado: mide 210 m de largo pero sólo 23 de ancho, y su torre central parece el puente de una

nave. Construido en 1466, con la piedra blanca característica de la región, fue erigido alrededor de la estrecha sierra sobre la que se asienta, una localización que se aprecia mejor desde la parte alta de la torre.

Desde la «proa» del castillo se contemplan hermosas vistas de Peñafiel, y también desde la colina al pie de éste sobre todo en la **plaza del Coso**, cuyos edificios son de madera, con varios pisos de logias; además es la plaza de toros más espectacular de España, donde se celebran corridas en agosto. Allí también se encuentra la **oficina de turismo** (abril-sept., mar.-sáb., 10-14 h y 17.30-20 h; dom., 10-14 h). Cerca se halla **San Pablo**, ahora colegio, que luce un soberbio ábside gótico-mudéjar, de ladrillo, al que más tarde se añadió una capilla de estilo plateresco.

Aspectos prácticos

Si el viajero busca **alojamiento**, el *Hostal Linares*, al otro lado del río desde el casco antiguo, en Mercado Viejo 11 (☎983 880 942; ③), dispone de habitaciones sencillas y algunas algo más cómodas. En el casco antiguo, se encuentra *Chicopa*, un bar de tapas cerca del ayuntamiento; a veces alquila habitaciones (arregladas), situadas sobre el bar (☎983 880 782; ③). Si el visitante prefiere algo más lujoso, Peñafiel cuenta con uno de los mejores hoteles de la región, el *Hotel Ribera de Duero*, en avenida Escalona 17 (☎983 873 111; fax 983 881 616; ⑤), es un espléndido edificio antiguo (donde hasta hace poco había una fábrica de maletas) con habitaciones muy elegantes; la mayoría de ellas dan al castillo. Para **cenar**, se recomienda *Molino de Palacios*, ya que sirve platos tradicionales castellanos; se halla en un reconvertido molino de agua del siglo XVI sobre el río Duratón; *Bar Plata*, en Franco 22, ofrece buenas tapas y asimismo sirve copas por la noche. Cinco **autobuses** diarios (excepto dom.) enlazan con Valladolid (1 h) y Aranda de Duero (30 min.).

Aranda de Duero

Otros 35 km al este, en un cruce de la autopista Madrid-Burgos, está **ARANDA DE DUERO**, una bulliciosa población comercial que ha conseguido mantener su ambiente pintoresco y donde hay una gran actividad durante el mercado del sábado por la mañana. Si el viajero pasa por allí, podrá echar una ojeada a la fachada sur de **Santa María**, de estilo isabelino, en la que destacan sus puertas talladas.

Los **restaurantes** compiten entre ellos para tentar al viajero con el plato local, cordero o lechazo asado, en *Casa Florencio*, Isilla 4; algo más barato resulta *Arandos*, Pedrote 5. Entre los **alojamientos** se recomiendan la *Pensión Sole*, Puerta Nueva 16 (☎947 500 607; ③), y *Julia*, San Gregorio 2 (☎947 501 200; ⑤). Hay un **cámping** con piscina, *Costaján* (mediados jun.-mediados sept.; ☎947 502 070), en la N-I, dirección norte de la población. Los **autobuses** desde Valladolid a Peñafiel continúan hasta Aranda, y después giran al este hacia El Burgo de Osma.

El Burgo de Osma y alrededores

EL BURGO DE OSMA, centro episcopal de la provincia de Soria, es un lugar muy pintoresco, con murallas que se desmoronan y antiguas calles porticadas a las que dan casas apoyadas en precarios puntales de madera. En medio del ambiente de pueblo de la plaza Mayor, destaca su **catedral** (todos los días, 10-13 h y 16-19 h), una de las más ricas de España. Básicamente de estilo gótico, con el paso de los años se añadieron la torre barroca, decorada con pináculos y aguilones, entre otros elementos que dominan la población. Si compra una entrada de visitante (350 pesetas) se encenderán las luces y verá el espectacular retablo mayor de Juan de Juni y sus discípulos, así como una serie de oscuras capillas, una de las cuales contiene una impre-

sionante talla románica de la Crucifixión. También podrá visitar el claustro y el museo. Lo más impresionante es la tumba de piedra pintada (siglo XIII) de san Pedro de Osma, en un estilo naturalista único para su época.

Aspectos prácticos
El viajero se hará una idea de la importancia que tuvo Osma en una época porque era sede universitaria. El edificio del siglo XVI, en la actualidad una escuela, se encuentra en el extremo de la población; a pocos metros paran los **autobuses**. Cerca encontrará un par de **lugares donde alojarse**: el económico *Hostal Casa Agapito*, Universidad 1 (☎975 340 212; ②), y el de más categoría *Hostal La Perdiz*, escondido tras la gasolinera, en Universidad 33 (☎975 360 476; ③). Hay un excelente hotel nuevo, *El Mirador* (☎975 360 408; ③), detrás de la plaza Mayor, en calle Marqués de Vadillo, que dispone de habitaciones modernas y elegantes, y sirve una buena selección de **tapas** en el bar. Si no viaja con un presupuesto ajustado, el mejor hotel de la ciudad es *El Virrey* (☎975 341 311; fax 975 340 855; ⑤), en la plaza Mayor. También verá un **cámping**, *La Pedriza* (jun.-sept.; ☎975 340 806); para llegar, tome el primer desvío desde la calle Mayor y después a la derecha en la calle Rodrigo Yusto.

Asimismo, el viajero puede ir a la **oficina de turismo**, cuyo personal es muy atento (☎975 360 116), en plaza Mayor 1; allí proporcionan información sobre las rutas de **autobuses** (y los horarios de las paradas) hacia Valladolid y Soria.

San Esteban de Gormaz y Gormaz
En **SAN ESTEBAN DE GORMAZ**, situado a 13 km al oeste de El Burgo de Osma, destaca su castillo en ruinas y dos iglesias románicas. Hay un agradable **hostal**, *El Moreno*, en avenida del Generalísimo 1 (☎975 350 217; ③), que puede ser una buena opción si todo está al completo en Osma.

El castillo de **GORMAZ**, 15 km al sur de El Burgo de Osma, es una fortificación interesante, ya que su construcción fue iniciada por los musulmanes; de hecho, se conservan dos puertas árabes que datan del siglo X. Más tarde fue tomada por los cristianos, y se llevaron a cabo algunos cambios. En aquella época era uno de los mayores edificios fortificados de Occidente; consta de 28 torres, en ruinas, pero aún impresionantes. El interior es una carcasa, pero hay buenas vistas panorámicas, y los paisajes que se contemplan al aproximarse son hermosos, por lo que la caminata vale la pena. El propio Gormaz es apenas una aldea, sin ninguna clase de alojamiento.

Calatañazor
Junto a la carretera que une El Burgo y Soria se encuentra **CALATAÑAZOR**, un pueblo medieval que sufre una preocupante despoblación; destacan sus murallas y las ruinas de un castillo, así como sus **casas** con las especialmente características chimeneas cónicas, los escudos de armas decorativos y balcones de madera.

En el mesón sirven comidas sencillas, pero ricas. Sólo hay un **alojamiento**, el *Hostal Calatañazor*, Real 10 (☎975 340 570; ④), una vieja casa en la calle principal; el lugar es adecuado para una buena excursión de medio día desde El Burgo de Osma o Soria, 30 km al este.

Berlanga de Duero y alrededores
De nuevo al este del Duero se halla **BERLANGA DE DUERO**, junto a la carretera entre El Burgo de Osma y Almazán. El viajero también podrá ir desde Soria, con el servicio diario de **autobús** (sale a las 18.30 h y vuelve a las 6.45 h).

El **castillo** es el principal punto de interés; sus grandes torres cilíndricas y la muralla, que recuerda a Ávila, asoman por encima del pueblo. La subida se inicia a tra-

vés de una puerta en un palacio renacentista en ruinas, en el extremo de la localidad (el viajero deberá tener cuidado con un peligroso agujero, al descubierto, que cae a una cueva subterránea); no se paga entrada. El otro monumento importante es la **Colegiata** (por lo general abierta), de estilo gótico. Su diseño inusualmente uniforme es consecuencia de su rápida construcción (sólo se tardó 4 años). En Berlanga hay asimismo una antigua **plaza Mayor** (donde aún suele haber mercado), varias mansiones, calles porticadas, una impresionante puerta de entrada y **La Picota**, un pilar o columna de la justicia al que se ataba a los detenidos (se encuentra en un solar en el exterior del casco antiguo, donde paran los autobuses).

El único **alojamiento** posible en Berlanga es en el elegante *Hotel Fray Tomás*, Real 16 (☎975 343 033; ③), que también dispone de un buen restaurante.

Ermita de San Baudelio de Berlanga

Unos 8 km al sur de Berlanga, se halla la pequeña **ermita de San Baudelio de Berlanga** (nov.-marzo, miér.-sáb., 10.30-14 h y 16-18 h; dom., 10.30-14 h; abril-jun. y sept.-oct., miér.-sáb., 10.30-14 h y 16-19 h; dom., 10.30-14 h; jul.-agos., miér.-sáb., 10.30-14 h y 17-21 h; dom., 10.30-14 h; 100 pesetas), el ejemplo mejor conservado y más importante de estilo mozárabe de España (junto con San Miguel de Escalada, véase pág. 387). Estaba incluso mejor antes de la década de 1920; unos 5 años después de ser declarado monumento nacional, su maravillosa serie de frescos fue adquirida por un marchante de arte y llevada a Estados Unidos. Más tarde, el Gobierno español consiguió recuperar algunos de ellos en préstamo indefinido, pero ahora están en el Prado.

A pesar de esta pérdida, la ermita conserva cierta belleza. Su bóveda interior de ocho nervios arranca de un pilar central; gran parte del espacio está ocupado por la tribuna de arcos de herradura. Aún quedan algunos de los frescos originales, entre ellos unos que representan dos toros de la gran secuencia de animales y escenas de caza de la nave. El visitante también podrá ver la entrada a la cueva inferior donde vivía el eremita, san Baudelio.

Almazán

A unos 35 km en dirección a Soria se encuentra **ALMAZÁN**, que a pesar de su parte más moderna, no muy bonita, aún posee **murallas medievales completas**, atravesadas por tres puertas. En la plaza Mayor se alza el interesante **Palacio Hurtado de Mendoza**, de estilo renacentista, con una balconada gótica en la parte trasera; el visitante lo podrá ver desde la carretera que rodea las murallas. La iglesia de **San Miguel**, frente al palacio, luce un hermoso interior: elementos románicos y del gótico primitivo, con una bóveda en estilo cordobés; el altar presenta un relieve del martirio de santo Tomás Becket. Para entrar, el viajero tendrá que preguntar en las oficinas parroquiales en la plaza Santa María (al lado), frente a la iglesia del mismo nombre.

Entre los **alojamientos** destacan el *Hostal El Arco*, San Andrés 7 (☎975 310 228; ③), y *Hostal Mateos*, en calle San Lázaro (☎975 301 400; ②), al cruzar el río. Este último es además uno de los pocos establecimientos donde se puede comer, junto con el *Restaurante Toma*, Manuel Cartel 11. Sin embargo, tal vez al viajero no le apetezca quedarse; hay servicios regulares de **autobús** y **tren** hacia Soria.

Medinaceli

Situada en un excelente emplazamiento sobre el río Jalón, **MEDINACELI** tiene cierto aire de ciudad fantasma, tal vez debido a su interesante pasado como plaza fuerte romana y árabe. Si el viajero llega en tren, tendrá que ascender 3 km por carretera

desde la estación hasta el pueblo, aunque puede tomar un atajo colina arriba hasta un característico **arco romano**. Su presencia es algo misteriosa, ya que tales monumentos se construían para conmemorar un triunfo militar; pero se ignora qué acontecimiento celebra el arco de Medinaceli. Cerca se encuentran los restos del **castillo** árabe, ahora sólo una fachada que protege el cementerio cristiano.

Las tranquilas calles están flanqueadas por antiguas mansiones que lucen escudos de armas; la mayor es el **Palacio de los Duques de Medinaceli**, en la polvorienta y desolada plaza Mayor, un lugar que recuerda un escenario cinematográfico en desuso. El palacio fue sede de la familia considerada heredera directa al trono de Castilla hasta que en 1275, Fernando, hijo mayor de Alfonso X el Sabio, murió antes de asumir su herencia. Sus dos hijos fueron desposeídos por el hermano de Fernando, Sancho el Valiente, y sus descendientes, los duques de Medinaceli, continuaron reclamando el trono durante largo tiempo. Hoy en día Medinaceli es un pueblo en declive con unos 700 habitantes, aunque su duquesa continúa siendo una de las mujeres con más títulos de España.

El viajero encontrará varios establecimientos donde **alojarse** cerca de la estación de ferrocarril: *Hostal Nicolás* (☎975 326 004; ③) y *Hotel Duque de Medinaceli* (☎975 326 111; fax 975 326 472; ⑤), ambos muy agradables. Si prefiere pernoctar en el casco antiguo, puede optar por *El Mirador* (☎975 326 264; ③), u *Hostal Medinaceli* (☎975 326 102; ③), cerca del arco romano. *Las Llaves* (dom. noche y lun., cerrado), en la plaza Mayor, es un **restaurante** agradable lleno de antigüedades.

Al sudoeste de Medinaceli se halla Sigüenza (véase pág. 153), a un par de paradas en cualquier tren con dirección a Madrid.

Santa María de Huerta

En la frontera aragonesa, a 25 km y sólo a 30 minutos en tren o autobús desde Medinaceli se encuentra **SANTA MARÍA DE HUERTA**. Esta pequeña comunidad está dominada por el **monasterio** cistercense (9-13 h y 15-18.30 h), cuya historia de patronato real y noble acabó de manera brusca con la primera guerra carlista en 1835. Los edificios fueron habitados de nuevo en 1930, y la iglesia principal ha sido restaurada recientemente. El punto más interesante es el refectorio, de estilo gótico francés (1215-1223), cuyo soberbio abovedado en seis partes y sus estrechas ventanas ojivales son dignos de la mejor iglesia, así como el comedor. En la cocina adjunta hay una enorme chimenea que sobresale en el claustro plateresco superior.

El viajero encontrará una sencilla **pensión**, *Santa María* (☎975 327 218; ②) y, en la carretera de Zaragoza, un antiguo parador, ahora de dirección particular, el *Hotel Santa María de Huerta* (☎ y fax 975 327 011; ⑥).

Soria y alrededores

SORIA es una pequeña capital de provincia, un lugar atractivo a pesar de los suburbios. Se halla entre una serie de colinas en las orillas del Duero, bajo las ruinas de un castillo, un centro medieval salpicado de mansiones e iglesias románicas, que cuenta con uno de los mayores claustros del país.

Llegada e información

Las **estaciones de ferrocarril** y **autobuses** de Soria se encuentran ambas en los límites de la ciudad; esta última, cuyos servicios han disminuido bastante en los últimos años, está en el extremo suroeste. Se ha construido una nueva estación de autobuses en la avenida de Valladolid, en el barrio moderno del noroeste. Para ir de una

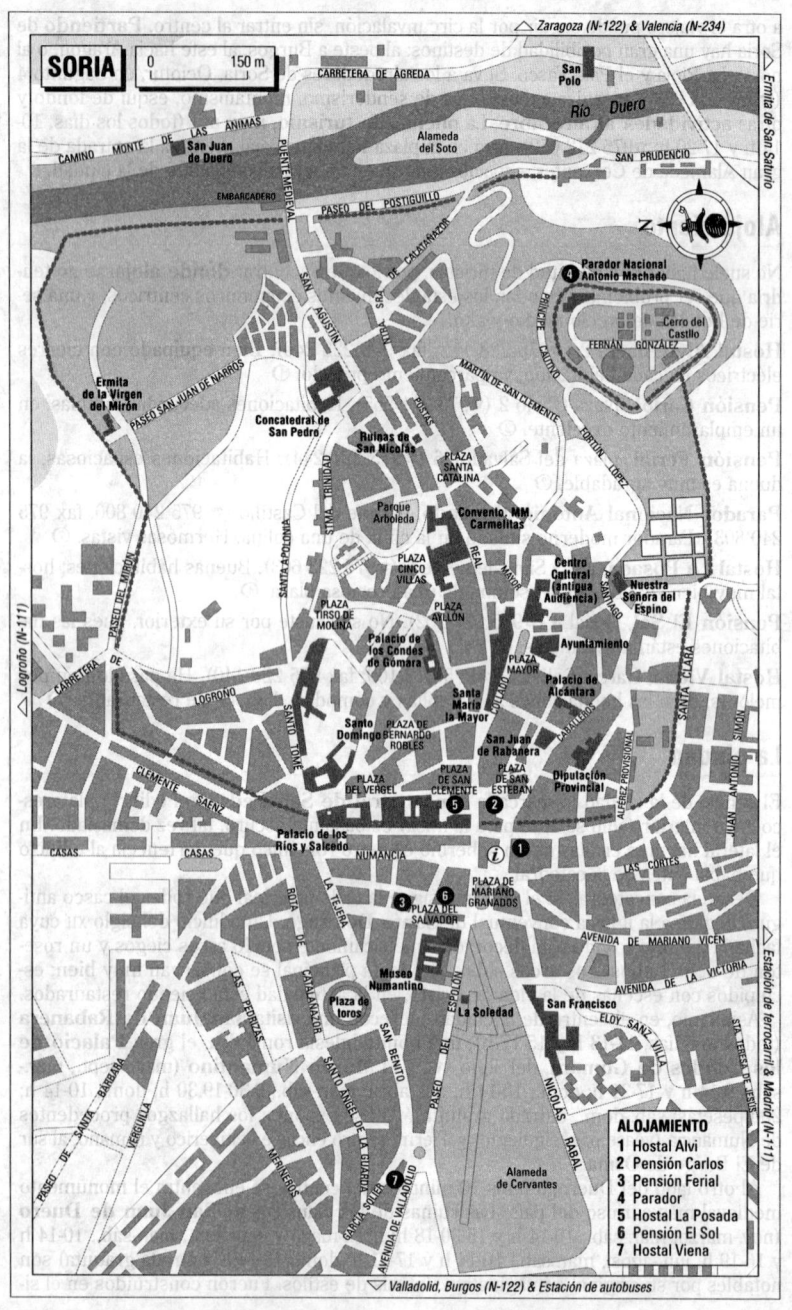

a otra el viajero puede seguir por la circunvalación, sin entrar al centro. **Partiendo** de Soria hay una gran posibilidad de destinos: al oeste a Burgos, al este hacia Aragón, o al norte La Rioja y el País Vasco. Si va a los alrededores de Soria, Ociotur, en Sagunto 4 (☎975 228 923), organiza excursiones de senderismo, montañismo, esquí de fondo y otras **actividades al aire libre**. La **oficina de turismo**, muy útil (todos los días, 10-14 h y 17-20 h; ☎975 212 052), está en la plaza Ramón y Cajal, frente a la entrada de la gran Alameda de Cervantes, espacioso parque y un atractivo añadido de la ciudad.

Alojamiento

No suele haber una multitud de turistas, por lo que encontrar **dónde alojarse** no tendría que ser problema. Abundan los establecimientos económicos céntricos, y una serie de hoteles de precio medio y alto.

Hostal Alvi, Albera 2 (☎975 228 112; fax 975 228 240). Bien equipado con cierres eléctricos en cada habitación, y aparcamiento privado. ③

Pensión Carlos, plaza Olivio 2 (☎975 211 555). Habitaciones adecuadas, limpias, en un emplazamiento excelente. ②

Pensión Ferial, plaza del Salvador 6 (☎975 221 244). Habitaciones espaciosas; la dueña es muy agradable. ②

Parador Nacional Antonio Machado, parque del Castillo (☎ 975 240 800; fax 975 240 803). Parador moderno situado en la cima de una colina. Hermosas vistas. ⑦

Hostal La Posada, plaza San Clemente 6 (☎975 223 603). Buenas habitaciones; hostal muy bien situado, en la esquina de una preciosa plaza. ④

Pensión El Sol, Ferial 8 (☎975 227 202). No se asuste por su exterior, pues las habitaciones están muy limpias. ②

Hostal Viena, García Solier 1 (☎975 222 109; fax 975 228 140). Ha pasado tiempos mejores, pero las habitaciones son amplias y cómodas; dispone de restaurante. ④

La ciudad

El centro de la ciudad lo marca la **concatedral de San Pedro**, un edificio plateresco cuyo interior (sólo se abre para la misa) es bastante oscuro, tal vez demasiado. En el lateral hay tres crujías de un soberbio claustro románico que pertenecía al edificio que había antes de la catedral.

Desde la concatedral, si el visitante sigue la calle principal que rodea el casco antiguo, llegará a la iglesia conventual de **Santo Domingo**. Un edificio del siglo XII cuya fachada de tono rosado está decorada simétricamente con 16 arcos ciegos y un rosetón de ocho radios. Los arcos sobre la puerta principal se conservan muy bien; esculpidos con escenas de la vida de Cristo, en la actualidad están siendo restaurados.

Asimismo, en el centro de la ciudad merecen una visita **San Juan de Rabanera** (todos los días, 11-13 h y 15-17 h), una bonita iglesia románica, el gran **Palacio de los Condes de Gomara**, del siglo XVI, y el **Museo Numantino** (mayo-sept., mar.-sáb., 9-14 h y 17-21 h; dom., 10-14 h; oct.-abril, mar.-sáb., 9.30-19.30 h; dom., 10-14 h; 200 pesetas; sáb.-dom., entrada gratuita). Allí se exponen los hallazgos procedentes de Numancia (véase pág. siguiente) y Tiermes, otro enclave celtibérico y romano, al sur de El Burgo de Osma.

Al otro lado del Duero, a unos 10 minutos del centro, se encuentra el monumento medieval más curioso del país. Las ruinas de los claustros de **San Juan de Duero** (nov.-marzo, mar.-sáb., 10-14 h y 15.30-18 h; abril-mayo y sept.-oct., mar.-sáb., 10-14 h y 16-19 h; jun.-agos., mar.-sáb., 10-14 h y 17-21 h; dom., 10-14 h; entrada gratuita) son notables por su original e imaginativa síntesis de estilos. Fueron construidos en el si-

glo XIII por arquitectos mudéjares que combinaron alegremente arcos entrelazados de influencia árabe con formas cristianas del románico y gótico primitivo. Si están cerrados, el viajero podrá contemplar una vista aérea parcial desde una colina no muy alta al otro lado de la carretera. La iglesia, convertida en museo, es de estilo más ortodoxo, pero en el interior hay dos originales capillas independientes.

Desde allí, el visitante tendrá que caminar un buen trecho hacia el sur por la orilla del río, que pasa por la antigua iglesia templaria de **San Polo** (ahora una casa particular) y 2 km después llega a la **ermita de San Saturio**, que incluye una capilla octogonal con frescos del siglo XIII (10-14 h y 16.30-20 h). El paisaje es típico de la provincia, la tierra seca y anaranjada, y el río está flanqueado por chopos.

El árido enclave romano de **NUMANCIA** (mar.-sáb., mayo-oct., 10-14 h y 16-19 h; nov.-abril, 10.30-13.30 h y 16.30-18 h; entrada gratuita) se levanta en una colina sobre el pueblo de **Garray**, 8 km al norte de Soria. El poblado celtibérico que en un principio ocupaba este lugar resistió los ataques de Escipión y sus legiones durante 1 año; cuando al fin sucumbieron, los habitantes destruyeron la ciudad antes de entregarla. Lo que queda son algunos restos excavados del enclave romano que la reemplazó; de hecho, el perfil de las calles es bastante visible, aunque no resultan muy atractivas, a menos que el visitante sea arqueólogo.

Comida y copas

En la ciudad abundan los **bares** y **restaurantes** animados; la mayoría de ellos sirven excelentes tapas. Los mejores están en los alrededores de la plaza de San Clemente, a la que se llega por la calle Collado, o siguiendo la calle Aduana Vieja desde Santo Domingo.

Casa Augusto, plaza Mayor 5. Excelente restaurante, céntrico; propietario muy agradable y menú asequible.

Casa Soria, avenida Mariano Vicén 5 (abierto desde las 7 h). Establecimiento sin pretensiones, a poca distancia hacia el sur desde la oficina de turismo; sirve menús con excelente relación calidad-precio y buenos desayunos.

Maroto, paseo del Espolón 20. Conservador y bastante caro; aquí van a cenar los sorianos acomodados. Buena cocina castellana, muy bien presentada. Jue., cerrado.

La Posada, plaza San Clemente 6. Este bar, además de ofrecer habitaciones, sirve algunas de las mejores tapas de la ciudad.

Santo Domingo II, avenida Vieja 15. Restaurante de bastante categoría, al sur de Santo Domingo; ofrece una amplia selección de platos de pescado y carne.

El cañón del río Lobos y la sierra de Urbión

Parte de los campos castellanos más bonitos y menos visitados se encuentran al noroeste de Soria, a ambos lados de la N-234 hacia Burgos. Al sur de la carretera se ha creado un **parque natural** alrededor del cañón del río Lobos. Hacia el norte se eleva la **sierra de Urbión**, una región lacustre muy amada por el poeta Antonio Machado. El viajero también podrá llegar al cañón del río Lobos por carreteras secundarias desde El Burgo de Osma hacia el sur.

El cañón del río Lobos

Toda la zona del **Parque Natural del Cañón del Río Lobos** es impresionante, con rocas de formas fantásticas a ambos lados del cañón. La parte más interesante se encuentra a 1 km del aparcamiento del parque, al sureste de San Leonardo de Yagüe.

Allí, además de algunas de las formaciones rocosas más bonitas existe una **capilla románica** fundada por los templarios (que se mantiene cerrada) y, tras ella, una preciosa **cueva** natural. Desde aquí, el camino continúa a través de la garganta del Lobos; el río es a veces sólo un chorro, pues sus afluentes se han secado por completo y se han formado senderos. Para hacer estos paseos, o excursiones más aventureras en la montaña, el viajero necesitará botas adecuadas para caminar, aunque por los senderos principales sirve cualquier calzado. El parque tiene un gran atractivo para los observadores de aves; de hecho se ven águilas y buitres a menudo, aunque en este lugar están protegidos.

SAN LEONARDO DE YAGÜE constituye una base adecuada, ya que cuenta con un buen **hostal**, *Torres*, en Magdalena 4 (☎975 376 156; ③). Como alternativa, el viajero puede **acampar** en zonas señalizadas alrededor de la entrada al parque (mediados marzo-mediados oct.; ☎975 363 565).

Vinuesa y la sierra de Urbión

Para visitar la **sierra de Urbión**, la mejor base es **VINUESA**, pueblo situado al norte del enorme **pantano de la Cuerda del Pozo**. Cruzado por los autobuses que unen Soria y Burgos, se trata de un pueblo extenso con numerosas casas antiguas y mucho **alojamiento** junto al puente; se recomiendan *Viscontium* (☎975 378 354; fax 975 378 362; ③) y *Santa Inés* (☎975 378 126; ③), hostales propiedad de dos hermanos; *Hostal Urbión*, en avenida Constitución (☎975 378 494; ③), ofrece asimismo buenas habitaciones; en medio del pueblo hay una excelente pensión, *Mesón Tito*, en calle Reina Sofía (☎975 378 031; ②). Todos estos establecimientos, excepto el último, disponen de restaurante. El viajero encontrará un **cámping** a 2 km por la carretera de Montenegro (abril-mediados oct.; ☎975 378 331); alquilan bicicletas.

A unos 19 km al norte de Vinuesa se halla el lago más famoso del lugar, la preciosa **laguna Negra**. No hay transporte público hasta allí pero el viajero podrá llegar por una buena carretera a través de un espeso bosque antes de subir abruptamente por la ladera de la montaña. La carretera empeora en los últimos 2 km, al lado del precipicio; por último, un camino conduce a la laguna. Ésta se formó en la época glacial, y se encuentra en un anfiteatro de montañas desde las que han caído grandes cantos, lo que proporciona una imagen primitiva; de hecho, Machado se inspiró aquí para escribir algunos de sus versos. La zona está bastante virgen, pues el **bar** (jun.-sept.) y el **área de picnic** quedan fuera de la vista, 3 km montaña abajo.

Los senderistas experimentados pueden hacer un ascenso tortuoso desde la laguna Negra a la **laguna de Urbión**, junto al límite de la comunidad de La Rioja ruta que pasa por un par de pequeños lagos de formación glacial. Otra opción menos agotadora consiste en tomar el camino largo, desde el pueblo de **Duruelo de la Sierra**, unos 20 km al oeste de Vinuesa.

LA RIOJA

La Rioja debe su nombre al río Oja, afluente del Tirón que a su vez fluye al Ebro hacia el noroeste de **Logroño**, la capital autonómica. En realidad es el Ebro el que riega las viñas que se cultivan en ambas orillas. Muchos de los mejores viñedos se encuentran en la orilla norte, en la provincia vasca de Álava; zona conocida como Rioja alavesa. Se recomienda buscar, sobre todo, los vinos descritos como reserva o gran reserva, y las grandes añadas del 1968, 1969 y 1970, aunque muchos creen que como los controles son más estrictos cada año, los vinos jóvenes son los mejores. El centro comercial vinícola de La Rioja es Haro, cercano a la capital. Destacan también **Nájera** y **Santo Domingo de Silos** (véase pág. 383), hitos esenciales en el Camino de Santiago, y **San Millán de la Cogolla** (véase pág. 376), cuna del castellano.

Logroño

LOGROÑO es una ciudad próspera y moderna, sin grandes monumentos, pero bastante agradable, con calles amplias y elegantes y plazas abiertas. Hay una zona antigua que se extiende hacia el río Ebro desde la **catedral de Santa María la Redonda**, en la que destacan sus torres gemelas. En este punto la ciudad se convierte en algo más que avenidas flanqueadas por tiendas y parques modernos, pues en las estrechas calles se respira un ambiente bullicioso.

Haya decidido o no alojarse aquí, el viajero probablemente pasará por Logroño en algún momento, pues se encuentra en el cruce natural entre Castilla, el País Vasco y Navarra, situación que ha estimulado el comercio y la industria ligera. Pero lo más importante aún: es el corazón de la **región vitivinícola de La Rioja**.

La ciudad

Antes de que el comercio y la industria vinícola llevaran la prosperidad a Logroño, éste fue un lugar importante durante unos 6 siglos debido al **Camino de Santiago**. De hecho, en casi todos los pueblos del camino hay una iglesia dedicada al santo; en Logroño, cerca del puente de hierro sobre el río Ebro, se eleva la de **Santiago el Real**, en estilo gótico del siglo XVI. En la parte alta del lado norte, sobre la entrada principal, se alza una enorme estatua ecuestre del siglo XVIII de estilo barroco; representa al santo en su papel de matamoros.

Otras iglesias interesantes de Logroño son **San Bartolomé**, que luce una tosca pero ricamente tallada puerta gótica, y **Santa María la Redonda** (todos los días, 8-13 h y 18-20.30 h). Esta última, ahora catedral, era en un principio una iglesia del gótico tardío con una majestuosa elevación que se extendía por ambos extremos en el siglo XVIII; la fachada con torres gemelas es un precioso ejemplo de estilo churrigueresco.

Además de las iglesias, se recomienda visitar el **Museo de La Rioja** (mar.-sáb., 10-14 h y 16-21 h; dom., 11.30-14 h; entrada gratuita). Situado en una mansión del siglo XVIII (cerca de la central de correos) expone una colección compuesta por dos conjuntos principales: arte religioso procedente de monasterios abandonados de la región, y pinturas del siglo XIX, del Prado y en préstamo permanente. Lo más impresionante se encuentra en el primer piso, e incluye *Las tablas de San Millán*, una serie de pinturas del siglo XIV muy bien conservadas, y una sala llena de notables esculturas de madera, de tamaño natural, creadas en 1597 por Pedro de Arbulo para el retablo mayor del monasterio de la Estrella. Merece la pena contemplar desde tan cerca y con tan buena iluminación esta clase de esculturas. En el segundo piso están las pinturas del Prado; la mayoría de ellas ganaron medallas en Exposiciones Nacionales de finales del siglo XIX.

Aspectos prácticos

El corazón de Logroño, los jardines del amplio **paseo del Espolón**, se encuentran a pocos minutos a pie desde la **estación de autobuses** (el visitante puede subir por la calle General Vara del Rey, y cruzar la Gran Vía) o desde la **estación de ferrocarril** (por la avenida de España y a la derecha desde la terminal de autobuses). La **oficina de turismo** se halla ahora en un edificio nuevo detrás de la calle General Vara del Rey, dentro de los jardines (lun.-sáb., 10-14 h y 16.30-19.30 h; dom., 10-14 h; ☎941 291 260).

En ella le pueden informar sobre interesantes excursiones por la comunidad, desde una visita al balneario de la población de **Arvedillo** (viniendo desde Zaragoza, pa-

372/*CASTILLA Y LEÓN Y LA RIOJA*

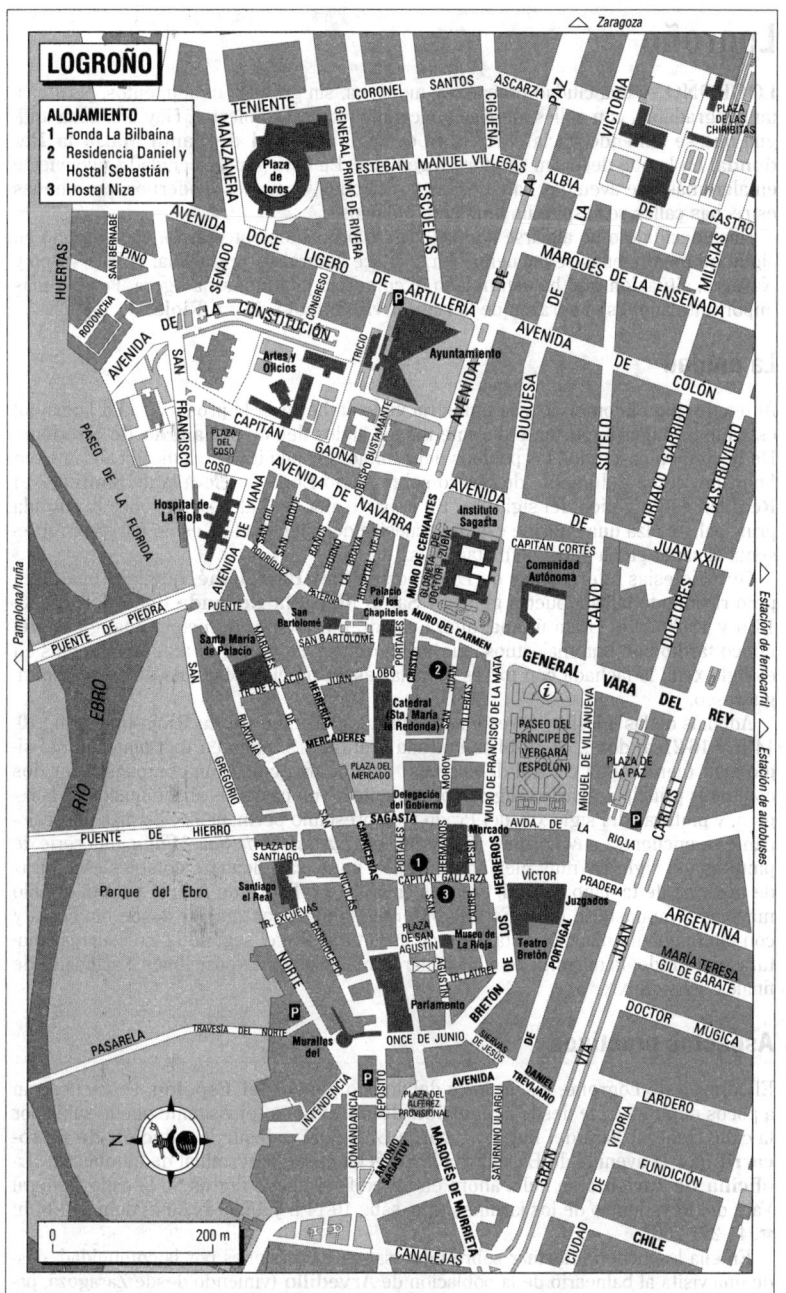

sado Calahorra) a un recorrido por los restos prehistóricos (huellas y huesos de dinosaurios) en diversos puntos de La Rioja.
La parte norte del paseo del Espolón marca el inicio del casco antiguo, donde están los bares y restaurantes más animados y el **alojamiento** más económico. En un mismo edificio en una bulliciosa calle, el viajero encontrará la *Residencia Daniel*, San Juan 21 (☎941 252 948; ②-③), y el *Hostal Sebastián* (☎941 242 800: ③), dos establecimientos excelentes y económicos, regentados por dos hermanas; pueden resultar ruidosos, sobre todo durante las fiestas de San Bernabé, a mediados de junio. También se recomienda la *Fonda La Bilbaína*, en Gallarza 10 (☎941 254 226; ②-③), que dispone de habitaciones con y sin baño. Si se prefiere más comodidad, se aconseja el *Hostal Niza*, Gallarza 13 (☎941 206 044; ⑤). El **cámping** local, *La Playa*, en avenida de la Playa (todo el año; ☎941 252 253), se halla a 1 km a las afueras de la ciudad, cruzando el río Ebro, y dispone de playa de arena junto al río; los campistas tienen entrada gratuita a un complejo cercano que tiene una enorme piscina exterior.
Una de las mejores zonas para comer es la calle San Juan, donde abundan los **bares de tapas**, entre ellos *Beronés* y *La Cueva*. Quizás el mejor restaurante de Logroño sea *Leitos*, Portales 30, donde el menú del día cuesta unas 2.000 pesetas; *Meridiana*, Marqués de San Nicolás 136, resulta algo más económico. Para tomar un bocadillo, o una comida rápida, que incluye empanadas y pastas, el viajero puede ir a *El Paraíso*, una **panadería** en San Agustín 27, cerca del Museo de La Rioja.

Haro

El principal centro productivo de La Rioja es **HARO**, una localidad atractiva situada 40 km al noroeste de Logroño. Además de la posibilidad de **probar vinos**, hay magníficos monumentos, como la iglesia renacentista de **Santo Tomás**, que se ve desde lejos, antes de llegar al lugar con su original torre. El barrio antiguo que la rodea tiene cierto atractivo; la **plaza de la Paz** se halla en el extremo inferior. Se trata de una plaza con balconadas de cristal cuyas mansiones dan a un viejo quiosco de música.
El mejor momento para visitar Haro es la última semana de junio, durante las fiestas de san Juan, san Félix y san Pedro. Todas las bodegas ofrecen vino en la plaza principal, para degustar y comprar a buen precio; asimismo suele haber conciertos al aire libre y hay desfiles de gente vestida de época sobre zancos gigantes. El punto culminante es la bulliciosa batalla del vino, el 29 de junio, cuando miles de personas suben a Riscos de Bilibio (una pequeña montaña cerca del pueblo) para empaparse de vino de la cabeza a los pies; si este ritual anual no se llevara a cabo, los Riscos pasarían por ley a la jurisdicción de Miranda de Ebro.

Aspectos prácticos

La **estación de ferrocarril** de Haro está a cierta distancia de la localidad. Para llegar al centro, el viajero tendrá que caminar colina abajo hasta la carretera principal; luego girar a la derecha y al llegar al puente (hay un cámping a la derecha) cruzarlo y subir por la colina. Los **autobuses** paran en la plaza Castañares, a 10 minutos del centro (siga la indicación «Centro», subiendo por calle La Ventilla). La **oficina de turismo** se halla en la plaza M. Florentino Rodríguez (lun.-sáb., 10-14 h y 16.30-19.30 h; dom., 10-14 h; ☎941 303 366).
Hay bastantes **alojamientos** económicos: *Pensión La Peña*, plaza de la Paz 17, 2.º (☎941 310 022; ③), dispone de habitaciones limpias, la mayoría de ellas con balcón que da a la plaza; se encuentran habitaciones más modernas (aunque no tan grandes) junto al *Bar-Restaurante Vega*, plaza Juan García Gatio 1 (☎941 312 205; ③). *El Maño*, en avenida de La Rioja 27 (☎941 310 229; ④), es muy cómodo. Si el viajero prefiere el

EL VINO DE LA RIOJA

El vino es la esencia de La Rioja; de hecho, pocas personas pasan por Haro sin comprar unas cuantas botellas. Para ello, hay que conocer cierto **vocabulario**, así el visitante sabrá qué compra: cosecha se refiere a vinos jóvenes en su primer o segundo año, que suelen tener un sabor fresco y afrutado; crianzas son los que se encuentran al menos en su tercer año, y han pasado como mínimo 1 año en barrica de roble y varios meses en botellas; reservas son los envejecidos durante 3 años y al menos 1 año en roble; gran reserva son vinos que han pasado como mínimo 2 años en barrica de roble y 3 años en botella. Entre las **buenas añadas** se incluyen las cosechas de los años 1975, 1978, 1981, 1982, 1991, 1994 y 1995.

El lugar más conveniente **para comprar** vinos es Mi bodega, en Santo Tomás 13 (junto a la plaza de la Paz), cuyas oscuras instalaciones almacenan una gran selección a precios de bodega; un establecimiento similar es El Rincón de Quintín, cerca de la estación de autobuses. El visitante conseguirá buenas crianzas por unas 500 pesetas y reservas por unas 800 pesetas. Las propias bodegas, la mayoría de las cuales se encuentran por la zona de la estación, son reticentes a abrir sus puertas a menos que se vaya en grupo; la mejor opción es unirse a una visita organizada por la oficina de turismo, o preguntar en el cámping (véase más abajo) para ir en grupo. Si esto falla, pasee por las entradas, dando impresión de interés pero no de excesiva sed. Entre las más famosas destacan las Bodegas Bilbaínas, CVNE y Muga. Si el viajero quiere saber más sobre la producción de vino, el **Museo del Vino**, de gran tecnología, (mar.-sáb., 10-14 h; 300 pesetas; miér., entrada gratuita), en la Estación Enológica calle Bretón de los Herreros detrás de la estación de autobuses, muestra exposiciones detalladas y muy complejas sobre los procesos implicados, pero no se ofrecen degustaciones.

lujo, puede ir a *Los Agustinos*, un hotel soberbio situado en un antiguo monasterio agustino, en San Agustín 2 (☎941 311 308; fax 941 303 148; ⑦). Asimismo encontrará un **cámping** excelente (todo el año; ☎941 312 737), junto al río debajo de la localidad; dispone de bar y los visitantes pueden nadar en el río o la piscina cercana.

Incluso el más sencillo menú del día se transforma ante una botella de rioja, y el visitante puede tomar más vino —muy barato— en los numerosos **bares** situados entre el ayuntamiento y la iglesia de Santo Tomás. Los mejores **restaurantes** son *Beethoven*, Santo Tomás 5 (lun. noche, jue., 1-15 jul. y dic., cerrado; ☎941 311 181), y *Terete*, General Franco 26 (dom. noche y lun., cerrado; ☎941 310 023); el precio en ambos no es muy caro y la cocina buena.

EL CAMINO DE SANTIAGO: DE LOGROÑO A LEÓN

Esta parte del capítulo se ha dispuesto en dirección este-oeste, siguiendo aproximadamente el **Camino de Santiago**, la gran ruta de peregrinación hacia el sepulcro de Santiago en Compostela (véase pág. 515); tiene muchas variantes pero su punto más popular de entrada a España era —y aún es— a través del paso de Roncesvalles en los Pirineos. Desde allí el viejo camino se extiende hacia el sur por Navarra en dirección a Logroño y después al oeste atravesando Castilla por las ciudades catedralicias de **Burgos** y **León**. Éstos son los grandes monumentos arquitectónicos, aunque cada uno de los pequeños pueblos por los que pasan los peregrinos ofrecen algún tesoro o resto, ya sea un puente, una iglesia románica o estatua del santo. Los peregrinos no comprometidos pueden alcanzar los puntos fundamentales de la ruta en automóvil, autobús o, a veces, en tren.

Estas tierras están dividida entre dos comunidades: en el este se encuentra **La Rioja**, con su centro comercial vinícola en **Haro**; hacia el oeste se halla el antiguo reino de **León**, cuyo extremo norte se extiende hasta Asturias en las montañas de los Picos de Europa (véase pág. 478).

La ruta desde Logroño hacia el oeste

Desde Logroño el **Camino de Santiago** cruza Santo Domingo de la Calzada y el norte de Castilla —un camino largo y recto hacia Burgos, León y Astorga— antes de adentrarse por las montañas hacia Galicia.

Nájera

El primer pueblo de importancia al oeste de Logroño es **NÁJERA**, situado bajo una formación rocosa rosada; destaca su monasterio gótico, **Santa María la Real** (todos los días, 9.30-12.30 h y 16-19.30 h; 100 pesetas). Dentro se encuentra un panteón real de antiguos monarcas de Castilla, León y Navarra, una serie de sarcófagos y estatuas. Lo mejor es el claustro, de piedra rosada y elaborada tracería, más cercana al estilo manuelino de Portugal que a otro en España. No hay más puntos de interés, pero sí una serie de restaurantes baratos, un **hostal**, *San Fernando* (☎941 363 700; fax 941 363 399; ⑤), y una fonda para atender a los peregrinos.

Santo Domingo de la Calzada

A 46 km de Logroño se halla **SANTO DOMINGO DE LA CALZADA**, que debe su existencia a la peregrinación. Se llama así por un santo que se instaló allí en el siglo XI y dedicó su vida a atender a los viajeros, pues pavimentó las calles, cuidaba a los enfermos y creó puentes (de ahí el nombre de Calzada).

Hoy en día es un lugar sin demasiado atractivo, aunque la **calzada** del santo aún existe en el extremo de la ciudad, en la carretera de Burgos. Su tumba se encuentra en la cripta de la **catedral** (lun.-sáb., 10-18.30 h; 250 pesetas); destaca su torre barroca independiente. En una época Santo Domingo era una ciudad fortificada (aún se pueden ver fragmentos de las murallas) y el gran pórtico oeste de la catedral servía como fortaleza. El interior evoca cómo debían de ser las catedrales medievales, con un coro, tumbas, rejas, y un par de pollos enjaulados. Éstos se guardan en memoria de una leyenda popular que se cuenta en España y Portugal. Se dice que un joven peregrino alemán se resistió ante las insinuaciones de la hija de un posadero, que «quería yacer carnalmente con él». Entonces ella se vengó acusándolo de robo, por lo que fue ahorcado. Pero lo mantuvo vivo la milagrosa intervención de Santo Domingo, ante la incredulidad del juez del lugar, que estaba comiendo un asado. «Está tan muerto como estos pollos», dijo el juez; en aquel momento los pollos mostraron su desacuerdo y volaron de la mesa.

Al lado de la catedral se alza el **hospicio de peregrinos**, convertido ahora en parador (véase pág. siguiente) y varias **mansiones** renacentistas.

Aspectos prácticos

Hay una **oficina de turismo** en la Casa de Cultura, Mayor 70 (jul.-sept., lun.-sáb., 10-14 h y 16.30-19.30 h; dom., 10-14 h; ☎941 341 230). El mejor **alojamiento económico** es el que ofrece el *Bar Albert*, plaza Hermosilla 6, detrás de la parada de autobuses (☎941 340 827; ②). Entre otras opciones, destacan el *Hostal Río*, Etchegoyen 2 (☎941 340 085; ③), *Hostal Santa Teresita*, mayor y más cómodo, en Pinar 2 (☎941 340 700;

fax 941 343 304; ④), y el fabuloso parador, en plaza del Santo, junto a la catedral (☎941 340 300; fax 941 340 325; ⑦), donde se puede comer también de forma magnífica, aunque cara. Para **comer**, se recomienda *Bar Albert* y *El Vasco*, en avenida Rey Juan Carlos 17, ya que ofrecen buenos menús económicos. *Mumm*, Madrid 5, es un agradable mesón con terraza de verano; al lado se encuentra la *Discoteca Royal*, y enfrente *Liv*, los dos locales de **vida nocturna** del lugar. Cinco **autobuses** diarios parten hacia Burgos; el viajero también puede dirigirse hacia el País Vasco, en el norte, o la costa.

San Millán de la Cogolla

Si se hace una ruta de Nájera a Santo Domingo de la Calzada, es posible recorrer una carretera secundaria que transcurre por debajo de la carretera nacional, para pasar por el encantador pueblo de **San Millán de la Cogolla**.

San Millán nació alrededor de los monasterios de **Suso**, en su parte superior y obra del siglo X, y de **Yuso**, en la inferior y construido entre los siglos XVI-XVIII. El contraste entre ambos edificios no puede ser mayor, románico y mozárabe el primero, y renacentista y rococó el segundo. Ambos son edificios para visitar y contienen sus propios «tesoros»: en Suso se encuentra la tumba de Gonzalo de Berceo, mientras Yuso alberga las llamadas *Glosas Emilianenses*, comentando una obra de san Agustín, redactadas en el siglo X, que constituyen el texto más antiguo escrito en lengua castellana.

Burgos

BURGOS fue durante 500 años capital de Castilla La Vieja; de hecho, el casco antiguo y el castillo de piedra oscura recuerdan aquella época de poder y fortaleza militar. Patria del Cid en el siglo XI, 2 siglos después fue la base de Fernando III el Santo, que reconquistó Murcia, Córdoba y Sevilla. Este rey mandó construir la famosa **catedral** gótica de la ciudad, una de las mejores de España, aunque parece compartir la solemnidad de la historia de la ciudad.

Asimismo, Burgos tiene connotaciones militares, ya que allí hay cuarteles militares desde la Guerra Civil, cuando Franco estableció su gobierno de manera temporal en este lugar. Además, gran parte de la expansión e industria moderna de la ciudad se debe a los Planes de Desarrollo de la época franquista, cuyo objetivo era dotar a Castilla de industrias para que no estuviera concentrada únicamente en el País Vasco y Cataluña.

El mejor momento para visitar Burgos es durante **El Curpillos**, que se celebra el día después de Corpus, y durante las 2 semanas de la **fiesta de San Pedro**, cuando desfilan gigantillos por las calles, hay corridas de toros y las fiestas duran toda la noche.

Llegada, orientación e información

La orientación en Burgos no podría ser más sencilla ya que la catedral se ve desde cualquier punto. El río Arlanzón divide la ciudad y delimita los barrios antiguos. El principal puente peatonal es el de **Santa María**, el más cercano a la catedral frente a la puerta de igual nombre. En la «orilla nueva» del río, este puente se abre a la plaza de Vega y calle Madrid, la zona principal de bares, restaurantes y hostales.

La **estación de autobuses** está en el mismo centro de Burgos, en Miranda 4; la **estación de ferrocarril** se encuentra muy cerca, al fondo de la avenida Conde de Guadalhorce. La **oficina de turismo** (lun.-vier., 9-14 h y 17-19 h; sáb.-dom., 10-14 h y 17-20 h;☎947 203 125) se halla en la plaza Alonso Martínez 7, girando de lado de la catedral y subiendo por calle Laín Calvo; también existe una pequeña oficina regional (lun.-sáb., 10-14 h y 17.30-20.30 h; dom., 12-14 h) en Asunción de Nuestra Señora, cerca de la catedral.

Alojamiento

A menudo resulta difícil encontrar **habitación**, sobre todo a finales de junio y julio; además, a lo largo del curso universitario muchas de las pensiones más económicas están llenas de estudiantes, por lo que se recomienda telefonear con antelación. La mejor zona para buscar un alojamiento económico es alrededor de la plaza de la Vega, y cualquiera de las calles que salen de la estación de autobuses, hasta la calle San Pablo. El viajero encontrará bastantes hoteles elegantes y de categoría superior en la ciudad, además de uno de los lugares más lujosos de la región, a la salida de Burgos en la carretera hacia Madrid.

Los auténticos peregrinos que puedan probar tal condición, disponen de habitación gratuita en un nuevo **refugio**, el *Albergue Municipal del Peregrino*, en el Colegio San Lorenzo, paseo Fuentecillas, cerca del río al oeste de la ciudad. Debería notificarse primero en la oficina de turismo, en Alonso Martínez.

Opciones económicas

Pensión Arribas, Defensores de Oviedo 6 (☎947 266 292). Una de las pensiones más económicas y de confianza de la ciudad; situada cerca de la estación de autobuses. ②

Pensión Dallás, plaza de la Vega 6 (☎947 205 457). Habitaciones correctas; pensión situada junto a la orilla del río. ③

Residencia Juvenil Gil de Siloé, avenida General Vigón (☎947 220 362). En este albergue juvenil se puede comer. Para llegar allí el viajero tendrá que caminar a lo largo de la avenida General Yagüe hasta la plaza de Bilbao y luego girar a la izquierda; el hostal se encuentra unos 10 m más arriba. Jul.-sept. ①

Hostal Hidalgo, Almirante Bonifaz 14 (☎947 203 481). Habitaciones grandes y amplias con un ambiente muy agradable. ③

Pensión Paloma, Paloma 39 (☎947 276 574). Acogedora y limpia, cerca de la catedral. ③

Pensión Peña, Puebla 18 (☎947 206 323). Esta acogedora y recién reformada pensión dispone de habitaciones con una excelente relación calidad-precio; lugar tranquilo pero céntrico. ②

Opciones moderadas y caras

Mesón del Cid, plaza de Santa María 8 (☎947 208 715; fax 947 269 460). Frente a la catedral; el mejor hotel del centro de la ciudad, situado en un precioso edificio antiguo. Dispone de aparcamiento propio. ⑦

Hotel Conde de Miranda, Miranda 4 (☎947 265 267; fax 947 291 028). Habitaciones elegantes y cómodas (aunque bastante caras); situado cerca de la estación de autobuses. ⑤

Hotel Cordón, Puebla 6 (☎947 265 000; fax 947 200 269). Hotel elegante en un bonito edificio con balcones acristalados; recientemente reformado. ⑥

Landa Palace, carretera Madrid-Irún (☎947 206 343; fax 947 264 676). Hotel fabuloso pero caro. Situado en una torre medieval, a las afueras de la ciudad en la carretera hacia Madrid; amueblado con antigüedades. Su restaurante goza de gran prestigio. ⑧

Hostal Lar, Cardenal Benlloch 1 (☎947 209 655). Hostal acogedor regentado por una familia; todas las habitaciones disponen de baño, televisor y teléfono. ④

Hostal Manjón, Conde Jornada 1 (☎947 208 689). Limpio y cómodo, cerca del río; algunas habitaciones disponen de baño. ③-④

378/*CASTILLA Y LEÓN Y LA RIOJA*

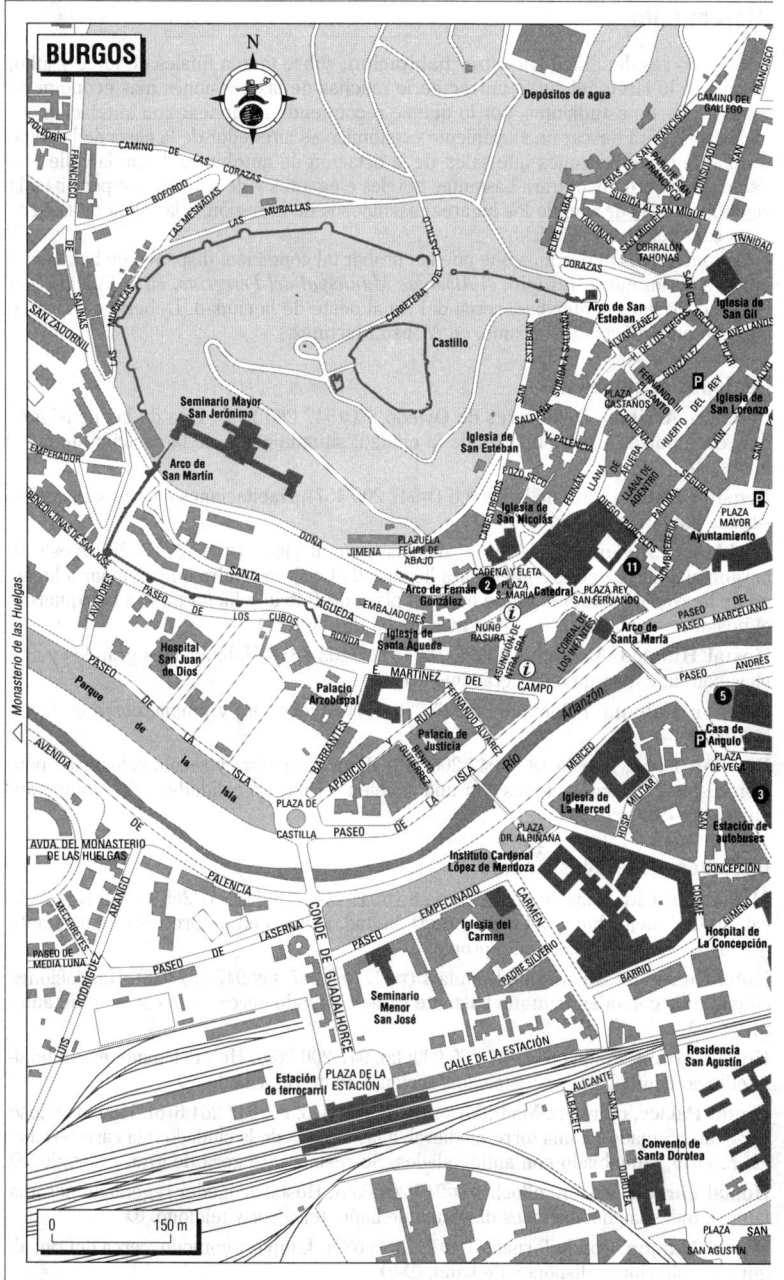

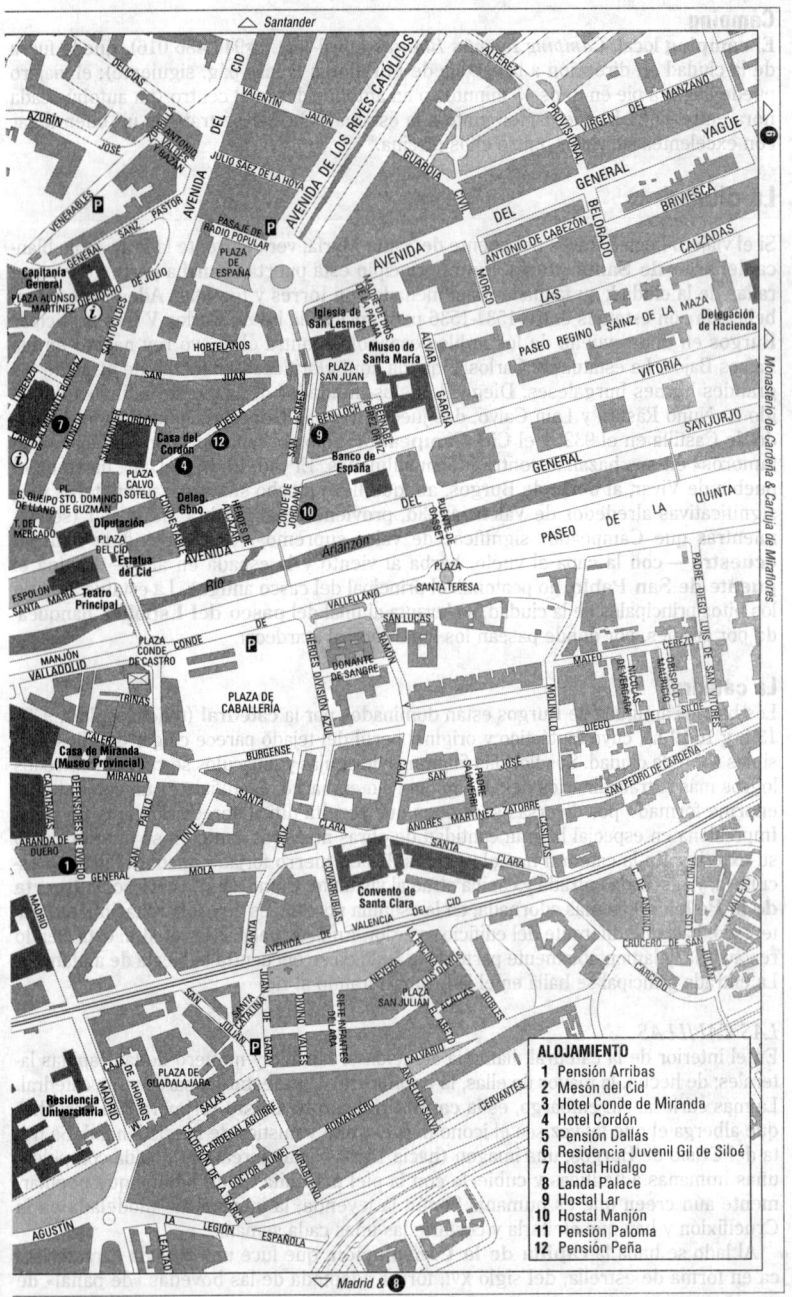

BURGOS/379

ALOJAMIENTO
1 Pensión Arribas
2 Mesón del Cid
3 Hotel Conde de Miranda
4 Hotel Cordón
5 Pensión Dallás
6 Residencia Juvenil Gil de Siloé
7 Hostal Hidalgo
8 Landa Palace
9 Hostal Lar
10 Hostal Manjón
11 Pensión Paloma
12 Pensión Peña

Cámping

El **cámping** local, *Cámping Fuentes Blancas* (abril-sept.; ☎947 486 016), queda fuera de la ciudad en dirección a la cartuja de Miraflores (véase pág. siguiente); el viajero puede llegar a pie en unos 45 minutos o en autobús desde el centro (un autobús cada hora entre 11-21 h, que parten junto a la estatua del Cid); se trata de un buen lugar con excelentes servicios, entre ellos piscina.

La ciudad

Si el viajero llega a través del puente de Santa María, verá enfrente la gran mole blanca del **arco de Santa María**. En un principio esta puerta formaba parte de las murallas de la ciudad; su fachada era almenada con torres y torretas. Además, fue embellecida con estatuas entre 1534-1536 para aplacar la ira de Carlos V tras participar Burgos en una revuelta de los nobles españoles contra el nuevo rey nacido en los Países Bajos. La estatua de Carlos V queda aquí glorificada en medio de otras de los grandes héroes burgaleses: Diego Porcelos, fundador de la ciudad a finales del siglo IX; Nuño Rasura y Laín Calvo, dos jueces; Fernán González, fundador del condado de Castilla en el 932; y el **Cid Campeador**, sólo sobrepasado por Santiago «Matamoros» en sus hazañas contra los musulmanes. El Cid, Rodrigo Díaz, nació en el pueblo de Vivar, al norte de Burgos, aunque llevó a cabo sus proezas militares más significativas alrededor de Valencia; Cid, proviene de la palabra árabe *sidi* (señor) mientras que Campeador significa «de valor supremo». Una espléndida **estatua ecuestre** —con la capa al vuelo, barba al viento y la espada en alto— domina el **puente de San Pablo**, no peatonal, el principal del casco antiguo. La estatua, uno de los hitos principales de la ciudad, se levanta al final del **paseo del Espolón**, flanqueado por árboles, por donde pasean los lugareños al atardecer.

La catedral

Los barrios antiguos de Burgos están dominados por la **catedral** (todos los días, 9.30-13 h y 16-19 h), cuyo fantástico y original perfil del tejado parece colgar de hilos invisibles sobre la ciudad. Sus floridas filigranas de agujas y pináculos se cuentan entre los logros más extraordinarios del arte gótico; sin embargo, el edificio es un conjunto tan enorme formado por diversas secciones que resulta difícil apreciarlo como un todo. Impresiona en especial la gran cantidad de obras maestras, tanto en su interior como su exterior. En la catedral hay obras notables en hierro forjado, madera tallada y escultura, y casi cada entrada y capilla atrae al visitante. Como apunte curioso, la **Puerta de la Pellejería**, la más adornada, en la esquina noreste, es de estilo renacimiento-plateresco, bastante diferente del edificio exterior. En la actualidad la catedral está siendo restaurada, y lamentablemente parte de la fachada se encuentra cubierta de andamios. La entrada principal se halla en el lado sur, mirando al río.

LAS CAPILLAS
En el interior de la catedral, llama la atención el tamaño y número de las capillas laterales; de hecho, la mayor de ellas, la **capilla del Condestable**, parece una catedral. La más curiosa, sin embargo, es la **capilla del Santo Cristo** (primera a la derecha) que alberga el que tal vez sea el icono más extraño y místico de la cristiandad. Se trata del Cristo de Burgos, una imagen (hacia 1300) bastante realista, dotada con pelo y uñas humanas auténticas y cubierta con la piel marchita de un búfalo, que popularmente aún creen que es humana. Según la leyenda, la imagen fue modelada en la Crucifixión y hay que afeitarla y cortarle las uñas cada semana.

Al lado se halla la **capilla de la Consolación**, que luce una bóveda característica en forma de estrella, del siglo XVI, forma adaptada de las bóvedas «de panal» de

Granada. Pueden observarse influencias similares en la cúpula central de la catedral (1568), con reflejos dorados y azules, apoyada sobre cuatro sólidos pilares que se apoyan en contrafuertes bastante delicados, un lugar adecuado para la **tumba del Cid**, indicado por una sencilla losa en el suelo.

La suntuosa **capilla del Condestable**, octogonal, detrás del altar mayor, tiene asimismo una soberbia bóveda en forma de estrella. Allí el techo está diseñado en forma de dos estrellas de ocho puntas, una dentro de la otra. La capilla, que luce tracería de piedra, fue fundada en 1482 por Fernández de Velasco, condestable de Castilla, cuya tumba de mármol se encuentra ante el altar; el arquitecto fue Simón de Colonia. Entre 1442-1458, su padre, Hans (castellanizado como Juan), había construido las agujas de la fachada oeste, tal vez basándose en las proyectadas para la catedral de su ciudad natal, Colonia. En la tercera generación, Francisco de Colonia construyó la cúpula central y la Puerta de la Pellejería. Otra saga de artistas fue la formada por Gil y Diego de Siloé, el primero procedente de Flandes, aunque su hijo nació y se crió en España. Gil trabajó en el retablo de la capilla de Santa Ana (segunda a la izquierda), mientras que la obra maestra de Diego, uno de los logros supremos de la catedral, es la **Escalera Dorada**, una escalinata doble en el crucero norte. Para entrar en algunas de estas capillas más pequeñas, el visitante tendrá que comprar una entrada para el tesoro (400 pesetas), que también permite visitar los claustros, el museo diocesano de su interior, y el **coro**, en el centro de la catedral, desde donde se contempla mejor la cúpula.

San Nicolás y San Esteban
Sobre la plaza, frente a la catedral, se levanta la iglesia de **San Nicolás**, del siglo XV. En su interior se halla un retablo de Francisco de Colonia, quizás el más rico en la ciudad. Al lado de San Nicolás, la calle Pozo Seco va hacia la **iglesia de San Esteban**, del gótico primitivo, que ahora es un museo.

El monasterio de las Huelgas y la cartuja de Miraflores
Inevitablemente, las iglesias menores de Burgos siempre quedan eclipsadas por la catedral, pero en los alrededores hay dos monasterios impresionantes. El más cercano, **el monasterio cisterciense de las Huelgas** (abril-sept., mar.-sáb., 10.30-13.15 h y 15.30-17.45 h; dom., 10.30-14.15 h; oct-marzo, mar.-sáb., 11-13.15 h y 16-17.45 h; dom., 10.30-14.15 h; 700 pesetas; miér., entrada gratuita) destaca por la riqueza de su artesanía mudéjar. Se encuentra en la «orilla nueva» del río, a unos 20 minutos caminando desde el centro de la ciudad; para llegar, el viajero tendrá que cruzar el puente de Santa María, girar a la derecha y seguir las indicaciones a lo largo de la orilla del río. Fundado en 1187 como futuro mausoleo de Alfonso VIII y Leonor de Aquitania, hija de Enrique II de Inglaterra, se convirtió en uno de los conventos más importantes de España. Se decía que «¡si el Papa hubiera de casarse, sólo la abadesa de las Huelgas podría ser la elegida!». En la **iglesia** principal, donde hay un retablo churrigueresco, se encuentran las tumbas de 16 monarcas y nobles castellanos. El de la infanta Blanca (fallecida en 1325), hija de Alfonso III de Portugal, está primorosamente labrado con la insignia heráldica rodeada de motivos árabes. Dentro de las tumbas se hallaron bordados, joyas y armas de valor incalculable y un esplendor acorde con la realeza; los objetos se muestran en un pequeño museo.

El punto más interesante del convento es el **claustro** gótico-mudéjar. Allí se pueden ver las estrellas de ocho puntas, junto a curiosos diseños de pavos reales, pájaro sagrado para los árabes. La **capilla de Santiago**, que recuerda que las Huelgas se erigió en la ruta de los peregrinos, también luce un delicado techo mudéjar y arcos de herradura. La imagen de culto de Santiago tiene un brazo articulado, que le permitía armar Caballeros de la Orden de Santiago (lema: «La espada está roja por la sangre del Islam») y en ocasiones incluso coronar reyes.

Del convento dependía el cercano Hospital del Rey, donde se proporcionaba comida y refugio gratuito durante 2 noches. En la actualidad está muy dejado, aunque los pórticos merecen una visita.

La **cartuja de Miraflores** (lun.-sáb., 10.15-15 h y 16-18 h; dom., 11.20-12.30 h y 16-18 h; entrada gratuita) es famosa por tres obras maestras de Gil de Siloé. Los edificios funcionan aún como monasterio y la mayoría de ellos permanecen cerrados, aunque el viajero podrá visitar la **iglesia**, construida entre 1454-1488 por Juan y Simón de Colonia. Según la práctica cartuja, está dividida en tres partes: para el público, los hermanos legos y los monjes. Frente al altar mayor se encuentra la tumba en forma de estrella de Juan II e Isabel de Portugal, de una perfección tal que Felipe II y Juan de Herrera tuvieron que admitir que «no logramos mucho con nuestro Escorial». Isabel la Católica, gran mecenas de las artes, la encargó a Gil de Siloé en 1489 como memorial para sus padres. El mismo escultor labró el enorme retablo, chapado con el primer oro que llegó de América. Su tercera obra maestra es la tumba del infante Alfonso, tras cuya muerte prematura (1468) Isabel accedió al trono de Castilla.

Miraflores se halla en un lugar retirado, a unos 4 km del centro; el viajero tendrá que girar a la izquierda desde el puente de Santa María por la calle Valladolid. Desde este punto la cartuja está señalizada. Hay un buen restaurante en un parque cercano. Un servicio de autobuses hace el recorrido los domingos pero vuelve cuando termina la misa, a la que asisten muchas personas; asimismo un autobús va al cámping cercano (véase pág. 380). A unos 10 km de Miraflores se encuentra el **monasterio de San Pedro de Cardeña** (200 pesetas; ☎947 290 033).

Comida y copas

El viajero encontrará numerosos **restaurantes** en Burgos que sirven los platos tradicionales, cordero asado y morcilla, pero también una variada oferta de otras especialidades; debido a su gran población estudiantil, abundan los **bares**.

Restaurantes, cafés y bares de tapas

Café-Bar Luz, plaza de la Vega 3. Café con terraza veraniega donde puede tomar chocolate con bizcochos y otras exquisiteces mientras deja pasar el tiempo.

Casa Ojeda, Vitoria 5. Una buena opción algo cara; elegante restaurante en el piso superior, un comedor menos caro abajo, y tapas en el bar.

Gaona, Virgen de la Paloma. Restaurante español de categoría, muy cerca de la catedral.

Marisquería Bringas, Laín Clavo 50. Restaurante muy bueno para tomar pescado si ya está harto de los asados y la cocina castellana.

Mesón el Avellano, calle Avellanos. Uno de los excelentes bares de tapas en esta calle animada.

Prego, calle Huerto del Rey. Comida italiana algo cara.

Vida nocturna

En Burgos hay un ambiente bullicioso en los bares y cafés, sobre todo los fines de semana. La vida nocturna depende de la hora; la animación empieza en los **bares** de las calles San Juan, Laín Calvo, Huerto del Rey y San Lorenzo a primeras horas de la noche y continúa hacia la zona peatonal a los pies de la catedral a partir de las 22 h. Allí el visitante puede ir a *El Oliver* o *Casco Viejo*, que sirven buenas tapas, en calle Llana de Afuera; en Llana de Adentro (un pequeño patio al que se accede por el pasaje junto a *Casco Viejo*) se encuentran *El Rincón, Espadería* y *La Nuit*. Después de las 3 h hay que ir a los **clubes**, en el distrito nuevo de Bernardos, en torno a la calle Las Calzadas y avenida General Yagüe. En muchos locales tocan rock y heavy metal pa-

sado de moda, pero se recomienda dos establecimientos con ambiente más tranquilo y suave música de jazz: el *Café La Cábala*, Puebla 7, y, de nuevo de vuelta a la catedral, *Café de España*, Laín Calvo 12.

Direcciones prácticas

Alquiler de automóviles Díaz Espartosa, avenida General Vigón 52 (☎947 223 803); Europcar, Santa Clara 32 (☎947 273 745); y Hertz, General Mola 5 (☎947 201 675).

Correos La central de correos está en la plaza Conde de Castro, junto al puente San Pablo.

Información de autobuses ☎947 265 565.

Información de ferrocarriles ☎947 203 560.

Lavanderías Lavasec, plaza Santiago 4. Autoservicio.

Taxis Autotaxi (☎947 277 777) y Radio Taxi (☎947 481 010), ambas empresas ofrecen servicio las 24 horas.

Sureste de Burgos

Al sureste de Burgos, saliendo de la carretera de Soria, hay tres lugares que se recomienda visitar: el pueblo de **Covarrubias**, un tesoro medieval junto al río Arlanza; el gran monasterio de **Santo Domingo de Silos** y, en **Quintanilla de Viñas**, una pequeña iglesia visigótica y una ermita. Se trata de excursiones fáciles si el viajero dispone de vehículo propio. Si no, necesitará tiempo para tomar el autobús diario (a las 17 h) desde Burgos a Silos, pasando por Lerma. Los peregrinos, naturalmente, solían (y aún lo hacen) caminar hasta Silos como un desvío del camino.

Santo Domingo de Silos

La abadía benedictina de **SANTO DOMINGO DE SILOS** es uno de los monumentos cristianos de España más interesantes. Su característica principal es un enorme **claustro románico** de dos pisos del siglo XI (lun.-sáb., 10-13 h y 16-19 h; dom., 12-13 h y 16-19 h; 250 pesetas) cuya preciosa decoración escultórica es única en muchas formas. Sus características más notables son ocho **relieves**, casi de tamaño natural, en los pilares de las esquinas, entre ellos *Cristo camino de Emaús*; aparece vestido como peregrino de Santiago (con su concha), detalle que muestra que los peregrinos se desviaban de su ruta para ver la tumba de santo Domingo, el abad del siglo XI que da nombre al monasterio.

El mismo escultor realizó aproximadamente la mitad de los **capiteles**. Además de un famoso bestiario, incluye muchos motivos árabes, que dan lugar a especulaciones que incluso contemplan la posibilidad de que su autor fuera un escultor árabe. Cualquiera que sea la razón, es un ejemplo primitivo de la mezcla de las culturas árabe y cristiana, que continuó en el siglo XIV con la cúpula pintada mudéjar, que muestra escenas de pasatiempos diarios. Un escultor bastante diferente realizó los restantes capiteles, incluidos los dos que muestran historias de la Natividad y la Pasión en un espacio muy reducido. Un tercer maestro se encargó del pilar con la Anunciación y el Árbol de Jesé, que es casi gótico en su espíritu.

Las visitas al monasterio incluyen la entrada a la **farmacia** del siglo XVIII, reconstruida en una sala junto al claustro, y al **museo**, que expone el tímpano de la destruida iglesia románica.

La **iglesia** es bastante distinta; fue proyectada por el arquitecto académico del siglo XVIII Ventura Rodríguez. La anterior, de estilo románico, era demasiado oscura

EL CANTO GREGORIANO DE SANTO DOMINGO

En 1994, los monjes de Santo Domingo de Silos hicieron historia cuando su álbum *Canto Gregoriano* se convirtió en el gran éxito de ventas de las Navidades: se vendieron unos 6 millones de ejemplares. Los hermanos benedictinos llevaban años grabando discos, pero sólo cuando EMI los remasterizó digitalmente y los lanzó al mercado con una presentación elegante alcanzaron el estatus de las estrellas pop. Casi de la noche a la mañana se convirtieron en el centro de atención de los medios de comunicación y cientos de visitantes y *paparazzi* pululaban por el monasterio para ver a los monjes cantantes. Pero la historia tuvo su lado amargo, pues *Canto Gregoriano* fue utilizado en discotecas y, lo que es más perturbador, en películas pornográficas; además, se animaba a los clientes a comprar vulgares camisetas «tipo monje» (marrones en lugar del negro benedictino); el segundo álbum, *Canto Noel*, que EMI intentó que fuera otro éxito navideño contenía cantos de la liturgia de Pascua.

Hoy en día, las grabaciones continúan, los turistas acuden en grupos y el canto gregoriano ha arraigado en los gustos del consumidor (en 1996 los monjes de la abadía irlandesa de Glenstal alcanzaron los primeros puestos en las listas de los más vendidos en Irlanda). Otra cuestión es si Silos podrá mantenerse a la altura de sus nuevos competidores; hay poca vocación y los monjes que hay en la orden son cada vez más mayores. Pero mientras no se estropeen las cuerdas vocales de los hermanos, sus numerosos discos de oro colgarán durante años en su sofisticada sala de música.

para el gusto de la época; por fortuna, el tamaño y lo espacioso del claustro la salvaron de sufrir un destino similar. Los monjes están considerados como uno de los dos o tres mejores coros del mundo; por eso, merece la pena asistir a la misa de la mañana (a las 9 h) o incluso mejor, a la de vísperas, que suele empezar a las 19 h.

Alojarse en Silos

Los hombres pueden **alojarse** en el propio monasterio de Silos (☎947 380 768), si se ponen en contacto con el *padre hospedero* con antelación; prefieren que las personas se queden varios días. Las habitaciones individuales son cómodas, sirven buena comida y el precio es muy bajo (2.100 pesetas, noche). Asimismo hay establecimientos excelentes para alojarse en el pueblo: el recientemente mejorado *Hotel Arco de San Juan* en la Pradera de San Juan (☎ y fax 947 390 074; ⑤), muy cerca de la entrada al claustro, con un precioso jardín; el nuevo, limpio y bien amueblado *Hostal Cruces*, plaza Mayor (☎947 390 064; ④), ofrece buenas cenas; y el *Hotel Tres Coronas de Silos*, plaza Mayor 6 (☎947 390 047; fax 947 390 065; ⑥), una imponente casa de piedra que domina la plaza.

Las gargantas del Yecla

El paisaje alrededor de Silos es de los más variados de Castilla. Si el viajero pasea colina arriba contemplará excelentes vistas del pueblo y alrededores; a 2 km se encuentran las impresionantes **gargantas del Yecla**.

Para llegar hasta allí, el viajero tendrá que tomar la carretera de Burgos, en dirección oeste desde Silos, y girar a la izquierda por la primera carretera, muy poco después de salir del pueblo. Luego cruzar dos ríos, Mataviejas y Yecla. Unos cientos de metros después, un camino que sale hacia la izquierda pasa por una formación rocosa muy estrecha —el **Desfiladero del Yecla**— que era impracticable hasta que en la década de 1930 se construyeron una serie de pasos de madera y puentes de tablones. Se trata de un paseo espectacular, y se pueden observar las aves de presa volando en círculo.

Si continúa hacia el oeste desde la garganta en lugar de volver a Silos, podrá subir

hasta el pintoresco pueblo de la cumbre, **Hinojar de Cervera**, y descender por el otro lado (unos 2 km) hacia la **cueva de San García**. Es una pequeña cueva donde hay algunas muestras de arte prehistórico, aunque están borrosas.

Covarrubias

El pequeño pueblo de **COVARRUBIAS**, muy bien conservado, se encuentra unos 20 km al norte de Silos, en la C-110 entre Lerma y la carretera Burgos-Soria. El pueblo es todo él interesante, pues muchas de sus casas blancas tienen entramado de madera, con umbrosas arcadas; además, aún se mantienen en pie restos de las fortificaciones, entre ellas una torre del siglo X. La **Colegiata** (lun. y miér.-dom., 10.30-14 h y 16-19 h; 250 pesetas) parece sencilla desde el exterior, pero su interior sorprende; dentro se encuentra el vestíbulo de una iglesia, de estilo gótico tardío, lleno de tumbas, lo que proporciona una idea del antiguo esplendor de este lugar. El órgano es un asombroso instrumento del siglo XVII, todavía en buenas condiciones, aunque tal vez el visitante tendrá que contentarse con oír una grabación. En el museo se exponen varias pinturas de calidad, pero la pieza principal es un tríptico cuya sección central, una talla policromada de la *Adoración de los Magos*, se atribuye a Gil de Siloé.

Apenas hay **transporte público**; de hecho, ningún autobús cubre el servicio entre Covarrubias y Silos. No obstante, el viajero podrá ver ambas localidades en 1 día haciendo el recorrido a pie; la alternativa es ir directamente en un autobús diario que sale de Burgos. Si tiene intención de quedarse en Covarrubias, debe saber que aparte del caro (pero excelente) *Hotel Arlanza*, plaza Mayor 11 (☎947 406 441; fax 947 406 359; ⑥), la única posibilidad se alojarse en las habitaciones situadas sobre el restaurante *Casa Galín* (☎947 406 552; ③), también el mejor establecimiento para **comer**.

Quintanilla

Un monumento asimismo importante, esta vez una curiosa reliquia visigótica, se halla en **QUINTANILLA DE LAS VIÑAS**, a unos 4 km de Mazariegos, en la carretera principal Burgos-Soria, unos 40 km al sureste de Burgos. Las señalizaciones que indican «Turismo» llevan a una casa donde vive el guarda de la **ermita de Santa María**; si no está allí, tal vez se encuentre en la ermita, 1 km más al norte. Se trata de un edificio sencillo, del que sólo quedan el crucero y el presbiterio. Data de alrededor del 700, y destaca por su serie de esculturas únicas: en el exterior hay frisos delicadamente tallados, y en el interior un arco triunfal con capiteles que representan el sol y la luna, y las que se cree que son las primeras representaciones de Cristo y de la Virgen en el arte español.

De Burgos a León

La ruta de los peregrinos en dirección oeste desde Burgos a León es una de las zonas más interesantes en cuanto al arte y la arquitectura. La N-120 entre ambas ciudades pasa por **Carrión de los Condes** y **Sahagún**, y las demás paradas del Camino están en pequeños desvíos de la ruta principal.

Frómista

FRÓMISTA era la siguiente parada importante en la peregrinación después de Burgos. Hoy en día el pueblo ha decaído mucho; de hecho, sólo tiene una pequeña parte de los habitantes que tuvo en una época. Destaca un monumento, la hermosa **iglesia de San Martín**, ahora desconsagrada, que en su origen formaba parte de

una abadía que ya no existe (todos los días, 10-14 h y 16.30-20 h; invierno, 10-14 h y 15-18.30 h; entrada gratuita). Representaciones talladas de monstruos, figuras humanas y animales rodean la iglesia que fue construida en 1066 en un estilo románico inusualmente puro en España, sin adiciones posteriores. En realidad, lo que el viajero podrá ver es el resultado de una restauración de principios del siglo XX, que tal vez fue excesiva, aunque le gustará. Su belleza se intensifica por el hecho de carecer de mobiliario; no hay elementos que distraigan al contemplar el conjunto arquitectónico, y la única nota de color proviene de dos estatuas gemelas de madera, de san Martín y Santiago. La otra iglesia asociada con el peregrinaje, **Santa María**, está cerca de la estación, pero permanece cerrada.

Si el viajero quiere **alojarse** aquí, hay dos establecimientos cómodos, *Pensión Camino de Santiago* (☎988 810 053; ③), en la plaza, carretera en dirección Santander, y *Pensión Marisa* (☎988 810 023; ③), detrás de San Martín. Esta última ofrece un menú de mediodía muy popular. La *Hostería de Los Palmeros*, plaza Mayor (☎988 810 067), era un hostal medieval de peregrinos, que ahora se ha convertido en un excelente restaurante. La **oficina de turismo** (verano, todos los días, 10-14 h y 16.30-20 h; ☎979 810 113) se halla en el cruce del centro de la localidad, donde paran los **autobuses**. Frómista está unida con Burgos por un servicio diario de autobús, aunque se llega más fácilmente desde Palencia, pues se encuentra en la línea ferroviaria Palencia-Santander.

Villalcázar de Sirga

A 13 km de Frómista está **VILLALCÁZAR DE SIRGA**, notable por una **iglesia** construida por los caballeros templarios; desde lejos destaca su tamaño, en comparación con el del pueblo, aunque al principio su aspecto fortificado era aún más marcado. Aquí el estilo gótico empieza a afirmarse sobre el románico, como se observa en las figuras esculpidas en los dos pórticos y los elegantes arcos ojivales. En la **capilla de Santiago** hay tres tumbas polícromas, entre las más conseguidas de su estilo, de la misma época que el edificio. Si la iglesia está cerrada (como suele suceder), el viajero tendrá que seguir por la calle que sale a la izquierda de la fachada y girar a la izquierda en la esquina; la casa del sacristán es el primer edificio de ladrillo a la derecha.

En la plaza verá algunas casas medievales; una de ellas ha sido convertida en un excelente **restaurante**, *El Mesón de Villasirga*. No obstante, no hay alojamiento; por ello tal vez la mejor forma de visitar la localidad sea como excursión de 1 día desde Carrión de los Condes, a 5 km.

Carrión de los Condes

El ambiente tranquilo y polvoriento de **CARRIÓN DE LOS CONDES** no tiene mucho que ver con su pasado. Según se cuenta, éste es el lugar donde antes de la Reconquista los cristianos tenían que entregar todos los años 100 doncellas a los señores árabes, escena que se representa en el pórtico de **Santa María** (situada en el extremo del pueblo, donde paran los autobuses). Sin embargo, si el visitante quiere admirar esculturas magníficas, puede observar la entrada de la **iglesia de Santiago**, en el centro del pueblo, que da a la plaza Mayor. El paso del tiempo no la ha tratado bien: incendiada en el siglo XIX, fue reconstruida y ahora está algo dejada. El friso superior revela su deuda con el arte clásico, pero las tallas sobre la puerta, que representan los oficios y profesiones de la Edad Media, son mejores. El tercer monumento en importancia es el claustro plateresco del **monasterio de San Zoilo**, situado junto al puente del siglo XVI; en una sala lateral junto al claustro se hallan las tumbas de los condes de Carrión, de ahí el nombre del pueblo. Las monjas de **Santa Clara** han abierto un pequeño **museo** (abril-sept., mar.-dom., 10.30-12.30 h y 17-19 h; oct.-marzo, mar.-dom.,

10.30-12.30 h y 16-18 h; 15 oct.-15 nov., cerrado) que expone una colección moderadamente interesante, que incluye uno de los órganos más antiguos de España; aunque su principal obra de arte, la espectacular *Pietà* de Gregorio Fernández, está en la iglesia, que sólo abre para la misa de primera hora de la mañana.

En cuanto a **alojamiento**, el *Hostal La Corte*, Santa María 34 (☎979 880 138; ③), presenta una buena relación calidad-precio, y tiene un **restaurante** económico excelente. Otro restaurante, *El Resbalón*, en calle Marqués de Santillana, dispone asimismo de habitaciones (☎979 880 433; ②). El mejor establecimiento es, sin duda, el espléndido *Hotel Real Monasterio San Zoilo* (☎979 880 049; fax 979 881 090; ⑤); se encuentra en una parte del monasterio recientemente renovado. Hay mucho sitio para **acampar** (no de manera legal) junto al río, o en el moderno y arbolado cámping oficial, *El Edén* (☎979 881 152), también al lado del río volviendo hacia la carretera. Carrión está unida por autobús con Burgos y Palencia.

Sahagún y San Miguel de Escalada

Desde Carrión la mejor ruta es seguir hacia **Sahagún**. Ningún pueblo ilustra de manera tan clara el efecto del declive de los mejores tiempos de la peregrinación. En otro tiempo sede del monasterio más poderoso de España, ahora es un pueblo en su mayor parte moderno, en el que destacan las torres de los antiguos edificios que aún quedan en pie, como si de dinosaurios se tratara. De igual forma, el cercano monasterio en **San Miguel de Escalada** ha perdido poco a poco toda su importancia.

Sahagún

Se cree que **SAHAGÚN** es el lugar de origen de las iglesias de ladrillo construidas por los arquitectos árabes que se quedaron para trabajar con los cristianos tras la Reconquista. Lamentablemente, el gran monasterio es hoy en día poco más que un recuerdo, y las principales secciones que se conservan —la entrada y el campanario— datan del siglo XVII, cuando fueron reconstruidos. Sin embargo, las iglesias parroquiales del siglo XI **San Tirso** y **San Lorenzo** aún están en pie, cada una con una torre noble. San Lorenzo luce el exterior más impresionante, pero el interior ha sido transformado por completo, y se abre sólo los fines de semana para la misa. La visita al pueblo gira en torno a San Tirso, donde se ha iniciado un proyecto a largo plazo para quitar el encalado y devolver al lugar su aspecto original (abril-sept., mar.-sáb., 10.30-13.30 h y 17-20 h; dom., 10-15 h; oct.-marzo, mar.-sáb., 10.30-13.30 h y 16-19 h; dom., 10.30-13.30 h). El guía suele mostrar también **La Peregrina**, en la cima de la colina desde San Tirso, un monasterio del siglo XIII construido por los mudéjares; se encuentra en muy malas condiciones pero ha sido restaurada una preciosa capillita con obras de estuco.

Por último, el viajero podrá visitar el pequeño **museo** en el **monasterio de Santa Cruz** (todos los días, 10.30-12.30 h y 16-18.30 h), a través de la arcada desde San Tirso; las monjas han heredado la impresionante custodia de Enrique de Arfe, fundador de una dinastía de plateros. Su hermana mayor es la famosa custodia de Toledo; como aquélla, sólo sale durante las celebraciones del Corpus. Las monjas prefieren abrir para grupos, pero si el visitante va por su cuenta, puede intentarlo; muchos peregrinos pasan por allí con el fin de que les estampen el sello oficial en su tarjeta del Camino de Santiago.

En Sahagún hay bastante **alojamiento** económico. Abajo, junto a San Tirso, está la *Fonda Asturiana* (☎987 780 073; ②), un edificio que quedaría mejor en Biarritz; pasada la plaza Mayor, en la avenida de la Constitución, *Alfonso VI* (☎987 781 144; fax 987 781 258; ④) y, aún más allá, *La Codorniz* (☎987 780 276; fax 987 780 186; ④) son modernos y con clase. El *Hostal-Restaurante Don Pacho* (☎987 780 775; ③) ofrece buenas habitaciones y tiene un **restaurante** agradable.

Sahagún se encuentra en la línea de ferrocarril Palencia-León. Los **autobuses** salen de la plaza Mayor pero no con demasiada frecuencia, y muchos servicios tienen

pocas paradas a lo largo de esta zona de la ruta de peregrinación. Los autobuses de León hacia Carrión pasan por Sahagún, pero no paran, ni venden billetes para ir hasta allí; por eso, el viajero tendrá que pedir al conductor que pare.

San Miguel de Escalada

Aunque León se halla a poca distancia de Sahagún, seguramente cualquier peregrino medieval se habría desviado, para ver el monasterio de **SAN MIGUEL DE ESCALADA**, una reliquia mudéjar del siglo x. Fundado por monjes huidos de Córdoba, se trata de un pequeño edificio con un sencillo interior de arcos de herradura, y un pórtico posterior, también en estilo árabe. Llegar hasta allí en transporte público no resulta fácil, si bien hay dos autobuses diarios desde León, ida y vuelta; uno regresa 30 minutos después de llegar, mientras que tomar el otro supone pasar la noche, y no hay alojamiento.

León

Incluso aunque no hubiera más monumentos, las vidrieras de **LEÓN** y las pinturas románicas de los muros del Panteón Real merecerían el viaje; sin embargo, hay mucho más que ver en la ciudad. León es tan atractiva —y agradable— en sus barrios modernos como en aquellas zonas que quedan de su época de esplendor; se trata de una próspera capital de provincia y una activa ciudad universitaria.

Llegada, orientación e información

La zona moderna de León ha sido planificada con ingenio; de hecho, sus calles anchas y rectas surgen como radios de tres plazas principales. La primera es la **glorieta de Guzmán el Bueno**, cerca del río y la **estación de ferrocarril**. Al sur se encuentra la **terminal de autobuses**, en el paseo Ingeniero Miera.

Desde la glorieta, el viajero podrá ver la avenida Ordoño II, que atraviesa la **plaza de Santo Domingo**, y más allá las torres de la catedral. Junto a la plaza de Santo Domingo se erige la **Casa de Botines**, una obra de Antoni Gaudí. La tercera plaza clave es la de **Calvo Sotelo**, unida a la glorieta por la avenida de Roma. Si el viajero sube desde la plaza de Santo Domingo hacia la catedral llegará a la calle Regia; allí, frente a la magnífica fachada oeste de la catedral verá la principal **oficina de turismo** (lun.-vier., 9-14 h y 17-19 h; sáb.-dom., 10-14 h y 17-20 h; ☎987 237 082). El barrio antiguo de León se halla al sur de la catedral; se extiende por las calles que rodean la plaza Mayor y la plaza de San Martín; ahora está algo dejado, sobre todo si se compara con el elegante centro moderno de la ciudad.

Alojamiento

Hay **alojamiento económico** por todo León; no es necesario salir de las calles principales. Lo más cercano a la estación (y adecuado por el aparcamiento gratuito a lo largo del paseo Papalaguinda) son los establecimientos situados a lo largo de la avenida Roma. Alrededor de la plaza Mayor resulta más económico, pero ruidoso y sombrío, a menudo ocupado por residentes permanentes.

Opciones económicas

Hostal Bayón, Alcázar de Toledo 6 (☎987 231 446). El mejor alojamiento económico de la ciudad: suelos de madera de pino, techos altos, grandes ventanas, habitaciones tranquilas y buenas camas. ③

Hostal Covadonga, avenida de Palencia 2, 1.º (☎987 222 601). Hostal adecuado, bien situado; con aparcamiento enfrente, junto al río. ③

Hostal España, Carmen 3 (☎987 236 014). Hostal con buena relación calidad-precio y limpio. ②
Hostal Oviedo, avenida Roma 26 (☎987 222 236). Cercano a la estación. ②
Pensión Puerta del Sol, Puerta del Sol 1 (☎987 211 966). Buenas habitaciones que dan a la atractiva plaza Mayor; casi la única pensión no ocupada permanentemente por estudiantes. ②
Fonda Roma, avenida Roma 4 (☎987 224 663). Oscura, antigua y barata, dirigida por una mujer encantadora. ①

Opciones moderadas y caras
Hostal Guzmán el Bueno, López Castrillón 6 (☎987 236 412). Habitaciones tranquilas; cerca del Palacio de los Guzmanes. ③
Hostal Residencia Londres, avenida Roma 1 (☎987 222 274). Habitaciones limpias (todas con baño, televisor y teléfono), con bonitas vistas; buena relación calidad-precio. ④
Hostal Orejas, Villafranca 8 (☎987 252 909). Habitaciones cómodas, todas con baño y televisor. ④
Hostal de San Marcos, plaza San Marcos 7 (☎987 237 300; fax 987 233 458). Descrito como el mejor hotel del mundo, este parador nacional tiene antigüedades en las habitaciones. ⑧
Hotel París, Generalísimo Franco 20 (☎987 238 600; fax 987 271 572). Habitaciones modernas en un antiguo palacio cerca de la catedral. ⑤

La ciudad

En 914, al extenderse la Reconquista hacia el sur desde Asturias, Ordoño II trasladó la capital del cristianismo desde Oviedo a León. A pesar del saqueo sufrido a manos del temido Almanzor (algo que se repetiría a su vez al avanzar la Reconquista) en el 996, la nueva capital eclipsó rápidamente a la antigua. Al depender de León cada vez más territorio, se crearon nuevos centros administrativos: en 1035 el condado de Castilla se convirtió en un nuevo reino, con capital en Burgos. Durante los 2 siglos siguientes León y Castilla encabezaron la guerra contra los árabes —ya fuera conjuntamente como por separado— hasta que en el siglo XIII Castilla consiguió dominar al reino del que procedía. Sin embargo, esos 2 siglos fueron el período de mayor poder de León; de hecho, de aquella época datan la mayoría de sus monumentos más interesantes.

La catedral
La **catedral** gótica de León (todos los días, 8.30-14 h y 16-19.30 h) fue construida durante los últimos años del período de esplendor de la ciudad. Sus **vidrieras** (del siglo XIII y siguientes) son comparables a las obras maestras de cualquier catedral europea, un asombroso caleidoscopio de luz que entra a raudales a través del cristal multicolor.

Es uno de los monumentos más mágicos y armoniosos de España, y aunque el uso del cristal es de inspiración francesa, los colores utilizados —rojos, dorados y amarillos— son estrictamente españoles. Otros elementos que diferencian la catedral de su modelo francés son el claustro (admisión 500 pesetas, incluida la entrada al Museo Diocesano, véase pág. 392) y el añadido posterior del coro, cuyo separador de cristal (instalado en el siglo XX para permitir una visión clara del altar) aumenta la sensación de luminosidad.

En el exterior, la imponente **fachada oeste**, en la que domina un gran rosetón, comprende dos torres y una nave independiente apoyada en dos contrafuertes volantes, modelo que se repite en el ángulo sur. La inscripción *locus appelationis* en el pórtico principal alude al Real Tribunal de Apelaciones, que estuvo aquí; entre las estatuas que hay, un rey medita su veredicto, sentado en un trono de leones. Sobre el

390/CASTILLA Y LEÓN Y LA RIOJA

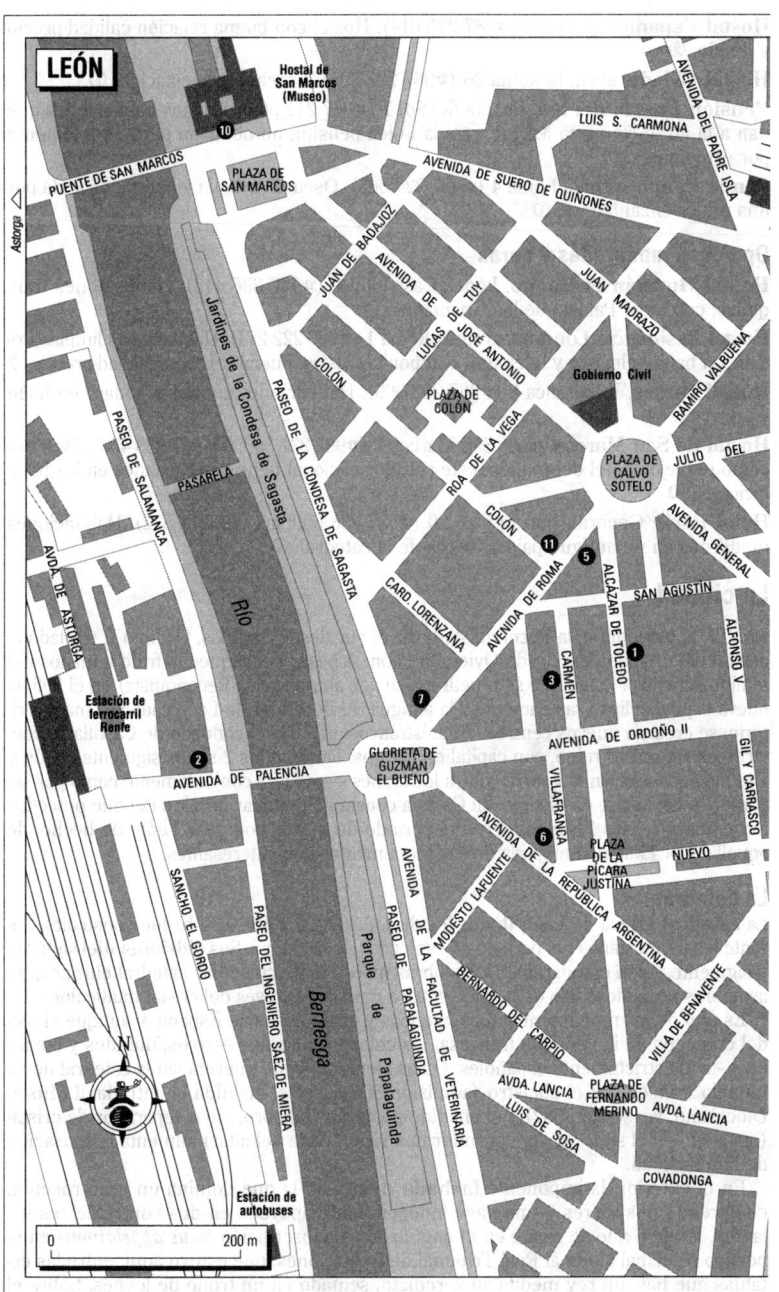

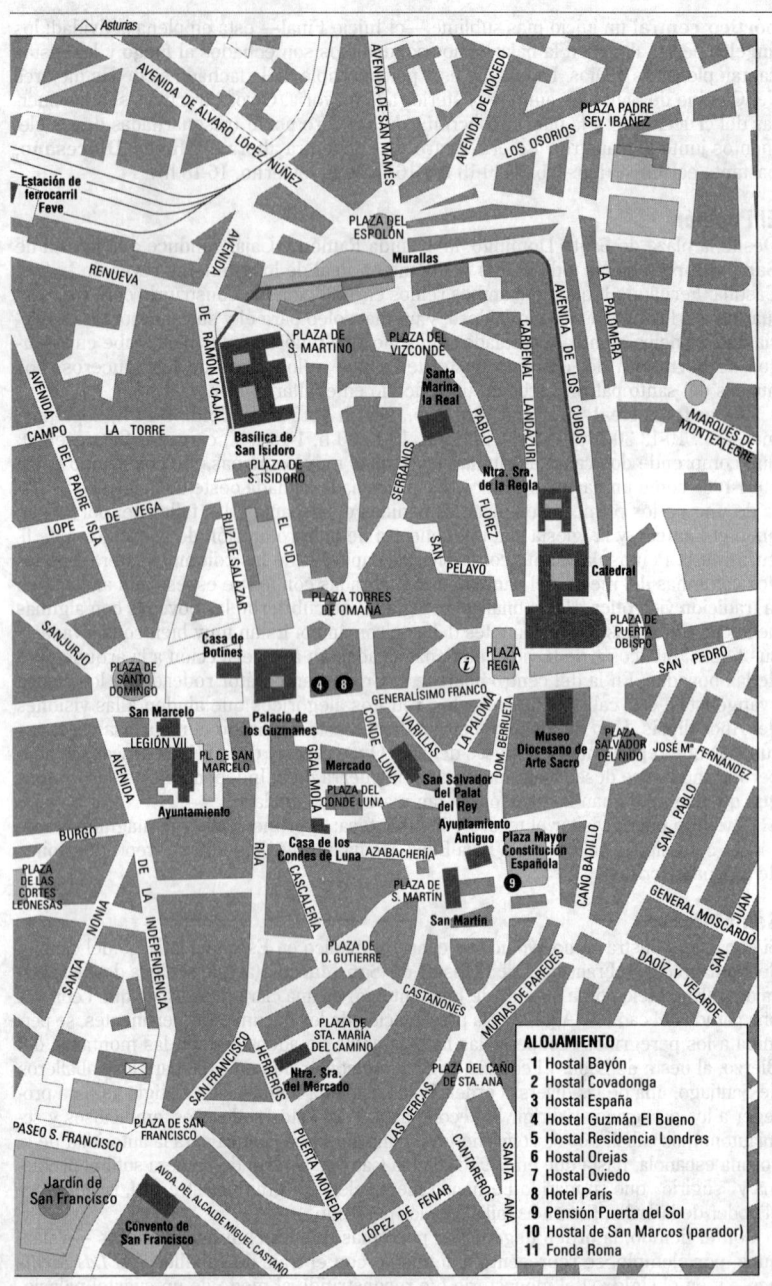

pórtico central un juicio más sublime —el Juicio Final— está en plena actividad: los ángeles pesan almas en la balanza, los condenados son echados al fuego y los justos cantan plegarias a Dios. La talla de este pórtico triple de la fachada es de las mejores del Camino de Santiago, aunque posterior a la mayoría. Otros atractivos son las puertas del crucero sur y la puerta polícroma del crucero norte (resguardadas de los elementos junto al claustro). En el claustro, se encuentra ahora el **Museo Diocesano**, bastante ecléctico (lun.-sáb., 9.30-13 h y 16-18.30 h; invierno, 16-18 h).

El Panteón

Desde la plaza de Santo Domingo, la avenida Ramón y Cajal conduce a la iglesia de **San Isidoro** (abierta todo el día) y al Panteón Real de los primeros reyes de León y Castilla. Fernando I, que unió ambos reinos en 1037, mandó construirlo como un santuario para los huesos de san Isidoro, y un mausoleo para él y sus sucesores. La iglesia data principalmente de mediados del siglo XII y muestra influencia árabe en los arcos de herradura del extremo oeste de la nave y los arcos de los cruceros. Los huesos del santo patrón yacen en un relicario en el altar mayor.

El **Panteón Real** (jul.-agos., lun.-sáb., 9-14 h y 15-20 h; dom., 9-14 h; sept.-jun., mar.-sáb., 10-13.30 h y 16-18.30 h; dom., 10-13.30 h; 1-15 feb., cerrado; 400 pesetas), que comprende dos cámaras similares a criptas muy pequeñas, fue construido entre 1054-1063 como un nártex o pórtico que precedía la fachada oeste de la iglesia. Se trata de uno de los primeros edificios románicos de España, y las tallas del portal que unen el Panteón y la iglesia son una muestra de la introducción de la escultura de figuras en la Península. Como contraste, los capiteles de las columnas laterales y las dos columnas del medio del panteón están labradas con follaje espeso aún anclado en la tradición visigótica. Hacia finales del siglo XII, se cubrieron las bóvedas con algunas de las pinturas más impresionantes del arte románico. Están muy bien conservadas y sus temas, bíblicos y de la vida cotidiana, se adaptan a la perfección a la arquitectura de las bóvedas. En el centro aparece el Cristo Pantocrátor rodeado de los cuatro evangelistas, con cabezas de animales, retratos alegóricos que aluden a las visiones del Apocalipsis. Uno de los arcos circundantes está decorado con curiosas escenas rústicas que representan los meses del año. Once reyes y doce reinas descansan aquí pero la capilla fue desconsagrada durante la guerra de la Independencia y las tumbas que quedan no llaman la atención en tan maravilloso enclave.

El viajero puede visitar el tesoro y la biblioteca; el primero alberga magníficos relicarios, cofrecitos y cálices de la Baja Edad Media, pero sólo podrá ver reproducciones de los manuscritos.

San Marcos

Si el panteón ilustra cómo evolucionó el arte románico en España a lo largo del camino de Santiago desde Francia, el rico **Hostal de San Marcos** (al que se llega desde la plaza de Calvo Sotelo por la avenida de José Antonio) es una clara muestra de que León era una parada del camino. Aquí, tras la presentación de los documentos pertinentes, se permitía a los peregrinos recuperar las fuerzas antes de adentrarse en las montañas del Bierzo, al oeste de León. El edificio original fue construido en 1168 para los caballeros de Santiago, una de las diversas órdenes de caballería fundadas en el siglo XII para proteger a los peregrinos y dirigir la Reconquista. Pero estos poderosos, ambiciosos y semiautónomos caballeros se convirtieron en una amenaza política para la autoridad de la corona española, hasta que en 1493 Isabel la Católica abordó de manera sutil el problema y «sugirió» que su marido Fernando fuera «elegido» gran maestre. Así, la riqueza y el poder de la orden fueron asimilados a los del trono.

Con el tiempo, la orden degeneró a poco más que un club de caballeros —Velázquez, por ejemplo, se representó a sí mismo con el traje de caballero en *Las Meninas*— y en el siglo XVI el monasterio fue reconstruido al modo de un cuartel palacie-

go. Su gran fachada está recubierta con adornos platerescos: sobre la puerta principal aparece una vez más Santiago en su papel de «Matamoros»; más adecuadamente, sobre la balaustrada aparecen las armas de Carlos V, quien en 1516 heredó de Fernando el título de gran maestre. El monasterio es ahora un parador, y no se permite la entrada a los no residentes más allá del vestíbulo y del bar-restaurante (moderno). Sin embargo, el visitante puede pedir ver el coro alto de la iglesia (al que se accede sólo a través del hotel), que luce una sillería de Juan de Juni.

Junto a la fachada principal se erige la **iglesia de San Marcos**, decorada con conchas, símbolo de la peregrinación. Su sacristía alberga un pequeño **museo** (mar.-sáb., 10-14 h y 17-19.30 h; dom., 10-14 h; 200 pesetas), cuyos elementos más bonitos y valiosos se agrupan juntos en una sala separada del vestíbulo del hotel por un grueso panel de cristal. Destacan una cruz procesional del siglo XIII hecha de cristal de roca y un crucifijo de marfil del siglo XI, una minúscula pieza de escultura románica.

Comida, copas y vida nocturna

La mejor época del año para visitar León es durante la Semana Santa y las **fiestas** de San Juan y San Pedro, la última semana de junio; las celebraciones se concentran alrededor de la plaza Mayor y son bastante bulliciosas, con una divertida mezcla de paganismo medieval y bufonadas. Durante el resto del año, los **bares** y **restaurantes** más animados suelen ser los de la pequeña plaza de San Martín y las estrechas calles que la rodean, una zona conocida como **Barrio Húmedo**, por la cantidad de líquido que se bebe los fines de semana. Todos los bares ofrecen un pincho con la bebida, por lo que si el viajero bebe, podrá comer bastante bien, sobre todo si va de bar en bar y pide cortos, pequeños vasos de cerveza (unas 70 pesetas). Las patatas al ajillo que preparan en *El Rincón del Gaucho* son deliciosas.

Café Carmela, Caño Badillo 7. Animado café especializado en carajillos; hay revistas para curiosear.
Casa Pozo, plaza San Marcelo 15 (☎987 223 039). Excelente bodega para degustar los platos tradicionales leoneses; situada detrás del ayuntamiento; menús desde 1.400 pesetas. Dom. y 1-15 jul., cerrado.
Mesón Leonés del Racimo de Oro, Caño Badillo 2. Un mesón, auténtico y barato; sirve un buen menú. Dom., noche y mar., cerrado.
Nuevo Racimo de Oro, plaza San Martín 8. Algo formal y caro, pero merece la pena. Verano, dom. e invierno, miér., cerrado.
Restaurante Fornos, Cid 8. Buena comida y ambiente. Dom. noche y lun., cerrado.

Direcciones prácticas

Alquiler de automóviles Avis, Condesa Sagasta 34 (☎987 270 075); Europcar, Juan de Badajoz 7 (☎987 271 980); y Santa María, Alcalde M. Castaño 10 (☎987 207 218).
Correos La oficina central se encuentra en el extremo sur de la avenida de la Independencia, junto a la plaza de San Francisco.
Información de autobuses ☎987 211 000.
Información de ferrocarriles Renfe ☎987 270 202; Feve ☎987 271 210.
Taxis Radio Taxi (☎987 242 451); Taxi Trabajo del Camino (☎987 802 035).

Astorga y más allá

Incluso los mejores peregrinos tardaban 1 día en recorrer los 47 km en dirección sudoeste desde León a la siguiente parada importante, Astorga. En el camino —en

Puente de Órbigo— el viajero pasará por el puente más antiguo de la ruta (tal vez incluso de España), que en la actualidad pasa de largo la nueva carretera y es un lugar muy popular para dar un paseo por la orilla del río o hacer una merienda campestre. A medida que el viajero se vaya acercando a Galicia, comprobará que el terreno se hace más montañoso y los paisajes son espectaculares. Más allá de la ciudad de **Ponferrada**, en un valle, los peregrinos fatigados tenían que enfrentarse a las montañas de **El Bierzo**, una zona unida históricamente con León aunque diferente en otros aspectos, además de la geografía; en pueblos remotos se oye hablar gallego y se ven pintadas que piden la independencia de la zona.

Astorga

ASTORGA se parece a muchos de los pueblos más pequeños situados a lo largo del Camino: saqueado por los árabes en el siglo XI, fue reconstruida y dotada con hospederías y monasterios; pero la peregrinación perdió popularidad en la Alta Edad Media, y el lugar decayó cada vez más. Muchos de sus edificios quedaron destruidos durante la guerra de la Independencia.

No obstante, el curioso **Palacio Episcopal**, que mandó construir un obispo catalán a su compatriota Antoni Gaudí, inyecta vitalidad al lugar. Su aspecto no sorprenderá a los que conozcan la obra de Gaudí en Barcelona. Rodeado por un foso y construido en granito gris claro, se parece a un castillo gótico de película de terror de las montañas de Transilvania; su interior es asimismo curioso y bastante amplio. Durante 50 años permaneció vacío, pero hoy en día alberga el excelente y único **Museo de los Caminos** (jun.-sept., todos los días, 10-14 h y 16-20 h; oct.-mayo, lun.-sáb., 11-14 h

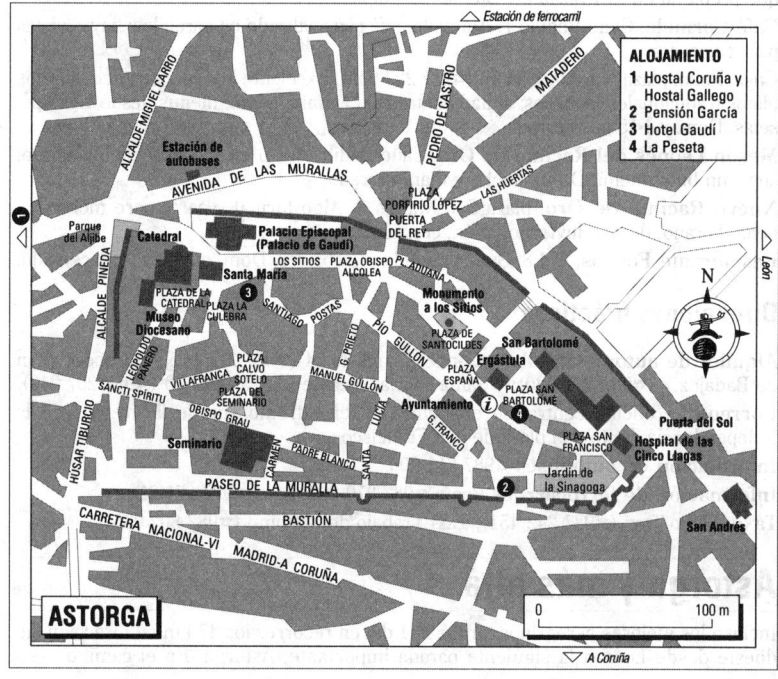

LOS MARAGATOS

Astorga es la ciudad mercantil tradicional de los **maragatos**, una misteriosa raza, que tal vez desciende de los beréberes del norte de África que cruzaron hacia España cuando se produjeron las incursiones árabes a principios del siglo VIII. Se casaban sólo entre ellos, por lo que mantuvieron sus tradiciones e individualidad hasta décadas recientes. Durante siglos, casi todo el transporte de mercancías de España estaba en sus manos, pero los muleros ya no tienen trabajo. Hoy en día es improbable cruzarse con ellos a menos que se atraviesen los campos a lo largo del Camino de Santiago. Su único legado obvio a la ciudad es un par de coloristas figuras de reloj vestidas con el traje maragato, que entran en acción al sonar la hora en el reloj del ayuntamiento de la plaza de España.

y 15.30-18.30 h; 250 pesetas; 400 pesetas, entrada combinada con el Museo Diocesano). Expone una serie de objetos que muestran interesantes apreciaciones sobre la historia de la peregrinación; de la pared cuelgan ejemplares de documentos expedidos en Santiago para certificar que los peregrinos habían «viajado, confesado y obtenido la absolución»; el visitante podrá ver fotografías de millares de pueblos y edificios que hay a lo largo del camino, y esquemas que muestran unas calles determinadas en las ciudades, las que se debían de seguir.

Cerca —aunque en el estilo un mundo aparte— se levanta la **catedral**. Construida entre 1471-1693, combina diversos estilos arquitectónicos, pero sin mucho éxito. Sin embargo, el **Museo Diocesano** (todos los días, 10-14 h y 16-20 h; 400 pesetas, entrada combinada con el Museo de los Caminos; la entrada está a la izquierda de la fachada principal) es interesante, sobre todo por su tumba de madera del siglo XII, pintada con escenas de la vida de Cristo y los apóstoles.

Durante la estancia en el pueblo, el visitante podrá ir también al **Museo del Chocolate**, en calle José María Goy (lun.-sáb., 12-14 h y 18-20 h; dom., 12-14 h; entrada gratuita), que documenta el crecimiento de la floreciente industria del chocolate de Astorga durante los siglos XVIII y XIX. Asimismo podrá unirse a una visita guiada a lo largo de la **ruta romana** que lleva por las ruinas romanas de Astorga; el viajero puede informarse en la oficina de turismo respecto a las horas y puntos de partida; cuesta unas 200-300 pesetas.

Aspectos prácticos

Astorga está unida con León por tren, pero la **estación de ferrocarril** se encuentra bastante lejos del centro de la localidad. Se recomienda llegar y partir en **autobús**, pues la estación está en un emplazamiento céntrico, frente al Palacio Episcopal. Si llega desde Santiago, hay un autobús Intercar a las 10.30 h que es más barato que la mayoría de los trenes. En Astorga hay una pequeña **oficina de turismo** (jun.-sept., lun.-sáb., 10-14 h; ☎987 616 838), en el ayuntamiento; se entra por una puerta lateral, en calle La Bañeza.

En cuanto a **comidas**, el visitante encontrará varios cafés o comedores en la plaza principal cerca del ayuntamiento o las calles que salen desde allí hacia la catedral. El **alojamiento** se limita a unos cuantos establecimientos en el centro o alrededores, por lo que se recomienda hacer la reserva con antelación.

Hostal Coruña, avenida de Ponferrada 72 (☎987 615 009). Hostal decente fuera de las murallas pero cerca de la estación de autobuses. ③

Hostal Gallego, avenida de Ponferrada 78 (☎987 615 450). Cerca del *Coruña*, pero más elegante y caro. ④

Pensión García, Bajada Postigo 3 (☎987 616 046). Al sur del ayuntamiento, frente al jardín infantil; sencillo pero limpio, con un buen comedor. ③

Hotel Gaudí, Eduardo de Castro 6 (☎987 615 654; fax 987 615 040). El mejor hotel de Astorga; habitaciones elegantes que dan directamente al Palacio de Gaudí. El menú del restaurante cambia cada día; un buen lugar para un festín. ⑥
La Peseta, plaza de San Bartolomé (☎987 617 275; fax 987 615 300). Hostal elegante pero más caro de lo razonable cuya principal razón de ser es su excelente restaurante, que ha ganado muchos premios a lo largo de los años. ⑤

Ponferrada

A primera vista, el industrializado valle de forma redondeada, cuyo centro es la localidad de **PONFERRADA**, parece tener poco que ofrecer, pero el terreno montañoso que lo rodea posee un paisaje pintoresco como pocos en España. Ponferrada presenta la misma dicotomía: rodeado de suburbios, pero con un barrio antiguo muy bien conservado. Ambos separados por un río ennegrecido a causa de la extracción de carbón de las minas y atravesado por el puente de hierro que dio nombre al pueblo. Sobre el abrupto valle destacan las torretas y almenas del **castillo de los Templarios** (mar.-sáb., 10.30-13.30 h y 16-19 h; dom., 10.30-13.30 h); fue construido para proteger a los peregrinos contra la amenaza (en aquella época muy real) de los árabes; las calles porticadas y las casas que cuelgan sobre ellas en el barrio antiguo crecieron bajo su sombra protectora. Una original **Puerta del Reloj** conduce a la **plaza Mayor**, donde se halla el ayuntamiento del siglo XVII, parecido al de Astorga.

Hay diversas iglesias en el pueblo, pero la más importante está a poca distancia, en los alrededores: **Santo Tomás de las Ollas**, mozárabe y del siglo X; luce nueve arcos de herradura árabes y elementos visigóticos.

Aspectos prácticos

Las **estaciones de ferrocarril** y de **autobuses**, así como la mayoría de los **alojamientos**, se encuentran en la zona nueva de la localidad, que puede ser bastante difícil de alcanzar; la avenida de la Puebla es la calle principal que conduce al río; tras cruzar el puente, el viajero tendrá que dirigirse colina arriba para llegar al centro del casco antiguo. La **oficina de turismo** se halla en la calle junto al castillo (lun.-sáb., 10-14 h y 17-19 h; ☎987 424 236), y proporciona un plano de la localidad. Las únicas habitaciones en esta parte son las de la *Pensión Mondelo*, Flores Osorio 3 (☎987 416 351; ②), junto a la calle del Reloj. En la zona nueva, los mejores lugares económicos son el *Hostal Santa Cruz*, Marcelo Macías 4 (☎987 428 351; ③), y el más sencillo *Hostal Marán*, A. López Peláez 29 (☎987 428 379; ②). El *Hotel de Madrid*, avenida de la Puebla 44 (☎987 411 550; fax 987 411 861; ③), dispone también de un buen **restaurante**; Ponferrada cuenta asimismo con su propio hotel palacio, *Del Temple*, avenida de Portugal (☎987 410 058; fax 987 423 525; ⑥). El *Bar/Restaurante Gundín*, cerca del *Santa Cruz*, sirve buenos menús y baratos.

Las Médulas

Unos 20 km al suroeste de Ponferrada se encuentra **LAS MÉDULAS**, restos mellados de las extracciones mineras romanas a cielo abierto. Unas 900 t del precioso metal se extrajeron de las colinas; para ello se utilizaron canales que han dejado un paisaje curioso que recuerda a Arizona, salpicado de cuevas y agujas de roca roja. Desde **Carucedo**, una carretera conduce a lo largo de 4 km hasta el pueblo de Las Médulas; a partir de allí, el viajero podrá caminar en línea recta por la zona. Si sube a la sierra contemplará un paisaje desolador; las minas que se ven desde allí al fondo, recuerdan que la naturaleza puede convertir en belleza la devastación que los hombres producen en unos miles de años. Otra carretera lleva desde aquí de nuevo hacia Carucedo. Se tarda unas 4 o 5 horas en hacer la excursión.

Villafranca del Bierzo

La última parada antes de entrar en Galicia, **VILLAFRANCA DEL BIERZO**, era el lugar donde los peregrinos que no podían más tenían la posibilidad de zafarse de la última caminata. Los que llegaban a la Puerta del Perdón en la iglesia de **Santiago** podían recibir los mismos beneficios que en Santiago de Compostela. La sencilla iglesia románica no es muy interesante, y el impresionante castillo situado enfrente (de propiedad privada) no se puede visitar, pero la ciudad es lo suficientemente agradable como para pasar en ella unas horas; destacan sus casas de techo de pizarra, el aire fresco de montaña y el claro río Burbia. Otra iglesia interesante es **San Francisco**, junto a la plaza Mayor; tiene un precioso techo mudéjar, un retablo tan combado que marea contemplarlo, y un pozo. Si alguna de las iglesias permanece cerrada, la librería de la plaza guarda las llaves.

Entre los lugares donde el viajero puede **alojarse** se recomienda el moderno *Parador de Villafranca del Bierzo*, avenida Calvo Sotelo (☎987 540 175; fax 987 540 010; ⑥), y el *Hostal Comercio*, Puente Nuevo 2 (☎987 540 008; ②), una bonita casa del siglo XV cuyas espaciosas habitaciones son una auténtica ganga. *Don Nacho*, en un pequeño pasaje que sale de la plaza Mayor, es un buen establecimiento para **comer**; sirven tapas, menús, y especialidades de pescado. Los **autobuses** regulares de Ponferrada (cada 30 min.) paran en el exterior del parador.

transportes

Autobuses

Burgos a: Aranda (7 diarios; 1 h 15 min.); Bilbao (8 diarios; 2-3 h); Carrión de los Condes (1 diario; 1 h 30 min.); Ciudad Rodrigo (1 diario; 5 h); Covarrubias (1 diario; 1 h); Donostia-San Sebastián (8 diarios; 3 h); Frómista (1 diario; 1 h); León (1 diario; 3 h); Logroño (7 diarios; 2 h); Madrid (12 diarios; 3 h); Palencia (3 diarios; 1 h); Pamplona (1 diario; 3 h 30 min.); Sahagún (1 diario; 2 h 30 min.); Salamanca (1 diario; 2 h 45 min.); Santander (5 diarios; 2 h 30 min.); Santo Domingo de la Calzada (5 diarios; 1 h 30 min.); Santo Domingo de Silos (1 diario; 1 h 30 min.); Soria (3 diarios; 3 h-3 h 30 min.); Valladolid (3 diarios; 1 h 45 min.); Vinuesa (2 diarios; 2 h 45 min.); Zamora (1 diario; 2 h 45 min.); Zaragoza (4 diarios; 3 h 45 min.).

León a: Astorga (16 diarios; 45 min.); Bilbao (1 diario; 3 h); Burgos (2 diarios; 3 h); Logroño (2 diarios; 4 h); Lugo (1 diario; 4 h 30 min.); Madrid (8 diarios; 4 h 30 min.); Oviedo (8 diarios; 1 h 45 min.); Palencia (1 diario; 2 h); Ponferrada (11 diarios; 2 h); Potes (1 diario; 3 h); Salamanca (5 diarios; 2 h 40 min.); Santander (1 diario; 3 h); Valladolid (8 diarios; 1 h 30 min.); Villafranca del Bierzo (3 diarios; 3 h); Zamora (3 diarios; 2 h 30 min.); Zaragoza (2 diarios; 8 h).

Logroño a: Barcelona (3 diarios; 6 h); Bilbao (4 diarios; 2 h 30 min.); Burgos (7 diarios; 2 h); Haro (5 diarios; 1 h); León (2 diarios; 4 h); Pamplona/Iruña (4 diarios; 2 h); Santander (6 diarios; 3 h 30 min.); Santo Domingo de la Calzada (9 diarios; 45 min.); Soria (5 diarios; 1 h 30 min.); Vitoria (8 diarios; 1 h); Zamora (2 diarios; 4 h 30 min.); Zaragoza (6 diarios; 2-3 h).

Palencia a: Burgos (3 diarios; 1 h); Carrión de los Condes (3 diarios; 45 min.); A Coruña (3 diarios; 6 h); León (1 diario; 2 h); Lugo (5 diarios; 5 h 30 min.); Madrid (6 diarios; 3 h); Salamanca (3 diarios; 2 h 30 min.); Valladolid (9 diarios; 1 h); Zamora (2 diarios; 2 h 30 min.); Zaragoza (2 diarios; 5 h);

Salamanca a: Alba de Tormes (16 diarios; 30 min.); Aranda de Duero (2 diarios; 3 h); Ávila (4 diarios; 1 h 30 min.); Badajoz (2 diarios; 4 h 30 min.); Barcelona (2 diarios; 11 h 30 min.); Burgos (1 diario; 2 h 45 min.); Cáceres (4 diarios; 3 h 30 min.); Ciudad Rodrigo (10 diarios; 1 h 30 min.); Madrid (14 diarios; 2 h 30 min.); Palencia (3 diarios; 2 h 30 min.); Peñafiel (2 diarios; 2 h); Plasencia (4 diarios; 2 h); San Esteban de Gormaz (2 diarios; 3 h 45 min.); Santander (2 diarios; 5 h 30 min.); Sevilla (4 diarios; 7 h); Soria (2 diarios; 4 h 30 min.); Valladolid (4 diarios; 1 h 30 min.); Zamora (cada hora; 50 min.).

Soria a: Barcelona (2 diarios; 6 h); Berlanga de Duero (1 diario; 1 h 15 min.); Burgos (3 diarios;

3 h-3 h 30 min.); El Burgo de Osma (2 diarios; 1 h); Logroño (5 diarios; 1 h 30 min.); Madrid (11 diarios; 2 h 30 min.); Medinaceli (2 diarios; 1 h 15 min.); Pamplona (5 diarios; 2-3 h); Peñafiel (3 diarios; 2 h 30 min.); Salamanca (2 diarios; 4 h 30 min.); Valladolid (3 diarios; 3 h); Vinuesa (2 diarios; 45 min.); Zaragoza (5 diarios; 2 h 15 min.).

Valladolid a: Burgos (3 diarios; 1 h 30 min.); El Burgo de Osma (1 diario; 2 h 30 min.); León (8 diarios; 2 h); Madrid (16 diarios; 2 h 40 min.); Palencia (9 diarios; 1 h); Peñafiel (5 diarios; 1 h); Salamanca (4 diarios; 1 h 30 min.); Zamora (9 diarios, 3 los dom.; 1 h 15 min.); Zaragoza (3 diarios; 7 h 30 min.).

Zamora a: Barcelona (2 diarios; 12 h 30 min.); Burgos (1 diario; 2 h 45 min.); León (3 diarios; 2 h 30 min.); Logroño (2 diarios; 4 h 30 min.); Palencia (2 diarios; 2 h 30 min.); Salamanca (cada hora; 50 min.); Valladolid (9 diarios, lun.-sáb.; 3 los dom.; 1 h 15 min.); Zaragoza (2 diarios; 6 h 15 min.).

Ferrocarriles

Burgos a: Ávila (2-3 diarios; 2 h 30 min.); Barcelona (4 diarios; 8 h 30 min.); Bilbao (3-6 diarios; 3 h 30 min.); Ciudad Rodrigo (1 diario; 4 h 15 min.); Haro (3 diarios; 1 h 40 min.); Irún (7 diarios; 3 h 30 min.); León (4 diarios; 2 h); Logroño (4 diarios; 2 h); Lugo (2-4 diarios; 6 h 30 min.-7 h 30 min.); Madrid (5 diarios; 3 h); Palencia (4 diarios; 1 h); Valladolid (14 diarios; 1 h 20 min.); Vitoria (9 diarios; 1 h 30 min.-2 h); Zamora (1 lun., sáb.-dom.; 3 h 10 min.); Zaragoza (4 diarios; 4 h).

León a: Ávila (2-4 diarios; 2 h 30 min.-3 h); Barcelona (3 diarios; 9 h 30 min.-11 h); Bilbao (1-2 diarios; 5 h); Burgos (5 diarios; 2 h); A Coruña (3-5 diarios; 7 h); El Ferrol (1 diario lun.-sáb.; 7 h); Logroño (2 diarios; 3 h 45 min.); Lugo (3-5 diarios; 5 h); Madrid (3-5 diarios; 4-6 h 20 min.); Medina del Campo (11 diarios; 2 h); Orense (4 diarios; 3 h 50 min.-4 h 50 min.); Oviedo (5 diarios; 2 h); Santiago de Compostela (1 diario; 5 h 40 min.); Valladolid (2-4 diarios; 1 h 30 min.); Vigo (2-4 diarios; 5 h 45 min.-6 h 45 min.); Vitoria (2-3 diarios; 3 h 30 min.); Zaragoza (3 diarios; 5 h 30 min.).

Logroño a: Barcelona (4 diarios; 6 h-30 min.); Bilbao (2-3 diarios; 2 h 30 min.); Burgos (3-4 diarios; 2 h); León (2 diarios; 3 h 45 min.); Madrid (1 diario excepto sáb.; 4 h 45 min.); Valladolid (1-2 diarios; 3 h); Vigo (1 diario; 11 h 20 min.); Zamora (1 lun., sáb.-dom.; 5 h 30 min.); Zaragoza (4-6 diarios; 1 h 50 min.).

Medina del Campo a: Barcelona (1-3 diarios; 11 h-12 h 30 min.); Bilbao (2-4 diarios; 5 h); León (3-4 diarios; 2 h); Lugo (1 diario excepto sáb.; 7 h); Madrid (12 diarios; 2 h 15 min.); Orense (3-4 diarios; 3 h 40 min.); Oviedo (2-3 diarios; 4 h); Vigo (3-4 diarios; 5 h 45 min.-7 h 45 min.); Zamora (3-4 diarios; 1 h); Zaragoza (2-3 diarios; 6 h-7 h 30 min.).

Valladolid a: Ávila (5-9 diarios; 1 h); Barcelona (1-2 diarios; 10 h-12 h); Bilbao (2-4 diarios; 4 h 30 min.); Burgos (14 diarios; 1 h 20 min.); Donostia-San Sebastián (4 diarios; 4-5 h); León (2-4 diarios; 1 h 30 min.); Lisboa (1 diario; 9 h); Logroño (1-2 diarios; 3 h 30 min.); Madrid (7-10 diarios; 2 h 30 min.); Palencia (9 diarios; 30 min.); Salamanca (4-5 diarios; 1 h 30 min.); Zamora (1 lun., sáb.-dom.; 1 h 30 min.); Zaragoza (1-2 diarios; 5 h 30 min.-6 h 30 min.).

Zamora a: Ávila (3 diarios; 1 h); Barcelona (1 jue., sáb.-dom.; 13 h 30 min.); A Coruña (2 diarios; 5 h 20 min.); Madrid (3 diarios; 3 h 10 min.); Medina del Campo (3-4 diarios; 1 h); Santiago de Compostela (2 diarios; 4 h 20 min.); Toro (1 jue., sáb.-dom.; 30 min.); Valladolid (1 jue., sáb.-dom.; 1 h 30 min.); Vigo (3 diarios; 4 h) Zaragoza (1 jue., sáb.-dom.; 8 h 30 min.).

CAPÍTULO SIETE

PAÍS VASCO

La comunidad autónoma del **País Vasco** o Euskadi es un área que abarca las tres provincias vascas (**Guipúzcoa**, **Vizcaya** y **Álava**). Se trata de una región hermosa, montañosa, verde y con densos bosques. Llueve a menudo y el paisaje suele estar envuelto en una fina neblina. Pero sus veranos, si al viajero no le molesta algún que otro chubasco, son ideales para escapar del implacable calor del sur.

A pesar de la intensa industrialización que ha experimentado la Península en general, el País Vasco ha conseguido mantener su belleza (el interior, tranquilo, está bien cuidado, mientras que la costa es accidentada y cerrada por las montañas que llegan hasta el mar); además, el transporte suele ser cómodo y eficaz. **Donostia-San Sebastián**, la gran atracción de la costa, constituye un importante centro turístico con playas maravillosas aunque muy concurridas; pero toda la costa en dirección a Bilbao, e incluso adentrándose en Asturias y Galicia, está jalonada de numerosos pueblos menos conocidos si bien igualmente atractivos. En **Bilbao** se encuentra una de las principales atracciones de la zona, el magnífico **Museo Guggenheim**, y tierra

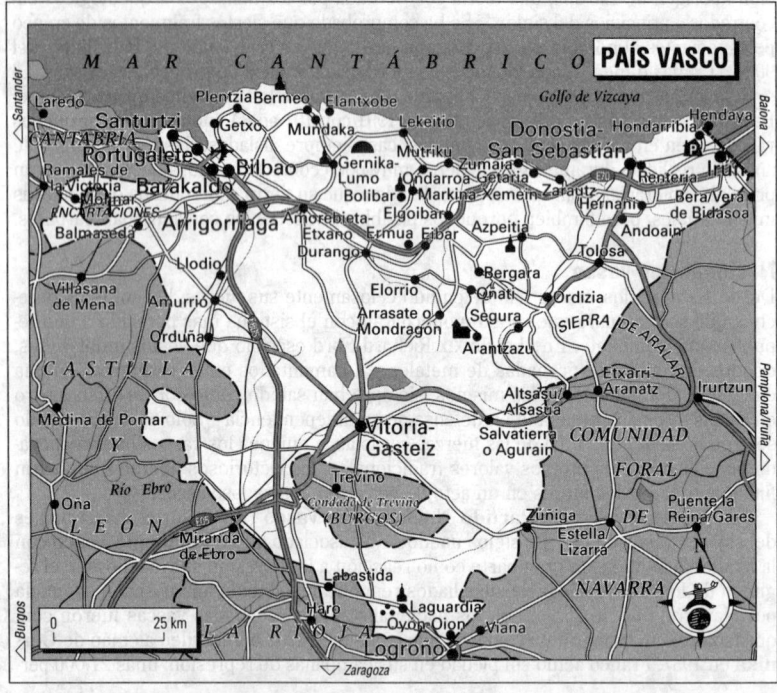

adentro **Pamplona/Iruña**, donde se celebran las **fiestas de San Fermín**; asimismo hay numerosos destinos con encanto, que abarcan desde la espectacularidad de los **Pirineos**, hasta la serena elegancia de **Vitoria**.

Los vascos

El origen de los **vascos** está rodeado de cierto misterio. Son un pueblo diferente que se distingue de franceses y españoles, con una distribución de grupos sanguíneos distinta a la del resto de Europa. Y su lengua, el complejo euskera, es una de las más antiguas que se hablan en el continente europeo; de hecho, su origen se sitúa antes de las migraciones procedentes del este que trajeron consigo las lenguas indoeuropeas hace unos 3.000 años. Hoy en día se cree que su antigüedad es similar a la de la raza vasca y que evolucionó dentro del actual territorio antes que ser introducida por grupos humanos de otras zonas.

Concretar fechas ha sido bastante difícil debido a que el euskera no apareció en forma escrita hasta el siglo XVI en el País Vasco francés. La lengua se ha mantenido viva en gran parte e incluso ha evolucionado mediante las tradiciones orales de los *bertsolari* o poetas populares especializados en improvisar versos, una tradición que aún hoy sigue vigente. El propio vocabulario implica una manera de pensar que se remonta más allá de la era cristiana, tal como evidencian los términos que hacen referencia a antiguos lugares de sepultura como dólmenes y crómlechs. También se han hallado numerosos vestigios que sugieren una marcada tradición de mitología vasca vinculada a los gentiles o gigantes legendarios, supuestamente los que construyeron estos lugares, así como caminos y puentes antiguos.

Según algunos expertos, el pueblo vasco es el último representante vivo de la población aborigen de Europa, una teoría corroborada por los hallazgos arqueológicos encontrados a principios del siglo XX. Se ha comprobado que ciertos fragmentos de cráneo pertenecientes al hombre de Cro-Magnon tardío que se cree datan del Paleolítico, del 9000 a.C. más o menos, son idénticos a la formación craneal de los actuales vascos. La gran labor antropológica que se ha llevado a cabo, sobre todo la del padre Joxe Miguel Barandiaran (quien murió en diciembre de 1991 con 101 años), induce a pensar que los vascos viven en los Pirineos occidentales, casi siempre aislados, desde hace miles de años. En realidad, durante siglos tuvieron muy poco contacto con los pueblos que en un principio emigraron a Europa, en parte debido a que su tierra está rodeada de montañas impenetrables, pero también porque los posibles invasores los consideraban bárbaros.

Nacionalismo vasco

Desde siempre, los vascos han defendido celosamente sus fueros, los antiguos derechos que servían para que se autogobernaran con el sistema más parecido a una república independiente. En el siglo XIX Richard Ford escribió que «estos montañeses, criados en montañas preñadas de metales y amamantados entre tormentas en una cuna tan indómita como ellos mismos, siempre han sabido cómo convertir su hierro en armas que han empuñado en defensa de su independencia». Sólo en 1876, cuando se produjo la derrota final de las fuerzas carlistas, a quienes los vascos habían apoyado por defender sus propios valores tradicionales, los victoriosos liberales abolieron finalmente todos los fueros en un acto de venganza contra los vascos.

Aunque el conservador **Partido Nacionalista Vasco** (PNV) surgió hacia finales del siglo XIX, ha sido en este siglo cuando se ha asociado al **nacionalismo vasco** con la izquierda política, en gran parte como reacción a la represión sufrida durante el régimen de Franco. Aisladas de sus aliados republicanos debido a la posición adoptada por Navarra, que se alineó con los nacionalistas, las provincias vascas fueron conquistadas en una sangrienta campaña que incluyó el atroz bombardeo alemán de **Gernika** en 1937. Franco actuó sin piedad en sus campañas de represión: unas 21.000 per-

NOMBRES VASCOS

En casi todas las poblaciones de la región, las señalizaciones de calles y carreteras están en vasco y castellano, pero suele verse el nombre en castellano con alguna pintada encima. Hace poco, muchos ayuntamientos vascos han decidido oficialmente usar los nombres vascos; esto se refleja en los nuevos folletos turísticos y mapas. Por lo tanto, en esta guía se emplean los nombres vascos cuando aparece una ciudad; sin embargo, algunas ciudades, como Bilbao, se conocen por su nombre castellano y así aparecen en estas páginas. Lo mismo sucede con los nombres de las diferentes provincias (Álava, Vizcaya, Guipúzcoa).

Vale la pena mencionar un par de cambios de letras clave que pueden ayudar a descifrar palabras que al principio pueden resultar confusas; por ejemplo, en los menús y letreros, la *ch* castellana se convierte en *tx* (*txipirones* en contraposición a chipirones), la *v* se convierte en *b* y la *y* se transforma en *i* (*Bizkaia* y Vizcaya). Lo que más destaca del euskera es su uso de la *k*, ya que esta letra sustituye a la *c* castellana (*Gipuzkoa* y Guipúzcoa) y se usa para formar el plural.

Nombre castellano	Nombre vasco	Nombre castellano	Nombre vasco
Bilbao	Bilbo	Guernica	Gernika
Fuenterrabía	Hondarribia	Lequetio	Lekeitio
Guetaria	Getaria	Marquina	Markina
Oñate	Oñati	Motrico	Mutrika
Pasajes	Pasaia	Mundaca	Mundaka
Zarauz	Zarautz	San Sebastián	Donostia
Zumaya	Zumaia	Vitoria	Gasteiz

sonas murieron después de la guerra. Se prohibió el uso público de la lengua vasca y se impuso el control de la región con la fuerza de las armas. Sin embargo, la violencia estatal sólo consiguió alimentar una nueva resistencia, **ETA** (Euskadi ta Askatasuna, «País Vasco y Libertad»), cuya acción más espectacular fue el asesinato en Madrid del hombre de confianza de Franco y su posible sucesor, el almirante Carrero Blanco.

Tras la **llegada de la democracia**, el panorama político ha cambiado. El Parlamento vasco tiene un presidente propio, y se le han transferido competencias, entre ellas la gestión de impuestos. Hay incluso una policía autónoma, la Ertzaintza (se la distingue por sus boinas rojas), cuya presencia es palpable en las calles; además la **lengua** vasca se enseña en escuelas y universidades. La bandera vasca *(ikurriña)* ondea en todos los edificios públicos (el exterior del pabellón de Euskadi en la Expo'92 de Sevilla era una enorme *ikurriña* iluminada).

Después de las elecciones generales españolas celebradas en marzo de 1996, el conservador Partido Popular (PP), a pesar de ser la fuerza ganadora, no pudo conseguir el suficiente número de escaños para gobernar en solitario y tuvo que pactar con los nacionalistas vascos y catalanes. Entre las medidas conciliatorias se contemplaba el traslado de 32 presos terroristas de ETA a cárceles cercanas al País Vasco. **Herri Batasuna** (el brazo político de ETA), y su heredera EH (Euskal Herritarrok), llevó a cabo una campaña implacable contra la política del anterior Gobierno de dispersar a los prisioneros vascos por toda España. Sin embargo, estas concesiones fueron insuficientes para ETA, cuyos integrantes continuaron con su campaña de terror; uno de sus objetivos era la **industria del turismo**. De hecho, en julio de 1996, colocaron unas doce bombas en centros turísticos de la Costa Dorada y la Costa del Sol.

No obstante, desde entonces la situación había mejorado. Influida por el incipiente acuerdo de paz de Irlanda del Norte, ETA declaró en el verano de 1998 un **alto el fuego indefinido** y acordó participar en conversaciones con el Gobierno español. Se

trataba de un avance decisivo que se esperaba desembocara en un cese de hostilidades permanente y un acuerdo político; sin embargo, se produjo una rotura del alto el fuego y nuevos atentados en el año 2000.

Diversos sondeos muestran que aunque los vascos desean un mayor grado de autonomía, muchos están en contra de formar un estado independiente. No cabe duda de que la recesión económica tiene mucho que ver con esta actitud, ya que el antiguo esplendor industrial del País Vasco ha quedado reducido a una serie de fábricas anticuadas y numerosos altos hornos y astilleros clausurados; pero, el éxito del Museo Guggenheim ha demostrado la fuerza de un sector servicios en alza. El terrorismo ha impedido durante mucho tiempo la llegada de nuevas inversiones y el resultado es un elevado índice de desempleo. Tal como está la situación muchos vascos creen que obtendrán más beneficios mediante la negociación, el compromiso político y la conciliación que con los anticuados métodos de ETA.

Comida

La **cocina vasca** está considerada la mejor de España y los vascos son muy aficionados a la buena mesa. Entre los platos más conocidos, se recomiendan el bacalao a la vizcaína, la merluza a la vasca, los chipirones en su tinta o el *txangurro* (centollo). Los sirven a precios muy razonables en los típicos caseríos (*baserri* en vasco) que suele haber en las afueras de las ciudades y pueblos de toda la región. El viajero también podrá disfrutar de la tradicional gastronomía si pide tapas o pinchos, como los conocen en el País Vasco, que se ofrecen en casi todos los bares; son exquisitos y los sirven recién cocinados.

Mención especial merece la tradición de las **sociedades gastronómicas**, un fenómeno social único del País Vasco. Su fundación se remonta a mediados del siglo XIX y en su origen eran lugares donde se reunían diferentes artesanos. Estas asociaciones siempre han estado rodeadas de cierta polémica por el hecho de estar vetadas a las mujeres, aunque la situación ya empieza a cambiar. En ellas se reúnen los hombres a cocinar y degustar los platos preparados previo pago de una cuota de pertenencia a la sociedad que incluye el uso de las instalaciones. Los socios cocinan elaborados platos como hobby; de hecho, puede afirmarse que gran parte de la auténtica cocina vasca se ha desarrollado en estas sociedades. La llamada nueva cocina vasca, muy influida por la francesa, está cada día más presente en las cartas y menús de los restaurantes.

Deporte

El **deporte vasco** del *jai alai* o pelota vasca se juega en toda España, pero en el País Vasco hasta el pueblo más pequeño tiene un frontón y los espectadores suelen hacer apuestas. Otros deportes vascos únicos son la *aizkolaritza* (cortar troncos), la *harrijasotzea* (levantamiento de piedras), la *soka-tira* (lucha de la cuerda) y la *segalaritza*

LENGUA VASCA: ALGUNAS PALABRAS COMUNES

Adiós	*Agur*	Aeropuerto	*Aireportua*
Bienvenido	*Ongi etorri*	Aparcamiento	*Aparkalekua*
Buenas noches	*Gabon*	Ayuntamiento	*Udaletxea*
Buenos días	*Egun on*	Hotel	*Hotela*
Día	*Eguna*	Oficina de turismo	*Turismo Bulegoa*
Gracias	*Eskarrikasko*	Playa	*Hondartza*
Hola	*Kaixo*	Policía Autónoma	*Ertzantza*
No	*Ez*	Policía Municipal	*Udaltzaingua*
Por favor	*Mesedez*	Restaurante	*Jatetxea*
Sí	*Bai*	¡Buen provecho!	*On egin!*

(cortar la hierba). Los mejores exponentes de los dos primeros en particular son considerados héroes locales populares (a raíz de la visita que hizo a Japón el campeón mundial de levantamiento de piedra Iñaki Perurena, se introdujo este deporte en aquel país; continúa siendo el único levantador que ha superado la legendaria barrera de los 315 kg). Todos los deportes vascos desempeñan un importante papel en las numerosas fiestas locales que se organizan.

Alojamiento

El principal inconveniente para viajar por la región es que los precios (al margen de la comida) son más altos que en muchas zonas de España, sobre todo los que se aplican al **alojamiento**, aunque existe una considerable diferencia entre los precios de la cos-

FIESTAS

Enero
19-20 Festividad de San Sebastián; 24 horas de festividades, incluida la tamborrada (un desfile con gaitas y tambores).

Febrero
15-20 Carnaval en Bilbao, Donostia-San Sebastián y Tolosa.

Marzo
4-12 Se celebran una serie de peregrinaciones al castillo de Javier, lugar donde nació san Francisco Javier.

Abril
Semana Santa Se celebra en Vitoria por todo lo alto.
28 La Fiesta de San Prudencio se celebra con tamborradas y en Vitoria-Gasteiz se representa la retirada de las tropas francesas.

Junio
24 Fiestas de San Juan en Lekeitio, Laguardia-Biasteri y Tolosa.
Última semana de junio Fiesta de San Pedro en Mundaka (2 km al sur de Bermeo); bailes regionales.

Julio
En la **primera semana** tiene lugar la fiesta mayor de Zumaia con bailes, deportes vascos y un encierro en la playa.
16-20 Festival Internacional de Jazz en Vitoria-Gasteiz.
22 Fiesta de la Magdalena en Bermeo; procesiones de barcos pesqueros iluminadas por antorchas; carreras y deportes vascos.

25 Santiago Apóstol; Concurso Internacional de Paellas en Getxo.
Desde mediados hasta finales de julio Festival de Jazz de San Sebastián.
31 Día de San Ignacio de Loyola; se celebra en todo el País Vasco, pero con especial vehemencia en Loyola y Getxo, donde hay fuegos artificiales, jazz y una carrera ciclista.

Agosto
Primera semana Estella celebra sus fiestas patronales.
4-9 Fiesta de la Virgen Blanca en Vitoria-Gasteiz, con toros, fuegos artificiales, gigantes y cabezudos.
15 Semana Grande. Una explosión de fiestas y celebraciones, sobre todo en Bilbao, con juegos y carreras vascos, regatas en Zarautz, encierros en Gernika y Tafalla y el Concurso Internacional de Fuegos Artificiales de Donostia-San Sebastián.

Septiembre
Primera semana Euskal Jaiak (fiestas vascas) en Donostia-San Sebastián.
4 Fiesta de San Antolín en Lekeitio, donde los jóvenes del lugar intentan arrancarle el cuello a un ganso (ya muerto).
9 Euskal-Jaia en Zarautz y el Día del Pescador en Bermeo.
19-28 Festival Internacional de Cine de San Sebastián.

Diciembre
Navidad Labastida (Álava) celebra en Nochebuena una misa al aire libre en torno a una hoguera.

CÓDIGOS DE LOS PRECIOS DE ALOJAMIENTO

En esta guía, los precios de alojamiento se reseñan en una escala de ① a ⑨, indicando el precio **más bajo** que puede esperar pagar por noche en un establecimiento por una **habitación doble**, en temporada alta. Los precios, señalados por los códigos, son los siguientes:

① menos de 2.000 pesetas/12 euros
② 2.000-3.000 pesetas/12-18 euros
③ 3.000-4.500 pesetas/18-27 euros
④ 4.500-6.000 pesetas/27-36 euros
⑤ 6.000-8.000 pesetas/36-48 euros
⑥ 8.000-12.000 pesetas/48-72 euros
⑦ 12.000-17.500 pesetas/72-105 euros
⑧ más de 17.500 pesetas/105 euros

ta cantábrica y las zonas del interior. La oferta de alojamiento en pequeñas ciudades y pueblos ha experimentado un importante auge con la introducción del **agroturismo** a cargo del Gobierno vasco, que ofrece al viajero la posibilidad de alojarse en caseríos vascos tradicionales y casas privadas situadas por lo general en zonas de notable belleza pagando precios muy asequibles. El visitante los identificará porque tienen un letrero redondo rojo y verde con la palabra *nekazalturismoa*. El viajero conseguirá en las oficinas de turismo regionales listas de los alojamientos con sus servicios y precios; otra opción es hacer la reserva mediante la oficina de reserva central del País Vasco (☎946 201 188). A excepción de los pueblos muy pequeños, suele haber una fonda u hostal disponible; o también puede preguntar en un bar si alquilan habitaciones.

Irún y alrededores

La provincia de Guipúzcoa linda con la frontera francesa y su ciudad fronteriza, **Irún**, que es uno de los principales accesos a España por carretera y ferrocarril. En la ciudad hay rápidos enlaces con Donostia-San Sebastián, aunque si el visitante prefiere viajar con más tranquilidad, vale la pena detenerse en los puertos pesqueros de **Hondarribia** y **Pasaia-Donibane** (Pasajes-San Juan). La principal ruta que va hacia el sur atraviesa toda la provincia y se adentra en Navarra hasta llegar a Pamplona/Iruña, pasando por el hermoso valle del Bidasoa.

Irún

Al igual que casi todas las ciudades fronterizas, el mayor interés de **IRÚN** es cómo aprovechar al máximo la presencia de los viajeros que pasan por ella, y el principal punto a su favor es la facilidad con que se puede salir de la ciudad; varios trenes diarios parten con destino a **Hendaye** (Hendaye), en Francia, y Donostia-San Sebastián. Además, hay enlaces regulares de larga distancia e internacionales. Si el visitante llega en tren desde París (o cualquier otro lugar de Francia) a Hendaya, se recomienda tomar el «topo» (tren denominado así por los numerosos túneles que atraviesa) en el andén independiente que hay en el exterior derecho de la estación principal de Hendaya; sale cada 30 minutos y llega a la estación de Irún, situada en la avenida de Colón 52, y a Donostia-San Sebastián. De las pocas atracciones que ofrece la población, vale la pena visitar la **ermita de Santa Elena**, en la calle Ermita, un museo que expone restos romanos descubiertos en la zona en 1969.

Aspectos prácticos
Si el viajero tiene que pasar la noche en la ciudad, hay numerosos bares y establecimientos donde **comer** y los precios son bastante más baratos que los de Francia o

Donostia-San Sebastián (un lugar poco recomendable para llegar tarde por la noche, ya que tal vez no encuentre dónde hospedarse). En los alrededores de la principal estación de ferrocarril de Irún hallará varios **hostales** y **restaurantes** pequeños y con precios asequibles especializados en servir buena comida de la zona. El *Hostal Irún*, Zubiaurre 5 (☎943 611 637; ③), y el *Bar Pensión los Fronterizos*, Estación 7 (☎943 619 205; ③), disponen de las habitaciones más baratas; si prefiere más comodidad, a poca distancia encontrará el *Hotel Alcázar*, avenida Iparralde 11 (☎943 620 900; fax 943 622 797; ⑤), *Lizaso*, Aduana 5-7 (☎943 611 600; ④), y *Matxinbenta*, paseo Colón 21 (☎943 621 384; ④). Si el viajero toma la autopista A-8, cerca de la ciudad, llegará a un establecimiento dedicado al **agroturismo**, *Mendiola*, Ventas, Landexte (☎943 629 763; ④).

Hondarribia

El puerto pesquero de **HONDARRIBIA** (Fuenterrabía), a 6 km al norte de Irún desde donde se divisa Hendaya, es un destino mucho más atractivo debido a su calle principal flanqueada de tamariscos, la calle San Pedro, a lo largo de la cual se erigen tradicionales casas vascas de vigas de madera junto con tascas que ofrecen marisco y los mejores pinchos de la zona. Durante el verano, las excelentes **playas** en las afueras de la ciudad son una opción a la abarrotada playa de La Concha de Donostia-San Sebastián.

En Hondarribia hay un pintoresco casco antiguo amurallado al que se accede tras franquear la **Puerta de Santa María** del siglo XV. La calle Mayor, que llega hasta la plaza de Armas, cuenta con numerosas casas con vigas de madera; algunas de ellas lucen el escudo de armas familiar sobre la entrada. La plaza está dominada por el **Palacio de Carlos V**, cuya construcción inició Sancho el Fuerte de Navarra en el siglo X y amplió Carlos V en el XVI. Hoy en día es un lujoso parador de turismo (véase más abajo), al que vale la pena acudir aunque sólo sea para tomarse una copa en el bar.

Aspectos prácticos

En Javier Ugarte 6 hay una **oficina de turismo** (jul.-agos., lun.-sáb., 9-20 h; dom., 10-14 h; sept.-jun., lun.-vier., 9-13.30 h y 16-18.30 h; sáb., 10-14 h; ☎943 645 458; fax 943 645 466) donde proporcionan información muy útil sobre la población y la zona.

Asimismo el viajero encontrará varios **hostales** bastante buenos, entre ellos *Hostal Álvarez Quintero*, Beñat Etxepare 2 (☎943 642 299; ④), en el edificio Miramar cercano a la oficina de turismo, o *Txoko-Goxua*, Murrua 22, apartado 189 (☎943 644 658; ③), situado en el casco antiguo. El **albergue de juventud**, *Juan Sebastián Elcano*, está en la carretera Faro (☎943 641 550; fax 943 640 028; ①); el viajero accederá hasta allí desviándose a la izquierda pasada la calle San Pedro de camino a las playas. El hotel de tres estrellas *Río Bidasoa*, en calle Nafarroa Behera (☎943 645 408; fax 943 645 170; ⑦), tiene piscina, mientras que el *Parador Nacional El Emperador*, plaza Armas (☎943 645 500; fax 943 642 153; ⑦), se halla en el palacio fortificado de la población. Cerca, en la plaza Obispo, se encuentra el *Hotel Obispo* (☎943 645 400; fax 943 642 386; ⑦), establecimiento que destaca por su elegancia. El **cámping** más cercano, *Cámping Jaizkibel* (todo el año; ☎943 641 679), está a 2 km de la ciudad por la carretera de Guadalupe en dirección a Pasaia-Donibane (Pasajes-San Juan). También saliendo de la ciudad, justo al lado de la capilla de Nuestra Señora de Guadalupe, hay un desvío señalizado que indica el camino a un local de **agroturismo**, *Artzu*, en Montaña (☎943 640 530; ④), que ofrece alojamiento en un antiguo caserío restaurado.

Para **comer** y **tomar una copa**, se recomienda ir a las tascas situadas a lo largo de la calle San Pedro. En el casco antiguo, escondido en un callejón estrecho y adoquinado, dos calles por detrás de la calle Mayor, está el restaurante *Mamutzar*, donde sirven un estupendo menú del día; junto a éste, el viajero podrá degustar deliciosas tapas en la pequeña pero animada tasca *Hamlet*.

De la calle San Pedro parten **autobuses** con bastante frecuencia en dirección a Donostia-San Sebastián. La franja de costa que se extiende desde aquí hasta el puerto de Pasaia-Donibane es bastante abrupta y durante mucho tiempo ha sido refugio de contrabandistas.

Pasaia-Donibane

Uno de los lugares que vale la pena visitar mientras se viaja entre Irún y Donostia-San Sebastián es el puerto de Pasaia-Donibane. Aunque gran parte de la población tiene un aspecto marcadamente industrial, el casco antiguo de **PASAIA-DONIBANE** (Pasajes-San Juan) conserva su encanto. La angosta y adoquinada calle San Juan (Víctor Hugo vivió en el n.º 65, en la casa construida sobre el túnel) conduce a la plaza, donde el visitante podrá admirar sus pintorescas casas. Pasaia-Donibane es famosa por sus **restaurantes de pescado** situados junto al mar; muchos de ellos ofrecen buenos menús del día, e incluso si el visitante cena a la carta los precios son menos elevados que los del casco antiguo de Donostia-San Sebastián. Una *txalupa* (especie de lancha) recorre durante todo el día y parte de la noche el puerto hasta Pasajes-San Pedro, desde donde parten autobuses con regularidad hacia la Alameda del Boulevar de Donostia-San Sebastián.

Donostia-San Sebastián

Indiscutible reina de los centros de veraneo vascos, **DONOSTIA-SAN SEBASTIÁN** es una ciudad costera pintoresca (y cara) con estupendas playas que, junto con Santander, siempre ha sido el lugar del norte más visitado para escapar del calor de los veranos del sur, por lo que en julio y agosto registra un lleno completo. Aunque se hacen esfuerzos para que sea un lugar chic y elegante, Donostia-San Sebastián tiene demasiado de destino familiar como para competir con el sur de Francia, lo que la beneficia. La ciudad goza de una situación privilegiada, ya que se halla en torno a la profunda y tranquila bahía de La Concha y está rodeada por ondulantes colinas bajas. El casco antiguo se alza sobre el promontorio este y da la espalda a las arboladas laderas del monte Urgull; no obstante, en los últimos tiempos se han construido nuevos edificios en los márgenes del río Urumea, alrededor del extremo de la bahía hasta el pie del monte Igeldo y en las colinas que miran a ésta.

Llegada e información

La mayoría de los **autobuses** llegan a la plaza Pío XII, situada a 15 minutos a pie por el río desde el centro de la ciudad (la taquilla de las empresas de autobuses se encuentra al volver la esquina que hay junto al río en el paseo de Bizkaia), pero los procedentes de Pasaia-Donibane y Astigarraga paran en la Alameda del Boulevard y, si proceden de Hondarribia, en plaza de Gipuzkoa. La **estación de ferrocarril** de la línea principal se halla al otro lado del río Urumea, en el paseo de Francia, aunque las líneas de cercanías de Hendaya y Bilbao que pasan por Zarautz y Zumaia (no aceptan abonos de InterRail) tienen su terminal en la calle Easo. El **aeropuerto** está a 22 km del centro, cerca de Hondarribia; cada 15 minutos sale un autobús con dirección a la ciudad.

La **oficina de turismo** (lun.-sáb., 8-20 h; dom., 10-13 h; ☎943 481 166) se encuentra en la calle Reina Regente, en el Teatro Victoria Eugenia. Si el viajero quiere obtener más folletos turísticos puede acudir a la oficina de turismo del Gobierno vasco (lun.-vier., 9.30-13.30 h y 15.30-18.30 h; sáb., 9-13.30 h y 15.30-18.30 h; jul.-agos., también dom., 9.30-13.30 h; ☎943 426 282), en paseo de los Fueros 1, al lado de la avenida de la Libertad.

Donostia-San Sebastián es el centro de viajes para toda la región: Viajes TIVE, Tomás Gros 3 (☎943 276 934), es una **agencia de viajes** para estudiantes y jóvenes que vende billetes para autobuses internacionales y billetes de avión con descuento. Otra buena agencia es Viajes Aran, Elkano 1 (☎943 429 009). Para conseguir **libros y mapas** (locales y de otros lugares) y obras sobre todo lo relacionado con el País Vasco, se recomienda ir a Graphos, la librería situada en la esquina de Alameda del Boulevard y calle Mayor. Asimismo se aconseja Bilintx, en Esterlines 10, Darieta Camino y 31 de Agosto 32-36, así como la nueva biblioteca, Koldo Mitxelena, en Urdaneta 9 (☎943 482 750).

Alojamiento

Abundan los establecimientos donde hospedarse, pero pueden resultar bastante caros y en plena temporada resulta difícil conseguir alojamiento; de hecho, si el viajero llega en julio o agosto, o durante el festival de cine que se celebra en septiembre, tendrá que empezar a buscar habitación temprano por la mañana o hacer una reserva con bastante antelación. No hay una gran diferencia entre los precios más baratos de la Parte Vieja y el resto de la ciudad, aunque los hostales que se encuentran en la Alameda del Boulevard tienden a ser algo más caros. Suele haber más posibilidades de encontrar habitación en la zona de la catedral, el centro, que rodea las calles Easo, San Martín, Fuenterrabía y la animada San Bartolomé, o al otro lado del río en **Gros**, detrás de la estación de ferrocarril principal en **Egia**, o la parte nueva de la ciudad, **Amara Nuevo**, de camino al complejo deportivo de Anoeta. El viajero también puede preguntar en alguna tasca de las áreas mencionadas si alquilan habitaciones, aunque la oficina de turismo recomienda alojarse en hoteles y casas de huéspedes autorizados.

La Parte Vieja

Albergue de juventud, paseo de Igeldo (☎943 310 268; fax 943 214 090). Albergue de juventud de San Sebastián conocido como *La Sirena*, a sólo unos minutos a pie desde el extremo de la playa de Ondarreta. ①

Pensión Amaiur, 31 de Agosto 44, 2.º (☎943 429 654). Pensión agradable y acogedora con habitaciones dobles enmoquetadas y algunas con capacidad para tres personas. ④

Pensión Arsuaga, Narrica 3, 3.º (☎943 420 681). Establecimiento con habitaciones dobles sencillas y espaciosas (que pueden resultar frías en invierno), con restaurante propio que ofrece unos interesantes precios por la pensión completa. ③

Hostal La Estrella, plaza de Sarriegi 1 (☎943 420 997). Atractivo hostal viejo que ofrece habitaciones con o sin ducha que dan a la plaza o a la Alameda del Boulevard. ④

Pensión Kaia, Puerto 12, 2.º (☎943 431 342). Habitaciones modernas y agradables con baño. ④

Pensión Larrea, Narrica 21, 1.º (☎943 422 694). Habitaciones nuevas y limpias pero orientadas a una esquina muy concurrida, y un poco estrechas y ruidosas. ④

Hostal Parma, General Jáuregui 11 (☎943 428 893). Situado entre la Parte Vieja y el paseo Nuevo, este hostal ofrece habitaciones con todas las comodidades; las mejores tienen vistas al mar. ⑥

Pensión San Jerónimo, San Jerónimo 25, 2.º (☎943 420 830). Pensión correcta, aunque las habitaciones son espartanas y tiene un vestíbulo y unas escaleras poco atractivas. ④

Pensión San Lorenzo, San Lorenzo 2, 1.º (☎943 425 516). Los huéspedes pueden usar la cocina de esta pequeña pensión. ③

Pensión Urgul, Esterlines 10, 3.º (☎943 430 047). Habitaciones aireadas y amuebla-

408 / **PAÍS VASCO**

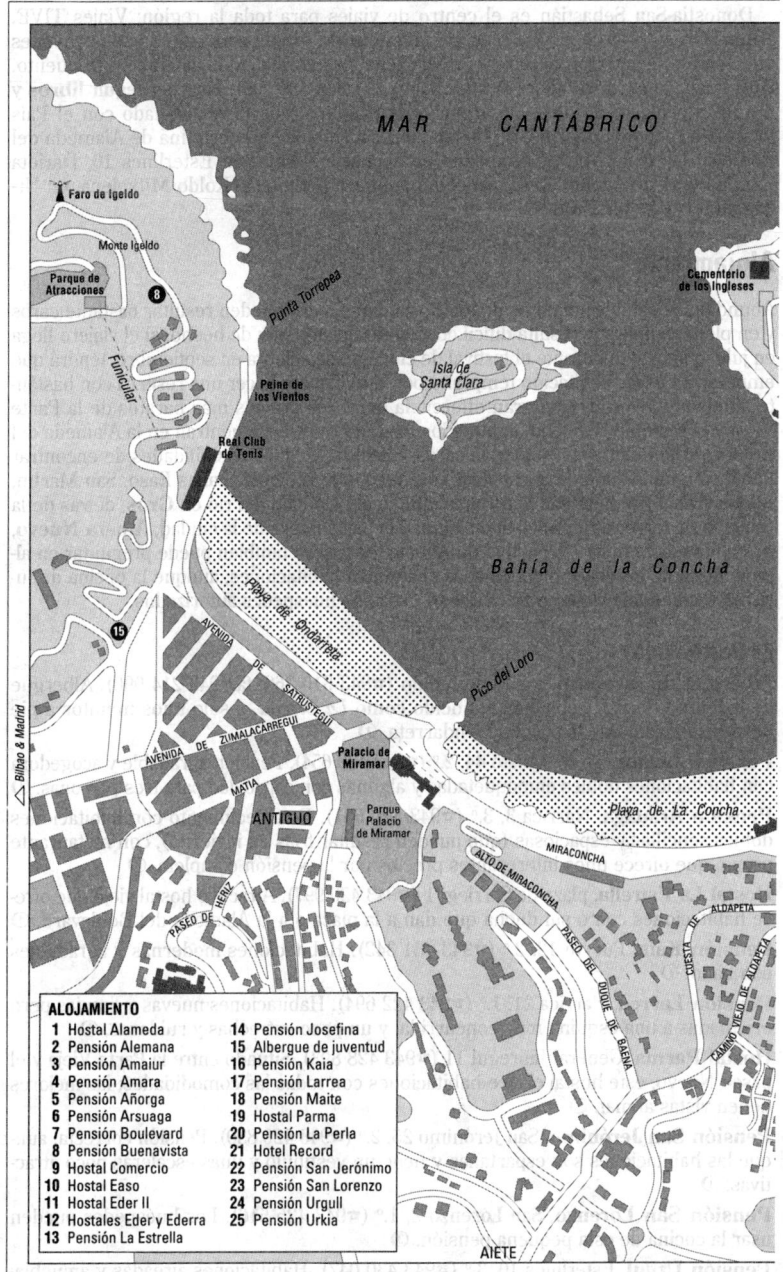

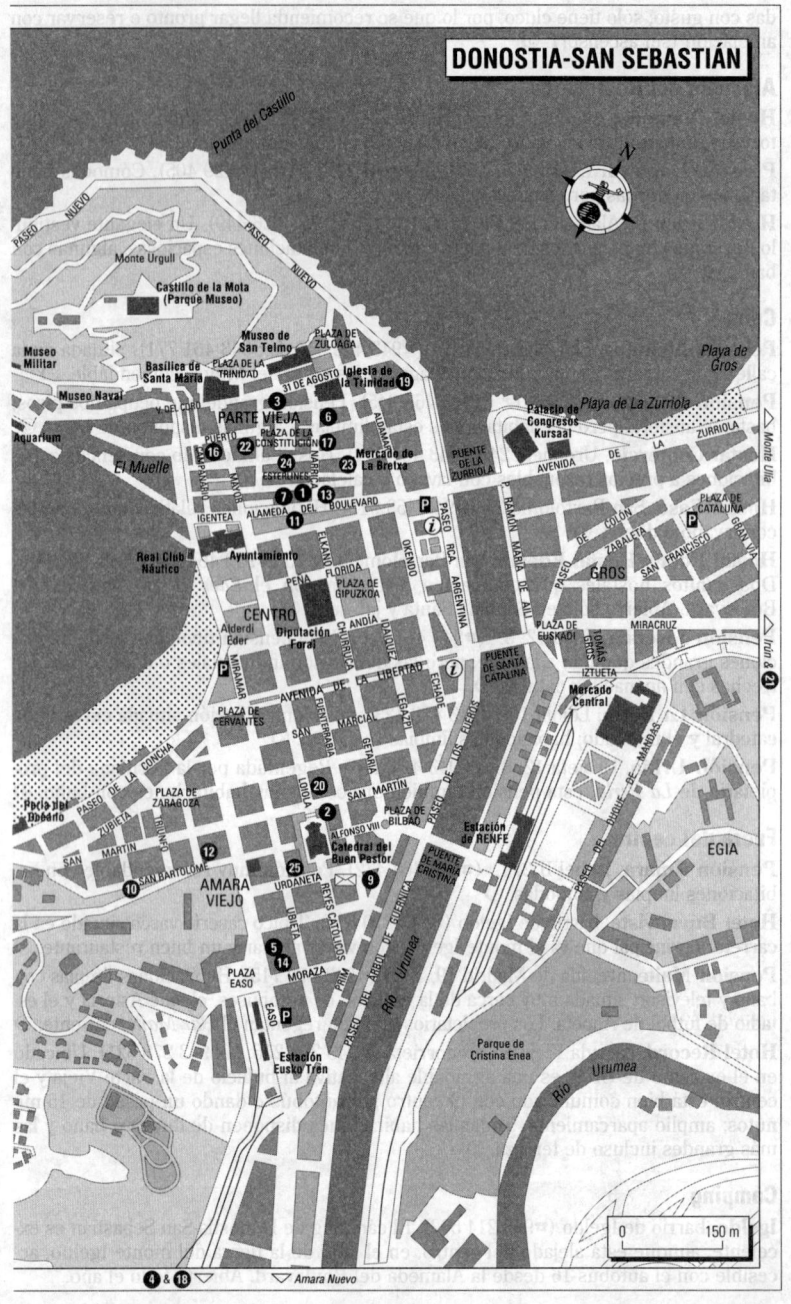

das con gusto; sólo tiene cinco, por lo que se recomienda llegar pronto o reservar con antelación (sin ascensor). ③

Alameda del Boulevard

Hostal Alameda, Alameda del Boulevard 23 (☎943 421 687). Edificio antiguo y pintoresco un tanto desvencijado. Existen algunas habitaciones adjuntas. ③-⑤
Pensión Boulevard, Alameda del Boulevard 24, 1.º (☎943 429 405). Cómodas habitaciones modernas pero sin lavabo. ⑤
Hostal Eder II, Alameda del Boulevard 16, 2.º (☎943 426 449). Un elegante vestíbulo decorado con panelados de madera conduce a habitaciones espaciosas, algunas con baño. ⑤

Centro

Pensión Alemana, San Martín 53, 1.º (☎943 462 544; fax 943 461 771). Situada en la calle de la catedral y con habitaciones agrupadas en serie. Muy recomendable. ⑥
Pensión Añorga, Easo 12, 1.º (☎943 467 945). Pensión grande que ocupa dos pisos; bastante austera, pero las habitaciones están limpias y algunas disponen de baño. ③
Hostal Comercio, Urdaneta 24 (☎943 464 414). Hostal amueblado con sencillez; habitaciones a precios razonables con lavabo y calefactores. ④
Hostal Easo, San Bartolomé 24 (☎943 453 912). Habitaciones relativamente baratas con lavabo o ducha. ④
Hostal Eder y **Hostal Ederra**, San Bartolomé 33 y 25 (☎943 464 969 y 943 426 449). Dos bonitos hostales que comparten dirección con el *Eder II* en Alameda del Boulevard. Abierto sólo en Semana Santa y jul.-sept. ⑤
Pensión Josefina, Easo 12, 3.º (☎943 461 956). Esta pensión tiene un par de habitaciones grandes que dan a la calle, pero las demás son individuales o dobles, muy estrechas con apenas luz natural. ④
Pensión La Perla, Loiola 10 (☎943 428 123). Excelente pensión situada cerca de la catedral y el mercado; habitaciones limpias con baño. ④
Pensión Urkia, Urbieta 12, 3.º (☎943 424 436). Regentada por la hermana del propietario de *La Perla*, esta pensión también ofrece buenas habitaciones con baño. ④

Fuera del centro

Pensión Amara, Isabel II 2, 1.º (☎943 468 472). Pensión muy recomendable con habitaciones limpias y cómodas. ④
Hotel Buenavista, barrio de Igeldo (☎943 210 600). Típico caserío vasco situado en la carretera principal que va al monte Igeldo, con vistas al mar y un buen restaurante. ④
Pensión Maite, avenida de Madrid 19, 1.º B (☎943 470 715). Habitaciones limpias con baño y televisor; situada muy cerca de la estación de autobuses, el cine Astoria y el estadio de fútbol de Anoeta. Los propietarios también regentan el *Bar Maite*, enfrente. ④
Hotel Record, calzada Vieja de Ategorrieta (☎943 271 255; fax 943 278 521). Ubicado en el extremo de Gros, es una agradable alternativa al bullicio de la Parte Vieja y el centro; está bien comunicado con el centro por autobús o dando un paseo de 15 minutos; amplio aparcamiento. Todas las habitaciones disponen de ducha o baño y las más grandes incluso de terraza. ⑥

Cámping

Igeldo, barrio de Igeldo (☎943 214 502). El cámping de Donostia-San Sebastián es excelente, aunque está alejado del centro, en el lado de la tierra del monte Igeldo, accesible con el autobús 16 desde la Alameda del Boulevard. Abierto todo el año.

La ciudad

La **Parte Vieja** es el foco de atracción de la ciudad, con sus estrechas y animadas calles donde se congrega una multitud por la tarde para ir de tascas o de compras o bien probar el marisco que venden en los puestos callejeros en torno al puerto.

En esta zona se encuentran también los principales monumentos de Donostia-San Sebastián: la fachada barroca de la **iglesia de Santa María** del siglo XVIII, y la **iglesia de San Vicente** del siglo XVI y estilo gótico más moderado y elegante. El centro del casco antiguo es la **plaza de la Constitución** (conocida popularmente como La Consti), donde hay diferentes números colocados en los balcones de las viviendas que la rodean, muestra de la época en que se utilizaba como plaza de toros. Situado junto a la calle 31 de Agosto (la única que sobrevivió al gran incendio del 31 de agosto de 1813), detrás de la calle San Vicente, se encuentra el excelente **Museo de San Telmo** (mar.-sáb., 10.30-13.30 h y 16-20 h; dom. y festivos, 10.30-14 h; entrada gratuita), cuyas exposiciones (dispuestas alrededor del claustro de un antiguo convento) incluyen una excelente muestra etnográfica vasca en el primer piso y la mayor colección de estelas funerarias en forma de disco solar del País Vasco. A veces se organizan exposiciones de obras de pintores vascos modernos y la capilla del convento (todos los días, 16-20 h) está decorada con una serie de frescos de José Sert que representan escenas de la vida vasca. En la misma plaza que la entrada lateral del museo se halla la sociedad gastronómica más antigua en activo de la ciudad, la **Artesana**.

Detrás de la plaza se alza el **monte Urgull**, atravesado por numerosos caminos tortuosos. Desde la colosal figura de Cristo que hay en la cima se divisan hermosas vistas del mar, la bahía y la ciudad. Al bajar, vale la pena detenerse en el **Acuario** (mediados mayo-mediados sept., todos los días, 10-13.30 h y 16-20 h; mediados sept.-mediados mayo, mar.-dom., 10-13.30 h y 16-19.30 h; 1.100 pesetas) del puerto; muestra el esqueleto de una ballena capturada en el siglo pasado, así como una extensa historia de la navegación vasca, aunque no una gran cantidad de peces. Cerca de allí, en el paseo del Muelle 24, está el **Museo Naval** (mediados jun.-mediados sept., mar.-sáb., 10-13.30 h y 17-20.30 h; dom., 11-14 h; mediados sept.-mediados jun., mar.-sáb., 10-13.30 h y 16-19.30 h; dom., 11-14 h), con instalaciones de vídeo y exposiciones que analizan la tradición e historia de la pesca en el País Vasco.

Desde la cumbre del **monte Igeldo** se pueden contemplar magníficas vistas; el viajero tendrá que tomar el autobús «Igeldo» en el Boulevard o caminar por la bahía hasta llegar a su base, cercana al club de tenis, donde un **funicular** (verano, diario, 10-20 h; invierno, 11-18 h; cada 15 min.; 225 pesetas, ida y vuelta) le llevará hasta la cima.

Playas

En Donostia-San Sebastián hay **tres playas**: La Concha, Ondarreta y La Zurriola. **La Concha**, la más céntrica y famosa, tiene forma de media luna y abarca toda la bahía de la ciudad. A pesar de la multitud que se concentra allí durante casi todo el verano, es la mejor, siempre animada por vendedores de gambas y refrescos fríos; además, el visitante se puede acercar a nado hasta los diferentes chiringuitos que hay en la arena y los barcos atracados en la bahía. A poca distancia de La Concha, en la misma bahía, se encuentra la pequeña **isla de Santa Clara**, un buen sitio para hacer un picnic; cada 30 minutos un barco sale del puerto, en verano (diario, 10-20 h; 300 pesetas, ida y vuelta).

La Concha y **Ondarreta** son las mejores playas para nadar (la segunda es una continuación de la primera, que se extiende más allá del afloramiento rocoso sobre el que se alza el **Palacio de Miramar**, en una época residencia veraniega de la familia real española). En la franja de tierra que mira a la playa de Ondarreta hay enormes casonas diseminadas, algunas de las residencias más caras de España, propiedad en su mayoría de familias adineradas de Madrid que veranean en la ciudad (por tal mo-

tivo esta zona solía llamarse La Diplomática), y tiene fama de ser más formal que la parte central, aunque el animado barrio de **El Antiguo** en el que abundan las tascas, está a sólo unos minutos caminando.

La **playa de La Zurriola** ha sido rehabilitada y ahora es un magnífico lugar para practicar surf sin el agobio de bañistas de las otras playas. Sin embargo, el elegante paseo marítimo ha perdido encanto debido a la construcción de un enorme edificio de hormigón en forma de cubo; este nuevo centro inaugurado en el verano de 1999 alberga varios restaurantes, tiendas, un auditorio para conciertos y una galería de arte. El viajero podrá contemplar una de las mejores vistas de la ciudad y la bahía desde el extremo de la playa, al subir las escaleras que llevan a la sidrería situada en el lado del **monte Ulia**. Esta caminata puede alargarse fácilmente hasta cubrir unos 5 km recorriendo la costa hasta el faro que vigila la entrada al puerto de Pasaia-Donibane.

Comida, bebida y espectáculos

Si al viajero le apetece disfrutar de la gastronomía, en Donostia-San Sebastián podrá comer en algunos de los mejores **restaurantes** de España (la mayoría de ellos cierran el domingo por la noche y el lunes) y un sinfín de animadas **tascas**. La mayoría de los establecimientos se encuentran cerca de la Parte Vieja y los precios tienden a reflejar la popularidad de esta zona, sobre todo en lo que se refiere a los restaurantes que miran al mar, aunque los menús del día que sirven son de buena calidad y tanto los pinchos como las raciones son una opción para cenar barato. Para aquellos que viajen con un presupuesto ajustado, se recomienda ir al **mercado de la Bretxa**, situado en el centro de la Parte Vieja, en calle San Juan.

Restaurantes y bares de tapas

Akelarre, paseo de Padre Orcolaga 56 (☎943 212 052). Situado en el barrio Igeldo, es uno de los mejores restaurantes de la ciudad; hermosas vistas al mar. Más de 5.000 pesetas el cubierto.

Arzak, Alto de Miracruz 21, monte Ulia (☎943 278 465). Santuario de la cocina vasca, con tres estrellas de Michelín y un excelente menú por unas 8.000 pesetas.

Domenico's, Zubieta 3. Elegante restaurante italiano muy popular.

Bar Etxadi, Reyes Católicos 9. Animado bar-restaurante para tomar raciones y menús por un módico precio.

Gaztelu, 31 de Agosto 22. Excelente restaurante de la Parte Vieja donde el cliente puede elegir entre una gran variedad de raciones a buen precio.

Mama Mia's, Triunfo 8. Buen restaurante italiano con precios moderados que sirve platos vegetarianos.

Casa Maruxa, paseo de Bizkaia 14, Amara. Especializado en cocina gallega, es frecuentado por gente que se dirige al complejo del cine Astoria, situado justo al volver la esquina.

Morgan Jatetxea, Narrica 7. Especializado en la nueva cocina vasca de influencia francesa y en platos vegetarianos, sobre todo los sabrosos entrantes. Es bastante normal pedir dos de estos primeros platos en lugar de los principales a base de carne o pescado.

Casa Nicolasa, Aldamar 4 (☎943 421 762). Clásica (y cara) cocina vasca.

Casa Senra, calle San Francisco. Buen restaurante situado en Gros.

Oriental, Reyes Católicos 6. El mejor de los numerosos restaurantes chinos en cuanto a calidad de la comida, precio y ambiente acogedor.

Cafetería Ubarrechenea, San Martín 42. Menús excelentes y económicos.

Warrechena, calle Mayor. Muy popular entre lugareños y visitantes, este establecimiento sirve platos españoles tradicionales y es uno de los menos caros de la Parte Vieja.

Bares y clubes

Al caer la noche, las calles de la ciudad se llenan de gente deseosa de divertirse en los numerosos **clubes** y **bares**. Las dos zonas más animadas son la **Parte Vieja**, en la que se encuentran *Bar Uraitz, Bar Eibartarra* y *Bar Sariketa*, todos ellos en la calle Fermín Calbetón, y la que rodea a la calle **Reyes Católicos**, donde hay bastantes pubes musicales, de los más caros de la ciudad; allí están *Pokhara, Kalima, La Bodeguilla* o *El Nido*, con una amplia selección de música. La calle San Bartolomé, a unas cuantas calles por detrás del paseo de La Concha, atrae a una clientela muy joven. Para escuchar **jazz**, se recomienda *BeBop, Etxekalte* o *Altxerri*, todos ellos en el límite de la Parte Vieja. En Gros también encontrará un par de excelentes pubes de estilo alemán, *El Chofre* y *Bidea*, que sirven una variada gama de cervezas de importación.

Cuando los pubes cierran, por lo general hacia las 3.30 h, la noche continúa en *Komplot* (calle Pedro Egaña), *Bataplán* (paseo de La Concha), *La Piscina* y *Tenis*, situados todos en el extremo de la playa de Ondarreta, donde a menudo se ofrecen actuaciones musicales en vivo (sobre todo de salsa) que duran hasta primeras horas del día.

Fiestas y festivales

A lo largo de todo el verano se celebran numerosas **fiestas**; muchas de ellas incluyen deportes vascos, entre los que destacan las regatas anuales, las traineras, en las que compiten los pueblos de la costa. El **Festival de Jazz**, que se desarrolla en diferentes espacios de la ciudad durante 5 días de julio, atrae a los mejores intérpretes y a numerosos asistentes que vuelven de las fiestas de San Fermín en Pamplona. En la segunda mitad de septiembre se celebra el **Festival de Cine**, y durante todo el año se ofrecen numerosas actuaciones musicales y representaciones teatrales, tanto en el Victoria Eugenia como en el Teatro Principal. La oficina de turismo publica una guía mensual de todos los acontecimientos.

Direcciones prácticas

Alquiler de automóviles Atesa, Amezketa 7 (☎943 463 013); Avis, Triunfo 2 (☎943 461 527); Hertz, Zubieta 5 (☎943 461 084); y Europcar, estación de Renfe, paseo de Francia (☎943 322 304).

Alquiler de bicicletas Puede alquilar bicicletas de montaña en Comet, avenida de la Libertad 6 (☎943 426 637).

Bancos La mayoría de los bancos tienen sus principales delegaciones en la avenida de la Libertad, incluido el Banco Central Hispano (n.º 17) y el BBVA, en la esquina con la calle Hernani.

Información sobre senderismo Contacte con el Club de Montaña de Kresala, Euskalerria 9 (☎943 420 905), o Noresta, María Lili (☎943 293 520), una librería de viajes y mapas que también alquila esquíes y equipo de trekking.

Oficina de correos Calle Urdaneta, justo al sur de la catedral (lun.-vier., 8-21 h; sáb., 9-14 h).

Piscina El Polideportivo de Anoeta (☎943 458 797) tiene una piscina al aire libre, una pista de atletismo, pistas de tenis y un gimnasio. Hay otra piscina, Termas La Perla, en paseo de La Concha (☎943 458 856), que también tiene un gimnasio y una sauna.

SIDRERÍAS

Si el viajero se encuentra en Donostia-San Sebastián entre finales de enero y principios de mayo, puede visitar alguna de las numerosas **sidrerías** (*sagardotegiak* en vasco) que hay en la zona cercana a **Astigarraga**, a unos 6 km de la capital donostiarra. Para ello, tendrá que tomar el autobús rojo con destino a Hernani en la Alameda del Boulevard o, si lo prefiere, un taxi que le costará unas 1.000 pesetas.

La producción de **sidra** es una de las tradiciones más antiguas del País Vasco: hasta la Guerra Civil y la posterior industrialización, prácticamente todos los caseríos de Guipúzcoa y, en menor medida las demás provincias vascas, producían sidra, considerada un bien valioso empleado como permuta. Hasta hace poco, en las comunidades rurales de esta zona la permuta era la principal forma de intercambio, y los caseríos estaban abiertos al público, lo que permitía a la gente reunirse (la tradición *bertsolariak* de poesía oral nació en estos parajes) para beber sidra. Las sidrerías han experimentado un renacer; de hecho, por unas 1.500-2.500 pesetas el viajero podrá comer de manera abundante a base de enormes bistés, pescado a la plancha y tortilla de bacalao, seguido de queso del lugar y nueces, además de beber sidra sin límite. De la cincuentena de sidrerías que aproximadamente existen, unas de las más accesibles son *Petritegi* y *Gartziategi*, a unos kilómetros fuera de la ciudad, mientras que algunas de las más antiguas (y auténticas), como *Sarasola* y *Oiarbide*, se encuentran en la denominada ruta de las sidrerías que llega más allá de Astigarraga. En la oficina de turismo proporcionan una lista completa con los números de teléfono de cada una de ellas.

Teléfonos Telefónica tiene una central en San Marcial 29, a una manzana de la avenida de la Libertad (lun.-sáb., 9.30-23 h).

Hacia el interior desde Donostia-San Sebastián: un circuito por Guipúzcoa

Guipúzcoa es la provincia más pequeña de España y tiene un buen servicio de transporte público, lo que significa que el viajero podrá visitar la mayoría de los lugares de interés en excursiones de 1 día desde Donostia-San Sebastián. Como opción de viaje, puede hacer el circuito que se presenta a continuación, que asimismo sirve como pasarela para llegar a Vitoria y otros lugares situados más al sur.

Tolosa y Ordizia

A 24 km al sur de Donostia-San Sebastián se encuentra **TOLOSA**, famosa por su **carnaval** de febrero, considerado por los vascos superior al de Donostia-San Sebastián (fue el único que mantuvo la tradición durante el régimen de Franco). En octubre, hay un festival internacional de coros. Aunque bastante industrializada, Tolosa tiene un extenso barrio antiguo con una impresionante plaza y constituye un buen lugar donde pasar un fin de semana. Se recomienda probar las alubias en alguno de sus numerosos restaurantes, considerados los mejores del País Vasco. Si el viajero quiere **pernoctar** allí, se aconseja el *Hostal Oyarbide*, plaza Gorriti 1 (☎943 670 017; ③), o en el más elegante *Hotel Oria*, Oria 2 (☎ y fax 943 654 688; ⑤).

Unos 20 km más al sur, en un punto de la línea ferroviaria principal que lleva a Vitoria, está **ORDIZIA**, la población del valle del Oria. Si el viajero la visita un miércoles, podrá ir al **mercado** semanal de productos agrícolas que se monta cuando todos los granjeros de la región acuden a la localidad a comprar y vender ganado, queso y otros productos naturales.

Paseos alrededor de Ordizia

A espaldas de Ordizia se levanta el impresionante pico de **Txindoki**, al que se puede ascender en unas 3 horas desde Larraitz, el pueblo más alto, en una excursión de 1 día desde San Sebastián o Tolosa.

La **sierra de Aralar** que se extiende más allá de Txindoki constituye un estupendo lugar para hacer caminatas durante varios días; una posibilidad es dirigirse directamente desde Larraitz al **monasterio de San Miguel** en Navarra (7-8 h en total por un recorrido que discurre en gran parte por terreno llano), donde el viajero podrá dormir y comer por poco dinero; desde allí parte un camino que baja por la escarpa hasta **Huarte**, en la principal línea ferroviaria que une Vitoria-Gasteiz con Pamplona/Iruña. En invierno la sierra se convierte en un lugar muy popular para practicar el esquí de fondo.

Segura y el monasterio de Arantzazu

Uno de los pueblos más bonitos del interior de Guipúzcoa es **SEGURA**, situado al sureste de Ordizia. En sus orígenes era una villa señorial desde donde en una época ejerció el poder la familia Guevara; en la localidad hay varias mansiones antiguas que fueron propiedad de los Guevara y otras familias de abolengo, dispuestas a lo largo de su prolongada y serpenteante calle mayor. Hoy en día es un pueblo bastante aburrido y atrasado que cobra vida durante las **procesiones de Semana Santa** (no muy celebradas en el resto del País Vasco) y a mediados de junio allí se celebra una de las mejores fiestas de pueblo del País Vasco.

Segura y Zegama, más al sur, eran importantes paradas en la antigua **ruta de peregrinación** a Santiago, que se juntaba con la ruta principal en Santo Domingo de la Calzada (La Rioja). La vieja vía romana que seguían los peregrinos todavía es bien visible y se puede caminar por parte de ella en una excursión de 1 día, incluso sin disponer de vehículo propio (aunque el viajero tendrá que comprobar todos los detalles del transporte antes de salir). El viajero puede tomar uno de los primeros trenes que van a Vitoria-Gasteiz desde Donostia-San Sebastián y pedir un billete para **OTZAURTE**, un pequeño apeadero al sur de Zegama. Desde aquí se tarda 1 hora caminando hasta el refugio de **San Adrián** (todo el año, fines de semana; verano, todos los días; sirve comida). La sección mejor conservada de la calzada romana que hay en la montaña está al pasar el túnel natural de San Adrián situado por encima del refugio, desde donde todo el camino es bajada (2 h) hasta llegar a **Araia**, la primera ciudad en Álava junto a la carretera que une Vitoria-Gasteiz con Pamplona/Iruña; desde allí sale un autobús a las 15.15 h para Vitoria-Gasteiz y se puede tomar el tren en la estación situada a 2 km de la ciudad.

Una alternativa es ir al oeste cruzando la meseta o por la espectacular sierra de Aitzkorri hasta el refugio de **Urbia** (el mismo tiempo que San Adrián) y el monasterio de **Arantzazu** (3-4 h), donde el viajero encontrará varios hostales y hoteles; el mejor de ellos es la *Hospedería de Arantzazu* (☎943 781 313; ③), o el contiguo y menos caro *Sindica* (☎943 781 303; ④). Se trata del lugar de peregrinación más importante para los vascos (**Nuestra Señora de Arantzazu** es la patrona de Guipúzcoa), y se halla en un marco espectacular, sobre una pared de la montaña dominando un barranco. Aunque en este lugar existió un monasterio en el siglo XV, el actual edificio de aspecto futurista fue construido en 1950 y expone obras contemporáneas de los escultores Chillida (las puertas) y Oteiza (parte de la fachada). Los domingos se llena de gente, ya que acuden devotos de toda la provincia y otros lugares.

Oñati

OÑATI, a 8 km de Arantzazu, es sin duda la población del interior más interesante de Guipúzcoa, ya que entre sus numerosos edificios históricos hay algunos de estilo barroco; de hecho, el pintor vasco Zuloaga la describió como «el Toledo vasco».

La antigua **universidad** domina la ciudad; construida en 1548, es la única del País Vasco que está en activo desde hace cientos de años. Destacan la fachada con sus cuatro pilastras adornadas con figuras y el patio. El ayuntamiento barroco y la iglesia parroquial de **San Miguel** se encuentran en los extremos opuestos de la arcada plaza de los Fueros. En la cripta de la iglesia están enterrados todos los condes de Oñati desde el 988 hasta 1890; el claustro tiene la particularidad de estar construido sobre el río. Otros edificios interesantes de la población son varias casas torres en la misma línea que las del norte de Navarra, mansiones de familias y el monasterio de **Bidaurreta**, de estilo plateresco.

Aspectos prácticos

En la calle Foru Enparantza 11 (todos los días; ☎943 783 453) hay una **oficina de turismo**, que puede organizar visitas a la universidad y la iglesia parroquial; proporcionan un mapa gratuito de la ciudad, así como folletos que detallan rutas a pie y en automóvil para visitar los lugares más interesantes de la zona.

El *Bar-Restaurante Echeverria*, R. M. Zuazola 15 (☎943 780 460; ③), es el único **hostal** del centro de la localidad; el **restaurante** de la planta baja también ofrece un menú del día a precio razonable. Se recomienda preguntar en la oficina de turismo por los establecimientos dedicados al **agroturismo**; se aconseja *Enparantza*, Olabarrieta 25 (☎943 782 152; ③), o *Arregi*, Garagaltza 21 (☎943 780 824; ④); o asimismo existe la posibilidad de alquilar una habitación.

Un **autobús** diario va de Oñati a Bilbao, y otro a Vitoria-Gasteiz, con parada en Mondragón.

La costa vasca

Saliendo de Donostia-San Sebastián en dirección oeste, tanto la carretera como la línea de ferrocarril se adentran en la provincia siguiendo el curso del río Oria en su recorrido hacia la costa hasta llegar a Zarautz. En este camino se encuentra el bonito pueblo pesquero de **Orio**, situado sobre el estuario del río, una agradable parada para descansar del viaje. A partir de **Zarautz**, el litoral de la **costa vasca** es magnífico (rocoso y agreste, con largos tramos de carretera que discurren junto al borde de los acantilados) hasta alcanzar Bilbao. Algunos autobuses hacen esta ruta por la autopista, pero aunque el viajero no tenga intención de parar en algún lugar (hay numerosos pueblos pesqueros típicos que tientan a hacerlo), vale la pena ir por la carretera vieja para disfrutar del paisaje. Cuanto más alejado se halle el sitio, menos explotado estará.

Zarautz

ZARAUTZ no es precisamente la localidad más atractiva de la costa. Desarrollado como una extensión urbana de Donostia-San Sebastián, el casco antiguo ha sido engullido por una línea de hoteles y cafés caros, quedando así entre la carretera y la concurrida playa, un lugar muy popular entre los aficionados al surf. La población y el área circundante (y, en menor medida, las localidades que hay en la costa en dirección a Vizcaya) son famosas por producir el *txakoli*, un vino blanco seco fuerte (desde aquí hasta Getaria, los viñedos crecen en laderas que llegan al mar).

Aspectos prácticos

La **oficina de turismo** facilita toda clase de información; se encuentra en Nafarroa (lun.-sáb., 9-13 h y 15.30-19 h; dom., 10-14 h; ☎943 830 990), la calle principal que atraviesa la población; su personal puede aconsejar al viajero sobre la oferta de **aloja-**

miento. Uno de los mejores establecimientos donde hospedarse es el situado por encima del cámping *Talai-Mendi*, el *Agerre-Goikoa* (☎943 833 248; ③), de agroturismo. El **albergue de juventud**, *Monte Albertia* en San Inazio 25 (☎943 132 910; fax 943 130 006; ②), carretera de Meagas, permanece abierto todo el año. Zarautz tiene dos **cámpings**, *Gran Cámping Zarautz* (todo el año; ☎943 831 238), en lo alto de los acantilados que miran a la playa, al que se accede desde la localidad por la vieja carretera de Donostia-San Sebastián girando a la izquierda en lo alto de la colina, y *Talai-Mendi* (☎943 830 042), a corta distancia caminando desde la playa, más barato (sólo jul.-mediados sept.).

Getaria

Unos 5 km más allá está **GETARIA**, un pequeño pueblo pesquero protegido por el islote de **El Ratón**. Se trata de un lugar histórico, una de las primeras localidades de la costa; además, conserva la magnífica iglesia de San Salvador del siglo XIV, cuyo altar se eleva de forma exagerada por encima de las cabezas de los fieles. El primer hombre que dio la vuelta al mundo en barco, Juan Sebastián Elcano, nació aquí alrededor de 1487, y su barco fue el único de la flota de Magallanes que regresó a puerto. Cada 4 años, el 6 de agosto, durante las **fiestas** del pueblo, se recrea el desembarco de Elcano en la playa. Vale la pena visitar el bar *Mayflower*, con vistas al puerto, para contemplar la carta náutica de toda la costa vasca que ocupa una pared; hay una pequeña pero interesante **galería de arte** de acceso gratuito compuesta de óleos en relieve, obra del pintor local Elorza.

Aspectos prácticos

Getaria tiene una pequeña **oficina de turismo** (sólo verano) en Aldamar Parkea 2 (mediados jul.-mediados sept., lun., 15-21 h; miér., 11.15-13.15 h y 15-21 h; jue.-dom., 10.15-14.15 h y 15-21 h; ☎943 140 957); cuando esté cerrada, el viajero puede acudir a la oficina de Zarautz.

Antes de comer, se recomienda comprobar los precios de los tentadores **restaurantes** de pescado, ya que muchos son bastante caros. Entre las opciones de **alojamiento** se aconsejan *Pensión Getariano*, Errieta Kalea 3 (☎943 140 567; ⑤), y tres agroturismos más baratos situados a unos kilómetros en la ladera de la montaña, de camino a Meagas; en la oficina de turismo proporcionan más detalles.

Zumaia, Azpeitia y alrededores

De camino a **ZUMAIA** (una población de aspecto industrial a primera vista pero con un bonito centro y un agradable puerto que se extiende a lo largo del estuario del río Urola), la costa se vuelve más abrupta. La **fiesta** local de Zumaia, que se celebra durante los primeros días de julio, es una de las más espectaculares de la región, con deportes vascos, bailes y suelta de novillos para poner a prueba el valor de los jóvenes lugareños.

En Zumaia hay dos **playas** muy diferentes; una de ellas, situada tras la colina que separa la localidad, es una amplia extensión gris encerrada por acantilados muy escarpados de roca estratificada como pizarra que permiten la entrada de las olas y convierten este lugar en uno de los mejores de la costa para practicar surf. En la parte alta de los acantilados se pueden hacer caminatas en dirección oeste. La otra playa, llana y de arena, se encuentra cruzando el río desde el puerto; está protegida por un bosquecillo de pinos. En la carretera que hay detrás se halla la **villa Zuloaga** (6 jun.-15 sept., miér.-dom., 16-20 h; 400 pesetas; ☎943 862 341); antigua residencia del pintor vasco Ignacio Zuloaga; en la actualidad es un pequeño museo de arte que expone

su obra y la de otros artistas vascos junto con una muestra algo extraña de objetos relacionados con la tauromaquia.

El visitante encontrará una **oficina de turismo** (jul.-sept., lun., 16-19.30 h; mar.-sáb., 10-13.30 h y 16-19.30 h; ☎943 143 396) en la plaza principal; en este sitio hallará asimismo el único **alojamiento** de la ciudad: *Bar Tomás* (☎943 861 916; ③). Si están ocupadas todas las habitaciones, el dueño puede conseguir una habitación en una casa particular.

Si el viajero va hacia el interior desde Zumaia, a 1 km de la ciudad de **AZPEITIA**, llegará a la imponente **basílica de Loyola** de estilo barroco y construida en el siglo XVIII (todos los días, 8.30-14 h y 15-21 h), fue erigida en honor de san Ignacio de Loyola, el fundador de la Compañía de Jesús. Luce una impresionante rotonda y decoración de mármol, y constituye uno de los principales lugares de peregrinación. Cerca de allí está también la población de **ZESTOA**, situada al norte de Azpeitia y famosa por sus ricos manantiales de aguas termales y minerales. El lujoso *Gran Hotel Balneario Cestona* (☎ y fax 943 147 140; ⑦) se halla junto a la carretera provincial; ofrece una gran variedad de tratamientos, entre ellos las duchas termales.

Mutriku

Al pasar **Deva**, un lugar no muy atractivo, la carretera principal gira tierra adentro; por ello la ruta costera se vuelve más agreste al entrar en la provincia de Vizcaya. La carretera es estrecha y la circulación lenta, pero hay muchos autobuses que salen de Donostia-San Sebastián y hacer autostop resulta fácil. Cerca del puerto de Deva, el viajero verá una **oficina de turismo**, en Puerto 1 (jul.-sept.; ☎943 602 452).

MUTRIKU, a pesar de algunos edificios levantados hace poco en la parte alta de la ciudad, posee bonitas calles estrechas con cuestas muy pronunciadas que bajan hasta el puerto pesquero. Es además el centro de otra área productora de *txakoli*. Aquí nació el almirante Churruca, el «héroe de Trafalgar» para los lugareños, cuya imponente estatua mira a la iglesia de Nuestra Señora de la Asunción, construida sobre la planta de un templo griego. Mutriku cuenta con cinco **cámpings** dispuestos en torno a varias playas pequeñas; el viajero también puede optar por el **agroturismo** en *Casa Matzuri* (☎943 603 001; ③), a la salida de la localidad en la carretera que va a Ondarroa, y *Koostei* (☎943 583 008; ③), establecimiento encaramado en lo alto de las colinas a varios kilómetros de la carretera principal que ofrece la posibilidad de montar a caballo. Pasado Mutriku, la carretera se desvía tierra adentro por unos kilómetros y vuelve a alcanzar la costa en la playa de **Saturrarán**, muy popular en verano cuando funciona el **cámping** (jun.-sept.; ☎943 603 847).

Ondarroa

Dispuesta en torno al promontorio que da a la playa de Saturrarán está **ONDARROA**, la primera población costera de Vizcaya, que presenta un aspecto muy diferente al de otros centros turísticos pequeños situados más al este. Su playa y la agradable rambla flanqueada por árboles desembocan en un **puerto pesquero** ocupado por una flota ecléctica de arrastreros. A primera hora de la mañana, una sucesión interminable de camiones entra en fila desde la carretera de la costa para cargar pescado; de hecho, el tráfico es tan intenso que se ha construido un gran puente que cruza la bahía para que todos los camiones se dirijan al puerto. En el muelle, fornidos pescadores sacan cestas llenas de pescado de las entrañas de sus barcos y las depositan en la parte trasera de los vehículos. Probablemente el viajero no querrá quedarse más de una noche, pero Ondarroa es un lugar interesante donde vale la pena hacer una parada, sobre todo en agosto, cuando la ciudad celebra sus **fiestas**.

Aspectos prácticos

Si el visitante quiere **pernoctar** en la ciudad, puede alojarse en el *Hostal Vega*, Antiguako Ama 8 (abril-sept.; ☎946 830 002; ④), situado junto al puerto pesquero y con vistas al mar; las habitaciones son limpias y algunas tienen enormes ventanales; el **restaurante** de la terraza sirve un buen menú por 1.200 pesetas a base de pescado fresco. Los **bares** del puerto permanecen abiertos hasta altas horas de la madrugada (algunos las 24 h) para atender a los marineros que van y vienen, así como lugareños y turistas que pasean y disfrutan de la variada oferta de pinchos.

Lekeitio

LEKEITIO es otro pueblo de esta franja costera que merece la pena visitar. Todavía puerto pesquero activo, posee dos **playas** estupendas, una junto al puerto y la otra, mucho mejor, al otro lado del río al este de la localidad. No abunda el **alojamiento**: *Hotel Beitia*, avenida Pascual Abaroa 25 (☎946 840 111; fax 946 842 165; ⑤), y *Hostal Piñupe*, avenida Pascual Abaroa 10 (☎946 842 984; fax 946 840 772; ⑤), ambos muy populares en verano, cuando el pueblo se convierte en destino de los bilbaínos. Si al viajero le gusta la aventura, siempre tiene la posibilidad de dormir en la playa, donde hay duchas y (al menos en temporada de veraneo) un par de restaurantes. Lekeitio está lleno de **bares**; en muchos de ellos también sirven comidas. En la carretera principal a Ondarroa encontrará un **cámping** municipal, *Endai* (Semana Santa y mediados jun.-mediados sept.; ☎946 842 469); existe otro, *Leagi* (☎946 842 352), que permanece abierto todo el año. Asimismo hay un establecimiento de **agroturismo**, *Mendexakua* (sólo en verano; ☎946 243 108; ④), en el pueblo de Mendexa, 3 km tierra adentro. En las cercanías se puede montar a caballo, ir en bicicleta de montaña y practicar piragüismo.

Elantxobe

Desde Lekeitio, la carretera vira hacia el interior, pero vale la pena volver hacia la costa para visitar el pueblo pesquero de **ELANTXOBE**, que conserva su aspecto original casi intacto. Encaramado en lo alto de la montaña que domina un pequeño puerto, la localidad es accesible a través de una calle adoquinada muy empinada, flanqueada por bonitas casas de pescadores. Después de llegar al puerto, la calle Mayor sube hasta alcanzar el cementerio, de donde parte un sendero hacia el **monte Ogoño**, el acantilado más alto de la costa vasca (280 m de altura).

En Elantxobe hay un par de **restaurantes** pequeños en la calle Mayor, pero ningún establecimiento para **alojarse**; por ello se recomienda hacer una visita en el día u hospedarse en la *Pensión Arboliz* (☎946 276 283; ④) o el **agroturismo** *Etxetxu* (☎946 276 337; ③), ambos en Arboliz, a 1 km del cruce en dirección a Gernika.

Entre Elantxobe y Gernika circulan **autobuses** directos (2 diarios); desde Lekeitio se puede tomar el autobús de Gernika hasta el cruce de Ibarrangelua y luego caminar 1 km hasta el pueblo.

Gernika y alrededores

Inmortalizada por el impresionante cuadro de Picasso (finalmente llevado a España tras la muerte de Franco y expuesto ahora en el Centro de Arte Reina Sofía, en Madrid), **GERNIKA**, situada en el interior y al oeste de Lekeitio, está considerada el corazón del nacionalismo vasco. Allí solía reunirse el Parlamento y, bajo el **Árbol de Gernika** *(Gernikako Arbola)*, los sucesivos gobernantes ratificaron los derechos del pueblo vasco. Pero Gernika también fue el blanco del primer bombardeo masivo lan-

zado sobre una población civil, un intento de eliminar de raíz la resistencia vasca en la Guerra Civil. El 27 de abril de 1937, y en sólo 4 horas, murieron más de 1.600 personas y el centro de la localidad fue destruido por completo.

El edificio del parlamento, la **Casa de Juntas** (lun.-sáb., 10-14 h y 16-19 h; dom., 10-13.30 h; entrada gratuita), merece una visita para admirar la vidriera donde está representado el árbol, así como escenas y monumentos importantes de la región. La iglesia anexa de **Santa María la Antigua**, adornada con retratos de los distintos nobles de Vizcaya que juraron lealtad a los fueros, ha servido desde siempre como una especie de iglesia-parlamento para celebrar asambleas. El Parlamento, la iglesia y el árbol se salvaron de manera milagrosa del bombardeo, pero el resto de Gernika fue reconstruido de forma poco acertada. Para los vascos, se trata de un lugar para visitar más como peregrinación que por su interés turístico. Un paseo por el parque Europa, con sus jardines ornamentales, las fuentes y surtidores fluyendo agua y las esculturas de Henry Moore y Eduardo Chillida bastará para captar el ambiente elegíaco que allí se respira.

Aspectos prácticos

Hay una **oficina de turismo**, en Artekale 8 (lun.-sáb., 10-13 h y 16-19.30 h; dom., 10-13 h; ☎946 255 892), la calle principal cubierta de arcadas; allí proporcionan folletos informativos y mucha información sobre **establecimientos donde hospedarse**; entre éstos figuran el *Hostal Iratxe*, Industri Kalea 4 (☎946 256 463; ③), o el más lujoso *Gernika*, Carlos Gangoiti 17 (☎946 254 949; fax 946 255 874; ⑤). Si el visitante viaja en automóvil, la oficina de turismo le puede reservar habitación en alguno de los cuatro **agroturismos** situados en un radio de 10 km de la ciudad. En el restaurante *Jatetxea Madariaga*, Juan Madariaga 10, sirven un **menú** de calidad y precio razonable. Cada hora (el primero a las 7.10 h) salen **autobuses** a Bilbao pasando por Zornotza; también hay un servicio regular a Bermeo (12 diarios).

Las cuevas de Santimamiñe

A 5 km de Gernika, en la carretera de Lekeitio, se hallan las **cuevas de Santimamiñe** (visitas guiadas, lun.-vier., 10, 11.15, 12.30, 16.30 y 18 h; entrada gratuita). En su interior el visitante podrá contemplar extraordinarias formaciones rocosas y algunas pinturas rupestres de bisontes que datan del Paleolítico. Se ha aprobado un plan para protegerlas (por lo que tal vez se cierre de manera permanente) debido al deterioro causado por el aumento de la temperatura; se recomienda visitarlas antes de que esto suceda. Si el visitante no viaja con vehículo propio, puede unirse a una de las visitas organizadas (las oficinas de turismo de Gernika o Bilbao proporcionan más detalles), ya que no hay transporte público para llegar hasta allí. Sin embargo, puede tomar el autobús que circula tres veces al día entre Gernika y Lekeitio y bajar en Kortezubi; desde allí tendrá que caminar 2 km hasta las cuevas. El camino que lleva a la entrada es bastante empinado y quizá tenga que esperar, ya que sólo se permite el acceso a un máximo de 15 personas por visita (en el aparcamiento encontrará un buen **bar-restaurante**). Si el viajero tiene que esperar, o quiere prolongar su estancia, puede disfrutar del hermoso paisaje o recorrer los numerosos senderos bien señalizados que parten de las cuevas. Enfrente del restaurante *Lekiza* (busque los letreros de agroturismo) empieza una carretera que lleva hasta el caserío *Bizketxe* (☎946 254 906; ④), situado en Kortezubi, un pequeño pueblo bien conservado y alejado en medio de un hermoso valle verde (puede hacer la reserva en la oficina de turismo de Gernika). Otra opción es el apacible *Morgota* (☎946 252 772; ④), también en Kortezubi.

Muy cerca de las cuevas se halla el bosque de Oma, donde el pintor Agustín Ibarrola ha creado un verdadero «bosque encantado», pintando los troncos de cente-

nares de pinos, que componen cuadros vivos, al observarlos desde unos puntos señalizados en el suelo. Por desgracia, parte de él fue talado en 1999 por el propietario de un sector de los terrenos.

Mundaka y Bermeo

Siguiendo la carretera hacia el oeste, se ve fluir el río Mundaka desde Gernika hasta que se adentra en un estrecho estuario bordeado de colinas arboladas de pinos e islotes diseminados. Hay varias calas seguidas de arena donde el viajero podrá disfrutar de un buen baño, pero los mejores lugares están en Pedernales y sobre todo **MUNDAKA**, donde el viajero encontrará un **cámping**, *Portuondo* (todo el año; ☎946 876 368), situado en una parte alta sobre el mar, con escaleras que descienden hasta una playa rocosa ideal para practicar surf. Un transbordador recorre la bahía (sólo jun.-sept.; 2 diarios) y llega hasta una magnífica playa de arena blanca, **playa de Laída**, en el flanco más alejado del estuario, junto a la falda del monte Ogoño. En esta zona se encuentran varias residencias de vacaciones y el *Cámping Arketa* (☎946 278 118); se trata de un lugar pequeño, de modo que se recomienda hacer la reserva con tiempo.

La línea de ferrocarril de cercanías que parte de Gernika permite acceder a las playas del estuario y, después de pasar por Mundaka, llega hasta **BERMEO**, cuya flota pesquera es la mayor de las que quedan en estas aguas y está compuesta por una maraña de barcos rojos, verdes y azules. La playa del pueblo no es de las mejores, pero se aconseja probar el pescado que sirven los restaurantes situados alrededor del puerto, sobre todo la merluza y el bacalao. Asimismo vale la pena visitar el **Museo del Pescador** (mar.-sáb., 10-13.30 h y 16-19.30 h; dom., 10-13.30 h), un edificio de tres plantas cerca del puerto, en el que se muestran interesantes exposiciones sobre la vida marítima local y general. La **oficina de turismo** de Bermeo (todos los días, 10-13 h y 17-20 h; ☎946 186 543), justo enfrente de la estación de ferrocarril, en Askatasun Bidea 2, proporciona un folleto que describe el itinerario que se puede seguir para recorrer las estrechas calles y además reserva **alojamiento**. En la zona hay varios agroturismos y en la localidad está el *Hostal Ainhoa*, Arostegi 25 (☎946 186 561; ③), un establecimiento limpio y cómodo.

Hacia el oeste, de camino a Bakio, se halla la **ermita de San Juan de Gaztelugatxe**, que se alza sobre un islote rocoso, unida mediante una larga y sinuosa escalinata que llega hasta la orilla en una de las partes más abruptas de la costa vizcaína. Si el visitante viaja en autobús, tendrá que pedir al conductor que le deje en el cruce de lo alto del acantilado y luego bajar a pie. Cerca de Bakio, la carretera pasa por **Lemoiz**, enclave conocido por ser el lugar donde el Gobierno de Madrid intentó construir una central nuclear, proyecto al que se opusieron varios colectivos vascos. El proyecto de construcción a medio terminar tuvo que ser abandonado cuando ETA asesinó a dos de sus ingenieros; en la actualidad el área es de propiedad privada.

Bilbao

Con una superficie que abarca unos 14 km a lo largo del estrecho valle abierto por el contaminado río Nervión, **BILBAO** es una gran ciudad, a pesar de que no transmite esta sensación, ya que debido a su urbanización caótica varias poblaciones, en otra época separadas entre ellas, han quedado dentro de su radio urbano. Incluso desde el centro se pueden divisar las verdes laderas de las montañas circundantes más allá de los altos edificios. Moderna y próspera, con un centro muy animado y rodeada por barrios de fría estética llenos de pintadas y fábricas, Bilbao continúa esforzándose por enfrentarse a los retos del futuro sin olvidar su pasado industrial. En los últimos años

la población ha experimentado un impulso cultural, como demuestra la inauguración del Museo Guggenheim (octubre de 1997), entre otros hechos. Los bilbaínos son muy agradables y en la ciudad se encuentran algunos de los mejores restaurantes del País Vasco.

Llegada e información

La llegada a Bilbao puede resultar algo confusa debido a que hay varias estaciones de **ferrocarril** y **autobuses**, aunque últimamente se ha hecho un esfuerzo con la construcción de la nueva **estación Termibús** (☎944 395 205; Metro San Mamés), que ocupa una manzana entera entre las calles Luis Briñas y Gurtubay en la parte nueva de la ciudad. La mayoría de las compañías de autobuses de largo recorrido e internacionales utilizan la Termibús, entre ellas, Alsa, Bilmambús, Enatcar, Saia, La Unión y Pesa. Las principales excepciones son Ansa, que tiene su terminal en Autonomía 17 (☎944 443 100) y ofrece servicio a Madrid, Barcelona, Burgos y León; La Unión, Henao 29 (☎944 240 836), con destino a Vitoria; y Vascongados (☎944 540 544), que cubre las rutas locales a Gernika y Lekeito (los autobuses salen de un túnel situado junto a la estación de Abando, en calle Hurtado de Amézaga).

La principal estación de Renfe es la de **Abando**, en la plaza Circular; también existe la de cercanías, que va a destinos como Donostia-San Sebastián, Gernika y Durango, denominada **estación Atxuri**, en la margen opuesta del río, al sur del casco antiguo. La empresa de transporte marítimo que cubre la costa (Santander y otros lugares más alejados) tiene parada en la **estación de Santander**, en la margen que hay justo debajo de la estación de Abando.

Del **aeropuerto** de Bilbao salen autobuses cada 40 minutos que se dirigen a una estación de autobuses en calle Sendeja, junto al puente del Ayuntamiento; si el viajero quiere apearse en una parada anterior de la ciudad, tendrá que pedírselo al conductor. El viaje de ida cuesta 130 pesetas.

El **transbordador P&O** procedente de Portsmouth (Inglaterra) atraca en **Santurtzi**, cruzando el río desde Getxo (Algorta), al norte del centro de Bilbao. Una forma poco habitual de cruzar el río Nervión es utilizar el puente colgante, que tiene más de 1 siglo de antigüedad; de los muelles parte un autobús con destino al centro de la ciudad.

Información y orientación

La **oficina de turismo** (lun.-vier., 9-14 h y 16-19.30 h; sáb., 9-14 h; dom., 10-14 h; ☎944 795 760) se halla dentro del Teatro Arriaga, junto al puente del Arenal, aunque en el muelle de Areaga (☎944 693 800) de Getxo hay otra que resulta muy práctica a los viajeros que llegan a bordo del transbordador y no quieren ir directamente a Bilbao.

La mayoría de los servicios se pueden encontrar en la principal avenida de la ciudad, la **Gran Vía**, donde están casi todos los **bancos**, los edificios públicos, las tiendas caras y El Corte Inglés. Atraviesa el corazón del Bilbao moderno hasta llegar al imponente estadio de **San Mamés**, la «catedral» del fútbol como es conocido.

En los últimos tiempos el transporte urbano ha experimentado una auténtica revolución con la puesta en marcha de un sistema de **Metro** (☎944 254 025), cuyos planos se pueden obtener de manera gratuita en la oficina de turismo. Se trata de un sistema sencillo y eficaz; cada 4 minutos un tren recorre la única línea desde Plentzia (al noreste de Getxo) hasta Bolueta, al sur del centro de la ciudad. Las 27 paradas se dividen en tres zonas, pero todos los trayectos dentro del centro (incluido el casco antiguo) se realizan en una misma zona y cuestan 140 pesetas. Hay un abono para turistas, que cuesta 500 pesetas y permite viajar durante 1 día sin límites de viajes. También hay abonos para 1 zona (860 pesetas), 2 zonas (1.020 pesetas) y 3 zonas (1.225 pesetas).

Alojamiento

Los mejores **lugares para hospedarse** se encuentran casi todos en el casco antiguo, en especial a lo largo de la calle **Bidebarrieta** que sale de la plaza Arriaga y llega a la catedral, y en las calles de alrededor: Lotería, Santa María y Barrencalle Barrena, junto a Barrencalle. Se recomienda evitar hospedarse en uno de los establecimientos de la calle Barrencalle, pues está flanqueada por bares que se vuelven muy ruidosos al caer la noche.

Las opciones más baratas (suelen ser fondas y casas de huéspedes demasiado austeras) se hallan en la margen este alrededor de la estación de Abando, sobre todo en la parte trasera, en la calle San Francisco. La paralela calle de las Cortes constituye el corazón del barrio chino, no apto para gente nerviosa, por lo que se aconseja evitarlo. Otra área donde hay buenas habitaciones es la formada por las calles que bajan desde la plaza Circular y rodean la calle Buenos Aires (Metro Abando). Una buena alternativa al centro de la ciudad es **hospedarse en Getxo**, que puede resultar muy cómodo la noche antes de tomar el transbordador.

Los **cámpings** más cercanos están en la zona este, en las playas de Sopelana, *Sopelana* (☎946 762 120; autobús hacia Plentzia o Metro Sopelana), y Gorliz, *Gorliz* (☎946 771 911; justo al pasar Plentzia); ambos permanecen abiertos todo el año.

Opciones económicas

Hostal Ladero, Lotería 1, 4.º (☎944 150 932). Habitaciones limpias a buen precio con mobiliario moderno. También tiene un quinto piso anexo al que se accede por una escalera de caracol estrecha. ②

Hostal Manoli, Libertad 2 (☎944 155 636). Habitaciones espaciosas y limpias; muy cerca de la plaza Nueva. ②

Hostal Mardones, Jardines 4 (☎944 153 105). Tiene la entrada junto a un quiosco y dispone de habitaciones elegantes y limpias con o sin baño, preferibles a las del segundo piso del anexo. ③

Pensión María Isabel, Amistad 5, 4.º (☎944 248 566). Sencillo pero limpio, bien regentado y práctico por su proximidad a la estación. ③

Pensión Martínez, Villarias 8 (☎944 239 178). Situada cerca del *Hostal Buenos Aires*; limpia, pequeña y acogedora. ③

Pensión Méndez, Santa María 13 (☎944 160 364). En el casco antiguo, cerca de la Bolsa. Limpia y acogedora. ②

Hostal Roquefer, Lotería 2 (☎944 150 755). Ocupa el segundo y el cuarto piso de un edificio oscuro y desvencijado. Las mejores (y más soleadas) habitaciones tienen vistas a la plaza de la catedral. ④

Pensión Serantes, Somera 14 (☎944 151 557). El establecimiento más barato. ②

Opciones moderadas y caras

Hotel Arriaga, Ribera 3 (☎944 790 001). El mejor hotel de categoría media, cercano al teatro, junto al río; dispone de habitaciones modernas y cómodas con baño y televisor; garaje disponible. ⑤

Hostal Buenos Aires, plaza Venezuela 1, 3.º (☎944 240 765). Hostal cómodo y bien regentado, con un agradable salón y un pequeño bar. ⑤

Hotel Igeretxe, playa Ereaga, Getxo (☎944 607 000; fax 944 608 599). Hotel de categoría superior situado en el paseo marítimo; tiene un bar desde donde se ven los barcos entrar en el puerto. ⑦

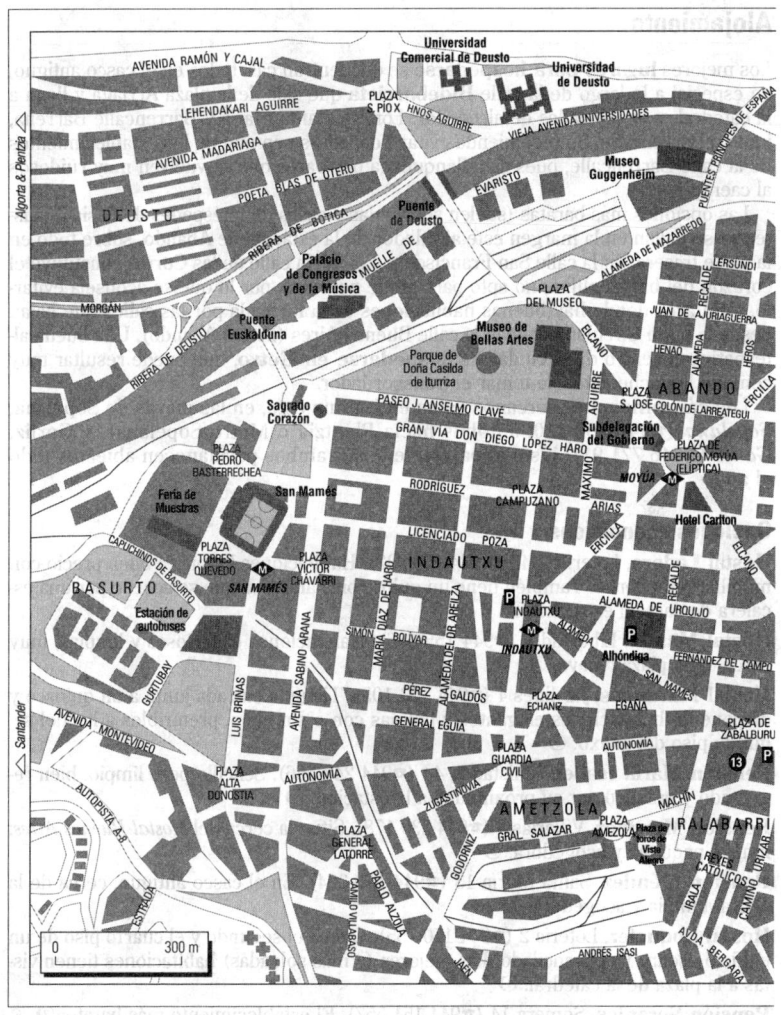

Hotel López de Haro, Obispo Orueta 2 (☎944 235 500; fax 944 234 500). Lujoso hotel de cinco estrellas situado cerca de los jardines de Albia. ⑥

Hotel Neguri, avenida Algorta 14, Getxo (☎944 910 509; fax 944 911 943). Agradable y no muy caro; entre sus servicios se incluyen una piscina al aire libre y pistas de tenis. ⑥

Hotel Ripa, Ripa 3 (☎944 239 677). Situado junto al puente del Arenal en el casco antiguo, en la calle que da al río. Habitaciones a buen precio con baño y televisor. ⑤

Hotel Zabálburu, Pedro Martínez Artola 8 (☎944 437 100). Limpias habitaciones dobles; resulta muy cómodo por su proximidad a algunas de las principales terminales de autobuses. ⑤

LA CIUDAD/425

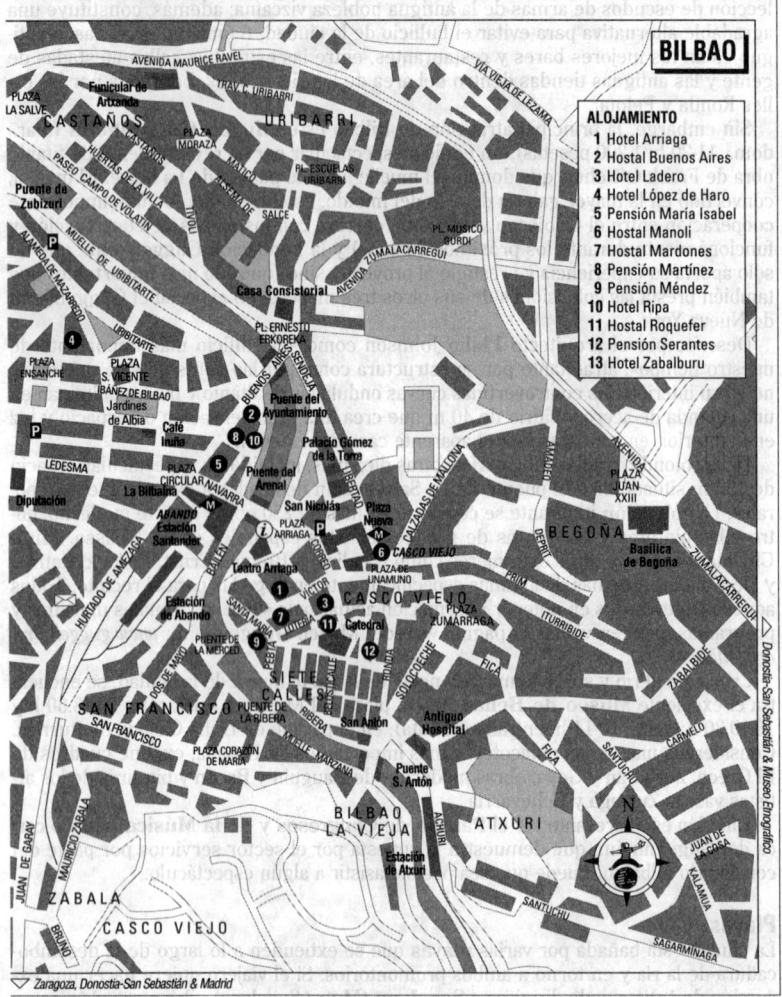

La ciudad

A pesar de sufrir los graves efectos de las inundaciones ocurridas a finales de 1983, los daños permanentes fueron escasos y muchas de las zonas más antiguas han sido restauradas. En el **casco viejo**, que ocupa la margen este del río, se hallan muchas de las principales atracciones de la ciudad: el hermoso **Teatro Arriaga**, la arcada **plaza Nueva** (o de los Mártires), la **catedral de Santiago**, de estilo gótico y el **Museo Arqueológico, Etnográfico e Histórico Vasco**, en la Cruz 4 (mar.-sáb., 10-13.30 h y 16-19 h; dom., 10.30-13.30 h; entrada gratuita). El museo tiene su sede en la antigua Escuela de San Andrés, con su magnífico claustro y una excelente co-

lección de escudos de armas de la antigua nobleza vizcaína; además, constituye una agradable alternativa para evitar el bullicio de la ciudad. Asimismo en el casco antiguo están los mejores bares y restaurantes, entre las estrechas calles atestadas de gente y las antiguas tiendas dentro del área de las siete calles, bordeada por las calles Ronda y Pelota.

Sin embargo, la principal atracción de Bilbao es el **Museo Guggenheim** (mar.-dom., 11-20 h; 1.200 pesetas), un edificio espectacular por su revestimiento de titanio obra de Frank O'Gehry, que domina el muelle junto al puente de La Salve. El museo, convertido en la mayor galería de arte del mundo, es el resultado de una importante cooperación entre el Gobierno vasco (que correrá con los gastos de construcción y funcionamiento durante los próximos 20 años) y la Fundación Guggenheim, que no sólo aporta su experiencia y prestigio al proyecto, sino (quizá lo más importante) que también presta las colecciones de sus otros tres museos, en especial el Guggenheim de Nueva York.

Descrito por el arquitecto Philip Johnson como «el edificio más importante de nuestro tiempo», atrae tanto por su estructura como por las obras de arte que expone en su interior. Sus controvertidas curvas onduladas de titanio y piedra culminan en una rotonda de acero y vidrio de 40 m que crea una gran sensación de espacio y luz en el interior, en contraste con el aparente caos del exterior.

De la rotonda irradian 19 galerías; otras diez más, incluido un espectacular espacio de 130 m situado bajo el puente de La Salve, están dedicadas a exposiciones temporales. La **colección** itinerante se compone de más de 250 obras de arte moderno, entre ellas pinturas y esculturas de grandes artistas españoles como Picasso, Miró, Chillida y Tàpies, y otros extranjeros como Kandinski, Braque, Ernst, Pollock, Rothko y De Kooning, además de algunas específicamente encargadas para el recinto. Todos aquellos interesados en obtener información actualizada sobre las actuales muestras y programas, pueden visitar la página web del Museo Guggenheim: *www.guggeheim.org/bilbao/*.

Cruzando el río y sobre la margen norte de la parte nueva de la ciudad, se encuentra el excelente **Museo de Bellas Artes**, plaza del Museo 2 (mar.-sáb., 10-13.30 h y 16-19.30 h; dom., 10-14 h; entrada gratuita), en el parque de Doña Casilda de Iturriza. Considerada una de las pinacotecas más importantes de España, expone cuadros de El Greco, Zurbarán y Goya, obras modernas de Gauguin y Bacon y pinturas de los artistas vascos Zuloaga y Echevarría.

También es interesante ver el **Palacio de Congresos y de la Música**, situado cerca del Guggenheim, que demuestra la apuesta por el sector servicios por parte del consistorio bilbaíno. Puede que sea posible asistir a algún espectáculo.

Playas

La ciudad está bañada por varias **playas** que se extienden a lo largo de la desembocadura de la ría y en torno a ambos promontorios. Si el viajero quiere hacer una excursión de 1 día, puede dirigirse a **Sopelana** (Metro Sopelana) y las otras playas que rodean **Plentzia** (Metro Plentzia), al norte de la ciudad. En el bonito barrio antiguo de **Getxo** (Metro Algorta), con sus casas blancas y puertas pintadas de verde, hay un magnífico paseo marítimo flanqueado por mansiones propiedad de la clase adinerada de Bilbao.

Comida, copas y vida nocturna

Bilbao es una de esas ciudades en las que cualquiera disfruta yendo de tasca en tasca, saboreando las tapas y especialidades que ofrece cada una. La ciudad se anima al caer la noche y tiene su punto álgido durante la **semana grande** de agosto, a lo que contribuyen los numerosos bares al aire libre, actuaciones musicales en directo y bai-

les improvisados, todo ello en un ambiente de lo más festivo. En el casco viejo hay numerosos establecimientos para **comer** y **beber**; en concreto, en las calles Santa María y Barrencalle Barrena se suceden unos juntos a otros.

Otra opción es ir al atractivo **mercado de la Ribera** en calle de la Ribera, situada en dirección a la estación Atxuri, donde venden una gran variedad de productos frescos.

Restaurantes y bares de tapas

Café Gargantúa, calle Barrencalle Barrena. Café sencillo donde sirven bocadillos, varios menús y platos combinados.

Café-Restaurante Kalean, calle Santa María. Establecimiento muy popular donde se puede degustar la nueva cocina vasca a buen precio. Después de medianoche, actúa un pianista y hay mucho ambiente.

Garibolo, Fernández del Campo 7 y Alameda de Urquijo 33 (los dos en el centro, junto a la Gran Vía). Buen restaurante vegetariano con dos locales y pocas sorpresas.

Herriko Taberna, Ronda 20. Magnífico establecimiento para tomar una comida sencilla y barata. Ambiente nacionalista vasco muy marcado, pero ofrece un excelente menú.

Kasko, calle Santa María. Café moderno, con un menú de cena por 1.300 pesetas.

Taberna Aitor, calle Barrencalle Barrena. Excelente bar de tapas donde se reúnen los hinchas del fútbol; su interior está decorado con madera.

Taberna Txiriboga, calle Santa María. Animado bar de tapas situado en el corazón del casco antiguo.

Taberna Txomin Barullo, calle Barrencalle. Gran café-bar con murales nacionalistas, especializado en nueva cocina vasca más experimental (menú de mediodía, sólo jue.-dom.) a precios razonables.

Bares y espectáculos

El **casco antiguo** está plagado de **bares**, pero los más animados se encuentran alrededor de las calles Pelota, Barrencalle, Santa María, Ronda y Torre. *Lamiak*, en Pelota, un café-bar frecuentado por estudiantes, ofrece buena música; además, hay un tablón de anuncios con información sobre acontecimientos, grupos de mujeres, trabajo, pisos para compartir, etc. *Txokolandia* es un bar **gay** situado en el piso superior de *Solokuetxe*, adonde se llega por una escalera desde la calle Ronda y, junto con el bar *Lasai*, también en Ronda, es uno de los últimos locales que cierra. Para tomar una copa de forma relajada al iniciarse la velada, vale la pena sentarse en alguna de las terrazas de la bonita plaza Nueva, no tan caras como podría pensarse. Entre los **cafés históricos** de Bilbao destaca el *Boulevard*, en calle Ribera cerca del Teatro Arriaga, y la *Granja*, en plaza Circular.

En la **parte nueva de la ciudad**, el ambiente es más sofisticado en los establecimientos cercanos a la plaza Circular, entre Alameda de Mazarredo y calle de Buenos Aires, sobre todo en calle Ledesma, atestada de bares y muy popular, en especial a primera hora de la noche. El bar *Iruña*, calle Colón de Larreategui, paralela a calle Ledesma, tiene un ambiente estupendo.

Un poco más al este, justo al sur de la Gran Vía y alrededor del cruce de las calles Licenciado Poza y Gregorio de Revilla, hay un área conocida como **Pozas** que se llena de gente a la hora de comer y a primeras horas de la noche. Se recomienda el bar *Ziripot*. Ya por la noche, si el viajero quiere ir a un local animado, se recomienda la zona de moda, **Ripa**, una serie de bares situados en la parte nueva junto a la margen del río entre los puentes del Arenal y del Ayuntamiento, con una clientela muy mezclada, desde yuppies vascos a rockabillies.

Encontrar locales con **música en vivo** resulta difícil, ya que los carteles que anuncian los grupos son cubiertos por otros al cabo de poco tiempo. El periódico local *El Correo Español-El Pueblo Vasco* publica la lista más completa y también informa sobre la programación de los cines.

Direcciones prácticas

Agencias de viajes Barceló Viajes, Rodríguez Arias 8, y TIVE, Iparraguirre 3 (☎944 231 862), especializada en viajes para estudiantes y jóvenes y autobuses internacionales.

Alquiler de automóviles Avis está en Alameda Doctor Areilza 34 (☎944 275 760) y Europcar (☎944 422 849) en calle Rodríguez Arias.

American Express Viajes Cafranga, Alameda de Recalde 68 (☎944 444 862).

Hospitales Hospital de Bilbao, avenida Montevideo 18 (☎944 869 314). Servicio de ambulancias (☎944 410 081).

Información del aeropuerto ☎944 869 300.

Librerías Librópolis, General Concha 10, librería de viajes grande con la oferta más completa de mapas y guías de la ciudad; Borda, calle Cueva de Santimamiñe, en la plaza Nueva, cuenta con un amplio surtido de guías locales; Mendiko Etxea, Autonomía 9, está especializada en guías sobre rutas locales de trekking y en bicicleta.

Oficina de correos La central se encuentra en Alameda Urquijo 19 (lun.-vier., 8-21 h; sáb., 9-14 h).

Taxi Radio Taxi Bizkaia (☎944 269 026) o Radio Taxi Bilbao (☎944 448 888).

Teléfonos Hay una central de Telefónica en Baroeta Aldamar 7, cerca de la plaza de España.

Recorridos hacia el interior desde Bilbao

El interior de la provincia de Vizcaya está alejado de las rutas turísticas habituales y, sin embargo, tiene mucho que ofrecer: un paisaje lleno de espectaculares itinerarios para recorrer a pie y numerosas rutas de escalada, sobre todo alrededor de Durango, así como cuevas de piedra caliza, todas ellas accesibles en una excursión de 1 día desde Bilbao.

Durango y alrededores

Ciudad industrial sin apenas atractivo, **DURANGO** (fácilmente accesible en tren desde la estación de Atxuri) cuenta con la ventaja natural de ser puerta de entrada al impresionante **macizo Duranguesado**. Para explorar esta área de elevados picos, el mejor punto de acceso es el paso de Urkiola (situado en la carretera Durango-Vitoria-Gastoiz y en la misma ruta del autobús), desde donde se tardan 3 horas en alcanzar el pico más alto, el **Amboto**; se trata de un punto obligado para caminantes y escaladores vascos (la última subida que conduce a la cumbre puede producir vértigo). Como alternativa, el viajero puede dirigirse al hermoso valle de Atxondo, que se encuentra junto a la carretera que une Durango con Elorrio. Si el visitante no dispone de vehículo propio, puede tomar uno de los autobuses que pasan cada hora, apearse en el cruce señalizado y caminar 2,5 km hasta llegar al pueblo de **Axpe-Marzana**, situado en la falda del Amboto, una buena base para hacer una caminata de 2 días. Unos 500 m antes de llegar al pueblo hay un **agroturismo**, *Imitte-Etxebarria* (☎946 231 659; ④).

Markina y Bolibar

También al este de Bilbao, en la ruta de autobús que lleva a Ondarroa, se encuentra la bonita ciudad de **MARKINA**, famosa por ser cuna de los mejores jugadores de pelota (aquí el deporte del frontón se conoce como «la universidad de la pelota». Si el viajero quiere pernoctar, se recomienda el *Hostal Vega*, en la plaza principal (☎946 866 015; ③). Desde Markina, puede visitarse el pueblecito de **BOLIBAR**, cuna de los antepasados del libertador suramericano Simón Bolívar, que cuenta con un pequeño museo donde se exponen las grandes hazañas del personaje (mar.-vier., 10-13 h; sáb.-dom., 12-14 h; jul.-agos., todos los días, 17-19 h). Del pueblo parte una franja restaurada de un ramal costero del Camino de Santiago, que sube hasta la **colegiata de Zenarruza** (todos los días, 10.30-13.30 h y 16-19 h; misa a las 12 h), un antiguo hostal y hospital para peregrinos con un hermoso claustro y una iglesia románica del siglo XVI. Hay una tienda de regalos que también vende productos de la zona.

Orduña

A 35 km al sur de Bilbao se halla **ORDUÑA**, un curioso enclave vizcaíno en la provincia de Álava (accesible mediante varios trenes diarios desde la estación de Abando). En la plaza de los Fueros se erigen una serie de elegantes edificios antiguos, entre ellos el que en una época albergaba aduanas; es de estilo neoclásico y tiene un campanario donde un par de cigüeñas han instalado su hogar (por lo visto se trata de uno de los tres únicos nidos de esta clase que se pueden ver en el País Vasco). En la plaza se encuentra una vieja tienda que vende la especialidad local, las mantecadas de Badillo, recién salidas del horno. El viajero podrá subir a pie al **Fraileburu** (cabeza del monje), una roca de forma peculiar situada en lo alto de la escarpa que hay justo al sur de la localidad, considerada uno de los principales puntos de España para practicar ala delta y vuelo en paracaídas.

Hacia el oeste en dirección a las cuevas de piedra caliza

ENCARTACIONES, el área al oeste de Bilbao, es un buen lugar para hacer una excursión de 1 día. Además, el viajero encontrará alojamiento si desea prolongar la visita. Para llegar, tendrá que ir al pueblo de **Carranza**, en la carretera Bilbao-Ramales (1 h en tren por la línea de Santander desde la estación de Abando; desde allí no hay transporte público hasta las cuevas). Unos 4 km al oeste de Carranza por la carretera principal, justo al pasar un curioso balneario regentado por monjes alemanes en **MOLINAR**, donde puede hospedarse y comer (☎946 806 002), una carretera sube por la montaña hasta el pueblecito de **Ranero** y las **cuevas de Pozalagua** (3 km). Parte del atractivo del viaje reside en el recorrido a través de los escarpados afloramientos de piedra caliza de la ladera de la montaña, que tienen un aspecto casi lunar, aunque las **cuevas** (sáb.-dom., 11-14 h y 16-19 h; 500 pesetas; los grupos deben telefonear con antelación, ☎946 806 012) destacan asimismo por sus extrañas estalactitas coralinas. Lamentablemente, algunas de las formaciones han sido dañadas por las explosiones de canteras locales, pero el área ofrece otras posibilidades para practicar la espeleología, como la visita a la **Torca de Carlista**, una de las mayores cuevas del mundo.

Vitoria-Gasteiz y alrededores

VITORIA-GASTEIZ, la capital de Álava y del País Vasco, corona una ligera elevación situada en el corazón de una fértil llanura. Fundada por Sancho el Sabio, rey de Navarra, ya era una ciudad próspera cuando fue tomada por Alfonso VIII en el 1200. Más tarde, se convirtió en un floreciente centro de comercio de lana y hierro, y por ello es una población rica. De hecho, abundan los palacios renacentistas y bonitas

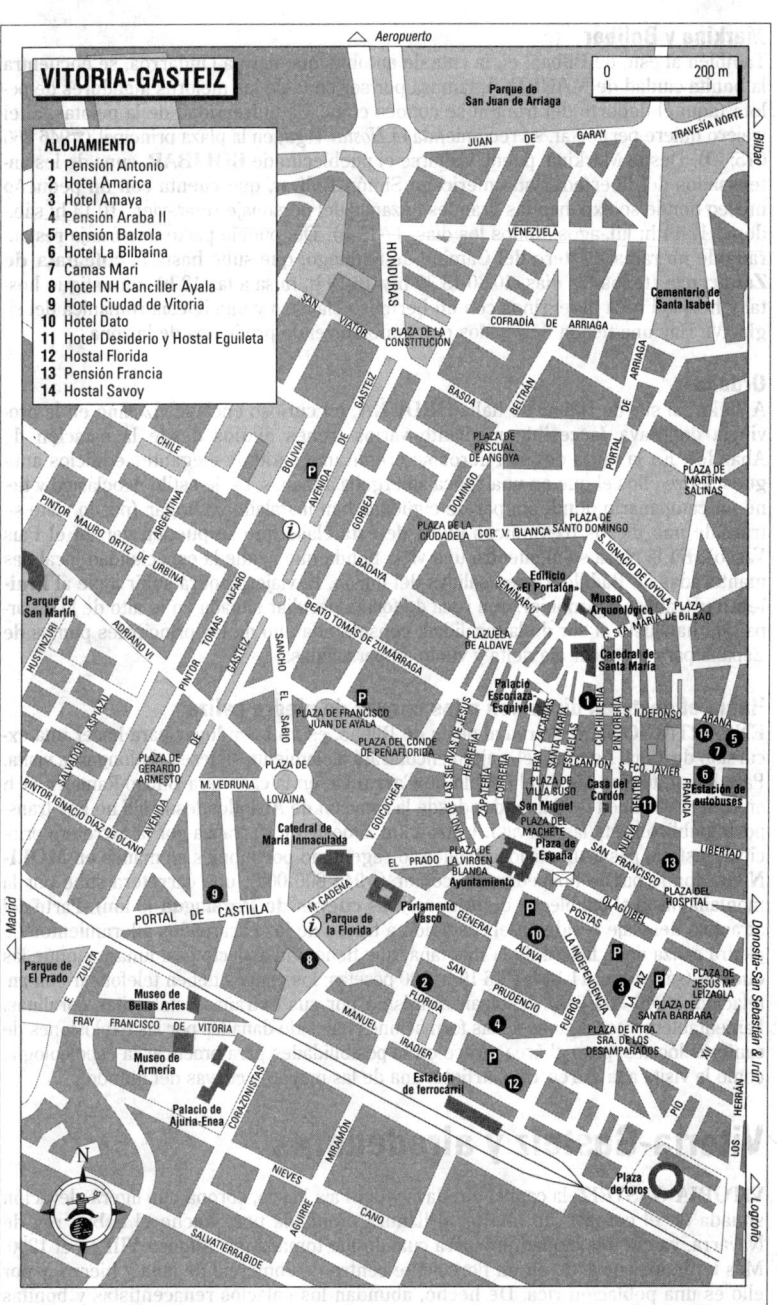

iglesias. No está en los circuitos turísticos, pero cuenta con numerosos atractivos. La universidad o, mejor dicho, sus estudiantes han convertido Vitoria-Gasteiz en una de las ciudades de moda del norte de España y el casco antiguo está lleno de bulliciosos bares y tabernas, además de numerosos restaurantes vascos; se trata de un lugar agradable, donde el viajero pasará unos días alejado de las aglomeraciones.

Llegada e información

La **estación de autobuses** está en la calle Francia, a 2 minutos a pie (subiendo por el adoquinado cantón de San Francisco Javier Colegio) desde el casco antiguo. En la calle Ramón y Cajal (en la esquina del parque), cerca de la **estación de ferrocarril**, hay una **oficina de turismo** (lun.-sáb., 9-13 h y 16-20 h; dom., 10-14 h; ☎943 131 321), que proporciona folletos en color y un buen mapa gratuito. El viajero encontrará una segunda oficina de turismo un poco más alejada del centro, en la esquina de la avenida de Gasteiz y la calle de Chile (lun.-sáb., 10-19 h; dom., 11-14 h; ☎945 161 598 y 945 161 599).

La **oficina de correos** (calle Postes) y la mayoría de los servicios, incluidos los **bancos**, se hallan en el área central, en torno a la plaza de la Virgen Blanca.

Alojamiento

La única época en que puede resultar difícil encontrar alojamiento en Vitoria-Gasteiz es durante la celebración del **festival de jazz** anual que se celebra la tercera semana de julio, o durante la **fiesta mayor** de la ciudad, a principios de agosto. Cerca de la estación de ferrocarril hay varios **establecimientos donde hospedarse** bastante baratos, alrededor de la confluencia de las calles de los Fueros y Ortiz de Zarate y cerca de la estación de autobuses, pero resulta más agradable alojarse en el casco antiguo, más animado.

Opciones económicas

Antonio Casa de Huéspedes, Cuchillería 66 (☎945 268 795). Antiguo edificio laberíntico, pero con los baños muy alejados. ②

Pensión Araba 2, Florida 25 (☎945 232 588). Pensión céntrica que ofrece habitaciones limpias con o sin baño. ③

Pensión Balzola, Prudencio María de Verastegui 6, 2.º (☎945 256 279). Establecimiento sencillo pero limpio, con habitaciones dobles e individuales; llame al timbre que verá junto al letrero CH. ②

Hostal Eguileta, Nueva Fuera 32 (☎945 251 700; fax 945 251 722). Anexo más económico del *Hotel Desiderio*, situado enfrente. Dispone de habitaciones dobles con lavabo a precios razonables. ③

Hostal Florida, Manuel Iradier 33 (☎945 260 675). Habitaciones cómodas y bien amuebladas en un edificio emplazado en la primera calle que baja de la estación hasta la plaza de toros. Tiene habitaciones con baño a precios más elevados. ③

Pensión Francia, Francia 4 (☎945 287 380). Habitaciones dobles e individuales con el baño compartido. ④

Camas Mari, Prudencio María de Verastegui (☎945 277 303). Habitaciones limpias con baño compartido. ③

Opciones moderadas y caras

Hotel Amarica, Florida 11 (☎945 130 506). Hotel moderno y popular con dos habitaciones individuales y ocho dobles con baño y televisión por satélite. ⑤

Pensión Amaya, La Paz 15 (☎945 255 497). No dispone de habitaciones individuales, pero todas tienen baño. ④
Hostal La Bilbaína, Prudencio María de Verastegui 2 (☎945 254 400; fax 945 279 757). Habitaciones cómodas encima de una cafetería grande, todas con baño y televisión por cable. ④
Hotel Canciller Ayala, Ramón y Cajal 5 (☎945 130 000; fax 945 133 505). Uno de los mejores hoteles de Vitoria, situado en el límite del parque de la Florida. ⑦
Hotel Ciudad de Vitoria, Portal de Castilla 8 (☎945 141 100; fax 945 143 616). Hotel elegante y cómodo. ⑦
Hotel Dato, Dato 28 (☎945 147 230; fax 945 232 320). Excelente hotel situado en el centro comercial peatonal principal que hay cerca de la estación. Cada habitación está pintada de un color diferente y las camas lucen vistosos cubrecamas de batik. Todas disponen de baño y algunas de balcón. ④
Hotel Desiderio, Colegio San Prudencio 2 (☎945 251 700; fax 945 521 722). Habitaciones espaciosas con baño y televisor. ⑤
Hostal Savoy, Prudencio María de Verastegui 4 (☎945 250 056). Buen hostal que pertenece a la cafetería del mismo nombre. ④

La ciudad

Las calles del barrio gótico se extienden como una telaraña por la ladera de la colina y están rodeadas por una zona de desarrollo urbanístico posterior. Para captar el ambiente de Vitoria, basta con caminar por el casco antiguo que, aunque tiene partes bastante deterioradas, constituye un conjunto armonioso, con elegantes mansiones e iglesias construidas con la misma piedra de tonos rojizo grisáceos. La porticada **plaza de España** es una joya arquitectónica, un lugar popular para pasear al atardecer y sentarse en alguna de sus cafeterías.

Vale la pena dedicar algún tiempo a visitar la **iglesia de San Miguel**, situada justo sobre la plaza de España, edificio que marca el límite sur del casco antiguo. Junto a la entrada se alza la estatua de piedra del siglo XIV de la Virgen Blanca, patrona de la ciudad. Las calles que se hallan más abajo albergan numerosos edificios interesantes, entre ellas el **Palacio Escoriaza-Esquivel**, situado en la calle Fray Zacarías, en el que destaca su imponente puerta plateresca del siglo XVI. Más adelante se encuentra la **catedral de Santa María**, de estilo gótico, Correría 116 (mar.-vier., 10-14 h y 16-18.30 h; sáb., 10-14 h; dom. y festivos, 11-14 h; entrada gratuita), que posee una preciosa entrada esculpida en el lado oeste, mientras que en el interior una bonita galería de piedra recorre la mayor parte de las secciones más altas de las naves.

Detrás de la catedral, bajando por la colina por el lado izquierdo, está el **Portalón**, la más impresionante de las antiguas factorías de la Vitoria renacentista, construida con ladrillo rojizo y entramado de madera, y balcones que contrastan con la piedra dorada empleada para el resto de la ciudad. Hoy en día es un restaurante de mucha calidad pero con precios elevados (véase pág. siguiente). En la misma calle se levanta el **Museo Arqueológico** provincial (mismo horario que la catedral de Santa María; entrada gratuita). Al suroeste del centro, en el atractivo paseo de Fray Francisco, una ancha vía peatonal, se erige el **Museo de Bellas Artes** (el mismo horario que la catedral de Santa María; entrada gratuita), donde el viajero podrá admirar una importante colección de obras de artistas contemporáneos vascos y españoles. Un anexo al museo alberga el curioso **Museo de Naipes**, donde se muestran más de 6.000 cartas procedentes de todos los rincones del mundo. A poca distancia está el **Museo de Armería**, paseo de Fray Francisco 3 (el mismo horario que la catedral de Santa María; entrada gratuita), que expone armas y armaduras medievales.

Comida y copas

Las calles del **casco antiguo** —en especial las calles Cuchillería, Pintorería, Herrería y Zapatería— están flanqueadas por animados **bares**, **tabernas** y **bodegas**, diferenciables sólo por la música y tal vez la decoración. Sin embargo, todas ellas se llenan al caer la noche y la clientela invade las aceras. Para poder elegir entre una buena selección de restaurantes y bares de tapas, lo mejor es dirigirse al **casco histórico** y degustar algunos de los platos típicos vascos. Más abajo, en la parte peatonal de la calle Dato, se encuentran numerosos bares y cafés con agradables terrazas que ofrecen un ambiente más tranquilo. Asimismo se recomiendan los cafés al aire libre de la plaza de España y los que hay en las otras vías peatonales de la parte moderna de la ciudad.

Casa Felipe, Fueros 28 (☎945 134 554). Restaurante de precios moderados especializado en platos locales.

Ikea, Portal de Castilla 27 (☎945 144 747). Establecimiento caro donde sirven buena comida vasca. Dom. noche y lun., cerrado.

Kirol, calle Cuchillería. Café-bar con una increíble selección de raciones.

Mesa, Chile 1 (☎945 228 494). Especialidades vascas por unas 3.500 pesetas el cubierto y un buen menú por 1.800 pesetas. Miér., cerrado.

El Portalón, Correría 15 (☎945 142 755). Restaurante caro especializado en cocina vasca tradicional, situado en un hermoso marco del siglo XVI. Dom., cerrado.

Teide, avenida de Gasteiz 61 (☎945 221 023). Buena cocina vasca a precios razonables.

Alrededores de Vitoria-Gasteiz

Aunque es una ciudad atractiva, buena parte del encanto de Vitoria reside en la belleza del **campo** que la rodea. De hecho, hasta el caserío más pequeño del montañoso País Vasco encierra algún elemento de interés: desde una antigua mansión de piedra que luce el escudo de armas familiar o una iglesia decorada suntuosamente hasta una casa de campo elevada sobre pilares al más puro estilo de los hórreos. En los alrededores de Vitoria hay muchos lugares interesantes; la mayoría de ellos son accesibles en transporte público.

Muy cerca se hallan los **pantanos de Zadorra**, un imponente embalse de gran belleza paisajística, muy popular entre los lugareños; los pueblos ribereños de Gamboa-Ullibarri y Landa (comunicados ambos por tres autobuses diarios) ofrecen la posibilidad de pasar 1 día refrescante en plena canícula. A unos cuantos kilómetros al oeste de Vitoria-Gateiz se encuentra otro lugar de excursiones popular, el pueblo de **MENDOZA**, que está dominado por una torre fortificada convertida hoy día en el **Museo de Heráldica** (verano, mar.-vier., 11-14 h y 16-19.30 h; sáb.-dom., 10-14.30 h; invierno, mar.-dom., 11-14.30 h; entrada gratuita); expone escudos de armas de la nobleza vasca de siglos atrás, y una muestra de la historia de los principales clanes y sus disputas a menudo sangrientas.

Hacia el oeste, en la **Llanada Alavesa**, se hallan algunos de los pueblos mejor conservados del interior del País Vasco. El viajero tendrá que tomar la carretera secundaria que parte de la autovía N-1 por **NARVAJA**, lugar donde encontrará un **agroturismo**, el *Koipe-Enea* (☎945 300 298; ③), para ir a **ZALDUONDO** y **ARAÍA** (localidades comunicadas por dos autobuses al día desde Vitoria). Desde estos dos últimos pueblos es posible recorrer a pie un tramo del Camino de Santiago hasta el túnel de San Adrián y su refugio (véase pág. 415).

La principal población que hay en la llanura, **SALVATIERRA**, constituye una buena base para explorar la zona. El casco antiguo amurallado se alza por encima del paisaje rural y ofrece hermosas vistas; de hecho, la iglesia gótica de Santa María es visible desde varios kilómetros a la redonda. Situada en la línea ferroviaria principal que

une Vitoria-Gasteiz con Pamplona/Iruña e Irún, la localidad cuenta con un par de pequeñas fondas, una anexa al *Bar Merino*, situado enfrente de la iglesia de San Juan en la plaza Mayor (☎945 300 052; ③), y la otra en Mayor 53; ②.

Al sur de Vitoria-Gasteiz se halla la comarca vinícola de la **Rioja alavesa** y la población de **LAGUARDIA**, comunicada por un servicio de autobuses regular desde Vitoria-Gasteiz. En la calle Sancho Abarca hay una **oficina de turismo** (lun.-vier., 10-14 h y 16-18.30 h; sáb., 10-14 h; dom., 10.45-14 h; ☎941 100 845) que proporciona un mapa gratuito del lugar, así como información sobre las bodegas de la zona (para visitarlas tendrá que telefonear con antelación). La propia Laguardia es una interesante localidad amurallada de calles adoquinadas y edificios históricos a la que se entra tras franquear la Puerta de San Juan. En la oficina de turismo facilitan la llave para acceder a la iglesia de Santa María de los Reyes, donde el viajero podrá admirar su portal esculpido en estilo gótico florido. Uno de los mejores lugares donde **hospedarse** es *Larretxari*, en calle Portal de Paganos (☎941 600 763; ④), un pequeño establecimiento de agroturismo situado en el casco antiguo. También podrá alquilar habitaciones en *Batzori*, Mayor 17 (☎941 600 114; ③); si prefiere más comodidad, hay dos hostales en la calle principal: *Pachico Martínez*, Sancho Abarca 20 (☎941 600 009; ⑤), y *Marixa*, en la misma calle (☎941 600 165; ⑤). Dos buenos establecimientos donde **comer** son *La Muralla*, Paganos 42, y *Los Rojillos*, Mayor 57, donde sirven un buen menú del día por menos de 1.000 pesetas.

transportes

Ferrocarriles

Bilbao, estación de Abando a: Alicante (5 diarios; 16 h); Barcelona (2 diarios; 10-12 h); Logroño (6 diarios; 2 h 30 min.); Madrid (1 diario; 8 h); Orduña (1 cada hora; 1 h); Salamanca (1 diario; 9 h).

Bilbao estación Atxuri a: Durango (10-12 diarios; 1 h); Gernika (15 diarios; 2 h).

Bilbao estación de Santander a: Karranza (4 diarios; 1 h); Santander (5 diarios; 2 h).

Bilbao estación Las Arenas (San Nicolás) a: Getxo (cada 30 min.; 25 min.); Leioa (cada 30 min.; 35 min.); Plentzia (cada 30 min.; 45 min.).

Irún a: Hendaya, Francia (cada 30 min., 7-22 h; 5 min.); París (2 diarios; 8 h); Donostia-San Sebastián (cada 30 min., 5-23 h; 30 min.).

Donostia-San Sebastián a: Bilbao (9 diarios; 2 h 30 min.-3 h); Burgos (12 diarios; 4 h); Irún (cada 30 min.; 30 min.); Madrid (4 diarios; 6 h 30 min.-8 h 30 min.); Ordizia (cada 30 min.; 50 min.); Pamplona (6 diarios; 2-3 h); Salamanca (2 diarios; 9 h); Valencia (1 diario; 12 h); Vitoria (7 diarios; 1 h 50 min.); Zaragoza (4 diarios; 4-5 h).

Vitoria-Gasteiz a: Miranda de Ebro (1 diario; 1 h 25 min.); Pamplona/Iruña (1 diario; 1 h); Donostia-San Sebastián (7 diarios; 2 h 30 min.).

Autobuses

Bilbao a: Burgos (4 diarios; 2 h); Elantxobe (3 diarios; 1 h 30 min.); Gernika (16 diarios; 40 min.); Lekeitio (4 diarios; 1 h 30 min.); Logroño (1 diario; 2 h 15 min.); Oñati (2 diarios; 2 h); Ondarroa por Markina (2 diarios; 1 h 30 min.); Pamplona/Iruña (3 diarios; 4 h); Donostia-San Sebastián (cada hora; 1 h 10 min.); Santander (5 diarios; 2 h 30 min.); Vitoria-Gasteiz (8 diarios; 1 h 30 min.); Zaragoza (3 diarios; 5 h).

Irún a: Pamplona/Iruña (3 diarios; 2 h); Donostia-San Sebastián (muy frecuentes; 30 min.).

Donostia-San Sebastián a: Bilbao (13 diarios; 1 h 10 min.); Elizondo (3 diarios; 2 h); Hondarribia (cada 20 min.; 30 min.); Irún (muy frecuentes; 30 min.); Lekeitio (3-5 diarios; 2 h); Lesaka (2 diarios; 1 h 15 min.); Pamplona/Iruña; (6 diarios; autopista 1 h, otras vías 3 h); Bera-Vera de Bidasoa (2 diarios; 1 h); Vitoria (7 diarios; 2 h 30 min.); Zarautz (cada hora; 30-40 min.); Zumaia (4 diarios; 1 h).

Vitoria-Gasteiz a: Araia (pasa por los pueblos de la Llanada Alavesa; 2 diarios; 1 h); Bilbao (8 diarios; 1 h 30 min.); Durango (4 diarios; 1 h); Estella (4 diarios; 1 h 15 min.); Laguardia (4 diarios; 1 h 45 min.); Logroño (8 diarios; 1 h); Pamplona (9 diarios, excepto dom.; 1 h 30 min.); Pantanos de Zadorra (3 diarios; 30 min.); Santander por Castro Urdiales (3 diarios; 2 h).

CAPÍTULO OCHO

NAVARRA

El territorio de Navarra se divide en dos sectores diferenciados. La parte septentrional posee características comunes al País Vasco, pues sus habitantes más antiguos eran también vascones, conservan la misma lengua y, al igual que aquéllos, no padecieron el dominio de romanos y visigodos. En contraste con la montaña, la llanura navarra fue colonizada y vio el nacimiento de núcleos de población importantes (Pamplona, junto a la nativa Iruña). Poco a poco fue produciéndose una diferenciación entre navarros y vascos, que se consolidó políticamente con la formación del reino de Navarra, que fue causa de un continuo enfrentamiento entre ambos. Alrededor del año 1000, Navarra se convirtió en centro político de España. A partir del siglo XIII el reino fue controlado por diversas dinastías francesas, hasta que en 1512 Fernando el Católico conquistó la Alta Navarra, que se incorporó a la corona española, mientras que la Baja Navarra pasaba a dominio francés. Durante el siglo XIX fue un bastión carlista en las áreas rurales y liberal en las ciudades, y en 1841 Navarra se convirtió en una provincia, aunque conservó parte de sus antiguos fueros, que fueron respetados durante la dictadura de Franco, a causa de su apoyo inicial al levantamiento militar. En 1982 accedió al estatuto de autonomía, rechazando luego la posibilidad de incorporarse a la comunidad del País Vasco.

Hacia Pamplona/Iruña

Si el viajero va directo a Pamplona/Iruña desde el norte de Navarra, el viajero atravesará el **valle de Bidasoa** poblado con una serie de ciudades muy bien conservadas, cuyos mejores ejemplos son Bera-Vera de Bidasoa, Lesaka y Etxalar. Al sur de Etxalar, la carretera se desvía a la derecha y la N-121 atraviesa el paso de Velate hasta llegar a Pamplona/Iruña. El desvío a la izquierda lleva hasta el valle de Baztán (véase pág. 451). Ambos valles se encuentran en las rutas de autobuses directos que salen de Donostia-San Sebastián/Irún y Pamplona/Iruña. Un buen medio de alojamiento es el turismo rural (**casas rurales**); existe una oficina de reservas (☎948 229 328).

Bera-Vera de Bidasoa

BERA-VERA DE BIDASOA ofrece algunas de las mejores muestras de toda la región de casas construidas con entramado de madera y piedra, entre las que destacan por su atractivo estético las pintadas con vivos colores, que flanquean la calle Altzarte y la plaza principal. A unos 100 m de la plaza, justo al pasar por el antiguo paso aduanero, se encuentra la casa (n.º 24) del escritor vasco Pío Baroja, que en el momento de redactar esta guía permanecía cerrada de forma indefinida, aunque el visitante puede preguntar en la oficina de turismo de Pamplona/Iruña (véase pág. 441).

Si el viajero decide **pernoctar** en el pueblo, se recomienda la pequeña *Fonda Chantre*, San Esteban 15 (☎948 630 239; ③) o *Euskalduna*, más cómodo, Bidasoa 5 (☎948 630 392; ④), en cuyo restaurante sirven un menú del día y platos de la zona. Una alternativa interesante es acudir a la agradable casa rural situada en las afueras de la población: *Casa Etxeberzea*, barrio de Zalain (☎948 630 272; ④).

436/NAVARRA

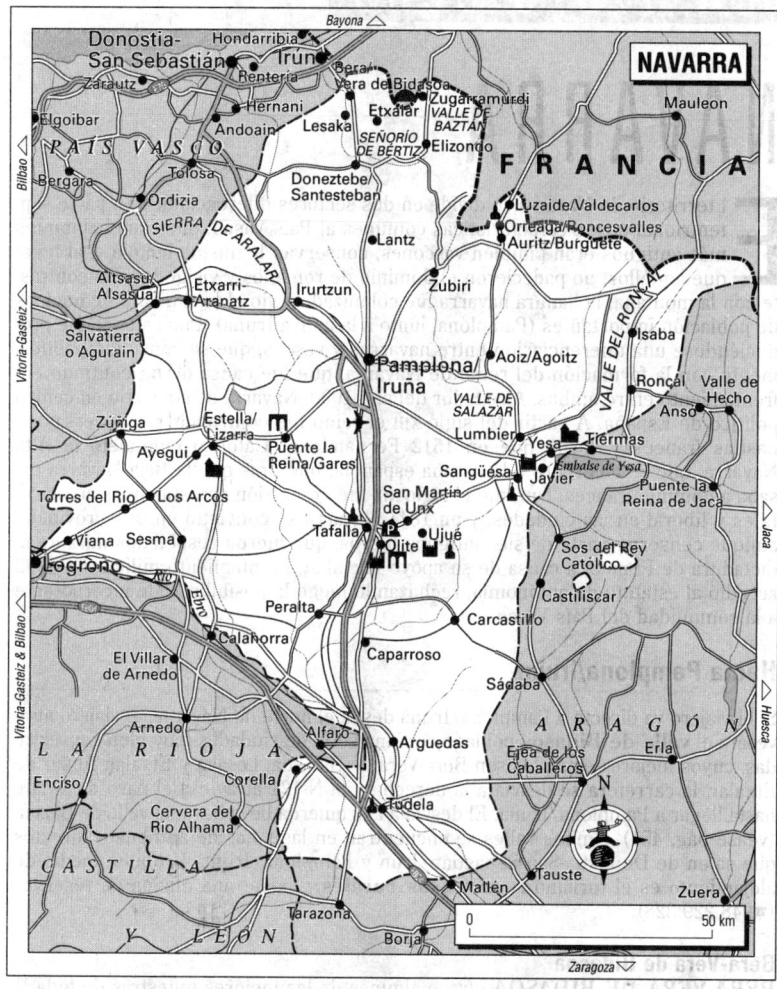

A unos 5 km al este de Bera, en la culminación del paso de Luzuniaga y ya en la frontera francesa, está el **monte Larrún** al que se puede ascender sin demasiada dificultad y desde cuya cumbre se contemplan hermosas vistas de los Pirineos y la costa vascofrancesa. En la cima hay un bar-restaurante para atender a los turistas que toman el funicular desde el lado francés.

Lesaka
Al sur de Bera y avanzando por el valle de Bidasoa, la carretera principal tiene un desvío a la derecha que indica **LESAKA**. A pesar de lo antiestética que resulta la enorme fábrica que hay en las afueras, se trata de un hermoso lugar dominado por la iglesia parroquial situada en lo alto de un cerro, en la que los bancos de los fieles están marca-

dos con nombres de familias de los caseríos y mansiones de la población. En el margen del canal de riego que atraviesa la localidad se erige uno de los mejores ejemplos de casa-torre de un diseño peculiar para la región que data de la época en que el norte de Navarra estaba en poder de unas cuantas familias poderosas en constante disputa.

Entre los **establecimientos donde hospedarse**, se recomiendan la sencilla *Pensión Tolareta*, plaza Berria 2 (☎948 637 106; ②), situada sobre una tienda de ropa, justo al lado de la plaza principal, y el más elegante *Hotel Bereau* (☎948 627 509; fax 948 627 647; ⑤), cerca de la carretera principal. El *Ekaitza Café*, plaza Berria 13 (☎948 627 547; ④), alquila un apartamento en verano (pregunte por el propietario, Miguel Ángel).

Etxalar

ETXALAR es un lugar pequeño situado a 4 km de la carretera principal, pero tal vez sea el pueblo mejor conservado del valle, famoso por las estelas funerarias vascas de su cementerio. En el centro del pueblo se alza una encantadora **casa rural**, *Casa Domekenea* (☎948 635 031; ③), y, asentada sobre una elevada colina con hermosas vistas de los alrededores, está *Casa Herri-Gain* (☎948 635 208; ③).

Pamplona/Iruña

PAMPLONA/IRUÑA es la capital de Navarra desde el siglo IX, aunque ya antes había sido una importante plaza fuerte levantada para defender los accesos a España por el norte en las estribaciones de los Pirineos. Incluso hoy en día parece en parte una ciudad con guarnición, con sus imponentes murallas y ciudadela de planta pentagonal. Debido a su larga historia como capital de un territorio que a menudo se mantuvo semiautónomo, Pamplona/Iruña cuenta con una amplia oferta turística que se concentra en torno al casco antiguo (iglesias, un hermoso parque, la enorme ciudadela) y es un lugar agradable durante todo el año. Sin embargo, aquellos que hayan estado durante la emocionante semana de las **Fiestas de San Fermín**, tal vez se aburran si van en otra época del año.

San Fermín

Desde el mediodía del 6 de julio hasta la medianoche del 14 de julio, Pamplona/Iruña se vuelca por completo en una fiesta tumultuosa y desenfrenada. El clímax de las celebraciones es el encierro, momento en el que se sueltan varios toros que recorren las calles de la ciudad rodeados de mozos, un acto que atrae a turistas de todo el mundo. No obstante, los encierros sólo son un elemento más de una gran fiesta amenizada por numerosas bandas musicales, desfiles y baile en la calle las 24 horas del día. El viajero se podrá divertir sin ver un toro siquiera, pero aun en el caso de que se oponga con vehemencia a ello, el encierro (los animales son los auténticos protagonistas) es un espectáculo que no debe perderse.

Cada mañana, a 8 h (tradicionalmente se hacía 1 hora antes, para que las fiestas empezaran a las 7 h del séptimo día del séptimo mes), se sueltan seis toros que salen del corral cercano a la plaza Santo Domingo y llegan a la plaza de toros. Junto a ellos, o delante, corren cientos de mozos pamplonicas y turistas (a menudo caen y son pisoteados por los animales) lo bastante locos o ebrios para poner a prueba su osadía. Gracias a Ernest Hemingway y su novela *Fiesta* los sanfermines se dieron a conocer en todo el mundo; por este motivo, la zona que hay enfrente de la plaza de toros se llama hoy en día plaza Hemingway por decisión del agradecido ayuntamiento. Su descripción de la fiesta como «un espectáculo impresionante» sigue atrayendo a miles de estadounidenses; no obstante, a pesar de su elevado número, los lugareños aún son mayoría, siempre dispuestos a pasárselo en grande. De hecho, las fiestas en su conjunto son un acontecimiento muy estimulante que invitan a tomar parte.

SAN FERMÍN

ALOJAMIENTO Y SEGURIDAD

Probablemente el viajero no encontrará **alojamiento** durante las fiestas a no ser que lo haya reservado con mucha antelación, ya que la ciudad se llena de visitantes y turistas. Sin embargo, la oficina de turismo situada frente a la plaza de toros es frecuentada por mujeres mayores que alquilan **habitaciones** a precios elevados. Si el viajero no tiene suerte, tendrá que dormir en las murallas, el parque o alguna plaza (junto con muchos otros visitantes) y guardar sus pertenencias y maletas en la consigna de la estación de autobuses de la calle Conde Oliveto; no resulta caro y le permitirá tener acceso diario a su equipaje (pero debe tener en cuenta que la consigna de la estación también se llena en cuanto empieza la semana de las fiestas, así que tendrá que armarse de paciencia e insistir). Asimismo allí hay duchas.

Tal vez el **mejor plan** sea hospedarse en cualquier otro lugar cercano (Vitoria-Gasteiz o Estella, por ejemplo) donde poder descansar bien, dejar el equipaje y acudir a Pamplona/Iruña en autobús; una vez allí, el viajero tendrá que aguantar lo que pueda echando alguna que otra cabezada en el parque antes de regresar a la habitación para dormir bien y asearse. Siempre puede volver otra vez. De hecho, los primeros días son los mejores y, a medida que se acerca el final de la fiesta, la ciudad se vuelve más sucia y desagradable.

Una alternativa de alojamiento es el **cámping** *Ezcaba* (☎948 330 315), situado a 7 km de Pamplona/Iruña en la carretera de Francia. Para conseguir un sitio el viajero deberá llegar 2 días antes de que empiece la fiesta. Dispone de buenos servicios sanitarios y duchas, pero durante los sanfermines los responsables están sobrepasados ante los numerosos visitantes que llegan; por ello tendrá que hacerse a la idea de que habrá largas colas para todo. Además, la tienda de comestibles sólo está bien surtida en la sección de bebidas. Lo mejor del cámping es su seguridad, ya que el acceso se hace con un pase y un guardia patrulla toda la noche. Durante el período de la fiesta, se habilita un **cámping gratuito** junto al río debajo de *Ezcaba*. Pero allí la seguridad no está garantizada. Existe un servicio de autobuses que comunica ambos cámpings pero sólo circulan cinco al día, el primero a las 6 h y el último a la 1 h, aunque el autostop es práctica común. El viajero también puede usar uno de los autobuses turísticos que salen del cámping oficial a tiempo para ver el encierro.

Sea cual sea el lugar donde duerma, el viajero debe vigilar sus pertenencias, ya que durante las fiestas aumenta el índice de **robos**; los automóviles y las furgonetas son abiertos con frecuencia y se producen muchos robos mientras la gente duerme, a veces incluso con violencia. Durante las fiestas, algunos **bancos** y una **oficina de correos** permanecen abiertos por la mañana, por lo que el cambio de cheques de viaje no es un problema. Sin embargo, el fin de semana todos los establecimientos permanecen cerrados.

EL ENCIERRO

Para ver el encierro hay que llegar temprano (a las 6 h más o menos), puesto que mucha gente ocupa las calles 1 hora antes de que empiece. Los mejores **puntos estratégicos** se hallan cerca de la salida alrededor de la plaza Santo Domingo o en la muralla que conduce a la plaza de toros. Se recomienda conseguir un sitio en la parte exterior de las dos barreras (el visitante no debe preocuparse cuando la que hay enfrente se llene de gente que le tapa la vista, pues antes del encierro la policía los retirará). El encierro se divide en dos partes: la primera es la carrera de los toros; se trata de correr junto a ellos mientras se les golpea con un periódico enrollado. Tal vez al visitante le resulte difícil distinguir a las reses en medio de tantos corredores, pero sentirá el auténtico pánico y la emoción que se respira entre los mozos que corren; de vez en cuando estas sensaciones se extienden a la multitud de espectadores si uno de los toros consigue romper las barreras de seguridad de madera. La segunda parte del encierro empieza cuando los toros han hecho el recorrido callejero y llegan a la plaza donde se encierran en los corrales. A continuación se sueltan varios novillos con los cuernos cubiertos en medio de la multitud que hay en el ruedo. Si el visitante opta por ver la carrera, no podrá entrar en la plaza debido a la gran cantidad de gente que se concentra allí, de modo que quizá sea mejor emplear 2 mañanas para ver ambos actos. Si quiere conseguir uno de los asientos

inferiores gratuitos de la plaza de toros, deberá llegar alrededor de las 6 h. Si quiere pagar más por un asiento más alto, puede comprar la entrada en la taquilla situada fuera de la plaza, pero nunca lo haga dentro a uno de los revendedores porque le saldrá muy caro. Los domingos se paga por todas las entradas.

Se advierte sobre el peligro que supone **correr** en el encierro, pero si el viajero decide hacerlo, debe tener en cuenta que aunque probablemente sea menos peligroso de lo que parece, todos los años como mínimo una persona resulta herida de gravedad (a veces incluso muere). Siempre es mejor que un corredor experto le guíe en su primera carrera y sobre todo, no intente hacerse el héroe, ya que los toros pesan toneladas y tienen cuernos muy afilados. Nunca hay que quedarse atrapado en un portal, ni permanecer entre un toro asustado y el resto de la manada. Por tradición las mujeres no participan en las carreras de los encierros, aunque cada vez se atreven más; si es su caso, se aconseja no ponerse cerca de la policía municipal porque tal vez intenten impedírselo. Muchos se toman un vaso de pacharán, el licor local, antes de echar a correr ante los toros.

La única entrada oficial al recorrido del encierro está en el punto de partida, en la plaza Santo Domingo a la que se entra por plaza San Saturnino; poco antes de dar la salida, el resto del recorrido está vacío y unos minutos antes de las 8 h, se permite que la gente entre en el recorrido y escoja el punto de partida que prefiera (se recomienda hacer el trayecto a pie antes para familiarizarse con él). Para dar la salida se lanzan al aire dos cohetes, uno cuando se sueltan los toros y un segundo cuando todos están fuera (es mejor que suenen con poco intervalo, pues los animales resultan mucho menos peligrosos si corren en manada en lugar de asustarse y actuar de forma individual). En cuanto suena el primer chupinazo, ya se puede empezar a correr, aunque en tal caso quizá llegue a la plaza bastante antes que los toros y sea abucheado; si el visitante espera un poco, tendrá más posibilidades de llegar junto con los toros. A pesar de haber muchos puntos por donde escapar, éstos sólo deben emplearse en caso de una urgencia (si intenta salirse de la carrera antes de que acabe, la gente le hará volver a empujones).

OTROS ACONTECIMIENTOS

En Pamplona/Iruña se pueden hacer muchas otras actividades peligrosas, en concreto cuando el ambiente hace que determinadas personas pierdan el juicio. Mucha gente (sobre todo turistas) se divierte lanzándose desde lo alto de la fuente que hay en el centro de la ciudad y desde los edificios colindantes (en particular el bar de mejillones llamado *La Mejillonera*), confiando en que sus amigos les recogerán abajo. Pero todos los años se producen víctimas.

Otros actos son sesiones de **música** ofrecidas por bandas municipales, que empiezan a medianoche en los bares y en la plaza del Castillo y se prolongan hasta las 4 h de la madrugada en el parque de la avenida de Bayona, donde las agrupaciones políticas locales y otras organizaciones tienen sus puestos. Cada noche hay **fuegos artificiales** en la ciudadela (a las 23 h) y un **parque de atracciones** en el terreno contiguo. Durante todo el día, las **bandas** musicales recorren las calles y tocan para todos aquellos que quieran escucharles. Si el ambiente se relaja un poco, el visitante puede tomar el sol, ducharse, recuperar algo de sueño e incluso darse un baño en la **piscina** pública situada fuera de las murallas, cerca del portal de Zumalacárregui.

Cada día se celebran **corridas de toros** a las 18.30 h, con los toros que han corrido por la mañana. Las entradas son caras (entre 2.000 y 12.000 pesetas); si al viajero no le queda más remedio que comprar en la reventa, espere hasta que haya empezado la corrida, momento en que puede insistir en pagar menos (el precio baja con cada uno de los toros que muere). También puede comprar las entradas el día antes en las taquillas de la plaza de toros (abren a las 8 h), pero tendrá que hacer cola bastante en un buen rato. Al final de la semana (medianoche del 14 de julio) se celebra una procesión con velas en señal de duelo llamada **Pobre de mí**, que sirve para despedir las fiestas hasta el año próximo.

Si al visitante le gusta el peligro, muchas **otras poblaciones navarras** celebran fiestas con algún tipo de encierro. Entre las mejores figuran las de Tudela (24-28 de jul.), Estella (primer fin de semana de agos. y una de las pocas sin prohibición municipal que impida a las mujeres participar), Tafalla (mediados agos.) y Ampuero en la provincia de Santander (7-8 sept.).

440/NAVARRA

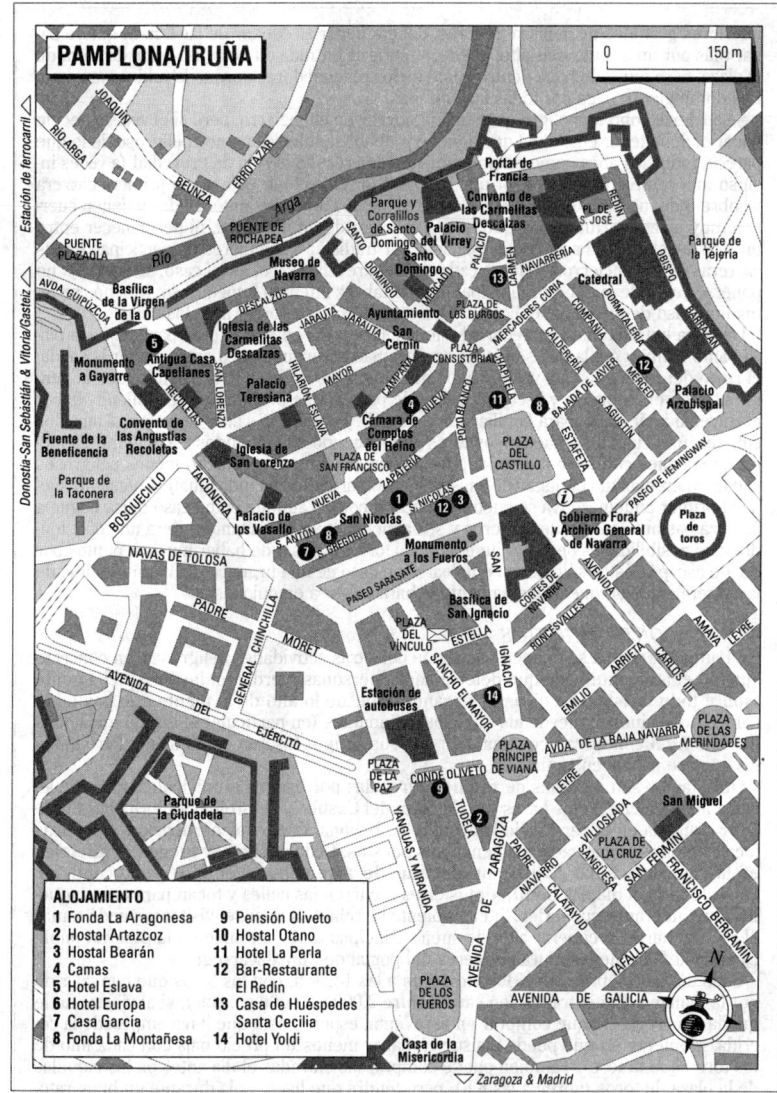

Llegada e información

A pesar de que Pamplona/Iruña es una ciudad de tamaño considerable, su casco antiguo es muy compacto (todo lo interesante se encuentra a poco más de 5 minutos desde la **plaza del Castillo**). La **estación de ferrocarril** está en la avenida San Jorge; el autobús 9 circula cada 10 minutos desde allí hasta el extremo del paseo de Sarasate (donde se halla la ciudadela), un recorrido de varios minutos desde la plaza del Castillo.

En la calle Estella 8 hay una central de billetes de Renfe (lun.-vier., 9.30-14 h y 16.30-19.30 h; sáb., 9.30-13 h; ☎948 227 282). La **estación de autobuses**, más céntrica, está en calle Conde Oliveto, justo enfrente de la ciudadela; los horarios son confusos debido al número de empresas que operan, de modo que se recomienda consultar el tablón de horarios de la estación, o pedir una copia en la **oficina de turismo** (verano, todos los días, 10-19 h; invierno, lun.-vier., 10-14 h y 16-19 h; sáb., 10-14 h; ☎948 220 741) situada en Eslava 1, justo al lado de la plaza San Francisco. El personal que atiende en esta oficina también puede reservar alojamiento, incluso con antelación si el viajero tiene intención de dirigirse a los Pirineos. Durante las fiestas de San Fermín, también circula un autobús informativo municipal (10-14 h y 17-20 h).

El viajero encontrará **bancos** por todo el centro; no obstante, durante las fiestas sólo permanecen abiertos por la mañana. Uno de los que también abre por las tardes (16-18 h) es la Caja de Ahorros de Navarra, en calle Roncesvalles. En la calle Estella, junto a la oficina de la Renfe, hay una oficina central de **correos** (lun.-vier., 8-21 h; sáb., 9-19 h). Si el visitante necesita lavar la ropa después de tanta fiesta, puede ir a la **lavandería** la calle Descalzos, a 2 minutos caminando desde la plaza San Francisco.

Alojamiento

La mayoría de las **fondas** y los **hostales** económicos se hallan en las calles San Nicolás y San Gregorio, junto a la plaza del Castillo. Incluso cuando no es San Fermín (período en el que los precios pueden doblarse o triplicarse), las habitaciones se ocupan con rapidez en verano; por ello, el viajero tendrá que hacerse a la idea de que es mejor pagar un poco más y evitar la molestia de tener que buscar alojamiento. Si quiere ver otras posibilidades de hospedaje, las calles dispuestas en torno a la catedral, a las que se llega cruzando la plaza del Castillo, ofrecen otras alternativas. A cierta distancia de ésta y el casco antiguo, también encontrará varios hostales en el centro, una zona más moderna aunque no tan interesante.

Opciones económicas

Fonda La Aragonesa, San Nicolás 32 (☎948 223 428). Fonda aceptable con habitaciones dobles con lavabo. ②

Hostal Artázcoz, Tudela 9, 2.º (☎948 225 164; fax 948 223 426). Hostal fundado hace más de 40 años; todas las habitaciones están equipadas con diversos servicios. ③

Camas, Nueva 24, 1.º (☎948 227 825). Situado junto al más elegante *Hotel Maisonnave*, ofrece habitaciones dobles e individuales bien amuebladas. ③

Casa García, San Gregorio 12 (☎948 223 893). Habitaciones dobles sin baño situado en un piso justo encima del restaurante; el precio de la pensión completa es muy asequible. ③

Casa de Huéspedes Santa Cecilia, Navarrería 17, 1.º (☎948 222 230). Habitaciones espaciosas en un antiguo palacio situado junto a la fuente más concurrida durante los sanfermines. El edificio tiene un aspecto algo imponente, con una enorme puerta y una fachada gris, pero el dueño es muy amable. ③

Fonda La Montañesa, San Gregorio 2 (☎948 224 380). Habitaciones dobles e individuales bastante sencillas. ②

Opciones moderadas y caras

Hostal Bearán, San Nicolás 25 (☎ y fax 948 223 428). Hostal limpio y cómodo; habitaciones con televisor. ⑤

Hotel Eslava, plaza Virgen de la O 7 (☎948 222 270; fax 948 225 157). Hotel bonito y

acogedor regentado por la familia Eslava; situado en una tranquila esquina del casco antiguo. Desde los balcones se contemplan estupendas vistas de la plaza. Dispone de habitaciones individuales y dobles, y un bar en la planta baja. ⑥

Hotel Europa, Espoz y Mina 11 (☎948 221 800; fax 948 229 235). Situado junto a la plaza del Castillo, es un buen hotel de tres estrellas con un excelente restaurante. ⑦

Pensión Oliveto, avenida de Conde Oliveto 3 (☎948 249 321). Ubicado al otro lado de la calle desde la estación de autobuses; habitaciones agradables sin baño pero con televisor por satélite y agua caliente. ④

Hostal Otano, San Nicolás 5 (☎948 225 095; fax 948 212 012). Hostal con un bar-restaurante en la planta baja regentado por la misma familia desde 1929. El restaurante sirve un popular menú del día por 1.300 pesetas. ③

Hotel La Perla, plaza del Castillo 1 (☎948 227 706). Establecimiento de mucho carácter; algunas habitaciones tienen balcones que dan a la calle (los precios se triplican durante las fiestas de San Fermín). Ernest Hemingway se hospedó en la 217. ⑥

Bar Restaurante El Redín, Merced 5 (☎948 222 182). Situado en una calle junto al mercado, muy cerca del punto de partida de los encierros. Casi todas las habitaciones son dobles y en la planta baja tiene un bar-restaurante; se puede optar por la pensión completa. ④

Hotel Yoldi, avenida de San Ignacio 11 (☎948 224 800; fax 948 212 045). Aquí se hospedan los toreros y las personalidades del mundo taurino durante las fiestas de San Fermín. Aparcamiento propio. ⑦

La ciudad

La **plaza del Castillo**, flanqueada por árboles y modernos cafés, es el centro de Pamplona/Iruña, y allí se concentra gran parte de su actividad. Las callejuelas de la antigua Judería ocupan el área hacia sur y oeste, en dirección a las murallas de la ciudad y la catedral; se trata del único resto de la nutrida comunidad judía que pobló esta zona antes de que la Inquisición iniciara las persecuciones y las expulsiones. Desde el lado opuesto a la plaza, la calle San Nicolás baja hasta la ciudadela y, en dirección este, a la parte más moderna de la población. En la calle San Nicolás y su continuación, San Gregorio, se encuentran la mayoría de los hostales y las fondas, varios pequeños restaurantes de excelente calidad y numerosos bares bulliciosos.

La **catedral de Santa María** es de estilo predominantemente gótico y fue construida a lo largo de 130 años desde finales del siglo XIV hasta principios del siglo XVI. No obstante posee una fachada poco afortunada que fue añadida en el siglo XVIII. No se trata de un edificio muy atractivo, pero su interior alberga interesantes elementos, como la tumba de Carlos III y Leonor en el centro de la nave y la antigua Virgen de los Reyes colocada por encima del altar, así como el claustro. El **Museo Diocesano**

CÓDIGOS DE LOS PRECIOS DE ALOJAMIENTO

En esta guía, los precios de alojamiento se reseñan en una escala de ① a ⑧, indicando el precio **más bajo** que puede esperar pagar por noche en un establecimiento por una **habitación doble**, en temporada alta. Los precios, señalados por los códigos, son los siguientes:

① menos de 2.000 pesetas/12 euros
② 2.000-3.000 pesetas/12-18 euros
③ 3.000-4.500 pesetas/18-27 euros
④ 4.500-6.000 pesetas/27-36 euros
⑤ 6.000-8.000 pesetas/36-48 euros
⑥ 8.000-12.000 pesetas/48-72 euros
⑦ 12.000-17.500 pesetas/72-105 euros
⑧ más de 17.500 pesetas/105 euros

(mar.-sáb., 9-10.30 h y 18-20 h; dom., 9-10.30 h; entrada gratuita) es accesible por los claustros y está repartido en dos edificios espléndidos, el refectorio y la cocina, que vale la pena visitar. Se recomienda observar con atención las puertas esculpidas que hay en el claustro, en especial la Puerta de la Preciosa, y la capilla con una encantadora bóveda estrellada, que mandó construir un obispo en el siglo XIV para que albergara su propia tumba.

Detrás de la catedral se extiende una de las zonas más antiguas de Pamplona/Iruña, conocida por el nombre de **La Navarrería**. Allí se puede admirar la parte mejor conservada de las **murallas de la ciudad** con el baluarte de Redín y el portal de Zumalacárregui (o de Francia) que mira a uno de los meandros del río Arga. Si el viajero sale de la ciudad por esta puerta, encontrará varios caminos que descienden hasta el río desde donde se puede apreciar toda la fuerza de la inexpugnabilidad de sus defensas. Si sigue el perímetro interior de las murallas, llegará al **Museo de Navarra** (mar.-sáb., 10-14 h y 17-19 h; dom., 11-14 h; 300 pesetas), en el fabuloso edificio del viejo hospital situado en calle Santo Domingo. En su interior se expone material sobre la arqueología y la historia del antiguo reino de Navarra, junto con algunos bonitos mosaicos y una colección de arte que incluye un retrato del marqués de San Adrián pintado por Goya. Al volver a la plaza por la calle Santo Domingo y la plaza Consistorial, el visitante pasará por el **mercado** y el **ayuntamiento**, de estilo barroco.

En las calles del casco antiguo hay muchos edificios interesantes, como antiguas iglesias y elegantes casas repartidas por casi todas las calles. Pero sobre todo vale la pena dedicar un tiempo a pasear por los parques y jardines de los alrededores que albergan la ruinosa **ciudadela**, en avenida Ejército, desde donde se contemplan vistas de la parte nueva de la ciudad, y una galería (mar.-sáb., 11.30-13.30 h y 18-20 h; dom., 11-14 h; entrada gratuita). Desde allí, el visitante puede seguir la línea de las viejas murallas, cruzar el **parque de la Taconera** y descender hasta el río por un recorrido alternativo.

Comida y copas

Para encontrar establecimientos baratos con distintos **menús**, y una amplia gama de **tapas** y bocadillos, hay que dirigirse a las calles que rodean la calle Mayor, en particular la calle San Lorenzo. El elegante *Café Iruña*, situado en la plaza del Castillo, es el local ideal para sentarse y observar la vida de la plaza mientras se saborea un buen café; también puede hacer otro tanto en el no menos agradable *Café Niza*, enfrente de la oficina de turismo, calle Duque de Ahumada. Para **desayunar** en un marco tranquilo que le permita leer el periódico, nada mejor que el *Café Alt Wien*, conocido por los lugareños como *El Vienés*, en los jardines de la Taconera (por las tardes se llena de familias).

Restaurantes

Alhambra, Bergamín 7. Buen establecimiento para degustar platos locales, sobre todo el cordero relleno.

Campana, Campana 12. Sirve uno de los mejores menús de la ciudad; situado cerca de la iglesia de San Saturnino.

Casa Otano, calle San Nicolás. Menú del día popular a base de excelentes platos de cocina navarra. Dom. noche, cerrado.

La Cepa, San Lorenzo 2. Magnífica selección de tapas y bocadillos.

Deportivo, Tafalla 34. Sabrosa cocina casera a precios razonables. Jue., cerrado.

Ibañeta, San Nicolás 15. Platos sencillos pero de buena calidad en un ambiente animado. Dom. noche y lun., cerrado.

Josexto, plaza Príncipe de Viana (☎948 222 097). Uno de los mejores y más caros restaurantes de la ciudad.

Mesón del Caballo Blanco, Redín. Restaurante con mucho carácter que sorprende por sus moderados precios; sirve raciones y cocina local tradicional. Abierto sólo por la noche.

O'Connors, paseo Sarasate 22. Pub abierto hace poco tiempo que sirve una extraña pero excelente mezcla de tapas irlandesas y españolas. Muy popular entre los pamplonicas.

Sarasate, San Nicolás 19. Restaurante vegetariano.

Sur de Navarra

Al sur de Pamplona/Iruña el paisaje cambia enseguida; las montañas quedan atrás y ante los ojos del viajero se empieza a abrir la monótona llanura tan característica de la España central. La gente también es diferente, más afín a sus vecinos del sur que a los vascos del norte. Hay un servicio regular de autobuses que cubre la zona sur hasta **Tudela**, la segunda población de Navarra, pasando por **Tafalla** y **Olite**, en una época conocidas como las «flores de Navarra», aunque poco queda de su pasado esplendor.

Tafalla

TAFALLA, situada a 35 km al sur de Pamplona/Iruña, es una vieja población de provincias con el aspecto de haber perdido el tren de la España moderna. Si el viajero va a allí, podrá visitar la **iglesia parroquial de Santa María**, donde verá un enorme retablo, uno de los mejores del país, tallado por Juan de Ancheta, artista vasco de gran reconocimiento.

Encontrará dos establecimientos donde **hospedarse**, pero de precios elevados: *Pensión Arotza*, plaza de Navarra 3 (☎948 700 716; ⑤; la recepción está en el *Bar Tubal*), y el *Hostal Tafalla* (☎948 700 300; fax 948 703 052; ⑤), situado en la carretera nacional Pamplona/Iruña-Zaragoza, junto a la estación de servicio.

Olite

Probablemente OLITE atraerá más al visitante. Hoy en día es poco más que un pueblo, pero tiene un magnífico **castillo** (verano, lun.-sáb., 10-14 h y 16-20 h; dom., 10-14 h; invierno, lun.-sáb., 10-14 h y 16-18 h; dom., 10-14 h; 450 pesetas; ☎948 740 035), en una época residencia de los reyes de Navarra. Se trata de un edificio compuesto por numerosos torreones y mazmorras, que están siendo restaurados; parte de él ha sido habilitado y es un parador. Asimismo hay dos hermosas iglesias, la románica de **San Pedro** y la gótica de **Santa María**, ésta con un notable retablo tallado. El 14 de septiembre se celebra la fiesta patronal, en cuyos actos no faltan los toros.

El viajero encontrará una **oficina de turismo** en la plaza Carlos III, en la galería medieval (lun.-vier., 10-14 h y 16-19 h; sáb.-dom., 10-14 h; ☎948 712 434). El **alojamiento** en Olite resulta caro. Aparte del *Parador Príncipe de Viana*, plaza de Los Teobaldos 2 (☎948 740 000; fax 948 740 201; ⑦), hay otros dos hoteles de precios elevados: *Casa Zanito*, Rúa Mayor 16 (☎948 740 002; fax 948 712 087; ⑥), y, en pleno casco antiguo, el de más ambiente (aunque suele estar lleno en verano); *Hotel Carlos III el Noble*, Rúa de Medios 1 (☎948 740 644; ③), ofrece un menú por 1.300 pesetas. No obstante, la mejor opción es *Pensión Vidaurre*, en plaza Carlos III (☎948 740 597; ③). Si quiere acampar, se recomienda el *Cámping Ciudad de Olite*, en la carretera de Tafalla a Peralta (todo el año; ☎948 712 443).

Ujué

Al este de Tafalla y Olite, en dirección a Sangüesa, una tortuosa carretera se desvía de la carretera principal a la derecha en San Martín de Unx (un buen lugar para com-

prar vino de las bodegas locales) y sube hasta el pueblo de **UJUÉ**, una de las auténticas joyas de Navarra. Se trata de un pueblo defensivo medieval colgado en la ladera sobre el paisaje árido y severo, y dominado por la iglesia románica de **Santa María** del siglo XIII (todos los días, 10-20 h), en cuyo altar supuestamente se guarda el corazón del rey Carlos III. La iglesia tiene añadidos góticos del siglo XIV y, desde el mirador situado en su recinto exterior, se contemplan vistas de toda la región de La Ribera del sur de Navarra. El portal principal luce algunas esculturas de gran detalle representativas de La Última Cena y los Reyes Magos.

Desde la plaza principal del pueblo, donde el viajero podrá comer migas de pastor, almendras garrapiñadas y otros productos de la región, parten dos calles adoquinadas que descienden vertiginosamente hasta otra hermosa placita donde se encuentra una casa rural, la *Casa Isolina Jurio* (☎948 739 037; ③); asimismo hay otra más pequeña, con un par de habitaciones, *Casa El Chófer* (☎948 739 011; ③). En la zona encontrará al menos diez casas rurales y puede reservar el alojamiento en la oficina de turismo de Olite; allí también puede pedir una guía e información sobre el transporte para ir a Ujué desde San Martín de Unx, puesto que no existe transporte público.

Tudela

La carretera hacia el sur continúa hasta llegar a **TUDELA**, a orillas del río Ebro, famosa por sus cogollos y espárragos. A primera vista, parece una población poco atractiva; aunque tras caminar un rato por la calle principal, el viajero llegará al casco antiguo y allí notará un ambiente muy diferente. Alrededor de la **plaza de los Fueros**, parten una serie de calles estrechas que apenas han cambiado su aspecto desde que Alfonso I de Aragón acabó en 1114 con la ocupación morisca de la ciudad. La **colegiata de Santa Ana** del siglo XII es una construcción gótica bonita y sólida. Sobre el portal del lado oeste luce un rosetón esculpido en alabastro que representa un sueño sobre el Juicio Final. En el interior hay un curioso retablo y algunas tumbas de piedra de gran belleza, mientras que el claustro románico alberga a varias esculturas, algunas de ellas bastante deterioradas. El extraño **puente** del siglo XIII que se extiende sobre el río Ebro permanece casi intacto y nadie diría que ha tenido que soportar 7 siglos del tráfico generado por la carretera principal a Zaragoza.

El viajero encontrará en plaza Vieja 1 una **oficina de turismo** (☎948 821 539), y un par de **hostales** caros en la calle principal que atraviesa la parte nueva de la población; el mejor de ellos es el *Hostal Remigio*, junto a la plaza de los Fueros, en Gaztambide 4 (☎948 820 850; ④), que también dispone de habitaciones más caras con baño; *Delta*, avenida Zaragoza 29 (☎ y fax 948 821 400; ⑤), tiene habitaciones con televisor y vídeo; asimismo puede alojarse en la *Casa de Huéspedes*, de Carniceras 13 (☎948 821 039; ②), situada sobre el *Restaurante La Estrella*, en el casco antiguo. Alrededor de la plaza de los Fueros hallará muchos otros lugares donde **comer** y **tomar copas**; el *Bar Arbella* sirve unos exquisitos calamares fritos.

El Camino de Santiago

Un tramo del antiguo **Camino de Santiago** pasaba por Aragón (véase pág. 580) y entraba en Navarra justo enfrente de Leyre, para luego recorrer la provincia en dirección a **Sangüesa**, **Puente la Reina al Gares** (donde se juntaba con otro camino alternativo que cruzaba los Pirineos en Roncesvalles) y **Estella**, antes de entrar por Logroño en La Rioja y seguir luego por Castilla-León.

Yesa y el monasterio de Leyre

La primera parada que hacen los peregrinos en Navarra es el **monasterio de San Salvador de Leyre** (todos los días, 10-21 h), situado en medio de un paisaje montaño-

EL CAMINO DE SANTIAGO EN NAVARRA

Tras la decisión aprobada por el Parlamento Europeo de designar el **Camino de Santiago** el primer «itinerario cultural» de Europa, Navarra ha hecho importantes inversiones en la mejora de las instalaciones y servicios dispuestos a lo largo del camino. Dentro de Navarra hay alrededor de una docena de hostales de peregrinos que éstos pueden usar de buena fe (para demostrar la calidad de peregrino, el caminante debe mostrar una carta de presentación de su parroquia o del ayuntamiento de la población donde piense empezar el camino, que en España suele ser Roncesvalles o Somport, o bien la iglesia de San Cernin o el palacio arzobispal de Pamplona/Iruña). Se entregará un «pasaporte» que le acredita como peregrino y que será sellado en cada hostal de la ruta donde pernocte. La mayoría de los hostales disponen de agua caliente para ducharse, algunos incluso de cocina y son gratuitos o cobran sólo una tarifa por persona de 500 pesetas. Tal vez algunos de estos establecimientos permanezcan abiertos sólo los meses de verano, pero las oficinas de turismo de Navarra suelen facilitar listas actualizadas.

El camino está claramente señalizado como la ruta a pie de larga distancia GR65. Amplios tramos discurren paralelos a la carretera nacional que une Pamplona/Iruña con Estella y Logroño, pero siempre que resulta posible, el trayecto oficial evita las principales vías.

so a 4 km desde Yesa, en la carretera nacional que une Pamplona/Iruña con Jaca, y comunicado con ambos lugares mediante un **autobús** diario que circula en ambos sentidos. En **YESA** hay varios **hostales**; el mejor de ellos es *El Jabalí* (☎948 884 042; ④), ubicado en la carretera nacional, con piscina y restaurante.

Desde el pueblo parte una buena carretera que va hasta Leyre y llega al extremo este del monasterio. Aunque los edificios de éste datan de los siglos XVI al XVIII, la iglesia es en gran parte románica; de hecho, sus ábsides son imponentes. Tras permanecer en ruinas durante más de 1 siglo, ha sido restaurado y ahora presenta un aspecto estupendo. El folleto que está a disposición del público en la caseta del conserje, ayuda a entender la complicada fachada de la iglesia. Dentro se encuentra la cripta que, con sus pequeñas columnas polvorientas, puede iluminarse si se introduce una moneda. Si el visitante tiene tiempo, puede asistir a una misa para escuchar los cantos gregorianos de los monjes benedictinos durante la misa.

La antigua casa de peregrinos del pueblo es ahora un **hotel** de dos estrellas, la *Hospedería de Leyre* (☎948 884 100; fax 948 884 137; ⑤), que, a pesar de ser bastante más caro que los de Yesa, continúa siendo una buena alternativa. Los hombres pueden hospedarse en el monasterio pagando una tarifa individual, pero para ello se tiene que telefonear con antelación (☎948 884 011).

Javier

Desde Yesa sólo hay unos kilómetros para llegar a **JAVIER**, donde nació san Francisco Javier (uno de los primeros jesuitas), que cuenta con un hermoso **castillo** (todos los días, 10-13 h y 16-19 h; entrada gratuita). Javier no tiene que ver con el Camino de Santiago, pero es un lugar de peregrinación al que acuden numerosos viajeros para visitar el museo de la vida del santo situado en el torreón restaurado. Destaca la serie de murales demoníacos recientemente descubiertos que representan la Danza de la Muerte.

Se trata de un lugar muy popular para hacer una excursión y organizar un picnic, donde el viajero también encontrará un **hotel**, el *Hotel Xavier* (☎948 884 006; fax 948 884 078; ⑤), con un buen restaurante. Como alternativa más barata, se recomienda *El Mesón*, plaza de Javier (☎948 884 035; fax 948 884 226; ③; con baño). Javier y Pamplona/Iruña están comunicadas por un **autobús** al día.

Sangüesa

El Camino de Santiago tiene su parada oficial en **SANGÜESA**, una localidad pequeña y encantadora que conserva muchos monumentos notables, entre ellos varias iglesias del siglo XIV e incluso más antiguas. Vale la pena fijarse en la parte superior de la fachada sur de la **iglesia de Santa María la Real** (en el extremo de la población junto al río) y su portal tallado, además de sus contrafuertes esculpidos: Dios, la Virgen y los apóstoles están representados en medio de un caótico grupo de guerreros, músicos, artesanos, luchadores y animales. La entrada está flanqueada por dos grupos de tres estatuas; una de ellas lleva la firma de un artista llamado Leodagarius (hacia 1200); el otro escultor que se sabe que trabajó en el portal fue el maestro de San Juan de la Peña.

Sangüesa es un lugar agradable que invita al paseo. Muchas de sus calles han cambiado poco con el paso de los siglos y, además de las iglesias, el viajero podrá contemplar algunas mansiones magníficas, los restos de un palacio real y un hospital medieval. El 12 de septiembre celebra unos concurridos encierros.

Aspectos prácticos

En Sangüesa hay una **oficina de turismo** muy útil ubicada en Alfonso el Batallador 20 (lun.-vier., 10-14 h y 16-19 h; fines de semana y festivos, 10-14 h; ☎948 860 329). Lamentablemente, no abunda el **alojamiento**: la *Pensión Las Navas*, en Alfonso el Batallador 7 (☎948 870 077; ③), situada justo enfrente de la parada de autobús principal, es el único establecimiento cómodo donde hospedarse; el viajero también encontrará un hotel bastante lujoso en la carretera que va a Javier, *Yamaguchi* (☎948 870 127; fax 948 870 700; ⑥). Tres **autobuses** diarios unen la localidad con Pamplona/Iruña y uno (sale de Sangüesa muy temprano) va a la población aragonesa de Sos del Rey Católico, a 12 km de distancia.

Puente la Reina

Tal vez no haya otra población que evoque con tanta fuerza la época de las peregrinaciones medievales como **PUENTE LA REINA**, a unos 20 km al suroeste de Pamplona/Iruña. Allí se unen las dos rutas principales, la navarra, vía Roncesvalles y Pamplona/Iruña, y la aragonesa, por Jaca, Leyre y Sangüesa. A partir de ahí, todos los peregrinos seguían el mismo camino rumbo a Santiago.

En el extremo oriental de la localidad se alza la **iglesia del Crucifijo**, originariamente fundada por la Orden de los Templarios; su pórtico está decorado con conchas de vieira (el distintivo de los peregrinos de Santiago). En un lado está el antiguo hospicio de los peregrinos, de construcción más reciente pero uno de los más antiguos que existen. En la población, los elevados edificios que flanquean la calle Mayor lucen sus escudos de armas originales y hay otra iglesia de peregrinos, Santiago, cuyo portal está muy deteriorado pero que en su interior alberga una hermosa estatua de Santiago. El **puente** situado al final de la calle da nombre a la localidad. Se trata del que mejor se conserva de la época medieval; fue construido a finales del siglo XI por mandato real y todavía hoy en día lo utilizan peatones y animales. Para dar cabida al tráfico rodado, se ha construido un puente moderno menos estético.

Aspectos prácticos

La oferta de **alojamiento** de Puente la Reina se limita al *Hostal Puente*, en paseo de los Fueros (☎948 340 146; ⑤), un establecimiento agradable y limpio que sirve buena comida, aunque puede ser algo ruidoso. El *Mesón del Peregrino* (☎948 340 075; fax 948 341 190; ⑧), un edificio antiguo con una moderna piscina situado a las afueras en

la carretera nacional de Pamplona/Iruña, ofrece un ambiente más lujoso; asimismo se recomienda el edificio contiguo, el *Hotel Jakue* (☎948 341 017; fax 948 341 120; ⑥), que dispone de habitaciones cómodas. Hay un buen **cámping**, *el Molino* (todo el año; ☎948 340 604; fax 948 340 082), en **Mendigorria**, a 5 km en dirección sur, con una piscina grande. El viajero encontrará varios locales para comer, la mayoría de ellos situados cerca de la carretera nacional que, por fortuna, bordea la ciudad. *La Conrada*, Cerco Nuevo 77 (cerca del *Hostal Puente*), sirve un excelente menú por unas 1.500 pesetas, mientras que en la *Sidrería Ilzarbe*, en calle Irundibea, se puede tomar una deliciosa sidra acompañada de tapas.

Estella

A 20 km al oeste se halla **ESTELLA**, una hermosa población rica en monumentos con gran atractivo. En el siglo XIX fue el cuartel general de los carlistas durante las guerras que se desataron; de hecho, todos los años en mayo hay una peregrinación hasta la cima de una montaña cercana para rendir homenaje a los caídos. La **plaza de los Fueros** constituye el centro de la localidad, pero la mayoría de los edificios más interesantes se hallan en el lado opuesto del río, en el barrio de San Pedro de la Rúa.

Contiguo se encuentra el **Palacio de los Reyes de Navarra** del siglo XII, un curioso ejemplo de arquitectura civil románica a gran escala, parte del cual ha sido habilitado como galería de arte (mar.-sáb., 11-13 h y 17-19 h; dom. y festivos, 11-13 h; entrada gratuita) dedicada al pintor Gustavo de Maeztu.

En Estella abundan las iglesias, entre las que destacan la fortificada de peregrinación de **San Pedro de la Rúa**, que está abierta sólo media hora antes de la misa diaria de las 19 h y la de mediodía de los domingos. La entrada principal muestra una inconfundible influencia árabe. Desde el ayuntamiento, un elegante edificio del siglo XVI situado frente al palacio, se extiende la calle de la Rúa, flanqueada por numerosas mansiones propiedad de antiguos comerciantes. Si el viajero sigue en esta misma dirección, pasará junto a una caballeriza hasta llegar a la abandonada iglesia del Santo Sepulcro, con un portal gótico esculpido del siglo XIV. Luego tendrá que cruzar el puente de pendiente pronunciada, girar a la izquierda en la primera bocacalle y seguir recto calle arriba hasta encontrar la **iglesia de San Miguel**, no demasiado sugestiva pero con un portal norte que es una de las joyas del Camino de Santiago. Sus delicados capiteles son maravillosos, así como los relieves modelados de los *Tres mártires en el sepulcro* y *San Miguel luchando contra el dragón*. No obstante, después de contemplar estas obras de arte, el interior decepciona un poco; de todos modos, sólo lo podrá visitar justo antes o después de misa (lun.-vier., 19 h; dom., 8.30, 11.30 y 13 h).

Aspectos prácticos

Una vez cruzado el puente, el visitante encontrará la **oficina de turismo**, en San Nicolás 1 (marzo-dic., lun.-vier., 10-14 h y 16-19 h; sáb.-dom., 10-14 h; ☎948 554 011), donde podrá conseguir un mapa gratuito de la localidad. Si decide **alojarse** en el lugar, debería saber que la mayoría de los establecimientos económicos están en torno a la plaza de los Fueros. Se recomienda la *Fonda San Andrés*, plaza de Santiago 58 (☎948 550 448; ④); en las calles cercanas también hay opciones más baratas, como *El Volante*, Merkatondoa 2 (☎948 553 975; ③), y *Fonda Izarra*, en calle Calderería (☎948 550 678; ③), con un agradable bar. Si el viajero prefiere más comodidad, puede ir al *Hostal Cristina*, Baja Navarra 1 (☎948 550 772; fax 948 550 750; ⑤). Asimismo encontrará una **casa rural**, *Casa Laguao* (☎948 520 203; ③), a 8 km al norte de Abarzuza, y un **cámping**, *Cámping Lizarra* (☎948 551 733).

En Estella abundan los **bares**; muchos de ellos sirven buenos platos combinados.

Sin embargo, los **restaurantes** (exceptuando los de las fondas) resultan caros, aunque la mayoría ofrece un menú del día por 800-1.200 pesetas.

Un servicio de **autobuses** comunica la localidad con Pamplona/Iruña (11 diarios), Logroño (7 diarios) y Donostia-San Sebastián (4 diarios).

De Estella a Logroño

Desde Estella, el Camino de Santiago sigue la carretera nacional de Logroño y el viajero puede hacer interesantes paradas a lo largo de este tramo. En **IRACHE**, cerca de Ayegui, hay un **monasterio cisterciense** (lun., 10-14 h y 17-19 h; mar., 10-14 h; miér.-vier., 10-14 h y 17-19 h; sáb.-dom., 9-14 h y 16-19 h), que alberga un vistoso claustro de estilo plateresco. Junto al adyacente Museo del Vino (más bien una sala de exposición de la *Bodega Irache*) hay dos grifos en la pared aparentemente para uso de los peregrinos (de uno sale agua y del otro vino tinto). Unos 17 km más allá está **LOS ARCOS**, donde se alza la bonita **iglesia de Santa María** (todos los días, 9-14 h), que tiene un claustro gótico. Para **hospedarse**, se recomienda el *Hostal Ezequiel* (☎948 640 296; fax 948 640 278; ③), un establecimiento limpio y cómodo, que cobra un precio especial a los peregrinos; otro lugar asimismo recomendable es el *Hotel Mónaco*, plaza del Coso 22 (☎948 640 000; fax 948 640 025; ③; con baño).

Unos 7 km más adelante en la misma dirección, el viajero llegará a un lugar interesante, **TORRES DEL RÍO**, un pueblo sin pretensiones construido alrededor de la **iglesia del Santo Sepulcro**, un pequeño edificio octogonal cuya función no está clara, ya que pudo haber sido una fundación de los templarios o una capilla funeraria. Los nombres de las mujeres del pueblo encargadas de cuidar del monumento aparecen en el tablón de anuncios de la iglesia y cualquiera de ellas puede hacer de guía (se puede hacer la visita a cualquier hora razonable) por una pequeña cantidad de dinero. Una vez en el interior, el visitante se sorprenderá al comprobar que la cúpula es de inspiración árabe.

VIANA, la última parada antes de llegar a la frontera y lugar donde murió César Borgia, es un lugar atractivo, destacan sus numerosas casas palaciegas renacentistas y barrocas de gran belleza, además de la iglesia gótica de Santa María, con un notable pórtico esculpido renacentista. Logroño queda a sólo 10 km pero la **pensión** de Viana, *La Granja*, Navarro Villoslada 19 (☎948 645 078; ③), dispone de habitaciones cómodas con baño. En Viana también hay una **oficina de turismo**, en plaza de los Fueros (lun.-vier., 10-14 h y 16.45-20 h; sáb., 10.15-14 h; ☎948 446 302).

Los Pirineos

Las montañas de Navarra no son tan altas como las de la zona este pero sí igual de espectaculares y están mucho menos explotadas; de hecho, el viajero no verá en toda la provincia ni un solo telesilla. El histórico **paso de Roncesvalles** es la ruta principal que atraviesa las montañas desde Pamplona/Iruña. Celebrado en la *Canción de Roldán*, fue la ruta que tomaron incontables peregrinos durante la Edad Media; la retaguardia de las tropas de Carlomagno fue diezmada allí por las guerrillas vascas en venganza por el saqueo de Pamplona; más tarde, las tropas derrotadas de Napoleón tuvieron que luchar en este lugar en su huida de España, y miles de refugiados de la Guerra Civil huyeron a Francia por tan estrecho paso.

Los hermosos valles pirenaicos, en particular el **valle de Baztán** al norte de Pamplona/Iruña y el **valle de Salazar** al sureste, son lugares perfectos para relajarse y disponen de una amplia oferta de alojamiento a precios moderados y del mayor número de **casas rurales** de la provincia.

Auritz-Burguete y Orreaga-Roncesvalles

Al noreste de Pamplona/Iruña la N-135 asciende hasta llegar a las poblaciones vecinas de **Auritz-Burguete** y **Orreaga-Roncesvalles**, separadas por una distancia de media hora a pie. Los alrededores son un escenario estupendo que invita a la caminata o sencillamente a sentarse y admirar el paisaje. Más allá de estos pueblos, la carretera continúa hasta adentrarse en Francia por la población fronteriza de Luzaide-Valcarlos.

Auritz-Burguete
AURITZ-BURGUETE es un pueblo de ambiente acogedor; si el viajero ha tomado el autobús diario de Pamplona/Iruña no tendrá más remedio que **hospedarse** aquí, ya que no llega hasta las 20 h. El mejor lugar es el renovado *Hotel Restaurant Loizu* (☎948 760 008; fax 948 7900 444; ⑥), en la carretera nacional. En ésta también se encuentran el *Hostal Burguete* (☎948 760 005; ③) y *Juandeaburre* (☎948 760 078; ③). Pero si el visitante quiere disfrutar de un ambiente familiar, se recomienda elegir una de las casas rurales: *Casa Loigorri* (☎948 760 016; ③), *Lopirini* (☎948 760 068; ③), junto al banco, o *Casa Vergara* (☎948 760 044; ④), que dispone de habitaciones con baño más caras. Asimismo el viajero encontrará un **cámping**, *Urrobi* (☎948 760 200), a 3 km al sur del pueblo, en **Aurizberri-Espinal**, en la carretera de Pamplona/Iruña.

Orreaga-Roncesvalles
Los pocos edificios que hay en ORREAGA-RONCESVALLES están dispuestos alrededor de la **colegiata**, edificación que tiene un precioso claustro gótico. También alberga una capilla con una estatua postrada de Sancho VII el Fuerte que mide 2,25 m de largo y que se supone es de tamaño natural; así como las cadenas que el rey Sancho rompió en 1212 durante la batalla de las Navas de Tolosa contra los árabes, un símbolo incorporado al escudo de armas de Navarra. Junto al monasterio se encuentra un pequeño **museo** (verano, todos los días; resto del año, fines de semana, 11-13.30 h y 16-18 h) donde se muestran reliquias de siglos de peregrinación y numerosos objetos relacionados con la emboscada tendida a Carlomagno. Si el visitante da un paseo de media hora por un camino que empieza detrás del monasterio, llegará hasta el paso del **puerto de Ibañeta** que, según se cuenta, fue la verdadera ruta emprendida por Carlomagno.

La oferta de **alojamiento** es bastante limitada: justo al lado del monasterio se halla el *Hostal Casa Sabina* (☎948 760 012; ④), o la más moderna *La Posada* (☎948 760 225; ⑤), regentada por el propio monasterio. Si sigue el Camino de Santiago a pie o en bicicleta, puede pernoctar en uno de los dormitorios comunes del monasterio; pregunte por el padre Javier Navarro. En Antiguo Molino hay una **oficina de turismo** (☎948 760 193).

Luzaide-Valcarlos
Si el viajero sigue camino a Francia (una ruta llena de evocaciones históricas), llegará al pueblo fronterizo de **LUZAIDE-VALCARLOS**, 18 km más adelante. Por esta carretera no circulan autobuses de línea, pero si hace autostop es probable que alguien le lleve. Valcarlos es un pueblo fronterizo típico lleno de tiendas de recuerdos y licores (aunque goza de unas vistas estupendas); puede pernoctar en el *Hostal Maitena* (☎948 790 210; ④), situado en la carretera principal. En el lado francés de la localidad se encuentra la *Casa Etxezuria* (☎948 790 011; ③); dispone de dos habitaciones amuebladas y ofrece lujo a precios económicos; este lugar se ha hecho muy popular entre los peregrinos que siguen el Camino de Santiago, por lo que se recomienda telefonear con antelación. Asimismo hay casas que alquilan habitaciones; el viajero puede preguntar en los bares del pueblo.

Valle de Baztán

Al norte de Pamplona/Iruña, la carretera N-121 sube por el paso de Velate hasta llegar a **Mugaire** cerca de los **jardines del Señorío de Bértiz**, una antigua finca designada en la actualidad parque natural y zona de recreo. En Oronoz, la carretera se bifurca a la izquierda para remontar el espectacular valle de Bidasoa con sus interesantes pueblos antiguos (véase pág. 435) y llega a Irún y Donostia-San Sebastián. Si el visitante sigue por la bifurcación de la derecha, entrará en el **valle de Baztán**, con sus pueblecitos, hermoso paisaje y formaciones de cavernas.

Elizondo

ELIZONDO es el centro del valle más típicamente vasco de toda Navarra. En la población abundan las construcciones vascas típicas de los Pirineos, en especial a lo largo del cauce del río, pero ante todo sirve de base para explorar los bonitos pueblos y el paisaje de la zona.

El viajero encontrará varios establecimientos donde **hospedarse**. La mejor opción, *Casa Jaén* (✆948 580 487; ③), sólo dispone de dos habitaciones; *Pensión Eskizaroí*, Jaime Urrutia 40 (✆948 580 013; ③), es una buena alternativa. Asimismo hay dos establecimientos bastante más caros: el *Hotel Baztán*, de tres estrellas (✆948 580 050; fax 948 452 323; ⑥), en la carretera de Pamplona/Iruña al sur de la localidad, con un bonito jardín y piscina; y en el casco urbano, el *Hostal Saskaitz*, María Azpilikueta 10 (✆948 580 488; fax 948 580 615; ⑥). Cuatro **autobuses** diarios salen de Pamplona/Iruña y Donostia-San Sebastián pero no hay transporte público para llegar a los pueblos más pequeños.

Alrededores de Elizondo

En la vecina **ARIZCUN** está el convento de Nuestra Señora de los Ángeles del siglo XVII, en el que destaca su fachada barroca; al salir de la ciudad, el visitante verá una típica muestra de casa fortificada (muy habitual en el valle) donde nació Pedro de Ursua, capitán de la expedición de los Marañones al Amazonas emprendida en 1560 en busca de El Dorado. Si quiere **alojarse** se recomienda la acogedora y bien regentada *Pensión Etxeberría*, Txuputo 43 (✆948 453 013; ③), que también sirve excelente comida.

Justo antes del espectacular y estrecho **paso de Izpegui** se halla **ERRATZU**, otra joya con varias casas rurales bien conservadas: una casa palaciega del siglo XIV, *Casa Etxebeltzea* (✆948 453 157; ③), y *Casa Marinmartinenea* (✆948 453 117; ③), que todavía guarda ganado en la planta baja.

MAIA, situada a varios kilómetros en dirección norte, lugar donde se produjo la última batalla por la independencia de Navarra, es otro pueblo bien conservado. En la entrada a su única calle está el escudo del pueblo, con un toro rojo (muchas casas aún lucen el escudo, que colocan encima de la entrada).

Las cuevas de Zugarramurdi

Al norte de Elizondo, la carretera principal asciende hasta superar el **paso de Otxondo**, que da entrada a los pueblos de Urdax y Zugarramurdi, un buen lugar donde detenerse entre Pamplona/Iruña y las ciudades costeras vascofrancesas de Biarritz y Bayona. El único transporte público que circula por este tramo es un autobús que sale de Elizondo al mediodía (infórmese primero en el pueblo).

ZUGARRAMURDI, famosa por sus **cuevas**, tiene un enorme arco natural por el que discurre la «regata del infierno». Durante la Edad Media fue un importante centro de brujería y por ello la zona tuvo que soportar una intensa persecución de la Inquisición. Según se cuenta, bajo este arco se celebraban aquelarres que han pasa-

do a formar parte de la leyenda vasca. El pueblo, muy bonito, constituye una buena base para hacer excursiones por los alrededores; una posibilidad es seguir el camino hasta dejar atrás las cuevas y, ya en Francia, visitar otro grupo de cuevas en **Sare**.

En Zugarramurdi abundan las **casas rurales**, aunque suelen estar llenas los fines de semana, como *Casa Sueldeguía* (☎948 599 088; ③) y *Casa Teltxeguía* (☎948 599 167; ③); ambas se hallan en el centro del pueblo; también hay un **cámping**, *Cámping Josenea* (todo el año; ☎948 599 011), situado junto a la carretera principal cerca de Urdax.

Valle de Salazar

Al sureste de Pamplona/Iruña, unos 10 km antes de llegar a Yesa, la carretera que va a Lumbier se adentra en el hermoso valle de Salazar, cuya parte más espectacular es la **Foz de Arbayún**, una profunda garganta visible desde un mirador situado junto a la carretera y que sólo los intrépidos se atreven a descender. A 1 km de **LUMBIER** está la entrada a la Foz de Lumbier, un lugar donde acuden a anidar **águilas**, que pueden divisarse en lo alto del barranco o volando en círculo. En Lumbier el viajero encontrará un **cámping**, el *Cámping Iturbero* (Semana Santa-oct.; resto del año, sólo fines de semana; ☎948 880 405).

Unos 40 km más allá, se llega al pueblo pirenaico bien conservado de **OCHAGAVÍA**, comunicado por un autobús que sale de Pamplona/Iruña todos los días excepto los domingos. Las partes más bonitas del pueblo son las calles de tres carriles que discurren junto a ambos lados del río que es atravesado por varios puentes bajos de piedra. Hay nada menos que doce **casas rurales** (②) que ofrecen alojamiento en bonitos edificios de piedra tradicionales que dan fama al pueblo. Tanto *Casa Navarro* (☎948 890 355) como *Casa Osaba* (☎948 890 011) son buenas elecciones (se recomienda consultar la *Guía de alojamientos: turismo rural*, para conseguir una lista completa; puede obtenerla de forma gratuita en la oficina de turismo de Pamplona/Iruña). Uno de los mejores establecimientos del pueblo para comer es el innovador pero barato **restaurante** del *Hostal Laspalas*, Urrutia 49 (☎948 890 015; ④), que sirve platos exquisitos como la sopa de zanahorias, el salmón en papillote y buenos postres.

El **bosque de Irati**, situado al norte, es uno de los mayores bosques de pinos y hayas de Europa; y el **monte Ori**, el primer pico de 2.000 m de los Pirineos llegando del Cantábrico, ofrece estupendas posibilidades para caminar y escalar, con vistas tan espectaculares como las cumbres más altas. Si el viajero no dispone de vehículo propio, el bosque le resultará inaccesible, pero en las colinas que rodean Ochagavía hay algunos caminos magníficos para hacer caminatas. El viajero puede informarse en la **oficina de turismo** de Ochagavía (☎948 890 004) situada en el lado del río opuesto a la parada de autobús.

El valle de Roncal y el Parque Natural Pirenaico

Si el visitante tiene intención de explorar las montañas a fondo, un poco más al este se encuentra el **valle de Roncal**, un lugar de numerosos atractivos, aunque en julio y agosto se llena de visitantes. La ruta del autobús que sale de Pamplona/Iruña pasa al norte de Sangüesa y se adentra brevemente en Aragón por el embalse de Yesa, antes de remontar el valle del Esca y volver a entrar en Navarra. Se trata de un trayecto encantador que entrecruza el río en todo su recorrido pasando por Burgui y Roncal hasta llegar a Isaba. En **RONCAL** hay una **oficina de turismo** (☎948 475 136) y un hostal, *Zaltua*, Castillo 23 (☎948 475 008; ④), así como varias casas rurales; la mejor de ellas es *Casa Villa Pepita* (☎948 475 133; ③), una enorme mansión privada que también sirve buena comida a precios razonables. Sin embargo, si el viajero decide quedarse por esta zona, se recomienda continuar el viaje hasta Isaba.

Isaba y alrededores

En **ISABA** abundan las casas donde alquilan habitaciones, la mayoría de ellas agrupadas en **casas rurales**, aunque los fines de semana se aconseja probar en varios lugares, ya que junto con Ochagavía constituye un importante centro turístico de los Pirineos occidentales y es invadido literalmente por una multitud procedente de Pamplona/Iruña, Bilbao y otras poblaciones de la zona. También está el *Albergue Oxanea* (①), una especie de **albergue** privado donde se duerme en dormitorios comunes; el *Hostal Lola*, Mendigatxa 17 (☎ y fax 948 893 012; ④), y la *Pensión Txabalkua*, Izargentea 16 (☎948 893 083; ③), dos establecimientos que ofrecen excelente comida; la *Pensión Txiki* (☎948 893 118; ④), situada encima del restaurante del mismo nombre; y un hotel bastante lujoso, el *Isaba* (☎948 893 000; fax 948 893 030; ⑥). El viajero encontrará un **cámping**, el *Asolaze* (todo el año; ☎948 893 034), en el límite del parque natural, a 6 km por la carretera en dirección a la frontera, asimismo puede hacer acampada libre (con precaución) a la orilla del río y fuera del pueblo.

A pesar de la comodidad que proporcionan, en Isaba hay demasiados edificios nuevos, algo que resta encanto a la población. Para seguir por los mejores caminos y contemplar las vistas más espectaculares, el viajero puede seguir subiendo por el valle del río Belagua hasta llegar al *Refugio de Belagua* de montaña (bastante visitado en jul.-agos.), situado casi en la frontera, en el corazón del **parque natural**, en medio de elevadas cumbres y un paisaje de extraordinaria belleza. En verano, el autobús de Pamplona/Iruña llega hasta allí, aunque otro parte a las 8 h de Isaba. Hay un **restaurante** y un **bar**, la *Venta de Juan Pito*, puerto de Belagua (☎948 893 080), y si lleva un saco de dormir, puede alquilar una cama sencilla para pasar la noche (se recomienda llevar la comida preparada si tiene intención de alargar la estancia). A partir de allí, el viajero puede hacer muchas **caminatas** (algunas muy ambiciosas), para lo que necesitará un **mapa** adecuado (Editorial Alpina) y una brújula. También encontrará varios recorridos de dificultad media o baja; pida información en el *Refugio*.

transportes

Ferrocarriles

Pamplona/Iruña a: Madrid (1 diario; 6 h); Donostia-San Sebastián (1 diario; 2 h 30 min.); Tudela (1 diario; 1 h 15 min.); Vitoria-Gasteiz (1 diario; 1 h); Zaragoza (7 diarios; 2 h 30 min.).

Autobuses

Pamplona/Iruña a: Bilbao (3 diarios; 4 h); Burguete (1 diario; 1 h 30 min.); Elizondo (4 diarios; 2 h); Estella (11 diarios; 1 h); Irún (3 diarios; 2 h); Isaba (1 diario; 2 h); Jaca (verano, 2 diarios; invierno, 1 diario, excepto dom.; 2 h); Logroño (4 diarios; 2 h); Madrid (2 diarios; 6 h); Ochagavía (1 diario, excepto dom.; 2 h); Puente la Reina (cada hora; 30 min.); Roncal (1 diario; 1 h 45 min.); Donostia-San Sebastián (6 diarios; autopista, 1 h; otras vías, 3 h); Tafalla (6 diarios; 1 h); Tudela (6 diarios; 1 h 30 min.); Vitoria-Gasteiz (9 diarios, excepto dom.; 1 h 30 min.); Yesa (1 diario; 1 h); Zaragoza (2-3 diarios; 4 h).

CAPÍTULO NUEVE

CANTABRIA Y ASTURIAS

Las comunidades autónomas de Cantabria y Asturias son lugares habituales de vacaciones de españoles y franceses, pero apenas han sido afectadas por el turismo de masas de la costa mediterránea, sobre todo debido al tiempo inestable. No obstante, las aguas del mar tienen una temperatura agradable para nadar durante los meses de verano, y el sol brilla, aunque no todos los días; el clima húmedo y cálido contribuye asimismo a la riqueza de sus bosques y vegetación. Por ello la región es conocida como Costa Verde. El viajero verá antiguos y elegantes pueblos costeros, y un paisaje que se vuelve más espectacular hacia el oeste, donde hay pequeñas calas aisladas a lo largo de la costa; en el interior, destacan los Picos de Europa, con cimas y gargantas abruptas, así como una rica fauna y flora que atrae a caminantes y senderistas de todos los niveles.

Cantabria, cuyo centro es la ciudad de Santander, en una época formaba parte de

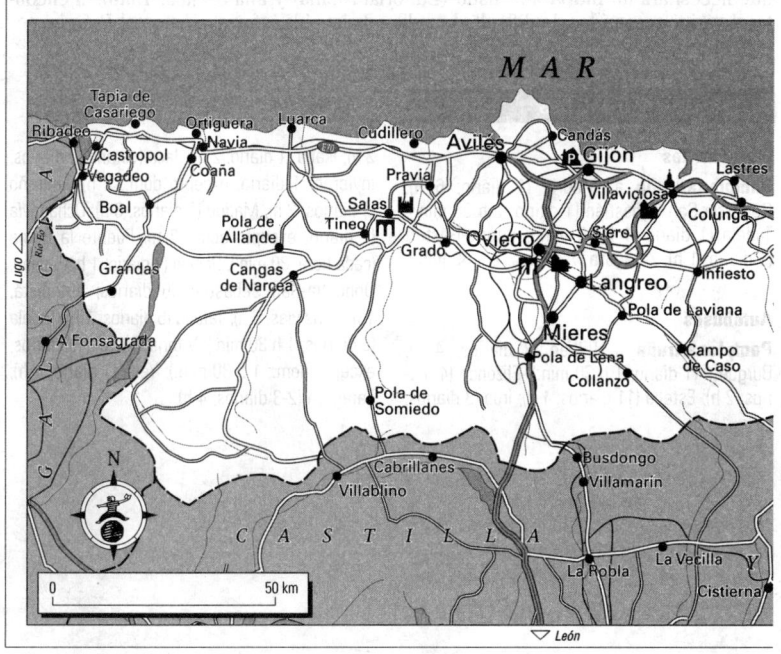

Castilla la Vieja, y durante mucho tiempo fue un bastión conservador entre las inclinaciones separatistas de sus vecinos. **Santander**, la capital moderna, es un lugar elegante aunque muy convencional; de allí parte uno de los pocos transbordadores que unen España con Gran Bretaña, vía Plymouth. A ambos lados se encuentran pueblos turísticos de menor importancia pero más atractivos, muy concurridos y caros durante las vacaciones de verano de España y Francia (en especial agos.) pero por lo general agradables; los mejores son **Castro Urdiales**, al este, y **Comillas** y **San Vicente**, al oeste. Hacia el interior hay una serie de **cuevas prehistóricas**, el viajero podrá ver algunas de ellas en **Puente Viesgo**, cerca de Santander. Sin embargo, la más famosa, **Altamira**, ya no puede ser visitada libremente (salvo que se pida hora con 3 años de antelación, por escrito).

Hacia el oeste se encuentra la **Asturias** cerrada por montañas, una peculiar tierra celta que fue la parte de España que nunca conquistaron los árabes. Tiene cierto parecido con Gales, tanto en sus paisajes —montañas escabrosas y calas accidentadas— como en sus tradiciones, que incluyen su estatus como principado (el heredero al trono lleva el título de príncipe de Asturias), y una cultura en la que hay gaitas y sidra (servida desde una altura por encima de la cabeza para conseguir efervescencia). La comparación con Gales se extiende asimismo a la industria pesada en que se basa su riqueza, en concreto la minería y el acero, y sus trabajadores desde siempre radicales e inconformistas. Los mineros asturianos, que durante los primeros tiempos de la República habían hecho huelgas salvajes, fueron los defensores más incondicionales de ésta contra Franco.

La costa es hermosa; sobre todo a medida que el viajero se aleje de las acerías de Avilés y las fábricas de Gijón; destacan las extensas praderas onduladas que descien-

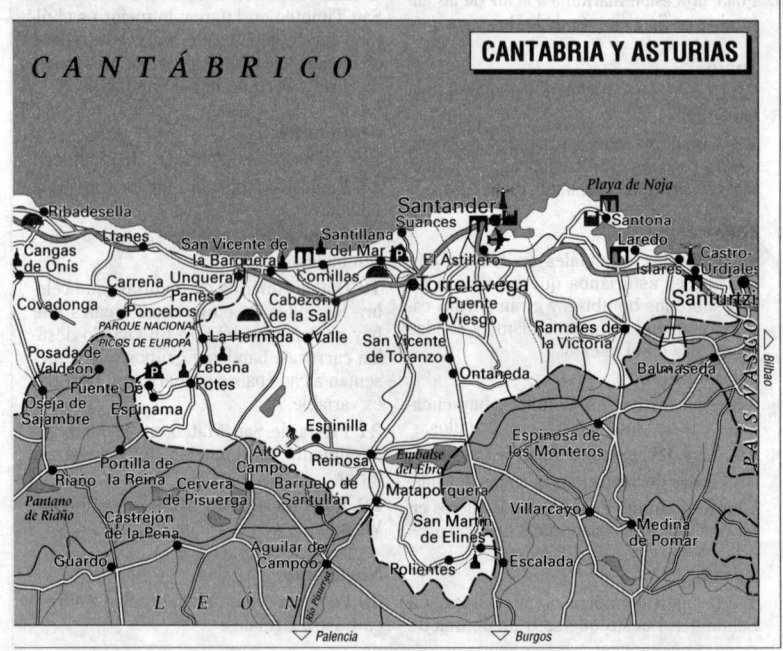

den hacia el mar. El turismo suele ser local; el viajero encontrará una serie de anticuados pero agradables **pueblos costeros**, como **Ribadesella**, **Llanes** y **Luarca**. En el interior, el paisaje está dominado por los **Picos de Europa**, aunque en los alrededores de las montañas, así como en Cantabria, el visitante disfrutará al visitar las iglesias románicas e incluso algunas de estilo prerrománico que se hallan en curiosos rincones de las laderas. Reflejan la historia del antiguo reino de Asturias —un embrión de reino de la España cristiana— que tuvo su primera plaza fuerte en la fortaleza montañesa de **Covadonga**, y se expandió lentamente hacia el sur con la Reconquista.

FIESTAS

Enero
22 Fiesta en San Vicente de la Barquera.

Febrero/marzo
Inicio de la Cuaresma Carnavales en Avilés, Gijón, Oviedo, Mieres y Santoña; duran 1 semana y hay fuegos artificiales, disfraces y música en directo.

Abril
Semana Santa Las celebraciones incluyen el festival del bollo el domingo y lunes de Pascua en Avilés.
Primer domingo después de Pascua La Folia, procesión marítima a la luz de las antorchas en San Vicente de la Barquera.

Junio
28 Coso Blanco, desfile nocturno en Castro Urdiales.
29 Cudillero representa La Amuravela —una revisión irónica del año— y después se procede a destruir recuerdos.

Julio
1-31 Fiestas semanales en Llanes, con danzarines asturianos que balancean pinos sobre los hombros y giran por las calles. También hay funambulismo y bandas de música en el puerto.
2 Fiesta en Aliva.
15 Gran festival en Comillas, hay cucañas, caza de patos y otros espectáculos.
16, 17 y 18 Fiestas en Tapia de Casariego.
25 Fiestas de Santiago en Cangas de Onís.
Último domingo Fiesta de los Vaqueros en La Braña de Aristébano, cerca de Luarca.

Agosto
1-31 Festival internacional cultural en Santander. Puesto que se trata de una de las ciudades más ricas del norte de España, por lo general se organizan actos prestigiosos.
Primera o segunda semana Carrera de canoas desde Arriondas a Ribadesella, bajando por el río Sella; ferias y fiestas en ambas localidades.
Primer domingo Día de Asturias, que se celebra sobre todo en Gijón.
12 Fiesta en Llanes.
15 El Rosario, en Luarca; fiesta de los pescadores que llevan a la Virgen al mar.
31 Batalla de flores en Laredo.
Última semana Fiestas bulliciosas de San Timoteo en Luarca; lo mejor es el último fin de semana del mes, con fuegos artificiales en el mar; gente que es lanzada al río y la romería del domingo.

Septiembre
7-8 Encierros en Ampuero (Santander).
14 Encierros junto al mar en Carreñón (Oviedo).
16 Festival folclórico de Llanes; se ofrecen bailes.
19 Día de América en Asturias, que celebra los miles de emigrantes locales que hay en América del Sur. En Oviedo desfilan carrozas, bandas y grupos que representan a cada país suramericano. La fecha es variable.
21 Fiesta de San Mateo, en Oviedo, generalmente continuación del festival anterior.
29 Romería de San Miguel, en Puente Viesgo.

Noviembre
30 Pequeña regata el día de San Andrés, en Castro Urdiales.

A veces, las iglesias son lo mejor, sobre todo cuando el viajero se topa con ellas de manera accidental, en un recoveco de la región, aunque **Santa María del Naranco**, en las afueras de Oviedo, merece un esfuerzo especial. **Oviedo**, la preciosa capital de Asturias, es quizá la única ciudad grande de esta parte de la costa que merece una estancia de mayor duración.

Los Picos de Europa forman parte de León, además de Cantabria y Asturias, aunque para simplificar, se incluye toda la región en este capítulo.

La línea de ferrocarril Feve

Las comunicaciones en estas comunidades suelen ser lentas; la carretera principal sigue la costa a través de las laderas hasta el norte de los Picos de Europa. Si el viajero no tiene prisa, tal vez quiera utilizar la **línea de ferrocarril Feve** (ferrocarriles de vía estrecha), que no está indicada en muchos mapas y es independiente del sistema de Renfe; pero ha de tener en cuenta que los billetes de ferrocarril no son válidos en este servicio. La línea Feve empieza en Bilbao, en el País Vasco, y sigue a lo largo de la costa del Cantábrico (con trenes que unen el triángulo Gijón, Avilés y Oviedo) hasta Ferrol, en Galicia; se trata de una ruta increíble que rodea playas, cruza rías y serpentea por una serie de gargantas de piedra caliza. Por la noche circula un caro «tren-hotel»; pero no es una forma práctica de ir a muchos sitios y tampoco la mejor manera de ver el paisaje.

Santander

Lugar de veraneo de los madrileños desde hace muchos años, **SANTANDER** es un elegante y refinado enclave turístico —con una línea similar a Biarritz y Donostia-San Sebastián— aunque, excepto las playas, la ciudad moderna resulta poco atractiva. Muchos encuentran Santander un lugar ideal para descansar (además, constituye un importante centro de cursos universitarios durante el verano), mientras que otros (sobre todo los más jóvenes) creen que es aburrida y esnob. Si el viajero hace una breve visita, le encantarán sus excelentes playas y el emplazamiento escarpado de la población, a pesar de su falta de monumentos. La estrecha bahía de Santander es espectacular: en un extremo, la ciudad y el puerto, y en el otro las altas montañas, una primera visión de España bastante hermosa, si el viajero llega en el transbordador desde Plymouth.

En el verano, Santander es la sede de la **universidad internacional**; además, hay un **festival cultural y musical** durante el mes de agosto. El visitante tendrá que reservar alojamiento con bastante antelación si tiene intención de pasar allí esos días.

Información y orientación

El **centro** de Santander es un entramado compacto de calles, situadas entre los dos puertos de la ciudad, el **Puerto Grande** (adonde llegan los transbordadores) y el **Puerto Chico** (que utilizan las embarcaciones deportivas y de recreo). En la plaza principal, la **plaza Velarde**, se encuentra la **oficina de turismo** de la región de Cantabria (todos los días, 9-13 h y 16-19 h). Cerca, en el paseo Pereda, está la **oficina municipal de turismo** (verano, todos los días, 9-14 h y 16-21 h; invierno, lun.-vier., 9.30-13.30 h y 16-19 h; sáb., 10-13 h; ☎942 310 708). Rodeando el frente marítimo hacia el este se alza **La Magdalena**, un promontorio arbolado que protege la **playa de la Magdalena**, en su lado más próximo; más allá, se ven los 2 km de arena de **El Sardinero**, una playa con su barrio a orillas del mar.

Las estaciones de ferrocarril de **Renfe** y **Feve** se encuentran juntas en la plaza Estaciones, a la espalda del frente marítimo, bajo una zona escarpada que esconde las calles principales. Una **estación de autobuses**, prácticamente subterránea, está fren-

458/CANTABRIA Y ASTURIAS

CÓDIGOS DE LOS PRECIOS DE ALOJAMIENTO

En esta guía, los precios de alojamiento se reseñan en una escala de ① a ⑧, indicando el precio **más bajo** que puede esperar pagar por noche en un establecimiento por una **habitación doble**, en temporada alta. Los precios, señalados por los códigos, son los siguientes:

① menos de 2.000 pesetas/12 euros
② 2.000-3.000 pesetas/12-18 euros
③ 3.000-4.500 pesetas/18-27 euros
④ 4.500-6.000 pesetas/27-36 euros
⑤ 6.000-8.000 pesetas/36-48 euros
⑥ 8.000-12.000 pesetas/48-72 euros
⑦ 12.000-17.500 pesetas/72-105 euros
⑧ más de 17.500 pesetas/105 euros

te a ellas al otro lado de la plaza. El **aeropuerto de Santander** (☎942 202 100) se halla a 4 km, en Parayas, en la carretera de Bilbao; el trayecto en taxi es barato.

Los **autobuses urbanos** 1, 3, 4, 7 y E unen diariamente el centro con El Sardinero.

Alojamiento

Excepto en julio y agosto, en Santander suele haber suficiente **alojamiento**. El visitante podrá optar entre diferentes establecimientos del **centro** y **El Sardinero**, aunque muchas pensiones y hostales del centro abren a partir de julio.

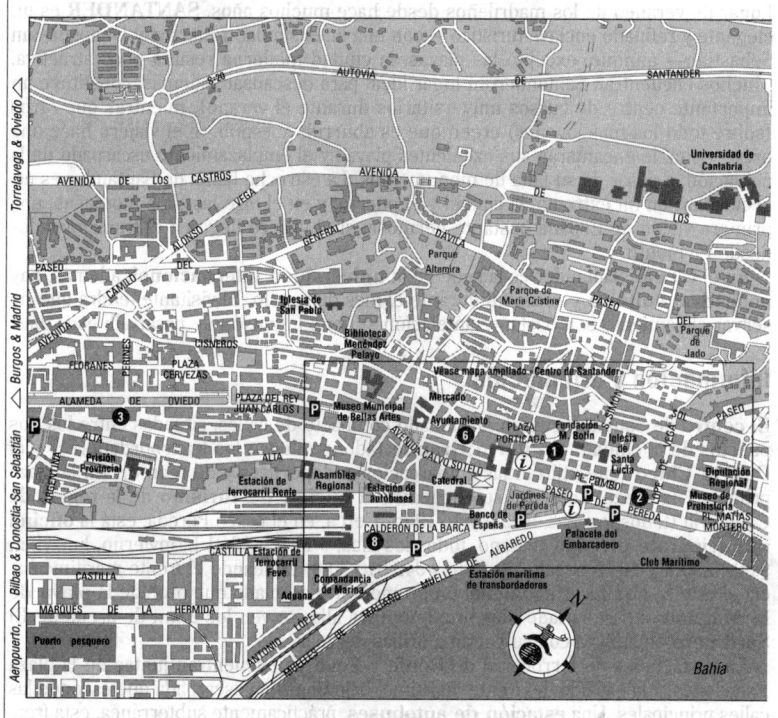

En el centro

Pensión Los Caracoles, Marina 1 (☎942 212 697). Situación céntrica y buena relación calidad-precio. ③

Hostal Residencia La Corza, Hernán Cortés 25 (☎942 212 950). Limpio, acogedor, y muy céntrico. ③

Pensión Gómez, Vargas 57A (☎942 376 622). Pequeña y acogedora, no lejos de la estación; dispone de habitaciones con o sin baño. ④

Hostal La Mexicana, Juan de Herrera 3 (☎942 222 350). Bien situado y acogedor, ofrece limpias habitaciones con baño. ④

Pensión La Porticada, Méndez Núñez 6 (☎942 227 817). Limpia y acogedora, junto a las estaciones de autobuses y ferrocarril. ④

Hotel Real, paseo Pérez Galdós 28 (☎942 272 550; fax 942 274 573). Elegante y de categoría, cerca de la playa de la Magdalena, con buenas vistas al mar. ⑨

El Sardinero

Hostal Residencia Luisito, avenida de los Castros 11 (☎942 271 971). Agradable, algo retirado de la playa. Jul.-sept. ③

Hotel Hoyuela, avenida Hoteles 7 (☎942 282 628; fax 942 280 040). Tradicional, de categoría y caro; perfecto para ir a la playa. ⑧

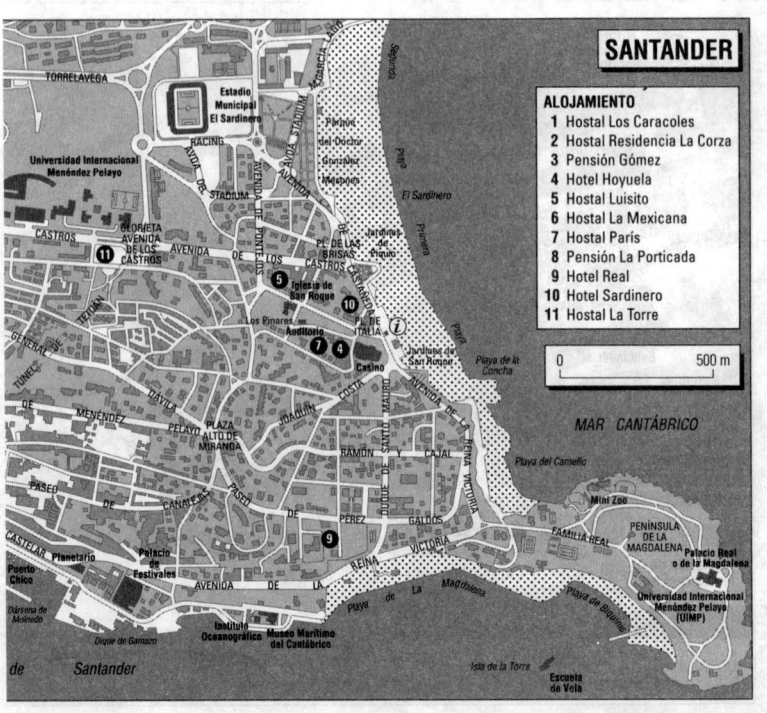

Hostal París, avenida Hoteles 6 (☎942 272 350; fax 942 271 744). De categoría y situado junto a la plaza Italia; dispone de algunas habitaciones elegantes con balconada. Todo el año. ⑤-⑥

Hotel Sardinero, plaza Italia 1 (☎942 271 100; fax 942 278 943). Elegante, con estilo y carácter. ⑦

Hostal La Torre, avenida Castros 53 (☎942 275 071). A unos 10 minutos caminando desde la playa, pero uno de los pocos hostales de El Sardinero abiertos todo el año. ④

Cámpings

Cámping Bellavista (todo el año; ☎942 391 530) y **Cámping Cabo Mayor** (15 jun.-30 sept.; ☎942 391 542). Bien equipados, flanquean la playa del Sardinero, 2 km al norte del casino, en un peñasco llamado Cabo Mayor. El viajero tendrá que tomar el autobús 9, frente al ayuntamiento, hacia Cueto.

La ciudad

Santander sufrió graves daños en el incendio de 1941; perdió la mayor parte de sus antiguos monumentos, además de edificios medievales. Lo que quedó de la ciudad antigua fue reconstruido en el entorno de la catedral; pero aunque las avenidas son bastante agradables y algunas de las tiendas tienen atractivo, hay pocos

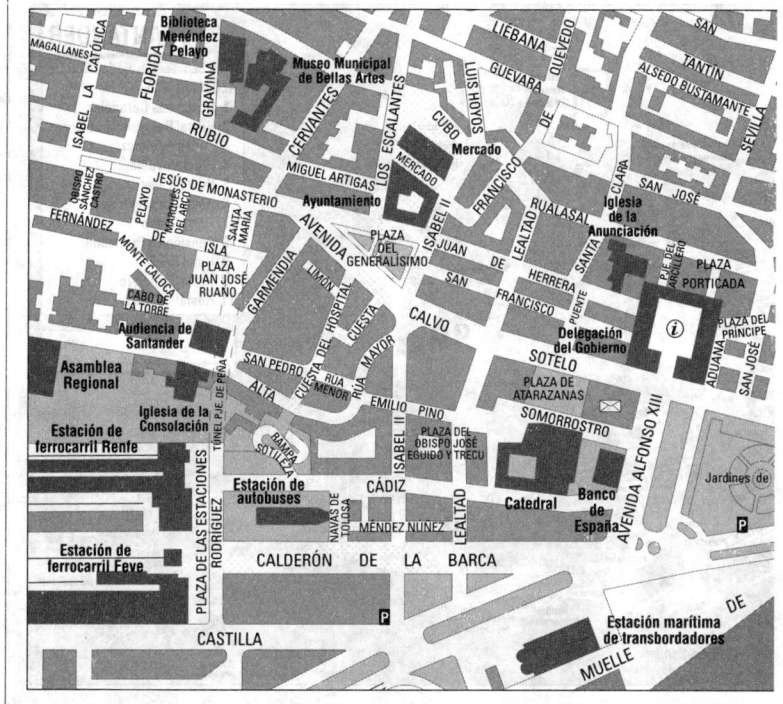

puntos de interés, excepto un par de museos. El atractivo de Santander reside sobre todo en sus playas.

La **catedral** (lun.-vier., 10-13 h y 16-19.30 h; fines de semana y festivos, 10-13 h y 16.30-20.45 h) es un edificio sin interés, casi desprovisto de hermosas obras de arte, excepto la cripta gótico-románica (entrada independiente; todos los días, 8-13 h y 16-20 h). El cercano **Museo Municipal** (jun.-sept., lun.-vier., 10.30-13 h y 17.30-20 h; sáb., 10.30-13 h; oct.-mayo, lun.-vier., 10-13 h y 17-20 h; sáb., 10-13 h; entrada gratuita) no es mucho más prometedor, pues está sobrecargado con retratos del siglo XIX. Si el visitante dispone de tiempo, puede ir al **Museo Marítimo** (verano, mar.-sáb., 11-13 h y 16-19 h; dom., 11-14 h; invierno, mar.-sáb., 10-13 h y 16-18 h; dom., 11-14 h; entrada gratuita), cerca del puerto, que expone desde sardinas en conserva con dos cabezas, a esqueletos completos de ballenas, además de un acuario.

Los niños sin duda disfrutarán en el pequeño **zoo** situado junto al mar (9-22 h; entrada gratuita), en la península de la Magdalena, donde hay leones y osos polares, entre otros animales. Se halla en los jardines del antiguo **Palacio Real**, que mandó construir Alfonso XIII a finales del siglo pasado, de hecho, a partir de entonces Santander se convirtió en un lugar de moda.

Si el viajero tiene intención de visitar las cuevas de Puente Viesgo (véase pág. 468), debería visitar el **Museo Provincial de Prehistoria**, Juan de la Cosa 1 (mar.-sáb., 10-13 h y 16-19 h; dom., 11-14 h; entrada gratuita). Está bien distribuido y expone objetos hallados en las numerosas cuevas de la provincia que estuvieron habitadas durante la prehistoria.

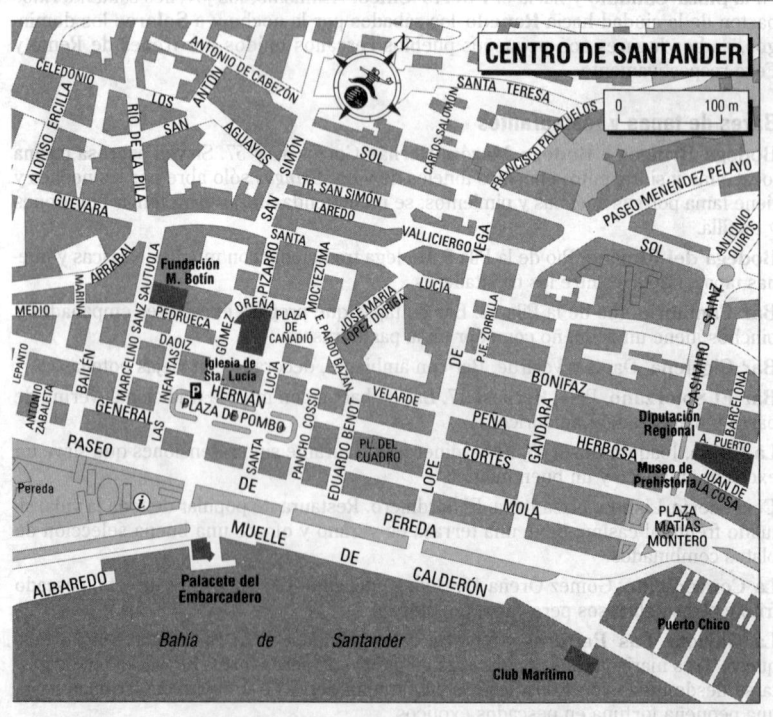

Las playas

La primera de las playas santanderinas, la **playa de la Magdalena**, empieza en el lado próximo del promontorio. Se trata de una preciosa franja de arena protegida por acantilados y flanqueada por una escuela de verano de **windsurf**, bastante conocida. **El Sardinero** también es popular: 2 km de playa más allá del promontorio, con su propia bandera, como muestra de que se trata de una de las ocho playas más limpias del mundo. Si ambas están muy concurridas, el viajero verá largas extensiones de dunas y excelentes vistas al otro lado de la bahía en **Somo** (donde se alquilan tablas de windsurf y hay un **cámping** de verano) y **Pedreña**; para llegar allí, tendrá que tomar un transbordador-taxi que parte cada 15 minutos desde el céntrico Puerto Chico (350 pesetas, ida y vuelta).

Comida, copas y vida nocturna

El viajero encontrará numerosos **cafés**, **bares** y **restaurantes** en el centro, alrededor del **puerto pesquero** y en **El Sardinero**; si quiere hacerse la comida o preparar una merienda campestre, hallará un buen mercado de alimentación detrás del ayuntamiento.

Al ser una ciudad universitaria y un centro turístico, en Santander hay mucha **vida nocturna**, con su punto álgido de jueves a sábado. La **calle Río de la Pila** es el centro del ambiente, flanqueada por bares y llena de gente al amanecer; los mayores se concentran unos 300 m más arriba (a la izquierda saliendo de la calle Río de la Pila) en la **plaza Cañadio** y hacia el **Puerto Chico**. Asimismo, los jóvenes santanderinos parten de la ciudad hacia **Renedo** los sábados por la noche y a **Solares** los domingos, ambos lugares son pequeños pueblos cercanos unidos por trenes de Renfe y Feve respectivamente.

Bares de tapas y restaurantes

Bodega Bringas y **Bodega Mazón**, Hernán Cortés 47 y 57. Sirven sabrosa cocina local, vino y sidra, entre enormes toneles de vino. *Bringas* sólo abre por las noches y tiene fama por sus anchoas y pimientos; se recomienda *Mazón* para tomar chipirones y tortilla.

Bodega del Riojano, Río de la Pila 5. Bodega tradicional con muchas barricas y buenas tapas. Popular entre los treintañeros.

Bar Cantabria, Río de la Pila 12. Bar de tapas que prepara excelentes empanadas y pinchos; tiene un pequeño comedor en la parte trasera.

Bar Cigaleña, Daoíz y Velarde. Bar con ambiente, decorado con viejas botellas.

Bar El Solórzano, Peña Herbosa 17. Bar de barrio con música tradicional, vermú de barril y marisco del Cantábrico.

La Cañía, Joaquín Costa 45, El Sardinero. Restaurante sin pretensiones que sirve un excelente marisco y un buen menú.

Cervecería Lisboa, plaza Italia, El Sardinero. Restaurante popular de toda la vida; situado frente al casino, tiene una terraza en verano y ofrece una buena selección de platos combinados.

La Conveniente, Gómez Oreña 19. Bodega del siglo XIX; música en directo, pescado frito y otros deliciosos pero caros tentempiés.

La Gaviota, **Las Peñucas** y **Vivero**, calle Marqués de la Ensenada, Puerto Pesquero. Tres marisquerías populares en el puerto de pescadores. El viajero puede gastarse desde menos de 1.000 pesetas en el menú del día o un plato de sardinas hasta una pequeña fortuna en pescados exóticos.

Restaurante Cañadio y **Bar Cañadio**, plaza Cañadio (☎942 314 149). *Cañadio* es el mejor restaurante de la ciudad, conocido en todas partes por su excelente pescado y la cocina regional de su chef, Paco Quirós. Si el visitante no puede gastarse más de 4.000 pesetas, no se desespere y únase a los que comen los fabulosos tentempiés en el bar, mucho más modesto. Dom., cerrado.

Bares y clubes

Agua de Valencia, calle Perines. Local popular para empezar la noche con un fuerte cóctel de la casa por 800 pesetas la jarra.
Blues, plaza Cañadio. Bar musical de blues y jazz; tiene un caro restaurante anexo.
Castelar-5, Castelar 5. Agradable bar musical con terraza de verano.
Cervecería Cruz Blanca, Hernán Cortés 16. Otro local conocido para empezar la noche; sirve una gran variedad de cervezas internacionales.
Escena, plaza Rubén Darío, en el extremo norte de El Sardinero. Antiguo club de baile aún frecuentado para bailar rumbas y sevillanas.
El Grifo, plaza Cañadio. Bar juvenil; sirve una selección de quince cervezas.
María's e **Indian's**, ambos en calle Casimiro Saiuz; abierto para bailar hasta la madrugada.
Pachá, General Mola 45. El mayor club de la ciudad, con dos pisos (baile/latino) y una zona de bar más tranquila.
Rocambole, Hernán Cortés 36. Club de última hora de la noche que atrae a muchos jóvenes modernos a partir de las 3 h; música Motown y bebidas caras.
Web-Site Story, Menéndez Pelayo 5. Café con acceso a Internet.

Direcciones prácticas

Alquiler de automóviles Atesa, Marcelino Sanz de Santuola 2 (☎942 222 926); Budget, San Luis 8 (☎942 238 485); Europcar, Rodríguez 9 (☎942 214 706).
American Express Viajes Altair, Calderón de la Barca 11 (☎942 311 700).
Billetes para el transbordador Los billetes para el transbordador británico que lleva a Plymouth los vende Modesto Piñeiro en su oficina del muelle del transbordador (☎942 214 500). En verano hay que reservarlo con antelación, tanto para automóviles como para pasajeros.
Correos La oficina principal está en avenida Alfonso XIII (lun.-vier., 8-21 h; sáb., 9-14 h).
Hospital El Hospital General de Santander se encuentra en la avenida Valdecilla (☎942 335 577).
Montañismo La Federación Cántabra de Montaña está en Rubio 2 (☎942 373 378); allí proporcionan información y organizan excursiones a los Picos de Europa.
Teléfono Telefónica se halla en Hernán Cortés 37; en El Sardinero hay un locutorio junto al casino.

Al este por la costa hacia Castro Urdiales

La costa este de Santander ha experimentado un gran desarrollo; de hecho, el viajero verá villas y edificios de apartamentos en la mayoría de las ensenadas. En **Noja**, hasta hace poco notable sólo por las rocas de extrañas formas de su costa, hay ahora siete cámpings, mientras que **Laredo** se ha convertido en el mayor centro turístico del

norte. Sin embargo, todo mejora a medida que se avanza hacia el este, hacia la playa de **Islares** y el viejo pueblo de **Castro Urdiales**.

Laredo y alrededores

LAREDO atrae a una multitud de jóvenes en verano por su gran número de pubes, clubes y discotecas. En parte, aún es un lugar atractivo. En una época fue capital provincial, y el corazón de la ciudad antigua, **Puebla Vieja**, se extiende algo retirada del puerto; todavía quedan restos de sus puertas y murallas, que se elevan en dirección a una espléndida iglesia parroquial del siglo XIII, **Santa María de la Asunción** (todos los días, 10-13 h y 16-19.30 h). Detrás de ésta, el viajero podrá subir a los acantilados y el campo abierto (si mira hacia abajo) contemplará la mejor **playa** a este lado de Donostia-San Sebastián, una extensión de arena en forma de media luna de 5 km de extensión resguardada del viento.

Aspectos prácticos

Todos los **autobuses** paran ante la pequeña taquilla situada junto a la *Cafetería Orio*, en José Antonio 10. En Laredo no abunda el **alojamiento** económico. El establecimiento más barato es *Habitaciones Cantabria*, Menéndez Pelayo 7 (☎942 605 073; ③). El *Hotel Montecristo*, Calvo Sotelo 2 (☎942 605 700; ⑥), y el *Hotel El Cortijo*, González Gallego 3 (jul.-sept.; ☎942 605 600; ⑥), son cómodos para ir a la playa; la *Pensión Esmeralda*, Fuente Fresnedo 4 (☎942 605 219; ③), se halla cerca de los lugares donde se concentra la vida nocturna de la población. Si el viajero no tiene un presupuesto ajustado, se recomienda *Hotel El Risco*, en bulevar Arenosa (☎942 605 030; fax 942 605 055; ⑦), en la cima de la colina; desde allí se contemplan hermosas vistas del mar; como alternativa, puede ir al elegante *Hotel El Ancla*, González Gallego 10 (☎942 605 500; fax 942 611 602; ⑦). Encontrará dos **cámpings** (jun.-sept.) cerca de la playa: *Laredo* (☎942 605 035) y *Costa Esmeralda* (☎942 603 250).

En la playa hay bares y cafeterías; en la localidad, Rúa de San Marcial cuenta con una buena selección de **restaurantes**. Si el viajero quiere comer en el mejor establecimiento, se recomienda *Mesón del Marinero* (☎942 606 008), en calle Zamanillo; se trata de una excelente marisquería, aunque un poco cara; *El Pescador*, en el frente marítimo, es otra buena opción, las capturas del día son siempre de buena calidad.

Santoña

Al otro lado de la bahía desde el extremo oeste de la playa de Laredo se encuentra SANTOÑA. Los transbordadores cubren el trayecto hasta la pequeña playa, adonde el viajero también podrá acceder en autobús (cada hora; 30 min.) desde Laredo. Santoña es aún un puerto de pescadores en activo; de hecho, el visitante verá cómo descargan la pesca y podrá probar sus excelentes tapas de pescado en los pequeños bares que flanquean las calles que llevan al puerto, sobre todo General Salinas. Desde el **castillo de Fuente de San Martín**, situado en la cima de la colina, se contemplan unas vistas magníficas de la bahía.

Islares

Si el viajero busca un ambiente más tranquilo, se recomienda el pueblo de **ISLARES**, al este de Laredo, más allá del promontorio; está poco desarrollado, aunque el tráfico de la carretera costera perturba su tranquilidad. Hay una playa cerca de las casas, bien resguardada por los acantilados, un **cámping** pequeño (☎942 863 152) y unos cuantos hostales y pensiones. *El Langostero* (☎942 862 212; ③), en la salida de la autopista y virtualmente sobre la playa, es un lugar limpio con bonitas vistas y un restaurante. Más cerca de la carretera, se halla la *Pensión Playamonte* (☎942 862 696; ③), una

opción menos cara pero más ruidosa. *Hostal Arenillas* (☎942 860 900), el hostal tradicional de Islares, es aún un buen establecimiento, aunque suele estar muy concurrido en julio y agosto.

Castro Urdiales

CASTRO URDIALES, un lugar agradable y bonito, está menos desarrollado que Laredo, aunque el alojamiento y las playas se encuentran abarrotados en temporada alta y los fines de semana, cuando todo el mundo baja desde Santander y Bilbao. Entonces la principal «playa del pueblo», **playa del Brazomar**, una pequeña franja de arena encerrada en una explanada de cemento que se utiliza para tomar el sol, y flanqueada por dos grandes hoteles, suele estar muy concurrida. No obstante, el viajero podrá dejar atrás la multitud alejándose hacia el este, a las calas más apartadas, o al oeste, a **playa Ostende**, con su arena oscura y áspera. Desde esta última, hay un original paseo de vuelta al pueblo por los acantilados; la mayoría de éstos parecen estar huecos y se puede oír el batir de las olas allá abajo. A lo largo del camino se encuentra una pequeña bahía donde el mar entra bajo un saliente espectacular.

Además de su actividad turística, el pueblo mantiene una considerable flota de pesca, que amarra en un bonito puerto natural. Por encima asoma una iglesia gótica con grandes contrafuertes, **Santa María**, y un faro, construido dentro de la estructura de un castillo de la orden de los Caballeros Templarios, unidos a los restos de una antigua ermita por un **puente romano** que ha sido reconstruido; bajo éste brama el mar cuando sube la marea. El barrio antiguo, **Mediavilla**, se mantiene relativamente intacto; destacan sus calles porticadas y altas casas con balcones acristalados. La **oficina de turismo** (verano, lun.-sáb., 10-14 h y 17-20 h; invierno, horario variable) se halla en la calle principal, junto a una parrilla de pescado al aire libre que sirve sardinas y atún en verano.

Alojamiento

El viajero encontrará el mejor **alojamiento** por las estrechas calles peatonales del casco antiguo del pueblo. Si prefiere un hotel moderno y caro, tendrá que ir hacia la playa y la parte nueva de la población. Hay un **cámping** en barrio Campijo, cerca de la playa: *Castro*, camino Allende Laguna (☎942 870 300; fax 942 870 306).

Hostal Alberto, avenida República Argentina 2 (☎942 862 757). Habitaciones cómodas con o sin baño. ③

Pensión Catamarán, calle Victoria Gaínza (☎942 870 066). Habitaciones modernas en una zona ruidosa frente a la estación de autobuses; pida una habitación que no dé a la calle, pues se oyen ruidos desde muy temprano. ④

Hostal El Cordobés, Ardigales 15 (☎942 860 089). Atractivo y anticuado; dispone de habitaciones limpias y espaciosas con o sin baño. ④-⑤

Hostal La Mar, La Mar 27 (☎942 870 524; fax 942 862 828). Elegante y reformado, en el casco antiguo; cerca de los bares y restaurantes. ⑤

Hotel Miramar, avenida de la Playa 1 (☎942 860 200; fax 942 870 942). Moderno, cerca de la playa, con hermosas vistas del puerto. ⑥

Hotel Las Rocas, avenida de la Playa (☎942 860 400; fax 942 861 382). Caro, cerca de la playa en una zona residencial. ⑦

Hostal La Sota, La Correría 1 (☎942 871 188; fax 942 871 284). Detrás del ayuntamiento; una buena base para visitar el puerto y el castillo. ⑤

Hostal El Viejo Baracaldo, Ardigales 4 (☎942 872 404). Pequeño, económico, en el casco antiguo; dispone de habitaciones con y sin baño. ③

Comida y copas

En Castro Urdiales abundan los establecimientos para **comer**. Si el visitante dispone de un presupuesto ajustado, encontrará los locales más económicos alrededor del ayuntamiento y en el extremo del puerto junto al castillo, donde hay algunos bares excelentes, especializados en pescado y marisco, así como alrededor de la plaza y la calle Correría. La bulliciosa Ardigales está flanqueada por mesones y tabernas; también es el centro de la **vida nocturna**, con dos discotecas, *Mambo* y *Safari*, y disco-pubes y bares de noche más de moda por la misma calle en dirección a la calle La Rúa.

Bar Ágora, calle Ardigales. Establecimiento vasco con mesas en el exterior.

Bar Rincón, calle La Mar. Típico local vasco con suelo con serrín y hombres con chapela. Excelentes pinchos y buen ambiente.

Marichu, calle Ardigales. Excelente selección de pinchos, las setas con ajo y aceite son exquisitas.

Mesón Marinero, Correría 23 (☎942 860 005). Conocida marisquería situada en un gran edificio frente al ayuntamiento; puede resultar caro, pero si se sienta en la barra podrá elegir entre una amplia sección de raciones y comer muy bien, además de relativamente barato.

Restaurante Baracaldo, Matilde de la Torre 11 (☎942 862 012). Muy recomendable; sirve un buen menú a base de marisco.

Desplazarse

La **terminal de autobuses**, compartida por las compañías Alsa-Turytrans y Encartaciones, está cerca de la *Cafetería Catamarán*, en calle Victorina Gaínza, a cuatro manzanas del frente marítimo, donde el viajero encontrará asimismo una pequeña oficina con taquilla. Hay servicio de autobús hacia los pueblos entre Irún y Gijón; los autobuses hacia **Bilbao** parten del lateral de la N-634, junto a la *Cafetería Bar Ronda*.

Santillana y las cuevas prehistóricas

Si el visitante ve una postal de Santander que muestra maravillosas iglesias y mansiones de piedra, se trata sin duda de **Santillana del Mar**, un pueblo muy pintoresco situado a 26 km al oeste de Santander. Mantiene su belleza, pero en temporada alta es un lugar sobre todo turístico y visitarlo puede ser una pesadilla. Las cuevas de **Altamira**, en el extremo de la localidad, están aún abiertas a los visitantes, pues contienen las pinturas prehistóricas más espectaculares de España, pero dicha visita debe concertarse con 3 años de antelación. Otras dos cuevas, menos conocidas, pero que conservan pinturas de la época de Altamira son accesibles; se hallan en **Puente Viesgo**, 24 km al sur de Santander, en la N-623 hacia Burgos.

Santillana

Jean-Paul Sartre (en *La náusea*) describió **SANTILLANA DEL MAR** como *«le plus joli village d'Espagne»* («el pueblo más bonito de España»), extraña fuente pero no la menos acertada. La localidad (una vez que se llega hasta allí pasados los aparcamientos de automóviles y autocares) está compuesta por casas y mansiones de piedras ocre y granjas. A pesar de su nombre —del Mar— Santillana se encuentra hoy en día a unos 3 o 4 km del mar; aunque sus bonitas casas tienen orígenes aristocráticos, el pueblo es desde hace mucho tiempo totalmente rural. Su única calle peatonal, con un recodo y dos plazas, va desde la entrada hacia una preciosa colegiata románica y finaliza de pronto entre granjas y campos.

Las **mansiones** de Santillana, de los siglos XV a XVIII, compiten unas con otras en la extravagancia de sus escudos de armas, pero son tan espléndidas como anómalas. Una de las mejores es la **casa de los Hombrones**, llamada así por dos figuras con mostachos que flanquean sus esculpidos blasones. Otra, la **casa de los Bustamante**, establece sus credenciales con un sencillo lema: «Los Bustamante casan a sus hijas con reyes.» Aunque muchas de las mansiones aún pertenecen a las familias originales sus nobles propietarios las visitaron poco durante los siglos XIX y XX; en cambio, hasta la década de 1970, los lugareños guardaban el ganado en algunas de las mansiones menos usadas.

Bajando de la casa de los Hombrones se encuentra el **Museo de la Inquisición** (todos los días, 10-22 h; 600 pesetas), que expone instrumentos de tortura, con notas históricas informativas. La iglesia del pueblo, la **colegiata** (todos los días, 9-13 h y 16-19 h), está dedicada a santa Juliana, una mártir de los primeros tiempos del cristianismo, cuya tumba está allí. Según se cuenta, capturó al demonio; por ello, aparece representada con él a rastras en varias escenas alrededor del edificio. Sin embargo, la característica más notable de la colegiata es su **claustro románico** del siglo XI (300 pesetas), uno de los mejor conservados del país; destacan sus bajas columnas pareadas y los capiteles esculpidos con animales y escenas de caza.

Asimismo merece una visita el **convento de Regina Coeli** del siglo XVII (mismo horario y entrada que el claustro de la colegiata), situado en la carretera frente a la entrada del pueblo. Alberga un excepcional museo de figuras de madera pintada y otras piezas de arte religioso, muy bien restauradas por las monjas y expuestas con imaginación para mostrar el desarrollo estilístico de ciertas imágenes, en especial de san Roque, un santo sanador que siempre aparece representado con su acompañante, un perro que lame la herida de su muslo. Se dice que hay un fantasma en el primer piso.

Aspectos prácticos
Varios **autobuses** directos van a Santillana desde Santander; parten a diario (empresa Autobuses Cantabria) de la estación (el primer autobús en jul.-agos., 7.30 h); dejan a los pasajeros en el exterior del convento; el pueblo queda en línea recta al otro lado de la carretera. Los que van hacia Comillas y San Vicente de la Barquera salen de este mismo punto a las 8, 11.10, 13.40 y 18.45 h, aunque los fines de semana el servicio se reduce. El viajero también puede llegar en autobús regular desde Torrelavega, en la línea Feve de ferrocarril. Encontrará una **oficina de turismo** (lun.-sáb., 9.30-13.30 h y 16-20 h; dom., 10-13.30 h y 16-19.30 h; ☎942 818 251) en la plaza de Ramón Pelayo, frente al parador.

Santillana es una atractiva **parada para pernoctar** si el visitante viaja fuera de temporada; dispone de alojamiento para diferentes presupuestos, aunque en verano se recomienda reservarlo con antelación. Los menos caros son las casas de huéspedes saliendo de la plaza de Ramón Pelayo, y las habitaciones anunciadas en muchos de los bares en temporada alta. Se recomiendan *Casa Angélica*, Los Hornos 3 (☎942 818 238; ③); y *Casa Fernando* (☎942 818 018; ②), a las afueras hacia Altamira, más moderna. Si el viajero prefiere más comodidad, se aconseja *Casa La Solana*, en la parte alta de la calle Hornos (☎942 818 106; ⑤), una casa campestre restaurada, que da a la zona bulliciosa del pueblo. El antiguo y enorme *Hotel Altamira*, Cantón 1 (☎942 818 025; fax 942 840 136; ⑥), es una buena elección si el visitante puede permitirse el derroche; no obstante, lo más selecto de Santillana es el *Parador Gil Blas*, en una de las mansiones más bonitas del corazón del pueblo (☎942 818 000; fax 942 818 391; ⑦). También hay un **cámping**, *Cámping Santillana* (☎942 818 250), a 1 km por la carretera de Altamira, grande y desangelado, pero con piscina y buenas instalaciones.

Abundan los **restaurantes**, pero son poco excepcionales. Destaca *Mesón de Los*

Villa, Santo Domingo 5; en verano, sirve comidas en un pequeño jardín. *La Viga* dispone de un precioso comedor en el jardín y permanece abierto hasta tarde.

Las cuevas prehistóricas

Las **cuevas de Altamira** se encuentran a 2 km al oeste de Santillana. Datan de aproximadamente 12.000 a.c., y están formadas por una serie de cavernas cubiertas con pinturas de toros, leones, jabalíes y otros animales pintados en rojo y negro con unos pocos trazos seguros e impresionistas. Cuando fueron descubiertas en la década de 1870, estaban en perfectas condiciones, y destacaban sus vivos colores; pero en las décadas de 1950-1960, ya se habían deteriorado bastante y ahora permanecen **cerradas** para evitar que haya exceso de humedad (debido a la respiración) en el ambiente de la cueva. Los visitantes con intereses académicos pueden dirigirse (al menos con 3 años de antelación) al Museo Altamira (39330 Santillana del Mar, Cantabria; ☎942 818 005) pero la mayoría de los turistas tendrán que conformarse con un par de grutas menores del lugar y el pequeño **museo** (mar.-dom., 9.30-14.30 h).

Más útil es la visita a las cuevas de **PUENTE VIESGO**, a 27 km de Santander por la N-623 hacia Burgos (autobuses SA Continental desde la terminal en Santander). Alrededor del pueblo, situadas en medio de un enorme campo ondulado y verde, hay cuatro **cuevas prehistóricas** independientes; dos de ellas, **Castillo** y **Las Monedas**, permanecen abiertas a grupos (mayo-oct., miér.-dom., 9.30-13 h y 15-19.30 h; nov.-abril, miér.-dom., 9.30-14 h y 15-17 h; Castillo, 225 pesetas; Las Monedas, 125 pesetas). Son magníficas, con estalacticas y estalagmitas de formas raras además de las notables pinturas, claro precursor del desarrollo posterior de Altamira.

Si el viajero quiere alojarse allí, el pueblo cuenta con un lujoso hotel de cuatro estrellas en calle Manuel Pérez Mazo, *Gran Hotel Balneario* (☎942 598 061; fax 942 598 261; ⑦), además de establecimientos más económicos: *Hostal La Terraza* (jun.-agos.; ☎942 598 102; ③), y *La Troncal* (☎942 598 117; ②), un poco alejada de la terminal de autobuses. Otro par de lugares abren en la temporada de verano.

Al sur de Santander: Reinosa y el Ebro

Al sur de Santander se extiende una amplia zona de tranquilo campo cántabro, dominado por el gran **embalse del Ebro**. La N-611 hacia Palencia bordea la orilla de este pantano y pasa por **Reinosa**, un centro de comunicaciones de la región, agradable pueblo antiguo donde el viajero podrá hacer un alto en el camino. Hacia el oeste, la alta sierra de Peña Labra ofrece oportunidades para esquiar en el pequeño enclave de **Alto Campoo**, a 24 km de Reinosa. Hacia el este, el **río Ebro** surca un precioso valle, y pasa por una serie de pueblos, que no han sido expoliados, construcciones románicas e iglesias en cuevas rocosas.

Reinosa

REINOSA es un precioso y característico pueblo cántabro, en el que destacan sus balcones acristalados y casonas —residencias del siglo XVII— que lucen el escudo de armas de sus dueños originales. La **oficina de turismo** ocupa una de ellas, hacia la mitad de la calle principal, en avenida del Puente, cerca de la iglesia barroca de **San Sebastián**.

El viajero encontrará dos establecimientos económicos para **alojarse**: *Pensión San Cristóbal*, Julióbriga 1 (☎942 751 486; ③), y el cercano *Hostal Residencia Sema* (☎942 750 047; ③), en Julióbriga 14, que queda cerca de la estación y dispone de un buen restaurante. Si el visitante prefiere algo más cómodo, puede ir al *Hotel Rubén*,

Abrego 12 (☎942 754 914; ③), o, al otro lado del puente, *Hostal Tajahierro*, Pellila 8 (☎942 753 524; ④). Para su reducida extensión, en Reinosa hay numerosas **bodegas** y **mesones** tradicionales. En la calle principal se halla *Pepe de los Vinos*, un buen local para tomar un tentempié y unas copas. Los restaurantes *Avenida* y *Los Ángeles* ofrecen comida más sustancial; el último abre tarde. Se recomienda probar las pantortillas, que el visitante podrá adquirir en la mayoría de las panaderías.

Si el viajero quiere adentrarse en la región, dos **autobuses** diarios van en dirección sur hacia Polientes, y parten a las 9.50 y 18 h; otros dos lo hacen en dirección este rodeando el pantano hacia **Cabanas** y **Arija**; parten a las 10.45 y 18 h.

Esquí: Alto Campoo

La estación de esquí de **ALTO CAMPOO** se encuentra a 24 km al oeste de Reinosa, unida por un servicio regular de autobuses durante la temporada. Se trata de un sitio pequeño, con escuela de esquí, 17 km de pistas y un **hotel** de tres estrellas, *La Corza Blanca* (☎ y fax 942 779 250; ⑥).

A lo largo del Ebro: Polientes

Al este de Reinosa una red de pequeñas y serpenteantes carreteras siguen el curso del río Ebro, atravesando aldeas, donde sólo hay unas cuantas casas. El mayor de todos es **POLIENTES**, un lugar encantador y rural, aunque con un par de establecimientos para alojarse: una **pensión** (③), junto a la parada de autobús, y un hostal al lado de la carretera, *Sampatiel* (☎942 776 053; fax 942 776 136; ③). Durante la temporada alta, el viajero tendrá que telefonear con antelación, pues sólo dispone de seis habitaciones. El café-bar de la plaza sirve buena **comida** (lo regenta el alcalde) y el hostal prepara un menú.

Es necesario un vehículo para continuar hacia el este de Polientes a lo largo del valle y por la carretera Santander-Burgos. A 12 km de Polientes se encuentra el pueblo de **San Martín de Elines**; destaca su **colegiata** románica del siglo XII, que alberga sarcófagos medievales y una iglesia enclavada en la roca; en el cercano **Cadalso** hay otra de estas características.

La costa: de Comillas a Gijón

La línea costera al **oeste de Santillana** y entrando en **Asturias** está salpicada de una sucesión de seductores centros turísticos. La mayoría de ellos son populares en pequeña escala, en cierto modo local, y se han podido evitar los hoteles y apartamentos de gran altura; entre los pueblos y los valles de los ríos hay calas más frecuentadas por los visitantes procedentes de Santander. La **línea de ferrocarril Feve** sigue en su mayor parte el paisaje, con el fondo macizo de las montañas que se elevan hacia los Picos de Europa, en un recorrido de gran hermosura.

Comillas

COMILLAS, el primer centro turístico al oeste de Santillana del Mar, es un curioso pueblo con bonitas calles y plazas adoquinadas; da la impresión de que se trata de una localidad del interior, a pesar de estar a poca distancia del mar. Cuenta con dos buenas playas: la de **Comillas**, la más cercana, con un pequeño fondeadero para barcos de recreo y algunos cafés, y otra más larga, la **playa de Oyambre**, 2 km al oeste, en el exterior de la localidad, hacia el cabo.

El viajero verá algunas mansiones, entre ellas la villa diseñada por Gaudí, **El**

Capricho, a un paseo (señalizado) del centro. Ahora es un restaurante, pero los jardines permanecen abiertos al público y merecen una visita, incluso si no tiene intención de permanecer en Comillas; destacan su uso del color y la torre caprichosa.

Al lado de El Capricho se alza otro edificio modernista del siglo XIX, el **Palacio del Marqués de Comillas**, diseñado por un socio de Gaudí, Juan Martorell. Está cerrado al público pero el visitante lo podrá contemplar desde el jardín de El Capricho. El marqués, un industrial amigo de Alfonso XII, también mandó construir el gran **Seminario Pontificio** (situado en la colina de arriba) a Domènech i Montaner, otro arquitecto del grupo modernista de Barcelona.

Aspectos prácticos

En la actualidad la línea Feve no pasa por Comillas, pero hay buenos enlaces de **autobús** con San Vicente de la Barquera hacia el oeste, así como Santillana y Santander hacia el este. Los autobuses llegan y parten del paseo de Solatorre, la calle principal al fondo del pueblo dominada por El Capricho. El **alojamiento** no es tan caro como en los lugares turísticos de los alrededores, pero en temporada alta se recomienda reservarlo con antelación, o bien concertar habitaciones en casas particulares mediante la **oficina de turismo** (lun.-sáb., 10-13 h y 17-21 h; dom. y festivos, 11-13 h y 17-20 h; ☎942 720 768), situada en el centro, Aldea 2.

El viajero encontrará habitaciones económicas en la *Pensión Bolingas*, calle Guzo de la Torre (☎942 720 841; ③), un establecimiento limpio, acogedor, junto a la plaza principal; y en la *Pensión Casa Aldea*, calle La Aldea (☎942 720 300; ③), que tiene un excelente restaurante abajo. *Pensión Villa*, cuesta Carlos Díaz de la Campa 21 (☎942 720 217; ③), consta de dos edificios, uno moderno y cómodo sobre la plaza y otro, una casa con más carácter, junto a la plaza de Ibáñez. Entre los lugares con más categoría destacan el *Hotel Josein*, Santa Lucía 27 (☎942 720 225; ⑤), que tiene hermosas vistas de la costa; *Hostal Esmeralda*, Antonio López 7 (☎942 720 097; fax 942 722 258; ⑥), un establecimiento reformado en la cima del pueblo, y *Fuente Real*, Sobrellano 19 (☎942 720 155; ④), junto a El Capricho. Hay **cámpings** en ambas playas, *Comillas* (jul.-agos.; ☎942 720 074) es mejor que *El Rodero*, en Oyambre (jun.-oct.).

En Comillas hallará buenos locales para **comer**. Entre los más económicos se encuentra *Picoteo*, bajando desde *Esmeralda*, que prepara generosas raciones de comida por poco dinero; para comer tapas buenas y baratas, se recomienda *Bar Filipinas*, en el cruce cerca de la parada del autobús. En la plaza principal abundan las mesas exteriores y cafés-restaurante, la mayoría especializados en *barcas* (grandes fuentes) de marisco. Si el visitante quiere darse un banquete, las tarjetas de crédito podrán pagar por la decoración de Gaudí y la *nouvelle cuisine* española de *El Capricho* (☎942 720 365).

Para su extensión, Comillas disfruta de una vida nocturna muy animada; de hecho, hay varios **disco-pubes** en calle Pérez de la Riva, sobre la plaza del Generalísimo, en una pendiente; entre ellos está el excelente *Don Porfirio*, con jardines y una pequeña pista de baile.

San Vicente de la Barquera

Al aproximarse a **SAN VICENTE DE LA BARQUERA** el viajero verá ambos extremos del pueblo rodeados por el mar y entrará por una larga calzada elevada; si mira hacia el interior, contemplará las montañas, que se elevan hacia los Picos de Europa. En la colina que se alza sobre el centro de la ciudad se encuentra un impresionante **Palacio Ducal**, de estilo renacentista, y la gótico-románica **iglesia de Santa María de los Ángeles**, que luce retablos dorados restaurados y una famosa estatua reclinada del inquisidor Corro. San Vicente de la Barquera es un pueblo pesquero con unas excelentes marisquerías, aunque caras. La carretera costera atraviesa su casco antiguo,

pero aun así continúa siendo un buen lugar donde pasar la noche. El frente marítimo está más volcado al trabajo que al turismo, pero hay una buena franja de arena flanqueada por un pequeño bosque a unos 15 minutos al otro lado de la calzada elevada.

Aspectos prácticos
La **oficina local de turismo** (todos los días, 9.30-14 h y 16.30-21 h; ☎942 710 797) se halla en la calle principal, avenida Generalísimo 20. Resulta fácil encontrar **alojamiento**. La céntrica *Pensión La Paz*, en Mercado 2 (☎942 710 180; ③), es limpia y espaciosa; *Pensión Liébana* (☎942 710 211; ③) se encuentra en la parte alta de las escaleras que salen de detrás de la plaza principal. Entre las opciones más caras destacan: *Hotel Boga Boga*, plaza de José Antonio 9 (☎942 710 135; fax 942 710 151; ⑤), y *Hotel Luzón*, avenida Miramar (☎ y fax 942 710 050; ⑤). Hay un agradable **cámping** (☎942 711 461) en los bosques junto a la playa. Para **comer**, se recomienda *Bar Colón*, a la derecha, en dirección oeste saliendo del pueblo; ya que prepara buenas raciones; el establecimiento ideal para probar el sorropotón, especialidad local de atún guisado, es *El Pescador*, más abajo por la misma calle, pasada la oficina de turismo.

Si el viajero utiliza el transporte público, San Vicente está mejor comunicado por **autobús** (Alsa cubre la costa y Palomera o Cantábrica las rutas interiores), pues la estación de la línea Feve se halla a unos 4 km en **La Alcebasa**. Los autobuses parten de la parada cercana a la calzada elevada; el visitante obtendrá más detalles sobre horarios y billetes en Fotos Noly, frente a la parada.

Asturias: de Unquera a Ribadesella

Asturias empieza 9 km al oeste de San Vicente, en **UNQUERA**. Allí los autobuses que van a los Picos giran hacia el sur en dirección a **Potes**; asimismo allí vuelve a aparecer la línea Feve tras el trayecto interior desde Santander. Unquera es poco interesante; sólo destacan los restaurantes *Riomar* y *Granja*; este último sirve también como parada local de autobuses y se encuentra frente a la estación Feve. Hay una pequeña **oficina de turismo** en la plaza de Don Alfonso González Egüen (lun.-vier., 10-13.30 h y 16-19.30 h; sáb., 10-12.30 h).

Si el visitante viaja en tren o autobús, es mucho mejor continuar hasta **Llanes**, el lugar más oriental de Asturias, y uno de los más atractivos.

Llanes
LLANES es un precioso pueblo costero escondido entre las laderas de los Picos de Europa y una franja de costa espectacular. Hacia el este y el oeste se extienden escarpados farallones, playas poco conocidas y una serie de calas a las que se llega caminando. Las tres playas del pueblo son pequeñas pero agradables; la excelente **Ballota** se halla sólo a 3 km hacia el este, con su propia fuente de agua en la arena (y un enclave nudista). Una larga rambla, **paseo de San Pedro**, se extiende por los espectaculares acantilados sobre la playa del Sablón al oeste del pueblo.

En el centro, un arroyo flanqueado por cafés y marisquerías baja hacia el pequeño puerto. En la orilla oeste, las murallas medievales cobijan varios edificios antiguos; algunos de ellos están siendo restaurados, pero otros se encuentran deteriorados. Destacan una torre medieval, los palacios de estilo renacentista en estado ruinoso, como el de los **Duques de Estrada** y la **Casa del Cercau** (ambos cerrados por restauración), así como la **basílica**, construida en estilo gótico importado del sur de Francia, aunque la esculpida puerta pertenece a un edificio románico anterior. Alrededor del pueblo, el viajero podrá ver numerosas casas grandes, que mandaron construir los indianos, los emigrantes del siglo XIX que regresaron de América ansiosos por mostrar su riqueza.

Llanes constituye una excelente base (o un lugar donde recuperarse) para ir a los

Picos de Europa; de hecho, hay buenos enlaces con la cercana Unquera. Si el visitante dispone de vehículo propio puede visitar un curioso monolito de la Edad de Bronce, 10 km al este a lo largo de la carretera costera en **Peña Tu**.

ASPECTOS PRÁCTICOS
Hay una **oficina de turismo** en la torre Medieval (todos los días, 10-14 h y 16-18 h; ☎985 400 164), que puede ayudar al visitante a encontrar alojamiento. Las **habitaciones** más baratas de Llanes son las del *Bar Colón* (☎985 400 883; ②), que dan al río; otra opción económica puede ser el anticuado y espacioso *Hospedaje El Río*, avenida de San Pedro 3 (☎985 401 191; ③), y *Don Paco* (☎985 400 150; ③), en un antiguo convento del siglo XVII. *Pensión Iberia*, en calle Las Barqueras (☎985 400 891; ③), es un establecimiento económico cercano a la estación de autobuses. Si el viajero prefiere algo más cómodo, se recomienda *Salton's Hotel* (☎985 401 987; fax 985 401 988; ⑤), que da a la playa del Sablón; *Pensión La Guía*, en plaza Parrés Sobrino 1 (☎985 402 577; ④), es elegante y céntrica. Además, hay una amplia selección de casas rurales, como *La Torre* (☎985 417 207; ⑤), a 5 km en Andrín. El visitante encontrará un gran **cámping**, *Las Baracenas* (jun.-sept.; ☎985 402 887), a 5 minutos de la localidad, aunque *Entre Playas* (jun.-oct.; ☎985 400 888), más pequeño, se halla mejor situado, en el promontorio entre las dos playas de la localidad.

Si el viajero quiere comer un buen **marisco** —y beber sidra asturiana— se recomienda *La Marina*, un restaurante con forma de barco en el extremo del puerto, donde podrá sentarse en el exterior y probar pez espada y sardinas; o bien encaminarse a uno de los sencillos **café-restaurantes** al aire libre junto al río, pasado el puente hacia el interior, donde sirven raciones de marisco. En *El Campanu*, entre otros locales, pagará entre 600 y 2.000 pesetas por plato. Se aconseja probar la sidra o el vino blanco del lugar. *El Bodegón*, escondido en la frondosa plaza de las Siete Puertas, es un buen establecimiento para tomar sidra y raciones asturianas; si prefiere una comida más formal y menú, pruebe en el restaurante detrás del *Bar Colón*, o en otros locales similares en la calle Manuel Cué.

Villahormes y Nueva
Siguiendo la costa (y la línea Feve), la siguiente parada interesante al oeste de Llanes es **VILLAHORMES**. Se trata de un lugar que a primera vista no parece atractivo: poco más que una estación de ferrocarril, algunas casas, un café-bar y un hostal de aspecto algo deteriorado. No obstante, se recomienda seguir la mohosa señal hacia la **playa de la Huelga** y, tras 1.500 m por un sendero que se puede recorrer en automóvil, el viajero llegará a una de las mejores calas que pueda imaginar, con un arco de roca en la bahía y un remanso cerrado para que los niños se bañen con seguridad. Está flanqueada por un agradable bar-restaurante. **Gulpiyuri**, 1 km hacia el noreste, es una **playa** inusual algo separada de la línea de la costa pero alimentada por un canal subterráneo de agua del mar.

Un paseo de 30 minutos al oeste de Villahormes, o 5 minutos más en el tren, lleva a otra aldea, **NUEVA**, oculta en un pliegue de las montañas, 3 km hacia el interior de otra preciosa cala. Si el viajero decide **quedarse** allí, se recomienda *Ereba* (☎985 410 139; ④), una agradable casa rural; también hay un **cámping**, *Calores* (☎985 410 336).

Ribadesella

RIBADESELLA, 18 km al oeste de Llanes, es un viejo y sencillo puerto dividido en dos por el río Sella; por encima hay una larga calzada elevada. En el lado este se encuentra la parte antigua, con las estaciones de Feve y autobuses, y docenas de bares pequeños y comedores en las calles paralelas al **puerto de pescadores**. Las

capturas de pescado fresco aún se descargan pasada la medianoche en la lonja y, aunque la pesca disminuye constantemente, al viajero le gustará pasear por los bares hasta esa hora. En el lado oeste, en la parte nueva se halla el alojamiento de más categoría, la excelente **playa** del pueblo y la **cueva Tito Bustillo** (abril-mediados sept., miér.-dom., 9.30-12.30 h y 15-17 h; 330 pesetas), parecida a la de Altamira, aunque más impresionante por sus estalactitas que por las pinturas; no obstante, cuenta con un museo de hallazgos prehistóricos del área. Sólo se permite la entrada a 375 visitantes al día por lo que, en verano, se aconseja llegar a primera hora de la mañana para entrar.

Aspectos prácticos
Si el viajero va en tren, llegará a la **estación Feve** situada en el extremo del pueblo, en la carretera de Santander; la **estación de autobuses** está en la calle principal a la entrada de la parte antigua de la localidad. Hay una **oficina de turismo** (sólo verano, todos los días, 10-22 h; ☎985 860 038) en un hórreo original, junto a la calzada elevada hacia la parte nueva.

El **alojamiento** resulta un poco más caro de lo habitual, aunque los visitantes que dispongan de un presupuesto ajustado podrán encontrar cama; hay un **albergue** en la calle Ricardo Cangas (☎985 861 380; ③), en una vieja casa en el lado este del estuario, aunque con frecuencia está reservada para grupos. Entre los hostales, se recomiendan *Sueve*, La Bolera 13 (☎985 860 369; ③), y *Covadonga* (☎985 860 222; ③), al final de la Gran Vía, en Manuel Caso de la Villa 7. El principal hotel de Ribadesella, el anticuado *Gran Hotel del Sella* (☎985 860 150; fax 985 857 440; ⑦), se halla frente a la playa y el recién construido paseo. Asimismo se aconseja el *Hostal El Pilar* (☎985 860 446; ③), 2 km al sur de la playa en Puente del Pilar; tiene un restaurante que sirve comida tradicional asturiana. Hay una casa rural, *La Llosona* (☎985 857 887; ③), 1 km al sur de la parte nueva en Granda-Ardines, con hermosas vistas de los alrededores; existen también dos **cámpings**: *Los Sauces* cerca de la playa, en la carretera San Pedro-La Playa (jun.-sept.; ☎985 861 312), y *Ribadesella* (abril-sept.; ☎985 858 293), al sur de Puente del Pilar, en Sebreño.

En cuanto a la **comida**, se aconseja *Rompeolas*, una marisquería clásica aunque algo cara en la parte antigua, con montañas de marisco que se alinean sobre su largo mostrador de madera; como alternativa está *Casa Basilio*, en calle Manuel Caso de la Villa, que sirve unas tapas generosas.

Lastres y Villaviciosa

Más allá de Ribadesella, la línea férrea gira hacia el interior, al igual que la mayoría de los turistas, para dirigirse a Cangas de Onís y los flancos occidentales de los Picos de Europa. La ruta hacia el interior de las montañas —N-634 y M-625— es soberbia, siguiendo el valle y la garganta del río Sella. La costa se deteriora a medida que se aproxima a Gijón, principal puerto industrial de Asturias, aunque aún quedan unos cuantos puntos interesantes que incluyen el centro turístico **La Isla** y la localidad de **Colunga**, ambos notables por su marisco y la sidra, así como los pueblos pesqueros de **Lastres** y **Villaviciosa**. En Colunga hay una **oficina de turismo**, en un hórreo original en el parque del pueblo (mar.-sáb., 10-14 h y 17-20 h; dom., 10-15 h).

Lastres
A 2 km al norte de Colunga saliendo de la autopista Santander-Gijón, se halla **LASTRES**, un pequeño pueblo pesquero construido en un escarpado acantilado con un puerto nuevo y dos buenas playas en los alrededores. Hasta ahora ha escapado a la influencia turística y, si el viajero llega tras unos cuantos extenuantes días de camina-

ta por los Picos, éste será un lugar tan bueno como cualquier otro para recuperarse. En verano, los **autobuses** circulan desde Ribadesella cada 2 horas.

Dos **restaurantes** próximos en la calle que baja al puerto, *Sidrería El Escanu* y *Bar Bitácora*, sirven buen pescado y disponen de terrazas con vistas. Sólo encontrará algunos **hoteles**, pero *Casa Eutimio* (☎985 850 012; ⑤), cerca del puerto en plaza San Antonio, con su propio restaurante-marisquería, es una buena opción; el cercano *Miramar*, Bajada al Puerto (☎985 850 120; ④), dispone de algunas habitaciones con hermosas vistas al mar. El *Hostal Mari Paz* (☎985 850 261; ④), en la parte alta del pueblo, es un recurso final, pero si el viajero no tiene un presupuesto ajustado, también podrá alojarse en un hotel de lujo, *Palacio de los Vallados*, Pedro Villarta (☎985 850 444; fax 985 850 517; ⑤). Existen dos casas rurales: *Pipo*, en el pueblecito de Sales, a 4 km (☎985 856 590; ④), y *Costa Verde* (☎985 856 373), en Pernús, el pueblo siguiente. La excelente playa la Griega, 2 km hacia el este, cuenta con un **cámping**, *Costa Verde* (☎985 856 373).

Villaviciosa y alrededores

A 30 km de Gijón se encuentra **VILLAVICIOSA**, en medio del precioso paisaje asturiano, a orillas del río Villaviciosa; detrás hay grandes colinas ondulantes verdes. Los miércoles suele haber mercado; en la parte antigua del pueblo se erige la iglesia de Santa María, del siglo XIII, y los mejores restaurantes. Si el viajero le interesa, puede visitar la fábrica de sidra El Gaitero; allí revelan cómo se prepara la sidra más famosa de España (lun.-vier., 9-12.30 h y 15-17.30 h; sáb., 9-12.30 h; entrada gratuita). Hay una buena **playa** en las cercanías —playa Rodiles— visible desde la carretera.

El viajero encontrará **habitaciones** en la acogedora *Pensión Sol*, Sol 27 (☎985 891 130; ④), y el moderno *Hostal El Congreso*, Generalísimo 25 (☎985 996 156; ④), que tiene restaurante propio. Entre los establecimientos de mayor categoría destacan el *Hotel Carlos I*, plaza Carlos I (☎985 890 121; fax 985 890 051; ⑤), y el nuevo *Hotel Casa España*, enfrente (☎985 892 030; fax 985 892 682; ⑥). La **oficina de turismo** (sólo en verano, mar.-sáb., 10-14 h y 17-20 h; ☎985 891 759) está en el paque Vallina.

Unos 9 km al suroeste de Villaviciosa, escondido en el precioso valle de Puelles, se encuentra el monasterio cisterciense de **Valdediós** (todos los días, mayo-oct., 11-13 h y 16.30-18.30 h; nov.-abril, 11-13 h). Abandonado durante muchos años, los edificios están siendo restaurados; desde 1992 los habitan una pequeña comunidad de monjes. Vale la pena echar una mirada a los campos del entorno y a la impresionante iglesia del monasterio, del siglo XIII, en el que el viajero podrá asistir a uno de los cinco oficios cantados cada día. No obstante, lo más interesante es la **iglesia de San Salvador**, construida en el siglo IX, en un estilo único conocido como asturiano o prerrománico; observe las columnas tomadas de unas ruinas romanas cercanas y los bonitos motivos geométricos en las ventanas de piedra. Ocho autobuses diarios hacen el recorrido Oviedo y Villaviciosa, y paran en San Pedro de Ambas. Desde allí, el viajero tendrá que caminar 1 km hacia el monasterio, donde a veces es posible alojarse en la nueva **hospedería** (☎985 892 324).

Gijón y Avilés

Gijón y **Avilés** son grandes ciudades industriales asturianas; se trata de lugares desalentadores en los que destacan las humeantes chimeneas industriales. Por ello es mejor pasar de largo si el viajero quiere disfrutar de unas vacaciones en la costa. Sin embargo, cada una de estas poblaciones tiene algún punto de interés que merece la pena visitar: Gijón por su «sensación» de gran ciudad, la vida nocturna y el **festival de cine** de verano (finales jun.-principios jul.); Avilés por su casco antiguo muy bien

conservado. Además, el viajero encontrará diversión, en especial durante el **carnaval** (véase pág. 477) y la **Semana Santa**, momento en que en Avilés se celebran algunas de las procesiones más espectaculares del país.

Gijón

La mayor ciudad de Asturias, **GIJÓN**, fue totalmente reconstruida tras ser arrasada durante la Guerra Civil. De hecho, fue el escenario de uno de los bombardeos más intensos durante la guerra. En agosto de 1936 unos mineros armados con dinamita atacaron los cuarteles del ejército nacional; el coronel asediado pidió a los barcos de su propio bando, anclados frente a la costa, que bombardearan la ciudad, ellos incluidos. Preferían morir antes que ser capturados.

Llegada, información y orientación

El **centro** de Gijón es una zona bastante pequeña, al sur del casco antiguo y en un promontorio. Sus tres plazas principales están separadas cada una por un par de manzanas; de sur a norte, son: plaza del Humedal, plaza del Carmen y plaza del Marqués (flanqueada por el palacio descrito más abajo). Dos de las **estaciones de ferrocarril** (servicios locales de Feve y Renfe) y la **terminal de autobuses** (una maravillosa obra de Art Déco) se hallan junto a la plaza del Humedal. Los servicios Renfe de largo recorrido utilizan una tercera estación, en avenida Juan Carlos I. La **oficina de turismo** (☎985 346 046) se encuentra junto a la plaza del Marqués.

Alojamiento

Encontrar **alojamiento** no suele ser un problema. De hecho, hay una amplia oferta de establecimientos al alcance de todos los presupuestos. La mayoría de los alojamientos se concentran en el extremo inferior de la ciudad, más allá de la playa de San Lorenzo; entre las calles a las que se recomienda dirigirse están San Bernardo, Santa Lucía y Pedro Duro.

Hotel Asturias, plaza Mayor 11 (☎985 359 815; fax 985 346 872). Hotel acogedor en la plaza con más ambiente, entre la playa y el puerto. ⑥

Hostal Gijón, Tineo 5 (☎985 359 815). Cama sencilla y barata para la noche, no lejos de la estación de autobuses. ③

Pensión González, San Bernardo 30 (☎985 355 863). Dispone de amplias y ventiladas habitaciones en una vieja mansión bien amueblada. **Pensión Argentina** (☎985 344 481), en el piso de arriba, es también una buena opción. Ambas ③.

Hostal Manjón, plaza del Marqués 1 (☎985 352 378). Situada en un bonito emplazamiento; pida una habitación que dé al puerto. ⑤

Hostal Narcea, San Juan de la Cruz 5 (☎985 393 287). Uno de los establecimientos más económicos, pero algo lejos del centro. ③

Parador Molino Viejo, parque de Isabel la Católica (☎985 370 511; fax 985 370 233). Lujoso, situado en un agradable parque en el extremo este de la playa. ⑦

La ciudad

Una vez pasada la periferia industrial, Gijón tiene un ambiente aireado y abierto, con un entramado de calles a la espalda de la **playa de San Lorenzo**, bastante limpia. En invierno apenas se ve un surfista, mientras que en verano parece que toda la ciudad se concentra allí por las tardes y los fines de semana. El casco antiguo, **Cimadevilla**, se halla en un promontorio al noroeste de la playa. Su monumento principal es el **Palacio de Revillagigedo** del siglo XVIII, construido en una espléndida mezcla de neobarroco y neorrenacimiento; suele albergar exposiciones ocasionales. Frente al

palacio, en el centro de la plaza, se alza la estatua de don Pelayo, el rey del siglo VII que empezó la Reconquista.

De nuevo hacia el oeste desde Cimadevilla aparece el precioso **puerto deportivo**, una zona portuaria centro de los paseos de las tardes y los fines de semana. Aparte de esto, hay poco más que ver, aunque el viajero podrá ir de compras además de ver unos cuantos museos. El más interesante, el **Museo de la Gaita**, se encuentra en paseo Doctor Fleming (verano, mar.-sáb., 11-13.30 h y 17-21 h; dom., 11-14 h; invierno, mar.-sáb., 10-13 h y 17-20 h; entrada gratuita), que expone una serie de instrumentos de todo el mundo celta.

Gijón es la sede de uno de los primeros clubes de **fútbol** españoles, el Sporting de Gijón; el estadio se halla al este de la playa.

Comida y copas
En las calles alrededor del frente marítimo y la parte de atrás hay numerosos **café-restaurantes** pequeños, todos de precio razonable. La mayoría de ellos sirven menú. El **pescado** es la especialidad local.

La Botica, San Bernardo 2. Sidrería típica, en la plaza Mayor.

Casa Justo, avenida de los Hermanos Felgueroso 50. Excelente sidrería con un buen restaurante en la parte de atrás.

Casa Zabala, Vizconde de Campo Grande (☎985 341 731). Buenas especialidades tradicionales asturianas, entre ellas la fabada. Dom. y feb., cerrado.

La Marina, Trinidad 9. Buena sidra y tapas.

La Pondala, avenida Dionisio Cifuentes, Somio (☎985 361 160). Restaurante de categoría, famoso por su marisco y arroz. Jue. y nov., cerrado.

El Retiro, Begoña 26. La Ruta. Cocina asturiana con un excelente menú por 1.000 pesetas.

Torremar, Ezcurdia 120. Establecimiento ideal para tomar sidra y parrilladas.

Vida nocturna
La **vida nocturna** de Gijón se centra alrededor de la zona conocida como **La Ruta**, un entramado entre las calles Santa Lucía, Buen Suceso y Santa Rosa, a 5 minutos del puerto. Abundan los **disco-bares**, entre ellos el ruidoso y de moda *La Gruta de la Ruta* y *El Viñedo*, de ambiente más tranquilo y pasado de moda. Ya entrada la noche, los lugareños acuden a **clubes y discos** concentrados alrededor de **El Náutico**, cerca de la playa: son *Amnesia*, calle Jacobo Olaneta, suena música de última hora; *Guantanamera*, un poco más allá en la misma calle, se toca salsa y música latina.

Avilés

A 20 km de Gijón y hacia el interior, se halla **AVILÉS**, donde se encuentra la mayor parte de la industria asturiana del acero; además, es una de las ciudades más contaminadas de Europa. De hecho, al aproximarse a ella desde cualquier dirección, el viajero verá las numerosas fábricas que circundan la población, lo que desanima a cualquiera. Pero al llegar al pequeño casco antiguo, el visitante olvidará las industrias.

Llegada, información y alojamiento
Avilés es un buen nudo de comunicaciones y tal vez el viajero vaya para hacer un transbordo de autobús o tren. Las **estaciones de Feve**, **Renfe** y **autobuses** se encuentran en la misma terminal de la avenida Telares, bajando del parque del Muelle y el casco antiguo. El **aeropuerto** de Asturias está a 13 km, en Ranón, saliendo de la N-632

CARNAVAL EN ASTURIAS

El **carnaval**, la semana en que todo el mundo bebe, baila y comete excesos, se celebra a finales de febrero o principios de marzo. En España son famosos los carnavales de Tenerife, Cádiz y Asturias, en particular **Avilés**.

Los festejos empiezan en **Avilés** el **sábado** antes del miércoles de ceniza, cuando casi toda la ciudad se disfraza y sale a las calles. Muchos disfraces son curiosas obras de arte: desde cepillos de dientes a colchones y paquetes de dulces. Cuando cae la noche, cualquiera que no vaya disfrazado se expone a ser mojado con algún líquido, pues grupos de monjas, pieles rojas y piratas merodean por las calles. La calle Galiana es el centro de la acción; tradicionalmente los bomberos locales riegan la calle, y a los juerguistas, que pasan, con espuma. Por allí desfilan también las carrozas.

Las fiestas, en las que hay música en vivo, fuegos artificiales y concursos de disfraces, duran hasta el amanecer. Resulta casi imposible encontrar alojamiento; las celebraciones continúan por toda Asturias durante la semana siguiente por lo que tras una noche de juerga el visitante puede empalmar con otra. Los primeros autobuses parten de la ciudad a las 6.45 h. El domingo es, de hecho, un día de descanso antes de que el carnaval continúe en **Gijón** la noche del **lunes**. La fiesta es similar y el disfraz resulta esencial. El viajero tendrá que estar en La Ruta para empezar la noche; la gente y los festejos se mueven entre la plaza Mayor y la zona del puerto hasta el amanecer. La noche del **martes**, el escenario cambia a **Oviedo**. La multitud es menor y la fiesta menos frenética, pero mucha gente se disfraza. Hay un desfile a lo largo de la calle Uría, fuegos artificiales a medianoche en la plaza Escandalera, y bandas de música en la plaza Mayor.

Por último, el viernes siguiente al miércoles de ceniza, **Mieres**, ciudad minera situada al sudeste de Oviedo, celebra su carnaval. Los festejos se celebran en la zona conocida como calle del Vicio, que según los habitantes del lugar cuenta con la mayor concentración de bares de la provincia.

(☎985 127 500). La agencia de viajes Viaca, plaza de la Merced 5 (☎985 561 844), puede ser útil para información de última hora sobre vuelos y billetes de tren.

La **oficina de turismo** (lun.-vier., 9.30-14 h; ☎985 544 325) se halla junto a la plaza de España, en Ruiz Gómez 21, y la central de correos en calle Doctor Graíño, frente al parque Las Meanas.

Quedarse en Avilés resulta difícil, pues el **alojamiento** escasea, y los pocos hostales de precio razonable suelen estar llenos de gente de negocios. Los más baratos son la *Pensión Serafín*, Santa Apolonia 60 (☎985 572 728; ③), junto a plaza de España, o *Pensión Villablanca*, El Acero 5 (☎985 545 170; ③). *Hotel Luzana*, Fruta 9 (☎985 565 840; fax 985 564 912; ⑥), más caro, está también junto a la plaza de España y dispone de un buen restaurante; el *Hotel San Félix*, de mayor categoría, avenida Los Telares 48 (☎985 565 146; fax 985 521 779; ⑤), se encuentra en las afueras de la población.

La ciudad

El agradable **casco antiguo**, donde abundan las iglesias y los palacios de los siglos XIV y XV, se halla a unos 5 minutos a pie de la terminal de autobuses y ferrocarril, y no es difícil de encontrar. El viajero encontrará allí la mayoría de las tiendas, los bares y alojamientos, así como el parque de Ferrara. Entre las diversas iglesias, se recomienda visitar las de **San Nicolás de Bari**, en calle San Francisco, y **Santo Tomás**, del siglo XIII, ambas románicas. La iglesia de los Padres Franciscanos alberga la tumba del antiguo gobernador de Florida, don Pedro Menéndez de Avilés. Asimismo hay tres imponentes palacios, en especial el barroco **Camposagrado**, construido en 1663, en plaza Camposagrado, el **Palacio del Marqués de Ferrara**, del siglo XVII, en la plaza de España, y el **Palacio de Llano Ponte**, que ahora es un cine.

Comida, copas y vida nocturna
Las calles de alrededor de la plaza de España están flanqueadas por **bares** y **restaurantes**, sobre todo las calles Ferrería, Rivero y Galiana. *Casa Lin*, avenida Telares 3, es una buena sidrería que sirve un marisco excelente, mientras que *Casa Tataguyo*, plaza Carbayedo 6, un bonito mesón de la década de 1870 (el más antiguo de la población), ofrece especialidades asturianas; ambos tienen precios moderados. A última hora de la noche, se recomienda los **bares musicales** en calle Galiana; y uno abierto toda la noche en calle González Albarca 6, junto a la plaza de la Merced, así como *Paradis*, una discoteca popular en calle Catamara.

Los Picos de Europa

Aunque no se trata de la cordillera más alta de España, los **PICOS DE EUROPA** son los favoritos de muchos caminantes, montañeros y escaladores. La cadena es una obra maestra en miniatura: unos 40 km en cada dirección, entre tres grandes **gargantas fluviales** y extendidos por las provincias de Asturias, León y Cantabria. Toda el área ha sido declarada recientemente parque nacional, aunque sigue habiendo problemas de coordinación de actividades entre las tres provincias. Los asturianos ven las montañas como un símbolo de su identidad nacional, y celebran el nacimiento de la España cristiana en la iglesia de **Covadonga**, situada en una cueva al oeste de la cadena montañosa.

Los paseos en los Picos de Europa son variados, teniendo en cuenta la extensión de la región, e incluyen senderos para todos los niveles, desde un paseo matinal hasta 2 o 3 días de senderismo. El camino más espectacular y popular es a lo largo de los 12 km de las **gargantas del Cares** —ruta que el viajero puede seguir en su totalidad o en parte— y alrededor de los picos altos a los que se llega por el teleférico de **Fuente Dé**. Pero hay docenas de otros caminos y senderos a lo largo de los valles de los ríos y los bosques y subiendo por las montañas. Se recomienda al viajero que tenga cuidado y no se salga de los senderos marcados: las suaves mesetas onduladas que se aprecian desde cierta distancia podrían ser una serie de gargantas y abismos que supondría retroceder, dar rodeos y trepar hasta puntos que no se tenía previsto subir.

Además de las caminatas, la **vida salvaje** de los picos constituye un gran atractivo. En la garganta del Cares suele haber buitres leonados, cernícalos, colirrojos tizones, roqueros rojos, y, lo más interesante para los expertos, treparriscos. Abundan las cabras domésticas y salvajes, que pastan en algunas zonas altas inaccesibles. Es fácil imaginar la presencia de lobos sobre las piedras grises de los puertos, pero quizás el viajero no vea osos, a pesar de lo que digan los lugareños y su pintoresca presencia en los carteles con mapas turísticos. Queda una población nativa de unos 60 individuos de *Ursus ibericus* en las montañas orientales, la mayoría de ellos controlados por radiotransmisores.

Hace tiempo que los Picos se encuentran en el mapa de los montañeros y, durante los últimos años, a medida que se ha abierto el acceso por carretera a las gargantas y las cimas, se han incluido cada vez más en las rutas turísticas. Las zonas más populares tal vez estén abarrotadas en julio y agosto, al igual que las estrechas carreteras y el teleférico de Fuente Dé. Si el viajero puede elegir y se siente satisfecho con paseos de nivel inferior, se recomienda ir en primavera, cuando los valles están preciosos y en las cimas aún queda nieve; asimismo, en otoño el paisaje es hermoso debido a los cambiantes colores de los bosques de hayas.

El viajero podrá **llegar** a los Picos —o partir de ellos— por media docena de carreteras: desde León, al sur; Santander y la costa, al noreste; Oviedo y Cangas de Onís al noroeste.

LOS PICOS DE EUROPA/479

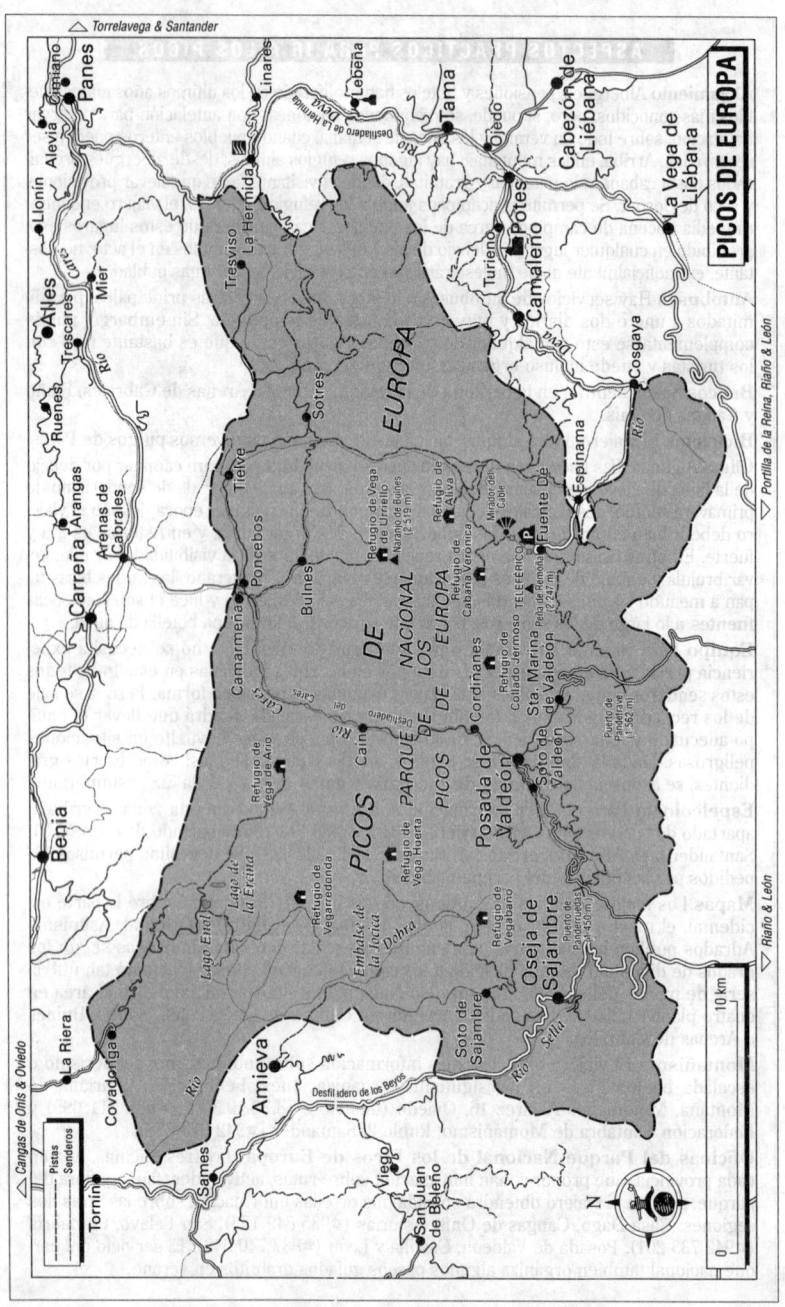

ASPECTOS PRÁCTICOS PARA IR A LOS PICOS

Alojamiento Albergues, pensiones y hoteles han proliferado en los últimos años en los pueblos más conocidos; pero, si puede, se recomienda telefonear con antelación para reservar habitación, sobre todo en verano y los fines de semana, cuando pueblos enteros pueden ser reservados. Arriba, en las montañas, hay algunos refugios alpinos: desde albergues organizados hasta cabañas sin personal y gratuitas, donde el visitante tiene que llevar provisiones y saco de dormir. Se permite la acampada junto a los refugios; además, el viajero encontrará media docena de cámpings cerca de los pueblos. Acampar fuera de estos lugares está prohibido en cualquier lugar por debajo de los 1.600 m, y sujeto a multas en el acto; no obstante, extraoficialmente nadie molestará al viajero si se aleja de las zonas pobladas.

Autobuses Hay servicios de autobuses a lo largo de las carreteras principales, pero limitados a uno o dos diarios y muy escasos fuera de temporada. Sin embargo, puede complementarse esto con alquiler de bicicletas y autostop, lo que es bastante fácil con los turistas y puede incluso organizarse desde los cámpings.

Bancos Se encuentran en la periferia de la región, en Potes, Arenas de Cabrales, Riaño y Cangas de Onís.

Bicicletas El viajero podrá alquilar bicicletas de montaña en diversos puntos de Potes.

Clima Algunos días hace buen tiempo, incluso en pleno invierno, para caminar por debajo de la línea de nieve; no obstante debido a la altitud, hay una temporada de senderismo de primavera-verano, desde finales de junio a septiembre. En cualquier época del año el viajero debe ir bien equipado, pues las nubes pueden descargar lluvia, y en Asturias es fría y fuerte. En otras ocasiones, una niebla repentina puede impedir la visibilidad. Por ello, llevar brújula y equipo de lluvia es prácticamente obligatorio. En verano, las nubes bajas tapan a menudo las cimas, mientras que más arriba está despejado y luce el sol. Hay pocas **fuentes** a lo largo de los senderos, por lo que se aconseja llevar una botella de agua.

Equipo Para caminar en verano, o por senderos de nivel bajo, no se necesita experiencia previa o un equipo especial, al menos en las rutas indicadas en esta guía; todos estos senderos son practicables si el viajero está más o menos en forma. Pero si se sale de los recorridos indicados o intenta hacer alguna escalada, tendrá que llevar el equipo adecuado y tener experiencia; de lo contrario puede verse envuelto en situaciones peligrosas. Dada la abundancia de piedras sueltas y punzantes, así como fuertes gradientes, se aconseja llevar **botas de montaña** y **gafas de sol** por la luz deslumbrante.

Espeleología Para obtener información sobre espeleología en esta zona, escriba al apartado de correos 540, Oviedo (vier., 19-21 h; ☎985 211 790), apartado de correos 51, Santander o en Alfonso X el Sabio 1, Burgos (☎947 222 427). Se necesitan permisos expedidos por las oficinas del parque nacional.

Mapas Los mejores son los de Adrados, en dos hojas 1:25.000; una cubre la parte occidental, el macizo de El Cornión; la otra, los macizos Central y Oriental. Asimismo Adrados publica buenas guías para caminar y escalar con rutas indicadas según los grados de dificultad. Menos dirigido a los caminantes y en consecuencia no tan útil, la serie de mapas del servicio Topográfico Nacional de España oficial cubre el área en cuatro planos 1:25.000. Los podrá conseguir en Cangas de Onís, Potes, Sotres, Bulnes o Arenas de Cabrales.

Montañismo El viajero obtendrá más información sobre montañismo, senderismo o escalada en los Picos en las siguientes organizaciones: Federación Asturiana de Montaña, Melquiades Álvarez 16, Oviedo (lun.-vier., 18.30-19.30 h; ☎985 211 099) y Federación Cántabra de Montañismo, Rubio 2, Santander (☎942 373 378).

Oficinas del Parque Nacional de los Picos de Europa Hay tres oficinas, una en cada provincia, que proporcionan información sobre rutas, actividades, fauna y flora del parque, aunque el viajero obtendrá en cada una de ellas información sobre las otras dos regiones: Casa Dago, Cangas de Onís, Asturias (☎985 849 154); San Pelayo, Cantabria (☎942 733 201); Posada de Valdeón, Castilla y León (☎987 740 549). El servicio del parque nacional también organiza algunos paseos guiados gratuitos en verano.

Desde la costa hacia Potes

La N-621 va hacia el interior desde la costa en **UNQUERA**, en el límite Cantabria-Asturias, entre San Vicente de la Barquera y Llanes. Desde allí sigue el curso ondulante del río Deva, pasa por **PANES**, donde la C-6312 se bifurca hacia el oeste a lo largo del extremo superior del río Cares hasta Arenas de Cabrales (véase pág. 487) y Cangas de Onís. Hay un servicio de autobuses por esta última ruta (en la actualidad 7.45 y 17 h) desde **Bustio**, al oeste de Unquera; el viajero también puede tomarlo en Panes (30 min. después), desde el *Bar de la Cortina*, al otro lado del puente. Encontrará una **oficina de información** (☎989 574 656) en Panes, frente a la Caja de Asturias, donde podrá contratar caminatas y paseos a caballo.

De Panes a Potes: la garganta del Deva
Continuando desde Panes hacia Potes se entra en la impresionante garganta del río Deva, el **desfiladero de La Hermida**, cuyos escarpados lados son tan altos que impiden al pueblo de **LA HERMIDA** la llegada de la luz del sol desde noviembre hasta abril. Existen uno o dos **lugares donde alojarse** si el viajero quiere hacer el viaje en más de una jornada. *Hostal Marisa* (☎ y fax 942 731 030; ④), en la carretera hacia Potes, limpio y moderno; y una posada rural, *Campo* (☎ y fax 942 744 135; ③; con baño). El popular **bar-restaurante Pagnín**, bajo el *Hostal Marisa*, sirve una buena cocina tradicional. Desde el cercano **Urdón** un camino accidentado lleva al oeste hacia Soares (véase pág. 484); se trata de una caminata agradable, con las montañas alrededor.

Unos 10 km más allá de La Hermida, se halla el pueblo de **LEBEÑA**, al este de la carretera. Se recomienda visitarlo para ver la **iglesia de Santa María**, construida a principios del siglo X, por artesanos cristianos «arabizados» y considerada el mejor ejemplo de arquitectura mozárabe. Destacan sus motivos geométricos islámicos y la repetición de formas abstractas, además de su bonito emplazamiento pues, a esas alturas la garganta del Hermida se ha abierto en huertos y viñedos resguardados.

Potes y alrededores

POTES es la base principal en la zona este de los Picos, aún no tan alto sobre el nivel del mar (500 m) pero situado a la sombra de los elevados picos blancos. Se trata de una pequeña localidad y centro de mercado (lun. por la mañana hay un **mercadillo** al aire libre), con tortuosos callejones y muchas tiendas. Aunque se dedica al turismo desde hace tiempo, conserva algo de su identidad. Prueba de ello es la torre del Infante, que data del siglo XIII, y donde ahora se encuentra el ayuntamiento.

En el pueblo se puede cambiar dinero (allí están los últimos bancos antes de las montañas) y, si el viajero no lo ha hecho todavía, podrá adquirir **mapas de montañismo**, a la venta en muchas de las tiendas; una de ellas, Fotos Bustamante, se halla en la plaza Jesús del Monasterio. Asimismo podrá alquilar **bicicletas de montaña** y contratar excursiones en parapente y canoa en Picos Aventura, junto al puente.

Unos 6 km al sur de Potes se alza la **iglesia de Santa María Piasca**, de estilo románico puro, proporcionada y con algunas impresionantes esculturas exteriores. Al igual que Santo Toribio de Liébana (véase pág siguiente) en una época fue un monasterio cluniacense, y está flanqueada por las ruinas de edificios monásticos y conventuales.

Aspectos prácticos
Bajo la torre del reloj, detrás del ayuntamiento, en la plaza Jesús del Monasterio se encuentra la **oficina de turismo** (jun.-sept., lun.-sáb., 9-14 h y 16-19 h; ☎942 730 820).

En Potes hay una buena oferta de **alojamiento**. Si el viajero quiere quedarse en el pueblo, se recomienda *Casa Cayo*, Cántabra 6 (☎942 730 150; fax 942 730 119; ④),

muy agradable y con un bar animado, así como un restaurante abajo. Al final de la misma calle, se halla *Casa Cuba* (☎942 730 064; ②), mucho más sencillo. Si prefiere comodidad, se aconseja el moderno *Picos de Europa*, San Roque 6 (☎942 732 061; fax 942 732 060; ⑤), primer hotel a la izquierda llegando de Panes, o *Rubio* (☎942 730 015; fax 942 730 405; ⑤), al lado, que dispone de garaje. *Casa Gustavo* (☎942 732 010; ③), se encuentra a 3 km en Aliezo, donde se ofrecen **excursiones de esquí** y **canoa**, tanto a lugareños como a visitantes. Para hacer actividades, también se recomienda el *Albergue El Portalón*, 6 km al sur de Potes, en Vega de Liébana (☎942 736 048; ①), un albergue con dormitorios con camas y una «Escuela del aire libre», que ofrece **parapente**, ciclismo de montaña, escalada y montañismo.

En verano tres **autobuses** diarios de la empresa Palomera (☎942 880 611) van de Potes a Fuente Dé (8.15, 13 y 20 h; regresa a las 9, 17 y 20.45 h). También hay servicio a Unquera y Santander tres veces al día (7, 9.45 y 17.45 h).

De Potes a Espinama y Fuente Dé

La carretera desde **Potes** a **Espinama** y **Fuente Dé** corre bajo una gran sierra, el macizo Oriental, y pasa por algunos pueblos que se hallan en las laderas. En verano, y durante los fines de semana, hay un tráfico constante hacia el teleférico de Fuente Dé, que ha echado a perder los pueblos de la ruta. Sin embargo, el visitante podrá dar paseos entre bosques y arroyos; desde Espinama, podrá atajar camino a través de la sierra hacia Sotres.

Turieno y Liébana

TURIENO, 3 km al oeste de Potes por la carretera de Espinama, es un pueblo tranquilo, con vistas a algunos picos altos y bien situado para aclimatarse a las montañas; además se pueden dar muchos paseos cortos a lo largo de estrechos senderos de mulas. Allí los habitantes no suelen ver a muchos turistas y a veces abren el bar sólo para el viajero. El paseo a las aldeas de **Lon** y **Brez** es bastante agradable, en medio de una profusión de flores silvestres y mariposas. En Turieno hay un hotel rural, *Casa de Labranza Javier* (☎942 732 122; ①), a 2 km del pueblo en un emplazamiento idílico, y un **cámping**, *La Isla* (abril-oct.; ☎942 730 896), situado detrás de un huerto; ofrecen **paseos a caballo**, y tiene piscina. Si está completo, se recomienda el cámping *Don Pelayo* en Baró (abril-oct.; ☎942 733 087), un poco más allá en la carretera de Espinama.

Cerca de Turieno, pero saliendo de la carretera de Potes, se halla el **monasterio de Santo Toribio de Liébana**, del siglo VIII (todos los días, 10-14 h y 16-20 h; entrada gratuita), uno de los primeros y más influyentes de la España medieval. Aunque muy reconstruido, conserva detalles románicos y góticos, la que se dice que es la mayor pieza de la Vera Cruz, y algunas extraordinarias pinturas mozárabes (ahora reemplazadas por reproducciones) de las visiones del Apocalipsis.

Cosgaya

A mitad de camino entre Potes y Espinama, está **COSGAYA**, una base interesante. Si al viajero le apetece disfrutar de cierto lujo antes o después de practicar montañismo, el *Hotel del Oso*, con cierto aire alpino (☎942 733 018; fax 942 733 036; ⑤), es el lugar adecuado, situado en limpios prados junto a un pequeño arroyo; en verano funciona la piscina. Asimismo se recomienda la *Posada de la Casona* (☎942 733 077; ④), una granja del siglo XVIII escondida en los bosques y alejada del lado de la carretera. El *Mesón de Cosgaya* (☎942 733 047; ④) dispone de habitaciones económicas y sirve excelentes comidas.

Espinama

A 20 km de Potes se encuentra **ESPINAMA**, en las montañas. Al igual que Cosgaya, su posición y aislamiento de otra época han quedado estropeados por la carretera que lo atraviesa, pero se pueden dar muchos paseos por los bosques y prados cercados.

El viajero encontrará alojamiento cómodo en cualquiera de los cuatro **hostales**: el excelente *Hospedaje Sobrevilla* (☎942 736 669; ④), saliendo de la carretera; *Remoña* (☎ y fax 942 736 605; ④), *Puente Deva* (☎942 736 658; ④) y *Nevandi* (☎942 736 608; ④). Todos sirven **comidas**; el mejor es *Vicente Campo* (restaurante de *Puente Deva*) aunque sólo sea por su ambiente de posada de caminantes, y un fuego crepitante en invierno. En el pueblo hay una tienda en la que el viajero podrá comprar provisiones, ya sea para hacer un picnic o para ir de excursión.

De Fuente Dé al teleférico

La carretera termina 4 km después de pasar Espinama, en un camino sin salida de rocas abruptas. Ésta es la fuente del río Deva; el debate respecto a si debería llamarse Fuente de Deva o Fuente de Eva se ha resuelto llamándolo sencillamente **FUENTE DÉ**. El viajero podrá alojarse en el moderno **parador** *Río Deva*, cercano al teleférico (sólo abril-oct.; ☎942 736 651; fax 942 736 654; ⑤), o en el *Hotel Rebeco* (☎ y fax 942 756 600; ⑤) muy cercano. También hay un **cámping**, *El Redondo* (☎942 736 699), que dispone de dormitorio sencillo (①) y el teleférico, con una oficina de venta de billetes y un café anejo.

El **teleférico** asciende balanceándose 900 m de un desfiladero escarpado. Se trata de una excursión muy popular durante todo el año; de hecho, en verano a veces hay que esperar entre 2 y 3 horas para subir, sobre todo al mediodía. Un sistema de billetes numerados (1.300 pesetas, ida y vuelta; 800, sólo ida) permite esperar a resguardo en el **café-bar** de abajo, pues los turnos se anuncian por megafonía. El viajero debe tener en cuenta que tal vez tenga que volver a hacer cola 1 o 2 horas para bajar, lo que no resulta tan agradable en la montaña.

En la cima disfrutará del hermoso paisaje, donde algunos excursionistas se pasean en bañador. Sin embargo, si se aleja unos minutos caminando, no suele haber gente. Si al visitante le apetece caminar, puede seguir el rastro del tractor oruga en el camino durante 4 km hasta el **refugio de Aliva** (☎942 563 736; ⑤), que dispone de habitaciones tipo hotel, un restaurante y su propia fiesta (2 jul.). Desde allí puede volver a Espinama por otro sendero. Asimismo podrá contratar un paseo en **jeep** desde la cima del teleférico, a Aliva o a Sotres (véase a continuación).

De Espinama a Sotres y más allá

El **camino desde Espinama a Sotres** es una ruta soberbia por un camino sin asfaltar, practicable en jeep, de unas 5 horas a pie. Si el viajero va caminando, tendrá que ir hacia el norte desde el bar *Peña Vieja* en Espinama, bajo un balcón en arco, y por el camino tortuoso de detrás. Este sendero, con cuestas pronunciadas, ondea entre campos de heno segados a mano y grupos de graneros, hasta que los altos desfiladeros a ambos lados forman una entrada natural. Por ella se entra a un paisaje diferente de pastos entre rocas y pequeños arroyos. Al acercarse al punto más alto, el camino se divide al llegar a un pequeño granero. No haga caso del camino de la izquierda que conduce al refugio de Aliva y la cima del teleférico, y tome el que pasa junto a la capilla (visible desde el cruce) y sube a la sierra que forma el paso.

En esta división el paisaje cambia de nuevo, convirtiéndose en piedra caliza desmoronada. En primavera o invierno el camino de la ladera es resbaladizo y traicionero, excepto para las cabras, y quizá los jeeps. La aldea de **Vegas de Sotres**, al fondo de la montaña, tiene un bar que vende bebidas; desde allí, el viajero tendrá que subir

de nuevo un poco para llegar a Sotres que, cuando aparece, produce una sensación de solidez, ya que está aferrado a un extremo del acantilado sobre un valle intensamente verde.

Sotres
SOTRES es una base de senderistas y desde allí parten algunos caminos soberbios; tiene tres **establecimientos para alojarse**, bastante básicos. El mejor es la *Pensión Casa Cipriano* (☎985 945 024; ③), que dispone de un comedor que sirve un menú por 1.200 pesetas, y un albergue sencillo (①). El mejor albergue es, sin embargo, el nuevo *Peña Castil* (☎985 945 070; ①); también hay otra pensión, *La Perdiz* (①) un poco más allá subiendo por la misma calle.

La **taberna** del pueblo prepara buenas comidas y vende quesos curados de leche de oveja y vaca, además del cabrales (fermentado 5 meses), especialidad local que recuerda al roquefort.

Al este de Tresviso y Urdón
Hasta finales de la década de 1980, sólo había un camino de mulas desde Sotres a **TRESVISO**. Ahora es una carretera pavimentada, aunque aún resulta atractiva. Si el viajero prefiere hacer una caminata más ardua, puede tomar un atajo desde esta carretera, a 5 km de Sotres, que lleva a través del **valle de Sobra** bajando hacia **La Hermida**; el tramo final parece una montaña rusa.

El bar local de Tresviso ofrece habitaciones modernas y limpias (☎942 744 444; ③) y un restaurante.

Al oeste de Bulnes
Muchos caminantes se dirigen **desde Sotres a Bulnes** hacia el paso tortuoso y amplio de **Pandébano** por un camino sin pavimentar. En la actualidad se puede recorrer en automóvil, siempre con cuidado, aunque se cerrará al tráfico privado. En la cima hay prados altos que los habitantes de Bulnes aún utilizan como pasto de verano; durante esos meses viven en sencillos alojamientos de piedra. Un antiguo y abrupto camino adoquinado conduce a Bulnes.

BULNES es un hermoso ejemplo de lo que eran los Picos antes de que las carreteras llevaran el turismo y mejores condiciones de vida. Sin embargo, en el verano de 1999 se inauguró un **funicular** desde Poncebos para alivio de los residentes, que piden que se trace una carretera desde hace años; pero según los colectivos ecologistas el ecosistema montañoso no podrá soportar una avalancha de visitantes. De momento, Bulnes continúa siendo un pueblo tranquilo, dividido en dos partes, Castillos y La Villa. Todos los servicios están en La Villa, incluidos dos bares que sirven comidas y disponen de dormitorios, *Bar/Albergue Bulnes* (☎985 845 934; ①) y *Bar Guillermina/Albergue Peña Marín*, más tranquilo (☎985 845 939; ①). Se permite acampar.

El Naranjo de Bulnes y a través del macizo
Desde el paso de Pandébano y desde el pueblo de Bulnes salen caminos transitables hacia la **Vega de Urriello**, pastos altos en la base del **Naranjo** o **Naranco de Bulnes**, una de las cumbres míticas de los Picos. La aproximación desde Pandébano resulta más fácil, por un sendero recién arreglado (se tarda entre 2 y 3 horas). El camino directo desde Bulnes es duro y el viajero puede tardar hasta 6 horas en malas condiciones, con una superficie en cono deslizante que tal vez resulte difícil y peligrosa en húmedo.

Una vez en la meseta, hay un refugio (953 m de altitud) y (algo raro en los Picos) una primavera permanente, además de numerosos campistas y escaladores para quienes el Naranjo es un objetivo popular.

Los excursionistas equipados para una parada nocturna pueden continuar a través del macizo Central hasta la cima del funicular de **Fuente Dé**, caminando por un paisaje ondulado; se aconseja ir en grupo y con el equipo adecuado. Como alternativa, el viajero puede evitar Fuente Dé y dar una lenta vuelta alrededor de los picos más altos. Esto implica una acampada nocturna en **Vega de Liordes** y un descenso por el barranco de **Asotín** que termina en **Cordiñanes**, en la cima de la garganta del Cares.

La garganta del Cares

El paseo clásico de los Picos es por la **garganta del Cares**, que separa el macizo Central del Occidental de Cornión. La zona más cerrada entre **Caín** y **Poncebos**, una gran grieta de más de 1.000 m de profundidad y unos 12 km de largo, se abre camino por un terreno imponente a lo largo de un curioso camino que surge de la cara del desfiladero. Se mantiene en excelentes condiciones por la dirección de la empresa del agua (se construyó para ser utilizado en un proyecto hidroeléctrico) y es seguro. Si el viajero está en condiciones lo podrá recorrer en 1 día; otra opción, como hacen muchos excursionistas no expertos, sería recorrer sólo una parte desde Caín. Se trata de una ruta tan popular que en agosto suele haber muchos excursionistas, a menos que se sea madrugador.

El **punto habitual de salida** es desde el origen del camino sur, **Posada de Valdeón** y **Caín**, adonde el viajero podrá llegar partiendo de Potes por la Portilla de la Reina, por Oseja de Sajambre, si procede de Cangas de Onís o por Riaño, si lo hace desde León. Sólo hay un autobús diario a Posada de Valdeón desde León por **Portilla de la Reina**, una curiosa aldea al fondo de una sima de piedra caliza cubierta de líquenes. Portilla está en la línea de autobús León-Potes. A pie podrá llegar a Posada de Valdeón desde Fuente Dé en unas 4 horas, por una serie de carreteras sin asfaltar y senderos; en verano, a veces, algún Land Rover hace la ruta.

El **acceso desde el norte** resulta tal vez más fácil, ya que hay una línea de Land Rover que une **Poncebos**, extremo norte del camino, con Arenas de Cabrales, que cuenta con servicio regular de autobuses a Cangas de Onís, Llanes y Panes. El viajero podrá llegar a Poncebos a pie desde Bulnes (véase pág siguiente).

Santa Marina y Posada de Valdeón, Cordiñanes y Caín

El autobús desde Portilla de la Reina termina en SANTA MARINA DE VALDEÓN, y traslada sus pasajeros a un Land Rover para hacer los últimos 3 km del trayecto por un estrecho camino que baja hasta Posada. Santa Marina es un pueblo hermoso; hay un bar, *La Ardilla*, que alquila **habitaciones** (☎987 742 677; ①), y un **cámping**, *El Cares* (☎987 742 676), que ofrece excursiones a caballo.

POSADA DE VALDEÓN se encuentra metida de lleno en la ruta del turismo, aunque las vistas de las altas montañas que circundan el valle hacia el sur merecen la pena. Hay una **oficina de turismo** muy útil a las afueras del pueblo (todos los días, 9-13 y 16-19 h; ☎987 740 549), que proporciona información sobre los alrededores. Para **alojarse** se recomienda la vieja *Pensión Begoña* (☎987 740 516; ③); el *Café-Bar Campo* (☎987 740 502; ②), que dispone de habitaciones económicas, o bien las camas en dormitorio del *Albergue Cuesta-Valdeón* (☎987 740 560; ①), en el extremo norte del pueblo. Si el viajero prefiere más comodidad, puede ir a *Cumbres Valdeón* (☎987 742 701; ⑤), que también tiene un elegante restaurante. Cerca encontrará una casa rural, *El Friero* (☎987 742 658; ③), y un **cámping**, *El Valdeón* (☎987 742 605), 3 km al este del pueblo, en la aldea de Soto de Valdeón. Para **comer**, se aconseja *Pensión Begoña*, que ofrece un buen menú; otra opción es *Cafetería Campo*.

El **río Cares** atraviesa Posada, y su garganta empieza al norte del pueblo. Esta primera parte —hacia Caín— es relativamente amplia y la recorre una carretera. Sin embargo, los paisajes son hermosos, con parches de verdes prados en la base de los des-

filaderos. Si el viajero no dispone de mucho tiempo, puede optar por el servicio de **Land Rover** desde Posada al inicio del recorrido (4.000 pesetas por viaje o hacer autostop). Sin embargo, mucha gente prefiere caminar esa distancia; puede evitar parte de la carretera tomando un camino sin asfaltar desde la parte inferior de Posada hacia el **mirador del Tombo**, pasado el pueblo de Cordiñanes. Desde allí a Caín hay unos 6 km cuesta abajo.

CORDIÑANES es una agradable parada para pasar la noche, más tranquilo que Posada o Caín, y allí encontrará un par de pequeñas **pensiones**. *El Tombo* (☎987 740 526; ③) y *El Rojo* (☎987 740 523; ③). En verano, **CAÍN** es muy bullicioso, lleno de automóviles, grupos y excursionistas. Hay algunos bares y un supermercado, así como un **hostal** sencillo, *La Ruta* (marzo-oct.; ☎987 742 702; ③), al principio del sendero de la garganta, aunque *Casa Cuevas* (☎987 742 720; ②) también ofrece camas; asimismo se recomienda el cercano hotel *La Posada del Montañero* (☎987 742 711; ④), ya que tiene un amplio restaurante y terraza. Como alternativa, puede **acampar** en un prado cercano por 200 pesetas (sin instalaciones). *Casa Chevas* y *Bar La Senda* son establecimientos de confianza.

En la garganta

Más allá de Caín termina la carretera practicable, el valle se abre brevemente y a continuación, siguiendo el descenso del río, parece desaparecer ante una gran pared montañosa que bloquea todo excepto una delgada grieta vertical. Allí empieza en realidad la **garganta**; en los primeros tramos el camino sigue su curso en medio de la roca y luego continúa en un sendero amplio en buenas condiciones.

El camino debe su existencia a un proyecto hidroeléctrico que funciona hace ya tiempo, para el cual se construyó un canal (con frecuencia enterrado en la montaña) desde Caín a Poncebos, y en el que el río puede desviarse en diversos caudales. El camino aún se utiliza para el mantenimiento de las instalaciones; de hecho, todos los días por la mañana un trabajador de la planta hidroeléctrica recorre el trayecto, comprueba el volumen de agua del canal y despierta a los que han elegido pasar la noche al raso en la montaña. Si al viajero le apetece acampar, pero con más intimidad, hay un valle lateral que se desvía hacia el este 1 km hacia el interior de la garganta.

El primer tramo del camino es todo un espectáculo de ingeniería; a mediados de verano y los fines de semana está atestado de excursionistas que pasean a través de los túneles y pasarelas chorreantes. Pasados unos 4 km desde Caín, el viajero se encontrará con caminantes más serios, y las montañas, liberadas de la mayoría de la parafernalia de la central, demandan toda la atención. Se elevan pálidas y puntiagudas en ambos lados, y se ven buitres leonados y otras aves de presa volando en círculo sobre los riscos. El río cae abruptamente unos 150 m bajo los pies en el primer puente, pero cerca de 300 m hacia el final.

A poco más de medio camino, el cañón se curva hacia la derecha y de manera gradual se ensancha a lo largo del **descenso hacia Poncebos**. Hacia unos 7 y 9 km dentro de la garganta se han instalado puestos de refrescos provisionales, muy práctico ya que no hay fuentes. Justo antes de Poncebos otro sendero lateral asciende hasta el pueblo de **CAMARMEÑA**, junto a un desfiladero; allí está *La Fuentina* (☎985 846 625; ①), con bar, camas y excelentes vistas del pico del Naranjo de Bulnes. Sin embargo, la mayoría de los viajeros continúan por la ruta principal y acaban en Poncebos.

Poncebos y un camino hacia Bulnes

En **PONCEBOS** encontrará **lugares donde alojarse**, entre ellos la *Pensión Garganta del Cares* (☎985 846 463; ③) y un poco más allá, pasado el puente (según se llega de Caín), cerca de la central eléctrica, el moderno *Hostal Poncebos* (☎985 846 447; ③), y

el amplio *Mirador de Cabrales* (☎985 846 673; fax 985 846 685; ⑥), que tiene un restaurante autoservicio bastante feo. Cualquiera de ellos será un servicio bien venido al final de un largo día, pero resultan un poco convencionales y en cierto modo lóbregos debido a que entra poca luz solar. Son, además, los únicos edificios de Poncebos (que no es un pueblo). Si la luz del día lo permite, tal vez el viajero prefiera hacer el paseo soberbio pero escabroso (1 h 30 min.) subiendo por la garganta del arroyo Tejo hacia **Bulnes** (véase pág. 484) y pasar allí la noche. El camino empieza sobre el fotogénico puente medieval de Jaya, situado a la derecha (sur) del extremo del camino indicado de Cares; no hay necesidad de descender hasta los hoteles. Desde el verano de 1999, es posible tomar también el **funicular** (véase pág. 484).

Arenas de Cabrales

El área de las laderas al norte de los Picos es conocida como **Cabrales**, como el queso fermentado de oveja, delicioso y muy fuerte, que se prepara en una docena de pueblos de la zona. La C-6312 atraviesa el valle; cuatro autobuses diarios hacen el recorrido (lun.-sáb.) entre Cangas de Onís y Arenas de Cabrales; dos de ellos pasan por Panes y la costa. Si el viajero va en automóvil, las carreteras secundarias hacia la costa son agradables y le permitirán evitar el tráfico de la de Cangas.

ARENAS DE CABRALES (Las Arenas en algunos mapas) es el pueblo principal de esta región: un lugar acogedor y una excelente primera o última parada en los Picos. Hay tres **hoteles**, el *Naranjo de Bulnes* (☎985 846 519; ⑥), el lujoso *Los Picos de Europa* (☎985 846 491; fax 985 846 545; ⑦), y el elegante *Villa de Cabrales* (☎985 846 719; fax 985 846 733; ⑤). El visitante también encontrará un par de pensiones en la esquina, *El Castañeu* (☎985 846 573) y *Covadonga* (③), así como un **cámping**, *Naranjo de Bulnes* (☎985 846 578), a 1 km hacia el este. Si todos los alojamientos están llenos, verá otros tres hostales bajando 3 km más allá, en Carreña de Cabrales. El mejor de ellos es *Hostal Cabrales* (☎985 845 006; ④). De nuevo en Arenas, el *Mesón Castañeu* sirve una excelente **comida** a la carta con precios de menú, mientras que el *Bar Palma*, pasada la oficina del banco BBVA, es un establecimiento ideal para tomar una copa por la noche; sirven queimadas (ponche caliente gallego) para grupos numerosos.

Arenas dispone asimismo de una oficina de **turismo** (mar.-dom., 10-14 h y 16-20 h; ☎985 845 284); ofrecen información sobre la montaña o el transporte; además, hay dos **bancos** y varias tiendas. El último domingo de agosto se celebra el **Festival Asturiano del Queso**, una excusa para que haya música y bailes.

Hacia el oeste: el valle del Sella y Riaño

La carretera que recorre el extremo occidental de los Picos, la N-625 entre Cangas de Onís y Riaño, es tal vez tan espectacular como la garganta del Cares. Las montañas se elevan por todos lados y en gran parte del camino la carretera sigue la garganta del **río Sella**. Se dice que la parte central, el **desfiladero de los Beyos**, es la garganta más estrecha de Europa por la que pueden pasar los automóviles, una proeza de la ingeniería que rivaliza con cualquier otra de los Alpes y que es notable para haber sido trazada en la década de 1930.

En verano un **autobús** EASA diario recorre el camino en ambas direcciones entre Cangas y Posada de Valdeón por Oseja de Sajambre.

Los pueblos de Sajambre

Si el viajero llega desde Posada de Valdeón, tendrá que girar a la derecha en la N-625 en el **puerto del Pontón** (1.290 m), un paso casi siempre en brumas, desde la construcción del pantano de Riaño en el sur (véase pág siguiente). En dirección norte la carre-

RIAÑO, LA CONSTRUCCIÓN DE UN PANTANO

Al viajar por Asturias a menudo verá carteles con la frase «No les permitan destruir nuestros Picos». El miedo es real: los Picos de Europa son una zona pequeña y cada año aumenta el expolio de zonas antes vírgenes. Los asturianos hacen lo que pueden, pero si el viajero entra a los Picos desde el sur, desde León a través de Riaño, verá lo peor que puede suceder (y ha sucedido): la pérdida de todo un valle.

En 1966, el régimen de Franco reclamó el derecho de dominio sobre todo el valle de **Riaño**, antes de convertirlo en pantano. Entonces se pagaron indemnizaciones, pero el proyecto quedó paralizado hasta la década de 1980, cuando fue reactivado por el gobierno del PSOE. Los habitantes de Riaño, la mayoría de ellos hijos de aquellos que habían aceptado el «emplazamiento» en la década de 1960, fueron desalojados a la fuerza, sin recibir nuevas indemnizaciones. Las nuevas generaciones montaron un pueblo de tiendas junto a sus hogares destruidos pero también fue derruido por las máquinas al acabar las manifestaciones en disturbios. El 31 de diciembre de 1987, la presa fue sellada y empezó el llenado. Según la Administración, las condiciones eran óptimas —en realidad había una tormenta en perspectiva— pero lo cierto era que el Gobierno había impuesto un plazo y no quería más protestas.

La presa, evidentemente, es de gran valor para la economía agrícola española, pues riega las llanuras de León y Palencia hacia el sur. Pero las inversiones llegaron de corporaciones extranjeras, y ellas serán las que obtengan beneficios. El agua del pantano no beneficia a nadie del lugar.

---

tera pasa a través de **OSEJA DE SAJAMBRE**, un pueblo precioso, situado en la altura de una vertiente escarpada de un amplio y ondulante valle. El viajero podrá conseguir **habitaciones** cómodas y buenas **comidas** en el *Hostal de Pontón* (☎987 740 348; ③).

A 6 km sobre Oseja, al este de la carretera, se encuentra **SOTO DE SAJAMBRE**, una excelente base para caminantes; hay un precioso **hostal**, *Peña Santa* (☎987 740 395; ③), que también dispone de dormitorios con camas y un restaurante. Se trata de un posible punto para iniciar una travesía sur/norte del macizo Occidental de los Picos hacia los lagos de Covadonga, además de hacer excursiones por el valle del río Dobra. El viajero encontrará un refugio, *Vegabaño*, a 1 hora del pueblo.

Riaño y el sur hacia León

Desde el **puerto del Pontón**, hacia el sur, el viajero descenderá al espectacular **pantano de Riaño** (véase recuadro, arriba). La creación de este pantano supuso que media docena de pueblos y una franja de tierra cultivable quedaran anegados. De hecho, sólo sobresale la copa de algún árbol.

El principal pueblo del valle, **RIAÑO**, fue resituado cerca del pantano; tiene un hotel y algunos bares. Hay planes para convertirlo en un centro turístico de invierno y de deportes acuáticos, aunque hasta ahora se ha hecho poco en este sentido.

Cangas de Onís, Covadonga y los lagos

Las principales rutas entre los Picos y Asturias central se encuentran en **Cangas de Onís**, una bulliciosa población y en cierto modo un cuello de botella para el tráfico, sobre todo en verano y los fines de semana. Si el viajero no tiene intención de visitar **Covadonga** para ver el santuario y los **lagos de la montaña** que hay más allá, o bien hacer una excursión en canoa bajando el río Sella, tal vez prefiera dar un rodeo.

Cangas de Onís

Los picos alrededor de **CANGAS DE ONÍS** proporcionan un fondo magnífico a su gran monumento, el llamado **puente romano**, adornado con hiedra, que verá en la por-

tada de numerosos folletos turísticos asturianos; aunque ha sido reconstruido muchas veces, incluso durante el siglo XX. Otro atractivo de la localidad, menos fotogénico pero quizá más curioso, es la **capilla de Santa Cruz**, reconstrucción del siglo XV de una capilla del siglo VIII erigida sobre un dolmen. Al igual que el monasterio de Liébana en Potes, se encuentra entre los lugares cristianos más antiguos de España; de hecho, Cangas, como primera residencia de los reyes fugitivos astur-visigodos, reclama el título de «Primera capital de la España Cristiana». Hoy en día, sin embargo, contradice tal historia, pues se trata de una población funcional; no obstante, el viajero podrá pasar una noche cómodamente y tomar una sólida comida tras pasar unos días en las montañas; además, constituye una base aún mejor que Arriondas para hacer los populares **descensos en canoa** del río Sella. Estas excursiones mañaneras suelen durar alrededor de unas 3 horas, cuestan unas 3.000 pesetas transporte incluido, y el visitante las podrá reservar en diversos operadores turísticos de la localidad.

Aspectos prácticos

La mayoría de los servicios están a unos pocos metros de la **estación de autobuses** (frente al ayuntamiento). Un quiosco de **turismo** (jul.-sept., lun.-vier., 10-22 h; sáb., 10-21 h; dom., 10-15 h) se encuentra en la avenida Covadonga, junto al parque. El viajero podrá obtener una información más amplia para senderistas y montañeros en Casa Dago (☎985 849 154), una delegación del parque nacional, subiendo por la misma calle desde el puesto de turismo.

Hay una amplia oferta de **alojamiento**, aunque los establecimientos económicos suelen estar reservados en verano. Entre los mejores destacan la agradable *Pensión Principado*, avenida Covadonga 6 (☎985 848 350; ③), o el *Hostal El Sella* (☎985 848 011; ③), junto al viejo puente en avenida de Castilla 2. El *Hotel Covadonga*, de más categoría, se halla en la misma calle (☎985 848 135; fax 985 947 054; ⑤), y el *Hotel Puente Romano*, en Puente Romano 8 (☎985 849 339; fax 985 947 284; ⑥). Si el visitante quiere acampar, encontrará un **cámping** en Soto de Cangas, *Covadonga* (☎985 940 097). A 2 km bajando por la carretera hacia Arriondas se erige el nuevo *Parador de Cangas de Onís* (☎985 849 402; ⑧) en el monasterio de La Vega, suntuosamente restaurado, y un albergue de juventud, *La Posada del Monasterio* (☎985 848 553; ①), una buena opción si todo está lleno en la localidad.

El pescado de agua dulce y la sidra son las especialidades de los **bares y restaurantes**. La *Sidrería/Mesón Puente Romano*, junto al puente, dispone de una gran terraza bajo los árboles y ofrece menús con buena relación calidad-precio, mientras que el *Restaurante Los Arcos*, en avenida Covadonga, tiene un emplazamiento menos romántico pero sirve excelentes platos, si bien algo caros.

Covadonga y los lagos

Se dice que la **Reconquista** empezó en **COVADONGA**, 11 km al sureste de Cangas en una sierra septentrional de los Picos. Allí, en el 718, el rey visigodo don Pelayo y un pequeño grupo de seguidores rechazó al ejército árabe, según las crónicas cristianas en una lucha de 31 contra 400.000. En realidad, seguramente los árabes no eran más que una fuerza expedicionaria aislada y sus expectativas ya se habían dirigido hacia las tierras más lucrativas al otro lado de los Pirineos, donde en el 732 fueron derrotados en Poitiers por Carlos Martel. Pero el simbolismo del acontecimiento está en el corazón de la historia nacional asturiana y española, y la derrota tal vez permitió a los visigodos reagruparse, expandiendo poco a poco la influencia cristiana sobre las montañas septentrionales de España y Portugal.

Covadonga, un santuario religioso en serio, es centro de peregrinación, con señalizaciones que indican que se trata de un lugar de oración; todos los días se celebran misas en la **cueva** (8-22 h; entrada gratuita). El santuario que al parecer utilizó Pelayo

alberga su sarcófago y ahora es una capilla, situada en el lado de una montaña sobre una catarata que se precipita en un estanque. Al otro lado de la carretera se alza una impresionante basílica rosada del siglo XIX y frente a ella el **Museo-Tesoro** (todos los días, 10.30-14 h y 16-19.30 h; 200 pesetas), que expone diversos objetos religiosos.

Hay una **fonda** económica en la carretera hacia el pueblo, *Hospedería del Peregrino* (☎985 846 047; fax 985 846 051; ④), que tiene un excelente restaurante especializado en fabada asturiana. Asimismo el viajero encontrará una casa rural, *Casa Priera* (☎985 846 070; ④), con baño, televisor y teléfono. Si prefiere un alojamiento de más categoría, se recomienda *Hotel Pelayo*, junto a las cuevas (☎985 846 061; fax 985 846 054; ⑦).

Los lagos Enol y Ercina

Pasado Covadonga la carretera empieza a subir abruptamente; después de 12 km, el viajero llegará a los **lagos montañosos de Enol y Ercina**. Están unidos por un servicio de autobuses desde el 15 de junio al 15 de septiembre (parten de Covadonga a las 11, 12, 15.30 y 17.30 h; el último para regresar de los lagos sale a las 18.30 h), pero puede hacer autostop si los pierde. El **mirador de la Reina**, situado un poco antes de los lagos, proporciona una visión inspiradora de los picos en su conjunto.

Los **lagos** son tranquilos, pero el tiempo suele ser inestable. Incluso si hay bruma en Cangas o Covadonga, puede suceder que las nubes se dispersen de repente justo sobre los lagos. Hay un **refugio** sencillo (☎985 848 043), sin servicios de comida o limpieza, un **cámping** en la zona sureste del lago Enol y un bar-restaurante al lado de Ercina.

El macizo Cornión

Desde el lago Ercina, el más alto, un buen sendero conduce en 3 horas en dirección este-sureste a la **Vega de Ario**, donde el viajero encontrará un **refugio** recién reformado (☎989 524 553); se trata de un lugar frecuentado por campistas en el prado y con **vistas** espectaculares que abarcan la garganta del Cares y las cimas altas de la zona central de los Picos de Europa. A menos que el viajero tenga buena experiencia como senderista, el descenso escarpado hacia el Cares es en cierto modo un callejón sin salida, pues para cruzar el macizo de los picos occidentales hay que retroceder al menos hasta el lago Ercina para volver a avanzar hacia el sur.

Muchos excursionistas, sin embargo, se dirigen al sur desde los lagos, hacia el **refugio de Vega Redonda** (☎985 848 516). Esta ruta popular sigue inicialmente un camino sin asfaltar pero después se convierte en un auténtico sendero a través de un curioso paisaje de robles enanos y hierba. Vega Redonda, a unas 3 horas de camino, domina las últimas extensiones verdes en el lado asturiano del macizo de Cornión. Desde allí el camino continúa al oeste durante otra hora hasta el **mirador de Ordiales**.

Pasado el **refugio de Vega Redonda**, las caminatas son de una diferente categoría de dificultad. El viajero necesitará habilidad y energía para cruzar la tierra árida hasta **Llago Huerta**, el siguiente lugar factible para pasar la noche —y, como Redonda, popular entre los espeleólogos que desaparecen dentro de las diversas simas de la zona—. Desde Llago Huerta podrá descender a Cordiñanes, Santa Marina de Valdeón y Oseja de Sajambre.

Oviedo

OVIEDO destaca sobre las demás ciudades de la región; de hecho, algunos creen que se sitúa por encima de ellas. Su cultura burguesa contrasta vivamente con el ambiente trabajador de las poblaciones vecinas. Como capital de Asturias, disfruta de

una posición acomodada y su historia puede seguirse a través de sus grandes edificios administrativos y religiosos, hasta los recientes trabajos de restauración y peatonalización que la han transformado en una de las ciudades más atractivas del norte. El casco antiguo es un nudo de plazas y calles estrechas construidas en piedra de tono amarillo, mientras que la parte nueva queda redimida por un gran parque público en el centro. Por todo Oviedo el viajero encontrará excelentes bares y restaurantes, muchos frecuentados por una bulliciosa población estudiantil. Hay buenas comunicaciones, con autobuses que van a casi cualquier rincón de la provincia, y trenes de las líneas Feve y Renfe.

Sin embargo, la razón principal para visitar la ciudad es ver tres pequeñas **iglesias** que se encuentran entre las más notables de España, construidas en un estilo único de Asturias que surgió a raíz del dominio visigodo, antes de que el Románico se extendiera al sur desde Francia. Todas datan de la primera mitad del siglo IX, un período de casi total aislamiento del reino de Asturias, cuya extensión era entonces de 65 km por 50 km; en aquella época era la única parte de España bajo gobierno cristiano. Oviedo se convirtió en el centro de este puesto avanzado en el 810 con el rey Alfonso II, hijo del victorioso Pelayo (véase pág. 489), que estableció allí su residencia.

Llegada, información y orientación

Si el visitante viaja en transporte público, los puntos de llegada pueden resultar un poco confusos. Hay dos **estaciones de la línea Feve** independientes, además de la estación regular de **Renfe**, en calle Uría (que sirve para León). Feve Asturias, entre Renfe y la terminal de autobuses, se utiliza para la línea hacia Santander; Feve Vasco, en calle Víctor Chávarri, se usa para las estaciones del oeste hacia Ferrol; ambas se encuentran a unos 15 minutos de distancia, por lo que no es conveniente intentar hacer trasbordos si va apurado de tiempo.

La mayoría de los **autobuses** de larga distancia, y los del aeropuerto, parten de una estación subterránea (☎985 281 200) en la plaza Primo de Rivera, excepto la empresa Alsa-Turytrans (que comunica el interior de Asturias y los pequeños pueblos costeros), que parte frente a la estación Feve Asturias, en la plaza; allí (calle Jerónimo Ibrán) se venden los billetes.

Oviedo está limitado por un entramado de carreteras. En su centro se encuentra el amplio **Campo de San Francisco**; la **catedral** está a un par de manzanas hacia el este, con la **plaza de la Constitución** y el **ayuntamiento** en el sur. Hay una **oficina de turismo** (lun.-vier., 9.30-13.30 h y 16.30-19.30 h; sáb., 9-14 h; ☎985 213 385) en plaza Alfonso II, donde se halla la catedral, y un puesto en Marqués de Santa Cruz 1 (lun.-vier., 10.30-14 h y 16.30-19.30 h; sáb.-dom., 11-14 h; ☎985 227 586).

Alojamiento

El viajero encontrará en Oviedo una buena oferta de **alojamiento**; abundan los hoteles en la calle de Uría, frente a la estación de Renfe, a lo largo de la calle Nueve de Mayo y en su continuación, Caveda, además de la calle Jovellanos, cerca de la catedral.

Pensión Arco Iris, Uría 39 (☎985 245 908). Limpia y acogedora. Habitaciones amplias. ③

Hostal Arcos, Magdalena 3 (☎985 214 773). Agradable y con buena relación calidad-precio, situado en el centro del casco antiguo, junto a la plaza Mayor. ④

Pensión La Armonía, Nueve de Mayo 14 (☎985 220 301). Pequeña pero con una excelente relación calidad-precio. ②

492 / CANTABRIA Y ASTURIAS

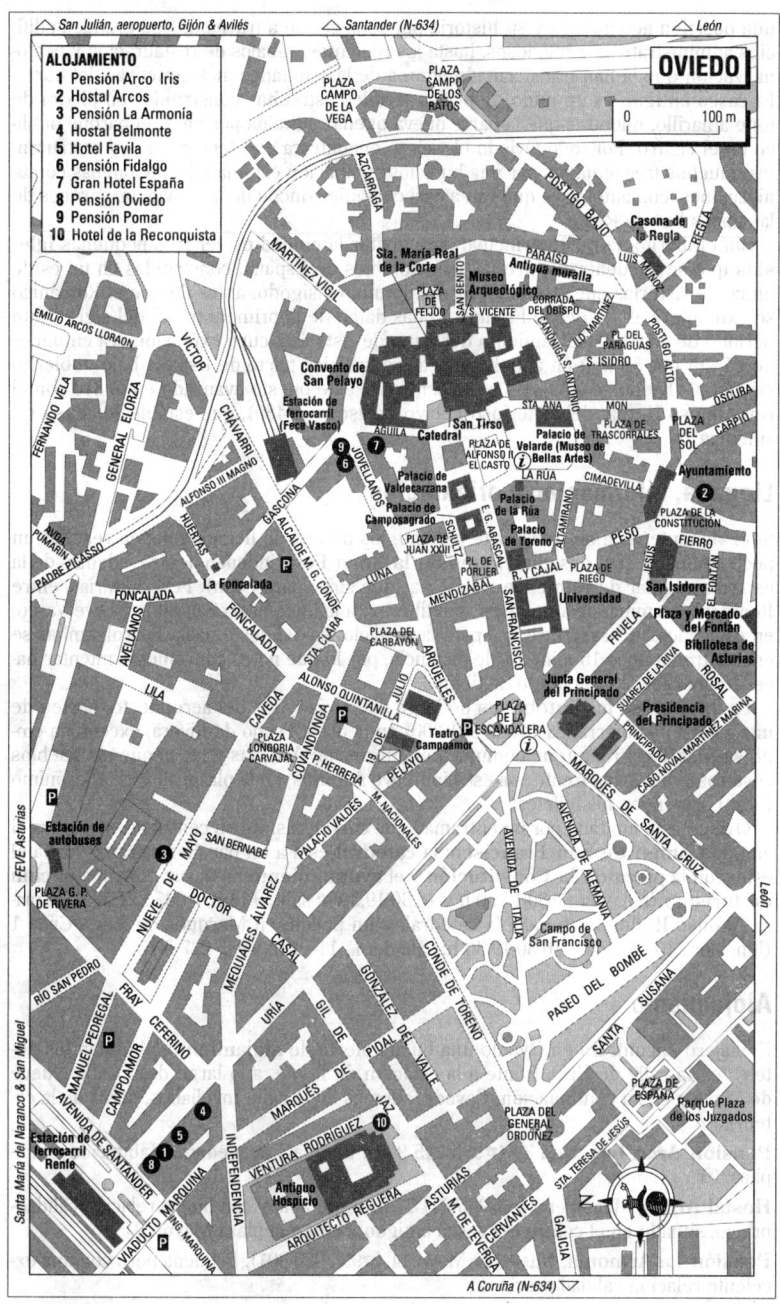

Hostal Belmonte, Uría 31 (☎985 241 020). Habitaciones agradables y recién reformadas. ④
Hotel Favila, Uría 37 (☎985 253 877). Hotel cómodo. ⑤
Pensión Fidalgo, Jovellanos 5 (☎985 213 287). Habitaciones bonitas con televisión, cerca del centro. ④
Gran Hotel España, Jovellanos 2 (☎985 220 596; fax 985 222 140). Gran hotel cerca de la catedral. Caro, pero con precios reducidos los fines de semana. ⑦
Pensión Oviedo, Uría 43 (☎985 241 000). Buena pensión de precio medio. ④
Pensión Pomar, Jovellanos 7 (☎985 222 791). Un poco deslucida, pero céntrica y muy barata. ②
Hotel de la Reconquista, Gil de Jaz 16 (☎985 241 100; fax 985 241 166). Lujoso, en un palacio del siglo XVII cerca del parque de San Francisco. ⑧

La ciudad

Alrededor de la catedral, cerrado por algunas secciones de las murallas medievales, se encuentra un barrio compacto y atractivo, lo que queda del **Oviedo antiguo**. Como en Gijón, gran parte de él fue destruido durante la Guerra Civil, al sitiar los mineros asturianos la guarnición de los nacionales; los defensores fueron liberados por un destacamento gallego cuando estaban a punto de rendirse. Sin embargo, el centro conserva algunas iglesias y plazas medievales, y varios edificios interesantes del gobierno, además de casas construidas en la época de la riqueza industrial de la zona, aunque la mayoría de ellas no pueden visitarse.

La catedral y alrededores

En el siglo IX, el rey Alfonso II mandó construir una capilla, la Cámara Santa, para albergar las reliquias sagradas que se rescataron en Toledo cuando cayó en poder de los árabes. Remodelada en el siglo XII, ahora constituye el santuario interior de la **catedral** de Oviedo (mayo-sept., lun.-vier., 8.45-20 h; sáb., 8.45-18.30 h; dom., 8.45-21.30 h; oct.-feb., todos los días, 10-13 h y 16-18 h; marzo-mayo, lun.-vier., 10-13 h y 16-19 h), de estilo gótico y situada en pleno centro de la ciudad moderna. La **Cámara Santa** (jul.-sept., lun.-vier., 10-20 h; sáb., 10-18.30 h; oct.-jun., todos los días, 10-13 h y 16-18 h; 200 pesetas; 400 pesetas, incluidos los claustros y el museo, véase a continuación) consta de hecho de un par de capillas comunicadas entre ellas. Se cree que la más interior con sus capiteles primitivos, es la original que mandó levantar Alfonso II. La antecapilla, reconstruida en 1109, es de estilo románico; cada una de las seis columnas que soportan la bóveda está esculpida con un par de apóstoles. Construido alrededor del atractivo **claustro** gótico, erigido a su vez sobre cimientos prerrománicos, el museo diocesano expone una colección de arte religioso de calidad superior a la habitual.

Alrededor de la catedral, merecen una visita algunos de los antiguos **palacios** de la ciudad, entre ellos el del arzobispo; no obstante, en la mayoría de ellos hay dependencias del Gobierno y no pueden ser visitados. Asimismo resulta interesante el **Museo Arqueológico** (lun.-sáb., 10-13.30 h y 16.30-18 h; dom., 11-13 h; entrada gratuita), junto a la catedral, en el antiguo convento de San Vicente. Expone diversas piezas de escultura de las iglesias astur-visigóticas.

La más cercana de ellas, **San Julián de los Prados** o **Santullano** (mar.-dom., jul.-sept., 9.30-13 h y 16.30-18 h; mayo-jun., y oct., 11-13 h y 16.30-18 h; nov.-abril, 12-13 h y 16-17 h), se encuentra a unos 10 minutos hacia el noreste a lo largo de la calle Gijón; aunque lamentablemente se halla junto a una autopista. A pesar de todo, se recomienda visitarla. Construida alrededor del 830 es algo mayor y más espaciosa que las otras iglesias asturianas; tiene una poco común «cámara secreta», construida en el

interior de la muralla exterior. Se mantiene cerrada y las llaves están en la casa del sacerdote, a la izquierda. Dentro hay frescos originales, en un estilo similar a los de las villas romanas.

Santa María del Naranco

La mayor de las iglesias asturianas, además de joya arquitectónica del principado, es el **Palacio de Santa María del Naranco** (todos los días, mayo-oct., 9.30-13 h y 15-19 h; nov.-abril, 10-13 h y 15-17 h; dom. tarde, cerrado; 250 pesetas; lun., entrada gratuita), situada en una vertiente frondosa, 3 km por encima de la ciudad. Se tarda unos 45 minutos desde el centro o 30 minutos desde la estación; la oficina local de turismo ha señalizado una ruta, que empieza en una de las calles peatonales del centro y conduce por un bonito camino.

Tal vez sea el paseo, que permite vislumbrar la piedra cálida y el perfil de la iglesia a través de los árboles, lo que convierte a Santa María en una construcción tan especial, casi mística. Pero cuando el viajero se encuentre ante ella y la contemple con detenimiento, sus proporciones aún le parecerán más armoniosas. Un apunte curioso, es que en un principio no fue proyectada como iglesia, sino para ser un palacio o palacete de caza de Ramiro I (842-852), sucesor de Alfonso. La estructura actual era sólo el edificio principal de un complejo que incluía baños y escaleras, algo que hacen notar los guardas. En el aspecto arquitectónico, destacan los pórticos abiertos en ambos extremos, una innovación desarrollada mucho más tarde en las iglesias bizantinas, al igual que unos aproximadamente 30 medallones decorativos que parecen estar colgados del techo. La cripta se parece bastante a la Cámara Santa de la ciudad.

Unos 200 m más allá de Santa María está la capilla del palacio del rey Ramiro, **San Miguel de Lillo** (mismo horario que Santa María), edificada en piedra dorada blanda y tejas rojas. Por lo general se acepta que fue construida por el mismo arquitecto que Santa María, Tiodo (a quien algunos eruditos atribuyen también la Cámara Santa y San Julián de Prados), aunque su diseño (de cruz bizantina) es bastante diferente. La mayor parte de las esculturas de su interior han sido trasladadas al Museo Arqueológico.

Subiendo desde las dos pequeñas iglesias aparece una **figura de Cristo**, al estilo de la de Río, que mira sobre la ciudad, y que por la noche se ilumina. Fue construida por prisioneros republicanos de la guerra y aunque es fea de cerca (construida con bloques de cemento) desde su emplazamiento se contemplan hermosas vistas.

Comida, copas y vida nocturna

Para **comer** bien y tomar una **copa** el viajero tendrá que ir a la zona que rodea la catedral. Verá varias sidrerías, establecimientos donde se vierte la sidra desde gran altura. Esto tal vez confunda al recién llegado, pero sencillamente debe pedir una botella (unas 275 pesetas) y aprenderá enseguida cómo verterla en el vaso. Las mejores sidrerías están a lo largo de la calle Gascona, bajando desde la catedral. Asimismo hay numerosos cafés y bares; la mayoría de ellos sirven menús a buen precio —de hecho, los que superan las 800 pesetas son caros—. También encontrará mesones tradicionales algo más caros que sirven fabada y otros platos asturianos. Un lugar agradable para pasar el rato es el café en la Corrada del Obispo, una de las plazas más bonitas de Oviedo. Los aficionados a Internet pueden conectarse en el *Café Bhet@* (todos los días, 16-00 h). Observe el vagón de tren restaurado cerca de la estación de Renfe.

Restaurantes y bares de tapas

Bocamar, plaza Trascorrales 14. Excelente sidrería-marisquería; se recomiendan las fabas con almejas y los deliciosos platos de arroz.

Canela, Campoamor 20 (☎985 220 045). Pequeño restaurante con cocina de calidad a buen precio; el menú cuesta 2.000 pesetas. Dom., 15-28 feb. y 1-15 agos., cerrado.
Casa Fermín, San Francisco 8 (☎985 216 497). Restaurante clásico sobre el que se ha escrito mucho; sirve platos asturianos con un toque distintivo. El menú cuesta 3.000 pesetas, pero tal vez gaste mucho más. Dom., cerrado.
Casa Manolo, Altamirano 9 (☎985 212 561). Sidrería de buena calidad y cara, conocida por la caza y las tapas.
El Fontán, calle Fierro. Café-restaurante que da al mercado y ofrece un menú con buena relación calidad-precio.
Los Italianos, avenida de Galicia 15. Adecuado para tomar pizza y pasta.
Los Lagos, plaza del Carbayón 3. Excelente sidrería con fuerte olor a comida asturiana, sidra y serrín. Hay otro establecimiento en Cervantes 7.
El Mirador, a mitad de camino hacia Santa María del Naranco. Restaurante muy decente con terraza que da a la ciudad y las montañas de atrás.
El Raitán, plaza Trascorrales 6 (☎985 214 218). Soberbio restaurante en una bonita plaza cerca de la plaza Mayor. El menú de 4.000 pesetas permite probar diversos platos asturianos pero apenas podrá comerse la mitad.

Vida nocturna y espectáculos

Oviedo puede resultar tranquila en verano, cuando los lugareños más jóvenes suelen reunirse en los centros turísticos cercanos y la población estudiantil se ha marchado; pero durante el resto del año hay mucho ambiente. Las **tabernas** y **bares** tienen una marcada tradición céltica; de hecho, el visitante encontrará Guinness de barril y ruidosa música irlandesa en *Ca Beleño*, Martínez Vigil 4, establecimiento muy popular. La calle Món es el lugar adecuado para encontrar **disco-pubes** con música para todos los gustos. *Diario Roma*, a la última moda, es bullicioso y suele haber un gran ambiente, mientras que *Montañés* resulta algo más tranquilo y las bebidas son más baratas. En *Monster*, plaza del Sol, suena rock indy/alternativo y en la pequeña calle Carta Puebla, que sale de Postigo Alto, se halla *El Planeta Tierra* y *La Misión*, más dirigidos al baile. *Salsipuedes*, en Salsipuedes 3, un local tranquilo, tiene tres barras y una gran terraza de verano.

Los establecimientos de la calle Altamirano permanecen abiertos hasta un poco más tarde; *La Botica* ofrece una buena selección de música de baile y *La Tamara* una decoración fantástica; pero si el viajero desea continuar hasta el amanecer, una multitud más joven se traslada a los bares y **clubes** de las calles Rosal y González Besada, 10 minutos al oeste del barrio antiguo; *Movie*, en esta última, es bastante popular. Dos grandes clubes muy conocidos son *El Antiguo*, en calle del Peso, junto a la plaza Mayor, y *Stravaganza*, en calle Santa Clara junto a plaza del Carbayón. Se recomienda *La Real*, en calle Cervantes, para oír música house; su clientela es gay/heterosexual.

En cuanto a la **música clásica**, la Orquesta Sinfónica del Principado de Asturias (OSPA) tiene su base en Oviedo y toca principalmente en el Teatro Campoamor. Suele haber un par de conciertos todas las semanas y representaciones veraniegas en la universidad y los claustros de la catedral. También se celebraba un festival de ópera en septiembre, así como otras muchas actuaciones en diversos lugares.

Direcciones prácticas

Aeropuerto El aeropuerto de Asturias (☎985 547 733 y 985 561 709) se halla a 13 km, en Ranón, desvío de la N-632.

Alquiler de automóviles Avis, Ventura Rodríguez 12 (☎985 241 383); Europcar, calle Uría, en la estación Renfe (☎985 245 712); National Atesa, Asturias 41 (☎985 243 576).
American Express Viajes Cafranga, Uría 26 (☎985 225 217).
Correos La central se halla en Alonso Quintanilla 1 (lun.-vier., 8.30-20.30 h; sáb., 9.30-14 h).
Libros La Librería Cervantes, Doctor Casal 3-9, dispone de un buen surtido, que incluye guías de excursiones así como de fauna y flora de Asturias.
Montañismo La Federación Asturiana de Montaña, en avenida Julián Clavería (☎985 252 362), ofrece información y organiza excursiones a los Picos de Europa. La agencia de estudiantes, TIVE, Calvo Sotelo 5 (☎985 231 112), también ofrece excursiones a buen precio.
Teléfonos Telefónica se encuentra en Foncalada 6 (lun.-sáb., 10-14 h y 16-22.30 h).

De Avilés y Oviedo hacia Galicia

La **costa oeste de Avilés**, hasta el río Navia, es bastante accidentada; el viajero encontrará poco más que algunos centros turísticos abiertos en los acantilados. Más atractivo es el viejo puerto, y el pueblo de **Luarca**. De nuevo hacia el oeste desde el río Navia la costa se convierte en pantanosa y poco interesante, excepto el pueblo de pescadores de **Tapia de Casariego**. También la línea de ferrocarril Feve sigue la costa, con algunos enclaves espectaculares, aunque algunas estaciones (entre ellas las de Cudillero y Luarca) se hallan lejos del pueblo.

Hacia el **interior desde Oviedo** la N-634 y la C-630 presentan una sinuosa aproximación por las montañas hacia Lugo, Galicia. El viejo pueblo de **Salas**, en el que destaca su castillo, tiene un cierto interés, pero el mayor atractivo de la ruta se encuentra en lo agreste de la zona, que apenas ve un turista de un año para otro.

Cudillero

CUDILLERO es un pequeño y pintoresco puerto de pescadores; llaman la atención sus casas porticadas de vivos colores que se elevan una sobre otra por una abrupta herradura de acantilados alrededor del puerto. A pesar del aumento del turismo, el pueblo mantiene su encanto. Como no hay playa propiamente dicha en el lugar —la más cercana es **playa Aguilar**, 3 km al este— la atracción más evidente son las **tabernas de pescado**, de su estrecha plaza adoquinada, junto al mar; los fines de semana están llenas, con precios más dirigidos a los turistas que al comercio local. Si el viajero quiere tomar sidra y calamares, se recomienda *Mesón El Pescador*.

Aspectos prácticos

El viajero podrá llegar a Cudillero en los **trenes Feve** desde Avilés a Oviedo; la estación está en la parte alta del pueblo, a unos 15 minutos del centro. La **estación de autobuses** se encuentra a medio camino hacia el centro de la localidad; hay un servicio de 12 autobuses diarios a Avilés y uno esporádico a Oviedo y Gijón, aunque el viajero puede caminar 3 km hasta **El Pito**, en la carretera principal y utilizar el completo servicio costero. En verano, hallará una **oficina de turismo** (lun.-vier., 10-21 h; sáb.-dom., 15-20 h; ☎985 590 020) en la plaza de San Pedro, junto al puerto, y un quiosco cerca del puerto que puede ayudar a encontrar alojamiento.

En la localidad sólo encontrará un **hotel**, *San Pablo*, Suárez Inclán 36-38 (☎985 591 155; ⑥), algo caro, y dos pensiones en la calle principal sobre el centro: *El Camarote* (☎985 591 202; ④) y *Pensión Alver* (☎985 591 528; ③). Hay un **cámping**, *L'Amuravela* (jun.-sept.; ☎985 590 995), en El Pito, 2 km volviendo desde playa Aguilar; y otro,

NEIL SETCHFIELD

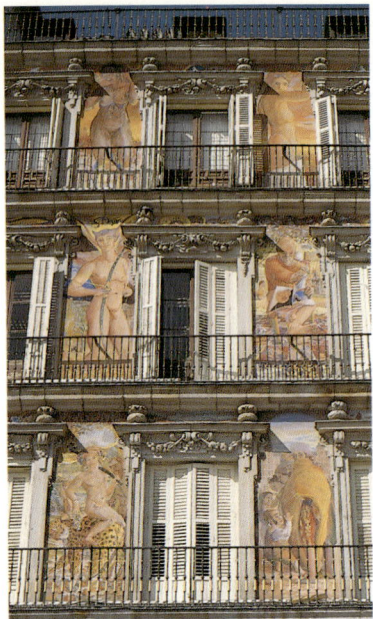

Plaza Mayor (Madrid)

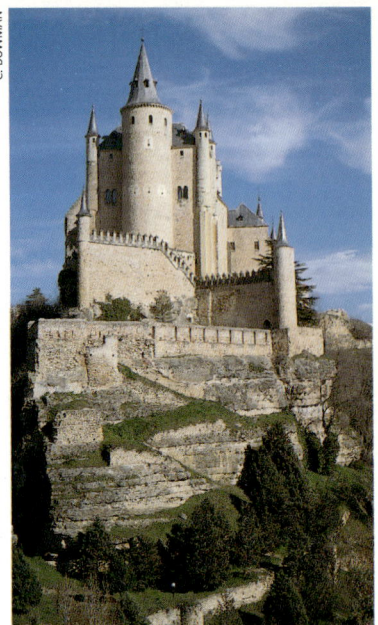

C. BOWMAN

Alcázar (Segovia)

S. BENBOW, AXIOM

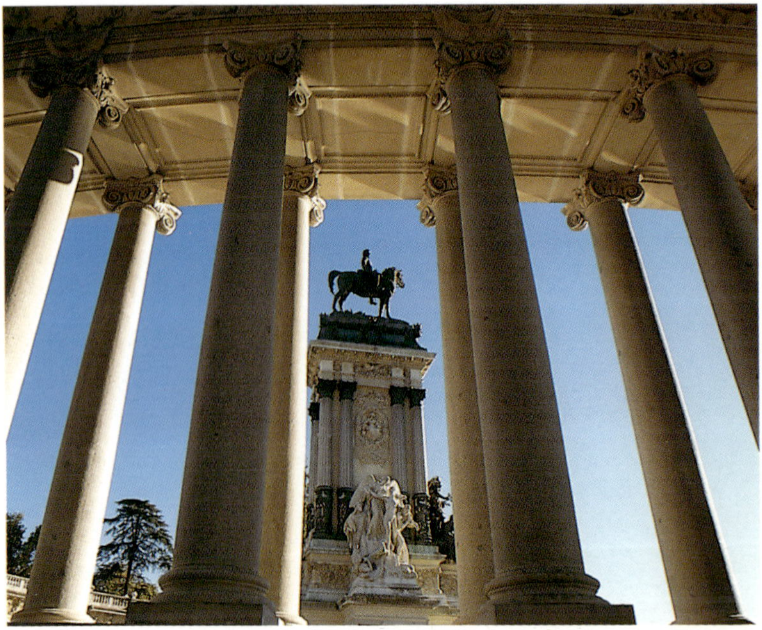

Monumento a Alfonso XII, en el parque del Retiro (Madrid)

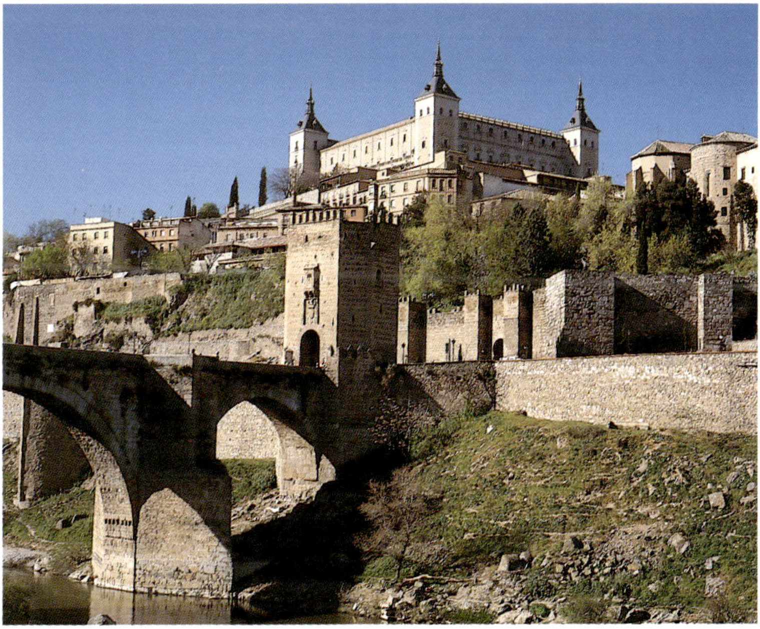

NEIL SETCHFIELD

Vista de Toledo desde el río Tajo

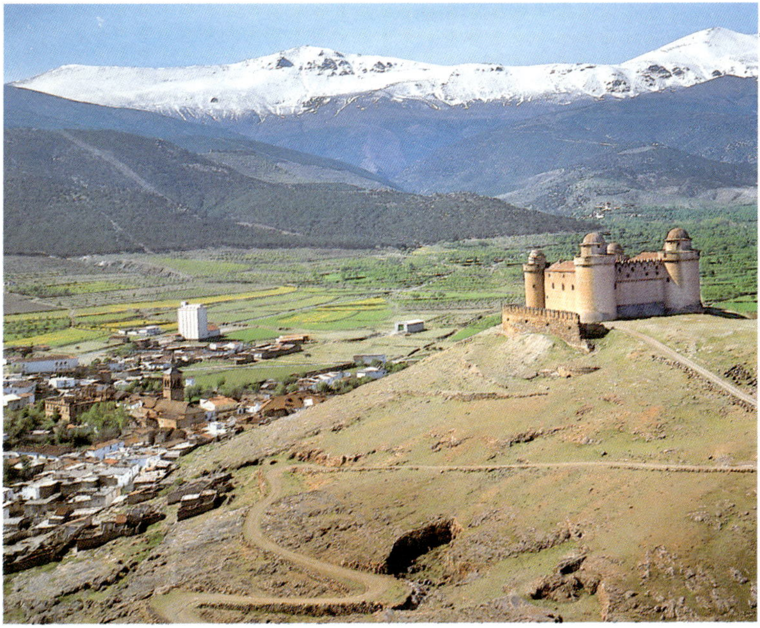

EDMUND NÄGELE

Panorámica de Sierra Nevada (Andalucía)

STOCK PHOTOS

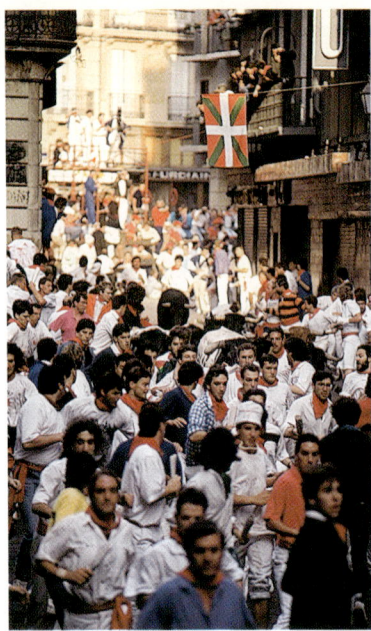

Sanfermines (Pamplona/Iruña)

NEIL SETCHFIELD

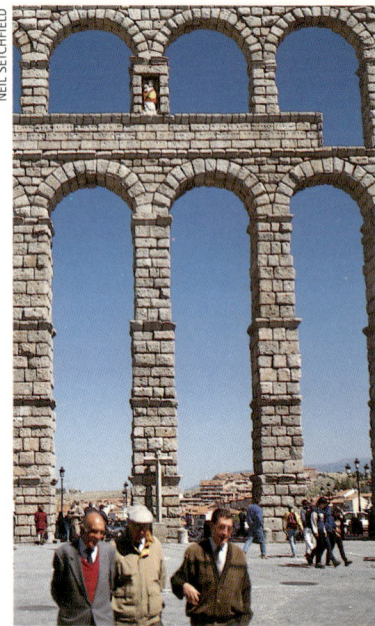

Acueducto romano (Segovia)

C. BOWMAN

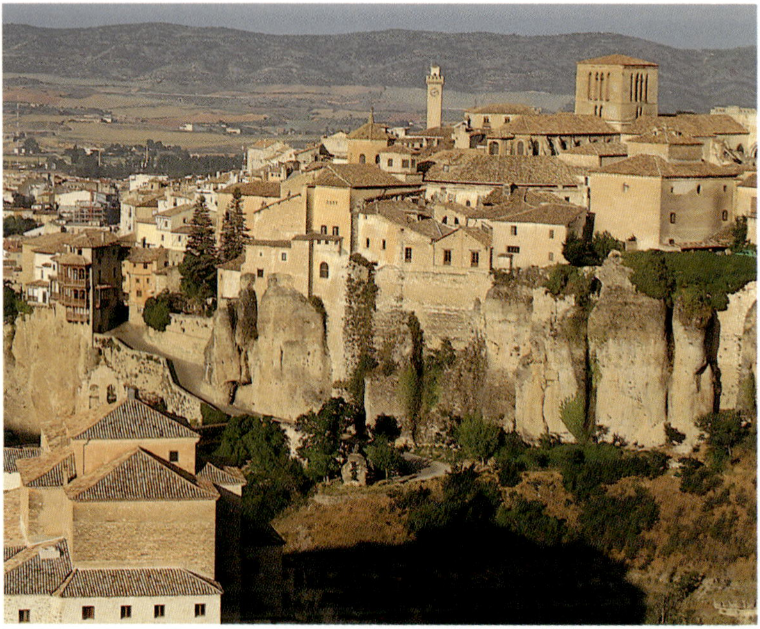

Cuenca (Castilla-La Mancha)

P. A. THOMPSON-INDEX

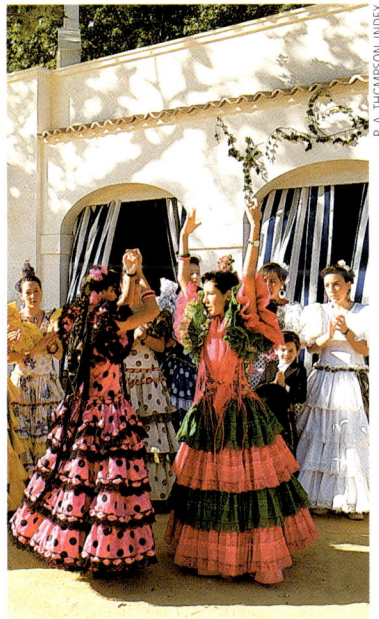

Baile típico de sevillanas (Andalucía)

PETER WILSON

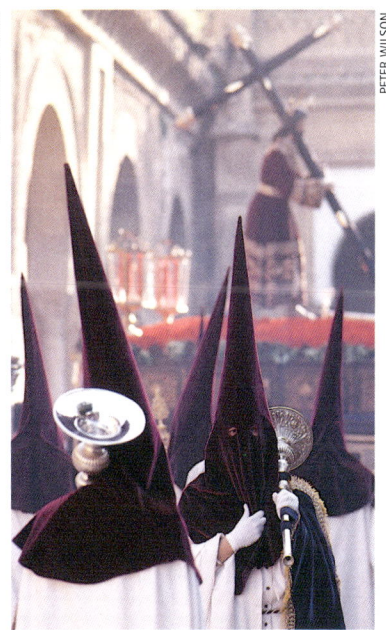

Procesión de Semana Santa (Córdoba)

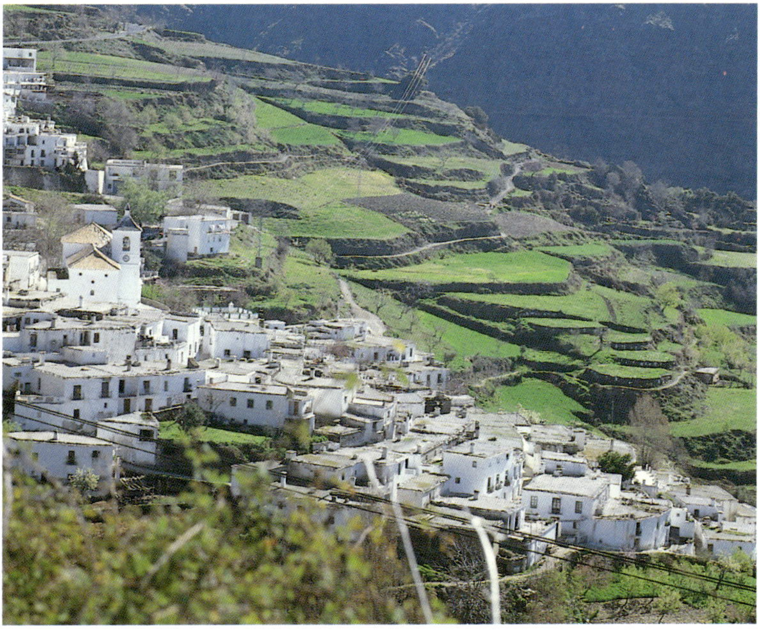

D. CONSTANTINE, AXIOM

Población de Las Alpujarras (Andalucía)

GREG EVANS

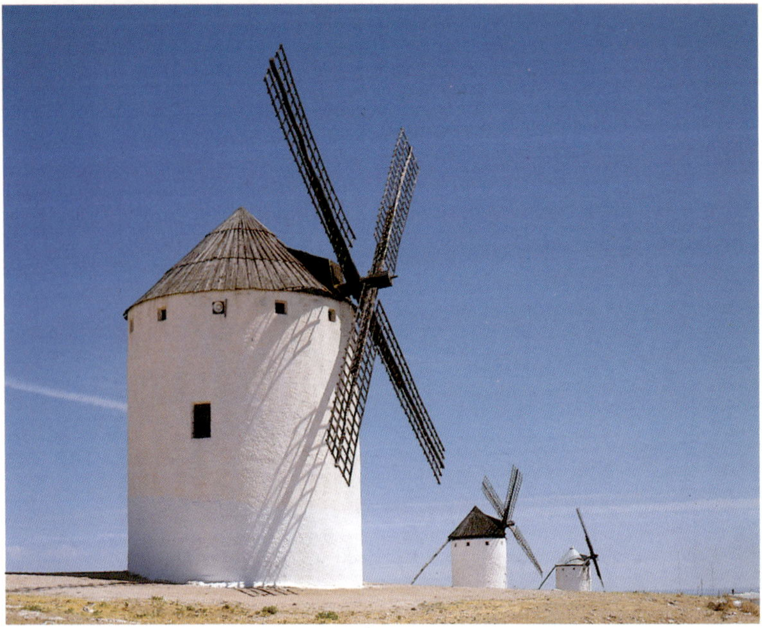

Molinos de viento en La Mancha

NEIL SETCHFIELD

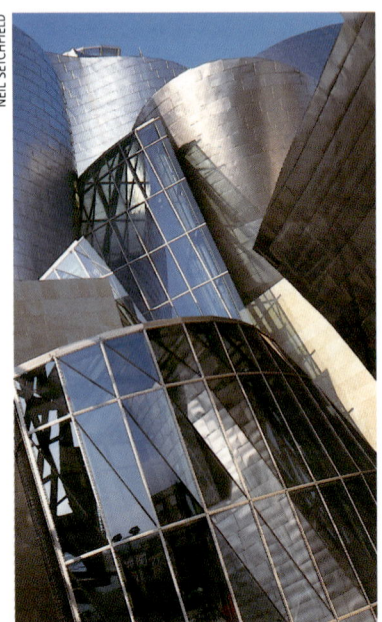

Museo Guggenheim (Bilbao)

PETER WILSON

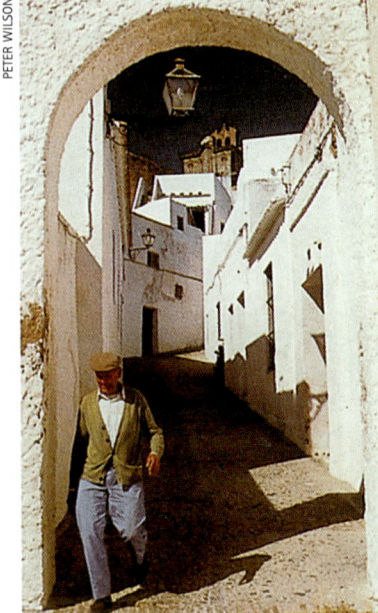

Arcos de la Frontera (Andalucía)

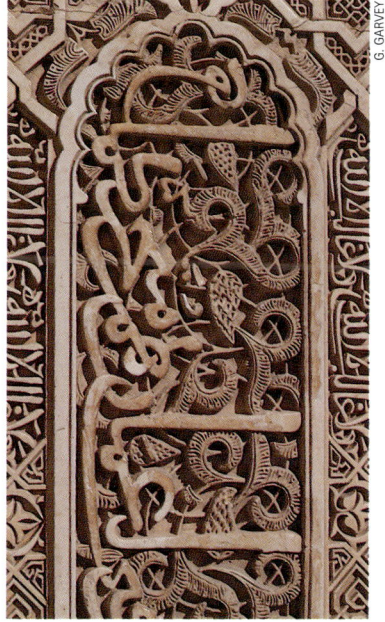
Detalle de la Alhambra (Granada)

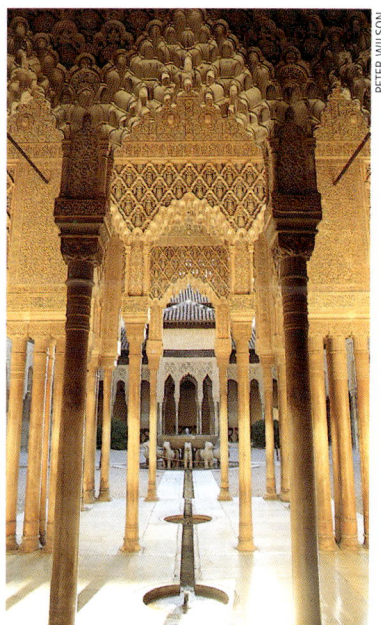
Patio de los Leones (Granada)

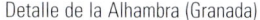
Detalle de la Mezquita (Córdoba)

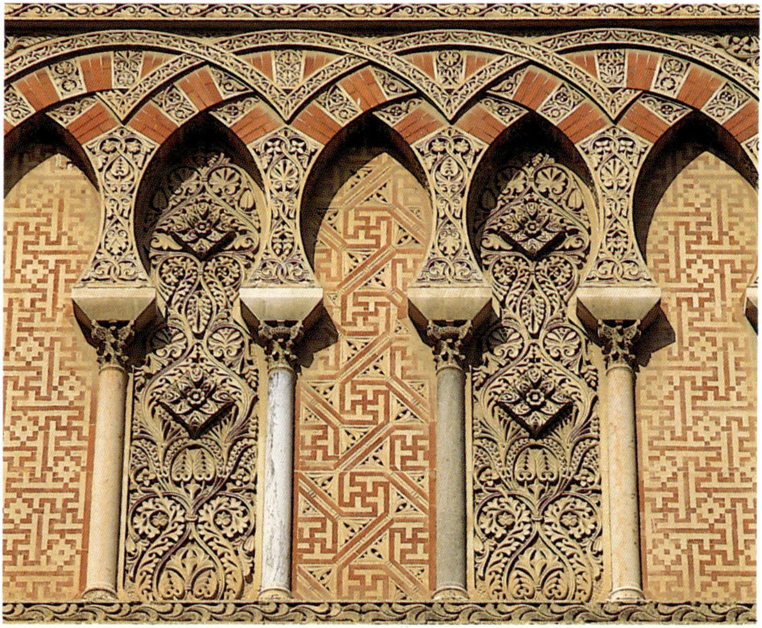

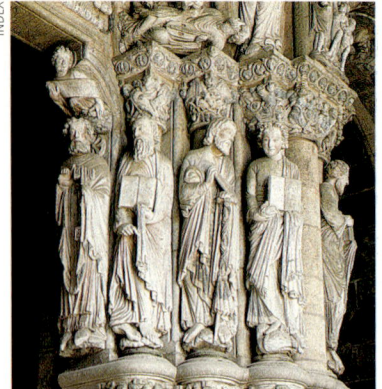
Pórtico de la Gloria (Santiago de Compostela)

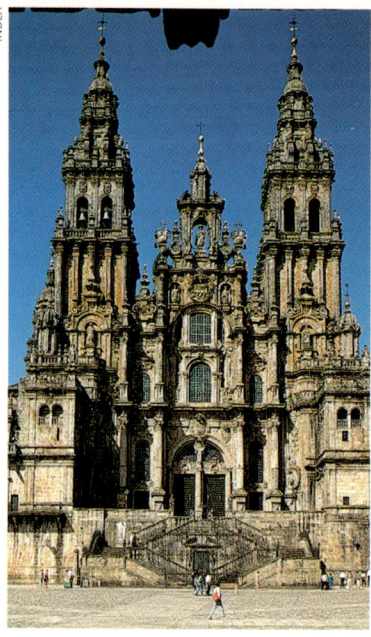
Catedral de Santiago de Compostela

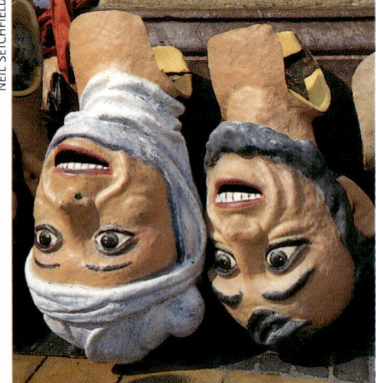
Cabezudos de la Semana Grande (Bilbao)

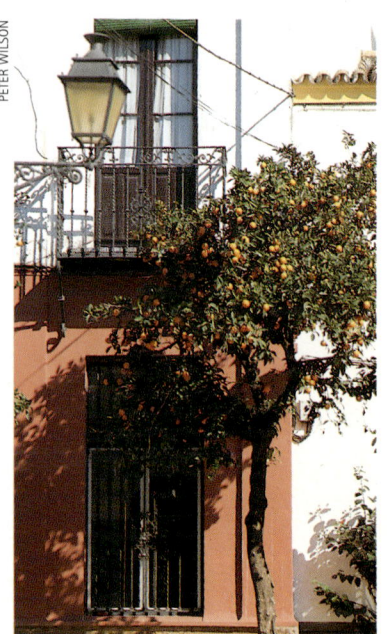

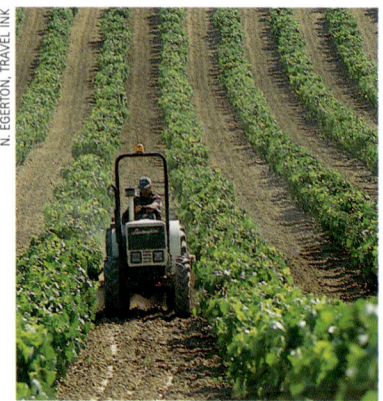
Viñedos de La Rioja

Casa típica de Sevilla

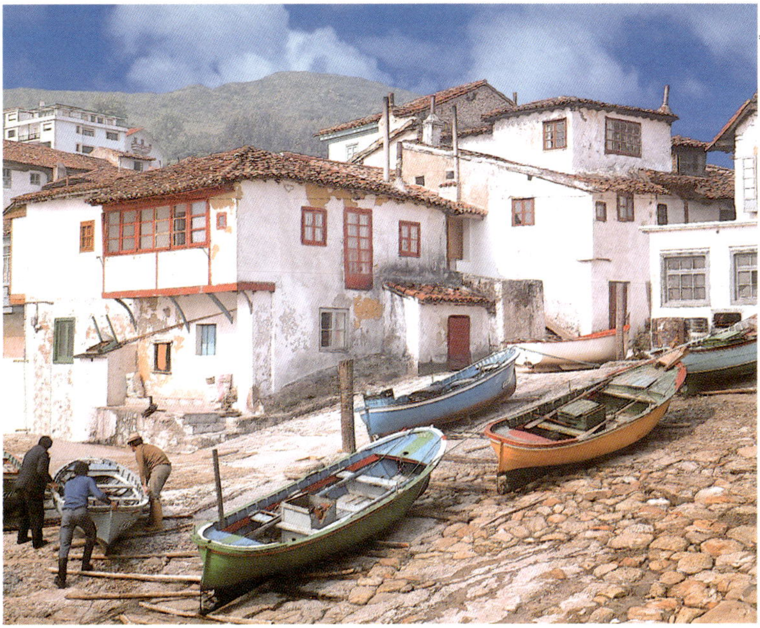
EDMUND NÄGELE

Pueblo de pescadores (Asturias)

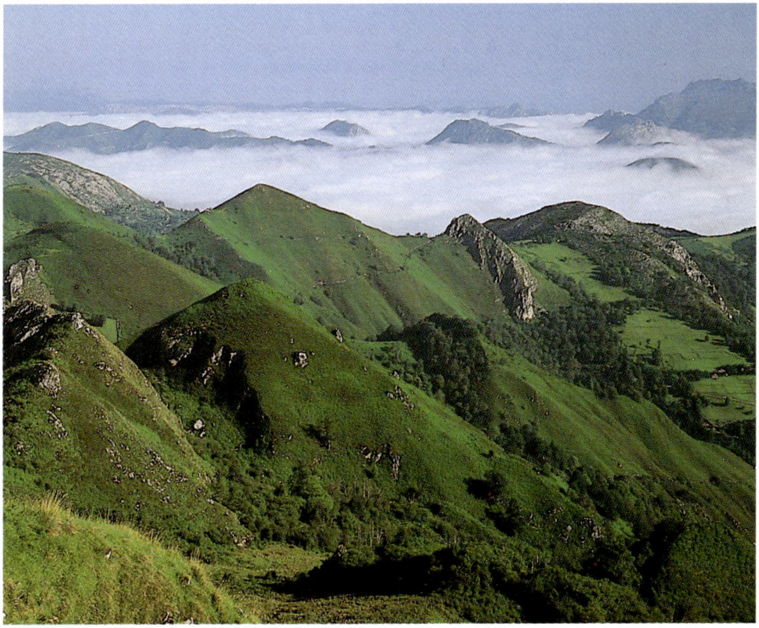
J. PHILLIPS, TRAVEL INK

Picos de Europa

PETER WILSON

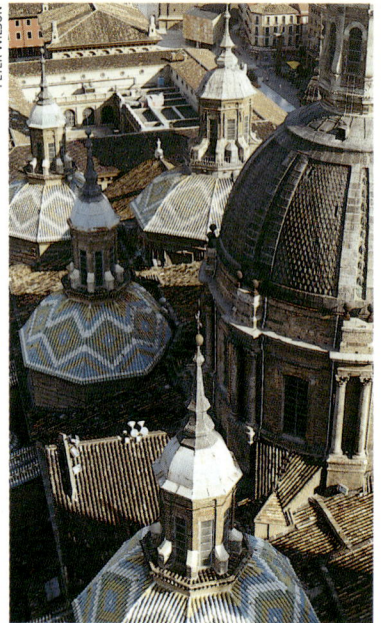

Nuestra Señora del Pilar (Zaragoza)

NEIL SETCHFIELD

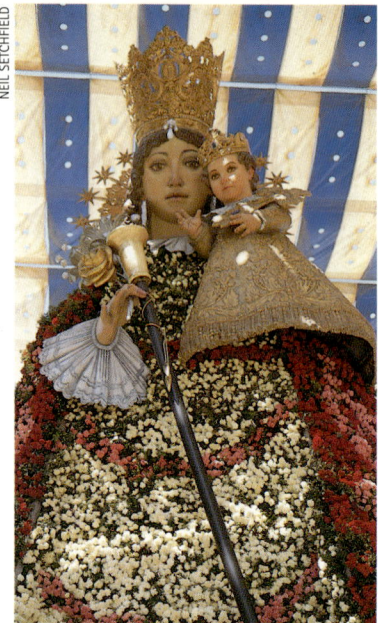

La Virgen durante las Fallas (Valencia)

PETER WILSON

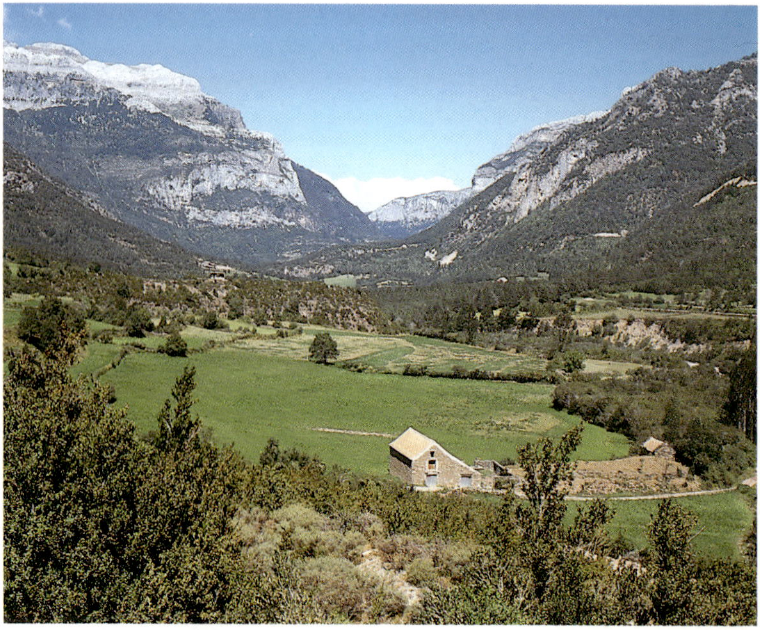

Estribaciones de los Pirineos cerca de Hecho (Aragón)

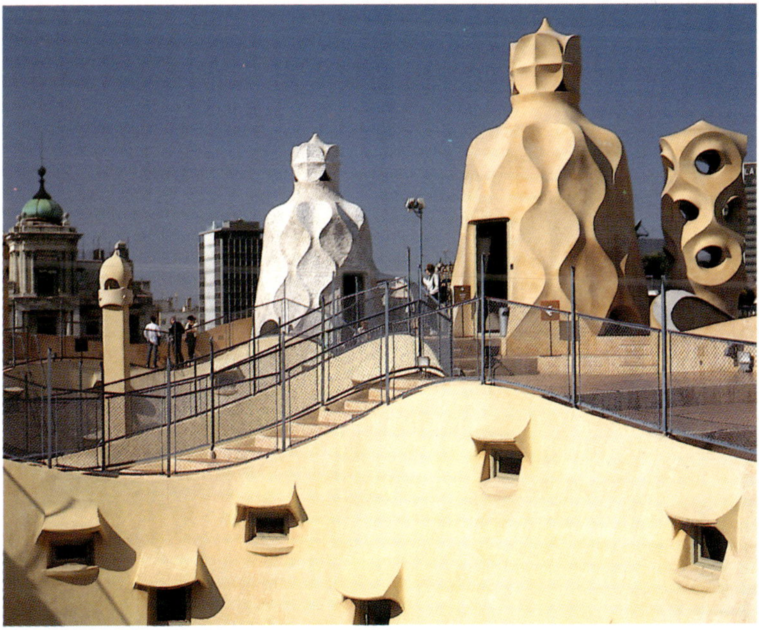
NEIL SETCHFIELD

Terrado de La Pedrera de Gaudí (Barcelona)

PETER WILSON

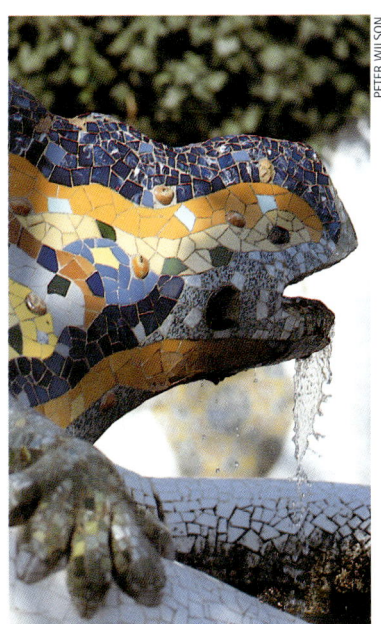

Dragón del parc Güell (Barcelona)

PETER WILSON

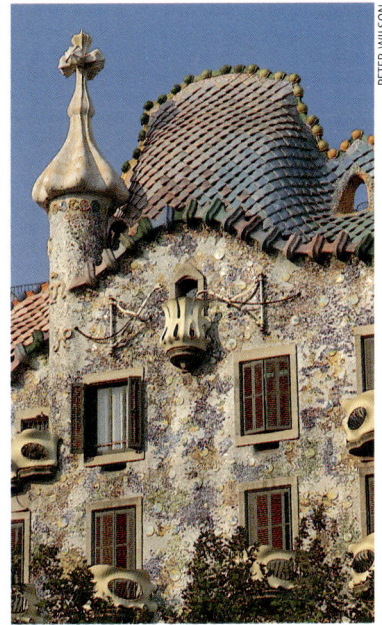

La Illa de la Discòrdia (Barcelona)

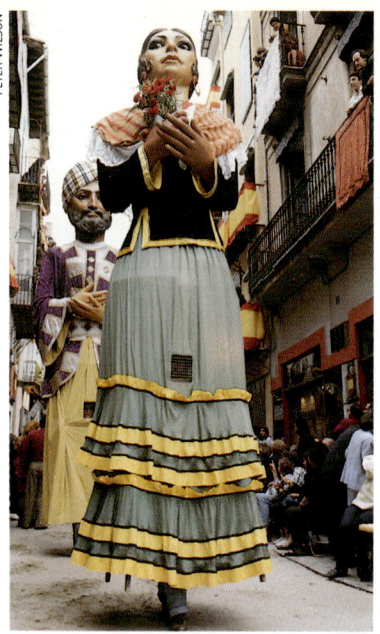
Desfile de *gigantones* (Valencia)

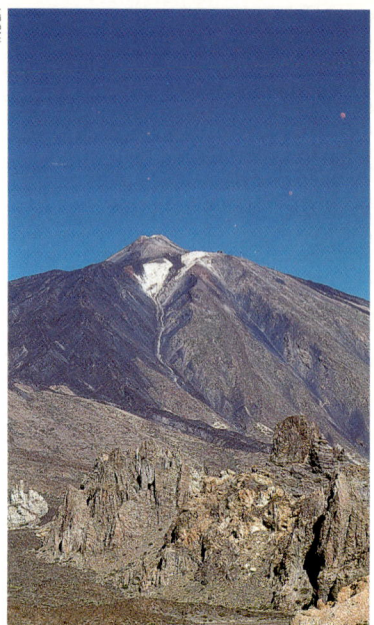
El Teide, en Tenerife (Canarias)

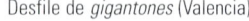
Cadaqués (Costa Brava)

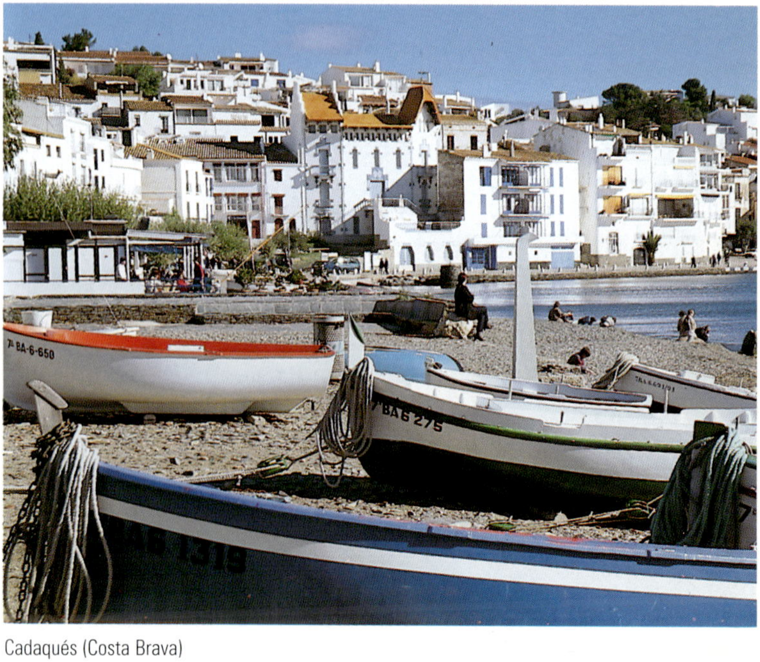

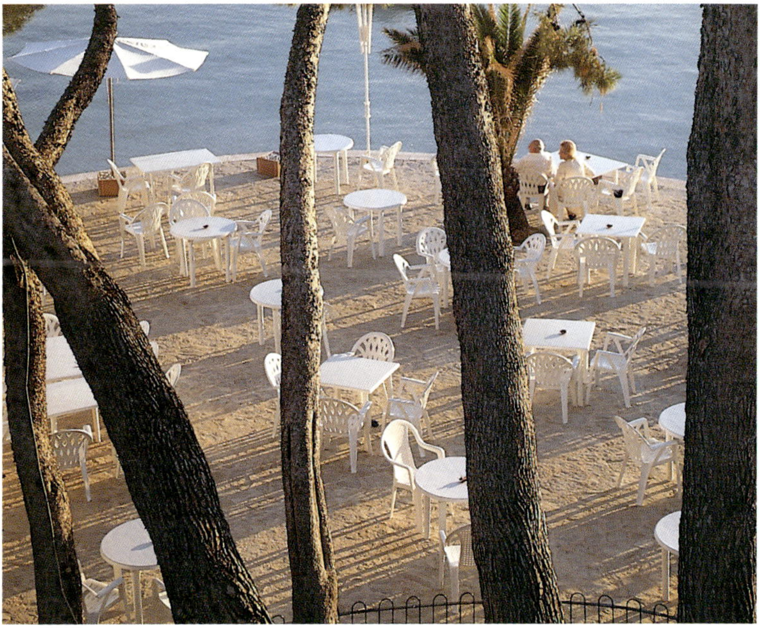

S. BENBOW, AXIOM

Rincón playero (Mallorca)

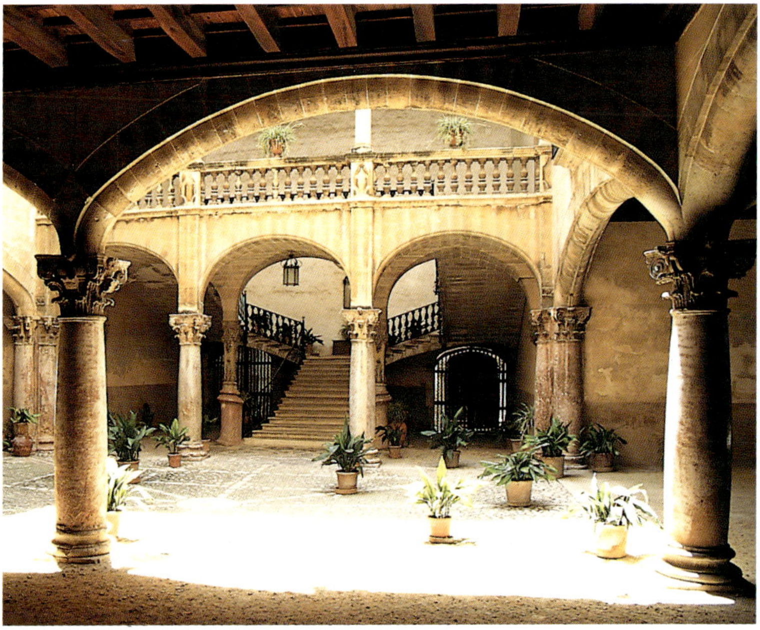

NEIL SETCHFIELD

Patio renacentista de Palma (Mallorca)

Yolimar (abril-sept.; ☎985 590 472), 2 km de vuelta de la profunda cala de Artedo, 4 km al oeste del puerto. Arriba, en la montaña verá una parada de Feve, La Magdalena.

Luarca

Más allá de San Pedro la costa es rocosa y la carretera serpentea a través de las montañas antes de descender por espesos bosques hasta el puerto de **LUARCA**. Se trata de uno de los pueblos más atractivos de la costa norte; un lugar tranquilo, construido alrededor de una cala en forma de «S» entre acantilados escarpados. Hacia abajo, el pueblo queda dividido por un pequeño río, y unido por numerosos puentes estrechos.

Luarca es un centro turístico costero bastante sencillo; hay una estrecha playa de arena con alojamientos, algunos excelentes bares y restaurantes. En contraste con Cudillero, Luarca ha mantenido su carácter tradicional; por ejemplo, el viajero encontrará varios **chigres** (anticuadas tabernas asturianas) donde le iniciarán en el arte de beber sidra. Asimismo la zona del puerto pesquero es el mejor lugar para comer; el visitante tendrá que cruzar el puente desde la plaza, seguir el río y luego elegir entre una serie de restaurantes; entre ellos destaca el popular *Mesón de la Mar*. A medianoche, el viajero verá cómo regresan de faenar los pequeños barcos de pesca; la captura del día se subastará en la lonja hacia las 15 h de la tarde siguiente.

Aspectos prácticos

La **oficina de turismo** (mar.-dom., 11-14 h y 16-19 h; ☎985 640 083), en Olavarrieta 27, proporciona listas de habitaciones en casas privadas y apartamentos. De camino al pueblo, el viajero encontrará algunos **alojamientos** económicos; destacan *El Redondel* (☎985 640 733; ③), en la carretera, a 3 km del centro, en Almuña. En la localidad, se recomienda *El Cocinero* (☎985 640 175; ③), una interesante y desvencijada fonda del siglo XVIII, en la plaza principal. Hay habitaciones modestas en el *Bar Oviedo* (☎985 640 906; ②), en Crucero, una calle peatonal detrás de la plaza. Los establecimientos de categoría son: *Hotel Gayoso*, paseo Gómez 4 (☎985 640 054; fax 985 470 271; ⑤-⑦), un gran hotel antiguo con un anexo más económico en la plaza Alfonso, y el *Hotel Báltico*, bien situado (☎985 470 134; ⑤), que da al puerto.

La **playa** de la localidad se encuentra dividida en dos. La franja más próxima es también la más estrecha pero está protegida; la más ancha se halla pasado el puerto, aunque suele haber algas. En lo alto del acantilado, al otro lado del pueblo, se alza una ermita y un faro; frente a ellos, en una cala rocosa, hay un **cámping**, *Los Cantiles* (todo el año; ☎985 640 938), con instalaciones adecuadas.

El viajero verá un excelente **restaurante**, *Casa Consuelo*, en la carretera de Donostia-San Sebastián, que atrae a personas desde muy lejos; se recomienda la merluza con angulas. Ya en la localidad, se aconseja el excelente *Villablanca*, en avenida de Galicia, que sirve platos de *gourmet*.

Luarca está comunicada con Oviedo, Gijón, Avilés y Galicia por **autobús**; la estación se halla junto a la calle Crucero. La de Feve está a 2 km del pueblo.

De Luarca a Ribadeo

Al oeste de Luarca, se cruza el amplio río Navia —un anticipo de las rías gallegas— en **NAVIA**, un puerto pequeño y agradable, aunque falto del estilo y la vida de Luarca. Si el viajero dispone de vehículo propio, el recorrido interior desde aquí a Lugo es fascinante. En **COAÑA**, 5 km al sur de Navia y unido por autobuses locales, hay un castro o asentamiento celta (mar.-dom., 11-14.30 h y 16-19.30 h; entrada gratuita); más allá, la ruta bordea el pantano del río Navia antes de adentrarse en Galicia y la región montañosa alrededor de Fonsagrada.

La mejor playa en este tramo es la última de Asturias, la **playa de Los Campos**, que

flanquea el pueblo de pescadores **TAPIA DE CASARIEGO**. Se trata de un lugar pequeño y animado, con el espectáculo «alternativo» de su Teatro Popular, y una **oficina de turismo** en un pequeño quiosco en la plaza. Destacan tres **hoteles**, algo caros; entre ellos *La Ruta* (☎985 628 138; ⑤) y *Puente de los Santos* (☎985 628 155; fax 985 628 437; ⑥), enfrente, un poco más caro. En las afueras del pueblo, el viajero encontrará dos **cámpings**, a 1 km hacia Ribadeo; *Playa de Tapia* (jun.-sept.; ☎985 472 721) y *El Carbayín* (todo el año; ☎985 623 709). La zona del puerto es la mejor para comer y tomar una copa. El visitante tendrá que ir a las playas y girar a la izquierda.

CASTROPOL, algo alejado de la costa en el río Eo —límite con Galicia—, es un precioso y pequeño lugar con un par de hostales. Sin embargo, se recomienda alojarse al otro lado, en Ribadeo. Si el viajero entra desde Galicia y quiere obtener folletos e información sobre Asturias, hay una **oficina de turismo** (mar.-sáb., 10-14 h y 17-20 h; dom., 10-15 h) en la carretera nacional.

Salas

SALAS, 35 km al oeste de Oviedo, fue hogar del marqués de Valdés-Salas, fundador de la Universidad de Oviedo y uno de los primeros impulsores de la Inquisición. El **castillo** de la localidad es en realidad el viejo palacio del marqués; el visitante podrá subir a una torre adjunta desde la **oficina de turismo** (☎985 890 988) para disfrutar de las hermosas vistas del pueblo y los alrededores. Entre los otros monumentos destacan la **colegiata** del siglo XVI, en la plaza, y la **iglesia de San Martín**, del siglo X.

Si el viajero quiere **alojarse** aquí, tiene dos opciones: *Hotel Castillo de Valdés-Salas* (☎985 832 222; fax 985 832 299; ⑤), en el castillo, con un excelente restaurante; y *Pensión Soto*, Arzobispo Valdés 9 (☎985 830 037; ④), que dispone de habitaciones limpias y grandes. Los **autobuses** hacia Oviedo parten cada hora desde el exterior del *Café Berlín*.

transportes

Autobuses

La mayoría de los autobuses que circulan a lo largo de la costa, y todos los de larga distancia, son de la compañía Alsa. Algunos de ellos cubren distancias más cortas y están señalados como EASA o Turytrans, pero la empresa es la misma, con el mismo distintivo azul grisáceo y el logotipo de Alsa. Unas cuantas compañías más pequeñas operan en servicios más locales entre los centros turísticos costeros y destinos del interior; pero el viajero debe tener en cuenta que estos autobuses a menudo reducen sus servicios fuera de julio y agosto.

Castro Urdiales a: Bilbao (7 diarios; 1 h); Santander (11 diarios; 1 h); Vitoria (3 diarios; 1 h 15 min.).

Comillas a: San Vicente (3 diarios; 30 min.); Santander (7 diarios; 45 min.); Santillana (4 diarios; 35 min.).

Gijón a: Irún por Oviedo (6 diarios; 7 h 30 min.); León por Oviedo (8 diarios; 2 h); Madrid por Oviedo (11 diarios; 5 h 30 min.); Oviedo (cada 15 min.; 30 min.); Ribadeo por Luarca, Navia, Castropol y Vegadeo (7 diarios; 4 h); Salamanca (5 diarios; 4 h 30 min.); Villaviciosa (cada hora; 45 min.).

Llanes a: Arenas (3 diarios; 1 h); Madrid por Cangas y Oseja (todos los días; invierno, sólo lun., miér. y vier.); Oviedo por Ribadesella (12 diarios; 1 h 30 min.); San Vicente (11 diarios; 45 min.); Santander (11 diarios; 1 h 30 min.); Unquera (11 diarios; 30 min.).

Oviedo a: Avilés (cada 30 min.; 30 min.); Cangas de Onís (10 diarios; 1 h-1 h 30 min.); A Coruña por Betanzos (2 diarios; 4 h 30 min.-5 h); Covadonga (5 diarios; 1 h 45 min.); Cudillero (10 diarios, pero 3 más con transbordo en Avilés; 1 h); Gijón (cada 15 min.; 30 min.); León (8 diarios; 1 h 30 min.); Lugo (5 diarios; 5 h 30 min.); Madrid (12 diarios; 5 h 30 min.); Pontevedra (2 diarios; 8 h); Ribadeo por Luarca (7 diarios; 3 h 30 min.); Ribadesella (12 diarios; 1 h 20 min.-2 h); San-

tander (8 diarios; 3 h 30 min.); Santiago (3 diarios); 5 h 30 min.-7 h); Sevilla (2 diarios; 12 h); Valladolid (4 diarios; 3 h 30 min.); Vigo (2 diarios; 8 h 30 min.); Villaviciosa por San Pedro de Ambas (8 diarios; 1 h 15 min.).

Autobuses a los Picos: Arenas de Cabrales-Cangas de Onís (4 diarios; 45 min.); Bustio-Arenas por Panes (2 diarios; 50-20 min.); Cangas de Onís-Covadonga (9 diarios; 45 min.); Cangas de Onís-Posada de Valdeón por Sajambre (verano, 1 diario; 2 h 15 min.); Llanes-Madrid por Cangas, Sajambre y Riaño (verano, 1 diario; invierno, 3 a la semana; 6 h 15 min.); León-Posada de Valdeón por Riaño y Portilla de la Reina (1 diario; 3 h); Potes-Espinama-Fuente Dé (3 diarios; 1 h). También hay **servicio de Land Rover** entre Valdeón y Caín.

Ribadesella a: Lastres (verano, cada 2 h; 45 min.); Llanes (11 diarios; 45 min.); Oviedo por Arriondas (transbordo en Arriondas hacia Cangas; 12 diarios; 1 h 20 min.-2 h); San Vicente (3 diarios; 2 h); Villaviciosa (3 diarios; 1 h).

San Vicente a: Comillas (3 diarios; 30 min.); Llanes (12 diarios; 45 min.); Potes por Unquera (2 diarios; 1 h 30 min.); Ribadesella (3 diarios; 2 h); Santander (12 diarios; 1 h).

Santander a: Barcelona (2 diarios; 9 h); Bilbao (25 diarios; 10 de ellos continúan hasta la frontera francesa; 1 h 30 min.); Burgos (6 diarios; 4 h); Castro Urdiales (11 diarios; 1 h); Comillas (7 diarios; 45 min.; más con transbordo en Torrelavega); Laredo (21 diarios; 40 min.); Llanes (11 diarios; 1 h 30 min.); Madrid (9 diarios; 8 h); Oviedo (8 diarios; 3 h 30 min.); Potes por San Vicente y Unquera (3 diarios; 3 h); Puente Viesgo (5 diarios; 40 min.); Santiago, Vigo y la frontera portuguesa (2 diarios; 10-12 h); Santillana (7 diarios; invierno, 4; 45 min.); San Vicente de la Barquera (12 diarios; 1 h); Vitoria por Castro Urdiales, sin parar en Bilbao (7 diarios; 2 h).

Ferrocarriles
Renfe
Oviedo a: Alicante (1 diario; 11 h); Barcelona (2 diarios; 12 h-13 h 30 min.); León (7 diarios; 2 h 30 min.); Madrid (5 diarios; 6 h); Vigo (2 diarios; 9 h).
Santander a: Madrid (3 diarios; 5 h 30 min.), transbordo en Palencia hacia las rutas este-oeste, incluido León.

Feve
Esta línea independiente corre a lo largo de la costa norte entre **Bilbao**, **Santander**, **Oviedo** y **Ferrol**. La estrecha vía se ha modernizado recientemente y la línea es puntual y panorámica, aunque aún resulta lenta para los recorridos largos. El viajero puede conseguir los horarios en cualquier estación, pero a veces son algo confusos. En el aspecto práctico, es mejor pensar en el servicio como **trenes de largo recorrido**, que cubren las distancias entre las grandes ciudades, y **trenes locales**, que circulan con más frecuencia entre los pueblos más pequeños. Asimismo hay algunos cercanías, o ramales locales; la mayoría de ellos se centran alrededor de Gijón. El trayecto desde Ferrol a Bilbao no puede hacerse en un solo día; el viajero debe tener en cuenta que en Oviedo hay dos estaciones independientes: Feve Asturias para los trenes que circulan en dirección este hacia Bilbao, y Feve Vasco para los trenes que van al oeste a Ferrol. El transbordo en Oviedo entre el primer tren desde Ferrol y el último hacia Santander es bastante ajustado.

Trenes de largo recorrido: Bilbao a Santander (3 diarios; 2 h 20 min.); Santander a Oviedo Asturias (2 diarios; 2 h 20 min.); Oviedo (Feve Vasco, a Ferrol (2 diarios; 7 h).

Trenes locales: Bilbao a Orejo (3 diarios; 2 h 20 min.); Orejo a Santander (18 diarios; 24 min.); Santander a Puente de San Miguel (42 diarios; 33-40 min.); Puente de San Miguel a Cabezón de la Sal (20 diarios; 22 min.); Cabezón de la Sal a Llanes (2 diarios; 1 h 5 min.); Llanes a Ribadesella-Infiesto (3 diarios; 30 min.-1 h 30 min.); Ribadesella a Nava (7 diarios; 18 min.); Nava a Oviedo Asturias (21 diarios; 39 min.); Oviedo Vasco a Pravia (21 diarios; 1 h 5 min.); Pravia a Cudillero (18 diarios; 20 min.); Cudillero a Navia (3 diarios; 1 h 30 min.); Navia a Ribadeo (2 diarios; 1 h); Ribadeo a Ferrol (3 diarios; 3 h 5 min.).

Ramales locales: Gijón a Avilés (30 diarios; 40 min.); Gijón a Pravia (por la línea principal hacia Ferrol; 15 diarios; 30 min.).

Transbordadores
Transbordador de automóviles y pasajeros desde **Santander** a **Plymouth** (mar. y jue.; 24 h; viaja semanalmente a Poole sólo en feb. y principios de marzo; 28 h).

CAPÍTULO DIEZ

GALICIA

Alejada, rural y fustigada por el Atlántico, Galicia tiene muy poco que ver con la imagen más conocida de España. Su paisaje no sólo se parece al de Irlanda, sino que además existen afinidades en cuanto al clima, cultura y música; además, una y otra conservan vestigios de su pasado celta. Pero, por encima de todo, tanto Galicia como Irlanda comparten una historia de miseria y pobreza a pesar de su geografía verde y fértil, y una gran disminución de la demografía causada por los imperativos de una emigración que sólo en la actualidad empieza a reducirse debido a los subsidios gubernamentales que favorecen el regreso de los emigrantes con antepasados gallegos.

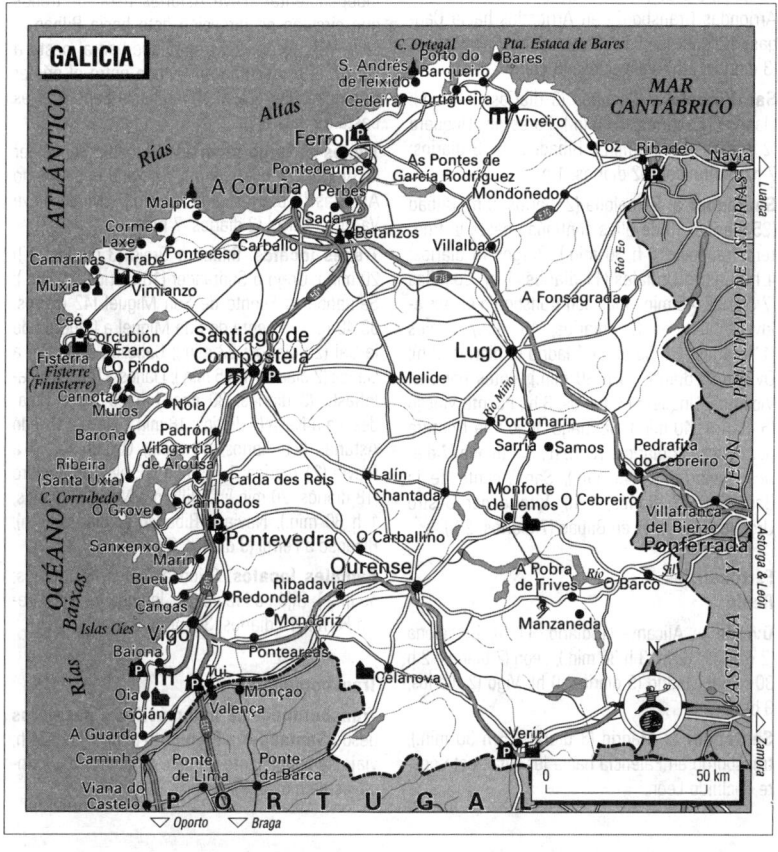

LA COMIDA Y LA BEBIDA GALLEGAS

Uno de los atractivos más tentadores de Galicia es su **comida**. Los *gourmets* disfrutan de la calidad del **marisco** gallego, sólo comparable al de Terranova, y que salvo en algunas excepciones no resulta caro, al menos cuando se toma como tapa de bar. Se recomienda pedir vieiras (cuyas conchas se convirtieron en el símbolo de Santiago), mejillones (los ricos ejemplares de las rías), cigalas (un tipo de crustáceo que a menudo se confunde con el langostino), anguilas y angulas (procedentes del río Miño), navajas, percebes, choquitos y chipirones (diferentes clases de calamarcitos que se sirven preferentemente en su tinta). El pulpo está tan integrado a la gastronomía gallega que hay pulperías especializadas en los tradicionales pucheros de cobre, y forma parte principal de todas las fiestas locales. Tan sólo en la provincia de Pontevedra, Vilanova de Arousa tiene su propia fiesta del pulpo, Arcade la de las ostras y O Grove una fiesta que gira en torno del pescado. Sin embargo, hay que hacer una advertencia sobre el marisco: aunque existe una amplia variedad de cangrejo y langosta en los restaurantes, el viajero tendrá que asegurarse antes de que ofrezcan también un precio fijo, ya que a menudo el coste de estas especialidades es desorbitado, y su demanda —sobre todo de determinados productos, como las nécoras— es tan grande que incluso tienen que importarse del extranjero para poder mantener un mínimo de existencias.

En toda Galicia encontrará maravillosos **mercados**: en los pueblos costeros hileras de casetas frente al mar venden pescado muy fresco, y en ciudades como Santiago y Pontevedra magníficos mercados antiguos con arcadas atestados de los productos de granja procedentes de las zonas rurales de los alrededores. Lo más agradable son los puertos (como Cambados y Marín), que tienen lonjas abiertas al público; el visitante puede esperar el regreso de las barcas de los pescadores (por lo general alrededor de medianoche, aunque suele ser hacia las 6 h en A Coruña) y presenciar la subasta del pescado, que en su mayor parte abandona Galicia mucho antes del amanecer, en un tren nocturno especial, para servir a los restaurantes madrileños.

Otra peculiaridad, en este caso importada de la segunda patria de los gallegos, Argentina, son las **churrasquerías**; que a menudo carecen de identificación, por lo que para encontrarlas hay que preguntar a los lugareños. Sirven grandes churrascos, porciones de carne parecidas a un bisté con huesos cortados de manera transversal. A los gallegos no les gusta la comida picante, pero los churrascos se sirven tradicionalmente con una salsa picante elaborada a base de ajo. Otros platos típicos son el caldo gallego, un cocido espeso de col y patatas con caldo de carne; la *caldeirada*, una sopa de pescado muy completa; el *lacón con grelos* o jamón cocido con nabos tiernos, y la omnipresente empanada de pasta rellena, casi siempre, de tomate y atún.

Los **vinos** locales son excelentes —tanto los blancos (en especial el Albariño) como los tintos espesos (algunos bares incluso sirven un vino «negro»)—, y todavía se suelen tomar en tazas o cuencos de cerámica; las mejores regiones vinícolas son Ribeiro y Rías Baixas. La **cerveza** local es Estrella Galicia, buena y fuerte. Los **licores** tienden a ser intensos, con una base de aguardiente claro que en la actualidad viene perfumado de hierbas o licor de café; una de las costumbres preferidas de los gallegos es la *queimada*, que se prepara en un gran cuenco de aguardiente con fruta, azúcar y granos de café; luego se flamea y se toma caliente.

Galicia posee una gran riqueza forestal de robles y pinos autóctonos, aunque las plantaciones de eucaliptos importados empiezan a predominar en la región. Su línea costera se recorta formando rías parecidas a fiordos donde se reproduce un pescado considerado de los mejores de Europa. En el norte, estas rías albergan pueblos antiguos y hermosas playas vírgenes, mientras que la costa sur, más soleada, está siendo urbanizada de manera progresiva con nuevas instalaciones hosteleras y redes viarias. Al entrar en Galicia por el este, los ondulantes prados de Asturias son reemplazados por un mosaico de pequeños campos con terrazas de viñas sostenidas por puntales de

granito y parcelas llenas de nabos y coles. Unas leyes hereditarias arcaicas han impuesto la constante división y redivisión de la tierra en pequeños terrenos, tanto que no pueden ser cultivados con maquinaria, por lo que todavía se utilizan técnicas agrícolas primitivas. De hecho, el viajero verá carros tirados por bueyes en las carreteras secundarias. Por todas partes se levantan hórreos, graneros de piedra, con santos y respiraderos directamente esculpidos sobre la piedra; se erigen sobre columnas que los preservan de la humedad y los roedores.

Aunque se trata de una región pobre y «atrasada» del país, esta condición no resulta tan opresiva como en el sur, y las últimas mejoras viarias, las autopistas y los edificios construidos en la década de 1990 están cambiando su fisonomía a pasos agigantados. La mayoría de los habitantes de Galicia se dedican a la producción de alimentos, y existe una sólida cultura organizada —a diferencia del resto de España— por el matriarcado. En las zonas rurales suelen ser las mujeres y los niños quienes labran la tierra, mientras que los hombres trabajan en el mar como comerciantes de pescado o pescadores; estos últimos salen a capturar pulpo y langosta en barcas de remo o bien recogen moluscos en las *mejilloneiras* (balsas de mejillones ancladas en las rías). Otros se dedican al contrabando, que en la actualidad se concentra en las drogas además del tabaco. Durante siglos los gallegos han ido a buscar fortuna al extranjero, sobre todo a Argentina (se dice que hay más gallegos en Buenos Aires que en Galicia), aunque en la actualidad suelen emigrar más al norte de Europa.

FIESTAS

Enero
1 Feria ganadera en Betanzos.
6 Desfile de caballos de Los Reyes en Baiona.
15 San Mauro. Castillo de fuegos artificiales en Vilanova de Arousa.

Marzo
1 Fiesta grande de Celanova, San Rosendo, que se celebra en el monasterio que hay debajo del pueblo.
Antes de Cuaresma Carnavales en toda la región y fiesta de Lázaro, que reúne a grupos de folclore popular gallegos y portugueses en Verín.

Abril
Domingo de Ramos Vía Crucis en el monte de Santa Tecla, cerca de A Guarda.
Semana Santa Entre las celebraciones, un simbólico *descendimiento* (descenso de la cruz) en Viveiro el Viernes Santo, y una procesión de Resurrección en Fisterra (Finisterre).
Segundo lunes después de Pascua Fiesta de San Telmo en Tui.
25 Fiestas de San Marcos en Noia.
Finales de abril Festival de Ribadavia para celebrar y promocionar los vinos Ribeiro (las fechas varían de un año a otro).

Mayo
1 Romería de Pontevedra.
22 Santa Rita en Vilagarcía de Arousa.

Junio
Domingos Ferias campestres y rodeos de caballos salvajes, conocidos como *curros*, que se celebran en domingos sucesivos en las montañas de Baiona y Oia; entre los pueblos donde se organizan están La Valga, Torroña, Mougas y Pinzas.
Corpus Chriti Festival de flores, con alfombras de flores por las calles, en Ponteareas.
24-25 San Juan se celebra durante 2 días en muchos lugares; hay procesiones de cabezudos y gigantones el día 24 y espectaculares desfiles, castillos de fuegos artificiales y bandas de música durante la tarde siguiente.

Julio
Primera-segunda semana *Rapa das bestas*, o captura y doma de caballos salvajes de la sierra de A Groba (Pontevedra). Entre mayo y agosto, se realizan *curros* en diversos lugares de Lugo, A Coruña y Pontevedra.
11 Fiesta de San Benito en Pontevedra, con procesiones por el río y competicio-

A pesar de ello y de que la industria pesada es escasa, excepto los decadentes astilleros de Vigo y Ferrol, hay poco espíritu radical al estilo asturiano. Galicia ha sido siempre bastante conservadora; de hecho, desde 1875 ha dado a España una serie de dirigentes de derechas. Allí nació el general Franco, así como el fundador del Partido Popular, Manuel Fraga, que en la actualidad es el presidente autonómico. Sin embargo, existe también un movimiento nacionalista gallego que no alcanza la escala —en intensidad política— de vascos y catalanes, pero que es muy activo y ha promovido la revitalización de la lengua autóctona, proscrita durante mucho tiempo.

El gallego actual suena como una fusión de castellano y portugués, pero sus raíces son tan antiguas como las de estas dos lenguas y se calcula que lo habla un 85 % de la población. En las pequeñas comunidades muy poca gente domina el castellano. Sin duda, se trata de una lengua viva, que se enseña en las escuelas y ha dado nombres tan destacados como Rosalía de Castro y el ensayista y caricaturista Castelao. Hoy en día las señalizaciones de las carreteras y los mapas suelen estar en **gallego**, de ahí que en esta guía se utilicen los topónimos en esta lengua, complementándolos con la versión castellana entre paréntesis cuando la localidad en cuestión varía de manera significativa o la segunda versión resulta útil. La característica más evidente del gallego es el abundante empleo de las x, que en castellano suelen coincidir con g, j o s y que se pronuncian como una s suave. Asimismo cabe señalar que «plaza» se convierte en *praza* y «playa» en *praia*, mien-

nes, grupos de folclore popular y una pequeña romería en Cambados.

16 Virgen del Carmen. Procesiones marítimas en Muros y Corcubión.

25 Fiesta mayor de Galicia en honor de Santiago Apóstol en Santiago de Compostela. Merece la pena asistir a misa para ver la Ofrenda Nacional al Santuario (por parte del país y el Gobierno) y para presenciar el balanceo del *botafumeiro*. Durante la víspera se quema un castillo de fuegos artificiales y arde una simbólica efigie de cartón que representa la mezquita de Córdoba. La fiesta —también llamada Día de Galicia— se ha convertido en una celebración nacionalista con manifestaciones separatistas y un variado programa de actos políticos y culturales de cada partido durante 1 semana.

29 Fiesta del pulpo en Vilanova de Arousa.

Agosto

Primer domingo Fiesta del vino en Cambados; festival de gaita en Ribadeo; fiestas de la Virgen de la Roca en las afueras de Baiona.

9 Fiesta del percebe en Finisterre.

16 Fiestas de San Roque en todas las iglesias que llevan el nombre del santo. En Betanzos se celebra una batalla de flores en el río, y en Sada (a 10 km al este de A Coruña) hay carreras de barcas y fiestas.

24 Fiesta (y toros) en Noia.

25 San Ginés en Sanxenxo.

28 Romería del Naseiro en las afueras de Viveiro.

Último domingo Se celebra una romería desde Sanxenxo a la praia de La Lanzada.

Septiembre

6-10 Fiestas del Portal en Ribadavia.

8 San Andreu en Cervo (a 20 km al este de Viveiro).

Primer domingo después del 8 Romería en Muxia.

14 Fiesta del pescado en O Grove; romería con cabezudos en Viveiro.

Octubre

13 Fiesta de la Exaltación del Marisco en O Grove.

Noviembre

11 Fiesta de San Martín en Bueu.

Último domingo Fiesta de la ostra en Arcade (a 10 km al sur de Pontevedra).

Diciembre

Última semana Fiesta de la artesanía, *O Feitoman*, en Vigo.

tras que «la» es *a* (como en A Coruña), «el» pasa a *o* (como en O Grove), «de la» es *da* y «del» *do*.

El punto más destacado de la región es **Santiago de Compostela**, principal destino de los peregrinos de la Europa medieval y floreciente foco de turismo en la actualidad. La catedral y la uniformidad arquitectónica de toda la ciudad, con sus columnas de granito y las fachadas llenas de musgo, la convierten en un lugar inolvidable. Pero el viajero también encontrará antiguos pueblecitos de piedra más pequeños e igualmente encantadores por toda Galicia; algunas poblaciones han conservado una intensa vitalidad y mucho ambiente, como **Pontevedra** y **Betanzos**, y por ello constituyen bases ideales para hacer excursiones por los alrededores. Las costas son siempre espectaculares, pero las mejores playas —y las más seguras para nadar— son las situadas a lo largo de las concurridas **Rías Baixas** que se extienden hacia Portugal, siendo **O Grove** y **Baiona** dos de los pueblos veraniegos que están más de moda. A esta zona llegan menos visitantes que a las costas mediterráneas, y la temperatura del agua no es tan templada, pero sus calas rodeadas de pinos son una delicia. Fuera de la temporada alta (jul.-agos.) los precios bajan de manera considerable, y las playas están bastante solitarias. Más al norte, los pequeños y pintorescos puertos de la quebrada **Costa da Morte** —el tramo costero que va de **A Coruña** a **Noia**— aún conservan su tradicional modo de vida gallego, con reducidas propiedades y pesca a pequeña escala.

El interior de Galicia es inhóspito y desolado; para cruzarlo, se recomienda seguir el río Miño desde la frontera portuguesa y llegar hasta pueblos como **Ribadavia** y **Celanova**, para luego proseguir hasta las murallas romanas de **Lugo**.

LAS RÍAS ALTAS Y SANTIAGO

Ya no es tan difícil desplazarse por la costa norte de Galicia como sucedía en el pasado, por lo que el viajero podrá visitar sin problemas las **Rías Altas**, donde se encuentran el punto más septentrional y occidental de España. Las carreteras, que hasta hace poco apenas estaban asfaltadas y por las que casi no había tráfico, son en la actualidad seguras y fiables; además, las instalaciones para los visitantes se han incrementado gracias al progresivo aumento de ingresos procedentes del turismo. La violencia del mar ha esculpido una costa abrupta y espectacular, que dificulta el viaje, así que aunque el viajero disponga de vehículo propio se aconseja que vaya sólo a un par de destinos. Se recomienda visitar **Viveiro**, al este, y la **Costa da Morte**, el tramo que queda al oeste de A Coruña.

Todos los calificativos son pocos a la hora de calificar **Santiago de Compostela**; si el viajero quiere disfrutar realmente de este centro de peregrinación, lo mejor es aproximarse a él por el antiguo Camino procedente de León. El único elemento disuasorio, aunque a menudo exagerado, es el tiempo, ya que llueve a menudo. A excepción de Santiago y **A Coruña**, que conserva un hermoso barrio medieval salpicado por las extensiones del puerto moderno, las restantes ciudades de la zona, en especial **Ferrol**, parecen sumidas en la decadencia industrial.

La costa norte

El tramo del **ferrocarril Feve** (véase pág. 457) que va de Luarca a Ferrol es quizás el mejor de su recorrido, siempre que el viajero no tenga prisa en llegar al destino. Pasa por todos los accidentes de la costa, serpentea entre una serie de rías y atraviesa los bosques de eucaliptos y las montañas vírgenes que protegen las localidades de la violencia del Atlántico. Los asentamientos se concentran a los lados de los estuarios, dejando alguna que otra playa debajo o detrás del pueblo. También el trayecto

> **CÓDIGOS DE LOS PRECIOS DE ALOJAMIENTO**
>
> En esta guía, los precios de alojamiento se reseñan en una escala de ① a ⑧, indicando el precio **más bajo** que puede esperar pagar por noche en un establecimiento por una **habitación doble**, en temporada alta. Los precios, señalados por los códigos, son los siguientes:
>
> - ① menos de 2.000 pesetas/12 euros
> - ② 2.000-3.000 pesetas/12-18 euros
> - ③ 3.000-4.500 pesetas/18-27 euros
> - ④ 4.500-6.000 pesetas/27-36 euros
> - ⑤ 6.000-8.000 pesetas/36-48 euros
> - ⑥ 8.000-12.000 pesetas/48-72 euros
> - ⑦ 12.000-17.500 pesetas/72-105 euros
> - ⑧ más de 17.500 pesetas/105 euros

por **carretera** se hace lento. La mayoría de los autobuses que van hacia A Coruña o Ferrol dan un rodeo por el interior, adentrándose incluso hasta Lugo, para evitar así las interminables curvas de la C-642 (las más enrevesadas son las de los alrededores de Ortigueira), aunque este tramo ha sido modificado recientemente.

El recorrido del tren Feve

RIBADEO es el primer pueblo y ría gallega. No obstante, su decadencia tiene cierto encanto, y además el viajero encontrará algunos alojamientos —como el *Galicia*, en Virgen del Camino 1 (☎982 128 777; ④), y el popular parador de la calle Amador Fernández (☎982 128 825; fax 982 100 346; ⑥)—; pero en general se trata de un pueblo gris. La **playa** más cercana, la praia do Castro, está a unos pocos kilómetros hacia el oeste, y tiene **cámpings** en Benquerencia (jun.-sept.; ☎982 124 450) y Reinante (☎982 134 005); pero cuando el viajero llegue hasta allí ya estará muy cerca del puerto industrial de Foz. Más allá, Cervo tiene poco que ofrecer al margen de una enorme fábrica oxidada de aluminio, pero Mondoñedo, subiendo 20 km por el valle del río Masma, es un atractivo pueblo a orillas del río.

Viveiro

La zona de los alrededores de **VIVEIRO**, que en una época fue un puerto apartado y elegante, ha experimentado un aumento tal de visitantes durante los últimos 5 años, que el carácter de su gran ría ha cambiado debido a las abundantes casas veraniegas construidas montaña arriba. Sin embargo, el casco antiguo se encuentra protegido por las murallas renacentistas, las calles estrechas del interior se han convertido en peatonales y están flanqueadas por casas de fachadas de cristal con marcos blancos de madera.

En la pendiente principal que baja hasta el puerto abundan los bares, frecuentados por jóvenes lugareños, y en la bahía hay algunas **playas** tranquilas, especialmente la praia de Faro, frente a mar abierto. A la enorme praia de Covas, se llega tras caminar unos 10 minutos por una calzada que sale del pueblo. Detrás de ella se halla un **cámping**, el *Viveiro* (jun.-oct.; ☎982 560 004).

ASPECTOS PRÁCTICOS

Los **autobuses** paran en la travesía de la Marina, la carretera del paseo marítimo debajo del casco antiguo; el viajero encontrará la **oficina de turismo** (mediados jun.-mediados sept., 11-14 h y 17-21 h) enfrente de la estación. Dentro de las murallas hay un par de buenos **alojamientos**, además de económicos: el *Hospedaje García* de la praza Mayor (☎982 560 675; ③) dispone de habitaciones sencillas pero limpias, con balcones que dan a la plaza —busque la indicación azul «CH», ya que no verá otro rótulo—; cerca, *Nuevo Mundo*, en Teodoro de Quirós 14 (☎982 560 025; ③), también ofrece unas bonitas habitaciones con balcón, aunque las que dan al frente están a

muy poca distancia de las campanas de la iglesia de Santa María, delante mismo del hospedaje. De más categoría aunque menos pintoresco es el *Hostal Villa*, Nicolás Montenegro 57 (☎982 561 331; ④), en la parte exterior de la muralla y junto a la Porta del Vallado, en lo más alto del pueblo. Si el viajero prefiere auténtico lujo, se recomienda el *Hotel Orfeo*, García Navia Castrillón 2 (☎982 562 101; fax 982 560 453; ⑤), con aparcamiento privado y habitaciones que dan a la bahía.

El *Nuevo Mundo* tiene un buen **restaurante** arriba; por 1.000 pesetas ofrece un festín de cuatro platos. La especialidad local es el pescado: el excelente *Laurel* de Melitón Cortiñas 26, a tres calles de la plaza principal, es una bodega muy concurrida con barriles de madera, mesas para comer y eficientes cocineros; cuesta unas 3.000 pesetas por pareja, el vino del lugar incluido. Encima de la iglesia de San Francisco, en Antonio Bas 2, se halla el *Restaurante Serra*, que sirve buen pescado y menús por unas 1.500 pesetas.

Porto do Barqueiro, Ortigueira y Porto de Vares

Los dos pueblos de ría siguientes (con parada de Feve) son **PORTO DO BARQUEIRO**, un pequeño y pintoresco puerto de pescadores con casas de techo de pizarra emplazado en el punto más septentrional de toda España, y **ORTIGUEIRA**, más extenso que el anterior y abrigado por los pinos. El primero tiene tres alojamientos en su puerto: *Estrellas del Mar* (☎981 414 105; ③), con hermosas vistas del mar; *La Marina* (☎981 414 098; ③), un poco más pequeño y caro, pero con tan sólo dos habitaciones frente a la costa; y el cómodo *Bodegón O Forno* (☎981 414 124; ④), que también da al mar. Asimismo hay algunos hostales recomendables en Ortigueira, entre ellos *Monterrey*, en la avenida Franco 105 (☎981 400 135; ③). Ortigueira realiza desde hace unos años el estridente Festival de Música Celta, que en más de una ocasión ha llegado a terminar violentamente (según los rumores debido a agentes provocadores); tiene lugar del 14 al 16 de julio.

Conductores y ciclistas deberían aprovechar la oportunidad de recorrer el tramo de 7 km hacia el norte de Barqueiro a través de bosques de pinos y eucaliptos que lleva hasta Vila de Vares. Unos 2 km más allá se halla **PORTO DE VARES**, una bonita aldea de casas de pescadores que dan a la bahía, flanqueadas al sur por una magnífica playa de arena donde se puede acampar. En la aldea hay un solo establecimiento, el recién abierto *Hostal Porto Mar* (☎981 562 803; ③), que dispone de habitaciones limpias y hermosas con vistas al mar. El viajero encontrará también un restaurante de pescado, el *Marina*, con mesas al aire libre y tras las ventanas que miran a la bahía y la playa. Una comida con pescado fresco —que incluya el magnífico pulpo y la paella especial— cuesta a partir de 1.500 pesetas por persona (aunque la paella resulta más cara).

San Andrés de Teixido y alrededores

La línea Feve va hacia el interior después de Ortigueira, pero si el viajero dispone de vehículo propio puede hacer una excursión adicional a la ermita de **SAN ANDRÉS DE TEIXIDO** que, como muchos de los santuarios de Galicia, se levanta sobre un sitio de culto religioso precristiano. La ermita ocupa un lugar importante en la mitología gallega, puesto que hay un proverbio que reza: *A San Andrés de Teixido vai de morto o que non foi de vivo* («A San Andrés de Teixido va muerto el que no fue de vivo»). Los que no hicieron la peregrinación en vida a la ermita encuentran a la temida Santa Compaña, ya que sus almas se quedan atrapadas en las pieles de lagartos y comadrejas que viven en las rocas que rodean la iglesia. Incluso en la actualidad algunos ancianos gallegos compran billetes de autobús para sus parientes muertos con el fin de evitarles semejante destino. Se trata de un lugar espectacular, cercado por los acantilados de **Vixía de Herbeira**, que con sus más de 600 m son los más altos de Europa. A 12 km, en **CEDEIRA**, un puerto con una playa larga sobre una ría desan-

gelada, hay un par de establecimientos donde alojarse; se recomiendan el cómodo *Avenida*, en Cuatro Caminos 6 (☎981 480 998; ⑤), o el sencillo *Hostal Chelsea*, praza Sagrado Corazón 15 (☎981 481 111; ③).

Ferrol

La ciudad de **FERROL**, uno de los astilleros y bases navales más importantes e históricos de España, lucha en la actualidad por superar la crisis de su industria naviera. Lamentablemente, la marina y los astilleros han usurpado lo mejor de esta costa, dejando tan sólo un centro provincial dominado por una comunidad consciente de su condición y orientada hacia su ocupación naviera, así como una gran estatua del general Francisco Franco, que nació aquí en 1892. Aunque a menudo considerado bastión del conservadurismo, Ferrol fue también el lugar donde nació Pablo Iglesias, el fundador del Partido Socialista Obrero Español, que durante más de una década y hasta el mes de marzo de 1996 gobernó en España.

Llegar o partir de Ferrol no resulta muy difícil, ya que las estaciones de **Feve** y **Renfe** ocupan un solo edificio y la **estación de autobuses** se encuentra en el exterior. El viajero sólo tendrá que salir y girar un par de veces a la izquierda; la verá a 50 m. Si el visitante necesita **alojamiento**, se recomienda el sencillo y espartano *Noray*, en Venezuela 117 (☎981 310 079; ②), aunque hay otra posibilidad en Pardo Bajo 28, el *Aloya* (☎981 351 231; ③), o en las calles del Sol y María, a poca distancia a pie de la estación y la céntrica praza de España. Si el viajero va en automóvil, debería evitar los impresionantes atascos que se forman a la salida de Ferrol los viernes y los domingos por la noche, cuando casi toda la ciudad sale de fin de semana y bloquea las carreteras locales.

La ría de Betanzos

Ferrol se halla más o menos enfrente de A Coruña, a tan sólo 20 km de distancia al otro lado de la desembocadura de la **ría de Betanzos**, aunque a unos 70 km por carretera o ferrocarril. La costa que se abre entre ambas ciudades es bastante rural; los contornos de la ría están salpicados de bosques y playas aisladas.

Pontedeume, Perbes y Sada

Al sur de Ferrol, el viajero podrá cruzar el río Eume por el gran puente medieval de **PONTEDEUME** o por el aún mayor paso vial que se levanta cerca de él. Las piedras esculpidas en forma de cerdo que hay a cada lado del puente viejo, y que el visitante verá al entrar en el pueblo, pertenecen al escudo de armas de los antiguos señores del lugar, los condes de Andrade. Su torre da al río en Pontedeume, y el *castelo* de Andrade se erige en la montaña que se alza sobre el pueblo.

Justo detrás, el *Cámping Perbes* (jun.-sept.; ☎981 783 104) está rodeado de bosques y agua, pues se encuentra en la popular **praia Perbes**, junto al Miño. En **SADA**, enfrente, el visitante encontrará el **albergue de juventud** *Marina Española* (☎981 620 118; ①); también hay algunos **cámpings** en la zona.

Betanzos

La población de **BETANZOS** es un lugar muy agradable para pernoctar, aunque la mayoría de los visitantes que recibe proceden de A Coruña y sólo lo visitan durante 1 día, pues no abunda el alojamiento. Se trata de un asentamiento muy antiguo, anterior a los romanos. La que en una época era una colina escarpada junto al mar es hoy en día un pueblo que desciende hacia la costa en el punto donde se unen los ríos Mendo y Mandeo. El pie de la colina está rodeado por unas murallas medievales todavía visibles, que en gran medida están integradas a las casas y que rodean un laberinto de callejuelas estrechas, tortuosas y semicubiertas. Siguiéndolas, el visitante lle-

gará hasta la **iglesia de Santa María de Azogue**, del siglo XII, reconstruida por los señores de Andrade en el siglo XIV; la influencia de éstos explica la introducción de la extraña figura de un cerdo de piedra con una cruz en la espalda en la adyacente iglesia contemporánea de San Francisco.

El principal atractivo de Betanzos es su enorme plaza principal, la **praza de García Hermanos**, a la derecha de las murallas al entrar a la localidad desde la estación de Renfe. Cerca, en la rúa Emilio Romay, está el excelente **Museo das Mariñas** (10-13 h y 16-20 h; 100 pesetas), que muestra una interesante visión de Betanzos y las vecinas *mariñas* (pueblos frente al mar) a lo largo de su historia; entre sus exposiciones se encuentra una impresionante colección de esculturas medievales, una sala repleta de trajes regionales gallegos de los siglos XVIII-XIX y algunas fotografías del intrigante O Pasatempo, Parque Enciclopédico, una especie de parque fantástico fundado por los hermanos García a principios del siglo XX, y que en la actualidad está en ruinas.

ASPECTOS PRÁCTICOS
Justo detrás de la *praza* principal, en la rúa de Emilio Romay, el visitante encontrará la **oficina de turismo** (10-13 h y 16-20 h), situada en el mismo edificio que el Museo das Mariñas. Si el viajero quiere **alojarse** en la población, hay varios establecimientos a la salida de la plaza principal: en rúa do Rollo 6, detrás de la estatua de los hermanos García, se halla el *Hostal Barreiros* (☎981 772 259; ②), que se llena enseguida en verano pero dispone de habitaciones sencillas y agradables; al doblar la esquina, la *Fonda Universal*, de la avenida Linares Rivas 18 (☎981 770 055; ②), es una opción económica, aunque sencilla y en el lado más alejado de la plaza está el *Hotel Los Ángeles*, Ángeles 11 (☎981 771 511; fax 981 771 213; ⑤), muy bien regentado.

El viajero podrá **comer** y **tomar una copa** en el centro, en los bares que rodean la plaza principal —con asientos en el interior— y en los dos pequeños callejones que salen de la derecha del *Café La Galeta*. El popular *O Pote* del segundo callejón, en la travesía do Progreso, sirve una gran variedad de tapas, aunque tendrá que tomarlas de pie. El dueño del *Hostal Barreiros* también regenta el *Mesón dos Arcos*, detrás del hostal y bastante clásico, con paneles de madera; allí ofrecen un excelente menú del día y sabrosos asados.

El viajero tardará 10 minutos a pie hasta el interior del pueblo desde la **estación de Renfe** Betanzos Ciudad (cruzando el parque y atravesando el puente hasta llegar a las murallas), pero ahí sólo paran los tres trenes diarios que van y proceden de Ferrol. Los demás utilizan la estación Betanzos Infesta, a 2,5 km, situada en lo alto de una acusada pendiente pronunciada, por lo que se aconseja esperar el enlace con Ferrol. Los **autobuses** ALSA paran en la plaza principal cada 30 minutos más o menos y tardan 20 minutos en llegar hasta A Coruña; asimismo hay autobuses a Lugo, Ferrol (cada hora) y Santiago.

A Coruña

A pesar de su larga historia, el puerto de **A CORUÑA** es bastante moderno, más centrado en los bloques de oficinas y los apartamentos de su pujante clase media que en su pasado. Su ubicación impresionará al visitante, ya que se encuentra en una península con un lado sobre las rías y frente a Ferrol y la otra expuesta al Atlántico; además, su barrio medieval es extenso. A Coruña constituye también un importante centro de transportes. Hay numerosas tiendas y servicios de carácter cosmopolita, una buena playa en el centro, una oferta de restauración excelente y una animada vida nocturna, que termina hacia las 5 h de la madrugada; entonces la gente toma chocolate con churros mientras arriban a puerto las barcas pesqueras.

Llegada, información y alojamiento

El **paseo Marítimo** de A Coruña, inaugurado recientemente, sigue la larga línea costera de la ciudad enlazando el puerto y las instalaciones náuticas, donde está flanqueado por una serie de balcones acristalados, una práctica innovación contra los vientos y las lluvias de A Coruña. La **oficina de turismo** se halla allí, en la dársena de la Marina s/n (lun.-vier., 9-14 h y 16.30-18.30 h; sáb., 9-14 h y 17-19 h; dom., 10-14 h y 17-19 h; invierno, sólo mañanas; ☎981 221 822), a unos 30 minutos a través de la ciudad desde las estaciones de **autobuses** y **ferrocarril** (situadas a 200 m de distancia) y al otro lado de la elevación peatonal que hay frente a los almacenes de El Corte Inglés; el viajero puede tomar el autobús 1 hacia la praza de María Pita para cubrir este tramo.

Encontrar un lugar donde **hospedarse** no es difícil; de hecho, la oficina de turismo tiene listas actualizadas de establecimientos hosteleros. Se recomienda la *Fonda Alba* de San Andrés 145 (☎981 220 242; ②-③), que dispone de habitaciones limpias y permite usar la cocina, o bien el *Centro Gallego* de Estrella 2 (☎981 222 236; ③), agradable y bien situado, así como el cercano *Hostal Merche*, de Estrella 12 (☎981 223 447; ④). El visitante encontrará muchas otras opciones a lo largo de la calle Riego de Agua; la mejor es la hogareña *Fonda María Pita*, en el n.º 38 (☎981 221 187; ③). Si el viajero prefiere un poco más de comodidad, se recomienda el *Hostal El Sol*, en Sol 10, que ofrece bonitas habitaciones (☎981 210 019; fax 981 210 362; ④-⑤), mientras que en lo más alto de la escala de precios está el *Hotel Finisterre* (☎981 205 400; fax 981 208 462; ⑦-⑧), en el paseo Parrote del casco antiguo.

La ciudad

Punto de partida de la malograda Armada Invencible en 1588 y veterana en la guerra de la Independencia española, A Coruña tiene una larga historia de combates navales. El restaurado *castelo* de San Antón, a poca distancia de las instalaciones náuticas por el paseo Marítimo; un edificio del siglo XVI, utilizado como prisión desde el siglo XVIII hasta 1968. En la actualidad alberga el **Museo Arqueológico e Histórico** (mar.-sáb., 11-21 h; invierno, cierra a las 19 h; dom., 11-14.30 h; 300 pesetas), que se recomienda visitar aunque sólo sea para contemplar las vistas de la bahía que se aprecian desde lo alto. A partir de allí, tierra adentro se encuentran los cerrados **jardines de San Carlos** y, en su interior, la **tumba de sir John Moore**, caído en 1809 durante la retirada británica frente a las tropas francesas en plena guerra de la Independencia española e inmortalizado en los himnos patrioteros del reverendo Charles Wolfe (*Not a drum was heard, not a funeral note...*, es decir, «No se oyó un solo tambor, ni música fúnebre alguna»), que el visitante verá inscritos aquí. Al otro lado de la carretera, hay otro museo militar que expone recuerdos de las diversas empresas militares de la ciudad. Si el viajero sigue adelante, se encontrará en las estrechas calles de la zona medieval, que serpentean entre las iglesias románicas de **Santiago** y **Santa María del Campo** y están protegidas del mar por un muro alto, conservado en gran parte y con unas puertas de los siglos XVI y XVII. Hacia el oeste del casco antiguo, detrás de las terrazas de los cafés de la dársena de la Marina, se halla la amplia **praza de María Pita**, en la que destaca su columnata, la mayor de A Coruña, y que tiene algunas de las fachadas acristaladas más hermosas del lugar; además, su ambiente es muy animado hasta altas horas de la madrugada.

Saliendo de los jardines que hay detrás de la oficina de turismo, el autobús 3 o 3a lleva hasta el saliente rocoso sobre el que se asienta la **torre de Hércules**, símbolo popular de la ciudad, que alerta los barcos sobre la traicionera Costa da Morte desde la época de los romanos. Fue reformada en el siglo XVIII; de hecho, no se ven restos de la antigua piedra.

En el extremo norte de la amplia praia del Orzán está el **Museo Domus**, muy bien diseñado (verano, lun.-sáb., 11-21 h; invierno, 10-19 h; dom., 11-14.30 h; 300 pesetas). Está orientado sobre todo a los niños, pero los adultos también pueden disfrutar de

510/GALICIA

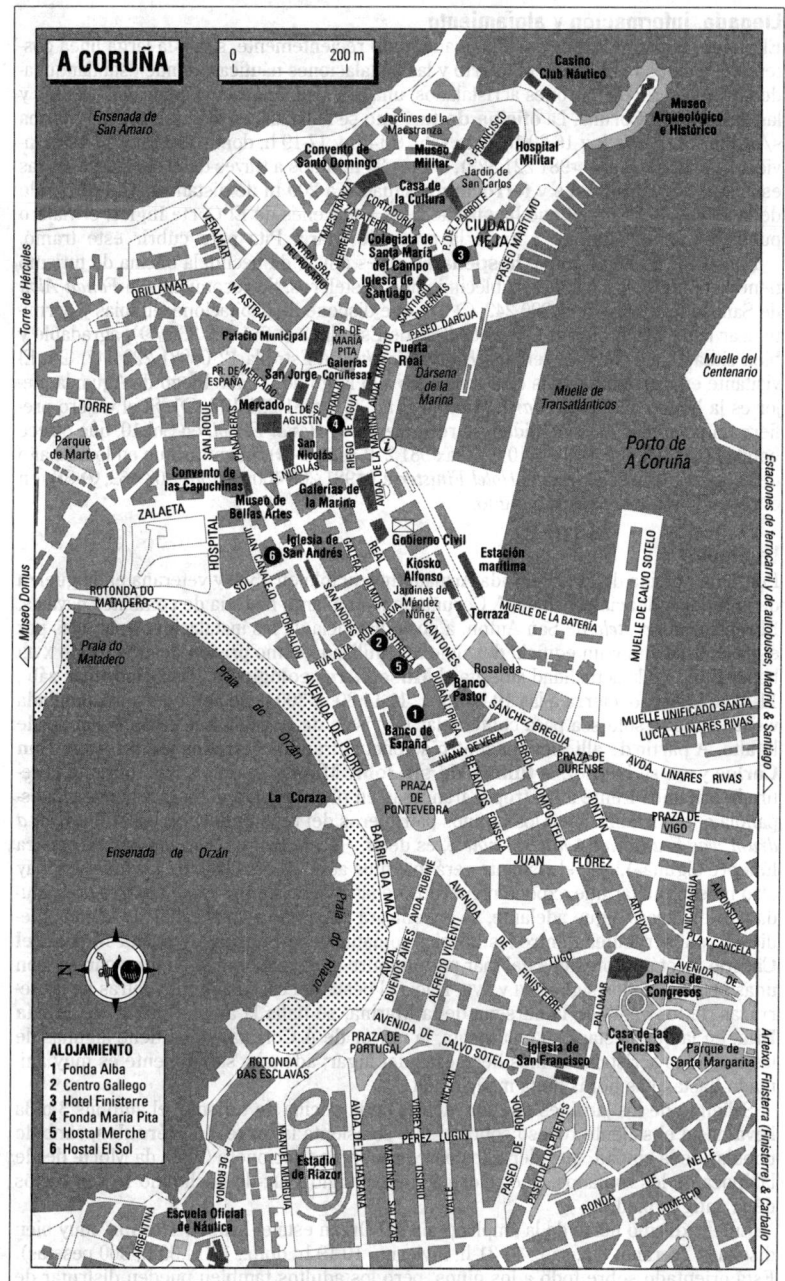

sus muestras interactivas sobre el funcionamiento de la mente y el cuerpo humanos. El billete combinado permite acceder a una **Casa de las Ciencias** (mismo horario) menos interesante, museo interactivo de ciencias que el visitante encontrará en el parque de Santa Margarita, en las afueras de la estación de autobuses.

Comida, copas y vida nocturna

La serie de callejuelas que van hacia el oeste a partir de la praza de María Pita, desde la calle Franja, a través de Galera, Olmos y Estrella, está atestada de **bares** que ofrecen el mejor pescado de España y unas excelentes tapas. Los **noctámbulos** de última hora se mueven por el otro lado del istmo: la praia de Riazor y la praia do Orzán; se recomiendan los bares *Grietas*, *Cotobelos* y *Latino*, todos en el pasadizo de Orzán (a la salida de la praia do Orzán, hacia la rotonda do Matadero). En el otro extremo de la bahía, el visitante podrá bailar durante toda la noche en la discoteca *Praia Club*, avenida de Pedro Barrié da Maza, frente al mar. Hacia el interior, en la calle Juan Flórez, está el club nocturno *Pirámide*, donde suena jazz y salsa. A 5 km del pueblo los bares y clubes de **praia Santa Cristina**, un encantador paraje boscoso sobre la arena y junto a la ría, son muy frecuentados durante todo el verano. Para llegar allí, el viajero tendrá que tomar un autobús en la estación principal hasta las 22 h o bien un barco en la dársena de la Marina hasta las 20 h; pero una vez en Santa Cristina tendrá que quedarse hasta la mañana siguiente o tomar un taxi para regresar a la ciudad.

El interior: hacia Santiago

El **Camino de Santiago** es la ruta turística más antigua de Europa; de hecho, el último tramo antes de entrar en Galicia constituye un buen ejemplo de lo que era la peregrinación medieval, ya que allí se reúnen todos los años centenares de peregrinos cargados con los objetos tradicionales y el símbolo de Santiago, la concha de vieira. Cientos de ellos recorren la ruta en bicicleta, aunque el viajero también puede hacerlo en automóvil; no obstante éste es el modo menos satisfactorio, ya que así sólo podrá ver (pero no transitar por ellos) los antiguos senderos que se internan por los bosques cuando la carretera y el camino se entrelazan para luego separarse. Ambos recorridos están bien señalizadas, con iconos en forma de conchas de vieira de color amarillo; además, los autobuses locales cubren gran parte de la ruta por carretera para que aquellos que tienen los pies magullados puedan descansar. A lo largo de todo el camino el viajero encontrará sencillos hostales para acoger a los peregrinos, pero en todos ellos tienen prioridad los caminantes. Ya sea a pie o en bicicleta, recorrer el Camino de Santiago es una experiencia inolvidable. Las oficinas de turismo locales tienen listas de hostales e instalaciones especiales para los peregrinos (también hay líneas telefónicas para las urgencias médicas); si el viajero quiere convertirse en uno de ellos sólo necesita una gorra para protegerse del sol, un chubasquero por las lluvias y una buena vara para mantener a los perros a raya.

El Camino de Santiago se ramifica al salir de la carretera principal Ponferrada-Lugo a la altura del paso de **Pedrafita do Cebreiro**, que marca la frontera de Galicia. En medio de un paisaje desolado, tal vez el viajero se sienta impresionado ante el trabajo a gran escala que se llevó a cabo en la época medieval para ofrecer apoyo material y espiritual a los peregrinos. Castillos en ruinas, conventos y humildes mesones se alinean en la carretera, y no resulta difícil imaginar lo importantes que eran para el caminante.

Cebreiro

El pueblo de **CEBREIRO** es bastante sorprendente, ya que está situado de tal forma que recibe los peores vientos y nieves gallegas, aunque quizás el viajero no lo aprecie si llega en uno de los pocos días de bonanza veraniega que se disfrutan allí. Se trata

de un lugar bastante pintoresco, ondulante, con *pallozas* (cabañas de piedra) construidas en torno a una austera iglesia del siglo IX. Hoy en día ya nadie vive en las *pallozas*, que se conservan como monumento nacional (un guía local responde a las preguntas de los visitantes). En temporada alta pasan por Cebreiro más de 1.000 personas al día; durante el resto del año la aldea está tan abandonada como siempre, e incluso el visitante puede refugiarse por una noche en el antiguo monasterio situado junto a la iglesia. En las proximidades hay pueblos parecidos, habitados por unos cuantos agricultores que prefieren vivir en sus antiguas moradas; sin embargo, sus hijos han optado por trasladarse en busca de algunas comodidades, así que el antiguo modo de vida está llegando a su fin.

Siguiendo el Camino de Santiago por Galicia

Muchos de los lugares del Camino de Santiago donde se detenían los viajeros medievales son en la actualidad poco más que un montón de ruinas, pero algunos se han conservado. Por ejemplo, el **monasterio de Samos** (todos los días, 10.30-13 h y 16.30-19 h), a 40 km al oeste de Cebreiro; es famoso por su biblioteca de la Edad Media, aunque quedó bastante dañado a causa de un incendio en 1951. No obstante, ha sido restaurado y su hospedería se ha abierto de nuevo a los peregrinos. Su fachada recubierta de musgo, sólo atravesada por un par de pequeñas ventanas enrejadas, alberga dos claustros soleados.

El que en una época fue el magnífico monasterio de **Sobrado dos Monxes** (todos los días, 10.15-13.30 h y 16.15-18.45 h), a medio camino entre Lugo, Santiago y Betanzos, quedó sumido en el olvido durante mucho tiempo; pero el gobierno provincial ha empezado a repararlo y restaurarlo. Por ello, si el viajero dispone de un vehículo propio, merece una visita. Tras la desierta carretera de acceso, la amplia iglesia catedralicia con sus fuertes torres al oeste causan gran impresión. Los magníficos edificios de la abadía son un vestigio de su antiguo mecenazgo real, lo que contrasta con la pequeña aldea que se halla debajo. En los huecos y grietas de la iglesia crecen flores, así como hierbas; además, su piedra de color miel cría líquenes y musgos. En el interior todo es enorme; grande, ordenado, de estilo barroco; hay unos magníficos y carcomidos asientos en el coro (que en una época estaban en la catedral de Santiago); a través de un pequeño arco en el crucero norte se accede a una pequeña capilla románica en ruinas. Hay algunas obras interesantes, pero se recomienda reservar tiempo para visitar también los edificios exteriores entre ellos la impresionante cocina del siglo XIII, en buenas condiciones, hábilmente iluminada y con una enorme chimenea. Una pequeña comunidad de monjes conserva el monasterio y regenta una pequeña tienda.

SARRIA, donde el viajero encontrará algunos hostales y cafés, es un lugar ideal para hacer un alto en el camino. Se recomiendan *Londres*, en Calvo Sotelo 153 (☎982 532 456; fax 982 533 006; ③). La parte baja del pueblo no resulta muy interesante, pero el casco antiguo de Sarria trepa montaña arriba, coronado por un castillo (de propiedad privada). Más allá, en la misma ruta, se halla **PORTOMARÍN**, que quedó inundado por la creación de una presa del Miño, pero su castillo templario y la iglesia fueron trasladados piedra por piedra a un lugar más alejado, en lo alto de la montaña.

Lugo

El Camino de Santiago rodea **LUGO**, aunque ya era una ciudad antigua incluso hace 100 años. Construida sobre un asentamiento celta en las cercanías del Miño (debe su nombre al dios celta del sol, Lug), es la única población de España completamente cerrada por unas **murallas romanas**. Tienen una altura de entre 10-15 m, 85 torres circulares distribuidas a lo largo de casi 3 km y son lo bastante anchas como para que la gente dé un agradable paseo en torno a la ciudad. Lamentablemente, debido a la

urbanización descontrolada ya casi no se pueden contemplar los campos de los alrededores; además, al ser la carretera bastante tortuosa y estar muy transitada, resulta imposible apreciar las murallas con un poco de perspectiva desde el exterior. No obstante, esta carretera al menos consigue desviar el tráfico del centro, que se conserva como una mezcla encantadora y algo descuidada de parterres cultivados y edificios medievales y del siglo XVIII.

La ciudad

Tal vez Lugo no tenga tan buenas vistas, pero se trata de una población agradable para dar un paseo y disfrutar de sus numerosas escaleras de granito, arcadas estrechas y espacios abiertos que transmiten cierta sensación de paz. Su mejor jardín es el **parque Rosalía de Castro**, donde el visitante encontrará un café pequeño; también se ofrecen espectáculos los fines de semana y conciertos de la banda local de música. Es un buen lugar para dar un paseo vespertino, situado a cierta distancia de la Porta de Santiago, con buenas vistas del valle del Miño.

La **catedral** mohosa, en la que destacan sus tres peculiares torres, fue (como muchas iglesias gallegas) proyectada siguiendo el modelo de la de Santiago de Compostela, una imitación que aquí perpetúan los elementos barrocos del siglo XVIII añadidos a la fachada. En el interior, las sillas del coro ocupan un espacio central, obligando a dar un rodeo por un anillo de capillas de las que destaca una en que un soldado imperial con aires de querubín pisotea a un musulmán abatido.

Si el viajero baja por la rúa Nova, llegará al **Museo Provincial** de Lugo (jul.-agos., lun.-vier., 11-14 h y 17-20 h; sáb., 10-14 h; sept.-jun., lun.-vier., 10.30-14 h y 16.30-20 h; sáb., 11-14 h; entrada gratuita), que ocupa parte del antiguo convento de San Francisco, del que podrá ver la cocina de piedra y una chimenea lo bastante grande como para sentarse, que es lo que hacía la gente. Aparte, el museo expone una muestra de arte gallego que incluye la maravillosa escultura de una campesina arrodillada, con un bastón en una mano y un sacerdote en la otra; arte contemporáneo español cedido por el Museo del Prado; una antigua colección de cerámica china de Sargadelos de Galicia; restos romanos y numerosos objetos religiosos.

En Lugo hay dos plazas. Las graciosas columnas de la **praza Maior** preceden a algunos buenos cafés y a un par de restaurantes recomendables (además de la oficina de turismo en las galerías). La praza Santo Domingo es menos atractiva; destaca una estatua negra y alta del águila imperial romana que conmemora el 2.000 aniversario de la entrada de César Augusto a la ciudad.

Aspectos prácticos

La **estación de ferrocarril** (al norte) y la **terminal de autobuses** (al este) se encuentran en la cara externa de las murallas y a poca distancia de ellas. Si el viajero entra en la ciudad por la **Porta de Santiago**, la mejor de las puertas antiguas, podrá subir al tramo más impresionante de la muralla, que llega hasta más allá de la catedral.

La **oficina de turismo** de Lugo (jul.-agos., todos los días, 9-14 h y 16-20 h; sept.-jun., lun.-vier., 9.30-13.30 h y 16.30-18 h; sáb., 10.30-13.30 h) se encuentra en las galerías de la praza España. La mayoría de los **hostales** económicos se hallan extramuros, cerca de las estaciones de ferrocarril y autobuses, pero es más divertido alojarse en el casco antiguo. El *Hostal Paramés*, en Progreso 28 (☎982 226 251; ③), dispone de habitaciones cómodas y a buen precio, mientras que *Alba*, Calvo Sotelo 31 (☎982 226 056; ②-③), es más sencillo. Sólo hay otro establecimiento donde alojarse, el caro *Hotel Méndez Núñez*, Raiña 1 (☎982 230 711; fax 982 229 738; ⑤). Al salir por la Porta do Bispo Aguirre encontrará el *Hotel Residencia España*, acogedor y bien regentado (☎982 231 540; ④). Si busca **bares**, se recomienda ir por la praza do Campo y la larga **rúa Nova**, que va hacia el norte; la mayoría de ellos sirven tapas.

514/GALICIA

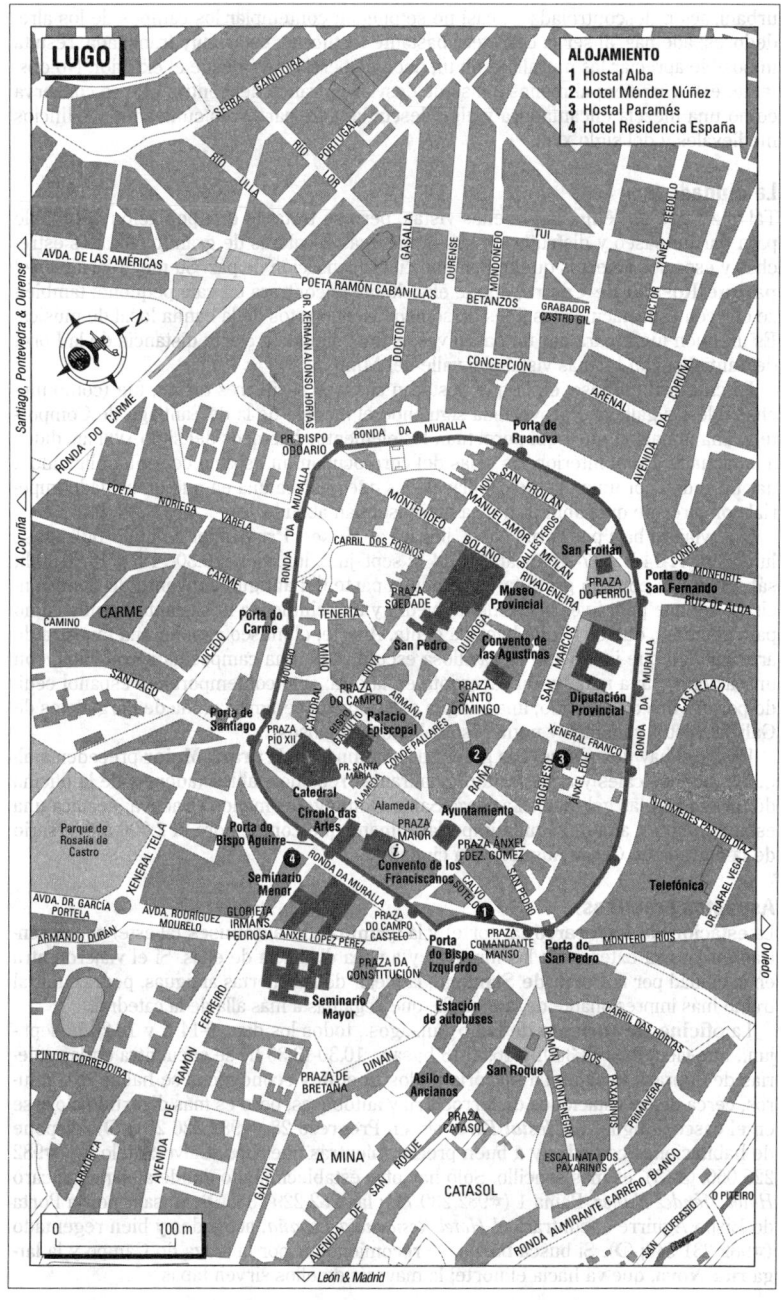

Santiago de Compostela

Construida en un cálido granito dorado, la ciudad de **SANTIAGO DE COMPOSTELA** es una de las más hermosas de España; de hecho en el norte sólo rivaliza con León y Salamanca. La zona medieval ha sido declarada toda ella monumento nacional y Patrimonio de la Humanidad por la UNESCO. Se trata de un conjunto extraordinariamente integrado, del que sin duda disfrutará el viajero, ya que es peatonal. Los edificios y las plazas, las largas arcadas de piedra y las estatuas están hechas de los mismos bloques de granito, fusionados uno en otro, de manera que a menudo resulta imposible distinguir el nivel del suelo de las divisiones entre casas.

La **peregrinación** a Santiago cautivó la imaginación de la Europa cristiana y causó un impacto sin precedentes. En el punto álgido de su popularidad, durante los siglos XI y XII, la ciudad recibía medio millón de peregrinos todos los años. Gente de todas las extracciones sociales acudía a visitar el santuario del apóstol Santiago (saint James para los ingleses, saint Jacques para los franceses), convirtiéndolo así en el tercer lugar sagrado de la cristiandad, después de Jerusalén y Roma.

El ambiente del lugar es en gran medida tal y como debió de ser en tiempos de los peregrinos, aunque en la actualidad los turistas se sienten tan atraídos por el arte y la historia de Santiago de Compostela como por su relevancia religiosa. Y no es que la función de la peregrinación haya decaído. No obstante, esto sí sucedió con la Reforma —como refiere el cronista local Molina, «las malditas doctrinas del infausto Lutero hicieron disminuir el número de alemanes e ingleses adinerados»—, pero más tarde se reactivó. Todos los años, el 25 de julio, se celebra en el santuario, durante la **Fiesta de Santiago** (véase pág. 503), una ceremonia que encomienda a España y a su gobierno al santo; además, entre sus peregrinos se han contado los generales De Gaulle y Franco y, para dar prestigio al acto, el papa Juan Pablo II (en 1982). Los años en que el día del santo cae en domingo se consideran «Año Santo Compostelano», lo que incrementa de manera notable el flujo de peregrinos y actividades. El próximo Año Santo Compostelano será en 2004.

Con una amplia población de estudiantes, la mayoría de ellos instalados en la parte moderna y menos atractiva de la ciudad —un poco más al pie de la montaña—, Santiago es siempre un lugar animado y activo, mucho más que una mera curiosidad histórica. Paradójicamente se trata de una ciudad que gana con la lluvia. De hecho, ocupa el pliegue más húmedo de las colinas gallegas y está sometida a lluvias breves pero constantes; el agua resbala por las fachadas, sale a chorros por las numerosas gárgolas y baja por las calles. Como consecuencia, la vegetación crece en todas partes: en la catedral florecen musgos anaranjados y la hierba despunta entre tejas y adoquines. Además, el viajero recorrerá Santiago y en 15 minutos se encontrará en pleno campo. Tal vez se quede allí más tiempo del previsto, sobre todo si llega cuando la magnífica fiesta del 25 de julio está en su apogeo.

Llegada, información y orientación

Si el viajero llega a la **estación de autobuses** estará aproximadamente a 1 km al noreste del centro; el autobús 10, al que se sube todo el mundo, le llevará a la praza de Galicia. Si va a pie, el modo más fácil de entrar en Santiago es doblar a la derecha al salir de la estación de autobuses y seguir la rúa Rodríguez Viguri hasta la segunda rotonda. Desde allí, el visitante tendrá que tomar la segunda calle a la derecha y subir la rúa dos Concheiros, que se convierte en rúa de San Pedro y llega hasta la Porta do Camiño. Santiago es un punto de enlace de autobuses; además de los servicios locales, el viajero encontrará autobuses a Portugal, Francia, Suiza e Inglaterra. La **estación de ferrocarril** está más cerca del centro; de modo que si llega a esta estación, sencilla-

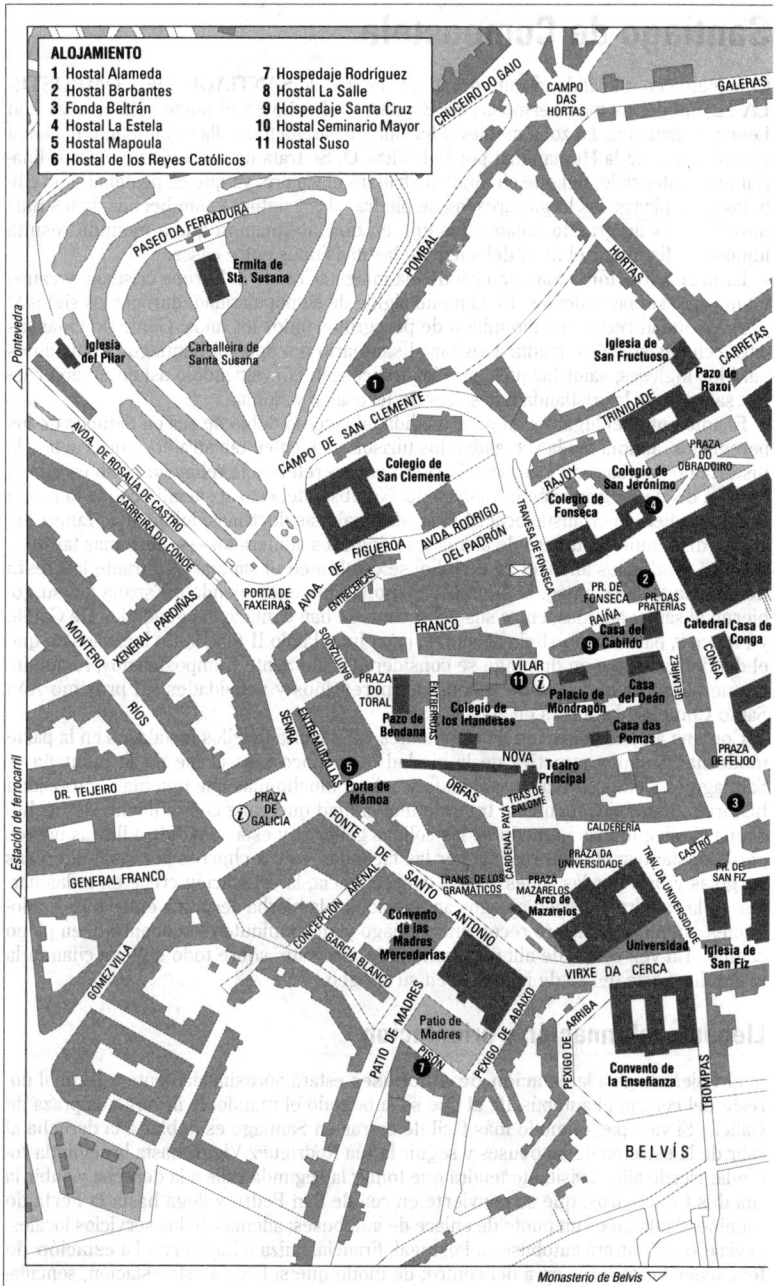

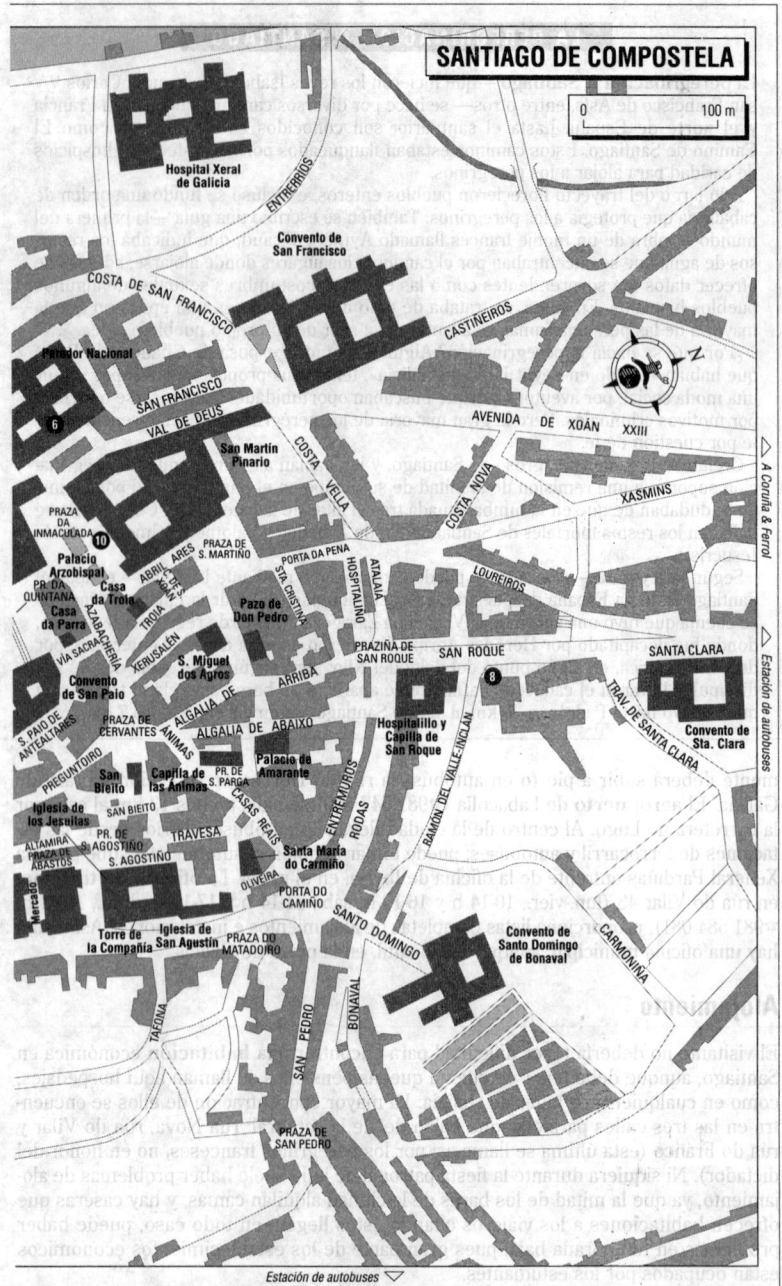

LA PEREGRINACIÓN A SANTIAGO

La **peregrinación a Santiago** —que hicieron los reyes Isabel y Fernando, Carlos V y san Francisco de Asís, entre otros— se hace por diversos caminos que cruzan Francia y el norte de España hasta el santuario; son conocidos colectivamente como El Camino de Santiago. Estos caminos estaban flanqueados por monasterios y hospicios de caridad para alojar a los peregrinos.

A lo largo del trayecto florecieron pueblos enteros, e incluso se fundó una orden de caballería que protegía a los peregrinos. También se escribió una guía —la primera del mundo—, obra de un monje francés llamado Aymery Picaud, que indicaba los recursos de agua que se encontraban por el camino y los lugares donde alojarse, además de ofrecer datos tan sorprendentes como las extrañas costumbres sexuales de algunos pueblos hispanos. En suma, se trataba de todo un fenómeno en una época en que la mayoría de las personas jamás se aventuraba a salir de su propio pueblo o aldea.

¿Por qué se hacía la peregrinación? Algunos, como la esposa de Chaucer de Bath, que habían «estado en Seynt Jame de Galicia», tenían sus propias razones: por seguir una moda social, por aventura, porque buscaban oportunidades para casarse o incluso por motivos criminales. Pero la gran mayoría de los peregrinos lo hacían sencillamente por cuestión de fe.

Creían en el poder milagroso de Santiago, y les habían asegurado que la peregrinación supondría una remisión de la mitad de su tiempo en el purgatorio. Ni por un instante dudaban de que en la tumba situada tras el altar de la catedral de Compostela se hallaban los restos mortales de Santiago, hijo de Zebedeo y Salomé y primo directo de Jesucristo.

Según la **leyenda** —algo que no puede comprobarse mediante la Biblia— el apóstol Santiago se fue a España después de la Crucifixión para difundir la Palabra, e incluso se cuenta que tuvo una visión de la Virgen en Zaragoza. Más tarde regresó a Jerusalén, donde fue decapitado por Herodes Agripa. Su cuerpo debería de estar enterrado, por derecho y lógica, en algún punto del delta del Nilo; pero según la leyenda, dos de sus discípulos llevaron el cadáver a Jaffa, donde apareció un barco sin vela ni tripulación que lo llevó hasta Padrón, a 20 km al sur de Santiago, en un viaje que duró 7 días.

mente deberá subir a pie (o en autobús) la rúa do Horreo en dirección a praza de Galicia. El **aeropuerto** de Labacolla (☎981 547 500) se halla a unos 13 km al este por la carretera de Lugo. Al centro de la ciudad llegan 11 autobuses diarios desde las estaciones de ferrocarril y autobuses; puede tomar también el autobús que sube por rúa Xeneral Pardiñas enfrente de la oficina de Iberia, en el n.º 24. La **oficina de turismo**, en rúa do Vilar 43 (lun.-vier., 10-14 h y 16-19 h; sáb., 11-14 h y 17-19 h; dom., 11-14 h; ☎981 584 081), proporciona listas completas de alojamientos e instalaciones. Asimismo hay una oficina municipal, aunque menos útil, en la praza de Galicia.

Alojamiento

El visitante no debería tener dificultad para encontrar una **habitación** económica en Santiago, aunque debe tener en cuenta que las pensiones se llaman aquí hospedajes, como en cualquier otro lugar de Galicia. La mayor concentración de ellos se encuentra en las tres calles paralelas que bajan desde la catedral: rúa Nova, rúa do Vilar y rúa do Franco (esta última se llama así por los peregrinos franceses, no en honor del dictador). Ni siquiera durante la fiesta patronal de julio suele haber problemas de alojamiento, ya que la mitad de los bares de la ciudad alquilan camas, y hay caseras que ofrecen habitaciones a los viajeros cuando éstos llegan; en todo caso, puede haber problemas en temporada baja, pues gran parte de los establecimientos económicos están ocupados por los estudiantes.

El cuerpo fue enterrado, perdido y olvidado durante los siguientes 750 años, y hallado en Compostela en el 813, en una época en que su descubrimiento resultó especialmente relevante para la Iglesia española. Un siglo antes los árabes habían entrado en la península Ibérica y habían conquistado todo su territorio, excepto la montaña al norte de Asturias; durante sus campañas habían introducido un concepto nuevo para Occidente: el de la *yihad* o guerra santa. Sentían la fuerza extraordinaria que les inspiraba su dirigente espiritual, el profeta Mahoma, cuya muerte en el 632 seguía viva en el recuerdo popular; incluso se conservaba uno de sus huesos en la mezquita de Córdoba.

De modo que el descubrimiento de los restos del apóstol Santiago debajo de un altar, en un lugar relacionado tradicionalmente con su nombre, fue un hallazgo muy oportuno. Sucedió cuando un ermitaño acudió a un lugar de una montaña desde donde experimentó la extraordinaria visión de unas estrellas; a partir de entonces, el monte fue conocido como Compostela, topónimo procedente del latín *campus stellae* o «campo de estrellas». Alfonso II de Asturias acudió allí a honrar el lugar, mandó construir una capilla y adoptó a Santiago como patrón de la España cristiana en lucha contra los infieles.

Durante décadas el santo se apareció en los campos de batalla. Ramiro I, sucesor de Alfonso II, juró que había luchado a solas junto a él en la batalla de Clavijo (844) y que el santo había abatido a 60.000 árabes. A lo largo de los 6 siglos siguientes, se dijo que Santiago «Matamoros» se había manifestado en unas 40 batallas y asistido incluso a las luchas contra los indios americanos en el Nuevo Mundo. Una actividad extraña para un pescador evangelista; pero esto no era un problema para una propaganda cristiana que solía representarlo como un caballero montado que despachaba a puñados a los musulmanes morenos y barbados de un solo golpe de espada. Paradójicamente, cuando Franco llevó a sus expertas tropas marroquíes a Compostela para que le ayudaran a derrocar al Gobierno de la República, todas aquellas estatuas fueron cubiertas de manera discreta con sábanas.

El culto a Santiago fue más intenso durante la época de la Primera Cruzada (1085) y la Reconquista, aunque hasta la actualidad nunca ha decaído.

Opciones económicas

Fonda Beltrán, rúa do Preguntoiro 36 (☎981 582 225). Hermosas habitaciones en una bonita casa antigua, con unos dueños amables. Desde la gran sala de estar se contemplan hermosas vistas de la catedral. ①-②

Hostal La Estela, avenida Rajoy 1 (☎981 582 796). Hostal tranquilo y a buen precio en una calle agradable, a la salida de la praza do Obradoiro. ③

Hospedaje Rodríguez, ruela do Pisón 4 (☎981 588 408). Habitaciones sencillas y económicas en una calle tranquila a la salida de la calle Patio de Madres; dispone de una cocina bien equipada para uso de los huéspedes. ③

Hospedaje Santa Cruz, rúa do Villar 42 (☎981 582 815). Habitaciones grandes y sencillas cerca de la catedral. ①-②

Hostal La Salle, rúa do San Roque 6 (☎981 584 611; fax 981 584 221). Moderna residencia de estudiantes junto al Colexio La Salle; dispone de unas 60 habitaciones pequeñas y funcionales, todas con ducha o baño. ③

Opciones moderadas y caras

Hostal Alameda, rúa do San Clemente 32 (☎981 588 100; fax 981 588 689). Habitaciones limpias y elegantes con suelos pulidos, grandes ventanas, baño y televisor. En una ubicación agradable, junto al parque. ⑤

Hostal Barbantes, rúa do Franco 1 (☎981 581 077). Habitaciones limpias y luminosas, algunas con balcones que dan a una pequeña plaza. Debajo hay un buen bar-restaurante. ①

Hostal Mapoula, rúa do Entremurallas 10 (☎981 580 124; fax 981 584 089). Hostal agradable de buena calidad; habitaciones espaciosas, con televisor y teléfono. ③-④

Hostal de los Reyes Católicos, praza do Obradoiro 1 (☎981 582 200; fax 981 563 094). El parador más relevante de España, con fama de ser uno de los hoteles más antiguos del mundo. Véase también la página 522. ⑧

Hostal Seminario Mayor, praza da Inmaculada 5 (☎981 583 008 y 981 572 880). Residencia de estudiantes que en verano funciona como hotel. Las habitaciones son muy sencillas para su precio, pero el impresionante monasterio benedictino en que se encuentran es magnífico. ①

Hostal Suso, rúa do Vilar 65 (☎981 586 611). Hostal limpio y cómodo, con un buen bar-restaurante debajo; situado en una calle muy activa a pocos números de distancia de la oficina de turismo. ①

Cámpings

Cámping As Cancelas (☎981 580 266). Abierto todo el año y a una distancia razonable de la ciudad (2,5 km al noreste de la catedral). Se accede por la carretera de A Coruña, por la salida de la avenida Camino del Francés. También recorren este trayecto los autobuses regulares que van al aeropuerto y el autobús urbano 9.

Cámping Las Sirenas (☎981 898 722). Una alternativa válida, a 6 km de la carretera de Santa Comba, aunque frecuentado por menos autobuses que el anterior.

La catedral

Todos los caminos que van a Santiago llegan a la **catedral**. Y la llegada hasta ella todavía es en la actualidad, como era en el pasado para los peregrinos, uno de los grandes momentos del viaje. Tradicionalmente, el primer miembro de un grupo de peregrinos que avistaba la catedral gritaba «Mon joie!» y se convertía en «rey» del grupo; por este motivo, la montaña que queda al este de Santiago se conoce como «Mountjoy». Pero el viajero sólo apreciará la imponente grandeza de este monumento cuando se adentre en la vasta extensión de la praza do Obradoiro. Encima de la catedral se levanta una pirámide barroca de granito flanqueada por enormes campanarios, adornada por todas partes con estatuas de Santiago vestido con su habitual atuendo de peregrino: bastón, sombrero de ala ancha y la distintiva concha de vieira. Se trata de la famosa **fachada del Obradoiro**, proyectada a mediados del siglo XVIII por un arquitecto nacido en Santiago, Fernando Casas y Novoa. No existe otro edificio barroco español que pueda compararse a éste, pues ninguno tiene lo que algunos enamorados del lugar definen de manera sublime como «una exuberancia ante la que hay que descubrirse».

La planta principal es románica, y fue reconstruida en los siglos XI-XII tras un ataque devastador del visir musulmán de Córdoba Almanzor en el 977. Éste no consiguió encontrar el cuerpo del santo, pero obligó a los ciudadanos a cargar con las campanas de la catedral y llevarlas hasta la mezquita de Córdoba, un acto que tiempo después sería repetido a la inversa (véase pág. 286). Lo más destacado del edificio —y una de las grandes obras maestras del arte medieval— es el **pórtico de la Gloria**, la fachada occidental original, que en la actualidad se conserva en el interior de la catedral, detrás del Obradoiro. Terminada en 1188 bajo la supervisión del maestro Mateo, supone la culminación de la escultura románica en toda su extensión y un primer paso hacia el nuevo realismo gótico, con figuras relajadas y humanizadas.

Originalmente estaban pintadas, y todavía se aprecian en ellas los restos de la restauración que se realizó en el siglo XVII.

Sin embargo, la auténtica maestría reside en el conjunto del edificio. El visitante verá sobre las puertas laterales las representaciones del Purgatorio y el Juicio Final, mientras que la puerta principal está presidida por un Cristo en majestad flanqueado por los doce apóstoles (san Mateo escribe sobre sus rodillas, san Lucas sobre un buey, san Juan aparece con el águila y san Marcos con el león) y los 24 ancianos del Apocalipsis, que tocan música celestial. Santiago ocupa la columna central en postura sedente, debajo de Cristo y por encima del nivel de la vista, en una clásica postura simbólica de intercesor, ya que gracias a su mediación los peregrinos pueden contar con el perdón providencial. A cada lado aparecen los profetas del Antiguo Testamento; el más famoso de ellos es Daniel, que parece dirigir una sonrisa seráfica a Esther, al otro lado del pórtico. Los peregrinos dan gracias por el término del viaje rezando y apoyando los dedos de una mano en las raíces del Árbol de Jesé que sobresalen por debajo de la figura del santo. Tantos millones de personas han hecho este gesto que el mármol se ha ido erosionando; de hecho en él se aprecian cinco huecos profundos y brillantes. Luego, por tradición, los peregrinos bajan la cabeza para golpearla contra el «santo dos Croques», humilde figura achaparrada que está al otro lado y representa al maestro Mateo, para que les conceda inteligencia y sabiduría.

Sin embargo, el clímax espiritual de la peregrinación lo constituye la aproximación al **altar mayor**. Continúa siendo una experiencia peculiar: el peregrino sube los peldaños que hay detrás del altar, abraza la figura sagrada de Santiago, besa su manto de piedras preciosas y recibe, a modo de certificación, un documento en latín que se denomina un *Compostela*. El altar es una creación churrigueresca del siglo XVIII, pero la estatua está allí desde hace 7 siglos, y el modo de acercarse a ella no ha variado (desde aquí también se puede apreciar una vista *divina* del sacerdote y la congregación durante las misas). Los peregrinos acuden después a confesarse y asisten a la misa solemne. Se aconseja cumplir al menos con esta última costumbre, porque así el viajero comprenderá la mística de Santiago.

El visitante advertirá que existe un complejo sistema de poleas colocado frente al altar. Sirve para mover el enorme incensario o **botafumeiro** que, controlado por ocho sacerdotes, pendulea con fuerza desde un amplio arco de entre 25 y 30 m de ancho sobre el crucero. Es algo impresionante, pero sólo se emplea en algunos servicios, y casi nunca fuera de Año Santo.

Los restos del santo se conservan en una **cripta** situada bajo el altar. Se extraviaron por segunda vez en 1700, tras ser escondidos ante una inminente invasión inglesa, pero fueron reencontrados durante las obras de construcción de 1879. De hecho, lo que se halló fueron tres esqueletos, y se dedujo que eran los de Santiago y sus dos discípulos. El único problema era identificar cuál era el del apóstol, cuestión que se resolvió de manera fortuita cuando una iglesia de Toscana anunció que poseía un fragmento del cráneo de Santiago que coincidía a la perfección con el hueco craneal de uno de los tres cadáveres hallados. El papa León XIII confirmó su identidad en 1884. La visita de Juan Pablo II probablemente reafirmó la sanción oficial.

Para visitar el **tesoro**, el **claustro**, la **buchería** (Museo Arqueológico) y la hermosa **cripta del Pórtico** del maestro Mateo hay que comprar una entrada combinada que vale 500 pesetas. Los claustros de estilo gótico tardío son bastante interesantes; desde su patio llano como el de una mezquita se aprecia una maravillosa vista de la exuberante mezcla del exterior, plagado de pagodas, peones, cúpulas, obeliscos, almenas, conchas y cornucopias. Debajo del claustro, en el museo, están la piedra original del coro del maestro Mateo y los restos del claustro del siglo XIII. La cripta se halla debajo del pórtico de la Gloria; se accede a ella por una escalera próxima a la puerta principal. El museo y la entrada al claustro se encuentran a la derecha de la plaza de la catedral. Estas partes del edificio, a diferencia de la propia catedral (que

permanece abierta todo el día), tienen un horario de apertura limitado: 10.30-13.30 h y 16-18.30 h (dom., 10.30-13.30 h).

El resto de la ciudad

Toda la ciudad, con sus calles enlosadas y arcadas, desprende serenidad y encanto; pero si el viajero quiere dar cierto sentido a sus paseos quizá lo mejor sea visitar primero los edificios que rodean la catedral —el Palacio Arzobispal y el Hostal de los Reyes Católicos— y dirigirse luego hacia otros monasterios y conventos. Por último, para tener una impresión global del conjunto arquitectónico de Santiago puede recorrer el **paseo da Ferradura** (paseo de la Herradura), en los espaciosos jardines públicos que hay al suroeste del casco antiguo, al final de la rúa do Franco.

Alrededores de la catedral

El **Pazo de Xelmirez** (Palacio Arzobispal de Gelmírez; 10-13.30 h y 16.30-19.30 h; 200 pesetas) ocupa la cara norte de la catedral, compensando así el claustro, y se accede a él por la entrada situada a la izquierda de las escaleras principales. Gelmírez fue uno de los impulsores del gran desarrollo de Santiago. Mandó reconstruir la catedral en el siglo XII, ascendió la sede a categoría arzobispal, y «descubrió» una escritura del siglo IX que concedía al santuario de Santiago un tributo anual de una fanega de trigo por cada acre de la península Ibérica reconquistado a los árabes. La disposición se cumplió durante 4 siglos, pero en 1834 fue anulada. En el Palacio Arzobispal, de un lujo apropiado a su rango, hay una cocina abovedada del siglo XIV y salas románicas.

Hasta el siglo XIII la catedral acogía en su interior a los peregrinos (el *botafumeiro* se usaba en parte para fumigar), pero de manera progresiva esta función fue adoptada por los conventos fundados en los alrededores de la ciudad. Isabel y Fernando, como acción de gracias por la toma de Granada, completaron las instalaciones con un hostal para pobres y enfermos. Se trata del elegante **Hostal de los Reyes Católicos**, de estilo renacentista, que se encuentra en el lado norte de la praza do Obradoiro, enfrente de la catedral. En la actualidad es un parador, lo que significa que a menos que el viajero se aloje allí será difícil que pueda entrar a ver los patios, la capilla con una preciosa talla gótica de madera y la cripta-bar abovedada (lugar donde antiguamente se almacenaban los cuerpos de los difuntos). Sin embargo, aunque los curiosos no sean bienvenidos, siempre se admite la entrada de clientes al bar (no muy caro, a diferencia del restaurante).

El viajero puede dedicar al menos media tarde a las plazas que hay en los alrededores de la catedral. Cada una es distinta de las demás. En la mayor de ellas, la **praza da Quintana**, una ancha escalinata une la parte posterior de la catedral con los altos muros de un convento. La «Porta Santa» de esta plaza sólo se abre durante los Años Santos, cuando la festividad de Santiago cae en domingo. Al sur está la **praza das Platerías** o «plaza de los Plateros» dominada por una fuente profusamente adornada, y al norte la **praza da Azabachería**, que en una época era el centro financiero de España.

Iglesias céntricas y museos

La enorme iglesia benedictina de **San Martín** se levanta cerca de la catedral; en su gran altar aparece la figura de su patrón junto con la de Santiago. Cerca se halla **San Francisco**, que se cree que fue fundada por el propio san Francisco durante su peregrinación a Santiago.

Al este de San Martín, se encuentra el **Museo das Peregrinacións** (mar.-vier., 10-20 h; sáb., 10.30-13.30 h y 17-20 h; dom., 10.30-13.30 h; 400 pesetas), en una mansión del siglo XVI situada a la salida de la praza de San Miguel, el pazo de Don Pedro, tam-

bién conocida como la Casa Gótica. En el museo se expone la historia del Camino, la ciudad y la catedral mediante excelentes muestras y maquetas. Lo más destacado del museo es una versión original de los *Codex Calixtinus* del siglo XII, una guía de viaje para los peregrinos que recomendaba rutas y lugares de alojamiento y advertía de los peligros que había a lo largo del recorrido.

Ya en las afueras de la ciudad, el viajero encontrará dos iglesias: al norte, **Santa Clara**, barroca y única por su fachada curva; y al este **Santo Domingo**, quizás el edificio más interesante, ya que integra una magnífica escalera de caracol triple del siglo XVII con la peculiaridad de que cada espiral conduce a los distintos pisos de una sola torre. El **Museo do Pobo Gallego** (lun.-sáb., 10-13 h y 16-19 h; entrada gratuita) expone artesanía y tradiciones gallegas; muchos aspectos de las costumbres que se muestran allí todavía no han desaparecido del todo, aunque es improbable que el visitante vea *corozas*, o los abrigos de paja que utilizaban los pastores montañeses hasta hace pocas décadas. La exposición tiene los rótulos en gallego, pero el viajero también encontrará guías en castellano. La iglesia del convento alberga el panteón de gallegos ilustres.

Santa María do Sar

Fuera del recorrido principal por la ciudad, la única visita que vale realmente la pena es la de la curiosa **iglesia románica de Santa María do Sar**. Se halla a 1 km de la calle Sar, que parte del patio das Madres. Dada la precariedad de sus cimientos, Santa María se ha inclinado unos 15°, pero sigue guardando una absoluta simetría. También tiene un hermoso claustro, obra del maestro Mateo. La iglesia debería permanecer abierta durante todo el día, pero tal vez el viajero tenga que preguntar en los edificios posteriores para que le abran.

Comida, copas y vida nocturna

La existencia de numerosos estudiantes en Santiago garantiza la animación de la ciudad. Durante el curso académico la zona de **bares** más activa se centra en la parte moderna, sobre todo en la rúa Nova do Abaixo. El casco antiguo, algo más caro, mantiene su actividad durante todo el año; si el viajero tiene suerte podrá presenciar (o ser tan imprudente como para participar en ella) la legendaria **carrera París-Dakar**: sus participantes salen del *Bar París*, en lo alto de la rúa do Franco, y tienen que beber en cada uno de los 48 bares que hay hasta llegar al *Bar Dakar* de la rúa da Raiña, terminando a medianoche. En esta calle encontrará las mejores **tapas**, aunque después de la medianoche la gente suele desplazarse hacia los pubes diseminados por la ciudad.

La comida típicamente gallega es abundante y excelente en Santiago; de hecho, abundan los **establecimientos donde comer**, en especial la rúa do Franco, flanqueada por restaurantes de pescado que en su mayoría lo expone vivo y coleando en los escaparates. Si el viajero prefiere comprar los alimentos, puede ir al gran **mercado** cubierto situado en las antiguas instalaciones de la praza de Abastos, abierto hasta los 15 h. El jueves es el día principal de mercado, y suele estar muy concurrido. En la ciudad también hay algunos colmados especializados que venden el tradicional **queso** de tetilla.

Santiago es el mejor lugar de Galicia para escuchar **música** celta de gaita, y que interpretan las tunas estudiantiles. Quizás intentarán venderle una cinta grabada en la praza do Obradoiro.

Restaurantes

Abellá, rúa do Franco 30. Platos abundantes y buen servicio. Su caldo gallego es sabroso.

Bodegón de Xulio, rúa do Franco 24. Buen restaurante de pescado que destaca entre todos los alineados en esta calle.

Cabaliño do Demo, Porta do Camino 7. Carta vegetariana y un excelente menú por 850 pesetas.

Casa Manolo, rúa Travesa 27. Magnífico reducto estudiantil, muy popular; sirve un menú abundante por 750 pesetas y una carta muy variada. Sólo para no fumadores. Dom. noche, cerrado.

Cuatro Vientos, Santa Cristina 19. El restaurante más barato de la ciudad, y muy agradable. Se recomiendan sus tortas. Situado detrás del Museo das Peregrinacións.

Dos Gaiferos, rúa Nova. Sirve un pescado excelente —aunque caro—; establecimiento hermoso, con ambiente de bodega.

Toñi Vicente, Rosalía de Castro 24. *Nouvelle cuisine* muy cara y con elementos gallegos. En 1998 obtuvo el premio de la cocina española.

Bares y tapas

Bar-Restaurante Entrerúas, ruela de Entrerúas 2. Escondido en un callejón entre rúa Nova y Vilar, este bar ofrece unas sabrosas raciones de pescado.

O Beiro, rúa da Raiña 3. Un establecimiento excelente para probar prácticamente todos los vinos españoles.

Café-Pub Metata, Preguntoiro. Situado en una antigua bodega donde se hacía chocolate, ofrece un fuerte chocolate al licor.

Casa das Crechas, Vía Sacra 3. Bar folclórico bastante conocido, donde a menudo hay actuaciones de música gallega, celta o folclórica internacional en vivo.

Fuco Lois, rúa Xelmirez 25. Bar popular con música ecléctica en vivo, sobre todo a mediados de semana.

Gallo d'Ouro, rúa (cuesta) Conga 14. Bar bodega con una famosa gramola antigua.

O Gato Negro, rúa da Raiña. Tasca antigua de visita obligada. De moda desde hace 80 años.

Klausura, rúa de San Paio de Antealtares 20 (San Pelayo). Uno de los pubes nocturnos veraniegos más populares de esta pequeña plaza.

Ventosela, rúa da Raiña 28. Bar sencillo pero muy típico adonde van a refrescarse la garganta muchas tunas.

Direcciones prácticas

Alquiler de automóviles Algunos operadores son: Autos Brea, rúa Xeneral Pardiñas 21 (☎981 565 056); Avis, rúa República Salvador 10 (☎981 573 908); Autotur-Budget, rúa Xeneral Pardiñas 3 (☎981 586 496); y Atesa, Parador de los Reyes Católicos (☎981 581 904).

American Express Ultratur, avenida de Figueroa 6 (lun.-vier., 9.30-14 h y 16.30-19.30 h; sáb., 10-12.30 h; ☎981 587 000).

Cafés Internet *Ciber... ¿Qué?*, praza Cruceiro de San Pedro, a medio camino hacia la estación de autobuses; *Ciber Dreams*, rúa Diego de Muros 5, al sur de la praza Roxa, en la parte moderna de Santiago.

Correos La oficina central está en la esquina de la travesía de Fonseca y la rúa do Franco.

Ferrocarriles Información Renfe ☎981 520 202; también información y reservas en cualquier agencia de viajes de la ciudad.

Información del aeropuerto ☎981 547 500.
Información autobuses ☎981 589 090.
Lavanderías Lavandería La Económica, autoservicio en la rúa Ramón Cabanillas 1 (a la salida de praza Roxa, a pocas calles al oeste de praza de Galicia).
Librerías Librería Vetusta, rúa Nova 31, ofrece una selección de libros usados, con títulos extranjeros y servicio de intercambio. Librería Follas Novas, rúa Montero Ríos 37, en la parte moderna de la ciudad, dispone de una amplia selección de novedades.
Líneas aéreas El aeropuerto Labacolla trabaja con varias compañías, entre ellas Iberia (☎981 333 111), Air Europa (☎981 594 950) y Spanair (☎902 131 415).

La Costa da Morte

La abrupta y escarpada línea costera que se abre paso al oeste de A Coruña y Santiago se conoce como la **Costa da Morte**; debido a sus acantilados y rocas allí se han producido cientos de naufragios; además según las leyendas celtas, al igual que en el Finisterre bretón, hay ciudades enteras ocultas bajo el mar. El paisaje es más áspero y el tiempo más inclemente que en las Rías Baixas, hacia el sur, pero se trata de un lugar asimismo hermoso, con las laderas de las montañas cubiertas de bosques y algunos pueblecitos pesqueros acurrucados contra los pelados promontorios azotados por las olas del Atlántico. Para los peregrinos medievales éste era el **fin del mundo**; de hecho, aún hoy continúa siendo un lugar relativamente inaccesible y olvidado. Los autobuses regulares de Transportes Finisterre comunican todos los puntos que aparecen a continuación; pero a veces sólo tienen un servicio diario, que a menudo sale a primera hora de la mañana. Aunque algunos tramos han sido remodelados, las carreteras suelen estar barridas por el viento y transitar por ellas resulta dificultoso; además, el tren no llega a esta zona. Si el viajero dispone de vehículo propio o está di puesto a hacer autostop (es uno de los mejores lugares de España para probarlo), puede recorrer la carretera de la costa desde A Coruña hasta **Fisterra** (Finisterre) y rodear **Muros** y **Noia**. Por esta área abundan los dólmenes y *castros* (fuertes); no obstante, necesitará un buen mapa y mucha paciencia para localizar a la mayoría de ellos.

Asimismo debería saber que, si bien existen calas aisladas con bonitas playas de arena, casi nunca encontrará instalaciones hosteleras. Aunque sean playas preciosas, sólo los nadadores muy tenaces deberían atreverse a nadar; por esto fuera poco, el clima es mucho más húmedo y ventoso aquí que a 100 km más al sur.

De Malpica a Traba

Al oeste de A Coruña hay muy pocos lugares donde el viajero pueda parar (véase pág. 508); por ello se recomienda que tome un autobús de Transportes Finisterre hasta dejar atrás Carballo (un cruce de carreteras muy transitado del interior). A partir de allí, el autobús pasa por una serie de pequeños puertos marítimos. El primero de ellos, **MALPICA**, pueblo comprimido en el cuello de una estrecha península que tiene el puerto a un lado y una maravillosa —aunque poco resguardada— playa a tan sólo unos 100 m, en el lado opuesto. En mar abierto hay tres islas desoladas que se han convertido en un santuario de aves marinas; el viajero sólo podrá acceder a ellas si llega a un acuerdo con algún pescador. Si busca un **lugar donde alojarse**, se recomienda el *Hospedaje Chouciño* (☎981 720 223; ②), bastante sencillo, aunque cuatro de sus habitaciones tienen espléndidas vistas; las habitaciones del *Hostal Panchito*, en praza Villar Amigo 6 (☎981 720 307; ④), están más arregladas y disponen de baño, pero las vistas no son tan hermosas; el *Hostal JB* (☎981 721 906; ④) se encuentra en la misma playa. El mejor **restaurante** de pescado es el *San Francisco*, rúa Eduardo

Pondal, donde el cliente puede elegir el pescado o marisco del acuario para que lo cocinen. Asimismo se aconseja *O Burato*, que da al puerto, al salir de la plaza.

A diferencia de los pueblos vecinos, **CORME** carece de paseo marítimo y por ello recibe menos turismo, lo que en temporada alta puede ser un alivio. Situado al otro lado del promontorio de Malpica, se halla sobre una profunda bahía semicircular con tres playas al este, dos de ellas en una pequeña cala rocosa y la mayor amparada por dunas de arena y a una distancia que se puede cubrir a pie por los alrededores de la bahía. En el pueblo hay pocos bares o restaurantes, y sólo consta de unas pocas calles apretadas que conducen a una pequeña *praza*. Incluso para los parámetros de las aldeas locales, donde las estructuras sociales todavía se basan en los clanes, Corme es bastante insular. En las décadas de 1940-1950 fue campo de cultivo de las guerrillas gallegas que bajaban de las montañas para atacar a la Guardia Civil. En agosto de 1993 aparecieron 650 kg de hachís en las redes de una barca pesquera de la localidad, hecho que no sorprendió a nadie. **CORME ALDEA**, un asentamiento agrícola en la montaña que se alza sobre el puerto, quizá tenga más encanto que su aldea marítima gemela, pero de vuelta a Corme las vistas del puerto que se aprecian desde la parte posterior del bar-restaurante *O Biscoiteiro*, en la avenida Remedios, son maravillosas, y la comida deliciosa. Hay **camas** en *O'Cabazo*, Arnela 23 (☎981 738 077; ③), si el viajero quiere quedarse allí.

A medio camino entre Malpica y Corme, la gente planta tiendas y prende hogueras en la resguardada **praia de Niñóns**. El viajero tendrá que seguir las indicaciones desde Corme y doblar a la izquierda en la cruz de granito; luego deberá seguir por una carretera rodeada de campos de maíz que llega hasta el mar. Hay una fuente detrás de la iglesia de granito que mira hacia la playa y un bar solitario que cierra por la noche; tendrá que llevar alimentos. Otro lugar ideal para acampar, aunque ilegal, es la **praia de Balarés**, debajo de Corme y cerca de Ponteceso. Se trata de una agradable cala donde se puede nadar sin peligro, y en la que además hay un par de bares en temporada alta.

Un antiguo puente cruza el río Anllóns hasta **PONTECESO**, situada más allá de una mansión de piedra que fue hogar del poeta gallego Eduardo Pondal (1835-1917), que ha dado su nombre a calles de toda Galicia. En **LAXE** hay una franja alargada de arena limpia flanqueada por calles llenas de cafés. Se trata del lugar de esta zona donde se puede nadar con mayor seguridad, debido a la formidable pared marítima que protege al pequeño puerto de la localidad. El *Bar Mirador*, a la salida de la plaza, pertenece a un descendiente de la familia de fotógrafos que empezó a trabajar aquí en la década de 1870, y cuyas imágenes de la zona va a lo largo de todos estos años se exponen en las paredes del propio bar. En cuanto al **alojamiento**, se recomienda al agradable *Hostal Beira Mar*, Rosalía de Castro 30 (☎981 728 109; ③), y al *Hospedaje Pescador*, en calle Río (☎981 728 195; ③), al salir de la plaza. También dispone de habitaciones sencillas el *Restaurante Sardiñeira*, Rosalía de Castro 51 (☎981 728 029; ②). Cerca de él hay dos playas, la desierta **praia de Soesto** que aunque poco resguardada es más frecuentada que la del pueblo, y una cala perfecta, la **praia de Arnado**. Cerca, **TRABA** tiene su propia playa, la **praia de Traba**, muy apartada, rodeada de dunas de arena y un mosaico de parcelas de lo que todavía son básicamente cultivos minifundistas, aunque se han colectivizado de nuevo.

De Camariñas a Finisterre

La franja costera que se extiende desde Camariñas hasta Finisterre es la más desprotegida y occidental; se la conoce como fin del mundo o *finis terrae* desde que una expedición romana dirigida por Lucio Floro Bruto se internó en lo que parecía ser un mar infinito. La violencia de sus corrientes y las condiciones meteorológicas de la zona son extraordinarias, e incluso recoger los moluscos que se crían entre las rocas

puede convertirse en una actividad sumamente peligrosa. Se trata de un lugar privilegiado para la crianza de percebes, que tienen que arrancarse de la misma línea de flotación; muchos recolectores de percebes han sido barridos por la temida «séptima ola», que puede formarse en cualquier instante cuando el mar está en calma. Los percebes, unos moluscos pequeños que parecen un dedo momificado, son una de las especialidades más apreciadas de Galicia. El visitante los verá en los mercados, aunque son muy caros.

Camariñas

El pintoresco pueblo de **CAMARIÑAS** se encuentra en la ruta de los autobuses; si el viajero quiere pernoctar allí, presenta indudables ventajas frente a Finisterre. Situado en torno a un bonito puerto donde están amarrados la flota pesquera y los yates de los visitantes de postín, Camariñas tiene edificios pintados de blanco con balcones acristalados; además, la localidad es famosa por sus almohadas de encaje, tradición que mantienen viva las ancianas, que venden su mercancía en puestos estratégicamente colocados para atraer turistas.

Si el visitante busca **alojamiento**, se recomienda *La Marina* (☎981 736 030; ③), en Miguel Freijo 3, al principio del muro del puerto; dispone de habitaciones limpias y tiene preciosas vistas y un buen restaurante. Asimismo se aconseja el *Hostal Plaza*, en la plaza del mercado viejo (☎981 736 103; ③), y, a 1 km del pueblo, en Área de Vilá (una playa de arena), el *Triñanes II* (☎981 736 108; ③).

El viajero puede ir caminando de Camariñas a **Cabo Vilán**, a 5 km de distancia, donde el faro de una antigua mansión anuncia una orilla rocosa; si trepa por las rocas que hay al lado contemplará impresionantes vistas del mar. El viento azota con virulencia el cabo, motivo por el que este lugar ha sido elegido para instalar un parque eólico. Unas grandes hélices de alta tecnología aprovechan la fuerza del viento; una imagen espectacular que al anochecer, cuando parten las rachas de luz del faro, puede ser incluso fantasmal.

Muxía

Desde Camariñas, en lo alto de un promontorio rocoso al otro lado de la ría, se halla el pequeño puerto de **MUXÍA**. No llama mucho la atención, pero desde lo alto de la iglesia románica de la montaña se contemplan hermosas vistas a cada lado del promontorio y un camino que desciende al **Santuario de la Virgen de la Barca**, del siglo XVIII, que en una época fue el segundo lugar más importante del culto animista gallego precristiano después de San Andrés de Teixido (véase pág. 506). El culto se organizaba en torno a unas rocas de granito extrañamente talladas que hay en el extremo más apartado del promontorio (varias en precario equilibrio), de las que se decía que producían sonidos maravillosos cuando se las golpeaba de un modo determinado. También se pensaba que algunas de ellas tenían poderes curativos. En los últimos tiempos se hizo una reinterpretación de las rocas y se consideró que eran restos del barco de piedra que trajo a la Virgen para ayudar a Santiago, una clara reminiscencia de la llegada del propio santo a Padrón.

El mejor lugar donde **hospedarse** es la preciosa *Casa Isolina* (☎981 742 367; ①), una antigua casa a una calle de distancia del paseo marítimo con un jardín con terrazas de viñedo detrás. Para probar un **pescado** excelente, se recomienda la pequeña y destartalada *Casa Marujita*, subiendo a la izquierda por el extremo más alejado de la carretera del paseo marítimo.

Hacia Finisterre

La carretera del interior (C-552) de Carballo a Finisterre está en excelentes condiciones, consecuencia de las numerosas obras públicas que se llevaron a cabo en la

década de 1990, y que están cambiando Galicia. **VIMIANZO** estuvo años restaurando su castillo de postal del siglo XIII (lun.-sáb., verano, 10.30-14 h y 16-20.30 h; invierno, 9-13 h y 15-18 h), que ahora constituye un lugar privilegiado como nuevo centro cultural para exposiciones de pintura, fotografía y trajes.

Hacia el oeste, 2 km después del puerto industrializado de Cée y a 14 km al nordeste de Finisterre, se encuentra **CORCUBIÓN**. Conserva todavía su elegancia, aunque la franja más desarrollada que lo comprime se ha unido ahora a su barrio más feo. Si el viajero busca una habitación barata, se recomienda el pequeño establecimiento *La Sirena* en Antonio Porrúa 15 (☎981 745 036; ②), que se halla sobre el bar del mismo nombre situado a la salida de la plaza; si prefiere algo más lujoso, se aconseja *El Hórreo*, en el paseo marítimo (☎981 745 500; fax 981 745 563; ⑥). A medio camino entre Corcubión y Finisterre hay una hermosa playa de arena blanca escondida en una calita de **ESTORDE**, a menos de 1 km del pueblo mayor del **SARDIÑEIRO**. Cerca de la playa verá un **hostal** agradable, el *Praia de Estorde* (☎981 745 585; ③), y, al cruzar la carretera, un **cámping** pequeño y boscoso, el *Ruta de Finisterre* (jun.-sept.; ☎981 746 302).

Fisterra (Finisterre)

El pueblo de **FISTERRA** (Finisterre) todavía parece a punto de caerse de los límites del mundo, pero al margen de su significado simbólico, hay pocas razones para ir allí. No verá más que varias casas grises protegidas por las rocas al lado de un promontorio resguardado, pero tiene algunos **hostales** económicos; el más barato de ellos, la *Casa Velay* (☎981 740 127; ②), da a la pequeña bahía que se abre detrás del gran rompeolas del puerto. El *Hospedaje López* (☎981 740 449; ②-③), en el lado norte del puerto, dispone de algunas habitaciones con balcones y excelentes vistas, y el *Rivas*, en la carretera del Faro (☎981 740 027; ③), ofrece una buena relación calidad-precio. Si el visitante prefiere un establecimiento más lujoso, se recomienda *Cabo Finisterre* (☎981 740 000; fax 981 740 054; ④), de la calle Santa Catalina (hostal y hotel). Para **comer**, se aconseja que pase de largo los restaurantes de moda con enormes peceras de langostas y que vaya al lado sur del puerto, donde encontrará numerosos puestos que preparan *sardiñadas* (sardinas asadas al aire libre) y marisco fresco.

De hecho, los límites del **promontorio** se encuentran más allá, a 4 km a pie, junto a una ladera montañosa llena de brezales y pasando por un bosque de pinos recién plantado. Al salir del pueblo pare en **Santa María das Areas**, una iglesia pequeña pero pintoresca con elementos románicos y góticos, así como un altar hermosamente esculpido que, como las extrañas tumbas erosionadas a la izquierda de la puerta principal, es considerablemente más antiguo que el resto del edificio. En el cabo hay un faro que se levanta muy por encima de las olas; cuando, como ocurre a menudo, queda escondido entre la bruma y la sirena de la niebla retumba sobre el mar, el lugar cobra un aire fantasmal. Si luce el sol es mejor visitar los puestos de helados y a los vendedores de collares de conchas y subir la carretera en zigzag que llega hasta la cima del **monte do Facho**, por encima del faro, para disfrutar de sus estupendas vistas.

Ezaro, O Pindo y Carnota

Alrededor de **EZARO**, punto donde el río Zallas desemboca en el mar, el paisaje es hermoso. Las rocas de las escarpadas paredes de la carretera son tan ricas en minerales que su superficie multicolor reluce bajo las numerosas y pequeñas cascadas de la zona. Río arriba, el viajero encontrará lagos naturales templados y más cascadas. Ya en Ezaro, el hostal situado sobre el *Bar Stop* (☎981 712 577; ③) dispone de **habitaciones** económicas; también puede avanzar 2 km más, hasta el pequeño puerto de **O PINDO**; bajo una montaña pequeña pero de vegetación muy frondosa, con algunas

casas antiguas, hay una playita y un par de **alojamientos**, el *Hospedaje La Morada* (☎981 764 870; ③) y *La Revolta* (☎981 764 927; ④), con una marisquería.

En dirección a **CARNOTA**, el viajero encontrará una serie de playas cortas que al final terminan fundiéndose en una larga e ininterrumpida fila de dunas barridas por los vientos del Atlántico. La localidad de Carnota se halla a 1 km de la orilla, pero sus palmeras y la vieja iglesia presentan una capa de sal. En los campos de las afueras del pueblo está la *Casa Fandiño*, Calvo Sotelo 23 (☎981 857 020; ②), un establecimiento excelente, que dispone de habitaciones limpias y tranquilas, mientras que el *Hostal Miramar*, praza de Galicia (☎981 857 016; ④), es bonito pero caro.

Muros y Noia

En el antiguo pueblo de **MUROS** se conserva parte de la mejor arquitectura tradicional gallega fuera de Pontevedra. Ésta se encuentra en las calles estrechas que parten de la curva del paseo marítimo y van hasta la iglesia románica. En casi cualquier dirección que mire, el visitante verá columnas achaparradas y arcadas de granito, anchas escalinatas, bancos y porches de piedra construidos en las fachadas de las casas. El antiguo edificio del mercado es especialmente hermoso.

Para alojarse, se recomienda cualesquiera de los **hostales** de la rúa Castelao del paseo marítimo, aunque el viajero tendrá que reservar habitación con antelación si quiere tener vistas al mar; el *Hostal Ría de Muros* (☎981 826 056; ④), en el n.º 53, dispone de espaciosas habitaciones dobles con balcones; asimismo se aconseja ir a *La Muradana* (☎981 826 885; ④), en el n.º 107 (donde paran los **autobuses**). Hay un **cámping** junto a la playa, *A Bouga* (☎981 826 025), a 3 km de Louro. Para **cenar**, se recomienda la *Pulpería Pachanga*, en rúa Castelao; tiene una sala interior con bóveda de piedra, sirve pescado fresco y carnes asadas; en la plaza de la Pescadería, a una calle del paseo marítimo, encontrará un par de cafés-restaurante bajo las arcadas.

El gran pueblo de **NOIA** (Noya), cerca del nacimiento de la primera de las Rías Baixas, debe su nombre —según una leyenda fantástica incluso para los parámetros gallegos— a Noé, ya que se cuenta que su Arca encalló en tierras cercanas. No menos absurda es la denominación de Noia como «Pequeña Florencia» debido a un par de bonitas iglesias y una calle con arcadas. Sin embargo, con su playa de arena blanca (aproximadamente a 1 km del centro del pueblo) y su aspecto pintoresco, constituye un lugar agradable para hacer un alto en el camino; además, su ambiente es acogedor. Entre los **lugares donde pernoctar** destacan el *Hostal Sol y Mar*, junto al puentecito, en la avenida de San Lázaro (☎981 820 900; ③), un poco austero desde el exterior pero con estupendas vistas del río. Más pequeño y caro es el *Ceboleiro*, en rúa Galicia 15 (☎981 820 531; fax 981 824 497; ④-⑤), enfrente del gran ayuntamiento.

El lado sur de la ría da Noia, a veces llamada la «Costa del Berberecho», está desprotegida, aunque cuando hace buen tiempo sus dunas sirven como excelentes playas. En **BAROÑA** (Basonas), un afloramiento rocoso sobresale de la arena del lecho marino, y todavía se ven sobre él las ruinas de unos cobertizos de piedra rodeados de una muralla fortificada pertenecientes a un asentamiento prerromano inexpugnable. Desde allí, el viajero puede seguir la carretera de la costa, que se hace progresivamente inhóspita y llega hasta la ría de Arousa, o tomar un atajo por las profundas gargantas del río a lo largo de la AC-301 hasta Padrón.

LAS RÍAS BAIXAS Y EL MIÑO

Las tres **Rías Baixas** más «bajas» de Galicia —las de **Arousa**, **Pontevedra** y **Vigo**— están experimentando un rápido aumento de la industria turística. El sol suele lucir en verano, y también gozan de un clima templado, sin sufrir las peores tormentas atlánti-

530/GALICIA

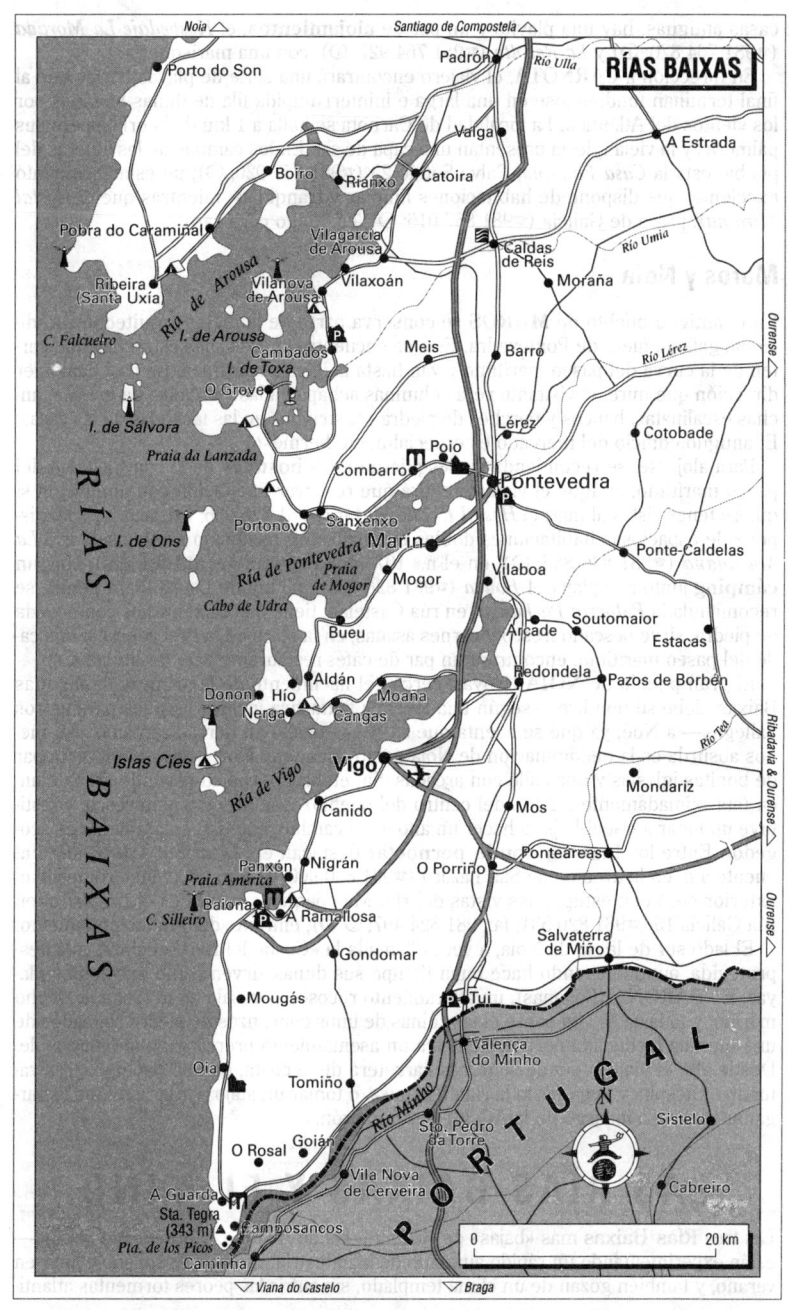

cas, que suelen afectar solamente al sector noroeste de la región. Cada una de estas rías está protegida por islas y bancos de arena frente a sus orillas. Son profundas y tranquilas bajo montañas de pinares oscuros, visitadas por numerosas barcas pesqueras y balsas de mejillones; están rodeadas por pueblecitos de casas encaladas y playas donde se puede nadar sin peligro. La mayoría de los visitantes son españoles o portugueses, y aunque aquí no se da la explotación masiva de los centros turísticos del Mediterráneo, de manera progresiva se han ido construyendo en la costa edificios y carreteras nuevas, sobre todo en los alrededores de Vigo y Vilagarcía.

Ya hacia el sur, el ancho y turbio río Miño marca la frontera con Portugal; el viajero podrá seguir su curso tierra adentro en busca de pueblos bien conservados y monasterios en las montañas. Sin embargo, los puntos de interés más destacados de la región se encuentran junto al mar; los dos mejores lugares donde el visitante puede permanecer para desde allí hacer excursiones son **Pontevedra** y **Vigo**, emplazados sobre magníficas y amplias rías.

La región es asimismo célebre por sus vinos, aunque fuera de España son menos conocidos que los Rioja. Las zonas de los alrededores del Miño y entre Vilagarcía y Sanxenxo están intensamente cultivadas, siendo la más famosa la uva de Albariño, que produce un vino excelente.

Ría de Arousa

Si el viajero sigue la carretera y la línea de tren que va hacia el sur desde Santiago, tardará algún tiempo en darse cuenta de que el paisaje va cambiando. **Padrón** y Catoira no son atractivos en especial, y de hecho el tren vuelve a adentrarse en la zona a partir de Vilagarcía sin llegar a los principales centros turísticos de esta primera ría, **Cambados** y **O Grove**. La orilla norte resulta casi inaccesible, y no está lo bastante al sur como para que los turistas que buscan una playa puedan fiarse del buen tiempo.

Padrón y la orilla norte

Según la leyenda, el cuerpo de Santiago llegó a Galicia y remontó la ría de Arousa hasta **PADRÓN**, donde su milagroso viaje llegó a buen fin. Sorprendentemente, el pueblo moderno que se halla junto a la autopista tiene muy pocos vestigios de la época de la peregrinación, excepto una imponente iglesia de Santiago del siglo XVII donde (si el visitante encuentra el chico encargado de la llave) podrá ver el padrón o amarradero donde atracó la barca. Padrón ya no está en el mar —los sedimentos del río Ulla lo han colocado 12 km tierra adentro—, y no es una localidad muy interesante donde quedarse, a pesar de que hay algunos **hostales** y un restaurante de pulpo de excelente calidad, la *Pulpería Rial*, en plazuela de Traviesas. Tal vez el alojamiento con mejor relación calidad-precio sea el *Hostal Jardín*, Salgado Araújo 3 (☎981 810 950; ③), una hermosa casa del siglo XVIII que da al parque.

La poetisa Rosalía de Castro (1837-1885), reconocida como una de las grandes plumas de la lengua gallega, vivió en Padrón, donde se ha organizado un «Circuito de Rosalía» que pasa por los principales lugares donde transcurrió su vida. El más importante es su primer hogar, en la actualidad un **museo** (mar.-dom., 9.30-14 h y 16-20 h; 200 pesetas) amueblado al estilo de la época, con una cocina tradicional y una gran chimenea. La poesía de Rosalía de Castro, fresca y personal, tiene una gran fuerza; por ello es una poetisa laureada. La casa se halla al final de un paseo poco prometedor desde el centro de Padrón hacia lo que parece una zona industrial en decadencia, y se encuentra frente a la estación de Renfe.

En un aspecto más mundano, Padrón también tiene renombre en Galicia por sus **pimientos**, que el viajero sólo podrá conseguir durante los meses de verano. Lo que

tal vez le sirvan en un bar de tapas bajo el nombre de pimientos de Padrón le parecerán pepinillos verdes fritos con demasiado aceite y sazonados con sal marina, pero quizá por intercesión de Santiago tengan un sabor dulce y trascendente. Sin embargo, en cada ración suelen aparecer unos cuantos bastante picantes.

La parte norte de la ría está bastante despoblada, y sólo Rianxo (Rianjo), Boiro y **RIBEIRA** son lo bastante grandes como para tener hostales. Ribeira (también conocido como Santa Eugenia, o Santa Uxía en gallego) es un activo puerto pesquero que tiene buenos restaurantes, así como muchos edificios de apartamentos modernos. A cada lado del pueblo hay largas playas; el pequeño **cámping** *Coroso* (jun.-sept.; ☎981 838 002), de la praia de Coroso, junto a la carretera C-550, ofrece una alternativa a los alojamientos más céntricos.

De Vilagarcía a O Grove

La transitada carretera de los alrededores de la ría de Arousa tiene unas vistas de postal. **VILAGARCÍA**, un pueblo en expansión en la línea ferroviaria de A Coruña a Vigo, es un puerto importante, en cuyos muelles se alinean los camiones para transportar las mercancías. Capital del tráfico de drogas en Galicia, Vilagarcía no carece de medios, y la principal avenida de la Marina —bastante fea y apartada del mar— está flanqueada por **cafés** elegantes; el agradable *Mesón da Marina*, en el n.º 58, tiene una terraza sombreada por plátanos. Los **hostales** de la avenida —*León XIII* en el n.º 7 (☎986 506 500; ③) y *San Luis*, en el n.º 16 (☎986 507 120; fax 986 504 735; ④)— son buenos pero caros; sale más a cuenta el agradable *Hostal Martis*, praza Martín Gómez Abal 2 (☎986 505 410; fax 986 504 310; ③-④), detrás de turismo. La **oficina de turismo** (lun.-vier., 10-14 h y 17-21 h; sáb.-dom., 11-14 h y 17-20 h) se halla al sur de la avenida de la Marina, junto al mercado de la praza de Pescadería. Los autobuses que van a Vilaxoán (Villajuán) salen de allí, pero el viajero tendrá que ir a la estación principal de autobuses si quiere dirigirse más al sur, hasta llegar a la boscosa **isla de Arousa** de la ría. Allí encontrará muchas playas agradables, pero la más accesible es la **praia de Vao**, a la derecha del puente al cruzar sobre la isla, donde también verá un **cámping**, el *Salinas* (jun.-oct.; ☎986 527 444). En el pueblo principal hay un par de hostales, uno de ellos el *Benalúa* de la calle Méndez Núñez (☎986 551 335; ④).

En la carretera a Vilaxoán a 1 km de Vilagarcía (a la izquierda), se encuentra lo que popularmente se reconoce como el mejor restaurante de Galicia, el *Chocolate's*. De las paredes cuelgan cartas de elogio con firmas como «Juan Perón, La Oficina del Presidente, Buenos Aires», y «Edward Heath, Westminster, London». Su dueño sirve personalmente los filetes de 1 kg que lo han hecho famoso, y también un pescado excelente, aunque los precios ascienden a entre 3.000-5.000 pesetas por persona.

CAMBADOS, más al sur, tiene una plaza pavimentada de piedra, la **praza de Fefiñanes**, con hermosos edificios en todos sus lados, entre ellos una iglesia del siglo XVII y una bodega donde el visitante podrá catar los excelentes vinos blancos locales. Por lo demás, es un pueblo bastante tranquilo con un paseo marítimo poco destacable. La **oficina de turismo** (verano, lun.-sáb., 10-14 h y 17-21.30 h; dom., 11-13.30 h y 17-19.30 h; invierno, lun.-vier., 10-13 h y 16.30-19 h; sáb., 10.30-13.30 h) ocupa un pequeño quiosco en la praza do Concello, en el cruce de las calles principales. Si el viajero no puede permitirse el **parador** —el *Albariño* (☎986 542 250; fax 986 542 068; ⑦)—, se recomienda *El Duende*, en Orense 10 (☎986 543 075; ④), al salir del paseo marítimo y la praza do Concello, o el cercano *Pazos Feijoo*, en Curros Enríquez 1 (☎986 542 810; ④).

O Grove y A Toxa

La carretera de la costa serpentea hasta llegar al centro turístico de **O GROVE**, uno de los pocos pueblos de Galicia cuyo principal motivo de ser es el turismo. O Grove

es un centro turístico «familiar», está lleno de bares pequeños además de baratos, restaurantes y establecimientos para hospedarse, y en conjunto no carece de encanto. Hay docenas de **hostales**, la mayoría concentrados en la avenida González Besada, la calle Teniente Domínguez y la rúa Castelao, como la *Casa Otero*, en rúa Castelao 133 (☎986 730 110; ③) y la *Casa Campaña* del n.º 60 de la misma calle (☎986 730 919; ③). Si el viajero quiere **comer**, podrá ir a alguno de los numerosos bares de tapas de los alrededores.

Encontrará unos cuantos **cámpings** en la carretera que va hacia el oeste, cruzando la península entre Reboredo y San Vicente, a los que llega un autobús regular desde O Grove. Se recomienda el *Miami Playa* (☎986 738 012), el *Sol y Mar* (☎986 738 136) o el mayor de ellos, el *Siglo XXI* de la praia de Barrosa, un poco más lejos; en verano están llenos de gente, pero en las playas locales suele haber espacio para todo el mundo. La mayor de ellas es La Lanzada (véase pág. 537).

Asimismo el visitante podrá cruzar caminando el puente hasta el islote cubierto de pinos de **A TOXA** (La Toja), santuario de los nuevos ricos gallegos, que se alojan en los dos hoteles caros y acuden al casino. Lleno de lujosas residencias de verano, A Toxa está perdiendo su primitivo encanto, entre el barullo de los impetuosos vendedores de recuerdos. A Toxa debe su fama nacional al jabón que se elabora con sales de su balneario; Magno, la marca original, de color negro, puede adquirirse en las tiendas de toda la isla (y en la mayoría de los supermercados españoles).

La ruta del interior: Caldas de Reis

La autopista que va de Santiago a Pontevedra es cara, pero evita los atascos de tráfico que se forman en los alrededores de Padrón. Si el viajero toma la carretera hacia el interior (N-550) encontrará, a medio camino entre Padrón y Pontevedra, el pueblo de **CALDAS DE REIS**, famoso por su balneario termal con una fuente romana de la que se dice que quien beba de sus aguas —el que sea tan loco como para hacerlo— se casará en el plazo de 1 año. En el punto exacto donde la carretera cruza el río Umia hay un estupendo bar-restaurante, *O Muíño*, bajo el puente situado junto a una amplia y clara encañizada. Los asados y el pulpo que se sirven allí son insuperables; existe la posibilidad de que un pescador local haga aterrizar una trucha en su plato.

CONTRABANDISTAS

El **contrabando** es una antigua tradición en Galicia. No todos los barcos que se ven en los pintorescos puertos de pescadores van cargados de pescado, ni todas las langosteras sumergidas en el agua se utilizan como criadero de crustáceos, ni todos los cobertizos de balsas de mejillones contienen auténticos viveros. Por toda la costa encontrará playas localmente conocidas como la «praia de Winston», que deben su nombre a la llegada nocturna de cargamentos de cigarrillos extranjeros.

Sin embargo, últimamente ya no resulta tan fácil tomar a los contrabandistas por Robin Hoods de nuestro tiempo. Aprovechando la infraestructura desarrollada por los contrabandistas tradicionales de tabaco y la ondulante línea costera atestada de barcas de pescadores, los grandes contrabandistas desembarcan en el lugar. Al principio se trataba de grandes envíos de hachís que llegaban durante la noche, pero ahora lo que causa mayor preocupación es el consumo de heroína. En cierto momento, el cartel de Medellín (Colombia) empezó a utilizar Galicia como punto de acceso a Europa, y a enviar grandes cantidades de cocaína. La policía ha descubierto importantes alijos en lugares como la isla de Arousa, donde algunos sectores de la población parecían haberse enriquecido de manera repentina e inexplicable. Se ha conseguido así ahuyentar el temor de algunos lugareños de que Galicia se convirtiera de forma progresiva en «otra Sicilia».

Ría de Pontevedra

La larga y estrecha **ría de Pontevedra** es el arquetipo que mejor representa a las Rías Baixas. Se parece mucho a un fiordo escandinavo por las laderas empinadas y boscosas que la flanquean. **Pontevedra**, una ciudad antigua y encantadora, está en la actualidad algo apartada del mar en el punto donde el río Lérez empieza a ensancharse al entrar en la bahía. Constituye una buena base desde donde hacer excursiones a cada orilla de la ría, salidas obligadas por el hecho de que la población no tiene playas. La **costa norte** de la ría atrae a numerosos turistas, y Sanxenxo (Sangenjo) es el centro turístico más conocido; con unos 50 hoteles a menudo llenos de turistas británicos y alemanes. Si el viajero quiere evitar la multitud, tendrá que dirigirse a la **costa sur**, que se extiende formando playas preciosas hacia el abrupto promontorio, un lugar perfecto para acampar en soledad.

Pontevedra

PONTEVEDRA es el pueblo gallego antiguo por excelencia, un laberinto de callejuelas empedradas y de plazas con columnas, cruces de granito y sólidas casas de piedra con balcones llenos de flores. Hay algunos lugares que merece la pena ver —un buen museo y algunas iglesias interesantes—, pero el auténtico placer que ofrece Pontevedra es el de pasar el tiempo en un pueblo antiguo tan vivo. Se trata del lugar ideal para salir de noche, pues la comida y las bebidas locales son excelentes. En realidad es una ciudad muy compacta, a pesar de ser la capital administrativa de un distrito que incluye la ciudad de Vigo, mucho mayor. El crecimiento de Pontevedra quedó interrumpido por la sedimentación de su puerto medieval (del que se supone que partió uno de los barcos de Colón; incluso algunos reivindican que Colón era gallego, nacido en Pontevedra). Hay algunos barrios industriales algo sombríos, pero el casco antiguo y la zona monumental se conservan igual, invulnerables al implacable crecimiento de los paseos principales del río Lérez.

Llegada e información

Las estaciones de **ferrocarril** y **autobuses** están a 1 km al sureste del centro, una junto a la otra, comunicadas por frecuentes autobuses que dejarán al viajero en la **praza da Peregrina**. Si llega a Pontevedra a pie, tendrá que dirigirse desde las estaciones de ferrocarril o autobuses subiendo por la calle Alférez Provisional; luego seguir recto hasta la primera rotonda y subir la avenida Vigo hasta la praza da Peregrina. La **oficina de turismo** se encuentra cerca, en General Mola 3 (verano, todos los días, 9.30-14 h y 16.30-20 h; invierno, lun.-vier., 9.30-14 h y 16.30-20 h; sáb., 9.30-14 h; ☎986 850 814).

Alojamiento

Encontrar un establecimiento donde **alojarse** en Pontevedra debería resultar muy fácil, pero si el viajero tiene problemas, le ayudarán en la oficina de turismo. Los más baratos se hallan en las calles de la zona monumental; en la siguiente lista hay numerosos establecimientos económicos, pero también un par de opciones de más categoría. El visitante encontrará en la zona nueva algunos hoteles, en concreto la avenida de Vigo y alrededores, aunque la mayoría de ellos no tienen encanto y son caros.

Casa Alicia, avenida de Santa María 5 (☎986 857 079). Habitaciones limpias y a buen precio en una casa agradable del casco antiguo. ③
Fonda Chiquito, Charino 23 (☎986 862 192). La más barata de la ciudad. ②

PONTEVEDRA/535

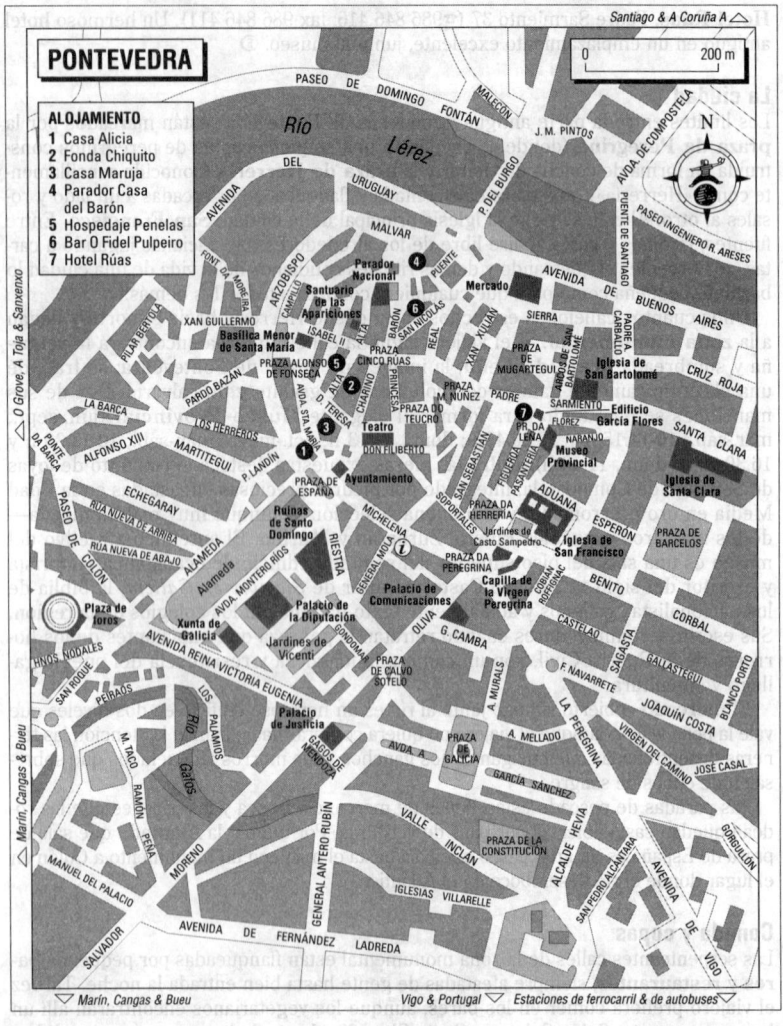

Bar O Fidel Pulpeiro, San Nicolás 7 (☎986 851 234). Habitaciones agradables y bien arregladas sobre un bar agradable donde se sirve un excelente pulpo. ②

Casa Maruja, rúa Alta (☎986 854 901). Pensión bonita y cómoda enfrente de *Casa Alicia*. ③

Parador Casa del Barón, Barón 19 (☎986 855 800; fax 986 852 195). El mejor establecimiento —y el más caro— donde hospedarse en Pontevedra. ⑦

Hospedaje Penelas, rúa Alta 17 (☎986 855 705). Las paredes son de papel, pero las habitaciones sencillas están muy limpias. ③

Hotel Rúas, Padre Sarmiento 37 (☎986 846 416; fax 986 846 411). Un hermoso hotel antiguo en un emplazamiento excelente, junto al museo. ⑤

La ciudad

Los límites entre la parte antigua y moderna de Pontevedra están marcados por la **praza da Peregrina** (donde se encuentra una pequeña capilla de peregrinos construida en forma de concha de vieira) y la **praza da Herrería** (conocida sencillamente como «Herrería»), una plaza pavimentada y flanqueada por arcadas a un lado y rosales al otro. Al este se erige la iglesia principal de la ciudad, **San Francisco**. Entre fuentes, jardines y cafés al aire libre de los alrededores hay ancianas jugando a cartas, adolescentes coqueteando y demás rituales cotidianos de la vida de una ciudad lo bastante pequeña como para que cualquiera conozca a todos los demás.

Unos cuantos callejones estrechos salen desde Herrería hacia el norte y llegan a la **zona monumental**. Si el viajero sigue la calle Figueroa encontrará la pequeña y sombreada **praza de Leña**, la imagen de postal de Pontevedra; se trata de una plaza típicamente gallega con columnas de granito y un calvario. Dos de sus mansiones se han unido para formar el elegante **Museo Provincial** (jun.-sept., mar.-sáb., 10-14.15 h y 17-20.45 h; dom., 11-13 h; oct.-mayo, mar.-sáb., 10-13.30 h y 16.30-20 h; dom., 11-13 h). Entre las piezas expuestas destaca el conjunto de joyas de Santiago de Compostela, integrado por piedras preciosas engastadas en la Edad Media en oro prerromano, y una buena selección —aunque muy mal iluminada— de los maestros españoles Ribera, Zurbarán y Murillo. El auténtico atractivo del museo es una sala del piso superior del segundo edificio dedicada al caricaturista y escritor del siglo XX Alfonso Castelao, autor de *Siempre en Galicia*, la biblia de los nacionalistas gallegos y actualmente texto habitual en los colegios de la región. Sus escritos, conmovedores cuando retratan la pobreza que había antes de los horrores de la Guerra Civil, son un canto a la fortaleza y resistencia del pueblo gallego y su cultura.

El **mercado** cubierto situado junto al río es un hermoso edificio en dos niveles que vale la pena visitar, aunque el viajero no quiera comprar nada; llaman la atención las terneras desentrañadas que cuelgan de los ganchos y los morros aún peludos que sobresalen de cubos de sangre.

Las paradas de pescado están llenas de mercancía fresca y las paredes que las rodean quedan casi cubiertas por pilas de verduras. Por último, la **Alameda** que sale de praza de España es un gran paseo que baja hasta el mar, con un monumento a Colón en el lugar donde el río desemboca en el Atlántico.

Comida y copas

Las serpenteantes calles de la zona monumental están flanqueadas por pequeños **bares** y **restaurantes**, siempre atestadas de gente hasta bien entrada la noche. Tal vez el viajero prefiera comer en los bares, aunque los vegetarianos encontrarán allí un buen restaurante, *Sabor Sabor*, en Santa Clara 33, al este de la zona monumental. Los platos de pescado y los cuencos de buen vino blanco se pueden encontrar en cualquier parte, sobre todo en la calle Figueroa, que va de Herrería a la praza de Leña; se recomienda el *Bar Puerta a Puerto* y *La Chiruca*.

El visitante puede terminar la noche en *Os Maristas*, en la praza Indalecio Armesto, junto a la praza Leña, uno de los dos bares sin rótulo situado a la derecha mirando de frente el cuartel de la policía; este local es célebre por el contundente licor **Tumba Dios**, una mezcla esotérica de aguardiente y licor de café macerada con diversas hierbas y especias secretas. El alcohol es devastador, el café vigorizante, y las hierbas rozan la calidad de alucinógenas.

Para tomar una copa de última hora, se recomienda el área en torno a la praza das

Cinco Rúas y rúa do Baron abajo, frecuentada por jóvenes amantes de los disco-pubes. Si el visitante decide ver el amanecer, *Carabás* es la discoteca de mayor renombre y está en la calle Cobián Roffignac.

La orilla norte de la Ría

Hacia el norte, a 5 km de Pontevedra, el viajero encontrará el benedictino **monasterio de Poyo** del siglo XVII y su hospedería (☎986 770 000) y, mucho más avanzada la costa, el pueblo de **COMBARRO**, famoso por sus hórreos frente al mar, que parecen capillas en miniatura con cruces de granito. Detrás se halla el centro turístico de **SANXENXO** (Sangenjo), el mayor punto de concentración de la zona si el visitante quiere salir de noche en verano. A partir de las 22 h, los bares y cafés de su paseo marítimo están abarrotados de gente, y en los pubes suena música dance internacional. Se dará cuenta de la importancia de este centro porque hay unos 60 hoteles entre Sanxenxo y **PORTONOVO**, un centro turístico bastante parecido a Sanxenxo. Los precios son altos, y el viajero tendrá suerte si encuentra una habitación por menos de 4.000 pesetas.

A pocos kilómetros de distancia empieza la enorme **playa de La Lanzada**, favorita de los buenos nadadores y windsurfistas. En verano se abren varios cafés y restaurantes, y hay **cámpings**, como *Muñeira* (☎986 738 404) u *O Espiño* (☎986 738 048); durante el resto del año queda abandonada a la bravura del océano Atlántico.

La orilla sur y la península do Morrazo

El lado sur de la ría de Pontevedra está menos urbanizada y no recibe tantos visitantes, aunque pasado Marín (véase abajo) es magnífica. Sin embargo, su primer tramo resulta poco atractivo. Justo a la salida de Pontevedra, de cara al viento, se levanta una monstruosa fábrica de papel, **La Celulosa**, donde una enorme araña de metal amarillo arroja serrín a las montañas y propaga un hedor insoportable; hay días en que el olor se percibe a 50 km de distancia. Muchos autobuses de color naranja salen de la estación de autobuses de Pontevedra, rodean el promontorio y llegan hasta Marín.

Marín

De cerca, **MARÍN** no causa muy buena impresión. Se trata de un puerto activo, con el frente marítimo incomunicado del pueblo por unos muros imponentes a lo largo de casi toda su longitud; allí viven numerosos cadetes de la academia naval del lugar. Incluso la isla boscosa que hay en medio de la ría pertenece a la marina, y es inaccesible.

No obstante, en Marín se encuentra la mejor **churrasquería** de España, la *Cantaclara*, muy barata y difícil de encontrar; se halla en una barraca azul muy cerca del puerto, aproximadamente a 1,5 km en dirección a Pontevedra desde el centro del pueblo. Su expositor en la ventana se ha hecho célebre porque representa un par de corderos muertos y desollados, uno de ellos con unas gafas de sol de plástico verde y con los dientes clavados en el cuello del otro. En el interior, el fuego alimentado por madera arde en una barbacoa; el restaurante está separado del bar por una pared de cajas de vino de Rioja. La carne asada al carbón que se sirve aquí es deliciosa.

Mogor, Bueu y más allá

Pasado Marín, el paisaje adquiere atractivo, pues la bahía se ensancha para culminar en una serie de preciosas calas. Una estrecha carretera secundaria, que sale de la carretera principal de la costa justo después de pasar por la academia naval, a las afueras de Marín, llega hasta tres playas; la segunda de ellas, la **praia de Mogor** (en la

ruta del autobús procedente de Pontevedra), es ideal con campos de trigo verde que llegan hasta la línea semicircular que traza una arena limpia y hermosa. El viajero encontrará allí un par de bares semicubiertos de parras, y los barcos de remos de los lugareños, resguardados a la sombra de los árboles junto a unas rocas extrañas y erosionadas. Un lado está resguardado por un espeso promontorio de pinos de color verde oscuro; al otro, el visitante verá las rocas esculpidas con símbolos y lemas fascistas.

Curiosamente, las rocas de todas las montañas de los alrededores han sido talladas por el mismo hombre, un zapatero que durante los últimos años de vida se dedicó a glorificar a Dios y Franco con un martillo y un cincel en todas las superficies accesibles. A finales de la década de 1970, cuando tenía más de 90 años, un profesor encontró algunas de sus obras en Mogor y anunció que había descubierto restos prehistóricos. Los lugareños dijeron que eran del viejo zapatero. Así que éste y el profesor se pasaron años peinando la zona con el fin de aclarar qué obras pertenecían al zapatero y cuáles eran las que ya se hallaban allí antes. Algunas de las espirales de piedra más toscas fueron identificadas como restos megalíticos; más tarde el profesor escribió un libro e hizo un documental para la televisión. El zapatero murió desacreditado.

BUEU es un tranquilo pueblo y un puerto a unos 12 km de Marín; hay unas agradables franjas de **playa** que se extienden desde su paseo marítimo, aunque las más tranquilas son las que rodean el promontorio hacia el oeste. Casi todos los **alojamientos** son caros; de hecho, el viajero encontrará pocas habitaciones por menos de 5.000 pesetas en verano; no obstante, el *Hostal Fazanes*, en Eduardo Vincenti 29, sin rótulo (☎986 320 046; ③), dispone de habitaciones sencillas y económicas en el centro del pueblo. Otras opciones son *Incamar*, Montero Ríos 147 (☎986 320 067; fax 986 320 784; ⑤) o, hacia el este, *A Centoleira*, en praia de Beluso (☎986 320 896; ④).

Una carretera menor se aparta del mar a la altura de Bueu y va hacia Cangas; por ella pasan autobuses cada 30 minutos en verano. Pero si el viajero hace el recorrido por la costa y se dirige al pueblo de **ALDÁN** y el cabo de **Hio**, encontrará una extensión virgen de pinos y playas desiertas, un lugar ideal para **acampar** si dispone de tiempo. Vale la pena seguir la carretera sin asfaltar hacia los grandes cantos rodados del **cabo Udra**, donde los caballos salvajes corren por las laderas y las olas rompen contra las calas solitarias. Los que tengan vehículo propio podrán acceder por Cangas a las áreas que están hacia el sur. Hio tiene el *cruceiro* de granito más célebre de Galicia (no se trata de un barco, sino de un crucifijo), que preside desde las alturas la espectacular ría de Vigo.

Ría de Vigo

Si el viajero sigue la carretera principal hacia el sur desde Bueu, cruzará la empinada sierra de la península del Morrazo y contemplará las impresionantes vistas de la orilla más alejada de la **ría de Vigo**, uno de los puertos naturales más hermosos del mundo. La región era en una época un semillero de brujería, si bien algunos distinguen entre las brujas (con poderes maléficos) y las *meigas* (mujeres sabias que conocían las hierbas y tenían poderes curativos). Se cuenta la historia de una mujer del lugar que en el siglo XVII fue acusada por la Inquisición de pactar con el diablo; probó que era una *meiga*, y fue sentenciada a permanecer fuera de la iglesia de Cangas con sus vestidos más desgastados todos los domingos durante 6 meses. Probablemente se indispuso con la Inquisición y obtuvo una de sus condenas más benévolas. Aún hoy, el viajero encontrará amuletos contra las brujas (*figa*, en forma de puño o con el pulgar entre el índice y el corazón), que se venden por toda Galicia, a menudo junto a crucifijos.

Sobre el punto más estrecho de la ría se extiende el puente suspendido por donde pasa la autopista Vigo-Pontevedra; el visitante podrá ver sus torres gemelas desde

cualquier punto de los alrededores de la bahía. En el lado que da al interior se encuentra lo que viene a ser un lago de agua salada, la ensenada de **San Martín**. La carretera y el ferrocarril de Pontevedra pasan junto al camino de **Redondela**, separada del mar sólo por una estrecha franja de campos verdes, y también corre junto a las pequeñas islas San Martín, que antiguamente era una colonia de leprosos y que durante la Guerra Civil se convirtió en centro de internamiento de republicanos. Las aguas tranquilas de este lugar son algo engañosas, ya que en algún punto del lecho marino reposa una flota de galeones perdida en 1702. Mientras buscaban refugio durante una tormenta, los barcos atracaron en los bancos de arena y se hundieron con el mayor cargamento de plata enviado jamás desde el Nuevo Mundo.

La ciudad de **Vigo** parece muy atractiva, extendiéndose frente al mar; pero al margen de las muchas posibilidades de alojamiento y sus numerosos establecimientos para comer, no se trata de un lugar especialmente interesante donde quedarse. Si Vigo es el punto de llegada del viajero a esta región, puede dirigirse al puerto y tomar un **transbordador** que cruce hasta el pequeño pueblo veraniego de **Cangas**; otra opción es subir a un autobús (en adelante el tren ya no prosigue por la costa) en dirección a **Baiona**, a los pies del Atlántico. Pero haga lo que haga, se recomienda que tome un barco hasta las maravillosas **islas Cíes**.

Cangas y Moaña

CANGAS, adonde llega la carretera hacia el sur que baja de Bueu, es en la actualidad un animado centro turístico, sobre todo los viernes, cuando hay **mercado** y los jardines del paseo marítimo se llenan de tenderetes. El pueblo se extiende quizás a lo largo de 1 km de costa, aunque no asciende por la montaña, y alcanza la **praia de Rodeira**. Las **habitaciones** más económicas de Cangas son las del *Hostal Belén*, Antonio Nores (☎986 300 015; ③-④), y el *Playa*, avenida de Orense 78 (☎986 303 674; ④), aunque ambos se llenan enseguida en verano. El viajero encontrará un quiosco de **turismo** en el puerto, detrás de la estación de autobuses (jul.-agos., todos los días, 10-14 h y 17-20 h; dom. tarde, cerrado).

La principal concentración de **bares** y **restaurantes** se halla en el puerto. *O Porrón*, en paseo de Castelao 15 (detrás del mercado de pescado) y *Taberna O Arco*, plaza Arco, son dos buenos bares especializados en pescado, mientras que el *Bar Celta*, en calle A. Saralegui, subiendo unos pocos escalones a la izquierda del embarcadero si se mira el pueblo de frente, y situado sobre la bahía, es un excelente bar de tapas a la antigua que sirve comidas económicas. Desde allí, el viajero puede controlar los transbordadores y apresurarse a bajar cuando el toque de sirena anuncie su salida. A unas pocas puertas del *Bar Celta* está *O Balcón do Porto*, un pequeño restaurante que sirve una excelente cocina casera y con preciosas vistas al mar. Desde este punto hay un trayecto agradable de 20 minutos en **transbordador** (sólo pasajeros de pie; ☎986 225 272) hasta Vigo; sale cada 30 minutos entre 6-21 h (lun.-sáb., 225 pesetas; dom. y festivos 250 pesetas), con servicio reducido los fines de semana. Asimismo hay servicios de transbordador (irregulares) hasta las islas Cíes (véase pág. 542).

Cada hora salen barcos hacia Vigo (6-21 h; lun.-sáb., 200 pesetas; dom. y festivos 250 pesetas) que zarpan de **MOAÑA**, a 5 km por la costa. De ambiente parecido a Cangas, Moaña tiene una playa larga y hermosa, pero no dispone de muchas instalaciones para los viajeros. Entre los **lugares donde alojarse** destacan el *Hostal Prado Viejo*, en Ramón Cabanillas 16 (☎986 311 634; ④), con habitaciones y aparcamiento privado, y el *Hostal Antonio*, Méndez Núñez 2 (☎986 313 684; ④), que tiene habitaciones con y sin baño. El atractivo del viaje a Moaña es que el transbordador navega junto a las *mejilloneiras* de la ría. Estas balsas destartaladas, colgadas sobre el mar como arañas de agua y a veces coronadas por pequeños cobertizos de madera, se utilizan como vivero de mejillones.

Al oeste de Cangas hay montañas y playas impresionantes, pero desiertas. En verano, cada hora salen autobuses de Cangas hacia **Nerga**, desde donde el viajero sólo tendrá que caminar un poco para llegar a la amplia franja de arena que se extiende desde la praia de Nerga hasta la praia de Barra (nudista). Asimismo un autobús parte a las 14 h (regresa a las 19.30 h) a **Donón**, a sólo 2 km a pie de la praia de Melide, que está en el extremo de la península; se trata de una cala aislada y rodeada de bosques, con un faro, que ofrece maravillosos paseos por el cabo.

Vigo

VIGO es una ciudad grande que se extiende sobre la amplia ría que lleva su nombre. Si el viajero la contempla desde un barco al entrar en el puerto es magnífica, aunque al bajar y dar una vuelta tal vez crea que las vistas del mar son su rasgo más atractivo. Está tan bien resguardada del Atlántico que sus muelles la convierten en el mejor puerto pesquero de España, con una extensión de casi 5 km.

Llegada e información

La **oficina de turismo** de Vigo se encuentra en el puerto (lun.-vier., 9.30-14 h y 16.30-20 h; sáb.-dom., 10-12.30 h; invierno, dom., cerrado; ☎986 810 144); allí proporcionan a los visitantes planos gratuitos de la ciudad, en los que aparecen señalados los alojamientos. A su lado está la Estación Marítima de la que parten los transbordadores a Cangas, Moaña y las islas Cíes (☎986 225 272). De la **estación de Renfe**, en el otro extremo de la ciudad, parten trenes directos a Santiago, Barcelona y Madrid, así como a Portugal. Los **autobuses** que van hacia destinos principales, incluida Baiona, utilizan la terminal —bastante apartada del centro— situada en el cruce de la avenida de Madrid con la avenida Gregorio Espino. Desde la indicación de «stop» que hay fuera de la estación salen los autobuses 7 y 12 que van —irregularmente— a la céntrica Porta do Sol, y el 23 que llega a la calle Areal, al este del puerto.

Alojamiento

El **alojamiento** suele mantenerse en unos precios razonables; se concentra en dos zonas principales: la estación de ferrocarril y el puerto. Esta última tiene más ambiente, y allí encontrará los mejores bares y restaurantes.

Hotel El Águila, rúa Victoria 6 (☎986 431 398). Hotel agradable a la antigua situado en el casco antiguo; algunas habitaciones son pequeñas. ④

Hostal Carral, rúa Carral 18 (☎986 224 927). Habitaciones a precios moderados (si no encuentra al dueño aquí, pregunte en el centro recreativo situado un par de puertas más abajo, y que también regenta él). ②-③

Hostal Continental, bajada a la Fuente 3 (☎986 220 764). Buenas habitaciones en un entorno encantador. ⑤

Hostal Norte, rúa Alfonso XIII 29 (☎986 223 805). Situado junto a la estación de ferrocarril; la mayoría de las habitaciones dispone de baño, televisor y teléfono, y hay algunas habitaciones más baratas que carecen de ellos. ④

La Nueva Brasileña, rúa Lepanto 26 (☎986 439 311). Habitaciones cómodas y amuebladas recientemente cerca de la estación de ferrocarril. ③-④

Hostal Nueva Colegiata, plaza de la Iglesia 3 (☎986 220 952). Hostal bien conservado en una bonita plaza céntrica. ③

Hostal Savoy, rúa Carral 20 (☎986 432 541). Hostal grande y pintoresco, tal vez la mejor opción económica de Vigo. ③

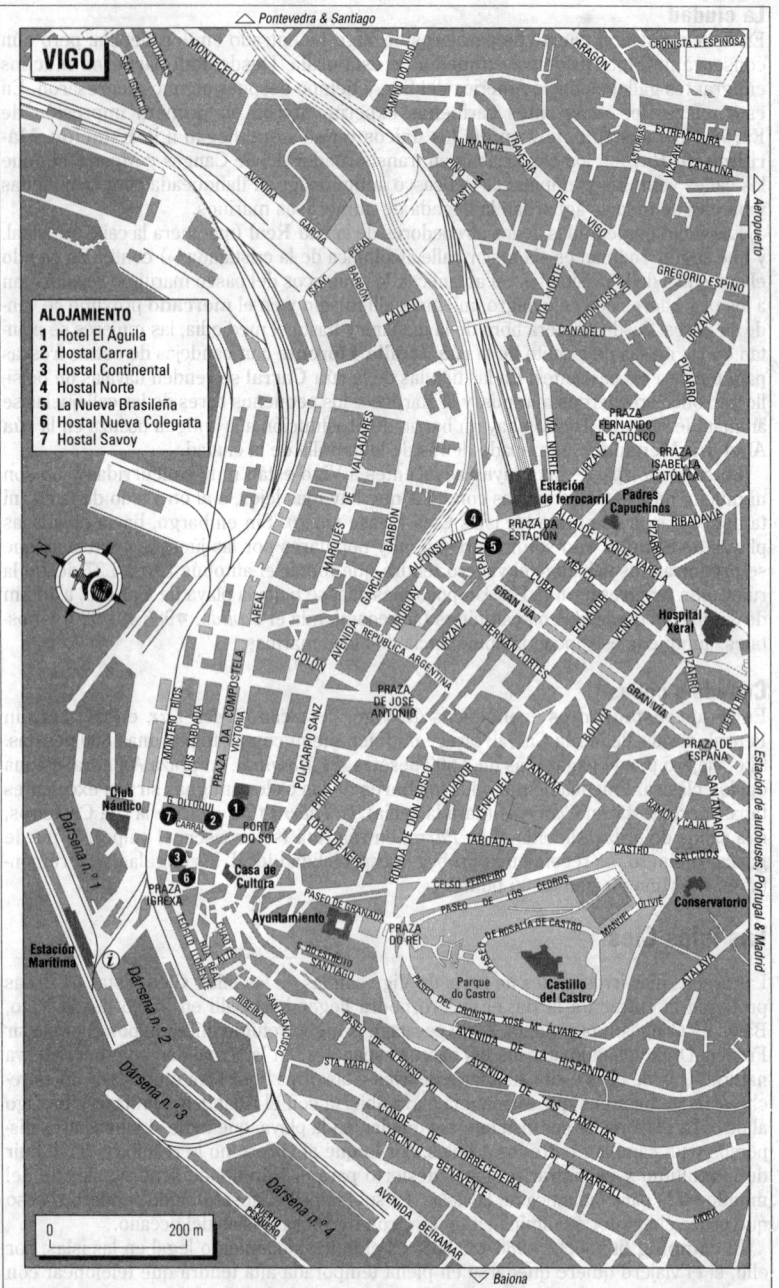

La ciudad

En la actualidad el puerto de pasajeros de Vigo ha entrado en decadencia, pero aún conserva un lugar principal en medio de esta orilla. Desde aquí partieron muchos emigrantes gallegos hacia América del Sur, y tiempo después algunos regresaron. En este puerto los emigrantes caribeños experimentaron su primera impresión de Europa. No obstante, hoy en día los únicos turistas que llegan a la **Estación Marítima de Ría** son los que arriban en transbordador desde Cangas y Moaña, aunque las calles ventosas y empinadas del casco antiguo siguen flanqueadas por tiendecitas y bares que todavía aguardan la llegada de numerosos marinos.

Las calles empedradas de los alrededores de la **rúa Real** (que fuera la calle principal, y que según Todman es «la mejor calle alcohólica de la cristiandad») continúan siendo el epicentro de los visitantes. Al amanecer, los quioscos del paseo marítimo reconfortan a los pescadores con café negro, mientras allí mismo y en el **mercado** próximo se vende su pesca: desde primera hora de la mañana y hasta el mediodía, las mujeres se plantan en las mesas de granito de la **rúa Teófilo Llorente** con bandejas de ostras frescas para tentar a los paseantes. En las tiendas de la **rúa Carral** se venden navajas de bolsillo y exóticos recuerdos marinos, y al atardecer los pequeños bares de las callejuelas se animan de repente. Todavía hay un barrio de prostitución a la antigua usanza en la **rúa Abeleira Menández**, agazapado detrás de la muralla de la ciudad.

En su mayor parte, las **playas** adyacentes a Vigo están muy concurridas y no son ni mucho menos tan atractivas como las que hay más lejos, o al otro lado de la ría, ni tampoco hacen sombra a las islas Cíes (véase abajo). Sin embargo, hacia el sur, las playas de **Samil** y **Vao** son mejores, y muy populares por las juergas nocturnas que se organizan los sábados; el viajero tendrá que tomar el autobús L15 o L27 desde la rúa Colón y regresar en el LN. Un poco más allá, se halla la playa de **Canido**, a 10 km de Vigo; está equipada con cámpings (se recomienda el *Canido*, ☎986 491 920) y hostales, aunque la estropean la abundancia de algas marinas.

Comida y copas

Entre los **restaurantes** económicos de Vigo, destacan *O'Meu Lar*, en rúa Fermín Penzal, al salir de la rúa Carral; ofrece un buen menú completo por unas 800 pesetas. Si el viajero puede pagar más de 3.500 pesetas, *El Mosquito*, en praza A Pedra, es una opción clásica. Prácticamente todos los **bares** de las calles antiguas sirven excelentes tapas, pero destacan *Chavolas* (para la sepia), la *Taberna Ramón*, de la rúa Cesteiros, a la salida de praza Almeida, y *La Parra*, en rúa Alta (se aconseja el pulpo). Si puede gastarse dinero, se recomienda probar la especialidad local, las angulas, que remontan el río Miño y están en su punto.

Las islas Cíes

Las arenas más irresistibles de la ría de Vigo son las de las **islas Cíes**. Estas tres islas protegen la entrada a la ría; el viajero podrá llegar hasta allí en barco desde Vigo, Baiona y Cangas (ida y vuelta, 2.000 pesetas). Antiguo refugio utilizado por el pirata sir Francis Drake cuando atacaba los barcos españoles, en la actualidad son una reserva natural. Una de ellas es un santuario de aves y las otras dos están unidas por un estrecho arrecife de arena que forma una playa abierta con el Atlántico a un lado y un lago al otro. La mayoría de sus visitantes se quedan en la playa, que tiene algunos bares dispersos y un cámping entre los árboles, por lo que al viajero no le resultará difícil huir de la multitud y encontrar un lugar desierto para él solo donde sentirse alejado del mundo en la parte atlántica de las islas. La subida por el desprotegido sendero rocoso que cruza el territorio culmina en un faro con hermosas vistas del océano.

El **cámping** (jun.-oct.; ☎986 438 358) es el único alojamiento legal en las islas; por ello, si el viajero quiere quedarse en plena temporada alta tendrá que telefonear con

antelación para asegurarse de que hay sitio. Antes de subir al barco debe comprar un pase para el cámping que sirve como depósito (1.000 pesetas por persona), deducible de la cuenta del cámping; la diferencia se repone o recupera al abandonar el lugar. Hay una tiendecita y un par de restaurantes que no están mal, pero que cobran precios desorbitados, por lo que quizás el viajero prefiera llevarse su propia comida y bebida. En verano diez **barcos** diarios parten **desde Vigo** (Estación Marítima; cada hora, 9-13 h y 15-19 h); el último de ellos sale de las islas a las 20 h. El viaje de ida y vuelta cuesta 2.000 pesetas. Además, hay cuatro barcos diarios **desde Baiona** (a las 10.45, 12.45, 15.45 y 18.30 h), y un servicio de verano desde Cangas (puede telefonear a la Estación Marítima de Vigo para confirmar horarios, ☎986 225 272). Sólo se permite que un determinado número de visitantes visite las Cíes en un solo día; se recomienda al viajero que tome uno de los primeros barcos para asegurarse la llegada. La temporada alta comprende de mediados de junio a mediados de septiembre, y durante el resto del año no se pueden visitar las islas.

Baiona y alrededores

BAIONA (Bayona) se halla exactamente frente al mar abierto, en el extremo de una pequeña ría, la última y la menor de Galicia. Se considera el mejor centro turístico de la región, y no está demasiado explotado si se tiene en cuenta lo popular que es en España. Este puerto pequeño y llamativo fue el primer lugar de Europa que oyó hablar del descubrimiento de un Nuevo Mundo, el día 1 de marzo de 1493, cuando la *Pinta* de Colón arribó a sus aguas. En la actualidad allí hay amarradas al menos tantas embarcaciones de placer como barcos pesqueros.

Las **murallas medievales** que rodean el boscoso promontorio, y que son el rasgo más característico de Baiona, encierran el idílico *Parador Conde de Gondomar* (☎986 355 000; fax 986 355 076; ⑧), que tiene fama de ser el mejor hotel de España. Dispone de un par de bares.

Sin duda merece la pena pagar las 100 pesetas que cuesta el paseo por el parapeto, pues permite contemplar magníficas vistas de la ría y la cadena de islotes rocosos que llega hasta las islas Cíes. Hay un sendero bajo las murallas y a nivel del mar, que apenas se utiliza y que sólo tiene una pequeña franja de arena en un extremo de la explanada.

Aspectos prácticos

La **oficina de turismo** de Baiona (15 jun.-15 sept., todos los días, 10-20 h; ☎986 687 067) está junto a la entrada del parador; en temporada baja, el ayuntamiento de la praza de Castro proporciona a los visitantes un plano gratuito y diversos folletos. El único **alojamiento** económico en el centro es el siempre lleno pero bien situado *Hospedaje Kin* en Ventura Misa 27 (☎986 357 215; ②-③); para un poco más de comodidad, se recomienda el *Mesón del Burgo* (☎986 355 309; ④), junto a la praia Santa María (al lado de la gasolinera Campsa), que dispone de habitaciones soleadas y espaciosas que dan al mar. El hotel *Tres Carabelas* (☎986 355 441; fax 986 355 921; ④-⑤), en el callejón empedrado que hay detrás del paseo marítimo, tiene mucho ambiente. Los **bares** del callejón son también excelentes; se recomiendan las tapas del *Jalisco*, en la plaza situada detrás del callejón. En los alrededores de la praza de Castro y a lo largo de la calle Ventura Misa encontrará **restaurantes** como *El Túnel*, que sirve langosta y marisco variado.

Praia de América, Ramallosa y Sabaris

Hay dos buenas **playas** junto a la carretera de Vigo, a 2 km de Baiona. La primera es la **praia de América** —el viajero tendrá que tomar el autobús Vigo-Baiona que pasa por Panxón (Panjón), no por Nigrán—, una magnífica y prolongada curva de arena limpia cerrada por hileras de residencias veraniegas. Tiene su propio **cámping**, el *Praia América* (marzo-oct.; ☎986 365 404); sin embargo, el *Baiona Praia* (jun.-sept.; ☎986 350 035) está

más cerca del pueblo (y es accesible por ambas rutas de autobús), en la más corta y descuidada praia Ladeira de **SABARIS**. La cala es famosa entre los **windsurfistas**.

El puente de piedra romano de **RAMALLOSA**, se halla junto a la carretera que une las dos playas; en Sabaris, el visitante podrá subir a la montaña que hay enfrente de la carretera de playa de Ladeira, donde saboreará la comida de la acogedora *Churrasquería Franky*. Si continúa subiendo por esta carretera llegará a una llanura deshabitada en la cima. Se trata de un lugar estupendo para dar largos paseos entre los bosques; además, allí se encuentran varias aldeas esparcidas, lugares donde la vida parece transcurrir como siempre, ajena a las urbanizaciones que proliferan más abajo.

Los **autobuses** parten de la calle Carabela Pinta de Baiona, a la salida del frente marítimo y cerca del edificio del mercado, excepto los que se dirigen a A Guarda y van directamente a rodear el promontorio; éstos salen de delante del restaurante *O Moscón*, junto al puerto.

La ruta de la costa hacia Portugal

La carretera que va de Baiona a A Guarda, que antiguamente pasaba por un terreno agreste, deshabitado y barrido por el viento, ha sido arreglada; en la actualidad hay algunos hostales y hoteles a lo largo de su recorrido. El viajero no encontrará playas (aunque ver cómo se rompen las olas entre las rocas es impresionante), ni siquiera tiendas, y sólo pasan por ese tramo tres autobuses diarios.

A la salida de Baiona por esta carretera se encuentra la **Virgen de la Roca**, una enorme imagen de granito, con un barco en su mano derecha, que da al mar; en ocasiones especialmente solemnes resulta posible subir a ella. A medio camino entre Baiona y A Guarda está el pueblo de **OIA**, poco más que algunas casas en la carretera de la costa, bajo el cual se halla un **monasterio** barroco con una hermosa fachada de piedra que sobrevive al constante azote del Atlántico.

A Guarda y alrededores

En la desembocadura del gran río Miño se encuentra el descuidado y algo decepcionante puerto de **A GUARDA** (La Guardia), que es sobre todo una creación moderna

---

CABALLOS Y CURROS

En las montañas bajas y desnudas de estos alrededores viven cientos de **caballos salvajes** que a veces se aventuran a pastar cerca del mar. En sucesivos domingos de mayo y junio se celebran en las montañas de tierra adentro una serie de fiestas que duran todo 1 día, conocidas como **curros**. En estas celebraciones inolvidables los caballos son acorralados, contabilizados y marcados; luego son liberados de nuevo. En los claros de los bosques de pinos se construyen corrales de madera que se rodean de establos improvisados y postes levantados entre los árboles. Durante el brumoso amanecer los jinetes, envueltos en sencillas mantas parecidas a ponchos, limpian el campo, cazan y echan el lazo a los caballos salvajes, manteniéndose erguidos como palos sobre sus estribos. Los animales acorralados son magníficos, el pelaje marrón, sudoroso y brillante, sus ojos de fuego y patas inquietas muestran su bravura cuando son montados por primera vez. Se trata sobre todo de una fiesta rural que los gallegos disfrutan con intensidad y que no se puede observar en los pueblos de la costa. Se suele comer pulpo y almorzar en el bosque, mientras el vino tinto mana con generosidad de los grandes barriles a los cuencos de loza blanca. Entre los pueblos donde se celebran actualmente los *curros* están La Valga, Torroña, Mougas y Pinzas. Pida información en las oficinas de turismo locales o en los bares; no se organizan para los turistas, por lo que no suelen anunciarse.

de los emigrantes que regresaron de Puerto Rico. Para consolarse, el visitante puede **comer pescado** bueno y económico, así como buscar **habitación** con vistas al puerto. Se recomienda el *Hostal Martirrey*, en José Antonio 8 (☎986 610 349; ③), o el *Hostal Fidel Mar* (☎986 610 208; ①), a 15 minutos a pie del centro del pueblo; se halla en la praia Arena Grande, y tiene preciosas vistas al mar (el visitante tendrá que seguir la carretera principal de Baiona hasta encontrar indicaciones hacia la *praia*). Si el viajero prefiere comodidad, se aconseja el hermoso *Hotel Convento de San Benito*, junto al puerto (☎986 611 116; fax 986 611 517; ⑤), que hasta hace 10 años era un convento ocupado por monjas benedictinas. En las afueras y en dirección hacia el río verá un **cámping**, el *Cámping Santa Tecla* (☎986 613 011), indicado desde el pueblo. Los **autobuses** ATSA salen cada 30 minutos para Tui, y tres servicios diarios parten a Baiona.

Exactamente sobre el pueblo están las espesas arboledas del **monte de Santa Tecla**, donde hay restos de un *castrexo* (asentamiento montañés prerromano fortificado), algo común en esta parte de Galicia y aún más habitual al norte de Portugal. Las ruinas ocupan unas dos terceras partes de la montaña, y se encuentran a un ascenso de 30 minutos por un sendero y unas escaleras que sirven de atajo entre los bosques; el camino sale de los límites de A Guarda, cerca de Tui. Asimismo, una carretera asfaltada sube hasta la cumbre, pero hay que advertir a los conductores que encontrarán una caseta junto a la carretera que les pedirá 100 pesetas por ocupante del vehículo.

Probablemente el **castrexo** estuvo habitado entre alrededor del 600 y el 200 a.C., y fue abandonado cuando los romanos consiguieron dominar el norte peninsular. Está integrado por los cimientos de más de 100 viviendas circulares, apiñadas dentro de una muralla también circular. Dos han sido reconstruidas a escala real, y son cabañas cubiertas; la mayoría de ellas se han excavado por debajo del nivel del suelo, aunque algunas siguen todavía enterradas. Anclado en un pinar de la ladera despoblada que da al mar, la antigua aldea y sus senderos de piedra, pozos o cisternas y majestuosas entradas, contrasta con los vulgares tejados de A Guarda, a sus pies. En la ladera norte de la montaña hay también un gran **crómlech** o círculo de piedra y, si el viajero continúa subiendo, pasará por una avenida de construcción mucho más reciente y paralela a las Estaciones de la Cruz, que puede contemplarse mejor cuando emerge de la bruma de la montaña.

En la cima se erige una iglesia, un pequeño **museo** (mar.-dom., 11-14 h y 16-19.30 h; entrada gratuita), con restos celtas y un **hotel** de una estrella más o menos económico, el *Pazo Santa Tecla* (☎986 610 002; fax 986 611 072; ③), cuyo café-restaurante tiene una terraza al exterior con unas vistas de las costas de Portugal y España y del curso del Miño que cortan la respiración.

A Guarda tan sólo tiene un par de **playas** pequeñas, pero el viajero puede rodear el monte de Santa Tecla y bajar a la aldea de **Camposancos** (a unos 3 km) donde, enfrente de Portugal y de un islote coronado por las ruinas de un monasterio franciscano fortificado, encontrará una franja de arena junto a la orilla y un café. El ayuntamiento de A Guarda, además de prometer mejoras en el aspecto del lugar, ha conseguido reinstaurar un antiguo servicio de transbordadores que une Camposancos con Caminha, en Portugal.

El curso del Miño

El **RÍO MIÑO**, frontera entre España y Portugal, tan ancho y hermoso en su parte más alta, tiene no obstante una desembocadura estrecha. Sólo unos 100 m de río, en su mayor parte de arena, separan ambos países, y es un tramo apenas navegable. Los barcos grandes no pueden cruzar tierra adentro, hacia **Tui** o **Valença**; Viana es el primer puerto que se encuentra bajando por la costa portuguesa. Los kilómetros de dunas que se extienden hacia esta localidad forman mejores playas que las pocas que

existen en los alrededores de A Guarda, en el sector español. En la actualidad el primer punto por donde se puede cruzar el río está a unos pocos kilómetros más arriba, en **GOIAN** (Goyán), donde un transbordador cruza cada hora hasta el hermoso pueblo amurallado de Vila Nova da Cerveira.

Tui

TUI, a 30 km de A Guarda, es el principal pueblo fronterizo gallego frente a las cercanas murallas de la Valença portuguesa. Merece una visita aunque el viajero no quiera cruzar la frontera. Allí, también existe la tradicional calle fronteriza con mercancías estrafalarias, pero el antiguo Tui queda detrás, rodeado de árboles y restos de una antigua muralla sobre la orilla fértil del río. Sus callejuelas inclinadas, pavimentadas con grandes adoquines de granito, suben hacia la imponente **catedral** con aspecto de fortaleza dedicada a san Telmo, el santo patrón de los pescadores. Su aspecto militar es un rasgo distintivo de Tui, escenario de esporádicas escaramuzas con los portugueses durante la Edad Media. Asimismo hay otras iglesias de interés, como la románica de San Bartolomeo o la gótica de Santo Domingo, con sus claustros revestidos de hiedra. Sin embargo, lo mejor es dar un paseo tranquilo por el lugar, disfrutar de sus dos encantadoras playas fluviales. Los miércoles suele haber un gran **mercado** en la carretera principal que cruza el pueblo.

Aspectos prácticos
Si el viajero quiere **alojarse** allí se recomiendan las económicas *Habitaciones Otilia* de Generalísimo 8 (☎986 601 062; ②), en los límites del casco antiguo, subiendo las escaleras desde la carretera principal; están deterioradas y desaseadas, pero el trato es agradable. Otros establecimientos algo más caros son el *Hostal San Telmo*, de la avenida de la Concordia 91 (☎986 603 011; ③-④), enfrente de la estación de ferrocarril, o el *Hostal La Generosa*, de Calvo Sotelo 37 (☎986 600 055; ②). El parador de Tui (☎986 600 309; fax 986 602 163; ⑦) es una buena opción, de categoría superior; se halla en la carretera a Portugal. Hay una buena **pizzería** y no muy cara al doblar la esquina de las *Habitaciones Otilia*.

Tui está bien comunicada con Vigo mediante **autobús**; cada 30 minutos pasa uno. Si el viajero se dirige tierra adentro en tren, en dirección a Ribadavia y Ourense, ahorrará mucho tiempo si toma el **tren** desde la estación Guillarei, a 3 km al este del pueblo, en lugar de esperar el enlace en el interior de Tui.

Cruzar la frontera
Sólo se tarda 20 minutos a pie hasta la frontera portuguesa, cruzando un puente de hierro diseñado por Eiffel; el pueblecito de **VALENÇA**, agazapado tras sus sólidas murallas, queda a una distancia parecida pasada la frontera. Ya no hay control fronterizo en el puente, por lo que el viajero no tendrá más que seguir caminando (o conduciendo) adelante, subir por la montaña de Valença y pasar por una **oficina de turismo**, que le proporcionará detalles sobre los transportes portugueses que encontrará a partir de allí. Un **transbordador** que sale de Salvaterra do Minho, río arriba, cruza hasta el antiguo pueblo portugués de Monção, de similar atractivo.

Al norte de Tui
Hay una carretera de Tui a Gondomar, y de allí a Baiona, que evita Vigo y se interna por un espectacular paisaje de espesos bosques vírgenes, pero ningún autobús recorre este trayecto. Desde Porriño, a medio camino entre Tui y Vigo, el modo más directo y rápido de llegar a Ourense es tomar la nueva autopista; sube por unas montañas muy empinadas, sin poblaciones a la vista. Por el camino, se halla **PONTEAREAS** que celebra la fiesta del **Corpus Christi** (jun.) alfombrando todas sus

calles con preciosos diseños de pétalos de flores. Cerca, se encuentra **MONDARIZ**, un bonito pueblo balneario con playas junto a un río apartado.

Río arriba hasta Ribadavia y Celanova

Tanto si el viajero sigue la carretera N-120 como la línea ferroviaria paralela hasta el Miño, hallará numerosos puntos donde parar a lo largo del camino. Si prefiere apartarse de todo, puede ir a la pequeña aldea de **ALBEOS**, donde encontrará *La Levada* (☎ y fax 986 666 413; ③), una casa de huéspedes regentada por ingleses que se encuentra en una granja orgánica situada sobre las terrazas del valle (si llega en tren, los dueños le recogerán en la estación de Albeos). Desde allí se contemplan impresionantes vistas del Miño, y la comida (vegetariana) es buena.

Uno de los mejores pueblos grandes donde terminar el recorrido es **RIBADAVIA**. El viaje en tren hasta allí desde Tui discurre por un precioso trayecto junto al río, aunque en el valle del Miño suele haber niebla hasta aproximadamente el mediodía. El pueblo se halla entre bosques y viñedos sobre el río. Hay algunas iglesias hermosas entre ellas la visigótica de **San Ginés** y el **monasterio dominico** que en una época era residencia de los reyes de Galicia. El viajero también verá una judería que data del siglo XI, cuando Ribadavia recibió sus primeros inmigrantes judíos; en el siglo XIV éstos ya eran la mitad de la población y formaban una de las comunidades judías más importantes y prósperas de España. Si quiere contemplar hermosas vistas, vaya a la fuente situada detrás de la *Iglesia de la Magdalena*.

Algunos **bares** agradables sirven el excelente vino de la región, parecido al oporto. El viajero encontrará algunos **hostales**: el *Hostal Plaza*, en plaza Mayor (☎988 470 576; ③), dispone de buenas habitaciones y es el único del casco antiguo; el *Hostal Evencio*, avenida Rodríguez Valcárcel 30 (☎988 471 045; ④), es bastante desangelado, pero tiene habitaciones espaciosas y bien equipadas, con preciosas vistas.

La primera presa hidroeléctrica bloquea el Miño a unos 30 km más debajo de Ribadavia, y a partir de allí y hacia arriba el agua del valle contribuye a que el río sea tan ancho y de curso tan uniforme, con bosques que llegan hasta el agua. La carretera alta que recorre la orilla sur atravesando Cortegada hasta la frontera de São Gregorio es una buena excursión, que además puede formar parte del trayecto hacia **CELANOVA**. Se trata de poco más que una aldea dominada por un enorme **monasterio benedictino**. Fue allí donde Felipe V se retiró a vivir una vida monacal tras haber pasado la mayor parte de su reinado intentando afianzar su poder mediante la guerra de Sucesión española (1701-1715). El monasterio es en la actualidad una escuela, pero el visitante puede pedir la llave para entrar a ver sus dos magníficos claustros —uno renacentista, el otro barroco— y la iglesia, del tamaño de una catedral. Destaca la pequeña capilla mozárabe de **San Miguel**, en el jardín del monasterio. Data del siglo X y es obra de los cristianos «arabizados» procedentes de al-Andalus.

También llegan aquí **autobuses** desde Ourense; se recomienda el **hotel** *Betanzos*, en Castor Elices 12 (☎988 451 036; ③).

Ourense

OURENSE (Orense) puede resultar decepcionante, ya que ha perdido gran parte de su ambiente (además de sus edificios antiguos) debido a la construcción de una serie de barrios modernos. Tiene unas cuantas placitas hermosas, y su acceso por un antiguo puente del siglo XIII con siete arcadas es tan magnífico como desalentador. La praza Maior es una bonita plaza rodeada de arcadas a los pies de una oscura **catedral** que imita la de Compostela, con una copia pintada (e inferior) del pórtico de la Gloria y un museo en los claustros. Desde allí, el casco antiguo se diluye rápidamente en una serie de zonas ruinosas en los alrededores de rúa Dois de Mayo, mientras que la

rúa Calvo Sotelo lleva hasta la rúa do Paseo y la parte moderna de la ciudad, un paseo flanqueado por cafés. El viajero encontrará un quiosco de **turismo** en la parte nueva, en la esquina de la rúa do Paseo con el parque San Lázaro.

Hay algunas **fondas** en la calle principal, que lleva hasta el centro y la estación de ferrocarril, pero Ourense desprende cierto aire triste y monótono, un poco sorprendente para ser el lugar de nacimiento de Julio Iglesias (también la familia de Fidel Castro procedía de Ourense). Se tarda 30 minutos caminando en llegar hasta la **estación de Renfe**, en el lado opuesto del río, por lo que el viajero podrá bajar del tren y dar una vuelta por la ciudad hasta que llegue el siguiente. Se recomienda pasar la noche en Ribadavia en lugar de Ourense.

Las gargantas del río Sil

El Miño se va haciendo más espectacular a medida que se remonta su curso; llega a Ourense tras descender de Lugo por el áspero paisaje que cruza el Camino de Santiago. A 20 km al noreste de Ourense, el río confluye con el Sil en Los Peares, un pueblo antiguo en la línea principal del tren. Desde allí, el viajero puede ir caminando hasta las **gargantas del Sil**, donde las precarias terrazas de las granjas se desmoronan en un caos de espuma y rocas. Muy por encima de San Esteban se encuentra el **monasterio de Ribas do Sil**, con tres claustros. En la llanura del norte, se halla **MONFORTE DE LEMOS**, un importante cruce ferroviario. La estación se encuentra apartada del centro, pero Monforte es un pueblo antiguo y bien conservado, muy agradable. Su **torre de Lemos** domina los alrededores desde la gran explanada que hay en lo alto de una montaña llena de casas antiguas semiderruidas; el viajero verá un **colegio** renacentista muy elegante un poco más abajo.

MANZANEDA, al sur del Sil, es la única estación de esquí de Galicia. Dispone de la mayoría de las instalaciones necesarias en una estación, pero no siempre tiene nieve. En la otra cara de las montañas está **VERÍN**, un pueblo fortificado con un bonito castillo en lo alto, en un lugar donde hay asentamientos desde tiempos prehistóricos, y que en la actualidad es un parador (☎988 410 075; fax 988 412 017; ⑦). El pueblo es bastante moderno, aunque conserva unas pocas casas tradicionales con balcones alrededor de la plaza principal, cerca de cuya calle Mayor se abre una buena zona si el visitante busca un alojamiento económico. Abajo, junto al río Tamega, verá un área de baños con unos cuantos bares y algo de hierba para tomar el sol. Desde allí estará a sólo unos 12 km de Portugal; varios autobuses recorren el río hacia el pueblo fronterizo de **Chaves**.

transportes

Autobuses

A Coruña a: Betanzos (cada 30 min.; 45 min.); Camariñas (3 diarios; 1 h 45 min.); Carnota (2 diarios; 2 h 40 min.); Cee (5 diarios; 2 h 15 min.); Corme (3 diarios; 1 h 30 min.); Ferrol (15 diarios; 1 h); Fisterra (6 diarios; 2 h 30 min.); Laxe (1 diario; 1 h); Lugo (11 diarios; 2 h); Madrid (6 diarios; 8 h); Malpica (2 diarios; 1 h 15 min.); Ourense (5 diarios; 3 h 30 min.); Oviedo (4 diarios; 5 h); Pontevedra (10 diarios; 2 h); Ribadavia (4 diarios; 3 h); Santiago de Compostela (cada hora; 1 h 30 min.); Ribadeo (6 diarios; 4 h); Vigo (10 diarios; 3 h); Viveiro (5 diarios; 3 h 30 min.).

Autobuses Costa da Morte: Camariñas-Muxia-Cee (3 diarios; 30 min.-1 h 30 min.); Fisterra-Corcubión-Muxia-Camariñas (3 diarios; 15 min.-1 h 15 min.-2 h); Fisterra-Muros (3 diarios; 1 h); Laxe-Muxia (1 diario; 1 h 30 min.); Muros-Cee (9 diarios; 1 h); Muxia-Camariñas (3 diarios; 30 min.).

Lugo a: A Coruña (11 diarios; 2 h); Foz (5 diarios; 2 h); Ourense (5 diarios; 2 h); Pontevedra (6 diarios; 2 h); Santiago de Compostela (7 diarios; 2 h); Vigo (7 diarios; 3 h); Viveiro (7 diarios; 2-3 h).

Ourense a: Celanova (1 diario; 1 h 30 min.); A Coruña (5 diarios; 3 h 30 min.); Lugo (5 diarios;

2 h); Oporto (1 diario; 8 h); Santiago de Compostela (9 diarios; 2 h 30 min.); Vigo (13 diarios; 2 h).

Pontevedra a: Bueu (16 diarios; 30 min.); Cambados (11 diarios; 1 h); Cangas (21 diarios; 1 h); O Grove (cada 30 min.; 1 h); A Coruña (10 diarios; 2 h); isla de Arousa (7 diarios; 1 h 30 min.); Lugo (6 diarios; 3 h); Moaña (5 diarios; 45 min.); Noia (1 diario; 1 h 30 min.); Ourense (8 diarios; 2 h); Padrón (cada hora; 1 h); Santiago de Compostela (cada 30 min.; 1 h); Tui (2 diarios; 1 h); Vigo (cada 30 min.; 30 min.-1 h); Vilagarcía (16 diarios; 45 min.).

Santiago de Compostela a: Betanzos (4 diarios; 1 h 30 min.); Camariñas (3 diarios; 3 h); Cambados (5 diarios; 2 h); Cee (3 diarios; 2 h); A Coruña (cada hora; 1 h 30 min.); Ferrol (4 diarios; 2 h 30 min.); Fisterra (3 diarios; 2 h 30 min.); Lugo (6 diarios; 2 h); Madrid (3 diarios; 9 h 30 min.); Malpica (2 diarios; 2 h); Muros (13 diarios; 2 h 30 min.); Noia (16 diarios; 1 h 30 min.); Ourense (9 diarios; 2 h 30 min.); Padrón (cada 30 min.; 45 min.); Pontevedra (cada 30 min.; 1 h); Vigo (15 diarios; 1 h 30 min.-2 h); Vilagarcía (5 diarios; 1 h).

Vigo a: Baiona (cada 30 min.; 1 h); Barcelona (1 o 2 diarios; 14 h); Cangas (2 diarios; 1 h); A Coruña (10 diarios; 3 h); O Grove (3 diarios; 1 h 15 min.); Lugo (7 diarios; 3 h); Madrid (6 diarios; 8 h); Noia (1 diario; 3 h); Ourense (13 diarios; 2 h); Oviedo (2 diarios; 8 h); Padrón (13 diarios; 2 h); Pontevedra (cada 30 min.; 30 min.-1 h); Ribadavia (13 diarios; 1 h 30 min.); Oporto y Lisboa (4 semanales; 3 h 30 min.-6 h); Santiago de Compostela (cada 30 min.; 2 h 30 min.); Tui (cada 30 min.; 45 min.); Vilagarcía (2 diarios; 2 h).

Ferrocarriles

Además de la línea Feve (véase pág. 437), que recorre la costa norte desde Asturias a Ferrol, hay dos líneas principales que entran y salen de Galicia: una va de Madrid (pasando por Ávila, Medina del Campo y Zamora) hasta Ourense; la otra de León a Monforte, enlace entre Lugo y Ourense. Muchos de los trenes que recorren estas líneas prosiguen hasta Santiago y A Coruña, pero por lo general es más práctico utilizar los regionales. Galicia dispone de dos líneas regionales: la primera va de A Coruña a Vigo pasando por Santiago; la segunda de Vigo a Ourense y hasta Monforte. Hay dos líneas secundarias más que comunican Ferrol con A Coruña y A Coruña con Lugo y Monforte.

A Coruña a: Ávila (2 diarios; 7 h); Barcelona (3 diarios; 14-17 h); Betanzos (4 diarios; 30 min.); Bilbao (1 diario; 12 h); Burgos (3 diarios; 8-9 h); Ferrol (2 diarios; 1 h 30 min.); Irún (1 diario; 12 h 30 min.); León (4 diarios; 6-7 h); Lugo (7 diarios; 1 h 40 min.-2 h 15 min.); Madrid (2 diarios; 8 h 30 min.-11 h 30 min.); Ourense (3 diarios; 2 h 15 min.-3 h); Palencia (3 diarios; 7 h 30 min.-8 h 30 min.); Santiago de Compostela (18-24 diarios; 1 h-1 h 30 min.); Vigo (19 diarios; 2-3 h 30 min.); Zamora (2 diarios; 5 h 20 min.); Zaragoza (2-3 diarios; 12 h 30 min.).

Ourense a: Burgos (4 diarios; 6-8 h); A Coruña (3 diarios; 2 h 30 min.-3 h 30 min.); León (3-4 diarios; 4 h); Madrid (2-4 diarios; 6-8 h); Medina del Campo (3 diarios; 3 h 30 min.-4 h 30 min.); Monforte (3-4 diarios; 45 min.); Ponferrada (8 diarios; 2 h 30 min.); Pontevedra (2 diarios; 2 h 45 min.); Ribadavia (6 diarios; 25 min.); Santiago de Compostela (6-8 diarios; 1 h 20 min.-2 h); Vigo (8-12 diarios; 2 h); Zamora (3-4 diarios; 2 h 50 min.).

Santiago de Compostela a: Ávila (2 diarios; 6 h); A Coruña (18-24 diarios; 1 h); Bilbao (1 diario; 10 h 45 min.); Burgos (1 diario; 8 h); Irún (1 diario; 11 h 30 min.); León (1 diario; 6 h); Madrid (2 diarios; 8-10 h); Medina del Campo (2 diarios; 5 h 20 min.); Ourense (6-8 diarios; 1 h 20 min.-2 h); Palencia (1 diario; 7 h); Vigo (20 diarios; 1 h 15 min.-1 h 45 min.); Zamora (2 diarios; 4 h 30 min.-6 h 30 min.).

Vigo a: Ávila (3 diarios; 6 h 30 min.-8 h 30 min.); Barcelona (3 diarios; 15-16 h 30 min.); Burgos (2-4 diarios; 8 h); A Coruña (19 diarios; 2-3 h 30 min.); Irún (1-2 diarios; 11 h 30 min.); León (4 diarios; 6 h); Madrid (2-3 diarios; 8-10 h); Medina del Campo (2-3 diarios; 3 h); Ourense (8-12 diarios; 2 h); Ponferrada (6 diarios; 4-5 h); Pontevedra (21 diarios; 30 min.); Oporto (3 diarios; 2 h 15 min.); Ribadavia (4 diarios; 1 h 30 min.); Santiago de Compostela (20 diarios; 1 h 15 min.-1 h 45 min.); Tui (3 diarios; 45 min.); Zamora (2-3 diarios; 5-6 h); Zaragoza (5 diarios; 11-12 h).

Transbordadores

Goian a: Vilanova da Cerveira, Portugal (cada hora; 5 min.).

Salvaterra do Minho a: Monção, Portugal (cada hora; 5 min.).

Vigo a: Cangas (cada 30 min.; 20 min.); Moaña (cada hora; 20 min.); islas Cíes (verano, 10 diarios; 1 h); isla de Ons (verano, diario; 2 h).

CAPÍTULO ONCE

ARAGÓN

Política e históricamente, **Aragón** ha tenido épocas de gran esplendor como en la época medieval, cuando formó con Cataluña una poderosa alianza que ejerció una gran influencia sobre el Mediterráneo y se extendió hasta Atenas. Esta tierra, encerrada por montañas, siempre tuvo su propia identidad, con fueros tradicionales como los vascos. La autonomía moderna —formada por las provincias de Zaragoza, Huesca y Teruel— queda alejada de la corriente política española, sobre todo en el sur rural, donde Teruel es la región menos poblada de España. Si el viajero llega a Aragón desde Cataluña o el País Vasco, se dará cuenta de que el ritmo de vida aragonés es, en general, más lento.

Lo que atrae más visitantes a esta región son los **Pirineos**, con sus maravillosos valles, pueblos agrícolas y senderos para hacer excursiones. Las montañas se mantienen bastante vírgenes, mucho menos comercializadas que en Francia, al otro lado de la frontera; el **Parque Nacional de Ordesa**, con sus cañones, cascadas y picos, constituye el principal punto de interés. Los pueblos del Pirineo aragonés son conocidos por su arquitectura románica; de hecho, en **Jaca** se encuentra la catedral románica más antigua del país. Los monumentos más interesantes de la zona sur y centro de Aragón son, por el contrario, **mudéjares**; se trata de una serie de iglesias, torres y mansiones construidas por artesanos árabes en las primeras décadas de gobierno cristiano. **Zaragoza**, la capital, y la única ciudad de una extensión considerable, marca la pauta con su notable **Palacio de la Aljafería**, el monumento árabe más espectacular fuera de Andalucía. El viajero encontrará otros ejemplos en algunos pueblos, en particular **Tarazona, Calatayud** y, sobre todo, **Teruel**.

En la parte sur de Aragón también destacan dos regiones montañosas: al oeste de Teruel, los montes Universales, límite con la provincia de Cuenca, ofrece algunas rutas y paseos encantadores, en especial alrededor del pueblo amurallado de **Albarracín**. Hacia el este se halla la región aislada del **Maestrazgo**, una zona agreste con oscuros picos y gargantas cuyas aldeas parecen remotas.

El presente capítulo está dividido en dos secciones: **Zaragoza, Teruel y el sur de Aragón** (que cubre las provincias de Zaragoza y Teruel), y **el Pirineo aragonés** (que engloba la provincia de Huesca).

ZARAGOZA, TERUEL Y EL SUR DE ARAGÓN

En **Zaragoza** viven aproximadamente la mitad del millón de habitantes de Aragón, y allí está también la mayor parte de su industria. Es una ciudad grande pero agradable, con una animada zona de bares y restaurantes encerrada entre notables monumentos; asimismo constituye un cómodo centro de transportes hacia Aragón y más allá. La provincia incluye las localidades mudéjares de **Tarazona, Calatayud** y **Daroca** y, a lo largo de la frontera con Navarra, las antiguas **Cinco Villas**, pueblos nobles entre los que destaca **Sos del Rey Católico**. Los aficionados al vino querrán seguir la **ruta de los vinos**, en dirección sur desde Zaragoza pasando por Cariñena y Daroca. La provincia de **Teruel** aparece mucho más alejada, e incluso la capital ape-

ARAGÓN/551

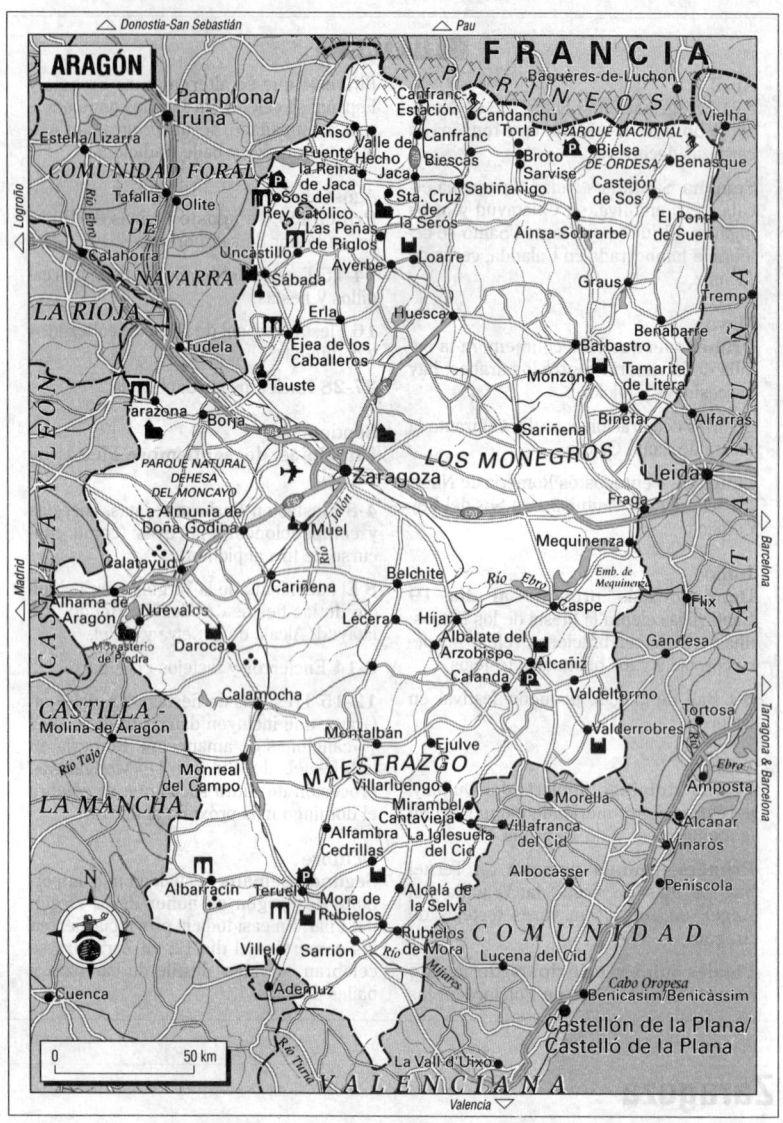

nas recibe visitantes. Está injustamente olvidada teniendo en cuenta sus soberbios monumentos mudéjares. Si el viajero dispone de vehículo propio podrá explorar algunas hermosas rutas rurales, en concreto al este, a través de **Albarracín** hacia Cuenca, o al sur hacia Valencia. Los valles y pueblos del **Maestrazgo** que limitan con la provincia de Valencia son la parte más remota; se trata de una región aún no invadida por el turismo, ya sea español o extranjero, en la que un vehículo propio será de gran ayuda.

FIESTAS

Abril
8-9 Peregrinación al Santuario de Nuestra Señora de la Alegría en Monzón, en carrozas decoradas.

Semana Santa Festividad a pequeña escala, pero emotiva, en Calatayud y otros lugares. El Jueves y Viernes Santo se celebra la tamborrada en Calanda, cerca de Alcañiz.

Mayo
Primer viernes Jaca conmemora la batalla de la victoria contra los árabes; hay procesiones y folclore.

25 Más celebraciones en Jaca durante la Fiesta de Santa Orosia.

Lunes de Pentecostés Romería de Nuestra Señora de Calentuñana en Sos del Rey Católico.

Junio
Domingo más próximo al día 19 Cantavieja celebra la Fiesta de los Mozos: una serie de celebraciones religiosas pero con baile y los habituales festejos.

30 Ball de Benás: pequeño festival en Benasque.

Julio
Primer domingo Romería del Quililay, peregrinación y merienda campestre en la montaña cerca de Tarazona.

Primera-segunda semana En Teruel hay 10 días de fiesta, la Vaquilla del Ángel, uno de los mayores festejos de Aragón.

Finales julio y principios de agosto Festival Internacional de Folclore en los Pirineos, que se alterna entre Francia y España; se celebra en Jaca los años impares, acompañado de un programa completo de música y baile tradicional.

Agosto
Principios de agosto Fiestas de Huesca, en honor de san Lorenzo.

14-15 Fiestas del barrio en Jaca; mercadillos y fiestas.

16 Fiesta patronal de Biescas; cabezudos y comilonas.

27-28 Encierros en Cantavieja.

Septiembre
Principios de septiembre Fiestas de Teruel.

4-8 Fiestas en Barbastro; jotas, corridas y competiciones deportivas (como concurso de tiro al pichón).

8 El nacimiento de la Virgen marca el inicio de las fiestas de Alcañiz, Hecho, Calatayud, Alcalá de la Selva y Villel.

8-14 Encierros y festejos en Albarracín.

12-15 Tres días de fiestas patronales en Graus, que incluyen danzas tradicionales y «canciones de amanecer». Romería en la Iglesuela del Cid, con la «Mojiganga», procesión de sátira social que se celebra el domingo más próximo al día 14.

Octubre
Segunda semana Festividad más importante de Aragón en honor de la Virgen del Pilar. En casi toda la provincia cierran los comercios el día 12; en Zaragoza se celebran corridas, desfile de carrozas y bailes de jotas.

Zaragoza

ZARAGOZA es un lugar interesante y atractivo que ha conseguido absorber sus suburbios y crecer de forma rápida con bastante gracia. El centro, cuando menos, refleja un aire de prosperidad en sus bulevares amplios y modernos, tiendas de moda y bares. Además, la ciudad conserva la **Aljafería** mudéjar y la imponente basílica dedicada a uno de los iconos más famosos de España, **Nuestra Señora del Pilar**.

Las **fiestas** en honor de esta virgen, que duran toda la segunda semana de octubre, merecen una excursión, siempre que el viajero pueda encontrar alojamiento. Además

de las procesiones religiosas (centradas en el día 12), el ayuntamiento organiza un interesante programa de actos culturales, entre ellos conciertos de las principales figuras de rock, jazz y folk, corridas de toros y el baile tradicional de jotas. Durante el resto del año la ciudad también es alegre y bulliciosa; si el visitante se encuentra cerca de allí durante un fin de semana, puede acercarse por la noche, aunque sólo sea para vivir el ambiente que hay alrededor del casco antiguo.

Orientación e información

El **casco antiguo** de Zaragoza limita al norte con el **río Ebro**, y en los otros extremos por una serie de amplios paseos; la **avenida de César Augusto**, que parte de la antigua puerta de la ciudad, la Puerta del Carmen, lo divide en dos. Excepto la **Aljafería**, la mayoría de los puntos de interés están allí. De espaldas al río se encuentran las dos catedrales, **La Seo** y la **basílica de Nuestra Señora del Pilar**, flanqueada en su lado sur por la gran **plaza del Pilar**, de piedra, que es en todos los sentidos el centro de Zaragoza. Al sur de ella, entre las calles Alfonso y Don Jaime, se halla la zona conocida como **El Tubo**, centro de la vida nocturna y los bares, que lleva hasta la **plaza de España**, terminal de los autobuses urbanos.

Los puntos de llegada a la ciudad están desperdigados. Los **trenes** utilizan la estación del Portillo, a un paseo de 25 minutos (o el autobús 21, paseo María Agustín) de la plaza de España; una pequeña oficina de turismo (lun.-sáb., 10-21 h; dom., 9-15 h) en la estación ofrece un mapa útil si el viajero quiere ir a pie. Si viaja en **autobús**, tal vez llegue a varias terminales. La principal se encuentra en el paseo María Agustín 7, cerca de la Puerta del Carmen; la compañía Ágreda, que hace los trayectos a Madrid y Cataluña, y la compañía Oscense, hacia Huesca y Jaca, operan desde este punto. Los servicios hacia Daroca, Cariñena y Muel, además de otros destinos locales, utilizan una terminal situada al otro lado de las vías (al sur de la estación de ferrocarril), en avenida Valencia 20. Los autobuses Alsa al País Vasco parten de la plaza del Portillo.

En el momento de partir hacia cualquier lugar, es mejor informarse en la **oficina de turismo** frente a la basílica en la plaza del Pilar (lun.-sáb., 10-20 h; dom., 10-14 h; ☎976 201 200), que cubre la ciudad y la provincia de Zaragoza. Para conseguir folletos, mapas de destinos y rutas a través de todo Aragón, el viajero tendrá que dirigirse a la **oficina regional** en el torreón de la Zuda (lun.-vier., 8.15-14.45 h y 15.15-20 h; sáb., 10-13.30 h; dom., 9-14 h; ☎976 393 537), la torre que se erige en el extremo oeste de la plaza del Pilar.

Alojamiento

Hay numerosos **lugares donde alojarse** cerca de la estación de ferrocarril, a lo largo de las calles laterales que salen del paseo María Agustín. Sin embargo, si el viajero no le molesta el ruido y la presencia de bares, encontrará mucho más ambiente en **El Tubo**, donde hallará más de una docena de pensiones situadas en amplias manzanas de casas; la calle Méndez Núñez, y las pequeñas calles que parten de ella, como Estabañes, están muy bien situadas. Los hoteles más lujosos de Zaragoza resultan caros y no ofrecen nada especial, dirigidos sobre todo a los hombres de negocios.

Opciones económicas

Albergue Juvenil Baltasar Gracián, Franco y López 4, junto a la avenida de Valencia (☎976 551 504). Este albergue reformado se encuentra en la quinta calle a la derecha según se baja por la avenida de Valencia desde avenida Francisco de Goya. Enero-jul. y oct.-dic. ①

554/ARAGÓN

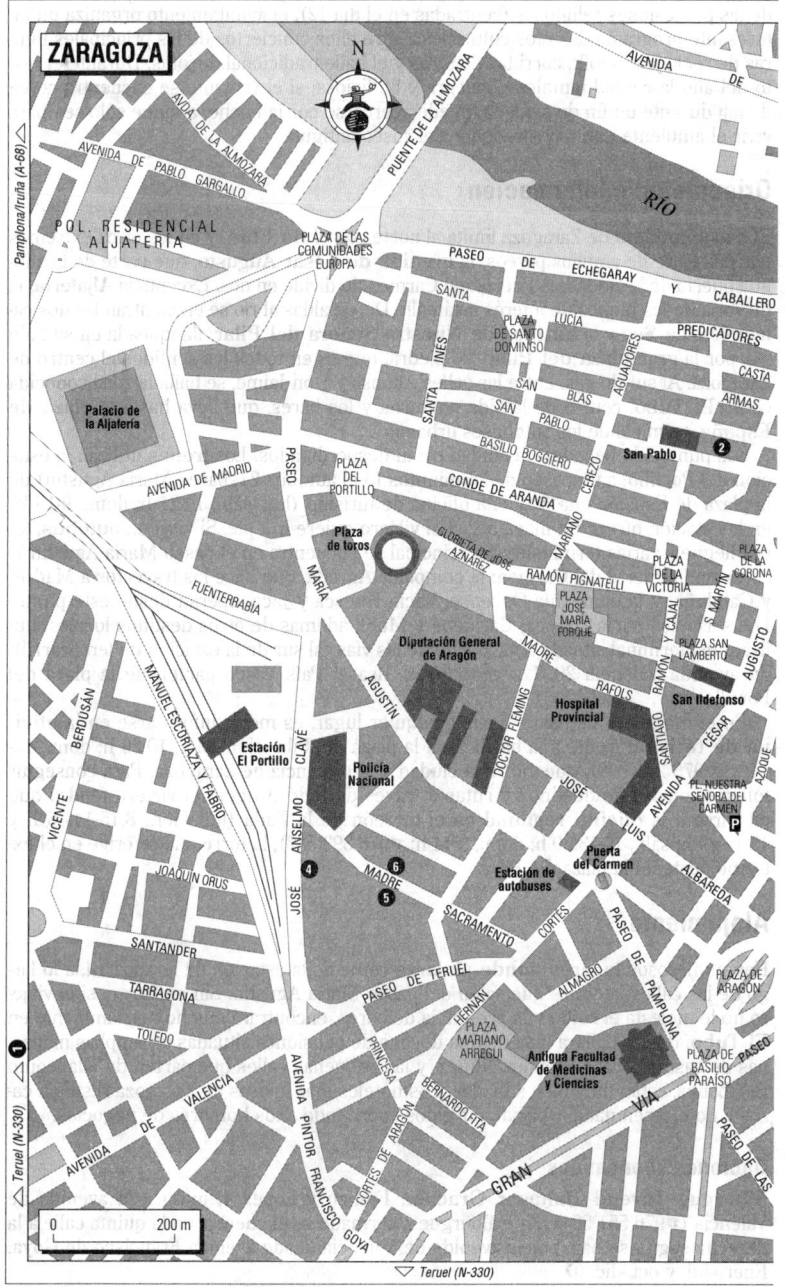

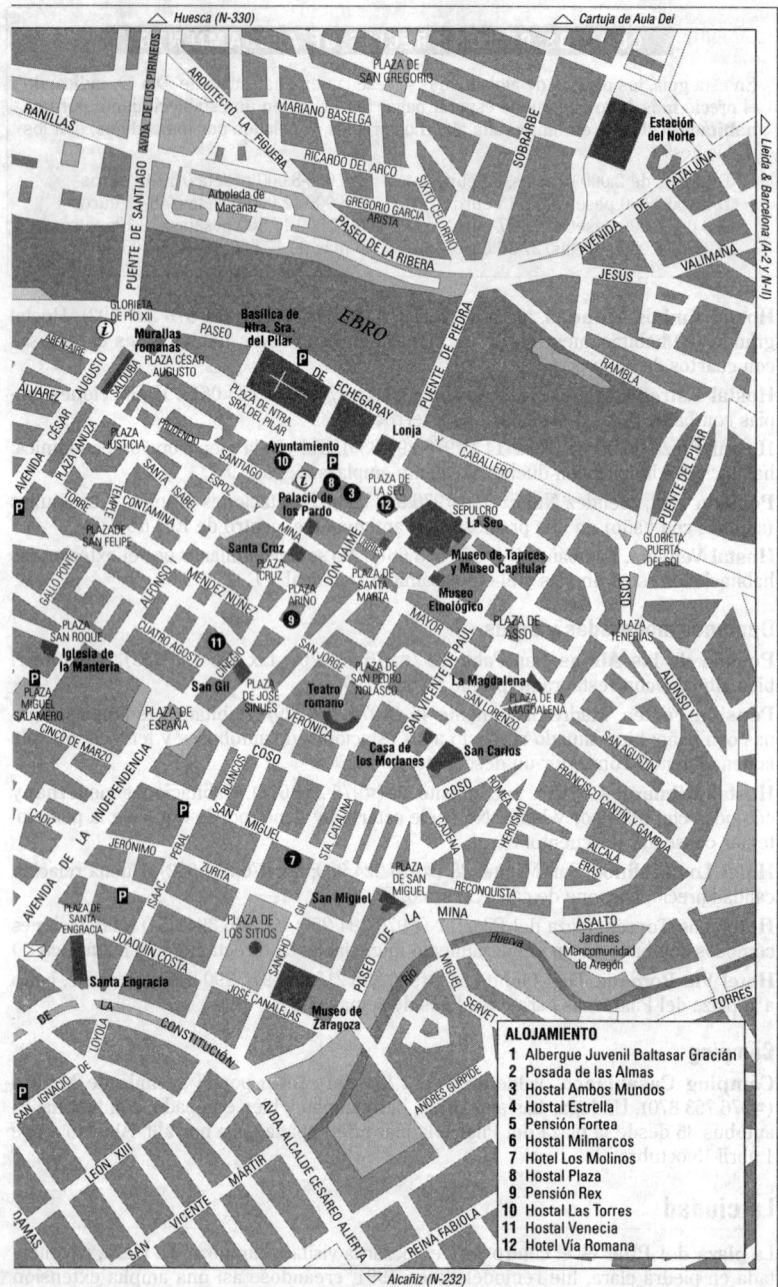

> **CÓDIGOS DE LOS PRECIOS DE ALOJAMIENTO**
>
> En esta guía, los precios de alojamiento se reseñan en una escala de ① a ⑧, indicando el precio **más bajo** que puede esperar pagar por noche en un establecimiento por una **habitación doble**, en temporada alta. Los precios, señalados por los códigos, son los siguientes:
>
> - ① menos de 2.000 pesetas/12 euros
> - ② 2.000-3.000 pesetas/12-18 euros
> - ③ 3.000-4.500 pesetas/18-27 euros
> - ④ 4.500-6.000 pesetas/27-36 euros
> - ⑤ 6.000-8.000 pesetas/36-48 euros
> - ⑥ 8.000-12.000 pesetas/48-72 euros
> - ⑦ 12.000-17.500 pesetas/72-105 euros
> - ⑧ más de 17.500 pesetas/105 euros

Hostal Ambos Mundos, plaza del Pilar 16 (☎976 299 704; fax 976 299 702). Hostal grande (50 habitaciones) en un excelente emplazamiento; habitaciones espaciosas con cuartos de baño pequeños. ③

Hostal Estrella, avenida José Anselmo Clavé 27 (☎976 283 061). Habitaciones limpias con baño, cerca de la estación de ferrocarril. ③

Hostal Plaza, plaza del Pilar 14 (☎976 294 830). Tal vez la mejor opción económica: habitaciones limpias con ducha; excelente emplazamiento. ③

Pensión Rex, Méndez Núñez 31 (☎976 392 633). Habitaciones grandes y tranquilas (algunas con baño) en una preciosa casa antigua en el centro de El Tubo. ③

Hostal Venecia, Estabañes 7 (☎976 393 661). No se deje amilanar por el exterior; las habitaciones están limpias y el emplazamiento es ideal. ②

Opciones moderadas y caras

Posada de las Almas, San Pablo 22 (☎976 439 700; fax 976 439 143). Viejo hotel bien situado, con restaurante propio y garaje. ⑤

Pensión Fortea, Madre Sacramento 45 (☎976 282 229). Habitaciones limpias, algunas con baño; bien situado respecto a las estaciones de autobuses y ferrocarril. Vale la pena intentar conseguir un descuento. ⑤

Hostal Milmarcos, Madre Sacramento 40 (☎976 284 618). Habitaciones modernas y cómodas con televisor y baño. No suele estar muy lleno, por lo que vale la pena intentar conseguir descuento. ⑤

Hotel Los Molinos, San Miguel 28 (☎976 224 980; fax 976 211 032). Buena relación calidad-precio; Dispone de café. Céntrico. ⑤

Hotel Las Torres, plaza del Pilar 11 (☎976 394 250; fax 976 394 254). Habitaciones cómodas con baño en un emplazamiento inigualable; da directamente a la basílica. ⑤

Hotel Vía Romana, Don Jaime I 54 (☎976 398 215; fax 976 290 511). Elegante, junto a la plaza del Pilar; más barato los fines de semana. ⑥

Cámping

Cámping Casablanca, Valdefierro, a 2 km del centro por la avenida de Madrid (☎976 753 870). Un lugar bastante árido, pero amplio y bien equipado, con piscina. El autobús 36 desde la plaza del Pilar o la plaza de España pasa por allí. Abierto entre 1 abril-15 octubre.

La ciudad

La **plaza del Pilar** es el centro para empezar la visita a Zaragoza. La plaza, pavimentada en piedra clara, fue remodelada en 1991, creándose así una amplia extensión

desde la antigua catedral, **La Seo**, hasta pasada la **basílica del Pilar** hacia la avenida César Augusto. Una mirada alrededor de la plaza cubre, en toda la extensión, la historia de la ciudad: en un extremo queda en pie parte de las murallas romanas; entre las iglesias está la **Lonja**, la antigua casa de cambio, de estilo renacentista, y en el centro estatuaria moderna y una cascada con forma de mapa de América del Sur.

Aunque el viajero sólo tenga intención de hacer transbordo de autobús o tren en Zaragoza, vale la pena que llegue hasta el centro para ver la plaza y la basílica, y luego a la **Aljafería**, a pie (unos 20 min.) o en taxi.

La basílica de Nuestra Señora del Pilar
Situada a orillas del río Ebro, la **basílica de Nuestra Señora del Pilar** (todos los días, 6-20 h) es uno de los mayores edificios religiosos de España. Toma su nombre del pilar —pieza central de la iglesia— sobre el que se cuenta que la Virgen descendió del cielo al aparecérsele a Santiago Apóstol. La estructura alrededor de esta reliquia es monumental, con grandes torres en las esquinas y una cúpula central rodeada de diez cúpulas menores con tejas vidriadas; fue proyectada a finales del siglo XVII por Francisco Herrera el Mozo y construida por Ventura Rodríguez entre 1750-1760.

El **pilar**, sobre el que hay una pequeña imagen de la Virgen, está constantemente rodeado de peregrinos, que hacen cola para tocar una sección expuesta (y desgastada), encastada en mármol. El principal tesoro artístico de la catedral es un magnífico retablo de alabastro del altar mayor, una obra maestra esculpida por Damián Forment en las primeras décadas del siglo XVI.

Saliendo de la nave norte se halla el **Museo Pilarista** (todos los días, 9-14 h y 16-18 h; 200 pesetas), donde el viajero verá de cerca los apuntes originales para la decoración de las cúpulas realizados por Francisco de Goya, González Velázquez y Francisco y Ramón Bayeu. La entrada permite también visitar la **Sacristía Mayor**, saliendo de la nave de enfrente, que alberga una colección de pinturas religiosas y tapices.

Alrededores de la plaza
La catedral antigua, **La Seo**, se levanta en el extremo de la plaza del Pilar. Ha sido restaurada y puede visitarse (mar.-sáb., 10-13.30 h y 17-18.30 h; dom., 10-11.30 h y 17-18.30 h); no se puede dejar de admirar el exterior, esencialmente gótico-mudéjar, con añadidos menores barrocos y platerescos. A la izquierda de la entrada principal está el muro mudéjar con elaborados dibujos geométricos. Dentro, se halla el soberbio retablo mayor, que representa algunas figuras teutónicas reconocibles, realizadas por el escultor renacentista alemán Hans o Juan de Suabia.

A medio camino entre las dos catedrales, se erige la **Lonja**, del siglo XVI, el antiguo edificio de la bolsa; de influencia florentina, en su interior hay elegantes columnas jónicas. Se abre con regularidad para exposiciones artísticas. Al otro lado de la basílica se alza el **torreón de la Zuda**, parte de las fortificaciones medievales de Zaragoza (que en la actualidad alberga una de las oficinas de turismo de la ciudad), y los restos de las **murallas romanas**, ruinas insignificantes pero que recuerdan el pasado romano de Zaragoza, cuyo nombre deriva de César Augusto.

Al sur de la plaza del Pilar
Una manzana al sur de la plaza, en el Palacio de los Pardo, restaurado de manera impecable en Espoz y Mina 23, se encuentra el **Museo Camón Aznar** (mar.-vier., 9-14.15 h y 18-21 h; sáb., 10-14 h; dom., 11-14 h; 100 pesetas), que expone las colecciones privadas de José Camón Aznar, uno de los eruditos más distinguidos del arte español. Entre sus piezas fundamentales destaca una exposición permanente de la mayoría de los grabados de Goya (el artista nació en el cercano Fuendetodos, véase pág. 561). Al fondo de la calle, que se convierte en calle Mayor, se levanta la iglesia de **La Magdalena**, con sus torres mudéjares, las más interesantes de Zaragoza.

El viajero podrá ver otras obras de Goya en el **Museo de Zaragoza** (mar.-sáb., 9-14 h; dom., 10-14 h; entrada gratuita), en la plaza de los Sitios. Otras exposiciones cubren el pasado íbero, romano y árabe de la ciudad.

Cerca del museo hay un par de iglesias que vale la pena visitar: **San Miguel**, que luce un retablo menor de Forment y una torre mudéjar, y **Santa Engracia**, con un espléndido portal plateresco y sarcófagos paleocristianos en la cripta. El viajero verá otras dos torres mudéjares en **San Pablo** (todos los días, 9-10 h y 20-20.30 h; festivos, 8-13 h), hacia el oeste de la plaza del Pilar, donde hay asimismo un retablo de Damián Forment, y **San Gil**, cerca de la plaza de España.

La Aljafería

La España árabe nunca estuvo muy unificada, y desde el siglo X al XI Zaragoza fue centro de una dinastía independiente, la de Benicasim. Su palacio, la **Aljafería** (jun.-sept., lun.-sáb., 10-14 h y 16-20 h; dom., 10-14 h; oct.-mayo, lun.-sáb., 10-14 h y 16-18.30 h; dom., 10-14 h; entrada gratuita), fue construido en pleno apogeo de su gobierno, a mediados del siglo XI, por lo que es anterior a la Alhambra de Granada y al Alcázar de Sevilla. Sufrió, sin embargo, muchos añadidos posteriores durante los siglos XI-XV de gobierno cristiano, cuando el palacio fue adaptado y utilizado por los reyes de Aragón durante la Reconquista. Desde 1987, el Parlamento de Aragón se reúne aquí, lo que da prestigio a ambos, el edificio y la institución.

Del diseño original, la principal reliquia es una preciosa **mezquita** adyacente a la entrada. El visitante verá además un original patio decorado, el **patio de Santa Isabel**. Cruzando desde aquí, la **Gran Escalinata** (añadida en 1492) conduce a una sucesión de habitaciones, sobre todo del siglo XIV, notables por sus techos artesonados; el más bonito es el del Salón del Trono.

Comida, copas y vida nocturna

Los **bares** de Zaragoza —de tapas y copas— se concentran en el casco antiguo, junto con los **restaurantes** que ofrecen la mejor relación calidad-precio, comedores económicos que a menudo están incorporados a las fondas y pensiones. Como podría esperarse en un lugar de tal tamaño, hay algunos restaurantes de categoría desperdigados por toda la ciudad. El casco antiguo cuenta también con una zona de **bares musicales** y **clubes nocturnos** alrededor de las calles Cantamina y Temple, que se anima mucho durante los fines de semana, y otra zona más alternativa detrás de El Corte Inglés, al fondo de la avenida Independencia.

Bares de tapas y restaurantes

Posada de las Almas, San Pablo 22. Atractiva posada antigua que ofrece un menú barato

Casa Amadico, Jordán de Urriés 3. Cervecería popular que sirve una buena selección de tapas, sobre todo de marisco. Lun. y agos., cerrado.

Bar Arranque, Jordán de Urriés 5. Visita obligada para amantes de la música española; sólo se programa flamenco y discos españoles, cuyas cubiertas decoran las paredes. Hay 27 variedades de tapas y una excelente selección de vinos aragoneses.

Los Borrachos, paseo Sagasta 64 (☎976 275 036). Restaurante clásico, al sur de la plaza Aragón, cuyas especialidades son principalmente platos de caza. Es bastante caro, a partir de 3.000 pesetas una comida con vino incluido.

Circo, Blancas 4. Tapas excelentes, entre ellas las cazuelas, alineadas en la barra de esta cervecería.

Dominó, plaza Santa María. Las tapas incluyen una buena selección de quesos del país, jamón y chorizo; buena oferta de vinos de Aragón para acompañarlas.

Mundo Mundial, San Lorenzo 5. Contracultural, ofrece comida de todo el mundo, desde caribeña hasta oriental. Sabrosos menús por 975 y 1.200 pesetas. Hay un menú vegetariano por sólo 850 pesetas.

Fonda La Peña, Cinegio 3. El comedor, abierto a todo, ofrece generosas raciones de sencilla cocina casera en su menú de 900 pesetas.

Restaurant Savoy, Coso 42, frente a la calle Alfonso. El mejor establecimiento para un banquete sin derrochar. Cocina internacional de calidad y un buen vino de la casa convierten el menú de 1.300 pesetas en una ganga.

Bares musicales y vida nocturna

Ángel Azul, Blancas 7. Buen café para sentarse y relajarse en un ambiente artístico.

Bar Azul, Pizarro 10. Lugar ideal para tomar el pulso a Zaragoza, con fotografía artística y disc-jockey al día. Los jueves se escucha big beats y trip-hop, los viernes, funk, sábados, hip-hop y los domingos buen ambiente y trip-hop relajante.

bassLAB, La Paz 29. Uno de los numerosos bares de esta calle especializados en música máquina (tecno).

La Campana de los Perdidos, Prudencio 7. Buen ambiente y representación regular de actos de comedia; puede conseguir un programa en la oficina de turismo. Mediados jun.-mediados agos., cerrado.

Chastón, plaza Ariño 4. Agradable y céntrico con música de jazz y blues. Terraza de verano. Se llena después de las 23 h.

Oasis, Boggiero 28. Antigua sala de conciertos transformada en un cabaré tradicional, una especie de equivalente aragonés al *Moulin Rouge* de París, aunque los asiduos se lamentan de que esté perdiendo su magia. Abierto sólo sáb. Jun.-sept., cerrado.

Sala Morrisey, Gran Vía 33. Taberna inglesa con falso interior estilo antiguo, pero con buenos disc-jockeys alternativos de jueves a domingo y ocasionalmente música en directo.

La Taberna de Harry McNamara, Méndez Núñez 36. ¿A que no esperaba terminar la noche en una taberna escocesa? Piénselo... Todos los días, 17-3 h.

Direcciones prácticas

Alquiler de automóviles Hertz (☎976 284 460) en la estación de ferrocarril; Avis en paseo Fernando el Católico 9 (☎976 357 863); Atesa en avenida Valencia 3 (☎976 352 805).

Alquiler de bicicletas Puede alquilar bicicletas de montaña en el parque Primo de Rivera, en el extremo sur de la Gran Vía (autobuses 30 o 40 desde plaza de España). Desde el parque salen senderos que llevan a un terreno boscoso en los límites de la ciudad.

Ambulancias ☎976 358 500.

American Express Viajes Turopa, paseo Sagasta 47 (☎976 383 911).

Autobuses La estación principal está en el paseo María Agustín (☎976 229 343) y hay terminal en avenida Valencia 20 (☎976 554 588). En la plaza del Portillo se hallan los autobuses Alsa (☎976 283 100). Eurolines Julià, en Marcelino Isabel 2 (☎976 238 373), cuenta con los servicios internacionales más amplios; salen desde Hernán Cortés 6.

Cines La Filmoteca, en el paseo Sagasta, frente a El Corte Inglés, es un bonito cine antiguo que ofrece un programa de filmes de arte y ensayo, también en versión original.

Correos La central está en la avenida de la Independencia 33 (lun.-vier., 9-20 h; sáb., 9-14 h). Lista de correos en el bajo, en la ventanilla 4.

Esquí Si el viajero tiene intención de esquiar en los Pirineos, es mejor que compre un paquete en una agencia de viajes en Zaragoza en lugar de ir por su cuenta. Para **Astún**, por ejemplo, puede contratar 1 semana o un fin de semana incluyendo habitación y desayuno en Jaca, transporte diario a las pistas y equipo de esquí. Una de las mejores agencias es Marsans, avenida Independencia 18 (☎976 236 965; fax 976 236 974); encontrará otras en paseo María Agustín.

Hospital Miguel Servet, plaza Isabel la Católica 1 (☎976 355 700).

Información ferroviaria ☎976 280 202.

Lavandería Si el viajero se aloja en El Tubo o alrededores, encontrará una lavandería autoservicio en San Vicente de Paul 25; junto a la estación, Lavomatique es la más cercana, en calle San Antonio María Claret 5.

Mercadillo *El Rastro* se halla cerca del campo de fútbol de La Romareda, cada domingo y miércoles, con puestos de ropa, accesorios y objetos para el hogar. Hay un mercadillo más ecléctico los domingos por la mañana en el exterior de la plaza de toros. Mercado de monedas y sellos en la plaza San Francisco los domingos.

Piscinas Hay una agradable piscina descubierta en el parque Primo de Rivera, en el extremo sur de la Gran Vía (autobuses 30 o 40 desde plaza de España). Mediados jun.-mediados sept., 10.30-22 h.

Taxis Radio-Taxi Aragón (☎976 383 838); Radio Taxi Cooperativa (☎976 373 737); Radio Taxi Zaragoza (☎976 424 242).

Tiendas La gran calle comercial es la avenida de la Independencia, al sur de la plaza de España, flanqueada por tiendas de moda; en su extremo se encuentra una sucursal de El Corte Inglés. Los puestos nuevos del exterior venden periódicos y revistas extranjeras.

Alrededores de Zaragoza

Pocos turistas dedican tiempo a visitar los monumentos y pueblos de los alrededores de Zaragoza; no es de extrañar, teniendo los Pirineos tan cerca, hacia el norte. Sin embargo, tal vez a los aficionados a catar vino que se dirijan hacia el sur les apetezca seguir la **ruta del vino** por **Cariñena**; además, los amantes de la pintura de Goya, puede ver sus murales del monasterio de **Aula Dei** y **Muel**.

Más allá, al noroeste de la capital, se hallan las **Cinco Villas**, que se extienden unos 90 km a lo largo de la frontera con Navarra. En realidad son poco más que aldeas, situadas en una zona campestre preciosa y poco visitada; su nombre se debe a Felipe V, quien se lo concedió por sus servicios durante la guerra de Sucesión (1701-1715). La más interesante es la que queda más hacia el norte, **Sos del Rey Católico**, en la C-127 que va a Pamplona/Iruña.

La cartuja de Aula Dei

En la **cartuja de Aula Dei**, unos 12 km al norte de Zaragoza, Goya pintó en 1774 una serie de once murales que representan las vidas de Cristo y de la Virgen. Resultaron dañadas después de la represión napoleónica, cuando los edificios fueron más o menos abandonados, pero tras varias restauraciones se ha descubierto que la serie es una de las primeras obras maestras del artista. El monasterio, hoy en día una comunidad cartuja, sólo permanece abierto 1 día al mes (☎976 450 000). Para concertar visita hay que llamar a la Diputación (☎976 714 934), que mantiene un convenio con la cartuja y ha creado un acceso especial para no molestar a los monjes.

Para llegar a Aula Dei el viajero tendrá que tomar la carretera de Montañana que

sale de la ciudad y discurre a lo largo de la orilla derecha del río Gállego. El autobús de Ágreda hacia San Mateo de Gállego pasa por el monasterio. Para saber el horario (y enterarse de qué podrá ver en medio de las obras de restauración en curso) pregunte en la oficina de turismo en Zaragoza.

La ruta del vino y Goya

Hay viñedos por todo Aragón, pero los mejores vinos —negros fuertes y buenos blancos— provienen del área al sur de Zaragoza, cuyos pueblos y ciudades son accesibles tanto por carretera como en tren hasta Teruel. Turismo ha señalizado la **ruta del vino** por toda la zona; una alternativa podría ser recorrer la corta **ruta de Goya**, para ver más frescos y su pueblo natal.

Muel

MUEL marca el punto más norteño de la región y en un tiempo fue un renombrado centro ceramista. Sin duda vivió tiempos mejores, y ya pocos trenes paran allí. El interés del pueblo reside en su fuente romana y la **ermita de Nuestra Señora de la Fuente**, que luce algunos frescos de santos pintados por Goya en su primera época. El artista, que llegó a ser pintor de corte de Carlos IV, nació en realidad en el pueblo de **FUENDETODOS**, 24 km al sureste, donde se ha creado una **Casa Museo** con muebles de época (mar.-dom., 11-14 h y 16-19 h; 300 pesetas; ☎976 143 857).

Cariñena

Si el viajero continúa al sur desde Muel llegará a **CARIÑENA**, una antigua población, más grande y bastante destartalada, con una serie de **bodegas**. Fuera de la carretera principal, detrás de la iglesia (cruzando el puente sobre la carretera y girando a la izquierda), la *Bodega Morte* (todos los días, 8-20 h; entrada gratuita) da la bienvenida a los visitantes que se acercan a probar sus vinos y comprar botellas, o bien llenar sus propios envases de las grandes barricas por poco dinero. Si el viajero quiere **alojarse** aquí —Cariñena, con su piscina descubierta, es una tranquila alternativa a Zaragoza— encontrará buenas habitaciones en el *Hostal Iliturgis*, plaza Ramón, cerca de la iglesia (☎976 620 492; ②), y el recién reformado *Hotel Cariñena*, en la carretera de Zaragoza, cerca de las bodegas (☎976 620 250; fax 976 622 000; ③). Suele haber **mercado** los sábados.

Sos del Rey Católico y las Cinco Villas

En dirección norte desde Zaragoza, las **Cinco Villas** son: **Tauste**, **Ejea de los Caballeros**, **Sádaba**, **Uncastillo** y **Sos del Rey Católico**. Constituyen una agradable excursión hacia los Pirineos (la carretera pasa por Sos y continúa hacia Roncal, en Navarra) o Pamplona/Iruña, aunque en realidad el viajero necesitará disponer de vehículo propio para poder visitar más de una. Sólo un autobús diarios une Zaragoza a Sos.

De Zaragoza a Sos

En **TAUSTE**, la más cercana a Zaragoza, hay una interesante iglesia parroquial construida en estilo mudéjar. El viajero podrá **alojarse** en el *Hostal Casa Pepe* (☎976 855 832; ③) y *Hospedaje Nuestra Señora de Sancho Abarca*, Sierra de la Virgen (☎976 833 011; ③ o ① cama en dormitorio).

Cerca, se encuentra **EJEA DE LOS CABALLEROS**, que conserva elementos de arquitectura románica en sus iglesias; allí encontrará varios **establecimientos donde alojarse**, como la *Fonda Goya*, plaza Goya 2 (☎976 661 006; ②), y *Hostal Aragón*, Media Villa 21 (☎976 660 630; ③), que dispone de habitaciones sencillas

sin baño. Si el viajero prefiere más comodidad, se recomienda, *Hostal Cuatro Esquinas*, en Salvador 4 (☎976 661 003; ④).

En **SÁDABA** hay un impresionante castillo medieval, original del siglo XIII, además de los restos de una sinagoga. El único **alojamiento** posible es el sencillo *Hospedaje Cinco Villas*, en Urriti Castelón 32 (☎976 863 011; ③). En **UNCASTILLO**, en una carretera secundaria hacia Sos, a través de la sierra de Santo Domingo, encontrará asimismo un castillo, tal y como sugiere su nombre, éste del siglo XII, y los restos de un acueducto. De nuevo el **alojamiento** está limitado a una única opción, el atractivo pero caro *Equestre*, Mediavilla 71 (☎976 679 481; ⑤), que también tiene un buen **restaurante**, pero bastante caro.

Sos del Rey Católico

SOS DEL REY CATÓLICO es la más interesante de las cinco y un excelente lugar para descansar, sobre todo si el viajero va hacia Navarra o regresa de allí. La localidad debe su nombre al rey Fernando el Católico, que nació en la localidad en 1452, hijo del pueblo tan poderoso como cualquier población aragonesa desearía. Las estrechas calles adoquinadas, como tantas otras en Aragón, están flanqueadas por grandes mansiones, como el **Palacio de Sada**, donde se afirma que nació el rey Fernando; hay una **iglesia** parroquial, con una curiosa cripta dedicada a la Virgen del Pilar. Éstos son los auténticos atractivos del lugar, pero el visitante también podrá pasear hacia el **castillo de la Peña Fernando** para disfrutar de las vistas de los tejados de terracota del pueblo y los campos de los alrededores, o bien acercarse al **ayuntamiento**, donde se muestran informaciones sobre el gobierno local en un pueblo cuya población apenas alcanza el millar de habitantes.

Hay tres **establecimientos donde alojarse**: *Fonda Fernandina*, en calle Emilio Alfaro (☎948 888 120; ②), que presenta una excelente relación calidad-precio; el moderno *Hostal Las Coronas*, frente al ayuntamiento (☎948 888 408; ④), y el soberbio parador (☎948 888 011; fax 948 888 100; ⑦), desde cuyas habitaciones se contemplan hermosas vistas de las montañas.

Tarazona y alrededores

Las llanuras aragonesas están salpicadas de restos de la ocupación árabe, aunque donde hay más es en **TARAZONA**, que las autoridades turísticas promocionan como «La Ciudad Mudéjar» e incluso como «el Toledo aragonés». Esto último es un poco exagerado, pero Tarazona es una bonita población y si el viajero se encuentra en ruta hacia Soria o Burgos, constituye un lugar ideal para hacer un alto en el camino. Se recomienda visitar el soberbio monasterio cisterciense de **Veruela**, 15 km al sureste, saliendo de la N-122 hacia Zaragoza.

La ciudad

La principal atracción de Tarazona es la zona de **Barrios Altos**. Se levantan sobre una colina que da al río; las casas y mansiones medievales rodean sus callejas y pasadizos. En el centro del barrio está la plaza de España, flanqueada por un magnífico **ayuntamiento**, del siglo XVI, cuya fachada luce escudos de armas, cabezas esculpidas y figuras en altorrelieve. Un friso, que representa la conquista de Granada, recorre el edificio a todo lo largo. Desde aquí una ruta turística conduce hacia la iglesia de **Santa Magdalena**, cuya torre mudéjar domina la ciudad. El mirador proporciona una buena vista de los alrededores, sobre todo de la **plaza de toros** del siglo XVIII, una terraza circular de casas, con balcones, ahora tapados, desde donde los espectadores podían ver la corrida. Más arriba se encuentra la **iglesia de La Concepción**, también con una esbelta torre de ladrillos.

En la ciudad baja, el principal monumento es la **catedral**, edificada en su mayor parte entre los siglos XIV-XV. Se trata de un ejemplo típico del uso decorativo del ladrillo en el estilo gótico mudéjar, con una cúpula construida en la misma línea que la de la catedral antigua de Zaragoza. El interior está cerrado por restauración desde hace 15 años, pero los **claustros** interiores mudéjares (jul.-agos., sáb.-dom., 10-13 h; entrada gratuita) han sido abiertos de nuevo al público recientemente, y merecen una visita.

Aspectos prácticos

La **oficina de turismo** junto a la catedral, en calle de la Iglesia (lun.-vier., 9-13.30 h y 16.30-19 h; sáb.-dom., 10-14 h y 16-19 h; ☎976 640 074), organizará una visita guiada a la ciudad si el viajero avisa con antelación. Si va por su cuenta, eche una ojeada al **plano de la ciudad**, que señala los principales monumentos en el exterior de la cercana iglesia de San Francisco.

Hay tres posibles **alojamientos**: *Hostal María Cristina*, carretera de Castilla 3 (☎976 640 084; ②), en la carretera de Soria, frente a las piscinas municipales; *Hotel Brujas de Bécquer*, carretera de Zaragoza (☎976 640 404; fax 976 640 198; ①-⑤), en el exterior, en la carretera de Zaragoza; y el *Hotel Ituri-Asso*, de categoría (☎976 643 196; fax 976 640 466; ⑤), junto al río, cerca del puente de piedra. La *Marisquería Galeón*, en la parte baja del pueblo, avenida La Paz 1, es un **restaurante** de precio razonable; sirve buen marisco y un menú por 1.200 pesetas.

Veruela

El **monasterio de Veruela** (mar.-dom., verano, 10-14 h y 16-19 h; invierno, 10-13 h y 15-18 h; 300 pesetas; ☎976 649 025) es una de las mayores casas religiosas de España. Aislado en un recodo de las montañas se levanta dentro de un perímetro fortificado. Ir hasta allí no es una excursión cómoda desde Tarazona, o un descanso en un viaje desde Zaragoza; si el visitante viaja en autobús, tendrá que bajarse en **Vera de Moncayo** y después caminar colina arriba unos 3 km. En la actualidad el monasterio está deshabitado, pero la gran iglesia del siglo XII, construida en el austero estilo de transición de los cartujos, se mantiene abierta. La entrada para el monasterio también permite acceder a los claustros del siglo XIV y los edificios conventuales, además de a un pequeño (y no muy interesante) **Museo del Vino**, instalado curiosamente en terrenos del monasterio. En el monasterio de Veruela pasó un largo período de convalecencia el poeta sevillano Gustavo Adolfo Bécquer; sus *Cartas desde mi celda* recogen soberbias descripciones del paisaje aragonés.

Calatayud, el monasterio de Piedra y Daroca

Al igual que Tarazona, **Calatayud** es una población de fundación árabe; destacan algunas torres mudéjares. Asimismo, el viajero podrá acceder al cisterciense **monasterio de Piedra**, situado en un parque exuberante. La ciudad en sí misma no es un lugar demasiado atractivo; tal vez no le apetecerá pasear por allí, sobre todo al estar tan cerca el precioso pueblo de **Daroca**, en la línea de ferrocarril y en la carretera hacia el sureste en dirección a Teruel.

Calatayud

Si el viajero va de paso, se recomienda que suba a la antigua ciudad alta de **CALATAYUD** donde en medio de una maraña de callejuelas se encuentran las iglesias de **San Andrés** y **Santa María la Mayor**, ambas con torres mudéjares, reminiscencia

de los minaretes árabes. Santa María, la colegiata, tiene una puerta plateresca, mientras que **San Juan el Real**, hacia el río, luce frescos que se atribuyen a Goya cuando era joven.

En las alturas, en el extremo opuesto de la población a la estación de ferrocarril quedan ruinas del **castillo** árabe. Las vistas desde allí son hermosas, aunque para ver de cerca las torres, se recomienda subir la montaña hasta la ermita, en el centro de la ciudad antigua. A 5 km al noreste se encuentran las ruinas romanas de **Bilbilis**.

Si el viajero quiere **alojarse** en Calatayud, encontrará un par de fondas al otro lado de la plaza desde la estación de ferrocarril; la mejor de ellas es la *Fonda Los Ángeles* (☎976 881 133; ②-③). En el centro podrá elegir entre la *Fonda El Comercio*, bastante sencilla, en Dato 33 (☎976 881 115; ②), y el *Hotel Fornos*, algo más cómodo, en paseo Cortes de Aragón (☎976 881 300; fax 976 883 147; ⑤).

El monasterio de Piedra

El **monasterio de Piedra** se encuentra 20 km al sur de Calatayud, a 4 km del pueblo de **NUÉVALOS**. Los edificios monacales, en una época parte de un conjunto cisterciense, están en ruinas, pero se levantan en medio de unos jardines (todos los días, 9-20 h; 1.000 pesetas, entrada conjunta al monasterio y el parque) que resultan encantadores en este paisaje, por otra parte duro y seco.

Dentro del parque, el visitante puede seguir dos **rutas**. Las flechas azules conducen alrededor del claustro y la estructura de la iglesia hacia la **torre del Homenaje** del siglo XII, desde cuyo mirador se contemplan hermosas vistas del parque. Las flechas rojas pasan junto a una serie de cascadas, grutas y lagos señalizados; si hay muchas personas resulta bastante fácil evitarlas. No está permitido entrar comida en el parque; si el visitante ha llevado una merienda campestre, tendrá de tomársela antes de entrar en los terrenos del recinto.

Hay dos **establecimientos donde alojarse**: el lujoso *Hotel Monasterio de Piedra*, cerca de la entrada del parque (☎976 849 011; fax 976 849 054; ⑥), y otro pequeño junto a la carretera, *Hostal Las Truchas*, bien equipado y con un precio razonable (☎976 849 040; fax 976 849 137; ④); además, tiene piscina, pista de tenis y gimnasio. En el pueblo, el *Hostal Río Piedra*, al pie de la carretera que sube al monasterio (☎976 849 007; ③), dispone de varias habitaciones, algunas con baño. Como alternativa, el viajero encontrará un **cámping** muy bien equipado, *Lago Park Cámping* (abril-sept.; ☎976 849 038), a 3 km de Nuévalos (dirección contraria al monasterio) en un promontorio junto a un pantano. Hay buenas posibilidades de pesca si el visitante es aficionado a esta práctica.

Un solo **autobús** diario va desde Zaragoza hacia Nuévalos; parte a las 13.45 h y vuelve a las 17 h. Si el viajero dispone de vehículo propio, las **carreteras en dirección sur**, hacia Cuenca o Albarracín (véase pág. 568), son muy agradables.

Daroca

DAROCA, al sureste de Calatayud, es un lugar encantador, situado en medio de unas impresionantes **murallas** que comprenden nada menos que 114 torres y encierran una zona bastante mayor que la que necesita su población actual de 2.300 personas. La última gran restauración de las murallas se llevó a cabo en el siglo XV, pero hoy en día, aunque en ruinas, aún son magníficas.

Se entra al pueblo a través de sus puertas originales, la **Puerta Alta** y la **Puerta Baja**, esta última dotada de una galería de arcos y decorada con el escudo de armas de Carlos I. En el interior, la calle Mayor une ambas puertas, pasando junto a calles antiguas donde hay iglesias mudéjares, góticas y románicas. La iglesia principal, la **colegiata de Santa María**, de estilo renacentista y construida en el siglo XVI, cuenta

con un pequeño museo. Pero el interés de Daroca reside sobre todo en su conjunto más que en un monumento en concreto.

El viajero encontrará dos **alojamientos**: el más agradable es *Bar-Pensión El Ruejo*, en Mayor 88 (☎976 800 962; ③), que ofrece una serie de habitaciones y un agradable restaurante que sirve un generoso menú por 1.000 pesetas. El *Hostal Legido* (☎976 800 190; ⑤) es más moderno; se halla en la carretera principal, a las afueras del pueblo. Daroca se encuentra en la **línea de ferrocarril** Calatayud-Teruel, aunque la estación está a 2 km del pueblo; los **autobuses** resultan más cómodos. Dos servicios diarios van desde y hacia Calatayud, Teruel y Cariñena-Zaragoza.

Teruel

La pequeña capital provincial de **TERUEL** es básicamente una ciudad comercial que sirve a sus remotas y poco pobladas zonas rurales. No resulta fácil calificar este rincón de Aragón de zona atrasada; según un estudio reciente, se trata de la única parte de España donde el número de defunciones sobrepasa al de nacimientos. La tierra es árida y muy alta; aquí se dan los inviernos más crudos del país. Si al viajero le gustan los pueblos alejados de la civilización, con enclaves medievales que no han sido embellecidos, esta región merece un buen recorrido.

Llegada e información

Tal vez Teruel no le parezca una ciudad, a pesar de su estatus de capital; algo que refuerza la separación entre el caso antiguo y la zona nueva. Sin embargo, cuenta con todos los servicios necesarios, **trenes** desde Zaragoza y Valencia, así como **autobuses** desde la mayoría de los destinos de la provincia. Las estaciones de ferrocarril y de autobuses están cerca del centro; desde la primera, tendrá que cruzar la ronda y caminar hacia el norte por la calle Nueva; y desde la segunda, caminar un corto trecho por la ronda de circunvalación y tomar la primera a la izquierda hacia la plaza Judería. Hay nada menos que trece empresas de autobuses en Teruel, muchas de ellas hacia los mismos destinos, por lo que se recomienda al viajero que compruebe los horarios en las taquillas antes de comprar un billete, pues algunos autobuses son algo más lentos que otros.

Quizá no le apetezca salir del barrio antiguo, y moverse por él no es difícil dada su reducida extensión. El centro de la ciudad es la plaza del Torico (denominada en los planos plaza Carlos Castel); hacia el sur, en Tomás Nogués 1, se encuentra la **oficina de turismo** (jul.-sept., lun.-sáb., 9-14 h y 16.30- 21 h; dom., 9.30-14 h; oct.-jun., lun-vier., 8-15 h y 17-19.30 h; sáb., 9-14 h y 17-20 h; ☎978 602 279).

Alojamiento

El alojamiento no es un problema, pero el viajero deberá tener en cuenta que si va a Teruel durante la **Fiesta de la Vaquilla del Ángel** (principios jul.) todo estará reservado con antelación y tendrá que unirse a otros noctámbulos exhaustos que duermen en el parque junto a la estación de ferrocarril.

Hotel Alcazaba, El Tozal 34 (☎978 610 761). Habitaciones limpias. Restaurante abajo. ④

Hostal Aragón, Santa María 4 (☎978 601 387). Habitaciones pequeñas pero cómodas, algunas triples y cuádruples. ③

Hostal Continental, Juan Pérez 9 (☎978 602 317). Si el *Hostal Aragón* está lleno, este otro se encuentra a la vuelta de la esquina; dispone de habitaciones similares, aunque algo más caras. ③

566/ARAGÓN

Parador de Teruel, a 2 km en la carretera de Zaragoza (☎978 601 800; fax 978 608 612). Edificio moderno, pero emplazamiento ideal, en una colina boscosa que da a la ciudad y las torres. ⑦

Hotel Reina Cristina, paseo Óvalo 1(☎978 606 860; fax 978 605 363). Atractivo, con un restaurante excelente, situado junto a la torre del Salvador. ⑦

Fonda El Tozal, Rincón 5 (☎978 601 022). Una vieja fonda limpia, pero bastante fría. ②-③

La ciudad

Teruel es un lugar agradable y hay muchos monumentos, entre ellos algunas de las obras mudéjares más interesantes. Al igual que Zaragoza, fue una importante ciudad

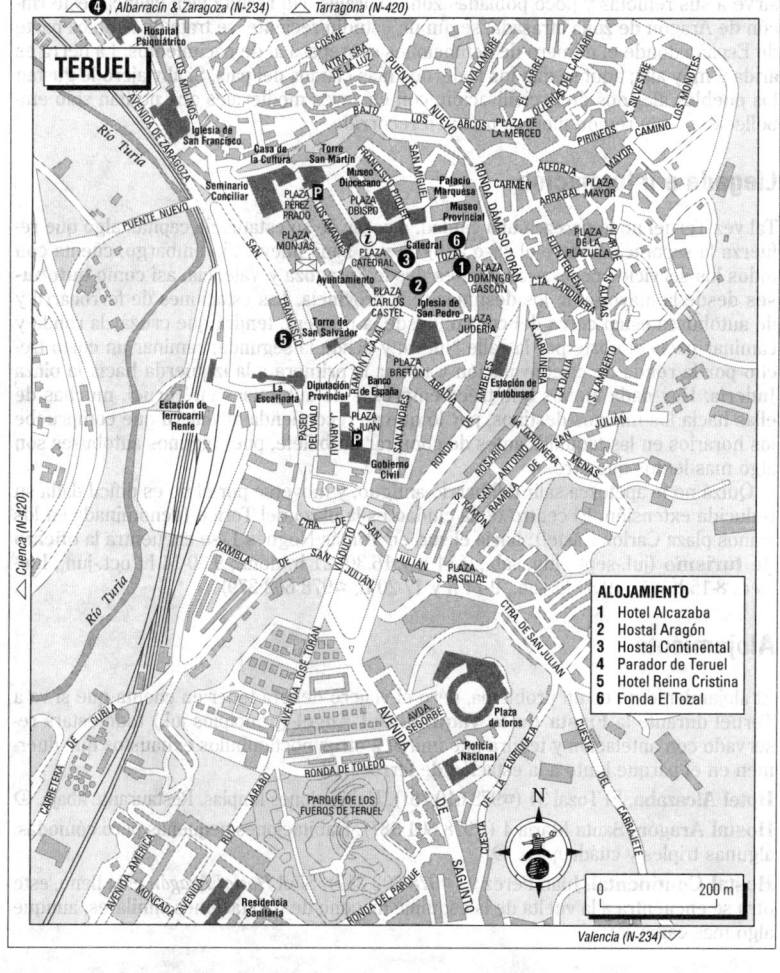

árabe y albergó importantes comunidades árabes y judías después de la Reconquista de Alfonso II en 1171. Al llegar, destacan las torres mudéjares, construidas por artistas árabes durante los 3 siglos siguientes. Se recomienda visitar tanto éstas como el fabuloso techo mudéjar de la catedral. El casco antiguo o **casco histórico** se halla en una colina sobre el río Turia: se trata de una extensión confusa encerrada por fragmentos de muralla y con un viaducto que lo une al barrio moderno hacia el sur. Saliendo hacia el norte se encuentra el acueducto del siglo XVI, **Los Arcos**, una monumental y elegante obra de ingeniería.

Si el viajero llega en tren, verá **La Escalinata**, un tramo de escalera decorado con ladrillos, azulejos y torretas que es puro arte mudéjar. Desde la cima de la escalera, la calle El Salvador conduce hacia la **torre de San Salvador** (verano, todos los días, 11-14 h y 17-19 h; invierno, sáb.-dom., sólo 11-14 h; 200 pesetas), la torre mudéjar más interesante de la ciudad, y la única a la que se puede subir, si bien el visitante tendrá que de ir en un grupo de como mínimo diez personas; pregunte en la oficina de turismo si hay algún grupo al que pueda unirse. Está cubierta de dibujos complejos y mosaicos de color que causan un efecto sorprendente, que se repite de forma parecida en la otra torre más modesta, **San Martín**, a la que se llega mejor desde la calle de los Amantes (la tercera a la izquierda saliendo de El Salvador en la esquina de la plaza del Torico). Una característica común a todas las torres es que se levantan separadas del cuerpo central de la iglesia, una técnica influenciada seguramente por los minaretes independientes del mundo árabe.

La **catedral**, construida en el siglo XII, pero adaptada con gracia durante los años siguientes, tiene otra bonita torre mudéjar, con ventanas románicas incorporadas, y una linterna que combina características mudéjares y renacentistas. El interior sigue un modelo más típico gótico-mudéjar, y a primera vista parece poco interesante, excepto por su retablo renacentista. Sin embargo, si el viajero sube por las escaleras que hay junto a la puerta, e introduce unas monedas en la caja de iluminación, podrá ver el fabuloso **artesonado del techo**. Fue terminado entre 1260-1314 por artesanos árabes, en una maravillosa mezcla de motivos islámicos geométricos y pinturas medievales de la vida cortesana.

Junto a la catedral, se erige el Palacio Episcopal del siglo XVI, donde se halla el **Museo Diocesano** (lun.-sáb., 10-14 h; 150 pesetas). Dentro, está el *Calvario*, una preciosa talla de Jesús del siglo XV (que ha perdido los brazos), San Juan y la Virgen María; que permaneció escondida durante muchos años tras un muro en una iglesia en Sarrón, donde fue descubierta en 1946. Otro elemento interesante es el *Árbol de la Vida*, una curiosa talla de Cristo en marfil (siglo XVII).

A un par de manzanas del museo se encuentra la plaza del Torico (o plaza de Carlos Castell), centro del casco antiguo, flanqueada por un trío de casas modernistas. Más allá, en otra bonita plaza, se alza la **iglesia de San Pedro**, de nuevo con una torre mudéjar. Sin embargo, su fama se debe al adyacente **Mausoleo de los Amantes** (lun.-sáb., 10-14 h y 17-19.30 h; dom., 10-14 h; 50 pesetas), una capilla donde está la tumba de alabastro de los Amantes de Teruel, Isabel de Segura y Juan Diego Martínez de Marcilla. Se trata de una popular leyenda, sobre una historia de amor frustrado del siglo XIII. Se cuenta que Diego partió de Teruel durante 5 años, pues la familia de su amante le ordenó que se marchara de la ciudad y que demostrara su valía; cuando volvió se enteró de que Isabel iba a casarse aquel mismo día. Le pidió un último beso, fue rechazado y él murió con el corazón roto. Isabel, para no ser menos, arregló el funeral en la iglesia de San Pedro, besó el cadáver y murió en sus brazos. Los que se supone que eran los cuerpos de los amantes fueron exhumados en 1955 y ahora yacen iluminados a la vista de todos; es una peregrinación macabra y popular para los recién casados.

Finalmente, si el viajero quiere visitar los alrededores de Teruel, se recomienda el **Museo Provincial** (mar.-vier., 10-14 h y 16-19 h; sáb.-dom., 10-14 h; entrada gratuita),

EL RINCÓN DE ADEMUZ

El **Rincón de Ademuz**, que debería ser el sur de Teruel, es una zona curiosa: se trata de una parte de Valencia encerrada dentro de territorio aragonés; un remoto rincón de España con un adusto sentido de la grandeza y que raramente recibe un turista de un año para otro.

El lugar al que dirigirse —y si viaja en autobús el único al que el viajero podrá llegar desde Teruel— es **ADEMUZ**, sin duda la capital más pequeña de España. Se extiende a lo largo de una montaña escarpada en la confluencia de dos largos ríos, y podría ser una buena base para hacer excursiones; de hecho, caminar sin rumbo por sus calles con casas de piedra oscura y algunas torres barrocas resulta fascinante.

Si el viajero quiere alojarse allí, hay un único **hostal**, *Casa Domingo* (☎978 782 030; fax 978 782 056); ③; con baño), que también sirve un menú por 1.425 pesetas.

Para practicar montañismo o senderismo se recomienda ir a **Torre Baja**, situado hacia el norte, a lo largo del río Turia, y más allá al bonito pueblo de **Castielfabib**. La más interesante de las pequeñas aldeas de Ademuz, **Puebla de San Miguel**, está hacia el este, en la sierra de Tortajada; es accesible por carretera desde Valencia, pero también por una pequeña ruta que sale de Ademuz en dirección a Teruel, al este sobre el puente del río Turia y señalizada hacia Sabina, Sesga y Mas del Olmo.

cerca de la catedral. Entre las obras expuestas destacan objetos de folclore local y la vida rural tradicional.

Comida y copas

La zona principal para **comer** y **tomar una copa** en Teruel se halla en el lado oriental del casco antiguo, en concreto la plaza Judería, calle Bartolomé Esteban, Abadía y San Esteban (primera calle del casco antiguo desde la estación de autobús).

Bar Gregori, paseo Óvalo 6. Este acogedor bar de tapas es el establecimiento favorito de los lugareños como podrá observar en la cabeza de cordero del menú. Las mesas exteriores y las bebidas económicas, lo convierten en un lugar agradable para pasar la tarde.

La Menta, calle Bartolomé Esteban, detrás del Mausoleo de los Amantes. El mejor restaurante de la ciudad, pero caro, pues los platos cuestan a partir de 1.200 pesetas; no obstante, es una buena elección para darse un banquete en el sur de Aragón. Dom., última semana jul. y 1-14 agos., cerrado.

Mesón Óvalo, paseo Óvalo 2. Mesón muy popular con cocina de calidad (los platos de trucha son excelentes) y un buen menú por 1.400 pesetas. Lun. y 8-28 de enero, cerrado.

La Parrilla, San Esteban 2. Restaurante parrilla que ofrece una buena relación calidad-precio; interior tradicional donde se asa la carne a la parrilla en fuego de leña.

Bar El Plata, Amantes 7. Bar de tapas; sirve varias especialidades locales. Situado en la calle que lleva desde la plaza del Torico al ayuntamiento.

Albarracín

ALBARRACÍN, a 37 km al oeste de Teruel, es uno de los lugares más accesibles del sur rural de Aragón, y uno de los pueblos más pintorescos de la provincia; está suspendido sobre el río Guadalaviar, conserva virtualmente intactas sus calles medievales y sus altas casas con balconadas. También allí hay una curiosidad histórica, pues entre 1165-1333 la localidad fue el centro de un pequeño estado independiente, el reino de los Azagras.

Durante los últimos años se ha impulsado el turismo, y algunas de las casas han sido remozadas. Pero las oscuras y cerradas callejuelas y los edificios que permanecen sin restaurar, con sus espléndidos escudos de armas, son un vestigio de un pasado más próspero. Si el viajero procede de Teruel, tal vez se imagine que llega a una gran ciudad, pues las **murallas medievales** se extienden sobre la colina; protegen así, con el meandro del río, una zona mucho mayor que la actual (o del pasado) de la localidad.

El pueblo sigue la línea de una sierra, sobre el río, y se divide en dos partes. Por el lado de Teruel el viajero entrará a través de una puerta conocida como El Túnel, y llega enseguida a la **plaza Mayor** y el **ayuntamiento**. Si continúa por la calle Santiago, subiendo hacia las murallas, llegará a la iglesia de Santiago y una entrada, el Portal de Molina. Si sigue por la calle Catedral, un tranquilo camino rural, se topará con una pequeña plaza (a la que pueden acceder los automóviles desde el otro lado), donde se encuentran la **catedral**, edificio medieval remodelado en los siglos XVI y XVIII, y el Palacio Episcopal.

Aspectos prácticos

Si el viajero quiere alojarse allí —de hecho, tendrá que hacerlo si ha llegado en el autobús diario desde Teruel— hay una serie de **hostales** al pie de la colina, donde para el autobús. Todos son agradables, pues se hallan en mansiones que han sido remodeladas, pero suelen ser bastante caros. Destacan el *Hostal El Gallo* (☎978 710 032; ③), *Olimpia* (☎978 710 083; ③) y *Arabia* (☎978 710 212; ⑤). Asimismo el viajero encontrará un **albergue**, *Albergue de Juventud Rosa Bríos* (sept., cerrado; ☎978 710 005; ③), pasada la catedral, en Santa María 1. La **fiesta** local se celebra del 8 al 17 de septiembre.

Desde Albarracín, si dispone de vehículo propio, hay una ruta fabulosa hacia el oeste en dirección a Cuenca a través de una zona preciosa, por **Frías de Albarracín** y el **nacimiento del río Tajo** (véase pág. 162).

El Maestrazgo

Las montañas del **Maestrazgo**, al noreste de Teruel, son un área de gran diversidad y asombrosa belleza, a menudo agreste; destacan sus picos, las profundas gargantas y los prados exuberantes. No es una zona muy frecuentada por los turistas, aunque cuando menos el viajero encontrará una fonda en la mayoría de las pequeñas y desperdigadas aldeas. Los lugares que se indican a continuación son sólo una pequeña selección referente a las áreas más accesibles; si el viajero dispone de un mapa adecuado y vehículo propio, o bien tiene intención de caminar un poco, la elección depende de él.

Apenas pasan **autobuses** (con frecuencia su función principal es dejar el correo), pero la mayoría de los pueblos están comunicados una vez al día entre ellos o con Teruel; el viajero tendrá que madrugar, pues suelen partir antes del amanecer. La principal forma de acceso a la zona es desde Teruel (autobús diario a Cantavieja y Villafranca del Cid) o Morella, en la provincia de Castellón (véase «Valencia», pág. 796).

La zona sur del Maestrazgo

Para acercarse al Maestrazgo desde Teruel, el viajero tendrá que tomar una carretera secundaria que sale de la N-420, a 1 km más o menos de la ciudad; pasa por **Cedrillas**, donde sobresale su castillo en ruinas en la cima de la sierra. En el **puerto de Villaroya** (1.655 m) se cruza el punto más alto del Maestrazgo, una excursión impresionante en la que se entra en un autobús que serpentea bajando a los valles, siguiendo el cauce seco de los ríos y balanceándose sobre estrechos puentes de piedra que se desmoronan. El primer pueblo de cierto tamaño es **Cantavieja**.

Cantavieja y el país de El Cid

CANTAVIEJA, situada en el borde de una escarpadura, a 1.300 m, es un poco más animado y grande que la mayoría de los pueblos del Maestrazgo, aunque su población no llega a los 1.000 habitantes. La encalada y porticada **plaza Mayor** es típica de la región, y el ayuntamiento, con su escudo de armas, luce una inscripción en latín que expresa elevados pensamientos: «En esta casa se detesta la maldad, se ama la paz, se castiga la delincuencia, se defiende la ley y se respeta a los honrados.» Constituye una buena base para explorar —o recorrer a pie— la zona, que cuenta con una **oficina de turismo** (jun.-sept., todos los días, 11-14 h y 17-20 h; ☎978 185 001), un **hotel**, *Balfagón Alto Maestrazgo* (☎ y fax 964 185 076; ④), cerca de la piscina municipal, y una fonda de precio razonable, *Julián* (☎964 185 005; ②). Asimismo hay un **restaurante** lujoso, *Buj* (feb., cerrado), regentado por una mujer y sus dos hijas. La comida en *Balfagón* es también buena y sirven un menú por unas 1.500 pesetas.

MIRAMBEL, 15 km al noreste de Cantavieja, accesible en un paseo de 2 horas, tiene una población de sólo 160 habitantes, y conserva un ambiente muy antiguo, con sus murallas, entradas y casas de piedra. Hace unos años, el pueblo se animó bastante cuando el director de cine Ken Loach filmó allí *Tierra y libertad (Land and Freedom)*, pero hoy en día ha vuelto a su habitual ritmo tranquilo. El **bar** principal ofrece **alojamiento** (aunque no hay rótulo) y un buen ambiente; asimismo hay una excelente fonda, *Guimera* (☎964 178 269; ②), que dispone de habitaciones con baño a precios de ganga.

A una distancia parecida hacia el sureste de Cantavieja, y también a un buen paseo por una carretera agreste, se encuentra **LA IGLESUELA DEL CID**. El nombre del pueblo es testigo de la presencia de El Cid Campeador, que pasó por el Maestrazgo en su lucha contra los infieles. Sus murallas de piedra de tono rojizo-ocre, escudos de armas y el arroyo que fluye por el centro resultan extraños en esta remota localidad, aunque si se dejan a un lado estos aspectos, se trata de un lugar de porte humilde. Sin embargo, el viajero encontrará una **fonda**, *Casa Amada* (☎964 443 373; ③; con baño), que sirve buena comida del país.

Si el visitante continúa hacia el este unos 10 km llegará a **VILLAFRANCA DEL CID**, cruzando el límite con la provincia de Castellón, situada al final de una ruta de autobús desde Teruel o Morella. Extendido en la ladera de la colina se trata de un pueblo alegre y atractivo, con una población de unos 3.000 habitantes, lo que lo convierte en uno de los mayores de la zona. El único sitio donde **alojarse** en el centro, es el *Hostal Prismark*, en calle Sagrado Corazón de Jesús (☎964 441 110; ③), que dispone de buenas habitaciones con baño; *L'Om de Llosar* (☎964 441 325; ④), a 2 km del pueblo junto a una pequeña ermita, tampoco está mal. Si decide marcharse, el **autobús** hacia Teruel parte a las 5.45 h (sólo lun.-vier.) y pasa por La Iglesuela del Cid a las 6 h.

Hacia el oeste desde Cantavieja

Hay otra ruta espectacular casi alpina si el viajero se dirige por el noroeste desde Cantavieja pasando por Cañada de Benatanduz hacia **VILLARLUENGO**, un precioso pueblo de viejas casas amontonadas en una ladera con terrazas. Más allá, cruzará un paso y el río Pitarque, con un valle lateral que llega a la aldea del mismo nombre. Junto al río, en un paisaje aislado y magnífico, se encuentra el lujoso *Hostal de la Trucha* (☎978 773 008; fax 978 773 100; ⑥), cuyo **restaurante** sirve trucha pescada a unos metros. De vuelta a Villarluengo, se halla *Fonda Villarluengo*, en plaza Carlos Castell (☎978 773 014; ②), no tan cara.

Sobre otro paso alto, el puerto de Majalinos (1.450 m), la carretera desciende a **EJULVE**, un pequeño pueblo donde encontrará un **establecimiento donde alojarse**, *Pensión Navarra*, en calle Tomás Ariño (☎978 753 074; ③), y un bar decorado con una cabeza de jabalí. Unos cuantos kilómetros más al norte, el viajero llegará a la N-420 entre Montalbán y Alcañiz.

El **autobús** pasa una vez al día desde Cantavieja, si bien tarda casi 4 horas en recorrer los 90 km de trayecto hacia **Alcorisa** en la N-420.

Norte del Maestrazgo: Alcañiz y Valderrobres

El límite norte del Maestrazgo bordea la provincia catalana de Tarragona, y es accesible desde Tarragona-Gandesa, o Zaragoza por Alcañiz. Este pueblo se encuentra también al final de la N-420, al este de Alcorisa.

Alcañiz

El pueblo de **ALCAÑIZ**, rematado por un castillo, le parecerá monumental al acercarse, aunque una vez cerca tal vez le decepcione un poco. El **castillo** ha sido convertido en un **parador**, *Parador de Alcañiz* (☎978 830 400; fax 978 830 366; ⑦); lo mejor del establecimiento es el paisaje que se contempla desde arriba; destaca la gran iglesia barroca de **Santa María**, que domina la localidad a sus pies.

En el pueblo (grande en comparación con las aldeas del Maestrazgo, con una población de unas 12.000 personas) se puede acceder en autobús a Valderrobres (véase a continuación), y en autobús o tren al este a Zaragoza y al oeste hacia la costa, Tortosa o Vinaroz por Morella. Tal vez el viajero no necesite o no le apetezca quedarse, pero, además del parador, hay varios establecimientos económicos **donde alojarse**; se recomienda el cómodo *Guadalupe* (☎978 830 750; ⑤), cerca del castillo o si dispone de un presupuesto ajustado, el sencillo *Villar*, en Calderos 28 (☎978 830 256; ①).

Valderrobres

VALDERROBRES es uno de los pueblos más agradables y de fácil acceso del Maestrazgo. Se encuentra a unos 36 km desde Alcañiz, cerca del límite con Cataluña y a horcajadas sobre el río Matarraña, en cuyas aguas cristalinas abundan las truchas. Un **castillo-palacio** (mar.-dom., 11-13 h y 17-20 h), ocupado en una época por los reyes de Aragón, culmina el casco antiguo, donde también se halla una iglesia parroquial gótica, **Santa María**, con un bonito rosetón. En la plaza Mayor, el modesto **ayuntamiento** del siglo XVII fue considerado tan característico de la región que en 1929 se hizo una reproducción en el Pueblo Español de Barcelona. Entre los **establecimientos donde alojarse** destacan la *Fonda La Plaza* (☎978 850 106; ③), frente al ayuntamiento, que cuenta con un excelente comedor; el recién reformado *Hostal Querol* (☎978 850 192; ③-⑤), junto al río, está situado en una posada del siglo XIV, que además ofrece una excelente comida así como habitaciones sencillas y económicas en el primer piso, y elegantes aunque más caras (con baño) en el segundo. Asimismo hay una casa rural en Pilar 35, subiendo junto al castillo (☎978 854 056; ③).

LOS PIRINEOS ARAGONESES

Aragón tiene la mejor extensión de los **Pirineos** por la parte española; se trata de una región fabulosa donde el viajero podrá disfrutar de todo, desde excursiones deportivas de 1 día en los altos valles hasta caminatas de larga distancia a través de las montañas. Hay numerosos caminos marcados por el club aragonés de montañismo como **GR** (gran recorrido) o **PR** (pequeño recorrido).

El punto de salida más popular hacia las montañas es **Jaca**, un pueblo atractivo donde destaca una importante catedral. Desde allí, muchos excursionistas se dirigen hacia el **Parque Nacional de Ordesa**, el paisaje montañoso más espectacular debido a sus gargantas y valles con cascadas. Hacia el este, se encuentran los picos más altos de los Pirineos, Aneto (3.404 m) y Posets (3.375 m), accesibles desde

Benasque; hacia el oeste se hallan los valles de **Ansó** y **Hecho**, que ofrecen subidas menos importantes en medio de un paisaje maravilloso. Si el viajero lo visita en invierno, podrá ir a las estaciones de **esquí** en (de oeste a este) Astún-Candanchú, Sallent de Gállego y Cerler; son razonablemente económicas.

Hay cierto número de **rutas posibles en la región**. Para Jaca y Ordesa, el camino más obvio es por **Huesca**, capital provincial, donde está el gran castillo de **Loarre** y la montaña de **Los Mallos**, que se cuenta entre los paisajes de montaña más hermosos del país. Las alternativas podrían ser una aproximación lenta a Ansó-Hecho o Jaca por las Cinco Villas (véase pág. 561) o, si el viajero procede de Cataluña (o busca Benasque), la ruta panorámica por **Fraga** y **Barbastro**.

El visitante puede **viajar en tren** a través de Huesca, Jaca y hasta la frontera española en Canfrac, aunque allí, lamentablemente, termina el recorrido de tren. Los autobuses sin embargo, continúan por **Francia** por encima del **puerto de Somport**; los conductores pueden cruzar por el paso que se encuentra hacia el este, el **puerto del Portalet**; o, si van hacia Benasque, tomar el **túnel de Biescas**. Todo ello permanece abierto los 12 meses del año, excepto durante períodos de fuertes nevadas.

Desde el este: Fraga, Monzón y Barbastro

Si el viajero llega a los Pirineos desde Cataluña, puede aproximarse a Huesca o Benasque por **Monzón** y **Barbastro**; en ambos puntos hay enlaces de autobús con Lleida, así como interesantes monumentos. Si dispone de tiempo y vehículo propio, podrá acercarse con más lentitud desde Lleida, siguiendo una ruta secundaria poco utilizada a lo largo del valle del Cinca desde **Fraga**, una agradable población medieval. Entre Zaragoza y Fraga, el punto kilométrico 83 de la autopista A-2 señala el paso del meridiano 0° de Greenwich; hay un arco sobre la autopista que señala el punto exacto.

Fraga

Vale la pena pasar una mañana visitando **FRAGA**, a 25 km de Lleida, junto a la autopista de Zaragoza. Una serie de edificios de ladrillo contribuyen a mantener el ambiente medieval del casco antiguo, que está encaramado en lo alto, sobre el río Cinca. Si el viajero llega en autobús, tendrá que volver hacia atrás, cruzar el río desde la estación de autobuses y caminar colina arriba a través de las calles del casco antiguo. Verá la torre de la iglesia del siglo XII (restaurada y remodelada) de San Pedro, que aparecerá y desaparecerá hasta que llegue a una pequeña plaza dominada por la iglesia. Si quiere alojarse en la localidad, las **habitaciones** más baratas son las del *Hostal Flavia*, paseo Barón 13 (☎974 471 540; ②); si prefiere más comodidad (y habitaciones con baño) puede ir a *Trébol*, avenida de Aragón 9 (☎974 471 533; ④).

Al norte de Fraga, una pequeña carretera sigue por la orilla este del río Cinca hasta Monzón; empieza debajo del casco antiguo de Fraga. Si el viajero dispone de vehículo propio, se trata de una ruta muy recomendable: grandes precipicios caen hacia el oeste más allá del río, al tiempo que la vegetación y farallones rojizos flanquean la carretera. Aunque no disponga de transporte, Fraga es un buen lugar para hacer un alto en el camino. Allí se puede enlazar en **autobús** con Lleida (4 diarios) y Huesca (lun.-sáb., 6.45 h).

Monzón

A 50 km de Fraga se halla **MONZÓN**, situado en un triángulo entre los ríos Cinca y Sosa (este último ahora seco), una posición estratégica que explica la existencia de su **castillo templario**, que se halla sobre una roca que parece que va a desmoronarse.

JOSÉ MARÍA ESCRIVÁ Y EL OPUS DEI

Barbastro es el lugar de origen de **José María Escrivá** (1902-1975), fundador del **Opus Dei**. Este movimiento católico ultraconservador cuenta hoy en día con unos 82.000 seguidores en todo el mundo (más de 1.600 sacerdotes), entre ellos cargos del Vaticano; de hecho, en 1992 el papa Juan Pablo II beatificó a Escrivá. El poder del Opus Dei, sin embargo, fue mucho mayor. En los últimos años del régimen de Franco, tres de sus ministros eran miembros de este movimiento, y daba la impresión de que éste controlaría al Gobierno en los años siguientes.

Escrivá puso en marcha su organización en 1928, cuando aún era un joven sacerdote en Madrid. Se animaba a los seguidores a dedicar su vida a Dios, siguiendo un programa espiritual ascético, pero a trabajar dentro del mundo en lugar de retirarse a órdenes monásticas.

Los **miembros** pueden pertenecer a tres categorías: los numerarios, que hacen voto de castidad y viven en casas del Opus Dei; algunos se convierten en sacerdotes pero la mayoría de ellos desempeña algún tipo de trabajo. A continuación, están los oblatos, que han elegido el celibato pero viven con sus familias; y finalmente los supernumerarios, que llevan una vida regular aunque, como el resto, siguen las «normas» dictadas por Escrivá en su libro *Camino*. Los aspectos más conocidos y controvertidos del Opus Dei son, además de la misa diaria y 1 día de retiro espiritual a la semana, la práctica de las mortificaciones.

La casa espiritual del Opus Dei está en **Torreciudad**, 20 km al norte de Barbastro. Cuando tenía 2 años, el pequeño Escrivá fue llevado a la vieja ermita que hay allí para curarse.

En las vertientes de arriba, sus seguidores han mandado construir el mayor monasterio moderno de España, y han elevado a la Virgen de Torreciudad al mayor rango, a la par con las de Zaragoza y Lourdes.

En sus orígenes era una fortaleza árabe del siglo IX; luego Ramón Berenguer IV la cedió a los templarios; más tarde fue residencia del rey Jaime I en su juventud. Las ruinas (verano, mar.-dom., 11-13 h y 17-20 h) incluyen la torre árabe del siglo X y una serie de edificios románicos, con una pequeña capilla.

La población es importante —15.000 habitantes—, hay un barrio nuevo y uno antiguo, este último con numerosas mansiones y una colegiata románica. La mayor parte del **alojamiento** económico está cerca de la estación, incluido el sencillo pero limpio *Habitaciones Rech* (☎974 402 241; ②), en Cervantes 8. El establecimiento más cómodo es el *Hotel Vianetto*, avenida Lérida 25 (☎974 401 900; ⑤), que cuenta con un excelente restaurante y un garaje seguro. Otros dos **restaurantes** buenos y con precios razonables (menú 1.200 pesetas) son *Jairo*, Santa Bárbara 10 (lun., cerrado), y *Piscis*, plaza de Aragón 1, ambos especializados en pescado.

Barbastro

BARBASTRO se encuentra 20 km más allá siguiendo el río Cinca; se trata de una población histórica de importancia. Allí se declaró la unión de Aragón y Cataluña en 1137, sellada por el matrimonio de la hija de Ramiro de Aragón con Ramón Berenguer IV, conde de Barcelona. Aunque ahora es poco más que una ciudad de provincia, Barbastro tiene un ambiente especial en su casco antiguo. Colina arriba, la **catedral** gótica, que se erige donde en el pasado había una mezquita, tiene un altar mayor cuya construcción se llevó a cabo bajo la dirección de Damián Forment; cuando murió en 1540 sólo se había terminado parte del relieve de alabastro; el resto lo acabaron sus discípulos. El **ayuntamiento**, un edificio restaurado del siglo XV, fue proyectado por un arquitecto árabe para Fernando el Católico. Asimismo hay **man-**

siones preciosas en las estrechas calles comerciales peatonales que bajan hacia el río; en el paseo central, con hileras de árboles situados en la parte alta de la población, se hallan la mayoría de los bares y cafés del pueblo.

Aspectos prácticos

La **estación de autobuses** está en la parte superior del paseo; seis autobuses diarios van hacia Huesca y Lleida y dos a Benasque. Hay una **oficina de turismo** (jul.-agos., todos los días, 10-14 h y 16.30-20 h; sept.-jun., mar.-sáb., 10-14 h y 16.30-20 h; ☎974 308 350) al lado, en la que el viajero podrá obtener un mapa y ayuda para conseguir alojamiento.

Encontrará varios **hostales** económicos. *La Sombra* (☎974 315 332; ①), en la calle Argensola, a una manzana del río, dispone de las habitaciones más baratas, si bien el agradable *Hostal Goya*, en el n.º 13 (☎974 311 747; ②), es la mejor opción. *Roxi* (☎974 311 064; ③) ofrece un poco más de comodidad y cuartos de baño; las habitaciones de la *Fonda San Ramón*, junto al paseo en Academia Cerbuna 2 (☎974 310 250; ③), son anticuadas pero limpias, espaciosas y con baño; también es el mejor **establecimiento para comer**; en el comedor del primer piso verá una araña, mosaicos antiguos, cabinas de cristal y macetas; un cubierto de cuatro platos, cocinado por manos expertas cuesta entre 1.600-2.200 pesetas. Otro buen local para comer es *Bar Stop Meriendas*, junto a *La Sombra*, que sirve una gran selección de platos. Como alternativa, el *Restaurante Flor*, en Goya 3, ofrece comida a precios medios.

Huesca y alrededores

HUESCA es una de las ciudades aragonesas que atrae menos turismo: si el destino del viajero son las montañas muchos evitan pasar por ella, o siguen en el tren hasta Jaca o más allá. Sin embargo, al noroeste de la ciudad, se hallan las preciosas montañas de **Los Mallos** y el castillo de **Loarre**, una buena razón para interrumpir una excursión hacia Jaca.

No obstante, Huesca tiene un **casco antiguo** bien conservado, escondido entre una serie de paseos y el río Isuela. En su centro se encuentra la **catedral**, de estilo gótico tardío, cuya fachada combina un portal del siglo XIII de una iglesia anterior con una galería mudéjar de ladrillos, y una sección superior con pináculos de estilo isabelino. En el interior destaca el retablo de Damián Forment, considerado la obra maestra de este escultor renacentista.

Al lado, el **Museo Diocesano** (todos los días, 11-13 h y 16-18 h; 200 pesetas) expone una variada colección proveniente de iglesias del país. En el camino se encuentra el **ayuntamiento**, de estilo renacentista. Aparte de esto, poco más puede retener al viajero. El mejor momento para visitar la ciudad es durante la gran **fiesta** en honor de san Lorenzo (10 de agosto), que suele celebrarse durante la segunda semana de agosto.

Llegada e información

Moverse por Huesca no es un problema. La estación de **ferrocarril** se halla en el extremo sur de la calle Zaragoza, una de las vías principales, y la **estación de autobuses** está subiendo por la calle en la plaza Navarra. El viajero encontrará una **oficina municipal de turismo** (jul.-sept., lun.-vier., 10.30-13 h y 16-18.30 h; sáb.-dom., 10.30-13 h; oct.-jun., horario variable; ☎974 292 100) frente a la catedral, en el ayuntamiento, y una oficina de turismo regional (lun.-vier., 9-14 h y 16.30-20 h; sáb., 10-14 h y 17-20 h; dom., 10-14 h; ☎974 225 778) en calle General Lasheras, frente a la plaza Cervantes; allí le darán numerosos folletos sobre las montañas aragonesas. **Correos** se encuentra en Coso Alto 14-16.

Alojamiento

Los establecimientos **donde alojarse** pueden resultar difíciles de encontrar; en verano, cuando llegan excursionistas de todas partes, se recomienda reservar habitación con antelación. El cámping *San Jorge* (☎974 227 416) está al final de calle Ricardo del Arco.

Pensión Augusto, Aínsa 16 (☎974 220 079). Habitaciones arregladas en una pensión que ofrece buena relación calidad-precio. ②-③

Pensión Bandrés, Fatás 5 (☎974 224 782). Amplia y limpia, cerca de la parada de autobús. ③

Hostal El Centro, Sancho Ramírez 3 (☎974 226 823). Habitaciones amplias y renovadas. ③

Hostal Lizana (☎974 221 470) y **Hostal Lizana II** (☎ y fax 974 220 776), ambos en la plaza Lizana. Precioso emplazamiento en una tranquila plaza bajando desde la catedral. Ambos ④,

Hotel Pedro I de Aragón, avenida del Parque 34 (☎974 220 300; fax 974 220 094). El mejor hotel de Huesca, con aire acondicionado y otros lujos además de piscina. ⑦

Hostal Sancho Abarca, plaza Lizana 13 (☎974 220 650; fax 974 225 169). Otro lujoso hotel. ⑥

Comida, copas y vida nocturna

Hay bastantes **restaurantes**, y muchos establecimientos donde sirven sólida comida de montaña, como especialidades de cordero y pescado de agua dulce. Si el viajero quiere encontrar excelentes **bares de tapas** y el centro de la **vida nocturna** ciudadana, tendrá que dirigirse hacia la zona alrededor de la calle San Lorenzo, entre Coso Bajo y plaza Santa Clara.

Casa Lis, Padre Huesca 37. La mezcla única de comida española y danesa de este restaurante refleja el origen de su dueña; Marilis no es sólo una consumada *cordon bleu*, sino que además ofrece un menú por 800 pesetas, el más barato de la ciudad, y siempre tiene algo para los vegetarianos.

Restaurante Navas, calle Vicente Campo. El mejor restaurante de Huesca ofrece deliciosos platos de pescado, postres exquisitos y una selección de menús desde 2.000 hasta 4.000 pesetas, con los mejores platos del chef. Lun., 21-30 jun. y 18-27 oct., cerrado.

Restaurante Las Torres, María Auxiliadora 3. Tranquilo restaurante con cocina de influencia francesa; el menú cuesta 1.800 pesetas. Dom. y 20 agos.-3 sept., cerrado.

Castillo de Loarre

El **castillo de Loarre** (abril-sept., 10-13.30 h y 16-19 h; oct.-marzo, 11-14.30 h; lun.-mar., cerrado excepto agos.; entrada gratuita, si bien se espera un donativo) es la fortaleza más espectacular de Aragón; de hecho, pocas pueden rivalizar con ella en España. Al acercarse, el castillo parece confundirse con la colina, pero gradualmente aparece en toda su grandeza: compacto, erigido sobre un saliente rocoso, domina el paisaje en kilómetros a la redonda.

Lo mandó construir Sancho Ramírez, rey de Navarra (1000-1035), quien lo utilizó como base para su resistencia ante la ocupación árabe. Dentro de sus muros hay una proporcionada iglesia románica, con 84 capiteles tallados. El visitante también podrá acceder a un par de torres, la torre de la Reina y la más alta torre del Homenaje, a la que se sube por peldaños de hierro sujetos a la pared con cemento; tendrá que ir con cuidado porque éstos (sobre todo los de la parte alta) no están en muy buen estado.

576/ARAGÓN

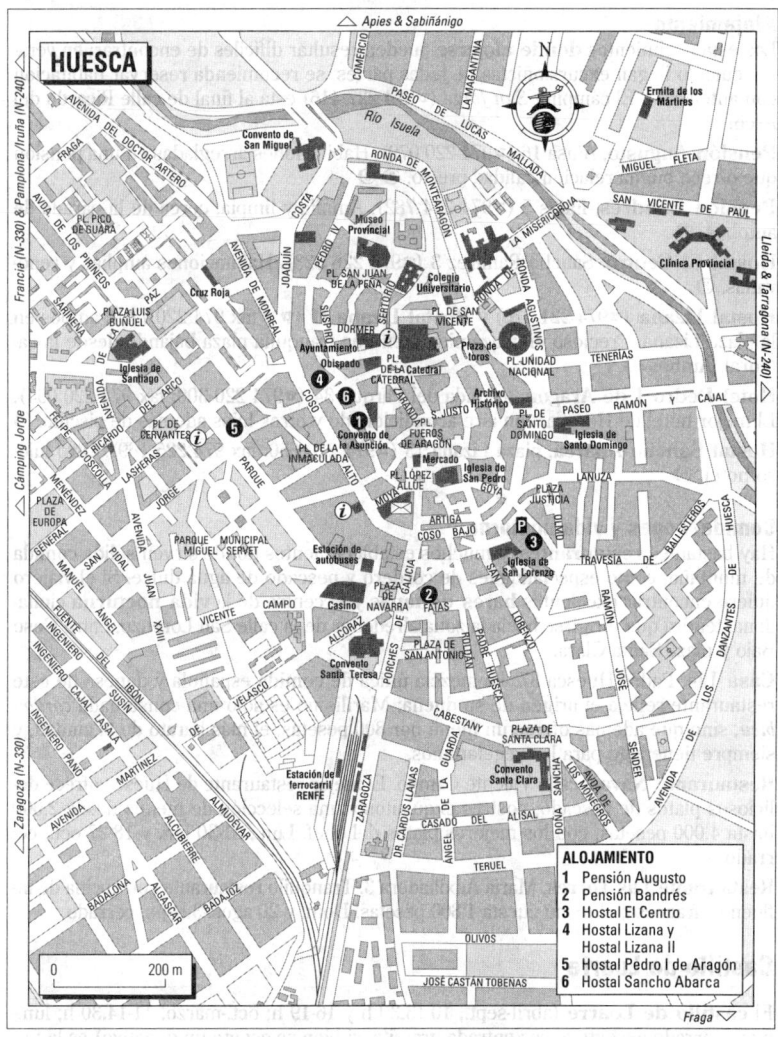

El castillo se encuentra a unos 40 km al noroeste de Huesca, 6 km más allá del pueblo de Loarre. Si el viajero utiliza el **transporte público**, es una excursión incómoda, y tal vez le parezca que tiene suficiente con verlo desde la carretera o el tren; de hecho, los horarios de éste y del autobús parecen hechos a propósito para que el viajero no pueda hacer una excursión de 1 día. Además, no hay alojamiento en Ayerbe (la estación de ferrocarril más próxima) ni en Loarre. Este pueblo cuenta con tres servicios diarios de autobús desde Huesca, todos por la tarde. Si consigue formar un grupo bastante numeroso puede alquilar un microbús para 1 día; se recomienda GuarAbus, Ballesteros 9 (☎974 227 000), en Huesca. Regatee todo lo que pueda.

Los Mallos

La línea de ferrocarril, desde Huesca a Jaca, y la N-240, desde Huesca a Pamplona/Iruña, proporcionan vistas no sólo de Loarre, sino también de las montañas rosadas conocidas como Los **Mallos**, un relieve parecido al de las montañas de Montserrat en Barcelona (véase pág. 638).

Si el visitante viaja en tren y quiere verlos desde más cerca, tendrá que apearse en **Riglos-Concilio** y caminar por la carretera hacia el pueblo de **Riglos**, oculto en la altura bajo el trecho más impresionante de los picos. A lo largo del camino disfrutará de unas vistas soberbias no sólo de Los Mallos, sino también del valle que hay debajo. En Riglos encontrará otra estación (sin personal) bajo el pueblo, desde donde podrá continuar el viaje.

Verá otro grupo de montañas de Los Mallos cerca de **Agüero**, una aldea aislada, en un desvío de 5 km desde la carretera Huesca-Pamplona/Iruña, y visible desde Riglos. Está a un paseo de 7 km desde la estación Riglos-Concilio, o a 5 km desde Murillo (en el trayecto de autobús Huesca-Pamplona/Iruña). Vale la pena ir por las vistas de Los Mallos y para encontrar una aldea que conserva todo su encanto; además verá su preciosa iglesia románica inacabada, la **iglesia de Santiago** (aprox. 1200), con tallas en la puerta del maestro de San Juan de la Peña (véase pág. 582); se llega por un camino sin asfaltar por encima de la carretera; pida la llave en el pueblo.

Jaca y alrededores

El viajero llegará a **JACA** a través de unos barrios periféricos algo dejados y con mucho tráfico, una presentación desalentadora de esta capital y centro importante de Aragón, además de la base desde la que en el pasado el reino, que había caído en manos de los árabes, fue recuperado de nuevo. Destaca, sin embargo, el casco antiguo, dominado por una gran ciudadela en forma de estrella, que conserva partes de las murallas romana y medieval; hay una **catedral**, uno de los principales hitos de la arquitectura románica, y que junto con el **monasterio de San Juan de la Peña**, 20 km al sureste, son los principales monumentos locales. En invierno, el viajero encontrará un atractivo adicional en las proximidades de **Astún-Candanchú**, la mejor estación de esquí de Aragón, mientras que durante todo el año, los que prefieran tomar el tren pueden hacer la excursión a **Canfrac**, casi en la frontera francesa.

Tras un tiempo en la montaña, la sensación de «gran pueblo» (relativamente) que proporciona Jaca, además de sus servicios, pueden ser un buen atractivo. A veces es un lugar bullicioso, pues la población aumenta debido a los reclutas de la academia militar y la universidad de verano, que incluye una **fiesta** que dura 1 semana (la última semana de jun.); hay música en vivo en la plaza principal, trajes tradicionales y fiestas por las calles.

Llegada, información y alojamiento

Jaca consta de dos partes diferenciadas: el noreste es un poco sombrío, y aunque allí se encuentran los bares y alojamientos económicos; el barrio del suroeste, que linda con la avenida Regimiento de Galicia, es algo más elegante, con una serie de cafés en las aceras, restaurantes y bancos.

La **estación de ferrocarril** (la taquilla abre entre 10-12 h y 17-19 h) está a un buen paseo del centro, por lo que se recomienda tomar el autobús (75 pesetas). Al partir, el viajero puede utilizar la **estación de autobuses**, en la avenida Jacetania, detrás de la catedral. Hay útiles servicios de autobús entre ellos: Pamplona (3 diarios), y Biescas por Sabiñánigo (2 diarios); los servicios a Zaragoza y Huesca son más fre-

578 / ARAGÓN

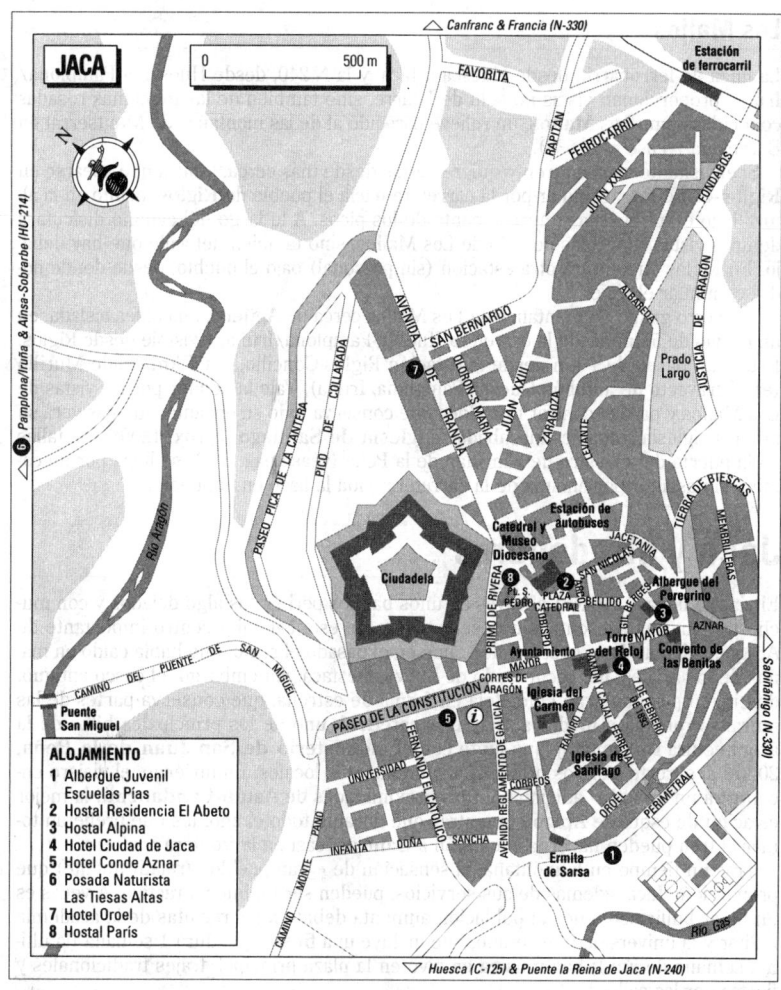

cuentes (4-5 diarios). Aunque los horarios no lo indiquen, apenas circulan autobuses en domingo.

Si el viajero se dirige a las montañas, infórmese en la **oficina de turismo**, en avenida Regimiento de Galicia 2 (verano, lun.-vier., 9-14 h y 16.30-20 h; sáb., 10-13.30 h y 17-20 h; dom., 10-13.30 h; invierno, lun.-vier., 9-13 h y 16.30-19 h; sáb., 10-13 h y 17-19 h; ☎974 360 098), donde proporcionan una serie de folletos sobre montañismo, esquí, ciclismo de montaña, excursiones a caballo y otras actividades que van del yoga al tejido.

Alojamiento

Jaca es una puerta de entrada a los picos, y los **alojamientos** están muy solicitados. Se recomienda reservar con antelación.

Albergue Juvenil Escuelas Pías, avenida Perimetral (☎974 360 536). Dispone de habitaciones dobles, triples y de cinco camas. Situado en el extremo sur del pueblo junto a la pista de patinaje. ①
Hostal Residencia El Abeto, Bellido 15 (☎974 361 642). Cómodo, dispone de habitaciones con baño, si bien es un poco ruidoso porque hay varios bares alrededor. ③
Hostal Alpina, Mayor 57 (☎974 364 026). Habitaciones modernas y agradables en el casco antiguo. ⑥
Hotel Ciudad de Jaca, Siete de Febrero 8 (☎974 364 311; fax 974 364 395). Situado en el centro. Buenas habitaciones con baño. ④
Hotel Conde Aznar, paseo de la Constitución 3 (☎974 361 050; fax 974 360 797). Hotel familiar antiguo, con habitaciones bien rehabilitadas y un excelente restaurante. ⑤
Posada Naturista Las Tiesas Altas, a 15 km en la carretera hacia Ainsa-Sobrarbe (☎974 348 087). Asomada sobre un río en un precioso valle, esta posada rural, con restaurante vegetariano, es muy tranquila. Si el viajero no dispone de vehículo propio, le recogerán en Jaca. El desayuno está incluido en el precio. ④
Hotel Oroel, avenida de Francia 37 (☎974 362 411; fax 974 363 804). Moderno, con piscina, y espaciosas habitaciones con cocina. ⑥-⑦
Hostal París, plaza de San Pedro 5 (☎974 361 020). El hostal con mejor relación calidad-precio del pueblo. Habitaciones limpias y espaciosas. Situado frente a la catedral. ③

CÁMPINGS
Cámping Peña Oroel, a 4 km en la carretera hacia Sabiñánigo (☎974 360 215). Bonito, en medio del bosque, con excelentes servicios. Abre en Semana Santa y mediados jun.-mediados sept.
Cámping Victoria, a 1.500 m en la carretera de Pamplona/Iruña (☎974 360 323). Un lugar más económico y sencillo, cerca del río Aragón.

La ciudad

Jaca es una antigua ciudad fundada por los romanos y desde entonces ha estado siempre habitada. Durante un breve período fue dominada por los árabes, tomada alrededor del 716; pero en el 760 los cristianos la reconquistaron y desde entonces, salvo unos pocos años, permaneció bajo su dominio. La **batalla de las Tiendas**, en 795, en la que se repelió a los ejércitos árabes (en gran parte por la participación de las mujeres), se conmemora aún el último viernes de mayo, en un simulacro de batalla de mujeres entre moras y cristianas. La ciudad vivió su período de mayor esplendor después de 1035, cuando **Ramiro I**, hijo de Sancho de Navarra, estableció allí su corte. En aquella época se constituyó el primer parlamento del que se tiene noticia, y se reconstruyó la catedral.

La catedral y su museo
La **catedral** es el legado principal de la época de Jaca como capital del reino de Aragón, además de ser uno de las monumentos más interesantes e importantes de España en el aspecto arquitectónico. Reconstruida sobre antiguos cimientos durante la primera mitad del siglo XI, fue la primera catedral española que adoptó la arquitectura románica francesa, y como tal tuvo una gran influencia en las iglesias edificadas en las rutas de peregrinación del norte de España; los nuevos estilos se extendieron a lo largo del Camino de Santiago desde Francia.
Sin duda Ramiro mandó erigir la catedral para confirmar el papel de Jaca como capital cristiana, en una época en que la península Ibérica era casi exclusivamente ára-

be. En su construcción se introdujo la clásica basílica de tres naves, aunque la sencillez original del románico experimentó numerosos cambios a lo largo de los siglos. No obstante, aún conserva algunas de las esculturas originales, entre ellas las tallas realistas de los capiteles y la puerta; una estatua del siglo XVI de Santiago mira hacia abajo desde el portal. Dentro, el tesoro principal es el altar de plata de santa Orosia, santa patrona de Jaca; noble checa, casada con un miembro de la familia real aragonesa, fue martirizada por los árabes porque no quiso renunciar a su fe.

En el oscuro claustro de la catedral hay un interesante **Museo Diocesano** (todos los días, excepto lun., verano, 10-14 h y 16-20 h; invierno, 11-13.30 h y 16-18.30 h; 200 pesetas). Expone una preciosa colección de frescos aragoneses de los siglos XII-XV, provenientes de las iglesias de los pueblos de la zona y de puntos más altos de los Pirineos. Si al visitante le interesa, hay una exposición comparable (pero más completa) de frescos catalanes de esa época en Barcelona.

La Ciudadela y el puente de San Miguel

La **Ciudadela**, una formidable fortaleza del siglo XVI construida según el diseño francés en forma de estrella, sigue aún parcialmente ocupada por los militares. Sin embargo, el viajero podrá recorrer una parte del interior (todos los días, verano, 11-12.30 h y 17-18.30 h; invierno, 11-12 h y 16-17 h; 200 pesetas), en una visita guiada. Desde sus muros se contemplan hermosas vistas de los picos de los alrededores y el paisaje boscoso.

Bajo la Ciudadela, Jaca conserva el **puente de San Miguel**, de la época medieval, al que se llega por un sendero desde el final del paseo de la Constitución. Por este puente sobre el río Aragón entraban en Jaca los peregrinos del **Camino de Santiago** (véase pág. 518), una bienvenida que indicaba el final de un arduo trayecto pirenaico para los peregrinos que seguían el Camino Aragonés. Desde Provenza, este ramal del recorrido cruzaba hacia España por el puerto de Somport y, desde Jaca, conducía al oeste a través de Puente la Reina de Jaca hacia Navarra, donde se encontraba con la ruta más popular que provenía de Roncesvalles.

Esta parte aragonesa del Camino de Santiago —como otras partes del recorrido— ha experimentado cierto impulso en los últimos años. En la ciudad hay un **hostal de peregrinos** en el hospital medieval, calle Aznar, donde el viajero conseguirá mapas de la ruta y recuerdos relacionados con la peregrinación.

Comida y copas

En Jaca hay numerosos **restaurantes** y **bares** que cubren las necesidades de los caminantes hambrientos. Los precios suelen ser razonables —aunque si le sirven en la terraza le cobrarán un 10 % de recargo—, y el visitante disfrutará de un buen ambiente nocturno, sobre todo en los meses de verano.

El Arco, San Nicolás 4. Algo poco frecuente en España: un restaurante vegetariano donde, además, no está permitido fumar. Platos con ingredientes frescos, abundantes e internacionales, y un menú de 1.200 pesetas. Invierno, dom., cerrado.

La Cabaña, Pez 10. Menú barato y ambiente agradable.

La Cocina Aragonesa, paseo de la Constitución 3. El restaurante del hotel *Conde Aznar* está reconocido como el mejor de la población. La cocina es elaborada y de influencia vasca. Unas 3.000 pesetas por persona. Miér., cerrado.

Crepería El Bretón, Ramiro I 10. Una auténtica *crêperie* francesa. Invierno, lun., y 2 últimas semanas jun., cerrado.

Croissanterie Demilune, avenida Regimiento de Galicia 2. Su gran variedad de cruasanes rellenos y batidos convierte este establecimiento en el mejor para tomar el desayuno o un tentempié.

Equiza, calle Primo de Rivera. Bar bastante lujoso famoso por sus tapas, especialmente las gambas y otros fritos.
La Fragua, Gil Berges 4. Parrillas excelentes de precios razonables. Miér., cerrado.
Mesón El Rancho Grande, Arco 2. Bastante caro, pero con una excelente cocina aragonesa. Buen establecimiento para darse un festín.
Pizzería La Fontana, esquina de Ramiro I y plaza del Marqués de la Cadena. Pizzas sustanciales; precios por encima de los habituales.
Tomás, Ferrenal 8. Bar sencillo con una amplia selección de tapas y raciones.

Direcciones prácticas

Alquiler de automóviles Don Auto, Correos 2 (☎908 833 227). En temporada alta hay que reservarlo con 1 día de antelación.
Alquiler de bicicletas Puede alquilar una bicicleta de montaña con poco tiempo de antelación por unas 2.500 pesetas, al día en Jaca Aventura, avenida Francia 1 (☎974 363 521).
Correos La oficina de correos —con servicio de lista de correos— se encuentra en Correos 13. Lun.-vier., 9-14 h; sáb., 9-13 h.
Excursiones Entre otras actividades, Jaca Aventura organiza montañismo, rafting, escalada y esquí (véase «Alquiler de bicicletas», más arriba), así como Alcorce-Pirineos Aventura, frente a la oficina de turismo en avenida Regimiento de Galicia 1 (☎974 356 437).
Lavandería Lavandería autoservicio junto al supermercado Superpirineos, en calle Astún.
Mapas para montañismo El viajero los conseguirá en dos librerías de la calle Mayor y en Charli, una tienda dedicada al montañismo, avenida Regimiento de Galicia 3.

Hacia San Juan de la Peña

San Juan de la Peña, situado en las montañas al suroeste de Jaca, es el monasterio más conocido de Aragón. Durante la Edad Media era un desvío importante en el Camino de Santiago de Jaca a Pamplona/Iruña. Era célebre porque conservaba lo que se decía que era el Santo Grial, un cáliz de la época romana que más tarde fue enviado a la catedral de Valencia. Hoy en día muchos turistas (y aquí hay muchos entre ellos grupos de escolares) lo visitan por las vistas y el claustro románico.

El camino más directo al monasterio es desde la carretera N-240 Jaca-Pamplona/Iruña. Un desvío a 10 km de Jaca conduce a lo largo de 3 km hacia el pueblo de **Santa Cruz de la Serós**; desde allí quedan 4 km más hasta San Juan. No hay transporte público, aunque el viajero puede tomar un autobús Puente la Reina-Pamplona/Iruña desde Jaca y caminar desde el desvío a Santa Cruz. **Alquilar una bicicleta** sería más fácil: 1 hora desde Jaca a Santa Cruz, y después otra subiendo por la escarpada carretera hacia San Juan. Para descender, puede tomar la C-125 que pasa por Bernues, un descenso gradual hacia Bernues, una ligera subida hacia el puerto de Oroel, después una bajada brusca hacia Jaca, todo ello en medio de hermosos paisajes y sin automóviles, pero no como para hacerlo de subida.

Santa Cruz de la Serós
SANTA CRUZ DE LA SERÓS es una pintoresca aldea dominada por una interesante **iglesia** románica (11-13 h y 16-18 h; 100 pesetas), que en una época formaba

parte de un gran monasterio benedictino. El establecimiento más cercano donde puede alojarse el viajero es el *Hostal Aragón* (☎974 377 112; fax 974 362 189; ①), de vuelta en la carretera Jaca-Pamplona/Iruña (N-240).

Desde Santa Cruz, los excursionistas pueden tomar un **antiguo sendero** que sube hacia San Juan en aproximadamente 1 hora; está indicado como una variante del GR 65.3 y señalizado desde cerca de la iglesia (donde el viajero también verá una indicación con un mapa). La carretera sigue una ruta más tortuosa alrededor de la montaña, lo que proporciona hermosas vistas, con los picos de los Pirineos hacia el norte, así como la curiosa forma de la peña de Oroel al este.

San Juan de la Peña

SAN JUAN DE LA PEÑA comprende actualmente dos monasterios, separados por una distancia de 2 km. Si el viajero llega desde Santa Cruz, alcanzará primero el más bajo (y antiguo) de ellos.

Construido en una hondonada bajo las rocas, el **monasterio de Abajo** (mediados marzo-mediados oct., mar.-dom., 10-13.30 h y 16-18 h; mediados oct.-mediados marzo, miér.-dom., 11-14.30 h; 300 pesetas) es un complejo evocador, incluso tal como está, no muy bien conservado. Aquí se introdujo la misa en latín que luego se extendería por la península Ibérica, y aquí también los aragoneses mantuvieron una plaza fuerte durante los primeros años de la Reconquista. Al entrar, el visitante pasará primero a una capilla mozárabe del siglo IX, que fue adaptada como cripta de la principal **iglesia** románica; conserva fragmentos de frescos románicos. Arriba, a lo largo de la iglesia, se halla el **panteón** de los nobles aragoneses, y en la lateral un panteón de los reyes de Aragón, remodelado en un frío estilo neoclásico en el siglo XVIII; éste fue saqueado por las tropas de Napoleón. Los relieves de las tumbas de los nobles muestran acontecimientos de la historia de Aragón.

Sin embargo, el mayor tesoro artístico es el **claustro** románico del siglo XII. Sólo están completas dos de las naves —de otra hay fragmentos— pero los capiteles que aún se conservan son de los mejores ejemplos de tallas románicas. Fueron obra de un maestro que dejó su impronta en varias iglesias de la región; conocido como el maestro de San Juan de la Peña, su obra es fácil de reconocer por los grandes ojos, poco naturales, con que dotó a sus figuras.

El **Monasterio de Arriba**, un complejo de buen tamaño con fachada barroca, puede verse sólo desde el exterior, pero merece la pena la subida aunque sólo sea por las vistas de los Pirineos desde el mirador cercano. Frente al monasterio, el viajero verá un gran prado cercado de bosques, lugar popular para meriendas campestres.

Canfranc-Estación

Desde que los ferrocarriles franceses dejaron de circular por su parte de la línea transpirenaica, CANFRANC-ESTACIÓN, 30 km al norte de Jaca, está inutilizado. Se trata de una estación de ferrocarril equipada con oficina de correos, hotel y comisaría de policía pero sin tráfico ferroviario. La reapertura de la línea se discute a menudo; de hecho, el túnel de Somport para tráfico automovilístico podría reanudar el proyecto. Los precios españoles más bajos que los franceses propiciaron el cierre de la línea en la década de 1970, mientras en Francia se manifestaba preocupación sobre la seguridad en el tramo español.

El pueblo, tal como es, debe su existencia únicamente al comercio con los turistas de paso (la mayoría franceses); hay algunas tiendas de regalos y hoteles. Casi vale la pena la excursión de 1 día desde Jaca, incluso aunque el viajero no tenga intención de continuar hacia Francia, por la subida en tren por el valle. Entre los **alojamientos destacan**: *Albergue Pepito Grillo*, en Fernando el Católico 2 (☎974 373 123; ①), *Hotel*

Ara, Fernando el Católico 1 (☎974 373 028; ③), y el acogedor *Hotel Villa Anayet*, plaza de Aragón (☎974 373 146; ④). Hay un **cámping** (abril-mediados sept.; ☎908 731 604) 5 km al norte en la carretera hacia Candanchú. Para comer, se recomienda *Casa Flores*, que ofrece el menú más económico (1.070 pesetas); también el comedor del *Hotel Villa Anayet*, que sirve un menú de cuatro platos por 1.200 pesetas.

Aunque no pasa el tren, el visitante podrá viajar a Francia en transporte público. Cuatro **autobuses** diarios, de La Oscense y SNCF hacen el recorrido. Si el viajero procede de Francia, los autobuses llegan a Canfranc desde Oloron, a las 9.53, 11.30, 11.47 y 16.05 h, y hay enlaces hacia Jaca a las 11.35 y 17.55 h. Si necesita más información puede ir a la **oficina de turismo** de Canfranc (jul.-sept., lun.-sáb., 9-13 h y 16-20 h; dom., 9-13 h; oct.-jun., miér.-sáb., 9-13.30 h y 15.30-18.30 h; dom., 9-13.30 h; ☎974 373 141) frente a la estación.

Si el viajero llega desde Francia, el pueblo de **VILLANÚA**, 6 km valle abajo, ofrece una entrada en España mucho más tranquila y agradable. Los autobuses paran en la carretera principal y, si cruza el puente y accede al casco antiguo, encontrará el acogedor *Albergue-Refugio Tritón* (☎974 378 281; ①), junto a la plaza, en la calle Mediodía.

Hecho y Ansó

Hecho y **Ansó** son dos de los valles más bonitos de los Pirineos. Sus ríos desembocan en el río Aragón, al oeste de Jaca y, hasta hace poco, ambos valles parecían bastante retirados; de hecho, los campesinos iban vestidos con los trajes tradicionales y hablaban en su propio dialecto, el cheso, que procede del aragonés medieval. No obstante, hoy día forman parte de los recorridos turísticos de los viajeros, tanto los fines de semana como en verano, aunque la vida rural no ha cambiado demasiado.

Si el viajero no dispone de vehículo propio, puede alquilar una **bicicleta de mon-**

ESQUIAR EN ARAGÓN

Hay una media docena de **estaciones de esquí** en la franja de los Pirineos aragoneses y la mayoría de ellas —como consecuencia de haber albergado los Juegos Olímpicos Universitarios de Invierno en 1982— están bien equipadas. El viajero podrá conseguir paquetes a muy buen precio en cualquier agencia de viajes del norte de España, que le costarán más baratos que si va por su cuenta. Turismo publica folletos especiales dedicados al esquí y en las oficinas de turismo de Zaragoza, Huesca y Jaca suele haber información detallada. El viajero puede leer la información, decidir dónde le apetece ir y telefonear con antelación para comprobar las condiciones y reservar habitación (esto último es vital en el período navideño y de Año Nuevo).

Quizá la mejor opción y también la más variada sea la estación doble **ASTÚN-CANDANCHÚ**, al norte de Canfranc (autobuses desde Jaca). Astún es bastante nuevo y está bien organizado, no suele estar lleno y cuenta con buenos equipos (por lo general nuevos) en alquiler a precios módicos. El único alojamiento económico de Candanchú es el *Hostal Somport*, carretera de Francia 198 (☎974 373 009; ③, habitaciones sin baño); *Tobazo*, carretera de Francia (☎ y fax 974 373 125; ⑥) y *Candanchú*, carretera de Francia s/n (☎974 373 025; fax 974 373 050; ⑥), son algo más caros. En Astún hay un par de albergues, *El Águila* (☎974 373 291; ③; media pensión), y *Valle de Aragón* (☎974 373 222; ③; media pensión), ambos abiertos todo el año, además de los habituales hoteles más caros.

Entre las demás estaciones de invierno de Aragón destacan **Sallent de Gállego**, hacia el este de Jaca (autobuses desde Sabiñánigo por Biescas) y **Cerler**, cerca de Benasque.

taña en Jaca para explorar los valles, pues sólo hay un **autobús diario** (que llega primero a Hecho y continúa después a Ansó; parte de Jaca a las 18.30 h y empieza el viaje de regreso desde Ansó a las 6 h, pasando por Hecho 45 minutos después). En bicicleta, tardará unas 2 horas y 30 minutos desde Jaca hasta Hecho: tendrá que salir de la N-240 en Puente la Reina de Jaca; tardará más o menos lo mismo al pueblo de Ansó, girando en Berdún.

Para obtener información sobre **montañismo en la región**, se recomienda el folleto de Editorial Alpina *Guía Cartográfica de los Valles de Ansó y Hecho* (500 pesetas), bastante útil.

Valle de Hecho

HECHO (también lo verá escrito como Echo) es un espléndido pueblo antiguo de casas encaladas y piedra; desempeñó un papel importante en la historia de Aragón como lugar donde se engendró el reino de Aragón, en el siglo IX, bajo el liderazgo de don Aznar Galíndez; además, allí nació el «rey guerrero» Alfonso I. Hoy en día es, sobre todo, una comunidad agrícola, aunque el flujo de turistas en julio y agosto ha causado la subida de los precios de hoteles y restaurantes, donde un menú cuesta unas 1.600 pesetas. Hay una **oficina de turismo** en el ayuntamiento (jun.-sept., todos los días, 10-14 h y 18-20 h; ☎974 375 329), que también proporciona información sobre las demás zonas de los alrededores. Si está cerrada, pregunte arriba y tal vez abran.

Antes había un festival artístico anual, que de hecho ha proporcionado una **galería de escultura** al aire libre en la ladera occidental del pueblo. Creado por un grupo de artistas dirigidos por Pedro Tramullas, las obras no son una maravilla, pero su emplazamiento mejora el conjunto; lamentablemente, la iniciativa no recibe el apoyo de los habitantes del pueblo, que han impedido que se siga ampliando la galería. Cerca de la iglesia del pueblo está el **Museo Etnológico** (todos los días, 11-14 h y 19-21 h; 150 pesetas), donde se exponen colecciones referentes a la vida rural y el folclore pirenaico.

En verano, o los fines de semana, es necesario reservar alojamiento con antelación en uno de los tres **hostales** de Hecho. En primer lugar se recomienda *Casa Blasquico*, sin rótulo en la plaza de la Fuente 2, junto al bar (sept., cerrado; ☎974 375 007; ③-④), un buen establecimiento con seis dormitorios; la filosofía de la casa es la confianza, por lo que nadie se preocupa por las cerraduras y llaves. A continuación se aconseja el *Hostal Lo Foratón* (☎974 375 247; ④-⑤) y el *Hostal de la Val* (☎974 375 028; ④), ambos en el extremo norte de la localidad. El viajero encontrará un **cámping**, *Valle de Hecho* (☎974 375 361), al sur del pueblo.

En cuanto a la **comida**, se aconseja la carta de *Casa Blasquico* (sept., cerrado); si el viajero dispone de un presupuesto ajustado, puede elegir el menú de la casa por 1.500 pesetas, en el que se incluye un buen vino de la casa. La propietaria-chef, Gaby Coarasa, es excelente, y su pequeño comedor se recomienda a menudo en las revistas españolas como el restaurante más creativo de los Pirineos; de hecho, las paredes del establecimiento están llenas de premios. Empiezan a servir a las 14 h y a las 21 h. Antes puede tomarse una copa en el bar, en la puerta del lado. Es muy popular, por lo que se recomienda reservar mesa, sobre todo en verano.

Siresa y más allá

Unos 2 km al norte de Hecho —un agradable paseo valle abajo— se encuentra el bonito y tranquilo pueblo de **SIRESA**. Situada sobre el río, que forma un precioso sitio para bañarse, se halla la **iglesia de San Pedro**, del siglo IX (todos los días, 10-14 h y 16-20 h), en una época punto central de un monasterio. Hay un agradable **hotel**, *Castillo d'Acher* (☎974 375 011; ④, dependiendo de la temporada); también regenta la fonda (②), sobre el bar del pueblo y un **restaurante** que sirve menús a partir de 900 pesetas.

Tal vez los excursionistas se sientan tentados de continuar 10 km más subiendo el

valle desde Siresa hasta **SELVA DE OZA**, donde encontrará un **cámping**, *Selva de Oza* (mediados jun.-mediados sept.; ☎974 375 168), que dispone de agua caliente y un restaurante, y el *Refugio de Oza* (140 plazas; con personal todo el año). Ambos son excelentes bases para seguir los caminos que rodean los picos calizos de **Bisaurín** (2.669 m), **Agüerri** (2.449 m) y **Castillo de Acher** (2.390 m). El más interesante es Agüerri, cuya cima se encuentra a un paseo extenuante de 6-7 h desde el refugio.
Al norte de Selva de Oza, los picos fronterizos de **Lariste** (2.168 m) y **Laraille** (2.147 m) son objetivos comunes de los montañeros, también a unas 6-7 h de camino desde el refugio. Asimismo están las rutas tentadoras en el **sendero GR 11**, de larga distancia, que cruza los valles 2 km al norte de Oza: hacia el oeste dirección a Zuriza en el valle de Ansó (véase a continuación) y al este hacia Candanchú; cualquiera de ellas representa una caminata de 7-9 h.

Hacia Ansó

El **autobús** diario de Jaca hacia Hecho continúa hasta Ansó; se trata de una buena ruta, 12 km a lo largo de una carretera estrecha y serpenteante sobre la sierra que pasa a continuación a través de dos túneles y una garganta, para luego bajar bruscamente en el **valle de Ansó**, donde el viajero verá dos rocas de forma extraña conocidas en los alrededores como «el Monje y la Monja».

Hay un **trayecto** encantador de 2 horas 30 minutos desde **Siresa a Ansó**, señalado por el arroyo situado debajo de Siresa.

Valle de Ansó

En otra época grande y próspero, **ANSÓ** vivió una mala racha durante las décadas de 1950-1960 debido a la despoblación. Sin embargo, hoy en día ha experimentado un nuevo impulso; profesionales de Jaca y Pamplona/Iruña tienen allí sus segundas residencias, además de haber un creciente flujo de turistas. Constituye una excelente base para pasar un fin de semana, pues hay una pequeña playa en el río Veral. El viajero no encontrará demasiados monumentos en el lugar, aunque, al igual que en Hecho, podrá visitar el **Museo Etnológico** (todos los días, 10.30-13.30 h y 16-20 h; 200 pesetas), situado en el edificio de una vieja iglesia.

La creciente popularidad de Ansó se refleja en los cinco **alojamientos** de que dispone, que se llenan enseguida en verano. El mejor es la *Posada Magoria* (☎974 370 049; ③), donde sirven comidas vegetarianas (tienen preferencia los huéspedes); el *Hostal Estanés* (☎974 370 146; ④) dispone de habitaciones con o sin baño y presenta una buena relación calidad-precio; y *La Posada Veral*, cuyo dueño es peruano, se halla en Cocorro 6 (☎974 370 119; ③). El *Hostal Kimboa* (☎974 370 184; ④), con menos solera, ofrece habitaciones nuevas y cómodas. No hay cámping, pero se permite la acampada sobre la hierba al lado de la piscina municipal, junto al río, en el extremo sur del pueblo.

Todos los hostales tienen su propio **restaurante** (también encontrará uno en la piscina); destacan unos cuantos **bares**, como *Zuriza*, en la calle principal, y el de la *Posada Veral*, los más animados.

Zuriza y alrededores

Aparte del camino que sale de Siresa, en el valle más bajo de Ansó no hay muchas posibilidades de hacer una excursión; para empezar a **caminar** realmente, el viajero tendrá que ir a **ZURIZA**, 14 km al norte. No pasan autobuses y la carretera pavimentada que sube al valle es monótona; vale la pena que el viajero intente que alguien le lleve si no dispone de vehículo propio. En Zuriza encontrará un combinado **refugio-cámping**, *Zuriza* (☎974 370 196; camas, ①; habitaciones, ④), una tienda y

un bar-restaurante. Si tiene el folleto de Editorial Alpina, podrá hacer la popular caminata de 1 día subiendo al **pico Sorbacal**, uno de los más altos de la zona, o al **pico Chipeta**. Otras salidas populares de mayor duración desde Zuriza son las travesías hacia el este en dirección a **Selva de Oza**, o al oeste hacia **Isaba**, en Navarra, por el GR 11. Los caminantes experimentados pueden continuar al norte desde Zuriza por un sendero que sigue el arroyo Petrachema, hacia el área de cámping de **Plana de la Casa** (5 km). Desde allí puede hacer una caminata de 1 día a Tres Reyes, en el corazón de la región alrededor de la frontera francesa, o alcanzar el nivel más alto HRP, cerca del *Refugio Belagos* (☎976 236 355).

Parque Nacional de Ordesa

El **PARQUE NACIONAL DE ORDESA Y MONTE PERDIDO** fue uno de los primeros parques nacionales protegidos de España y es tal vez el más espectacular: un lugar —como rezaba un folleto turístico— «donde los diferentes elementos de la naturaleza parecen haberse puesto de acuerdo para que éste fuera el sitio perfecto donde se ofreciera un continuo espectáculo de agradables sorpresas». De hecho, tal disposición se corresponde con la realidad: bosques de hayas y álamos, arroyos montañosos, docenas de fuentes y cascadas a principios de verano, y un sobrecogedor trasfondo de picos. La **fauna** y **flora** es también impresionante: águilas reales, quebrantahuesos, buitres leonados y alimoches comunes, así como ciervos de los Pirineos, tan abundantes que a veces se permite a los cazadores que maten algunos.

El parque es un destino cada vez más popular entre los excursionistas, y los pueblos de sus laderas están más comercializados que hace unos años. A mediados del verano hay que reservar alojamiento con antelación, a menos que el viajero tenga intención de acampar. Sin embargo, se trata de la mejor zona de los Pirineos, por lo que se recomienda visitarla.

Cómo dirigirse a Ordesa

Para ir a Ordesa desde el sur, el viajero tendrá que dirigirse hacia el pueblo de **Torla**; desde allí el GR 15 conduce hasta el interior del parque.

Un **autobús** diario que va de Sabiñánigo a Aínsa-Sobrarbe para en Torla y los demás pueblos del camino, entre ellos Biescas, Linas de Broto, Broto y Sarvisé. Si el viajero llega **desde el sur**, tendrá que tomar el autobús en Sabiñánigo a las 11 h y llegará a Biescas 15 minutos después, y a Torla hacia las 12 h. En julio y agosto, un servicio adicional entre Sabiñánigo y Sarvisé sale de aquella localidad a las 18.30 h. El viajero puede llegar a Sabiñánigo y Biescas en autobús desde Jaca; dos diarios parten a las 10.15 h y 18.15 h (tardan 30 min. en llegar a Sabiñánigo y 1 h aprox. a Biescas).

Si llega **desde el este**, el mismo autobús sale de Aínsa-Sobrarbe a las 14.30 h y alcanza Torla a las 15.30 h; el servicio de verano parte de Sarvisé a las 20 h, y llega a Torla unos 15 minutos después.

Sabiñánigo, Biescas y Linas de Broto

No hay mucho que ver en el industrial **SABIÑÁNIGO** y lo más probable es que el viajero quiera seguir adelante. La **estación de ferrocarril** está 300 m al noroeste de la **terminal de autobuses**, en la misma calle. Pero si tuviera que quedarse, encontrará media docena de establecimientos (la mayoría de ellos más caros de lo que correspondería) donde **alojarse**; el más agradable y económico es el *Hostal Laguarta* (☎974 480 004; ③), sobre el *Bar Lara*, al sureste de la terminal de autobuses. Al anochecer esta calle está bastante animada.

Si el viajero pierde el servicio de la mañana hacia Torla, hay otro por la tarde durante todo el año hacia **BIESCAS**, 17 km al norte; desde allí puede intentar hacer autostop los restantes 25 km hacia Torla (o tomar el autobús a Torla a la mañana siguiente). Si queda atrapado (algo probable), Biescas es muy agradable, con un emplazamiento pintoresco y varios establecimientos donde alojarse: *Habitaciones Las Herras* (☎974 485 027; ③) dispone de habitaciones limpias en una antigua casa de madera, situada cruzando el río desde el ayuntamiento; el *Hotel Ruba*, junto a la plaza del Ayuntamiento (☎974 485 001; ④), pertenece a la misma familia desde 1884, y es uno de los más antiguos de Aragón. Asimismo un **cámping** céntrico, *Edelweiss* (mediados jun.-mediados sept.; ☎974 485 084), y una **oficina de turismo** (jun.-sept., 10-14 h y 16-18 h) cerca del puente. La pequeña aldea de piedra de **LINAS DE BROTO**, 17 km al este en el camino hacia Torla, tiene tres hostales y se halla en un bonito emplazamiento; el mejor **alojamiento** es el *Hostal Jal* (☎974 486 106; ③-④), junto a la parada de autobús.

Torla
TORLA, un viejo pueblo de piedra, tan sólo a 8 km de Ordesa, se está quedando progresivamente escondido entre bloques de apartamentos. Su existencia se debe en gran manera a que constituye una buena base para los excursionistas; de hecho, la actividad del pueblo gira en torno al comercio. El **autobús** Aínsa-Sabiñánigo para en el extremo norte de la localidad, junto a la farmacia. Si el viajero retrocede 100 m hacia la carretera Aínsa-Biescas, encontrará la **oficina de turismo** (finales jun.-mediados sept., 9-14 h y 16-18 h; jue. y dom. por la tarde, cerrado; ☎974 229 804), que proporciona mapas gratuitos que muestran los principales senderos del parque. Hay un banco (con cajero automático) cerca del supermercado.

En julio y agosto se recomienda reservar el **alojamiento** en Torla con 1 semana de antelación como mínimo; en otras épocas no suele haber problema. Además de los establecimientos que aparecen a continuación, hay dos **cámpings** en la carretera hacia Ordesa: *Río Ara* (☎974 486 248), a la orilla del río, a 2 km de Torla y *Ordesa*, más caro (☎974 486 146) a sólo 1 km del pueblo, con piscina, tienda y un restaurante.

Albergue L'Atalaya (☎974 486 022). Dirección francesa, con 21 literas y un restaurante elegante, tal vez el mejor de la localidad. En la actualidad se está añadiendo una cocina al albergue. ①

Albergue Lucien Briet (☎974 486 221). Albergue acogedor; dispone de 30 camas (pero sin cocina); depende del cercano *Bar Brecha*, que sirve comida buena y barata. ①

Hostal Alto Aragón (☎974 486 172). Acogedor; elegantes habitaciones con baño. ④

Casa Carpintero (☎974 486 256). Habitaciones agradables en una casa particular, detrás del *Bar Brecha* (a través del arco cercano al bar). Suelen disponer de lugar cuando todo lo demás está lleno. ③

Hotel Ordesa (☎974 486 125; fax 974 486 381). Situado en un tranquilo entorno, 1 km en dirección al parque. Piscina, restaurante y vistas excelentes. ⑤

Hotel Villa de Torla (☎974 486 156; fax 974 486 365). En la plaza del pueblo, es el mejor de los más caros. Piscina. ⑤

Broto, Oto, Sarvisé, Fiscal y Aínsa-Sobrarbe
Si Torla está lleno, tal vez el viajero necesite o prefiera parar en alguno de los pueblos que quedan hacia el este, a lo largo de la carretera hacia Aínsa-Sobrarbe.

BROTO, 4 km al sur de Torla, es un lugar ruidoso y abigarrado; su parte antigua está oculta entre el tráfico y los nuevos edificios, una situación que simboliza el caído puente romano, río arriba. Junto al puente se encuentra el establecimiento más tranquilo para alojarse, y de los últimos en llenarse: *Taberna Bar O Puente* (☎974 486 072; ③), desayu-

no incluido). La **oficina de turismo** (jun.-sept., mar.-dom., 10-14 h y 16.30-20.30 h; ☎974 486 002) proporciona información respecto a las posibilidades de alojamiento durante la temporada alta. Si el viajero va caminando, puede seguir un camino bien trazado hasta Torla en 45 minutos; empieza cerca de las ruinas del puente.

OTO, 2 km al sur, es un pueblo más atractivo, con arquitectura tradicional y un par de torres medievales. Cuenta con dos **casas rurales**: *Herrero* (☎974 486 093; ③) y *Pueyo* (☎974 486 075; ③), así como un gran **cámping** (abril-mediados oct.; ☎974 486 075).

El pueblo más bajo del valle de Broto, 4 km más allá de Broto, es **SARVISÉ**. Allí se recomienda *Casa Frauca* (☎974 486 182; ③) y *Casa Puyuelo* (☎974 486 140; ③).

Al este de Sarvisé, el paisaje se abre a un amplio valle que muestra evidencias de despoblación a gran escala: pueblos medievales junto a la carretera casi desiertos y los campos cubiertos de maleza. Aragón tiene el mayor índice de asentamientos abandonados de España. Un pueblo que ha cobrado un nuevo impulso debido al creciente número de visitantes es **FISCAL**; allí hay dos **cámpings**, *El Jabalí Blanco* (☎974 503 074) y *Ribera del Ara* (☎974 503 035), una piscina exterior y una preciosa casa rural del siglo XVIII, *El Arco* (☎974 503 042; ③), regentada por holandeses. El viajero encontrará también un hostal en la carretera junto a la parada del autobús y una **oficina de turismo** (jun.-sept., 10-14 h y 16.30-20.30 h) muy cerca.

El siguiente lugar más o menos importante es **AÍNSA-SOBRARBE**, que últimamente ha cobrado atractivo en un intento de atraer parte del turismo fronterizo procedente del túnel de Bielsa y que se dirige al norte. Su **casco antiguo** se halla en la colina; destacan la iglesia románica con un interior oscuro, y una amplia plaza Mayor porticada. El único establecimiento con **habitaciones** es *Casa El Hospital* (☎974 500 750; ③), una vieja casa de piedra junto a la iglesia. El resto del alojamiento se encuentra en la parte nueva, entre ellos *Hostal Ordesa* (☎974 500 009; ③) y *Hotel Sánchez* (☎974 500 014; ③). *Bodegas del Sobrarbe* (nov.-Semana Santa, cerrado), en plaza Mayor 2, es un **restaurante** atractivo, aunque algo caro, situado en una bodega medieval.

El cañón de Ordesa y los caminos centrales del parque

Una carretera asfaltada conduce desde Torla a la nueva **oficina de información** (jul.-oct., 10-13 h y 16-20.30 h) y desde allí continúa 1 km hasta el aparcamiento, a la entrada del **cañón de Ordesa**. El viajero podrá adquirir en la oficina de información del parque una serie de **mapas**; el más claro es el plano 1:50.000 IGN (que también cubre Gavarnie, al otro lado de la frontera francesa), aunque otros menos caros son asimismo útiles si va a seguir los senderos más conocidos y señalizados. Todos los mapas indican la red de **refugios** de piedra, muy sencillos, donde tendrá que alojarse en las caminatas más largas, pues está prohibido acampar en el parque (excepto si los refugios se encuentran llenos, lo que suele suceder en jul.-agos., cuando se permite acampar junto a ellos).

Si el viajero llega al centro a pie (no hay autobús), puede hacer la primera mitad del trayecto de 2 horas de la GR 11: empieza en el *Hotel Bella Vista* en Torla, baja hacia el río y cruza el puente; después deberá tomar el primer sendero hacia la izquierda (brusco) para unirse al **camino de Turieto**; en la siguiente bifurcación, el viajero tendrá que tomar el camino de la izquierda que termina en el que lleva a la oficina de información, o el de la derecha, que no pasa por allí y conduce directamente al aparcamiento, punto donde comienzan la mayoría de los senderos señalizados. No hay tiendas allí o dentro del parque; tendrá que llevar provisiones.

Los senderos del parque

La mayoría de los excursionistas de 1 día que van a Ordesa no llegan más allá de la curva del mirador en la **cascada del Abanico**, 6 km sencillos y bien señalizados des-

de el aparcamiento, con un sendero de vuelta por la orilla opuesta del río Arazas. Sin embargo hay docenas de senderos, que cubren las necesidades de la mayoría de los viajeros. Los que aparecen a continuación son algunos de ellos.

El viajero deber tener en cuenta que algunos de los «senderos» indicados en los mapas son en realidad rutas de escalada; no subestime su dificultad y el tiempo que requieren.

CIRCO DE SOASO
Uno de los senderos de corta distancia más conocidos y agradables. No es muy difícil: un paseo empinado de 7,5 km, por un sendero señalizado que lleva a la cascada conocida como **Cola de Caballo** en 3 o 4 horas (se calculan 6-7 h ida y vuelta). El camino parte en medio de hayedos y asciende, pasa junto a un mirador y va a parar a la parte alta de la sobrecogedora garganta de un valle.

El camino no suele estar muy concurrido excepto en julio y agosto, pero si el viajero prefiere la soledad, hay otra forma de ir desde el aparcamiento: ascendiendo por la empinada **senda de los Cazadores**, que lleva al mirador de Calcilarruego; desde allí el sendero sigue por la Faja de Pelay, que llega al circo de Soaso.

CASCADAS DE COTATUERO Y MÁS ALLÁ
Un paseo más corto y fácil es hacia las impresionantes **cascadas de Cotatuero**. Empieza en la parte alta del aparcamiento y lleva por un sendero empinado pero fácil a través de bosques hasta un punto muy bien situado bajo la cascada.

Una emocionante ruta lleva hasta allí, si al viajero le gustan las alturas. Con ayuda de pitones de hierro puede ascender por encima de las cascadas hasta la brecha de Rolando y descender hacia Gavarnie (véase más adelante).

CASCADAS DE CARRIATA Y MÁS ALLÁ
Hay otro recorrido de cascadas señalizado desde la antigua oficina de información (cerca del aparcamiento) hacia las **cascadas de Carriata**. El viajero pasará entre árboles y en la bifurcación tomará a la izquierda, donde empieza un empinado zigzag que sube a las cascadas, más impresionantes a finales de primavera, cuando se funde la nieve.

Si quiere continuar, la ruta a la izquierda (en la bifurcación del lado abierto de la ladera) llega hasta la cima de las paredes del cañón a través de una serie de trece pitones de hierro, no tan intimidatorias como las de la ruta de Cotatuero, y no difíciles para cualquier excursionista experimentado que esté en forma. La bifurcación de la derecha se contonea de manera espectacular a lo largo de la pared norte del cañón hasta encontrarse con el sendero hacia Cotatuero.

REFUGIO GÓRIZ Y MONTE PERDIDO
Un camino sube desde la cima del circo de Soaso (1 h aprox.) hasta el **Refugio Góriz** (2.169 m; todo el año; ☎974 341 201), más completo que los otros refugios, equipado con camas y sábanas, y un restaurante caro. Asimismo el viajero puede llegar por un sendero que sale del aparcamiento (unas 4 h de camino). En julio y agosto, suele estar lleno, pero puede acampar alrededor.

Para muchos caminantes el refugio es el punto de partida del ascenso al **monte Perdido**. Se trata más de una subida difícil que de una escalada, pero en cualquier caso una expedición importante para la que el viajero tendrá que ir bien equipado y preparado; el guarda de Góriz puede dar consejos al respecto. Se llega a la cima en unas 5 horas, pasando junto al lago Helado.

DE TORLA A GAVARNIE
El parque de Ordesa limita con el **Parc National des Pyrénées** francés y es posible pasar caminando a la ciudad fronteriza francesa de **Gavarnie**. Se trata de un recorri-

do agradable que el viajero podrá hacer fácilmente desde Torla; los recorridos desde la oficina del parque de Ordesa son más largos y difíciles.

Al salir de Torla tendrá que seguir el camino hacia Ordesa, pasar por los cámpings hasta la bifurcación que a la izquierda señala hacia el puente de los Navarros (unos 45 min.), y después bajar hacia el río y seguir las señalizaciones de la GR 11 subiendo el valle. Hay un **cámping**, *Cámping Valle Bujaruelo* (mediados abril-mediados oct.; ☎974 486 348), unos 4 km después; más allá se encuentra la aldea de San Nicolás, desde donde el camino, ahora casi un sendero, se conduce hacia las montañas y después a Gavarnie en un trayecto que dura de 6 a 8 horas.

Los cañones del sur: Escuaín y Añisclo

En la esquina sudeste del parque de Ordesa se hallan un par de **cañones**, los de **Escuaín** y **Añisclo**, que son prácticamente iguales a la garganta de Ordesa pero que reciben muchos menos visitantes. Contribuyen a ello la falta de transporte hacia el inicio del camino y el limitado alojamiento, pero el esfuerzo vale la pena.

El cañón de Añisclo

El **cañón de Añisclo** es el más espectacular de los dos y el menos visitado. Si el viajero dispone de vehículo propio puede alcanzarlo por una carretera menor, pero pavimentada, desde Sarvisé hasta Escalona (10 km al norte de Aínsa-Sobrarbe). Discurre por una estrecha garganta, el desfiladero de las Cambras, en cuyo extremo occidental los grupos de automóviles aparcados anuncian la boca de Añisclo. Desde allí dos amplios caminos —tan bueno el uno como el otro— conducen al norte y se adentran en esta garganta agreste; es una excursión de unas 5 horas a través de la zona más espectacular hacia La Ripareta. Los excursionistas que hacen grandes recorridos utilizan el cañón como una aproximación alternativa hacia el albergue de Góriz, saliendo de la garganta por el barranco de Fon Blanca.

Si el viajero hace una excursión de 1 día, el mejor sitio para alojarse en esta zona es **NERÍN**; se halla a un paseo de 45 minutos al oeste del cañón, por la aldea desierta de Sercué, a lo largo de un camino marcado como parte de la GR 15. En Nerín hay una iglesia románica —típica de estos asentamientos— y un albergue (☎974 486 138; ①); sirve comida, pero el viajero tendrá que hacer la reserva, o acabará en un cámping. **FANLO**, 6 km al oeste, es el lugar más grande de los alrededores; *Casa Nerín Sese*, La Plaza 1 (☎974 489 009; ①-②), dispone de habitaciones y dormitorios, aunque es imprescindible telefonear antes para hacer la reserva.

El cañón de Escuaín

El viajero llegará con más facilidad al **cañón de Escuaín**, más propiamente el valle del río Yaga, desde **Lafortunada**, 17 km al noroeste de Aínsa-Sobrarbe, una base bien situada, con habitaciones agradables y generosos menús en *Casa Sebastián* (☎974 505 120; ②) o el adjunto *Hotel Badaín* (☎974 505 134; ③).

Desde allí, si el viajero no dispone de vehículo propio, la forma más rápida de entrar en la garganta es siguiendo la recién marcada **GR 15**, por la que en unas 2 horas subirá al pintoresco pueblo de **Tella**; donde encontrará un conjunto de iglesias románicas y una **oficina de información** del parque (jul.-oct., todos los días, 8.30-21 h), pero ningún otro servicio. Más allá, el sendero baja hacia el río junto a la aldea de Estaroniello antes de subir entre espesos bosques hacia **Escuaín**, un emplazamiento abandonado que en verano es frecuentado por los que exploran la **garganta** que se encuentra arroyo arriba. Si el viajero llega temprano, podrá comer en el albergue (☎974 500 939; ①) antes de continuar por los caminos del barranco esculpido por las aguas.

Estas rutas que van a través de la garganta confluyen en o cerca de Revilla, una al-

dea abandonada en la otra orilla. Desde allí es posible retroceder a Tella o seguir por un agradable y poco utilizado sendero de pequeño recorrido que pasa por Estaroniello hacia Hospital de Tella, 3 km al oeste de Lafortunada. El viajero puede completar este itinerario en forma de ocho en un largo día de verano, disfrutando en su mejor momento de lo que ofrece este Shangri-la.

La zona de Benasque

Los buenos montañeros y senderistas se sienten atraídos por **Benasque**, en el valle del Ésera, porque sobre el pueblo se encuentran los dos picos más altos de los Pirineos: **Aneto** (3.404 m) y **Posets** (3.375 m). El viajero llegará más fácilmente a la localidad desde Huesca (véase pág. 574) o Barbastro (véase pág. 573) en el **autobús** diario que parte de Huesca a las 10 h, para en Barbastro a las 10.50 h y llega a Benasque a las 13 h.

Hacia el oeste de Benasque, y accesible desde allí por un sendero HRP, o mejor por carretera desde Castejón de Sos, se halla el **valle de Gistau**, una zona remota que atrae a los excursionistas que quieren alejarse de los caminos más trillados.

Castejón de Sos dispone de tres hostales, por si el viajero se queda atrapado allí; están a lo largo de la calle El Real. Asimismo, hay un **albergue**, *El Pájaro Loco* (☎974 553 016; ①), y un **cámping** (☎974 553 456) cerca del puente que va hacia la carretera de Benasque.

Benasque y sus picos

Rodeado por campos de heno en una amplia zona del valle del Ésera, se halla **BENASQUE**. Tal vez al viajero no le parezca el mismo si lo conoció hace una década. No obstante, se trata de un lugar agradable, que combina los servicios modernos con las antiguas casas de piedra, algunas construidas como residencia de verano por la nobleza aragonesa del siglo XVII. Es una buena base para descansar antes o después de los rigores de los picos próximos.

Los establecimientos más económicos para **alojarse** son *Casa Bardanca*, en Las Plazas 6 (☎974 551 360; ②), que dispone de agradables habitaciones sobre un bar, y *Fonda Barrabés*, Mayor 5 (☎974 551 654; ②), algo deteriorada pero con hermosas vistas de las montañas. *Casa Gabás*, en calle El Castillo (☎974 551 275; ③), se encuentra en una calle tranquila y ofrece estudios además de habitaciones con y sin baño. Si el viajero prefiere más comodidad, se recomienda el *Hotel Aneto*, carretera de Anciles (☎974 551 061; fax 974 551 509; ⑤), que cuenta con piscina, pistas de tenis, gimnasio, sauna y aparcamiento; el *Hostal Valero* (③) comparte edificio y servicios pero sus habitaciones son menos lujosas. *Hotel Avenida*, en avenida de los Tilos (☎974 551 126; fax 974 551 515; ⑤), es uno de los hoteles del pueblo con más solera si bien resulta caro.

La competencia por conseguir clientela entre los excursionistas contribuye a mantener los precios de los menús entre 900-1.400 pesetas en **bares y restaurantes**. Se recomienda los comedores de *Salvaguardia*, San Marcial 3, o *Bardanca*, Las Plazas 6. Otro buen local es *Les Arkades*, detrás de la iglesia; se trata de un antiguo edificio de piedra con un patio interior en uno de cuyos lados hay un pub-crepería, y en el otro un comedor más caro, que sirve platos aragoneses de buena calidad.

Escaladas y senderismo alrededor de Benasque

Benasque atrae a escaladores y senderistas comprometidos; si el viajero se encuentra entre ellos, quizás intentará subir a los **picos de Aneto y Posets**. Son ascensos para escaladores experimentados, por lo que necesitará crampones, piolet y una cuerda, además de casco para salvaguardarse de las rocas que puedan caer.

Sin embargo, para los senderistas ocasionales hay muchas posibilidades. El club de montañismo de Aragón ha marcado cierto número de trayectos, en azul y blanco y en amarillo y blanco, de **pequeño recorrido** (PR) que están documentados en las guías que el viajero podrá conseguir en la zona y que prepara el club. Los senderos, hacia pueblos de los alrededores, y también a los tres refugios locales, está indicados de tal forma que evite en lo posible las carreteras.

Más allá: Viados y el valle de Gistau

Si el viajero dispone de una buena dosis de energía para caminar días enteros, Benasque es un punto de partida ideal para ir a algunos de los mejores lugares de los Pirineos españoles. Entre los itinerarios moderados se incluye la GR 11 hacia el este en dirección a **Aigüestortes** en Cataluña (1,5 días; se necesita tienda hasta que se termine el refugio de Llausets); o hacia el oeste sobre el mismo sendero numerado, alrededor del macizo de Posets, para una excursión de 2 días. Allí no se necesita tienda, pues los **refugios de Estós** (4 h desde Benasque) y **Viadós** (9 h desde Benasque) están bien situados. Desde Viadós, el viajero podrá caminar, otro día hasta **Bielsa**, entrada oriental al Parque Nacional de Ordesa. Allí se halla el Parador de Bielsa (☎974 501 011; fax 974 501 188; ⑦) y unos cuantos hostales. También podrá descender por el sendero hasta los pueblos del **valle de Gistau**.

Valle de Gistau

Una maraña de senderos une los pueblos del valle de Gistau. PLAN es el mayor de ellos; el viajero encontrará tiendas, una **oficina de turismo** y tres **casas rurales** (el alojamiento habitual en la zona): *Casa Mur* (☎974 506 123; ②), *Casa Ruche* (☎974 506 072; ②) y *Casa Buisán* (☎974 506 051; ②), en la plaza Mayor. Plan alcanzó notoriedad en 1985 al organizar una especie de caravana para atraer las mujeres que no hallaban en su entorno más cercano. Imitando la película *Caravana de mujeres (Westward the women)*, lograron que muchos de los solteros del lugar, y de las zonas vecinas, encontraran esposa.

Saliendo del valle hacia el oeste, un nuevo sendero GR 19 conduce a través de SIN, donde hay un albergue (☎974 506 212; ①), y hacia Salinas y Lafortunada (véase «Los cañones del sur», pág. 590).

Como alternativa, el viajero puede descender desde Sin por otro sendero PR hacia SARAVILLO, cerca de la boca del valle. Allí verá un gran **cámping**, *Los Vives* (mediados abril-mediados sept.; ☎974 506 171), y una **casa rural**, *Casa Cazcarreta* (☎974 506 273; ②). Éste es también punto de partida de excursiones hacia las montañas de evocadora forma del sur y los **lagos** y **refugios** del circo de Armeña.

transportes

Ferrocarriles

Huesca a: Calatayud (1 diario; 2 h 30 min.); Jaca (3 diarios; 2 h 15 min.); Madrid (1 diario excepto sáb.; 5 h); Sabiñánigo (3 diarios; 2 h 15 min.); Zaragoza (5 diarios, excepto sáb.; 1 h).

Zaragoza a: Barcelona (14 diarios; 3 h 30 min.- 4 h 40 min.); Bilbao (4-5 diarios; 4 h 30 min.); Burgos (4-5 diarios; 4 h); Cáceres (2 diarios; 8 h 30 min.); Cádiz (1 diario; 9 h); Córdoba (3 diarios; 8 h); Gijón (2 diarios; 9 h); Girona (3 diarios; 5 h); Huesca (1 diario, excepto sáb.; 1 h); Irún (2-3 diarios; 4 h 30 min.); Jaca (1 diario, excepto sáb.; 3 h 20 min.); León (3 diarios; 6 h); Lleida (10-12 diarios; 1 h 40 min.); Logroño (5-6 diarios; 1 h 45 min.); Lugo (2-3 diarios; 10 h 45 min.); Madrid (12-14 diarios; 3 h); Málaga (2 diarios; 9-10 h 30 min.); Medina del Campo (1-3 diarios; 5 h 30 min.); Orense (1-2 diarios; 10 h 30 min.); Oviedo (2 diarios; 8 h 30 min.); Palencia (3 diarios; 4 h); Pamplona/Iruña (5-6 diarios; 2 h);

Sabiñánigo (1 diario; 3 h); Salamanca (3-4 diarios; 6 h 30 min.); Donostia-San Sebastián (2-3 diarios; 4 h 30 min.); Sevilla (2 diarios; 7 h 20 min.); Tarragona (8-12 diarios; 3 h); Teruel (3 diarios; 3 h 30 min.); Valladolid (1-2 diarios; 5 h); Vigo (1-2 diarios; 12 h 30 min.); Vitoria-Gasteiz (1 diario; 3 h).

Autobuses

Huesca a: Barbastro (6 diarios; 50 min.); Barcelona (2-4 diarios; 4 h 15 min.); Fraga (1 diario; 2 h 15 min.); Jaca (4-5 diarios; 1 h); Lleida (6 diarios; 2 h); Loarre (3 diarios; 45 min.); Monzón (4 diarios; 1 h 10 min.); Pamplona/Iruña (3 diarios; 2 h 50 min.); Sabiñánigo (6 diarios; 55 min.); Zaragoza (18 diarios; 1 h 15 min.).

Jaca a: Ansó por Hecho (1 diario; 1 h 15 min.); Astún-Candanchú (5 diarios; 45 min.); Biescas (2 diarios; 1 h); Estación Canfranc (5 diarios; 30 min.); Huesca (3 diarios; 1 h); Pamplona/Iruña (3 diarios; 2 h 30 min.); Sabiñánigo (2 diarios; 30 min.); Zaragoza (3 diarios; 2 h 30 min.).

Teruel a: Albarracín (1 diario; 2 h); Barcelona (3 diarios; 6 h-4 h 45 min.); Cantavieja-Iglesuela del Cid-Villafranca del Cid (1 diario; 2 h 30 min.- 3 h-3 h 30 min.); Cuenca (2 diarios; 2 h 30 min.); Valencia (5 diarios; 2 h). Todos los servicios se reducen drásticamente los domingos.

Zaragoza a: Astorga (2 diarios; 8 h); Barcelona (13 diarios; 3 h 30 min.); Bilbao (5 diarios; 4 h 30 min.); Burgos (2 diarios; 3 h 45 min.); Cariñena (2 diarios; 1 h 15 min.); A Coruña (1 diario; 11 h 30 min.); Huesca (10 diarios; 1 h 15 min.); Jaca (3 diarios; 2 h 30 min.); León (2 diarios; 8 h); Lleida (4 diarios; 2-3 h); Logroño (6 diarios; 2-3 h); Lourdes por Huesca, Jaca, Canfranc, Pau, Oloron (jun.-sept., sáb., 7.30 h; dom., 14.30 h; 7 h; pasa por Jaca a las 9.45 h y 17.45 h); Lugo (2 diarios; 7 h); Madrid (15 diarios; 3 h 45 min.); Palencia (2 diarios; 5 h); Ponferrada (2 diarios; 9 h); Salamanca (2 diarios; 6 h); Santiago de Compostela (1 diario; 12 h 30 min.); Soria (5 diarios; 2 h 15 min.); Sos del Rey Católico (1 diario; 2 h 15 min.); Tarragona (6 diarios; 3 h); Valladolid (3 diarios; 7 h 30 min.); Zamora (3 diarios; 3 h 30 min.).

CAPÍTULO DOCE

BARCELONA

Barcelona, la moderna capital de Cataluña, es una ciudad sumamente atractiva, un puerto floreciente y el centro comercial más próspero de España; además, posee una sofisticación y un dinamismo cultural mucho mayores que el resto del país. Aquí hay numerosos puntos de interés turístico, entre ellos magníficos edificios góticos y modernistas, así como algunos **museos** soberbios, en particular los dedicados a Picasso, Joan Miró y Antoni Tàpies, el nuevo Museu d'Art Contemporani y el excelente Museu Nacional d'Art de Catalunya. Barcelona también ha desarrollado una identidad cultural individual y ecléctica, cuya expresión más perfecta y excéntrica es la arquitectura de **Antoni Gaudí**, un motivo más que suficiente para visitar la ciudad. Pero hay muchas maneras placenteras de no hacer nada, algo que en parte se refleja en la situación geográfica de la ciudad, cercana a Francia, cuya influencia se nota en los parques, las elegantes calles —sobre todo las célebres **Ramblas**— y la imaginativa cocina local. Asimismo impresiona su energía, canalizada en la industria y el comercio, la protesta política y la diversión, algo que percibe el viajero, incluso durante una visita breve, en particular si llega durante las **fiestas** principales; hay una lista de ellas en la página 654, pero las más importantes son el 23 de abril *(Dia de Sant Jordi)*, el 24 de junio *(Dia de Sant Joan)*, el 11 de septiembre *(Diada)* y el 24 de septiembre *(Festa de la Mercè)*.

Hace tiempo que Barcelona tiene reputación de ser la ciudad más cosmopolita de España, sobre todo en lo que al diseño y la arquitectura se refiere, aunque en la década de 1980 gran parte del ambiente intelectual se trasladó a Madrid. No obstante, convertirse en la sede de los **Juegos Olímpicos** de 1992 supuso un impulso importante; el gran apoyo popular del que goza el deporte en Barcelona (en especial el fútbol, principal motivo de la permanente rivalidad con Madrid) ayudó a obtener la nominación. A consecuencia de esto, se llevó a cabo un plan para dotar a la capital de nuevos servicios y se renovó el centro. Se construyeron la Vila Olímpica y el **parc del Mar**, que surgieron de las ruinas de la vieja zona industrial del Poble Nou, mientras que el Estadi Olímpic de Montjuïc (edificado en 1929 y que sirvió para celebrar unos Juegos alternativos a los Juegos Olímpicos de Berlín de 1936) fue completamente reconstruido. Además, la zona del puerto al final de las Ramblas ha sido puesta a punto como parte de la urbanización del **Port Vell**, e incluso algunas zonas de El Raval han sido rescatadas gracias a la incorporación del Museu d'Art Contemporani y la reconstrucción del Liceu. Y las reformas no terminan ahí: a medida que Barcelona entra en la «segunda fase» de renovación, los proyectos se vuelven aún más ambiciosos e incluyen: construcción de nuevos teatros, salas de conciertos y el World Trade Center, además de un proyecto para promocionar la diversidad y la paz mundial, el *Fòrum Universal de Cultures*, con fondos aportados por la UNESCO, previsto para 2004.

Pero esta prosperidad tiene su lado negativo; de hecho, a medida que se incrementan las inversiones para mejorar la imagen de Barcelona, los habitantes de los barrios más modestos tienen que abandonar sus viviendas debido al aumento de los precios. En efecto, a pesar de las constantes mejoras y la alta tecnología visibles en gran parte de las infraestructuras de la ciudad, hay bolsas de pobreza y existen el tráfico y consumo de drogas, que es una de las causas principales de que se produzcan **delitos menores**; muchos turistas se sienten a veces amenazados cuando pasean por las zonas más sórdidas alrededor de las Ramblas. Si el viajero tiene mala suerte, tal vez sea víctima de un atraco. Para evitarlo, tendrá que tomar algunas precauciones,

ORIENTACIÓN, LLEGADA E INFORMACIÓN/595

como dejar los pasaportes y los billetes en la caja fuerte del hotel, no llevar cámaras caras y, si sufre un atraco, nunca oponer resistencia. Si llega en automóvil, no debe dejar objetos a la vista, por ejemplo la radio y el casete, que es mejor llevar encima.

Orientación

A pesar de sus 3 millones de habitantes, Barcelona es una ciudad en la que resulta fácil orientarse. La mayoría de los puntos de interés histórico están en la **Ciutat Vella** (casco antiguo), que se puede recorrer a pie. Se extiende al noroeste del puerto a una distancia de 1,5 km hasta el límite meridional del Eixample, el trazado de la cuadrícula construido durante el siglo XIX. En su núcleo se halla el **Barri Gòtic** (barrio gótico), el corazón medieval de la ciudad: unos 500 m² de callejuelas oscuras y tortuosas, flanqueadas por edificios históricos. En el límite occidental del Barri Gòtic se encuentran las célebres **Ramblas** (oficialmente La Rambla), que dividen el casco antiguo en dos partes y acaban en la **plaça de Catalunya** (plaza de Cataluña). En el otro extremo está el **puerto** y el **Port Vell**, que dispone de pasarelas y un puente giratorio que conducen hasta un popular complejo de galerías comerciales, restaurantes y cines. Al oeste de las Ramblas, entre el puerto y el carrer Hospital, se encuentran las callejuelas que constituyen el barrio de **El Raval**, el antiguo barrio chino.

Las calles medievales se prolongan a ambos lados de las Ramblas: al noreste atraviesan el Barri Gòtic, y pasan junto al famoso **Museu Picasso** en el barrio conocido como **La Ribera**, hasta el **parc de la Ciutadella** (parque de la Ciudadela); y al suroeste hasta la montaña de **Montjuïc**, coronada por una fortaleza, donde el viajero encontrará algunos de los mejores museos y el Estadi Olímpic. Un funicular comunica Montjuïc con la **Barceloneta**, el barrio ribereño situado al este del puerto, más allá del parc de la Ciutadella. Al noreste, el antiguo barrio industrial del Poble Nou ha sido transformado por completo en los últimos años y se ha convertido en el emplazamiento del **parc del Mar**, donde se halla el Port Olímpic y la Vila Olímpica.

Más allá de la plaça de Catalunya se extiende la ciudad moderna y el centro comercial. Conocido como el **Eixample** (Ensanche), fue ideado durante el siglo XIX como una ampliación del congestionado casco antiguo; su sencilla cuadrícula está dividida por dos grandes avenidas que conducen fuera de la ciudad: la **Gran Via de les Corts Catalanes** y la **avinguda Diagonal**. Algunas de las obras arquitectónicas más extraordinarias de Europa se encuentran en el Eixample, incluida la **Sagrada Família**, de Gaudí.

Más allá del Eixample hay suburbios que hasta principios del siglo XX eran aldeas separadas. La más cercana, y por lo general más visitada, es **Gràcia**, donde destacan sus pequeñas plazas y bares animados. Gaudí dejó asimismo su impronta en esta zona, sobre todo en el espléndido **parc Güell**, así como en una serie de edificios y casas suburbanas particulares, que los aficionados encontrarán con facilidad. **Fuera de la ciudad**, el monasterio de **Montserrat** es un destino inevitable, aunque en verano las **playas** a ambos lados de la ciudad también resultan tentadoras.

Llegada e información

La mayoría de los **puntos de llegada** son bastante céntricos, a excepción del aeropuerto. Si el viajero se aloja en las Ramblas o el Barri Gòtic, desde allí hay enlaces rápidos hasta la mayoría de las terminales.

En avión
El **aeropuerto** de Barcelona se halla a 12 km al suroeste de la ciudad, en El Prat de Llobregat. Hay una oficina de información en cada terminal (véase pág. 597), además

de servicios para cambiar moneda y empresas de alquiler de automóviles (para detalles e información de vuelos, véase «Direcciones prácticas», pág. 657).

El aeropuerto está unido a la ciudad a través de líneas regulares de tren y autobús. El **tren** (todos los días, 6-22.40 h; viaje, 30 min.; 335 pesetas; información, ☎934 900 202) sale cada 30 minutos de la estació de Sants y, lo que es más práctico si el viajero se aloja en el Barri Gòtic, sigue hasta la plaça de Catalunya, excepto el último tren, que acaba su recorrido en Sants. También hay un práctico servicio de **Aerobús** (lun.-vier., 6-24 h; sáb.-dom., 6.30-24 h; 500 pesetas), que parte cada 15 minutos de ambas terminales y se detiene en la plaça d'Espanya, Gran Via (Comte d'Urgell), plaça de la Universitat; plaça de Catalunya y passeig de Gràcia (esquina Diputació); tarda unos 30 minutos en llegar a plaça de Catalunya, aunque durante las horas punta se demora más. Un **taxi** desde el aeropuerto cuesta unas 2.500 pesetas hasta la estació de Sants y entre 2.500-3.000 pesetas al centro.

Siempre hay que calcular la **llegada al aeropuerto** con bastante tiempo. El Aerobús (lun.-vier., 6-24 h; sáb.-dom. y festivos, 6.30-24 h) sale de la plaça Catalunya (ante El Corte Inglés), avinguda de Roma (esquina Comte d'Urgell) o estació de Sants. La ventaja del **tren** es que no se sufre los atascos del tráfico; sale cada media hora en dirección al aeropuerto (6-22.40 h), ya sea de plaça Catalunya o de la estació de Sants (andén 1).

En ferrocarril

La principal estación para las llegadas nacionales y algunas internacionales es la **estació de Sants**, situada al oeste del centro. Allí también hay oficinas para cambiar moneda, así como puestos de información y alquiler de automóviles, además de un servicio de reservas de hotel (véase «Alojamiento», pág. 602). Desde Sants, la línea 3 del Metro lleva directamente a la estación de Liceu, situada en las Ramblas.

Desde la **estació de França** (estación de Francia), situada al este del centro, sale y llega la mayoría de los trenes de largo recorrido, entre ellos algún Intercity hacia las principales ciudades españolas y trenes de recorrido local. Algunos trenes paran tanto en França como en Sants; hay que comprobar el horario. Desde la estació de França el viajero tendrá que tomar la línea 4 del Metro, en la cercana estación de Barceloneta, o caminar hasta el Barri Gòtic a lo largo de la Via Laietana y girar a la izquierda en Jaume I.

Hay otros trenes que llegan a **plaça de Catalunya**, situada al final de las Ramblas (los procedentes de poblaciones costeras, del norte de la ciudad, el aeropuerto, Lleida y las localidades de la línea Vic-Puigcerdà); **plaça d'Espanya** (trenes de los Ferrocarrils de la Generalitat desde Montserrat y Manresa) y **passeig de Gràcia** (trenes desde Port Bou/Girona).

En autobús

La principal estación de autobuses, a la que llegan la mayoría de los autobuses internacionales, de larga distancia y provinciales, es la **estació del Nord** (estación del Norte), situada en avinguda Vilanova (entrada principal por calle de Alí-Bey), a tres manzanas al norte del parc de la Ciutadella (el Metro más cercano es Arc de Triomf, que está a 5 min. a pie). Hay un servicio de información en la planta baja y las taquillas están en la primera planta, a nivel de la calle. Se recomienda al viajero que reserve billete por adelantado si va a **tomar** un autobús de largo recorrido, por ejemplo el día anterior. (Hay una lista de empresas de autobús y sus destinos en «Direcciones prácticas», pág. 657).

En transbordador

Los **transbordadores** que llegan desde las Baleares amarran en la **Estació Marítima**, al final de las Ramblas, junto al puerto. Hay servicios diarios a Palma de Mallorca y varios semanales a Ibiza y Menorca. La terminal está cerca de plaça Portal de la Pau, situada en la parte inferior de las Ramblas; el Metro más cercano es

ENCONTRAR UNA DIRECCIÓN

Casi todas las direcciones de Barcelona están escritas en catalán, aunque en muchos planos aparecen en castellano. En esta guía, los textos y planos están en catalán.
Las direcciones figuran como *carrer* (calle) Picasso 2, 4.º, lo que significa que se halla en el n.º 2 y en la 4.ª planta. También puede aparecer apartamento u oficina de l'*esquerra* (izquierda); *dreta* significa derecha. En la cuadrícula del Eixample, la **numeración callejera** va de sur a norte (los números más bajos se encuentran cerca de plaça de Catalunya) y de oeste a este (los números más bajos están cerca de la plaça d'Espanya).
Las otras abreviaciones principales utilizadas en Barcelona son: Avda. (*avinguda*, «avenida»); Pg. (*passeig*, «paseo»); Bxda. (*baixada*, «bajada»); Ptge. (*passatge*, «pasaje»), Pl. (*plaça*, «plaza») y Rbla. (*rambla*).
En la página 664 aparece un glosario en catalán y una lista de palabras útiles.

Drassanes. En la empresa Transmediterránea, situada en la Estació Marítima, disponen de horarios y venden los billetes (véase «Direcciones prácticas», pág. 657).

Información

Se recomienda al viajero que se dirija a una **oficina de turismo** en cuanto llegue; allí le proporcionarán un plano gratuito de la ciudad y otro de los transportes públicos, además de folletos más detallados acerca de los aspectos arquitectónicos, históricos y culturales de la ciudad. En la oficina de turismo también venden la **tarjeta Barcelona**, que supone viajar gratuitamente en el transporte público, descuentos de hasta el 50 % en algunos museos, y entre el 10-30 % en algunas tiendas y restaurantes. La tarjeta tiene una validez de 24 h (2.500 pesetas), 48 h (3.000 pesetas) y 72 horas (3.500 pesetas), y merece la pena si tiene intención de quedarse poco tiempo en la ciudad.
La oficina principal se encuentra en **plaça de Catalunya** (todos los días, 9-21 h; ☎906 301 282, si telefonea desde España; ☎933 043 421, si lo hace desde el extranjero; ☎933 043 232 para información sobre alojamientos). También hay oficinas en el **aeropuerto** (Terminal A, lun.-sáb., 9.30-15 h; ☎934 784 704; Terminal B, lun.-sáb., 9.30-20.30 h; dom. y festivos, 9.30-15 h; ☎934 780 565), **estació de Sants** (jun.-sept., todos los días, 8-20 h; oct.-mayo, lun.-vier., 8-20 h; sáb.-dom., 8-14 h; ☎934 914 431) y en el interior del edificio del **ayuntamiento** situado en la plaça Sant Jaume (lun.-sáb., 10-19 h; dom., 10-14 h; ☎932 702 429). Para obtener información sobre Cataluña, hay que dirigirse al **Palau Robert**, passeig de Gràcia 107 (lun.-vier., 10-19 h; sáb.-dom., 10-14 h; ☎932 384 000), que es la oficina de turismo administrada por la Generalitat (el gobierno de Cataluña). Asimismo en verano encontrará un **quiosco** de información (mayo-oct.) ante la Sagrada Família; por el casco antiguo circulan numerosas guías de la oficina de turismo, que visten chaquetas rojas. En la plaça de Sant Miquel hay una **Oficina d'Informació Municipal** (lun.-vier., 8.30-18 h; ☎932 702 429), que en realidad no está destinada a atender a los turistas, pero que siempre informa. En el ☎010 proporcionan toda clase de información.

Transporte urbano

Además del Barri Gòtic medieval, que el viajero querrá y tendrá que recorrer a pie, para sacar el máximo provecho de Barcelona hay que utilizar el excelente sistema de transportes de la ciudad. El sistema incluye Metro, autobuses, trenes y una red de funiculares y teleféricos; para usarlo todo, se recomienda que consiga una **guía del transporte público de Barcelona**, gratuito; la proporcionan en cualquiera de las

598/BARCELONA

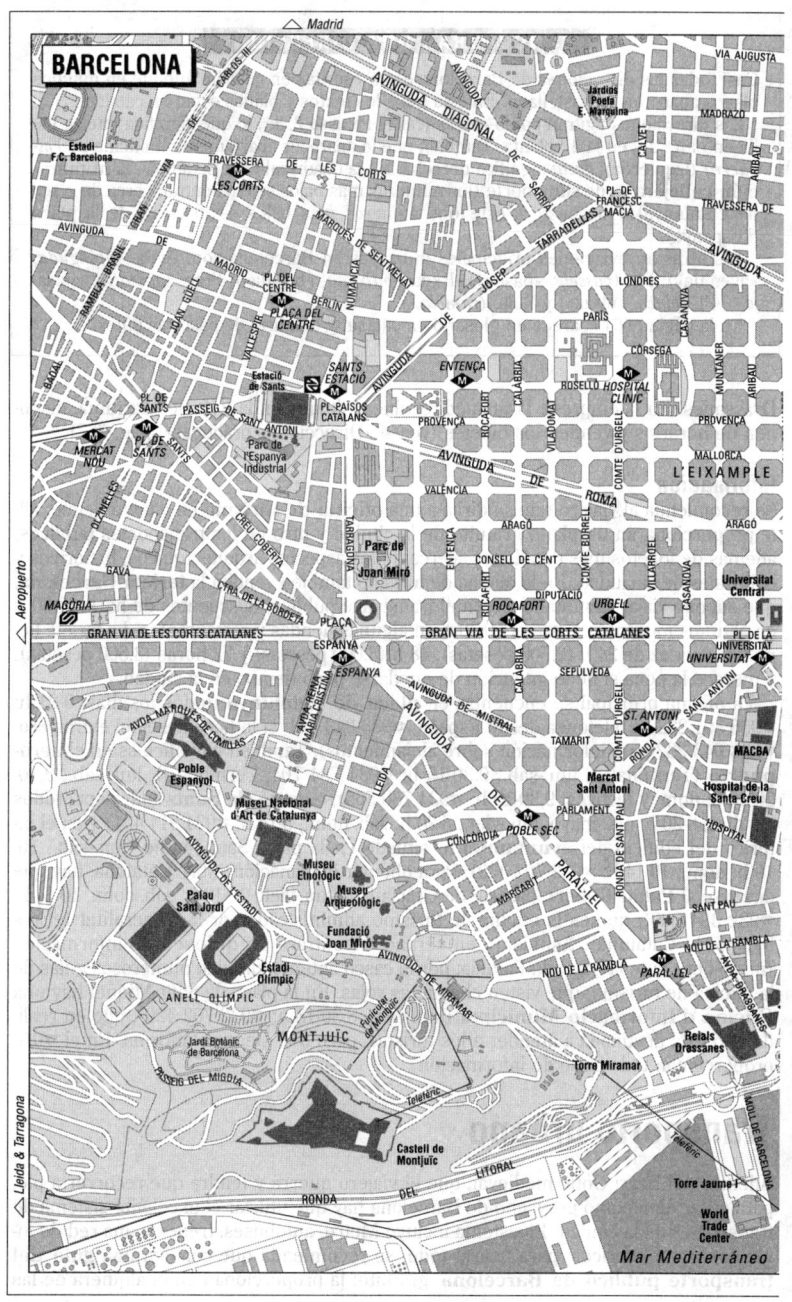

BARCELONA/599

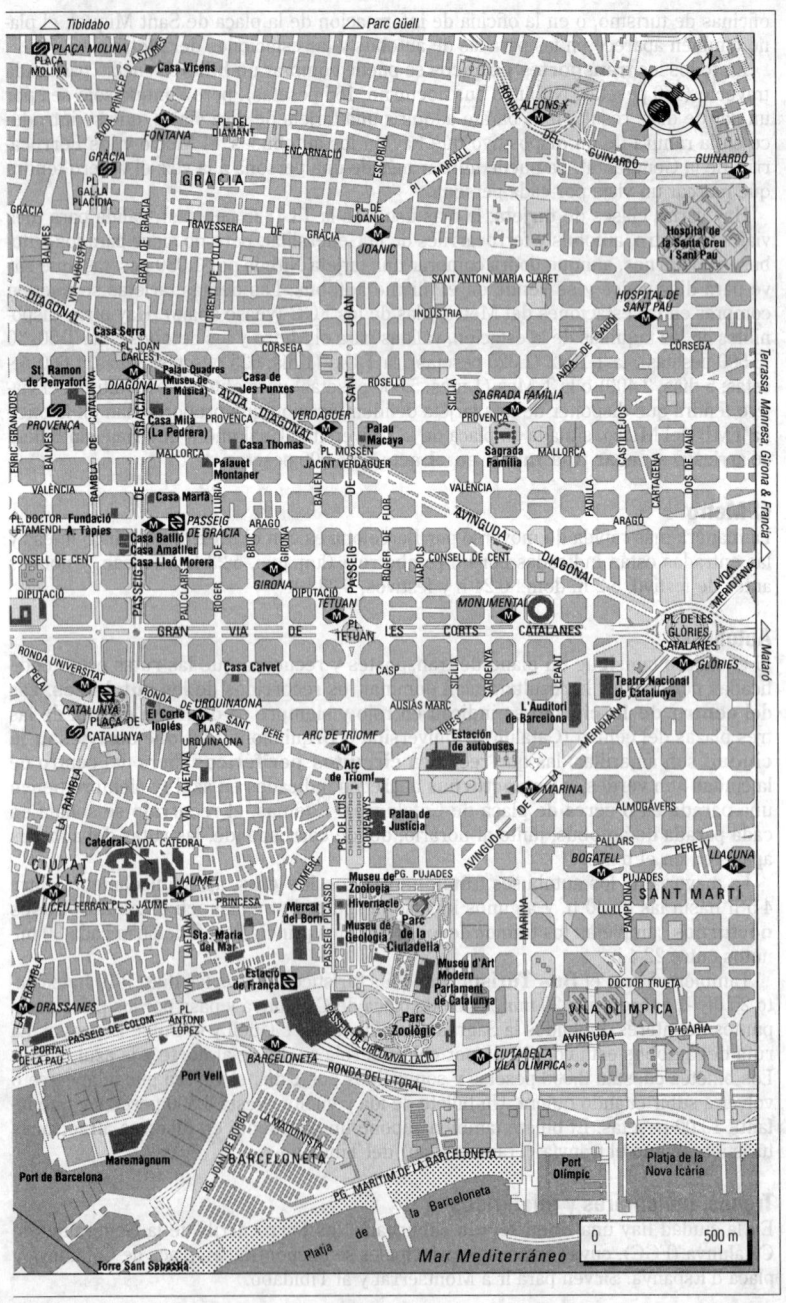

oficinas de turismo, o en la oficina de información de la plaça de Sant Miquel; el plano también aparece en las paradas de autobús y las estaciones del Metro. En todos los **transportes públicos** se puede comprar un **billete** sencillo para cada trayecto (150 pesetas; Nitbus o bus nocturno, 165 pesetas), pero aunque sólo sea por un par de días, resulta más barato adquirir una tarjeta de diez viajes, que se introduce en la ranura de un dispositivo que hay en los autobuses, el Metro y los Ferrocarrils de la Generalitat. La puede utilizar más de una persona a la vez; el viajero tendrá que marcar un viaje por cada persona.

Hay varias clases de **tarjeta**; la más usual es la T1 (825 pesetas), válida para diez viajes en metro, autobús y ferrocarriles de la Generalitat, pero no sirve para los autobuses nocturnos, aunque podrá comprar una tarjeta Nitbus por 1.050 pesetas, que sirve para diez viajes y se vende en el mismo autobús. Las demás tarjetas se pueden comprar en las estaciones del Metro y las de los FGC (véase abajo). Hay otras disponibles en las taquillas de la estación, válidas para el Metro y los autobuses: la T-50/30 (3.500 pesetas), la T-10x2 (1.325 pesetas), la T-Día (1 día, 625 pesetas; 3 días, 1.600 pesetas; 5 días, 2.400) o la T-Mes (1 mes, 5.550 pesetas) para obtener esta última, el viajero tendrá que disponer de una tarjeta de identificación que proporcionan en la oficina TMB del Metro, situada en plaça de la Universitat. Cualquiera que viaje sin billete se arriesga a **pagar una multa en el acto** de 5.000 pesetas.

El Metro
La manera más rápida de moverse por Barcelona es con el **Metro**; hay cinco líneas y las entradas están indicadas por un rombo rojo (lun.-jue., 5-23 h; vier.-sáb. y noches antes de festivo, 5-2 h; dom., 6-24 h y festivos, 6-23 h).

Autobuses
Si el viajero consigue un plano de transportes y recuerda que las rutas están codificadas por colores le resultará fácil dominar los recorridos de los **autobuses**. Las del **centro de la ciudad** se indican en rojo y siempre se detienen en una de las tres plazas del centro (Catalunya, Universitat o Urquinaona); las que **atraviesan la ciudad** son amarillas; las que recorren **circuitos periféricos** fuera del centro de la ciudad son verdes, y las **nocturnas** aparecen indicadas en azul (y siempre tienen una parada en o cerca de plaça de Catalunya). Además, el recorrido se señala en cada parada de autobús, junto al horario; donde corresponde, las rutas del autobús aparecen en el texto.

La mayoría de los autobuses **funcionan todos los días**, aproximadamente entre 4-5 h hasta las 22.30 h, y algunos incluso después de medianoche. Los **autobuses nocturnos** completan los tramos de los recorridos principales; funcionan cada 30 minutos entre 22-4 h.

También circula el **Bus Turístic** «autobús turístico» (todos los días, 9-19 h, excepto 25 dic.-1 enero; cada 20 min.); sale de plaça de Catalunya y pasa por los principales puntos de interés, incluidos la Sagrada Família, el parc Güell y el Poble Espanyol. La ruta del autobús está codificada por color: la roja se dirige al norte y la azul, al sur. Los billetes cuestan 2.000 pesetas y son válidos por 1 día; el viajero puede apearse o volver a subir cuando quiera. Un billete de ida y vuelta cuesta 2.500 pesetas y uno infantil 1.200 pesetas. El billete también supone un descuento en diversas atracciones turísticas, como el tranvía (Tramvia Blau) del Tibidabo.

Trenes, funiculares y teleféricos
En la ciudad hay una **línea férrea** suburbana, los Ferrocarrils de la Generalitat de Catalunya (FGC), cuyas estaciones principales se encuentran en plaça de Catalunya y plaça d'Espanya. Sirven para ir a Montserrat y al Tibidabo.

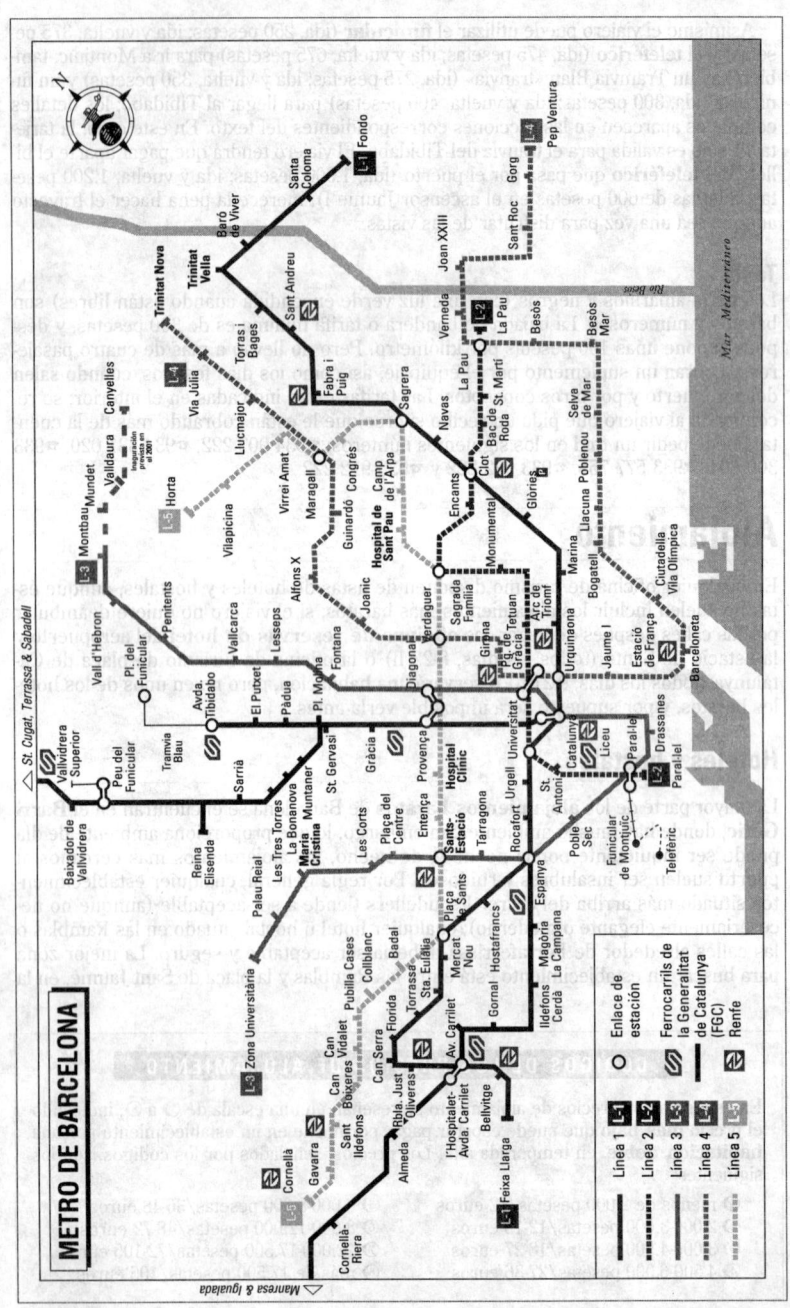

Asimismo el viajero puede utilizar el **funicular** (ida, 250 pesetas; ida y vuelta, 375 pesetas) y el **teleférico** (ida, 475 pesetas; ida y vuelta, 675 pesetas) para ir a Montjuïc; también hay un Tramvia Blau «tranvía» (ida, 275 pesetas; ida y vuelta, 350 pesetas) y un funicular (ida, 300 pesetas; ida y vuelta, 400 pesetas) para llegar al Tibidabo; los detalles completos aparecen en las secciones correspondientes del texto. En este caso, la tarjeta T1 sólo es válida para el tranvía del Tibidabo. El viajero tendrá que pagar aparte el billete del **teleférico** que pasa por el puerto (ida, 1.000 pesetas; ida y vuelta, 1.200 pesetas; además de 600 pesetas en el ascensor Jaume I); merece la pena hacer el trayecto aunque sea una vez para disfrutar de las vistas.

Taxis

Los **taxis** amarillos y negros (con una luz verde encendida cuando están libres) son baratos y numerosos. La bajada de bandera o tarifa mínima es de 300 pesetas, y después supone unas 100 pesetas por kilómetro. Pero no llevan a más de cuatro pasajeros y cobran un suplemento por el equipaje, así como los días festivos, cuando salen del aeropuerto y por otros conceptos. Las tarifas están indicadas en el interior; se recomienda al viajero que pida un recibo si cree que le están cobrando más de la cuenta. Puede pedir un **taxi** en los siguientes números: ☎934 902 222, ☎934 331 020, ☎933 300 804, ☎933 577 755, ☎933 922 222 y ☎933 912 222.

Alojamiento

En cualquier oficina de turismo disponen de listas de hoteles y hostales, aunque éstas no suelen incluir los alojamientos más baratos; si el viajero no quiere deambular por las calles después de llegar, las **oficinas de reservas de hotel** del aeropuerto y la estació de Sants (todos los días, 8-22 h) o la oficina de turismo de plaça de Catalunya (todos los días, 9-21 h) reservará una habitación, pero no en unos de los hoteles baratos, y por supuesto será imposible verla antes.

Hoteles y hostales

La mayor parte de los **alojamientos baratos** de Barcelona se encuentran en el **Barri Gòtic**, donde hay mucho ambiente. Sin embargo, lo que proporciona ambiente de día puede ser inquietante por la noche y, de hecho, los alojamientos más cercanos al puerto suelen ser insalubres y ruidosos. Por regla general, cualquier establecimientos situado más arriba del carrer Escudellers tiende a ser aceptable (aunque no necesariamente elegante o moderno); cualquier hotel u hostal situado en las Ramblas o las calles alrededor de Portaferrissa debería ser aceptable y seguro. La mejor zona para buscar un establecimiento está entre las Ramblas y la plaça de Sant Jaume, en la

---

CÓDIGOS DE LOS PRECIOS DE ALOJAMIENTO

En esta guía, los precios de alojamiento se reseñan en una escala de ① a ⑧, indicando el precio **más bajo** que puede esperar pagar por noche en un establecimiento por una **habitación doble**, en temporada alta. Los precios, señalados por los códigos, son los siguientes:

① menos de 2.000 pesetas/12 euros
② 2.000-3.000 pesetas/12-18 euros
③ 3.000-4.500 pesetas/18-27 euros
④ 4.500-6.000 pesetas/27-36 euros
⑤ 6.000-8.000 pesetas/36-48 euros
⑥ 8.000-12.000 pesetas/48-72 euros
⑦ 12.000-17.500 pesetas/72-105 euros
⑧ más de 17.500 pesetas/105 euros

zona limitada por Escudellers y el carrer de la Boqueria, donde el visitante encontrará numerosas opciones, desde fondas hasta hoteles de tres estrellas. Más allá, en las calles anchas del **Eixample**, se hallan la mayoría de los hoteles más caros, aunque en esta área podrá conseguir habitaciones a precios razonables. El barrio de **Gràcia** ofrece más posibilidades y, aunque algo alejado, es fácil llegar en Metro.

En las Ramblas y junto a ellas
El alojamiento disponible en las Ramblas será mejor cuanto más lejos se halle del puerto y más cerca de plaça de Catalunya, aunque el precio se incrementa por ello. También hay diversos lugares en la plaça Reial, a mitad de camino entre el puerto y plaça de Catalunya, una espléndida plaza porticada con palmeras.

Pensión Colom, Colom 3 (☎933 180 631; fax 933 024 002). La opción más barata de la plaza. Dispone de habitaciones individuales, dobles y triples con baño; hay que reservar con antelación. También disponen de camas (véase «Albergues de juventud», pág. 607). ④

Hostería Grau, Ramalleres 27 (☎ y fax 933 018 135). A sólo 5 minutos de plaça de Catalunya, este hostal de precios módicos dispone de habitaciones con y sin baño, en un edificio encantador situado encima de un café. También hay una sala de desayuno y un salón de lectura. ④

Hotel Lloret, La Rambla 125 (☎933 173 366; fax 933 019 283). Magnífico edificio cuyas amplias habitaciones son de un precio más módico que la mayoría de las de esta categoría; casi todas disponen de televisor y aire acondicionado, y muchas dan a las Ramblas. Las que no tienen baño son más baratas. ⑤

Hotel Mare Nostrum, La Rambla 67 (☎933 185 340; fax 934 123 069). Hotel moderno y agradable con habitaciones dobles o triples que disponen de televisor y aire acondicionado; algunas dan a la calle. Las que no disponen de baño son bastante más baratas. ④

Hostal Marítima, La Rambla 4 (☎933 023 152). Popular entre los mochileros. Situado junto al Museo de Cera; habitaciones dobles y triples sencillas, con o sin ducha; asimismo hay un servicio de lavandería y consigna de equipajes. ③

Pensión Noya, La Rambla 133 (☎933 014 831). La mejor opción de esta manzana, popular entre viajeros jóvenes. Las habitaciones son agradables, con duchas separadas; durante la temporada alta, los precios pueden aumentar. ③

Hotel Oriente, La Rambla 45 (☎933 022 558; fax 934 123 819). Decoración de principios de siglo y habitaciones modernas y elegantes, algunas con vistas a las Ramblas. ⑦

Hotel Roma Reial, plaça Reial 11 (☎933 020 366; fax 933 011 839). Dispone de numerosas habitaciones luminosas que dan a la plaza; otras se asoman a un patio interior. Hay que reservar con antelación, ya que para su situación los precios son módicos y se llena enseguida. ⑤

Entre carrer Ferran y carrer Boqueria
Estas dos calles, y las callejuelas que las atraviesan, son un buen lugar para encontrar opciones baratas junto a las Ramblas.

Hotel California, Rauric 14 (☎933 177 766; fax 933 175 474). Situado en una calle lateral que atraviesa la de Ferran, este hotel acogedor es popular entre los gays. Las habitaciones disponen de televisor y aire acondicionado; el desayuno está incluido en el precio. ⑥

Pensión Dalí, Boqueria 12 (☎ y fax 933 185 580). No es extraordinario, pero suele disponer de plazas; entre septiembre-junio, hacen descuentos en todas las habitaciones. ③-④

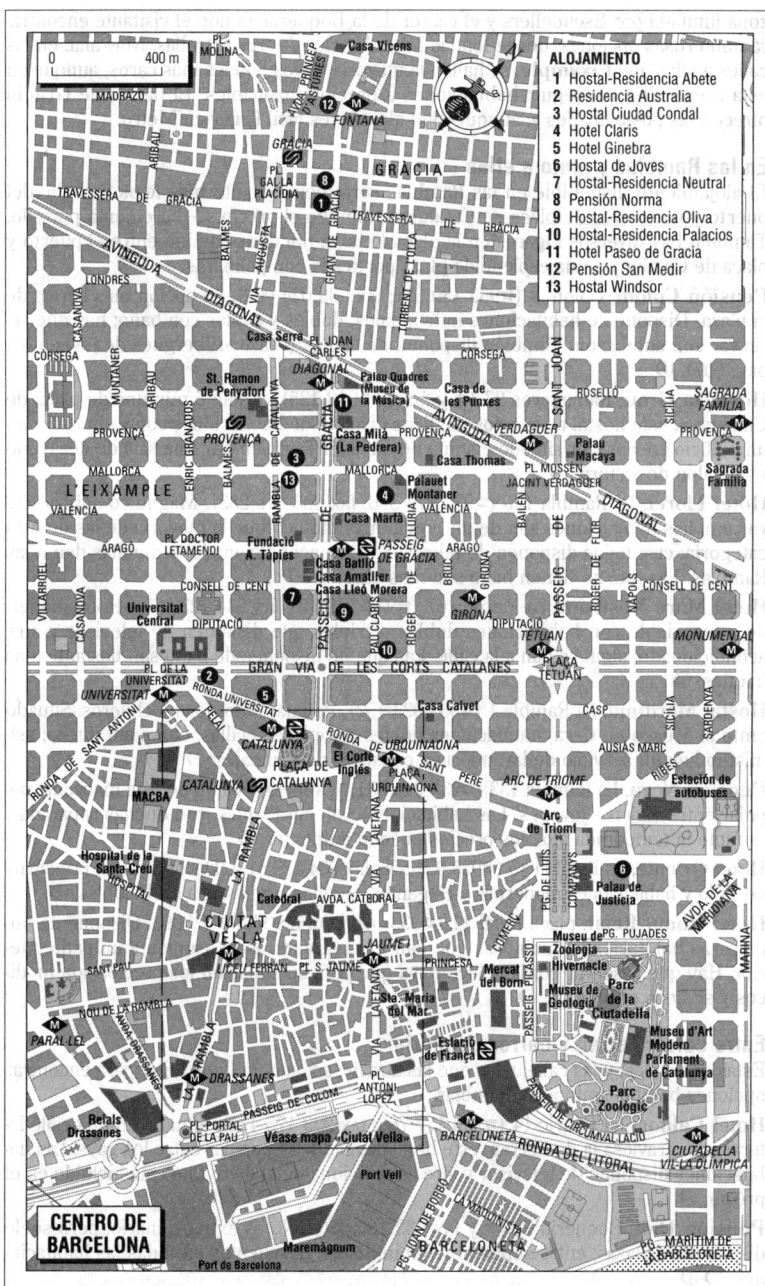

Pensión Europa, Boqueria 18 (☎933 187 620). No demasiado limpia, pero barata y popular entre viajeros jóvenes. Algunas habitaciones tienen balcón, con o sin baño. ③

Pensión Fernando, Ferran 31 (☎933 017 993). Esta pensión reformada y con una entrada por Ferran es acogedora y de precios módicos. Hay habitaciones hasta para seis personas, algunas con baño. ②

Hostal Palermo, Boqueria 21 (☎933 024 002; fax 932 380 355). Establecimiento acogedor con habitaciones limpias de techos altos, con o sin baño. Tal vez el alojamiento más agradable de las opciones baratas de esta calle. ③

Plaça de Sant Miquel, plaça de Sant Jaume y carrer Princesa

Las calles situadas entre las dos plazas centrales del Barri Gòtic y sus alrededores son más bonitas que la mayoría de las de esta zona y hay varios hoteles baratos.

Hostal Canadiense, baixada de Sant Miquel (☎933 017 461). Hostal un tanto oscuro y laberíntico, situado en una calle cerca de plaça de Sant Miquel. Sin embargo, es tranquilo y céntrico, y vale la pena alojarse aquí si el *Hostal Levante*, situado enfrente, estuviera lleno. ④

Hostal Levante, baixada de Sant Miquel 2 (☎933 179 565; fax 932 682 042). Este hostal acogedor revestido de madera es una buena primera opción. Habitaciones bonitas y sencillas (con y sin ducha) en dos plantas de un edificio bien conservado. Recomendable. ④

Hostal Lourdes, Princesa 14 (☎933 193 372). Muy sencillo pero barato y bien situado, cerca del Barri Gòtic y el Borne; las habitaciones son limpias y hay una sala con televisor. ②

Hotel Rey Don Jaime I, Jaume I 11 (☎ y fax 933 106 208). Este pequeño hotel, bien situado y de precios más módicos que los de la mayoría de la zona, está siendo reformado y dispone de habitaciones cómodas con baño, casi todas con balcones a la calle. ⑤

Cerca de la catedral: plaça de Sant Josep Oriol y carrer Portaferrissa

En los alrededores de la catedral, y más allá, desde la plaça de Sant Josep Oriol hacia el norte, aumenta el precio y la calidad del alojamiento. En Portaferrissa hay diversas opciones.

Hotel Jardí, plaça Sant Josep Oriol 1 (☎933 015 900; fax 933 183 664). Es muy popular debido a su emplazamiento atractivo y habitaciones agradables. Da a la plaza y debajo a un café de moda; las habitaciones sin balcón son más baratas. Se recomienda hacer la reserva con antelación. ⑤

Hostal Layetana, plaça Ramon Berenguer el Gran 2 (☎ y fax 933 192 012). Cerca de la catedral y con habitaciones amplias y luminosas; las que no tienen ducha cuestan 1.500 pesetas menos. ③

Hostal-Residencia Rembrandt, Portaferrissa 23 (☎ y fax 933 181 011). Un lugar excelente y bien regentado. Habitaciones limpias con ducha y balcón; las que carecen de ello son más baratas. ③

Al oeste de las Ramblas

Al oeste de las Ramblas hay numerosos establecimientos para alojarse, aunque la proximidad del barrio El Raval no la convierte en la zona más agradable de Barcelona. Hay que dirigirse a las calles Sant Pau y Hospital y Junta de Comerç, que transcurre entre ambas.

Hotel Aneto, Carme 38 (☎933 019 989; fax 933 019 862). Hotel pequeño y bien situado, de precios módicos, que se encuentra en una de las calles más seguras de esta

zona. Todas las habitaciones disponen de baño y aire acondicionado; se recomienda las que tienen vistas a la plaza. ⑤
Hotel España, Sant Pau 9-11 (☎933 181 758; fax 933 171 134). Diseñado por Domènech i Montaner, lo más destacable de este elegante hotel es el espléndido comedor modernista. Las habitaciones son espaciosas y cómodas, y muchas dan a bonitos patios interiores. ⑥
Hotel Peninsular, Sant Pau 34 (☎ y fax 933 023 138). Situado en un edificio antiguo que antes pertenecía a las carmelitas, lo que explica que las habitaciones parezcan celdas. Lo mejor es el bonito patio interior cubierto, repleto de plantas, y el comedor bien restaurado. ④
Pensión Venecia, Junta del Comerç 13 (☎933 026 134). Un lugar limpio y espacioso, un poco mejor que la mayoría de las opciones baratas de esta calle. También disponen de habitaciones sin ducha. Algunas habitaciones dan a un terrado donde el cliente puede sentarse o tender ropa. ③

Alrededores de la plaça de Catalunya y el Eixample

El extremo superior de las Ramblas y la plaça de Catalunya es una zona segura y céntrica; además, tiene la ventaja de que se puede acceder directamente desde el aeropuerto en tren o autobús. Teniendo en cuenta la situación y la seguridad, el dinero extra que supone alojarse en esta área de la ciudad merece la pena, pero no es así si el viajero prefiere solera y una situación más céntrica.

Residencia Australia, ronda Universitat 11, 4.º (☎933 174 177; fax 933 025 282; Metro Universitat). Dispone de buenas habitaciones, algunas con baño, y está bien regentado. En verano hay que reservar (ya que tiene mucha demanda) con al menos 15 días de antelación. ③
Hotel Claris, Pau Claris 150 (☎934 876 262; fax 932 157 970; Metro Passeig de Gràcia). Uno de los hoteles de cinco estrellas más caro de la ciudad; situado en una mansión restaurada del Eixample; es moderno y está muy bien equipado: dispone de terraza ajardinada, restaurante y piscina. ⑧
Hostal Ciudad Condal, Mallorca 255 (☎932 151 040; Metro Passeig de Gràcia). Sencillo pero cómodo y una de las pocas opciones baratas de esta zona cara. Todas las habitaciones tienen baño y televisor, algunas dan a la calle y otras a un patio interior. ④
Hotel Ginebra, rambla de Catalunya 1 (☎933 171 063; fax 933 175 565; Metro Catalunya). Pequeño hotel situado en la tercera planta de un edificio bien conservado. Todas las habitaciones disponen de televisor y aire acondicionado; algunas dan a la plaça de Catalunya. ④
Hostal-Residencia Neutral, rambla de Catalunya 42 (☎934 826 390; Metro Passeig de Gràcia). Situación excelente y buenas vistas a la calle; dispone de buenas habitaciones con baño o ducha para dos, tres o cuatro personas. ④
Hostal-Residencia Oliva, passeig de Gràcia 323 (☎934 881 789 o ☎934 880 162; Metro Passeig de Gràcia). Situado en un bonito edificio antiguo con habitaciones en la cuarta planta (dispone de ascensor); resulta bastante barato si se puede prescindir de la ducha en la habitación. Pida una habitación con balcón. ④-⑤
Hostal-Residencia Palacios, Gran Via de les Corts Catalanes 629 (☎933 013 792; Metro Catalunya). Dispone de numerosas habitaciones, algunas con balcones a la calle; individuales o dobles, con y sin ducha o baño. ④
Hotel Paseo de Gracia, passeig de Gràcia 102 (☎932 155 828; fax 932 153 724; Metro Diagonal). Hotel bien situado al final del passeig de Gràcia, cerca del Eixample y el barrio de Gràcia, tranquilo y con algunas vistas estupendas. ⑤
Hostal Windsor, rambla de Catalunya 84 (☎932 151 198; Metro Passeig de Gràcia).

Pequeño hostal situado en un hermoso edificio antiguo en la calle más bonita del Eixample. Como sólo hay quince habitaciones (algunas sin ducha), hay que reservar con antelación. ⑤

Gràcia
Si el viajero se aloja en Gràcia, estará más lejos de los puntos de interés turístico del casco antiguo, pero le compensará el ambiente agradable y la proximidad a algunos excelentes bares, restaurantes y clubes.

Hostal-Residencia Abete, Gran de Gràcia 67 (☎932 185 524; Metro Fontana). Hotel familiar y acogedor, cuyas catorce habitaciones un tanto sencillas disponen de ducha. También hay triples a precios módicos. ①

Pensión San Medir, Gran de Gràcia 125 (☎932 173 068; fax 934 154 410; Metro Fontana). Su aspecto interior es mejor que el exterior y esta pensión acogedora y bien situada tiene doce habitaciones, algunas con ducha. Está situada en la primera planta de un bonito edificio, pero da a una calle algo ruidosa; pida una habitación interior. ①

Pensión Norma, Gran de Gràcia 87 (☎932 374 478; Metro Fontana). El exterior es poco atractivo y hay que subir escaleras, pero es un establecimiento agradable con habitaciones limpias con y sin ducha. Precios muy módicos. ③

Albergues de juventud
Hay diversos **albergues de juventud**, tanto oficiales como no muy oficiales, donde los viajeros se pueden alojar en dormitorios con numerosas camas; sólo hace falta una tarjeta de socio para los albergues IYHF. Los precios rondan entre 1.000-1.500 pesetas por persona, algo más en los albergues IYHF si el viajero supera los 26 años o no es socio. En verano siempre hay que hacer antes la reserva por teléfono.

Albergue Pere Tarrés, Numància 149 (☎934 102 309; fax 934 196 268; Metro Les Corts). Cerca de la estació de Sants, pero alejado del centro. La estancia máxima es de 5 días y hay que llegar antes de las 23 h, pero después abren la puerta cada hora. El desayuno está incluido y disponen de lavandería y aparcamiento. Enero-feb., cerrado. Todos los días, 16-22 h.

Albergue Verge de Montserrat, passeig de la Mare de Déu del Coll 41-51 (☎932 105 151; fax 934 838 342; Metro Vallcarca y luego seguir los indicadores, o tomar el autobús 28 desde plaça de Catalunya). Se trata de un albergue IYHF (hay que ser socio) muy alejado del centro, cerca del parc de la Creueta del Coll, pero el desplazamiento merece la pena por los servicios y la situación. 7.30-24 h; cierran a media mañana y por la tarde. Estancia máxima 5 noches, desayuno incluido y se puede cenar. Para llegar después de medianoche hay que hablar con la administración.

Pensión Colom 3, Colom 3 (☎933 180 631; fax 932 380 355; Metro Liceu). La entrada está en la plaça Reial y es el mejor albergue situado en la plaza; abierto las 24 h. Dispone de pequeñas habitaciones con balcón y las camas son tipo litera; hay servicio de lavandería.

Hostal de Joves, passeig de Pujades 29 (☎ y fax 933 003 104; Metro Arc de Triomf). Albergue IYHF justo al lado del parc de la Ciutadella, en el que suele haber plazas. Si el viajero no dispone de tarjeta de socio, la estancia máxima es de 1 noche, y de 5 si dispone de tarjeta. Todos los días, 7.30-10 h y 15-24 h, pero abren a intervalos regulares durante toda la noche.

Cámpings
Aunque hay cientos de **cámpings** situados a lo largo de la costa en ambas direcciones, ninguno se encuentra a menos de 7 km de la ciudad. Los precios, que son de 500-600 pesetas por persona —y también suelen cobrar lo mismo por la tienda—, no

suponen una ventaja; es mejor dejar la acampada para más adelante. Los dos cámpings más cercanos a la ciudad son:

Albatros, Gavà (☎936 622 031; fax 936 330 695). Autobús L90 o L93 desde plaça d'Espanya o plaça Universitat. Abril-sept.

Cala-Gogo-El Prat, Prat de Llobregat (☎933 794 600; fax 933 794 711). Autobús 65 desde plaça d'Espanya. Todo el año.

Las Ramblas y Ciutat Vella

Sin duda las **Ramblas** es la calle más destacada y todo un símbolo de Barcelona. Ninguna jornada en la ciudad sería completa sin darse al menos un paseo por la que para el poeta García Lorca era «la única calle del mundo que desearía que no tuviera fin». Flanqueada por cafés, tiendas, restaurantes y quioscos de prensa, constituye el núcleo de la vida barcelonesa y su imagen más conocida, un punto donde se dan cita tanto lugareños como turistas, y al que regresará a menudo.

Las Ramblas dividen la **Ciutat Vella** (casco antiguo) en dos partes; éste se extiende desde el puerto hacia el norte en forma de cuña irregular y limita con el parc de la Ciutadella al este, la plaça de Catalunya al norte y las laderas de Montjuïc al oeste. El conjunto de calles alberga una serie de barrios, que en su origen eran parroquias y asentamientos medievales diferenciados, y que en la actualidad conservan unas características determinadas. Se puede acceder a algunos de estos barrios del casco antiguo desde las Ramblas por las calles laterales; por ejemplo **El Raval** y la zona detrás del **puerto** rodeado por el carrer de la Mercè. Pero lo más interesante se encuentra en el **Barri Gòtic**, donde los mejores edificios e iglesias medievales se apiñan en calles y callejuelas. Al este de allí, cruzando la **Via Laietana**, las calles del casco antiguo se prolongan en la zona conocida como **La Ribera**, donde se hallan dos de los puntos de interés más visitados de Barcelona: la hermosa **església de Santa Maria del Mar** y el **Museu Picasso**.

Bastará 1 día para visitar la mayoría de los puntos descritos en esta sección. Para empezar el recorrido, las paradas de **Metro** más cercanas son Catalunya, Liceu o Drassanes (situadas en la punta, el centro y el otro extremo de las Ramblas respectivamente), o Jaume I para acceder al Barri Gòtic.

A lo largo de las Ramblas

Todo el mundo empieza por visitar las **RAMBLAS**, el punto más célebre de la ciudad. El nombre, que proviene de *ramla* («torrente» en árabe), recuerda que en una época las Ramblas marcaban el curso de un río estacional. Durante la estación seca, el canal generado por las aguas era utilizado como calle; en el siglo XIV había sido pavimentado, ya que unía el puerto con el casco antiguo. En el siglo XIX se incorporaron bancos y árboles, a los que se asomaban majestuosos edificios con balcones. En la actualidad, en una ciudad abarrotada por el tráfico, este amplio paseo continúa siendo peatonal, y los automóviles tienen que recorrer estrechas franjas de calle a ambos lados.

HORARIOS DE APERTURA Y CIERRE

El viajero debe tener en cuenta que aunque en verano algunos de los **monumentos** y **museos** más importantes de Barcelona permanecen abiertos durante todo el día, la mayoría de ellos **cierra** al mediodía; hay que prepararse para pasar 2 o 3 horas en un bar o restaurante. Muchos también cierran los **lunes**.

LAS RAMBLAS Y CIUTAT VELLA/609

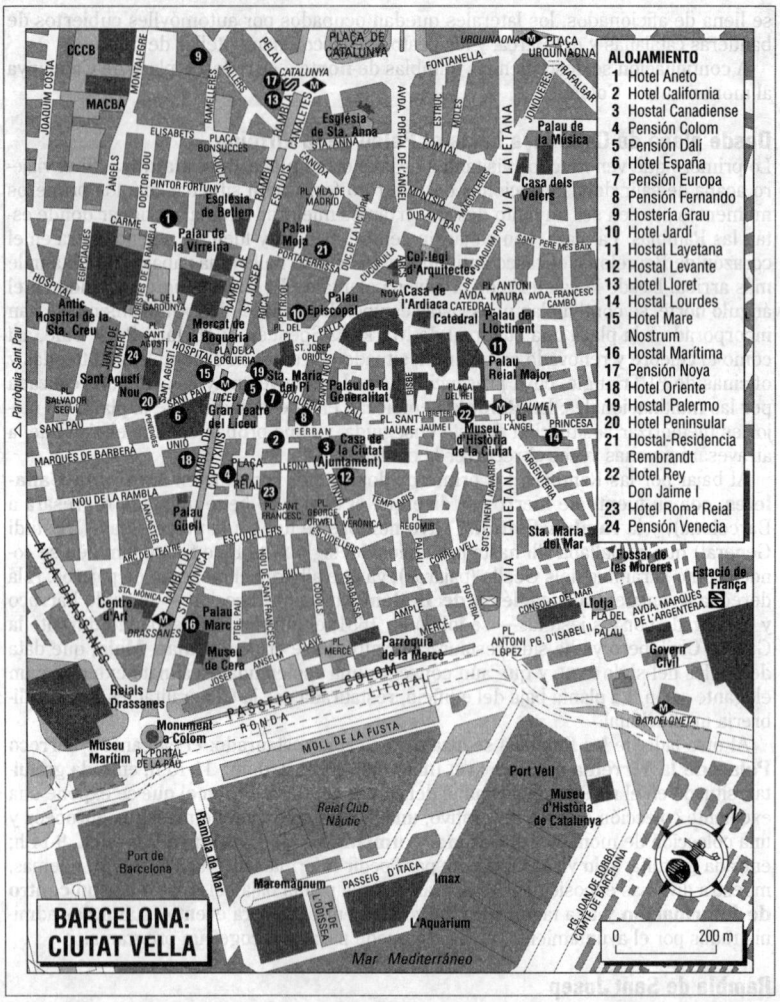

Lo primero que llama la atención de los visitantes es que las Ramblas flanqueadas por árboles son **cinco calles separadas**, una detrás de la otra, que corren de norte a sur: Canaletes, Estudis, Sant Josep, Caputxins y Santa Mònica, aunque todos estos nombres no suponen grandes cambios (oficialmente todo es una sola calle La Rambla), sólo una modificación sutil de lo que venden en los quioscos a medida que se desciende por ellas. Bajo los plátanos venden canarios, conejos, peces tropicales, flores, plantas, tarjetas postales y libros. El visitante podrá comprar bisutería expuesta en una manta en el suelo, verá vendedores ambulantes que ofrecen cigarrillos, adivinos que leen las manos y pintores que hacen retratos; también escuchará a los músicos callejeros y observará a artistas o mimos. Si está en la ciudad cuando el Barça (Fútbol Club Barcelona) gane un partido importante, verá las Ramblas en su mejor momento; pues

se llena de aficionados, los laterales quedan ocupados por automóviles cubiertos de banderas catalanas y del Barça, y los peatones descorchan botellas de cava.

A continuación se describen las Ramblas de **norte a sur**, desde plaça de Catalunya al monumento a Colón.

Desde plaça de Catalunya hasta el Palau de la Virreina

Lo primero que ven muchos visitantes es la enorme **plaça de Catalunya**. Si el viajero acaba de salir de las estaciones del Metro o ferrocarril situadas allí, los primeros momentos pueden ser un tanto desconcertantes mientras intenta averiguar dónde están las Ramblas. La plaza, con su jardín central, bancos y fuentes, se encuentra en el corazón de Barcelona; el casco antiguo y el puerto se hallan más abajo y el Eixample más arriba. Desde la cafetería de la novena planta de **El Corte Inglés**, situado en el ángulo norte, se contemplan unas vistas estupendas de la ciudad. Últimamente se han incorporado a la plaza una sucursal de Marks & Spencers y el Hard Rock Café, así como el célebre y renovado café Zúrich, situado enfrente, en el complejo de tiendas y oficinas de El Triangle, cuya presencia ilustra la cada vez mayor inversión realizada por las multinacionales; las **Ramblas** empiezan en la esquina sur de la plaza. Lo mejor es memorizar la situación de ésta enseguida, ya que probablemente el visitante la atravesará muchas veces al recorrer la ciudad.

Al bajar por las Ramblas, los primeros dos tramos constituyen la **rambla Canaletes**, con su fuente de hierro (se dice que si el viajero bebe un trago regresará a Barcelona), y la **rambla Estudis**, cuyo nombre se debe a la universidad (L'Estudi General) que se hallaba allí hasta principios del siglo XVIII. Este tramo también se conoce como la rambla dels Ocells (pájaros), ya que alberga el mercado de pájaros. A la derecha se encuentra la **església de Betlem**, cuya construcción —de estilo barroco y encargada por los jesuitas— se inició en 1681; el interior fue destruido durante la Guerra Civil, pero ya ha sido restaurado. Enfrente se erige el **Palau Moja**, que data de finales del siglo XVIII, y que aún conserva una espléndida escalinata exterior y un elegante salón. La planta baja del edificio, restaurada por la Generalitat, es hoy una librería institucional.

Al otro lado de las Ramblas se alza otro palacio restaurado: el elegante y barroco **Palau de la Virreina** del siglo XVIII (mar.-sáb., 11-21 h; dom., 11-15 h; entrada gratuita), situado en el n.º 99, en la esquina del carrer del Carme, y en el que se expone una excelente colección de arte decorativo, una selecta colección de maestros europeos y una colección de monedas: el **Gabinet Numismàtic de Catalunya** (lun.-vier., 9-14 h; entrada gratuita; sólo visitas guiadas; para pedir información, ☎933 017 775); además, muestra diversas exposiciones temporales. En la planta baja del palacio hay un **centro de información** y una taquilla donde venden entradas para eventos culturales administrados por el ayuntamiento; el viajero puede pasar y recoger un programa.

Rambla de Sant Josep

La **rambla de Sant Josep** empieza después del Palau de la Virreina, y el cambio del nombre está marcado por los numerosos puestos de venta de flores. El principal mercado de la ciudad, el maravilloso **mercat de Sant Josep** (lun.-sáb., 8-20 h), más conocido como mercado de la Boquería, se halla a la derecha; se trata de una construcción enorme que se extiende a partir de un arco de hierro forjado frente a las Ramblas. Fue construido entre 1836-1840, aunque el arco fue incorporado 30 años después; los montones de frutas, hortalizas, hierbas y especias, pilas de quesos y chorizos, pescado fresco y mostradores repletos de carne constituyen un espectáculo colorista.

Más allá del mercado, el carrer Hospital gira a la derecha y conduce al Hospital de la Santa Creu (véase «El Raval», pág. 613). Este tramo de las Ramblas se conoce como **plaça de la Boqueria**; en el centro de la calzada hay un gran **mosaico** de Joan Miró, una de las obras realizadas por el artista en la ciudad.

En este punto, el visitante habrá llegado a la estación de Metro de Liceu, donde se encuentra el célebre Gran Teatre del Liceu de Barcelona, que se incendió por tercera vez en enero de 1994; a causa de un soplete, se quemó parte de la escenografía durante unas modificaciones de última hora, y las llamas se propagaron con rapidez. Sin duda la historia del edificio ha sido desafortunada. Fundado en 1847, fue reconstruido por primera vez en 1861 tras un incendio y se convirtió en la sala operística más importante de España. Considerado el bastión de la burguesía del siglo XIX, en 1893 el Liceu volvió a quedar destruido cuando un anarquista arrojó dos bombas a la platea durante la representación de *Guillermo Tell*, en venganza por la reciente ejecución de un camarada; a causa del atentado murieron 20 personas. El último incendio supuso un severo golpe para la ciudad: los reyes de España expresaron su pesar, mientras que figuras mundiales como Montserrat Caballé se ofrecieron enseguida para reunir fondos y reconstruir lo antes posible el Liceu. De hecho, fue reinaugurado en octubre de 1999, y si se puede acudir a alguna representación, vale la pena aunque sólo sea por ver su interior.

Al otro lado de las Ramblas se encuentra el famoso **Café de la Ópera**, aún un típico lugar de reunión, como lo es desde hace aproximadamente 1 siglo.

Plaça Reial

Unos 100 m más abajo, donde las Ramblas se convierten en la **rambla dels Caputxins**, se halla la elegante **plaça Reial** del siglo XIX, oculta tras unas arcadas situadas a la izquierda. Fue construida en 1850 y es una plaza de estilo italiano con palmeras, faroles de hierro forjado (obra de Gaudí) y está rodeada de edificios porticados; en el centro hay una fuente con una escultura de las Tres Gracias. El visitante podrá tomar una copa en una de las terrazas de los cafés, y los domingos (10-14 h), cuando se celebra un **mercado de sellos y monedas**, al que acuden los especialistas y cuyos regateos pueden resultar entretenidos.

Rambla de Santa Mònica

Ramblas abajo, se alza el magnífico Palau Güell, obra de Gaudí, en el carrer Nou de la Rambla (véase «El Raval», pág. 613), al otro lado de la plaça Reial. Más allá, se extiende el tramo final, la **rambla de Santa Mònica**. Hay poco que ver hasta el final; no obstante, los artistas callejeros y adivinos, que a veces montan sus tenderetes en esta zona, ofrecen alguna diversión, incrementada las tardes del fin de semana por un pequeño mercado callejero donde venden bisutería, diversos objetos y ropa. Allí se encuentra el **Museu de Cera**, situado a la izquierda en el n.º 4-6 (jul.-sept., 10-20 h; oct.-jun., lun.-vier., 10-13.30 h y 16-19.30 h; sáb.-dom., 10-13.30 h y 16.30-20 h; 1.100 pesetas), aunque no tiene mucha relación con Barcelona ni con España; ya que se trata del habitual recorrido plagado de figuras de personajes internacionales famosos.

Las Ramblas acaban en la **plaça Portal de la Pau** y chocan con el tráfico que transita por la calle que bordea el puerto. En el centro se encuentra la **estatua de Colón** señalando hacia el mar, situada en la cima de una columna de hierro, construida durante la Exposición Universal de 1888. En su interior hay un ascensor que llega hasta arriba; desde allí se puede disfrutar de un panorama de la ciudad a 52 m de altura (jun.-sept., todos los días, 9-20.30 h; oct.-mayo, lun.-sáb., 10-13.30 h y 15.30-18.30 h; dom., 10-18.30 h; 250 pesetas).

El puerto y el Port Vell

Colón es el monumento que identifica el **puerto** de Barcelona, una zona que ha experimentado una gran modernización en los últimos años. El **Moll de la Fusta**, un paseo ribereño, y el antiguo muelle de la madera de la ciudad, ha sido ajardinado con árboles y bancos desde el monumento a Colón hasta el edificio de Correos. Al atra-

vesar los puentes que cruzan la ronda del Litoral, construida para unir Montjuïc con la Vila Olímpica situada al este, hay bancos desde los cuales se contemplan hermosas vistas del puerto deportivo. En la ronda encontrará algunos bares-restaurante que abren en verano.

El **PORT VELL** (puerto viejo), situado enfrente del Moll de la Fusta y unido a éste por una serie de pasarelas de madera y un puente levadizo (que se denominan la rambla del Mar), se halla la urbanización portuaria más reciente. Los antiguos muelles albergan ahora el **Maremàgnum**, un moderno complejo de tiendas, restaurantes de comida rápida y bares. También hay varios cines y el Imax Port Vell, donde se proyectan filmes en formato gigante (Omnimax) y 3D, además del **Aquàrium** (todos los días, 10-21.30 h; jul.-agos., cierra a las 23 h; 1.400 pesetas), compuesto por 21 acuarios diferentes habitados por ejemplares de la vida marina mediterránea.

Al sur del monumento a Colón hay un tramo del puerto que conduce hasta la estación del teleférico y la Estació Marítima, situada en el Moll de Barcelona, desde donde parten los transbordadores a las islas Baleares. Allí se está terminando de construir el World Trade Center, formado por despachos, centros para congresos, hoteles y restaurantes, y que también incorporará el puerto para los transbordadores. Una pasarela levadiza une la nueva bocana del puerto con los muelles del rompeolas.

Las Drassanes: Museu Marítim

Frente a Colón, al oeste de las Ramblas, se hallan las **Drassanes**, unas atarazanas medievales que datan del siglo XIII. En sus orígenes servían para equipar y armar los barcos de guerra catalanes, en una época en que el reino de Cataluña competía con Venecia por el control del Mediterráneo, y no dejaron de funcionar (y de ser reformados) hasta bien entrado el siglo XVIII. La estructura básica (unos tinglados largos y paralelos frente al mar) ha cambiado poco; su tamaño y emplazamiento no podrían ser mejores, independientemente de que los armadores estuvieran equipando barcos de guerra medievales o navíos comerciales del siglo XVIII, cuyo destino eran las Américas.

En la actualidad, los enormes edificios con bóvedas de piedra albergan un soberbio **Museu Marítim** (todos los días, 10-19 h; 800 pesetas; ☎933 011 871), cuya pieza más importante es una copia de una galera real del siglo XVI, roja y dorada e impulsada por unos enormes remos. Está rodeada de maquetas más pequeñas, barcos de pesca, veleros, planos y cartas antiguas, así como otros objetos náuticos, aunque ninguno de ellos puede competir con el edificio en sí. Recientemente se ha incorporado una exposición permanente dedicada a los peligros del mar, en la que se puede hacer un viaje de realidad virtual en un submarino.

Excursiones y vistas del puerto

Desde dos puntos del Moll de la Fusta es posible embarcarse en una **golondrina** (todos los días, 11.30-20 h; lun.-vier., salidas cada 45 min.; sáb.-dom., salidas cada 25 min.; en invierno son menos frecuentes; 500 pesetas) que hacen un recorrido de 30 minutos a través del puerto y los muelles modernos, y llegan hasta el rompeolas. También se puede ir hasta el Port Olímpic (todos los días, 11.30, 13.15, 16.30 y 18 h; 90 min.; sáb.-dom., salida también a 20.15 h; 1.300 pesetas) que incluye una parada de 20 minutos en el puerto.

Desde el **teleférico** (todos los días, 12-19 h; 1.000 pesetas; 1.200 pesetas, ida y vuelta, más 600 pesetas en el ascensor Jaume I), que atraviesa el puerto desde el pie de Montjuïc hasta el centro de los muelles nuevos y sigue hasta la Barceloneta, el viajero podrá disfrutar de unas estupendas vistas de la ciudad; de hecho, los aficionados al cine recordarán a Jack Nicholson montado en el teleférico en *El reportero (Profession: reporter)*, el filme de Antonioni. La **torre central del teleférico**, la de Jaume I, se encuentra

a pocos pasos subiendo por el Moll de la Fusta desde el monumento a Colón, e incluso si el visitante quiere hacer el recorrido de ida y vuelta, ya sea desde la Barceloneta o Montjuïc, podrá tomar el ascensor hasta la cima de la torre y disfrutar de las vistas.

El Raval

Al oeste de las Ramblas, aproximadamente desde el puerto hasta el carrer Hospital, **EL RAVAL**, de forma triangular, no es la zona más indicada para hacer una visita turística pero, al menos durante el día, resulta interesante para darse una vuelta. Oficialmente, se conoce como El Raval, pero durante mucho tiempo ha sido una zona dedicada a la prostitución, por lo que popularmente se le conoce como «Barri Xinès», que significa «Barrio Chino» en catalán, o simplemente «el Xino»; su nombre actual, El Raval, recuerda que el barrio era un arrabal, que nació a extramuros de Barcelona. Comparado con su reputación anterior, en la actualidad éste es un lugar bastante tranquilo; de hecho, gracias a las reformas se está convirtiendo en un barrio de moda, con precios elevados. La sórdida edad dorada de antaño se conmemora mediante una serie de fotografías en el nuevo **Museu de l'Eròtica**, en Rambla 96 bis (delante de la Boquería) (mar.-dom., 9-14 h; 975 pesetas; ☎933 189 865).

Tal vez parezca extraño, dado el entorno un tanto destartalado, pero en el barrio también se encuentran diversos puntos de interés que figuran en los planos turísticos. Durante el día, el viajero podrá visitar los destinos que aparecen a continuación —que incluyen una de las primeras obras de Gaudí— sin preocuparse en exceso. Por la noche tendrá que tomar la precaución de no llevar la cartera a la vista si circula por calles poco iluminadas, y no cabe duda de que sería una pena no comer en alguno de los excelentes **restaurantes** de la zona.

Desde el punto de vista arquitectónico, una gran parte del barrio carece de interés, aunque en medio de edificios deteriorados hay una mancha de color **modernista** que merece la pena visitar, el **Hotel España**, en Sant Pau 9-11, en el que destaca su comedor revestido de azulejos diseñado por Domènech i Montaner.

El Palau Güell

Gran parte de la primera época en la carrera de Antoni Gaudí estuvo dedicada a la construcción de fantasías para sus prósperos patrocinadores. El más importante fue Eusebi Güell, un naviero e industrial, que en 1885 le encargó la construcción del **Palau Güell**, situado en Nou de la Rambla 3, junto a las Ramblas (lun.-sáb., 10-14 h y 16-20 h; 400 pesetas). Fue el primer edificio moderno declarado patrimonio mundial por la UNESCO y está abierto al público, de modo que se puede visitar el interior, a diferencia de la mayoría de las casas edificadas por Gaudí, que son de propiedad privada. En ésta destaca su habilidad en el uso de materiales diferentes. En una época en que los arquitectos intentaban ocultar las estructuras de hierro interiores, Gaudí las aprovechó, convirtiéndolas en un elemento decorativo. También el terrado convierte su funcionalismo en virtud, ya que las chimeneas y otros elementos de ventilación están decorados con cerámica, mientras que en el interior, las columnas, los arcos y cielorrasos sinuosos lucen el estilo que se convertiría en el sello de las obras posteriores de Gaudí, la mayoría de las cuales se encuentran en el Eixample. En el Palau también se pueden comprar los billetes para la **Ruta del Modernisme**, que permiten acceder a todos los edificios modernistas (véase pág. 628).

Sant Pau del Camp

Detrás del Gran Teatre del Liceu, el carrer Sant Pau atraviesa El Raval hasta la **església de Sant Pau del Camp**; su nombre es un recordatorio de que alguna vez estaba situada en pleno campo, fuera de las murallas de la ciudad. Se trata de la igle-

sia más antigua de Barcelona, y una de las más interesantes, fundada por los benedictinos en el siglo X; su planta corresponde a una cruz griega. Por encima de la entrada principal se encuentran unas tallas curiosas, primitivas (y borrosas) de peces, aves y rostros, mientras que otras figuras de animales adornan los capiteles del claustro del siglo XII; en la parte posterior de la iglesia destacan los ábsides curvos.

Hospital de la Santa Creu

En el límite septentrional de El Raval se encuentra la reliquia más destacada de la zona: el **Hospital de la Santa Creu**. Este bonito complejo de edificios, al que se llega por el carrer Hospital (desde donde se contemplan las mejores vistas de la fachada), fue construido en el siglo XV en el solar ocupado por un refugio del siglo X, que más adelante se convirtió en un hospital para peregrinos. A principios del siglo XX, éste cambió de emplazamiento y los edificios restantes han sido convertidos en instituciones dedicadas a la enseñanza, lo que permite hacer un recorrido por los claustros y patios. Al entrar, el visitante apreciará unos estupendos azulejos del siglo XVII, en los que aparecen diversas escenas religiosas; fíjese en la imagen en la que se lee la palabra *Iesus* invertida: una fórmula que significa la muerte. También podrá acceder a la Academia de Medicina del siglo XVIII, cuya sala de conferencias está decorada con terciopelo rojo y arañas de cristal, y una mesa giratoria de disección, hecha de mármol.

Los antiguos dormitorios y otras dependencias se han convertido en sede de la Biblioteca Nacional de Catalunya (véase pág. 658).

El Museu d'Art Contemporani de Barcelona

El carrer Hospital funciona como una especie de frontera de El Raval, aunque este barrio se extiende hasta el carrer Pelai y la ronda de Sant Antoni. Toda esta parte de El Raval ha sido renovada: se han derribado manzanas enteras, se han creado espacios abiertos y los edificios antiguos han sido limpiados y restaurados, mientras que el proyecto más ambicioso ya se está llevando a cabo: un bulevar que atravesará el barrio desde las Drassanes hasta la ronda de Sant Antoni. Sin embargo, lo más destacado de las modificaciones realizadas en el barrio fue la construcción del **Museu d'Art Contemporani de Barcelona**, el MACBA (lun. y miér.-vier., 12-20 h; sáb., 10-20 h; dom., 10-15 h; 775 pesetas; miér., 375 pesetas), al que se accede por el carrer Àngels o desde las Ramblas, por el carrer Bonsuccés. El contraste entre la enorme estructura, blanca y casi luminosa del museo con los edificios antiguos no podría ser más llamativo, e inevitablemente ha dado lugar a controversias desde su inauguración en 1995.

La colección representa a los principales movimientos del arte contemporáneo a partir de 1945, sobre todo catalanes y españoles, pero también hay obras de algunos artistas extranjeros; se muestran en exposiciones rotativas y, según la fecha de la visita al museo, el viajero podrá contemplar obras de Miró, Tàpies o Chillida, o del más contemporáneo Joan Brossa, del grupo catalán Dau al Set.

A un lado del MACBA se halla el **Centre de Cultura Contemporània de Barcelona** (mar., jue.-vier., 11-14 h y 16-20 h; miér. y sáb., 11-20 h; dom., 11-19 h; 600 pesetas; miér., 400 pesetas), que alberga exposiciones temporales y donde además se proyectan filmes y celebran conciertos. Ésta es otra excelente muestra de la yuxtaposición de lo viejo y lo nuevo; construida como Casa de la Caritat en 1714, durante siglos fue un asilo de pobres y un manicomio, y en el patio se pueden observar los antiguos azulejos y la fachada, presidida por una pequeña estatua de san Jorge.

El Barri Gòtic

El **BARRI GÒTIC**, una concentración de hermosos edificios medievales situado a unos pasos de las Ramblas, conforma el núcleo del casco antiguo. En una época esta-

ba completamente rodeado por las murallas romanas del siglo IV, pero lo que hoy se puede ver data sobre todo de los siglos XIV y XV, cuando Barcelona había alcanzado plena prosperidad comercial, antes de su unión al floreciente reino de Castilla. De hecho, aún es posible observar tramos de las antiguas murallas incorporadas a estructuras posteriores, en especial en los alrededores de la catedral.

Plaça de Sant Jaume

El barrio está centrado alrededor de la **plaça de Sant Jaume**, una amplia plaza situada en un extremo del carrer Ferran. Allí estaban el foro romano y el mercado; hoy es uno de los puntos donde se reúnen los sardanistas, y también en el que se celebran manifestaciones y reuniones.

La plaza alberga dos de los edificios más significativos de la ciudad. En el lado sur se alza el restaurado **Ajuntament** (ayuntamiento) desde cuyos balcones fue proclamada la república catalana en abril de 1931. La sala más interesante, el restaurado salón del siglo XIV, el Saló de Cent, se encuentra en la primera planta; el viajero lo podrá visitar los fines de semana (10-14 h). Pero la grandeza del edificio original se aprecia mucho mejor desde el carrer Ciutat, donde antes estaba la entrada principal. Se trata de una típica fachada del gótico catalán, pero sufrió grandes daños durante la restauración llevada a cabo en el siglo XIX; por este motivo, el ayuntamiento encargó la construcción de la fachada neoclásica que da a la plaça de Sant Jaume.

Enfrente se erige el **Palau de la Generalitat**, la sede tradicional del gobierno catalán, que desde 1977 se halla de nuevo en este edificio. Empezó a ser edificado en 1418 y la fachada más interesante, del siglo XV y construida por Marc Safont, es la situada en el carrer Bisbe, donde hay un medallón de san Jorge y el dragón. Al acceder por la entrada principal renacentista frente a la plaza, el visitante llegará al hermoso claustro de la primera planta con soberbios cielorrasos artesonados; a partir de esta galería entrará a una capilla y al salón **Sant Jordi** (san Jorge), patrono de Cataluña, también obra de Safont, y a otras salas pertenecientes a los antiguos tribunales. El único día que podrá visitar el interior del palau es el 23 de abril, la Festa de Sant Jordi (calcule unas 2 horas de espera), cuando toda la plaza está repleta de tenderetes donde venden libros y rosas. Sant Jordi es en Cataluña una especie de día de San Valentín: según la tradición, los hombres reciben un libro de regalo y las mujeres, una rosa. Es de visita obligada el **Pati del Taronjers**, un bello patio, con naranjos de estilo gótico y renacentista.

La catedral

La **catedral** de Barcelona (todos los días, 8-13.30 h y 16-19.30 h; los fines de semana abre 1 hora más tarde por las tardes; entrada gratuita) es uno de los edificios góticos más importantes de España. Está detrás de la Generalitat, en un lugar donde antes había un templo romano y una mezquita (una pauta habitual); se empezó a construir en 1298 y fue terminada en 1448, con una excepción notable: la fachada principal quedó sin acabar hasta la década de 1880. Según algunos críticos, este retraso fue el causante de la falta de armonía arquitectónica de la catedral, aunque la fachada es lo bastante gótica para la mayoría de los gustos, un efecto que se aprecia sobre todo de noche, cuando la iluminan.

Una iluminación artificial ha transformado el **interior**, pues en lugar del misterio habitual hay una luminosidad que imita el esplendor de la fachada. La catedral está dedicada a santa Eulàlia, martirizada por los romanos; su tumba se encuentra en una cripta debajo del altar mayor; si el visitante introduce una moneda en la ranura correspondiente, todo el altar se iluminará. Asimismo merece la pena echar un vistazo a los retablos y las tumbas talladas que se hallan en las 29 capillas laterales. Una de las más soberbias es la de madera policromada de Ramón Berenguer I, conde de Barcelona entre 1018-1025, quien estableció muchos de los *usatges*, los antiguos derechos catalanes.

La parte más célebre de la catedral es su magnífico **claustro** del siglo XIV (todos los días, 8.45-13.15 h y 16-19 h), que alberga frondosas plantas tropicales, palmeras y una bandada de gansos, que habitan el claustro desde hace más de 500 años, ya sea (según la versión que el visitante quiere creer) para reflejar la virginidad de santa Eulàlia o como recordatorio del antiguo esplendor romano de Barcelona. Si el viajero llega a Barcelona durante la fiesta de Corpus Christi, podrá contemplar «l'ou com balla» (el huevo que baila) en la fuente del claustro; esta curiosa tradición consiste en tener un huevo en equilibrio sobre el chorro de agua de dicha fuente.

Plaça de la Seu y plaça Nova

Ante la catedral está el **Museu Diocesà de Barcelona** (mar.-sáb., 10-14 h y 17-20 h; dom., 11-14 h; 300 pesetas), que expone una pequeña colección de objetos religiosos de toda Cataluña, mientras que junto a la catedral, al oeste de la **plaça de la Seu**, se alzan dos edificios del siglo XV estrechamente relacionados con ésta. La **Casa de l'Ardiaca** (que era la residencia del archidiácono y que ahora alberga los archivos de la ciudad) tiene un pequeño patio enclaustrado y revestido con azulejos donde hay una pequeña fuente, mientras que el **Palau Episcopal**, en carrer Bisbe, era el palacio del obispo. Aunque no se puede entrar en ninguno de los dos, sí es posible acceder a los patios y apreciar sus hermosas escalinatas exteriores, un elemento arquitectónico local frecuente; en el extremo de la del Palau Episcopal verá un patio con murales románicos.

La amplia **plaça Nova**, situada ante la catedral, marca uno de los accesos medievales al casco antiguo; más allá se llega enseguida a las calles más amplias y los contornos más regulares de la ciudad moderna. Aunque el visitante quiera irse del casco antiguo, se recomienda que observe primero el friso que corona el moderno edificio del **Col·legi d'Arquitectes** al otro lado de la plaza. Diseñado en 1960 por Picasso, su aspecto un tanto burdo contrasta con los edificios más majestuosos que lo flanquean.

Plaça del Rei y alrededores

Al margen de la catedral y los edificios anexos, la mayor concentración de monumentos históricos del Barri Gòtic se sitúa alrededor de la **plaça del Rei**, detrás del ábside de la catedral. La plaza era en una época el patio del palacio de los condes de Barcelona; al otro lado de éste, una escalinata conduce hasta el **Saló del Tinell**, del siglo XIV (mar.-sáb., 10-14 h y 16-20 h; dom., 10-14 h; entrada combinada para el Museu d'Història de la Ciutat, 500 pesetas), el principal salón del palacio y un excelente ejemplo de la arquitectura gótica secular; los arcos interiores tienen una luz de 17 m de ancho. Aquí solía reunirse el tribunal de la Inquisición, aprovechando la creencia popular según la cual los muros temblarían si alguien decía una mentira. En la actualidad alberga diversas exposiciones; también se suelen celebrar conciertos en el Saló o en el patio exterior. Los reyes Fernando e Isabel recibieron a Colón a su regreso del Nuevo Mundo en la escalinata que conduce del Saló del Tinell hasta la plaça del Rei.

Otros edificios del palacio son la **atalaya** de cinco plantas de finales de la Edad Media, que se asoma a la plaza desde una esquina, así como la hermosa **Capella de Santa Àgata** del siglo XIV, en la que destacan su única y elevada nave y los excepcionales vitrales. A ésta se accede a través del edificio que rodea el resto de la plaza: la Casa Clariana-Padellàs, una mansión del siglo XV que fue trasladada hasta aquí ladrillo por ladrillo desde el carrer Mercaders a principios del siglo XX, con el fin de albergar el espléndido **Museu d'Història de la Ciutat** (jun.-sept., todos los días, 10-20 h; oct.-mayo, mar.-sáb., 10-14 h y 16-20 h; dom., 10-14 h; entrada combinada para el Saló del Tinell, 500 pesetas; miér., tardes y el primer miér. de cada mes, entrada gratuita); la entrada se encuentra en carrer Verger. Bajo tierra han sido conservados unos restos romanos y visigodos (incluidas calles completas y una basílica cristiana del siglo IV), que fueron descubiertos durante la realización de unas obras en la década de 1930.

Las calles circundantes, situadas entre la plaça del Rei y la catedral, revelan una

muestra histórica representativa similar. El **Palau del Lloctinent**, de mediados del siglo XVI, era el palacio del virrey; una de sus fachadas da a la plaça del Rei y tiene un patio con una escalinata y un techo artesonado (la entrada está en el carrer Comtes).

Tal vez el punto más interesante de la zona sea el **Museu Marès** (mar.-sáb., 10-17 h; dom., 10-14 h; 500 pesetas; primer dom. del mes, entrada gratuita), que ocupa otra ala del antiguo palacio real, situado detrás de la plaça del Rei (entrada por el carrer Comtes) y cuyo amplio patio porticado es el más impresionante de todos. La parte principal de este museo expone una importante serie de esculturas religiosas, incluidos numerosos crucifijos de madera en los que se puede apreciar el desarrollo estilístico de estas piezas desde el siglo XII al XV. Es mucho más interesante de lo que parece, pero si resultara aburrido, algunas veces es posible acceder a las plantas superiores, que albergan el **Museu Sentimental** del escultor Frederic Marès, una colección retrospectiva de objetos reunidos durante 50 años de viajes, que incluye desde cartas de tarot hasta bastones, pasando por papeles de fumar.

Desde la plaça Sant Felip Neri hasta la plaça Sant Josep Oriol

Al regresar a las Ramblas desde la catedral, el visitante se internará por una serie de plazas y calles oscuras unidas entre ellas. Situada detrás del Palau Episcopal, la **plaça Sant Felip Neri** está totalmente rodeada por edificios y en ella juegan los niños de la escuela que se encuentra allí. Más allá hay otras tres pequeñas plazas, en cuyo núcleo se erige la **església de Santa Maria del Pi**. Fue destruida por un incendio en 1936 y reconstruida en la década de 1960; tiene una puerta románica, pero su estilo pertenece sobre todo al gótico catalán, con una única nave y capillas situadas entre los contrafuertes. En su sencillo interior destacan algunos vitrales maravillosos; el más impresionante se halla en un gran rosetón y se dice que es el mayor del mundo.

La iglesia está en la plaza del medio, **plaça Sant Josep Oriol**, la más bonita de las tres, rodeada por los balcones de las casas y repleta de sillas del *Bar del Pi*, un buen establecimiento para tomarse una copa por las tardes. Los fines de semana, toda la zona se convierte en un mercado de arte, alegrado por músicos y artistas ambulantes. Al igual que la iglesia, las plazas a ambos lados, la plaça del Pi y la placeta del Pi, deben su nombre a un pino que crecía allí.

Al norte, hacia la plaça de Catalunya

Más allá de la plaça Sant Josep Oriol hay dos o tres puntos de interés que hacen que valga la pena seguir por las callejuelas y evitar las Ramblas. El viajero verá en la zona

---

LA BARCELONA JUDÍA

El **barrio judío** medieval de Barcelona, llamado El Call, estaba al sur de la plaça Sant Josep Oriol y su núcleo era el actual carrer de Sant Domènec del Call (*Call* significa «pasaje estrecho» en catalán). En las estrechas y oscuras callejuelas situadas a ambos lados de esta calle, un gueto cerrado sobrevivió e incluso prosperó durante unos 300 años, antes de que los judíos fueran expulsados de España en el siglo XV. Gracias a las excavaciones, se comprobó que la sinagoga principal se encontraba en lo que ahora es el número 7 de Sant Domènec del Call, pero a excepción del nombre de la calle, en la actualidad poco recuerda la presencia judía; de hecho, tras ser expulsados, los edificios de los judíos fueron derribados y utilizados en otras construcciones de la ciudad, una pauta repetida en toda Cataluña. Sin embargo, Barcelona conserva algunos rastros de la presencia judía: en la ladera oeste de Montjuïc (montaña de los judíos) se hallaba el cementerio judío —que ya existía en el siglo XI— y en los archivos de la Corona de Aragón, en Almogàvers 77, se conservan numerosos documentos relacionados con la vida judía medieval. El acceso no está permitido, pero en el castillo de Montjuïc se exponen unas treinta lápidas recuperadas del cementerio a principios del siglo XX.

numerosas tiendas de antigüedades y galerías de arte; una de las más célebres, la **Sala Parès**, en Petritxol 5, ya era célebre cuando Picasso y Miró eran jóvenes, y aún está dedicada exclusivamente a obras de arte catalanas de los siglos XIX y XX.

En el jardín a nivel más bajo de la amplia **plaça de la Vila de Madrid** verá algunas tumbas romanas bien conservadas; además, el carrer Montsió y el bar **Els Quatre Gats** (Los Cuatro Gatos; véase pág. 647) se encuentran a pocos pasos del lugar; el bar fue inaugurado por Pere Romeu y otros artistas modernistas en 1897 como lugar de reunión para sus contemporáneos. También conocida como Casa Martí, el edificio luce una estupenda decoración interior (fue el primer encargo que recibió Puig i Cadafalch). *Els Quatre Gats* prosperó enseguida como el sitio donde nacieron varias revistas modernistas, como escenario para la lectura de poemas y de espectáculos de sombras chinescas; en 1901 albergó la primera exposición de Picasso.

A pocos pasos, atravesando la Via Laietana, se halla otro clásico del modernismo: el **Palau de la Música Catalana**, de Domènech i Montaner, un tanto apretujado en el pequeño carrer Sant Pere Més Alt. Se recomienda al viajero que consiga una entrada para asistir a alguno de los numerosos conciertos que se celebran aquí, ya que la acústica y la decoración del edificio son impresionantes. Otra posibilidad es participar en una de las **visitas guiadas** de 1 hora (jul. y sept., lun.-vier., 14, 15 y 16 h; agos., todos los días, 10-14 h cada hora; nov.-jun., sólo visitas acordadas con antelación; 700 pesetas; para reservar plaza, ☎932 681 000).

Desde la Via Laietana hasta el parc de la Ciutadella

En 1859, a medida que el proyecto del Eixample empezaba a cobrar forma, también se construyó una amplia avenida nueva hacia el sur, que atravesaba el casco antiguo. Se trata de la **Via Laietana**, cuyo recorrido es casi paralelo al de las Ramblas. En la actualidad, constituye el límite del Barri Gòtic, pero sería un error no cruzar al otro lado, accediendo así a la densa red de callejuelas medievales situadas más allá. El visitante no encontrará la misma concentración de edificios restaurados como en el Barri Gòtic, pero sí el **Museu Picasso**, mientras que la calle sobre la que se halla (carrer Montcada) y la iglesia que está en un extremo (Santa Maria del Mar), luce algunos de los elementos catalano-góticos más perfectos de Barcelona.

El carrer de Montcada y el passeig del Born

Antes o después, todos van a parar al **carrer Montcada**, una calle estrecha flanqueada por mansiones de finales de la Edad Media. Lo más interesante es el Museu Picasso, que está en uno de los edificios más imponentes, pero la calle es de las más atractivas de la ciudad. Fue trazada en el siglo XIV y, hasta la construcción del Eixample casi 500 años después, allí estaban los hogares de la mayoría de los ciudadanos importantes de Barcelona; vivían en amplias mansiones construidas alrededor de un patio central, desde el cual unas escalinatas exteriores accedían a las salas de la primera planta. Además del Museu Picasso, otras mansiones albergan también salas de exposiciones. Casi enfrente de éste en el n.º 12, se alza el Palau de Llió del siglo XIV, donde se exponen las colecciones del **Museu Tèxtil i d'Indumentària** (mar.-sáb., 10-17 h; dom., 10-14 h; 400 pesetas; entrada combinada para el Museu Barbier-Mueller, 700 pesetas; entrada gratuita, primer sáb. de cada mes), compuestas por 4.000 piezas, incluidos algunos tejidos del siglo IV y posteriores, y trajes del siglo XVI, además de muñecas, zapatos, abanicos y otros accesorios. En la puerta de al lado, en el n.º 14, está el **Museu Barbier-Mueller** (mar.-sáb., 10-20 h; dom. y festivos, 10-15 h; 500 pesetas; entrada combinada para el Museu Textil i d'Indumentària, 700 pesetas; entrada gratuita primer sáb. de cada mes), que muestra una colección de arte precolombino en el restaurado Palau Nadal del siglo XVI. En el n.º 25 se halla la Galería Maeght, privada, que abarca dos plantas del antiguo Palau dels Cervelló, y en el n.º 20, el Palau Dalmases se

PICASSO EN BARCELONA

Aunque nació en Málaga, Pablo Ruiz Picasso (1881-1973) pasó gran parte de su juventud, desde los 14 a los 23 años, en Barcelona. Incluso cuando se marchó a París en 1904, se mantuvo en contacto con Barcelona y sus amigos catalanes, y se dice que siempre se consideró a sí mismo más catalán que andaluz. Pintó todas las obras pertenecientes al período Azul (1901-1904) en Barcelona, donde también recibió muchas de las influencias que conformaron su arte.

Además del Museo Picasso, en el casco antiguo hay bastantes lugares relacionados con la vida del artista. Cerca del museo, muchos de los edificios en los que Picasso vivió y trabajó aún están en pie, entre ellos la **Escola de Belles Arts de la Llotja** (Consolat del Mar, cerca de la estació de França), donde su padre enseñaba dibujo y donde Picasso obtuvo una formación académica. También están los **pisos** donde la familia vivió cuando llegó a Barcelona: passeig d'Isabel II 4 y Cristina 3, ambos situados enfrente de la Escola. Su primera exposición se celebró en 1901, en *Els Quatre Gats* (Montsió 3). A lo largo del **carrer Avinyó**, que va desde el carrer Ferran hasta el carrer Ample, el rastro es menos perceptible. A principios del siglo XX, varias casas de esta calle fueron convertidas en prostíbulos y Picasso solía acudir allí, y pintaba lo que observaba; algunas mujeres de uno de los prostíbulos inspiraron su obra cubista fundamental: *Les demoiselles d'Avignon*.

ha convertido en un bar, desde el que se puede apreciar el interior. El carrer Montcada acaba en Santa Maria del Mar (véase pág. siguiente), ante la que se encuentra el **passeig del Born**, que en una época albergó ferias y torneos medievales, y que ahora está repleto de bares de moda.

El Museu Picasso

El **Museu Picasso** (mar.-sáb., 10-20 h; dom., 10-15 h; 725 pesetas; entrada gratuita, primer dom. de cada mes), situado en Montcada 15-19, es el punto de interés turístico más importante de Barcelona; se halla en un hermoso palacio medieval, que fue reformado con el fin de convertirlo en museo. Expone una de las colecciones de obras picassianas más importantes del mundo y la única destacada en su país natal. Pero aun así, algunos visitantes se sienten defraudados: el museo no es completamente representativo, no muestra ninguna de las obras más conocidas del artista y pocas cubistas. Pero las que sí están, proporcionan una oportunidad única para conocer la evolución de Picasso, desde sus primeras pinturas cuando era un muchacho hasta las obras importantes de los años siguientes.

El museo fue inaugurado en 1963 con una colección basada en gran parte en las donaciones de Jaume Sabartés, amigo y antiguo secretario del artista. Los **primeros dibujos** en los que Picasso —que aún firmaba con su nombre completo, Pablo Ruiz Picasso— intentaba copiar las pinturas del natural en las que se especializaba su padre, así como los numerosos bocetos de su época de estudiante de Bellas Artes, resultan fascinantes. De hecho, la primera época es la que está mejor representada: algunas obras al estilo de Toulouse-Lautrec, como el menú que diseñó para *Els Quatre Gats* en 1900, reflejan el interés del artista por el arte parisino de principios del siglo XX; en otras se puede apreciar el desarrollo del estilo propio de Picasso, como las obras de los célebres Períodos **Azul** (1901-1904), Rosa (1904-1906), cubista (1907-1920) y neoclásico (1920-1925).

Los grandes vacíos que presenta la colección principal (no hay ninguna pintura a partir de 1905, hasta llegar al célebre *Arlequín* de 1917) sólo sirven para destacar los extraordinarios cambios ocurridos en el estilo de Picasso. Lo que mejor lo ilustra es el gran salto posterior a 1917, que llega hasta 1957, un año representado por obras

colgadas en dos salas de la primera planta, que exponen los interesantes cuadros donados por el mismo Picasso al museo: sus casi 50 interpretaciones de *Las Meninas*, la obra maestra de Velázquez.

Santa Maria del Mar

En un extremo del carrer Montcada se alza la **església de Santa Maria del Mar** (todos los días, 9-12.30 h y 17-20.15 h; dom., misa coral a las 13 h), construida en unos terrenos de lo que era la costa en el siglo XIV. La iglesia se hallaba en el corazón de la zona marítima y comercial de la ciudad medieval (el carrer Argenteria, que debe su nombre a los orfebres cuyos talleres estaban situados allí, aún corre desde la plaza de la iglesia hasta las murallas del Barri Gòtic), y su silueta elevada era el símbolo de la supremacía catalana en el comercio del Mediterráneo, en gran parte patrocinado por la iglesia. Construida con rapidez, y por ello de un estilo bastante puro, es un ejemplo exquisito de la arquitectura gótica catalana; tiene una nave ancha y naves laterales altas y estrechas; a pesar de su discreta decoración exterior, los lugareños la aprecian más que a la catedral, el único templo de la ciudad con que se la puede comparar.

Desde la Ciutadella hasta Montjuïc

Las zonas verdes han ocupado siempre un lugar preponderante en todos los proyectos de renovación de la ciudad. En los últimos años, algunos terrenos industriales de la periferia han sido aprovechados para proporcionar verdor, pero la expansión de Barcelona a finales del siglo XIX estaba dedicada a la reforma de ciertas secciones de la ciudad, muy centrales y antiguamente rodeadas por las murallas. El **parc de la Ciutadella** continúa siendo el lugar más cercano para descansar del ajetreo del casco antiguo; se encuentra a pocos pasos del Barri Gòtic. En una época estaba ocupado por una fortaleza borbónica, y hoy es un parque formal que alberga diversos museos y otros puntos de interés, diseminados por sus bonitos senderos y jardines. Al sur se halla el barrio pesquero (y de marisquerías) de la **Barceloneta**, que se adentra en el puerto central de Barcelona, mientras que cerca de allí, el recientemente construido **parc del Mar** ha significado una completa transformación de parte de la costa.

Tal vez el viajero prefiera dedicar casi todo el día a visitar **Montjuïc**, la montaña que se eleva al otro lado del puerto, al oeste de El Raval. Aún conserva el castillo, mientras que entre sus museos, monumentos y jardines hay numerosos senderos; algunas de las instalaciones están unidas por el teleférico, que también enlaza Montjuïc con la Barceloneta, lo que permite visitar las zonas descritas en este capítulo con bastante rapidez (para más **detalles sobre los transportes**, véanse los recuadros informativos).

El parc de la Ciutadella

El **PARC DE LA CIUTADELLA** parece tener la curiosa capacidad de albergar mucho más que lo que parecería posible por sus dimensiones. Además de un lago, la monumental fuente de Gaudí y el zoo de la ciudad, aquí también se encuentra el edificio del Parlamento catalán y un museo de arte moderno. Estos últimos ocupan algunas salas de una estructura similar a una fortaleza, situada en el centro del parque, que es la parte que queda en pie de la **ciudadela** en forma de estrella a la que debe su nombre el parque. La mandó construir Felipe V en 1715, con el fin de someter a Barcelona tras la resistencia ofrecida frente a los Borbones durante la guerra de Sucesión, y hubo que derribar todo un barrio para construirla. Este símbolo de la autoridad borbónica fue destruido en 1869 y la zona circundante se convirtió en un parque. No deja de ser una ironía que el edificio principal del palacio vuelva a albergar el Parlamento autonómico catalán, cuyas primeras sesiones se celebraron entre 1932-1939.

Quizás el punto más interesante del parque sea la **cascada**, una enorme, fuente barroca situada en el ángulo noreste. Diseñada por Josep Fontseré, el arquitecto elegido para supervisar la transformación de la antigua ciudadela en un parque, fue el primero de los proyectos importantes emprendidos. El ayudante de Fontseré era el joven Antoni Gaudí, en aquella época era un estudiante, a quien también se considera en parte responsable del diseño de las puertas de hierro del parque, en la entrada situada en la avinguda Marquès de l'Argentera.

El parque y la Exposición Universal de 1888

En 1888, apenas unos 20 años después de su construcción, el parque fue elegido como emplazamiento para celebrar la **Exposición Universal**, que impulsó la regeneración cultural de Barcelona. Muchos de los modernistas importantes a los que se acudió dejaron su impronta en él, empezando por el gran **Arc de Triomf** de ladrillo, obra de Josep Vilaseca i Casanoves, situado fuera de la puerta principal en el extremo del passeig Lluís Companys.

Junto a la entrada principal, Domènech i Montaner proyectó un edificio parecido a un castillo, destinado a ser el café-restaurante de la exposición. Apodado el Castell dels Tres Dragons, se convirtió en un centro de artesanía modernista, y en la actualidad es el **Museu de Zoologia** (mar.-dom., 10-14 h; 400 pesetas; primer dom. del mes, entrada gratuita), cuyo decorado exterior de ladrillo rojo resulta más interesante que el interior. Un poco más allá se halla el bonito jardín de invierno de finales del siglo XIX, el Invernacle, que ahora alberga un agradable **bar** al aire libre. Junto a él, el **Museo de Geología** (entrada combinada con el Museo de Zoología, 600 pesetas).

El Museu d'Art Modern de Catalunya

En el centro del parque, las partes de la ciudadela de Felipe V que quedan en pie, el palacio del gobernador y el antiguo arsenal, están en la plaça d'Armes. Hoy las comparten el Parlamento catalán y el **Museu d'Art Modern de Catalunya** (mar.-sáb., 10-19 h; dom., 10-14.30 h; 500 pesetas). En el museo se exponen obras de varios artistas.

Está dedicado al arte catalán desde mediados del siglo XIX hasta alrededor de 1930 y, como era de esperar, las pinturas y esculturas modernistas y *noucentistes* (novecentistas) —las dos escuelas predominantes de la época— son muy interesantes. Hay excelentes cuadros de Ramón Casas (cuyas pinturas solían estar colgadas en las paredes de *Els Quatre Gats*) y Santiago Rusiñol, mientras que unas obras modernistas posteriores incluyen los paisajes de Joaquim Mir y la variada obra de Isidre Nonell. Otras salas están dedicadas a las pinturas *noucentistes*, un estilo al mismo tiempo más clásico y menos extravagante que el modernismo; destacan, entre otras, las de Joaquim Sunyer, que tal vez sea el artista *noucentista* más conocido, aunque también hay numerosas obras de otros artistas, como Xavier Nogués y el escultor Pau Gargallo.

El Parc Zoològic

A pesar del atractivo cultural que supone el parc de la Ciutadella, lo que suscita más interés es el **Parc Zoològic** (todos los días, verano, 10-19 h; invierno, 10-17 h; 1.550 pesetas), que ocupa gran parte del ángulo sureste del parque. Si el visitante llega a la estación de Metro Ciutadella, puede entrar por el carrer Wellington, aunque también encontrará otra entrada en el interior del parque. La estrella del zoológico es *Floquet de Neu (Copito de Nieve)*, un gorila blanco, único ejemplar que existe en cautividad.

La Barceloneta y el parc del Mar

Al sur del parque, y al otro lado de las vías de la estació de França, se halla el barrio portuario de la **BARCELONETA**, el que está más cerca del centro de los suburbios que antes rodeaban la ciudad, y que ahora forman parte de la gran Barcelona. La ur-

banización en forma de triángulo fue construida en 1755: una clásica cuadrícula dieciochesca donde antes había marismas, en sustitución del barrio que se demolió para construir la Ciutadella. Las calles largas y estrechas aún conservan el mismo aspecto original, interrumpidas a intervalos por pequeñas plazas y flanqueadas por casas bajas con numerosas ventanas.

El motivo principal para acudir a la Barceloneta —tanto para lugareños como para turistas— es comer en alguno de sus numerosos **restaurantes y marisquerías**. Antes se podía comer en la playa, pero debido a la nueva urbanización de toda la zona ribereña los mejores restaurantes se han trasladado a otro lugar, en la **avinguda de Borbó** (que sigue llamándose passeig Nacional en algunos planos), las estrechas calles de la misma Barceloneta o al **Palau de Mar**, un tinglado restaurado situado en el extremo norte de la avinguda de Borbó. El Palau de Mar también alberga el **Museu d'Història de Catalunya** (mar.-jue., 10-19 h; vier.-sáb., 10-20 h; dom., 10-14.30 h; 500 pesetas), en el que se muestra la historia de la región, desde la Edad de Piedra hasta el presente. Se recomienda visitar el bar de la cuarta planta, desde el que se contemplan hermosas vistas del puerto y el contorno de la ciudad.

La **playa** está muy cerca de la Barceloneta; hoy en día está muy limpia, dispone de duchas y se encuentra junto al passeig Marítim.

El parc del Mar: la Vila Olímpica y el Port Olímpic

La playa de la Barceloneta se halla cerca de lo que quizá sea el proyecto de urbanización más audaz emprendido desde que la ciudad fue ampliada hacia el norte en el siglo XIX. El antiguo suburbio industrial de Poble Nou y su costa fueron derribados para construir el **parc del Mar**, una enorme urbanización frente al mar que incorpora el **Port Olímpic** y la **Vila Olímpica**, donde se alojaron los atletas y su equipo durante los Juegos Olímpicos de 1992. El proyecto fue ideado por una empresa especializada de arquitectos urbanistas dirigida por Josep Martorell, Oriol Bohigas y David Mackay, que decidieron convertir los 5 km de costa, desde la Barceloneta hasta el río Besòs, situado al este, en un pasillo acogedor pero altamente tecnificado, compuesto por edificios de apartamentos, salas de conferencias y centros comerciales, hoteles, oficinas, parques y transportes. La Vila Olímpica fue construida para albergar a 15.000 atletas y su equipo, y luego convertirla en viviendas permanentes para unos 7.000 habitantes después de los Juegos.

Por supuesto, la urbanización no obtuvo un apoyo unánime y en particular, la promesa de nuevas viviendas sonaba un tanto vana en la Barceloneta y el Poble Nou, dos de las zonas más pobres de la ciudad, ya que pronto quedó claro que los apartamentos y complejos residenciales no eran precisamente de bajo coste. Sin embargo, poco

---

TRANSPORTES DE LA BARCELONETA

- **Metro**: línea 4 a Barceloneta, situada a poca distancia a lo largo de la avinguda Borbó.
- **Autobuses**: 17 y 45 desde Via Laietana, 39 desde el Arc de Triomf, 59 desde las Ramblas, y 57 y 54 desde el Paral·lel y passeig de Colom; todos llegan hasta la avinguda Borbó. Hay que quedarse en el autobús (a excepción del 45 y el 59) hasta el final de la línea, que se encuentra en la Barceloneta, al final de la avinguda Borbó y muy cerca de la estación del teleférico.
- **Teleférico**: une Montjuïc (torre de Miramar) con el Moll de Barcelona (torre de Jaume I), situada en el centro de los muelles, y con la Barceloneta (torre de Sant Sebastià): todos los días, 12-19 h; 1.000 pesetas; ida y vuelta, 1.200 pesetas; más 600 pesetas para el ascensor de la torre Jaume I.

a poco el Port Olímpic se ha ido llenando de restaurantes, bares y locales de comida rápida, que los fines de semana y las noches de verano se convierten en uno de los puntos más frecuentados por visitantes y lugareños. Desde casi cualquier punto se divisan los dos edificios más altos de España: la Torre Mapfre, repleta de oficinas, y el *Hotel Arts*, con su estructura exterior de acero. En este último se encuentra el **Gran Casino de Barcelona**, que ha sido trasladado desde Sant Pere de Ribas (todos los días, 13-5 h; 750 pesetas; ☎932 257 878).

Montjuïc

Visible desde el puerto de Barcelona, la montaña del **MONTJUÏC** (monte de los judíos) es la mayor zona verde de la ciudad, y la que alberga los puntos de más interés. Su nombre se debe a la comunidad judía que en una época se estableció en sus laderas, y está coronada por un castillo desde mediados del siglo XVII, algo que dice mucho de la histórica función defensiva que desempeña la montaña. Pero a partir de la construcción de los edificios destinados a albergar la Exposición Universal de 1929, Montjuïc se convirtió en el punto de mayor interés cultural de la ciudad: se tarda al menos 1 día entero en visitar sus cinco museos, los numerosos jardines y el famoso

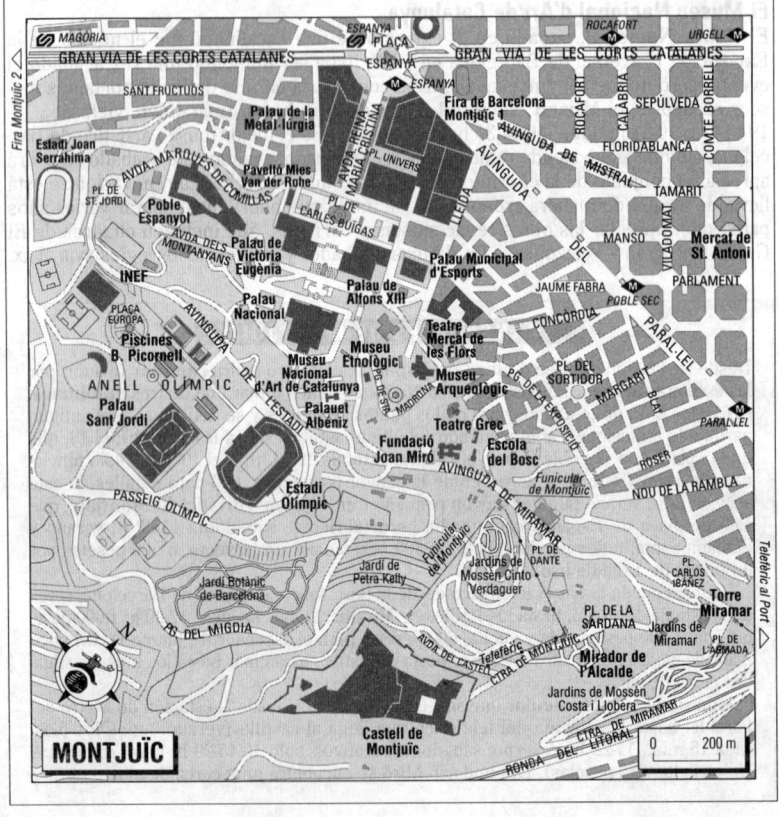

Poble Espanyol. La arquitectura de los edificios resulta decepcionante comparada con lo que queda de la exposición de 1888 en el parc de la Ciutadella. En 1929, el modernismo había perdido fuerza y la arquitectura desabrida y monumental de Montjuïc parece meramente funcional. Sin embargo, a causa del impulso olímpico, una nueva serie de edificios y mejoras produjeron unos diseños bastante menos ortodoxos. Gracias a la yuxtaposición entre éstos y algunas construcciones de 1929, Montjuïc nunca ha tenido un aspecto tan elegante como en la actualidad.

Desde la plaça d'Espanya hasta el Palau Nacional

Desde la **plaça d'Espanya**, más allá de las torres gemelas de 47 m de altura y subiendo por la avinguda Reina Maria Cristina, se puede ascender a pie o tomar las escaleras mecánicas al aire libre, que forman parte de las mejoras impulsadas por los Juegos Olímpicos de 1992; merece la pena para disfrutar de las vistas a medida que se asciende. A ambos lados de la avenida y las terrazas (proyectadas por Puig i Cadafalch), se encuentran diversos edificios pertenecientes a la exposición de 1929, en los que aún se celebran numerosas ferias comerciales, mientras que en el centro se halla la **Font Màgica**, situada ante el Palau Nacional y recientemente renovada; en la actualidad forma parte de un espectáculo de luz y sonido (jue.-dom., 20-24 h; espectáculo de luz y sonido, jue.-dom., 22.30 h; entrada gratuita).

El Museu Nacional d'Art de Catalunya

El **Palau Nacional**, situado en el extremo de una escalinata, fue el núcleo de la Exposición Universal de Barcelona en 1929; iba a ser demolido una vez acabado el evento, pero no fue así y más adelante se convertiría en uno de los importantes museos españoles, el **Museu Nacional d'Art de Catalunya** (mar.-miér., vier.-sáb., 10-19 h; jue., 10-21 h; dom., 10-14.30 h; 800 pesetas). Es el mejor museo artístico de Barcelona, aunque sigue siendo reformado y reorganizado, cuando esté acabado se podrá apreciar el conjunto de la enorme colección bajo un solo techo. La renovación se está llevando a cabo de manera cronológica, de modo que habrá que esperar varios años para poder apreciar las obras renacentistas y barrocas, que incluyen cuadros de El Greco, Zurbarán y Velázquez, o los dibujos, grabados y afiches de los siglos XVIII al XX.

TRANSPORTES DE MONTJUÏC

Desde la estación de **Metro plaça de Espanya**, el viajero podrá **caminar** (o subir por las escaleras mecánicas) hasta el Palau Nacional, o bien tomar uno de tres **autobuses**: el 61, que pasa junto a la mayoría de los puntos de interés y se detiene ante el antiguo parque de atracciones, ahora cerrado (el último autobús sale a las 20.30 h); el 13, que une la plaça con el Poble Espanyol (último autobús 22.30 h); o el 100, que sólo funciona en verano y que pasa por el Poble Espanyol (véase pág. 600 para detalles de este servicio). En verano también hay un pequeño tren, el **Tren Turístic de Montjuïc**, que sale de plaça de Espanya cada media hora (abril-oct., sáb.-dom., 11-22 h; verano y Semana Santa, todos los días, 11-22 h; 300 pesetas por un trayecto, o 500 pesetas por un billete de 1 día de uso ilimitado).

También puede tomar el **teleférico** desde la Barceloneta o el Moll de Barcelona, cerca de la estatua de Colón, hasta los Jardins de Miramar (todos los días, 12-20 h; 1.000 pesetas, ida; 1.200 pesetas ida y vuelta, 600 pesetas para el ascensor de Jaume I). Un poco más allá, podrá tomar otro teleférico hasta el castillo, o caminar hasta los museos situados cerca de allí.

Asimismo hay un **funicular** que sale cada 15 minutos desde la estación de Metro del Paral·lel hasta la estación del teleférico que llega al castillo (verano, todos los días, cada 15 min., 11-22 h; invierno, sáb.-dom. y festivos, sólo 10.45-20 h; ida, 475 pesetas ida y vuelta, 675 pesetas). La Fundació Miró se encuentra muy cerca de allí.

También se ha sugerido que en el futuro la colección de arte moderno que actualmente se encuentra en el parc de la Ciutadella, además de las monedas y medallas catalanas y una amplia colección de fotografías, se expongan aquí; de este modo, se convertiría en uno de los museos más grandes de Europa. Mientras tanto, el visitante tendrá que conformarse con la gran colección de arte medieval que está compuesta por dos secciones principales: una dedicada al arte románico y la otra al gótico, unos períodos en los que los artistas catalanes gozaban de preeminencia en España. Los talleres de pintura catalanes de la Edad Media estaban dedicados a la decoración mural de las iglesias, pero también producían retablos pintados, en los que solía aparecer la imagen de un santo rodeado de escenas relacionadas con su vida. Con el tiempo, éstos aumentaron de tamaño, hasta convertirse en los grandes retablos de los altares mayores, que durante siglos fueron un elemento clave de las iglesias españolas.

La colección **románica** es notable, tal vez la mejor del mundo. Está dispuesta de manera cronológica; empieza por unas estatuas de piedra de los siglos VI al X, y acaba con unas pinturas de finales del siglo XIII. Hay diversas salas con frescos de los siglos XI y XII, que fueron cuidadosamente retirados de una serie de pequeñas iglesias catalanas de los Pirineos para evitar que fueran robados y vendidos. A medida que se extendía la Reconquista, se iban construyendo iglesias románicas en el Pirineo catalán, muchas más que en las regiones situadas al sur, donde el cristianismo tardó más tiempo en llegar. En su mayor parte, estas iglesias —y sus frescos decorativos— o bien sufrieron daños durante una restauración posterior, o quedaron abandonadas, expuestas a expolios y estragos hasta 1919, año en que se empezaron a retirar los frescos y trasladarlos al museo.

Los frescos están bellamente expuestos, algunos en una reconstrucción de su entorno original. Casi todas las piezas tienen un carácter primitivo, y los ejemplos más representativos son las piezas procedentes de las iglesias del valle del Boí en el Pirineo catalán, como las obras del llamado maestro de Taüll, cuya decoración realizada en el ábside de la església de Sant Climent en Taüll (véase pág. 745), combina una composición jerárquica bizantina con los colores intensos y marcados contornos de los iluminadores de manuscritos que eran sus contemporáneos.

La colección **gótica** también resulta fascinante; es muy amplia, ya que las piezas provienen de toda España; las catalanas, valencianas y aragonesas son especialmente buenas. También están dispuestas de manera cronológica, desde el siglo XIII al XV. La evolución del periodo románico al gótico se caracteriza por un cambio en el soporte de la pintura —de la mural pasó a la madera— y por una descripción más naturalista de los santos y sus vidas, además de retratos posteriores de los reyes y mecenas. Al principio del período, las escuelas catalanas y valencianas estuvieron influidas por los estilos italianos contemporáneos; de hecho, se pueden observar algunos ejemplos notables de retablos, tumbas y decoración eclesiástica, además de unas pinturas vistosas aunque menos refinadas. Más adelante se inició el así llamado estilo «gótico internacional» o «1400», en el cual fue mayor la influencia de otros estilos; los personajes importantes de la época fueron Jaume Huguet y Lluís Dalmau, ambos artistas del siglo XV. Las obras de finales de este período muestran la influencia de la pintura flamenca contemporánea de la época, apreciable en el uso de colores más densos, en las escenas de muchedumbre y la perspectiva.

El Museu Etnològic y el Museu Arqueològic

Más abajo del Palau Nacional, al este, se hallan el Museu Etnològic y el Museu Arqueològic de la ciudad, que exponen otras colecciones excelentes. El **Museu Etnològic** (mar. y jue., 10-19 h; miér. y vier.-dom., 10-14 h; 400 pesetas; primer dom. de cada mes, entrada gratuita) muestra amplias colecciones procedentes de América Central y del Sur, Asia, África, Australia y Oriente Próximo, en una serie de hexágonos de cristal. También realiza exposiciones temporales.

Más interesante, relevante con respecto a Cataluña, resulta el **Museu Arqueològic** (mar.-sáb., 9.30-19 h; dom., 10-14.30 h; 400 pesetas; dom., entrada gratuita), situado más abajo. En su mayor parte, está dedicado al período romano, pero también expone algunas reliquias cartaginesas (sobre todo provenientes de las Baleares), algunas piezas etruscas y numerosos objetos prehistóricos; es sobre todo interesante antes de visitar Empúries, en la Costa Brava (véase pág. 679), ya que la mayoría de los objetos importantes encontrados en este emplazamiento costero, así como algunos planos y fotografías, se encuentran aquí. Una de las piezas más curiosas del museo es una cámara funeraria romana, cuyas paredes están divididas en pequeños nichos destinados a albergar las urnas funerarias: un tipo de entierro conocido como *columbaria* (literalmente, casillero) que se pueden ver en Carmona (Andalucía).

Al otro lado y excavado en la ladera de la montaña, hay una reproducción de un teatro griego, el **Teatre Grec**, asimismo construido durante la Exposición Universal de 1929, y que ahora se utiliza durante el festival cultural de verano, la temporada del *Grec*. El Teatre Grec forma parte de otro ambicioso proyecto: La Ciutat del Teatre, un gran complejo dedicado a las artes que también incluye el cercano Mercat de les Flors y dos edificios más: el Institut del Teatre y el Teatre Lliure.

Desde el Poble Espanyol hasta la zona olímpica

A pocos pasos hacia el oeste del Palau Nacional se halla el **Poble Espanyol** o «Pueblo Español» (lun., 9-20 h; mar.-jue., 9-2 h; vier.-sáb., 9-4 h; dom., 9-24 h; 975 pesetas). Fue proyectado para la Exposición Universal, y sus calles y plazas son reproducciones de edificios célebres o característicos de toda España. En su momento fue un proyecto interesante y ofrecía un curso acelerado acerca de la arquitectura española, pues todo está bien señalizado y es más o menos fiel; en el pueblo hay dos museos (ambos todos los días, 9-14 h), en los que se exponen piezas etnográficas y folclóricas.

En medio del frenesí preolímpico, el ayuntamiento contrató a Alfredo Arribas y Javier Mariscal, dos de los diseñadores más de moda, para que decoraran *Las Torres de Ávila*, un club situado en la puerta de Ávila. Después se instalaron más locales de moda y el complejo permanece abierto hasta altas horas de la noche.

Cerca del Poble Espanyol se encuentra el **Pavelló Mies van der Rohe** (todos los días, abril-oct., 10-20 h; nov.-marzo, 10-18.30 h; 400 pesetas), una reconstrucción llevada a cabo por arquitectos catalanes y que recuerda una parte de la contribución alemana a la Exposición Universal de 1929. Originalmente diseñado por Mies van der Rohe, el pabellón supone un elegante contraste entre las líneas duras y rectas con la superficie ondulante del agua, entre el ónix verde pulido y el cristal.

Los Juegos Olímpicos

Desde el Poble Espanyol, la carretera principal atraviesa Montjuïc y remonta la montaña para llegar a la **zona olímpica** principal. Se trata de un lugar soberbio, desde donde se contemplan hermosas vistas de la ciudad y sus alrededores; además, la carretera pasa junto a algunos de los nuevos edificios más célebres de Barcelona, como el **Institut Nacional d'Educació Física de Catalunya**, de Ricardo Bofill, el **Complex Esportiu Bernat Picornell** (piscinas y complejo deportivo) y el **Palau Sant Jordi**, de acero y cristal; fue proyectado por el arquitecto japonés Arata Isozaki, y se trata de un estadio deportivo con 17.000 localidades donde también se celebran conciertos. Fue inaugurado en 1990 por Pavarotti, entre otros.

También está el **Estadi Olímpic** (todos los días, 10-18 h; entrada gratuita), que tiene una capacidad para 65.000 espectadores. Es un estadio de gran amplitud, en un principio construido para la Exposición Universal de 1929, y completamente reformado por arquitectos catalanes para albergar numerosas pruebas deportivas, la ceremonia de apertura y clausura de los Juegos Olímpicos de 1992. La única parte que que-

dó intacta fue la fachada neoclásica original; todo lo demás es nuevo. En la **Galería Olímpica** (mar.-vier., 10-13 h y 16-18 h; sáb.-dom., 10-14 h; 400 pesetas) se exponen objetos relacionados con las ceremonias de apertura y clausura, y se pueden ver vídeos de los Juegos Olímpicos.

Los Juegos Olímpicos de 1992 eran los segundos que se organizaban en la ciudad; los primeros, en 1936, la llamada Olimpíada Popular, iban a ser una alternativa a los celebrados bajo el gobierno nazi en Berlín (aquel año). Pero el día anterior a la inauguración, el levantamiento militar de Franco inició la Guerra Civil y los Juegos de Barcelona no se pudieron llevar a cabo. Algunos de los 25.000 atletas y espectadores que habían acudido se quedaron para unirse a las fuerzas republicanas.

En la actualidad, el estadio acoge los partidos de fútbol del R.C.D. Espanyol de Barcelona, el rival tradicional del Barça.

La Fundació Joan Miró

Si continúa por la avinguda del Estadi hacia la estación del teleférico, el visitante pasará junto a lo que quizá sea el museo más innovador de Barcelona, la **Fundació Joan Miró** (mar.-sáb., 11-19 h; jue., cierra 21.30 h; dom., 10.30-14.30 h; 800 pesetas), una impresionante estructura blanca inaugurada en 1975 y situada entre jardines con vistas a la ciudad. Joan Miró (1893-1983), uno de los artistas catalanes más importantes, obtuvo fama internacional sin perder jamás el contacto con su país. Su primera exposición fue en 1918; después, solía pasar los veranos en Cataluña y el resto del año en Francia, hasta que en 1956 se trasladó a Mallorca. Su amigo, el arquitecto Josep Lluís Sert, diseñó el hermoso edificio que ahora alberga el museo: una colección permanente de pinturas, obras gráficas, tapices y esculturas donadas por Miró, que abarcan el período entre 1914-1978.

Las **pinturas** y **dibujos**, considerados como uno de los principales eslabones entre el surrealismo y el arte abstracto, son reconocibles enseguida. Miró tenía un gusto infantil por el color y la forma, y desarrolló un estilo libre y muy decorativo; una de sus técnicas primitivas predilectas consistía en derramar pintura en la tela y desparramarla con un pincel. Quizá las piezas más emocionantes del museo sean las que pertenecen a la *Serie Barcelona* (1939-1944), una serie de litografías en blanco y negro realizadas en el período posterior a la Guerra Civil. Otras piezas que destacan son sus enormes y coloridos **tapices** (donó nueve al museo), unos dibujos en lápiz (en particular de mujeres deformes y bailarinas torpes) y las **esculturas** que se encuentran en los jardines.

Además de la exposición permanente, suele haber otras temporales, que pueden estar vinculadas —o no— a ciertos aspectos de la obra de Miró. También se muestran obras de otros artistas, incluidas las piezas concebidas como un **homenaje a Miró** de Henri Matisse, Henry Moore, Robert Motherwell y Eduardo Chillida, el escultor vasco. Destaca, sobre todo, la **Fuente de Mercurio**, de Alexander Calder, que construyó para el pabellón republicano de la Exposición Universal de París de 1936, la misma para la cual Picasso pintó el *Guernica*. Se halla en un pasillo de la planta baja.

El castell de Montjuïc

En el lado oriental de Montjuïc, asomados al puerto, se hallan los últimos puntos de interés de la montaña, como los **Jardins de Mossèn Jacint Verdaguer**, y el teleférico que deja junto al parque de atracciones, cerrado hace algunos años.

El teleférico remonta la ladera y ofrece unas estupendas vistas de la ciudad, antes de detenerse junto al **castell de Montjuïc** del siglo XVIII. Construido sobre unas ruinas del siglo XVII, el castillo ha sido el escenario de numerosos episodios sangrientos: el 15 de octubre de 1940, Lluís Companys, el primer presidente de la Generalitat, fue ejecutado allí bajo el régimen de Franco. En la actualidad el edificio alberga un **Museo Militar** (mar.-dom., 9.30-19.30 h; 200 pesetas). En el interior hay maquetas de los cas-

tillos catalanes más célebres, además de una excelente colección de sables y armas de fuego, medallas, uniformes, mapas y fotografías, así como una colección de armaduras situada en las mazmorras.

El Eixample

Durante el siglo XIX, y debido a la creciente prosperidad de Barcelona, el Barri Gòtic se fue congestionando cada vez más al concentrarse allí una población emprendedora y comercial. A mediados de la década de 1850, era evidente que la ciudad tenía que ampliarse y extenderse más allá de la plaça de Catalunya. Así se llevó a cabo el plan del ingeniero Ildefons Cerdà. Su proyecto consistía en una ciudad nueva en forma de cuadrícula desplazada hacia el norte, cortada por calles largas y rectas, y dividida en dos por anchas avenidas en diagonal. Las obras se iniciaron en 1859 en lo que en castellano se llama el Ensanche, el **EIXAMPLE** en catalán.

Pronto se convirtió en una zona de moda, y las clases adineradas no tardaron en trasladarse allí desde sus residencias poco espaciosas en el casco antiguo, situadas junto al puerto, a nuevas y amplias viviendas y oficinas comerciales. Al concentrarse las clases con poder adquisitivo, en el norte, una serie de arquitectos modernistas empezaron a construir edificios cada vez más llamativos en el Eixample, que fueron adquiridos por comerciantes y hombres de negocios. Estos edificios, entre los que destacan los de **Antoni Gaudí, Lluís Domènech i Montaner** y **Josep Puig i Cadafalch** (véase recuadro «El Modernismo», pág. 630), son por lo general de propiedad privada y sólo se pueden apreciar desde fuera, pero han convertido el Eixample en un gran museo urbano por el cual resulta muy agradable pasear. Si el visitante tiene intención de explorar la arquitectura modernista, puede recorrer la **Ruta del Modernisme**. El precio del billete es de 600 pesetas (disponible en el Palau Güell, véase pág. 613, o en la Casa Lleó Morera, véase pág. siguiente) y permite acceder a todos los edificios que suelen permanecer abiertos al público; asimismo incluye un plano y un folleto ilustrativo, en el que aparece un recorrido con las casas más emblemáticas y ejemplos menores de los pertenecientes al movimiento modernista; el billete es válido por 1 mes, lo que significa que el viajero puede hacer las visitas en diferentes momentos.

El Eixample continúa siendo el principal barrio comercial de la ciudad, y se extiende a ambos lados de dos calles paralelas: el **passeig de Gràcia** y la **rambla de Catalunya**; ambas van hacia el noroeste desde la plaça de Catalunya. En la primera se encuentran algunos de los ejemplos más célebres de la arquitectura modernista de Barcelona, incluidas la famosa **Illa de la Discòrdia** y **La Pedrera**, de Gaudí. La segunda es la avenida más bonita de la zona, su parte central es peatonal y está flanqueada por bancos y cafés al aire libre. Casi todos los puntos de interés se hallan al este de la rambla de Catalunya, una zona conocida como la Dreta de l'Eixample, y al sur de la **avinguda Diagonal**, que divide el Eixample en dos partes. Situada a la izquierda de la Rambla, el área conocida como Esquerra de l'Eixample —que albergó muchos de los edificios públicos del plan Cerdà— resulta menos interesante.

Si el viajero no se dedica a hacer compras ni siente interés por la arquitectura, el Eixample no le resultará tan atractivo, aunque muchos de sus edificios albergan museos y exposiciones interesantes; de hecho, la **Fundació Antoni Tàpies** es una galería donde se exponen las obras de este artista. Además, la extraordinaria **Sagrada Família** de Gaudí, al noreste del Eixample, sí merece una visita.

Por el passeig de Gràcia

Si el visitante quiere pasear por el Eixample, el tramo más interesante es el amplio **passeig de Gràcia**, que se extiende hacia el norte desde El Corte Inglés, situado a

un lado de la plaça de Catalunya. No ha sido modificado desde su construcción en 1827 y es una espléndida avenida, cortada por los dos bulevares principales de la ciudad: la Gran Via y la Diagonal, y que se prolonga hasta el barrio de Gràcia. Para poder apreciar un panorama de la mejor arquitectura modernista de Barcelona, que lucen una serie de edificios notables situados en la misma avenida, o cerca de ella, hay que recorrerla al menos hasta el Metro Diagonal.

La Illa de la Discòrdia
El grupo de edificios más célebre, la llamada **Illa de la Discòrdia** (manzana de la discordia), se encuentra a cuatro manzanas de la plaça de Catalunya (Metro más cercano: Passeig de Gràcia). Debe su nombre al hecho de que varios edificios adyacentes, construidos por tres arquitectos diferentes, son de un estilo completamente distinto.

En la esquina del carrer Consell de Cent, en passeig de Gràcia 35, se halla la **Casa Lleó Morera** de seis plantas (todos los días, 10-19 h; entrada sólo con billete de la Ruta del Modernisme); fue construida por Domènech i Montaner, y completada en 1906. Su fachada es la menos extravagante de los edificios de la manzana y es la que ha sufrido más «reformas» llevadas a cabo por sus diferentes propietarios; entre otras cosas, mandaron retirar las arcadas y esculturas de la planta baja. Sin embargo, tiene un soberbio interior de estilo modernista (sólo se puede visitar la primera planta), repleto de cerámicas y madera, y sus balcones semicirculares son muy característicos.

Unos pasos más allá, en el n.º 41, se alza la **Casa Amatller**, de Puig i Cadafalch; más llamativa, se trata de un bloque de pisos construido en 1900, en gran parte a partir de la estructura de un edificio anterior. Su dueño era Antoni Amatller, un catalán que tenía una fábrica de chocolate. La fachada es escalonada y está decorada con cerámicas coloreadas; encima de las ventanas y las puertas hay esculturas heráldicas. El visitante podrá echar un vistazo al vestíbulo, donde observará las paredes revestidas de azulejos, algunas sinuosas columnas de piedra, unas cúpulas de cristal coloreado y un patio de luces acristalado. El edificio alberga el Institut Amatller d'Art Hispànic (biblioteca, sept.-jun., lun.-vier., 10-13.30 h; también mar. y jue., 15.30-19 h), que se halla en las antiguas dependencias de la familia Amatller; si el visitante quiere ver el interior, tendrá que unirse a una visita guiada (jue., 11 y 12 h; entrada gratuita).

Quizás el edificio más extraordinario de la Illa de la Discòrdia sea el del n.º 43: la **Casa Batlló**, de Gaudí (terminada en 1907), proyectada para el industrial Juan Batlló, y que también fue construida a partir de un edificio ya existente, pero considerado poco interesante. Gaudí fue contratado para modificar la fachada y logró crear algo que más adelante Dalí compararía con «las aguas tranquilas de un lago». Los balcones parecen máscaras y el edificio está coronado por una especie de serpiente o dragón.

La Casa Montaner i Simon: la Fundació Tàpies
En el n.º 255 del carrer Aragó se alza el primer edificio importante construido por Domènech i Montaner, la **Casa Montaner i Simon**, acabada en 1880. En un principio era la sede de la editorial Montaner i Simon, pero como se puede ver por la enorme estructura tubular del techo, ahora alberga la **Fundació Antoni Tàpies** (mar.-dom., 11-20 h; 500 pesetas).

La tercera de las colecciones barcelonesas dedicada a un solo artista abarca la vida y obra de Antoni Tàpies, nacido en la ciudad en 1923. Sus primeras obras importantes datan de 1945; en aquella época, Tàpies se interesaba por el *collage* (utilizaba papel de periódico, cartón, papel de plata, cuerdas y alambre) y las técnicas del grabado. Más adelante, mediante sus contactos con Miró y otros artistas, pasó por un breve período surrealista (cuyos frutos se exponen en el sótano). Tras una estancia en París, encontró un estilo abstracto que desarrolló durante la década de 1950; en aquel tiempo empezó a exponer en galerías importantes, incluso en Nueva York. Sus grandes obras, situadas en la galería principal, son aparentemente sencillas, aunque

EL MODERNISMO

El **Modernismo**, la versión catalana del Art Nouveau, fue la expresión de un renovado auge del nacionalismo catalán en la década de 1870. La recuperación económica catalana de principios del siglo XIX proporcionó el impulso inicial y el subsiguiente renacimiento cultural de la región: la *Renaixença*, que provocó los primeros indicios de la nueva conciencia e identidad catalana posteriores a los años de dominio Borbón.

Lluís Domènech i Montaner (1850-1923), que quizá fue el arquitecto modernista más importante, proporcionó una dirección clara a las aspiraciones catalanas mediante su llamamiento (1878), que exigía la creación de un estilo arquitectónico nacional, basado en las ricas tradiciones románicas y góticas de Cataluña. Era el momento más indicado, ya que Barcelona estaba experimentando una gran expansión: las murallas medievales habían sido derribadas y la cuadrícula del Eixample estaba conformando una nueva ciudad un tanto afrancesada y con mucho espacio disponible. Hacia 1874, **Antoni Gaudí** (1852-1926) había iniciado su carrera como arquitecto. Nacido en Reus en el seno de una familia de artesanos, su obra nunca fue de un estilo estrictamente modernista (en realidad, no correspondía a un estilo determinado), pero proporcionó un gran impulso al movimiento. Unos 14 años después, el joven **Josep Puig i Cadafalch** (1867-1957) decidió convertirse en arquitecto (y más adelante, en un político reformista) movido por la rápida construcción del *Grand Hotel* de Domènech, situado en el passeig de Colom. Fue en otro edifico construido por Domènech (el café-restaurante del parc de la Ciutadella) donde se montó un taller de artesanía después de la Exposición Universal de 1888; esto proporcionó a los arquitectos modernistas de Barcelona la oportunidad de experimentar con artesanías tradicionales, como la cerámica, la forja de hierro, los vitrales y la talla decorativa en piedra. Esta combinación de artesanía tradicional con tecnología moderna se convertiría en la característica del Modernismo; de hecho, produjo algunas de las obras de arquitectura moderna más interesantes y fantásticas del mundo.

Por lo general se suele hablar de estos tres artistas; no cabe duda de que construyeron la mayoría de los edificios más extraordinarios de Barcelona. Pero también hay que tener en cuenta a algunos arquitectos menos conocidos: **Josep Maria Jujol**, conocido por colaborar con Gaudí en algunos de sus proyectos más célebres, también es el autor de obras propias; además está el esforzado **Jeroni Granell** (1867-1931), y **Josep Vilaseca i Casanovas** (1848-1910), que construyó el Arc de Triomf, de ladrillo rojo, situado ante el parc de la Ciutadella.

No hay duda de que el más célebre es Antoni Gaudí; su formación fue la de un artesano, y su espíritu el de un ferviente nacionalista catalán. Sus edificios son las creaciones más audaces del movimiento modernista: unas fantasías aparentemente delirantes, pero que al mismo tiempo son del todo funcionales. Su arquitectura tiene influencias moriscas y góticas, aunque embellecía su obra con elementos del mundo de la naturaleza. Pero Gaudí rara vez redactó un escrito teórico acerca de sus obras: prefería que hablaran por sí mismas. Al igual que todos los edificios modernistas de Barcelona, exigen una reacción.

transmiten mensajes y temas subyacentes por medio de la inclusión de objetos cotidianos y símbolos; también ha experimentado con materiales poco comunes, como óleo mezclado con polvo de mármol. En las décadas de 1960-1970, su obra adquirió tintes políticos: los colores duros de *En recuerdo de Salvador Puig Antich* conmemoran la ejecución del anarquista catalán durante el régimen de Franco.

La Pedrera y Vinçon

Otro edificio notable es la Casa Milà, proyectada por Gaudí entre 1905-1911 y situada en passeig de Gràcia 92 (Metro Diagonal). Se dice que su fachada ondulada —que ocupa una de las esquinas de passeig de Gràcia con Provença— está inspirada en la

montaña de Montserrat, y cada uno de sus balcones de hierro forjado es diferente. El edificio se conoce popularmente como **La Pedrera** y fue uno de los últimos encargos seculares de Gaudí —y uno de los más logrados—, pero incluso aquí incorporó motivos y esculturas religiosos hasta que los propietarios le obligaron a eliminarlas. En verano, el **terrado** permanece abierto al público por las noches y es posible visitar una vivienda; asimismo se exponen obras de Gaudí en las plantas superiores (mar.-sáb., 10-20 h; dom., 10-15 h; 1.000 pesetas).

Justo al lado de La Pedrera se alza la **Casa Ramón Casas**, que data de 1899, un gran edificio proyectado para el artista Ramón Casas. En 1941, la tienda **Vinçon** se instaló en las dos primeras plantas y en la década de 1960 se convirtió en el preeminente proveedor de muebles y objetos de diseño de la ciudad, un puesto que aún conserva (lun.-sáb., 10-14 h y 16.30-20.30 h). La tienda tiene diversas entradas: passeig de Gràcia 96, Provença 273 y Pau Claris 175. En su interior hay también una sala de exposiciones temporales.

Entre passeig de Gràcia y la avinguda Diagonal

Tal vez los edificios del passeig de Gràcia sean los más conocidos del Eixample, pero en las manzanas que se encuentran en el triángulo formado por el passeig y la **avinguda Diagonal** hay algunos importantes y, algunas veces, extraordinarios. Varios son obra de Domènech i Montaner y Puig i Cadafalch, mientras que el primer edificio de apartamentos de Gaudí, la Casa Calvet, también se encuentra en esta zona. A excepción de la Casa Calvet, todos están cerca uno del otro, entre las paradas de Metro de Passeig de Gràcia y Diagonal.

La **Casa Calvet** (Casp 48) data de 1899 y se halla a pocos pasos de la plaça de Catalunya. Fue su primer edificio de pisos y, aunque de estilo bastante convencional, el barroquismo de la fachada principal volvería a aparecer en los que construyó después en el passeig de Gràcia.

En la calle Valencia 284 hay que visitar el **Museu Egipci de Barcelona** (lun.-sáb., 10-14 h y 16-20 h; dom., 10-14; 900 pesetas; ☎934 880 188), que aspira a convertirse en el primero en su tipo de Europa y posee una colección más que destacada, iniciada por la Fundació Clos.

Merece la pena visitar la iglesia y mercado de **La Concepció**, entre las calles Valencia y Aragó. La iglesia y el claustro gótico de principios del siglo XV estaban en el casco antiguo, y formaban parte de un convento abandonado a principios del XIX; pero en 1870 fue trasladado ladrillo a ladrillo por Jeroni Granell. El mercado fue construido en 1888 y completamente reformado y renovado en 1998. A una manzana al norte, la neogótica **Casa Thomas**, situada en Mallorca 291, está revestida de cerámicas de tonos pastel; en la planta baja y el sótano se encuentra una tienda de muebles de diseño. Un poco más allá, emplazado en un pequeño jardín, el **Palau Montaner** (Mallorca 278) fue acabado en 1893. En comparación, es un edificio un tanto bajo y sencillo, aunque su fachada luce figuras de cerámica y en el interior hay una magnífica escalinata (sólo sáb., 9-13 h).

Desde allí el visitante podrá ir hasta la Diagonal y llegar a la Casa Terrades, situada en el n.º 416-420. Más conocida como **Casa de les Punxes**, debido a sus torres revestidas de cerámica roja y sus gabletes, es la mayor obra de Puig i Cadafalch. Un poco más allá, al otro lado de la avenida en el n.º 373, se erige el **Palau Quadras**, la obra casi gótica de Puig, construido en 1904, y que ahora alberga el **Museu de la Música** (mar. y jue.-dom., 10-14 h; miér., 17-20 h; 400 pesetas; miér. tardes y primer dom. de cada mes, entrada gratuita). Vale la pena visitar la colección de instrumentos de los siglos XVI al XX, procedentes de todo el mundo.

La Sagrada Família

Aunque los edificios del Eixample no susciten un interés generalizado, no se puede decir lo mismo del monumento más célebre de la ciudad, el gran **Temple Expiatori de la Sagrada Família**, de Gaudí (todos los días, marzo, sept.-oct., 9-19 h; abril-agos., 9-20 h; nov.-feb., 9-18 h; 800 pesetas; Metro línea 2 o 5 Sagrada Família), situado al este de la plaça de Catalunya y al norte de la Diagonal. Se trata de una parada obligatoria de cualquier visita a Barcelona, ya que en mayor medida que cualquier edificio del Barri Gòtic, dice mucho del impulso catalán para exaltar la singularidad y el empeño.

Su construcción se inició en 1882 con donativos públicos; en un principio la Sagrada Família fue concebida por su impulsor, el editor catalán Josep Bocabella, como un edificio expiatorio. Para llevar a cabo la obra, se contrató al arquitecto Francesc de Paula Villar, y éste proyectó una iglesia modesta de estilo neogótico. Tras unas disputas entre Bocabella y Villar, éste dimitió y **Gaudí** se hizo cargo del proyecto 2 años después; éste lo modificó de manera progresiva, ya que creía que la Sagrada Família le ofrecía la oportunidad de expresar sus propios sentimientos espirituales y nacionalistas cada vez más intensos. De hecho, una vez acabado el parc Güell en 1911, juró que nunca volvería a hacer una obra laica, sino que se dedicaría a la construcción de la Sagrada Família en exclusiva (por aquella época ya vivía en un taller situado en el solar del templo). Gaudí continuó modificando los planos hasta su muerte, después de ser arrollado por una tranvía en la Gran Via en junio de 1926; murió en un hospital 2 días más tarde (al principio sin ser reconocido, ya que pocas veces abandonaba su pequeño estudio). Su muerte fue considerada una auténtica tragedia en Cataluña; de hecho, al cortejo fúnebre asistió toda Barcelona.

En la actualidad, la iglesia aún está inacabada, aunque las **obras se reiniciaron** en medio de una gran controversia en la década de 1950 y aún siguen. A pesar de que el edificio sobrevivió a la Guerra Civil, los planos y las maquetas de Gaudí fueron destruidos en 1936 por los anarquistas, que consideraban que Gaudí y su iglesia eran unas reliquias religiosas conservadoras de las que la nueva Barcelona podía prescindir. George Orwell, que durante la Guerra Civil simpatizaba con los anarquistas, comentaría que gracias a su valor artístico, la Sagrada Família no fue destruida, pero añadió que se trataba de «uno de los edificios más horrendos del mundo» y que «los anarquistas demostraron su mal gusto al no hacerla estallar cuando tuvieron la oportunidad de hacerlo». Sin embargo, como no lo hicieron y nadie sabe cuál era la intención de Gaudí, las discusiones aún continúan. Según algunos, la Sagrada Família debería de permanecer inacabada como un recordatorio de la muerte prematura de Gaudí, otros creen que éste quería que fuera la obra de varias generaciones, y que cada una aplicara su propio estilo. La continuación del proyecto por J. M. Subirachs ha resultado más que polémica.

El edificio

Es de un tamaño sorprendente y sus ocho **pináculos** se elevan a más de 100 m de altura. Han sido comparados con cigarros perforados y tacos de billar celestiales. Para Gaudí simbolizaban a los doce apóstoles; de hecho, tenía intención de construir cuatro más encima de la fachada principal, y añadir una torre de 180 m de altura coronada por un cordero (que representara a Jesús) encima del crucero, que estaría rodeada por cuatro torres más pequeñas simbolizando a los Evangelistas.

Las fachadas también están dominadas por un **simbolismo** preciso, y cada una se halla dividida en tres pórticos dedicados a la Fe, la Esperanza y la Caridad. La oriental es una representación de la Natividad y los Misterios de la Dicha; la occidental (ahora la entrada principal y casi acabada) representa las Pasiones y los Misterios de la Aflicción. Gaudí quería que la fachada sur, la de la Gloria, fuera la culminación de la Sagrada Família, diseñada, según él, para demostrar «las realidades religiosas de la vida presente y futura... el origen del hombre, su objetivo, y el estilo de vida que ha

de seguir para lograrlo». Todo, desde la Creación hasta el Cielo y el Infierno, habrían de incluirse en un magnífico conjunto.

El visitante podrá ascender a una de las torres en el **ascensor**, o subir a pie (unos 400 escalones). En la cima disfrutará de unas vistas parciales de la ciudad, oteando a través de una extraordinaria confusión de piedras perforadas, cerámicas, contrafuertes y esculturas. También podrá explorar los muros: como mínimo, una experiencia vertiginosa.

Hay una tienda de recuerdos y un pequeño **Museu de la Sagrada Família**, que muestra la carrera del arquitecto y la historia del templo expiatorio. Las maquetas, los bocetos y las fotografías sirven para comprender las obras en curso.

La Esquerra de l'Eixample: desde la plaça de Catalunya hasta la estació de Sants

Al planificar un recorrido por el Eixample, las largas calles situadas al **oeste del passeig de Gràcia**, y que conforman la Esquerra de l'Eixample, no pueden competir con la Dreta, y la mayoría de los visitantes sólo recorren esta zona en Metro, camino del centro de la ciudad. Cerdà había destinado esta parte del Eixample a los edificios públicos; muchos de ellos aún están en pie: el edificio de la **Universitat**, en plaça de la Universitat; el **Hospital Clínic** (1904); la **Presó Model** (cárcel Modelo), con su bloque de celdas en forma de estrella, y la plaza de toros de **Les Arenes**, un hermoso edificio de principios del siglo XX con una estupenda decoración morisca. Pero lo más probable es limitarse a dar una vuelta por las tiendas de la **Gran Via**, que une la plaça d'Espanya con la plaça de les Glòries Catalanes, situada al este.

Sin embargo, hay una zona de la Esquerra de l'Eixample por donde merece la pena darse una vuelta, empezando por la plaça d'Espanya. Durante la última década, entre ésta y la estació de **Sants**, se han creado varios espacios públicos, en un estilo conocido como **nou urbanisme** (nuevo urbanismo), caracterizado por el deseo de convertir antiguos emplazamientos industriales en parques urbanos accesibles a la población local.

El parc Joan Miró y los alrededores de la estació de Sants

El **parc Joan Miró** (Metro Tarragona), construido en los terrenos del matadero municipal del siglo XIX, está compuesto por una plaza elevada cuyo elemento principal es la enorme estatua de mosaico de Miró: la *Dona i Ocell* (mujer y pájaro), que se asoma por encima de un pequeño lago; un símbolo familiar para los conocedores de la obra de Miró.

Aún más polémicas fueron las zonas ajardinadas creadas alrededor de la estació de Sants. Justo ante la estación, la **plaça dels Països Catalans** presenta una serie de muros, techos de alambre tejido y fuentecillas, diseñada por Helio Piñón: un «parque» bastante incómodo según la opinión de la mayoría, que resulta intimidante en lugar de acogedor. Más atractivo es el **parc de l'Espanya Industrial**, del arquitecto vasco Luis Peña Ganchegui, situado a un lado de la estación. Está construido en los terrenos de una antigua fábrica textil y tiene una hilera de faros con franjas amarillas y rojas que se asoman a unas escalinatas blancas; a sus pies hay un estanque con una estatua de Neptuno de estilo clásico, más bonita cuando la iluminan por las noches.

Los barrios periféricos

Hasta que el Eixample se extendió por la llanura, Barcelona estaba rodeada al norte por una serie de pequeñas localidades. En la actualidad, se han convertido en **barrios**, pero la mayoría conserva unas determinadas características que merece la pena explorar, incluso si la visita a Barcelona fuera breve. **Gràcia**, en particular, la más cerca-

na al centro, continúa siendo el bastión liberal y casi bohemio que fue en el siglo XIX; su vida cultural es activa y hay mucho ambiente nocturno. Además, cada uno de los suburbios poseen uno o dos puntos de interés que los convierten en metas atractivas. Algunos, como el **parc Güell**, situado entre Gràcia y Horta, y el monasterio gótico de **Pedralbes**, están incluidos en los recorridos de la mayoría de los turistas. Otros son más específicos, como el museo de fútbol situado en el magnífico estadio del F. C. Barcelona, el **Camp Nou**, o la colección de cerámicas del **Palau Reial**, pero en conjunto sirven para refutar la teoría de que Barcelona empieza y termina en el Barri Gòtic. Por último, para disfrutar de una de las mejores vistas de la ciudad, el visitante tendrá que esperar que el día sea claro y dirigirse al **Tibidabo**, una montaña donde hay un parque de atracciones y unos bares con magníficas vistas.

Gràcia

GRÀCIA es uno de los barrios periféricos más bonitos de Barcelona y, dada la concentración de bares, clubes y restaurantes, suele ser de los más visitados. Empieza en el extremo superior del passeig de Gràcia y está limitado aproximadamente por el carrer Balmes al oeste y las calles por encima de la Sagrada Família al este; desde el siglo XIX es un barrio de la ciudad con todas las de la ley: el hogar tradicional de artistas y políticos, estudiantes e intelectuales, pero donde aún viven muchos lugareños, lo que le confiere un aire de ciudad pequeña y sin pretensiones. Para **llegar**, hay que tomar los ferrocarriles catalanes en la plaça de Catalunya y bajarse en la estación de Gràcia; o bien el autobús 22 o 24 en la plaça de Catalunya, o en las paradas del passeig de Gràcia, o tomar el Metro de la línea 3 en Diagonal hasta Fontana o Lesseps.

La **plaça del Sol** es un sitio ideal para sentarse en un café y contemplar los edificios del siglo XIX que la rodean, además de los más recientes, obra de Gabriel Mora y Jaume Bach. Por las noches, sobre todo los fines de semana, la plaza se convierte en un lugar de reunión al aire libre, una base para dirigirse a bares, clubes y restaurantes de la vecindad. Un par de manzanas más abajo se encuentra la bonita **plaça Rius i Taulet**, que se caracteriza por un campanario de 30 m de altura.

El primer encargo privado que recibió Gaudí fue la construcción de la **Casa Vicens** (acabada en 1885), situada en el Carolines 24 (Fontana es la estación de Metro más cercana). En ésta se inspiró en el estilo mudéjar y revistió la fachada con azulejos verdes y blancos que forman un dibujo floral.

El parc Güell

Desde 1900 hasta 1914, Gaudí se dedicó a la construcción del **parc Güell**, un encargo de Eusebi Güell (que patrocinó la construcción del Palau Güell, cerca de las Ramblas. El parque (todos los días, jul.-sept., 10-19 h; oct.-jun., 10-18 h; entrada gratuita) se halla en las afueras de Gràcia. Fue el proyecto más ambicioso de Gaudí después de la Sagrada Família, a cuya construcción también estaba dedicado, y consistía en el desarrollo de una urbanización privada con 60 viviendas, con sus senderos, zonas recreativas y monumentos decorativos. Al final sólo se construyeron dos casas, y el parque fue abierto al público en 1922.

Situado en una colina desde donde se contemplan excelentes vistas de la ciudad, el parc Güell es una expresión casi alucinada de la imaginación. Hay pabellones de piedras retorcidas, lagartos revestidos de mosaicos, una enorme sala de columnas (destinada a ser el mercado de la urbanización), un interminable y sinuoso banco de cerámica... todo forma un conjunto muy imaginativo. Un autor británico describió la sala de columnas como «al mismo tiempo un parque de atracciones, un bosque petrificado y el gran templo de Amón, en Karnak».

Los mosaicos y las decoraciones de cerámica que proliferan por el parque fueron

en su mayor parte realizados por J. M. Jujol, ayudante de Gaudí en diversos proyectos, mientras que en 1904, otro de sus colaboradores, Francesc Berenguer, proyectó y construyó una casa en el parque; Gaudí la ocupó hasta que se instaló definitivamente en la Sagrada Família. Hoy en día, se ha convertido en la **Casa Museu Gaudí** (lun.-vier. y dom., 10-14 h y 16-18 h; verano, cierra a las 19 h; 300 pesetas), que expone una interesante colección de muebles diseñados por Gaudí para otros proyectos: una mezcla típica de originalidad y diseño, además de planos y objetos relacionados con el parque y la vida de Gaudí.

Para llegar al parque, el visitante tendrá que tomar el **autobús** 24 desde la plaça de Catalunya hasta la entrada lateral situada junto al aparcamiento o el **Metro** a Vallcarca, desde donde hay que bajar por la avinguda de l'Hospital Militar hasta la escalera mecánica situada a la izquierda, y después seguir hacia la entrada del parque. Algunas veces la escalera mecánica no funciona, y la subida es bastante empinada. **Desde Gràcia**, deberá tomar por el carrer Gran de Gràcia hasta más allá de la estación de Metro Lesseps, donde tendrá que girar a la derecha hasta la Travessera de Dalt y seguir las indicaciones.

Pedralbes y alrededores

PEDRALBES es un próspero barrio residencial al noroeste de la ciudad, con amplias avenidas y elegantes edificios de apartamentos. Si el viajero dispone de 1 día entero, podrá visitar el monasterio gótico, además de una obra primitiva de Gaudí situada en la zona, así como el estadio del Camp Nou y el museo de cerámica del Palau Reial.

El Camp Nou: el Museu del Futbol Club Barcelona

Cerca de la Diagonal, se halla el magnífico estadio de fútbol del **Camp Nou**; pertenece al F. C. Barcelona (Metro Collblanc o Maria Cristina), y suele ser visitado por los aficionados al deporte. Construido en 1957 y ampliado con motivo de la semifinal de la Copa del Mundo de 1982, el cómodo estadio tiene 120.000 asientos dispuestos en hileras empinadas, que proporcionan una de las mejores oportunidades de todo el mundo para disfrutar del fútbol, comparable con el célebre estadio Maracaná de Brasil. En los últimos años, el club ha sido de los más exitosos de España; de hecho, ha ganado la Liga y varias copas en diversas ocasiones, y la Copa de Europa en 1992. Para muchos barceloneses se trata de algo más que un club, pues durante el régimen franquista fue un símbolo catalán que congregaba a los ciudadanos, y tal vez por ese motivo es el club con mayor número de socios del mundo: en la actualidad son 106.000 e incluye al socio más célebre del planeta, el papa Juan Pablo II, al que convencieron de que se asociara durante su visita a España en 1982.

Si el visitante no consiguiera entradas para ver un partido, otra opción es visitar el **Museu del Futbol** (lun.-sáb., 10-18.30 h; dom., 10-14 h; 500 pesetas), que expone objetos relacionados con el deporte nacional de España. Hay fotos del equipo y los partidos que se remontan a 1901, así como una colección de fotografías de los jugadores extranjeros que jugaron en el Barça. Aunque pueda parecer mentira, es el museo de Barcelona (junto con el Museo Picasso), que acoge más visitantes.

El Palau Reial de Pedralbes y la Finca Güell

Al otro lado de la Diagonal se encuentra el **Palau Reial de Pedralbes** (Metro Palau Reial), un palacio de estilo italiano emplazado en unos bonitos **jardines** (todos los días, invierno, 10-18 h; verano, 10-20 h). En el interior se puede visitar el **Museu de Ceràmica** (mar.-dom., 10-15 h; 600 pesetas; primer dom. de cada mes, entrada gratuita), donde hay muchas piezas de los siglos XIII al XIX, además de algunos azulejos y

platos de influencia mudéjar, originarios de la ciudad aragonesa de Teruel, y salas repletas de jarras catalanas (algunas del siglo XVII), jarrones, platos y cuencos. En la sección moderna están bien representados Picasso, Miró y el modernista Antoni Serra i Fiter. Junto al Museu de Ceràmica, e incluido en el precio de la entrada se halla un museo nuevo, el **Museu de les Arts Decoratives** (mismos horarios que para el Museu de Ceràmica), que muestra objetos cotidianos y de diseño industrial, desde la Edad Media hasta la actualidad.

Desde el palacio hay que remontar la avinguda Pedralbes durante unos 15 minutos para llegar al monasterio. A mitad de camino se encuentra la **Finca Güell**, de Gaudí, situada a la izquierda. Fue construida como un establo y una escuela de equitación para la familia de Eusebi Güell, el antiguo patrocinador de Gaudí, y en la actualidad es una residencia privada; sólo se puede admirar la puerta de hierro en forma de dragón, que muestra sus dientes afilados a los paseantes.

El monestir de Pedralbes

Al final de la avinguda Pedralbes, se alza el gótico **monestir de Pedralbes** (mar.-dom., 10-14 h; 400 pesetas; primer dom. de cada mes, entrada gratuita; entrada combinada para la exposición Thyssen-Bornemisza, 700 pesetas); está en una calle empedrada que pasa a través de un pequeño arco a un lado de la calle. Desde el centro, el monasterio se encuentra a unos 30 minutos en **autobús** (tome el 22 desde passeig de Gràcia hasta el final); también puede tomar el Metro hasta Palau Reial (véase pág. anterior).

Fue fundado en 1362 por las monjas de la orden de Santa Clara y se trata de una completa aldea monástica, conservada en las afueras de la ciudad. Los **claustros** ocupan tres plantas y están adornados por columnas muy delgadas; las salas adyacentes ofrecen el panorama más claro de la vida monástica que se pueda ver en Cataluña: hay un amplio refectorio, una cocina completamente equipada, una enfermería (con camas y jarras de agua), una cocina de la enfermería y ventanas que dan a un cuidado huerto. También vale la pena visitar la **iglesia** adjunta, una estructura sencilla de una sola nave, que conserva parte de sus vitrales originales. En la cancela, a la derecha del altar, se halla la tumba de mármol de la patrocinadora de la fundación: la reina Elisenda de Montcada, esposa de Jaime II.

Tras años de negociaciones, hoy se puede visitar una selección de pinturas religiosas provenientes de la colección Thyssen-Bornemisza, albergada en los antiguos dormitorios del monasterio. La enorme colección privada del barón Heinrich von Thyssen-Bornemisza llegó a España en 1989, y la mayor parte está expuesta en el Palacio de Villahermosa, en Madrid; pero gracias a Tita Cervera, la esposa catalana del barón, algunos de los cuadros fueron a parar a Barcelona. Éstos conforman la actual **Col·lecció Thyssen-Bornemisza** (mar.-dom., 10-14 h; 400 pesetas, entrada combinada para el monestir de Pedralbes, 700 pesetas), un soberbio conjunto de obras que incluye piezas inestimables pertenecientes a todos los movimientos importantes del arte europeo, desde el siglo XIV al XVIII.

El Tibidabo

Si las vistas desde el castell de Montjuïc son estupendas, las de la **montaña del Tibidabo**, de 500 m de altura, y que forma el límite noroeste de la ciudad, son legendarias. Su nombre se debe a las tentaciones de Cristo en el desierto, cuando Satanás lo condujo hasta un promontorio y le ofreció todo cuanto veía: *Haec omnia tibi dabo si cadens adoraberis me* («Todo esto te daré, si postrado me adorares»).

La cima está coronada por una **iglesia** moderna, en cuyo extremo se alza una gran estatua de Cristo; junto a ésta se encuentra el **Parc d'Atraccions** (jul.-agos., lun.-jue., 12-20 h; vier.-dom., 12-1 h; sept., lun.-vier., 12-20 h; sáb.-dom., 12-22 h; oct.-abril, sólo sáb.-dom. y festivos, 12-20 h; mayo-jun., miér.-vier., 10-18 h; sáb.-dom., 12-21 h). Las atrac-

ciones están distribuidas a diversas alturas, unidas por senderos y jardines. Es una buena combinación de atracciones tradicionales y alta tecnología, y en todas se forman largas colas en horas punta. Hay diversas entradas o varios precios: la que sólo da acceso al parque cuesta 700 pesetas, y en tal caso se paga el acceso a cada instalación por separado (hasta 500 pesetas); si el viajero quiere montar en todas las atracciones —o en dos o tres— le resultará más barato comprar una entrada de 2.500 pesetas.

Para acceder a la montaña, el visitante tendrá que tomar el **tren** de los Ferrocarrils de la Generalitat (línea Tibidabo) o el **autobús** 17 (ambos desde la plaça de Catalunya), hasta la avinguda Tibidabo. Desde allí sale un servicio regular de **tranvía** (el Tramvia Blau; cada 30 min. o cada 15 min. los fines de semana, 7-21.30 h; ida, 275 pesetas; ida y vuelta, 400 pesetas), que llega hasta la plaça Doctor Andreu (si el tranvía no funciona, hay un servicio de autobús). En la plaza encontrará diversos cafés-bares y una **estación del funicular** que llega hasta la cima de la montaña (lun.-jue. y dom., 12-22.30 h; vier.-sáb., 12-1.30 h; ida, 300 pesetas; ida y vuelta, 400 pesetas).

Las afueras de la ciudad

Resulta fácil llegar a cualquiera de los centros turísticos de la **costa**, de los que se han apropiado los habitantes de la ciudad. El mejor es Sitges, situado a 40 minutos de Barcelona en la Costa Daurada, y que aparece en el capítulo dedicado a «Cataluña». Sin embargo, hay numerosas playas más cercanas que merece la pena tener en cuenta, como **Castelldefels** al sur, y las de la **Costa del Maresme** al norte: todas están comunicadas con Barcelona por trenes que circulan con mucha frecuencia durante todo el verano. Por otra parte, la única excursión realmente imprescindible es a **Montserrat**, la extraordinaria montaña con su monasterio, situada a 40 km de la ciudad: pocos quedarán decepcionados.

La costa: Castelldefels y la Costa del Maresme

Todos los trenes hacia las playas mencionadas abajo salen de la estació de Sants, donde el viajero conseguirá los horarios actuales. Los que van a Castelldefels también se detienen en la estación de passeig de Gràcia; para ir al Maresme, puede tomar el tren en la plaça de Catalunya.

Al **sur**, la primera parada es **CASTELLDEFELS**, situado a 20 km de Barcelona. El viajero tendrá que bajar en Castelldefels-Platja y no en la parada anterior. Allí, acuden muchas personas para disfrutar de la extensa playa que se encuentra a un par de manzanas de la estación. En **GARRAF**, a sólo 5 minutos más allá en tren, la playa es mucho más pequeña y el ambiente más familiar; la localidad muy bonita, dispone de un pequeño puerto.

Justo al **norte** de Barcelona y antes de llegar a la Costa Brava, hay un tramo conocido como la **Costa del Maresme**. En general, es una zona mucho más industrial y menos bonita que la Costa Brava; pero está cerca de la ciudad, aunque esto en verano significa carreteras atascadas y trenes abarrotados. Los primeros 40 km de costa pasan por las ciudades industriales de Badalona y Mataró; si el visitante quiere evitar las pestilencias de las industrias químicas, tendrá que seguir hasta **ARENYS DE MAR**, a 1 hora de Barcelona. Se trata del mayor puerto pesquero de la zona, y merece una visita, ya que dispone de una playa bastante aceptable. En **CALDETES**, 2 km al norte, se pueden visitar los baños termales, cuyos primeros visitantes fueron los romanos. **CANET DE MAR**, que se halla un poco más al norte, tiene una playa bonita.

Si el viajero sólo tiene intención de visitar una playa, puede dirigirse a **SAN POL DE MAR**, situada a 45 km de Barcelona, una localidad pequeña y que ha conservado gran parte de su belleza natural; la costa, que se encuentra a 15 minutos a pie de la

estación, ofrece caletas rocosas y la posibilidad de nadar en solitario. En la calle principal hay diversos restaurantes. Desde la estación, el viajero tendrá que atravesar las vías y girar a la izquierda.

La montaña y el monasterio de Montserrat

La **montaña de MONTSERRAT**, con sus rocas de formas curiosas, su monasterio y cuevas con ruinas de ermitas, se encuentra a 40 km al noroeste de Barcelona, cerca de la carretera a Lleida. Es uno de los paisajes más espectaculares de España: un afloramiento serrado que quedó expuesto a la erosión cuando el mar interior que cubría esta zona hace unos 25 millones de años desapareció debido a los movimientos de la corteza terrestre. Ha dado lugar a muchas leyendas; se cuenta que 50 años después del nacimiento de Cristo, san Pedro depositó una imagen de la Virgen tallada por san Lucas en una de las cuevas de la montaña; también se dice que fue aquí donde el caballero Parsifal descubrió el Santo Grial. Inevitablemente, el monasterio y la montaña han dejado de ser remotas; de hecho, es visitada por los numerosos turistas que veranean en la Costa Brava, pero el lugar en sí mismo continúa siendo mágico. El visitante evitará la muchedumbre si pasea por las laderas a lo largo de senderos bien señalizados, para llegar a ermitas aisladas. Las principales **peregrinaciones** a Montserrat son el 27 de abril y el 8 de septiembre.

Aspectos prácticos

El viajero obtendrá las mejores vistas si llega en tren desde Barcelona y luego toma el teleférico. Los **trenes** de los ferrocarriles catalanes salen de la plaça d'Espanya, todos los días a las 9.07, 10.10, 11.07 h y después cada 2 horas hasta las 19.07 h; tendrá que bajar en Montserrat Aeri, a 1 hora de viaje. Desde allí, deberá tomar el teleférico, que parte cada 15 minutos (todos los días, 10-13.45 h y 15-18.35 h) y llega hasta debajo del monasterio; se trata de una subida de 5 minutos por la empinada ladera de la montaña y tal vez sea el trayecto más emocionante de Cataluña. El billete de ida y vuelta, que incluye el tren y el teleférico, cuesta 1.880 pesetas; asimismo hay un billete combinado, que incluye tren, teleférico y los dos funiculares de la montaña, y que cuesta 2.900 pesetas ida y vuelta; incluso hay opción de pagar la comida (4.900 pesetas). Ambos billetes se pueden comprar en la estación de los ferrocarriles catalanes. **Para regresar a Barcelona**, los trenes que salen de Montserrat Aeri también lo hacen cada 2 horas, en este caso a las 10.35 h hasta las 18.35 h.

Varios **autobuses** diarios parten de Barcelona (Juliá Tours, plaça de la Universitat 12; ☎934 904 000); suelen salir a las 9 h y regresan alrededor de las 18 h. El billete cuesta unas 1.500 pesetas por persona y se pueden comprar en Juliá Tours o cualquier agencia de viajes. Si el viajero va en **automóvil**, tendrá que tomar la autopista A-2 hasta Martorell y después tomar la N-II y la C-1411 hasta el monasterio.

La **comida** que sirven en los dos restaurantes de autoservicio es cara y bastante mala; además, suelen estar repletos a las horas punta. Lo mejor es llevar la comida y salir a recorrer las laderas. **Pernoctar** en Montserrat puede ser una opción agradable; ya que se convierte en un lugar muy diferente cuando se marchan los grupos de turistas. El *Hotel Abat Cisneros* de tres estrellas (☎938 350 201; fax 938 284 006; ③) dispone de habitaciones dobles con o sin ducha o baño, mientras que el *Hotel-Residència Monestir* (mismos teléfono y fax) resulta un poco más barato. El **cámping**, que está señalizado, se encuentra más allá del funicular de Sant Joan, y dispone de duchas y baños limpios, así como unas excelentes vistas del monasterio y las montañas.

El monasterio

El **monasterio de Montserrat** existe gracias a *La Moreneta*, la Virgen negra supuestamente oculta por san Pedro (y que imita el estilo de las tallas bizantinas del si-

glo VI). La leyenda es un tanto vaga, pero al parecer la estatua se perdió a principios del siglo VIII, después de ser escondida durante la invasión musulmana. La imagen volvió a aparecer en el 880, acompañada de las habituales visiones y músicas celestiales, y su primer acto milagroso fue negarse a ser desplazada cuando el obispo de Vic intentó retirarla. En el 976 se construyó una capilla para albergarla, que fue sustituida por un monasterio benedictino, situado a casi 1.000 m de altura.

Los milagros no tardaron en producirse y en poco tiempo, la Virgen de Montserrat se convirtió en la principal imagen de culto de Cataluña, y en un centro de peregrinaje en España únicamente superado por Santiago de Compostela. Sólo en Italia le han dedicado más de 150 iglesias, al igual que lo fueron las primeras capillas de México, Chile y Perú; incluso una isla caribeña lleva su nombre. Durante siglos, el monasterio disfrutó de una gran prosperidad; poseía su propia bandera y una especie de independencia parecida a la del Vaticano. Pero en el siglo XIX, su fortuna empezó a decrecer; en 1835, el monasterio fue suprimido debido a sus simpatías carlistas; 9 años después se permitió el regreso de los monjes, pero en 1882 su número había disminuido y sólo quedaban 19. Montserrat volvió a recuperar su popularidad en las últimas décadas del siglo XX: en la actualidad, hay más de 300 monjes y, además de los turistas, centenares de recién casados acuden a Montserrat para obtener la bendición de *La Moreneta*.

El monasterio no tiene interés arquitectónico, excepto por sus dimensiones. La única parte abierta al público es la **basílica** renacentista (que en gran parte data de 1560-1592). **La Moreneta**, ennegrecida por el humo de numerosas velas, se encuentra encima del altar mayor, al que se llega por detrás, por una puerta situada a la derecha de la puerta principal de la basílica. El mejor momento para visitarla es a las 13 h, cuando el célebre **coro de niños** de Montserrat canta el «Ave María».

El **Museu de Montserrat** (10.30-14 h; 500 pesetas; ☎938 777 777), que se halla cerca de la entrada de la basílica, está dividido en dos partes: la sección de pinturas y esculturas modernas, y a continuación (entre los cimientos del monasterio), las colecciones de arqueología, orfebrería y pintura antigua (que incluyen a El Greco y Caravaggio).

Paseos por la montaña

Después de visitar el monasterio, lo más agradable es **pasear** por los bosques y las laderas de Montserrat. Al recorrer los senderos que conducen a varias cuevas y a trece ermitas, tal vez el viajero contemple lo que Goethe describió en 1816: «Sólo en su propio Montserrat un hombre encontrará la felicidad y la paz.»

Dos **funiculares** salen cerca de la estación del teleférico. Uno baja hasta la **Santa Cova**, una capilla del siglo XVII construida en el punto en el cual se supone que fue encontrada la imagen (cada 15-20 min., 10-13 h y 15.20-19.30 h; ida y vuelta, 375 pesetas). El otro sube hasta la ermita de **Sant Joan** (cada 15-20 min., 10-19.30 h; ida y vuelta, 925 pesetas), desde donde el viajero tendrá que caminar aproximadamente 1 hora para llegar a la ermita de **Sant Jeroni**, cerca de la cima de la montaña, a 1.300 m de altura.

Comida

En Barcelona se puede **comer** una gran variedad de platos, e incluso los visitantes que viajen con un presupuesto ajustado podrán disfrutar de una excelente comida, ya sea aprovechando los excelentes mercados y consumiendo bocadillos y tentempiés, o comiendo platos baratos en bares y cafés. Hay buenos **restaurantes** por toda la ciudad, aunque tal vez el visitante coma cerca de los puntos de interés turístico, en el casco antiguo, sobre todo en los alrededores de las **Ramblas** y el **Barri Gòtic**. En **El Raval** encontrará varios restaurantes estupendos; algunos son caros, otros poco

más que un pequeño puesto. En el **Eixample**, los precios tienden a ser más elevados, aunque al mediodía muchos establecimientos sirven platos baratos; es agradable pasar la tarde-noche en **Gràcia**, donde encontrará numerosos restaurantes de categoría media. Para disfrutar los platos por los que Barcelona es célebre, como las zarzuelas (guiso a base de pescado) y toda clase de pescados y mariscos, el mejor lugar es la **Barceloneta**, situada junto al puerto, o el **Port Olímpic**. Allí el viajero podrá saborear un buen plato de gambas o mejillones y una cerveza por unas 1.200 pesetas. Una cena compuesta por platos de marisco le costará bastante más, incluso las paellas oscilan entre unas 1.300-1.500 pesetas por persona.

Si el viajero consigue encontrar un local que disponga de un menú del día, por lo general está compuesto por tres o cuatro platos incluido el vino, el precio suele ser módico. La mayoría de los restaurantes y cafés disponen de uno, como también algunos bares, aunque en general, corresponden a menús de mediodía; de hecho, algunos de los locales más pequeños sólo abren al mediodía. Por otra parte, uno puede alimentarse perfectamente consumiendo tapas en bares y restaurantes; las sirven durante todo el día, así como por la noche.

Desayunos, tentempiés y bocadillos

El viajero podrá tomarse un café y un cruasán en casi cualquier parte, pero algunos **café-bares** y locales especializados, como las granjas y horchaterías, merecen una visita. También hay muchos establecimientos para comer bocadillos y tentempiés, y en cualquier pastelería o panadería venden ensaimadas, pizzas y pasteles.

Antigua Casa Figueres, La Rambla 83 (Metro Liceu). Pastelería modernista con algunas mesas al aire libre. Lun.-sáb., 9-15 h y 17-20.30 h.

The Bagel Shop, Canuda 25 (Metro Catalunya). La primera tienda de Barcelona que vende bagels. Lun.-sáb., 9.30-20.30 h.

Forn de Sant Jaume, rambla de Catalunya 50 (Metro Passeig de Gràcia). Especializado en cruasanes y dulces, que se pueden llevar o consumir en el café adjunto. Lun.-sáb., 9-21 h.

Granja La Pallaresa, Petritxol 11 (Metro Liceu). Establecimiento especializado en tentempiés y desayunos; los camareros con pajarita sirven churros, pastas, crema catalana, cruasanes, batidos y chocolate caliente con nata montada. Lun.-sáb., 9-13.30 h y 16-21 h; dom., 17-21 h.

Granja M. Viader, Xuclà 4, cerca del carrer del Carme (Metro Liceu). Flan casero, pastas y chocolate con nata en una granja tradicional. Lun., 17-20.45 h y mar.-sáb., 9-13.45 h y 17-20.45 h.

Horchatería Sirvent, Parlament 56 (Metro Paral·lel). Los aficionados a la horchata la consideran la mejor de la ciudad. Hay que tomarla en la barra o llevársela. Mayo-sept., todos los días, 9-24.30 h.

Mesón del Café, Llibreteria 16 (Metro Jaume I). Pequeño bar con pocas mesas, donde sirven pastas y un excelente café, incluidos capuchinos con nata fresca. Lun.-sáb., 7-23 h.

Santa Clara, plaça de Sant Jaume, en la esquina del carrer Llibreteria (Metro Jaume I). Excelentes pastas y café; especialmente ajetreado los domingos por la mañana. Todos los días, 8-21.30 h.

La Xicra, plaça Sant Josep Oriol (Metro Liceu). Chocolatería un poco antigua, pero sirve buen café y pastas. Lun.-sáb., 9-21 h; dom., 9-14 h y 17-21.30 h; 2 semanas en agos., cerrado.

Bares de tapas

Para consumir un tentempié más sustancioso, nada mejor que los **bares de tapas** de Barcelona. Los mejores (y más célebres) se concentran en el Barri Gòtic, cerca del puerto, entre el monumento a Colón y correos, a lo largo de las calles Ample, Mercè, Regomir y alrededores. Ir de un bar a otro y probar alguna tapa en cada uno es una excelente manera de saborear la mejor comida de la ciudad. De esta manera, comer no debería costarle más de lo que se gastaría en un restaurante de precio medio: unas 2.000-2.500 pesetas por persona.

Las Ramblas y el casco antiguo

Bar Celta, Mercè 16. Especializado en tapas gallegas, incluidas pulpo, calamares fritos y vino. Muy popular. Lun.-sáb., 10-1 h; dom., 10-24 h.

La Bodega, Regomir 11. Un enorme tinglado con largos bancos de madera, comida deliciosa y jarras de vino. Mar.-dom., 13-2 h; primeras 2 semanas de agos., cerrado.

Cal Pep, plaça de les Olles 8 (☎933 107 961). Bar de tapas caras pero excelentes. Puede comer en la barra o en el comedor situado al fondo. Lun.-sáb., 13-16.30 h y 20-24 h.

Casa del Molinero, Mercè 13. Unas grandes puertas dan a un bar revestido de madera con pequeñas mesas y bancos. La especialidad es carne asada y embutidos, incluidos unos chorizos especiados que cuelgan del techo. Todos los días, 13.30-15 h y 18-3 h.

Euskal Echea, plaçeta Montcada 3 (☎933 102 185). Restaurante vasco especializado en pinchos, servidos a las 12.30 h y 19.30 h. Se pueden consumir en la barra o la calle. Mar.-sáb., 9-24 h; dom., 12.30-16.30 h.

La Socarrena, Mercè 21. Bar asturiano donde sirven buen queso de cabra, embutidos y sidra. Todos los días, 13.30-15 h y 18-3 h.

El Xampanyet, Montcada 22. Excelente y ajetreado bar de cava, revestido de azulejos, donde sirven tapas de marisco, cava en copa o botella y sidra catalana. Mar.-sáb., 12-16 h y 18.30-23 h; dom., 12-16 h; agos., cerrado.

Eixample y Gràcia

Els Barrils, Aribau 89 (Metro Hospital Clínic). Bar de tapas lujoso y caro especializado en marisco y embutidos. Todos los días, excepto mar., 9-2 h; primeras 2 semanas de jul., cerrado.

Bodega Sepúlveda, Sepúlveda 173 (Metro Universitat). La especialidad son las anchoas; ofrecen más de 100 clases de tapas y tostadas. Lun.-sáb., 9.30-1 h.

La Bodegueta, rambla de Catalunya 98 (Metro Passeig de Gràcia). Antigua bodega situada en un sótano donde sirven cava y vinos en copa o botella, junto con quesos y embutidos para acompañar. Suele estar repleto. Todos los días, 7-2 h; agos., cerrado por la mañana.

Cervecería Catalana, Mallorca 236 (☎932 160 368; Metro Passeig de Gràcia). Ofrecen tapas excelentes en dos barras, además de varias clases de cerveza; dispone de terraza. Todos los días, 7.30-1 h.

O'Nabo de Lugo, Pau Claris 169 (Metro Passeig de Gràcia). Restaurante gallego caro con una barra donde sirven tapas. Lun.-sáb., 13-16 h y 20.30-24 h.

Tapa Tapa, Passeig de Gràcia 94 (Metro Passeig de Gràcia). Bar moderno donde ofrecen tapas y cervezas de todo el mundo. Todos los días, 7.30-1.30 h.

Restaurantes

En la mayoría de los **restaurantes** de Barcelona sirven platos **catalanes**, aunque el viajero también podrá consumir platos españoles más tradicionales. Además, hay diversos locales especializados en toda clase de comida **española**, que casi siempre merecen una visita, mientras que los más elegantes tienden a servir platos de comida catalano-francesa, tan refinados como caros. Los que se dedican a la **cocina internacional** no son tan numerosos como en otras capitales europeas, pero si hace tiempo que viaja por Cataluña (u otras partes de España), podrá variar el menú acudiendo a una pizzería, un restaurante chino, indio o paquistaní; también hay establecimientos mexicanos, norafricanos, de Oriente Próximo y japoneses.

En general, los restaurantes permanecen abiertos entre 13-16 h y 20-23 h. Muchos **cierran los domingos, festivos y en agosto**; se recomienda comprobar las listas para obtener detalles específicos, pues puede haber cambios, ya que cada establecimientos sigue su propio horario. En los restaurantes más caros se aconseja **reservar mesa** con antelación; telefonee primero o pase antes por allí.

Las Ramblas y el Barri Gòtic

Todos los restaurantes de esta sección se encuentran muy cerca de los Metros Liceu o Jaume I, salvo que se indique lo contrario.

Amaya, rambla de Santa Mònica 20-24 (☎933 021 037). Célebre restaurante vasco que suele estar repleto, sobre todo los domingos. Unas 3.000 pesetas por persona; más si consume pescado, menos si opta por el menú del día (2.000 pesetas) o por tapas en el bar adjunto. Todos los días, 13-24 h. Moderado.

Los Caracoles, Escudellers 14 (☎933 023 185). Típico restaurante barcelonés de precios módicos, donde, como indica su nombre, se pueden saborear caracoles o pollo asados. Alrededor de 3.500 pesetas por persona si se consumen ambos. Hay que reservar mesa con antelación. Todos los días, 13-24 h. Moderado.

La Fonda, Escudellers 10. Restaurante moderno y amplio de dos plantas decorado con ratán; sirve platos catalanes de precios módicos, incluido paellas. Hay que estar dispuesto a hacer cola, ya que se trata de un local muy popular. Mar.-dom., 13-15.30 h y 20.30-23.30 h. Barato.

Gallo Kirico, Avinyó 19. Establecimiento regentado por paquistaníes donde sirven arroz y cuscús (unas 500 pesetas por plato), servidos en la barra o en las mesas excavadas en los antiguos muros romanos. Todos los días, 12-1.30 h. Barato.

Juicy Jones, Cardenal Casañas 7. Restaurante-bar de zumos luminoso, que dispone de un menú del día a precios módicos, también sirven otros platos durante todo el día. Mar.-dom., 12-24 h. Barato.

Margarita Blue, Josep Anselm Clavé 6. Bar-restaurante de moda donde sirven co-

---

PRECIOS DE LOS RESTAURANTES DE BARCELONA

En Barcelona se puede consumir un menú de tres platos con bebida incluida por los siguientes precios:

Barato	Moderado	Caro
menos de 2.000 pesetas por persona	2.000-4.000 pesetas por persona	más de 4.000 pesetas

Pero el viajero debe tener en cuenta que, al mediodía, un menú del día permite comer por mucho menos dinero de lo que la categoría del precio podría indicar (para más detalles, compruebe los listados).

mida mexicana. Un buen establecimiento para cenar o tomar un cóctel por la noche; el menú del día cuesta 1.000 pesetas. Todos los días, 10.30-2 h; hasta las 3 h los fines de semana. Moderado.

Mesón Jesús, Cecs de la Boqueria 4 (cerca del carrer Boqueria). Se recomienda pedir el excelente menú del día que cuesta 1.000 pesetas; a la carta, unas 2.000 pesetas. Lun.-vier., 13-16 h y 20-23 h; sáb., 13-16 h; agos., cerrado. Barato.

Peimong, Templers 6-10. Acogedor restaurante peruano; sirven platos abundantes y baratos por unas 600 pesetas cada uno. Mar.-dom., 13-17 h y 20-24 h. Barato.

Les Quinze Nits, plaça Reial 6. Restaurante amplio regentado por los dueños de *La Fonda* (véase pág. anterior); platos baratos en un ambiente elegante con vistas a la plaça Reial. Hay que llegar temprano y hacer cola. Todos los días, 13-16 h y 20-24 h. Moderado.

Restaurante Pitarra, Avinyó 58 (☎933 011 647). Famoso restaurante catalán abierto en 1890; está lleno de cuadros y sirven platos locales a precios razonables (unas 2.500 pesetas por persona); también dispone de un menú del día a un módico precio. Lun.-sáb., 13.15-16 h y 20.30-23 h. Moderado.

La Rioja, Duran i Bas 5 (cerca de avinguda Portal de l'Àngel). Restaurante luminoso, acogedor y revestido de azulejos blancos, que ofrece una buena selección de platos y vinos riojanos. Lun.-vier., 13-16 h y 20-23 h; sáb., 13-16 h; agos., cerrado. Moderado.

Set Portes *(Las Siete Puertas)*, passeig d'Isabel II 14 (☎933 193 046 y 933 193 033; Metro Barceloneta). El revestimiento de madera del *Siete Puertas* apenas ha cambiado en 150 años y, aunque muy elegante, no es un establecimiento exclusivo; no obstante, hay que reservar mesa con antelación. Los mariscos son excelentes, sobre todo la paella. Alrededor de 4.500 pesetas por persona. Todos los días, 13-1 h. Caro.

La Verònica, Avinyó 30. Sirve pizzas crujientes y pasteles deliciosos; gran restaurante de color anaranjado, que dispone de una amplia terraza en la plaça George Orwell. Lun.-sáb., 13-2 h. Barato.

Carrer Montcada y el Born

Las estaciones de Metro más cercanas para esta sección son Jaume I o Barceloneta.

Bunga Raya, Assaonadors 7 (☎933 193 169). Restaurante malayo e indonesio de precios módicos. El menú no es extenso, pero los platos son muy especiados y abundantes. El menú fijo de 1.785 pesetas es muy abundante. Todos los días, 20-24 h. Barato.

Bar-Restaurante Can-Busto, Rera Palau (cerca de la plaça de les Olles). Comedor sencillo con un menú limitado, servicio rápido y comida barata. Todos los días, excepto mar., 12.30-16 h y 20-23.30 h. Barato.

Al Passatore, plaça del Palau 8 (☎933 197 851). Tendrá que reservar mesa con antelación si quiere sentarse en una mesa de la terraza de este popular restaurante, que sirve pasta fresca y pizzas a la piedra; buen menú del día por 975 pesetas. Todos los días, 13-16.30 h y 20-24.30 h. Moderado.

Restaurante Carpanta, Sombrerers 13 (☎933 199 999). Restaurante íntimo en una casa gótica iluminada por velas, situada a un lado de Santa Maria del Mar; un local ideal para degustar arroz negro (1.000 pesetas) o una paella (1.300 pesetas), aunque otros platos pueden aumentar la cuenta hasta 3.500-4.000 pesetas. Hay que reservar mesa con antelación. Mar.-sáb., 13-17 h y 20.30-24 h; dom., 13-17 h. Caro.

El Salón, L'Hostal del Sol 6-8. Situado en un edificio antiguo restaurado donde sirven platos imaginativos y postres ingleses en un ambiente relajado. También puede tomar copas en el bar hasta altas horas. Lun.-sáb., 13-24 h; dom., 19-24 h. Barato.

El Raval

Todos los restaurantes de esta sección están cerca del Metro Liceu, salvo que se indique lo contrario.

La Bella Napoli, Margarit 14 (☎934 425 056; Metro Poble Sec). Animada pizzería regentada por napolitanos; las pizzas son auténticas y los postres excelentes. Todos los días, 20-24 h. Barato.

Can Margarit, Concòrdia 21 (☎934 416 723; Metro Poble Sec). Muy popular para fiestas y bautizos, es un enorme establecimiento donde el cliente se sirve vino de los barriles situados a la entrada; el menú está compuesto por platos catalanes sencillos. Hay que reservar mesa. Lun.-sáb., sólo por las noches; dos turnos, uno a las 21 h y el otro a las 23.30 h. Moderado.

Pollo Rico, Sant Pau 31. Los excelentes pollos asados, patatas fritas y una copa de cava por menos de 650 pesetas lo convierten en uno de los establecimientos baratos más populares de la zona. Toda una institución barcelonesa. Todos los días, excepto miér., 10-1 h. Barato.

Restaurant España, Sant Pau 9-11 (☎933 181 758). Hermoso establecimiento modernista diseñado por Domènech i Montaner, aunque la decoración es más memorable que la comida. Sin embargo, el menú del día de 1.200 pesetas (1.500 pesetas por la noche) es de precio módico. Todos los días, 13-16 h y 20.30-24 h. Moderado.

Restaurant Garduña, Morera 17-19. Situado detrás del mercado de la Boqueria, cerca de las Ramblas; en este restaurante (muy ajetreado al mediodía, cuando se sirve un menú de 1.000 pesetas), se pueden comer excelentes paellas y cocina de mercado. Unas 2.500 pesetas. Dom., cerrado. Moderado.

Restaurant Tallers, Tallers 6-8 (Metro Catalunya). Dispone de un menú del día de precio módico (resulta un poco más caro si se opta por el excelente pollo al horno). Mar.-dom., 13-15 h y 20-22 h; agos., cerrado. Barato.

Silenus, Àngels 8. Local agradable y luminoso cerca del MACBA; el menú del día cuesta 1.200 pesetas. Abierto, 13-16 h y 21-23.30 h; dom. y lun. noches, cerrado. Moderado.

Els Tres Bots, Sant Pau 42. Sirven una amplia lista de platos catalanes tradicionales en las mesas situadas detrás del bar. El menú del día cuesta 875 pesetas; también podrá comer unos platos nutritivos por menos de 1.500 pesetas. Todos los días, 7-1 h. Barato.

El puerto, Port Vell y Port Olímpic

La estación de Metro más cercana para esta sección es la de Barceloneta, salvo que se indique lo contrario.

Agua, passeig Marítim 30 (☎932 251 272; Metro Vila Olímpica). Bonito restaurante junto al mar; sirve platos a precios razonables, incluidos pastas, ensaladas y hamburguesas. Muy popular; en verano hay que reservar mesa con antelación. Abierto, 13.30-16 h y 20.30-24 h; hasta la 1 h los fines de semana; dom., noches, cerrado. Moderado.

Can Ganassa, plaça de Barceloneta 4-6. En este local, situado en la plaza central de la Barceloneta, sirven una amplia selección de tapas y tostadas; al mediodía hay un menú del día barato y abundante por 925 pesetas, y platos de marisco más caros. Todos los días, excepto miér., 12.30-23 h; nov., cerrado. Moderado.

Can Ramonet, Maquinista 17 (☎933 193 064). Se supone que es el restaurante más antiguo de la zona portuaria y en la actualidad dispone de una terraza que da a una plaza recién inaugurada en el corazón de la Barceloneta. Buen marisco y jamón; los camareros son muy agradables. Todos los días, 12-24 h. Moderado.

Can Ros, Almirall Aixada 7, cerca de avinguda Borbó (☎932 214 579). Marisquería íntima y revestida de madera donde sirven excelentes entradas y una suculenta paella o arroz negro; ambos cuestan 1.200 pesetas. Todos los días, excepto miér., 13-17 h y 20-24 h. Moderado.

El Rey de la Gamba, avinguda Borbó 46-48, 49 y 53 (☎932 217 598). Famoso restaurante cuyas diversas dependencias ya ocupan media calle; sus mesas al aire libre siempre están llenas. Es conocido por sus gambas y embutidos, pero los precios son excesivos por su calidad. Todos los días, 12-24 h. Caro.

Eixample

Aire, Enric Granados 48 (☎934 518 462; Metro Passeig de Gràcia). Restaurante regentado por gays donde sirven platos imaginativos franco-catalanes en un buen ambiente. Todos los días, 13-16 h y 21.30-24 h. Moderado.

Comme-Bio 2, Gran Via 603 (esquina rambla de Catalunya; Metro Catalunya). Restaurante vegetariano donde también venden productos biológicos; en la Via Laietana hay otra sucursal. Lun.-sáb., 9-24 h; dom., 12-24 h. Moderado.

La Diva, Diputació 172 (☎934 546 398; Metro Urgell). Restaurante regentado por gays; platos exquisitos en un ambiente pseudobarroco por unas 5.000 pesetas por persona. Se recomienda reservar mesa. Todos los días, 20-12.30 h. Caro.

La Flauta, Aribau 23 (Metro Universitat). Comida catalana estándar, aunque hay un buen menú del día por unas 1.000 pesetas. Más interesante resulta la amplia selección de bocadillos que sirve en la barra. Todos los días, 7-1.30 h; restaurante, todos los días, 13-16 h y 20-1 h. Moderado.

L'Hostal de Rita, Aragó 279 (Metro Passeig de Gràcia). Buena cocina catalana a precios razonables. Siempre está repleto y no se puede reservar con antelación, por lo que tendrá que hacer cola. Todos los días, 13-15.30 h y 20.30-23.30 h. Barato.

El Mordisco, Roselló 265 (Metro Diagonal). Café-restaurante de moda especializado en sabrosas ensaladas y bocadillos imaginativos. Todos los días, 8-1.30 h. Moderado.

Xix Kebab, Córsega 193 (☎933 218 210; Metro Hospital Clínic). Restaurante sirio muy recomendable donde sirven cuscús y platos menos típicos en un ambiente oriental. Todos los días, excepto mar., 13.30-16 h y 21-24 h. Moderado.

Gràcia

Bar-Restaurante Candanchú, plaça Rius i Taulet 9 (Metro Fontana). En verano puede sentarse a los pies de la torre del reloj y saborear un bocadillo, o elegir un plato de la amplia selección de comida local. El menú del día cuesta unas 1.000 pesetas y suele ser estupendo. Todos los días, 13-17 h y 20-1 h; vier.-sáb., hasta las 3 h; 2 semanas en nov., cerrado. Barato.

Ca l'Agustí, Verdi 28 (Metro Fontana). Local popular del barrio; sirven tostadas a precios razonables, carne asada, tortillas y paella los domingos. Al mediodía hay un menú del día de precio muy razonable, mientras que a la carta cuesta a partir de 2.000 pesetas. Todos los días, excepto miér., 12-16 h y 20.30-24 h. Barato.

Equinox, torrent de l'Olla 143 (Metro Fontana) y **Equinox Sol**, plaça del Sol 14 y Verdi 21-23. Sirven los mejores falafels y shawarma de la ciudad, además de otros deliciosos platos libaneses y un excelente baklava. Se quedará muy satisfecho por menos de 1.000 pesetas. Lun.-jue., 18-2.30 h; vier.-dom., 18-3.30 h. Barato.

Flash-Flash, Granada del Penedès 25 (Metro Diagonal). Decorado al estilo de la década de 1970, con banquetas de piel blanca. Puede elegir una tortilla entre más de 50 clases; cuestan entre 500 y 900 pesetas. Todos los días, 13.30-1.30 h. Moderado.

El Galliner, Martínez de la Rosa 71 (Metro Diagonal). Restaurante íntimo situado en una casa antigua; sirven bacalao preparado de más cuarenta maneras diferentes. Entre 2.000 y 3.000 pesetas por persona. Todos los días, 13.30-16 h y 20-24 h; mar., mediodía, cerrado. Moderado.

El Glop, San Lluís 24 (Metro Joanic). Auténtica taberna catalana, donde sirven las suficientes tostadas y ensaladas como para conformar a los vegetarianos, además de carnes asadas. Animado y popular; alrededor de 2.000 pesetas por persona, menos si uno es cuidadoso. Dispone de sucursales en rambla de Catalunya 65 y Casp 21. Mar.-dom., 13-16 h y 19-1 h. Moderado.

Illa de Gràcia, Sant Domènec 19 (Metro Fontana). Luminoso restaurante vegetariano donde sirven ensaladas, pastas, arroces, tortillas y crepes; todos los platos cuestan unas 600 pesetas. Mar.-vier., 13-16 h y 21-24 h; sáb.-dom., 14-24 h; mediados agos.-mediados sept., cerrado. Barato.

El Tastavins, Ramón y Cajal 12 (Metro Fontana). Buena cocina catalana en un ambiente agradable y sencillo (se recomienda el pollo relleno con ciruelas o el bisté con salsa de anchoas); a mediodía hay un menú del día de 850 pesetas; a la carta cuesta entre 1.500-2.500 pesetas por persona. Muy recomendable. Lun., 10-1.30 h; mar.-sáb., 9-17 h y 20.30-1.30 h. Moderado.

Comprar comida en mercados, supermercados y rostiserías

El viajero puede abastecerse de productos frescos en los **mercados** de la ciudad. En los **supermercados** hay menos opciones, pero es posible conseguir productos enlatados, al igual que en las **rostiserías** y las pequeñas tiendas, especializadas en pescado y carne en lata, quesos y embutidos. Las tiendas del carrer Sant Pau, en el barrio de El Raval, son las de precios más módicos.

Centre Comercial Simago, La Rambla 113. Almacén con supermercado de alimentos en el sótano. Lun.-jue., 9-20 h; vier.-sáb., 9-21 h.

Dia, calles Carme y Comtessa de Sobradiel. Supermercado bastante sencillo, cuya primera sucursal se encuentra a la vuelta de Simago, que es bastante más caro (véase arriba).

La Fuente, Ferrán 20 (Metro Liceu). Charcutería, pero también dispone de una amplia selección de latas, embutidos, quesos y vinos. Lun.-vier., 9-13 h y 16-20 h; sáb., 9-13 h; agos., cerrado.

Mauri, rambla de Catalunya 100 (Metro Passeig de Gràcia). Magnífica rotisería especializada en pasteles y bocadillos, con un café adjunto. Lun.-sáb., 9-21 h; dom., 9-15 h.

Mercat de Sant Antoni, ronda de Sant Pau, esquina entre las calles Comte d'Urgell y Comte Borrell. Este gran mercado dispone de numerosas tiendas de productos alimenticios, aunque en agosto la mayoría están cerradas. Lun.-sáb., 8-15 h y 17-20 h.

Mercat Sant Josep/La Boqueria, rambla de Sant Josep 89 (Metro Liceu). El mejor lugar de la ciudad para comprar fruta fresca, hortalizas, carne, pescado y legumbres. Lun.-sáb., 8-20 h.

Copas y vida nocturna

El viajero encontrará **bares y cafés** diseminados por todo el centro de la ciudad, tanto en el Barri Gòtic como en el Eixample y Gràcia, dedicados a toda clase de clientela. Uno de los grandes placeres consiste en sentarse en una terraza, tomar un café o una cerveza, y ver pasar a la gente. No hay una gran diferencia entre un bar y un café, pero hay algunos especializados, como las bodegas, cervecerías y champañerías.

Además de los bares y cafés normales, en Barcelona encontrará diversos **bares de diseño**, destinados a tomar copas por las noches; también se desarrolla una **animada vida nocturna** en discotecas y clubes, una de las más agradables de Europa.

En el semanario la *Guía del Ocio* aparecen **listas** de bares y clubes; asimismo el visitante podrá comprar el plano de los locales **gay** en SexTienda, donde salen listas de bares, clubes y contactos (para la dirección de SexTienda, véase pág. 658). A diferencia de los restaurantes, la mayoría de los bares y cafés no cierran en agosto.

Bares y cafés

En general, los bares del **casco antiguo** son una mezcla de local turístico, bar de barrio o de moda. Una de las zonas ideales para pasar la noche se encuentra en los alrededores del Museu Picasso, sobre todo en el **passeig del Born**, al final del carrer Montcada, detrás de Santa Maria del Mar, mientras que las calles en los alrededores del carrer Avinyó y Escudellers también se animan por las noches. El **Port Olímpic** y el Maremàgnum se han convertido en lugares más convencionales para pasar las noches del verano, tanto para los lugareños como para los turistas. Además, Barcelona es conocida por sus bares modernos o musicales: unos locales *hi-tech* donde tocan música, que están sobre todo (aunque no de manera exclusiva) en el **Eixample** y las calles situadas al oeste de **Gràcia**, como Santaló y Marià Cubí. Los lugares de moda cambian con rapidez, a menudo se inauguran establecimientos nuevos; el decorado suele ser desconcertante y las copas siempre resultan caras. Para tomar copas más tarde por la noche en unos sitios más baratos (aunque no demasiado), se recomienda el centro de Gràcia, repleto de pequeñas plazas flanqueadas por las terrazas de los cafés al aire libre.

Las Ramblas y el Barri Gòtic

L'Antiquari, Veguer 13. Este bar, que antes era una tienda de antigüedades, abre tarde y atrae a los lugareños. Hay terrazas en la plaça del Rei y música en vivo los fines de semana, pero pueden tardar una eternidad en servir las copas. Todos los días, 10-2 h.

Café del Born Nou, plaça Comercial 10. Tranquilo bar gay con terraza en verano; un establecimiento popular. Puede tomar el desayuno y leer el periódico, o llegar más tarde cuando se anima. Todos los días, 8.30-3.30 h.

Café de la Ópera, rambla dels Caputxins 74. Bar de moda inaugurado a principios del siglo XX; puede tomar café por las mañanas, té por las tardes o un coñac por la noche. Siempre está animado. Todos los días, 9-3 h.

Dot, Nou de Sant Francesc 7. Situado en un callejón oscuro que sale del carrer Escudellers; bar de moda donde tocan música diferente todas las noches; actúan diversos disc-jockeys y el público es muy *cool*. Todos los días, 9-3 h.

La Gloria, Avinyó 42. Bar nuevo y elegante con una decoración minimalista, pero acogedor. Fíjese en las pantallas de las lámparas. Sirven tentempiés. Todos los días, 17-2 h; fines de semana, hasta las 3 h.

Mudanzas, Vidrieria 15. Café-bar muy popular y tranquilo, decorado con tonos negro, crema y madera. Todos los días, 18-2.30 h.

La Palma, Palma de Sant Just 7. Bodega cómoda y tradicional, con grandes mesas de madera y antigüedades en exposición. Lun.-sáb., 8-16 h y 19-22 h.

Els Quatre Gats, Montsió 3. Bar modernista en el pasado frecuentado por Picasso y sus contemporáneos (véase pág. 619); continúa siendo un local interesante para tomar una copa o comer. Abierto, 10-24 h; dom., mediodía, cerrado.

Salero, Rec 60. Bar elegante pintado de blanco, con una clientela igualmente elegante. También sirven comida. Abierto, 14-2.30 h; dom., noches y lun., mañanas, cerrado.

Schilling, Ferran 23. Café-bar elegante siempre repleto de una mezcla de lugareños y turistas; hay que pedir las copas a gritos y tener paciencia. Todos los días, 10-2.30 h.

El Raval

Bar Pastís, Santa Mònica 4 (justo detrás del Centre d'Art Santa Mònica). Pequeño y oscuro bar francés, repleto de recuerdos artísticos y teatrales, donde tocan música francesa. Abierto, 19.30-2.30 h; vier.-sáb., hasta las 3.30 h; mar., cerrado.

La Bata de Boatiné, Robadors 23. Bar gay acogedor en el centro de El Raval. Mar.-dom., 23-3 h.

Bar Fortuny, Pintor Fortuny 31. Un local ideal para tomar una copa; frecuentado por lugareños y popular entre las lesbianas. A mediodía sirven comidas. Mar.-dom., 10-24.30 h.

Bar Kasparo, plaça Vicenç Martorell 4. Situado en una esquina cerca del carrer Bonsuccés, es un bar pequeño con una terraza popular entre los lugareños. Sirven bocadillos, tapas y platos calientes. Todos los días, 9-22 h; verano, hasta medianoche.

Bar London, Nou de la Rambla 34. Inaugurado en 1910, hoy este bar modernista atrae sobre todo a una clientela turística, tocan jazz en vivo y organizan sesiones de adivinación. Miér.-dom., 17-3.30 h.

El Café que pone «Muebles Navarro», Riera Alta 4-6. Es un amplio café-bar situado en lo que antes era una tienda de muebles; establecimiento agradable para tomar una copa o un tentempié. Lun.-sáb., 11-24 h; dom., 17-24 h.

Marsella, Sant Pau 65. Bar inaugurado a principios de siglo XX; frecuentado por una mezcla de personajes del barrio y jóvenes modernos. Algunas veces hay música en directo y espectáculos. Lun.-jue. y dom., 9-2.30 h, vier.-sáb., 18-3.30 h.

El puerto, Port Vell y Port Olímpic

Café Café, Moll del Mestral 30, Port Olímpic. Uno de los barrios del puerto más tranquilos y mejor decorados, donde además de café, sirve otras bebidas. Todos los días, 12-3 h; hasta las 5 h fines de semana.

Distrito Marítimo, Moll de la Fusta 1. Gran terraza con vistas al puerto, donde tocan música tecno y house para un público gay. Vier.-sáb., 23-3 h.

Insòlit, Local 111, Maremàgnum/Port Vell. Local multiespacio que durante la semana funciona como restaurante y café Internet, y que se convierte en una gran pista de baile los fines de semana después de la 1 h, cuando una multitud baila al son de la música de las décadas de 1960-1970 o entran en el ciberespacio mediante los ordenadores situados en la primera planta. Todos los días, 13-24 h; fines de semana, hasta las 5 h.

Jugolandia, Moll de Mestral 6, Port Olímpic. Sirven zumos de fruta tropical, algunos con alcohol, en una terraza que da al puerto deportivo. Todos los días, 15-3 h.

Octopussy, Moll de la Fusta 4. Club de moda con una gran terraza que da al puerto, donde los disc-jockeys ponen música soul, dub, drum y bass, y algunas veces hay música en vivo. En verano repleto los fines de semana. Jue.-sáb., 24-3 h.

Eixample

L'Arquer, Gran Via 454. Bar donde sirven buenas tapas; hay una pista para practicar el tiro con arco, en la que se pueden disparar flechas supervisado por alguno que esté sobrio. Todos los días, 18-3 h.

Café Internet, Gran Via 656 (☎934 121 915). Fue el primer cibercafé de Barcelona; conectarse durante media hora cuesta 600 pesetas. Lun.-vier., 7-24 h; sáb., 10-24 h. Dom. y festivos., cerrado.

Dietrich Gay Teatro Bar, Consell del Cent 255 (entre Muntaner y Aribau). En este local gay sumamente popular sirven comida hasta medianoche y después se convierte en discoteca. Todos los días, 18-3 h.

La Fira, Provença 171 (entre Muntaner y Aribau; Metro Provença). Uno de los bares más curiosos y divertidos de la ciudad; hay atracciones de principios del siglo XX y está decorado como un circo. Mar.-jue., 22-3 h; vier.-sáb., 19-4.30 h; dom., 18-1 h.

Jazz Matazz, passatge Domingo 3 (Metro Passeig de Gràcia). Situado en una callejuela que va de la rambla de Catalunya hasta el passeig de Gràcia, se trata de un local regentado por senegaleses, irlandeses y catalanes, cuyo objetivo es proporcionar una selección de música en vivo cada noche. Miér.-sáb., 22-4 h.

Nick Havanna, Roselló 208 (Metro Diagonal). Un bar futurista diseñado por Eduardo Samsó en 1986. En los últimos tiempos ya no está tan de moda, pero aún vale la pena echarle un vistazo. Todos los días, 23-4 h; vier.-sáb., hasta las 5 h.

Punto BCN, Muntaner 63-65 (Metro Diagonal). Bar gay elegante con buena música y un lugar de reunión popular. Todos los días, 18-3 h.

El Velòdrom, Muntaner 213 (Metro Diagonal). Bar tradicional con mesas de billar, parecido a una cervecería estudiantil. Lun.-sáb., 18-1.30 h; agos., cerrado.

Velvet, Balmes 161 (Metro Diagonal). Creado por Alfredo Arribas, y está inspirado en la estética de las películas de David Lynch. Es más acogedor y tranquilo que otros bares, con una clientela mayor que disfruta de la música de las décadas de 1960-1970.

Zsa Zsa, Roselló 156 (entre Muntaner y Aribau). Un bar de diseño revestido de alfombras, donde la música es fuerte y los cócteles son caros: clientela elegante. Todos los días, 19-3 h; vier.-sáb., hasta las 4 h.

Gràcia/Sant Gervasi

Bahía, Séneca 12. Bar tranquilo y agradable con una clientela gay, lesbiana y heterosexual. Todos los días, 19-2.30 h.

La Bolsa, Tuset 17 (Metro Diagonal). Bar musical donde los precios de las copas suben o bajan según la demanda. Todos los días, 20.30-2.30 h.

Café del Sol, plaça del Sol 9. Bar popular con dos niveles, frecuentado por lugareños. Las mesas de la terraza lo convierten en un lugar agradable, tanto de día como de noche. Todos los días, excepto lun., 13-3 h.

Gimlet, Santaló 46 (FGC Plaça Molina). Cócteles, tentempiés y mesas al aire libre, repletas con la *beautiful people* del barrio. Todos los días, 19.30-2.30 h.

Roma, Alfons XII 4 (FGC Plaça Molina). Bar gay amplio y relajado con un personal agradable; se llena alrededor de medianoche. Todos los días, 20-3 h.

Triptic, Mozart 4 (Metro Diagonal). Bar animado y de estilo hippy frecuentado por lugareños; mesas de mármol, espejos y música fuerte. Todos los días, 20-3 h.

Universal, Marià Cubí 184 (FGC Plaça Molina). Clásico bar de diseño, que define el estilo Barcelona desde 1985; de hecho aún hay que hacer cola para entrar. La política de los porteros es estricta: si uno no encaja, no entra. Todos los días, 23-3 h.

Virreina, plaça de la Virreina 1. Bar popular con terraza situado en una de las plazas más hermosas de Gràcia. Todos los días, excepto miér., 12-2 h.

Zig Zag, Plató 13 (FGC Muntaner). Local inaugurado en 1980; fue diseñado por Alicia Núñez y Guillem Bonet (los creadores del *Otto Zutz*, véase «Discotecas y clubes», pág. siguiente). Es un típico producto minimalista, repleto de cromados y vídeos, pero la música es mejor y menos ruidosa que lo habitual, y la clientela joven y adinerada. Todos los días, 22-3 h.

Otras zonas

Carpe Diem, avinguda Gregorio Marañón 17 (Metro Palau Reial). Situada cerca del campus de la universidad y del Camp Nou, *Carpe Diem* es una enorme tienda que alberga diversos restaurantes, bares y discotecas. Todo el año, pero es mejor acudir en verano, cuando hay más público. Todos los días, 18-5 h.

Mirablau, plaça del doctor Andreu, avinguda Tibidabo (al final del tranvía del Tibidabo, frente a la estación del funicular). Desde este bar elegante y caro se contemplan unas magníficas vistas de la ciudad; a veces está repleto. Todos los días, 23-5 h.

Torres de Ávila, avinguda Marqués de Comillas, Poble Espanyol (Montjuïc). Esta discoteca creada por Mariscal y Arribas, está dentro de la puerta —imitación del siglo XII— del «Pueblo Español», construido para la Exposición de 1929 y que dispone de una gran terraza panorámica. Hay que tener en cuenta que el código de la vestimenta es estricto (no se puede entrar con bambas) y que las copas son muy caras. Jue.-sáb., 22-4 h.

Discotecas y clubes

El motivo de que Barcelona se ha convertido en uno de los lugares cuya vida nocturna es de las más animadas y de moda es un misterio para todos, a excepción de los catalanes, que siempre lo supieron. En realidad, no hay tantos locales maravillosos, pero una vez que el visitante se halla inmerso en la fiebre del viernes y el sábado por la noche, es muy fácil creer que lo son.

El viajero debe tener en cuenta que un recorrido por las discotecas y clubes de Barcelona resulta caro, y que en la mayoría de los locales exclusivos una cerveza cuesta diez veces más que en el bar de al lado. Si la entrada es gratuita, suelen cobrar una consumición mínima de entre 500-1.000 pesetas; si a la entrada entregan una tarjeta y la marcan en la barra, hay que pagar un mínimo. Asimismo la diferencia entre un bar musical y una discoteca es la hora de cierre: 2 h o 3 h y 5 h, con su correspondiente aumento de precios. Por lo general, los locales de Barcelona cierran **muy tarde** los fines de semana; en algunos de los que aparecen a continuación hay una segunda sesión que dura de las 5 h hasta las 9 h.

Antilla Cosmopolita, Muntaner 244, al norte de la Diagonal. Discoteca popular donde tocan salsa; ofrecen música en vivo y dan clases de baile gratuitas. Cobran entrada. Todos los días, 22.30-5 h.

Arena, Balmes 32. Club popular cuya clientela se compone principalmente de gays, que disponen de una sala en la parte de atrás. Todos los días, 24-5 h; 500 pesetas.

Bikini, Déu i Mata 105, detrás del complejo de L'Illa (Metro Maria Cristina). En esta discoteca emblemática de Barcelona tocan música en vivo y la discoteca es muy popular; los domingos suena salsa y tangos. Mar.-dom., 23-5 h.

Jamboree, plaça Reial 17 (Metro Liceu). Música en vivo todas las noches; después se convierte en discoteca donde tocan jazz, funk y dance; el público es mixto. Todos los días, 21-5 h.

The Mad Monkie, Marià Cubí 183. Discoteca amplia con dos plantas, billares y espacios para sentarse; la clientela está compuesta sobre todo por gays y lesbianas. Tocan funk y soul, y poca música tecno. Fines de semana, 23-4 h.

Moog, Arc del Teatre 3. Discoteca animada donde tocan tecno y house; clientela joven. Todos los días, 23-5 h.

Nitsa Club, situado en la sala Apolo, Nou de la Rambla 113. Discoteca que cierra tarde donde tocan house y tecno, con disc-jockeys visitantes. Fines de semana, 12.30-muy tarde.

Otto Zutz, Lincoln 15. Continúa siendo uno de los locales más de moda de la ciudad; es un almacén de tres plantas que los arquitectos Núñez y Bonet convirtieron en un escaparate nocturno para todo lo que se vende o se alquila en Barcelona. Si el visitante tiene la cara y la ropa adecuada le franquearán la entrada (tal vez tenga que pagar unas 2.000 pesetas, según el aspecto de cada uno, el día de la semana, etc.). El local se anima entre las 2-5.30 h. Mar.-sáb., 24-5.30 h.

Paradís, Paradís 4. Club subterráneo donde tocan reggae, música africana y latina, situado en el corazón del Barri Gòtic. Todos los días, hasta tarde.

Satanassa, Aribau 27, Eixample. El interior está cubierto de murales y el público es gay y heterosexual. No cobran entrada, pero los fines de semana suele estar repleto. Todos los días, 23-5 h.

La Terraza, avinguda Marqués de Comillas s/n (detrás del Poble Espanyol). Tocan tecno sin parar y en verano es un lugar ideal, pero no hay que llegar antes de las 4 h. Fines de semana, 24-7 h.

La música, las artes y los festivales

Al margen de los numerosos bares, restaurantes y clubes de la ciudad, hay una gran **vida cultural** que merece la pena explorar. Durante todo el año, en Barcelona actúan muchos grupos de **música en vivo**; asimismo abundan los **cines** y **teatros**. En varias salas proyectan filmes en versión original y en una serie de locales se representan espectáculos de **cabaré**. Los actores catalanes siempre han tendido a alejarse de los clásicos para dedicarse a la innovación y por ello en la ciudad también prolifera el **arte y los espectáculos callejeros**. Finalmente, con suerte (o planificándolo de antemano) tal vez el viajero coincida con uno de los excelentes **festivales** y espectáculos al aire libre que se celebran en la ciudad; en tal caso, podrá sumergirse en lo que Barcelona sabe hacer mejor: disfrutar.

La principal oficina de venta de entradas se encuentra en el **Centre d'Informació**, situado en el Palau de la Virreina, rambla de Sant Josep 99 (Metro Liceu; lun.-sáb., 10-19 h; ☎933 188 599), que proporciona programas, información anticipada y entradas para todas las producciones, espectáculos y exposiciones patrocinadas por el ayuntamiento, incluidos los de la temporada del Grec. En la taquilla de la esquina de Aribau/Gran Via, cerca de plaça de la Universitat (lun.-sáb., 10.30-13.30 h y 16-19.30 h) venden **entradas** para los conciertos importantes de rock y pop y la mayoría de los espectáculos teatrales; también podrá adquirirlas en las tiendas de discos en las taquillas correspondientes y, si dispone de tarjeta de crédito, por los cajeros automáticos de ServiCaixa. Hay bastantes sucursales de La Caixa que disponen de ellos. Asimismo puede comprar entradas para algunos teatros y conciertos por teléfono: Tel-Entradas, ☎902 101 212.

En la *Guía del Ocio*, que se vende cada semana en cualquier quiosco de prensa, aparecen **listados** de toda clase: cines, teatros y salas de música (gratuitos o no), además de una amplia selección de bares, restaurantes y locales nocturnos. En *El País* salen listados similares. El Ayuntamiento también publica una guía mensual gratuita, disponible en las oficinas de turismo.

Música en vivo

Muchos grupos importantes incluyen Barcelona en sus giras; actúan en diversos sitios (incluido el estadio del Camp Nou, el Olímpico y el Palau d'Esports), pero las entradas son tan caras como en el resto del mundo. Sin embargo, muchos conjuntos tocan en los clubes y las discotecas de la ciudad; algunos aparecen a continuación. Las entradas para estos espectáculos resultan más baratas que las que son para una ac-

tuación en un estadio. En junio se celebran el **Festival de Jazz Ciutat Vella** y un **Festival Europeo de Jazz**; también está el **festival de jazz** anual, en octubre/noviembre, en el que destacan los grupos que tocan en los clubes y que asimismo patrocina conciertos y espectáculos callejeros. La mayoría de los conciertos de **música clásica** se ofrecen en el Palau de la Música Catalana, el edificio diseñado por Domènech i Montaner, una espléndida construcción modernista de principios del siglo XX (véanse detalles, pág. 618). No hay que olvidar el Liceu, que acoge representaciones de **ópera** y **ballet**, así como conciertos.

Rock, pop, folk y jazz

Antilla Cosmopolita, Muntaner 244, Eixample (☎932 007 714; Metro Diagonal). Salsa y otros sonidos latinos; además dan clases de baile. Los grupos tocan los fines de semana después de medianoche y el local cierra muy tarde.

Barcelona Pipa Club, plaça Reial 3 (☎933 024 732; Metro Liceu). Club pequeño donde tocan jazz la mayoría de las noches; entrada entre 500-600 pesetas.

Centre Artesà Tradicionàrius, travessia de Sant Antoni 6-8, Gràcia (☎932 184 485; Metro Fontana). Jue.-vier., alrededor de las 22 h hay músicos locales que tocan folk. En primavera se celebra un festival.

La Cova del Drac, Vallmajor 33, Gràcia (☎932 007 032; FGC Muntaner). Uno de los mejores clubes de jazz de Barcelona donde tocan música en vivo; mar.-sáb., 23-5 h. Entrada con consumición 1.500-3.000 pesetas según el espectáculo. Agos., cerrado.

Garatge Club, Pallars 195, Poble Nou (☎933 091 438; Metro Poble Nou). Tocan grupos locales de rock y pop, nunca antes de las 24 h. Sólo jue.-dom.

Harlem Jazz Club, Comtessa de Sobradiel 8 (☎933 100 755; Metro Jaume I). Pequeño local céntrico donde tocan diversas clases de jazz y música en vivo la mayoría de las noches desde las 21-22 h. No suelen cobrar entrada y las copas son de precio módico. Agos., cerrado.

Luz de Gas, Muntaner 246, Eixample (☎932 097 711; Metro Diagonal). Local elegante, con una clientela de traje y corbata un poco mayor; música en vivo todas las noches alrededor de las 24 h.

La Tierra, Aribau 230, Eixample (☎933 024 732; Metro Diagonal). Club popular con grupos en vivo la mayoría de las noches. Entrada unas 1.000 pesetas. Después del espectáculo, el local se convierte en la *Costa Breve*, una discoteca con música soul y funk.

Zeleste, Almogàvers 122 (☎933 091 204; Metro Llacuna). En este club tipo almacén se celebran conciertos regulares de rock y pop extranjero.

Música clásica y ópera

Auditori Winterthur, L'Illa, avinguda Diagonal 547 (☎932 184 800). Sala de conciertos privada situada en el centro comercial L'Illa.

Centre Cultural de la Fundació La Caixa, passeig de Sant Joan 108 (☎934 588 905; Metro Verdaguer). Se suelen celebrar conciertos y recitales.

L'Espai, travessera de Gràcia 63, Gràcia (☎934 143 133; Metro Diagonal). Actuaciones de diversos solistas y de grupos; buenos espectáculos de danza.

Fundació Joan Miró, avinguda de L'Estadi s/n, Montjuïc (☎933 291 908; véase también pág. 627). Suelen ofrecer conciertos de música contemporánea, sobre todo en verano cuando se celebran las *Nits de Música*, en general jue.

Gran Teatre del Liceu, rambla de Sta. Mónica 51-59 (☎934 859 900; fax 934 859 918; e-mail *info@gt.liceu.es; www.liceubarcelona.com*). Ópera, ballet y conciertos en un espacio insustituible.

Palau de la Música Catalana, Sant Francesc de Paula 2, esquina Sant Pere Més Alt (☎932 681 000; Metro Urquinaona). Es el hogar del coro del Orfeó Català y, entre otras, alberga la orquesta Ciutat de Barcelona (OCB). La temporada de conciertos es entre oct.-jun. Taquillas abiertas, lun.-vier., 10-21 h; sáb., 15-21 h.
Sala Cultural de la Caja de Madrid, plaça de Catalunya 9 (☎933 014 494). Suelen ofrecer conciertos y recitales gratuitos.
Saló del Tinell, plaça del Rei (☎933 151 111; Metro Jaume I). Tocan música coral en la sala gótica del Palau Reial; suele ser gratuito.
Teatre Grec, passeig de l'Exposició s/n, Montjuïc (☎933 017 775; Metro Espanya). Teatro al aire libre donde tocan conciertos y celebran recitales en verano. El anfiteatro alberga la temporada veraniega del Grec.

Teatro y cabaré

La **actividad teatral** de Barcelona no se puede comparar con la de Madrid, pero hay algunos buenos espectáculos. Sin embargo, un 99 % de éstos son en catalán, y pocas veces se representa algún clásico español.

El teatro comercial está centrado en la avinguda Paral·lel y las calles de los alrededores. En algunos teatros hay espectáculos de **cabaré**, que tienden a ser de music-hall más que de comedia hablada, y por ello resultan más accesibles a los no catalanoparlantes.

Las **entradas** para la mayoría de los teatros se pueden comprar en el quiosco situado en Aribau esquina Gran Via, y en el Centro de Localidades de rambla de Catalunya 2. Si el visitante quiere conseguir entradas por adelantado para las producciones del Mercat de les Flors, tendrá que dirigirse al Palau de la Virreina (La Rambla 99). También podrá adquirir entradas para el teatro por teléfono, mediante Tel-Entrades (☎902 101 212).

Bodega Bohemia, Lancaster 2 (☎933 025 061; Metro Drassanes). Unos actores ancianos actúan en un decrépito local de cabaré, pero el espectáculo es entretenido. Hay actuaciones todas las noches, a partir de las 23 h y hasta muy entrada la noche; también dom. tardes. Miér., cerrado.
Café Concert Llantiol, Riereta 7 (☎933 299 009; Metro Paral·lel). Todos los días hay un cabaré con mimos, canciones, payasos y magia. El espectáculo empieza a las 21 h.
Mercat de les Flors, Lleida 59 (☎934 262 102 y 934 251 875; Metro Poble Sec). Se trata de un edificio del siglo XIX, que merece una visita por su arquitectura. Se ofrecen espectáculos de teatro alternativo y compañías de danza.
Teatre Lliure, Montseny 47, Gràcia (☎932 189 251; Metro Fontana). Alberga a una compañía teatral catalana progresista, que tiene previsto su traslado a la Ciutat del Teatre en Montjuïc, aunque la fecha exacta se va postergando. También patrocina compañías de danza extranjeras, conciertos y recitales.
Teatre Malic, Fussina 3 (☎933 107 035; Metro Jaume I). Teatro pequeño donde se ofrecen espectáculos poco convencionales y algunas veces un concierto o una representación individual.
Teatre Nacional de Catalunya, plaça de les Arts 1 (☎933 065 700; las localidades se compran con tarjeta de crédito, ☎900 121 133). Se trata de un proyecto de Ricardo Bofill y ha generado numerosas controversias.
Teatre Romea, Hospital 51 (☎933 015 504). Fue construido en 1863, y durante el régimen franquista las obras eran obligatoriamente en castellano; ahora se ha convertido en el Centre Dramàtic de la Generalitat de Catalunya y los espectáculos son sólo en catalán.

> **COMPAÑÍAS DE TEATRO CATALANAS**
>
> En Barcelona hay que tener en cuenta la actuación de las siguientes compañías de teatro:
>
> **Els Comediants** aplican la tradición del teatro popular catalán en un contexto moderno; han montado su propio teatro en Canet de Mar, en la costa al norte de Barcelona.
>
> **La Cubana** es una compañía muy original y popular, que se inició en la calle. A veces vuelve a sus actuaciones callejeras, y sus miembros adoptan el papel de tenderos de la Boqueria o lavan coches en la calle vestidos de gala.
>
> **La Fura dels Baus** está compuesta por artistas cuyo objetivo es provocar al público y proporcionar un nuevo significado a la participación de éste.
>
> **Els Joglars** compañía dedicada a montar obras de contenido político; especialmente crítica con la Iglesia y la autoridad.
>
> **El Tricicle** es un grupo compuesto por tres mimos, que ya llevan juntos la friolera de 20 años.

Filmes

La mayoría de los filmes internacionales se estrenan en Barcelona (aunque en general están doblados al castellano); los principales **cines** están en rambla de Canaletas 138, rambla de Catalunya 90, plaça de Catalunya 3, passeig de Gràcia 13 y el Maremàgnum del Port Vell.

En el listado que aparece a continuación se indican los cines en los que se proyectan filmes en versión original.

Las **entradas** cuestan 650-750 pesetas y en la mayoría de los cines hay un día del espectador (que suele ser el lun. o el miér.) cuando la entrada baja a unas 500 pesetas.

Casablanca, Mayor de Gràcia 115, Eixample (☎932 184 345; Metro Diagonal). Vier. y sáb., función de medianoche; lun., día del espectador.

Cines Icària-Yelmo, Salvador Espriu 61, Vila Olímpica (☎932 217 585; Metro Ciutadella). Hay nada menos que 15 minicines donde se proyectan filmes en versión original; vier.-sáb., funciones de medianoche; lun., día del espectador.

Filmoteca, avinguda de Sarrià 33, Eixample (☎934 107 590; Metro Hospital Clínic). Depende de la Generalitat y ofrece una excelente programación; todas las noches proyectan tres o cuatro filmes diferentes (que suelen ser extranjeros, doblados o con subtítulos en castellano); 400 pesetas por filme; también se puede comprar un pase de 2.500 pesetas, que permite ver diez películas.

Renoir-Les Corts, Eugeni d'Ors 12 (☎934 905 510; Metro Les Corts). Hay seis minicines donde proyectan buenas películas en versión original. Vier.-sáb., función de medianoche; lun., día del espectador.

Verdi, Verdi 32, y **Verdi Park**, Torrijos 39, Gràcia (☎932 370 516; Metro Fontana). Varios multicines donde pasan filmes en versión original. Vier.-sáb., funciones de medianoche; lun., día del espectador.

Festivales de arte, espectáculos al aire libre y sardanas

El mejor evento anual es la temporada de verano del Grec, cuando el visitante podrá disfrutar de espectáculos como el teatro, la música y danza en diversos lugares de la ciudad, incluido el Teatre Grec de Montjuïc. Abajo aparecen los principales eventos

artísticos no relacionados con el Grec. La sardana, el **baile folclórico** nacional de Cataluña, se baila en diferentes lugares de la ciudad: delante de la catedral (sáb., 18.30 h y dom., 12 h) y en la plaça Sant Jaume (dom., 18 h). Según los catalanes, su baile es muy democrático. Los participantes (su número no tiene un límite) se toman de las manos en círculo, todos depositan algún objeto en el centro para indicar la comunidad y participación y, como no es muy movido, pueden participar tanto ancianos como jóvenes.

Abril/Mayo La Tamborinada es un día dedicado a la diversión infantil en la Ciutadella, con teatro, gigantes danzantes y música.

Mayo La Marató del Espectacle se celebra en el teatro del Mercat de les Flors; se trata de una sucesión de actuaciones durante 2 días, que comprende obras de teatro locales, danza, cabaré, música y espectáculos para niños.

Junio La temporada del Grec se inicia durante la última semana (y se prolonga en jul.-agos.); es un festival veraniego que incorpora una amplia variedad de eventos, algunos de ellos gratuitos. Información y reservas en el Palau de la Virreina. En Sant Joan (23 jun.) hay espectáculos pirotécnicos, musicales y bailes por toda la ciudad. El Festival Flamenco de La Caixa tiene lugar el mismo mes, mientras que el Festival de Cine de Barcelona empieza al final del mes y se prolonga en julio.

Agosto Durante la Festa Major de Gràcia hay actuaciones de grupos musicales y espectáculos en las calles y las plazas del barrio.

Septiembre Se celebran la Diada (fiesta nacional de Cataluña), el día 11 y la Festa Major de La Mercè, patrona de la ciudad, el día 24; suele haber desfiles, conciertos gratuitos, pirotecnia y mucha animación.

Compras y mercados

Aunque no sea comparable con París y otras capitales de la moda del mundo, Barcelona es un lugar ideal para **ir de compras**. Se trata de la capital de la moda y la edición del país; de hecho, tiene una larga tradición en el diseño innovador, cuya máxima expresión es la arquitectura, algo que también se puede contemplar en una serie de tiendas y centros comerciales, donde venden la ropa y los objetos de diseño más modernos.

Tiendas

Los **horarios de apertura** de las tiendas son de 10-13.30/14 h y 16.30-19.30/20 h de lunes a viernes; sábados 10-13.30/14 h, aunque varios mercados, grandes almacenes y centros comerciales no cierran al mediodía.

Además de las tiendas que aparecen a continuación, hay que visitar los siguientes **grandes almacenes y centros comerciales** de la ciudad: Bulevard Rosa (passeig de Gràcia 55 y avinguda Diagonal 472-476, que fue la primera galería comercial de Barcelona (ambas sedes albergan unas 100 tiendas); El Corte Inglés, plaça de Catalunya 14 y avinguda Diagonal 617, el mayor gran almacén de la ciudad; el Centre Comercial Barcelona Glòries, plaça de les Glòries 1 (Metro Glòries), un complejo que dispone de un centro comercial, restaurantes y cines; las galerías comerciales Pedralbes Centre, en Diagonal 609-615, y el centro comercial L'Illa Diagonal, en Diagonal 555-559 (ocupa la manzana completa); El Mercadillo, Portaferrissa 17 (Metro Liceu), es una pequeña galería con tiendas de ropa y calzado, que dispone además de un restaurante y un patio ajardinado.

Antigüedades y artesanía

Art Escudellers, Escudellers 23-25 (Metro Liceu). Una gran tienda donde venden cerámicas procedentes de diversas regiones españolas. No resulta barato, pero la selección es buena. Todos los días, 11-23 h.

La Bola, Sepúlveda 184 (Metro Universitat). Objetos antiguos, baratijas y ropa antigua.

La Caixa de Fang, Frenería 1 (Metro Jaume I). Situada cerca de Baixada de la Llibretería, detrás de la catedral, venden cerámica y objetos de cristal reciclado a precios módicos.

La Cubana, Boquería 26 (Metro Liceu). Tienda antigua donde venden abanicos y mantillas.

La Manual Alpargatera, Avinyó 7 (Metro Liceu). Un taller donde venden y confeccionan alpargatas a medida, así como otros objetos de paja y cuerda.

Populart, Montcada 22 (Metro Jaume I). Una tienda encantadora repleta de antigüedades y objetos de artesanía.

1784, plaça de Montcada 2 (Metro Jaume I). Buena tienda de cerámica con una amplia selección.

Libros

Crisol, rambla de Catalunya 81, Eixample (Metro Passeig de Gràcia). Revistas, libros y música, abierto hasta la 1 h.

Llibrería Mallorca, rambla de Catalunya 86, Eixample (Metro Passeig de Gràcia).

Llibrería Pròleg, Dagueria 13. Librería feminista.

Llibrería Quera, Petritxol 2 (Metro Liceu). En esta pequeña tienda del Barri Gòtic venden planos y guías de trekking.

Ropa, calzado y accesorios

Adolfo Domínguez, passeig de Gràcia 89 (Metro Passeig de Gràcia). Ropa femenina y masculina confeccionada por el célebre diseñador gallego.

Camper, Muntaner 248; Valencia 249; avinguda Pau Casals 5; Bulevard Rosa de Pedralbes. Éstas son algunas de las sucursales de la cadena de zapaterías más elegantes y de precios más módicos de España.

Groc, rambla de Catalunya 100 bis; Muntaner 385 (Metro Passeig de Gràcia). Las tiendas de Antoni Miró, el diseñador más innovador de Barcelona; en la primera venden ropa masculina; en la segunda, femenina.

Joaquín Berao, Roselló 277, Eixample (Metro Diagonal). Joyas de vanguardia en una tienda de diseño.

Jean Pierre Bua, avinguda Diagonal 469 (Metro Diagonal). El templo ciudadano para las víctimas de la moda: un santuario posmoderno de ropa de Yamamoto, Gaultier, Miyake, Westwood, Miró y otros diseñadores internacionales.

Lailo, Riera Baixa 20 (Metro Liceu). Situada al oeste de las Ramblas, esta tienda de ropa de segunda mano merece un vistazo.

Sombrerería Obach, Call 2 (Metro Liceu). Excelente selección de sombreros de todas clases.

Pedro Morago, avinguda Diagonal 520 (Metro Diagonal). Morago es un clásico diseñador barcelonés que confecciona ropa de toda clase para hombre y mujer, desde trajes hasta camisas deportivas.

Diseño y artes decorativas
BD Ediciones de Diseño, Mallorca 291, Eixample (Metro Diagonal). El edificio fue diseñado por Domènech i Montaner; el interior está repleto de lo más moderno en muebles y objetos para el hogar.
D. Barcelona, avinguda Diagonal 367, Eixample (Metro Diagonal). A pocos pasos de Dos i Una, y con una mayor selección.
Dom, passeig de Gràcia 76, Eixample (Metro Passeig de Gràcia). Tienda con objetos originales y divertidos a precios módicos.
Dos i Una, Roselló 275, Eixample (Metro Diagonal). Artículos contemporáneos, imaginativos y personales para el hogar.
Vinçon, passeig de Gràcia 96, Eixample (Metro Diagonal). Este palacio del diseño, que alberga objetos elegantes y originales, está regentado por Fernando Amat desde la década de 1970; el logotipo y las bolsas de compras están diseñadas por Mariscal (entre otros). También hay una sala donde se hacen exposiciones temporales de arte y diseño.

Mercados
Los **mercados de comestibles** de Barcelona, todos en tinglados, permanecen abiertos de lunes a sábado, entre 8-15 h y 17-20 h, aunque el más célebre, el de la Boqueria, en las Ramblas, está abierto todo el día. Hay otros **mercados especializados** que sólo abren ciertos días.
Antigüedades Todos los jueves en la plaça del Pi (Metro Liceu) a partir de las 9 h. Agos., cerrado.
Monedas, libros y tarjetas postales Todos los domingos, ante el Mercat Sant Antoni, 10-14 h.
Artesanía Primer domingo de mes en avinguda Pau Casals, Eixample (Metro Hospital Clínic), a partir de las 10 h; cerámica, textiles, cristal, hierro forjado.
Mercadillos Els Encants, lun., miér., vier.-sáb., en la plaça de les Glòries (Metro Glòries), a partir de las 8 h; ropa, bisutería, baratijas y muebles.
Alimentos Mercat Abacería Central, carrer Puigmartí, Gràcia (Metro Diagonal); Mercat Sant Antoni, ronda de Sant Pau (Metro Sant Antoni); Mercat Sant Josep/La Boqueria, Ramblas (Metro Liceu); Mercat Santa Caterina, avinguda Francesc Cambó 16 (Metro Jaume I).

Direcciones prácticas
Aeropuerto El Prat de Llobregat (información, ☎932 983 838).
Agencias de viajes Las agencias generales se hallan en la Gran Via, el passeig de Gràcia, Via Laietana y las Ramblas. Para paquetes específicos, se recomiendan: Juliá Tours, plaça Universitat 12 (☎933 176 454 y 933 176 209) para recorridos por la ciudad y vacaciones y excursiones por Cataluña; Oficina de Turismo Juvenil, Rocafort 116 (☎934 838 378) para conseguir billetes rebajados en tren, autobús y avión para jóvenes y estudiantes; Viajes Marsans, Ramblas 134 (☎933 187 216), para billetes de tren, vuelos y vacaciones rebajadas; y Wasteels, situado en el interior de la estació de Sants, para billetes en tren juveniles.
Alquiler de automóviles Atesa, Muntaner 45 (☎932 983 433) y aeropuerto (☎933 024 578); Avis, Casanova 209 (☎932 099 533), Aragó 235 (☎934 878 754) y aeropuerto (☎932 983 600); Europcar, Viladomat 214 (☎934 398 401); Hertz, Tuset 10 (☎932 173

248), aeropuerto (☎932 983 636) y estació de Sants (☎934 908 662); Ital, travessera de Gràcia 71 (☎932 012 199); Vanguard, Londres 31 (☎934 393 880).

American Express Passeig de Gràcia 101 (lun.-vier., 9.30-18 h; sáb., 10-12 h; Metro Diagonal; ☎932 170 070). En el aeropuerto también hay un cajero automático Amex.

Autobuses Todos los autobuses salen de la estació del Nord (☎932 656 508), situada en avinguda Vilanova (Metro Arc de Triomf). Entre las empresas se encuentran: Alsina Graells (☎932 656 866; a Andorra, Lleida, La Pobla de Segur y Vall d'Aran); Autocares Julià (☎934 904 000; Europa, Montserrat, Zaragoza); Bacoma (☎932 313 801; Córdoba, Granada, Sevilla); Barcelona Bus (☎932 320 459; Girona); Sarfa (☎932 651 077; Costa Brava); Enatcar (☎932 452 528; Madrid, Palencia, Valencia); Iberbús (☎932 650 700; Londres, Roma, París y Amsterdam); Viacarsa (☎934 904 000; Bilbao, Vitoria); Vibassa (☎934 911 011; Vigo, Galicia); Zatrans (☎932 310 401; Burgos, Logroño, Valladolid, Zamora).

Bancos y cambio Las sucursales principales se hallan en la plaça de Catalunya y el passeig de Gràcia. En El Corte Inglés y American Express (véase arriba) también cambian moneda a un tipo razonable. En el BSCH del carrer Ferran (en la esquina de la plaça Sant Jaume) y la Caja de Madrid de la plaça de Catalunya hay asimismo cajeros automáticos que cambian moneda. Entre las oficinas de cambio destacan: la oficina de turismo de plaça de Catalunya (todos los días, 9-21 h); aeropuerto (todos los días, 7.30-22.45 h); estació de Sants (todos los días, 8-22 h) y El Corte Inglés, plaça de Catalunya (lun.-sáb., 10-21.30 h).

Barcelona gay y lesbiana Hay un teléfono rojo para lesbianas y gays: ☎900 601 601 (sólo 18-22 h). Cómplices, Cervantes 2, y Antinous, Josep Anselm Clavé 6, son dos librerías gay que proporcionan información y contactos. Tanto en SexTienda, Rauric 11 (lun.-sáb., 10-21 h) como Zeus, Riera Alta 11 (lun.-sáb., 10-21 h; ☎934 429 795) dan un plano de los bares, clubes, hoteles y restaurantes gay de la ciudad. También está la revista gratuita *Nois*, que tiene un listado actualizado. La mayoría de los grupos de lesbianas de la ciudad se reúnen en Ca la Dona (véase «Barcelona para mujeres», abajo), que incluye el Grup de Lesbianes Feministes de Barcelona, que se reúne los jueves a las 20 h, y L'Eix Violeta, una agrupación de lesbianas jóvenes; otro grupo se reúne los martes a las 20 h en la Coordinadora Gay-Lesbiana, Buenaventura Muñoz 4 (☎933 097 997 y 902 120 140). Otros puntos de contacto incluyen el Casal Lambda, Ample 5 (lun.-jue., 17-21 h; vier., 17-23 h; sáb.-dom., 12-21 h; ☎934 127 272), un grupo de gays y lesbianas que organizan una amplia gama de eventos sociales, culturales y educacionales; el Front d'Alliberament Gay de Catalunya, Verdi 88 (☎932 172 669), una asociación para hombres gay, que dispone de una biblioteca, organiza reuniones y espectáculos de vídeo; en la misma dirección funciona un club juvenil gay; y el Col·lectiu Gay de Barcelona, Paloma 12 (☎933 1881 665), una organización de hombres gay con grupos de jóvenes y mayores, como también una revista, *Infogai*. El 28 de junio se celebra la marcha por el orgullo gay, que empieza en la plaça de la Universitat.

Barcelona para mujeres La dirección de contacto más útil de la ciudad es Ca la Dona, Caspe 38 (lun.-vier., 10-14 h; ☎934 127 161), un centro de mujeres donde se reúnen más de 20 organizaciones feministas y de lesbianas; proporcionan información. También está La Illa, Reig i Bonet 3, Gràcia (19.30-1 h; más tarde los fines de semana; ☎932 100 062), que es un bar y centro cultural para mujeres.

Bibliotecas La Biblioteca Nacional de Catalunya, situada en Hospital 56, junto al Hospital de la Santa Creu i Sant Pau (lun.-vier., 9-20 h; sáb., 9-14 h). La biblioteca pública de la universidad se halla en Gran Via 585 (lun.-vier., 8-20.30 h; también oct.-jun., sáb., 9-14 h).

Consignas La de la estació de Sants permanece abierta todos los días, 4-24 h y cuesta 400-600 pesetas al día; en la Estació Marítima, el horario es todos los días, 8-24 h; cuesta 300-500 pesetas.

Correos La oficina principal se encuentra en la plaça d'Antoni López, frente al puerto y al final del passeig de Colom (lun.-sáb., 8-20 h). La correspondencia se recoge en la ventanilla n.º 17 (lun.-vier., 9-20 h; sáb., 9-14 h). Hay otra oficina de correos en Aragó 282 (lun.-vier., 8-21 h; sáb., 9-14 h).

Hospitales Hospital de la Creu Roja, Dos de Mayo 301 (☎934 331 551); Hospital Clínic, Casanovas 143 (☎932 775 400); Hospital de Sant Pau, Sant Antoni Maria Claret (☎932 919 191); Centre de Diagnòstic de Malaties Sexuals, avinguda Drassanes 17-19 (☎933 294 495).

Información para jóvenes En la calle Ferran (lun.-vier., 10-14 h y 16-20 h; ☎934 027 800 y 934 027 801) hay una oficina de información donde proporcionan información y consejos sobre la ciudad, y también una biblioteca.

Lavanderías Las lavanderías automáticas son escasas; en general, hay que dejar la ropa para que la laven. Se puede ir a Lava Super, Carme 63 (cerca de las Ramblas). El viajero debe tener en cuenta que es ilegal colgar la ropa en las ventanas que dan a la calle, y en algunos hostales se molestan si descubren que el cliente lava una cantidad excesiva de ropa en la habitación.

Líneas Aéreas Casi todas se encuentran en el passeig de Gràcia o la Gran Via. Las principales son: Air France, passeig de Gràcia 56 (☎932 147 900); British Airways, passeig de Gràcia 85 (☎932 156 900); Iberia, passeig de Gràcia 30 (☎902 400 500).

Objetos perdidos Si el viajero pierde algún objeto, tendrá que ir al ayuntamiento (objetos perdidos) en Ciutat 9 (lun.-vier., 9.30-13.30 h; ☎934 023 161), o la oficina de transportes del Metro en la plaça de la Universitat, pero hay que tener suerte para recuperarlo.

Periódicos En todos los quioscos.

Permisos de residencia En Barcelona, son emitidos por el Servicio de Extranjeros situado en avinguda Marquès de l'Argentera 4 (lun.-vier., 9-13 h; ☎934 820 544 y 934 820 530). Se aconseja presentarse algunas semanas antes de que expire el plazo; conserve las facturas del banco cada vez que cambie dinero.

Piscinas En algunas de las piscinas de la ciudad exigen el pasaporte. Entre las piscinas céntricas se encuentran: Club Natació, situado en el passeig Marítim (todos los días, 6.30-22 h; 1.000 pesetas) y la mejor de todas, las piscinas olímpicas Bernat Picornell, avinguda del Estadi 30-40, Montjuïc (lun.-vier., 7-24 h; sáb., 7-21 h; dom., 7.30-14.30 h; verano, 1.200 pesetas; invierno, 650 pesetas).

Policía La comisaría principal se encuentra en Via Laietana 49 (☎932 903 000), donde también hay una sección dedicada a las mujeres que han sido víctimas de algún delito violento. La policía que atiende a los turistas, el Centro de Atención Policial, está en Ramblas 43 (abierto las 24 h en verano; ☎933 019 060). También está la Guardia Civil (☎062), la Policía Nacional (☎091) y la Guardia Urbana (☎092).

Tablón de anuncios Para compartir un piso, conseguir un viaje gratis, tomar clases de algo y otros asuntos, compruebe los tablones de anuncios de, por ejemplo, la Escola Oficial d'Idiomes, avinguda Drassanes (☎933 292 458) y también en la librería Pròleg (véase «Libros», pág. 656)

Teléfonos Hay oficinas de Telefónica en Fontanella 4, junto a la plaça de Catalunya (lun.-sáb., 8.30-21 h), y la estació de Sants (todos los días, 8-22 h).

Transbordadores Las salidas a las islas Baleares se hacen desde la Estació Marítima (☎933 012 598; Metro Drassanes), al final de las Ramblas. Los billetes se compran en

las oficinas de Transmediterránea (☎932 454 645). En jul. y agos., los transbordadores se llenan: reserve con antelación.

Trenes Para información, telefonee a Renfe (☎902 240 202; recorridos internacionales, ☎934 901 122, 10-14 h). Puede comprar billetes en las taquillas de Renfe, situadas en el vestíbulo subterráneo situado en passeig de Gràcia, esquina Aragó. En la estació de Sants hay una oficina de información de Renfe (todos los días, 6.30-22.30 h) y una Oficina Internacional de Información (todos los días, 7-22 h), donde podrá reservar plazas y literas en trenes internacionales. Durante la temporada alta se recomienda hacerlo con antelación para algunos trenes; al menos un par de horas antes de la salida del tren, pero mejor si es un par de días antes.

Urgencias Para llamar una ambulancia o un médico, marque el ☎061. O diríjase a Urgencias del Hospital Clínic u Hospital de Sant Pau (véase pág. anterior).

transportes

Autobuses

Barcelona a: Alicante (5 diarios; 9 h); Andorra (2 diarios; 4 h 30 min.); Banyoles (2-3 diarios; 1 h 30 min.); Besalú (2-3 diarios; 1 h 45 min.); Cadaqués (2-4 diarios; 2 h 20 min.); Girona (lun.-sáb., 6-9 diarios; dom., 3 diarios; 1 h 30 min.); Lleida (9 diarios; dom., 3 diarios; 2 h 15 min.); Lloret de Mar (jul.-mediados sept.; 10 diarios; 1 h 15 min.); Madrid (4 diarios; 10 h); Olot (2-3 diarios; 2 h 10 min.); Palafrugell (8 diarios; 2 h); Perpiñán, Francia (2 diarios; 4 h); La Pobla de Segur (1 diario; 3 h 30 min.); La Seu d'Urgell (2 diarios; 4 h); Tarragona (18 diarios; 1 h 30 min.); Torroella (3 diarios; 4 h 30 min.); Tossa de Mar (jul.-mediados sept., 12 diarios; 1 h 35 min.); Valencia (7 diarios; 6 h); Vall d'Aran (1 diario; 7 h); Viella (jun.-nov., 1 diario; 7 h); Zaragoza (4 diarios; 5 h).

Ferrocarriles

Barcelona a: Cerbère, Francia (18 diarios; 2 h 55 min.); Girona (21 diarios; 1 h 20 min.); Figueres (21 diarios; 1 h 30 min.); Lleida por Manresa (3 diarios; 4 h); Lleida por Valls o Tarragona/Reus (14 diarios; 2-3 h); Madrid (4 diarios; 12 h); París (7 diarios; 11-15 h); Port Bou (18 diarios; 2 h 50 min.); Puigcerdà (6 diarios; 3 h 30 min.); Ripoll (12 diarios; 2 h); Sitges (cada 30 min.; 25-40 min.); Tarragona (cada 30 min.; 1 h 30 min.); Valencia (7 diarios; 4-5 h); Vic (6 diarios; 1 h); Zaragoza (13 diarios; 4 h 30 min.- 6 h 30 min.).

Transbordadores

Barcelona a: Palma de Mallorca (1-2 diarios; 8 h); Ibiza (2-4 semanales; 9 h); Mahón/Maó, Menorca (2-3 semanales; 9 h).

CAPÍTULO TRECE

CATALUÑA

Después de visitar Barcelona, sería una pena no hacer un recorrido por los alrededores. Aunque la ciudad se está volviendo cada vez más internacional, el resto de Catalunya (Cataluña) conserva su identidad característica y es bastante diferente del resto de España, y del mundo en general. Fuera de la ciudad, y sobre todo en las zonas rurales, el catalán es el idioma más hablado y la cocina catalana tiende a ser mejor; el viajero podrá saborear platos especializados que varían de una localidad a otra. Las poblaciones y los pueblos son muy prósperos, un vestigio de la época industrial, cuando Cataluña se desarrolló más rápidamente que el resto de España. Los habitantes son emprendedores y abiertos, y celebran una serie de fiestas (véase lista, pág. 668) de un modo casi obsesivo. Ser catalán significa que los orígenes se remontan a la Edad Media, cuando se sentaron las bases de lo que en el siglo XIV, un reino gobernaba las Baleares, Valencia, las regiones del sur de Francia, Cerdeña y Córcega. En la actualidad, Cataluña es una provincia que disfruta de una autonomía considerable, pero de hecho aún parece un país diferente: al cruzar la frontera con Valencia o Aragón, las diferencias saltan a la vista.

Recorrer Cataluña también es muy agradable, ya que sólo viajando durante 2 o 3 horas en cualquier dirección, el visitante disfrutará de unos paisajes variados de gran belleza: costas rocosas, largas playas, montañas, llanuras, marismas y bosques. Las distancias que tal vez recorra serán considerables, sobre todo desde el interior, pero en general resulta fácil llegar a cualquier parte desde Barcelona, ya que está comunicada con la mayoría de las principales poblaciones por un excelente servicio de autobuses y trenes. Llegar hasta las **costas** situadas al norte y al sur de la ciudad no constituye un problema, como tampoco a las diversas **capitales de provincia**: Girona, Tarragona y Lleida; todos son destinos individuales o que pueden formar parte de una serie de excursiones de 1 día.

Los mejores centros turísticos se encuentran en la célebre **Costa Brava**, que llega hasta la frontera con Francia. Fue uno de los primeros tramos de costa cuyo desarrollo y urbanización fueron destinados al turismo de masas y, no obstante, los grandes y ruidosos centros de veraneo del sur se compensan por algunas playas más aisladas y los pueblos turísticos y de pescadores situados al norte. La pequeña ciudad de **Figueres**, que se halla muy cerca de la costa, ofrece un buen motivo para visitar la zona: el Museu Dalí, uno de los importantes puntos de interés turístico de Cataluña. La **Costa Daurada**, al sur de Barcelona, resulta menos atractiva, pero en **Sitges** hay una excelente playa, y **Tarragona** es una bonita ciudad costera. Tierra adentro, el monasterio de Poblet supone una visita agradable antes de llegar a la capital provincial de **Lleida**.

Las excursiones por el interior de Cataluña dependen del tiempo del que disponga el viajero, pero incluso con los días contados podrá visitar la ciudad medieval de **Girona** y alrededores, como las montañas del Montseny y la extraordinaria región volcánica de la **Garrotxa**. Si dispone de más tiempo, podrá ir hasta el **Pirineo catalán**, que ofrece una estupenda zona para escalar y pasear, sobre todo en el **Parc Nacional d'Aigüestortes** y alrededores. Al este de allí se halla **Andorra**, una mezcla de lugar libre de impuestos y refugio de montaña, situado entre poblaciones fronterizas más tranquilas, que ofrecen grandes posibilidades para hacer caminatas y, en invierno, practicar esquí.

662/CATALUÑA

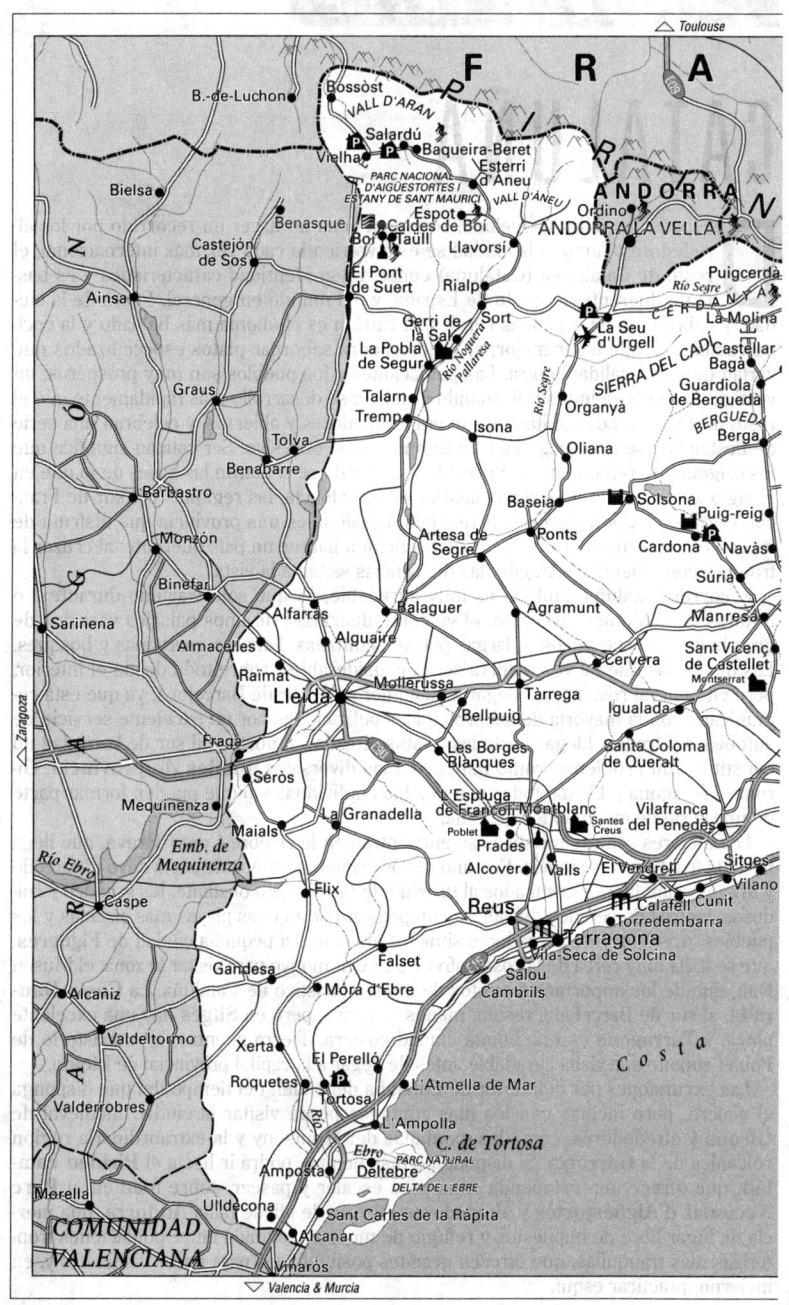

CATALUÑA/663

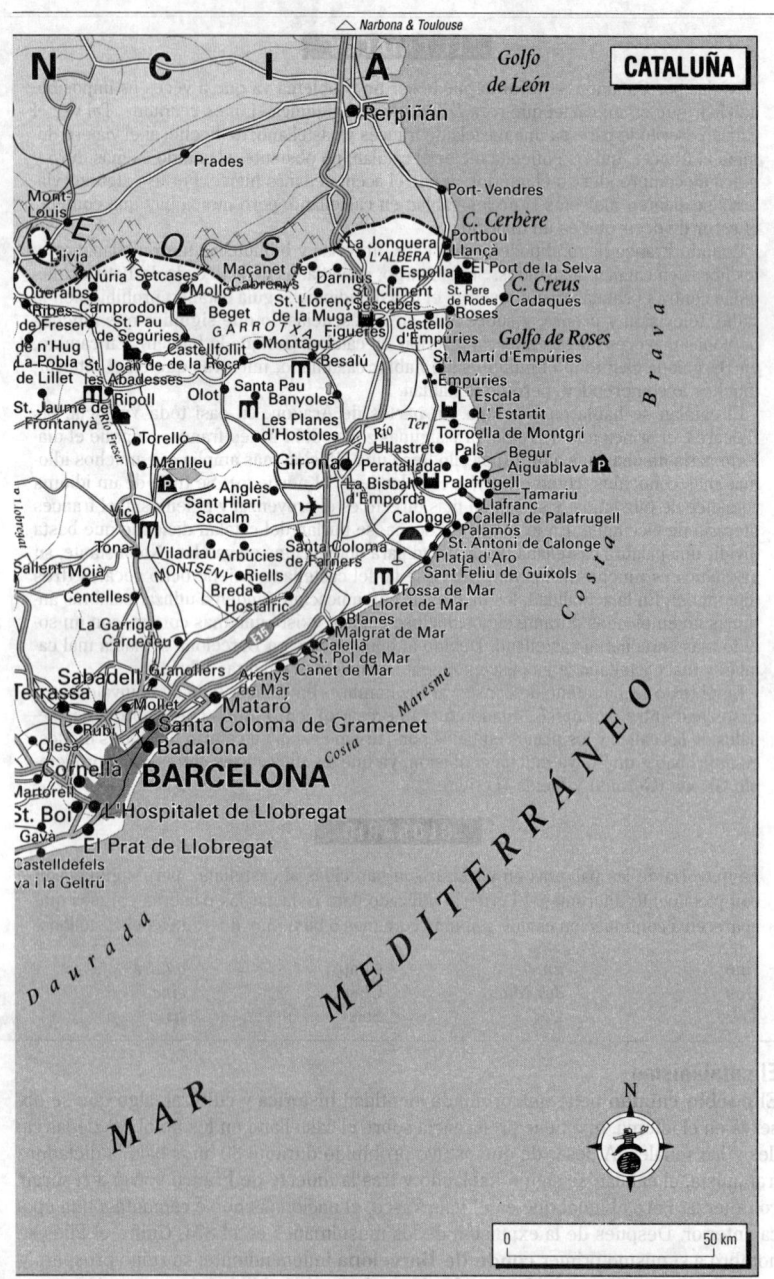

EL CATALÁN

Al viajar por Cataluña, el **idioma** puede ser un problema ya que a veces es imposible adivinar que en un cartel que reza *Dilluns tancat* significa «Lunes cerrado». Tal vez el catalán escrito le parezca una mezcla de francés y castellano; de hecho, si el viajero domina el francés, quizás entienda mejor el catalán; no obstante, el sonido es más duro y difícil de comprender en el interior, donde el acento es más fuerte. Por eso algunos viajeros se sienten molestos si no les hablan en castellano, pero nunca hay que cometer el error de decir que es un dialecto.

Cuando Franco llegó al poder, editoriales, librerías y bibliotecas fueron allanadas, y los libros en catalán destruidos. Sin embargo, a mediados de la década de 1940 las medidas contra el catalán disminuyeron, el uso del idioma seguía estando prohibido en la radio, televisión y prensa, y sobre todo en las escuelas, lo que significa que muchas personas mayores no saben leer ni escribir en catalán (aunque lo hablen). En cambio, en Barcelona casi todo el mundo sabe hablar castellano, mientras que en el interior, muchos lo comprenden, pero no lo hablan.

El catalán se habla en Cataluña, en partes de Aragón, en casi toda Valencia, las Baleares, el principado de Andorra y algunas zonas del Pirineo francés, aunque el dialecto varía de una zona a otra (por ello tiene una difusión más amplia que muchos idiomas más conocidos, como el danés, el finlandés y el noruego). Se trata de un idioma romance de raíz latina, y su origen más directo es el provenzal y el lemosín, el francés literario de Occitania. En el resto de España, se burlan del catalán diciendo que basta dividir una palabra castellana por la mitad para obtener una en catalán. No obstante, su gramática es mucho más complicada que la del castellano y tiene ocho vocales (tres diptongos). En la actualidad, los medios de comunicación tienden a utilizar palabras antiguas no empleadas durante siglos, incluso cuando existe una más común, con un sonido más parecido al castellano. Debido al bilingüismo, en Barcelona se habla mal catalán y mal castellano, e inconscientemente se inventan palabras híbridas.

En el texto se ha intentado conservar los nombres en catalán (con su equivalente en castellano entre paréntesis, cuando fuera necesario), entre otras cosas porque las señales de las calles y los planos editados por Turismo están en catalán. De todos modos, es improbable que haya mucha confusión, ya que las diferencias son pocas: por ejemplo Girona (Gerona) y Lleida (Lérida).

GLOSARIO

La mayoría de las palabras en **catalán** son parecidas al castellano, pero algunas son completamente diferentes. El criterio utilizado para redactar las palabras y frases que aparecen a continuación es que son muy comunes o bien muy diferentes del castellano.

Uno	*un (a)*	Cuatro	*quatre*
Dos	*dos (dues)*	Cinco	*cinc*
Tres	*tres*	Seis	*sis*

El catalanismo

El **pueblo catalán** tiene una profunda identidad histórica y cultural, algo que se observa en el idioma, que tiene preferencia sobre el castellano en los nombres de las calles y las señales. A pesar de que estuvo prohibido durante 30 años bajo la dictadura franquista, el catalán se siguió hablando y tras la muerte de Franco volvió a resurgir con fuerza. Pero al igual que en el País Vasco, el nacionalismo se remonta a una época anterior. Después de la expulsión de los musulmanes en el 874, Guifré el Pilós se nombró a sí mismo primer **conde de Barcelona** independiente; su reino prosperó y la región pronto fue conocida en todo el mundo por la habilidad de sus marinos y co-

Siete	set	Nada	res
Ocho	vuit	Ninguno, alguno	cap
Nueve	nou	Dentro	dins
Diez	deu	Con	amb
Once	onze	Aún/todavía/incluso	encara
Doce	dotze	Mucho, muy	força
		Un poco	una mica
Lunes	dilluns	Cerca	(a) prop
Martes	dimarts	Lejos	lluny
Miércoles	dimecres	Hace (seis) años	fa (sis) anys
Jueves	dijous	Igual/lo mismo	(el) mateix
Viernes	divendres	Mitad/medio	mig/mitja
Sábado	dissabte	¡Basta!	prou!
Domingo	diumenge	Demasiado	massa
Antes de ayer	abans d'ahir	Trabajar	treballar
Ayer	ahir	Ir	anar
Hoy	avui	Telefonear	trucar
Mañana	demà	Cenar	sopar
Pasado mañana	demà passat	Comer	menjar
Derecho (a)	dret (a)		
Izquierdo (a)	esquerre (a)	Chico (a)	noi (a)
		Niño (a)	nen (a)
Señoras	dones	Perro (a)	gos (a)
Caballeros	homes		
Abierto	obert (a)	Lugar	lloc
Hola	hola	Luz	llum
Adiós	adéu	Jefe, cabeza	cap
Cerrado	tancat	Momento, ocasión	vegada
Buenos días	bon dia		
Buenas noches	bona nit	Vaso	got
Muy bien	molt bé	Mesa	taula
Mal	malament	Leche	llet
¿Tienes fuego?	tens foc?	Huevo	ou
Me gusta	m'agrada	Fresa	maduixa
Por favor	si us plau	Naranja	taronja
¿Qué quieres?	qué vols?	Zanahoria	pastanaga
¿Dónde está?	on es?	Lechuga	enciam
Algunas veces	a vegades	Ensalada	amanida
Nunca	mai	Manzana	poma
Más	més		

merciantes, unas características que hasta cierto punto aún diferencian este lugar de otros. En el siglo XII se produjo la unión con Aragón, aunque los catalanes conservaron muchos de sus *usatges* (derechos), que tanto les había costado conseguir y desde entonces hasta el siglo XIV se produjo la **edad de oro** catalana. A finales de aquella época, las islas Baleares, la ciudad y la región de Valencia, Cerdeña, Córcega y gran parte de lo que hoy es Grecia estaban bajo dominio catalán. En 1359, la Generalitat de Cataluña se constituyó en el primer gobierno parlamentario de Europa.

En 1469, gracias a la boda de Fernando II de Aragón e Isabel I de Castilla, la región pasó a formar parte del incipiente estado español. Durante los siglos posteriores, los catalanes intentaron independizarse y escapar del poder central, que tenía en Ca-

taluña una excelente fuente de ingresos. La temprana industrialización, centrada tanto aquí como en el País Vasco, provocó más descontento político. En las décadas de 1920-1930, partidos anarquistas, comunistas y socialistas arraigaron en Cataluña. En 1931, tras la caída del dictador general Primo de Rivera, se proclamó una **república catalana** y sus poderes autonómicos fueron garantizados por el nuevo gobierno republicano. Sin embargo, cualquier separatismo incipiente se desvaneció con el estallido de la Guerra Civil, durante la cual Cataluña fue un bastión de la causa republicana, de hecho Barcelona no cayó hasta enero de 1939.

Como venganza, Franco practicó una dura política de represión, en un intento de acabar con la cultura y economía catalanas, y establecer el dominio de Madrid. Uno de sus métodos más sutiles, también aplicados en el País Vasco, fue impulsar la inmigración desde otras zonas de España, con el fin de diluir la identidad regional. A pesar de ello, Cataluña continuó siendo el escenario de protestas y manifestaciones durante toda la dictadura. Después de la muerte de Franco, hubo una gran presión —que no tardó en dar frutos— para que se restaurara el **gobierno catalán**. Éste, que es la autónoma Generalitat, desempeña un papel muy destacado a pesar de las quejas acerca de su poder real. Controla la Educación, Sanidad y Seguridad Social, con un presupuesto basado en los impuestos que cobra el Gobierno central y que luego devuelve de manera proporcional. El título oficial de la provincia es el de Comunitat Autònoma de Cataluña, y también se conoce como Principat. Desde que obtuvo la autonomía, Cataluña siempre ha tenido gobernantes nacionalistas de derechas, algo que puede resultar incomprensible si se tiene en cuenta su pasado reciente, pero que se comprende, si se considera que las izquierdas no son igual de nacionalistas y se cree que ellos son más capaces de defender los intereses económicos catalanes.

LA COSTA BRAVA

La **Costa Brava**, que se extiende desde Blanes, situada a 60 km al norte de Barcelona, hasta Portbou y la frontera francesa, era el tramo más hermoso de la costa española, con sus calas arboladas, acantilados, bonitas playas y aguas profundas y azules. En algunas zonas aún lo es; de hecho, la parte más septentrional de la costa conserva su atractiva naturaleza y tiene una serie de pequeñas poblaciones y pueblos que, aunque no sean ignotos, al menos sólo las frecuentan los lugareños y conductores franceses de paso. Sin embargo, la costa meridional es un desastre casi total: 30 años de saturación turística se han cobrado un precio muy caro y la urbanización ha sido implacable. En algunos lugares, hay tantos o más edificios de apartamentos y hoteles que en la Costa del Sol.

Aunque a primera vista la urbanización parece abarcarlo todo, la Costa Brava está dividida en dos partes muy diferentes. La serie de centros turísticos situados al sur, empezando por **Blanes**, es horrorosa, aunque destacan un par de sitios: el casco antiguo y los muros medievales de **Tossa de Mar**, así como **Sant Feliu de Guíxols**, situada más al norte, y más bonita que la mayoría de las poblaciones costeras. Incluso **Lloret de Mar**, el centro turístico más célebre de la zona, es una cuestión de gustos; tal vez sea un conglomerado ruidoso y vulgar, pero si al viajero le atrae la vida nocturna ruidosa, no tendrá motivos para quejarse.

Más allá de **Palamós**, la carretera principal va por el interior, y el desarrollo de la costa es menor; las playas y los pueblos cercanos a la pequeña ciudad de **Palafrugell** continúan siendo atractivos. Además, está el antiguo emplazamiento griego de **Empúries**, que se encuentra cerca de **L'Escala**, un centro turístico de una categoría razonable. Más allá, la zona interior que rodea el **golfo de Roses**, es rural y bastante aislada; sólo la atraviesan algunas carreteras secundarias y abarca una reserva natural, el Parc Natural dels Aiguamolls de l'Empordà. Situada en la bahía, **Roses** es la última

DESPLAZARSE POR LA COSTA BRAVA

La manera más fácil de desplazarse es en automóvil, aunque las carreteras secundarias de la costa suelen estar atascadas, y en los principales centros turísticos aparcar puede ser muy complicado. La mayor parte de los **autobuses** que operan en la región pertenecen a la empresa SARFA. Aunque el servicio es bastante eficiente, llegar hasta uno de los pueblos costeros más pequeños puede ser un incordio. Las mejores bases para hacer excursiones a la costa son Figueres y Girona, ya que en ambas hay terminales de autobuses y están a 1 hora de la playa. En la mayor parte del recorrido, el **tren** de Barcelona a Portbou circula por el interior; llega a Blanes, Girona y Figueres, pero el único lugar de la costa por el que pase es Llançà.

Asimismo en verano hay un servicio diario de **barcos** (Cruceros), de junio a septiembre, que sale de Calella (situado al sur de Blanes, no se confunda con el otro centro turístico cercano a Palafrugell) y llega hasta Palamós, pasando por Blanes, Lloret, Tossa, Sant Feliu y Platja d'Aro. El trayecto Lloret-Tossa, por ejemplo, cuesta 900 pesetas ida y vuelta y merece la pena hacer el recorrido al menos una vez, ya que debido a la costa escarpada el paisaje es muy bonito.

urbanización turística de la Costa Brava y **Cadaqués**, a pocos kilómetros de distancia, se vuelve más popular cada año, aunque el viajero encontrará tranquilos pueblos de pescadores en todo el tramo anterior a la frontera francesa, incluido **Portbou**, un centro pequeño y bonito, la última estación de ferrocarril antes de llegar a Francia. En el interior está **Figueres**, la mayor ciudad de la región, y el lugar donde nació Salvador Dalí, que además alberga su estupendo museo.

Hay más alojamiento en la Costa Brava que en cualquier otra zona de Cataluña, pero ello no hace que sea más fácil encontrar una **habitación**. En los centros turísticos más grandes, las reservas de los operadores turísticos reducen las posibilidades y, si el visitante viaja a Lloret o Tossa por su cuenta en verano, tendrá que reservar alojamiento con mucha antelación. En general, podrá encontrar alojamiento incluso si llega de improviso, pero seguramente pagará unos precios excesivos. **Acampar** no es un problema, siempre que esté dispuesto a aguantar unos enormes cámpings abarrotados, que suelen hallarse bastante lejos de las localidades.

Blanes

Situada a un poco más de 1 hora de Barcelona, **BLANES** es la primera población de la Costa Brava, aunque salvo este hecho, hay poco que la diferencie de los demás centros turísticos más cercanos a la ciudad. Debido a sus fábricas y su gran puerto pesquero, no es un lugar estimulante para hacer una parada. El jardín botánico que abarca 5 Ha, las ruinas de un castillo del siglo X y una iglesia del siglo XIV pueden resultar agradables, pero el interés se centra de manera inevitable en la **playa** de arena rodeada de pinos, una de las más largas de la costa. Con Lloret de Mar a sólo 8 km de distancia y Tossa a 13 km más allá, sólo se recomienda darse un remojón en el mar y seguir el viaje.

Aspectos prácticos

La ventaja de Blanes con respecto a otros lugares similares es que se trata de una auténtica población, y no un mero centro turístico. Abundan los **hoteles** y **hostales**, bastante parecidos unos a otros, y encontrará nada menos que trece **cámpings**. En la **oficina de turismo**, en la plaça de Catalunya (jun.-sept., lun.-sáb., 9-20 h; jul.-agos., también dom., 9-14 h; mayo y oct., lun.-vier., 9 y 16-19 h; nov.-abril, lun.-vier., 9-15 h; ☎972 330 348), ayudan a los viajeros a encontrar una habitación.

Si el visitante no quiere comer un plato combinado o comida rápida, hay un excelente

FIESTAS

En algunos casos, las fechas pueden variar algo de un año a otro.

Enero
20-22 Peregrinación tradicional en Tossa de Mar, el Pelegrí de Tossa, seguido de una fiesta animada. Festival anual en Llançà.

Febrero/Marzo
El carnaval de Sitges es una de las mejores fiestas de Cataluña (véase pág. 747). También se celebra en Solsona, Sort, Rialp y La Molina.

Semana Santa
El festival de la Patum de Berga (véase pág. 718) es el mejor y el mayor de Cataluña; en Besalú y La Pobla de Segur se celebra la Semana Santa.

Abril
23 Semana medieval de Sant Jordi en Montblanc: una semana de exposiciones, juegos, danzas y música medieval en celebración de la leyenda de sant Jordi (san Jorge).

Mayo
11-12 Festival anual de Lleida; Festa de la Llana en Ripoll. Festa del Corpus Christi en Sitges, con grandes procesiones y calles decoradas con flores.

Tercera semana Fires y Festes de la Santa Creu en Figueres; procesiones y música.

Junio
21-23 Festival de Camprodon.

24 Diada de Sant Joan, que se celebra en todas partes; las tiendas pueden cerrar el día anterior y el posterior.

29 Festival anual de Tossa de Mar.

Última semana Festival dels raiers (conducción de troncos por el río) y carreras de timoneles en Sort.

Julio
Primer domingo Festival de Puigcerdá.

10 Festival de Sant Cristóbal en Olot, con bailes tradicionales y procesiones.

Tercera semana Festa de Santa Cristina en Lloret de Mar. También festival anual de Palafrugell.

25 Festival de Portbou en honor a sant Jaume (san Jaime o Santiago).

26 Festival anual de Blanes.

Agosto
Primera semana Fiesta Mayor de Andorra La Vella; festival anual de Sant Feliu de Guíxols.

10-12 Festival anual de Castelló d'Empúries.

15 Festival de La Bisbal y Palafrugell.

19 Festa de Sant Magí en Tarragona.

Última semana Festa Major de Sitges en honor a sant Bartomeu, patrono de la ciudad.

Septiembre
Primera semana Festival de Cadaqués y L'Escala.

8 Fiestas religiosas en Cadaqués, Núria y Queralbs. Desfiles de *gegants* (gigantes) en Solsona. Festivales de Sort y Esterri d'Àneu.

22 Festival de Espot.

23 Festa de Santa Tecla en Tarragona, con desfiles de *gegants* y exhibiciones de *castellers* (torres humanas).

24 Festival anual de Besalú.

Octubre
8 Feria anual de Viella.

Última semana Ferias de Sant Narcís en Girona, y Festa de Sant Martirià en Banyoles.

Noviembre
1 Festa de Sant Ermengol en La Seu d'Urgell.

Diciembre
18 Festival de Cadaqués.

restaurante catalán, *Les Brases*, situado a 10 minutos a pie de la plaça de Catalunya, en Antiga 40, a la izquierda de la rambla Joaquim. Sirve un delicioso menú por 975 pesetas y se encuentra en una tranquila calle residencial, lo que permite disfrutar de la comida.

La estación del **ferrocarril** está en las afueras de Blanes; cada media hora parten trenes hacia Barcelona y varios salen a Girona y Figueres. Un servicio regular de autobús va a la playa; además, varios **autobuses** unen Blanes con Lloret cada 20 minutos, hasta las 21.35 h.

Lloret de Mar

Aunque la costa está bastante urbanizada, cuando el viajero llegue a **LLORET DE MAR** se sorprenderá. Se trata de uno de los centros turísticos más extremados de España y es el único lugar de la Costa Brava que conoce casi todo el mundo, ya que está dedicado a un turismo de masas que desagrada a muchos y atrae a otros por los mismos motivos: bares, discotecas, cocina europea, pubes ingleses, cerveza alemana y turistas que, en general, parecen ignorar que se encuentran en España.

A primera vista, Lloret es un desastre: unos enormes edificios de apartamentos, y una playa rodeada del despliegue más prosaico de cafés, restaurantes y bares que el viajero podría imaginar. Buscar un punto de interés cultural es una pérdida de tiempo, y sólo una pequeña parte de la localidad, que se halla en los alrededores de la plaça de l'Església y su iglesia parroquial del siglo XVI, ofrece algún indicio de los que antes era Lloret. Pero hay que visitar el lugar con otro espíritu, ya que no es más que un centro turístico. En cuanto a esto último, Lloret de Mar tiene todo lo que buscan los viajeros. Durante el día, la **playa** central está repleta de gente pero a ambos lados el visitante encontrará pequeñas calas y puntos panorámicos a los que podrá llegar por unos senderos, o admirar desde los barcos que atracan en Lloret.

Podrá comer por muy poco dinero en bares holandeses y alemanes, cafés, pizzerías y restaurantes chinos; asimismo abundan los **restaurantes** españoles y catalanes, más caros. La gente acude a los bares ruidosos, los pubes y las discotecas situadas en el carrer de la Riera y las calles de los alrededores a beber cerveza y sangría. Algunos, incluso, acuden para ir al casino, que se encuentra frente a la estación de autobuses.

Aspectos prácticos

En la playa atracan los barcos de la empresa Cruceros y otros **barcos** que recorren la costa. Allí se encuentra la taquilla de venta de billetes (información, ☎972 314 969); once servicios diarios van a Tossa de Mar, situada a 45 minutos de viaje. La **estación de autobuses** se halla al norte del centro, en la carretera de Blanes, ante el estadio de fútbol. Además de los servicios regulares desde Blanes y Tossa, llegan diez autobuses diarios desde Barcelona. Hay una **oficina de turismo** (mayo-oct., lun.-sáb.,

---

CÓDIGOS DE LOS PRECIOS DE ALOJAMIENTO

En esta guía, los precios de alojamiento se reseñan en una escala de ① a ⑧, indicando el precio **más bajo** que puede esperar pagar por noche en un establecimiento por una **habitación doble**, en temporada alta. Los precios, señalados por los códigos, son los siguientes:

① menos de 2.000 pesetas/12 euros
② 2.000-3.000 pesetas/12-18 euros
③ 3.000-4.500 pesetas/18-27 euros
④ 4.500-6.000 pesetas/27-36 euros
⑤ 6.000-8.000 pesetas/36-48 euros
⑥ 8.000-12.000 pesetas/48-72 euros
⑦ 12.000-17.500 pesetas/72-105 euros
⑧ más de 17.500 pesetas/105 euros

9.30-13 h y 16-20 h; nov.-abril, cierra a las 19 h; ☎972 365 788) en la estación de autobuses; allí proporcionan un plano y un listado de los hoteles. El viajero encontrará otra en el centro cerca de la playa, en la plaça de la Vila 1 (jun.-sept., lun.-sáb., 9-21 h; dom., 9.30-14 h; marzo-mayo y oct., lun.-sáb., 9.30-13 h y 16-20 h; ☎972 364 735).

Si el viajero tiene intención de **quedarse**, tendrá que conseguir una lista de hoteles y hostales y empezar a buscar por la mañana. Entre los establecimientos más razonables cercanos a la playa destacan la *Pensión Reina Isabel*, Vall de Venecia 12 (☎972 364 121; fax 972 369 978; ③-④), la acogedora *Pensión Proa Astor*, Venecia 51 (☎972 364 216; ④), y la *Pensión Tropicana*, avinguda Joan Llaverías 19 (☎972 364 130; ④), que es limpia y tiene vistas al mar. Un poco más alejado del mar, en la zona más tranquila de la localidad, está el *Hotel Montserrat*, Carme 54-56 (jun.-sept.; ☎972 364 493; ④), y la *Pensión Valls*, Santa Teresa 11 (jun.-agos.; ☎972 364 389; ③); ambos son lugares agradables.

Si el visitante prefiere la **comida** española —una herejía en Lloret— tendrá que ir a *Ca l'Avi*, en avinguda Vidreres 30, aunque suele costar unas 3.000 pesetas por persona.

Tossa de Mar

La llegada en barca a **TOSSA DE MAR**, situada a 13 km al norte de Lloret, es uno de los grandes placeres que ofrece la Costa Brava; las murallas y torrecillas medievales destacan sobre la colina que se asoma a la ciudad moderna. Aunque se trata de un centro turístico, Tossa continúa siendo un lugar muy bonito y, si uno puede elegir, es una opción infinitamente mejor que Lloret.

Llegada e información
Muchos turistas visitan Tossa para pasar el día; hay **autobuses** a Lloret cada media hora. Si el visitante tiene intención de quedarse, en la **oficina de turismo** proporcionan un plano gratuito y listados de hoteles (mayo y oct., lun.-sáb., 10-13 h y 16-20 h; principios jun. y finales sept., lun.-sáb., 9.30-20.30 h; dom., 10-13 h; finales jun.-principios sept., lun.-miér., vier.-sáb., 9-21 h; jue. y dom., 10-13 h; nov.-abril, lun.-vier., 10-13 h y 16-19 h; sáb., 10-13 h; ☎972 340 108); se encuentra en el mismo edificio que la **estación de autobuses**. Para llegar al centro y las playas, deberá tomar la calle que sale de la estación y girar a la derecha en la rotonda. Los **barcos** de Cruceros atracan en el muelle de la playa principal, donde hay una taquilla (información, ☎972 716 081).

Alojamiento
En el laberinto de las pequeñas calles que rodean la iglesia y debajo de las antiguas murallas de la localidad, el viajero encontrará numerosos establecimientos para **alojarse**; en verano, el mejor lugar para buscar alojamiento es en las calles alejadas de la playa. Hay cuatro **cámpings**, y todos se hallan a 2-4 km de distancia del centro. *Cala Llevadó* (mayo-sept.; ☎972 340 314; fax 972 341 187) se encuentra a 3 km del centro en la carretera a Lloret y cuesta unas 1.000 pesetas por persona y por tienda. El autobús que va a Lloret se detiene en sus cercanías si el viajero lo solicita.

Pensión Can Lluna, Roqueta 20 (☎972 340 365 o 972 340 757). Pensión cómoda de precio razonable. Marzo-nov. ③

Pensión Can Tort, Pescadores 1 (☎972 341 185). Limpia y acogedora; el precio incluye el desayuno. ⑤

Hotel Diana, plaça d'Espanya 6 (☎972 341 886; fax 972 341 103). Está muy bien situado en una plaza bonita. Los precios bajan mucho después del verano. Abril-mediados nov. ⑥

Hotel Mar Blau, avinguda de la Costa Brava 16 (☎972 340 282). Hotel agradable y un poco más caro que la *Pensión Can Lluna*, pero es más cómodo. ④

Pensión Moré, Sant Telm 9 (☎972 340 399). Muy sencillo, pero acogedor. ②

El pueblo

Tossa, fundado por los romanos, tiene murallas del siglo XII que rodean el casco antiguo, la **Vila Vella**, repleto de calles empedradas, casas pintadas de blanco y balcones floridos, con una magnífica vista sobre la playa y la bahía. En este barrio se encuentra el **Museu de la Vila Vella**, en la plaça Roig i Soler 1 (jun.-sept., mar.-dom., 10-19 h; oct.-mayo, mar.-dom., 10-13 h y 15-18 h; 500 pesetas), que expone algunas obras de Chagall, un mosaico romano y restos de una villa romana que fue excavada en los alrededores.

La mejor **playa** de Tossa (hay cuatro) es la Mar Menuda, situada al otro lado del cabo, de espaldas al casco antiguo. La playa principal, agradable y bastante limpia, se llena incluso en los días más grises. Allí encontrará taquillas donde venden billetes para una **excursión en barca** por la costa, una manera razonable de gastar unas 1.000 pesetas, en el caso de que el visitante decida no embarcarse en uno de los barcos de la empresa Cruceros, cuyo recorrido es más largo. Fondo Cristal, que dispone de una taquilla junto a la de Cruceros, organiza excursiones en barcas con fondo de cristal (abril-oct.; 1.000 pesetas; ☎972 342 229).

Fuera de temporada, Tossa resulta aún más atractiva porque suele haber menos personas por las calles del casco antiguo. Y en invierno se puede apreciar cómo era la vida tradicional de la Costa Brava, por ejemplo en el anual *Pelegrí de Tossa*, que se celebra entre el 20-21 de enero, una **peregrinación** desde Tossa hasta la población de Santa Coloma en honor a san Sebastián, seguida por una feria de invierno.

Comida

La mayoría de los **restaurantes** de Tossa ofrecen un menú del día de diferentes calidades. Además hay numerosos y caros restaurantes en el casco antiguo y justo ante las murallas. Se pueden saborear unas especialidades locales en dos establecimientos conocidos: *Bahía*, passeig del Mar (☎972 340 322), en cuyo elegante interior sirven marisco a precios razonables, y *Es Molí*, Trull 3 (oct.-abril; mar., cerrado), que es caro pero dispone de un patio ajardinado y sirve buena cocina local. *Tito's*, Sant Telm 6, es un establecimiento menos exclusivo, donde sirven platos catalanes aceptables y disponen de un menú del día por 1.600 pesetas. El *Roqueta de Mar*, Roqueta 2, tiene precios similares, está en una esquina del casco antiguo y cuenta con una terraza sombreada por una enredadera.

De Sant Feliu a Palamós

Tossa es bastante excepcional, ya que hacia el norte la costa vuelve a estar muy urbanizada y, en algunos casos, completamente estropeada. Hay un servicio de autobuses bastante regular que recorre la costa y varios tramos son bonitos, sobre todo entre Tossa y Sant Feliu. Pero aún mejor es el trayecto en **barca**, que recorre la costa desde Sant Feliu hasta Palamós, una excursión agradable y el único motivo para detenerse en la mayoría de las localidades que aparecen más adelante. Muchos de los autobuses que van por la costa salen de Girona o Palafrugell, de modo que resulta fácil hacer una visita de 1 día a las diversas poblaciones desde ambos sitios.

Sant Feliu de Guíxols

Tal vez **SANT FELIU DE GUÍXOLS** sea el lugar más agradable para hacer una parada entre Tossa y las playas de Palafrugell. Se trata de otro centro turístico auténtico, pero al menos es agradable: los hoteles tienen poca altura, la playa es amplia, hay un puerto deportivo y un bonito paseo marítimo, el passeig del Mar, flanqueado por cafés con terrazas y plátanos. Las calles estrechas del casco antiguo, repletas de cafés-bar,

son comerciales pero atractivas; un mercado semanal en la plaça del Mercat añade una nota de color local. Sant Feliu debe sus elegantes edificios y aspecto próspero a la industria del corcho, que se desarrolló aquí en el siglo XIX, pero los orígenes de la localidad se remontan al siglo X, cuando se formó una población alrededor del **monasterio** benedictino, cuyas ruinas aún permanecen en pie en la plaça Monestir. En la parte de atrás de la plaza se erige una torre redonda y una puerta con soportales del siglo X, la Porta Ferrada; si el visitante quiere echar un vistazo al interior, el complejo suele permanecer abierto desde la misa de las 8 h hasta mediodía, y vuelven a abrir para la misa de las 20 h. En la parte posterior hay un **museo** que alberga una exposición permanente de obras de Josep Albertí, un artista local que murió en abril de 1993.

Aspectos prácticos

Los **barcos** de la empresa Cruceros atracan en la playa principal, donde el visitante encontrará una taquilla (☎972 372 692). Hay dos **terminales de autobuses**: la de Teisa, que van y vuelven desde Girona y se detienen frente al monasterio; la estación de autobuses SARFA (de y a Palafrugell, Girona y Barcelona) está a 5 minutos a pie al norte del centro en la carretera de Girona, esquina con carrer Llibertat. Junto a Teisa se halla la **oficina de turismo**, en plaça Monestir (jun.-sept., lun.-sáb., 10-14 h y 16-20 h; dom., 10-14 h; oct.-mayo, lun.-sáb., 10-13 h y 16-19 h; dom., 10-14 h; ☎972 820 051).

En las calles del casco antiguo verá numerosas **pensiones** y **hoteles** familiares, todos situados cerca unos de otros y del mar; en la oficina de turismo proporcionan un listado con precios actualizados. La mejor opción es el *Hostal Zúrich*, avinguda Juli Garreta 43-45 (☎972 321 054; ④), cerca de la plaça Monestir, frente a la oficina de turismo, mientras que una buena opción barata es el *Gas Vell*, Santa Magdalena 29 (☎ y fax 972 321 024; ③), aunque está lejos de la playa. Hay dos **cámpings**: el *Càmping Sant Pol*, en carrer Doctor Fleming (abril-sept., ☎972 321 029), es más caro pero menos ruidoso y se encuentra a sólo 1 km de la playa.

Abundan los **restaurantes**, aunque los del passeig del Mar cobran precios excesivos, sobre todo si el cliente pide pescado. Quizás el menú del día de precio más moderado (1.200 pesetas) sea el del *Optimus II*, en Major 23. Asimismo se recomienda el *Club Nautic* (en un extremo del puerto entre los yates), aunque menos por la comida que por las vistas al mar; también el *Segura*, Sant Pere 11-13, o el *Amura*, placeta Sant Pere 7. *El Gallo*, en Especiers 13, es un establecimiento muy popular entre los lugareños para tomar tapas.

Vale la pena visitar el *Nou Casino de la Constancia*, de influencia modernista, situado frente al mar en el passeig de Guíxols. Permanece abierto todos los días, 9-1 h (22 h en invierno); allí puede tomarse una cerveza y observar a los lugareños mientras juegan a las cartas.

Platja d'Aro, Calonge y alrededores

Hay otra concentración de edificios a unos kilómetros al norte, en la zona que rodea **PLATJA D'ARO** (Playa de Aro), cuyo único lugar recomendable es la playa de 3 km de largo, que inevitablemente también atrae a miles de turistas.

Más allá de Platja d'Aro se siguen construyendo edificios; de hecho, en los alrededores de **Sant Antoni de Calonge** el tráfico de la carretera principal levanta nubes de polvo. El autobús de Palafrugell pasa cuatro veces al día por **CALONGE**, que se halla a sólo 2 km en el interior, pero donde las hordas de turistas playeros no suelen poner los pies. En el centro medieval se erige una iglesia y un castillo; el visitante encontrará un **restaurante**, *Can Muni*, en Major 5, cuya especialidad son los platos de mejillones; su menú del día cuesta 1.650 pesetas, y por ello la excursión vale la pena. Asimismo el pueblo cuenta con varios hostales de bastante categoría, aunque es mejor alojarse en la costa.

A 11 km al oeste de Calonge, por una carretera secundaria (no hay transporte pú-

blico), está el dolmen megalítico de la **Cova d'en Dayna**, situada en **ROMANYÀ DE LA SELVA**, uno de los pocos ejemplos que quedan en Cataluña. Si el viajero dispone de vehículo propio, el viaje merece la pena; pero en caso contrario, tendrá que tomar el autobús que va de Sant Feliu a Girona y bajarse en la parada después de Llagostera; desde allí deberá caminar 7 km.

Palamós

Si se dirige a Palafrugell, el único lugar donde merece la pena detenerse es **PALAMÓS**, un centro turístico moderno situado alrededor de un puerto repleto de yates; es la última parada del recorrido de los barcos de Cruceros (información, ☎972 314 969). La localidad fue fundada en 1277, y el casco antiguo está separado de la parte nueva, en una colina al este de la bahía. En Palamós aún hay industria pesquera; por la tarde, la pesca del día se subasta en el muelle. Hasta entonces, el visitante podría disfrutar de la excelente playa. No vale la pena visitar el Museu de la Pesca, señalizado en diversos puntos de la localidad; de hecho tardará más buscándolo que visitando el interior del museo.

La **estación de autobuses** se encuentra a una manzana de la **oficina de turismo** (todos los días, jun.-sept., 8-21 h; oct.-mayo, 8-15 h; ☎972 600 550), en el passeig de Mar 22.

Palafrugell y alrededores

La pequeña población de **PALAFRUGELL**, situada a 4 km de la costa, ha logrado permanecer de espaldas a los aledaños plagados de turistas. Se trata de una localidad que se anima por las mañanas gracias al mercado, y alrededor de la iglesia del siglo XVI se agrupan antiguas calles y tiendas que no se dedican por completo a satisfacer los caprichos y las necesidades de los extranjeros. Aunque la plaza central está rodeada por las terrazas de los cafés, es probable que el visitante acabe sentado tanto junto a un lugareño como a un turista; además, sólo cuenta con cinco o seis hoteles y un número igual de restaurantes. Todo ello significa que Palafrugell es un lugar muy agradable, así como una base cómoda para hacer excursiones a la costa, además resulta más barato que alojarse en la playa.

Asimismo, la costa es bastante diferente de las que se encuentran más al sur. Como no hay una auténtica carretera de la costa, en este tramo las laderas están cubiertas de pinos que descienden hasta las pequeñas calas de Calella, Llafranc y Tamariu, todas con aguas transparentes de color turquesa. En estos sitios, se ha urbanizado menos, ya que los apartamentos y hoteles, pintados de blanco, tienen pocas plantas; a pesar de que durante la temporada alta acuden numerosos turistas extranjeros, también es el lugar donde los barceloneses más pudientes tienen sus casas de fin de semana y sus refugios de agosto. Por eso se trata de uno de los tramos más bonitos (aunque no precisamente desconocidos) de la Costa Brava.

Llegada e información

Los autobuses llegan a la **terminal** de SARFA de Palafrugell, en Torres Jonama 67; el centro se encuentra a 10 minutos a pie hacia la derecha, mientras que para llegar a la **oficina de turismo**, en Carrilet 2 (abril-jun. y sept., lun.-sáb., 10-13 y 17-20 h; dom., 10-13 h; jul.-agos., lun.-sáb., 10-21 h; dom., 10-13 h; oct.-marzo, lun.-sáb., 10-13 y 16-19 h; ☎972 300 228), el viajero tendrá que girar a la izquierda desde la terminal y después volver a girar a la izquierda en la rotonda; allí proporcionan un plano (incluido un práctico mapa de la costa) y un listado de alojamientos. Los **conductores** deben tener en cuenta que hallar un aparcamiento en las estrechas callejuelas centrales resulta muy difícil.

Alojamiento
El visitante puede **alojarse** en cualquiera de las playas cercanas (véase «Alrededores de Palafrugell», abajo), aunque estas habitaciones son caras y difíciles de conseguir. Es más fácil y barato alojarse en Palafrugell e ir a la playa en el autobús junto a todos los demás; en verano se recomienda hacer la reserva con antelación.

Pensión Andalucía, Sant Ramon 1 (☎972 301 505). Hostal pequeño con instalaciones modestas, pero una buena opción si los demás establecimientos baratos están llenos. ④

Fonda L'Estrella, Les Quatre Cases 13 (☎972 300 005). La mejor opción barata, situada en una callejuela cerca de la plaça Nova. Las habitaciones son sencillas y frescas, y rodean un patio enclaustrado con mesas y plantas. ③

Pensión Familiar, Sant Sebastià 29 (☎972 300 043). Al otro lado de la plaza, frente a *L'Estrella*, pero no tiene el mismo encanto; dispone de baños y duchas separadas. ③

Hostal Plaja, Sant Sebastià 34 (☎ y fax 972 300 526). Situado en la misma calle que la *Pensión Familiar*, pero es un poco más caro y cómodo. También dispone de un garaje vigilado. ④

Comida, copas y espectáculos
Si el viajero se aloja en Palafrugell, tendrá que **comer** allí, ya que el último autobús regresa de las playas a las 20.30 h. No hay muchas opciones, pero los precios suelen ser moderados. En *El Rebost del Pernil*, Major 3, sirven un menú del día de 1.000 pesetas, y hay abundantes platos del día por bastante menos. A pocos pasos de la plaça Nova, el *Restaurant l'Arc* es ideal para comer pizzas y otros platos principales por menos de 1.000 pesetas. Más caro resulta *La Xicra*, Sant Antoni 17, un restaurante catalán muy agradable donde una comida cuesta unas 2.500-3.000 pesetas por persona, y *Mas Olivier*, de precios similares y muy apreciado, situado en la carretera de circunvalación, avinguda d'Espanya 70. El **mercado** funciona todos los días, excepto lunes, desde las 7 h; se halla en el carrer Pi i Margall, que sale de la plaça Nova hacia el norte.

Las **copas** y **espectáculos** se centran en la plaça Nova, donde los cafés-bar cobran precios razonables y están bien situados para pasar el rato. En julio y agosto, los martes y jueves por la noche desde alrededor de las 22 h, se organizan bailes acompañados por un piano y una batería, mientras que los viernes por la noche se bailan sardanas en la plaza.

Alrededores de Palafrugell

La popularidad de las **playas cercanas** es tal que se ha trazado una nueva carretera desde Palafrugell y, en verano, hay un servicio de enlace casi permanente que sale de la terminal de autobuses y va hasta Calella y Llafranc. El viajero puede bajarse en Calella, la primera parada, ya que Llafranc se encuentra a sólo 20 minutos a pie, y desde allí podrá tomar el autobús de regreso. Otros servicios menos frecuentes llevan hasta Tamariu y al **interior**, a Begur.

Todos los **servicios de autobús** se reducen de forma drástica antes de junio y después de septiembre. Básicamente, van desde Palafrugell hasta Calella y Llafranc (jul.-agos., 8-21 h; cada 30 min.; jun. y sept., cada hora), hasta Tamariu (jun.-sept., 3-4 diarios) y Begur (jun.-sept., 3-4 diarios). Sin embargo, el viajero también puede ir en **taxi** desde Palafrugell a la costa de Calella por unas 1.000 pesetas.

Calella y Llafranc
CALELLA continúa siendo un puerto pesquero. En su costa rocosa hay varias playas pequeñas de arena que siempre están repletas, pero el mar invita a bañarse; además

las casas pintadas de blanco y las callejuelas estrechas son muy bonitas. Los que disfrutan de los paseos pueden ir al **Castell i Jardins de Cap Roig** (todos los días, jun.-sept., 8-20 h; oct.-mayo, 9-18 h; 200 pesetas); un jardín botánico situado en un acantilado que ya tiene 50 años de existencia; se halla a 45 minutos a pie desde Calella. La costa está repleta de **bares** y **restaurantes**; se recomienda el *Continental Bar*, donde el visitante podrá admirar las obras expuestas en el interior fresco y luminoso, mientras toma un menú de 1.000 pesetas.

Un paseo tranquilo de 20 minutos a lo largo de los acantilados conduce hasta **LLAFRANC**, situado en la bahía siguiente, que tiene una playa bastante larga y un puerto deportivo. Esta localidad parece un poco más elegante, con sus chalés blancos emplazados en las laderas y los restaurantes caros; no obstante la urbanización de ambos lugares es aún de una escala humana. Se recomienda probar el *cremat*, una bebida típica de las aldeas de pescadores de la región, que al parecer introdujeron los marineros desde las Antillas. Se elabora a base de ron, azúcar, cáscara de limón y granos de café; algunas veces se añade una ramita de canela, luego se sirve en un cuenco de barro y se enciende; tras removerlo durante unos minutos ya está listo para beberlo.

El **autobús para regresar a Palafrugell** parte de la rotonda situada en la carretera principal en las afueras de Llafranc. Si el viajero quiere alojarse en una de las dos localidades, tendrá que conseguir una lista de **hoteles** en Palafrugell y telefonear desde allí; en Calella, un buen lugar para alojarse es la *Hostería Plancton*, en Codina 16 (☎972 615 081; ③), que sólo abre en verano. En Llafranc, para llegar al *Hotel Casamar*, d'el Nero 3 (☎972 300 104; fax 972 610 651; ⑤), hay que subir 113 escalones desde la playa, un esfuerzo que merece la pena debido a las vistas de la bahía que se contemplan desde los balcones del hotel. Tal vez haya más posibilidades de encontrar una plaza en uno de los **cámpings** de las localidades; sólo permanecen abiertos de abril a septiembre. En Calella se encuentra el *Moby Dick* (☎972 614 307), y el más modesto *La Siesta* (☎972 615 116), así como el *Kim's Càmping* (☎972 301 156), en Llafranc.

Tamariu

TAMARIU, situado a 4 km al norte de Llafranc, es aún más bonita y, aunque tiene una playa menos extensa que la de las otras dos localidades, pasan pocos autobuses y por ello llegan menos turistas. El viajero podrá llegar desde Llafranc atravesando el bosque (unos 90 min. a pie), pero el último tramo de la carretera tortuosa y con mucho tráfico resulta algo peligroso. En todo caso, vale la pena caminar hasta el **faro** situado por encima de Llafranc, desde donde se contemplan hermosas vistas de los pueblos de la costa y Palafrugell. En Tamariu hay un **cámping** a 200 m de la playa (mayo-sept.; ☎972 620 422) y varios hostales y **hoteles**, aunque sólo *Hotel del Sol*, en Reieri 1 (☎972 300 424; ④), cuesta menos de 6.000 pesetas la noche en julio y agosto. El *Hotel Tamariu* (mediados mayo-mediados sept.; ☎972 620 031; ⑤) es pequeño y acogedor; dispone de un restaurante de precio medio frente al mar.

Begur, Aiguablava y otras playas cercanas

Si el visitante quiere disfrutar de algo más que la playa y la tranquilidad, tendrá que dirigirse a **BEGUR**, situado en el interior a unos 8 km de Palafrugell. Se halla en una colina, y desde las ruinas de su castillo del siglo XVII se disfruta de excelentes vistas de la Costa Brava central. Las calles medievales albergan una iglesia de poca altura y un par de restaurantes; de hecho, sólo hay tranquilidad y silencio. En el *Hotel Platja* (☎972 622 197; ⑤), frente a la iglesia, las habitaciones son agradables y sirven un menú del día de precio módico.

Si el viajero hace un pequeño esfuerzo, desde Begur podrá ir caminando a las playas de **AIGUAFREDA** y **FORNELLS** o, si dispone de vehículo propio, hasta los tran-

quilos pueblos de **SA RIERA** y **SA TUNA**, situados al norte. En varias de estas playas encontrará hostales que sólo permanecen abiertos en verano; asimismo en Sa Riera hay una serie de bares y restaurantes abiertos al mediodía. Los que viajen en automóvil también podrán desplazarse hasta **AIGUABLAVA**, cuyas vistas son aún mejores que las de Begur. El mejor lugar para apreciarlas es desde el magnífico *Parador Nacional de la Costa Brava* (☎972 622 162; fax 972 622 166; ⑨); los que no se hospeden en el hotel, podrán tomar un par de copas bastante caras en el bar para disfrutar de la piscina y la opulencia de los mármoles y mosaicos de su interior. Si tiene intención de alojarse allí, deberá hacer la reserva con antelación y estar dispuesto a pagar más de 20.000 pesetas por noche durante la temporada alta.

Tierra adentro: La Bisbal, Pals y Torroella

Tierra adentro desde Palafrugell hay diversas ciudades y pueblos interesantes; sin duda una alternativa a las playas durante una tarde. Si el viajero prefiere unas tranquilas calles medievales en lugar de las ajetreadas ramblas de la costa, podrá pasar una noche en un par de ellas.

La Bisbal y alrededores

LA BISBAL, a 12 km al norte de Palafrugell y en la ruta del autobús a Girona, es una ciudad medieval situada junto a un río. Desde el siglo XVII, La Bisbal produce **cerámica**, las tiendas que la venden flanquean la carretera principal que atraviesa la localidad donde, buscando un poco, podrá conseguir algunas piezas de calidad. Al margen de la cerámica, merece la pena detenerse en La Bisbal por su casco antiguo, donde aún hay algunas mansiones impresionantes, los restos de un otrora próspero barrio judío y de varias partes de un castillo medieval construido para los obispos de Girona.

Desde esta localidad, el viajero podrá ir a dos pequeñas aldeas medievales situadas al noreste —ahora en proceso de restauración— que vale la pena visitar, aunque es imprescindible disponer de vehículo propio. En **ULLASTRET** había un asentamiento íbero, cuyas ruinas se encuentran a poca distancia del pueblo. La cercana **PERATALLADA** es hermosa y su castillo en ruinas se remonta a una época anterior a los romanos; además destaca una iglesia fortificada y diversas casas adornadas con escudos de armas y soportales. En *Can Nau*, d'en Bas 12 (miér., cerrado), sirven buenos platos y vinos locales.

Pals

El recorrido en autobús a L'Escala se puede interrumpir en **PALS**, a 8 km al norte de Palafrugell. Esta localidad medieval fortificada estuvo abandonada bastante tiempo, pero ha sido restaurada. Es inevitable que atraiga a un número cada vez mayor de visitantes, y en el casco antiguo, cuyos edificios se remontan al siglo XIV, empiezan a proliferar las tiendas de venta de cerámica. Sin embargo, ello no resta belleza a Pals, situada en la cima de una colina; unos edificios de color marrón se apiñan alrededor de una torre desnuda; lo único que queda del castillo románico de la ciudad. Más abajo se halla la gótica iglesia parroquial. Asimismo vale la pena echar un vistazo al **museo** del lugar (jun.-sept., lun.-sáb., 10-14 h y 16-20 h; dom., 10-14 h; oct.-mayo, el horario varía; 200 pesetas), que muestra una colección ecléctica en una mansión restaurada. Las piezas expuestas incluyen objetos recuperados de un barco de guerra inglés que se hundió durante el sitio de Roses en la guerra de la Independencia de 1808; también hay exposiciones de arte temporales.

A lo largo del verano, en Pals se celebra un programa de danza y conciertos, así como un **festival vitivinícola** a mediados de agosto. El viajero encontrará un par de hoteles relativamente nuevos, pero el mejor **alojamiento barato** es el del *Hostal*

Barris, Enginyer Algarra 51 (☎972 636 702; ③), en la parte nueva de la localidad; también sirven comidas. Los **autobuses** se detienen ante correos, mientras que la **oficina de turismo** (jun. y sept., lun.-sáb., 10-14 h y 17-20 h; jul.-agos., todos los días, 9-14 h y 15-20 h; ☎972 667 857) está en la carretera a Torroella de Montgrí.

Torroella de Montgrí y L'Estartit

TORROELLA DE MONTGRÍ, situada a 9 km más allá de Pals sobre el río Ter, era un importante puerto medieval que se quedó en seco a medida que el Mediterráneo fue retrocediendo. Ahora está 5 km tierra adentro, debajo de un gran castillo medieval almenado del siglo XIII (emplazado a 30 agotadores minutos a pie); de hecho, su aspecto aún es medieval: callejuelas estrechas, estupendas mansiones y una iglesia parroquial del siglo XIV. Sólo llegan un par de autocares turísticos al día, y casi nadie se aloja allí. Si el viajero decide **alojarse** en el lugar, se recomienda la *Fonda Mitja*, en la plaça d'Esglèsia (☎972 758 003; ③), cerca de la porticada plaça de la Vila; asimismo encontrará varios hostales diseminados por la localidad; para obtener un listado de los alojamientos tendrá que dirigirse a la comisaría —donde proporcionan información—, en la avinguda Lluís Companys 51 (lun.-vier., 8.30-13.30 h y 16-19 h; ☎972 758 300).

La localidad es célebre por su **festival de música clásica**, que se celebra anualmente en julio y agosto, en la plaza principal y la iglesia. Se pueden hacer reservas con antelación en El Festival Internacional de Música, apartado 70, Codina 28 (☎972 761 098; fax 972 760 648).

La playa más cercana, **L'ESTARTIT**, se halla a 6 km al este; se trata de un típico centro turístico de la Costa Brava, aunque es más tranquilo y familiar que los demás. Hay una playa amplia, y algunos barcos van hasta las **islas Medes**, las únicas litorales de Cataluña. Son una reserva natural y albergan la colonia más importante de gaviotas del Mediterráneo (unas 8.000 parejas). Los **autobuses** de Torroella a L'Estartit salen cada hora.

L'Escala y Empúries

Tanto desde Palafrugell como desde Figueres sólo hay 45 minutos en autobús hasta **L'ESCALA**, un pequeño centro turístico situado en el extremo sur del golfo de Roses; más pequeño que los del sur, allí suelen ir turistas locales, lo que significa que las calles en pendiente y la costa rocosa son muy bonitas. La proximidad de L'Escala a **Empúries** (Ampurias), situada a unos 2 km a las afueras de la localidad, supone un gran atractivo. Es uno de los emplazamientos más interesantes de España y su fascinación reside en el hecho de que fue habitado de manera continua durante casi 1.500 años. El viajero sólo necesitará una tarde para visitar las ruinas, y el resto del tiempo podrá disfrutar de la **playa** de L'Escala o el tramo de dunas que se encuentra ante las ruinas. La costa boscosa de los alrededores oculta una serie de hermosas caletas con playas de arena y aguas poco profundas. Los fines de semana, el bosque se llena de familias que montan mesas y comen allí. L'Escala también es célebre por su industria conservera donde se envasan las mejores **anchoas** de Cataluña. El viajero las podrá saborear en cualquier bar o restaurante, o comprarlas en pequeños tarros en las tiendas del lugar.

L'Escala: aspectos prácticos

Todos los **autobuses** se detienen en la avinguda Girona, muy cerca de la **oficina de turismo**, que se halla en la plaça de les Escoles (jul.-agos., lun.-sáb., 9-13 h y 16-21 h; dom., 10-13 h; sept.-jun., lun.-sáb., 9-13 h y 16-19 h; dom., 10-13 h; ☎972 770 603). Allí proporcionan un plano, horarios de los autobuses locales a Figueres, Girona y Barcelona, así como un listado de hoteles actualizado. Los automovilistas encontrarán **apar-**

camiento gratuito en el estadio de fútbol situado en el camí Ample, a la vuelta de la esquina de la parada de autobuses, cerca del cámping.

Alojamiento

En L'Escala suele haber mucho **alojamiento** disponible, sobre todo en las calles que van desde la playa hasta la plaça Victor Català. La que ofrece una mayor selección es el carrer de Gràcia. Hay **cámpings** en cada una de las pequeñas bahías que rodean L'Escala o, en el centro de la localidad, en *Camí Ample* (abril-sept.; ☎972 770 084), colina abajo y a la derecha de la parada de autobuses.

Alberg Les Coves, Les Coves 41 (☎972 771 200; fax 972 771 572). Albergue juvenil popular con un cámping adjunto, situado en la playa junto a las ruinas. El precio incluye el desayuno; también sirve comidas. Se recomienda hacer la reserva con antelación. Mediados dic.-mediados enero, cerrado. ①

Hotel Ampurias, La Platja Portitxol (☎972 770 207). Situado prácticamente en la playa cerca de los sitios arqueológicos. ③

Hotel Mediterrà, Riera 22-24 (☎972 770 028). Hotel tranquilo y cómodo; los precios bajan después de jul.-agos. ③

Hostal Poch, Gràcia 10 (☎972 770 092). Hostal acogedor cerca del paseo marítimo. ③

Hostal Torrent, Riera 28 (☎972 770 278). Acogedor, limpio y de precio módico. ③

Comida, copas y espectáculos

Los **restaurantes** que pertenecen a los pequeños hoteles y hostales son los que ofrecen la mejor comida a precios módicos. Tanto en el *Poch* como en el *Mediterrà* los me-

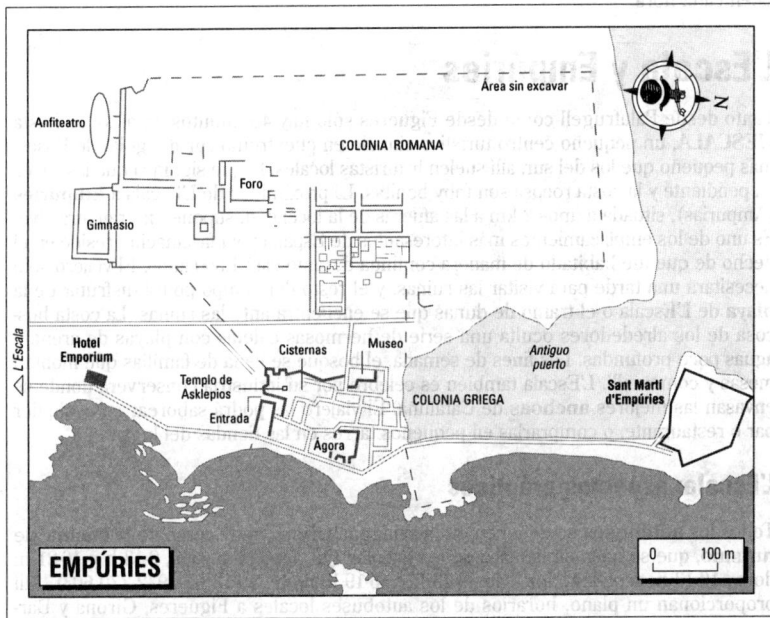

nús son razonables, mientras que en el destartalado *Hostal Riera*, situado en Gràcia 20, los platos son un tanto aleatorios, aunque en el mejor de los casos sirven una comida sabrosa por unas 1.500 pesetas. El restaurante del *Hostal Garbí*, cerca de la playa en Santa Màxima 7, es más formal sin ser demasiado caro. En la *Taberna Gallega*, Gràcia 77, sirven una amplia selección de tapas.

Por otra parte, todos los bares y restaurantes que dan a la playa tienen vistas al mar, pero el visitante debe tener en cuenta que se pagan precios excesivos por tal privilegio, sobre todo si ocupa una de las mesas situadas en la cima del acantilado. Al margen de la playa, en julio y agosto, los miércoles por la noche, podrá disfrutar del **espectáculo** del tradicional baile de la sardana, en el paseo marítimo.

Empúries: el sitio arqueológico

Empúries era la antigua Emporion griega (literalmente «emporio»), fundada en el 550 a.C. por mercaderes, quienes durante 3 siglos llevaron a cabo intensas actividades comerciales por todo el Mediterráneo. A principios del siglo III a.C. el asentamiento fue ocupado por Escipión y encima de la antigua ciudad griega, creció una ciudad romana, más esplendorosa que la griega; había un anfiteatro, grandes mansiones y un amplio mercado. Más tarde, los romanos fueron desplazados por los visigodos, que construyeron diversas basílicas. Emporion sólo desapareció en el siglo IX, cuando supuestamente fue destruida por unos piratas sarracenos o normandos.

El **sitio arqueológico** (jun.-sept., mar.-dom., 10-19.15 h; oct.-mayo, mar.-dom., 10-18 h; 400 pesetas) se encuentra más allá de una bahía de arena situada a unos 2 km al norte de L'Escala. Los restos de la **colonia griega** original, arrasada durante un ataque de los francos en el siglo III d.C., cuando todos se trasladaron a la ciudad romana, ocupan la zona inferior del yacimiento. Entre las ruinas de diversos templos, a la izquierda sobre un terreno elevado, hay uno dedicado a Asclepio, el dios griego de la medicina, cuyo culto se concentraba en Epidauro y la isla de Cos. El templo destaca por una espléndida copia de una estatua del dios, del siglo III a.C., cuyo original (junto a numerosas piezas halladas en el sitio) se halla en el Museu Arqueològic de Barcelona. En las cercanías el visitante verá varias cisternas grandes; Emporion no disponía de un acueducto, por lo que el agua se almacenaba en éstas, luego se filtraba y purificaba con el fin de suministrar agua a la ciudad a través de largas tuberías, una de las cuales ha sido reconstruida. Es fácil reconocer los restos de la puerta de la ciudad, el **ágora** (o mercado situado en el centro) y diversas calles, junto a numerosos cimientos de casas, algunas provistas de mosaicos, además de las ruinas de las catedrales visigóticas. Por encima hay un pequeño **museo** (entrada gratuita; audiovisual, 300 pesetas), que expone maquetas y diagramas de las excavaciones, así como varias piezas menores. Más allá se extiende la amplia pero sólo parcialmente excavada **ciudad romana**. Allí también se han hallado mansiones lujosas; el visitante podrá observar sus vestíbulos, jardines porticados y magníficos suelos de mosaicos. Más allá están los restos del **foro**, el **anfiteatro** y las murallas exteriores.

Sant Martí d'Empúries

Si el viajero sigue por la costa llegará a la pequeña aldea amurallada de **SANT MARTÍ D'EMPÚRIES**. Lo que antes era un lugar maravilloso y decadente ha sido invadido por los turistas, que se instalan en los sombreados bares-restaurantes para disfrutar de almuerzos prolongados. Aunque Sant Martí continúa siendo bonito, hay demasiado ajetreo; en general, es más agradable por las noches, cuando el visitante podrá tomar una copa entre los árboles adornados con bombillas. Desde las murallas ante la aldea disfrutará de hermosas vistas del golfo de Roses: las playas se extienden a lo largo de kilómetros y llegan hasta el mismo Roses, cuyas luces brillan en la

lejanía. El único lugar para alojarse es el *Hotel Riomar* (mayo-sept.; ☎972 770 362; ⑦), junto a la playa, en el que el viajero deberá permanecer en régimen de media pensión.

Figueres y alrededores

Para llegar a los centros turísticos más septentrionales de la Costa Brava, el viajero tendrá que pasar por **FIGUERES**, una ciudad de provincia de unos 30.000 habitantes. Aunque es la capital del Alt Empordà, la parte superior de la gran llanura aluvional formada por los ríos Muga y Fluvià, pasaría casi inadvertida si no fuera por el **Museu Dalí**, dedicado a Salvador Dalí, que se halla en un edificio tan surrealista como las piezas que se exponen en el interior. De hecho, Figueres tiende a quedar eclipsada por el museo, el único motivo por el que la gente acude a la ciudad. Si el visitante se queda más tiempo, descubrirá una población agradable con una animada rambla central, y muchos establecimientos baratos para alojarse y comer. Asimismo constituye un buen punto de partida para hacer excursiones a los **montes Alberes**, situados al norte y poco conocidos, que forman parte de la frontera con Francia.

Llegada, información y alojamiento

Si viaja en **tren**, desde la estación llegará al centro de la ciudad siguiendo las señales indicadoras del Museu Dalí. La **estación de autobuses** se encuentra a pocos pasos a la izquierda, en un extremo de la plaça Estació, situada por encima de la estación de ferrocarril. Hay un pequeño **puesto de información para turistas** justo ante la estación de autobuses (jun.-sept., lun.-sáb., 9.30-13 h y 16-19 h), y una **oficina de turismo** al otro lado de la ciudad, en la plaça del Sol, ante el edificio de correos (jul.-

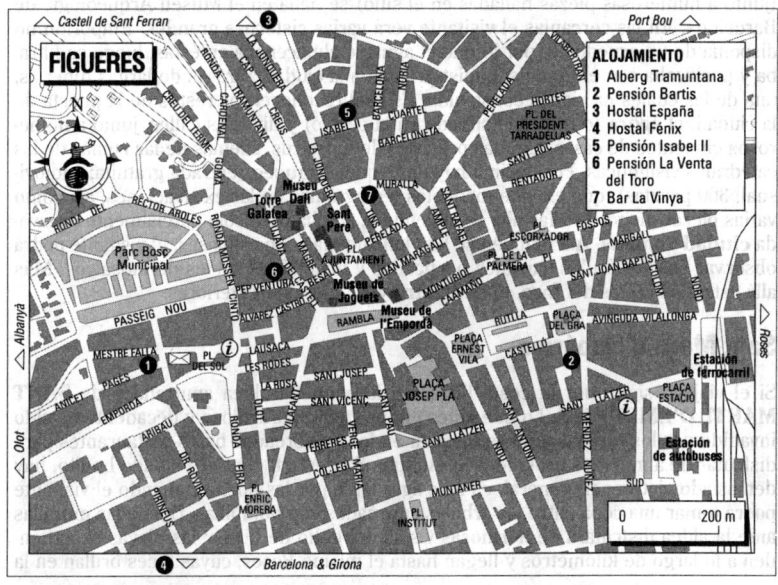

agos., todos los días, 9-21 h; el resto del año varía; ☎972 503 155). Ambas proporcionan un plano de la ciudad, prácticas listas de hoteles y horarios de todos los transportes que van más allá de Figueres.

Alojamiento

Hay una buena selección de **lugares para alojarse**, desde los más sencillos hasta los de más categoría, aunque la mayoría de los mejores hoteles y hostales están en las calles principales que salen de la ciudad. El mejor alojamiento barato es la *Pensión Bartis*, Méndez Núñez 2 (☎972 501 473; ②), cerca de la estación de ferrocarril y la de autobuses; si el visitante prefiere pernoctar más cerca del centro, tanto la *Pensión Isabel II*, Isabel II 16 (☎972 504 735; ③), como el económico, aunque un poco desastrado *Bar La Vinya*, Tins 18 (☎972 500 049; ②), se hallan próximos a los museos. Cerca de la esquina superior de la derecha de la Rambla se encuentra la acogedora *Pensión La Venta del Toro*, en Pep Ventura 5 (☎972 510 510; ②). Más cómodo resulta el *Hostal España*, Jonquera 26 (☎972 500 869; ④), que ofrece importantes descuentos fuera de temporada. Al otro lado de la población verá el *Hostal Fénix*, Via Emporitana 3 (☎972 503 185; ③), acogedor y tranquilo. En la plaça del Sol encontrará un buen albergue juvenil, el *Alberg Tramuntana*, Anicet Pagés 2 (sept., cerrado; ☎972 501 213; ①), y un cámping limpio de precios módicos, el *Pous* (nov.-dic., cerrado; ☎972 675 496), 2 km más allá sobre la carretera a Francia.

El Museu Dalí

El **Museu Dalí** (jul.-sept., todos los días, 9-19.15 h; oct.-jun., mar.-dom. y lun. festivos, 10.30-18 h; 1.000 pesetas) es el museo más visitado de España después del Prado; verlo supone un auténtico placer que satisface el amor por la fantasía y el absurdo. Nacido en Figueres en 1904, Dalí expuso allí por primera vez cuando sólo tenía 14 años. En 1974, en el antiguo teatro municipal de la ciudad, que fue reconstruido, el artista inauguró su Museu Dalí; poco a poco se fue llenando de algunas de sus obras más curiosas. Después de trasladarse a Figueres hacia el final de su vida, Dalí moriría allí el 23 de enero de 1989; hoy en día, su cuerpo reposa detrás de una sencilla lápida de granito situada en el interior del museo.

Aunque se exponen pinturas (algunas de otros artistas) y esculturas, la muestra organizada por temas, no es una colección de las «mejores obras» de Dalí, ya que están dispersas por todo el mundo. Sin embargo, las piezas expuestas son interesantes.

El edificio (señalizado por todas partes y situado en la plaça Gala y Salvador Dalí, a pocos pasos de las Ramblas) llama la atención; está cubierto por una gran cúpula metálica y decorado por piezas luminosas en forma de huevo, aunque el interior es aún más delirante. Las paredes del patio de luces central, de forma circular, están decoradas con imágenes estilizadas dispuestas a lanzarse desde lo alto; si el visitante introduce monedas en una ranura, rociará con agua a los ocupantes de un Cadillac repleto de caracoles. También hay un tótem formado por neumáticos de automóvil, coronado con una barca y un paraguas. En el interior del edificio principal, una de las salas expone un retrato de Mae West, que se observa mirando a través de un espejo: se ven unos enormes orificios nasales, labios rojos y rizos. En otras galerías situadas a diversos niveles hay una orquesta completa de tamaño natural, figuras esqueléticas, muebles curiosos (una cama con cola de pez), algunas esculturas y numerosas pinturas surrealistas.

El resto de la ciudad

Después del museo, el principal punto de interés de la ciudad es el enorme **Castell de Sant Ferran** del siglo XVII, que se erige a 1 km al noroeste del centro; el visitan-

DALÍ: UNA VIDA CONTROVERTIDA

Los últimos años de la vida de **Salvador Dalí** están rodeados de controversias; según algunos en realidad no optó por vivir como un recluso, sino que más bien fue un prisionero de sus tres guardianes. Dalí sufrió quemaduras severas durante un incendio ocurrido en 1984; tras este suceso se trasladó a la Torre Galatea, junto al museo. Más tarde le pusieron un marcapasos y sufrió problemas psicológicos; entonces cayó en una profunda depresión. Algunos amigos sospechaban que, aprovechándose de su estado senil, el pintor fue manipulado. En concreto, se adujo que lo obligaron a firmar telas en blanco, lo que llevó a levantar sospechas acerca de la autenticidad de algunas de sus obras posteriores. A mediados de la década de 1980 se produjeron una serie de juicios en Estados Unidos a raíz de que diversos individuos vendieron grabados y litografías falsas. En 1990, dos estadounidenses, William Mett y Marvin Wiseman, fueron declarados culpables de estafa por promocionar reproducciones espúreas de Dalí; tuvieron que pagar casi 2 millones de dólares de multa y fueron sentenciados a 3 años de prisión.

La división de su legado de obras (auténticas o no) se ha complicado aún más debido a que Dalí, por las condiciones de su último testamento redactado en 1982, dejó todos sus bienes, estimados en unos 130 millones de dólares, al estado español; las obras de arte se dividirían entre Madrid y Figueres. El mundo artístico catalán sintió una gran indignación e intentó evitar que las obras fueran a parar a Madrid; en la actualidad, se proyecta exponer más de 100 pinturas en un lugar aún no decidido de Cataluña.

te tendrá que tomar por pujada del Castell, que sale detrás del Museu Dalí, y seguir recto después de atravesar la rotonda por el carrer Castell de Sant Ferran. Éste fue el último bastión republicano de la Guerra Civil, cuando la ciudad se convirtió en capital republicana después de la caída de Barcelona. Primero había servido como cuartel para los miembros recién llegados de las Brigadas Internacionales, antes de que se dirigieran a Barcelona y el frente. Los militares aún utilizan el castillo, pero merece la pena recorrer los 5 km de las murallas en forma de estrella.

En el centro, la Rambla está flanqueada por las terrazas de los cafés; el viajero podrá curiosear por las galerías de arte y las tiendas de recuerdos en las calles y plazas que rodean la iglesia de Sant Pere. Asimismo hay dos museos más. En el **Museu de l'Empordà**, Rambla 2 (jul.-sept., lun.-sáb., 11-13 h y 16-21 h; dom., 17-21; oct.-jun., lun.-sáb., 11-13 h y 15.30-19 h; dom., 11-14 h; entrada gratuita), se muestran algunas piezas encontradas en el lugar y obras de artistas locales; el **Museu de Joguets** (mismos horarios que el Museu de l'Empordà; entrada gratuita), situado Rambla arriba y del mismo lado, expone más de 3.000 juguetes provenientes de toda Cataluña. La estatua al pie de la Rambla está dedicada a Narcís Monturiol, el inventor del submarino, que nació en Figueres.

Comida y copas

El viajero encontrará numerosos **restaurantes** en las estrechas calles que rodean el Museu Dalí, sobre todo en el carrer Jonquera. Disfrutará de un buen menú del día, mientras que en los cafés de la Rambla podrá tomar tentempiés y bocadillos. Para saborear una buena comida, tendrá que ir al *Hotel Durán*, Lausaca 5, en un extremo de la Rambla, donde sirven abundantes platos regionales con un toque moderno; resulta caro pero tiene una excelente reputación. Al margen de las comidas, Figueres no es muy animada **por la noche**; los fines de semana por la noche suele haber atascos en la carretera a Roses, ya que todo el mundo se dirige a la costa.

Al norte de Figueres: los montes Alberes

La región que se halla al norte de Figueres y que abarca los **montes Alberes** es prácticamente desconocida para los forasteros; se trata de una serie de aldeas casi en ruinas, ocultas entre colinas de pinos, salpicada por algunos viñedos, olivares y alcornoques. Durante la Segunda Guerra Mundial era un área tan desierta que no había guardias civiles destacados en la región, lo que convirtió a los Alberes orientales en la ruta más habitual para pasar a Francia. Hoy en día, algunos servicios locales de autobús van desde Figueres hasta las aldeas más accesibles, pero como sólo hay dos servicios diarios, tal vez el viajero tenga que pernoctar en la zona.

La región de Maçanet

Una de las mejores rutas va a **SANT LLORENÇ DE LA MUGA**, situado a 15 km al noroeste de Figueres, cerca de las márgenes de un embalse que en el plano parece enorme, pero que en realidad es más pequeño. Al otro lado del embalse, **MAÇANET DE CABRENYS** (unidas con Sant Llorenç a través de un largo sendero) se asoma a unos pantanos donde viven garzas. Hay dos o tres hostales, entre ellos el *Cal Ratero*, también conocido como *Hostal Oliveros*, en Dòmines 6 (☎972 544 068; ⑤, incluida pensión completa), cerca de la plaza principal. Asimismo, un servicio directo de autobús a Figueres pasa por **DARNIUS**, donde el viajero encontrará otro establecimiento para alojarse, el *Darnius*, carretera de Maçanet 19 (☎972 535 117; ③). Maçanet es el más animado de ambos.

La región de Espolla

Un autobús diario parte de Figueres en dirección al noreste, a **ESPOLLA**, donde hay al menos diez sitios prehistóricos en las inmediaciones. El más fácil de hallar es el **dolmen de la Cabana Arqueta**, que se remonta aproximadamente al 2500 a.C.; desde Espolla, el viajero tendrá que tomar la carretera a **Sant Climent** y, en la curva que se encuentra a 1 km más allá de la aldea, girar por el camino rural hacia la derecha: desde allí, el dolmen está a sólo 10 minutos a pie. Pero el más importante es el **dolmen del Barranc**, la única tumba tallada que se ha hallado en la zona; se alza a 3 km de la aldea, cerca del sendero que va al norte, al col de Banyuls.

Espolla es una auténtica aldea del Alt Empordà, y sus casas de ventanas cerradas se apretujan en un laberinto de calles, animadas cada año durante la vendimia. Allí el único lugar para alojarse es *La Manela*, en plaça del Carme 7 (☎972 563 065; ②), acogedora y familiar, y donde también sirven comidas baratas y ofrecen un sustancioso menú por 1.000 pesetas.

El golfo de Roses

El **golfo de Roses** se extiende entre L'Escala y Roses, y es una amplia bahía rodeada de campos llanos, regada por los ríos Muga y Fluvià. Dejada al margen durante siglos, es una zona bastante diferente de la Costa Brava, rocosa y repleta de turistas; de hecho sólo han sido urbanizadas las localidades que se encuentran a ambos extremos de la bahía, sobre todo en los kilómetros que rodean el puerto deportivo de Ampuriabrava, y en Roses. Tal vez el viajero se limite a atravesar los bonitos campos de ida o vuelta a Figueres, pero aparte de la playa de Roses, hay un par de destinos interesantes que puede visitar.

Parc Natural dels Aiguamolls de l'Empordà

A un lado de la bahía se halla una de las reservas naturales más nuevas y accesibles de España: el **PARC NATURAL DELS AIGUAMOLLS DE L'EMPORDÀ**. Está for-

mado por dos extensiones de terreno situados a ambos lados de Ampuriabrava, y abarca lo que queda de las marismas del Empordà, que antes cubrían toda la llanura que rodea el golfo de Roses, pero que a lo largo de los siglos ha ido desapareciendo debido al desarrollo de la agricultura y la ganadería. Su conservación depende en gran parte de los estudiantes de botánica de la Universidad de Barcelona y los voluntarios, y en algunas zonas está un tanto descuidado, pero atrae a numerosas aves, tanto a los terrenos costeros como a los arrozales típicos de la región. El visitante encontrará diversos senderos que recorren las lagunas y los pantanos, donde se han creado puestos de observación; el mejor momento para observar las aves es por la mañana y al atardecer. Durante la época de la migración se puede ver el mayor número de especies (marzo-mayo y agos.-oct.).

La entrada al parque es gratuita y los senderos están señalados en un folleto que proporcionan en el **centro de información** de El Cortalet (todos los días, marzo-sept., 9.30-14 h y 16.30-19.30 h; oct.-feb., 9.30-14 h y 15.30-18 h; ☎972 454 222), que se encuentra en la carretera que va de Castelló d'Empúries a Sant Pere Pescador (véase abajo). Para sacar el máximo provecho de la visita al parque el visitante tendrá que llevar unos prismáticos, y en verano y otoño un repelente de mosquitos. Sólo podrá **acampar** en el enorme *Nàutic Almatà* de «primera categoría» (mayo-sept.; ☎972 454 477; fax 972 454 686).

Sant Pere Pescador y Torroella de Fluvià

La aldea más cercana al parque es **SANT PERE PESCADOR**, a 3 km al sur del centro de información. El visitante puede llegar con el autobús SARFA desde Figueres; asimismo salen servicios desde Palafrugell, L'Escala y (una vez al día), Girona. A pesar de ser un lugar aburrido en medio de la nada, la aldea está relativamente desarrollada, lo que significa que al menos el viajero dispone de muchas opciones si quiere pernoctar allí; de hecho, encontrará media docena de hostales y hoteles (la mayoría de ellos sólo abre jun.-sept.), así como bares y restaurantes. También hay una tienda de alquiler de bicicletas.

El autobús Figueres-Palafrugell se detiene en la pequeña aldea de **TORROELLA DE FLUVIÀ**, a 4 km al suroeste de Sant Pere, donde se halla la hermosa masía *El Sugué*, Sant Pere Pescador 1 (☎972 550 067; ③), en la que podrá alojarse e incluso prepararse la comida; no obstante, los propietarios proporcionan buenos platos catalanes y vegetarianos para los que así lo deseen.

Castelló d'Empúries

Es mucho más agradable alojarse en la pequeña y encantadora ciudad de **CASTELLÓ D'EMPÚRIES**, situada a mitad de camino entre Roses y Figueres, y unida a ambas por un frecuente servicio de autobús. Cerca de la carretera principal, donde el viajero se apea del autobús, se encuentra un pequeño asentamiento medieval atravesado por el río Muga, que mantiene su encanto a pesar de la cercanía de las playas y las hordas de turistas. En una época era la capital de los condes de Empúries; las callejuelas estrechas de la localidad ocultan algunos edificios muy bien conservados, un puente medieval y la iglesia almenada de **Santa Maria**, del siglo XIII, en la que destaca su puerta ornamentada.

La reserva natural se encuentra a unos 5 km al sur; se accede a través de una carretera secundaria que va a Sant Pere Pescador. La playa de Roses también está cerca, a sólo 15 minutos en autobús. Hay diversos lugares para **alojarse** y, aunque los precios son un poco más elevados de lo habitual, merece la pena pagarlos por la tranquilidad de la que disfruta cuando se van los visitantes. La *Fonda Ca l'Avi*, Rambla 52 (☎972 250 507; ③), en el camino a la aldea, es una de las opciones más baratas, mien-

tras que el *Hostal Canet* (☎972 250 340; fax 972 250 607; ③) se halla en la plaça Joc de la Pilota. En ambos sirven comidas; en el *Canet* los precios son módicos. Asimismo, el viajero encontrará dos establecimientos en la carretera principal, más agradables de lo que parecen. El *Hostal Ca L'Anton* (☎972 250 509; ③) dispone de aparcamiento y un restaurante adjunto donde sirven un buen menú del día y muchos platos locales. La *Fonda Serratosa*, un poco más barata y elegante (☎972 250 508; ③), tiene un comedor.

Roses

ROSES, situada debajo de los muros de una fortaleza medieval en ruinas, en el centro de una amplia bahía, está habitada desde hace más de 3.000 años. Los griegos la denominaron *Rhoda* cuando fundaron una colonia comercial alrededor del excelente puerto natural en el siglo IX a.C.; pero a excepción del castillo y los tramos de la muralla que quedan en pie, en el Roses del presente hay poco que recuerde su historia. De hecho, la localidad sólo saca partido de sus 4 km de playas de arena; gracias a ella se ha impulsado una industria dedicada a los deportes acuáticos. Roses es un centro turístico en toda regla, con sus supermercados, discotecas y bares; si el viajero se aloja allí, además de ir a la playa podrá tomar el autobús a Cadaqués (véase abajo), que recorre la llanura y remonta las colinas desnudas, para contemplar unas hermosas vistas de Roses y la bahía. Otra opción es hacer una **excursión en barco**; durante el verano hay salidas regulares a Cadaqués o las islas Medes.

Los **autobuses** se detienen ante correos; el centro de la localidad y los restaurantes se encuentran a la izquierda, los hoteles a la derecha. El visitante encontrará la **oficina de turismo** (todos los días, jun.-sept., 9-21 h; oct.-mayo, 9-13 h y 16-20 h; ☎972 257 331) en el paseo marítimo. Abundan los **hoteles** y hostales; todos figuran en el plano que proporcionan en la oficina de turismo, aunque quizá todas las habitaciones estén reservadas durante el verano. A las afueras de Roses hay **cámpings** enormes, situados en la carretera de Roses a Figueres.

Cadaqués y alrededores

CADAQUÉS es una localidad mucho más agradable para alojarse, sólo accesible a través de una empinada y tortuosa carretera que atraviesa las colinas detrás de Roses; por este motivo, continúa estando bastante aislado. Las casas pintadas de blanco que flanquean las calles estrechas, el paseo arbolado y las bahías rocosas a ambos lados del puerto pesquero le dan un aire pintoresco. Desde el paseo marítimo se puede observar a los pescadores que transportan la captura del día a los restaurantes. En la década de 1960, Salvador Dalí mandó construir una casa en Port Lligat (véase pág. siguiente), y durante algunos años Cadaqués se convirtió en un lugar de moda que albergaba una interesante comunidad cosmopolita. Pero a lo largo de los últimos años, Cadaqués ha sido «descubierto» y ahora se ha puesto de moda. No obstante, aún es una localidad accesible. Hay miembros de la *beautiful people* y unos cuantos Mercedes, pero no es tan esnob como el sur de Francia. Fuera de temporada, se convierte en un sitio muy agradable, e incluso en pleno verano —si los veraneantes y los precios elevados no suponen un inconveniente— puede ser divertido.

Todas las **playas** son pequeñas y con guijarros, pero el visitante podrá dar paseos por el puerto y las calas cercanas, además de recorrer las calles que rodean la iglesia. Debido a la presencia de la clase adinerada, las galerías de arte se han multiplicado; asimismo hay un par de museos públicos: el **Museu Perrot-Moore**, en el centro, Vigilant 1 (todos los días, 10-30-13.30 h y 16.30-20.30 h; 700 pesetas), expone pinturas, dibujos y obras gráficas de Dalí y Picasso; el **Museu Municipal d'Art**, en el carrer

Monturiol (todos los días, 11-13.30 h y 15-20 h; 700 pesetas), muestra obras de artistas locales, inspiradas sobre todo en el paisaje local.

Llegada e información

Los **autobuses** se detienen en la pequeña terminal de SARFA del carrer Sant Vicens, en el límite de la localidad. La playa central y la plaza se hallan a pocos minutos de allí, tomando por los carrers Unió y Vigilant. La **oficina de turismo** está cerca de la plaza, en Cotxe 2 (jul.-sept., lun.-sáb., 9.30-14 h y 16-21 h; dom., 10-13 h; oct.-jun., lun.-sáb., 17-19 h; ☎972 258 315).

Alojamiento

Encontrar **alojamiento** es un problema, a excepción de la temporada baja; en la parada de autobuses suele haber un plano en el que se indican todas las posibilidades. Las habitaciones más baratas pertenecen a una de las tres fondas de la ciudad; la mejor es la *Fonda Vehí*, l'Esglèsia 5 (☎972 258 470; ③); está justo debajo de la iglesia, pero sólo permanece abierta de junio a septiembre. Tanto el *Hostal Marina* (☎972 258 199; ④) como el *Hostal Cristina* (☎972 258 138; ④), este último con aparcamiento, cobran precios similares y son de mejor categoría; las habitaciones con baño cuestan un poco más; fuera de temporada hacen descuentos. El *Cristina* no acepta reservas, por lo que tal vez el viajero encuentre una habitación durante temporada alta, siempre que llegue temprano. El *Hostal Ubaldo*, en Unió 13 (☎972 258 125; ⑤), cerca de la estación de autobuses, tiene precios bastante módicos y todas las habitaciones disponen de baño. En la carretera a Port Lligat encontrará un **cámping** ruidoso (mediados abril-finales sept.; ☎972 258 126), a 1 km de la localidad y cuesta arriba; también alquila cabañas por unas 4.400 pesetas una doble con ducha.

Comida

El paseo junto al puerto está flanqueado por pizzerías y **restaurantes**, pero todos ofrecen más o menos lo mismo. Cadaqués es un buen lugar para saborear una paella, que sirven en casi todos los menús del día. *El Pescador*, en carrer Nemesi Llorens, se halla a la derecha del puerto. Tiene un elegante comedor de dos plantas y una terraza, y sirven una auténtica paella catalana (con marisco, embutido y costillas), además de un menú del día de 1.800 pesetas. En *Don Quijote* (n.º 6), en la avinguda Caritat Serinyana, la calle principal perpendicular al puerto, hay un patio agradable y sirven un menú del día por 2.100 pesetas.

Alrededores de Cadaqués: la Casa-Museu Salvador Dalí

El pequeño puerto de **PORT LLIGAT**, donde vivía Salvador Dalí, se encuentra a 20 minutos a pie, al norte de Cadaqués. El artista residía allí con Gala, su esposa y musa; transformó una serie de casitas de pescadores en un hogar suntuoso, repleto de los caprichos que se podían esperar de la pareja, como un techo cubierto de huevos con pintitas y un pez enorme pintado en el suelo ante la casa. Hoy ésta permanece abierta al público como **Casa-Museu Salvador Dalí** (jun.-sept., lun.-sáb., 9.30-14 h y 16-21 h; dom., 10-13 h; oct.-mayo, lun.-sáb., 10-13 h y 16-20 h; 1.200 pesetas) y, aunque no se exponen muchas obras de arte y el número de visitantes está estrictamente controlado (en el billete se marca el horario de entrada), merece la pena esperar para apreciar el modo en que vivió esta curiosa pareja hasta la muerte de Gala en 1982; después, Dalí se mudó a Figueres.

La visita abarca casi toda la casa e incluye el estudio de Dalí, la habitación de la modelo amueblada de manera exótica, el dormitorio y el baño principal de la pareja, y lo que quizá sea lo más interesante: el salón ovalado que Dalí diseñó para Gala que, al

parecer de manera accidental, tiene una magnífica acústica. Desde la primera planta se observa el jardín y la piscina donde la pareja recibía a las visitas, pues no les gustaba que los extraños entraran a su vivienda. La piscina fálica y los diversos elementos decorativos, entre ellos una gran serpiente y un león embalsamado, resultan divertidos.

Port de la Selva y Sant Pere de Rodes

Inexplicablemente, desde Cadaqués no hay un servicio de autobuses hacia el norte, por lo que el viajero tendrá que retroceder hasta Figueres para continuar el viaje. Otra posibilidad es hacer el recorrido de 13 km a través del **cabo de Creus** a pie o en autostop para llegar a **EL PORT DE LA SELVA**, por donde sí pasan los autobuses. El Port de la Selva es un puerto pesquero dedicado a la pesca intensiva, situado en el lado oriental de una gran bahía. No se trata de un lugar demasiado animado, ya que las playas y los cámpings suelen estar ocupados por familias que se acuestan temprano. Pero desde la localidad podrá llegar a Sant Pere de Rodes (véase abajo), el monasterio más importante de la región. Un buen camino de tierra de 4 km parte de Selva de Mar, a 2 km del puerto, y llega hasta Sant Pere. También se puede llegar desde Vilajuïga, que se halla en la línea del ferrocarril Figueres-Portbou; desde allí, tendrá que caminar unos 8 km hasta el monasterio.

Si el viajero decide **alojarse**, encontrará poco donde elegir: la *Fonda Sol y Sombra*, Nou 8 (☎972 387 060; ④), obliga a tomar media pensión, mientras que el más caro *Hotel Porto Cristo*, Major 59 (☎972 387 062; ⑦), cuesta aproximadamente el doble, aunque merece la pena ir fuera de temporada. Tal vez el más atractivo sea el *Hostal L'Arola* (☎972 387 005; ④), que está en la playa, frente a la salida a Selva de Mar. Las vistas del hostal son magníficas, y una habitación sin baño, no resulta muy cara, ya que el precio incluye media pensión. También hay tres **cámpings**, todos a 2 km de la playa.

Sant Pere de Rodes

El monasterio benedictino de **Sant Pere de Rodes** (jul.-agos., mar.-dom., 10-19 h; sept.-jun., mar.-dom., 9-13.30 h y 15-18 h; 200 pesetas) era una de las numerosas instituciones religiosas fundadas tras la partida de los musulmanes. Según se cuenta, con Roma amenazada por los bárbaros, el papa Bonifacio IV ordenó ocultar las reliquias más importantes de la Iglesia, incluida la cabeza de san Pedro. Las reliquias fueron trasladadas a este cabo remoto y ocultas en una cueva, aunque una vez pasado el peligro fue imposible encontrarlas. En el emplazamiento se construyó un monasterio dedicado a san Pedro. El primer registro escrito del monasterio data del 879 y en el 934, éste consiguió la independencia, por lo que sólo tenía que rendir cuentas a Roma; en aquellos primeros años, y sobre todo debido a los vínculos con Roma, los monjes se volvieron muy ricos y poderosos, pues administraban grandes extensiones de tierra. Al mismo tiempo, suscitaron la envidia de los lugareños, de modo que desde el principio hubo disputas entre el monasterio y los señores feudales de las tierras circundantes. A medida que éste fue ampliado, también se fue fortificando ante cualquier posible ataque, iniciándose así un período de esplendor que duró 400 años, antes de que empezara la decadencia. Cuando fue abandonado en 1789, muchos tesoros fueron saqueados, aunque también lo expoliaron los franceses durante la guerra de Independencia; algunas de las piezas de plata rescatadas se pueden observar en el Museu d'Art de Girona.

Es posible que en sus orígenes el monasterio fuera construido sobre un templo pagano dedicado a la Venus pirenaica, Afrodita Pyrene, una teoría basada en un plano egipcio del siglo I o II a.C., unos relatos escritos de los siglos III y IV d.C. y el descu-

brimiento de unos fragmentos de esculturas paganas y capiteles corintios en la zona. Independientemente de su origen, las ruinas son impresionantes y el monasterio-iglesia fue el precursor del estilo románico catalán. Las columnas del siglo XI de la nave con bóveda de cañón están decoradas con cabezas de lobos y perros, y hay un claustro irregular adjunto a la iglesia.

En las cercanías se erige la iglesia románica de **Santa Elena**, todo lo que queda en pie de la pequeña comunidad rural que creció alrededor del monasterio. Por encima de éste (y contemporáneo de él) se halla el **castell de Sant Salvador**, en ruinas, del que sólo quedan las murallas. Era un perfecto puesto de observación para divisar a los invasores (franceses o musulmanes), que solían llegar por mar. Ante la inminencia de un ataque, se encendían hogueras en las colinas para advertir a toda la zona.

Llançà

La línea del ferrocarril desde Barcelona llega a la costa en **LLANÇÀ**, a 8 km al norte de El Port de la Selva, que además constituye un punto de partida más práctico para hacer excursiones. En una época, Llançà era un pequeño pueblo pesquero que ahora ha sido abierto al turismo gracias a los vínculos con Francia por carretera y ferrocarril. Pero a diferencia de otras localidades similares, tiene algunos atractivos. La playa está a 2 km de la estación de ferrocarril (los autobuses se detienen en el exterior), pero el **casco antiguo** se encuentra mucho más cerca, justo a la derecha y muy alejada del agua para evitar ataques piratas. En la pequeña plaça Major se alza una enorme iglesia románica y los restos reformados de una torre defensiva posterior, que alberga una exposición (verano, todos los días, 10-13 h y 18-21 h; invierno, sáb.-dom., 16-18 h) de antiguas fotografías de Llançà.

La calle que llega al **puerto**, donde suele haber mercado todos los miércoles, está flanqueada por numerosos restaurantes, tiendas de recuerdos y pistas de minigolf. Al final hay un puerto pesquero y una playa de arena sin urbanizar.

Aspectos prácticos

En verano llegan nueve **autobuses** diarios a Llançà desde El Port de la Selva (invierno, sólo dos); la **oficina de turismo** (jun. y sept., lun.-sáb., 10-13 h y 16.30-20 h; dom., 10-13 h; jul.-agos., lun.-sáb., 9.30-21 h; dom., 10-13 h; oct.-mayo, lun.-vier., 10-13 h y 17-20 h; sáb., 10-13 h y 17-19 h; dom., 10-13 h; ☎972 380 855) se halla en la carretera a la localidad. Para **alojarse**, hay algunos hostales y habitaciones en alquiler en el casco antiguo; otra opción es pernoctar en la zona del puerto. Las habitaciones de *Habitaciones Can Pau*, Puig d'Esquer 4 (☎972 380 271; ③), son muy agradables, así como las de la *Pensión Miramar*, passeig Marítim 7 (☎972 380 132; ④). El viajero encontrará dos **cámpings** señalizados antes de llegar al pueblo: *L'Ombra* (todo el año; ☎972 380 335) y *Càmping Llançà* (mediados jun.-mediados agos.; ☎972 380 485), más pequeño.

Se recomiendan dos **restaurantes**: *La Brasa*, plaça de Catalunya 6 (marzo-nov.), algo caro y especializado en carne asada y pescado, y una marisquería, *Can Manel*, en paseo Marítimo 9 (invierno, jue., cerrado), un poco más barato.

Colera

En Llançà, el viajero podrá tomar un tren a Portbou, que suele detenerse varias veces al día (en horarios poco convenientes) en **COLERA**, situada a pocos kilómetros al norte. Se trata de una de las aldeas más pequeñas de esta costa y es poco frecuentada por los turistas, en parte porque no resulta difícil pasar de largo, pues hay que sa-

lir de la carretera en la localidad. La aldea está poco urbanizada y a las playas de piedra sólo acuden los lugareños. Las aguas, limpias y claras, son poco peligrosas para los niños. Por todos estos motivos merece la pena detenerse, al menos para almorzar; el viajero encontrará un par de **restaurantes** bastante caros que dan a la playa y al puerto, y otras opciones de precios razonables en la plaza de la localidad, plaça Pi i Margall.

Si quiere **alojarse** allí, se recomienda el *Hostal Bon Repós*, cercano a la plaza y situado en Francesc Ribera 12 (☎972 389 012; ④), un establecimiento apto para dormir y comer; junto a las dos playas pequeñas se encuentran otros hostales de más categoría: el *Hostal La Gambina* (☎972 389 172; ⑤), en el paseo marítimo, con habitaciones más baratas fuera de temporada. El **cámping** *Sant Miquel* (abril-sept.; ☎972 389 018) se halla alejado de la playa y cerca de la carretera principal.

Portbou

PORTBOU, situado 7 km más al norte y a sólo 3 km de la frontera francesa, es un buen lugar para llegar por carretera, atravesando la colina y rodeando la bahía. A pesar de la ardua caminata, merece la pena ir a pie desde Colera (se tarda unas 2 h 30 min.), para disfrutar del panorama de colinas verdes, aguas azules y profundas, y la pequeña playa de piedras. De cerca continúa siendo un lugar muy bonito, con un puerto natural y una playa de piedras que utilizan los pescadores locales para remendar sus redes. El visitante verá algunos **restaurantes** al aire libre, tanto en las calles del casco antiguo como en el muelle, ninguno de ellos caro en exceso; de hecho, comerá muy bien por unas 1.200 pesetas. Podrá pasar el resto del día explorando las pequeñas calas por senderos que pasan por encima de las rocas; todas son limpias y poco frecuentadas.

Si llega en **tren**, tal vez la gran estación repleta de tiendas de recuerdos dé una impresión equivocada, aunque es cierto que el ferrocarril ha generado grandes cambios. Antes de que la línea Barcelona-Cerbère entrara en funcionamiento, Portbou era una pequeña aldea de pescadores. Ahora es una parada antes de entrar o salir de España y gran parte de su actividad comercial se debe a los turistas franceses que van a comprar alcohol y recuerdos antes de regresar a Francia. Otros se dedican a matar el tiempo antes de tomar el tren nocturno de Cerbère a París, sin duda una manera mejor de pasar el rato que esperar en el bar de la estación.

Aspectos prácticos

Hay una **oficina de turismo** (mayo-sept., todos los días, 9-20 h; ☎972 125 161) en el puerto, donde proporcionan un plano y una lista de hoteles; el personal suele ser amable. La opción más barata de la población es el *Hostal Comercio*, en rambla de Catalunya 16 (☎972 390 001; ③), en la bonita rambla y cerca de la playa; se trata de un hostal acogedor pero algo descuidado que no dispone de agua caliente. Cerca del puerto se encuentra el *Hostal Juventus*, avinguda de Barcelona 2 (☎972 390 241; ③), que ofrece habitaciones sencillas por un precio similar; el *Hotel Comodoro*, Méndez Núñez 1 (☎972 390 187; ④), tiene habitaciones con baño mucho mejores y está cerca de la playa. Si el viajero quiere disfrutar de vistas al mar, tendrá que pagar un poco más, por ejemplo en el *Hostal Costa Brava*, Cervera 20 (jun.-oct.; ☎972 390 386; ⑤), cuyas habitaciones con baño son las más caras de esta categoría, y las que no disponen de baño las más baratas.

Para **comer**, se recomiendan los restaurantes situados en el passeig de la Sardana, el paseo marítimo; destacan *L'Àncora*, donde sirven una estupenda paella de marisco; también sirven cerveza de barril en grandes cantidades, en el caso de que el visitante esté dispuesto a pasarse la tarde charlando con el barman. En el *Hostal de Francia*,

Mar 1, y en el *Tauro*, situado en la avinguda de Barcelona (la carretera a Figueres), ofrecen asimismo un buen marisco. El patio ajardinado del *Hotel Comodoro* es un excelente lugar para tomar el desayuno o una copa por las tardes. Para disfrutar de un bocadillo o una copa, la *Casa David*, situada en la plaça del Mercat, dispone de una terraza al aire libre, y al otro lado de la calle está el pequeño **mercado** que abre por las mañanas, donde podrá comprar todo lo necesario para un picnic.

Desde mediados de junio hasta septiembre es posible atravesar la **frontera** con Francia por carretera durante las 24 horas, pero durante el resto del año permanece cerrada entre 24-7 h.

GIRONA Y ALREDEDORES

La ciudad de **Girona**, con su núcleo medieval y a 1 hora de la costa, proporciona un sorprendente y agradable contraste con los excesos de la Costa Brava. No resulta difícil llegar desde la costa o Barcelona (desde donde hay un servicio regular de trenes y autobuses), pero el viajero tendrá que dedicarle más de 1 día; 2 o 3 noches serán suficientes para apreciar lo mejor de Girona y disfrutar de los alrededores. La excursión más breve es a **Banyoles**, una localidad junto a un lago que se encuentra a media hora de Girona; la bonita **Besalú**, una de las localidades más antiguas y atractivas de Cataluña, está un poco más allá.

Para visitar la provincia de la que Girona es la capital tendrá que dirigirse a **Olot**, a 1 h 30 minutos al oeste de la ciudad, en el corazón de la comarca de la **Garrotxa**. En gran parte se trata de una antigua zona volcánica, que ahora configura el **Parc Natural de la Zona Volcànica**, cuya fértil campiña está salpicada de cráteres apagados. Algunos se encuentran dentro de los mismos límites de la ciudad de Olot, pero el mejor paisaje es el que rodea **Sant Pau**, al este. Al norte de allí, y también en las cercanías de Olot, se halla **Castellfollit de la Roca**, el punto de partida para hacer diversas excursiones y llegar hasta las estribaciones de los cercanos Pirineos.

En dirección contraria, al sur hacia Barcelona, aquellos que disponen de más tiempo podrán recorrer la **sierra del Montseny**, donde encontrará poblaciones con balnearios y caminos escarpados, aunque el recorrido será más fácil si el viajero dispone de vehículo propio, ya que los autobuses no pasan con frecuencia.

Girona

La antigua ciudad amurallada de **GIRONA** está en el extremo de una colina parecida a una fortaleza, asomada al río Onyar. Sufrió ataques casi permanentes desde que era la fortaleza romana de Gerunda, en la Via Augusta. Después de que España fuera conquistada por los musulmanes, Girona fue una ciudad árabe durante más de 200 años, algo que se ve en las estrechas callejuelas del centro; también hubo una permanente presencia judía durante 600 años. Tras siglos de abandono, el intrincado barrio judío de casas, tiendas y edificios comunitarios ha vuelto a la luz. En el siglo XVIII, Girona había sufrido 21 sitios, y en el siglo XIX, mereció el apodo de la «Inmortal» después de resistir a cinco asedios; el más prolongado de ellos fue el de los franceses (1809). Por ello no resulta sorprendente que en Girona se vean varios estilos arquitectónicos, desde la época romana hasta el modernismo; sin embargo, al visitante le dará la sensación de que se trata de una ciudad medieval sumamente hermosa, cuyo atractivo destaca aún más gracias a su emplazamiento junto al río.

Teniendo en cuenta que el aeropuerto de Girona constituye el punto de llegada de los viajeros que se dirigen a la mayoría de los centros turísticos de la Costa Brava, la

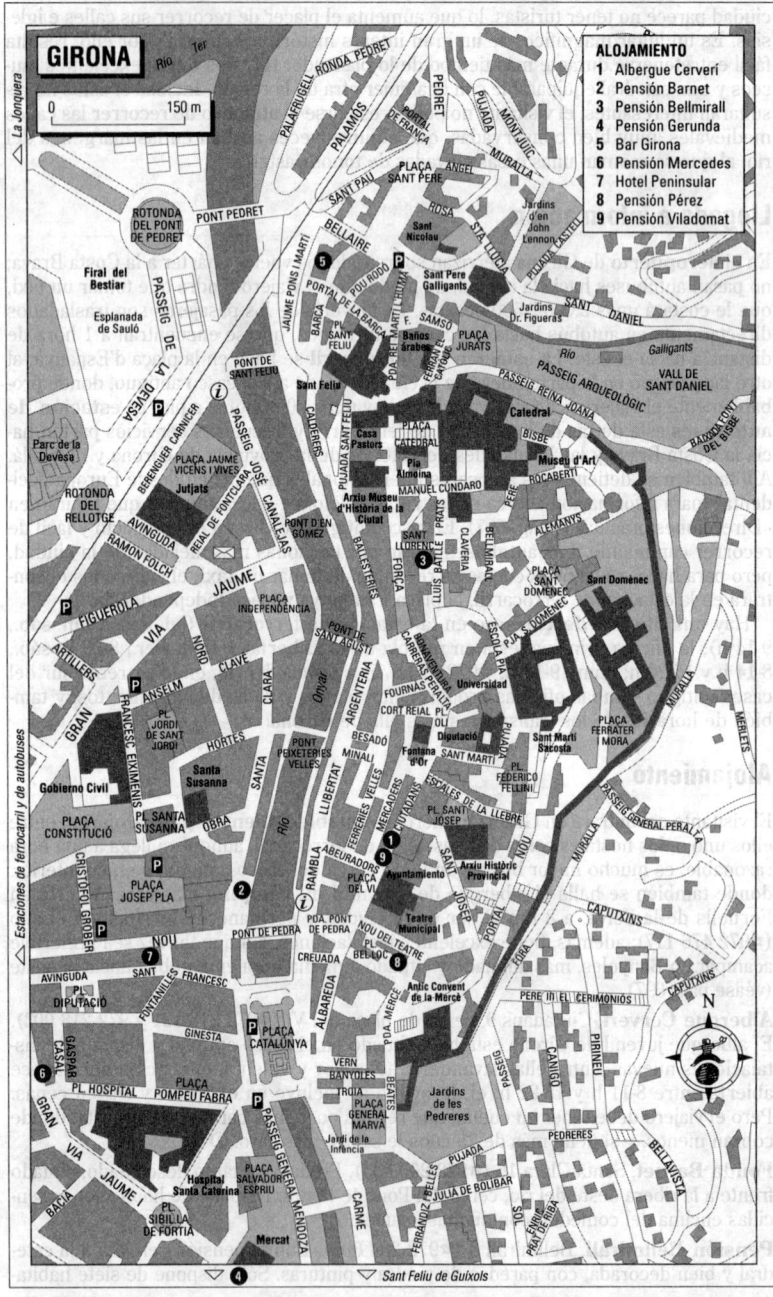

ciudad parece no tener turistas, lo que aumenta el placer de recorrer sus calles e iglesias. Es un lugar magnífico, de un gran interés histórico y cultural; por ello, resulta fácil entretenerse durante más tiempo de lo planeado. Hay dos o tres excelentes museos y una catedral equiparable con cualquier otra de la región. Incluso si éstos no resultaran interesantes, el visitante no podrá resistirse al atractivo de recorrer las calles medievales, muy bien conservadas, que algunas veces acaban en las márgenes del río, al que se asoman unas casas elevadas de tonos pastel.

Llegada e información

En el **aeropuerto** de Girona aterrizan sobre todo los vuelos chárter a la Costa Brava; no pasan autobuses hacia la ciudad, de modo que el viajero tendrá que tomar un taxi, que le costará unas 2.000-2.500 pesetas. La mayoría de los pasajeros son trasladados directamente en autobús hasta los centros turísticos, que se encuentran a 1 hora de distancia hacia el este. La **estación de ferrocarril** se halla en la plaça d'Espanya, al otro lado del río en la parte nueva de la ciudad; desde allí al casco antiguo, donde probablemente el viajero acabará alojándose, hay unos 20 minutos a pie. La **estación de autobuses** está detrás de la estación de ferrocarril y frecuentes servicios parten hacia la Costa Brava y las localidades del interior de la provincia de Girona y más allá. Allí también se detienen los autocares internacionales que llegan desde Europa occidental (para información acerca de las rutas, telefonee a los números que figuran en «Direcciones prácticas», pág. 697). El casco antiguo de Girona es compacto y fácil de recorrer caminando. Los autobuses pasan por las zonas más alejadas de la ciudad, pero para hacer recorridos cortos se recomienda tomar un **taxi**; el viajero los encontrará en la estación de ferrocarril, la plaça Catalunya y plaça Independència.

Hay una **oficina de turismo** en la estación de ferrocarril (jul.-agos., lun.-sáb., 9-14 h); la oficina principal está en rambla de la Llibertat 1 (lun.-vier., 8-20 h; sáb., 8-14 h y 16-20 h; dom., 9-14 h; ☎972 226 575) a orillas del río, en el extremo sur del casco antiguo. Ambas oficinas proporcionan planos y listas de alojamientos, y también de horarios de los transportes más allá de Girona.

Alojamiento

El visitante encontrará en Girona numerosos **establecimientos para alojarse**, entre ellos uno o dos hostales cerca de la estación de ferrocarril, aunque si llega a una hora razonable, es mucho mejor buscar un lugar cerca del casco antiguo, o en su interior, donde también se halla el albergue de juventud. El **cámping** más cercano está en Fornells de la Selva, a 8 km al sur de la ciudad y permanece abierto todo el año (☎972 476 117); además, tiene excelentes instalaciones, aunque tal vez sea preferible acampar en Banyoles, más animado y situado a media hora en autobús hacia el oeste (véase pág. 697).

Albergue Cerverí, Ciutadans 9, cerca de plaça del Vi (☎972 218 121 y 972 218 003). El albergue juvenil de Girona está situado en el casco antiguo y dispone de instalaciones nuevas, entre ellas lavandería, televisor y vídeo; la recepción permanece abierta entre 8-11 h y 18-22 h; el desayuno se incluye en el precio y sirven cenas. Pero el viajero debe tener en cuenta que resulta poco más barato que el hostal donde cobran menos, y si tiene más de 25 años le saldrá más caro. ①-②

Fonda Barnet, Santa Clara 16 (☎972 200 033). Edificio un tanto descuidado, situado frente a la ribera oeste del río, cerca del Pont de Pedra. Dispone de habitaciones sencillas encima del comedor, con duchas aparte. ③

Pensión Bellmirall, Bellmirall 3 (☎972 204 009). Bonita pensión cercana a la catedral y bien decorada, con paredes de piedra y pinturas. Sólo dispone de siete habita-

ciones (con y sin baño); hay que hacer la reserva con antelación. El precio incluye el desayuno. ①

Pensión Gerunda, Barcelona 34 (☎972 202 285). Situada a la derecha de la estación de ferrocarril y en la carretera principal, esta opción de precios razonables es práctica cuando se llega tarde, aunque las habitaciones son algo claustrofóbicas. ③

Bar Girona, Barca 31 (☎972 210 998). Barato, alegre y situado en el extremo menos salubre del casco antiguo, este bar dispone de seis habitaciones, todas con baño; también sirven un menú del día por 900 pesetas. ③

Pensión Mercedes, Barcelona 99 (☎972 203 028). Pensión familiar, situada cerca de la estación, justo enfrente de El Corte Inglés. ②

Hotel Peninsular, Nou 3 (☎972 203 800; fax 972 210 492). Se trata de un hotel bien situado pero un tanto anodino en una ajetreada calle comercial, cerca del puente y del río. Una ventaja es que dispone de un terrado desde donde se contemplan excelentes vistas del casco antiguo. También tiene habitaciones más baratas sin baño. ③-⑤

Pensión Pérez, plaça Bell-lloc 4 (☎972 224 008). Las habitaciones más modestas de Girona (sobre todo de una plaza), situadas en un edificio muy lúgubre en una zona aún más lúgubre de la ciudad. Cerca del carrer Nou del Teatre, atravesando el Pont de Pedra. ②

Pensión Viladomat, Ciutadans 5 (☎972 203 176). Pensión popular cuyas habitaciones amplias y luminosas (con baño) se llenan con rapidez en julio y agosto debido a su céntrico emplazamiento. En el lugar más inferior de la categoría de precios baratos. Sirven desayunos por 350 pesetas. ③

La ciudad

Aunque la mayor parte de la Girona moderna ocupa la ribera occidental del río Onyar, bordeado al norte por el gran parque de la Devesa, casi todos los visitantes pasan mucho tiempo en el **casco antiguo**, al otro lado del río. Este terreno estrecho a los pies de la colina alberga todos los puntos de interés, así como los monumentos; sólo se tarda media hora en recorrerlo de un extremo a otro, por lo que resulta fácil explorarlo a fondo. El casco antiguo, una zona de muros elevados, calles con escalones, verjas cerradas y patios ocultos, ha sido conservada con gran celo. Las restauraciones recientes suponen que muchos de los edificios y soportales más antiguos albergan ahora galerías de moda, tiendas exclusivas, restaurantes y bares. Pero aquí y allá, a la vuelta de una esquina o en una callejuela lateral, la vida real continúa como lo ha hecho siempre, en los bares y las tiendas del barrio.

La catedral

El centro del casco antiguo es la **catedral** de Girona (verano, mar.-sáb., 10-14 h y 16-18 h; dom., 10-14 h; invierno, los horarios varían), un gran edificio gótico construido en la ladera de la colina, al que se llega tras subir por una magnífica escalinata barroca del siglo XVII. Esta zona es un lugar de culto desde la época romana y, antes de la fundación de la catedral en 1038, el emplazamiento estaba ocupado por una mezquita musulmana. Gran parte del edificio actual data de los siglos XIV y XV, pero aún se observan algunas partes más antiguas, incluida la torre del norte, del siglo XI, la torre de Carlomagno («Carlemany» en catalán), y los claustros románicos, con sus capiteles tallados.

La fachada principal, restaurada en el siglo XVIII, luce una decoración exuberante: rostros, cuerpos, escudos de armas, y san Pedro y san Pablo flanqueando la puerta. El interior de la catedral impresiona a cualquiera: no hay naves, sólo una enorme bóveda gótica con una luz de 22 m, que es la más amplia del mundo. Este énfasis en la

anchura y altura es una característica del gótico catalán, con sus naves únicas; Girona es el ejemplo más representativo. Según los escépticos contemporáneos, la bóveda no era segura; por ello su construcción sólo se llevó a cabo después de que quien la proyectó, Guillermo Bofill, apelara ante una comisión de arquitectos. La gran extensión de piedra se eleva hasta alcanzar los vitrales, y lo único que obstruye la sensación de espacio es el enorme órgano, instalado hace 1 siglo.

El visitante podrá ver los claustros tras comprar la entrada para el **Museu Capitular** (verano, mar.-sáb., 10-14 h y 16-18 h; dom., 10-14 h; invierno, los horarios varían; 500 pesetas), situado en el interior de la catedral, algo que en este caso merece la pena. El museo expone numerosas piezas de arte religioso, entre ellas un *Beato*, iluminado por miniaturistas mozárabes en el 975, y el célebre tapiz de los siglos XI-XII, denominado *Tapiz de la Creación*, que se muestra en la última sala, y la mejor obra textil románica que existe; en él aparecen los meses y las estaciones, además de los elementos de la Tierra en vivos colores. Los **claustros** de formas irregulares (1180-1210) lucen figuras y escenas talladas en columnas dobles, mientras que unos escalones conducen a unas salas superiores repletas de ropas y adornos eclesiásticos.

El Museu d'Art

Si la colección del museo de la catedral le parece interesante, merece la pena visitar el amplio **Museu d'Art** (mar.-sáb., 10-19 h; invierno, cierra a las 18 h; dom., 10-14 h; 200 pesetas); se halla en el lado oriental de la catedral, en un palacio episcopal restaurado. Las primeras salas están dedicadas al arte románico, incluidas algunas impresionantes *Majestats* (imágenes de madera de Cristo, envuelto en una túnica) procedentes de diversas iglesias de la provincia; también hay reliquias que provienen del monasterio de Sant Pere de Rodes. Entre los manuscritos expuestos destaca una copia del siglo XI de Beda, y un sorprendente martirologio del monasterio de Poblet. Después la colección aparece por orden cronológico a medida que se va de una planta a la siguiente, pasando por una sala con vistosos retablos del siglo XV, algunas espléndidas obras renacentistas, como un bello juego de objetos litúrgicos del siglo XVI; en los dos pisos superiores se exponen obras de arte catalán de los siglos XIX y XX. El visitante podrá ver excelentes obras realistas del siglo XIX, además de piezas de la llamada escuela de Olot (mejor representada en el museo de Olot; pág. 704), e incluso ejemplos de arte modernista y *noucentista* (novecentista) local.

Alrededores de Sant Feliu

Para apreciar uno de los monumentos más célebres de Girona: la torre de la gran iglesia de **Sant Feliu**, de espaldas a la estrecha calle principal, el visitante tendrá que bajar por la escalinata de la catedral. En 1581, un rayo destruyó la parte superior de la torre y ésta nunca fue reconstruida; ahora el campanario corona una iglesia en la que los estilos románico, gótico y barroco se combinan de manera armoniosa; por la mañana y al atardecer es posible entrar y echar un vistazo.

Las calles detrás de la iglesia, junto al río, están un poco más dejadas que la mayoría de las del vecindario: el **carrer de la Barca**, con sus bares y sin tiendas de ultramarinos, es típico de la zona. Incluso hay una especie de barrio chino, aunque haya pocas prostitutas. En todo caso, contrastan con las calles situadas al otro lado de la iglesia de Sant Feliu, que se han aburguesado. Al recorrer el **carrer Ballesteries** el visitante notará la diferencia, pues allí las casas antiguas han sido convertidas en elegantes galerías de arte y tiendas de antigüedades.

Los Banys Àrabs

Cerca de Sant Feliu, atravesando el Portal de Sobreportas flanqueado por dos torres, se hallan los **Banys Àrabs** de Girona (abril-oct., mar.-sáb., 10-19 h; dom., 10-14 h;

nov.-marzo, mar.-dom., 10-14 h; 200 pesetas), situados en un edificio público, tal vez diseñado por artesanos musulmanes en el siglo XIII unos 200 años después del final de la ocupación musulmana de Girona. Junto con los baños de Granada, son los mejor conservados de España, y su estilo es una curiosa mezcla de románico y árabe. En última instancia, la distribución, que consiste en una serie de tres salas principales de diferentes temperaturas, calentadas por un sistema subterráneo, es de influencia romana. Destaca el *frigidarium*, donde los visitantes se refrescaban: había nichos para depositar la ropa y un banco de piedra para relajarse después del baño de vapor; la sala recibía la luz a través de una claraboya central apoyada sobre columnas dispuestas en forma octagonal.

El Museu Arqueològic y las murallas de la ciudad
Desde la plaza de la catedral, la calle principal, pujada Rei Martí, conduce cuesta abajo hasta el río Galligans, un pequeño afluente del Onyar. El **Museu Arqueològic** (mar.-sáb., 10-13 h y 16.30-18 h; dom., 10-14 h; 300 pesetas) se encuentra en la orilla opuesta, en el interior de la antigua iglesia de Sant Pere de Galligans, un emplazamiento armónico para las piezas que se exponen. La iglesia alberga estatuas romanas, sarcófagos y mosaicos, mientras que las reliquias medievales, como tablillas y piedras con inscripciones (incluso se pueden ver algunas con inscripciones hebreas) se muestran en los hermosos claustros románicos. Se trata de las partes más interesantes del museo, ya que la espléndida iglesia añade interés a la visita; quizás éste sea el motivo por el que hay una copia de tamaño natural del rosetón del siglo XII perteneciente a la iglesia encajado en medio de los hallazgos romanos. En las amplias salas situadas encima de los claustros, repletas de vitrinas con piezas arqueológicas y mapas, se describe la historia de la región de manera bastante metódica, desde el Paleolítico hasta la llegada de los romanos.

El visitante podrá acceder desde el museo al **passeig Arqueològic**, donde unos escalones y unos terrenos ajardinados conducen hasta las murallas del casco antiguo. Hay buenas vistas de los tejados y la catedral e interminables senderos que conducen hacia antiguos oteros, callejuelas sin salida y tramos de murallas en ruinas. Éstas y los pequeños senderos rodean todo el perímetro de la ciudad; el visitante encontrará diversos puntos de acceso y salida a lo largo del camino: junto a los Banys Àrabs, detrás del convento de Sant Domènec y junto a la plaça de Catalunya, en el extremo sur del casco antiguo.

El carrer Força y el Call
Aparte de los restos romanos y las influencias árabes, en Girona está el **barrio judío** mejor conservado de Europa occidental. Hay evidencias de que los judíos se establecieron en Girona antes de la invasión musulmana, aunque la primera mención de un auténtico asentamiento, que se centró en las calles alrededor de la catedral, data de finales del siglo IX. Luego se fue ampliando de manera gradual; la calle principal era el **carrer Força**, que a su vez seguía el transcurso de la antigua carretera romana, la Via Augusta. El barrio era conocido como el **Call**, y durante su época de esplendor allí vivían unas 300 personas, que formaron una especie de ciudad independiente en el interior de Girona, protegidos por el rey a cambio de dinero. Sin embargo, a partir del siglo XI, la comunidad judía sufrió una persecución sistemática cada vez mayor, pues a menudo eran atacados por los lugareños; en 1391 una turba asesinó a 40 habitantes del Call, mientras que el resto fue encerrado en una fortaleza romana hasta que los ánimos se calmaron. Durante los siguientes 100 años, hasta la expulsión de los judíos de España, el Call se convirtió en un gueto; sus habitantes no podían traspasar los límites del barrio, los obligaban a llevar ropas que los identificaran si lo hacían y tenían prohibido que las ventanas o puertas de sus casas dieran al carrer Força.

Para tener una idea de la disposición de este barrio de casas elevadas y estrechas y callejuelas laberínticas unidas entre ellas, hay que visitar el **Centre Bonastruc Ça Porta**, que antes era el Centre Isaac el Cec (jul.-agos., mar.-sáb., 10-20 h; dom., 10-14 h; sept.-jun., mar.-sáb., 10-18 h; dom., 10-14 h; entrada gratuita), señalizado como «Call Jueu» a lo largo de una calle estrecha y escalonada que sale del carrer Força. Abierto al público en 1975, el complejo de habitaciones, escaleras, un patio y los edificios adjuntos cerca del carrer Sant Llorenç, intenta proporcionar una impresión de la vida cultural y social de la comunidad judía medieval de Girona; allí había una sinagoga (aunque el lugar preciso no se ha identificado), una carnicería y los baños comunitarios. Las obras aún están en marcha y hay otras callejuelas cercanas que hoy en día están clausuradas pero que se volverán a abrir; el emplazamiento dispone de una oficina de información, un café y un lugar tranquilo donde sentarse y reflexionar acerca de las dificultades de vivir en estos oscuros rincones y recovecos.

El Museu d'Història de la Ciutat

El **Museu d'Història de la Ciutat**, en Força 27 (mar.-sáb., 10-14 h y 17-19 h; dom., 10-14 h; 100 pesetas; dom., entrada gratuita), completa la serie de museos gerundenses. Para curiosear tranquilamente es el más gratificante de todos, y se halla en un convento del siglo XVIII. Al entrar, se observan los restos del cementerio del convento, con nichos para depositar los cuerpos conservados de los habitantes. El resto de la colección resulta fascinante, no tanto por cómo Girona se desarrolló como ciudad —aunque los textos, objetos y las fotografías lo explican con claridad—, sino por el conjunto de piezas extrañas y variadas que forman la exposición. El visitante verá antiguas radios de la década de 1930, una Olivetti de 1925, una imprenta, cámaras fotográficas, motores y docenas de artilugios mecánicos y eléctricos.

Comida y copas

Los elegantes **bares y restaurantes** de Girona se agrupan en el carrer Força, en la ribereña rambla Llibertat y sus alrededores, así como la paralela plaça del Vi; en estos dos últimos también se encuentran los mejores cafés con terrazas al aire libre. Al otro lado del río, en la plaça de la Independència, el visitante encontrará un pequeño enclave de restaurantes donde sirven buenos menús del día. En las calles cercanas a la iglesia de Sant Feliu hay algunos bares y comedores mucho más baratos y no frecuentados por turistas. El cercano carrer Ballesteries es de más categoría; *La Terra*, situado en el n.º 23, es un establecimiento de moda con vistas al río al que suele acudir la juventud gerundense. Asimismo en verano el visitante encontrará una serie de bares caros y al aire libre junto al parc de la Devesa, donde tocan música en vivo o se celebran bailes de miércoles a sábado.

Restaurantes

Boira, plaça de la Independència 17. Sirve la mejor comida de la plaza; muy popular, tanto entre los lugareños como entre los visitantes. Por unas 1.100 pesetas podrá saborear un menú muy catalán.

Bar-Restaurant Força Vella, Força 4. Por su precio es el mejor de esta calle céntrica; sirve un variado y barato menú del día en su comedor de paredes de piedra. Hay numerosas opciones para los trabajadores de la zona, desde las 13 h hasta las 16 h, y también por la noche.

La Crêperie Bretonne, Cort Reial 14. Un trozo de Francia en Girona. Sirven deliciosas crepes por 450-800 pesetas; mientras espera que lleguen puede pintar en los manteles con los lápices de cera que le dan en el establecimiento.

Fonda Barnet, Santa Clara 16. El comedor de esta fonda tiene los precios más módicos de Girona y la comida, aunque no sea de *gourmet*, es mucho mejor de lo que parece.
La Penyora, Nou del Teatre 3. Restaurante catalán, oculto y que merece la pena buscar. Sirven un menú del día por 1.500 pesetas y una carta limitada pero razonable. Mar., cerrado.
La Polenta, Cort Reial 16 (☎972 209 374). En este pequeño restaurante vegetariano ofrecen deliciosos platos de comida biológica y siempre está repleto. Cuesta unas 550-1.000 pesetas por plato. Dom. y agos., cerrado.

Bares y cafés

Antiga, plaça del Vi 8. Chocolatería con mesas de mármol, donde sirven buenas pastas, horchata y otras exquisiteces.
L'Arcada, rambla Llibertat 38. Bar-restaurante situado debajo de las arcadas donde sirven buenas pastas para el desayuno. En verano los clientes pueden sentarse en la terraza, pero sale más caro.
Café Bistrot, pujada de Sant Domènec. Aquí podrá tomar tentempiés, crepes y copas en las escaleras debajo de la iglesia o en el interior, fresco y animado.
Cafetería Sol, plaça del Vi. Establecimiento elegante y acogedor para tomar tapas y tentempiés; dispone de mesas debajo de los soportales o en el interior.
Excalibur, plaça de l'Oli 1. Bar agradable, frecuentado por visitantes y lugareños y decorado al estilo inglés. Hay cerveza Guinness e inglesa de barril y una buena selección de cervezas internacionales.

Direcciones prácticas

Aeropuerto Telefonee al ☎972 186 600 para información sobre vuelos.
Alquiler de automóviles La mayoría de las agencias se encuentran cerca de la estación en el carrer Barcelona: Avis (☎972 206 933) y Hertz (☎972 210 108). Las empresas locales como Cabezas (☎972 218 208) son mucho más baratas, pero hay que devolver todos los automóviles en Girona.
Autobuses Desde la estación de autobuses (☎972 212 319) salen los de la empresa Rafael Mas (☎972 213 227) a Lloret de Mar; SARFA (☎972 201 796) a Tossa, Palafrugell y Sant Feliu; Teisa (☎972 200 275) a Olot y los de Barcelona Bus (☎972 202 432), con servicios expreso a Barcelona y Figueres. Los servicios internacionales corresponden a Eurolines y Julià Via (todos, ☎972 211 654).
Bancos y cambio de moneda Hay una oficina de cambio en la estación de ferrocarril y bancos en la rambla Llibertat.
Correos Avinguda Ramón Folch 2; lun.-sáb., 8-21 h.
Emergencias Marque el ☎092 o telefonee a la Cruz Roja (☎972 222 222).
Ferrocarriles Información de Renfe (☎972 207 093).
Hospital Hospital Doctor Trueta, avinguda França 60 (☎972 202 700).
Policía La Policía Municipal tiene una comisaría en Bacià 4 (☎972 204 526 y 092); Guardia Civil (☎972 201 100).

Banyoles

El viajero podrá darse una vuelta por la campiña de los alrededores de Girona tomando el autobús a **BANYOLES**, situada a media hora (17 km) al norte de la ciudad.

En el horizonte se recortan los Pirineos y la población tiene un gran atractivo, un **lago**, célebre por sus enormes carpas. Está protegido desde 1951, algo que impidió el desarrollo de Banyoles hasta que se anunció que las carreras de canoas con remos de los Juegos Olímpicos de 1992 se celebrarían aquí. Por ello, la mayor parte de la ribera del lago fue urbanizada; de hecho, hay barcos turísticos, hoteles nuevos y restaurantes. Pero a pesar de ello, continúa siendo un lugar bonito, con un casco antiguo que no ha sido invadido por los nuevos edificios; el viajero podrá pasear a lo largo de senderos sombreados junto al lago, más allá de la nueva urbanización.

Llegada, información y alojamiento

Todos los autobuses se detienen en el passeig de la Indústria; la taquilla de venta de billetes para otros lugares está próxima, en la esquina de Álvarez de Castro, la calle principal. Hay señales indicadoras para la plaça Major, muy cerca de allí, al otro lado de esta calle. La **oficina de turismo** se encuentra en la dirección opuesta, en passeig de la Indústria 25 (lun.-vier., 10-14 h y 16.30-19.30 h; sáb., 10-14 h; jun.-agos., también abre sáb. tardes y dom., 10-14 h); si estuviera cerrada, en el ayuntamiento situado justo al lado proporcionan folletos (☎972 575 573), y también en el lago, que está a 10 minutos a pie. Para obtener **información sobre senderismo** tendrá que dirigirse al Centre Excursionista de Banyoles, Puig 6, cerca de Sant Esteve, que en teoría permanece abierto la mayoría de las tardes, y donde proporcionan planos y consejos acerca de las rutas del lugar.

Como Girona se halla tan cerca, no merece la pena alojarse en Banyoles, cuyos **hoteles** son caros. Si el viajero decide quedarse —y la idea de alojarse en un hotel junto al lago en verano puede ser agradable— en la oficina de turismo proporcionan un listado de hoteles. El establecimiento más agradable del casco antiguo es la *Fonda Comas*, Canal 19 (☎972 570 127; ④), cerca de la plaça dels Estudis y el Museu Darder; se encuentra en un edificio limpio, con escaleras de piedra, un patio y un restaurante; tiene habitaciones bonitas con y sin baño (sáb. en invierno, cerrado). Quizás **acampar** aquí sea más agradable que en la mayoría de los lugares. *El Llac* (☎972 570 305) es amplio y está camino de Porqueres, justo antes de la iglesia; asimismo hay otros en los alrededores; pregunte en la oficina de turismo.

La ciudad

Banyoles se formó alrededor de un monasterio fundado por monjes benedictinos en el 812. De hecho, el **monestir de Sant Esteve**, situado en el límite oriental de la localidad, es el mayor edificio del antiguo Banyoles, y aunque suele permanecer cerrado, el portero vive cerca y puede abrir la puerta. Si logra entrar, fíjese en el magnífico retablo de Joan Antigo. Las calles medievales que conducen de vuelta a la localidad están flanqueadas por edificios antiguos, entre ellos una casa de beneficencia y un mercado de tintes. Al final, todas las calles llevan a la céntrica **plaça Major**, un hermoso espacio arbolado con soportales, donde encontrará diversos café-bares y un mercado que se celebra todos los miércoles desde el siglo XI.

En la plaza verá señales indicadoras para el **Museu Arqueològic Comarcal** (jul.-agos., todos los días, 10.30-13 h y 16.30-20 h; sept.-jun., mar.-dom., 10.30-13.30 h y 16-18.30 h; entrada combinada con el Museu Municipal Darder d'Història Natural, 250 pesetas), que se halla en un asilo del siglo XIV situado en la plaça de la Font. Antes allí había una mandíbula de un hombre preneandertal hallada en las cercanas cuevas de Serinyà, pero en la actualidad hay que conformarse con una copia; entre las piezas auténticas hay herramientas paleolíticas y huesos de bisonte, elefante y león, todos encontrados en la localidad. En el **Museu Municipal Darder d'Història Natural** (mismos horarios que el Museu Arqueològic; entrada combinada,

250 pesetas), en la cercana plaça dels Estudis, se exponen ejemplares de la flora y la fauna local.
El lago, llamado **estany de Banyoles**, se encuentra a 15 minutos a pie de la plaça Major. Desde hace tiempo allí se practican deportes acuáticos, por lo que no resulta sorprendente que lo eligieran para celebrar algunas pruebas de los Juegos Olímpicos; y, aunque la zona más cercana al centro no destaca por su atractivo, un paseo de 30 minutos a través de los bosques por la orilla meridional, le llevará hasta la pequeña aldea de **PORQUERES**, donde el agua alcanza una profundidad de 63 m. Allí se erige la elegante iglesia románica de **Santa Maria**, que fue consagrada en 1182; tiene una bóveda de cañón, además de unos capiteles poco comunes, adornados con motivos de plantas y animales. El lago ofrece numerosas opciones para pasear en **barca**: excursiones, barcas a remo y patines; todos cuestan unos cientos de pesetas por hora.

Comida y copas

En el casco antiguo hay muchos establecimientos para **comer** y **tomar copas**. El menú del día de la *Fonda Comas* cuesta 1.500 pesetas y suele ser muy bueno, mientras que en *Les Olles*, plaça dels Estudis 6, sirven platos más baratos. Comer en los hoteles-restaurantes que dan al lago resulta más caro, aunque si lo hace en *Mirallac*, passeig Darder 50, no se arruinará, a condición de que elija carne en lugar de pescado. El mejor local para tomar una copa por la noche, o sólo un bocadillo, es la plaça Major, cuyos café-bares se extienden debajo de los soportales medievales.

Besalú

Desde la carretera, el imponente puente situado en la confluencia de los ríos Fluvià y Capellada es el único indicio de que **BESALÚ**, a 14 km al norte de Banyoles (y comunicado por autobuses diarios), tiene algo de particular. Pero en cuanto el viajero entre en la localidad encontrará un asentamiento medieval prácticamente no contaminado por el turismo; tal vez sea la población pequeña más interesante de Cataluña, un destino ideal para hacer una excursión de medio día.

Aunque algunos edificios han sido bastante restaurados, las callejuelas estrechas, las plazas polvorientas y los oscuros pasadizos abovedados rezuman historia. Besalú ya era una población importante en el pasado; de hecho, cuando los musulmanes fueron expulsados de esta zona de España, fue uno de los diversos reinos independientes que surgieron. A pesar de que sólo tenía 800 habitantes prosperó, como lo había hecho desde la época romana, y continuó siendo un lugar importante hasta bien entrado el siglo XIV. El aspecto de la localidad es medieval; hay algunos monumentos importantes, cuyas proporciones resultan sorprendentes. Lamentablemente, debido a la restauración en curso, la mayoría de las iglesias y los monumentos de Besalú permanecen cerrados; pero ello no es un problema, ya que el mero hecho de pasear por sus calles supone un auténtico placer; si el viajero va a la oficina de turismo, quizás organicen una visita si es aficionado o viaja en grupo.

Llegada, información y alojamiento

La parada de **autobuses** se encuentra en la carretera principal Olot-Banyoles; desde allí el visitante llegará enseguida al centro bajando por la calle principal hasta el *Hotel Siqués* (véase pág. siguiente) y después girando a la derecha por la callejuela que conduce hasta la parte posterior de Sant Vicenç; entonces llegará a la plaça de la Llibertat. La **oficina de turismo** se halla en plaça de la Llibertat 1 (todos los días,

10-14 h y 16-19 h; ☎972 591 240), donde proporcionan un mapa que permitirá planificar el recorrido.

En la localidad hay tres establecimientos muy cómodos para **alojarse**, una propuesta atractiva ya que de día Besalú suele estar invadida por los autocares repletos de turistas, mientras que al atardecer recupera su habitual tranquilidad. El *Hotel Siqués* (☎972 590 110; ③) se encuentra cerca de la parada de autobuses, en la avinguda Lluís Companys 6, la calle principal; la *Residencia María* (☎972 590 106); ③, desayuno incluido) está mejor situada, en la plaça de la Llibertat, mientras que quizá la opción más barata sea la *Fonda Venècia*, Major 8 (☎972 591 257; ③), muy limpia y de precios moderados.

El pueblo

El **Pont Fortificat** sobre el río Fluvià es el monumento más llamativo que recuerda el esplendor de Besalú. En el centro se alza una casa del guarda fortificada con un rastrillo. A la izquierda, más allá del puente, se halla la **Miqwé**, o casa de baños judía, que originalmente estaba al lado de una sinagoga, situada en el antiguo barrio judío en el corazón de la parte inferior del pueblo, junto a la orilla del río.

La **plaça de la Llibertat**, en el centro de Besalú, está completamente rodeada por edificios medievales, incluida la elegante Casa de la Vila del siglo XIII, el actual ayuntamiento. Todos los martes hay **mercado** en la plaza. Desde allí el porticado carrer Tallaferro conduce hasta el edificio en ruinas de **Santa Maria** (no se puede entrar), que durante 2 años (1018-1020) fue designada catedral del obispado de Besalú; la unión con Barcelona significó el fin de su breve independencia episcopal.

En la dirección opuesta, se erige la iglesia del monasterio de **Sant Pere**, del siglo XII, lo único que queda de la comunidad benedictina del pueblo, fundada en el 977. Situada en su propia plaza, El Prat de Sant Pere, destaca la ventana de la fachada principal, flanqueada por dos grotescos leones de piedra. Al otro lado de la plaza, que durante los últimos años ha sido restaurada, se encuentra la **Casa Cornellà**, un ejemplo poco habitual de una vivienda románica; alberga un museo de diversos utensilios domésticos y agrícolas. En otros sitios de la red de calles empedradas que salen de la plaça de la Llibertat, el visitante verá otros edificios bonitos; muchos de ellos lucen florituras de piedra, ventanas ornamentadas y columnas. Por último, podrá dirigirse a la pequeña **església de Sant Vicenç**, que se levanta cerca de la carretera principal Olot-Banyoles en una plaza llena de plantas, con un café-restaurante y asientos en el exterior. La iglesia (cuya entrada porticada está decorada con monstruos mitológicos) es un espléndido ejemplo del románico catalán.

Comida y copas

El viajero podrá **comer** en el *Hotel Siqués*, que sirve un variado menú del día por unas 1.100 pesetas (lun., nov.-Semana Santa, cerrado), mientras que en la *Curia Real* (mar. y feb., cerrado) podrá sentarse en la terraza al aire libre junto a la plaza, o en el hermoso patio trasero con vistas al puente. En ambos locales, comer resulta caro si no pide el menú del día. Hay platos más baratos en el *Can Quei*, plaça Sant Vicenç 4, ante la iglesia del mismo nombre, donde ofrecen un menú del día por 900 pesetas, además de bocadillos y platos combinados. El *Pont Vell*, Pont Vell 28, es mucho más caro (unas 3.000 pesetas por persona), pero está muy bien situado; además, tiene mesas en el exterior dispuestas más o menos debajo del puente.

La comarca de la Garrotxa

Besalú se halla en el límite oriental de la frondosa y bonita comarca de la **GARROTXA**, atravesada por el río Fluvià y la carretera principal C-150. La zona septentrional,

la **Alta Garrotxa**, es una comarca de granjas abandonadas situadas entre montañas bajas, un lugar ideal para practicar senderismo. El autobús recorre la Alta Garrotxa en el trayecto de Besalú a Olot, la ciudad principal de la región de la Garrotxa (que se describe en pág. 704) y algunos tramos de la ruta son espectaculares, como en **Castellfollit de la Roca**, donde las casas se asoman a un escarpado precipicio basáltico. Al sur del Fluvià se extiende la volcánica **Baixa Garrotxa**; tras más de 10.000 años de erosión, los volcanes extinguidos se han convertido en colinas fértiles y redondeadas. La pequeña C-524, que va de Banyoles a Olot por **Santa Pau** (un recorrido de autobús poco frecuente), le permitirá dar estupendos paseos por el **Parc Natural de la Zona Volcànica** y los restos del gran bosque de hayas conocido como **La Fageda d'en Jordà**.

Alta Garrotxa: alrededores de Castellfollit de la Roca

A 14 km al oeste de Besalú por la C-150 se halla **CASTELLFOLLIT DE LA ROCA**, que ofrece su mejor perspectiva a medida que se remonta la carretera principal hasta el pueblo. Se encuentra al borde de un farallón que cae 60 m en vertical hasta el río Fluvià; de hecho, las casas empujan la iglesia hasta el mismo borde. Desde lejos es impresionante (y aún más por la noche, cuando los focos iluminan las columnas naturales de basalto); pero al atravesar la aldea por la transitada carretera principal, tal vez el viajero se pregunte qué sucede, ya que es un cuello de botella peligroso, flanqueada por edificios de color pardo.

Sin embargo, si el viajero no tiene prisa en llegar a Olot, podrá bajarse del autobús para disfrutar de las vistas del farallón desde el límite del pueblo. Si pasa junto a la torre del reloj y por la fonda situada en la carretera principal, saldrá a la iglesia situada al borde del peñasco, que se proyecta 1 km o más por encima del valle. En cuanto haya admirado el farallón y paseado por las callejuelas, ya podrá esperar el siguiente autobús a Olot, o caminar hasta la cercana aldea de Sant Joan les Fonts. Algunos también querrán visitar el **Museo de Salchichas** de Castellfollit (lun.-sáb., 9.30-13.30 h y 16-20 h; dom., 9.30-14 h y 16.30-20 h; entrada gratuita), dedicado a la empresa de la familia Sala, que produce salchichas desde hace 150 años. Sin duda el museo es único. Castellfollit constituye el punto de partida para dar algunas de las mejores **caminatas** por la comarca (véase abajo), en las que se recorre la Alta Garrotxa en dirección norte y nordeste. El visitante podrá **alojarse** en Olot, pero si quiere salir temprano, se recomienda la *Casa Paula*, plaça de Sant Roc 3 (☎972 294 032; ③), en la carretera principal que atraviesa Castellfollit; es agradable y tiene restaurante y un bar.

Senderismo por la Alta Garrotxa

La **Alta Garrotxa** se extiende desde la carretera principal C-150 hasta los picos de la frontera francesa. Se trata de una comarca de gran interés para los espeleólogos, ya que hay más de 100 cuevas catalogadas; asimismo es un lugar soberbio para los senderistas. Independientemente de qué ruta elija el viajero (todas parten de Castellfollit), el plano de *La Garrotxa* de la Editorial Alpina resulta muy práctico.

Desde Castellfollit, tendrá que recorrer unos 7 km a lo largo del **valle de Llierca**, más allá de **MONTAGUT DE FLUVIÀ**, y después otros 6 km hasta **SADERNES** (todo el recorrido se hace por una carretera secundaria), desde donde podrá continuar por el sendero que conduce al *Refugi de Sant Aniol*, justo en el límite septentrional de la Garrotxa. Desde allí es posible llegar al paso fronterizo del puerto de Massanes (1.126 m), tomando el sendero que sale del refugio hacia el norte, y pasar la noche en Coustouges o Saint-Laurent-de-Cerdans; ambas son aldeas francesas situadas en el valle del Tech.

En España, otras dos rutas van al noroeste, al **Ripollès**. Si el viajero toma la carretera pavimentada hasta **OIX** (9 km), podrá optar por un sendero que va a Camprodon, ya

sea pasando justo al norte de las cimas de El Tallo (1.288 m) y el Puig Ou (1.306 m), o seguir hasta la pequeña aldea de Beget. La ruta continúa hasta Rocabruna y llega a Camprodon (véase pág. 713); una caminata de 1 día. Otra opción es tomar el sendero más corto que pasa por el **valle de Carreras** y conduce a **SANT PAU DE SEGÚRIES** por el puerto de Collcarrera; el único establecimiento para **alojarse** en la ruta es el *Can Planes* (☎972 294 478; ⑤, media pensión), que se encuentra bastante antes del paso fronterizo, donde tal vez sirvan un tentempié. La ruta del autobús Ripoll-Camprodon pasa por Sant Pau.

San Joan les Fonts

SANT JOAN LES FONTS se halla a sólo 3 km a pie de Castellfollit, por una carretera menos directa en dirección a Olot. El viajero divisará enseguida el enorme monasterio, situado sobre el río; aunque camine por una carretera principal, sin duda es un paseo agradable. Cuando llegue a la aldea, tendrá que seguir las indicaciones hacia las *Columnes Basàltiques* (columnas de basalto) y luego atravesar el puente medieval que se encuentra al pie de los muros del siglo XII de la iglesia románica de Sant Esteve (suele estar cerrada). Desde el puente, verá un sendero que conduce hasta el lado derecho de la iglesia y después serpentea hasta las impresionantes formaciones de basalto, que forman parte de las *fonts*, o cascadas, que dan nombre a la aldea. Es agradable pasear por la orilla del río y después tomarse una copa en uno de los pequeños bares de la aldea; para regresar, puede caminar o hacer autostop hasta Olot, o esperar el autobús, que pasa por Sant Joan desde Besalú.

La Baixa Garrotxa: por la C-524

La mayor parte de la comarca de la **Baixa Garrotxa**, a la que se llega por la carretera secundaria C-524 (que va de Banyoles a Olot), es de origen volcánico, y desde 1985

FLORA Y FAUNA DE LA REGIÓN DE LA GARROTXA

Las laderas inferiores de las colinas características de la Garrotxa están llenas de **bosques** de robles de hoja perenne, que luego se convierten en bosques de robles y hayas de hoja caduca, con prados subalpinos a alturas mayores. En el interior del parque se han registrado más de 1.500 especies de plantas vasculares, que van desde la típica **vegetación boscosa** como campanillas de invierno, anémonas amarillas y robles carvallos, hasta las de gran altura, como oveja de oso y corona de rey. Además, en la Garrotxa crece una serie de especies autóctonas: el *Allium pyrenaicum* de flores blancas, típico de las rocas de piedra caliza, la polígala pirenaica *(Polygala vayreda)*, una especie leñosa de grandes flores rosa-púrpura, y la borraja arbustiva *(Lithodora oleifolia)*, una trepadora de flores de color rosa pálido que se vuelven azules con el tiempo.

En la región se han observado 143 especies de **aves**. Como las tres cuartas partes del parque están cubiertas por bosques, son comunes los azores, autillos, herrerillos, pájaros carpinteros y trepadores. Bandadas de pinzones y piñoneros se refugian en los hayedos durante el invierno, mientras que las cimas volcánicas más yermas albergan chovas y una especie de gorrión alpino. Entre los que van en verano se encuentran las águilas culebreras, torcecuellos, picazas y currucas, junto con especies mediterráneas como currucas subalpinas, oropéndolas y abejarrucos.

Entre los **mamíferos** forestales destacan martas, gatos monteses, jinetas, tejones y jabalíes, además de diversos insectívoros pequeños: musarañas comunes y enanas, y el lirón nocturno, caracterizado por su antifaz y su larga cola en forma de penacho. Algunas veces también se han observado nutrias en los ríos.

forma parte del **Parc Natural de la Zona Volcànica de la Garrotxa**, que abarca casi 12.000 Ha. Se trata de una de las zonas de esas características más interesantes de Europa; la carretera atraviesa un hermoso paisaje boscoso, subiendo y bajando alrededor de los cráteres. Pero no es un área de géiseres y lodo hirviente, pues han pasado 11.500 años desde la última erupción; desde entonces, la ceniza y la lava se han convertido en tierras fértiles, cuya frondosa vegetación oculta los contornos de los volcanes inactivos. En la zona hay 30 conos, el mayor de ellos de unos 160 m de altura con una base de 1.500 m de ancho.

Si el viajero no dispone de vehículo propio, el **acceso** puede resultar un tanto complicado, ya que el único **autobús** que va allí es el servicio Olot-Santa Pau-Banyoles (en la actualidad sale los miér. y los sáb. a las 12.45 h de Banyoles y a las 18.15 h de Olot) a Santa Pau, el pueblo central de la zona volcánica. El viajero puede **alojarse en Olot** (véase pág. siguiente) y caminar hasta Santa Pau desde allí; tardará unas 3 horas por diversos senderos, aunque atravesará el hermoso bosque de hayas de la Fageda d'en Jordà.

Santa Pau

La medieval **SANTA PAU** está rodeada por un perímetro defensivo de paredes de casas sin ventanas casi ininterrumpido. En el interior del pueblo, los balcones lucen macetas con flores, y la hierba crece en los escalones y las paredes; es un lugar con mucho ambiente y constituye una excelente base para hacer excursiones. Santa Pau suele ser un pueblo tranquilo, que sólo se llena de visitantes los domingos. El resto del tiempo el viajero podrá recorrer las callejuelas empedradas en solitario; éstas convergen en la plaça Major con soportales, donde se encuentra la oscura iglesia románica de Santa María y el **centro de información**, que únicamente abre de manera esporádica, pero donde proporcionan un plano gratuito de la zona volcánica e información para los senderistas.

En la plaza situada junto a la plaça Major, la placeta dels Balls, se halla *Cal Sastre* (☎972 680 049; ⑤-⑦, media pensión), que dispone de siete **habitaciones**, un restaurante y unas mesas debajo de los soportales medievales; sin duda un sitio ideal para tomarse una cerveza. Hay otros dos establecimientos para comer, pero para alojarse se recomienda *Cal Sastre*. Si éste estuviera lleno, el viajero tendrá que conformarse con las opciones menos atractivas, situadas en el exterior del pueblo, en la carretera principal; o **acampar** en el *Lava* (todo el año; ☎972 680 357), a 3 km carretera arriba, en dirección a Olot; se trata de emplazamiento amplio y bien situado a la sombra de dos conos volcánicos.

Un recorrido circular

Una excelente manera de conocer la Baixa Garrotxa es hacer un **recorrido circular** partiendo de Olot; de este modo, el viajero evitará las carreteras asfaltadas casi por completo; de hecho cualquier persona más o menos en forma podrá hacerlo en 1 día. Si el recorrido le pareciera demasiado largo, puede interrumpirlo en Santa Pau, a mitad camino.

El viajero tendrá que **salir de Olot** y seguir las numerosas señales indicadoras a través del río Fluvià, desde donde deberá seguir durante 1 hora hacia el sur a lo largo de caminos comarcales pavimentados, adecuados tanto para recorrerlos en bicicleta de montaña como a caballo (al igual que la mayor parte de este circuito), hasta la **Fageda d'en Jordà**. Aunque ha perdido muchos árboles, recorrer este bosque de hayas aún es un placer en otoño, cuando las hojas cambian de color; tardará alrededor de media hora más en salir al otro lado de las arboledas laberínticas, que sólo recorren los *carruatges* (carros de caballos) que llegan desde Santa Pau.

Al llegar al sendero **GR2** tendrá que girar a la izquierda, y luego dos veces a la derecha al llegar al sendero de Sa Cot. Luego seguir los postes indicadores para no

abandonar el GR2, que se convierte enseguida en un camino en su recorrido de 30 minutos hacia el este, hasta la capilla medieval de **Sant Miquel de Sa Cot**, un lugar popular para hacer un picnic el fin de semana.

El **volcán Santa Margarida** se ve justo detrás y, tras una caminata de 40 minutos más, llegará al borde y podrá bajar hasta la caldera cubierta de hierba, en cuyo fondo hay otra pequeña capilla. Desde la salida al cono, situada a sólo 15 minutos de Sant Miquel podrá bajar hasta la **Font de Can Roure**, el único lugar de la ruta que dispone de agua, antes de rodear la Roca Negra y su cantera abandonada, para llegar a Santa Pau después de 45 minutos, desde la ladera del Santa Margarida; a partir de este punto hay unas 3 horas hasta Olot (sin contar el desvío a la caldera).

Desde Santa Pau, el GR2 continúa hacia el norte, a la **sierra de Sant Julià del Mont**; al este de ella hay dos **establecimientos para alojarse**: el *Can Jou* (☎972 190 263; ③, con desayuno; ④, con media pensión), que se halla a más de 2 horas de Santa Pau, y la *Rectoria de la Miana* (☎972 590 397; ③, con desayuno; ④, con media pensión), situada más al este en un monasterio del siglo XII.

Sin embargo, para los que hacen una excursión de 1 día, ello alargaría el circuito; por eso lo mejor es girar hacia el oeste en **Can Mascou** y acercarse al **volcán Croscat** o al cámping *Lava* (véase «Santa Pau», pág. anterior). El viajero tendrá que rodear la ladera noreste del Croscat, bastante deteriorada debido a la actividad de la cantera y, desde el cámping, seguir 1 hora más a lo largo de un sendero cada vez más estrecho, no señalizado a excepción de la palabra «BATET» pintada en los carteles de coto de caza, para llegar a la meseta del **Batet de la Serra**, a 720 m de altura, en la que encontrará varias granjas.

Allí verá un sendero señalizado que corre al oeste, desde la sierra de Sant Julià, donde deberá girar al oeste y continuar el sendero durante un trecho antes de llegar a un camino bien señalizado, bonito y parcialmente empedrado con basalto, que atraviesa la pequeña aldea de Santa Maria de Batet, camino de Olot. Luego hay otra hora cuesta abajo; se tardan unas 7 horas en llegar al extremo del carrer Sant Cristòfor, que llega hasta la avenida principal que atraviesa Olot.

Olot

OLOT, la ciudad principal de la comarca de la Garrotxa, es un lugar mucho más agradable de lo que parece a primera vista. A medida que el viajero se acerque al centro, verá cómo los suburbios industriales y las carreteras dejan paso a una serie de calles estrechas que atraviesan el casco antiguo, y a una agradable rambla, por donde pasean los prósperos habitantes de Olot. El centro está formado en gran parte por bonitos edificios de los siglos XVIII y XIX, un indicio de los destructivos movimientos sísmicos que en el pasado afectaron a la población, pues durante el siglo XV una serie de terremotos destruyeron la ciudad medieval. Al norte se ven tres volcanes inactivos, fácilmente accesibles, que recuerdan la zona volcánica que se encuentra más allá.

Olot constituye una excelente base para explorar la Garrotxa; desde allí no resulta difícil llegar a Santa Pau, Sant Joan les Fonts y Castellfollit; además hay numerosos restaurantes y establecimientos para alojarse. El ayuntamiento ha intentado mejorar la imagen turística de la ciudad; *Olot és natural* rezan los carteles; de hecho, así es cuando se abandona la carretera principal.

Llegada e información

La **estación de autobuses** se encuentra en la carretera principal que atraviesa la población, y hay una **oficina de turismo** justo enfrente, en el carrer Bisbe Lorenzana (lun.-vier., 9-15 h y 17-19 h; sáb., 10-13 h y 17-19 h; dom., 11-16 h; ☎972 260 141) y otra

privada un poco más allá, en Mulleras 33 (lun.-vier., 9-13 h y 16-19 h; ☎972 270 242). Ambas proporcionan folletos, planos y horarios de la localidad, así como listas de alojamientos e información sobre la zona volcánica. En el Centre Excursionista d'Olot proporcionan más **información para senderistas**; los horarios de apertura son irregulares y si se halla en el passeig d'en Blay; en la librería DRAC, en el extremo del *passeig*, venden planos guías.

Alojamiento

Olot dispone de una variada selección de **establecimientos para alojarse**, y muchos no resultan excesivamente caros. Los **cámpings** más cercanos son *Les Tries* (mayo-oct.; ☎972 262 405), a 1 km al este de la ciudad, camino de Girona (algo ruidoso) y *La Fagueda* (todo el año; ☎972 271 239), situado a 4 km sobre la carretera secundaria a Santa Pau.

Alberg Torre Malagrida, passeig de Barcelona 15 (☎972 264 200). Albergue de juventud al suroeste del centro, más o menos a mitad de camino del Casal dels Volcans. Permanece abierto de 8-10 h y de 13-24 h; sept. y oct.-mayo, dom. y lun., cerrado. ①

Pensión Narmar, Sant Roc 1 (☎972 269 807). Pensión muy agradable y bien situada (cerca de la plaça Major), con habitaciones limpias y modernas, lavabos y su propio restaurante-pastelería en la planta baja. ③

Hostal Sant Bernat, carretera de les Feixes 31 (☎972 261 919). Aunque está un poco alejado del centro, hacia el límite noreste de la ciudad, este hostal es tranquilo y acogedor, y su garaje lo convierte en la mejor opción si viaja en automóvil o bicicleta. Algunas habitaciones tienen baño. ③

Hostal Stop, Sant Pere Màrtir 29 (☎972 261 048). Las habitaciones de este hostal de aspecto modesto y precios módicos son amplias y disponen de ducha aparte. ③

La ciudad

Si el viajero ha llegado en autobús por la carretera principal, le sorprenderán las calles más antiguas que se hallan entre la plaça Major y Sant Esteve. Repletas de tiendas de moda, galerías de arte y pastelerías elegantes, son una prueba de la prosperidad del lugar, basada en la industria textil y la producción de imágenes religiosas. **Sant Esteve** se encuentra en el corazón de la ciudad; construida en lo alto de una plataforma, su torre es un práctico punto de referencia. Más allá de la iglesia, está la **rambla** central, el passeig d'en Blay, flanqueado por cafés al aire libre y bancos, así como el Teatre Principal del siglo XIX. Entre las 18 y las 20 h, la zona se anima, ya que a esa hora el *passeig* se llena de gente.

El Museu Comarcal de la Garrotxa

Debido al auge de su industria algodonera en el siglo XVIII, Olot cobró importancia como centro artístico, aunque fuera de manera indirecta: los tejidos de algodón se estampaban con dibujos coloreados, un procedimiento que en 1783 impulsó la fundación de una Escuela Pública de Dibujo. Joaquim Vayreda i Vila (1843-1894), uno de los fundadores de la llamada **escuela de Olot** de pintores, fue alumno de la escuela, aunque completó su formación durante el viaje que hizo a París en 1871. Allí recibió influencia de la obra de Millet, en las que aparece la vida rural, y conoció la obra de los impresionistas. El estilo característico y ecléctico de los artistas de Olot evolucionó a partir de estas dos influencias y el extraño paisaje de la Garrotxa.

Algunas de las mejores pinturas de la escuela de Olot se pueden apreciar en el excelente **Museu Comarcal de la Garrotxa** (11-14 h y 16-19 h; dom. tardes y mar., cerra-

do; 300 pesetas), que ocupa la tercera planta de un antiguo hospital del siglo XVIII, situado en Hospici 8, una calle lateral que sale del carrer Mulleras. En la primera parte del museo se aprecia el desarrollo de Olot mediante fotografías y maquetas de las fábricas. Pero la mayor parte de la colección está compuesta por las obras de los artistas y escultores del lugar, que constituyen un conjunto interesante de pinturas y esculturas. Hay obras características de Ramón Amadeu, cuyas esculturas de personajes rurales son conmovedoras; la de Miquel Blay es más monumental y está muy influida por Rodin, mientras que *Les Falgueres*, de Joaquim Vayreda, recrea la luz de la Garrotxa. Como contraste, y también prueba de la tradición artística de la ciudad, el viajero podrá contemplar una sala dedicada a la moderna escultura de hierro y algunas pinturas de la posguerra.

El Jardí Botànic y el Casal dels Volcans

El **Jardí Botànic** (todos los días, jul.-sept., 10-14 h y 17-19 h; oct.-jun., 10-14 h y 16-18 h; entrada gratuita) se halla a 20 minutos a pie del centro; el visitante tendrá que seguir las indicaciones para el Casal dels Volcans. Merece la pena visitarlos, aunque sólo sea porque allí está el **Casal dels Volcans** (jul.-sept., 10-14 h y 17-19 h; oct.-jun., 10-14 h y 16-18 h; mar., cerrado; 200 pesetas o entrada gratuita con el billete para el Museu Comarcal), un pequeño museo dedicado a la región volcánica local y situado en un edificio de estilo Palladio. Se muestran fotografías y mapas de los cráteres locales, fragmentos de rocas, un sismógrafo e incluso una serie de dibujos explicativos acerca de «qué hacer en caso de un terremoto». Asimismo, el edificio alberga un centro de información sobre las actividades que se pueden practicar en la zona volcánica de la Garrotxa.

Comida, copas y vida nocturna

En el centro histórico de Olot hay numerosos **bares** y **restaurantes** animados, donde el viajero podrá saborear la especialidad de la región: la carne a la brasa, además de una sorprendente variedad de platos de otras regiones.

Can Guix, Mulleras 3. Bar-restaurante alegre, donde se forman largas colas para disfrutar de platos abundantes. Podrá comer por 1.200 pesetas; el vino local se sirve en porrón, pero proporcionan copas para los que no sean expertos. Dom., cerrado.

Font de l'Àngel, plaça Móra. Snack-bar y café con mesas en el jardín y menús baratos. Cierra los domingos después de los animados sábados por la noche.

Pensión Narmar, Sant Roc 1. En el restaurante anexo a la pensión sirve platos bien preparados a precios razonables, hay un menú de 1.100 pesetas. El pollo de montaña es especialmente bueno.

Ramón, plaça Clara 10. Platos catalanes a precios medios-elevados. El bar situado debajo de los soportales es un buen sitio para tomar una copa.

Set al Gust, passeig d'en Blay 49. Pizzería elegante y de moda, aunque las pizzas incluyen ingredientes sorprendentes, como el bacalao. Una pizza y una copa de vino local cuestan unas 1.500 pesetas por persona.

La Vegetal, Sastres 43. Restaurante vegetariano adjunto a una tienda de alimentos naturales, algo poco habitual en una ciudad catalana. Platos sabrosos pero caros. Abierto, 12-19 h; mar. y dom., cerrado.

Vida nocturna

Entre la plaza de toros y la plaça del Carme, situada en el límite oriental del Barri Antic, hay más de una docena de **bares** y **cafés**. Además de algunos situados en el passeig d'en Blay (el mejor lugar para tomarse una copa al aire libre), está el *Cocodrilo*, en carrer Sant Roc, la *Crêperie* de la plaça del Mig, el *Bar 6T7*, en Sastres 35,

o el *Bar-Restaurant Central*, de Pare Antoni Soler 6, regentado por senegaleses; se trata de una amplia fábrica de confección reformada, decorada con obras de arte originales, donde sirven menús catalanes por 800 pesetas. Los fines de semana tocan rock, blues o funk en vivo. Incluso hay dos **cines**: el Colom, en el *passeig*, es más elegante que el Núria, que se encuentra en la plaça del Carme. La mayoría de los espectáculos del **festival de verano** se celebran en la plaça del Mig, detrás del museo.

La región del Montseny

Al sur de Girona, tanto la línea férrea principal como la carretera a Barcelona dan un rodeo alrededor de la otra gran atracción natural de la provincia: la **sierra del Montseny**, una cadena montañosa que en algunos puntos alcanza los 1.700 m de altura. Se trata de una región boscosa y de allí proviene la mayor parte del agua mineral que se consume en Cataluña y que se embotella en pequeños balnearios. El viajero podrá llegar tanto desde Girona como desde Barcelona, aunque si se desplaza en transporte público, tendrá que estar dispuesto a pasar la noche en el pueblo de destino, ya que los servicios poco frecuentes imposibilitan hacer excursiones de 1 día. La empresa que sirve a la mayoría de las rutas que figuran a continuación es La Hispano Hilariense, cuyos autobuses parten de la estación de autobuses de Girona, o desde el *Bar La Bolsa*, en Consolat 45, junto a pla de Palau, en Barcelona.

Breda y Riells
La ruta de autobús que atraviesa la región pasa por **HOSTALRIC**, un antiguo pueblo amurallado en el corazón de la comarca, donde crecen los alcornoques. No obstante, **BREDA**, unos 6 km más allá, es un lugar mejor para hacer un alto; célebre por sus tiendas de venta de cerámica, tiene una iglesia gótica con una torre del siglo XI. En Breda la carretera se bifurca y hay una secundaria (a veces pasa un autobús) que recorre los 7 km hasta **RIELLS**, donde se aprecia el primer panorama de las montañas. Allí no tendrá mucho que hacer, excepto dar un paseo por los bonitos alrededores, pero justo antes de llegar a la aldea, encontrará un buen **lugar para alojarse**: el *Hostal Marlet* (☎972 870 943; ③), que dispone de un jardín y un restaurante. Permanece abierto en julio y agosto, y todos los fines de semana del año; hay que tomar pensión completa.

Sant Hilari Sacalm
La principal ruta de autobús continúa por la otra carretera, más allá de Arbúcies; a medida que el viajero se acerque a **SANT HILARI SACALM**, contemplará vistas cada vez más impresionantes (1 h 20 min. desde Girona, 2 h desde Barcelona). Situada a unos 800 m por encima del nivel del mar, Sant Hilari es una agradable localidad con balneario que podría constituir una excelente base durante un par de días. Tiene numerosos hoteles y **hostales**, muchos de ellos ocupados por los que acuden a los balnearios; por eso sólo permanecen abiertos durante el verano (jul.-sept.). El céntrico *Hostal Torras*, plaça del Doctor Gravalosa 13 (☎972 868 096; ⑤), suele estar abierto casi todo el año y sirve buena comida, al igual que el excelente *Hostal Brugués*, Valls 4 (☎972 868 018; ③), donde ofrecen deliciosos platos catalanes. En la **oficina de turismo** (jul.-mediados sept., lun.-sáb., 10-14 h y 16-20 h; dom., 11-14 h; ☎972 868 826), situada en el cruce de las carreteras principales que atraviesan la localidad, proporcionan detalles de todos los enlaces de autobuses de la zona.

Viladrau
Si el viajero va en automóvil, hay 12 km de recorrido tortuoso hacia el suroeste hasta **VILADRAU**, otro balneario, situado a más altura; sin embargo, la localidad es más

pequeña que Sant Hilari. Si el visitante quiere ir en transporte público, tendría que hacerlo desde el otro lado de las montañas, tomando el tren desde Barcelona a Balenyà (en la línea de Vic) y desde allí recorrer los 20 km hasta Viladrau en un autobús local. Pero incluso así no resulta fácil: en la actualidad sólo van dos servicios semanales desde Balenyà (compruebe los horarios en Barcelona).

Al ser difícil acceder, Viladrau conserva su ambiente tranquilo y aristocrático, con sus calles antiguas y hermoso paisaje. El viajero podrá pasear por el bosque y, si le gusta el lugar, hay bastantes establecimientos para alojarse. La *Fonda del Racó*, Pare Claret 1 (☎938 849 061 y 938 848 143; ③), es la más barata.

EL PIRINEO CATALÁN

Lejos de la costa y la ciudad, no hay que recorrer grandes distancias para llegar a las estribaciones del **Pirineo catalán**, el tramo más oriental de la cadena montañosa que separa España de Francia. Desde Barcelona, el viajero podrá llegar a **Ripoll** en tren en 2 horas. La zona que se encuentra al norte de allí ha sido muy urbanizada y se ha convertido en un centro para la práctica de esquí; no obstante, fuera de temporada (en verano) es mucho más tranquila, una ventaja si el visitante quiere pasear por lugares como **Camprodon**. También puede tomar el ferrocarril privado hasta **Núria** (un importante centro de esquí), y recorrer uno de los tramos más impresionantes de Cataluña. Más al norte, junto a la frontera francesa, se halla **Puigcerdà**, el único nexo ferroviario con Francia a través de los Pirineos; el enclave español de **Llívia** está completamente rodeado por terreno francés.

Para hacer excursiones en el Pirineo y disfrutar de un paisaje, una flora y fauna más extensas, tendrá que dirigirse hacia el oeste, más allá de **La Seu d'Urgell** y el principado de **Andorra** (donde podrá comprar artículos libres de impuestos), situados en el centro del Pirineo catalán. Aunque la zona está más desarrollada (sobre todo debido a los complejos hidroeléctricos) que, por ejemplo, el Pirineo aragonés al oeste, el visitante podrá practicar el mejor senderismo del Pirineo. Resulta fácil llegar al valle de la **Noguera Pallaresa**, **Vall d'Aran** y **Parc Nacional d'Aigüestortes**, con sus magníficos paisajes; además de los tramos para especialistas, todos disponen de rutas y senderos accesibles para principiantes. Otro atractivo es el valle de **Boí**, situado en el límite occidental del parque nacional, donde destacan las **iglesias románicas**.

Uno de los problemas de querer visitar más de una pequeña zona del Pirineo catalán es su configuración geográfica. El céntrico valle de Arán, en el ángulo noroeste de Cataluña, está orientado de este a oeste, pero casi todos los demás van de norte a sur, lo que significa que los enlaces entre ellos no siempre resultan fáciles. Los senderistas y escaladores más experimentados podrán atravesar por diversos pasos entre los valles; pero la mayoría de los visitantes tendrán que conformarse con **acercarse** desde las localidades y aldeas situadas al sur de las montañas, y volver a salir de éstas cada vez que se internen en un nuevo valle.

En consecuencia, esta sección empieza por el este, la comarca más cercana a Barcelona, y luego se desplaza hacia el oeste; en ella se detallan los accesos más fáciles y se señalan las rutas que el viajero puede recorrer en **transporte público**. Si dispone de vehículo propio, disfrutará de mayor libertad; además, el número cada vez mayor de túneles que se están construyendo para unir los valles facilita los desplazamientos.

Vic

Desde Barcelona, la manera más rápida de llegar a las montañas es tomar el tren hacia el norte, hasta Ripoll. Alrededor de 1 hora después, se atraviesa **VIC**, una peque-

ña ciudad con una larga historia, cuyos puntos de interés merecen una visita. Fue la capital de una antigua tribu íbera; más adelante, Vic se convirtió en un asentamiento romano (de hecho, se pueden observar las ruinas de un templo del siglo II) y después en un próspero mercado medieval. El **mercado** actual se celebra dos veces a la semana (mar. y sáb.) en la enorme y porticada plaza principal. Vic también es famosa por sus excelentes embutidos, en especial el fuet y la butifarra.

Más allá y a la derecha de la plaza, se halla el casco antiguo, dominado por una **catedral** remodelada de finales del siglo XVIII. Se trata de un edificio neoclásico que no llama mucho la atención, aunque conserva su campanario románico original y en el interior hay unos impresionantes murales de Josep Maria Sert. Éste llegó a completar dos juegos originales, ambos perdidos durante la Guerra Civil, cuando la iglesia fue incendiada, y los actuales provienen de su tercer intento, realizado justo antes de su muerte en 1945.

Sin embargo, quizá lo más interesante de Vic sea el **Museu Episcopal** (todos los días, mediados mayo-mediados oct., 10-13 h y 16-18 h; dom. tardes, cerrado; mediados oct.-mediados mayo, 10-13 h; 350 pesetas), situado junto a la catedral en la plaça del Bisbe Oliba. Además de hallazgos arqueológicos, pinturas catalanas primitivas y piezas góticas, el museo alberga la segunda colección más importante de arte románico aparte del Museu Nacional d'Art de Catalunya, de Barcelona; se exponen numerosos frescos y esculturas de madera de los siglos XI y XII, rescatados de las iglesias del Pirineo. Al igual que con la colección de Barcelona, no es necesario ser un especialista para apreciar el valor de estas piezas, y quizá los objetos aquí expuestos animen al viajero a ver otros similares diseminados por la región.

Aspectos prácticos

Desde la **estación de ferrocarril** hay que subir por la calle de enfrente para llegar a la plaça Major. La **oficina de turismo** (lun.-vier., 9-20 h, sáb., 9-14 h; dom., 10-13 h; ☎938 862 091) se encuentra allí, junto con algunos **hoteles** pequeños en el caso de que el viajero quiera alojarse, aunque la cercanía de Barcelona o Ripoll lo hacen innecesario. Un buen lugar para **almorzar** o cenar es la célebre *La Taula*, plaça don Miquel de Clariana 4 (dom., noche, lun. y feb., cerrado; ☎938 863 229), un restaurante situado en una antigua mansión donde sirven platos excelentes por unas 3.500 pesetas por persona; pero el servicio es bastante lento.

ESQUÍ EN LOS PIRINEOS

Si el viajero quiere **esquiar** en el Pirineo catalán, que aún está relativamente poco urbanizado en comparación con el lado francés, tal vez le resulte más barato comprar un paquete en una agencia de viajes en lugar de hacerlo en la estación de esquí. El destino principal es Andorra (pág. 727), aunque en algunas agencias también ofrecen destinos españoles; cualquier agencia de viajes de Barcelona podrá ofrecer una opción más amplia.

Las mejores estaciones son las de los alrededores del complejo La Molina-Super Molina (pág. 721), incluida Masella, que disponen de pistas más amplias y difíciles que las de la mayoría. Incluso en verano, se puede apreciar lo bueno que es Núria (pág. 717) para esquiar, gracias a sus amplias pistas. Para practicar el **esquí de fondo** tendrá que dirigirse a la Cerdanya (pág. 720) y al Cadí (pág. 718), repletos de senderos, muy soleados en primavera.

El sistema de **clasificación de las pistas** que figura en los folletos españoles está basado en un código de colores: verde para los principiantes, azul para las pistas fáciles, rojo para las intermedias y negro para las difíciles. No es un sistema del todo fiable: las negras de una estación pueden ser rojas en otra, pero ofrece una idea bastante clara de sus características.

Si el viajero dispone de vehículo propio (y bastante dinero), tal vez le apetezca conducir 14 km hacia el norte hasta el embalse de Sau, al que se asoma el estupendo **Parador Nacional de Vic** (☎938 122 323; fax 938 122 368; ⑦). La masía reformada dispone de todos los servicios acordes con su categoría, entre ellos un buen restaurante catalán.

Ripoll

En **RIPOLL**, situado a 1 hora de Vic, el viajero se encontrará entre las estribaciones y las cimas, un excelente punto de partida para recorrer la campiña. Gran parte de la localidad, situada en la confluencia de los ríos Ter y Freser, es moderna e industrial, pero en su núcleo hay un casco antiguo que alberga uno de los monumentos más célebres y hermosos del arte románico: el **monestir de Santa Maria**. Ripoll es poco frecuentado por los turistas, excepto los que llegan en algún autocar, visitan el monasterio y luego siguen el viaje. Se trata de una localidad pequeña que el visitante recorrerá con facilidad; por ello constituye una excelente base.

Llegada, información y alojamiento

La estación de **ferrocarril** y la de **autobuses** están cerca una de otra, y desde allí tardará 10 minutos a pie hasta la ciudad, cruzando el Pont d'Olot y siguiendo hasta la plaça Ajuntament; en la adyacente plaça Abat Oliba se hallan el monasterio y la **oficina de turismo** (lun.-sáb., 10-13 h y 17-19 h; ☎972 702 351), justo a la izquierda del Museu dels Pirineos, bajo el reloj de sol. Allí proporcionan planos y folletos; los horarios del transporte local están fijados en los tablones de anuncios.

Desde Ripoll, los **trenes** van hasta Puigcerdà y la frontera con Francia, que también es la dirección que el viajero deberá tomar si se dirige a Andorra. El transporte a otros sitios se hace en **autobús**: al noreste hacia Sant Joan (6-7 diarios) y Camprodon (3 diarios), o al este a Olot (3-4 diarios); todos parten de la estación de autobuses. En un pequeño parque cercano hay una sala de espera no oficial, y más bien agradable.

Alojamiento

Los **establecimientos más prácticos para alojarse** se hallan en las calles antiguas cerca de Santa Maria, pero ninguno destaca en especial. El más barato es el *Hotel Payet*, plaça Nova 2 (☎972 700 250; ③), situado a 300 m al sur de la oficina de turismo, cerca de la plaça Sant Eudald, a mitad de camino del carrer Sant Pere; se trata de una vieja casona llena de recovecos, con algunas feas habitaciones individuales, otras dobles con y sin baño bastante amplias y un ambiente poco agradable. También está la *Fonda Ca la Paula*, Pirineos 6 (☎972 700 011; ④), enfrente de la oficina de turismo y encima de un bar-restaurante, a pocos pasos a la izquierda. Sin embargo, algunas de las habitaciones son bastante pequeñas y carecen de ventana (se recomienda verlas primero). Hay una opción mejor un poco más allá, en la porticada plaça Gran; el *Hotel Monasterio*, de más categoría (☎972 700 150; ④-⑤), dispone de habitaciones cómodas con baño. Tal vez el mejor sea *La Trobada*, passeig Honorat Vilamanya 4 (☎972 702 353; fax 972 700 841; ⑤), al otro lado del Pont d'Olot: habitaciones tranquilas con baño, con vistas a la ciudad y un bar-restaurante en la planta baja. El **cámping** local, *Solana del Ter* (nov.-dic., cerrado; ☎972 701 062) se halla a 2 km al sur de la localidad.

La población

El benedictino **monestir de Santa Maria**, fundado en el 888 por Guifré el Pilós, conde de Barcelona, sirvió para volver a poblar los valles circundantes tras la expulsión

de los musulmanes. Dirigido por Oliba, un primo de los condes de Besalú, adquirió importancia como centro de estudios durante los siglos XI y XII. Fue completamente reconstruido bajo la dirección de Oliba y los obispos posteriores, que contrataron a algunos de los mejores artesanos de la época.

Lamentablemente, quedó en gran parte destruido por el fuego en 1835, aunque en la **puerta occidental**, protegida por una mampara de cristal, aún se puede apreciar parte de la obra original (en la actualidad es la puerta principal de la iglesia). Las delicadas columnas y los arcos de la puerta, decoradas con signos del zodíaco, diseños ornamentales y un calendario del año agrícola, están rodeadas por una enorme fachada, en la que aparecen tallas con escenas bíblicas, relatos históricos y alegóricos, así como símbolos de los evangelistas. Tanto la puerta como la galería inferior del **claustro** adyacente de dos plantas (jun.-agos., todos los días, 10-13 h y 15-19 h; sept.-mayo, mar.-dom., horarios de apertura diferentes; 200 pesetas), en las que destacan sus arcos y capiteles, son del siglo XII, tal vez el período más importante del románico español. Debido a las tallas de monjes y monjas, bestias mundanas y mitológicas, además de las imágenes seglares de la época, los capiteles eclipsan a las obras expuestas en el museo del claustro, el **Museu Lapidari**, a lo largo de cuyas paredes se muestran obras de mampostería, albañilería, algunos sarcófagos y obras de arte funerario. La **iglesia** (abierta todo el día para la oración) es menos interesante, ya que ha sufrido diversas restauraciones, aunque aún conserva una impresionante cruz con una bóveda de cañón.

Sant Pere

Junto al monasterio de la plaça Abat Oliba se halla la fachada de la iglesia de **Sant Pere**, del siglo XIV. En el interior, en la planta superior, se encuentra el ecléctico **Museu dels Pirineus** (mar.-dom., 9.30-13.30 h y 15.30-19 h; 300 pesetas), en el que se muestra —entre otras cosas— la historia de Ripoll como un importante centro productor de armas y metalúrgico del siglo XVII. Hay una sala repleta de pistolas y rifles, junto a otras piezas, desde monedas antiguas hasta vestimentas de otras épocas, ejemplos de arte eclesiástico y objetos folclóricos. Asimismo, en la iglesia se celebra el festival musical de Ripoll durante ciertos fines de semana de julio y agosto, una oportunidad única para ver el interior de la iglesia.

El resto de la población

Una vez visitados el monasterio y la iglesia, Ripoll no tiene muchos más puntos de interés, aunque merece la pena subir por detrás de Sant Pere hasta la **terraza**, desde donde el visitante contemplará hermosas vistas del monasterio. Allí hay un bar, el mejor establecimiento de la localidad para sentarse y tomar una copa.

Más allá de las pocas calles del casco antiguo, el viajero encontrará lugares agradables para pasear, ya que el río está muy sucio. Los sábados por la mañana suele haber un **mercado callejero**; lo único que tal vez le atraiga sean algunos de los edificios modernistas de Ripoll, quizás el lugar más inesperado para encontrárselos. El más destacado es la pequeña iglesia de **Sant Miquel de la Roqueta**, construida en 1912 por el contemporáneo más importante de Gaudí, Joan Rubió; parece la casa de un hada coronada por el sombrero de una bruja. Pasará junto a ella camino de la estación de ferrocarril, pudiendo contemplar también **Can Bonada**, Progrès 14, con sus florituras y almenas de piedra.

Comida y copas

El **restaurante** de la *Fonda Ca la Paula* es bastante popular y sirve platos catalanes; su especialidad son los canelones y las truchas. Nunca abren antes de las 21 h. El

Restaurante Perla, plaça Gran 4, ofrece un abundante pero no muy variado menú del día por 1.400 pesetas (vino aparte) y otros platos catalanes más interesantes (y caros) de lo normal. El menú del *Hotel Monasterio*, situado justo al lado, resulta bastante más caro, pero también sirven tentempiés a precios más asequibles.

Asimismo, se recomienda el comedor del *Hostal del Ripollés*, plaça Nova 11, donde el menú cuesta 1.000 pesetas, y la *Cafetería*, en carrer Berenguer el Vell, frente al monasterio, un establecimiento luminoso y moderno con mesas en el exterior; sirve bocadillos, y la mejor selección de **tapas** de la ciudad. El *Bar Stop*, plaça Tomàs Raguer, un poco más al sur, tiene las mismas características (y mesas en el exterior no expuestas al tráfico).

El noreste: la ruta del románico

Desde Ripoll, el viajero puede recorrer una importante **ruta del románico**, en la que verá hermosas iglesias y monasterios, que se adentra por las montañas hacia el nordeste. Si va a hacer el recorrido en transporte público, tendrá que estar preparado para esperar un autobús (algunas veces toda la noche), que escasean a medida que se encuentre más al norte. Desde Ripoll u Olot, es fácil llegar a las dos primeras localidades: Sant Joan de les Abadesses y Camprodon (véase pág. 704). Los otros pueblos más remotos suponen tiempo y esfuerzo, pero están menos urbanizados; **practicar el senderismo** entre una y otra es un auténtico placer.

Sant Joan de les Abadesses

SANT JOAN DE LES ABADESSES se encuentra a sólo 11 km de Ripoll y pasan autobuses cada 20 minutos. La pequeña localidad debe su existencia a la fundación de otro convento por el conde Guifré el Pilós, cuya hija se convirtió en la primera abadesa. Más adelante, el convento se transformó en un monasterio canónico y el edificio que aún queda en pie es el principal motivo para hacer un alto en el camino; incluso en la actualidad, la austeridad de la iglesia del siglo XII, de una sola nave, resulta impresionante.

Llegada, información y alojamiento
La **terminal de autobuses** se halla enfrente del monasterio y justo a la vuelta del passeig Comte Guifré, la rambla principal de la localidad; la **oficina de turismo** está en el n.º 5 (todos los días, 9-14 h y 16-20 h; ☎972 720 599).

Al viajero le resultará fácil encontrar **alojamiento**, ya que está bien señalizado por todo el pueblo. Entre otros, se recomiendan *Hostal Ter*, en Vista Alegre 2 (☎972 120 005; ③), familiar, donde sirven buenos platos y hay vistas a los puentes de la parte nueva de la localidad y el casco antiguo. La *Pensión Nati*, situada en la calle que baja de la terminal de autobuses Pere Rovira 3 (☎972 720 114; ③), dispone de habitaciones amplias y luminosas (duchas aparte); pregunte en el bar de la planta baja. En las cercanías, en la manzana situada por debajo de la terminal de autobuses, se halla la *Pensión Janpere*, Mestre Andreu 3 (☎972 720 007; ⑤), que ofrece habitaciones un poco más caras, aunque algunas tienen baño y ducha. Los *Apartamentos Mateu*, en la esquina de Mossèn Masdèu 10 (☎972 720 186; ④), no son muy atractivos.

El pueblo
Este **monasterio** (mediados jun.-mediados sept., todos los días, 10-19 h; los horarios varían el resto del año; 200 pesetas), que sustituyó a la fundación original del siglo IX, fue construido en forma de cruz latina y tiene cinco ábsides, que se aprecian mejor

desde el exterior. En el interior, el ábside central alberga una famosa escultura de madera: el *Santíssim Misteri* de 1251, en el que aparece Cristo en la cruz. Se trata de una espléndida obra de proporciones sencillas y, si lo que reza en el folleto que entregan es cierto, «en la frente de Cristo aparece un trozo de hostia que se ha conservado intacta durante 700 años».

La entrada también incluye el acceso a los claustros góticos del siglo XV y al **Museu del Monestir**, cuya pieza más antigua es una página de un libro sacramental del siglo XI. Asimismo, se exponen otros objetos, entre ellos diversos retablos renacentistas y barrocos, numerosas estatuas medievales, cálices ornados y objetos curiosos, como un crucifijo de cristal de roca.

Aparte del monasterio, Sant Joan no tiene muchos puntos de interés, pero es un lugar tranquilo una buena base para explorar la zona. El estrecho **puente** del siglo XII marca la pauta y el amplio valle inferior está cultivado en bancales hasta donde alcanza la vista. El puente fue destruido en la batalla de febrero de 1939, durante la retirada de los republicanos a finales de la Guerra Civil; en 1976 fue reconstruido por completo. Algo retiradas del río, hay una serie de casas antiguas, donde los nombres de las calles son más largos que éstas; se hallan alrededor de la hermosa y porticada **plaça Major**, al oeste de la rambla. Cuando el visitante haya paseado y espantado las palomas que habitan las ruinas de la iglesia de Sant Pol, le quedará poco que hacer en la localidad.

Comida y copas

Las opciones para **comer** y **tomar copas** son un tanto limitadas, aunque en la rambla verá un par de cafés agradables con mesas en el exterior; en el *Restaurant La Rambla* podrá saborear el menú del día por 1.200 pesetas o tomar un plato combinado en una mesa de la terraza. La opción más económica es el restaurante situado en la parte de atrás de la *Pensión Nati*, ya que dispone de un menú del día completo de 1.000 pesetas, tanto al mediodía como por la noche. La comida no es extraordinaria pero se encontrará cómodo. El comedor de la *Pensión Janpere* ofrece mejores platos en un menú del día de unas 1.300 pesetas.

Camprodon

Desde Sant Joan el viajero tardará unos 20 minutos en autobús hasta **CAMPRODON**, a 14 km al noreste. Se trata de un viaje agradable que recorre las colinas bajas junto al río Ter. Si llega desde Sant Joan, Camprodon, situado a 950 m de altura, es el primer lugar con características de pueblo de montaña, algo que fue aprovechado en el siglo XIX por la alta burguesía catalana que llegaba en tren (que ya no existe) para descansar entre los grandes árboles y casas, algunas de ellas ornamentales con llamativas florituras modernistas.

Al igual que Ripoll, Camprodon se encuentra en la confluencia de dos ríos, el Ter y el Ritort, y está comunicada por pequeños puentes. El principal, el **Pont Nou** del siglo XVI, conserva su torre defensiva. Desde allí el visitante puede recorrer la estrecha calle principal, el carrer Valencia hasta la restaurada iglesia monástica de estilo románico de **Sant Pere** (cuya primera consagración fue en el 904), situada en un extremo de la localidad. Por encima de la confluencia de ambos ríos se erige un pequeño castillo, pero no hay un camino para acceder.

Más importante es su aspecto de localidad de montaña: las tiendas están repletas de artículos de cuero, equipos de esquí, y embutidos y quesos locales. En invierno se llena de esquiadores y en verano la campiña es ideal para hacer caminatas (véase pág. siguiente); en otoño, los bosques parecen arder a medida que las hojas cambian de color.

Llegada e información
Los autobuses se detienen al sur del centro, en la terminal de Teisa: dos servicios diarios parten a Olot y dos diarios a y desde Setcases. La **oficina de turismo** (jul.-sept., todos los días, 10-14 h y 16-20 h; oct.-jun., los horarios de apertura varían; ☎972 740 010) se halla en el ayuntamiento, en la céntrica plaça d'Espanya. Allí proporcionan un plano e información sobre los alrededores.

Alojamiento
Los **lugares para alojarse** de Camprodon son más caros que en el valle; el viajero tendrá que reservar cama con antelación si tiene intención de quedarse (en especial durante la temporada de esquí en invierno). La mejor opción económica es *Can Ganansi*, Josep Morera 11 (☎972 740 134; ④), una calle que sale de la plaça d'Espanya, aunque las habitaciones están muy solicitadas. El *Hostal Sayola*, Josep Morera 4 (☎972 740 142; ④), cobra precios razonables y dispone de algunas habitaciones más baratas sin baño. En la plaça del Carme, la primera que el viajero encontrará al entrar en la localidad, al este del carrer Josep Morera, hay dos opciones más: el *Hostal Sant Roc* (☎972 740 119; ⑥) y el *Hotel La Placeta* (☎972 740 807; ⑤). También se recomienda el establecimiento mejor situado del lugar: el *Hotel Güell* (☎972 740 011; ⑤), en la plaça d'Espanya, cuyas habitaciones bien amuebladas y el aparcamiento justifican el gasto. Asimismo, hay un **cámping** local, *Els Solans* (☎972 130 099), en la carretera a Molló.

Comida
El viajero verá en la plaça d'Espanya y alrededores diversos locales donde sirven buena **comida**, entre ellos el excelente *Bar-Restaurant Núria*, en el n.º 11, cuyo comedor tiene vistas al río; sirven un abundante menú del día por 1.000 pesetas, aunque por la noche tendrá que elegir los platos de la carta, más cara. El *Hotel La Placeta* cuenta con un buen restaurante (sólo cenas); también podrá comer en el restaurante del *Can Ganansi*, que ofrece varios menús del día de precios diferentes, además de platos locales como las *pinyes*: unas suculentas bolas de piñones, que se venden en todas las panaderías de Camprodon.

Senderismo y esquí: los valles del Ter y del Ritort

Más allá de Camprodon, el viajero necesitará cada vez más un vehículo y, en última instancia, confiar en las propias piernas. Pero los senderos no son demasiado complicados y hay un par de destinos cercanos a los que resulta fácil llegar en 1 día desde Camprodon, e incluso desde Sant Joan o Ripoll si calcula los horarios correctamente. Puede optar por remontar el **valle del Ter** hacia el noroeste, la ruta que siguen la mayoría de los esquiadores, ya que acaba en la estación de esquí de Vallter 2000, o dirigirse al noreste remontando el **valle del Ritort**, una opción mejor si el viajero sólo quiere hacer caminatas que no sean agotadoras.

Llanars, Vilallonga y Tregurà
La primera parada en la ruta del valle del Ter es **LLANARS**, situado a 2 km al noroeste de Camprodon, donde se alza una magnífica iglesia del siglo XII. Desde allí el viajero sólo tendrá que recorrer 3 o 4 km hasta **VILLALONGA DEL TER**, emplazada en un lugar frondoso y hermoso; encontrará dos hostales de precio moderado y un cámping (abierto todo el año). Suele haber dos o tres autobuses diarios desde Camprodon que pasan por ambos lugares camino de Setcases.

Unos 2 km más allá de Vilallonga, hay una salida a **TREGURÀ DE DALT**, que se encuentra en una meseta soleada a 1.400 m de altura. En la parte superior de la aldea se erige una iglesia que data de alrededor del 980, así como un par de pequeños ho-

teles. Desde Tregurà, los senderistas experimentados pueden optar por hacer la **caminata hasta Queralbs**; se tarda 1 día completo y se halla al oeste sobre la línea del tren cremallera que llega hasta Núria. Desde la aldea parte un sendero que sube al Puig Castell (2.125 m) y después atraviesa el col de Tres Pics (2 horas) hasta el *Refugi Coma de Vaca* (4 horas), situado en la cima de las gargantas del Freser. Justo antes del refugio, en el lado sur del río Freser, un sendero desciende hacia el oeste y atraviesa la garganta de Queralbs (7 horas); a partir de allí el viajero podrá tomar un tren a Ribes de Freser o subir hasta Núria.

Setcases
SETCASES, en el valle del Ter y a 11 km de Camprodon, es una extraña mezcla entre lo elegante y lo decrépito. En una época, era una importante aldea agrícola, pero se quedó abandonada casi por completo años antes de inaugurarse la estación de esquí, que atrajo una nueva oleada de hoteleros y propietarios de segundas residencias. Desde Camprodon sólo se tarda en llegar 30 minutos en autobús, de modo que es una de las pocas aldeas de montaña que recibe algunos visitantes ocasionales. Si el viajero quiere **alojarse** allí, encontrará numerosas opciones, pero se recomienda reservar con antelación. Tanto el *Can Japet* (☎972 136 104; ④), como el *Ter* (☎972 740 594; ④) o el *Nueva Tiranda* (☎972 136 037; ③) se hallan en el centro de la aldea; los dos primeros disponen de aparcamiento.

Vallter 2000
Situado en un extremo del valle del Ter junto a la frontera francesa, **VALLTER 2000** (no hay transporte público) es la estación de esquí más oriental de los Pirineos. A pesar de su altitud, a veces no abunda la nieve; no obstante, merece la pena ir por las pistas (tres verdes, tres azules, cinco rojas y cuatro negras). También hay muchas opciones para practicar el esquí de montaña, con rutas al oeste hacia Núria o al este vía el Roc Colom de 2.507 m de altura hasta el *Refuge de Mariailles* (1.718 m), ya en Francia. Los que no esquían en las pistas pueden hacer el recorrido que sale del telesquí más alto de Vallter hasta la **Portella de Mantet** (2.415 m) y bajar a la aldea francesa de Mantet; el viajero tardará unas 3 horas en llegar y unas 6 en regresar al día siguiente.

El valle del Ritort
Un autobús diario (no circula los domingos) sale de Camprodon hacia el este y remonta el valle del Ritort hasta **MOLLÓ**, a 8 km, donde destaca la iglesia románica de Santa Cecília, con su delgado campanario de cuatro campanas. Si el viajero se dirige a Francia por carretera atravesando el col d'Ares, Molló es prácticamente el único lugar de la ruta donde podrá comer o alojarse en sus dos **hoteles-restaurantes**: el *Calitxó* (☎972 740 386; ⑤) y el *François* (☎972 740 388; ④); en ambos hacen descuentos fuera de la temporada julio-agosto.

Rocabruna y Beget
Al menos para los senderistas, resulta más atractivo abandonar la carretera a mitad de camino a Molló y tomar una carretera secundaria hasta **ROCABRUNA**. Allí hay otra pequeña iglesia del siglo XII, además de dos restaurantes donde sirven comida catalana sencilla.

Desde Rocabruna, una carretera sinuosa baja por laderas con terrazas hasta la pequeña y rústica aldea de **BEGET**, a 12 km de Camprodon. Al igual que tantas otras aldeas de la zona, ha quedado bastante despoblada y sólo se anima en verano, época en que se convierte en un popular destino de veraneantes. El viajero encontrará dos impresionantes puentes medievales, pero sus auténticas joyas son la **església de Sant Cristòfor** de finales del siglo XII —en cuyo campanario se pueden observar dos estilos diferentes— y la *Majestat* que alberga. Muchas de estas imágenes románicas de

madera, que representan a Cristo completamente vestido, fueron talladas en esta zona, aunque la mayoría de ellas fue destruida en 1936. Éste es un ejemplo solemne y sereno, que data de finales del siglo XII o principios del XIII, y se trata de uno de los pocos que aún se puede apreciar en su emplazamiento original. Si la iglesia estuviera cerrada, pregunte en la tienda de recuerdos situada enfrente.

Más allá de Beget, el viajero podrá seguir recorriendo senderos que conducen al sureste hasta Oix, desde donde parte un camino de 9 km hasta Castellfollit de la Roca; tardará todo 1 día y se acercará a la región de Olot y la comarca de la Garrotxa.

El valle superior del Freser y Núria

Desde Ripoll, el llamativo **valle del Freser** sube hasta Ribes de Freser, para después remontar hasta Queralbs, donde gira hacia el este a través de una hermosa garganta. Justo encima de Queralbs, el río Núria ha excavado un segundo desfiladero; más allá se encuentra el santuario y la estación de esquí de Núria.

Para recorrer esta ruta, una de las más extraordinarias de Cataluña, el viajero puede tomar el **tren** desde Barcelona. El primer tramo se hace en un tren de Renfe hasta Ribes de Freser, un trayecto de unas 2 horas 30 minutos (o sólo 20 min. desde Ripoll). Desde allí, tendrá que tomar el tren cremallera: los pequeños trenes de esta línea privada, construida en 1931, que tardan otros 45 minutos en llegar a Núria.

Ribes de Freser

Por lo general, la mayoría de los visitantes no pasan por la sencilla localidad ribereña de **RIBES DE FRESER**, donde no se pierden gran cosa ya que sólo hay algunos hoteles modestos y un ambiente de pueblo. En sus tiendas venden bolsas de cereales, semillas, aceites y otros productos agrícolas; también suele haber un importante mercado semanal (sáb.).

Tal vez el viajero no vea nada de todo esto, ya que el tren de Barcelona a Ripoll se detiene en la estación Ribes de Freser-Renfe, situada a 10 minutos a pie del centro y, si se dirige a Núria, sólo tendrá que atravesar el andén a Ribes-Enllaç, donde se toma el tren cremallera, que hace una parada en el centro de la localidad (Ribes-Vila), antes de adentrarse en las montañas.

Tomar el tren cremallera: Queralbs

El tren cremallera es una estupenda manera de llegar a las montañas. Después de atravesar el valle inferior, remonta los Pirineos, siguiendo el curso del río a través de

---

EL TREN CREMALLERA

Los **servicios** de la línea férrea a Núria, el **tren cremallera**, circulan todos los días, excepto el día de Navidad y en noviembre, cuando la línea está cerrada, aunque hay dos horarios. Durante el verano (jul.-mediados sept.), los fines de semana y los festivos, los trenes salen cada hora desde las 9.22 h hasta las 20.55 h, y regresan de Núria cada hora, desde las 8.26 h hasta las 21.46 h. Durante el invierno (mediados sept.-jun.), el servicio se reduce a siete trenes por semana que circulan a las mismas horas. Se tarda unos 45 minutos y los **billetes** de ida y vuelta a Núria cuestan 2.200 pesetas; los pases no son válidos. Para obtener información actualizada, véase *www.valldenuria.com/valldenuria/crem.htm* o llame, ☎972 732 020.

grandes riscos antes de empezar a ascender tanto por encima del río como de los bosques de cedros. Algunas veces se detiene y las vías están sólo a centímetros de un precipicio de cientos de metros de altura, y por encima de la cabeza del pasajero se eleva una empinada pared de roca.

Una de estas paradas es en **QUERALBS**, 25 minutos después de la salida; se trata de una bonita aldea con casas de piedra, restaurada y con demasiados turistas durante la temporada alta. El viajero puede **alojarse** y **comer** en la *Fonda Can Constans*, 200 m por encima de la aldea, en la carretera a Fontalba (☎972 727 370; ⑤, por un apartamento para 4-5 personas), y el *Hostal Sierco*, Major 5 (☎972 727 377; ④).

Núria

Más allá de Queralbs, el tren sube por el valle escarpado hasta **NÚRIA**, situado a 20 minutos de distancia. Las vistas son espectaculares y la pendiente, cuyo impacto aumenta debido una serie de túneles, resulta aterradora. El tren surge de un último túnel a una cuenca orientada hacia el sur, donde hay un pequeño lago; al otro lado, se halla el único y enorme edificio que constituye Núria, el **santuari de la Mare de Déu de Núria**, erigido en el siglo XI en el punto donde, según se cuenta, se encontró una imagen de la Virgen. Se dice que la Virgen de Núria, patrona de los pastores del Pirineo, otorga fertilidad; por eso muchas niñas de la zona llevan su nombre. Las principales **festividades religiosas** de Núria se celebran el 8 de septiembre. El santuario, en un severo edificio de piedra, combina una iglesia, una **oficina de turismo**, un café, un hotel y una estación de esquí. El **hotel**, el *Hotel Vall de Núria* (☎972 732 000; fax 972 730 326; ⑦), es caro (aunque en invierno los precios cuestan menos de la mitad), pero el santuario dispone de algunas antiguas celdas sencillas, una especie de hotel barato. Además hay un **albergue de juventud** oficial en el extremo del funicular, por encima de Núria, el *Alberg Pic de l'Àliga* (☎972 730 048; ①-②); es necesario hacer la reserva con antelación. Los diversos refugios con literas suelen estar llenos de grupos de escolares; el viajero también podrá **acampar** en un cámping en construcción detrás del complejo del santuario.

En el hotel encontrará una tienda que vende **alimentos** y el pan fresco llega todos los días en el tren. En el *Bar Finistrelles* podrá comprar tentempiés calientes o desayunos, y hay un autoservicio para comer al mediodía o la noche. En el comedor sirven un menú fijo no muy caro.

Senderismo y esquí

A pesar de ser un lugar muy frecuentado, el viajero encontrará un rincón tranquilo. **Senderistas** y **escaladores** podrán ir de Núria hasta la cima del **Puigmal** (2.909 m), una escalada de unas 4-5 horas; se recomienda comprar el plano guía en escala 1:25.000 *Puigmal-Núria*, de la Editorial Alpina. Suele haber más nieve para **esquiar** que en Vallter 2000, pero los remontes son muy limitados (los pases cuestan unas 1.200 pesetas) y la última estación se halla a sólo 2.262 m de altura, por lo que es adecuada para principiantes y esquiadores intermedios. Hay dos pistas verdes, dos azules, cuatro rojas y una negra. También resulta fácil subir a la cima del pico de Finistrelles (2.829 m) y a la del Puigmal; se tarda entre 3-5 horas, según las condiciones meteorológicas.

Si el viajero está en forma, una buena opción para practicar **senderismo** es dar algunos paseos y después bajar al menos hasta Queralbs. Se trata de la mejor parte de la ruta y supone más de la mitad de la distancia total; recorrerá un hermoso camino de montaña, bien señalizado, que sigue el curso del valle del río, por debajo de la línea del tren cremallera.

El Berguedà

Otra manera de acercarse a este tramo oriental del Pirineo catalán es dirigirse a la comarca del **Berguedà**, al oeste de Ripoll. Será más fácil si el viajero dispone de vehículo propio; desde Barcelona, la carretera comarcal C-1411 atraviesa Manresa y después va hacia el norte a Puigcerdà, por el **túnel del Cadí**, el más largo de España. También podrá ir en autobús: primero de Barcelona a **Berga**, la principal localidad de la región, aunque tardará más que si va en tren a Puigcerdà por Ripoll.

En esta comarca no hay nada tan espectacular como lo que se contempla en el viaje en tren a Núria, aunque en la zona al noreste de Berga se puede practicar senderismo, en las aldeas como La Pobla de Lillet y Castellar de n'Hug y alrededores. Hacia el oeste, en la gran **sierra del Cadí**, también se pueden hacer caminatas más arduas, incluido el ascenso a ambas cimas del **Pedraforca**, la montaña más característica de Cataluña.

Berga

BERGA se halla en el centro de la comarca, y allí los Pirineos parecen surgir de manera repentina. El viajero podrá llegar hasta allí en autobús desde Barcelona, un trayecto de 2 horas; aunque es un lugar algo aburrido, hay un castillo en ruinas, un centro medieval bien conservado y enlaces con aldeas más interesantes.

En mayo, durante la festividad de Corpus Christi, el viajero tendrá otra razón para ir a Berga: la **Festa de la Patum**, una de las celebraciones más llamativas de Cataluña. Durante 3 días, se llevan a cabo desfiles de gigantes y cabezudos, acompañados por flautistas que van por las calles abarrotadas de lugareños con barretina (el típico gorro de Cataluña). Durante una batalla simbólica entre el bien y el mal, un dragón lanza fuego por la boca y ataca a los viandantes; la fiesta culmina el sábado por la noche, cuando unos hombres enmascarados cubiertos de hierba danzan por las calles.

Alojarse durante el festival resulta imposible, salvo que el visitante haya reservado habitación con muchas semanas de antelación. En otras fechas no suele haber problemas. Encontrará al menos ocho establecimientos para alojarse, todos con precios razonables: la *Residència Passeig*, en passeig de la Pau 12 (☎938 120 415; ③), que dispone de algunas habitaciones sin baño; y el *Hostal del Guiu*, carretera de Queralt (☎938 120 315; ③). El **cámping** de Berga (todo el año; ☎938 211 250) está en la C-1411. La **oficina de turismo** (jun.-sept., todos los días, 9-13 h y 16-20 h; oct.-mayo, horario reducido, ☎938 221 500) se halla detrás del cámping y ofrece información sobre toda la región.

Al noroeste de Berga: la sierra del Cadí

Si el viajero es un senderista experimentado y va bien equipado, la **sierra del Cadí**, al noroeste de Berga, es ideal para hacer caminatas de 3 o 4 días a través de zonas deshabitadas a las que no llega el transporte público. Hay varios caminos y senderos que atraviesan la sierra, aunque la excursión más habitual continúa siendo el ascenso al Pedraforca. Al igual que en otros macizos calizos, resulta un problema encontrar una fuente de agua fresca; esto, combinado con el intenso calor veraniego a una altitud relativamente baja, contribuye a que la mayoría de los visitantes vayan en mayo-junio y septiembre. Debido a sus paisajes únicos, hace algunos años el Cadí fue declarado reserva nacional. El viajero encontrará dos refugios bien situados, accesibles desde diversas aldeas de las estribaciones, en las que el servicio de autobuses es escaso o no existe, de modo que tendrá que ir caminando o hacer autostop desde las lo-

calidades más grandes situadas valle abajo. Para explorar esta zona a fondo, deberá conseguir los planos y guías de la Editorial Alpina: los de escala 1:25.000 de la *Serra del Cadí/Pedraforca* y del *Moixeró*.

Guardiola de Berguedà, Bagà, Saldes y Gòsol
La mejor manera de llegar a la sierra del Cadí es desde **GUARDIOLA DE BERGUEDÀ**, que se halla a 21 km al norte de Berga (un autobús diario en verano) o la localidad igualmente pequeña de Bagà (véase abajo), situada a unos 5 km más al norte. Si el viajero se queda aislado en Guardiola, algo probable si llega en el autobús de la tarde desde Ripoll, podrá **alojarse** en la *Fonda La Llobregat* (☎938 227 335; ③), cerca de la terminal de autobuses, o la *Fonda Guardiola* (☎938 227 048; ③), que está saliendo de la localidad hacia al oeste. Desde allí no hay autobuses que vayan al oeste, hacia las montañas, pero los días laborables el cartero se detiene en el *Bar L'Avellaner* a las 11 h y, si el viajero no lleva mucho equipaje, lo llevará hasta Gòsol (véase abajo). De lo contrario, tendrá que hacer autostop desde el cruce situado a 1.500 m al sur del pueblo, por la carretera secundaria pavimentada que remonta el valle del río Saldes.

SALDES es la primera aldea importante que encontrará a 18 km del cruce, situado al pie del Pedraforca. Allí dos tiendas venden provisiones básicas si practica senderismo, y dos fondas, cuyas **habitaciones** tendrá que reservar con antelación: la *Carinyena*, cerca de la iglesia (☎938 258 025; ②) y *Can Manel* (☎938 258 041; ⑤, media pensión), más cara, donde sirven comidas.

GÒSOL, 10 km más allá, es una antigua aldea de piedra; sus alrededores atrajeron a Picasso, que abandonó París en 1906. Permaneció en Gòsol durante varias semanas viviendo de manera muy sencilla; su hermoso paisaje le inspiró algunas pinturas. El viajero encontrará algunos hostales (más caros que en Saldes); además, los bares de la plaza sirven comida y, desde Saldes, pasará junto a un par de cámpings.

A partir de **BAGÀ** (hostal y cámping *Bastareny*, ☎938 244 420; ③), hay un trayecto de 12 km, más corto pero escarpado (a pie o en autostop), hasta **GISCLARENY**; en realidad no es una aldea, sino un par de cámpings y un refugio sencillo situados entre algunas granjas diseminadas. Desde allí se tarda más tiempo en llegar a la montaña, ya que el viajero tendrá que recorrer un trayecto de 5 horas hasta el pie del Pedraforca, o bien descender bruscamente hasta el valle de Gresolet y luego remontar una pendiente a Saldes, todo por caminos aptos para todoterrenos.

Hacia el Pedraforca y más allá
La mayoría de las personas emprenden el ascenso al **Pedraforca** (la «horca de piedra») desde Saldes. Hay un sendero que supone un atajo de 90 minutos con respecto a la carretera; pasa a 15 minutos de distancia por debajo del **Refugi Lluís Estasen** (suele haber personal durante casi todo el año; se recomienda reservar con antelación, ☎938 220 079 y 908 315 312). Desde allí el viajero podrá ascender a la cima de 2.491 m de altura, una excursión muy popular, empinada pero no ardua en exceso si sube en el sentido de las agujas del reloj por la quebrada que sube a la «horca»; en la línea divisoria entre ambas cimas hay un sendero que sube desde Gòsol. El ascenso en el sentido contrario a las agujas del reloj por el Canal de Verdet resulta más difícil; bajar por este camino es casi imposible, e independientemente del camino que se elija, tardará unas 5 o 6 horas en ir y volver.

Desde el refugio *Estasen* se tarda 1 día caminando hasta el valle del Segre, situado al norte. La travesía más fácil, a lo largo de una serie de senderos y pistas, atraviesa el paso dels Gosolans, una muesca en la escarpada cara norte del Cadí. Una hora más abajo, se halla el *Refugi Prat d'Aguiló* (siempre abierto; instalaciones sencillas), cerca de una de las pocas fuentes de estas montañas; desde allí lo mejor es hacer autostop

por la senda de tierra de 18 km de largo y bajar a Martinet, situado sobre la carretera principal del valle que une La Seu d'Urgell con Puigcerdà.

Alrededores de La Pobla de Lillet

Desde Berga, un autobús diario va al nordeste, a **LA POBLA DE LILLET**, a 1 hora de distancia; se encuentra en un lugar pintoresco y hay dos puentes antiguos que atraviesan un río poco profundo, con los nevados picos de los Pirineos de fondo. El viajero podrá llegar en un autobús que sale de Ripoll (28 km al este) por la tarde.

En la aldea es posible practicar senderismo por los alrededores; poco más podrá hacer, además de visitar un par de iglesias románicas menores: la de Santa María que está en ruinas, y la circular de Sant Miquel, ambas situadas a 1.500 m a las afueras de la localidad. Encontrará **alojamiento** en dos hostales: el *Pericas*, Furrioles Altes 2 (☎938 236 162; ④) y *Cerdanya*, Pontarró 3 (☎938 236 107; ③), pero ninguno resulta especialmente atractivo. Hay un **cámping** 4 km más allá: *L'Espelt* (todo el año; ☎938 236 502).

La ruta a Castellar de n'Hug

Desde La Pobla hay una subida constante de 12 km hasta Castellar de n'Hug; como resulta imposible abandonar la carretera a excepción de algunos tramos cortos al principio y al final, merece la pena hacer autostop. Un poco más allá de La Pobla de Lillet, a la izquierda, el viajero verá una **fábrica de cemento** abandonada, en un extravagante edificio modernista diseñado por Rafael Guastavino en 1901; se parece a una serie de viviendas cavernícolas, que ahora están vacías.

Antes de llegar a Castellar, pasará junto a las **fuentes del Llobregat**, donde nace el río que divide Cataluña en dos partes y que desemboca en el mar en Barcelona. Muchos catalanes visitan el nacimiento del Llobregat, en lo que casi supone un peregrinaje. En Cataluña suele haber sequía en verano, y los ríos se quedan sin agua, de manera que cualquier fuente duradera es importante, aunque para los forasteros sólo sea un arroyo.

Para llegar hasta la aldea desde allí, el viajero podrá continuar por la carretera o subir una pendiente considerable por la parte posterior. **CASTELLAR DE N'HUG** está magníficamente situado; se trata de un lugar antiguo, en la ladera de una montaña al pie de los Pirineos. Desde allí podrá hacer unas estupendas caminatas; además, en una granja que se encuentra más allá de la aldea, en un sendero que sube a las montañas, alquilan un par de caballos. Asimismo encontrará establecimientos para **alojarse**. Se recomiendan la *Fonda Fanxicó*, plaça Major (☎938 257 015; ③), la *Fonda Armengou*, plaça Església (☎938 257 094; ④), y el *Hostal Alt Llobregat*, en carrer Portell (☎938 257 074; ⑤, con desayuno), algo más caro.

Sant Jaume de Frontanyà

La hermosa iglesia de **SANT JAUME DE FRONTANYÀ** se encuentra a 10 km al sureste de La Pobla. Está al pie de un peñasco con terrazas naturales; se trata de la mejor iglesia románica de la región, construida en forma de cruz latina, con tres ábsides.

Sólo está rodeada por algunas casas de piedra, un par de restaurantes y un hostal, además de una carretera que conduce al sur, hasta **BORREDÀ**, a 10 km de distancia, donde se une a la carretera principal (C-149) que llega a Berga, a 21 km de distancia. No hay transporte público en ningún tramo de esta ruta.

Hacia la frontera francesa: la Cerdanya

Después de recorrer la región de la **Cerdanya**, el tren desde Barcelona, por Ripoll y Ribes de Freser, tiene su final en Puigcerdà, donde se halla la frontera. La región, una

amplia planicie agrícola rodeada de montañas al norte y al sur, comparte un pasado y una cultura con la Cerdaña francesa, al otro lado de la frontera. La zona fue dividida después del Tratado de los Pirineos (1659), que también otorgó a Francia el control sobre el vecino Rosellón, pero dejó Llívia como un enclave español justo al otro lado de la frontera. En la actualidad, el **tren** cruza la frontera y llega hasta La Tour de Carol, en Francia (la única ruta transpirenaica ferroviaria que aún existe), lo que ofrece una opción alternativa para llegar a España, o abandonarla. Si el viajero se dirige a Francia en tren por Puigcerdà, es mejor reservar plaza con antelación en Barcelona.

Desde Ripoll a Puigcerdà en tren

La vía férrea (y la carretera) **desde Ripoll** sigue el curso del río Freser hacia el norte, a Ribes de Freser (véase pág. 716) y luego gira hacia el oeste, remontando el valle del río Rigart. En **PLANOLES**, a 7 km de Ribes de Freser en el fondo del valle, hay un **albergue de juventud** (sept.-oct., cerrado; ☎972 736 177; ①). La carretera y la vía férrea se adentran en la Cerdanya en la **collada de Toses** (1.800 m) —la vía férrea a través de un túnel— y hacia el oeste empieza a contemplarse un paisaje impresionante, compuesto por montañas desnudas y tramos de bosques profundos y verdes.

Más allá, las amplias praderas de Tossa d'Alp forman las pistas de **LA MOLINA/SUPER MOLINA** y **MASELLA**, unas estaciones de esquí adyacentes que se extienden por las laderas que miran al norte. Para el Pirineo español, se trata de unas instalaciones excelentes, ya que ambas disponen de remontes que llegan casi hasta la cima de 2.537 m de altura, mientras que en verano, todas se convierten en lugares de veraneo de categoría, con actividades organizadas como montar a caballo, tiro con arco y excursiones en bicicleta de montaña. Tanto en La Molina como en la cercana **ALP** abundan los **establecimientos para alojarse**, pero los precios son elevados. Si el viajero sólo quiere visitar La Molina para dar un paseo bajo los árboles y las colinas, es mejor alojarse en Puigcerdà y hacer una excursión de 1 día.

Puigcerdà

Aunque fue fundada en 1177 como la nueva capital de la Cerdanya, **PUIGCERDÀ** no conserva muchos puntos de interés, en parte debido a los intensos bombardeos sufridos durante la Guerra Civil. Uno de los monumentos que sobrevivió a las bombas es el **campanario** de 40 m de altura de la plaça Santa Maria. El otro extremo de la localidad, al que se llega por el agradable y arbolado passeig del 10 d'Abril, quedó menos afectado. Allí, la **església de Sant Domènec**, la mayor de la Cerdanya, aún luce algunos murales medievales. El único otro edificio interesante, el convento del siglo XIII adjunto a la iglesia, ha sido recientemente restaurado y ahora funciona como iglesia local y centro de juventud. Los claustros medievales situados en la parte posterior aún están en restauración.

Pero lo mejor de Puigcerdà es su ambiente. Si el viajero acaba de llegar desde Francia, o está a punto de partir, las bonitas calles y plazas con sus cafés al aire libre y tiendas hacen que merezca la pena quedarse a almorzar o pasar una noche. Muchos turistas franceses piensan lo mismo, de modo que en verano los bares y restaurantes están bastante animados. Los **cafés** al aire libre más agradables son los de la plaça de Santa Maria y la adyacente plaça dels Herois, ambas excelentes para tomarse una cerveza. Entre una copa y otra, el visitante podrá pasear por las estrechas calles del casco antiguo entre la plaça de l'Ajuntament y el passeig del 10 d'Abril, o echar un vistazo al pequeño **lago** artificial, que se encuentra a 5 minutos del centro.

Llegada y alojamiento
Desde la **estación de ferrocarril** (los autobuses se detienen en el exterior y siguen hasta el centro), hay una subida hasta el centro; el viajero tendrá que subir por las escaleras, girar a la derecha y remontar más escaleras, después girar a la izquierda y subir por otras más, que le conducirán hasta la plaça de l'Ajuntament; allí contemplará bonitas vistas de las colinas. La **oficina de turismo** (mediados jun.-mediados sept., lun.-sáb., 9-14 h y 15-20 h; dom., 10-14 h; mediados sept.-mediados jun., 10-13 h y 16-19 h; dom., 10-14 h; ☎972 880 542) se halla a la derecha, detrás de la Casa de la Vila situada en el Querol 1, donde proporcionan numerosos folletos informativos.

Abundan los establecimientos para **alojarse**, incluidos dos hoteles ante la estación, pero a menos que el viajero esté cansado y no le apetezca subir hasta el centro, alojarse allí no es una ventaja. Se recomienda hacerlo en uno de los numerosos hostales y pensiones de la localidad. Se aconseja el *Hostal La Muntanya*, Coronel Morera 1, cerca de la plaça de Barcelona (☎972 880 202; ④), uno de los mejores, bastante cómodo y cerca de todos los bares, al igual que el céntrico y acogedor *Hotel Alfonso*, Espanya 3 (☎972 880 246; ④). El limpio *Hostal Residència Rita-Belvedere*, Carmelitas 6-8 (☎972 880 356; ④-⑤), tiene unas vistas excelentes y el viajero puede elegir entre unas habitaciones antiguas y otras nuevas (2.000 pesetas más caras). El más lujoso es el *Hostal del Lago*, avinguda Doctor Piguillem (☎972 881 000; ⑤), cerca de la plaça de Barcelona, a pocos pasos del lago.

El **cámping** *Stel* (todo el año; ☎972 882 361) se halla a 1 km de Puigcerdà en la carretera a Llívia, justo antes de entrar en Francia; el *Pirineus* (mayo-sept.) está a 3 km de la localidad en dirección contraria, más allá de la estación de Renfe.

Comida y copas
Debido a la afluencia de turistas franceses, casi todos los menús aparecen escritos en dos idiomas y los precios son relativamente elevados; no obstante continúa habiendo numerosos establecimientos razonables para **comer**. Entre los más económicos destacan el *San Remo*, Ramón Cosp 9, un bar donde sirven comida abundante y recién preparadas por 1.100 y 1.400 pesetas. *La Cantonada*, Major 48, más allá del campanario, está mejor situado y ofrece un menú de cuatro platos por 1.300 pesetas, mientras que en *El Mesón*, en una esquina de la plaça Cabrinety, hay un menú sencillo por 900 pesetas.

En todos los bares-restaurantes de la plaça dels Herois sirven menús por 1.400-1.500 pesetas y cartas caras, ya que están dedicados casi en exclusiva a los turistas. Cuando los lugareños quieren comer bien van a *Casa Clemente*, en avinguda Doctor Piguillem 6, un poco más allá del cine, donde cobran precios parecidos pero la comida es de mejor calidad. Otro local más caro, *Tapa Nyam*, en plaça l'Aguer 2, merece una visita aunque sólo sea para contemplar hermosas vistas desde la terraza.

Los tres **bares** de la plaça dels Herois que disponen de mesas en el exterior, *Miami*, *Kennedy* y *Sol i Sombra* suelen estar llenos; en este último sirven embutidos y el típico *pa amb tomàquet* (pan con tomate) con embutidos y una copa de vino. Si estos bares estuvieran muy llenos, a la vuelta de la esquina se encuentra el *Bar Arenas*, en la Rambla J. M. Martí, más tranquilo y barato, y con mesas en el exterior. En la *Bodega*, Miguel Bernades 4, hay mucho ambiente; suelen acudir lugareños y turistas franceses. El vino que se sirve y vende está en los barriles que rodean las paredes; el cliente puede tomarse un par de copas o comprar una botella de 1 l por unas 135 pesetas.

Continuar el viaje: al oeste hacia Andorra y al norte, a Francia
Si el viajero se dirige al oeste, **hacia Andorra**, tal vez tenga que pasar la noche en Puigcerdà, ya que sólo hay tres autobuses diarios a La Seu d'Urgell, por Bellver de Cerdanya (véase pág. 724): en la actualidad salen a las 7.30, 15.10 y 17.45 h. Tres tre-

nes diarios atraviesan la frontera en **LA TOUR DE CAROL**, situada a 5 minutos de distancia, en dirección a **Francia**, donde se toma el tren a Toulouse (4 h) y París (12 h). En automóvil, se entra en Francia por la localidad adyacente de **BOURG-MADAME**; la **frontera** permanece abierta las 24 h todo el año, pero casi nunca paran a la gente: los franceses no se toman el trabajo y los españoles sólo quieren comprobar que el viajero no comunitario dispone de un pasaparte válido. El viajero podrá llegar hasta Bourg-Madame a pie ya que sólo se encuentra a 2 km del centro de Puigcerdà.

Llívia

El enclave español de **LLÍVIA**, situado a 6 km de Puigcerdà pero completamente rodeado por territorio francés, es un lugar realmente curioso. Sólo hay un par de autobuses diarios (que salen de delante de la estación de ferrocarril), pero la caminata no resulta agotadora; el viajero tendrá que girar a la izquierda en el cruce, situado a 11 km de Puigcerdà y seguir por la carretera principal.

En los libros de **historia** franceses, se afirma que Llívia es el resultado de un descuido. Según la versión tradicional de los hechos, en las conversaciones que hubo tras la firma del Tratado de los Pirineos, los delegados franceses insistieron en la posesión de las 33 aldeas de la Cerdanya que se encontraban entre Ariège y el recién adquirido Rosellón. Los españoles estuvieron de acuerdo, y después afirmaron que Llívia era oficialmente una ciudad, y no una aldea, y por ello quedaba excluida de la cesión. De hecho, Llívia era la capital de la Cerdanya hasta la fundación de Puigcerdà; durante la negociación, celebrada en la misma Llívia, España insistió en conservarla.

En cuanto el viajero llegue a Llívia y abandone la carretera principal urbanizada, todo le parecerá medieval. Aunque verá muchos edificios nuevos diseminados por el centro, suelen estar construidos con piedra del lugar y madera. Las estrechas calles suben de manera tortuosa hasta una **iglesia** fortificada del siglo XV (todos los días, 10-13 h y 15-19 h; invierno, lun., cerrado), con una torre defensiva más antigua. Sobre la colina que se encuentra detrás, están los restos de un castillo aún más antiguo, que fue destruido por orden de Luis XI en 1479.

Se dice que el **Museu Municipal** (mar.-dom., 10-13 h y 15.30-18.30 h; 150 pesetas), situado enfrente de la iglesia, ocupa el solar de la farmacia más antigua de Europa. Allí se muestran jarros, polvos y tarros con hierbas, además de la reconstrucción del dispensario, mientras que en el resto del museo se exponen diversas piezas halladas en la localidad: reliquias de la Edad de Bronce, mapas e incluso el mecanismo de la campana de la iglesia, del siglo XVIII. Asimismo, con la entrada se puede visitar la torre del siglo XV adjunta a la iglesia, la Tour Bernat. La **oficina de turismo** (☎972 896 313) también se encuentra en la torre; si no estuviera abierta (algo bastante probable), es posible que en el museo le proporcionen un folleto acerca de la localidad.

Aspectos prácticos

La mayoría de visitantes sólo se queda para **almorzar**, lo que no es mala idea. En la plaza principal, la plaça Major, hay un restaurante de categoría, el *Can Ventura* (el edificio data de 1791), así como una excelente charcutería donde el viajero podrá comprar todo lo necesario para un picnic. La *Fonda-Restaurant Can Marcelli*, unos pasos más allá en la misma calle, tiene un comedor agradable encima del bar, con un menú del día de 1.300 pesetas. El *Bar Esportiu* se halla más abajo de la iglesia. Tal vez en *Can Francesc*, justo detrás en Forns 7, sirvan la comida más económica del lugar. En verano podrá cenar en el patio.

Hay algunos **establecimientos para alojarse**, pero la única opción económica es *Can Marcelli* (☎972 146 096; ③), que dispone de ocho habitaciones, todas con baño; pregunte en el bar. En la carretera principal que pasa más abajo de la localidad, encontrará dos hoteles algo caros, pero no tiene mucho sentido alojarse allí.

Bellver de Cerdanya

Tres autobuses diarios hacen el recorrido entre Puigcerdà y La Seu d'Urgell; aunque no existe una auténtica razón para apearse en esta parte de la Cerdanya, tal vez al viajero le interese visitar **BELLVER DE CERDANYA**, a 18 km al oeste de Puigcerdà. Bellver, un lugar donde abunda la pesca de truchas y situada sobre una colina baja en la orilla izquierda del río Segre, es un excelente ejemplo de una aldea de montaña, con un castillo en ruinas y algunas casas antiguas con balcones. La iglesia románica de **Santa Maria de Talló** se encuentra cerca de la localidad. Allí es conocida como la «Catedral de la Cerdanya», aunque se trata de un edificio bastante sencillo, cuya nave y ábside lucen algunos ornamentos agradables, además de una estatua de madera de la Virgen tan antigua como la iglesia.

En la **oficina de turismo** de la plaça Sant Roc 9 (jul.-sept., lun.-vier., 10-13 h y 16-19 h; sáb.-dom., 10-13 h; ☎973 510 229) proporcionan información acerca del **alojamiento**; si estuviera cerrada, el *Bianya*, en Sant Roc 11 (☎973 510 475; ②), y el *Hostal Pendis*, avinguda Cerdanya 4 (☎973 510 479; ③), son las opciones más baratas; la *Casa Martí*, en carrer Martí de Bares (☎973 510 022; ③), y el *Mesón Matías*, Contrada Puigcerdà (☎973 510 039; ④), disponen de habitaciones un poco más caras, con o sin baño.

Hacia Andorra y el oeste

El Principat d'Andorra (véase pág. 727) no parece de entrada un destino especialmente atractivo, pues el viajero podrá practicar un senderismo de mejor calidad en los Pirineos situados a ambos lados. Sin embargo, si siente curiosidad —o regresa a Francia— la ruta que conduce hasta allí es interesante; además, la cubren de manera regular autobuses **desde Barcelona**. Éstos acaban su recorrido en La Seu d'Urgell, que es la última ciudad española antes de llegar a Andorra. El viajero también podrá llegar a Andorra **desde Puigcerdà**, tomando el autobús que va hacia el oeste por la C-1313 a La Seu d'Urgell (para más detalles, véase pág. 722).

Ponts, Cardona y Solsona

El servicio de autobús desde Barcelona a La Seu d'Urgell está gestionado por la empresa Alsina Graells (ronda Universitat 4); se tarda entre 3 horas 30 minutos y 4 horas. Hay dos rutas posibles: una por **PONTS**, una localidad poco interesante donde se suele hacer una parada para tomar algo y estirar las piernas; la otra, más interesante, por Cardona y Solsona siguiendo la C-1410 (véase abajo). Ambas se unen cuando los autobuses toman la C-1313, que recorre el valle del Segre hasta La Seu. Estos recorridos son los más rápidos si el viajero conduce hasta Andorra o el Pirineo occidental, pero tienen menos atractivo que las carreteras situadas más al este.

Cardona
CARDONA se encuentra aproximadamente a mitad de camino entre Barcelona y Andorra. Destaca su castillo medieval situado en una ladera, cuya capilla del siglo XI alberga las tumbas de los duques de Cardona. El castillo ha sido convertido en un lujoso parador (☎938 691 275; fax 938 691 636; ⑦), con un excelente restaurante catalán, donde una cena cuesta unas 3.500 pesetas por persona. Sin embargo, quizá lo más destacable de Cardona sean las salinas, cerca del río: un enorme depósito salino que existe desde tiempos remotos.

Solsona

SOLSONA, 20 km más allá, es una localidad pequeña y con un encanto especial debido a sus murallas y puertas medievales, y un castillo en ruinas. La **catedral** es oscura, en la mejor tradición del gótico catalán; luce hermosos vitrales y una pequeña imagen de una Virgen del siglo XII, que recuerda a la de Montserrat. En el interior del palacio obispal adjunto se halla el **Museu Diocesà** (jun.-sept., mar.-sáb., 10-13 h y 16.30-19 h; dom., 10-14 h; oct.-mayo, mar.-sáb., 10-13 h y 16-18 h; dom., 10-14 h; 100 pesetas), que expone una colección de frescos románicos, paneles de altar y esculturas procedentes de las iglesias de la localidad.

Si el viajero quiere hacer un alto en el camino sin alojarse en el parador de Cardona, tal vez Solsona sea el lugar más adecuado. Se recomienda la fonda *Vilanova* (②), cerca de la plaza de la catedral, y *Pensión Pilar* (☎973 480 156; ②-③), próxima a la anterior y que dispone de un comedor. También está el *Sant Roc*, plaça de Sant Roc 2 (☎973 480 827; ③), cerca de la carretera a La Seu enfrente del *Bar San Fermín* (donde para la mayoría de los autobuses).

El valle del Segre: Organyà

Una vez haya dejado atrás Solsona y el autobús recorra la carretera principal que va a Lleida (C-1313), el viajero empezará a disfrutar del paisaje. La carretera atraviesa diversas gargantas entre montañas rodeadas de terrazas de roca de hasta 600 m de altura. Este viaje a través del **valle del Segre** hace que el trayecto merezca la pena; de hecho, cuando llegue a La Seu d'Urgell, Andorra le empezará a parecer un destino interesante.

El único lugar donde vale la pena detenerse es en **ORGANYÀ**, a 20 km antes de llegar a La Seu, y admirar lo que quizá sea el documento catalán más antiguo, expuesto en un pequeño edificio redondo en la carretera principal. Las **Homilies d'Organyà**, redactadas en el siglo XII, son anotaciones a algunos sermones en latín descubiertas en una casa parroquial de la localidad a principios del siglo XX. Los horarios de apertura para las *Homilies* y la **oficina de turismo** son las mismas (lun.-sáb., 11-14 y 17-19 h; dom., 11-14 h). Hay un **hostal** (②) en la curva de enfrente; si el viajero prefiere alojarse en un establecimiento de más categoría, se recomienda *La Cabana*, Doctor Montayà 2 (☎973 383 000; ③), que también dispone de habitaciones más caras con baño.

La Seu d'Urgell

La histórica ciudad de **LA SEU D'URGELL**, capital de la comarca del Alt Urgell, constituye una excelente base si el viajero no quiere alojarse en Andorra. Durante años fue un lugar bastante venido a menos, con un barrio medieval descuidado; pero La Seu fue restaurada antes de las competiciones de piragüismo de los Juegos Olímpicos de 1992. Hay dos o tres hoteles nuevos además de las instalaciones para practicar piragüismo construidas junto al río Segre; como la mayor parte de la nueva urbanización no se encuentra en el casco antiguo, podrá disfrutar de una estancia bastante tranquila, antes de ir a Andorra.

Llegada, información y alojamiento

La **estación de autobuses** se halla en el carrer Joan Garriga Massó, justo al norte del casco antiguo: los autobuses de Alsina Graells unen La Seu con Puigcerdà (11.45 h y 18.30 h), Lleida y Barcelona; los servicios más frecuentes de la Hispano-Andorrana van a Andorra. La **oficina de turismo** (mar.-sáb., 10-14 h y 17-20 h; ☎973 351 511) está en

la carretera principal a la entrada de la ciudad, la avinguda del Valira, cerca del cámping, pero si el viajero sólo quiere conseguir un folleto y un plano, tendrá que ir al ayuntamiento, detrás de la catedral.

Alojamiento

En La Seu no hay mucho **alojamiento** económico disponible; *Habitaciones Palomares*, en Canonges 34 (☎973 352 178; ②-③), en el casco antiguo, es un laberinto de habitáculos sin ventanas que se alquilan como habitaciones; sólo se aconsejan las de la parte delantera con muchas camas y balcón. La única más barata es la *Pensió Jové*, Santa Maria 38 (☎973 350 260; ②), cerca del parc del Segre. Si el viajero dispone de un presupuesto ajustado, se recomienda el **albergue de juventud** *La Valira* (sept., cerrado; ☎973 353 897; ①), situado en el extremo occidental del carrer Joaquim Fuerza, cerca del parc del Valira, aunque suele estar repleto.

En la calle principal que atraviesa la localidad encontrará algunos hoteles más caros; el mejor situado es el *Hotel Andría*, passeig Joan Brudieu 24 (☎973 350 300; ③-⑤), de una elegancia decadente, lo que significa que no todo funciona como debiera. Entre los lugares de más categoría destaca el moderno parador (☎973 352 000; fax 973 352 309; ⑦), en Sant Domènec 6, muy cerca de la catedral, y el mejor situado *El Castell* (☎973 350 704; ⑦), en la carretera principal a Lleida y forma parte del castillo de Castellciutat. Asimismo podrá alojarse en la aldea de **Castellciutat**, pero si el viajero no dispone de vehículo propio, no le quedará otra alternativa que caminar hasta allí cargando las maletas, o tomar un taxi; la *Pensió Fransol* (☎973 350 219; ③), se halla en la plaça de l'Arbre 2, la plaza principal. El **cámping** más cercano es *En Valira* (todo el año; ☎973 351 035), avinguda del Valira 10, la carretera principal a Lleida.

La ciudad y alrededores

La Seu, que debe su nombre a la imponente catedral del siglo XII situada al final del carrer Major, siempre ha tenido una doble función: como sede episcopal y como centro comercial. Allí se estableció un obispado en el 820; de hecho, lo que llevó a la independencia de Andorra en el siglo XIII fueron las rencillas entre los obispos de La Seu d'Urgell y los condes de Foix a raíz de los derechos sobre las tierras del lugar. Aunque fue consagrada durante la fundación de la sede episcopal, la **catedral** (lun.-sáb., 9.30-13 h y 16-18 h; dom., 10-13 h; mayo y oct., sólo dom., 12-13 h) fue completamente reconstruida en 1175; ha sido restaurada en varias ocasiones. Sin embargo, conserva elegantes ornamentos interiores y soberbios claustros con algunos capiteles curiosos, que el viajero podrá admirar si adquiere una entrada en la parte posterior de la iglesia; por 350 pesetas accederá a los claustros, la iglesia adyacente de Sant Miquel del siglo XI y el **Museu Diocesà** (mismos horarios que la catedral), donde se encuentra el *Beato*, un manuscrito mozárabe del siglo X, decorado con miniaturas. La entrada que permite acceder sólo al claustro y la iglesia cuesta 125 pesetas.

Además de estos puntos de interés, podrá pasar un rato agradable paseando por las empedradas y porticadas calles del **casco antiguo**, situado más abajo de la catedral, donde están los mejores bares y restaurantes de la ciudad. El ambiente es muy medieval, a lo que contribuyen los espléndidos edificios que flanquean el carrer dels Canonges (paralelo al carrer Major); de hecho, las pesas de piedra para medir cereales del siglo XIV, que aún se encuentran bajo los soportales del carrer Major, no desentonan.

Castellciutat

Desde el pueblo de **CASTELLCIUTAT**, a sólo 1 km de La Seu, el viajero podrá contemplar hermosas vistas del valle y su cercano castillo en ruinas. Tendrá que recorrer el carrer Sant Ermengol, atravesar el río y subir hasta el pueblo. En las laderas deba-

jo de la pequeña iglesia de piedra continúa habiendo una actividad agrícola. Hay una pensión en la plaza (véase «Alojamiento», pág. anterior), una alternativa a La Seu. Para seguir recorriendo Castellciutat, tendrá que ir por el sendero que rodea el castillo y cruzar la calle hasta llegar a la cercana **Torre Solsona**. En un cartel reza: «Peligro»; de hecho, los restos de las antiguas fortificaciones se están derrumbando debido a la cantera excavada a sus pies; el viajero deberá tener cuidado con los bordes del camino. Para regresar (o dirigirse hacia allí), podrá seguir por las pasarelas que atraviesan el parque ribereño posolímpico de Valira: desde La Seu, gire al oeste desde la avinguda de Pau Claris (al norte del carrer Sant Ot) para acceder a ellas.

Comida y copas

En el casco antiguo de La Seu encontrará numerosos **bares de tapas**, como el *Bar Lalin*, Major 24, uno de los mejores, o la *Bodega Fàbrega*, Major 81 (dom., cerrado). Si al viajero le apetece **comer en un restaurante**, se recomienda el *Restaurante Cal Pacho*, Font 11 (en el extremo sur del carrer Major, hacia el este), donde sirven un menú a base de platos catalanes; merece la pena almorzar o cenar.

Asimismo, hay numerosas opciones fuera del casco antiguo. En el *Palace*, cerca de la estación de autobuses, en la esquina de Joan Garriga Massó con la carretera, encontrará un bufé donde puede comer todo lo que quiera por 1.300 pesetas. En la más céntrica *Bambola Pizzería-Crepería*, Andreu Capella 4 (al este del passeig Joan Brudieu), sirven sabrosas pizzas y crepes. *Nazario*, en la puerta de al lado, es una buena heladería-horchatería con mesas en el exterior, aunque algo cara. En el ajetreado *Restaurante Canigó*, Sant Ot 3 (en el extremo norte del *passeig*), ofrecen un menú del día de 975 pesetas compuesto por platos catalanes, además de diversos platos combinados. El restaurante del *Hotel Andría*, en el passeig Joan Brudieu, es mucho más caro —aunque sirven un menú por 1.475 pesetas— pero se trata de un establecimiento agradable para tomar una copa en su terraza ajardinada.

Andorra

Tras 700 años de feudalismo, la modernidad ha llegado al **PRINCIPAT D'ANDORRA**, unos 450 km² de tierras montañosas que se encuentran entre Francia y España. En el referéndum celebrado en marzo de 1993, una gran mayoría votó a favor de una constitución democrática para sustituir el sistema semiautónomo en vigor desde 1278, cuando los obispos españoles de La Seu d'Urgell y los condes de Foix franceses resolvieron un largo contencioso y otorgaron la independencia a Andorra bajo una soberanía compartida. A pesar de que se produjo cierta devolución de los poderes (la soberanía de los condes pasaría sucesivamente al rey de Francia y después al presidente francés), a lo largo de los siglos, el principado logró conservar su independencia. Obispos y condes, y más adelante el rey de Francia y el presidente, nombraron regentes que demostraron escaso interés por la vida cotidiana del principado. En cambio, el país estaba gobernado por el Consell General de les Valls, compuesto por representantes de las siete comunidades de los valles de Andorra, que se aseguraron de que el principado quedara al margen de la corriente política de Europa; incluso conservó la neutralidad durante la Guerra Civil española y la Segunda Guerra Mundial.

Durante estos conflictos, Andorra experimentó un rápido auge económico, a medida que los lugareños introducían productos de contrabando desde España durante la ocupación de Francia. Después de la guerra, esta actividad fue sustituida en gran parte por el comercio libre de impuestos del alcohol, el tabaco y los aparatos electrónicos; al mismo tiempo las estaciones de esquí invernales empezaron a generar ganancias.

En gran parte, el principado se convirtió en una especie de supermercado; la carretera principal que atraviesa el país y llega hasta Francia se llenó de franceses y españoles que iban en busca de aparatos electrónicos y eléctricos baratos, bicicletas de montaña, equipos de esquí, piezas de automóviles y a llenar el depósito de gasolina barata. Pero, irónicamente, el ser un país **exento de impuestos** impulsaría años después un cambio político en Andorra. Aunque los habitantes disfrutaban de uno de los niveles de vida más elevados de Europa, los 12 millones de visitantes anuales empezaron a crear graves problemas logísticos; la infraestructura del país no estaba preparada para alojar a tanta gente, los valles se encontraban cada vez más expuestos a la urbanización salvaje, mientras que el déficit presupuestario creció de manera alarmante. La entrada de España en el Mercado Común en 1986 exacerbó aún más la situación, afectando la diferencia de precio entre los bienes importados en España y Andorra.

El referéndum de 1993 fue un intento de aceptar la realidad económica de la Europa del siglo xx. En realidad, más bien con algunas de las realidades económicas, ya que ninguna de las partes involucradas en las negociaciones y discusiones sugirió seriamente que la solución sería introducir impuestos directos; de hecho, en Andorra todavía no se pagan impuestos a la renta; sólo se pagan algunos impuestos indirectos. En cambio, la idea es convertir Andorra en una especie de paraíso bancario, para rivalizar con lugares como Gibraltar, Lichtenstein y Luxemburgo. Tras el referéndum, las primeras **elecciones constitucionales** del estado se celebraron en diciembre de 1993. Sólo tenían derecho a voto unos 10.000 andorranos nativos (de una población total de 60.000); un 80 % de ellos votaron por Òscar Ribas Reig, el jefe saliente del Consell General. Su Agrupament Nacional Democràtic obtuvo ocho diputados en

ANDORRA: ASPECTOS PRÁCTICOS

CÓMO LLEGAR
Desde España, hay cuatro autobuses diarios directos desde Barcelona (6, 7, 14.30 y 19 h; 4 h), y autobuses regulares desde La Seu d'Urgell a las 8, 9.30, 12.15, 14, 15.20, 18 y 19.15 h (dom., 8, 9.30, 12.15, 14, 16.15 y 19.15 h), que tardan 40 minutos en llegar a la capital, Andorra La Vella.

Desde Francia, el autobús sale de L'Hospitalet a las 7.35, 10.30, 13.15, 17 h (en verano sólo 16.20 h desde Ax-les-Thermes) y a las 19.45 h, y llega a Pas de la Casa 20 o 30 minutos después; el servicio sale desde La Tour de Carol a las 10.30 y 13.15 h, y tarda 45 minutos hasta Pas de la Casa.

Se recomienda mejor no desplazarse en **automóvil** y tomar el autobús, ya que durante la temporada alta (invierno o verano), el tráfico es tan intenso que no se tarda mucho más en autobús, y aparcar en Andorra La Vella resulta muy difícil.

MONEDA Y CORREOS
Como Andorra no tiene una moneda propia, aceptan tanto pesetas como francos franceses, y los precios de los menús aparecen en ambas monedas. El sistema de correos también está duplicado: en Andorra La Vella hay una oficina de correos tanto francesa como española.

IDIOMA
El idioma oficial es el catalán, pero todo el mundo comprende el castellano, y un poco menos, el francés.

ABANDONAR ANDORRA
Los autobuses que regresan a La Seu d'Urgell salen de la plaça Guillemó de Andorra La Vella, que es paralela a la carretera principal. Las salidas son: lun.-sáb., 8.05, 9.05, 11.30, 13.30, 16.05, 18 y 20.05 h (dom., 9.05, 11.30, 13.30, 16.05 y 20.05 h).

el nuevo parlamento compuesto por 28 miembros, y formó una coalición con los demás partidos de derechas, marcando así el inicio de la nueva época democrática. Por primera vez, los andorranos (es decir, los nacidos en Andorra, o los que han vivido allí durante más de 20 años) pueden votar libremente y afiliarse a sindicatos y partidos políticos, mientras que ahora el Gobierno tiene que dirigir su propia política exterior y establecer su sistema judicial, ya que el principado siempre fue un miembro de pleno derecho de las Naciones Unidas.

Pero para muchos visitantes, el aspecto pintoresco se acaba en la frontera. Hace sólo 30 años, Andorra casi no tenía vínculos con el mundo exterior; era una región arcaica que, casualmente, también era un país. No hay trenes ni aviones, pero está muy desarrollada; pues sólo se tarda 1 hora en llegar a Andorra La Vella (la ciudad principal) desde La Seu d'Urgell, eso sí con atascos interminables, mientras que las estaciones de esquí más grandes ocupan gran parte de las mejores zonas del estado; en la actualidad, se proyecta abrir otra en la hermosa meseta de Prat-Primer. Si el viajero siente curiosidad, merece la pena pasar 1 o 2 días para ir de compras y comer barato; así como recorrer los alrededores de la capital para disfrutar del paisaje que atrajo a los primeros visitantes. Pero no debe hacerse ilusiones: encontrar un lugar aún no urbanizado significa escalar las montañas a pie; si está dispuesto a hacerlo, encontrará lugares mucho más agradables a ambos lados de Andorra.

Andorra La Vella

Situada a poco más de 1.000 m de altitud, **ANDORRA LA VELLA**, con su iglesia de piedra, el río y las montañas circundantes, tal vez fue una ciudad pequeña y bonita en una época. Pero ahora es horrenda: una serie de tiendas donde venden aparatos y equipos eléctricos, restaurantes para turistas, discotecas y automóviles aparcados; un perfecto ejemplo del consumismo, lo que es una pena dado su emplazamiento espectacular, rodeada por los riscos y la sierra verde a ambos lados. El **Barri Antic**, situado en las alturas y asomado al río, al sur de la principal avinguda Príncep Belloch, constituye un respiro. Pero incluso allí, el único monumento es la **Casa de la Vall**, una casa de piedra del siglo XVI que se encuentra en el carrer Vall (visitas guiadas gratuitas, lun.-vier., 10-13 h y 15-18 h; sáb., 10-13 h); antes era una casa de familia pero, en la actualidad alberga la Sala de Sessions del Parlamento andorrano y un pequeño museo en la planta superior.

Aspectos prácticos

La **oficina de turismo** está al este del Barri Antic, más cerca del río, en el carrer Doctor Vilanova (lun.-sáb., 9-13 h y 15-19 h; dom., 10-13 h; ☎376 820 214). Allí proporcionan listas completas de alojamientos, restaurantes y horarios de autobús; además, venden un buen plano topográfico del principado.

La mayoría de las aproximadamente dos docenas de **hoteles** modestos cobran precios razonables, pero no hay un motivo que quedarse. Si el barrio antiguo le gusta, el único local que merece la pena visitar es el *Racó d'en Joan*, en Vall 20 (☎376 820 811; ④), bastante tranquilo.

Se recomienda comer algo (ya que hay muchos **restaurantes** y debido a la competencia los precios bajan) y después dirigirse hacia los alrededores rurales, más atractivos. Tanto la *Pizzería Primavera*, en Doctor Nequi 4, cerca del Barri Antic, como el *Restaurant Macary*, Mossèn Tremosa 6, son buenos. Si el viajero prefiere los platos combinados abundantes se aconseja *Les Arcades*, plaça Guillemó 5, que además es un hotel (☎376 821 355; ③). Al sur del centro y al otro lado del río, se halla la *Pizzería Taverneta*, en una callejuela que sale de la avinguda Tarragona, un buen establecimiento pero que últimamente ha aumentado los precios. *El Cantón*, Joan Maragall 22, sirve la única comida china en kilómetros a la redonda.

Hacia el Valira d'Ordino

Resulta difícil convencerse de que no toda Andorra es así, pero con un poco de esfuerzo el viajero podrá disfrutar del hermoso paisaje de las montañas remontando el **Valira d'Ordino**. En **LA MASSANA**, a 7 km de Andorra La Vella, la carretera se divide: el tramo de la izquierda sube hasta las estaciones de esquí de **ARINSAL** y **PAL**. La primera está más urbanizada (hay un autobús desde Andorra La Vella durante la temporada), mientras que la segunda es una bonita aldea de piedra que ofrece unas posibilidades limitadas para practicar esquí.

El tramo que parte de La Massana hacia la derecha conduce a **ORDINO** (pasa un autobús cada 30 min. desde Andorra La Vella; tendrá que tomarlo en la parada del autobús de La Seu d'Urgell, cerca de la iglesia), y supone una abrupta subida de 8 km desde Andorra La Vella. Las obras en construcción están acabando con su existencia tranquila, pero Ordino aún conserva algunos antiguos edificios de piedra y sus alrededores son más tranquilos.

El Serrat y Ordino-Arcalís

Desde Ordino el viajero podrá subir sin dificultad los 8 km (2 horas) de distancia a lo largo del tortuoso valle hasta El Serrat; también pasan dos autobuses diarios desde Andorra La Vella. Las vistas son impresionantes y hay varias aldeas pequeñas por el camino, casas construidas por encima del río. A pesar de su proximidad con la carretera principal, el lugar es agradable; pero incluso allí el negocio turístico empieza a notarse: aquí un restaurante, allá un bar turístico y en todas partes cimientos y obras de otro hotel o edificio de apartamentos.

En **EL SERRAT** verá un par de cascadas y hoteles, donde sirven té; el visitante disfrutará de las vistas desde las terrazas de los restaurantes. Si quiere **alojarse** (la zona es atractiva), encontrará un par de hostales en la carretera Ordino-El Serrat, además de hoteles, tanto en Ordino (*Hotel Casamanya*, en la carretera principal, ☎376 837 166; fax 376 836 704; ④) como en El Serrat (*Hotel Tristaina*, ☎376 850 081; fax 376 850 730; ③), y dos **cámpings**; el primero y más atractivo se halla a 2 km de Ordino, el segundo, justo antes de llegar a El Serrat.

Desde allí, la carretera va hasta la nueva estación de esquí de **ORDINO-ARCALÍS**, que tal vez sea el mejor lugar de Andorra para esquiar, ya que se halla en medio de un paisaje de alta montaña, por encima de los lagos de Tristaina. Durante la temporada de esquí, tres autobuses diarios hacen el recorrido desde Sant Julià, pasando por Andorra La Vella.

La carretera a Francia: el Valira de l'Orient

Desde Andorra La Vella hay unos 35 km hasta el Pas de la Casa, situado en la frontera francesa; el viajero puede hacer el recorrido en autobús, aunque en tal caso es improbable que sienta la tentación de apearse en cualquier punto de la ruta. Si viaja en automóvil, podrá detenerse en un par de lugares con un interés menor.

A unos pocos kilómetros al nordeste de Andorra La Vella está **ESCALDES**, poco más que una prolongación de la capital: automóviles, autocares, hoteles y restaurantes. En una meseta situada justo al norte se encuentra **Sant Miquel d'Engolasters**, una de las iglesias románicas más bonitas de Andorra. Sus frescos, al igual que muchos otros de las iglesias andorranas, han sido trasladados al Museu Nacional d'Art de Catalunya, en Barcelona; no obstante, esta capilla del siglo XI, aún resulta evocadora. Para visitarla, tendrá que tomar la carretera al embalse de Engolasters; 4 km más allá, se erige la iglesia.

Pasado Encamp, se encuentra **CANILLO**; es uno de los mejores lugares, ya que está cerca de las tiendas de Andorra La Vella, pero lo bastante alejado del ambiente

consumista. Situado en el límite oriental de la localidad, destaca el campanario de la iglesia románica de **Sant Joan de Caselles** que es original, aunque el pórtico fue añadido en el siglo XV. Justo antes de Canillo, un camino corto sube hasta **Notre-Dame-de-Meritxell**, el feo santuario diseñado por el arquitecto Ricardo Bofill en sustitución del edificio románico que se incendió en 1972. A 5 km de distancia se halla **RANSOL**, justo por encima de la carretera principal al pie del valle del Ransol; se trata de las pocas aldeas agradables que quedan en Andorra, y donde el viajero puede alquilar un apartamento si le apetece pernoctar en el lugar.

SOLDEU, 3 km más allá, es una de las mayores estaciones de esquí de Andorra; el visitante encontrará muchos hoteles para alojarse, pero allí se adentrará enseguida en la zona urbanizada cercana a la frontera francesa. Podrá escapar de la urbanización remontando el hermoso **valle de Incles**, en cuya cabecera hay un cámping (alrededor de 1 hora a pie desde la carretera principal). Una vez atravesado el **puerto de Envalira**, la carretera baja hasta la localidad fronteriza de **PAS DE LA CASA**, una combinación de bazar libre de impuestos y estación de esquí, sin demasiado interés.

El valle del Noguera Pallaresa

En una época, el **Noguera Pallaresa**, el río más caudaloso de los Pirineos, servía para transportar troncos desde las montañas hasta La Pobla de Segur; hoy en día esto se hace en camiones. En la actualidad, el río es conocido porque allí se puede practicar rafting; asimismo es una vía de acceso para llegar hasta los altos Pirineos, sobre todo al célebre valle de Arán.

Cómo llegar: Artesa de Segre y Tremp

El viajero podrá llegar al valle a través de La Pobla de Segur (véase pág. siguiente), ya sea desde Barcelona o Lleida. Si procede del este, hay una carretera desde La Seu d'Urgell hasta Sort, que se encuentra en el extremo septentrional del valle (véase pág. 733), atravesando 53 km de maravillosos paisajes; sin embargo, ningún autobús cubre este recorrido y hacer autostop puede ser muy lento; tendrá que intentarlo desde la salida a Adrall, situada a 7 km al suroeste de La Seu.

Un **autobús** diario (de la empresa Alsina Graells) sale de Barcelona (desde la plaça de la Universitat) hasta La Pobla de Segur (3 h 30 min.). Pasa por **ARTESA DE SEGRE** (en la C-1313), una localidad que también se encuentra en la ruta del autobús entre La Seu d'Urgell y Lleida, y por ello puede proporcionar un enlace indirecto si el viajero llega desde La Seu o Andorra. Salvo que deba cambiar de autobús allí, tendrá que descartar la idea de detenerse en la deprimente Artesa de Segre.

Después de esta localidad, la primera parada importante en el valle del Noguera Pallaresa es **TREMP**, donde podrá llegar en **tren** desde Lleida; sin duda un viaje espectacular. Tremp se halla en el centro del enorme complejo hidroeléctrico que proporciona la mayor parte de la electricidad a Cataluña y, aunque es un lugar mucho más agradable que Artesa de Segre, tampoco destaca por sus puntos de interés. Pero si el viajero no tiene más remedio que pernoctar allí, encontrará algunos establecimientos para alojarse e incluso una oficina de turismo. Si dispone de vehículo propio y quiere disfrutar de una buena **comida**, se aconseja recorrer algunos kilómetros más al norte, hasta la pequeña ciudad de **TALARN**, donde la *Casa Lola*, en Soldevilla 2 (☎973 650 814), sirve abundantes raciones de excelente comida local (desde unas 3.000 pesetas persona).

DEPORTES ACUÁTICOS EN EL NOGUERA PALLARESA

La temporada de **rafting** en el Noguera Pallaresa es desde abril hasta finales de agosto. Las balsas originales *(raiers)* estaban formadas por diez troncos de árbol sujetos con cuerdas, controladas por un timón largo montado en la popa; así hacían el trayecto río abajo hasta los aserraderos de La Pobla de Segur. Esta empresa peligrosa se conmemora celebrando carreras de balsas en La Pobla el primer domingo de julio, así como durante el festival del valle. En la actualidad, el rafting se practica en canoas hinchables reforzadas de hasta 6,50 m de largo. Si el viajero se apunta a un viaje, compartirá la canoa con hasta una docena de personas, todas equipadas con cascos, salvavidas, remos ligeros y, si fuera a principios de temporada, trajes de neopreno. El piloto se sienta en la parte posterior y maneja dos remos largos. Los pasajeros se sientan a los costados, con los pies metidos en estribos. Como mínimo, el viajero se arriesga a quedar empapado y a disfrutar de una aventura lo bastante excitante para cualquier persona normal. Pero puede resultar más peligroso: algunas veces la gente se cae al agua y las canoas se vuelcan. Si se cae al agua, se aconseja «dejarse llevar por la corriente» con los pies por delante, y esperar hasta llegar a un sitio donde se pueda alcanzar la orilla.

El tramo de unos 12 km situado más allá de Llavorsí es el más peligroso del río y, además de practicar rafting, el viajero puede descender en **canoa** y el deporte relativamente nuevo llamado *hydrospeed*. Es como deslizarse en trineo por el agua; se necesita un equipo formado por un casco especial de color, un salvavidas, rodilleras y un traje de neopreno; una vez equipado, puede lanzarse a cascadas y remolinos agarrado a un flotador de plástico aerodinámico. Es muy divertido, pero a pesar de llevar el equipo adecuado, puede resultar peligroso.

La Pobla de Segur

LA POBLA DE SEGUR, está a 13 km más al norte, a orillas del río Noguera Pallaresa, en la cabecera del embalse de Talarn. En realidad, el único motivo para ir a La Pobla es porque allí hay enlaces con los transportes de toda la región; no obstante, se trata de una localidad animada si el viajero quiere interrumpir el viaje. Los **trenes** procedentes de Lleida tienen su final allí, mientras que algunos **autobuses** van desde La Pobla hasta El Pont de Suert, Boí y Capdella, para llegar al lado occidental de Aigüestortes (véase pág. 739), y directamente a Viella por el túnel de Viella, hasta el valle de Arán (véase pág. 734). Pero lo más interesante es que desde La Pobla, el autobús procedente de Barcelona **remonta el valle del Noguera Pallaresa**, atravesando Sort y Llavorsí (véase pág. siguiente) pasando a 7 km de Espot, el principal punto de acceso al parque nacional de Aigüestortes. De junio a octubre, el autobús continúa hasta Viella, en el valle de Arán; en invierno se detiene antes del paso, en Esterri d'Aneu. Desde Lleida, los trenes y autobuses matinales deberían enlazar con el autobús que sube por el valle del Noguera Pallaresa (parte alrededor de las 11.40 h; hay otro a las 18.30 h).

Los **trenes** llegan a la parte nueva de la localidad; desde allí el viajero tendrá que subir la calle, atravesar el puente y seguir por la calle principal hasta la **terminal de autobuses** Alsina Graells, que se halla en Sant Miquel de Puy 3, junto al *Hostal Montanyà*. Si perdiera el enlace, encontrará algunos **establecimientos para alojarse**, más o menos baratos, como el *Torrentet*, plaça Pedrera 5 (☎973 680 352; ②), o el *Faceria*, Major 4 (☎973 680 227; ③).

Gerri de la Sal y alrededores

Desde La Pobla de Segur, la carretera se abre paso por el espectacular **desfiladero de Collegats**, excavado por el Noguera Pallaresa a través de unos farallones de 300 m

de altura. Hay grandes estalactitas en enormes cavernas excavadas en las rocas. Pero lamentablemente, los conductores no podrán disfrutar del desfiladero, ya que se ha abierto un nuevo túnel que atraviesa un tramo; sin embargo, el antiguo camino aún es una maravillosa ruta para los caminantes.

A medida que el desfiladero se vuelva más amplio, el viajero se irá acercando al pueblo y al monasterio benedictino de **GERRI DE LA SAL**; el nombre se debe a la industria salina local. Al pasar, el visitante verá las salinas junto al río. La aldea y el monasterio están comunicados por un antiguo puente de piedra y, aunque el monasterio de Santa María suele permanecer cerrado, merece la pena echarle un vistazo, incluso desde afuera. Si el viajero dispone de vehículo, éste es un lugar ideal para hacer un alto en el camino; en caso contrario, resulta incómodo, ya que sólo hay algunos bares y el alojamiento más cercano se halla a 4 km al norte, en el pueblecito de **BARO**, donde encontrará dos o tres establecimientos para alojarse en la carretera principal, un cámping junto al río, el *Pallars Sobirà* (todo el año; ☎973 662 033), y un supermercado.

Hacia el oeste, a Pobleta de Bellveí
La carretera secundaria de Gerri a **POBLETA DE BELLVEÍ**, situada a 17 km al oeste, es tranquila y pasa junto al pequeño e idílico estany (lago) de Montcortés; además, el viajero contemplará hermosas vistas del desfiladero de Collegats desde la aldea de **BRETUI** (10 km). Hay pocas posibilidades de hacer autostop, pero en Pobleta de Bellveí puede tomar el autobús a Capdella (véase pág. 739).

Sort, Rialp y Llavorsí

En el centro de **SORT**, a 30 km de La Pobla de Segur, se alza una serie de casas elevadas y estrechas que ahora están rodeadas de modernos edificios de apartamentos. El motivo principal de tan rápido desarrollo es que Sort y las aldeas vecinas se convirtieron de pronto en algunos de los mejores lugares de Europa para practicar **deportes acuáticos**, como el descenso en canoa y rafting. Después del deshielo primaveral, la zona se llena de forasteros que acuden a practicar deportes de aventura. Todos los años, a finales de junio o principios de julio, las comunidades del valle organizan su propio festival de *raiers*; entonces vuelven a representar las proezas de los antiguos timoneles, que aún logran superar con creces las habilidades de los nuevos temerarios.

A causa de la afluencia de deportistas, los precios de Sort se han disparado; por ello, no se trata de un lugar para quedarse, salvo que el viajero sea un aficionado al rafting (que puede ser muy emocionante; véase recuadro, pág. 732); de hecho, en la calle principal encontrará casi exclusivamente tiendas que venden equipos y centros de información, y no hay un solo establecimiento barato para alojarse o comer, excepto si se come un bocadillo en uno de los bares. El autobús se detiene ante el *Bar Coyote*, en la carretera principal.

RIALP, 3 km al norte, es una mezcla similar y poco atractiva de edificios y tiendas nuevas; la parada del autobús/taquilla se encuentra junto al *Hotel Víctor*. Si el viajero se empeñara en hacerlo, **LLAVORSÍ**, 10 km más allá, sería el lugar más agradable de este tramo para hacer un alto en el camino. A pesar de las grandes reformas, y de nuevos bares-restaurantes y tiendas dedicadas a artículos deportivos, esta serie de casas de piedra, situada en la confluencia de los ríos Noguera Pallaresa y Cardós, aún conserva gran parte de sus características originales. El viajero encontrará un **cámping** ribereño (marzo-agos.; ☎973 622 153) a 1 km de la localidad y numerosos **hostales** dedicados a atender a los nuevos turistas. Durante la temporada de rafting (abril-final de agos.), se recomienda reservar con antelación, por ejemplo en el *Hostal*

Lamoga, avinguda Pallaresa 1 (mediados marzo-oct.; ☎972 622 006; ⑤) o en el *Hostal del Rey*, a orillas del río, en Santa Ana 7 (☎973 622 011; ④).

El valle de Àneu

Desde Llavorsí, el autobús Barcelona/La Pobla de Segur sigue a lo largo del Noguera Pallaresa, más allá de la salida a Espot y el lago de Pantà de la Torrassa, hasta **LA GUINGUETA D'ÀNEU**. Ésta es la primera de los tres pueblos que incorporan el nombre del valle de la localidad: el **valle de Àneu** (Vall d'Àneu); hay dos fondas y un hotel para **alojarse** junto a la carretera, además de un **cámping** al otro lado del lago.

Esterri d'Àneu

ESTERRI D'ÀNEU, 4 km más allá de la cabecera del lago, ha cambiado con tanta rapidez que la antigua comunidad agrícola aún no se ha repuesto. Las pocas viviendas situadas entre la carretera y el río, el puente arqueado y la iglesia de Sant Vicenç, en la que destaca su delgada torre, forman un conjunto elegante; pero los nuevos edificios de apartamentos al norte de la localidad, las tiendas de artículos deportivos, los hoteles lujosos y «pubes» han modificado su ambiente, antes tranquilo. No obstante, esto no significa que no sea un lugar agradable para pernoctar. El viajero encontrará varios **establecimientos para alojarse**: el mejor y con precios más módicos es la *Fonda Agustí* (☎973 626 034; ③), en la plaça de l'Església, detrás de la iglesia; sirven comidas y tiene un bar barato. Asimismo puede tomar una copa y un buen bocadillo en *Els Cremalls*, en la calle principal. El **cámping**, *La Presalla* (todo el año; ☎973 626 221), se halla a 1 km al sur de la aldea.

En Esterri hay un par de bancos, tres o cuatro supermercados para comprar provisiones y, en el extremo de la aldea, un edificio que alberga una estafeta de correos, el ayuntamiento y la **oficina de turismo** (lun.-sáb., 9.30-14 h y 16.30-20 h; dom., 10-14 h). De noviembre a mayo, la aldea también es el punto final del autobús de Barcelona, pues el paso está cerrado durante todo el invierno.

València d'Àneu y el port de la Bonaigua

Montaña arriba se halla **VALÈNCIA D'ÀNEU**, una aldea de piedra tradicional y casas enlucidas. Hay dos establecimientos para alojarse: *La Morera* (☎973 626 124; ⑤) y *Cortina* (☎973 626 124; ③); ambos disponen de aparcamiento. Si el viajero se aloja en Esterri, sólo tendrá que caminar unos 3 km; en la localidad podrá comer en el restaurante o el bar y explorar la pequeña iglesia románica de Sant Andreu.

Poco después de València, la carretera empieza a alejarse del río y los campos verdes y marrones del valle. Las vistas se vuelven cada vez más impresionantes a medida que se sobrepasa la línea de árboles y se pasa junto a un aislado bar-restaurante y *refugi* antes de llegar al **puerto de la Bonaigua** (la carretera está cerrada en invierno). Cerca de la cima (2.072 m) hay nieve durante todo el año y caballos semisalvajes pastando, además de hermosas vistas del valle que se acaba de abandonar y el valle de Arán.

El valle de Arán

El **valle de Arán** (Vall d'Aran) está rodeado por los Pirineos. Aunque pertenece a España desde 1192, el valle, atravesado por el río Garona, se abre hacia el norte y es más accesible desde Francia. Al igual que Andorra, fue prácticamente independiente durante gran parte de su historia; durante siglos la nieve impedía el acceso durante 8 meses del año; pero en 1948 se excavó el túnel de Viella para que la zona estuviera

comunicada todo el año con la capital provincial de Lleida, a través de la carretera N-230.

De hecho, la vida del valle ha cambiado por completo. Los antiguos cosechadores de heno y sus guadañas han sido sustituidos por empacadoras Massey Ferguson y los chalés de los habitantes de las ciudades, que se han construido en los límites de todas y cada una de las aldeas. Aunque la urbanización ha respetado el estilo local —los nuevos edificios araneses de piedra no desentonan con los originales— el número cada vez mayor de restaurantes y tiendas deportivas que rodean las pequeñas y oscuras aldeas, han modificado el ambiente. Si el viajero abandona la carretera principal que atraviesa el valle y camina, podrá hacerse una idea del aspecto que tenía este lugar hace 50 años; pero, en general, el valle de Arán ha dejado de ser uno de los más remotos de los Pirineos. Si el viajero toma el autobús hasta Viella, desde luego ya no atravesará las grandes extensiones rurales del pasado, pues ahora se ven apartamentos por todas partes.

El verdor legendario del valle se debe a los cursos fluviales que lo riegan, en gran parte afluentes de los lagos situados al sur, lo que significa que los senderistas tienen más posibilidades de disfrutar de la **fauna** y **flora**. Cuando llueve, unas salamandras negras y amarillas se desplazan lentamente por los húmedos senderos; antes y después de la lluvia, aparecen unas mariposas de vivos colores, por las cuales son célebres tanto el valle de Arán como Aigüestortes, y en las alturas se pueden observar gamuzas.

Los habitantes hablan el aranés, un **idioma** (y no un dialecto, como el visitante comprobará tras echar un vistazo a los curiosos carteles indicadores) que aparentemente incorpora elementos del catalán, el gascón y el vasco. En este idioma, *aran* significa «valle»: Nautaran (valle elevado) es la zona oriental más panorámica. Entre paréntesis se indican los nombres de los lugares en aranés.

Baqueira-Beret

Como mínimo, el trayecto de bajada desde el puerto de la Bonaigua es aventurado (y algunas veces aterrador al contemplar la opción entre el tremendo precipicio a un lado y la pared de roca vertical al otro). El primer lugar con el que el viajero se topará al bajar del puerto es **BAQUEIRA-BERET**, una enorme estación de esquí, muy frecuentada por los franceses. La estación ha impulsado los mayores cambios de la región y las tierras circundantes han sido divididas en parcelas para ser vendidas. No cabe duda de que en invierno, los esquiadores se lo pasan muy bien (esta estación es la favorita de la familia real española), pero en verano Baqueira-Beret está cerrada. No hay que bajar del autobús.

Salardú

SALARDÚ, situada a pocos kilómetros al oeste, es la mayor aldea del Nautaran y una buena base para visitar las demás, ya que allí encontrará diversas opciones de alojamiento; no obstante, se trata de un lugar tranquilo (excepto en agosto, o durante la temporada alta de esquí). Con sus tejados abruptos agrupados alrededor de la iglesia aún conserva algunas de sus características tradicionales, aunque el principal atractivo para quedarse es explorar las aldeas de los alrededores; todas —al igual que Salardú— están centradas alrededor de hermosas iglesias románicas. La de Salardú es la amplia iglesia de **Sant Andreu** del siglo XIII, en la parte superior del pueblo. Las puertas suelen permanecer abiertas y el viajero podrá apreciar el *Sant Crist de Salardú*, un crucifijo de madera de la misma época que la iglesia. El parque que la rodea es un lugar agradable para hacer un picnic.

Información y alojamiento

La **oficina de turismo** (mar.-sáb., 10.30-13.30 h y 16.30-20 h) se halla dentro de una caseta de madera, cerca de la carretera principal en la salida a Bagergue. El único **banco** de la aldea tiene horarios de apertura normales durante todo el año, además abre entre 16.30-19.45 h durante la temporada de esquí. Asimismo hay una **piscina** (mediados jun.-agos., todos los días, 11-19 h; 500 pesetas).

Incluso a mediados de verano no debería ser un problema encontrar una **cama**, (si no un cuarto) en Salardú. El lugar más barato es el **albergue de juventud**, el *Alberg Era Garona* (☎973 645 271; fax 973 644 136; ①), donde el viajero deberá presentar una tarjeta IYHF y una reserva; se encuentra por encima de la aldea, en la carretera principal a Baqueira. En el albergue sirven cenas (cama y desayuno sólo en sept.), así como en las bonitas habitaciones con muebles de madera de la *Pensión Bar Muntanya*, Major 8 (☎973 644 108; ③), que en verano se llena enseguida. Entre el alojamiento destinado a los **senderistas** destaca el *Refugi Rosti*, plaça Major 4 (jul.-mediados sept.; ☎973 645 308; habitaciones ③; dormitorios ①), en un edificio de 300 años, en la calle principal, y *Refugi Juli Soler Santaló* (☎973 645 016; ①), situado en el carrer Port, cerca del albergue de juventud y la carretera principal a Baqueira. Además de éstos, hay ocho **hostales** y **hoteles** más caros anunciados en el pueblo. En cualquiera de ellos pagará al menos 5.000-6.000 pesetas por una habitación doble.

Comida y copas

En la mayoría de los establecimientos para alojarse del pueblo sirven **comidas** a precios módicos; por ejemplo, aunque el viajero no se aloje allí, podrá comer en el *Refugi Juli Soler Santaló*. No hay muchas opciones, sobre todo porque los precios de los dos restaurantes del lugar no se corresponden con la calidad: en el *Bar Montaña* sirven platos sencillos de huevos con beicon o bocadillos (también dispone de una mesa de billar); en la calle principal verá una pizzería elegante y en la *Granja Era Lera* del carrer Major ofrecen buenas crepes y pasteles. Mientras que el restaurante del *Refugi Rosti* es razonable, su principal atractivo es el *Delicatessen*, el **bar** más bonito de la localidad.

Las aldeas de los alrededores de Salardú

El autobús de Barcelona llega a Salardú alrededor de las 14 h, lo que da margen suficiente al viajero para encontrar alojamiento; después puede dedicarse a explorar las aldeas de los alrededores. En esta región, las casas son sólidas y de piedra, con techos de pizarra; de hecho, no le resultará fácil distinguir una casa de 400 años de antigüedad de una de 4. Por fortuna, en muchos dinteles aparece la fecha de construcción; no pertenecen a la misma época que las iglesias, pero algunas se remontan al siglo XVI.

En **UNYA**, situada a 700 m ladera arriba, hay un santuario perteneciente a la misma época que la iglesia de Salardú, al igual que en **BAGERGUE**, que se halla 2 km más allá. Este último es el asentamiento más rústico del Nautaran; la vista desde Baqueira queda interrumpida por el contorno del Roc de Macia. En la dirección opuesta, la iglesia de **GESSA** (1 km ladera abajo, hacia Arties) tiene un campanario cuadrado parecido a una torre del homenaje. Desde Salardú sale un camino rural señalizado que llega hasta el corazón de **TREDÒS**, una pequeña aldea a la que se asoma una iglesia abandonada, que impresiona sobre todo por sus dimensiones y el campanario separado. Un río que atraviesa el centro de la antigua aldea y, en cuanto el viajero se haya tomado una copa en el bar-restaurante de la aldea, no habrá nada que le retenga allí.

En cuanto al **senderismo**, el valle no ofrece la posibilidad de hacer caminatas arduas, salvo la de 8 horas (ida y vuelta) a los lagos de Liat (2.130 m), junto a la frontera francesa, saliendo desde Bagergue. Ésta no atrae a muchos viajeros debido al sen-

dero abrupto que asciende a través de un paisaje inhóspito y sin sombra, más adecuado para todoterrenos y bicicletas de montaña que para excursionistas. Los caminos locales que unen Unya con Gessa y Salardú con Tredòs son cortos, pero el paisaje y las vistas (incluso desde la carretera asfaltada que sube a Bagergue) son espectaculares. En un día claro, al oeste, se ve el **Aneto**, el pico más alto de los Pirineos (3.404 m), cubierto de nieve.

Arties

En **ARTIES**, la siguiente comunidad del valle de cierto tamaño, también encontrará casas nuevas. Sin embargo, si viaja en automóvil y dispone de tiempo suficiente, merece la pena visitar su iglesia románica bien amueblada. Por otra parte, el pueblo es conocido por sus fuentes de agua caliente, pero en la actualidad están cerradas. No obstante, el camino que pasa junto a ellas supone un atajo de 3 km con respecto a la carretera principal, y vuelve a unirse a ella en el puente del río situado por debajo de Garós, una gran ventaja si el viajero va en bicicleta.

Asimismo podrá **alojarse** en Arties, donde suele haber lugar. Además del cómodo *Parador Don Gaspar de Portolà* (☎973 640 801; fax 973 641 001; ③), hay dos o tres hoteles y algunos establecimientos donde alquilan habitaciones, como el *Bar Cónsul* (☎973 640 803; ④), en la carretera principal, o el *Portolà*, Major 17, que se encuentra en el pueblo (☎973 640 828; ④). El *Montarto*, también en la carretera principal (☎973 640 803; ④), dispone de un bar-restaurante. Encontrará un **cámping**, el *Era Yerla d'Arties* (todo el año; ☎973 641 602), justo por debajo del pueblo, en la carretera principal a Viella.

Viella

Desde Nautaran, la más elevada de las tres regiones del valle de Arán, se llega a Mijaran (valle medio) cuyo centro **VIELLA**, donde en verano finaliza el recorrido el autobús de Barcelona/La Pobla de Segur, que llega a las 14.30 h; el servicio diario en dirección opuesta sale alrededor de las 11.45 h. Asimismo el viajero podrá llegar a Viella por la ruta más directa desde Lleida, vía El Pont de Suert, una ruta cuyos últimos tramos son espectaculares, y que acaba en el **túnel de Viella**, de casi 6 km de largo. Se sale en el ángulo suroeste del valle y la carretera baja de manera tortuosa hasta Viella.

En realidad, el viaje a esta ciudad desde cualquiera de las dos direcciones resulta más atractivo que el lugar y no hay muchos motivos para quedarse, sobre todo si el viajero puede tomar otro autobús y continuar el viaje. En los últimos años Viella ha experimentado un gran desarrollo, una tendencia a la que han contribuido los visitantes franceses, que acuden a los numerosos supermercados, tiendas de regalos y restaurantes. Pero quedan algunas pequeñas propiedades junto al río Garona, que atraviesa la ciudad, y la **iglesia** parroquial está tan vieja como siempre. Ante ésta hay un pequeño café agradable con mesas en el exterior. Si el visitante no tiene otros planes, puede ir al **Museu Etnològic** (mar.-sáb., 10-13 h y 17-20 h; dom., 10-13 h; 200 pesetas), situado en el carrer Major al oeste del río, para ver la exposición dedicada a la historia y el folclore aranés.

Aspectos prácticos

Los **autobuses** se detienen en la rotonda situada en el límite oeste de la ciudad; en la taquilla venden billetes y proporcionan información. La **oficina de turismo** (jun.-sept., lun.-sáb., 9-13 h y 16-20 h; dom., 10-13 h y 16.30-19.30 h; oct.-mayo, los horarios de apertura varían; ☎973 640 110) está cerca de correos, en Sarriulera 10, junto a la plaza de la iglesia; disponen de planos y listas de alojamiento.

En Viella abunda el **alojamiento**, aunque no los establecimientos de precios módi-

cos. Si el viajero parte desde la iglesia, encontrará el más económico al girar a la izquierda por la calle principal y después a la derecha, por la última callejuela al otro lado del puente. Justo a la izquierda, en la plaça Sant Orenç 3, se halla el *Hostal El Ciervo* (☎973 640 165; ④); la *Pensió Puig*, Camín Reiau 4 (☎973 640 031; ②), es barata y suele estar llena; asimismo se recomienda la pequeña *Pensión Casa Vicenta*, Camín Reiau 3 (☎973 640 819; ③-④). Hay otras habitaciones baratas en *Busquets* (☎973 640 238; ③), Major 11, encima del *Restaurant Ali Oli*. El **cámping** *Verneda* (jun.-sept.; ☎973 641 024) está a 5 km de distancia en la carretera que va a Francia.

Las **comidas** tampoco son excelentes. Si el viajero no quiere gastar demasiado, se aconseja el *Restaurante Basteret*, en Major 6b, elegante local catalán donde sirven un menú por 1.200 pesetas. También puede tomar un tentempié en *Era Puma*, situado en Pas d'Orro, la avenida principal, o un buen bocadillo en el cercano *Frankfurt Aran*.

Les Bordes, Arròs y Bossòst

Desde Viella, el viajero puede continuar en autobús, pasando por **LES BORDES** (6 km) y **ARRÒS** (9 km), dos lugares que desempeñan un papel clave en la arquitectura aranesa. Les Bordes proporciona el granito para las paredes y Arròs, la pizarra para construir

---

AIGÜESTORTES: ASPECTOS PRÁCTICOS

La **entrada** al parque es gratuita, pero los automóviles particulares no pueden acceder entre las 10 h y las 18 h, y antes de las 10 h, sólo pueden hacerlo 175 vehículos. Se está considerando prohibir por completo el acceso con vehículos, excepto los taxis todoterreno que recorren el parque desde Espot y Boí. El viajero puede obtener **información** en una de las oficinas de información del parque, abiertas en verano en Espot o Boí (véase texto para más detalles).

El **alojamiento en el parque** se limita a cuatro refugios de montaña (en verano hay un guardián; hace falta llevar un saco de dormir en todos), pero fuera del parque el viajero encontrará varios situados en zonas alpinas casi igual de impresionantes. Cada refugio dispone de una cocina, un transmisor para emergencias y literas. **Acampar** en el parque (y en la «zona de influencia» periférica está oficialmente prohibido, pero hay cámpings cerca de Caldes de Boí, en Taüll, al oeste, y Espot, al este. Todas las aldeas cercanas tienen hostales y hoteles.

Tres **planos folletos** de la Editorial Alpina abarcan toda la zona; las dos necesarias para recorrer cualquiera de las rutas mencionadas más abajo son el de *Sant Maurici* para la zona oriental, y *Montardo* para la occidental, ambos están en una escala de 1:25.000, disponibles en Boí, Espot y buenas librerías en toda la zona de los Pirineos, así como en Barcelona. El viajero debe fijarse bien en los «senderos» marcados en los planos: incluso si hay un sendero auténtico, tal vez acabe encontrándose al pie de unos pasos abruptos y cubiertos de nieve, que requieren un equipo especializado para atravesarlos, mejor compruebe las rutas en las oficinas de información y con los guardianes de los refugios.

El viajero debe tener en cuenta las **condiciones meteorológicas**. En invierno, el parque está cubierto de nieve. A mediados de verano, hay muchos ríos transitables que no lo son en otras épocas, pero sigue habiendo un gran contraste entre las temperaturas diurnas y las nocturnas; además, a mayor altura siempre hay que estar preparado para encontrarse con mal tiempo. Las pautas de los últimos años es alternar chaparrones diarios durante julio y agosto, o sequías prolongadas; en general, los veranos tienden a ser más secos. El mejor momento para disfrutar del espléndido contraste de colores del parque es en otoño o a principios de verano.

En invierno, el parque resulta excelente para practicar **esquí** de fondo o de alta montaña, aunque no hay pistas señalizadas. En el límite del parque encontrará dos estaciones de esquí: Boí-Taüll al oeste, y Super Espot al este.

los tejados ligeramente cóncavos que se exigen en Nautaran y Mijaran. Aunque Arròs casi se encuentra en la región del Baixaran y allí las casas con balcones que rodean el campanario octogonal tienen paredes blancas enlucidas y tejas rojas. En Arròs hay dos **cámpings**: *Artigane* (jun.-sept.; ☎973 640 189) y *Verneda* (véase «Viella», pág. 737); encontrará otro justo pasando Les Bordes.

El centro de la región del Baixaran es la gran aldea de **BOSSÒST**, a 18 km de Viella, donde las casas flanquean la carretera principal y ambos lados del sinuoso río. Como se trata de la carretera directa entre Francia y el túnel de Viella, el alojamiento resulta muy caro, pero no hay un auténtico motivo para detenerse, pues desde allí sólo quedan unos 10 km hasta la **frontera francesa** y 20 km hasta Saint-Béat, la primera ciudad francesa importante.

El Parc Nacional d'Aigüestortes i Estany de Sant Maurici

Para los senderistas, el destino más popular del Pirineo catalán es el **PARC NACIONAL D'AIGÜESTORTES I ESTANY DE SANT MAURICI**, una hermosa zona montañosa. Declarado parque nacional en 1955, es el único de estas características en Cataluña; abarca unos 130 km^2 y está formado por rocas y bosques, espectaculares cimas cubiertas de nieve de hasta 3.000 m de altura, ollas y valles en forma de «V». Para los menos aventureros hay numerosos paseos a media altura a través de paisajes impresionantes. En el valle de Sant Nicolau (al oeste), el viajero encontrará lagos y circos glaciares, además de las mismas Aigüestortes (aguas torcidas); al este, el valle de Escrita, que es algo más rocoso, alberga el lago de Sant Maurici.

Los **árboles** más comunes son los cedros y el pino escocés, junto con los álamos plateados y las hayas, sobre todo en las laderas que miran al norte. En primavera y a principios de verano, también abundan las flores (aunque en la parte baja ya es primavera, en las laderas más altas continúa siendo invierno). En cuanto a la **fauna**, se ven jabalíes y alguna gamuza; entre las **aves** del lugar destacan el águila real, la perdiz blanca y el carpintero negro.

El **acceso** al parque depende del área que el viajero quiera explorar, y de la dificultad de las excursiones. A la zona de Sant Maurici se accede por la aldea de **Espot**, situada un poco más allá del límite oriental del parque y a 7 km de la ruta del autobús La Pobla de Segur-Viella. La manera más rápida de llegar a los picos elevados y remotos es por **Capdella**, al sur del parque en el nacimiento del río Flamicell, que es el segundo valle al oeste del Noguera Pallaresa, donde hay un autobús desde La Pobla de Segur. Por último, para acceder a la zona oeste de Aigüestortes, deberá entrar desde **Boí**, adonde se llega por **El Pont de Suert**, que dispone de un servicio de autobús desde La Pobla de Segur y Viella.

Si el viajero puede quedarse 1 o 2 días, se recomienda alojarse en Boí. Es fácil llegar, y aunque la aldea se encuentra a unos 7 km de la entrada al parque, en los alrededores hay un hermoso paisaje de montaña que compensará al viajero en caso de que no se adentre completamente en el parque. Todos los accesos —y detalles acerca de cómo desplazarse por el parque— aparecen a continuación, mientras que los **aspectos prácticos** sobre éste están en el recuadro de la página anterior.

Capdella

Un solo autobús diario (lun.-sáb., la Ocense) va de La Pobla de Segur a **CAPDELLA**, situado 30 km río arriba. La aldea, la más elevada de la media docena del valle Fosca, se divide en dos partes muy diferentes: la superior no dispone de instalaciones, mien-

740/CATALUÑA

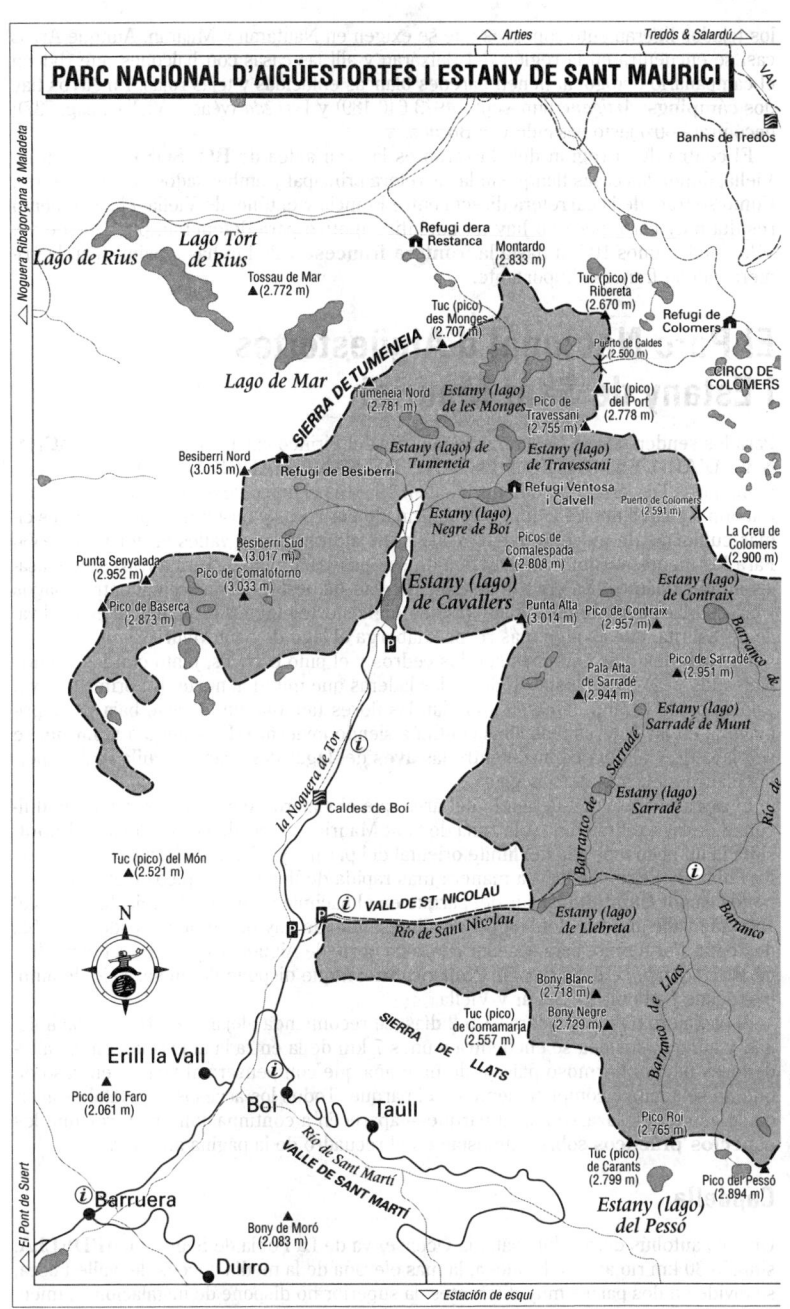

PARC NACIONAL D'AIGÜESTORTES I ESTANY DE SANT MAURICI/741

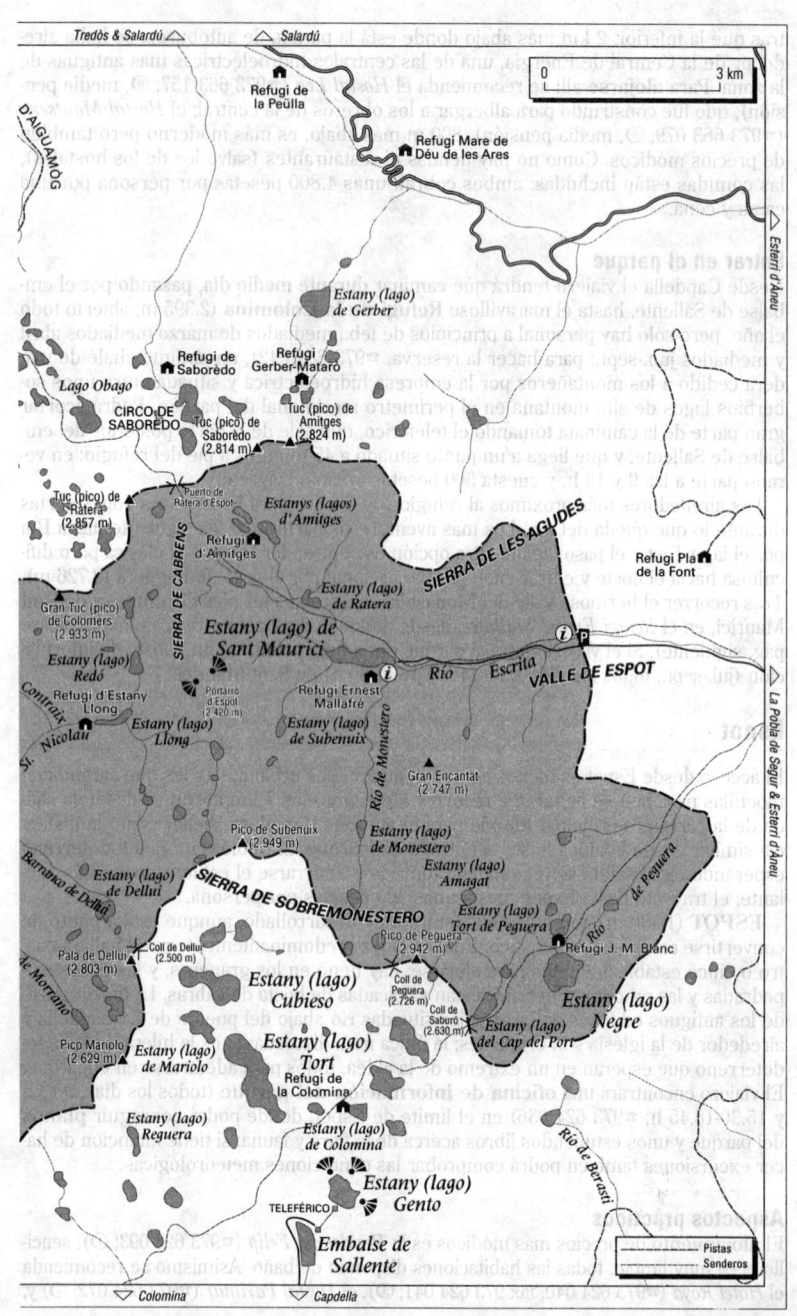

tras que la inferior, 2 km más abajo donde está la parada de autobuses, se halla alrededor de la Central de Energía, una de las centrales hidroeléctricas más antiguas de la zona. Para **alojarse** allí se recomienda el *Hostal Leo* (☎973 663 157; ⑤, media pensión), que fue construido para albergar a los obreros de la central; el *Hostal Montseny* (☎973 663 079; ⑤, media pensión), 800 m más abajo, es más moderno pero también de precios módicos. Como no hay tiendas ni restaurantes (salvo los de los hostales), las comidas están incluidas: ambos cobran unas 4.800 pesetas por persona por una cama y cena.

Entrar en el parque

Desde Capdella el viajero tendrá que caminar durante medio día, pasando por el embalse de Sallente, hasta el maravilloso **Refugi de la Colomina** (2.395 m; abierto todo el año, pero sólo hay personal a principios de feb., mediados de marzo-mediados abril y mediados jun.-sept.; para hacer la reserva, ☎973 681 042), un antiguo chalé de madera cedido a los montañeros por la empresa hidroeléctrica y situada entre unos soberbios lagos de alta montaña en el perímetro meridional del parque. Podrá acortar gran parte de la caminata tomando el teleférico, que sale de la parte posterior del embalse de Sallente, y que llega a un punto situado a 45 minutos a pie del refugio: en verano parte a las 9 y 15 h, y cuesta 500 pesetas un solo trayecto.

Los alrededores más próximos al refugio son ideales para hacer excursiones cortas durante lo que queda del día. Los más aventureros partirán al día siguiente hasta Boí por el lago Tort y el paso Dellui. Otra opción es emprender la travesía clásica pero dificultosa hacia el norte y entrar en el parque nacional por el paso de Peguera (2.726 m). Tras recorrer el hermoso valle del Monasterio, se acaba a los pies del embalse de Sant Maurici, en el *Refugi Ernest Mallafré*, desde donde podrá hacer otras caminatas (véase pág. siguiente). Si el viajero entra al parque por aquí, encontrará un puesto de información (jul.-sept., todos los días, 9.30-14 h y 16-18.30 h) en Sant Maurici.

Espot

El acceso desde Espot es menos agotador, aunque los urbanitas (y los que cargan con mochilas pesadas) se negarán a recorrer a pie tanto los 7 km abruptos desde la salida de la carretera principal (donde para el autobús Barcelona-Viella) como la distancia similar desde la aldea hasta la entrada del parque. Si hubiera un taxi todoterreno esperando en la salida se recomienda tomarlo y ahorrarse el esfuerzo para más adelante; el trayecto hasta Espot cuesta unas 300 pesetas por persona.

ESPOT (1.430 m) aún no se encuentra muy desarrollado, aunque está a punto de convertirse en un centro turístico. En esta aldea predominantemente rural hallará cuatro o cinco establecimientos para alojarse; hay heno en los graneros, y las calles empedradas y las praderas ribereñas están salpicadas de bosta de cabras. La mayor parte de los antiguos edificios de las granjas situadas río abajo del puente de La Capdella y alrededor de la iglesia son originales; la única nota discordante es la hilera de taxis todoterreno que esperan en un extremo de la aldea, todos para adentrarse en el parque. El viajero encontrará una **oficina de información del parque** (todos los días, 9-13 h y 15.30-18.45 h; ☎973 624 036) en el límite de Espot, donde podrá conseguir **planos** del parque y unos estupendos libros acerca de la flora y fauna; si tiene intención de hacer excursiones también podrá comprobar las condiciones meteorológicas.

Aspectos prácticos

El **alojamiento** de precios más módicos es la *Residencia Felip* (☎973 624 093; ④), sencillo pero muy limpio; todas las habitaciones disponen de baño. Asimismo se recomienda el *Hotel Roya* (☎973 624 040; fax 973 624 041; ⑤), el *Hostal Parimar* (☎973 624 072; ④) y,

si el viajero tiene más dinero, el *Hotel Saurat* (☎973 624 162; fax 973 624 037; ⑤), en el centro. Espot participa en el programa de la *casa de pagès*, que ofrece alojamiento en las casas de los agricultores; en la oficina de información proporcionan todos los detalles. Hay tres **cámpings** en las cercanías: el *Sol i Neu* (jun.-sept.; ☎973 624 001), situado a unos cientos de metros de la aldea; *La Mola* (jun.-sept.; ☎973 624 024), a 2 km colina abajo y con piscina. Río arriba desde Espot, más allá del antiguo puente, el *Solau* (☎973 624 068), en el barrio del mismo nombre, no es maravilloso, pero también alquilan habitaciones (④), una buena opción si no encuentra alojamiento en la aldea.

En cuanto a la **comida**, se paga por el hecho de estar en un centro turístico a kilómetros de cualquier parte; no hay menús del día por menos de 1.000 pesetas. En la mayoría de los bares sirven bocadillos y platos combinados, aunque se recomienda evitar la *Cabana d'Espot*, un local desagradable. En cambio el adyacente *L'Isard* es acogedor y los precios son los más módicos de Espot. También hallará dos **supermercados** bien aprovisionados y otra tienda en la que venden planos y bombonas de cámping gas, entre otros artículos.

Excursiones desde Espot

A partir de Espot, el viajero observará cómo la urbanización avanza sobre el parque. **SUPER ESPOT**, a 2 km por encima de la aldea, es una importante estación de esquí; también hay un camino central que conduce al límite del parque (3 km) y desde allí hasta el final del pavimento, hasta el **lago de Sant Maurici** (situado 4 km más allá). Los taxis todoterreno desde Espot llegan hasta allí: llevan a ocho personas y si el viajero puede compartirlo, evitará la aburrida caminata por la carretera.

Una de las excursiones clásicas (ardua pero no imposible para alguien que esté más o menos en forma) consiste en atravesar el parque de este a oeste, empezando en Espot o más allá, junto al lago de Sant Maurici; desde Espot a Boí hay unos 30 km, lo que significa una caminata de 12 horas. El lago de Sant Maurici, situado entre los picos gemelos de Els Encantats (2.749 m), es uno de los puntos más hermosos del Pirineo catalán, y el **Refugi Ernest Mallafré** (principios jun.-mediados oct.), ofrece la posibilidad de alojamiento. El **Refugi d'Estany Llong** (mediados jun.-mediados oct.; para reservas, ☎973 696 107), junto al **lago Llong**, a 3 o 4 horas por un sendero amplio, se halla cerca de Caldes de Boí.

Si el viajero se dirige hacia el norte desde Sant Maurici, llegará hasta el **Refugi-Xalet d'Amitges** (mediados jun.-sept.; para reservas, ☎973 250 109) tras remontar el valle del Ratera durante 2 horas. Llegará al cuarto refugio del parque, el **Refugi Josep Marià Blanc** (mediados jun.-sept.), en el valle del Peguera, después de subir por un sendero directo desde Espot durante unas 3 horas y 30 minutos. Desde allí podrá seguir hasta el *Refugi de la Colomina* en otras 3 horas y 30 minutos o 4 horas; se trata de un sendero muy frecuentado, marcado como una variante del GR11. Salvo que el viajero sea un gran aficionado al senderismo y esté en forma y bien equipado, la travesía este-oeste descrita arriba es la mejor opción. Los más experimentados la consideran demasiado fácil, pero si la hace en 2 o 3 días, disfrutará de algunas excelentes excursiones de 1 día desde los refugios en los que se aloje.

El Pont de Suert: la ruta a Boí

La ruta que conduce a la zona occidental de Aigüestortes empieza en **EL PONT DE SUERT**, una pequeña localidad a 41 km al noroeste de La Pobla de Segur; en la actualidad, un **autobús** de La Ocense sale a las 14 h de La Pobla, y además hay dos servicios diarios desde Viella y Lleida. Todos los autobuses se detienen cerca de la iglesia, en la carretera principal que atraviesa la localidad; los horarios figuran en la ventana del adyacente bar-restaurante *Las Cumbres*.

Si el viajero tiene que pernoctar antes de tomar el autobús a Boí al día siguiente (que sólo funciona en jun.-sept.), El Pont de Suert es un lugar agradable para alojarse. Hay varios **cafés** con mesas en el exterior y locales donde sirven bocadillos y platos combinados; asimismo podrá comprar provisiones en los supermercados y las panaderías para los días siguientes. En *Habitaciones Gallego* alquilan **habitaciones** (☎973 690 273; ③); se encuentra enfrente de la parada de autobús. También encontrará algunos establecimientos algo más caros, entre ellos *Can Mestre*, situado en plaça Major 8 (☎973 690 306; ④), que dispone de un buen comedor.

Coll, Barruera, Durro y Erill la Vall

Desde El Pont de Suert, un autobús (jun.-sept., una vez al día, en la actualidad sale a las 11.15 h) remonta el valle de Noguera de Tort hacia el norte, hasta Caldes de Boí, pasando por Boí. Se trata de una zona repleta de **iglesias románicas** y una ruta que el viajero podrá recorrer a pie o haciendo autostop; Boí se encuentra a 21 km de distancia y hay tráfico hasta las aldeas de la localidad.

Después de unos 8 km, se ve la iglesia de Santa Maria, sobre una colina a la izquierda de **COLL** (la aldea se halla a 2 km de distancia de la carretera principal); los herrajes de la puerta son excelentes pero si el viajero se baja del autobús para admirarlos, luego tendrá que caminar bastante. Sin embargo, en Coll también está el familiar *Hostal Casa Peyro* (☎973 297 002; ⑤), cuyo restaurante es uno de los mejores del lugar. No resulta barato, pero la comida es sabrosa, sobre todo los entrantes. En **BARRUERA**, 4 km más allá, encontrará varios establecimientos para alojarse; se recomienda *Noray* (☎973 694 021; ③), situado en la carretera principal. El *Farre d'Avall* (☎973 694 029; ⑤), un poco más caro y en el centro de la aldea, es agradable y tranquilo. También podrá acampar en el *Cámping Boneta* (abril-sept.; ☎973 694 086). En Barruera se encuentra la principal **oficina de turismo** del valle (jun.-sept., lun.-sáb., 10-14 h y 16.30-19.30 h; dom., 11-13 h; oct.-mayo, lun.-sáb., 8-15 h; ☎973 694 000), justo enfrente de la gasolinera. Asimismo **alquilan caballos** en la Hípica Casa Coll (☎973 694 072).

En los alrededores se alzan dos iglesias románicas: la de Sant Feliu del siglo XI, junto al río y al cámping, y la de La Nativitat de la Mare de Déu, en la pequeña aldea de **DURRO**, a 3 km de distancia por carretera en la ladera de la colina hacia el este, que tiene un gran campanario. Allí podrá alojarse y comer en *Casa Xuquín* (☎973 694 059), donde un apartamento con capacidad para hasta cuatro personas cuesta unas 6.000-7.000 pesetas. Por último, justo antes de la salida hacia Boí, el viajero pasará por **ERILL LA VALL**, cuya iglesia de Santa Eulàlia del siglo XII luce un bonito pórtico con soportales y una torre de seis pisos.

Boí

BOÍ se halla a 1 km de la carretera principal, que sigue hasta Caldes de Boí (véase pág. siguiente); dejarán al viajero en la salida y no lo llevarán hasta el centro (20 min. a pie). Con algunas casas de piedra pegadas a las callejuelas abruptas y embarradas, el núcleo de Boí es bonito a pesar de la urbanización de los alrededores, formada por grandes aparcamientos, hoteles caros y una serie de restaurantes; aunque si el viajero ha atravesado el parque a pie y quiere descansar durante un par de días, esta clase de urbanización resulta ideal. Antes de llegar, tendrá muchas oportunidades de disfrutar de un paisaje maravilloso, algunos paseos por la localidad o las verdes laderas situadas debajo de los picos.

Aspectos prácticos

La **oficina de información del parque** está en la plaza de Boí (todos los días, 9-13 h y 15.30-19 h; ☎973 696 189); en el **supermercado** podrá comprar un plano de la Editorial Alpina (también abre dom. por la mañana), situado detrás del *Hostal*

Beneria. En verano, el **banco**, detrás del supermercado, sólo abre los lunes, miércoles y jueves entre 17-19 h.

El *Hostal Pascual* (☎973 696 014; ③) ofrece un estupendo **alojamiento**; se encuentra en la salida de la carretera principal, a 1 km por debajo de la aldea, junto al puente. Permanece abierto fuera de temporada, los dueños son agradables y sirven un buen menú. El viajero encontrará en la aldea otras opciones más caras y de características similares, como la *Pensió Pey* (☎973 696 036; fax 973 696 191; ⑤), en la plaza; el *Hostal Beneria* (☎973 696 030; ④) se halla cerca de la plaza y la *Pensió Fondevila* (☎973 696 011; ⑤), situada a 200 m más abajo, próxima a la carretera principal. También alquilan algunas habitaciones limpias y modernas (③), atravesando el arco de piedra, un poco más allá de la plaza; busque el cartel de *Habitaciones*.

El mejor lugar para comer es *Casa Higinio*, a 200 m carretera arriba hacia Taüll, por encima de la aldea. En su barbacoa de leña asan excelentes platos de carne; asimismo podrá saborear la trucha local; una comida abundante acompañada del *vi negre* (vino tinto) del lugar cuesta unas 1.800 pesetas, pero ello no figura en el menú, de modo que se recomienda no pedir platos individuales. Algunos otros restaurantes de la aldea hacen barbacoas, y en el *Hostal Pascual* ofrecen unos abundantes menús del día por 1.500 pesetas.

Acceso al parque

Desde Boí hay 6 km hasta la **entrada al parque**; el viajero tendrá que recorrer otros 4 km más para llegar a las fuentes de **Aigüestortes**, donde encontrará un punto de información del parque (sin personal). Los taxis todoterreno que salen de la plaza de Boí llegan hasta allí, más allá del lago de Llebreta. El visitante podrá pasear durante 1 hora o, si pierde el último taxi que regresa (funcionan jul.-sept., 8-19 h; oct.-jun., 9-18 h), volver más tarde. Si se adentra en el parque, el terreno es bastante llano hasta llegar al **lago Llong**, pero más allá de este punto empieza el ascenso al paso con vistas a Sant Maurici.

Alrededores de Boí: Taüll y Caldes de Boí

La ventaja de acceder al parque por Boí (o abandonarlo) es la oportunidad de visitar las numerosas **iglesias románicas** de la zona. De la restaurada iglesia de Sant Joan de Boí, del siglo XII, sólo queda el ábside original y el campanario, pero a no demasiada distancia a pie se hallan las iglesias de Erill la Vall, Barruera y Durro (véase pág. anterior). El viajero tardará 30 minutos en hacer el recorrido desde Erill la Vall hasta Boí, a través del valle; la mejor ruta a Durro es el sendero bien señalizado que podrá tomar detrás de la aldea de Boí: empieza justo detrás del pequeño puente situado en la parte posterior de la aldea, y tardará alrededor de 1 hora en recorrerlo.

Taüll

Sin embargo, la excursión local más popular es la caminata hasta **TAÜLL**, que supone recorrer 3 o 4 km por carretera, por encima de Boí (también hay un abrupto sendero que sale de la aldea y atraviesa la carretera; se tarda unos 40 min.). Por ambos caminos, el viajero llegará hasta la torre románica de seis pisos de **Sant Climent** (10-14 h y 16-20 h; 100 pesetas; si permanece cerrada, telefonee, ☎973 696 179), cuyo interior parece una polvorienta tienda de viejo. Podrá subir por la escalera de madera hasta el campanario, desde donde contemplará unas vistas magníficas del valle y la aldea. Junto a la iglesia encontrará un bar con jardín, el *Mallador*, regentado por personas agradables y donde suena buena música; se trata del único establecimiento de la aldea donde sirven desayunos (caros, como el almuerzo y la cena). La iglesia de **Santa Maria**, al igual que Sant Climent, fue consagrada en 1123, pero su campanario

sólo tiene cuatro plantas. Tras un milenio de hundimientos, no queda un solo ángulo recto en el edificio. La entrada, gratuita, suele estar abierta, ya que también es la iglesia parroquial.

Entre las opciones para **alojarse**, en su mayoría dedicadas al turismo rural, destacan la *Casa Barò* (☎973 696 027; ③), a la entrada de la aldea, y la *Sant Climent* (③), enfrente. Otras opciones baratas son la *Casa Llovet*, plaça Franc 5 (☎973 696 032; ②-③), y *Casa Xep* (☎973 696 054; ③), justo debajo de la plaça Santa Maria (información en el supermercado adjunto). En la colina situada por debajo de Sant Climent hay un **cámping** (☎973 696 174). En la parte superior de Taüll está el restaurante *El Caliu*, en un nuevo edificio de apartamentos, que es bueno pero caro.

Boí-Taüll y Caldes de Boí

Tanto Taüll como Boí han experimentado numerosos cambios debido a la estación de esquí, conocida como **BOÍ-TAÜLL**; ésta se halla en las montañas que rodean ambas localidades. Pero incluso en verano, Taüll es invadida por autocares y conductores en busca de lugares para hacer un picnic; de hecho, se ha construido un nuevo y enorme complejo turístico a 1.500 m de la aldea, camino de la estación de esquí. Antes de la construcción de ésta, otra aldea ya sufrió una gran transformación, **CALDES DE BOÍ**; se encuentra 5 km más arriba que la entrada al parque, por debajo de las altas cimas de la zona y con vistas a uno de los embalses más altos, que está en el extremo meridional del lago de Cavallers. Allí acaba el recorrido el autobús que pasa por Boí; hay un punto de información del parque (sin personal) pero no alojamientos baratos.

EL SUR

Cuando el viajero vaya a Cataluña, tal vez el primer lugar al que se dirija no sea el gran triángulo situado al **sur** de Barcelona. Formado por la provincia de Tarragona y una parte de la de Lleida (el resto son los Pirineos occidentales) casi todos los puntos de interés se hallan en las mismas capitales de provincia, excepto los atractivos de la costa y algunos monasterios medievales.

El destino principal es la **Costa Daurada** (Costa Dorada), que se extiende desde Barcelona hasta Tarragona y más allá; está menos urbanizada que la Costa Brava. Aunque ello podría ser una razón suficiente para visitarla, no es sin embargo tan frecuentada. La costa no tiene mucho atractivo, las playas son estrechas y detrás se encuentran pueblos llenos de grupos de casas. Pero hay excepciones, sobre todo la animada **Sitges**, a sólo 40 minutos de Barcelona. Se trata de uno de los grandes centros turísticos españoles; además, tiene fama de ser un importante destino veraniego de homosexuales. Si el viajero sólo quiere relajarse unos días en la playa, encontrará diversas opciones menos de moda y de calidad, desde **Cunit** hasta los centros turísticos más grandes de la región: **Salou** y **Cambrils**.

No obstante empezará a disfrutar de la Costa Daurada cuando consiga olvidarse aunque sea por un momento de las playas y se dedique a pasar un par de días en **Tarragona**, la capital de la provincia. Se trata de una ciudad con un importante pasado romano, como demuestran sus ruinas e impresionantes monumentos; además, constituye una excelente base para hacer excursiones por el interior de la provincia de Lleida. Al sur de Tarragona, Cataluña se pierde entre las lagunas y los pantanos del **delta del Ebro**, unas marismas ribereñas habitadas por numerosas especies de aves, ideal para hacer excursiones en barca, pescar y saborear el marisco local.

El **interior** es menos interesante; de hecho, muchos viajeros que atraviesan esta zona suelen abandonar Cataluña sin detenerse hasta llegar a Zaragoza. Gran parte de la región es llana, rural y aburrida, pero sería un error no visitar el monasterio de **Poblet**, situado a sólo 1 hora tierra adentro desde Tarragona. En las cercanías hay

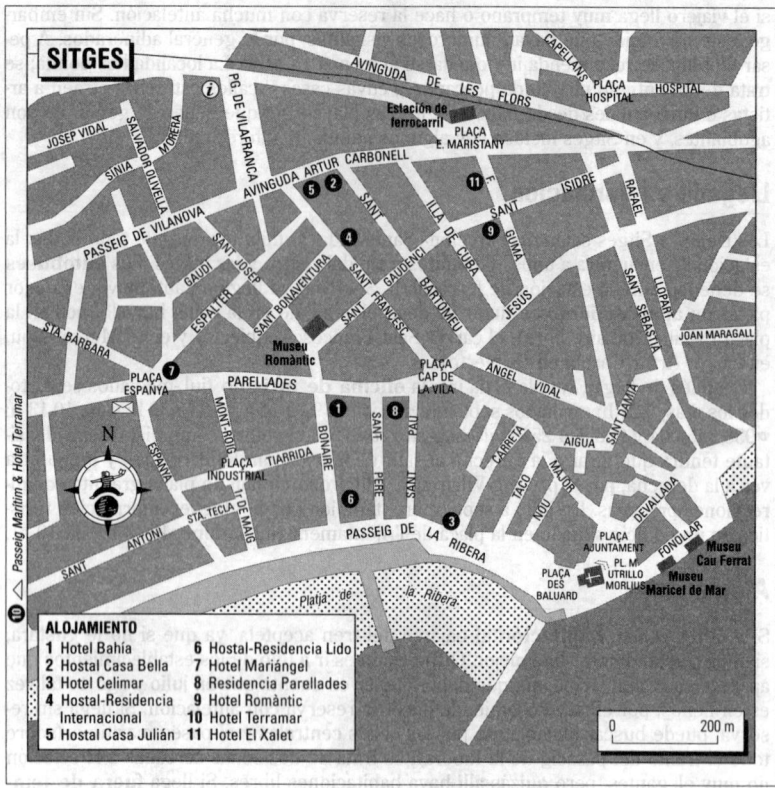

otras ciudades y monasterios, entre ellos **Montblanc** y **Santes Creus**. Después de atravesar la gran llanura que rodea **Lleida**, la capital de la provincia homónima, el viajero querrá descansar. Como la ciudad está bastante alejada de la ruta turística, es ideal para pernoctar; desde allí, sólo tardará 2 horas y 30 minutos hasta Zaragoza; también constituye el punto de partida de las carreteras y el ferrocarril que conducen hasta las estribaciones occidentales del Pirineo catalán.

Sitges

SITGES, situada a 40 km de Barcelona, es el lugar más destacado de la Costa Daurada. En la década de 1960, se convirtió en una localidad veraniega cuyas costumbres abiertas desafiaban la rigidez de la España franquista; en la actualidad, los jóvenes barceloneses que la frecuentan los fines de semana la han convertido en un centro turístico a su imagen y semejanza. Asimismo es un destino habitual del turismo **gay**, con una animada vida nocturna; por ello si al viajero le disgusta la animación de cualquier clase, se recomienda que evite Sitges en verano. La afluencia de visitantes barceloneses significa que los precios son elevados; en concreto los bares o los establecimientos para alojarse. Incluso encontrar uno puede ser un problema, excepto

si el viajero llega muy temprano o hace la reserva con mucha antelación. Sin embargo, esto no impide que hayan numerosos visitantes, por lo general adinerados. A pesar de todo, se recomienda ir y quedarse al menos 1 noche. La localidad es bonita; se trata de un antiguo pueblo de pescadores cuyas casas y calles estrechas atraen a artistas e intelectuales desde hace 1 siglo. Las playas, aunque llenas de gente, no son agobiantes, y en Sitges incluso hay algunos puntos de interés cultural.

Llegada e información

Los trenes a Sitges salen de Barcelona-Sants cada 20 minutos durante todo el día; la estación se encuentra a unos 10 minutos a pie del centro y las playas. Los **autobuses** se detienen ante la estación de ferrocarril. Si el viajero llega en automóvil, es mejor pagar un **aparcamiento** en lugar de dejar el vehículo en la calle; hay algunos en la plaça Espanya (al aire libre), el carrer Sant Francesc (cubierto) y en el Mercat Nou, en carrer Artur Carbonell (cubierto).

Después de llegar, vale la pena ir a la **oficina de turismo** (jul.-mediados sept., todos los días, 9-21 h; mediados sept.-jun., lun.-vier., 9.30-14 h y 16-18.30 h; sáb., 10-13 h; ☎938 945 004 y 938 944 251; *www.sitgestur.com*), en el centro comercial Oasis; el visitante tendrá que girar a la derecha al salir de la estación de ferrocarril y luego otra vez a la derecha, por el passeig Vilafranca. Allí proporcionan un plano gratuito con direcciones prácticas. De julio a septiembre, también puede obtener información turística en un edificio situado en la plaça de l'Ajuntament (miér.-dom., 10-13 h y 17-19 h).

Alojamiento

Si le ofrecen una **habitación** al bajarse del tren acéptela, ya que si no le gustara, siempre puede buscar una mejor. Otra opción es ir a uno de los establecimientos que aparecen a continuación, aunque deberá tener en cuenta que en julio y agosto tal vez estén llenos; por ello se recomienda hacer la reserva con antelación. Si llega sin reserva, puede buscar alojamiento por las calles centrales y el paseo marítimo (sobre todo el tramo del passeig de la Ribera); se trata de dos zonas cercanas a la estación no muy elegantes, pero quizás allí haya habitaciones libres. Si llega **fuera de temporada** (después de oct. y antes de mayo), los precios suelen ser más bajos, aunque a mediados de invierno puede resultar muy difícil encontrar un establecimiento abierto, sobre todo entre los más económicos. El **cámping** más cercano es *El Rocà* (☎938 940 043), al norte de la oficina de turismo, debajo del puente del tren.

Hotel Bahía, Parellades 27 (☎938 940 012). En este cómodo hotel-restaurante, cercano a la playa y en una calle bastante ruidosa, bajan los precios fuera de temporada. Mediados abril-mediados oct. El precio incluye el desayuno. ⑥

Hostal Casa Bella, avinguda Artur Carbonell 12 (☎938 944 322; fax 938 947 331). Situado en la calle principal, más allá de la estación. Dispone de amplias habitaciones sencillas, algunas con balcón, pero éstas son más ruidosas. Mayo-oct. ⑥

Hotel Celimar, passeig de la Ribera 18 (☎938 110 170; fax 938 110 403). Hotel situado frente al mar; se recomiendan las habitaciones con balcón. Mejores precios en temporada baja. ⑦-⑧

Todos los **museos** de Sitges tienen el mismo horario de apertura y los mismos precios: lun.-sáb., 9.30-14 h y 16-21 h; dom., 9.30-14 h; 500 pesetas cada uno (entrada gratuita el primer miér. de cada mes) u 800 pesetas una **entrada combinada** para todos los museos, válido por 1 mes.

Hostal-Residencia Internacional, Sant Francesc 52 (☎938 942 690). Establecimiento limpio y sencillo; la familia de propietarios se ha esmerado en la decoración. Las habitaciones son luminosas y limpias. Está más cerca de la estación que de la playa, pero no es demasiado incómodo. Todo el año. ③-④
Hostal Casa Julián, avinguda Artur Carbonell 2 (☎938 940 306). Se encuentra por debajo de la estación, es limpio y tal vez disponga de habitaciones, quizá porque el papel de las paredes ahuyenta a muchos. Jun.-sept. ④
Hostal-Residencia Lido, Bonaire 26 (☎938 944 848). Este *hostal* popular, situado cerca de la playa, dispone de su propio salón-bar. Las habitaciones con baño pertenecen a la siguiente categoría. Abril-mediados oct. ⑤
Hostal Mariángel, Parellades 78 (☎938 941 357). Uno de los establecimientos económicos más populares de la ciudad, por lo que se llena enseguida. Dispone de un pequeño salón. Mediados sept.-mediados nov., cerrado. ④
Residencia Parellades, Parellades 11 (☎938 940 801). Sus amplias y luminosas habitaciones y su buena situación lo convierten en una excelente opción. Abril-sept. ⑥
Hotel Romàntic, San Isidre 33 (☎938 948 375; fax 938 948 167). Bonita y antigua mansión restaurada del siglo XIX, situada en las calles tranquilas, cerca de la estación de ferrocarril. Es uno de los favoritos de los gays. Muchas habitaciones tienen una terraza que da al jardín; las que disponen de ducha pertenecen a la siguiente categoría de precios. Abril-mediados oct. *La Renaixença*, cuyos propietarios son los mismos (mismo teléfono y precios), permanece abierto todo el año. ⑥
Hotel Terramar, passeig Marítim 80 (☎938 940 050; fax 938 945 604). Excelente situación al final del paseo marítimo; desde las habitaciones amplias y con balcón hay vistas estupendas, pero el estilo y la decoración son un poco anticuados. Abril-dic. ⑦
Hotel El Xalet, Illa de Cuba 35 (☎938 110 070; fax 938 945 579). Hotel encantador y discreto, situado en un hermoso edifico modernista cerca de la estación. Sólo dispone de diez habitaciones; en verano tendrá que hacer la reserva con antelación. El precio incluye el desayuno. ⑦

La ciudad

Lo que atrae a la mayoría de visitantes a Sitges son las **playas**, fáciles de encontrar, ya que hay dos al oeste de la iglesia, en el centro de la localidad. Desde allí, una serie de playas se extienden hacia el oeste, hasta el *Hotel Terramar*, unos 2 km costa abajo. El **passeig Marítim** las recorre todas; está flanqueado por chiringuitos, restaurantes, duchas y servicios dedicados a los deportes acuáticos.

Más allá del hotel, junto a las vías del tren, se llega a las playas nudistas, dos de ellas dedicadas exclusivamente a los homosexuales. El viajero debe tener en cuenta que, de manera paralela a la popularidad de Sitges también han aumentado los delitos menores. Por ello no tendrá que perder de vista sus pertenencias que deje en la playa y deberá ir con cuidado por la noche.

Merece la pena subir a la loma que da a las playas, coronada por una iglesia parroquial barroca, conocida como La Punta, y por una calle con mansiones pintadas de blanco. Una alberga el **Museu Cau Ferrat**, una especie de galería de arte. Fue el hogar y taller del artista y escritor Santiago Rusiñol (1861-1931); en sus dos plantas se exponen sus pinturas, y también esculturas, azulejos decorados, dibujos y diversos objetos, como las piezas decorativas de hierro que Rusiñol trasladó desde los Pirineos. Dos de los mejores cuadros que adquirió son de El Greco, colgados en un rellano de la escalera, junto a un crucifijo. Asimismo se muestran pinturas de los amigos del artista (incluido Picasso), con quienes solía reunirse en el bar *Els Quatre Gats* de Barcelona.

En un día lluvioso, podrá visitar el **Museu Maricel de Mar**, junto al Museu Cau

Ferrat; se exponen algunas obras menores, desde medievales a modernas, y alberga una colección impresionante de cerámica y escultura catalana. El **Museu Romàntic** resulta más interesante (visitas guiadas cada hora); muestra el estilo de vida de una familia pudiente de Sitges en los siglos XVIII y XIX, en una exposición formada por algunos de sus muebles y pertenencias. Está repleto de objetos del siglo XIX, incluido un juego de cajas de música que funcionan y una colección de muñecas antiguas. El museo se halla en el centro de la localidad, en Sant Gaudenci 1, cerca del carrer Bonaire.

Comida

En Sitges se nota la influencia del turismo internacional. Pero afortunadamente, aún se encuentran **restaurantes** no demasiado caros, aunque tal vez el viajero no saboreará la mejor cocina catalana, hay buenos menús del día. A continuación aparecen algunos establecimientos; pero si prefiere comer en una marisquería cara tendrá que ir por las calles laterales en los alrededores de la iglesia, o el paseo marítimo. Si quiere hacer un picnic, podrá comprar en el **mercado** de la localidad, el Mercat Nou, muy cerca de la estación de ferrocarril, en la avinguda Artur Carbonell. Los que quieran tomar un **helado** deberán dirigirse a *Ribera*, passeig de la Ribera 5, *Italiana*, carrer Jesús o a *Heladería* e *Il Gelatieri*, ambas en el carrer Parellades.

El Argentino, passeig Aiguadolç 22. Si está harto del marisco, éste es el lugar ideal para disfrutar de un buen plato de carne asada, aunque comer aquí le costará más de 3.000 pesetas.

Calitja, Marqués de Mont Roig 5. Local catalán abierto por las noches, y de precios razonables según el estándar de Sitges; no hay una gran variedad de platos.

El Cisne, Sant Pere 4 (en la esquina del carrer Parellades). La comida no es extraordinaria, pero los platos están bien preparados y los sirven en un comedor detrás del bar; un menú del día de cuatro platos cuesta unas 1.600 pesetas.

Dubliner, Illa de Cuba 9. Atrevido y mugriento, pero en este pub-restaurante conocen a su clientela: ofrecen dos aspirinas con el desayuno.

Flamboyant, Pau Barrabeig, cerca del carrer Carreta. Es bastante caro, pero tiene un hermoso jardín. Cuesta unas 2.500 pesetas por persona.

Mare Nostrum, passeig de Ribeira 60. Antiguo restaurante especializado en pescado situado en el paseo marítimo; el menú varía según la pesca y la estación. Unas 3.000 pesetas por persona, aunque puede haber un menú del día por la mitad de precio.

Nieuw Amsterdam, Parellades 70. El «chef» puede recomendar lo que se le antoje, pero el único motivo para acudir es por las especialidades indonesias y holandesas de precios medios; no son extraordinarias, pero Sitges no es Indonesia.

Olivers, Illa de Cuba 39. Restaurante más español que catalán de precios medios, pero en el menú hay algunos platos interesantes. Unas 2.000 pesetas por persona.

El Trull, Mossèn Félix Clarà 3, cerca del carrer Major. Restaurante de estilo francés bastante caro, situado en la parte antigua de la localidad; hay un menú del día por 1.500 pesetas a base de platos españoles (la bebida no está incluida).

Los Vikingos, Marqués de Mont Roig 18. Restaurante bueno y barato situado en la calle turística principal; sirven de todo (incluido pescado fresco).

Bares y vida nocturna

La animación de Sitges se concentra en una manzana situada justo detrás de la playa, en el centro de la localidad. A finales de la década de 1950 empezaron a aparecer bares que abrían tarde; en la actualidad, el **carrer 1r (Primer) de Maig** (que figura

como Dos de Mayo en algunos planos antiguos) y su continuación, el **carrer Marquès de Mont Roig**, son peatonales, y los carrers Parellades y Bonaire completan la manzana; no es el mejor lugar para tomar una copa tranquilamente. Se trata sobre todo de una serie de discobares donde suena la música hasta altas horas de la noche; también encontrará algunos restaurantes y coctelerías más elegantes con mesas en el exterior. En todos los bares hay mucho ruido y la clientela tiende a ser joven; los estilos son muy variados: billares elegantes, locales de aspecto colonial, estilo a los de la Costa Brava o salas de baile. Lo mejor es pasearse y elegir. A continuación aparecen algunos. Resulta difícil encontrar **bares más refinados**, aunque los establecimientos del paseo marítimo suelen ser más tranquilos.

Afrika, 1r de Maig. Uno de los mejores bares musicales.

Atlántida, Sector Terramar, a 3 km de la localidad. El club favorito del lugar; situado al borde de un acantilado, se puede llegar hasta allí en los autobuses regulares que van y vienen toda la noche, y que salen del extremo inferior del carrer 1r de Maig.

Bar Bodega Talino, Parellades 72. Un auténtico bar de tapas, algo muy poco común en Sitges.

Café-Bar Roy, Parellades 9. Café de estilo antiguo con camareros vestidos a la manera tradicional y mesas de mármol. Puede tomar el desayuno o una copa de cava y un tentempié.

Parrots Club, plaça de la Industria. Bar elegante situado en el extremo superior del carrer 1r de Maig, una parada obligatoria en algún momento del día; proporcionan un plano gratuito de locales gays de Sitges (véase abajo).

El ambiente gay y el Carnaval

El **ambiente gay** de Sitges es frenético y cambiante, pero figura en un plano gay disponible en el *Parrots Pub* en plaça de la Industria, y otros bares y clubes.

Durante el día, uno de los locales más frecuentados es el *Picnic Bar*, en el passeig de la Ribera (enfrente del restaurante *Les Anfores*, perteneciente al hotel *Calipolis*), popular por sus sándwiches. Cuando cae la **noche**, todos se han trasladado al *Parrots Pub* para tomar un cóctel. Los mejores bares y discotecas se concentran en el carrer Bonaire y el Sant Buenaventura: el *Bourbons*, Sant Buenaventura 9, es un bar de lesbianas, al igual que el *Bar Azul*, situado en el n.º 10, donde las *happy hour* son de las 21 h hasta las 22.30 h. La mejor discoteca gay es *Trailer*, Àngel Vidal 14, en la parte antigua de la localidad. El *Bar el 7*, Nou 7, es un local donde sirven desayunos hasta tarde, antes de pasar el día en la playa.

Carnaval

El **Carnaval** de Sitges (feb.-marzo) es un espectáculo extravagante, en gran parte gracias a la población gay. El programa oficial de desfiles y bailes de máscaras se complementa con un programa de eventos, rematado por el desfile del martes por la noche (que no forma parte del programa oficial), en el que los travestidos recorren las calles con vestidos escandalosos, zapatos de tacón y revoleando sombrillas de encaje y abanicos. Las puertas de los bares están abiertas de par en par, hay bandas de música y los desfiles y las celebraciones se prolongan hasta las 4 h. En el *Bar el 7* exponen fotografías de los desfiles de años anteriores.

Direcciones prácticas

Agencias de viaje Viajes Sitges, Marqués de Mont Roig 21 y plaça Cap de la Vila 19; Viajes Playa de Oro, Parellades 22, donde venden billetes de tren y organizan excursiones locales.

Bancos Banesto, plaça Cap de Vila 9; Banc de Sabadell, plaça Cap de Vila 7; La Caixa, Parellades 16.

Cine Casino Prado, Francesc Gumà 4, y El Retiro, Àngel Vidal 13.

Correos Plaça Espanya, lun.-vier., 8.30-14.30 h; sáb., 9.30-13 h.

Deportes Además de nadar en el mar, se puede nadar en la piscina municipal, situada en el passeig Marítim; en la platja Riera Xica, a unos 500 m al oeste de la iglesia, hay una escuela de windsurf; y en el centro comercial Oasis, una bolera.

Farmacias Las dos farmacias céntricas son Ferret de Querol, Parellades 1, y Planas, Artur Carbonell 30.

Hospital Hospital Krankenhaus Sant Camil, plaça del Hospital (☎938 960 025); emergencias, telefonee a Ambulàncies Urgències (☎904 100 904).

Información de trenes Telefonee al ☎934 900 202.

Policía Plaça de l'Ajuntament (☎938 117 625).

Taxis Encontrará una parada delante de la estación de ferrocarril (☎938 941 329); alguno estará dispuesto a trasladar pasajeros hasta o desde el aeropuerto de Barcelona, a 30 km de distancia.

Vilanova i La Geltrú

A 8 km costa abajo se encuentra el gran puerto pesquero de **VILANOVA I LA GELTRÚ**. La mayor parte del pescado que se consume en Sitges procede de allí, ya que se trata de un auténtico puerto, en cuyos muelles aparcan grandes camiones frigoríficos para cargar la pesca de los cientos de barcos amarrados. Aunque la población no tenga puntos de interés en especial, resulta agradable pasear por los muelles entre las redes de los pescadores; además, es una opción tranquila frente a Sitges. Hay dos **playas**: una se encuentra más allá del puerto y la segunda, mejor, está al final del paseo marítimo. Éste cambia de nombre, ya que cerca del puerto se denomina passeig Marítim, mientras que un poco más adelante, junto a la oficina de turismo, se convierte en el passeig Ribes Roges, flanqueado por palmeras y algunos café-bares con terrazas.

El viajero puede visitar algunos **museos**; encontrará dos ante la estación de ferrocarril: uno de los pocos dedicados al ferrocarril a la derecha (jul.-agos., mar.-vier., 17-21 h; sáb.-dom., 10-14 h; sept.-jun., mar.-vier., 10-14 h y 17-19 h; sáb.-dom., 10-14 h; 300 pesetas), y la **Biblioteca Museu Balaguer** (mar.-sáb., 10-14 h y 16-20 h; dom., 10-14 h; entrada gratuita), situado a la izquierda y fundado por un político local en el siglo XIX. Se exponen piezas prestadas por el Prado y numerosas obras catalanas de los siglos XIX y XX. Pero el mejor es el **Museu Romàntic Can Papiol**, Major 32, detrás de la iglesia en el extremo superior de la rambla Principal (mar.-sáb., 10-13 h y 16-18 h; dom., 10-14 h; 300 pesetas). Está hermanando con el museo de Sitges y la entrada incluye una visita guiada por la mansión del siglo XVIII, soberbiamente amueblada que alberga la colección.

Aspectos prácticos

Aproximadamente cada 20 minutos hay **trenes** y **autobuses** a Sitges y, si el viajero quiere regresar a Barcelona por una ruta interior, todos los días parten autobuses que circulan entre Vilanova y Vilafranca del Penedés. Se detienen en el paseo marítimo, pero la parada principal está delante de la estación de ferrocarril; desde allí tendrá que atravesar las vías girando a la izquierda al salir de la estación, girar otra vez a la izquierda y pasar por debajo del túnel. El puerto se encuentra a la izquierda, mientras que el passeig Marítim se halla a la derecha, donde verá la **oficina de turismo** (jun.-

sept., lun.-sáb., 10-20 h; dom., 10-14 h; oct.-mayo, mar.-sáb., 10-14 h y 17-20 h; dom., 10-14 h; ☎938 154 517). Frente a ésta encontrará algunos **hoteles** y la mejor playa de la ciudad un poco más allá, aunque se recomienda un hostal más barato, el *Costa d'Or*, en passeig Marítim 49 (☎938 155 542; ⑥, pensión completa). Si al viajero no le importa estar alejado de la playa, se aconsejan dos opciones económicas cerca de la estación, en rambla Ventosa: el *Bar Restaurant Central* (☎938 155 469; ③), en el n.º 13, el mejor; si estuviera lleno, pruebe en el n.º 25. Si prefiere acampar, Vilanova dispone de tres **cámpings**, entre ellos el acogedor *Platja Vilanova* (abril-sept.; ☎938 950 767). En el paseo marítimo hay numerosos **restaurantes**, cuyos precios suelen ser más módicos que los de Sitges. Todos tienen mesas en el exterior y, aunque las vistas no sean tan espectaculares como en Sitges, el ambiente es bastante más tranquilo. Destacan el *Daviana*, passeig Marítim 104, que sirve un abundante menú del día por unas 1.500 pesetas, o una estupenda paella por el mismo precio. Asimismo puede comer un tentempié en *L'Orient Express*, situado frente al puerto en el passeig del Carme 48, donde sirven tapas del Mediterráneo oriental a partir de 300 pesetas.

Cunit, Puerta Romana y Torredembarra

Si hasta aquí las playas de la Costa Daurada parecen demasiado abarrotadas, algo probable durante la temporada alta, antes de Tarragona, el viajero encontrará otras posibilidades. Si va en tren, tendrá que tomar uno que pare en todas las estaciones, y no un expreso.

Cunit

CUNIT, ya en la provincia de Tarragona, se halla a unos 15 km al sur de Sitges. Aunque no tiene mucho interés —más que un pueblo es una serie de chalés— hay una buena playa muy larga. También un **cámping**, el *Mar de Cunit* (marzo-sept.; ☎977 674 058), situado detrás de la playa y algunos establecimientos agradables para **alojarse**: *Los Almendros* (☎977 675 437; ②-③), en un extremo del pueblo, pero separado de éste por la carretera, o el más caro *Hostal La Diligencia*, plaça Major 4 (☎977 674 081; ⑥, media pensión), enfrente de la iglesia, en el centro. El primero dispone de una barbacoa exterior y sirve un menú del día por unas 1.000 pesetas, mientras que el restaurante de *La Diligencia*, bastante bueno, ofrece un menú de 1.200 pesetas.

Puerta Romana y Torredembarra

La pequeña aldea de **PUERTA ROMANA**, formada por algunas calles con chalés, se encuentra 15 km antes de Tarragona, y quizá tenga la mejor playa de arena limpia y aguas claras y sea el mejor lugar para tomar el sol en este tramo de la costa. No figura en el plano ni está señalizado en la carretera principal, y la estación de ferrocarril más cercana se halla en el pequeño centro turístico de **TORREDEMBARRA** (con algunos hoteles), desde donde el viajero podrá recorrer los 4 km hacia el norte a pie. Si llega en autobús, tendrá que bajarse en el *Cámping Sirena Dorada* (☎977 801 103 y 977 801 303), situado junto a la carretera principal; permanece abierto todo el año, cambian moneda y alquilan cabañas. Para llegar a Puerta Romana desde allí, deberá dirigirse hacia el mar y atravesar las vías del ferrocarril. Allí hay otro cámping, el *Gavina* (abril-oct.; ☎977 801 503), junto a la playa. También resulta fácil llegar a Puerta Romana desde la aldea más próxima, **CREIXELL**, donde verá señales que indican el camino a la *platja* (atravesando el nuevo puente del tren). El lugar más cercano para comer es el *Puerta Romana*, un bar en el que sirven comidas sencillas y situado en la calle que está detrás de la playa.

Tarragona

TARRAGONA, emplazada sobre una colina rocosa por encima del mar, es un lugar muy antiguo. En sus orígenes, fue un asentamiento íbero y después cartaginés; más adelante sirvió como base para la conquista romana de la Península, que se inició en el 218 a.C., cuando Escipión marchó al sur para enfrentarse con Aníbal. La ciudad fortificada se convirtió en un centro imperial y, bajo el mandato de Augusto, Tarraco pasó a ser la capital de la provincia ibérica oriental perteneciente a Roma; de hecho, era la ciudad más elegante y culta de la España romana. En su época de esplendor tenía 250.000 habitantes. En la población y sus alrededores se construyeron templos y monumentos y, a pesar de que desde la época romana

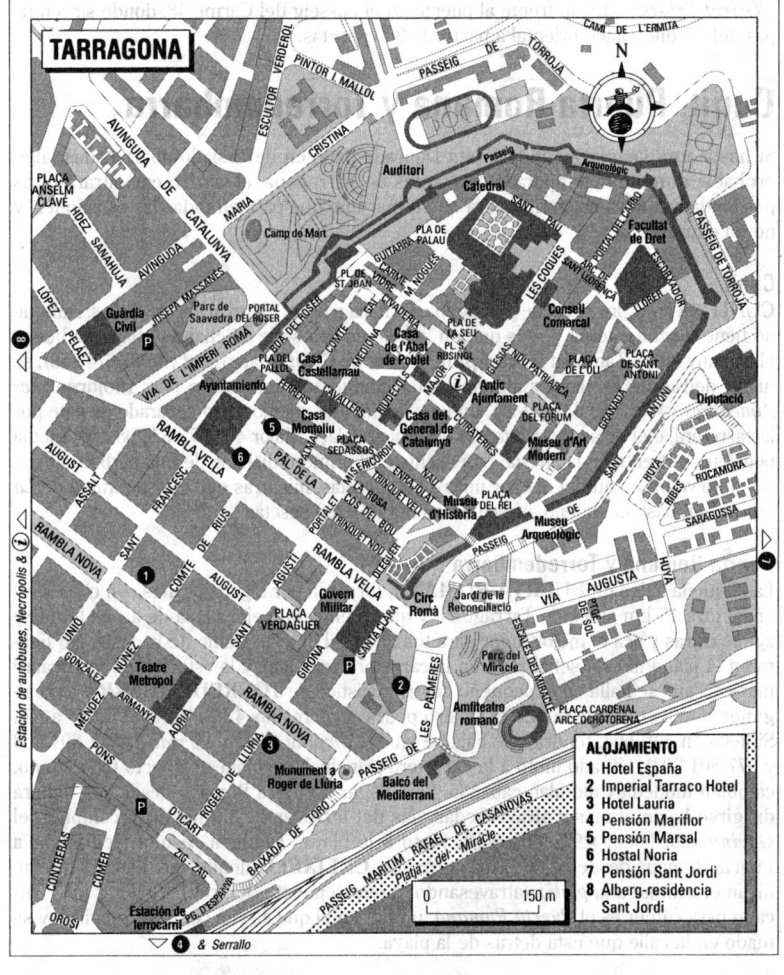

sufrió constantes saqueos, en la Tarragona actual aún se percibe este pasado distinguido.

Si el viajero pasa algún tiempo en la parte superior de la ciudad, descubrirá enseguida por qué sedujo a los emperadores: su emplazamiento estratégico —y hermoso—, donde hay espléndidas ruinas romanas y excelentes museos. También encontrará un interesante barrio medieval y en la costa rocosa algunas playas razonables. El aspecto negativo: Tarragona es el segundo puerto más grande de Cataluña y a veces esto impide las vistas al mar, pero el pescado del barrio pesquero del Serrallo siempre es bueno y fresco. Además, los suburbios situados al sur se han degradado de manera paulatina debido a la instalación de nuevas industrias (refinerías químicas y petrolíferas), que afean el carácter de Tarragona como centro turístico.

Llegada e información

La ciudad está dividida en dos sectores y dos niveles: la parte superior, predominantemente medieval y amurallada (donde el viajero pasará la mayor parte del tiempo), y otra moderna, situada más abajo. El corazón del sector superior es la amplia **rambla Nova** parecidas a las de Barcelona, en el sentido de que está flanqueada por cafés y restaurantes. Paralela a ésta, y hacia el este, se encuentra la **rambla Vella** que, como indica su nombre, marca el inicio del casco antiguo. A ambos lados de las ramblas hay numerosos restos del pasado romano de Tarragona, entre ellos varios templos, partes del foro, el teatro y anfiteatro.

La **estación de ferrocarril** se halla en la parte inferior: al salir de la estación, el viajero tendrá que subir por las escaleras para salir al extremo de la rambla Nova, y caminar un corto tramo. La **estación de autobuses** está en el otro extremo de la rambla Nova, en la plaça Imperial Tarraco. La **oficina de turismo** está en Major 39 (jul.-sept., lun.-vier., 9.30-20.30 h; sáb., 9.30-14 y 16-20.30 h; dom., 10-14 h; oct.-jun., lun.-vier., 10-14 h y 16.30-19 h; sáb., 10-14 h; dom., 10-14 h; ☎977 245 064); también encontrará taquillas de información en temporada alta (jul.-sept.) en la plaça Imperial Tarraco y al principio de la Via Augusta. Si viaja más lejos, la oficina de turismo regional está en Fortuny 4, cerca de la rambla Nova (lun.-vier., 9-14 h y 16-18.30 h; sáb., 9-14 h; ☎977 233 415).

Es poco probable que utilice la red de **autobuses locales**, excepto para ir al cámping o al acueducto (para más detalles, véase más adelante), pero en la oficina de turismo proporcionan las rutas a los interesados.

Alojamiento

Tarragona es un lugar ideal para hacer un alto en el camino, y más tranquila que Sitges. Las **habitaciones** mejor situadas son las de la peatonal plaça de la Font, en el casco antiguo y cerca de la rambla Vella. Si no hubiera cama, el viajero podrá buscar cerca de la estación de ferrocarril. Lo más barato es alojarse en el albergue de juventud *Sant Jordi* (los detalles figuran en la siguiente lista); cerca de la playa Rabassada, a pocos kilómetros de la ciudad, hay algunos pequeños hoteles y **cámpings**: para llegar al *Cámping Tarraco* (abril-sept.; ☎977 239 989), tendrá que tomar el autobús 1, 3 o 9 (cada 20 min.) desde la plaça de Corsini, cerca del mercado y el foro local.

Hotel España, rambla Nova 49 (☎977 232 712). Hotel de precio medio situado en la rambla; todas las habitaciones disponen de baño. ④-⑤

Imperial Tarraco Hotel, passeig de les Palmeres (☎977 233 040; fax 977 216 566). El hotel más caro de la ciudad, pero el mejor. Moderno y situado en la parte superior del farallón; vistas al mar. ⑧

Hotel Lauria, rambla Nova 20 (☎977 236 712; fax 977 236 700). Elegante hotel de tres estrellas, en la rambla principal. Pasados julio y agosto, los precios bajan un poco. ⑥

Pensión Mariflor, General Contreras 29 (☎977 238 231). A sólo dos manzanas de la estación de ferrocarril; es mejor de lo que parece por su situación. Es un moderno edificio de apartamentos; las habitaciones son bastante grandes, limpias y acogedoras; cobran un suplemento de 100 pesetas por una ducha caliente. ③

Pensión Marsal, plaça de la Font 26 (☎977 224 069). Encima del *Bar/Restaurante Turia*; se trata de la opción de precio más módico. Habitaciones modernas y bien conservadas; pida una con vistas a la plaza. Los baños son separados y limpios. ①

Hostal Noria, plaça de la Font 53 (☎977 238 717). Es más elegante y de más categoría que la mayoría de los hostales de la plaza, pero fuera de temporada los precios son módicos. Pregunte en el bar/cafetería. ③

Pensión Sant Jordi, Via Augusta s/n (☎977 207 515). Hace poco tiempo que esta popular pensión se ha trasladado de su emplazamiento anterior en la plaça de la Font a estas dependencias más amplias. Bien regentada y acogedora; todas las habitaciones disponen de baño. ⑤

Alberg-residència Sant Jordi, avinguda President Companys 5 (☎977 240 195). Albergue IYHF con habitaciones de cuatro o seis camas (los que tienen más de 26 años, pagan un 50 % más); dispone de instalaciones para practicar deportes; el desayuno se incluye en el precio. La recepción abre entre 7-10 h y 14-20 h; jul.-agos., se recomienda hacer la reserva; sept., cerrado. ①-②

La ciudad

Gran parte del atractivo de Tarragona reside en las **ruinas romanas** diseminadas por la ciudad. Algunos de los monumentos más interesantes están bastante alejados del centro (véase «Fuera del centro», pág. 758); no obstante, hay los suficientes como para recorrerlos a pie en 1 día, y el visitante se podrá hacer una idea cómo era la vida en la época imperial romana. El viajero debe tener en cuenta que casi todos los monumentos y museos de Tarragona permanecen **cerrados el lunes**.

Passeig Arqueològic

Si el viajero quiere obtener una visión general de la ciudad y su historia, tendrá que empezar visitando el **passeig Arqueològic** (abril-mayo, mar.-dom., 10-13.30 h y 15.30-16.30 h; jun.-sept., 9-24 h; oct.-marzo, 10-13.30 h y 15.30-17.30 h; 300 pesetas), un paseo que circunda la mitad más septentrional de la ciudad. Desde la entrada, situada en el Portal del Roser, parte un sendero que pasa entre las **murallas romanas** del siglo III a.C. y las inclinadas **fortificaciones exteriores** erigidas por los británicos en 1707 para defender Tarragona durante la guerra de Sucesión española. Hay algunos tramos de los muros megalíticos construidos por los íberos que están muy bien conservados, sobre todo dos enormes puertas; los grandes bloques de piedra utilizados para levantarlos son muy diferentes de los añadidos romanos, más refinados. Los miradores (y algunos telescopios) proporcionan vistas a la llanura que se extiende detrás de la ciudad y al mar; en el passeig podrá ver diversos restos arqueológicos: varias columnas romanas, una soberbia estatua de bronce de Augusto y unos cañones del siglo XVIII.

La Tarragona romana: la necrópolis, el foro y el anfiteatro

Las ruinas más interesantes de Tarragona son las que se hallan en la antigua necrópolis: un paseo de 20 minutos desde el centro por la avinguda Ramón i Cajal, que va hacia el oeste desde la rambla Nova. Allí se han descubierto tumbas paganas y cristianas, que abarcan un período que va desde el siglo III al VI d.C. Ahora se encuentran en el **Museu i Necròpolis Paleocristians** (mar.-dom., jun.-sept., 10-20 h; oct.-mayo,

10-13 h y 16-19 h; entrada combinada con el Museu Nacional Arqueològic, 400 pesetas; mar., entrada gratuita), cuyo acceso se encuentra en el passeig de la Independència. En el museo se exponen numerosos sarcófagos y algunos fragmentos de mosaicos, así como fotografías del sitio arqueológico; pero donde se percibe la antigua importancia de Tarragona es en el exterior, en las trincheras cubiertas y los cimientos de piedra. Hay ánforas, tablas con inscripciones y pedestales diseminados por todas partes, además de ejemplos poco comunes de la escultura visigótica posterior, e incluso algunos restos de un mausoleo. La mayor parte de las reliquias atestiguan la característica cristiana de Tarragona: san Pablo predicó aquí, y la ciudad se convirtió en un arzobispado importante tras la pérdida del poder romano. Aún quedan restos del foro romano, situado en el centro de la población. En realidad se trata de dos, ya que Tarragona, como capital de provincia, disponía de un **foro provincial** ceremonial (los pocos restos que quedan están cerca de la catedral), y un **foro local**, cuyas ruinas más sustanciales se hallan en el lado occidental de la rambla Nova, cerca de la plaza del mercado. Emplazada en el terreno llano cerca del puerto, era el foco comercial de la Tarraco imperial y fue el principal centro de reunión durante 3 siglos. El sitio arqueológico (mar.-dom., abril-mayo, 10-13.30 h y 15.30-18.30 h; jun.-sept., 9-20 h; oct.-marzo, 10-13.30 h y 15.30-17.30 h; entrada gratuita), donde había templos y pequeñas tiendas alrededor de una plaza con soportales, ha sido dividido por una carretera principal: en la actualidad, una pasarela une las dos partes, desde la cual el visitante verá una cisterna, cimientos de casas, algunos fragmentos de piedras con inscripciones y cuatro elegantes columnas.

No hay mucha distancia hasta las otras ruinas romanas ya que están en el extremo junto al mar de la rambla Vella. Lo más interesante es el **anfiteatro** (abierto como emplazamiento del foro; 300 pesetas), construido en las laderas verdes de la colina situada por debajo del hotel *Imperial Tarraco*. Los asientos en hileras, de espaldas al mar, son los originales y desde la parte superior se contemplan vistas del norte, a lo largo de la costa y hasta el cabo; el resto de los asientos fue reconstruido entre 1969-1970, junto con los túneles y edificios que quedaban.

Por encima de allí, en la misma rambla Vella, se encuentran los restos del **circo romano**, también conocido como Las Voltas del Circ, cuyas bóvedas desaparecen en la oscuridad bajo los edificios circundantes. Si el visitante quiere verlo desde cerca, en la actualidad forma parte del **Pretori i Circ** (jun.-sept., mar.-sáb., 10-20 h; dom., 10-15 h; oct.-mayo, mar.-sáb., 10-17.30 h; dom., 10-15 h; 300 pesetas la entrada combinada). Construido a finales del siglo I d.C. para celebrar carreras de carros, ha sido restaurado. El resto del museo expone imágenes generadas por ordenador de los edificios de la Tarragona romana; un ascensor se eleva hasta el tejado, desde donde el visitante contemplará bonitas vistas de la ciudad.

El casco antiguo
A pesar de todos los monumentos que alberga, el corazón de Tarragona aún está formado por la red de calles laberínticas del **casco antiguo** medieval, que se extiende al este de la rambla Vella. Aquí y allá, las elevadas mansiones de las calles laterales lucen fragmentos romanos, mientras que el carrer Major central sube hasta la **catedral** (mediados marzo-jun., lun.-sáb., 10-13 h y 16-19 h; jul.-mediados oct., lun.-sáb., 10-19 h; mediados oct.-mediados nov., lun.-sáb., 10-12.30 h y 15-18 h; mediados nov.-mediados marzo, lun.-sáb., 10-14 h; 300 pesetas; mar., entrada gratuita), situada en un extremo de una ancha escalinata. Además de bonita la catedral es un perfecto ejemplo de la transición del románico al gótico, algo que se ve sobre todo en la fachada principal, en la que un elevado pórtico gótico está enmarcado por puertas románicas, encima de las cuales hay una cruz y un rosetón. Salvo durante la misa, se accede a la catedral a través de los **claustros** (el visitante verá un cartel indicador en la calle, a la izquierda de la fachada); los claustros lucen unos soberbios arcos góticos, suavizados

por divisiones más pequeñas redondeadas. Asimismo tiene algunos capiteles con esculturas extrañas (en uno de ellos aparece el funeral de un gato dirigido por ratas). La entrada permite acceder a la catedral, y a su sala capitular y sacristía, un conjunto que forma el **Museu Diocesà**, repleto de tesoros eclesiásticos.

Al recorrer las calles del casco antiguo el viajero podrá visitar los excelentes museos de Tarragona. Se recomienda entrar en una de las más soberbias mansiones medievales de la ciudad, la **Casa Museu de Castellarnau**, en Cavallers 14 (jun.-sept., mar.-dom., 10-20 h; oct.-mayo, mar.-sáb., 10-13.30 h y 16-19 h; entrada combinada, 300 pesetas). Sólo el patio interior ya merece una visita, con sus arcos y escudos de armas de piedra, construidos encima de bóvedas romanas. Además, se exponen objetos arqueológicos e históricos (monedas y vasijas), rescatadas gracias a algunos muebles y objetos decorativos catalanes del siglo XVIII.

Los museos de arqueología e historia

Las exposiciones más interesantes de la ciudad se encuentran en edificios adyacentes, cerca de la plaça del Rei, en el límite del casco antiguo. El espléndido **Museu Nacional Arqueològic** (jun.-sept., mar.-dom., 10-20 h; oct.-mayo, mar.-sáb., 10-13.30 h y 16-19 h; entrada combinada con el Museu i Necròpolis Paleocristians, 400 pesetas; mar., entrada gratuita) dispone de una entrada compartida con la necrópolis, y no hay que perdérselo. Esta gran colección es un reflejo de la riqueza de la Tarraco imperial y está muy bien distribuida; empieza en el sótano con un tramo de un antiguo muro romano conservado *in situ*. En las otras plantas hay exposiciones temáticas dedicadas a las ruinas y los edificios diseminados por Tarragona, acompañados por imágenes, textos y reliquias, además de salas enteras en las que se muestran inscripciones, esculturas, cerámica y joyas, incluso una serie de anclas recuperadas del mar. Aún más importante es la colección inusualmente completa de mosaicos, que ejemplifican las etapas de su desarrollo, desde los dibujos en blanco negro del siglo I d.C. hasta las elaboradas imágenes policromáticas de los siglos II y III.

Fuera del centro: las ruinas, el puerto y las playas

Tarragona es bastante compacta y por ello el viajero podrá ir a todas partes a pie y también llegar hasta la mayoría de los barrios periféricos. Se tarda menos de 30 minutos en alcanzar la zona portuaria del **Serrallo** o, al otro lado de la ciudad, hasta la mejor playa local, la **Rabassada**. Para ir al **acueducto** romano, 4 km al interior, se recomienda tomar el autobús; pero para visitar la mayor parte de las ruinas romanas diseminadas por la campiña circundante, tendrá que disponer de vehículo propio.

Otros restos romanos

El monumento más notable de Tarragona (y el menos visitado) se encuentra en el exterior de las murallas originales de la ciudad. Se trata del **acueducto romano**, popularmente conocido como Pont del Diable (puente del diablo), que llevaba agua desde el río Gayo, situado a unos 32 km. El tramo existente más espectacular, de casi 220 m de largo y 26 m de altura, se halla en un valle lleno de matorrales, cerca de la carretera principal y en medio de la nada; el viajero tendrá que tomar el autobús 5 (con un cartel que indica *San Salvador*, sale cada 20 min. de la parada de avinguda Prat de la Riba 11, cerca de la avinguda Ramón i Cajal; el último regresa alrededor de las 22.45 h); tardará unos 10 minutos. No cabe duda de que la excursión merece la pena.

Hay otros monumentos romanos locales de más difícil acceso; de hecho, si el viajero no dispone de vehículo propio, es prácticamente imposible. Si quiere intentarlo, tendrá que fijarse en las señalizaciones y de vez en cuando pedir que le indiquen el camino. La cuadrada **torre dels Escipions**, de tres plantas, un monumento funera-

rio construido en el siglo II d.C. y de casi 10 m de altura, se erige cerca de la N-340, la carretera principal a Barcelona, 6 km costa arriba, hacia el noreste. Unos 2 km más al norte, está la **pedrera del Mèdol**: la cantera excavada que proporcionaba gran parte de la piedra que se utilizaba para construir los edificios de Tarragona. A 20 km de la ciudad, después de la salida a Altafulla, se alza el triunfal **arc de Berà**, construido por encima de la gran Via Maxima en el siglo II d.C.

Serrallo

Una caminata de 15 minutos por los muelles industriales desde la estación de ferrocarril (o la misma distancia hacia el sur desde la necrópolis) conduce al puerto del **SERRALLO**, el llamado «barrio de pescadores» de Tarragona. Fue construido hace 1 siglo, y se trata de un puerto auténtico, pues hay barcas de pesca amarradas y redes tendidas para ser remendadas; no obstante, tal vez el viajero le interesen más los **restaurantes donde sirven pescado y marisco**, en el principal muelle de pescadores. La mayoría de los días podrá comer en alguno de ellos; pero los fines de semana, cuando acuden los lugareños, tendrá que llegar temprano para conseguir una mesa. Ninguno de los restaurantes resulta muy barato, pero en la calle de atrás encontrará un par de establecimientos más sencillos, y merece la pena fijarse en los menús del día; tal vez pueda comer por unas 1.500 pesetas por persona. En caso contrario, no le quedará más opción que comer a la carta, aunque el pescado es fresco. En *La Puda* (n.º 25), en un extremo del barrio, hay mesas con vistas al puerto tanto en el interior como en el exterior; sirven tapas de marisco y un menú principal caro pero excelente; el menú compuesto por tres platos de marisco para dos personas, vino incluido, cuesta unas 8.000 pesetas.

Después de comer, el viajero podrá regresar a Tarragona y recorrer el laberinto de barcas y redes a lo largo de las vías del tren o esperar en la carretera principal y tomar el autobús 2 hasta el casco antiguo.

Las playas de Tarragona

La que está más cerca de la ciudad es la extensa **platja del Miracle**, situada al otro lado de las vías del tren, por debajo del anfiteatro. Pero la más bonita se encuentra a 2 km costa arriba, a la que se accede por la Via Augusta (que sale del extremo de la rambla Vella) y girando a la derecha en el *Hotel Astari*. La carretera principal y el puente del tren dan paso a un camino que contornea el cabo y baja a la **platja Rabassada**, un paseo agradable con vistas a la playa. En verano cubre el trayecto un servicio regular de autobuses (1, 3 o 9) que salen de diversos puntos de la ciudad.

La Rabassada no tiene nada de especial, pero es bastante amplia. Allí está el **bar-restaurante** *Brasilmos*, un chiringuito situado en un extremo del cabo, donde sirven tapas de marisco, suena música latinoamericana, y algunas noches de verano tocan música en vivo. Asimismo el viajero encontrará dos chiringuitos más, y debajo de las vías del tren, junto al *Brasilmos*, se halla la pequeña aldea de **RABASSADA**, en la que hay dos o tres restaurantes, un par de hoteles y hostales, un supermercado y dos **cámpings**, incluido el *Càmping Tarraco* (véase «Alojamiento», pág. 755). Un poco más allá, en la **platja Llarga**, algunos restaurantes ofrecen comida a buen precio y abren hasta tarde. En la **discoteca** cubana *Corasón*, las familias de la localidad —abuelos incluidos— se pasan la noche bailando, animados por los cócteles. La entrada es gratuita, pero se paga al menos una copa.

Comida y copas

En el centro de Tarragona abundan los buenos **restaurantes**, y en el Serrallo las marisquerías y restaurantes especializados en pescado. Muchos, sobre todo en la plaça de la Font y alrededores, disponen de mesas al aire libre en verano. La **especialidad**

regional es el «pescado romesco» (con salsa romesco) y se suele ofrecer en los menús del día. Los ingredientes básicos de la salsa romesco son: pimienta, almendras y/o avellanas, aceite de oliva, ajo y una copa de vino del Priorat. Existen numerosas variantes, ya que los cocineros suelen darle su toque personal. No hay tantos **bares** buenos, aunque sí algunos recomendables que aparecen en la siguiente lista. En cuanto a **pasteles** y **helados**, en la rambla Nova encontrará muchos cafés al aire libre, todos muy frecuentados. Los **mercados** de Tarragona figuran en «Direcciones prácticas», página siguiente.

Restaurantes

Bar-Restaurante Turia, plaça de la Font 26. Comedor sencillo y comida casera. No sirven una gran selección, sólo el menú del día de 900 pesetas, pero es muy económico y bastante bueno.

Can Llesques, Natzaret 6, en la plaça del Rei. Restaurante con mucho ambiente; sirven *pa amb tomàquet*, acompañado por bebidas servidas en jarras de cerámica. Muy popular; de hecho, tendrá que ir temprano o esperar que se desocupe alguna mesa. En las mesas del exterior cobran un suplemento del 10 %.

El Caserón, Cos del Bou 9. Pequeño restaurante cerca de la plaça de la Font; sirve un buen menú básico: conejo, paella, carne asada y patatas fritas; menú del día por precios módicos. Lun. después de las 17 h, sáb.-dom., cerrado.

Les Coques, Nou del Patriarca. Buena comida en un restaurante catalán de categoría, situado cerca de la plaça de la Seu y de la catedral. Unas 3.000 pesetas por persona. Dom., cerrado.

Mistral, plaça de la Font 17. Sirven pizzas por unas 500 pesetas, además del menú habitual, incluido un pescado romesco caro. El principal atractivo son las mesas situadas en la plaza en verano. Dom. invierno, cerrado.

La Pizzería, Cos del Bou 6. Hay pizzerías más baratas, pero esta familiar es tranquila y de ambiente acogedor. Lun. mediodía y dom., cerrado.

El Plata, August 20. En verano, se cena en las mesas situadas en la zona peatonal, entre ambas ramblas. Sirve un menú del día por 1.125 pesetas y una amplia selección de tapas.

Bares y cafés

Bar Frankfurt El Balcón, rambla Nova 3. En el mejor sitio de la rambla y con mesas al aire libre, en la terraza junto a la estatua de Roger de Llúria. Bocadillos y tapas.

Bar Musical El Cau, Trinquet Vell 2. Situado en una bóveda subterránea romana en el casco antiguo, en este local oscuro tocan indie-pop o rock en vivo todos los sábados por la noche. Todos los días, 22-4 h; los precios de la barra son razonables.

Café L'Antiquari, Santa Anna 3. Café tranquilo con música funk y rock, y diversos artefactos e imágenes religiosas, incluido un confesionario convertido en cabina telefónica. En un tablón de anuncios en la entrada figuran los espectáculos de la ciudad.

Café Cantonada, Fortuny 23. Café-bar con un interior amplio y una mesa de billar. Desayunos desde las 8.30 h hasta el mediodía; Lun., cerrado.

El Candil, plaça de la Font 13. Bar de moda y acogedor, donde sirven una amplia selección de tés de hierbas y copas.

Frankfurt, carrer Canyelles (cerca de la rambla Nova, a la izquierda antes de la fuente). Sirve buenos bocadillos fríos y calientes, preparados en la barra; hay una amplia selección, entre 200-400 pesetas por bocadillo.

La Geladeria, plaça del Rei 6. Heladería popular ante el Museu Nacional Arqueològic.

Moto Club Tarragona, rambla Nova 53. Animado bar de la rambla, donde transmiten partidos de fútbol. Todos los días, 7-24 h; sirven copas y tentempiés.

Pastisseria Granta, Major 32. En esta *pastisseria* moderna y elegante sirven tartas y pastas, tanto en la barra como en las mesas; popular los dom.

La Penya, plaça de la Font 35. Bar agradable donde sirven abundantes platos catalanes con generosas dosis del vermú de la casa (125 pesetas la copa); si lo pide con 2 días de antelación, también preparan excelentes platos mexicanos.

Tupac'Amaru, Via de l'Imperi Romà 11. Bar maravilloso y extraño con decoración psicodélica, futbolines y una buena colección de música tecno.

Direcciones prácticas

Agencias de viaje Para excursiones locales, información de trenes y autobuses, y comprar billetes, contacte con Viajes Eurojet, rambla Nova 40; Viatges Marsans, carrer Comte de Rius; Vibus, rambla Nova 125 o Wagon Lits, Cristòfor Colom 8.

Alquiler de automóviles Atesa, en Viatges Marsans, Lleida 11 (☎977 219 867); Racc, rambla Nova 114 (☎977 211 962); Avis, Pinisoler 10 (☎977 219 156); Hertz, Via Augusta 91 (☎977 384 137).

Bancos y cambio Muchos bancos tienen sucursales en la rambla Nova. Fuera del horario bancario, podrá cambiar moneda y cheques de viaje en Viajes Eurojet, rambla Nova 42 (lun.-vier., 9-13.30 h y 16.30-20.30 h; sáb., 9-13 h). En esta agencia también atienden asuntos relacionados con American Express.

Cines Oscars, Ramón i Cajal 15; Lauren Multicines, Vidal i Barraquer 15-17 y Catalunya, rambla Vella 9. Listados en la oficina de turismo o el periódico.

Correos Plaça Corsini (lun.-vier., 8-20.30 h; sáb., 8-14 h).

Emergencias Marque el ☎092 o el ☎977 222 222 para pedir una ambulancia.

Hospitales Hospital de Sant Pau i Santa Tecla, rambla Vella 14 (☎977 259 900).

Información de autobuses En la oficina de turismo y la taquilla del carrer Cristòfor Colom (☎977 549 480) proporcionan información sobre los autobuses locales. Información de la terminal de autobuses en el ☎977 229 126.

Información de trenes Información en el ☎977 240 202. Hay una oficina de Renfe en rambla Nova 40, donde venden billetes y proporcionan información (lun.-vier., 9-13 h y 16-19 h; ☎977 232 534).

Líneas aéreas Iberia, rambla Nova 116 (☎977 240 696 y 977 240 751).

Mercados Hay un mercado diario (dom. no) en la plaça Corsini y alrededores, cerca del foro provincial; mercado cubierto en la plaça Corsini (lun.-vier., 9-13 h y 16-20 h; sáb., 7-13 h). Los domingos suele haber un mercado de antigüedades en las escalinatas ante la catedral, que se extiende a los soportales del carrer Merceria, donde venden joyas, bisutería, artículos de decoración y antigüedades.

Taxis Encontrará paradas en la rambla Nova (ante el Moto Club), en la plaça de la Font, la estación de ferrocarril y la terminal de autobuses. También puede telefonear al ☎977 221 414, ☎977 236 064 o ☎977 215 656.

Salou y Cambrils

La costa al sur de Tarragona es monótona; además resulta difícil llegar a las playas en transporte público y pocas llaman la atención. Consisten en tramos de arena estrechos y largos, y casi todas están junto a enormes cámpings de caravanas, siempre repletos

y lejos de cualquier parte. En esta zona de la Costa Daurada se encuentra uno los mayores centros turísticos de Cataluña: el gran tramo costero que forman **Salou** y **Cambrils**. En realidad, se trata de dos localidades separadas, pero los pocos kilómetros que las separan se han llenado de apartamentos turísticos, bares y restaurantes. Tal vez el viajero prefiera evitarlas, sobre todo a mediados de verano, cuando cada metro disponible está reservado y el ambiente huele a bronceador; no obstante, Cambrils ofrece algún atractivo, sobre todo fuera de temporada.

Salou

El trayecto de 10 minutos en tren de Tarragona a SALOU no resulta atractivo, ya que antes de llegar al centro turístico (un tramo casi ininterrumpido de edificios de apartamentos y hoteles que descienden hasta el mar) se atraviesa una red formada por las tuberías y los tanques de las petroquímicas. En Salou hay tres o cuatro playas que circundan una amplia bahía y que están de espaldas a un paseo flanqueado por palmeras. Desde el paseo marítimo parece atractivo, pero es un sitio de poca categoría, que en verano se encuentra lleno hasta la bandera y las calles que salen de la playa están flanqueadas de «pubes ingleses» y restaurantes donde sirven comida y cerveza a precios elevados.

Justo en las afueras de la localidad, se halla el parque de atracciones **Universal Studios Port Aventura** (marzo-nov., lun.-sáb., 10-20 h; sáb.-dom., 10-22.30/24 h; adultos, 4.600 pesetas; niños, 3.400 pesetas; información, ☎902 202 220). Este enorme parque, que dispone de su propia estación de Renfe, está dividido en cinco partes temáticas entre ellas China y el Lejano Oeste; en todas ellas hay atracciones, restaurantes y espectáculos en vivo. Cada año aumentan las atracciones, en especial las relacionadas con los Universal Studios. Si el viajero le apetece ir puede comprar un pase de 2 (6.500/5.200 pesetas) o 3 días (8.800/6.800 pesetas) y alojarse en Salou, donde abundan pensiones y hoteles. De lo contrario, es mucho mejor dirigirse a Cambrils, que se encuentra a 7 km al sur. Un servicio regular de autobuses recorre la carretera de la costa entre ambas y se halla una parada más allá de Salou en tren.

Cambrils

CAMBRILS es una localidad más pequeña y bonita; está de espaldas a un amplio puerto, donde aún hay barcas pesqueras y redes extendidas. En verano es tan frecuentado como cualquier otro centro turístico de la costa catalana; por ello, tal vez sea mejor hacer una visita de 1 día a Cambrils desde Tarragona, situada a sólo 15 minutos más al norte. Pero fuera de temporada, suele ser un lugar más tranquilo; aunque resulta difícil encontrar alojamiento barato, merece la pena pernoctar para comer en uno de sus restaurantes especializados en pescado y pasear por el puerto y las playas cercanas. Todos los miércoles, hay un **mercado** (el de Salou es los lunes).

Llegada e información
Si el viajero **llega en autobús** desde Tarragona, pasará por Salou y tendrá que apearse en el puerto de Cambrils. Si lo hace en **tren**, deberá caminar unos 15 minutos de la parte no costera de la localidad hasta Cambrils-Port (el puerto); al salir de la estación, tendrá que girar a la derecha y luego otra vez a la derecha en la carretera principal, hacia el mar. La **oficina de turismo** principal se halla al otro lado del puente, a la izquierda (todos los días, 10-13 h y 17-20 h; ☎977 361 159); allí proporcionan planos gratuitos, mientras que los horarios de los autobuses locales y trenes están pegados en la puerta. Además, ayudan a encontrar una habitación. Se llega a Cambrils-Port bajando por cualquiera de las calles que salen de allí.

Alojamiento

Encontrar **habitaciones** puede ser un problema, ya que la mayor parte del alojamiento disponible son apartamentos. Los pocos hoteles resultan caros y no suelen rebajar los precios fuera de temporada. En la plaza ante la estación de ferrocarril, y camino del puerto, hay algunos lugares donde alquilan habitaciones, aunque la zona está a 15 minutos del centro.

Cerca del puerto, encontrará hoteles y establecimientos que sólo alquilan habitaciones, como el *Hostal Moncusi*, Roger de Llúria 8 (☎977 360 029; marcado CH; ③), cuyas habitaciones limpias y luminosas (sin baño) son baratas; pregunte en el *Restaurant Playa*. El *Hotel-Restaurant Miramar*, passeig Miramar 30 (☎977 361 394; ⑥), es un poco más caro, pero está bien situado y tiene vistas al mar; el precio incluye el desayuno.

En Cambrils y sus alrededores hay ocho **cámpings**; en la oficina de turismo proporcionan un plano gratuito donde figuran todos. El más cercano al centro es el *Càmping Horta* (abril-oct.; ☎977 361 243), al norte del puerto, en el extremo superior de la rambla Regueral; los demás se extienden por la costa en ambas direcciones.

Comida

En Cambrils, los precios tienden a ser elevados, pero si el viajero está dispuesto a gastar dinero, el puerto ofrece muchas opciones y encontrará algunos **restaurantes** especializados en pescado. El *Restaurant Playa* (véase arriba), sirve tres menús del día de precios diferentes; el más caro (1.500 pesetas) garantiza una buena comida. En los demás, el menú del día cuesta unas 1.200 pesetas, aunque comer a la carta en una de las marisquerías en primera línea del puerto supone gastar más dinero.

En diversos establecimientos del carrer Pau Casals ofrecen platos más baratos, como el *Restaurant-Pizzería El Capi*, en el n.º 16; también puede tomar un plato combinado más barato en la *Cafetería La Sirena*, Sant Pere 2 (la entrada está en Roger de Llúria; jue., cerrado). El bar frente a la estación de ferrocarril sirve tapas de marisco y los típicos platos básicos.

Al sur de Cambrils

Más allá de Cambrils, el tren va a lo largo de una costa muy poco atractiva. Entre las urbanizaciones hay cámpings y playas que podrían resultar tentadoras para los automovilistas, pero no para los que viajan en los trenes, poco frecuentes. Tal vez el único lugar atractivo sea **L'AMETLLA DE MAR**, una localidad turística donde abundan las habitaciones y los restaurantes. En cuanto el viajero atraviese esta zona, aparecerá el paisaje del delta del Ebro (véase pág. siguiente), antes de que el tren gire hacia el interior, a Tortosa, que se recorta contra las montañas.

Tortosa

La única ciudad de cierta extensión del sur de Cataluña es **TORTOSA**, situada en el interior y junto al río Ebro. En la Guerra Civil, el frente se situó en las afueras de Tortosa durante varios meses, hasta que los nacionales tomaron la ciudad en abril de 1938. La batalla se cobró 35.000 vidas, un trágico episodio que se recuerda con el monumento situado sobre un gran pedestal de piedra en el centro del río. Pero la guerra también arrasó los monumentos. De hecho queda poco del barrio medieval en las calles antiguas que rodean la **catedral**, aunque ésta merece una visita. Fundada en el siglo XII en el lugar donde había una mezquita más antigua, fue reconstruida en el siglo XIV, y su interior gótico y el claustro, aunque muy desgastados, son soberbios. Asimismo hay algunas casas modernistas interesantes (marcadas en el plano que proporcionan en la oficina de turismo).

La Suda, el punto más atractivo de Tortosa, también es el más elevado: se trata del antiguo castillo, situado por encima de la catedral; se asoma al valle del Ebro y las montañas por detrás de sus almenas. Al igual que otros castillos de España, se ha convertido en un parador de lujo, pero al viajero le gustarán las vistas que se contemplan desde las murallas, e incluso podrá tomar una copa en su elegante bar. Desde la catedral, el carrer Suda conduce directamente hasta el castillo.

Al otro lado de La Suda, un jardín situado por debajo del castillo alberga una colección de **esculturas** cuyo autor es Santiago de Santiago (abril-mediados sept., mar.-sáb., 10-13 h y 16.30-19.30 h; dom., 10-14 h; mediados sept.-marzo, mar.-sáb., 10-13 h y 15.30-17.30 h; dom., 10-14 h; 300 pesetas). Las figuras humanas están inspiradas en temas como «La Ambición» y «El Amor», y el atractivo principal consiste en una torre de 10 m de altura, formada por cuerpos entrelazados que supuestamente describen la lucha de la humanidad.

Aspectos prácticos

Tortosa es el principal nudo de comunicaciones de la región; desde allí parten autobuses hacia las principales localidades y las aldeas del delta del Ebro (véase abajo). Éste es el motivo principal para acudir, ya que la ciudad no tiene mucho interés, salvo que el viajero se aloje en el parador. **Saliendo de Cataluña**, hay servicios regulares de **autobús** que parten de Tortosa a Vinaròs (al sur, en la provincia de Castellón), desde donde el viajero puede llegar hasta la localidad de Morella, en las montañas; otros servicios menos regulares van a Alcañiz, en Aragón. Los **trenes** pasan por Vinaròs y se dirigen al sur, camino de Valencia.

La principal **oficina de turismo** (lun.-vier., 10-13 h y 16-19 h; sáb., 10-13 h; ☎977 510 822) se halla en la plaça Bimil Lenari, al sur de la ciudad; el viajero encontrará una oficina más céntrica abierta en verano (abril-sept., mar.-sáb., 10-13 h y 16-20 h; dom., 10-13 h; ☎977 442 567) en la calle principal, la avinguda de la Generalitat, situada en el parque, a la izquierda. Para llegar hasta allí desde la estación de ferrocarril o la terminal de autobuses, tendrá que seguir las vías hacia el río y girar a la izquierda debajo del puente, en dirección contraria al centro. En el n.º 133 de la misma avenida está la *Pensión Virginia* (☎977 444 186; ②), un buen lugar para alojarse si el presupuesto no le alcanza para pagar el **parador** (☎977 444 450; fax 977 444 458; ⑦) de La Suda; si pernocta aquí, también deberá comer, ya que dispone del mejor **restaurante** de la ciudad, abierto a los que no se alojen. El restaurante de la *Virginia* también es bueno, pero en Tortosa los buenos establecimientos para comer escasean.

El delta del Ebro

El **delta del Ebro** se encuentra en el ángulo inferior de Cataluña: unos 320 km² de delta arenoso que forma la mayor marisma de Cataluña y uno de los hábitats acuáticos más importantes del Mediterráneo occidental. Declarado parque natural, sus lagunas salobres, pantanos, dunas y juncales albergan a miles de aves migratorias y proporcionan una excelente pesca; alrededor de un 15 % de la pesca total de Cataluña proviene de esta zona. El delta está habitado desde la época de la conquista musulmana —algunos de los nombres locales tienen influencias árabes— pero durante siglos, la malaria endémica y las grandes inundaciones impidieron que aumentara la población; por ello, los asentamientos del delta sólo han adquirido cierta estabilidad en épocas relativamente recientes.

Gran parte de la zona ocupada por el **Parc Natural del Delta de l'Ebre** está protegida y el acceso es limitado. Al viajero le resultará difícil recorrerlo si no dispone de vehículo propio, aunque el esfuerzo de hacerlo se compensa por la tranquilidad y el espacio. Si depende del autobús para desplazarse, tendrá que dirigirse a una de las

tres localidades principales: Amposta, Sant Carles de la Ràpita o Deltebre, donde encontrará alojamiento y servicios de barcas que recorren el delta. Fuera de las localidades podrá acampar en ciertas zonas.

Amposta
AMPOSTA, situada en la orilla occidental opuesta del delta, es la mayor población de la región pero la menos atractiva, y no es un lugar con un gran interés. Hay un par de establecimientos donde alojarse en el límite de la localidad y una **oficina de turismo** en Sant Jaume 1 (abril-mediados sept., lun.-sáb., 10-13 h y 16-19 h; dom., 10-14 h; oct.-mediados marzo, lun.-vier., 11-13 h; ☎977 703 453; fax 977 702 324), allí se pueden informar sobre la posibilidad de alquilar una barca.

Sant Carles de la Ràpita
SANT CARLES DE LA RÀPITA, al sur, es más agradable; el viajero podrá ir en los autobuses regulares desde Tortosa (salen menos los fines de semana). Asimismo, hay una **oficina de turismo** (jun.-sept., lun.-vier., 10-13 h y 17.30-20.30 h; sáb.-dom., 10-13 h y 17-19 h; oct.-mayo, lun.-sáb., sólo por la mañana; dom., cerrado; ☎977 740 100), situada en el ayuntamiento. En verano hay bastante movimiento, y las familias acuden a los cámpings de la costa (si se aloja en ellos, tendrá que estar preparado para enfrentarse a millones de mosquitos) y restaurantes que supuestamente sirven las mejores gambas del Mediterráneo. Pero salvo que el viajero disponga de un automóvil, sólo podrá acceder a las inmediaciones de Amposta.

Alquilan **habitaciones** en la *Pensión Roca Mar*, avinguda Constitució 8 (☎977 740 458; ③), que dispone de buenas habitaciones sin baño, o la *Pensión Agustí*, Pilar 2 (☎977 740 427; ④), cuyas habitaciones con baño sólo son un poco más caras. En esta última también hay algunas con aire acondicionado, algo poco común en la zona. El excelente **restaurante** de la *Pensión Agustí* es frecuentado por los lugareños, al igual que el *Can Víctor*, señalizado por toda la población, cuya situación junto al mercado garantiza la frescura de sus productos. En julio, los restaurantes locales se turnan para presentar menús de promoción.

Deltebre, Sant Jaume d'Enveja y alrededores
Desde Amposta, tanto la carretera como el río van hacia **DELTEBRE** (salen autobuses desde Tortosa), que se encuentra en el centro del delta. En la **oficina de información del parque**, situada en el límite de la localidad, en Ulldecona 22 y bien señalizada (lun.-vier., 10-14 h y 15-18 h; sáb., 10-13 h y 15.30-18 h; dom., 10-13 h; ☎977 489 679), proporcionan un plano del delta e información sobre excursiones y paseos locales. En el mismo lugar hay un interesante **Ecomuseo** (mismos horarios; 100 pesetas), con un acuario repleto de especies (no comestibles) del delta; también administra puestos para observar aves que dan a una laguna. En Deltebre encontrará tres o cuatro establecimientos para alojarse, todos con precios razonables, y también un **albergue de juventud** (☎977 480 136; ④), en avinguda Goles del Ebre; un transbordador atraviesa el Ebro hasta **SANT JAUME D'ENVEJA**. Los restaurantes locales sirven estupendos platos de pescado; la especialidad es el *arròs a banda*, un plato parecido a la paella, salvo que el arroz se sirve por separado, antes que el marisco.

Entre Amposta y el mar abierto hay tres islas; la mayor es la **isla de Buda**, junto a la desembocadura del río. El viajero verá arrozales por todas partes, y podrá llegar tomando una barca desde Deltebre o un transbordador desde Sant Jaume. La carretera que recorre la orilla sur del río conduce hasta la llamada playa Eucalipto, donde encontrará un cámping, el *Mediterrani Blau* (☎977 479 046). Debe tener cuidado y no exponerse al sol en estas zonas llanas y ventosas.

Tierra adentro: hacia Lleida

La línea férrea desde Barcelona se divide en Tarragona; el viajero puede optar por ir al sur, a Tortosa, o **tierra adentro** para emprender un viaje monótono de 3 horas hacia el noroeste, atravesando la planicie hasta Lleida. Ir en autobús de Tarragona a Lleida es un poco más interesante, aunque sólo sea por las bonitas vistas de la llanura. El autobús también llega directamente hasta el único punto de interés importante de la región: el monasterio de Poblet, que el viajero puede visitar en medio día y después seguir hasta Lleida. Asimismo podrá llegar en tren, pero esto supone recorrer una parte del camino a pie, algo nada desagradable si hace buen tiempo, ya que el paisaje es muy bonito.

Montblanc

La ciudad medieval amurallada de **MONTBLANC**, situada a 8 km antes de la salida al monasterio de Poblet, también se halla sobre la línea férrea que va a Lleida, de modo que el viajero puede visitar ambas en el mismo recorrido. Se trata de un lugar hermoso y suele estar muy animado, por la tarde, sobre todo en la plaça Major. En las calles antiguas hay muchos monumentos románicos y góticos; todos figuran en un plano fijado en la puerta medieval de la ciudad, el **Portal de Boue**, que se encuentra a unos 100 m de la estación de ferrocarril.

Se recomienda visitar la magnífica iglesia parroquial de **Santa Maria**, justo por encima de la plaza central; su fachada luce caras de leones a ambos lados de la puerta principal, y hay querubines subiendo por las columnas. Desde la colina, que antes estaba fortificada, situada detrás de la iglesia, se contemplan espléndidas vistas de los tejados, las torres y murallas, así como de la llanura que se extiende más allá. Otras dos iglesias merecen una visita: la románica de Sant Miquel (que suele estar cerrada) y Sant Marcel, al otro lado de la colina, que alberga el **Museu Marès** (jun.-sept., mar.-sáb., 10-14 h y 16-20 h; dom., 10-14 h; oct.-mayo, sólo sáb.-dom.; entrada gratuita). Al igual que el de Barcelona, expone una ecléctica colección de esculturas y arte religioso. Montblanc también posee un buen museo de historia local, el **Museu Comarcal de la Conca del Barberà** (jun.-sept., mar.-sáb., 10-14 h y 17-20 h; dom., 10-14 h; oct.-mayo, mar.-sáb., 10-13 h y 16-19 h; dom., 10-14 h; 400 pesetas), cerca de la plaça Major, por debajo de la iglesia, interesante e instructivo, aunque toda la información es en catalán.

Aspectos prácticos
En el interior del edificio de la Casa de la Vila, en la porticada plaça Major, hay una **oficina de turismo**. Si está cerrada, el policía apostado en la puerta le dará un plano si el viajero se lo pide con amabilidad. Si se desplaza en automóvil, Montblanc constituye una buena base para visitar Poblet; incluso a pie, sólo hay 8 km hasta el monasterio. El establecimiento más agradable para alojarse es la *Fonda dels Àngels*, plaça Àngels 1 (☎977 860 173; ③), en la primera plaza después de atravesar la puerta de la localidad; también sirven comidas.

El monestir de Poblet

Hay pocas ruinas más emocionantes que las del **MONESTIR DE POBLET**, que se halla en un terreno abierto y se extiende por el interior de unas enormes murallas almenadas y puertas con torreones. En el pasado, era el mayor monasterio de Cataluña; de hecho, era una aldea señorial completa que disfrutaba de amplios derechos y una gran riqueza. Fue fundado en 1151 por Ramón Berenguer IV, que unificó los reinos de Cataluña y Aragón. Sus reyes optaron por ser enterrados en la capilla y, durante

3 siglos, dedicaron grandes sumas de dinero a su conservación, una munificencia inevitablemente corruptora. A finales de la Edad Media, Poblet se había convertido en sinónimo de decadencia; de hecho, circulaban historias lascivas acerca de este monasterio cisterciense. Y así siguió, odiado por el campesinado de la localidad, hasta la revolución carlista de 1835, cuando una turba furiosa lo incendió y destruyó, con tanto ahínco que un viajero inglés que lo visitó 36 años después comentó que «la violencia y la venganza están inscritas en cada piedra».

En 1940, el monasterio volvió a ser habitado por cistercienses italianos y, a lo largo de las últimas décadas, se ha emprendido su restauración. Muchas partes siguen en ruinas, pero después de traspasar las puertas principales, el viajero podrá visitar el conjunto de edificios. Los **claustros**, el centro de la vida monástica, son la parte más evocadora y bonita. Su estilo es románico tardío; tienen un pabellón y una fuente que dan paso a una serie de salas: una soberbia **sala capitular** gótica (los antiguos abades están enterrados en tumbas bajo el suelo), bodegas, un vestíbulo, una **cocina** equipada con fogones y cacerolas de cobre, y un **refectorio** sombrío revestido de madera.

Más allá, entrará en la **capilla**, donde se hallan las tumbas del siglo XIII de los reyes de Aragón, que fueron restauradas por Frederic Marés, el coleccionista de Barcelona. Se encuentran dentro de sarcófagos de mármol a ambos lados de la nave; allí hay un retablo del siglo XVI. También podrá visitar el amplio **dormitorio**, al que se accede desde el coro de la capilla, un emotivo recuerdo de la disciplina cisterciense. Desde el dormitorio, una de cuyas mitades permanece cerrada al público (aún se utiliza) una puerta conduce al tejado del claustro, desde donde el visitante podrá admirar el mismo claustro y las torres de la capilla.

La entrada al monasterio cuesta 500 pesetas, y está abierto todos los días desde las 10 h hasta las 12.30 h y desde las 15 h hasta las 18 h (en invierno cierra media hora antes). Oficialmente, sólo lo podrá recorrer formando parte de una **visita guiada**. La visita tarda 1 hora y empieza cada media hora (dom. y festivos, cada 15 min.). Sin embargo, si no se reúne un grupo lo bastante amplio, tal vez el portero permita el acceso para que el visitante pueda pasearse solo. Hay una **oficina de turismo** a la izquierda, en la entrada (todos los días, 10-13.30 h y 15-18 h; ☎977 871 247).

Llegar en autobús

Desde Tarragona o Lleida tres **autobuses** diarios pasan junto al monasterio. El viajero podrá visitarlo desde ambas ciudades en 1 día, o camino de una u otra, pues entre un autobús y el siguiente suele haber un espacio de unas 3 horas, tiempo suficiente para recorrer el monasterio. Asimismo es posible **pernoctar** en Poblet, algo que resulta aún más atractivo si dispone de vehículo propio, ya que en los alrededores hay diversos destinos interesantes (véase pág. siguiente). El *Hostal Fonoll*, situado ante la puerta principal del monasterio (mediados dic.-mediados enero, cerrado; ☎977 870 333; ②), tiene bar y restaurante, habitaciones funcionales normales y otras más caras con baño; a 1 km carretera arriba, al otro lado de las murallas, en la pequeña aldea de **LES MASIES**, encontrará otros dos hoteles y restaurantes, incluido el *Villa Engràcia* (☎977 870 308; fax 977 870 326; ③), que dispone de piscina, pistas de tenis y aparcamiento.

Llegar en tren: L'Espluga de Francolí

Llegar en **tren** es mucho más agradable. El viajero tendrá que apearse en la ruinosa estación de **L'ESPLUGA DE FRANCOLÍ**, desde donde deberá caminar 3 km hasta el monasterio. Por desgracia, la estación no dispone de consigna para dejar el equipaje, y L'Espluga es un lugar tan pequeño que hay pocas alternativas. Sin embargo, encontrará un par de establecimientos donde alojarse, incluido el *Hotel del Senglar* (☎977 870 121; fax 977 870 012; ⑤), cómodo y con piscina, pistas de tenis y aparcamiento; se halla en la carretera principal que conduce a Poblet.

También podrá tomar el autobús a la ida y regresar a L'Espluga a pie (3 km), Montblanc (8 km) e incluso Vimbodí (5 km); en todas estas estaciones se detiene el tren Tarragona-Lleida.

Alrededores de Poblet: excursiones

Si el viajero tiene tiempo y vehículo merece la pena hacer un par de excursiones por la campiña que rodea Poblet. La aldea de piedras rojas de **PRADES**, en la sierra de Prades, a 20 km del monasterio, es un lugar tranquilo que vale la pena visitar. La *Pensión Espasa*, Sant Roc 1 (☎977 868 023; ③), ofrece un alojamiento sencillo si decide quedarse. Durante la segunda semana de julio, también vale la pena estar en Prades; ya que sustituyen el agua de la fuente por cava, y por unas 1.200 pesetas puede unirse a los festejos.

La otra opción es visitar los otros monasterios cistercienses del siglo XII. El más accesible es **Santes Creus** (verano, todos los días, 10-13.30 h y 15-19 h; invierno, mar.-dom., 10-13.30 h y 15-18 h; 300 pesetas), que se encuentra al noreste de **VALLS**, al otro lado de la carretera Tarragona-Lleida. Está construido en el estilo de transición, posee un magnífico claustro gótico con algunos elementos románicos y el viajero podrá explorar el dormitorio, la sala capitular y el palacio real. Un autobús diario va de Tarragona a Valls, y enlaza con un servicio local a Santes Creus, pero el viajero tendrá que comprobar el horario de regreso, ya que sería muy incómodo quedarse en esta zona. El monasterio de **Vallbona de les Monges** (lun.-sáb., 10-13.30 h y 16.30-18.45 h; dom., 12-13.30 h y 16.30-18.45 h; entrada gratuita) resulta más difícil de encontrar, pero el viaje vale la pena; se halla al norte de Poblet y se llega por la C-240 desde Montblanc. Está habitado desde hace 800 años y la iglesia es hermosa.

Lleida

LLEIDA (Lérida), situada en el corazón de la llanura fértil cercana a la frontera con Aragón, tiene una larga historia. Primero fue un *municipium* bajo el Imperio Romano, y después el centro de un pequeño reino musulmán; más adelante, fue reconquistada por los catalanes y en 1149 se convirtió en la sede de un obispado. En la ciudad del presente, poco ha sobrevivido de aquella época, pero hay un edificio de gran interés, la antigua catedral. Si el viajero tiene que pasar la noche en Lleida, algo imprescindible si se dirige a los Pirineos en tren o autobús, podrá ir a un par de museos y recorrer algunas calles del casco antiguo. No es muy conocida, pero Lleida no resulta un lugar aburrido; además, la poca afluencia la convierte en una parada ideal porque encontrar habitación no constituye un problema y los fines de semana los estudiantes de la universidad llenan las calles y los bares.

Llegada e información

La plaça de Sant Joan se encuentra a 15-20 minutos a pie al este de la **estación de ferrocarril**, y la **terminal de autobuses** está a una distancia similar en dirección contraria, bajando por la avinguda de Blondel. La **oficina de turismo** (jun.-sept., lun.-vier., 9-20 h; sáb., 9-14 h; oct.-mayo, lun.-vier., 9-19 h; sáb., 9-14 h; ☎973 270 997) se halla en avinguda Madrid 36, al borde del río. Allí proporcionan planos y folletos.

Alojamiento

Hay **establecimientos para alojarse** ante la estación y a lo largo de la calle que sale de ésta, la rambla Ferran, que conduce al centro. Otra opción es seguir hasta la céntrica plaça Sant Joan, donde el viajero encontrará más posibilidades. Verá un **cám-**

ping, Les Basses (mediados mayo-sept.; ☎973 235 954), a 2 km de la ciudad, en la carretera a Huesca. Tome el autobús «BS» o «Les Basses» (sale cada 45 min. de la rambla Ferran).

Alberg Sant Anastasi, rambla d'Aragó 11 (☎ y fax 973 266 099). El albergue de juventud de Lleida, céntrico pero sólo abierto en jul.-agos. ①

Pensión Àlex, Tallada 33 (☎973 260 193). Buena pensión en una calle tranquila cerca del mercado. ④

Habitaciones Brianso, Pi i Margall 22 (☎973 236 339). Habitaciones situadas en un moderno edificio de apartamentos, cerca de La Seu Vella y a pocos pasos de la plaça Sant Joan. Telefonee antes. ②

Hostal-Residencia Caribe, carrer Anselm Clavé (☎973 243 584). No es gran cosa, pero es el alojamiento más barato cerca de la estación de ferrocarril. ②

Hostal España, rambla Ferran 20 (☎973 236 440). De más categoría que cualquiera de las habitaciones de los alrededores, en este hostal hay algunas habitaciones con ducha, pero como es una calle de mucho tráfico, tendrá que verlas primero. ③

Residencia Mundial, plaça Sant Joan 4 (☎973 242 700). Residencia céntrica y acogedora, con un bar para tomar el desayuno y aparcamiento. Algunas de las habitaciones (con y sin baño) dan a la plaza. ②

Hotel Principal, plaça de la Paeria 8 (☎973 230 800). Muy cerca de la plaça Sant Joan y una opción más lujosa, e inevitablemente más cara. ⑤

La ciudad

La **Seu Vella** (mar.-sáb., 10-13.30 h y 16-19.30 h; cierra a las 17.30 h en invierno; dom., 9.30-13.30 h; 400 pesetas), o sea la catedral antigua, está completamente encerrada dentro de las murallas del castillo en ruinas (La Suda), sobre el río Segre, o que significa una subida de 20 minutos desde el centro de la ciudad. Se trata de un curioso edificio fortificado, desconsagrado en 1707 y ocupado por los militares; de hecho, permaneció en sus manos hasta 1940. A lo largo de los años, sufrió grandes daños (documentados por medio de fotografías en una capilla lateral), pero la iglesia continúa siendo un ejemplo notable del estilo de transición, y en muchos aspectos se parece a la catedral de Tarragona. Los claustros góticos son impresionantes y en cada pasillo hay arcos de tamaños y formas diferentes, pero comparten unas delicadas tracerías de piedra. Los militares los utilizaron como cantina y cocina. En el exterior, se contemplan excelentes vistas desde las murallas.

El visitante podrá volver a bajar al río pasando por la catedral nueva, la **Seu Nova**, un edificio del siglo XVIII, en cuyo interior sólo destacan una serie de pequeños vitrales situados a gran altura. En el **Museu Morera**, muy cerca, en Cavallers 15 (segunda planta; jun.-sept., mar.-sáb., 11-13 h y 18-21 h; dom., 10-13 h; oct.-mayo, lun.-sáb., 11-14 h y 17-20 h; dom., 10-13 h; entrada gratuita) se exponen obras de artistas contemporáneos locales; se halla en el edificio de un antiguo monasterio. Al otro lado de la catedral, en la avinguda de Blondel, se encuentra el **Museu Arqueològic** (lun.-sáb., 12-14 h y 18-21 h; entrada gratuita), cuya colección no es demasiado atractiva pero está en un edificio interesante, en este caso el hospital de Santa Maria, del siglo XV.

Una vez visitados la catedral y los museos, Lleida no tiene muchos más puntos de interés; no obstante quizás el viajero quiera dar una vuelta por las céntricas calles peatonales y acabar en la **plaça de Sant Joan** para tomar una copa en uno de los cafés al aire libre. Durante años, esta plaza ha sufrido varias modificaciones; lo último que se ha hecho ha sido instalar un ascensor desde la plaza hasta la Seu Vella. Gran parte de la infraestructura de piedra y cemento ya está instalada; según como se vea, se trata de un uso audaz de nuevos materiales para vincular la parte inferior de la

770/CATALUÑA

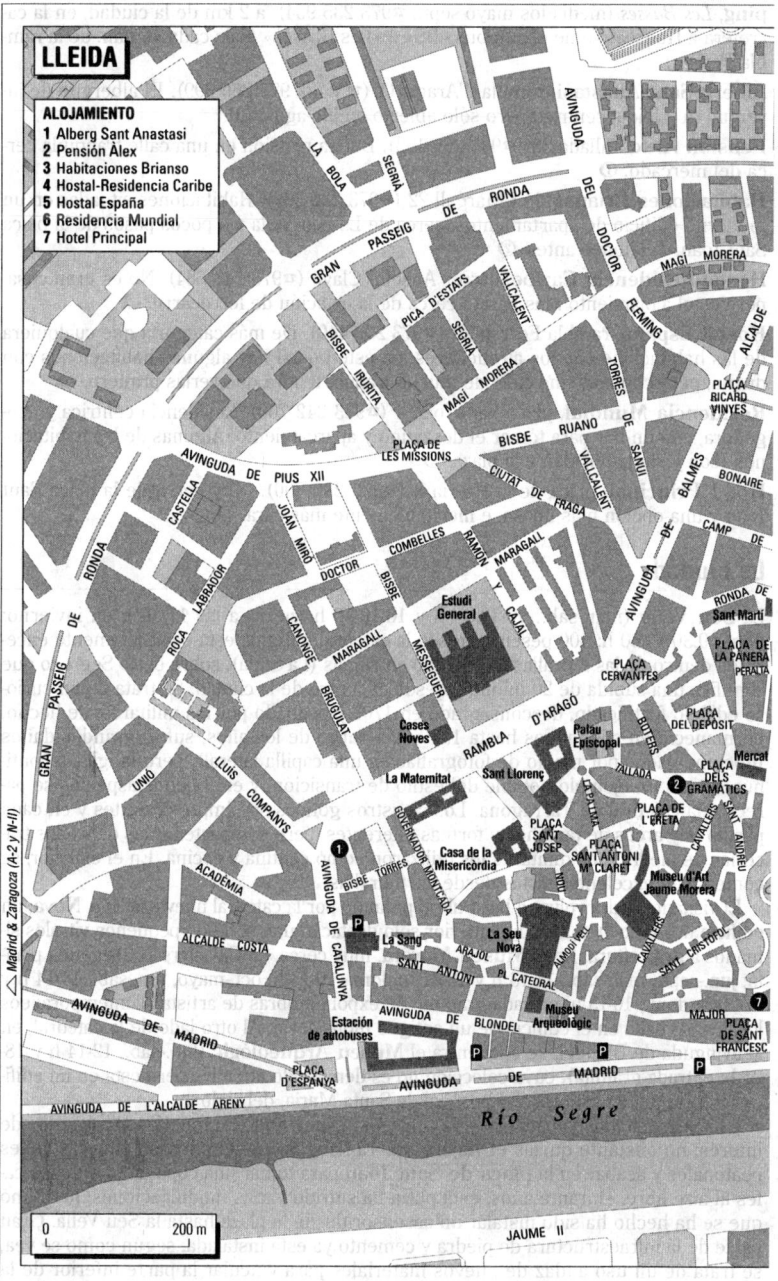

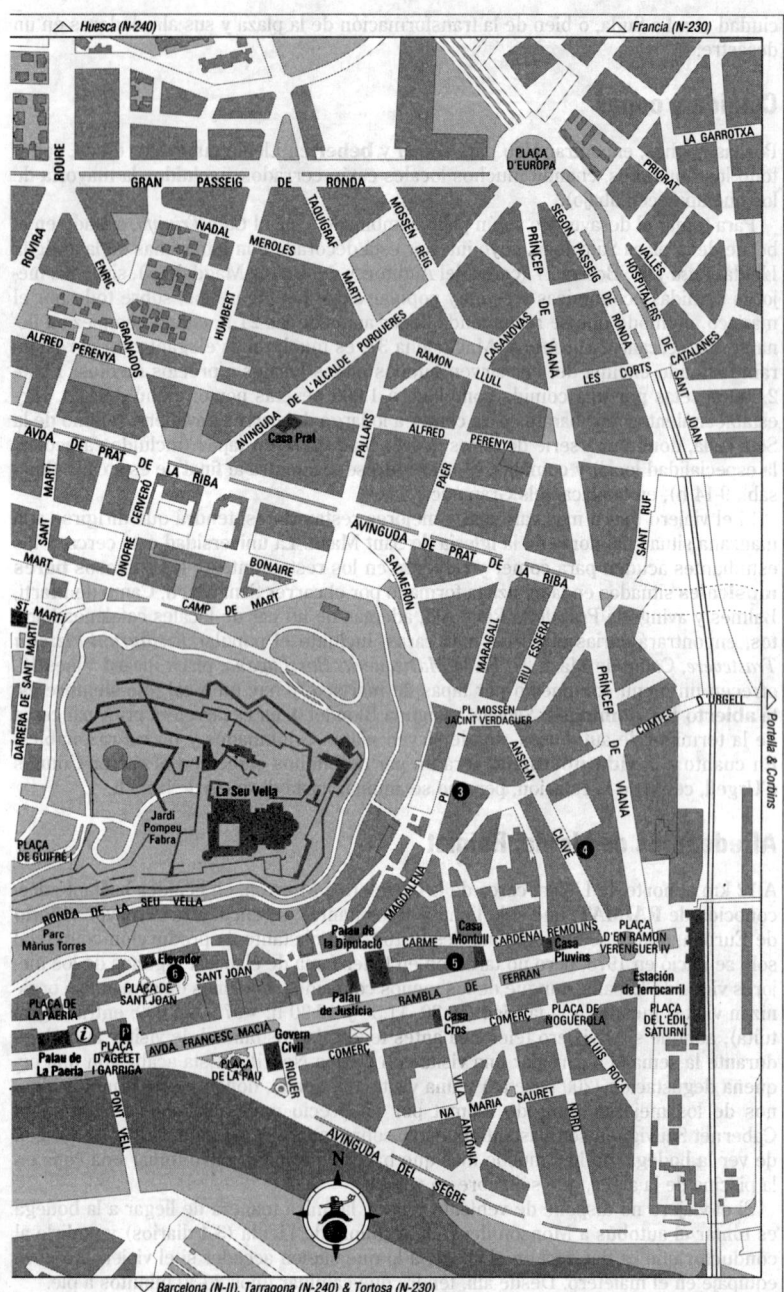

ciudad con La Suda, o bien de la transformación de la plaza y sus alrededores en un desastre.

Comida y copas

Por las noches, encontrar algo para **comer** y **beber** en Lleida puede ser difícil, sobre todo los domingos, cuando muchos locales están cerrados (incluidos la mayoría de los que aparecen abajo).

Para tomar el desayuno o algún plato combinado, está el *Café Triunfo*, situado en el borde de la plaça Sant Joan, cuyo interior está decorado con fotografías de la antigua Lleida. *Casa José*, Botera 17 (cerca del Auditori y del carrer Magdalena), sirve las mejores comidas económicas y es muy popular entre los lugareños, sobre todo por el marisco, de modo que se recomienda llegar antes de las 21 h, cuando empieza a llenarse. La cercana *Casa Martí*, Magdalena 37, es mucho más elegante: en el restaurante situado encima del bar sirven buenos platos locales a precios medios: 1.500-2.000 pesetas por una comida completa, o 1.000 pesetas por el menú del día. Hay establecimientos más baratos para comer a lo largo del carrer Cavallers, camino de la Seu Vella, donde una serie de bares desvencijados sirven tapas (incluido caracoles, la especialidad local) y comidas. El **mercado** se encuentra al final de esta calle (lun.-sáb., 9-14 h), en la plaça dels Gramàtics.

Si el viajero busca más variedad y mejores restaurantes, tendrá que dirigirse a la manzana situada al norte de la iglesia de Sant Martí. La universidad está cerca, y los estudiantes acuden para comer y reunirse en los restaurantes y los ruidosos **bares musicales** situados en la manzana formado por el carrer Sant Martí, Camp de Martí, Balmes y avinguda Prat de la Riba. Allí, además de un par de locales catalanes baratos, encontrará varias pizzerías más caras, incluido el popular *Restaurant-Pizzeria Trastevere*, Camp de Martí 27. En la *Marisquería Bar Lugano*, plaça Ricard Viñes 10, ofrecen un menú compuesto por tapas de marisco, y hay un local que siempre está **abierto los domingos**: *Snoopy*, avinguda Blondel 9, en la carretera principal cerca de la terminal de autobuses, donde sirven platos combinados y pizzas razonables. En cuanto a la **vida nocturna**, verá un par de buenos clubes en el carrer Comtes d'Urgell, cerca de la estación, pero no se animan hasta después de las 3 h.

Alrededores de Lleida: Raimat

A 12 km al norte de Lleida, cerca de la carretera a Monzón, en la aldea bastante desconocida de **RAIMAT**, que sólo tiene 300 habitantes, se encuentra el mayor **viñedo** de Europa, donde se elabora vino desde 1627; no obstante, la producción comercial sólo se inició en 1978, pero no tardaron en tener fama de elaborar algunos de los mejores vinos de España, aunque de los menos conocidos. Los fines de semana se organizan visitas guiadas a la fábrica (10.30, 11.30 y 12.30 h; ☎973 724 000; entrada gratuita), aunque si el viajero telefonea antes tendrá la posibilidad de visitar la bodega durante la semana o arreglar una visita con Carlos Negrillo. Ésta acaba con una pequeña degustación (200 pesetas) y una visita a la tienda, donde podrá comprar algunos de los mejores vinos de Raimat por un precio muy razonable. El cava y el Cabernet Sauvignon son bastante buenos, sobre todo la cosecha de 1993. Al margen de ver la bodega, no hay mucho más que hacer en Raimat, salvo tomar una copa en la piscina de la aldea, que sólo abre en verano.

Si el viajero no dispone de vehículo propio, la única manera de llegar a la bodega es tomar el autobús a Monzón desde la terminal de Lleida (3-4 diarios) y pedirle al conductor que se detenga en el cruce, a lo que suelen acceder si el viajero no lleva equipaje en el maletero. Desde allí, tendrá que caminar unos 20-30 minutos a pie.

transportes

Los servicios desde Barcelona a otros destinos de Cataluña figuran en la página 660.

Ferrocarriles

Blanes a: Figueres (2 diarios; 1 h 30 min.); Girona (10 diarios; 45 min.).

Figueres a: Barcelona (21 diarios; 1 h 30 min.); Blanes (2 diarios; 1 h 30 min.); Colera (8 diarios; 25 min.); Girona (21 diarios; 35 min.); Llançà (12 diarios; 20 min.); Portbou (12 diarios; 30 min.).

Girona a: Barcelona (21 diarios; 1 h 20 min.); Blanes (10 diarios; 45 min.); Figueres (21 diarios; 35 min.); Portbou (12 diarios; 1 h 10 min.).

Lleida a: Barcelona por Valls o Reus/Tarragona (14 diarios; 2-3 h); Barcelona por Manresa (3 diarios; 4 h); La Pobla de Segur (4 diarios; 2 h); Tarragona (3 diarios; 2 h); Zaragoza (15 diarios; 1 h 40 min.).

Puigcerdà a: La Tour de Carol (3 diarios; 5 min.).

Ribes de Freser a: Núria (9-10 diarios; 45 min.); Queralbs (9-10 diarios; 25 min.).

Ripoll a: Barcelona (12 diarios; 2 h); Puigcerdà (6 diarios; 1 h 30 min.).

Sitges a: Barcelona: (cada 30 min.; 25-40 min.); Cunit (12 diarios; 20 min.); Tarragona (15 diarios; 1 h); Vilanova (12 diarios; 10 min.).

Tarragona a: Barcelona (cada 30 min.; 1 h 30 min.); Cambrils (11 diarios; 20 min.); Cunit (10 diarios; 40 min.); Lleida (3 diarios; 2 h); Salou (11 diarios; 10 min.); Sitges (directo cada 30 min.; 1 h); Tortosa (10 diarios; 1 h 15 min.); Valencia (8 diarios; 4 h); Vilanova i la Geltrú (17 diarios; 50 min.); Zaragoza (6 diarios; 3 h 30 min.).

Autobuses

Banyoles a: Besalú (lun.-sáb., 8 diarios; 4; 15 min.); Girona (lun.-sáb., 15 diarios; dom., 2; 30 min.); Olot (lun.-sáb., 8 diarios; dom., 4; 50 min.); Santa Pau/Olot (8 diarios; 45 min.-1 h).

Cadaqués a: Barcelona (2-4 diarios; 2 h 20 min.); Castelló d'Empúries (5 diarios; 1 h); Figueres (5 diarios; 1 h 15 min.); Roses (5 diarios; 35 min.).

Camprodon a: Molló (lun.-sáb., 1 diario; 15 min.); Olot (1-2 diarios; 1 h); Setcases (1-2 diarios; 30 min.).

L'Escala a: Barcelona (jul.-sept., 3 diarios; 2 h 40 min.); Figueres (5 diarios; 45 min.); Girona (3 diarios; 1 h); Palafrugell (4 diarios; 45 min.); Pals (3 diarios; 35 min.); Sant Pere Pescador (5 diarios; 20 min.); Torroella de Montgrí (4 diarios; 20 min.).

Figueres a: Barcelona (3-8 diarios; 1 h 30 min.); Cadaqués (5 diarios; 1 h 15 min.); Castelló d'Empúries (cada 30 min.; 15 min.); El Port de la Selva (4 diarios; 40 min.); L'Escala (5 diarios; 45 min.); Espolla (1 diario; 35 min.); Girona (lun.-sáb., 4-8 diarios; dom., 3; 1 h); Llançà (lun.-vier., 5 diarios; 20 min.); Olot (2-3 diarios; 1 h 30 min.); Palafrugell (3 diarios; 1 h 30 min.); Pals (3 diarios; 1 h 20 min.); Roses (cada 30 min.; 40 min.); Sant Pere Pescador (5 diarios; 25 min.); Torroella de Montgrí (3 diarios; 1 h).

Girona a: Banyoles (lun.-sáb., 15 diarios; dom., 2; 30 min.); Barcelona (lun.-sáb., 6-9 diarios; dom., 3; 1 h 30 min.); Besalú (lun.-sáb., 8 diarios; dom., 4; 45 min.); L'Escala (3 diarios; 1 h); Figueres (lun.-sáb., 4-8 diarios; dom., 3; 1 h); Olot (lun.-sáb., 8 diarios; dom., 4; 1 h 15 min.); Palafrugell (cada hora; 1 h 15 min.); Palamós (14 diarios; 1 h); Platja d'Aro (14 diarios; 45 min.); Sant Feliu (11 diarios; 2 h); Sant Hilari Sacalm (lun.-vier., 2 diarios; sáb., 1; 1 h 20 min.); Tossa de Mar (jul.-sept., 2 diarios; 1 h).

Lleida a: Artesa de Segre (3 diarios; 1 h); Barcelona (lun.-sáb., 9 diarios; dom., 3; 2 h 15 min.); Huesca (5 diarios; 2 h 30 min.); La Seu d'Urgell (2 diarios; 3 h 30 min.); Montblanc (6 diarios; 1 h 30 min.); Pobla de Segur (1 diario; 2 h); Poblet (3 diarios; 1 h 15 min.); Tarragona (3 diarios; 2 h); Viella por Túnel de Viella (lun.-sáb., 2 diarios; 3 h); Zaragoza (lun.-sáb., 4 diarios; dom., 1; 2 h 30 min.).

Lloret de Mar a: Barcelona (jul.-mediados sept., 10 diarios; 1 h 15 min.); Blanes (cada 15 min.; 15 min.); Girona (5 diarios; 1 h 20 min.); Palafrugell (2 diarios; 1 h 30 min.); Palamós (2-4 diarios; 1 h); Platja d'Aro (2-4 diarios; 50 min.); Sant Feliu (2-4 diarios; 40 min.); Tossa de Mar (cada 30 min.; 15 min.).

Olot a: Banyoles (lun.-sáb., 8 diarios; dom., 4; 50 min.); Barcelona (2-3 diarios; 2 h 10 min.); Besalú (lun.-sáb., 8 diarios; dom., 3; 30 min.); Camprodon (1-2 diarios; 1 h); Figueres (2-3 diarios; 1 h 30 min.); Girona (lun.-sáb., 8 diarios; dom., 4; 1 h 20 min.); Ripoll (3-4 diarios; 1 h 10 min.); Sant Joan de les Abadesses (1 diario;

50 min.); Santa Pau/Banyoles (1-2 semanales; 15 min.-1 h).

Palafrugell a: Barcelona (8 diarios; 2 h); L'Escala (4 diarios; 45 min.); Figueres (3 diarios; 1 h 30 min.); Girona (15 diarios; 1 h 15 min.); Lloret de Mar (2 diarios; 1 h 30 min.); Palamós (12 diarios; 15 min.); Pals (4 diarios; 10 min.); Sant Feliu (cada hora; 45 min.); Sant Pere Pescador (4 diarios; 1 h); Torroella de Montgrí (4 diarios; 25 min.).

La Pobla de Segur a: Barcelona (1 diario; 3 h 30 min.); Caldes de Boí (jul.-mediados sept., 1 diario; 2 h); Capdella (lun.-sáb., 1 diario; 1 h); Lleida (1 diario; 2 h); El Pont de Suert (lun.-sáb., 1 diario; 1 h); Viella (lun.-sáb., 1 diario; 2 h).

El Port de la Selva a: Figueres (4 diarios; 40 min.); Llançà (jul.-mediados sept., 9 diarios; resto del año, 2-4 diarios; 25 min.).

Ripoll a: Camprodon (3 diarios; 40 min.); Olot (3-4 diarios; 1 h 10 min.); Sant Joan de les Abadesses (6-7 diarios; 20 min.).

Sant Feliu a: Barcelona (8 diarios; 1 h 30 min.); Girona (jul.-sept., 11 diarios; 2 h); Lloret de Mar (jul.-agos., 2 diarios; 40 min.); Palafrugell (cada hora; 45 min.); Palamós (cada hora; 30 min.); Platja d'Aro (cada hora; 15 min.).

La Seu d'Urgell a: Andorra La Vella (6-7 diarios; 1 h); Artesa de Segre (2 diarios; 2 h); Lleida (2 diarios; 3 h 30 min.); Puigcerdà (3 diarios; 1 h).

Tarragona a: Andorra (1-2 diarios; 4 h 30 min.); Barcelona (18 diarios; 1 h 30 min.); Berga (jul.-agos., 1 diario; resto del año, sólo sáb.-dom., 3 h 10 min.); L'Espluga (3 diarios; 1 h); La Pobla de Lillet (jul.-agos., 1 diario; resto del año, sólo sáb.-dom., 4 h 15 min.); La Seu d'Urgell (diario a las 8 h; 3 h 45 min.); Lleida (3 diarios; 2 h); Montblanc (3 diarios; 50 min.); Poblet (3 diarios; 1 h 5 min.); Salou/Cambrils (cada 30 min.; 20 min.); Tortosa (lun.-vier., 1 diario; 1 h 30 min.); Valencia (7 diarios; 3 h 30 min.); Zaragoza (4 diarios; 4 h).

Tortosa a: Deltebre (lun.-vier., 5 diarios; sáb., 2; 1 h); Sant Carles de la Ràpita (lun.-sáb., 5 diarios; dom., 1; 40 min.); Tarragona (lun.-vier., 1 diario; 1 h 30 min.).

Tossa de Mar a: Barcelona (jul.-sept., 12 diarios; 1 h 35 min.); Girona (jul.-sept., 2 diarios; 1 h); Lloret de Mar (cada 30 min.; 15 min.).

Viella a: Lleida (lun.-sáb., 2 diarios; 3 h); La Pobla de Segur (lun.-sáb., 1 diario; 2 h); Salardú (lun.-sáb., 1 diario; 20 min.).

Barcos (Cruceros)

Calella a: Palamós y viceversa, parando en todos los puertos intermedios (jun.-sept., 3 diarios; 4 h).

Blanes a: Lloret de Mar/Tossa de Mar (jun.-sept., 5 diarios; 20 min.-45 min.).

Tossa de Mar a: Sant Feliu (jun.-sept., 5 diarios; 45 min.); Platja d'Aro/Sant Antoni de Calonge/Palamós (jun.-sept., 4 diarios; 1 h 15 min.-1 h 25 min.-1 h 45 min.).

CAPÍTULO CATORCE

VALENCIA Y MURCIA

La zona de Levante, formada por las comunidades de Valencia y Murcia, es una curiosa mezcla de lo antiguo y lo moderno, de lo hermoso y lo agreste. Se dice que la rica huerta de **Valencia** es la franja de tierra más fértil de Europa, llena de naranjos, limoneros y melocotoneros, así como campos de arroz irrigados aún por los sistemas de riego creados por los árabes. Como no podía ser menos, el edificio más característico de la huerta valenciana es una casa de labranza, las barracas, y cuyo rasgo más característico es un inclinado techo de paja. El valenciano, un dialecto del catalán, se habla en algunas zonas de la región; en los últimos tiempos se ha impulsado su aprendizaje en las escuelas y cada vez se habla más en la capital. Hay incluso un grupo nacionalista que niega el origen catalán del dialecto, pero no han conseguido convencer a nadie. Por toda la provincia pueden observarse restos de la larga ocupación árabe, en castillos, sistemas de riego, cultivos, e incluso los nombres de los lugares, como Benidorm, Alicante/Alacant o Alcoy/Alcoi.

Murcia es bastante diferente, una comunidad autónoma por propio derecho. Sería difícil encontrar un mayor contraste con la riqueza de la huerta valenciana. Este rincón del sureste de España es prácticamente un desierto, uno de los territorios más secos de Europa. Por él lucharon durante siglos fenicios, griegos, cartagineses y romanos, pero casi no quedan restos físicos de su presencia, o de los 500 años de gobierno árabe, más allá de ciertas características árabes en algunos pueblecitos y de las curiosas palmeras datileras que se ven aquí y allá.

La mayor parte de la **costa**, a pesar de haber algunas buenas playas, está estropeada por la presencia de la autopista del sur, las industrias que se han extendido en los alrededores (con la consiguiente polución) y, naturalmente, las numerosas villas y residencias de vacaciones. Las calas alrededor de **Dènia** y **Jávea/Xàbia** en Valencia son las zonas playeras más bonitas, pero por tanto el acceso como el alojamiento resultan difíciles de encontrar. Los centros turísticos del **Mar Menor**, en Murcia, son igualmente atractivos, pero no se recomienda ir en temporada alta sin haber reservado antes el alojamiento. En cuanto a las playas «salvajes» del **sur de Murcia**, el mayor obstáculo es el transporte, pero la multitud no será un problema. **Valencia** y **Alicante/Alacant** son los mayores centros urbanos. Hay varios pueblos históricos a corta distancia hacia el interior, tales como **Xàtiva**, **Orihuela** y **Lorca**.

En la región abundan los **placeres culinarios**. Según los entendidos, las mejores paellas se comen en los alrededores de Valencia, ciudad de la que es originario el plato, pero no en la propia ciudad. Debe prepararse al momento sobre fuego de leña, y sin servirla de una gran paellera pegajosa; la mayoría de los restaurantes la hacen para un mínimo de dos personas, si se pide con tiempo. Entre los otros platos típicos basados en el arroz, destaca el arroz a banda, en el que se sirve por separado el arroz y el pescado. Otra especialidad es la anguila con salsa picante, conocida como *all i pebre* (ajo y pimienta). Para los golosos se recomienda el turrón, elaborado con miel y almendra, que tradicionalmente se prepara en una variedad suave, que se deshace, y otra muy dura, de la que el mejor turrón es el de Jijona/Xixona). Después puede tomarse una horchata a base de chufas o almendras.

El área de Valencia tiene una gran tradición de **fiestas**; hay un par de aspectos únicos de esta zona del país. Durante todo el año y en muchos lugares, se representan

776 / VALENCIA Y MURCIA

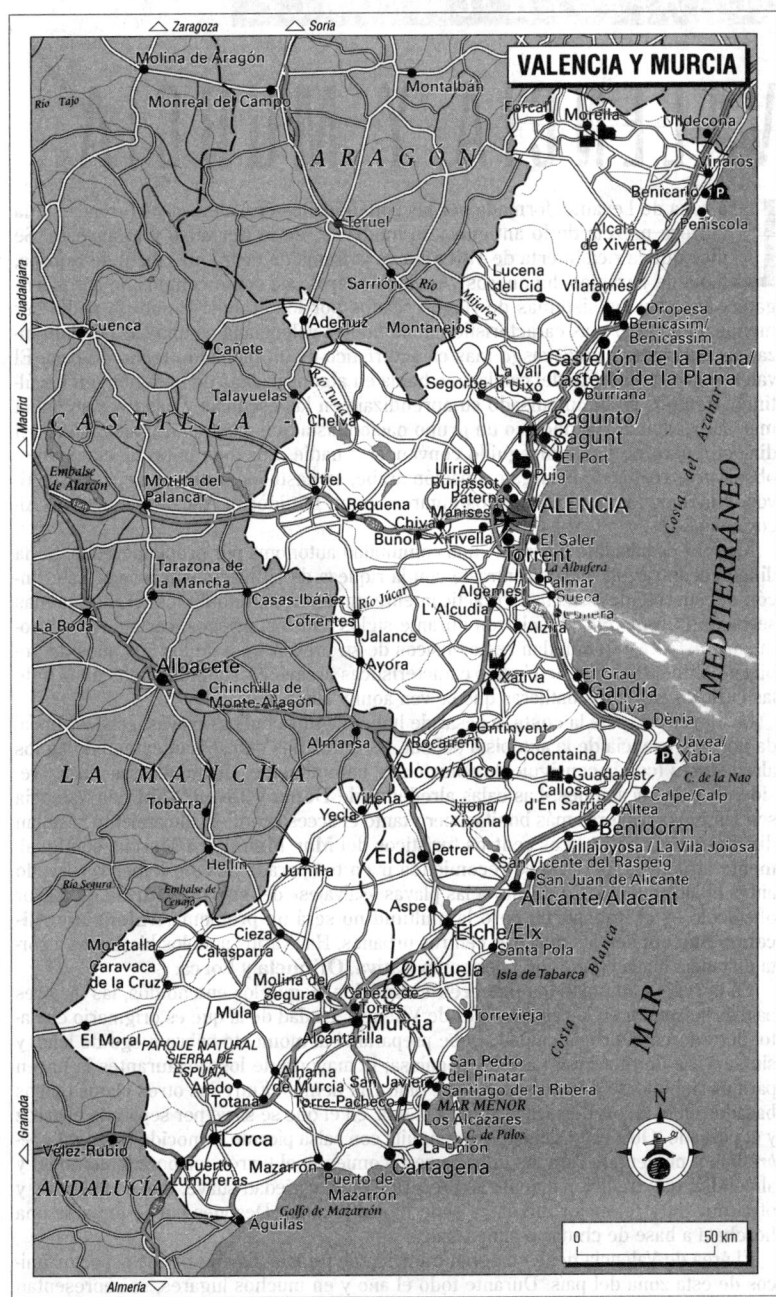

batallas ficticias entre moros y cristianos; rememoran la Reconquista cristiana —tanto mediante desfiles simbólicos como con recreaciones de batallas específicas— y son algunas de las fiestas más coloristas y elaboradas que verá el viajero. Otra característica recurrente son las Fallas cuyas enormes figuras se exponen en las calles antes de ser quemadas.

Valencia

Quizá Valencia, la tercera mayor ciudad española, no goce de la vitalidad cosmopolita de Barcelona o la variedad cultural de Madrid, pero cuenta con uno de los mejores ambientes nocturnos que el viajero encontrará en la España peninsular. *Vivir Sin Dormir* es el nombre de uno de su bares y, de hecho, podría ser el lema de Valencia, pues mantiene su vitalidad ruidosa y colorista durante todo el año, con explosiones inesperadas de pólvora, fuegos de artificio y fiestas. Aunque en verano suele haber más contaminación, la clara luz levantina, específica de la zona, favorece a la ciudad y, aunque el tráfico continúa siendo un problema, la construcción de nuevas líneas de Metro están reduciendo la congestión del centro.

Ciudad importante desde siempre, Valencia fue disputada por la riqueza agrícola de la huerta de sus alrededores. Después de romanos y visigodos, fue ocupada por los árabes durante unos 4 siglos, excepto por un breve período (1094-1101), tras ser tomada por El Cid; éste murió en 1099, pero su cuerpo, sostenido en un caballo, atravesó las puertas de Valencia, lo que fue suficiente para conseguir que las tropas árabes (que se habían envalentonado al conocer la noticia de su muerte) huyeran aterrorizadas. En 1238 Jaime I de Aragón recuperó Valencia. Desde entonces es una de las ciudades más grandes, ricas y elegantes de España. A pesar de su extensión, conserva un fuerte sentimiento de pueblo. No se oyen hablar muchas lenguas extranjeras ni se ven muchos turistas fuera de la época de las Fallas.

Las **fiestas** de Valencia son de las más animadas del país. La mejor de todas son las Fallas, que se celebran entre el 12-19 de marzo (véase recuadro, pág. 782), que culminan en una quema masiva de todas las figuras. En julio la ciudad celebra la Feria de Julio, con corridas, conciertos, «batalla floral» y fuegos artificiales. En septiembre hay una espectacular competición de fuegos de artificio en la orilla del río.

Llegada e información

Si el visitante viaja en tren, llegará a la **estación del Norte**, cubierta de preciosos azulejos, y situada muy cerca del centro de la ciudad; luego tendrá que bajar por la avenida Marqués de Sotelo hasta la plaza del Ayuntamiento, el centro. La **terminal de autobuses** se encuentra algo alejada, en la orilla norte del río; deberá tomar el autobús 28, o caminar durante unos 15 minutos. La **terminal del transbordador de**

CÓDIGOS DE LOS PRECIOS DE ALOJAMIENTO

En esta guía, los precios de alojamiento se reseñan en una escala de ① a ⑧, indicando el precio **más bajo** que puede esperar pagar por noche en un establecimiento por una **habitación doble**, en temporada alta. Los precios, señalados por los códigos, son los siguientes:

① menos de 2.000 pesetas/12 euros
② 2.000-3.000 pesetas/12-18 euros
③ 3.000-4.500 pesetas/18-27 euros
④ 4.500-6.000 pesetas/27-36 euros
⑤ 6.000-8.000 pesetas/36-48 euros
⑥ 8.000-12.000 pesetas/48-72 euros
⑦ 12.000-17.500 pesetas/72-105 euros
⑧ más de 17.500 pesetas/105 euros

FIESTAS

...brero
2-5 Batalla de moros y cristianos por el castillo de Bocariente, con espectaculares fuegos artificiales por la noche.

Carnaval 40 días antes de Semana Santa. En Águilas se celebra el carnaval, de los mejores del país después de los de Tenerife y Cádiz. También son divertidos los de Cabezo de Torres y Vinaròs.

Marzo
12-19 Las Fallas de San José de Valencia son, con mucho, las mayores y, además, una de las fiestas más importantes de España. El coste total asciende a unos 200 millones de pesetas, la mayoría de los cuales se convierten en humo (literalmente) en la Nit del Foc final, momento en que se queman las grotescas caricaturas de cartón y madera. Las Fallas caricaturizan a políticos, artistas de cine o deportistas profesionales, y cualquiera que pueda ser un objetivo popular para un tratamiento satírico. Durante todas las fiestas hay corridas de toros, música e impresionantes fuegos de artificio.

Mediados del mes. Sobre todo el 19 (festividad de San José) también se celebran Fallas en Xàtiva, Benidorm y Dènia.

Tercer domingo de Cuaresma Fiesta de la Magdalena en Castellón de la Plana/Catelló de la Plana. Grandes procesiones y peregrinaciones.

Abril
Semana Santa Se celebra por toda la región. En Elche/Elx tiene lugar una gran fiesta el Domingo de Ramos; se utilizan palmas elaboradas con las palmeras locales. Durante toda la semana hay procesiones religiosas en Cartagena, Lorca, Orihuela, Moncada y Valencia. Las **procesiones de Pascua** en Murcia son famosas, seguidas durante la semana siguiente, el martes, por el Bando de la Huerta, un gran desfile de carrozas que homenajea a la agricultura local y la tarde del sábado el bullicioso entierro de la sardina, que marca el final de estos festivales de primavera.

22-24 Fiestas de moros y cristianos en Alcoy/Alcoi. Tras un colorista desfile, empieza la batalla entre ambos bandos.

25 Morella celebra la tradicional fiesta de Las Primes.

Mayo
1-5 Fiestas de los Mayos en Alhama de Murcia. Moros y Cristianos en Caravaca de la Cruz.

Segundo domingo Festividad de La Virgen de los Desamparados en Valencia. El punto culminante de la celebración corresponde al momento en que la imagen es trasladada desde su basílica a la catedral.

Tercer Domingo Batalla de moros y cristianos en Altea.

Baleares está comunicada con la plaza principal por el autobús 4 y con la estación de ferrocarril por el 19.

En la **plaza del Ayuntamiento** se halla **Correos**, edificio rematado con ángeles con trompeta, y la **oficina de turismo** (lun.-vier., 8.30-14.15 h y 16.15-18.15 h; sáb., 9.15-12.45 h; ☎963 510 417), donde proporcionan un plano excelente. Encontrará otra oficina de turismo en Paz 48 (lun.-vier., 10-18 h; sáb., 10-14 h) y un punto de información con servicio de reserva de hotel en la **estación de ferrocarril**.

Alojamiento

En Valencia, el **alojamiento** económico se encuentra en los alrededores de la estación de ferrocarril, en las calles Bailén y Pelayo, paralelas a las vías que salen de la calle Játiva. La calle Pelayo es la más tranquila de las dos, pero está en una zona poco saludable; si el viajero busca un lugar más bonito —y no necesariamente más caro— tendrá que dirigirse al centro, alrededor del mercado o cerca de la playa.

Junio
23-24 Día de San Juan. Magníficas hogueras en las playas de San Juan de Alicante/Alacant. Algo similar a las Fallas, con procesiones y fuegos artificiales. A menor escala se celebra en las playas de Valencia (Malvarrosa, Cabanyal y Alboraya) con fuegos artificiales.

Julio
Principios de julio Fiestas de la Santísima Sangre en Dènia. Baile en las calles, música y representación de batallas.

15-20 Moros y cristianos en Orihuela.

16 En San Pedro del Pinatar se celebra una romería marinera, en la que la imagen de la Virgen es llevada en procesión por el Mar Menor.

Segunda semana Feria de julio, en Valencia con mucha música y, sobre todo, fuegos artificiales que terminan con la batalla de las Flores en la Alameda. Festival de Música en Valencia durante todo el mes, con realización de conciertos al aire libre en el parque de Viveros.

25-31 Moros y cristianos en Villajoyosa/Vila Joiosa, en mar y tierra.

Agosto
15 Fiestas locales de Dènia, Jumilla y Requena.

21-23 Fiestas locales en Jijona/Xixona.

Última semana Fiesta local en Sagunto. Al mismo tiempo se celebra la gran fiesta de moros y cristianos y el *Misteri d'Elx* (misterio de Elche). La Tomatina, una batalla con tomates abierta a todo el mundo, se celebra en Buñol, con presencia de algunas de las mejores orquestas europeas en un auditorio al aire libre.

Septiembre
4-9 Moros y cristianos en Villena.

8 Mare de Déu de la Salut. Coloristas procesiones folclóricas en Algemesí.

10-13 Festival Internacional Mediterráneo de Folclore en Murcia.

13 Festival del arroz en Sueca, que incluye un concurso nacional de paella.

22 Fiesta de Santo Tomás en Benicasim/Benicàssim con actos religiosos, corridas de vaquillas, verbenas, etc.

Octubre
Segundo Domingo Benidorm celebra la festividad de su patrón.

18-22 Moros y cristianos en Calpe/Calp.

Noviembre
1 Fiesta de Todos los Santos, en Cocentaina.

Diciembre
6-8 La Fiesta de la Virgen en Yecla. La efigie de la Virgen se traslada desde su santuario en lo alto de la colina en medio de grandes festejos.

14 La semana posterior a esta fecha se celebran durante 4 días batallas de moros y cristianos en Petrel.

Hay **cámpings** a lo largo de la costa, pero ninguno a menos de 10 km de la población.

Albergue Juvenil Colegio Mayor La Paz, avenida del Puerto 69 (☎963 617 459). Este albergue queda en las afueras de la ciudad a medio camino hacia el puerto. Es barato, pero no muy atractivo, y suele haber toque de queda a medianoche. Jul.-sept. Autobús 19 desde la plaza del Ayuntamiento. ①

Albergue Juvenil Camino de Santiago, plaza Hombres del Mar 28 (☎963 564 288). Situado en el barrio de pescadores, muy cerca de la playa, este acogedor albergue de 22 camas dispone de aire acondicionado, un dormitorio sólo para mujeres, y está situado en un lugar ideal para disfrutar de la vida nocturna: a lo largo de Las Arenas. Entre los servicios, se ofrece televisor, cocina y lavadora. Se impone silencio a partir de las 23 h, pues los pescadores se levantan a las 6 h o antes. Tome el autobús 19 desde la estación de ferrocarril o el 1 o 2 desde la estación de autobuses. Los peregrinos que se dirigen a Compostela pueden alojarse gratuitamente. ①

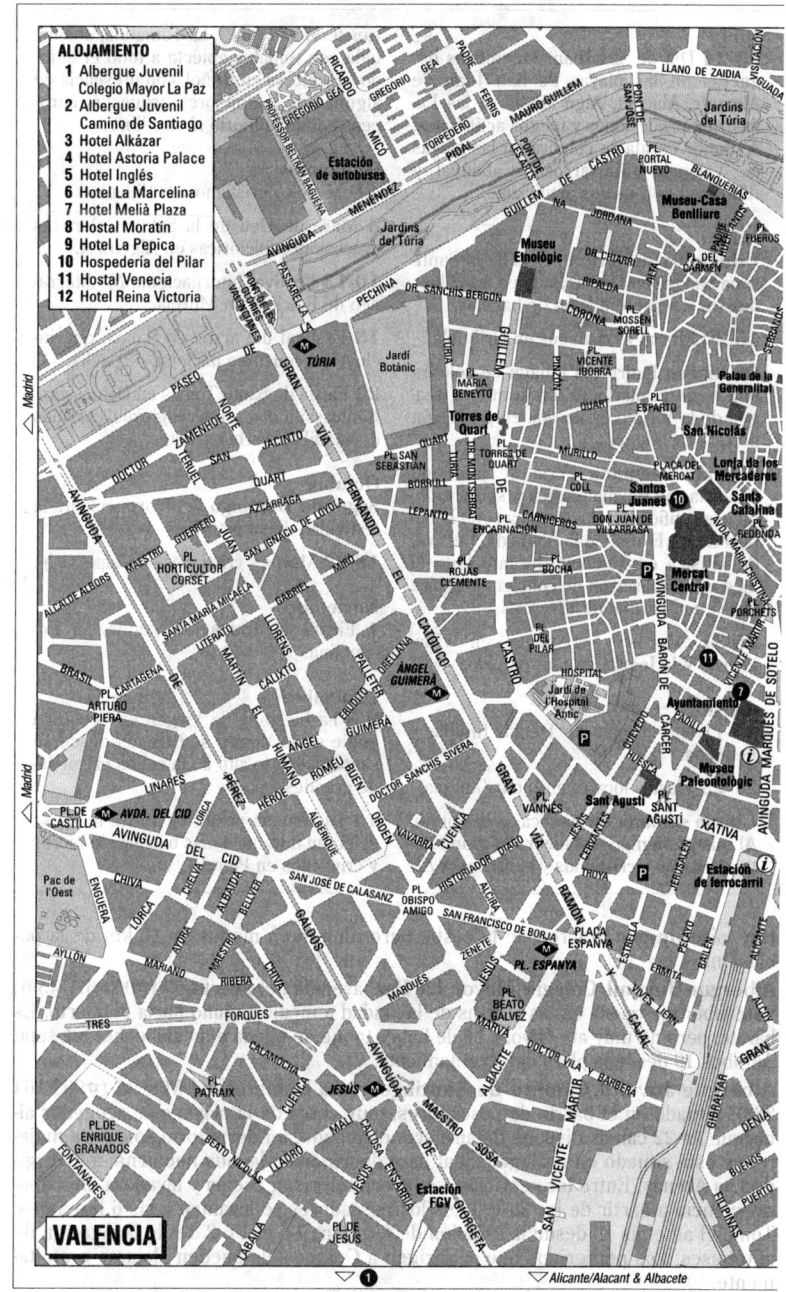

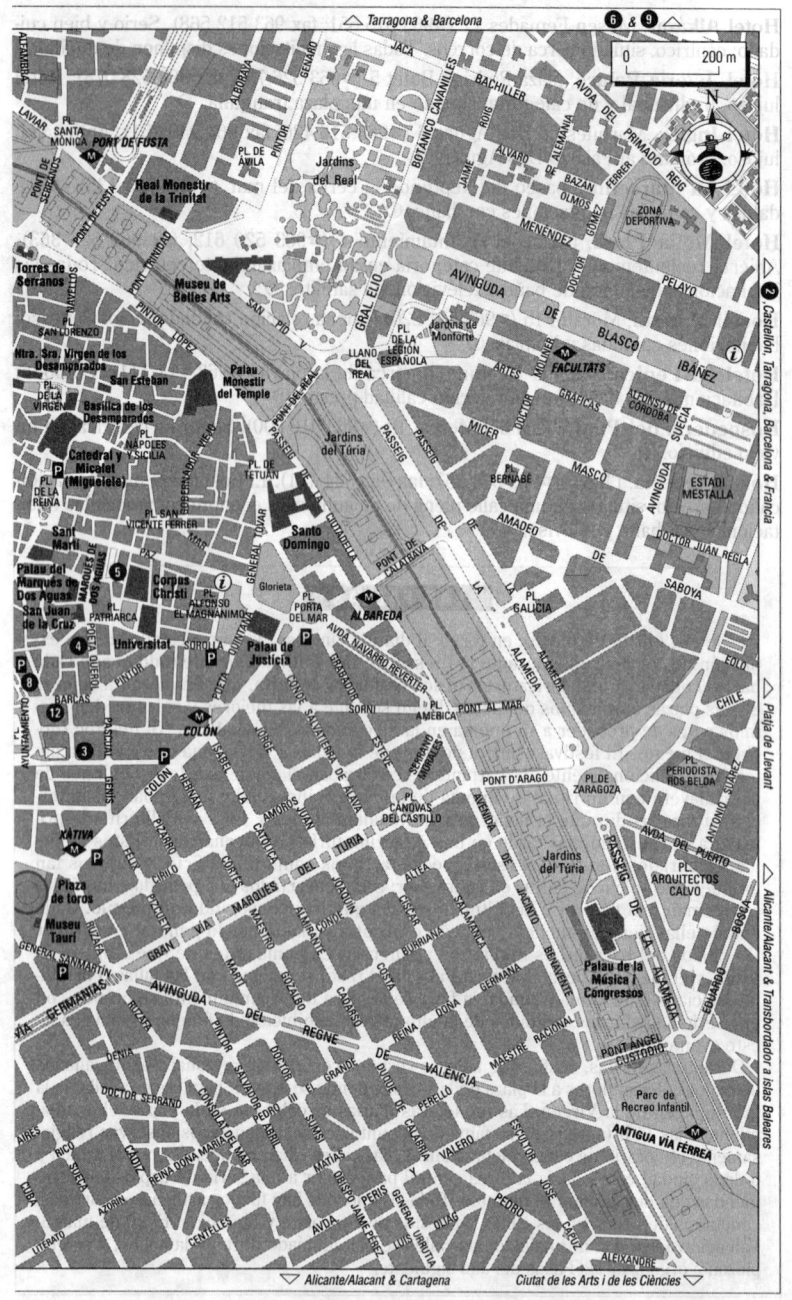

lkázar, Mosén Femades 11 (☎963 515 551; fax 963 512 568). Serio y bien cui‑ntrico, situado cerca de correos. Todas las habitaciones disponen de ducha. ⑤
Hotel Astoria Palace, plaza Rodrigo Botet 5 (☎963 526 737; fax 963 528 078). Hotel lujoso, tradicional y de categoría, situado en una plaza tranquila. ⑧
Hotel Inglés, Marqués de Dos Aguas 6 (☎963 516 426; fax 963 940 251). Anticuado, lujoso, próximo al Palacio Dos Aguas. ⑦
Hotel La Marcelina, paseo de Neptuno 72, cerca del mar (☎963 725 135). Agradables y cómodas habitaciones con baño. ④
Hotel Meliá Plaza, plaza del Ayuntamiento 4 (☎963 520 612; fax 963 526 363). Abierto recientemente. Hotel de categoría en un emplazamiento céntrico. Todas las habitaciones disponen de baño y televisión vía satélite. ⑧
Hostal Moratín, Moratín 15 (☎963 521 220). Buena relación calidad-precio. Céntrico; habitaciones cómodas y limpias. ④
Hotel La Pepica, avenida Neptuno 2, cerca de la playa (☎963 714 111). Cómodo. Habitaciones con baño; buena relación calidad-precio. ④
Hospedería del Pilar, plaça del Mercat 19 (☎963 916 600). Segura y céntrica, en un viejo edificio. ②
Hostal Venecia, Llop 5 (☎963 524 267; fax 963 524 421). El hostal con mejor relación calidad-precio, situado en una calle plena de alojamientos económicos; todas las habitaciones con baño y televisor. ⑤

LAS FALLAS

Desde el 12 al 19 de marzo, en torno al día de San José, Valencia estalla en una explosión de color y ruido durante la **Fiesta de las Fallas**. Durante todo el año cada barrio construye una caricatura satírica en forma de **falla**, que empiezan a colocar en sus plazas a principios de marzo; luego se elige a las mejores y se conceden premios antes de proceder a su quema en la medianoche del día 19, la Nit del Foc (noche del fuego). El festival toma el nombre de la palabra valenciana que significa antorcha. Tradicionalmente, los carpinteros celebraban el día de San José y el inicio de la primavera con un ritual de quema de la madera inservible; decoraban las antorchas utilizadas durante el invierno y las añadían al fuego. Este sencillo rito de primavera se convirtió más tarde en una atracción turística internacional. Estos modelos, elaborados con esmero, son a veces tan altos como un edificio, y algunos tan grandes que se puede entrar en su interior; están ensartados con petardos. Las fallas se queman una tras otra; las últimas son las que han conseguido un premio. Cada una de ellas tiene un modelo pequeño o **ninot** a su lado, por lo general creado por los chicos del barrio. Los *ninots* se exponen en La Lonja antes de que empiece la fiesta, y el mejor se lleva al Museo Fallero; el resto se quema con las fallas. Por último, hacia la 1 de la madrugada, la falla de la plaza del Ayuntamiento se prende con una serie de petardos, seguidos de la última gran exhibición de fuegos artificiales de este evento.

Durante las fiestas, desfiles de falleros vestidos con el traje regional y acompañados de bandas, llevan flores a la plaza de la Virgen, donde se reúnen para crear la falla de la gran imagen de la Virgen. Las **mascletás** diarias se celebran en la plaza del ayuntamiento a las 14 h (a pesar de su fama de impuntuales, los valencianos observan religiosamente el horario de estas celebraciones). Las calles están bloqueadas por el tráfico y toda la ciudad corre hacia la plaza central para asistir a una serie de explosiones tremendas que duran unos 10 minutos. Todas las noches hay fuegos artificiales, corridas, concursos de paella en las calles y puestos de chocolate y buñuelos. El 20 de marzo, Valencia vuelve a la normalidad, las calles se han limpiado durante la noche, y se empiezan a organizar las Fallas del año siguiente.

Hotel Reina Victoria, Barcas 4 (☎ y fax 963 520 487). De categoría, céntrico, situado cerca del ayuntamiento; descuentos fuera de temporada.

Cámping
El Palmar, carretera Valencia-Cullera (☎961 620 353), a 16 km por La Albufera; tome el autobús que circula cada hora de Valencia a El Perelló desde la plaza de toros. Jul. y agos.

La ciudad

La zona más interesante para pasear sin rumbo es sin duda el laberíntico **barrio del Carmen** (la parte más antigua de la población), más o menos entre la calle Caballeros y el río Turia, alrededor de las torres de Serranos. En la calle Caballeros, destacan los viejos picadores de las puertas, situados a una altura conveniente para que los caballeros jinetes que residían allí (de ahí el nombre de la calle). Las **murallas de la ciudad,** que a tenor de las puertas que quedan debieron de ser enormes, fueron derribadas en 1871 para dar paso a una circunvalación, y la preciosa iglesia de **Santo Domingo,** en la plaza de Tetuán, fue convertida en cuarteles, los mismos desde donde el general Milán del Bosch ordenó que salieran los tanques durante el frustrado golpe de Estado de 1981. Este hecho, sin embargo, no es representativo de la inclinación política de la ciudad, que siempre ha sido de tendencia progresista. Valencia fue sede del gobierno republicano durante la Guerra Civil tras huir de Madrid, y también la última ciudad que cayó en manos de Franco.

La parte más antigua está casi totalmente rodeada por el **río Turia,** que es ahora un parque situado donde antes se hallaba el lecho del río; éste fue desviado después de que una grave riada dañara gran parte del casco antiguo. Los viejos puentes de piedra siguen en su sitio, y el lecho del río alberga senderos para bicicletas y caminos, campos de fútbol, un estadio y un enorme Gulliver para que los niños suban por él, además del **Palau de la Música i Congressos,** una curiosa sala de conciertos tipo invernadero, construido en 1987, en el que se celebran conciertos de música clásica y de jazz.

Alrededores de la plaza del Ayuntamiento

En la plaza del Ayuntamiento destaca un cuadrado rodeado de puestos de flores, y una impresionante fuente iluminada. El ayuntamiento alberga el **Museo Histórico Municipal** (lun.-vier., 9-14 h; entrada gratuita), cuya biblioteca expone un magnífico mapa del siglo XVIII de Valencia que muestra las murallas de la ciudad.

El rasgo más característico de la arquitectura valenciana es la riqueza de sus fachadas barrocas, que el viajero verá en casi todos los edificios antiguos de la ciudad, aunque la más llamativa es la del **Palau del Marqués de Dos Aguas.** Hipólito Rovira, que diseñó su extraordinaria puerta de alabastro murió loco en 1740, algo que no sorprende a los que ven la puerta o la hayan visto. Dentro está el **Museo Nacional de Cerámica** (mar.-dom., 11-20 h) que expone una amplia colección de cerámicas procedentes de toda España. De hecho, Valencia fue un gran centro ceramista, en gran parte debido a su abundante población morisca. Además de una magnífica exposición de azulejos, la colección cuenta con algunas bandejas con reflejos dorados y cobrizos, un trío de carruajes ornamentales y, en el piso superior, la reconstrucción de una cocina valenciana tradicional. En la puerta de al lado, y siguiendo la misma línea decorativa que el palacio, se encuentra la **iglesia de San Juan de la Cruz** (o San Andrés).

Cerca, en la plaza del Patriarca, está la antigua **universidad** de estilo neoclásico, en la que destacan sus claustros, donde se celebran conciertos gratuitos de música clásica durante todo el mes de julio, y el precioso **Colegio del Patriarca,** renacentista, cuyo pequeño **museo de arte** (todos los días, 11-13.30 h; 100 pesetas) muestra

excelentes obras de El Greco, Morales y Ribalta. Otra obra de Ribalta, *La Última Cena*, cuelga sobre el altar en la capilla del colegio. En medio de la celebración del *Miserere*, a las 10 h los viernes por la mañana, se aparta para dejar al descubierto una serie de cortinas. La última de ellas, corrida en el momento fundamental, oculta un gran crucifijo iluminado; toda la representación resulta muy dramática. En la biblioteca de la universidad se halla el primer libro impreso en España, *Les Trobes* (1474).

La catedral

Al norte de la universidad, siguiendo por la calle Paz, se encuentra la **plaza de la Reina** y la **catedral** valenciana (todos los días, 7.30-13 h y 16.30-20.30 h). Dominan la plaza dos torres octogonales, la aguja de la **iglesia de Santa Catalina** y el **Micalet** o **Miguelete** de los siglos XIV al XV, una torre inacabada de la propia catedral. El viajero puede subir hasta el tejado para contemplar hermosas vistas de la ciudad, con sus iglesias de cúpulas azuladas. La entrada a la torre desde dentro de la catedral cuesta 200 pesetas; el horario no es regular pero por lo general se abre por la mañana hasta aproximadamente las 13 h y de nuevo de 17-20 h; en invierno cierra un poco más temprano. El rasgo más atractivo y curioso de la iglesia es la linterna sobre el crucero, con sus ventanas satinadas de hojas de alabastro, material popular en la región, que deja entrar la luz. El lento proceso de apartar las adiciones barrocas posteriores de la estructura gótica del cuerpo principal del edificio se terminó en 1996.

En el **Museu de la Seu**, el museo catedralicio (todos los días, 10-13 h y 16-anochecer; 200 pesetas) se encuentra una copa de ágata y oro (el Santo Cáliz), que se dice fue el que utilizó Cristo en la Última Cena, el auténtico Santo Grial. Es ciertamente antiguo; escondido durante la Edad Media en un monasterio del norte de Aragón (San Juan de la Peña), inspiró muchas de las leyendas relacionadas con el Grial. Entre otros tesoros, destacan dos obras de Goya, una de las cuales muestra un exorcismo (el cadáver estaba desnudo, pero tras la muerte de Goya se pintó encima una sábana), y un tabernáculo de 2.300 kg de oro, plata y joyas donadas por el pueblo valenciano. Realizado en 1939, desfila por las calles durante el Corpus Christi. Las campanas suenan y a las figuras de plata de los santos se les pueden cambiar las vestiduras.

Al salir de la catedral por la **Puerta de los Apóstoles**, el visitante entrará en la **plaza de la Virgen**. Allí se reúne el Tribunal de las Aguas (el consejo regulador de los regantes de Valencia) cada jueves al mediodía para juzgar las reivindicaciones o quejas referentes al sistema de irrigación de las huertas. Blasco Ibáñez (1867-1928) describe su trabajo con detalle en la novela *La barraca*, que trata sobre la vida de los campesinos en la huerta valenciana y continúa siendo la mejor guía sobre la vida de la región.

Dos puentes peatonales permiten a los clérigos (sólo a ellos) pasar directamente desde la catedral hacia el Palacio del Arzobispo y la pequeña capilla de **Nuestra Señora Virgen de los Desamparados**, también en la plaza de la Virgen, donde miles de velas iluminan siempre la imagen de la patrona de Valencia.

Desde la plaza, la calle Caballeros conduce al **Palau de la Generalitat**, construido en 1510, y hoy en día sede del gobierno autónomo valenciano. El viajero podrá visitar el patio los días laborables (9-20 h; entrada gratuita), pero para ver el interior es necesario una cita (lun.-vier., 9-14 h; ☎963 866 100). Merece la pena hacer la llamada telefónica para ver los hermosos techos y los frescos que muestran una reunión de la asamblea (1592) en el Salón Dorado y Salón de Cortes.

Lonja de los Mercaderes y mercados

Si al viajero lo abruman los excesos del barroco, puede visitar la elegante y hermosa **Lonja de los Mercaderes**, de estilo gótico, asimismo conocida como Lonja de la Seda (mar.-sáb., 9.30-14 h y 17-21 h; dom., 9.30-14 h; entrada gratuita), en la plaza del Mercado. Los días laborables funciona aún como centro de intercambio comercial. Enfrente se halla el enorme **Mercat Central**, una estructura modernista de hierro,

vigas y cristal construida a principios de siglo XX y coronada por una veleta formada por un papagayo y un pez espada. Se trata de uno de los mayores mercados de Europa, acorde con la huerta, y allí se venden toda clase de frutas y verduras, además de hierbas difíciles de encontrar, alimentos naturales y legumbres secas. Todos los días cierra hacia las 14 h. También impresionante es el mercado Colón, en la calle Cirilo Amorós.

Museos

El **Museu de Belles Arts** (lun.-sáb., 9-14.30 h; dom., 10-14 h; entrada gratuita) en la orilla extrema del río, cuenta con una de las mejores colecciones generales de España, con obras de El Bosco, El Greco, Goya, Velázquez, Ribera y Ribalta, además de arte moderno valenciano. En el exterior se encuentra el mayor parque de la ciudad, los **Jardins del Real** (también llamado Viveros), en cuyo centro hay un pequeño **zoo** (todos los días, 10-atardecer; 500 pesetas). Durante el verano, en los jardines se celebran diversos actos: ferias del libro en mayo y de la música en junio, además de conciertos al aire libre.

Al volver de nuevo hacia el interior de la ciudad, el viajero podrá visitar las **torres de Serranos**, del siglo XIV, una puerta impresionante que defiende la entrada de la ciudad a través del río Turia. La otra puerta que todavía se conserva es la de **torres de Quart**, más sencilla pero igualmente de gran escala. Además del **Museu Etnològic** (mar.-sáb., 10-14.30 h y 16-19 h; dom., 10-20 h; entrada gratuita), en el Centro Cultural La Beneficencia, Corona 36, otro museo menor que merece una visita es el **Museu Paleontològic** (mar.-sáb., 10-14 h y 17-20 h; entrada gratuita), en Arzobispo Mayoral 3. Se halla en un edificio llamado Almudí, antiguo almacén de grano construido en el siglo XIII y reconstruido en el XVI, y que ahora alberga una impresionante colección de huesos y otra magnífica de conchas. Si al viajero le interesan los toros, el **Museu Taurí** está detrás de la plaza de toros, en pasaje Doctor Serra (lun.-vier., 10.30-13.30 h; entrada gratuita).

Si el visitante quiere obtener más información sobre la gran fiesta de las Fallas (véase recuadro, pág. 782), puede ir al **Museo Fallero**, plaza de Monteolivete 4 (mar.-vier., 10-14 h y 16-19 h; sáb.-dom., 10-14 h; entrada gratuita), cerca del parque del lecho del río (autobús 13 desde la plaza del Ayuntamiento). Allí podrá ver una serie de *ninots* que han sido votados como el mejor y en consecuencia indultados y librados del fuego. Si quiere saber cómo se construyen las fallas, se recomienda visitar el **Museo del Artista Fallero** (lun.-vier., 10-14 h y 16-19 h; sáb., 10-14 h; 300 pesetas), en Ninot 24 (autobús 27 desde detrás del ayuntamiento).

La Ciutat de les Arts i les Ciències

En su tentativa de atraer turistas a la ciudad fuera de la época de las Fallas, la Generalitat ha emprendido un ambicioso proyecto, la **Ciutat de les Arts i de les Ciències**, un enorme complejo situado junto al Turia entre la autopista del Saler y la calle Moreras, que consta de cuatro grandes edificios futuristas diseñados por el arquitecto valenciano Santiago Calatrava.

Terminado en su totalidad a finales del siglo XX, destaca el **Hemisfèric** (mar.-dom., 10-23.30 h; todos los espectáculos, unas 1.000 pesetas; es necesario hacer la reserva, ☎902 115 577), un curioso edificio en forma de ojo con una gran pantalla cóncava que se utiliza para proyectar películas y hacer espectáculos con láser, y un planetario. Aunque al principio no estaban en su sitio todas las tuercas y tornillos (los bomberos lo consideraron peligroso) ahora tiene un gran éxito y ya se ha situado entre los cuatro edificios más visitados de España.

Los otros son el **Palau de les Arts**, un centro multifuncional con un auditorio abierto de 2.500 localidades donde se celebran representaciones teatrales, óperas y concier-

tos; el **Museu de les Ciències**; y el **L'Oceanogràfic**, una ciudad submarina con un acuario con delfines, orcas y un restaurante submarino. El parque también simula las formaciones geológicas costeras de cada región climática del planeta.

Comida

Aunque es la patria de la **paella**, la ciudad de Valencia no tiene los mejores establecimientos para comer este famoso plato. Los mejores se encuentran en realidad a las afueras, en Perellonet o El Palmar (véase pág. 791), o a lo largo de la **playa de Levante**. El paseo de Neptuno está rodeado de pequeños hoteles, todos con su propio restaurante especializado en paella y marisco. Si el viajero quiere tomar tapas, y comida más económica, puede ir al barrio del Carmen.

Restaurantes y bares de tapas

Albacar, Sorní 35 (☎963 951 005). Elegante, cerca de la plaza de América. Sirve cocina mediterránea moderna. Sáb. mediodía, dom. y 7 agos.-7 sept., cerrado.

Bar Amorós, Llop 3, junto a la plaza del Ayuntamiento (☎963 517 057). Bar de tapas económico especializado en tapas de marisco desde hace casi 70 años.

El Asador de Aranda, Félix Pizcueta 9 (☎963 529 791). Excelentes platos españoles, entre ellos el lechazo asado. Dom., cerrado.

Bar Almudín, Almudín. Situado detrás de la catedral. Muy conocido por sus buenas raciones de marisco.

Bar Ancoa, plaza San Lorenzo. Bar de tipo medio en las calles peatonales entre el ayuntamiento y el Turia. También sirve platos económicos.

Bar Cánovas, plaza Cánovas del Castillo. Uno de los mejores bares de tapas de la ciudad.

Bar Glorieta, plaza Alfonso el Magnánimo. Amplio bar antiguo que sirve tapas y un café excelente (cierra hacia las 21 h).

Bar Manolín, Luis Oliag 6. Bar sencillo y económico de tapas y bocadillos.

Bar Pilar, en la esquina de la calle Moro Zeit, junto a la plaza del Esparto. Lugar tradicional para tomar mejillones, que sirven con salsa picante.

Bar Todo a Cien, Bailén 42. Excelente comida económica cerca de la estación de ferrocarril; como sugiere su nombre, todas las tapas cuestan 100 pesetas.

COCINA VALENCIANA

La gastronomía tiene una gran importancia para los valencianos. El arroz, el ingrediente básico en los platos de la región, crece en sus verdes campos, regados aún mediante el sistema de acequias árabes. La genuina **paella valenciana** no mezcla pescado y carne. Se cocina a base de pollo, conejo, judías verdes, garrofones (alubias grandes), caracoles, alcachofas y azafrán. El marisco se toma como entrante.

Los **platos de arroz** varían por toda la región: arroz negro, cocinado con los calamares en su tinta, lo que le proporciona el color peculiar; se sirve con *all i oli* (alioli). El arroz al horno es un plato más seco, con guisantes. La fideuá se hace con marisco y fideos cocinados al estilo de la paella. Más al sur se puede degustar el *arroz a banda*, en la zona costera de los alrededores de Dènia; se cocina con mariscos y se sirve como dos platos independientes: primero la sopa y después el arroz. En la zona de Alicante se recomienda el arroz con costra, una paella hecha a base de carne y con huevo horneado por encima. Además del arroz, las verduras son siempre frescas y abundantes (lo mejor es tomarlas a la plancha, salteadas con aceite de oliva y ajo).

Barbacoa, plaza del Carmen 6 (☎963 922 448). Sirve un buen menú del día, que incluye carne a la barbacoa por 1.500 pesetas. El sitio es pequeño y muy popular.

Civera, Lérida 11-13 (☎963 475 917). La mejor marisquería de Valencia, situada al otro lado del río desde las torres de Serranos.

Gargantúa, Navarro Reverter 18 (☎963 346 849). Buen restaurante valenciano que sirve especialidades regionales. Dom. tarde y lun., cerrado.

La Hacienda, Navarro Reverter 12 (☎963 731 859). El restaurante más caro y mejor de la ciudad; su especialidad es el rabo de toro al estilo cordobés. Sáb. mediodía, dom. y Pascua, cerrado.

La Lluna, San Ramón (☎963 922 146). Buen restaurante vegetariano en el mismo centro del barrio del Carmen.

Mey Mey, Historiador Diago (☎963 840 747). Popular restaurante chino. Es necesario reservar durante los fines de semana. Pascua y las 3 últimas semanas de agos., cerrado.

Restaurante Patos, Mar 28 (☎963 921 522). Muy a mano si se aloja en la calle Conde Montornés, este restaurante pequeño y tranquilo ofrece platos interesantes con precio razonable.

La Riua, Mar 27. Buen restaurante que sirve paella y fideuá caseras.

Rotunda, plaza Redonda. Restaurante de precio moderado, situado en la rotunda.

Copas y vida nocturna

En Valencia hay una intensa **vida nocturna** y cuenta con uno de los más animados surtidos de bares en la España continental. Sin embargo, los locales se reparten en varios sitios a lo largo del Turia y, si el viajero no sabe adónde ir, tal vez le parezca que la ciudad no tiene vida nocturna. Para ir al otro lado del Turia, o moverse de una zona a otra como hace la mayoría, tendrá que caminar mucho o tomar taxis. Resulta sorprendente que la zona alrededor de la catedral, donde cabría esperar al menos algún movimiento, esté solitaria después del atardecer.

Se publican dos semanarios de **direcciones prácticas**, *Qué y Dónde* y *Cartelera Turia*, algo menos completo.

HORCHATA

Valencia es también famosa por su **horchata**, una bebida elaborada a base de chufas que puede tomar líquida o granizada. Suele acompañarse de *fartons* (bollos largos y delgados).

Según la leyenda, el nombre «horchata» fue acuñado por Jaime I, poco después de conquistar Valencia. Estaba admirando la huerta una cálida tarde cuando una muchacha árabe le ofreció una bebida refrescante que le hizo exclamar *«Això és or, xata!»* («¡Esto es oro, chata!»).

Puede conseguir horchata en toda la ciudad, aunque se dice que la mejor es la de Alboraya, antiguamente un pueblo que ahora forma parte de los suburbios valencianos. La horchatería más antigua de la ciudad es la de *Santa Catalina*, en el extremo de la plaza de la Reina. Las horchaterías y heladerías de la plaza de San Lorenzo, frente a las torres de Serranos, son excelentes y presentan una buena relación calidad-precio. Para ir a **Alboraya** tendrá que tomar el autobús 70 o la línea 3 de Metro hacia Alboraya desde la estación Pont de Fusta (al otro lado del río desde las torres de Serranos). La horchatería más famosa es *Daniel*, en avenida de la Horchata 41, donde podrá sentarse en la terraza y escapar del calor veraniego de la ciudad.

COMBINADOS VALENCIANOS

Los valencianos parecen aficionados a los combinados, o **cócteles**, que no tienen necesariamente la connotación de «categoría» de otros lugares. El *Rincón Latino*, en Gobernador Viejo 10, junto a Conde Montornés, cerca de la plaza de San Vicente Ferrer, es una bodega donde la especialidad son las bebidas nicaragüenses baratas; pida un ron con piña y le darán un vasito de cada uno: primero tendrá que tomarse el ron de un trago, y luego el zumo. Un cóctel clásico es el llamado agua de Valencia, que se sirve en jarras en una serie de antiguos bares. La *Cervecería de Madrid*, en calle Abadía de San Martín, bajo la plaza de la Reina, es un viejo y popular bar con las paredes llenas de pinturas, donde se sirve el agua de Valencia más ortodoxa, hecho a base de zumo de naranja, champán y vodka. El *Café Malvarrosa*, calle Ruiz de Lihoro, junto a la calle Paz, ofrece su propia agua de Malvarrosa, elaborada con limón en lugar de naranja. Los cercanos cafés *París* y *Madrid* sirven también sus propias versiones.

Barrio del Carmen
En la ciudad, los más jóvenes y la música más alta se concentran en las calles Bailén y Pelayo. En el **barrio del Carmen** hay docenas de pequeños café-bares, y es una de las áreas más animadas durante la noche, sobre todo alrededor de la plaza de Sant Jaume. Merece la pena acercarse al popular *La Marxa*, situado en un local decorado con imaginación, con una pequeña pista de baile y música variada. A lo largo de las calles Serrano, Quart (hacia calle Caballeros), Alta y Baja, Beneficencia y las cuatro calles paralelas de Na Jordana, San Ramón, Ripalda y Doctor Chiarri, hallará numerosas opciones. Entre los locales favoritos del momento destacan *Ghecko*, en plaza del Negrito; *Coyote*, en calle Padre Huérfanos, y el imaginativo *Johnny Maracas*, en calle Caballeros. Si le gusta la salsa, diríjase al *Rincón Latino*, Gobernador Viejo 10.

Al otro lado del río Turia
También hay numerosos bares al **otro lado del río**, más allá del barrio (alrededor de las calles Ruaya, Visitación y Orihuela) y detrás de la Gran Vía de Fernando el Católico (a lo largo de las calles Juan Llorens y Calixto III). En esta última área, el *Café Carioca* y el *Café La Habana*, en Juan Llorens 52 y 41, están ahora de moda, al igual que *La Torna*, en Carmen 12, y *Bésame Mucho*, en Ciudad Jardín, Explorador Andrés 6, que ofrece música en directo todos los miércoles y jueves.

La mayoría de los lugares de moda se encuentran al otro lado del Turia en la zona de la **universidad**. Los más al día se hallan en la avenida Blasco Ibáñez: *Picasso*, en el n.º 109; *Hipódromo*, en el 146, y *El Asesino*. Los bares de la plaza Xuquer, junto a Blasco Ibáñez, son puntos habituales de encuentro; *Cuba Litro*, en la esquina, sirve vasos de plástico de litro de *combinados* (véase recuadro de arriba), mientras que *Pan de Azúcar* ofrece bocadillos hasta tarde. Se mire donde se mire siempre hay un bar que vale la pena visitar; especialmente en la zona de las calles Artes Gráficas, Alfonso de Córdoba (la zona de la ciudad hacia Blasco Ibáñez, dirección Jardín del Real) y Menéndez Pelayo (en el lado opuesto).

Playa de la Malvarrosa
Los bares que se alinean en la **playa de la Malvarrosa** son el punto de encuentro en verano, sobre todo *Genaro*, *Tropical*, *ACTV* y *Casablanca*, grandes bares-disco en la calle Eugenia Viñes (la carretera de la playa). Para llegar allí, el viajero tendrá que tomar los autobuses 1 o 2 desde la estación de autobuses, o el 19 desde la plaza del Ayuntamiento. Los tres autobuses van a lo largo de la avenida del Puerto y giran por Doctor Lluch; luego deberá apearse a medio camino y seguir hacia la playa por calle Virgen del Sufragio. *Genaro* queda a su derecha, *Tropical* bajando hacia la izquierda.

La parada para tomar el autobús de regreso está una calle detrás de donde se ha bajado. Si es muy tarde, tendrá que tomar un taxi. También hay varios bares menos ruidosos entre el paseo Neptuno y el nuevo paseo Marítimo, cerca del puerto. Se recomienda *Vivir sin Dormir*, donde podrá jugar al billar o sentarse en mesas con velas. También es muy popular *La Floridita*, al aire libre, que ofrece música latina a una clientela de más edad.

Plaza Cánovas del Castillo
Al final de la Gran Vía Marqués del Turia se encuentra el centro de moda en la **plaza Cánovas del Castillo** y los alrededores. Se trata de una zona llena de pubes, donde la gente va a ver y ser visto. Los bares situados a lo largo de las calles Serrano Morales (especialmente *Champán*) y Grabador Esteve son locales para ejecutivos (como muestran los automóviles aparcados en el exterior), pero los que salen del lado opuesto, por las calles Salamanca, Conde de Altea y Burriana tienen una clientela más variada. En ambos casos, cada bar tiene sus clientes y estilo; hay para todos los gustos: desde salsa a flamenco o bacalao. En muchos de los bares alrededor de la plaza Cánovas podrá pedirse a los camareros una tarjeta para conseguir descuento o entrada libre en las discos, pero sólo son válidas a primera hora de la tarde. Uno de los establecimientos más curiosos de esta zona es *Johan Sebastian Bach*, en la calle del Mar (1.500 pesetas la entrada). Antes había un león en una jaula, en el bar, pero incluso sin él continúa siendo un local impresionante.

Discotecas
En la mayoría de las discotecas sólo suena música tecno-rave, conocida como **bacalao** o **makina**; ésta es la moda en Valencia desde finales de la década de 1980. Uno de los mejores lugares de *bacalao* es *Calcatta*, en una antigua casa reconvertida, calle Reloj Viejo, junto a calle Caballeros. Hay, sin embargo, mucha **música alternativa** en los alrededores; el viajero puede probar en *La Marxa*, junto a calle Caballeros; *Un Sur*, Maestro Gozalbo; *Época*, en calle Cuba; *Raza*, Pedro III El Grande (a menudo con música en vivo), y *Jerusalem*, calle Jerusalén junto a plaza de España; todos en el centro de la ciudad o muy cerca.

En la **zona de la universidad** también encontrará numerosas discotecas: *Jardines del Real*, junto a calle General Elio en plaza Legión Española 13, sobre el puente del Real; *Acción*, en Blasco Ibáñez, y los juveniles *Woody*, en calle Menéndez Pelayo y *Arena*, en Emilio Baró, que además de discoteca es un local donde actúan grupos en gira.

El resto de las discotecas quedan **fuera de la ciudad** en la carretera que se va hacia el sur a lo largo de la costa. *Spook Factory*, carretera de El Saler, y *The Face* están cerca una de la otra, en la playa de Pinedo, camino Montañares. Más al exterior en la carretera Nazaret-Oliva, El Perelló, se encuentran *Heaven* y *Puzzle*. En Les Palmeretes, *La Barraca*, una disco pop y *Chocolate Cream*, de pop-rock.

Si el viajero prefiere **jazz**, el local favorito actualmente es *Black Note Club*, Polo y Peyrolón 15, cerca de la avenida Blasco Ibáñez, en las proximidades del estadio, que ofrece jazz, blues, soul y flamenco de calidad, todas las noches.

Ambiente gay
Valencia cuenta con un floreciente ambiente **gay**, y pueden encontrarse muchos bares y discos que varían desde «mixtos» a sólo para hombres gays. La mayoría de los bares y discos se hallan situados alrededor del mercado Central y la calle Quart. *Venial*, en calle Quart, es joven y moderno, y sólo se paga para entrar durante el fin de semana (1.300 pesetas). *Dakota* es muy popular, en calle San Martín, próximo a la plaza de la Reina, con ambiente del Lejano Oeste. También merece la pena *Victor's*, en Doctor Montserrat 23, cerca de las torres de Quart.

Direcciones prácticas

Aeropuerto Manises, a 15 km (☎963 709 500); autobús 15 desde la estación de autobuses (cada hora).

Alquiler de automóviles La mejor es probablemente Cuñat Car Hire, Burriana 51 (☎963 748 561). También puede utilizar Avis, en el aeropuerto e Isabel la Católica 17 (☎963 510 734); Hertz, en el aeropuerto y Segorbe 7 (☎963 415 036); Atesa, en el aeropuerto y avenida del Cid 64 (☎963 799 108), o cualquiera de las numerosas empresas existentes.

Bancos Alrededor de la plaza del Ayuntamiento o a lo largo de la calle Játiva hay sucursales de la mayoría de los bancos. Fuera del horario de banca, dos sucursales de la Caja de Ahorros abren entre lun.-sáb., 9-20 h, una en Játiva 14, a la izquierda según se sube de la estación de ferrocarril, y la otra en el Nuevo Centro, cerca de la terminal de autobuses. Pero sólo se pueden hacer algunas transacciones. El Banco de Valencia, División Internacional, Colón 20, cobra una de las comisiones más bajas en el cambio de moneda.

Ciclismo Hay varios carriles para bicicletas (marcados en verde) por toda la ciudad; el viajero deberá tener cuidado con los peatones despistados. Para obtener información respecto a excursiones y rutas largas organizadas por la Conselleria de Cultura, Educació i Ciència de la Generalitat Valenciana, pregunte en el ITVA (Institut Turístic Valencià), avenida Aragón 30 (☎963 986 000).

Cine Se proyectan filmes en versión original en la filmoteca municipal, plaza del Ayuntamiento, y a veces en los Mini-Cines Albatros, plaza Fray Luis Colomer, en Xerea, En Blanch 6, y Babel, Vicente Sancho Tello 10.

Consigna Taquillas con llave en Renfe; acceso las 24 horas, 100-300 pesetas al día.

Correos La central está en la plaza del Ayuntamiento 1 (lun.-vier., 8.30-20.30 h; sáb., 9.30-14 h). Hay servicio de lista de correos en el primer piso.

Hospitales Avenida Cid, en el cruce llamado Tres Cruces (☎963 791 600). Primeros auxilios en plaza de América 6 (☎963 526 750).

Información de autobuses La estación principal se halla en la avenida Menéndez Pidal 3, cruzado el Turia (☎963 497 222). Los servicios regulares al norte de Europa y Londres parten desde allí. Las taquillas están en la estación.

Información de trenes Renfe está en Játiva 24 (☎963 520 202). Parten varios trenes diarios hacia Barcelona, Madrid y Málaga. Para los destinos alrededor de Valencia hay un FGV (Metro) desde la plaza de España (líneas 1 y 2) y Puente de Madera (línea 3).

Lavandería El Mercat, plaza Mercado 12.

Líneas aéreas Iberia y Aviaco, Paz 14 (963 520 500); British Airways, plaza Rodrigo Botet 6 (☎963 512 284).

Mercados Se recomienda visitar el mercado al aire libre, siempre lleno de gente, de la plaza Redonda (junto a la plaza de la Reina) y también en la plaza de San Esteban, detrás de la catedral. Asimismo hay unos cuantos puestos junto a la catedral, lo mejor para comprar caña de azúcar crujiente. Todos los días excepto domingos y martes en varios puestos venden joyería, ropas y baratijas junto a la calle de la Paz, en la plaza de Alfonso el Magnánimo. Los domingos se realiza en la plaza de la Virgen, y los martes en la plaza de España.

Playas La playa de la ciudad, Malvarrosa, está contaminada, pero se están llevando a cabo labores de limpieza; además, hay un elegante paseo. Lo mejor es ir a El Saler, una amplia franja de tierra con pinos y un cámping detrás. El viajero puede ir en

autobús desde Puerta del Mar, al final del parque de la Glorieta; la parada queda junto al quiosco de prensa (mayo-sept., cada hora en punto y la media; oct.-jun., cada hora en punto). El trayecto dura 20 minutos y para en el pueblo antes de dirigirse a la playa y regresar.

Policía La central se halla en la Gran Vía Ramón y Cajal 40 (☎963 510 862).

Senderismo Durante todo el año se organizan excursiones por las montañas de la región. El viajero puede unirse a un grupo guiado o, si prefiere ir solo, le proporcionarán mapas e información. Podrá obtener más detalles en el Centro Excursionista de Valencia, plaza Tabernes de Valldigna 4 (☎963 911 643), o ITVA (véase «Ciclismo», pág. anterior).

Teléfonos Pasaje Rex 7, junto a la avenida Marqués de Sotelo, cerca de la plaza del Ayuntamiento (lun.-vier., 9-15 h y 16-21 h; sáb., 9-14 h).

Transbordadores Cómo mínimo salen dos veces por semana hacia Mallorca (9 h) y una vez por semana a Ibiza (7 h); puede conseguir información, además de los billetes, en cualquiera de las agencias de viajes situadas en la plaza del Ayuntamiento.

Alrededores de Valencia

El viajero podrá hacer varias **excursiones de 1 día** desde Valencia, entre ellas visitar los mejores restaurantes especializados en paella de la región, en El Palmar, El Perelló y Perellonet. La ciudad puede ser calurosa en verano y las frescas montañas del Alto Turia son una opción seductora.

La Albufera y «los pueblos de la paella»

La Albufera es una gran laguna separada del mar por una franja de tierra y rodeada de campos de arroz. Se trata de una de las mayores superficies de agua dulce de España y constituye un importante humedal que atrae a cientos de miles de aves migratorias, unas 250 especies, de las cuales 90 anidan regularmente allí. En la Edad Media era diez veces mayor que en la actualidad, pero los arrozales de los alrededores la han ido reduciendo de manera gradual. Tras una época de creciente polución debido a los desechos industriales, residuos domésticos e insecticidas, el área ha sido convertida en parque nacional.

Tanto si al viajero le gusta observar las aves como si no, la zona de la laguna representa un agradable cambio si llega de la ciudad; podrá comer paella y la especialidad local, *all i pebre*, en los pueblos cercanos de El Palmar y El Perelló. **EL PALMAR**, el más bonito de los dos; en otro tiempo era una aldea de pescadores, pero ahora está lleno de **restaurantes**, y las familias de los pescadores se dedican a la restauración. Uno de los mejores establecimientos es *Mateu* (☎961 620 270). El 4 de agosto, El Palmar celebra su **fiesta**; la imagen de Cristo en la Cruz es llevada al lago en medio de una procesión de barcos hasta el *illuent* (centro del lago), y allí se cantan himnos religiosos.

Si continúa por la carretera de El Perelló, el viajero llegará al pueblecito de **PERELLONET**, donde comerá una de las mejores paellas de los alrededores. Se recomiendan *Vert i Blau*, avenida Gaviotas 72, para probar las patatas Amparín; también merecen la visita *Blayet*, que es también **hostal** (☎961 777 184; fax 961 777 366; ⑤), o *Gaviotas*, en la puerta de al lado (☎961 777 575), donde tendrá que hacer la reserva para tomar paella, mariscos y *all i pebre*. El cámping más próximo es *Devesa Gardens* (todo el año; ☎ y fax 961 611 136), en la carretera de El Saler, cerca del campo de golf de igual nombre. Hay un servicio regular de **autobuses** cada hora desde la ciudad pasando por El Saler y la laguna hacia El Palmar y El Perelló.

Manises

Unos 15 km al sur de la ciudad, en **MANISES**, donde se halla el aeropuerto de Valencia, está el centro de la industria ceramista de la región. El **Museo de Cerámica**, en Sagrario 22 (mar.-sáb., 10-14 h y 16-19 h; dom. y festivos, 11-14 h; entrada gratuita), expone cerámicas desde la época medieval, azules con barnices metálicos, hasta ejemplos modernos que han merecido premios; también se hacen demostraciones del proceso tradicional de realización de cerámicas.

El norte de Valencia, la Costa del Azahar

Las mejores **playas** a lo largo de la Costa del Azahar se encuentran alrededor de **Benicasim/Benicàssim**, al norte de la capital provincial, **Castellón de la Plana/ Castelló de la Plana**. Más al norte, **Peñíscola**, una localidad histórica con buenas playas y marisquerías, merece una visita. **Benicarló** también es agradable. Quizás el mejor lugar para realizar un alto en el camino hacia Cataluña o Morella sea **Vinaròs**, en la desembocadura del río Sèrvol, una población auténtica no exclusivamente desarrollada para el turismo.

Real Monasterio de El Puig de Santa María

Unos 18 km al norte de Valencia en la carretera hacia Sagunto/Sagunt, se encuentra el pueblecito de **EL PUIG**, donde vale la pena pasar un par de horas visitando el impresionante **Real Monasterio de Santa María de El Puig** (10-13 h y 16-19 h; lun. tarde, cerrado; 300 pesetas), un gran edificio flanqueado por cuatro torres que domina la ciudad y el campo de los alrededores. La Orden de la Merced —guardianes del santuario— fue fundada por Pedro Nalaso en 1237, tras tener una visión de la Virgen María en la cercana colina. Es un lugar de peregrinación tanto de los valencianos como de la realeza, desde Jaime I hasta los monarcas actuales, Juan Carlos y Sofía, aunque en la época de Franco se utilizaba como prisión. En el claustro inferior, el **Museo de la Imprenta y de la Obra Gráfica** (uno de los más importantes de Europa) expone una serie de objetos, de gran valor, entre ellos el libro más pequeño del mundo —del tamaño de la uña del pulgar— que presenta el padrenuestro en media docena de lenguas, que se puede leer con ayuda de una lupa. Otros objetos interesantes son un ejemplar de la Biblia de Gothenburg, y un precioso atlas pictórico de historia natural, ambos del siglo XVI. En el claustro superior, la sala de cerámicas alberga varias piezas romanas, pero sus auténticos tesoros son bandejas, boles y jarros del siglo XIV rescatados del lecho marino próximo a El Puig. Observe por todo el monasterio los grilletes que los monjes utilizan para sujetar velas.

El viajero puede llegar a El Puig desde Valencia en **tren** (14 diarios; 20 min.) o **autobús** (30 diarios; 25 min.).

Sagunto/Sagunt y alrededores

A 24 km hacia el norte de Valencia se encuentran las interesantes ruinas romanas de **SAGUNTO/SAGUNT**. Este pueblo entró a formar parte de la leyenda en el 219 a.C. al ser atacado por Aníbal en uno de los primeros combates de la guerra entre Cartago y el Imperio Romano. Sus habitantes soportaron un asedio durante 9 meses y prefirieron quemar la ciudad antes que rendirse. Cuando llegaron refuerzos desde Roma, la ciudad fue recuperada y se inició su reconstrucción. Entre las ruinas, destaca el anfiteatro romano del siglo II, el **teatro romano** (mayo-sept., mar.-sáb., 10-20 h; dom., 10-14 h; oct.-abril, mar.-sáb., 10-18 h; dom., 10-14 h; entrada gratuita), cuya forma original se mantiene intacta; no obstante, hay controversias sobre su restauración. Ahora es funcional pero para muchos ha perdido su autenticidad. Durante el verano allí se re-

presentan obras teatrales. Las maravillosas vistas que se contemplan desde sus asientos abarcan los numerosos restos de los alrededores, un desvencijado castillo árabe en la colina posterior, iglesias medievales abajo en el pueblo y, al otro lado de la llanura hacia el mar, el humo negro de la industria moderna. Se están excavando más ruinas romanas entre los muros de un gran **castillo** (mar.-sáb., 10-14 h y 16-19 h; dom. y festivos, 10-14 h; entrada gratuita). El barrio judío de Sagunto/Sagunt aún se conserva y se pueden ver casas medievales entre callejuelas empedradas. Unos 28 km al norte, en **La Vall d'Uixó**, se encuentra el río subterráneo de San José, con unas maravillosas estalactitas; el viajero podrá recorrer el río en barco (1.000 pesetas; ☎964 690 576).

Aspectos prácticos
La carretera pasa por debajo del pueblo, y por allí circulan frecuentes **autobuses** en dirección a Valencia, al igual que las principales líneas de **ferrocarril**, que unen Valencia y Barcelona (7 diarios) y Valencia-Zaragoza (4 diarios). Si el viajero quiere **alojarse** cerca de Sagunto/Sagunt, se recomienda el económico *La Pineda* (☎962 660 850; fax 962 650 543; ③), que cuenta con piscina y sauna; se halla a 3 km de la población en la CN-234, la carretera hacia Teruel. Como alternativa está el *Hostal Carlos*, cerca de la estación, en la bulliciosa avenida País Valencià 43 (☎962 660 902; ②), económico y bien situado.

Segorbe y Montanejos

A unos 30 km hacia el interior desde Sagunto/Sagunt se encuentra **SEGORBE**, la romana Segóbriga, que merece una visita por su tranquilidad y el paisaje que la rodea más que por sus monumentos. Está en el valle del río Palancia entre campos de nísperos y limoneros. La catedral de Segorbe se empezó a construir en el siglo XIII, pero sufrió reformas neoclásicas y sólo el claustro es original. El museo (todos los días, 11-13 h; principios sept., cerrado; 200 pesetas) expone varias piezas de arte gótico valenciano, así como un retablo de Vicente Masip, también conocido como Juan de Juanes. Sólo queda una parte de las murallas de la ciudad, pero las vistas merecen la pena. A 1 km de Segorbe por la carretera hacia Jérica se halla la «fuente de las provincias», que tiene 50 caños, uno por cada provincia española, cada uno de ellos con el escudo de armas correspondiente. Si el viajero quiere **alojarse** aquí, la única posibilidad es en la *Fonda Aparicio*, Colón 74 (☎964 710 172; ①), frente al museo. Segorbe está en la línea de **tren** que une Valencia con Teruel y Zaragoza; por allí pasan cinco trenes diarios. Celebra sus **fiestas** a principios de septiembre, cuando se lleva a cabo *La Entrada*, y se corren toros a caballo por toda la ciudad.

Desde Segorbe, el viajero podrá hacer una excursión hasta **MONTANEJOS** (no debe confundirlo con Montán, el pueblo anterior). Tendrá que desviarse en Jérica por la carretera hacia Montanejos, o tomar el autobús en Segorbe. En este pueblecito hay dos hoteles y cuatro hostales, y es popular entre los visitantes por sus fuentes termales, **fuente de Baños**, donde el agua sale a 25 °C y tiene propiedades medicinales. Los paseos alrededor del pueblo se unen a la ruta Gran Recorrido. Si quiere **alojarse** allí, se recomienda el *Hotel Rosaleda del Mijares*, carretera de Tales 28 (☎964 131 079; fax 964 131 466; ④), *Hostal Valenciana*, Elviro Peiró 40, en el centro (☎964 131 062; ④, pensión completa), u *Hostal Gil*, en avenida Fuente de Baños (☎964 131 063; ②).

Castellón de la Plana/Castelló de la Plana

En dirección norte a lo largo de la costa, se encuentra **CASTELLÓN DE LA PLANA/CASTELLÓ DE LA PLANA**, lo bastante atrayente como para hacer un alto en el camino; se trata de uno de los lugares menos caros donde alojarse a lo largo de esta franja costera y cuenta con algunas **playas** bastante agradables en los alrededores.

En el casco antiguo de la ciudad se halla el **ayuntamiento**, un interesante edificio del siglo XVII (lun.-vier., 7.45-13.15 h), que muestra una serie de obras de artistas locales y una pintura de san Roque atribuida a Francisco Ribalta. Cerca está el campanario del siglo XVI, **El Fadrí**, y la curiosa **concatedral neogótica de Santa María** el edificio original del siglo XI fue destruido durante la Guerra Civil). Si el viajero cruza la plaza, llegará al **convento de las Capuchinas** (todos los días, 14-20 h; entrada gratuita), que expone algunas valiosas obras de Francisco Zurbarán. También merece la visita el **Museo de Bellas Artes**, en Caballeros 25, entre la plaza Mayor y la plaza de Aulas (lun.-vier., 10-14 h y 16-18 h; sáb., 10-12.30 h; entrada gratuita), donde se muestran cerámicas, pinturas y esculturas de artistas locales.

Las playas están en el Grao, y continúan a lo largo de la costa hacia Benicasim/Benicàssim. Los **autobuses** hacia ambas playas salen regularmente de la plaza de Hernán Cortés.

Aspectos prácticos

El viajero encontrará una **oficina de turismo** junto a la plaza María Agustina 5 (jul.-agos., lun.-vier., 9-19 h; sáb., 10-14 h; sept.-jun., lun.-vier., 9-14 h y 16-19 h; sáb., 10-14 h; ☎964 358 688), que proporciona una interesante lista de alojamientos y restaurantes. Si el viajero decide **pasar allí la noche** dispone de diversas opciones. El sencillo pero limpio *Hostal Residencia Martí*, Herrero 19 (☎964 224 566; ②), céntrico; *Hostal La Esperanza*, en Trinidad 37 (☎964 222 031; ③), ofrece habitaciones inmaculadas y un buen restaurante, con un menú de unas 1.000 pesetas. Si prefiere estar cerca de la playa, se recomienda *Pensión Los Herreros*, avenida del Puerto 28 (☎964 284 264; ④), un buen establecimiento; de más categoría, *Hotel del Golf*, en playa del Pinar (☎964 280 180; fax 964 281 123; ⑥), dispone de piscina y pistas de tenis.

Hay numerosos restaurantes donde **comer**, sobre todo en el entorno del Grao: *Club Náutico*, en Escollera de Poniente, sirve un excelente arroz y pescado al horno, mientras que *Casa Juanito*, paseo Buenavista 11, ofrece un marisco sabroso. Si el viajero quiere probar el mejor arroz negro, tendrá que ir a la *Tasca del Puerto*, avenida del Puerto 13.

Por la noche, los **bares** se llenan de gente a lo largo de la calle Puerta del Sol. Hay numerosas tascas y tabernas en las calles Poeta Guimerá y Alloza. Los aficionados al *bacalao* deben dirigirse hacia *Aquí Me Quedo* y *Volumen*.

Villafamés

VILLAFAMÉS, 24 km al interior desde Castellón de la Plana/Castelló de la Plana, es un atractivo pueblo situado en una colina; el viajero verá allí edificios medievales, renacentistas y modernos. En la parte más alta del pueblo, se encuentran las ruinas de un antiguo castillo, conquistado por Jaime I en 1233. El Palau del Batlle, del siglo XV, alberga el **Museo Popular de Arte Contemporáneo** (todos los días, 11-13 h y 17-20 h; entrada gratuita), una colección de unas 500 esculturas y pinturas, entre ellas obras de Miró, Lozano y Mompó. Conseguirá buenas **habitaciones** en *El Rullo*, calle Fuente (☎964 329 384; ③), que también tiene restaurante.

Benicasim/Benicàssim

BENICASIM/BENICÀSSIM, pocos kilómetros al norte de Castellón de la Plana/Catelló de la Plana, es un lugar muy desarrollado, por lo que el alojamiento económico escasea. La **oficina de turismo**, en Médico Segura 4 (lun.-vier., 8.30-15 h; ☎964 300 962), dispone de una lista de **hostales** y proporciona un mapa gratuito de la población. Entre las fondas con mejor precio en el casco antiguo cerca de la estación

destacan *Fonda Garamar*, Queipo de Llano 3 (☎964 300 011; ②), y *Hostal Residencia Almadraba*, Santo Tomás 137 (☎964 301 000; ②). *Buenavista*, San Antonio 13 (oct.-marzo, cerrado; ☎964 300 905; ③), es grande y las habitaciones con baño resultan baratas. De más categoría, *Hostal Montreal*, en Barracas 5 (☎964 300 681; ⑤), ofrece muchos servicios, incluida piscina. Asimismo encontrará un **albergue** (funciona todo el año), *Argentina*, en avenida Ferrandis Salvador (☎964 300 949), y al menos siete **cámpings** en la zona; *Cámping Florida*, Sigalero 34 (abril-sept.; ☎964 392 385), está próximo a la playa y dispone de piscina y pistas de tenis.

A 6 km hacia el interior desde Benicasim/Benicàssim se encuentra el **Desierto de las Palmas**; se trata de un monasterio carmelita, que data de 1694, y se halla en un idílico emplazamiento. Los carmelitas imparten cursos de meditación (☎964 300 950); hay un museo de historia religiosa (todos los días, 10.30-13 h y 16.30-19 h; entrada gratuita). Si el visitante sube al cercano monte Bartolo contemplará hermosas vistas de las llanuras. Parte de la montaña quedó desarbolada a causa de un incendio forestal en 1992, un grave problema que afecta a toda la comarca, aunque el fuego es a menudo obra de pirómanos. De vuelta en el pueblo, las *Bodegas Carmelito*, en avenida Castellón, ofrecen visitas con degustación (todos los días, 9-13.30 h y 15-19.30 h; entrada gratuita; ☎964 300 849). Benicasim/Benicàssim es conocida por su vino moscatel; de hecho, en una época era famosa como zona de producción vinícola, aunque hoy en día quedan pocos viñedos.

En verano, un servicio regular de **autobús** va a Castellón de la Plana/Castelló de la Plana (que en verano parten desde Santo Tomás cada 15 min.; invierno, cada 30 min.).

Peñíscola

No hay mucho más que ver hasta llegar a Peñíscola, aunque en el centro turístico de **OROPESA**, junto a Benicasim/Benicàssim, el viajero encontrará buenas playas, cámpings y un ambiente bullicioso en verano.

PEÑÍSCOLA se halla en un promontorio bien fortificado sobre el Mediterráneo. En el pasado, aquí hubo un asentamiento fenicio, y más tarde tuvo gobernadores griegos, cartagineses, romanos y árabes, pero el castillo actual fue construido por los caballeros templarios y renovado por Pedro de Luna. El papa Benedicto XIII (papa Luna) vivió aquí 6 años tras ser depuesto del papado durante el cisma del siglo xv. El castillo (todos los días, verano, 10-14.30 h y 17-21.30 h; invierno, 10-13.30 h y 15.15-17.30 h; 200 pesetas), donde se filmó parte de la película *El Cid*, ha sido muy restaurado y es, en gran manera, un museo dedicado al papa Luna; no obstante, resulta impresionante desde la distancia y el casco antiguo que se apiña alrededor de su base es bastante pintoresco, aunque muy comercializado. Hay pequeñas **playas** en ambos lados del castillo; la mejor es la que queda del lado del pueblo, a pesar de que suele estar más llena.

Aspectos prácticos

El viajero encontrará una **oficina de turismo** en el paseo Marítimo (verano, lun.-sáb., 9-20 h; dom., 10-13 h; invierno, lun.-vier., 9.30-13.30 h y 16-19 h; ☎964 480 208), donde le proporcionarán un mapa gratuito de la localidad. Es mejor visitar Peñíscola fuera de temporada para evitar la multitud y asegurarse del **alojamiento** en el casco antiguo. Si quiere disfrutar de vistas marítimas, puede ir al *Chiqui Bar*, Mayor 3 (☎964 480 284; ③), regentado por una agradable pareja. La *Hostería del Mar*, avenida Papa Luna 18 (☎964 480 600; fax 964 480 759; ⑤), ofrece más lujo; está especializada en organizar banquetes medievales cada sábado, con música y baile. Verá varios hostales (de precio razonable) cerca de la base del castillo y a lo largo de la carretera de la playa; *Simo*, Porteta 5 (☎ y fax 964 480 620; ④), se halla en la playa, mientras que el sencillo *Hostal-Residencia El Torcio*, José Antonio 18 (☎964 480 202; ③), se encuentra a

100 m del mar. En los alrededores abundan los **restaurantes**, que sirven platos locales como el *suquet de peix* (zarzuela de pescado) y *all i pebre de polpet* (pulpitos con ajo y pimienta). Los **autobuses** circulan por la costa desde Vinaròs (cada 30 min.) y Benicarló (cada 16 min.) entre 8-23 h.

Benicarló

En **BENICARLÓ**, 7 km más allá siguiendo la costa, se alza una iglesia con torre octogonal y cúpula de mosaicos azules; también hay una pequeña pero tranquila playa, así como varios establecimientos económicos donde **alojarse** en el mismo centro. Se recomiendan la *Pensión Las Palomas*, en Hernán Cortés 14 (☎964 474 771; ②), y el *Hostal Residencia Mateu*, Ferreras Bretó 8 (☎964 471 085; ④), que ofrece excelentes vistas de la iglesia. Si el viajero prefiere más lujo, puede ir al moderno *Parador de Benicarló*, avenida Papa Luna 3 (☎964 470 100; fax 964 470 934; ⑦), con piscina, jardín y un buen restaurante. Hay un **albergue** en la avenida de Yecla 29 (☎964 470 500; ①) y **cámpings** en la costa cercana, entre ellos el *Cámping Alegría del Mar* (todo el año; ☎964 470 871), 1,5 km al norte, en la carretera Valencia-Barcelona. Los muelles son importantes por sus astilleros y merecen una visita.

Vinaròs

Las **playas** de **VINARÒS**, a continuación siguiendo la costa, son pequeñas pero no tan frecuentadas. En la localidad destaca la elaborada iglesia barroca; a su alrededor suele haber un excelente mercado de productos locales. La **oficina de turismo** (10-14 h y 17-21 h; ☎964 455 904), cerca de la iglesia, puede ayudar al viajero a encontrar **alojamiento**. *Salom*, plaza de San Antonio 13 (☎964 455 849; ③), está bien, aunque resulta algo sencilla; el pequeño *El Pino*, San Pascual 47 (☎964 450 553; ③), es el hostal más barato con baños; la *Pensión Casablanca*, San Pascual 8 (☎964 450 425; ②), regentada por una pareja muy amable, dispone de habitaciones limpias con baño compartido. Si el viajero prefiere más comodidad, se recomienda el *Hotel Roca*, en avenida San Roque (☎964 401 312; ④).

El **pescado** capturado en la zona es excelente; de hecho, los langostinos tienen fama de ser los mejores de España. Vale la pena dirigirse al mercado del puerto a primera hora de la tarde para ver la subasta de la pesca del día. *Bar Neus* (que prepara un rico granizado de café), frente a la terminal de autobuses, es la principal fuente de información sobre horarios y trayectos desde el pueblo; el autobús hacia Morella sale en la actualidad a las 7.30 y las 16 h. La **estación de ferrocarril** se encuentra a unos 2 km del centro.

Morella

MORELLA, a 62 km hacia el interior, en la carretera de la costa a Zaragoza, es la localidad más bonita de la provincia de Castellón, y una de las más notables de la zona. Se trata de una ciudad fortaleza medieval que se levanta en la llanura alrededor de una pequeña colina coronada por un promontorio rocoso y un **castillo** prácticamente inexpugnable que domina el paisaje en kilómetros a la redonda. Un anillo muy bien conservado de antiguas murallas defiende su parte inferior. Blasco de Alafón conquistó la localidad a los árabes en el siglo XIII. Más tarde se mostró remiso a entregarla a la corona y se cuenta que el rey Jaime I tuvo que ir para que se la devolviera.

El principal monumento, aparte del castillo, es la iglesia arciprestal de **Santa María la Mayor** (mayo-sept., todos los días, 11-14 h y 16-19 h; oct.-abril, lun.-vier., 12-14 h y 16-18 h; sáb.-dom., 11-14 h y 16-18 h), un edificio gótico del siglo XIV con unas pre-

ciosas puertas talladas *(de los Apóstoles)* y un coro curiosamente alto, al que se llega por una escalera de caracol de mármol. A unos minutos caminando hacia la izquierda, a los pies del castillo, se halla el restaurado **monasterio de San Francisco** (todos los días, 10.30-19.30 h). Su elegante claustro gótico y sala capitular merecen una visita, junto con la **fortaleza**, en ruinas pero aún impresionante. La subida resulta agotadora, pero el paisaje que se contempla desde el patio medio derrumbado de la parte alta es increíble; abajo se ve el monasterio, la plaza de toros y las murallas de la localidad y las llanuras de los alrededores. Más allá están las ruinas del curioso **acueducto** gótico que en una época suministraba agua a la ciudad.

No lejos del monasterio se encuentra el **Museu Temps de Dinosauris** (mayo-sept., mar.-dom.; 11-14 h y 16-19 h; oct.-abril, cierra a las 18 h; entrada gratuita), que expone fósiles de dinosaurios hallados en la zona. En la calle de la Virgen de Villavana está la casa donde san Vicente Ferrer obró el prodigioso milagro de resucitar un niño que había sido troceado y guisado por su madre, que no pudo encontrar otra cosa que ofrecer al santo para comer. En Morella se celebra un **festival anual de música clásica** (última semana agos.).

Aspectos prácticos

En Morella las temperaturas son más bajas que en otros lugares de la provincia; de hecho, suele nevar durante el invierno. La **oficina de turismo** (todos los días, 10-14 h y 16-19 h; ☎964 173 032) está a 5 minutos caminando desde la terminal de autobuses, en la plaza de San Miguel; proporciona mapas y folletos de los monumentos de la localidad. El viajero puede conseguir **alojamiento** barato en *La Muralla*, Muralla 12 (☎964 160 243; ③), y el *Hostal El Cid*, Puerta San Mateo 2 (☎964 160 125; ②), junto a la parada de autobuses y la puerta del pueblo; sus habitaciones tienen vistas de las colinas, pero pueden ser algo ruidosas. También hay una fonda sencilla, *Moreno* (☎964 160 105; ①), San Nicolás 12. Durante las fiestas y los días festivos nacionales, se recomienda hacer la reserva con antelación, pues Morella es muy popular. Si el viajero se queda en el lugar y no dispone de alojamiento, el vecino pueblo de **FORCALL** tiene un buen albergue además de un hotel cómodo, *Palau dels Osset*, plaza Mayor 16 (☎964 177 524; fax 964 177 556; ⑤).

La calle principal porticada, **Els Porxos**, dividida por inclinados escalones que bajan hacia las murallas inferiores, es el lugar ideal para comer, ya que abundan **bares**, **panaderías** y **cafés**. *Vinatea* y *Rourera* son excelentes para tomar tapas. Bajo el monasterio hay un par de pequeñas plazas donde el viajero podrá sentarse en cafés con terrazas, algo muy agradable por la tarde.

Desde Morella puede acercarse a la región del Maestrazgo, al sur de Aragón. En verano parten **autobuses** diarios hacia Alcañiz (10 h) y Cantavieja/Villafranca del Cid (18.30 h), además de a Vinaròs (lun.-vier., 16 y 19.30 h) y Castellón de la Plana/Castelló de la Plana (lun.-vier., 16 y 19.30 h).

La Costa Blanca

Al **sur de Valencia** se extiende una larga franja donde el viajero encontrará las **mejores playas** de la costa, sobre todo entre Gandía y Benidorm. La mayoría de ellas, sin embargo, están sometidas al **turismo de masas** y en verano resulta difícil encontrar habitación en parte alguna (en agosto, es prácticamente imposible). Los campistas lo tienen algo más fácil, pues abundan los cámpings, pero conducir puede convertirse en una auténtica pesadilla a menos que se utilicen las vías de peaje.

Al salir de Valencia, tanto la carretera como la vía férrea pasan por la gran **fábrica Ford**. Si el viajero se dirige por la ruta interior hacia Gandía, tendrá la oportunidad de visitar la histórica ciudad de **Xàtiva**.

Xàtiva y alrededores

La antigua ciudad de **XÀTIVA** (Játiva), 50 km al sur de Valencia, fue fundada probablemente por los fenicios y habitada por los romanos. Hoy en día es un lugar tranquilo con hermosos paisajes para pasar unas horas; se trata de un lugar ideal para hacer una excursión de 1 día desde la capital. La Xàtiva medieval fue el lugar donde nació Alfonso de Borja, que se convirtió en el papa Calixto III, y de su sobrino Rodrigo, padre de los infames Lucrecia y César Borgia. Cuando Rodrigo se convirtió en el papa Alejandro VI, la familia se trasladó a Italia. En Semana Santa se celebran las **fiestas**, además de durante la segunda mitad de agosto, con la Feria de Agosto; entonces se ofrecen corridas de toros y ferias de ganado. En esa época del año puede llegar a hacer un calor insoportable.

En Xàtiva hay numerosas mansiones diseminadas por la ciudad, pero la mayoría de ellas son de propiedad privada y no pueden visitarse. Muchas de las iglesias han sido renovadas hace poco tiempo, y el **casco antiguo** resulta un lugar agradable para dar un paseo. Si el viajero llega en tren, tendrá que seguir por la Bajada de la Estación (Baixada Estació) hacia la Alameda central, y después continuar en dirección al castillo.

Es un paseo largo y agotador por la escarpada colina hacia el **castillo** (mar.-vier., 10-19 h; sáb.-dom., 11-19 h; 300 pesetas). Deberá seguir las indicaciones desde la plaza del Españoleto, o tomar un taxi desde el exterior de la oficina de turismo. En el camino pasará por la **ermita de San Feliu**, del siglo XIII (mayo-sept., lun.-sáb., 10-13 h y 16-19 h; dom., 10-13 h; oct.-abril, lun.-sáb., 10-13 h y 15-18 h; dom., 10-13 h), construida en estilo románico-gótico de transición. Lo más interesante del interior son antiguos pilares, capiteles y un magnífico retablo gótico.

El **Museo Municipal** (mar.-vier., 9.30-14.30 h; sáb.-dom., 10-14 h; entrada gratuita) está formado por dos secciones diferenciadas, una es una colección arqueológica y la otra un museo de arte. Esta última incluye diversas pinturas de José Ribera (nacido allí en 1591) y grabados de Goya (*Caprichos* y *Los Proverbios*). Un retrato de Felipe V cuelga cabeza abajo por haber puesto fuego a la ciudad durante la guerra de Sucesión y haberle cambiado el nombre.

Aspectos prácticos

Frente al ayuntamiento se halla la **oficina de turismo**, en Alameda 50 (todos los días, 10-14.30 h; ☎962 273 346). Si el viajero quiere alojarse allí, el mejor establecimiento es el *Hostal Margallonero*, plaza Mercat 42 (☎962 276 677; ②), en el que sirven comidas. Si puede permitírselo, se recomienda la *Hostería de Mont Sant* (☎962 275 081; fax 962 281 905; ⑦), en el camino hacia el castillo. Otro lugar excelente es *Calixto III* (☎962 283 491), en la plaza Calixto III 8, aunque sólo alquilan habitaciones por semanas. Flanqueado por la impresionante basílica de La Seo por un lado y un hospital del siglo XV por el otro, este hostal ofrece habitaciones limpias con baño, televisor, cocina y, si avisa con 1 día de antelación, le servirán una comida a base de paella y pastel de calabaza. Una habitación de tres o cuatro camas cuesta 50.000 pesetas a la semana.

En las **panaderías** venden arnadí, una especialidad local de origen árabe, se trata de un dulce sabroso (y caro) elaborado con calabaza, canela, almendras, huevo, azúcar y piñones. Si el viajero quiere comer en un buen **restaurante**, se aconseja la *Casa La Abuela*, en Reina 17 (dom., cerrado; ☎962 281 085); muchos valencianos van allí para degustar sus sabrosos platos tradicionales.

Desde Valencia podrá llegar a Xàtiva en **autobús** o **tren**; el tren (1 h) cuesta la mitad que el autobús y parte cada 30 minutos. Hay también enlaces con Gandía en autobús y con Alicante en tren.

Llosa de Ranes

A 5 km de Xàtiva se encuentra el pueblecito de **LLOSA DE RANES**, en el que destaca su ermita del siglo XIV, **Santa María**, que se halla a horcajadas sobre las montañas desde las que Jaime I contempló por primera vez Xàtiva. La **oficina de turismo** de Xàtiva deja a los visitantes las antiguas y únicas llaves. Además de un techo decorado con arcos y un curioso eco, lo mejor de la ermita son sus hermosas vistas; durante el verano es un lugar habitual de peregrinación a la puesta del sol. Llosa de Ranes está unido por autobús con Xàtiva.

Gandía

El viajero no encontrará muchos puntos de interés por la costa hasta llegar a **GANDÍA**, el primero de los grandes centros turísticos. Situado unos kilómetros hacia el interior desde el moderno enclave en la orilla del mar, la ciudad antigua es tranquila y provincial; hay un monumento que merece una visita y algunos alojamientos económicos.

En una época, Gandía era lo suficientemente importante como para tener su propia universidad; no obstante, el único testimonio de su pasado es el **Palacio Ducal de los Borja**, construido en el siglo XIV pero con añadidos y modificaciones renacentistas y barrocos. Suele haber visitas guiadas (invierno, 11-12 h y 17-18 h; verano, 11-12 h y 18-19 h; 250 pesetas) durante todo el año; es esencial hacer reserva (☎962 871 204). La vida del duque Francisco de Borja coincidió con la época dorada de la ciudad (finales del siglo XV-principios del XVI) en cuanto al desarrollo urbano y cultural, proceso en el que él desempeñó un importante papel; erudito y pío, abrió colegios en toda España y Europa, y fue finalmente canonizado. El palacio expone sus pinturas, tapices y libros, aunque algunas partes del edificio son asimismo interesantes, como los techos artesonados y las contraventanas de pino, muy bien conservadas. Hay también una serie de preciosos azulejos, pero quedan eclipsados por los árabes del siglo XIV, cuyo brillo se mantiene aún inalterado, realizados con pigmentos de plantas que se extinguieron poco después de que los árabes partieran del lugar.

Aspectos prácticos

Tanto los **autobuses** como los **trenes** llegan a Marqués del Campo. La **oficina de turismo** (lun.-vier., 10-14 h y 16.30-19.30 h; sáb.-dom., 10-13 h; ☎962 877 788) ocupa una cabaña marrón, muy bien camuflada detrás de algunos árboles, frente a la estación de tren. Hay algunos **hostales**; los mejores son *Hostal Residencia Los Naranjos*, en Pío XI 57 (☎962 873 143; fax 962 873 144; ①), y el cercano *Hostal La Safor*, avenida de Valencia 40 (☎962 864 011; fax 962 864 179; ①), con teléfono y televisor en todas las habitaciones. Más lujoso es el *Hotel Borgia*, en avenida República Argentina 5 (☎962 878 109; fax 962 878 031; ③). Si el viajero quiere estar cerca de la playa, se recomienda el *Hotel Clibomar* (☎962 840 237; ⑤), en calle Alcoy, junto a la playa de Gandía, o el más económico *Hostal Mengual*, plaza del Mediterráneo 4 (☎962 842 102; ①). El **albergue de juventud**, muy bonito (☎962 831 748; ①), está en el frente marítimo en **playa de Piles**, a 5 km por la costa; cada hora parten autobuses desde la estación de ferrocarril (8-20 h). Los mejores **restaurantes** y **bares** de Gandía se hallan a 10 minutos desde la población, en la playa. Las discotecas *Flash* y *Fakata* están también a las afueras en la carretera de Valencia.

Playa de Gandía

Un servicio de autobuses circula regularmente desde la oficina de turismo hasta la enorme **playa** de Gandía, llena de bañistas en verano (sobre todo familias españolas) y rodeada de apartamentos altos que en temporada baja no resultan tan caros. La se-

800/VALENCIA Y MURCIA

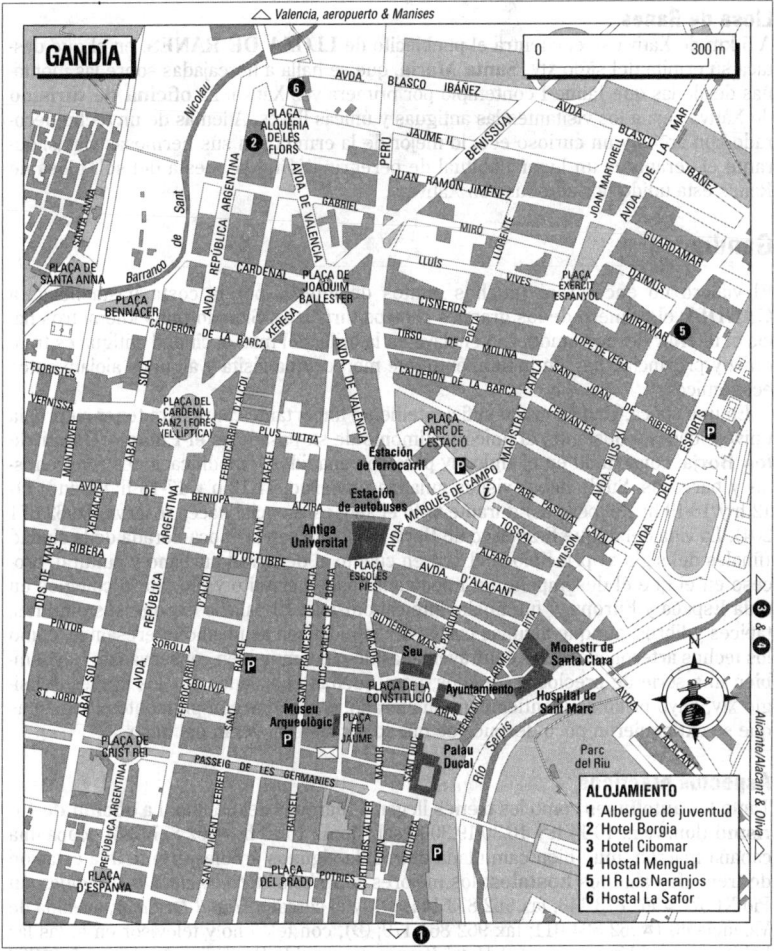

gunda **oficina de turismo** está en paseo de Neptuno (jul.-agos., lun.-vier., 10-14 h y 17-20 h; sáb., 10-13 h y 17-20 h; dom., 10-13 h). La zona de la playa es ideal para tomar **marisco** y paella; se recomienda probar la fideuá, una especialidad local con un fuerte sabor a marisco, cocinada con fideos en lugar de arroz, así como las *coques* recién hechas (parecidas a las pizzas) de la panadería *Taro*, del passeig de los Germaines. *La Gamba* (☎962 841 310), carretera de Nazareth a Oliva, a unas manzanas del mar, es uno de los mejores establecimientos para comer.

De Gandía a Altea rodeando el cabo

Una serie de bonitos pueblecitos y playas se extienden desde Gandía a Altea antes de llegar a los centros turísticos de Benidorm y Alicante/Alacant; no obstante, el viajero tendrá que disponer de vehículo propio para disfrutar los mejores de ellos; además, el

alojamiento puede resultar caro. La opción más económica a lo largo de esta costa es el cámping. Hay bastantes **cámpings** y en las oficinas de turismo proporcionan un listado de todos ellos. Destacan *La Merced*, en Calpe/Calp, urbanización La Merced, de primera categoría (todo el año; ☎965 830 097), y *El Naranjal*, en Xàtiva, Partida Morer 15 (mediados marzo-sept.; ☎966 460 256).

Oliva

A 8 km hacia el sur, pasado Gandía, se halla **OLIVA**; se trata de un centro menos desarrollado. El pueblo se encuentra cerca de la costa y, aunque la carretera pasa por su centro, mantiene su encanto. Además, encontrará **hostales y fondas**. *La Tropical*, un hostal de cierta categoría, está en la avenida del Mar 9 (☎962 850 602; ③); hacen importantes descuentos fuera de temporada y disponen de varias habitaciones. Hay una **oficina de turismo** en el passeig Lluís Vives (mayo-sept., lun., 10-13.30 h y 17-20 h; mar.-vier., 9.30-13.30 h y 17-20 h; sáb., 10-13 h; oct.-abril, lun., 10-13.30 h y 16-19 h; mar.-vier., 9.30-13.30 h y 16-19 h; sáb., 10-13 h; ☎962 855 528), donde proporcionan un mapa del pueblo. El recorrido hasta la playa de Oliva está cubierto por un servicio frecuente de autobuses; se extiende hacia el sur, casi hasta Dènia, así que si el viajero está dispuesto a caminar, o mejor aún si dispone de vehículo propio, podrá evitar la multitud. En la **playa de Oliva** encontrará cientos de casas y apartamentos (ocupados durante los meses de jul.-agos.) pero no los bloques de cemento de otras zonas. El *Restaurante El Rebollet* es un buen establecimiento para comer; se halla cerca de la gasolinera, a la entrada del pueblo.

Dènia

Situado al pie del Parque Natural de Montgó, **DÈNIA** es la mayor ciudad de la zona, de considerable tamaño incluso sin sus veraneantes. Existe un servicio combinado de tren y autobús hasta el aeropuerto de Alicante/Alacant durante todo el día, y un traqueteante ferrocarril de vía estrecha (Feve) circula por la costa desde Dènia hasta Alicante/Alacant, con un servicio de siete trenes diarios desde las 6.25 h hasta las 19.25 h. En la actualidad hay un servicio de barco, poco fiable, hacia Palma, Mallorca e Ibiza que, cuando está operativo, circula diariamente; en Balearia Lines (☎965 784 011) proporcionan información al respecto. Bajo los cabos llenos de árboles, alejadas de la carretera, se extienden las que tal vez sean las playas más hermosas de esta costa, pero el viajero necesitará automóvil para llegar a la mayoría de ellas, y no suele haber alojamiento económico. Si el viajero quiere alojarse en la zona, se recomienda el *Hostal Residencia Llacer*, avenida del Mar 37 (☎965 785 104; ③), o el *Hostal Residencia Cristina*, avenida del Cid 5 (☎965 786 100; ③). De categoría algo superior, *Hotel Costablanca*, Pintor Llorens 3 (☎965 780 336; fax 965 783 027; ④), bien situado respecto al centro y la estación de ferrocarril. Si prefiere alojarse en la playa, *Hostal Noguera*, Partida Estanyo, Las Marinas (☎966 474 107; ③), es una buena opción.

Jávea/Xàbia

En el centro de esta área, cerca del oriental cabo de la Nao, se encuentra **JÁVEA/ XÀBIA**, una bonita localidad rodeada de casas situadas en la colina; hay dos pequeñas playas flanqueadas por hoteles, y su casco antiguo es muy agradable. En verano, tanto Dènia como Jávea/Xàbia están muy animadas por las noches, sobre todo los fines de semana, pues son muy populares entre la juventud de Valencia. Uno de los mejores hostales de Jávea/Xàbia es el *Hostal Residencia Portichol*, Partida Portichol 157 (☎966 461 050; ③-④); como alternativa se recomienda el *Hostal Jávea*, Pío X 5 (☎965 795 461; ⑤). El moderno *Parador de Jávea* (☎965 790 200; fax 965 790 308; ⑧), en avenida del Mediterráneo, no resulta tan caro en temporada baja (2 noches, alrededor de 15.000 pesetas; media pensión). La **vida nocturna** se centra alrededor de la playa; entre los ba-

res destacan *Mongo di Bongo* y *Terra*. Bien entrada la noche la multitud se dirige a *La Hacienda*, en la carretera Jávea/Xàbia-Dènia, *Trance*, en la carretera hacia Calpe/Calp y *Molí Blanc*, en Jávea/Xàbia.

Calpe/Calp

Si el viajero dispone de vehículo, podrá desviarse hacia el centro turístico familiar de **CALPE/CALP**, y el espectacular promontorio rocoso conocido como **peñón de Ifach**, que ha sido declarado parque nacional para evitar el avance del desarrollo turístico; el viajero podrá llegar a la cima por un sendero que cruza la roca, y en un día claro se dice que es posible vislumbrar la isla de Ibiza. Una pequeña flota de barcos pesqueros utiliza el puerto. Hay una **oficina de turismo** en la avenida de los Ejércitos Españoles (verano, lun.-sáb., 9-21 h; dom., 10-14 h; invierno, lun.-sáb., 9-14 h y 16-18 h; ☎965 837 413), donde proporcionan un mapa gratuito del pueblo.

Calpe/Calp dispone de una gran oferta de **alojamiento**; entre las mejores opciones destacan el *Hostal Céntrico*, plaza Ifach 5 (☎965 835 528; ②), el sencillo pero limpio *Hostal Le Vieux Bruxelles*, avenida isla Formentera 18 (☎965 834 357; ②), y el *Hostal El Hidalgo*, cerca de la playa en la plaza Calalga, edificio Santa Marta 1-2 (☎965 836 714; ④). Si el viajero quiere más lujo se recomienda el *Hotel Galetamar*, en urbanización La Caleta 28 (☎965 832 311; fax 965 832 328; ⑤); cuenta con habitaciones con baño y televisor y piscina. Si quiere comer un buen **menú** (1.500-2.500 pesetas) se aconseja el *Restaurante Club Náutico*, en el puerto Pesquero.

Un servicio diario de **autobuses** (de la compañía Ubesa) circula entre Alicante/Alacant y Valencia (casi cada hora en verano); parten de Capitán Pérez Jorda, frente al centro de salud.

Altea

De nuevo en la carretera principal se encuentra **ALTEA**, situada en una pequeña colina que domina toda esta franja costera. El desarrollo turístico ha quedado restringido a la costa, y el pueblo mantiene su carácter y encanto. El casco antiguo, colina arriba, es pintoresco y atractivo; destacan sus casas blancas, la iglesia de cúpula azul y las flores. En esta localidad el viajero comerá bien; en la plaza principal hay numerosos bares y las pizzerías se alinean a lo largo del frente marítimo. En *L'Obrador*, Concepción 8, se sirve la mejor pasta de la zona. En cuanto a alojamiento, se recomienda el *Hostal Fornet*, Beniards 1 (☎965 840 114; ③, baño compartido), en el extremo norte del casco antiguo, y el *Hostal Paco*, en avenida Alt Rei en Jaume I (☎965 840 541; ⑤).

Benidorm

BENIDORM, con cierto aire a Las Vegas y edificios muy altos, es el principal centro turístico de masas. Hace unos 30 años Benidorm era un pequeño pueblo apiñado alrededor de su iglesia, con cúpula y azulejos, en una península rocosa. El casco antiguo aún está ahí, pero tan sobrepasado por los numerosos bloques de cemento que al viajero le costará encontrarlo. Si buscaba hordas de británicos y escandinavos, numerosas tabernas «inglesas», casi 200 discotecas y disco-bares, y desayunos con huevos y bacon, éste es el lugar adecuado. La **platja de Llevant**, lo mejor de Benidorm, con sus 2 km de arena dorada, es bastante bonita. Un poco más allá está la **platja de Ponent**, algo más tranquila y resguardada.

Llegada e información

Los autobuses y trenes llegan a la parte alta del pueblo, junto a la avenida de Beniarda. En el casco antiguo hay una **oficina de turismo**, avenida Martínez Alejos 16

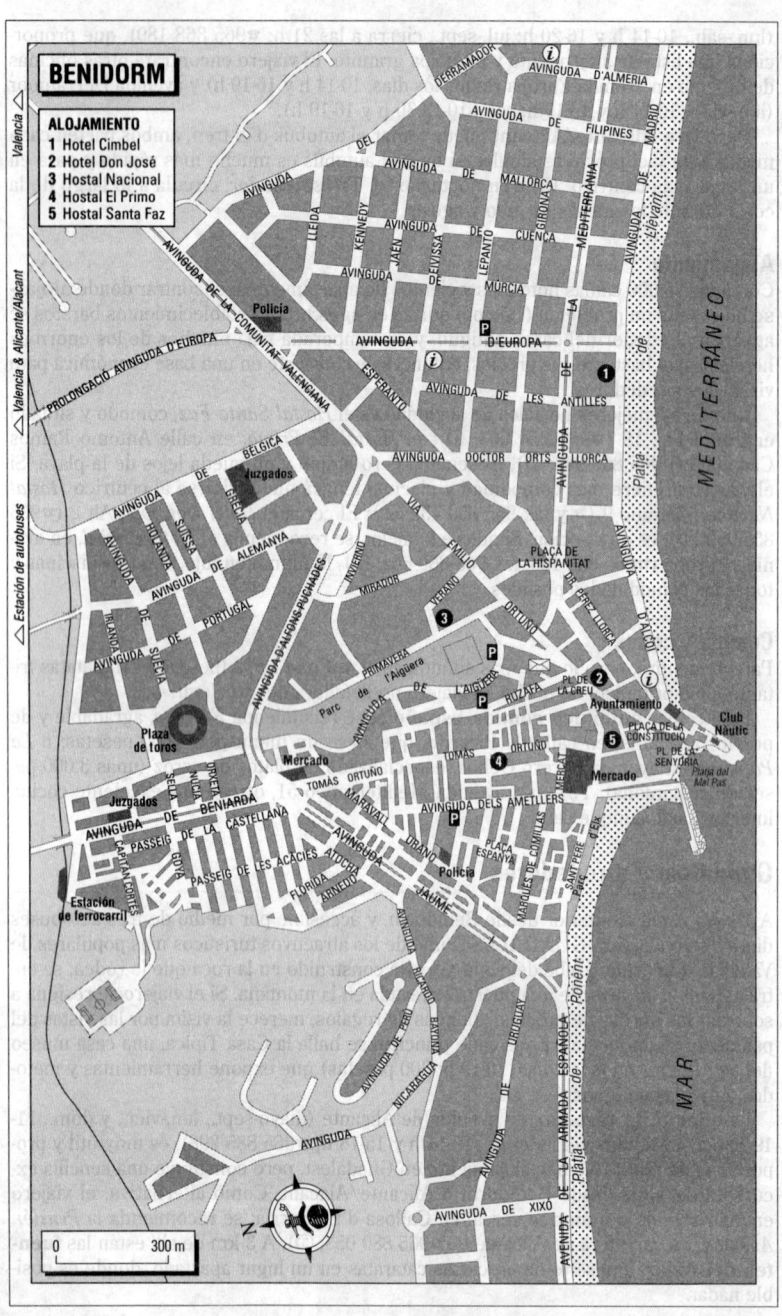

(lun.-sáb., 10-14 h y 16-20 h; jul.-sept., cierra a las 21 h; ☎965 868 189), que proporciona una lista de alojamiento y un mapa gratuito. El viajero encontrará otras oficinas de turismo en avenida Europa (todos los días, 10-14 h y 16-19 h) y avenida Derramoor (lun.-vier., 10-14 h y 16-19 h; sáb., 10-13.30 h y 16-19 h).

Para ir a Alicante/Alacant puede tomar el autobús o el tren, ambos parten cada media hora y el precio es similar, si bien el autobús es mucho más rápido y para en un lugar más céntrico. Un tren nocturno, el *Trensnochador*, circula a lo largo de la costa durante los meses de julio y agosto.

Alojamiento

Con unas 35.000 camas hoteleras y cientos de apartamentos, encontrar dónde **alojarse** no resulta un problema (excepto quizás en agos.). Los establecimientos baratos se agrupan alrededor del casco antiguo, y en temporada baja muchos de los enormes hoteles bajan bastante sus precios; entonces se convierte en una base económica para visitar los alrededores.

Uno de los mejores hostales de la ciudad es el *Hostal Santa Faz*, cómodo y situado en Santa Faz 18 (☎965 854 063; ④); el *Hostal El Primo*, en calle Antonio Ramos Carratalá (☎965 866 943; ③), es sencillo pero limpio y no queda lejos de la playa. Si el viajero prefiere más comodidad y piscina, tendrá que dirigirse al céntrico *Hostal Nacional*, Verano 9 (☎ y fax 965 850 432; ④); El cercano *Hotel Don José*, Alt 2 (☎965 855 050; ⑤), es otra opción. Si quiere lo mejor, se recomienda el *Hotel Cimbel*, en avenida Europa (☎965 852 100; fax 965 860 661; ⑧), lo último en lujo, con dos piscinas y todas las comodidades posibles.

Comida y copas

Parece mentira, pero lo que más abunda es el *fish and chips* (pescado con patatas fritas), típico británico; de hecho, el viajero no le faltará donde elegir.

Para comer **auténtica comida española**, se recomienda *Enrique*, agradable y de precio razonable, en calle de Ricardo, que sirve un menú por 1.500 pesetas; o *La Palmera*, en avenida Severo Ochoa, especializado en platos de arroz (unas 3.000 pesetas por persona). *Tiffany's*, avenida Mediterráneo 51, ofrece una excelente cocina internacional, aunque cara.

Guadalest y alrededores

A 1 hora hacia el interior desde Benidorm, y accesible por medio de tres autobuses diarios se encuentra **GUADALEST**, uno de los atractivos turísticos más populares de Valencia. El castillo árabe del siglo XVI está construido en la roca que le rodea; se entra al pueblo a través de una puerta excavada en la montaña. Si el viajero se resigna a soportar las hordas de turistas y tiendas de regalos, merece la visita por las vistas del pantano y las montañas. En la calle principal se halla la Casa Típica, una casa museo del siglo XVIII (todos los días, 10-19 h; 300 pesetas) que expone herramientas y métodos agrícolas antiguos.

La **oficina de turismo**, en avenida de Alicante (mayo-sept., lun.-vier., y dom., 11-19 h; oct.-abril, lun.-vier., y dom., 10-14 h y 15-18 h; ☎965 885 298), es muy útil y proporciona un plano. No hay alojamiento en Guadalest, pero constituye una sencilla excursión de 1 día desde Benidorm o Alicante/Alacant. Como alternativa, el viajero encontrará dos **pensiones** cerca, en Callosa d'En Sarriá; se recomienda la *Pensión Avenida*, en carretera de Alicante 9 (☎965 880 053; ③). A 3 km de allí están las **fuentes del Algar**, una serie de preciosas cataratas en un lugar apartado, donde es posible nadar.

Alicante/Alacant

Hay poco que ver en el pueblo industrial de Villajoyosa, o en otro lugar antes de llegar a **ALICANTE/ALACANT**. Esta ciudad tiene un elegante aire mediterráneo; de hecho, sus amplias vías como la rambla de Méndez Núñez y la avenida Alfonso el Sabio, y sus paseos marítimos, flanqueados por terrazas de cafés, son perfectas para relajarse. Fundada por los romanos, que la denominaron Lucentum (ciudad de la luz) y dominada por los árabes en la segunda mitad del siglo VIII, fue finalmente reconquistada por Alfonso X en 1246 para la corona de Castilla. En 1308 Jaime III anexionó Alicante/Alacant a su reino de Valencia.

Hoy en día Alicante/Alacant es la segunda ciudad de la Comunidad Valenciana por su extensión, y anualmente recibe millones de visitantes en su aeropuerto. Con sus largas playas, un clima suave y agradable, el casco antiguo recientemente renovado y una animada oferta nocturna, se trata de un lugar ideal para pasar al menos 1 noche. La fiesta principal, las hogueras, que se celebra a finales de junio, inicia una serie de eventos, segundos en importancia después de las Fallas valencianas.

Llegada e información

De la principal **estación de ferrocarril**, la estación de Madrid, en la avenida de Salamanca, salen trenes directos a Madrid, Albacete, Murcia y Valencia; los de la línea Feve hacia Benidorm y Dènia parten de una pequeña estación en el extremo de la playa del Postiguet. La **terminal de autobuses** para servicios locales e internacionales se encuentra en la calle Portugal. Si el visitante viaja en avión, el **aeropuerto** está 12 km al oeste del centro de Alicante/Alacant, en El Altet. Los autobuses del aeropuerto circulan entre 6.30-23.35 h, y paran fuera de la estación de autobuses.

La principal **oficina de turismo** se halla en la Esplanada d'Espanya 2 (verano, lun.-vier., 10-19 h; sáb., 10-14 h y 15-19 h; invierno, lun.-vier., 10-14 h; ☎965 200 000). En el ayuntamiento hay otra oficina que proporciona información sobre la ciudad y la región (lun.-vier., 8-15 h; ☎965 149 290). Si viaja en autobús, encontrará una oficina municipal de turismo en la calle Portugal (verano, lun.-vier., 9-14 h y 15-20 h; sáb., 10-14 h; invierno, lun.-sáb., 9-14 h).

Alojamiento

Excepto en agosto, no resulta difícil encontrar **habitación**; la mayoría de las posibilidades se concentran en la parte baja del casco antiguo, sobre la Esplanada d'Espanya (un paseo marítimo con curiosos mosaicos que aparece en todas las postales), en las calles San Fernando y San Francisco. Entre los **cámpings** de la costa, destaca *Internacional La Marina* (☎965 419 051), a 29 km en la carretera Alicante/Alacant-Cartagena; está situado entre árboles, cerca de una buena playa y permanece abierto todo el año.

Hostal García, Castaños 3 (☎965 205 866). Habitaciones pequeñas pero modernas, algunas con baño. Los balcones dan a una calle bulliciosa flanqueada por bares; puede ser ruidoso en verano. ③

Hotel Gran Sol, rambla Méndez Núñez 3 (☎965 203 000; fax 965 211 439). Estilo década de 1970; las habitaciones tienen televisor y algunas vistas al mar. Bien situado para visitar el casco antiguo. ⑧

Habitaciones La Orensa, San Fernando 10 (☎965 207 820). Cinco sencillas habitaciones con baño compartido junto al *Café Bolero*. Cómodo para visitar el casco antiguo y para la vida nocturna. ②

806/VALENCIA Y MURCIA

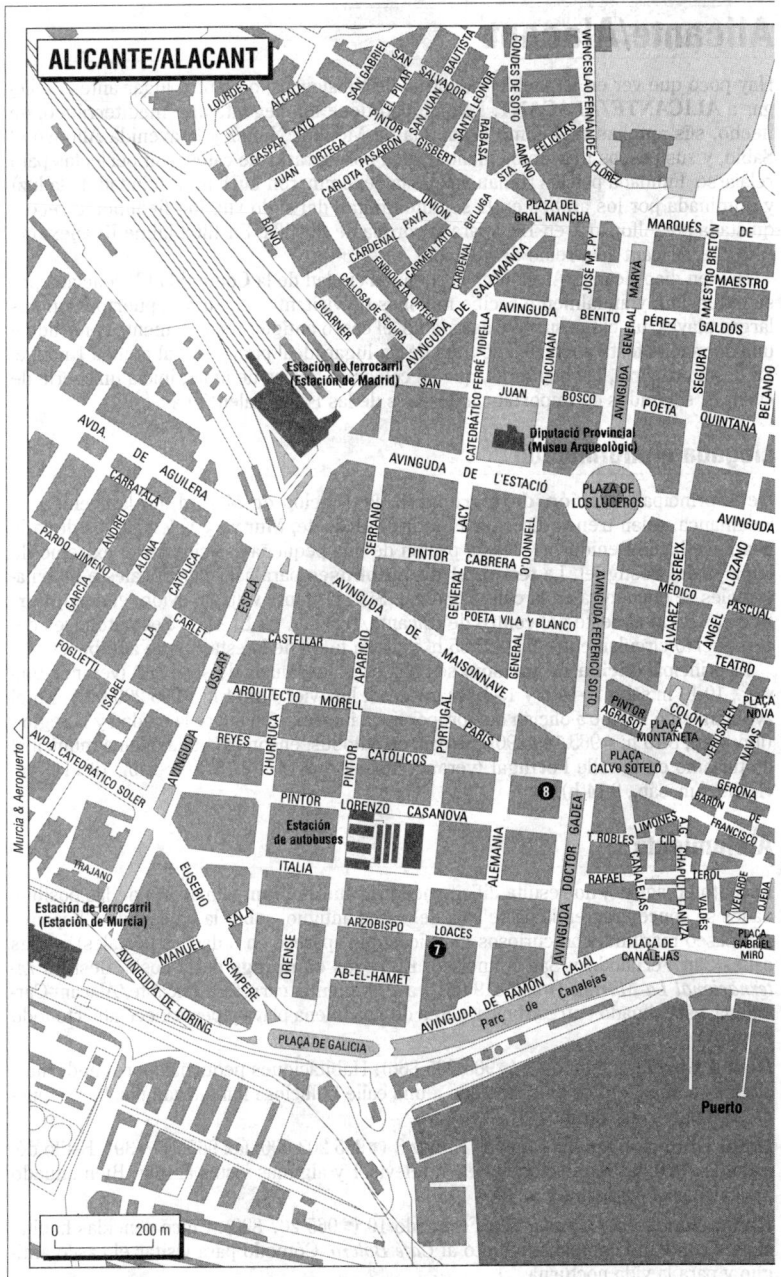

ALICANTE/ALACANT/807

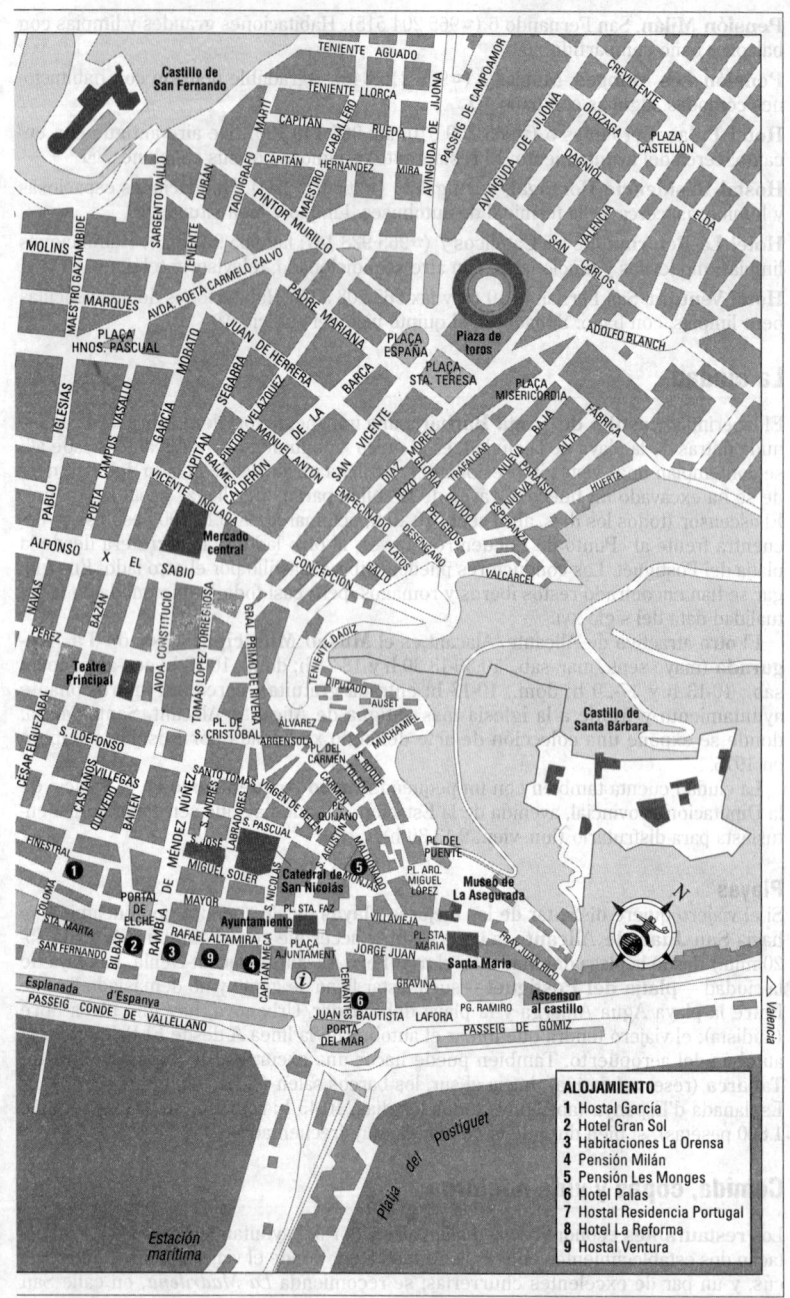

Pensión Milán, San Fernando 6 (☎965 204 515). Habitaciones grandes y limpias con balcón y baño compartido. ①
Pensión Les Monges, Monjas 2 (☎965 215 046). Agradable pensión con habitaciones cómodas, algunas con baño. ④
Hotel Palas, Cervantes 5 (☎965 209 310; fax 965 140 120). De aire antiguo con encanto; cerca del ayuntamiento. El restaurante es famoso por sus canelones. ⑥
Hostal Residencia Portugal, Portugal 26 (☎965 929 244). Habitaciones espaciosas y luminosas; cerca de la terminal de autobuses. Limpio y bien situado. ③
Hotel La Reforma, Reyes Católicos 7 (☎965 928 147; fax 965 923 950). Habitaciones limpias, modernas y funcionales, con aire acondicionado, televisor y teléfono. ⑥
Hotel Ventura, San Fernando 10 (☎ y fax 965 208 337). Habitaciones dobles sencillas pero limpias, con baño. Situado en el quinto piso del edificio. ③

La ciudad

El laberíntico **castillo de Santa Bárbara**, una imponente fortaleza sobre la roca desnuda detrás de la playa de la ciudad, es el único «monumento» de Alicante; desde allí se contemplan unas vistas impresionantes. Se llega mejor desde el lado del mar, donde se ha excavado un hueco a través de la colina para poder llegar hasta la cumbre. El ascensor (todos los días, abril-sept., 10-20 h; oct.-marzo, 9-19 h; 400 pesetas) se encuentra frente al «Punto de Encuentro Nueve», al otro lado de la carretera desde la platja del Postiguet. Los conductores pueden subir al castillo por el otro lado. En el lugar se han encontrado restos íberos y romanos, pero casi todo lo que queda en la actualidad data del siglo XVI.

El otro atractivo de Alicante/Alacant es el **Museo Municipal Casa de La Asegurada** (mayo-sept., mar.-sáb., 10.30-13.30 h y 18-21 h; dom., 10-13 h; oct.-abril, mar.-sáb., 10-13 h y 17-20 h; dom., 10-13 h; entrada gratuita), cerca del impresionante ayuntamiento y frente a la iglesia más antigua de Alicante/Alacant, Santa María, donde se expone una colección de arte del siglo XX donada por Eusebio Sampere en 1976.

La ciudad cuenta también con un pequeño **Museo Arqueológico** en el Palacio de la Diputación Provincial, avenida de la Estación, aunque hay que ser un auténtico entusiasta para disfrutarlo (lun.-vier., 9-13.30 h).

Playas

Si el viajero quiere disfrutar de las mejores **playas** locales, tendrá que encaminarse hacia **San Juan de Alicante**, a unos 6 km, y accesible con el autobús 21 (cada 15-20 min.) desde la plaza del Mar o en el tren Feve Alicante/Alacant-Dènia. La playa de la ciudad —**platja del Postiguet**— suele estar llena de gente y no demasiado limpia. Entre la playa Agua Amarga y la playa del Saladar/Urbanova, hay una playa libre (nudista); el viajero tendrá que tomar el autobús de la línea A desde El Palmeral o el autobús del aeropuerto. También puede hacer una excursión de 1 día a la **isla de Tabarca** (reserva marina), hacia el sur, los barcos salen (si hace buen tiempo) de la Esplanada d'Espanya (abril-nov., todos los días, 10.45 h; regreso, 18 h; ida y vuelta, 1.800 pesetas), si bien durante el verano es muy frecuentada.

Comida, copas y vida nocturna

Los **restaurantes** económicos se hallan alrededor del ayuntamiento; entre ellos destacan dos establecimientos en la calle Miquel Saler donde el viajero podrá comer cuscús, y un par de excelentes churrerías; se recomienda *La Madrileña*, en calle San

FIESTA DE MOROS Y CRISTIANOS

Uno de los eventos más importantes de la región es la **Fiesta de Moros y Cristianos** de **Alcoy/Alcoi**, a unos 60 km de Alicante. Se celebra alrededor del día de san Jorge (23 de abril), pero la fecha varía dependiendo de la Pascua. Magníficos desfiles, procesiones y batallas por el castillo culminan en la decisiva intervención del propio San Jorge; una leyenda que surgió a raíz de la batalla de Alcoy/Alcoi (1276), cuando la ciudad fue atacada por el ejército árabe. Todos los años se hacen trajes nuevos y se premia el mejor, que luego se lleva al museo local, **Museu de la Festa Casal de Sant Jordi**, en San Miguel 60.

El primer día, los cristianos entran por la mañana y los moros por la tarde; el segundo día está dedicado a sant Jordi, con varias procesiones religiosas; el tercero hay una batalla de pólvora, que acaba con la aparición del santo. Acceder desde Alicante/Alacant no es difícil, pues parten cinco autobuses diarios. Tal vez tenga que hacer transbordo, pues no abunda el alojamiento económico en Alcoy/Alcoi. Se recomienda el *Hostal Savoy*, Casablanca 5 (☎965 547 272; ③, con baño) o el *Hotel Reconquista*, más caro, Puente San Jorge 1 (☎965 330 900; fax 965 330 955; ⑤). Después de la fiesta de Alcoy/Alcoi, las fiestas de Moros y Cristianos en **Villena** (principios sept.) y en **Elche/Elx** (agos.) son las mejores.

José. Hacia el otro lado de la ciudad, en calle San Francisco, que sale de una plaza cerca del extremo final de la rambla, hay una serie de restaurantes/tabernas con sitio en el exterior.

Para tomar tapas, se aconseja la *Taberna Castellana*, calle Arzobispo Loaces, en el otro lado de la avenida Doctor Gadea, pruebe los montaditos, croquetas y patatas bravas. Siguiendo por la misma calle, en el n.º 15 se encuentra el *Museo del Jamón*, más elegante; el restaurante resulta caro, pero también sirven tapas. En el paseo marítimo, cerca de la oficina de turismo, está la *Boutique del Jamón*, especializada en jamón serrano. En la calle San Fernando, *Venta de Lobos* ofrece carnes a la brasa a precios módicos, y en la plaza Santa María, frente al portal gótico de la iglesia, se encuentra un buen restaurante vegetariano, *Mixto Vegetariano*.

Si el viajero quiere comprar su propia comida, visite el enorme **mercado central**, que se halla en un edificio antiguo estilo entre Art Déco y Modernismo, en la avenida Alfonso X el Sabio. Suele haber otro **mercado** (un gran espectáculo al aire libre) hacia la **plaza de toros** (jue. y sáb., 9-14 h). Asimismo hay un excelente **supermercado** en el cruce de la avenida Álvarez Sereix y la avenida Médico Pascual Pérez. Es un buen lugar para comprar el famoso turrón de Alicante.

Bares y vida nocturna

Para **tomar una copa** y disfrutar de la mejor **vida nocturna** de la ciudad, el viajero tendrá que ir al barrio Santa Cruz, cuyas estrechas calles se extienden entre la catedral, la plaza del Carmen y la plaza de San Cristóbal. Durante la noche, El Barrio, como es conocido, cubre la zona del casco antiguo; hay tantos bares que podrá evitar los establecimientos que no le gusten. Si entra por la plaza de San Cristóbal o por la calle Santo Tomás, llegará a la zona principal. Tanto el bar *Armstrong* como *Desafinado*, Santo Tomás 6, ofrecen buen jazz; *El Paseíto*, en calle San Fernando, es un bar para bailar sevillanas. Las mejores discotecas son, en la actualidad, *Discoteca Pachá*, avenida Aguilera; *Zoo*, en la calle Colón, y *Bugatti*, en San Fernando.

Otra buena zona para la vida nocturna está al otro lado de la ciudad, sobre todo en las calles Italia y Arzobispo Loaces. *El Lobo Marinero* es un bar tipo taberna situado en la calle Alemania; *Hollywood*, en calle Italia, ofrece música más moderna; en calle San Fernando está *Plátano*, muy popular. Si el viajero busca cafés a la última moda y

restaurantes de categoría, puede ir a la Esplanada d'Espanya, donde también encontrará animados mesones y ruidosos bares. En verano, los bares de la playa de San Juan están siempre llenos, sobre todo los de la avenida de Niza, junto al mar.

Direcciones prácticas

Aeropuerto Situado en El Altet, a 12 km del centro de la ciudad de Alicante; ☎966 919 000.

Bancos La mayoría de los bancos se hallan alrededor de la plaza de los Luceros y a lo largo de la avenida de la Estación/Alfonso el Sabio. Caja Alicante, en la calle Mayor, abre por las tardes.

Cine El Cine Astoria, en medio de El Barrio, proyecta a menudo filmes en versión original (precio reducido miér. noche).

Correos La central se encuentra en plaza Gabriel Miró (lun.-vier., 8-21 h; sáb., 9-14 h).

Hospital Hospital General, calle Alicante Sant Joan (☎965 908 300).

Información sobre autobuses ☎965 200 700.

Información sobre trenes Estación de Madrid, ☎965 920 202; Feve ☎965 262 678.

Líneas aéreas Las oficinas de Iberia están en la avenida de Federico Soto 9 (☎965 209 966); British Airways en la Esplanada d'Espanya 3 (☎965 200 594).

Policía La Comisaría está en la calle Médico Pascual Pérez (☎965 142 222).

Teléfonos Avenida Constitución 10 (9-22 h).

Hacia el interior: Elche/Elx y Orihuela

ELCHE/ELX, 20 km hacia el interior y el sur de Alicante/Alacant, es famosa en toda España por su exótico **palmeral** y el antiguo busto de piedra conocido como La Dama de Elche, hallado allí en 1897 (en la actualidad se encuentra en el Museo Arqueológico Nacional de Madrid). Las palmeras, originariamente plantadas por los árabes, constituyen aún la principal industria de la ciudad y atraen a muchos turistas; los ejemplares femeninos producen dátiles, y las palmas de los ejemplares macho se utilizan en todo el país para elaborar palmas y palmones, que se llevan en las procesiones el Domingo de Ramos, aunque también se usan como amuleto contra los rayos. El palmeral, único en Europa, puede verse casi en toda la zona del extrarradio de la ciudad; los árboles más bonitos son los que se cultivan en el **Huerto del Cura**, en calle Federico García Sánchez.

En Elche/Elx se celebra una **fiesta** durante las dos primeras semanas de agosto, que culmina en una obra teatral: el *Misteri d'Elx (Misterio de Elche)*, de origen medieval y que se representa en la **basílica Menor de Santa María** (siglo XVIII) los días 14-15 de agosto. Entre otras celebraciones, se lleva a cabo uno de los mejores ejemplos de las batallas ficticias entre moros y cristianos. Durante varios días, los guerreros ataviados con trajes muy elaborados luchan hasta que finalmente los moros son expulsados de la ciudad y el rey cristiano hace su entrada triunfal.

Desde Alicante/Alacant, parten **autobuses** más o menos cada hora a Elche/Elx. Excepto en los días que duran las fiestas no suele haber problemas para encontrar **alojamiento**, aunque no abundan las opciones económicas; destacan *Pensión Juan*, Pont dels Ortissos 15 (☎965 458 609; ②), que dispone de habitaciones sencillas pero limpias con baño compartido. En Elche/Elx hay también un elegante parador, *Hotel Huerto del Cura*, Porta de la Morera 14 (☎965 458 040; fax 965 421 910; ⑦). El *Bar Águila*, en

Doctor Coro 31, es ideal para tomar una copa y sabrosas **tapas**; el restaurante del parque, *Parque Municipal*, sirve arroz con costra, una deliciosa especialidad local.

Elche/Elx está comunicado regularmente con **SANTA POLA**, en la costa, que antes era un pueblo pero que ahora cuenta con un centro turístico, donde el viajero encontrará habitaciones en alquiler, playas limpias y transbordadores hacia **Tabarca** en el islote de la Cantera, mar adentro.

Hacia el interior la carretera continúa a Orihuela.

Orihuela

Unos 50 km al sur de Alicante/Alacant se halla la capital del Bajo Segura, **ORIHUELA**, donde en 1488 los Reyes Católicos establecieron la corte. El pasado aristocrático del lugar se refleja en su casco antiguo restaurado y la impresionante renovación del **Teatro Circo**. A pesar de su proximidad a la costa, Orihuela conserva su encanto provinciano y vale la pena pasear por ella. Aunque el viajero no tardará mucho tiempo en recorrer sus monumentos, merece pasar el día entero (y tal vez incluso 1 noche) para disfrutar de su ritmo pausado; de hecho, no suele haber tantos turistas. Orihuela también cuenta con un atractivo natural en **El Palmeral**, el segundo mayor bosque de palmeras de España; el visitante tendrá que seguir hasta pasar por el Colegio de Santo Domingo, o tomar el autobús de Alicante/Alacant (desde el centro) y pedir que le dejen allí. La mayoría de las mansiones de la ciudad de los siglos XVII y XVIII permanecen cerradas al público; sin embargo, el viajero podrá visitar la que ocupa la oficina de turismo (véase «Aspectos prácticos», pág. siguiente); además y el ayuntamiento ocupa el Palacio Marqués de Arneva.

Frente a la oficina de turismo se alza una de las tres iglesias medievales, todas de estilo gótico catalán, que ya no se encuentran más hacia el sur. La parte más antigua de la **iglesia de Santiago** (lun.-vier., 10.30-13.30 h y 17-19.30 h; sáb., 10.30-13.30 h) es la Puerta de Santiago, un ejemplo impresionante del estilo isabelino de finales del siglo XV. Dentro, el mobiliario es barroco y hay un retablo de Francisco Salzillo. Volviendo hacia el centro de la ciudad, pasado el ayuntamiento, se erige la **iglesia de las Santas Justa y Rufina**; su torre, la construcción más antigua de la parroquia, luce gárgolas esculpidas.

En el centro del casco antiguo se halla la **catedral** (lun.-vier., 10.30-13.30 h y 17-19.30 h; sáb., 10.30-13.30 h), no mayor que las iglesias parroquiales, en la que destaca su portada plateresca. Una pintura de Velázquez, *La Tentación de Santo Tomás*, cuelga en un pequeño museo en la nave; asimismo llama la atención la Puerta de las Cadenas (siglo XIV), de influencia mudéjar. El **Museo Diocesano de Arte Sacro** (lun.-vier. y dom., 10.30-13.30 h y 16-30-18.30 h; sáb., 10.30-13.30 h; 100 pesetas), sobre el claustro, expone una rica colección de arte y tesoros religiosos (que incluyen una pintura de Ribera), muchas de las cuales salen durante la Semana Santa, una de las celebraciones más importantes de Orihuela. Hay también un **Museo de Semana Santa** (lun.-vier., 10.30-13.30 h y 17-19.30 h; sáb., 10.30-13.30 h; 100 pesetas) no lejos de la catedral, que muestra objetos religiosos, fotografías y trajes de las celebraciones Pascuales.

El otro monumento de Orihuela es el **Colegio de Santo Domingo**, de estilo barroco (el visitante tendrá que telefonear a la oficina de turismo para concertar una cita; entrada gratuita), situado en el exterior, hacia El Palmeral. En sus orígenes era un monasterio dominico; más tarde fue convertido en universidad (1569) por el papa Pío V, aunque Fernando VII lo cerró en 1824. Los dos claustros merecen una visita, además de los mosaicos valencianos del siglo XVIII del refectorio. Si el viajero sube a la parte alta del seminario en la cima de la colina, disfrutará de hermosas vistas de la ciudad y las llanuras de los alrededores. Desde la plaza Caturla, en el centro, tendrá que tomar la calle de la derecha; cerca de la cumbre verá un par de atajos más abruptos hacia la derecha.

Aspectos prácticos

La **oficina de turismo** se encuentra en el impresionante Palacio Rubalcara, Francisco Die 25 (lun.-vier., 8-14.30 h; ☎965 302 747). El mejor **hostal** de la ciudad, *Hostal Rey Teodomiro* (☎966 743 348; ⑤), está en la parte alta de la larga avenida que sale de la estación de ferrocarril; es limpio y dispone de muchas habitaciones, todas con baño. Como alternativa hay buenos alojamientos económicos un poco más lejos hacia el interior de Orihuela; como *Pensión Joaquina*, Río 23 (①). Próxima a El Palmeral, *Casa Corro* (☎965 302 963; ③) y *Hostal El Palmeral* (☎966 743 500; ③) son otras dos posibilidades, aunque ninguna está en el centro.

Si el visitante cruza frente al *Hostal Rey Teodomiro* y toma la primera a la derecha llegará al mejor **establecimiento para comer**, *Mesón Don Pepe*, en Valencia 3. Sirven excelentes tapas y un buen menú durante la semana; se recomienda el consomé al jerez o la especialidad regional, arroz con costra (elaborado con arroz, huevos, embutidos, pollo y conejo). La **vida nocturna** de Orihuela es animada. Por la tarde, podrá ir a los bares situados a lo largo de la calle Duque de Tamames, y luego a las calles Castellón y Valencia y la zona de los alrededores. Hay varias discotecas de música *bacalao* en las afueras de la ciudad, pero necesitará automóvil para llegar; entre ellas destacan *Thamesis* (una de las mayores discotecas de Europa), en Redován; *Metro*, en Bigastro, y *Blue Sky*, en Benijófar.

Hay **trenes** y **autobuses** frecuentes hacia Murcia y Alicante/Alacant. Los autobuses hacia Torrevieja, en la costa, son de la empresa Costa Azul (☎965 301 567); parten seis diarios desde la plaza de toros (punto de partida provisional hasta que esté construida la terminal de autobuses).

Murcia

MURCIA, según el escritor del siglo XIX Augustus Hare sería «por el inmovilismo de su larga existencia, el único lugar que Adán reconocería si volviera a la Tierra». La situación ha cambiado algo; de hecho, hay cierto desarrollo industrial en el extrarradio y se han llevado a cabo algunas mejoras en el centro, pero continúa siendo básicamente una ciudad de ritmo pausado. Fundada en el siglo IX en las orillas del río Segura (en la actualidad poco caudaloso) por los árabes, Murcia se convirtió pronto en un importante centro comercial y, 4 siglos después, en capital regional. Fue reconstruida en el siglo XVIII; por ello, los edificios del casco antiguo son casi todos de aquella época.

Hoy en día constituye el centro comercial de la región y la mayor parte de la industria está relacionada con la agricultura de los alrededores. Hay poco turismo, por lo que escasean los recuerdos turísticos y puestos de postales. Rodeada de montañas, Murcia disfruta de un ambiente tranquilo difícil de encontrar en la mayoría de las ciudades modernas.

Llegada y alojamiento

Tanto la estación de ferrocarril como la de autobuses están en los límites de la ciudad. Si el viajero llega en **autobús**, podrá ir caminando hacia la Plana de San Francisco y seguir después el río hasta que vea la catedral; o bien tomar el autobús 3 al centro. La **estación de ferrocarril** se encuentra al otro lado del río, al sur de la población (el visitante tendrá que tomar el autobús 9 u 11 hasta el centro). La **oficina de turismo** de Murcia se halla en la calle San Cristóbal (lun.-vier., 9.30-14.30 h y 17-19 h; sáb., 11-13.30 h; ☎968 366 100). Los murcianos ya tienen asumido que resulta difícil encontrarla y le indicarán el camino que debe seguir; allí le entregarán pósters,

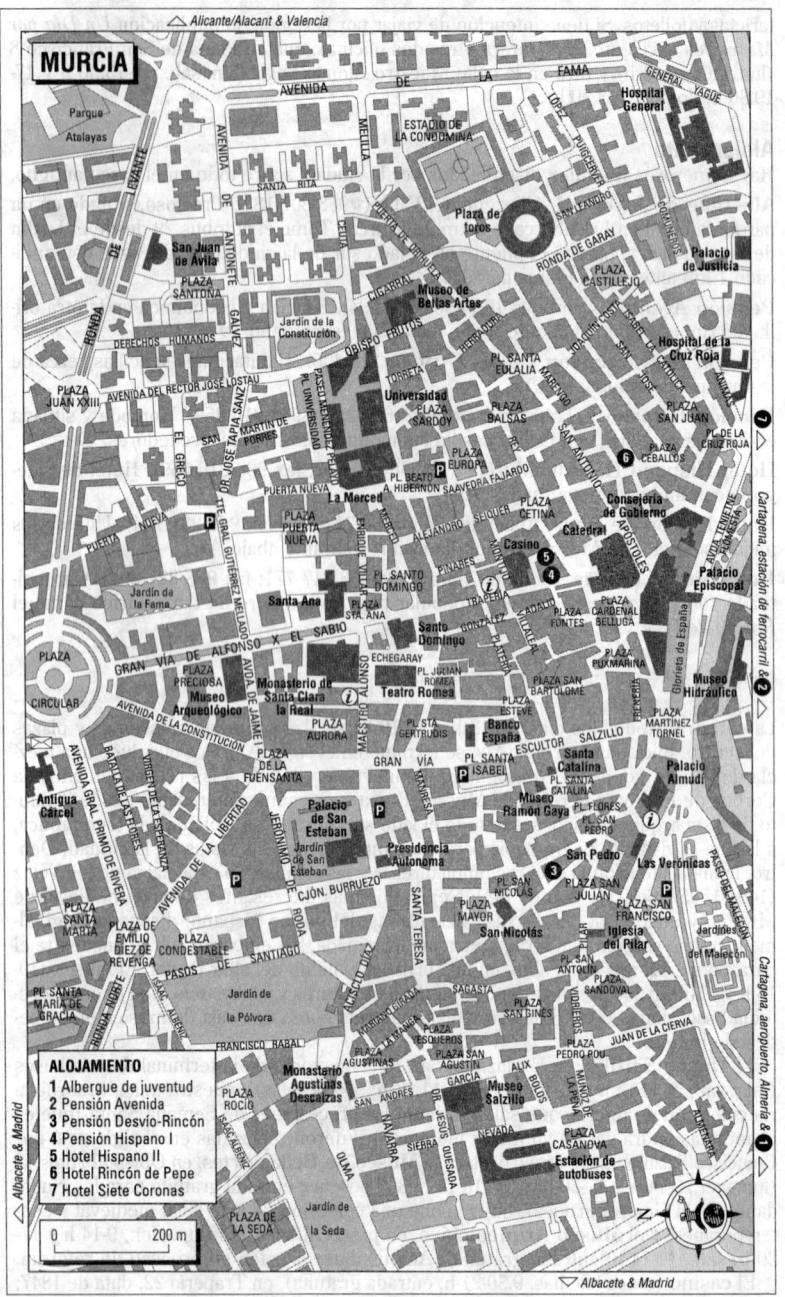

tarjetas y folletos. Si tiene intención de viajar por la región, la publicación *Un Día por Murcia* es excelente. Encontrará otras dos oficinas; una en Plana de San Francisco 8 (lun.-vier., 9-14 h) y otra en la calle Maestro Alonso Vega (lun.-sáb., 10-13.30 h y 17-19.30 h; dom., 10-13.30 h).

Alojamiento

Hay numerosos **hostales** diseminados por la ciudad, sobre todo en el casco antiguo.

Albergue de Juventud, Albergue del Valle (☎968 607 185). Precioso, situado en un parque natural en La Alberca, a 5 km de Murcia. Tome el autobús 29 desde el Jardín de Floridablanca, pasado el puente en el lado sur de la ciudad. El albergue está indicado 1 km antes de la última parada.

Pensión Avenida, Canalejas 10 (☎968 215 294). Sencilla y económica en la otra orilla del río, cruzando el puente Viejo; habitaciones sin baño. ③

Pensión Desvío-Rincón, Cortés 27 (☎968 218 436). Habitaciones sencillas cerca de la terminal de autobuses. ②

Pensión Hispano I, Trapería 8 (☎968 216 152; fax 968 216 859). Cómoda y situada en la zona peatonal, con fácil acceso a los monumentos de los alrededores. ④

Hotel Hispano II, Radio Murcia 3 (☎968 216 152; fax 968 216 859). Hotel de categoría con un buen restaurante. ⑥

Hotel Rincón de Pepe, Apóstoles 34 (☎968 212 239; fax 968 221 744). Uno de los mejores hoteles de Murcia, con un famoso restaurante abajo. ⑧

Hotel Siete Coronas, ronda de Garay 5 (☎968 217 771; fax 968 221 294). Caro, situado sobre el río, especialmente popular para bodas, pero no tan céntrico como el *Rincón de Pepe*. ⑧

La ciudad

La **catedral** (todos los días, 10-13 h y 17-19 h) se alza sobre las mansiones y plazas del centro. Iniciada en el siglo XIV, se terminó en el siglo XVIII. Por ello, luce una mezcla de estilos, conocido como gótico mediterráneo debido a las relaciones entre la Corona de Aragón y el reino de Murcia. El exterior es más interesante desde el punto de vista arquitectónico, sobre todo el lado sur; destaca su fachada y la torre gótica, a la que el visitante podrá subir para contemplar hermosas vistas de la ciudad. Dentro, llama la atención la decoración plateresca y las capillas, en especial la de los Vélez (1491-1505). Se trata de uno de los ejemplos más interesantes de arte medieval de Murcia, y una de las piezas más destacadas del gótico hispano; diseñada originalmente como sección funeraria, nunca fue terminada, Sin embargo, allí se encuentra el corazón de Alfonso X el Sabio, en una urna en el nicho del altar mayor. El museo (10-13 h y 17-19 h; 200 pesetas) expone algunas esculturas y, sobre todo, una enorme custodia procesional, 600 kg de oro y plata que rota como una caja de música en su pedestal giratorio.

El **Museo Salzillo**, en la plaza de San Agustín, cerca de la terminal de autobuses (mar.-sáb., 9.30-13 h y 15-18 h; dom., 11-13 h; 500 pesetas), muestra una extraordinaria colección de figuras que salen durante las procesiones de Semana Santa (que es cuando las podrá ver en su mejor momento). Fueron realizadas en el siglo XVIII por Francisco Salzillo. Entre otros, destaca el **Museo de Bellas Artes**, en Obispo Frutos 12 (lun.-vier., 9-14 h y 17-20 h; sáb., 10-14 h; 300 pesetas; entrada gratuita para los ciudadanos de la Unión Europea), que expone una colección de arte local medieval y contemporáneo; y el **Museo Arqueológico**, en paseo Alfonso X 5 (lun.-vier., 9-14 h y 17-20 h; sáb., 11-14 h; entrada gratuita). Ambos museos están en proceso de reforma.

El **casino** (todos los días, 9.30-21 h; entrada gratuita), en Trapería 22, data de 1847;

combina de manera ecléctica un patio árabe, una biblioteca/sala de lectura de estilo inglés, un patio pompeyano con columnas jónicas, una sala de billar y una sala de baile estilo francés. Quizá lo más llamativo sea el tocador de señoras de estilo neobarroco (abierto a todos), cuyo techo luce señoras angelicales entre las nubes, empolvándose la nariz y arreglándose el pelo.

Comida, copas y vida nocturna

Murcia es conocida como la «huerta de Europa»; aunque tal vez esto le parezca exagerado; de hecho, se encuentran productos locales en todos los restaurantes de la ciudad. En esta región se cultiva arroz, y la variedad local, de Calasparra, tiene fama en toda España. Sin embargo, la zona es realmente conocida por sus verduras; las sopas de verduras, parrilladas y paellas son la especialidad de la región.

Restaurantes y bares de tapas
Antes de la **hora de comer**, toda la Gran Vía de Alfonso X y la plaza de las Flores (hacia el final de la Gran Vía Salzillo que da al río) ya están llenas de gente que toma aperitivos y tapas. Si el viajero dispone de un presupuesto ajustado, cualquiera de los mesones de la plaza de Julián Romea (junto al teatro) y la plaza de San Juan son una buena opción. Si prefiere tomar un excelente menú del día por 1.700 pesetas, tendrá que dirigirse al *Mesón del Corral de José Luis*, plaza de Santo Domingo 23. Comerá las mejores **tapas** en *Barra del Rincón* (que comparte chef con el *Hotel Rincón de Pepe*), que sirve también un excelente menú por 1.500 pesetas y es quizás uno de los establecimientos más animados de la ciudad. Para cenar se recomienda *La Cocina del Cardenal*, en plaza Belluga; pero si quiere lo mejor, se aconseja visitar el famoso *Hotel Rincón de Pepe*, en Apóstoles 34, y tomar como postre su leche frita.

Bares y vida nocturna
Como ciudad universitaria, en Murcia hay una animada **vida nocturna** durante el período lectivo. La zona más bulliciosa es alrededor de la universidad, cerca del Museo de Bellas Artes, en especial la calle de Saavedra Fajardo y las laterales que salen de ella. Asimismo encontrará un buen ambiente gay, algo poco habitual en una ciudad de provincias.

Un buen local para empezar la noche es la plaza de la Universidad, en el bar *Ideales*; después puede ir hacia la calle Saavedra Fajardo para tomar la siguiente copa en *Icaro*, o el popular *A Los Toros*, un poco más abajo. Hay muchos bares más en la cercana calle Vara del Rey; *Latino*, en calle Victorio, por ejemplo. Más tarde, la multitud va a los disco-bares de la calle Doctor José Tapia; *Pasadena* es el local más popular en la actualidad. Entre los lugares para visitar a última hora destacan *Salsa* y *Cha Cha Cha*, junto a Gran Vía Alfonso X. Cerca, en Gran Vía Escultor Salzillo, se encuentran la discoteca *Capítulo*; *Centro*, en la plaza Julián Romea, también muy animada. *Metropol*, en calle San Andrés, cerca de la estación de autobuses, es casi exclusivamente gay y programa música rave y tecno hasta la madrugada.

Direcciones prácticas

Alquiler de automóviles Hertz se halla cerca de la estación de ferrocarril, en plaza de la Industria (☎968 268 938); Europcar, en Primo de Rivera 10 (☎968 249 215); Sol Mar, Doctor Fleming 10 (☎968 271 724) y Avis, Floridablanca 26 (☎968 264 366).
Bancos Todos los grandes bancos se encuentran en las diversas Gran Vía.
Compras El Corte Inglés está en la Gran Vía Salzillo. La principal zona de compras se halla alrededor de las diversas Gran Vía.

Correos La central se encuentra en plaza Circular (lun.-vier., 9-14 h y 17-20 h; sáb., 9-14 h).

Hospitales El Hospital General está cerca del río, en la avenida del Intendente Jorge Palacios (☎968 256 900). Cruz Roja (☎968 222 222).

Información de autobuses La terminal está en calle Sierra Nevada (☎968 292 211).

Información de trenes Renfe, plaza de la Industria (☎968 252 154).

Líneas aéreas Para reservar en Iberia, telefonee al ☎968 240 050. La mayoría de las restantes líneas aéreas están representadas por medio de agencias de viajes. El aeropuerto (☎968 570 550) está en San Javier, en el Mar Menor. Hay vuelos internos limitados a Almería, Barcelona y Madrid.

Mercado En el Mercado Municipal, en calle Verónicas, se vende toda clase de productos regionales, entre ellos kiwis, dátiles, plátanos y, naturalmente, cítricos.

Policía Avenida San Juan de la Cruz (☎968 266 600).

Teléfonos Telefónica está en calle Jerónimo de Roda, junto a la Gran Vía Salzillo.

La costa al sur de Torrevieja

La franja de costa al sur de **Torrevieja** se ha desarrollado a un ritmo alarmante, y allí vive una mezcla de europeos, rusos y españoles. Hacia el sur se extiende una serie de agradables playas conocidas como las **playas de Orihuela** (pues quedan dentro de los límites de esta ciudad). Tanto la playa La Zenia como Cabo Roig están limpias; además, disponen de aparcamiento de automóviles y cafés (el restaurante de Cabo Roig es bastante bueno y tiene hermosas vistas).

La Costa Cálida murciana empieza en el **Mar Menor**, un extenso lago cuyas aguas poco profundas (ideales para niños) se calientan pronto, lo que las convierte en un buen destino en temporada baja. Con sus altos hoteles, La Manga parece una pequeña Miami Beach; los centros turísticos de categoría en la orilla son más atractivos y hay algunos hostales. El principal problema es conseguir habitación en temporada alta, ya que la zona es muy popular entre los españoles; de hecho, en abril los establecimientos más económicos están reservados para el verano.

San Pedro del Pinatar

SAN PEDRO DEL PINATAR, el primer centro turístico, es quizá la mejor opción en temporada alta, pues al no ser tan refinado como los otros resulta más agradable. La **parada de autobuses** está en el casco antiguo, pero no vale la pena pasar allí mucho rato. El viajero tendrá que bajar por la avenida Generalísimo o tomar un autobús directo al frente marítimo. Los lunes hay un gran mercado (en el lado interior de la calle principal), donde se vende comida, ropa y calzado.

La mayor parte de la zona **playera** del pueblo, llamada Lo Pagán, fue reconstruida tras las inundaciones de 1986. Un año tras otro, la gente vuelve a La Puntica para cubrirse con su **barro terapéutico**, un producto de las salinas situadas detrás, que se dice que cura el reumatismo y es bueno para la piel. La mejor playa cercana, la de las Llanas, se halla al otro lado de la salina, pero está algo lejos para ir caminando; desde la localidad, baje por Emilio Castelar y gire en avenida Salinera Española, en dirección al puerto.

Aspectos prácticos

Si el viajero se queda en el pueblo antiguo y necesita **una cama** para pasar la noche, se recomienda la *Pensión Mariana*, avenida Doctor Artero Guirao 136 (marzo-oct.;

☎968 181 013; ③). Hay numerosos hostales en la zona turística, entre ellos *Pensión Alas Playa*, Bartolomé Gil 3 (☎968 181 017; ③), con una excelente relación calidad-precio y posiblemente en la playa; no obstante, sólo abre de abril a octubre; y el acogedor *Hostal Lucrecia*, Nacional 22 (☎968 189 281; ③), a 500 m de la localidad, hacia Cartagena; tiene un restaurante económico.

Abundan los establecimientos para **comer**; se aconseja el *Hogar del Pescador*, una marisquería de módicos precios en Lorenzo Morales 2, cerca de la plaza principal; *Restaurante La Pradera*, en calle Emilio Castelar, es tipo rancho, ideal para barbacoas; *Mesón La Panocha*, en calle Muñoz Delgado, cerca del mar, sirve excelente tapas; *El Venezuela* es una marisquería de calidad, aunque bastante cara, en la playa. La mayoría de los bares y discotecas de San Pedro se encuentran a lo largo de la avenida del Generalísimo.

Al menos diez **autobuses** diarios van de San Pedro a Cartagena y Murcia.

Santiago de la Ribera

El siguiente pueblo del Mar Menor es **SANTIAGO DE LA RIBERA**, al que se puede llegar caminando; se trata de un lugar popular entre los murcianos. Hay un importante club de vela, y el mar sereno es ideal para los principiantes.

Una de las mejores **pensiones** económicas es *Manida* cerca del mar, en Muñoz 11 (☎968 570 011; ③), que dispone de bastantes habitaciones; además, cobran buen precio por la pensión completa. Como alternativa, se recomienda *Pensión Hito*, López Peña 9 (☎968 570 002; ③), con baño (jul.-sept.) y *Hotel Trabuco*, avenida Mar Menor 1 (☎968 570 051; fax 968 570 638; ④), uno cerca del otro. Algo más caro resulta el *Hotel Don Juan*, en avenida Nuestra Señora de Loreto 2 (☎968 571 043; fax 968 572 976; ④). Asimismo se aconseja *Pensión La Obrera*, Zarandona 7 (☎968 570 042; ④, con baño), y *Hotel Madrid*, Zarandona 18 (☎968 570 504; ③). Si el viajero quiere comer marisco, el mejor establecimiento de la localidad es el *Mesón El Pescador*, en la Explanada Barnuevo. Hay tres **cámpings** en la zona, abiertos todo el año: *Alcázares* (☎968 575 100), en Los Alcázares, con piscina; *Andrómeda* (☎968 571 876), en la carretera de Balsicas, y *Mar Menor* (☎968 570 133), en carretera Alicante/Alacant-Cartagena.

Desde el aeropuerto militar de San Javier podrá tomar **vuelos** hacia Madrid, Barcelona, y algunos internacionales. La **estación de ferrocarril** más cercana está en Balsicas (unida con San Pedro y Santiago por autobuses). En verano, el tren *Costa Cálida* circula directo desde Barcelona y Madrid.

Cartagena

Si el viajero se aproxima a **CARTAGENA** desde alguno de los numerosos centros turísticos a lo largo del Mar Menor, desde el interior de Murcia, o Almería por el sur, tal vez no le guste el viaje. La tierra semidesierta y llena de maleza da paso a un anillo de colinas cubierto de fábricas y minas inutilizadas, hasta llegar a los suburbios más nuevos. Sólo cuando llegue al casco antiguo junto al puerto, con sus estrechas calles medievales flanqueadas por bares y restaurantes entrará de lleno en el auténtico ambiente de la ciudad.

Cartagena fue la ciudad capital de Aníbal en la península Ibérica, llamada así por Cartago en el norte de África; además, era un puerto estratégico y centro administrativo en la época de los romanos. Allí se celebra en junio la Semana Náutica Internacional, y en noviembre un Festival Internacional de Cine Náutico. Las **fiestas** de Semana Santa son de las más completas de España; las procesiones parten de la iglesia de Santa María de Gracia el Viernes Santo a primera hora de la mañana.

Llegada, información y alojamiento
Cartagena dispone de una nueva **terminal de autobuses** en plaza de México, donde también se encuentran las estaciones de ferrocarril, tanto de Renfe como Feve. La **oficina de turismo** se halla en la esquina del ayuntamiento (lun.-vier., 10-14 h y 17-20 h; sáb., 10-14 h; ☎968 506 483), allí proporcionan un mapa gratuito de la ciudad.

Los **establecimientos para alojarse** son algo escasos y no demasiado económicos. Si el viajero quiere encontrar una buena relación calidad-precio en un emplazamiento céntrico, se recomienda el *Hotel Peninsular*, Cuatro Santos 3 (☎ y fax 968 500 033; ③), junto a la calle Mayor. *Pensión Isabelita*, plaza María José Artes (☎968 507 735; ③), adyacente a la plaza del Ayuntamiento, es limpia; en la calle Jara hay dos posibilidades: *Pensión Garrido*, en el n.º 27 (☎968 503 736; ③), y *Hostal Cartagenera* en el n.º 32 (☎968 502 500; ③), aunque el primero es algo ruidoso. Si prefiere algo de más categoría, se aconseja el cercano *Hotel Los Habaneros*, San Diego 60 (☎ y fax 968 505 250; ⑤).

La ciudad
En Cartagena no encontrará muchos puntos de interés y la mayor parte de los que hay están en ruinas o cerrados al público. El amplio **Arsenal** militar que domina el casco antiguo de la ciudad data de mediados del siglo XVIII y, al igual que el edificio de Capitanía General, aún se utiliza, está muy vigilado y cerrado al público. Sin embargo, podrá visitar el **Museo Naval** (mar.-dom., 10-13 h; entrada gratuita), en Menéndez Pelayo 6, situado dentro de los muros del Arsenal, y el **Museo Nacional de Arqueología Submarina** (mar.-dom., 10-15 h; entrada gratuita) que se halla cerca, siguiendo por el exterior de los muros del Arsenal en dirección al faro; expone una galera romana reconstruida, además de numerosos hallazgos procedentes de naufragios. El **Museo Arqueológico**, en Ramón y Cajal 45 (mar.-vier., 10-13 h y 16-18 h; sáb.-dom., 10-13 h; entrada gratuita), en la parte nueva de la ciudad, está construido sobre un cementerio romano y muestra una excelente colección de piezas romanas, así como una introducción a la historia antigua de Cartagena.

La mejor iglesia del lugar es **Santa María de Gracia**, en la calle San Miguel, que alberga varias obras de Salzillo, entre ellas las figuras del altar mayor. Hay más obras de este artista y una interesante colección de arte en la iglesia neoclásica de **La Caridad**, en calle Caridad. El viajero verá numerosos edificios modernistas alrededor de la ciudad. La mayoría de ellos son obra de un cartagenero discípulo de Gaudí, Víctor Beltri (1865-1935). Destacan, la Casa Maestre, en plaza San Francisco, la Casa Cervantes, Mayor 15, y el *Hotel Zapata*, en plaza de España.

Si el viajero quiere captar el ambiente distinguido del pasado, tendrá que pasear a lo largo del mar hacia el antiguo hospital militar. Se trata de un gran edificio vacío pero evocador, que ahora está en ruinas. Desde el faro podrá contemplar hermosas vistas del puerto y la ciudad, pero quizás obtenga las mejores **panorámicas** desde Torres Park, accesible por la calle Gisbert. Pasadas las ruinas de la antigua catedral, la calle serpentea de nuevo hacia la plaza del Ayuntamiento.

Comida, copas y vida nocturna
Hay numerosos **bares y restaurantes** en el casco antiguo; que sirven menús de comida española a precios económicos. Las mejores zonas para comer son la plaza del Ayuntamiento y la plaza María José Artés; *Casa Pedrero* tiene la mejor relación calidad-precio; se encuentra en la esquina de la plaza María José Artés, y sirve platos combinados baratos y un menú del día por unas 1.000 pesetas. *Mesón Artés*, enfrente, ofrece una amplia selección de tapas; la popular *Mejillonería*, en Mayor 4, junto a la plaza del Ayuntamiento, merece una visita. Las calles laterales alrededor de la plaza están asimismo flanqueadas por buenos establecimientos, como *Bahía*, en calle Escorial, una pequeña marisquería que cuece el marisco que saca directamente de los

acuarios, donde los guarda vivos; *Mare Nostrum*, más caro, en el puerto, también sirve excelentes platos de marisco además de tapas.

Por la noche se recomienda *El Macho*, en la esquina de las calles Aire y Cañón, cuya especialidad son el pulpo y las patatas bravas. *Mi bodega* ofrece una sabrosa tortilla; y *La Uva Jumillana*, en calle Jara, vinos muy fuertes. Las **discotecas** y bares de altas horas de la noche se encuentran en la calle del Cañón; las que dan a la plaza de San Agustín y a lo largo de la calle Jiménez de la Espada.

El golfo de Mazarrón

Al sur de Cartagena, en la costa del **golfo de Mazarrón**, sólo resultan fácilmente accesibles Mazarrón y Águilas. En los alrededores de estas playas, entre los dos pueblos, sólo se ha permitido la construcción de unos pocos edificios, pues la zona es un centro de cría de **tortugas** y una especie de **águila**; durante la última década ha habido planes para convertir el área en una reserva natural. Las pocas carreteras que van hacia las mejores playas suelen acabar como caminos.

Mazarrón y alrededores

El pueblo interior de **MAZARRÓN** es pequeño y tranquilo, con una bonita plaza y algunos **alojamientos**; tanto la *Pensión Calventus*, en avenida de la Constitución 60 (☎968 590 094; ③), como *Guillermo II*, Carmen 7 (☎968 590 436: ③), son recomendables. El centro turístico de Puerto de Mazarrón se halla a 6 km y está unido con Cartagena por autobuses diarios.

A pesar de un cierto grado de desarrollo, **PUERTO DE MAZARRÓN** es bastante tranquilo incluso en temporada alta, pero la mayor parte del **alojamiento** corresponde a caros hoteles turísticos. Si el viajero busca algo más económico, se recomienda *Pensión Delfín*, en Mayor 13 (☎968 594 639; ③), y *La Línea*, Cartagena 2 (☎968 594 549; ③). Si prefiere más comodidad, se aconseja el *Hotel Durán*, playa de la Isla (☎968 594 050; ④), u *Hotel Playa Grande*, carretera Bolnuevo (☎968 594 684; fax 968 153 430; ⑥). El gran **cámping** *Garoa Playa de Mazarrón* (☎968 150 660), en carretera Bolnuevo, permanece abierto todo el año. Hay una **oficina de turismo** en Doctor Meca 47 (verano, lun.-sáb., 9-14 h y 18-22 h; dom., 10-13 h; invierno, lun.-sáb., 9-14 h; ☎968 590 119). Las mejores **playas**, Cabo Tiñoso hacia el norte y Punta Calnegre hacia el sur, no están comunicadas con transporte público, pero a la mejor, Bolnuevo, se llega enseguida caminando desde Puerto de Mazarrón. Cerca se halla la «Ciudad Encantada de Bolnuevo», una pequeña zona de curiosas rocas erosionadas. Si el viajero está harto de tomar el sol, puede ir a la reserva natural **La Rambla de Moreras**, donde hay una laguna que atrae a numerosas aves migratorias.

En cuanto a la **comida**, el mejor establecimiento es *Virgen del Mar*, en el paseo de la Sal, que sirve un excelente arroz con bogavante. Algo más económica resulta la marisquería *Beldemar*, en avenida Costa Cálida, donde podrá comprar pescado fresco y se lo cocinarán allí mismo. En verano, la **vida nocturna** se concentra a lo largo de la vía Axial; *Casona-Mundo Noche* y *Lagarto Verde* están entre los locales populares.

Totana y Aledo

La localidad de **TOTANA** se encuentra hacia el interior desde Mazarrón, al pie de la sierra de Espuña, donde habitan jabalíes y águilas reales. Las curiosas cúpulas de piedra desperdigadas por las montañas son «pozos de nieve», utilizados para almacenar nieve antes del deshielo. El santuario La Santa, a 7 km de la población, tiene un precioso techo de madera tallada y alberga una colección de pinturas de los siglos XVI y XVII. Totana está comunicada con Murcia por autobuses y trenes cada hora; los

autobuses continúan hasta **ALEDO**, otra antigua localidad montañosa con murallas árabes y una torre. La tradición medieval aún pesa allí y el 6 de enero se representa un **auto sacramental**. Situado a las afueras de la localidad, el *Hotel El Pinito de Oro* (☎ y fax 968 484 436; ②-④) tiene unas vistas magníficas.

Águilas

Águilas se halla en el extremo sur del golfo de Mazarrón; está rodeada hacia el interior por campos de tomates, uno de los productos que pueden crecer en esta región cálida y árida. La pesca, junto con el cultivo del tomate, es la base de su economía; la subasta de pescado se lleva a cabo todos los días hacia las 17 h en la lonja del puerto. El **Carnaval** es bastante bullicioso en Águilas; en febrero, durante 3 días con sus noches toda la población participa en desfiles con carrozas y fiestas de disfraces.

Llegada e información

La **oficina de turismo** (verano, lun.-vier., 9-14 h y 18-21 h; sáb., 9-13 h; invierno, lun.-vier., 9-14 h y 17-19 h; ☎968 413 303) se encuentra en la plaza de Antonio Cortijos, cerca del puerto; allí proporcionan mapas gratuitos del pueblo. Los **autobuses** paran en el *Bar Peña Aguileña*, y hacen servicios a Almería, Cartagena, Murcia (6 diarios) y Lorca (9 diarios). También circulan tres **trenes diarios** a Murcia y Lorca. Si el viajero tiene intención de recorrer las playas próximas, se recomienda alquilar un vehículo o una bicicleta; podrá **alquilar automóviles** en Auriga, Iberia 65 (☎968 447 046), y **bicicletas de montaña** en calle Julián Hernández Zaragoza.

Alojamiento

Las **pensiones** suelen estar llenas desde mediados de julio a mediados de agosto. *Pensión Cruz del Sur*, en avenida de la Constitución 37 (☎968 410 171; ④), ofrece una buena relación calidad-precio; se halla junto al mar en la playa de Levante. En el centro de la localidad se encuentra *Hostal La Aguileña*, Isabel la Católica 8 (☎968 410 303; ③, sin baño), otra buena opción al igual que la *Pensión Rodríguez*, Ramón y Cajal 3 (☎968 410 615; ③). Si el viajero prefiere más comodidad, se recomienda el *Hotel Carlos III*, cerca de plaza de España, en Rey Carlos III 22 (☎968 411 650; fax 968 411 658; ⑥). El **albergue de juventud**, *Albergue Juvenil* (☎968 413 029; ①), está a 4 km de la localidad, en Calarreona, por la carretera de Almería, y no pasan autobuses en aquella dirección. El viajero encontrará dos **cámpings** en la zona, ambos abiertos todo el año: *Águilas* (☎968 419 205) a 2 km de la playa, y *Bellavista* (☎968 449 151) en la carretera Vera-Almería, en un lugar verde y tranquilo.

La ciudad y sus playas

Águilas es un lugar popular, pues hay numerosas playas (véase más abajo), accesibles en transporte público; además, la zona disfruta de un tiempo agradable durante todo el año. La población ha conseguido escapar de los excesos del turismo y mantiene gran parte de su encanto y ambiente rural.

Hay dos bonitas **playas** y unas 30 calas en la vecindad. Las del norte son rocosas y a menudo rodeadas por acantilados bajos; hacia el sur son más arenosas y abiertas. Sin embargo, su principal atractivo es la ausencia de grandes núcleos, algunas son agrestes, otras tienen algunas viviendas, varias sólo un bar. Las playas se limpian cada día a partir de mayo, pues el mar arroja gran cantidad de algas.

Hacia el norte de Águilas se encuentra playa Hornillo (durante el verano, sólo pasa el autobús de Calabarina), agradable y con un par de bares cerca. Desde allí el viajero podrá caminar hacia playa Amarillo, quizá la más bonita y aislada. El autobús de Calabarina recorre varias playas en verano; playa Arroz, La Cola y la propia Calabarina (a 7 km de la localidad). Si el viajero tiene suficiente energía puede caminar a

través del cabo Cope hasta otra serie de playas que empiezan en Ruinas Torre Cope, pero realmente no es necesario ir tan lejos.

Al sur de Águilas, el autobús de Las Lomas lleva hasta la playa rocosa de Las Lomas desde donde podrá caminar hasta playa Matalentisco, con zonas poco profundas, ideales para los niños. La de Las Palomas (conocida allí como La Cabaña) cuenta con el atractivo añadido de un restaurante; a su lado está la playa de Calarreona, después La Higuerica, a 5 km de la población. Más al sur, Cuatro Calas dispone de un puesto de bebidas; cuando el viajero llegue hasta La Carolina, en el límite de Andalucía, comprobará que la playa es totalmente agreste.

Comida y copas
El viajero no pasará hambre en este lugar, pues lo más habitual es el **pescado fresco**. Si quiere probar pescado y arroz a la piedra, se recomienda *Las Brisas*, en la Explanada del Puerto (lun., cerrado) o el excelente *El Puerto*, plaza Robles 18 (miér., cerrado), cuya especialidad es el pulpo. Entre las buenas opciones, y no muy caras, destacan el *Mesón Maribel*, Rambla 22 (miér., cerrado), un restaurante ideal para comer buenos platos de carne.

Tierra adentro hacia Lorca
Muchos lugares históricos del interior de Murcia sólo pueden visitarse si se dispone de vehículo propio. Una población del fácil acceso es **Lorca** antigua ciudad de frontera. Las localidades de alrededor poseen edificios renacentistas y barrocos, y están rodeadas de campos maravillosos.

A pesar de tener que soportar el tráfico, que pasa directamente por su centro, **LORCA** aún mantiene cierto aire distinguido del pasado. Durante una época formó parte del Califato, pero fue recuperada por los cristianos en 1243; después de esto, hubo frecuentes asaltos moros hasta la caída de Granada, último bastión árabe. La mayoría de los edificios notables de la ciudad —iglesias y mansiones— datan del siglo XVI en adelante.

Llegada, información y alojamiento
Si viaja en **tren**, el viajero tendrá que apearse en Lorca Sutullera; los autobuses le dejarán también en la estación, pero la parada anterior de autobuses está más cerca de la población. La **oficina de turismo** está en calle López Gisbert (todos los días, verano, 9-14 h y 17.30-19 h; invierno, 10-14 h y 17.30-19 h; ☎968 466 157), proporciona un buen mapa y una excelente visita guiada de aproximadamente 1 hora de duración por la localidad. Tanto **trenes** como **autobuses** comunican Lorca con Murcia; el tren es más barato y rápido. Para ir hacia el sur, hacia Granada, hay dos autobuses diarios, a las 10.40 y 16 h.

Aunque en realidad sólo se tarde 1 hora o 2 en visitar Lorca, continúa siendo un buen lugar para pasar la noche, ya que hay **habitaciones** económicas a lo largo de la carretera. *Pensión del Carmen*, en Rincón de los Valientes 3 (☎968 466 459; ④), y *Casa Juan*, Guerra 10 (☎968 468 006; ③), cobran precios razonables; *Hotel Félix*, avenida Fuerzas Armadas 141 (☎968 467 654; fax 968 467 650; ④), es un establecimiento antiguo con muy buena relación calidad-precio. Si el viajero tiene problemas para encontrar habitación, la enorme *La Alberca*, plaza Juan Moreno 1 (☎968 468 850; ③, sin baño), es limpia y acogedora y tal vez encuentre sitio. Si llega durante la Semana Santa, tendrá que reservar con al menos 1 mes de antelación, o alojarse en Murcia o Águilas.

La ciudad
Al lado de la oficina de turismo se halla el **Centro de Artesanía**, donde se exponen y venden obras que combinan la artesanía tradicional con el diseño de vanguardia (lun.-vier., 10-14 h y 17-20 h; entrada gratuita).

El casco antiguo se extiende colina arriba por la calle López Gisbert. La **Casa de los Guevara**, por encima de la oficina de turismo, es un excelente ejemplo de arquitectura civil barroca de finales del siglo XVII y la mejor mansión de la ciudad. En la esquina de la plaza de San Vicente y la calle Corredera, principal arteria comercial, está la **Columna Milenaria**, de la época romana, aproximadamente del 10 a.c.; marca la distancia entre Lorca y Cartagena en la Vía Heraclea (luego Augusta), la ruta romana desde los Pirineos a Cádiz. El **porche de San Antonio**, de estilo gótico, la única puerta que queda de la antigua muralla de la ciudad, se encuentra en el extremo de la calle Corredera. En la plaza de España, punto central de la población, se halla la imponente **Colegiata de San Patricio** (lun.-vier., 11-13 h y 16.30-18.30 h; sáb.-dom., 11-13 h; entrada gratuita) en la que destaca su enorme fachada, construida entre los siglos XVI y XVII; hay un notable contraste entre el exterior y el interior, soberbio y refinado, que es en gran parte renacentista. Cerca está el **ayuntamiento**, con su fachada de los siglos XVII-XVIII. Un frontal igualmente impresionante es el del **Posito**, del siglo XVI, bajando por una cercana calle lateral, que era originariamente un gran almacén de grano y ahora alberga el archivo municipal.

El **castillo**, de los siglos XIII-XIV, que domina la ciudad, parece un destino obvio, pero el viajero pasará calor por el camino y realmente no merece la pena, pues las dos únicas torres de interés se abren sólo el 23 de noviembre, el día que la fortaleza fue recuperada de manos moras. El barrio antiguo, apiñado bajo el castillo, puede resultar algo peligroso por la noche, pero se recomienda pasear por él a la luz del día.

Lorca es famosa por sus celebraciones de **Semana Santa** que superan a las de Murcia y Cartagena. En ellas hay cierto ambiente operístico, sobre todo en la dramatización del triunfo de la cristiandad, y el desfile de personajes como Cleopatra, Julio César y la realeza de Persia y Babilonia ataviados con trajes bordados de terciopelo y seda. El punto culminante es la tarde y la noche del Viernes Santo.

Comida y copas
Un buen establecimiento para **comer** es el *Restaurante El Teatro*, en plaza Colón 12 (dom. y agos., cerrado); esta plaza se encuentra en la misma calle que la oficina de turismo. Asimismo se recomienda el *Restaurante Barcas Casa Cándido*, Santo Domingo 13, que sirve sabrosos menús. Subiendo por esta calle, al llegar a la calle Tintes, en la esquina con Cava, hay una gran **bodega** que parece sórdida, pero en donde sirven vino tinto, similar al oporto, por muy poco dinero.

Caravaca de la Cruz y Moratalla

CARAVACA DE LA CRUZ, una importante población, es accesible desde Lorca en autobús (diario), si bien hay autobuses más directos desde Murcia (cada hora; 1 h 30 min.). La localidad está dominada por el castillo que alberga una bonita iglesia de mármol y piedra arenisca, el **Santuario de la Vera Cruz**. En la iglesia se encuentra la cruz que se utiliza en las celebraciones de Pascua, y el 3 de mayo «se baña» en el templo del final de la localidad para conmemorar la aparición de una cruz al rey moro Ceyt Abuceit (1231). Fuera de la iglesia, los claustros conducen al **museo** (lun.-sáb., 8-14 h y 16.30-20.30 h; dom., 10-14 h y 16.30-20 h; 250 pesetas), que se centra en arte e historia religiosa. Las restantes iglesias del lugar, las **del Salvador** y **de la Concepción**, también merecen una visita; en la última se hallan algunos excelentes ejemplos de madera tallada mudéjar. El **alojamiento** es limitado; entre las mejores opciones se recomiendan la *Pensión Victoria*, María Girón 1 (☎968 708 624; ③), y el *Hotel Central*, Gran Vía 18 (☎968 707 055; fax 968 707 369; ⑤).

Moratalla

A 14 km se encuentra **MORATALLA**, un precioso pueblo que se extiende al pie de una fortaleza. Las calles serpenteantes y escarpadas del casco antiguo conducen al castillo, desde donde el viajero contemplará hermosas vistas de los alrededores y los bosques.

Moratalla es un precioso lugar para **alojarse** si quiere relajarse: *Pensión Levante*, en carretera del Canal 21 (☎968 730 454; ③), aunque en las afueras, dispone de habitaciones cómodas y baños modernos; *Pensión Reyes*, Tomás el Cura 10 (☎968 730 377; ①), es sencilla pero limpia. Hay un **cámping** a 8 km del pueblo, en La Puerta (todo el año; ☎968 730 008). Si viaja en automóvil, puede dirigirse al *Hotel Cenajo* (☎968 721 011; fax 968 720 645; ⑤), escondido en las colinas (pero señalizado), sobre un bonito pantano. Moratalla está lleno de pequeños **bares**; se recomienda *Alameda* para comer, y para tomar tapas el *Bar Luquillas*, en carretera de San Juan 34, que sirve deliciosas croquetas de jamón.

transportes

Ferrocarriles

Alicante/Alacant a: Albacete (8 diarios; 1 h 30 min.); Dènia (7 diarios; 2 h 15 min.); Benidorm (15 diarios; 1 h 10 min.); Madrid (6 diarios; 6-10 h); Murcia (12 diarios; 1 h 30 min.); Valencia (8 diarios; 1 h 30 min.-2 h 30 min.); Xàtiva (5 diarios; 1 h 30 min.).

Murcia a: Águilas (4 diarios, 1 en dom.; 2 h); Barcelona (2 diarios; 7 h); Cartagena (9 diarios; 1 h); Granada (2 diarios; 8 h); Lorca (14 diarios; 1 h); Madrid (3 diarios; 6-8 h).

Valencia a: Alicante/Alacant (7 diarios; 2-3 h); Barcelona (10 diarios; 5 h); Benicasim/Benicàssim (7 diarios; 45 min.); Castellón de la Plana/Castelló de la Plana (11 diarios; 1 h 30 min.); Gandía (12 diarios; 1 h) Madrid (3 diarios por Cuenca; 6-7 h; 5 diarios por Albacete; 7 h); Málaga (2 diarios; 10 h); Murcia (2 diarios; 3 h 45 min.); Orihuela (2 diarios; 3 h 15 min.); Peñíscola (8 diarios; 1 h 20 min.); El Puig (30 diarios; 25 min.); Sagunto/Sagunt (34 diarios; 20 min.); Segorbe (5 diarios; 7 h); Zaragoza (4 diarios; 6 h); Xàtiva (16 diarios; 1 h).

Autobuses

Alicante/Alacant a: Albacete (2 diarios; 2 h 30 min.); Almería (2 diarios; 7 h); Barcelona (7 diarios; 10 h); Cartagena (2 diarios; 2 h); Granada (4 diarios; 12 h); Orihuela (8 diarios; 1 h 20 min.); Madrid (3 diarios; 6 h); Málaga (4 diarios; 9 h); Murcia (9 diarios; 2 h); San Pedro del Pinatar (11 diarios; 1 h 15 min.); Torrevieja (10 diarios; 1 h).

Murcia a: Águilas (5 diarios, lun.-vier.; 2 diarios, sáb.-dom.; 2 h); Albacete (2 diarios; 2 h 30 min.); Alicante/Alacant (10 diarios; 2 h); Almería (5 diarios; 4 h); Barcelona (5 diarios; 8 h); Cartagena (14 diarios; 1 h); Granada (5 diarios; 6 h); Lorca (11 diarios; 1 h 15 min.); Orihuela (6 diarios; 1 h); Madrid (8 diarios; 8 h); Málaga (4 diarios; 8 h); Mazarrón (8 diarios; 1 h 30 min.); Valencia (6 diarios; 4 h 30 min.).

Valencia a: Alicante/Alacant (6 diarios; 10 en verano; 4 h); Barcelona (7 diarios; 6 h); Benidorm (6 diarios; 10 en verano; 3 h 15 min.); Castellón de la Plana/Castelló de la Plana (11 diarios; 1 h 30 min.); Cuenca (3 diarios; 4 h); Gandía (6 diarios; 10 en verano; 1 h); Madrid (6 diarios; 6 h); Murcia (3 diarios; 4 h 30 min.); Oliva (6 diarios; 10 en verano; 1 h 30 min.); Orihuela (2 diarios; 3 h); El Puig (14 diarios; 20 min.); Sagunto/Sagunt (30 diarios; 30 min.); Segorbe (7 diarios; 1 h); Sevilla (1 diario; 12 h).

Enlaces con las Baleares

Desde Valencia: La compañía Transmediterránea **navega** a: Palma de Mallorca (2-3 semanales; 9 h) y Eivissa (1 semanal; 9 h). Al menos 4 **vuelos** a Palma de Mallorca (40 min.), y 2 diarios a Eivissa (30 min.).

Desde Alicante/Alacant: Air Nostrum realiza **vuelos** regulares en verano a Palma de Mallorca y Eivissa.

CAPÍTULO QUINCE

LAS ISLAS BALEARES

Las cuatro islas Baleares más importantes —Mallorca, Menorca, Eivissa (Ibiza) y Formentera—, que integran un archipiélago situado al este de la península Ibérica, conservan un carácter peculiar y diferenciado del resto de España y, a su vez, entre ellas. Ibiza, firmemente consolidada como uno de los centros turísticos más de moda en Europa, es única en lo que, a su intensa y animada vida urbana se refiere, y tiene una población flotante durante el verano que da cabida a cualquier noctámbulo español, ya proceda de Sevilla o Barcelona. Se trata de un lugar ideal para divertirse y encaja con la idea que tal vez tenga de una isla, en especial si el viajero es homosexual, ya que en Eivissa (Ibiza) el ambiente suele ser tolerante. Formentera es pequeña y un tanto desolada, aunque se intenta atraer a un turismo más selecto. Mallorca, la mayor de las islas Baleares, también ha creado su propia imagen, que popularmente no va mucho más allá del sol, la diversión y los enormes hoteles.

En realidad, el viajero encontrará allí todo lo que espera, sobre todo en los centros turísticos de la bahía de Palma y la costa este; no obstante, hay mucho más: montañas, encantadores pueblecitos antiguos, calas hermosas y una auténtica capital urbana, Palma. De hecho, Mallorca ofrece a un tiempo playas, vida nocturna y posibilidades de hacer excursiones y caminatas. Al este se halla Menorca, frecuentada por un turismo más familiar, y donde los horribles complejos hoteleros están algo alejados de los dos núcleos principales: la capital, Mahón, y el hermoso puerto de Ciutadella de Menorca.

El viajero podrá **acceder** fácilmente a las islas en avión desde cualquier capital europea. En temporada media o baja encontrará **vuelos** chárter y paquetes turísticos a bajo precio o mediante reservas de última hora. En la Península se ofrecen vuelos chárter, que curiosamente a menudo salen más caros que desde el extranjero. Los **transbordadores** —desde Barcelona y Valencia— resultan más económicos, aunque son caros en relación a la distancia que cubren: la tarifa individual de Barcelona a Palma de Mallorca puede costar unas 7.000 pesetas en temporada alta (mediados jun.-sept.) y 5.000 en temporada baja (oct.-principios jun.), mientras que el transporte de un vehículo cuesta a partir de unas 20.000 pesetas sólo ida. Más caros aún son los **aerodeslizadores** que salen de los mismos puertos en el período de mediados de junio a mediados de septiembre; el trayecto Valencia-Palma, por ejemplo, asciende a 8.150 pesetas. Asimismo son caras las tarifas de transbordadores **entre islas**, y de hecho al viajero le saldrá más a cuenta hacer viajes como Eivissa (Ibiza)-Mallorca o incluso Mallorca-Menorca en avión. El auténtico problema puede ser su disponibilidad: en temporada alta los billetes se venden tan rápido que es mejor reservarlos con antelación, aunque con unos pocos días suele ser suficiente. Para más detalles sobre las **rutas** véase el apartado «Transportes» al final de este capítulo.

El **coste** y la excesiva **demanda** pueden afectar también a otras cuestiones. Al ser «islas de vacaciones», cada cual con su propio —y próspero— comercio turístico internacional, las islas Baleares aplican precios considerablemente más altos que los de la Península a sus **habitaciones**, que de mediados de junio a mediados de septiembre son un bien preciado y escaso. Si el visitante viaja en esta época del año, se recomienda hacer la reserva con tiempo, o al menos llevar una bolsa de monedas para telefonear a los hoteles de los alrededores antes de empezar a recorrer las calles (aunque en muchos establecimientos sólo aceptan reservas por agencia). Si quiere al-

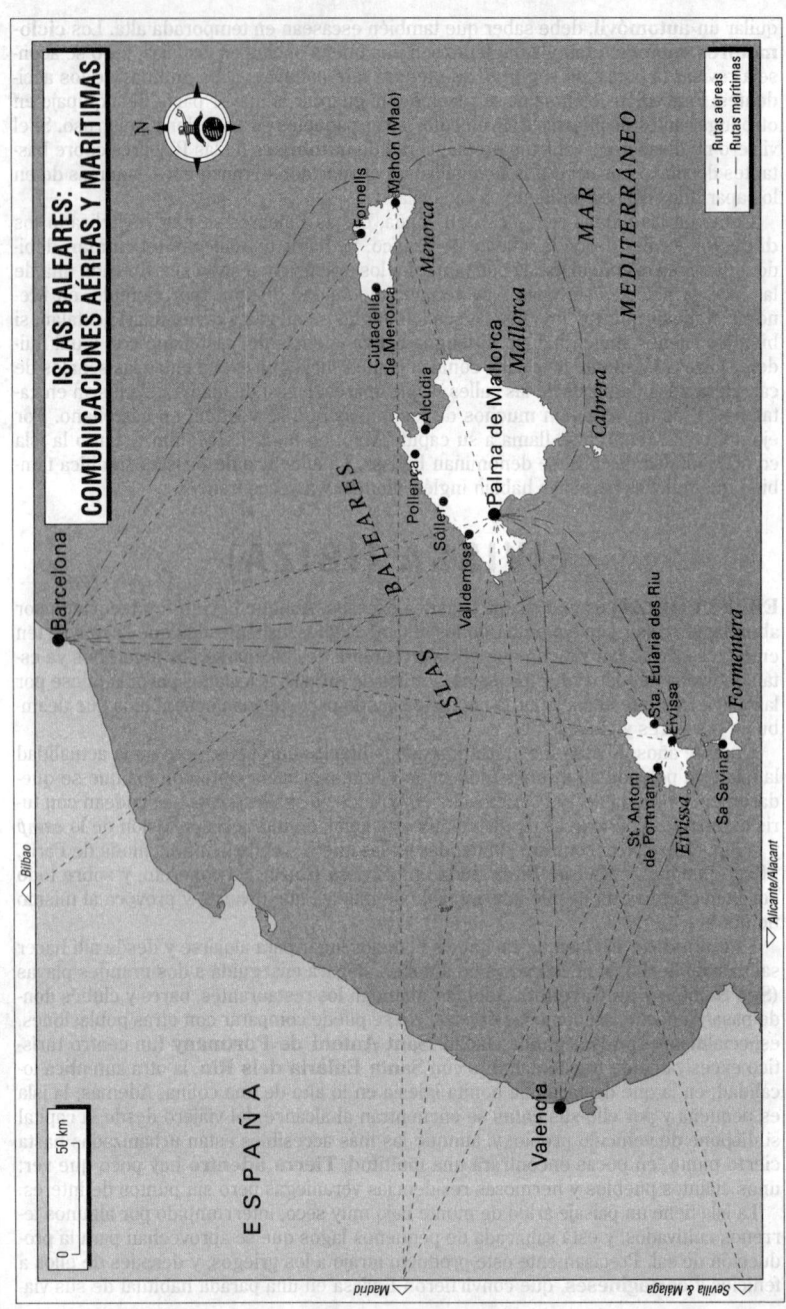

quilar un **automóvil**, debe saber que también escasean en temporada alta. Los **ciclomotores, motocicletas y bicicletas** son una buena opción en las islas, pero se aconseja revisar la póliza de seguros, que tendrá que incluir el robo además de los accidentes. Para evitar los hurtos, se recomienda guardar la mayor parte del equipaje en otro lugar antes de alejarse del vehículo; llevar paquetes es agotador y peligroso. Si el viajero no dispone de vehículo propio, la red de **autobuses** de las Baleares cubre bastantes destinos. Los servicios se detallan en el apartado «Transportes» además de en los apartados correspondientes a cada isla.

Como en las demás regiones de España, en las Baleares se han revitalizado los **dialectos** locales desde la muerte de Franco. Se habla un dialecto del **catalán** debido a que fueron conquistadas por Jaime I a los árabes en el siglo XIII. En cada una de las islas principales se habla a su vez una modalidad distinta (por ejemplo, en Menorca el menorquín), y muchos de sus habitantes se niegan a denominarlo catalán, si bien los isleños suelen hablar su lengua nativa además del castellano con igual fluidez. Quizás al visitante le resulte confusa la diferencia que existe entre las señales de carretera y los nombres de las calles —que aparecen casi de manera exclusiva en catalán— y los impresos en muchos de los mapas que se venden, en castellano. Por ejemplo, en Menorca se llama a su capital Maó, en lugar de Mahón, y tanto la isla como la ciudad de Ibiza se denominan Eivissa. La afluencia de turistas significa también que muchas personas hablan inglés, alemán y a veces francés.

EIVISSA (IBIZA)

EIVISSA (IBIZA) es una isla de grandes excesos. Aunque hermosa y recortada por abundantes calas, son sin embargo los ibicencos y los visitantes los que la convierten en algo especial. Por mucho que el viajero quiera desmelenarse, los lugareños ya están de vuelta de todo, y hartos de ver a miles de turistas acicalados pavoneándose por las playas durante el día y por la noche formando parte de los noctámbulos que deambulan por bares y clubes.

Durante años, Eivissa fue el destino de los hippies europeos, pero en la actualidad la isla está poblada de jóvenes modernos y homosexuales junto con los que se quedaron en la década de 1960. Alemanes embutidos en sus *lederhosen* se codean con turistas vestidos con marcas de diseño internacional, en una relajada fusión de lo *camp* y lo *hip*; el viajero encontrará allí tiendas en las que se vende la última moda de París, Milán, Londres y Madrid. En la ciudad de Eivissa (Ibiza), en concreto, y sobre todo por la noche, hay un desfile interminable de modas, que divierte y provoca al mismo tiempo.

La **ciudad de Eivissa**, la capital, es el mejor lugar para alojarse y desde allí hacer salidas; de hecho, si el viajero va en autobús, llegará enseguida a dos grandes playas (**Ses Salines y Es Cavellet**). Además, abundan los restaurantes, bares y clubes donde pasar la noche, así como las tiendas. No se puede comparar con otras poblaciones, especialmente con la segunda ciudad, **Sant Antoni de Portmany** (un centro turístico excesivamente frecuentado), o con **Santa Eulària dels Riu**, la otra auténtica localidad, en la que destaca una bonita iglesia en lo alto de una colina. Además, la isla es pequeña y por ello sus **calas** se encuentran al alcance del viajero desde la capital si dispone de vehículo propio; y, aunque las más accesibles están urbanizadas hasta cierto punto, en pocas encontrará una multitud. **Tierra adentro** hay poco que ver: unos cuantos pueblos y hermosas residencias veraniegas pero sin puntos de interés.

La isla tiene un paisaje árido de monte bajo muy seco, interrumpido por algunos terrenos cultivados, y está salpicada de pequeños lagos que se aprovechan para la producción de sal. Precisamente este producto atrajo a los griegos, y después de ellos a fenicios y **cartagineses**, que convirtieron Eivissa en una parada habitual de sus via-

FIESTAS

Enero
16 Revetlla de Sant Antoni Abat. Verbena que se celebra en Palma y algunos otros pueblos de Mallorca, especialmente en Sa Pobla; se prenden *foguerons* (hogueras). Los lugareños van de una hoguera a otra y bailan alrededor de ellas disfrazados. También se celebra en Sant Antoni de Portmany (Eivissa) y Mahón (Menorca).
17 Beneides de Sant Antoni. Fiesta de las bendiciones de San Antonio, que se celebra con procesiones en muchos de los pueblos del interior de las Baleares. Destacan las fiestas de Sa Pobla y Artà, en Mallorca.
17 Processó dels Tres Tocs. Procesión en Ciutadella (Menorca), para conmemorar la victoria de Alfonso III contra los árabes el 17 de enero de 1287.
19 Revetlla de Sant Sebastià. Verbena en Palma (Mallorca), con hogueras, cantos y bailes en honor de san Sebastián.
20 Festa de Sant Sebastià. Se celebra en Pollença (Mallorca), con procesiones religiosas acompañadas de *cavallets* o «caballitos de cartón» que llevan dos jóvenes danzantes que imitan el paso de los caballos. De origen medieval, pueden verse *cavallets* en muchas de las fiestas de las islas Baleares.

Febrero
Carnaval Los pueblos y aldeas de las islas celebran durante la semana anterior a la Cuaresma marchas y desfiles de disfraces.

Marzo/Abril
Semana Santa Se celebra en todas las islas. En Palma de Mallorca, el Jueves Santo es día de procesiones religiosas por las calles. En *Divendres Sant* (Viernes Santo) hay procesiones en muchos pueblos y aldeas, sobre todo en Palma, Sineu (Mallorca) y Mahón. Lo más impresionante, sin embargo, es el *Devallament* (Descendimiento de la Cruz) del Viernes Santo, que culmina la Semana Santa en Pollença (Mallorca).

Mayo
Mediados de mes Festa de Nostra Senyora de la Victòria en Port de Sòller (Mallorca). Se representan batallas de moros y cristianos para conmemorar la expulsión de los piratas turcos en 1561. Se bebe mucho alcohol y se lanzan disparos al aire con rifles antiguos.
30 Festa de Sant Ferran en Sant Ferran (Formentera).

Junio
23-25 En Ciutadella (Menorca), la veraniega Festa de Sant Joan se celebra con justas, música folclórica, bailes y procesiones. También en la ciudad de Eivissa.

Julio
15-16 Día de la Verge del Carme. En honor a la Virgen del Carmen, patrona de los marineros y los pescadores, se hacen desfiles y se bendicen barcos, en especial en la ciudad de Eivissa.
Tercera semana La reconquista de Menorca se celebra con una fiesta en Mercadal.

Agosto
2 Mare de Déu dels Àngels. Batallas de moros y cristianos en Pollença (Mallorca).
Segunda semana Festa de Sant Llorenç en Alaior (Menorca); jolgorio a caballo por las calles del pueblo.
20 Cavallets. Fiesta durante toda una semana en Felanitx, Mallorca.
A lo largo de todo agosto Festival Internacional de Pollença, Mallorca, que incluye exposiciones de arte y escultura, así como conciertos de música de cámara.

Septiembre
Segunda semana Nativitat de Nostra Senyora (Natividad de la Virgen) en Alaró (Mallorca), con peregrinación hasta un santuario en lo alto de una montaña, cerca del castillo de Alaró.

Diciembre
3 Día de Sant Francesc. Fiesta de San Francisco Javier en Formentera.
Navidad Especialmente pintoresco en Palma de Mallorca, donde se realizan representaciones de la Natividad en las vísperas del 25 de diciembre.

828/LAS ISLAS BALEARES

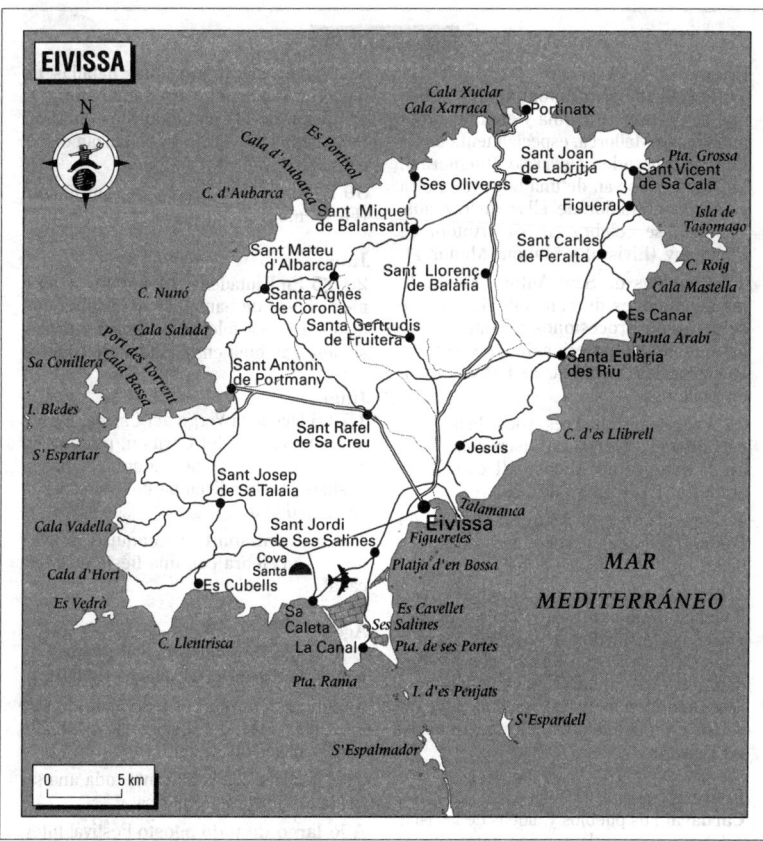

jes por el Mediterráneo, hasta tal punto que allí hay cientos de cementerios púnicos (no excavados). En poder de los romanos, la isla siguió prosperando de forma parecida al resto de España; fue poblada sucesivamente por godos y árabes, hasta que a principios del siglo XIII los catalanes la liberaron. A partir de entonces entró en decadencia y, a pesar de las esporádicas incursiones imperialistas, se convirtió en un territorio abandonado y empobrecido hasta mediados del siglo XX, cuando empezó a adquirir categoría internacional como la isla más chic de las Baleares.

Aspectos prácticos en Eivissa

Desplazarse por la isla no resulta tan difícil. Hay un buen **servicio de autobuses** entre la ciudad de Eivissa, Sant Antoni de Portmany, Santa Eulària des Riu, Portinatx, el aeropuerto y algunas de las playas más grandes; además, los **barcos** locales desde Eivissa llegan a diversos destinos de la costa; sin embargo, lo ideal sería alquilar algún **vehículo** (véase pág. 835). El problema principal —y más costoso— de la isla es el **alojamiento**, difícil, cuando no imposible, de encontrar en temporada alta; Eivissa capital es por lo general el lugar más recomendable (para información sobre el aeropuerto de la isla, véase pág. siguiente).

La ciudad de Eivissa

EIVISSA es el punto más atractivo de la isla tanto en el aspecto geográfico como en el ambiente urbano y de aventura. Casi todos los visitantes se alojan en apartamentos de alquiler o bien pequeños hostales, lo que significa que hay pocos hoteles que estropeen el paisaje urbano y, por tanto, no constituye un destino habitual de los paquetes turísticos. Si el viajero llega por mar, disfrutará de la magnífica visión de las antiguas murallas medievales, que se alzan como una prolongación natural de los acantilados rocosos que protegen el puerto. Dentro de las murallas, se halla el casco antiguo, coronado por una sólida catedral cuyo reloj iluminado brilla sobre el puerto al anochecer.

Los turistas suelen pasar el día en las **playas** de Ses Salines y Es Cavellet, o en la cercana (aunque no tan hermosa) Figueretes. De noche, y hasta que los clubes abren sus puertas, las **tiendas** permanecen abiertas hasta las 23 h; el viajero encontrará detrás del puerto puestos en los que se vende desde joyería, arte y artesanía hasta pinturas *naïf* y recuerdos cursis. Los **bares** están abiertos hasta las 4 h, pero la actividad continúa en los **clubes**, que no cierran hasta las 6 h e incluso más tarde. Si el viajero está harto de la playa o el callejeo, puede ir a un par de museos modestos y una galería de arte moderno, con precios que le sorprenderán.

Llegada, información y orientación

El **aeropuerto** internacional de Eivissa se encuentra a 6 km al suroeste de la ciudad de Eivissa. En el aeropuerto, hay una **oficina de turismo** (mayo-sept., todos los días, 10-24 h), que proporciona mapas y listas de alojamiento en la isla, además información sobre el alquiler de automóviles; de hecho, algunas empresas tienen oficinas en el vestíbulo de «Llegadas» (véase «Direcciones prácticas», pág. 835). Desde el aeropuerto el viajero podrá tomar un autobús (cada hora, 7.30-22.30 h; 125 pesetas) o un taxi (unas 1.500 pesetas) hasta la ciudad de Eivissa.

La capital tiene dos **terminales de transbordadores**: una casi al pie de la avinguda Santa Eulària para los transbordadores locales que recorren la costa de Eivissa y van a Formentera, y la otra en el passeig des Moll, desde donde parten los que van a la Península, Mallorca y Menorca (por Mallorca). El paseo marítimo está muy cerca del **casco antiguo**, que se divide en dos barrios, Sa Marina y Sa Penya. Desde allí hay poca distancia a pie hasta la **Dalt Vila**, literalmente «ciudad alta». La **ciudad nueva**, poco atractiva, se extiende hacia el oeste por detrás del passeig Vara de Rey. La **estación de autobuses** se encuentra en la parte moderna, en la avinguda Isidor Macabich, pero la mayoría de los servicios —incluidos los que enlazan con el aeropuerto— pasa cerca del frente portuario.

La principal **oficina de turismo** de Eivissa se halla en el passeig des Moll del puerto (jun.-sept., lun.-vier., 9.30-13.30 h y 17-19 h; sáb., 10.30-13 h; oct.-mayo, lun.-vier., 9.30-13.30 h; ☎971 301 900).

Alojamiento

Casi todos los **alojamientos económicos** están en la parte baja de la ciudad, a poca distancia del paseo marítimo, pero media docena de establecimientos se apiñan en las animadas calles que rodean el passeig de Vara de Rey. Al viajero le resultará más fácil pedir información por teléfono, aunque afortunadamente la ciudad no es tan grande y la podrá recorrer a pie hasta encontrar dónde alojarse. Incluso si se instala al oeste del centro, en Figueretes, no estará muy apartado del bullicio. La oficina de turismo dispone de una lista de los alojamientos de Eivissa —incluso facilitan listas de

CÓDIGOS DE LOS PRECIOS DE ALOJAMIENTO

En esta guía, los precios de alojamiento se reseñan en una escala de ① a ⑧, indicando el precio **más bajo** que puede esperar pagar por noche en un establecimiento por una **habitación doble**, en temporada alta. Los precios, señalados por los códigos, son los siguientes:

① menos de 2.000 pesetas/12 euros
② 2.000-3.000 pesetas/12-18 euros
③ 3.000-4.500 pesetas/18-27 euros
④ 4.500-6.000 pesetas/27-36 euros
⑤ 6.000-8.000 pesetas/36-48 euros
⑥ 8.000-12.000 pesetas/48-72 euros
⑦ 12.000-17.500 pesetas/72-105 euros
⑧ más de 17.500 pesetas/105 euros

toda la isla— con información sobre **hoteles** y **hostales**, además de **apartamentos** donde alojarse por un plazo de 1 semana o más tiempo; no obstante, en temporada alta es muy difícil encontrar plazas vacantes. Si el viajero no ha reservado habitación con antelación quizá tenga que conformarse con dormir en uno de los seis **cámpings** de la isla, tres de los cuales se hallan cerca de Santa Eulària des Riu, dos en Sant Antoni de Portmany y uno en Portinatx.

Hostal Residencia El Corsario, Ponent 5 (☎971 393 212; fax 971 391 953). En lo alto de Dalt Vila; tiene excelentes vistas del casco antiguo y el puerto, y con bar propio. Dispone de catorce habitaciones adjuntas, cada una de ellas decorada con buen gusto y en un estilo tradicional, adecuado a esta mansión antigua. Iluminada de noche, es en cierto modo una residencia emblemática. ⑦

Hostal Residencia Juanito y **Hostal Residencia Las Nieves**, Joan d'Àustria 18 (☎971 315 822). Dos hostales con habitaciones limpias, algunas adjuntas. Comparten dirección y precios. A dos calles al norte del passeig de Vara de Rey. ②

Hotel Residencia Montesol, passeig de Vara de Rey 2 (☎971 310 161). En la esquina de Vara de Rey, al otro lado del puerto, este hotel con solera constituye un alojamiento excelente y céntrico. Todas las habitaciones disponen de aire acondicionado, baño, televisor y teléfono. ⑥

Hotel Náutico Ebeso, Ramón Muntaner 44 (☎971 302 300; fax 971 304 860). Hotel bonito y moderno, de dos estrellas, con terraza ajardinada, bar, aire acondicionado y piscina. Cerca de la orilla de la playa, junto a la playa Figueretes. ⑥

Hostal Residencia Parque, Caietà Soler s/n (☎971 301 358). Hostal moderno sobre una plaza agradable, y con café-bar propio. ⑤

Hostal El Puerto, Carles III 22 (☎971 313 827; fax 971 317 452). Establecimiento modernizado, con piscina, bar y sala de televisión. Bien amueblado y cerca de la zona portuaria. ⑥

Hostal Residencia Sol y Brisa, Bartomeu Vicente Ramón 15 (☎971 310 818). Habitaciones muy limpias y cómodas cerca de la zona portuaria. De noche puede ser ruidoso. ③

Casa de Huéspedes Vara de Rey, passeig de Vara de Rey 7 (☎971 301 376). En el tercer piso de un edificio antiguo, esta casa de huéspedes limpia y agradable dispone de habitaciones a precios moderados. Todas tienen ventilador, y algunas están decoradas con originales esculturas de madera recogida en la playa. Céntrica. ②

Hostal Residencia La Ventana, Sa Carrossa 13 (☎971 390 857; fax 971 390 145). Alojamiento de gran calidad dentro de los muros de Dalt Vila. Bien amueblado, con hermosas vistas al casco antiguo desde sus terrazas. Tiene un restaurante con mucho estilo al aire libre, y todas las instalaciones modernas. ⑧

La ciudad

Las murallas de piedra de la Dalt Vila alcanzan su máxima expresión en la entrada principal, el monumental **Portal de ses Taules**, construido para soportar el pesado material de artillería de su época. Detrás de la puerta principal se encuentra la plaça Vila, atestada de bares y restaurantes. El **Museo d'Art Contemporani** (verano, lun.-vier., 10-13.30 h y 17-20 h; sáb., 10-13.30 h; invierno, lun.-vier., 10-13 h; sáb., 10-13.30 h; 200 pesetas) también se halla aquí, encima del arco del Portal de ses Taules, y alberga exposiciones temporales de arte.

Si el viajero se dirige hacia el este montaña arriba por Sa Carrossa, pasará ante algunos de los mejores restaurantes de la ciudad y tendrá fácil acceso a la parte superior de las murallas, desde donde contemplará hermosas vistas. Pronto llegará a la calle General Balanzat, junto a la que se alza la iglesia de **Sant Domènec** al lado de su antiguo monasterio del siglo XVI, que en 1838 fue convertido en el *Ajuntament* (ayuntamiento) y que da a la plaça Espanya. Al otro lado de la plaza un túnel largo y oscuro atraviesa las murallas; si pasea durante 10 minutos por la parte exterior, regresará al casco antiguo, a la altura del Baluard de Santa Tecla, cerca de la plaça Catedral.

A unos 90 m por encima del nivel del mar, se alza la **catedral** (mar.-dom., jun.-sept., 9-16 h; oct.-mayo, 10-14 h; entrada gratuita), construida sobre los cimientos de una antigua mezquita en el siglo XIV. Su sólido perfil gótico está reforzado por contrafuertes inclinados. La nave interior tampoco es muy atractiva; en sus paredes encaladas destacan bandas verticales con dibujos sencillos. Una placa honra la memoria de los sacerdotes, soldados y civiles muertos en manos de los «marxistas» durante la Guerra Civil. En la catedral hay también un **museo** en el que se exponen abundantes piezas obispales: mitras, sándalos, guantes, relojes y algunas zapatillas de terciopelo rojo y blanco que sin duda debían de ser muy cómodas.

Al otro lado de la plaza se halla el **Museu d'Arqueologia** (mar.-sáb., 10-14 h y 17-19 h; dom., 10-14 h; 300 pesetas), que muestra una colección de piezas arqueológicas. Casi todos los objetos expuestos proceden de excavaciones fenicias y cartaginesas (púnicas), pero hay también algunos huesos de Formentera que datan del 1600 a.C. y diversas curiosidades romanas y árabes. Si esto estimula la curiosidad del viajero, puede preguntar en la oficina de turismo si el Museu d'Arqueologia des Puig des Molins, en Via Romana 31, en las laderas del Puig des Molins —una montaña al oeste de Dalt Vila—, ha vuelto a abrir sus puertas, pues expone muchos hallazgos procedentes de una gran necrópolis púnica excavada allí. Entre los objetos desenterrados había algunas piezas de terracota decorada, figuritas de arcilla, ánforas y amuletos con dioses egipcios. Además, en Ibiza se han hallado tantas necrópolis que durante mucho tiempo se creyó que había sido una especie de isla funeraria; aunque esta teoría ya no está aceptada, los restos son impresionantes.

Extramuros

Ni tan magnífico ni tan antiguo como Dalt Vila, el barrio de **Sa Penya**, en la zona baja, se extiende entre el puerto y las murallas como un laberinto de callejuelas gastadas y calles estrechas flanqueadas por casas encaladas con balcones. Allí, sobre todo en el paseo marítimo y la calle d'Enmig, el *passeig* alcanza su máximo esplendor y todo el mundo —visitantes y lugareños— se reúne en torno a los bares y restaurantes de esta zona, que también concentra muchas de las tiendas; los comercios ocupan casi todos los locales donde no hay bares.

Por último, más hacia el oeste, la **ciudad nueva** es en general menos interesante, pero también tiene su actividad, que en este caso se centra en el passeig de Vara de Rey. Al atardecer, los pájaros se posan y revolotean en torno a los árboles que se alinean en el paseo, y tanto el *Café Montesol* como el *Café Mar y Sol*, en la esquina opuesta, se convierten en concurridos puntos de encuentro.

832/LAS ISLAS BALEARES

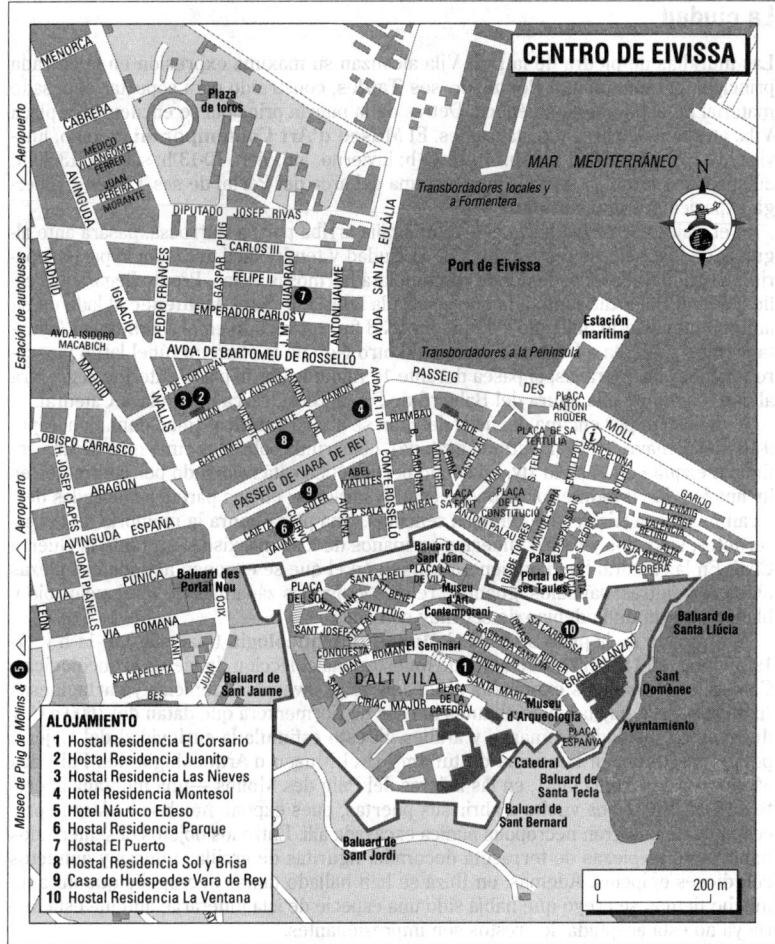

Comida

El viajero encontrará en la ciudad de Eivissa **cafés** y **restaurantes** para todos los gustos. Los más caros suelen ser los de Dalt Vila (en concreto en la plaça de Vila o cerca de ella, y en Sa Carrossa) y los del frente marítimo; los establecimientos más económicos se extienden por el barrio intermedio. El horario de apertura es bastante flexible y muchos locales permanecen abiertos desde la mañana hasta muy entrada la noche. Si el viajero quiere **desayunar temprano**, se recomienda el *Café Montesol*, en el passeig de Vara de Rey, o el *Croissant Show* de la plaça Constitució.

Si prefiere preparar su propia comida o comprar algunos alimentos para hacer un picnic, puede ir al **mercado** cubierto situado al pie de la muralla y al cruzar el Portal de ses Taules, aunque no sea comparable al mercado principal de la zona moderna,

entre las avenidas Espanya e Isidor Macabich. No obstante, cobran el doble que un mercado del interior, y las mercancías que encontrará no son de la mejor calidad. En cambio, el supermercado Spar de la calle Abel Matutes, a la salida del passeig de Vara de Rey, sí está a la altura de los del interior.

Restaurantes

Ca'n Alfredo, passeig de Vara de Rey. Restaurante de categoría al alcance de todos los bolsillos; sirve platos principales a partir de 700-2.000 pesetas. Su especialidad son los platos internacionales, aunque también ofrece especialidades de las Baleares, como el pescado, lo más destacado.

Ca'n Costa, Creu 19. Restaurante situado en la parte baja de la ciudad; precios moderados y platos típicos españoles de calidad. Dom., cerrado.

Dalt Vila, plaça de Vila. Comida española de calidad a precios algo elevados en el corazón de la concurrida Dalt Vila.

La Marina, passeig des Moll 4. Restaurante de pescado de categoría, pero caro; situado junto al puerto.

El Olivo, plaça de Vila. Cocina internacional de primera línea; precios en consonancia con su calidad. Todos los días, hasta la 1.30 h.

Los Pasajeros, Vicent Soler s/n. Situado en un callejón estrecho que comunica el carrer d'Enmig con el paseo marítimo, este restaurante en un primer piso es el que está más de moda para cenar. Decorado de manera sencilla y sin pretensiones; sirve un menú sabroso pero no muy variado a base de platos españoles. Un buen lugar para estar al día. Todos los días, hasta las 2 h.

Pizzería Pinocchio, d'Enmig 18. De los numerosos establecimientos que sirven pizza y pastas de la zona, éste es uno de los más populares y económicos. La comida es correcta, aunque no excepcional.

Restaurante S'Acarda, Obrador s/n, a la salida de plaça Anton Riquer. Situado entre varios restaurantes similares, es un local concurrido; sirve platos principales a partir de 900 pesetas. Sus especialidades son la paella y otros platos españoles.

Rocky's, Verge 6. Cerca del puerto, a una calle del carrer d'Enmig, este restaurante es famoso por servir una de las paellas más sabrosas de la ciudad, que también existe en versión vegetariana.

La Victoria, Riambau 1. Restaurante popular y con solera en la zona baja; sirve sabrosos platos de cocina española con una excelente relación calidad-precio.

Copas y vida nocturna

Por buena que sea la oferta de restauración de la ciudad de Eivissa, la de bares y clubes es aún mejor; de hecho, ha proporcionado fama internacional a la isla, y muchos van sólo a divertirse. Ambas clases de establecimiento mantienen la ciudad animada las 24 horas del día. Si el viajero dispone de dinero y no tiene problemas de desplazamiento, la noche es joven.

Hay numerosos **bares** en las calles de la zona baja, aunque también muchos en Dalt Vila. Los **clubes** o **discotecas** (entre las que se encuentran algunas de las mejores de Europa) se concentran en la mitad sur de la isla, pero sobre todo en Sant Antoni de Portmany, platja d'en Bossa, Sant Rafel y, naturalmente, en la ciudad de Eivissa. De hecho, es bastante fácil ir de una discoteca a otra por cortesía de la compañía de autobuses Voramar, que dirige la *Disco Bus* (todas las noches, 18.30-6.30 h; trayecto, 225 pesetas; para más información, pregunte en la oficina de turismo). No resulta difícil ponerse al día: todas las discotecas emplean personal de relaciones pú-

blicas que suelen ir a la ciudad de Eivissa para captar clientes mediante la distribución de folletos y la colocación de carteles en bares y tiendas. La mayoría de los bares proporcionan entradas gratuitas para las discotecas a cambio de una consumición, lo que supone un importante ahorro. Ninguna abre antes de medianoche, pero permanecen abiertas al menos hasta las 6 h. Muchas incluyen una consumición gratuita en el precio de la entrada, y aceptan tarjetas de crédito.

Al **anochecer** la actividad de la ciudad de Eivissa se desplaza del barrio de Sa Penya al frente portuario. Allí, en el bar *Zoo* (20-4 h) y los establecimientos vecinos (como el innovador *Bar Zuka* de la calle Verge; 20-4 h), el visitante podrá escuchar la música más actual y contemplar hermosas vistas del puerto. Otra opción, aunque abre a las 22 h (y en temporada baja sólo los fines de semana) es el *Blues Music Bar*, situado cerca de la estación marítima; además, tiene un bar con un amplio ventanal a través del cual se pueden contemplar magníficas vistas del puerto deportivo y el casco antiguo. Cerca, por las calles d'Enmig y Verge, hay muchos otros establecimientos, entre ellos algunos **bares gays** muy animados, como el pequeño y conocido *JJ's* y el *Teatro*, al final del carrer d'Enmig. En el carrer Verge, el viajero encontrará también un par de cabarés en los que suele haber espectáculos de travestidos, el mejor de ellos *Samsara*, aunque la admisión en el local no es precisamente gratuita (la primera consumición cuesta 2.000 pesetas y las demás 1.000). Sin embargo, los bares gays más concurridos son los que se encuentran en lo alto de las murallas: *Incógnitos* y *Ángelos*, junto al Portal de ses Taules. En cualquier caso, se trata de la mejor zona para divertirse, ya que hay numerosos bares de copas muy animados, como el *Bar Cueva* (21-4 h) de Dalt Vila, en el carrer Conquista, que tiene mesas bajas con velas, hamacas y ofrece actuaciones musicales.

Si prefiere **música en vivo**, se recomienda el *Teatro Pereira*, en Comte de Rosselló 3. Ocupa un antiguo teatro municipal cerca del passeig Vara de Rey, un espléndido edificio que destaca por las luces que iluminan su terraza bar al aire libre y que ofrece representaciones de calidad todas las noches: blues, rhythm and blues, reggae, rock y jazz. Abierto de 20 a 5 h, no cobra un precio fijo de entrada, pero suele ser moderado si se tiene en cuenta la calidad de sus espectáculos. Otra alternativa, el *Arteca*, en Azara 4 (19-4 h), es un bar mínimo que ocupa una esquina; ofrecen actuaciones de jazz y salsa suramericana. Asimismo dispone de una amplia biblioteca sobre el jazz, sirve aperitivos y tiene periódicos para los clientes.

Discotecas

Amnesia, en la carretera de Eivissa a Sant Antoni, antes de Sant Rafel (☎971 198 041). Discoteca grande, con los mejores pinchadiscos de house y garage europeo. Tiene una cúpula de cristal, pistas de baile muy amplias y muchas barras. También dispone de un jardín con algarrobos y palmeras, sillas de bambú para relajarse afuera, una tienda y un bar donde se puede comer algo. Es una discoteca juvenil, y se celebran noches especiales en que las pistas de baile se llenan de espuma. Mediados jun.-mediados sept., todos los días, 24-7 h; 4.000 pesetas; bebidas a partir de 800 pesetas.

Ánfora, Sant Carles 7, Dalt Vila (☎971 302 893). En el corazón de Dalt Vila, esta discoteca sólo para gays está ambientada como una cueva. Mayo-finales sept., todos los días, 24-6 h; 1.000 pesetas.

El Divino, passeig Joan Carles I s/n (☎971 190 176). Al otro lado de la bahía desde el centro de la ciudad, en el frente marítimo junto al casino. Desde su terraza se contemplan hermosas vistas del puerto y la ciudad de Eivissa. Relativamente pequeña —con aforo para 1.400 personas—, está decorada con motivos indonesios, tiene una gran pista de baile y algunas barras y zonas cómodas para sentarse. Frecuentada por gente de todas las edades. Suena sobre todo música dance y hay pinchadiscos invita-

dos de vez en cuando. Mediados jun.-finales sept., todos los días, 24-6 h; restaurante, 20.30-2 h; 4.000 pesetas; bebidas a partir de 800 pesetas.

Pachá, avinguda 8 d'Agost (☎971 313 600). En las afueras de la ciudad de Eivissa, al otro lado del puerto deportivo por la carretera de Santa Eulària des Riu. Ocupa un edificio blanco rodeado de palmeras; tiene un bar muy concurrido donde suena salsa y música latina, una pista de baile, un restaurante excelente y zonas con sofás (también afuera, en verano). En la música predomina el garage, el funk y el tecno. La edad del público es variada y el estilo muy elegante. Mayo-sept., todos los días; oct.-abril, fines de semana; 24-6 h; 4.500 pesetas; bebidas a partir de 1.000 pesetas.

Privilege, en un desvío de la carretera de ciudad de Eivissa a Sant Antoni de Portmany, en Sant Rafel (☎971 198 160). Antes conocida como *Ku*, esta discoteca fue pionera en las noches de juerga ibicenca y es el único motivo por el que algunas personas visitan la isla. Situada en lo alto de una montaña, se trata de un edificio grande y acristalado. Por dentro la discoteca parece un escenario cinematográfico: hay una gran piscina en el centro de la pista de baile, fuentes, catorce barras, capacidad para unas 8.000 personas, una terraza jardín, restaurante y una decoración con motivos de andamiaje futurista en color negro, dorado y plateado. Sus pinchadiscos son de los mejores, y se celebran fiestas especiales con regularidad. Mediados jun.-finales sept., todos los días, 24-7 h, y más tarde cuando hay fiestas especiales; 4.000 pesetas; bebidas a partir de 800 pesetas.

Direcciones prácticas

Alquiler de automóviles Avis (☎971 809 176); Atesa-Eurodollar (☎971 395 393); Hertz (☎971 809 178). Todas en el aeropuerto.

Alquiler de ciclomotores Motos Valentín, Bartomeu Vicent Ramón 19 (☎971 310 822); Motosud, avinguda d'Espanya s/n (☎971 302 442), a 1 km a pie al oeste del centro.

Correos La oficina principal (lun.-vier., 8.30-14 h) está en Madrid 21.

Hospital Hospital Can Mises, camino del aeropuerto, en avinguda d'Espanya 49 (☎971 397 000).

Información del aeropuerto (☎971 302 200). La oficina de Iberia está en el passeig de Vara de Rey 15 (☎971 302 580).

Lavandería Masterclean, cerca del *Hostal El Puerto* en carrer Felipe II.

Transbordadores Los servicios entre la Península, Mallorca y Menorca están cubiertos por Transmediterránea (☎971 315 050); la costa de Eivissa y los trayectos a Formentera dependen de varias compañías, entre ellas Transmapi (☎971 310 711) y Umafisa (☎971 314 513).

Alrededores de la ciudad de Eivissa: las playas

Hay mar y playas cerca de la ciudad de Eivissa: **Figueretes, platja d'en Bossa** y **Talamanca**. No obstante, las dos primeras son prolongaciones urbanas de la capital con playas demasiado explotadas; sólo en la tercera, el viajero encontrará más tranquilidad. Podrá llegar en transbordador desde la terminal situada cerca del término de avinguda Santa Eulària. Si tiene en cuenta los pros y contras, se recomienda ir un poco más lejos para escapar de los enormes hoteles rascacielos... a no ser que prefiera las piscinas exteriores y los toboganes de agua del complejo Aguamar, en platja d'en Bossa.

Ses Salines y Es Cavallet

Al **sur de la ciudad de Eivissa**, extendiéndose desde el aeropuerto hasta el mar, hay cientos de hectáreas de **salinas**. De hecho éstas desempeñaron un importante papel en la historia de la isla al convertirla en punto habitual de las antiguas rutas comerciales. El comercio de la sal también fue vital para los cartagineses. Es más, hasta hace relativamente poco tiempo, este producto aún era un recurso económico; la única línea ferroviaria de la isla va del centro de las marismas a **La Canal**, un puerto al que semanalmente arribaba un enorme barco contenedor para cargar la sal marina. Incluso en la actualidad, aunque el turismo aporta mucho más dinero, se continúa produciendo sal.

En esta zona destacan dos playas; los autobuses que parten de la ciudad de Eivissa llegan hasta la más occidental de ellas, **SES SALINES**. Su fina arena blanca forma un arco alrededor de la bahía, y el agua limpia está acotada por pinos y dunas. El viajero encontrará allí algunos bares y tumbonas de alquiler (unas 600 pesetas al día). Desde Ses Salines sólo tendrá que caminar un corto tramo rodeando las rocas o cruzando los senderos entretejidos de dunas hasta **ES CAVALLET**, una playa más tranquila, aunque muy parecida a la anterior; desde hace tiempo se ha convertido en un lugar frecuentado por turistas gays. Las dunas que hay detrás de la playa son una conocida zona de encuentro.

Santa Eulària des Riu y alrededores

En dirección nordeste desde la ciudad de Eivissa, y a tan sólo 15 km, se encuentra **SANTA EULÀRIA DES RIU** (Santa Eulalia del Río) uno de los pueblecitos más agradables de la isla. Pegada a la orilla del mar, Santa Eulària se halla junto al único río de las Baleares. Destaca su hermosa **iglesia** en lo alto de la montaña, un modesto edificio encalado al que se accede por una cuesta en que aparecen alineadas las Estaciones de la Cruz. No obstante, llama poco la atención el paseo marítimo y la playa llana que hay a sus pies. El viajero encontrará algunos **restaurantes** de primera línea como *El Naranjo*, en Sant Josep 31, donde sirven comida española de excelente calidad en un patio de naranjos. No merece la pena **pernoctar** en Santa Eulària, pero si quiere hacerlo, hay unos cuantos hostales de precios moderados; dos de los mejores son el *Hostal Residencia Rey*, Sant Josep 17 (abril-oct.; ☎971 330 210; ④), cuyas habitaciones disponen de baño y balcón, y el familiar *Hostal Residencia Mayol* de la calle Algemesí 2 (☎971 330 282; ③) ofrece amplias habitaciones adjuntas también con balcón.

En la accidentada costa al **norte de Santa Eulària des Riu** se recortan pequeñas calas de arena y playas. Sin embargo, casi todas ellas están hasta cierto punto urbanizadas (la mayor concentración de edificios se encuentra en Es Canar y sus alrededores), por lo que es preferible dirigirse **tierra adentro** hasta **SANT CARLES**, un pueblecito insignificante; allí en la esquina de un supermercado, hay un bar, *Anita's*, que atrae tanto a isleños como a residentes hippies. Si el viajero tiene intención de continuar hacia el norte, debe saber que las instalaciones hosteleras de Cala Sant Vicent, al final de la carretera, no son extraordinarias.

La costa norte

Si ataja directamente hacia el norte de la isla desde la ciudad de Eivissa, el viajero encontrará al cabo de unos 6 km una bifurcación en la carretera; en este punto podrá girar a la derecha hacia **Portinatx**, o a la izquierda hacia **Port de Sant Miquel**. Ambas carreteras atraviesan algunos de los mejores paisajes del interior (campos de olivos rojizos, almendros y algarrobos, y de vez en cuando plantaciones de melones o viñas).

Portinatx

A unos 25 km de la ciudad de Eivissa la carretera bordea el pueblo de montaña de Sant Joan, antes de descender hacia Portinatx por un fértil valle, flanqueado por mon-

tañas con campos de olivos en terrazas y plantaciones de pinos y almendros. En esta zona se aprecia, sobre todo después de llover, un aire limpio y un hermoso tono borgoña en el suelo. El viajero podrá contemplar **CALA XARRACA** desde lo alto de un sendero que luego baja hasta una pequeña playa de aguas claras, con rocas para lanzarse a nadar y un bar. **CALA XUCLAR**, la siguiente, es del mismo estilo, y accede por un camino aún más empinado. Es ideal para practicar buceo.

Tras bajar por el valle, el centro turístico de **PORTINATX** resulta decepcionante; en cuanto el viajero vea sus tres playas, practicado deportes náuticos y pasado por sus tiendas de recuerdos, poco le quedará que hacer. Las playas (**S'Arenal Gran**, **S'Arenal Petit** y **Es Port**) disponen de hoteles medianos, y apenas hay espacio para tender una toalla en la arena. Prácticamente lo único que vale la pena es subir hasta las residencias del *Holiday Club* y la antigua torre de vigilancia (una de las pocas que se conserva intacta y que es accesible), desde donde el viajero contemplará hermosas vistas del pueblo, la bahía y las montañas de atrás.

Si busca **habitación** y los hoteles están repletos, se recomienda el *Hostal Cas Mallorquí*, de dos estrellas (☎971 333 082; fax 971 333 159; ⑦), cuyas habitaciones cómodas y espaciosas dan a la bahía por encima de la playa Es Port.

Port de Sant Miquel

La pequeña bahía que flanquea el **PORT DE SANT MIQUEL**, a unos 20 km de la capital, ha quedado destrozada por el desarrollo turístico; además, abundan los chiringuitos y restaurantes que, sin duda, estropean el paisaje en torno a la **Cova de Can Marça** (jun.-sept., todos los días, 10.30-19.30 h; visitas guiadas, cada 30 min.; 750 pesetas), una cueva en la tortuosa carretera que pasa por encima de la bahía; el visitante verá espectaculares efectos de luz y una cascada artificial que cae sobre las rocas ricas en fósiles. Desde el exterior se contemplan excelentes **vistas** de la costa.

La costa oeste: Sant Antoni de Portmany

SANT ANTONI DE PORTMANY desentona en el paisaje de Eivissa, ya que es destino habitual de la gente joven que contrata un paquete turístico ávida de sol y diversión. Sin embargo, si por cualquier motivo el viajero va allí, puede pasar por la **oficina de turismo** (lun.-vier., 9.30-20.30 h; sáb.-dom., 9.30-13 h; ☎971 343 363), situada en el parque que hay al principio del passeig de ses Fonts junto al mar; proporcionan información sobre **alojamientos**. Se recomiendan los siguientes establecimientos, todos ellos de precio moderado: *Hostal Residencia Roig*, en Progrés 44 (☎971 340 483; ③), cuyas habitaciones disponen de baños amplios y tienen muebles de madera de pino; *Hotel Residencia Vedra*, La Mar 7 (abril-oct.; ☎971 340 150; fax 971 342 656; ④), un establecimiento familiar; sus habitaciones tienen balcón, algunas (las de los pisos superiores) incluso con vistas al mar. Otra opción es el **cámping**, aunque resulta más caro de lo habitual: *Cámping San Antonio* (abril-sept.; ☎971 340 536), a la salida del pueblo y junto a la carretera hacia Eivissa. Se halla en unos terrenos tranquilos y sombreados por palmeras, y dispone de piscina, bar y lavandería. Cuesta 600 pesetas y 600 pesetas más por persona; también hay bungalós (②).

En Sant Antoni abundan los **cafés** y **restaurantes**, aunque la comida suele ser desabrida o muy cara; el viajero encontrará docenas de bares y varios clubes nocturnos. Destaca el *Café del Mar* (abril-oct., todos los días, 17.30-4 h), siguiendo la costa y en el extremo oeste del carrer Vara de Rey; desde su terraza exterior se contemplan excelentes vistas de la puesta de sol. Si quiere salir del pueblo, el visitante puede **alquilar un automóvil** en Avis, en passeig de la Mar, junto al puerto (☎971 342 715), y en Ibiza-Betacar, detrás del paseo marítimo, en General Balanzat (☎971 345 068). Entre los puestos de **alquiler de bicicletas** se encuentran Autos Reco, en carrer

Ramón y Cajal (☎971 340 388), a pocos minutos a pie del muelle, en el lado este del centro del pueblo.

Desde Sant Antoni de Portmany se pueden hacer **excursiones en barco**, tanto en embarcaciones con fondo de cristal como en servicios lanzadera que cruzan la bahía hasta el distinguido centro turístico de Cala Bassa, así como un par de circuitos semanales por la isla de Eivissa que recalan en el «mercado hippy» de los miércoles en Es Canar. Los **autobuses** van a la ciudad de Eivissa cada media hora, a Santa Eulària des Riu cuatro veces al día, y con cierta frecuencia a las calas locales. El viajero podrá consultar los **horarios** en la oficina de turismo. Todos los autobuses salen del passeig de la Mar.

Alrededores de Sant Antoni de Portmany

Saliendo de Sant Antoni de Portmany, y a poca distancia, el viajero llegará a playas más bonitas y menos frecuentadas. Hacia el **norte**, al final del desvío de la carretera a Santa Agnès de Corona (véase abajo) y a tan sólo 4 km del pueblo está la pequeña **CALA SALADA**, donde la arena es agradable y el mar ideal para nadar. Allí hay un pequeño restaurante, un chiringuito y un puesto de alquiler de patines. Más al norte, tierra adentro, se halla la tranquila aldea de **SANTA AGNÈS DE CORONA**, en una montaña rodeada por pintorescos campos. Encontrará un par de restaurantes no muy grandes y una **capilla** con una galería subterránea donde celebraban su culto los cristianos del lugar en la época de la dominación árabe. Descubierta en 1907, la catacumba está siendo restaurada, por lo que se recomienda preguntar en la oficina de turismo de Sant Antoni si permanece abierta antes de ir expresamente para visitarla. Del pueblo sale una carretera accidentada que va hacia el este, atraviesa el desolado interior de la isla hasta Sant Miquel, y llega a Portinatx (véase pág. 836).

Al **sur** de Sant Antoni de Portmany están Port des Torrent y Cala Bassa, dos centros turísticos muy concurridos. Si el viajero prefiere un poco más de tranquilidad, tendrá que seguir hacia el **suroeste** de la isla, pasando por Sant Josep, hasta **CALA D'HORT**, una playa serena y encantadora con un pintoresco puerto de pescadores. Allí hay un par de excelentes restaurantes de pescado, *Es Boldado* y *Can Jaime*; además, se contemplan hermosas vistas sobre la **isla Vedrà**, una punta de roca que se adentra en el mar poco más allá de la orilla. Al ser el pico más alto de Eivissa, apareció en el filme *Al sur del Pacífico (South Pacific)* como la misteriosa isla de Bali Hai.

De Sant Antoni de Portmany a la ciudad de Eivissa

Sólo 15 km separan Sant Antoni de Portmany de la ciudad de Eivissa, al este por la carretera principal, pero el viajero podrá dar un rodeo y pasar por Sant Josep para disfrutar de un recorrido más bonito con desvíos hacia la costa sur; se recomienda uno de ellos, el que va a la **Cova Santa**, pues en la cueva hay impresionantes estalactitas subterráneas de 17 m y se encuentra justo junto a la carretera principal. Aunque está señalizada, los horarios de apertura no son regulares, por lo que será cuestión de suerte. Desde las cuevas, la carretera secundaria continúa hacia el sur hasta los campos de melones y viñas antes de llegar a la **CALA JONDAL**, un lugar frecuentado por los lugareños y en cuyo bar, *Tropicana*, podrá probar un delicioso pescado. No obstante, la playa es incómoda y llena de guijarros; recientemente se ha llevado arena para mejorarla. Sus aguas poco profundas son ideales para nadar.

FORMENTERA

A sólo 11 millas náuticas al sur de la ciudad de Eivissa, se halla **FORMENTERA** (4.000 habitantes), la más pequeña de las Baleares pobladas. De hecho, se trata de dos islotes unidos por un estrecho istmo de arena y sólo mide 20 km de longitud

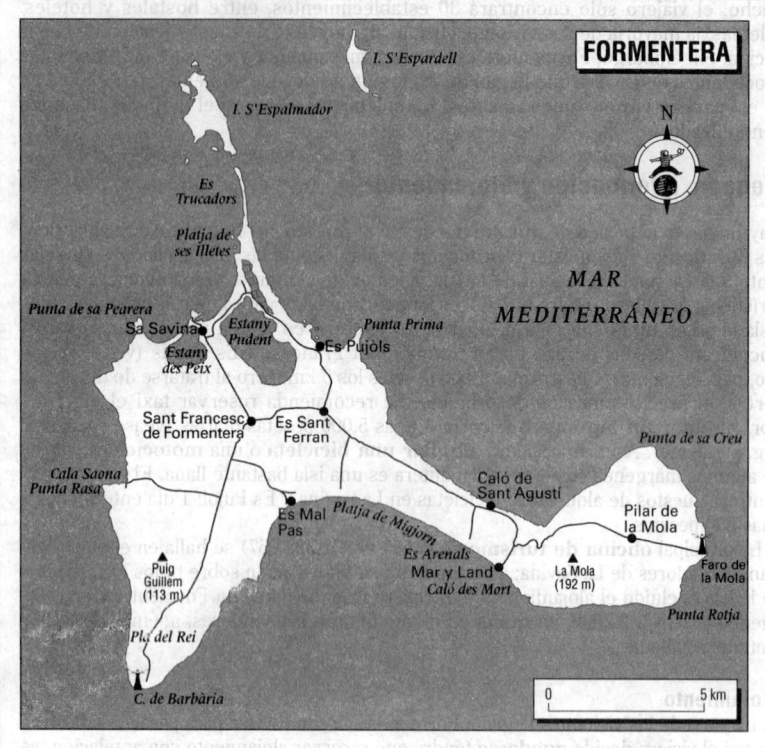

de este a oeste. Formentera está cerca de Eivissa, pero debido a las fuertes corrientes se tarda más de 1 hora en llegar y el trayecto es difícil. Los billetes de ida y vuelta cuestan unas 2.200 pesetas (3.800 pesetas en catamarán, más rápido pero menos agradable), y el viajero puede elegir entre varias empresas; se recomienda comprobar los horarios de regreso antes de decidir.

La historia de Formentera es más o menos paralela a la de Eivissa, aunque durante casi 300 años —desde principios del siglo XV hasta finales del XVII— estuvo despoblada por falta de agua potable y por temor a los ataques de piratas turcos. Había sido uno de los principales centros agrícolas del Imperio Romano (su nombre procede de *frumentaria*, «granero»), y cuando en 1697 fue repoblada de nuevo se dedicó esencialmente a la agricultura. Sin embargo, nunca llegó a ser tan productiva como en la época de los romanos. En la actualidad hay grandes zonas estériles y sus pocos cultivos deben ser protegidos (como sucede en Menorca) de la acción de los vientos invernales. Es más, gran parte de la isla se encuentra hoy en día cubierta de romero silvestre y poblada de miles de lagartijas de color verde; se trata de la **lagartija de Ibiza** *(Podarcis pityusensis)*, que vive en la aridez del monte bajo.

Sus ingresos actuales proceden del turismo (sobre todo de Alemania, Italia y Reino Unido), ya que Formentera tiene algunas de las playas más grandes, blancas y despobladas de España. La escasez de agua potable limita aún su crecimiento; de

hecho, el viajero sólo encontrará 30 establecimientos, entre hostales y hoteles. Además, la mayoría de sus visitantes llegan allí huyendo de la sofisticación de la isla vecina. Sin embargo, Formentera es cada vez más popular y el número de visitantes procedentes de Eivissa que llegan de excursión no deja de aumentar; por ello ya no es el «paraíso virgen» que era antes. En sus playas se tolera el nudismo, bastante generalizado.

Llegada, información y alojamiento

Hay un servicio básico de **autobuses** desde el **puerto de llegada**, La Savina, pero sus horarios no suelen estar coordinados y sólo llegan a las urbanizaciones situadas junto a la carretera principal de la isla, además de a alguno de los mayores puntos turísticos; el viajero tendrá que hacer largas caminatas para llegar a las playas más aisladas. Los **taxis** son el transporte más habitual en la isla y no resultan caros. Encontrará paradas de taxi en La Savina, Sant Francesc i Es Pujols (véase recuadro, pág. siguiente). Cuesta unas 1.000 pesetas los 5 km, pero al tratarse de distancias cortas, el precio nunca es desorbitado. Se recomienda reservar taxi el día anterior. **Alquilar un automóvil** le costará unas 5.000 pesetas diarias (véase recuadro, pág. siguiente). Asimismo, podrá **alquilar una bicicleta** o una **motocicleta**; aparte de algunos márgenes costeros, Formentera es una isla bastante llana. El visitante encontrará puestos de alquiler de bicicletas en La Savina y Es Pujol; 1 día entero cuesta unas 500 pesetas.

La principal **oficina de turismo** de la isla (☎971 322 057) se halla en el puerto de transbordadores de La Savina; allí proporcionan información sobre todos los aspectos de la isla, incluido el alojamiento. Si el viajero va a quedarse en Formentera, se recomienda el IGN 1:25.000, un **mapa** en el que figuran los senderos, además de las carreteras asfaltadas.

Alojamiento

La mayoría de los visitantes llegan a Formentera desde Eivissa para pasar **1 solo día**, pero si el viajero decide **quedarse** tendrá que reservar alojamiento con antelación, ya que las escasas plazas hoteleras se ocupan enseguida. También debe tener en cuenta que la mayoría de los hoteles y hostales cierran en invierno, de noviembre a marzo. Formentera no tiene cámping, y aunque algunos duermen en la playa, no se recomienda hacerlo, ya que produce daños en la delicada ecología de las dunas.

Hostal Bellavista, passeig de la Marina s/n, La Savina (☎ y fax 971 322 255). Cerca del puerto, sus 40 habitaciones tienen vistas al mar. También dispone de restaurante al lado del mar y bar con terraza. Todo el año. ⑤

Hostal Centro, Sant Francesc Xavier (☎971 322 063). Hostal sencillo en un edificio antiguo de la capital de la isla, al otro lado de la plaza desde la iglesia. Su gran restaurante, el *Plate*, sirve buenos tentempiés y comidas a precios moderados. Todo el año. ③

Hostal Residencia Mayans, Es Pujols (☎ y fax 971 328 724). Hostal agradable, de una estrella, a 100 m de la playa. Situado en un lugar tranquilo, apartado del núcleo turístico. Abril-oct. ⑤

Pepe, Major, Sant Ferran (☎971 328 033). Bar restaurante con habitaciones sencillas y funcionales, que disponen de baño y balcón. Hay un patio ajardinado y una piscina. Todo el año. ③

Hostal La Savina, La Savina (☎ y fax 971 322 279). Hostal grande, pintado de color azul y blanco, a unos 50 m del frente portuario en la carretera que sale del pueblo. Mediados abril-mediados oct. ⑤

Alrededores de la isla

Al zarpar del puerto de Eivissa, el viajero contemplará hermosas vistas de la ciudadela que situada sobre el acantilado y de los islotes cercanos rodeados de arena anuncian la entrada a Formentera. Uno de los más pequeños es la isla D'es Penjats (isla de los colgados), que antiguamente era destino de los criminales de Eivissa. Los transbordadores y catamaranes llegan después al único puerto de transbordadores de Formentera, **LA SAVINA**. Allí no hay más que una parada de taxis y varias agencias de alquiler de automóviles, bicicletas y motocicletas, además de un par de establecimientos para hospedarse. La capital de la isla, **SANT FRANCESC XAVIER**, está a unos kilómetros tierra adentro; el viajero podrá llegar hasta allí caminando o en bicicleta, autobús o taxi si no va a alquilar algún vehículo. El pueblo es una especie de cruce de caminos y sirve como centro comercial de la isla, con restaurantes, cafés, bares, bancos, supermercados, una tienda de alimentos naturales, una farmacia y mercados al aire libre, si bien se trata de un lugar poco interesante, monótono, cuyo único punto de interés es una **iglesia** fortificada, en la actualidad desprovista de sus cañones defensivos; se levanta sobre una gran plaza en lo alto del pueblo.

Si el viajero sale de la capital en dirección este, a sólo 3 km por la carretera principal de la isla llegará al pequeño **SANT FERRAN**, segundo núcleo de la isla y en cuyo carrer Major se encuentra el *Pepe*, un bar restaurante con prestigio y solera que es casi una institución. Puede quedarse a pernoctar en él (véase «Alojamiento»).

Desde Sant Ferran una carretera secundaria sube hacia la costa norte hasta **ES PUJOLS**, el mayor núcleo turístico de Formentera, aunque pequeño para los cánones peninsulares y mallorquines. En este antiguo pueblo pesquero los hoteles se concentran en dos pequeñas playas comprimidas entre escarpadas rocas, con pinos detrás.

La bahía tachonada de islotes es muy bonita, la arena de color blanco y el mar transparente y poco profundo; pero en la orilla se han edificado unos hoteles turísticos que afean el paisaje. Si el viajero se queda allí, podrá practicar windsurf y otros deportes acuáticos; además, algunos bares y clubes están abiertos hasta la madrugada.

Al noroeste de Es Pujols, se halla la **península de Es Trucadors**, un brazo de arena. Tiene **playas** grandes y alargadas, entre las que destaca la de **ses Illetes** en la cara oeste; en el extremo de la península, al otro lado de un estrecho canal, se encuentra la isla deshabitada de **S'Espalmador**.

De vuelta a Sant Ferran, la carretera principal de la isla va hacia el este y serpentea hacia el sur entre campos de cultivo y kilómetros de dunas de arena hasta llegar a la **platja de Migjorn**, unos 5 km de arena y aguas turquesa. Hay algunas edificaciones junto a la playa: al oeste **Es Ca Mari**, y al este la igualmente poco atractiva **Mary Land**, pero el centro se conserva virgen. Allí, entre las dunas, el viajero encontrará el bar *Yoga Mari*, que sirve sabrosos tentempiés.

Por detrás de la curva de Mary Land, la carretera principal deja las tierras llanas para internarse por los pinares, y pasa por un restaurante de primera, *El Mirador*

FORMENTERA: NÚMEROS ÚTILES

Alquiler de automóviles Autos Betacar ☎971 322 031; Avis ☎971 322 123; Hertz ☎971 322 242.

Oficina de correos plaça Constitució 1, Sant Francesc ☎825.

Policía ☎092.

Taxis Taxis La Savina ☎971 328 016; Taxis Sant Francesc ☎971 322 243; Taxis Es Pujols ☎971 322 016.

Transbordadores Umafisa ☎971 323 007; Transmapi ☎971 322 703; Transmediterránea ☎971 315 050.

Urgencias médicas ☎971 322 369.

—que tiene hermosas vistas de Formentera—, y rodea la ladera norte de **La Mola**, que con sus 192 m es el punto más alto de la isla. Pronto llegará al pueblecito de El Pilar, donde la carretera se extiende unos últimos 2 km hasta el **Far de la Mola** (faro), que se alza sobre los acantilados. Este lugar inspiró a Julio Verne uno de sus escenarios, tras contemplarlo en una noche despejada, hecho que conmemora un gran bloque de piedra con una placa de bronce. Antes de regresar, el viajero puede pasar por la tienda de recuerdos y la cafetería.

Comida y copas

Es Pujols, principal centro turístico, está lleno de **bares** y **restaurantes** frente al mar, donde sirve menús de varios precios y un excelente pescado. Se recomiendan el pequeño y concurrido *Bar Pupit* y *Can Vent*, que ofrece un sabroso pescado. Para desayunar, se aconseja la *Cafetería Espardell*. Hay un restaurante vasco muy bueno, el *Café l'Opera*, en Espalmador 32. Asimismo aquí se concentra la **vida nocturna** de la isla, con un par de bares y discotecas. La mayoría de hostales de Formentera sirven comidas, pero el viajero también puede comprar en el mercado y el supermercado de Sant Francesc.

MALLORCA

Pocos centros turísticos del Mediterráneo son tan frecuente e injustamente denostados como **MALLORCA**. De hecho, muchos creen que la isla no es más que un centro para tomar el sol, ir de juerga y dormir en hoteles monstruosos... hasta el punto de que en España se cuenta un chiste sobre la existencia de una quinta isla balear llamada *Majorca* (forma inglesa del topónimo) habitada por unos 4 millones de turistas al año. Sin embargo, esta idea, se debe en parte al desarrollismo de la década de 1960 y no tiene en cuenta la interesante diversidad de Mallorca. Es cierto que hay tramos de la costa donde sólo se ven enormes hoteles y centros comerciales. Pero esta forma de urbanismo, aunque hayan pasado 25 años, se limita a determinadas zonas, a la bahía de Palma (una franja de 30 km que flanquea la capital de la isla) y algunos centros turísticos que afean la costa este. El resto de la isla es muy distinto. La misma **Palma**, en rigor la única ciudad de la isla, es un lugar histórico, con grandes mansiones y una magnífica catedral gótica. Asimismo resulta impresionante la costa norte, donde se encuentra la **sierra de Tramuntana**, una cordillera montañosa entre cuyos picos hay hermosas calas, los monasterios de Valldemosa (Valldemossa) y Lluc y una serie de preciosos pueblecitos —Deyá (Deià), Sóller, Pollença—, además de las pintorescas aldeas de Biniaraix y Fornalutx. La variedad y belleza geológica de la isla es sorprendente; lo que, junto con su clima templado ha atraído a turistas y extranjeros ricos que se han ido estableciendo allí desde el siglo XIX, entre ellos artistas y escritores, como Robert Graves o Roger McGough.

Aspectos prácticos en Mallorca

Palma, donde se encuentra el único aeropuerto y el principal puerto de transbordadores de la isla, es, a pesar de los desastres arquitectónicos de su bahía, un excelente punto de partida, ya que allí sale casi todo el transporte público de largo recorrido; de hecho, los autobuses comunican la capital con las principales localidades de Mallorca. Incluso hay dos líneas de tren que salen de Palma —una cubre un hermoso trayecto a través de las montañas hasta Sóller—; además, la capital está a tan sólo 3 horas en automóvil del punto más alejado de la isla. Cuando el viajero crea que ya ha agotado todas las posibilidades de Palma, lo mejor es que se dirija a la **sierra de Tramuntana** para pasar unos días en la montaña, preferentemente cruzando por el

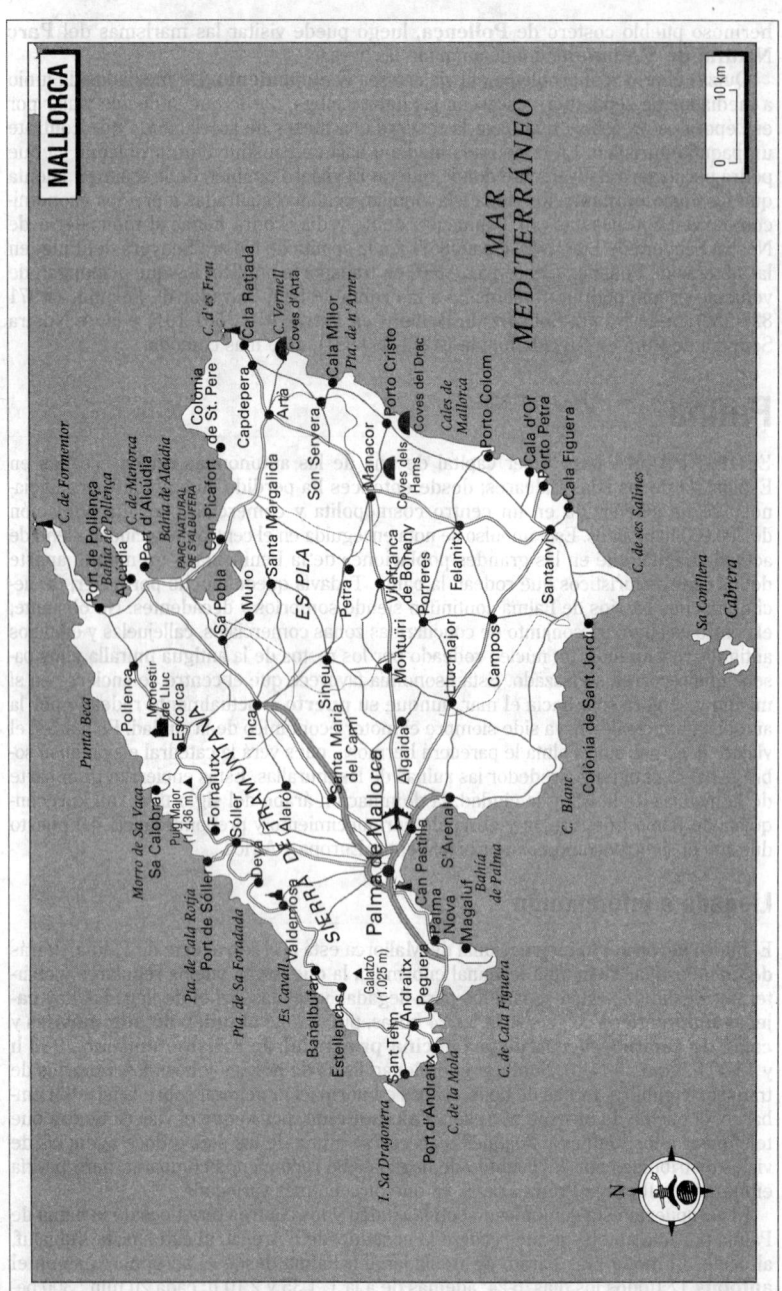

hermoso pueblo costero de **Pollença**, luego puede visitar las marismas del **Parc Natural de S'Albufera**, donde abundan las aves.

Quizás el principal problema del viajero sea el **alojamiento**. De mediados de junio a mediados de septiembre escasean las habitaciones, por lo que si decide viajar por esa época es preferible que haga la reserva con meses de antelación o que contrate un paquete turístico. En temporada media o baja no constituye un problema, ya que podrá pernoctar relativamente donde quiera. El viajero también debe tener en cuenta que los cinco **monasterios** de la isla alquilan celdas restauradas a precios económicos, unas 1.500 pesetas por habitación doble y día. Podrá llegar al monasterio de Nostra Senyora de Lluc (véase pág. 857) y a la ermita de Nostra Senyora del Puig, en las afueras de Pollença (véase pág. 858), en transporte público; los que dispongan de vehículo propio podrán ir asimismo a la ermita de Sant Salvador de Felanitx (☎971 827 282), la de Nostra Senyora de Bonany, en Petra (☎971 561 101) y la de Nostra Senyora de Cura en Algaida Randa (☎971 660 994), algo más cómoda.

Palma

En 1983 **PALMA** pasó a ser capital de una de las autonomías recién creadas en España, la de las islas Baleares; desde entonces ha perdido su ambiente provinciano y se ha convertido en un centro cosmopolita y comercial, con una población de 300.000 habitantes. Este impulso se nota enseguida en el centro de la ciudad, lleno de actividad, igual que en las grandes poblaciones de la Península, y un mundo aparte de los centros turísticos que rodean la bahía. Todavía queda mucho por hacer; de hecho, muchos barrios de Palma continúan siendo sombríos y decadentes. No obstante, el centro es ahora un conjunto de concurridas zonas comerciales, callejuelas y edificios antiguos restaurados, un núcleo rodeado por los restos de la antigua muralla y los paseos que recorren su trazado. Esta fisonomía favorece que el centro se encierre en sí mismo y se abra sólo hacia el mar, aunque su **puerto** —actualmente rodeado por la autopista principal— haya sido siempre el motor económico de la ciudad. Es más: si el viajero llega por mar, Palma le parecerá hermosa, pues verá la catedral elevándose sobre el casco antiguo y alrededor las ruinas de las murallas. Éstas encierran gran parte de la historia de la isla y la ciudad: la dominación árabe del siglo IX al XIII, la reconquista de Jaime I de Aragón y el rápido enriquecimiento y preponderancia del puerto durante el siglo XV como nexo principal entre Europa y África.

Llegada e información

El nuevo **aeropuerto** internacional de Mallorca está a 11 km al este de Palma, detrás de Ca'n Pastilla. Tiene una terminal enorme, a la que llegan vuelos regulares y chárter; los vestíbulos están separados para llegadas y salidas. En el de llegadas hay **cajeros automáticos** con servicio las 24 horas, puestos de **alquiler de automóviles** y **cajas de cambio**, además de una **oficina provincial de turismo** (lun.-sáb., 9-14 h y 15-20 h; dom., 9-14 h), donde proporcionan listas de hoteles y hostales, horarios de transporte público, tarifas de taxis, mapas e información general sobre la isla. Sin embargo, la oficina de turismo no reserva **alojamiento**, por lo que el viajero tendrá que telefonear a los hoteles y hostales o acercarse a una de las diez o doce agencias de viajes distribuidas por el vestíbulo de llegadas. Se recomienda comparar, pero podría empezar por Iberia o Prima Travel, ya que ofrecen más variedad.

El aeropuerto está comunicado con la ciudad y los centros turísticos de la bahía de Palma por una autopista que recorre la costa desde S'Arenal, al este, hasta Magaluf, al oeste. El modo más barato de trasladarse a Palma desde el aeropuerto es en el **autobús** 17 (todos los días, 6-24; además de a la 1, 1.35 y 2.10 h; cada 20 min.; 300 pe-

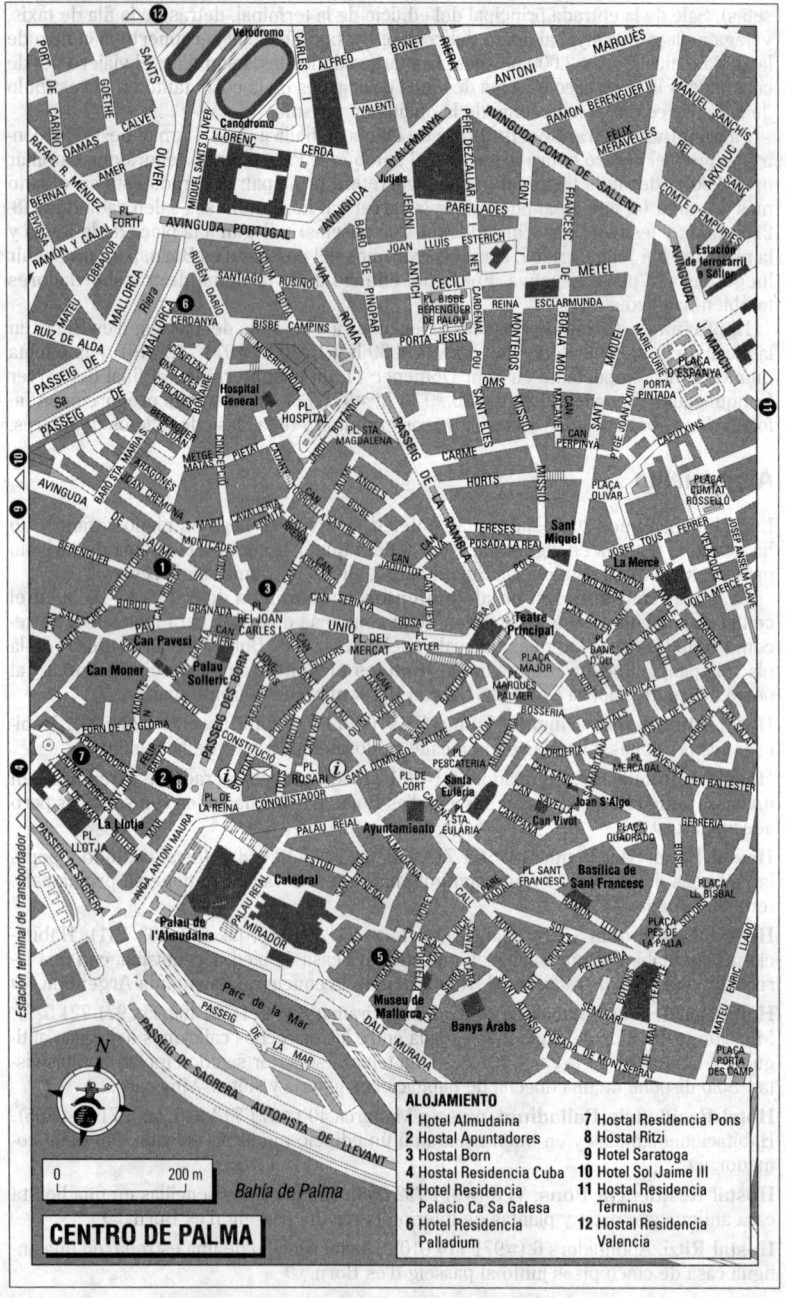

setas). Sale de la entrada principal del edificio de la terminal, detrás de la fila de taxis, y llega a plaça Espanya, al norte del centro. Un **taxi** desde el aeropuerto al centro de la ciudad cuesta unas 2.000 pesetas. Las tarifas de los taxis son fijas; el viajero puede consultar la lista de precios a los destinos principales de la costa tanto en el vestíbulo de llegadas como en la ventana de la oficina de turismo.

La **terminal de transbordadores** de Palma se halla a unos 4 km al oeste del centro, adonde el viajero podrá llegar con el autobús 1. Para tomarlo tendrá que caminar unos 200 m desde la terminal hacia la carretera principal; la parada está en el lado más próximo (el que da al puerto) de la carretera. Los autobuses salen cada hora (8-21 h; dom. y festivos, servicio reducido; 200 pesetas) y llegan a la plaça de la Reina y la plaça del Rei Joan Carles I, a ambos extremos del passeig d'es Born, para proseguir luego hasta la plaça Espanya. Fuera del edificio de la terminal de transbordadores también hay taxis.

La **oficina de turismo** provincial se encuentra a la salida del passeig d'es Born, en la plaça de la Reina 2 (todos los días, 9-14.30 h y 15-20 h; ☎971 712 216), y la oficina municipal más importante en Sant Domènec 11, en el subterráneo al final del carrer Conquistador (lun.-vier., 9-20 h; sáb., 9-13 h; ☎971 724 090). Ambas proporcionan información sobre la ciudad y la isla, mapas gratuitos y toda clase de folletos de interés.

Alojamiento

En Palma hay unos 20 hostales y 30 hoteles; si el viajero llega en pleno verano y no ha hecho la reserva en alguno de ellos, tendrá que ir primero a la oficina de turismo para conseguir una lista oficial. Sin embargo, allí no le tramitarán la reserva.

La mayor concentración de **alojamientos económicos** de Palma se halla en el centro; por fortuna, se trata también de la zona más divertida para instalarse. Se recomiendan las calles laterales que salen del passeig d'es Born y los alrededores de la plaça Espanya. Encontrará numerosos **hoteles elegantes** en el passeig Mallorca y al oeste del centro, por la avinguda Gabriel Roca, mirando al frente marino.

Hotel Almudaina, avinguda Jaume III 9 (☎971 727 340; fax 971 722 599). Habitaciones pequeñas y limpias en una calle ruidosa en el centro de la ciudad. ⑥

Hostal Apuntadores, Apuntadors 8 (☎971 713 491). Hostal agradable y tranquilo, en una casa antigua a la salida del passeig d'es Born. Las habitaciones son sencillas pero adecuadas. ③

Hostal Born, Sant Jaume 3 (☎971 712 942; fax 971 718 618). Hostal cómodo y popular, además de céntrico. En una antigua mansión renovada que tiene su propia cafetería en el patio. ⑥

Hostal Residencia Cuba, Sant Magí 1 (☎971 738 159; fax 971 403 131). Habitaciones agradables y funcionales en una atractiva casa de piedra, renovada, con una torrecilla y una balaustrada; da al tramo final de la concurrida avinguda Argentina. ④

Hotel Residencia Palacio Ca Sa Galesa, Miramar 8 (☎971 715 400; fax 971 721 579). Mansión restaurada del siglo XVII; situada entre los estrechos callejones del casco antiguo y a 2 minutos de la catedral. Desde la terraza superior se contemplan bonitas vistas. Sólo dispone de una docena de habitaciones lujosas y suites. Muy caro. ⑨

Hotel Residencia Palladium, passeig Mallorca 40 (☎971 713 945; fax 971 714 665). Habitaciones limpias y en buen estado en un edificio moderno elevado. No tiene comedor. ⑥

Hostal Residencia Pons, Vi 8 (☎971 722 658). Habitaciones sencillas en una bonita casa antigua con patio y plantas de interior, cerca del passeig d'es Born. ③

Hostal Ritzi, Apuntadors 6 (☎971 714 610). Hostal sencillo de una estrella, en una antigua casa de cinco pisos junto al passeig d'es Born. ③

Hotel Saratoga, passeig Mallorca 6 (☎971 727 240; fax 971 727 312). Excelente hotel renovado con piscina en la terraza superior. Casi todas las habitaciones tienen un balcón que da al paseo. ⑦

Hotel Sol Jaime III, passeig de Mallorca 14 (☎971 725 943; fax 971 725 946). Agradable hotel de tres estrellas con habitaciones modernas, la mayoría de ellas con balcón. Precio razonable. ⑥

Hostal Residencia Terminus, Eusebi Estada 2 (☎971 750 014). Hotel junto a la estación de ferrocarril; vestíbulo con una decoración anticuada, pero habitaciones bastante grandes. ①

Hostal Residencia Valencia, Ramón y Cajal 21 (☎971 733 147). Hostal moderno al norte del centro de la ciudad. Sus 30 habitaciones están limpias; algunas tienen balcones que dan al paseo. ①

La ciudad

Orientarse en Palma es bastante fácil, al menos una vez se ha llegado al centro. Destaca, sobre todo, la **catedral** —la *Seu* en catalán—, que domina el frente marítimo y se alza en pleno casco antiguo, formado por una serie de callejones y calles estrechas; éstas limitan al norte y este con avenidas en zigzag que recorren el trazado de las desaparecidas murallas. Al oeste de la catedral, se halla la avinguda d'Antoni Maura, que se prolonga en passeig d'es Born, y parte del mar para cruzarse con la avinguda Jaume III y su prolongación, Unió, en la plaça del Rei Joan Carles. Estas transitadas vías públicas forman el centro de la ciudad moderna.

La catedral

La **catedral** de Palma (abril-oct., lun.-vier., 10-18 h; sáb., 10-14 h; nov.-marzo, lun.-vier., 10-15 h; sáb., 10-14 h; 400 pesetas), construida hace 500 años, es un magnífico edificio, comparable a las catedrales de la Península; destacan sobre todo los elementos modernistas de su decoración interior, obra de Antoni Gaudí. Fue fundada tras la Reconquista de la ciudad, y el lugar elegido para edificarla —un voto hecho por Jaime I— fue el de la Gran Mezquita árabe. Fundamentalmente gótica, tiene imponentes contrafuertes exteriores que soportan el peso de las columnas interiores, lo que produce un gran efecto por su altura; de hecho, es impresionante desde cualquier ángulo, sobre todo en la explanada que se abre junto al mar. Los constructores de la época de la Reconquista tenían un punto preestablecido, y no lo desplazaron.

En la nave central hay catorce columnas muy finas, que se alzan hasta alcanzar 21 m, punto en que se dividen y forman nervaduras que, como frondosas palmeras, sostienen el sencillo techo abovedado. Debido a la altura de la nave, de 44 m, se trata de uno de los edificios góticos más elevados de Europa, y su longitud (121 m) es proporcional a su majestuosidad. La construcción abierta y en forma de hangar, habitual en la arquitectura gótica catalana, fue proyectada así para colocar el altar en un punto elevado y a la vista de toda la congregación; y también para expresar el misterio de la fe cristiana con la ayuda de calidoscópicos haces de luz que se filtraban por las **vidrieras**. La mayoría de ellas se perdió hace mucho tiempo, pero una reciente restauración les ha devuelto su antiguo esplendor. Como excepción, la luz no queda amortiguada por el coro central, que suele bloquear el centro de las catedrales españolas; la innovadora alineación de las sillas del coro y las formas fantásticas del sistema de iluminación sobre el altar son obra de Gaudí, que trabajó en la catedral entre 1904-1914. En su momento estas medidas desataron una gran controversia, ya que ningún coro había sido hasta entonces desplazado en otra catedral española. El éxito artístico del proyecto, sin embargo, fue indiscutible, y enseguida se hizo popular. Comparado con las obras de Gaudí en Barcelona, aquí todo parece

más sencillo y contenido, pero se aprecia el toque de su peculiar fantasía. El artilugio de hierro forjado situado sobre el altar simboliza la corona de espinas, y las barandillas de enfrente se inspiran en las formas de las rejas de las ventanas mallorquinas.

Al entrar en el edificio, el viajero pasará ante tres salas en las que se exponen objetos eclesiásticos, el **Museu de la Catedral**. La muestra más interesante de la primera sala se encuentra en la vitrina central: una custodia de plata de extraordinaria delicadeza que data de finales del siglo XVI. En las paredes se exponen diversos cálices y relicarios, así como una auténtica curiosidad, el altar portátil de Jaime I, un tablero de ajedrez de madera y plata que esconde una reliquia bajo cada escaque. La segunda sala expone obras góticas de los **primitivos mallorquines**, una escuela de pintores que floreció en la isla durante los siglos XIV y XV y creó obras de una sorprendente ingenuidad.

El Palau de l'Almudaina y la Llotja

Enfrente de la entrada de la catedral se halla el **Palau de l'Almudaina** (abril-sept., lun.-vier., 10-18 h; sáb., 10-14 h; oct.-marzo, lun.-vier., 10-14 h y 16-18 h; 450 pesetas), que originalmente era el palacio de los gobernadores árabes o *walis*; más tarde se convirtió en residencia de los reyes de Mallorca. Las visitas son guiadas, y los comentarios se hacen en tres idiomas, aunque no hay muchos elementos de interés excepto los tapices flamencos.

Una empinada escalinata desciende desde el Palau de l'Almudaina y pasa por unos jardines y un tramo restaurado de las antiguas murallas de la ciudad, hasta la **Llotja** del siglo XV (mar.-sáb., 11-14 h y 17-21 h; dom., 11-14 h), la primera bolsa de la ciudad. Destacan sus torres octogonales y altas ventanas, allí suele haber exposiciones temporales.

El resto de la ciudad

El laberinto de calles que se extiende por detrás de la catedral es aún más atractivo. En Can Serra 7 se encuentran los **Banys Àrabs** (todos los días, 10-18 h; 150 pesetas), uno de los pocos vestigios genuinos de la presencia árabe en la ciudad. El *hammam* es una cámara elegante y abovedada con arcos de herradura, pero si el viajero ya ha visto los de Girona o Granada, le parecerá desangelado. Quizá le resulte más atractivo el jardín exterior, donde hay mesas para comer. Cerca, en el carrer Portella, está el **Museu de Mallorca** (mar.-sáb., 10-14 h y 16-19 h; dom., 10-14 h; 300 pesetas), en una de las mansiones de la nobleza del siglo XV y XVI que se conservan en esa parte de la ciudad; allí se exponen colecciones de arqueología local y algunas pinturas religiosas medievales excepcionales, ejemplos del gótico primitivo mallorquín.

A 5 minutos a pie por Pont i Vich y Pare Nadal —y curiosamente, en el lugar donde había una antigua fábrica de jabón árabe—, se halla la **basílica de Sant Francesc** (lun.-sáb., 9.30-12.30 h y 15.30-18 h; dom., 15.30-18 h; 100 pesetas), la más hermosa de las numerosas iglesias medievales de la ciudad. Fundado hacia finales del siglo XIII, su fachada principal es de una gran austeridad: una amplia pared de piedra arenisca en la que hay un balcón con arcadas y un enorme rosetón. No obstante, al acceder a ella por un claustro gótico, su nave interior resulta decepcionante, aunque destaca el **altar mayor**, una pieza llamativa típica del barroco tardío. Curiosamente, la estatua que se alza fuera de la iglesia —un monje franciscano acompañado por un indio americano— conmemora la obra misionera de **fray Junípero Serra**, un sacerdote mallorquín que se fue a California en 1768 y fundó San Diego, Los Ángeles y San Francisco.

Desde la basílica, y a 2 minutos caminando hacia el oeste, se encuentra **Santa Eulària** (lun.-vier., 7-13 h y 17.30-20 h; sáb.-dom., 8-13 h y 18-20 h; entrada gratuita), la primera iglesia que se construyó después de la reconquista de Jaime I. Se trata de

un edificio gótico, con una nave grande y originalmente proyectada —como la catedral— para que toda la congregación pudiera ver el altar mayor. Cerca está el **ayuntamiento**, un elegante ejemplo del estilo renacentista tardío con un magnífico y sólido vestíbulo.

Comida

Comer es menos caro en Palma —o puede serlo— que en otras islas de las Baleares. El viajero encontrará en el centro de la ciudad numerosos **cafés** o **bares de tapas** económicos; en las calles laterales que salen del passeig d'es Born y la avinguda Antoni Maura se concentran algunos más. No se puede hacer una distinción entre bares de tapas y **restaurantes**, ya que estos últimos sirven tanto tentempiés ligeros como copiosas comidas, aunque los primeros son siempre más informales. Algunos de los restaurantes de la ciudad están orientados hacia el turismo, sobre todo los del frente marítimo y la avinguda Antoni Maura; no obstante, muchos de ellos ofrecen una comida deliciosa y son frecuentados por lugareños. Si el viajero se adentra un poco más hacia el centro de la ciudad, descubrirá establecimientos más selectos; algunos sirven las mejores especialidades catalanas y españolas. En casi todos, excepto en los más caros, podrá comer un entrante y un plato principal por unas 2.500 pesetas, con vino incluido; el viajero debe tener en cuenta que los precios suelen subir en verano.

Cafés y bares de tapas

Bar Bosch, plaça Rei Joan Carles I. Uno de los bares de tapas más populares y económicos de la ciudad, tradicional punto de reunión de intelectuales. En temporada alta tendrá que insistir para que le sirvan.

Bon Lloc, Sant Feliu 7. Uno de los pocos cafés-restaurante vegetarianos de la isla; céntrico, a la salida del passeig d'es Born. Ambiente informal y buena comida a precios módicos. Lun.-sáb., 13-16 h y algunas noches, por lo general vier., hasta las 21 h.

Ca'n Joan de S'Aigo, Can Sanç 10. Cafetería con solera; sirven unas deliciosas ensaimadas recién hechas por sólo 85 pesetas y una excelente mouse de frutas. Decoración agradable. Can Sanç es un callejón cerca de plaça Santa Eulària. Mar., cerrado.

Mesón Salamanca, Sant Jaume 3. Mansión laberíntica y renovada con buen gusto a la salida de la avinguda Jaume III. Cocina castellana. Sirve deliciosas tapas en la entrada (el restaurante de arriba cobra precios desorbitados).

El Pilón, Can Cifre 4, saliendo del passeig d'es Born por el extremo norte. Animado y concurrido bar de tapas; sirven platos españoles y mallorquines a precios moderados.

Restaurantes

Caballito de Mar, enfrente de la Llotja, en el passeig Sagrera 5. Excelente carta de pescado en un establecimiento agradable; buen servicio. Los platos principales cuestan unas 2.500 pesetas.

Ca'n Carlos, Aigua 5, al salir de avinguda Jaume III. Restaurante familiar que sirve una exquisita cocina mallorquina (sepia, caracoles, etc.). La carta no es muy variada, pero todos los platos están muy bien preparados y hay especialidades del día. Los platos principales cuestan una media de 1.800 pesetas. Mediodía y a partir de las 20 h por la noche.

Celler Pagès, Felip Bauza 2, a la salida de carrer Apuntadors. Cocina mallorquina tradicional. Restaurante pequeño pero económico; situado cerca del passeig d'es Born. Ambiente agradable, aunque no tanto en verano. Dom., cerrado.

Celler Sa Premsa, plaça Bisbe Berenguer de Palou 8. Restaurante popular que sirve un delicioso pescado; a 5 minutos a pie al oeste de la plaça Espanya. Las paredes están llenas de antiguas fotos y carteles de corridas de toros. Quizá tenga que compartir mesa con otros comensales. Los precios son módicos: una comida de tres platos sólo cuesta 1.600 pesetas por persona.

Forn de Sant Joan, Sant Joan 4. Restaurante catalán muy popular cerca de la Llotja, en un callejón donde hay varios establecimientos muy concurridos. Platos de pescado por unas 1.900 pesetas; tapas a partir de 850 pesetas.

Es Parlament, Conquistador 11. Decorado con candelabros y espejos de oropel; la especialidad de este elegante restaurante es la paella. Se recomienda también su menú del día, de módico precio. Frecuentado por abogados y políticos locales.

Copas y vida nocturna

La mayoría de las cafeterías y los bares de tapas mencionados más arriba sirven copas; por ello la distinción entre éstos y los bares que aparecen a continuación es algo innecesaria. Sin embargo, el viajero encontrará algunos **bares nocturnos** (casi todos con música de fondo) en las calles estrechas y antiguas que hay detrás de la plaça Llotja. Varios bares algo más sofisticados contribuyen a la modernidad del frente marítimo de la avinguda Gabriel Roca, a unos 3 km al oeste del centro. En el sucio barrio de El Terreno, también al oeste del centro, estaban antes los mejores bares nocturnos de Palma, pero en la actualidad la zona se ha degradado y sólo hay espectáculos de destape y tiendas de pornografía. Pero allí verá algún bar insólito y unos cuantos de homosexuales.

Las **discotecas** no son el fuerte de Palma, aunque destacan una o dos en El Terreno y la avinguda Gabriel Roca. Por lo general, no vale la pena acercarse por allí hasta la medianoche, y la entrada suele costar entre 1.000-2.000 pesetas, según la noche y la oferta.

Bares nocturnos

Ábaco, Sant Joan 1, a la salida del carrer Apuntadors. En una encantadora mansión renacentista; se trata de uno de los bares más insólitos de Palma; su interior es digno de un musical de Busby Berkeley: fruta desperdigada por la escalera, jaulas de pájaros en medio de un patio frondoso, música sofisticada y un presupuesto floral con el que se podría vivir durante un mes. Las copas son bastante caras, pero no obligan a tomar algo. Sin embargo, es demasiado tranquilo si quiere divertirse.

La Bóveda, Boteria 3, a la salida de plaça Llotja. Bar elegante y concurrido en un callejón donde hay varios locales parecidos. Tiene unas ventanas altas y anchas y botellas de vino apiladas en la pared de atrás. Tendrá que ir pronto si no quiere hacer cola para entrar.

El Globo, en el cruce del carrer Apuntadors con Felip Bauza. Bar muy concurrido donde suena jazz moderno. El bar situado en carrer Felip Bauza 5, *La Red*, es un cibercafé.

Gotic, plaça Llotja 4. Bar atestado de gente que se redime por su patio iluminado con velas y las mesas de obra que se abren paso hacia la plaza.

Latitude 39, Felip Bauza, a la salida del carrer Apuntadors. Bar pequeño y original; suena jazz, blues y a veces música clásica.

La Lonja, enfrente de la Llotja. Local popular; tiene puertas giratorias y una bonita decoración antigua; la música de fondo satisface casi todos los gustos.

Twins, Sant Joan 7, a la salida de plaça Llotja. Local de moda con mucho ritmo y clientela bulliciosa.

XL, avinguda Gabriel Roca, junto al parc Cuarentena. Lugar sofisticado; decoración abstracta y llamativa. Sirven cócteles de calidad; frecuentado por lugareños con clase.

Discotecas

Discoteca Pachá, avinguda Gabriel Roca 42. Discoteca popular y estridente; hay una pista de baile y un par de barras en el interior, además de otro bar en el jardín exterior. A pocos minutos del parc Cuarentena.
Discoteca Tito's, avinguda Gabriel Roca s/n. Con su impoluta fachada de acero y cristal, esta conocida discoteca parece salida de una película de ciencia-ficción. Los ascensores del exterior llevan hasta la pista de baile, donde se reúne una multitud de diversas nacionalidades. Tal vez la música no es de lo mejor, pero está muy alta. En el lado del parc Cuarentena más próximo al centro ciudad.
Made in Brasil, avinguda Gabriel Roca 27. Decoración tropical en una discoteca que parece de bolsillo, situada en el lado más céntrico del parc Cuarentena. Suena música latina y sirven cócteles.

Direcciones prácticas

Alquiler de automóviles Las cuatro mayores empresas de alquiler de Mallorca tienen agencias en el aeropuerto: Atesa-Eurodollar (☎971 789 896); Avis (☎971 789 187); Betacar (☎971 789 135) y Hertz (☎971 789 670). En la ciudad se concentran, junto con otras menores, en la avinguda Gabriel Roca: Hertz en el n.º 13 (☎971 732 374); Avis en el n.º 16 (☎971 739 720) y Betacar en el n.º 20 (☎971 455 111). En la oficina de turismo proporcionan una lista completa de las compañías de alquiler.
Alquiler de bicicletas Ciclos Bimont, plaça Progrés 19 (☎971 731 866), por unas 3.000 pesetas al día y 12.000 a la semana. También tiene servicio de reparación.
American Express Avinguda Antoni Maura 10 (marzo-oct., 9-13.30 h y 14-20 h; sáb., 10-14 h y 15-19 h; dom., 9-14 h; nov.-feb., lun.-sáb. sólo, horario reducido; ☎971 722 344).
Bancos La mayoría de los bancos se encuentran en el passeig d'es Born y la avinguda Jaume III y alrededores. Hay cajeros automáticos por toda la ciudad.
Ciclomotores y motocicletas RTR Rental, avinguda Joan Miró 338 (☎971 402 585).
Correos La oficina central de correos está en Constitució 5 (lun.-vier., 8.30-20.30 h; sáb., 9.30-14 h).
Emergencias Número general de urgencias ☎112. Para **ambulancias**, marque el ☎061; **bomberos** ☎080; **policía** (local) ☎092.
Hospitales Hospital General, plaça Hospital 3 (☎971 728 484).
Lavandería La lavandería más conveniente con autoservicio es Self-Press, en Anníbal 14, a la salida de avinguda Argentina.
Mapas Librería Fondevila, Costa de Sa Pols 18 (lun.-vier., 9.45-13.30 h y 16.30-20 h; sáb., 9.45-13.30 h; ☎971 725 616), tiene una amplia oferta de mapas generales de Mallorca, además de una buena selección de mapas de senderismo de fácil comprensión.
Transbordadores Las oficinas de turismo proporcionan los horarios y tarifas de transbordadores. Puede adquirir los billetes en las agencias de viajes o en Transmediterránea (☎971 405 014), en el puerto de transbordadores. Para información sobre las rutas, véase «Transportes» al final de este capítulo.
Trenes La oficina de turismo tiene información ferroviaria. También puede telefonear: de Palma a Inca ☎971 752 245; de Palma a Sóller ☎971 752 051.

Alrededores de Palma

Si el viajero quiere pasar **1 día fuera** de Palma, el centro y oeste de la isla son fácilmente accesibles, pero si le apetece **bañarse**, la mejor opción es dirigirse hacia los centros turísticos situados en la vecina **bahía de Palma**. Los lugareños suelen ir al este en el autobús 15 (cada 10 min.; 30 min.), que va de la plaça Espanya al balneario de S'ARENAL, donde hay una enorme playa, aunque muy concurrida.

Otra alternativa es ir al **castell de Bellver** (abril-sept., lun.-sáb., 8-20 h; dom., 10-14 h y 16-19 h; oct.-marzo, lun.-sáb., 8-19 h; dom., 10-17 h; 260 pesetas; dom., entrada gratuita), una sorprendente fortaleza circular muy bien conservada, que mandó construir Jaime II a principios del siglo XIV; desde allí se contemplan hermosas vistas de Palma y su puerto, ya que se encuentra en lo alto de una colina boscosa, a unos 3 km al oeste del centro de la ciudad.

Andraitx, Sant Telm y la isla Dragonera

Si el viajero quiere adentrarse en la isla desde Palma, puede ir en autobús hacia **ANDRAITX**, un pueblecito poco desarrollado entre las montañas del oeste. Desde allí podrá hacer una ardua pero interesante **excursión** de 7 km por una estrecha carretera rural que atraviesa un paisaje hermoso de campos frutales hasta el centro turístico de menor categoría de **SANT TELM** (San Telmo). Se proyecta extender este centro, pero en la actualidad es un lugar relativamente tranquilo donde el viajero encontrará **habitación** en temporada alta tanto en el llamativo *Hotel Aquamarín* (mayo-oct.; ☎971 239 105; fax 971 239125; ④) como el *Hostal Dragonera* (☎971 239 086; fax 971 239 013; ③), un edificio sencillo y moderno con habitaciones limpias y ordenadas, la mayoría de ellas con vistas al mar. Para ser una localidad tan pequeña, Sant Telm tiene una gran oferta de **cafés y restaurantes**; se recomienda *Na Caragola*, que sirve pescado y tiene una terraza preciosa con vistas al mar. Una comida completa con vino de la casa incluido cuesta unas 6.000 pesetas.

Si el viajero ha llegado caminando hasta allí, no tendrá que retroceder. De mayo a octubre parten muchos **autobuses** de Sant Telm a Andraitx, siete diarios de lunes a sábado y uno los domingos (en invierno se reducen a uno al día). Si tiene tiempo, hay barcos que zarpan del pequeño puerto de Sant Telm hasta la orilla de la **isla Dragonera**, un peñasco deshabitado de unos 4 km de largo por 700 m de ancho con una imponente cadena de acantilados marinos en la orilla noroeste.

El noroeste de Mallorca

La zona más espectacular de Mallorca es su cordillera o **sierra de Tramuntana**, que se extiende a lo largo de toda la orilla noroeste de la isla; entre los picos posteriores y los abruptos acantilados marinos hay valles donde crecen olivos, limoneros y naranjos. En la sierra de Tramuntana se encuentran los pueblos y aldeas más seductores de la isla. El viajero podrá seguir varios recorridos alternativos para conocer lo mejor de la región, aunque quizás el más sencillo (si depende de los transportes públicos) sea ir de Palma a **Sóller**, situado cerca de la costa, y utilizar esta localidad como base desde donde hacer excursiones por la carretera de la costa, la C-710; no muy lejos, al **suroeste**, está el pueblecito montañés de **Deyá (Deià)** y el monasterio de **Valldemosa (Valldemossa)**, mientras que a poca distancia, hacia el noreste, se halla el monasterio de **Lluc**, el singular pueblo de **Pollença** y el tranquilo centro turístico de **Port de Pollença**.

En la sierra de Tramuntana podrá practicar senderismo; de hecho, abundan los **senderos** entre montañas. En general, están bien señalizados, aunque tal vez los encuentre bloqueados por zarzales. Hay senderos adecuados para todos los niveles: des-

de paseos sencillos hasta caminatas largas y extenuantes; en todos los casos, el viajero debería ir bien equipado (con un mapa de senderismo que puede adquirir en Sóller y Palma y una brújula para los recorridos más complicados). En la zona también podrá comprar diversos **libros de senderismo**; el mejor de ellos es el de Herbert Heinrich *(Doce excursiones clásicas por Mallorca)*; la *Rough Guide to Mallorca and Menorca* detalla también algunas de las rutas más famosas de la isla. Primavera y otoño son las mejores épocas para practicar senderismo, mientras que en pleno verano el calor agota y el agua escasea. El viajero debe tener en cuenta que en las montañas suele haber bruma, aunque se desvanece durante el día. Por razones de seguridad, no se recomienda caminar en solitario por las montañas.

En lo que a la **playa** se refiere, la mayoría de los pueblos costeros de la región tienen una franja pequeña y llena de guijarros; de hecho, sólo en los alrededores de las bahías de Pollença y Alcúdia hay playas mejores. En los centros turísticos de estas bahías encontrará el mayor número de hoteles y hostales de la zona, pero de junio a septiembre, y a veces incluso en otros meses, resulta difícil conseguir habitación. El **alojamiento** en esta zona (sobre todo si el viajero se ha trazado un itinerario fijo y lo recorre en pleno verano) requiere cierta planificación; no obstante, hay bastantes posibilidades de que encuentre habitación en Sóller y los monasterios de Lluc y las afueras de Pollença. Como compensación, las distancias son cortas, las carreteras están en buen estado y la red de **autobuses** cubre la mayoría de los destinos. Dos autobuses diarios (laborales, mayo-oct.) recorren la C-710 de Port de Sóller a Port de Pollença, y luego siguen hasta Port d'Alcúdia. Los **taxis** también son una buena opción si viaja en grupo: por ejemplo, el recorrido de 30 km de Palma a Sóller cuesta unas 4.500 pesetas.

El modo más fácil de ir a la sierra de Tramuntana es tomar el **tren de Palma a Sóller**, un trayecto de 28 km que dura alrededor de 1 hora y 20 minutos; el tren es tan antiguo que parece sacado de una novela de Agatha Christie. La línea ferroviaria, construida para impulsar el comercio de naranjas y limones en el siglo XIX, desciende, serpentea por las montañas y cruza valles fértiles, por lo que el viajero contemplará hermosas vistas. Hay cinco salidas diarias de la estación de Palma durante todo el año (a veces seis desde Sóller); un viaje de ida y vuelta cuesta 760 pesetas (sólo ida, 380 pesetas), aunque el tren turístico de media mañana —cuya única peculiaridad es una parada para hacer fotos en las montañas— cuesta 1.115 pesetas ida y vuelta (sólo ida, 735 pesetas).

Sóller

Si el viajero llega en tren a **SÓLLER**, la mejor opción es continuar en tranvía (cada 30 min.; 15 min.) hasta la orilla del mar, un traqueteante viaje de 5 km que culmina en **Port de Sóller**. Si pasa de largo se perderá uno de los pueblos más pintorescos y agradables de Mallorca, base ideal (y bastante económica) desde donde podrá explorar las montañas de los alrededores. Más que un punto de interés concreto, lo que fascina a los viajeros que llegan a Sóller es su ambiente, las estrechas y empinadas callejuelas flanqueadas por casas de piedra de los siglos XVIII y XIX, con hermosas rejas y grandes puertas de madera; antiguamente allí vivían los ricos comerciantes de fruta de la región. Todas las calles desembocan en la plaza principal, la pequeña plaça Constitució, donde hay cafés muy frecuentados. Domina la plaza la iglesia de **Sant Bartomeu**, neogótica y construida sobre su original medieval; destaca el enorme rosetón de la fachada principal. Dentro, la nave es lúgubre y oscura, y alberga una serie de retablos barrocos.

Port de Sóller

PORT DE SÓLLER, uno de los lugares más populares de la costa oeste, tiene una bahía en forma de herradura y es uno de los sitios más fotografiados de la isla des-

pués de los centros turísticos de los alrededores de Palma. Allí son prácticamente inimaginables las juergas que suele haber en la bahía de Palma, ya que su ambiente es muy diferente. No destacan puntos de interés; si el viajero quiere bañarse en la playa, el agua suele estar serena y templada, pero también algo turbia debido a los desechos de los yates que anclan allí. Además, alrededor de la playa hay una carretera, hoteles y restaurantes. Tal vez la mejor opción sea dar un paseo de 15 minutos en dirección al faro del oeste, que domina los acantilados situados sobre la entrada del Port de Sóller. Desde allí, el viajero contemplará vistas espectaculares de la costa rocosa. Su acceso no entraña dificultad, puesto que una carretera asfaltada llega hasta este punto; desde el centro turístico tendrá que rodear el lado sur de la bahía, cruzar la playa y seguir adelante por la orilla.

Los tranvías que parten de Sóller y cruzan ruidosamente el centro de Port de Sóller tienen su última parada detrás del frente marítimo. En su trayecto pasan ante la **oficina de turismo**, en passeig es Través (mayo-sept., lun.-vier., 11.30-15 h; sáb., 9.30-13.30 h; ☎971 633 042), donde proporcionan listas de hoteles y hostales. En temporada media o baja quizás encuentre habitación a un precio razonable en el *Hotel Miramar*, Marina 12 (abril-oct.; ☎971 631 350; fax 971 632 671; ③), un establecimiento corriente en un edificio alto y céntrico junto al frente marítimo, o bien en el cercano *Hotel Generoso*, en Marina 4 (☎971 631 450; fax 971 632 200; ③), que dispone de 100 habitaciones aunque es tan poco llamativo como el anterior. Los hoteles y hostales de una y dos estrellas se concentran detrás de la platja d'en Repic, en el lado sur de la bahía; se recomienda el agradable *Los Geranios*, en passeig sa Platja 15 (☎971 631 440; fax 971 631 651; ③), tal vez la mejor opción.

Port de Sóller tiene algunos buenos **restaurantes** de pescado frente a la bahía. Destacan *Sa Llotja des Peix*, junto al Moll Pesquer, el antiguo muelle de pescadores, donde sirven un delicioso menú del día por 2.300 pesetas. Otras buenas alternativas son *El Pirata* y *Es Racó*, ambos en el carrer Santa Caterina de Alejandría, una estrecha calle transversal al frente marítimo y cerca del Moll Pesquer.

De Sóller al suroeste: Deyá

Hay un espectacular tramo de 13 km **de Sóller hacia el suroeste** por la C-710 antes de llegar a la hermosa localidad **DEYÁ (DEIÀ)**. Es allí donde el imponente Puig des Teix se encuentra con la costa. Sus laderas más bajas están cubiertas de hermosas villas de gente adinerada, pero la montaña mantiene cierto aire de misterio. La calle principal, que es también la carretera de la costa, recorre la base del Puig des Teix y pasa ante la mayoría de los hoteles y restaurantes de la localidad. A veces, está tan saturada por el tráfico que resulta difícil disfrutar del paisaje, pero el pequeño centro del pueblo, en el lado marítimo de la carretera de la costa, todavía tiene un ambiente tranquilo. Sus casas rústicas forman callejones laberínticos hasta alcanzar una bonita iglesia rural en cuyo recinto se halla la **tumba de Robert Graves**, que fue el habitante más conocido del pueblo; hay un sencillo epitafio que reza: «Robert Graves: Poeta. E.P.D.» Desde el recinto, el viajero podrá contemplar vistas impresionantes de la costa.

Gracias a Graves muchos conocieron la existencia de Deyá; de hecho, aún hoy recibe a expatriados que se establecen allí durante mucho tiempo. Se concentran en la **cala de Deià**, la más próxima a la playa de la localidad, unos 200 m de guijarros detrás de la hermosa cala rocosa de pronunciados arrecifes y cantos rodados. Se trata de un lugar magnífico para nadar, ya que el agua está limpia, además de ser fría y profunda. En verano la cala suele llenarse de gente, sobre todo con la llegada de visitantes en barco desde Port de Sóller (por lo general los viernes). Se tarda unos 20 minutos en ir del pueblo a la cala, un paseo muy agradable por una quebrada boscosa; desde la parada de autobús, el viajero tendrá que caminar en dirección a Palma hasta una curva muy cerrada a la derecha en la carretera principal; luego deberá doblar a

ROBERT GRAVES EN DEYÁ

Robert Graves vivió en Deyá (Deià) desde finales de la Segunda Guerra Mundial hasta su muerte, en 1985. Ésta fue su segunda estancia en el lugar; durante la primera —en la década de 1930— empezó a construir su casa en las afueras de la localidad junto con Laura Riding, una poetisa estadounidense aficionada a la mística. Riding llegó a Inglaterra en 1926; se convirtió en secretaria y colaboradora de Graves y mantuvo un romance con él. Su relación provocó tanto escándalo en Inglaterra que decidieron abandonar el país; eligieron Mallorca siguiendo el consejo de Gertrude Stein. Pero Graves y Riding tuvieron que dejar Mallorca en 1936, al estallar la Guerra Civil española. Al regresar a Inglaterra Laura abandonó a Graves, quien inició una relación con una amiga común, Beryl Hodge. Graves volvió a Mallorca en 1946, Beryl lo siguió, y se casaron en Palma en 1950. Pero a partir de entonces no vivieron felices; Graves tenía debilidad por las mujeres jóvenes, y proclamaba la necesidad de musas femeninas para inspirarse. Aunque parecía que Beryl aceptaba sus infidelidades, no le gustaba. Mientras tanto, las novelas de Graves *(Adiós a todo eso, Yo, Claudio, Claudio el dios y su esposa Mesalina)* eran cada vez más populares, aunque su poesía romántica —de la que se sentía orgulloso— quedó pasada de moda, y su última antología de poemas fue duramente criticada.

la derecha para descender por unos peldaños planos y continuar montaña abajo, tomando el desvío de la derecha al poco rato. Donde termina el camino empieza un sendero señalizado que continúa en la misma dirección; a los 5 minutos aproximadamente, y cuando vea una señalización en blanco, tendrá que girar a la derecha y seguir el sendero hasta que se junte con una carretera firme a unos 500 m de la cala. Otra alternativa es llegar en automóvil, unos 10 minutos si va hacia el norte por la carretera principal de Deyá y sigue las indicaciones.

Aspectos prácticos

El **autobús** de Palma a Port de Sóller pasa por Deyá cinco veces al día en cada sentido. Allí no hay oficina de turismo, pero el personal de los hoteles y hostales de la localidad aconsejarán al viajero sobre excursiones y el tiempo; además pueden pedirle un **taxi** (☎971 633 588). Uno de los dos lugares donde tal vez encuentre **habitación** a un precio razonable en temporada alta es la *Fonda Villa Verde* (por lo general abril-oct.; ☎971 639 037; ⑤), un hermoso establecimiento cerca de la iglesia del pueblo; el *Hotel d'es Puig* (marzo-mediados nov.; ☎971 639 409; fax 971 639 210; ⑦), cerca del anterior, se halla en una antigua casa de piedra restaurada con muy buen gusto. En Deyá se hallan también dos de los mejores hoteles de Mallorca: *Es Molí* (abril-oct.; ☎971 639 000; fax 971 639 333; ⑧) y *La Residencia* (☎971 639 011; fax 971 639 370; ⑧), en mansiones pintorescas y bien conservadas.

En la localidad encontrará una gran variedad de establecimientos para **comer**. Los bares y restaurantes se concentran en la calle principal, al extremo oeste del pueblo. Entre ellos, el *Café La Fábrica* donde sirven tapas, bocadillos y el tradicional *pa amb oli* (pan con aceite de oliva) a precios moderados; en el *Deià Bar-Restaurante* pagará poco más por una comida ligera, pero con la compensación de una terraza con vistas sobre el valle. El *Restaurant Jaime*, algo más caro, está asimismo en el extremo oeste del pueblo, ofrece una excelente cocina mallorquina.

Valldemosa

A unos 10 km al **suroeste de Deyá** por la C-710, se encuentra un antiguo pueblecito de montaña: **VALLDEMOSA (VALLDEMOSSA)**; de hecho, el viajero accederá me-

jor por el sur si atraviesa el desfiladero estrecho y boscoso por el que pasa la carretera de Palma, que luego entra en un hermoso valle rodeado de terrazas que ascienden hasta la localidad. En Valldemosa hay una serie de casas rústicas y edificios monacales arropados por montañas. Sus orígenes datan de principios del siglo XIV, cuando el rey Sancho, que era asmático, mandó construir un palacio real en estas montañas para aliviar su dolencia. En 1399, el palacio fue cedido a unos monjes cartujos de Tarragona que remodelaron y ampliaron las antiguas estancias para fundar un **monasterio**, actualmente el edificio más visitado de Palma después de la catedral.

Reformada en diversas ocasiones, la mayor parte de la actual **Real Cartuja de Jesús de Nazaret** (marzo-oct., lun.-sáb., 9.30-13 h y 15-18 h; dom., 10-13 h; nov.-feb., lun.-sáb., 9.30-13 h y 15-17.30 h; dom., 10-13 h; 1.100 pesetas) data de los siglos XVII y XVIII; destaca su iglesia cuadrada y sólida que termina en una serie de corredores sombríos y un claustro posterior. El monasterio debe casi por completo su fama a la controvertida novelista **George Sand**, que junto con su compañero el compositor **Frédéric Chopin** vivió allí durante 4 meses entre 1838-1839. Hacía 3 años que los monjes habían sido expulsados del recinto por la orden de supresión de las comunidades religiosas del gobierno liberal; por ello la pareja pudo alquilar una serie de celdas vacías. George Sand plasmó sus vivencias en Valldemosa en la novela *Un invierno en Mallorca*, que el visitante podrá adquirir en el lugar.

La visita empieza por la oscura **iglesia** de una sola nave, que se caracteriza por su trono obispal. Las pesadas sillas de madera del coro estropean en cierto modo las líneas de la nave. En el claustro contiguo llama la atención la **farmacia**, que sobrevivió a la expulsión de los monjes y suministraba medicinas a la población del lugar hasta bien entrado el siglo XX. Sus estanterías están llenas de hermosos tarros de loza, recipientes de cristal y cajas de madera pintada, cada cual con el nombre de la droga o poción que contenían cuidadosamente inscrito encima. La **celda del prior** que se encuentra a continuación es, a pesar de su nombre, un cómodo alojamiento de habitaciones luminosas y bastante grandes, con espléndidas vistas del valle. También hay junto con la biblioteca contigua y la sala de audiencias, una amplia colección de objetos de arte religioso. Un poco más adelante, en el mismo pasillo, se halla la **celda n.º 2**, que expone una serie de curiosidades referentes a Chopin y George Sand: retratos, un mechón de pelo, partituras musicales y cartas. En la **celda n.º 4** verá más objetos; allí está un piano que Chopin consiguió que le llevaran después de 3 meses de increíbles complicaciones, y que tuvo que dejar a las 3 semanas de su llegada, pues la pareja se trasladó a París. En el piso superior podrá contemplar una reducida pero notable colección de **arte moderno**; se exponen obras de Miró, Picasso, Francis Bacon y Henry Moore. El visitante puede luego cruzar la puerta posterior de la celda del prior, que comunica con el claustro y el hermoso **Palacio del Rey Sancho**. No se trata del palacio original —que desapareció hace mucho tiempo—, pero es la parte más antigua del complejo y sus muros fortificados, que datan en su mayor parte del siglo XVI, albergan hermosas salas de época.

Aspectos prácticos

Los **autobuses** a Valldemosa procedentes de Deyá, Palma y Andraitx paran al oeste del pueblo, en el mayor de los aparcamientos de automóviles que bordean la carretera de circunvalación. Los servicios desde Palma, a 18 km de distancia, se detienen allí y luego prosiguen hacia Deyá y Sóller; asimismo un autobús llega seis veces a la semana desde Andraitx y va hacia el oeste por la costa. Desde la parada de autobuses el monasterio queda a 2 minutos a pie; el viajero sólo tendrá que cruzar la carretera de circunvalación y seguir recto.

En la localidad no abunda el **alojamiento**. *Ca'n Mario*, en la calle Uetam 8 (☎971 612 122; ④), es un bonito hostal con un vestíbulo elegante y habitaciones anticuadas; se encuentra 2 minutos a pie desde el monasterio; el visitante tendrá que pasar por la

zona peatonal que hay entre la iglesia y el palacio, bajar por la colina y girar por el primer desvío a la derecha.

En el centro de Valldemosa encontrará **restaurantes** y **cafés** atestados de gente, la mayoría visitantes de 1 día; casi todos ofrecen comida rápida de mala calidad a precios excesivos. Sin embargo, destacan un par de establecimientos de calidad, sobre todo *Ca'n Pedro*, un gran café-restaurante junto al aparcamiento principal.

Hacia el noreste: de Sóller a Lluc

Sin duda alguna, el mejor acceso hacia el extremo norte de la isla es la continuación de la C-710, que va hacia el noreste desde Sóller y pasa por la parte más alta y agreste de la sierra de Tramuntana. En su mayor parte, las montañas se hunden directamente en el mar, y los acantilados se precipitan formando alguna cala inaccesible. Las únicas excepciones son la bonita playa de cala Tuent y el feo núcleo comercial de Sa Calobra, junto a la anterior. El mejor lugar donde hacer un alto en el camino es **LLUC**, escondido en un remoto valle de montaña a unos 35 km de Sóller. Se trata del centro de peregrinación más importante de Mallorca desde mediados del siglo XIII, y se cree que debe su nombre a un pastor llamado Lluc (Lucas) que se topó en estos bosques con una pequeña estatua pintada de un color vivo. El edificio más notable es el que alberga los austeros y altos dormitorios del **monasterio de Nostra Senyora** (todos los días, 10-17.30 h; entrada gratuita); en el centro se halla el santuario principal y la obra arquitectónica más destacable del conjunto, la **basílica de la Mare de Déu de Lluc**, una iglesia oscura y de decoración llamativa, con unas sólidas columnas jaspeadas cuya rotundidad alivia una cúpula sobre el transepto. A cada lado de la nave central hay unos escalones de piedra que prolongan las naves laterales por detrás del altar mayor barroco, donde se abre una modesta capilla. Allí está el sancta sanctórum, que expresa la grandeza de la venerada estatua de la Virgen conocida popularmente como **La Morenata** (la morenita) desde que en el siglo XV se desprendió la capa de pintura original que la cubría y dejó al descubierto la piedra marrón que había debajo.

Antes de llegar a la entrada de la basílica, el visitante verá una escalera que lleva hasta el interesante **Museu de Lluc** (300 pesetas), en el primer piso. Además de una modesta selección de hallazgos arqueológicos que datan de la época de los talayots (monumentos megalíticos), y los romanos, hay algunas salas que muestran vestimentas antiguas, pinturas religiosas medievales y una serie de ofrendas votivas u objetos folclóricos en honor de La Morenata. En el museo se expone también una amplia colección de piezas de **mayólica** o **loza** que se utilizaba para hacer jarras con dos asas para guardar medicamentos y platos y bandejas decorativas. Asimismo se recomienda dar un largo paseo por el **Camí dels Misteris del Rosari**, un amplio sendero de peregrinación que asciende por la ladera rocosa que hay detrás del monasterio.

Aspectos prácticos

Los **autobuses** que van a Lluc, a unos 2 km de la C-710, paran en las puertas del monasterio. Además del servicio Port de Sóller-Port de Pollença-Port d'Alcúdia, al menos un autobús diario va de Palma a Lluc por Inca. El **alojamiento** en el monasterio está muy bien organizado; disponen de celdas-apartamento sencillas y recogidas. En verano hay que hacer la reserva con antelación, pero en otras épocas del año basta con registrarse en la oficina de información del monasterio al llegar (☎971 517 025; fax 971 517 096; ②). Junto al aparcamiento encontrará un café-bar y un restaurante donde **comer**, aunque es mucho mejor (aunque algo más caro) el antiguo comedor de los monjes, donde sirven una comida tradicional española a base de excelentes platos de carne (más sabrosos que los de pescado).

Pollença

Al noreste de Lluc la carretera C-710 serpentea por las montañas para ganar los 27 km que quedan hasta **POLLENÇA**, un pueblecito antiguo y tranquilo que se halla entre tres altozanos, justo en el punto donde la sierra de Tramuntana se allana. Pollença fue fundada a unos pocos kilómetros de la orilla para defenderse de los ataques de los piratas; su puerto, el Port de Pollença (véase pág. siguiente), era el desprotegido puesto de avanzada. Pero la estratagema funcionó: a diferencia de la mayoría de los antiguos pueblos mallorquines, Pollença no fue destruida, si bien en la actualidad se conserva muy poco de la localidad medieval y sus austeras casas de piedra, que flanquean los tortuosos callejones del centro, datan en su mayor parte del siglo XVIII. En el centro, se encuentra la **plaça Major**, donde hay algunos cafés y la iglesia de **Nostra Senyora dels Àngels**, cuya fachada de piedra descolorida por el sol luce un rosetón. El orgullo de Pollença es, sin embargo, su **Vía Crucis**, una larga, empinada y hermosa escalera de piedra flanqueada por antiguos cipreses que asciende hasta **El Calvari**, al norte del centro de la localidad. En lo más alto se venera la estatua de la **Mare de Déu del Peu de la Creu** (Virgen a los Pies de la Cruz), resguardada en el interior de un **oratori** (capilla) sencillo y ajardinado, en cuyas paredes encaladas figuran algunas de las peores pinturas religiosas que el viajero pueda imaginar. No obstante, desde allí contemplará hermosas vistas. En Viernes Santo el paso con la figura de Jesús es transportada lentamente desde el Oratori hasta la iglesia de Nostra Senyora dels Àngels en lo que se denomina el **Davallament** (Descendimiento), una de las celebraciones religiosas más conmovedoras de la isla.

Desde la **ermita de Nostra Senyora del Puig**, un monasterio del siglo XVIII situado en un lugar hermoso y sereno en lo alto del Puig de Maria, a 320 m de altura sobre el lado sur del pueblo, se contemplan unas vistas impresionantes. El complejo monacal, con muros fortificados, patio, capilla, refectorio y celdas, tiene una historia accidentada, ya que fue sucesivamente abandonado y restaurado por monjes y monjas. En la actualidad vuelve a ser un monasterio en activo, en el que viven algunos benedictinos que alquilan celdas a los turistas (véase abajo). Para llegar al monasterio, el viajero tendrá que seguir por el desvío señalizado a la izquierda que sale de la carretera principal de Pollença a Inca y Palma, al sur de la localidad, y luego subir por la empinada callejuela de 1.500 m de largo hasta que ésta se convierta en un sendero de guijarros y llegue a las puertas del monasterio. Podrá acceder en automóvil hasta lo más alto, pero a no ser que tenga nervios de acero, es mejor que deje el vehículo en la curva que hay al pie de la colina. Si va a ir caminando desde el centro del pueblo, tardará 1 hora en subir y otra en bajar.

Aspectos prácticos

Los **autobuses** regulares desde Palma, Inca y Port de Pollença paran al sur de la plaça Major de Pollença. No hay oficina de turismo en la localidad, pero sí un lugar céntrico donde **alojarse**, el *Hotel Juma* de la plaça Major 9 (☎971 535 002; fax 971 534 155; ⑤), con habitaciones cómodas y modernas que disponen de aire acondicionado. La ermita de Nostra Senyora del Puig ofrece un alojamiento más económico (☎971 530 235; ①) —véanse indicaciones arriba—, pues las antiguas celdas de los monjes han sido restauradas; sin embargo, el viajero debería saber que también pueden ser frías por la noche, y que la comida del refectorio no es de mucha calidad.

Pollença tiene numerosos **cafés** y **restaurantes**. En la plaça Major, se halla el *Café Espanyol*, que sirve generosos tentempiés y un buen café; el *Juma* ofrece excelentes tapas y el *Restaurante Il Giardino* una sabrosa cocina francesa. Asimismo en la calle Montisión, entre la plaza principal y El Calvari, encontrará el *Restaurante Cantonet*, que está de moda y sirve un pescado delicioso.

Port de Pollença

En **PORT DE POLLENÇA** el ambiente es un poco más turístico, aunque los precios no son muy elevados. Con las montañas como telón de fondo, el centro se extiende por las tierras llanas que hay detrás de la accidentada bahía de Pollença, cuyas resguardadas aguas son ideales para nadar. En la **playa**, una franja estrecha y alargada de arena, apenas cabe toda la gente que llega a Port de Pollença (aunque puede decirse que, en general, dispondrá de más espacio aquí que más hacia el sureste o Alcúdia). Una serie de bloques de apartamentos y hoteles afea la periferia de la localidad, y la ruidosa carretera principal que va a Alcúdia sigue la mayor parte de la costa, pero a pesar de todo se trata de un lugar muy atractivo, sobre todo el centro, detrás del puerto náutico, donde las antiguas calles estrechas recuerdan los orígenes de este pequeño puerto de pescadores.

Si el viajero quiere cambiar de escenario, hay **barcos-taxi** que cruzan el puerto deportivo hasta la playa de Formentor, una de las más bonitas de Mallorca (5 diarios; 30 min.; trayecto, 800 pesetas), mientras que si se une a una **excursión en barco** recorrerá la bahía (lun.-vier., 1 diario; 2 h; 1.500 pesetas), o bien podrá ir por el cabo Formentor (lun.-vier., 1 diario; 2 h 30 min.; 1.600 pesetas). También existe la posibilidad de hacer una **excursión** a pie de 3 km (en cada sentido) cruzando el cuello de la península de Formentor hasta la **cala Boquer**. En el frente marítimo, al noreste del puerto deportivo, tendrá que tomar el desvío a la izquierda que sube por la avinguda Bocchoris y luego seguir por el amplio sendero con pinos en el lado izquierdo. En la señalización que indica «Predio Bóquer Privada Camin Particular», deberá seguir el sendero ancho hacia el norte, con la sierra delante, y pronto llegará a una puerta de hierro detrás de la cual se encuentra la granja Bóquer. El camino atraviesa el montañoso **valle de Boquer**, muy apreciado entre los ornitólogos, en especial por su riqueza en aves migratorias, y entre los botánicos por sus arbustos y flores silvestres. Tras caminar durante unos 45 minutos encontrará una pequeña **playa** de guijarros con aguas muy claras (aunque a veces la orilla esté llena de desperdicios).

Aspectos prácticos

Los **autobuses** que van de Palma, Alcúdia, Port d'Alcúdia y Port de Sóller a Port de Pollença paran junto al puerto deportivo, en el centro de la localidad. A 2 minutos a pie está la **oficina de turismo**, a una calle por detrás del frente marítimo, en la carretera Formentor 31 (mayo-oct., lun.-vier., 9-13 h y 16-19 h; sáb., 9-13 h; ☎971 865 467). Las tierras llanas que rodean la bahía de Pollença y se extienden hasta Alcúdia y Pollença invitan a dar paseos en bicicleta. El viajero podrá alquilar **bicicletas de montaña** por 1.600 pesetas al día en una tienda llamada March, en Joan XXIII 89 (☎971 864 784), que asimismo alquila **ciclomotores** y **motocicletas**. En la misma calle pero en el n.º 9, Viajes Iberia (☎971 866 262) funciona también como agencia de **American Express** en esta parte de Mallorca. Globespan, especializada en vacaciones de senderismo, tiene oficinas en el passeig Saralegui 114 (☎971 864 711), donde podrá unirse a uno de sus grupos guiados en una excursión de 1 día (unas 2.000 pesetas por persona). La oficina facilita toda la información, pero debe reservar plaza al menos con 24 horas de antelación.

Hay algunas ofertas de **alojamiento** de precios moderados, aunque conseguir habitación en temporada alta resulta muy complicado. Sobre la pequeña plaza principal se encuentra el agradable *Hostal Residencia Borrás*, plaça Miquel Capllonch 16 (☎971 531 474; ④); barato; casi todas las habitaciones son espaciosas y los clientes pueden desayunar en un hermoso patio. Frente al mar está el *Hotel Miramar*, en passeig Anglada Camarasa 39 (abril-oct.; ☎971 867 211; fax 971 864 075; ⑤); se trata de un agradable hotel de tres estrellas con una magnífica fachada y habitaciones con balcón. También frente al mar se halla el *Hostal Residencia Eolo*, en Torres 2 (☎971 866

550; fax 971 866 301; ⑤), un establecimiento sin pretensiones, agradable y frecuentado por senderistas.

Entre los numerosos **restaurantes** del lugar, se recomiendan el *Restaurant Stay*, en el Moll Nou del puerto deportivo, un local pequeño y elegante que sirve pescado fresco y ofrece una comida completa a la carta por unas 5.500 pesetas; y *El Pozo*, en Joan XXIII 25, donde puede elegir en una variada carta de pescado. Si el viajero prefiere algo menos caro, puede ir al puerto náutico rodeando el frente marítimo.

La península de Formentor

Si el viajero se dirige al noreste al salir de Port de Pollença, la carretera pasará por la zona militar que hay en el punto más apartado del centro turístico antes de adentrarse por las escarpadas montañas de la **península de Formentor**, de 20 km de largo, últimas estribaciones de la sierra de Tramuntana. Al principio, la carretera (transitada en exceso por los turismos desde media mañana hasta el atardecer) va tierra adentro, y por ello el viajero se perderá parte del hermoso paisaje; pero a unos 4 km está el **mirador de Mal Pas**; se trata de una serie de puntos en los abruptos acantilados desde los que el viajero contemplará magníficas vistas. A partir de allí aún quedan 2 km o más hasta los bosques que arropan la **platja de Formentor**, en una bonita cala rodeada de pinos. Es un lugar precioso, con vistas de las montañas en el punto más apartado de la bahía. En verano, cuando acuden muchos visitantes, el viajero podrá ir desde este punto hasta Palma y Port de Pollença en el servicio de **autobuses** (2 diarios). Al final de la cala y enfrente de un pequeño islote se encuentra el *Hotel Formentor* (☎971 899 100; fax 971 865 155; ⑧). Inaugurado en 1930, este hotel —que algunos consideran el mejor de la isla— se halla a los pies de una boscosa ladera montañosa; es una construcción con aires de hacienda, embellecida por algunos elementos neoclásicos y Art Déco, con un bonito jardín en varios niveles. Incluso en pleno verano suele disponer de habitaciones.

Más allá del desvío que conduce hasta la playa, la carretera principal de la península continúa por una sierra frondosa antes de atravesar el monte Fumat hasta el macizo rocoso del **cabo de Formentor**, un promontorio puntiagudo, con acantilados marinos y montañas cubiertas de arbustos, que ofrecen espectaculares vistas.

Alcúdia

Si el viajero se dirige hacia el **sur** desde **Port de Pollença** sólo tendrá que recorrer 10 km hasta la pequeña **ALCÚDIA**, cuyo mayor punto de interés es la muralla medieval. Tal vez le parezca un pueblo demasiado limpio y proyectado hacia el turismo; no obstante, su historia es interesante. Situada en una franja de tierra que separa dos bahías grandes y resguardadas, se trata de un lugar de gran valor estratégico, como advirtieron primero los fenicios y más tarde los romanos, que en el siglo I d.C. establecieron allí su capital de la isla, Pollentia, sobre un antiguo asentamiento. En el 426 la ciudad fue destruida por los vándalos, y abandonada hasta que los árabes construyeron una fortaleza hacia el 800 y llamaron el lugar *al-Kudia* («en la montaña»). Tras la Reconquista, Alcúdia prosperó como importante centro comercial, papel que desempeñó hasta bien entrado el siglo XIX, cuando cayó en un largo declive del que sólo salió gracias al turismo.

El viajero sólo tardará alrededor de 1 hora en recorrer las antiguas callejuelas del centro de la localidad, explorar las murallas y ver sus puertas fortificadas. Este agradable paseo puede completarse con la visita a los pocos restos de la **Pollentia** romana que se conservan (acceso abierto; entrada gratuita), cuyos fragmentos de columnas y paredes desmoronadas se hallan en la parte exterior de las murallas de la localidad.

Los **autobuses** que van a Alcúdia paran junto a las murallas, en la plaça Carles V. No hay oficina de turismo. Si quiere **comer**, encontrará buenos cafés en la plaça Constitució, aunque es mejor el concurrido café-bar *Ca's Capella*, al este de la iglesia de Sant Jaume, en el carrer Rectoria.

Port d'Alcúdia

PORT D'ALCÚDIA, a 2 km de Alcúdia, es el centro turístico más grande y activo de la bahía de Alcúdia. Sus numerosos restaurantes y café-bares atraen a una multitud procedente de las interminables hileras de hoteles y bloques de apartamentos que se concentran allí. Sin embargo, esto no significa que se parezca a otras localidades turísticas de la costa, ya que los bloques están bien distribuidos; además, las calles son bonitas y limpias. Durante el día, casi todo el mundo va a la **playa**, una magnífica extensión de arena dorada con pinos, que se prolonga hacia el sur desde el puerto deportivo y pesquero con una longitud de 10 km.

Port d'Alcúdia constituye el nudo de comunicaciones más importante del norte de Mallorca; hasta allí llegan **autobuses** procedentes de Palma, Port de Sóller, Port de Pollença, Pollença y Artà, así como de otros pueblos y centros turísticos vecinos. Todos estos autobuses paran en el centro del pueblo, cerca de la **oficina de turismo** (lun.-sáb., 9-19 h; ☎971 892 615), situada en la carretera d'Artà, la vía principal. Allí proporcionan toda clase de información; la más útil son unos mapas gratuitos donde se indican todos los hoteles turísticos (el viajero debe tener en cuenta que en temporada alta escasean las habitaciones y que suelen estar lejos del centro; además, en invierno casi todo está cerrado). Quizá sea de más utilidad la información sobre las empresas de alquiler de **automóviles**, **motocicletas** y **bicicletas**, que se concentran detrás de la playa: Avis, por ejemplo, tiene su oficina en la avinguda Casino 1 (☎971 891 701). Las bicicletas de montaña cuestan unas 1.500 pesetas al día y 6.500 pesetas por semana.

Parc Natural de S'Albufera

Si el viajero se dirige hacia el sureste tras rodear la bahía desde Port d'Alcúdia por la C-712, tendrá que recorrer 6 km hasta llegar al **Parc Natural de S'Albufera**, de unas 800 Ha (todos los días, abril-sept., 9-19 h; oct.-marzo, 9-18 h; entrada gratuita). Se trata de una extensión de humedales, todo lo que queda de las marismas que antiguamente se extendían alrededor de gran parte de la bahía; el resto ha sido explotado para sacar provecho de la enorme playa llena de pinos. Al cabo de aproximadamente 1 km del acceso indicado en la carretera principal hay senderos que llevan hasta el **área de recepción** del parque y se internan por la zona húmeda y llena de cañas que se abre por detrás. Se trata de un magnífico hábitat, donde encontrará diez puestos señalizados para **observar las aves**. De hecho, se han catalogado más de 200 especies: aves de las marismas, migratorias de otoño o primavera y numerosas especies invernales y aves de rapiña. No hay problema alguno para llegar hasta allí en transporte público: los **autobuses** que van de Port d'Alcúdia a Can Picafort se detienen ante la entrada.

El este de Mallorca

La **costa este** de Mallorca, que se extiende unos 60 km al norte desde Cala Figuera hasta Cala Rajada, está llena de **calas** estrechas que proceden de los prehistóricos valles fluviales que se crearon cuando el nivel del Mediterráneo era muy inferior al actual. De gran belleza natural, todas ellas, excepto las menos accesibles, han quedado

invadidas por urbanizaciones veraniegas que es preferible pasar de largo, sobre todo si el viajero dispone de vehículo propio. No obstante, si aún quiere visitarlas cabe destacar un par de núcleos y el atractivo de la carretera secundaria que los une, y que en su mayor parte atraviesa tierras del interior al filo de las **sierras de Llevant**, una estilizada cadena montañosa que alcanza los 500 m de altura en sus dos puntos extremos: el sur, junto a Felanitx, y al norte junto a Artà.

Porto Cristo

PORTO CRISTO, situado hacia la mitad de la costa este, es la mayor localidad de los alrededores. Se trata de un lugar concurrido y desde allí podrá hacer las dos excursiones más habituales, que se anuncian en carteles multicolores en varias lenguas: las **Coves des Hams** (visitas guiadas, todos los días, 10.30-17.30 h; 1.300 pesetas) y las **Coves del Drac** (visitas guiadas, todos los días, abril-oct., 10-17 h; nov.-marzo, 10.30-16 h; 900 pesetas). Ambas incluyen conciertos clásicos subterráneos en el precio de la entrada. Como lo más probable es que el viajero no quiera ver las dos, se recomienda las del Drac (dragón), a unos 15 minutos caminando desde el centro de Porto Cristo. La iluminación es impresionante, sobre todo en torno al lago considerado como «el mayor lago subterráneo de Europa»; los músicos se deslizan en barca sobre el agua mientras tocan sus instrumentos.

Artà y alrededores

Si el viajero se dirige hacia el norte desde Porto Cristo, al cabo de 20 km llegará a **ARTÀ**, un antiguo pueblo de montaña con casas de tejados descoloridos por el sol y arracimadas en torno a una capilla-santuario fortificada; como telón de fondo destacan los picos de las sierras de Llevant. Se trata de una preciosa imagen, un tanto desmerecida por los barrios de los alrededores, ya que los tortuosos callejones que la rodean no tiene mucho que ver con el resto. Sin embargo, se recomienda recorrer el tramo de 10 minutos que hay hasta el **Santuari de Sant Salvador**, en lo alto de Artà, para contemplar las vistas de la costa este de Mallorca. Asimismo son interesantes los restos del asentamiento prehistórico de **Ses Paisses** (abril-sept., lun.-vier., 9-13 h y 15-19 h; sáb., 9-13 h; oct.-marzo, lun.-sáb., 9-13 h y 14-17.30 h; 200 pesetas), situado en un terreno de olivos, algarrobos y encinas a 1 km al sur de la localidad.

Los **autobuses** que van a Artà paran casi en el centro, junto a la C-715. Desde la parada de autobuses hay tan sólo unos 200 m hasta la calle principal o carrer Ciutat, donde el viajero encontrará algunos **cafés**. El mejor es el *Café Parisien*, en el n.º 18, un establecimiento pequeño y elegante con terraza exterior que sirve sabrosas tapas y ensaladas a precios moderados. *Ca'n Balagué*, en el n.º 19, es un café-bar más tradicional, y también ofrece platos ligeros. Artà no dispone de hostales ni hoteles.

La localidad se halla en un importante cruce de carreteras: al **este**, la principal pasa por el pueblo de **CAPDEPERA** —una aldea situada bajo un hermoso castillo con almenas— antes de descender hacia la costa junto al gran centro hostelero de **CALA RAJADA**, cuya excelente playa es un destino habitual de los paquetes turísticos alemanes. Hacia el **oeste**, la C-712 serpentea entre las montañas hasta llegar a Can Picafort y la bahía de Alcúdia (véase pág. anterior).

MENORCA

En **MENORCA**, la segunda isla más grande de las Baleares, hay numerosos restos prehistóricos diseminados por parte de su paisaje. Hasta allí ha llegado también la modernidad y los centros turísticos costeros, pero afortunadamente todavía existen

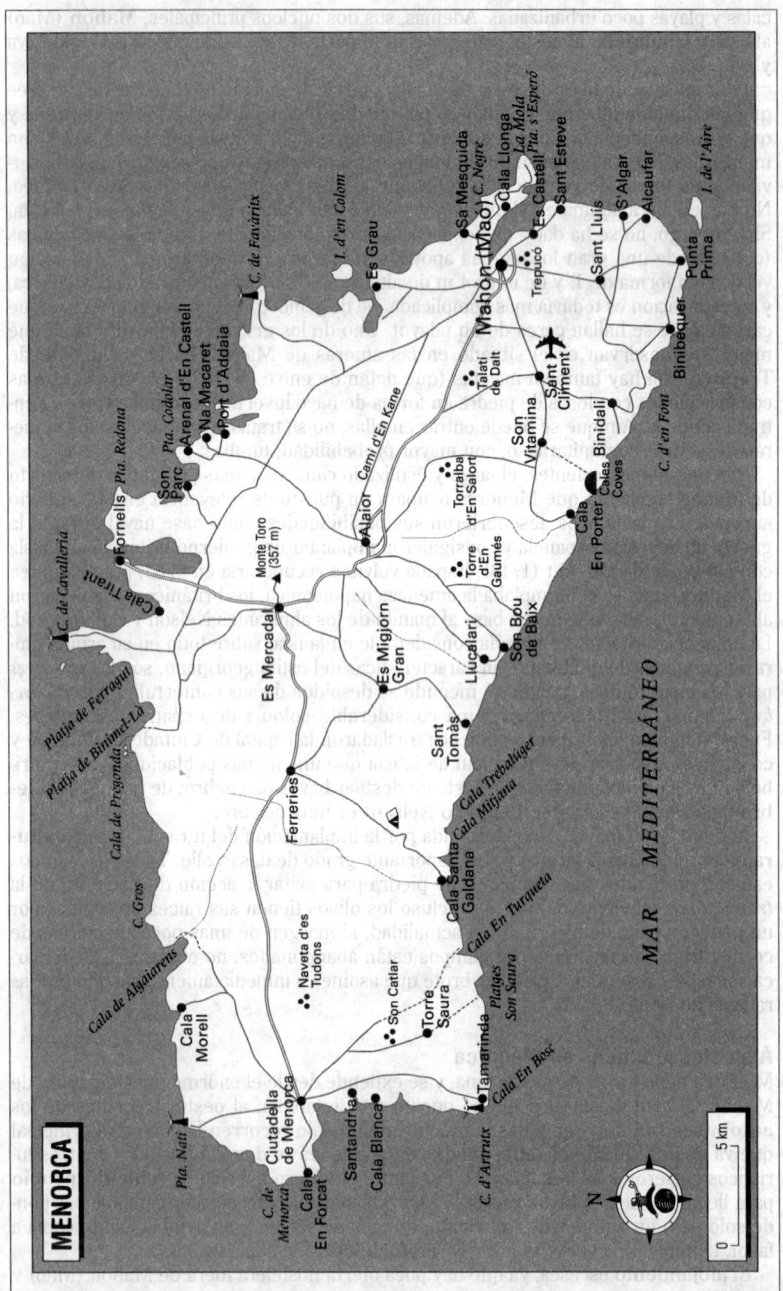

calas y playas poco urbanizadas. Además, sus dos núcleos principales, **Mahón** (Maó) al este y **Ciutadella** al oeste, conservan gran parte de sus edificios de los siglos XVII y XVIII.

Poco se sabe de la Prehistoria de la isla a pesar de sus abundantes restos; se cree que los monumentos que quedan en pie pueden relacionarse con los de Cerdeña y que corresponden a la llamada **cultura talayótica** del II milenio a.C. Los talayots son montículos de roca que están diseminados por toda la isla, y que según se cuenta servían como torres de vigilancia; no obstante, pocos especialistas comparten tal idea. No hay escalera alguna en el interior, y sólo se han hallado unos cuantos en la costa. Sin embargo, no se ha dado una explicación más convincente. Las taulas megalíticas (conjunto de una gran losa ancha apoyada sobre otra, formando una construcción vertical en forma de T, y de unos 4 m de altura) sólo se han encontrado en Menorca, y su explicación es todavía más complicada. Se desconoce cuál era su función, aunque casi siempre se hallan cerca de un talayot. Uno de los grupos de talayot y taula que mejor se conservan es el situado en las afueras de Mahón, en el yacimiento de **Trepucó**. Allí hay también navetas (que datan de entre el 1400 y el 800 a.C.), unas construcciones con losas de piedra en forma de nave invertida, alargada, con una entrada pequeña. Aunque se puede entrar en ellas, no se trata de habitáculos; quizá fueran despensas comunitarias o, con mayor probabilidad, tumbas.

En épocas más recientes, el largo y estilizado canal de aguas profundas del puerto de Mahón consiguió que Menorca ocupara un puesto de relevancia en el comercio europeo. Los británicos descubrieron sus posibilidades como base naval durante la guerra de Sucesión española y consiguieron implantar un gobierno británico en la isla con el tratado de Utrecht (1713). España volvió a recuperarla en 1783, pero como en el Mediterráneo se contemplaba la amenaza napoleónica, los británicos establecieron allí temporalmente una nueva base al mando de los almirantes Nelson y Collingwood. La influencia británica es todavía considerable en la isla, sobre todo en su arquitectura: las ventanas de guillotina, tan características del estilo georgiano, son las *winderes* para los menorquines, quienes a menudo se despiden de sus contertulios con un *byebye*; además, en Menorca vive una considerable colonia de expatriados ingleses. Fueron también los británicos quienes trasladaron la capital de Ciutadella a Mahón y construyeron la carretera principal de la isla que une ambas poblaciones. Su contribución más importante fue la del arte de destilar bayas de enebro; de hecho, la **ginebra** menorquina (Xoriguer, Beltrán o Nelson) es muy célebre.

Aunque en su mayor parte destruida por la implantación del turismo, la **agricultura** menorquina había alcanzado un importante grado de desarrollo. Todos los campos estaban protegidos por una pared de piedra para evitar la acción devastadora de la *tramuntana* (el viento del norte); incluso los olivos tienen sus raíces protegidas por un pequeño pozo de piedra. En la actualidad, al margen de unas pocas hectáreas de colza y trigo, la mayoría de los campos están abandonados; no obstante, sus demarcaciones se conservan. Cualquier brote que asome es inmediatamente barrido por las ráfagas de viento.

Aspectos prácticos en Menorca

Menorca tiene forma de media luna, y se extiende desde el enorme puerto natural de Mahón, al este, hasta el pequeño puerto de Ciutadella, al oeste. Las rutas de los **autobuses** son muy limitadas, y prácticamente sólo recorren la carretera principal que va de una ciudad a la otra, aunque en ocasiones se desvían hacia los centros turísticos costeros más importantes. Por tanto, el viajero necesitará **vehículo propio** para llegar hasta las **playas** vacías —a las que se suele acceder por caminos por donde sólo pasa un automóvil—; el viento, que puede ser de gran ayuda cuando sopla a favor, le impedirá a veces avanzar en **motocicleta** si le sopla de cara.

El **alojamiento** escasea, ya que hay poca oferta hostelera fuera de Mahón (Maó) y

Ciutadella y puede estar seguro de que las camas de todos los pueblos de la isla estarán reservadas por los operadores turísticos en temporada alta (mayo-oct.). En agosto es imprescindible hacer la reserva con antelación.

Mahón (Maó)

MAHÓN (Maó), la capital de la isla, será probablemente el primer destino del viajero. Se trata de una pequeña ciudad muy agradable. Su arquitectura es una mezcla de casas de pueblo con ventanas de guillotina al estilo clásico georgiano y bloques altos de apartamentos que ensombrecen las calles estrechas. Aunque tenga puerto, no verá zonas feas, y en los alrededores del muelle hay una serie de restaurantes y cafés que atraen a los turistas de paso.

Llegada e información

En el **aeropuerto** de Menorca (☎971 369 015), a sólo 5 km al oeste de Mahón (Maó), las instalaciones son escasas; sólo encontrará algunos puestos de alquiler de automóviles y un **mostrador de información turística** donde proporcionan folletos gratuitos (mayo-oct., todos los días, 8.30-23 h; ☎971 157 115). No parten autobuses hacia la ciudad, pero los taxis llevarán al viajero por unas 1.000 pesetas. Los **transbordadores** de Barcelona a Palma entran directamente al puerto de Mahón y amarran junto a las oficinas de Transmediterránea (☎971 366 050), bajo el centro del pueblo. Desde la parte de atrás del puerto de transbordadores sólo tendrá que caminar 2 minutos por la amplia escalera de piedra hasta el casco antiguo de la ciudad.

La **oficina de turismo** de Mahón, situada en el lado de tierra firme del centro que está en plaça S'Esplanada (lun.-vier., 8-15 h y 17-19 h; sáb., 9-14 h; ☎971 363 790), ofrece mapas de la isla y folletos gratuitos con información, desde yacimientos arqueológicos y playas hasta horarios de autobuses, alquiler de automóviles, alojamiento y bancos. Los **autobuses de largo recorrido** se encuentran en las paradas que hay a lo largo de la avinguda Quadrado, al doblar la esquina desde la oficina de turismo; los **autobuses locales** que recorren la costa sureste paran en la plaza situada al otro lado de la oficina de turismo.

Alojamiento

Mahón tiene una oferta de **alojamiento** limitada, y la excesiva demanda contribuye a que suban los precios en temporada alta. Sin embargo, continúa siendo junto con Ciutadella el mejor lugar de Menorca donde buscar alojamiento económico; entre las calles de los alrededores de la plaça Príncep, a unos pocos minutos al este del centro, encontrará una pequeña concentración de **hostales**. No se trata de establecimientos muy bonitos, pero sus precios son moderados.

Opciones económicas

Hostal La Isla, Santa Caterina 4, en la esquina con carrer Concepció (☎971 366 492). Hostal de una estrella recientemente renovado, cómodo; dispone de 25 habitaciones y bar y restaurante propios. ③

Hostal Residencia Orsi, Infanta 19 (☎971 364 751). El hostal más bonito de la ciudad, regentado por ingleses y a 2 minutos de la plaça Reial; habitaciones agradables, limpias con grandes ventanas y contraventanas verdes. ③

Hostal Reynes, Comerç 26 (☎971 364 059). Edificio poco llamativo y moderno con habitaciones funcionales. ③

866/LAS ISLAS BALEARES

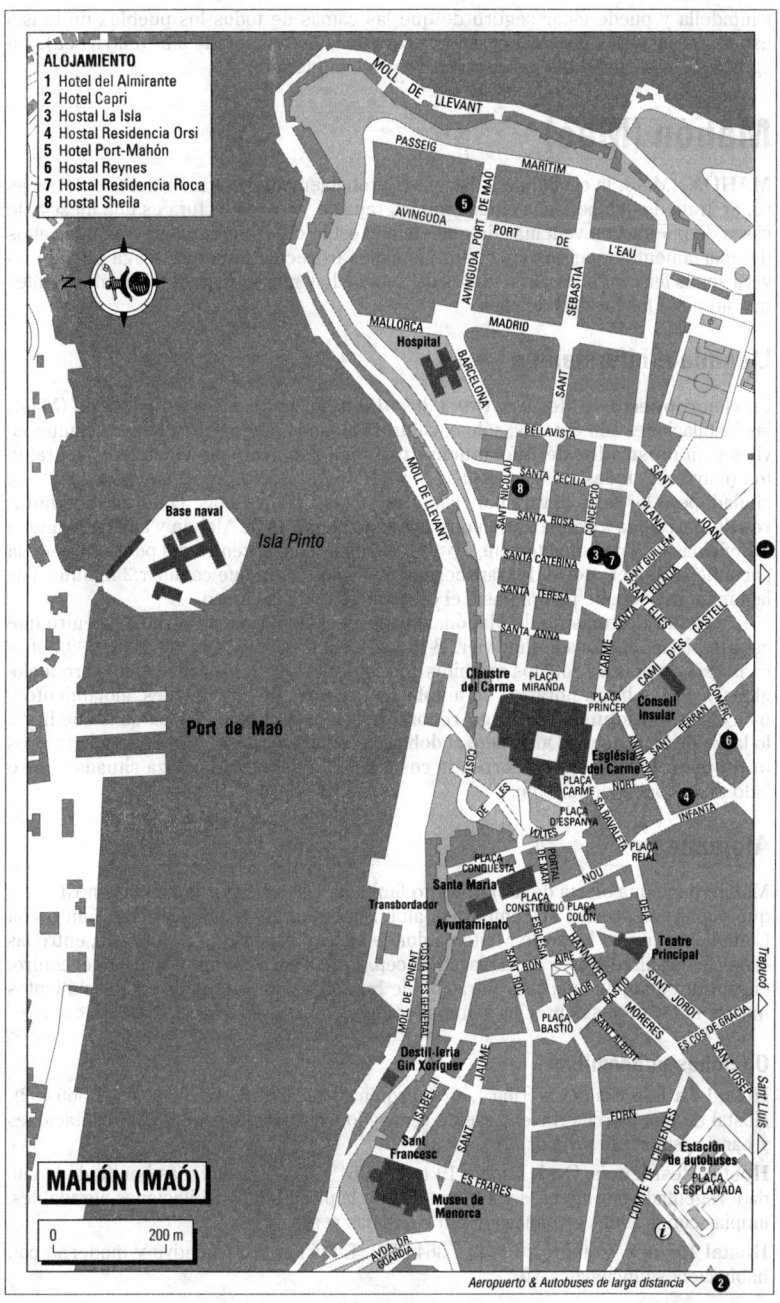

Hostal Residencia Roca, Carme 37, esquina con carrer Santa Caterina (☎971 351 539). Habitaciones sin lujo en un bloque moderno pero bastante alegre, con un café en la planta. ③

Opciones moderadas y caras

Hotel del Almirante, carretera de Mahón (Maó), a casi 2 km de Mahón (Maó) por la carretera de la costa a Es Castell (☎971 362 700). Antigua residencia del almirante británico lord Collingwood, esta casa georgiana de color crema y marrón está llena de preciosas antigüedades, aunque algunas de las habitaciones son modernas y dan a la piscina de la parte de atrás. Determinados operadores turísticos británicos suelen reservar paquetes en este establecimiento, pero a menudo hay habitaciones libres. ⑦
Hotel Capri, Sant Esteve 8 (☎971 361 400). Hotel moderno en el centro de Mahón (Maó), a poca distancia de la oficina de turismo en la avinguda Quadrado. ⑦
Hotel Port-Mahón, avinguda Fort de l'Eau 13 (☎971 362 600). Elegante hotel colonial con columnas, frontón y ventanas circulares, en una magnífica ubicación sobre la entrada de Mahón. Tiene piscina y toda clase de instalaciones modernas. Los precios de las habitaciones varían mucho; la más cara asciende a 30.000 pesetas. El hotel se encuentra a 20 minutos a pie al este del centro por el carrer Carme o por el frente portuario. ⑧
Hostal Sheila, Santa Cecília 41, esquina con carrer Sant Nicolau (☎971 364 855). Esta antigua casa con terraza ha sido restaurada con buen gusto en estilo muy moderno, y tiene habitaciones muy limpias. ⑥

La ciudad

Aunque el viajero necesitará vehículo propio para ver la isla, el mejor modo de visitar Mahón (Maó) es a pié; su centro es compacto, con calles profundas que se elevan por encima del nivel del agua, y se puede cruzar de arriba abajo en sólo 10 minutos. El bonito entorno de Mahón (Maó) y sus mansiones antiguas le confieren un encanto especial; además, podrá visitar la ciudad en un solo día. Desde las proximidades de la terminal de transbordadores, construida bajo un acantilado que sostiene los restos de la muralla de la población, una amplia escalinata de piedra asciende hasta alcanzar cuatro pequeñas plazas prácticamente contiguas. La primera, la **plaça d'Espanya**, ofrece vistas del puerto y la bahía. A su izquierda está la **plaça del Carme**, en la que se alza una sencilla iglesia carmelita cuyo claustro ha sido adaptado para albergar el mercado de productos frescos. En sentido contrario desde plaça d'Espanya se encuentra la **plaça Conquesta** y la **plaça Constitució**.

En la plaça Constitució se halla la iglesia principal de la ciudad, **Santa María**. Fundada en 1287 por Alfonso III para conmemorar la Reconquista de la isla, su estructura gótica ha sido modificada (en concreto con un altar mayor barroco poco destacable). Sí llama la atención el **órgano**, una monumental pieza de madera construida en Austria en 1810 por Johann Kyburz y que recorrió media Europa durante las guerras napoleónicas bajo la supervisión del almirante Collingwood. Con sus cuatro teclados y 300 tubos, las dimensiones quizá sean desproporcionadas y en otro lugar habría quedado mejor. Casi al lado se encuentra el **Ajuntament** del siglo XVIII, en cuya bonita fachada con arcos hay balcones de hierro forjado, un reloj regalado a la isla por el primer gobernador británico y una piedra con una inscripción que proclama la ocupación romana en el siglo I d.C.

Al doblar la esquina y hacia el final del carrer Isabel II, se ve la fachada barroca de **Sant Francesc**. Se tardó mucho en terminar la iglesia; se empezó a construir tras el ataque de Barbarroja a la ciudad en 1535 y las obras continuaron durante los si-

glos XVII-XVIII. La nave está poco iluminada, pero a pesar de ello el visitante podrá distinguir el tinte rosado que colorea la piedra y la insólita decoración espiral de las columnas. En cambio, la **capilla de la Inmaculada Concepción**, en la parte norte de la nave, está llena de luz; su decoración de guirnaldas de parras y rosas sobre la forma octogonal del recinto es un ejemplo de estilo churrigueresco. La capilla se atribuye a Francesc Herrera, que estudió en Roma y trabajó en Menorca antes de trasladarse a la iglesia de Sant Miquel de Palma.

Los edificios monásticos contiguos albergan en la actualidad el **Museu de Menorca** (mar.-sáb., 10-14 h y 17-20 h; dom., 10-14 h; entrada gratuita), tal vez el mejor museo de la isla, y el más grande. Se accede a él por el **claustro** de Sant Francesc, cuyos sólidos pilares y naves abovedadas representan la culminación del barroco menorquín. Ya en el **primer piso**, se expone una amplia muestra de utensilios prehistóricos, empezando por fragmentos y piezas de los pastores del Neolítico, que se asentaron allí hacia el 4.000 a.C., así como una importante exposición de materiales del período de los talayots.

Desde el museo el visitante sólo tendrá que caminar 5 minutos hasta los parterres de flores y fuentes de la plaza principal o **plaça de S'Esplanada**. En dirección sur desde la plaça de S'Esplanada llegará (en unos 20 minutos) al yacimiento prehistórico de **Trepucó** (acceso abierto; entrada gratuita); tendrá que seguir Es Cós de Gràcia por la carretera de circunvalación, cruzar la rotonda y recorrer el callejón tortuoso que pasa junto al cementerio. Rodeado por olivos y paredes de piedra, en el pequeño yacimiento hay una taula de 4,2 m de altura y 2,75 de ancho, el mayor monumento de esta clase que existe en Menorca. Cerca hay dos talayots en forma de cono, aunque el más grande fue estropeado por los franceses que, durante la invasión de 1781, lo utilizaron para engrosar los muros e instalar sus armas sobre él.

De regreso a la terminal de transbordadores, el viajero verá la **destilería de ginebra Xoriguer** (lun.-vier., 8-19 h; sáb., 9-13 h; entrada gratuita), en la que podrá tomar unos cuantos vasos gratuitos de ginebra y otros licores. Desde aquí es posible caminar a lo largo del muelle hasta el extremo sureste de la ciudad, un paseo de media hora; pasará ante una serie de restaurantes, bares y cafés y el bullicioso centro de deportes náuticos de la población. De día es un paseo tranquilo, pero por la noche se anima un poco.

Comida, copas y vida nocturna

Mahón ocupa un lugar en la historia de la gastronomía, pues allí nació en el siglo XVIII la salsa **mayonesa** (mahonesa). Varias leyendas, todas relativas a los franceses, se disputan la identidad de su creador: el cocinero del comandante francés que dirigía el sitio de Mahón, una campesina que aderezaba una ensalada para un general francés o un ama de casa que quería disimular el sabor de una carne rancia al paladar de un oficial francés. Los franceses también introdujeron cambios en la forma de cocción del pan, mientras que los británicos impulsaron la industria láctea y promocionaron la carne asada. Lamentablemente, la comida tradicional balear no está en boga, ya que en la mayoría de los **restaurantes** de Mahón sirven especialidades españolas, catalanas o italianas. Los establecimientos orientados hacia el turismo se extienden, sobre todo, por el puerto: el Moll de Ponent al oeste de la escalera principal y el Moll de Llevant al este. Hay asimismo algunos restaurantes económicos y **cafeterías** en el centro de la ciudad, aunque no abundan los **bares de tapas**.

La **vida nocturna** no es el fuerte de Mahón, pero el viajero encontrará unos cuantos **bares** muy animados en el puerto que permanecen abiertos hasta las 2 h los fines de semana (en verano).

Cafeterías y bares de tapas

American Bar, plaça Reial 8. Espacioso café-bar de grandes ventanales que en su momento fue el local de moda de la ciudad; todavía es un buen establecimiento para tomar un café o algún tentempié poco original pero abundante.

Cafeteria Consey, plaça S'Esplanada 72. De todos los cafés de la plaza principal, éste destaca por sus tapas y excelentes tentempiés a buen precio.

La Farinera, Moll de Llevant 84. Moderno café-bar que ofrece unos magníficos tentempiés cerca del muelle de transbordadores. Abierto a partir de las 6 h.

La Morada, plaça Bastió 12. Variada selección de tapas tradicionales, a una media de unas 400 pesetas por persona.

Restaurantes

L'Arpó, Moll de Llevant 124. Restaurante íntimo y acogedor; sirve excelentes platos de pescado a partir de 1.800 pesetas.

Gregal, Moll de Llevant 43. Local pequeño y elegante en el extremo este del puerto; ofrece la mejor cocina griega y un excelente pescado. Los platos principales cuestan unas 2.000 pesetas.

Pilar, Forn 61. Local familiar con cocina tradicional menorquina (platos principales a partir de 1.600 pesetas), cerca de la plaça S'Esplanada. Salga de la plaza por el carrer Moreres, tome la primera a la izquierda y luego la primera a la derecha. Nov.-abril, cerrado.

Il Porto, Moll de Llevant 225. Establecimiento agradable para comer, con una fuente y una terraza con arcadas. El cocinero trabaja a la vista de los clientes y elabora unos sabrosos platos de carne y pescado en un menú variado con precios moderados.

Roma, Moll de Llevant 295. Restaurante popular y de servicio rápido; especializado en comida italiana bien preparada y barata. La decoración está un poco pasada de moda, pero esto encaja bien con el tipo de clientela que frecuenta el establecimiento.

Bares y clubes nocturnos

Bar Akelarre, Moll de Ponent 41. Bar tranquilo, moderno y diseñado con imaginación en un lugar con techo abovedado, de piedra, cerca de la terminal de transbordadores.

Café Baixamar, Moll de Ponent 17. Decoración modernista, magnífico ambiente y música para todos los gustos.

Nou Bar, Nou 1, esquina con carrer Hannover. Café-bar anticuado, poco iluminado, frecuentado por lugareños que van a tomar café y coñac en sus antiguos sillones.

Si, Verge de Gràcia 16, con carrer Santiago Ramón y Cajal. Lugar nocturno de baja categoría al sur de la plaça Reial. De 23.30 h hasta alrededor de las 3 h.

Direcciones prácticas

Alquiler de automóviles Avis (☎971 361 838) y Atesa (☎971 366 213) tienen oficinas en el aeropuerto, mientras que en el centro de la ciudad hay otra agencia en plaça S'Esplanada 53 (☎971 364 778), además de otras compañías menos importantes (la oficina de turismo proporciona una lista completa).

Alquiler de bicicletas Just Bicicletas, Infanta 19 (☎971 364 751), alquila bicicletas de montaña por unas 1.000 pesetas al día y 5.000 pesetas a la semana.

American Express En Viajes Iberia, Nou 35 (☎971 362 848).

Bancos Banco de Crédito Balear, plaça S'Esplanada 2; Banca March, Sa Ravaleta 7.

Emergencias Ambulancias de la Cruz Roja ☎361 180; bomberos ☎092; policía (local) ☎092.

Hospital Virgen de Monte de Toro, en carrer Barcelona.

Mapas y libros Librería Católica, junto a la plaça Colón en Hannover 14, tiene una buena selección de guías y mapas generales de Menorca, además de numerosos mapas para practicar senderismo por la isla.

Motocicletas Motos Gelabert, avinguda Josep Anselm Clavé 12 (☎971 360 614).

Oficina de correos Bon Aire 15, cerca de la plaça Bastió (lun.-vier., 9-17 h; sáb., 9-13 h).

Taxis Hay una parada en la plaça S'Esplanada. También puede telefonear a Radio Taxis (☎971 367 111).

Transbordadores Horarios, precios y billetes directamente en la línea de transbordadores Transmediterránea (☎971 366 050), junto al puerto de transbordadores.

Al norte, hacia Fornells

Al norte de Mahón (Maó), la carretera hacia Fornells recorre algunos de los paisajes más hermosos de Menorca, campos cultivados y protegidos por grandes plantaciones de árboles, y va elevándose a medida que se acerca al monte Toro y lo rodea en dirección norte. Al final de la carretera, a sólo 25 km de la capital, se halla **FORNELLS**, un clásico pueblecito pesquero en la desembocadura de una bahía. Aunque no tiene playa, es muy frecuentado por los turistas desde hace años, sobre todo debido a sus **restaurantes de pescado**, cuya especialidad, la *caldereta de llagosta* (un cocido de langosta) es muy sabroso pero caro. Sin embargo, Fornells no ha sido urbanizado en exceso, ya que su población ha seguido concentrándose en una serie de residencias veraniegas al norte del pueblo construidas en un estilo armónico con el hábitat.

En la agreste y rocosa línea costera al oeste de Fornells hay algunas **calas** preciosas. Sin embargo, acceder a ellas resulta difícil; a esta parte de la isla apenas ha llegado el desarrollo urbanístico, por lo que a menudo está poco señalizada, y las carreteras de acceso suelen ser caminos de tierra. Estos desvíos parten casi siempre de las carreteras comarcales estrechas pero asfaltadas que cruzan el bucólico interior de la isla. Dos excelentes playas son **Binimel·là** y **Cala Pregonda**; no obstante, antes de dirigirse a ellas, el viajero tendrá que consultar un mapa IGN detallado (1:25.000). No circula transporte público por la zona, pero puede alquilar un **automóvil** o una **bicicleta** en Fornells, en Roca-Roselló, Major 57 (☎971 376 540).

Los caros **restaurantes** del centro turístico se hallan frente al mar, a cada lado de la pequeña plaza principal o plaça S'Algaret. Tienen tan buena reputación que el rey Juan Carlos va hasta allí con su yate a comer; además, mucha gente telefonea con días de antelación para reservar una mesa. El favorito de la Casa Real en el muelle es *Es Pla* (☎971 376 655), que ofrece una magnífica paella para dos personas por 7.000 pesetas, además de la tradicional *caldereta de llagosta*. Otras opciones son el *Sibaris*, en plaça S'Algaret 1 y *El Pescador*, al lado, que asimismo sirve una estupenda *caldereta de llagosta*, al igual que *Es Port*, en Rosario 17. Suele costar unas 2.000-2.500 pesetas por un plato principal de pescado, y el doble por una paella o *caldereta*.

Fornells tiene tres **hostales** cómodos y de precios moderados. El *S'Algaret*, de dos estrellas, es un establecimiento pequeño y bonito, con un mobiliario algo pasado de moda y una habitaciones sencillas pero alegres; está en la plaça S'Algaret 7 (☎971 376 674; ⑤). El cercano *Hostal La Palma* es muy parecido (☎971 376 634; ⑤). El *Hostal Fornells*, en Major 17 (☎971 376 676; ⑥), algo más elegante, tiene tres estrellas y piscina.

Por la isla

La carretera de Mahón (Maó) a Ciutadella es la espina dorsal de Menorca, y la poca industria que hay en la isla (algunas fábricas de zapatos y de los famosos quesos de la isla) se concentra a lo largo de ella.

Alaior

A sólo 4 km de Mahón, el viajero cruzará por el camino rural corto y bien señalizado que lleva a **Talatí de Dalt**, otro significativo yacimiento de talayots. Mucho mayor que Trepucó, está cerrado por una enorme muralla y alberga una impresionante taula contigua a la pila de piedras que conforma el talayot principal. Los alrededores están llenos de restos de habitáculos prehistóricos. Se desconoce cuál era la función de estos monumentos, pero no cabe duda de que la taula era la pieza central de la aldea, tal vez el centro de ceremonias religiosas. El entorno es encantador, puesto que abundan los olivos y algarrobos y se ven piaras de cerdos.

El **queso** es un buen motivo para parar en **ALAIOR**, a 12 km de Mahón (Maó), un antiguo pueblo comercial que desde hace mucho tiempo constituye el epicentro de la industria láctea de la isla. Allí hay dos importantes empresas, y ambas tienen tiendas propias cerca de la antigua carretera principal (bien señalizadas), en el punto más meridional del centro del pueblo; el viajero tendrá que salir de la nueva rotonda tomando la salida más oriental de las tres que van a Alaior y seguir las indicaciones. Si procede de Mahón (Maó), la primera parada que encontrará es la de La Payesa (lun.-vier., 9-13 h y 16-19 h); la segunda es mayor y está mejor instalada: Coinga (lun.-vier., 9-13 h y 17-20 h; sáb., 9-13 h). Ambas empresas venden un producto similar, conocido genéricamente como queso de Mahón (Maó) por el puerto desde donde tradicionalmente se exportaba. Se trata de un queso blanco, semigraso y de una rica textura, elaborado a base de leche de vaca pasteurizada y con un toque de leche de oveja para realzar el sabor. Se vende en cuatro grados distintos de curación: tierno, semicurado, curado o añejo. Las dos tiendas ofrecen todas estas variedades y, aunque sus precios son elevados, serán los más ajustados que encontrará en la zona.

El centro de Alaior es un laberinto de callejuelas y casas de color blanco que descienden por la ladera de la montaña al abrigo de la **iglesia de Santa Eulària**. Aparte de dar un paseo montaña arriba y montaña abajo, no hay mucho que hacer en el lugar, a menos que el viajero llegue durante la segunda semana de agosto, cuando se celebra en Alaior la **Festa de Sant Llorenç**.

Es Mercadal y monte Toro

A 9 km al noroeste de Alaior se encuentra **ES MERCADAL**, entre las montañas en el mismo centro de la isla. Se trata de otro pueblo comercial, pequeño y acogedor, formado por casas encaladas y parcelas ordenadas, cuyo antiguo centro se halla en torno a un pintoresco arroyo. En el pueblo encontrará un **restaurante** de categoría, *Ca N'Aguedet*, en Lepanto 30, que sirve cocina tradicional menorquina, así como un sencillo **hostal-residencia** de una estrella, *Jeni*, en un moderno edificio, Miranda del Toro 81 (☎971 375 059; ⑤). Para llegar hasta allí, el viajero tendrá que caminar hacia el sur desde la plaza principal —Sa plaça— por el carrer Nou y tomar la primera calle a la izquierda y luego la primera a la derecha. Los **autobuses** de Mahón (Maó) y Ciutadella paran a la salida de la C-721 en la avinguda Metge Camps, que llega hasta el carrer Nou.

Desde Es Mercadal el viajero podrá subir al **monte Toro**, un ascenso de 3 o 4 km

por una carretera tortuosa. Con sus 357 m, esta cumbre es el punto más alto de la isla, y desde allí se contemplan hermosas vistas; de hecho, en un día claro podrá ver casi toda la isla, y en uno nuboso, al menos Fornells. Desde este privilegiado punto de mira, se hace evidente la división geológica de Menorca: al norte domina la roca devónica (formada sobre todo de piedra arenisca rojiza) en un paisaje ondulante y apenas poblado, que limita con una escarpada línea costera; al sur predomina la piedra caliza en una llanura desigual donde se encuentran las mejores tierras de cultivo de la isla y, hacia la costa sur, los valles más profundos.

Desde la época medieval, monte Toro es un lugar de peregrinación; los agustinos fundaron allí un monasterio en el siglo XVII. Quedan restos de la antigua construcción en el **convento**, que actualmente comparte este sitio con un puesto militar y una monumental estatua de Jesucristo. No se puede acceder a gran parte del convento; pero la sección que está abierta al público, a la que se entra por un bonito patio, abarca un par de tiendas de regalos, un café con terraza y una acogedora iglesia neoclásica.

Ferreries

FERRERIES es el siguiente pueblo de esta ruta, pero no tiene mucho interés, a menos que al viajero le interese visitar la fábrica de zapatos Jaime Mascaró. Se trata de un atractivo pueblecito, en realidad poco más que una aldea, que parece aún más insignificante porque se halla escondida en una depresión de la carretera. De hecho, en cuanto salga de Ferreries, no lo verá. Uno de sus establecimientos más destacables es el bar *Vimpi* en la plaza que hay a la entrada de la localidad; sirven unas de las mejores tapas de la isla.

A partir de Ferreries, el viajero encontrará algunos de los mejores ejemplos de navetas —la **Naveta d'es Tudons**— junto a la carretera principal, a unos 6 km de Ciutadella. De 7 m de alto y 14 m de largo, está formado por enormes losas de piedra unidas mediante una sofisticada técnica en seco. El estrecho acceso por el lado oeste lleva hasta una pequeña antecámara que antiguamente estaba sellada con una losa de piedra; detrás se encuentra la cámara principal, donde se acumulaban los huesos de los muertos cuando desaparecía la carne. La memoria colectiva sobre la función original de las navetas perduró hasta bien entrado el siglo XVIII, ya que los menorquines se mostraban reticentes a aproximarse a estos monumentos extraños y solitarios.

Ciutadella y alrededores

Como Mahón (Maó), **CIUTADELLA** se asienta sobre su puerto. Aquí, sin embargo, la navegación es mucho más difícil, ya que dispone de un canal tan estrecho que sólo pueden cruzarlo los barcos cargueros de menor tamaño. A pesar de tal inconveniencia, Ciutadella ha sido el centro financiero de la isla y su capital durante gran parte de su historia. Los romanos se asentaron aquí, los árabes la llamaron Medina Minurka, y los catalanes de la época de la Reconquista allanaron el terreno y volvieron a empezar desde cero. En 1558, la ciudad construida por los catalanes fue, a su vez, arrasada por los corsarios turcos, y cientos de prisioneros fueron trasladados a los mercados de esclavos de Istanbul; pero los supervivientes reconstruyeron Ciutadella con toda majestuosidad, edificando en su centro compacto y fortificado las mansiones de los adinerados. No obstante, para las potencias coloniales del siglo XVIII, la ubicación del puerto de Ciutadella no podía compararse con la magnífica localización del de Mahón. En 1722 los británicos trasladaron la capital a esta última ciudad, que desde entonces se ha desarrollado como centro comercial de la isla, mientras que Ciutadella

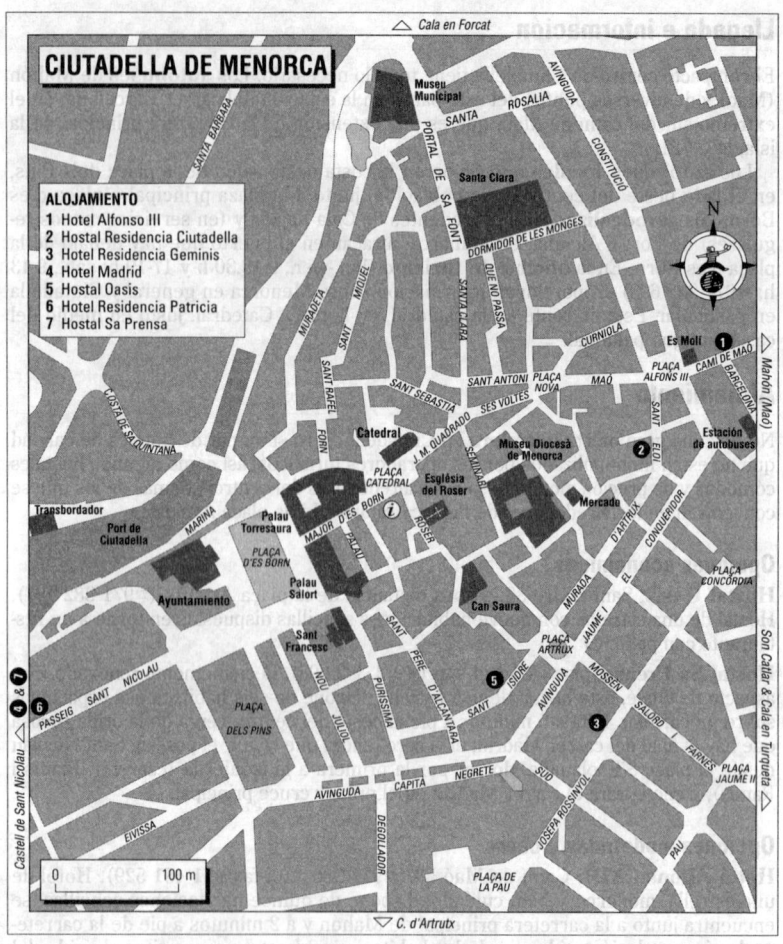

se ha estancado, aunque conserva su hermoso centro. El grueso de la aristocracia menorquina permaneció en Ciutadella, donde las potencias coloniales permitieron que siguiera más o menos prosperando como clase preponderante y terrateniente al margen del creciente mercantilismo. Por ello se aprecia poca influencia francesa y británica en su **arquitectura**, y las estrechas callejuelas empedradas de Ciutadella están flanqueadas por antiguos palacios ocultos tras murallas altas y una serie de iglesias góticas y barrocas que entroncan con la tradición hispánica.

Fundamentalmente lo que confiere más atractivo a Ciutadella es su armonía arquitectónica, incluso más que cualquier monumento en concreto; y esto, junto con sus excelentes restaurantes y su oferta de hoteles y hostales, la convierte en un lugar agradable para permanecer al menos un par de días, o más si el viajero quiere visitar una de sus seductoras calas a poca distancia de la ciudad, como **Cala en Turqueta**.

Llegada e información

El compacto centro de Ciutadella tiene todo lo necesario. Los **autobuses** de Mahón (Maó) y de diversos puntos del este paran en la estación del carrer Barcelona, en el extremo sur del camí de Maó, que es una extensión de la carretera principal de la isla, la C-721.

Los **autobuses locales** que recorren la costa oeste salen de la plaça dels Pins, en el lado oeste del centro de la población, junto a la plaza principal o plaça d'es Born. Los **aerodeslizadores** procedentes de Cala Rajada y (en servicios menos regulares) de Port d'Alcúdia, en Mallorca, atracan en el puerto que hay debajo de la plaça d'es Born. En la **oficina de turismo** (lun.-vier., 9-13.30 h y 17-19 h; sáb., 9-13 h; ☎971 382 693) proporcionan información sobre Menorca en general y Ciutadella en particular. Está enfrente de la catedral, en la plaça Catedral, justo en medio del casco antiguo peatonal.

Alojamiento

No hay una gran oferta **hostelera** en Ciutadella, pero sí un par de hoteles de calidad que no están monopolizados por los operadores turísticos, así como algunos hostales cómodos y de precios moderados en los alrededores del centro, además de los que se concentran en los alrededores de la plaça Alfons III y la plaça Artrutx.

Opciones económicas

Hostal Oasis, Sant Isidre 33, a poca distancia de la plaça Artrutx (☎971 382 197). Hostal de una estrella, con nueve habitaciones sencillas dispuestas en torno a un restaurante con patio. ③

Hostal Sa Prensa, plaça Madrid s/n (☎971 382 698). Recientemente renovado, con aspecto de chalé, este hostal de una estrella dispone de seis habitaciones espartanas sobre un café-bar. Está a 5 minutos a pie al oeste del centro, cerca de la orilla rocosa que hay al final del carrer Madrid; el viajero tendrá que seguir el passeig Sant Nicolau desde la plaça S'Esplanada, doblar por la primera a la izquierda (carrer J. Ramis i Ramis), y encontrará el carrer Madrid en el primer cruce principal. ③

Opciones moderadas y caras

Hotel Alfonso XIII, Camí de Maó 53 (☎971 380 150; fax 971 481 529). Hotel de una estrella, moderno y bien cuidado; dispone de quince habitaciones sencillas, se encuentra junto a la carretera principal de Mahón y a 2 minutos a pie de la carretera de circunvalación; pida una de las habitaciones de atrás para evitar el ruido del tráfico. ④

Hostal Residencia Ciutadella, Sant Eloi 10 (☎971 383 462). Hotel de dos estrellas sencillo pero cómodo en una casa con terraza al final de una calle estrecha que sale de la plaça Alfons III. ⑤

Hotel Residencia Géminis, Josep Rossinyol 4 (☎971 385 896). Pintado en un llamativo color rosa y blanco, con toldos azules para realzar el efecto, este hotel de una estrella cómodo y bien regentado consigue llamar la atención. Enero, cerrado. ⑤

Hotel Madrid, Madrid 6 (☎971 380 328). Edificio bien conservado y con aspecto de chalé con catorce habitaciones bastante cómodas y un café-bar en la planta. Situado cerca del mar y a 15 minutos caminando del centro, hacia la mitad del carrer Madrid (siga las instrucciones como para el *Hostal Sa Prensa*, arriba). Mayo-oct. ⑤

Hotel Residencia Patricia, Camí de Sant Nicolau 90 (☎971 385 511). El mejor hotel de la ciudad, frecuentado por ejecutivos y cerca del centro. Muy cómodo, con habita-

ciones modernas con toda clase de instalaciones, cuya única carencia son las vistas al mar; sin embargo, las mejores habitaciones, en los pisos superiores, tienen balcones con bonitas vistas. ⑦

La ciudad

El centro compacto de Ciutadella se organiza en torno a la pared fortificada de un acantilado que se eleva sobre la cara sur del puerto. Los principales puntos de interés se encuentran a poca distancia unos de otros, todos en los alrededores de la plaza principal o **plaça d's Born**; en medio de ésta se eleva un **obelisco** que conmemora la inútil resistencia de la ciudad contra el ataque de los turcos en 1558. En el lado oeste de la plaza se halla el **ayuntamiento**, cuyos arcos y almenas del siglo XIX imitan el estilo árabe, conmemorando así la época en que el lugar estaba ocupado por el alcázar del *wali*.

En la esquina noreste de la plaza, se alza el enorme **Palau Torresaura**, construido en el siglo XIX aunque parece muy anterior; se trata de la mayor mansión aristocrática que bordea la plaza. Embellecida con presuntuosas logias, su fachada luce también el escudo de armas de la familia sobre una gran puerta de madera que da a un patio. No obstante, el viajero no podrá ver la antigua decoración del interior del edificio ya que la casa sigue habitada por sus dueños, como ocurre con la mayoría de las mansiones vecinas.

Desde el Palau Torresaura, el carrer Major d's Born lleva hasta la **catedral** (lun.-sáb., 9-13 h y 18-20 h; entrada gratuita), que mandó construir Alfonso III a finales del siglo XIII sobre los cimientos de la mezquita principal de la ciudad. Puesto que su construcción se inició poco después de la Reconquista, obedece a los cánones de fortificación propios del momento, con ventanas muy por encima del nivel del suelo, si bien el efecto no se aprecia tanto debido a las columnas neoclásicas de la puerta oeste, la entrada principal. Dentro, la luz de las ventanas estrechas y altas baña el altar mayor con un resplandor etéreo, propio del estilo gótico. Hay también un arco ojival sobre el altar, un rasgo caprichoso, y una serie de capillas laterales barrocas.

Si el visitante ataja desde la catedral por el carrer Roser, pasará ante la pequeña **església del Roser**, cuya llamativa fachada churrigueresca, que data del siglo XVII, luce cuatro columnas recubiertas con una compleja tracería. La iglesia fue objeto de una gran controversia cuando los británicos la confiscaron para celebrar allí sus servicios anglicanos, lo que disgustó mucho a los frailes dominicos del lugar. Al final del carrer Roser, doble a la izquierda después de pasar ante la mansión palaciega del siglo XVII llamada **Can Saura** (en la actualidad es una tienda de antigüedades) y luego de nuevo a la izquierda por el carrer Seminari; llegará al **Museu Diocesà de Menorca** (mar.-dom., 10-13.30 h; 300 pesetas), que ocupa un antiguo y majestuoso convento. En el interior, los edificios conventuales se agrupan en torno a un claustro barroco perfectamente conservado, y en cuyas bóvedas se aprecian escudos de armas y motivos religiosos. La colección del museo está organizada por orden cronológico; las tres primeras salas son las que exponen las piezas más interesantes: una miscelánea de piezas arqueológicas de la cultura talayótica y de la época clásica temprana, entre las que destaca un toro tallado en miniatura y una sirenita tan perfecta como el anterior, dos piezas griegas en bronce que datan del siglo V a.C. Más adelante, las salas 6, 7 y 8 ocupan parte del antiguo refectorio y exponen toda clase de objetos religiosos; aquí lo que impresiona es el conjunto, más que alguna pieza en concreto.

Detrás del museo está el **mercado** de la plaça Llibertat, otro bonito rincón del casco antiguo donde las paradas de fruta fresca, verduras y pescado se mezclan con los cafés económicos y llenos de gente en los que sirven ensaimadas recién hechas.

En sentido contrario, el carrer Seminari se cruza con la estrecha calle principal

peatonal que atraviesa el casco antiguo, el **carrer J. M. Quadrado** (que cambia varias veces de nombre durante su recorrido). Al este de esta intersección se levanta una serie de arcadas abovedadas y encaladas de clara inspiración árabe, **Ses Voltes**, donde hay varias tiendas antiguas muy bonitas y algunos cafés concurridos. Luego el carrer J. M. Quadrado va a parar a la **plaça Nova**, una plaza pequeña con las cafeterías y terrazas más populares de la ciudad. Cerca, saliendo por el carrer Sant Antoni, un estrecho arco atraviesa lo que en una época era la muralla de la ciudad, como explica el nombre del callejón que hay detrás: Que no Passa. Siguiendo hacia el este por el carrer Maó, las callejuelas del casco antiguo terminan en la plaça Alfons III.

Si el viajero vuelve sobre sus pasos por el carrer J. M. Quadrado y se dirige al norte bajando por el carrer Santa Clara encontrará enseguida el **Museu Municipal** (verano, mar.-sáb., 10-16 h; invierno, mar.-vier., 11-13 h; sáb., 10-13 h; 200 pesetas), zona deshabitada de las fortificaciones del casco antiguo al final del carrer Portal de Sa Font. Dentro del museo, en una larga cámara abovedada, se exponen hallazgos arqueológicos, entre los que destaca una importante colección de restos talayóticos que proceden de toda la isla y engloban diversas fases de esta civilización.

Comida y copas

Si el viajero quiere **desayunar** temprano debe dirigirse al mercado de la plaça Llibertat, donde encontrará un par de cafeterías sencillas en las que sirven café y pastas recién hechas. A media mañana puede tomar el carrer J. M. Quadrado y elegir entre los numerosos **café-bares** que sirven allí tentempiés y comidas ligeras a precios moderados. Hay ofertas mejores y más caras en la serie de excelentes **restaurantes** que verá en el puerto, y también algunos buenos establecimientos un poco más apartados, cerca de la plaça d'es Born.

Cafés y bares

Bar Aladdino, Marina s/n. Bar concurrido y elegante a los pies de la escalinata que une el puerto con el casco antiguo. Abierto hasta las 2 h.

Bar Sa Llesca, plaça Nova 4. Uno de los cafés agradables pero poco destacables de esta pequeña plaza.

Bar Ulises, en el mercado de la plaça Llibertat. Café-bar que forma parte del mercado; sirve ensaimadas a 200 pesetas la unidad, tal vez las mejores de Ciutadella.

Café Central, plaça Catedral. Establecimiento muy frecuentado junto a la entrada principal de la catedral; sirven tapas tradicionales menorquinas con varias clases de embutidos y quesos.

Pastisseria Mol, Roser 2. Pequeña pastelería junto a la catedral; vende porciones de pizza para llevar y sabrosos pasteles.

Restaurantes

El Bribón, Marina 115. Excelente restaurante junto al puerto especializado en platos de pescado, que a menudo prepara al tradicional estilo menorquino. Unas 1.900 pesetas por el menú del día. Junto a *Casa Manolo*.

Casa Manolo, Marina 117. Fabuloso restaurante de pescado; sirven platos principales a una media de 2.500 pesetas. Al final de la larga hilera de restaurantes que flanquea el lado sur del puerto.

El Horno, Forn 10. Restaurante de cocina francesa con platos a precios moderados junto a la esquina noreste de la plaça d'es Born.

La Payesa, Marina 65. Popular restaurante turístico ofrece un variado menú y platos de pescado igualmente buenos.

Racó d'es Palau, Palau 35. Establecimiento cómodo con techos de vigas bajas a la salida del carrer Major d'es Born. Un copioso menú del día al estilo español cuesta sólo 1.100 pesetas. Pizzas a partir de unas 700 pesetas.

Direcciones prácticas

Alquiler de automóviles En Ciutadella hay numerosas empresas de alquiler de automóviles; Avis tiene oficinas en la carretera de circunvalación de la avingunda Jaume el Conqueridor 81 (☎971 381 174), y Betacar en la misma carretera, en el n.º 59 (☎971 382 988).

Alquiler de bicicletas y motocicletas Bicicletas Tolo, Sant Isidre 28, a la salida de plaça Artrutx (☎971 381 576).

Aerodeslizadores y transbordadores Hay un servicio por barco entre Alcúdia y Ciutadella. Mientras tanto, Cape Balear de Cruceros (☎971 818 668) tiene servicios de aerodeslizadores sólo para pasajeros de Cala Rajada a Ciutadella. No dispone de oficinas en Ciutadella, pero en la oficina de turismo deberían de informarle sobre sus horarios; también puede preguntar en el puerto. Suele haber al menos un servicio diario; el viaje dura 1 hora 15 minutos y cuesta 7.500 pesetas el billete de ida y vuelta, aunque en invierno baja a 6.000 pesetas.

Bancos Banca March, plaça d'es Born 10; Sa Nostra, Maó 2, en la plaça Nova.

Emergencias Creu Roja (Cruz Roja) para una **ambulancia**, ☎361 180; **bomberos** ☎092; **policía** (local) ☎092.

Mapas y libros Tanto Punt i Apart, en Roser 14, como Librería Pau, Nou Juliol 23, tienen una buena selección de guías de viaje, mapas generales y mapas IGN de senderismo en Menorca.

Oficina de correos La central está al salir de la carretera de circunvalación, en Pius 4-6 (lun.-vier., 8.30-14.30 h; sáb., 9.30-13 h).

Taxis Hay una parada de taxis en la plaça dels Pins. También se puede llamar a Auto Taxi (☎971 384 179).

Al sureste de Ciutadella: Cala en Turqueta

La carretera del interior que va hacia el **sureste desde Ciutadella** y llega a **Cala en Turqueta**, la más hermosa de la costa sur, parte de la plaça Jaume II de Ciutadella, saliendo por la carretera de circunvalación. Desde allí, el viajero tendrá que dirigirse al sureste por el camí Sant Joan de Missa; a los 3 km llegará a la granja de Son Vivó, claramente indicada, donde la carretera se ramifica en dos tramos de 7 km que bajan por la costa. La ruta que debe tomar es más oriental. Si la sigue, pasará ante la ermita de Sant Joan de Missa; cuando la carretera se convierta en un camino lleno de baches, debe seguir hasta rodear la granja de Sant Francesc. Si la puerta está cerrada, aparque y siga por el sendero de 1 km que baja hasta la playa; si permanece abierta puede bajar en automóvil. Cala en Turqueta está rodeada de boscosos acantilados de piedra caliza. No hay instalaciones, y no suele haber mucha gente allí, aunque a veces los barcos de pasajeros paran en ella a primera hora de la tarde.

transportes

Mallorca
Autobuses

Can Picafort a: Cala Rajada (mayo-oct., lun.-sáb., 5 diarios; 35 min.); Palma (2-3 diarios; 1 h); Port d'Alcúdia (mayo-oct., cada 15 min.; nov.-abril, 3 diarios; 10 min.); Porto Cristo (mayo-oct., lun.-sáb., 3 diarios; 55 min.).

Palma a: Alcúdia (mayo-oct., lun.-sáb., 10 diarios, 5 en dom.; nov.-abril, 3 diarios; 1 h); Andraitx (lun.-sáb., cada 30 min.; 11 en dom.; 35 min.); Artà (lun.-sáb., 4 diarios; 1 en dom.; 1 h 25 min.); Can Picafort (2-3 diarios; 1 h); Coves del Drac (lun.-sáb., 2-4 diarios; 1 en dom.; 1 h); Deyá (5 diarios, excepto oct.-marzo; dom., 3 diarios; 45 min.); Inca (lun.-sáb., 8 diarios; 4 en dom.; 30 min.); Lluc (lun.-sáb., 2 diarios; 1 en dom.; 1 h); platja de Formentor (mayo-oct., lun.-sáb., 1 diario; 1 h 15 min.); Pollença (3-5 diarios; 1 h); Port d'Alcúdia (mayo-oct., lun.-sáb., 10 diarios; 5 en dom.; nov.-abril, 3 diarios; 1 h 10 min.); Port de Pollença (3-5 diarios; 1 h 10 min.), Port de Sóller (5 diarios, excepto oct.-marzo; 3 en dom.; 1 h 15 min.); Sóller (5 diarios, excepto oct.-marzo; 3 en dom.; 1 h 10 min.); Valldemosa (5 diarios, excepto oct.-marzo; 3 en dom.; 30 min.).

Port d'Alcúdia a: Alcúdia (mayo-oct., cada 15 min.; nov.-abril, 3 diarios; 5 min.); Artà (mayo-oct., lun.-sáb., 5 diarios; 30 min.); Cala Rajada (mayo-oct., lun.-sáb., 2 diarios; 40 min.); Can Picafort (mayo-oct., cada 15 min.; nov.-abril, 3 diarios; 10 min.); Palma (mayo-oct., lun.-sáb., 10 diarios; 5 en dom.; nov.-abril, 3 diarios; 1 h 10 min.); platja de Formentor (mayo-oct., 2 diarios; 25 min.); Pollença (3-5 diarios; 20 min.); Port de Pollença (mayo-oct., cada 15 min.; nov.-abril, 3 diarios; 15 min.); Port de Sóller (mayo-oct., lun.-sáb., 2 diarios; 1 h 10 min.).

Port de Pollença a: Alcúdia (mayo-oct., cada 15 min.; nov.-abril, 3 diarios; 10 min.); Can Picafort (3 diarios; 25 min.); Palma (3-5 diarios; 1 h 10 min.); platja de Formentor (mayo-oct., 2 diarios; 20 min.); Pollença 3-5 diarios; 10 min.); Port d'Alcúdia (mayo-oct., cada 15 min.; nov.-abril, 3 diarios; 15 min.); Port de Sóller (mayo-oct., lun.-sáb., 2 diarios; 55 min.); Sóller (mayo-oct., lun.-sáb., 2 diarios; 50 min.).

Port de Sóller a: Deyá (5 diarios; 20 min.); Palma (5 diarios, excepto oct.-marzo; 3 en dom.; 1 h 15 min.); Pollença (mayo-oct., lun.-sáb., 2 diarios; 50 min.); Port d'Alcúdia (mayo-oct., lun.-sáb., 2 diarios; 1 h 10 min.); Port de Pollença (mayo-oct., lun.-sáb., 2 diarios; 55 min.); Sóller (5 diarios; 5 min.); Valldemosa (5 diarios; 30 min.).

Porto Cristo a: Can Picafort (mayo-oct., lun.-sáb., 3 diarios; 1 h); Port d'Alcúdia (mayo-oct., lun.-sáb., 3 diarios; 1 h).

Valldemosa a: Andraitx (lun.-sáb., 1 diario; 1 h); Deyá (5 diarios, excepto oct.-marzo; 3 en dom.; 15 min.); Palma (5 diarios, excepto oct.-marzo; 3 en dom.; 30 min.); Peguera (lun.-sáb., 1 diario; 1 h 10 min.).

Ferrocarriles

Palma a: Binissalem (cada hora; 30 min.); Inca (cada hora; 40 min.); Sóller (5 diarios; 1 h 20 min.).

Menorca
Autobuses

Ciutadella a: Alaior (lun.-sáb., 6 diarios; 4 en dom.; 40 min.); Es Mercadal (lun.-sáb., 6 diarios; 4 en dom.; 30 min.); Ferreries (lun.-sáb., 8 diarios; 5 en dom.; 20 min.); Mahón (lun.-sáb., 6 diarios; 4 en dom.; 1 h).

Ferreries a: Alaior (lun.-sáb., 6 diarios; 4 en dom.; 20 min.); Cala Santa Galdana (6 diarios; 35 min.); Ciutadella (lun.-sáb., 8 diarios; 5 en dom.; 20 min.); Es Mercadal (lun.-sáb., 8 diarios; 5 en dom.; 10 min.); Mahón (lun.-sáb., 6 diarios; 4 en dom.; 40 min.).

Fornells a: Es Mercadal (lun.-vier., 1 diario; 15 min.); Mahón (1-2 diarios; 35 min.).

Mahón a: Alaior (lun.-sáb., 11 diarios; 9 en dom.; 20 min.); Ciutadella (lun.-sáb., 6 diarios; 4 en dom.; 1 h); Es Mercadal (lun.-sáb., 6 diarios; 4 en dom.; 30 min.); Ferreries (lun.-sáb., 6 diarios; 4 en dom.; 40 min.); Fornells (1-2 diarios; 35 min.); Cala Santa Galdana (1-2 diarios; 1 h).

Eivissa
Autobuses

Eivissa capital a: Cala Sant Vicenç (cada hora; 45 min.); Figueretes (cada 30 min.; 5 min.); platja d'en Bossa (cada 30 min.; 15 min.); Portinatx (2-6 diarios; 45 min.); Sant Antoni de Portmany (cada 30 min.; 30 min.); Ses Salines (cada hora; 15 min.); Santa Eulària des Riu (cada hora;

20 min.); Sant Joan (2-6 diarios; 35 min.); Sant Miquel (4 diarios; 25 min.).

Barcos

Eivissa capital a: Es Canar (7 diarios; 1 h 10 min.); platja d'en Bossa (6 diarios; 20 min.); Santa Eulària des Riu (7 diarios; 50 min.).

Vuelos, transbordadores y aerodeslizadores

Todos los vuelos entre islas dependen de la compañía Iberia. Todos los transbordadores y catamaranes entre islas pertenecen a Trasmediterránea, excepto los que cubren los trayectos entre Eivissa y Formentera.

Formentera a: Eivissa (4 transbordadores diarios; 1 h; jun.-sept., aerodeslizadores de sólo 10 pasajeros cada día; 20 min.).

Eivissa a: Palma (4 vuelos diarios; 40 min.; 1-2 transbordadores semanales; 4 h; mediados jun.-mediados sept., 3 aerodeslizadores semanales; 2 h 15 min.).

Palma a: Mahón (4 vuelos diarios; 40 min.; 1-2 transbordadores semanales; 4 h; mediados jun.-mediados sept.; 3 aerodeslizadores semanales; 2 h 15 min.).

Cala Rajada a: Ciutadella (1 aerodeslizador diario; 1 h 15 min.).

Transbordadores desde y a la Península

Barcelona a: Eivissa (2-4 semanales; 9 h); Mahón (2-3 semanales; 9 h); Palma (1-2 diarios; 8 h).

Valencia a: Eivissa (1 semanal; 9 h); Mahón por Palma (1 semanal; 15 h); Palma (2-3 semanales; 9 h).

Aerodeslizadores desde y a la Península

Barcelona a: Palma (mediados jun.-mediados sept.; 3 semanales; 4 h 15 min.).

Valencia a: Eivissa (mediados jun.-mediados sept.; 3 semanales; 2 h 15 min.); Palma (mediados jun.-mediados sept.; 3 semanales; 5 h 15 min.).

CAPÍTULO DIECISÉIS

LAS ISLAS CANARIAS

Las Canarias son un archipiélago de islas de origen volcánico situadas bajo el trópico de Cáncer. Políticamente constituye una comunidad autónoma de España, aunque por su geología se inscribe dentro de la región macaronésica, un grupo de archipiélagos volcánicos que incluye las islas Azores, Madeira y Cabo Verde, con una topografía, flora y fauna similares.

Debido a su situación y a una corriente oceánica que ayuda a suavizar sus temperaturas, las también llamadas «Islas Afortunadas» disfrutan de un año climático cuyas estaciones son siempre primavera o verano.

Canarias, al igual que Portugal, se rige por un huso horario diferente al del resto de la península Ibérica; por ello, ya sea horario de invierno o de verano allí siempre es 1 hora menos.

El archipiélago de las Canarias se compone de 7 islas principales: Lanzarote, Fuerteventura, Gran Canaria, Tenerife, Gomera, Palma y Hierro, y de seis islotes: Alegranza, Montaña Clara, Graciosa, isla de los Lobos, Roque del Este y Roque del Oeste.

Las primeras islas Canarias, **Fuerteventura** y **Lanzarote**, se formaron hace unos 20 millones de años debido a erupciones volcánicas. Después, unos 12 millones de años atrás, se formó **Gran Canaria**, seguida de **Tenerife** y **Gomera**. **La Palma** y **Hierro** son bastante más jóvenes, ya que tienen «sólo» entre 2 o 3 millones de años.

Según algunas leyendas, las islas se encontraban muy cerca del límite del mundo, ya que en la Antigüedad se pensaba que éste era plano. Tal creencia contribuyó a que fueran muy poco conocidas hasta que hacia el final de la Edad Media las conquistaron los españoles. Varias versiones apuntan a que las Canarias, junto a las islas Azores, Madeira y Cabo Verde, son los restos del mítico continente que se hundió en el mar, la Atlántida.

En cualquier caso, y sea cual sea su origen remoto, la principal industria y medio de vida de los canarios en la actualidad es el turismo. La agricultura también constituye una importante fuente de ingresos en las zonas situadas lejos de los principales recorridos turísticos.

El español que se habla en las Canarias tiene un acento muy similar al del español de América, debido en parte a que muchos canarios emigraron al nuevo continente. Además, de las islas partían muchas de las naves que salían hacia el Nuevo Mundo, por lo que numerosos españoles se iban allá con el fin de tomar un barco para cruzar el Atlántico. A menudo debían esperar semanas o meses hasta el día de la partida y, mientras tanto, adquirirían poco a poco el acento. El lenguaje cotidiano incluye asimismo bastantes palabras **guanches**, procedentes del idioma que hablaban los pobladores de las islas anteriores a la conquista y colonización por los españoles.

El nombre de Canarias, en contra de lo que se podría pensar, no proviene de los pájaros canarios, sino justamente al contrario. Todas las variedades de esta clase de aves proceden del canario silvestre, que sigue habitando y trinando en los campos y bosques de las islas. Se trata de un pájaro de color pardo, con reflejos verdes y amarillos. Los españoles capturaron algunos ejemplares tras la conquista, en el siglo XV, y el pequeño cantor se puso de moda —en cientos de variantes multicolores— como animal de compañía en todos los continentes.

Respecto al origen de las islas, según el historiador romano Plinio, en el siglo I a.C., Juba, rey de Mauritania, envió una expedición para explorar las fabulosas «Islas

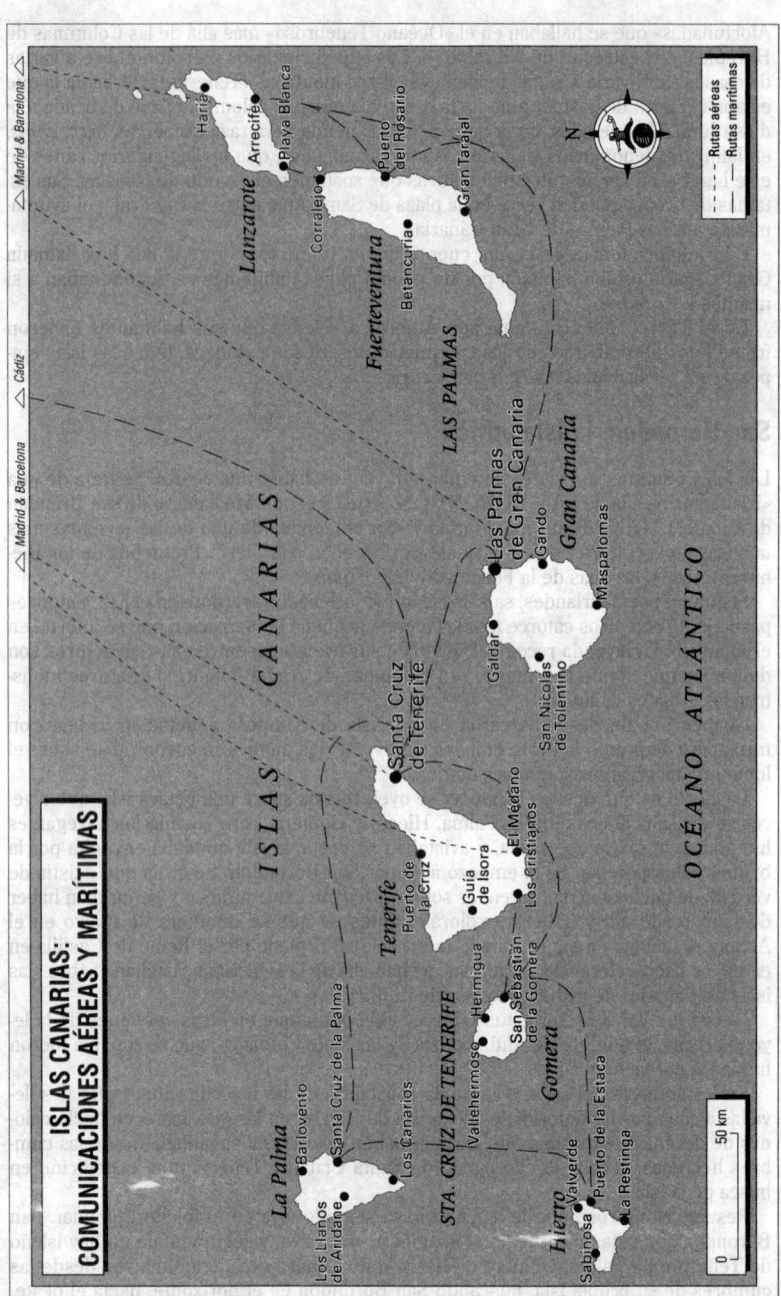

Afortunadas» que se hallaban en el «Océano Tenebroso» más allá de las Columnas de Hércules —el estrecho de Gibraltar—. Los expedicionarios dieron nombre a varias de esas islas: Nivaria a la que tenía nieve en sus montañas (Tenerife); Herbania la que estaba cubierta de pastos; Junonia la que tenía muchas palomas, el ave dedicada a la diosa Juno. Una de ellas, en la que encontraron una fiera raza de perros (*can, canis*, en latín) fue denominada Canaria... No es casual, pues, que los legendarios canes de este lugar sean las figuras emblemáticas que sostienen el escudo de las islas. Sus estatuas de bronce pueden verse en la plaza de Santa Ana, entre la catedral y el ayuntamiento, en Las Palmas de Gran Canaria.

Con independencia de lo que cuenta Plinio, lo cierto es que la isla hoy llamada Gran Canaria estaba habitada por un pueblo cuyos habitantes se denominaban a sí mismos los *canarii*.

En el siglo XV adquirió fama por la heroica defensa que sus habitantes hicieron frente a los desembarcos de los conquistadores; desde entonces, todas las islas empezaron a ser llamadas las *Islas de Canaria*.

San Borondón, la isla mítica

Las Islas Canarias son siete, sin embargo... podría haber una octava. Se trata de una «isla fantasma», la de **SAN BORONDÓN**. Éste es el nombre canario de san Brendán de Clonfert (480-576), un monje irlandés, protagonista de una de las leyendas más famosas de la cultura celta: el viaje de san Brendán a la Tierra Prometida de los Bienaventurados, las islas de la Felicidad y la Fortuna.

Según un poema irlandés, san Brendán fue ordenado sacerdote en el 512; entonces partió junto con otros catorce monjes en una pequeña embarcación que se internó en el Atlántico. La leyenda recoge el relato de sus aventuras, entre ellas encuentros con demonios que vomitaban fuego, con columnas de cristal flotante o criaturas monstruosas grandes como islas.

Cuando por fin desembarcaron en una isla de frondosa vegetación, celebraron misa; pero de pronto la tierra empezó a moverse: los monjes se encontraban sobre el lomo de una gigantesca criatura marina.

Lo cierto es que desde el siglo XV se oyen relatos sobre una octava isla, que a veces se divisaba al oeste de La Palma, Hierro y Gomera. Pero cuando los navegantes intentaban aproximarse a ella, y avistaban su costa, la isla quedaba envuelta por la bruma y desaparecía. Se la empezó a llamar San Borondón. Se creía que existía de verdad; de hecho, corrían leyendas sobre navegantes que juraban y perjuraban haber desembarcado allí y haberla explorado antes de que se hundiera de nuevo en el Atlántico. Incluso en algún tratado internacional firmado por el Reino de Castilla en el que se hacía referencia a Canarias, se hablaba de la soberanía castellana sobre «las islas de Canarias descubiertas y por descubrir».

La isla fue llamada Aprositus («inaccesible»), aunque en otras versiones de la leyenda recibe el nombre de Antilia o Isla de las Siete Ciudades, que se suponía fueron fundadas por siete obispos.

En los archivos del siglo XVIII queda constancia de las investigaciones oficiales llevadas a cabo por las autoridades de la isla de Hierro, en las que aparecen declaraciones de decenas de testigos que afirman haber visto la isla encantada desde las cumbres herreñas. A raíz de ello partió de Santa Cruz de Tenerife una expedición en busca de la isla.

Resulta asombroso que la leyenda haya seguido viva en el folclore popular. San Borondón aún está presente en el imaginario colectivo, y seguramente no hay isleño de Tenerife, La Palma, Gomera o Hierro que no haya oteado alguna vez desde las cumbres de su propia isla, buscando San Borondón en el horizonte, hacia el oeste.

Los guanches

Debido al temor que inspiraba el océano Atlántico, las leyendas sobre el fin del mundo, y a que la corriente de Canarias fluye en dirección suroeste y luego vira al oeste, arrastrando las embarcaciones hacia el Caribe, parece que muy pocos navegantes llegaron a Canarias en la Antigüedad.

Los europeos «descubrieron» de nuevo las «Islas de la Fortuna» en la primera parte del siglo XIV. Encontraron un pueblo, que luego fue llamado «guanche», y cuyo origen aún hoy sigue rodeado de misterio.

En un principio, llegaron por mar. Arribaron junto a sus animales domésticos: cabras, ovejas, cerdos y perros. Llevaron con ellos el trigo y la cebada. Procedían del norte de África; de hecho, los primitivos canarios provenían del mismo tronco que los bereberes del Atlas. Tan sencilla afirmación ha provocado —y aún hoy— ríos de tinta y largas discusiones en las que arqueología y etnografía se mezclan con la política.

Según los conquistadores europeos, los **guanches** eran «de raza blanca, altos, musculosos, de gran belleza, y había muchos rubios entre ellos...». No obstante el dato sobre su altura no es muy fiable, ya que hay que tener en cuenta la talla media de los europeos de aquella época. En cuanto a la presencia de rubios (incluso hoy en día, después de muchos siglos de invasiones y mezclas), se puede encontrar la herencia de cabellos rubios y ojos azules entre los bereberes del Atlas africano. Aun así, algunas corrientes han intentado negar el origen bereber de los guanches por motivos políticos, tal vez para evitar posibles reivindicaciones procedentes de Marruecos. Pero esto no tendría mucho sentido, pues los antepasados de los actuales bereberes marroquíes y argelinos que emigraron a Canarias llegaron algunos siglos antes del nacimiento de Cristo, cuando no existía ni Marruecos, ni Argelia, ni las actuales estructuras políticas de esos países.

Cuando los europeos arribaron a Canarias hallaron unos pueblos que vivían en culturas neolíticas, basadas en el pastoreo, la recolección de frutos y una agricultura muy básica. La base cultural era común en todas las islas, pero en cada una de ellas se había desarrollado un microcosmos propio, hasta el punto de que el idioma parecía haberse diferenciado en dialectos. Las islas estaban incomunicadas unas de otras, los aborígenes no conocían la navegación, y tan sólo pescaban en las zonas costeras.

Éste es uno de los «enigmas» de los guanches: ¿cómo es posible que un pueblo que llegó por mar a unas pequeñas islas, que vivía rodeado por el océano y tenía a su disposición —en varias islas— enormes bosques y grandes árboles, ignorara el océano y viviera casi de espaldas a él? Hay varias respuestas posibles: quizá los colonos de Canarias eran sólo pasajeros, pastores que habían sido llevados hasta las islas por marinos y que luego fueron abandonados a su suerte; tal vez se deba al hecho de que las aguas que rodean las Canarias suelen ser de difícil navegación, pues la corriente fluye fuertemente hacia el oeste y los vientos alisios soplan con furia casi todo el año.

En cuanto al término «guanche», así se llamaban a sí mismos los nativos de Tenerife: *guan Chenech* significaba «hombre de Chenech», es decir, hombre de Tenerife. Con el tiempo, la denominación «guanche» se identificó con la de todos los aborígenes canarios.

El nombre de las diferentes islas y, sus habitantes (en los casos en los que se conoce) eran los siguientes: **Tenerife** se llamaba *Chenech, Chinech* o *Achinech*; parece ser que los nativos de La Palma, al ver en el horizonte el Teide cubierto de nieve, llamaban a aquella isla *Ten-er-efez*, «montaña Blanca» (de *ten*, «monte» y *er-efez* «lo blanco»); *Achinech* estaba habitada por los *guan Chenech* («Hombres de Chenech»). **Fuerteventura** era *Maxorata*, y en ella vivían los *majoreros* o *maxos*. **Gran Canaria** era *Tamaran*, también llamada *Canaria*, donde moraban los *canarii*. **Lanzarote** se llamaba *Tyteroygatra*. **La Palma** era *Benahoare*, que significaba «de la tribu de Ahoare»

(tribu del Atlas africano); la isla estaba habitada por los *auaritas*. **Gomera** conserva su nombre antiguo y en ella vivían los *gomeros*, y por fin **Hierro** era *Hero* y estaba habitada por los *bimbaches*.

La lucha canaria

El deporte más popular de las «Islas Afortunadas» es la **lucha canaria**. Sus orígenes se remontan en el tiempo, mucho antes de que las islas fueran conquistadas por los españoles. Los que practican este deporte deben tener una gran corpulencia y fuerza. Las luchas se producen entre equipos, entre diferentes pueblos, o islas, y tienen tanta repercusión social que se retransmiten por la televisión local.

Las primeras noticias sobre su práctica se tuvieron gracias a los conquistadores españoles, que contaban cómo los nativos practicaban un deporte en el que un hombre luchaba contra otro. Fue bautizado como lucha canaria y con el tiempo fue ganando cada vez más adeptos.

Desde sus orígenes, en la lucha se han mantenido varias características de los antiguos nativos: nobleza, sencillez, habilidad y agilidad, así como la admiración hacia el ganador y el respeto al vencido.

Consiste en dos hombres que luchan en un círculo, y vence quien consigue que su oponente toque el suelo con cualquier parte del cuerpo (excepto, por supuesto, los pies). Normalmente se enfrentan dos equipos de doce luchadores cada uno, y gana la formación que elimina a todos los participantes del grupo contrario. La lucha canaria se basa sobre todo en la destreza y la experiencia, en especial cuando se enfrentan participantes de distinto peso y tamaño. Hay diferentes técnicas, como las pardeleras, burras, caderas, agachadillas o el toque por dentro, todas encaminadas a hacer perder el equilibrio al oponente.

Las reglas de este deporte son muy sencillas e intentan evitar la violencia innecesaria y el daño al rival. Así, la brusquedad y las heridas no están permitidas; además, el respeto y la reverencia hacia el contrario son obligatorios; cada vez que luchan, los oponentes deben saludarse, y el ganador ofrece la mano al vencido para ayudarlo a levantarse.

Los enfrentamientos se producen en un círculo cubierto de arena. Cada uno de ellos consta de tres asaltos, llamados **bregas**. El participante que gane dos de las tres bregas continúa; el vencido es eliminado. El juego termina cuando uno de los equipos se queda sin participantes. Al final, todos los luchadores se vuelven a saludar.

TENERIFE

De forma triangular, limitada por los vértices de Anaga, Teno y La Rasca, la isla de **TENERIFE** es la mayor del archipiélago y la de relieve más accidentado. La sierra montañosa que la recorre a modo de columna vertebral divide claramente su paisaje en dos zonas diferenciadas y casi opuestas entre ellas: el norte, verde, húmedo y umbrío; el sur, tostado, árido y yermo.

La majestuosa presencia del volcán del **Teide**, de 3.718 m de altitud (el pico más alto de España), con su cráter nevado, domina el Parque Nacional de las Cañadas del Teide, el más visitado del país.

En la parte norte se hallan **Puerto de la Cruz** (el centro turístico más antiguo de Canarias), **Santa Cruz de Tenerife** (la capital actual), **La Laguna** (la antigua capital), el **valle de la Orotava**, Garachico e Icod de los Vinos, entre otros lugares de visita obligada.

En el sur, la zona de **Playa de las Américas-Los Cristianos** concentra las infraestructuras turísticas.

En esta costa sur hay asimismo otros enclaves como El Medano (paraíso de sur-

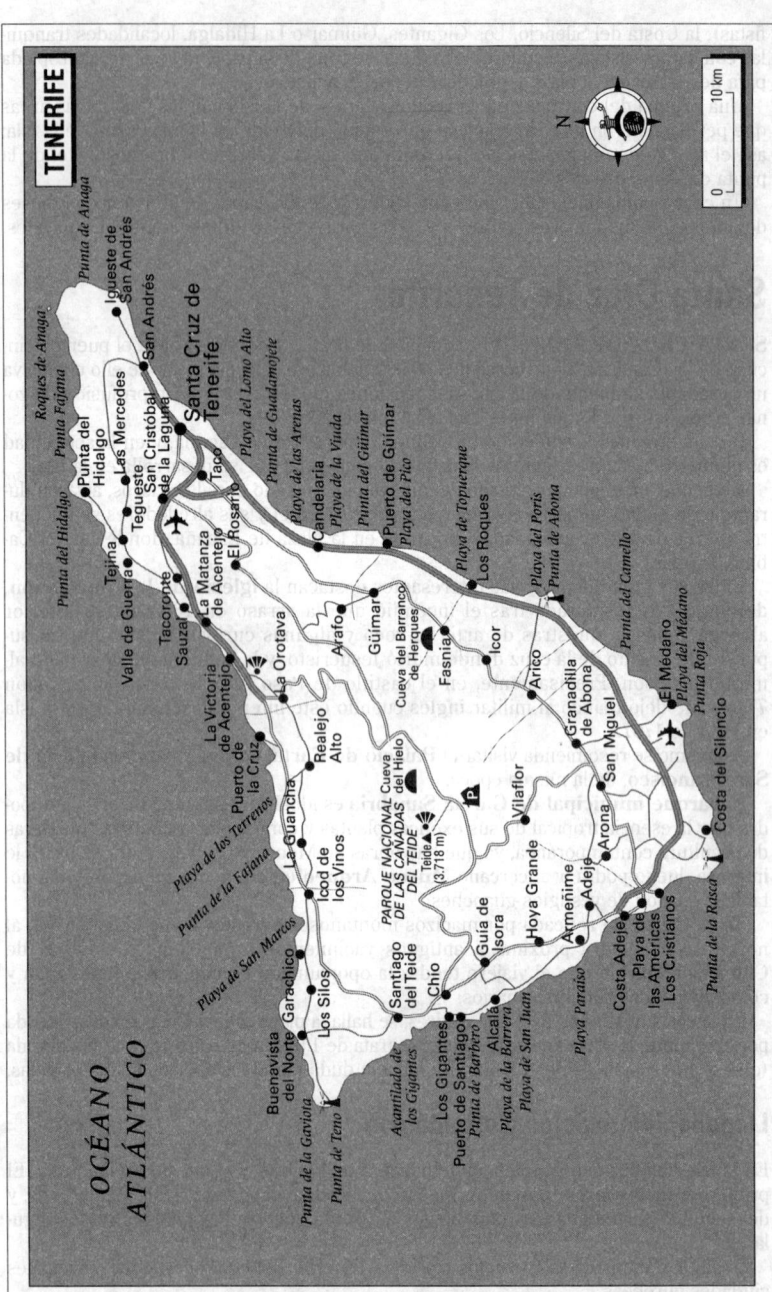

fistas), la Costa del Silencio, Los Gigantes, Güímar o La Hidalga, localidades tranquilas con características peculiares. Sin duda, se trata de la parte del sur más apropiada para descansar en la playa y practicar deportes acuáticos.

Una prueba del contraste entre las dos «caras» de la isla son las dos únicas áreas que permanecieron intactas a la lava que emanó del Teide en la formación de la isla; así, el macizo de Anaga, al norte, presenta un aspecto selvático y brumoso, y el de la punta de Teno, paisajes desérticos.

En cuanto a los tinerfeños, son gente alegre y festiva capaz de preparar con meses de antelación sus mejores disfraces y galas para lucirlas en los famosos carnavales.

Santa Cruz de Tenerife

SANTA CRUZ DE TENERIFE, la capital de la isla, y donde se halla el puerto principal de las Canarias, tiene cerca de 250.000 habitantes; pero a pesar de ello conserva un agradable ambiente de hermosas mansiones modernistas y gran profusión de zonas arboladas, por lo que no es una urbe masificada.

En sus orígenes, nació como un pequeño puerto de La Laguna, y en la actualidad es el núcleo más importante de la actividad comercial que se desarrolla en la isla.

De hecho, en el puerto, situado en una bahía y rodeado por altos riscos, atracan durante todo el año numerosos cruceros turísticos. En él y sus alrededores se encuentra el área de mayor actividad, sobre todo en la plaza de España, donde está el Cabildo Insular.

Entre sus monumentos más interesantes destacan la **iglesia de la Concepción**, del siglo XVI, restaurada tras el incendio que la arrasó en 1652; en su interior alberga valiosas muestras de arte barroco y algunas curiosidades, como un supuesto fragmento de la cruz donde murió Jesucristo, y la bandera del derrotado almirante Nelson. Precisamente, en el castillo de Paso Alto se conserva el cañón *Tigre*, que dejó manco al militar inglés cuando éste intentó desembarcar en la isla en julio de 1797.

Asimismo se recomienda visitar el **Palacio de Carta**, del siglo XVIII, y la **iglesia de San Francisco**, de la misma época.

El **parque municipal de García Sanabria** es ideal para pasear; allí, el viajero podrá oler la esencia tropical de sus exóticas plantas y contemplar numerosas muestras de escultura contemporánea, ya que hay obras de Moore y Chillida, entre otros. Si le interesa, luego podrá ir al cercano **Museo Arqueológico**, donde se expone una notable colección de vestigios guanches.

Santa Cruz está rodeada por macizos montañosos agrestes como el de Anaga, al norte; se encuentra próxima a antiguos yacimientos arqueológicos como el de Chinamada, por lo que el viajero tendrá la oportunidad de conocer quiénes eran y cómo vivían los primeros canarios.

En la costa norte, cerca de San Andrés, se halla la playa artificial más extensa creada por el hombre, la playa de las Teresitas; se trata de 1.500 m de palmeras y arena dorada (que se transportó desde el Sáhara) y que sin duda harán las delicias de los bañistas.

Llegada, información y orientación

En la isla hay dos aeropuertos: el del norte, Los Rodeos, y el del sur, Reina Sofía. El primero está a escasos 10 minutos en taxi de la actual capital de la isla, Santa Cruz, y del segundo parten guaguas (autobuses) a medida que van llegando los vuelos regulares.

Desde la Península salen vuelos diarios a Tenerife, así como desde las principales ciudades europeas.

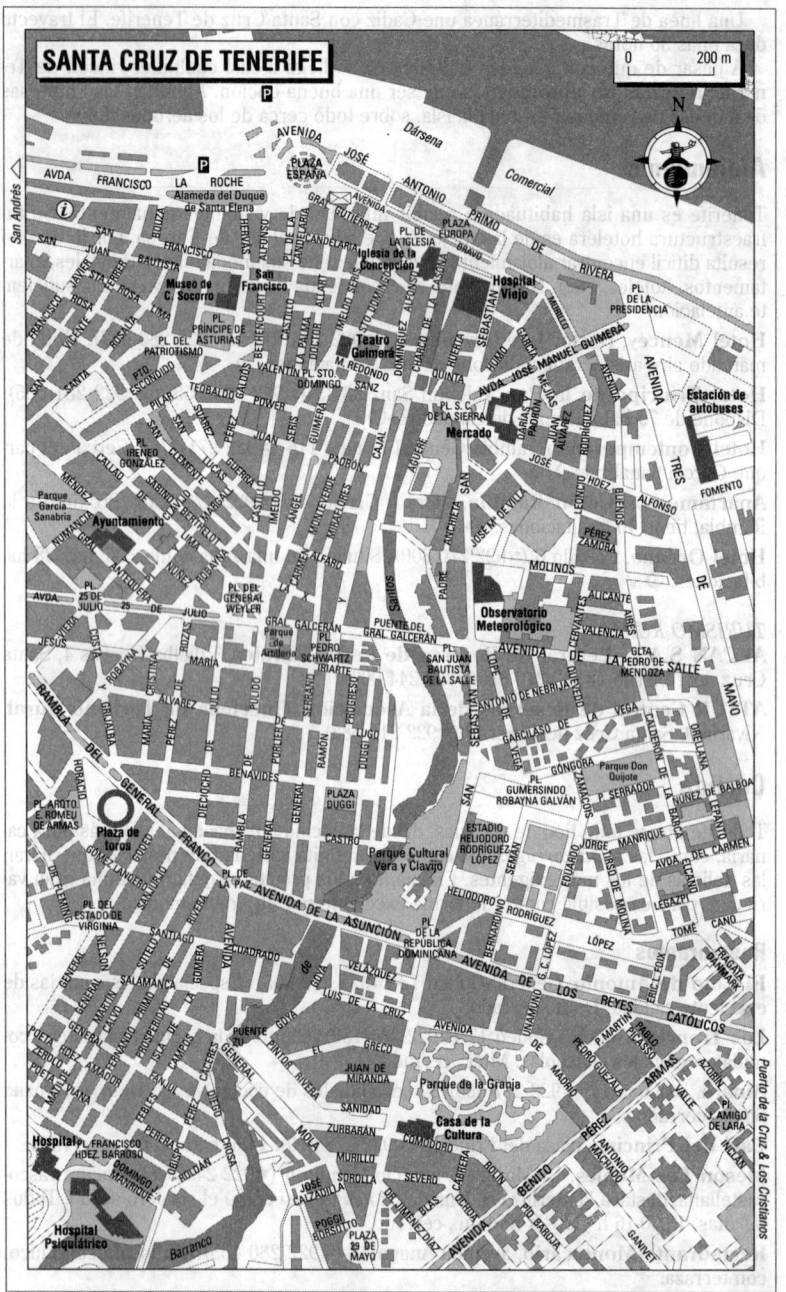

Una línea de Trasmediterránea une Cádiz con Santa Cruz de Tenerife. El trayecto dura unas 36 horas.

A pesar de que con guaguas (autobuses) se llega a casi cualquier rincón de Tenerife, **alquilar un automóvil** puede ser una buena opción. Abundan las empresas de alquiler de vehículos en toda la isla, sobre todo cerca de los aeropuertos.

Alojamiento

Tenerife es una isla habituada a recibir infinidad de visitantes anualmente. Su infraestructura hotelera es de las mejores que hay en el sur de Europa, por lo que no resulta difícil encontrar alojamiento en cualquiera de sus modalidades (hostales, apartamentos, hoteles, etc.). No obstante, se recomienda hacer la reserva con la suficiente antelación.

Hotel Mencey, Doctor José Naveiras 38 (☎922 276 700; fax 922 280 017). Hotel de marcado aire aristocrático; dispone de 269 habitaciones. ⑧

Hotel Príncipe de la Paz, Valentín Sanz 33-35 (☎922 249 955; fax 922 281 065). Dispone de 79 habitaciones de calidad. ⑥-⑦

Hotel Contemporáneo, rambla General Franco 116 (☎922 271 571). Cerca del parque García Sanabria. ⑥-⑦

Apartamentos Colón Rambla, Viera y Clavijo 49 (☎922 272 550). Próximo a la Rambla; tiene 40 habitaciones. ⑥-⑦

Hotel Océano, Castillo 6 (☎922 270 800). Situado en una zona comercial; hay 28 habitaciones. ⑤

TURISMO RURAL
AECAN S.A.L. Central de Reserva de Casas Rurales, Villalba Hervás 4, Santa Cruz de Tenerife (☎922 240 816 y 922 244 003).

ATTUR Central de Reservas de la Asociación Tinerfeña de Turismo Rural, Nivaria 9, Santa Cruz de Tenerife (☎922 215 582).

Comida

Tenerife ofrece todo tipo de comidas, desde la cocina internacional a la más pura canaria, como las *papas arrugás*, así como una infinita variedad de pescado, que harán las delicias de los más exigentes. En cuanto a los precios, hay también una gran variedad, pero es posible comer de forma excelente por un precio módico.

Restaurantes

El Coto de Antonio, General Goded 13 (☎922 272 105). Especialidades canarias de excelente calidad. Dom., cerrado.

Los Troncos, General Goded 17 (☎922 284 152). Combina la cocina canaria con comidas regionales españolas. Miér., cerrado.

Ainara, La Luna 14 (☎922 277 660). Especialidades de cocina vasca. Dom. y Semana Santa, cerrado.

Café del Príncipe, plaza del Príncipe (☎922 278 810). Con terraza. Lun., cerrado.

Mesón Los Monjes, La Marina 7, edificio Hamilton (☎922 246 576). Cocina vascocastellana; destaca la merluza rellena de *txangurro*, así como el cordero asado. Todos los días, 12.30-16 h y 20-24 h; dom., cerrado.

Restaurante Montecarlo, avenida Anaga 43 (☎922 280 465). Un local económico, con terraza.

Copas y vida nocturna

Si divertirse en Tenerife es fácil, cuando llega la noche resulta inevitable. **Pubes, discotecas** y **salas de fiestas** abren sus puertas a jóvenes y mayores. Los espectáculos van del folclore al flamenco, pasando por la actuación de grandes estrellas o las coreografías de las gogós encima de las barras. Los **casinos** —el de Playa de las Américas y el de Taoro—, de propiedad pública y cuyos beneficios se destinan precisamente a cuidar la infraestructura turística, son los elegantes centros donde se tienta la fortuna.

Locales de copas
Casino Santa Cruz-Pub Games and Music, rambla General Franco, bajo el *Hotel Mencey* (☎922 290 740). Actuaciones en directo y exposiciones. Todos los días, 21-5 h.

Bar Gran Vía, General Mola 4. Decorado con fotos de las reinas del carnaval. Todos los días, 22-madrugada.

BB+, avenida de Anaga 29 (☎922 281 453). Original decoración y muy animado. Todos los días, 23-3.30 h. Fines de semana, hasta las 4.30 h.

VIP'S Pub, avenida Asuncionistas 12 (☎922 242 719). Refugio de los trabajadores de la noche. Todos los días, 20-8 h.

El Desván, pasaje Sitja 17, próximo a la plaza de la Paz (☎922 270 058). Lugar de encuentro para iniciar la noche. Todos los días, 18.30-3 h.

Nooctua, avenida de Anaga 37 (☎922 290 461). Un clásico de la noche tinerfeña. Todos los días, 21.30-5 h.

Discotecas
Basílica El Convento, avenida Tres de Mayo 73 (☎922 223 077). Siete barras y dos grandes salas, una de salsa y merengue, y otra de música disco. 23-5 h, vier.-sáb., hasta las 6 h.

RKO, Residencial Anaga, junto al hotel Atlántico. Música disco de siempre; ambiente joven al principio de la noche, de 25 años para arriba a medida que avanza la velada. Sólo vier., sáb. y vísperas de festivos, 23-6 h.

Direcciones prácticas

Aeropuertos Aeropuerto de Los Rodeos ☎922 257 940. Aeropuerto Reina Sofía ☎922 770 050. Air Europa ☎902 401 501; Aeropuerto Reina Sofía ☎922 773 207, 922 773 366 y 922 773 466. Iberia ☎902 400 500. Spanair ☎902 131 415.

Alquiler de automóviles Alda, Emilio Calzadilla 8, local 4 (☎922 274 953); Alpa, San Francisco 71 (☎922 241 204); Añatén, Alfonso Bethencourt 8 (☎922 245 973); Hertz, avenida Anaga 7 (☎922 274 805); Jocar, Rambla Pulido 89 (☎922 270 237); Miraflores (☎922 245 222); Numancia, Méndez Núñez 42 (☎922 274 700 y 922 274 704); La Salle, avenida La Salle 32 (☎922 222 493).

Ayuntamiento Viera y Clavijo (☎922 606 000).

Correos y telégrafos En plaza de España y en plaza de los Patos.

Emergencias Casa de Socorro de Santa Cruz, José Murphy 14 (☎922 241 502).

Estación de autobuses Avenida Tres de Mayo s/n (☎922 215 699, 922 218 122 y 922 219 070).

Información Cabildo Insular de Tenerife (☎922 239 500 y 922 239 501; *www.cabtfe.es*). Patronato Insular de Turismo de Tenerife (☎922 605 781; *www.cistia.es/cabildotf*). Oficina de Turismo Plaza de España, en el edificio del Cabildo Insular (lun.-vier., 8-15 h; sáb., 9-13 h; verano, hasta las 14 h; ☎922 605 592).

Líneas marítimas Fred Olsen ☎922 628 331 y 922 221 087. Trasmediterránea ☎922 243 011.
Policía Nacional Ramón Pérez de Ayala 6 (☎091 y 922 212 511).
Taxis Plaza de España, plaza Weyler (☎922 615 111).
Teléfonos Calle La Marina con Villalba Hervás.

Ruta de La Laguna y Puerto de la Cruz

Si quiere adentrarse en el típico ambiente de la época, el viajero tendrá que ir hasta **La Laguna**, situada a 10 km de Santa Cruz; se trata de la antigua capital de la isla, y se halla en pleno valle de Aguere.

Fundada en 1496 por Alonso Fernández de Lugo (de ahí su nombre), allí hay un conjunto arquitectónico único en la isla: la **catedral**, de hermosa fachada neoclásica; el **Palacio Episcopal**, del siglo XVII; la **iglesia de la Concepción**, del siglo XVI, y el **convento de San Francisco**, donde se venera al célebre Cristo de La Laguna.

Es un lugar ideal para pasear, por lo que el visitante disfrutará por sus calles rectas, en las que descubrirá ermitas y monasterios que recuerdan el pasado de la ciudad como sede episcopal. En el jardín del seminario hay un drago enorme, árbol que es uno de los símbolos de la ciudad.

Debido a que allí se encuentra una de las universidades más importantes del archipiélago, La Laguna tiene ese peculiar aire estudiantil, también presente en otras poblaciones con universitarios.

Más tarde podrá descansar del paseo, que el viajero tal vez inicie en la tranquila plaza del Adelantado, después de haber visitado el ayuntamiento, el convento de Santa Catalina y el elegante Palacio de Nava, todos cercanos.

La vida nocturna de la localidad es parecida a la de la capital o el Puerto de la Cruz, y los universitarios tienen mucho que ver en ello. Algunos de los locales de **copas** más llamativos son el *Bar Haring*, en Doctor Zamenhoff 9 (22-3.30 h), en el que suena música actual en un ambiente joven y festivo; *El Esquinazo*, en Doctor Antonio González 9 (20-3 h), es famoso por sus chupitos; *El Patio Canario*, Manuel Osuna 8 (12.30-16.30 h y 20-2 h; dom., cerrado; ☎922 264 657), constituye un punto de encuentro de los laguneros.

En cuanto a las **discotecas**, se recomiendan *Nooctua*, carretera General del Norte 178, Guamasa (sólo vier.-sáb., 23-5.30 h; ☎922 636 883), un antiguo cine reconvertido, con diez ambientes distintos y para todos los públicos; *El Palco*, avenida de la Trinidad s/n (23-5 h), frecuentada por estudiantes que se mueven al ritmo de la música más comercial.

Si le quedan fuerzas, el viajero puede continuar la ruta hacia Santa Úrsula. Cuando pase esta población, la carretera se bifurca en dos direcciones. Una conduce a la costa, y va a parar a Puerto de la Cruz.

Puerto de la Cruz

PUERTO DE LA CRUZ, situada a 6 km de la capital, es el mayor centro turístico de Tenerife; prueba de ello son sus 900.000 visitantes anuales. Antiguo puerto de La Orotava y lugar principal de tráfico marítimo y exportación, en el Puerto de la Cruz abundan hoteles de lujo, restaurantes, discotecas, boutiques y bazares que garantizan la diversión al visitante.

El corazón de la población es la plaza mayor, la del Charco, que recibe este nombre

desde el siglo XVI por razones obvias. Es más, su denominación completa es la de Charco de los Camarones, porque pueden pescarse estos crustáceos en el estanque situado en su centro.

En este mismo punto de encuentro, el visitante contemplará una representativa muestra de la colorida y variada vegetación que viste la isla. Concretamente, palmeras y laureles descendientes de los originales de 1852 procedentes de Cuba. Justo detrás de la plaza, se halla el puerto.

En la parte sur, se recomienda pasear por la calle Blanco, típico lugar donde el viajero podrá comprar aparatos electrónicos y recuerdos a buen precio, debido a los privilegios fiscales de las Canarias.

Desde allí, nada mejor que deambular por la calle de Quintana, la plaza del Doctor Víctor Pérez, la de Iglesia y acabar en La Punta del Viento, donde está el busto de Domingo Pérez Trajillo (1890-1994), prohombre de la ciudad.

La plaza del Doctor Pérez fue trazada en su honor, por ser el pionero de la industria turística y promotor del *Gran Hotel Taoro* (actual *Casino Taoro*, centro de gran prestigio y renombre). En esta misma plaza se alza la **iglesia de San Francisco**, edificada sobre la ermita de San Juan Bautista en el siglo XVI y que pasó a manos franciscanas 2 siglos después.

Un poco más allá de la calle de Quintana, esquina con la de Agustín de Betancourt, se encuentra el **parque de San Francisco**, habitual lugar de celebración de diversos eventos de la ciudad y que ocupa el anterior emplazamiento de un antiguo convento franciscano destruido por el fuego en 1967.

Si el visitante continúa subiendo por la calle Quintana, llegará a la plaza de la Iglesia. Si la del Charco constituye el corazón de Puerto de la Cruz, la de la Iglesia es el alma.

La **iglesia de Nuestra Señora de la Peña de Francia** domina la plaza. La torre alberga la imagen del Gran Poder de Dios (siglos XVII-XVIII). Desde la plaza de la Iglesia llegará al mirador de punta del Viento, donde contemplará vistas de toda la costa y los acantilados de la playa de San Telmo.

Como lugar pionero del turismo isleño, Puerto de la Cruz está bien comunicado con otros centros turísticos que la rodean, y hacia los cuales parten numerosos viajes organizados. No resulta difícil acceder a todos estos parajes en un corto trayecto en guagua (autobús).

Se recomienda visitar el magnífico **Jardín Botánico**, fundado en el siglo XVII por orden de Carlos III, donde conviven miles de especies procedentes de todos los rincones del globo debido al excepcional clima de Tenerife, formando una auténtica selva en miniatura.

El lugar más frecuentado por los veraneantes es el complejo del **lago Martiánez**, obra del lanzaroteño César Manrique, que ocupa una superficie de 33.000 m^2 sobre el mar, precisamente junto a unas cuevas antes habitadas por los aborígenes. En esta zona se encuentra el mayor pingüinario del mundo, de reciente construcción.

Otra atracción del Puerto de la Cruz es el **carnaval**, aunque menos concurrido que el de Santa Cruz; no obstante, tiene fama de ser más populoso, sobre todo en la ceremonia de clausura, la del entierro de la sardina en sus playas, y los fuegos artificiales.

Cercana a Puerto de la Cruz se encuentra **Punta Brava**, una localidad situada sobre la lava que discurrió tras la erupción de La Montañeta en 1430, y que presenta una pintoresca formación de casitas alineadas frente al mar. Sólo el rompeolas artificial de playa Jardín impide que las furiosas embestidas del Atlántico las alcancen. Cerca de la Punta está el **Loro Parque**, del que se dice que posee la más extensa colección de aves exóticas y loros del mundo (aunque quizás ni el Parque de Miami, en Estados Unidos, dedicado a lo mismo, no esté de acuerdo con esta afirmación de los tinerfeños).

Alojamiento

Puerto de la Cruz es un centro turístico de primer orden, en el que predominan los hoteles, apartamentos, y toda clase de locales dedicados a la diversión de los turistas. Entre su amplia oferta hotelera, destacan establecimientos de lujo, como el espectacular y cómodo *Hotel Meliá Botánico*, calle Richard J. Yeoward s/n (☎922 381 400; fax 922 381 504; ⑧), o el exclusivo *NH Semíramis*, Leopoldo Cólogan Zulueta 12, Urbanización La Paz (☎922 383 311; fax 922 373 193; ⑧), que dispone de cabañas y jardines en un ambiente tropical.

Pero también hay alojamientos con precios algo más asequibles, como el *Hotel Concordia Playa*, avenida Generalísimo 32 (☎922 385 500; ⑥), que tiene más de 300 habitaciones y piscina; el *Monopol*, Quintana 15 (☎922 384 611; fax 922 370 310; ⑤-⑥), cuenta con 100 habitaciones, un típico patio canario y piscina climatizada; el *Hotel Chimisay*, Agustín de Bethencourt 14 (☎922 383 552; fax 922 382 840; ⑤-⑥), asimismo con piscina climatizada, o los *Apartamentos Club Ambassador-Parque Ferrais*, Granados 18, Urbanización El Durazno (☎922 381 566; ⑥), 44 apartamentos en una zona tranquila cerca del jardín botánico.

Comida y copas

La oferta gastronómica es interesante y variada en Puerto de La Cruz. Se recomiendan, entre otros, el *Restaurante Magnolia*, carretera del Botánico 5 (todos los días, 13-16 h y 19.30-23.30 h; ☎922 385 614), en el que se puede degustar cocina catalana e internacional en su terraza cubierta; *Casa Régulo*, Pérez Zámora 16 (Dom., cerrado; ☎922 384 506), situado en un caserón antiguo con patio interior; *Casino Taoro*, Parque Taoro 22 (20-3 h; sáb. y vísperas festivos, hasta las 4 h; ☎922 380 550), en el que antes era el lujoso *Hotel Taoro*, pionero del turismo europeo en la isla, dentro del casino del mismo nombre. Desde sus ventanales se contemplan hermosas vistas del valle de La Orotava y el Teide.

VIDA NOCTURNA

La vida nocturna de Puerto de la Cruz es muy animada. Si el visitante quiere tomar unas copas podrá ir a algunos de los bares y pubes que proliferan por la ciudad. Se recomiendan: *Cibercafé Zagora*, Puerto Viejo 18; *Studio*, avenida del Generalísimo, bajo el *Hotel Avenida* (22-madrugada); *Ábaco*, en la calle Casa Grande, Urbanización el Durazno (20-2 h; fines de semana, hasta las 3 h; ☎922 370 107), que de día es una casa-museo, y de noche un bar con música clásica. Pero si prefiere bailar hasta el amanecer, tendrá que visitar *Joy*, Obispo Pérez Cáceres s/n (23-5 h; ☎922 373 985), donde la gente «guapa» se va para disfrutar la noche, o bien el *Qatar*, calle Aceviño, Urbanización La Paz (22.30-4 h; fines de semana, hasta las 6 h; ☎922 382 307), donde podrá bailar al son de música disco y latina en medio de una llamativa decoración arabesca.

CÓDIGOS DE LOS PRECIOS DE ALOJAMIENTO

En esta guía, los precios de alojamiento se reseñan en una escala de ① a ⑧, indicando el precio **más bajo** que puede esperar pagar por noche en un establecimiento por una **habitación doble**, en temporada alta. Los precios, señalados por los códigos, son los siguientes:

① menos de 2.000 pesetas/12 euros
② 2.000-3.000 pesetas/12-18 euros
③ 3.000-4.500 pesetas/18-27 euros
④ 4.500-6.000 pesetas/27-36 euros
⑤ 6.000-8.000 pesetas/36-48 euros
⑥ 8.000-12.000 pesetas/48-72 euros
⑦ 12.000-17.500 pesetas/72-105 euros
⑧ más de 17.500 pesetas/105 euros

Tras la encrucijada de Santa Úrsula, el viajero podrá seguir otra ruta que se inicia en la Cuesta de la Villa y va hacia el sur bordeando la costa entre plantaciones de plátanos y viñedos a la localidad de La Orotava situada a 4 km de este cruce de caminos.

La Orotava

LA OROTAVA es una población antigua donde hay una serie de espléndidas casas señoriales con balconadas repletas de plantas hermosas sobre todo en la calle de San Francisco. Las calles empinadas serpentean junto a viejas viviendas, en las que destacan sus tejados. La **iglesia de la Concepción**, del siglo XVIII, tiene una hermosa fachada barroca, coronada por dos torres gemelas; en su interior alberga un **museo** donde se expone un importante tesoro de orfebrería. Esta población es un lugar ideal para descansar antes de iniciar las rutas por el Teide.

El viajero encontrará **alojamiento** en el *Parador Nacional de Turismo Las Cañadas del Teide*, carretera C-821 s/n (☎922 386 415; fax 922 382 352; ⑦), que dispone de 37 habitaciones en medio de un paisaje volcánico de gran belleza. En el casco antiguo se halla el *Hotel Victoria*, Hermano Apolinar 8 (☎922 331 683; ⑦), ubicado en una antigua casa señorial totalmente reformada. Para **comer** se recomienda el *Restaurante La Calzada*, Calzada de la Quinta 1 (☎922 330 455), donde alternan la cocina canaria con sabores del otro lado del Atlántico.

Los Realejos e Icod de los Vinos

A 7 km de La Orotava se halla **LOS REALEJOS**, municipio dividido en dos pueblos (**Realejo Alto** y **Realejo Bajo**), antiguamente separados por el barranco de Godínez, y que fueron el último foco de la resistencia guanche ante la invasión castellana. En el primero se encuentra el templo más antiguo de Tenerife, el de **Santiago** (1498), y también la casa natal del estudioso de la historia canaria José de Viera y Clavijo. En el segundo está la **iglesia de la Concepción**, una interesante muestra de arte plateresco, y un hermoso drago en el cementerio local. En ambos Realejos encontrará una abundante y variada oferta de alojamientos.

Si el viajero toma la vía que parte de Realejo Alto en dirección al pueblo de **La Guancha**, tras recorrer 14 km hacia el sur tendrá la oportunidad de visitar esta localidad, famosa por su alfarería popular y que cuenta con una escuela de artesanía. Allí puede comprar piezas de artesanía.

Desde La Guancha, el camino interior discurre entre antiguas lavas cubiertas de líquenes hasta que llega a la carretera principal. Tras recorrer 4 km aparece ya entre ricos campos de viñas y frutales y cercana a la costa la población de **ICOD DE LOS VINOS**, situada a 11 km de La Guancha, que es famosa por sus deliciosos vinos, y en especial por su malvasía, un licor muy apreciado por las cortes europeas del siglo XVI. Con todo, su renombre actual se debe a su impresionante drago de 3.000 años, el llamado **Drago milenario**, el más antiguo de la isla. Ya en la época de los guanches era considerado un árbol totémico, símbolo de fecundidad y sabiduría, bajo cuya sombra se celebraban grandes fiestas rituales. Icod, centro de la comarca llamada Isla Baja, presenta un armonioso grupo urbano; prueba de ello son su ayuntamiento y una bonita plaza, rodeada de elegantes casonas, donde se alza la **iglesia de San Marcos**. Desde allí se contemplan maravillosas vistas del Teide.

Desde Icod, el viajero puede bajar hasta el fondo del valle para llegar a la población costera de **Garachico**, dispuesta en semicírculo sobre ríos de lava que se adentran en el mar. Puerto floreciente durante el siglo XVI, fue arrasado en 1706 por una erupción volcánica del Teide, cuya lava bajó desde montaña Bermeja. Su pasado esplendor todavía puede admirarse en algunos nobles edificios, como el Palacio de los Condes de Gomera, la iglesia de Santa Ana, el convento de San Francisco y el castillo de San

Miguel. Desde este fuerte militar se observa el roque de Garachico, una enorme mole de lava que emerge de las aguas. En la plaza del pueblo se levanta una estatua del libertador Simón Bolívar, cuya madre era natural de Garachico.

Playa de Las Américas

Sin duda, la **PLAYA DE LAS AMÉRICAS** es el lugar más concurrido, populoso, festivo y con más actividad nocturna de la costa. Por ello, si el viajero busca un remanso de paz y tranquilidad donde descansar del mundanal ruido, éste no es el sitio adecuado. Se trata del típico centro turístico en el que, después de una estancia más o menos prolongada, el viajero querrá unas vacaciones al regresar a casa. Hay kilómetros de playa de arena oscura (de las mejores de Europa), escenario ideal para practicar los más variados deportes acuáticos; además, cuenta con un delfinario, tiendas por doquier y una extensa oferta de restaurantes para todos los presupuestos, pero durante el día. De noche, la ciudad es un palpitante foco de diversión, con profusión de clubes nocturnos, discotecas, un casino y otros establecimientos dedicados a la vida nocturna. Si el viajero busca precisamente juerga, sol, discoteca y paella, ha llegado al sitio adecuado. Su localización geográfica contribuye a que la gente disfrute de la calle y la fiesta, debido a su clima envidiable. Situada en el extremo sur de la costa oeste, se trata de la mejor zona climática de la isla. Las Américas está formada por una auténtica jungla de hoteles y servicios para el turista. Pero allí no encontrará muchas muestras de la rica cultura canaria, que han quedado apartadas para dar paso a los complejos hoteleros. De todos modos, se recomienda pasar una noche en Las Américas, aunque sólo sea para romper la monotonía de las visitas culturales que se quieran hacer o que ya se hayan efectuado.

Nada más fácil que alojarse en Las Américas, algunos de sus **hoteles** más recomendables son: el *Complejo Hotelero Mare Nostrum Resort*, con sus cinco hoteles: *Sir Anthony, Mediterranean Palace, Julio César Palace, Cleopatra Palace* y *Marco Antonio Palace*, que se encuentra en la avenida Litoral s/n (☎922 757 500; ⑧); dispone además, de doce restaurantes. Los precios son altos, pero varían según la temporada y el establecimiento. Asimismo se recomienda *Hotel Jardín Tropical*, Urbanización San Eugenio (☎922 746 000; fax 922 746 060; ⑧), con 421 habitaciones, que ha recibido premios por su comodidad; *Hotel Las Dalias*, en Urbanización San Eugenio (☎922 792 712; fax 922 797 675; ⑧), tiene diversas instalaciones deportivas y restaurantes; *H10 Las Palmeras*, avenida Rafael Puig 14 (☎922 790 991; ⑦-⑧), está rodeado de 14.000 m² de preciosos jardines tropicales con acceso directo a la playa, dos piscinas, pistas de tenis y squash; allí puede elegir entre habitaciones, apartamentos, estudios o bungalós.

En cuanto a la **comida**, se aconseja el *Restaurante El Patio*, Gran Bretaña s/n, Urbanización San Eugenio (jul., cerrado; ☎922 750 100; fax 922 746 060; ④-⑤), donde sólo sirven cenas a base de recetas de cocina moderna. Se halla cerca del *Hotel Jardín Tropical*. Otro buen establecimiento para reponer fuerzas tras un día de ocio y playa es la *Casa Vasca*, situada en los apartamentos Compostela Beach, avenida Litoral s/n (☎922 794 025; ③-④), en la que disfrutará de la más selecta cocina vasca. Los amantes de la **vida nocturna** pueden ir al Centro comercial Las Verónicas, en la Urbanización Torviscas, que alberga decenas de bares de copas, pubes y discotecas, que atraen a numerosos turistas británicos y alemanes para disfrutar de la música, beber y charlar.

Los Cristianos

LOS CRISTIANOS es una localidad casi anexa a Las Américas, y constituye un gran centro de veraneo; además, de allí parten los transbordadores para la isla de Gomera. El antiguo barrio pescador de Los Cristianos se halla a la sombra de la montaña de Guaza, famosa por sus pedreras, de donde se extraían losas que se exportaban a Cuba.

En esta zona turística, repleta de hoteles y apartamentos, es posible **alojarse** en *Arona Gran Hotel*, avenida Marítima s/n (☎922 750 678; fax 922 750 243; ③), que tiene casi 400 habitaciones con aire acondicionado; *Hotel Paradise Park*, Urbanización Oasis del Sur s/n (☎922 794 762; fax 922 794 859; ⑦), dispone de unas 300 habitaciones, y una gran piscina climatizada; *Hotel Princesa Dácil*, avenida Penetración s/n (☎922 790 800; fax 922 790 658; ⑦), se encuentra cerca de la playa, y está en el edificio más alto y grande de la localidad.

Un establecimiento que se recomienda para **comer** es el *Restaurante La Cava*, en El Cabezo 22 (dom., cerrado; ☎922 790 493; fax 922 791 316), decorado de manera rústica.

Parque Nacional de las Cañadas del Teide

En el centro de la isla está el gigantesco cráter volcánico de **Las Cañadas**, que junto con el Teide fueron declarados parque nacional en 1954; en la actualidad es el espacio natural de estas características más visitado de España.

El **Teide**, la montaña más alta de España, tiene 3.718 m y, según los guanches, allí reinaba el dios infernal Guayota.

El parque es la mejor muestra de ecosistema volcánico de montaña de toda Canarias. Incluye además hábitats amenazados, como las cuevas subterráneas, que por su disposición y altitud se ven afectados anualmente por períodos de nevadas, lo que contribuye a mantener procesos ecológicos esenciales como la recarga de los acuíferos.

Entre su singular flora y fauna se encuentran una decena de especies en peligro de extinción; hay algunos invertebrados en concreto de los que apenas se conocen unos pocos ejemplares. El paisaje del parque es por su naturaleza de los más impresionantes de la isla y constituye un poderoso atractivo para los millones de turistas que lo visitan todos los años. La **oficina del Parque Nacional de las Cañadas del Teide** se halla en Santa Cruz, Emilio Calzadilla 5 (☎922 290 129).

Rutas por el Teide

Cuatro caminos diferentes conducen hasta el parque. El que más se acerca a la fisonomía de la isla es el que sigue la carretera dorsal, partiendo de La Laguna hacia el **bosque de la Esperanza**. Precisamente en un claro de este enclave, durante una reunión secreta en junio de 1936, el general Franco planeó su golpe militar.

Se asciende por la cresta que une las dos vertientes de la isla contemplando la cara y cruz de su accidentado paisaje. El primer pueblecito que encontrará el viajero es **La Esperanza**, situado a 6 km al sur de La Laguna, cuna de la típica manta o capa canaria llamada esperancera, que aún usan algunos campesinos y pastores; allí se sigue practicando el original juego del palo, uno de los singulares deportes autóctonos, que consiste en una lucha con varas entre dos contendientes.

Al remontar la cresta, los alrededores rezuman resina. Los pinos se utilizan desde siempre como material de construcción. Con su madera se hacen balcones, y balaustradas, entre otros elementos. Desde los miradores de Picos de las Flores y Ortuño, el viajero podrá admirar la rica flora descendiendo por las laderas.

A medida que el visitante avance en el camino, ganará también altura: el Morro del Gaitero (1.714 m), la montaña de Joco (1.908 m) y Roque Acebe (2.074 m). Desde el pico del valle se divisan ya los dos valles gemelos: La Orotava, al norte, y Güímar, al sur.

A la izquierda queda el **Observatorio Astronómico de Izaña**, situado a 27 km de Las Raíces, y 5 km más adelante aparece El Portillo de la Vida, la puerta grande de entrada al fantástico escenario natural de Las Cañadas, un antiguo cono volcánico de 75 km de perímetro que rodea, a 2.000 m de altitud, el pico del Teide. Desde

este punto, el viajero contemplará una sucesión de llanuras ocres, ríos de lava, macizos basálticos, por ello se recomienda llevar cámara de fotos o videocámara.

Un funicular conduce hasta la cima del **volcán**, donde se abre un cráter sulfuroso de 25 m de profundidad, que en algunas de sus paredes emana espesas fumarolas. A 4 km de la carretera se encuentra el refugio de Altavistas, y cerca de él, la curiosa **cueva del Hielo**. Una vez atravesada la cañada Blanca, se llega al mirador de los Roques, en el que inmensas moles de lava cinceladas por la erosión conforman un cuadro espectacular; desde allí se divisa el desolado llano de Ucanca, un océano de tierra calcinada.

La segunda carretera que llega hasta el Teide es la que parte de la localidad de **La Orotava**. En su recorrido, el viajero podrá apreciar las diferentes clases de vegetación de la zona norte: primero, plataneros y viñedos; después, frondosos bosques de castaños y hayas. Más arriba, la retama, que motea de amarillo la oscura superficie de la lava, ofreciendo un contraste cromático espectacular. Poco después de pasar Aguamansa, en una cueva junto a la carretera se halla una gigantesca margarita de

LOS CARNAVALES DE TENERIFE

En claro paralelismo a como se vive en Brasil, la semana de los **carnavales** es el período festivo con más repercusión social y participación popular. En todas las islas del archipiélago se celebra esta exaltación de la diversión y el colorido, pero es sobre todo en Tenerife donde el fervor festivo se adueña de las calles durante toda 1 semana.

En medio de este ambiente de animación destaca la elección de las **reinas del carnaval**. Las sociedades culturales y recreativas se esmeran para presentar al concurso a las candidatas más idóneas y conseguir que sean elegidas reinas. Para ello, las chicas deberán lucir espectaculares (y costosos) disfraces. Todos los años, las nuevas creaciones de los diseñadores de esos vestidos superan a las del carnaval anterior. Se convierte así a las bellas aspirantes en auténticas carrozas ambulantes, que llevan, alambres engalanados, soportes de muchos kilos de llamativas plumas, lentejuelas y demás abalorios. Sus atuendos son un auténtico estallido de color, con el fin de sorprender y agradar a los jueces. Por supuesto, tamaño acontecimiento es televisado y seguido con expectación por todos los isleños.

El concurso y el acto de coronación de la vencedora paralizan durante unas horas la actividad de la isla, y marcan el inicio de la juerga que tendrá lugar en los días siguientes. Durante esas jornadas, rondallas, murgas y comparsas toman plazas y calles y se burlan de todo y de todos. Por lo que respecta a los grupos corales, las **rondallas** irrumpen en los espacios públicos blandiendo instrumentos de cuerda e interpretando obras clásicas de zarzuela u ópera, aunque también incluyen en su repertorio canciones de última moda. Son concesiones a un público deseoso de tararear junto a ellos las melodías que interpretan.

Por su parte, la **murga** constituye el colectivo más crítico y mordaz del carnaval. Amparada en el carácter efímero de la fiesta, agazapada en la vestimenta del payaso, armada con letras musicales y justificada por los excesos lúdicos (y etílicos), la murga reparte a diestro y siniestro pullas de humor asegurado, aunque de moral dudosa. Evidentemente, autoridades y políticos (sobre todo los del ámbito local, los más próximos a las quejas cotidianas) son los que sufren sus ataques con más virulencia. Constituidas por agrupaciones vecinales, se sirven de sencillos instrumentos de cartón y de una imaginación y malquerencia extraordinarias.

Las **comparsas** aportan los ritmos caribeños, brasileños y africanos. Lucen trajes muy caros, con diferentes variantes sobre el mismo diseño, y que confeccionan durante el año para lucirlos en la semana de carnaval. Unos se dedican a bailar en estudiadas coreografías, mientras otros interpretan las canciones. Juntos desfilan por las calles sorprendiendo y maravillando a lugareños y visitantes, que contemplan sus precisas y coordinadas coreografías.

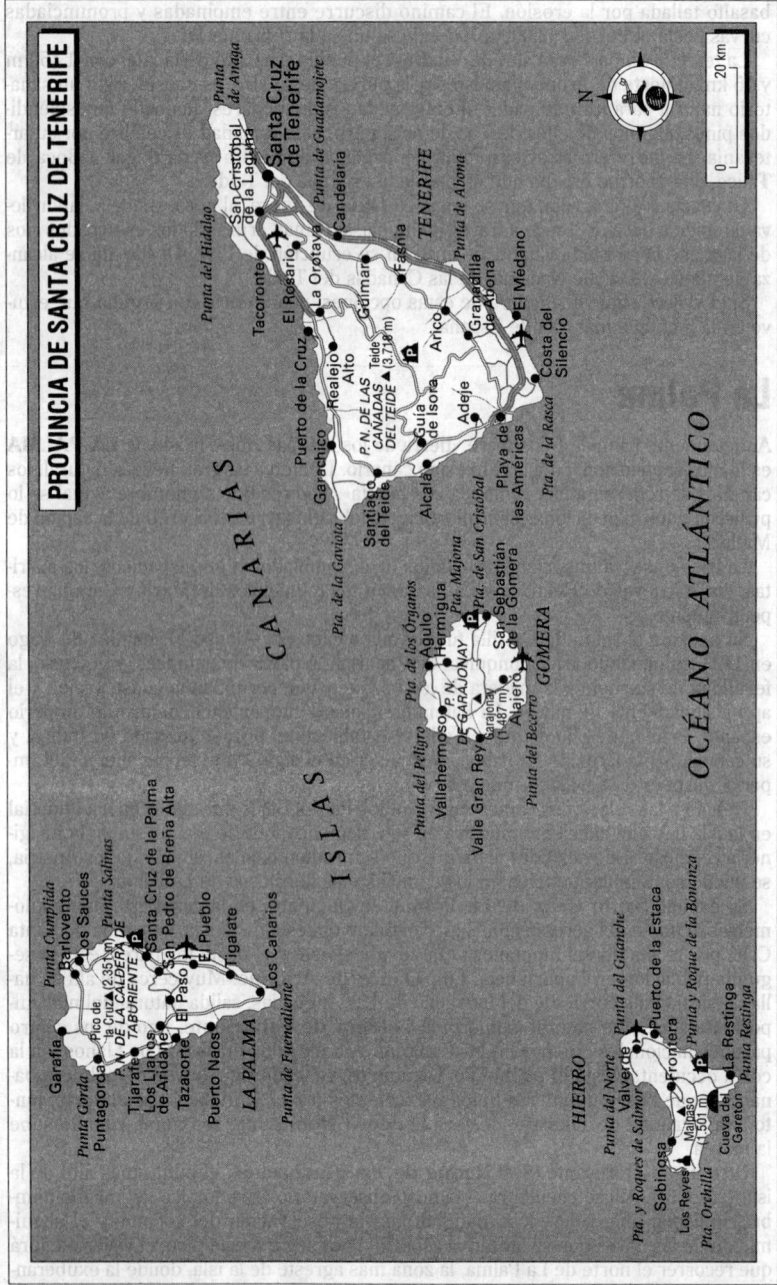

basalto tallada por la erosión. El camino discurre entre empinadas y pronunciadas curvas hasta el Portillo (2.000 m), donde se une a la ruta anterior.

La tercera vía parte del sur, de **Vilaflor**, el pueblo más alto de la isla, con 1.450 m y 15 km al norte de Arona. Famoso por la pureza de su aire, es considerado un sanatorio natural para los que padecen enfermedades pulmonares. Rodeado de espléndidos pinos, algunos de ellos de 7 m de perímetro, esta localidad es célebre por su artesanía. La carretera atraviesa colosales órganos de piedra hasta llegar a Boca de Tauce, una enorme brecha que da paso a la estampa del Teide.

La cuarta y última ruta, que se inicia en **Guía de Isora**, al noroeste de Vilaflor lleva también a boca de Tauce a través de un paisaje lunar, cruzando los escarpados ríos de lava que la montaña Chahorra lanzó en su erupción de 1798. Desde allí se alcanza de nuevo el Parque Nacional de las Cañadas del Teide.

Si el viajero sigue cualquiera de estas opciones, podrá decir con orgullo que estuvo en la montaña más alta de España.

La Palma

Antiguamente llamada Benahoare «tierra de los antepasados», la isla de **LA PALMA** es la más septentrional del archipiélago canario. Debido a su gran belleza natural, los canarios se refieren a ella como «la isla bonita». Se cree que su nombre actual se le pusieron unos expedicionarios mallorquines del siglo XIV, en recuerdo de la capital de Mallorca.

La isla conserva importantes vestigios de sus pobladores prehispánicos, los auaritas, en las cuevas de Belmaco y La Zarza, en los municipios de Mazo y Garafía, respectivamente.

Su anexión al reino de Castilla fue llevada a cabo por Alonso Fernández de Lugo en 1493, culminando así la conquista de Canarias. A partir de entonces, y gracias a la fertilidad de su suelo y la madera de los bosques, que permitían la construcción y el aprovisionamiento de navíos, La Palma fue ganando importancia dentro del Imperio español. Prueba de ello es que en ella se estableció el primer Juzgado de Indias, y su capital, Santa Cruz de La Palma, pasó a ser en el siglo XVI el tercer puerto del Imperio, después de Sevilla y Amberes.

Debido a las relaciones comerciales con los Países Bajos durante la época imperial en la isla hay una excelente muestra de arte flamenco, que se manifiesta en la imaginería religiosa. Tal esplendor artístico, que se produjo bajo el reinado de los Austria, se puede contemplar también en los edificios más hermosos de La Palma.

Su capital, **Santa Cruz de La Palma**, se encuentra en la costa este, unos kilómetros al norte del aeropuerto. En la vertiente opuesta de la isla, separada de Santa Cruz por la alta dorsal montañosa que divide el este y el oeste insulares, está la segunda población en importancia, **Los Llanos de Aridane**. Muy cerca de allí se halla la encajonada corriente del barranco de Las Angustias, salida natural del más importante accidente natural palmero: la **Caldera de Taburiente**, uno de los cuatro parques nacionales que hay en las Canarias. A unos kilómetros de Los Llanos, en la costa occidental, está el pueblo de **Tazacorte**, rodeado de cultivos de palmera bananera, que posee un puerto típico y excelentes playas. Un poco más al norte, junto a la localidad de **Tijarafe**, destaca la **cueva Bonita** que se inunda cuando sube la marea.

Otro lugar interesante es el **Roque de los Muchachos**, el punto más alto de la isla (2.426 m). Allí se encuentra el famoso observatorio astronómico del mismo nombre, indispensable referencia mundial para la observación del cosmos y el seguimiento de las naves que se lanzan al espacio. Para llegar a este pico, el viajero tendrá que recorrer el norte de La Palma, la zona más agreste de la isla, donde la exuberan-

te flora cubre una orografía surcada de profundos y estrechos barrancos. La carretera avanza por el angosto paisaje norteño, y se adentra a menudo en la frondosidad del bosque de **laurisilva**, un denso manto de vegetación que sólo existe en las Canarias. La mejor representación de este ecosistema en La Palma puede contemplarse en el **barranco del Cubo de la Galga** y en el de **Los Tilos**, este último declarado reserva de la biosfera por la UNESCO.

En contraste con el paisaje anterior, el sur de la isla se caracteriza por sus extensas coladas de lava, una zona mucho más seca y soleada. El municipio de **Fuencaliente**, en el extremo meridional de La Palma, es conocido por sus vinos y porque allí se halla el volcán más joven de Canarias, el **Teneguía** que en 1971 con una pequeña erupción recordó a los palmeros que su isla seguía viva y de dónde habían surgido esos preciosos paisajes volcánicos de los que ahora se aprovechan.

Santa Cruz de La Palma

En la capital, **SANTA CRUZ DE LA PALMA**, situada en la parte central al este, se encuentra buena parte del patrimonio arquitectónico flamenco; está en el casco antiguo y ha sido declarado conjunto de interés histórico-artístico. Su calle más importante, Real, así como la plaza de España, donde desemboca, conservan intacto el encanto colonial de la arquitectura renacentista palmera.

A su alrededor se alzan los hermosos edificios de la **parroquia de El Salvador** y del **ayuntamiento**, y en sus cercanías, el **convento de Nuestra Señora de la Concepción** (actual iglesia de San Francisco), la **iglesia de Santo Domingo**, la **ermita de San Sebastián** y el **Palacio de Salazar**, donde está, además, la **oficina de turismo**.

En las afueras de la ciudad se erige el **santuario de Nuestra Señora de las Nieves**, patrona de la isla. De allí parte la Bajada de la Virgen de las Nieves la más importante festividad isleña. Entre todos los actos de esta fiesta, que se celebra durante el mes de julio, destaca la danza de los enanos.

Llegada, información y orientación

El aeropuerto se encuentra a 8 km de la capital, Santa Cruz de La Palma. Hay dos **vuelos** semanales desde Madrid. Del extranjero, parten vuelos chárter que llegan a la capital palmeña.

Por **barco**, una línea de Trasmediterránea enlaza Cádiz con La Palma.

Alojamiento

La Palma dispone de una variada oferta hotelera, que se reparte entre las urbanizaciones costeras de **Los Cancajos**, a mitad de camino entre el aeropuerto y la capital, y la de **Puerto Naos**, en el oeste de la isla. También hay bastantes entre las poblaciones de Santa Cruz de La Palma y Los Llanos de Aridane. Otra opción es alojarse en una de las casas rurales de alquiler repartidas por toda La Palma.

Parador de Turismo, avenida Marítima 34 (☎922 412 340; fax 922 411 856). Decoración regional en sus 42 habitaciones. ⑤-⑥

La Palma Romántica, carretera General de Las Llanadas s/n (☎922 186 221). Dispone de 42 habitaciones y todas las comodidades, incluso tiene un pequeño observatorio astronómico. ⑦

Hotel Marítimo, avenida Marítima 75 (☎922 420 222 y 922 420 624). Dispone de 96 habitaciones en una localización muy céntrica. ⑥

Hotel Castillete, avenida Marítima 78 (☎922 420 840 y 922 420 054). Estudios céntricos con vistas al mar y equipados con cocina, televisión y teléfono. ⑤-⑥

TURISMO RURAL
Asociación de Turismo Rural Isla Bonita, Casa Luján, El Pósito 3. Puntallana. Apartado de correos 447, 38700 Santa Cruz de la Palma (☎922 430 625; *www.infolapalma.com*).

Comida, copas y vida nocturna

El viajero que permanezca en La Palma podrá disfrutar de su rica gastronomía, en la que destacan el cabrito en adobo, el mojo palmero y las famosas rapaduras. Asimismo se recomienda visitar las bodegas locales y, por supuesto, probar su gran vino.

Antica Trattoria, Pérez de Brito 34 (☎922 417 116). Cocina italiana en un viejo caserón reformado; ambiente romántico. Todos los días, 13-16 h y 20-24 h; dom., cerrado.

El Brasero, avenida Marítima 54. Sólo cena. Lun., 12-25 de mayo y 8-21 sept., cerrado.

Chipi-Chipi, Juan Mayor 42 (☎922 411 024). Restaurante popular con patio interior. Miér. y dom.

El Faro, avenida Marítima 27 (☎922 412 890). Dom., cerrado. ①

LOCALES DE COPAS Y DISCOTECAS

Bar Placeta, Placeta de Borrego 1 (☎922 415 273). Local rústico de madera ambientado en los años veinte. Todos los días, 10-24 h; dom., cerrado.

Europa, Los Cancajos 34, edificio Centro Cancajos. Música de toda clase y ambiente cosmopolita. Todos los días, 17-1 h; sólo jue.-sáb.

Puenting, avenida el Puente 32. Actuaciones en directo de grupos de las islas. Todos los días, 22-2 h, fines de semana, hasta las 4 h.

La Abadía, avenida Marítima 51. Ideal para la charla mientras toma cualquiera de sus cervezas de importación. Todos los días, 22-2 h.

H2O, Los Cancajos 62 (☎922 432 048). Música disco y ambiente variopinto. Abierto 23-madrugada. Verano, todos los días; invierno, sólo los fines de semana.

Direcciones prácticas

Aeropuerto ☎922 440 427.

Alquiler de automóviles Avis, O'Daly 32 (☎922 411 480); Autos Magui, Pérez Brito 81 (☎922 412 883); Buen Viaje, avenida Marítima 25 (☎922 411 405); Ferraz, avenida del Puente 26 (☎922 412 206); La Palma, avenida Marítima 68 (☎922 412 449); Hertz, avenida Marítima 52 (☎922 420 787), Canarias, avenida Marítima 35 (☎922 411 055); Capote, Sebastián Arozena 23 (☎922 420 659); Echeyde, avenida del Puente 18 (☎922 413 676); Faycan, avenida Marítima 52 (☎922 420 787); Fayra, Blas Simón 62 (☎922 414 510); Isla Bonita, Álvarez Abreu 62 (☎922 414 753); Pemai, O'Daly 50, avenida Marítima 29 (☎922 413 615); Taburiente, avenida Marítima 36 (☎922 413 327); Union Rent, O'Daly 10, 2.º (☎922 416 106). En el aeropuerto: Avis (☎922 428 110); Betacar (☎922 428 042); Cicar (☎922 428 048).

Ayuntamiento Plaza de España 6.

Correos y telégrafos Plaza de la Constitución (Palacio de las Comunicaciones) (☎922 411 702).

Emergencias ☎922 411 941.

Iberia ☎901 333 111.

Oficina de turismo O'Daly 22 (☎922 412 106).

Policía Nacional Pérez Galdós 16 (☎922 411 237).

Taxis Plaza de la Constitución (☎922 411 291); Apurón (☎922 411 107); avenida del Puente (☎922 411 202); Doctor Pérez Camacho (☎922 411 007).
Trasmediterránea ☎956 227 421; ☎914 310 700.

Breña Alta

Saliendo hacia el sur desde Santa Cruz de La Palma, antes de llegar al aeropuerto de la isla, se encuentra **BREÑA ALTA**, una localidad donde se cultiva tabaco para la elaboración de puritos hechos a mano, que destaca también por su artesanía y sus ermitas.

Un buen lugar para **comer** es el restaurante *Las Tres Chimeneas*, en la carretera del Nuevo Hospital 82 (todos los días, 12-16 h y 19-23 h; lun. noche y mar., cerrado; ☎922 429 470), situado en el interior de una casa típica canaria reformada. Sirven cocina isleña y también internacional. Entre sus especialidades destacan el puchero y el cabrito.

Breña Baja

BREÑA BAJA se halla al sur de Breña Alta; mucha gente que trabaja en Santa Cruz de La Palma tiene en Breña Baja su vivienda, puesto que es una población al sur de la capital, muy próxima a la playa de Los Cancajos. En ella encontrará toda clase de **alojamiento**; en el *Parador de La Palma*, carretera El Zumacal s/n (☎922 435 828; ⑥-⑧), de reciente construcción, la mayoría de las habitaciones tienen terraza con excelentes vistas; La *Hacienda San Jorge*, Los Cancajos 22 (☎922 181 066; fax 922 434 528; ⑥), dispone de 155 apartamentos y jardín con piscina de agua salada, en un complejo ideado por el pintor Facundo Fierro.

Los Llanos de Aridane

Atravesando la isla de este a oeste, por la carretera que pasa por el interior, se llega desde Santa Cruz a la villa de **Los Llanos de Aridane**, el segundo núcleo de población más importante de la isla. Se halla situada estratégicamente cerca del Parque Nacional de la Caldera de Taburiente, por lo que es un lugar ideal para **alojarse** si el viajero quiere hacer recorridos por este paraje natural. En *Doña Paquita*, en González del Yerro 8 (☎922 460 948; ④), podrá alquilar alguno de los 25 apartamentos con jardines exteriores.

Si el viajero quiere reponer fuerzas tras las excursiones, puede optar por visitar *La Casona de Argual*, en la plaza de Sotomayor 6 (todos los días, 19-23 h; jue., cerrado; ☎922 401 816). Se trata de una casa del siglo XVII restaurada, donde sirven alta cocina internacional y excelentes postres; el *Balcón de Taburiente*, en camino Cantadores 2 (vier.-sáb., hasta las 24 h; ☎922 402 195; ③), se sirve tanto comida internacional como recetas canarias, y están especializados en preparar carne de conejo y cabrito.

Parque Nacional de la Caldera de Taburiente

En la parte central de la isla de La Palma se encuentra la **Caldera de Taburiente**, una formación geológica en forma de gigantesco cráter de más de 10 km de diámetro, 28 de circunferencia y 1.500 m de altura. En 1954 esta zona fue declarada parque nacional. Su extensión y características geológicas lo hacen único. Contemplar la caldera desde cualquiera de sus miradores: **La Cumbrecita** (1.287 m), **Las Chozas** (1.250 m) o el **Roque de los Muchachos** (2.426 m) es un espectáculo indescriptible. El claro verdor del pino canario cubre casi toda la extensión de la caldera, y su fondo está surcado por varios arroyos, que dan lugar a numerosos saltos de agua, algunos, como el

OBSERVATORIO DEL ROQUE DE LOS MUCHACHOS

En un lugar espectacular de la isla de La Palma se encuentra el **Observatorio del Roque de Los Muchachos**, que pertenece al Instituto de Astrofísica de Canarias. Allí hay una serie de telescopios situados a más de 2.400 m sobre el nivel del mar, en el pico más alto de los que rodean la Caldera de Taburiente, un volcán extinguido ahora convertido en parque nacional. El observatorio se dedica a realizar observaciones astronómicas, y la mayor organización que trabaja allí es la británica Isaac Newton Group of Telescopes; cubre un área de unos 2 km², y se llega hasta él a través de una tortuosa carretera de montaña de 40 km que sale de Santa Cruz de la Palma. El emplazamiento actual fue elegido después de buscar intensamente un lugar que tuviera cielos limpios y oscuros durante todo el año. Se comprobó que el Roque de los Muchachos es uno de los mejores sitios del mundo para la observación astronómica. La lejanía de la isla y su escaso desarrollo urbano asegura que el cielo de la noche esté libre de luces artificiales. De hecho, tal calidad está protegida por la ley. Además, la zona suele estar libre de nubes el 90 % del tiempo en los meses de verano.

El observatorio fue construido gracias a una serie de acuerdos internacionales en 1979, y se inauguró en 1985. La institución local a su cargo, el Instituto de Astrofísica de Canarias, se encarga también del Observatorio del Teide, situado en Tenerife.

---

de la Desfondada, de gran altura. Los guanches utilizaban esta área como lugar de culto religioso, y el **Roque del Idafe**, que se encuentra allí fue erigido por ellos.

La flora es muy abundante; además de los pinos, hay toda clase de árboles, arbustos y enredaderas con nombres tan curiosos como acebiños, viñatigos, barbusanos o marmolanes. Esta exuberancia contrasta con el escaso número de vertebrados que habitan en el parque. Las especies más comunes son conejos, algunas aves y diversos tipos de lagarto tizón.

El viajero podrá llegar al parque por tres itinerarios diferentes: el primero empieza en el pueblo de **El Paso**, casi en el centro de la isla, del que parte una carretera que permite alcanzar los puntos de observación mencionados antes. El segundo sale de **Los Llanos de Aridane**, población en la parte oeste, cercana a la costa y casi en el extremo opuesto de Santa Cruz de La Palma. Este recorrido sólo se puede hacer en un todoterreno. Un tramo de camino tortuoso y sin pavimentar lleva a El Lomo de los Caballos. Una vez cruzado el barranco de Las Angustias, la pendiente opuesta sube hasta La Farola, en el límite del parque. Desde allí se llega al interior de la Caldera a través de un camino que se debe hacer a pie y que pasa junto a los únicos edificios existentes en la caldera de Taburiente, llamados Tenerra y Taburiente.

El tercer itinerario recorre la cresta norte del parque. En la hacienda de **Mirca**, al norte de Santa Cruz de Palma, un camino forestal inicia la subida a la cresta este de la isla hasta Los Andenes, situado a 33 km. Desde allí, el camino llega hasta el Roque de los Muchachos, a 36 km.

Gomera

GOMERA, la última isla que todavía no tiene un aeropuerto a pleno rendimiento (resulta más barato y rápido ir en barco), es tal vez por esta razón un reducto de costumbres ancestrales; aunque esto también puede deberse a que los 370 km² que la forman sean un auténtico barranco. No es extraño, pues, que tan accidentada orografía haya dificultado las comunicaciones isleñas, lo que ha llevado al aislamiento de muchos de sus pueblos y, por lo tanto, al mantenimiento de zonas vírgenes.

El paisaje de Gomera se caracteriza por el verdor y exotismo tropical de sus escarpados valles, de los que se descuelgan palmeras y terrazas de cultivo. La parte central

oculta entre la continua neblina la exuberancia del bosque de laurisilva del **Parque Nacional de Garajonay**.

La historia de Gomera está íntimamente ligada al descubrimiento de América. No en vano se la denomina también la «isla colombina», por la relación que tuvo con Colón. Su capital, **San Sebastián de la Gomera**, fue el último puerto del que partió el almirante antes de llegar al Nuevo Mundo, y desde entonces fue una escala habitual en los siguientes viajes transatlánticos. Vestigios de ese pasado son la **torre del Conde** (donde al parecer Colón se citaba con Beatriz de Bobadilla), edificada en el año 1499, y las **Casas de Colón** y la Aduana.

Entre los pueblos más importantes de Gomera destacan, al sur, el pequeño puerto pesquero de **Playa de Santiago**; en el oeste, la localidad de **Chipude**, a los pies del impresionante monumento natural de la **Fortaleza**; asimismo se recomienda visitar las fértiles terrazas y los palmerales de **valle Gran Rey** y, ya en medio de la frondosidad del norte gomero, los pintorescos pueblos de **Agulo** y **Hermigua**.

Las reminiscencias anteriores a la conquista hispánica en las tradiciones de los gomeros ayudan a crear un ambiente de lugar inhóspito, salvaje y primitivo. Como prueba de la conservación de estas costumbres, y consecuencia de la especial orografía de la isla, cabría citar el **silbo**. Se trata de un lenguaje sonoro silbado con el que los campesinos de Gomera se comunicaban en la distancia, y que aún hoy se utiliza; incluso se enseña en las escuelas de la isla.

San Sebastián de la Gomera

SAN SEBASTIÁN DE LA GOMERA es una localidad de menos de 7.000 habitantes y la capital de la isla. En una época se llamó ciudad de Las Palmas, debido a los palmerales que aún hoy la rodean. San Sebastián es un conjunto de casas modernas, que se intercalan con casas en las que pervive la arquitectura tradicional.

Llegada, información y orientación

En la actualidad se está construyendo un aeropuerto en la punta del Becerro, no muy lejos de Playa de Santiago. La terminal está ya abierta, pero los vuelos son interinsulares. Así pues, para acceder a la isla el viajero deberá embarcar en Tenerife, La Palma o Los Cristianos.

La **oficina de turismo** se encuentra en Medio 4 (☎922 140 147).

Aspectos prácticos

Una buena opción para desplazarse por la isla es el barato sistema del **autostop**. El hecho de que el senderismo sea una de las actividades más practicadas por los visitantes, ha impulsado un sentimiento de solidaridad hacia los caminantes. No es extraño que tanto lugareños como turistas lleven de un lado a otro de la isla a los autostopistas, que no es necesario que recurran al silbo para parar a los vehículos. Pero si alguien pone reparos a esta forma de viajar, siempre puede optar por las socorridas y oportunas **guaguas** o autobuses, que el viajero podrá tomar en las mismas estaciones que los transbordadores, con los que combinan sus horarios.

Alojamiento

Las características de relieve y parajes naturales de la isla han propiciado una infraestructura de turismo rural bastante desarrollada. Así, aunque también hay hoteles y apartamentos, destaca la numerosa oferta de **casas rurales**.

Parador de La Gomera, El Llano de La Horca s/n (☎922 871 100; fax 922 871 116). Decoración típica de la región en sus 58 habitaciones; disponen de teléfono, minibar y televisor. ⑦-⑧

Villa Gomera, Ruiz de Padrón 68 (☎922 870 020 y 922 870 235); 16 habitaciones, salón con televisor. ③-④
Apartamentos Ramón, Isla de Lobos 11 (☎922 870 560). Ocho apartamentos con televisor, baño y cocina de vitrocerámica; vistas a la playa y al Teide. ③

TURISMO RURAL
La oferta es numerosa en toda la isla. Se trata de viviendas tradicionales que han sido rehabilitadas, algunas se encuentran en pleno campo y otras en zonas más cercanas a los núcleos urbanos.
Para localizarlas y fijar las reservas, se recomienda dirigirse al Centro de Iniciativas y Turismo Rural, Hermigua (☎922 144 101).
El Fraile, barrio del Convento (Hermigua). Tres casas de arquitectura típica canaria. ⑤-⑥
La Hera, Caserío del Cedro (Hermigua) (☎922 880 781). Casa rural con un dormitorio, salón-comedor, cocina y chimenea. ③
La Palmita, en el límite del Parque Nacional de Garajonay (Agulo). Vistas a la vecina isla de Tenerife. ⑤-⑥
Caserío de Benchijigua, San Sebastián (☎922 145 910). Cinco casas de una planta. Muy tranquilo. ⑤-⑥
El Laurel, Caserío del Cedro, Hermigua (☎922 880 781). Situada en una zona montañosa ideal para los amantes del senderismo, tiene dos habitaciones, salón, cocina, comedor y chimenea. ③

Comida, copas y vida nocturna
Hay una oferta limitada, pero siempre interesante, en especial gracias a las especialidades de la isla y la cocina casera. La vida nocturna no es espectacular.
Parador de La Gomera, El Llano de La Horca s/n (☎922 871 100; fax 922 871 116). Comida típica canaria. No cierra.
La Casa del Mar, Fred Olsen 2 (☎922 871 219). Buen pescado y cocina tradicional de La Gomera. Todos los días, 12.30-23.30 h.
El Nilo, Ruiz de Padrón 40 (☎922 870 305). Comida casera; destaca el rancho canario y el solomillo.

BARES Y DISCOTECAS
Oh! Rivera, Barranco de San Sebastián s/n. Música salsa y terraza con dos barras. A veces hay actuaciones en vivo. Vier.-sáb., 23-4 h; verano, todos los días, excepto dom. noche y lun.
Fin Fan, Virgen de Guadalupe 7. Local en el que se mezcla público y música de toda clase. Todos los días, 22.30-3 h; fines de semana, hasta las 6 h; dom., cerrado.

Direcciones prácticas
Alquiler de automóviles Avis, Puerto (☎922 870 461); Piñero, Puerto (☎922 141 048); Gomera Safary, Virgen de Guadalupe 3 (☎922 870 538); Pae, calle Orilla del Llano (☎922 870 364); Autos La Rueda, calle del Medio s/n (☎922 870 709); Cicar, calle Ruiz de Padrón (☎922 871 201); Garajonay, plaza de Las Américas (☎922 871 362); Hertz, paseo de Fred Olsen (☎922 870 439); Union Rent, calle Profesor Armas Fernández (☎922 141 564).
Ayuntamiento de San Sebastián Plaza de América 6 (☎922 141 072).
Cabildo Insular Medio 20 (☎922 140 106).
Centro de Buceo de San Sebastián ☎922 411 075.

Emergencias ☎061.
Guardia Civil Emergencias (☎062).
Oficina Central de Parque Nacional de Garajonay Carretera General del Sur s/n (☎922 870 105).
Oficina Insular de Medio Ambiente Carretera General del Sur 6 (☎922 870 552).

Hermigua

Al norte de San Sebastián se encuentra la aldea de **HERMIGUA**, una serie de caseríos distribuidos a lo largo del barranco de Monteforte, cuya economía se basa tanto en la agricultura como en el turismo. Si el viajero quiere **pernoctar** se recomienda: *Apartamentos Los Telares*, en Carretera General km 19, zona El Convento (☎922 880 781; ②-④); dispone de 22 apartamentos muy completos, con una pequeña piscina y salón. Para **comer**, se aconseja el restaurante *El Silbo*, en la Carretera General 102 (☎922 880 304), que sirve platos típicos de la isla, como el potaje de berros, y una excelente carne en salsa.

Si viaja desde Hermigua hacia el valle del Gran Rey, bordeando el Parque Nacional de Garajonay, puede parar a reponer fuerzas en **Vallehermoso**. En el restaurante *Amaya*, plaza Constitución 2 (☎922 800 073), podrá degustar comida casera de calidad.

Parque Nacional de Garajonay

Declarado Patrimonio de la Humanidad por la UNESCO desde noviembre de 1986, el **Parque Nacional de Garajonay** se oculta entre una bruma permanente en la parte central de la isla. Su verdor de bosque tropical (mantiene una humedad relativa de entre el 75 y el 90 %) contrasta con la aridez y el hermoso paisaje desolado de la costa y las zonas bajas de la Gomera. Desde los Roques, en la entrada suroriental del parque nacional, puede apreciarse cómo penetra el mar de nubes, que llevan hasta allí los vientos alisios, a los que se deben las precipitaciones horizontales. La superficie del parque (3.984 Ha) ocupa el 10 % del total de Gomera, y su altitud general está comprendida entre los 800 m en su borde inferior y los 1.487 m del Alto de Garajonay.

La peculiar flora que se halla únicamente en esta jungla isleña es conocida con la denominación genérica de laurisilva; en ella se engloban las abundantes especies arbóreas que la pueblan y que se parecen al laurel.

Sin la laurisilva, Gomera sería un desierto, ya que proporciona a la isla el agua necesaria para la vida. Las nubes, al ser arrastradas por el viento, van depositando en los árboles gotitas de agua. Esta «lluvia» es llamada precipitación horizontal. Debido a la forma de las hojas lauriformes del bosque de laurisilva, el agua condensada en ellas cae hasta el suelo.

La vegetación y, en general, este ecosistema propio del parque, tiene un gran interés científico, ya que las especies autóctonas convierten Garajonay en un enclave ecológico único. No en vano, y tal como atestiguan los fósiles hallados, este ecosistema subtropical es el único vestigio del que se podía encontrar antes de la era glaciar en la zona Mediterránea, superviviente milenios después sólo en Garajonay.

Las medidas proteccionistas que ha supuesto la declaración de Patrimonio de la Humanidad han preservado estas maravillas naturales de la degradación, y el de Garajonay está considerado el parque natural de las Canarias mejor cuidado.

La fauna vertebrada, al contrario que la flora, no abunda en el parque. Sólo se encuentra una especie de anfibio, la ranita meridional. Hay dos especies de reptiles, ambos endémicos de Gomera: el lagarto gomero y el eslizón dorado. El búho chico es la única rapaz nocturna de Garajonay y las paseriformes son las aves más abundantes allí, así como las más fáciles de observar. En cuanto a los mamíferos, viven tres espe-

cies diferentes de murciélagos. Los únicos superpredadores son los gatos asilvestrados, que controlan la población de rata negra y ratón casero, especies introducidas por la acción del hombre, al igual que el conejo. Los insectos son los más numerosos y en los que aparece un mayor número de especies exclusivas de la isla.

Un posible riesgo de Garajonay son las arañas, con las que el viajero tal vez se tope alguna vez. Aunque escasas, hay viudas negras. Curiosamente, la hembra, a diferencia de las de otros lugares, es totalmente negra, y carece de las trece manchas rojas en el abdomen. Su picadura no suele ser mortal, pero sí muy peligrosa y puede dejar secuelas permanentes. Hasta ahora se han encontrado unas 60 especies distintas de arácnidos en el parque, 15 de ellas exclusivas de Gomera.

Sobre Garajonay hay asimismo algunas anécdotas históricas: allí recaló Colón en su camino hacia el Nuevo Mundo, ya que iba a visitar a su íntima amiga Beatriz de Bobadilla. Esta bella mujer fue desterrada por la reina Isabel a Gomera con el pretexto de casarla con Hernán Peraza, señor feudal que tiranizaba la isla, para evitar su abuso de poder y, de paso, quitar de en medio a la mujer que su marido, Fernando el Católico, amaba en secreto.

Para disfrutar de una visita completa y conocer la trascendencia de un espacio natural como éste, el visitante puede acudir al recinto Juego de Bolas, en el municipio de La Palmita. Se trata de una muestra representativa de la arquitectura canaria; dispone de tres salas en las que se expone toda clase de información sobre Garajonay, pero también de aspectos tan interesantes como el empleo de la flora canaria para usos medicinales o gastronómicos.

Un paseo por los exóticos jardines que rodean el Juego de Bolas, situará al visitante ante un cuidado compendio de lo que podrá ver en Garajonay. Completa el recorrido un museo etnológico.

El Centro Juego de Bolas abre de martes a domingo, incluso en vacaciones, entre 9.30-16.30 h (☎922 800 993).

Valle del Gran Rey

En la costa oeste de la isla, en el punto más alejado de San Sebastián, se halla el **VALLE DEL GRAN REY**, un municipio de más de 3.000 habitantes, con más ambiente nocturno que San Sebastián.

Si el viajero quiere disfrutar de unos días de sol y playa, puede **alojarse** en los *Apartamentos Los Tarajales*, calle Playa del Inglés s/n, en Callao de las Mozas (☎922 805 301; fax 922 805 325; ⑤), que dispone de apartamentos y estudios bien equipados, con cocina, televisor, caja fuerte y piscina comunitaria.

SENDERISMO

La isla de Gomera tiene unas características especialmente singulares que la convierten en un lugar ideal para el turismo de calidad. La variedad de contrastes en sus paisajes, el hábitat, la ausencia de un turismo de masas y de grandes complejos turísticos aumentan su atractivo. Todo ello hace de la conocida como «Isla Colombina» un auténtico paraíso para los que buscan el descanso y el contacto directo con la naturaleza.

Gomera cuenta hoy en día con buenas comunicaciones y una amplia red de senderos turísticos a través de los cuales los caminantes pueden acceder a los lugares más hermosos y recónditos de la isla.

Gomera está hecha para el senderista. Para todos aquellos que quieran perderse por sus frondosos bosques, imponentes barrancos y verdes valles. Y también para los que deseen descubrir paso a paso un paisaje excepcional, propio de otra época. Un paisaje esculpido por el mar, como sus profundos acantilados, o envejecido por el paso de los siglos, como sucede en el Parque Nacional de Garajonay, Patrimonio de la Humanidad.

Para **comer**, se recomienda *Lola*, calle La Playa s/n (☎922 805 148), un local barato donde sirven platos de cocina andaluza e insular.

Si desea añadir a su ocio algo de **diversión nocturna**, puede ir a *La Cacatúa*, barrio de Vueltas, puerto, zona de Abisinia (todos los días, 21-2 h; lun., cerrado), en el que hay un ambiente agradable, con música comercial; *La Tasca*, barrio de Vueltas, puerto, zona de Abisinia (todos los días, 21-3 h; jue., cerrado), es frecuentado por jóvenes que toman cócteles tropicales mientras escuchan música predominantemente latina.

Hierro

HIERRO es la isla más pequeña de las Canarias, pero también la menos poblada y conocida. Su posición, en el extremo suroccidental del archipiélago, la ha mantenido lejos de los circuitos turísticos durante mucho tiempo.

Hierro, que durante la Antigüedad y hasta el descubrimiento de América era considerada el final del mundo conocido, fue tomada en 1405 por el caballero normando Juan de Bethencourt; más tarde pasó a formar parte de España.

Un dato curioso es que por el solitario **faro de Orchilla**, en el punto más al oeste de la isla, pasó durante siglos el meridiano Cero, hasta que el Imperio Británico lo trasladó al observatorio de Greenwich.

La isla tiene 278 km², forma triangular y una altitud que ronda los 1.500 m. Hacia el norte, se abre en una amplia ensenada, aislada por paredes casi verticales de hasta 1.000 m. En ese gigantesco circo de más de 25 km² de extensión que los herreños llaman «El Golfo» se concentra buena parte de la población y la agricultura. En el centro, un macizo montañoso cubierto de pinares desciende hacia el sur en una vertiginosa pendiente que va desde los 1.501 m del pico Malpaso hasta el nivel del mar, en tan sólo 4,25 km.

La imponente vista de **El Golfo** se puede contemplar desde los miradores de Peña Jinama, o Vascos. Desde allí se divisa este impresionante fenómeno geológico en toda su extensión, proporcionando una de las más características estampas herreñas. Desde el mirador de la Peña el viajero verá también los **Roques de Salmor**, islotes volcánicos que hasta hace poco eran el refugio del lagarto gigante, un reptil de origen prehistórico que puede llegar a medir hasta 1 m de longitud, y del que sólo quedan unos pocos ejemplares. Hacia el oeste, una alineación de conos volcánicos conduce hasta la zona de **La Dehesa**, donde se encuentra la **ermita de Nuestra Señora de los Reyes**. Se trata del principal templo de adoración mariana de la isla, y fue construido en el siglo XVIII. En el mismo centro de La Dehesa se alzan las retorcidas figuras del último bosque de sabinas canarias, un fantasmagórico conjunto de árboles que el viento ha moldeado en formas caprichosas. Unos kilómetros más al oeste, rodeado de la lava negra de coladas volcánicas recientes, se halla el faro de Orchilla, en la punta del mismo nombre.

La capital, **Valverde**, es una pequeña población en el noreste, a pocos kilómetros al oeste del aeropuerto. En sus cercanías están las localidades turísticas costeras de la **Caleta y Tamaduste**. Esta última cuenta con una curiosa piscina natural de lava, abierta al mar. En este mismo municipio, pero más hacia el sur, aisladas del resto del territorio isleño por un acantilado rocoso, se encuentran las mejores playas de Hierro. Esta zona alberga además el parador de turismo.

Aparte de sus bellezas naturales, Hierro ofrece una de las mejores muestras de **grabados rupestres** del archipiélago canario. Los habitantes prehispánicos de la isla, los bimbaches, trazaron sobre la piedra volcánica de los yacimientos arqueológicos del Julán y la Caleta los extraños signos de su escritura, que no ha sido descifrada, aunque sí su fonética.

En la actualidad, la isla vive de una agricultura que ha sabido adaptarse a los tiempos, pues cultivan la piña tropical; mantienen su tradicional producción de vinos y quesos artesanos, ambos de una excelente calidad.

La más importante tradición de Hierro es, sin duda, la bajada de la Virgen de los Reyes desde su santuario en La Dehesa hasta Valverde. Debido a la singularidad de esta fiesta cuatrienal, con sus extrañas danzas de reminiscencias prehispánicas, se ha convertido en uno de los principales atractivos turísticos de la isla.

Valverde

VALVERDE, situada en el extremo noreste de la isla, a 10 km de la costa, es la única capital interior de las Canarias. Su casco urbano está formado por casas de techo plano que no sobrepasan los dos pisos.

Llegada, información y orientación

Para llegar a Hierro hay dos posibilidades: por **avión** salen tres vuelos diarios desde el aeropuerto de Los Rodeos, en Tenerife, y dos semanales desde Gran Canaria y La Palma. A veces, dependiendo de si es temporada alta o baja, la periodicidad de los vuelos varía.

Diariamente parten barcos desde Los Cristianos, en Tenerife.

Aspectos prácticos

El viajero debe tener en cuenta que la red de transporte público, a causa de la escasa población, no está muy desarrollada. Tanto es así que los autobuses que comunican las diversas localidades sólo hacen su recorrido una vez al día. Por ello, deberá planificar bien el recorrido si quiere ver la isla en un corto período de tiempo.

Alojamiento

Quienes deseen descansar en la tranquilidad de Hierro durante cualquier época del año encontrarán plazas hoteleras y de apartamentos en Valverde, en el *Parador de Turismo*, y la costa de El Golfo.

Parador del Hierro, Las Playas 26 (☎922 558 036; fax 922 186 400). Dispone de 47 habitaciones con muebles rústicos y vistas a la playa. ⑦

Hotel Boomerang, Doctor Gost 1 (☎922 550 200). Habitaciones con baño reformadas en 1995. Puede comer en su restaurante. ③-⑤

Comida

Vale la pena detenerse en cualquier población para degustar un plato de queso ahumado con un vaso de vino de Frontera, y terminar con el típico postre herreño, la **quesadilla**. Este pastel, cuyo ingrediente principal es el queso, se consume sobre todo en la época del carnaval.

San Fleit, Santiago 18 (☎922 550 857). Especialidad en rancho canario, conejo en salmorejo y chocos asados. Buena carta de vinos herreños. Unas 1.500 pesetas.

Noche y Día, La Lajita 5 (☎922 551 424). Cocina casera, carne a la brasa regada con buen vino; 1.400 pesetas. Miér., cerrado.

Vida nocturna

Hierro no se caracteriza precisamente por una intensa y desenfrenada actividad nocturna. No obstante, el visitante puede tomarse unas copas en las poblaciones más habitadas.

Disco Pub Zabagu, San Francisco con Licenciado Bueno. Bar muy concurrido.

LA GASTRONOMÍA DE LAS CANARIAS

Se considera la cocina canaria una de las más originales y cosmopolitas de España; algo que no debe extrañar al viajero, pues sólo en las Canarias se da la atractiva e insólita mezcla entre platos de evidente inspiración peninsular y otros de corte latinoamericano o africano. Todo ello, además, complementado con recetas autóctonas. Por si fuera poco, debido a su clima abundan los productos de la tierra, y del mar proviene la rica pesca, que definen una gastronomía completa y equilibrada.

La receta más famosa y sencilla es la de las **papas arrugás**, patatas cocidas con piel en abundante agua muy salada. Se suele servir con **mojo** (salsa picante a base de aceite, ajo, guindilla y pimentón). En realidad, existen muchas clases de mojo, salsas frías y utilizadas en numerosos platos.

La **riqueza pesquera** proporciona los elementos básicos para elaborar las recetas autóctonas, como las calderetas de pescado, que reciben distinta denominación según en qué isla se preparen. Asimismo, destaca el sancocho canario, que utiliza el pescado salado en una salsa de mojo.

Dentro de la tradición culinaria canaria hay también abundantes guisos de legumbres, como el famoso potaje de berros. Otra receta típicamente canaria, tal vez de origen guanche, es el gofio, una especie de pan elaborado con harina de trigo, maíz o cebada, previamente tostada, que sirve de acompañamiento a los platos en sustitución del pan.

Entre los deliciosos **quesos** canarios, se recomiendan los de Fuerteventura e Hierro, los ahumados de La Palma, y el de Flor de Guía de Gran Canaria.

En cuanto a los **postres** y las **frutas** sobresale el plátano. Con él se han hecho maravillas culinarias como los plátanos fritos.

Los **vinos** canarios gozan de una antigua tradición. Destacan la malvasía de Lanzarote, y los tintos de Taraconte, en Tenerife. Y como copa final, nada mejor que un ron con miel.

Direcciones prácticas

Aeropuerto ☎922 550 725 y 922 550 878.

Alquiler de automóviles Cooperativa (☎922 550 729); Rosamar (☎922 550 422); Balmir (☎922 550 183); Cicar (☎922 551 395); Avis (☎922 550 192).

Ayuntamiento ☎922 550 025.

Cabildo Insular ☎922 550 078.

Delegación del Gobierno ☎922 550 125 y 922 550 126.

Guardia Civil ☎922 550 105 y 922 550 079.

Emergencias Hospital de Nuestra Señora de los Reyes, Hospital Insular de Hierro ☎922 550 079.

Patronato Insular de Turismo, Licenciado Bueno 1 (lun.-vier., 8.30-14.30 h; sáb., 9-13 h; ☎922 550 302 y 922 550 336).

Policía municipal ☎922 550 025.

Trasmediterránea ☎922 550 905.

La Frontera

Se trata de un municipio formado por un conjunto de núcleos de población dispersos por el suroeste de la isla, el más importante de los cuales es Tigaday.

El **alojamiento** en esta zona es bastante variado; entre otros, destacan *Hotel Balneario Pozo de la Salud*, Sabinosa (☎922 559 561; ⑥), el único balneario del archipiélago canario, y cuyas aguas termales tienen propiedades terapéuticas; *Hotel Punta*

Grande, Punta Grande (☎922 559 081), con sus cuatro habitaciones figura en el *Libro Guinness* como el hotel más pequeño del mundo; *Hotel Ida Inés*, camino del Hoyo s/n (☎922 559 445; fax 922 556 088; ⑨), dispone de piscina, comedor con vistas al golfo y habitaciones amplias con terraza; la *Pensión Frontera*, Carretera General 19 (☎922 559 246, ③-④), alquila estudios o apartamentos.

Para **comer** se recomiendan *El Guanche*, en carretera general s/n (☎922 559 065), que sirve conejo en salmorejo, puchero, potaje de trigo, tartas diversas y quesillo (1.500 pesetas), o el *Restaurante Pozo de la Salud*, frente al Balneario (☎922 559 536; ③-④), que ofrece especialidades isleñas: vieja guisada, morena, chocos y quesillos.

GRAN CANARIA

A pesar de su nombre, **GRAN CANARIA** no es la mayor del archipiélago, sino la tercera. Sin embargo, su nombre da una idea de la importancia que tiene, pues parece un continente dentro de una isla; esto se debe a que en sus 1.532 km^2 reúne buena parte de los variados paisajes de las Canarias, y a una oferta turística que conjuga tanto las extensas playas como la diversidad natural. En la isla se suceden las zonas arenosas y las montañas de abundante vegetación tropical. En ella, los escarpados riscos del puerto de las Nieves o el de la Aldea, junto con los barrancos escabrosos de Tirajana, Moya y Azuaje se alternan con valles dedicados al cultivo de palmeras bananeras que van descendiendo lentamente hacia el mar. Este carácter mixto permite al visitante disfrutar no sólo del sol y el mar, sino también de las excursiones por sus bellos paisajes, su cultura y notable oferta de servicios turísticos.

Gran Canaria es la más poblada de las islas, y su capital, Las Palmas, la ciudad con mayor número de habitantes.

Más de la quinta parte de la costa está formada por playas de distinta naturaleza, entre las que destacan, en el extremo sur, la de **Maspalomas**, junto a **Dunas de Maspalomas**, una extensa área virgen de territorio desértico con dunas de tipo sahariano. Maspalomas es una gran zona desarrollada que se une con **Playa del Inglés**, un poco más el este, y **San Agustín**; forman un cinturón urbanizado ininterrumpido y constituyen uno de los centros turísticos más importantes de España.

Más al oeste, siguiendo por la costa, se encuentra un área que hasta hace poco permanecía relativamente poco urbanizada. El pueblecito de **Puerto Rico**, cuyos alrededores han quedado afeados por edificios de apartamentos, es un buen ejemplo del desarrollo incontrolado. En cambio, **Puerto de Mogán**, que se halla aún más al oeste, es un ejemplo de desarrollo a pequeña escala, ya que se mantiene la armonía con los edificios ya existentes. Más allá de esta población, la costa oeste se vuelve escarpada, y sus habitantes viven de la agricultura.

En el interior de Gran Canaria hay extensiones de bosques muy antiguos y cumbres elevadas, como el pico de las Nieves (1.980 m), situado justo en el centro de la isla. En esta parte, la mayoría de los isleños viven aún en cuevas, tal y como hacían los guanches.

Las Palmas de Gran Canaria

Las **PALMAS DE GRAN CANARIA**, capital de la provincia homónima, es la mayor ciudad del archipiélago, con 370.000 habitantes. En su aeropuerto aterrizan las líneas aéreas más importantes, y a su puerto arriban grandes naves, al ser uno de los más importantes del Atlántico. Fue fundada en 1478 por orden de la reina Isabel la Católica, y conserva un centro histórico de gran belleza, el barrio de **La Vegueta**, en el que destacan las calles empedradas y las típicas construcciones canarias. Allí está la **catedral**, una muestra del gótico al neoclásico; frente a la plaza de Santa Ana, se

GRAN CANARIA/911

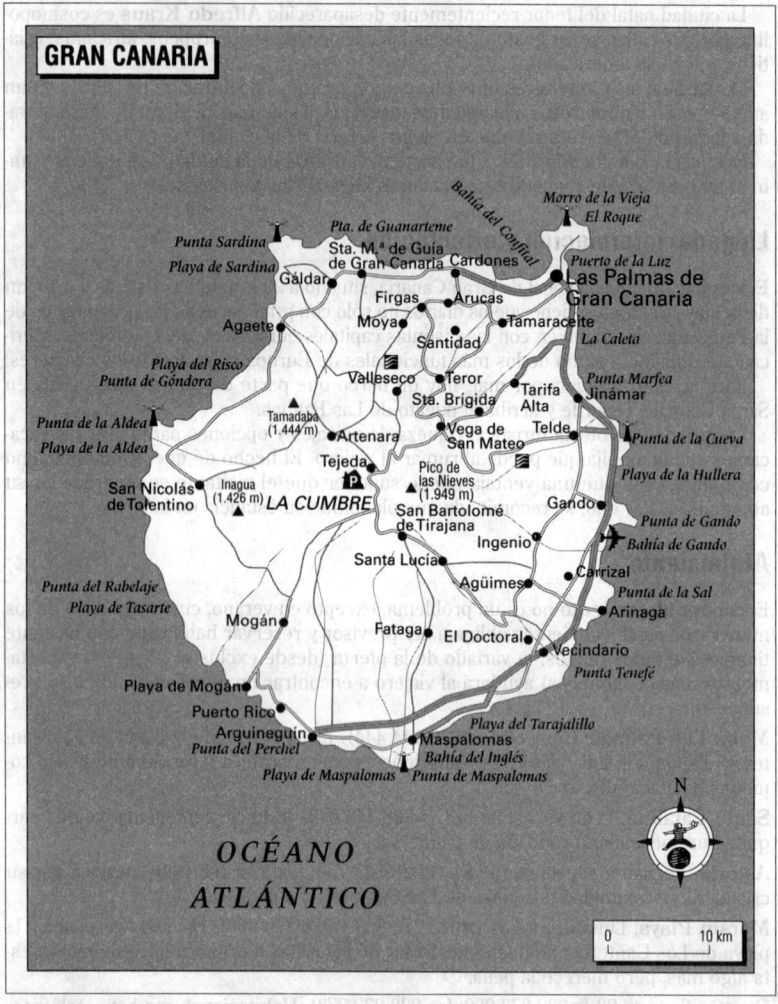

halla el **Museo Canario**, dedicado a la arqueología de los habitantes prehispánicos de la isla, y la **Casa de Colón**, donde se muestra la escala que el almirante hizo en esta isla y la importancia del archipiélago en el descubrimiento de América.

Asimismo se recomienda visitar la **Casa Museo de Benito Pérez Galdós**, donde nació y pasó gran parte de su juventud uno de los escritores más brillantes de la literatura española. También es de visita obligada el **Museo de Néstor**, dedicado a Néstor Martín Fernández de la Torre, otro gran artista canario. Se encuentra dentro del conjunto del **Pueblo Canario**, en el Parque Doramas. En su interior se exponen las principales obras de este pintor (1888-1938). El Pueblo Canario es un conjunto arquitectónico creado por él y constituye uno de los mejores exponentes de la arquitectura canaria.

La ciudad natal del tenor recientemente desaparecido **Alfredo Kraus** es cosmopolita: por sus calles se ve gente de todas las nacionalidades: europeos, africanos, asiáticos, e incluso americanos.

La playa de las Canteras es una zona de importante concentración turística, con un amplio paseo y numerosos alojamientos turísticos. Tiene más de 3 km de arena dorada a lo largo del paseo marítimo, en pleno corazón de la capital.

Destaca la avenida Marítima, que parte del corazón de la ciudad y se extiende junto al mar. En ella se concentran pescadores, deportistas y paseantes.

Llegada, información y orientación

El aeropuerto internacional de Gran Canaria, situado a 20 km de Las Palmas y a 30 km de la Playa del Inglés, tiene vuelos diarios no sólo con gran parte de los aeropuertos de la Península, sino también con las distintas capitales europeas y del continente americano. Asimismo, es uno de los más funcionales de Europa en cuanto a los chárteres.

Para acceder a la isla por mar, hay un barco que parte de Cádiz, hace escala en Santa Cruz de Tenerife y arriba al puerto de Las Palmas.

La variedad de oferta turística, riqueza de paisajes y opciones para pasar las vacaciones es tan amplia que puede abrumar al viajero. El hecho de que sea un pequeño continente, más que una ventaja puede suponer que el visitante se «pierda» en su abundancia. Por ello, se recomienda que planifique su estancia en la isla.

Alojamiento

Encontrar **alojamiento** no es un problema, excepto en verano, cuando el lleno de los numerosos establecimientos obliga a ser previsor y reservar habitación con bastante tiempo. De todos modos, lo variado de la oferta (desde exclusivos hoteles a apartamentos más económicos) ayudará al viajero a encontrar un lugar adecuado a su presupuesto.

Meliá Las Palmas, Gomera 6 (☎928 144 444). En el centro de la playa de Las Canteras; dispone de toda clase de instalaciones, como discoteca y restaurante, y 266 cómodas habitaciones. ⑦-⑧

Santa Catalina, León y Castillo 227 (☎928 243 040). Edificio representativo de la arquitectura neocanaria rodeado de palmeras. ⑧

Astoria, Fernando Guanarteme 54 (☎928 222 750; fax 928 272 499). Destaca por su cristalera y proximidad a la playa de Las Canteras, a sólo 80 m. ⑥

Marsin Playa, Luis Morote 54 (☎928 270 808 y 928 270 900). Estudios cercanos a la playa de Los Canteros; de hecho, disfrutar de las vistas a primera línea de mar cuesta algo más, pero merece la pena. ⑤

Cantur, Sagasta 28 (☎928 273 000; fax 928 272 373). Habitaciones con baño, teléfono, caja fuerte y terraza. ⑥

Verol, Sagasta 25 (☎928 262 104; fax 928 228 177). Tiene cinco pisos y dispone de 20 habitaciones dobles con baño. ④

Apartamentos Bajamar, Venezuela 34 (☎928 276 254; fax 928 276 254). Con baño y cocina que se alquilan como mínimo para más de 1 día. ③

TURISMO RURAL

El Refugio, Cruz de Tejeda (☎928 666 513). Rodeado de pinos canarios; hay diez habitaciones dobles con televisor, baño completo, aire acondicionado, teléfono, sauna, piscina y minigolf. ⑥

Finca Casa Nanita, Juan Pérez Milla 7, Villa de Moya (☎928 462 547). Dos viviendas adosadas y restauradas en 1992. ⑥
Hotel Villa de Agüimes, Sol 3, Agüimes (☎928 784 500). Para perderse en un ambiente rural. Edificio de fines del siglo XIX con un buen restaurante en el que preparan platos caseros. ⑤-⑥

Comida

Gran Canaria es una isla con una gran oferta gastronómica, desde lo autóctono a lo cosmopolita. Por ello, el viajero disfrutará de una cocina internacional difícil de encontrar en otras provincias: alemana, francesa, china, libanesa; todas están representadas. Entre los platos de las islas destacan los elaborados a base de pescado fresco, el mojo canario y las papas arrugadas.

Floridita, Remedios 10-12 (☎928 431 740). Restaurante y terraza con ambiente caribeño y canario. Sirve especialidades cubanas. Todos los días, 13-16 h y 21-24 h.

El cucharón, Reloj 2 (☎928 333 296). Cocina canaria bien elaborada e innovadora. Pescados canarios, cherne en salsa de millo y ropa vieja. Todos los días, 13-16 h y 20-24 h; sáb. mediodía, dom., festivos y 15 agos.-15 sept., cerrado.

El Padrino, Jesús Nazareno 1, Las Coloradas (☎928 462 094). Un buen establecimiento para degustar la comida típica canaria en sus dos comedores interiores o su terraza. Todos los días, 13-17 h y 21-1 h.

Casa Rafael, Luis Antúnez 25 (☎928 244 989; fax 928 229 210). Sirve platos asturianos y del resto de la Península. Destaca el chuletón de buey a la piedra, que ha de acabar de cocer el propio comensal. Dom., cerrado.

La Cabaña Criolla, Los Martínez de Escobar 37 (☎928 270 216; fax 928 277 090). Carnes a la brasa en un ambiente rústico. Lun., cerrado.

El Novillo Precoz, Portugal 9 (☎928 221 659). Especializado en carnes a la brasa. Tercera semana jun. y tercera de agos., cerrado.

Danubio Azul, Sargento Llagas 37 (☎928 274 486). Música cíngara, vino y gastronomía húngara e internacional.

La Estrada, Tomás Miller 58 (☎928 273 351 y 928 273 233). Gran bufé con más de 20 postres.

Vida nocturna

La capital de la isla es una de las ciudades con más variedad del archipiélago. El viajero disfrutará al aire libre, pero también en numerosos locales. Abundan las *drag queens*. Una zona famosa de Santa Cruz es la del puerto, donde se concentran los *after hours* y la mayoría de los locales de copas. En el resto de la isla destaca la movida gay, sobre todo en Playa del Inglés y Maspalomas.

BARES DE COPAS
El Bote, Eusebio Navarro 15 (☎928 360 457). Lugar de encuentro de estudiantes, alternativo y siempre abarrotado los fines de semana. Todos los días, 9-17 h y 19-1.30 h.
La Destilería, Perdomo 20 (☎928 371 156). Decorado con materiales nobles. Todos los días, 22.30-amanecer. Dom., cerrado.
El Guincho, Canalejas 30 (☎928 382 586). Situado en una casa antigua, se ha convertido en punto de referencia para estudiantes. Dom.-jue., 19-2.30 h; fines de semana, 19-3.15 h.

914/ISLAS CANARIAS

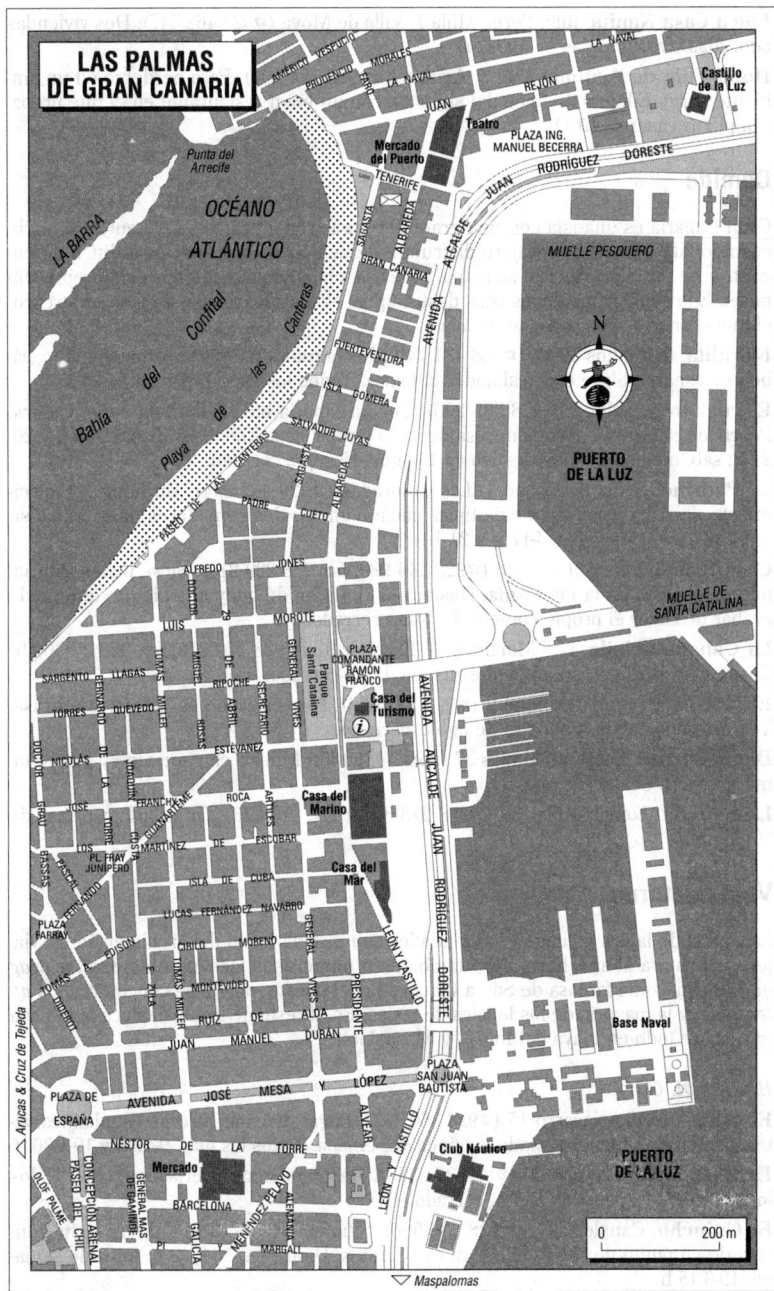

Bar Miau, Secretario Artiles 51, 1.º Ambiente gay. Decorado con cuadros de pintores canarios y cubanos. Todos los días, 22-3.30 h. Lun., cerrado.
La Mala Vida, Domingo J. Navarro 19 (☎928 362 728). Bar-teatro donde cualquiera puede subir al escenario y mostrar sus habilidades. Todos los días, 21-2.30 h; dom. y lun., cerrado.
Naomi, Portugal 79. Decoración psicodélica. Era un local de alterne en la década de 1970. Música moderna, grunge y alternativa. Si el farolillo de la entrada está encendido, es que permanece abierto, y hay que llamar al timbre para entrar. Todos los días, a partir de 23 h; dom.-miér., cerrado.

DISCOTECAS Y AFTER HOURS
La Abadía, Los Martínez de Escobar 39. Ambiente ambiguo. Fiestas temáticas mensuales. Todos los días, 24-6 h.
Pachá, Simón Bolívar 3 (☎928 271 684). Local donde pueden encontrarse famosos. Hay 4 barras y un ambiente muy selecto. Todos los días, 22-5 h; dom., cerrado.
Flash, Bernardo de la Torre 86 (☎928 261 095). Local de gays y lesbianas. Actuaciones en vivo los domingos. Mar.-dom., 24-6 h.
Wilson, Franchy y Roca 20 (☎928 221 410). Decoración y música tradicionales; variada oferta temática todos los días. Lun.-sáb., a partir de las 23 h; dom. desde las 22 h.
Área, Secretario Artiles 48 (☎928 225 738). Discoteca que funciona también como *after hours*. Música española. Jue.-sáb., 23-9 h.
Otto, Franchy y Roca 43. Música *bacalao*, ambiente de última hora y gente madura. Todos los días, 24-7 h.
La Roca, centro comercial Beach Club. Ambiente gay para los que quieran rematar la noche.
El tempo fugit, Fernando Guanarteme 12. Salsa y música de la década de 1970. Todos los días, 6-13 h.
Xenon, Final de Grau Bassas con Nicolás Estébanez. Para los que todavía quieren más. En la zona de los *after hours*. Todos los días, a partir de las 5 h.

Direcciones prácticas

Aeropuerto de Gando ☎928 373 625.
Alquiler de automóviles Avis, J. M. Durán 13 (☎928 265 537); Hertz, Sagasta 27 (☎928 264 576); Autos Canarias, Tenerife 24 (☎928 270 861); Occa, Franchy y Roca 24 (☎928 274 459).
Ayuntamiento León y Castillo 270.
Centro de Iniciativas y Turismo Pueblo Canario, local 3 (☎928 243 593).
Correos y Telégrafos 1.º de Mayo 62 (☎928 361 320); Parque de Santa Catalina (☎928 263 372).
Emergencias Hospital Nuestra Señora del Pino (☎928 441 010); Hospital Insular (☎928 313 033 y 928 313 333).
Guardia Civil ☎928 320 400 y 928 320 511.
Líneas aéreas Air Europa ☎902 401 501; Iberia ☎902 400 500; Spanair ☎902 131 415.
Líneas marítimas Fred Olsen ☎922 628 331; Trasmediterránea ☎922 243 011.
Oficina de turismo Plaza de Ramón Franco s/n (lun.-vier., 9-13.30 h y 17-19 h; sáb., 9-13 h; ☎928 244 623).
Patronato de Turismo de Gran Canaria León y Castillo 17 (☎928 362 222).

Policía Nacional ☎091.
Radio Taxi ☎928 462 212.

Por la zona norte

Si el viajero parte de Las Palmas puede hacer un interesante recorrido por la zona norte de la isla. La primera parada sería en **Arucas**, 18 km hacia el oeste.

Arucas y alrededores

ARUCAS es una localidad agrícola con un enorme platanar que se extiende a lo largo del valle. Asimismo destaca su **catedral** neogótica, que se empezó a construir en el 1900, y los magníficos jardines municipales. Famosa en todo el archipiélago es su fábrica de ron, cuya materia prima se obtiene de las numerosas plantaciones de caña de azúcar de los alrededores. De hecho, el viajero podrá catar ron en alguno de los bares de copas de la localidad, como *La Bodeguilla*, en San Juan 14 (todos los días, 23-4 h), frecuentada por veinteañeros; que dispone de un patio interior y ofrece una buena selección de música española e internacional. También se recomienda tomar un trago en *Guaidil*, Pérez Galdós 12 (todos los días, 23-3 h), un local moderno con música variada, como los clientes, ideal para charlar.

Tras esta visita, el viajero puede ir hasta la villa de **Firgas**, unos pocos kilómetros al este de Arucas, célebre por sus aguas de mesa. Tras dejar atrás profundos e impresionantes barrancos, la carretera lleva a la población de **Moya**. Allí podrá visitar la casa-museo donde nació el poeta canario Tomás Morales. A unos 3 km tal vez se pierda en la mágica arboleda de la localidad de **Los Tilos**, en la que destacan ejemplares únicos de laurisilva.

Más adelante puede seguir el recorrido dirigiéndose hacia la costa norte para detenerse en la localidad de **Santa María de Guía**; aquí se recomienda adquirir una de las muestras más representativas de la artesanía canaria tradicional, los cuchillos canarios, que tienen elaboradas empuñaduras labradas de metal y hueso. Si el viajero quiere reponer fuerzas, nada mejor que degustar el queso de flor, una antigua y singular receta elaborada a base de leche de oveja y flor de cardo silvestre.

A sólo 2 km al oeste de Santa María de Guía se halla **Gáldar**, conocida con el nombre de Real de los Caballeros, de importante tradición prehispánica, como atestiguan los restos del yacimiento de la cueva Pintada.

El viajero podrá tomar una copa en *Ca Juancri*, en la calle Tagoror (todos los días, 8-2 h; ☎928 550 863), un bar situado en una casa del siglo XIX.

Si recorre el exótico y tropical valle de **Agaete**, al cabo de 10 km bajando hacia el sur llegará a la localidad del mismo nombre, al pie del impresionante macizo de Tamadaba. Su monumento más destacado es el Dedo de Dios. Vale la pena detenerse a saborear alguna de las recetas que se ofrecen en los establecimientos del lugar. La ruta más cómoda para regresar a Las Palmas parte de Santa María de Guía, desde la que hay que tomar la carretera que lleva al viaducto de España, al final del cual se encuentra un mirador con hermosas vistas.

Otro posible recorrido si el viajero parte de Las Palmas es el que lleva a Santa Brígida, 14 km hacia el interior.

Santa Brígida

SANTA BRÍGIDA ahora conocida por sus plantaciones de vid y de eucaliptos alberga en su iglesia la imagen de La Dolorosa. Se recomienda reponer fuerzas en las afue-

ras de la localidad, en las **Grutas de Artiles**, *Las Meleguinas* (☎928 640 575; fax 928 641 250), un restaurante que se encuentra dentro de la gruta, a 2 km de Santa Brígida.

Si el viajero continúa hacia el interior, llegará a La Vega, también llamada **San Mateo**, a 7 km de Santa Brígida.

San Mateo

SAN MATEO es una localidad cuya economía se basa en la agricultura, y se encuentra en una zona de pastos llamada por los lugareños Tinamar.

Si el viajero quiere **comer**, podrá degustar los productos de la tierra en *Cho Zacarías*, avenida de Tinamar s/n (todos los días, 13-16 h; lun., cerrado; ☎928 660 627), una antigua casa rural convertida en museo etnográfico, y en la que sirven queso tierno con mojo, potaje de berros y conejo al salmorejo. Aunque se trata de un pueblo, la gente sabe divertirse; prueba de ello es la **discoteca** *Mallow*, avenida de Tinamar s/n (viér.-sáb., 24-3.30 h; dom., 21-2 h), que tiene una sala con decoración cuidada y una pista de baile para bailar al ritmo de la música disco.

Si regresa hacia la costa en dirección este, llegará a la localidad de **Telde**, 14 km al sur de Las Palmas.

Telde

TELDE con más de 75.000 habitantes, es el segundo núcleo de población de la isla. Antiguamente era la capital y sede episcopal. De hecho, el casco antiguo aún conserva el encanto de aquella época. Por esas mismas calles correteaba de pequeño el cantante José Vélez. No obstante, este músico no es de los más escuchados en los bares de copas de la población, como *La Finca*, en La Fuente 9 (todos los días, 21-madrugada), situado en una casa típica señorial canaria, con un patio interior. Es frecuentado por modernos que, a pesar de ello, bailan al son de la música española de la década de 1980. Otra opción en la noche de Telde es acercarse hasta *El Tiempo*, en Licenciado Carderín 25 (todos los días, 23-3 h; ☎928 684 401), una casa del siglo XIX con dos patios interiores, paraíso de la música soul y comercial, en la que el viajero podrá disfrutar de actuaciones en vivo los martes.

Por la zona sur

Desde Las Palmas a la zona turística del sur de la isla resulta muy cómodo desplazarse gracias a una autovía. Cuando el viajero deje atrás el aeropuerto, empezará a ver por la carretera diversos complejos turísticos: Bahía Feliz, Playa del Águila, Morro Besudo, San Agustín, El Inglés y Maspalomas. Esta zona tiene una gran infraestructura turística compuesta por apartamentos, bungalós y hoteles, que se concentra en su mayor parte en Playa del Inglés, Puerto Rico y Mogán.

Siguiendo de norte a sur por la costa, la zona de diversión se encuentra en primer lugar en **San Agustín**, donde el turista podrá **alojarse** entre otros, en *Costa Canaria*, Las Retamas 1 (☎928 760 200; fax 928 761 426; ⑦-⑨), que dispone de 224 habitaciones, aunque si quiere cenar en el hotel sólo podrá hacerlo en el bufé; *Gloria Palace*, calle Las Margaritas (☎928 768 300; fax 928 767 929; ⑦), posee un centro de talasoterapia y dispone de 446 habitaciones, tres pistas de tenis y otras tantas piscinas, una de ellas en la azotea y reservada para la práctica del naturismo; y *Apartamentos Pasión Tropical*, Las Adelfas 6 (☎928 770 131; ⑤), con ambiente de gays y lesbianas, gimnasio y jacuzzi al aire libre.

Comer en San Agustín no es problema. Como parte de la amplia oferta turística,

abundan los restaurantes preparados para recibir anualmente a miles de visitantes: *Anno Domini*, centro comercial San Agustín, locales 82-85 (dom. y sept., cerrado; ☎928 762 915; fax 928 760 860), sirve especialidades de cocina francesa; *Loopy's*, Retamas 7 (todos los días, 10-24 h; ☎928 762 892), se llena casi todas las noches.

En el límite sur de San Agustín, empieza **Playa del Inglés**, paradigma del núcleo turístico playero por excelencia. No en vano así está reconocido por las agencias de viajes de toda Europa. Por ello, resulta sencillo encontrar **alojamiento**; otro asunto es que una falta de previsión prive al visitante de encontrar habitación. Entre otros, se recomiendan: *Apolo*, avenida de Estados Unidos 28 (☎928 760 058; fax 928 763 918; ⑦-⑧), un hotel con cómodas habitaciones y dos piscinas, una de ellas climatizada; *Parque Tropical*, avenida de Italia 1 (☎928 774 012; ⑦-⑧), situado en un edificio de estilo canario con jardín exótico.

Para recuperar fuerzas tras la larga y agitada noche, nada mejor que **comer** en *Rías Bajas*, avenida Tirajana con avenida Estados Unidos (todos los días, 13-16 h y 19-24 h; ☎928 768 548), uno de los restaurantes que sirven mejores platos de pescado de la zona, especializado en cocina gallega; *La Toja*, avenida de Tirajana 17, edificio Barbados 2 (dom. mediodía, cerrado; ☎928 761 196), donde ofrecen cocina de mercado, que alterna platos de carne con los de pescado y marisco.

Después, el viajero puede disfrutar de la **vida nocturna** de la Playa del Inglés. *First Lady*, centro comercial Yumbo, 1.ª planta (todos los días, 19-3 h; lun., cerrado; ☎928 501 118), es sólo para lesbianas y suena música agradable; *Néstor Bar*, centro comercial Yumbo, 1.ª planta (todos los días, 19-2 h; ☎928 766 266), otro de los locales de encuentro del colectivo gay que reúne una clientela internacional al ritmo de música moderna; *Contact*, centro comercial Yumbo, 2.ª planta (todos los días, 23-5 h), para chicos, clientela madura y experimentada.

Después, el viajero puede continuar la fiesta en alguna de las numerosas discotecas como *King's*, centro comercial Yumbo, 2.ª planta (todos los días, 24-6 h), frecuentado por gays y lesbianas; hay un cuarto oscuro, vídeos porno y música disco; *XL Men's Club*, centro comercial Yumbo, 2.ª planta (todos los días, 23-4 h), en el que los que aguarden hasta las 2 de la mañana podrán jalear un sensual *strip-tease*.

Maspalomas, la localidad más meridional del desenfreno, no se queda a la zaga. Entre los **alojamientos** se recomiendan: *Ifa Faro Maspalomas*, plaza Faro 1 (☎928 14 22 14; ⑧), junto al faro de la población; dispone de 188 habitaciones, bares, piscina climatizada, restaurante y planta para no fumadores; *Neptuno*, Alféreces Provisionales 29 (☎928 773 848; ⑦), tiene habitaciones con televisión vía satélite, minibar, terraza y piscina; los *Apartamentos Los Robles Beach Boys*, avenida Finmaticat 6 (☎928 763 871; ⑥), son exclusivos para homosexuales; hay piscina nudista y una clientela sobre todo holandesa y británica.

Para **comer**, se recomienda el restaurante *Compostela*, Alcalde Marcial Franco 14, bloque 7 (todos los días, 13-16.30 h y 19-1 h; ☎928 762 092; fax 928 763 344), donde sirven marisco fresco procedente de Galicia, en el marco de una original decoración estilo siglo XIX, con camarotes que hacen las veces de comedores privados.

Por supuesto, la diversión está servida en *Chic*, Sargentos Provisionales 10 (todos los días, 22-7 h), una discoteca muy amplia en la que suena tanto pop como *bacalao*; *Pachá Maspalomas*, Sargentos Provisionales 12 (todos los días, 20-4 h; ☎928 768 177), ubicada en la turística zona sur, sigue el patrón del resto de locales de esta cadena discotequera.

Si al viajero aún le quedan fuerzas, puede seguir bordeando el litoral sur en dirección oeste y, tras cruzar **Arguineguín**, un pueblecito marinero de gran atractivo, y **Patalavaca**, llegar a **Puerto Rico**. Se trata de un puerto deportivo, un auténtico paraíso para los amantes de los deportes náuticos (vela, windsurf, pesca). Rodean su playa numerosos bloques de apartamentos y bungalós, lo que afea el paisaje. A pesar

PROVINCIA DE LAS PALMAS/919

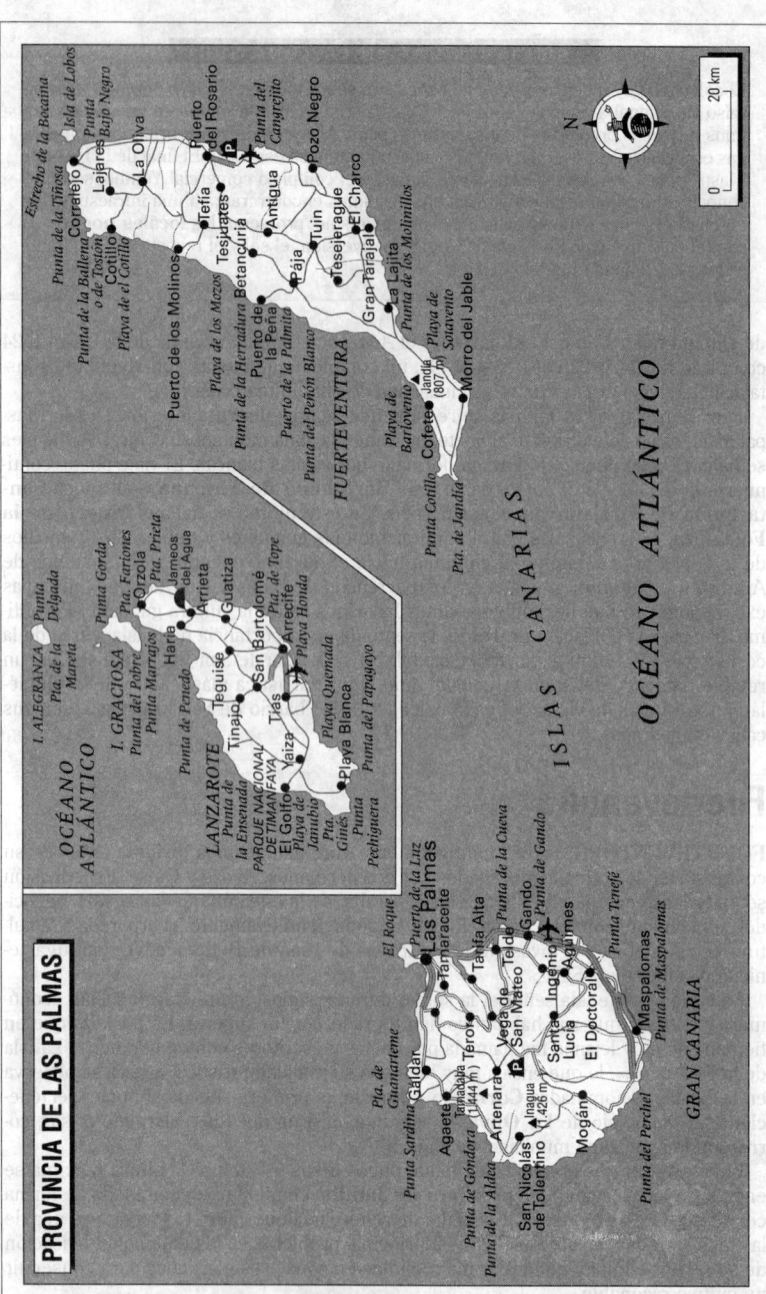

AMBIENTE GAY EN LA ZONA SUR

El colectivo **gay** ha encontrado en la zona sur, sobre todo en la Playa del Inglés, su paraíso vacacional. Desde la época de 1970 esta área se ha convertido en uno de los destinos turísticos preferidos de los gays europeos. Agencias de viajes británicas y alemanas especializadas reservan hoteles y apartamentos en esa zona. El final de la Playa de Maspalomas, con sus espectaculares dunas, y el complejo comercial Yumbo, son muy conocidos dentro del colectivo gay; sus visitantes encontrarán allí una infraestructura hotelera especialmente orientada a ellos. Asimismo, proliferan los **locales nocturnos** para el colectivo gay. En Playa del Inglés la diversión, el sol y el respeto están garantizados para todo el mundo.

de ello, un buen sitio para **alojarse** es el *Apart-hotel Riosol*, avenida de la Cornisa 24 con plaza Riosol (☎928 561 258; ⑤-⑥), un complejo que cuenta con abundantes instalaciones deportivas y cuatro piscinas, una de ellas climatizada.

Para regresar a Las Palmas se recomienda seguir una ruta interior. Desde Maspalomas, es posible dirigirse al norte, buscando la zona montañosa central. A sus pies se halla el bello pueblo de **Fataga**, formado por casitas blancas. El viaje puede continuar aún más hacia el norte, hasta **San Bartolomé de Tirajana**, y después **Santa Lucía de Tirajana**, pueblos agrícolas. En este último se halla el **Museo de la Fortaleza**, en cuyas salas podrá admirar momias guanches y numerosos utensilios de la época precolombina. Si continúa hacia el noreste, encontrará los pueblos de **Agüimes** e **Ingenio**, situados en los barrancos de Balos y Guayadeque, en cuyas excavaciones se han hecho interesantes hallazgos sobre la cultura guanche. Por último, llegará a la población de **Telde**, la segunda en importancia de la isla, cerca de la costa oeste y a 14 km al sur de la capital. En su iglesia de San Juan Bautista hay un retablo flamenco del siglo XV considerado la joya artística más valiosa del archipiélago. Otro lugar de visita obligada es el acogedor barrio de San Francisco, con sus calles empedradas.

Fuerteventura

FUERTEVENTURA, llamada antiguamente Herbania, estaba dividida antes de su conquista en dos reinos, gobernados por dos hermanos, Ayoze y Guize. Esta división se materializó en una muralla que los separaba, de la que aún quedan restos, conocidos actualmente como La Pared. En 1404 quedó definitivamente incorporada a la cultura occidental tras la invasión de las tropas de Juan de Bethencourt y su lugarteniente Gadifer de la Salle.

Su condición de isla señorial la sumió durante siglos en un letargo social, económico y cultural que sus habitantes han logrado por fin superar. Es por ello que en tiempos no muy lejanos fue llamada por poetas y escritores contemporáneos «La Isla de la Esperanza», lo que encaja muy bien con su realidad turística, que ya se observa en las zonas denominadas **Corralejo** y **Jandía**, la primera situada al norte, perteneciente al municipio de **La Oliva**; la segunda, casi un apéndice alargado al sur, corresponde al término municipal de **Pájara**.

Fuerteventura es una isla casi llana, pues en sus 1.725 km^2 la altura máxima se encuentra localizada en la **cordillera de Jandía**, con 800 m, denominada de forma corriente «Orejas de Asno». Esta falta de relieve se debe sobre todo a que es una de las más antiguas del archipiélago. Su principal problema es la falta de condensación de agua; por ello hay que crear microclimas en zonas resguardadas para conseguir un cultivo razonable.

En la actualidad la isla está habitada por 30.000 personas, de las que algo menos de la mitad residen en la capital, **Puerto del Rosario**, en la costa oeste.

El mayor atractivo turístico de Fuerteventura son sus largas y soleadas playas, que ocupan algo más de la mitad de su extenso perímetro. Muy tranquilas, el color de sus finas arenas va desde el blanco inmaculado al negro azabache, pasando por el dorado intenso, lo que contrasta con el rojo anaranjado o el violeta de sus montañas. Éstas son producto de las erupciones volcánicas que dieron lugar al surgimiento de la isla. Sus pueblos y caseríos, de blancos muros, se extienden a través de un paisaje que oscila entre los rocosos valles y las llanuras desérticas de estilo sahariano.

En cuanto a rutas de excursión, existen cuatro fundamentales. La del norte, parte del Puerto del Rosario, pasa por **Tetir** y **Matilla**, hasta llegar 23 km después a La Oliva. En este pueblo, aparte de su iglesia, de indudable valor arquitectónico, se encuentra también la **Casa de los Coroneles**, vetusto edificio de indudable valor en cuanto a sus artesonados y tallas en madera de balcones y puertas.

El recorrido hacia poniente parte de la localidad norteña de **El Cotillo**. De allí, hacia el este, se va a **Lajares**, desde este punto, sin bajar hasta La Oliva y continuando hacia el este, el viajero llegará al más importante núcleo turístico del norte de la isla, rodeado de un manto de arenas blancas. Se trata del **Parque Natural Dunas de Corralejo**. A muy poca distancia está el islote de Lobos, al que se llega en unos minutos con embarcaciones.

La ruta interior del centro proporciona la oportunidad de visitar los pueblos de **Antigua**, a 23 km al suroeste de Puerto del Rosario, **Tuineje** (hacia el sur) y, por fin, **Gran Tarajal**, un importante núcleo urbano en el que destaca su playa de arena negra. De regreso por Tuineje, si el viajero se desvía hacia el oeste puede visitar Pájara, a 42 km de la capital, un municipio con un hermoso litoral, allí hay también una bonita iglesia. A pocos kilómetros al norte se halla la **Vega de Río Palmas**, en cuyo paraje se encuentra el santuario de la **Virgen de la Peña**, la patrona de la isla. Unos 5 km más adelante está el conjunto histórico-monumental de **Betancuria**, una villa compuesta por casas arracimadas que aún conservan en puertas y ventanas rasgos góticos o renacentistas. Esta pequeña población fue la capital de la isla entre 1405-1834, año en que cedió su puesto a la localidad de Antigua.

La ruta sur, que bordea gran parte de la costa, recorre el litoral desde Puerto del Rosario a Punta Jandía (el punto más extremo al suroeste de la isla). Esta excursión proporcionará al viajero la posibilidad de contemplar las más variadas y extensas playas y calas.

Puerto del Rosario

En **PUERTO DEL ROSARIO** se encuentran tanto el puerto comercial y pesquero como el aeropuerto. El nombre original de esta localidad era Puerto de Cabras, pero la corporación municipal lo cambió en 1957 por el actual en honor de su patrona. El escritor español de la generación del 98 Miguel de Unamuno fue desterrado a esta ciudad; el viajero podrá visitar la casa donde vivió, en Virgen del Rosario 11.

Llegada, información y orientación

El **aeropuerto** de El Matorral se encuentra a unos 6 km al sur de la capital. A él llegan los vuelos procedentes de las otras islas y algunos chárteres.

Por mar se accede a Fuerteventura desde los puertos de las otras islas del archipiélago.

El viajero debe tener en cuenta que en la isla escasean los recursos hidrológicos. Pero puede aprovechar la característica desértica de Fuerteventura para subir a lomos de un dromedario y disfrutar de un paseo singular.

Alojamiento
Hay ofertas de **alojamiento** de sobras. Tanto los viajeros que busquen tranquilidad rural como complejos hoteleros, encontrarán buenos establecimientos, aunque no con los precios elevados de otras islas (pero tampoco con instalaciones tan lujosas).
Parador de Fuerteventura, Playa Blanca 45 (☎928 851 150). Ocupa las dos plantas de un edificio moderno. Jardín, balcón cerrado canario. Vistas al mar africano. ⑥
Atalaya Rosa del Taro, carretera de Tesjuate a Triquivijate km 4 (☎928 175 108). Dos apartamentos en medio de un paisaje semidesértico. ④
Macario, Juan de Austria 24 con Almirante (☎928 851 197). Pensión y apartamentos, estos últimos con saloncito y televisor. ④

Comida
En las zonas portuarias, sobre todo en las localidades pesqueras de Corralejo y El Cotillo, en la costa norte, el viajero podrá degustar excelentes platos de pescado.
Marquesina Puerto, Pizarro 62 (☎928 530 030). Local sencillo y diversos platos a base de pescado fresco. Dom., cerrado.
La Casa del Jamón, barrio La Asomada s/n (☎928 530 064). A 7 km de la capital, ofrece un amplio surtido de embutidos y quesos, así como una excelente y variada carta de vinos, que puede ser determinante para el precio final. Decoración rústica., mar.-sáb., 13-16 h y 20-23.30 h; dom., 13-16 h; lun., cerrado.

Vida nocturna
La llegada masiva de mano de obra que llega atraída por el segundo auge turístico de la isla ha propiciado la proliferación de clubes nocturnos.

BARES DE COPAS
La Tierra, Eustaquio Gopar 3. Pequeño y acogedor, los fines de semana ofrece actuaciones en directo de jazz y blues. Todos los días, 21-3.30 h.
Mafasca, La Cruz 21. Lugar moderno y pequeño. Treintañeros bien vestidos. Música variada. Todos los días, 22-5 h; lun., cerrado.
Paco's Bar, Jesús y María s/n. Ambiente gay, aunque suele acudir toda clase de gente. Todos los días, 22-2 h.

DISCOTECAS
Camelot, León y Castillo 12. Decoración vanguardista con toques medievales. Gente joven y no tan joven. Todos los días, 22-3.30 h, fines de semana, hasta las 5 h.
Waikiki, Arístides Hernández Morán 11. La discoteca más veterana del lugar. Cócteles y música pegadita, tecno y *bacalao*. Todos los días, 22-5 h.

Direcciones prácticas
Aeropuerto ☎928 851 250.
Alquiler de automóviles Autos Domínguez, avenida Juan de Bethencourt 12 (☎928 851 157); Delta Car, Primero de Mayo 8 (☎928 850 261); Occa, Secundino Alonso 40 (☎928 851 094); Herbania, Carretera General del sur km 3,7 (☎928 852 162).
Ayuntamiento Fernández Castañeyra 2 (☎928 850 110).
Correos y Telégrafos Primero de mayo 58 (☎928 850 412).
Guardia Civil 23 de mayo 16 (☎928 850 503).
Hospital Carretera General del Aeropuerto (☎928 531 799).

Información turística Avenida Primero de Mayo 37, Puerto del Rosario (☎928 851 024).
Líneas marítimas Fred Olsen ☎928 535 090. Naviera Armas ☎928 867 080. Trasmediterránea ☎928 850 877.
Maxorata Bus Carretera del Sur km 3,7 (Zurita) (☎928 850 951).
Policía Nacional León y Castillo 17 (☎928 850 909).
Taxis de Puerto del Rosario Parada 1 (☎928 850 059); Parada 2 (☎928 850 216).

Ruta norte

Partiendo de la capital, Puerto del Rosario, la costa sigue hacia el norte por una carretera que pasa junto a numerosas y paradisíacas playas; tras recorrer 38 km, el viajero llegará a Corralejo.

Corralejo

En **CORRALEJO**, una localidad turística, pero que no ha perdido del todo su encanto de pueblo pesquero, abundan las ofertas de **alojamiento**, entre ellas: *Hotel Apartamentos Lobos Bahía Club*, avenida de Gran Canaria 2 (☎928 867 143; ⑤); tiene restaurante, jacuzzi, piscina, gimnasio e incluso clínica; *La Posada*, en María Santana Figueroa 10 (☎928 867 344; ⑤), dispone de 34 habitaciones en un ambiente familiar con restaurantebufé; y *Dunapark*, avenida Generalísimo s/n (☎928 535 251; ⑤), es un hotel con cafetería, piscina climatizada, gimnasio y pistas de tenis; hay 79 habitaciones. Asimismo, el viajero disfrutará de la gastronomía; para **comer** se recomiendan: *La Marquesina*, Muelle Chico (no cierra, ☎928 535 435); sirve pescados y recetas típicos de la cocina canaria; *Siño Juan*, plaza Félix Estévez (todos los días, 10-23 h; ☎928 867 000), ofrece recetas de cocina canaria, con especialidades como el solomillo y la cazuela de cordero.

En cuanto a la **vida nocturna**, el viajero puede ir a locales como *Arenas*, Antonio Hernández Páez 4 (todos los días, 20-2 h; ☎928 866 008), el club más veterano de la isla, con ambiente surfista y buena música; *Kiwi*, Centro Comercial Atlántico (todos los días, 16-2 h; ☎928 866 368), ambiente de windsurfistas y aficionados a la pesca, donde puede alternar los cócteles y con los juegos de mesa.

Más adelante, la ruta se interna en la isla y, tras cruzar la población de **Lajares**, donde hay casas de paredes de piedra seca, se llega a la costa opuesta, la occidental. Allí se encuentra la localidad de **Cotillo**.

Cotillo

COTILLO, situada a 7 km de Lajares, posee una de las playas más hermosas de la isla, caracterizada por sus arenas blancas y las aguas cristalinas. Asimismo el viajero podrá ver diversos molinos, construidos por los antiguos majoreros, que aprovechan los fuertes vientos que provienen del océano y azotan la isla continuamente. En la actualidad, los que más aprovechan los vientos son los windsurfistas extranjeros, que llegan en tropel a la isla. Si quiere **alojarse** en este apacible rincón de Fuerteventura, se recomienda *Hotel Mariquita Hierro*, en Mariquita Hierro s/n (☎928 538 598; ⑤), un lugar romántico, acogedor y discreto con 18 habitaciones dobles; o los *Apartamentos Las Gaviotas*, Juan de Bethencourt 14 (☎928 538 567; ④), en una línea hippy y bohemia, con vistas al océano y ubicados en el centro del pueblecito de pescadores.

Ruta sur

Si parte de la capital, el viajero atravesará casi toda Fuerteventura hasta llegar a la **península de Jandía**. Tendrá que salir desde Puerto del Rosario hacia el interior, en dirección al sur. A 23 km se encuentra **La Antigua**, un núcleo agrícola y artesano fun-

dado en 1485, y que en la época de los carnavales es un lugar frecuentado por gente procedente de toda la isla.

Antes de continuar el viaje, se recomienda *El Molino de Antigua*, carretera de Antigua s/n km 20 (todos los días, 13-15.30 h y 19-22.30 h; lun. y dom. por la tarde, cerrado; ☎928 878 220), un restaurante escuela situado junto a un viejo molino que ofrece comida de calidad y a buen precio.

Si sigue 4 km hacia el sureste llegará a **Betancuria**, uno de los emplazamientos europeos más antiguos de la isla, de marcado aire señorial y aristocrático. Desde allí, la ruta continúa, atravesando **Vega de Río Palmas**, donde se halla el santuario de la Virgen de la Peña, hasta llegar a **Pájara**.

Pájara

PÁJARA, antigua plaza de compra y venta de esclavos, cuenta en su término municipal con una extensa playa. Si el viajero quiere disfrutar de unos días de sol, mar y tranquilidad, puede **alojarse** en *Risco del Gato*, Costa Calma s/n (☎928 547 175; ⑧), considerado el hotel más ecológico de Canarias, puesto que cuenta con aplicaciones

---

DEPORTES ACUÁTICOS EN EL ARCHIPIÉLAGO

Los amantes de los deportes acuáticos tienen su paraíso particular en las Canarias. Las actividades más practicadas son el submarinismo en La Palma y Hierro, pesca y fotografía submarinas en esta última o el surf, windsurf y la pesca de altura en Fuerteventura.

La Palma tiene un gran atractivo para los **submarinistas** de todo el mundo, ya que allí están los fondos marinos más jóvenes de España, surgidos de la erupción del volcán Teneguía en 1971. En esas aguas destacan también el coral negro y la curiosa fauna. Si el viajero quiere obtener más información sobre las posibilidades submarinas de La Palma, puede preguntar en Club Atlantic 28, Tazacorte (☎922 480 911); Chipi-Chipi, Breña Baja (☎922 181 393); Tauchpartner, Los Llanos de Aridane (☎922 408 139), y La Palma Sub, Santa Cruz de La Palma (☎922 420 355).

El litoral de **Hierro** posee un fondo submarino muy rico y variado, que los aficionados a los deportes acuáticos han empezado a descubrir recientemente. En el mar de Las Calmas, declarado Reserva Marina Integral, vive una fauna de colorido y formas de lo más variado y curioso. Desde las calas cercanas a La Restringa se accede a una zona donde el visitante podrá admirar peces de intensos colores y toda clase de algas sobre un fondo volcánico. Otro lugar interesante es el roque de Bonanza. En estas tres zonas, el visitante podrá practicar la fotografía y, en algunas de ellas, la pesca submarina. Si el viajero quiere concretar una visita u obtener información se recomienda preguntar en El Tamboril, Valverde (☎922 551 011); Hierro Sub, también en Valverde (☎922 550 482); Centro de Buceo El Hierro, en La Restringa (Frontera; ☎922 557 023); El Submarino, La Restringa (Frontera; ☎922 557 068).

Fuerteventura atrae a numerosos visitantes por los deportes acuáticos. En sus aguas es posible practicar pesca, surf, windsurf y submarinismo. Se trata de un paraíso de la **pesca de altura** porque las Canarias están junto al banco de pesca canario-sahariano. Al ser Fuerteventura la isla más cercana a la costa de África, en la franja de agua que la separa de este continente es posible pescar sardinas, atún o pez espada.

Los aficionados al **surf** y el **windsurf** encontrarán vientos fuertes y constantes, acogedores arrecifes y playas. En invierno, en el norte, los arrecifes de lava entre Corralejo y Cotillo convierten las marejadas en olas poderosas. De todas maneras, no hay lugares para principiantes, excepto la playa de Cotillo para los surfistas y el lago de Lobos para los windsurfistas.

El **submarinismo** es asimismo una alternativa a la playa: a una profundidad de 17 m en aguas cristalinas se puede contemplar el vuelo de la raya, o infinidad de peces difíciles de encontrar en otra parte.

ecológicas dedicadas al tratamiento de los residuos. Además, tiene tres piscinas, casa de baños y gimnasio; *Golden Beach*, en avenida Jahnreisen s/n, Urbanización Costa Calma (☎928 875 000; ②), cerca de la playa, dispone de 140 habitaciones dobles, diez familiares, tres para minusválidos y una suite, piscina y centro de deportes.

Unos buenos establecimientos para **comer** son *Bahía La Pared*, Urbanización La Pared (todos los días, 12-22 h; ☎928 549 030; ②), familiar y con abundantes recetas de pescado; desde allí podrá disfrutar de vistas al mar. En *El Camello*, Urbanización La Pared (todos los días, 13-23 h; lun., cerrado; ☎928 549 090; ③), sirven platos de cocina internacional.

Si parte desde Pájara merece la pena viajar más hacia el sur, para visitar la **península de Jandía**; se trata del apéndice sur de la isla y se caracteriza por la belleza de sus playas y la placidez del paisaje. Pasará por las poblaciones de **Cordón** y **La Pared**. En tal caso, regresará a la costa este bordeando la costa Calma, para finalizar el recorrido en **Morro del Jable**. El nombre de esta localidad hace referencia a los jables, cúmulos de arenas marinas transportados por el viento. El aerodeslizador de Trasmediterránea, procedente de Santa Cruz de Tenerife y desde Las Palmas, atraca allí. Esto ha condicionado su actual aspecto turístico, aunque la localidad no ha perdido encanto.

En este pueblo se encuentra la emblemática discoteca *La Cara*, avenida del Saladar, Urbanización La Solana (verano, todos los días, 22-5 h; invierno, jue.-sáb.). Los fines de semana suele haber actuaciones de gogós y *drag queens*. En ella se reúne un público variopinto y joven en un ambiente de música funk, hip-hop, salsa y reggae.

Lanzarote

En **LANZAROTE** encontrará algunos de los paisajes más espectaculares del planeta, pues la negrura de sus tierras contrasta con la blancura de un sinfín de playas de arena fina. Debido a las sucesivas erupciones, Lanzarote está repleta de parajes volcánicos tan singulares como los **Jameos del Agua**, la **cueva de los Verdes**, el **Parque Nacional de Timanfaya**, o la zona vinícola de **La Geria**. Además, el clima de la isla contribuye en gran parte a que su paisaje sea tan peculiar, desértico, ya que las temperaturas no llegan a ser extremas y llueve poco. Otra de las características de la isla es el viento constante. Por eso muchos cultivos, en especial las cepas de vid, se plantan dentro de hoyos excavados en la roca volcánica.

Quizás el viajero crea que el resultado de la aridez es un paisaje desolador; sin duda se llevará una sorpresa, pues se trata de un lugar acogedor y hermoso.

Lanzarote es un buen ejemplo de turismo sostenible, en el que se ha logrado la integración de este sector en el entorno natural. A pesar de que existe una infraestructura hotelera notable, no hay masificación, y se ha optado por fórmulas más respetuosas con los ecosistemas, como las pequeñas urbanizaciones y el uso de la arquitectura tradicional.

El centro turístico más destacado, además de la capital, **Arrecife**, es **Puerto del Carmen**, a 16 km al sur desde Arrecife; tiene numerosos locales nocturnos, restaurantes y una espléndida playa. **Costa Teguise**, 12 km al norte de la capital, reúne las instalaciones hoteleras de más categoría, entre las que se encuentra el *Hotel Salinas*, conocido como uno de los establecimientos más lujosos de Europa. En la costa sur, **Playa Blanca**, surgida de un pueblo pesquero, es uno de los principales destinos turísticos. No en vano, cerca de ésta se hallan las mejores playas de la isla, las calas de **Papagayo**, accesibles sólo a través de pistas de tierra. Este aislamiento ha permitido conservarlas limpias y casi vírgenes.

Alrededor de Lanzarote, se encuentran seis islotes: **La Graciosa** (antiguo refugio de piratas), **Montaña Clara**, **Roque del Oeste**, **Roque del Este**, **Alegranza** y **Montaña Lobos**.

Arrecife

En el puerto de **ARRECIFE** que tiene más de 30.000 habitantes, está la mayor flota pesquera del archipiélago canario. La imagen de la ciudad, casas blancas cúbicas, ha quedado estropeada por algunos hoteles como el *Gran Hotel Arrecife*, de quince pisos, el único rascacielos de la isla; como puntos de interés, destacan el **castillo de San Gabriel**, y en dirección al Charco de San Ginés, el pequeño **lago** decorado de manera peculiar por César Manrique, se alza la **parroquia de San Ginés**.

Llegada, información y orientación

Hay **vuelos** regulares entre las islas que llegan al aeropuerto de Guasimeta, cuyo diseño sigue la línea de César Manrique. La duración del vuelo entre las islas es de aproximadamente 1 hora.

Por mar, entre Playa Blanca, en Lanzarote, y Corralejo, en Fuerteventura, circula un **transbordador**. Desde Corralejo se puede ir en una antigua barca pesquera hasta la isla de Lobos.

Lanzarote no es una isla fácil de recorrer a pie. Al terreno difícil se suma un sol de justicia y el molesto viento, que impiden al visitante pasear con tranquilidad por los parajes naturales. Por ello, no hay itinerarios marcados y, además, no se puede ir a pie por las montañas del Fuego del Parque Nacional de Timanfaya. Los **automóviles de alquiler** son la mejor opción para aquellos que quieran atravesar la isla.

Alojamiento

Los viajeros que lleguen a la isla sin haber reservado **alojamiento**, pueden buscar hotel en Costa Teguise, en Puerto del Carmen o Playa Blanca. No obstante, tal vez en temporada alta tenga dificultades. A partir de 2.500 pesetas puede obtener una cama en un hotel o pensión.

Lancelot, avenida Mancomunidad 9 (☎928 805 099; fax 928 805 939). Hotel céntrico y cómodo. Dispone de un buen restaurante y piscina. ⑥

Miramar, Coll 2 (☎928 810 438 y 928 812 600). Hotel moderno con 90 habitaciones y vistas al mar. ⑥

TURISMO RURAL

Organización Isla Viva (☎928 845 723). Proporciona casas o habitaciones en zonas tranquilas de la isla.

Casa Bella Vista, Masdache. Vivienda rural en las afueras de la localidad y con hermosas vistas. Dos dormitorios dobles, baño, cocina, comedor y terraza. ⑥

Estudio Chimida, Teguise. Acogedor estudio en el lateral de una casa rural. Dispone de cocina, salón, comedor, dormitorio doble y baño. ⑥

Comida

El viajero encontrará en la isla de Lanzarote excelentes restaurantes de pescado, ingrediente habitual de los platos autóctonos, aunque hay también una buena oferta de cocina internacional. Casi todos los establecimientos sirven vinos españoles. Debe tener especial cuidado con el vino local, malvasía, ya que es muy fuerte.

Castillo de San José, carretera de Naos s/n (☎928 812 321; fax 928 812 321). Fortaleza situada a 2 km de Arrecife, cuya parte baja fue remodelada y restaurada por César Manrique para convertirla en un moderno restaurante.

Los Troncos, Agustín de la Hoz 9 (☎928 813 637). Cocina autóctona que sirve el mejor pescado. Todos los días.

Vida nocturna

En la capital de la isla, Arrecife, se concentra la mayor parte de la vida nocturna. La juerga empieza en la calle José Antonio y culmina en los *after hours* de la zona portuaria.

BARES DE COPAS

La Antigua, José Antonio 62. Suenan nuevas tendencias musicales y a veces se ofrecen espectáculos. Baño para minusválidos. Miér.-jue., 22-3.30 h; fines de semana, hasta las 4.30 h.

El 59, José Antonio 59. Lugar de reunión de la gente adinerada de Lanzarote. Todos los días, 23-3.30 h.

La Fábrica, José Antonio 64. Este local fue inaugurado por los sobrinos de César Manrique. Ambiente y gente de toda clase. Miér.-sáb., 23-5 h.

Zig-zag, Portugal 28. Música reggae y comercial. Todos los días, 22.30-5.30 h.

DISCOTECAS Y AFTER HOURS

Factoría Latina, carretera de Naos, Polígono Industrial s/n. Música y ambiente latino de los que disfrutan gente de lo más variopinta. Todos los días, 23-5.30 h.

Terraza La Naos, carretera de Naos, Polígono Industrial s/n. Es una carpa en la que se baila al son de toda clase de música, bien en la pista central, o en lo alto de un escenario. Vier.-sáb., 22.30-7 h.

Direcciones prácticas

Aeropuerto ☎928 811 450.
Autobuses ☎928 812 458.
Ayuntamiento de Arrecife Vargas 1 (☎928 812 750).
Cabildo Insular León y Castillo 4 (☎928 812 508).
Correos y Telégrafos ☎928 800 673.
Guardia Civil ☎928 811 886.
Hospital General de Lanzarote Carretera Arrecife-Tinajo km 1,3 (☎928 801 752, 928 801 636 y 928 801 930).
Iberia Avenida Rafael González 2 (☎928 810 358).
Oficina de turismo Parque José Ramírez Cerdá (☎928 801 517).
Patronato Insular de Turismo de Lanzarote Blas Cabrera Felipe s/n (☎928 811 762 y 928 811 792).
Policía Municipal ☎928 811 317.
Taxis en Arrecife Cuatro esquinas (☎928 810 918); Fajardo (☎928 810 769); Gran Hotel (☎928 811 680); Puente de las Bolas (☎928 810 283); Santa Coloma (☎928 813 509); Valterra (☎928 813 450); Radio Taxi (☎928 803 104).
Trasmediterránea José Antonio 90 (☎928 811 188).

Costa Teguise

Si el viajero parte de Arrecife, a 9 km al norte se halla **COSTA TEGUISE**, un centro turístico que destaca porque en su término municipal está el hotel de cinco estrellas las *Salinas*, en cuyo proyecto colaboró César Manrique. Asimismo, tiene un campo de golf de categoría internacional.

El viajero podrá comprobar el nivel de las infraestructuras hoteleras en *Meliá Salinas*, Playa de las Cucharas (☎928 590 040; fax 928 591 232; ⑧), donde hay profusión de plantas y terraza con piscina climatizada; *Oasis Lanzarote*, avenida del Mar s/n (☎928 590 410; fax 928 590 791; ⑦-⑧), con piscina climatizada; *Occidental Teguise Playa*, en Urbanización Costa Teguise (☎928 590 654 y 928 590 658; ⑦), un lujoso complejo hotelero con piscinas y pistas de tenis.

Si recorre 9 km hacia el interior llegará a la localidad de **San Bartolomé**, casi en el centro geográfico de Lanzarote, el núcleo agrícola y folclórico por excelencia de la isla.

Tras visitar el cercano **monumento al Campesino**, diseñado por César Manrique, el visitante con ganas de fiesta puede aproximarse a la discoteca *El Cielo de Lanzarote*, carretera de Arrecife a Yaiza, Playa Honda (fines de semana, 24-7 h; ☎928 173 605), la mayor terraza de la isla, con diversos ambientes: house, música española, etc.; sirven comida en las barras.

Si continúa la ruta hacia el norte, se recomienda visitar **Teguise**.

Teguise

La localidad de **TEGUISE** se considera la más bonita de Lanzarote; antiguamente era la capital de la isla y sede episcopal. Las casas de estilo colonial, con puertas y ventanas de madera embellecidas con tallados, recuerdan a las de un pueblo típicamente mexicano. Sus callejuelas y plazas la convierten sin duda en un lugar hermoso.

Muchos de los **restaurantes** de la localidad lucen elementos arquitectónicos que armonizan con el aspecto colonial de Teguise, como el restaurante **Neptuno**, avenida del Jablillo (dom. y 15 jun.-15 jul., cerrado; ☎928 590 378), un establecimiento pintado

CÉSAR MANRIQUE (1919-1992)

Es imposible imaginarse la isla de Lanzarote tal y como es hoy sin César Manrique. Sin duda su obra ha marcado el aspecto de la isla. Según los lanzaroteños, ha sido él quien «ha hecho» Lanzarote. Manrique era pintor, escultor, arquitecto, ecologista, conservador de monumentos, consejero de construcción, planificador de complejos urbanísticos, creador de paisajes y jardines. De hecho, este artista consagró su vida a la isla donde había nacido, redescubriendo la belleza del paisaje y la cultura de Lanzarote. Gracias a su empeño y originalidad, los isleños empezaron a apreciar su arquitectura de paredes blancas, ventanas verdes y singulares chimeneas. Manrique proyectó muchas obras que hoy son ejemplos de integración entre arquitectura y naturaleza, como el monumento al Campesino, los Jameos del Agua, el Mirador del Río y el Jardín de Cactus. De especial interés es la **Fundación César Manrique**, ubicada en la casa que habitó el artista, situada en el Taro de Tahiche, 7 km al norte de Arrecife.

Edificada en 1968 sobre una colada de lava de la gran erupción ocurrida en la isla entre 1730-1736, aprovecha, en el nivel inferior, la formación natural de cinco burbujas volcánicas, para configurar un espacio habitable sorprendente y ejemplar en cuanto a la actuación sobre el espacio natural. Por su parte, el exterior de la casa y nivel superior está inspirado en la arquitectura tradicional de Lanzarote.

La fundación propiamente dicha fue inaugurada oficialmente en marzo de 1992 como fundación cultural privada que se autofinancia, sin fines lucrativos, nacida con objeto de impulsar y difundir la actividad artística, medioambiental y cultural.

En este sentido, dentro del marco de sus fines fundacionales, se presta especial atención a las artes plásticas y a promocionar la conservación y creación de espacios arquitectónicos integrados dentro en el entorno natural.

Se ocupa además de conservar, analizar y difundir la obra de César Manrique, en especial desde su desaparición en septiembre de 1992.

en verde y blanco, con celosías y patio canario, o *La Jordana*, Centro Comercial Lanzarote Bay, local 10-11 (dom. y sept., cerrado; ☎928 590 328), con decoración rústica y ambiente agradable, donde sirven cocina de mercado con profusión de recetas españolas. Una excepción es el moderno *El Boulevard*, avenida Islas Canarias 15 (todos los días, 10-24 h; ☎928 592 122), un centro de ocio con varios restaurantes, bar en forma de barco y heladería, en el que el viajero podrá disfrutar de actuaciones en vivo algunas noches. Cuenta con un tex-mex, una pizzería y un asador de carne.

Para tomar una **copa y bailar** un rato, se recomienda el *Club Agua Marina*, avenida Islas Canarias 15 (todos los días, 20-4 h; ☎928 592 122), situado dentro del *Hotel Los Zocos*, donde suena música variada. Los viernes a partir de las 24 h, hay *strip-tease* masculino.

Desde Teguise, el viajero puede ir en dirección norte hacia Haría, a 30 km de Arrecife. Se trata de un lugar donde el estilo de construcción es norteafricano, las casas blancas son cúbicas y abundan las palmeras. Podrá contemplar tan hermosa estampa desde *Las Casitas del Mar*, carretera de Punta Mujeres (☎928 848 288; ⑥), que dispone de bungalós con televisor, están junto al mar, cercanos al pueblo pesquero de Punta de Mujeres.

Para regresar a Arrecife tendrá que seguir la costa por Arrieta, Mala, Guatiza y desviarse hacia el interior hasta Tahide para llegar de nuevo a la capital isleña.

Por la ruta del sur

Desde Arrecife, el viajero podrá adentrarse 11 km hasta llegar a la población de **Tías**, al sureste. Allí se halla la parroquia de **Nuestra Señora de La Candelaria**, que puede ser visitada durante la misa. Y mientras unos comulgan de día, otros prefieren los lugares de culto de la noche. Así, las **discotecas** más frecuentadas por los lugareños son: *Dreams Disco*, avenida de las Playas 37, Centro Comercial Atlántico, local 10 (todos los días, 22-6 h), una de las veteranas, con cinco barras y público de todas las edades; *Emporium*, avenida de las Playas 37, Centro Comercial Atlántico (todos los días, 20-3.30 h), con tres barras y gran variedad de música disco y española, y frecuentada por nacionales y extranjeros; *Hippodrome*, avenida de las Playas 37, Centro Comercial Atlántico, local 60 A-60 B (todos los días, 21-3 h), en la que hay ambiente joven y buena música; *Black and White*, avenida de las Playas 37, Centro Comercial Atlántico, local 38 (todos los días, 22-3.30 h), frecuentado por gays y lesbianas; se ofrecen espectáculos de transformismo y *strip-tease*.

Desde Tías existen dos opciones. La primera consiste en descender hacia el sur hasta **Puerto del Carmen**. Es el principal lugar turístico de Lanzarote, donde se concentra la mayoría de los visitantes. Entre el casco viejo del antiguo pueblecito pesquero y el aeropuerto se encuentra una playa de arena de unos 12 km de longitud, donde toman el sol durante el día gran parte de los turistas.

Un buen lugar donde **alojarse** son los *Apartamentos Fariones Playa*, Roque del Este 1 (☎928 510 175; fax 928 515 200; ⑦). Para **comer** se recomienda *La Cañada*, General Prim 3 (☎928 510 415; ③), con jardín, y donde sirven platos como crema de melón, sopa de pescadores y otros más elaborados.

La ruta alternativa desde Tías pasa por la localidad de **Uga** llega hasta **Yaiza**, que con sus casas blancas entre palmeras solitarias es (junto con **Haría**) el pueblo más impresionante de Lanzarote. De aspecto africano, las fachadas de algunas casas muestran que allí vivían antaño los isleños adinerados. Desde este bonito pueblo se accede al **Parque Nacional de Timanfaya**.

Parque Nacional de Timanfaya

Yaiza, población interior situada al suroeste de la isla se encuentra a escasos 5 km del Parque Nacional de Timanfaya, a cuyo pie esperan caravanas de dromedarios para llevar a los turistas.

Desde allí, el viajero puede montar hasta las montañas del Fuego y contemplar el singular paisaje lunar. De hecho, están representadas todas las formaciones volcánicas que se produjeron durante el período de erupciones de 1730 a 1736.

La visita a las montañas de Fuego merece la pena también por los numerosos matices cromáticos de los volcanes, cuyo tono varía al paso de las nubes de alisios. No obstante, el viajero tendrá que admirar tales maravillas de lejos, pues está prohibido pasear libremente por el parque. Pocos kilómetros después de las caravanas de dromedarios empieza la Ruta de los Volcanes. A partir de allí se cobra entrada. Está abierto entre 9-16.45 h. Desde el lugar de pago hasta el islote de Hilario hay 2 km. Allí se halla el centro del paisaje volcánico activo. El suelo está muy caliente y el agua que se echa en unos tubos metálicos (introducidos en la tierra) se evapora al instante y salta hacia arriba como un surtidor de vapor. A 6 m de profundidad la temperatura es de 400 °C. Se dice que un ermitaño vivió 50 años en el islote (de ahí el nombre) con la única compañía de un dromedario.

César Manrique edificó en este punto el restaurante *El Diablo* (☎928 840 057; fax 928 840 057), que se integra armoniosamente en el paisaje gracias a su línea sencilla. Sólo se emplearon materiales como piedra, metal y cristal debido a las elevadas temperaturas de la tierra. La cocina oculta una sorpresa: recibe el fuego en parte del volcán. Un asador grande, colocado encima de un hoyo de unos 6 m de profundidad, funciona con el calor que emerge de las entrañas de la tierra. La superficie del asador suele estar a 300 °C, temperatura ideal para este cometido. Gran parte del encanto de este establecimiento (que sólo sirve almuerzos) reside precisamente en que fue diseñado por Manrique.

Desde Yaiza, siguiendo la carretera que va hacia el sur, el viajero llegará a **Playa Blanca**, una villa costera que se está convirtiendo en un centro turístico con todas las de la ley. Hoteles y restaurantes surgen rápidamente donde antes sólo había casitas de pescadores. Un ejemplo de esta floreciente infraestructura es el hotel *Lanzarote Park*, avenida Canarias 5 (☎928 517 108 y 928 517 011; ⑨), que cuenta con 6 piscinas.

ERUPCIONES DURANTE LOS SIGLOS XVIII-XIX

Sin duda, Lanzarote es la isla del archipiélago donde más abruptamente se percibe el origen volcánico de las Canarias.

Esto no debe extrañar al visitante pues, de hecho, entre 1730-1736 se produjeron en Lanzarote las erupciones más violentas de la historia del vulcanismo. Las simas de lava cubrieron gran parte de la isla, atemorizando así a los lugareños. Los habitantes perdieron la esperanza de que la isla recobrara la calma. Conducidos por su párroco, una parte huyó a Gran Canaria y otra a Fuerteventura o Tenerife. Un decreto del rey Felipe V prohibió a los lanzaroteños bajo pena de muerte abandonar la isla. Cuando la tierra se calmó, el 16 de abril de 1736, un tercio de Lanzarote estaba devastado. Torrentes de lava habían inundado el valle de Tomara, y destruido doce pueblos. Apenas 90 años después (1824), se abrió la tierra de nuevo por última vez. La llanura fértil de Tiagua desapareció devorada por las masas de lava. Estas erupciones no fueron tan fuertes como las del siglo anterior, pero sí peligrosas. La lava era muy líquida y corría a gran velocidad laderas abajo. Hoy en día es posible contemplar el resultado de aquello y en ciertas zonas aún se aprecian lenguas de lava que se adentran en el mar.

En el escenario volcánico de la Laguna Verde, singular capricho geológico, se han rodado diversos filmes, entre los que destaca *Enemigo mío (Enemy mine)*, protagonizada por el actor Dennis Quaid.

Todos estos fenómenos volcánicos explican el fantástico «paisaje lunar» lanzaroteño, que tanto encandila en la actualidad, pero que tantas desgracias causó entonces. Para los geólogos, se trata de un auténtico sueño hecho basalto, porque allí se ven todas las clases diferentes de manifestaciones volcánicas juntas.

transportes

Todos los horarios se rigen según el huso horario canario (1 hora menos que en la Península).

Autobuses

TENERIFE

Santa Cruz a: Aeropuerto Sur (2 h 15 min. antes de la salida de los vuelos regulares de Iberia); La Laguna (6-22 h); Puerto de la Cruz (6-23 h); Punta del Hidalgo (5-20.55 h); Buenavista (lun.-vier., 6 diarios; sáb.-dom. y festivos, 4 diarios); Icod de los Vinos (6-20 h); Playa de las Américas-Las Galletas (4 diarios).

La Laguna a: Tacoronte por Los Rodeos (6-22.30 h); El Sauzal (11 diarios).

Playa de las Américas a: Aeropuerto Sur (7-21 h); El Portillo (por Los Cristianos, Villaflor, Parador de Turismo, Las Cañadas del Teide, 9.15 h).

Puerto de la Cruz a: Playa de las Américas (4 diarios); Aguamansa (por La Orotava); Las Cañadas del Teide (9.15 h); La Orotava, Icod de los Vinos y Buenavista (6-21 h).

Icod de los Vinos a: Playa de San Marcos (7-19.30 h).

La Orotava a: Realejo Alto (9 diarios).

Valle de la Orotava (circunvalación) a: Puerto de la Cruz-Las Dehesas (6.30-20.30 h).

LA PALMA

Santa Cruz de la Palma a: Aeropuerto (7.50, 10, 11.15, 12.15 y 16.30 h); Los Llanos de Aridane (6.15-20.15 h).

Los Llanos de Aridane a: Puerto de Tazacorte (5.30-20.30 h); Fuincaliente (6, 10, 14 y 18 h); Puerto Naos (6.30-20.30 h).

Puerto Naos a: Roque de los Muchachos (mar.).

LA GOMERA

San Sebastián a: Vallehermoso por Hermigua (11.30, 14, 18 y 21.30 h); Playa de Santiago (11.30, 14, 18, 21.30 h); Valle Gran Rey (11.30, 14, 18 y 21.30 h).

Vallehermoso a: San Sebastián por Agulo y Hermigua (6.15, 8, 14.30 y 19 h).

Playa de Santiago a: San Sebastián (5, 9, 15.30 y 20 h).

Valle Gran Rey a: San Sebastián (4.30, 8, 14.30 y 19 h).

HIERRO

Valverde a: aeropuerto (lun.-sáb., 8.30 h; 20 min.); La Caleta (dom., 9 h; 30 min.)

GRAN CANARIA

Salcai (☎928 381 110; Las Palmas, ☎928 373 625; Telde, ☎928 690 518; Playa del Inglés, ☎928 765 332). Autobuses a aeropuerto, Santa Brígida, San Roque, Telde, Risco Blanco, Tejeda, Agüimes, San Agustín, Parque Tropical, Maspalomas, Arguineguín, Aquamarina, Puerto Rico, Puerto de Mogán, Mogán, Playa de Tasarte.

Utinsa (Las Palmas de Gran Canaria, ☎928 360 179; Arucas, ☎928 601 608; Teror, ☎928 630 105; Gáldar, ☎928 880 232; San Mateo, ☎928 661 395; Moya, ☎928 611 192). Autobuses a Santa Brígida, San Mateo, Cruz de Tejeda, Tejeda, Teror, Arucas, Guía, Gáldar, Agaete, Moya.

FUERTEVENTURA

Puerto del Rosario a: Morro Jable (lun.-vier., 7, 10.30, 13.15, 14.30, 16 y 19 h; festivos: 9, 11, 14 y 19 h); Vega de Río Palma (10, 14 h); Caleta de Fuste (7-20 h y cada hora); El Cotillo (10 y 14 h).

Pájara a: Morro Jable (6.30 h).

Costa Calma a: Morro Jable (lun.-vier., 9.30, 10.30, 11.30, 12.30, 13.30, 14.30, 15.30, 16, 18.30, 19.30 y 21.30 h; festivos: 10.30, 11.30, 12.30, 13.30, 14.30, 15.30, 17.30, 18.30 y 20.30 h).

LANZAROTE

Arrecife a: aeropuerto-Playa Honda (lun.-vier., 8.10, 8.40, 9.10, 9.40, 10.10, 12.10, 12.40, 13.10, 14.40, 15.10, 15.40, 16.10, 16.40, 17.10 y 17.40 h; sáb. y festivos, 8.10, 8.40, 9.10, 9.40, 12.40, 13.10, 13.40, 14.10, 14.40, 15.10, 15.40, 16.10, 16.40, 17.10 y 17.40 h); La Caleta (14 h); Costa Teguise (6.45-23.45 h); Güime-Montaña Blanca-San Bartolomé (lun.-vier., 7 y 13.30 h; Haría-Máguez (lun.-vier., 11.45, 14, 18, 20 h; sáb., 11, 13.30, 20 h; festivos, 7.30, 13.30, 20 h); Playa Blanca (lun.-vier., 6, 8, 11.30, 14, 17.30 y 20.15 h; sáb., 7, 11, 13.30 y 18.30 h; festivos, 8, 13.30, 18.30 h);.Puerto del Carmen (lun.-vier., 6.20-24.15 h, dos salidas cada hora; sáb., 6.30-

23.15 h); San Bartolomé-Tinajo (lun.-vier., 6.15, 8, 11.45, 13.40 —sólo hasta San Bartolomé—, 14, 18 y 20 h; sáb., 8, 11, 13.30 y 20 h; festivos, 7.45, 13.30 y 20 h); La Santa (lun.-vier., 8, 11.45, 14 —sólo días lectivos— y 20 h); Sóo (lun.-vier., 14 y 19 h); Teguise (lun.-vier., 7.40, 11.45, 14, 15.30, 18, 19, 20 h; sáb., 7.40, 11, 13.30, 15.30, 20 h; festivos, 7.40, 8, 13.30, 15.30, 20 h); Los Valles (lun.-vier., 14 y 17 h); Orzola (lun.-vier., 7.40, 15.30 h; sáb. y festivos salidas, 7.40, 15.30 h).

Transbordadores y aerodeslizadores

Tenerife a: Las Palmas de Gran Canaria (diarios; varias salidas aerodeslizador, 1 h 20 min.; transbordadores, 3.30 h); Gran Canaria-Fuerteventura (3 semanales); Hierro (1 diario, exc. mar.).

Los Cristianos (Tenerife) a: San Sebastián (Gomera), (transbordador, 9, 12.30, 16 y 20 h; aerodeslizador Trasmediterránea, 9, 12.30, 16 y 18 h).

Las Palmas de Gran Canaria a: Santa Cruz de Tenerife (diarios; varias salidas aerodeslizador, 1 h 20 min.).

San Sebastián (Gomera) a: Los Cristianos (Tenerife) (transbordador, 10.45, 14.15, 18 h; aerodeslizador Trasmediterránea, 8, 10.15, 14 y 17 h).

Hierro a: Tenerife (diario, exc. mar.).

Corralejo (Fuerteventura) a: Playa Blanca en Lanzarote (transbordador diario, 9, 11, 15, 17 y 19 h).

Playa Blanca (Lanzarote) a: Corralejo en Fuerteventura (transbordador diario, 8, 10, 14, 16 y 18 h; 45 min.).

VUELOS

Tenerife a: La Palma (diario); Gran Canaria (diarios); Hierro (3 diarios).

La Palma a: Tenerife (diario); Gran Canaria (diarios); Hierro (2 semanales, según temporada).

Gran Canaria a: Tenerife (diario); Las Palmas (diarios); Hierro (2 semanales, según temporada).

Hierro a: Tenerife (2 diarios).

TERCERA PARTE
EL
CONTEXTO

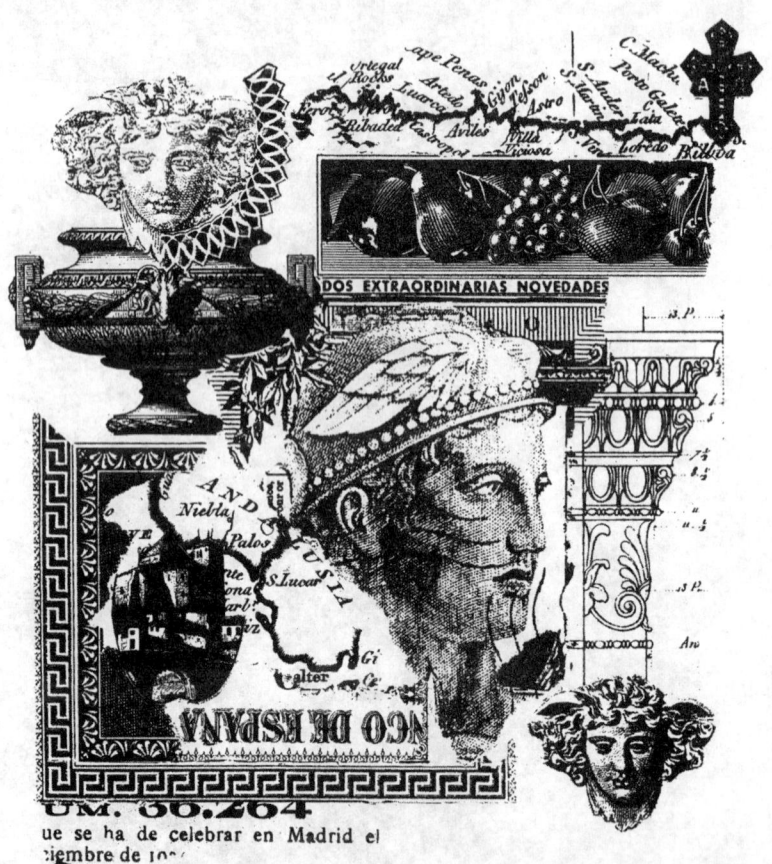

CONTEXTO

EL MARCO HISTÓRICO

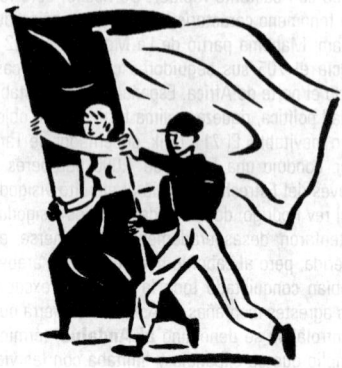

PRIMERAS CIVILIZACIONES

Los primeros pueblos identificables como íberos llegaron a la Península procedentes del sur de Francia hacia el final de la época paleolítica. Habitaban en cuevas y cazaban en grupo. Al parecer, en el norte de España, en el actual territorio de Santander, se dieron las mayores concentraciones. De hecho, allí han quedado las más notables huellas de su cultura (que tuvo su apogeo alrededor de 15.000 años a.C.). Los mejores ejemplos son los que se encuentran en la cueva de Altamira, en la actualidad cerrada al público (se puede visitar pidiendo hora con 3 años de anticipación), aunque pueden verse pinturas similares en la cueva de Puente Viesgo, también cerca de Santander.

El período prehistórico posterior es más complejo y confuso. Tal vez no hubo un gran desarrollo en las culturas que habitaban las cuevas del norte; pero sí en Almería, que fue poblada aproximadamente entre 5000-4000 a.C. por los colonizadores «ibéricos» del **Neolítico** procedentes del norte de África y que ya habían asimilado en su cultura muchos de los cambios producidos en Egipto y Oriente Próximo. Se establecieron allí, formaron pueblos e introdujeron una forma de vida pastoril y agrícola; también explotaron los abundantes suministros de cobre. Hacia 1500 a.C. con el surgir de la **Edad de Bronce**, empezaron a extenderse hacia el interior en pueblos fortificados situados en la Meseta central, en la moderna Castilla. Con el cambio de milenio se les unieron numerosas oleadas de **celtas** y **germanos**. La geografía de España, dividida por diversas cadenas montañosas, determinó su naturaleza social. Las tribus que llegaron más tarde formaron grupos aislados y diferentes; fueron conquistándose y absorbiéndose unos a otros pero sólo en una limitada escala local. Así, los celtas de los campos de urnas se establecieron en Cataluña, los **vascos** en el País Vasco, y cerca de ellos, en la costa atlántica los **astures**. Quedaron pequeños grupos aislados pertenecientes a otras culturas, especialmente en Galicia con sus *citanias* de techos de paja.

PRIMEROS COLONIZADORES

Mientras tanto, las costas españolas atraían a colonizadores procedentes de las diferentes regiones del Mediterráneo. Los **fenicios** fundaron el puerto de Gadir (Cádiz) en 1100 a.C. y comerciaron intensamente con los metales procedentes del valle del Guadalquivir. La riqueza dio lugar al mito de la «Atlántida» española, basada en el reino perdido de Tartesos, mencionado en la Biblia (Tarsis) y quizá situado cerca de la actual Huelva. La sofisticada joyería que produjo se expone en el Museo Arqueológico de Sevilla. La rivalidad comercial propició más tarde la llegada de los **griegos**, que establecieron sus colonias a lo largo de la costa oriental, la actual Costa Brava. En Empúries, cerca de Girona, se conservan unas interesantes ruinas.

Más significativa fue, sin embargo, la llegada de los **cartagineses** en el siglo III a.C. Expulsados de Sicilia por los romanos, vieron en España la nueva base para su imperio, desde la cual podrían recuperar su fortaleza y atacar por la retaguardia a sus rivales. Aunque sin influir mucho en el interior, ocuparon la mayor parte de Andalucía, se expandieron por la costa mediterránea y fundaron su nueva capital en Cartagena. Con Aníbal, se prepararon para invadir Italia y el 214 a.C. atacaron Sagunto, un punto estratégico del Imperio Romano. Fue una acción desastrosa que precipitó la **segunda guerra púnica**; hacia el 210 a.C. sólo Cádiz permanecía bajo su control y tuvieron que rendirse. Se inició entonces una nueva era muy diferente.

ROMANOS Y VISIGODOS

La **colonización romana** de la Península fue mucho más intensa que ninguna otra anterior y encontró una gran resistencia en las tribus celtas del norte y el centro. Pasaron casi 2 siglos antes hasta que se completó la conquista; además, los

vascos, aunque vencidos, nunca llegaron a romanizarse del todo.

A pesar de todo, España se convirtió en el centro más importante del Imperio Romano después de Italia; de hecho, aquí nacieron cuatro emperadores, además de los escritores Séneca y Lucano. Pero una vez más la geografía determinó un grado diferente de influencia, más fuerte en Andalucía, el sur de Portugal y la costa catalana alrededor de Tarragona. Los siglos I y II d.C. las minas españolas y los graneros de Andalucía produjeron una riqueza sin precedentes y la España romana vivió una breve **edad de oro**. Los monumentos más importantes se construyeron en las grandes capitales provinciales: Córdoba, Mérida (donde se encuentran las ruinas más interesantes) y Tarragona, pero en todo el país se llevaron a cabo construcciones prácticas: carreteras, puentes y acueductos. Muchos siguieron utilizándose hasta siglos recientes —quizá lo más notable sean los acueductos de Segovia y Tarragona— y unos cuantos puentes aún se usan hoy en día.

Hacia el siglo III, sin embargo, la estructura política romana empezó a mostrar signos de decadencia y corrupción. Aunque no se desintegró hasta la invasión de los árabes a principios del siglo VIII, fue cada vez más vulnerable ante las **invasiones de los bárbaros** procedentes del norte de Europa. Francos y suevos atravesaron los Pirineos entre los años 264-276, y causaron una gran devastación a su paso. Dos siglos después les siguieron otras oleadas de suevos, vándalos y alanos. Las luchas internas aumentaron con la llegada de los **visigodos** desde la Galia, aliados de Roma y ya bastante romanizados. El triunfo de las fuerzas visigodas en el siglo V dio lugar a un período de unidad falsa, basada en el papel exclusivamente militar de su capital, situada en Toledo, pero su número no fue nunca muy grande y su orden resultó fragmentaria y nominal, manteniéndose la mayoría de los súbditos en un estado de servidumbre, y la elite militar dividida por constantes luchas y facciones, exacerbadas por el sistema visigótico de monarquía electa y por su adhesión a la filosofía herética arriana. En 587, el rey **Recaredo** se convirtió al catolicismo (que se transformó en religión nacional en 589), pero se multiplicaron las luchas religiosas: las conversiones, sobre todo entre los judíos, propiciaban un clima de constante agitación social.

LA ESPAÑA ÁRABE

En contraste con las largas campañas romanas, la **conquista árabe** de la Península se llevó a cabo con bastante rapidez. De hecho, éste fue un fenómeno característico de la expansión del Islam; Mahoma partió de La Meca en el 622 y hacia el 705 sus seguidores controlaban casi todo el norte de África. España, con su inestabilidad política, riqueza y clima fértil, era un objetivo inevitable. El 711 Tarik, gobernador de Tánger, condujo una fuerza de 7.000 bereberes a través del Estrecho y venció al ejército visigodo del rey Rodrigo; dos años después los visigodos intentaron desesperadamente mantenerse en Mérida; pero al cabo de una década los árabes habían conquistado toda la Península excepto las agrestes montañas de Asturias. La tierra que controlaban se denominó **al-Andalus**, término amplio que se expandía y limitaba con las victorias y derrotas de la Reconquista. Los árabes mantuvieron el control entre 3 y 8 siglos, según la zona.

No fue sólo una conquista militar. Los moros (término colectivo que engloba las numerosas oleadas de colonizadores árabes y bereberes provenientes del norte de África) concedían a veces una limitada autonomía a cambio del pago de un tributo. Su sistema administrativo era tolerante y absorbió fácilmente a judíos y cristianos, conociéndose como mozárabes a aquellos que mantuvieron su propia religión. Al-Andalus fue un estado español independiente del Islam. Aunque al principio dependía del califato oriental (o imperio) de Bagdad, pronto fue independiente. En el siglo X, en el punto álgido de su poder y expansión, Abderramán III consiguió la independencia y se proclamó califa de un nuevo **imperio islámico occidental**. Su capital era Córdoba, la ciudad más grande, próspera y civilizada de Europa. Fue la época dorada de la España musulmana: su erudición, filosofía, arquitectura y arte no tenían rival; además, al mismo tiempo se produjo un crecimiento sin parangón de la vida urbana, el comercio y la agricultura debido a ambiciosos proyectos de irrigación. Estos y otros logros de ingeniería no fueron en su totalidad instigados por los árabes, pues se basaron en los modelos romanos y los adaptaron a sus necesidades. En **arquitectura** y **artes decorativas**, sin embargo, su contribución fue original y única, como puede observarse en los grandes monumentos de Sevilla, Córdoba y Granada.

El Califato de Córdoba consiguió durante un tiempo mantenerse unido. Pero sus gobernantes eran cada vez más despreocupados, lo que permitió que el brillante pero dictatorial **Almanzor** usurpara el control. Bajo tan extraordinario gobernante el dominio árabe alcanzó su mayor esplendor, haciendo retroceder al reino cristiano de Asturias-León de nuevo a las montañas cántabras; incluso su santuario más sagrado, Santiago de Compostela, fue saqueado. No obstante, tras la muerte de Almanzor, el califato perdió enseguida su autoridad y en 1031 se desintegró en una serie de pequeños reinos independientes o taifas, el más fuerte de los cuales era Sevilla.

Las divisiones internas entre los reinos taifas hizo que ofrecieran menos resistencia a los reinos cristianos que se unían en el norte, y tuvieron que recurrir a África dos veces en busca de refuerzos. Como consecuencia hubo dos nuevas oleadas de invasores árabes: primero los **almorávides** (1086), fanáticos islámicos, y después los **almohades** (1147), que restauraron de forma efectiva la autoridad musulmana hasta su derrota en la batalla de las Navas de Tolosa en 1212.

LA RECONQUISTA CRISTIANA

La **Reconquista** de tierras en poder de los árabes fue un proceso lento e intermitente. Empezó con una simbólica victoria de una pequeña fuerza cristiana en Covadonga (Asturias) en el 727 y finalizó en 1492, con la conquista de Granada y la entrada triunfal de los Reyes Católicos, Fernando e Isabel.

Covadonga dio lugar a la formación del pequeño **reino cristiano de Asturias**, que en un principio tenía una extensión de sólo 65 por 50 km. Hacia el 914 se había anexionado León, la mayor parte de Galicia y el norte de Portugal. En ese punto, el avance fue interrumpido debido a las devastadoras campañas de Almanzor. No obstante, con la caída del Califato de Córdoba y la advocación del santo patrón de España, Santiago apóstol, llamado «Matamoros» (véase «Santiago de Compostela»), la Reconquista entró en una nueva y poderosa fase.

Los castillos fronterizos construidos contra los ataques moros dieron nombre a **Castilla**, fundada en el siglo X como condado astur-leonés. Con Fernando I (1037-1065) consiguió el estatus de reino y se convirtió en el auténtico centro de la Reconquista. Por la misma época se definieron otros reinos del norte: los vascos fundaron Navarra, mientras que el matrimonio dinástico unió Cataluña y Aragón. En 1085 la expansión cristiana alcanzó su punto álgido con la toma de la gran ciudad árabe de Toledo. Pero el año siguiente llegaron los almorávides invitados desde Sevilla, y cesó la actividad militar, con excepción de las gestas bélicas del legendario **El Cid**, noble castellano que conquistó tierras alrededor de Valencia en 1095.

La siguiente fase de la Reconquista se inició como respuesta al temor impuesto por los almohades. Los reyes de León, Castilla, Aragón y Navarra se unieron en una cruzada general que tuvo como resultado la gran victoria de las **Navas de Tolosa** (1212). Desde entonces, el poderío moro fue disminuyendo cada vez más y los ejércitos cristianos avanzaron sobre al-Andalus. Fernando III el Santo condujo a los soldados castellanos hasta Córdoba en 1236 y 12 años después a Sevilla. Mientras tanto, el reino de Portugal se había expandiendo hasta conseguir aproximadamente su extensión actual y Jaime I de Aragón y Cataluña había conquistado Valencia, Alicante, Murcia y las islas Baleares. Hacia finales del siglo XIII sólo el reino de Granada permanecía bajo dominio árabe y durante la mayor parte de los 2 siglos siguientes tuvo que pagar tributo a los monarcas castellanos.

Respecto a la Reconquista hay que tener en cuenta dos factores. Primero, su naturaleza de unidad religiosa, **espíritu de cruzada**, intensificado por el celo religioso de almorávides y almohades, y el ambiente de exacerbación religiosa que reinaba en Europa (que en 1085 originó la Primera Cruzada). Esta poderosa motivación religiosa queda bien ilustrada en la posterior canonización de Fernando III, y encontró una sólida expresión en el papel desempeñado por las órdenes militares de caballeros cristianos, la más importante de ellas eran la de los **Caballeros Templarios** y la **Orden de Santiago**. Al mismo tiempo, la Reconquista fue un movimiento de **recolonización**. El hecho de que el país estuviera en armas durante tanto tiempo propició que la nobleza tuviera más protagonismo social, rasgo perpetuado por la redistribución de la tierra tomada en grandes concentraciones o latifundios. De hecho, los herederos de esta tradición aún son dueños de grandes extensiones de tierras, sobre todo en Andalucía. A los mandos de las tropas también se les concedieron tierras, lo que dio lugar a la formación de un estrato amplio de nobleza inferior, los hidalgos. Su particular código social proporcionó a Cervantes material para su obra más famosa, *El ingenioso hidalgo Don Quijote de la Mancha.*

Pero el espíritu de cooperación que había unido durante una época a los reinos cristianos se desintegró en el siglo XIV, y de nuevo se siguieron diferentes líneas de desarrollo. Los intentos de unir **Portugal** con Castilla se fundieron en la batalla de Aljubarrota (1385), y la atención de los portugueses se desvió desde España hacia el Atlántico. Aragón tuvo un empuje similar hacia el Mediterráneo aunque la preeminencia en esta zona pasó pronto a manos de los genoveses. **Castilla** experimentó un impulso en este período: su agricultura y un floreciente comercio de lana con los Países Bajos permitió al estado afrontar el importante papel militar llevado a cabo por Fernando III. En el aspecto político, la historia de Castilla es una serie de conflictos dinásticos hasta la subida al trono de los Reyes Católicos.

LOS REYES CATÓLICOS

Con el matrimonio de los Reyes Católicos **Fernando II de Aragón e Isabel I de Castilla** (1479) se unieron los dos reinos más grandes de España. Pero en realidad la unidad era más simbólica que real: Castilla había subrayado sus derechos en los votos matrimoniales y Aragón mantenía su antigua estructura administrativa. Así, al menos en sus inicios, la consecución de un sentimiento de unidad nacional o de España dependía bastante del cabeza de Estado. Sin embargo, a partir de entonces se puede considerar España como una única entidad política.

La popularidad de Fernando e Isabel residía en un **fanatismo religioso** que compartían con la mayoría de sus súbditos cristianos. La **Inquisición** se instituyó en Castilla en 1480 y en Aragón 7 años después. Con el fin de establecer la pureza de la fe católica y erradicar la herejía, iba dirigida principalmente contra los judíos, hacia los que había cierto resentimiento por su capacidad comercial e influencia en las altas instancias, además de por su fe; tales sentimientos ya habían causado una persecución antisemita en 1391, pero se reforzaron tras un edicto publicado en 1492, que obligó a unos 400.000 judíos a abandonar el país. Un espíritu parecido rodeó la Reconquista del **reino de Granada**, también en 1492. Como última fortaleza de la autoridad musulmana, los derechos religiosos de sus ciudadanos se garantizaron en el tratado de rendición. Sin embargo, en la década siguiente, se obligó a aquellos musulmanes bajo dominio cristiano a elegir entre conversión o expulsión.

El año de 1492 es también simbólico porque marca un nuevo comienzo en la historia de España, ya que Colón descubrió América y se publicó una bula papal más tarde en la que se confiaba a España la conversión de los indios americanos, lo que fortaleció el espíritu de todos aquellos que creían que España tenía la misión de llevar al mundo a la «fe verdadera». Los 10 años que siguieron al descubrimiento se dedicaron a la conquista, colonización y explotación del **Nuevo Mundo** a medida que se exploraban nuevos territorios, que se extendían desde la península del Labrador hasta Brasil, mientras aumentaba la riqueza de las arcas reales. Pero para Fernando e Isabel, también era muy importante la política y las relaciones con Europa; por ello, hicieron alianzas matrimoniales estratégicas con Portugal, Inglaterra y el Sacro Imperio Romano Germánico. Tras la subida al trono de la dinastía Habsburgo, España inició las campañas de expansión con Cortés, Magallanes y Pizarro, convirtiéndose así en la mayor potencia mundial.

LA ESPAÑA DE LOS HABSBURGO

Carlos I, un Habsburgo, subió al trono en 1516 como beneficiario de las alianzas matrimoniales de los Reyes Católicos. Cinco años después fue elegido emperador del Sacro Imperio Romano Germánico como **Carlos V**; heredó no sólo Castilla y Aragón, sino también Flandes, los Países Bajos, Artois, el Franco-Condado y todas las colonias americanas. Con tales responsabilidades era inevitable que su atención se desviara de España, cuya función principal fue sostener el Sacro Imperio con el oro y la plata de las Américas. Sólo con **Felipe II** (1556) la política española se centralizó más. La noción de un rey ausente se invirtió, pues Felipe vivió en el centro de Castilla, cerca de Madrid; además, mandó construir un monumento a los valores de la España del momento, El Escorial.

Su reinado estuvo marcado por dos grandes asuntos: la conservación de su propia herencia y el restablecimiento de la cruzada en nombre de la Iglesia Católica. Con respecto al primero, Felipe reclamó, con éxito, el trono de Portugal (por el matrimonio de su madre), consiguiendo así la riqueza de este imperio. Luego se urdieron intrigas para apoyar la reclamación de María, reina de Escocia, al trono de Inglaterra; pero la Armada Invencible fue derrotada en 1588; su hundimiento fue un triunfo para la fortaleza naval inglesa y el protestantismo.

Fue éste un período de infrecuente intensidad religiosa: se reforzó la **Inquisición** y hubo un levantamiento de los moriscos en las Alpujarras que fue duramente reprimido. Más tarde, Felipe III ordenó la expulsión de la mitad de los moriscos españoles; sólo permitió que se quedaran dos familias en cada pueblo para mantener las técnicas de riego. El **éxodo**, tanto de judíos como de moriscos, creó un gran vacío de mano de obra que también se dio en las capas más altas de la vida comercial; y el país salió perdiendo.

Hacia mediados del siglo XVII España perdía su credibilidad internacional. En el interior, el contraste entre la riqueza de la corona y la corte y la extrema pobreza del resto de la población era fuente de continuas tensiones. El descontento propició revueltas regionales en Cataluña y Portugal (1640); finalmente se reconoció a Portugal como un estado independiente (1668).

LOS BORBONES Y LA GUERRA DE INDEPENDENCIA

Felipe V fue el primer miembro de la **dinastía de los Borbones** que accedió al trono de España (1700); con él empezó la guerra de Sucesión contra el archiduque Carlos de Austria que reclamaba el trono, y a quien apoyaban las fuerzas británicas. Con el tratado de Utrecht se puso fin a la guerra (1713), pero España perdió Bélgica, Luxemburgo, Italia y Cerdeña; aunque Felipe V fue reconocido como rey. Gibraltar había sido tomado por los británicos durante la guerra. A lo largo del siglo España se mantuvo bajo la esfera de influencia francesa, que quedó políticamente definida por una alianza con los borbones franceses en el año 1762.

El contacto con Francia llevó a España implicarse en las **guerras napoleónicas** y a la derrota de la flota española en Trafalgar (1805). Hubo tal escándalo popular que el poderoso primer ministro Godoy fue destituido y el rey Carlos IV obligado a abdicar (1808). Napoleón aprovechó la oportunidad para poner en el trono español a su hermano José.

La fiera resistencia del pueblo fue finalmente apoyada por la fuerza de la Armada británica, primero al mando de sir John Moore, y después con el Duque de Wellington; los franceses fueron expulsados de España tras la guerra de Independencia. Sin embargo, mientras tanto, las **colonias americanas** habían conseguido su independencia de la metrópoli; con ellas desapareció el protagonismo de España en la escena mundial. A lo largo del siglo XIX el país estuvo dominado por las luchas entre una monarquía reaccionaria y las aspiraciones de los reformistas constitucionales liberales.

LA SIMIENTE DE LA GUERRA CIVIL

Entre 1810 y 1813 unas Cortes constituyentes reunidas al efecto habían proclamado una **constitución liberal** con ministros responsables ante una cámara elegida de manera democrática. El primer acto de Fernando VII al ser reinstaurado en el trono fue abolirla, y hasta que murió (1833) continuó sofocando cualquier indicio de liberalismo. A su muerte, el derecho de sucesión fue reclamado por su hermano, Carlos, a quien apoyaban la Iglesia, los conservadores y los vascos; y por su hija Isabel, menor de edad, que buscó el apoyo de los liberales y el ejército. Así empezó la **primera guerra carlista**, una guerra civil que duró 6 años. Isabel II fue declarada mayor de edad en 1843; su reinado fue una larga serie de escándalos, crisis políticas y compromiso constitucional. Los generales del ejército liberal bajo el mando del general Prim dieron un golpe de Estado en 1868 y la reina fue obligada a abdicar, pero los intentos de mantener un gobierno republicano fracasaron. Las Cortes fueron disueltas de nuevo y el trono devuelto al hijo de Isabel, Alfonso XII. En 1876 se proclamó una nueva constitución, que limitaba el poder de la corona por medio de la institución de un gobierno bicameral, pero de nuevo el progreso quedó paralizado por la falta de una tradición en la que basar la teoría constitucional.

Durante los años anteriores a la Primera Guerra Mundial aumentó el descontento, que encontró su expresión en los **movimientos políticos** en la clase trabajadora. El Partido Socialista Obrero Español fue fundado en Madrid después de la restauración de Alfonso XII, y creó su propio sindicato, la UGT (1888), que tuvo éxito sobre todo en los grandes núcleos industriales tales como el País Vasco y Asturias. Su contrapartida anarquista, la CNT, fundada en 1911, consiguió un apoyo sustancial entre el campesinado andaluz.

La pérdida de **Cuba** en 1898 puso de relieve el creciente aislamiento de España en el panorama internacional y aumentó los problemas económicos, pues numerosos soldados regresaron para buscar empleo donde no lo había. Una llamada a filas de reservistas para luchar en **Marruecos** en 1909 causó una huelga general y la

Semana Trágica, una revuelta que se produjo en Barcelona. Entre 1914-1918, España fue neutral pero la situación interna del país era turbulenta; la inflación hizo más difícil de soportar la recesión de la posguerra.

A la desilusión general con el gobierno parlamentario se sumó al temor de los empresarios por su seguridad, lo que proporcionó el apoyo necesario al **general Primo de Rivera** para llevar a cabo un golpe militar en 1923. Con la dictadura aumentó la prosperidad económica, pero la muerte del dictador en 1930 reveló que la aparente estabilidad sólo era fachada. A partir de ahí empezaron a surgir nuevas facciones políticas: la Derecha Liberal Republicana, fundada por Alcalá Zamora; y el Partido Socialista, que fue redefinido bajo el liderazgo de Largo Caballero. La victoria de los partidos antimonárquicos en las elecciones municipales de 1931 forzaron la abdicación del rey y la declaración de la **Segunda República**.

LA SEGUNDA REPÚBLICA

Cataluña se declaró en un principio república independiente del gobierno central, pero luego retrocedió y se le concedió autonomía en sus asuntos internos mediante el estatuto de 1932. Los **movimientos separatistas** eran también poderosos en las provincias vascas y Galicia, cada uno con sus propias demandas de autonomía. Mientras tanto, dentro del Gobierno empezaron a producirse disensiones internas; estaba demasiado atemorizado por las reacciones de la derecha como para llevar a cabo las grandes reformas agrarias y de impuestos que pedía la izquierda, y que habrían proporcionado los recursos necesarios para impulsar la economía.

El resultado fue una creciente polarización de los políticos. **El anarquismo** ganó fuerza entre la frustrada clase media, además de entre obreros y campesinos. El **Partido Comunista** y los **socialistas** de izquierdas, aliados por su mutua desconfianza hacia los socialistas «moderados» del Gobierno, se unieron en bloque. En la derecha, los **falangistas**, básicamente un partido juvenil fundado en 1923 por **José Antonio Primo de Rivera** (hijo del dictador) constituyeron un curioso grupo con los tradicionalistas conservadores y elementos disidentes del ejército preocupados por las reformas modernizadoras.

En medio de un ambiente confuso, la alianza de izquierdas del Frente Popular ganó las elecciones generales de **febrero de 1936** por un estrecho margen de votos. Sin embargo, la vida cotidiana era cada vez más difícil: la economía estaba paralizada por las huelgas, las organizaciones de campesinos llevaron a cabo por su cuenta la reforma agraria y el Gobierno era incapaz de ejercer su autoridad. Finalmente, el 18 de julio de 1936, la guarnición militar de Marruecos se reveló al mando del **general Franco**, seguida por levantamientos en las guarniciones militares de todo el país. Fue la culminación de años de intrigas en el ejército. El sur y el oeste cayeron enseguida en manos nacionalistas, pero Madrid, el norte industrializado y el este permanecieron leales al Gobierno republicano.

LA GUERRA CIVIL

Estalló la **Guerra Civil**, una de las más amargas y sangrientas de la Historia. Ambos bandos tomaron violentas represalias contra sus enemigos: los republicanos fusilaron a sacerdotes y propietarios de tierras y los nacionales llevaron a cabo asesinatos masivos en la población de casi todas las ciudades que tomaban. La represión estaba a la orden del día, mientras la población española se hallaba dividida. Quizá la mayor ironía fue que las tropas de Franco, en su «sagrada» misión de asegurar una España católica contaba con una guarnición de tropas marroquíes de la colonia española del norte de África.

Fue, asimismo, la primera guerra moderna. Los aliados alemanes de Franco mostraron una gran habilidad para aniquilar poblaciones enteras con sus bombardeos sobre Guernica y Durango, y la radio se utilizó como arma propagandística; constantemente los nacionales ofrecían a los hambrientos republicanos «el pan blanco de Franco».

A pesar de que recibieron ayuda esporádica de Rusia y llegaron miles de voluntarios de las Brigadas Internacionales, la República no pudo competir con el ejército profesional, apoyado por la Italia fascista y la Alemania nazi. Además, la izquierda estaba desintegrada por las divisiones internas que a veces condujeron al enfrentamiento en sus propias filas. No obstante, los republicanos resistieron en territorios cada vez más reducidos durante casi 3 años; **Cataluña** cayó en enero de 1939 y la resistencia armada de **Madrid**, que nunca se rindió formalmente, se agotó en los meses siguientes. Mientras cientos de miles de refugiados huían a Francia, el general Francisco Franco, que tiempo atrás se había proclamado «Cabeza del Estado», tomaba las riendas del poder.

LA ESPAÑA DE FRANCO

Los nacionales tomaron represalias contra los republicanos; las ejecuciones masivas eran algo cotidiano y unos 2 millones de personas fueron internadas en campos de concentración hasta que se restableciera «el orden». Sólo se permitió la existencia de un partido, la Falange, y aumentó la censura. Al final de la Segunda Guerra Mundial, durante la cual España fue neutral, **Franco** era el único dictador de Europa; ningún gobernante de España había mandado ejecutar a tanta gente como él. Tanto en los aspectos político como económico, España se quedó aislada; privada de mercados, pagaba las consecuencias. En aquella época casi la mitad de la población aún labraba la tierra por poco o nada a cambio, y había una pobreza extrema. Por eso, cuando el general Eisenhower visitó Madrid en 1953 para ofrecer generosos préstamos, a cambio de instalar bases militares estadounidenses, fue como si lloviera en el desierto. Aunque atrasado, el país se empezó a desarrollar con rapidez; de hecho, el crecimiento de España sólo fue inferior al de Japón durante la mayor parte de la década de 1960. A ello contribuía la industria turística y las divisas de los españoles que trabajaban en el extranjero.

Sin embargo, la creciente **prosperidad**, sólo subrayó la bancarrota del régimen de Franco y su incapacidad para enfrentarse a las demandas populares. Mayores ingresos, la necesidad de una mejor educación y una invasión lenta de la cultura occidental hicieron más evidente el anacronismo del dictador. Durante los últimos años de Franco, los sindicatos aún eran ilegales, y la inflación de principios de la década de 1970 causó huelgas de trabajadores por toda España, que fueron expulsados de las minas y fábricas ocupadas y encarcelados tras ser tiroteados. La prensa liberal intentó publicar estos acontecimientos, pero las noticias fueron censuradas y los periódicos multados. La banda armada ETA, que con el atentado del almirante Carrero Blanco mató al futuro sucesor de Franco, fue perseguida; muchos de sus miembros fueron torturados. Además, los juicios de Burgos de 1970, junto con las ejecuciones de agosto de 1975, provocaron una protesta mundial.

Franco murió en noviembre de 1975, tras nombrar al **rey Juan Carlos** como su sucesor. En permanente contacto con el ejército (del cual continúa siendo comandante en jefe), las primeras medidas del rey fueron prudentes en extremo; nombró un gobierno dominado por franquistas leales, reacios a las demandas de la creciente oposición de «democracia sin adjetivos». El verano de 1976 unas manifestaciones en Madrid terminaron de forma violenta y la policía recurrió al método de represión habitual.

EL REGRESO DE LA DEMOCRACIA

Los violentos sucesos ocurridos antes y después de la muerte de Franco tal vez convencieron al rey Juan Carlos de que era inevitable que se produjera una ruptura con el pasado y un paso hacia la **democratización**. Así sustituyó al presidente del Gobierno de Franco Carlos Arias Navarro, y lo reemplazó por Adolfo Suárez, abogado y antiguo director de Televisión Española. En 1976, Suárez consiguió que se aprobara en las Cortes una **Ley de Reforma Política**, que convertía las Cortes franquistas en dos cámaras elegidas por sufragio universal, una medida apoyada masivamente por el pueblo español en referéndum. Suárez legalizó también los sindicatos, además del Partido Socialista (PSOE) y, entre controversias, el Partido Comunista. Varios ministros dimitieron en protesta y determinados militares empezaron a planear un golpe de Estado.

En junio de 1977 se celebraron las elecciones democráticas, que ganó el partido de centro derecha de Suárez (UCD). Consiguió un 34 % de los votos, seguidos de los socialistas con un 28 %; los comunistas y **Alianza Popular**, de derechas, quedaron marginados con un 9 % y 8 % respectivamente. A pesar de las grandes victorias en Cataluña y el País Vasco de los partidos nacionalistas, la población votó más por la estabilidad democrática que la ideología. Suárez gobernó por «consenso político», negociando los temas importantes con los partidos más votados.

El primer Parlamento de la «nueva España» empezó a redactar una **Constitución**, mientras el Gobierno de Suárez solicitaba su ingreso en la Comunidad Económica Europea. El 6 de diciembre de 1978 la nueva Constitución fue aprobada de forma masiva en un referéndum nacional. Sólo 3 años después de la muerte de Franco España se había convertido en una democracia.

Las elecciones de marzo de 1979 casi duplicaron el resultado de 1977, pero cuando la UCD, una coalición algo complicada formada por moderados y extremistas, empezó a hacer aguas, Suárez dimitió (enero de 1981). Esto fue el de-

sencadenante de un intento de **golpe militar**, llevado a cabo por un contingente de la Guardia Civil, leal a la memoria de Franco, dirigidos por el teniente coronel Antonio Tejero. El 23 de febrero entraron en el Congreso de los Diputados, con Tejero a la cabeza y pistola en mano; empezaron a disparar hacia el techo y los parlamentarios se escondieron bajo sus asientos. Por un momento, parecía que iba a suceder lo peor. Los tanques salieron a las calles de Valencia y sólo tres de los diez comandantes regionales del ejército permanecieron leales sin reservas al Gobierno. Pero entonces el rey en un mensaje televisado dejó muy claro que no apoyaría a los amotinados; de inmediato, casi todos los demás comandantes confirmaron su apoyo al Gobierno. Sin duda, la imagen del rey Juan Carlos ganó prestigio no sólo en España, sino también en el resto del mundo.

LA ERA GONZÁLEZ

El 28 de octubre de 1982, el Partido Socialista Obrero Español (PSOE), dirigido por el carismático **Felipe González**, fue elegido con la victoria más arrolladora de la historia electoral española para dirigir un país que había estado en manos de la derecha durante 43 años. Los socialistas fueron votados por unos 10 millones de españoles, respondiendo así al eslogan «Por el cambio».

Sin embargo, una vez en el poder, el Partido Socialista eligió el camino del pragmatismo, y dio un giro a la derecha. El partido ganó en cuatro elecciones seguidas y se mantuvo en el poder durante 14 años; pero a mediados de la década de 1990 era imposible distinguir entre la política del gobierno del PSOE y la de las Administraciones conservadoras de Reino Unido o Alemania. El partido dejó de lado muchos de sus principios básicos, y empezaron a aparecer los oportunistas que llevaron a cabo los «cambios» prometidos por González: coche, compañera y casa, según una chanza popular.

El control de la inflación se convirtió en el principal objetivo del Gobierno, más importante, incluso que reducir el paro, mientras que las industrias pesadas que generaban pérdidas (sobre todo acero y astilleros) eran cerradas o privatizadas. La entrada de España en la Comunidad Europea (ahora **Unión Europea**) llegó en 1986.

El tema de la **OTAN** demostró cuánto había cambiado la política del Gobierno de González. Durante la campaña electoral de 1982, había hecho un apasionado discurso contra la permanencia de España en la OTAN a la que el Gobierno de UCD se había adherido por imperativo militar. Cuando el prometido referéndum se llevó a cabo 4 años después (y que sorprendentemente resultó a favor de la permanencia) su voz fue una de las principales en alzarse en favor de continuar siendo miembros. Por último, González zanjó la cuestión de la OTAN como tema político para la mayoría de la izquierda cuando en 1995 aceptó y apoyó la candidatura de su ministro de Asuntos Exteriores Javier Solana al puesto de secretario general de la organización contra la que había pasado revelándose la mayor parte de su vida política.

Tras largos años de división, a finales de la década de 1980 la **derecha española** se reorganizó al unirse los democratacristianos de la UCD (del antiguo presidente del gobierno Adolfo Suárez) con Alianza Popular para formar el nuevo **Partido Popular (PP)**, de centroderecha, que consiguió un respetable segundo puesto en las elecciones de 1989; una nueva coalición de la extrema izquierda, **Izquierda Unida**, formada por los comunistas y otros partidos de izquierda más pequeños, ocupó el tercer lugar, con el mismo número de escaños (18) en el Congreso de los Diputados que los nacionalistas catalanes, apenas una décima parte de los representantes del PSOE.

La creciente desilusión del país con el Gobierno de Felipe González a principios de la década de 1990 aumentó la popularidad de **José María Aznar** como líder del PP. Antiguo inspector de Hacienda y sin carisma, Aznar insistió de manera machacona en la incompetencia del Gobierno en cuanto a su falta de transparencia y al crecimiento de la crisis económica. Esto debilitó aún más la posición del PSOE en las **elecciones de 1993**. Sin embargo, volvió a ganar, aunque tuvo que recibir el apoyo de los nacionalistas catalanes de Pujol para gobernar. Pero los problemas económicos no se resolvían, al tiempo que salían a la luz temas como la financiación ilegal del PSOE, la corrupción y el cobro de comisiones en proyectos gubernamentales por parte de algunos miembros del partido. El director de la Guardia Civil (nombrado por González) huyó del país con millones de pesetas procedentes de los fondos reservados, y el gobernador del Banco de España se vio envuelto en asuntos turbios. Pero el asunto más serio fue el del GAL (Grupo Antiterrorista de Liberación): se descubrió que una unidad de la policía había llevado a cabo una

guerra sucia contra los terroristas de ETA durante la década de 1980, que incluía secuestros y asesinatos de sospechosos de ser miembros de ETA. La prensa (y una posterior investigación judicial) descubrió la participación de la policía en tales acciones, además de una conexión entre ésta y miembros del Gobierno del PSOE. Los intentos de González por imponer silencio a las investigaciones de los periodistas sólo consiguieron emponzoñar aún más las relaciones entre el Gobierno y los medios de comunicación, y se tuvo el presentimiento de que la verdad nunca saldría a la luz. No obstante, en el verano de 1998, el sistema legal confundió a los cínicos al acusar a dos ex ministros de promover el secuestro y la apropiación de fondos públicos mientras coordinaban las actividades de los GAL. Fueron sentenciados a 10 años de prisión cada uno.

POLÍTICA ACTUAL

Parecía que el PSOE iba a sufrir una derrota aplastante en las **elecciones de 1996**. Pero el resultado fue sorprendente: otro **parlamento sin mayoría absoluta** en el que todos eran perdedores. Aznar, victorioso por un estrecho margen, no consiguió la mayoría absoluta de la que estaba tan seguro durante la campaña electoral, lo que significaba que tendría que pactar con los partidos nacionalistas (a los que había llamado «parásitos codiciosos» durante la campaña) si quería formar gobierno. En la noche electoral, una amplia sonrisa se dibujó en el rostro de Felipe González, que había conseguido 141 escaños en el nuevo Parlamento, sólo 15 menos que el PP de Aznar.

Sin embargo, a principios de 1998, **Felipe González** dimitió como secretario general del PSOE, que había dirigido durante 24 años, y fue sustituido como secretario por **Joaquín Almunia** y como candidato a la presidencia de Gobierno por el antiguo ministro de Transportes **José Borrell**, que no era el sucesor favorito de González. Mientras Borrell se dedicaba a restaurar la credibilidad del Partido Socialista, dañada por los escándalos de los últimos años, González permanecía en la sombra. Tras dimitir por un escándalo de uno de sus colaboradores, Borrel fue sustituido por Almunia como candidato.

Las razones por las que Aznar no consiguió la mayoría absoluta son también significativas para la España moderna. Cuando tras la primera victoria electoral del PSOE en 1982 Felipe González comentó con el rey que el triunfo de su partido había completado la transición desde la dictadura a la democracia, el monarca le advirtió que el final de la transición sería cuando los socialistas perdieran unas elecciones y gobernara la derecha. La sombra de la época de Franco aún estaba presente en la mente de muchos españoles, nerviosos ante la posibilidad de que un partido de derechas recortara sus recién conseguidas libertades y desmantelara el sistema de Seguridad Social, vital en las regiones más pobres como Extremadura y Andalucía. Así fue cómo Andalucía, una de las mayores autonomías alarmada ante los sondeos de opinión, votó al PSOE, impidiendo así que Aznar obtuviera la mayoría.

Elegido en una plataforma de centroderecha, durante su período de gobierno Aznar ha desplazado su partido hacia el centro, dejando a un lado la línea más dura con la intención de ganarse la confianza del electorado. Al mismo tiempo, ha expresado su admiración por las ideas del primer ministro británico Tony Blair. Incluso sus enemigos han tenido que admitir que el Gobierno de Aznar ha demostrado que sí podía llegar a acuerdos con los sindicatos, los dirigentes nacionalistas o sus colegas internacionales (el anterior canciller alemán Helmut Kohl dijo una vez de él que «si consigue llegar al poder no durará más que una siesta»).

Pero el futuro político de Aznar se decidirá en el ámbito de la economía interna. Mientras tanto, el **paro** (alrededor de un 20 %) continúa siendo el más alto de la Unión Europea; pero el Gobierno del PP ha conseguido un frágil equilibrio que ha permitido mantener la economía en marcha, introduciendo al mismo tiempo medidas tales como subsidios para los trabajadores agrícolas, tal vez con el fin de ganar más votos.

Al mismo tiempo, el Gobierno ha acelerado, la **política de privatizaciones** de la Administración anterior, que ha culminado con la venta de Iberia, las líneas áreas nacionales, y el grupo eléctrico ENDESA; la privatización de Telefónica ha supuesto también un motivo de escándalo. Los beneficios conseguidos mediante las privatizaciones sumado al aumento de la industria turística (que ocupa el tercer puesto mundial) ha permitido al Gobierno de Aznar dar un impulso a la economía, respaldado por las inversiones masivas en nuevas carreteras de ámbito nacional y enlaces de ferrocarril. Esto, añadido a la baja inflación, el alto crecimiento y el recorte de impuestos sobre la renta han sido las armas fundamentales para que el líder del PP obtuviera

la mayoría en las elecciones del 12 de marzo de 2000. No obstante, continúa habiendo grandes discrepancias entre las regiones más ricas y las más pobres de España (las Baleares disfrutan de un nivel de vida cuatro veces más alto que el de Extremadura); pero según un estudio reciente, los españoles creen que la economía está mejor que nunca desde la reinstauración de la democracia en la década de 1970.

El consenso entre los políticos españoles sobre el papel que debe desempeñar España en **Europa** ha continuado al sumarse a las naciones de la Unión Europea que han adoptado una **moneda única** en 1999.

Después del éxito de los Juegos Olímpicos de 1992, un acontecimiento que simbolizó el progreso de España tras sufrir una larga dictadura y el aislamiento internacional, sin duda el país incrementará aún más su papel protagonista en la escena política europea.

CRONOLOGÍA DE MONUMENTOS

25.000 a.C.	Asentamientos prehistóricos principalmente en el entorno de la actual Cantabria.	Pinturas de las cuevas de Altamira y Puente Viesgo; también en Las Piletas (cerca de Ronda).
1100 a.C.	Los **fenicios** fundan Cádiz.	
H. siglos IX a IV a.C.	Los **celtas** establecen centros comerciales a lo largo de la costa este.	Dólmenes y *citania* celtas; ambos pueden verse en A Guardia (Galicia).
H. siglo III a.C.	Los **cartagineses** ocupan Andalucía y la costa mediterránea.	Se desarrolla la cultura **celtibérica** con influencia griega: bustos de la Dama de Elche, etc., en el Museo Arqueológico Nacional (Madrid).
214 a.C.	Segunda guerra púnica con Roma.	
210 a.C.	Empieza la **colonización romana**.	Importantes **asentamientos romanos** en Mérida, Tarragona, Itálica, Carmona, Sagunto, Segovia, etc.
414 d.C.	Llegada de los **visigodos**.	Escultura y joyería (en museos de Madrid y Toledo); también en iglesias aisladas.
711	Los **árabes** del norte de África invaden y conquistan la Península en 7 años.	
718	Batalla de Covadonga: la victoria de la cristiandad da lugar a la formación del **reino de Asturias**.	Iglesias **prerrománicas** en Asturias, Oviedo y alrededores, y en los Picos de Europa.
756	Abderramán I proclama el **Emirato de Córdoba**.	Se inicia la construcción en Córdoba de la Gran Mezquita. Punto álgido de la **arquitectura árabe primitiva**.
812	Los cristianos descubren el cuerpo de Santiago en Compostela.	Iglesias **mozárabes** construidas por cristianos arabizados en Andalucía, y en el norte 1 siglo después.
H. siglo IX	Fundación de los reinos de **Cataluña** y **Navarra**.	
939	Abderramán III adopta el título de califa.	Palacio de Medina Azahara y ampliaciones de la Mezquita de Córdoba en **estilo califal**.
967	**Almanzor** usurpa el poder del Califato y fuerza a los cristianos a retirarse a Asturias.	
1013	El Califato se desintegra en pequeños reinos de taifas.	Se construyen las alcazabas de Málaga, Granada, Almería, Sevilla, Carmona y Ronda, entre otras.
1037	Fernando I une los reinos de Castilla y León-Asturias. Ramón Berenguer I extiende y fortalece el reino catalán.	La **arquitectura románica** se introduce en España por el Camino de Santiago hacia Compostela. Ejemplos soberbios por toda Castilla y el norte, sobre todo en Salamanca, Segovia, Burgos, Ávila y Santillana.
1085	Los cristianos toman Toledo.	
1086	Los **almorávides** invaden España.	

1147	Los **almohades** restauran la autoridad árabe en Andalucía.
1162	Alfonso II une los reinos de Aragón y Cataluña.
1212	El avance almohade detenido en las Navas de Tolosa.
1213	Jaime I el Conquistador se convierte en rey de Aragón y Cataluña. **Reconquista cristiana** de las islas Baleares (1229), Valencia (1238), Alicante (1266).
1217	Fernando III el Santo, nombrado rey de Castilla; recupera Córdoba (1236), Murcia (1241) y Sevilla (1248).
1479	Castilla y Aragón se unen con el matrimonio de **Isabel** y **Fernando**.
1492	**Caída de Granada**, último reino musulmán. Cristóbal Colón **descubre América**.
1516	**Carlos I** hereda el trono y en 1520 se convierte en emperador del Sacro Imperio Romano Germánico, como **Carlos V**. **Siglo de oro**.
1519	Cortés desembarca en México.
1532	Pizarro descubre Perú.
1556	**Felipe II** (m. 1598).
1588	Hundimiento de la Armada Invencible.
1609	Expulsión de los moriscos, últimos musulmanes españoles.
1700	La guerra de Sucesión propicia la subida al trono de Felipe V (1713-1746), un Borbón. Los británicos toman Gibraltar.

Sevilla se convierte en la capital del reino árabe en España. Entre los **minaretes almohades** destacan la Giralda y la Torre del Oro.

Se construyen monasterios cluniacenses a lo largo del Camino de Santiago; **abadías cistercienses** en Poblet y otros lugares.

Surge el estilo **mudéjar** entre los artesanos árabes que trabajan en la construcción de edificios cristianos; buenos ejemplos en Aragón, Teruel y Tarazona.

Se construyen las primeras catedrales en **estilo gótico** en Burgos (1221), Toledo (1227) y León (1258). El gótico catalán se desarrolla también en la década de 1220; los mejores lugares para observarlo son el Barri Gòtic de Barcelona y Girona.

Se construye la **Alhambra** de Granada, en la época de Muhammad I (1238-1275) y sus sucesores. Artistas de Granada también construyeron el alcázar de Sevilla para Pedro el Cruel (1350-1369).

Catedral de Sevilla (1402-1506).

A finales del período gótico surge el estilo **isabelino**, en la construcción de castillos; Coca y Segovia son dos ejemplos de ello.

Construcción de las últimas catedrales góticas en Salamanca (1512) y Segovia (1522).

Llega a España el **Renacimiento**. El estilo primitivo elaborado se conoce como plateresco (su mejor representación está en Salamanca). Más tarde surgen grandes figuras como Diego de Siloé (1495-1563; Burgos, Granada, etc.) y Andrés de Valdelvira (m. 1565; Jaén, Úbeda y Baeza).

Juan de Herrera (1530-1597) introduce un nuevo estilo austero en El Escorial.

Entre los **pintores y escultores** destacan: El Greco (1540-1614), Ribalta (1551-1628), Ribera (1591-1652), Zurbarán (1598-1664), Alonso Cano (1601-1667), Velázquez (1599-1660), Murillo (1618-1682), Roldán (1624-1700), Pedro de Mena (1628-1688), Martínez Montañés (1580-1649). La mejor exposición de obras de todos ellos está en el Museo del Prado de Madrid.

Se desarrolla el **Barroco** como reacción ante la severidad de finales del Renacimiento y alcanza su punto culminante con el estilo churrigueresco en el siglo XVIII (plaza Mayor de Salamanca y dis-

		tintos retablos por toda España, pero sobre todo la fachada del Obradoiro de Santiago). Se construyen las últimas grandes catedrales en Valencia, Murcia y Cádiz.
1808	**Los franceses toman España.**	Francisco de Goya (1746-1828). Palacios reales de Madrid y de Aranjuez.
1811	Venezuela se declara independiente. Le siguen otros países.	
1835	**Primera guerra carlista.**	Disolución de monasterios **(desamortización)**.
1874	**Segunda guerra carlista.**	
1898	Pérdida de Cuba, la última colonia española en América.	Antoni Gaudí (1852-1926) y el movimiento **modernista** en Barcelona.
1923	Dictadura de Primo de Rivera.	**Picasso** (1883-1973; Museo Picasso de Barcelona y el *Guernica* en Madrid); Joan **Miró** (1893-1982; Fundació Miró de Barcelona); Salvador **Dalí** (1904-1989; Museu Dalí de Figueres).
1936-1939	**Guerra Civil.**	
1939	Empieza la **dictadura franquista.**	
1975	Muerte de Franco; **restauración de la democracia.**	Antonio Saura y **artistas abstractos** (Museo de Arte Abstracto, Cuenca).
1982	Elección del gobierno socialista, presidido por Felipe González.	
1992		Se llevan a cabo numerosas obras en Barcelona con motivo de los **Juegos Olímpicos** y en Sevilla para la **Expo'92**.
1996	Elección del gobierno del Partido Popular (conservador) dirigido por José María Aznar.	
1997		
1999		Se inaugura el Museo **Guggenheim** en Bilbao. Inauguración del reconstruido Liceu de Barcelona.
2000	Victoria del Partido Popular por mayoría absoluta. José María Aznar se mantiene como jefe de Gobierno.	

ARQUITECTURA

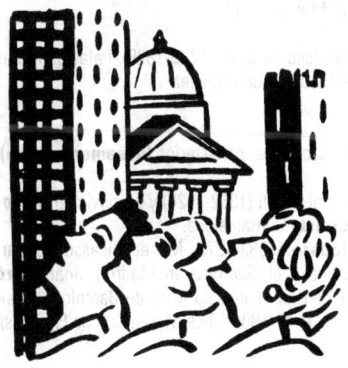

El legado arquitectónico español es bastante peculiar, ya que está formado por una mezcla de estilos bastante diferente del resto de Europa. Por lo general, las principales corrientes de la arquitectura europea se introdujeron de manera más lenta, y cuando se adoptaba un estilo nuevo se hacía a menudo con una forma extrema o estilizada. Aquí llegaron corrientes francesas, holandesas, alemanas e italianas, y el resultado fueron obras únicas y peculiares. Siglos de ocupación árabe dejaron también una huella indeleble, que se manifiesta tanto en los maravillosos edificios que representan el punto álgido de la civilización árabe en Andalucía como en la fuerte influencia en la arquitectura cristiana y seglar, que se observa en el trazado de muchas ciudades.

En España se han derribado y destruido menos edificios antiguos que en otros países; en general, los monumentos arquitectónicos se han conservado bastante bien. Quizá se observa menos pureza en las formas que en otros lugares de Europa (debido a los añadidos realizados con el paso de los años hay edificios con elementos de diferentes estilos), pero ningún país cuenta con tal número de iglesias, castillos, pueblos y ciudades que conserven su antiguo encanto como España.

Aun teniendo en cuenta el riesgo que comporta toda generalización, es posible identificar algunos **rasgos** en los edificios. Como regla general, destaca el aspecto longitudinal y la solidez de la construcción. Asimismo las superficies suelen estar adornadas, como las puertas o las fachadas. Debido al clima templado, la vida transcurre al aire libre; de ahí la necesidad de espacios abiertos y frescos: los patios en los edificios públicos y los claustros en los religiosos, incluso en aquellos que no eran monacales, son un ejemplo de ello. También existe una tendencia a crear compartimentos dentro de los grandes espacios.

EL PERÍODO ROMANO

Aunque hay restos de civilizaciones anteriores, la historia arquitectónica española (partiendo de las edificaciones que quedan en pie) empieza en el **período romano**, del que se conservan algunas estructuras notables. No tienen un aire especialmente español, ni influyeron en la evolución posterior de la arquitectura como sucedió en otros países; pero a pesar de ello, el acueducto de **Segovia**, el puente de **Alcántara** (el más alto del mundo romano, y que aún se utiliza), el teatro y otras ruinas de Mérida se encuentran entre los restos romanos de primer orden de todo el mundo. En Tarragona y alrededores se halla otro conjunto interesante de ruinas romanas: murallas, una necrópolis, un anfiteatro, foro y pretorio en la misma ciudad, además del acueducto, el mausoleo de Centelles, el arco de Berà y la torre de los Escipiones, todo ello en un radio de unos pocos kilómetros.

Entre otros monumentos romanos que merecen especial atención destacan las murallas de Lugo, el anfiteatro y el castillo de Sagunto, así como el arco triunfal de tres ojos de Medinaceli. En Empúries (Ampurias), Itálica, Numancia y Bílbilis pueden verse excavaciones de ciudades completas.

PERÍODOS VISIGÓTICO Y ASTURIANO

Del período **visigótico**, que sucedió al romano, se conservan algunos edificios cuya fecha de construcción exacta se desconoce. En general, su exterior es sencillo; además, fueron los primeros en España en los que se utilizó el arco de herradura (más tarde adaptado y usado por los árabes). Asimismo se desarrollaron elementos procedentes de las construcciones romanas, cuyo ejemplo más interesante se encuentra en **Quintanilla de las Viñas**, en Castilla y León; se trata de una iglesia cuyo exterior luce frisos de piedra delicadamente tallados situados en bandas; en el interior hay un arco triunfal sobre

el ábside, esculpido con la representación más primitiva que se conserva de Cristo en España. Otros restos de esta época se hallan en la ciudad industrial de Terrassa (Cataluña), la antigua Egara; allí se alzan tres iglesias, una de las cuales, el baptisterio de San Miguel, data del siglo V o VI; las otras dos presentan ábsides que tal vez fueron construidos en el siglo IX. Otros edificios visigóticos son parte de la cripta de la catedral de Palencia, y la basílica cercana de San Juan en Baños de Cerrato, cuya construcción está documentada en el siglo VII.

Después de la época visigótica se desarrolló el período **asturiano**, llamado así por el pequeño reino de la zona norte, que creó su propio estilo durante el siglo IX. Conserva elementos visigóticos que se incorporaron a formas de construcción que se anticiparon a las tendencias europeas posteriores. Un pequeño grupo de edificios centrados alrededor de **Oviedo** (la Cámara Santa, la iglesia de Santulano en la propia ciudad, San Miguel de Lillo y Santa María de Naranco, en las laderas del cercano monte Naranco), consiguen un nivel más alto que otras obras contemporáneas europeas. El último de ellos representa el punto culminante de este estilo, un pequeño edificio de perfectas proporciones con bóvedas de cañón y arcos apoyados en pilares, además de una delicada decoración que utiliza elementos romanos y bizantinos. En el campo de los alrededores se alzan algunos edificios parecidos del siglo siguiente, pero el estilo asturiano fue pronto absorbido por el movimiento románico que se extendió por todo el norte de España procedente de Francia e Italia.

EL PERÍODO ÁRABE

En aquella época la mayor parte de España estaba bajo dominio árabe, y así permaneció, al menos en parte, hasta su derrota en 1492. Durante este período, la arquitectura árabe no se desarrolló en el amplio sentido de la palabra, por lo que es mejor considerar las diferentes épocas de los edificios de forma independiente.

El primer estilo real fue el del **Califato**, centrado alrededor de Córdoba, cuyo principal monumento la **Mezquita**, fue construido y ampliado durante un período que comprendió del siglo VIII al X. El estilo del Califato muestra la mayor parte de los elementos utilizados por los constructores árabes durante años: arcos de herradura, ojivales y lobulados, uso contrastado de piedra y ladrillo, utilización de entrelazados como característica específica del diseño, puertas coronadas por arcos ciegos, trabajos en estuco y el uso ornamental de la caligrafía además de motivos geométricos y vegetales. Se introdujeron también diversas innovaciones tecnológicas en la construcción de la Mezquita, como los arcos de dos pisos para dar mayor altura a las cúpulas nervadas frente al mihrab.

Otro ejemplo del estilo califal, la ciudad palacio (ahora en ruinas) de **Medina Azahara** cerca de Córdoba, no es menos espléndido que la Gran Mezquita. Muchos de sus edificios se levantaron según las descripciones del templo de Salomón. En **Toledo** se halla el Cristo de la Luz, una mezquita estilo califal en pequeña escala, y la antigua Puerta de la Bisagra formó parte de las fortificaciones de aquel período. Ante el avance de la Reconquista, se construyeron otras fortalezas. Gormaz se inició alrededor del 965. Sólo se conserva parte de la construcción árabe original, que incluye dos puertas. En Calatayud, al norte, hay más fortificaciones de aquella época, quizá de fecha anterior.

Tras la caída del Califato a finales del siglo XI, la España musulmana quedó dividida en reinos independientes o **taifas** lo que permitió la construcción de las alcazabas o castillos de Granada, Málaga, Guadix, Almería, Tarifa y Carmona. El Palacio de la Aljafería de Zaragoza data de entonces; aunque ha sufrido numerosas transformaciones con el paso de los años, conserva la mezquita y una torre. El reino de taifas más poderoso fue el de Sevilla, donde más tarde la dinastía **almohade** creó un arte refinado de enladrillado; dejó como legado el patio de Yeso en el Alcázar, la Torre del Oro, que formaba parte de las fortificaciones de la ciudad, y la Giralda, antiguo minarete de la mezquita, tal vez la torre más hermosa del mundo árabe.

Sin embargo, la apoteosis del arte árabe puro llegó, con la dinastía **nazarí** de Granada, la última ciudad que cayó en manos cristianas. El rico palacio de la **Alhambra** fue construido entre los siglos XIII-XV. Levantado en una colina, con Sierra Nevada al fondo, los edificios se funden con el paisaje, algo que los arquitectos árabes querían conseguir, sobre todo en los frondosos jardines del Generalife. En cuanto al propio palacio, los edificios son pobres en el aspecto estructural sin ningún elemento exterior de importancia; pero el interior, alrededor de dos grandes patios, es una de las creaciones más embriagadoras de la civilización árabe, construido cuando ya se encontraba en un declive irreversible.

ARTE MOZÁRABE Y ARTE MUDÉJAR

La ocupación árabe tuvo una influencia indeleble en la arquitectura española, y dio lugar a dos estilos híbridos únicos en el país: el **mozárabe** y el **mudéjar**. El primero fue el estilo propio de los cristianos sometidos por los árabes que conservaban su religión pero construían en estilo árabe. Sus iglesias se encuentran sobre todo en emplazamientos aislados; San Miguel de la Escalada, al este de León, Santa María de Liébana en los Picos de Europa y San Baudelio, cerca de Berlanga de Duero (provincia de Soria), son los ejemplos más notables.

El **mudéjar** es mucho más común; se trata del estilo propio de los árabes que permanecieron en sus tierras natales tras ser conquistadas, o de los que emigraron a los reinos cristianos. A menudo demostraron ser los constructores más hábiles y la mano de obra más barata; dejaron su huella en casi todo el país a lo largo de varios siglos. Trabajaban con el ladrillo, principalmente en la construcción de iglesias parroquiales; el resultado fue un curioso híbrido cristiano-islámico, que, sin embargo, no todos consideran un estilo arquitectónico diferente. Hay detalles mudéjares en muchos edificios aunque algunos se encuentran más firmemente dentro de la tradición árabe; entre ellos, destacan los palacios de Tordesillas y el alcázar de Sevilla; diversos edificios seglares en Toledo; la capilla de la Asunción de Santiago, en Las Huelgas, así como las sinagogas de Toledo y Córdoba.

EL ROMÁNICO

De nuevo en las corrientes arquitectónicas europeas, el estilo **románico** se asocia en España sobre todo con iglesias, puentes y hospicios construidos a lo largo del **Camino de Santiago**. No queda en pie ningún hospicio, aunque sí puentes; el de Puente la Reina, en Navarra, es el más conocido de los construidos en aquella época. Las iglesias son de formas diversas, pero todas lucen preciosas esculturas. La catedral de Jaca, los monasterios de Santa Cruz de los Seros, San Juan de la Peña y Leyre, y las iglesias de Santa María la Real en Sangüesa, San Miguel en Estella, San Martín en Frómista y San Isidoro de León son los ejemplos más notables; no obstante, la culminación del románico es la impresionante **catedral de Santiago**. En la actualidad está cubierta por añadidos barrocos, pero conserva la forma original del interior. Iniciada alrededor del 1070, fue proyectada con el fin de que tuviera espacio suficiente para que cupieran los peregrinos; de ahí la gran galería del triforio, y el deambulatorio, con capillas radiales. La catedral de Santiago fue también el modelo en el que se basaron otras contemporáneas, sobre todo las catedrales de Lugo, Ourense y Tuy.

La influencia de la gran abadía de Cluny de Borgoña, que tanto influyó en el desarrollo del Camino, se puede ver de forma más clara en **San Vicente** (Ávila). Otro edificio muy relacionado con las iglesias del Camino es el monasterio de **Santo Domingo de Silos**, cuya arquitectura y los soberbios bajorrelieves de los claustros, lo único que queda del edificio original, están inspirados en modelos franceses. También hay otros elementos: la mayoría de los capiteles muestran una indiscutible influencia árabe, ejemplo muy temprano de la mezcla de Oriente y Occidente que se puede ver en España.

Otras construcciones románicas tienden hacia variantes regionales. En **Cataluña**, cuya historia arquitectónica diverge a menudo de la del resto de España, recibió más influencia de Lombardía; destacan sus altos campanarios cuadrados, ábsides prominentes, arcos ciegos y pequeños detalles escultóricos, aunque esto último se convirtió más tarde en algo importante, como sucede en los claustros de la catedral y San Pedro, en Girona.

Los campanarios son un elemento dominante en **Segovia**, cuya innovación principal fue la construcción de arcadas cubiertas a modo de claustros levantados contra los laterales del edificio, lo que convierte a las iglesias parroquiales de la ciudad en las más distintivas de España. Las iglesias de **Soria**, en especial Santo Domingo, recuerdan a las de Poitiers, pero el claustro de San Juan de Duero desafía cualquier clasificación por su combinación de románico de acabados redondeados, gótico primitivo y arcos de herradura árabes que se mezclan en una composición caprichosa. En **Zamora** se pueden ver edificios de influencia bizantina; además, sus pórticos suelen carecer de tímpano, si bien lucen arquivoltas ricamente talladas. Por último, hay algunas iglesias de un estilo mixto **mudéjar** y **románico** en lugares como Toledo, Sahagún, Cuéllar y Arévalo.

En cuanto a la **arquitectura militar** de este período, sobresalen las murallas completas de Ávila, las que mejor se conservan en toda

Europa, y el castillo de Loarre, el más espectacular de los primeros que se construyeron para defender las tierras reconquistadas. Quedan pocos restos de edificios civiles y están muy alejados, pero pueden verse los preciosos ejemplos de los palacios de Estella y Huesca.

EL ESTILO DE TRANSICIÓN

Con la llegada de la reforma cisterciense, se introdujo en España el **estilo de transición** entre el románico y el gótico (mediados del siglo XI), primero en una serie de monasterios, La Oliva, Veruela, Poblet, Santes Creus, Las Huelgas y Santa María de la Huerta, que destacan por su maciza construcción combinada con la introducción de características góticas tales como el arco ojival y la bóveda de crucería.

En algunos aspectos, **La Oliva** puede considerarse el primer edificio gótico de España, aunque por su solidez y la planta aún es románico. El estilo austero y sin ornamentaciones de la orden del Císter causó un gran impacto en una época en que el resto de Europa se movía hacia una apreciación de las ventajas estructurales del gótico, que no se aceptaron enseguida en España. A finales del siglo XII y principios del XIII se construyeron algunas catedrales en estilo de transición: Sigüenza, Ávila, Santo Domingo de la Calzada, Tarragona y Lleida; todas parecen en cierto modo fortalezas, y de hecho a veces fueron utilizadas con fines defensivos. Parecida es la colegiata de Tudela, aunque en ella las esculturas, en contra de las reglas del Císter, son de las más ricas del país.

Algunos edificios de este mismo período muestran una clara influencia **bizantina**: la Catedral Vieja de Salamanca, la catedral de Zamora y la colegiata de Toro, cada una con una cúpula central distintiva, aunque también tienen elementos normales de transición.

La catedral de Ciudad Rodrigo y los edificios (a menudo de forma octogonal) relacionados con los Caballeros Templarios están en la misma línea: la Vera Cruz, en Segovia, y dos misteriosas construcciones en el Camino de Santiago, cuya naturaleza exacta se desconoce (Eunate y Torres de Río).

EL ESTILO GÓTICO

En España son raros los ejemplos de estilo **gótico** primitivo, y los que se encuentran parecen estar inspirados en edificios franceses o ingleses. El refectorio de Santa María de Huerta es tan puro y elegante como el mejor de Francia y la catedral de Cuenca, iniciada hacia la década de 1200, parece haber recibido influencia de un modelo normando o inglés. Más tarde, se empezó a desarrollar un estilo propio renunciando a la pureza de la forma.

En la década de 1200 se comenzaron a construir tres grandes catedrales que ejemplifican de forma clara las características cada vez más hispánicas de las iglesias de la época. Entre ellas, las de **Burgos** y **Toledo** muestran una deuda obvia con los modelos franceses, pero carecen de la gracia y ligereza de las grandes catedrales góticas de Francia. Las ventanas son más pequeñas, quizá con el fin de paliar un exceso de luz solar, o bien para mantener el aire de misterio de las francesas. Ambas lucen una rica decoración interior que pronto se convirtió en norma en las catedrales españolas; lo más característico es el coro, un elaborado conjunto de asientos, a menudo encerrados en el trascoro, situado en la nave, algo que resulta extraño a los que están acostumbrados a ver los coros en forma de cancela de las iglesias del norte de Europa. Los motivos de ello no están claros, pero al parecer está relacionado con el predominio de los servicios del coro del clero, lo que significó que la construcción del coro permitía utilizar mejor el espacio; también podría ser que se creyera que la cancela debía reservarse sólo para el Santo Sacramento, y no degradarla con otro uso.

Asimismo destacan los enormes retablos, el más importante situado sobre el altar mayor, ocultando así la arquitectura. Por lo general eran tallados y policromados; mostraban una serie de escenas de la vida de Cristo y la Virgen, y a veces estatuas de santos. Básicamente su función era similar a la de las vidrieras de los ventanales en las catedrales de Francia: proporcionar una representación pictórica de la Biblia a una población analfabeta. Retablos menores, pintados o tallados, se colocaban sobre altares más pequeños. Además, a menudo se situaban algunas tumbas de monarcas, familias aristocráticas, obispos y santos en capillas especialmente construidas y a veces cerradas por puertas de hierro o rejas que en ocasiones son piezas artísticas muy elaboradas y que pueden impedir la entrada al coro y la cancela. Tal vez esta decoración parezca suntuosa en exceso, pero ayuda a hacerse una idea de cómo era una catedral medieval mejor que cualquier otra del norte de Europa, donde Reforma, revolución, guerra y restauración, se

combinaron y dieron como resultado catedrales mucho más puras en el aspecto arquitectónico, pero menos auténticas en el plano espiritual.

La tercera gran catedral de la década de 1200, **León**, fue la única que adoptó el sistema normal francés de triple pórtico, prominentes arbotantes y grandes ventanales con cristal de colores. Pero incluso allí se ve el toque español en el claustro y sus dependencias, así como en el coro, construido más tarde.

Todas las demás catedrales siguieron el modelo de Burgos y Toledo. **Burgo de Osma** es, en cierto modo, una versión de ellas en miniatura, aunque se nota un gótico más puro en la forma. **Palencia**, edificada entre los siglos XIV-XV, resulta curiosa en el sentido de que la mayor parte de su decoración es más o menos contemporánea de la arquitectura, con muy pocas adiciones posteriores. En **Pamplona** y **Huesca** los arquitectos tuvieron en cuenta que habría un coro en la nave, aunque irónicamente los restauradores lo quitaron tiempo después. El claustro gótico de Pamplona, la parte más antigua de la construcción, es quizás el más hermoso de España. Luce varias puertas preciosas y tiene una capilla con una exquisita bóveda estrellada, la principal contribución de España a la arquitectura gótica, muy común y en deuda con los modelos árabes. Otros ejemplos sobresalientes son **Murcia** y **Oviedo**; **Sevilla** es una muestra más espectacular, pues su gran tamaño se debe a la planta de la mezquita que había antes.

ESTILOS REGIONALES

En Cataluña y Aragón se encuentran formas góticas propias. En **Cataluña** las iglesias se construían con grandes arcadas, omitiendo el triforio e incluyendo sólo un pequeño lucernario. También eran comunes los largos vanos; si había naves laterales, tenían casi la misma altura que la nave central; los contrafuertes se interiorizaron mediante la introducción de capillas altas de paredes rectas construidas entre ellos, lo que daba un aspecto bastante sobrio al exterior. La **catedral de Santa María del Mar** (Barcelona) es un buen ejemplo de todas estas características, al igual que la de **Palma de Mallorca**, aunque la catedral catalana más espectacular es la de **Girona**, tan atrevida en su estructura que resulta más admirable en este aspecto que por su atractivo estético.

En **Aragón** se observa una fuerte influencia mudéjar que se extiende incluso a las catedrales de **Zaragoza, Tarazona** y **Teruel**. Las torres de estas ciudades, y las de **Calatayud** suelen ser cuadradas y están decoradas con azulejos de cerámica que reflejan el sol; otras veces son octogonales y sólo de ladrillo. Pero en ambas se demuestra un gran virtuosismo en la utilización de materiales sencillos. Cada una de estas catedrales luce una cúpula central, mientras que Tarazona tiene un claustro con ornamentos mudéjares; hay otro muy curioso, aunque bastante lejos, en Guadalupe (Extremadura). En muchos sitios se ven iglesias más ortodoxas del gótico mudéjar, sobre todo en Toledo.

ARQUITECTURA MILITAR

Respecto a la **arquitectura militar**, aún quedan en pie algunas ciudades fortificadas del período gótico. En Toledo destacan diversas puertas y dos puentes, así como interesantes ejemplos de murallas en Albarracín, Daroca, Morella, Berlanga de Duero, Madrigal de las Altas Torres y Montblanc. Los castillos españoles de este período no tienen parangón con otros de Europa. Sin embargo, los que tenían una función genuina en la Reconquista suelen estar en peor estado; en cambio, aquellos que se conservan mejor no fueron construidos en un principio con fines defensivos.

Debe tenerse en cuenta que en España no hay un equivalente a las mansiones campestres inglesas o francesas. De hecho, las grandes casas que mandó construir la nobleza a menudo parecen castillos, incluso aunque jamás fueron utilizados con fines militares.

Quizás el castillo más bonito del siglo XIV sea el de **Bellver**, en Palma de Mallorca, un edificio circular construido como residencia de verano para los reyes de Mallorca. El gran castillo de **Olite**, del siglo XV, es una imitación de palacio. A pesar de sus enormes torres, muchas de ellas están tan adornadas que habrían sido casi inútiles en tiempos de guerra. Lamentablemente lo que queda hoy en día proporciona poca información sobre cómo estaba decorado su interior.

A lo largo de las orillas del Duero se alzan castillos que desempeñaron un papel importante durante la Reconquista. Destaca **Gormaz**, pues es una muestra de cómo una construcción árabe fue remodelada tras ser tomada por los cristianos. El de **Peñafiel**, del siglo XV, reemplazó a otro que había sido levantado como defensa contra los árabes; aparte de su austera belleza, demuestra cuánta importancia tenía una posición

estratégica en aquella época. Los numerosos castillos de ladrillo de la zona de **Segovia** y **Valladolid** son más una expresión de la riqueza y el poder de la nobleza que edificaciones militares. A menudo añaden elementos mudéjares, y su construcción era bastante delicada; el mejor ejemplo es el de **Coca**.

CONSTRUCCIONES CIVILES Y DEL GÓTICO TARDÍO

El legado de la **arquitectura gótica civil** es también impresionante. Numerosas ciudades conservan una impronta medieval en su planificación y diseño, aunque muchas de las casas no sean originales. Por todo el país hay importantes mansiones en las ciudades, que a menudo lucen un escudo de armas en la fachada. **Cáceres**, en Extremadura, es quizás el lugar donde abundan más casas señoriales, aunque casi todas las demás localidades de su provincia destacan asimismo por su arquitectura vernácula de ésta y otras épocas posteriores. Las atarazanas (astilleros) de **Barcelona** datan del período gótico, al igual que varias zonas del Barri Gòtic, en el que hay algunos edificios municipales originales. En Barcelona está también la lonja, o casa de cambio, más antigua; otros ejemplos posteriores se encuentran en Valencia, Palma de Mallorca y Zaragoza.

La arquitectura del **gótico tardío** español es bastante espectacular, en parte debido a la influencia que a mediados del siglo XV ejercieron artistas alemanes y de los Países Bajos en España. Esto se nota en la ornamentación. **Burgos** y **Toledo** fueron los centros donde se desarrolló el estilo. Juan de Colonia ideó las soberbias agujas (o pináculos) de la catedral de Burgos, según el modelo de las de su ciudad natal, Colonia, que irónicamente sólo existieron en el papel hasta el siglo XIX. Su hijo Simón se encargó de hacer otras obras del mismo edificio, en especial la capilla del Condestable en el extremo este; trabajó también con su padre en la cartuja de Miraflores. Al mismo tiempo Anequín de Egas, de Bruselas, empezó una serie de añadidos a la catedral de Toledo.

Poco después el centro de atención se desplazó hacia **Valladolid** y fue evolucionando hasta llegar al florido estilo **isabelino**; éste alcanzó su punto álgido en las fachadas de San Pablo y el Colegio de San Gregorio. Se desconoce quién fue el autor de estas fachadas o de la de Santa María, en Aranda de Duero; se ha sugerido el nombre de Juan Guas, cuyas obras más conocidas son San Juan de los Reyes, en Toledo, la galería del castillo de **Manzanares el Real**, y quizás el Palacio del Infantado, en **Guadalajara**. En su mejor momento, el estilo isabelino combina algunos motivos árabes con otros habituales europeos, algo que según algunos críticos fue la única oportunidad de España de crear un estilo arquitectónico propio; sin embargo, no duró mucho. La reina Isabel (ahí el nombre) se sintió más atraída por lo italiano y fomentó el arte renacentista.

Hubo también una corriente hacia una forma gótica más pura. Juan Gil de Ontañón empezó a construir la catedral nueva de **Salamanca** y la de **Segovia** durante el siglo XVI. Pero fueron continuadas por su hijo Rodrigo. Juan de Álava también proyectó algunos monumentos en este estilo (San Esteban, en Salamanca, parte de la catedral de Plasencia y los claustros de Santiago). La **catedral de Segovia** muestra asimismo una unidad en su forma, algo poco habitual en España, y utiliza elementos góticos tradicionales rechazados por constructores anteriores.

EL RENACIMIENTO

Curiosamente, el **Renacimiento** se introdujo en España con la construcción del **Colegio de Santa Cruz** en Valladolid, a unos cientos de metros de dos fachadas isabelinas, de la misma época. El arquitecto fue Lorenzo Vázquez, pero a pesar de su importancia histórica ha permanecido en la sombra (más tarde construyó el palacio en La Calahorra, Andalucía). Se tiene mucha más información sobre Enrique de Egas, que proyectó los hospitales de Toledo (Santa Cruz), Granada y Santiago; también trabajó en un estilo gótico tardío, como puede comprobarse en la capilla Real de Granada y su diseño para la catedral adjunta. El estilo de la arquitectura renacentista española más primitiva se denomina **plateresco**, debido a la profusión de tallas que parecen obra de plateros. El término se aplica en la actualidad de manera imprecisa, pero se relaciona sobre todo con **Salamanca**, donde se construyó con una piedra muy delicada de tono rosado. La obra maestra de este estilo es la fachada de la **Universidad**, en la que en lugar de las irregulares tallas de Valladolid (pertenecientes a una generación anterior) todo es orden y simetría. Los motivos utilizados en las tallas platerescas italianizantes: figuras en medallones, *putti* (amorcillos o

cupidos), candelabros, guirnaldas de flores y frutos, volutas y escudos de armas. Se desconoce con exactitud quién fue el autor de la fachada de la universidad; pero hay un arquitecto plateresco, **Alonso de Covarrubias**, cuya trayectoria puede seguirse. Construyó la capilla de los Reyes Nuevos en la catedral de Toledo, parte del Alcázar y tal vez el Hospital de Tavera, en la misma ciudad; trabajó en la catedral de Sigüenza, sobre todo en la extraordinaria sacristía. La fachada de la Universidad de Alcalá de Henares es una obra maestra plateresca más austera realizada por Rodrigo Gil de Ontañón; otros monumentos importantes son San Marcos de León, de Juan de Badajoz, y el Hospital del Rey, cerca de Burgos.

El **Alto Renacimiento**, por lo contrario, se centró en **Andalucía**, la zona del país más falta de arquitectura cristiana tras la Reconquista y la marcha de los árabes. Destaca el **Palacio de Carlos V** en Granada, situado de manera incongruente en La Alhambra; no obstante, se trata de una pieza arquitectónica bastante bella. Llama la atención su patio redondo y además es el único edificio que queda de Pedro Machuca. En cuanto a las iglesias, el arquitecto más conocido del Renacimiento andaluz en este campo fue Diego de Siloé, que empezó su carrera como escultor en Burgos, trabajando con su padre, Gil, y construyó la maravillosa Escalera Dorada plateresca de aquella catedral. Cursó estudios en Italia, trabajó como arquitecto, ideó la extraordinaria ala este de la catedral de Granada, proyectó la catedral de Guadix y El Salvador de Úbeda. Esta última fue finalmente realizada por su discípulo, Andrés de Vandelvira, cuya obra principal es la monumental catedral de Jaén. Todos estos edificios muestran una gran influencia clásica.

El arquitecto renacentista español más austero, puro y extraordinario fue **Juan de Herrera**, que sucedió a Juan Bautista de Toledo como arquitecto de **El Escorial**, obra a la que se dedicó en cuerpo y alma. Para muchos este gran edificio es sobrio en exceso, sobre todo si se tiene en cuenta la importancia de la ornamentación en la mayoría de los edificios del país. Pero sin duda El Escorial tiene una grandeza única, e ilustra la tendencia española de llevar cualquier estilo a sus extremos. Otro edificio importante de Herrera es la **catedral de Valladolid**, aunque sólo se llegó a construir la mitad, y parte de ella después de Herrera. Por ello tal vez parezca fría y sobria, aunque el modelo para el edificio completo muestra lo proporcionado, armonioso y majestuoso que podría haber sido si se hubiera acabado.

EL BARROCO

Durante un tiempo, el estilo de Herrera fue bastante imitado, y los primeros edificios **barrocos** fueron comedidos; un ejemplo de ello es la **plaza Mayor** de Madrid, de principios del siglo XVII y obra de Juan Gómez de Mora. En el este, la influencia napolitana iba en ascenso, y llevó a la edificación de numerosas iglesias. Sin embargo, esta primera fase dio paso enseguida a un estilo exuberante y alegre, quizá la contribución más singular de España a la arquitectura europea: el estilo **churrigueresco**, que debe su nombre a la familia de arquitectos Churriguera, con quienes se relaciona este estilo. Irónicamente, sus obras estaban menos ornamentadas que la de muchos de sus sucesores. También son autores de **retablos**, tan hermosos como otros posteriores y tan grandes que pueden considerarse auténticas piezas de arquitectura. Por lo general eran de madera tallada, pintados y dorados, con columnas salomónicas, poblados de santos en actitud visionaria o extática y procesiones de ángeles. Había retablos de esta clase en las iglesias de toda España, aunque a menudo eran imitadores mucho más toscos; esto levantó la ira de muchos protestantes, que utilizaron el término «churrigueresco» para referirse al mal gusto. De hecho, aún es un término peyorativo, si bien los Churriguera crearon varias obras maestras.

José, el hermano mayor, proyectó una ciudad en **Nuevo Baztán**, cerca de Madrid. Alberto, el menor y con más talento, ideó la **plaza Mayor** de Salamanca en colaboración con Andrés García de Quiñones; se trata de un soberbio ejemplo de planificación urbana integrada de manera armoniosa con los edificios más antiguos de la ciudad. Sus laterales abiertos están animados con esculturas, mientras que la fachada del ayuntamiento constituye el punto central del lado norte.

Las obras contemporáneas a las de los Churriguera eran más recargadas, imitaban con frecuencia la forma de los retablos en sus pórticos; quizás el mejor ejemplo es el **Hospicio de San Fernando** en Madrid, de Pedro de Ribera. Otra nueva característica arquitectónica fue la transparencia: un lujoso retablo se ilumina desde arriba por una ventana abierta en la bóveda, lo que proporciona un efecto teatral. El ejemplo más fa-

moso es el de la **catedral de Toledo**, de Narciso Tomé, toda una obra de ilusionismo cuando penetran los rayos del sol, aunque está situado en un entorno disonante.

El estilo barroco se utilizó también al hacer añadidos a algunos edificios, lo que puede verse en toda España. En algunos monumentos mezcla, de estilos barroco y medieval, como en la fachada del Obradoiro (mediados del siglo XVIII), de la **catedral de Santiago**, obra de Fernando Casas y Novoa, aunque se tardó casi 1 siglo en armonizar ambos. No obstante, es una pena que desapareciera el exterior románico, sobre todo porque parte del añadido es mediocre, si bien la fachada se considera una de las creaciones más completas de la arquitectura y el triunfo final del barroco español. Otro éxito en esta línea son las torres de las catedrales de Burgo de Osma, Santo Domingo de la Calzada y Murcia, que no desentonan con los estilos de los edificios y aportan un toque interesante. Sin embargo, en otros casos los añadidos fueron desacertados; de hecho, la mayoría de los constructores barrocos de entonces prestaron poca atención a la escala, estilo y materiales de la obra previa, e incluso cuando cada una por separado es una obra de arte, juntas chirrían.

Debido a la tendencia de arreglar edificios antiguos sólo se construyó una catedral barroca completa, la de **Cádiz**. Tampoco hay muchos monasterios barrocos notables, aunque se edificaron algunas cartujas, como la de **Granada**, más extremada a medida que avanzaban las obras, hasta culminar en un tremendo sagrario de Francisco Hurtado Izquierdo. El barroco español nunca fue el estilo favorito de la Corte, donde se prefería los modelos italiano y francés; de hecho, de estos países llegaron arquitectos y decoradores para construir los palacios de los Borbones de Aranjuez, La Granja de San Ildefonso y Madrid, que sobresalen entre las construcciones españolas de la época. Filippo Juvara, el famoso arquitecto de Turín, fue llamado a España 2 años antes de morir para diseñar el jardín principal de La Granja y el trazado urbano de Madrid, aunque ambos fueron llevados a cabo por su discípulo Giovanni Battista Sachetti.

NEOCLASICISMO

Con el tiempo, el gusto de la Corte se decantó hacia el **Neoclasicismo**, reforzado por el establecimiento de las academias a mediados de siglo; el estilo arquitectónico se hizo pesado y monumental en su escala. La figura dominante fue **Ventura Rodríguez**, que construyó una lujosa iglesia agustina en **Valladolid** y terminó la **basílica del Pilar** de Zaragoza, un edificio colosal con elementos pertenecientes a varios estilos que sobresale más por su magnitud que por otra característica. Pero el talento de Ventura Rodríguez no se utilizó de la mejor forma; de hecho, la fachada de la **catedral de Pamplona** estaría muy bien en un banco pero es poco adecuada para un edificio religioso; asimismo su sencilla e inclasificable iglesia de **Santo Domingo de Silos** desentona con el enorme claustro. Otro importante arquitecto neoclásico fue **Juan de Villanueva**, que construyó el **Prado** (en realidad como museo de historia natural) y las dos **casitas** de El Escorial. A partir de ahí empiezan a escasear los edificios de importancia. El lento proceso de cambio industrial y social contribuyó a que no se plasmara en el aspecto arquitectónico la prosperidad que se encontraba por todo el norte de Europa, por ejemplo. Aparecieron muchos estilos imitativos, pero sólo a pequeña escala. El **neogótico** no fue muy importante; de hecho, las catedrales construidas en este estilo, en **San Sebastián** y **Vitoria**, no son muy notables; la obra más satisfactoria fue tal vez la terminación de la **catedral de Barcelona**, que se realizó según el proyecto del siglo XV.

EL MODERNISMO

Barcelona constituye el único punto interesante en la arquitectura española de los 2 últimos siglos, lo que demuestra que el legado catalán es diferente. El último cuarto del siglo XIX fue una época turbulenta, hecho que se refleja en el movimiento arquitectónico **modernista**, que creó una serie de edificios hasta bien entrado el siglo actual.

Destaca sobre todo **Antoni Gaudí**, uno de los artistas más importantes de la época, no sólo se dedicó a la arquitectura, sino también a la escultura y el diseño interior, incluida la iluminación. Gaudí se inspiró en la arquitectura árabe y gótica, que consideraba el mejor estilo europeo. Del primero tomó torres, efectos *trompe l'oeil*, cerámicas, cornisas, dragones y el uso del agua, que utilizó, al igual que los elementos góticos, de forma libre y fantástica. En su obra se nota la gran influencia de la naturaleza: árboles, rocas, animales, pájaros, formas erosionadas y orgánicas, aparecen combinados de forma curiosa y novedosa. Algunos de sus proyectos eran muy

ambiciosos. De hecho, trabajó unos 40 años en la **Sagrada Família**, si bien sólo pudo construir una pequeña parte. El **parc Güell** era un proyecto de ciudad residencial, aunque fue un fracaso comercial; luego se convirtió en un parque público. Además, en Barcelona, Astorga, León y Comillas se llevaron a cabo otros proyectos menos grandiosos.

Pero hay también otros arquitectos de la época, como Lluís Domènech i Montaner, que construyó el suntuoso Palau de la Música de Barcelona, y que junto a Juan Martorell proyectó edificios en Comillas. No obstante, no tenían un estilo tan personal como Gaudí.

LA ARQUITECTURA MODERNA

Después del Modernismo, es mejor pasar por alto la mayor parte de la **arquitectura moderna** española. Las construcciones de la malograda Feria de las Américas de Sevilla (1929) tienen cierto encanto, pero ningún edificio público de los que se construyeron en Madrid antes y después de la Guerra Civil destaca demasiado. Durante los últimos 30 años se ha estropeado gran parte del paisaje costero, sobre todo en el sur y el este, debido a la especulación y el turismo. Además, muchas grandes ciudades han perdido su antiguo encanto para dar paso a zonas modernas; ejemplo de ello son Valladolid y Zaragoza.

El **Valle de los Caídos**, que mandó hacer Franco sirviéndose de prisioneros republicanos, alberga la tumba del dictador. Se trata de un ejemplo del tipo de construcción que favoreció la dictadura. Más atractivo es el proyecto de terminar la **Sagrada Família** de Gaudí, que tal vez se prolongue más de 1 siglo. En el futuro se verá si tan monumental obra sigue la línea de Gaudí o se añaden innovaciones. Lamentablemente el proyecto de terminar la **catedral de Madrid** ha sido decepcionante. A la cripta neorrománica de finales del siglo XIX se le ha añadido una mezcla deslucida de neogótico y neoclásico; el resultado no es muy interesante.

Sólo en Cataluña se ha mantenido viva la arquitectura moderna; prueba de ello son las obras de arquitectos como Oriol Bohigas, Ricard Bofill y Federico Correa. Tras la muerte de Franco, las autonomías propiciaron nuevas construcciones sin depender tanto del Gobierno central. La gran oportunidad de Barcelona fueron los Juegos Olímpicos. Llegó por fin la ocasión para renovar su imagen y se iniciaron una serie de proyectos que han cambiado el aspecto de la ciudad. Pero Sevilla y Madrid no se han quedado atrás (ni tampoco Bilbao, con su espectacular Museo Guggenheim, un proyecto del estadounidense Frank O'Gehry), ya que en los últimos años se han construido algunos edificios notables considerados punteros en la arquitectura europea. Entre los más notables de la última década, destacan: el aeropuerto de Bilbao y puentes en Sevilla y Barcelona, obras de Santiago Calatrava; a Rafael Moneo, se debe la estación de Atocha y el Museo Thyssen Bornemisza (ambos en Madrid), el aeropuerto de Sevilla y el Museo Romano de Mérida; la Villa Olímpica de Barcelona fue un proyecto de Mackay, Bohigas y Martorell; la estación de Santa Justa (Sevilla), de Kruz y Ortiz; el aeropuerto de Barcelona y el Teatre Nacional de Catalunya (Barcelona) de Bofill; el cementerio de Igualada (Cataluña), de Miralles y Pinos; la Rambla del Mar y el Maremàgnum (Port Vell, Barcelona) de Vilaplana y Piñón; el estadio de Huelva, de Miralles; y la Caja de Madrid (Majadahonda, Madrid), de Junquera y Pérez-Pita.

Lejos de las grandes ciudades, la mayoría de las pequeñas poblaciones han quedado al margen de los proyectos de construcción de modernos edificios, y mantienen su encanto. Desde la instauración de la democracia en el país hay una auténtica preocupación por conservar el patrimonio arquitectónico y artístico, algo que no sucedía en el pasado; por ello se están llevando a cabo numerosas obras de restauración. Los grandes monumentos españoles siguen en su sitio, pero aún quedan muchas joyas interesantes por descubrir entre el paisaje del país, ya sean sencillos pueblos agrícolas, o localidades como Santillana del Mar y Covarrubias, o ciudades importantes en el pasado como Toledo, Segovia, Salamanca y Santiago.

LA PINTURA ESPAÑOLA

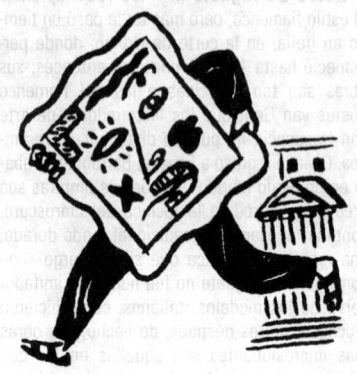

Desde la Edad Media hasta la actualidad, la historia de la pintura española está llena de altibajos, en lugar de seguir una línea de continuo desarrollo artístico; ha dado al país grandes artistas, como: El Greco, Velázquez, Goya y Picasso. No obstante, la influencia de corrientes artísticas europeas siempre ha sido importante, aunque con resultados diversos. Sin embargo, en sus mejores momentos, la pintura española puede compararse con la de cualquier otro país, sobre todo en su intensidad: las grandes obras maestras del arte español tienen un poder pocas veces igualado.

LOS INICIOS

Los primeros ejemplos de esta intensidad se encuentran en los **manuscritos iluminados** y las **pinturas murales** de los siglos XI y XII. Destacan las numerosas versiones de la obra de Beato de Liébana, *Comentarios sobre el Apocalipsis*, cuyo texto original, escrito en el siglo VIII por un monje español, inspiró una serie de versiones que ilustran el texto con miniaturas de vivos colores. Estos libros están diseminados en bibliotecas de todo el mundo, pero aún quedan varios en España, entre ellos los de Girona y de Burgo de Osma, ambos extraordinarios.

Los grandes murales decorativos de las iglesias de los pueblos son también característicos del período, sobre todo en Cataluña, aunque en su mayor parte no se encuentran in situ. Muchos fueron salvados a principios del siglo XX, a tiempo de evitar su deterioro total y se trasladaron a museos; el Museu Nacional d'Art de Catalunya, en Barcelona, tiene la colección más importante. Llaman la atención las obras del llamado **maestro de Taüll**, cuya decoración del ábside de la iglesia de San Clemente combina una hierática composición bizantina con vivos colores y fuertes trazados de ilustradores de manuscritos. Su sencillez y monumentalidad parecen adelantarse en cierto modo al mejor arte moderno.

Otros dos grandes pintores también trabajaron en el pueblo de Taüll en la década de 1120; según los historiadores del arte, el **maestro de Maderuelo** y el **maestro del Juicio Final**. Asimismo destaca el **maestro de Pedret**, que añadió a sus pinturas escenas de la vida cotidiana y la naturaleza.

Los talleres catalanes produjeron además frontales de madera policromada, a menudo basados en la figura central de un santo rodeado de escenas de su vida. Con el tiempo, este estilo se desarrolló en los grandes retablos del altar mayor, una característica típica durante siglos de las iglesias españolas. Los frescos más notables fuera de Cataluña son los del panteón de los Reyes en San Isidoro de León, que datan de la segunda mitad del siglo XII y muestran un estilo más refinado, quizás influido por modelos franceses.

LA ESCUELA CATALANA

Durante el período gótico continuó la supremacía de Cataluña, en la pintura; su único rival era Valencia. La figura principal de la escuela gótica es **Ferrer Bassa** (h. 1285-1348), pintor de la corte de Pedro IV de la Corona de Aragón e ilustrador de manuscritos. Lamentablemente la única obra que queda de él pertenece a su última etapa artística: una serie de murales que se hallan en el convento de Pedralbes de Barcelona. Son delicados, notables por su colorido y su calidad descriptiva, así como por su sentido del movimiento y la habilidad en el dibujo; muestran una clara influencia de la escuela de Siena aunque son más libres y menos refinados. Quizá Bassa recibió también influencia de Giotto y la escuela florentina, corrientes italianas que se encuentran asimismo en los seguidores del artista, además de algunos rasgos franceses.

Los nombres más notables de la escuela fueron los de **Jaume Serra** (m. 1395), su hermano, **Pere Serra** (m. 1408), **Ramón Destorrents**

(1346-1391), **Luis Borrassa** (m. 1424) y **Ramón de Mur** (m. 1435). **Bernat Martorell** (m. 1452) es tal vez el más interesante del grupo, un notable dibujante que trabajó sobre todo en la expresión de los rostros. **Lluís Dalmau** (m. 1460) recibió la influencia de los pintores flamencos contemporáneos, en especial de Jan van Eyck. **Jaume Huguet** (h. 1414-1492) combinó este nuevo realismo con las formas tradicionales de la escuela catalana y, en consecuencia, puede ser considerado como un representante del estilo gótico internacional en la pintura.

LA ESCUELA VALENCIANA

La escuela valenciana estuvo más influida por la corriente italiana, aunque uno de sus principales pintores, **Andrés Marzal de Sax** (m. 1410) tal vez era de origen alemán. Destacan también **Pedro Nicolau** (m. 1410), **Jaime Baco** («Jacomart» m. 1461), **Juan Rexach** (1431-1492) y **Rodrigo de Osona** (m. 1510), este último con influencias renacentistas. No obstante el mejor fue **Bartolomé Bermejo** (m. 1495-1498), nacido en Córdoba, si bien trabajó en Valencia y Barcelona. Al parecer, tuvo una carrera bastante larga, pero sólo quedan unas cuantas obras de gran calidad. Sus primeras pinturas son suntuosas; ejemplo de ello es *Santo Domingo de Silos* (Prado). Sus últimas pinturas, en especial la *Pietà* (catedral de Barcelona), son más complejas, ya que muestran un sentido del misterio, e influencias francesa y flamenca que marcan la introducción de la pintura al óleo en España.

LA ESCUELA CASTELLANA

En Castilla predominaron los artistas de origen extranjero: **Deillo Delli** (Nicolás Florentino; m. 1470) en Salamanca; **Nicolás Francés** (1425-1468), en León; **Jorge Inglés** (fechas desconocidas), en Valladolid; y **Juan de Flandes** (m. 1514), en Salamanca y Valencia. Este último llegó a ser pintor de la corte de Isabel la Católica e introdujo el sentido renacentista del espacio, junto con el hermoso modelado y el colorido típico de la escuela flamenca. Sin embargo, en Ávila había una escuela local; hacia finales del siglo XV empezaron a destacar artistas del país, como **Fernando Gallego** (h. 1440-1507), que trabajó en Zamora y Extremadura. Si se miran de manera superficial, sus pinturas parecen bastante influidas por las flamencas; pero su exagerado sentido del drama, que se manifiesta en las expresiones distorsionadas, extrañas posturas y movimientos inacabados, se aleja mucho de tales modelos. No obstante, las ropas están bien dibujadas y a menudo hay un paisaje de fondo.

Pedro Berruguete (h. 1450-1504) aprendió el estilo flamenco, pero más tarde pasó un tiempo en Italia, en la corte de Urbino, donde permaneció hasta 1482. A partir de entonces, sus obras son tan parecidas a las del flamenco Justus van Gent que los historiadores de arte con frecuencia no pueden distinguir entre ambos. Cuando regresó a España, Berruguete trabajó en un estilo híbrido; aunque sus pinturas son precisas e introdujo la técnica del claroscuro, continuó utilizando el tradicional fondo dorado, una mezcla anacrónica que sin embargo supo conseguir. Berruguete no fue nunca un imitador servil de los modelos italianos, como hicieron muchos pintores después; de hecho, sus obras más impresionantes son aquellas en las que aparece una multitud, en las que se ven diferencias entre los numerosos personajes y sus actitudes. **Alonso Berruguete** (1486-1561), su hijo, también estuvo en Italia, y sus cuadros son de estilo manierista, con fuerte trazado y colores chillones. Sus obras como escultor son más significativas, irregulares en calidad pero a menudo inspiradas con imágenes poderosas y muy personales. Fue el artista español más distinguido del Renacimiento.

EL FINAL DEL RENACIMIENTO

Con frecuencia la calidad del arte italiano quedaba diluida en España: aquí no atraían ni los desnudos ni los temas mitológicos, ambos de crucial importancia en Italia, y apenas hay un ejemplo de alguno de ellos. No obstante, sí se produjo una dulcificación de los modelos religiosos. En Valencia, **Fernando Yáñez** (m. 1531) y su colaborador **Fernando de los Llanos** adoptaron esta faceta del arte de Leonardo da Vinci, mientras que a **Juan Vicente Masip** (h. 1475-1550) y su hijo, de igual nombre, conocido como **Juan de Juanes** (1523-1579), les atrajo más Rafael; pero con el tiempo sus obras llegaron a ser demasiado edulcoradas.

Sevilla tuvo también una escuela de pintores, que empieza con **Alejo Fernández** (m. 1543); a pesar de que no imitaban tanto a los italianos como hacían los valencianos, no consiguieron que de allí saliera un artista de primera fila. El extremeño **Luis Morales** (h. 1509-1586) es más notable; la gente lo reverenciaba, y le llamaba

«El Divino». Pero nunca fue el favorito de los poderosos, y por ello la mayor parte de su obra aún sigue en las iglesias de algunos pueblos. Destaca por sus temas como la Virgen con el Niño, del que hizo varias pinturas con variaciones. Manierista en cuanto a la perspectiva, su dibujo es bastante rígido y los colores a menudo fríos; pero en sus cuadros se nota un genuino sentimiento religioso.

Irónicamente fue un extranjero, Doménicos Theotocopoulos (1540-1614), más conocido como El Greco, quien forjó un arte impresionante y español en esencia a finales del Renacimiento. Llegó a Toledo en 1575 desde su nativa Creta a través de Italia. Al parecer, esperaba conseguir el favor de la Corte, en concreto para la decoración de El Escorial, pero pronto se decepcionó y pasó el resto de su vida pintando retratos de la nobleza, junto con una serie de obras religiosas para las numerosas iglesias y monasterios de la capital eclesiástica española. Fue hábil en los estilos bizantino y veneciano, y se inspiró en ambos para crear un arte idiosincrático que encajaba con la sociedad española de la época. Entre los rasgos distintivos de su estilo destacan los rostros y cuerpos alargados, junto con un sentido de éxtasis espiritual que proporciona un fuerte sentimiento de unión entre lo divino y lo terrenal. La habilidad de El Greco para los retratos queda patente no sólo en sus pinturas sobre temas de la vida real, sino también en los históricos; esto último se ve con claridad en la serie de los Apóstoles que le encargaron. Su obra maestra, *El entierro del Conde de Orgaz* (Santo Tomás de Toledo), muestra todas las facetas de su genio en un solo lienzo. Más tarde, el estilo de El Greco evolucionó hacia la abstracción, con una libertad en sus pinceladas que se adelanta a muchos movimientos posteriores en la historia del arte. Lamentablemente, aunque mantuvo un floreciente estudio que produjo muchas réplicas, ninguno de sus seguidores llegó a ser tan brillante como él. El más talentoso fue **Luis Tristán** (1586-1624), cuya obra es bastante desigual.

En la corte, el holandés **Antonio Moro** (1517-1576) fundó una escuela de retrato; hacía hincapié en las expresiones del rostro y daba mucha importancia a la ropa y las joyas, estilo que fue seguido por dos artistas españoles, **Alonso Sánchez Coello** (1531-1588) y **Juan Pantoja de la Cruz** (1553-1608). En El Escorial, se contrató sobre todo a pintores manieristas italianos menores en lugar de artistas locales, con la excepción del sordomudo **Juan Navarrete** (1526-1579).

En Valencia, **Francisco Ribalta** (1565-1628) empezó trabajando en un estilo similar al manierismo, pero pronto recibió influencia de Caravaggio, e introdujo el naturalismo y los fuertes contrastes de luz relacionados con el tenebrismo en España. Fue seguido por un pintor aún más significativo, **José de Ribera** (1591-1652), que pasó casi toda su carrera en Nápoles bajo la protección de los virreyes españoles, que enviaron muchas de su obras de vuelta a su tierra natal. Tuvo dos períodos diferentes: al principio de su carrera utilizó bastante el claroscuro, así como pinceladas pequeñas y espesas; más tarde los colores de su paleta empezaron a ser más claros. Le interesaba la dignidad del ser humano; por eso ya pintara antiguos filósofos en contemplación, santos o mártires resignados a su destino, la luz se concentraba sobre el personaje. Quizá sus temas parezcan a veces horribles, pero responden al espíritu de la época. Durante mucho tiempo no gozó de las simpatías de la crítica, pero Ribera está considerado en la actualidad uno de los mejores artistas del Barroco europeo.

EL SIGLO XVII

A principios del siglo XVII Sevilla y Madrid sustituyeron a Valencia y Toledo y se convirtieron en los principales centros artísticos de España. **Francisco Pacheco** (1564-1654) fue la figura más importante de la escuela sevillana, aunque hoy en día su obra como teórico es más significativa que sus cuadros. Se aproximó al naturalismo como reacción contra el manierismo; también siguieron esta línea **Francisco Herrera** (h. 1590-1656) y su hijo (llamado como él, 1622-1685), que evolucionó hacia una pintura cada vez más ampulosa.

No obstante, por encima de todos destaca el yerno de Pacheco, **Diego Velázquez** (1599-1660). Este artista tenía un excelente dominio de la técnica; de hecho, sus escenas de la vida sevillana (que pintó cuando era adolescente) son de una calidad naturalista tal que parecen una fotografía. En contraste con otros pintores contemporáneos españoles, Velázquez fue lento y meticuloso; a lo largo de su carrera pintó menos de 200 obras, de las que quedan unas 120, casi la mitad de ellas en El Prado.

En 1623 se fue a Madrid para trabajar en la

Corte, cargo que conservó el resto de su vida. Además de los numerosos retratos reales, inmortalizó a los bufones y enanos de palacio, dándoles una gran dignidad. En *La Rendición de Breda* revolucionó la historia de la pintura, al eliminar los matices sobrenaturales. Sus obras maestras, *Las Hilanderas* y *Las Meninas*, datan del período final de su vida; destacan por la forma en que inmortaliza los momentos fugaces, además de por su dominio absoluto de la técnica, sobre todo de la perspectiva aérea.

Juan Bautista del Mazo (h. 1615-1667) yerno y ayudante de Velázquez, imitó su estilo; era tan adepto que a menudo resulta difícil diferenciar entre las obras originales y las copias. Su obra, sin embargo, es de inferior calidad. **Juan Carreño de Miranda** (1614-1685) también siguió muy de cerca a Velázquez en su estilo retratista, y fue bastante activo como pintor de temas religiosos, campo casi abandonado por Velázquez en su madurez.

En Sevilla, sobresalió **Francisco de Zurbarán** (1598-1664), más conocido como ilustrador de la vida monástica de la época. Pintó principalmente para las órdenes más austeras, como los cartujos y los jerónimos; en muchos de sus retratos de santos los modelos eran auténticos monjes, algunos de ellos figuras sencillas de una calidad casi escultural. La paleta de Zurbarán fue brillante y sus efectos luminosos son más sutiles que dramáticos; se trata de uno de los mejores pintores de naturaleza muerta, que aparecen con frecuencia en sus lienzos mayores, además de en algunas composiciones independientes. Un ejemplo completo de uno de sus proyectos decorativos aún existe en Guadalupe, aunque sus últimas obras muestran a veces un descenso en la calidad; para pagar sus deudas tuvo que producir un gran número de obras destinadas a fundaciones religiosas de América del Sur.

Asimismo, Zurbarán dulcificó su estilo para competir con un joven contemporáneo de gran éxito, **Bartolomé Esteban Murillo** (1618-1682), que pasó toda su vida en Sevilla. La luz de sus pinturas y el estilo despejado, respondía al espíritu de la Contrarreforma, y por ello tuvo un gran impacto en la imaginería católica. Su versión de temas tales como la Inmaculada Concepción, La Virgen con el Niño y el Buen Pastor, se convirtieron en norma en cuanto a retratos del dogma tradicional. Sus escenas de la vida cotidiana, como los pilluelos y retratos al estilo de Van Dyck, le proporcionaron mucha popularidad en el norte de Europa; de hecho, durante mucho tiempo fue considerado uno de los mejores artistas de su época. En el siglo XIX, la crítica lo tuvo menos en cuenta, aunque en los últimos años esto ha cambiado. Para el gusto moderno, sus temas pueden parecer empalagosos, pero Murillo pintaba con gran belleza y con su pincel contaba historias interesantes. Sus últimas obras tuvieron un gran éxito; en ellas utilizó la técnica del vaporoso, de pinceladas delicadas y formas difusas; sin duda influyó bastante en movimientos pictóricos posteriores, tanto en España como en Francia e Inglaterra.

En total contraste con Murillo, **Juan Valdés Leal** (1622-1690) prefirió el lado más macabro del Barroco. Su obra fue de calidad muy irregular; destacan sus pinturas del Hospital de la Caridad de Sevilla. **Alonso Cano** (1601-1667) fue el principal pintor de Granada, así como un activo arquitecto y escultor. Llevó una vida bastante disoluta, y varias veces cambió de manera abrupta su estilo de trabajo. Quizá sus mejores cuadros correspondan a las obras religiosas, maduras y de colores pálidos, que revelan influencias de Van Dyck y Velázquez.

Numerosos artistas pueden agruparse en la **escuela de Madrid**. Uno de los primeros fue **Vicente Carducho** (1576-1638), nacido en Florencia, que pintó obras en gran escala con colores sombríos para los cartujos y otras órdenes. **Fra Juan Rizi** (1600-1681) ilustró la vida monástica contemporánea de forma diferente y menos mística que Zurbarán. Su hermano, **Francisco Rizi** (1614-1685), pintó lienzos con pompa barroca. **Fra Juan Bautista Maino** (1578-1649) recibió más influencias de los aspectos clásicos del arte del siglo XVII; es autor de algunos cuadros de tema religioso e histórico con intenso colorido, pero con poco interés en los efectos luminosos. **Juan de Arellano** (1614-1676) y **Bartolomé Pérez** (1634-1693) trabajaron principalmente con paisajes y obras históricas religiosas, mientras que **José Antolínez** (1615-1675) fue conocido por sus versiones de la Inmaculada Concepción. **Mateo Cerezo** (1626-1666) pintó lienzos religiosos con influencia de las obras de Tiziano y Van Dyck de las colecciones reales. La última gran figura fue tal vez la más lograda: **Claudio Coello** (1642-1693), maestro en el estilo decorativo en gran escala; utilizó técnicas de ilusión espacial y arreglos de las figuras muy complicados. Su obra de El Escorial muestra su estilo en el mejor momento.

LOS SIGLOS XVIII Y XIX

El final del siglo XVII y la primera mitad del XVIII no es un gran período en la historia de la pintura española; incluso los artistas franceses e italianos que llegaron a la corte de los Borbones no destacaron demasiado. Pero sí merece mención especial **Luis Meléndez** (1716-1780), maestro en las naturalezas muertas. **Anton Raphael Mengs** (1728-1779) llegó a España procedente de Bohemia en 1761 como pintor de la Corte; adoptó un estilo neoclásico académico, sobre todo en los retratos. Su ayudante, **Francisco Bayeu** (1734-1795) fue un prolífico pintor de frescos para mecenas reales y eclesiásticos; también hacía trabajos para la Real Fábrica de Tapices, así como su hermano, **Ramón Bayeu** (1746-1793), aunque éste consiguió resultados de menor categoría.

Sin embargo, el cuñado de los Bayeu, **Francisco de Goya** (1746-1828) fue el mejor artista de la época. Su producción fue prolífica y la variedad de sus temas y estilo tan amplio que resulta difícil creer que un solo hombre pudiera hacer tantas obras. Curiosamente, no fue un prodigio de precocidad. A los 20 años era un competente pintor de murales religiosos; de hecho, sus obras de Zaragoza y la cartuja Aula Dei ya eran entonces superiores a las de sus contemporáneos. Tras irse a Madrid, trabajó durante muchos años como cartonista de la Real Fábrica de Tapices, aunque con su desenvoltura de invención consiguió dar una impronta especial a temas bastante frívolos, lo que le permitió entrar en los círculos de la Corte. Después, se convirtió en el retratista de moda; destacó por su realismo, ya que evitaba la adulación. A principios de la década de 1790 sufrió una grave enfermedad que le dejó sordo y le condujo a crear un arte más amargo y sarcástico; su estilo cada vez más fantástico tal vez estaba influido por su interés hacia la brujería. El resultado fue numerosas pinturas y dos series de aguafuertes: *Los Caprichos* y, más tarde, *Los Disparates*. Los maravillosos frescos de San Antonio de la Florida, en Madrid, son una excepción, una de sus creaciones más hermosas que muestran una notable representación de diversos tipos sociales de la época. La guerra de la Independencia acabó de amargar a Goya, como se observa en *La lucha con los mamelucos* y *Los fusilamientos en la montaña del Príncipe Pío*, así como en los grabados *Los desastres de la guerra*. Las últimas pinturas son quizá las más notables, en especial las referentes a los toros, en las que muestra una extraordinaria percepción visual, cuya exactitud sólo pudo comprobarse con el desarrollo de la técnica de la cámara lenta. Finalmente pintó la serie «pinturas negras» en las paredes de su propia casa, la Quinta del Sordo, que en la actualidad se exponen en el Museo del Prado.

Entre los contemporáneos de Goya, destacan **Luis Paret y Alcázar** (1746-1799), que pintó escenas rococó por influencia francesa e italiana, y **Vicente López** (1772-1850), retratista académico en la línea de Mengs, cuyo austero retrato de Goya se encuentra en el Prado. El artista más cercano en estilo a Goya fue **Eugenio Lucas** (1824-1870), que plasmó su interés por las escenas de toros y la Inquisición, pero consiguió pocos avances estilísticos. Por lo demás, la mayor parte del siglo XIX fue bastante estéril en el aspecto pictórico; hubo imitaciones principalmente de modelos franceses, pero con al menos 20 años de atraso. Tal vez el artista dotado fue **Mariano Fortuny** (1838-1874), que se especializó en lienzos pequeños, a menudo de temas exóticos. Otros artistas son **Darío de Regoyos y Valdés** (1857-1913), lo más cercano al impresionismo en la España de entonces; **Joaquín Sorolla** (1863-1923), notable por sus escenas de playa, e **Ignacio Zuloaga** (1870-1945), que pintó retratos sobre fondo de paisajes, que destacan por su uso de la luz.

EL SIGLO XX

Al igual que en la arquitectura, hacia finales del siglo XIX Cataluña destacó en la pintura. **Isidro Nonell** (1873-1911) fue más conocido como pintor naturalista.

Como contraste, **José María Sert** (1874-1945) alcanzó su mejor momento con la pintura de decoraciones murales a gran escala, sobre todo en los intensos frescos en tonos gris y sepia que pintó en la catedral de Vic, que sustituían a dos series anteriores.

Aunque nacido en Málaga, **Pablo Picasso** (1881-1973), la figura predominante del arte del siglo XX, se formó en Barcelona; consiguió una gran maestría técnica a una edad temprana, y creó muchas obras figurativas antes de los 20 años. En 1900 visitó París por primera vez, donde recibió influencia de Toulouse-Lautrec, que marcó su etapa Azul (1901-1904), durante la cual pintó a muchas víctimas de la sociedad en París y Barcelona. La etapa Rosa (1904-1906) fue

quizá la fase más «española» de Picasso (aunque entonces vivía en París). Actores, payasos y modelos aparecen entre sus modelos, y su interés se centró en la obra de El Greco y la antigua escultura íbera. La etapa Negra (1907-1909) marcó la ruptura con la formas tradicionales, como se pone de manifiesto en su obra clave *Les demoiselles d'Avignon*. Más tarde Picasso volvería a la pintura figurativa durante un corto período en la década de 1920, pero a partir de 1910 desarrolló el cubismo junto con el francés Georges Braque. El cubismo analítico de la primera fase se centraba en la forma; de hecho, representaban objetos vistos desde diferentes ángulos al mismo tiempo. Le siguió el cubismo sintético, que mostró más interés por el color. Durante un tiempo, entre 1920-1930, Picasso combinó cubismo y surrealismo, y experimentó con la figura humana, algo que se plasmó tiempo después como una pintura de protesta en el *Guernica*, un grito de desesperación tras el bombardeo de Guernica durante la Guerra Civil española. Picasso fue muy prolífico; sólo en 1969 pintó casi tantos cuadros como Velázquez durante toda su vida, entre ellos las variaciones de la serie *Las Meninas*.

Otro cubista fue **Juan Gris** (1887-1927), que utilizaba colores vivos y formas más suaves que otros miembros del grupo. En el **surrealismo**, destacan dos catalanes, **Joan Miró** (1893-1983) y **Salvador Dalí** (1904-1989). Miró creó las obras más poéticas y caprichosas del movimiento, que muestran un placer infantil por colores y formas; desarrolló un lenguaje muy personal más libre en la forma y decorativo que el de otros surrealistas. Una de sus técnicas favoritas durante la década de 1930 era derramar pintura sobre el lienzo y mover el pincel a su alrededor. Además de la pintura, dominaba el collage, hacía murales, ilustraciones de libros, escultura y cerámica. Aparte de un período futurista y cubista, **Dalí** se preocupó más por crear su propia visión de un mundo de ensueño. Se centró en obsesiones infantiles y la paranoia, y sus obras muestran a menudo objetos sin relación alguna agrupados en un conjunto, la distorsión de formas sólidas y perspectivas irreales. Asimismo ilustró libros, algunos con textos propios y participó en filmes.

Años después, buscó otros estímulos y pintó algunas obras de tema religioso. Pocos artistas en la historia han mostrado tanta habilidad para promocionarse; de hecho, en sus últimos años, Dalí ganó millones firmando miles de hojas en blanco.

Entre los artistas de la misma generación destacan **Óscar Domínguez** (1906-1957), que utilizó el lenguaje cubista y el surrealista, a veces combinando ambos. Otra figura notable fue **José Gutiérrez Solana** (1885-1945), cuyo empobrecido entorno le llevó a buscar sus modelos en los barrios deprimidos de Madrid, que conocía muy bien.

LA ACTUALIDAD

Entre los artistas españoles más importantes se encuentran los miembros de la «generación abstracta», cuyas obras se exponen en el museo en Cuenca dedicado a ellos. Sobresale **Antonio Saura** (1930-1999); sus cuadros, los primeros pintados sólo en blanco y negro, son políticos en el tono, y muestran al hombre oprimido pero digno. Utiliza temas religiosos de forma deliberadamente humanista o incluso blasfema en sus trípticos de escenas de multitudes, y transforma la Crucifixión en un paralelo de la opresión seglar. El catalán **Antoni Tàpies** (1923) es abstracto en la tradición del movimiento dadá; empezó haciendo collages con papel de periódico, cartulina, papel de aluminio, cuerda y alambre. Durante un tiempo creó obras tipo graffiti, con letras deformadas, antes de volver a experimentos con materiales poco habituales, sobre todo pintura al óleo mezclada con polvo de mármol.

Para quienes se desesperan ante el aspecto teórico e iconoclasta del movimiento moderno, **Antonio López García** (1936) es un cambio refrescante. Aunque utiliza un lenguaje moderno, es un pintor figurativo de paisajes campestres y ciudadanos, naturalezas muertas y desnudos de un gran atractivo, con raíces en la tradición artística. **Eduardo Arroyo** (1937) es seguidor del movimiento pop-art, y hace hincapié en las descripciones a gran escala de rostros familiares y objetos de la vida cotidiana.

FAUNA Y FLORA

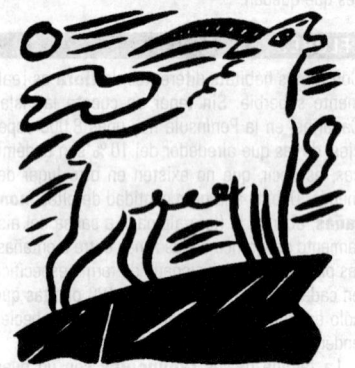

A pesar de tener fama de ser un país de turismo masivo, en España hay una gran diversidad de paisajes, fauna y flora. Cuando los Pirineos surgieron de la corteza terrestre crearon una barrera casi impenetrable que se extiende desde el golfo de Vizcaya hasta el mar Mediterráneo. Los animales y plantas que había en la Península entonces se quedaron aislados del resto de Europa y desde entonces han evolucionado de forma independiente. De igual forma, la abertura de un puente de tierra en lo que ahora es el estrecho de Gibraltar, y luego la inundación de la cuenca mediterránea, extendió especies típicas africanas por la Península. El resultado es una variedad de fauna y flora de dos continentes, únicas en Europa.

España es el segundo país más montañoso de Europa detrás de Suiza. La Meseta central tiene una altura media de 600-700 m y se inclina suavemente hacia el oeste, rodeada y atravesada por grandes sierras y cordilleras. Hacia el norte, la Meseta está separada de la costa por las montañas de la cordillera Cantábrica, y al sur por las elevaciones de Sierra Nevada y diversas cadenas menores como la serranía de Ronda, que se extiende a lo largo de la costa mediterránea (donde estas sierras del sur continúan atravesando el Mediterráneo; de hecho, los picos que emergen forman las actuales islas Baleares). La cadena pirenaica señala la frontera con Francia, e incluso a lo largo de las costas orientales la estrecha llanura costera se eleva en las montañas del Montseny, Espuña y los Filabres, entre otras. Las antiguas sierras de Guadarrama y Gredos cruzan la Meseta al norte de Madrid, y sierra Morena y los montes de Toledo se levantan en las polvorientas llanuras del sur. Así pues, no resulta sorprendente que tanto la flora como la fauna española posean un distintivo componente alpino, ya que muchas especies se han adaptado a los altos niveles de luz ultravioleta y los largos inviernos con nieve.

El centro de España se halla a muchos kilómetros de la costa; por ello, el **clima** es prácticamente continental. Los veranos son tórridos y los inviernos gélidos, y suele llover en primavera y otoño. Hacia el este, el mar Mediterráneo suaviza las temperaturas, por lo que en las tierras costeras los inviernos y veranos son templados y más cálidos a medida que se avanza hacia África. Mucha gente se olvida a menudo de que las zonas norte y occidental del país tienen un clima que, cuando menos, es incluso peor que el inglés. Las depresiones que llegan desde el océano Atlántico crean nubes, lluvias y brumas persistentes a lo largo de la denominada Costa Verde; cuando sale el sol, hay tanta humedad que resulta insoportable.

Tales variaciones climáticas han producido una determinada variedad de fauna y flora. La parte **norte**, húmeda y mojada, está poblada de especies comunes en la Europa atlántica, en especial Irlanda, mientras que las montañas del **sur**, Sierra Nevada, situadas cerca de África, presentan una vegetación casi subtropical. El clima continental domina gran parte del **interior**, lo que ha dado lugar a arbustos resistentes a la sequía, además de hierbas que florecen y dan semillas durante las breves lluvias de primavera y otoño, o bien plantas de mayor duración que poseen bulbos subterráneos o tubérculos para resistir la prolongada sequía del verano y el frío invierno.

PAISAJES

En una época, en la península Ibérica había extensos bosques, aunque se cree que hoy en día sólo se conservan un 10 % de las **zonas boscosas** originales, sobre todo en el norte. La mayor parte de la Meseta estaba cubierta de encinas y arbustos de todo tipo, pero la limpieza de la tierra para dedicarla a la agricultura y pastos para el ganado se ha cobrado su precio, al igual que los destrozos de la guerra. Hoy sólo quedan restos de los bosques mediterráneos en las sierras y algunas zonas de Extremadura. Cuando se com-

probó que gran parte de la Meseta era inadecuada para el cultivo intensivo, se abandonó la tierra y ahora está cubierta de vegetación arbustiva, los matorrales. La zona sureste de la Meseta es la única de España que tal vez nunca tuvo bosques; allí los áridos **calveros** de la estepa continúan sin tocar por el hombre. En el norte de España, donde aún hay amplias áreas boscosas, las especies arbóreas típicas son robles, hayas, fresnos y tilos en las vertientes más bajas, y en los niveles superiores, pinos y abetos.

La mayor parte de la Meseta es llana, árida y de tonos marrones. Además, en Almería se encuentra el único **desierto** auténtico de Europa, tal es la falta de lluvia. Pero la presencia de aguas subterráneas produce a veces un **oasis**: destellos de azul y verde, donde suele haber fauna y flora. Los numerosos **cursos de agua**, flanqueados por árboles, también atraen a aves y animales de las polvorientas llanuras de los alrededores. Los grandes ríos del norte, Ebro y Duero, así como Tajo y Guadiana en el sur cuentan con presas en determinados trechos, lo que da lugar a **embalses** que atraen ánades en invierno.

La **línea costera** tiene un poco de todo: dunas, playas de guijarros, acantilados rocosos, marismas saladas y onduladas playas de arena. En Galicia, se hallan las rías, que recuerdan a los fiordos noruegos y, mar adentro, las islas son el hogar de ruidosas colonias de aves marinas; la costa septentrional del Atlántico se caracteriza por sus promontorios de piedra caliza y pequeñas calas arenosas; la costa mediterránea, a pesar de estar poblada de hoteles aún tiene muchas lagunas y marismas; de hecho, al oeste de Gibraltar se encuentran las que quizá sean las mayores marismas costeras, el Coto de Doñana.

El **paisaje** español ha cambiado poco desde que desaparecieron los bosques. Mientras que el resto de Europa intenta conseguir la supremacía agrícola, en España la tierra se **cultiva** todavía utilizando métodos tradicionales. Los olivares del sur, las amplias tierras de pastos del norte e incluso las regiones productoras de cereales o vino de las llanuras son aún refugio de la fauna del país. Sólo desde que España se unió a la Comunidad Europea han empezado a utilizarse pesticidas y fertilizantes artificiales, además de las grandes máquinas. Aun así, es en esencia un país agreste si se compara con la mayor parte de Europa. Sin contar unas cuantas zonas industriales alrededor de Madrid y en el noreste, el paisaje refleja la ausencia de tecnología moderna y la baja densidad de población implica que poco desarrollo puede esperarse en las zonas agrestes que quedan.

FLORES

Con tantos hábitats diferentes, la **flora** es realmente soberbia. Sin tener en cuenta las islas Canarias, en la Península hay unas 8.000 especies, de las que alrededor del 10 % son endémicas, es decir, que no existen en otro lugar del mundo. Debido a la gran cantidad de altas **montañas**, abunda la flora alpina y, a causa del aislamiento geográfico de las zonas entre montañas, las plantas han evolucionado de forma específica en cada una de ellas (hay unas 180 plantas que sólo existen en los Pirineos, y unas 40 especies endémicas en Sierra Nevada).

La familia de los **ranúnculos** son un buen ejemplo. En los Pirineos, destacan la *Adonis pyrenaica*, de ojo de faisán, y la *Thalictrum macrocarpun*, de los prados; en Sierra Nevada se encuentran la *Delphinium nevadense* y la *Aconitum nevadense*, y de las columbinas sólo allí crece la *Aquilegia nevadensis*. *A. discolor* es endémica de los Picos de Europa, *A. cazorlensis* se halla únicamente en la sierra de Cazorla, y *A. pyrenaica* es única de los Pirineos. Otros preciosos ejemplares de montaña de esta familia incluyen la flor alpina de pascua, hepáticas, helleborinas o eléboros, clemátides y numerosos ranúnculos comunes.

Las praderas secas del Mediterráneo son un buen terreno para que crezcan las **orquídeas**. En primavera, en los prados de la cordillera Cantábrica son frecuentes las diferentes clases de orquídeas, entre ellas *Orchis mascula*, o salep; la becada, *Platanthera chlorantha* llamada mariposa rosada; *O. morio*, o compañón; orquídea de lengüeta o la *Himantoglossum hircinum*, llamada orquídea lagarto, entre otras; *Orphis apifera* o flor de abeja, etc. Más hacia el interior de la zona mediterránea se hallan incluso orquídeas tipo «abeja de Bertoloni», o. abejorro, y o. espejo. En la Costa Brava hay orquídeas de flores laxas y en las zonas altas de piedra caliza aparecen las de tipo vainilla negra, *Coeloglossum viride* (o. rana), y *O. aestivales* (o. de verano) un poco más tarde.

Los **matorrales** mediterráneos son un placer para la vista a principios del verano, cuando florecen los brezales y cistáceos, y el romero silvestre, tomillo y espliego se unen a tal profusión de color. Las dehesas del sur de España están al-

fombradas de las flores de *Dipcadi serotinum* (que parecen campanillas amarronadas), gladiolos rosas y unas 20 clases diferentes de trébol, en mayo. A la sombra de las viejas encinas crecen aristoloquias con sus flores en forma de bate y una especie de esparceta conocida como «garbanzo del diablo».

Incluso si se hace una excursión por la **Meseta norte** (dedicada al cultivo de cereales) no será una experiencia aburrida; ya que entre los cultivos crecen hierbas tales como aciano, amapolas, achicorias y murajes pimpinela, a veces más abundantes que el cultivo. En las zonas en las que las **dunas de arena** se han librado de la industria turística, es posible encontrar narcisos, berza marina, eringios marinos y las grandes flores violeta de la *Romulea clusiana* o «crocus».

MAMÍFEROS

La fauna de mamíferos española ha cambiado poco desde la Edad Media, pues sólo ha desaparecido el castor. Lamentablemente esto no significa que el resto de criaturas sean fáciles de ver. Aunque aún bastante comunes en las montañas del norte y el oeste, los **lobos** se mantienen lejos del hombre (a veces se les protege, pero los consideran peligrosos para el ganado; según los pastores, los lobos no se acercan si el hombre lleva un rifle). Tampoco es fácil encontrarse con alguno de los pocos **osos** que quedan. En realidad, de la enorme riqueza de mamíferos españoles, sólo unas cuantas especies permanecen activas durante el día y hay suficiente como para verlas.

En las **montañas del norte** (Pirineos y cordillera Cantábrica) se ven gamos, corzos, venados rojos y a veces jabalíes, sobre todo al anochecer, durante el invierno, cuando entran en los cultivos de patatas de las aldeas. A veces, gatos monteses cruzan la carretera; las ardillas rojizas son también bastante comunes, en especial en los pinares. Los íbices o cabras montesas, con sus cuernos en forma de cimitarras, se encuentran en las sierras de Cazorla y Gredos; en los Pirineos hay marmotas.

Los mamíferos típicos del **sur de España** se ven en raras ocasiones; destacan el lince (más pálido que el del norte de Europa), la mangosta, el topo ciego o mediterráneo, y ciervos bajo la protección de los pinares del Coto de Doñana. Unas 27 especies de murciélagos pueblan las cuevas y montes arbolados de toda España, entre ellos cuatro tipos de murciélagos de herradura. Varias especies de ballenas y delfines frecuentan las aguas españolas, y las costas mediterráneas aún albergan algunas de las últimas **focas monje** del Mediterráneo.

AVES

Si al viajero le gusta observar el cielo, los árboles o las marismas con los prismáticos, España es uno de los mejores lugares de Europa para **observar las aves**. Muchas personas van al Parque Nacional del Coto de Doñana para ello, pero hay otras zonas del país igual de adecuadas para esta actividad.

Si el viajero tiene la paciencia de localizar e identificar **aves de presa**, España es un destino ideal, sobre todo en **verano**, ya que unas 25 especies anidan y crían aquí. Algunas como los milanos rojos, azores, águilas reales, buitres leonados, halcones peregrinos y aguiluchos de las marismas pueden verse en cualquier época del año y en muchas partes del país. Otras se encuentran sólo en determinadas zonas de la Península, donde el clima, el terreno y la vegetación se combinan para proporcionar el hábitat adecuado que les permita reproducirse. El milano negro, por ejemplo, sólo se halla en el suroeste, o el quebrantahuesos en el Alto Pirineo (y a veces únicamente en los picos tras la costa oriental), mientras que los buitres negros (unas 240 parejas) y la poco frecuente raza española de águila imperial sólo se ven en la mitad sur del país.

Algunas de estas aves visitan España únicamente en **invierno**; el viajero las observará mejor a finales de otoño o a principios de primavera, cuando emigran; entre ellas se encuentran el halcón de pie rojo, parecido al cernícalo, y las águilas moteadas. Por lo contrario, cuando parten hacia los lugares donde anidan en África o Asia, otros como los aguiluchos de Montagu, águilas calzadas y de pie corto, halcones y alimoches comunes hacen el camino inverso, pues tras pasar el invierno en climas más templados vuelven a criar en territorio español.

Otras clases de pájaros como los carpinteros, por ejemplo, son más abundantes en los grandes bosques de las **cadenas montañosas del norte**. Los pájaros carpinteros de lomo blanco sólo se ven en los Pirineos, mientras que otros tan poco comunes como los negros y medio moteados también pueden verse en la cordillera Cantábrica, y los torcecuellos crían en el norte y pasan el invierno en el sur del país. Asimismo crían

en estas montañas del norte urogallos, bisbitas, currucas, papamoscas, pinzones, mirlos capiblancos, acentores alpinos, perdices nivales en los Pirineos y, el más buscado, el treparriscos.

En las **praderas** abiertas y campos de cereales de la Meseta, son bastante comunes las alondras. La calandria se identifica fácilmente por la estela blanca del extremo de las alas, aunque hay que tener mucha paciencia y unos buenos prismáticos para distinguir entre las alondras de pie corto, de pie menos corto, crestadas, y cogujadas montesinas. Otros pequeños pájaros oscuros de las llanuras son los gorriones y escribanos; no obstante, resultan más interesantes y más fáciles de identificar, las avutardas, grandes y pequeñas, siempre mayestáticas, en especial los machos cuando muestran su plumaje durante el cortejo primaveral. Destacan también las gangas de cola rosa con exóticos dibujos, el único miembro europeo de una familia de **pájaros habitantes del desierto**, además de zarapitos y chotacabras de cuello rojo, este último se ve (y se oye) principalmente al anochecer.

Si tropieza con un viejo olivar o alguna zona del sur de España donde aún queden **bosques** de encinas, haga una parada. En tales oasis de vegetación natural suele haber abubillas, urracas de alas azuladas, oropéndolas, alcaudones grandes grises y con manchas blancas, carracas, abejarucos, cucos de grandes manchas, collirrojos reales y collalbas negras. En un día de verano soleado, estos pájaros están en movimiento y son fáciles de encontrar.

Los embalses interiores de **agua** tienen a menudo orillas pantanosas debido a la fluctuación del nivel de las aguas; en ellas puede haber rascones, calamón común y andarríos, además de la pequeña polluela chica; el viajero podrá observar con atención los lechos de cañas para buscar señales del pájaro moscón y herrerillos. El espacio aéreo sobre las aguas lo ocupan cientos de golondrinas y vencejos; si se encuentra en la mitad sur del país, verá vencejos alpinos y de lomos blancos, además de golondrinas de lomo rojizo y canasteras. Estos lagos también son frecuentados por aves acuáticas que pasan allí el invierno (aunque España no cuenta con patos o cisnes que críen), grullas europeas y a veces flamencos en migración.

Los humedales costeros son ideales para observar aves; en verano los habitan los zancudos de alas negras, avocetas y muchos miembros de la familia de las garzas reales: garcillas bueyeras y garceta común, garzas imperiales y avetoros. En la costa mediterránea, sobre todo en el monte bajo, se ve un pájaro pequeño parecido a la codorniz llamado torillo, que curiosamente está muy relacionado con las graciosas grullas. Las zancudas de invierno no destacan demasiado, aunque vaya donde vaya el viajero, incluso en la costa del Atlántico, encontrará la espátula. Los falaropos visitan la zona noroeste, al igual que los zarapitos, agujas y págalos en parada de descanso desde sus tierras de cría del norte.

Las islas Baleares albergan unas cuantas especies exóticas que anidan en los acantilados, como las pardelas y los pretelas; y en las islas Cíes, en la costa gallega, anidan cormoranes, de una curiosa especie ibérica, y la colonia más sureña de gaviotas menores de lomo negro.

Podrían nombrarse cientos más; con una buena guía de campo, el viajero encontrará muchos de ellos por su cuenta.

REPTILES Y ANFIBIOS

Al igual que sucede con otra clase de fauna, España es rica en anfibios y reptiles, con unas 60 especies en total. Entre los más fáciles de ver destaca la **salamandra**, que se encuentra por todo el país, aunque su coloración varía desde ejemplares de rayas amarillas sobre fondo negro hasta lo contrario, dependiendo del sitio concreto.

Cuando el tiempo es frío y brumoso en las montañas o justo después de llover es el mejor momento para verlas. En España viven otras tres especies de **salamandra**. La de rayas doradas (escasa y bastante inclasificable a pesar de su nombre) es endémica de la zona del noroeste; la de cresta en el lomo sólo se ve en el suroeste de la Península; y la de los arroyos del Pirineo únicamente allí.

Hay cuatro especies de tritones, muy relacionados con las salamandras. Si el viajero se da una vuelta por los prados altos de la cordillera Cantábrica, donde a lo largo de todo el año puede encontrarse agua turbosa en pequeños estanques, tal vez vea el tritón alpino negruzco; pueden verse tritones jaspeados en las orillas de muchos de los lagos interiores, y en los pantanos. Los **sapos** inician sus cantos corales al anochecer, y a menudo se les oye bastante lejos del agua, por lo que quizás el viajero los confunda con el canto del búho. Si busca entre la alta vegetación de la orilla de los cursos de agua a lo mejor observa una pequeña rana de colores chi-

llones: rayada en el norte y el oeste pero sin rayas a lo largo de la costa mediterránea.

En España hay dos especies de tortugas; las tortugas moras, o de muslos con espolones, habitan en la costa sur y las Baleares; éstas son a su vez la única zona de España donde se encuentran tortugas de Hermann. Las de agua dulce europeas y las de cuello a rayas están distribuidas en más áreas, pero sólo en hábitats de agua corriente.

Quizá la especie más exótica de reptil que se encuentra en España sea el **camaleón**, aunque esta criatura de ojos giratorios vive sólo en las playas del extremo sur. Abundan los **lagartos**; las especies más bonitas son los lagartos ocelados, verdes con manchas azules en el costado. Algunas especies son muy restringidas, como los lagartos de pared de Ibiza, Italia y Lilford, que sólo se ven en las islas Baleares.

Las **serpientes** son asimismo comunes, si bien pocas resultan venenosas, y en cualquier caso es bastante difícil verlas. En los Pirineos habitan áspides y serpientes de látigo occidentales, pero sólo se ven serpientes de látigo en herradura y de falsa tersura en el extremo sur del país.

INSECTOS

Casi 100.000 insectos han sido identificados y descritos en Europa y un número indefinido espera su identificar. En España, donde hay zonas en las que nadie sabe con certeza cuántos osos viven, los insectos apenas han empezado a ser estudiados.

Desde el inicio de la primavera hasta finales del otoño, mientras brille el sol es posible ver **mariposas**; casi todas las especies europeas se encuentran en España; pero por el contrario, muchas mariposas españolas que no se ven al norte de los Pirineos. Han sido denominadas atendiendo al nombre de oscuros entomólogos: azul de Lorquin, pequeña azul de Carswell, terciopelo azul de Forster, azul anómalo Oberthur, bucle de Lefèbvre, bucle de Zapater, bucle de Chapman, barco de Zeller, y otras muchas. Hay que ser un experto para identificar la mayoría de éstas, si bien las más interesantes son también las más conocidas: Camberwell, casi negra ribeteada en dorado y azul; colas de golondrina, amarillo y negro, o rayadas como las cebras, según las especies, pero siempre con sus «colas» distintivas; la preciosa pachá, con sus dos colas, que se ve con frecuencia alimentándose en la fruta madura del fresal, así como la apolo, de alas blancas como papel con puntos distintivos en rojo y negro, de las que hay casi tantas variedades como montañas en España.

Aparte de las mariposas, abunda la **polilla nocturna**, la mayor de Europa, que vuela por la noche y que a menudo es atraída por las luces del exterior, o la curiosa polilla de la luna, de color verdoso, pariente de las mariposas de la seda tropicales. Durante el día, se ven abejorros en suspensión, quizás un colibrí o una abeja halcón volando torpemente de flor en flor. Suele haber polillas halcón del tipo adelfa o elefante (resplandecientes en su ropaje rosa y verde) libando de las flores de los arbustos al anochecer. Muchas polillas tienen orugas curiosas, como la polilla langosta, que se alimenta de las hayas, o las polillas gato que se encuentran en sauces y chopos, aunque los adultos tengan un aspecto vulgar.

Los prados y las zonas áridas de maleza constituyen por lo general un buen terreno de caza para **saltamontes** y **grillos**, que pueden localizarse por sus cantos. Los grillos topo y de campo viven en madrigueras que ellos mismos excavan, pero el gran grillo de arbusto de unos 7-8 cm de largo puede encontrarse en los árboles. Los matorrales de espliego son el lugar favorito de la mantis verde *Empusa pennata*, que se identifica por una gran cresta en la parte trasera de la cabeza (las ninfas son marrones, con un distintivo abdomen enrollado). Los **insectos palo** son difíciles de ver, pues suelen situarse en paralelo con los tallos de las hierbas, donde se camuflan.

Hay dos especies de **escorpión** en las tierras secas del sur de España. Destaca asimismo la *Gyas* de largas patas, la mayor **araña** de Europa, que a veces mide unos 10 cm de diámetro, aunque el cuerpo es poco más que un guisante. Los **ciempiés** pueden alcanzar un tamaño considerable: *Scutigera coleopatra*, por ejemplo, vive con frecuencia en los interiores; tienen quince pares de patas muy largas y rayadas, lo que crea un efecto ondulante cuando se mueve por las paredes.

DÓNDE Y CUÁNDO IR

Casi cualquier lugar de España lejos de las ciudades y los centros turísticos más populares resulta interesante para observar la fauna y flora. Quizá lo mejor del país sea precisamente esto. Lo peor, sin embargo, es moverse en transporte público que, a menudo, no hace paradas entre el punto de partida y el de destino. No suele haber

problema alguno en bajar de un autobús cuando el viajero quiera, pero no será fácil parar otro, que tal vez llegue el día siguiente.

Las sugerencias que aparecen a continuación se limitan en gran manera a los lugares que resultan fácilmente accesibles en transporte público. Esto significa que son lugares frecuentados, por lo que el visitante tendrá que adentrarse en las montañas a pie si desea conocer mejor la fauna y flora española.

El **sur** es una buena elección en **cualquier época del año**, pues incluso en el más crudo invierno el clima suele ser suave y muchas plantas están en flor. Si el viajero decide ir a las **cadenas montañosas del norte**, se recomienda hacerlo en primavera y principios del verano. El tiempo puede cambiar de pronto, pero la combinación de picos nevados y prados llenos de flores merece el riesgo. El **interior** es helado en invierno y demasiado cálido en pleno verano, por lo que se recomienda acercarse durante la primavera o el otoño, que coinciden con las lluvias ocasionales y la floración de matorrales y prados de la estepa. Si al viajero le interesa la **vida de las aves costeras**, la mejor época es primavera u otoño, no sólo para ver las migraciones de pájaros entre África y el norte de Europa, sino también porque el alojamiento en los centros turísticos puede resultar muy barato en temporada baja.

LOS PIRINEOS

Los árabes llamaron a estas montañas al-Hadjiz (la barrera); de hecho, aíslan España del resto de Europa. La vertiente española de los Pirineos es más cálida y seca que la norte, pero los pasos altos están, sin embargo, cubiertos de nieve varios meses en invierno.

Si se evitan los centros de esquí, aún quedan muchos valles intactos con un gran encanto natural, prados alpinos llenos de jacintos del Pirineo y pensamientos, y algunos de los bosques más altos de Europa, que a veces se extienden a 2.500 m. El **valle de Arán**, cercano al pico Aneto (el punto más alto de la cadena, 3.408 m) es un paraíso botánico en cualquier época del año. Si el viajero va en primavera encontrará flores de pascua alpinas, gencianas y narcisos. Más tarde florecen las lilas de cabeza de turco, y las fritillarias pirenaicas, que se cobijan entre la maleza baja de las laderas; en otoño, siguiendo la siega anual del heno, los prados desnudos relucen con una mezcla de merenderas rosa violeta y crocus de otoño.

Más al oeste, en el **Parque Nacional de Ordesa y Monte Perdido**, en los Pirineos aragoneses, hay valles cubiertos de bosques de pinos primitivos, abetos y hayas donde habitan martas, gatos monteses, ginetas, turones, ardillas rojas y jabalíes, entre las 32 especies de mamíferos que viven entre los límites del parque. Dominan los bosques abruptos despeñaderos con espectaculares cataratas y formaciones rocosas, hogar de los rebecos, que allí se reproducen. Aunque estas criaturas abundan, el viajero tendrá que dirigir los prismáticos hacia el cielo para ver al quebrantahuesos. Se trata de un buitre de espléndidas proporciones que sólo se encuentra en los Pirineos y unas pocas cadenas orientales de España. Su nombre hace referencia a su costumbre de lanzar huesos de animal desde gran altura para que se rompan contra las rocas del suelo dejando al descubierto el tuétano.

El segundo parque nacional en los Pirineos es el de **Aigüestortes**, centrado en los valles glaciales y los impresionantes circos del norte de Cataluña. Los bosques de coníferas, pinos y abetos plateados están poblados de urogallos y pájaros carpinteros negros. Bajo el límite forestal, orquídeas salep *(orchis mascula)* y gencianas alpinas florecen en los soberbios prados alpinos; los conos rocosos esconden delicadas edelweiss y saxífragas amarillas de montaña. Los arroyos albergan nutrias; salamandras pirenaicas y tritones alpinos viven en las aguas claras del lago glacial de San Mauricio. En el espacio aéreo, sobre los picos, vuelan águilas ratoneras y águilas reales. Si el viajero observa con atención las paredes rocosas, tal vez vea un treparriscos.

CORDILLERA CANTÁBRICA

Esta cadena montañosa discurre más o menos paralela a la costa norte desde la frontera portuguesa hasta el País Vasco. Forma una barrera entre la costa norte y el resto de España, pues hay pocos puntos de cruce, y una buena parte de ellos son impracticables durante el invierno. La vegetación recibe la influencia de las nubes cargadas de lluvia que constantemente llegan desde el Atlántico, como demuestran los grandes bosques de encinas y hayas que pueblan las vertientes. Allí la forma tradicional de vida es la venta de carne y los productos lácteos; además, la mayoría de los prados cubiertos de flores nunca han sido tratados con fertilizantes artificiales y pesticidas. Uno de los aspectos más fascinantes es la abundancia de flores de prado que no

se suelen encontrar en el resto de Europa: orquídeas lagarto, lobelias de brezo, perejil-lechoso, y otras, además de la orquídea *Aestivales*, de delicado color blanco.

El punto más alto de la cordillera Cantábrica es la sierra de piedra caliza de los **Picos de Europa**, visibles kilómetros mar adentro desde la bahía de Vizcaya. Allí viven unas 60 especies de mamíferos, desde osos castaños y lobos hasta campañoles de las nieves, pequeños moradores de los altos picos. Se ven con facilidad ardillas rojas, corzos y rebecos, pero muchos de los mamíferos que habitan estas montañas, como las jinetas, martas y gatos monteses son animales nocturnos bastante huidizos.

Uno de los paisajes más impresionantes de los Picos de Europa es la **garganta del Cares**, donde el lecho del río se encuentra unos 2.000 m por debajo de los picos de ambos lados. La protegida profundidad de la garganta alberga algunos de los arbustos más típicos de la España mediterránea, como higueras, fresales, jazmín silvestre y agracejos; en las abruptas paredes rocosas suele haber algún treparriscos, un pajarillo gris ceniciento con manchas rojas bajo las alas, muy buscado por los observadores de pájaros.
El **Parque Nacional de Covadonga** cubre gran parte del macizo occidental de los Picos de Europa, con centro en los lagos glaciales de Enol y Ercina. En primavera, los verdes pastos que rodean los lagos se llenan de narcisos amarillo pálido y pequeñas violetas de diente de perro; pero si el viajero va más tarde descubrirá cientos de espigas violetas de acónitos y las flores aceradas del eringe pirenaico. Unas horas de excursión por los riscos calizos lejos del lago serán suficientes para conseguir vistas magníficas de buitres leonados, incluso desde el café del aparcamiento se ven chovas alpinas buscando comida entre la basura.

Los que prefieran un escenario más suave, **Galicia**, con sus verdes montañas onduladas y niebla constante, es difícil de igualar. Pocas personas viven en el campo, que rebosa de fauna y flora. Los bosques de encinas y hayas de Ancares proporcionan refugio a ciervos y jabalíes, pero los rebecos fueron extinguidos al cazarlos para comer durante la Guerra Civil. Los prados se benefician de las frecuentes lluvias y es posible encontrar toda clase de plantas propias de lugares húmedos, a veces grandes flores, murajes o pimpinelas de lodo, hortensias, eléboros, alcaraveas en espiga y orquídeas tempranas de humedal.

EL INTERIOR

Quizás el viajero crea que el interior de España es una llanura llana y árida cubierta de interminables kilómetros de trigales. Pero allí también hay una rica fauna y flora. Un buen lugar para empezar son las **sierras centrales**. Al norte de Madrid, casi partiendo en dos la amplia llanura de la Meseta, se extienden varias cadenas montañosas continuas que merecen una visita. Tal vez no sean tan impresionantes como los Pirineos, pero en sus laderas rocosas cubiertas de matojos abunda la fauna y flora. Se recomienda visitar los grandes pinares de la **sierra de Guadarrama** para ver los jacintos silvestres o campanillas españolas y la inconfundible linaria sapo, *Linaria triornithophora*, que tiene unas grandes flores en forma de boca de dragón cada una con una larga cola, a veces rosas, a veces blancas. Abundan las aves de presa, y no demasiado difíciles de identificar; entre ellos, milanos rojos y negros, que se distinguen con facilidad de otras aves raptoras por sus colas en forma de tenedor (el milano rojo tiene manchas blancas bajo las alas). Las águilas calzadas destacan por el filo negro de sus alas, y el águila culebrera es casi blanco puro por la parte inferior, con una gran cabeza oscura.

Más al oeste, en el macizo granítico de la **sierra de Gredos** se hallan algunos de los picos más altos de España después de Sierra Nevada y los Pirineos. En las zonas más elevadas, se encuentran pinos negral y pinos marítimos; en las laderas sur, castaños, encinas del Pirineo y alcornoques. La flora de primavera es soberbia; suele haber muguetes o lirios de los valles, llamativas azucenas de San Bernardo y martagones, además de diversas especies de peonias de vivos colores. En algunas de las vertientes más secas, donde se han aclarado los árboles, el aromático cistáceo resinoso forma una capa densa de hasta 2 m de alto. No es necesario pelearse abriéndose camino entre sus ramas pegajosas para descubrir las maravillas de la flora del lugar: incluso las orillas de los senderos de los pastores están hermosas con el espliego y una extraña planta llamada jacinto borla, además del jacinto parra relacionado con el anterior. Pero lo mejor de Gredos son los íbices o rebecos, muy comunes en las zonas de pinos entre los circos de Laguna Grande y Cinco Lagunas. También se ven buitres leonados; milanos, águilas perdiceras, piquituertos y reyezuelos listados en los bosques de coníferas, así como escribanos de las rocas, identificables por sus cabezas rayadas.

MEDIO AMBIENTE Y CONSERVACIÓN

Proteger el medio ambiente de un país que todos los años anima a más de 40 millones de turistas a dejar sus huellas en la arena podría considerarse una causa perdida. Pero como la mayoría de esos visitantes van a una franja costera relativamente estrecha y permanecen allí, el daño queda limitado a determinadas zonas.

El impacto medioambiental del turismo **costero**, con su presión sobre el gasto de agua, las aguas residuales y el paisaje es un tema en el que aún queda mucho por hacer. Según el grupo medioambiental DEPANA, con base en Barcelona, hay motivos de preocupación respecto al segundo auge del turismo costero, pues los extranjeros empiezan a adquirir residencias de verano. Mientras tanto, en el interior compradores locales de segundas viviendas llevan a cabo la invasión de áreas rurales.

Todos los que están preocupados por esto se quejan de lo mismo: se presta poca atención a los temas medioambientales. Y la burocracia es muy lenta cuando surgen problemas; además, el único lenguaje que todos entienden es el del dinero. La buena noticia es que cada vez aumenta más el interés hacia el medio ambiente para responder a unas demandas turísticas.

Por lo tanto, se intenta **proteger** los espacios naturales. De hecho, España es aún uno de los lugares más agrestes de Europa y puede encontrarse flora y fauna bastante cerca de algunos centros urbanos y turísticos. Una docena de **parques nacionales** engloban más de 17.000 km² de zona protegida (o un 3,4 % de la superficie total de España). Pero no se trata más que de una pequeña parte si se compara con la gran amenaza ecológica que hay; la protección al medio ambiente no se encuentra aún en la lista de preocupaciones del español medio y no se destinan grandes partidas para ello en los presupuestos del Estado.

Con la creación de **Parques Naturales**, que dependen de las regiones, se empieza a ver cierto interés por el medio ambiente. Hasta ahora la mayoría de ellos están en Cataluña, Galicia y Andalucía, pero existen en todo el país y cubren una extensión unas tres veces mayor que la de los parques nacionales.

Incluso al parque nacional más famoso, el **Coto de Doñana**, fue noticia en 1998 tras sufrir la peor catástrofe ecológica de la historia de España. Una presa utilizada para almacenar los desechos tóxicos de unas minas (situadas en las afueras del parque) se rompió y liberó 5 millones de litros cúbicos de metales pesados en el río Guadiamar. La marea letal se pudo detener a sólo 2 km del límite del parque, pero causó daños irreparables en los cultivos de los alrededores de Doñana, lo que devastó a numerosas aves de cría y envenenó a los peces, fuente vital de alimento para gran parte de la fauna del parque. En la actualidad, se ha conseguido acabar con la contaminación de larga duración. El **Parc Nacional d'Aigüestortes i Llac de Sant Maurici** ha perdido su reconocimiento internacional como parque nacional por la continua explotación hidroeléctrica de sus lagos.

HUMEDALES

En 1980 España disponía de 10.852 km² de humedales, seis veces más que Francia. No ha seguido la tendencia de otras naciones, que los han ido desecando. De hecho, el país fue pionero en la firma de acuerdos internacionales (únicos en su clase) para protegerlos. En 1985 se habían creado en España tres lugares de importancia internacional. Sin embargo, no se ha podido evitar el imparable declive de las zonas húmedas, ya sea debido a la contaminación o los drenajes indirectos.

El **Coto de Doñana**, quizás el humedal más importante, se enfrenta a una sequía crónica y sufre tanto polución química (lo que causó el desastre ya mencionado) como prácticas agrícolas perjudiciales. Justo al otro lado del río Guadalquivir, frente a Doñana, el último humedal que quedaba sin proteger en la región ha sido secado y convertido en tierras de cultivo.

Las **Tablas de Daimiel**, en La Mancha, son asimismo muy conocidas en los círculos conservacionistas por su deterioro. En otro tiempo era uno de los humedales más importantes de Europa; fue designado reserva nacional en 1966 y parque nacional en 1973; a pesar de ello, la zona ha sufrido el impacto de varios factores. Se culpa sobre todo al sistema local de vinicultura, utilizado río arriba, por sus sistemas de regado y la consiguiente demanda de agua de los pozos artesianos. El río Guadiana se secó en 1982 y el Cigüela baja muy contaminado. En los meses de verano, la zona apenas puede soportar la fauna y ya no atrae a las numerosas aves acuáticas que en otra época dieron fama mundial al parque.

No obstante, se ha reconocido de manera oficial la situación de Las Tablas y se ha puesto en marcha un proyecto con el fin de restablecer los anteriores niveles de agua. Según los naturalistas, si vuelve el agua regresarán las aves y también los visitantes. En la **Albufera de Valencia** se encontraba en otro tiempo unas de las mayores concentraciones de agua dulce de España, pero asimismo se está reduciendo con rapidez; de hecho, en la actualidad es diez veces menor que en la Edad Media.

Una buena noticia es que el humedal más accesible de todos, los **Aiguamolls de l'Empordà**, detrás de las playas turísticas de la Costa Brava, ha sido declarado parque natural, lo que asegura así su conservación.

CAZA

Las grandes controversias sobre temas medioambientales en España implican a cazadores y agricultores. Muchos creen que la escopeta es imprescindible para ir por el campo y sienten como una amenaza la declaración de zonas protegidas o parques. Uno de los temas que ha desatado más controversias ha sido la protección de los **lobos**. En las áreas donde han sido protegidos (sobre todo en el norte), su número ha crecido bastante. En los últimos años, numerosos campesinos se han manifestado para intentar «proteger» sus tierras.

Los números hablan por sí solos; aunque los parques nacionales abarcan más de 1.200 km², las **reservas nacionales de caza** se extienden casi por 1.600.000 Ha en la actualidad. El mayor tamaño corresponde a Saja, en Cantabria, más grande que todos los parques nacionales juntos. Si bien están protegidas más especies que nunca y la caza prohibida (íbice o rebecos, osos, urogallos y la mayor parte de las aves de presa, por ejemplo) no escasea la demanda de otros trofeos de caza, tales como jabalíes, corzos y gamos. En muchas tiendas de áreas rurales se vende toda clase de útiles de caza, incluso cartuchos, y los caminantes han de tener cuidado para que no los confundan con un blanco los fines de semana cuando se abre la veda; entonces las colinas se animan con el estruendo de las escopetas.

Ya en 1970 se expedían anualmente alrededor de 1 millón de licencias de caza; de hecho, exceder las cuotas o la **caza furtiva** se considera algo normal, sobre todo en zonas donde la caza con escopeta o trampa proporciona ingresos extras a mucha gente con pocos recursos económicos. Las **aves acuáticas** son un blanco popular y cada año se mata a un gran número de ellas.

La caza con escopeta o mallas de los **pájaros comunes** es también un grave problema, como sucede en el sur de Europa y el norte de África. Para empezar la mortandad anual de aves migratorias en los Pirineos contribuye de manera sustancial a la cifra total de unos 900 millones de pájaros muertos todos los años. Según los últimos cálculos, en España se cazan cada año unos 30 millones de pájaros, con la excusa de que son nocivos para la agricultura.

LLUVIA ÁCIDA

España fue de los primeros países que firmó y ratificó la convención de las Naciones Unidas sobre polución transfronteriza de largo alcance, que entró en vigor en 1983, en donde se asevera que: «España reconoce la necesidad de tener en cuenta la contaminación del aire en políticas energéticas globales.» Sin embargo, al acercarse la fecha de admisión en la Comunidad Europea en 1986, el tono cambió. Se indicó que en ese momento adoptar políticas medioambientales era «difícil y costoso». El rápido desarrollo de España como país industrial constituye otro golpe más al medio ambiente.

En 1983, 235 km² de bosque españoles estaban dañados a causa de la lluvia ácida. Pero la mayor parte se produce en el propio país; dentro de Europa, España es una de las seis naciones que recibe menos lluvia ácida (18 % del total) de fuentes foráneas. Por otra parte, la contaminación por sulfuro de producción nacional es el 63 % del total. El país es la sexta gran fuente de sulfuro de Europa Occidental. Las zonas más afectadas por la lluvia ácida son aquellas partes de la costa norte situadas a favor del viento de los grandes centros industriales, tales como **Bilbao** o **Avilés**, y alrededor de las centrales eléctricas, como **Cercs** (Barcelona), **Andorra** y **El Serrallo** (Castellón). Se cree que la industria de Avilés genera unas 24.000 tm métricas anuales de sulfuro. Una comisión técnica establecida para estudiar la contaminación en los bosques del **Maestrazgo** y el **Port de Tortosa-Beseit**, que se extiende por tres provincias, culpó del daño a las emisiones procedentes de la industria de Andorra, lo que parece un intento de desentenderse del problema.

Si el viajero se aleja de las montañas, aún quedan lugares interesantes en las llanuras. La dehesa es el mejor hábitat, sobre todo para pájaros: en el **Parque Natural de Monfragüe**, Extremadura, hay unas áreas excelentes de dehesa. Es imposible perderse las oropéndolas, alcaudones, abubillas y abejarucos, e incluso se ven carracas. En invierno unas 7.000 grullas comunes bajan de los prados de Monfragüe, y los valles fluviales crecidos, que son parte integral del parque, ofrecen buenos puntos de observación para descubrir golondrinas de rabadilla roja y canasteras en verano.

Monfragüe es quizá más conocido por su población de **águila imperial** española, especie en peligro de extinción; son fácilmente identificables por las marcas blancas del lomo. La reserva central donde anidan estas raptoras sólo está abierta para permitir el paso a los cuidadores, pero el viajero las podrá ver cuando se remontan sobre la dehesa. Lo mismo puede decirse del poco frecuente buitre negro, una gran ave que no hay que perderse. Monfragüe cuenta con la mayor colonia de cría (unas 60 parejas). Muchos visitantes se dirigen a la gran formación rocosa conocida como Peñalfalcón, donde las cigüeñas negras, ahora muy rara como ave de cría en España, suelen estar encaramadas en la pared del desfiladero; por el cielo se ven buitres leonados que van y vienen. A veces aparece un pequeño pájaro de claros colores suspendido en el aire, el curioso milano de lomo negro, que no se encuentra en el resto de Europa.

En sentido contrario, hacia Zaragoza, en el extremo noreste de las mesetas, el viajero puede dirigirse hacia la **laguna de Gallocanta**. Se trata del mayor lago interior de España. Allí suele haber pájaros más propios de las llanuras áridas (alcaravanes y gangas de cola picuda), además de los que se encuentran en aguas dulces. Gallocanta es un baluarte nacional para el porrón o pato colorado y espectacular punto de encuentro de las grullas en su migración anual.

COSTA MEDITERRÁNEA

Tal vez cuando el viajero piense en la costa mediterránea se imagine playas de arena y una muralla de hoteles de cemento que se extienden desde la frontera francesa hasta Gibraltar. No obstante, incluso en el corazón de la Costa Brava hallará una rica fauna y flora. El **Parc Natural dels Aiguamolls de l'Empordà**, en Cataluña, es una marisma salada y reserva de humedal, situado entre la autopista A-7 y los hoteles del golfo de Roses. Se trata de lo más parecido a una reserva natural británica, con senderos señalizados, un centro de información bien equipado y varios puestos para observar aves. Esto último desvirtúa el aspecto agreste del lugar, pero es sin embargo un buen punto de observación de las 300 especies de pájaros que se han registrado. Aparte de las aves acuáticas más habituales, destacan avetoros, zancudos de alas negras, herrerillos barbados y garzas purpúreas; todos ellos se reproducen allí. Se recomienda ir en primavera, ya que entonces se ven flamencos, ibis y espátulas.

Si el viajero no puede soportar los mosquitos de los marjales, puede dirigirse a las cercanas zonas mediterráneas cubiertas de matorrales, pues son ideales para ver halcones migratorios de calzas rojas, alcaudones que crían allí (la única localización en España), zarapitos, cucos de grandes manchas y mosquiteros o currucas sardas. Y naturalmente siempre están presentes los aguiluchos laguneros.

Otro lugar interesante para contemplar fauna y flora es el **delta del Ebro**; unas 100.000 aves pasan allí el invierno, así como una gran colonia de garzas reales rojas. Aisladas de tierra firme por la autopista A-7, las lagunas y los lechos rojizos atraen a garcillas cangrejeras y garzas nocturnas, avocetas y porrones o patos colorados; las zonas aisladas proporcionan terrenos de anidación a la curiosas gaviotas de Audouin y picofina. Se recomienda observar también las alondras de pie corto y numerosas golondrinas.

Más al sur hay otro humedal costero conocido como la **Albufera de Valencia**. Está tan cerca de esta ciudad, que sorprende el que allí se encuentre una colonia del raro pato ferruginoso. Asimismo se ven porrones o patos colorados y, durante el invierno, fochas, además de garcillas bueyeras, garcetas pequeñas, garzas reales, garcillas cangrejeras, pequeños avetoros, somormujos de cuello negro, herrerillos barbados y pájaros mosca.

LAS SIERRAS DEL SUR

Extendiéndose a lo largo de kilómetros por detrás de las ciudades costeras de la Costa del Sol, estas elevadas montañas contrastan por completo con la imagen de sol y mar del sur de España. Quizá la más conocida sea **Sierra Nevada**, en el extremo oriental, cuyo pico más alto es el Mulhacén (3.482 m). Durante la mayor parte del año suele haber nieve en los niveles superiores,

pero las laderas encaradas al sur se encuentran sólo a 150 km de África. Las condiciones medioambientales van desde las alpinas a las casi tropicales. No sorprende, pues, que haya una gran variedad de plantas y vida animal. Si el viajero dispone del equipo adecuado para ir por montañas altas cuando empieza el deshielo, podrá ver plantas endémicas tan atractivas como el cardo corredor o pichona glacial, parecida a su equivalente del Pirineo, jacintos de Sierra Nevada, saxífragas y crocus. Más entrado el año abundan el espinoso tragacanto montañoso, tulipanes silvestres, peonias, clavellinas, gencianas alpinas, acónitos de Sierra Nevada y columbinas, y las jaras de blancas flores o *Helianthemum apenniunum*.

Debido a la extrema altitud de Sierra Nevada, los pájaros más habituales del norte (espátulas, acentores alpinos y chovas) tienen aquí un refugio final. Asimismo se ven muchos pájaros pequeños más propios de las laderas rocosas secas. Destaca la collalba; el macho se diferencia por su plumaje fúnebre y rabadilla blanca. Más al norte, en las **sierras de Cazorla** y **Segura**, hay aves de presa. Cazorla es la única localidad española fuera de los Pirineos donde crían regularmente los quebrantahuesos, aunque también son frecuentes los alimoches comunes, de menor tamaño; las águilas perdiceras anidan en los picos, y los azores frecuentan los grandes bosques (pinos negros, marítimos y Alepo en los niveles altos; acebos, encinas y robles lusitanos, con fresnos de hojas estrechas y fresales en las laderas más bajas).

Estas cadenas montañosas, donde nace el río Guadalquivir, son bastante curiosas en España, pues se extienden aproximadamente en dirección norte-sur en lugar de este-oeste. Albergan asimismo flora de unas 1.300 especies únicas, entre ellas plantas habitantes de las rocas como la violeta de Cazorla, de flores carmesí *(Viola cazorlensis)*, la denominada columbina águila de Cazorla *(Aquilegia cazorlensis)*, la carnívora *Pinguicula vallisneriifolia* y varios narcisos endémicos.

Hacia el oeste, se extienden varias cadenas calizas jurásicas, erosionadas durante siglos en formaciones conocidas como torcales. Una de las más famosas es la de **Grazalema**, célebre por sus bosques de abetos. Este árbol *(Abies pinsapo)* se halla ahora sólo en algunos lugares del sur de España, entre ellos la **serranía de Ronda**; una flora especializada ha evolucionado para sobrevivir en medio de la densa sombra que producen los árboles. Suele haber peonias *(Peonia coriacea* y *P. broteri)*, además de narcisos blancos e *Iris planifolia*, que florece en invierno con una gran y solitaria flor en un tallo corto. Toda una variedad de las especies de matorrales típicos del Mediterráneo crece allí, incluidos las lauráceas, cistáceos de hojas grises y de hojas de chopo, agracejo español, madreselva, ortigas *(Celtis autralis)* y *Acer granatense*, una especie de arce que sólo se ve en las montañas del sur de España. También en estos bosques cría el búho real: el mayor de Europa, que incluso caza corzos y urogallos.

El viajero puede ir a **Fuente de Piedra**, el mayor lago interior de Andalucía (unos 15 km^2). En parte porque el agua nunca alcanza una profundidad mayor de 1,5 m (el nivel se reduce cada vez más por la intensa evaporación en verano) y también por la falta de polución, numerosos flamencos construyen allí cada año sus nidos cónicos de barro. Fuente de Piedra es, pues, uno de los dos únicos lugares donde crían los grandes flamencos en Europa; por ello, recientemente ha sido declarada reserva integral, el tipo de reserva natural más estricto. En total, se han registrado unas 120 especies de pájaros, 18 de mamíferos y 21 de reptiles y anfibios.

COSTA DEL ATLÁNTICO SUR

Las playas mediterráneas más o menos sin mareas acaban en Gibraltar, desde donde el océano Atlántico baña las costas que se extienden hacia el oeste hasta la frontera portuguesa. Allí, la cuenca baja formada por el río Guadalquivir alberga uno de los humedales más impresionantes de Europa: el **Coto de Doñana**, el parque nacional más conocido de España.

Quizás el espectáculo más famoso sean las colonias de espátulas y grullas en los alcornoques que bordean los marjales; no obstante, también impresiona las grandes bandadas de **aves acuáticas** que descienden a las lagunas durante el invierno. En cuanto a la cría de patos, Doñana es el refugio europeo de la cerceta pardilla, un pájaro pequeño de color marrón moteado, que raramente cría en Europa fuera de España. Durante todo el año suele haber ánades silvestres, aves grandes que parecen gansos, confinados al Mediterráneo oriental; pero aún no se ha podido comprobar que críen aquí. Los patos de cabeza blanca anidan y crían sus polluelos en el coto, aunque su mayor centro de cría son las lagunas de Córdoba en la Andalucía central. Uno de los pájaros más raros de Europa es

la focha cornuda que se distingue de la focha común sólo desde muy cerca por dos protuberancias rojas que tiene en la frente, y, en vuelo, por la ausencia de un ribete blanco en las alas. Cría en Marruecos, y emigra en dirección norte hacia el sur de España para pasar el invierno; Doñana es la única zona española donde estas especies residen todo el año, aunque se desconoce si crían allí o no.

Aparte de aves acuáticas, abundan las grandes bandadas de gangas (gallo lira de las arenas), que hacen impresionantes acrobacias aéreas con una sincronización perfecta, bastante similar a un banco de peces; a nivel del suelo, se ven garcillas bueyeras, por lo general junto a algunos de los famosos toros negros de la región. Las garcillas bueyeras se distinguen con facilidad de las otras garcillas por sus patas rojizas (negras o amarillas en las demás especies). Un pájaro que merece la pena observar es el gorrión, que suele construir su hogar en las partes inferiores de los grandes y desaliñados nidos de la cigüeña blanca. El parque también alberga una gran variedad de aves de presa, entre ellas el águila imperial y el buitre negro.

Algunos grandes **mamíferos** son habituales en Doñana: gamos rojos y jabalíes no muestran temor cuando se les aproxima gente, a pesar de que la zona era reserva real de caza hasta hace poco tiempo. No puede decirse lo mismo de los linces, de los que hay unas 25 parejas, que se cree que representan alrededor de la mitad de toda la población española. Las mangostas frecuentan las zonas secas y cubiertas de maleza; en ocasiones se ven jinetas durante el día en las partes más remotas y arboladas del parque nacional. Si el viajero permanece atento, tal vez vea a una curiosa criatura conocida como eslizón ibérico. Endémico en España, este pequeño lagarto tiene unas patas rudimentarias; quizá se sumerja enseguida en la arena para camuflarse.

Las cercanas **marismas de Odiel** se encuentran en el interior de los límites de la ciudad de Huelva, hacia el oeste. Además de los flamencos, que cada vez prefieren más estas marismas saladas costeras como terreno de cría en lugar de Doñana, el viajero también observará muchas espátulas, garzas purpúreas y otras aves acuáticas propias del sur de España.

LAS ISLAS

A pesar de su imagen de paraíso ideal para tomar el sol, hay muchos lugares remotos que han escapado de las garras de la industria turística. Incluso en las grandes islas es fácil huir del turismo de masas.

Una de las regiones más agrestes de Baleares es la **sierra de Tramuntana**, que se extiende a lo largo de la costa norte de Mallorca y acaba de manera abrupta en el mar en la mayor parte de su longitud. Se trata de un buen lugar para observar al pequeño halcón de Eleonor y el enorme buitre negro. En cuanto a la flora, se ven plantas exóticas como el *Cyclamen balearicum*, un crocus que florece en otoño *(Crocus cambessedesii)*, *Helleborus lividus* (un eléboro poco frecuente), la planta *Senecio rodriguezii* de flores rosas y otras especies endémicas de peonias, aristoloquias y cerrajas. Incluso en enero muchas plantas están en flor, pero la mejor época del año para verlas es desde marzo a mayo.

Lejos de las montañas, otros refugios de fauna y flora son las marismas costeras que hasta ahora han desafiado el comercio hotelero. En Mallorca, la marisma de **S'Albufera** constituye un auténtico paraíso para observar aves. El laberinto de ensenadas bordeadas de tamariscos y lagunas es el refugio veraniego de rascones de agua, polluelas pintojas y garcetas pequeñas; si el visitante se fija bien, verá currucas de muy diversos tipos. En las salinas de **C'an Pastilla**, cerca del aeropuerto de Palma, suele haber golondrinas bigotudas y de alas blancas, además de gaviotas mediterráneas y de Audouin (esta última es la más rara que cría en Europa).

Las Baleares son también un lugar ideal para observar razas endémicas de lagartos; por lo general, permanecen bastante indiferentes ante la presencia de los viajeros, y por ello son muy fotografiados. Si al visitante le atrae la vida marina, puede llevar aletas y tubo de respiración, pues el paisaje submarino es soberbio.

En contraste con las Baleares, las características propias de las Canarias hacen que, por su situación en el continente africano y su insularidad, existan multitud de especies muy diferentes de las peninsulares, a las que se unen especies importadas. En el capítulo correspondiente se habla de las más destacadas.

LIBROS

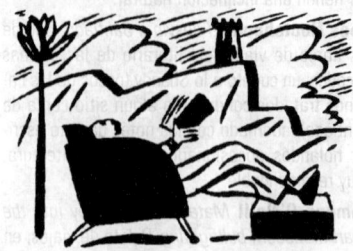

El listado que aparece a continuación es una serie muy selectiva de lecturas sobre España y temas españoles, especialmente en las secciones referentes a historia.

IMPRESIONES, VIAJES Y RELATOS EXTRANJEROS

George Borrow *La Biblia en España* y *Los gitanos de España*. En su primera publicación (1842), Borrow subtituló al primero «Viajes, aventuras y encarcelamiento de un inglés»; se trata de uno de los libros más famosos sobre España, a veces lento pero con algunas historias divertidas. *Los gitanos de España* es un relato sobre este pueblo, al que Borrow llegó a conocer bastante bien.

Alastair Boyd *Essence of Catalonia* y *The sierras of the south: Travels in the mountains of Andalucia*. En parte libro de historia en parte de viajes, son una buena introducción general a sus respectivas regiones; se ofrece una interesante información sobre comida, bebida, arte, literatura y lengua.

Gerald Brenan *Al sur de Granada*. Todo un clásico. Brenan vivió en un pequeño pueblo de Las Alpujarras en la década de 1920 y narra sus vivencias allí y visitas de sus contemporáneos de Bloomsbury: Virginia Woolf, Lytton Strachey y Bertrand Russell.

Carrie B. Douglass *Bulls, bullfighting and spanish identities*. El antropólogo Douglass profundiza en el simbolismo del toro en la psique española, y luego analiza el papel de las corridas en algunas de las miles de fiestas del país.

Nina Epton *Uvas y granito*. Uno de los pocos libros británicos sobre Galicia, lleno del folclore y la vida rural de la década de 1960; se recomienda buscarlo en librerías de segunda mano.

Richard Ford *Manual para viajeros en España, y lectores en casa; Gatherings from Spain*. El primero (1845) es tal vez la mejor guía escrita jamás al igual que el *Manual* de Murray (una de las primeras series de guías) hasta bien entrado el siglo XX. Libro muy interesante a la manera británica del siglo XIX; sólo por revisar sus proverbios ya merece la pena hojearlo. Pueden conseguirse ejemplares de la obra de Murray en librerías de segunda mano. *Gatherings* es una edición abreviada (no menos interesante) de la obra general, pensada para un público femenino al que no le apetecería leer (!) el material más denso.

Ian Gibson *Fuego en la sangre: la nueva España*. Gibson es un escritor que vive en Madrid desde 1978, y está nacionalizado español desde 1984. Apasionado y crítico de España y lo español, trata ambos temas de manera magistral en este libro de 1993 (que ilustró una serie de televisión), con todas sus contradicciones y obsesiones. Recibió muchas críticas y tal vez es algo anticuado pero aún resulta interesante.

David Gilmour *Cities of Spain*. Un moderno retrato cultural de España, pero según la antigua tradición. A veces es un poco confuso aunque excelente en su evocación de la historia, sobre todo acerca de las ciudades árabes de Andalucía.

John Hooper *Los nuevos españoles*. Este excelente y autoritario retrato de la España posfranquista fue escrito en 1986 por el corresponsal de *The Guardian*, y publicado en edición revisada en 1995. Junto con el libro de Gibson antes mencionado es la mejor introducción posible a la España contemporánea.

Adam Hopkins *Spanish journeys: a portrait of Spain*. Publicado en 1993, es una entretenida exploración de la historia y la cultura española, trenzando su erudición en forma de documental; lleno de anécdotas.

Robert Hughes *Barcelona*. El mejor libro sobre la ciudad olímpica; un texto que, según indica el autor «explica el *zeitgeist* del lugar y las conexiones entre los iconos culturales».

Washington Irving *Cuentos de la Alhambra*. Publicado originalmente en 1832, la mitad del libro de Irving consta de historias orientales, ambientadas en la Alhambra; el resto relata su propia existencia allí y los personajes de la época. Perfecto para leerlo *in situ*.

Michael Jacobs *Between hopes and memories: a spanish journey*. Relato completo y entretenido de un viaje por España en 1992; hace amenas disgresiones sobre comida, arte, literatura y los personajes con que se tropieza en el camino. *Andalucía*, del mismo autor, es una excelente introducción a la zona.

Laurie Lee *Cuando partí una mañana de verano. A rose for winter. Un instante de guerra*. El primero de ellos es el relato irresistiblemente romántico del recorrido de Lee a través de España, desde Vigo a Málaga, y su gradual descubrimiento de los motivos que condujeron el país a la Guerra Civil. Como novela autobiográfica de una vida sencilla, a la aventura, desde Cotswolds con un violín, es una delicia; como pieza de observación social, dolorosamente aguda. En *A rose for winter* describe su regreso 20 años después a Andalucía, mientras que en *Un instante de guerra* mira hacia atrás para describir una batalla invernal con las Brigadas Internacionales en la Guerra Civil, un relato que resulta cómico y trágico a la vez.

Lucy McCauley (ed.) *Spain: travelers' tales*. Será difícil mejorar esta antología de escritos sobre España, que reúne historias y artículos periodísticos de los diez últimos años. Entre los autores que aparecen destacan García Márquez, Colm Tóibín y Louis de Bernières, cuyo «Seeing Red», sobre la fiesta del tomate de Buñol vale por sí solo el precio pagado.

Peter B. Meyer *A true story about doing business in Spain*. Peculiar punto de vista sobre los negocios en España, donde se narran encuentros con burócratas corruptos, abogados taimados y retorcidos compañeros de negocios, además de un desfile de policías y políticos. A veces superficial, pero siempre fascinante.

James A. Michener *Iberia*. Un compendio de entrevistas e impresiones sobre España, en la antesala de 1968; idiosincrático y enciclopédico. Aún resulta fascinante.

David Mitchell *Viajeros por España. Antología ilustrada*. Historia bien contada sobre cómo vieron España durante 4 siglos algunos viajeros, entre ellos escritores.

Jan Morris *España*. Escrito en 1960, en sólo 6 meses, durante su primera visita a España, se trata de un impresionante relato, muy bueno respecto a su amplia información sobre lugares e historia. La edición puesta al día resulta curiosa en sus ideas acerca de Franco y la dictadura, estado hacia el que Morris cree que los españoles tienen una inclinación natural.

Cees Nooteboom *El desvío a Santiago*. Uno de los libros de viaje más literarios de las últimas décadas; un cuento a lo Shandy (pocos de los caminos tratados conducen a algún sitio cerca de Santiago), adornado con las notas de este escritor holandés obsesionado con la arquitectura. Muy recomendable.

Eamonn O'Neill *Matadors: a journey into the heart of modern bullfighting*. Relato de viajes, en parte autobiográfico y en parte estudio sociológico sobre el papel que desempeñan las corridas de toros en la España moderna.

George Orwell *Homenaje a Cataluña*. Curioso relato sobre la participación de Orwell en los primeros tiempos de la revolución en Barcelona y su creciente desilusión con las facciones que luchaban entre las fuerzas republicanas durante la Guerra Civil.

Paul Richardson *Not part of the package*. Publicado en 1993, es el mejor relato sobre el turismo en España; en este caso, 1 año de hedonismo en Eivissa, que brilla con todas las luces de sus discotecas.

Paul Richardson *Our Lady of the Sewers*. Una articulada y caleidoscópica serie de introspecciones en las costumbres y cultura de la España rural, que están desapareciendo con rapidez.

George Sand *Un invierno en Mallorca*. Sand y Chopin pasaron un invierno en el monasterio de Valldemosa. Los habitantes del lugar no les querían demasiado, lo que proporciona su mayor atractivo al relato. En toda la isla se venden las ediciones, que incluyen una traducción de Robert Graves, más tarde residente también en Mallorca.

Chris Stewart *Driving over lemons. An optimist in Andalucia*. Un relato divertido, introspectivo y encantador sobre la vida en un remoto caserío de Las Alpujarras. El autor, curiosamente, era el batería original de *Genesis*.

Robert White *A river in Spain*. Relato sobre el amor de un estadounidense por el valle del Duero; ciudades, historia, arquitectura y folclore local muy bien comentadas.

James Woodall *In search of the firedance: Spain through flamenco*. Una historia y una investigación genial sobre el flamenco.

ESPAÑA EN LA NOVELA DE FICCIÓN EXTRANJERA

Harry Chapman *Spanish drums*. Una interesante novela de misterio acerca de la irrupción de una británica en la vida de una familia de Teruel, y el descubrimiento de terribles experiencias vividas durante la Guerra Civil.

Douglas Day *El viaje de El Lobo*. Excelente primera novela de un escritor estadounidense. El protagonista es un luchador en la Guerra Civil, «El Lobo» que vuelve a su pueblo en Las Alpujarras como un fugitivo 40 años después.

Graham Greene *Monseñor Quijote*. El viaje de un cura de aldea por la España moderna; Greene en su mejor vena cómica.

Kathryn Harrison *A thousand orange trees*. Una compleja e intensa novela que se desarrolla durante la Inquisición del siglo XVII.

Ernest Hemingway *Fiesta; El sol sale todos los días; Por quién doblan las campanas*. Hemingway continúa siendo un mito en España; *Fiesta* contiene algunos escritos líricamente bellos, mientras que las otras novelas son mucho más elaboradas. También publicó un relato entusiasta y no muy bueno sobre los toros, *Muerte en la tarde*.

Arthur Koestler *Dialogue with death*. Koestler era corresponsal de guerra en el año 1937 cuando fue detenido y encarcelado por las tropas de Franco; la obra es esencialmente su diario en la prisión.

Matthew Lewis *The monk*. Le será difícil encontrar una lectura de vacaciones más apasionante que esta novela de misterio situada en un monasterio capuchino de Madrid, con su historia de monjes lujuriosos, abadesas diabólicas, violaciones, incestos y asesinatos. Aunque parezca extraño, es una novela clásica, la más gótica del género, publicada por primera vez en 1796.

Norman Lewis *Voces del viejo mar* y *The day of the fox*. Lewis vivió en Cataluña entre 1948-1952, cuando el turismo empezaba a llegar. Estos dos libros son una ingeniosa mezcla de novela y relato social, que ilustra la ruptura de las antiguas formas frente a la «nueva revolución».

Amin Maalouf *León el Africano*. Maravillosa novela histórica que recrea la vida de León Africano, el geógrafo árabe del siglo XV, en los últimos años del reino de Granada, su posterior exilio a Marruecos y sus viajes por el mundo.

Colm Tóibín *The South*. Primera novela del escritor irlandés que pasó los primeros años de la década de 1990 en Barcelona. La ciudad es el lugar donde se desarrolla la historia de una irlandesa que busca una nueva vida.

HISTORIA

GENERAL

Julio Caro Baroja *Las brujas y su mundo; Los judíos en la España moderna y contemporánea; El laberinto vasco*. Este prolífico etnólogo e historiador español se preocupó por intentar desentrañar las raíces sociales de la España actual; *El laberinto vasco* es en especial una obra de gran interés, para conocer la evolución del País Vasco.

Américo Castro *La realidad histórica de España; Sobre el nombre y el qué de los españoles*. Ensayista y autor de numerosos estudios de autores clásicos españoles, e interesado en desentrañar la esencia de lo «español».

Historia de España Alfaguara Obra colectiva que reunió en su día a autores de gran prestigio (G. Anes, M. Artola, A. Domínguez Ortiz, J. A. García de Cortázar, R. Tamames, entre otros) y de la que se realizaron diversas actualizaciones.

Juan Lalaguna *A traveller's history of Spain*. Una lúcida historia del transfondo histórico del país desde los fenicios hasta la década de 1990 y la madurez democrática de España.

Jaume Vicens Vives *Aproximación a la historia de España; Manual de historia económica de España; Historia económica y social de España*. Estos títulos, y otros muchos, constituyen la herencia de una de las grandes figuras de la historiografía española, introductor en España de las nuevas corrientes metodológicas, por lo que se le considera un verdadero renovador de la ciencia histórica de su época.

M. Vincent y R. A. Stradling *Atlas Cultural de España y Portugal*. Un formidable estudio sobre la península Ibérica desde la Antigüedad hasta la actualidad; excelentes mapas en color y fotografías bien elegidas.

ESPAÑA PREHISTÓRICA Y ESPAÑA ROMANA

James M. Anderson *Guía arqueológica de España*. Una buena guía e índice geográfico del 95 % de los sitios arqueológicos españoles, con instrucciones detalladas respecto a cómo llegar hasta ellos.

María Cruz Fernández Castro *La prehistoria de la península Ibérica.* Un gran estudio sobre la península ibérica antes de la llegada de los romanos; se revisan los restos arqueológicos más recientes relativos al notable progreso técnico, económico y artístico logrado por los primitivos íberos.

Roger Collins *Spain: an archeological guide.* Trata más de 130 sitios arqueológicos; guía más útil sobre los principales enclaves que la obra de Anderson mencionada antes.

S. J. Keay *Hispania romana.* Definitivo estudio sobre un tema no bien atendido; bien ilustrado y de fácil lectura.

John Richardson *Hispania y los romanos.* Este nuevo estudio sobre el período, que incluye descubrimientos y excavaciones recientes, forma parte de una historia de catorce volúmenes sobre España, desde la Prehistoria hasta la actualidad.

DE LA EDAD MEDIA A LA CONTEMPORÁNEA

Bartolomé Bennassar *Los españoles. Actitudes y mentalidad; La América española y la América portuguesa (siglos XVI-XVIII).* La España moderna a la luz de dos de sus grandes hitos, la conformación de una mentalidad común y la relación con la América colonial, por uno de los grandes hispanistas franceses.

Titus Burckhardt *La civilización hispano-árabe.* La sociedad y mentalidad que dieron lugar a una de las civilizaciones más largas y fructíferas en España: al-Andalus.

Ramón Carande *Carlos V y sus banqueros.* Una obra monumental e imprescindible sobre este polémico monarca, de lectura satisfactoria, aunque no siempre fácil.

J. M. Cohen *The four voyages of Christopher Columbus.* El hombre tras el mito; uno de los mejores libros sobre Colón escritos en inglés.

Roger Collins *La conquista árabe 710-797.* Estudio controvertido que documenta la invasión árabe y la significativa influencia que los conquistados visigodos ejercieron en el primitivo gobierno árabe. La anterior obra de Collins, *España en la Alta Edad Media 400-1000*, es un estudio más amplio sobre el mismo tema.

John A. Crow *Spain: the root and the flower.* Historia social y cultural desde la España romana hasta el presente.

Antonio Domínguez Ortiz *Las clases privilegiadas en la España del Antiguo Régimen.* Compendio de su obra *Sociedad española en el siglo XVII*, constituye un claro ejemplo de la excelente labor de este verdadero historiador, capaz de dar en sus libros pistas sobre documentos o temas a investigar, algo impensable entre sus «doctos» colegas.

J. H. Elliott *La España imperial 1469-1716.* La mejor introducción al Siglo de Oro, académicamente respetada y una historia absorbente.

Richard Fletcher *El Cid* y *Moorish Spain.* Dos de los mejores estudios de su clase, narrativa fascinante y de fácil lectura.

L. P. Harvey *Islamic Spain 1250-1500.* Amplio estudio sobre este período, referente a los reinos islámicos y los musulmanes que vivían bajo su protección.

David Howarth *The voyage of the Armada.* Una narración desde la perspectiva española sobre las personalidades implicadas en la Armada Invencible, desde el rey a los marineros.

Henry Kamen *La Inquisición española.* Estudio muy respetado de las causas y efectos de la Inquisición y su larga sombra en la historia española. *La Inquisición española: una revisión histórica*, del mismo autor, vuelve al tema a la luz de recientes evidencias, mientras que *Felipe de España* es la primera biografía exhaustiva de Felipe II.

Elie Kedourie *Spain and the jews: the sephardi experience, 1492 and after.* Colección de ensayos sobre la historia de los 3 millones de judíos españoles de la Edad Media y su expulsión por orden de los Reyes Católicos.

John Lynch *Spain 1516-1598; The hispanic world in crisis and change, 1598-1700; España: el siglo XVIII.* Tres interesantes títulos sobre la España moderna, escritos en un estilo erudito pero de fácil lectura, ideal para cualquiera que esté interesado en dicho período.

Salvador de Madariaga *España, ensayo de historia contemporánea; El auge y el ocaso del Imperio español en América.* Ensayos clásicos de un autor controvertido, que intenta desentrañar la razón de ser de España y sus gentes.

José Luis Martín *La Península en la Edad Media.* Uno de los mejores compendios de historia medieval española, que se mantiene a pesar de los años transcurridos desde su publicación.

Joseph Pérez *Carlos V, soberano de dos mundos.* Un buen estudio sobre este monarca, por el

que fuera director de la Casa de Velázquez, sede de la École des Hautes Études Hispaniques en Madrid entre 1986-1996, que posee otros interesantes estudios como *La expulsión de los judíos de España e Isabel y Fernando.*

Claudio Sánchez Albornoz *Orígenes de la nación española; El Islam de España y el Occidente.* Uno de los insignes historiadores exiliados tras la Guerra Civil, Sánchez Albornoz esbozó una idea de España, en especial en *Orígenes...* que se enfrentó diametralmente con la de Américo Castro.

Colin Smith, Charles Melville y Ahmad Ubaydli *Christians and moor in Spain.* Una fascinante colección de documentos de escritores árabes y españoles desde la conquista árabe hasta la supremacía cristiana, que están pensadas para el lector lego además de para los eruditos.

Francisco Tomás y Valiente *Gobierno e instituciones en la España del Antiguo Régimen; El marco político de la desamortización en España.* Dos de las principales obras de este especialista en constitucionalismo, que fue asesinado por ETA en 1997, a causa de sus artículos y opiniones contrarios a la banda terrorista.

EL SIGLO XX

Gerald Brenan *El laberinto español.* Publicado por primera vez en 1943, la narración de Brenan con el trasfondo de la Guerra Civil está matizada por la experiencia personal, pero aun así es un relato impresionante.

Queca Campillo *20 años que cambiaron España.* Un libro de fotografías, en el que se recogen los últimos 20 años de la vida política española, desde una visión positiva y optimista.

Raymond Carr *España, de la Restauración a la democracia 1875-1980,* y *Estudios sobre la República y la guerra civil española.* Dos de los mejores libros que pueden conseguirse sobre la moderna historia de España; concisos y bien narrados.

Ronald Fraser *Blood of Spain.* Subtitulado «The Experience of Civil War, 1936-1939», el libro es una investigación igualmente impresionante, construida sobre relatos orales. *In hiding,* del mismo autor, es el fascinante relato sobre un alcalde republicano escondido por su familia durante 30 años hasta la amnistía de la Guerra Civil de 1969.

Ian Gibson *Federico García Lorca, El asesinato de Federico García Lorca* y *La Granada de Lorca.* La biografía es atractiva. *El asesinato,* una brillante reconstrucción de los acontecimientos del final de su vida, con un análisis sobre la corrupción fascista y las influencias en Lorca, la España del siglo XX y la Guerra Civil. *Granada* hace un recorrido por zonas de la ciudad familiares al poeta.

Gerald Howson *Arms for Spain: the untold story of the spanish civil war.* Este importante libro utiliza archivos rusos y polacos recientemente abiertos para revelar cómo los republicanos fueron engañados por casi todos los gobiernos extranjeros a los que intentaron comprar armas (incluidos los nazis) durante la guerra; Moscú, su aliado declarado, uno de los principales culpables.

Robert Low *La Pasionaria.* Dolores Ibarruri, *La Pasionaria,* acuñó el grito de batalla «No pasarán», durante el asedio de Madrid, y fue una figura crucial en el liderazgo del Partido Comunista español durante la Guerra Civil, y luego en el exilio. Hábil narración sobre su triste y extraordinaria vida.

Paul Preston *España en crisis. Evolución y decadencia del régimen de Franco, La Guerra Civil española.* Una exhaustiva biografía de Franco y su régimen, que explica mejor que otras publicadas hasta ahora por qué y cómo ganó la Guerra Civil y sobrevivió tanto tiempo en el poder. El segundo es una atractiva introducción al tema y más accesible al público en general que la obra de Hugh Thomas.

Adrian Shubert *A social history of Spain.* Amplio análisis de fácil lectura sobre el desarrollo social de España desde 1800 a los años 1980.

Hugh Thomas *La Guerra Civil Española.* Este exhaustivo estudio de 1.000 páginas se considera (en España y en el extranjero) como la historia definitiva de la Guerra Civil.

Manuel Tuñón de Lara *España: La quiebra de 1898; El movimiento obrero en la historia de España; El siglo XIX español; El siglo XX español.* Especialista en la España moderna y contemporánea, sus estudios sobre el movimiento obrero y el franquismo supusieron una gran innovación en su momento.

Pierre Vilar *Historia de España; La guerra civil española; Cataluña en la España moderna.* Otro clásico de la historiografía, en este caso francés, que intentó aplicar el método marxista al análisis de las sociedades.

ARTE, ARQUITECTURA, FOTOGRAFÍA, CINE Y DISEÑO

Marianne Barrucand y Achim Bednoz *Moorish architecture.* Una guía bellamente ilustrada de los grandes monumentos árabes.

Jeannine Baticle *Velázquez, el pintor hidalgo.* Subdirectora honoraria del Louvre, autora de varias obras sobre pintura española (entre ellas una biografía de Goya), realiza una interesante aproximación a la figura del genial pintor, tanto en su faceta pública como privada.

M. L. Bernadac y P. du Bouchet *Picasso, artista y bohemio.* Aproximación a la figura artística, y a la persona, del que está considerado el genio del siglo XX, Pablo Ruiz Picasso. Una personalidad tumultuosa, bajo una mirada penetrante.

Hugh Broughton *Madrid: a guide to recent architecture.* La arquitectura española moderna se encuentra a la vanguardia del diseño mundial; guía fluida, de bolsillo, sobre los mejores ejemplos de Madrid, cada uno con su propia fotografía y explicaciones sobre cómo llegar allí.

Jerrilyn D. Dodds *Al-Andalus.* Un profundo estudio del arte y los monumentos de la Andalucía árabe, reunidos como catálogo para una gran exposición en la Alhambra.

Godfrey Goodwin *España islámica.* Guía arquitectónica manejable con descripciones de casi todos los edificios árabes significativos y bastante información sobre su historia.

Cristina García Rodero *Festivales y rituales de España. España oculta.* El primero es una recopilación sobre la exuberancia y color de las numerosas fiestas españolas realizada por la fotógrafa contemporánea más asombrosa de España. El segundo es una colección de imágenes en blanco y negro acerca de la religión y el misticismo del país.

J. Punyet Miró y G. Lolivier-Rahola *Miró, el pintor de las estrellas.* Obra conjunta de uno de los nietos del artista y de una amiga de la familia, centrada en un artista obsesionado por el color.

Meyer Schapiro *Estudios sobre el románico.* Un excelente estudio ilustrado de la arquitectura y el arte románico, y de sus precursores visigóticos y mozárabes.

Suzanne Slesin *et alter Spanish style.* Un fabuloso compendio fotográfico del estilo español, antiguo y moderno, desde su estatuaria y los azulejos hasta los muebles e interiores de la actualidad.

Fréderic Strauss *Pedro Almodóvar, un cine visceral.* Las francas conversaciones entre Strauss (coeditor de *Cahier du Cinema*) y el director cinematográfico se concentran en la obra más que en los cuentos interrumpidos por el humor contagioso de Almodóvar.

Anatzu Zabalbeascoa *The new spanish architecture.* Un soberbio estudio ilustrado sobre la nueva arquitectura de las décadas de 1980-1990 en Barcelona, Madrid, Sevilla y otros lugares.

ÍNDICE

A
A Coruña 508-511
A Guarda 544
A Toxa 533
Ademuz 568
agencias de viajes 3
Agua Amarga 331
Agüero 577
Águilas 820
Aiguablava 676
Aiguafreda 675
Aigüestortes 738-746
Aínsa 588
Alarcón 163
Alba de Tormes 138, 347
Albacete 163
Albarracín 568
Albeos 547
Alberes, montes 683
albergues 22
Alcalá de Henares 149
Alcalá del Júcar 163
Alcántara 191
Alcañiz 571
Alcarria 150
Alcázar de Toledo 122
Aldán 538
Aledo 820
Algeciras 230
Alhambra 303-310
Alicante/Alacant 805-810
Almagro 166
Almazán 365
Almería 326-329
Almonaster la Real 262
Almuñécar 219
alojamiento 20-23
Alp 721
alquiler de automóviles 17
Altamira, cuevas de 468
Altea 802
Alto Campoo 469
Amposta 765
Andorra 727-731
Andorra la Vella 729
Ansó 585
Antequera 217
Añisclo, garganta o cañón 590
Aracena 261
Araía 433
Arán, valle de 734-739
Aranda de Duero 363
Aranjuez 125
Arcos de la Frontera 238
Arenas de Cabrales 487
Arenas de San Pedro 138
Arenys de Mar 637
Arinsal 730
Arizcun 451
Arousa, ría de 531
arquitectura 948-956
Arròs 738
Arroyo de la Luz 191
Artesa de Segre 731
Arties 737
Astorga 394-396
Astún-Candanchú 583
Auritz-Burguete 450
autobuses
 en España 13
 hacia España 3
Ávila 132-138
Avilés 476-478
Ayamonte 278
Azpeitia 418

B
Badajoz 196-199
Baeza 294
Bagà 719
Bagergue 736
Baiona 543
Baleares, islas 824-879
bancos 11
Banyoles 697
Baños de Cerrato 361
Baqueira-Beret 735
Barbastro 573
BARCELONA 594-660
 alojamiento 602-608
 aeropuerto 595
 Barceloneta 621
 barrio gótico 614
 El Raval 613
 bares y cafés 646-650
 Camp Nou 635
 Casa Montaner i Simon 629
 Castell de Montjuïc 627
 catedral 615
 compras 655
 discotecas y clubes 650
 Eixample 628
 estaciones de ferrocarril 596
 festivales 654
 filmes 654
 finca Güell 635
 Fundacions
  • Joan Miró 627
  • Tàpies 629
 funiculares 600
 Gràcia 634
 La Barcelona judía 617
 La Pedrera 630
 La Seu 616
 Manzana de la Discordia 629
 mercados 646, 657
 Metro 600, 601
 Modernismo 630
 monestir de Pedralbes 636
 Montjuïc 623
 Montserrat 638
 muelle de transbordadores 596
 música en vivo 651
 Museus
  • Arqueològic 625
  • d'Art Contemporani 614
  • d'Art Modern de Catalunya 621
  • Etnològic 625
  • Marítim 612
  • Nacional d'Art de Catalunya 624
  • Picasso 619
 oficinas de turismo 597
 palaus
  • Güell 613
  • Nacional 624
  • Reial de Pedralbes 635
 parcs
  • Ciutadella 620
  • Mar 622
  • Güell 634
  • Joan Miró 633
  • Zoològic 621
 Pedralbes 635
 Picasso en Barcelona 619
 places
  • Catalunya 610
  • Reial 611
 Poble Espanyol 626
 Port Olímpic 622
 Port Vell 612
 puerto 611
 Ramblas 608-620
 restaurantes 642-646
 Sagrada Família 632
 tapas y bocadillos 640
 taxis 602
 teatros y salas de fiestas 653
 terminal de autobús 596
 Tibidabo 636

transporte urbano 597-602, 622, 624
Villa Olímpica 622
Vinçon 630
zona olímpica 626
bares 23
Baro 733
Baroña 529
Barruera 744
Batuecas, valle de las 350
Baztán, valle de 451
bebidas 25
Beget 715
Begur 675
Bellver de Cerdanya 724
Belmonte 162
Benasque 591
Benicarló 796
Benicasim/Benicàssim 794
Benidorm 802-804
Bera-Vera de Bidasoa 435
Bérchules 324
Berga 718
Berguedà 718
Berlanga de Duero 364
Bermeo 421
Besalú 699
Betanzos 507
Bielsa 592
Biescas 587
Bilbao 421-428
Blanes 667
Boí 744
Boí-Taüll 746
Bolibar 429
Bolonia 266
Borredà 720
Bossòst 738
Bourg-Madame 723
Breda 707
Bretui 733
Broto 587
Brozas 191
Bubión 322
Bueu 538
Bulnes 484
Buñuel, Luis 350
Burgo de Osma-Ciudad de Osma 363
Burgomillodo, pantano de 362
Burgos 376-383
Busquístar 323

C

Cáceres 186-190
Cadaqués 685
Cadí, sierra del 718
Cádiar 324
Cádiz 268-272
Caín 486
Calatañazor 364
Calatayud 563
Calatrava La Nueva 167
Caldas de Reis 533
Caldes de Boí 746
Caldetes 637
Calella 674
Calonge 672
Calpe/Calp 802
Camariñas 527
Cambados 532
Cambrils 762
Camino de Santiago 374, 397, 446, 511, 518, 580
cámpings 22
Camposancos 545
Camprodon 713
Candeleda 140
Canet de Mar 637
Canfranc-Estación 582
Cangas 539
Cangas de Onís 488
Canillo 730
Cantavieja 570
Cañar 321
Capdella 739
Capileira 322
Carataunas 321
Caravaca de la Cruz 822
Carboneras 331
Cardona 724
Cares, garganta 485
Cariñena 561
Carmona 278
Carnota 529
carretera nacional N-340 208
Carrión de los Condes 386
Cartagena 817
cartuja de Aula Dei 560
Castellar de la Frontera 232
Castellar de n'Hug 720
Castellciutat 726
Castelldefels 637
Castellfollit de la Roca 701
Castelló d'Empúries 684
Castellón de la Plana/
Castelló de la Plana 793
Castro-Urdiales 465
Castropol 498
Cazalla de la Sierra 263
Cazorla 295
Cebreiro 511
Celanova 547
Cercedilla 131
Ceuta 331-332
Chaves 548
cheques de viaje 12
Chinchilla de Monte Aragón 164
Chinchón 126
Chipiona 273
ciclismo 18
Cíes, islas 542
Cinco Lagunas, circo de las 139
Ciudad Encantada 162
Ciudad Real 165
Ciudad Rodrigo 347, 348
Coaña 497
Coca 361
Colera 688
Coll 744
Combarro 537
comidas 23, 501
Comillas 469
conducir
  en España 17
  hacia España 4
Conil 267
conservación 970
Constantina 264
Consuegra 164
consulados
  en España 34
  españoles en el extranjero 5
Corcubión 528
Cordiñanes 486
CÓRDOBA 280-290
  alojamiento 281-284
  bares 290
  catedral 288
  Judería 288
  mezquita 284-287
  museos 289
  oficina de turismo 281
  restaurantes 289
Coria 179
Corme 526
Corme Aldea 526

Cornión, macizo 490
correos 18
corridas de toros 28
Cosgaya 482
costas
  Blanca 797-804
  Brava 666-690
  Morte 525-529
  Luz 264-268
  Azahar 792-797
  Sol 220-224
  Vasca 416-421
Covadonga 489
Covarrubias 385
Creixell 753
cronología de monumentos 945
Cuacos 175
Cudillero 496
Cuéllar 361
Cuenca 158-162
cuevas
  Pileta 236
  Pozalagua 429
  Santimamiñe 420
Cunit 753
cursos de lengua 34

D

Daimiel 166
Dalí, Salvador 682
Darnius 683
Daroca 564
Deià, *véase* Deyá, en Mallorca
Deltebre 765
Dènia 801
dinero 12
direcciones 34
Don Quijote 165
Donostia-San Sebastián 406-414
Durango 428
Durro 744

E

Ebro, Delta del 764
Écija 280
Eivissa 826-838
  calas
  • D'Hort 838
  • Jondal 838
  • Salada 838
  • Xarraca 837
  • Xuclar 837

Es Cavallet 836
ciudad de Eivissa 829-835
Puerto de Sant Miquel 837
Portinatx 836
San Antoni de Portmany 837
Sant Carles 836
Santa Eulària des Riu 836
Ses Salines 836
Ejea de los Caballeros 561
Ejulve 570
El Arenal 139
El Cabo de Gata 329
El Chorro, garganta 216
El Escorial 127-130
El Greco 120
El Grove, *véase* O Grove
El Hornillo 139
El Maestrazgo 569-571
El Palmar 791
El Pedroso 264
El Pindo, *véase* O Pindo
El Pont de Suert 743
El Port de la Selva 687
El Puente del Arzobispo 169
El Puig 792
El Rincón de Ademuz 568
El Rocío 277
El Serrat 730
El Toboso 163
El Torcal 217
Elantxobe 419
Elche/Elx 810
electricidad 51
Elizondo 451
embajadas
  en el extranjero 5
  en España 34
Empúries 679
Encartaciones 429
Enol, lago 490
Ercina, lago 490
Erill la Vall 744
Erratzu 451
Escaldes 730
Escrivá, José María 573
Escuaín, cañón o garganta 590
España gay 51
Espinama 483
Espolla 683
Espot 742
esquiar 34
  en Aragón 583
  en los Pirineos 709

Estella/Lizarra 448
Estepona 222
Esterrí d'Àneu 734
Estorde 528
Etxalar 437
Ezaro 528

F

Fallas 782
fauna y flora 963-974
Ferreirola 323
Ferrol 507
FIESTAS 26
  alrededores de Madrid 110
  Andalucía 206, 244
  Aragón 552
  Barcelona 654
  Cantabria y Asturias 456, 477
  Castilla la Mancha y Extremadura 173, 156
  Castilla y León y La Rioja 338
  Cataluña 668
  Galicia 502
  islas Baleares 827
  islas Canarias 896
  Madrid 44
  Navarra 483
  País Vasco 403
  Valencia y Murcia 778, 782, 809
fiestas públicas 26
Figueres 680-682
Fisterra (Finisterre) 528
Fiscal 588
fondas 21
Forcall 797
Fornells 675
Fraga 572
Frómista 385
Fuendetodos 561
Fuengirola 221
Fuente Dé 483
Fuerteventura 920-925
  Corralejo 923
  Cotillo 923
  Pájara 924
  Puerto del Rosario 921
fútbol 29

G

Gandía 799
Garganta la Olla 175
Garraf 637
Garrotxa, Alta 701

984 / ÍNDICE

Garrotxa, Baixa 702
Gata 179
Gata, sierra de 179
Gaucín 233
Gernika 419
Gerri de la Sal 732
Gessa 736
Getaria 417
Gibraltar 224-230
Gijón 475
Girona 690-697
Gisclareny 719
Gistau, valle de 592
glosario catalán 664
Goian 546
Gomera 902-907
  Hermigua 905
  Parque Nacional de Garajonay 905
  San Sebastián de la Gomera 903
  Valle del Gran Rey 906
Gormaz 364
Gósol 719
Gran Canaria 910-920
  Arucas 916
  Las Palmas de Gran Canaria 910-916
  Maspalomas 918
  Playa del Inglés 918
  Santa Brígida 916
  San Mateo 917
  Telde 917
GRANADA 298-315
  Albaicín 311
  Alcazaba 305
  Alhambra 303-310
  alojamiento 299
  capilla Real 311
  catedral 311
  Generalife 310
  Granada árabe 298
  iglesias 311
  oficina de turismo 299
  restaurantes y bares 313
  Sacromonte 314
  vida nocturna 314
Grazalema 237
Gredos, circo de 139
Gredos, sierra de 138
Guadalajara 150
Guadalest 804
Guadalupe 184-186
Guadalupe, sierra de 186
Guadarrama, sierra de 131
Guadix 325
guanches, los 883

Guardiola de Berguedà 719
Guipúzcoa 414-416

H

hacer autostop
  en España 18
  autostop hacia España 4
Haro 373
Hecho 584
Hierro 907-910
  La Frontera 909
  Valverde 908
Hio, cabo 538
historia de España 935-944
Hondarribia 405
horarios de apertura 26
hostales 21
Hostalric 707
hoteles 21
Hoyos 179
Huelva 277
Huesca 574

I

Ibiza, *véase* Eivissa
Internet, España en 9
Irache 449
Irún 404
Isaba 453
Islares 464
islas Cíes 542

J

Jaca 577-581
Jaén 292
Jaraíz de la Vera 175
Jarandilla de la Vera 174
Játiva, *véase* Xàtiva
Jávea/Xàbia 801
Javier 446
Jerez de la Frontera 274
Jerez de los Caballeros 201
Jerte, valle del 175
Jimena de la Frontera 232
Juviles 323

L

L'Ametlla de Mar 763
L'Escala 677
L'Espluga de Francolí 767
L'Estartit 677

La Alberca 350
La Albufera 791
La Bisbal 676
La Coruña, *véase* A Coruña
La Duquesa El Castillo 223
La Garrucha 331
La Granja 147
La Guardia, *véase* A Guarda
La Guingueta d'Àneu 734
La Hermida 481
La Herradura 219
La Iglesuela del Cid 570
La Isleta 329
La Línea 223
La Mancha Húmeda 166
La Massana 730
La Molina 721
La Palma 898-902
  Breña Alta 901
  Breña Baja 901
  Los Llanos de Aridane 901
  Parque Nacional de la Caldera de Taburiente 901
  Santa Cruz de la Palma 899-901
La Peña de Francia 350
La Pobla de Lillet 720
La Pobla de Segur 732
La Puebla de Montalbán 168
La Rábida 278
La Rioja 370-374
La Seu d'Urgell 725-727
La Toja, *véase* A Toxa
La Tour de Carol 723
La Vera 173
Laguardia 434
Laguna Grande, circo de 139
Lanjarón 318
Lanzarote 925-930
  Arrecife 926
  Costa Teguise 927
  Teguise 928
  Parque Nacional de Timanfaya 929
Laredo 464
Las Alpujarras 317
Las Hurdes 178
Las Médulas 396
Las Negras 329
Las Ventas con Peña Aguilera 170
Lastres 473
Laxe 506
Lebeña 481
Ledesma 347
Lekeitio 419

León 388-393
Lérida, *véase* Lleida
Les Bordes 738
Les Masies 767
Lesaka 436
libros 975-980
Liébana 482
Linas de Broto 587
Llafranc 675
Llanars 714
Llançà 688
Llanes 471
Llavorsí 733
Lleida 768-772
Llívia 723
Lloret de Mar 669
Llosa de Ranes 799
Loarre, castillo de 575
Logroño 371
Lorca 821
Los Arcos 449
Los Escullos 329
Los Mallos 577
Luarca 497
Lugo 512-514
Lumbier 452
Luzaide/Valcarlos 450

M
Maçanet de Cabrenys 683
MADRID 39-108
 alojamiento 47-53
 aeropuerto 40
 bares 77-87
 cafés 84
 Casa de Campo 75
 Centro de Arte Reina Sofía 68
 chiringuitos 88
 Chueca 72
 compras 100-104
 Descalzas Reales 56
 El Pardo 76
 El Rastro 61
 ermita de San Antonio 74
 estaciones de ferrocarril 41
 fiestas 44
 filmes 99
 Gran Vía 72
 Huertas 62
 información 44
 Jardines Botánicos 71
 La Latina 60
 Lavapiés 60
 Malasaña 73
 Metro 45
 Moncloa 74
 música 95-99
 museos
  • América 74
  • Arqueológico Nacional 75
  • Artes Decorativas 71
  • Carruajes 58
  • Cera 75
  • Cerralbo 73
  • Chicote 72, 91
  • Ejército 71
  • Lázaro Galdeano 76
  • Municipal 73
  • Naval 71
  • Prado 63-66
  • Real Academia de Bellas Artes de San Fernando 63
  • Romántico 72
  • Sorolla 76
  • Thyssen-Bornemisza 66-68
 oficina de turismo 44
 ópera 57
 Palacio Real 58
 para gays y lesbianas 90
 parques
  • Oeste 74
  • Retiro 69
 plazas
  • España 73
  • Mayor 55
  • Santa Ana 61
  • Villa 55
 Puerta del Sol 54
 restaurantes y bares de tapas 77-87
 Salamanca 75
 San Ginés 55
 San Miguel 55
 Santa Ana 61
 taxis 47
 teatros y salas de fiestas 100
 terminales de autobús 41
 terrazas 88
 transporte urbano 45
 vida nocturna 88-95
  • bares 89-94
  • discotecas 94-95
  • pubes irlandeses 92
Madrigal de la Vera 140
Maia 451
Málaga 208-216
MALLORCA 842-862
 Alcúdia 860
 Andraitx 852
 Artà 862
 Cala Rajada 862
 Capdepera 862
 Deyá 854
 Lluc 857
 Palma 844-851
 Parc Natural de S'Albufera 861
 Formentor, península de 860
 Pollença 858
 Port d'Alcúdia 861
 Port de Pollença 859
 Port de Sóller 853
 Porto Cristo 862
 S'Arenal 852
 Sant Telm 852
 Sóller 853
 Valldemosa 855
Malpica 525
Manises 792
Manzanares el Real 132
Manzaneda 548
Maó, *véase* Mahón, en Menorca
mapas 8
Mar Menor 816
Maragatos, Los 395
Marbella 221
Marín 537
Markina/Xemein 429
marroquíes 231
Marruecos 265
Masella 721
Mazarrón 819
Medina Azahara 290
Medina del Campo 355
Medina-Sidonia 238
Medinaceli 365
medio ambiente 970
Melilla 332-333
Mendoza 433
MENORCA 862-877
 Alaior 871
 Cala en Turqueta 877
 Ciutadella 872-877
 Es Mercadal 871
 Ferreries 872
 Fornells 870
 Mahón 865-870
 Toro, monte 871
Mérida 192-196
Mini Hollywood 329
Miño, río 545
Mirambel 570
Moaña 539
Mogor 537
Moguer 278
Mojácar 330
Molinar 429
Molló 715
Mombeltrán 138

monasterios
Leyre 445
Piedra 564
Poblet 766
Veruela 563
Yuste 174
Mondariz 547
moneda 12
Monforte de Lemos 548
Montagut de Fluvià 701
Montanejos 793
Montblanc 766
montes de Toledo 168
Montseny, sierra del 707
Montserrat 638
Monzón 572
Moratalla 823
Morella 796
Morena, sierra 202, 260
Muel 561
Mulhacén 315
Mundaka 421
Murcia 812-816
Muros 529
Museo Guggenheim 426
música 30
Mutriku 418
Muxía 527

N
nacionalismo vasco 400
Nájera 375
Naranjo de Bulnes 484
Narvaja 433
Navalmoral de la Mata 169
Navarredonda 139
Navia 497
Negra, laguna 370
Nerja 218
Níjar 330
niños 34
Noguera Pallaresa, valle 731-734
Noia 529
nombres vascos 401
Nueva 472
Nuévalos 564
Nuevo Baztán 149
Numancia 369
Nuñomoral 178
Núria 717

O
O Grove 532
O Pindo 528
observación de pájaros 965
Ochagavía 452
oficinas de turismo 8
Oia 544
Oix 701
Olite 444
Oliva 801
Olivenza 200
Olot 704-707
Olvera 237
Ondarroa 418
Oñati 415
Opus Dei 573
Ordesa, cañón 588
Ordino 730
Ordino-Arcalis 730
Ordizia 414
Orduña 429
Organyà 725
Orihuela 811
Órjiva 319
Oropesa 169
Oropesa del Mar/Orpesa 795
Orreaga-Roncesvalles 450
Ortigueira 506
Oseja de Sajambre 488
Osuna 280
Oto 588
Otzaurte 415
Ourense 547
Oviedo 490-496

P
Padrón 531
Pal 730
Palafrugell 673
Palamós 673
Palancar, convento del 179
Palencia 360
Palma de Mallorca 844-851
Pals 676
Pampaneira 321
Pamplona/Iruña 437-444
Panes 481
paradores 21
parcs
Nacional d'Aigüestortes i Llac de Sant Maurici 739-746
Natural de la Zona Volcànica de la Garrotxa 703
Natural dels Aiguamolls de l'Empordà 683
Paredes de Nava 361
parques
Nacional de las Tablas de Daimiel 166
Nacional Coto de Doñana 276
Nacional de Ordesa y Monte Perdido 586-591
Natural de las Sierras de Segura y Cazorla 296
Natural de Monfragüe 180
Natural del Cañón del Río Lobos 369
Natural Pirenaico 452
Natural de las Lagunas de Ruidera 166
Pas de la Casa 731
Pasaia-Donibane 406
pases de tren 3, 16
Pastrana 150
Pedraforca 719
Pedraza 362
pensiones 21
Peña de Francia, sierra 349
Peñafiel 362
Peñaranda de Bracamonte 138
Peñíscola 795
Peratallada 676
Perbes 507
Perellonet 791
periódicos 19
Picos de Europa 478-490
Pileta, cueva de la 236
pintores 957-962
pintura 957-962
Pirineos
aragoneses 571-592
catalanes 708-746
navarros 449-453
Pitres 323
Plan 592
Planoles 721
Plasencia 175
Platja d'Aro 672
Poblet 768
Pobleta de Bellveí 733
policía 31
Polientes 469
Poncebos 486
Ponferrada 396
Ponteareas 546
Ponteceso 526
Pontedeume 507
Pontevedra 534-537

Pontevedra, ría de 534
Ponts 724
Poqueira, garganta 321
Port Lligat 686
Portbou 689
Porto de Vares 506
Porto do Barqueiro 512
Portomarín 537
Portonovo 537
Pórtugos 323
Posada de Valdeón 485
Potes 481
Pozalagua, cuevas de 429
Prades 768
Prado 63-66
Puente la Reina 447
Puente Viesgo 468
Puerta Romana 753
Puerto de Mazarrón 819
Puerto de Santa María 272
Puigcerdà 721

Q
Queralbs 716
Quijote, Don 165
Quintanilla de las Viñas 385

R
Rabassada 759
radio 19
Raimat 772
Ramallosa 544
Ransol 731
Real de la Jara 263
Reinosa 468
restaurantes 24
Rialp 733
Riaño 488
Rías Baixas 529
Riaza 362
Ribadavia 547
Ribadeo 505
Ribadesella 472
Ribeira 532
Ribes de Freser 716
Riells 707
Riglos 577
Río Borosa, paso de 297
Río Lobos, cañón 369
Riofrío 148

Ripoll 710
Ritort, valle de 715
robos 31
Rocabruna 715
Romanyà de la Selva 673
Roncal 452
Roncal, valle de 452
Ronda 233-235
Ronda la Vieja 236
Roses 685
Rota 273
ruta del románico 712-716
Ruta Integral de los Tres Mil 316

S
Sa Riera 676
Sa Tuna 676
Sabaris 544
Sabiñánigo 586
Sada 507
Sádaba 562
Sadernes 701
Sagunto/Sagunt 792
Sahagún 387
Salamanca 339-346
Salardú 735
Salas 498
Saldes 719
Salobreña 219
Salou 762
Salou-Cambrils 761
Salvatierra 433
San Andrés de Teixido 506
San Esteban de Gormaz 364
San Fermín 437, 438-439
San José 329
San Juan de la Peña 582
San Leonardo de Yagüe 370
San Martín de Trevejo 179
San Miguel de Escalada 388
San Pedro del Pinatar 816
San Roque 223
San Vicente de la Barquera 470
Sangüesa 447
sanidad 6
Sanlúcar de Barrameda 273
Sant Carles de la Ràpita 765
Sant Feliu de Guíxols 671
Sant Hilari Sacalm 707

Sant Jaume d'Enveja 765
Sant Jaume de Frontanyà 720
Sant Joan de les Abadesses 712
Sant Joan les Fonts 702
Sant Llorenç de la Muga 683
Sant Martí d'Empúries 679
Sant Pau de Segúries 702
Sant Pere de Rodes 687
Sant Pere Pescador 684
Sant Pol de Mar 637
Santa Cruz de la Serós 581
Santa María de Huerta 366
Santa Marina de Valdeón 485
Santa Olalla del Cala 262
Santa Pau 703
Santa Pola 811
Santa Teresa de Ávila 135
Santander 457-463
Santiago de Compostela 515-525
Santiago de la Ribera 817
Santibáñez el Alto 179
Santillana del Mar 466
Santimamiñe, cueva de 420
Santo Domingo de la Calzada 375
Santo Domingo de Silos 383
Santoña 464
Sanxenxo 537
Saravillo 592
Sardiñeiro 528
Sarria 512
Sarvisé 588
Segorbe 793
Segovia 140-147
Segura 415
seguros, compañías 6
Selva de Oza 585
senderismo 361, 480, 588, 591, 701, 714, 906
Sepúlveda 362
Serrallo 759
Setcases 715
Setenil 237
SEVILLA 240-259
Alcázar 250-253
alojamiento 241-247
bares 257

catedral 248
iglesias 250
Feria de Abril 244
Giralda 247
Itálica 255
La Cartuja 254
música 258
oficina de turismo 241
parque de María Luisa 253
plaza de España 253
restaurantes 256
Santa Cruz 253
Semana Santa 244
Triana 254
vida nocturna 258
sidrerías 414
Sierra Nevada 315
Sigüenza 153
Silos 383
Sin 592
Siresa 584
Sitges 747-752
Sobrado dos Monxes 512
Soldeu 731
Solsona 725
Solynieve 316
Soportújar 321
Sorbas 330
Soria 366-369
Sort 733
Sos del Rey Católico 562
Soto de Sajambre 488
Sotres 484
Super Espot 743
Super Molina 721

T

Tabernas 330
Tafalla 444
Talarn 731
Talavera de la Reina 169
Tamariu 675
tapas 23
Tapia de Casariego 498
Tarazona 562
Tarifa 264
tarjetas de crédito 12
Tarragona 754-761
Taüll 745
Tauste 561
Teba 237

teléfono 19
televisión 19
Tenerife 884-896
 La Laguna 890
 La Orotava 893
 Los Cristianos 894
 Los Realejos 893
 Parque Nacional de las Cañadas del Teide 895
 Playa de las Américas 894
 Puerto de la Cruz 890
 Santa Cruz de Tenerife 886-890
Teruel 565-568
Toledo 111-124
Tolosa 414
Tordesillas 354
Torla 587
Toro 353
Torredembarra 753
Torremolinos 220
Torres del Río 449
Torroella de Fluvià 684
Torroella de Montgrí 677
Tortosa 763
Tossa de Mar 670
Totana 819
Traba 526
trabajo 33
Tredòs 736
Tregurà de Dalt 714
Tremp 731
tren cremallera 716
trenes
 en España 16
 hacia España 3
Tresviso 484
Trevélez 323
Trujillo 181-184
Tudela 445
Tui 546
Turégano 361
Turieno 482

U

Úbeda 295
Ubrique 238
Udra cabo 538
Ugíjar 325
Ujué 445
Ullastret 676
Uncastillo 562
Unquera 471, 481
Unya 736

Uña 162
Urbión, sierra de 370

V

Valdepeñas 168
Valderrobres 571
Valença 546
Valencia 777-792
València d'Àneu 734
Vall d'Àneu 734
Valladolid 356-360
Valldemossa, véase Valldemosa
Valle de los Caídos 130
Valls 768
Vallter 2000 715
vascos 400
Vejer de la Frontera 267
Veleta 315
Verín 548
Viadós 592
viajeros minusválidos 7
Viana 449
Vic 708
Viella 737
Vigo 540-542
Vigo, ría de 538
Viladrau 707
Vilagarcía 532
Vilallonga del Ter 714
Vilanova i la Geltrú 752
Villa Real de Santo Antonio 278
Villafamés 794
Villafranca del Bierzo 397
Villafranca del Cid 570
Villahormes 472
Villalcázar de Sirga 386
Villarluengo 570
Villarreal de San Carlos 180
Villaviciosa 474
Vimianzo 528
Vinaròs 796
Vinuesa 370
visados 5
Vitoria-Gasteiz 429-433
Viveiro 505
vocabulario vasco 402
vuelos
 en España 18

X
Xàtiva 798

Y
Yecla, gargantas del 384
Yegen 324
Yesa 446

Z
Zafra 201
Zahara 266
Zahara de la Sierra 238
Zalduondo 433
Zamora 351-353
Zaragoza 552-560

Zarautz 416
Zestoa 418
Zufre 262
Zugarramurdi 451
Zumaia 417
Zuriza 585

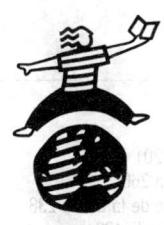

SIN FRONTERAS

La mejor colección para viajeros dispuestos a recorrer el mundo

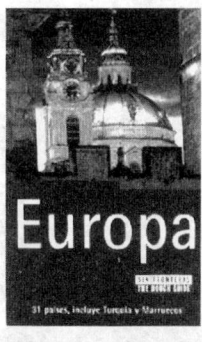
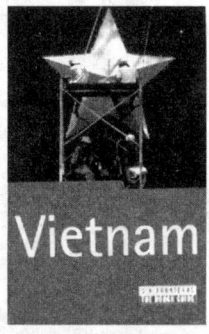
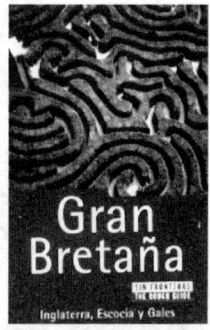
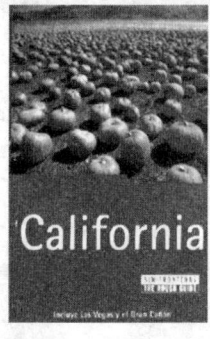
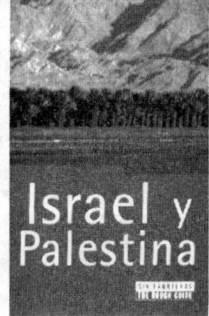
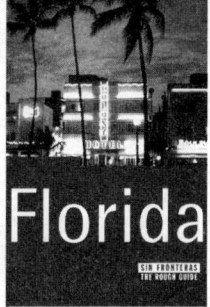

Magníficamente documentadas, prácticas, refrescantes, directas...

Próximos lanzamientos: Suráfrica · India · Estados Unidos · Portugal

EDICIONES B
GRUPO ZETA

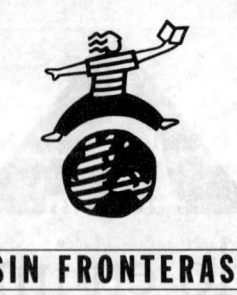

SIN FRONTERAS

Las MINI guías más completas

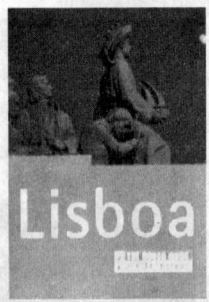
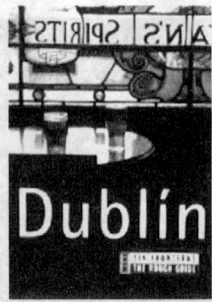
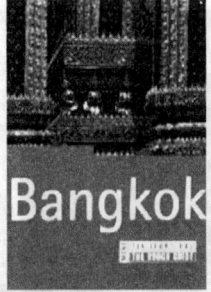
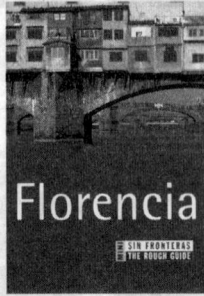
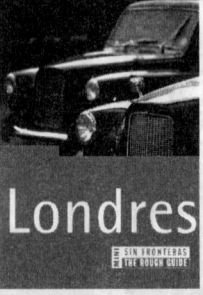

Toda la información en un formato práctico, cómodo y muy manejable

Próximos lanzamientos: Edimburgo · Miami · Madrid · Roma

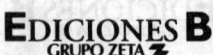

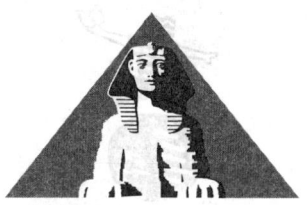

Un siglo en imágenes
De la actualidad a la historia, una perspectiva distinta del siglo xx

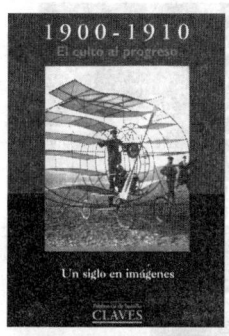
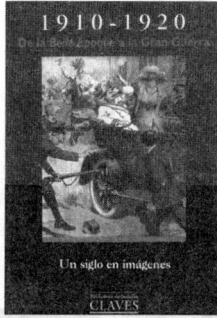
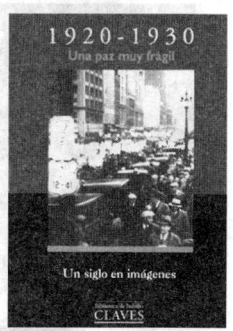
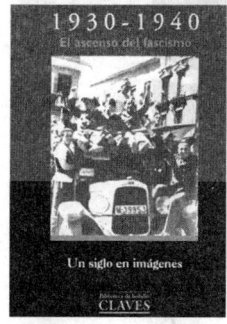
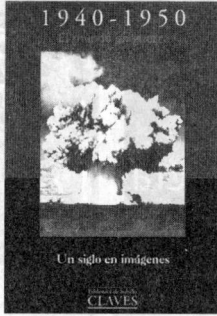
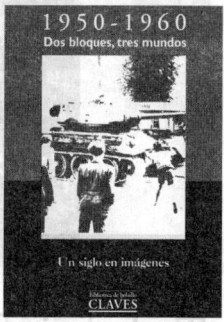

Más de 350 documentos inéditos sobre papel

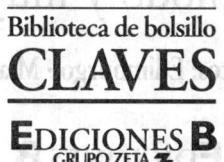

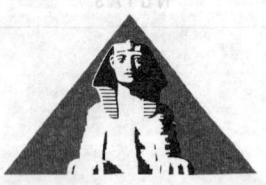

Descubre las CLAVES de nuestro tiempo

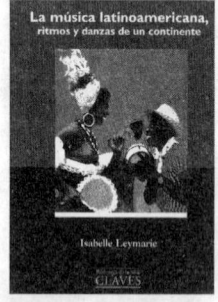
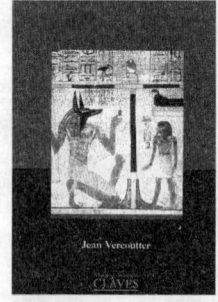
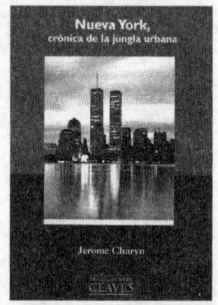
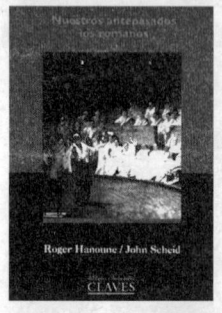
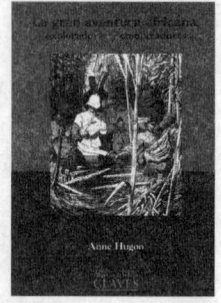
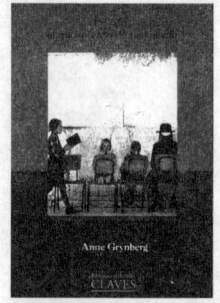
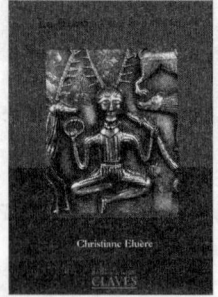

Biblioteca de bolsillo CLAVES

EDICIONES B
GRUPO ZETA

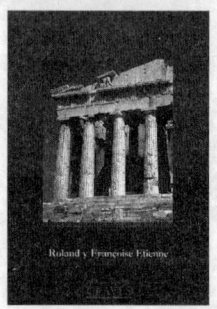

NOTAS

NOTAS

NOTAS

NOTAS

NOTAS

NOTAS

NOTAS

NOTAS

NOTAS

NOTAS

NOTAS

NOTAS

NOTAS

NOTAS

NOTAS